CÓDIGO PENAL

Comentado

CÓDIGO PENAL

PENAL

Comentado

Grupo Editorial Nacional

O GEN | Grupo Editorial Nacional – maior plataforma editorial brasileira no segmento científico, técnico e profissional – publica conteúdos nas áreas de concursos, ciências jurídicas, humanas, exatas, da saúde e sociais aplicadas, além de prover serviços direcionados à educação continuada.

As editoras que integram o GEN, das mais respeitadas no mercado editorial, construíram catálogos inigualáveis, com obras decisivas para a formação acadêmica e o aperfeiçoamento de várias gerações de profissionais e estudantes, tendo se tornado sinônimo de qualidade e seriedade.

A missão do GEN e dos núcleos de conteúdo que o compõem é prover a melhor informação científica e distribuí-la de maneira flexível e conveniente, a preços justos, gerando benefícios e servindo a autores, docentes, livreiros, funcionários, colaboradores e acionistas.

Nosso comportamento ético incondicional e nossa responsabilidade social e ambiental são reforçados pela natureza educacional de nossa atividade e dão sustentabilidade ao crescimento contínuo e à rentabilidade do grupo.

CLEBER

MASSON

CÓDIGO PENAL

Comentado

revista,
atualizada
e ampliada

13ª ed.

■ Direitos exclusivos para a língua portuguesa
Copyright © 2025 *by* **Editora Forense Ltda.**
Publicada pelo selo **Método**
Uma editora integrante do GEN | Grupo Editorial Nacional
Travessa do Ouvidor, 11 – Térreo e 6º andar
Rio de Janeiro – RJ – 20040-040
www.grupogen.com.br

■ **Atendimento ao cliente: (11) 5080-0751 | faleconosco@grupogen.com.br**

■ Capa: Bruno Zorzetto

■ **CIP-BRASIL. CATALOGAÇÃO NA PUBLICAÇÃO**
SINDICATO NACIONAL DOS EDITORES DE LIVROS, RJ

M372c
13. ed.

    Masson, Cleber, 1976-
      Código penal comentado / Cleber Masson. - 13. ed., rev., atual. e ampl. -
[3. Reimp]. - Rio de Janeiro : Método, 2025.
      1.816 p. ; 24 cm.

    Inclui índice alfabético-remissivo
    ISBN 978-85-3099-660-4

    1. Brasil. [Código penal (1940)]. 2. Direito penal - Brasil. I. Título.

25-96042   CDU: 343.2(81)

Meri Gleice Rodrigues de Souza - Bibliotecária - CRB-7/6439

A Deus, pelo dom da vida, pela proteção constante e por iluminar todas as nossas decisões.

Aos meus pais, "Seu Masson" e "Dona Helena", pelo esforço desmedido e pelo sacrifício que sempre fizeram para permitir que eu chegasse até aqui.

À Carol, minha esposa, pelo amor e pelo companheirismo de todos os momentos.

À Maria Luísa e à Rafaela, filhas amadas, as maiores e melhores obras da minha vida: vocês são presentes de Deus, as luzes que guiam meus passos e a certeza de um futuro feliz, repleto de paz e amor. Minhas princesas, muito obrigado por fazerem de mim uma pessoa plenamente realizada.

À Sonia, minha irmã, com quem sempre posso contar.

Aos meus sobrinhos, Maria Eduarda, Anna Lara, Lorenzo e Chiara, pelos sorrisos doces, pelos carinhos desinteressados e pelas brincadeiras sem fim.

Aos nossos leitores e alunos, pela receptibilidade de todos os nossos livros e pelo estímulo para a produção desta obra.

AGRADECIMENTOS

Ao meu amigo Vauledir Ribeiro Santos, visionário e genial na produção de livros jurídicos, a quem sempre serei grato pela confiança desde o início depositada em nossos trabalhos.

A Juliana Bormio, Renata Cobianchi e todos os colaboradores do Grupo GEN, invariavelmente prestativos e eficientes.

Aos meus primos, amigos e também aos companheiros de Ministério Público e de docência, com a sincera gratidão pela lealdade e pelo prazer de desfrutar boa parte da minha vida com vocês.

Cleber Masson

NOTA DO AUTOR À 13.ª EDIÇÃO

Esta 13.ª edição do nosso *Código Penal Comentado* foi detalhadamente revista, atualizada e ampliada com base na legislação penal editada ao longo de 2024, merecendo destaque os seguintes diplomas normativos:

a) Lei 14.811/2024 – intimidação sistemática: *bullying* e *cyberbullying*;

b) Lei 14.843/2024 (Lei Sargento PM Dias) – modificações na Lei de Execução Penal para dispor sobre a monitoração eletrônica do preso, prever a realização de exame criminológico para progressão de regime e restringir o benefício da saída temporária;

c) Lei 14.967/2024 – Estatuto da Segurança Privada e da Segurança das Instituições Financeiras, com alterações na Lei 10.826/2003 – Estatuto do Desarmamento e criação do art. 183-A do Código Penal; e

d) Lei 14.994/2024 – Pacote Antifeminicídio.

Sem prejuízo das atualizações legislativas, examinamos os julgados do Supremo Tribunal Federal e do Superior Tribunal de Justiça noticiados nos respectivos *Informativos* publicados em 2024.

O livro também passa a contar com novas teorias e propostas doutrinárias, oriundas tanto no direito comparado como no âmbito nacional, e diversas inovações jurisprudenciais.

Nosso objetivo permanece inalterado: oferecer aos nossos leitores uma obra ainda mais completa e em harmonia com suas finalidades, quais sejam, colaborar na formação acadêmica e na atuação prática dos operadores do Direito Penal, bem como na preparação aos concursos públicos.

Agradecemos, novamente, a confiança depositada nesta obra. Boa leitura e sucesso em sua jornada!

Um abraço,

Cleber Masson

APRESENTAÇÃO

É com imensa satisfação que apresento à comunidade jurídica o nosso *Código Penal Comentado*, publicado pelo selo Método, do Grupo GEN.

A obra foi concebida com a finalidade de proporcionar aos operadores e acadêmicos do Direito o estudo eficaz e objetivo de todos os artigos, parágrafos, incisos e alíneas do Código Penal.

Realizou-se a análise de conteúdo dos dispositivos legais, com referência às mais diversas concepções sobre cada assunto. As questões polêmicas foram enfrentadas, sempre com a indicação das várias posições existentes, tanto na doutrina como nos tribunais superiores.

A jurisprudência ganhou especial destaque. Ao final de cada artigo e em ordem alfabética foram inseridos julgados atualizados, exclusivamente do Supremo Tribunal Federal e do Superior Tribunal de Justiça, visando evitar regionalismos e conferir abrangência nacional aos assuntos abordados. Para afastar a leitura cansativa, repetitiva e pouco produtiva, destacamos somente os pontos principais (e efetivamente interessantes) dos milhares de acórdãos e ementas incorporados ao livro.

Também buscamos socorro em recursos gráficos: cores nos dispositivos legais e nos assuntos de cada tópico, destaque em negrito nas principais palavras e expressões, elaboração de quadros para consulta rápida dos principais aspectos dos tipos penais e gráficos para melhor compreensão dos temas mais complexos.

Espero que este *Código Penal Comentado* seja útil ao leitor. Agradeço pela confiança com que o recebem e fico extremamente honrado com sua aceitação.

Como sempre, as críticas e sugestões serão bem recebidas. Um forte abraço e muito sucesso em todas as suas realizações.

Cleber Masson

ABREVIATURAS

ADIn	Ação Direta de Inconstitucionalidade
ADPF	Arguição de Descumprimento de Preceito Fundamental
Agr-QO	Questão de Ordem no Agravo Regimental
AgRg	Agravo Regimental
AgRg no CC	Agravo Regimental no Conflito de Competência
AI	Agravo de Instrumento
Aids	Síndrome da Imunodeficiência Adquirida
Anvisa	Agência Nacional de Vigilância Sanitária
APn	Ação Penal
art./arts.	artigo/artigos
CC	Código Civil
CC	Conflito de Competência
CF	Constituição Federal
CFM	Conselho Federal de Medicina
CNTS	Confederação Nacional dos Trabalhadores na Saúde
CONTRAN	Conselho Nacional de Trânsito
CP	Código Penal
CPP	Código de Processo Penal
CTN	Código Tributário Nacional
CTPS	Carteira de Trabalho e Previdência Social
DATAPREV	Empresa de Tecnologia e Informações da Previdência Social
DETRAN	Departamento Estadual de Trânsito
DJ	*Diário da Justiça*
DJU	*Diário da Justiça da União*
ENEM	Exame Nacional do Ensino Médio
FGTS	Fundo de Garantia do Tempo de Serviço

GFIP	Guia de Recolhimento do FGTS e Informações à Previdência Social
HC	*Habeas Corpus*
IAPAS	Instituto de Administração Financeira da Previdência e Assistência Social
IBAMA	Instituto Brasileiro do Meio Ambiente e dos Recursos Naturais Renováveis
INAMPS	Instituto Nacional de Assistência Médica da Previdência Social (extinto)
inc./incs.	inciso/incisos
Inq.	Inquérito
INSS	Instituto Nacional do Seguro Social
j.	julgado
L.	Lei
LEP	Lei de Execução Penal
LICC	Lei de Introdução ao Código Civil (atual LINDB)
LICP	Lei de Introdução ao Código Penal
LINDB	Lei de Introdução às normas do Direito Brasileiro (ex-LICC)
MF	Ministério da Fazenda
Min.	Ministro
MP	Ministério Público
MPU	Ministério Público da União
ONU	Organização das Nações Unidas
PASEP	Programa de Formação do Patrimônio do Servidor Público
PIS	Programa de Integração Social
Rcl	Reclamação
RE	Recurso Extraordinário
Rel.	Relator
REsp	Recurso Especial
RHC	Recurso em *Habeas Corpus*
RT	*Revista dos Tribunais*
RTJ	Revista do Tribunal de Justiça
STF	Supremo Tribunal Federal
STJ	Superior Tribunal de Justiça
SUS	Sistema Único de Saúde
T.	Turma

TJCE	Tribunal de Justiça do Ceará
TJMG	Tribunal de Justiça de Minas Gerais
TJSP	Tribunal de Justiça de São Paulo
v.g.	*verbi gratia* (por exemplo)

ÍNDICE SISTEMÁTICO

CÓDIGO PENAL
DECRETO-LEI 2.848, DE 7 DE DEZEMBRO DE 1940

PARTE GERAL

PARTE ESPECIAL

CÓDIGO PENAL

DECRETO-LEI 2.848, DE 7 DE DEZEMBRO DE 1940

O Presidente da República, usando da atribuição que lhe confere o art. 180 da Constituição, decreta a seguinte Lei:

PARTE GERAL

TÍTULO I – DA APLICAÇÃO DA LEI PENAL

Anterioridade da Lei

> **Art. 1º** Não há crime sem lei anterior que o defina. Não há pena sem prévia cominação legal.

○ **Conceito de Direito Penal:** Direito Penal é o **conjunto de princípios e regras** destinados a combater o **crime e a contravenção penal,** mediante a imposição de **sanção penal (pena ou medida de segurança).**

○ **Alocação na Teoria Geral do Direito:** Cuida-se de **ramo do Direito Público**, por ser composto de regras indisponíveis e obrigatoriamente impostas a todas as pessoas. Além disso, o Estado é o titular exclusivo do direito de punir e figura como sujeito passivo constante nas relações jurídico-penais.

○ **Nomenclatura:** É mais apropriado falar em **Direito Penal**, em vez de Direito Criminal, pois o Decreto-lei 2.848, de 7 de dezembro de 1940, recepcionado pela Constituição Federal de 1988 como lei ordinária, instituiu o Código Penal em vigor. A CF/1988 adotou também a expressão **Direito Penal** (art. 22, I).

○ **Função do Direito Penal – a proteção de bens jurídicos:** apenas os interesses **mais relevantes** são erigidos à categoria de bens jurídicos penais, em face do caráter fragmentário e da subsidiariedade do Direito Penal. O legislador **seleciona**, em um Estado Democrático de Direito, os bens especialmente relevantes para a vida social e, por isso mesmo, merecedores da tutela penal. Dessa forma, a noção de bem jurídico acarreta na realização de um **juízo de valor positivo** acerca de determinado objeto ou situação social e de sua importância para o desenvolvimento do ser humano. E, para coibir e reprimir as condutas lesivas ou perigosas a bens jurídicos fundamentais, a lei penal se utiliza de rigorosas formas de reação, quais sejam, penas e medidas de segurança. A proteção de bens jurídicos é a **missão precípua,** que **fundamenta e confere legitimidade** ao Direito Penal.

○ **Direito Penal como instrumento de controle social:** Ao Direito Penal é também reservado o controle social ou a preservação da paz pública, compreendida como a ordem que deve existir em determinada coletividade. Dirige-se a todas as pessoas, embora nem todas elas se envolvam com a prática de infrações penais.

○ **Direito Penal como garantia:** O Direito Penal tem a função de garantia, funcionando como um **escudo** aos cidadãos, uma vez que só pode haver punição caso sejam praticados os fatos expressamente previstos em lei como infração penal.

○ **Função simbólica do Direito Penal:** A função simbólica é inerente a todas as leis, não dizendo respeito somente às de cunho penal. Não produz efeitos externos, mas somente **na mente dos governantes e dos cidadãos**. Em relação aos primeiros, acarreta a sensação de terem feito algo para a proteção da paz pública. Quanto aos cidadãos, proporciona a falsa impressão de que o problema da criminalidade se encontra sob o controle das autoridades, buscando transmitir à opinião pública a impressão tranquilizadora de um legislador atento e decidido. Manifesta-se, comumente, no **direito penal do terror**, que se verifica com a **inflação legislativa**, criando-se exageradamente figuras penais desnecessárias (**direito penal de emergência**), ou então com o aumento desproporcional e injustificado das penas para os casos pontuais (**hipertrofia do Direito Penal**). A função simbólica deve ser afastada, pois, em curto prazo, cumpre funções educativas e promocionais dos programas de governo, tarefa que não pode ser atribuída ao Direito Penal. Além disso, em longo prazo resulta na perda de credibilidade do ordenamento jurídico, bloqueando as suas funções instrumentais.

○ **Função motivadora do Direito Penal:** O Direito Penal motiva os indivíduos a não violarem suas normas, mediante a ameaça de imposição cogente de sanção na hipótese de ser lesado ou colocado em perigo determinado bem jurídico.

○ **Função de redução da violência estatal:** Tal finalidade se verifica com a imposição de pena que, embora legítima, representa sempre uma agressão aos cidadãos. Destarte, deve-se buscar de forma constante a incriminação de condutas somente nos casos estritamente necessários, em homenagem ao direito à liberdade constitucionalmente reservado a todas as pessoas.

○ **Dogmática penal:** A dogmática penal tem a missão de conhecer o sentido das regras e princípios jurídico-penais positivos e desenvolver de modo sistemático o conteúdo do Direito Penal. Tem as normas positivas como ponto de partida para solução dos problemas. O direito é parte componente da cultura humana e deve ser interpretado de modo que lhe permita cumprir as tarefas éticas, sociais e econômicas da atualidade. Nesse sentido, **a dogmática penal é a interpretação, sistematização e aplicação lógico-racional do Direito Penal**.

○ **Política criminal:** Ciência independente que tem por objeto a **apresentação de críticas e propostas para a reforma do Direito Penal em vigor**. Visa à análise crítica e metajurídica do direito positivo, no sentido de **ajustá-lo aos ideais jurídico-penais e de justiça**. Encontra-se intimamente relacionada com a dogmática, uma vez que na interpretação e aplicação da lei penal interferem critérios de política criminal. Baseia-se em considerações filosóficas, sociológicas e políticas, e também de oportunidade, em sintonia com a realidade social, para propor modificações no sistema penal vigente. As leis penais são frutos de uma determinada vontade política manifestada pelos cidadãos por intermédio de seus representantes junto aos Poderes do Estado. Na instituição ou adoção de princípios e regras refletidas pelo sistema penal de um povo estão as marcas sensíveis de sua civilização e cultura, razão pela qual se pode falar em *leis que pegam* e *leis que não pegam* como demonstração da afinidade ou do divórcio entre os interesses dos indivíduos e a vontade do Estado. A política criminal é o **filtro** para revelar esses fenômenos. Essa ciência analisa de forma crítica a dinâmica dos fatos sociais e, comparando-a com o sistema penal vigente, propõe inclusões, exclusões ou mudanças, visando atender o ideal de justiça, colaborando, pois, com a Dogmática Penal.

○ **Criminologia:** A criminologia é a ciência que se ocupa das circunstâncias humanas e sociais relacionadas com o surgimento, a prática e a maneira de evitar o crime, assim como do tratamento dos criminosos. Preocupa-se com os **aspectos sintomáticos, individuais e sociais do crime e da criminalidade**, enquanto o Direito Penal se dedica ao estudo das consequências jurídicas do delito.

○ **Vitimologia:** É a ciência auxiliar do Direito Penal que tem como objeto o estudo da vítima em seu aspecto global, levando em conta sua personalidade, do ponto de vista biológico, social e psicológico, sua proteção social e jurídica, bem como as formas de vitimização, sua relação com o vitimizador e também aspectos interdisciplinares e comparativos com outras áreas do conhecimento humano (psicologia e medicina, por exemplo). Destacam-se, entre seus criadores e notáveis estudiosos, o israelense Benjamim Mendelsohn, primeiro a utilizar o termo "vitimologia", e o alemão Hans von Hentig. Em uma visão tradicional, o Direito Penal sempre se amparou na trilogia "crime, criminoso e sanção penal". A vítima era esquecida, deixada de lado, como se não merecesse estudo científico e, sobretudo, proteção do Estado. Nas poucas hipóteses em que a legislação penal se referia ao ofendido, normalmente o fazia visando proporcionar algum benefício ao responsável pela infração penal. É o que se dá no art. 16 do Código Penal (arrependimento posterior), em que a reparação do dano (ou restituição da coisa) à vítima pode acarretar na diminuição da pena do acusado. No Direito Penal moderno felizmente nota-se maior preocupação com a vítima, tanto visando a reparação do dano por ela suportado – é o caso da justiça restaurativa –, como também sua participação no processo penal, conferindo-se relevante valor às declarações prestadas em juízo como meio de prova.

○ **Direito Penal fundamental ou Direito Penal primário:** Engloba o conjunto de normas e princípios gerais, aplicáveis inclusive às leis penais especiais, desde que estas não possuam disposição expressa em sentido contrário (art. 12 do CP). É composto pelas normas da Parte Geral do Código Penal e, excepcionalmente, por algumas de amplo conteúdo, previstas na Parte Especial, como é o caso do conceito de casa (art. 150, §§ 4.º e 5.º) e de funcionário público (art. 327).

○ **Direito Penal complementar ou Direito Penal secundário:** É o conjunto de normas que integram o acervo da legislação penal extravagante.

○ **Direito Penal comum:** Aplica-se indistintamente a todas as pessoas. É o caso do Código Penal, e também de diversas leis especiais, sujeitos à aplicação pela Justiça Comum.

○ **Direito Penal especial:** Aplica-se apenas às pessoas que preenchem certas condições legalmente exigidas, como o Código Penal Militar (Decreto-lei 1.001/1969), a Lei 1.079/1950 (crimes de responsabilidade do Presidente da República, Ministros de Estado, Ministros do Supremo Tribunal Federal, Procurador-Geral da República, Governadores e Secretários dos Estados) e o Decreto-lei 201/1967 (crimes de responsabilidade de prefeitos).

○ **Direito Penal geral:** Tem incidência em todo o território nacional. É o produzido pela União, ente federativo com competência legislativa privativa para tanto (CF, art. 22, I).

○ **Direito Penal local:** Aplica-se somente sobre parte delimitada do território nacional. É o Direito Penal elaborado pelos Estados-membros, desde que autorizados por lei complementar a legislar sobre questões específicas (CF, art. 22, parágrafo único).

○ **Direito Penal objetivo:** É o conjunto de leis penais em vigor.

○ **Direito Penal subjetivo:** É o direito de punir, o *ius puniendi*, exclusivo do Estado, o qual nasce no momento em que é violado o conteúdo da lei penal incriminadora.

○ **Direito Penal material:** Também conhecido como **substantivo**, por ele se entende a totalidade de leis penais em vigor. É o Direito Penal propriamente dito.

○ **Direito Penal formal:** Denominado ainda de **adjetivo**, é o grupo de leis processuais penais em vigor. É o Direito Processual Penal.

○ **Fontes do Direito Penal:** Representam não só a **origem**, mas também a **forma de manifestação** do Direito Penal. Por tal motivo, as fontes são divididas em formais ou materiais.

  – *Fontes materiais, substanciais ou de produção:* São os órgãos constitucionalmente encarregados de elaborar o Direito Penal. Essa tarefa é precipuamente da União (art. 22, I, da CF). Lei complementar da União pode autorizar os Estados-membros a legislar sobre **questões específicas**, de interesse local (CF, art. 22, parágrafo único).

  – *Fontes formais, cognitivas ou de conhecimento:* São os modos pelos quais o Direito Penal se revela. Subdividem-se em: (*a*) *Fonte formal imediata:* é a lei, regra escrita concretizada pelo Poder Legislativo em consonância com a forma determinada pela Constituição Federal. É a **única** fonte formal imediata, pois somente ela pode criar crimes (e contravenções penais) e cominar penas (princípio da reserva legal ou da estrita legalidade). (*b*) *Fontes formais mediatas ou secundárias:* A Constituição Federal, a jurisprudência, a doutrina, os tratados e convenções internacionais sobre direitos humanos, os costumes, os princípios gerais do Direito e os atos administrativos são apontados como fontes formais mediatas do Direito Penal. Passemos à análise de cada uma dessas hipóteses.

  – **b1)** *Constituição Federal:* situada no ápice do ordenamento jurídico brasileiro, não cria crimes nem comina penas. Esta tarefa é por ela acometida à lei, ao incluir entre os direitos e garantias fundamentais o princípio da reserva legal ou da estrita legalidade (art. 5.º, inc. XXXIX). Entretanto, a Lei Suprema contém inúmeras disposições aplicáveis ao Direito Penal, a exemplo dos princípios da irretroatividade da lei penal (art. 5.º, inc. XL), da intransmissibilidade ou da personalidade da pena (art. 5.º, inc. XLV) e da individualização da pena (art. 5.º, XLVI), e também mandados de criminalização. A Constituição Federal de 1988, com visão democrática e protetiva do ser humano, foi especialmente detalhista ao estabelecer um amplo rol de normas destinadas a limitar o poder punitivo do Estado. Por esta razão, é comum falar-se em "**Constituição Penal**", expressão utilizada no tocante ao conjunto de princípios e regras de Direito Penal contidas no texto constitucional.

  – **b2)** *Jurisprudência:* revela o entendimento dos tribunais sobre determinado tema jurídico, servindo como vetor ao aplicador do Direito. Contudo, a jurisprudência nem sempre se reveste de natureza cogente, razão pela qual não pode ser automaticamente compreendida como fonte do Direito Penal. As hipóteses em que a jurisprudência funciona como fonte formal mediata do Direito Penal estão previstas no art. 927 do Código de Processo Civil: "Art. 927. Os juízes e os tribunais observarão: I – as decisões do Supremo Tribunal Federal em controle concentrado de constitucionalidade; II – os enunciados de súmula vinculante; III – os acórdãos em incidente de assunção de competência ou de resolução de demandas repetitivas e em julgamento de recursos extraordinário e especial repetitivos; IV – os enunciados das súmulas do Supremo Tribunal Federal em matéria constitucional e do Superior Tribunal de Justiça em matéria infraconstitucional; V – a orientação do plenário ou do órgão especial aos quais estiverem vinculados." A vinculação a tais decisões, classificadas como precedentes obrigatórios, é indispensável ao bom funcionamento da Justiça. Na esfera penal, os Tribunais Superiores (STF e STJ) devem ser compreendidos como centros irradiadores da jurisprudência em âmbito nacional. Por sua vez, o juiz isoladamente considerado, independentemente do seu cargo ou instância, é uma peça no sistema de distribuição da justiça. Isso não importa em reconhecer o magistrado como um subalterno do Tribunal Superior, e sim em visualizar o Poder Judiciário como um sistema no qual os órgãos judiciários têm competências distintas.[1]

– **b3) Doutrina**: os autores em geral, nas variadas áreas do conhecimento jurídico, e não somente no Direito Penal, elevam a doutrina à categoria de fonte formal mediata do Direito Penal. Essa afirmação, a nosso ver, deve ser encarada com cautela. Em primeiro lugar, a doutrina, por mais abalizada e respeitada que seja, representa um estudo científico, e não se reveste de obrigatoriedade, nada obstante funcione como instrumento útil na interpretação e na aplicação prática do Direito Penal. Além disso, o bom senso e a lógica não permitem visualizar qualquer escrito, artigo ou mesmo livro como fonte inspiradora do Direito Penal. Felizmente vivemos em um país que tem o pluralismo político como um dos seus fundamentos (CF, art. 1.º, inc. V) e consagra a liberdade de manifestação do pensamento como direito fundamental (CF, art. 5.º, inc. IV). Tais predicados, indispensáveis à democracia, podem abrir espaços para abusos. Basta pensar em uma "doutrina" sustentando preconceituosamente a pena de morte para pessoas de determinada religião ou etnia, para promover uma "faxina social". Evidentemente, não se pode conceber uma manifestação desse jaez como fonte do Direito Penal.

– **b4) Tratados e convenções internacionais sobre direitos humanos**: somente podem ser considerados fontes formais mediatas do Direito Penal depois de terem efetivamente ingressado em nosso ordenamento jurídico, com respeito a procedimento complexo destinado a esta finalidade. Depois de cumpridas as etapas perante os Poderes Legislativo e Executivo, terão status constitucional, se aprovados em cada Casa do Congresso Nacional, em dois turnos, por três quintos dos votos dos respectivos membros (CF, art. 5.º, § 3.º), ou supralegal, se aprovados de forma diversa. Em homenagem ao princípio da reserva legal, consagrado no art. 5.º, XXXIX, da Constituição Federal, e no art. 1.º do Código Penal, os tratados e convenções internacionais evidentemente não podem criar crimes nem cominar penas, ainda que já tenham sido internalizados pelo Brasil.

– **b5) Costumes**: **costume** é a reiteração de uma conduta, de modo constante e uniforme, por força da convicção de sua obrigatoriedade. Possui um elemento **objetivo**, relativo ao fato (reiteração da conduta), e outro **subjetivo**, inerente ao agente (convicção da obrigatoriedade). Ambos devem estar simultaneamente presentes. No Direito Penal, o costume nunca pode ser empregado para criar delitos ou aumentar penas. Os costumes dividem-se em: **1) secundum legem ou interpretativo**: auxilia o intérprete a esclarecer o conteúdo de elementos ou circunstâncias do tipo penal. No passado, pode ser lembrada

---

[1] Um exemplo de aplicação prática dos precedentes obrigatórios ocorreu no cancelamento, pelo Superior Tribunal de Justiça, da Súmula 512, em razão do entendimento adotado pelo Plenário do Supremo Tribunal Federal no julgamento HC 118.533/MS, no sentido da inaplicabilidade da Lei dos Crimes Hediondos ao tráfico de drogas privilegiado (Lei 11.343/2006, art. 33, § 4.º).

a expressão "mulher honesta", a qual era compreendida de diversas formas ao longo do território nacional; **2)** *contra legem* **ou negativo:** também conhecido como **desuetudo,** é aquele que contraria a lei, mas não tem o condão de revogá-la; **c)** *praeter legem* **ou integrativo:** supre a lacuna da lei e somente pode ser utilizado na seara das normas penais não incriminadoras, notadamente para possibilitar o surgimento de causas supralegais de exclusão da ilicitude ou da culpabilidade.

– **b6)** *Princípios gerais do Direito:* são os **valores fundamentais** que inspiram a elaboração e a preservação do ordenamento jurídico. Não podem ser utilizados para tipificação de condutas ou cominação de penas. Sua atuação se reserva ao âmbito das normas penais não incriminadoras.

– **b7)** *Atos da Administração Pública:* no Direito Penal, funcionam como complemento de algumas **normas penais em branco**.

○ **Lei penal:** É a fonte formal imediata do Direito Penal, pois tem a si reservado, com exclusividade, o papel de criar infrações penais e cominar-lhes as penas respectivas. Sua estrutura apresenta um **preceito primário** (conduta) e um **preceito secundário** (pena). As leis penais podem ser **incriminadoras; não incriminadoras** (permissivas, exculpantes; interpretativas; de aplicação, finais ou complementares; diretivas; integrativas ou de extensão); **completas ou perfeitas; e incompletas ou imperfeitas.** A lei penal não é proibitiva, mas **descritiva**. A legislação penal brasileira optou pela **proibição indireta,** descrevendo o fato como pressuposto da sanção – técnica legislativa desenvolvida por **Karl Binding** e chamada de **teoria das normas,** segundo a qual é necessária a distinção entre norma e lei penal. A norma cria o ilícito, a lei cria o delito.

○ **Princípios do Direito Penal:** Princípios são os **valores fundamentais** que inspiram a criação e a manutenção do sistema jurídico. No Direito Penal, os princípios têm a função de **orientar o legislador ordinário,** no intuito de limitar o poder punitivo estatal mediante a imposição de garantias aos cidadãos.

○ **Princípio da reserva legal ou da estrita legalidade:** Previsto no art. 5.º, XXXIX, da CF e no art. 1.º do CP, cuida-se de **cláusula pétrea**. Preceitua, basicamente, a **exclusividade da lei** para a criação de delitos (e contravenções penais) e cominação das respectivas penas. De fato, não há crime sem lei que o defina, nem pena sem cominação legal (*nullum crimen nulla poena sine lege*). No Brasil, os crimes (e também as contravenções penais) são instituídos por leis ordinárias. Em tese, nada impede o desempenho dessa função pela lei complementar. Mas, como se sabe, a Constituição Federal indica expressamente as hipóteses de cabimento de tal espécie legislativa, dentre as quais não se encaixa a criação de crimes e a cominação de penas. É vedada a edição de medidas provisórias sobre matéria relativa a Direito Penal (CF, art. 62, § 1.º, inc. I, alínea "b"), muito embora existam entendimentos, inclusive no STF, pela admissibilidade quando versarem sobre matéria favorável ao acusado.

– **Fundamentos:** Tal princípio possui um fundamento de natureza jurídica, um de natureza política e outro de cunho democrático. O fundamento **jurídico** é a **taxatividade, certeza** ou **determinação (não há espaço para a analogia** *in malam partem***),** pois implica, por parte do legislador, a determinação precisa, ainda que mínima, do conteúdo do tipo penal e da sanção penal a ser aplicada, bem como, da parte do juiz, na máxima vinculação ao mandamento legal, inclusive na apreciação de benefícios legais. O fundamento **político** é a **proteção do ser humano** em face do arbítrio do poder de punir do Estado. Enquadra-se, destarte, entre os **direitos fundamentais de 1.ª geração (ou dimensão)**. Por sua vez, o fundamento **democrático** ("dimensão democrática do princípio da reserva legal") revela a aceitação pelo povo, representado pelo Congresso Nacional, da opção legislativa no âmbito criminal. De fato, os parlamentares, eleitos pelos cidadãos brasileiros, elaboram a legislação penal. Portanto, ao menos em tese, é o povo quem escolhe os crimes e as penas que devem vigorar no Brasil.

– **Nomenclatura:** A doutrina consagrou, corretamente, as expressões **reserva legal** e **estrita legalidade**, pois somente se admite **lei em sentido material** (matéria reservada à lei) e **formal** (lei editada em consonância com o processo legislativo previsto na Constituição Federal). O termo **legalidade** não é correto, pois nele se enquadram quaisquer das espécies normativas elencadas pelo art. 59 da Constituição Federal, e não apenas a lei.

– **Princípio da reserva legal e mandados de criminalização:** A Constituição Federal brasileira, seguindo o modelo de algumas constituições europeias, estabelece mandados expressos (ou explícitos) e tácitos (ou implícitos) de criminalização (ou penalização). Cuida-se de hipóteses de obrigatória intervenção do legislador penal. Com efeito, os mandados de criminalização indicam matérias sobre as quais o legislador ordinário não tem a faculdade de legislar, mas a obrigatoriedade de tratar, protegendo determinados bens ou interesses de forma adequada e, dentro do possível, integral. Os mandados de criminalização **expressos** contidos na Constituição Federal são encontrados nos arts. 5.º, incisos XLII (racismo), XLIII (tortura, tráfico ilícito de entorpecentes e drogas afins, terrorismo e crimes hediondos) e XLIV (ação de grupos armados, civis ou militares, contra a ordem constitucional e o Estado democrático), e § 3.º (os tratados e convenções internacionais sobre direitos humanos que forem aprovados, em cada Casa do Congresso Nacional, em dois turnos, por três quintos dos votos dos respectivos membros, serão equivalentes às emendas constitucionais), 7.º, inciso X (retenção dolosa do salário dos trabalhadores), 227, § 4.º (abuso, violência e exploração sexual da criança ou adolescente) e 225, § 3.º (condutas lesivas ao meio ambiente). Há também mandados **tácitos** de criminalização, podendo ser citado o exemplo do necessário e urgente combate eficaz à corrupção eleitoral. Alguns dos mandados de criminalização já foram atendidos pelo legislador ordinário de modo satisfatório, a exemplo da Lei 13.260/2016, que regulamentou o art. 5.º, inc. XLIII, da Constituição Federal, para tipificar o terrorismo; outros de forma insuficiente; vários simplesmente ignorados.

– **Homofobia (ou transfobia), omissão legislativa e Supremo Tribunal Federal:** O Plenário do Supremo Tribunal Federal, no julgamento conjunto da Ação Direta de Inconstitucionalidade por Omissão 26/DF e do Mandado de Injunção 4.733/DF, decidiu pela aplicabilidade das disposições contidas na Lei 7.716/1989 – Crimes de Preconceito e Discriminação aos delitos envolvendo homofobia e transfobia.[2] A Corte Constitucional reconheceu o estado de mora do Congresso Nacional em face da omissão legislativa no tocante ao enfrentamento de tais temas, nada obstante a existência de projetos de lei há muito tempo em trâmite, bem como a necessidade de criminalização de comportamentos movidos pelo ódio e pela intolerância provocadoras de violência de gênero ou de orientação sexual. A efetiva proteção jurídico-social aos integrantes da comunidade LGBTI+ – Lésbicas, Gays, Bissexuais, Transgêneros, Intersexuais e outras identidades de gênero e de sexualidade não contempladas na sigla atualmente adotada, e notadamente a implementação dos mandados de criminalização contidos no art. 5.º, XLI ("a lei punirá qualquer discriminação atentatória dos direitos e liberdades fundamentais") e XLII ("a

---

2   STF: ADO 26/DF, rel. Min. Celso de Mello, Plenário, j. 13.06.2019; e MI 4.733/DF, rel. Min. Edson Fachin, Plenário, j. 13.06.2019, noticiados no *Informativo* 944.

prática do racismo constitui crime inafiançável e imprescritível, sujeito à pena de reclusão, nos termos da lei"), da Constituição Federal, levou o Supremo Tribunal Federal a ocupar o vácuo deixado pelo Poder Legislativo. Nesse contexto, decidiu-se que, para fins de proteção pelo Direito Penal: "Até que sobrevenha lei emanada do Congresso Nacional destinada a implementar os mandados de criminalização definidos nos incisos XLI e XLII do art. 5º da Constituição da República, as condutas homofóbicas e transfóbicas, reais ou supostas, que envolvem aversão odiosa à orientação sexual ou à identidade de gênero de alguém, por traduzirem expressões de racismo, compreendido este em sua dimensão social, ajustam-se, por identidade de razão e mediante adequação típica, aos preceitos primários de incriminação definidos na Lei nº 7.716, de 05.01.1989, constituindo, também, na hipótese de homicídio doloso, circunstância que o qualifica, por configurar motivo torpe (Código Penal, art. 121, § 2º, I, 'in fine'). A repressão penal à prática da homotransfobia não alcança nem restringe ou limita o exercício da liberdade religiosa, qualquer que seja a denominação confessional professada, a cujos fiéis e ministros (sacerdotes, pastores, rabinos, mulás ou clérigos muçulmanos e líderes ou celebrantes das religiões afro-brasileiras, entre outros) é assegurado o direito de pregar e de divulgar, livremente, pela palavra, pela imagem ou por qualquer outro meio, o seu pensamento e de externar suas convicções de acordo com o que se contiver em seus livros e códigos sagrados, bem assim o de ensinar segundo sua orientação doutrinária e/ou teológica, podendo buscar e conquistar prosélitos e praticar os atos de culto e respectiva liturgia, independentemente do espaço, público ou privado, de sua atuação individual ou coletiva, desde que tais manifestações não configurem discurso de ódio, assim entendidas aquelas exteriorizações que incitem a discriminação, a hostilidade ou a violência contra pessoas em razão de sua orientação sexual ou de sua identidade de gênero. O conceito de racismo, compreendido em sua dimensão social, projeta-se para além de aspectos estritamente biológicos ou fenotípicos, pois resulta, enquanto manifestação de poder, de uma construção de índole histórico-cultural motivada pelo objetivo de justificar a desigualdade e destinada ao controle ideológico, à dominação política, à subjugação social e à negação da alteridade, da dignidade e da humanidade daqueles que, por integrarem grupo vulnerável (LGBTI+) e por não pertencerem ao estamento que detém posição de hegemonia em uma dada estrutura social, são considerados estranhos e diferentes, degradados à condição de marginais do ordenamento jurídico, expostos, em consequência de odiosa inferiorização e de perversa estigmatização, a uma injusta e lesiva situação de exclusão do sistema geral de proteção do direito." Além de dar interpretação conforme à Constituição Federal, em face dos mandados de criminalização contidos em seu art. 5.º, XLI e XLII, para enquadrar a homofobia e a transfobia, qualquer que seja a forma de sua manifestação, nos diversos tipos penais da Lei 7.716/1989, até que sobrevenha legislação autônoma editada pelo Congresso Nacional, e de reconhecer a omissão do Poder Legislativo, o Supremo Tribunal deu ciência ao Congresso Nacional, para os fins e efeitos do art. 103, § 2.º, da Constituição Federal[3] combinado com o art. 12-H, "caput", da Lei 9.868/1999.[4] Em uma comunidade verdadeiramente civilizada, composta de pessoas minimamente educadas, éticas e respeitadoras das orientações sexuais alheias, sequer seria discutida a criminalização da homofobia e da transfobia. Uma sociedade deste jaez, contudo, ainda está longe de existir. Discursos e ações de ódio e de intolerância de

---

[3] "Declarada a inconstitucionalidade por omissão de medida para tornar efetiva norma constitucional, será dada ciência ao Poder competente para a adoção das providências necessárias e, em se tratando de órgão administrativo, para fazê-lo em trinta dias."

[4] "Declarada a inconstitucionalidade por omissão, com observância do disposto no art. 22, será dada ciência ao Poder competente para a adoção das providências necessárias."

gênero e de identidade sexual vilipendiam as liberdades fundamentais e a dignidade da pessoa humana. Embora exista proteção por outros tipos penais – matar por questões de gênero, por exemplo, configura feminicídio ou então homicídio qualificado pelo motivo torpe, dependendo do caso concreto – é indiscutível a imprescindibilidade da incriminação urgente de comportamentos que se esgotam na homofobia e da transfobia, como na hipótese do dono de um restaurante que não permite a entrada em seu estabelecimento de um transexual, unicamente em razão da questão de gênero. Nesse cenário, a decisão do Supremo Tribunal Federal tem o mérito de jogar luzes para o grave cenário de omissão legislativa, baseada sobretudo no preconceito e no falso moralismo, e pressionar o Congresso Nacional a finalmente, mais de três décadas após a entrada em vigor da Constituição Federal, fazer seu papel e dispensar tratamento do Direito Penal a crimes motivados pela homofobia e pela transfobia. É preciso reconhecer, entretanto, que para tutelar algumas liberdades fundamentais o Supremo Tribunal Federal incidiu em grave erro, e olvidou-se de outra liberdade fundamental, conquistada a duras penas ao longo da história da humanidade: o princípio da reserva legal, insculpido no art. 5.º, XXXIX, da Constituição Federal. Com efeito, crimes e penas somente podem ser criados por lei, nunca por decisão judicial, ainda que emanada da Corte Suprema. A taxatividade, compreendida como fundamento jurídico do princípio da reserva legal, impede a utilização da analogia prejudicial ao réu (*in malam partem*) no Direito Penal. Cuida-se de direito fundamental do ser humano, que não poderia ser sacrificado sob o argumento de tutela de outros direitos. De fato, o art. 1.º da Lei 7.716/1989, utilizado pelo Supremo Tribunal Federal para criminalização da homofobia e da transfobia, estatui: "Serão punidos, na forma desta Lei, os crimes resultantes de discriminação ou preconceito de raça, cor, etnia, religião ou procedência nacional." Raça, cor, etnia, religião ou procedência nacional. **Não se fala em gênero ou orientação sexual**. A Corte Constitucional alargou demais a lei, para englobar fatos que não estão ao seu alcance. Convém repetir: não se pode aniquilar direitos para tutelar outros direitos, sob pena de insegurança jurídica e, acima de tudo, de desrespeito à Constituição Federal. Nosso papel, enquanto sociedade democrática e detentora de amplo espectro de poder, é mobilizar-se no sentido de exigir firme e séria atuação do Poder Legislativo.

○ **Princípio da anterioridade:** Decorre também do art. 5.º, XXXIX, da CF, e do art. 1.º do CP, quando estabelecem que o crime e a pena devem estar definidos em lei **prévia** ao fato cuja punição se pretende. A lei penal produz efeitos a partir de sua entrada em vigor, não se admitindo sua retroatividade maléfica. Não pode retroagir, salvo se beneficiar o réu. É proibida a aplicação da lei penal inclusive aos fatos praticados durante seu período de *vacatio*. Embora já publicada e formalmente válida, a lei ainda não estará em vigor e não alcançará as condutas praticadas em tal período. Vale destacar, entretanto, a existência de entendimentos no sentido de aplicabilidade da lei em *vacatio*, desde que para beneficiar o réu.

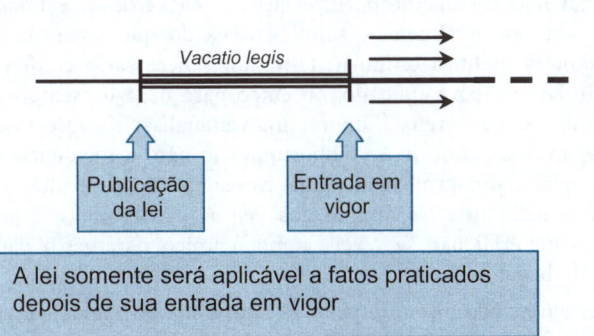

○ **Outros princípios do Direito Penal:** Ao lado do princípio da reserva legal, o Direito Penal prevê diversos outros princípios. A quantidade e a denominação dos princípios penais variam entre os doutrinadores. Vejamos os principais.

1) Princípio da insignificância ou da criminalidade de bagatela: O princípio da insignificância surgiu no Direito Romano, porém limitado ao direito privado. Invocava-se o brocardo *de minimus non curat praetor*, ou seja, os juízes e tribunais não devem se ocupar de assuntos irrelevantes. Este princípio foi incorporado ao Direito Penal somente na década de 1970, pelos estudos de Claus Roxin. Também conhecido como criminalidade de bagatela, sustenta ser vedada a atuação penal do Estado quando a conduta não é capaz de lesar ou no mínimo de colocar em perigo o bem jurídico tutelado pela norma penal.

– **Finalidade:** O princípio da insignificância, fundamentado em valores de **política criminal** (aplicação do Direito Penal em sintonia com os anseios da sociedade), destina-se a realizar uma **interpretação restritiva da lei penal**. Em outras palavras, o tipo penal é amplo e abrangente, e o postulado da criminalidade de bagatela serve para limitar sua incidência prática. Exemplificativamente, a redação do art. 155, *caput,* do Código Penal – "subtrair, para si ou para outrem, coisa alheia móvel" – abarca qualquer objeto material, independentemente do seu valor e da importância para seu titular. Mas, é evidente, o Direito Penal não presta a tutelar a subtração de um grampo de cabelo ou de uma folha de papel. Não há falar em crime de furto em tais situações. Em suma, o princípio da insignificância destina-se a diminuir a intervenção do Direito Penal, não podendo em hipótese alguma ampliá-la.

– **Natureza jurídica:** O princípio da insignificância é uma **causa de exclusão da tipicidade**. Sua presença acarreta na atipicidade do fato. Com efeito, a tipicidade penal é constituída pela união da tipicidade formal com a tipicidade material. Na sua incidência, opera-se tão somente a **tipicidade formal** (juízo de adequação entre o fato praticado na vida real e o modelo de crime descrito na norma penal). Falta a **tipicidade material** (lesão ou perigo de lesão ao bem jurídico). Em síntese, exclui-se a tipicidade pela ausência da sua vertente material. Como corolário da atipicidade do fato, nada impede a **concessão de ofício de *habeas corpus*** pelo Poder Judiciário, quando caracterizado o princípio da insignificância. Além disso, **o trânsito em julgado da condenação** não impede seu reconhecimento.

– **Requisitos:** O reconhecimento do princípio da insignificância depende de requisitos objetivos, relacionados ao fato, e de requisitos subjetivos, vinculados ao agente e à vítima. Por esta razão, seu cabimento deve ser analisado no **caso concreto**, de acordo com as suas especificidades, e não no plano abstrato.

– *Requisitos objetivos:* São quatro: (a) mínima ofensividade da conduta; (b) ausência de periculosidade social da ação; (c) reduzido grau de reprovabilidade do comportamento; e (d) inexpressividade da lesão jurídica. Estes vetores encontram-se consolidados na jurisprudência do Supremo Tribunal Federal. Tais requisitos são muito próximos entre si. O Supremo Tribunal Federal não faz distinção entre eles. E, na verdade, é impossível diferenciá-los. A explicação para esse fenômeno é simples. Mais do que um princípio, a insignificância penal é um fator de política criminal. Portanto, é necessário conferir ampla flexibilidade ao operador do Direito para aplicá-lo, ou então para negá-lo, sempre levando em conta as peculiaridades do caso concreto. É imprescindível analisar o contexto em que a conduta foi praticada para, ao final, concluir se é oportuna (ou não) a incidência do tipo penal. Este é o motivo pelo qual a jurisprudência muitas vezes apresenta resultados diversos para casos aparentemente semelhantes. No âmbito dos delitos patrimoniais, é fácil notar, o reduzido valor do objeto material não se revela como o único parâmetro para a configuração da criminalidade de bagatela.

– *Requisitos subjetivos:* não dizem respeito ao fato, e sim ao agente e à vítima do fato descrito em lei como crime ou contravenção penal. Vejamos.

a) Condições pessoais do agente: Nessa seara, três situações merecem análise: reincidente, criminoso habitual e militar.

– *Reincidente:* Existem duas posições acerca da possibilidade de aplicação do princípio da insignificância ao reincidente:

1.ª posição: É vedada a incidência do princípio da insignificância ao reincidente. Cuida-se de instituto de política criminal e, nesse contexto, não há interesse da sociedade no deferimento do benefício àquele que já foi definitivamente condenado pela prática de uma infração penal.[5]

2.ª posição: Admite-se o princípio da insignificância em favor do reincidente. Este postulado exclui a tipicidade do fato, e a reincidência (agravante genérica) é utilizada somente na dosimetria da pena. Em outras palavras, não há relevância penal tanto para o primário como para o reincidente.[6]

– *Criminoso habitual:* Criminoso habitual é aquele que faz da prática de delitos o seu meio de vida. A ele não se permite a incidência do princípio da insignificância, pois a lei penal seria inócua se tolerada a reiteração do mesmo crime, seguidas vezes, em frações que, isoladamente, não superassem um determinado valor tido como irrelevante, mas o excedesse em sua totalidade. Pensemos em um exemplo: "A" subtrai, diariamente, R$ 30,00 do caixa do supermercado em que trabalha. Ao final de um mês, terá subtraído aproximadamente R$ 900,00. Se cada conduta fosse considerada como insignificante, o furto jamais se concretizaria, mesmo com a dimensão do valor final. Se não bastasse, o entendimento em sentido contrário representaria um autêntico incentivo ao descumprimento do Direito Penal, especialmente para aqueles que fazem da criminalidade um estilo de vida. O Supremo Tribunal Federal, entretanto, já acolheu o princípio da insignificância em uma hipótese excepcional de habitualidade criminosa, que na verdade contemplava uma situação de **furto famélico**, ou seja, praticado para saciar a fome do agente ou de pessoa a ele ligada por laços de parentesco ou de amizade.[7] No tocante ao **acordo de não persecução penal**, cumpre destacar que a conduta criminal habitual, reiterada ou profissional não impede a celebração da avença entre o Ministério Público e o investigado, acompanhado pelo seu defensor, **se as infrações penais pretéritas forem insignificantes** (CPP, art. 28-A, § 2.º, II). Nota-se aqui uma impropriedade técnica: se as infrações penais pretéritas forem insignificantes, na verdade não eram "infrações penais", em face da atipicidade (material) dos fatos praticados pelo agente, e por tal razão não impedem, e não poderiam impedir, o acordo de não persecução penal.

– *Militares:* É vedada a utilização do princípio da insignificância nos crimes cometidos por militares, em face da elevada reprovabilidade da conduta, da autoridade e da hierarquia que regulam a atuação castrense, bem como do desprestígio ao Estado, responsável pela segurança pública.

b) Condições da vítima: A configuração do princípio da insignificância também depende das condições do ofendido. Há que se conjugar a importância do objeto material para a vítima, le-

---

[5] STF: HC 135.164/MT, rel. Min. Marco Aurélio, red. p/ ac. Min. Alexandre de Moraes, 1.ª Turma, j. 23.04.2019, noticiado no *Informativo* 938; e HC 123.108/MG, rel. Min. Roberto Barroso, Plenário, j. 03.08.2015, noticiado no *Informativo* 793.

[6] STF: HC 181.389 AgR/SP, rel. Min. Gilmar Mendes, 2.ª Turma, j. 14.04.2020, noticiado no *Informativo* 973. No sentido de autorizar a aplicação do princípio da insignificância ao agente portador de maus antecedentes: STF – RHC 174.784/MS, rel. orig. Min. Marco Aurélio, red. p/ o ac. Min. Alexandre de Moraes, 1.ª Turma, j. 11.02.2020, noticiado no *Informativo* 966. O STJ tem admitido a incidência do princípio da bagatela aos reincidentes, dependendo da análise do caso concreto: REsp 1.957.218/MG, rel. Min. Olindo Menezes (Desembargador convocado do TRF 1.ª Região), 6.ª Turma, j. 23.08.2022, noticiado no *Informativo* 746.

[7] HC 141.440 AgR/MG, rel. Min. Dias Toffoli, 2.ª Turma, j. 14.08.2018, noticiado no *Informativo* 911. O STJ reconheceu o princípio da insignificância em tentativa de furto de 08 (oito) shampoos, em valor global aproximado inferior a R$ 100,00 (cem reais), mesmo diante da reiteração de condutas dessa natureza. Extrai-se do julgado: "Em homenagem ao direito penal do fato, ao se afirmar que determinada conduta é atípica, ainda que ela ocorra reiteradas vezes, em todas essas vezes estará ausente a proteção jurídica de envergadura penal. Ou seja, a reiteração é incapaz de transformar um fato atípico em uma conduta com relevância penal. Repetir várias vezes algo atípico não torna esse fato um crime". (STJ: AgRg no HC 834.558/GO, rel. Min. Messod Azulay Neto, rel. para acórdão Min. Daniela Teixeira, 5.ª Turma, j. 12.12.2023, noticiado no *Informativo* 800).

vando-se em consideração a sua condição econômica, o valor sentimental do bem, como também as circunstâncias e o resultado do crime, tudo de modo a determinar, subjetivamente, se houve relevante lesão. Não há dúvida sobre a existência de uma relação diretamente proporcional, para estabelecimento da importância do bem para a vítima, entre a sua condição econômica e o valor do objeto material. Vejamos um exemplo: O agente subtrai uma bicicleta, velha e repleta de defeitos, quase sem nenhum valor econômico. Certamente não se pode falar em lesão patrimonial a uma pessoa dotada de alguma riqueza, e será cabível o princípio da insignificância. Mas se a vítima é um servente de pedreiro, pilar de família e pai de 5 filhos, que utiliza a bicicleta para atravessar a cidade e trabalhar diariamente em uma construção, estará caracterizado o furto, sem espaço para a criminalidade de bagatela. Portanto, a análise da **extensão do dano** causado ao ofendido é imprescindível para aquilatar a pertinência do princípio da insignificância. O **valor sentimental do bem** para a vítima impede a utilização da insignificância, ainda que o objeto material do crime não apresente relevante aspecto econômico. A propósito, o Supremo Tribunal Federal afastou este princípio na subtração de um "Disco de Ouro" de músico brasileiro, considerando também a infungibilidade da coisa.[8] Ainda em razão da dimensão do dano, não se aplica o princípio da insignificância quando a conduta do agente atingir bem de grande relevância para a população, a exemplo do dano em ônibus de transporte coletivo. Em situações desse jaez, as consequências do ato perpetrado transcendem a esfera patrimonial da concessionária de serviço público, em face da privação causada à coletividade, especialmente das pessoas mais carentes no plano econômico, as quais ficam alijadas do meio público de transporte.

– **Aplicabilidade:** O princípio da insignificância é aplicável a qualquer **delito que seja com ele compatível**, e não somente aos crimes patrimoniais. Sua maior incidência prática ocorre no furto (CP, art. 155, *caput*), mas é evidente que a este não se limita. A propósito, é importante destacar que, no âmbito dos crimes contra o patrimônio, não há um valor máximo (teto) a limitar a incidência do princípio da insignificância. Sua análise há de ser efetuada levando-se em conta o contexto em que se deu a prática da conduta, especialmente a importância do objeto material, a condição econômica da vítima, as circunstâncias do fato e o resultado produzido, bem como as características pessoais do agente. Porém, há delitos que são logicamente incompatíveis com a criminalidade de bagatela. É o que se verifica nos crimes hediondos e equiparados (tráfico de drogas, tortura e terrorismo), no racismo e na ação de grupos armados, civis ou militares, contra a ordem constitucional e o Estado Democrático. Tais crimes, de **máximo potencial ofensivo**, receberam um tratamento mais rigoroso do Poder Constituinte Originário (CF, art. 5.º, XLII, XLIII e XLIV). Em outras palavras, a Lei Suprema teve o cuidado de deixar inequívoca a sua intenção de punir, com maior gravidade, os responsáveis por delitos desta estirpe, circunstância indicativa da relevância penal destes fatos, e automaticamente impeditiva do princípio da insignificância.

Vejamos as principais situações em que se discute a incidência ou a proibição do reconhecimento da criminalidade de bagatela.

– **Roubo e demais crimes cometidos com grave ameaça ou violência à pessoa:** Não há espaço para o princípio da insignificância, pois os reflexos derivados destes crimes não podem ser considerados irrelevantes, ainda que o objeto material apresente ínfimo valor econômico.

– **Crimes contra a Administração Pública:** Em uma visão tradicional, o princípio da insignificância jamais foi admitido nos crimes contra a Administração Pública, pois em tais delitos, ainda que a lesão econômica seja irrisória, há ofensa à moralidade administrativa e à probidade dos agentes públicos. Este é o entendimento consagrado na **Súmula 599 do Superior Tribunal de Justiça:** "O princípio da insignificância é inaplicável aos crimes contra a Administração Pública." O Supremo Tribunal Federal e o próprio Superior Tribunal de Justiça, contudo, já

---

8   STF: HC 107.615/MG, rel. Min. Dias Toffoli, 1.ª Turma, j. 06.09.2011, noticiado no *Informativo* 639. O Superior Tribunal de Justiça compartilha deste raciocínio: HC 190.002/MG, rel. Min. Og Fernandes, 6.ª Turma, j. 03.02.2011, noticiado no *Informativo* 461.

decidiram em sentido contrário, admitindo o princípio da insignificância em hipóteses extremas, levando em conta as peculiaridades do caso concreto. É a posição a que nos filiamos. Exemplificativamente, não há falar em peculato (CP, art. 312) quando o funcionário público se apropria de poucas folhas em branco ou de alguns clips de metal pertencentes a determinado órgão público. Não é legítima a utilização do Direito Penal em tais hipóteses. Eventuais ilícitos de baixíssima gravidade devem ser enfrentados na instância administrativa.

– Crimes previstos na Lei 11.343/2006 – Lei de Drogas: Os crimes tipificados na Lei de Drogas são de perigo abstrato (ou presumido) e tutelam a saúde pública. No tráfico de drogas, delito constitucionalmente equiparado a hediondo, é firme o entendimento pela inadmissibilidade do princípio da insignificância. Igual raciocínio deve ser utilizado na posse de droga para consumo pessoal, pois entendimento diverso seria equivalente a descriminalizar, contra o espírito da lei, o porte de pequenas quantidades de drogas. O Supremo Tribunal Federal, todavia, já decidiu em sentido diverso, acolhendo o princípio da insignificância tanto no crime catalogado no art. 28 como no delito tipificado no art. 33, *caput*, ambos da Lei 11.343/2006.[9]

– Descaminho e crimes tributários federais: O princípio da insignificância também incide nos **crimes federais de natureza tributária**, especialmente no **descaminho** (CP, art. 334), quando o tributo devido não ultrapassa o valor de R$ 20.000,00 (vinte mil reais). Essa conclusão baseia-se no art. 20 da Lei 10.522/2002, com a redação dada pela Lei 13.874/2019, e regulamentado pelo art. 2.º da Portaria MF 75/2012.[10] Os Tribunais Superiores, consequentemente, firmaram jurisprudência no sentido de que não se admite seja uma conduta irrelevante no âmbito fiscal (não cobrança do tributo pela União) e simultaneamente típica no Direito Penal, pois este somente deve atuar quando extremamente necessário para a tutela do bem jurídico protegido, quando falharem os outros meios de proteção e não forem suficientes as tutelas estabelecidas nos demais ramos do Direito.[11] A **reiteração delitiva** impede a criminalidade de bagatela no descaminho, pouco importando o montante do tributo não recolhido, salvo diante de peculiaridades do caso concreto. Essa foi a tese adotada pelo Superior Tribunal de Justiça no **Tema 1.218 do Recurso Repetitivo**: "A reiteração da conduta delitiva obsta a aplicação do princípio da insignificância ao crime de descaminho – independentemente do valor do tributo não recolhido –, ressalvada a possibilidade de, no caso concreto, se concluir que a medida é socialmente recomendável. A contumácia pode ser aferida a partir de procedimentos penais e fiscais pendentes de definitividade, sendo inaplicável o prazo previsto no art. 64, I, do CP, incumbindo ao julgador avaliar o lapso temporal transcorrido desde o último evento delituoso à luz dos princípios da proporcionalidade e razoabilidade".[12] Mas é importante lançar uma relevante ponderação. O limite imposto pelo art. 20 da Lei 10.522/2002 alcança somente os **tributos federais**. Com efeito, para os tributos estaduais e municipais deve existir previsão específica por cada ente federativo, no exercício da respectiva competência tributária.[13] É curioso destacar que na apropriação indébita previdenciária (CP, art. 168-A), a qual, nada obstante capitulada entre

---

9   STF: HC 110.475/SC, rel. Min. Dias Toffoli, 1.ª Turma, j. 14.02.2012, noticiado no *Informativo* 655; e HC 127.573/SP, rel. Min. Gilmar Mendes, 2.ª Turma, j. 11.11.2019. Nesse último julgado, atinente ao tráfico de drogas, imputou-se ao acusado a posse de 1g (um grama) de maconha. A Corte Suprema aplicou o princípio da insignificância em conjunto com os princípios da ofensividade e da proporcionalidade.

10   Estatui o art. 2.º da Portaria MF 75/2012: "Art. 2º O Procurador da Fazenda Nacional requererá o arquivamento, sem baixa na distribuição, das execuções fiscais de débitos com a Fazenda Nacional, cujo valor consolidado seja igual ou inferior a R$ 20.000,00 (vinte mil reais), desde que não conste dos autos garantia, integral ou parcial, útil à satisfação do crédito".

11   O STF, contudo, já afastou o princípio da insignificância no âmbito do descaminho, sob o fundamento de que "a lei que disciplina o executivo fiscal não repercute no campo penal" (HC 128.063/PR, rel. Min. Marco Aurélio, 1.ª Turma, j. 10.04.2018, noticiado no *Informativo* 897).

12   STJ: REsp 2.083.701/SP, rel. Min. Sebastião Reis Júnior, 3.ª Seção, j. 28.02.2024, noticiado no *Informativo* 802.

13   Na hipótese em que a Administração Pública eleva o valor mínimo do tributo para fins de ajuizamento da execução fiscal, o STJ decidiu que não se aplica a retroatividade benéfica do ato administrativo. Isso porque tal instrumento não se equipara a uma lei penal em sentido estrito, como exige o art. 2.º, parágrafo único,

os crimes contra o patrimônio, apresenta indiscutível natureza tributária, o Supremo Tribunal Federal rechaçou o princípio da insignificância, com fundamento no valor supraindividual do bem jurídico tutelado, o que torna irrelevante o pequeno valor das contribuições sociais desviadas da Previdência Social.[14]

– **Contrabando:** O princípio da insignificância não é aplicável ao delito de contrabando, tipificado no art. 334-A do Código Penal, em face da natureza proibida da mercadoria importada ou exportada. Esse crime não tem natureza tributária. Outros bens jurídicos são tutelados, a exemplo da saúde, da moralidade administrativa e da ordem pública. Em síntese, não se pode reputar insignificante a entrada ou saída ilícita do território nacional de produto classificado como proibido pelas autoridades brasileiras. O Superior Tribunal de Justiça, contudo, admite o princípio da insignificância no **contrabando de cigarros**, quando a apreensão não ultrapassar 1.000 (mil) maços, inclusive com a fixação da seguinte tese no **Tema 1.143 do Recurso Repetitivo**: "O princípio da insignificância é aplicável ao crime de contrabando de cigarros quando a quantidade apreendida não ultrapassar 1.000 (mil) maços, seja pela diminuta reprovabilidade da conduta, seja pela necessidade de se dar efetividade à repressão ao contrabando de vulto, excetuada a hipótese de reiteração da conduta, circunstância apta a indicar maior reprovabilidade e periculosidade social da ação."

– **Crimes ambientais:** Em uma primeira análise, o princípio da insignificância soa como incompatível com os delitos ambientais, em face da natureza difusa e da relevância do bem jurídico protegido, reservado inclusive às futuras gerações. Mas, em situações excepcionais, há espaço para a criminalidade de bagatela.

– **Crimes contra a fé pública:** Nos crimes contra a fé pública, o bem jurídico tutelado é a credibilidade depositada nos documentos, nos sinais e símbolos empregados nas relações indispensáveis à vida em sociedade. Em face desta dimensão, não há espaço para o princípio da insignificância.

– **Tráfico internacional de arma de fogo:** O tráfico internacional de arma de fogo, definido no art. 18 da Lei 10.826/2003 – Estatuto do Desarmamento, não comporta o princípio da insignificância, pois se trata de crime de perigo abstrato e atentatório à segurança pública.

– **Porte ilegal de munição:** Em regra, o Supremo Tribunal Federal não admite a incidência do princípio da insignificância ao delito de **porte ilegal de munição**, independentemente do calibre da arma de fogo e do número de projéteis apreendidos, por se tratar de crime de perigo abstrato. A Suprema Corte, entretanto, admite exceções a tal entendimento, em hipóteses extraordinárias. De seu turno, no delito de **posse ilegal de munição**, o Supremo Tribunal Federal tem admitido o cabimento do princípio da insignificância.[15]

– **Rádio pirata:** O Supremo Tribunal Federal já admitiu o princípio da insignificância no delito de desenvolvimento de atividade de radiofrequência sem autorização do órgão regulador, previsto no art. 183 da Lei 9.472/1997.[16] Esse entendimento, contudo, não é pacífico: a Corte Suprema possui decisão pela inaplicabilidade do princípio da insignificância, mesmo na hipótese de baixa frequência das ondas de radiodifusão emitidas pela rádio clandestina, por se tratar de delito formal e de perigo abstrato, pois compromete a regularidade do sistema

---

do Código Penal. (STJ: AgRg no HC 920.735/SC, rel. Min. Daniela Teixeira, 5.ª Turma, j. 24.09.2024, noticiado no *Informativo* 834).

[14]   HC 107.331/RS, rel. Min. Gilmar Mendes, 2.ª Turma, j. 28.05.2013; e HC 110.124/SP, rel. Min. Cármen Lúcia, 1.ª Turma, j. 14.02.2012.

[15]   É também o entendimento do STJ, com a ressalva da imprescindibilidade da análise das peculiaridades do caso concreto. Exemplificativamente, não se reconheceu a criminalidade de bagatela na apreensão de munições em quantidade relevante, aliada a apreensão de droga, petrechos do tráfico e expressivas quantias em dinheiro (STJ: AgRg no AREsp 2.744.867/SC, rel. Min. Antonio Saldanha Palheiro, 6.ª Turma, j. 10.12.2024, noticiado no *Informativo* 837).

[16]   HC 157.014 AgR/SE, rel. orig. Min. Cármen Lúcia, red. p/ o ac. Min Ricardo Lewandowski, 2.ª Turma, j. 17.09.2019, noticiado no *Informativo* 952.

de telecomunicações, independentemente da comprovação de qualquer prejuízo. É também a posição estampada na **Súmula 606 do Superior Tribunal de Justiça**: "Não se aplica o princípio da insignificância a casos de transmissão clandestina de sinal de internet via radiofrequência, que caracteriza o fato típico previsto no art. 183 da Lei 9.472/1997".

– **Atos infracionais:** São os crimes e as contravenções penais cometidos por crianças ou adolescentes. É o que se extrai do art. 103 da Lei 8.069/1990 – Estatuto da Criança e do Adolescente. E, dependendo da natureza do ato infracional, o Supremo Tribunal Federal aceita a incidência do princípio da insignificância. O raciocínio é simples. Se para um indivíduo maior de idade é cabível o reconhecimento da criminalidade de bagatela, para um menor de 18 anos também o será.

– **Evasão de divisas:** No crime de evasão de divisas, praticada mediante operação da modalidade "dólar-cabo", tipificada no art. 22, parágrafo único, 1.ª parte, da Lei 7.492/1986 – Crimes contra o Sistema Financeiro Nacional, não se aplica a regra prevista na Lei 10.522/2002, como parâmetro para incidência do princípio da insignificância.

– **Violência doméstica ou familiar contra a mulher:** Não se aplica o princípio da insignificância em qualquer dos crimes praticados com violência doméstica ou familiar contra a mulher.

– **Súmula 589 do Superior Tribunal de Justiça:** "É inaplicável o princípio da insignificância nos crimes ou contravenções penais praticados contra a mulher no âmbito das relações domésticas."

– **Princípio da insignificância e infrações penais de menor potencial ofensivo:** Não se pode confundir a criminalidade de bagatela com as **infrações penais de menor potencial ofensivo,** definidas pelo art. 61 da Lei 9.099/1995, a saber, todas as contravenções penais e os crimes com pena privativa de liberdade em abstrato igual ou inferior a dois anos. Nessas últimas, não há falar em automática insignificância da conduta, notadamente porque a situação foi expressamente prevista no art. 98, I, da Constituição Federal, e regulamentada posteriormente pela legislação ordinária, revelando a existência de gravidade suficiente para justificar a intervenção estatal.

– **A questão do furto privilegiado:** No campo do furto, é preciso distinguir o princípio da insignificância da figura privilegiada (CP, art. 155, § 2.º). Nesta, a coisa é de pequeno valor (inferior a um salário mínimo), enquanto naquele seu valor é irrelevante para o Direito Penal, por não colocar em risco o bem jurídico penalmente tutelado. Este raciocínio é igualmente aplicável aos demais delitos contra o patrimônio que admitem o privilégio, a exemplo da apropriação indébita (CP, art. 170), do estelionato (CP, art. 171, § 1.º) e da receptação (CP, art. 180, § 5.º, *in fine*).

– **Princípio da insignificância e sua valoração pela autoridade policial:** A quem compete valorar a incidência do princípio da insignificância? Em outros termos, a autoridade policial pode deixar de efetuar a prisão em flagrante, por reputar presente a criminalidade de bagatela? O Superior Tribunal de Justiça entende que somente o Poder Judiciário é dotado de poderes para efetuar o reconhecimento do princípio da insignificância. Destarte, a autoridade policial está obrigada a efetuar a prisão em flagrante, cabendo-lhe submeter imediatamente a questão à autoridade judiciária competente. Com o devido respeito, ousamos discordar desta linha de pensamento, por uma simples razão: o princípio da insignificância afasta a tipicidade do fato. Logo, se o fato é atípico para a autoridade judiciária, também apresenta igual natureza para a autoridade policial. Não se pode conceber, exemplificativamente, a obrigatoriedade da prisão em flagrante no tocante à conduta de subtrair um único pãozinho, avaliado em poucos centavos, do balcão de uma padaria, sob pena de banalização do Direito Penal e do esquecimento de outros relevantes princípios, tais como o da intervenção mínima, da subsidiariedade, da proporcionalidade e da lesividade. Para nós, o mais correto é agir com prudência no caso concreto, acolhendo o princípio da insignificância quando a situação fática efetivamente comportar sua incidência.

– **Princípio da insignificância imprópria ou da criminalidade de bagatela imprópria:** De acordo com esse princípio, também sem previsão legal no Brasil, inexiste legitimidade na imposição da pena nas hipóteses em que, nada obstante a infração penal esteja indiscutivelmente caracterizada, a aplicação da reprimenda desponte como desnecessária e inoportuna. Em outras palavras, infração (crime ou contravenção penal) de bagatela imprópria é aquela que surge como relevante para o Direito Penal, pois apresenta desvalor da conduta e desvalor do resultado. O fato é típico e ilícito, o agente é dotado de culpabilidade e o Estado possui o direito de punir (punibilidade). Mas, após a prática do fato, a pena revela-se incabível no caso concreto, pois diversos fatores recomendam seu afastamento, tais como: sujeito com personalidade ajustada ao convívio social (primário e sem antecedentes criminais), colaboração com a Justiça, reparação do dano causado à vítima, reduzida reprovabilidade do comportamento, reconhecimento da culpa, ônus provocado pelo fato de ter sido processado ou preso provisoriamente etc. A análise da pertinência da bagatela imprópria há de ser realizada, obrigatoriamente, na situação fática, e jamais no plano abstrato. Nesse contexto, o fato real deve ser confrontado com um princípio basilar do Direito Penal, qual seja, o da **necessidade da pena**, consagrado no art. 59, *caput*, do Código Penal. O juiz, levando em conta as circunstâncias simultâneas e posteriores ao fato típico e ilícito cometido por agente culpável, deixa de aplicar a pena, pois falta interesse para tanto. Exemplo: "A" cometeu o crime de furto privilegiado (CP, art. 155, § 2.º). Dois anos depois do fato, sem ter ainda se verificado a prescrição, nota-se que ele não apresentou nenhum outro deslize em seu comportamento, razão pela qual a pena quiçá revela-se prescindível para atender às finalidades do Direito Penal. Veja-se que, ao contrário do que se verifica no princípio da insignificância (própria), o sujeito é regularmente processado. A ação penal precisa ser iniciada, mas a análise das circunstâncias do fato submetido ao crivo do Poder Judiciário recomenda a exclusão da pena. Destarte, a bagatela imprópria funciona como **causa supralegal de extinção da punibilidade**. Finalmente, é de se observar que a bagatela imprópria tem como pressuposto inafastável a não incidência do princípio da insignificância (própria). Com efeito, se o fato não era merecedor da tutela penal, em decorrência da sua atipicidade, descabe enveredar pela discussão acerca da necessidade ou não de pena.

2) Princípio da individualização da pena: Está previsto no art. 5.º, XLVI, da CF, e repousa no princípio de justiça segundo o qual se deve distribuir a cada indivíduo o que lhe cabe, de acordo com as circunstâncias específicas do seu comportamento. O princípio da individualização da pena desenvolve-se em três planos: **legislativo** – o legislador descreve o tipo penal e estabelece as sanções adequadas, indicando precisamente seus limites, mínimo e máximo, e também as circunstâncias aptas a aumentar ou diminuir as reprimendas cabíveis; **judicial** – efetivado pelo juiz, quando aplica a pena utilizando-se de todos os instrumentos fornecidos pelos autos da ação penal, em obediência ao sistema trifásico delineado pelo art. 68 do CP, ou ainda ao sistema bifásico inerente à sanção pecuniária (CP, art. 49); e **administrativo** – efetuado durante a execução da pena, quando o Estado deve zelar por cada condenado de forma singular, mediante tratamento penitenciário ou sistema alternativo no qual se afigure possível a integral realização das finalidades da pena: retribuição, prevenção geral e especial –, e ressocialização.

3) Princípio da alteridade: Criado por Claus Roxin, proíbe a incriminação de atitude meramente interna do agente, bem como do pensamento ou de condutas moralmente censuráveis, incapazes de invadir o patrimônio jurídico alheio. **Ninguém pode ser punido por causar mal apenas a si próprio,** pois uma das características inerentes ao Direito Penal moderno repousa na necessidade de intersubjetividade nas relações penalmente relevantes.

4) Princípio da confiança: trata-se de requisito para a existência do fato típico e se baseia na premissa de que todos devem esperar por parte das demais pessoas comportamentos responsáveis e em consonância com o ordenamento jurídico, almejando evitar danos a terceiros. Deve-se confiar que o comportamento dos outros se dará de acordo com as regras da experiência, levando-se em conta um juízo estatístico alicerçado naquilo que normalmente acontece (*id quod plerumque accidit*).

5) Princípio da adequação social: De acordo com esse princípio, que funciona como **causa supralegal de exclusão da tipicidade**, pela ausência da tipicidade material, não pode ser considerado criminoso o comportamento humano que, embora tipificado em lei, **não afrontar o sentimento social de Justiça.** É o caso, exemplificativamente, dos trotes acadêmicos moderados e da circuncisão realizada pelos judeus.

6) Princípio da intervenção mínima ou da necessidade: afirma ser legítima a intervenção penal apenas quando a criminalização de um fato se constitui **meio indispensável para a proteção de determinado bem ou interesse,** não podendo ser tutelado por outros ramos do ordenamento jurídico. A intervenção mínima tem como **destinatários principais o legislador** (que deve ser moderado no momento de eleger as condutas dignas de proteção penal, abstendo-se de incriminar qualquer comportamento) **e o intérprete do Direito** (que não deve proceder à operação de tipicidade quando constatar que a pendência pode ser satisfatoriamente resolvida com a atuação de outros ramos do sistema jurídico, em que pese a criação, pelo legislador, do tipo penal incriminador). É utilizado para amparar a corrente do **direito penal mínimo.** A compreensão daquilo que se entende por intervenção mínima varia de acordo com as correntes penais e com a interpretação dos operadores do Direito. O princípio da intervenção mínima subdivide-se em outros dois: fragmentariedade e subsidiariedade.

– **Princípio da fragmentariedade ou caráter fragmentário do Direito Penal:** Estabelece que nem todos os ilícitos configuram infrações penais, mas apenas os que **atentam contra valores fundamentais para a manutenção e o progresso do ser humano e da sociedade.** Em razão de seu caráter fragmentário, **o Direito Penal é a última etapa de proteção do bem jurídico.** Deve ser utilizado no **plano abstrato,** para o fim de permitir a criação de tipos penais somente quando os demais ramos do Direito tiverem falhado na tarefa de proteção de um bem jurídico, referindo-se, assim, à **atividade legislativa.** A palavra "**fragmentariedade**" emana de "**fragmento**": no universo da ilicitude, somente alguns blocos, alguns poucos fragmentos constituem-se em ilícitos penais. Pensemos em uma visão noturna: o céu representaria a ilicitude em geral; as estrelas seriam os ilícitos penais.

– **Princípio da subsidiariedade:** A atuação do Direito Penal é cabível unicamente quando os outros ramos do Direito e os demais meios estatais de controle social tiverem se revelado impotentes para o controle da ordem pública. Projeta-se no **plano concreto** – em sua **atuação prática** o Direito Penal somente se legitima quando os demais meios disponíveis já tiverem sido empregados, sem sucesso, para proteção do bem jurídico. Guarda relação com a tarefa de **aplicação da lei penal.**

7) Princípio da proporcionalidade: De acordo com tal princípio, também conhecido como **princípio da razoabilidade** ou da **convivência das liberdades públicas,** a criação de tipos penais incriminadores deve constituir-se em **atividade vantajosa** para os membros da sociedade, eis que impõe um ônus a todos os cidadãos, decorrente da ameaça de punição que a eles acarreta. Sua origem remonta à Magna Carta do Rei João sem Terra, de 1215. Nos moldes atuais, foi desenvolvido inicialmente na Alemanha, sob inspiração de pensamentos jusnaturalistas e iluministas, com os quais se afirmaram as ideias de que a limitação da liberdade individual só se justifica para a concretização de interesses coletivos superiores.[17] O princípio da proporcionalidade funciona como **forte barreira impositiva de limites ao legislador.** Por corolário, a lei penal que não protege um bem jurídico é ineficaz, por se tratar de intervenção excessiva na vida dos indivíduos em geral. Incide também na dosimetria da pena-base. Possui três destinatários: o **legislador (proporcionalidade abstrata),** o **juiz da ação penal (proporcionalidade concreta)** e os **órgãos da execução penal (proporcionalidade executória).** Modernamente, o princípio da proporcionalidade deve ser

---

[17] FERNANDES, Antonio Scarance. *Processo penal constitucional.* 4. ed. São Paulo: RT, 2005. p. 54.

analisado sobre uma dupla ótica. Inicialmente, constitui-se em **proibição ao excesso**, pois é vedada a cominação e aplicação de penas em dose exagerada e desnecessária (garantismo negativo). Se não bastasse, este princípio impede a **proteção insuficiente de bens jurídicos**, pois não tolera a punição abaixo da medida correta (garantismo positivo).[18]

8) Princípio da humanidade: apregoa a inconstitucionalidade da criação de tipos penais ou a cominação de penas que violam a incolumidade física ou moral de alguém. Dele resulta a impossibilidade de a pena passar da pessoa do condenado, com exceção de alguns efeitos extrapenais da condenação, como a obrigação de reparar o dano na esfera civil (CF, art. 5.º, XLV). Decorre da **dignidade da pessoa humana**, fundamento da República Federativa do Brasil consagrado no art. 1.º, III, da CF.

9) Princípio da ofensividade ou da lesividade: Não há infração penal quando a conduta não tiver oferecido ao menos **perigo de lesão ao bem jurídico**. Este princípio atende a manifesta exigência de **delimitação do Direito Penal**, tanto em nível legislativo como no âmbito jurisdicional.

– Ofensividade e porte ilegal de arma branca: No tocante à contravenção penal tipificada no art. 19 do Decreto-lei 3.688/1941 – Lei das Contravenções Penais, vigente no tocante ao **porte ilegal de arma branca**,[19] tutelam-se bens jurídicos relevantes, notadamente a segurança nacional, a incolumidade pública e a saúde das pessoas. O Supremo Tribunal Federal, ao decidir sobre a ofensividade desta contravenção penal, fixou a seguinte tese no **Tema 857 da Repercussão Geral**: "O art. 19 da Lei de Contravenções Penais permanece válido e é aplicável ao porte de arma branca, cuja potencialidade lesiva deve ser aferida com base nas circunstâncias do caso concreto, tendo em conta, inclusive, o elemento subjetivo do agente".[20]

10) Princípio da exclusiva proteção do bem jurídico: O Direito Penal moderno é o Direito Penal do bem jurídico. Nessa seara, o princípio da exclusiva proteção do bem jurídico veda ao Direito Penal a preocupação com as intenções e pensamentos das pessoas, do seu modo de viver ou de pensar, ou ainda de suas condutas internas, enquanto não exteriorizada a atividade delitiva. O Direito Penal se destina à tutela de bens jurídicos, não podendo ser utilizado para resguardar questões de ordem moral, ética, ideológica, religiosa, política ou semelhantes.[21] Com efeito, a função primordial do Direito Penal é a proteção de bens jurídicos fundamentais para a preservação e o desenvolvimento do indivíduo e da sociedade. O princípio da exclusiva proteção do bem jurídico não se confunde com o princípio da alteridade. Neste, há um bem jurídico a ser penalmente tutelado, mas pertencente exclusivamente ao responsável pela conduta legalmente prevista, razão pela qual o Direito Penal não está autorizado a intervir; naquele, por sua vez, não há interesse legítimo a ser protegido pelo Direito Penal.

11) Princípio da imputação pessoal: O Direito Penal não pode castigar um fato cometido por agente que atue sem culpabilidade. Em outras palavras, não se admite a punição quando se tratar de agente inimputável, sem potencial consciência da ilicitude ou de quem não se possa exigir conduta diversa. O fundamento da responsabilidade penal pessoal é a culpabilidade (*nulla poena sine culpa*).

---

[18] A doutrina moderna divide o garantismo penal em monocular e binocular (ou integral). O primeiro preocupa-se unicamente com os interesses do acusado. Em situações extremas, caracterizada pelo favorecimento exagerado aos anseios do agente, é rotulado como **hiperbólico monocular**; o segundo (binocular ou integral) volta sua atenção igualmente às pretensões do acusado e da sociedade.

[19] Os tipos penais atinentes às **armas de fogo** encontram-se disciplinados na Lei 10.826/2003 – Estatuto do Desarmamento.

[20] ARE 901.623/SP, rel. Min. Edson Fachin, redator do acórdão Min. Alexandre de Moraes, Plenário, j. 04.10.2024, noticiado no *Informativo* 1.153.

[21] O Direito Penal moderno é **secularizado**, ou seja, tanto na análise do crime como na imposição da sanção penal não se admite a confusão das normas jurídicas com valores morais e, principalmente, religiosos. A propósito, estatui o art. 19, I, da Constituição Federal: "Art. 19. É vedado à União, aos Estados, ao Distrito Federal e aos Municípios: I - estabelecer cultos religiosos ou igrejas, subvencioná-los, embaraçar-lhes o funcionamento ou manter com eles ou seus representantes relações de dependência ou aliança, ressalvada, na forma da lei, a colaboração de interesse público."

12) Princípio da responsabilidade pelo fato: Os tipos penais devem definir fatos, associando-lhes as penas respectivas, e não estereotipar autores em razão de alguma condição específica. Não se admite um **Direito Penal do autor**, mas somente um **Direito Penal do fato**. Ninguém pode ser punido exclusivamente por questões pessoais. Ao contrário, a pena se destina ao agente culpável condenado, após o devido processo legal, pela prática de um fato típico e ilícito.

13) Princípio da personalidade ou da intranscendência: Ninguém pode ser responsabilizado por fato cometido por terceira pessoa. Consequentemente, a pena não pode passar da pessoa do condenado (CF, art. 5.º, XLV).

14) Princípio da responsabilidade penal subjetiva: Nenhum resultado penalmente relevante pode ser atribuído a quem não o tenha produzido por dolo ou culpa. A disposição contida no art. 19 do CP exclui a responsabilidade penal objetiva.

15) Princípio do "*ne bis in idem*": Não se admite, em hipótese alguma, a **dupla punição pelo mesmo fato**. Com base nesse princípio foi editada a **Súmula 241 do STJ**: "A reincidência penal não pode ser considerada como circunstância agravante e, simultaneamente, como circunstância judicial". A reincidência como agravante genérica quando da prática de novo crime, contudo, não importa em violação desse princípio. A regra prevista no art. 61, I, do CP encontra-se em sintonia com o ordenamento jurídico em vigor, pois após ser definitivamente condenado o sujeito cometeu nova infração penal, demonstrando a necessidade de receber tratamento penal mais severo. Finalmente, a existência de duas ou mais ações penais, em searas judiciais diversas (ex.: Justiça Comum e Justiça Militar), pela suposta prática de fatos distintos, não acarreta violação a esse princípio.

16) Princípio da isonomia: Consagrou-se o princípio da isonomia, ou da igualdade, como a obrigação de tratar igualmente aos iguais, e desigualmente aos desiguais, na medida de suas desigualdades. No Direito Penal, importa em dizer que as pessoas (nacionais ou estrangeiras) em igual situação devem receber idêntico tratamento jurídico, e aquelas que se encontram em posições diferentes merecem um enquadramento diverso, tanto por parte do legislador como também pelo juiz.

○ **Crime – conceito:** O conceito de crime é o ponto de partida para a compreensão dos principais institutos do Direito Penal. O crime pode ser conceituado levando em conta três aspectos: material, legal e formal ou analítico. Sobre o conceito de crime, *ver comentários ao Título II – Do Crime*.

○ **Pena – conceito:** É a reação que uma comunidade politicamente organizada opõe a um fato que viola uma das normas fundamentais da sua estrutura e, assim, é definido na lei como crime. Trata-se de espécie de sanção penal consistente na privação ou restrição de determinados bens jurídicos do condenado, aplicada pelo Estado em decorrência do cometimento de uma infração penal, com as finalidades de castigar seu responsável, readaptá-lo ao convívio em comunidade e, mediante a intimidação endereçada à sociedade, evitar a prática de novos crimes ou contravenções penais. Sobre a pena, *ver comentários ao Título V – Das Penas*.

○ **Lei penal:** É a **fonte formal imediata** do Direito Penal, uma vez que, por expressa determinação constitucional, tem a si reservado, exclusivamente, o papel de criar infrações penais e cominar-lhes as penas respectivas. Sua estrutura apresenta um **preceito primário** (conduta) e outro **secundário** (pena). Deve-se observar que a lei penal não é proibitiva, mas **descritiva**. A legislação penal brasileira optou pela **proibição indireta**, descrevendo o fato como pressuposto da sanção. Essa técnica legislativa foi desenvolvida por **Karl Binding**, por ele chamada de **teoria das normas**, segundo a qual é necessária a distinção entre norma e lei penal. A norma cria o ilícito, a lei cria o delito. A conduta criminosa viola a norma, mas não a lei, pois o agente realiza exatamente a ação que esta descreve.

– **Classificação:** As leis penais podem ser: **(a) incriminadoras:** as que criam crimes e cominam penas, contidas na Parte Especial do CP e na legislação penal especial; **(b) não incriminadoras:** as que não criam crimes nem cominam penas. Subdividem-se em: **(b1) permissivas:** autorizam a prática de condutas típicas, ou seja, são as **causas de exclusão da ilicitude.** Em regra, estão previstas na Parte Geral, mas algumas são também encontradas na Parte Especial; **(b2) exculpantes:** estabelecem a não culpabilidade do agente ou ainda a impunidade de determinados delitos. Encontram-se comumente na Parte Geral, mas também podem ser identificadas na Parte Especial do CP; **(b3) interpretativas:** esclarecem o conteúdo e o significado de outras leis penais; **(b4) de aplicação, finais ou complementares:** delimitam o campo de validade das leis incriminadoras; **(b5) diretivas:** são as que estabelecem os princípios de determinada matéria; **(b6) integrativas ou de extensão:** são as que complementam a tipicidade no tocante ao nexo causal nos crimes omissivos impróprios, à tentativa e à participação (CP, arts. 13, § 2.º, 14, II, e 29, *caput*, respectivamente); **(c) completas ou perfeitas:** apresentam todos os elementos da conduta criminosa; **(d) incompletas ou imperfeitas:** reservam a complementação da definição da conduta criminosa a uma outra lei, a um ato da Administração Pública ou ao julgador. São as leis penais em branco, nos dois primeiros casos, e os tipos penais abertos, no último.

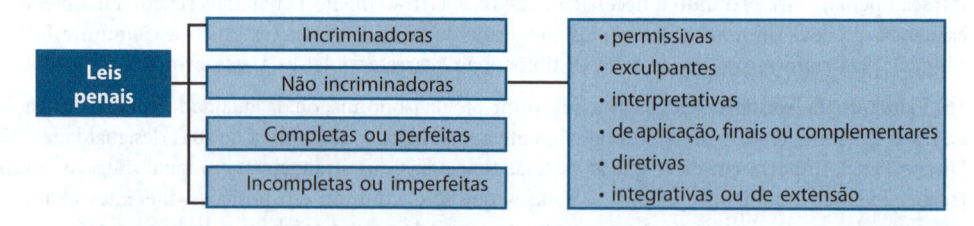

– **Características da Lei Penal: (a) Exclusividade:** só a lei pode criar delitos e penas (CF, art. 5.º, XXXIX, e CP, art. 1.º). **(b) Imperatividade:** o seu descumprimento acarreta a imposição de pena ou de medida de segurança, tornando obrigatório o seu respeito. **(c) Generalidade:** dirige-se indistintamente a todas as pessoas, inclusive aos inimputáveis. Destina-se a todas as pessoas que vivem sob a jurisdição do Brasil, estejam no território nacional ou no exterior. Justifica-se pelo caráter de coercibilidade que devem ter todas as leis em vigor, com efeito imediato e geral (LINDB, art. 6.º). **(d) Impessoalidade:** projeta os seus efeitos abstratamente a fatos futuros, para qualquer pessoa que venha a praticá-los. Há duas exceções, relativas às leis que preveem anistia e *abolitio criminis*, as quais alcançam fatos concretos. **(e) Anterioridade:** as leis penais incriminadoras apenas podem ser aplicadas se estavam em vigor quando da prática da infração penal, salvo no caso da retroatividade da lei benéfica.

– **Lei penal em branco:** Para Franz von Liszt, leis penais em branco são como **"corpos errantes em busca de alma"**. Existem fisicamente no universo jurídico, mas não podem ser aplicadas em razão de sua incompletude. A lei penal em branco é também denominada de **cega** ou **aberta**, e pode ser definida como a espécie de lei penal cuja definição da conduta criminosa reclama complementação, seja por outra lei, seja por ato da Administração Pública.²² O seu preceito secundário é completo, o que não se verifica no tocante ao primário, carente de implementação. Divide-se em: **(a) Lei penal em branco**

---

²² Utiliza-se a expressão **"lei penal em preto"** para se referir à lei penal completa, ou seja, aquela que não depende de nenhum tipo de complementação.

em sentido lato ou **homogênea**: o complemento tem a **mesma natureza jurídica** e provém do **mesmo órgão** que elaborou a lei penal incriminadora. Em síntese, o complemento consiste em outra lei. Podem ser **homovitelinas** – quando a lei a ser complementada e o complemento estão no mesmo diploma legislativo (ex.: art. 304 do CP), ou **heterovitelinas** – nas situações em que a lei a ser complementada e o complemento estão contidos em diplomas legais diversos (ex.: art. 236 do CP, pois é o Código Civil o instrumento responsável pela definição dos impedimentos matrimoniais); **(b) Lei penal em branco em sentido estrito** ou **heterogênea**: o complemento tem **natureza jurídica diversa** e emana de **órgão distinto** daquele que elaborou a lei penal incriminadora (ex.: art. 33, *caput*, da Lei 11.343/2006, pois a relação de drogas está prevista em portaria da ANVISA); **(c) Lei penal em branco inversa ou ao avesso**: o preceito primário é completo, mas o preceito secundário reclama complementação (ex.: crimes de genocídio – art. 1.º da Lei 2.889/1956). Nesse caso, o complemento deve ser obrigatoriamente uma lei, sob pena de violação ao princípio da reserva legal; **(d) Lei penal em branco de fundo constitucional**: o complemento do preceito primário constitui-se em norma constitucional (exs.: art. 246 do CP, complementado pelo art. 208 da CF, e art. 121, § 2.º, inc. VII, do CP, complementado pelos arts. 142 e 144 da CF). **(e) Lei penal em branco ao quadrado**: é aquela cujo complemento também depende de complementação. Um exemplo marcante encontra-se no art. 38 da Lei 9.605/1998 – Crimes Ambientais, cuja redação é a seguinte: "Destruir ou danificar floresta considerada de preservação permanente, mesmo que em formação, ou utilizá-la com infringência das normas de proteção." Esse dispositivo é complementado pelo art. 6.º da Lei 12.651/2012 – Código Florestal, que apresenta uma relação de áreas de preservação permanente e reclama nova complementação por ato do chefe do Poder Executivo.

– **A origem do complemento da lei penal em branco**: A competência para legislar sobre Direito Penal é privativa da União, a teor da regra contida no art. 22, I, da Constituição Federal. Em razão disso, questiona-se: o complemento da lei penal em branco deve ser produzido unicamente pela União, ou também pode advir dos Estados, Distrito Federal ou Municípios? Na tradição brasileira, o complemento normalmente tem origem na União. Nada impede, entretanto, seja tal complementação elaborada pelos Estados (ou Distrito Federal) ou Municípios. Além da excepcionalidade desta atuação complementar por tais entes federados, é imprescindível que a matéria versada no complemento tenha espaço assegurado na Constituição Federal, é dizer, que se trate de assunto de competência dos Estados, Distrito Federal e Municípios. Desta forma, respeitam-se o princípio da reserva legal e a competência da União para legislar sobre Direito Penal. De fato, o crime (e a pena) foi criado por lei federal, e somente sua complementação foi efetuada por unidade federativa diversa. Vejamos uma situação que ganhou importância com a pandemia decorrente da COVID-19. O art. 268 do Código Penal contempla o crime de infração de medida sanitária preventiva, com a seguinte conduta típica: "Infringir determinação do poder público, destinada a impedir introdução ou propagação de doença contagiosa." A expressão "determinação do poder público" muitas vezes consistiu em ordem proveniente de Estados e Municípios, a exemplo do *lockdown*, da obrigatoriedade de uso de máscaras faciais, da restrição ao funcionamento de estabelecimentos comerciais etc.[23] Exemplificativamente, se

---

[23] A Lei 13.979/2020 dispõe sobre as medidas para enfrentamento da emergência de saúde pública de importância internacional decorrente do coronavírus. De seu turno, a Lei 14.019/2020 alterou a Lei 13.979/2020 para, dentre outras finalidades, dispor sobre a obrigatoriedade do uso de máscaras de proteção individual para circulação em espaços públicos e privados acessíveis ao público, em vias públicas e em transportes públicos.

uma pessoa descumpriu, sem justa causa, a ordem de *lockdown* decretada no município em que reside, a ela deve ser imputado o mencionado delito contra a saúde pública. Nossa posição encontra-se em sintonia com a jurisprudência do Supremo Tribunal Federal.[24] Essa posição, que sustentamos desde o início da pandemia, foi posteriormente consagrada pelo Supremo Tribunal Federal, no **Tema 1.246 da Repercussão Geral**, com a seguinte tese: "O art. 268 do Código Penal veicula norma penal em branco que pode ser complementada por atos normativos infralegais editados pelos entes federados (União, Estados, Distrito Federal e Municípios), respeitadas as respectivas esferas de atuação, sem que isso implique ofensa à competência privativa da União para legislar sobre direito penal (CF, art. 22, I)."

– **Interpretação da lei penal:** Interpretação é a tarefa mental que procura estabelecer a vontade da lei, ou seja, o seu conteúdo e significado. A ciência que disciplina este estudo é a **hermenêutica jurídica**. A atividade prática de interpretação da lei é chamada de **exegese**. A interpretação sempre é necessária, ainda que a lei se mostre, inicialmente, inteiramente clara, pois podem surgir dúvidas quanto ao seu efetivo alcance. Pode a interpretação ser classificada levando-se em conta o sujeito responsável pela sua realização, os meios de que se serve o intérprete e, por último, os resultados obtidos.

1) Quanto ao sujeito (cuida-se do sujeito ou órgão que realiza a interpretação, classificando-se em autêntica, judicial e doutrinária): (a) **autêntica** ou **legislativa** é aquela de que se incumbe o próprio legislador, quando edita uma lei com o propósito de esclarecer o alcance e o significado de outra. É chamada de interpretativa e tem natureza cogente, obrigatória, dela não podendo se afastar o intérprete. Por se limitar à interpretação, tem eficácia **retroativa** (*ex tunc*), ainda que seja mais gravosa ao réu. Em respeito à força e à autoridade da coisa julgada, por óbvio não atinge os casos já definitivamente julgados. Pode ser **contextual**, quando se situa no próprio corpo da lei a ser interpretada, ou **posterior**, quando surge ulteriormente; (b) **doutrinária** ou **científica** é a **interpretação** exercida pelos doutrinadores, escritores e articulistas, **enfim,** comentadores do texto legal. Não tem força obrigatória e vinculante, em hipótese alguma. A **Exposição de Motivos** do CP deve ser encarada como **interpretação doutrinária**, e não autêntica, por não fazer parte da estrutura da lei; e (c) **judicial ou jurisprudencial é a interpretação executada pelos membros do Poder Judiciário, na decisão dos litígios que lhes são submetidos. Sua reiteração constitui a jurisprudência. Em regra, não tem força obrigatória, salvo em três casos: (a) na situação concreta, em virtude da formação da coisa julgada material; (b) quando constituir súmula vinculante (CF, art. 103-A); e (c) nas demais hipóteses previstas no art. 927 do Código de Processo Civil.**[25]

2) Quanto aos meios ou métodos (quanto ao meio de que se serve o intérprete para descobrir o significado da lei penal): (a) **gramatical**, **literal** ou **sintática** é a que flui da acepção literal das palavras contidas na lei. Despreza quaisquer outros elementos que não os visíveis na singela leitura do texto legal. É a mais precária, em face da ausência de técnica científica; e (b) **lógica**, ou **teleológica**, é aquela realizada com a finalidade de desvendar a genuína vontade manifestada na lei, nos moldes do art. 5.º da LINDB. É mais profunda e, consequentemente, merecedora de maior grau de confiabilidade.

---

[24] STF: ADI 6.341 MC-Ref/DF, rel. Min. Marco Aurélio, red. p/ o ac. Min. Edson Fachin, Plenário, j. 15.04.2020, noticiado no *Informativo* 973.

[25] "Art. 927. Os juízes e os tribunais observarão: I – as decisões do Supremo Tribunal Federal em controle concentrado de constitucionalidade; II – os enunciados de súmula vinculante; III – os acórdãos em incidente de assunção de competência ou de resolução de demandas repetitivas e em julgamento de recursos extraordinário e especial repetitivos; IV – os enunciados das súmulas do Supremo Tribunal Federal em matéria constitucional e do Superior Tribunal de Justiça em matéria infraconstitucional; V – a orientação do plenário ou do órgão especial aos quais estiverem vinculados."

3) Quanto ao resultado (refere-se à conclusão extraída pelo intérprete): (a) **declaratória, declarativa** ou **estrita** é aquela que resulta da perfeita sintonia entre o texto da lei e a sua vontade. Nada resta a ser retirado ou acrescentado; (b) **extensiva** é a que se destina a corrigir uma fórmula legal excessivamente estreita. A lei disse menos do que desejava (*minus dixit quam voluit*). Amplia-se o texto da lei, para amoldá-lo à sua efetiva vontade. Por se tratar de mera atividade interpretativa, buscando o efetivo alcance da lei, é possível a sua utilização até mesmo em relação àquelas de natureza incriminadora; e (c) **restritiva** é a que consiste na diminuição do alcance da lei, concluindo-se que a sua vontade, manifestada de forma ampla, não permite que seja atribuído à sua letra todo o sentido que em tese poderia ter. A lei disse mais do que desejava (*plus dixit quam voluit*).

4) Interpretação progressiva, adaptativa ou **evolutiva:** a que busca amoldar a lei à realidade atual. Evita a constante reforma legislativa e se destina a acompanhar as mudanças da sociedade.

5) Interpretação analógica ou "intra legem": a que se verifica quando a lei contém em seu bojo uma **fórmula casuística** seguida de uma **fórmula genérica**. É necessária para possibilitar a aplicação da lei aos inúmeros e imprevisíveis casos que as situações práticas podem apresentar. É o que se dá no art. 121, § 2.º, inc. I, do CP, pois o homicídio é qualificado pela paga ou promessa de recompensa (fórmula casuística) ou por outro motivo torpe (fórmula genérica).

– **Analogia:** Não se trata de interpretação da lei penal. De fato, sequer há lei a ser interpretada. Cuida-se, portanto, de **integração** ou **colmatação do ordenamento jurídico**. A lei pode ter lacunas, mas não o ordenamento jurídico. Também conhecida como **integração analógica** ou **suplemento analógico**, é a aplicação, ao caso não previsto em lei, de lei reguladora de caso semelhante. No Direito Penal, somente pode ser utilizada em relação às leis não incriminadoras, em respeito ao princípio da reserva legal. Seu fundamento repousa na exigência de igual tratamento aos casos semelhantes. Por razões de justiça, fatos similares devem ser tratados da mesma maneira (*ubi eadem ratio ibi eadem iuris dispositio*). A analogia contém as seguintes espécies: (a) **Analogia *in malam partem*,** é aquela pela qual se aplica ao caso omisso uma lei maléfica ao réu, disciplinadora de situação semelhante. Não é admitida no Direito Penal, em homenagem ao princípio da reserva legal. (b) **Analogia *in bonam partem*,** é aquela pela qual se aplica ao caso omisso uma lei favorável ao réu, reguladora de caso semelhante. É possível no Direito Penal, exceto no que diz respeito às leis excepcionais, que não admitem analogia, justamente por seu caráter extraordinário. (c) **Analogia legal,** ou *legis*, é aquela em que se aplica ao caso omisso uma lei que trata de caso semelhante. (d) **Analogia jurídica,** ou *juris*, é aquela em que se aplica ao caso omisso um princípio geral do direito.

○ **Jurisprudência selecionada:**

Analogia *in malam partem* – inadmissibilidade: "Não é possível abranger como criminosas condutas que não tenham pertinência em relação à conformação estrita do enunciado penal. Não se pode pretender a aplicação da analogia para abarcar hipótese não mencionada no dispositivo legal (analogia *in malam partem*). Deve-se adotar o fundamento constitucional do princípio da legalidade na esfera penal" (STF: Inq. 1.145/PB, rel. Min. Maurício Corrêa, Tribunal Pleno, j. 19.12.2006).

Interpretação da lei penal – princípio da reserva legal – limites ao magistrado: "Não cabe ao Julgador aplicar uma norma, por assemelhação, em substituição a outra validamente existente, simplesmente por entender que o legislador deveria ter regulado a situação de forma diversa da que adotou; não se pode, por analogia, criar sanção que o sistema legal não haja determinado, sob pena de violação do princípio da reserva legal" (STJ: REsp 956.876/RS, rel. Min. Napoleão Nunes Maia Filho, 5.ª Turma, j. 23.08.2007).

Lei penal em branco – complementação por ato normativo estadual, distrital ou municipal – constitucionalidade – Covid-19 – Tema 1.246 da Repercussão Geral: "A complementação de norma penal em branco por ato normativo estadual, distrital ou municipal, para aplicação do tipo de infração de medida sanitária preventiva (Código Penal, art. 268), não viola a competência privativa da União para legislar sobre direito penal (CF/1988, art. 22, I). O art. 268 do Código Penal veicula, em sua redação, o preceito primário incriminador, isto é, o núcleo essencial da conduta punível, de modo que a União exerceu, de forma legítima e com objetivo de salvaguardar a incolumidade da saúde pública, sua competência privativa de legislar sobre direito penal. No entanto, o referido tipo penal configura norma penal em branco heterogênea, razão pela qual necessita de complementação por atos normativos infralegais, tais como decretos, portarias e resoluções. Na espécie, essa complementação se faz mediante ato do poder público, compreendida a competência de quaisquer dos entes federados. Ademais, ela não se reveste de natureza criminal, mas, via de regra, administrativa e técnico-científica, o que justifica a possibilidade de edição do ato normativo suplementador pelo ente federado com competência administrativa para tanto. Nesse contexto, de acordo com o entendimento desta Corte, a competência para proteção da saúde, no plano administrativo e no legislativo, é compartilhada entre a União, o Distrito Federal, os estados e os municípios, inclusive para impor medidas restritivas destinadas a impedir a introdução ou propagação de doença contagiosa. Assim, o descumprimento das medidas e dos atos normativos de controle epidemiológico previstos na Lei 13.979/2020, editados pelos entes federados em prol da incolumidade pública, enseja consequências no campo do direito penal" (STF: ARE 1.418.846/RS, rel. Min. Rosa Weber, Plenário, j. 24.03.2023, noticiado no *Informativo* 1.088).

Lei penal em branco em sentido estrito ou heterogênea – validade: "De outro lado, não há como se aceitar a alegação de que a lei penal em questão exigiria complemento de lei formal, uma vez que o próprio art. 4º, § 2º, da Lei 8.176/1991, estabelece que caberá ao Poder Executivo estabelecer 'as normas que regulamentarão o Sistema Nacional de Estoques de Combustíveis e o Plano Anual de Estoques Estratégicos de Combustíveis'. Desta forma, resta clara a desnecessidade de tais normas serem estabelecidas mediante lei em sentido formal" (STJ: RHC 21.624/SP, rel. Min. Felix Fischer, 5.ª Turma, j. 07.02.2008).

Mandados constitucionais de criminalização: "A Constituição de 1988 contém significativo elenco de normas que, em princípio, não outorgam direitos, mas que, antes, determinam a criminalização de condutas (CF, art. 5º, XLI, XLII, XLIII, XLIV; art. 7º, X; art. 227, § 4º). Em todas essas é possível identificar um mandado de criminalização expresso, tendo em vista os bens e valores envolvidos. Os direitos fundamentais não podem ser considerados apenas proibições de intervenção, expressando também um postulado de proteção" (STF: HC 102.087/MG, rel. Min. Celso de Mello, red. p/ acórdão Min. Gilmar Mendes, 2.ª Turma, j. 28.02.2012).

Princípio da adequação social: "A existência de lei regulamentando a atividade dos camelôs não conduz ao reconhecimento de que o descaminho é socialmente aceitável" (STJ: HC 45.153/SC, rel. Min. Maria Thereza de Assis Moura, 6.ª Turma, j. 30.10.2007).

Princípio da adequação social – natureza jurídica – causa supralegal de exclusão da tipicidade – ausência de tipicidade material: "É incabível a aplicação do princípio da adequação social, segundo o qual, dada a natureza subsidiária e fragmentária do direito penal, não se pode reputar como criminosa uma ação ou uma omissão aceita e tolerada pela sociedade, ainda que formalmente subsumida a um tipo legal incriminador. Possuir diversas armas de fogo e munições, de uso permitido, com certificados vencidos há mais de um ano e meio e que só vieram a ser apreendidas pelo Estado após cumprimento de mandado de busca e apreensão exarado pelo Juizado de Violência Doméstica e Familiar, não é uma conduta adequada no plano ético" (STJ: RHC 60.611/DF, rel. Min. Rogerio Schietti Cruz, 6.ª Turma, j. 15.09.2015).

Princípio da alteridade: "É da índole do Direito Penal moderno o princípio da exclusiva tutela de bens jurídicos, os quais se notabilizam pela alteridade. *In casu*, recebeu-se a denúncia apontando que o paciente teria funcionado, ao mesmo tempo, como emissor de determinação de controle ambiental e como responsável pelo seu descumprimento, a acoimar a exordial acusatória de carência de justa causa, em razão do não comparecimento da elementar descumprimento de determinação de autoridade competente" (STJ: HC 81.175/SC, rel. Min. Maria Thereza de Assis Moura, 6.ª Turma, j. 09.11.2010).

Princípio da fragmentariedade: "Não se pode olvidar o caráter fragmentário de que se reveste o direito penal, que só deve ser acionado quando os outros ramos do direito não sejam suficientes para a proteção dos bens jurídicos envolvidos" (STF: HC 86.553/SC, rel. Min. Joaquim Barbosa, 2.ª Turma, j. 07.03.2006).

Princípio da insignificância – agente portador de maus antecedentes – possibilidade: "Aplica-se o princípio da insignificância à conduta formalmente tipificada como furto tentado consistente na tentativa de subtração de chocolates, avaliados em R$ 28,00, pertencentes a um supermercado e integralmente recuperados, ainda que o réu tenha, em seus antecedentes criminais, registro de uma condenação transitada em julgado pela prática de crime da mesma natureza. A intervenção do Direito Penal há de ficar reservada para os casos realmente necessários. Para o reconhecimento da insignificância da ação, não se pode levar em conta apenas a expressão econômica da lesão. Todas as peculiaridades do caso concreto devem ser consideradas, como, por exemplo, o grau de reprovabilidade do comportamento do agente, o valor do objeto, a restituição do bem, a repercussão econômica para a vítima, a premeditação, a ausência de violência e o tempo do agente na prisão pela conduta. Nem a reincidência nem a reiteração criminosa, tampouco a habitualidade delitiva, são suficientes, por si sós e isoladamente, para afastar a aplicação do denominado princípio da insignificância. Nesse contexto, não obstante a certidão de antecedentes criminais indicar uma condenação transitada em julgado em crime de mesma natureza, na situação em análise, a conduta do réu não traduz lesividade efetiva e concreta ao bem jurídico tutelado. Ademais, há de se ressaltar que o mencionado princípio não fomenta a atividade criminosa. São outros e mais complexos fatores que, na verdade, têm instigado a prática delitiva na sociedade moderna" (STJ: HC 299.185/SP, rel. Min. Sebastião Reis Júnior, 6.ª Turma, j. 09.09.2014, noticiado no *Informativo* 548).

Princípio da insignificância – análise das condições da vítima: "1. O pequeno valor da *res furtiva* não se traduz, automaticamente, na aplicação do princípio da insignificância. Além do valor monetário, deve-se conjugar as circunstâncias e o resultado do crime, tudo de modo a determinar se houve relevante lesão jurídica. Precedentes do STF. 2. Tendo o fato criminoso ocorrido contra vítima analfabeta e de 68 anos de idade, que teve seu dinheiro sacado do bolso de sua calça, em via pública, em plena luz do dia, é inviável a afirmação do desinteresse estatal à sua repressão. Precedentes. 3. O princípio da bagatela, ou do desinteresse penal, consectário do corolário da intervenção mínima, deve se aplicado com parcimônia, restringindo-se apenas às condutas sem tipicidade penal, desinteressantes ao ordenamento positivo, o que não é o caso dos autos" (STJ: REsp 835.553/RS, rel. Min. Laurita Vaz, 5.ª Turma, j. 20.03.2007).

Princípio da insignificância – análise do caso concreto: "I. A aplicação do princípio da insignificância requer o exame das circunstâncias do fato e daquelas concernentes à pessoa do agente, sob pena de restar estimulada a prática reiterada de furtos de pequeno valor. II. A verificação da lesividade mínima da conduta, apta a torná-la atípica, deve levar em consideração a importância do objeto material subtraído, a condição econômica do sujeito passivo, assim como as circunstâncias e o resultado do crime, a fim de se determinar, subjetivamente, se houve ou não relevante lesão ao bem jurídico tutelado. III. Hipótese em que o bem subtraído possui importância reduzida, devendo ser ressaltada a condição econômica do sujeito passivo, pessoa jurídica, que recuperou o bem furtado, inexistindo, portanto, percussão social ou econômica. IV. Não obstante o valor da *res furtiva* não ser parâmetro único à aplicação do princípio da insignificância, as circunstâncias e o resultado do crime em questão demonstram a ausência de relevância penal da conduta, razão pela qual deve se considerar a hipótese de delito de bagatela" (STJ: REsp 1.218.765/MG, rel. Min. Gilson Dipp, 5.ª Turma, j. 01.03.2011).

Princípio da insignificância – análise do caso concreto – reincidência e crime qualificado – não cabimento: "A incidência do princípio da insignificância deve ser feita caso a caso. Essa a orientação do Plenário ao concluir julgamento conjunto de três *habeas corpus* impetrados contra julgados que mantiveram a condenação dos pacientes por crime de furto e afastaram a aplicação do mencionado princípio — v. Informativo 771. No HC 123.108/MG, o paciente fora condenado à pena de um ano de reclusão e dez dias-multa pelo crime de furto simples de chinelo avaliado em R$ 16,00. Embora o bem tenha sido restituído à vítima, o tribunal local não substituíra a pena privativa de liberdade por restritiva de direitos em razão da reincidência. Nesse caso, o Colegiado, por decisão majoritária, denegou a ordem, mas concedeu *habeas corpus* de ofício para fixar o regime aberto para cumprimento de pena. No HC 123.533/SP, a paciente fora condenada pela prática de furto qualificado de dois sabonetes líquidos íntimos avaliados em R$ 40,00. O tribunal de origem não aplicara o princípio da insignificância em razão do concurso de agentes e a condenara a um ano e dois meses de reclusão, em regime semiaberto e cinco dias-multa. Na espécie, o Pleno, por maioria, denegou a ordem, mas concedeu *habeas corpus* de ofício para fixar o regime aberto para cumprimento de pena. Por fim, no HC 123.734/MG, o paciente fora sentenciado pelo furto de 15 bombons caseiros, avaliados em R$ 30,00. Condenado à pena de detenção em regime inicial aberto, a pena fora substituída por prestação de serviços à comunidade e, não obstante reconhecida a primariedade do réu e a ausência de prejuízo à vítima, o juízo de piso afastara a incidência do princípio da insignificância porque o furto fora praticado mediante escalada e com rompimento de obstáculo. No caso, o Colegiado, por decisão majoritária, denegou a ordem. O Plenário aduziu ser necessário ter presentes as consequências jurídicas e sociais que decorrem do juízo de atipicidade resultante da aplicação do princípio da insignificância. Negar a tipicidade significaria afirmar que, do ponto de vista penal, as condutas seriam lícitas. Além disso, a alternativa de reparação civil da vítima seria possibilidade meramente formal e inviável no mundo prático. Sendo assim, a conduta não seria apenas penalmente lícita, mas imune a qualquer espécie de repressão. Isso estaria em descompasso com o conceito social de justiça, visto que as condutas em questão, embora pudessem ser penalmente irrelevantes, não seriam aceitáveis socialmente. Ante a inação estatal, poder-se-ia chegar à lamentável consequência da justiça privada. Assim, a pretexto de favorecer o agente, a imunização de sua conduta pelo Estado o deixaria exposto a uma situação com repercussões imprevisíveis e mais graves. Desse modo, a aferição da insignificância como requisito negativo da tipicidade, mormente em se tratando de crimes contra o patrimônio, envolveria juízo muito mais abrangente do que a simples expressão do resultado da conduta. Importaria investigar o desvalor da ação criminosa em seu sentido amplo, traduzido pela ausência de periculosidade social, pela mínima ofensividade e pela ausência de reprovabilidade, de modo a impedir que, a pretexto da insignificância do resultado meramente material, acabasse desvirtuado o objetivo do legislador quando formulada a tipificação legal. Aliás, as hipóteses de irrelevância penal não teriam passado despercebidas pela lei, que conteria dispositivos a contemplar a mitigação da pena ou da persecução penal. Para se conduzir à atipicidade da conduta, portanto, seria necessário ir além da irrelevância penal prevista em lei. Seria indispensável averiguar o significado social da ação, a adequação da conduta, a fim de que a finalidade da lei fosse alcançada" (STF: HC 123.108/MG, rel. Min. Roberto Barroso, Plenário, j. 03.08.2015, noticiado no *Informativo* 793).

Princípio da insignificância – análise do direito positivo: "A 1ª Turma indeferiu, em julgamento conjunto, *habeas corpus* nos quais se postulava trancamento de ação penal em virtude de alegada atipicidade material da conduta. Ademais, cassou-se a liminar anteriormente deferida em um deles (HC 110.932/RS). Tratava-se, no HC 109.183/RS, de condenado por furtar, com rompimento de obstáculo, bens avaliados em R$ 45,00, equivalente a 30% do salário mínimo vigente à época. No HC 110.932/RS, de acusado por, supostamente, subtrair, mediante concurso de pessoas, bicicleta estimada em R$ 128,00, correspondente a 50% do valor da cesta básica da capital gaúcha em outubro de 2008. Mencionou-se que o Código Penal, no art. 155, § 2º, ao se referir ao pequeno valor da coisa furtada, disciplinaria critério de fixação da pena – e não de exclusão da tipicidade –, quando se tratasse de furto simples. Consignou-se que o princípio da insignificância não haveria de ter como parâmetro tão só o valor da *res furtiva*, devendo ser analisadas as circunstâncias do fato e o reflexo da conduta do agente no âmbito da sociedade, para decidir sobre seu efetivo enquadramento na hipótese de crime de bagatela. Discorreu-se que o legislador ordinário, ao qualificar a conduta incriminada, teria apontado o grau de afetação social do crime, de sorte que a relação existente entre o texto e o contexto – círculo hermenêutico – não poderia conduzir o intérprete à inserção de norma não abrangida pelos signos do texto legal. Assinalou-se que, consectariamente, as condutas imputadas aos autores não poderiam ser consideradas como inexpressivas ou de menor afetação social, para fins penais, adotando-se tese de suas atipicidades em razão do valor dos bens subtraídos. O Min. Luiz Fux, relator, ponderou que não se poderia entender atípica figura penal que o Código assentasse típica, porquanto se atuaria como legislador positivo. Aduziu que, por menor, ou maior, que fosse o direito da parte, seria sempre importante para aquela pessoa que perdera o bem. Aludiu à solução com hermenêutica legal. O Min. Marco Aurélio complementou que a atuação judicante seria vinculada ao direito posto. Enfatizou haver balizamento em termos de reprimenda no próprio tipo penal. Admoestou que o furto privilegiado dependeria da primariedade do agente e, na insignificância, esta poderia ser colocada em segundo plano. O Min. Dias Toffoli subscreveu a conclusão do julgamento, tendo em conta as circunstâncias específicas de cada caso. Ante as particularidades das situações em jogo, a Min. Rosa Weber, acompanhou o relator, porém sem adotar a fundamentação deste. Vislumbrava que o Direito Penal não poderia – haja vista os princípios da interferência mínima do Estado e da fragmentariedade – atuar em certas hipóteses" (STF: HC 109.183/RS, rel. Min. Luiz Fux, 1.ª Turma, j. 12.06.2012 e HC 110.932/RS, rel. Min. Luiz Fux, 1.ª Turma, j. 12.06.2012, noticiados no *Informativo* 670).

Princípio da insignificância – apropriação indébita previdenciária – inaplicabilidade: "I – A aplicação do princípio da insignificância de modo a tornar a conduta atípica exige sejam preenchidos, de forma concomitante, os seguintes requisitos: (i) mínima ofensividade da conduta do agente; (ii) nenhuma periculosidade social da ação; (iii) reduzido grau de reprovabilidade do comportamento; e (iv) relativa inexpressividade da lesão jurídica. II - No caso sob exame, não há falar em reduzido grau de reprovabilidade da conduta, uma vez que o delito em comento atinge bem jurídico de caráter supraindividual, qual seja, o patrimônio da previdência social ou a sua subsistência financeira. Precedente. III - Segundo relatório do Tribunal de Contas da União, o déficit registrado nas contas da previdência no ano de 2009 já supera os quarenta bilhões de reais. IV - Nesse contexto, inviável reconhecer a atipicidade material da conduta do paciente, que contribui para agravar o quadro deficitário da previdência social" (STF: HC 100.938/SC, rel. Min. Ricardo Lewandowski, 1.ª Turma, j. 22.06.2010).

Princípio da insignificância – ato infracional – furto de pequena monta – aplicabilidade: "Ante a incidência do princípio da insignificância, a 2ª Turma, por maioria, concedeu *habeas corpus* para trancar ação movida contra menor representado pela prática de ato infracional análogo ao crime de furto simples tentado (niqueleira contendo cerca de R$ 80,00). De início, esclareceu-se que o paciente, conforme depreender-se-ia dos autos, seria usuário de drogas e possuiria antecedentes pelo cometimento de outros atos infracionais. Em seguida, destacou-se a ausência de efetividade das medidas socioeducativas anteriormente impostas. Rememorou-se entendimento da Turma segundo o qual as medidas previstas no ECA teriam caráter educativo, preventivo e protetor, não podendo o Estado ficar impedido de aplicá-las (HC 98.381/RS, *DJe* 20.11.2009). Resolveu-se, no entanto, que incidiria o princípio da bagatela à espécie. Asseverou-se não ser razoável que o direito penal e todo o aparelho do Estado-polícia e do Estado-juiz movimentassem-se no sentido de atribuir relevância típica a furto tentado de pequena monta quando as circunstâncias do delito dessem conta de sua singeleza e miudez" (STF: HC 112.400/RS, rel. Min. Gilmar Mendes, 2.ª Turma, j. 22.05.2012, noticiado no *Informativo* 667).

Princípio da insignificância – ausência de habitualidade: "1. O pequeno valor da *res furtiva* não se traduz, automaticamente, na aplicação do princípio da insignificância. Há que se conjugar a importância do objeto material para a vítima, levando-se em consideração a sua condição econômica, o valor sentimental do bem, como também as circunstâncias e o resultado do crime, tudo de modo a determinar, subjetivamente, se houve relevante lesão. Precedente desta Corte.

2. Consoante se constata dos termos da peça acusatória, a paciente foi flagrada fazendo uma única ligação clandestina em telefone público. Assim, o valor da *res furtiva* pode ser considerado ínfimo, a ponto de justificar a aplicação do Princípio da Insignificância ou da Bagatela, ante a falta de justa causa para a ação penal. 3. Não há notícia de reiteração ou habitualidade no cometimento da mesma conduta criminosa, sendo que a existência de outro processo em andamento não serve como fundamento para a inaplicabilidade do princípio da insignificância, em respeito aos princípios do estado democrático de direito, notadamente ao da presunção da inocência" (STJ: HC 60.949/PE, rel. Min. Laurita Vaz, 5.ª Turma, j. 20.11.2007).

Princípio da insignificância – Bolsa Família – inaplicabilidade: "Não há se falar em incidência do princípio da insignificância na hipótese em que a paciente, em tese, mediante fraude, obteve dos cofres públicos, a título de recebimento de benefício do programa assistencial Bolsa Família, de valor que ultrapassa aquilo que seria considerado como penalmente irrelevante" (STJ: HC 85.739/PR, rel. Min. Felix Fischer, 5.ª Turma, j. 28.11.2007).

Princípio da insignificância – coisa de pequeno valor – distinção com valor insignificante – caracterização do furto privilegiado: "Não se deve confundir bem de pequeno valor com o de valor insignificante, o qual, necessariamente, exclui o crime ante a ausência de ofensa ao bem jurídico tutelado, qual seja, o patrimônio. O bem de pequeno valor pode caracterizar o furto privilegiado previsto no § 2º do art. 155 do CP, apenado de forma mais branda, compatível com a lesividade da conduta. Além disso, o STF já decidiu que, mesmo nas hipóteses de restituição do bem furtado à vítima, não se justifica irrestritamente a aplicação do princípio da insignificância, mormente se o valor do bem objeto do crime tem expressividade econômica" (STJ: REsp 1.239.797/RS, Rel. Min. Laurita Vaz, 5.ª Turma, j. 16.10.2012, noticiado no *Informativo* 506). *No mesmo sentido:* STJ: REsp 984.723/RS, Rel. Min. Og Fernandes, 6.ª Turma, j. 11.11.2008; e STJ: HC 135.451/RS, rel. Min. Laurita Vaz, 5.ª Turma, j. 15.09.2009; STJ: HC 154.949/MG, rel. Min. Felix Fischer, 5.ª Turma, j. 03.08.2010; e STJ: REsp 746.854/RS, rel. Min. Laurita Vaz, 5.ª Turma, j. 28.02.2008.

Princípio da insignificância – condições da vítima: "Consoante a jurisprudência do STJ, 'a verificação da lesividade mínima da conduta, apta a torná-la atípica, deve levar em consideração não só o valor econômico e a importância do objeto material subtraído, mas também a condição econômica da vítima e as circunstâncias e consequências do delito cometido, a fim de se determinar se houve ou não relevante lesão ao bem jurídico tutelado'" (STJ: HC 247.349/MS, rel. Min. Assusete Magalhães, 6.ª Turma, j. 19.02.2013).

Princípio da insignificância – contrabando – aplicabilidade em situações excepcionais: "A importação de pequena quantidade de medicamento destinado a uso próprio denota a mínima ofensividade da conduta do agente, a ausência de periculosidade social da ação, o reduzidíssimo grau de reprovabilidade do comportamento e a inexpressividade da lesão jurídica, tudo a autorizar a excepcional aplicação do princípio da insignificância" (STJ: EDcl no AgRg no REsp 1.708.371/PR, rel. Min. Joel Ilan Paciornik, 5.ª Turma, j. 24.04.2018).

Princípio da insignificância – contrabando – arma de pressão – inaplicabilidade: "A importação de arma de pressão por ação de gás comprimido, ainda que de calibre inferior a 6 mm, configura o crime de contrabando, sendo inaplicável o princípio da insignificância. Com base nessa orientação, a Segunda Turma, por maioria e em conclusão de julgamento, denegou a ordem em *habeas corpus* no qual se discutia a tipificação da conduta de réu surpreendido pela Polícia Rodoviária Federal em poder de arma de pressão importada, de baixo calibre, desacompanhada da respectiva documentação (Informativo 929). A Turma ressaltou que a redação originária do art. 334 do Código Penal previa que o 'contrabando' ocorreria quando importada ou exportada 'mercadoria proibida'. Já o inciso LXIX do art. 3º e o art. 8º do Decreto 3.665/2000 referem-se à arma de pressão como produto controlado pelo Exército, submetido também à Portaria 2/2010 do Ministério da Defesa. Essa situação jurídica se enquadra na denominada 'proibição relativa'. O contrabando requer, assim, a importação ou exportação de mercadoria proibida. No descaminho, o que a lei discrimina é o ato de burlar, iludir, total ou parcialmente, o pagamento de direito ou imposto devido pela entrada ou saída de produto. Na espécie, a conduta verificada não consiste em apenas desembaraço alfandegário. Em realidade, a autorização prévia da autoridade competente era necessária, mas não ocorreu, o que configurou o crime de contrabando. A Turma salientou que o princípio da insignificância não deve ser aplicado, porquanto, além do interesse econômico, estão envolvidos no caso outros bens jurídicos relevantes à Administração Pública, como a segurança e a tranquilidade" (STF: HC 131.943/RS, rel. Min. Gilmar Mendes, red. p/ o ac. Min. Edson Fachin, 1.ª Turma, j. 07.05.2019, noticiado no *Informativo* 939). *No mesmo sentido*: STJ: REsp 1.427.796/RS, rel. Min. Maria Thereza de Assis Moura, 6.ª Turma, j. 14.10.2014, noticiado no *Informativo* 551.

Princípio da insignificância – contrabando – inaplicabilidade: "A 2ª Turma denegou *habeas corpus* em que se requeria a aplicação do princípio da insignificância em favor de pacientes surpreendidos ao portarem cigarros de origem estrangeira desacompanhados de regular documentação. De início, destacou-se a jurisprudência do STF no sentido da incidência do aludido postulado em casos de prática do crime de descaminho, quando o valor sonegado não ultrapassar o montante de R$ 10.000,00 (Lei 10.522/2002, art. 20). Em seguida, asseverou-se que a conduta configuraria contrabando, uma vez que o objeto material do delito em comento tratar-se-ia de mercadoria proibida. No entanto, reputou-se que não se cuidaria de, tão somente, sopesar o caráter pecuniário do imposto sonegado, mas, principalmente, de tutelar, entre outros bens jurídicos, a saúde pública. Por fim, consignou-se não se aplicar, à hipótese, o princípio da insignificância, pois neste tipo penal o desvalor da ação seria maior. O Min. Celso de Mello destacou a aversão da Constituição quanto ao tabaco, conforme disposto no seu art. 220, § 4º, a permitir que a lei impusesse restrições à divulgação publicitária" (STF: HC 110.964/SC, rel. Min. Gilmar Mendes, 2.ª Turma, j. 07.02.2012, noticiado no *Informativo* 654).

Princípio da insignificância – contrabando – materiais ligados a jogos de azar – inaplicabilidade: "Não se aplica o princípio da insignificância aos crimes de contrabando de máquinas caça-níqueis ou de outros materiais relacionados com a exploração de jogos de azar. Inserir no território nacional itens cuja finalidade presta-se, única e exclusivamente, a atividades ilícitas afeta diretamente a ordem pública e demonstra a reprovabilidade da conduta. Assim, não é possível considerar tão somente o valor dos tributos suprimidos, pois essa conduta tem, ao menos em tese, relevância na esfera penal. Permitir tal hipótese consistiria num verdadeiro incentivo ao descumprimento da norma legal, sobretudo em relação àqueles que fazem de atividades ilícitas um meio de vida" (STJ: REsp 1.212.946/RS, rel. Min. Laurita Vaz, 5.ª Turma, j. 04.12.2012, noticiado no *Informativo* 511).

Princípio da insignificância – contrabando de cigarros – apreensão não superior a 1.000 (mil) maços – admissibilidade – Tema 1.143 do Recurso Repetitivo: "O princípio da insignificância é aplicável ao crime de contrabando de cigarros quando a quantidade apreendida não ultrapassar 1.000 (mil) maços, seja pela diminuta reprovabilidade da conduta, seja pela necessidade de se dar efetividade à repressão a o contrabando de vulto, excetuada a hipótese de reiteração da conduta, circunstância apta a indicar maior reprovabilidade e periculosidade social da ação. A conduta de introduzir cladestinamente cigarro pela fronteira consubstancia indubitavelmente crime de contrabando, seja em se tratando de cigarro produzido no Brasil para a exportação (produto que goza de imunidade tributária – art. 153, § 3º, III, da CF) – cuja importação é expressamente vedada (art. 18 do Decreto-Lei n. 1.593/1977) –, seja em se tratando de cigarro produzido fora do Brasil – esse último não só em razão da existência de norma restringindo o ingresso desse produto no país, mas sobretudo considerando o fato de que o Brasil é signatário, no âmbito da Organização Mundial de Saúde, da Convenção Quadro para o Controle do Tabaco (promulgada pelo Decreto n. 5.658/2006), na qual, em seu art. 15, determina a repressão a comércio ilícito de produtos de tabaco, inclusive o contrabando. Logo, não se divisa nenhuma possibilidade de aplicar a esse crime a mesma disciplina estabelecida para o descaminho e demais crimes tributários federais. Por outro lado, no tocante à aplicação do princípio da insignificância, a revisitação do tema, propicia algumas reflexões. Não se discorda das ponderações do Ministro Relator, no sentido de que esse tipo de conduta, em regra, não comporta a aplicação do princípio da insignificância, ante os bens jurídicos tutelados envolvidos, notadamente a saúde pública. Acrescenta-se, nesse particular, que a preocupação com a saúde pública, em se tratando de crimes desse jaez, não consubstancia uma ilação vazia, destituída de base científica, pois, ainda que o fumo, em sentido geral, seja uma prática maléfica à saúde, há estudo comprovando que os cigarros contrabandeados, em geral, ostentam uma carga de substâncias nocivas superior àqueles vendidos regularmente no Brasil, além do que apresentam algum tipo de contaminante dos tipos fungos, fragmentos de insetos, gramíneas ou ácaros acima do indicado como boas práticas de higiene pela ANVISA (SILVA, Cleber Pinto da. Caracterização e Avaliação da Qualidade dos Cigarros Contrabandeados no Brasil. 2015. 123 f. Dissertação (Mestrado em Química) – Universidade Estadual de Ponta Grossa, Ponta Grossa, 2015). Por outro lado, a posição adotada pela 2ª Câmara de Coordenação e Revisão do Ministério Público Federal, no sentido da aplicação do princípio da insignificância para a hipótese de contrabando de cigarros em quantidade que não ultrapassa 1.000 (mil) maços, não só é razoável do ponto de vista jurídico como ostenta uma base estatística sólida para sua adoção. Ora, do que se colhe dos dados estatísticos apresentados em sede de memoriais pelo Ministério Público Federal, em especial aqueles relativos ao ano de 2022, verifica-se que as apreensões de cigarros até 1.000 maços, embora correspondam a maioria das autuações (cerca de 3.395), são insignificantes considerando o volume total de maços apreendidos. Com efeito, obstar a aplicação do princípio da insignificância em tais casos (apreensão até mil maços), é uma medida ineficaz para fins de proteção dos bens jurídicos que se almeja tutelar, em especial a saúde pública, além do que não é razoável do ponto de vista de política criminal e de gestão de recursos dos entes estatais encarregados da persecução penal, pois sobrecarrega a Justiça Federal e demais órgãos de persecução (Ministério Público Federal e Polícia Federal), sobretudo na região de fronteira, com inúmeros inquéritos policiais e outros feitos criminais derivados de apreensões inexpressivas, drenando o tempo e os recursos indispensáveis para reprimir e punir o crime de vulto. Em suma, entende-se por acolher a proposição da 2ª Câmara de Coordenação e Revisão do Ministério Público Federal, de modo a admitir a aplicação do princípio da insignificância para os casos de contrabando de cigarros de quantidade inferior a 1.000 (mil) maços, excetuada a hipótese de reiteração, circunstância que, caso verificada, é apta a afastar a atipicidade material, ante a maior reprovabilidade da conduta e periculosidade social da ação. Ressalta-se, no entanto, que é de rigor a modulação dos efeitos do julgado, de modo que a tese deve ser aplicada apenas aos feitos ainda em curso na data em que encerrado o presente julgamento, sendo inaplicáveis aos processos transitados em julgado, notadamente considerando os fundamentos que justificaram a alteração jurisprudencial no caso e a impossibilidade de rescisão de coisa julgada calcada em mera modificação de orientação jurisprudencial (AgRg no HC 821.959/SP, Ministra Laurita Vaz, Sexta Turma, DJe de 21/8/2023). Assim, fixa-se a seguinte tese: o princípio da insignificância é aplicável ao crime de contrabando de cigarros quando a quantidade apreendida não ultrapassar 1.000 (mil) maços, seja pela diminuta reprovabilidade da conduta, seja pela necessidade de se dar efetividade à repressão ao contrabando de vulto, excetuada a hipótese de reiteração da conduta, circunstância apta a indicar maior reprovabilidade e periculosidade social da ação" (STJ: REsp 1.971.993/SP, rel. Min. Joel Ilan Paciornik, rel. para acórdão Min. Sebastião Reis Júnior, 3.ª Seção, j. 13.09.2023, noticiado no *Informativo* 787).

Princípio da insignificância – contrabando de gasolina – inaplicabilidade: "Não é aplicável o princípio da insignificância em relação à conduta de importar gasolina sem autorização e sem o devido recolhimento de tributos. Isso porque essa conduta tem adequação típica ao crime de contrabando, ao qual não se admite a aplicação do princípio da insignificância. (...) Diversa, entretanto, a orientação aplicável ao delito de contrabando, inclusive de gasolina, uma vez que a importação desse combustível, por ser monopólio da União, sujeita-se à prévia e expressa autorização da Agência Nacional de Petróleo, sendo concedida apenas aos produtores ou importadores. Assim, sua introdução, por particulares, em território nacional, é conduta proibida, constituindo o crime de contrabando" (STJ: AgRg no AREsp 348.048/RR, rel. Min. Regina Helena Costa, 5.ª Turma, j. 18.02.2014, noticiado no *Informativo* 536).

Princípio da insignificância – crime ambiental – aplicabilidade: "A 2ª Turma, por maioria, concedeu *habeas corpus* para aplicar o princípio da insignificância em favor de condenado pelo delito descrito no art. 34, *caput*, parágrafo único, II, da Lei 9.605/1998 ('Art. 34: Pescar em período no qual a pesca seja proibida ou em lugares interditados por órgão competente: ... Parágrafo único. Incorre nas mesmas penas quem: ... II – pesca quantidades superiores às permitidas, ou mediante a utilização de aparelhos, petrechos, técnicas e métodos não permitidos'). No caso, o paciente fora flagrado ao portar 12 camarões e rede de pesca fora das especificações da Portaria 84/2002 do IBAMA. Prevaleceu o voto do Min. Cezar Peluso, que reputou irrelevante a conduta em face do número de espécimes encontrados na posse do paciente. O Min. Gilmar Mendes acresceu ser evidente a desproporcionalidade da situação, porquanto se estaria diante de típico crime famélico. Asseverou que outros meios deveriam reprimir este tipo eventual de falta, pois não seria razoável a imposição de sanção penal à hipótese. Vencido o Min. Ricardo Lewandowski, que denegava a ordem, tendo em conta a objetividade da lei de defesa do meio ambiente. Esclarecia que, apesar do valor do bem ser insignificante, o dispositivo visaria preservar a época de reprodução da espécie que poderia estar em extinção. Ressaltava que o paciente teria reiterado essa prática, embora não houvesse antecedente específico nesse sentido" (STF: HC 112.563/SC, rel. orig. Min. Ricardo Lewandowski, red. p/ o acórdão Min. Cezar Peluso, 2.ª Turma, j. 21.08.2012, noticiado no *Informativo* 676). *No mesmo sentido*: "É de se reconhecer a atipicidade material da conduta de uso de apetrecho de pesca proibido se resta evidente a completa ausência de ofensividade, ao menos em tese, ao bem jurídico tutelado pela norma penal, qual seja, a fauna aquática" (STJ: HC 93.859/SP, rel. Min. Maria Thereza de Assis Moura, 6.ª Turma, j. 13.08.2009).

Princípio da insignificância – crime ambiental – inaplicabilidade: "A Segunda Turma, em julgamento conjunto, denegou a ordem em 'habeas corpus' e negou provimento a recurso ordinário em 'habeas corpus' em que se pretendia fosse reconhecida a atipicidade da conduta pela incidência do princípio da insignificância. Em ambos os casos, os envolvidos foram denunciados pela suposta prática do crime do art. 34 da Lei 9.605/1998 (pesca proibida). Em um dos processos, a denúncia foi oferecida em razão de o acusado ter sido encontrado com 70 metros de rede de malha número 16 e iscas vivas, porém sem pescado algum. No outro, o denunciado foi flagrado praticando atos de pesca amadora, com o uso de redes de emalhar ancoradas (fixas), em local interditado para a atividade durante o período de safra da tainha. Também não havia nenhum espécime em seu poder. O Colegiado citou a definição da atividade da pesca, conforme o disposto no art. 36 da Lei 9.605/1998 ('Para os efeitos desta Lei, considera-se pesca todo ato tendente a retirar, extrair, coletar, apanhar, apreender ou capturar espécimes dos grupos dos peixes, crustáceos, moluscos e vegetais hidróbios, suscetíveis ou não de aproveitamento econômico, ressalvadas as espécies ameaçadas de extinção, constantes nas listas oficiais da fauna e da flora'). De acordo com o texto legal, a pesca não se restringe à captura do ser vivo, mas também abrange todo ato tendente a fazê-lo. Nesse sentido, a Turma assentou tratar-se de crime de perigo, que se consuma com a mera possibilidade de dano ao bem jurídico. Assim, a captura por meio da pesca é mero exaurimento do delito, de modo que não se pode falar em crime de bagatela por não ter sido apreendido nenhum ser vivo. Os comportamentos dos denunciados apresentam elevado grau de reprovabilidade. Além disso, os crimes não se exauriram porque as autoridades intervieram antes que houvesse dano maior à fauna aquática" (STF: RHC 125.566/PR e HC 127.926/SC, rel. Min. Dias Toffoli, 2.ª Turma, j. 26.10.2016, noticiados no *Informativo* 845). *No mesmo sentido:* STJ: HC 192.696/SC, rel. Min. Gilson Dipp, 5.ª Turma, j. 17.03.2011.

Princípio da insignificância – crime ambiental – Pesca proibida – Inaplicabilidade: "O princípio da bagatela não se aplica ao crime previsto no art. 34, *caput* c/c parágrafo único, II, da Lei 9.605/1998. Com base nesse entendimento, a Primeira Turma denegou a ordem de *habeas corpus* em que se pleiteava a aplicação do princípio da insignificância à realização de pesca em período de defeso com o uso de método não permitido, ante a alegada irrelevância do dano ambiental causado pela pesca de sete quilos de camarão. A Turma afirmou que as circunstâncias da prática delituosa não afastam a configuração do tipo penal. Tais circunstâncias devem repercutir na fixação da pena. Ademais, a natureza do bem protegido — o meio ambiente — afasta a construção jurisprudencial do crime de bagatela" (STF: HC 122.560/SC, rel. Min. Marco Aurélio, 1.ª Turma, j. 08.05.2018, noticiado no *Informativo* 901).

Princípio da insignificância – crime ambiental – pesca rústica e sem caráter predatório – aplicabilidade: "A Segunda Turma, em conclusão de julgamento, reputou improcedente acusação formulada contra deputado federal pela suposta prática do crime previsto no art. 34, 'caput', da Lei 9.605/1998 ('Pescar em período no qual a pesca seja proibida ou em lugares interditados por órgão competente: Pena – detenção de um ano a três anos ou multa, ou ambas as penas cumulativamente') — v. Informativo 791. No caso, de acordo com o relatório de fiscalização, a autoridade ambiental abordara o deputado e outras duas pessoas em embarcação fundeada em área marítima pertencente à unidade de conservação federal de proteção integral. A Turma, de início, afastou a preliminar de inépcia da denúncia. Observou que essa peça processual descreveria de forma detalhada a ação empreendida, com menção ao dia, ao local e às circunstâncias do ato tido por criminoso, a possibilitar o pleno exercício da ampla defesa e do contraditório. Em seguida, reputou não existir, no caso concreto, o requisito da justa causa a propiciar o prosseguimento da ação penal, especialmente pela mínima ofensividade da conduta do agente, pela ausência de periculosidade social da ação, pelo reduzido grau de reprovabilidade do comportamento e pela inexpressividade da lesão jurídica provocada. Assim, apesar de a conduta do denunciado amoldar-se à tipicidade formal e subjetiva, não haveria a tipicidade material, consistente na relevância penal da conduta e no resultado típico, em razão da insignificância da lesão produzida no bem jurídico tutelado. A jurisprudência seria no sentido da aplicabilidade do princípio da insignificância aos crimes ambientais, tanto com relação aos de perigo concreto – em que haveria dano efetivo ao bem jurídico tutelado –, quanto aos de perigo abstrato, como no art. 34, 'caput', da Lei 9.605/1998. No processo em exame, não se produzira prova material de qualquer dano efetivo ao meio ambiente. Ademais, mesmo diante de crime de perigo abstrato, não seria possível dispensar a verificação 'in concreto' do perigo real ou mesmo potencial da conduta praticada pelo acusado com relação ao bem jurídico tutelado. Esse perigo real não se verificaria na espécie vertente. Portanto, seria imperioso assentar a atipicidade material da conduta, pela completa ausência de ofensividade ao bem jurídico tutelado pela norma penal. O acusado estaria em pequena embarcação quando teria sido surpreendido em contexto de pesca rústica, com vara de pescar, linha e anzol. Não estaria em barco grande, munido de redes, arrasto nem com instrumentos de maior potencialidade lesiva ao meio ambiente" (STF: Inq 3.788/DF, rel. Min. Cármen Lúcia, 2.ª Turma, j. 01.03.2016, noticiado no *Informativo* 816).

Princípio da insignificância – crime cometido por Prefeito – possibilidade: "Ex-prefeito condenado pela prática do crime previsto no art. 1º, II, do Decreto-Lei 201/1967, por ter utilizado máquinas e caminhões de propriedade da Prefeitura para efetuar terraplanagem no terreno de sua residência. Aplicação do princípio da insignificância. Possibilidade" (STF: HC 104.286/SP, rel. Min. Gilmar Mendes, 2.ª Turma, j. 03.05.2011).

Princípio da insignificância – crime militar – aplicabilidade: "1. Paciente, militar, preso em flagrante dentro da unidade militar, quando fumava um cigarro de maconha e tinha consigo outros três. 2. Condenação por posse e uso de entorpecentes. Não aplicação do princípio da insignificância, em prol da saúde, disciplina e hierarquia militares. 3. A mínima ofensividade da conduta, a ausência de periculosidade social da ação, o reduzido grau de reprovabilidade do comportamento e a inexpressividade da lesão jurídica constituem os requisitos de ordem objetiva autorizadores da aplicação do princípio da insignificância. 4. A Lei n. 11.343/2006 – nova Lei de Drogas – veda a prisão do usuário. Prevê, contra ele, apenas a lavratura de termo circunstanciado. Preocupação, do Estado, em mudar a visão que se tem em relação aos usuários de drogas. 5. Punição severa e exemplar deve ser reservada aos traficantes, não alcançando os usuários. A estes devem ser oferecidas políticas sociais eficientes para recuperá-los do vício. 6. O Superior Tribunal

Militar não cogitou da aplicação da Lei n. 11.343/2006. Não obstante, cabe a esta Corte fazê-lo, incumbindo-lhe confrontar o princípio da especialidade da lei penal militar, óbice à aplicação da nova Lei de Drogas, com o princípio da dignidade humana, arrolado na Constituição do Brasil de modo destacado, incisivo, vigoroso, como princípio fundamental (art. 1º, III). 7. Paciente jovem, sem antecedentes criminais, com futuro comprometido por condenação penal militar quando há lei que, em vez de apenar – Lei n. 11.343/2006 –, possibilita a recuperação do civil que praticou a mesma conduta. 8. Exclusão das fileiras do Exército: punição suficiente para que restem preservadas a disciplina e hierarquia militares, indispensáveis ao regular funcionamento de qualquer instituição militar. 9. A aplicação do princípio da insignificância no caso se impõe, a uma, porque presentes seus requisitos, de natureza objetiva; a duas, em virtude da dignidade da pessoa humana" (STF: HC 92.961/SP, rel. Min. Eros Grau, 2.ª Turma, j. 11.12.2007).

Princípio da insignificância – crime militar – inaplicabilidade: "Direito Penal Militar. *Habeas Corpus*. Art. 290, CPM. Superveniência da Lei 11.343/2006. Princípio da Insignificância. Irrelevância. Art. 2º, § 1º, LICC. Norma especial e norma geral. Prescrição. Ordem concedida de ofício. 1. *Habeas corpus* impetrado contra ato do Superior Tribunal Militar que, no julgamento de embargos infringentes, manteve a condenação do paciente pela prática do crime previsto no art. 290, do Código Penal Militar. 2. Tratamento legal acerca da posse e uso de substância entorpecente no âmbito dos crimes militares não se confunde com aquele dado pela Lei nº 11.343/2006, como já ocorria no período anterior, ainda na vigência da Lei nº 6.368/1976. 3. Direito Penal Militar pode albergar determinados bens jurídicos que não se confundem com aqueles do Direito Penal Comum. 4. Bem jurídico penal-militar tutelado no art. 290, do CPM, não se restringe à saúde do próprio militar, flagrado com determinada quantidade de substância entorpecente, mas sim a tutela da regularidade das instituições militares. 5. Art. 40, III, da Lei nº 11.343/2006, não altera a previsão contida no art. 290, CPM. 6. Art. 2º, § 1º, LICC: não incide qualquer uma das hipóteses à situação em tela, eis que o art. 290, do CPM, é norma especial e, portanto, não foi alterado pelo advento da Lei nº 11.343/2006. 7. Inaplicabilidade do princípio da insignificância em relação às hipóteses amoldadas no art. 290, CPM. 8. *Habeas corpus* denegado" (STF: HC 94.685/CE, rel. Min. Ellen Gracie, Plenário, j. 11.11.2010).

Princípio da insignificância – crime militar – inaplicabilidade: "O princípio da insignificância não é aplicável no âmbito da Justiça Militar, sob pena de afronta à autoridade, hierarquia e disciplina, bens jurídicos cuja preservação é importante para o regular funcionamento das instituições militares" (STF: HC 108.512/BA, rel. Min. Luiz Fux, 1.ª Turma, j. 04.10.2011).

Princípio da insignificância – crime previsto no art. 183 da Lei 9.472/1997 – atividades clandestinas de telecomunicação e perigo abstrato – inaplicabilidade: "Não se aplica o princípio da insignificância à conduta descrita no art. 183 da Lei 9.472/197 ('Desenvolver clandestinamente atividades de telecomunicação'). Isso porque o referido crime é considerado formal, de perigo abstrato, tendo como bem jurídico tutelado a segurança e o regular funcionamento dos meios de comunicação. Além disso, a exploração clandestina de sinal de internet, sem autorização do órgão regulador (ANATEL), já é suficiente a comprometer a regularidade do sistema de telecomunicações, razão pela qual o princípio da insignificância deve ser afastado. Sendo assim, ainda que constatada a baixa potência do equipamento operacionalizado, tal conduta não pode ser considerada de per si, um irrelevante penal" (STJ: AgRg no AREsp 599.005/PR, rel. Min. Nefi Cordeiro, 6.ª Turma, j. 14.04.2015, noticiado no *Informativo* 560). *No mesmo sentido*: STJ: AgRg no REsp 1.304.262/PB, rel. Min. Jorge Mussi, 5.ª Turma, j. 16.04.2015, noticiado no *Informativo* 560).

Princípio da insignificância – crimes contra a Administração Pública – impossibilidade: "2. O princípio da insignificância surge como instrumento de interpretação restritiva do tipo penal que, de acordo com a dogmática moderna, não deve ser considerado apenas em seu aspecto formal, de subsunção do fato à norma, mas, primordialmente, em seu conteúdo material, de cunho valorativo, no sentido da sua efetiva lesividade ao bem jurídico tutelado pela norma penal, consagrando os postulados da fragmentariedade e da intervenção mínima. 3. Indiscutível a sua relevância, na medida em que exclui da incidência da norma penal aquelas condutas cujo desvalor da ação e/ou do resultado (dependendo do tipo de injusto a ser considerado) impliquem uma ínfima afetação ao bem jurídico. 4. Hipótese em que o recorrente, valendo-se da condição de funcionário público, subtraiu produtos médicos da Secretaria Municipal de Saúde de Cachoeirinha-RS, avaliados em R$ 13,00. 5. 'É inaplicável o princípio da insignificância nos crimes contra a Administração Pública, ainda que o valor da lesão possa ser considerado ínfimo, porque a norma busca resguardar não somente o aspecto patrimonial, mas moral administrativa, o que torna inviável afirmação do desinteresse estatal à sua repressão'" (STJ: REsp 1.062.533/RS, rel. Min. Arnaldo Esteves Lima, 5.ª Turma, j. 05.02.2009).

Princípio da insignificância – crimes contra a Administração Pública – Súmula 599 do STJ – mitigação diante das peculiaridades do caso concreto – possibilidade: "A despeito do teor do teor do enunciado sumular n. 599, no sentido de que 'O princípio da insignificância é inaplicável aos crimes contra a administração pública', as peculiaridades do caso concreto – réu primário, com 83 anos na época dos fatos e avaria de um cone avaliado em menos de R$ 20,00, ou seja, menos de 3% do salário mínimo vigente à época dos fatos – justificam a mitigação da referida súmula, haja vista que nenhum interesse social existe na onerosa intervenção estatal diante da inexpressiva lesão jurídica provocada" (STJ: RHC 85.272/RS, rel. Min. Nefi Cordeiro, 6.ª Turma, j. 14.08.2018). *No mesmo sentido:* STJ: RHC 153.480/SP, rel. Min. Laurita Vaz, 6.ª Turma, j. 24.05.2022.

Princípio da insignificância– crime tributário – ato administrativo que majora o valor mínimo de cobrança do tributo– irretroatividade: "A retroatividade de ato administrativo que majora o valor mínimo para execução fiscal não se aplica em benefício do réu, para fins de incidência do princípio da insignificância, pois não se trata de norma penal mais benéfica. (...) Efetivamente, não há de se falar em retroatividade em benefício do réu da Portaria GAB/PGE n. 58/2021, na medida em que 'não é esta equiparada a lei penal, em sentido estrito, que pudesse, sob tal natureza, reclamar a retroatividade benéfica, conforme disposto no art. 2.º, parágrafo único, do CPP' (AgRg no REsp 1.496.129-RS, Ministro Rogerio Schietti Cruz, Sexta Turma, *DJe* de 13.05.2015). Desse modo, a retroatividade benéfica do ato administrativo que majorou o valor mínimo para execução fiscal não se aplica, uma vez que tal ato não se equipara a uma lei penal em sentido estrito, conforme disposto no art. 2.º, parágrafo único, do Código Penal" (STJ: AgRg no HC 920.735/SC, rel. Min. Daniela Teixeira, 5.ª Turma, j. 24.09.2024, noticiado no *Informativo* 834).

Princípio da insignificância – dano a bem de concessionária de serviço público – inaplicabilidade: "É inaplicável o princípio da insignificância quando a lesão produzida pelo paciente atingir bem de grande relevância para a população. Com base nesse entendimento, a 2ª Turma denegou *habeas corpus* em que requerida a incidência do mencionado princípio em favor de acusado pela suposta prática do crime de dano qualificado (CP, art. 163, parágrafo único, III). Na espécie, o paciente danificara protetor de fibra de aparelho telefônico público pertencente à concessionária de serviço público, cujo prejuízo fora avaliado em R$ 137,00. Salientou-se a necessidade de se analisar o caso perante o contexto jurídico, examinados os elementos caracterizadores da insignificância, na medida em que o valor da coisa danificada seria somente um dos pressupostos para escorreita aplicação do postulado. Asseverou-se que, em face da coisa pública atingida, não haveria como reconhecer a mínima ofensividade da conduta, tampouco o reduzido grau de reprovabilidade do comportamento. Destacou-se que as consequências do ato perpetrado transcenderiam a esfera patrimonial, em face da privação da coletividade, impossibilitada de se valer de um telefone público" (STF: HC 115.383/RS, rel. Min. Gilmar Mendes, 2.ª Turma, j. 25.06.2013, noticiado no *Informativo* 712).

Princípio da insignificância– descaminho– reiteração delitiva– inaplicabilidade – Tema 1.218 do Recurso Repetitivo: "A reiteração da conduta delitiva obsta a aplicação do princípio da insignificância ao crime de descaminho – independentemente do valor do tributo não recolhido –, ressalvada a possibilidade de, no caso concreto, se concluir que a medida é socialmente recomendável. A contumácia pode ser aferida a partir de procedimentos penais e fiscais pendentes de definitividade, sendo inaplicável o prazo previsto no art. 64, I, do CP, incumbindo ao julgador avaliar o lapso temporal transcorrido desde o último evento delituoso à luz dos princípios da proporcionalidade e razoabilidade. No julgamento do REsp 1.709.029/MG, a Terceira Seção desta Corte, revendo a tese fixada no julgamento do REsp 1.112.748/TO (Tema 157), firmou o entendimento de que incide o princípio da insignificância aos crimes tributários federais e de descaminho quando o débito tributário verificado não ultrapassar o limite de R$ 20.000,00 (vinte mil reais), a teor do disposto no art. 20 da Lei n. 10.522/2002, com as atualizações efetivadas pelas Portarias n. 75 e 130, ambas do Ministério da Fazenda. Com efeito, a controvérsia oposta traduz um desdobramento direto daquele julgamento, na medida em que busca elucidar se o princípio da insignificância incide nos casos em que verificada a reiteração do crime de descaminho. Sobre o tema, a Terceira Seção desta Corte, firmou o entendimento no sentido de que 'A reiteração da conduta delitiva obsta a aplicação do princípio da insignificância ao crime de descaminho, ressalvada a possibilidade de, no caso concreto, as instâncias ordinárias verificarem que a medida é socialmente recomendável (EREsp 1.217.514/RS, rel. Min. Reynaldo Soares da Fonseca, 3.ª Seção, *DJe* 16.12.2015). Ora, a reiteração da conduta é uma circunstância apta a indicar uma conduta mais reprovável e de periculosidade social relevante, inclusive porque transmite a ideia de impunidade, reduzindo o caráter de prevenção geral da norma penal, de modo que, caso verificada, tem-se por afastado, ao menos, dois dos pressupostos para reconhecimento da atipicidade material da conduta nos moldes estabelecidos pela jurisprudência, a saber: ausência de periculosidade social da ação e reduzido grau de reprovabilidade do comportamento. Ressalte-se, no entanto, que é recomendável a manutenção da ressalva proposta pelo Ministro Reynaldo Soares da Fonseca quando do julgamento do EREsp 1.217.514/RS. Isso porque é impossível contemplar a multiplicidade de situações fáticas que podem acarretar a prática de crime descaminho, sendo certo que, a depender das circunstâncias que tangenciem a reiteração da conduta, o julgador pode compreender que o reconhecimento da atipicidade material é a medida socialmente recomendável. *Mutatis mutandis*, essa é a mesma compreensão que tem orientado esta Corte na análise do princípio da insignificância nos crimes de furto em que verificada a contumácia do agente. Ademais, frise-se, procedimentos pendentes de definitividade, inclusive processos administrativos fiscais, podem ser sopesados para formar a convicção no sentido da contumácia da conduta delitiva. Também, registre-se, não há base legal para aplicação do prazo preconizado no art. 64, I, do CP, ou mesmo outro marco objetivo para fins de análise da contumácia delitiva, sendo aplicáveis os princípios da razoabilidade e proporcionalidade, de modo que o juízo ordinário deve avaliar se a conduta anterior é suficiente para denotar que o agente ativo é contumaz na prática delitiva. Por fim, em se tratando de agente contumaz na prática delitiva, é desinfluente perquirir o valor do tributo não recolhido para fins de aplicação do princípio insignificância, pois a contumácia indica ser uma conduta mais gravosa e de periculosidade social relevante, de modo que a reiteração, em regra, acaba por afastar os requisitos necessários para o reconhecimento da atipicidade material da conduta. Admitir a possibilidade de aplicação do princípio da insignificância, no caso de reiteração da conduta, com base no montante do tributo não recolhido (inferior a vinte mil reais), teria o efeito deletério de estimular uma 'economia do crime', na medida em que acabaria por criar uma 'cota' de imunidade penal para a prática de sucessivas condutas delituosas. Desse modo, é de se concluir que a reiteração da conduta delitiva obsta a aplicação do princípio da insignificância ao crime de descaminho – independentemente do valor do tributo não recolhido –, ressalvada a possibilidade de, no caso concreto, se concluir que a medida é socialmente recomendável" (STJ: REsp 2.083.701/SP, rel. Min. Sebastião Reis Júnior, 3.ª Seção, j. 28.02.2024, noticiado no *Informativo* 802).

Princípio da insignificância – descaminho e crimes tributários federais – aplicabilidade: "A jurisprudência desta Suprema Corte é pacífica no sentido de que o princípio da insignificância poderá ser aplicado ao delito de descaminho quando o valor sonegado for inferior ao estabelecido no art. 20 da Lei 10.522/2002, com as atualizações instituídas pelas Portarias 75/2012 e 130/2012, ambas do Ministério da Fazenda, ressalvados os casos de reincidência ou comprovada habitualidade delitiva, que impedirão a aplicação desse princípio, em razão do elevado grau de reprovabilidade da conduta do agente" (STF: HC 161.848 AgR-segundo/PR, rel. Min. Ricardo Lewandowski, 2.ª Turma, j. 05.11.2019). *No mesmo sentido*: STJ: RHC 106.210/CE, rel. Min. Ribeiro Dantas, 5.ª Turma, j. 06.08.2019.

Princípio da insignificância – descaminho e crimes tributários federais – inaplicabilidade: "A Primeira Turma, por maioria, indeferiu *habeas corpus* em que se discutia a aplicação do princípio da insignificância ao crime de descaminho quando o montante do tributo não recolhido for inferior ao limite de R$ 20.000,00 – valor fixado na Portaria 75/2012 do Ministério da Fazenda para o ajuizamento de ações fiscais. No caso, o paciente introduziu mercadorias estrangeiras no território nacional, sem o recolhimento dos tributos devidos, calculados em R$ 14.364,51. A Turma entendeu não incidir o princípio da insignificância. Asseverou que a lei que disciplina o executivo fiscal não repercute no campo penal. Tal entendimento, com maior razão, deve ser adotado em relação à portaria do Ministério da Fazenda. O art. 935 do Código Civil explicita a independência das esferas civil, penal e administrativa. A repercussão no âmbito penal se dá apenas quando decisão proferida em processo-crime declarar a inexistência do fato ou da autoria" (STF: HC 128.063/PR, rel. Min. Marco Aurélio, 1.ª Turma, j. 10.04.2018, noticiado no *Informativo* 897).

Princípio da insignificância – evasão de divisas – utilização do valor de R$ 10.000,00 para sua aplicação – impossibilidade: "Nos casos de evasão de divisas praticada mediante operação do tipo 'dólar-cabo', não é possível utilizar o valor de R$ 10 mil como parâmetro para fins de aplicação do princípio da insignificância. Conforme entendimento adotado pelo STF na AP 470, as transações conhecidas como operações 'dólar-cabo' – nas quais são efetuados pagamentos em reais no Brasil, com o objetivo de disponibilizar, por meio de quem recebe tal pagamento, o respectivo montante em moeda estrangeira no exterior – preenchem os elementos do delito de evasão de divisas, na forma do art. 22, parágrafo único, primeira parte, da Lei 7.492/1986, que tipifica a conduta daquele que, 'a qualquer título, promove, sem autorização legal, a saída de moeda ou divisa para o exterior'. As regras que disciplinam a transferência internacional de valores – e que, portanto, estabelecem o significado de saída de divisa ou moeda sem autorização legal – são diversas em relação à saída física e à saída eletrônica. Para bem compreender tais diferenças, transcreve-se integralmente o art. 65 da Lei 9.069/1995, com a redação vigente à época dos fatos: 'Art. 65. O ingresso no País e a saída do País, de moeda nacional e estrangeira serão processados exclusivamente através de transferência bancária, cabendo ao estabelecimento bancário a perfeita identificação do cliente ou do beneficiário. § 1º Excetua-se do disposto no *caput* deste artigo o porte, em espécie, dos valores: I – quando em moeda nacional, até R$ 10.000,00 (dez mil reais); II – quando em moeda estrangeira, o equivalente a R$ 10.000,00 (dez mil reais); III – quando comprovada a sua entrada no País ou sua saída do País, na forma prevista na regulamentação pertinente. § 2º O Conselho Monetário Nacional, segundo diretrizes do Presidente da República, regulamentará o disposto neste artigo, dispondo, inclusive, sobre os limites e as condições de ingresso no País e saída do País da moeda nacional. § 3º A não observância do contido neste artigo, além das sanções penais previstas na legislação específica, e após o devido processo legal, acarretará a perda do valor excedente dos limites referidos no § 1º deste artigo, em favor do Tesouro Nacional'. O referido dispositivo excetua apenas o porte, em espécie, do valor de até R$ 10 mil ou o equivalente em moeda estrangeira, além de remeter ao estabelecimento de outras hipóteses, na forma prevista na regulamentação pertinente. Assim, não prospera a tese de que deve ser considerado atípico o envio de moeda ou divisas ao exterior se o volume de cada operação não exceder a R$ 10 mil. Isso porque, em primeiro lugar, ressalvada a hipótese do porte de valores em espécie, o ingresso no país e a saída do país, de moeda nacional e estrangeira 'serão processados exclusivamente através de transferência bancária, cabendo ao estabelecimento bancário a perfeita identificação do cliente ou do beneficiário' (art. 65, *caput*, da Lei 9.069/1995). Ou seja, a legislação excepcionou, em relação ao valor inferior a R$ 10 mil (ou seu equivalente em moeda estrangeira), apenas a saída física de moeda. No caso de transferência eletrônica, saída meramente escritural da moeda, a lei exige, de forma exclusiva, o processamento através do sistema bancário, com perfeita identificação do cliente ou beneficiário. Além disso, no caso da transferência clandestina internacional, por meio de operações do tipo 'dólar-cabo' ou equivalente, existe uma facilidade muito grande na realização de centenas ou até milhares de operações fragmentadas sequenciais. É muito mais simples do que a transposição física, por diversas vezes, das fronteiras do país com valores inferiores a R$ 10 mil. Admitir a atipicidade das operações do tipo 'dólar-cabo' com valores inferiores a R$ 10 mil é fechar a janela, mas deixar a porta aberta para a saída clandestina de divisas" (STJ: REsp 1.535.956/RS, rel. Min. Min. Maria Thereza de Assis Moura, 6.ª Turma, j. 01.03.2016, noticiado no *Informativo* 578).

Princípio da insignificância – furto – necessidade de análise das peculiaridades das situações do caso concreto: "Aplica-se o princípio da insignificância à conduta formalmente tipificada como furto consistente na subtração, por réu primário, de bijuterias avaliadas em R$ 40 pertencentes a estabelecimento comercial e restituídas posteriormente à vítima. De início, há possibilidade de, a despeito da subsunção formal de um tipo penal a uma conduta humana, concluir-se pela atipicidade material da conduta, por diversos motivos, entre os quais a ausência de ofensividade penal do comportamento verificado. Vale lembrar que, em atenção aos princípios da fragmentariedade e da subsidiariedade, o Direito Penal apenas deve ser utilizado contra ofensas intoleráveis a determinados bens jurídicos e nos casos em que os demais ramos do Direito não se mostrem suficientes para protegê-los. Dessa forma, entende-se que o Direito penal não deve ocupar-se de bagatelas. Nesse contexto, para que o magistrado possa decidir sobre a aplicação do princípio da insignificância, faz-se necessária a ponderação do conjunto de circunstâncias que rodeiam a ação do agente para verificar se a conduta formalmente descrita no tipo penal afeta substancialmente o bem jurídico tutelado. Nessa análise, no crime de furto, avalia-se notadamente: a) o valor do bem ou dos bens furtados; b) a situação econômica da vítima; c) as circunstâncias em que o crime foi perpetrado, é dizer, se foi de dia ou durante o repouso noturno, se teve o concurso de terceira pessoa, sobretudo adolescente, se rompeu obstáculo de considerável valor para a subtração da coisa, se abusou da confiança da vítima etc.; e d) a personalidade e as condições pessoais do agente, notadamente se demonstra fazer da subtração de coisas alheias um meio ou estilo de vida, com sucessivas ocorrências (reincidente ou não). Assim, caso seja verificada a inexpressividade do comportamento do agente, fica afastada a intervenção do Direito Penal" (STJ: HC 208.569/RJ, rel. Min. Rogerio Schietti Cruz, 6.ª Turma, j. 22.04.2014, noticiado no *Informativo* 540).

Princípio da insignificância – furto – restituição imediata e integral dos bens subtraídos – inaplicabilidade – necessidade de observância dos vetores fixados pelo STF e consolidada pela jurisprudência do STJ – Tema 1.205 do Recurso Repetitivo: "A restituição imediata e integral do bem furtado não constitui, por si só, motivo suficiente para a incidência do princípio da insignificância. A questão cinge-se em definir se nos casos de imediata e integral restituição do bem furtado deve-se aplicar o princípio da insignificância. O Direito Penal, diante do desvalor do resultado produzido, não deve se ocupar de condutas que não representem prejuízo relevante, seja ao titular do bem jurídico tutelado, seja à integridade da própria ordem social, podendo, com isso, afastar a tipicidade penal, porque, em verdade, o bem jurídico não chegou a ser lesado. A insignificância de determinada conduta deve ser aferida não apenas em relação à importância do bem jurídico atingido, mas deve envolver um juízo amplo, que vai além da simples aferição do resultado material da conduta, de modo a abranger elementos outros, os quais, embora não determinantes, merecem ser considerados. Sob tal perspectiva, muito embora não exista previsão legal disciplinando a aplicação do princípio da insignificância, o Supremo Tribunal Federal, há mais de uma década, consolidou o entendimento no sentido de exigir o preenchimento simultâneo de quatro condições para que se afaste a tipicidade material da conduta. São elas: a) a mínima ofensividade da conduta do agente; b) a ausência de periculosidade social na ação; c) o reduzido grau de reprovabilidade do comportamento; e d) a inexpressividade da lesão jurídica provocada. À luz das referidas premissas, mormente em se tratando de crimes contra o patrimônio, passou-se a compreender que a insignificância envolve juízo muito mais abrangente que a simples expressão do resultado da conduta. Importa investigar o desvalor da ação criminosa em seu sentido amplo, que se traduz pela ausência de periculosidade social, pela mínima ofensividade e pela falta de reprovabilidade, de modo a impedir que, a pretexto da insignificância apenas do resultado material, acabe desvirtuado o objetivo a que visou o legislador quando formulou a tipificação legal. Assim, para afastar liminarmente a tipicidade material nos delitos de furto, não basta a imediata e integral restituição do bem. Deve-se perquirir, diante das circunstâncias concretas, além da extensão da lesão produzida, a gravidade da ação, o reduzido valor do bem tutelado e a favorabilidade das circunstâncias em que foi cometido o fato criminoso, além de suas consequências jurídicas e sociais. Nesse sentido, prevalece o entendimento que vem orientando a jurisprudência do Superior Tribunal de Justiça, no sentido de admitir a aplicação do princípio da insignificância mediante apreciação casuística, ou seja, quando houver circunstâncias excepcionais, e não apenas a restituição imediata do bem subtraído" (STJ: REsp 2.062.095/AL, rel. Min. Sebastião Reis Júnior, 3.ª Seção, j. 25.10.2023; e REsp 2.062.375/AL, rel. Min. Sebastião Reis Júnior, 3.ª Seção, j. 25.10.2023, noticiados no *Informativo* 793).

Princípio da insignificância – furto de bem de irrelevante valor pecuniário contra associação sem fins lucrativos – induzimento do próprio filho de nove anos a participar do ato de subtração – especial reprovabilidade da conduta – não incidência: "Não se aplica o princípio da insignificância ao furto de bem de inexpressivo valor pecuniário de associação sem fins lucrativos com o induzimento de filho menor a participar do ato. No caso em análise, teria a paciente, segundo a denúncia, subtraído um cofrinho contendo R$ 4,80 (quatro reais e oitenta centavos) da Associação dos Voluntários de Combate ao Câncer – AVCC, induzindo seu filho de apenas 09 anos a pegar o objeto e colocá-lo na sua bolsa. Nesse contexto, verifica-se que o princípio da insignificância não se aplica ao caso, porquanto as características dos fatos revelam reprovabilidade suficiente para a consumação do delito, embora o ínfimo valor da coisa subtraída. O referido princípio se aplica a fatos dotados de mínima ofensividade, desprovidos de periculosidade social, de reduzido grau de reprovabilidade do comportamento e que a lesão jurídica provocada seja inexpressiva. [...] Observa-se, assim, que não há falar em mínima ofensividade e nem reduzido grau de reprovabilidade do comportamento, porquanto foi subtraído o bem com o induzimento do próprio filho menor da ora paciente a pegá-lo e, lamentavelmente, contra uma instituição sem fins lucrativos que dá amparo a crianças com câncer. Ainda que irrelevante a lesão pecuniária provocada, porque inexpressivo o valor do bem, a repulsa social do comportamento é evidente" (STJ: RHC 93.472/MS, rel. Min. Maria Thereza de Assis Moura, 6.ª Turma, j. 15.03.2018, noticiado no *Informativo* 622).

Princípio da insignificância – furto cometido por militar – inadmissibilidade: "Na espécie, o paciente, policial militar, foi preso em flagrante, quando supostamente furtava certa quantidade de gasolina de uma viatura oficial da Polícia Militar para veículo de propriedade dele, sendo denunciado como incurso no art. 240, §§ 4° e 6°, II, do CPM. No *writ*, busca-se o reconhecimento da atipicidade da conduta ante a aplicação do princípio da insignificância. A Turma entendeu não ser possível aplicar o princípio da insignificância à hipótese, visto não estarem presentes todos os requisitos necessários para tal (mínima ofensividade da conduta, nenhuma periculosidade social da ação, reduzidíssimo grau de reprovação do comportamento e inexpressividade da lesão jurídica provocada). Ressaltou-se o alto grau de reprovação na conduta do paciente, pois o policial militar, aos olhos da sociedade, representa confiança e segurança, exigindo-se dele um comportamento adequado, dentro do que ela considera ser correto do ponto de vista ético e moral. Dessa forma, apesar de a vantagem patrimonial subtraída circunscrever-se a um valor que aparentemente não é muito expressivo, o paciente era policial militar, profissão em que se espera um comportamento bem diverso daquele adotado na espécie" (STJ: HC 160.435/RJ, rel. Min. Og Fernandes, 6.ª Turma, j. 14.02.2012, noticiado no *Informativo* 491).

Princípio da insignificância – furto praticado no interior de Penitenciária – cabimento: "Em conclusão de julgamento, a 1ª Turma, por maioria, deu provimento a recurso ordinário em *habeas corpus* para aplicar o princípio da insignificância em favor de condenado pela tentativa de subtração de cartucho de tinta para impressora do Centro de Progressão Penitenciária, em que trabalhava e cumpria pena por delito anterior – v. *Informativos* 618 e 625. Afirmou-se que, embora o bem pertencesse ao Estado, seu valor poderia ser reputado ínfimo, quase zero, e a ausência de prejuízo que pudesse advir para a Administração Pública seria suficiente para que incidisse o postulado. Vencidos os Ministros Ricardo Lewandowski, relator, e Marco Aurélio, que negavam provimento ao recurso. Asseveravam não poder ser considerado reduzido o grau de reprovabilidade da conduta do paciente que, não mais primário, tentara furtar bem público na constância do cumprimento de pena em estabelecimento penitenciário" (STF: RHC 106.731/DF, rel. orig. Min. Ricardo Lewandowski, red. p/ o acórdão Min. Dias Toffoli, 1.ª Turma, j. 04.09.2012, noticiado no *Informativo* 678).

Princípio da insignificância – furto praticado por policial militar – inaplicabilidade: "IV – Para a caracterização do fato típico – conduta considerada lesiva a determinado bem jurídico que deve ser tutelado – devem ser levados em consideração três aspectos: o formal, o subjetivo e normativo ou material. A tipicidade formal consiste na perfeita subsunção da conduta do agente ao tipo previsto abstratamente pela lei penal. O aspecto subjetivo refere-se ao estado psíquico do agente. Por sua vez, a tipicidade material refere-se à realização de atividade valorativa, implicando um juízo de valor para se aferir se determinada conduta possui relevância penal. V – Quando a conduta se subsume perfeitamente ao tipo abstratamente previsto pela norma penal, não possuindo, entretanto, relevância jurídica por não produzir uma ofensa significativa ao bem jurídico tutelado, há a configuração apenas da tipicidade formal, restando afastada a tipicidade material. Nesta hipótese, ante ao princípio da intervenção mínima, afasta-se a aplicação do Direito Penal. VI – O princípio da insignificância revela-se quando condutas que se amoldam formalmente a determinado tipo legal não apresentam relevância material, sendo afastada liminarmente a tipicidade penal. VII – O Supremo Tribunal Federal, ao delimitar a aplicação do princípio da insignificância, registrou que devem ser observados os seguintes requisitos: a) a mínima ofensividade da conduta do agente; b) nenhuma periculosidade social da ação; c) o reduzidíssimo grau de reprovabilidade do comportamento; e d) a inexpressividade da lesão jurídica provocada. VIII – Na hipótese dos autos, não se verifica a presença de todos os requisitos para a aplicação do princípio em comento. Conquanto possa se afirmar haver a inexpressividade da lesão jurídica provocada – por ser considerada ínfima a quantia alegada pela impetrante R$ 0,40 (quarenta centavos de Real) – verifica-se na hipótese alto grau de reprovabilidade da conduta do paciente, policial militar, fardado, que, no seu horário de serviço, subtraiu uma caixa de chocolates, colocando-a dentro de seu colete a prova de balas. IX – O policial militar representa para a sociedade confiança e segurança. A conduta praticada não só é relevante para o Direito Penal como é absolutamente reprovável, diante da condição do paciente, de quem se exige um comportamento adequado, ou seja, dentro do que a sociedade considera correto, do ponto de vista ético e moral. X – No art. 240, § 1º, do Código Penal Militar, criou o legislador uma causa de diminuição de pena ao furto atenuado, havendo a permissão – caso o agente seja primário e de pequeno valor a coisa furtada – para que o juiz da causa substitua a pena, a diminua ou considere a infração como disciplinar. Note-se que o dispositivo não pode ser interpretado de forma a trancar a ação penal, como quer a impetrante, sendo certo que competirá ao juiz da causa, após o processamento da ação penal, considerar ou não a infração como disciplinar" (STJ: HC 192.242/MG, rel. Min. Gilson Dipp, 5.ª Turma, j. 22.03.2011).

Princípio da insignificância – furto qualificado – alto grau de reprovabilidade da conduta – inaplicabilidade: "O princípio da insignificância requer, para sua aplicação, que a mínima ofensividade da conduta seja analisada caso a caso, observando o bem subtraído, a condição econômica do sujeito passivo, as circunstâncias e o resultado do crime. No caso, invocou-se tal princípio, pois foram apreendidos como objetos do furto apenas uma colcha de casal e um edredon. A Turma entendeu ser inaplicável esse princípio porque os agentes em concurso, ao ingressar na residência da vítima, romperam obstáculos durante o repouso noturno, motivos que indicam o alto grau de reprovabilidade da conduta. Além disso, outros objetos, não recuperados, também foram furtados" (STJ: HC 179.572/SP, rel. Min. Gilson Dipp, 5.ª Turma, j. 15.03.2012, noticiado no *Informativo* 493).

Princípio da insignificância – furto simples – relação com o salário mínimo: "Sendo favoráveis as condições pessoais do agente, é aplicável o princípio da insignificância em relação à conduta que, subsumida formalmente ao tipo correspondente ao furto simples (art. 155, *caput*, do CP), consista na subtração de bem móvel de valor equivalente a pouco mais de 23% do salário mínimo vigente no tempo do fato. Nessa situação, ainda que ocorra a perfeita adequação formal da conduta à lei incriminadora e esteja comprovado o dolo do agente, inexiste a tipicidade material, que consiste na relevância penal da conduta e do resultado produzido. Assim, em casos como este, a aplicação da sanção penal configura indevida desproporcionalidade, pois o resultado jurídico – a lesão produzida ao bem jurídico tutelado – há de ser considerado como absolutamente irrelevante" (STJ: AgRg no HC 254.651/PE, rel. Min. Jorge Mussi, 5.ª Turma, j. 12.03.2013, noticiado no *Informativo* 516).

Princípio da insignificância – furto qualificado pelo concurso de pessoas – inadmissibilidade: "A 2ª Turma, por maioria, denegou *habeas corpus* em que pleiteada a aplicação do princípio da insignificância em favor de condenado pela prática do delito de furto qualificado mediante concurso de pessoas (CP, art. 155, § 4º, IV). A defesa alegava a irrelevância da lesão patrimonial sofrida pela vítima, que seria da ordem de R$ 80,00. Entendeu-se que, conquanto o bem fosse de pequeno valor, o paciente teria cometido o crime em concurso de agentes, portanto sua culpabilidade e a periculosidade do fato seriam maiores. Destacou-se que o paciente seria acusado de diversos delitos contra o patrimônio e contra a pessoa, além de já ter condenação por tráfico de entorpecentes" (STF: HC 112.103/MG, rel. Min. Ricardo Lewandowski, 2.ª Turma, j. 21.08.2012, noticiado no *Informativo* 676).

Princípio da insignificância – importância do bem para a vítima – reiteração criminosa – inaplicabilidade: "Não se aplica o princípio da insignificância ao furto de uma máquina de cortar cerâmica avaliada em R$ 130 que a vítima utilizava usualmente para exercer seu trabalho e que foi recuperada somente alguns dias depois da consumação do crime praticado por agente que responde a vários processos por delitos contra o patrimônio. A doutrina e a jurisprudência do STF e do STJ admitem a possibilidade de aplicação do princípio da insignificância como critério para a verificação judicial da relevância penal da conduta humana sob julgamento. Para empreender essa tarefa, importa avaliar empiricamente o valor do bem ou dos bens furtados, a situação econômica da vítima, as circunstâncias em que o crime foi perpetrado e a personalidade e as condições pessoais do agente, notadamente se demonstra fazer da subtração de coisas alheias um meio ou estilo de vida, com sucessivas ocorrências (reincidente ou não). Se, do ponto de vista da mera dogmática penal, estes últimos fatos não poderiam ser considerados como óbice ao reconhecimento da insignificância penal – por aparentemente sinalizar a prevalência do direito penal do autor e não do fato –, não deve o juiz, na avaliação da conduta formalmente correspondente a um tipo penal, ignorar o contexto que singulariza a conduta como integrante de uma série de outras de igual natureza, as quais, se não servem para caracterizar a continuidade delitiva, bem evidenciam o comportamento humano avesso à norma penal e ao convívio respeitoso e harmônico que se espera de todo componente de uma comunhão social. Assim, por razões derivadas predominantemente de política criminal, não se deve admitir a incidência do princípio da bagatela em casos nos quais o agente é contumaz autor de crimes contra o patrimônio, ressalvadas, vale registrar, as hipóteses em que a inexpressividade da conduta ou do resultado é tão grande que, a despeito da existência de maus antecedentes, não se justifica a utilização do aparato repressivo do Estado para punir o comportamento formalmente tipificado como crime. De fato, a conduta perpetrada pelo paciente – subtração de uma máquina de cortar cerâmica avaliada em R$ 130 – não se revela de escassa ofensividade penal e social. Além disso, o fato de o paciente ostentar, na certidão de antecedentes criminais, inúmeros processos em curso por delitos contra o patrimônio, a denotar sua habitualidade criminosa, é altamente censurável a conduta do agente, porquanto, o maquinário subtraído era usualmente utilizado pela vítima para exercer seu trabalho.

Não se pode considerar, também, como inexpressiva a lesão jurídica provocada, visto o valor da ferramenta de trabalho subtraída e a sua recuperação pela vítima tão somente após alguns dias da consumação do delito" (STJ: HC 241.713/DF, rel. Min. Rogerio Schietti Cruz, 6.ª Turma, j. 10.12.2013, noticiado no *Informativo* 534).

Princípio da insignificância – maus antecedentes – compatibilidade: "A Primeira Turma, por maioria, deu provimento a recurso ordinário em *habeas corpus* para absolver, com base no princípio da insignificância, paciente, que possui antecedentes criminais por crimes patrimoniais, da acusação de furto de um carrinho de mão avaliado em R$ 20,00 (vinte reais). Vencidos os Ministros Marco Aurélio (relator) e Luiz Fux, que votaram pelo não provimento do recurso por entenderem que o furto de objeto de pequeno valor está tipificado no § 2º do art. 155 do CP, de modo que não caberia aplicação do princípio da insignificância ao caso" (STF: RHC 174.784/MS, rel. orig. Min. Marco Aurélio, red. p/ o ac. Min. Alexandre de Moraes, 1.ª Turma, j. 11.02.2020, noticiado no *Informativo* 966).

Princípio da insignificância – maus antecedentes – não caracterização de habitualidade criminosa – análise do caso concreto: "Admite-se reconhecer a não punibilidade de um furto de coisa com valor insignificante, ainda que presentes antecedentes penais do agente, se não denotarem estes tratar-se de alguém que se dedica, com habitualidade, a cometer crimes patrimoniais. A simples existência de maus antecedentes penais, sem a devida e criteriosa verificação da natureza desses atos pretéritos, não pode servir de barreira automática para a invocação do princípio bagatelar. Com efeito, qual o relevo, para o reconhecimento da natureza insignificante de um furto, de se constatar que o agente, anteriormente, fora condenado por desacato à autoridade, por lesões corporais culposas, por crime contra a honra ou por outro ilícito que não apresenta nenhuma conexão comportamental com o crime sob exame? Afastar a insignificância nessas hipóteses seria despropositado. No entanto, haverá de ser outra a conclusão, ao constatar o aplicador da lei que o agente, nos últimos anos, vem-se ocupando de cometer pequenos delitos (nomeadamente furtos). Assim, não se admite a incidência da regra bagatelar em casos nos quais o agente é contumaz autor de pequenos desfalques ao patrimônio, ressalvadas, vale registrar, as hipóteses em que a inexpressividade da conduta ou do resultado é tão grande que, a despeito da existência de maus antecedentes, não se justifica o uso do aparato repressivo do Estado para punir o comportamento formalmente tipificado como crime. Ainda, a reincidência ou reiteração delitiva é elemento histórico objetivo, e não subjetivo, ao contrário do que o vocábulo possa sugerir. Isso porque não se avalia o agente (o que poderia resvalar em um direito penal do autor), mas, diferentemente, analisa-se, de maneira objetiva, o histórico penal desse indivíduo, que poderá indicar aspecto impeditivo da incidência da referida exclusão da punibilidade. Assinala-se que o legislador penal confere relevo ao histórico de vida pregressa do réu para outorgar-lhe a redução da pena, em forma de causa especial de diminuição da sanção, o que evidencia, sem margem a tergiversações, que o legislador penal, máxime em crimes que afetam o patrimônio alheio, dá importância ao comportamento pretérito do agente para conceder-lhe o benefício da redução da pena. De igual modo, a Parte Geral do Código Penal dá vários exemplos de interferência da primariedade e/ou dos bons antecedentes penais do réu para fins de individualizar a sanção ou para conceder ou não certos benefícios. Ora, se o legislador penal sopesa o comportamento do acusado anterior à prática do crime que está sendo objeto de um processo penal, quer para diminuir-lhe o *quantum*, quer para conceder-lhe algum direito (substituição da pena privativa de liberdade, livramento condicional etc.), por qual motivo deixará o intérprete e aplicador da lei penal de ter em conta anteriores condenações definitivas do réu ao analisar a relevância penal de seu agir, i.e., tendo em mira o desvalor de sua conduta? Da mesma forma, como já observado, cada caso há de ensejar análise criteriosa e singularizada, de modo a, eventualmente, ser reconhecida a não punibilidade de um furto de coisa com valor insignificante, ainda que presentes antecedentes penais do agente, se não denotarem estes tratar-se de alguém que se dedica, com habitualidade, a cometer crimes patrimoniais" (STJ: AgRg no REsp 1.986.729/MG, rel. Min. Rogerio Schietti Cruz, 6.ª Turma, j. 28.06.2022, noticiado no *Informativo* 744).

Princípio da insignificância – militar da reserva – inaplicabilidade: "A 1.ª Turma denegou *habeas corpus* em que pleiteada a aplicação do princípio da insignificância em favor de policial militar da reserva acusado de utilizar documento falso – passe livre conferido àqueles da ativa – para obter passagem de ônibus intermunicipal sem efetuar pagamento do preço. Explicitou-se que, embora o valor do bilhete fosse apenas de R$ 48,00, seria inaplicável o referido postulado. Asseverou-se que a conduta revestir-se-ia de elevada reprovabilidade, porquanto envolveria policial militar" (STF: HC 108.884/RS, rel. Min. Rosa Weber, 1.ª Turma, j. 12.06.2012, noticiado no *Informativo* 670).

Princípio da insignificância – moeda falsa – inaplicabilidade: "Ambas as Turmas do Supremo Tribunal Federal já consolidaram o entendimento de que é 'inaplicável o princípio da insignificância aos crimes de moeda falsa, em que objeto de tutela da norma a fé pública e a credibilidade do sistema financeiro, não sendo determinante para a tipicidade o valor posto em circulação' (HC 105.638, rel. Min. Rosa Weber). Precedentes" (STF: HC 108.193/SP, rel. Min. Roberto Barroso, 1.ª Turma, j. 19.08.2014). *No mesmo sentido*: STJ: AgRg no AREsp 1.131.701/SP, rel. Min. Rogerio Schietti Cruz, 6.ª Turma, j. 17.04.2018.

Princípio da insignificância – natureza jurídica – requisitos: "Aplica-se o princípio da insignificância à conduta formalmente tipificada como furto consistente na subtração, por réu primário e sem antecedentes, de um par de óculos avaliado em R$ 200,00. A lei penal não deve ser invocada para atuar em hipóteses desprovidas de significação social, razão pela qual os princípios da insignificância e da intervenção mínima surgem para evitar situações dessa natureza, atuando como instrumentos de interpretação restrita do tipo penal. Posto isso, conveniente trazer à colação excerto de julgado do STF (HC 98.152-MG, *DJ* 05.06.2009), no qual foram apresentados os requisitos necessários para a aferição do relevo material da tipicidade penal: 'O postulado da insignificância – que considera necessária, na aferição do relevo material da tipicidade penal, a presença de certos vetores, tais como (a) a mínima ofensividade da conduta do agente, (b) a nenhuma periculosidade social da ação, (c) o reduzidíssimo grau de reprovabilidade do comportamento e (d) a inexpressividade da lesão jurídica provocada – apoiou-se, em seu processo de formulação teórica, no reconhecimento de que o caráter subsidiário do sistema penal reclama e impõe, em função dos próprios objetivos por ele visados, a intervenção mínima do Poder Público em matéria penal'. Na hipótese em análise, verifica-se a presença dos referidos vetores, de modo a atrair a incidência do princípio da insignificância" (STJ: AgRg no RHC 44.461/RS, rel. Min. Marco Aurélio Bellizze, 5.ª Turma, j. 27.05.2014, noticiado no *Informativo* 542). *No mesmo sentido*: STJ: HC 196.132/MG, rel. Min. Napoleão Nunes Maia Filho, 5.ª Turma, j. 10.05.2011.

Princípio da insignificância – Policial Militar – possibilidade: "Ante o empate na votação, a 2ª Turma deferiu *habeas corpus* para aplicar o princípio da insignificância em favor de policial militar acusado pela suposta prática do crime de furto (CPM, art. 240, *caput*, c/c o art. 9º, I). Na espécie, extraiu-se da denúncia que o paciente, fardado e no seu horário de serviço, subtraíra uma caixa de bombons de estabelecimento comercial e a colocara dentro do seu colete. O Min. Gilmar Mendes, redator para o acórdão, tendo em vista o valor do bem em comento, consignou possível a incidência do referido postulado. Aludiu que o próprio conceito de insignificância seria, na verdade, a concretização da ideia de proporcionalidade, a qual, no caso, teria se materializado de forma radical. O Min. Ayres Britto acrescentou que o modo da consumação do fato não evidenciaria o propósito de desfalcar o patrimônio alheio. Em divergência, os Ministros Joaquim Barbosa, relator, e Ricardo Lewandowski denegavam a ordem, por entenderem que a reprovabilidade da ação não permitiria o reconhecimento do princípio da bagatela. Isso porque abstraíam o valor da mercadoria furtada e concentravam sua análise na conduta do agente, a qual colocaria em xeque a credibilidade da instituição a que pertenceria, porquanto, em virtude de seu cargo – incumbido da manutenção da ordem –, possuiria os deveres de moralidade e de probidade" (STF: HC 108.373/MG, rel. orig. Min. Joaquim Barbosa, red. p/ o acórdão Min. Gilmar Mendes, 2.ª Turma, j. 06.12.2011, noticiado no *Informativo* 651).

Princípio da insignificância – porte de droga para consumo pessoal – aplicabilidade: "Ao aplicar o princípio da insignificância, a 1ª Turma concedeu *habeas corpus* para trancar procedimento penal instaurado contra o réu e invalidar todos os atos processuais, desde a denúncia até a condenação, por ausência de tipicidade material da conduta imputada. No caso, o paciente fora condenado, com fulcro no art. 28, *caput*, da Lei 11.343/2006, à pena de 3 meses e 15 dias de prestação de serviços à comunidade por portar 0,6 g de maconha. Destacou-se que a incidência do postulado da insignificância, de modo a tornar a conduta atípica, exigiria o preenchimento concomitante dos seguintes requisitos: mínima ofensividade da conduta do agente; nenhuma periculosidade social da ação; reduzido grau de reprovabilidade do comportamento; e inexpressividade da lesão jurídica provocada. Consignou-se que o sistema jurídico exigiria considerar a relevantíssima circunstância de que a privação da liberdade e a restrição de direitos do indivíduo somente se justificariam quando estritamente necessárias à própria proteção das pessoas, da sociedade e de outros bens jurídicos que lhes fossem essenciais, notadamente naqueles casos em que os valores penalmente tutelados se expusessem a dano, efetivo ou potencial, impregnado de significativa lesividade. Deste modo, o direito penal não deveria se ocupar de condutas que produzissem resultados cujo desvalor – por não importar em lesão significativa a bens jurídicos relevantes – não representaria, por isso mesmo, expressivo prejuízo, seja ao titular do bem jurídico tutelado, seja à integridade da própria ordem social" (STF: HC 110.475/SC, rel. Min. Dias Toffoli, 1.ª Turma, j. 14.02.2012, noticiado no *Informativo* 655).

Princípio da insignificância – porte de droga para consumo pessoal – inaplicabilidade: "Não é possível afastar a tipicidade material do porte de substância entorpecente para consumo próprio com base no princípio da insignificância, ainda que ínfima a quantidade de droga apreendida. A despeito da subsunção formal de determinada conduta humana a um tipo penal, é possível se vislumbrar atipicidade material da referida conduta, por diversos motivos, entre os quais a ausência de ofensividade penal do comportamento em análise. Isso porque, além da adequação típica formal, deve haver uma atuação seletiva, subsidiária e fragmentária do Direito Penal, conferindo-se maior relevância à proteção de valores tidos como indispensáveis à ordem social, a exemplo da vida, da liberdade, da propriedade, do patrimônio, quando efetivamente ofendidos. A par disso, frise-se que o porte ilegal de drogas é crime de perigo abstrato ou presumido, visto que prescinde da comprovação da existência de situação que tenha colocado em risco o bem jurídico tutelado. Assim, para a caracterização do delito descrito no art. 28 da Lei 11.343/2006, não se faz necessária a ocorrência de efetiva lesão ao bem jurídico protegido, bastando a realização da conduta proibida para que se presuma o perigo ao bem tutelado. Isso porque, ao adquirir droga para seu consumo, o usuário realimenta o comércio ilícito, contribuindo para difusão dos tóxicos. Ademais, após certo tempo e grau de consumo, o usuário de drogas precisa de maiores quantidades para atingir o mesmo efeito obtido quando do início do consumo, gerando, assim, uma compulsão quase incontrolável pela próxima dose. Nesse passo, não há como negar que o usuário de drogas, ao buscar alimentar o seu vício, acaba estimulando diretamente o comércio ilegal de drogas e, com ele, todos os outros crimes relacionados ao narcotráfico: homicídio, roubo, corrupção, tráfico de armas etc. O consumo de drogas ilícitas é proibido não apenas pelo mal que a substância faz ao usuário, mas, também, pelo perigo que o consumidor gera à sociedade. Essa ilação é corroborada pelo expressivo número de relatos de crimes envolvendo violência ou grave ameaça contra pessoa, associados aos efeitos do consumo de drogas ou à obtenção de recursos ilícitos para a aquisição de mais substância entorpecente. Portanto, o objeto jurídico tutelado pela norma em comento é a saúde pública, e não apenas a saúde do usuário, visto que sua conduta atinge não somente a sua esfera pessoal, mas toda a coletividade, diante da potencialidade ofensiva do delito de porte de entorpecentes. Além disso, a reduzida quantidade de drogas integra a própria essência do crime de porte de substância entorpecente para consumo próprio, visto que, do contrário, poder-se-ia estar diante da hipótese do delito de tráfico de drogas, previsto no art. 33 da Lei 11.343/2006. Vale dizer, o tipo previsto no art. 28 da Lei 11.343/2006 esgota-se, simplesmente, no fato de o agente trazer consigo, para uso próprio, qualquer substância entorpecente que possa causar dependência, sendo, por isso mesmo, irrelevante que a quantidade de drogas não produza, concretamente, danos ao bem jurídico tutelado. Por fim, não se pode olvidar que o legislador, ao editar a Lei 11.343/2006, optou por abrandar as sanções cominadas ao usuário de drogas, afastando a possibilidade de aplicação de penas privativas de liberdade e prevendo somente as sanções de advertência, de prestação de serviços à comunidade e de medida educativa de comparecimento a programa ou curso educativo, conforme os incisos do art. 28 do referido diploma legal, a fim de possibilitar a sua recuperação. Dessa maneira, a intenção do legislador foi a de impor ao usuário medidas de caráter educativo, objetivando, assim, alertá-lo sobre o risco de sua conduta para a sua saúde, além de evitar a reiteração do delito. Nesse contexto, em razão da política criminal adotada pela Lei 11.343/2006, há de se reconhecer a tipicidade material do porte de substância entorpecente para consumo próprio, ainda que ínfima a quantidade de droga apreendida" (STJ: RHC 35.920/DF, rel. Min. Rogerio Schietti Cruz, 6.ª Turma, j. 20.05.2014, noticiado no *Informativo* 541).

Princípio da insignificância – porte ilegal de munição – inaplicabilidade: "A Primeira Turma denegou a ordem em 'habeas corpus', no qual se pretendia o reconhecimento da atipicidade material da conduta do paciente, caracterizada pelo porte ilegal de munição de uso permitido (art. 14, 'caput', da Lei 10.863/2003). No caso, o paciente foi condenado à pena de dois anos e dois meses de reclusão, em regime aberto, e ao pagamento de 11 dias-multa, em razão do porte de projétil de arma de fogo. A pena privativa foi substituída por duas restritivas de direito. A defesa alegava ser irrelevante a conduta praticada pelo paciente, bem como estarem presentes todos os requisitos exigidos pela Corte para a incidência do princípio da bagatela. Destacava a existência de precedentes deste Tribunal, nos quais assentada a aplicabilidade desse princípio a delitos de perigo abstrato (porte de drogas para consumo, desenvolvimento de atividade clandestina de telecomunicações, pesca irregular e moeda falsa, por exemplo). Apontava, ademais, a desproporcionalidade entre a conduta do paciente e a reprimenda imposta. Para o Colegiado, porém, a configuração da conduta tipificada no art. 14, 'caput', da Lei 10.826/2003 ('Art. 14. Portar, deter, adquirir, fornecer, receber, ter em depósito, transportar, ceder, ainda que gratuitamente, emprestar, remeter, empregar, manter sob guarda ou ocultar arma de fogo, acessório ou munição, de uso permitido, sem autorização e em desacordo com determinação legal ou regulamentar:') não depende do tipo ou da quantidade da munição portada pelo agente" (STF: HC 131.771/RJ, rel. Min. Marco Aurélio, 1.ª Turma, j. 18.10.2016, noticiado no *Informativo* 844).

Princípio da insignificância – porte ilegal de munição – situações excepcionais - aplicabilidade: "1. A análise dos documentos pelos quais se instrui pedido e dos demais argumentos articulados na inicial demonstra a presença dos requisitos essenciais à incidência do princípio da insignificância e a excepcionalidade do caso a justificar a flexibilização da jurisprudência deste Supremo Tribunal segundo a qual o delito de porte de munição de uso restrito, tipificado no art. 16 da Lei n. 10.826/2003, é crime de mera conduta. 2. A conduta do Paciente não resultou em dano ou perigo concreto relevante para a sociedade, de modo a lesionar ou colocar em perigo bem jurídico na intensidade reclamada pelo princípio da ofensividade. Não se há subestimar a natureza subsidiária, fragmentária do direito penal, que somente deve ser acionado quando os outros ramos do direito não forem suficientes para a proteção dos bens jurídicos envolvidos" (STF: HC 133.984/MG, rel. Min. Cármen Lúcia, 2.ª Turma, j. 17.05.2016).

Princípio da insignificância – posse ilegal de munição – aplicabilidade: "4. O paciente foi condenado pelo delito de posse de munição de uso restrito (art. 16 da Lei nº 10.826/03), sendo apenado em 3 (três) anos e 6 (seis) meses de reclusão em regime fechado e ao pagamento de 11 dias-multa. 5. Na linha de precedentes, o porte ilegal de arma ou munições é crime de perigo abstrato, cuja consumação independente de demonstração de sua potencialidade lesiva. 6. A hipótese retratada autoriza a mitigação do referido entendimento, uma vez que a conduta do paciente de manter em sua posse uma única munição de fuzil (calibre 762), recebida, segundo a sentença, de amigos que trabalharam no Exército, não tem o condão de gerar perigo para a sociedade, de modo a contundir o bem jurídico tutelado pela norma penal incriminadora" (STF: HC 154.390/SC, rel. Min. Dias Toffoli, 2.ª Turma, j. 17.04.2018). *No mesmo sentido*: STJ: REsp 1.978.284/GO, rel. Min. João Otávio de Noronha, 5.ª Turma, j. 14.06.2022; e STJ: EREsp 1.856.980/SC, Rel. Min. Joel Ilan Paciornik, 3.ª Seção, j. 22.09.2021, noticiado no *Informativo* 710.

Princípio da insignificância – posse ilegal de munições de uso permitido – crime de perigo abstrato – apreensão das munições em contexto de tráfico de drogas – inaplicabilidade: "A apreensão de munições em quantidade não considerada insignificante, aliada a apreensão de droga, petrechos do tráfico e expressivas quantias em dinheiro, perfaz cenário que impede o reconhecimento da atipicidade material da conduta. Nos termos da iterativa jurisprudência do Superior Tribunal de Justiça, é típica a conduta de portar ou transportar arma de fogo, acessório ou munição, de uso permitido, em desacordo com determinação legal ou regulamentar, pois se trata de crime de perigo abstrato, cujo bem jurídico protegido é a incolumidade pública, situação bastante a afastar a exigência de resultado naturalístico. Com efeito, 'a Quinta Turma e a Sexta Turma do STJ, a última, em algumas oportunidades, tem entendido que o simples fato de os cartuchos apreendidos estarem desacompanhados da respectiva arma de fogo não implica, por si só, a atipicidade da conduta, de maneira que as peculiaridades do caso concreto devem ser analisadas, a fim de se aferir: a) a mínima ofensividade da conduta do agente; b) a ausência de periculosidade social da ação; c) o reduzido grau de reprovabilidade do comportamento; e d) a inexpressividade da lesão jurídica provocada' (EREsp 1.856.980/SC, rel. Min. Joel Ilan Paciornik, 3.ª Seção, j. 22.09.2021, *DJe* 30.09.2021). No caso, foram apreendidas, além dos 7 cartuchos de calibre 12 da marca CBC e de 3 cartuchos calibre 32 da marca CBC, 19,25g (dezenove gramas e vinte e cinco centigramas) de cocaína, petrechos do tráfico e expressivas quantias em dinheiro, o que ensejou a condenação pelo crime de tráfico de drogas. Tal cenário, na linha da orientação firmada no STJ, impede que se reconheça a atipicidade material da conduta" (STJ: AgRg no AREsp 2.744.867/SC, rel. Min. Antonio Saldanha Palheiro, 6.ª Turma, j. 10.12.2024, noticiado no *Informativo* 837).

Princípio da insignificância – rádio "pirata" – crime formal e de perigo abstrato – inaplicabilidade: "O crime descrito no art. 183 da Lei 9.472/97 é formal e, *a fortiori*, de perigo abstrato, porquanto o desenvolvimento de atividade de radiofrequência sem autorização do órgão regulador é suficiente para comprometer a regularidade do sistema de telecomunicações independentemente da comprovação de prejuízo. Deveras, ainda que, eventualmente, sejam de baixa frequência as ondas de radiodifusão emitidas pela rádio clandestina, não cabe cogitar quanto à aplicação do princípio da insignificância para fins de descaracterização da lesividade material da conduta" (STF: HC 131.591 AgR/AL, rel. Min. Luiz Fux, 1.ª Turma, j. 02.05.2017). *No mesmo sentido*: STJ: AgRg no AREsp 599.005/PR, rel. Min. Nefi Cordeiro, 6.ª Turma, j. 14.04.2015, noticiado no *Informativo* 560; e STJ: AgRg no REsp 1.304.262/PB, rel. Min. Jorge Mussi, 5.ª Turma, j. 16.04.2015, noticiado no *Informativo* 560).

Princípio da insignificância – "rádio pirata" – prejuízo à segurança do tráfego aéreo – impossibilidade: "A 2.ª Turma denegou *habeas corpus* no qual se requeria o trancamento da ação penal pelo reconhecimento da aplicação do princípio da insignificância à conduta de operar de forma clandestina rádios com frequência máxima de 25W. No caso, o paciente fora condenado pelo delito de atividade clandestina de telecomunicações (Lei 9.472/1997, art. 183). Entendeu-se que a conduta perpetrada pelo réu conteria elevado coeficiente de danosidade, já que comprovado, por laudo da Anatel, clara interferência à segurança do tráfego aéreo com eventuais consequências catastróficas. Destacou-se que estaria ausente um dos elementos necessários para a incidência do aludido postulado, qual seja, a indiferença penal do fato" (STF: HC 111.518/DF, rel. Min. Cármen Lúcia, 2.ª Turma, j. 05.02.2013, noticiado no *Informativo* 694).

Princípio da insignificância – receptação qualificada – inaplicabilidade: "O princípio da insignificância, bem como o benefício da suspensão condicional do processo (Lei 9.099/1995, art. 89) não são aplicáveis ao delito de receptação qualificada (CP, art. 180, § 1º). Com base nesse entendimento, a 2ª Turma conheceu, em parte, de *habeas corpus* e, nessa extensão, indeferiu a ordem impetrada em favor de denunciado pela suposta prática do crime de receptação qualificada por haver sido encontrado em sua farmácia medicamento destinado a fundo municipal de saúde. Frisou-se que a pena mínima cominada ao tipo penal em questão seria superior a um ano de reclusão, o que afastaria o instituto da suspensão condicional do processo" (STF: HC 105.963/PE, rel. Min. Celso de Mello, 2.ª Turma, j. 24.04.2012, noticiado no *Informativo* 663).

Princípio da insignificância – reincidência – furto cometido durante o repouso noturno – cabimento: "A Segunda Turma negou provimento a agravo regimental interposto de decisão na qual concedida a ordem em *habeas corpus* para determinar a absolvição do paciente. Na espécie, trata-se de furto de R$ 4,15 em moedas, uma garrafa pequena de refrigerante, duas garrafas de 600 ml de cerveja e uma de 1 litro de pinga, tudo avaliado em R$ 29,15. Nas outras instâncias, o princípio da insignificância não foi aplicado em razão da reincidência do paciente e do fato de o furto ter sido cometido no período noturno. Prevaleceu o voto do Ministro Gilmar Mendes (relator) e foi mantida integralmente a decisão agravada, que reconheceu a atipicidade da conduta em razão da insignificância. O ministro levou em conta que o princípio da insignificância atua como verdadeira causa de exclusão da própria tipicidade. Considerou equivocado afastar-lhe a incidência tão somente pelo fato de o recorrido possuir antecedentes criminais. Reputou mais coerente a linha de entendimento segundo a qual, para a aplicação do princípio da bagatela, devem ser analisadas as circunstâncias objetivas em que se deu a prática delituosa e não os atributos inerentes ao agente. Reincidência ou maus antecedentes não impedem, por si sós, a aplicação do postulado da insignificância. A despeito de restar patente a existência da tipicidade formal, não incide, na situação dos autos, a material, que se traduz na lesividade efetiva e concreta ao bem jurídico tutelado, sendo atípica a conduta imputada. Em uma leitura conjunta do princípio da ofensividade com o princípio da insignificância, estar-se-á diante de uma conduta atípica quando a conduta não representar, pela irrisória ofensa ao bem jurídico tutelado, um dano (nos crimes de dano), uma certeza de risco de dano (nos crimes de perigo concreto) ou, ao menos, uma possibilidade de risco de dano (nos crimes de perigo abstrato), conquanto haja, de fato, uma subsunção formal do comportamento ao tipo penal. Em verdade, não haverá crime quando o comportamento não for suficiente para causar um dano, ou um perigo efetivo de dano, ao bem jurídico – quando um dano, ou um risco de dano, ao bem jurídico não for possível diante da mínima ofensividade da conduta. O relator compreendeu também não ser razoável que o Direito Penal e todo o aparelho estatal movimentem-se no sentido de atribuir relevância à hipótese em apreço. Destacou que sequer houve prejuízo material, pois os objetos foram restituídos à vítima. Motivo a mais para a incidência do postulado. Noutro passo, reportou-se a precedentes da Turma segundo os quais furto qualificado ou majorado não impede a possibilidade de aplicação do princípio da insignificância. Além disso, assentou que as circunstâncias do caso demonstram a presença dos vetores traçados pelo Supremo Tribunal Federal para configuração do mencionado princípio" (STF: HC 181.389 AgR/SP, rel. Min. Gilmar Mendes, 2.ª Turma, j. 14.04.2020, noticiado no *Informativo* 973).

Princípio da insignificância – reincidência e habitualidade criminosa – inaplicabilidade: "A Turma denegou *habeas corpus* no qual se postulava a aplicação do princípio da insignificância em favor de condenado por crime de furto qualificado e, subsidiariamente, a fixação da pena-base no mínimo legal. Na espécie, o paciente, por subtrair de veículos objetos avaliados em R$ 75,00, foi condenado à pena de dois anos e sete meses de reclusão em regime semiaberto. Inicialmente, ressaltou-se que o pequeno valor da vantagem patrimonial ilícita não se traduz, automaticamente, no reconhecimento do crime de bagatela. Em seguida, asseverou-se não ser possível reconhecer como reduzido o grau de reprovabilidade na conduta do agente que, de forma reiterada e habitual, comete vários delitos ou atos infracionais. Ponderou-se que, de fato, a lei seria inócua se tolerada a reiteração do mesmo delito, seguidas vezes, em frações que, isoladamente, não superassem certo valor tido por insignificante, mas o excedesse na soma. Concluiu-se, ademais, que qualquer entendimento contrário seria um verdadeiro incentivo ao descumprimento da norma legal, mormente tendo em conta aqueles que fazem da criminalidade um meio de vida" (STJ: HC 150.236/DF, rel. Min. Laurita Vaz, 5.ª Turma, j. 06.12.2011, noticiado no *Informativo* 489).

Princípio da insignificância – reincidência genérica – compatibilidade: "A 2ª Turma concedeu 'habeas corpus' para restabelecer sentença de primeiro grau, na parte em que reconhecera a aplicação do princípio da insignificância e absolvera o ora paciente da imputação de furto (CP, art. 155). Na espécie, ele fora condenado pela subtração de um engradado com 23 garrafas de cerveja e seis de refrigerante – todas vazias, avaliados em R$ 16,00 –, haja vista que o tribunal de justiça local afastara a incidência do princípio da bagatela em virtude de anterior condenação, com trânsito em julgado, pela prática de lesão corporal (CP, art. 129). A Turma, de início, reafirmou a jurisprudência do STF na matéria para consignar que a averiguação do princípio da insignificância dependeria de um juízo de tipicidade conglobante. Considerou, então, que seria inegável a presença, no caso, dos requisitos para aplicação do referido postulado: mínima ofensividade da conduta; ausência de periculosidade social da ação; reduzida reprovabilidade do comportamento; e inexpressividade da lesão jurídica. Afirmou, ademais, que, considerada a teoria da reiteração não cumulativa de condutas de gêneros distintos, a contumácia de infrações penais que não têm o patrimônio como bem jurídico tutelado pela norma penal (a exemplo da lesão corporal) não poderia ser valorada como fator impeditivo à aplicação do princípio da insignificância, porque ausente a séria lesão à propriedade alheia" (STF: HC 114.723/MG, rel. Min. Teori Zavascki, 2.ª Turma, j. 26.08.2014, noticiado no *Informativo* 756).

Princípio da insignificância – reiteração criminosa – multirreincidência específica – inaplicabilidade: "A multirreincidência específica somada ao fato de o acusado estar em prisão domiciliar durante as reiterações criminosas são circunstâncias que inviabilizam a aplicação do princípio da insignificância. Sedimentou-se a orientação jurisprudencial nesta Corte Superior no sentido de que a incidência do princípio da insignificância pressupõe a concomitância de quatro vetores: a) a mínima ofensividade da conduta do agente; b) nenhuma periculosidade social da ação; c) o reduzidíssimo grau de reprovabilidade do comportamento; e d) a inexpressividade da lesão jurídica provocada. No caso, é imputado ao acusado a subtração de 03 (três) desodorantes, cujo valor agregado, segundo a representante da empresa ofendida, é de R$ 38,00 (trinta e oito reais), tendo sido restituídos à vítima. Contudo, o acórdão, ao reformar a sentença de absolvição sumária, destacou que o réu ostenta multirreincidência específica, encontrando-se, à época dos fatos, no gozo de prisão domiciliar, situação que afastaria a incidência do princípio da insignificância. É certo que há precedentes do Supremo Tribunal Federal em que se afasta a tipicidade material da conduta criminosa quando o furto é praticado para subtrair objeto de valor irrelevante, ainda que o paciente seja reincidente na prática delitiva. Entretanto, a Corte também tem precedentes que apontam a relevância da análise da reincidência delitiva para afastar a tipicidade da conduta, conforme se verifica no julgamento do *Habeas Corpus* 123.108/MG, da Relatoria do Ministro Roberto Barroso, no qual, o Plenário do STF decidiu, por maioria de votos, que a "aplicação do princípio da insignificância envolve um juízo amplo (conglobante), que vai além da simples aferição do resultado material da conduta, abrangendo também a reincidência ou contumácia do agente, elementos que, embora não determinantes, devem ser considerados". Após a análise dos precedentes desta Corte Superior e do STF, é razoável concluir que a reincidência não impede, por si só, que se reconheça a insignificância penal da conduta à luz dos elementos do caso concreto, mas pode ser um dos elementos que justificam a tipicidade material da conduta. Extrai-se do caso que, além de estar em prisão domiciliar no momento em que praticou o furto, no dia 7/9/2016, o recorrente também já foi condenado em 20/12/2013 por furto praticado em 24/1/2013; em 18/6/2014, por furto e resistência praticados em 26/11/2013; em 28/2/2008, por tentativa de furto e uso de documento falso praticados em 22/5/2007, e, por fim, condenado em 7/12/2007 por tentativa de furto praticada em 22/8/2007. O entendimento, portanto, encontra-se em consonância com a orientação jurisprudencial da Terceira Seção desta Corte, no julgamento do EAREsp 221.999/RS, da relatoria do Ministro Reynaldo Soares da Fonseca, de que a reiteração criminosa inviabiliza a aplicação do princípio da insignificância, ressalvada a possibilidade de, no caso concreto, as instâncias ordinárias verificarem ser a medida socialmente recomendável, o que não se dá no caso" (STJ: REsp 1.957.218/MG, rel. Min. Olindo Menezes (Desembargador convocado do TRF 1.ª Região), 6.ª Turma, j. 23.08.2022, noticiado no *Informativo* 746). **No mesmo sentido**: STJ: RHC 31.612/PB, rel. Min. Rogerio Schietti Cruz, 6.ª Turma, j. 20.05.2014, noticiado no *Informativo* 541.

Princípio da insignificância – reiteração criminosa – peculiaridades do caso concreto – furto famélico – aplicabilidade: "A Segunda Turma deu provimento a agravo regimental para conceder a ordem de *habeas corpus* a fim de absolver paciente da acusação de furto qualificado [CP, art. 155, § 4º, IV] em face da aplicação do princípio da insignificância. Para o colegiado, como regra, a habitualidade delitiva específica é um parâmetro que afasta a análise do valor do bem jurídico tutelado para fins de aplicação do princípio da bagatela. Excepcionalmente, no entanto, as peculiaridades do caso concreto podem justificar a exclusão dessa restrição, com base na ideia da proporcionalidade em sentido concreto. Essa é justamente a situação dos autos, de furto de um galo, quatro galinhas caipiras, uma galinha garnisé e três quilos de feijão, bens avaliados em pouco mais de cem reais. O valor dos bens é inexpressivo e não houve emprego de violência. Enfim, é caso de mínima ofensividade, ausência de periculosidade social, reduzido grau de reprovabilidade e inexpressividade da lesão jurídica. Mesmo que conste em desfavor do paciente outra ação penal instaurada por igual conduta, ainda em trâmite, a hipótese é de típico crime famélico. A excepcionalidade também se justifica por se tratar de hipossuficiente. Não é razoável que o Direito Penal e todo o aparelho do Estado-polícia e do Estado-juiz movimente-se no sentido de atribuir relevância a estas situações" (STF: HC 141.440 AgR/MG, rel. Min. Dias Toffoli, 2.ª Turma, j. 14.08.2018, noticiado no *Informativo* 911).

Princípio da insignificância – reiteração criminosa – subtração de bens de higiene pessoal de baixo valor econômico – restituição imediata à vítima – atipicidade do fato: "É atípica a tentativa de subtração, sem a prática de violência ou grave ameaça à pessoa, de 08 (oito) shampoos, em valor global aproximado inferior a R$ 100,00 (cem reais), ainda que, eventualmente, haja reiteração de condutas dessa natureza. A hipótese em apreço refere-se a uma tentativa de subtração, sem a prática de violência ou grave ameaça à pessoa, de 08 (oito) shampoos, em valor global aproximado inferior a R$ 100,00 (cem reais). Nesses casos, a jurisprudência do STF tem amadurecido no sentido de compreender que 'somente aspectos de ordem objetiva do fato devem ser analisados', pois, 'levando em conta que o princípio da insignificância atua como verdadeira causa de exclusão da própria tipicidade, equivocado é afastar-lhe a incidência tão somente pelo fato de o paciente possuir antecedentes criminais'. Mostra-se, então, 'mais coerente a linha de entendimento segundo a qual, para incidência do princípio da bagatela, devem ser analisadas as circunstâncias objetivas em que se deu a prática delituosa e não os atributos inerentes ao agente, sob pena de, ao proceder-se à análise subjetiva, dar-se prioridade ao contestado e ultrapassado direito penal do autor em detrimento do direito penal do fato' (RHC 210.198/DF, rel. Min. Gilmar Mendes, j. 14.01.2022). Em homenagem ao direito penal do fato, ao se afirmar que determinada conduta é atípica, ainda que ela ocorra reiteradas vezes, em todas essas vezes estará ausente a proteção jurídica de envergadura penal. Ou seja, a reiteração é incapaz de transformar um fato atípico em uma conduta com relevância penal. Repetir várias vezes algo atípico não torna esse fato um crime. Rememora-se, ainda, que o direito penal é subsidiário e fragmentário, só devendo atuar para proteger os bens jurídicos mais caros a uma sociedade. No caso, a subtração não integra a concepção de lesividade relevante ao ponto de justificar a intervenção do direito penal no caso concreto. A eventual reiteração de condutas dessa natureza não altera essa conclusão. Ademais, a agente é tecnicamente primária. Para a aplicação do princípio da insignificância, esta Corte Superior entende necessária, ainda, a presença cumulativa das seguintes condições objetivas: a) mínima ofensividade da conduta do agente; b) nenhuma periculosidade social da ação; c) reduzido grau de reprovabilidade do comportamento do agente; e d) inexpressividade da lesão jurídica provocada (AgRg no HC 845.965/SP, rel. Min. Antonio Saldanha Palheiro, 6.ª Turma, j. 27.11.2023). Todos esses requisitos estão presentes na espécie. A conduta possui mínima ofensividade, pois não houve violência ou grave ameaça na tentativa de crime patrimonial. Não há periculosidade social na ação, pois o fato vincula-se a uma única agente que tentou subtrair objetos, de valor comercial irrisório, de um único estabelecimento comercial. A reprovabilidade do comportamento é bastante reduzida, pois a agente tentou subtrair objetos de higiene pessoal, o que retira a tutela jurídica apta a permitir o curso da ação penal, posto que presente uma incensurável homenagem ao fundamento constitucional da dignidade da pessoa humana (art. 1.º, III, CF/1988). Não há sequer o que se falar em lesão jurídica da conduta, pois o furto não se consumou, isto é, não houve qualquer prejuízo à esfera patrimonial da pessoa jurídica vítima. Logo, é atípica a tentativa de subtração, sem a prática de violência ou grave ameaça à pessoa, de 08 (oito) shampoos, em valor global aproximado inferior a R$ 100,00 (cem reais), ainda que, eventualmente, haja reiteração de condutas dessa natureza" (STJ: AgRg no HC 834.558/GO, rel. Min. Messod Azulay Neto, rel. para acórdão Min. Daniela Teixeira, 5.ª Turma, j. 12.12.2023, noticiado no *Informativo* 800).

Princípio da insignificância – requisitos: "O Princípio da Insignificância qualifica-se como fator de descaracterização material da tipicidade penal. O princípio da insignificância – que deve ser analisado em conexão com os postulados da fragmentariedade e da intervenção mínima do Estado em matéria penal – tem o sentido de excluir ou de afastar a própria tipicidade penal, examinada na perspectiva de seu caráter material. Doutrina. Tal postulado – que considera necessária, na aferição do relevo material da tipicidade penal, a presença de certos vetores, tais como (a) a mínima ofensividade da conduta do agente, (b) a nenhuma periculosidade social da ação, (c) o reduzidíssimo grau de reprovabilidade do comportamento e (d) a inexpressividade da lesão jurídica provocada – apoiou-se, em seu processo de formulação teórica, no reconhecimento de que o caráter subsidiário do sistema penal reclama e impõe, em função dos próprios objetivos por ele visados, a intervenção mínima do Poder Público. O postulado da insignificância e a função do Direito Penal: 'de minimis, non curat praetor'. O sistema jurídico há de considerar a relevantíssima circunstância de que a privação da liberdade e a restrição de direitos do indivíduo somente se justificam quando estritamente necessárias à própria proteção das pessoas, da sociedade e de outros bens jurídicos que lhes sejam essenciais, notadamente naqueles casos em que os valores penalmente tutelados se exponham a dano, efetivo ou potencial, impregnado de significativa lesividade. O direito penal não se deve ocupar de condutas que produzam resultado, cujo desvalor – por não importar em lesão significativa a bens jurídicos relevantes – não represente, por isso mesmo, prejuízo importante, seja ao titular do bem jurídico tutelado, seja à integridade da própria ordem social" (STF: HC 92.463/RS, rel. Min. Celso de Mello, 2.ª Turma, j. 16.10.2007).

Princípio da insignificância – roubo – crime complexo – impossibilidade: "1. O crime de roubo se caracteriza pela apropriação do patrimônio de outrem mediante violência ou grave ameaça à sua integridade física ou psicológica. No caso concreto, ainda que o valor subtraído tenha sido pequeno, não há como se aplicar o princípio da insignificância, mormente se se considera que o ato foi praticado pelo paciente mediante grave ameaça e com o concurso de dois adolescentes, fato esse que não pode ser taxado como um comportamento de reduzido grau de reprovabilidade. 2. A jurisprudência consolidada nesta Suprema Corte é firme no sentido de ser inaplicável o princípio da insignificância ao delito de roubo" (STF: HC 97.190/GO, rel. Min. Dias Toffoli, 1.ª Turma, j. 10.08.2010). *No mesmo sentido:* STJ: HC 60.185/MG, rel. Min. Laurita Vaz, 5.ª Turma, j. 03.04.2007.

Princípio da insignificância - tráfico de drogas – venda de 1 g de maconha – aplicabilidade: "**2.** Posse de 1 (um grama) de maconha. 3. Condenação à pena de 6 (seis) anos, 9 (nove) meses e 20 (vinte) dias de reclusão, em regime inicial fechado. 4. Pedido de absolvição. Atipicidade material. 5. Violação aos princípios da ofensividade, proporcionalidade e insignificância. 6. Parecer da Procuradoria-Geral da República pela concessão da ordem. 7. Ordem concedida para reconhecer a atipicidade material" (STF: HC 127.573/SP, rel. Min. Gilmar Mendes, 2.ª Turma, j. 11.11.2019).

Princípio da insignificância – tráfico internacional de arma de fogo – impossibilidade: "I - A objetividade jurídica da norma penal transcende a mera proteção da incolumidade pessoal, para alcançar também a tutela da liberdade individual e do corpo social como um todo, asseguradas ambas pelo incremento dos níveis de segurança coletiva que a lei propicia. II - No caso em exame, a proibição da conduta pela qual o paciente está sendo processado visa, especialmente, combater e prevenir o tráfico internacional de armas e munições, cuja maior clientela é o crime organizado transnacional, que, via de regra, abastece o seu arsenal por meio do mercado ilegal, nacional ou internacional, de armas. III - Mostra-se irrelevante, no caso, cogitar-se da mínima ofensividade da conduta (em face da quantidade apreendida), ou, também, da ausência de periculosidade da ação, porque a hipótese é de crime de perigo abstrato, para o qual não importa o resultado concreto da ação, o que também afasta a possibilidade de aplicação do princípio da insignificância" (STF: HC 97.777/MS, rel. Min. Ricardo Lewandowski, 1.ª Turma, j. 26.10.2010).

Princípio da insignificância – tributos estaduais e municipais – inaplicabilidade da Lei 10.522/2001: "É inaplicável o patamar estabelecido no art. 20 da Lei 10.522/2002, no valor de R$ 10 mil, para se afastar a tipicidade material, com base no princípio da insignificância, de delitos concernentes a tributos que não sejam da competência da União. De fato, o STJ, por ocasião do julgamento do REsp 1.112.748-TO, Terceira Seção, *DJe* 13.10.2009, submetido à sistemática do art. 543-C do CPC, consolidou o entendimento de que deve ser aplicado o princípio da insignificância aos crimes referentes a débitos tributários que não excedam R$ 10 mil, tendo em vista o disposto no art. 20 da Lei 10.522/2002. Contudo, para a aplicação desse entendimento aos delitos tributários concernentes a tributos que não sejam da competência da União, seria necessária a existência de lei do ente federativo competente, porque a arrecadação da Fazenda Nacional não se equipara à dos demais entes federativos. Ademais, um dos requisitos indispensáveis à aplicação do princípio da insignificância é a inexpressividade da lesão jurídica provocada, que pode se alterar de acordo com o sujeito passivo, situação que reforça a impossibilidade de se aplicar o referido entendimento de forma indiscriminada à sonegação dos tributos de competência dos diversos entes federativos" (STJ: HC 165.003/SP, rel. Min. Sebastião Reis Júnior, 6.ª Turma, j. 20.03.2014, noticiado no *Informativo* 540).

Princípio da insignificância – valor sentimental do bem – furto de "disco de ouro" – inaplicabilidade: "1. As circunstâncias peculiares do caso concreto inviabilizam a aplicação do postulado da insignificância à espécie. Paciente que invadiu a residência de músico, donde subtraiu um quadro denominado 'disco de ouro', premiação a ele conferida por ter alcançado a marca de mais de cem mil discos vendidos no País. 2. Embora a *res* subtraída não tenha sido avaliada, essa é dotada de valor sentimental inestimável para a vítima. Não se pode, tão somente, avaliar a tipicidade da conduta praticada em vista do seu valor econômico, especialmente porque, no caso, o prejuízo suportado pela vítima, obviamente, é superior a qualquer quantia pecuniária. 3. Revela-se irrelevante para o caso o argumento da defesa de que o bem teria sido restituído à vítima, pois ocorreu em circunstâncias alheias à vontade do paciente. Segundo o inquérito policial, o paciente foi abordado por policiais militares em via pública na posse do objeto furtado, o que ensejou a sua apreensão e, consequentemente, a sua restituição. 4. Impossibilidade de acatar a tese de irrelevância material da conduta praticada pelo paciente, especialmente porque a folha de antecedentes criminais que instrui a impetração demonstra a presença de outros delitos contra o patrimônio por ele praticados. Com efeito, esses aspectos dão claras demonstrações de ser ele um infrator contumaz e com personalidade voltada à prática delitiva. 5. Conforme a jurisprudência desta Corte, o reconhecimento da insignificância material da conduta increpada ao paciente serviria muito mais como um deletério incentivo ao cometimento de novos delitos do que propriamente uma injustificada mobilização do Poder Judiciário" (STF: HC 107.615/MG, rel. Min. Dias Toffoli, 1.ª Turma, j. 06.09.2011). *No mesmo sentido:* STJ: HC 190.002/MG, rel. Min. Og Fernandes, 6.ª Turma, j. 03.02.2011.

Princípio da insignificância – violência doméstica contra a mulher – inaplicabilidade: "Inadmissível a aplicação do princípio da insignificância aos delitos praticados em situação de violência doméstica. Com base nessa orientação, a Segunda Turma negou provimento a recurso ordinário em 'habeas corpus' no qual se pleiteava a incidência de tal princípio ao crime de lesão corporal cometido em âmbito de violência doméstica contra a mulher (Lei 11.340/2006, Lei Maria da Penha)" (STF: RHC 133.043/MT, rel. Min. Cármen Lúcia, 2.ª Turma, j. 10.05.2016, noticiado no *Informativo* 825).

Princípio da intervenção mínima: "A missão do Direito Penal moderno consiste em tutelar os bens jurídicos mais relevantes. Em decorrência disso, a intervenção penal deve ter o caráter fragmentário, protegendo apenas os bens jurídicos mais importantes e em casos de lesões de maior gravidade" (STJ: HC 50.863/PE, Rel. Min. Hélio Quaglia Barbosa, 6.ª Turma, j. 04.04.2006).

Princípio da isonomia: "O Princípio da Isonomia, garantia pétrea constitucional extensível aos estrangeiros, impede que o condenado não nacional pelo crime de tráfico ilícito de entorpecentes seja privado da concessão do benefício da substituição da pena privativa por restritiva de direitos quando atende aos requisitos objetivos e subjetivos do art. 44 do Código Penal" (STF: HC 103.311/PR, rel. Min. Luiz Fux, 1.ª Turma, j. 07.06.2011).

Princípio da ofensividade – antecipação da tutela penal: "A criação de crimes de perigo abstrato não representa, por si só, comportamento inconstitucional por parte do legislador penal. A tipificação de condutas que geram perigo em abstrato, muitas vezes, acaba sendo a melhor alternativa ou a medida mais eficaz para a proteção de bens jurídico-penais supraindividuais ou de caráter coletivo, como, por exemplo, o meio ambiente, a saúde etc. Portanto, pode o legislador, dentro de suas amplas margens de avaliação e de decisão, definir quais as medidas mais adequadas e necessárias para a efetiva proteção de determinado bem jurídico, o que lhe permite escolher espécies de tipificação próprias de um direito penal preventivo" (STF: HC 102.087/MG, rel. Min. Celso de Mello, rel. p/ acórdão Min. Gilmar Mendes, 2.ª Turma, j. 28.02.2012).

Princípio da ofensividade – definição de bem jurídico: "Pelo que é possível extrair do ordenamento jurídico brasileiro a premissa de que toda conduta penalmente típica só é penalmente típica porque significante, de alguma forma, para a sociedade e a própria vítima. É falar: em tema de política criminal, a Constituição Federal pressupõe lesão significativa a interesses e valores (os chamados 'bens jurídicos') por ela avaliados como dignos de proteção normativa" (STF: HC 111.017/RS, rel. Min. Ayres Britto, 2.ª Turma, j. 07.02.2012).

Princípio da ofensividade – porte de arma branca– art. 19 da Lei das Contravenções Penais – Tema 857 da Repercussão Geral: Tese fixada: "'O art. 19 da Lei de Contravenções penais permanece válido e é aplicável ao porte de arma branca, cuja potencialidade lesiva deve ser aferida com base nas circunstâncias do caso concreto, tendo em conta, inclusive, o elemento subjetivo do agente'. Por revelar interpretação mais adequada com os fins sociais da norma, o preceito incriminador descrito no art. 19 da Lei de Contravenções Penais (Decreto-lei nº 3.688/1941) – até que sobrevenha disposição em contrário – possui plena aplicabilidade na hipótese de porte de arma branca, devendo o julgador orientar-se, no caso concreto, pelo contexto fático, pela intenção do agente e pelo potencial de lesividade do objeto (grau de potencialidade lesiva ou efetiva lesão ao bem jurídico protegido pela norma penal). O porte de arma constitui matéria penal que pretende tutelar uma série de bens jurídicos relevantes, como a segurança nacional, a incolumidade pública e a saúde das pessoas. Com o intuito de prevenir crimes violentos, proteger a paz pública e restringir comportamentos perigosos, o legislador impõe sanções à mera conduta do porte ilegal de armas, independentemente da concretização do dano. Relativamente às armas de fogo, o art. 19 da Lei de Contravenções Penais foi derrogado pelo art. 10 da Lei nº 9.437/1997, que instituiu o Sistema Nacional de Armas (SINARM) e que, por sua vez, foi ab-rogado pela Lei nº 10.826/2003 – 'Estatuto do Desarmamento'. No que se refere ao porte de outros artefatos letais de menor potencial ofensivo, como as armas brancas – sejam elas próprias (instrumentos destinados ao ataque ou a defesa, a exemplo de facas, canivetes, punhais e espadas) ou impróprias (qualquer outro instrumento que se torne vulnerante, quando utilizado com a finalidade de ataque, a exemplo de machados, foices e tesouras) – a contravenção penal prevista no referido dispositivo permanece válida e vigente. Ademais, não há que se falar em norma penal em branco sem complemento ou em violação ao princípio da legalidade em matéria penal (CF/1988, art. 5.º, XXXIX). Esta Corte, seguindo o entendimento jurisprudencial do STJ, entendeu que a regulamentação estatal (decorrente da expressão 'sem licença da autoridade') é dispensável para a configuração da infração penal, na medida em que a redação original do dispositivo se referia à autorização administrativa da autoridade competente apenas para o porte ou para a posse de arma de fogo, isto é, a exigência não se aplica às armas brancas" (STF: ARE 901.623/SP, rel. Min. Edson Fachin, redator do acórdão Min. Alexandre de Moraes, Plenário, j. 04.10.2024, noticiado no *Informativo* 1.153).

Princípio da personalidade ou da intranscendência – reserva legal: "O postulado da intranscendência impede que sanções e restrições de ordem jurídica superem a dimensão estritamente pessoal do infrator. [...] A reserva de lei em sentido formal qualifica-se como instrumento constitucional de preservação da integridade de direitos e garantias fundamentais. O princípio da reserva de lei atua como expressiva limitação constitucional ao poder do Estado, cuja competência regulamentar, por tal razão, não se reveste de suficiente idoneidade jurídica que lhe permita restringir direitos ou criar obrigações. Nenhum ato regulamentar pode criar obrigações ou restringir direitos, sob pena de incidir em domínio constitucionalmente reservado ao âmbito de atuação material da lei em sentido formal" (STF: Agr-QO 1.033/DF, rel. Min. Celso de Mello, Tribunal Pleno, j. 25.05.2006).

Princípio da proporcionalidade – art. 273, § 1.º-B, V, do Código Penal – inaplicabilidade do preceito secundário – utilização da pena do tráfico de drogas: "É inconstitucional o preceito secundário do art. 273, § 1º-B, V, do CP – 'reclusão, de 10 (dez) a 15 (quinze) anos, e multa' –, devendo-se considerar, no cálculo da reprimenda, a pena prevista no *caput* do art. 33 da Lei 11.343/2006 (Lei de Drogas), com possibilidade de incidência da causa de diminuição de pena do respectivo § 4º. De fato, é viável a fiscalização judicial da constitucionalidade de preceito legislativo que implique intervenção estatal por meio do Direito Penal, examinando se o legislador considerou suficientemente os fatos e prognoses e se utilizou de sua margem de ação de forma adequada para a proteção suficiente dos bens jurídicos fundamentais. Nesse sentido, a Segunda Turma do STF (HC 104.410-RS, *DJe* 27.03.2012) expôs o entendimento de que os 'mandatos constitucionais de criminalização [...] impõem ao legislador [...] o dever de observância do princípio da proporcionalidade como proibição de excesso e como proibição de proteção insuficiente. A ideia é a de que a intervenção estatal por meio do Direito Penal, como *ultima ratio*, deve ser sempre guiada pelo princípio da proporcionalidade [...] Abre-se, com isso, a possibilidade do controle da constitucionalidade da atividade legislativa em matéria penal'. Sendo assim, em atenção ao princípio constitucional da proporcionalidade e razoabilidade das leis restritivas de direitos (CF, art. 5º, LIV), é imprescindível a atuação do Judiciário para corrigir o exagero e ajustar a pena de 'reclusão, de 10 (dez) a 15 (quinze) anos, e multa' abstratamente cominada à conduta inscrita no art. 273, § 1º-B, V, do CP, referente ao crime de ter em depósito, para venda, produto destinado a fins terapêuticos ou medicinais de procedência ignorada. Isso porque, se esse delito for comparado, por exemplo, com o crime de tráfico ilícito de drogas (notoriamente mais grave e cujo bem jurídico também é a saúde pública), percebe-se a total falta de razoabilidade do preceito secundário do art. 273, § 1º-B, do CP, sobretudo após a edição da Lei 11.343/2006 (Lei de Drogas), que, apesar de ter aumentado a pena mínima de 3 para 5 anos, introduziu a possibilidade de redução da reprimenda, quando aplicável o § 4º do art. 33, de 1/6 a 2/3. Com isso, em inúmeros casos, o esporádico e pequeno traficante pode receber a exígua pena privativa de liberdade de 1 ano e 8 meses. E mais: é possível, ainda, sua substituição por restritiva de direitos. De mais a mais, constata-se que a pena mínima cominada ao crime ora em debate excede em mais de três vezes a pena máxima do homicídio culposo, corresponde a quase o dobro da pena mínima do homicídio doloso simples, é cinco vezes maior que a pena mínima da lesão corporal de natureza grave, enfim, é mais grave do que a do estupro, do estupro de vulnerável, da extorsão mediante sequestro, situação que gera gritante desproporcionalidade no sistema penal. Além disso, como se trata de crime de perigo abstrato, que independe da prova da ocorrência de efetivo risco para quem quer que seja, a dispensabilidade do dano concreto à saúde do pretenso usuário do produto evidencia ainda mais a falta de harmonia entre esse delito e a pena abstratamente cominada pela redação dada pela Lei 9.677/1998 (de 10 a 15 anos de reclusão). Ademais, apenas para seguir apontando a desproporcionalidade, deve-se ressaltar que a conduta de importar medicamento não registrado na ANVISA, considerada criminosa e hedionda pelo art. 273, § 1º-B, do CP, a que se comina pena altíssima, pode acarretar mera sanção administrativa de advertência, nos termos dos arts. 2º, 4º, 8º (IV) e 10 (IV), todos da Lei 6.437/1977, que define as infrações à legislação sanitária. A ausência de relevância penal da conduta, a desproporção da pena em ponderação com o dano ou perigo de dano à saúde pública decorrente da ação e a inexistência de consequência calamitosa do agir convergem para que se conclua pela falta de razoabilidade da pena prevista na lei, tendo em vista que a restrição da liberdade individual não pode ser excessiva, mas compatível e proporcional à ofensa causada pelo comportamento humano criminoso. Quanto à possibilidade de aplicação, para o crime em questão, da pena abstratamente prevista para o tráfico de drogas – 'reclusão de 5 (cinco) a 15 (quinze) anos e pagamento de 500 (quinhentos) a 1.500 (mil e quinhentos) dias-multa' (art. 33 da Lei de drogas) –, a Sexta Turma do STJ (REsp 915.442-SC, *DJe* 1º.02.2011) dispôs que 'A Lei 9.677/98, ao alterar a pena prevista para os delitos descritos no artigo 273 do Código Penal, mostrou-se excessivamente desproporcional, cabendo, portanto, ao Judiciário promover o ajuste principiológico da norma [...] Tratando-se de crime hediondo, de perigo abstrato, que tem como bem jurídico tutelado a saúde pública, mostra-se razoável a aplicação do preceito secundário do delito de tráfico de drogas ao crime de falsificação, corrupção, adulteração ou alteração de produto destinado a fins terapêuticos ou medicinais'" (STJ: AI no HC 239.363/PR, rel. Min. Sebastião Reis Júnior, Corte Especial, j. 26.02.2015, noticiado no *Informativo* 559).

Princípio da proporcionalidade – proibição da proteção insuficiente de bens jurídicos: "Os direitos fundamentais não podem ser considerados apenas proibições de intervenção (*Eingriffsverbote*), expressando também um postulado de proteção (*Schutzgebote*). Pode-se dizer que os direitos fundamentais expressam não apenas uma proibição do excesso (*Übermassverbote*), como também podem ser traduzidos como proibições de proteção insuficiente ou imperativos de tutela (*Untermassverbote*)" (STF: HC 102.087/MG, rel. Min. Celso de Mello, rel. p/ acórdão Min. Gilmar Mendes, 2.ª Turma, j. 28.02.2012).

Princípio da reserva legal - crime contra a humanidade - art. 7.º do Estatuto de Roma - tratado internacional internalizado pelo Decreto n. 4.388/2002 - ausência de lei em sentido formal – ofensa ao art. 5.º, XXXIX, da Constituição Federal: "É necessária a edição de lei em sentido formal para a tipificação do crime contra a humanidade trazida pelo Estatuto de Roma, mesmo se cuidando de Tratado internalizado. O conceito de crime contra a humanidade se encontra positivado no art. 7º do Estatuto de Roma do Tribunal Penal Internacional, o qual foi adotado em 17/07/1998, porém apenas passou a vigorar em 01/07/2002, quando conseguiu o quórum de 60 países ratificando a convenção, sendo internalizado por meio do Decreto n. 4.388/2002. No Brasil, no entanto, ainda não há lei que tipifique os crimes contra a humanidade, embora esteja em tramitação o Projeto de Lei n. 4.038/2008, que 'dispõe sobre o crime de genocídio, define os crimes contra a humanidade, os crimes de guerra e os crimes contra a administração da justiça do Tribunal Penal Internacional, institui normas processuais específicas, dispõe sobre a cooperação com o Tribunal Penal Internacional, e dá outras providências'. Nesse contexto, o Supremo Tribunal Federal já teve a oportunidade de se manifestar no sentido de que não é possível utilizar tipo penal descrito em tratado internacional para tipificar condutas internamente, sob pena de se violar o princípio da legalidade - art. 5º, XXXIX, da CF/1988 segundo o qual 'não há crime sem lei anterior que o defina, nem pena sem prévia cominação legal' - art. 5º, XXXIX, da CF/1988. Assim, tanto no Supremo Tribunal Federal como também no Superior Tribunal de Justiça, não obstante a tendência em se admitir a configuração do crime antecedente de organização criminosa - antes da entrada em vigor da Lei n. 12.850/2013 - para configuração do crime de lavagem de dinheiro, em virtude da internalização da Convenção de Palermo, por meio Decreto n. 5.015/2004, prevaleceu o entendimento no sentido de que a definição de organização criminosa contida na referida convenção não vale para tipificar o art. 1º, inciso VII, da Lei n. 9.613/1998 - com redação anterior à Lei n. 12.683/2012. De igual modo, não se mostra possível internalizar a tipificação do crime contra a humanidade trazida pelo Estatuto de Roma, mesmo se cuidando de Tratado internalizado por meio do Decreto n. 4.388/2002, porquanto não há lei em sentido formal tipificando referida conduta" (STJ: REsp 1.798.903/RJ, rel. Min. Reynaldo Soares da Fonseca, 3.ª Seção, j. 25.09.2019, noticiado no *Informativo* 659).

Princípio da reserva legal – homofobia e transfobia – omissão legislativa – aplicação das disposições contidas na Lei de Racismo – não caracterização de *analogia in malam partem*: "O partido político autor da ação direta alega inércia legislativa do Congresso Nacional em apreciar proposições legislativas apresentadas com o objetivo de incriminar todas as formas de homofobia e transfobia e, assim, garantir efetiva proteção jurídico-social aos integrantes da comunidade LGBT. Já o impetrante do mandado de injunção aponta a mora do Congresso no sentido de proceder à criminalização específica de todas as formas de homofobia e transfobia, especialmente das ofensas individuais e coletivas, bem como de homicídios, agressões, ameaças e discriminações motivadas pela orientação sexual ou identidade de gênero. O Ministro Celso de Mello (relator da ação direta de inconstitucionalidade por omissão) conheceu, em parte, da ação para, nessa extensão, julgá-la procedente para: a) reconhecer o estado de mora inconstitucional do Congresso Nacional na implementação da prestação legislativa destinada a cumprir o mandado de incriminação a que se referem os incisos XLI e XLII do art. 5º da Constituição Federal, para efeito de proteção penal aos integrantes do grupo LGBT; b) declarar, em consequência, a omissão normativa inconstitucional do Poder Legislativo da União; c) cientificar o Congresso Nacional, para os fins e efeitos do art. 103, § 2º, da CF c/c o art. 12-H, *caput*, da Lei 9.868/1999; d) dar interpretação conforme à Constituição, em face dos mandados constitucionais de incriminação inscritos nos incisos XLI e XLII do art. 5º da CF, para enquadrar a homofobia e a transfobia, qualquer que seja a forma de sua manifestação, nos diversos tipos penais da Lei 7.716/1989, até que sobrevenha legislação autônoma editada pelo Congresso, seja por considerar-se, nos termos de seu voto, que as práticas homotransfóbicas se qualificam como espécies do gênero racismo, na dimensão de racismo social consagrada pelo Supremo Tribunal Federal no julgamento do HC 82.424/RS (caso Ellwanger), na medida em que tais condutas importam em atos de segregação que inferiorizam os integrantes do grupo LGBT, em razão de sua orientação sexual ou de sua identidade de gênero, seja, ainda, porque tais comportamentos de homotransfobia ajustam-se ao conceito de atos de discriminação e de ofensa aos seus direitos e suas liberdades fundamentais; e e) declarar que os efeitos da interpretação conforme a que se refere a alínea 'd' somente se aplicarão a partir da data de conclusão do presente julgamento. (...) O Ministro Roberto Barroso assegurou que, enquanto o Congresso Nacional não atuar, incide a Lei do Racismo, não por analogia ou interpretação extensiva, mas porque, no conceito de racismo firmado pelo STF, estão colhidas as situações tipificadas na lei. Ademais, compreendeu que a homofobia deve ser tratada como motivo fútil ou torpe nos outros tipos penais previstos no Código Penal". (...) Em conclusão de julgamento, o Plenário, por maioria, julgou procedentes os pedidos formulados em ação direta de inconstitucionalidade por omissão (ADO) e em mandado de injunção (MI) para reconhecer a mora do Congresso Nacional em editar lei que criminalize os atos de homofobia e transfobia. Determinou, também, até que seja colmatada essa lacuna legislativa, a aplicação da Lei 7.716/1989 (que define os crimes resultantes de preconceito de raça ou de cor) às condutas de discriminação por orientação sexual ou identidade de gênero, com efeitos prospectivos e mediante subsunção. Prevaleceram os votos dos Ministros Celso de Mello e Edson Fachin, relatores da ADO e do MI, respectivamente. A corrente majoritária reconheceu, em suma, que a omissão do Congresso Nacional atenta contra a Constituição Federal, a qual impõe, nos termos do seu art. 5º, XLI e XLII, inquestionável mandado de incriminação. Entendeu que as práticas homotransfóbicas se qualificam como espécies do gênero racismo, na dimensão de racismo social consagrada pelo Supremo Tribunal Federal no julgamento do HC 82.424/RS (caso Ellwanger). Isso porque essas condutas importam em atos de segregação que inferiorizam os integrantes do grupo de Lésbicas, Gays, Bissexuais e Transexuais (LGBT), em razão de sua orientação sexual ou de sua identidade de gênero. Considerou, ademais, que referidos comportamentos se ajustam ao conceito de atos de discriminação e de ofensa aos direitos e liberdades fundamentais dessas pessoas. Na ADO, o colegiado, por maioria, fixou a seguinte tese: "1. Até que sobrevenha lei emanada do Congresso Nacional destinada a implementar os mandados de criminalização definidos nos incisos XLI e XLII do art. 5º da Constituição da República, as condutas homofóbicas e transfóbicas, reais ou supostas, que envolvem aversão odiosa à orientação sexual ou à identidade de gênero de alguém, por traduzirem expressões de racismo, compreendido este em sua dimensão social, ajustam-se, por identidade de razão e mediante adequação típica, aos preceitos primários de incriminação definidos na Lei nº 7.716, de 05.01.1989, constituindo, também, na hipótese de homicídio doloso, circunstância que o qualifica, por configurar motivo torpe (Código Penal, art. 121, § 2º, I, 'in fine'); 2. A repressão penal à prática da homotransfobia não alcança nem restringe ou limita o exercício da liberdade religiosa, qualquer que seja a denominação confessional professada, a cujos fiéis e ministros (sacerdotes, pastores, rabinos, mulás ou clérigos muçulmanos e líderes ou celebrantes das religiões afro-brasileiras, entre outros) é assegurado o direito de pregar e de divulgar, livremente, pela palavra, pela imagem ou por qualquer outro meio, o seu pensamento e de externar suas convicções de acordo com o que se contiver em seus livros e códigos sagrados, bem assim o de ensinar segundo sua orientação doutrinária e/ou teológica, podendo buscar e conquistar prosélitos e praticar os atos de culto e respectiva liturgia, independentemente do espaço, público ou privado, de sua atuação individual ou coletiva, desde que tais manifestações não configurem discurso de ódio, assim entendidas aquelas exteriorizações que incitem a discriminação, a hostilidade ou a violência contra pessoas em razão de sua orientação sexual ou de sua identidade de gênero; 3. O conceito de racismo, compreendido em sua dimensão social, projeta-se para além de aspectos estritamente biológicos ou fenotípicos, pois resulta, enquanto manifestação de poder, de uma construção de índole histórico-cultural motivada pelo objetivo de justificar a desigualdade e destinada ao controle ideológico, à dominação política, à subjugação social e à negação da alteridade, da dignidade e da humanidade daqueles que, por integrarem grupo vulnerável (LGBTI+) e por não pertencerem ao estamento que detém posição de hegemonia em uma dada estrutura social, são considerados estranhos e diferentes, degradados à condição de marginais do ordenamento jurídico, expostos, em consequência de odiosa inferiorização e de perversa estigmatização, a uma injusta e lesiva situação de exclusão do sistema geral de proteção do direito" (STF: ADO 26/DF, rel. Min. Celso de Mello, Plenário, j. 13.06.2019; e MI 4.733/DF, rel. Min. Edson Fachin, Plenário, j. 13.06.2019, noticiados no *Informativo* 944).

Princípio da reserva legal – utilização no Direito Penal de medida provisória favorável ao agente – possibilidade: "Os artigos 30 e 32 da Lei 10.826/2003 estabeleceram o prazo de 180 (cento e oitenta) dias para os possuidores e proprietários de armas de fogo as regularizarem ou as entregarem às autoridades competentes [...]. Esse período iniciou-se em 23 de dezembro de 2003 e encerrou-se no dia 23 de junho de 2005, sendo, posteriormente, prorrogado até 23.10.2005, conforme Medida Provisória 253/2005, e estendido até 31 de dezembro de 2008, nos termos da Medida Provisória 417/2008, convertida na Lei 11.706/2008. A Lei 11.922/2009, prorrogou, novamente, este prazo para 31 de dezembro de 2009" (STF: RHC 117.566/SP, rel. Min. Luiz Fux, 1.ª Turma, j. 24.09.2013).

Princípio da responsabilidade penal pelo fato: "Isso porque vige no ordenamento jurídico-penal pátrio o princípio da responsabilidade subjetiva, como corolário do Direito Penal do fato, adequado ao plexo de garantias vigente no Estado Democrático de Direito. Tal sistemática impõe ao órgão acusatório o ônus da prova acerca dos elementos constitutivos do tipo penal incriminador, nos termos do art. 156 do CPP, a ser exercido no seio do contraditório estabelecido em juízo, em respeito à clausula do devido processo legal" (STF: Inq 4.483 AgR-segundo/DF e Inq 4.327 AgR-segundo/DF, rel. Min. Edson Fachin, Plenário, j. 14.12.2017 e 19.12.2017, noticiados no *Informativo* 888).

Princípio da subsidiariedade: "O Direito Penal deve ser encarado de acordo com a principiologia constitucional. Dentre os princípios constitucionais implícitos figura o da subsidiariedade, por meio do qual a intervenção penal somente é admissível quando os demais ramos do direito não conseguem bem equacionar os conflitos sociais. *In casu*, tendo-se apurado, em verdade, apenas um ilícito de colorido meramente contratual, relativamente à distribuição da água, com o equacionamento da *quaestio* no plano civil, não se justifica a persecução penal" (STJ: HC 197.601/RJ, rel. Min. Maria Thereza de Assis Moura, 6.ª Turma, j. 28.06.2011).

Princípio do *non bis in idem*: "O fato de o paciente registrar uma única condenação transitada em julgado não pode ser valorado, ao mesmo tempo, como circunstância judicial desfavorável e agravante de reincidência, sob pena de *bis in idem*" (STJ: HC 147.202/MG, rel. Min. Og Fernandes, 6.ª Turma, j. 28.02.2012, noticiado no *Informativo* 492).

Princípio do *non bis in idem* – crimes praticados no mesmo contexto fático – desconhecimento do segundo crime na ação penal atinente ao primeiro delito: "O agente que, numa primeira ação penal, tenha sido condenado pela prática de crime de roubo contra uma instituição bancária não poderá ser, numa segunda ação penal, condenado por crime de roubo supostamente cometido contra o gerente do banco no mesmo contexto fático considerado na primeira ação penal, ainda que a conduta referente a este suposto roubo contra o gerente não tenha sido sequer levada ao conhecimento do juízo da primeira ação penal, vindo à tona somente no segundo processo. De fato, conquanto o suposto roubo contra o gerente do banco não tenha sido sequer levado ao conhecimento do juízo da primeira ação penal, ele se encontra sob o âmbito de incidência do princípio *ne bis in idem*, na medida em que praticado no mesmo contexto fático da primeira ação. Além disso, do contrário ocorreria violação da garantia constitucional da coisa julgada. Sobre o tema, há entendimento doutrinário no sentido de que 'Com o trânsito em julgado da sentença condenatória, o ato adquire a autoridade de coisa julgada, tornando-se imutável tanto no processo em que veio a ser proferida a decisão (coisa julgada formal) quanto em qualquer outro processo onde se pretenda discutir o mesmo fato criminoso objeto da decisão original (coisa julgada material). No direito brasileiro, a sentença condenatória evita se instaure novo processo contra o réu condenado, em razão do mesmo fato, quer para impingir ao sentenciado acusação mais gravosa, quer para aplicar-lhe pena mais elevada'. Portanto, não há se falar, na hipótese em análise, em arquivamento implícito, inadmitido pela doutrina e pela jurisprudência, tendo em vista que não se cuida de fatos diversos, mas sim de um mesmo fato com desdobramentos diversos e apreciáveis ao tempo da instauração da primeira ação penal. Ademais, a doutrina sustenta que 'a proibição (*ne*) de imposição de mais de uma (*bis*) consequência jurídico-repressiva pela prática dos mesmos fatos (*idem*) ocorre, ainda, quando o comportamento definido espaço-temporalmente imputado ao acusado não foi trazido por inteiro para apreciação do juízo. Isso porque o objeto do processo é informado pelo princípio da consunção, pelo qual tudo aquilo que poderia ter sido imputado ao acusado, em referência a dada situação histórica e não o foi, jamais poderá vir a sê-lo novamente. E também se orienta pelos princípios da unidade e da indivisibilidade, devendo o caso penal ser conhecido e julgado na sua totalidade – unitária e indivisivelmente – e, mesmo quando não o tenha sido, considerar-se-á irrepetivelmente decidido'. Assim, em Direito Penal, 'deve-se reconhecer a prevalência dos princípios do favor rei, *favor libertatis* e *ne bis in idem*, de modo a preservar a segurança jurídica que o ordenamento jurídico demanda' (HC 173.397/RS, 6ª Turma, *DJe* 17.03.2011)" (STJ: HC 285.589/MG, rel. Min. Felix Fischer, 5.ª Turma, j. 04.08.2015, noticiado no *Informativo* 569).

Princípio do *non bis in idem* – desdobramento da dignidade da pessoa humana – duplicidade de condenações definitivas e relativização da coisa julgada: "Constatado o trânsito em julgado de duas decisões condenando o agente pela prática de um único crime – a primeira proferida por juízo estadual absolutamente incompetente e a segunda proferida pelo juízo federal constitucionalmente competente –, a condenação anterior deve ser anulada caso se verifique que nela fora imposta pena maior do que a fixada posteriormente. Em primeiro lugar, faz-se necessário asseverar que o STJ já se pronunciou no sentido de que 'A sentença proferida por juízo absolutamente incompetente impede o exame dos mesmos fatos ainda que pela justiça constitucionalmente competente, pois, ao contrário, estar-se-ia não só diante de vedado *bis in idem* como também na contramão da necessária segurança jurídica que a imutabilidade da coisa julgada visa garantir' (RHC 29.775-PI, 5ª Turma, *DJe* 25.06.2013). Com efeito, sopesando a garantia do juiz natural em face do princípio do *ne bis in idem*, deve preponderar este último como decorrência do princípio fundamental da dignidade da pessoa humana, princípio basilar do Estado Democrático de Direito, consoante explicita o inciso III do art. 1º da CF. Cabe ressaltar, a propósito, que esse entendimento foi consolidado para, dando efetividade ao princípio do *favor rei*, impedir o início ou a continuidade de outro processo que tenha por objetivo discutir os mesmos fatos que já foram objeto de decisão anterior. A situação em análise, entretanto, é peculiar. Existem duas condenações transitadas em julgado, sendo que a primeira foi proferida por juízo estadual absolutamente incompetente e a segunda pelo juízo constitucionalmente competente, tendo este estabelecido, inclusive, *quantum* de pena inferior ao definido anteriormente. Dessa forma, nessa hipótese, considerando a situação mais favorável ao réu, bem como a existência de trânsito em julgado perante a justiça competente para análise do feito, deve ser relativizada a coisa julgada, de modo a tornar possível a prevalência do princípio fundamental da dignidade da pessoa humana" (STJ: HC 297.482/CE, rel. Min. Felix Fischer, 5.ª Turma, j. 12.05.2015, noticiado no *Informativo* 562).

Princípio do *non bis in idem* – imputações distintas – possibilidade: "1. Não ofende o princípio do *ne bis in idem* o fato de os controladores de voo estarem respondendo a processo na Justiça Militar e na Justiça comum pelo mesmo fato da vida, qual seja, o acidente aéreo que ocasionou a queda do Boeing 737/800 da Gol Linhas Aéreas no Município de Peixoto de Azevedo, no Estado do Mato Grosso, com a morte de todos os seus ocupantes, uma vez que as imputações são distintas. 2. Solução que se encontra, *mutatis mutandis*, no enunciado da Súmula 90/STJ: 'Compete à Justiça Militar processar e julgar o policial militar pela prática do crime militar, e à Comum pela prática do crime comum simultâneo àquele'" (STJ: CC 91.016/MT, rel. Min. Paulo Gallotti, 3.ª Seção, j. 27.02.2008).

Princípio do *non bis in idem* – Pacto de São José da Costa Rica: "O Plenário destacou que o Pacto de São José da Costa Rica, ratificado no Brasil pelo Decreto 678/1992, acolhera o princípio do *non bis in idem* em contexto específico, ao estabelecer que o acusado absolvido por sentença passada em julgado não poderá ser submetido a novo processo pelos mesmos fatos (art. 8º, 4). Asseverou-se que, a partir de uma compreensão ampliada desse princípio, não restrito à impossibilidade das persecuções penais múltiplas, desenvolveu-se uma das mais relevantes funções no direito penal constitucional: balizar a individualização da pena, com vistas a impedir mais de uma punição individual pelo mesmo fato em momentos diversos do sistema trifásico adotado pelo Código Penal" (STF: HC 112.776/MS, rel. Min. Teori Zavascki, Plenário, j. 19.12.2013, noticiado no *Informativo* 733).

Princípio do *non bis in idem* – reincidência – compatibilidade: "A pena agravada pela reincidência não configura *bis in idem*. O recrudescimento da pena imposta ao paciente resulta de sua opção por continuar a delinquir" (STF: HC 91.688/RS, rel. Min. Eros Grau, 2.ª Turma, j. 14.08.2007).

Proteção de bens jurídicos – função do Direito Penal: "O respeito aos bens jurídicos protegidos pela norma penal é, primariamente, interesse de toda a coletividade, sendo manifesta a legitimidade do Poder do Estado para a imposição da resposta penal, cuja efetividade atende a uma necessidade social" (STJ: AgRg no REsp 887.240/MG, rel. Min. Hamilton Carvalhido, 6.ª Turma, j. 26.04.2007).

Reincidência – recepção pela CF/1988 – inocorrência de *bis in idem*: "É constitucional a aplicação da reincidência como agravante da pena em processos criminais (CP, art. 61, I). Essa a conclusão do Plenário ao desprover recurso extraordinário em que alegado que o instituto configuraria *bis in idem*, bem como ofenderia os princípios da proporcionalidade e da individualização da pena. Registrou-se que as repercussões legais da reincidência seriam múltiplas, não restritas ao agravamento da pena. Nesse sentido, ela obstaculizaria: a) cumprimento de pena nos regimes semiaberto e aberto (CP, art. 33, § 2º, *b* e *c*); b) substituição de pena privativa de liberdade por restritiva de direito ou multa (CP, arts. 44, II, e 60, § 2º); c) *sursis* (CP, art. 77, I); d) diminuição de pena, reabilitação e prestação de fiança; e e) transação e *sursis* processual em juizados especiais (Lei 9.099/1995, arts. 76, § 2º, I e 89). Além disso, a recidiva seria levada em conta para: a) deslinde do concurso de agravantes e atenuantes (CP, art. 67); b) efeito de lapso temporal quanto ao livramento condicional (CP, art. 83, I e II); c) interrupção da prescrição (CP, art. 117, VI); e d) revogação de *sursis* e livramento condicional, a impossibilitar, em alguns casos, a diminuição da pena, a reabilitação e a prestação de fiança (CP, arts. 155, § 2º; 170; 171, § 1º; 95; e CPP, art. 323, III). Consignou-se que a reincidência não contrariaria a individualização da pena. Ao contrário, levar-se-ia em conta, justamente, o perfil do condenado, ao distingui-lo daqueles que cometessem a primeira infração penal. Nesse sentido, lembrou-se de que a Lei 11.343/2006 preceituaria como causa de diminuição de pena o fato de o agente ser primário e detentor de bons antecedentes (art. 33, § 4º). Do mesmo modo, a recidiva seria considerada no cômputo do requisito objetivo para progressão de regime dos condenados por crime hediondo. Nesse aspecto, a lei exigiria o implemento de 2/5 da reprimenda, se primário o agente; e 3/5, se reincidente. O instituto impediria, também, o livramento condicional aos condenados por crime hediondo, tortura e tráfico ilícito de entorpecentes (CP, art. 83, V). Figuraria, ainda, como agravante da contravenção penal prevista no art. 25 do Decreto-Lei 3.688/1941. Influiria na revogação do *sursis* processual e do livramento condicional, assim como na reabilitação (CP, arts. 81, I e § 1º; 86; 87 e 95). Considerou-se que a reincidência comporia consagrado sistema de política criminal de combate à delinquência e que eventual inconstitucionalidade do instituto alcançaria todas as normas acima declinadas. Asseverou-se que sua aplicação não significaria duplicidade, porquanto não alcançaria delito pretérito, mas novo ilícito, que ocorrera sem que ultrapassado o interregno do art. 64 do CP. Asseverou-se que o julgador deveria ter parâmetros para estabelecer a pena adequada ao caso concreto. Nesse contexto, a reincidência significaria o cometimento de novo fato antijurídico, além do anterior. Reputou-se razoável o fator de discriminação, considerado o perfil do réu, merecedor de maior repreensão porque voltara a delinquir a despeito da condenação havida, que deveria ter sido tomada como advertência no que tange à necessidade de adoção de postura própria ao homem médio. Explicou-se que os tipos penais preveriam limites mínimo e máximo de apenação, somente alijados se verificada causa de diminuição ou de aumento da reprimenda. A definição da pena adequada levaria em conta particularidades da situação, inclusive se o agente voltara a claudicar. Estaria respaldado, então, o instituto constitucional da individualização da pena, na medida em que se evitaria colocar o reincidente e o agente episódico no mesmo patamar. Frisou-se que a jurisprudência da Corte filiar-se-ia, predominantemente, à corrente doutrinária segundo a qual o instituto encontraria fundamento constitucional, porquanto atenderia ao princípio da individualização da pena. Assinalou-se que não se poderia, a partir da exacerbação do garantismo penal, desmantelar o sistema no ponto consagrador da cabível distinção, ao se tratar os desiguais de forma igual. A regência da matéria, harmônica com a Constituição, denotaria razoável política normativa criminal" (STF: RE 453.000/RS, rel. Min. Marco Aurélio, Plenário, j. 04.04.2013, noticiado no *Informativo* 700).

Lei penal no tempo

Art. 2º Ninguém pode ser punido por fato que lei posterior deixa de considerar crime, cessando em virtude dela a execução e os efeitos penais da sentença condenatória.

Parágrafo único. A lei posterior, que de qualquer modo favorecer o agente, aplica-se aos fatos anteriores, ainda que decididos por sentença condenatória transitada em julgado.

○ **Introdução:** Depois de cumprir todas as fases do processo legislativo previsto na CF, a lei penal ingressa no ordenamento jurídico e, assim como as demais leis em geral, vigora até ser revogada por outro ato normativo de igual natureza. É o que se convencionou chamar de **princípio da continuidade das leis**. A revogação é a **retirada da vigência de uma lei**. Essa é a regra geral: uma lei somente é revogada por outra lei. Há exceções no Direito Penal. As leis temporárias e excepcionais são autorrevogáveis, ou seja, não precisam ser revogadas por outra lei. Toda e qualquer lei, por mais relevante e conhecida que seja, pode ser revogada. A atividade legislativa, como decorrência da soberania popular, é irrenunciável. Os costumes, por mais consagrados que sejam em dada sociedade, não revogam leis. Da mesma forma, uma lei jamais é revogada por decisão judicial, ainda que oriunda do STF em controle concentrado de constitucionalidade – a declaração de inconstitucionalidade limita-se a retirar a eficácia da lei em contrariedade com o texto constitucional, sem revogá-la, função exclusiva do Poder Legislativo. A revogação da lei pode ser absoluta ou total (**ab-rogação**), ou parcial (**derrogação**). No tocante ao **modo** pelo qual se verifica, a revogação pode ser: **(a) expressa** – ocorre quando uma lei indica em seu corpo os dispositivos legais revogados; **(b) tácita** – ocorre no caso em que a lei nova se revela incompatível com a anterior, apesar de não haver menção expressa à revogação; ou **(c) global** – ocorre quando a nova lei regula inteiramente a matéria disciplinada pela lei anterior. Em obediência às regras de hermenêutica, e observando o campo de incidência das leis, a lei de natureza geral não revoga a especial, da mesma forma pela qual a especial também não revoga a geral. Não se trata de hierarquia, e sim de matérias diversas e diferentes âmbitos de atuação, uma não influindo sobre a outra.

○ **Direito Penal intertemporal e o conflito de leis penais no tempo:** Como a lei pode ser revogada, instauram-se situações de conflito. Verifica-se o conflito de leis no tempo quando uma lei nova entra em vigor, revogando a anterior. De fato, situações problemáticas inevitavelmente surgirão, eis que a lei nova sempre tem conteúdo ao menos relativamente diverso da sua antecessora. As regras e princípios que buscam solucionar o conflito de leis penais no tempo constituem o direito penal intertemporal. A análise do art. 5.º, XL, da CF, e dos arts. 2.º e 3.º do CP permite a conclusão de que, uma vez criada, a eficácia da lei penal no tempo deve obedecer a uma regra geral e a várias exceções. A **regra geral** é a da prevalência da lei que se encontrava em vigor quando da prática do fato (*tempus regit actum*). Dessa forma, resguarda-se a reserva legal, bem como a anterioridade da lei penal, em cumprimento às diretrizes do texto constitucional. As exceções se verificam na hipótese de sucessão de leis penais que disciplinem, total ou parcialmente, a mesma matéria. E, se o fato tiver sido praticado durante a vigência da lei anterior, cinco situações podem ocorrer: 1) a lei posterior cria uma nova figura penal (*novatio legis* incriminadora); 2) a lei posterior se mostra mais rígida em comparação com a lei anterior (*lex gravior*); 3) a lei posterior extingue o crime (*abolitio criminis*); 4) a lei posterior é benigna em relação à sanção penal ou à forma de seu cumprimento (*lex mitior*); ou 5) a lei posterior contém alguns preceitos mais rígidos e outros mais brandos.

– *Novatio legis* **incriminadora:** É a lei que tipifica como infrações penais comportamentos até então considerados irrelevantes na esfera criminal. A **neocriminalização** somente pode atingir situações consumadas após sua entrada em vigor. Não poderá retroagir, em hipótese alguma, conforme determina o art. 5.º, XL, da CF. A *novatio legis* incriminadora, portanto, somente tem eficácia para o futuro.

– **Lei penal mais grave ou** *lex gravior***:** Lei penal mais grave é a que **de qualquer modo** implicar tratamento mais rigoroso às condutas já classificadas como infrações penais. A expressão "de qualquer modo" deve ser considerada de forma ampla, para atingir todo tipo de situação prejudicial ao réu. Se mais grave, a lei terá aplicação apenas a fatos posteriores à sua entrada em vigor. Jamais retroagirá, conforme expressa determinação constitucional. Essa regra tem incidência sobre todas as leis com conteúdo material, estejam alocadas tanto no CP como na legislação penal extravagante, sejam incriminadoras ou reguladoras da imputabilidade, das causas excludentes da ilicitude, da aplicação da pena ou de qualquer outra classe jurídica atentatória do poder punitivo.

– **Abolitio criminis:** É a nova lei que exclui do âmbito do Direito Penal um fato até então considerado criminoso. Encontra previsão legal no art. 2.º, *caput*, do CP e tem natureza jurídica de causa de extinção da punibilidade (art. 107, III). Alcança a execução e os efeitos penais da sentença condenatória, não servindo como pressuposto da reincidência, também não configurando maus antecedentes. Sobrevivem, entretanto, os efeitos civis de eventual condenação. A configuração da *abolitio criminis* reclama revogação total do preceito penal. Com efeito, são necessários dois requisitos para a caracterização da *abolitio criminis*: **(a) revogação formal do tipo penal**; e **(b) supressão material do fato criminoso**. Não há falar em *abolitio criminis* nas hipóteses em que o fato criminoso passa a ser disciplinado perante dispositivo legal diverso. Nesses casos, verifica-se a incidência do **princípio da continuidade normativa** (ou da continuidade típico normativa). Admite-se a *abolitio criminis* **temporária**, nas situações em que a lei prevê a descriminalização transitória de uma conduta, a exemplo do que ocorreu nos arts. 30 a 32 da Lei 10.826/2003 – Estatuto do Desarmamento.

○ **Lei penal benéfica,** *lex mitior* **ou** *novatio legis in mellius***:** É a que se verifica quando, ocorrendo sucessão de leis penais no tempo, o fato previsto como crime ou contravenção penal tenha sido praticado na vigência da lei anterior, e o novel instrumento legislativo seja mais vantajoso ao agente, favorecendo-o de qualquer modo. A lei mais favorável deve ser obtida no caso concreto, aplicando-se a que produzir o resultado mais vantajoso ao agente (teoria da ponderação concreta).[26] Aqui também a expressão "de qualquer modo" deve ser compreendida na acepção mais ampla possível. Nos termos do art. 5.º, XL, da CF, a *abolitio criminis* e a *novatio legis in mellius* devem retroagir, por configurar nítido benefício ao réu. A retroatividade é automática, dispensa cláusula expressa e alcança inclusive os fatos já definitivamente julgados.

○ **Competência para aplicação da** *abolitio criminis* **e da** *novatio legis in mellius***:** A lei será sempre aplicada pelo órgão do Poder Judiciário em que a ação penal estiver em trâmite. Destarte, três situações podem ocorrer: (a) se a ação penal (ou inquérito policial) encontrar-se em 1º grau de jurisdição, competirá ao juiz natural de 1ª instância a aplicação da lei benéfica; (b) se a ação penal estiver tramitando em algum Tribunal, em grau de recurso ou por se tratar de crime de competência originária, a tarefa será reservada ao Tribunal respectivo; e (c) se a condenação já foi acobertada pelo trânsito em julgado, qualquer que seja sua origem, a competência será do juízo da execução (art. 66, I, da LEP, e Súmula 611 do STF).

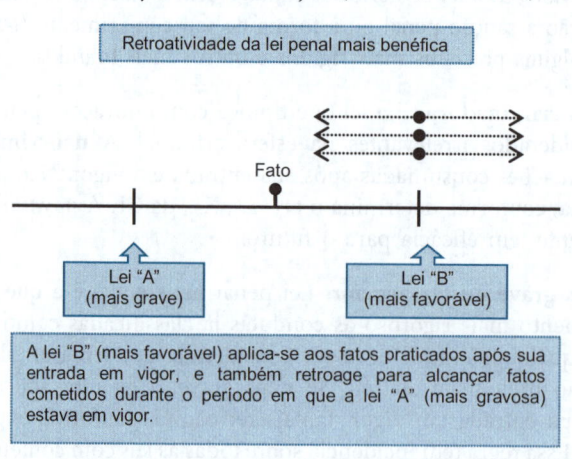

Retroatividade da lei penal mais benéfica

Fato

Lei "A" (mais grave)

Lei "B" (mais favorável)

A lei "B" (mais favorável) aplica-se aos fatos praticados após sua entrada em vigor, e também retroage para alcançar fatos cometidos durante o período em que a lei "A" (mais gravosa) estava em vigor.

---

26 TAIPA DE CARVALHO, Américo A. *Sucessão de leis penais*. 3. ed. Coimbra: Coimbra Editora, 2008. p. 246.

○ **Ultratividade da lei penal benéfica:** Pode ocorrer, ainda, a **ultratividade** da lei mais benéfica, que se verifica quando o crime foi praticado durante a vigência de uma lei, posteriormente revogada por outra prejudicial ao agente. Subsistem, no caso, os efeitos da lei anterior, mais favorável.[27]

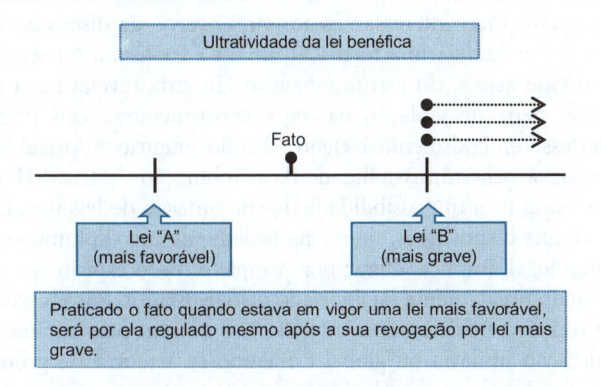

– **Lei penal posterior e *vacatio legis*:** Durante o período de *vacatio legis*, a lei penal não pode ser aplicada, mesmo que ela seja mais favorável ao réu. Com efeito, se a lei já foi publicada, mas ainda não entrou em vigor, ela ainda não tem eficácia, sendo impossível sua incidência no caso prático. No âmbito doutrinário, contudo, existem entendimentos em sentido contrário.

– **Precedente judicial favorável ao réu: retroatividade ou irretroatividade?** A Constituição Federal, no art. 5.º, XL, e o Código Penal, no parágrafo único do art. 2.º, impõem a retroatividade da lei favorável ao réu. Quanto à retroatividade da lei penal benéfica, portanto, não há nenhuma dúvida. Cuida-se de direito fundamental do ser humano. Discute-se, entretanto, se é possível a **retroatividade de precedente judicial favorável ao acusado**. Vejamos um exemplo: "A", após regular trâmite da ação penal contra ele movida, foi condenado. No futuro, "B" vem a ser processado em caso envolvendo idêntica situação jurídica, porém acaba absolvido, uma vez que o Supremo Tribunal Federal, em sede de controle concentrado de constitucionalidade, passou a adotar entendimento diverso sobre o assunto. Questiona-se: "A" pode ser beneficiado pela tese posteriormente firmada em favor de "B"? **A resposta é negativa**. A Lei Suprema, excepcionando a regra do *tempus regit actum* – aplica-se a lei que estava em vigor ao tempo da prática do fato – admite somente a retroatividade de lei favorável ao réu. Como se sabe, normas excepcionais devem ser interpretadas restritivamente, levando em conta sua natureza extraordinária. Não se pode criar hipótese de retroatividade não prevista pelo texto constitucional, sob risco de insegurança jurídica indispensável à manutenção do Estado de Direito. Além disso, a coisa julgada também tem assento constitucional (art. 5.º, XXXVI), e somente pode ser superada por disposição expressa criada pela própria Constituição Federal. O Supremo Tribunal Federal compartilha deste entendimento.

---

[27] Na seara da lei penal no tempo, retroatividade e ultratividade são espécies do gênero **extratividade**, consistente em sua aptidão de, mesmo depois de revogada, ser aplicável aos fatos praticados quando estava em vigor (ultratividade), ou então de voltar no tempo para alcançar fatos cometidos antes da sua entrada em vigor (retroatividade).

– **Combinação de leis penais (*lex tertia*):** Pode ocorrer o conflito entre duas leis penais sucessivas no tempo, cada qual com partes favoráveis e desfavoráveis ao réu. A discussão reside na possibilidade ou não de o juiz, na determinação da lei penal mais branda, acolher os preceitos favoráveis da primitiva e, ao mesmo tempo, os da posterior, combinando-os para utilizá-los no caso concreto, de modo a extrair o máximo benefício resultante da aplicação conjunta dos aspectos mais interessantes ao réu. O cerne da discussão reside em definir se cabe ou não ao Poder Judiciário a formação de uma *lex tertia*, ou seja, de uma lei híbrida. A doutrina se divide acerca do assunto. Nélson Hungria revelava sua incredulidade nessa possibilidade, sob pena de violação da regra constitucional da separação dos Poderes.[28] Compartilham desse entendimento Heleno Cláudio Fragoso e Aníbal Bruno. José Frederico Marques pugnava pela admissibilidade da combinação de leis.[29] Historicamente, o STF sempre se posicionou pela impossibilidade de combinação de leis penais, com o argumento de que extrair alguns dispositivos, de forma isolada, de um diploma legal, e outro preceito de outro diploma legal, implica alterar por completo o seu espírito normativo, criando um conteúdo diverso do previamente estabelecido pelo legislador. Entretanto, em alguns julgados o STF rompeu com seu posicionamento clássico, e decidiu pelo cabimento, abandonando a teoria da ponderação unitária ou global e filiando-se à **teoria da ponderação diferenciada**, pela qual, considerada a complexidade de cada uma das leis em conflito no tempo e a relativa autonomia de cada uma das disposições, é preciso proceder-se ao confronto de cada uma das disposições de cada lei, podendo, portanto, acabar por se aplicar ao caso *sub iudice* disposições de ambas as leis.[30] Depois de intensos debates, a matéria foi submetida ao Plenário, e **atualmente o Supremo Tribunal Federal não admite a combinação de leis penais**. O **Superior Tribunal de Justiça**, de seu turno, editou a **Súmula 501**, igualmente contrária à combinação de leis penais: "É cabível a aplicação retroativa da Lei 11.343/2006, desde que o resultado da incidência das suas disposições, na íntegra, seja mais favorável ao réu do que o advindo da aplicação da Lei 6.368/1976, sendo vedada a combinação de leis". Finalmente, o Código Penal Militar (Decreto-lei 1.001/1969), em seu art. 2.º, § 2.º, proíbe expressamente a combinação de leis.

– **Lei penal intermediária:** É possível, em caso de sucessão de leis penais, a aplicação de uma lei intermediária mais favorável ao réu, ainda que não seja a lei em vigor quando da prática da infração penal ou a lei vigente à época do julgamento.[31]

○ **As leis penais em branco e o conflito de leis no tempo:** Lei penal em branco é aquela cujo **preceito secundário é completo**, mas o **preceito primário necessita de complementação**. Há previsão precisa da sanção, mas a narrativa da conduta criminosa é incompleta. O complemento pode constituir-se em outra lei, ou ainda em ato da Administração Pública. O problema relativo ao assunto consiste em saber se, uma vez alterado o complemento da lei penal em branco, posteriormente à realização da conduta criminosa, e beneficiando o agente, deve operar-se a retroatividade. Não há consenso entre os estudiosos do Direito Penal. Basileu Garcia era favorável à retroatividade, em oposição a Magalhães Noronha e José Frederico Marques, entre outros. Em que pese a acirrada discussão, a questão é simples, bastando encará-la em sintonia com o art. 3.º do CP. O complemento da lei penal em branco

[28] HUNGRIA, Nélson. *Comentários ao Código Penal*. Rio de Janeiro: Forense, 1949. v. 1, p. 110.

[29] MARQUES, José Frederico. *Tratado de direito penal*. Campinas: Bookseller, 1997. v. 2, p. 256-257. Compartilham desse entendimento, entre outros, Basileu Garcia, E. Magalhães Noronha e Damásio E. de Jesus.

[30] TAIPA DE CARVALHO, Américo A. *Sucessão de leis penais*. 3. ed. Coimbra: Coimbra Editora, 2008. p. 248.

[31] É também o entendimento de MIRABETE, Julio Fabbrini. *Manual de direito penal*. Parte geral. 24. ed. São Paulo: Atlas, 2007. v. 1, p. 50.

pode assumir duas faces distintas: **normalidade** e **anormalidade**. Quando o complemento revestir-se de situação de **normalidade**, a sua modificação favorável ao réu revela a alteração do tratamento penal dispensado ao caso – a situação que se buscava incriminar passa a ser irrelevante. Nesse caso, a retroatividade é obrigatória. Quando o complemento se inserir em um contexto de **anormalidade**, de **excepcionalidade**, a sua modificação, ainda que benéfica ao réu, não pode retroagir. Fundamenta-se essa posição na **ultratividade** das leis penais excepcionais, alicerçada no art. 3.º do Código Penal.

○ **Conflito aparente de leis penais:** Ocorre quando a um único fato se revela possível, em tese, a aplicação de dois ou mais tipos legais, ambos instituídos por leis de igual hierarquia e originárias da mesma fonte de produção, e também em vigor ao tempo da prática da infração penal. O conflito é **aparente**, pois desaparece com a correta interpretação da lei penal, que se dá com a utilização de princípios adequados. Beling conceituou o instituto como a "relação que medeia entre duas leis penais, pela qual, enquanto uma é excluída, a outra é aplicada".[32] De fato, cuida-se de problema ligado à interpretação da lei, solucionável com o emprego dos princípios apresentados pela dogmática penal. A antinomia subsiste até o verdadeiro descobrimento da finalidade da lei penal, o que se dá com a correta análise do seu alcance e conteúdo.

– **Finalidade:** A solução do conflito aparente de leis penais dedica-se a **manter a coerência sistemática do ordenamento jurídico**, bem como a **preservar a inaceitabilidade do *bis in idem***.

○ **Princípios para solução do conflito aparente:** A doutrina indica, em geral, quatro princípios para solucionar o conflito aparente de leis penais:

– **Princípio da especialidade:** Tem origem no Direito Romano e é aceito de forma unânime: não se questiona que a lei especial prevalece sobre a lei geral (*lex specialis derogat generali; semper specialia generalibus insunt; generi per speciem derogatur*). Cuida-se daquela lei cuja previsão reproduz, de modo expresso ou elíptico, a da lei geral, tornando-a especial pelo acréscimo de outros elementos, denominados **especializantes**. Visualiza-se na especialidade uma relação lógica de dependência própria de uma situação de subordinação legislativa,[33] eis que toda conduta que atende ao tipo especial realiza também, necessariamente e de forma simultânea, o crime previsto na lei geral, o que não ocorre em sentido diverso. Há entre as leis **relação de gênero e espécie**, ou seja, todos os elementos descritos pela lei geral são reproduzidos pela lei especial. Por tal razão a primeira é excluída quando comparada com a última. O princípio da especialidade impõe sejam os delitos genérico e específico praticados em **absoluta contemporaneidade, no mesmo contexto fático**. As disposições genérica e específica podem ser integrantes de um mesmo diploma legal (ex.: homicídio – art. 121 do CP – e infanticídio – art. 123 do CP) ou constar de leis distintas (ex.: contrabando – art. 334-A do CP – e tráfico internacional de drogas – art. 33, *caput*, da Lei 11.343/2006). As leis podem ter sido promulgadas ao mesmo tempo ou em épocas diversas, e, nesse caso, tanto pode ser posterior a lei geral como a especial. Sua aferição se estabelece **em abstrato**, ou seja, para saber qual lei é geral e qual é especial, prescinde-se da análise do fato praticado. É suficiente a comparação em tese das condutas definidas nos tipos penais. Finalmente, a lei especial pode contemplar crime mais grave ou menos grave do que o previsto na lei geral. A questão não repousa na gravidade, e sim na especialidade.

---

[32]   BELING, Ernst von. *Esquema de derecho penal*. La doctrina del delito tipo. Trad. Sebastian Soler. Buenos Aires: Depalma, 1944. p. 135.

[33]   Expressão empregada por JESCHECK, Hans-Heinrich. *Tratado de derecho penal*. Parte general. 5. ed. Trad. espanhola Miguel Olmedo Cardenete. Granada: Comares, 2002, p. 790.

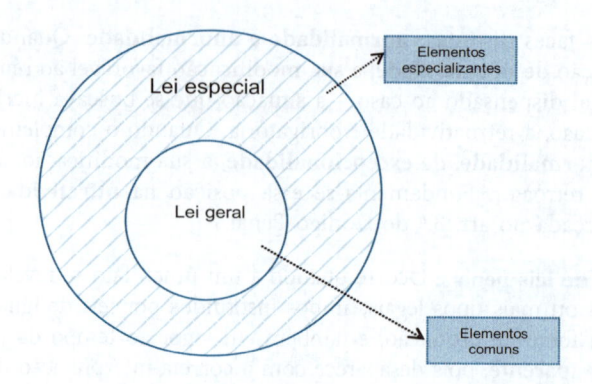

- **Princípio da subsidiariedade:** Estabelece que a **lei primária** tem prevalência sobre a **lei subsidiária** (*lex primaria derogat legi subsidiarie*). Há subsidiariedade entre duas leis penais quando se trata de estágios ou graus diversos de ofensa a um mesmo bem jurídico, de forma que a ofensa mais ampla e dotada de maior gravidade, descrita pela lei primária, engloba a menos ampla, contida na subsidiária, ficando a aplicabilidade desta condicionada à não incidência da outra.[34] O crime tipificado pela lei subsidiária, além de menos grave do que o narrado pela lei primária, dele também difere quanto à forma de execução, já que corresponde a uma parte deste. Assim, a lei subsidiária exerce **função complementar** diante da principal. De fato, somente se aplica quando esta última (lei principal) não puder incidir no tocante ao fato punível. Corolário disso, ao contrário do que se opera na especialidade, aqui o fato tem de ser apreciado em concreto, para aferir qual a disposição legal em que se enquadra. Na subsidiariedade não existem elementos especializantes, mas **descrição típica de fato mais abrangente e mais grave**. Na hipótese de restar configurada a lei primária, instituidora de fato apenado mais gravemente, jamais terá incidência a lei subsidiária, com conduta sancionada mais levemente. Esta somente será utilizada na impossibilidade daquela, atuando como verdadeiro **"soldado de reserva"**.[35] A subsidiariedade pode ser: **(a) expressa ou explícita**, nas situações em que este caráter é declarado pela própria lei (exemplo: CP, art. 163, parágrafo único, II); e **(b) tácita ou implícita**, nas hipóteses em que a lei não declara expressamente seu caráter subsidiário, mas esta circunstância é extraída da análise do caso concreto, a exemplo da relação entre estupro (CP, art. 213) e constrangimento ilegal (CP, art. 146).

- **Princípio da consunção ou da absorção:** De acordo com o princípio da consunção, ou da absorção,[36] **o fato mais amplo e grave consome os demais fatos menos amplos e graves**, os quais atuam como meio normal de preparação ou execução daquele, ou ainda como seu mero exaurimento. Por tal razão, aplica-se somente a lei que o tipifica: *lex consumens derogat legi consumptae*. **A lei consuntiva prefere a lei consumida.** Pressupõe, entre as leis penais em conflito, relação de *magis* para *minus*, ou seja, de continente para conteúdo, de forma que a lei instituidora de fato de mais longo espectro consome as demais. Como decorrência da sanção penal prevista para a violação do bem jurídico mais extenso, torna-se prescindível e inaceitável a pena atribuída à violação do bem jurídico mais restrito, evitando-se a configuração do *bis in idem*, daí decorrendo a sua indiscutível finalidade prática. Seus fundamentos

---

[34] JIMÉNEZ DE ASÚA, Luis. *Tratado de derecho penal*. Filosofía y ley penal. 5. ed. Buenos Aires: Losada, 1992. t. II, p. 550.

[35] Expressão de HUNGRIA, Nélson. *Comentários ao Código Penal*, p. 121.

[36] Terminologia empregada, entre outros, por: CUELLO CALÓN, Eugenio. *Derecho penal*. Parte general. 10. ed. Barcelona: Bosch, 1953. t. I, p. 641.

são claros: o bem jurídico resguardado pela lei penal menos vasta já está protegido pela mais ampla, e a prática de um ilícito definido por uma lei penal é indispensável para a violação de conduta tipificada por outra disposição legal. Ao contrário do que se dá no princípio da especialidade, aqui não se reclama a comparação abstrata entre as leis penais. **Comparam-se os fatos**, inferindo-se que o mais grave consome os demais, sobrando apenas a lei penal que o disciplina. O cotejo se dá entre fatos concretos, de modo que o mais completo, o inteiro, prevalece sobre a fração. Não há um único fato buscando se abrigar em uma ou outra lei penal, caracterizada por notas especializantes, mas uma sucessão de fatos, todos penalmente tipificados, na qual o mais amplo consome o menos amplo, evitando-se seja este duplamente punido, como parte de um todo e como crime autônomo. O princípio da consunção reclama o nexo de dependência entre a sucessão de fatos. Se ficar demonstrado, na situação concreta, que um dos crimes é absolutamente autônomo, ou seja, sem relação de subordinação com outro delito, ambos deverão ser imputados ao agente, em concurso material.[37] A distinção com o princípio da subsidiariedade também é evidente. Na regra da subsidiariedade, em função do fato concreto praticado, comparam-se as leis para saber qual é a aplicável. Por seu turno, na consunção, sem buscar auxílio nas leis, comparam-se os fatos, apurando-se que o mais amplo, completo e grave consome os demais. O fato principal absorve o acessório, sobrando apenas a lei que o disciplina. Em oposição ao que se visualiza nos princípios da especialidade e da subsidiariedade, na consunção não há um fato único buscando amoldar-se em uma ou outra lei, mas uma sucessão de fatos em que o mais amplo e mais grave absorve os menos amplos e menos graves. A consunção pode ter sua origem tanto em virtude da expressa declaração da lei[38] como também na sua zelosa interpretação, utilizando-se para tanto de elementos de ordem gramatical, lógica, histórica e sistemática na apreciação jurídica do caso concreto. O princípio da consunção se aplica em quatro situações:

a) Crime progressivo: É o que se opera quando o agente, almejando desde o início alcançar o resultado mais grave, pratica, mediante a reiteração de atos, crescentes violações ao bem jurídico.[39] Pressupõe necessariamente a existência de um crime plurissubsistente, isto é, uma única conduta orientada por um só propósito, mas fracionável em diversos atos. O ato final, gerador do evento originariamente desejado, consome os anteriores, que produziram violações mais brandas ao bem jurídico finalmente atacado, denominados de **crimes de ação de passagem**.[40] Possui como requisitos, portanto, a unidade de elemento subjetivo e de conduta, composta de vários atos, e a progressividade no dano ao bem jurídico. Desde o início de sua empreitada, o crime mais grave é desejado pelo sujeito, que vem a praticar uma única conduta, decomposta em vários executórios, lesando gradativamente o bem jurídico que se propôs a lesionar. Imagine-se a hipótese em que alguém, desejando eliminar um desafeto, começa a golpeá-lo em várias regiões do corpo, iniciando o processo de matá-lo, vindo finalmente a atingi-lo na cabeça, ceifando sua vida. As diversas lesões corporais, necessárias para a execução do homicídio, ficam por este absorvidas.

b) Progressão criminosa: Dá-se quando o agente pretende inicialmente produzir um resultado e, depois de alcançá-lo, opta por prosseguir na prática ilícita e reinicia outra conduta, produzindo

---

37   STJ: REsp 1.579.578/PR, rel. Min. Rogerio Schietti Cruz, 6.ª Turma, j. 04.02.2020, noticiado no *Informativo* 666.

38   É o que ocorre no art. 61 do Código Penal: "São circunstâncias que sempre agravam a pena, quando não constituem ou qualificam o crime".

39   Na definição de Nélson Hungria: "Ocorre quando, da conduta inicial que realiza um tipo de crime, o agente passa a ulterior atividade, realizando outro tipo de crime, de que aquele é elemento constitutivo (reconhecida a unidade jurídica, segundo a regra do ubi major, minor cessat)". *Comentários ao Código Penal*, p. 232-233.

40   Expressão originária do Direito Penal italiano, referida por SABINO JÚNIOR, Vicente. *Direito penal*. São Paulo: Sugestões Literárias, 1967. v. 1, p. 188.

um evento mais grave.[41] Exemplo: O agente que, após praticar vias de fato, opta por produzir lesões corporais na vítima, e, ainda não satisfeito, acaba por matá-la responde exclusivamente pelo homicídio. O sujeito é guiado por uma **pluralidade de desígnios, havendo alteração em seu dolo**, razão pela qual executa uma diversidade de fatos (mais de um crime), cada um correspondente a uma vontade, destacando-se a crescente lesão ao bem jurídico. Por tal motivo, a resposta penal se dará somente para o fato final, mais grave, ficando absorvidos os demais. Com a punição do crime final, o Estado também sanciona os anteriores, efetuados no mesmo contexto fático. A penalização autônoma constituiria indisfarçável *bis in idem,* tendo em vista que seriam castigados como parte do resultado final e também de maneira independente.

c) **Atos impuníveis:** São divididos em três grupos:[42] anteriores, simultâneos e posteriores, todos previstos como crimes ou contravenções penais por outras leis, as quais o agente realiza em virtude da mesma e única finalidade, qual seja, praticar o fato principal, ou então, como consequência deste, o seu exaurimento, por força do *id quod plerumque accidit,* isto é, de acordo com o que normalmente acontece, aquilatando-se a sua conduta com as máximas da experiência cotidiana.

1) **Atos anteriores, prévios ou preliminares impuníveis** são os que funcionam como meios de execução do tipo principal, ficando por este absorvidos. No caso do roubo da bolsa da vítima que se encontra no interior de um automóvel, eventual destruição do vidro não acarreta na imputação ao agente do crime contido no art. 163, *caput,* do Código Penal.[43] Em conformidade com a definição do princípio da consunção, o fato anterior componente dos atos preparatórios ou de execução apenas será absorvido quando apresentar menor ou igual gravidade quando comparado ao principal, para que este goze de força suficiente para consumir os demais, englobando-os em seu raio de atuação. Nesse contexto, é manifesto o equívoco técnico da **Súmula 17 do Superior Tribunal de Justiça,** assim redigida: "Quando o falso se exaure no estelionato, sem mais potencialidade lesiva, é por este absorvido". O enunciado jurisprudencial destina-se, precipuamente, às hipóteses em que o sujeito, com o escopo de praticar estelionato, falsifica materialmente uma cártula de cheque, documento particular equiparado a documento público por expressa determinação legal, nos termos do art. 297, § 2.º, do Código Penal. Ora, tal crime é punido com reclusão de dois a seis anos, e multa. Sendo o fato mais amplo e grave, não pode ser consumido pelo estelionato, sancionado de forma mais branda.

2) Já os **atos concomitantes,** ou **simultâneos não puníveis,** são aqueles praticados no instante em que se executa o fato principal. É o caso dos ferimentos leves suportados pela mulher violentada sexualmente, os quais restam consumidos pelo crime de estupro.

3) Finalmente, os **atos posteriores não puníveis** são visualizados quando, depois de realizada a conduta, o sujeito pratica nova ofensa contra o mesmo bem jurídico, buscando alguma vantagem com o crime anterior.[44] O exaurimento deve ser aferido em consonância com a lógica do

---

[41] "A única diferença conceitual que se pode estabelecer entre ambos os institutos situa-se no aspecto mutativo existente na progressão criminosa no tocante ao elemento subjetivo e não presente no crime progressivo. De fato, no crime progressivo, o agente, desde o início, desejava o resultado mais grave. Na progressão criminosa, o agente, de início, pretendia apenas o crime menos grave, alterando, porém, a sua intenção no desenrolar dos fatos até decidir produzir o resultado mais grave. No crime progressivo, o dolo do agente é um só, do começo ao fim; na progressão criminosa, o dolo passa por uma série de mutações." Cf. BARBOSA, Marcelo Fortes. *Concurso de normas penais.* São Paulo: RT, 1976. p. 100.

[42] Maggiore admite apenas a consunção do fato anterior, referindo-se ao posterior como um ato indiferente para a lei penal ou então como concurso real de crimes (Cf. MAGGIORE, Giuseppe. *Derecho penal.* Bogotá: Temis, 1971. p. 186. v. 1).

[43] É também o que se verifica no porte ilegal de arma de fogo voltado à prática de homicídio (STJ: HC 104.455/ES, rel. Min. Og Fernandes, 6.ª Turma, j. 21.10.2010, noticiado no *Informativo* 452).

[44] Exemplificativamente, o sujeito que falsifica um documento e posteriormente o utiliza deve responder somente pelo primeiro delito, pois "a utilização pelo próprio agente do documento que anteriormente falsificara constitui fato posterior impunível, principalmente porque o bem jurídico tutelado, ou seja, a fé pública, foi malferido no momento em que se constituiu a falsificação. Significa, portanto, que a posterior utilização do

razoável, pois não há dúvida de que, exemplificativamente, o larápio usualmente vende os bens subtraídos, visando lucro financeiro. Se o furto ou roubo se deu por força de ânimo de lucro, não seria correto puni-lo mais uma vez por ter lucrado.[45] Cuida-se de previsível exaurimento, ficando consumidos os atos posteriores.

d) Crime complexo ou crime composto: É a modalidade que resulta da fusão de dois ou mais crimes, que passam a desempenhar a função de elementares ou circunstâncias daquele, tal como se dá no roubo, originário da união entre os delitos de furto e ameaça ou lesão corporal, dependendo do meio de execução empregado pelo agente. Indicado por relevante parcela doutrinária como hipótese da consunção,[46] parece-nos não ser esta a melhor escolha. Em apertada síntese, alegam seus defensores que o crime complexo absorve os delitos autônomos que compõem a sua estrutura típica, razão pela qual prevalece a lei responsável pela sua definição. Na verdade, o crime complexo constitui verdadeiro concurso de crimes, ainda que, pela escolha técnico-legislativa, exista a opção de castigar a atuação do agente pela figura final, que deverá prevalecer, por estabelecer uma valoração conjunta dos fatos em concurso. Destarte, não se desnatura o concurso de crimes existente no complexo delitivo, convertendo-o em conflito aparente de leis penais. É óbvio, contudo, que o conflito aparente se realizará entre a figura complexa, de um lado, e as figuras simples, do outro. Além disso, é fundamental que no conflito aparente todas as leis penais devem qualificar os mesmos fatos, atentatórios do mesmo bem jurídico, permitindo-se a aplicação da mais pertinente entre elas, coisa que aqui não sucede.

Súmula 664 do STJ: "É inaplicável a consunção entre o delito de embriaguez ao volante e o de condução de veículo automotor sem habilitação." Essa súmula é acertada, uma vez que a embriaguez ao volante não funciona como meio de execução da condução de veículo automotor sem habilitação. Com efeito, o sujeito pode ser habilitado, e dirigir seu automóvel embriagado, bem como é possível conduzir veículo automotor sem habilitação, porém sem ter ingerido álcool ou substância de efeitos análogos.

– Princípio da alternatividade: Seu conceito, em consonância com as posições fornecidas pela doutrina, deve levar em conta dois pontos de partida distintos. Inicialmente, a alternatividade é definida como a situação em que duas ou mais disposições legais se repetem diante do mesmo fato (**alternatividade imprópria**). De outro campo, notam-se também autores que entendem configurada a alternatividade na hipótese em que o tipo penal contém em seu corpo vários fatos, alternativamente, como modalidades de uma mesma infração penal (**alternatividade própria**). Assim, praticados pelo mesmo sujeito um ou mais núcleos, sucessivamente, restará configurado crime único.[47] São os chamados **tipos mistos alternativos, de ação múltipla ou de conteúdo variado**, identificados assim quanto à conduta, ao modo de execução, ao resultado naturalístico, ao objeto material, aos meios de execução, às circunstâncias de tempo, às circunstâncias de lugar, ou ainda perante outras situações apontadas pelo legislador. O princípio da alternatividade não é aceito por relevante parcela da doutrina como útil para a solução do

---

documento pelo próprio autor do falso consubstancia, em si, desdobramento dos efeitos da infração anterior" (STJ: HC 107.103/GO, rel. Min. Og Fernandes, 6.ª Turma, j. 19.10.2010, noticiado no *Informativo* 452).

45 BETTIOL, Giuseppe. *Direito penal*. Trad. Paulo José da Costa Jr. e Alberto Silva Franco. São Paulo: RT, 1971. v. 2, p. 568: "Existe fato posterior não punível quando um comportamento que realiza uma tipicidade prevista por determinada norma penal deve considerar-se como implicitamente apreciado e valorado para todos seus fins pela norma que prevê pena para um comportamento precedente, como na hipótese em que o segundo fato, sem lesionar um novo bem jurídico, consiste na realização do fim em virtude do qual, em correspondência com a tipicidade legal, devia estar dominada a primeira ação".

46 Podem ser lembrados: STEVENSON, Oscar. *Concurso aparente de normas penais*, p. 40; JIMÉNEZ DE ASÚA, Luis. *Tratado de derecho penal*, p. 561-565; e CASTELLÓ NICÁS, Nuria. *El concurso de normas penales*. Granada: Comares, 2000. p. 168.

47 É o caso de DOTTI, René Ariel. *Curso de direito penal*. Parte geral. 2. ed. Rio de Janeiro: Forense, 2004. p. 290.

conflito aparente de leis penais. Na alternatividade imprópria existe, na verdade, uma situação de falta de técnica legislativa, a ser resolvida pelas regras que disciplinam o conflito de leis no tempo. De outro lado, na alternatividade própria, opera-se um conflito na própria lei penal, e não entre leis penais, e sua função é esvaziada pelo princípio da consunção.

○ **Jurisprudência selecionada:**

Abolitio criminis **e princípio da continuidade típico-normativa – distinção**: "O condenado por estupro e atentado violento ao pudor, praticados no mesmo contexto fático e contra a mesma vítima, tem direito à aplicação retroativa da Lei 12.015/2009, de modo a ser reconhecida a ocorrência de crime único, devendo a prática de ato libidinoso diverso da conjunção carnal ser valorada na aplicação da pena-base referente ao crime de estupro. De início, cabe registrar que, diante do princípio da continuidade normativa, não há falar em *abolitio criminis* quanto ao crime de atentado violento ao pudor cometido antes da alteração legislativa conferida pela Lei 12.015/2009. A referida norma não descriminalizou a conduta prevista na antiga redação do art. 214 do CP (que tipificava a conduta de atentado violento ao pudor), mas apenas a deslocou para o art. 213 do CP, formando um tipo penal misto, com condutas alternativas (estupro e atentado violento ao pudor). Todavia, nos termos da jurisprudência do STJ, o reconhecimento de crime único não implica desconsideração absoluta da conduta referente à prática de ato libidinoso diverso da conjunção carnal, devendo tal conduta ser valorada na dosimetria da pena aplicada ao crime de estupro, aumentando a pena-base" (STJ: HC 213.305/DF, rel. Min. Marilza Maynard (Desembargadora Convocada do TJ/SE), 6.ª Turma, j. 24.04.2014, noticiado no *Informativo* 543). *No mesmo sentido*: STJ: AgRg no AREsp 1.422.129/SP, rel. Min. Reynaldo Soares da Fonseca, 5.ª Turma, j. 05.11.2019, noticiado no *Informativo* 660.

Abolitio criminis **temporária – admissibilidade**: "2. O Estatuto do Desarmamento (Lei 10.826/2003) elencou, em seus arts. 30 e 32, hipóteses de descriminalização temporária do crime de posse ilegal de arma de fogo, concedendo prazo para regularização dos armamentos não registrados ou sua entrega à Polícia Federal. 3. A descriminalização temporária restringe-se ao crime de posse irregular de arma de uso permitido do art. 12 da Lei nº 10.826/2003, no período estipulado, e não abrange a posse de arma de fogo com numeração suprimida, conduta enquadrável no art. 16 do mesmo diploma legal" (STF: HC 120.077/RS, rel. Min. Rosa Weber, 1.ª Turma, j. 13.05.2014).

Combinação de leis – impossibilidade: "É vedada a incidência da causa de diminuição do art. 33, § 4º, da Lei 11.343/2006 ('§ 4º Nos delitos definidos no *caput* e no § 1º deste artigo, as penas poderão ser reduzidas de um sexto a dois terços, desde que o agente seja primário, de bons antecedentes, não se dedique às atividades criminosas nem integre organização criminosa'), combinada com as penas previstas na Lei 6.368/1976, no tocante a crimes praticados durante a vigência desta norma. Essa a conclusão do Plenário que, por maioria, proveu parcialmente recurso extraordinário para determinar o retorno dos autos à origem, instância na qual deverá ser realizada a dosimetria de acordo com cada uma das leis, para aplicar-se, na íntegra, a legislação mais favorável ao réu. Prevaleceu o voto do Ministro Ricardo Lewandowski, relator. Inicialmente, o relator frisou que o núcleo teleológico do princípio da retroatividade da lei penal mais benigna consistiria na estrita prevalência da *lex mitior*, de observância obrigatória, para aplicação em casos pretéritos. Afirmou que se trataria de garantia fundamental, prevista no art. 5º, XL, da CF e que estaria albergada pelo Pacto de São José da Costa Rica (art. 9º). Frisou que a Constituição disporia apenas que a lei penal deveria retroagir para beneficiar o réu, mas não faria menção sobre a incidência do postulado para autorizar que algumas partes de diversas leis pudessem ser aplicadas separadamente para favorecer o acusado. O relator destacou que o caso em exame diferenciar-se-ia da simples aplicação do princípio da retroatividade da lei penal mais benéfica, pois pretendida a combinação do *caput* do art. 12 da Lei 6.368/76 com a causa de diminuição do art. 33, § 4º, da Lei 11.343/2006. Explicou que a lei anterior estabelecera, para o delito de tráfico, pena em abstrato de 3 a 15 anos de reclusão, mas a norma atual cominara, para o mesmo crime, reprimenda de 5 a 15 anos de reclusão. Assim, este diploma impusera punição mais severa para o delito, mas consagrara, em seu art. 33, § 4º, causa especial de diminuição a beneficiar o agente primário, de bons antecedentes, não dedicado a atividade criminosa e não integrante de organização criminosa. Concluiu, no ponto, que o legislador teria procurado diferenciar o traficante organizado do traficante eventual. Observou, entretanto, que essa causa de diminuição de pena viera acompanhada de outra mudança, no sentido de aumentar consideravelmente a pena mínima para o delito. Assim, haveria correlação entre o aumento da pena-base e a inserção da minorante. O relator considerou não caber ao julgador aplicar isoladamente a pena mínima prevista na lei antiga em combinação com a novel causa de diminuição, que teria sido prevista para incidir sobre pena-base mais severa. Acresceu que a minorante representaria benefício para os que tivessem praticado crime de tráfico sob a vigência da lei anterior. Porém, para que isso ocorresse, dever-se-ia considerar a pena-base nos termos da Lei 11.343/2006. Não seria lícito, portanto, combinar a pena mínima de uma norma com a minorante de outra, criada para incidir sobre pena-base maior. Ressaltou que, ao assim proceder, o juiz criaria nova lei e atuaria como legislador positivo. Embora o crime fosse o mesmo, a combinação de dosimetrias implicaria uma sanção diversa da previamente estabelecida pelo legislador, seja sob o enfoque da lei antiga, seja sob a ótica da lei nova. Destacou precedentes da Corte a corroborar esse entendimento. Vislumbrou, ainda, situação absurda provocada por essa combinação, a significar que o delito de tráfico poderia ser punido com repreenda de até um ano de reclusão, semelhante às sanções cominadas a crimes de menor potencial ofensivo. Ponderou que, na dúvida sobre qual o diploma que seria mais benéfico em determinada hipótese, caberia ao juiz analisar o caso concreto para verificar qual a lei que, aplicada integralmente, seria mais favorável ao réu. O Ministro Luiz Fux acrescentou que o Código Penal Militar contém norma que serviria de norte interpretativo para solucionar a questão, em seu art. 2º, § 2º ('§ 2º Para se reconhecer qual a mais favorável, a lei posterior e a anterior devem ser consideradas separadamente, cada qual no conjunto de suas normas aplicáveis ao fato'). Vencida a Ministra Rosa Weber e os Ministros Dias Toffoli, Gilmar Mendes e Celso de Mello, que proviam o recurso. Consideravam cabível a retroação da norma penal nos aspectos em que beneficiaria o réu, sem que isso implicasse a criação de terceira lei. Ressaltavam que a minorante não existia na legislação pretérita e, por seu ineditismo, constituiria lei nova mais benéfica, razão pela qual deveria retroagir. Nesse caso, adequar a causa especial de diminuição à pena prevista na lei antiga não significaria combinar normas, porque o juiz, ao assim agir, somente movimentar-se-ia dentro dos quadros legais para integrar o princípio da retroatividade da lei mais benéfica. Vencido, também, parcialmente, o Ministro Marco Aurélio, que desprovia o recurso, por considerar que o caso diria respeito apenas à inadmissível mesclagem de normas, sem que se pretendesse relegar ao juízo de origem a definição da lei a ser aplicada" (STF: RE 600.817/ MS, rel. Min. Ricardo Lewandowski, Plenário, j. 07.11.2013, noticiado no *Informativo* 727). *No mesmo sentido*: HC 96.844/MS, rel. Min. Joaquim Barbosa, 2.ª Turma, j. 04.12.2009; HC 103.153/ MS, rel. Min. Cármen Lúcia, 1.ª Turma, j. 03.08.2010; HC 86.459/RJ, rel. Min. Joaquim Barbosa, 2.ª Turma, j. 05.12.2006; HC 104.193/RS, rel. Min. Marco Aurélio, 1.ª Turma, j. 09.08.2011; e HC 97.221/SP, rel. Min. Gilmar Mendes, 2.ª Turma, j. 19.10.2010.

Combinação de leis penais – possibilidade: "A regra constitucional de retroação da lei penal mais benéfica (inciso XL do art. 5º) é exigente de interpretação elástica ou tecnicamente 'generosa'. Para conferir o máximo de eficácia ao inciso XL do seu art. 5º, a Constituição não se refere à lei penal como um todo unitário de normas jurídicas, mas se reporta, isto sim, a cada norma que se veicule por dispositivo embutido em qualquer diploma legal. Com o que a retroatividade benigna opera de pronto, não por mérito da lei em que inserida a regra penal mais favorável, porém por mérito da Constituição mesma. A discussão em torno da possibilidade ou da impossibilidade de mesclar leis que antagonicamente se sucedem no tempo (para que dessa combinação se chegue a um terceiro modelo jurídico-positivo) é de se deslocar do campo da lei para o campo da norma; isto é, não se trata de admitir ou não a mesclagem de leis que se sucedem no tempo, mas de aceitar ou não a combinação de normas penais que se friccionem no tempo quanto aos respectivos comandos. O que a Lei das Leis rechaça é a possibilidade de mistura entre duas normas penais que se contraponham, no tempo, sobre o mesmo instituto ou figura de direito. Situação em que há de se fazer uma escolha, e essa escolha tem que recair é sobre a inteireza da norma comparativamente mais benéfica. Vedando-se, por conseguinte, a fragmentação material do instituto, que não pode ser regulado, em parte, pela regra mais nova e de mais forte compleição benéfica, e, de outra parte, pelo que a regra mais velha contenha de mais benfazejo. A Constituição da República proclama é a retroatividade dessa ou daquela figura de direito que, veiculada por norma penal temporalmente mais nova, se revele ainda mais benfazeja do que a norma igualmente penal até então vigente. Caso contrário, ou seja, se a norma penal mais nova consubstanciar política criminal de maior severidade, o que prospera é a vedação da retroatividade. A retroatividade da lei penal mais benfazeja ganha clareza cognitiva à luz das figuras constitucionais da ultra-atividade e da retroatividade, não de uma determinada lei penal em sua inteireza, mas de uma particularizada norma penal com seu específico instituto. Isto na acepção de que, ali onde a norma penal mais antiga for também a mais benéfica, o que deve incidir é o fenômeno da ultra-atividade; ou seja, essa norma penal mais antiga decai da sua atividade eficacial, porquanto inoperante para reger casos futuros, mas adquire instantaneamente o atributo da ultra-atividade quanto aos fatos e pessoas por ela regidos ao tempo daquela sua originária atividade eficacial. Mas ali onde a norma penal mais nova se revelar mais favorável, o que toma corpo é o fenômeno da retroatividade do respectivo comando. Com o que ultra-atividade (da velha norma) e retroatividade (da regra mais recente) não podem ocupar o mesmo espaço de incidência. Uma figura é repelente da outra, sob pena de embaralhamento de antagônicos regimes jurídicos de um só e mesmo instituto ou figura de direito. Atento a esses marcos interpretativos, hauridos diretamente da Carta Magna, o § 4º do art. 33 da Lei 11.343/2006 outra coisa não fez senão erigir quatro vetores à categoria de causa de diminuição de pena para favorecer a figura do pequeno traficante. Minorante, essa, não objeto de normação anterior. E que, assim ineditamente positivada, o foi para melhor servir à garantia constitucional da individualização da reprimenda penal (inciso XLVI do art. 5º da CF/88). O tipo penal ou delito em si do tráfico de entorpecentes já figurava no art. 12 da Lei 6.368/1976, de modo que o ineditismo regratório se deu tão somente quanto à pena mínima de reclusão, que subiu de 3 (três) para 5 (cinco) anos. Afora pequenas alterações redacionais, tudo o mais se manteve substancialmente intacto. No plano do agravamento da pena de reclusão, a regra mais nova não tem como retroincidir. Sendo (como de fato é) constitutiva de política criminal mais drástica, a nova regra cede espaço ao comando da norma penal de maior teor de benignidade, que é justamente aquela mais recuada no tempo: o art. 12 da Lei 6.368/1976, a incidir por ultra--atividade. O novidadeiro instituto da minorante, que, por força mesma do seu ineditismo, não se contrapondo a nenhuma anterior regra penal, incide tão imediata quanto solitariamente, nos exatos termos do inciso XL do art. 5º da Constituição Federal" (STF: RE 596.152/SP, rel. orig. Min. Ricardo Lewandowski, red. p/ o acórdão Min. Ayres Britto, Plenário, j. 13.10.2011). *No mesmo sentido*: STF: HC 95.435/RS, rel. orig. Min. Ellen Gracie, rel. p/ o acórdão Min. Cezar Peluso, 2ª Turma, j. 21.10.2008; e HC 101.511/MG, rel. Min. Eros Grau, 2.ª Turma, j. 09.02.2010.

Conflito aparente de normas – princípio da consunção – crime ambiental – arts. 48 e 64 da Lei 9.605/1998: "O crime de edificação proibida (art. 64 da Lei 9.605/1998) absorve o crime de destruição de vegetação (art. 48 da mesma lei) quando a conduta do agente se realiza com o único intento de construir em local não edificável. Sobre o tema, diversamente do posicionamento fixado em alguns precedentes do STJ (AgRg no REsp 1.214.052-SC, Sexta Turma, *DJe* 12/3/2013 e REsp 1.125.374-SC, Quinta Turma, DJe 17/8/2011), a Sexta Turma passa a adotar nova orientação, no sentido de que a suposta destruição da vegetação nativa é mera etapa inicial do único crime pretendido e realizado de construir em local não edificável (área de preservação permanente). Com efeito, o crime de destruir floresta nativa dá-se como meio da realização do único intento de construir em local não edificável, em razão do que incide a absorção do crime-meio de destruição de vegetação pelo crime-fim de edificação proibida. Na mesma linha, o delito de impedir a regeneração natural da flora dá-se como mero gozo da construção, em evidente pós-fato impunível. Aquele que constrói uma edificação, claramente não poderá permitir que dentro daquela venha a nascer uma floresta. É mero exaurimento do crime de construção indevida, pelo aproveitamento natural da coisa construída. Saliente-se que o conflito aparente de normas ocorre quando há a incidência de mais de uma norma repressiva numa única conduta delituosa, sendo que tais normas possuem entre si relação de hierarquia ou dependência, de forma que somente uma é aplicável. Na hipótese, não há ação autônoma de destruir floresta ou de impedir sua regeneração, mas tão somente o ato de construir em local proibido, que tem na destruição condição necessária para a obra e no impedimento à regeneração mero gozo da edificação. Outra diferenciação importante dá-se entre o conflito aparente de normas, em que o crime já é em tese uno, e o concurso formal, onde o crime em tese é duplo, mas ocasionalmente praticado por ação e designio únicos. Aquele que constrói casa ou outra edificação em local onde havia floresta ou mangue jamais praticará crime dúplice (caso de concurso aparente de normas), diferentemente daquele que acerta seu inimigo com um tiro de fuzil e vê o projétil transpassar atingindo outra pessoa, pois neste caso houve o crime duplo que ocasionalmente, por ficção legal decorrente do único intento, é tratado como um crime só (com pena do crime mais grave, majorada). Na construção em local de floresta não há dois crimes com único intento (hipótese de concurso formal), mas apenas um crime praticado. Tampouco é caso de concurso material, pois então os crimes precisariam ser autônomos – com que não se concorda, pelo conflito aparente de normas – e com designios independentes (excluindo também o concurso formal perfeito). Dessa forma, descartada a possibilidade da configuração do concurso material entre os delitos tipificados nos artigos 48 e 64 da Lei 9.605/1998, correta é a desclassificação para o único crime do art. 64 da lei ambiental" (STJ: REsp 1.639.723/PR, rel. Min. Nefi Cordeiro, 6.ª Turma, j. 07.02.2017, noticiado no *Informativo* 597).

Conflito aparente de normas – princípio da consunção – impossibilidade de absorção de crime por contravenção penal: "Crime tipificado no Código Penal não pode ser absorvido por infração descrita na Lei de Contravenções Penais. Com base nessa orientação, a 1.ª Turma denegou 'habeas corpus' para refutar a incidência do princípio da consunção. Na espécie, a impetração pleiteava que o crime de uso de documento falso (CP, art. 304) fosse absorvido pela contravenção penal de exercício ilegal da profissão ou atividade econômica (LCP, art. 47). A Turma aduziu, ainda, que o crime de uso de documento falso praticado pelo paciente não fora necessário nem fase para consecução da infração de exercício ilegal da profissão" (STF: HC 121.652/SC, rel. Min. Dias Toffoli, 1.ª Turma, j. 22.04.2014, noticiado no *Informativo* 743).

Conflito aparente de normas – princípio da consunção – relação de subordinação entre os crimes: "O princípio da consunção exige um nexo de dependência entre a sucessão de fatos. Se evidenciado pelo caderno probatório que um dos crimes é absolutamente autônomo, sem relação de subordinação com o outro, o réu deverá responder por ambos, em concurso material" (STJ: REsp 1.579.578/PR, rel. Min. Rogerio Schietti Cruz, 6.ª Turma, j. 04.02.2020, noticiado no *Informativo* 666).

Conflito aparente de normas – princípio da consunção – roubo e estelionato – inaplicabilidade: "O delito de estelionato não será absorvido pelo de roubo na hipótese em que o agente, dias após roubar um veículo e os objetos pessoais dos seus ocupantes, entre eles um talonário de cheques, visando obter vantagem ilícita, preenche uma de suas folhas e, diretamente na agência bancária, tenta sacar a quantia nela lançada. Isso porque a falsificação da cártula, no caso, não é mero exaurimento do crime antecedente, porquanto há diversidade de designios e de bens jurídicos lesados. Dessa forma, inaplicável o princípio da consunção" (STJ: HC 309.939/SP, rel. Min. Newton Trisotto (Desembargador convocado do TJ-SC), 5.ª Turma, j. 28.04.2015, noticiado no *Informativo* 562).

Conflito aparente de normas – princípio da consunção – sonegação fiscal e falsidade ideológica: "O crime de sonegação fiscal absorve o de falsidade ideológica e o de uso de documento falso praticados posteriormente àquele unicamente para assegurar a evasão fiscal. Após evolução jurisprudencial, o STJ passou a considerar aplicável o princípio da consunção ou da absorção quando os crimes de uso de documento falso e falsidade ideológica – crimes meio – tiverem sido praticados para facilitar ou encobrir a falsa declaração, com vistas à efetivação do pretendido crime de sonegação fiscal – crime fim –, localizando-se na mesma linha de desdobramento causal de lesão ao bem jurídico, integrando, assim, o *iter criminis* do delito fim. Cabe ressalvar que, ainda que os crimes de uso de documento falso e falsidade ideológica sejam cometidos com o intuito de sonegar o tributo, a aplicação do princípio da consunção somente tem lugar nas hipóteses em que os crimes meio não extrapolem os limites da incidência do crime fim. Aplica-se, assim, *mutatis mutandis*, o comando da Súmula 17 do STJ (*Quando o falso se exaure no estelionato, sem mais potencialidade lesiva, é por este absorvido*)" (STJ: EREsp 1.154.361/MG, rel. Min. Laurita Vaz, 3.ª Seção, j. 26.02.2014, noticiado no *Informativo* 535).

Conflito aparente de normas – princípio da especialidade: "1. O art. 290 do Código Penal Militar não sofreu alteração pela superveniência da Lei 11.343/06, por não ser o critério adotado, na espécie, o da retroatividade da lei penal mais benéfica, mas, sim, o da especialidade. O fundamento constitucional do crime militar é o art. 124, parágrafo único, da Constituição da República: tratamento diferenciado do crime militar de posse de entorpecente, definido no art. 290 do Código Penal Militar. 2. Jurisprudência predominante do Supremo Tribunal Federal reverencia a especialidade da legislação penal militar e da justiça castrense, sem a submissão à legislação penal comum do crime militar devidamente caracterizado" (STF: HC 92.462/RS, rel. Min. Cármen Lúcia, 1.ª Turma, j. 23.10.2007).

Lei penal benéfica – competência: "1. O art. 28 da Lei 11.343/2006 deve retroagir para beneficiar o condenado pela prática do crime previsto no art. 16 da Lei 6.368/1976, por ser a novel legislação mais benéfica (CP, art. 2º, parágrafo único). 2. Nos termos do art. 66, inciso I, da Lei de Execução Penal, bem como do verbete sumular n.º 611 do Supremo Tribunal Federal, compete ao Juízo da Execução Criminal, após o trânsito em julgado da condenação, aplicar lei penal mais benigna" (STJ: REsp 1.025.228/RS, Rel. Min. Laurita Vaz, 5.ª Turma, j. 06.11.2008).

Lei penal benéfica – retroatividade: "I - Hipótese em que o paciente foi condenado pela prática do delito tipificado no art. 16, da Lei nº 6.368/1976 (antiga Lei de Tóxicos) a uma pena privativa de liberdade (nove meses de detenção, em regime semiaberto). II - A superveniência da Lei nº 11.343/2006, mais especificamente em seu art. 28 (posse de droga para consumo pessoal), contudo, ensejou verdadeira despenalização, 'cuja característica marcante seria a exclusão de penas privativas de liberdade como sanção principal ou substitutiva da infração penal' (cf. consignado no *Informativo* nº 456/STF, referente a questão de ordem no RE 430.105/RJ, Rel. Ministro Sepúlveda Pertence). III - Vale dizer, o crime de posse de substância entorpecente para consumo pessoal, em razão da *lex* nova, não mais está sujeita a pena de prisão, mas sim às seguintes penas: advertência sobre os efeitos das drogas, prestação de serviços à comunidade e medida educativa de comparecimento a programa ou curso educativo (art. 28 e incisos, da Lei nº 11.343/2006). IV - Dessa forma, tratando-se, ao menos neste ponto, de *novatio legis in mellius*, deve ela retroagir (art. 5.º, XL, da CF e art. 2º, parágrafo único, do CP), a fim de que o paciente não mais se sujeite à pena de privação de liberdade" (STJ: HC 73.432/MG, rel. Min. Felix Fischer, 5.ª Turma, j. 14.06.2007).

Lei penal em branco – direito intertemporal: "Em princípio, o artigo 3º do Código Penal se aplica a norma penal em branco, na hipótese de o ato normativo que a integra ser revogado ou substituído por outro mais benéfico ao infrator, não se dando, portanto, a retroatividade. Essa aplicação só não se faz quando a norma, que complementa o preceito penal em branco, importa real modificação da figura abstrata nele prevista ou se assenta em motivo permanente, insuscetível de modificar-se por circunstâncias temporárias ou excepcionais, como sucede quando do elenco de doenças contagiosas se retira uma por se haver demonstrado que não tem ela tal característica" (STF: HC 73.168-6/SP, rel. Min. Moreira Alves, 1.ª Turma, j. 21.11.1995). *No mesmo sentido*: STJ: RHC 16.172/SP, rel. Min. Laurita Vaz, 5.ª Turma, j. 23.08.2005; e STJ: REsp 474.989/RS, rel. Min. Gilson Dipp, 5.ª Turma, j. 10.06.2003.

Lei penal intermediária: "Lei penal no tempo: incidência da norma intermediária mais favorável. Dada a garantia constitucional de retroatividade da lei penal mais benéfica ao réu, é consensual na doutrina que prevalece a norma mais favorável, que tenha tido vigência entre a data do fato e a da sentença: o contrário implicaria retroação da lei nova, mais severa, de modo a afastar a incidência da lei intermediária, cuja prevalência, sobre a do tempo do fato, o princípio da retroatividade *in melius* já determinara" (STF: RE 418.876/MT, rel. Min. Sepúlveda Pertence, 1.ª Turma, j. 30.03.2004).

Lei penal no tempo – crime permanente: "No *habeas corpus*, o paciente, condenado pelos crimes de tráfico e associação para o tráfico internacional de drogas, postulava a retificação da sua guia de recolhimento para que constasse como data do delito o dia 05.09.2006, conforme fixada para o corréu, em observância ao princípio da isonomia, propiciando-lhe, assim, a progressão de regime após o cumprimento de 1/6 da pena, nos termos da antiga redação da Lei n. 8.072/1990. A Turma, por maioria, denegou a ordem sob a afirmação de que, tratando-se de condenado por delito de natureza permanente, incide a legislação vigente ao tempo da cessação dos atos executórios, ainda que mais gravosa. Na espécie, as atividades criminosas se ultimaram com a prisão de diversas pessoas, inclusive com a do paciente em 11/4/2008. Dessa forma, considerada a data do cometimento do delito – 11.04.2008 –, aplica-se ao paciente, para a progressão prisional, os parâmetros estabelecidos na novel legislação (Lei n. 11.464/2007), ou seja, o cumprimento de 2/5 da pena, aos condenados por crimes hediondos ou equiparados. Destacou o Min. Og Fernandes que, não obstante constar, na guia de execução do corréu, data diversa por suposto equívoco do Juízo da Execução, esta não poderia ser utilizada em benefício do paciente, sob o manto da isonomia. Vale dizer, um erro não justifica o outro" (STJ: HC 202.048/RN, rel. originário Min. Sebastião Reis, rel. para o acórdão Min. Og Fernandes, 6.ª Turma, j. 15.05.2012, noticiado no *Informativo* 497).

Precedente do STF como paradigma – decisão favorável ao réu – irretroatividade: "Na reclamação fundada no descumprimento de decisão emanada pelo Supremo Tribunal Federal, o ato alvo de controle deve ser posterior ao paradigma. Essa foi a orientação adotada pela Segunda Turma ao negar provimento a agravo regimental em reclamação, na qual se apontava desrespeito à autoridade da decisão proferida pelo STF no julgamento da ADI 5.508, ocorrido em 2018. No acórdão paradigma, a Corte reconheceu a possibilidade de celebração de acordo de colaboração premiada por delegado de polícia. Na espécie, a reclamante formalizou dois acordos de colaboração premiada em período anterior ao do julgamento da referida ADI. O primeiro, com a Polícia Federal, não foi homologado judicialmente em razão da suposta ausência de atribuição da autoridade policial para, sem concordância do Ministério Público, celebrar acordo dessa natureza. O segundo, com o Ministério Público Federal, foi homologado, porém com termos mais gravosos em relação aos do primeiro. Tendo em conta o entendimento firmado no aludido precedente, a reclamante pretendia que fossem aplicados os termos mais benéficos previstos no primeiro acordo, com fundamento no art. 5º, XL, da Constituição Federal. O colegiado considerou não ser viável a cogitação de afronta a precedente inexistente à época em que proferidos os atos impugnados. Observou serem anteriores ao paradigma invocado tanto a decisão judicial que resolveu pela não homologação do acordo formalizado com a autoridade policial quanto o acordo celebrado com o *Parquet*, o qual, inclusive, a defesa expressamente reputou válido e se comprometeu a não questionar judicialmente. A reclamação não se presta a tutelar o direito objetivo, mas, sobretudo, a salvaguardar a competência e a autoridade dos pronunciamentos do STF. Eventual inobservância da retroatividade da lei penal benéfica não se insere no escopo de proteção da reclamação, devendo o interessado, se cabível, socorrer-se da tutela jurisdicional pelas vias próprias" (STF: Rcl 32.655 AgR/PR, rel. Min. Edson Fachin, 2.ª Turma, j. 23.04.2019, noticiado no *Informativo* 938).

Lei excepcional ou temporária

> **Art. 3º** A lei excepcional ou temporária, embora decorrido o período de sua duração ou cessadas as circunstâncias que a determinaram, aplica-se ao fato praticado durante sua vigência.

○ **Lei penal temporária:** **Lei penal temporária** é aquela que tem a sua **vigência predeterminada no tempo**, isto é, o seu termo final é explicitamente previsto em data certa do calendário, a exemplo do que se verifica nos crimes previstos nos arts. 30 a 35 da Lei 12.663/2012, conhecida como "Lei Geral da Copa do Mundo de 2014," com vigência até o dia 31 de dezembro de 2014.

○ **Lei penal excepcional:** **Lei penal excepcional** é a que se verifica quando a sua duração está relacionada a **situações de anormalidade**. Exemplo: É editada uma lei que diz ser crime, punido com reclusão de seis meses a dois anos, tomar banho com mais de dez minutos de duração durante o período de racionamento de energia elétrica.

○ **Autorrevogação:** Ambas são **autorrevogáveis**, não precisando de outra lei que as revogue. Basta a superveniência do dia nela previsto (lei temporária) ou o fim da situação de anormalidade (lei excepcional) para que deixem, automaticamente, de produzir efeitos jurídicos. Por esse motivo, são classificadas como **leis intermitentes**.

○ **Ultratividade:** Aplicam-se ao fato praticado durante sua vigência, embora decorrido o período de sua duração (temporária) ou cessadas as circunstâncias que a determinaram (excepcional). A ultratividade significa a aplicação da lei mesmo depois de revogada. Imagine, no exemplo mencionado, que alguém tomou banho por mais de dez minutos durante o período de racionamento de energia. Configurou-se o crime tipificado pela lei excepcional. A pena será aplicada, mesmo após ser superada a situação de economia de força elétrica. O fundamento da ultratividade é simples e foi suficientemente explicado pelo item "8" da Exposição de Motivos da antiga Parte Geral do Código Penal:[48] "É especialmente decidida a hipótese da *lei excepcional* ou *temporária,* reconhecendo-se a sua *ultra-atividade.* Esta ressalva visa impedir que, tratando-se de leis previamente limitadas no tempo, possam ser frustradas as suas sanções por expedientes astuciosos no sentido do retardamento dos processos penais". Busca-se, com a ultratividade, impedir injustiças. Sem essa característica da lei penal, alguns réus seriam inevitavelmente condenados, e outros não. Seriam punidos somente aqueles que tivessem praticado crimes em período muito anterior ao fim de sua vigência.

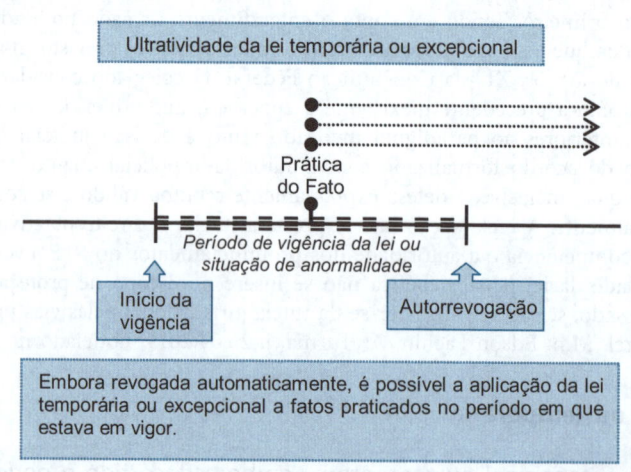

---

[48]   O texto do art. 3.º do Código Penal de 1940, anteriormente à Reforma da Parte Geral pela Lei 7.209/1984, era idêntico ao atual: "A lei excepcional ou temporária, embora decorrido o período de sua duração ou cessadas as circunstâncias que a determinaram, aplica-se ao fato praticado durante sua vigência". E, como a Exposição de Motivos funciona como **interpretação doutrinária** do Código Penal, os fundamentos então indicados permanecem válidos e adequados para a compreensão do assunto.

Tempo do crime

Art. 4º Considera-se praticado o crime no momento da ação ou omissão, ainda que outro seja o momento do resultado.

○ **Introdução:** É necessária a identificação do momento em que se considera praticado o crime, para que se opere a aplicação da lei penal ao seu responsável. Três teorias buscam explicar o momento em que o crime é cometido. Pela **teoria da atividade**, considera-se praticado o crime no momento da conduta (ação ou omissão), pouco importando o momento do resultado. A **teoria do resultado** ou do **evento** reputa praticado o crime no momento em que ocorre a consumação. É irrelevante a ocasião da conduta. Por fim, a **teoria mista** ou da **ubiquidade** busca conciliar as anteriores. Para ela, momento do crime tanto é o da conduta como também o do resultado. O art. 4.º do CP acolheu a **teoria da atividade**. Dessa forma, a identificação do tempo do crime leva em conta a prática da conduta.

○ **Consequências da adoção da teoria da atividade:** (a) aplica-se a lei em vigor ao tempo da conduta, exceto se a do tempo do resultado for mais benéfica; (b) a imputabilidade é apurada ao tempo da conduta; (c) no crime permanente em que a conduta tenha se iniciado durante a vigência de uma lei, e prossiga durante o império de outra, aplica-se a lei nova, ainda que mais severa. Fundamenta-se o raciocínio na reiteração de ofensa ao bem jurídico, já que a conduta criminosa continua a ser praticada depois da entrada em vigor da lei nova, mais gravosa; (d) no crime continuado em que os fatos anteriores eram punidos por uma lei, operando-se o aumento da pena por lei nova, aplica-se esta última a toda a unidade delitiva, desde que sob a sua vigência continue a ser praticada. O crime continuado, em que pese ser constituído de vários delitos parcelares, é considerado crime único para fins de aplicação da pena (teoria da ficção jurídica). No tocante a estes dois casos, dispõe a **Súmula 711 do Supremo Tribunal Federal:** "A lei penal mais grave aplica-se ao crime continuado ou ao crime permanente, se a sua vigência é anterior à cessação da continuidade ou da permanência"; (e) no crime habitual em que haja sucessão de leis, deve ser aplicada a nova, ainda que mais severa, se o agente insistir em reiterar a conduta criminosa. Vale lembrar que em matéria de **prescrição**, o art. 111, I, do CP preferiu a **teoria do resultado**, uma vez que a causa extintiva da punibilidade tem por termo inicial a data da consumação da infração penal.

Territorialidade

Art. 5º Aplica-se a lei brasileira, sem prejuízo de convenções, tratados e regras de direito internacional, ao crime cometido no território nacional.

§ 1º Para os efeitos penais, consideram-se como extensão do território nacional as embarcações e aeronaves brasileiras, de natureza pública ou a serviço do governo brasileiro onde quer que se encontrem, bem como as aeronaves e as embarcações brasileiras, mercantes ou de propriedade privada, que se achem, respectivamente, no espaço aéreo correspondente ou em alto-mar.

§ 2º É também aplicável a lei brasileira aos crimes praticados a bordo de aeronaves ou embarcações estrangeiras de propriedade privada, achando-se aquelas em pouso no território nacional ou em voo no espaço aéreo correspondente, e estas em porto ou mar territorial do Brasil.

○ **Introdução:** O CP brasileiro limita o campo de validade da lei penal com observância de dois vetores fundamentais: a **territorialidade** (art. 5.º) e a **extraterritorialidade** (art. 7.º). Com base neles se estabelecem princípios que buscam solucionar os conflitos de leis penais no espaço. **A territorialidade é a regra**. Excepcionalmente, admitem-se outros princípios para o caso de extraterritorialidade, que são os da personalidade, do domicílio, da defesa, da justiça universal e da representação. A matéria se relaciona ao **Direito Penal Internacional**, ramo do Direito Internacional Público que estabelece as regras de determinação da lei penal aplicável na hipótese de a conduta criminosa violar o sistema jurídico de mais de um país.

○ **Princípio da territorialidade:** Cuida-se da principal forma de delimitação do espaço geopolítico de validade da lei penal nas relações entre Estados soberanos. A soberania do Estado, nota característica do princípio da **igualdade soberana** de todos os membros da comunidade internacional (art. 2.º, item 1, da Carta da ONU), fundamenta o exercício de todas as competências sobre crimes praticados em seu território. A regra geral é a aplicação da lei brasileira aos crimes cometidos no território nacional. Há exceções que ocorrem quando um brasileiro pratica crime no exterior ou um estrangeiro comete delito no Brasil. Fala-se, assim, que o CP adotou o princípio da **territorialidade temperada** ou **mitigada**.

– **Conceito de território:** Em termos jurídicos, território é o **espaço em que o Estado exerce sua soberania política**. O território brasileiro compreende: (**a**) **o espaço territorial delimitado pelas fronteiras, sem solução de continuidade, inclusive rios, lagos, mares interiores e ilhas, bem como o respectivo subsolo**; (**b**) **o mar territorial, ou marginal**, que corre ao longo da costa como parte integrante do território brasileiro e que tem uma faixa de **doze milhas marítimas** de largura, medidas a partir da baixa-mar do litoral continental e insular brasileiro, na forma definida pela Lei 8.617/1993. A soberania brasileira alcança também o leito e o subsolo do mar territorial. O conceito de território não obsta, contudo, o **direito de passagem inocente**, isto é, a prerrogativa de navios mercantes ou militares de qualquer Estado de transitarem livremente pelo mar territorial, embora sujeitos ao poder de polícia do Brasil; (**c**) **a plataforma continental, medindo 200 milhas marítimas a partir do litoral brasileiro** (ou 188 milhas, deduzidas as 12 milhas do mar territorial), como zona econômica exclusiva, instituída pela Lei 8.617/1993, que incorporou a Convenção da ONU de 1982, sobre o direito do mar; (**d**) **o espaço aéreo**, compreendido como a dimensão estatal da altitude. Em relação ao domínio aéreo, adotou-se a **teoria da absoluta soberania do país subjacente**, pela qual o Brasil exerce completa e exclusiva soberania sobre o espaço aéreo acima de seu território e mar territorial (art. 11 da Lei 7.565/1986); (**e**) **os navios e aeronaves, de natureza particular, em alto-mar ou no espaço aéreo correspondente ao alto-mar**; (**f**) **os navios e aeronaves, de natureza pública, onde quer que se encontrem**; (**g**) **os rios e lagos internacionais**, que são aqueles que atravessam mais de um Estado. Se forem **sucessivos**, ou seja, passarem por dois ou mais países, mas sem separá-los, considera-se o trecho que atravessa o Brasil. Caso sejam **simultâneos** ou **fronteiriços**, isto é, separarem os territórios de dois ou mais países, a delimitação da parte pertencente ao Brasil é fixada por tratados ou convenções internacionais entre os Estados interessados.

– **Território brasileiro por extensão:** Consideram-se como extensão do território nacional as embarcações e aeronaves brasileiras, de natureza pública ou a serviço do governo brasileiro onde quer que se encontrem, bem como as aeronaves e embarcações brasileiras, mercantes ou de propriedade privada, que se achem, respectivamente, no espaço aéreo correspondente ou em alto-mar (art. 5.º, § 1.º, do CP).

○ **Outros princípios:**

1) Princípio da personalidade ou da nacionalidade: Autoriza a submissão à lei brasileira dos crimes praticados no estrangeiro por autor brasileiro (ativa) ou contra vítima brasileira (passiva). De acordo com a **personalidade ativa**, o agente é punido de acordo com a lei brasileira, independentemente da nacionalidade do sujeito passivo e do bem jurídico ofendido. É previsto no art. 7.º, I, alínea "d" ("quando o agente for brasileiro"), e também pelo inciso II, alínea "b", do CP. Seu fundamento constitucional é a relativa proibição de extradição de brasileiros (art. 5.º, LI, da CF), evitando a impunidade de nacionais que, após praticarem crimes no exterior, fogem para o Brasil.[49] Aplica-se o princípio da **personalidade passiva** nos casos em que a vítima é brasileira. O autor do delito que se encontrar em território brasileiro, embora seja estrangeiro, deverá ser julgado de acordo com a nossa lei penal. É adotado pelo art. 7.º, § 3.º, do CP.

2) Princípio do domicílio: De acordo com esse princípio, o autor do crime deve ser julgado em consonância com a lei do país em que for domiciliado, pouco importando sua nacionalidade. Previsto no art. 7.º, I, alínea "d" ("domiciliado no Brasil") do CP, no tocante ao crime de **genocídio** no qual o **agente não é brasileiro, mas apenas domiciliado no Brasil.**

3) Princípio da defesa, real ou da proteção: Permite submeter à lei penal brasileira os crimes praticados no estrangeiro que ofendam bens jurídicos pertencentes ao Brasil, qualquer que seja a nacionalidade do agente e o local do delito. Adotado pelo CP, em seu art. 7.º, I, alíneas "a", "b" e "c", compreendendo os crimes contra: (a) a vida ou a liberdade do Presidente da República; (b) o patrimônio ou a fé pública da União, do Distrito Federal, de Estado, de Território, de Município, de empresa pública, sociedade de economia mista, autarquia ou fundação instituída pelo Poder Público; e (c) a administração pública, por quem está a seu serviço.

4) Princípio da justiça universal: Conhecido também como princípio da **justiça cosmopolita**, da **competência universal**, da **jurisdição universal**, da **jurisdição mundial**, da **repressão mundial** ou da **universalidade do direito de punir**, é característico da cooperação penal internacional, porque todos os Estados da comunidade internacional podem punir os autores de determinados crimes que se encontrem em seu território, de acordo com as convenções ou tratados internacionais, pouco importando a nacionalidade do agente, o local do crime ou o bem jurídico atingido. Fundamenta-se no dever de solidariedade na repressão de certos delitos cuja punição interessa a todos os povos. É adotado no art. 7.º, II, "a", do CP.

5) Princípio da representação: Também denominado princípio do **pavilhão**, da **bandeira**, **subsidiário** ou da **substituição**. Segundo esse princípio, deve ser aplicada a lei penal brasileira aos crimes cometidos em aeronaves ou embarcações brasileiras, mercantes ou de propriedade privada, quando estiverem em território estrangeiro e aí não sejam julgados. É adotado pelo art. 7.º, II, "c", do CP. **E se a aeronave ou embarcação brasileira for pública ou estiver a serviço do governo brasileiro?** Neste caso incidirá o princípio da territorialidade. Lembre-se: aeronaves e embarcações brasileiras, públicas ou a serviço do governo brasileiro, constituem extensão do território nacional (art. 5.º, § 1.º, do CP).

○ **Princípio da territorialidade e imunidades:** O princípio da territorialidade, adotado pelo Brasil, não é absoluto. A territorialidade é **temperada** ou **mitigada**. O art. 5.º, *caput*, do CP é claro ao determinar que "aplica-se a lei brasileira, sem prejuízo de convenções, tratados e regras de direito internacional, ao crime cometido no território nacional". A parte final – "sem prejuízo de convenções, tratados e regras de direito internacional", autoriza a criação das **imunidades diplomáticas e de chefes de governos estrangeiros**. Por sua vez, as regras constitucionais instituem as **imunidades parlamentares**.

– **Imunidades diplomáticas e de chefes de governos estrangeiros:** O deferimento de tratamento especial a representantes diplomáticos e a chefes de governos estrangeiros, no tocante

---

[49]   A proibição da extradição de brasileiro nato não impede a transferência da execução da pena imposta em outro país, com fundamento no art. 100 da Lei 13.445/2017– Lei de Migração, a exemplo do que aconteceu no caso do ex-jogador de futebol "Robinho", condenado na Itália por crime de estupro (STJ: HDE 7.986/EX, rel. Min. Francisco Falcão, Corte Especial, j. 20.03.2024, noticiado no *Informativo* 805).

a atos ilícitos por eles praticados, é medida aceita desde longa data pelo direito internacional, em respeito ao Estado representado, e também pela necessidade de garantir meios suficientes para o perfeito desempenho de seus misteres por tais pessoas. As imunidades se fundam no **princípio da reciprocidade**, ou seja, o Brasil concede imunidade aos agentes dos países que também conferem iguais privilégios aos nossos representantes. Não há violação ao princípio da isonomia, eis que a imunidade não é pessoal, mas **funcional**. Leva-se em conta a relevância da função pública exercida pelo representante estrangeiro (**teoria do interesse da função**). A Convenção de Viena sobre Relações Diplomáticas, incorporada ao direito pátrio pelo Decreto 56.435/1965, assegura ao diplomata **imunidade de jurisdição penal**, sujeitando-o à jurisdição do Estado que representa (art. 31, item 4). **Abrange toda e qualquer espécie de delito.** A imunidade de jurisdição penal, em sentido amplo, subdivide-se em **imunidade de jurisdição cognitiva**, isto é, imunidade ao processo de conhecimento, e **imunidade à jurisdição executiva**, referente ao cumprimento da pena. A garantia se estende aos agentes diplomáticos e funcionários das organizações internacionais, quando em serviço, incluindo seus familiares. A essas pessoas é assegurada **inviolabilidade pessoal**, já que não podem ser presas nem submetidas a qualquer procedimento sem autorização de seu país. Por óbvio, aos chefes de governos estrangeiros e aos ministros das Relações Exteriores asseguram-se idênticas imunidades concedidas aos agentes diplomáticos. A imunidade é **irrenunciável** por parte do seu destinatário. Nada impede, por outro lado, a renúncia por meio do Estado acreditante, com fundamento no art. 32 da Convenção de Viena sobre Relações Diplomáticas (1961) e art. 45 da Convenção de Viena sobre Relações Consulares (1963). As imunidades não se aplicam aos empregados particulares dos diplomatas, ainda que oriundos do Estado representado. Os cônsules, por seu turno, são funcionários públicos de carreira ou honorários e indicados para a realização de determinadas funções em outros países, com imunidades e privilégios inferiores aos dos diplomatas. A imunidade penal é **limitada aos atos de ofício**, podendo ser processados e condenados por outros crimes.[50] De acordo com a Convenção de Viena, as sedes diplomáticas não admitem busca e apreensão, requisição, embargo ou qualquer tipo de medida de execução de natureza penal. Vale lembrar que **as sedes das embaixadas não são extensões de territórios estrangeiros no Brasil** – localizam-se em território nacional, e, se alguém que não goza da imunidade praticar algum crime em seu âmbito, inevitavelmente será processado nos termos da legislação penal brasileira.

– **Imunidades parlamentares:** A disciplina encontra seu nascedouro na **Constituição Federal**, mas sua sistemática produz inúmeros reflexos na aplicação da lei penal. O Poder Legislativo, constituído no âmbito da União pela Câmara dos Deputados e pelo Senado Federal, tem suas funções típicas tratadas nos arts. 44 e seguintes da CF, consistindo, precipuamente, na atividade legislativa e na função fiscalizadora do Poder Executivo. No exercício desses misteres, os representantes do povo e dos Estados necessitam de uma série de regras específicas, que estabeleçam os seus direitos, deveres e, notadamente, prerrogativas. O conjunto de normas constitucionais que estatui o regime jurídico dos membros do Congresso Nacional, prevendo suas prerrogativas e direitos, seus deveres e incompatibilidades é denominado **estatuto dos congressistas**[51]. Entre as prerrogativas previstas na Constituição de 1988, estão a inviolabilidade e a imunidade, de natureza penal, e também o privilégio de foro e a isenção do serviço militar, previstas nas constituições anteriores, bem como a limitação ao dever de testemunhar, todas de caráter processual. Abordaremos as **imunidades parlamentares**, que produzirem relevantes consequências na aplicação da lei penal.

---

50   MELLO, Celso D. Albuquerque. *Curso de direito internacional público*. Rio de Janeiro: Forense, 2001. p. 1.337-1.340.

51   SILVA, José Afonso da. *Curso de direito constitucional positivo*. 26. ed. São Paulo: Malheiros, 2006. p. 534.

○ **Características das imunidades parlamentares:** As imunidades parlamentares são **prerro-gativas** ou **garantias inerentes ao exercício do mandato parlamentar**, preservando-se a instituição de ingerências externas. A CF prevê duas espécies de imunidades: **imunidade absoluta** (material, real, substantiva ou inviolabilidade – art. 53, *caput*); e **imunidade processual** (formal, adjetiva, ou imunidade propriamente dita – art. 53, §§ 1.º a 5.º), que pode referir-se à prisão do parlamentar ou ao ajuizamento da ação penal.

a) Imunidade material ou inviolabilidade: De acordo com o art. 53, *caput*, da CF, com a redação determinada pela EC 35/2001: "os Deputados e Senadores são invioláveis, civil e penalmente, por quaisquer de suas opiniões, palavras e votos". A imunidade material protege o parlamentar em suas **opiniões, palavras e votos**, desde que **relacionadas às suas funções**, ainda que fora do recinto do Congresso Nacional. Funciona, portanto, como um **complemento constitucional à liberdade de expressão** reservada a todas as pessoas. Há grande controvérsia doutrinária e jurisprudencial acerca da natureza jurídica da inviolabilidade, destacando-se os seguintes entendimentos: (a) causa de atipicidade: Celso Ribeiro Bastos;[52] (b) causa excludente de crime: Nélson Hungria, José Afonso da Silva[53] e Pontes de Miranda; (c) causa que se opõe à formação do crime: Basileu Garcia; (d) causa pessoal e funcional de isenção de pena: Aníbal Bruno; (e) causa de irresponsabilidade: Heleno Cláudio Fragoso; e (f) causa de incapacidade penal por razões políticas: José Frederico Marques. O STF tem considerado a manifestação parlamentar, nas hipóteses abrangidas pela inviolabilidade, como **fato atípico**. Qualquer que seja o posicionamento adotado, a inviolabilidade acarretará sempre na irresponsabilidade do agente por suas opiniões, palavras e votos, se presentes os demais elementos do instituto.

b) Imunidade formal: A imunidade formal, processual, adjetiva ou imunidade propriamente dita envolve a disciplina da **prisão** e do **processo** contra Deputados Federais e Senadores e tem previsão no art. 53, §§ 1.º a 5.º, da CF. O instituto foi bastante alterado com o advento da Emenda Constitucional 35/2001, que buscou evitar o desvirtuamento da prerrogativa, tal qual estabelecida pela sua redação originária.

– **Imunidade formal para a prisão:** Dispõe o art. 53, § 2.º, da CF, com a redação dada pela EC 35/2001, que, "desde a expedição do diploma, os membros do Congresso Nacional não poderão ser presos, salvo em flagrante de crime inafiançável. Nesse caso, os autos serão reme-tidos dentro de vinte e quatro horas à Casa respectiva, para que, pelo voto da maioria de seus membros, resolva sobre a prisão". Assim, extrai-se a **regra geral** de que os parlamentares não poderão ser presos. A regra abrange tanto a prisão provisória, de cunho penal, em qualquer de suas modalidades, salvo no caso de flagrante de crime inafiançável, assim como a prisão civil, uma vez que o texto constitucional não faz qualquer distinção. Essa imunidade foi de-nominada de **relativa incoercibilidade pessoal** dos congressistas (*freedom from arrest*) pelo STF (Inquérito 510/DF, j. 01.02.1991, Tribunal Pleno). A única exceção admitida pela CF é a hipótese de prisão em flagrante pela prática de crime inafiançável. Mas a Corte Suprema, no famoso caso "Delcídio do Amaral", decretou a **prisão preventiva** de Senador da República, no exercício do mandato.[54] Na exceção prevista no texto constitucional, os autos deverão ser remetidos à Casa Parlamentar respectiva no prazo de vinte e quatro horas, para que, pelo voto da maioria absoluta de seus membros, resolva sobre a prisão (CF, art. 53, § 2.º). A votação será **aberta**. Nas hipóteses em que for verificada a impossibilidade de apreciação do pedido pela Casa respectiva, a prisão será mantida independentemente dessa manifestação. A imunidade

52   BASTOS, Celso Ribeiro. *Dicionário de direito constitucional*. São Paulo: Saraiva, 1994. p. 82.
53   SILVA, José Afonso da. *Curso de direito constitucional positivo*. São Paulo: Malheiros, 2006. p. 534-535.
54   STF: AC 4.036 Referendo-MC/DF, rel. Min. Teori Zavascki, 2.ª Turma, j. 25.11.2015, noticiado no *Informativo* 809.

persiste desde a diplomação até o encerramento definitivo do mandato, independentemente do motivo, incluindo a não reeleição.

– **Imunidade formal para o processo:** A disciplina da imunidade formal para o processo foi substancialmente alterada pela EC 35/2001, que retirou a necessidade de prévia licença da Casa para a instauração da ação penal contra o parlamentar. De acordo com a nova regra prevista no art. 53, § 3.º: "recebida a denúncia contra o Senador ou Deputado, por crime ocorrido após a diplomação, o Supremo Tribunal Federal dará ciência à Casa respectiva, que, por iniciativa de partido político nela representado e pelo voto da maioria de seus membros, poderá, até a decisão final, sustar o andamento da ação". Destarte, uma vez oferecida a denúncia contra o parlamentar, por crime ocorrido após a diplomação, o Ministro do STF poderá recebê-la, independentemente de prévia licença. Nesse caso, o Tribunal dará ciência à Casa respectiva, que, por iniciativa de partido político nela representado e pelo voto da maioria absoluta de seus membros, poderá, até a decisão final, sustar o andamento da ação penal. O pedido de sustação será apreciado pela Casa respectiva no prazo improrrogável de 45 dias do seu recebimento pela Mesa diretora, e a sustação do processo suspende a prescrição, enquanto durar o mandato (CF, art. 53, §§ 3.º a 5.º). O pedido de sustação poderá ser feito, contudo, até a decisão final da ação penal movida contra o parlamentar.[55] A nova regra se aplica imediatamente aos processos em curso. Não há necessidade de o STF dar ciência à respectiva Casa em caso de ação penal por **crime praticado antes da diplomação**. Nessas hipóteses, não é possível, pelo mesmo motivo, a suspensão da ação penal por iniciativa do partido político. Nos crimes praticados após a diplomação, se houver sustação da ação penal, e o crime tiver sido praticado em concurso com agente não congressista, o processo deve ser desmembrado, em razão do regime de prescrição diferenciado, que só alcança o parlamentar. Tais imunidades abrangem os Deputados Federais e Senadores. Não são extensíveis aos suplentes.

– **Deputados Estaduais:** De acordo com o art. 27, § 1.º, da CF, aos deputados estaduais serão aplicadas as mesmas regras sobre sistema eleitoral, inviolabilidade, imunidades, remuneração, perda de mandato, licença, impedimentos e incorporação às forças armadas aplicáveis aos deputados federais e senadores. Ademais, é assegurada a imunidade material dos deputados estaduais, que são invioláveis, civil e penalmente, por quaisquer de suas opiniões, palavras e votos.

– **Vereadores:** No tocante ao Poder Legislativo Municipal, dispõe o art. 29, VIII, da CF que os municípios serão regidos por lei orgânica, que deverá obedecer, entre outras regras, a da inviolabilidade dos vereadores por suas opiniões, palavras e votos, no exercício do mandato e na circunscrição do Município – a CF não consagra a imunidade formal ou processual para vereadores, ou de foro por prerrogativa de função, não podendo a legislação local prever tais garantias.

– **Suspensão e renúncia da imunidade:** Os parlamentares afastados para o exercício de cargo de Ministro da República, Secretário de Estado ou de Município não mantêm as imunidades. De outro lado, por ser inerente ao cargo parlamentar, e não ao congressista propriamente, **não é possível a renúncia a tais prerrogativas**. As imunidades de Deputados e Senadores subsistirão durante o estado de sítio, somente podendo ser suspensas pelo voto de dois terços dos membros da Casa respectiva, nos casos de atos praticados **fora do recinto** do Congresso Nacional que sejam incompatíveis com a execução da medida (CF, art. 53, § 8.º). Tal garantia se harmoniza com o disposto no art. 139, parágrafo único, da Lei Suprema, e afasta qualquer pretensão de aplicar a parlamentares as restrições previstas nos incisos desse artigo.[56]

---

55   SILVA, José Afonso da. *Curso de direito constitucional positivo*. São Paulo: Malheiros, 2006. p. 533.
56   SILVA, José Afonso da. *Curso de direito constitucional positivo*, p. 536.

○ **Jurisprudência selecionada:**

Balão de ar quente tripulado – ausência de enquadramento ao conceito jurídico de aeronave – competência da Justiça Estadual: "Compete à Justiça Estadual o julgamento de crimes ocorridos a bordo de balões de ar quente tripulados. A definição de aeronave está prevista no artigo 106 da Lei n. 7.565, de 19 de dezembro de 1986, Código Brasileiro de Aeronáutica – CBA, a qual dispõe que: considera-se aeronave todo aparelho manobrável em voo, que possa sustentar-se e circular no espaço aéreo, mediante reações aerodinâmicas, apto a transportar pessoas ou coisas. Restringindo-se o alcance do termo 'aeronave', previsto no art. 109, IX, da Constituição Federal, a interpretação que se dá ao referido dispositivo deve agregar o disposto no artigo 106 da Lei 7.565/1986, pois os balões e dirigíveis não são manobráveis, mas apenas controlados em voo, já que são guiados pela corrente de ar. De outro lado, sua sustentação não ocorre por reações aerodinâmicas, mas por impulsão estática, decorrente do aquecimento do ar ao seu redor, tornando-o menos denso, sobe e o faz alçar voo. Assim, a competência para o processo e julgamento de eventual ação penal é da Justiça Estadual, porquanto o aeróstato (balões e dirigíveis), por não ser aparelho manobrável em voo e de sustentação por reações aerodinâmicas, não se amolda ao conceito de aeronave, previsto no art. 106 da Lei n. 7.565/1986" (STJ: CC 143.400/SP, rel. Min. Ribeiro Dantas, 3.ª Seção, j. 24.04.2019, noticiado no *Informativo* 648).

Extradição de brasileiro nato – impossibilidade – cooperação internacional – relações com estados estrangeiros e cumprimento de tratados firmados (CF/88, arts. 21, I, e 84, VII e VIII) – competência da Justiça Federal: "Compete à Justiça Federal o processamento e o julgamento da ação penal que versa sobre crime praticado no exterior que tenha sido transferida para a jurisdição brasileira, por negativa de extradição. (...) Na hipótese, apura-se a participação de brasileiros em suposto esquema de falsificação de documentos públicos portugueses no território lusitano, a fim de posterior uso para ingressar no Canadá e nos EUA. Por se tratar de crime praticado por agente de nacionalidade brasileira, não é possível a extradição, em conformidade com o art. 5º, LI, da CF/88. Aplicável, no caso, o Decreto n. 1.325/1994, que incorporou ao ordenamento jurídico brasileiro o Tratado de Extradição entre o Governo da República Federativa do Brasil e o Governo da República Portuguesa, no qual estabelece, na impossibilidade de extradição por ser nacional da parte requerida, a obrigação de 'submeter o infrator a julgamento pelo Tribunal competente e, em conformidade com a sua lei, pelos fatos que fundamentaram, ou poderiam ter fundamentado, o pedido de extradição' (art. IV, 1, do Tratado de Extradição). Além disso, cabe à União, segundo dispõem os arts. 21, I, e 84, VII e VIII, da Carta da República, manter relações com estados estrangeiros e cumprir os tratados firmados, fixando-se a sua responsabilidade na *persecutio criminis* nas hipóteses de crimes praticados por brasileiros no exterior, na qual haja incidência da norma interna, no caso, o Direito Penal interno e não seja possível a extradição. No plano interno, em decorrência da repercussão das relações da União com estados estrangeiros e o cumprimento dos tratados internacionais firmados, a cooperação passiva, a teor dos arts. 105 e 109, X, da CF/88, impõe a execução de rogatórias pela Justiça Federal após a chancela por esta Corte Superior. Assim, compete à Justiça Federal o processamento e o julgamento da ação penal que versa sobre crime praticado no exterior, o qual tenha sido transferida para a jurisdição brasileira, por negativa de extradição, aplicável o art. 109, IV, da CF/88" (STJ: CC 154.656/MG, rel. Min. Ribeiro Dantas, 3.ª Seção, j. 25.04.2018, noticiado no *Informativo* 625).

Extradição de brasileiro nato – impossibilidade - homicídio praticado no exterior - competência da Justiça Estadual: "A Primeira Turma, por maioria, desproveu agravo interposto contra decisão que deu provimento a recurso extraordinário e fixou a competência de tribunal do júri estadual para julgar ação penal movida contra brasileiro nato, denunciado pela prática de homicídio de cidadão paraguaio, ocorrido no Paraguai. O pedido de extradição do brasileiro foi indeferido pelo Supremo Tribunal Federal (STF), em razão de sua condição de nacional [Constituição Federal de 1988 (CF/1988), art. 5, LI]. O colegiado entendeu que a prática do crime de homicídio por brasileiro nato no exterior não ofende bens, serviços ou interesses da União, sendo da Justiça estadual a competência para processar e julgar a respectiva ação penal. Asseverou, também, que o Decreto 4.975/2004, que promulgou o Acordo de Extradição entre os Estados-Partes do Mercosul, por si só não atrai a competência da Justiça Federal (CF/1988, art. 109, III, IV, e X). Isso porque a persecução penal não é fundada no acordo de extradição, mas no Código Penal brasileiro" (STF: RE 1.175.638 AgR/PR, rel. Min. Marco Aurélio, 1.ª Turma, j. 02.04.2019, noticiado no *Informativo* 936).

Imunidade diplomática – jurisdição executiva – medida cautelar diversa da prisão – inaplicabilidade: "A cautelar fixada de proibição para que agente diplomático acusado de homicídio se ausente do país sem autorização judicial não é adequada na hipótese em que o Estado de origem do réu tenha renunciado à imunidade de jurisdição cognitiva, mas mantenha a competência para o cumprimento de eventual pena criminal a ele imposta. Na origem, trata-se de recurso em *habeas corpus* impetrado por agente diplomático por meio do qual se insurge contra a medida cautelar fixada em seu desfavor, que lhe proibiu de se ausentar do país sem autorização judicial. Sobre o tema, convém salientar que a imunidade dos integrantes de corpo diplomático dos Estados estrangeiros é pela via da imunidade de jurisdição cognitiva, isto é, imunidade ao processo de conhecimento, ou pela imunidade à jurisdição executiva, referente ao cumprimento da pena. Ambas as imunidades derivam, ordinariamente, do básico princípio *comitas gentium*, consagrado pela prática consuetudinária internacional e assentado em premissas teóricas e em concepções políticas que, fundadas na essencial igualdade entre as soberanias estatais, legitima o reconhecimento *de par in parem non habet imperium vel judicium*, conforme entende a doutrina do Direito Internacional Público. Na hipótese em exame, o Estado estrangeiro renunciou à imunidade de jurisdição, mas reservou-se a imunidade de execução, ou seja, o impetrante pode ser processado no Brasil e eventualmente condenado, mas a execução da pena se dará apenas no país de origem. Nesse contexto, o relevante fundamento esposado na fixação da cautelar no sentido de se assegurar a aplicação da lei penal carece de razoabilidade, porquanto ao Brasil não é cabível a execução de eventual pena. Ademais, embora tenha sido apontado o interesse na proteção à instrução criminal, o impedimento do acusado à saída do país em nada afeta a colheita de provas, cabendo ressaltar, ainda, que eventual intento de não comparecer a atos do processo é reserva de autodefesa a ele plenamente possível (nova redação do art. 475 do CPP). Falta à cautelar fixada, assim, adequação aos riscos que se pretendia com ela evitar, de modo que é de se reputar indevida a proibição do impetrante ausentar-se do país sem autorização judicial" (STJ: RHC 87.825/ES, rel. Min. Nefi Cordeiro, 6.ª Turma, j. 05.12.2017, noticiado no *Informativo* 618).

Imunidade parlamentar – afronta aos princípios democráticos, republicanos e da separação de Poderes: "Atentar contra a democracia e o Estado de Direito não configura exercício da função parlamentar a invocar a imunidade constitucional prevista no art. 53, *caput*, da Constituição Federal. A imunidade material parlamentar não deve ser utilizada para atentar frontalmente contra a própria manutenção do Estado Democrático de Direito. Em nenhum momento histórico, em qualquer que seja o país que se analise, a imunidade parlamentar se confundiu com a impunidade. As imunidades parlamentares surgiram para garantir o Estado de Direito e da separação de Poderes. Modernamente, foram se desenvolvendo para a preservação da própria democracia. A previsão constitucional do Estado Democrático de Direito consagra a obrigatoriedade de o País ser regido por normas democráticas, com observância da separação de Poderes, bem como vincula a todos, especialmente as autoridades públicas, ao absoluto respeito aos direitos e garantias fundamentais, com a finalidade de afastamento de qualquer tendência ao autoritarismo e concentração de poder. A CF não permite a propagação de ideias contrárias à ordem constitucional e ao Estado Democrático (arts. 5º, XLIV; e 34, III e IV), nem tampouco a realização de manifestações nas redes sociais visando ao rompimento do Estado de Direito, com a extinção das cláusulas pétreas constitucionais – separação de Poderes (art. 60, § 4º), com a consequente instalação do arbítrio. A liberdade de expressão e o pluralismo de ideias são valores estruturantes do sistema democrático. A livre discussão, a ampla participação política e o princípio democrático estão interligados com a liberdade de expressão, tendo por objeto não somente a proteção de pensamentos e ideias, mas também opiniões, crenças, realização de juízo de valor e críticas a agentes públicos, no sentido de garantir a real participação dos cidadãos na vida coletiva. Dessa maneira, tanto são inconstitucionais as condutas e manifestações que tenham a nítida finalidade de controlar ou mesmo aniquilar a força do pensamento crítico, indispensável ao regime democrático, quanto aquelas que pretendam destruí-lo, juntamente com suas instituições republicanas, pregando a violência, o arbítrio, o desrespeito à separação de Poderes e aos direitos fundamentais. Na hipótese, deputado federal publicou vídeo em rede social no qual, além de atacar frontalmente os ministros do Supremo Tribunal Federal (STF), por meio de diversas ameaças e ofensas, expressamente propagou a adoção de medidas antidemocráticas contra o STF, bem como instigou a adoção de medidas violentas contra a vida e a segurança de seus membros, em clara afronta aos princípios democráticos, republicanos e da separação de Poderes. Tais condutas, além de tipificarem crimes contra a honra do Poder Judiciário e dos ministros do STF, são previstas, expressamente, na Lei 7.170/1973, especificamente, nos arts. 17, 18, 22, I e IV, 23, I, II e IV, e 26. Ademais, as condutas criminosas do parlamentar configuram hipótese de flagrante delito, pois verifica-se, de maneira clara e evidente, a perpetuação no tempo dos delitos acima mencionados, uma vez que o referido vídeo permaneceu disponível e acessível a todos os usuários da rede mundial de computadores. Ressalta-se que a prática das referidas condutas criminosas atenta diretamente contra a ordem constitucional e o Estado Democrático; apresentando, portanto, todos os requisitos para que, nos termos do art. 312 do CPP, fosse decretada a prisão preventiva; tornando, consequentemente, essa prática delitiva insuscetível de fiança, na exata previsão do art. 324, IV, do CPP. Configura-se, portanto, a possibilidade constitucional de prisão em flagrante de parlamentar pela prática de crime inafiançável, nos termos do § 2º do art. 53 da CF. Com esse entendimento, o Plenário referendou a decisão monocrática do ministro relator que determinara a prisão em flagrante do parlamentar" (STF: Inq 4.781 Ref., rel. Min. Alexandre de Moraes, Plenário, j. 17.02.2021, noticiado no *Informativo* 1.006).

Imunidade parlamentar – complemento à liberdade de expressão: "A imunidade parlamentar é uma proteção adicional ao direito fundamental de todas as pessoas à liberdade de expressão, previsto no art. 5º, IV e IX, da Constituição. Assim, mesmo quando desbordem e se enquadrem em tipos penais, as palavras dos congressistas, desde que guardem alguma pertinência com suas funções parlamentares, estarão cobertas pela imunidade material do art. 53, *caput*, da Constituição ('Art. 53. Os Deputados e Senadores são invioláveis, civil e penalmente, por quaisquer de suas opiniões, palavras e votos'). Com base nessa orientação, a Primeira Turma, em julgamento conjunto e por maioria, rejeitou a queixa-crime oferecida em face de senador a quem fora imputado a prática dos delitos de calúnia, injúria e difamação. Na espécie, parlamentar teria postado na rede social 'Facebook' que ex-Presidente da República teria cometido crimes e, ainda, teria impetrado *habeas corpus* preventivo relativo a atos de corrupção ocorrido no âmbito da Petrobrás. De início, a Turma assentou o caráter reprovável e lamentável com o qual as críticas à suposta condutas de um ex-Presidente da República teriam sido feitas. Na sequência, ressaltou que a imunidade material conferida aos parlamentares não seria uma prerrogativa absoluta. Restringir-se-ia a opiniões e palavras externadas, dentro ou fora do recinto do Congresso Nacional, mas no exercício do mandato ou em razão dele. Prevaleceria, portanto, a compreensão de que a imunidade parlamentar não se estenderia para opiniões ou palavras que pudessem malferir a honra de alguém quando essa manifestação estivesse dissociada do exercício do mandato. Para o Colegiado, a Constituição teria garantido uma tolerância com o uso – que normalmente fosse considerado abusivo – do direito de expressar livremente suas opiniões, quando proveniente de parlamentar no exercício de seus respectivos mandatos. Essa condescendência se justificaria para assegurar um bem maior – a própria democracia. Entre um parlamentar acuado pelo eventual receio de um processo criminal e um parlamentar livre para expor as suspeitas que pairassem sobre outros homens públicos, mesmo que de forma que pudesse ser considerada abusiva e, portanto, criminosa, o caminho trilhado pela Constituição seria o de conferir liberdade ao congressista. Assim, a regra da imunidade deveria prevalecer nas situações limítrofes em que não fosse delineada a conexão entre a atividade parlamentar e as ofensas irrogadas a pretexto de exercê-la, mas que, igualmente, não se pudesse, de plano, dizer que exorbitassem do exercício do mandato" (STF: Inq. 4.088/DF, rel. Min. Edson Fachin, 1.ª Turma, j. 01.12.2015, noticiado no *Informativo* 810).

Imunidade parlamentar – discursos dolosos e ofensivos à honra alheia: "A liberdade de expressão não alcança a prática de discursos dolosos, com intuito manifestamente difamatório, de juízos depreciativos de mero valor, de injúrias em razão da forma ou de críticas aviltantes. É possível vislumbrar restrições à livre manifestação de ideias, inclusive mediante a aplicação da lei penal, em atos, discursos ou ações que envolvam, por exemplo, a pedofilia, nos casos de discursos que incitem a violência ou quando se tratar de discurso com intuito manifestamente difamatório. A garantia da imunidade parlamentar não alcança os atos praticados sem claro nexo de vinculação recíproca entre o discurso e o desempenho das funções parlamentares. Isso porque as garantias dos membros do Parlamento são vislumbradas sob uma perspectiva funcional, ou seja, de proteção apenas das funções consideradas essenciais aos integrantes do Poder Legislativo, independentemente de onde elas sejam exercidas. No caso, os discursos proferidos pelo querelado teriam sido proferidos com nítido caráter injurioso e difamatório, de forma manifestamente dolosa, sem qualquer hipótese de prévia provocação ou retorsão imediata capaz de excluir a tipificação, em tese, dos atos descritos nas queixas-crimes. Com base nesses entendimentos, a Segunda Turma, por maioria, ao dar provimento a agravos regimentais, recebeu queixas-crimes pelos delitos dos arts. 139 e 140 do Código Penal" (STF: Pet 8.242 AgR/DF, rel. Min. Celso de Mello, redator do acórdão Min. Gilmar Mendes, 2.ª Turma, j. 03.05.2022, noticiado no *Informativo* 1.053).

Imunidade parlamentar – finalidades: "O instituto da imunidade parlamentar atua, no contexto normativo delineado por nossa Constituição, como condição e garantia de independência do Poder Legislativo, seu real destinatário, em face dos outros poderes do Estado. Estende-se ao congressista, embora não constitua uma prerrogativa de ordem subjetiva deste. Trata-se de prerrogativa de caráter institucional, inerente ao Poder Legislativo, que só é conferida ao parlamentar *ratione muneris*, em função do cargo e do mandato que exerce. É por essa razão que não se reconhece ao congressista, em tema de imunidade parlamentar, a faculdade de a ela renunciar. Trata-se de garantia institucional deferida ao Congresso Nacional. O congressista, isoladamente considerado, não tem, sobre ela, qualquer poder de disposição. - O exercício do mandato parlamentar recebeu expressiva tutela jurídica da ordem normativa formalmente consubstanciada na Constituição Federal de 1988. Dentre as prerrogativas de caráter político-institucional que inerem ao Poder Legislativo e aos que o integram, emerge, com inquestionável relevo jurídico, o instituto da imunidade parlamentar, que se projeta em duas dimensões: a primeira, de ordem material, a consagrar a inviolabilidade dos membros do Congresso Nacional, por suas opiniões, palavras e votos (imunidade parlamentar material), e a segunda, de caráter formal (imunidade parlamentar formal), a gerar, de um lado, a improcessabilidade dos parlamentares, que só poderão ser submetidos a procedimentos penais acusatórios mediante previa licença de suas Casas, e, de outro, o estado de relativa incoercibilidade pessoal dos congressistas (*freedom from arrest*), que só poderão sofrer prisão provisória ou cautelar numa única e singular hipótese: situação de flagrância em crime inafiançável. - Dentro do contexto normativo delineado pela Constituição, a garantia jurídico-institucional da imunidade parlamentar formal não obsta, observado o *due process of law*, a execução de penas privativas da liberdade definitivamente impostas ao membro do Congresso Nacional. Precedentes: *RTJ* 70/607. - A imunidade parlamentar material só protege o congressista nos atos, palavras, opiniões e votos proferidos no exercício do ofício congressual. São passíveis dessa tutela jurídico-constitucional apenas os comportamentos parlamentares cuja prática seja imputável ao exercício do mandato legislativo. A garantia da imunidade material estende-se ao desempenho das funções de representante do Poder Legislativo, qualquer que seja o âmbito, parlamentar ou extraparlamentar, dessa atuação, desde que exercida *ratione muneris*" (STF: Inq. 510/DF, rel. Min. Celso de Mello, Tribunal Pleno, j. 01.02.1991).

Imunidade parlamentar – incitação ao crime de estupro e injúria – ausência de conexão com a atividade legislativa – declarações prestadas à imprensa – inaplicabilidade: "A Primeira Turma, em julgamento conjunto e por maioria, recebeu denúncia pela suposta prática de incitação ao crime (CP, art. 286) e queixa-crime apenas quanto à alegada prática de injúria (CP, art. 140), ambos os delitos imputados a deputado federal. Os crimes dizem respeito a declarações proferidas na Câmara dos Deputados e, no dia seguinte, divulgadas em entrevista concedida à imprensa. No caso, o parlamentar afirmara que deputada federal 'não merece ser estuprada, por ser muito ruim, muito feia, não fazer seu gênero' e acrescentara que, se fosse estuprador, 'não iria estuprá-la porque ela não merece'. A Turma assinalou que a garantia constitucional da imunidade material protege o parlamentar, qualquer que seja o âmbito espacial em que exerça a liberdade de opinião, sempre que suas manifestações guardem conexão com o desempenho da função legislativa ou tenham sido proferidas em razão dela. Para que as afirmações feitas pelo parlamentar possam ser relacionadas ao exercício do mandato, devem revelar teor minimamente político, referido a fatos que estejam sob debate público, sob investigação em CPI ou em órgãos de persecução penal ou, ainda, sobre qualquer tema que seja de interesse de setores da sociedade, do eleitorado, de organizações ou quaisquer grupos representados no parlamento ou com pretensão à representação democrática. Consequentemente, não há como relacionar ao desempenho da função legislativa, ou de atos praticados em razão do exercício de mandato parlamentar, as palavras e opiniões meramente pessoais, sem relação com o debate democrático de fatos ou ideias e, portanto, sem vínculo com o exercício das funções cometidas a um parlamentar. Na hipótese, trata-se de declarações que não guardam relação com o exercício do mandato. Não obstante a jurisprudência do STF tenha entendimento no sentido da impossibilidade de responsabilização do parlamentar quando as palavras tenham sido proferidas no recinto da Câmara dos Deputados, as declarações foram proferidas em entrevista a veículo de imprensa, não incidindo, assim, a imunidade. O fato de o parlamentar estar em seu gabinete no momento em que a concedera é meramente acidental, já que não foi ali que se tornaram públicas as ofensas, mas sim por meio da imprensa e da internet. Portanto, cuidando-se de declarações firmadas em entrevista concedida a veículo de grande circulação, cujo conteúdo não se relaciona com a garantia do exercício da função parlamentar, não incide o art. 53 da CF. O Colegiado explicou que a defesa sustentava atipicidade da conduta de incitação ao crime, pois as afirmações seriam genéricas. A respeito, registrou que o tipo penal em análise dá ênfase ao aspecto subjetivo da ordem pública, ao sentimento de paz e à tranquilidade social. O bem jurídico tutelado é diverso daquele que é ofendido pelo crime objeto da instigação. Não se trata da proteção direta de bens jurídicos primários, mas de formas de proteção mediata daqueles, pois se enfrenta uma das condições favoráveis à prática de graves danos para a ordem e a perturbação sociais. Assim, a incitação ao crime não envolve ataque concreto ao bem jurídico tutelado, mas sim destina-se a salvaguardar o valor desse bem jurídico do crime objeto de incitação. No caso, a integridade física e psíquica da mulher encontra ampla guarida na ordem jurídica, por meio de normas exsurgidas de um pano de fundo aterrador, de cotidianas mortes, lesões e imposição de sofrimento ao gênero feminino no País. Assim, em tese, a manifestação do acusado tem o potencial de incitar outros homens a expor as mulheres à fragilidade e à violência física, sexual, psicológica e moral, porquanto proferida por parlamentar, que não pode desconhecer os tipos penais. Especialmente, o crime de estupro tem consequências graves, e sua ameaça perene mantém todas as mulheres em situação de subordinação. Portanto, discursos que relativizam essa gravidade e a abjeção do delito contribuem para agravar a vitimização secundária produzida pelo estupro. A Turma enfatizou, ainda, que a utilização do vocábulo 'merece' tivera por fim conferir ao delito o atributo de prêmio, favor, benesse à mulher. Além disso, confere às vítimas o merecimento dos sofrimentos a elas infligidos. Essa fala reflete os valores de uma sociedade desigual, que ainda tolera e até incentiva a prática de atitudes machistas e defende a naturalidade de uma posição superior do homem, nas mais diversas atividades. Não se podem subestimar os efeitos de discursos que reproduzem o rebaixamento da dignidade sexual da mulher, que podem gerar perigosas consequências sobre a forma como muitos irão considerar o crime de estupro, podendo, efetivamente, encorajar sua prática. O desprezo demonstrado pela dignidade sexual reforça e incentiva a perpetuação dos traços de uma cultura que ainda subjuga a mulher, com o potencial de instigar variados grupos a lançarem sobre a própria vítima a culpa por ser alvo de criminosos sexuais. Portanto, não é necessário que se apregoe, verbal e literalmente, a prática de determinado crime. O tipo do art. 286 do CP abrange qualquer conduta apta a provocar ou a reforçar a intenção da prática criminosa de terceiros. A Turma sublinhou outra alegação da defesa, segundo a qual, se as palavras do parlamentar fossem consideradas incitação ao estupro, então as mulheres que aderiram ao movimento iniciado na internet ('eu não mereço ser estuprada') também o teriam praticado. Ressaltou que se tratara de campanha de crítica e repúdio às declarações do parlamentar. O sentido conferido, na referida campanha, ao verbo 'merecer' revela-se oposto ao empregado pelo acusado nas manifestações que externara publicamente. Essas mensagens buscaram restabelecer o sentimento social de que o estupro é uma crueldade intolerável. Ademais, o tipo penal da incitação ao crime é formal, de perigo abstrato, e independe da produção de resultado. Além disso, não exige o fim especial de agir, mas apenas o dolo genérico, consistente na consciência de que o comportamento do agente instigará outros a praticar crimes. No caso, a frase do parlamentar tem potencial para estimular a perspectiva da superioridade masculina e a intimidação da mulher pela ameaça de uso da violência. Assim, a afirmação pública do imputado tem, em tese, o potencial de reforçar eventual propósito existente em parte daqueles que depreenderam as declarações, no sentido da prática de violência contra a mulher, inclusive novos crimes contra a honra da vítima e de mulheres em geral. Por fim, o Colegiado, no que diz respeito às imputações constantes da queixa-crime (calúnia e injúria), reputou que as mesmas declarações emanadas na denúncia atingiram, em tese, a honra subjetiva da querelante, pois revelam potencial de rebaixar sua dignidade moral, expondo sua imagem à humilhação pública, além de associar as características da mulher à possibilidade de ser vítima de estupro. Não cabe, nessa fase processual, concluir no sentido da configuração de retorsão imediata ou reação a injusta provocação. A queixa-crime atribui, ainda, a prática do delito de calúnia, pelo fato de o querelado ter falsamente afirmado que a querelante o chamara de estuprador. No ponto, entretanto, a inicial não narra de que maneira a afirmação do parlamentar tivera por fim específico ofender a honra da querelante, razão pela qual a queixa não pode ser recebida quanto a esse delito. Vencido o Ministro Marco Aurélio, que não recebia a denúncia ou a queixa-crime" (STF: Inq 3.932/DF e Pet 5.243/DF, rel. Min. Luiz Fux, 1.ª Turma, j. 21.06.2016, noticiados no *Informativo* 831).

Imunidade parlamentar – injúria – declarações publicadas em rede social – inaplicabilidade – ofensa recíproca e perdão judicial: "Em virtude da incidência do perdão judicial

(CP/1940, art. 107, IX), a Primeira Turma extinguiu ação penal e declarou extinta a punibilidade de deputado federal acusado de suposta prática de crime de injúria. O deputado federal teria publicado em rede social declarações ofensivas à honra de governador de Estado-membro. A publicação, extraída do perfil pessoal do acusado, teria sido capturada por meio de 'print screen'. A Turma reconheceu a materialidade e autoria delitivas, e afastou a inviolabilidade parlamentar material, pois as declarações teriam sido proferidas fora do recinto parlamentar e em ambiente virtual. Observou, portanto, não haver relação entre as declarações e o exercício do mandato. Reputou configurado, de um lado, o elemento subjetivo, constituído pela vontade livre e consciente de atribuir qualificações negativas ao ofendido. Por outro lado, entendeu que o comportamento do ofendido traria reflexos à punibilidade da conduta. O acusado postou as mensagens ofensivas menos de 24 horas depois de o ofendido publicar manifestação, também injuriosa, ao deputado. Seriam, assim, mensagens imediatamente posteriores às veiculadas pelo ofendido, e elaboradas em resposta a elas. Ao publicá-las, o acusado citou parte do conteúdo da mensagem postada pelo ofendido, comprovando o nexo de pertinência entre as condutas. Dessa maneira, o ofendido não só, de forma reprovável, provocara a injúria, como também, em tese, praticara o mesmo delito, o que gerara a retorsão imediata do acusado. Sendo assim, estariam configuradas as hipóteses de perdão judicial, nos termos do art. 140, § 1°, do CP/1940 ('Art. 140 - Injuriar alguém, ofendendo-lhe a dignidade ou o decoro: Pena - detenção, de um a seis meses, ou multa. § 1° - O juiz pode deixar de aplicar a pena: I - quando o ofendido, de forma reprovável, provocou diretamente a injúria; II - no caso de retorsão imediata, que consista em outra injúria'). Logo, não haveria razão moral para o Estado punir quem injuriou a pessoa que provocou" (STF: AP 926/AC, rel. Min. Rosa Weber, 1.ª Turma, j. 06.09.2016, noticiado no *Informativo* 838).

Imunidade parlamentar - limites relacionados ao exercício do mandato - redes sociais e comprovação do dolo - crime contra a honra caracterizado: "A Primeira Turma julgou procedente pedido formulado em ação penal para condenar deputado federal pela prática do crime de difamação agravada. Cuida-se de ação penal privada promovida contra parlamentar em cujo perfil de rede social foi publicado vídeo editado com cortes de trechos de discurso feito pelo autor, então deputado federal, a fim de difamá-lo. (...) Na espécie, não se aplica a imunidade parlamentar, pois o ato não foi praticado *in officio* ou *propter officium*. Reiterou que a liberdade de opinião e manifestação do parlamentar, *ratione muneris*, impõe contornos à imunidade material, nos limites estritamente necessários à defesa do mandato contra o arbítrio, à luz do princípio republicano que norteia a Constituição Federal. De igual modo, a veiculação dolosa de vídeo com conteúdo fraudulento, para fins difamatórios, a conferir ampla divulgação pela rede social ao conteúdo sabidamente falso, não encontra abrigo na imunidade parlamentar [CF, art. 53]. No mérito, foi assentada a comprovação da materialidade do delito. Laudo de perícia criminal de instituto de criminalística da polícia civil concluiu que o vídeo foi editado e que o processo de edição resultou na modificação da informação, conduzindo à compreensão diversa da realidade factual. A Turma realçou que o conteúdo original da manifestação sofreu vários cortes, após os quais passou a revelar conotação racista e preconceituosa. O fato de veicular trechos da fala do autor é elemento especioso, ardil empregado com o intuito de conferir-lhe verossimilhança. Além disso, o dano à honra do querelante foi certificado em juízo por depoimentos prestados. Simultaneamente, há prova do impacto sobre a imagem do autor. A fraude revela nítido potencial de enganar os cidadãos que a visualizaram e de produzir discursos de ódio contra a fala indevidamente alterada, difamando o opositor político do réu. Noutro passo, assinalou que a publicação em perfil de rede social é penalmente imputável ao agente que, dolosamente, tem o intuito de difamar, injuriar ou caluniar terceiros, máxime quando demonstrado o conhecimento da falsidade do conteúdo. A criminalização da veiculação de conteúdo com essas finalidades não colide com o direito fundamental à liberdade de expressão. Observou que o delito contra a honra é de ação múltipla, conglobando não apenas a criação do conteúdo criminoso como também a sua postagem e a disponibilização de perfil em rede social com fim de servir de plataforma à alavancagem da injúria, calúnia ou difamação. A autoria desses crimes praticados por meio da internet demanda: (i) demonstração de que o réu é o titular de página, blogue ou perfil pelo qual divulgado o material difamatório; (ii) demonstração do consentimento – prévio, concomitante ou sucessivo – com a veiculação em seu perfil; (iii) demonstração de que o réu tinha conhecimento do conteúdo fraudulento da postagem (*animus injuriandi, caluniandi* ou *diffamandi*). A divulgação do conteúdo fraudado constitui etapa da execução do crime, a estabelecer a autoria criminosa do divulgador, que não exclui a do programador visual ou do editor responsável pela execução material da fraude, quando promovidas por outros agentes em coautoria. Na circunstância de um ajudante postar vídeo fraudulento veiculador de difamação, a coautoria criminosa do titular do perfil somente é afastada se ele desconhecer o uso de sua página para a divulgação e, portanto, não consentir com o emprego de sua plataforma em rede social para alavancar a campanha difamatória. Na situação dos autos, os testemunhos colhidos na instrução corroboram a autoria criminosa. O referido vídeo foi postado no perfil do acusado, que admitiu tê-lo assistido e ter sido informado da postagem quando foi disponibilizado em sua página na rede social. O réu sabia que o conteúdo não era fidedigno à fala do querelante, porquanto se tratava de manifestação absolutamente contrária à proferida em debate do qual ele próprio participara e cujo conteúdo era de seu inteiro conhecimento. Ainda assim, o parlamentar-querelado manteve o conteúdo difamatório disponível em sua plataforma, que somente foi retirado de circulação após decisão judicial. Ademais, o vídeo fraudulento elevou a popularidade do réu na rede social utilizada, revelando número de visualizações superior à média de sua página, a evidenciar seu ganho pessoal com a campanha difamatória. Ao rechaçar tese defensiva da ausência de dolo de difamar, o colegiado anotou que as alegações não se sustentam. A divulgação por mero *animus narrandi* se caracteriza quando há desconhecimento da natureza fraudulenta. Na espécie, o réu detinha todas as informações necessárias para conhecer o descompasso entre o discurso proferido e o divulgado no vídeo com adulterações aptas a inverter o sentido da fala e conferir-lhe teor racista. Igualmente inverossímil a arguição de que os cortes realizados tiveram finalidade exclusivamente técnica, com o objetivo de reduzir o vídeo ao tamanho limite do suporte de mídia utilizado. Se essa fosse unicamente a intenção, os cortes não teriam deturpado a fala do querelante. Outros trechos poderiam ter sido excluídos para atender ao propósito técnico" (STF: AP 1.021/DF, rel. Min. Luiz Fux, 1.ª Turma, j. 18.08.2020, noticiado no *Informativo* 987).

Imunidade parlamentar – noções gerais: "A norma constitucional que cuida da imunidade parlamentar e da proibição de prisão do membro de órgão legislativo não pode ser tomada em sua literalidade, menos ainda como regra isolada do sistema constitucional. Os princípios determinam a interpretação e aplicação corretas da norma, sempre se considerando os fins a que ela se destina. A Assembleia Legislativa do Estado de Rondônia, composta de vinte e quatro deputados, dos quais, vinte e três estão indiciados em diversos inquéritos, afirma situação excepcional e, por isso, não se há de aplicar a regra constitucional do art. 53, § 2º, da Constituição da República, de forma isolada e insujeita aos princípios fundamentais do sistema jurídico vigente" (STF: HC 89.417/RO, rel. Min. Cármen Lúcia, 1.ª Turma, j. 22.08.2006).

Imunidade parlamentar – ofensas gratuitas e sem nexo com a atividade legislativa - crime contra honra: "A Primeira Turma recebeu queixa-crime formulada contra parlamentar pela prática de crime de difamação e injúria. De acordo com a inicial, o parlamentar-querelado, em discurso proferido no Plenário da Câmara dos Deputados e em reunião da Comissão de Constituição e Justiça e da Cidadania da mesma Casa, teria desferido ofensas verbais a artistas, ao afirmar, dentre outras imputações, que eles teriam 'assaltado' os cofres públicos ao angariar recursos oriundos da Lei Rouanet (Lei 8.313/1991). A Turma salientou que o fato de o parlamentar estar na Casa legislativa no momento em que proferiu as declarações não afasta a possibilidade de cometimento de crimes contra a honra, nos casos em que as ofensas são divulgadas pelo próprio parlamentar na Internet. Afirmou que a inviolabilidade material somente abarca as declarações que apresentem nexo direto e evidente com o exercício das funções parlamentares. No caso concreto, embora aludindo à Lei Rouanet, o parlamentar nada acrescentou ao debate público sobre a melhor forma de distribuição dos recursos destinados à cultura, limitando-se a proferir palavras ofensivas à dignidade dos querelantes. O Parlamento é o local por excelência para o livre mercado de ideias – não para o livre mercado de ofensas. A liberdade de expressão política dos parlamentares, ainda que vigorosa, deve se manter nos limites da civilidade. Ninguém pode se escudar na inviolabilidade parlamentar para, sem vinculação com a função, agredir a dignidade alheia ou difundir discursos de ódio, violência e discriminação. Vencido o ministro Alexandre de Moraes (relator), que rejeitou a queixa-crime e absolveu sumariamente o querelado. Pontuou que as declarações do querelado foram proferidas na Casa legislativa, circunstância que desautoriza a deflagração de qualquer medida judicial censória da conduta imputada ao parlamentar, sendo indiferente indagar-se acerca do conteúdo da manifestação realizada" (STF: PET 7.174/DF, rel. Min. Alexandre de Moraes, red. p/ o ac. Min. Marco Aurélio, 1.ª Turma, j. 10.03.2020, noticiado no *Informativo* 969).

Imunidade parlamentar – prisão preventiva de Senador – compatibilidade: "A Segunda Turma, em julgamento conjunto, por entender presentes situação de flagrância, bem como os requisitos do art. 312 do CPP, referendou decisão do Ministro Teori Zavascki (relator), que decretara prisão cautelar de senador. Referendou, também, as demais decisões prisionais proferidas em relação a assessor desse mesmo senador, advogado e banqueiro. O Colegiado determinou, ainda, que os autos fossem imediatamente remetidos ao Senado para que, pelo voto da maioria de seus membros, resolvesse sobre a prisão de seu integrante, nos termos do art. 53, § 2º, da Constituição ('Art. 53. Os Deputados e Senadores são invioláveis, civil e penalmente, por quaisquer de suas opiniões, palavras e votos. [...] § 2º. Desde a expedição do diploma, os membros do Congresso Nacional não poderão ser presos, salvo em flagrante de crime inafiançável. Nesse caso, os autos serão remetidos dentro de vinte e quatro horas à Casa respectiva, para que, pelo voto da maioria de seus membros, resolva sobre a prisão.'). Na espécie, o Procurador Geral da República requerera medidas restritivas de liberdade em relação às pessoas mencionadas pelo fato de empreenderem esforços para dissuadir outrem de firmar acordo de colaboração premiada submetido à homologação do STF. As tratativas dos ora investigados com o pretenso beneficiário do referido pacto compreendiam desde auxílio financeiro destinado à sua família, assim como promessa de intercessão política junto ao Poder Judiciário em favor de sua liberdade. Nas conversas gravadas, os interlocutores discutiram a possibilidade de o senador interceder politicamente junto a Ministros do STF para a concessão de *habeas corpus* que beneficiasse o pretenso colaborador na delação premiada. A Turma anuiu haver estado de flagrância na prática do crime do art. 2º, *caput* e § 1º, da Lei 12.850/2013 ('Art. 2º. Promover, constituir, financiar ou integrar, pessoalmente ou por interposta pessoa, organização criminosa: [...] § 1º. Nas mesmas penas incorre quem impede ou, de qualquer forma, embaraça a investigação de infração penal que envolva organização criminosa'), porquanto os participantes atuariam com repartição de tarefas e unidade de desígnios. Para o Colegiado, a menção a interferências, a promessas políticas no sentido de obter decisões favoráveis por parte de Ministros do STF constituiria conduta obstrutiva de altíssima gravidade. O ostensivo desembaraço do congressista teria mostrado que a conduta em que incorrera não causara a ele desconforto nem exigira a superação de obstáculos morais. Isso sinalizaria, por sua vez, que o mencionado parlamentar não mediria esforços para embaraçar o desenvolvimento das investigações encartadas na denominada 'Operação Lava-Jato'. Inclusive, ele teria deixado transparecer que exploraria o prestígio do cargo que ocupa para exercer influência sobre altas autoridades da República. Conforme conversas gravadas, as partes envolvidas e demais interlocutores teriam discutido, abertamente, meios e rotas de fuga do Brasil, por parte do candidato à delação premiada, caso o STF viesse a conceder-lhe *habeas corpus*. Os Ministros aduziram que a participação de senador em planejamento de fuga de preso à disposição do STF constituiria situação, além de verdadeiramente vexaminosa, incrivelmente perigosa para a aplicação da lei penal, inclusive para outros investigados e réus na 'Operação Lava-Jato'. Essa participação traduziria claro componente de incentivo ao curso de ação consistente na fuga: o respaldo de ninguém menos que o líder do governo no Senado para estratagema dessa estirpe funcionaria, potencialmente, como catalisador da tomada de decisão nesse sentido. A Turma enfatizou, ainda, que o fato de um dos ora investigados possuir cópia de minuta de anexo de acordo de colaboração premiada, a ser submetido à homologação, revelaria a existência de perigoso canal de vazamento, com fortes indícios de terem sido obtidos de forma ilícita, cuja amplitude ainda seria desconhecida, o que afrontaria a Lei 12.850/2013 ('Art. 7º. O pedido de homologação do acordo será sigilosamente distribuído, contendo apenas informações que não possam identificar o colaborador e o seu objeto'). Nesse contexto, o requerimento de prisão preventiva teria demonstrado de maneira robusta, com base no material indiciário colhido até o momento, a existência do ilícito – materialidade – e dos indícios suficientes de autoria. Indicaria ainda a possível existência de graves crimes contra a Administração da Justiça, contra a Administração Pública, de organização criminosa e mesmo de lavagem de dinheiro, para a consecução dos quais teria havido supostamente importante participação dos requeridos. Embora o art. 5º, LVI, da Constituição desautorize o Estado a utilizar-se de provas obtidas por meios ilícitos, considerados aqueles que resultem de violação às normas de direito penal, a gravação de conversa feita por um dos interlocutores sem o conhecimento dos demais é considerada lícita, para os efeitos da aludida vedação constitucional, quando não esteja presente causa legal de sigilo ou de reserva da conversação. A Turma asseverou que a conduta por parte do filho do candidato à delação premiada no sentido de gravar reuniões com o senador e demais participantes não revelaria violação à normativa constitucional. Portanto, não macularia os elementos de provas colhidos até agora. As provas concretas e específicas presentes nos autos teriam demonstrado as tratativas das partes para que a lei penal não fosse aplicada. A representação apresentada teria a participação de senador que estaria atentando, em tese, com suas supostas condutas criminosas, diretamente contra a própria jurisdição do Supremo Tribunal Federal. No âmbito das prisões cautelares para os representantes do Senado, somente se admitiria a modalidade de prisão em flagrante decorrente de crime inafiançável em tese. Dos delitos apontados como praticados pelo senador consta, dentre eles, o de organização criminosa – crime permanente –, a contemplar não só a possibilidade de flagrante a qualquer tempo como até mesmo a chamada 'ação controlada', nos termos da Lei 12.850/2013 ('Art. 8º. Consiste a ação controlada em retardar a intervenção policial ou administrativa relativa à ação praticada por organização criminosa ou a ela vinculada, desde que mantida sob observação e acompanhamento para que a medida legal se concretize no momento mais eficaz à formação de provas e obtenção de informações'). A hipótese presente é de inafiançabilidade, nos termos do CPP ['Art. 324. Não será, igualmente, concedida fiança: [...] IV – quando presentes os motivos que autorizam a decretação da prisão preventiva (art. 312)']. Segundo a Turma, a decisão ora referendada teria como um de seus principais fundamentos a garantia da instrução criminal, das investigações, aliado à higidez de eventuais ações penais vindouras, tendo em vista a concreta ocorrência e a possibilidade de interferência no depoimento de testemunhas e na produção de provas, circunstâncias que autorizariam a decretação da custódia cautelar, nos termos da jurisprudência da Corte. Assim, a necessidade de resguardar a ordem pública, seja pelos constantes atos praticados pelo grupo (cooptação de colaborador, tentativa de obtenção de decisões judiciais favoráveis, obtenção de documentos judiciais sigilosos), pela fundada suspeita de reiteração delitiva, pela atualidade dos delitos (reuniões ocorridas no corrente mês), ou ainda pela gravidade em concreto dos crimes, que atentariam diretamente contra os poderes constitucionalmente estabelecidos da República, não haveria outra medida cautelar suficiente para inibir a continuidade das práticas criminosas, que não a prisão preventiva" (STF: AC 4.036 Referendo-MC/DF, rel. Min. Teori Zavascki, 2.ª Turma, j. 25.11.2015, noticiado no *Informativo* 809).

Imunidade parlamentar material – inviolabilidade: "A garantia constitucional da imunidade parlamentar em sentido material (CF, art. 53, *caput*) exclui a responsabilidade civil do membro do Poder Legislativo, por danos eventualmente resultantes de suas manifestações, orais ou escritas, desde que motivadas pelo desempenho do mandato (prática *in officio*) ou externadas em razão deste (prática *propter officium*), qualquer que seja o âmbito espacial (*locus*) em que se haja exercido a liberdade de opinião, ainda que fora do recinto da própria Casa legislativa. - A EC 35/2001, ao dar nova fórmula redacional ao art. 53, *caput*, da Constituição da República, consagrou diretriz, que, firmada anteriormente pelo Supremo Tribunal Federal (RTJ 177/1375-1376, Rel. Min. Sepúlveda Pertence), já reconhecia, em favor do membro do Poder Legislativo, a exclusão de sua responsabilidade civil, como decorrência da garantia fundada na imunidade parlamentar material, desde que satisfeitos determinados pressupostos legitimadores da incidência dessa excepcional prerrogativa jurídica. - Essa prerrogativa político-jurídica – que protege o parlamentar em tema de responsabilidade civil – supõe, para que possa ser invocada, que exista o necessário nexo de implicação recíproca entre as declarações moralmente ofensivas, de um lado, e a prática inerente ao ofício legislativo, de outro, salvo se as declarações contumeliosas houverem sido proferidas no recinto da Casa legislativa, notadamente da tribuna parlamentar, hipótese em que será absoluta a inviolabilidade constitucional. Doutrina. Precedentes. - Se o membro do Poder Legislativo, não obstante amparado pela imunidade parlamentar material, incidir em abuso dessa prerrogativa constitucional, expor-se-á à jurisdição censória da própria Casa legislativa a que pertence (CF, art. 55, § 1º)" (STF: AI 473.092/AC, rel. Min. Celso de Mello, Tribunal Pleno, j. 07.03.2005). *No mesmo sentido:* STF: Inq. 2.297/DF, rel. Min. Cármen Lúcia, Tribunal Pleno, j. 20.09.2007.

Imunidades diplomáticas – renúncia pelo país de origem: "1. Tendo o paciente, na condição de Cônsul-Geral de El Salvador, praticado supostamente os delitos de falsidade ideológica e descaminho no exercício de suas funções, o artigo 43 da Convenção de Viena sobre Relações Consulares de 1963 lhe assegura a imunidade à jurisdição brasileira. 2. No entanto, é possível que o Estado estrangeiro renuncie a imunidade de jurisdição de qualquer membro da repartição consular, nos termos do artigo 45 da referida Convenção. 3. Instado a se manifestar, o Estado de El Salvador, no exercício de sua soberania, retirou os privilégios e imunidades do paciente, não havendo, portanto, qualquer óbice ao prosseguimento da ação penal. 4. A imunidade de jurisdição não se verifica de plano, isto é, não se aplica de forma automática, notadamente pelo fato de que há a possibilidade de renúncia pelo Estado estrangeiro. Deste modo, não era o caso de se impedir de pronto a persecução penal contra o paciente, mas sim, de indagar o Estado de El Salvador acerca do interesse em se submeter ou não à jurisdição brasileira, conforme se deu na espécie" (STJ: HC 149.481/DF, rel. Min. Haroldo Rodrigues – Desembargador convocado do TJ-CE, 6.ª Turma, j. 19.10.2010). *No mesmo sentido:* STF: Pet 3.698/PR, rel. Min. Cármen Lúcia – decisão monocrática, j. 05.10.2006.

Imunidades parlamentares – Deputados Estaduais – amplitude da norma constitucional – equiparação aos parlamentares federais: "O Plenário, por maioria, indeferiu medidas cautelares em ações diretas de inconstitucionalidade ajuizadas contra os arts. 33, § 3º, e 38, §§ 1º, 2º e 3º, da Constituição do Estado do Rio Grande do Norte, os §§ 2º ao 5º do art. 102 da Constituição do Estado do Rio de Janeiro e a Resolução 577/2017 da respectiva Assembleia Legislativa, bem como contra os §§ 2º ao 5º do art. 29 da Constituição do Estado do Mato Grosso e a Resolução 5.221/2017 da respectiva Assembleia Legislativa. Os dispositivos constitucionais impugnados estendem aos deputados estaduais as imunidades formais previstas no art. 53 da Constituição Federal para deputados federais e senadores. Já as Resoluções revogam prisões cautelares, preventivas e provisórias de deputados estaduais e determinam o pleno retorno aos mandatos parlamentares, com todos os seus consectários. O Colegiado entendeu que a leitura da Constituição da República revela que, sob os ângulos literal e sistemático, os deputados estaduais têm direito às imunidades formal e material e à inviolabilidade conferidas pelo constituinte aos congressistas, no que estendidas, expressamente, pelo § 1º do art. 27 da CF. Asseverou que o dispositivo não abre campo a controvérsias semânticas em torno de quais imunidades são abrangidas pela norma extensora. A referência no plural, de cunho genérico, evidencia haver-se conferido a parlamentares estaduais proteção sob os campos material e formal. Se o constituinte quisesse estabelecer estatuto com menor amplitude para os deputados estaduais, o teria feito expressamente, como fez, no inciso VIII do art. 29, em relação aos vereadores. A extensão do estatuto dos congressistas federais aos parlamentares estaduais traduz dado significante do pacto federativo. O reconhecimento da importância do Legislativo estadual viabiliza a reprodução, no âmbito regional, da harmonia entre os Poderes da República. É inadequado, portanto, extrair da Constituição Federal proteção reduzida da atividade do Legislativo nos entes federados, como se fosse menor a relevância dos órgãos locais para o robustecimento do Estado Democrático de Direito. Acrescentou que reconhecer a prerrogativa de o Legislativo sustar decisões judiciais de natureza criminal, precárias e efêmeras, cujo teor resulte em afastamento ou limitação da função parlamentar não implica dar-lhe carta branca. Prestigia-se, ao invés, a Carta Magna, impondo-se a cada qual o desempenho do papel por ela conferido." (STF: ADI 5.823 MC/RN, rel. Min. Marco Aurélio, Plenário, j. 08.05.2019; ADI 5.824 MC/RJ, rel. orig. Min. Edson Fachin, red. p/ o ac. Min. Marco Aurélio, Plenário, j. 08.05.2019; e ADI 5.825 MC/MT, rel. orig. Min. Edson Fachin, red. p/ o ac. Min. Marco Aurélio, Plenário, j. 08.05.2019, noticiados no *Informativo* 939).

Imunidades parlamentares – finalidade: "O ministro afirmou que as imunidades parlamentares almejam conferir condições materiais ao exercício independente de mandatos eletivos. Funcionam, dessa maneira, como instrumento de proteção da autonomia da atuação dos mandatários que representam a sociedade. A finalidade dessa proteção, naturalmente, não se aplica a agentes públicos que não se encontrem investidos dessa condição. A determinação de busca e apreensão nas dependências do Senado Federal, desde que não direcionada a apurar conduta de congressista, não se relaciona com as imunidades parlamentares. Ao contrário do que ocorre quanto às imunidades diplomáticas, as prerrogativas e imunidades parlamentares não se estendem aos locais onde os parlamentares exercem suas atividades nem ao corpo auxiliar" (STF: Rcl 25.537/DF, rel. Min. Edson Fachin, Plenário, j. 26.06.2019; e AC 4.297/DF, rel. Min. Edson Fachin, Plenário, j. 26.06.2019, noticiados no *Informativo* 945).

Imunidades parlamentares – foro por prerrogativa de função: "I - Os membros do Congresso Nacional, pela condição peculiar de representantes do povo ou dos Estados que ostentam, atraem a competência jurisdicional do Supremo Tribunal Federal. II - O foro especial possui natureza *intuitu funcionae*, ligando-se ao cargo de Senador ou Deputado e não à pessoa do parlamentar. III - Não se cuida de prerrogativa *intuitu personae*, vinculando-se ao cargo, ainda que ocupado interinamente, razão pela qual se admite a sua perda ante o retorno do titular ao exercício daquele. IV - A diplomação do suplente não lhe estende automaticamente o regime político-jurídico dos congressistas, por constituir mera formalidade anterior e essencial a possibilitar à posse interina ou definitiva no cargo na hipótese de licença do titular ou vacância permanente" (STF: Inq AgRg 2.453/MS, rel. Min. Ricardo Lewandowski, j. 17.05.2007).

Princípio da territorialidade: "Ademais, eventual delito cometido pelo extraditando, após a transferência da guarda da menor para sua mãe, estaria sujeito à competência penal do Estado brasileiro, aplicando-se o princípio da territorialidade, que se acha consagrado expressamente no art. 5º do CP" (STF: Ext 1.354/DF, rel. orig. Min. Teori Zavascki, red. p/ o acórdão Min. Gilmar Mendes, 2.ª Turma, j. 30.06.2015, noticiado no *Informativo* 792).

Princípio da territorialidade mitigada – regra geral e exceções: "A extraterritorialidade da lei penal não constitui fenômeno estranho aos diversos sistemas jurídicos existentes nos Estados nacionais, pois o direito comparado – com apoio em princípios como o da nacionalidade ou da personalidade (ativa e/ou passiva), o da proteção, o da universalidade e o da representação (ou da bandeira) – reconhece legítima a possibilidade de incidência, em territórios estrangeiros, do ordenamento penal de outros Estados" (STF: Ext/EUA 1.151, rel. Min. Celso de Mello, Plenário, j. 17.03.2011).

Transferência de execução de pena de brasileiro nato – Lei 13.445/2017, art. 100: "*A transferência da execução de pena de brasileiro nato para ser cumprida no Brasil, imposta em outro país, não viola o núcleo do direito fundamental contido no art. 5.º, inciso LI, da Constituição Federal. (...)* A transferência de execução penal é instituto processual de cooperação internacional, previsto em tratados internacionais dos quais o Brasil é parte e está positivado na Lei n. 13.445/2017. Cuida de hipótese voltada à aplicação de pena privativa de liberdade, após seu regular reconhecimento pelo STJ, que for imposta no exterior a nacionais ou a estrangeiros que aqui tenham residência habitual. A Constituição Federal veda a extradição de brasileiro nato, conforme o art. 5.º, LI, o que não impede o deferimento do pedido de cooperação internacional, que trata de instituto diverso. A homologação de sentença estrangeira não consistirá na entrega de nacional brasileiro condenado criminalmente para cumprimento de pena em outro país. Nesse sentido, o próprio governo brasileiro admitiu o processamento do pedido de transferência de pena, formulado pelo Governo da Itália, pois, por meio de tratados internacionais, a rede de proteção de cidadãos brasileiros foi fortalecida com a possibilidade de cumprimento de pena no seu próprio país, com isso, além da transferência de execução da pena, também se possibilita a própria transferência do preso que cumpre pena fora do território nacional. Dessa forma, não há inconstitucionalidade na transferência de execução de pena, porque não há violação do núcleo do direito fundamental contido no art. 5.º, LI, da CF. Pelo contrário, há um reforço do compromisso internacional do Brasil em adotar instrumentos de cooperação eficientes para assegurar a eficácia da jurisdição criminal. Ademais, descabida a interpretação segundo a qual se aplicaria a transferência apenas nos casos em que cabível a extradição, pois praticamente seria letra morta na legislação. Naturalmente que o país requerente sempre daria preferência à extradição, relegando à inutilidade a previsão de transferência da execução. De outro lado, esse modelo de solução alternativa está posto em diversos Tratados Internacionais (como as Convenções de Viena, Palermo e Mérida), nos quais há previsão expressa de transferência da execução sempre que a extradição for recusada pelo critério da nacionalidade. Destaca-se, ainda, que a negativa em homologar a sentença estrangeira geraria a impossibilidade completa de nova persecução penal, na medida em que não poderá ser novamente processado e julgado pelo mesmo fato que resultou em sua condenação na Itália. Trata-se do instituto do *non bis in idem*, também contemplado no art. 100 da Lei 13.445/2017, que assim dispõe: 'Nas hipóteses em que couber solicitação de extradição executória, a autoridade competente poderá solicitar ou autorizar a transferência de execução da pena, desde que observado o princípio do *non bis in idem*'. Sobre o tema, a Segunda Turma do Supremo Tribunal Federal, no HC 171118 de relatoria do ministro Gilmar Mendes, ao interpretar os arts. 5.º, 6.º e 8.º do Código Penal, assentou que a proibição da dupla incriminação também incide no âmbito internacional. Assim, no Brasil, não se admite que um cidadão seja novamente processado e julgado pelos mesmos fatos que resultaram em sua condenação definitiva no exterior. (...) Com a edição do art. 100 da Lei n. 13.445/2017, não há mais dúvida acerca da possibilidade da transferência da execução da pena, pois houve mitigação do princípio da territorialidade das penas previsto no art. 9.º do Código Penal. Como o novo instituto veda a propositura de nova ação penal sobre o mesmo fato no território nacional, assegurou-se maior efetividade da jurisdição criminal. Reconhece-se, assim, o princípio do *non bis in idem* no plano internacional. (...) a homologação da transferência de execução da pena ao efetivar a cooperação internacional, tem o condão de, secundariamente, resguardar os direitos humanos das vítimas. A homologação da sentença não é um fim em si mesmo, mas um instrumento efetivação dos direitos fundamentais tanto do condenado como da vítima" (STJ: HDE 7.986/EX, rel. Min. Francisco Falcão, Corte Especial, j. 20.03.2024, noticiado no *Informativo* 805).

Lugar do crime

> **Art. 6º** Considera-se praticado o crime no lugar em que ocorreu a ação ou omissão, no todo ou em parte, bem como onde se produziu ou deveria produzir-se o resultado.

○ **Introdução:** A aplicação do princípio da territorialidade da lei penal no espaço depende da identificação do lugar do crime. Várias são as teorias que buscam estabelecer o lugar do crime. Destacam-se três: 1.ª **Teoria da atividade**, ou **da ação:** Lugar do crime é aquele em que foi praticada a conduta (ação ou omissão); 2.ª **Teoria do resultado**, ou **do evento:** Lugar do crime é aquele em que se produziu ou deveria produzir-se o resultado, pouco importando o local da prática da conduta; e 3.ª **Teoria mista** ou **da ubiquidade:** Lugar do crime é tanto aquele em que foi praticada a conduta (ação ou omissão) quanto aquele em que se produziu ou deveria produzir-se o resultado. No art. 6.º, o CP adotou a **teoria mista** ou **da ubiquidade**.

○ **Lugar do crime e lei aplicável:** A discussão acerca do local do crime tem pertinência somente em relação aos **crimes à distância**, também conhecidos como **crimes de espaço máximo**, isto é, aqueles em que a conduta é praticada em um **país** e o resultado vem a ser produzido em **outro país**. Para a incidência da lei brasileira é suficiente que um único ato executório atinja o território nacional, ou então que o resultado ocorra no Brasil. Em relação à tentativa, o lugar do crime abrange aquele em que se desenvolveram os atos executórios, bem como aquele em que deveria produzir-se o resultado.

○ **Não aplicação da teoria da ubiquidade:** A teoria da ubiquidade não se aplica nas seguintes hipóteses:

a) Crimes conexos: São aqueles que de algum modo estão relacionados entre si. Não se aplica a teoria da ubiquidade, eis que os diversos crimes não constituem unidade jurídica. Portanto, cada um deles deve ser processado e julgado no país em que foi cometido.

b) Crimes plurilocais: São aqueles em que a conduta e o resultado ocorrem em **comarcas diversas**, mas no mesmo país. Aplica-se a regra delineada pelo art. 70, *caput*, do CPP – a competência será determinada pelo lugar em que se consumar a infração ou, no caso de tentativa, pelo local em que for praticado o último ato de execução. Na hipótese de **crimes dolosos contra a vida**, aplica-se a **teoria da atividade**, segundo pacífica jurisprudência, em razão da conveniência para a instrução criminal em juízo, possibilitando a descoberta da verdade real. De fato, é mais fácil e seguro produzir provas no local em que o crime se realizou. Além disso, não é possível obrigar as testemunhas do fato a comparecerem ao plenário do Júri em outra comarca. Se não bastasse, um dos pilares que fundamenta o Tribunal do Júri é permitir a pacificação da sociedade perturbada pelo crime mediante o julgamento do infrator pelos seus pares.

c) Infrações penais de menor potencial ofensivo: O art. 63 da Lei 9.099/1995 adotou a **teoria da atividade:** "A competência do Juizado será determinada pelo lugar em que foi praticada a infração penal".

d) Crimes falimentares: Será competente o foro do local em que foi decretada a falência, concedida a recuperação judicial ou homologado o plano de recuperação extrajudicial (art. 183 da Lei 11.101/2005).

e) Atos infracionais: Para os crimes ou contravenções penais praticados por crianças e adolescentes, será competente a autoridade do lugar da ação ou da omissão (Lei 8.069/1990 – ECA, art. 147, § 1.º).

○ **Jurisprudência selecionada:**

Crimes dolosos contra a vida – teoria da atividade: "II. A competência do corpo de Jurados local só pode ser afastada mediante comprovados fatos concretos de que as condições locais não permitem um julgamento isento, possam colocar em risco a segurança do réu, testemunhas ou dos Jurados. III. A morte de uma das testemunhas de acusação, sem qualquer ligação com o seu eventual depoimento, não pode afastar a competência do Júri local. IV. A opinião do Magistrado do processo, que está perto dos fatos, é de suma importância para se aferir à necessidade do desaforamento. V. Ampla divulgação do delito pela imprensa e a movimentação dos familiares da vítima constituem fatos rotineiros ante os delitos de grande gravidade, mas não acarretam, necessariamente, a parcialidade dos Jurados" (STJ: HC 73.451/PE, rel. Min. Jane Silva – Desembargadora convocada do TJMG, 5.ª Turma, j. 04.10.2007). *No mesmo sentido:* STJ: REsp 1.195.265/MT, rel. Min. Gilson Dipp, 5.ª Turma, j. 06.09.2011.

Crimes plurilocais – competência do Tribunal do Júri: "*In casu*, o ora paciente foi denunciado pela suposta prática dos crimes previstos no art. 121, § 2°, I, III e IV, e no art. 211, ambos do CP, em concurso material. A denúncia foi recebida em parte pelo juiz singular da vara do júri de Guarulhos-SP, que, na mesma decisão, decretou a prisão preventiva do paciente. O *habeas corpus* impetrado perante o TJ foi denegado. Nesta superior instância, entre outras alegações, sustentou-se a ocorrência de constrangimento ilegal, pois o juiz que decretou a prisão do paciente seria incompetente para processar e julgar a causa. Aduziu-se, ainda, não haver como ser acolhida a tese do crime plurilocal por não existir nos autos nenhuma prova de que o crime ou os atos preparatórios ter-se-iam iniciado em Guarulhos. A Turma denegou o *habeas corpus* por entender, entre outras questões, que, no caso, embora os atos executórios do crime de homicídio tenham-se iniciado na comarca de Guarulhos, local em que houve, em tese, os disparos de arma de fogo contra a vítima, e não obstante tenha-se apurado que a causa efetiva da sua morte foi asfixia por afogamento, a qual ocorreu em represa localizada na comarca de Nazaré Paulista-SP, sem dúvida o lugar que mais atende às finalidades almejadas pelo legislador ao fixar a competência de foro é o do local em que foram iniciados os atos executórios, o juízo de Guarulhos. Observou-se que este é o local onde, em tese, ter-se-ia iniciado o crime, onde reside a maior parte das testemunhas arroladas tanto pela defesa quanto pela acusação, onde residem os réus e residia a vítima, onde a exemplaridade da pena mostrar-se-á mais eficaz e onde a instrução iniciou-se, colhendo-se provas não só testemunhais como técnicas, pelo que o desenrolar da ação penal nesse juízo, sem dúvidas, melhor atenderá às finalidades do processo e melhor alcançará a verdade real" (STJ: HC 196.458/SP, rel. Min. Sebastião Reis Júnior, 6.ª Turma, j. 06.12.2011, noticiado no *Informativo* 489).

Extraterritorialidade

Art. 7º Ficam sujeitos à lei brasileira, embora cometidos no estrangeiro:

I – os crimes:

a) contra a vida ou a liberdade do Presidente da República;

b) contra o patrimônio ou a fé pública da União, do Distrito Federal, de Estado, de Território, de Município, de empresa pública, sociedade de economia mista, autarquia ou fundação instituída pelo Poder Público;

c) contra a Administração Pública, por quem está a seu serviço;

d) de genocídio, quando o agente for brasileiro ou domiciliado no Brasil;

II – os crimes:

a) que, por tratado ou convenção, o Brasil se obrigou a reprimir;

b) praticados por brasileiro;

c) praticados em aeronaves ou embarcações brasileiras, mercantes ou de propriedade privada, quando em território estrangeiro e aí não sejam julgados.

§ 1º Nos casos do inciso I, o agente é punido segundo a lei brasileira, ainda que absolvido ou condenado no estrangeiro.

§ 2º Nos casos do inciso II, a aplicação da lei brasileira depende do concurso das seguintes condições:

a) entrar o agente no território nacional;

b) ser o fato punível também no país em que foi praticado;

c) estar o crime incluído entre aqueles pelos quais a lei brasileira autoriza a extradição;

d) não ter sido o agente absolvido no estrangeiro ou não ter aí cumprido a pena;

e) não ter sido o agente perdoado no estrangeiro ou, por outro motivo, não estar extinta a punibilidade, segundo a lei mais favorável.

§ 3º A lei brasileira aplica-se também ao crime cometido por estrangeiro contra brasileiro fora do Brasil, se, reunidas as condições previstas no parágrafo anterior:

a) não foi pedida ou foi negada a extradição;

b) houve requisição do Ministro da Justiça.

○ **Introdução:** Extraterritorialidade é a **aplicação da legislação penal brasileira aos crimes co- metidos no exterior**. Justifica-se pelo fato de o Brasil ter adotado, relativamente à lei penal no espaço, o princípio da **territorialidade temperada** ou **mitigada** (CP, art. 5.º), o que autoriza, excepcionalmente, a incidência da lei penal brasileira a crimes praticados fora do território nacional. A extraterritorialidade pode ser **incondicionada** ou **condicionada**. Não se admite a aplicação da lei penal brasileira às **contravenções penais** praticadas no estrangeiro, de acordo com a regra estabelecida pelo art. 2.º do Decreto-lei 3.688/1941 – Lei das Contravenções Penais.

○ **Extraterritorialidade incondicionada: Não está sujeita a nenhuma condição**. A mera prática do crime em território estrangeiro autoriza a incidência da lei penal brasileira, independen- temente de qualquer outro requisito. As hipóteses de extraterritorialidade incondicionada encontram previsão no art. 7.º, I, do CP, e, no tocante a esses crimes, o agente é punido segundo a lei brasileira, ainda que absolvido ou condenado no estrangeiro (art. 7.º, § 1.º).

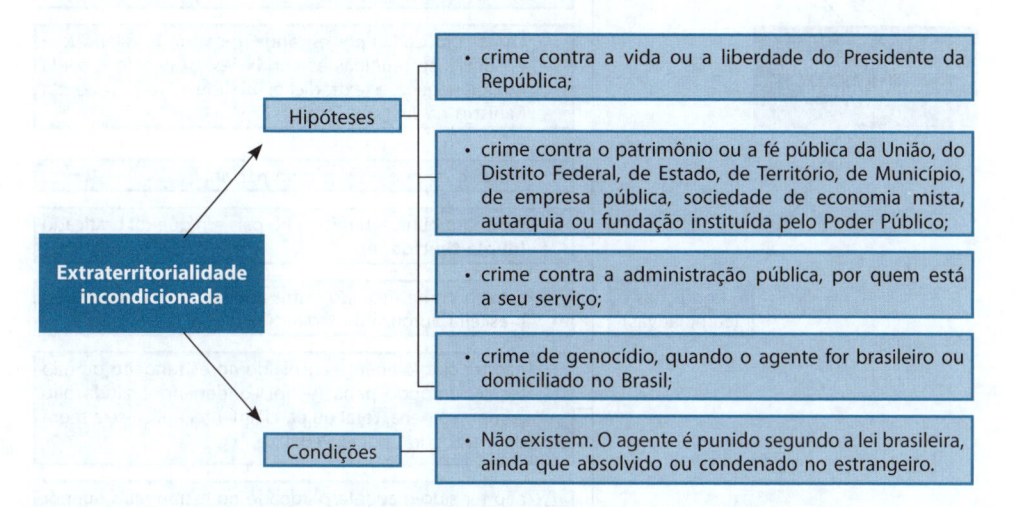

○ **Extraterritorialidade incondicionada e o art. 8.º do CP – Proibição do *bis in idem*:** Em face da detração penal determinada pelo art. 8.º do CP, no caso de extraterritorialidade in- condicionada, a pena cumprida no estrangeiro atenua a pena imposta no Brasil pelo mesmo crime, quando diversas, ou nela é computada, quando idênticas.

○ **Extraterritorialidade incondicionada e a Lei de Tortura:** Sem prejuízo dos casos previstos no CP, o art. 2.º da Lei 9.455/1997 estatuiu mais uma situação de extraterritorialidade in- condicionada, nos seguintes termos: "O disposto nesta Lei aplica-se ainda quando o crime não tenha sido cometido em território nacional, sendo a vítima brasileira ou encontrando-se o agente em local sob jurisdição brasileira".

○ **Extraterritorialidade condicionada:** Relaciona-se aos crimes indicados pelo art. 7.º, II, e § 3.º, do CP. A aplicação da lei penal brasileira aos crimes cometidos no exterior se sujeita às condições descritas pelo art. 7.º, §§ 2.º, alíneas "a" a "e", e 3.º, do CP. Em se tratando de extraterritorialidade condicionada, a lei penal brasileira é **subsidiária** em relação aos crimes praticados fora do território nacional, elencados pelo art. 7.º, II, e § 3.º, do CP.

– **Crimes previstos no art. 7.º, II, e § 3.º:** No que diz respeito a esses crimes, a aplicação da lei brasileira depende das seguintes condições **cumulativas:** a) entrar o agente no território nacional; b) ser o fato punível também no país em que foi praticado (dupla tipicidade); c) estar o crime incluído entre aqueles pelos quais a lei brasileira autoriza a extradição; d) não ter sido o agente absolvido no estrangeiro ou não ter aí cumprido pena (se foi condenado e ainda não cumpriu a pena, total ou parcialmente, aplica-se a regra do art. 8.º do CP); e e) não ter sido o agente perdoado no estrangeiro ou, por outro motivo, não estar extinta a punibilidade, segundo a lei mais favorável.

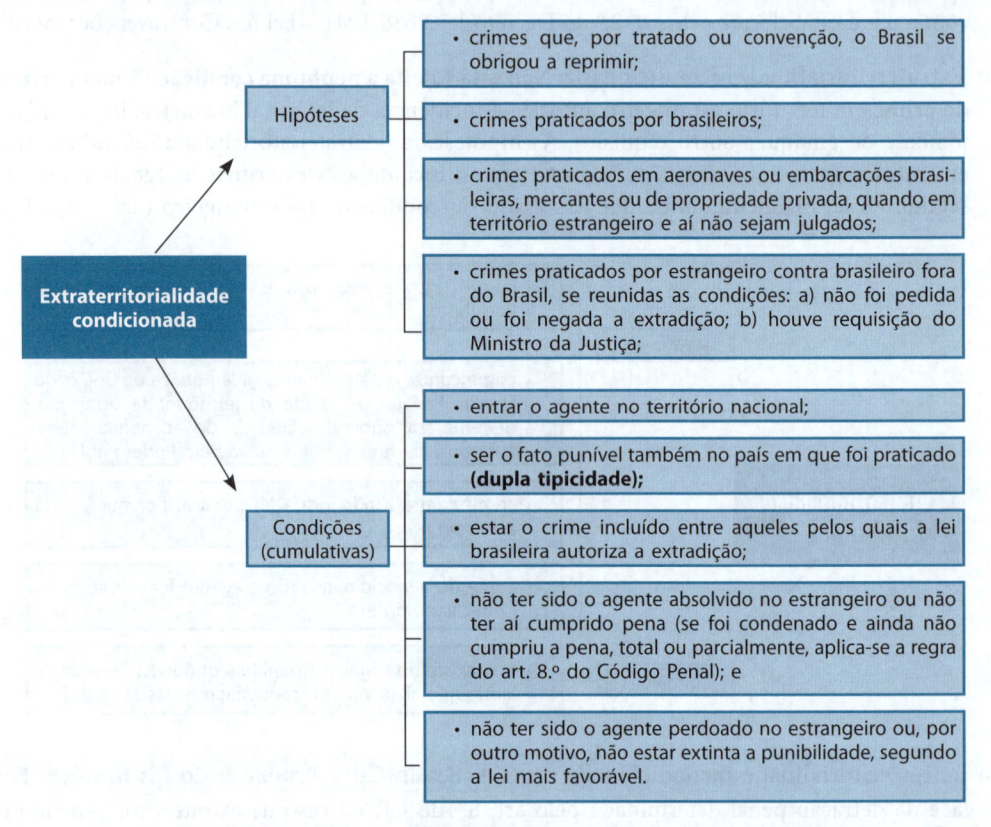

– **Crime cometido por estrangeiro contra brasileiro fora do Brasil (art. 7.º, § 3.º):** Neste caso, exigem-se outras duas condições, além das anteriormente indicadas: a) não ter sido pedida ou ter sido negada a extradição; e b) ter havido requisição do Ministro da Justiça.

Pena cumprida no estrangeiro

> **Art. 8º** A pena cumprida no estrangeiro atenua a pena imposta no Brasil pelo mesmo crime, quando diversas, ou nela é computada, quando idênticas.

o **Introdução:** A regra trazida pelo art. 8.º do CP visa evitar a dupla punição do agente pelo mesmo fato (aplicação do princípio do *ne bis in idem*). Nos casos de extraterritorialidade condicionada (art. 7.º, II, e § 3.º do CP), sendo a pena cumprida no estrangeiro fica o Brasil isento de interesse quanto à punição o infrator. Já nos casos de extraterritorialidade incondicionada (art. 7.º, I, do CP), ingressando o agente no país, estará sujeito à punição, independentemente de ter sido ou não condenado no exterior. No entanto, se a pena cumprida no exterior for idêntica à aplicada no Brasil, haverá compensação; sendo diversas, a pena fixada no Brasil será atenuada.

○ **Jurisprudência selecionada:**

Dupla persecução penal em âmbito internacional – controle de convencionalidade das normas de direito interno: "A Segunda Turma concedeu a ordem em *habeas corpus* para determinar o trancamento de ação penal movida contra o paciente, denunciado pela suposta prática do crime de lavagem de capitais, em razão de haver transferido dinheiro oriundo de tráfico de drogas da Suíça para o Brasil, utilizando-se de contrato de fachada para dar aparência de licitude aos ativos em solo brasileiro. No caso, o paciente já teria sido processado e julgado na Suíça pelos mesmos fatos, o que culminou em condenação transitada em julgado e cômputo de período de encarceramento de caráter preventivo como execução antecipada da pena naquele Estado. De acordo com o Superior Tribunal de Justiça, o fato de o crime também ter sido cometido no Brasil, uma vez que a execução e os efeitos da lavagem de dinheiro ocorreram em território nacional, permite a persecução penal pela justiça brasileira, independentemente de outra condenação no exterior. Dessa forma, adota-se o princípio da territorialidade, nos termos do art. 5º do Código Penal, segundo o qual aplica-se a lei brasileira a qualquer crime cometido no Brasil. Inicialmente, a Turma reconheceu que os fatos apreciados pela justiça brasileira são coincidentes com os já analisados pelo Estado suíço. Ademais, apontou que a redação do art. 5º do CP contém a ressalva de que devem ser observados convenções, tratados e regras de direito internacional. Desse modo, deve-se cotejar a redação dos arts. 5º, 6º e 8º do CP com o que dispõe a Lei 13.445/2017 (Lei de Migração), a qual elenca o rol de casos em que o Estado brasileiro não concede extradição, notadamente o disposto no art. 82, V. O art, 100, *caput*, do mesmo diploma legal exige a observância do princípio do *ne bis in idem*. A proteção ao indivíduo selada por esses dispositivos é muito cara ao direito brasileiro. Revela-se evidente garantia contra nova persecução penal pelos mesmos fatos, de modo a se consagrar a proibição de dupla persecução penal também entre países, no âmbito internacional. Por outro lado, de acordo com a jurisprudência do Supremo Tribunal Federal, assentou-se o status normativo supralegal aos tratados internacionais de direitos humanos, ou seja, abaixo da Constituição, mas acima das leis infraconstitucionais. Portanto, consagrou-se que o controle de convencionalidade pode ser realizado sobre as leis infraconstitucionais. Assim, o CP deve ser aplicado em conformidade com os direitos assegurados na Convenção Americana de Direitos Humanos e com o Pacto Internacional de Direitos Civis e Políticos. Em relação à proibição de dupla persecução penal, tais diplomas o fazem de forma expressa (CADH, art. 8.4; PIDCP, art. 14.7). O STF já teve a oportunidade de se manifestar a respeito dessas regras, e, ao fazê-lo obstou o prosseguimento de processo penal quanto a fatos já julgados por jurisdição diversa (Ext 1.223). Assim, o exercício do controle de convencionalidade, tendo por paradigmas os dispositivos do art. 14.7, do Pacto Internacional sobre Direitos Civis e Políticos e do art. 8.4, da Convenção Americana de Direitos Humanos, determina a vedação à dupla persecução penal, ainda que em jurisdições de países distintos. Por sua vez, o art. 8º do CP deve ser lido em conformidade com os preceitos convencionais e a jurisprudência da Corte Interamericana de Direitos Humanos (CIDH), vedando-se a dupla persecução penal por idênticos fatos. Por fim, a vedação à dupla persecução penal em âmbito internacional deve ser ponderada com a soberania dos Estados e com as obrigações processuais positivas impostas pela CIDH. Em casos de violação de tais deveres de investigação e persecução efetiva, o julgamento em país estrangeiro pode ser considerado ilegítimo, como em precedentes em que a própria CIDH determinou a reabertura de investigações em processos de Estados que não verificaram devidamente situações de violações de direitos humanos. Portanto, se houver a devida comprovação de que o julgamento em outro país sobre os mesmos fatos não se realizou de modo justo e legítimo, desrespeitando obrigações processuais positivas, a vedação de dupla persecução pode ser eventualmente ponderada para complementação em persecução interna. Contudo, neste caso concreto, não há qualquer elemento que indique dúvida sobre a legitimidade da persecução penal e da punição imposta em processo penal na Suíça por idênticos fatos ao agora denunciado no Brasil. Dessa forma, a proibição de dupla persecução deve ser respeitada de modo integral, nos termos constitucionais e convencionais" (STF: HC 171.118/SP, rel. Min. Gilmar Mendes, 2.ª Turma, j. 12.11.2019, noticiado no *Informativo* 959).

Pendência de julgamento de litígio no exterior - fatos apurados em distintos Estados soberanos - *bis in idem* - não ocorrência: "A pendência de julgamento de litígio no exterior não impede, por si só, o processamento da ação penal no Brasil, não configurando *bis in idem*. As mudanças ocorridas no Direito, principalmente a partir da universalização dos direitos humanos e da criação consensual de instâncias supranacionais para protegê-los e punir os responsáveis por suas violações, implicou a progressiva e lenta reestruturação do processo penal moderno, para um modelo incriminatório universal em que as fronteiras não sejam obstáculo para a justiça ou refúgio para a impunidade. Uma dessas mudanças diz respeito aos limites de aplicação do *ne bis in idem*, a um primeiro olhar mais restritos quando aplicados no âmbito da jurisdição transnacional do que em sua corrente incidência dentro de cada ordenamento jurídico. Nesse contexto, pela análise de normativas internacionais incorporadas e vigentes no ordenamento jurídico brasileiro, constata-se a regra de que é a sentença definitiva oriunda de distintos Estados soberanos – e não a existência de litígio pendente de julgamento – que pode obstar a formação, a continuação ou a sobrevivência da relação jurídica processual que configuraria a litispendência. Prevalece, portanto, que a pendência de julgamento de litígio no exterior não impede o processamento de demanda no Brasil, até mesmo porque, como é cediço, no curso da ação penal pode ocorrer tanto a alteração da capitulação (*emendatio libeli*) como, também, da imputação penal (*mutatio libeli*), o que, por si só, é suficiente para exigir maior cautela na extinção prematura de demandas criminais em Estados soberanos distintos. Seria temerário, pois, também sob esse aspecto, aniquilar o cumprimento da pena no território brasileiro. Além disso, poderá incidir o art. 8º do Código Penal, que, embora não cuide propriamente da proibição de dupla punição e persecução penais, dispõe sobre o modo como deve ser resolvida a situação de quem é punido por distintos Estados soberanos pela prática do mesmo delito, nos seguintes termos: 'A pena cumprida no estrangeiro atenua a pena imposta no Brasil pelo mesmo crime, quando diversas, ou nela é computada, quando idênticas'" (STJ: RHC 104.123/SP, rel. Min. Rogerio Schietti Cruz, 6.ª Turma, j. 17.09.2019, noticiado no *Informativo* 656).

Proibição do *bis in idem*: "1. Aplica-se a lei brasileira ao caso, tendo em vista o princípio da territorialidade e a teoria da ubiquidade consagrados na lei penal. 2. Consta da sentença condenatória que o início da prática delitiva ocorreu nas dependências do aeroporto de Tupã/SP, cuja tese contrária exigiria exame profundo do acervo fático-probatório, incabível em sede de *habeas corpus*, sendo assegurado ao acusado o reexame das provas quando do julgamento de recurso de apelação eventualmente interposto, instrumento processual adequado para tal fim. 3. Afasta-se a competência da Justiça Federal, pela não ocorrência de quaisquer das hipóteses previstas no art. 109 da Constituição Federal, mormente pela não configuração de crime cometido a bordo de aeronave. 4. Não existe qualquer óbice legal para a eventual duplicidade de julgamento pelas autoridades judiciárias brasileira e paraguaia, tendo em vista a regra constante do art. 8º do Código Penal" (STJ: HC 41.892/SP, rel. Min. Arnaldo Esteves Lima, 5.ª Turma, j. 02.06.2005).

Eficácia de sentença estrangeira

> **Art. 9º** A sentença estrangeira, quando a aplicação da lei brasileira produz na espécie as mesmas consequências, pode ser homologada no Brasil para:
>
> I – obrigar o condenado à reparação do dano, a restituições e a outros efeitos civis;

II – sujeitá-lo a medida de segurança.

Parágrafo único – A homologação depende:

a) para os efeitos previstos no inciso I, de pedido da parte interessada;

b) para os outros efeitos, da existência de tratado de extradição com o país de cuja autoridade judiciária emanou a sentença, ou, na falta de tratado, de requisição do Ministro da Justiça.

○ **Homologação de sentença estrangeira e soberania nacional:** A sentença judicial, emanada de Poder Constituído do Estado, é ato representativo de sua **soberania**. Para uma real valoração da sua autoridade, contudo, deve ser executada. E essa execução deveria ser feita sempre no país em que foi proferida. Todavia, para enfrentar com maior eficiência, no âmbito de seus limites, a prática de infrações penais, o Estado se vale, excepcionalmente, de atos de soberania de outras nações, aos quais atribui efeitos certos e determinados. Para atingir essa finalidade, homologa a sentença penal estrangeira, mediante o procedimento constitucionalmente previsto, a fim de constituí-la em título executivo com validade em território nacional. Na tradição brasileira, sempre se entendeu que a homologação da sentença estrangeira dependia de prova do trânsito em julgado. O Supremo Tribunal Federal chegou inclusive a editar a Súmula 420: "Não se homologa sentença proferida no estrangeiro sem prova do trânsito em julgado". **Atualmente, entretanto, o art. 963, inc. III, do Código de Processo Civil reclama somente a eficácia da sentença no país em que foi proferida, não exigindo seu trânsito em julgado.**

○ **Homologação de sentença estrangeira e reincidência:** Dispõe o art. 63 do CP: "Verifica-se a reincidência quando o agente comete novo crime, depois de transitar em julgado a sentença que, no País ou no estrangeiro, o tenha condenado por crime anterior". A análise conjunta deste dispositivo e do art. 9º revela que não há necessidade de homologação da sentença estrangeira condenatória para caracterização da reincidência no Brasil. Basta a sua simples existência.

○ **Competência para a homologação de sentença estrangeira no Brasil:** Nos termos do art. 105, I, *i*, da CF, compete ao **Superior Tribunal de Justiça** a homologação de sentenças estrangeiras e a concessão de *exequatur* às cartas rogatórias. A sentença estrangeira homologada pelo STJ constitui-se em título executivo judicial, na forma definida pelo art. 515, VIII, do CPC.

○ **Jurisprudência selecionada:**

    Homologação de sentença estrangeira – novo regramento imposto pelo CPC/2015 – eficácia da decisão no país de origem – desnecessidade de trânsito em julgado: "Com a entrada em vigor do CPC/2015, tornou-se necessário que a sentença estrangeira esteja eficaz no país de origem para sua homologação no Brasil. Na vigência do CPC/1973, o seu art. 483, parágrafo único, dispunha que caberia ao Regimento Interno do Supremo Tribunal Federal (rectius: Superior Tribunal de Justiça após a EC 45/2004) disciplinar a homologação das sentenças estrangeiras no Brasil. Daí porque o Regimento Interno desta Corte, em seus artigos 216-A a 216-N, estabelece não apenas o procedimento, como também insculpiu os seus requisitos, tais como o trânsito em julgado da decisão. Ocorre que, com a entrada em vigor do CPC/2015, os requisitos indispensáveis à homologação da sentença estrangeira passaram a contar com disciplina legal, de modo que o Regimento Interno desta Corte deverá ser aplicado em caráter supletivo e naquilo que for compatível com a disciplina contida na legislação federal. Uma alteração está prevista em seu art. 963, III, que não mais exige que a decisão judicial que se pretende homologar tenha transitado em julgado, mas, ao revés, que somente seja ela eficaz em seu país de origem, tendo sido tacitamente revogado o art. 216-D, III, do RISTJ. Nestes termos, considera-se eficaz a decisão que nele possa ser executada, ainda que provisoriamente, de modo que havendo pronunciamento judicial suspendendo a produção de efeitos da sentença que se pretende homologar no Brasil, mesmo que em caráter liminar, a homologação não pode ser realizada" (STJ: SEC 14.812-EX, Rel. Min. Nancy Andrighi, Corte Especial, j. 16.05.2018, noticiado no *Informativo* 626).

Princípio da territorialidade mitigada – regra geral e exceções: "A extraterritorialidade da lei penal não constitui fenômeno estranho aos diversos sistemas jurídicos existentes nos Estados nacionais, pois o direito comparado – com apoio em princípios como o da nacionalidade ou da personalidade (ativa e/ou passiva), o da proteção, o da universalidade e o da representação (ou da bandeira) – reconhece legítima a possibilidade de incidência, em territórios estrangeiros, do ordenamento penal de outros Estados" (STF: Ext 1.151/EUA, rel. Min. Celso de Mello, Plenário, j. 17.03.2011).

Contagem de prazo

> **Art. 10.** O dia do começo inclui-se no cômputo do prazo. Contam-se os dias, os meses e os anos pelo calendário comum.

○ **Regras acerca da contagem de prazo:** O dispositivo legal apresenta duas partes:

– **1.ª parte: O dia do começo inclui-se no cômputo do prazo.** Prazo é o intervalo de tempo dentro do qual se estabelece a prática de determinado ato. Deve ser calculado entre dois termos, o inicial (*a quo*) e o final (*ad quem*). No Direito Penal, inclui-se no cômputo do prazo o dia do começo. Assim, o dia em que tiver início a prática de determinado ato deve ser descontado do período total. Qualquer que seja a fração do dia do começo, deve ser computada integralmente, como um dia inteiro. Os prazos de natureza penal são **improrrogáveis**, mesmo que terminem em sábados, domingos ou feriados. O fato de serem improrrogáveis não impede, contudo, a **suspensão** ou a **interrupção** dos prazos penais (exemplo: suspensão e interrupção da prescrição).

– **2.ª parte: Contam-se os dias, os meses e os anos pelo calendário comum.** Calendário **comum**, também denominado **gregoriano**, é aquele em que se entende por dia o hiato temporal entre a meia-noite e a meia-noite. Os meses são calculados em consonância com o número correspondente a cada um deles, e não como o período de 30 dias. Tenha o mês 28, 29, 30 ou 31 dias, será sempre considerado como um mês. O mês é calculado até a véspera do mesmo dia do mês subsequente, encerrando o prazo às 24 horas. Por seu turno, o ano é contado até o mesmo mês do ano seguinte, terminando o prazo às 24 horas da véspera do dia idêntico ao do início. Na prática, o critério acolhido pelo CP provoca injustiças, tratando diversamente pessoas que se encontram em igual situação jurídica. Exemplo: "A" e "B" são condenados a um mês de reclusão. "A" é capturado no dia 10 de dezembro, e sua pena se encerra em 9 de janeiro. "B" foge, sendo capturado somente em 20 de fevereiro do ano seguinte. Sua pena estará cumprida em 19 de março. É evidente que nessa situação "B" teve privada sua liberdade por período inferior ao de "A". O inconveniente, contudo, é preferível à confusão e até mesmo à impossibilidade física que a adoção de um critério diverso provocaria. Basta imaginar uma pena de 30 anos de reclusão na qual precisasse ser contado cada dia isoladamente, levando em consideração as peculiaridades de todos os meses e anos.

○ **Contagem de prazos no Direito Processual Penal:** Obedece a fórmula diversa. Estabelece o art. 798, § 1.º, do CPP que "não se computará no prazo o dia do começo, incluindo-se, porém, o do vencimento". Percebe-se, assim, ser o prazo processual penal mais amplo do que o penal, buscando-se beneficiar o réu e possibilitar a ele o efetivo exercício da ampla defesa. No Direito Processual Penal, o prazo favorecerá o réu quando maior for a sua duração ou mais tiver retardado o seu início. Ao contrário, no Direito Penal o prazo se relaciona diretamente com o poder punitivo do Estado, razão pela qual quanto mais curto, mais favorável será ao réu. Vale lembrar que o prazo sempre terá natureza penal quando guardar pertinência com o *ius puniendi*, ainda que esteja previsto no CPP (exemplo: decadência do direito de queixa). Portanto, quando uma norma ostentar caráter híbrido ou misto, prevalecerá a sua face penal.

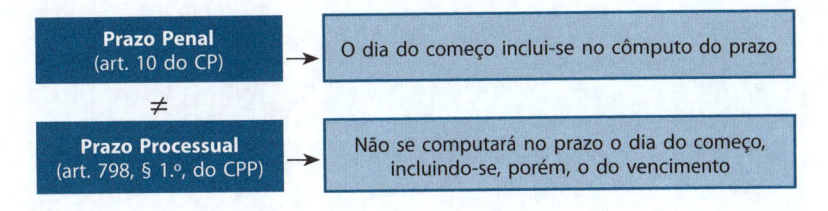

Frações não computáveis da pena

> **Art. 11.** Desprezam-se, nas penas privativas de liberdade e nas restritivas de direitos, as frações de dia, e, na pena de multa, as frações de cruzeiro.

○ **Regras acerca das frações não computáveis:** O dispositivo deve ser analisado em partes distintas, pois contém duas regras:

1. Desprezam-se, nas penas privativas de liberdade e nas restritivas de direitos, as frações de dia. Frações de dia são as horas, as quais devem ser descontadas da pena final. A expressão "e nas restritivas de direitos" é desnecessária. Com efeito, as penas restritivas de direitos possuem a nota da **substitutividade**, isto é, primeiro o juiz fixa a privativa de liberdade, e depois, se presentes os requisitos legais, procede à substituição pela restritiva de direitos. Destarte, as frações de dia são desprezadas no momento de aplicação da pena privativa de liberdade.

2. Desprezam-se, na pena de multa, as frações de cruzeiro. A palavra "cruzeiro" deve ser atualmente substituída por "real", e sua fração é composta pelos centavos, os quais são desprezados na liquidação da sanção patrimonial. E, como anota Damásio E. de Jesus: "Na fixação da pena pecuniária deve ser desprezada a fração do dia-multa. Assim, uma pena de dez dias-multa, acrescida de um terço, perfaz treze dias-multa e não 13,33 dias-multa."[57]

Legislação especial

> **Art. 12.** As regras gerais deste Código aplicam-se aos fatos incriminados por lei especial, se esta não dispuser de modo diverso.

○ **Regras gerais:** São as normas não incriminadoras previstas no CP. Estão previstas na Parte Geral, mas também há hipóteses que se encontram na Parte Especial. É o caso do conceito de funcionário público (art. 327).

○ **Princípio da convivência das esferas autônomas:** O art. 12 indica a adoção do princípio, segundo o qual as regras gerais do CP convivem em sintonia com as previstas na legislação

---

[57] JESUS, Damásio E. de. *Direito penal*. Parte geral. 28. ed. 2. tir. São Paulo: Saraiva, 2006. p. 145.

extravagante. Todavia, caso a lei especial contenha algum preceito geral, também disciplinado pelo CP, prevalece a orientação da legislação especial, em face do seu específico campo de atuação (**princípio da especialidade**). Exemplo: A Lei 9.605/1998 não prevê regras especiais para a prescrição no tocante aos crimes ambientais nela previstos. Aplicam-se, consequentemente, as disposições do Código Penal. Por outro lado, o Código Penal Militar (Decreto-lei nº 1.001, de 21 de outubro de 1969) tem regras especiais para a prescrição nos crimes que tipifica. Aplica-se o CPM, afastando-se a incidência do CP.

TÍTULO II –
DO CRIME

○ **Conceito de crime:** O conceito de crime é o ponto de partida para a compreensão dos principais institutos do Direito Penal. O crime pode ser conceituado levando em conta três critérios: material, legal e formal ou analítico.

– Critério material ou substancial: De acordo com esse critério, crime é toda **ação ou omissão humana** que **lesa ou expõe a perigo de lesão bens jurídicos penalmente tutelados.** Essa fórmula leva em conta a **relevância do mal produzido** aos interesses e valores selecionados pelo legislador como merecedores da tutela penal. Destina-se a orientar a formulação de políticas criminais, funcionando como **vetor ao legislador**, incumbindo-lhe a tipificação como infrações penais exclusivamente das condutas que causarem danos ou ao menos colocarem em perigo bens jurídicos penalmente relevantes, assim reconhecidos pelo ordenamento jurídico. Com efeito, esse conceito de crime serve como **fator de legitimação** do Direito Penal em um Estado Democrático de Direito. O mero atendimento do princípio da reserva legal se mostra insuficiente. Não basta uma lei para qualquer conduta ser considerada penalmente ilícita – somente se legitima o crime quando a conduta proibida apresentar relevância jurídico-penal, mediante a provocação de dano ou ao menos exposição à situação de perigo em relação a bens jurídicos penalmente relevantes.

– Critério legal: Segundo esse critério, o conceito de crime é o **fornecido pelo legislador.** Em que pese o Código Penal não conter nenhum dispositivo estabelecendo o que se entende por crime, esta tarefa ficou a cargo do art. 1.º da Lei de Introdução ao Código Penal – LICP (Decreto-lei 3.914, de 9 de dezembro de 1941): "Considera-se crime a infração penal a que a lei comina pena de reclusão ou de detenção, quer isoladamente, quer alternativa ou cumulativamente com a pena de multa; contravenção, a infração penal a que a lei comina, isoladamente, pena de prisão simples ou de multa, ou ambas, alternativa ou cumulativamente". A diferenciação, portanto, é nítida. Quando o **preceito secundário cominar pena de reclusão ou detenção**, teremos um crime. Tais modalidades de pena podem estar previstas isoladamente, ou ainda alternativa ou cumulativamente com a pena pecuniária. Por outro lado, **se o preceito secundário não apresentar as palavras "reclusão" ou "detenção", estará se referindo a uma contravenção penal,** uma vez que **a lei a ela comina pena de prisão simples ou de multa,** isoladas, alternativa ou cumulativamente. Destarte, a distinção entre crime e contravenção penal é de **grau, quantitativa** (quantidade da pena), e também **qualitativa** (qualidade da pena) e não ontológica. Daí não nos parecer correto denominar esta última de "crime anão", inclusive pela ausência de critérios para tanto. Se tal terminologia fosse correta, não seria equivocado considerar que o homicídio é um "superdelito" e a injúria é um "crime pequenino". Cuida-se, em essência, de **espécies do gênero infração penal,** diferenciando-se quanto à **gravidade da sanção penal,** mediante valores escolhidos pelo legislador. O valor eleito pelo legislador para tipificar uma conduta como crime ou contravenção penal pode variar ao longo do tempo. Foi o que aconteceu com o porte ilegal de arma de fogo. Até 19 de fevereiro de 1997, a conduta era definida como contravenção penal (art. 19 do Decreto-lei 3.688/1941), qualquer que fosse a natureza da arma de fogo. De 20 de fevereiro de 1997 até o dia 21 de dezembro de 2003, foi tipificada como crime pelo art. 10 da Lei 9.437/1997, sujeito às penas de detenção, de um a dois anos e multa. A partir do dia 23 de dezembro de 2003, entrou em vigor o Estatuto do Desarmamento – Lei 10.826/2003, punindo de forma ainda mais rigorosa o porte ilegal, podendo a sanção penal ser aumentada em razão da natureza e da qualidade da arma de fogo.

– Critério legal e sistema dicotômico: O Direito Penal brasileiro acolheu um **sistema dicotômico**, ao fracionar o gênero infração penal em duas espécies: **crime ou delito e contravenção penal**. Os termos *crime* e *delito* se equivalem, embora em algumas situações a CF e a legislação ordinária utilizem a palavra delito, impropriamente, como sinônima de infração penal, tal como se verifica no art. 5.º, XI, da Lei Suprema, e nos arts. 301 e 302 do CPP. Outros países, como Alemanha e França, adotaram um sistema tricotômico: crimes seriam as infrações mais graves, delitos as intermediárias e por último, as contravenções penais albergariam as de menor gravidade.

– Outras distinções entre crime e contravenção penal: Além da distinção quantitativa e qualitativa no tocante às sanções penais, estas espécies de infração também apresentam outras distinções, previstas no Código Penal e na Lei das Contravenções Penais:

a) a lei penal brasileira é aplicável, via de regra, aos crimes cometidos no território nacional (CP, art. 5.º, *caput*) e a diversos crimes praticados no estrangeiro, em razão da sua extraterritorialidade (CP, art. 7.º); a lei brasileira somente incide no tocante às contravenções penais praticadas no território nacional (LCP, art. 2.º);

b) a tentativa é punível quando se tratar de crime (art. 14, II, do CP), mas não quando se tratar de contravenção (art. 4.º da LCP);

c) os crimes podem ser dolosos, culposos ou preterdolosos (arts. 18 e 19 do CP) bastando, para as contravenções penais, a ação ou omissão voluntária (art. 3.º da LCP);

d) os crimes são compatíveis com o erro de tipo (art. 20 do CP) e com o erro de proibição (art. 21 do CP); as contravenções penais admitem unicamente a ignorância ou a errada compreensão da lei, se escusáveis (art. 8.º da LCP);

e) nos crimes, o tempo de cumprimento das penas privativas de liberdade não pode ser superior a 40 (quarenta) anos (art. 75 do CP); nas contravenções penais, a duração da pena de prisão simples não pode ser superior a 5 (cinco) anos (art. 10 da LCP);

f) nos crimes, o período de prova do *sursis* varia entre dois a quatro anos, e, excepcionalmente, de quatro a seis anos (art. 77, *caput* e § 2.º do CP); nas contravenções penais, o período de prova do *sursis* é de um a três anos (art. 11 da LCP);

g) nos crimes, o prazo mínimo das medidas de segurança é de um a três anos (art. 97, § 1.º, do CP); nas contravenções penais, o prazo mínimo é de seis meses (art. 16 da LCP);

h) nos crimes, a ação penal pode ser pública, incondicionada ou condicionada, ou de iniciativa privada (art. 100 do CP); nas contravenções penais, a ação penal é pública incondicionada (art. 17 da LCP).

– Conceito legal de crime e o art. 28 da Lei 11.343/2006 – Lei de Drogas: O art. 28 da Lei 11.343/2006 define o crime de **posse de droga para consumo pessoal**, a ele cominando as penas de advertência sobre os efeitos das drogas, prestação de serviços à comunidade e medida educativa de comparecimento a programa ou curso educativo. Com isso, surgiram algumas discussões. A primeira delas, atinente à natureza jurídica do ato, no sentido de ser crime ou não. Há posicionamento no sentido de que, como não foram previstas penas de reclusão ou de detenção, não se trata de crime, e, estando ausentes as penas de prisão simples ou multa, também não configura contravenção penal, com fundamento no art. 1.º da LICP. Seria, residualmente, um **ilícito penal *sui generis*.**[53] Uma segunda corrente, que nos parece acertada, sustenta a **manutenção do caráter criminoso da conduta,** com a cominação das penas previstas em lei. Cuida-se da posição amplamente dominante,

---

[53] É o que sustentam GOMES, Luiz Flávio; BIANCHINI, Alice; CUNHA, Rogério Sanches; OLIVEIRA, William Terra de. *Nova Lei de Drogas comentada*. São Paulo: RT, 2006. p. 126.

e a ela nos filiamos.[54] Essa posição apresenta diversos argumentos para justificar a existência de crime no art. 28 da Lei de Drogas, quais sejam: (a) a lei, ao tratar do tema, classificou a conduta como crime; (b) o processo e julgamento devem observar o rito da Lei 9.099/1995, reservado para as infrações penais de menor potencial ofensivo; (c) no tocante à prescrição, o art. 30 da Lei de Drogas determina a aplicação das regras estabelecidas pelos arts. 107 e seguintes do CP, reservadas às infrações penais; (d) a finalidade do art. 1.º da LICP era apenas diferenciar os crimes das contravenções penais, uma vez que tais diplomas legais passaram a vigorar simultaneamente em 1.º de janeiro de 1942; (e) a LICP pode ser modificada por outra lei ordinária, como aconteceu com a Lei de Drogas; e f) Não existiam penas alternativas quando foi editada a LICP.

– **Art. 28 da Lei de Drogas – existe um novo conceito legal de crime?** Surge uma indagação: o art. 28 da Lei de Drogas criou um **novo conceito de crime?** Vejamos. A LICP fornece um conceito **genérico** de crime, aplicável sempre que não existir disposição especial em sentido contrário. Além disso, a sua finalidade precípua não é dizer sempre o que se entende por crime, e sim diferenciá-lo da contravenção penal. O art. 1.º da LICP permite, assim, a definição de conceito diverso de crime por leis extravagantes, reservando-se a sua aplicação para os casos omissos. Pode-se, portanto, concluir que o **conceito geral ou genérico** de crime, sob o aspecto legal, continua a ser aquele constante do art. 1.º da LICP, ao passo que o art. 28 da Lei 11.343/2006 criou um **conceito específico** para o crime de posse de droga para consumo pessoal. No tocante aos demais delitos contidos na Lei de Drogas (tráfico, associação para o tráfico, financiamento ao tráfico etc.), deve ser observado o conceito geral (art. 1.º da LICP).

– **Art. 28 da Lei de Drogas, maconha e o entendimento do Supremo Tribunal Federal:** A Corte Suprema fixou a seguinte tese no **Tema 506 da Repercussão Geral:** "Não comete infração penal quem adquirir, guardar, tiver em depósito, transportar ou trouxer consigo, para consumo pessoal, a substância *cannabis sativa*, sem prejuízo do reconhecimento da ilicitude extrapenal da conduta, com apreensão da droga e aplicação de sanções de advertência sobre os efeitos dela (art. 28, I) e medida educativa de comparecimento à programa ou curso educativo (art. 28, III)".[55] Tal entendimento aplica-se unicamente à maconha, razão pela qual **não há falar em descriminalização da conduta tipificada no art. 28 da Lei 11.343/2006,** que permanece válida no tocante a todas as demais drogas indicadas na Portaria 344/1998 da Anvisa (Agência Nacional de Vigilância Sanitária).

– **Critério analítico:** Esse critério, também chamado de **formal** ou **dogmático,** se funda nos **elementos** que compõem a **estrutura do crime.** Basileu Garcia sustentava ser o crime composto por quatro elementos: **fato típico, ilicitude, culpabilidade e punibilidade.**[56] Essa **posição quadripartida** é claramente minoritária e deve ser afastada, pois a **punibilidade** não é elemento do crime, mas **consequência** da sua prática. Outros autores adotam uma **posição tripartida,** pela qual seriam elementos do crime: **fato típico, ilicitude e culpabilidade.** Perfilham desse entendimento, entre outros, Nélson Hungria, Aníbal Bruno, E. Magalhães Noronha, Francisco de Assis Toledo, Cezar Roberto Bitencourt e Luiz Regis Prado. Há quem alegue que o acolhimento de um conceito tripartido de crime importa obrigatoriamente na adoção do sistema clássico (ou neoclássico) e da teoria clássica ou causal da conduta. Não é verdade. Quem aceita um conceito tripartido de crime tanto pode ser clássico como finalista. A distinção entre os perfis clássico e finalista reside, principalmente, na alocação do dolo e da culpa, e não em um sistema bipartido ou tripartido relativamente à estrutura do delito. Por fim, há autores que entendem o crime como **fato típico e ilícito.** Constam desse rol René Ariel Dotti, Damásio E. de Jesus e Julio Fabbrini Mirabete, entre outros. Para os seguidores dessa **teoria bipartida,** a **culpabilidade** deve ser excluída da composição do crime, uma vez que se trata de **pressuposto de aplicação da pena.** Destarte,

---

54 No mesmo sentido: GRECO FILHO, Vicente; RASSI, João Daniel. *Lei de Drogas anotada.* São Paulo: Saraiva, 2007. p. 43.

55 STF: RE 635.659/SP, rel. Min. Gilmar Mendes, Plenário, j. 26.06.2024, noticiado no *Informativo* 1.143.

56 Com idêntica posição: BATTAGLINI, Giulio. *Direito penal.* Parte geral. Trad. Paulo José da Costa Jr. e Arminda Bergamini Miotto. São Paulo: Saraiva, Ed. Universidade de São Paulo, 1973. v. 1, p. 339.

para a configuração do delito bastam o fato típico e a ilicitude, ao passo que a presença ou não da culpabilidade importará na possibilidade ou não de a pena ser imposta. Vale lembrar que a teoria bipartida relaciona-se intimamente com a teoria finalista da conduta – ao se adotar a teoria bipartida do crime, necessariamente será aceito o conceito finalista de conduta. Isso porque na teoria clássica o dolo e a culpa situam-se na culpabilidade. E, se fosse possível um sistema clássico e bipartido, consagrar-se-ia a responsabilidade penal objetiva.

○ **Fato típico:** É o fato humano – e também da pessoa jurídica, nos crimes ambientais – que se enquadra com perfeição aos elementos descritos pelo tipo penal. Seus elementos são: (a) conduta; (b) resultado; (c) relação de causalidade; e (d) tipicidade.

○ **Conduta:** Na delimitação do conceito de conduta reside uma das maiores discussões do Direito Penal. Várias teorias buscam defini-la, e a adoção de cada uma delas importa em modificações estruturais na forma de encarar o Direito Penal. Vejamos as mais importantes.

a) Teoria clássica, naturalística, mecanicista ou causal: Conduta é o comportamento humano voluntário que produz modificação no mundo exterior. Essa teoria, idealizada no século XIX por **Liszt, Beling e Radbruch**, foi recepcionada no Brasil por diversos penalistas de destaque, tais como Aníbal Bruno, Costa e Silva, E. Magalhães Noronha, José Frederico Marques, Basileu Garcia, Manoel Pedro Pimentel e Nélson Hungria. Submete o Direito Penal às regras inerentes às **ciências naturais, orientadas pelas leis da causalidade**. A vontade humana engloba duas partes diversas: uma externa, objetiva, correspondente ao processo causal, isto é, ao movimento corpóreo do ser humano, e outra interna, subjetiva, relacionada ao conteúdo final da ação. Em breve síntese, a vontade é a causa da conduta, e a conduta é a causa do resultado. Não há vontade no tocante à produção do resultado. O elemento volitivo, interno, acarreta em um movimento corporal do agente, o qual, objetivamente, produz o resultado. A caracterização da conduta criminosa depende somente da circunstância de o agente produzir fisicamente um resultado previsto em lei como infração penal, **independentemente de dolo ou culpa**. A teoria clássica não distingue a conduta dolosa da conduta culposa, pois ambas são analisadas objetivamente, uma vez que não se faz nenhuma indagação sobre a relação psíquica do agente para com o resultado. Da mesma forma, não explica de modo idôneo os crimes omissivos próprios, nem os formais e os de mera conduta. Também não convence no que diz respeito aos crimes tentados, pois em todos eles não há resultado naturalístico. Bastante consagrada em décadas passadas, essa teoria foi ao longo do tempo cada vez mais abandonada, encontrando atualmente poucos seguidores.

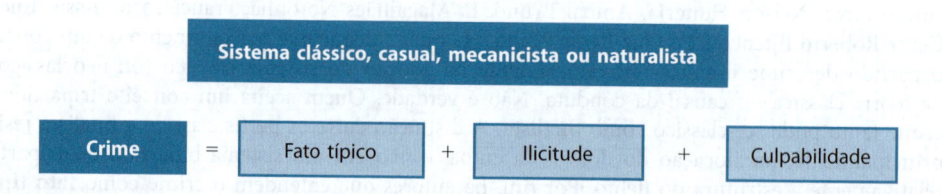

b) Teoria final ou finalista: Foi criada por **Hans Welzel**, jusfilósofo e penalista alemão, no início da década de 30 do século passado. Posteriormente, teve grande acolhida no Brasil, compartilhando de seus ideais ilustres penalistas, como Heleno Cláudio Fragoso, René Ariel Dotti, Damásio E. de Jesus, Julio Fabbrini Mirabete e Miguel Reale Júnior. Tem como ponto de partida a concepção do homem como ser livre e responsável pelos seus atos. Consequentemente, as regras do Direito não podem ordenar ou proibir meros processos causais, mas apenas atos dirigidos finalisticamente, ou então a omissão de tais atos. Para essa teoria, conduta é o comportamento humano, consciente e voluntário, **dirigido a um fim**. Daí o seu nome *finalista*, levando em conta a finalidade do agente. Não desprezou todos os postulados da teoria clássica. Ao contrário, preservou-os, a eles acrescentando a nota da finalidade. Uma conduta pode ser contrária ou conforme ao Direito, dependendo do elemento subjetivo do agente. Destarte, dolo e culpa, que na teoria clássica residiam na culpabilidade, foram deslocados para o interior da conduta, e, portanto, para o fato típico. Formou-se uma **culpabilidade vazia**, desprovida do dolo e da culpa. Desta forma, o partidário do finalismo penal pode adotar um conceito analítico de crime **tripartido ou bipartido**, conforme repute a culpabilidade como elemento do crime ou pressuposto de aplicação da pena. Welzel sustentava que a causalidade exterior é **cega**, pois não analisa o querer interno do agente. Por seu turno, a finalidade, por ser guiada, é **vidente**. O CP em vigor, com a Reforma da Parte Geral pela Lei 7.209/1984, parece ter manifestado preferência pelo finalismo penal. Uma forte evidência se encontra no art. 20, *caput*: "O erro sobre elemento constitutivo do tipo legal de crime exclui o dolo, mas permite a punição por crime culposo, se previsto em lei". Ora, se a ausência de dolo acarreta na exclusão do fato típico (ainda que somente na forma dolosa), é porque o dolo está na conduta do agente, que deixa de ser dolosa para ser culposa. A teoria finalista foi bastante criticada no tocante aos **crimes culposos**, pois não se sustentava a finalidade da ação concernente ao resultado naturalístico involuntário. Alega-se, todavia, que no crime culposo também há vontade dirigida a um fim. Mas esse fim será conforme ou não ao Direito, de maneira que a reprovação nos crimes culposos não incide na finalidade do agente, mas nos meios por ele escolhidos para atingir a finalidade desejada, indicativos da imprudência, da negligência ou da imperícia.

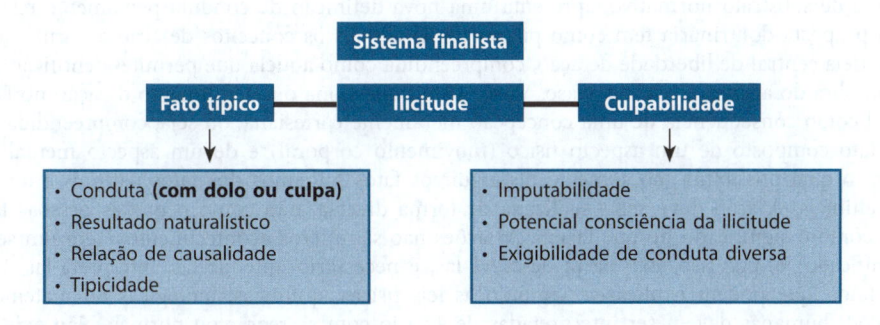

c) Teoria social: Para essa teoria, os ideais clássico e finalista são insuficientes para disciplinar a conduta, porque desconsiderariam uma nota essencial do comportamento humano: o seu **aspecto social**. Nesse contexto, **Johannes Wessels**, na tentativa de equacionar esse problema, criou a teoria social da ação. Hans-Heinrich Jescheck, partidário dessa teoria, define a conduta como **o comportamento humano com transcendência social**.[57] Por comportamento, entende-se a resposta do homem a exigências situacionais, mediante a concretização da possibilidade de reação que lhe é autorizada pela sua liberdade. Assim, socialmente relevante seria a conduta capaz de afetar o relacionamento do agente com o meio social em que se insere. Essa teoria não exclui os conceitos causal e final de ação. Deles se vale, acrescentando-lhes o caráter da relevância social. Para os seus defensores, a vantagem da teoria consiste no fato de o elemento sociológico cumprir a missão de permitir ao Poder Judiciário a supressão do vácuo criado pelo tempo entre a realidade jurídica e a realidade social. Um fato não pode ser tipificado pela lei como infração penal e, simultaneamente, ser tolerado pela sociedade, caso em que estaria ausente um **elemento implícito** do tipo penal, presente em todo modelo descritivo legal, consistente na repercussão social da conduta. Por corolário, para que o agente pratique uma infração penal é necessário

[57]   JESCHECK, Hans-Heinrich. *Tratado de derecho penal*. Parte general. Trad. espanhola Miguel Olmedo Cardenete. 5. ed. Granada: Comares, 2002. p. 239.

que, além de realizar todos os elementos previstos no tipo penal, tenha também a intenção de produzir um **resultado socialmente relevante**. A principal crítica que se faz a essa teoria repousa na extensão do conceito de transcendência ou relevância social, que se presta a tudo, inclusive a fenômenos acidentais e da natureza. A morte de uma pessoa provocada por uma enchente, por exemplo, possui relevância social, na medida em que enseja o nascimento, modificação e extinção de direitos e obrigações. Com efeito, ao mesmo tempo em que não se pode negar relevância social ao delito, também se deve recordar que tal qualidade é inerente a todos os fatos jurídicos, e não apenas aos pertencentes ao Direito Penal.

d) Teoria jurídico-penal: É a teoria sustentada por **Francisco de Assis Toledo** para superar os entraves travados entre as vertentes clássica, finalista e social. Em suas palavras, essa definição almeja conciliar os pontos positivos extraídos de cada uma delas. Nesse sentido: "Ação é o comportamento humano, dominado ou dominável pela vontade, dirigido para a lesão ou para a exposição a perigo de um bem jurídico, ou, ainda, para a causação de uma previsível lesão a um bem jurídico".[58] Deve ser lembrado que a palavra "ação" é empregada por Assis Toledo em sentido amplo, como sinônimo de conduta, englobando, assim, a ação propriamente dita e a omissão. Essa teoria coloca em destaque, segundo seu autor: o comportamento humano, englobando a ação e a omissão; a vontade, exclusiva do ser humano; o "poder de outro-modo" (poder agir de outro modo), que permite ao homem o domínio da vontade; o aspecto causal-teleológico do comportamento; e a lesão ou perigo a um bem jurídico.

e) Teoria da ação significativa: Criada pelo espanhol Tomás Salvador Vives Antón, essa teoria, dotada de substrato normativo, apresenta uma nova definição de conduta penalmente relevante. Essa proposta doutrinária tem como pilares fundamentais os conceitos de ação e norma, unidos pela ideia central de liberdade de ação, compreendida como aquela que permite identificar a ação como obra do agente, e não do acaso. Vives Antón questiona o entendimento da ação no Direito Penal como consequência de uma concepção meramente cartesiana, ou seja, compreendida como um fato composto de um aspecto físico (movimento corporal) e de um aspecto mental (vontade), o qual possibilita tão somente distinguir os fatos humanos dos fatos naturais e dos fatos dos animais. A ação deve ser visualizada de forma diversa, não como o que as pessoas fazem, mas como o significado do que fazem. As ações não são meros acontecimentos: têm um sentido (significado) e, por isso, não basta descrevê-las, é necessário entendê-las, interpretá-las. Diante dos fatos, que podem explicar-se segundo as leis físicas, químicas, biológicas ou matemáticas, as ações humanas devem ser interpretadas de acordo com as regras ou normas. **Não existe um conceito universal e ontológico de ação.** Não há um modelo matemático ou uma fórmula lógica que permita oferecer um conceito de ação humana válido para todas as diferentes espécies de ações que o ser humano pode realizar. Em outras palavras, as ações não existem previamente às regras que as definem. Nesse contexto, fala-se na ação de matar porque antes existe uma norma (art. 121 do Código Penal) definindo essa conduta. O conceito de ação resume-se à ideia de conduta típica. Logo, não há um conceito geral de ação, mas tantos conceitos de ação como espécies de condutas relevantes para o Direito Penal, segundo as diversas características com as que são descritas normativamente. Nesse contexto, somente se pode perguntar se houve ação humana relevante para o Direito Penal quando se puder relacioná-la a determinado tipo penal (homicídio, furto, estupro etc.). Apenas se houver a reunião dos elementos exigidos pela norma tipificadora teremos o significado jurídico do que denominamos crime de homicídio, furto, estupro etc. Destarte, **a teoria significativa da ação sustenta que os fatos humanos somente podem ser compreendidos por meio das normas**, ou seja, o seu significado existe somente em virtude das normas, as quais lhes são preexistentes. O tipo incriminador passa a ser entendido como **tipo de ação**, um dos grandes marcos dessa proposta doutrinária.

– **Apontamentos gerais sobre a conduta:** Adotamos a posição finalista. Desse modo, conduta é a ação ou omissão humana, consciente e voluntária, dirigida a um fim, consistente em

---

58   TOLEDO, Francisco de Assis. *Princípios básicos de direito penal.* 5. ed. 13. tir. São Paulo: Saraiva, 2007. p. 109.

produzir um resultado tipificado em lei como crime ou contravenção penal. **Não há crime sem conduta**, pois o Direito Penal não aceita os **crimes de mera suspeita**, isto é, aqueles em que o agente não é punido por sua conduta, mas pela suspeita despertada pelo seu modo de agir. Quando pratica uma infração penal, o ser humano viola o preceito proibitivo (crimes comissivos) ou preceptivo (crimes omissivos) contido na lei penal, a qual pode ser proibitiva ou preceptiva. **Leis penais proibitivas** são as que proíbem determinados comportamentos e correspondem aos crimes comissivos. Quando o tipo penal descreve uma ação, a lei penal contém um preceito proibitivo. **Leis penais preceptivas** são as que impõem a realização de uma ação, isto é, reclamam um comportamento positivo. Quando o tipo penal descreve uma omissão, a lei penal contém um preceito preceptivo, e o seu descumprimento se verifica com a omissão de um comportamento devido por lei.

– Formas de conduta: A conduta pode se exteriorizar por ação ou por omissão. A **ação** consiste em um movimento corporal exterior. Reclama do ser humano uma postura positiva, um fazer. Relaciona-se com a maioria dos delitos, por meio de uma norma proibitiva. Por outro lado, a **omissão** não se constitui um mero comportamento estático. É, sim, a conduta de não fazer aquilo que podia e devia ser feito em termos jurídicos, e se refere às normas preceptivas. A omissão pode ser vislumbrada tanto quando o agente nada faz, bem como quando faz algo diferente daquilo que lhe impunha o dever jurídico de agir.

– Teorias acerca da omissão: A **teoria naturalística** sustenta ser a omissão um fenômeno causal que pode ser constatado no mundo fático, pois, em vez de ser considerada uma inatividade, caracteriza-se como verdadeira espécie de ação. Portanto, quem se omite efetivamente faz alguma coisa. Já para a **teoria normativa**, a omissão é um indiferente penal, pois o nada não produz efeitos jurídicos. Destarte, o omitente não responde pelo resultado, pois não o provocou. Essa teoria, contudo, aceita a responsabilização do omitente pela produção do resultado, desde que seja a ele atribuído, por uma norma, o dever jurídico de agir. Essa é a razão de sua denominação (normativa = norma). **A omissão é, assim, não fazer o que a lei determinava que se fizesse. Foi a teoria acolhida pelo Código Penal.** Em verdade, nos crimes omissivos próprios ou puros a norma impõe o dever de agir no próprio tipo penal (preceito preceptivo). Já nos crimes omissivos impróprios, espúrios ou comissivos por omissão, o tipo penal descreve uma ação (preceito proibitivo), mas a omissão do agente, que descumpre o dever jurídico de agir, definido pelo art. 13, § 2.º, do CP, acarreta a sua responsabilidade penal pela produção do resultado naturalístico.

– Características da conduta: (1) O ser humano, e apenas ele, pode praticar condutas penalmente relevantes. Os acontecimentos naturais e os atos dos seres irracionais, produzidos sem a interferência do homem, não interessam ao Direito Penal. É possível, também, para quem se filia a essa posição, a prática de condutas por pessoas jurídicas, relativamente aos crimes ambientais. (2) Somente a conduta voluntária interessa ao Direito Penal. A vontade, qualquer que seja a teoria adotada, é elemento constitutivo da conduta. O Direito Penal se alicerça na evitabilidade, razão pela qual só são pertinentes as condutas que poderiam ser evitadas. (3) Apenas os atos lançados ao mundo exterior ingressam no conceito de conduta. O simples querer interno do agente (cogitação) é desprezado pelo Direito Penal. Enquanto a vontade não for libertada do claustro psíquico que existe na mente do agente, não produz efeitos jurídicos. (4) A conduta é composta de dois elementos: um ato de vontade, dirigido a um fim, e a manifestação da vontade no mundo exterior, por meio de uma ação ou omissão dominada ou dominável pela vontade. Esse é o elemento mecânico que concretiza no mundo fático o querer interno do agente.

– Exclusão da conduta: (1) **Caso fortuito e força maior:** são os acontecimentos **imprevisíveis e inevitáveis,** que fogem do domínio da vontade do ser humano. E, se não há vontade, não há dolo nem culpa; (2) **Atos ou movimentos reflexos:** consistem em reação motora ou secretora em consequência de uma excitação dos sentidos. O movimento corpóreo não se deve ao elemento volitivo, e sim ao fisiológico. Ausente a vontade, estará ausente também a conduta. Os atos reflexos não se confundem com as **ações em curto circuito**, derivadas dos atos impulsivos fundamentados em emoções ou paixões violentas. Nesses casos há o elemento volitivo que estimula a conduta criminosa. Os movimentos reflexos devem ser diferenciados, ainda, dos **atos habituais, mecânicos ou automáticos,** que consistem na reiteração de um comportamento. É o caso de conduzir veículo automotor com apenas uma das mãos ao volante. Caso o agente atropele e mate alguém, responderá pelo crime tipificado pelo art. 302 da Lei 9.503/1997 – Código de Trânsito Brasileiro, pois tal hábito era dominável pela vontade; **(3) Coação física irresistível:** também chamada de *vis absoluta,* ocorre quando o coagido não tem liberdade para agir. Não lhe resta nenhuma outra opção, a não ser praticar um ato em conformidade com a vontade do coator. Por outro lado, na **coação moral irresistível**, ou *vis compulsiva*, o coagido pode escolher o caminho a ser seguido: obedecer ou não a ordem do coator. Como a sua vontade existe, porém de forma viciada, exclui-se a culpabilidade, em face da inexigibilidade de conduta diversa. Em suma, enquanto a **coação física irresistível exclui a conduta** e, portanto, o fato típico, **a coação moral irresistível funciona como causa excludente da culpabilidade**, em face da inexigibilidade de conduta diversa; **(4) Sonambulismo e hipnose:** também não há conduta, por falta de vontade nos comportamentos praticados em completo estado de inconsciência.

○ **Resultado:** É a consequência provocada pela conduta do agente. Alguns autores utilizam o termo "evento" como sinônimo de resultado.

– **Espécies de resultado:** Em Direito Penal, o resultado pode ser jurídico ou naturalístico. **Resultado jurídico**, ou **normativo**, é a lesão ou exposição a perigo de lesão do bem jurídico protegido pela lei penal. É, simplesmente, a violação da lei penal, mediante a agressão do valor ou interesse por ela tutelado. **Resultado naturalístico**, ou **material**, é a modificação do mundo exterior provocada pela conduta do agente. O resultado naturalístico estará presente somente nos crimes materiais consumados. Se tentado o crime, ainda que material, não haverá resultado naturalístico. Nos crimes formais, ainda que possível sua ocorrência, é dispensável o resultado naturalístico. E, finalmente, nos crimes de mera conduta ou de simples atividade jamais se produzirá tal espécie de resultado. Em síntese, **todo crime tem resultado jurídico, embora não se possa apresentar igual afirmativa em relação ao resultado naturalístico**.

○ **Tipicidade:** A tipicidade, elemento do fato típico, divide-se em formal e material. **Tipicidade formal** é o **juízo de subsunção** entre a conduta praticada pelo agente no mundo real e o modelo descrito pelo tipo penal ("adequação ao catálogo").[59] É a operação pela qual se analisa se o fato praticado pelo agente encontra correspondência em uma conduta prevista em lei como crime ou contravenção penal. De seu turno, **tipicidade material** (ou substancial) é a lesão ou perigo de lesão ao bem jurídico penalmente tutelado em razão da prática da conduta legalmente descrita. A tipicidade material relaciona-se intimamente com o princípio da ofensividade (ou lesividade) do Direito Penal, pois nem todas as condutas que se encaixam nos modelos abstratos e sintéticos de crimes (tipicidade formal) acarretam em dano ou perigo ao bem jurídico. É o que se dá, a título ilustrativo, nas hipóteses de incidência do princípio da insignificância, nas quais, nada obstante a tipicidade formal, não se verifica a tipicidade material. A presença simultânea da tipicidade formal e da tipicidade material caracteriza a **tipicidade penal**.

– **Teoria da tipicidade conglobante:** Criada pelo penalista argentino **Eugenio Raúl Zaffaroni**, essa teoria sustenta que todo fato típico se reveste de **antinormatividade**, pois, muito embora o agente atue em consonância com o que está descrito no tipo incriminador, na verdade contraria a norma, entendida como o conteúdo do tipo legal. O nome "conglobante" deriva da necessidade

---

[59] BELING, Ernst von. *Esquema de derecho penal*. La doctrina del delito-tipo. Trad. de Sebástian Soler. Buenos Aires: Depalma, 1944. p. 59.

de que a conduta seja **contrária ao ordenamento jurídico em geral**, conglobado, e não apenas ao Direito Penal. Não basta a violação da lei penal. Exige-se a ofensa a todo o ordenamento jurídico. Em suma, para a aferição da tipicidade reclama-se a presença da antinormatividade. Assim, ou o fato praticado pelo agente, contrário à lei penal, desrespeita todo o ordenamento normativo, e há tipicidade, ou, ainda que em desconformidade com a lei penal, esteja em consonância com a ordem normativa, e ausente estará a tipicidade. Para essa teoria, a tipicidade penal resulta da junção da tipicidade legal com a tipicidade conglobante. **Tipicidade legal** (adequação à fórmula legal do tipo) é a individualização que a lei faz da conduta, mediante o conjunto dos elementos objetivos e normativos de que se vale o tipo penal. Já a **tipicidade conglobante (antinormatividade)** é a comprovação de que a conduta legalmente típica está também proibida pela norma, o que se afere separando o alcance da norma proibitiva conglobada com as demais normas do sistema jurídico. Finalmente, a tipicidade penal (adequação penal + antinormatividade) é a fusão da tipicidade legal com a tipicidade conglobante. Não basta, pois, a mera tipicidade legal, isto é, a contrariedade do fato à lei penal. É necessário mais. A conduta do agente, contrária à lei penal, deve violar todo o sistema normativo. Em suma, deve ser antinormativa.

– **Adequação típica – conceito e espécies:** Adequação típica é o procedimento pelo qual se enquadra uma conduta individual e concreta na descrição genérica e abstrata da lei penal. É o meio pelo qual se constata se existe ou não tipicidade entre a conduta praticada na vida real e o modelo definido pela lei penal. A adequação típica pode se apresentar sob duas espécies: subordinação imediata e subordinação mediata.

a) Na **adequação típica de subordinação imediata**, a conduta humana se enquadra diretamente na lei penal incriminadora, sem necessidade de interposição de qualquer outro dispositivo legal. A ação ou omissão se transforma em fato típico com o "encaixe" adequado de todos os elementos do fato externo no modelo contido no preceito primário da lei incriminadora. Exemplificativamente, a conduta de subtrair coisa alheia móvel para si, mediante emprego de violência contra a pessoa, encontra correspondência direta no art. 157, *caput*, do CP; e

b) Na **adequação típica de subordinação mediata, ampliada** ou **por extensão**, a conduta humana não se enquadra prontamente na lei penal incriminadora, reclamando-se, para complementar a tipicidade, a interposição de um dispositivo contido na Parte Geral do CP. É o que se dá na tentativa, na participação e nos crimes omissivos impróprios. Na **tentativa**, opera-se uma **ampliação temporal** da figura típica, pois, com a utilização da regra prevista no art. 14, II, do CP, o alcance do tipo penal não se limita ao momento da consumação do crime, mas também aos períodos que o antecedem. Antecipa-se a tutela penal para abarcar os atos executórios prévios à consumação. Na **participação**, há uma **ampliação espacial e pessoal** do tipo penal, que, em consequência do disposto pelo art. 29, *caput*, do CP, passa a alcançar não só o sujeito que praticou os atos executórios do crime, como também outros sujeitos que de qualquer modo concorreram para a realização do delito, sem contudo executá-lo. Finalmente, nos **crimes omissivos impróprios, espúrios** ou **comissivos por omissão**, ocorre uma **ampliação da conduta criminosa**, a qual, com o emprego do art. 13, § 2.º, do CP, passa a englobar também a omissão daquele que indevidamente não cumpriu o seu dever jurídico de agir. Esses dispositivos legais – arts. 13, § 2.º, 14, II, e 29, *caput*, do CP – são denominados de **normas integrativas, de extensão** ou **complementares da tipicidade**.

○ **Tipo penal:** É o modelo genérico e abstrato, formulado pela lei penal, descritivo da conduta criminosa ou da conduta permitida. Não é somente o conjunto dos elementos da infração penal descrito pela lei, mas também a indicação legal das hipóteses em que se autoriza a prática de um fato típico.

– **Espécies:** O tipo penal se apresenta em duas categorias: (1) **tipos incriminadores** ou **legais** – são os tipos penais propriamente ditos, consistentes na síntese legal da definição da conduta criminosa; (2) **tipos permissivos** ou **justificadores** – são os que contêm a descrição legal da conduta permitida, isto é, as situações em que a lei considera lícito o cometimento de um fato típico. São as causas de exclusão da ilicitude, também denominadas eximentes ou justificativas. Os tipos legais ou incriminadores estão definidos na Parte Especial do CP e na legislação penal especial. Tipo legal é o **modelo sintético, genérico e abstrato** da conduta definida em lei como crime ou contravenção penal.

– **Funções:** O tipo legal não se destina simplesmente a criar infrações penais. Ao contrário, possui outras relevantes funções:

a) Função de garantia: como decorrência da previsão constitucional do princípio da reserva legal ou da estrita legalidade, somente a lei em sentido material e formal pode criar um tipo incriminador. Nesse sentido, o tipo penal funciona como **garantia do indivíduo** que, ao conhecer as condutas reputadas ilícitas pelo Direito Penal, pode praticar livremente todas as demais não incriminadas. Sobra-lhe liberdade para gerir sua vida, ficando vedada somente a atuação em desconformidade com a lei penal, já que os casos de incriminação são taxativos (princípio da taxatividade). Cuida-se, destarte, de **direito fundamental de 1.ª geração**, na medida em que limita o poder punitivo estatal.

b) Função fundamentadora: a previsão de uma conduta criminosa por um tipo penal **fundamenta o direito de punir** do Estado quando o indivíduo viola a lei penal. A existência de uma lei penal incriminadora é o fundamento da persecução penal exercida pelo Estado.

c) Função indiciária da ilicitude: o tipo penal delimita a conduta penalmente ilícita. Por corolário, a circunstância de uma ação ou omissão ser típica autoriza a presunção de ser também ilícita, contrária ao ordenamento jurídico. Essa presunção é **relativa** (*iuris tantum*), pois admite prova em sentido contrário. Dessa forma, caso o agente sustente em juízo, como tese defensiva, a licitude do fato, deverá provar a existência de uma das excludentes indicadas pelo art. 23 do CP. Opera-se a **inversão do ônus da prova**. Todo fato típico se presume ilícito, até prova em contrário, a ser apresentada e confirmada pelo responsável pela infração penal.

d) Função diferenciadora do erro: o dolo do agente deve alcançar todas as elementares do tipo legal, razão pela qual o autor de um fato típico somente poderá ser responsabilizado pela prática de um crime doloso quando conhecer todas as circunstâncias de fato que o compõem. Eventual ignorância acerca de alguma elementar do tipo penal configura erro de tipo, afastando o dolo, nos termos do art. 20 do CP. Assim, delineado o tipo penal, com a presença do dolo, não há falar em erro. Ao contrário, sem o fato típico, por ausência de dolo, restará caracterizado o erro de tipo.

e) Função seletiva: cabe ao tipo penal a tarefa de **selecionar as condutas** que deverão ser proibidas (crimes comissivos) ou ordenadas (crimes omissivos) pela lei penal, levando em conta os princípios vetores do Direito Penal em um Estado Democrático de Direito.

– **Estrutura do tipo penal:** O tipo penal, qualquer que seja ele, é composto por um núcleo e elementos. Nas figuras qualificadas e privilegiadas são acrescentadas **circunstâncias**. O **núcleo**, representado pelo **verbo**, é a primeira etapa para a construção de um tipo incriminador. No furto, é "subtrair", no estupro, "constranger", e assim por diante. Toda infração penal contém um núcleo. No art. 121, *caput*, do CP, em que se define o crime de homicídio simples, fórmula incriminadora mais sintética da legislação penal brasileira, há um núcleo ("matar") e apenas um elemento ("alguém"). Em torno do núcleo se agregam **elementos** ou **elementares**, que visam proporcionar a perfeita descrição da conduta criminosa. Esses elementos podem ser de três espécies distintas: objetivos, subjetivos e normativos.

a) **Elementos objetivos** ou **descritivos** são os dados da conduta criminosa que não pertencem ao mundo anímico do agente. Possuem validade exterior que não se limita ao sujeito que o pratica. Ao contrário, podem ser constatados por qualquer pessoa, uma vez que exprimem um **juízo de certeza.** Na identificação desses elementos se prescinde de valoração cultural ou jurídica. É o caso de "alguém" nos crimes de homicídio (art. 121 do CP) e estupro (art. 213 do CP), entre tantos outros.

b) Elementos normativos, por seu turno, são aqueles que reclamam, para perfeita aferição, uma interpretação valorativa, isto é, necessitam de um **juízo de valor** acerca da situação de fato por parte do destinatário da lei penal. Tais elementos podem ser jurídicos ou culturais. **Elementos normativos jurídicos** são os que traduzem conceitos próprios do Direito, relativos à ilicitude ("indevidamente" e "sem justa causa", por exemplo), ou então atinentes a termos ou expressões jurídicas (tais como "documento", "funcionário público" e "duplicata"). Os elementos normativos que dizem respeito a termos ou expressões jurídicas são também denominados **elementos normativos impróprios**. Por sua vez, **elementos normativos culturais, morais** ou **extrajurídicos** são os que envolvem conceitos próprios de outras disciplinas do conhecimento, artísticas, literais, científicas ou técnicas. São seus exemplos: "ato obsceno", "pudor", "ato libidinoso", "arte" etc.

c) Elementos subjetivos são os que dizem respeito à **esfera anímica do agente**, isto é, à sua especial finalidade de agir e às demais tendências e intenções. Sempre que o tipo penal alojar em seu bojo um elemento subjetivo, será necessário que o agente, além do dolo de realizar o núcleo da conduta, possua ainda a finalidade especial indicada expressamente pela descrição típica. No crime de furto (art. 155 do CP), não basta a subtração da coisa alheia móvel: esta deve ser realizada pelo agente para si ou para outrem, ou seja, exige-se o ânimo de assenhoreamento definitivo (*animus rem sibi habendi*).

d) Ao lado dos elementos objetivos, normativos e subjetivos, aceitos por toda a doutrina, alguns autores ainda apontam um quarto grupo, relativo aos **elementos modais** – seriam os elementos que expressam no tipo penal **condições específicas de tempo, local ou modo de execução**, indispensáveis para a caracterização do crime. Aponta-se como exemplo o crime de infanticídio (art. 123 do CP), em que a mãe deve matar o próprio filho, nascente ou recém-nascido, sob a influência do estado puerperal, *durante o parto ou logo após*. Há, portanto, a exigência de que o delito seja praticado em condições de tempo previamente fixadas pelo legislador.

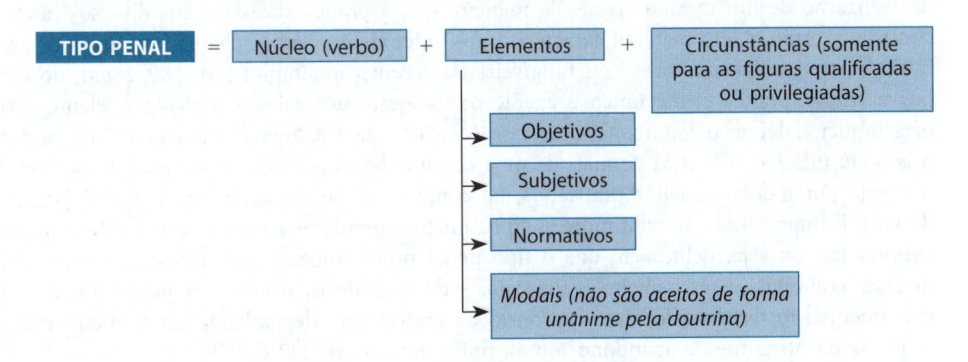

– **Classificação doutrinária do tipo penal:** A doutrina apresenta as seguintes divisões relativas aos tipos penais:

a) Tipo normal e tipo anormal: **Tipo normal** é o que prevê apenas **elementos de ordem objetiva.** Fala-se, no caso, em **tipicidade normal**. **Tipo anormal** é o que prevê, além de elementos objetivos, **também elementos subjetivos e/ou normativos**, acarretando na **tipicidade anormal**. Vale ressaltar que **para os adeptos do finalismo penal todo tipo é anormal**. De fato, dolo (elemento subjetivo) e culpa (elemento normativo) compõem a estrutura da conduta, a qual integra o fato típico, e, consequentemente, o tipo penal.

b) Tipo fundamental e tipo derivado: **Tipo fundamental** ou **básico** é aquele que retrata a forma mais simples da conduta criminosa. É denominado **crime simples** e, em regra, está situado no *caput* do dispositivo legal. Exemplo: homicídio simples (art. 121, *caput*, do CP). Há uma exceção no CP: o crime de excesso de exação se encontra no § 1.º do art. 316. Trata-se da modalidade simples, básica e fundamental do crime, sem estar no *caput*. **Tipo derivado** é aquele que se estrutura com base no tipo fundamental, a ele se somando circunstâncias que aumentam ou diminuem a pena. Dividem-se em tipos qualificados (qualificadoras) ou circunstanciados (causas de aumento da pena) e privilegiados, também chamados de *exceptum* (causas de diminuição da pena). Exemplos: homicídio privilegiado (art. 121, § 1.º, do CP) e homicídio qualificado (art. 121, § 2.º, do CP).

c) Tipo fechado e tipo aberto: **Tipo fechado**, ou **cerrado**, é o que possui **descrição minuciosa** da conduta criminosa. É o caso do furto. **Tipo aberto** é o que não possui descrição detalhada da conduta criminosa. Cabe ao Poder Judiciário, na análise do caso concreto, complementar a tipicidade mediante um **juízo de valor**. É o caso da rixa (art. 137 do CP), pois somente na situação prática poderá se dizer se alguém participou da rixa, ou nela ingressou para separar os contendores. No Código Penal, os crimes culposos estão previstos em tipos penais abertos, salvo no caso da receptação, em que o art. 180, § 3.º apresenta detalhadamente a descrição típica.

d) Tipo de autor e tipo de fato: **Tipo de autor** é o que se relaciona ao **Direito Penal do autor**. É aquele, felizmente cada vez mais extirpado do Direito Penal, em que não se pune uma conduta, e sim uma determinada pessoa em razão de suas condições pessoais. **Tipo de fato** é o que tem por objeto a incriminação de uma conduta criminosa. Representa as infrações penais do ordenamento jurídico brasileiro em vigor.

e) Tipo simples e tipo misto: **Tipo simples** é o que abriga em seu interior um **único núcleo**. Define, assim, uma única conduta típica, caracterizando os crimes de ação única. É o caso do roubo (art. 157 do CP), em que existe apenas o núcleo "subtrair". **Tipo misto** é o que tem na sua descrição típica **dois ou mais núcleos**, representando os crimes de ação múltipla ou de conteúdo variado. Subdivide-se em duas espécies: tipo misto alternativo e tipo misto cumulativo. No **tipo misto alternativo**, a lei penal descreve duas ou mais condutas como hipóteses de realização de um mesmo crime, de maneira que a prática sucessiva dos diversos núcleos contra o mesmo objeto material caracteriza um único delito. São os chamados crimes de ação múltipla, de condutas variáveis ou fungíveis. Na receptação simples (art. 180, *caput*, do CP), por exemplo, pratica crime único o agente que adquire um veículo roubado e, ciente dessa origem ilícita, depois o conduz para sua casa, local em que finalmente vem a ocultá-lo. No **tipo misto cumulativo**, a prática de mais de uma conduta leva ao concurso material, respondendo o agente por todos os delitos praticados, tal como se dá no de abandono material (art. 244 do CP). É importante não confundir os tipos mistos cumulativos com os **crimes de condutas conjugadas**, ou seja, delitos em que o tipo penal prevê somente um núcleo, associado com diversas condutas, e se o sujeito realizar mais de uma delas, responderá por vários crimes, em concurso material ou formal (impróprio ou imperfeito), dependendo do caso concreto. É o que se dá no crime de abandono moral, tipificado no art. 247 do CP.

f) Tipo congruente e tipo incongruente: **Tipo congruente** é aquele em que há perfeita coincidência entre a vontade do autor e o fato descrito na lei penal. O agente realiza aquilo que efetivamente desejava. É o que ocorre nos crimes materiais consumados. **Tipo incongruente** é aquele em que não há coincidência entre a vontade do autor e o fato descrito na lei penal, ou seja, a conduta do agente provoca algo diverso do que era por ele desejado, tal como se dá na tentativa, nos crimes culposos e nos crimes preterdolosos.

g) Tipo complexo: O tipo penal possui uma parte objetiva, consistente na descrição da conduta criminosa. Para a teoria clássica da conduta, é o que basta, uma vez que o dolo e a culpa estão alojados no interior da culpabilidade. Em uma visão finalista, entretanto, os elementos anímicos foram transferidos da culpabilidade para a conduta. O tipo penal passa, então, a conter elementos de dois grupos: objetivos (modelo típico) e subjetivos (dolo e culpa). Fala-se, assim, que para os finalistas o tipo penal é complexo, o que se justifica pela **fusão dos elementos**

objetivos, situados no mundo exterior, **com os elementos subjetivos**, situados internamente, no psiquismo do agente.[60]

o **Sujeitos do crime:** São as pessoas ou entes relacionados à prática e aos efeitos da empreitada criminosa. Dividem-se em sujeito ativo e sujeito passivo.

o **Sujeito ativo:** Sujeito ativo é a pessoa que realiza direta ou indiretamente a conduta criminosa, seja isoladamente, seja em concurso. Autor e coautor realizam o crime de forma direta, ao passo que o partícipe e o autor mediato o fazem indiretamente. O sujeito ativo pode receber variadas denominações, dependendo do momento processual e do critério posto em exame, tais como *agente* (geral), *indiciado* (no inquérito policial), *acusado* (com o oferecimento da denúncia ou queixa), *réu* (após o recebimento da inicial acusatória), *sentenciado* (com a prolação da sentença), *condenado* (após o trânsito em julgado da condenação), *reeducando* (durante a execução penal), *egresso* (após o cumprimento da pena), *criminoso* e *delinquente* (objeto de estudo das ciências penais, como na criminologia). A regra é a de que apenas o ser humano pode ser sujeito ativo de infrações penais, mas também se discute a possibilidade de responsabilidade penal da pessoa jurídica. Os animais podem funcionar como instrumento do crime, como no caso do cão bravio que cumpre ordem de ataque emanada de seu dono, mas jamais serão sujeito ativo de uma infração penal.

– **A pessoa jurídica como sujeito ativo de crimes – introdução:** Discute-se se a pessoa jurídica pode ser considerada sujeito ativo de crimes. Para melhor compreensão do assunto, é necessário, inicialmente, abordar a natureza jurídica de tais entes. Para a **teoria da ficção jurídica,** idealizada por **Savigny,** a pessoa jurídica não tem existência real, não tem vontade própria. Apenas o homem possui aptidão de ser sujeito de direitos. Essa teoria não pode subsistir. Com efeito, se a pessoa jurídica é uma ficção, o Direito também o é, porque provém do Estado, pessoa jurídica de direito público interno. Para os adeptos dessa corrente, é impossível a prática de crimes por pessoas jurídicas. Não há como imaginar uma infração penal cometida por um ente fictício. De outro lado, a **teoria da realidade, orgânica, organicista ou da personalidade real,** de **Otto Gierke,** sustenta ser a pessoa jurídica um ente autônomo e distinto de seus membros, dotado de vontade própria. É, assim, sujeito de direitos e obrigações, tais como uma pessoa física. É a teoria mais aceita no Direito. Pode ser extraída, até aqui, uma primeira conclusão. Essas teorias guardam estreita relação com o Direito Civil, e, se for adotada a da ficção jurídica, é impossível a prática de crimes por pessoas jurídicas. Entretanto, com a preferência pela teoria orgânica, passa-se ao debate acerca da sujeição criminal ativa da pessoa jurídica. E, nesse ponto, há duas correntes.

a) Impossibilidade de a pessoa jurídica ser sujeito ativo de infrações penais: Destacam-se seus argumentos: (1) Desde o Direito Romano já se sustentava o postulado *societas delinquere non potest,* isto é, a sociedade não pode delinquir; (2) A pessoa jurídica não tem vontade própria, e, portanto, não pode praticar condutas; (3) A pessoa jurídica não é dotada de consciência própria para compreender o caráter intimidativo da pena; (4) A pessoa jurídica não é imputável, pois somente o ser humano adquire capacidade de entender o caráter ilícito de um fato e de determinar-se de acordo com esse entendimento; (5) A pessoa jurídica tem a sua atuação vinculada aos atos relacionados com o seu estatuto social, aí não se incluindo a prática de crimes; (6) A punição da pessoa jurídica alcançaria, ainda que indiretamente, seus integrantes, ofendendo o princípio constitucional da personalidade da pena; e (7) Não se pode aplicar pena privativa de liberdade, característica indissociável do Direito Penal, à pessoa jurídica.

b) Possibilidade de a pessoa jurídica figurar como sujeito ativo de crimes: Esta posição se alicerça nos seguintes fundamentos: (1) A pessoa jurídica constitui-se em ente autônomo, dotado de consciência e vontade, razão pela qual pode realizar condutas e assimilar a natureza

---

60   ZAFFARONI, Eugenio Raúl. *Derecho penal.* Parte general. 2. ed. Buenos Aires: Ediar, 2002. p. 433.

intimidatória da pena; (2) A pessoa jurídica deve responder por seus atos, adaptando-se o juízo de culpabilidade às suas características; (3) A pessoa jurídica possui vontade própria, razão pela qual o Direito Penal a ela reserva tratamento isonômico ao dispensado à pessoa física; (4) É óbvio que o estatuto social de uma pessoa jurídica não prevê a prática de crimes como uma de suas finalidades. Da mesma forma, não contém em seu bojo a realização de atos ilícitos, o que não os impede de serem realizados (inadimplência civil, por exemplo); (5) A punição da pessoa jurídica não viola o princípio da personalidade da pena. Deve-se distinguir a pena dos efeitos da condenação, os quais também se verificam com a punição da pessoa física; e (6) O Direito Penal não se limita à pena de prisão. Ao contrário, cada vez mais a pena privativa de liberdade deve ser entendida como medida excepcional (*ultima ratio),* preferindo-se a aplicação de penas alternativas.

– A responsabilidade penal da pessoa jurídica na Constituição Federal: Com a opção pela segunda corrente, pode-se dizer que a CF admitiu a responsabilidade penal da pessoa jurídica nos crimes contra a ordem econômica e financeira, contra a economia popular e contra o meio ambiente, autorizando o legislador ordinário a cominar penas compatíveis com sua natureza, independentemente da responsabilidade individual dos seus dirigentes (arts. 173, § 5.º, e 225, § 3.º). Já foi editada a Lei 9.605/1998, no tocante aos crimes contra o meio ambiente, e o seu art. 3.º, parágrafo único, dispõe expressamente sobre a responsabilização penal da pessoa jurídica. O posicionamento atual do STF e do STJ é pela admissibilidade da responsabilidade penal da pessoa jurídica em todos os crimes ambientais, dolosos ou culposos. Em relação aos crimes contra a economia popular e a ordem econômica e financeira, ainda não sobreveio lei definidora dos crimes da pessoa jurídica.[61] Destarte, mesmo para quem admite a responsabilidade penal da pessoa jurídica, deve ser ressaltado que somente podem ser praticados os crimes previstos na CF, desde que regulamentados por lei ordinária, a qual deverá instituir expressamente sua responsabilidade penal. É esse o entendimento atualmente dominante, no sentido de que a pessoa jurídica pode ser responsabilizada penalmente pela prática de crimes ambientais, posição que tende cada vez mais a se consolidar, seja por interpretação do texto constitucional, seja por opção de política criminal, capaz de proporcionar eficiente resultado prático em tema tão em evidência. Saliente-se que, mesmo com o texto constitucional, há entendimentos no sentido de que não foi prevista a responsabilidade penal da pessoa jurídica. Os defensores desta linha de pensamento interpretam o art. 225, § 3.º, da CF[62] da seguinte maneira: pessoas físicas suportam sanções penais, ao passo que pessoas jurídicas suportam sanções administrativas.

– O sistema da dupla imputação: Ao se aceitar a responsabilidade penal da pessoa jurídica, deve destacar-se que esse reconhecimento não exclui a responsabilidade da pessoa física coautora ou partícipe do delito. É o que se denomina de **sistema paralelo de imputação (teoria da dupla imputação),** previsto no art. 3.º, parágrafo único, da Lei 9.605/1998, e com amparo nos arts. 13, *caput,* e 29, *caput,* ambos do CP. É de se observar, entretanto, que a condenação da pessoa jurídica não acarreta, automaticamente, em igual medida no tocante à pessoa física, pelo mesmo crime.

Exigem-se provas seguras da autoria e da materialidade do fato delituoso relativamente a todos os envolvidos na infração penal.

– A responsabilidade penal da pessoa jurídica de direito público: Para os adeptos da responsabilidade penal da pessoa jurídica, existem duas posições acerca da possibilidade de o ente de direito público figurar como sujeito ativo de delitos: (1) É possível, pois a Constituição Federal

---

[61] As Leis 1.521/1951 (crimes contra a economia popular), 7.492/1986 (crimes contra o sistema financeiro nacional) e 8.176/1991 (crimes contra a ordem econômica) cuidaram apenas da responsabilidade penal das pessoas físicas.

[62] "As condutas e atividades consideradas lesivas ao meio ambiente sujeitarão os infratores, pessoas físicas ou jurídicas, a sanções penais e administrativas, independentemente da obrigação de reparar os danos causados."

e a Lei dos Crimes Ambientais não fazem distinção entre a pessoa jurídica de direito privado e a pessoa jurídica de direito público; e (2) Não é possível, uma vez que a sanção penal acabaria prejudicando a própria coletividade, seja em face da lesão ao patrimônio público (pena de multa), seja com a suspensão ou extinção de serviço de interesse público (nas demais penas).

○ **Sujeito passivo:** É o titular do bem jurídico protegido pela lei penal violada por meio da conduta criminosa. Pode ser denominado de **vítima** ou de **ofendido**, e divide-se em duas espécies: **(1) Sujeito passivo constante, mediato, formal, geral, genérico ou indireto:** é o Estado, pois a ele pertence o direito público subjetivo de exigir o cumprimento da legislação penal. Figura como sujeito passivo de todos os crimes, pois qualquer violação da lei penal transgride interesse a ele reservado pelo ordenamento jurídico; **(2) Sujeito passivo eventual, imediato, material, particular, acidental ou direto:** é o titular do bem jurídico especificamente tutelado pela lei penal. O Estado sempre figura como sujeito passivo constante. Além disso, pode ser sujeito passivo eventual, tal como ocorre nos crimes contra a Administração Pública.

– **Anotações gerais sobre o sujeito passivo:** A pessoa jurídica pode ser vítima de diversos delitos, desde que compatíveis com a sua natureza. Da mesma forma, há diversos crimes que podem ser praticados contra incapazes, e inclusive contra o nascituro, como é o caso do aborto. É também possível a existência de **sujeito passivo indeterminado.** É o que ocorre nos **crimes vagos,** aqueles que têm como vítima um ente destituído de personalidade jurídica. Os mortos e os animais não podem ser sujeitos passivos de crimes. No caso da figura definida pelo art. 138, § 2.º, do CP, não é o morto o sujeito passivo do crime. Os ofendidos são os seus familiares, preocupados em zelar pelo respeito reservado às suas recordações. Em relação aos crimes contra a fauna (arts. 29 a 37 da Lei 9.605/1998), é a coletividade que figura como vítima. De fato, ela é a titular do interesse de ver preservado todo o patrimônio ambiental. Anote-se, ainda, que ninguém pode praticar um crime contra si próprio. Em consonância com o princípio da alteridade do Direito Penal, inexiste delito na conduta maléfica somente a quem a praticou. No crime previsto no art. 171, § 2.º, V, do CP (fraude para recebimento de indenização ou valor de seguro), a vítima é a seguradora que se pretende ludibriar. Na hipótese da autoacusação falsa (art. 341 do CP), a vítima é o Estado, ofendido em sua função de administrar a Justiça. Por último, não se deve confundir o sujeito passivo com o prejudicado pelo crime. Ainda que muitas vezes tais características se reúnam na mesma pessoa, as situações são diversas. Prejudicado pelo crime é qualquer pessoa a quem o crime traga danos, patrimoniais ou não.

○ **Objeto do crime:** É o bem ou objeto contra o qual se dirige a conduta criminosa. Pode ser jurídico ou material. **Objeto jurídico** é o bem jurídico, o interesse ou valor protegido pela lei penal. **Objeto material** é a pessoa ou a coisa que suporta a conduta criminosa. Não há crime sem objeto jurídico, uma vez que todo e qualquer delito, sem exceção, viola um interesse protegido pela lei penal. Crime é a ação ou omissão humana que lesa ou expõe a perigo de lesão bens jurídicos legalmente protegidos. E, se não há bem jurídico tutelado pela lei penal, não há crime. É possível, entretanto, a existência de crime sem objeto material, como se verifica nos crimes de mera conduta.

○ **Classificação do crime:** A classificação dos crimes pode ser legal ou doutrinária. **Classificação legal** é a qualificação atribuída ao delito pela lei penal. A conduta de "matar alguém" é denominada pelo art. 121 do CP de **homicídio**. Na Parte Especial do CP, em regra, os crimes são acompanhados pela denominação legal (*nomen iuris*), também chamada de **rubrica marginal. Classificação doutrinária** é o nome dado pelos estudiosos do Direito Penal às infrações penais. Passemos às diversas espécies de delitos elencadas pela doutrina.

– **Crimes comuns, próprios e de mão própria: (a) Crimes comuns** ou **gerais** são aqueles que podem ser praticados por qualquer pessoa. O tipo penal não exige, em relação ao sujeito ativo, nenhuma condição especial. Fala-se também em **crimes bicomuns,** compreendidos como aqueles que podem ser cometidos por qualquer pessoa e contra qualquer pessoa; **(b) Crimes próprios ou especiais** são aqueles em que o tipo penal exige uma situação fática ou jurídica diferenciada por parte do sujeito ativo. Admitem coautoria e participação. Os crimes próprios dividem-se em **puros e impuros**. Naqueles, a ausência da condição imposta pelo tipo penal leva à atipicidade do fato (exemplo: prevaricação, pois excluída a elementar "funcionário público", não subsiste crime algum), enquanto nestes a exclusão da especial posição do sujeito ativo acarreta na desclassificação para outro delito (exemplo: peculato doloso, pois afastando-se a elementar "funcionário público", o fato passará a constituir crime de furto ou apropriação indébita, conforme o caso). Existem ainda em **crimes próprios com estrutura inversa**, classificação relativa aos crimes praticados por funcionários públicos contra a Administração em geral (crimes funcionais), bem como os chamados **crimes bipróprios** – delitos que exigem uma peculiar condição (fática ou jurídica) no tocante ao sujeito ativo e ao sujeito passivo. É o caso do infanticídio, que somente pode ser praticado pela mãe contra o próprio filho nascente ou recém-nascido;[63] **(c) Crimes de mão própria, de atuação pessoal** ou **de conduta infungível** são aqueles que somente podem ser praticados pela pessoa expressamente indicada no tipo penal. Não admitem coautoria, mas somente participação, eis que a lei não permite delegar a execução do crime a terceira pessoa.[64] No caso do falso testemunho, o advogado do réu pode, por exemplo, induzir, instigar ou auxiliar a testemunha a faltar com a verdade, mas jamais poderá, em juízo, mentir em seu lugar ou juntamente com ela.

– **Crimes simples e complexos: (a) Crime simples** é aquele que se amolda em um único tipo penal. É o caso do furto (CP, art. 155); **(b) Crime complexo** é aquele que resulta da união de dois ou mais tipos penais. Fala-se, nesse caso, em **crime complexo em sentido estrito**. O crime de roubo (CP, art. 157), por exemplo, é oriundo da fusão entre furto e ameaça (no caso de ser praticado com emprego de grave ameaça – CP, art. 147), ou furto e lesão corporal (se praticado mediante violência contra a pessoa – CP, art. 129). Denominam-se **famulativos** os delitos que compõem a estrutura unitária do crime complexo. De seu turno, **crime complexo em sentido amplo** é o que deriva da fusão de um crime com um comportamento por si só penalmente irrelevante, a exemplo da denunciação caluniosa (CP, art. 339), originária da união da calúnia (CP, art. 138) com a conduta lícita de noticiar à autoridade pública a prática da infração penal e sua respectiva autoria.[65]

– **Crime ultracomplexo (ou supercomplexo):** Utiliza-se essa denominação para referir-se ao crime em que, além de resultar da fusão de dois outros delitos, incide também em sua estrutura um terceiro crime, o qual funciona como qualificadora ou causa de aumento de pena do delito complexo. Seriam exemplos de crime ultracomplexo (ou supercomplexo) o latrocínio (CP, art. 157, § 3.º, II), no qual há união entre roubo (crime complexo) e homicídio, a título de qualificadora, e também o roubo circunstanciado pelo emprego de arma de fogo (CP, art. 157, § 2.º-A, I ou § 2.º-B), pois o crime patrimonial pode vir acompanhado dos delitos de posse ou porte ilegal de arma de fogo (Lei 10.826/2003 – Estatuto do Desarmamento, arts. 12, 14 ou 16), crimes autônomos que acabam funcionando, no caso concreto, como causa de aumento de pena. Essa classificação, em nossa opinião, é desnecessária. O crime pode ser simples ou complexo, e

---

[63] Atente-se para um dado interessante: o estupro, na redação original do Código Penal, era crime bipróprio, pois somente podia ser praticado por homem contra mulher; entretanto, após a entrada em vigor da Lei 12.015/2009, passou a ser delito bicomum, pois qualquer pessoa (homem ou mulher) pode figurar como seu sujeito ativo ou passivo.

[64] Há somente uma exceção a esta regra, consistente no crime de falsa perícia (CP, art. 342) praticado em concurso por dois peritos, contadores, tradutores ou intérpretes. Cuida-se de crime de mão própria cometido em coautoria. Entretanto, para a **teoria do domínio do fato** os crimes de mão própria admitem coautoria: o sujeito pode ser autor do delito sem realizar o núcleo do tipo. Basta que tenha o controle final do fato.

[65] Após a entrada em vigor da Lei 14.110/2020, também é possível a caracterização da denunciação caluniosa com a imputação falsa de infração ético-disciplinar ou ato ímprobo. Cumpre destacar que nesses dois casos não se pode falar em crime complexo, ainda que em sentido amplo, uma vez que não há calúnia (CP, art. 138) na imputação falsa de infração ético-disciplinar ou ato de improbidade administrativa.

não há motivo razoável para criar mais um grau de "complexidade" em determinados delitos, rotulando-os como ultracomplexos.

– **Crimes materiais, formais e de mera conduta:** (**a**) **Crimes materiais** ou **causais** são aqueles em que o tipo penal aloja em seu interior uma conduta e um resultado naturalístico, sendo a ocorrência deste último necessária para a consumação. É o caso do homicídio (CP, art. 121). A conduta é "matar alguém", e o resultado naturalístico ocorre com o falecimento da vítima, operando-se com ele a consumação; (**b**) **Crimes formais, de consumação antecipada** ou **de resultado cortado** são aqueles nos quais o tipo penal contém em seu bojo uma conduta e um resultado naturalístico, mas este último é desnecessário para a consumação. Em síntese, malgrado possa se produzir o resultado naturalístico, o crime estará consumado com a mera prática da conduta. Na extorsão mediante sequestro (CP, art. 159), basta a privação da liberdade da vítima com o escopo de obter futura vantagem patrimonial indevida como condição ou preço do resgate. Ainda que a vantagem não seja obtida pelo agente, o crime estará consumado com a realização da conduta; (**c**) **Crimes de mera conduta ou de simples atividade** são aqueles em que o tipo penal se limita a descrever uma conduta, ou seja, não contém resultado naturalístico, razão pela qual ele jamais poderá ser verificado. É o caso do ato obsceno (CP, art. 233).

– **Crimes instantâneos, permanentes, de efeitos permanentes e a prazo:** (**a**) **Crimes instantâneos** ou **de estado** são aqueles cuja consumação se verifica em um momento determinado, sem continuidade no tempo. É o caso do furto (CP, art. 155); (**b**) **Crimes permanentes** são aqueles cuja consumação se prolonga no tempo, por vontade do agente. O ordenamento jurídico é agredido reiteradamente, razão pela qual a prisão em flagrante é cabível a qualquer momento, enquanto perdurar a situação de ilicitude. Os crimes permanentes se subdividem em: (**b.1**) **necessariamente permanentes:** para a consumação é imprescindível a manutenção da situação contrária ao Direito por tempo juridicamente relevante. É o caso do sequestro (CP, art. 148); (**b.2**) **eventualmente permanentes:** em regra são instantâneos, mas, no caso concreto, a situação de ilicitude pode ser prorrogada no tempo pela vontade do agente. Como exemplo pode ser indicado o furto de energia elétrica (CP, art. 155, § 3.º); (**c**) **Crimes instantâneos de efeitos permanentes:** são aqueles cujos efeitos subsistem após a consumação, independentemente da vontade do agente, tal como ocorre na bigamia (CP, art. 235); (**d**) **Crimes a prazo:** são aqueles cuja consumação exige a fluência de determinado período. É o caso da lesão corporal de natureza grave em decorrência da incapacidade para as ocupações habituais por mais de 30 dias (CP, art. 129, § 1.º, I), e do sequestro em que a privação da liberdade dura mais de 15 dias (CP, art. 148, § 1.º, III).

– **Crimes unissubjetivos, plurissubjetivos e eventualmente coletivos:** (**a**) **Crimes unissubjetivos, unilaterais, monossubjetivos** ou **de concurso eventual** são aqueles em regra praticados por um único agente. Admitem, entretanto, o concurso de pessoas. É o caso do homicídio (CP, art. 121); (**b**) **Crimes plurissubjetivos, plurilaterais** ou **de concurso necessário** são aqueles em que o tipo penal reclama a pluralidade de agentes, que podem ser coautores ou partícipes, imputáveis ou não, conhecidos ou desconhecidos, e inclusive pessoas em relação às quais já foi extinta a punibilidade. Subdividem-se em: (**b.1**) **crimes bilaterais** ou **de encontro** – o tipo penal exige dois agentes, cujas condutas tendem a se encontrar. É o caso da bigamia (CP, art. 235); (**b.2**) **crimes coletivos** ou **de convergência:** o tipo penal reclama a existência de três ou mais agentes. Podem ser: (**b.2.1**) **de condutas contrapostas** – os agentes devem atuar uns contra os outros. É o caso da rixa (CP, art. 137); (**b.2.2**) **de condutas paralelas** – os agentes se auxiliam, mutuamente, com o objetivo de produzirem o mesmo resultado. É o caso da associação criminosa (CP, art. 288). Contudo, os crimes plurissubjetivos não se confundem com os delitos **de participação necessária.** Estes podem ser praticados por uma única pessoa, nada obstante o tipo penal reclame a participação necessária de outra pessoa, que atua como sujeito passivo e, por esse motivo, não é punido (ex.: rufianismo – CP, art. 230); (**c**) **Crimes eventualmente coletivos** são aqueles em que, nada obstante o seu caráter unilateral, a diversidade de agentes atua como causa de majoração da pena, tal como se dá no furto qualificado (CP, art. 155, § 4.º, IV) e no roubo circunstanciado (CP, art. 157, § 2.º, II).

– **Crimes de subjetividade passiva única e de dupla subjetividade passiva: (a) Crimes de subjetividade passiva única** são aqueles em que consta no tipo penal uma única vítima. É o caso da lesão corporal (CP, art. 129); **(b) Crimes de dupla subjetividade passiva** são aqueles em que o tipo penal prevê a existência de duas ou mais vítimas, tal como se dá no aborto sem o consentimento da gestante, em que se ofendem a gestante e o feto (CP, art. 125), e na violação de correspondência, na qual são vítimas o remetente e o destinatário (CP, art. 151).

– **Crimes de dano e de perigo: (a) Crimes de dano** ou **de lesão** são aqueles cuja consumação somente se produz com a efetiva lesão do bem jurídico. Como exemplos podem ser lembrados os crimes de homicídio (CP, art. 121), lesões corporais (CP, art. 129) e dano (CP, art. 163); **(b) Crimes de perigo** são aqueles que se consumam com a mera exposição do bem jurídico penalmente tutelado a uma situação de perigo, ou seja, basta a probabilidade de dano. Subdividem-se em: **(b.1) crimes de perigo abstrato, presumido** ou **de simples desobediência:** consumam-se com a prática da conduta, automaticamente. Não se exige a comprovação da produção da situação de perigo. Ao contrário, há presunção absoluta (*iuris et de iure*) de que determinadas condutas acarretam perigo a bens jurídicos. É o caso do tráfico de drogas (Lei 11.343/2006, art. 33, *caput*). Esses crimes estão em sintonia com a CF, mas devem ser instituídos pelo legislador com parcimônia, evitando-se a desnecessária inflação legislativa; **(b.2) crimes de perigo concreto:** consumam-se com a efetiva comprovação, no caso concreto, da ocorrência da situação de perigo. É o caso do crime de perigo para a vida ou saúde de outrem (CP, art. 132); **(b.3) crimes de perigo individual:** atingem uma pessoa ou um número determinado de pessoas, tal como no perigo de contágio venéreo (CP, art. 130); **(b.4) crimes de perigo comum ou coletivo:** atingem um número indeterminado de pessoas, como no caso da explosão criminosa (CP, art. 251); **(b.5) crimes de perigo atual:** o perigo está ocorrendo, a exemplo do abandono de incapaz (CP, art. 133); **(b.6) crimes de perigo iminente:** o perigo está prestes a ocorrer; **(b.7) crimes de perigo futuro** ou **mediato:** a situação de perigo decorrente da conduta se projeta para o futuro, como no porte ilegal de arma de fogo de uso permitido ou restrito (Lei 10.826/2003, arts. 14 e 16), autorizando a criação de "**tipos penais preventivos**".

– **Crimes unissubsistentes e plurissubsistentes: (a) Crimes unissubsistentes** são aqueles cuja conduta se revela mediante um único ato de execução, capaz por si só de produzir a consumação, tal como nos crimes contra a honra praticados com o emprego da palavra. Não admitem a tentativa, pois a conduta não pode ser fracionada, e, uma vez realizada, acarreta automaticamente na consumação. **(b) Crimes plurissubsistentes** são aqueles cuja conduta se exterioriza por meio de dois ou mais atos, os quais devem somar-se para produzir a consumação. É o caso do crime de homicídio praticado por diversos golpes de faca. É possível a tentativa justamente em virtude da pluralidade de atos executórios.

– **Crimes comissivos, omissivos e de conduta mista: (a) Crimes comissivos** ou **de ação** são os praticados mediante uma conduta positiva, um fazer, tal como se dá no roubo (CP, art. 157). Nessa categoria se enquadra a ampla maioria dos crimes; **(b) Crimes omissivos** ou **de omissão** são os cometidos por meio de uma conduta negativa, de uma inação, de um não fazer. Subdividem-se em: **(b.1) Crimes omissivos próprios** ou **puros:** a omissão está contida no tipo penal, ou seja, a descrição da conduta prevê a realização do crime por meio de uma conduta negativa. Não há previsão legal do dever jurídico de agir, de forma que o crime pode ser praticado por qualquer pessoa que se encontre na posição indicada pelo tipo penal. Nesses casos, o omitente não responde pelo resultado naturalístico eventualmente produzido, mas somente pela sua omissão. Exemplo típico é o crime de omissão de socorro, definido pelo art. 135 do CP. Os crimes omissivos próprios são **unissubsistentes**, isto é, a conduta é composta de um único ato. Como decorrência, **não admitem a forma tentada; (b.2) Crimes omissivos impróprios, espúrios** ou **comissivos por omissão:** o tipo penal aloja em sua descrição uma ação, uma conduta positiva, mas a omissão do agente, que descumpre seu **dever jurídico de agir,** acarreta a produção do resultado naturalístico e a sua consequente responsabilização penal. As hipóteses de dever jurídico de agir foram previstas no art. 13, § 2.º, do CP. Tais crimes entram também na categoria dos "**próprios**", uma vez que somente podem ser cometidos por quem possui o dever jurídico de agir. São ainda **crimes materiais,** pois o advento do resultado naturalístico é imprescindível à consumação do delito, e **admitem a tentativa,** pelo fato de serem plurissubsistentes; **(b.3) Crimes omissivos por comissão:** nestes crimes há uma ação provocadora da omissão. Exemplo: o funcionário público responsável por uma repartição impede que uma funcionária subalterna, com problemas de saúde, seja socorrida, e ela vem a falecer. Essa categoria não é reconhecida por grande parte da doutrina; **(b.4) Crimes omissivos "quase impróprios":** esta classificação, ignorada pelo direito penal brasileiro, diz respeito aos crimes em que a omissão não produz uma lesão ao bem jurídico, como nos crimes omissivos próprios, mas apenas um perigo, que pode ser abstrato ou concreto. Nas hipóteses de perigo concreto, tutela-se um bem jurídico naturalístico (exemplo: a vida humana), ao passo que, nos casos de perigo abstrato, busca-se a proteção de um bem jurídico normativo (exemplo: uma obrigação jurídica); **(c) Crimes de conduta mista** são aqueles em que o tipo penal é composto de duas fases distintas, uma inicial e positiva, outra final e omissiva, a exemplo da apropriação de coisa achada, definida pelo art. 169, parágrafo único, II, do CP.

– **Crimes de forma livre e de forma vinculada: (a) Crimes de forma livre** são aqueles que admitem qualquer meio de execução. É o caso da ameaça (CP, art. 147), que pode ser cometida com emprego de gestos, palavras, escritos, símbolos etc.; **(b) Crimes de forma vinculada** são aqueles que apenas podem ser executados pelos meios indicados no tipo penal. É o caso do crime de perigo de contágio venéreo (CP, art. 130), que somente admite a prática mediante relações sexuais ou atos libidinosos.

– **Crimes mono-ofensivos e pluriofensivos: (a) Crimes mono-ofensivos** são aqueles que ofendem um único bem jurídico. É o caso do furto (CP, art. 155), que viola o patrimônio; **(b) Crimes pluriofensivos** são aqueles que atingem dois ou mais bens jurídicos, tal como no latrocínio (CP, art. 157, § 3.º, II), que afronta a vida e o patrimônio.

– **Crimes principais e acessórios: (a) Crimes principais** são os que possuem existência autônoma, isto é, independem da prática de um crime anterior. É o caso do estupro (CP, art. 213); **(b) Crimes acessórios, de fusão** ou **parasitários** são os que dependem da prática de um crime anterior, tal como na receptação (CP, art. 180), no favorecimento pessoal e no favorecimento real (CP, arts. 348 e 349) e na lavagem de dinheiro (Lei 9.613/1998, art. 1.º). Nos termos do art. 108 do CP, a extinção da punibilidade do crime principal não se estende ao crime acessório.

– **Crimes transeuntes e não transeuntes: (a) Crimes transeuntes** ou **de fato transitório** são aqueles que não deixam vestígios materiais, como no caso dos delitos praticados verbalmente (ameaça, desacato, injúria, calúnia, difamação etc.); **(b) Crimes não transeuntes** ou **de fato permanente** são aqueles que deixam vestígios materiais, tais como o homicídio (CP, art. 121) e a lesão corporal (CP, art. 129). Como estatui o art. 158-A, § 3.º, do Código de Processo Penal: "Vestígio é todo objeto ou material bruto, visível ou latente, constatado ou recolhido, que se relaciona à infração penal." Nos crimes não transeuntes, a falta de exame de corpo de delito leva à nulidade da ação penal, salvo quando impossível a sua realização (exemplo: cadáver não encontrado, no delito de homicídio), enquanto nos delitos transeuntes não se realiza a perícia (CPP, arts. 158 e 564, III, "b").

– **Crimes à distância, plurilocais e em trânsito: (a) Crimes à distância** (ou **crimes de espaço máximo**), são aqueles cuja conduta e resultado ocorrem em países diversos. No tocante ao lugar do crime, o art. 6.º do CP acolheu a **teoria mista ou da ubiquidade; (b) Crimes plurilocais** são aqueles cuja conduta e resultado se desenvolvem em comarcas diversas, sediadas no mesmo país. Em relação às regras de competência, o art. 70 do CPP dispõe que, nesse caso, será competente para o processo e julgamento do crime o juízo do local em que se operou a consumação, mas existem exceções legais e jurisprudenciais; **(c) Crimes em trânsito** são aqueles em que somente uma parte da conduta ocorre em um país, sem lesionar ou expor a situação de perigo bens jurídicos de pessoas que nele vivem. Exemplo: "A", da Argentina, envia para os Estados Unidos uma missiva com ofensas a "B", e essa carta passa pelo território brasileiro.

– **Crimes independentes e conexos:** **(a) Crimes independentes** são aqueles que não apresentam nenhuma ligação com outros delitos; **(b) Crimes conexos:** são os que estão interligados entre si. Essa conexão pode ser penal ou processual penal. A **conexão material ou penal,** que nos interessa, divide-se em: **(b.1) teleológica** ou **ideológica:** o crime é praticado para assegurar a execução de outro delito; **(b.2) consequencial** ou **causal:** o crime é cometido para assegurar a ocultação, impunidade ou vantagem de outro delito. Essas duas espécies de conexão têm previsão legal. Funcionam como qualificadoras no crime de homicídio (CP, art. 121, § 2.º, V) e como agravantes genéricas nos demais crimes (CP, art. 61, II, alínea "b"); **(b.3) ocasional:** o crime é praticado como consequência da ocasião, da oportunidade proporcionada por outro delito. O agente responde por ambos os crimes, em concurso material. Cuida-se de criação doutrinária e jurisprudencial, sem amparo legal.

– **Crimes condicionados e incondicionados:** **(a) Crimes condicionados** são aqueles em que a inauguração da persecução penal depende de uma condição de procedibilidade. É o caso da ameaça, de ação penal pública condicionada à representação do ofendido ou de seu representante legal (CP, art. 147). Anote-se que a legislação penal indica expressamente a condição de procedibilidade, quando necessária, pois a ausência de menção direta acarreta a conclusão de tratar-se de crime de ação penal pública incondicionada; **(b) Crimes incondicionados** são aqueles em que a instauração da persecução penal é livre. Constituem a ampla maioria de delitos no Brasil. O Estado pode iniciá-la sem nenhuma autorização, como ocorre no crime de homicídio, de ação penal pública incondicionada.

– **Crimes de mínimo, de menor, de médio, de elevado e de máximo potencial ofensivo:** **(a) Crimes de mínimo potencial ofensivo** são os que não comportam a pena privativa de liberdade. No Brasil, enquadra-se nesse grupo a posse de droga para consumo pessoal, tipificada no art. 28 da Lei 11.343/2006, ao qual são cominadas as penas de advertência sobre os efeitos das drogas, prestação de serviços à comunidade e medida educativa de comparecimento a programa ou curso educativo; **(b) Crimes de menor potencial ofensivo,** por sua vez, são aqueles cuja pena privativa de liberdade em abstrato não ultrapassa 2 (dois) anos, cumulada ou não com multa. São assim definidos pelo art. 61 da Lei 9.099/1995, e ingressam na competência do Juizado Especial Criminal, obedecendo ao rito sumaríssimo e admitindo a transação penal e a composição dos danos civis. O art. 98, inc. I, da Constituição Federal faz menção às "infrações penais de menor potencial ofensivo", expressão que também abrange todas as contravenções penais; **(c) Crimes de médio potencial ofensivo,** de seu turno, são aqueles cuja pena mínima não ultrapassa 1 (um) ano, independentemente do máximo da pena privativa de liberdade cominada. Tais delitos admitem a suspensão condicional do processo, na forma delineada pelo art. 89 da Lei 9.099/1995; **(d) Crimes de elevado potencial ofensivo** são os que apresentam pena mínima superior a 1 (um) ano, ou seja, pelo menos de 2 (dois) anos, e, consequentemente, pena máxima acima de 2 (dois) anos. Tais delitos não se compatibilizam com quaisquer dos benefícios elencados pela Lei 9.099/1995; e **(e) Crimes de máximo potencial ofensivo** são os que recebem tratamento diferenciado pela Constituição Federal. Estão nesse rol os delitos hediondos e equiparados – tráfico de drogas, tortura e o terrorismo (CF, art. 5.º, XLIII), bem como os crimes cujas penas não se submetem à prescrição, quais sejam, racismo (CF, art. 5.º, XLII) e ação de grupos armados, civis ou militares, contra a ordem constitucional e o Estado Democrático (CF, art. 5.º, XLIV).

– **Crimes naturais, plásticos e vazios:**[66] **(a) Crimes naturais (ou mala per se)** são aqueles que violam valores éticos absolutos e universais, a exemplo do homicídio, o qual atenta contra a vida humana; **(b) Crimes plásticos (ou mala prohibita),** de seu turno, são os delitos que, embora previstos em leis penais, não ofendem valores universais éticos e absolutos. É o que se dá com os crimes contra a Administração Pública e contra a ordem tributária, criados como meios de defesa do Estado contra o cidadão, em oposição à lógica do Direito Penal; e **(c) Crimes vazios**

---

[66] Esta classificação é apresentada por FÜHRER, Maximiliano Roberto Ernesto. *História do Direito Penal (crime material e crime de plástico).* São Paulo: Malheiros, 2005. p. 114-115.

são modalidades específicas de delitos plásticos, porém caracterizados pela ausência de proteção a qualquer bem jurídico. Para os adeptos desta categoria – que não admitimos –, um exemplo seria o delito de embriaguez ao volante (Lei 9.503/1997 – Código de Trânsito Brasileiro, art. 306), notadamente nas hipóteses em que o condutor do veículo automotor encontra-se em via pública deserta, sem colocar em risco nenhuma outra pessoa além dele próprio.

– **Crimes de rua, crimes do colarinho branco e crimes do colarinho azul: Crimes de rua** são os praticados pelas pessoas de classes sociais desfavorecidas, a exemplo dos furtos executados por miseráveis, andarilhos e mendigos. Esses delitos são cometidos aos olhos da sociedade, em locais supervisionados pelo Estado (praças, parques, favelas etc.), e por essa razão são frequentemente objeto das instâncias de proteção (Polícia, Ministério Público e Poder Judiciário). Quando ficam alheios ao conhecimento do Poder Público, integram as **cifras negras do Direito Penal**. Os crimes de rua se contrapõem aos "**crimes do colarinho branco**" (*white collar crime*), cometidos por aqueles que gozam e abusam da elevada condição econômica e do poder daí decorrente, como é o caso dos delitos contra o sistema financeiro nacional (Lei 7.492/1986), de lavagem de capitais (Lei 9.613/1998) e contra a ordem econômica (Lei 8.176/1991), entre tantos outros. Nesses crimes socioeconômicos, surgem as "**cifras douradas do Direito Penal**", indicativas da diferença apresentada entre a criminalidade real e a criminalidade conhecida e enfrentada pelo Estado. Raramente existem registros envolvendo delitos dessa natureza, inviabilizando a persecução penal e acarretando a impunidade das pessoas privilegiadas no âmbito econômico. De fato, em tais crimes o Poder Público pouco interfere, pois são praticados em locais privados (escritórios, restaurantes de luxo, casas, apartamentos etc.), resultando no desconhecimento pelo Estado e, consequentemente, na ausência do correspondente registro para viabilizar a persecução penal. Se os crimes econômicos são etiquetados como crimes do colarinho branco, os crimes de rua são rotulados como **crimes do colarinho azul**: aqueles fazem alusão às finas camisas utilizadas pelos executivos das grandes empresas, enquanto estes se referem à cor dos macacões utilizados pelos operários norte-americanos da década de 1940. Esta última nomenclatura foi utilizada no STF, pelo Min. Luiz Fux, no julgamento do "Mensalão" (AP 470/MG, rel. Min. Joaquim Barbosa, Plenário, j. 27.08.2012).

○ **Outras classificações:**

– **Crime gratuito:** É o praticado sem motivo conhecido, porque todo crime tem uma motivação. Não se confunde com o motivo fútil, definido como aquele de menor importância, desproporcional ao resultado provocado pelo delito. Com efeito, a **ausência de motivo conhecido** não deve ser equiparada ao motivo fútil. Destarte, o desconhecimento acerca do móvel do agente não deve ser colocado no mesmo nível do motivo de somenos importância. Há, todavia, adeptos de posição contrária, alegando que se um motivo ínfimo justifica a elevação da pena, com maior razão deve ser punida mais gravemente a infração penal imotivada.

– **Crime de ímpeto:** É o cometido sem premeditação, como decorrência de reação emocional repentina, tal como no homicídio privilegiado, praticado pelo agente sob o domínio de violenta emoção, logo em seguida a injusta provocação da vítima (CP, art. 121, § 1.º). Normalmente, esses crimes são passionais (movidos pela paixão).

– **Crime exaurido:** É aquele em que o agente, depois de já alcançada a consumação, insiste na agressão ao bem jurídico. Não caracteriza novo crime, constituindo-se em desdobramento de uma conduta perfeita e acabada. Em outras palavras, é o delito que, depois de consumado, alcança suas consequências finais, as quais podem configurar um indiferente penal, como no falso testemunho (CP, art. 342), que se torna exaurido com o encerramento do julgamento relativo a este crime, ou então condição de maior punibilidade, como ocorre na resistência (CP, art. 329), em que a não execução do ato dá ensejo à forma qualificada do crime.

– **Crime de circulação:** É o praticado com o emprego de veículo automotor, a título de dolo ou de culpa, com a incidência do CP ou do CTB (Lei 9.503/1997).

– **Crime de atentado ou de empreendimento:** É aquele em que a lei pune de forma idêntica o crime consumado e a forma tentada, isto é, não há diminuição da pena em face da tentativa. É o caso da evasão mediante violência contra a pessoa (art. 352 do CP).

– **Crime de opinião ou de palavra:** É o cometido pelo excesso abusivo na manifestação do pensamento, seja pela forma escrita, seja pela forma verbal, tal como ocorre no desacato (art. 331 do CP).

– **Crime multitudinário:** É aquele praticado pela multidão em tumulto. A lei não diz o que se entende por "multidão", razão pela qual sua configuração deve ser examinada no caso concreto. Exemplo: agressões praticadas em um estádio por torcedores de um time de futebol. No Direito Canônico da Idade Média, exigiam-se ao menos 40 pessoas.

– **Crime vago:** É aquele em que figura como sujeito passivo uma entidade destituída de personalidade jurídica, como a família ou a sociedade. Exemplo: tráfico de drogas (art. 33, *caput*, da Lei 11.343/2006), no qual o sujeito passivo é a coletividade.

– **Crime internacional:** É aquele que, por tratado ou convenção devidamente incorporado ao ordenamento jurídico pátrio, o Brasil se comprometeu a evitar e punir, tal como o tráfico de pessoas (art. 149-A do CP).

– **Crime de mera suspeita, sem ação ou de mera posição:** Nesse crime o agente não realiza conduta penalmente relevante, mas é punido pela suspeita despertada pelo seu modo de agir. Essa modalidade, idealizada na Itália por Vicenzo Manzini, não encontrou amparo seguro na doutrina. No Brasil, ainda que de forma temerária, pode ser apresentada como exemplo a contravenção penal tipificada pelo art. 25 do Decreto-lei 3.688/1941 – LCP (posse não justificada de instrumento de emprego usual na prática de furto).[67]

– **Crime inominado:** Delineado pelo uruguaio Salvagno Campos, é o que ofende regra ética ou cultural consagrada pelo Direito Penal, embora não definido em lei como infração penal. Não pode ser aceito, haja vista que o princípio da reserva legal veda a analogia *in malam partem* em âmbito criminal.

– **Crime habitual:** Pode ser próprio ou impróprio. **Crime habitual próprio** é o que somente se consuma com a prática reiterada e uniforme de vários atos que revelam um criminoso estilo de vida do agente. Cada ato, isoladamente considerado, é atípico. Com efeito, se cada ato fosse típico, restaria configurado o crime continuado. Exemplos: exercício ilegal da medicina e curandeirismo (CP, arts. 282 e 284, respectivamente). De seu turno, **crime habitual impróprio** é aquele em que uma só ação tem relevância para configurar o tipo, ainda que a sua reiteração não configure pluralidade de crimes, a exemplo do que se verifica no delito de gestão fraudulenta, previsto no art. 4.º, *caput*, da Lei 7.492/1986 – Crimes contra o Sistema Financeiro Nacional.

– **Crime profissional:** É o crime habitual, quando cometido com finalidade lucrativa. Exemplo: rufianismo (art. 230 do CP).

– **Quase crime:** É o nome doutrinário atribuído ao crime impossível (art. 17 do CP) e à participação impunível (art. 31 do CP). Na verdade, inexiste crime.

– **Crime subsidiário:** É o que somente se verifica se o fato não constitui crime mais grave. É o caso do dano (art. 163 do CP), subsidiário em relação ao crime de incêndio (art. 250 do CP). Para Nélson Hungria, o crime subsidiário funciona como "soldado de reserva".

– **Crime hediondo:** É todo aquele que se enquadra no rol do art. 1.º da Lei 8.072/1990, na forma consumada ou tentada. Adotou-se um **critério legal**: crime hediondo é aquele que a lei define como hediondo, independentemente da discussão sobre sua gravidade.

---

67   Para o STF, esta contravenção penal não foi recepcionada pela Constituição Federal (RE 583.523/RS, rel. Min. Gilmar Mendes, Plenário, j. 03.10.2013, noticiado no *Informativo* 722).

– **Crime de expressão:** É o que se caracteriza pela existência de um processo intelectivo interno do autor. Exemplo: falso testemunho (art. 342 do CP), no qual a conduta tipificada não se funda na veracidade ou na falsidade objetiva da informação, mas na desconformidade entre a informação e a convicção pessoal do seu autor.

– **Crime de intenção:** É aquele em que o agente quer e persegue um resultado que não necessita ser alcançado para a consumação, como se dá na extorsão mediante sequestro (art. 159 do CP).

– **Crime de tendência ou de atitude pessoal:** É aquele em que a tendência afetiva do autor delimita a ação típica, ou seja, a tipicidade pode ou não ocorrer em razão da atitude pessoal e interna do agente. Exemplos: toque do ginecologista na realização do diagnóstico, que pode configurar mera atuação profissional ou, então, algum crime de natureza sexual, dependendo da tendência (libidinosa ou não), bem como as palavras dirigidas contra alguém, que podem ou não caracterizar o crime de injúria em razão da intenção de ofender a honra ou de apenas criticar ou brincar.

– **Crime mutilado de dois atos ou tipos imperfeitos de dois atos:** É aquele em que o sujeito pratica um delito, com a finalidade de obter um benefício posterior. Ex.: falsidade para cometer outro crime.

– **Crime de ação violenta:** É o cometido mediante o emprego de violência contra a pessoa ou grave ameaça, como no caso do roubo (art. 157 do CP).

– **Crime de ação astuciosa:** É o praticado por meio de fraude, engodo, tal como no estelionato (art. 171 do CP).

– **Crime falho:** É a denominação doutrinária atribuída à **tentativa perfeita** ou **acabada**.

– **Crime putativo, imaginário ou erroneamente suposto:** É aquele em que o agente acredita realmente ter praticado um crime, quando na verdade cometeu um indiferente penal. Trata-se de um "não crime", que se divide em três espécies: (a) crime putativo por erro de tipo; (b) crime putativo por erro de proibição, delito por alucinação ou crime de loucura; e (c) crime putativo por obra do agente provocador (**Súmula 145 do STF**).

– **Crime remetido:** É o que se verifica quando sua definição típica se reporta a outro crime, que passa a integrá-lo, como no uso de documento falso ("fazer uso de qualquer dos papéis falsificados ou alterados, a que se referem os arts. 297 a 302" – art. 304 do CP).

– **Crimes de responsabilidade:** Dividem-se em próprios (são, na verdade, crimes comuns) e impróprios (infrações político-administrativas). Esses últimos são apreciados pelo Poder Legislativo, e a sua prática redunda na imposição de sanções políticas.

– **Crime-obstáculo:** É aquele que retrata atos preparatórios tipificados como crime autônomo pelo legislador. É o caso da associação criminosa (art. 288 do CP) e dos petrechos para falsificação de moeda (art. 291 do CP).

– **Crime progressivo:** É aquele que, para ser cometido, o agente deve violar outra lei penal, a qual tipifica crime menos grave, chamado de **crime de ação de passagem**. Em síntese, o agente, pretendendo desde o início produzir o resultado mais grave, pratica sucessivas violações ao bem jurídico. Com a adoção do princípio da consunção para solução do conflito aparente de leis penais, o crime mais grave absorve o menos grave. Exemplo: relação entre homicídio e lesão corporal.

– **Progressão criminosa:** Verifica-se quando ocorre mutação no dolo do agente, que inicialmente realiza um crime menos grave e, após já alcançada a consumação, decide praticar outro delito de maior gravidade. Há dois crimes, mas o agente responde por apenas um deles, o mais grave, em face do princípio da consunção.

– **Crimes de impressão:** Nos dizeres de Mário O. Folchi, são aqueles que provocam determinado estado de ânimo na vítima. Dividem-se em: (a) *crimes de inteligência:* são praticados mediante o engano, como o estelionato (art. 171 do CP); (b) *crimes de vontade:* recaem na vontade da vítima quanto à sua autodeterminação, como o sequestro (art. 148 do CP); e (c) *crimes de sentimento:* são os que incidem nas faculdades emocionais, tal como a injúria (CP, art. 140).[68]

---

68 FOLCHI, Mário O. *La importancia de la tipicidade en derecho penal.* Buenos Aires: Depalma, 1960. p. 87.

– **Crimes militares:** O Decreto-lei 1.001/1969 – Código Penal Militar – prevê crimes militares em tempo de paz (art. 9.º) e em tempo de guerra (art. 10). Além disso, os crimes militares também se subdividem em próprios e impróprios. **Próprios** (ou **puramente militares**) são os definidos exclusivamente pelo Código Penal Militar, pois ofendem apenas as instituições e valores militares.[69] Exemplos: deserção (CPM, art. 187) e amotinamento (CPM, art. 182). **Impróprios, de seu turno,** são os que encontram previsão legislativa tanto no Código Penal Militar como também na legislação comum, a exemplo do furto, do roubo, do estupro e do homicídio.

– **Crimes falimentares:** São os tipificados pela Lei de Falências (Lei 11.101/2005). Podem ser ante ou pós-falimentares, conforme sejam praticados antes ou depois da sentença declaratória da falência; ou ainda próprios ou impróprios, se forem cometidos pelo falido ou por outra pessoa (exemplo: administrador judicial, contador etc.).

– **Crimes funcionais ou** *delicta in officio*: São aqueles cujo tipo penal exige seja o autor funcionário público.[70] Dividem-se em próprios e impróprios. **Crimes funcionais próprios** são aqueles em que a condição de funcionário público, no tocante ao sujeito ativo, é indispensável à tipicidade do fato. A ausência desta condição conduz à atipicidade absoluta, tal como ocorre na corrupção passiva e na prevaricação (arts. 317 e 319 do CP, respectivamente). Nos **crimes funcionais impróprios, ou mistos,** se ausente a qualidade funcional, opera-se a desclassificação para outro delito.

– **Crimes parcelares:** São os crimes da mesma espécie que compõem a série da continuidade delitiva, desde que presentes os demais requisitos exigidos pelo art. 71, *caput*, do CP. Com efeito, o ordenamento penal brasileiro filiou-se, no campo do crime continuado, à teoria da ficção jurídica, razão pela qual os diversos delitos (parcelares) são considerados, para fins de aplicação da pena, como um único crime.

– **Crimes de hermenêutica:** São os que resultam unicamente da interpretação dos operadores do Direito, pois na situação concreta não existem provas, nem sequer indícios consistentes, da prática de um fato legalmente descrito como criminoso. Esta classificação foi idealizada por Rui Barbosa. O art. 1.º, § 2.º, da Lei 13.869/2019 – Abuso de Autoridade expressamente afasta, em seu âmbito de incidência, os crimes de hermenêutica: "A divergência na interpretação de lei ou na avaliação de fatos e provas não configura abuso de autoridade."

– **Crime liliputiano ("crime anão" ou "crime vagabundo"):** É o nome doutrinário reservado às contravenções penais. Esta terminologia tem origem no livro *Viagens de Gulliver*, do inglês Jonathan Swift, no qual o personagem principal viaja por um mundo imaginário, e em sua primeira jornada vai a Liliput, terra em que os habitantes medem apenas 15 (quinze) centímetros de altura. Na verdade, não há crime (ou delito), em face da regra contida no art. 1.º do Decreto-lei 3.914/1941 – LICP.

– **Crimes de olvido:** a palavra "olvido" deriva de "olvidar", ou seja, esquecer. Por essa razão, os delitos de olvido são também conhecidos como delitos de esquecimento. Cuida-se de modalidade de crime omissivo impróprio, espúrio ou comissivo por omissão, caracterizado pela natureza culposa, mais especificamente pela culpa inconsciente (ou sem previsão). Em outras palavras, a omissão culposa do agente acarreta no descumprimento do seu dever de agir (CP, art. 13, § 2.º), daí decorrendo a produção do resultado naturalístico. Exemplo: O pai estaciona seu automóvel em via pública, em um dia de muito calor, e dirige-se ao supermercado, porém esquece seu filho de tenra idade no interior do veículo. Como o genitor demora a retornar, a criança acaba falecendo em consequência da insolação e da asfixia a que foi submetida. Não há falar em responsabilidade penal objetiva, em face da presença da culpa inconsciente.

---

[69] Há posição específica da Justiça castrense que coloca em destaque um critério processual. Nesse sentido, crime militar próprio é aquele cuja ação penal possa ser proposta somente em face de um militar. NEVES, Cícero Robson Coimbra; STREIFINGER, Marcelo. *Apontamentos de direito penal militar*. Parte geral. São Paulo: Saraiva, 2005. v. 1, p. 50.

[70] Lembre-se de que aos processos relativos a crimes funcionais **afiançáveis** aplica-se a regra prevista no art. 514 do Código de Processo Penal. E, com a entrada em vigor da Lei 12.403/2011, todos os crimes funcionais são afiançáveis, a teor da regra disciplinada no art. 323 do Código de Processo Penal.

– **Crimes de catálogo:** essa classificação surgiu em Portugal e diz respeito aos delitos compatíveis com a interceptação telefônica, disciplinada pela Lei 9.296/1996, como meio de investigação ou de produção de provas durante a instrução em juízo.[71]

– **Crimes de acumulação ou crimes de dano cumulativo:** essa classificação tem origem na Dinamarca (*kumulations delikte*) e parte da seguinte premissa: determinadas condutas são incapazes, isoladamente, de ofender o valor ou interesse protegido pela norma penal. Contudo, a repetição delas, cumulativamente consideradas, constitui crime, em face da lesão ou do perigo de lesão ao bem jurídico. Exemplo: Embora o comportamento seja imoral e ilícito, quem joga lixo uma única vez e em quantidade pequena às margens de um riacho não comete o crime de poluição. Contudo, se essa conduta for reiterada, surgirá o delito tipificado no art. 54 da Lei 9.605/1998 – Lei dos Crimes Ambientais.

– **Crimes aberrantes:** nessa classificação ingressam a *aberratio causae* (erro sobre o nexo causal), a *aberratio ictus* (erro na execução) e a *aberratio delicti* (resultado diverso do pretendido), modalidades de erro de tipo acidental.

– **Crime achado:** essa classificação guarda íntima relação com o encontro fortuito de provas no processo penal (princípio da serendipidade). Para o Supremo Tribunal Federal, crime achado é aquele desconhecido e não investigado até o momento em que vem a ser descoberto, em face da apuração de outro delito, a exemplo do que se verifica quando, no bojo de uma interceptação telefônica voltada a investigar a prática de tráfico de drogas, acaba por se revelar a autoria de um crime de homicídio.[72]

– **Crime de clima:** É aquele que cria um cenário favorável ao cometimento de outros delitos ou à disseminação do discurso de ódio, tal como os crimes contra a honra praticados em *fake news* veiculadas nas redes sociais da *internet*.

○ **Jurisprudência selecionada:**

Conceito legal de crime – Art. 28 da Lei de Drogas: "1. O art. 1º da LICP – que se limita a estabelecer um critério que permite distinguir quando se está diante de um crime ou de uma contravenção – não obsta a que lei ordinária superveniente adote outros critérios gerais de distinção, ou estabeleça para determinado crime – como o fez o art. 28 da L. 11.343/2006 – pena diversa da privação ou restrição da liberdade, a qual constitui somente uma das opções constitucionais passíveis de adoção pela lei incriminadora (CF/88, art. 5º, XLVI e XLVII). 2. Não se pode, na interpretação da L. 11.343/06, partir de um pressuposto desapreço do legislador pelo 'rigor técnico', que o teria levado inadvertidamente a incluir as infrações relativas ao usuário de drogas em um capítulo denominado 'Dos Crimes e das Penas', só a ele referentes. (L. 11.343/06, Título III, Capítulo III, arts. 27/30). 3. Ao uso da expressão 'reincidência', também não se pode emprestar um sentido 'popular', especialmente porque, em linha de princípio, somente disposição expressa em contrário na L. 11.343/06 afastaria a regra geral do CP (CP, art. 12). 4. Soma-se a tudo a previsão, como regra geral, ao processo de infrações atribuídas ao usuário de drogas, do rito estabelecido para os crimes de menor potencial ofensivo, possibilitando até mesmo a proposta de aplicação imediata da pena de que trata o art. 76 da L. 9.099/95 (art. 48, §§ 1º e 5º), bem como a disciplina da prescrição segundo as regras do art. 107 e seguintes do CP (L. 11.343, art. 30). 6. Ocorrência, pois, de 'despenalização', entendida como exclusão, para o tipo, das penas privativas de liberdade. 7. Questão de ordem resolvida no sentido de que a L. 11.343/06 não implicou *abolitio criminis* (CP, art. 107)" (STF: RE 430.105 QO/RJ, rel. Min. Sepúlveda Pertence, 1.ª Turma, j. 13.02.2007). *No mesmo sentido*: STJ: HC 65.242/MG, rel. Min. Nefi Cordeiro, 6.ª Turma, j. 07.08.2014.

Conceito legal de crime – porte de maconha para consumo pessoal – Tema 506 da Repercussão Geral: "Tese fixada: '1. Não comete infração penal quem adquirir, guardar, tiver em depósito,

---

[71] STF: HC 100.524/PR, rel. Min. Joaquim Barbosa, 2.ª Turma, j. 27.03.2012.
[72] STF: HC 129.678/SP, rel. orig. Min. Marco Aurélio, red. p/ o ac. Min. Alexandre de Moraes, 1.ª Turma, j. 13.06.2017, noticiado no *Informativo* 869.

transportar ou trouxer consigo, para consumo pessoal, a substância *cannabis sativa*, sem prejuízo do reconhecimento da ilicitude extrapenal da conduta, com apreensão da droga e aplicação de sanções de advertência sobre os efeitos dela (art. 28, I) e medida educativa de comparecimento à programa ou curso educativo (art. 28, III); 2. As sanções estabelecidas nos incisos I e III do art. 28 da Lei nº 11.343/2006 serão aplicadas pelo juiz em procedimento de natureza não penal, sem nenhuma repercussão criminal para a conduta; 3. Em se tratando da posse de *cannabis* para consumo pessoal, a autoridade policial apreenderá a substância e notificará o autor do fato para comparecer em Juízo, na forma do regulamento a ser aprovado pelo CNJ. Até que o CNJ delibere a respeito, a competência para julgar as condutas do art. 28 da Lei nº 11.343/2006 será dos Juizados Especiais Criminais, segundo a sistemática atual, vedada a atribuição de quaisquer efeitos penais para a sentença; 4. Nos termos do § 2º do artigo 28 da Lei nº 11.343/2006, será presumido usuário quem, para consumo próprio, adquirir, guardar, tiver em depósito, transportar ou trouxer consigo, até 40 gramas de *cannabis sativa* ou seis plantas-fêmeas, até que o Congresso Nacional venha a legislar a respeito; 5. A presunção do item anterior é relativa, não estando a autoridade policial e seus agentes impedidos de realizar a prisão em flagrante por tráfico de drogas, mesmo para quantidades inferiores ao limite acima estabelecido, quando presentes elementos que indiquem intuito de mercancia, como a forma de acondicionamento da droga, as circunstâncias da apreensão, a variedade de substâncias apreendidas, a apreensão simultânea de instrumentos como balança, registros de operações comerciais e aparelho celular contendo contatos de usuários ou traficantes; 6. Nesses casos, caberá ao Delegado de Polícia consignar, no auto de prisão em flagrante, justificativa minudente para afastamento da presunção do porte para uso pessoal, sendo vedada a alusão a critérios subjetivos arbitrários; 7. Na hipótese de prisão por quantidades inferiores à fixada no item 4, deverá o juiz, na audiência de custódia, avaliar as razões invocadas para o afastamento da presunção de porte para uso próprio; 8. A apreensão de quantidades superiores aos limites ora fixados não impede o juiz de concluir que a conduta é atípica, apontando nos autos prova suficiente da condição de usuário'. Não configura infração penal a prática das condutas de adquirir, guardar, ter em depósito, transportar ou trazer consigo – para consumo pessoal – a substância *cannabis sativa* (maconha). A criminalização das aludidas condutas, relacionadas ao porte de maconha para o uso próprio (art. 28, Lei 11.343/2006), afronta o postulado da proporcionalidade, pois (i) versa sobre lesividade que se restringe à esfera pessoal dos usuários; e (ii) produz crescente estigmatização, ofuscando os principais objetivos do Sistema Nacional de Políticas de Drogas, quais sejam, a política de redução de danos e a prevenção do uso abusivo de drogas. Nesse contexto, o foco da política de drogas deve ser o campo da saúde pública, até porque considerar essas condutas infração penal resulta em clara incongruência no sistema. A ausência da natureza penal não impede, entretanto, o reconhecimento da ilicitude extrapenal das condutas especificadas, razão pela qual é cabível a apreensão da maconha e a aplicação das sanções administrativas de advertência sobre os efeitos da droga e de medida educativa de comparecimento à programa ou curso educativo (art. 28, I e III, Lei 11.343/2006). Ademais, a incidência de quaisquer das sanções anteriormente referidas deve ocorrer sem a atribuição de efeitos criminais como, por exemplo, a reincidência. Até que sobrevenha legislação a respeito, presume-se usuário, como regra geral, quem adquire, guarda, tem em depósito, transporta ou traz consigo até 40 gramas de *cannabis sativa* ou seis plantas fêmeas. O STF considerou necessária a definição de uma quantidade como parâmetro orientador para diferenciar o usuário do traficante de maconha, com o objetivo de afastar interpretações desiguais, discriminação irrazoável de grupos sociais vulneráveis, discricionariedades de policiais, membros do Ministério Público e do Poder Judiciário, caracterizadoras de injustiças, bem assim de proteger os direitos fundamentais de pessoas que são encarceradas, sobretudo, pela má distinção entre tráfico e uso. O parâmetro estipulado é provisório, até a superveniência da regulamentação própria, e não é absoluto. Para o afastamento da presunção relativa de que se cuida de conduta relacionada ao consumo da pessoa ou voltada à traficância, é preciso cumprir o estabelecido na tese fixada neste julgamento. Enquanto não houver regulamentação quanto à competência para julgar as condutas em debate, o respectivo procedimento, segundo a sistemática atual, tramitará nos juizados especiais criminais, vedada a atribuição de efeitos criminais ou de qualquer natureza penal, e devidamente atendidos os demais critérios estipulados por esta Corte. Ressalta-se que a decisão colegiada se restringe à *cannabis sativa*, substância objeto de análise no caso concreto, e não abarca as demais drogas, haja vista as particularidades de cada espécie de substância entorpecente" (STF: RE 635.659/SP, rel. Min. Gilmar Mendes, Plenário, j. 26.06.2024, noticiado no *Informativo* 1.143).

Contravenções penais - competência - Justiça Estadual: "É da competência da Justiça estadual o julgamento de contravenções penais, mesmo que conexas com delitos de competência da Justiça Federal. A Constituição Federal expressamente excluiu, em seu art. 109, IV, a competência da Justiça Federal para o julgamento das contravenções penais, ainda que praticadas em detrimento de bens, serviços ou interesse da União. Tal orientação está consolidada na Súm. n. 38/STJ" (STJ: CC 120.406/RJ, rel. Min. Alderita Ramos de Oliveira (Desembargadora convocada do TJ/PE), 3.ª Seção, j. 12.12.2012, noticiado no *Informativo* 511).

Crime achado: "A Primeira Turma do Supremo Tribunal Federal, por maioria, indeferiu ordem de 'habeas corpus' em que se discutia a ilicitude de provas colhidas mediante interceptação telefônica durante investigação voltada a apurar delito de tráfico internacional de drogas. No caso, o juízo de origem determinou a prisão preventiva do paciente em razão da suposta prática de homicídio qualificado. O impetrante sustentou a ilicitude das provas colhidas, a inépcia da denúncia e a falta de justa causa para o prosseguimento da ação penal. O Colegiado afirmou que a hipótese dos autos é de crime achado, ou seja, infração penal desconhecida e não investigada até o momento em que se descobre o delito. A interceptação telefônica, apesar de investigar tráfico de drogas, acabou por revelar crime de homicídio. Assentou que, presentes os requisitos constitucionais e legais, a prova deve ser considerada lícita. Ressaltou, ainda, que a interceptação telefônica foi autorizada pela justiça, o crime é apenado com reclusão e inexistiu o desvio de finalidade. No que se refere à justa causa, considerou presente o trinômio que a caracteriza: tipicidade, punibilidade e viabilidade. A tipicidade é observada em razão de a conduta ser típica. A punibilidade, em face da ausência de prescrição. E a viabilidade, ante a materialidade, comprovada com o evento morte, e a autoria, que deve ser apreciada pelo tribunal do júri. Vencido o Ministro Marco Aurélio, que deferiu a ordem. Pontuou não haver justa causa e reputou deficiente a denúncia ante a narração do que seria a participação do paciente no crime" (STF: HC 129.678, rel. orig. Min. Marco Aurélio, red. p/ o ac. Min. Alexandre de Moraes, 1.ª Turma, j. 13.06.2017, noticiado no *Informativo* 869).

Crime complexo: "O tipo penal concernente ao roubo qualificado pelo resultado lesão corporal grave (CP, art. 157, § 3º, primeira parte) realiza-se em todos os seus elementos estruturais (*essentialia delicti*), dando ensejo ao reconhecimento da consumação desse delito, sempre que o agente, procedendo com a intenção de executar a subtração patrimonial (embora frustrada em sua efetivação), comete violência física de que resultem lesões corporais de natureza grave. Adoção do princípio enunciado na Súmula 610/STF, ainda que não se cuide, na espécie, do crime de latrocínio. A questão pertinente à consumação do crime complexo, quando meramente tentado um dos delitos que lhe compõem a estrutura unitária (delitos famulativos)" (STF: HC 71.069/SP, rel. Min. Celso de Mello, 1.ª Turma, j. 10.05.1994).

Crime de mera suspeita - art. 25 da Lei das Contravenções Penais - não recepção pela Constituição Federal de 1988: "O art. 25 da Lei de Contravenções Penais - LCP (Decreto-lei 3.688/41: 'Art. 25. Ter alguém em seu poder, depois de condenado, por crime de furto ou roubo, ou enquanto sujeito à liberdade vigiada ou quando conhecido como vadio ou mendigo, gazuas, chaves falsas ou alteradas ou instrumentos empregados usualmente na prática de crime de furto, desde que não prove destinação legítima: Pena - prisão simples, de dois meses a um ano, e multa de duzentos mil réis a dois contos de réis') não é compatível com a Constituição de 1988, por violar os princípios da dignidade da pessoa humana (CF, art. 1º, III) e da isonomia (CF, art. 5º, *caput* e I). Essa a conclusão do Plenário, que deu provimento a recursos extraordinários, julgados em conjunto, e absolveu os recorrentes, nos termos do art. 386, III, do CPP. Discutia-se a temática relativa à recepção do mencionado art. 25 da LCP pelo novo ordenamento constitucional. No caso, os recorrentes foram condenados pela posse injustificada de instrumento de emprego usual na prática de furto, tendo em conta condenação anterior pelo aludido crime (CP, art. 155,

§ 4º). [...] No mérito, destacou-se que o princípio da ofensividade deveria orientar a aplicação da lei penal, de modo a permitir a aferição do grau de potencial ou efetiva lesão ao bem jurídico protegido pela norma. Observou-se que, não obstante a contravenção impugnada ser de mera conduta, exigiria, para a sua configuração, que o agente tivesse sido condenado anteriormente por furto ou roubo; ou que estivesse em liberdade vigiada; ou que fosse conhecido como vadio ou mendigo. Assim, salientou-se que o legislador teria se antecipado a possíveis e prováveis resultados lesivos, o que caracterizaria a presente contravenção como uma infração de perigo abstrato. Frisou-se que a LCP fora concebida durante o regime ditatorial e, por isso, o anacronismo do tipo contravencional. Asseverou-se que a condição especial 'ser conhecido como vadio ou mendigo', atribuível ao sujeito ativo, criminalizaria, em verdade, qualidade pessoal e econômica do agente, e não fatos objetivos que causassem relevante lesão a bens jurídicos importantes ao meio social. Consignou-se, no ponto, a inadmissão, pelo sistema penal brasileiro, do direito penal do autor em detrimento do direito penal do fato. No que diz respeito à consideração da vida pregressa do agente como elementar do tipo, afirmou-se o não cabimento da presunção de que determinados sujeitos teriam maior potencialidade de cometer novas infrações penais. Por fim, registrou-se que, sob o enfoque do princípio da proporcionalidade, a norma em questão não se mostraria adequada e necessária, bem como afrontaria o subprincípio da proporcionalidade em sentido estrito" (STF: RE 583.523/RS, rel. Min. Gilmar Mendes, Plenário, j. 03.10.2013, noticiado no *Informativo* 722).

Crime de perigo abstrato– comprovação do dolo e proibição da responsabilidade penal objetiva: "Para a configuração do crime de perigo abstrato previsto no art. 1.º, inciso I, da Lei 8.176/1991, é imprescindível a comprovação do dolo, sendo vedada a responsabilização penal objetiva. (...) Os crimes de perigo abstrato, por sua própria definição, se revelam por meio da simples realização da conduta descrita na norma penal, dispensando a necessidade de demonstração concreta do perigo. Isso significa que o perigo ao bem jurídico protegido é presumido pela lei, tornando irrelevante, sob o ponto de vista jurídico, a efetiva ocorrência de um dano. (...) Todavia, a configuração do crime exige a presença do dolo, entendido como a vontade livre e consciente do agente de realizar a conduta descrita no tipo penal. (...) Portanto, ao se perscrutar a aplicação dos crimes de perigo abstrato, é crucial compreender que a tipicidade penal não se exaure na mera realização da conduta objetivamente perigosa, sendo indispensável a exigência de dolo para assegurar que a intervenção penal permaneça restrita às condutas realmente reprováveis" (STJ: AgRg no AREsp 2.349.885/BA, rel. Min. Joel Ilan Paciornik, rel. para acórdão Min. Ribeiro Dantas, 5.ª Turma, j. 03.09.2024, noticiado no *Informativo* 825).

Crime habitual impróprio: "O crime de gestão fraudulenta, consoante a doutrina, pode ser visto como crime habitual impróprio, em que uma só ação tem relevância para configurar o tipo, ainda que a sua reiteração não configure pluralidade de crimes" (STJ: HC 39.908/PR, rel. Min. Arnaldo Esteves Lima, 5.ª Turma, j. 06.12.2005).

Crime hediondo – forma tentada – irrelevância: "O fato de não ter sido consumado o crime não afasta a hediondez do delito" (STJ: HC 220.978/RJ, Rel. Min. Laurita Vaz, 5.ª Turma, j. 16.10.2012, noticiado no *Informativo* 506).

Crime militar - tentativa de homicídio - art. 205 do CPM - policial militar de folga - disparos contra os colegas de corporação e a viatura - regularidade da instituição militar, princípios da hierarquia e disciplina: "De todo modo, vale o destaque de que, em muitos casos, o bem jurídico protegido pelo Código Penal Militar encontra igual guarida no Código Penal comum. Exemplo claro dessa situação é o art. 205 do CPM, que tipifica o delito de homicídio simples, tutelando, portanto, o direito à vida, também protegido pelo art. 121 do CP. Por isso, é importante ressaltar que a análise não pode se esgotar no bem jurídico tutelado pura e simplesmente. Deve-se necessariamente averiguar, na situação concreta, a existência ou não de vulneração, a partir da conduta, da regularidade das instituições militares, cujo pilar constitucional se baseia em dois princípios: hierarquia e disciplina. Por essas considerações, entende-se que, nos termos do art. 9º do CPM, sempre que a conduta tiver potencial de vulnerar a regularidade das instituições militares, deve-se reconhecer a competência da Justiça especializada" (STJ: HC 550.998/MG, rel. Min. Ribeiro Dantas, 5.ª Turma, j. 23.06.2020, noticiado no *Informativo* 675).

Crime multitudinário – atos do 8 de janeiro de 2023: "(...) No contexto dos crimes multitudinários (de multidão ou de autoria coletiva), e levando-se em consideração a responsabilidade penal subjetiva, todos os agentes respondem pelos resultados lesivos aos bens jurídicos. Em delitos dessa natureza, a individualização detalhada das condutas encontra barreiras intransponíveis que decorrem da própria característica coletiva dos atos. Contudo, é incontroverso que todos os agentes contribuem para o resultado, na medida em que, mediante ação conjunta, direcionam seus esforços para o mesmo fim. Os componentes exercem influência recíproca, uns sobre os outros, e cada indivíduo age com dolo ao aderir, de forma voluntária e consciente, à confusão, à desordem ou à perturbação, fazendo parte delas" (STF: AP 1.060/DF, rel. Min. Alexandre de Moraes, Plenário, j. 14.09.2023, noticiado no *Informativo* 1.108).

Crime-obstáculo – tipo penal preventivo: "A Turma, acompanhando recente assentada, quando do julgamento, por maioria, do REsp 1.193.805/SP, manteve o entendimento de que o porte ilegal de arma de fogo é crime de perigo abstrato, cuja consumação se caracteriza pelo simples ato de alguém levar consigo arma de fogo sem autorização ou em desacordo com determinação legal – sendo irrelevante a demonstração de efetivo caráter ofensivo. Isso porque, nos termos do disposto no art. 16, parágrafo único, IV, da Lei 10.826/2003, o legislador teve como objetivo proteger a incolumidade pública, transcendendo a mera proteção à incolumidade pessoal, bastando, assim, para a configuração do delito em discussão a probabilidade de dano, e não sua ocorrência. Segundo se observou, a lei antecipa a punição para o ato de portar arma de fogo; é, portanto, um tipo penal preventivo, que busca minimizar o risco de comportamentos que vêm produzindo efeitos danosos à sociedade, na tentativa de garantir aos cidadãos o exercício do direito à segurança e à própria vida. Conclui-se, assim, ser irrelevante aferir a eficácia da arma para a configuração do tipo penal, que é misto-alternativo, em que se consubstanciam, justamente, as condutas que o legislador entendeu por bem prevenir, seja ela o simples porte de munição ou mesmo o porte de arma desmuniciada" (STJ: HC 211.823/SP, rel. Min. Sebastião Reis Júnior, 6.ª Turma, j. 22.03.2012, noticiado no *Informativo* 493).

Crime permanente – prisão em flagrante – possibilidade de realização do ato por qualquer do povo: "Não é ilegal a prisão realizada por agentes públicos que não tenham competência para a realização do ato quando o preso foi encontrado em estado de flagrância. Os tipos penais previstos nos arts. 12 e 16 da Lei n. 10.826/2003 (Estatuto do Desarmamento) são crimes permanentes e, de acordo com o art. 303 do CPP, o estado de flagrância nesse tipo de crime persiste enquanto não cessada a permanência. Segundo o art. 301 do CPP, qualquer do povo pode prender quem quer que seja encontrado em situação de flagrante, razão pela qual a alegação de ilegalidade da prisão – pois realizada por agentes que não tinham competência para tanto – não se sustenta" (STJ: HC 244.016/ES, Rel. Min. Jorge Mussi, 5.ª Turma, j. 16.10.2012, noticiado no *Informativo* 506).

Crime permanente – tráfico de drogas – flagrante esperado – não incidência da Súmula 145 do STF: "I. Não há que se confundir flagrante forjado com esperado, em que a polícia tão somente espera a prática da infração, sem que haja instigação e tampouco a preparação do ato, mas apenas o exercício de vigilância na conduta do agente criminoso. II. O delito de tráfico de entorpecente consuma-se com a prática de qualquer umas das dezoito ações identificadas no núcleo do tipo, todas de natureza permanente que, quando preexistentes à atuação policial, legitimam a prisão em flagrante, sem que se possa falar em flagrante forjado ou preparado. III. Hipótese em que as pacientes não foram apreendidas no momento em que comercializavam a droga, o que teria sido obstado pela presença dos policiais, tendo o delito sido deflagrado em momento anterior, pelo núcleo 'trazer consigo' substância entorpecente, razão pela qual se tem como descabida a aplicação da Súm. nº 145 do STF, a fim de ver reconhecido o crime impossível. IV. Os policiais não encontraram droga com uma das recorrentes, muito menos a surpreenderam vendendo qualquer substância ilícita, sendo que a sua prisão em flagrante foi baseada em informações obtidas com usuários de entorpecentes que informaram ser a mesma traficante" (STJ: RHC 20.283/SP, rel. Min. Gilson Dipp, 5.ª Turma, j. 24.04.2007).

Crime permanente e crime instantâneo de efeitos permanentes – distinção: "De antemão, é necessário fazer a distinção dos conceitos legais - crime permanente e crime instantâneo de efeitos permanentes - de modo a tornar claro o raciocínio jurídico empregado. A diferença de classificação consiste na ação tomada pelo agente quanto aos efeitos gerados pela conduta delitiva inicial, pois para o crime permanente, realizada a ação típica, os efeitos só perduram no tempo por nova ação do autor ou diante da sua inércia em cumprir determinação estipulada, enquanto que nos crimes instantâneos de efeitos permanentes o delito se consuma tão somente no primeiro momento, sendo as consequências daí geradas independentes da sua vontade" (STJ: AgRg no REsp 1.847.097/PA, rel. Min. Joel Ilan Paciornik, 5.ª Turma, j. 05.03.2020, noticiado no *Informativo* 667).

Crimes de máximo potencial ofensivo: "Daí por que ela, Constituição, explicitamente trabalha com dois extremos em matéria de política criminal: os crimes de máximo potencial ofensivo (entre os quais os chamados delitos hediondos e os que lhe sejam equiparados, de parelha com os crimes de natureza jurídica imprescritível) e as infrações de pequeno potencial ofensivo (inciso I do art. 98 da CF)" (STF: HC 111.017/RS, rel. Min. Ayres Britto, 2.ª Turma, j. 07.02.2012).

Crimes de perigo abstrato – constitucionalidade: "A Lei 10.826/2003 (Estatuto do Desarmamento) tipifica o porte de arma como crime de perigo abstrato. De acordo com a lei, constituem crimes as meras condutas de possuir, deter, portar, adquirir, fornecer, receber, ter em depósito, transportar, ceder, emprestar, remeter, empregar, manter sob sua guarda ou ocultar arma de fogo. Nessa espécie de delito, o legislador penal não toma como pressuposto da criminalização a lesão ou o perigo de lesão concreta a determinado bem jurídico. Baseado em dados empíricos, o legislador seleciona grupos ou classes de ações que geralmente levam consigo o indesejado perigo ao bem jurídico. A criação de crimes de perigo abstrato não representa, por si só, comportamento inconstitucional por parte do legislador penal. A tipificação de condutas que geram perigo em abstrato, muitas vezes, acaba sendo a melhor alternativa ou a medida mais eficaz para a proteção de bens jurídico-penais supraindividuais ou de caráter coletivo, como, por exemplo, o meio ambiente, a saúde etc. Portanto, pode o legislador, dentro de suas amplas margens de avaliação e de decisão, definir quais as medidas mais adequadas e necessárias para a efetiva proteção de determinado bem jurídico, o que lhe permite escolher espécies de tipificação próprias de um direito penal preventivo. Apenas a atividade legislativa que, nessa hipótese, transborde os limites da proporcionalidade, poderá ser tachada de inconstitucional. Legitimidade da criminalização do porte de arma. Há, no contexto empírico legitimador da veiculação da norma, aparente lesividade da conduta, porquanto se tutela a segurança pública (arts. 6º e 144, CF) e indiretamente a vida, a liberdade, a integridade física e psíquica do indivíduo etc. Há inequívoco interesse público e social na proscrição da conduta. É que a arma de fogo, diferentemente de outros objetos e artefatos (faca, vidro etc.) tem, inerente à sua natureza, a característica da lesividade. A danosidade é intrínseca ao objeto. A questão, portanto, de possíveis injustiças pontuais, de absoluta ausência de significado lesivo deve ser aferida concretamente e não em linha diretiva de ilegitimidade normativa" (STF: HC 102.087/MG, rel. Min. Celso de Mello, red. p/ acórdão Min. Gilmar Mendes, 2.ª Turma, j. 28.02.2013).

Crimes próprios ou especiais – participação – dosimetria da pena: "Sujeito ativo qualificado segundo o disposto no art. 25, da Lei 7.492/1986 – *intraneus*. Possibilidade jurídica de participação de um não qualificado – *extraneus* – no delito especial executado pelo qualificado. Aplicação da regra contida no art. 30 do Código Penal. Existência de narrativa sobre conduta que, em tese, autoriza a responsabilização do recorrente a título de participação: o 'como', o 'de que forma', o 'de que maneira' concorreu para cada uma das infrações, inclusive na modalidade omissiva. Responsabilidade do partícipe por omissão. Improcedência da alegação de contrariedade aos artigos 13 e 29, do Código Penal. [...] 1. Toda e qualquer empresa que capte ou administre seguros, câmbio, consórcio, capitalização ou qualquer tipo de poupança, ou recursos de terceiros, é por efeito da Lei 7.492/1986, equiparada a instituição financeira, sendo este último o caso da empresa vítima. Se a empresa AEROS – Fundo de Pensão Multipatrocinado é pertencente ao Sistema Financeiro Nacional, a competência, *ratione materiae*, para o julgamento do processo é da Justiça Federal. 2. A delimitação legal do âmbito da autoria nos delitos especiais, tanto próprios quanto impróprios, por si só, não impede o surgimento do concurso de pessoas e a responsabilização penal, pela mesma figura de delito, de sujeito não qualificado – *extraneus* –, havendo pelo menos um qualificado – *intraneus* – interveniente, na condição de autor, e conhecendo os demais sua condição pessoal – aplicação da regra contida no artigo 30, do CP, pela interpretação *a contrario sensu*, segundo a qual se comunicam as circunstâncias de caráter pessoal se elementares do tipo, não havendo razão, de lógica ou de justiça, para que as normas penais de caráter geral deixem de incidir tão somente em face dos crimes definidos na Lei 7.492/1986 que, juntamente com inúmeras outras figuras previstas no ordenamento jurídico-penal brasileiro, integram o gênero dos chamados delitos especiais. 3. Se a decisão revela 'como' e 'porquê' o Recorrente se faz corresponsável pelos delitos definidos nos artigos 4º, *caput*; 5º, *caput*; 7º, inciso IV; e 9º, da Lei 7.492/1986, não há como se admitir a inexistência de fundamento fático à condenação. Todo partícipe por omissão é garantidor, mas nem todo garantidor é partícipe: existência da necessária explicitação de bases fáticas à condenação. [...] 4. No ordenamento penal em vigor, não há obrigatoriedade de redução de pena para o partícipe, em relação à pena do autor, considerada a participação em si mesma, ou seja; como forma de concorrência diferente da autoria (ou coautoria). A redução obrigatória da pena para o partícipe se dá apenas em face daquela que a Lei chama de 'menor importância' – o que já está a revelar que nem toda participação é de menor importância e que, a princípio, a punição do partícipe é igual a do autor. A diferenciação está 'na medida da culpabilidade' e, nessa linha, o partícipe pode, em tese, vir até mesmo a merecer pena maior que a do autor, como exemplo, no caso do inciso IV, do artigo 62, do CP" (STJ: REsp 575.684/SP, rel. Min. Hamilton Carvalhido, 6.ª Turma, j. 04.10.2005).

Responsabilidade penal da pessoa jurídica – ato de gerência: "Em crime a envolver pessoa jurídica, a responsabilidade é de quem implementa a gerência, não cabendo exigir a narração, na denúncia, da forma em que teria, nesse mister, praticado o ato" (STF: HC 91.591 MC/MG, rel. Min. Marco Aurélio, Pleno, j. 21.06.2007).

Responsabilidade penal da pessoa jurídica – cabimento de *habeas corpus*: "I - Responsabilidade penal da pessoa jurídica, para ser aplicada, exige alargamento de alguns conceitos tradicionalmente empregados na seara criminal, a exemplo da culpabilidade, estendendo-se a elas também as medidas assecuratórias, como o *habeas corpus*. II - *Writ* que deve ser havido como instrumento hábil para proteger pessoa jurídica contra ilegalidades ou abuso de poder quando figurar como corré em ação penal que apura a prática de delitos ambientais, para os quais é cominada pena privativa de liberdade" (STF: HC 92.921/BA, rel. Min. Ricardo Lewandowski, 1.ª Turma, j. 19.08.2008). **Em sentido diverso:** STJ: AgRg no RHC 161.149/SP, rel. Min. Joel Ilan Pacionik, 5.ª Turma, j. 22.03.2022.

Responsabilidade penal da pessoa jurídica – concurso de pessoas: "1. Os tipos penais que descrevem as condutas tidas como ilícitas – destruir ou danificar floresta considerada de preservação permanente e cortar árvores em florestas consideradas de preservação permanente (arts. 38 e 39 da Lei 9.605/1998) – não impõem a aplicação da sanção penal apenas àquele que fisicamente executou a atividade criminosa; aquele que, na qualidade de partícipe, presta suporte moral ou material ao agente, concorrendo, de qualquer forma, para a realização do ilícito penal, por óbvio, também deve ser responsabilizado, nos termos do art. 29 do CPB e do art. 2º da Lei 9.605/1998. 2. A conduta omissiva não deve ser tida como irrelevante para o crime ambiental, devendo da mesma forma ser penalizado aquele que, na condição de diretor, administrador, membro do conselho e de órgão técnico, auditor, gerente, preposto ou mandatário da pessoa jurídica, tenha conhecimento da conduta criminosa e, tendo poder para impedi-la, não o fez" (STJ: HC 92.822/SP, rel. originário Min. Arnaldo Esteves Lima, rel. para acórdão Min. Napoleão Nunes Maia Filho, 5.ª Turma, j. 17.06.2008).

Responsabilidade penal da pessoa jurídica – crimes ambientais – possibilidade de condenação, mesmo com a absolvição das pessoas físicas: "É admissível a condenação de pessoa jurídica pela prática de crime ambiental, ainda que absolvidas as pessoas físicas ocupantes de cargo de presidência ou de direção do órgão responsável pela prática criminosa. Com base nesse entendimento, a 1ª Turma, por maioria, conheceu, em parte, de recurso extraordinário e, nessa parte, deu-lhe provimento para cassar o acórdão recorrido. Neste, a imputação aos dirigentes responsáveis pelas condutas incriminadas (Lei 9.605/1998, art. 54) teria sido excluída e, por isso, trancada a ação penal relativamente à pessoa jurídica. [...] No mérito, anotou-se que a tese do STJ, no sentido de que a persecução penal dos entes morais somente se poderia ocorrer se houvesse, concomitantemente, a descrição e imputação de uma ação humana individual, sem o que não seria admissível a responsabilização da pessoa jurídica, afrontaria o art. 225, § 3º, da CF. Sublinhou-se que, ao se condicionar a imputabilidade da pessoa jurídica à da pessoa humana, estar-se-ia quase que a subordinar a responsabilização jurídico-criminal do ente moral à efetiva condenação da pessoa física. Ressaltou-se que, ainda que se concluísse que o legislador ordinário não estabelecera por completo os critérios de imputação da pessoa jurídica por crimes ambientais, não haveria como pretender transpor o paradigma de imputação das pessoas físicas aos entes coletivos. Vencidos os Ministros Marco Aurélio e Luiz Fux, que negavam provimento ao extraordinário. Afirmavam que o art. 225, § 3º, da CF não teria criado a responsabilidade penal da pessoa jurídica. Para o Min. Luiz Fux, a mencionada regra constitucional, ao afirmar que os ilícitos ambientais sujeita-riam 'os infratores, pessoas físicas ou jurídicas, a sanções penais e administrativas', teria apenas imposto sanções administrativas às pessoas jurídicas. Discorria, ainda, que o art. 5º, XLV, da CF teria trazido o princípio da pessoalidade da pena, o que vedaria qualquer exegese a implicar a responsabilidade penal da pessoa jurídica. Por fim, reputava que a pena visaria à ressocialização, o que tornaria impossível o seu alcance em relação às pessoas jurídicas" (STF: RE 548.181/PR, rel. Min. Rosa Weber, 1.ª Turma, j. 06.08.2013, noticiado no *Informativo* 714).

Responsabilidade penal da pessoa jurídica – dupla imputação: "Admite-se a responsabilidade penal da pessoa jurídica em crimes ambientais desde que haja a imputação simultânea do ente moral e da pessoa física que atua em seu nome ou em seu benefício, uma vez que 'não se pode compreender a responsabilização do ente moral dissociada da atuação de uma pessoa física, que age com elemento subjetivo próprio' cf. REsp nº 564.960/SC, 5ª Turma, Rel. Ministro Gilson Dipp, DJ de 13.06.2005 (Precedentes)" (STJ: REsp 889.528/SC, rel. Felix Fischer, 5.ª Turma, j. 17.04.2007).

Responsabilidade penal da pessoa jurídica – dupla imputação – desnecessidade: "É possível a responsabilização penal da pessoa jurídica por delitos ambientais independentemente da responsa-bilização concomitante da pessoa física que agia em seu nome. Conforme orientação da Primeira Turma do STF, 'O art. 225, § 3º, da Constituição Federal não condiciona a responsabilização penal da pessoa jurídica por crimes ambientais à simultânea persecução penal da pessoa física em tese responsável no âmbito da empresa. A norma constitucional não impõe a necessária dupla imputação' (RE 548.181, 1.ª Turma, *DJe* 29.10.2014). Diante dessa interpretação, o STJ modificou sua anterior orientação, de modo a entender que é possível a responsabilização penal da pessoa jurídica por delitos ambientais independentemente da responsabilização concomitante da pessoa física que agia em seu nome" (STJ: RMS 39.173/BA, rel. Min. Reynaldo Soares da Fonseca, 5.ª Turma, j. 06.08.2015, noticiado no *Informativo* 566).

Teoria da tipicidade conglobante: "1. Queixa-crime oferecida por Juíza contra Desembargador que, durante processo de promoção por merecimento de magistrado, proferiu voto com expressões tidas por difamatórias pela querelante. 2. O querelado, em sessão pública, proferiu seu voto, con-soante previsto na Resolução nº 106/2010 do CNJ, não se extraindo da sua manifestação conduta que se amolde na figura típica do art. 139 do Código Penal. Ausência de *animus diffamandi*. 3. O querelado agiu no estrito cumprimento do dever legal de fundamentação do voto, restando afastada a tipicidade conglobante do crime de difamação, nos termos do art. 142, III, do Código Penal e do art. 41 da LC nº 35/79 (LOMAN). 4. Queixa-crime rejeitada" (STJ: APn 683/AP, rel. Min. Eliana Calmon, Corte Especial, j. 21.11.2012).

Relação de causalidade

Art. 13. O resultado, de que depende a existência do crime, somente é im-putável a quem lhe deu causa. Considera-se causa a ação ou omissão sem a qual o resultado não teria ocorrido.

Superveniência de causa independente

> § 1º A superveniência de causa relativamente independente exclui a imputação quando, por si só, produziu o resultado; os fatos anteriores, entretanto, imputam-se a quem os praticou.

Relevância da omissão

> § 2º A omissão é penalmente relevante quando o omitente devia e podia agir para evitar o resultado. O dever de agir incumbe a quem:
>
> a) tenha por lei obrigação de cuidado, proteção ou vigilância;
>
> b) de outra forma, assumiu a responsabilidade de impedir o resultado;
>
> c) com seu comportamento anterior, criou o risco da ocorrência do resultado.

○ **Introdução:** A causalidade é um dos elementos do fato típico. Fato típico é o fato humano[73] que se enquadra com perfeição aos elementos descritos pelo tipo penal. São quatro os elementos do fato típico: conduta, resultado naturalístico, relação de causalidade (nexo causal) e tipicidade. Tais elementos estarão presentes, simultaneamente, nos crimes materiais consumados. Na tentativa e nos crimes formais e de mera conduta, os componentes do fato típico são a conduta e a tipicidade. Vale recordar que nos crimes de mera conduta jamais haverá resultado naturalístico, razão pela qual se subtrai a relação de causalidade, enquanto nos crimes formais o resultado naturalístico pode até ocorrer, mas não é necessário para a consumação.

○ **Relação de causalidade ou nexo causal:** Emprega-se, comumente, a expressão "nexo causal" para referir-se à ligação entre a conduta e o resultado. O art. 13 do CP, todavia, preferiu falar em **"relação de causalidade"**. Essa, portanto, é a denominação legal. Relação de causalidade é o vínculo formado entre a conduta praticada por seu autor e o resultado por ele produzido. É por meio dela que se conclui se o resultado foi ou não provocado pela conduta, autorizando, se presente a tipicidade, a configuração do fato típico.

– **Âmbito de aplicação:** Prevalece em doutrina o entendimento de que a expressão "**o resultado**", constante no início do art. 13, *caput*, do CP, alcança somente o **resultado naturalístico**, isto é, a modificação externa provocada pela conduta praticada por alguém. Destarte, o estudo da relação de causalidade tem pertinência apenas aos **crimes materiais.** Nos crimes de atividade, o resultado naturalístico pode ocorrer (formais) ou não (de mera conduta). De qualquer forma, é dispensável, pois se consumam com a simples prática da conduta ilícita.

○ **Teorias da relação de causalidade:** Destacam-se três teorias na busca de definir a relação de causalidade: equivalência dos antecedentes, causalidade adequada e imputação objetiva (analisada no final deste artigo).

○ **Teoria da equivalência dos antecedentes:** Também chamada de **teoria da equivalência das condições, teoria da condição simples, teoria da condição generalizadora**, ou **teoria da *conditio sine qua non***. Foi criada por **Glaser**,[74] e posteriormente desenvolvida por **Von Buri** e **Stuart Mill**, em 1873. Para essa teoria, causa é todo fato humano sem o qual o resultado não teria ocorrido, quando ocorreu e como ocorreu.

---

[73] Ou também o fato praticado por pessoa jurídica, em relação aos crimes ambientais definidos pela Lei 9.605/1998, para quem admite essa possibilidade.

[74] É comum olvidar-se de Glaser, mencionando Von Buri e Stuart Mill como os idealizadores dessa teoria.

○ **Teoria da causalidade adequada:** Também chamada de **teoria da condição qualificada** ou **teoria individualizadora** – originou-se dos estudos de **Von Kries**. *Causa*, nesse contexto, é o antecedente, não só necessário, mas adequado à produção do resultado. Destarte, para que se possa atribuir um resultado a determinada pessoa, é necessário que ela, além de praticar um antecedente indispensável, realize uma atividade adequada à sua concretização. Considera-se a conduta adequada quando é **idônea a gerar o efeito**. A idoneidade baseia-se na **regularidade estatística,** aferida de acordo com o juízo do homem médio e com a experiência comum. Não basta contribuir de qualquer modo para o resultado: a contribuição deve ser eficaz.

○ **Teorias adotadas pelo Código Penal:** Acolheu-se, como regra, **a teoria da equivalência dos antecedentes.** É o que se extrai do art. 13, *caput*, *in fine*: "Considera-se causa a ação ou omissão sem a qual o resultado não teria ocorrido". *Causa*, pois, é todo o comportamento humano, comissivo ou omissivo, que de qualquer modo concorreu para a produção do resultado naturalístico. Pouco importa o grau de contribuição. Basta que tenha contribuído para o resultado material, na forma e quando ocorreu. Não há diferença entre causa, condição (fator que autoriza à causa a produção de seu efeito) ou ocasião (circunstância acidental que estimula favoravelmente a produção da causa). **Excepcionalmente**, o CP adota, no § 1.º do art. 13, a **teoria da causalidade adequada.**

○ **Identificação da causa:** Para concluir se um acontecimento foi ou não causa do crime, utiliza-se o **processo hipotético de eliminação**, desenvolvido, em 1894, pelo sueco Thyrén. Suprime-se mentalmente determinado fato que compõe o histórico do crime: se desaparecer o resultado naturalístico, é porque também era sua causa; todavia, se com a sua eliminação permanecer íntegro o resultado material, não se pode falar que aquele acontecimento atuou como sua causa.

○ **Crítica à teoria da equivalência dos antecedentes:** Há vozes no sentido de que esta teoria seria "**cega**", pois permitiria a regressão ao infinito (*regressus ad infinitum*), uma vez que causa é todo acontecimento que de qualquer modo contribui para o resultado. Esta crítica, contudo, é despropositada. Com efeito, para que um fato ingresse no conceito de causa, não basta a mera dependência (ou causalidade) física. Exige-se ainda a causalidade psíquica (*imputatio delicti*), é dizer, reclama-se a presença do dolo ou da culpa por parte do agente no tocante ao resultado naturalístico.

○ **Concausas:** A palavra concausa diz respeito à concorrência de causas, ou seja, há mais de uma causa contribuindo para o resultado final. Em outras palavras, concausa é a convergência de uma causa externa à vontade do autor da conduta, e que influi na produção do resultado naturalístico por ele desejado.

– **Espécies de causas:** Podem ser dependentes e independentes.

a) *Causa dependente* é a que precisa da conduta do agente para provocar o resultado, ou seja, não é capaz de produzi-lo por si própria, razão pela qual **não exclui a relação de causalidade**. Exemplo: "A" tem a intenção de matar "B". Após espancá-lo, coloca uma corda em seu pescoço, amarrando-a ao seu carro. Em seguida dirige o automóvel, arrastando a vítima ao longo da estrada, circunstância que provoca a sua morte. A estrada, a corda e o carro não são capazes de matar a vítima, se isoladamente considerados. De fato, tais acontecimentos somente levaram ao óbito porque o agente havia previamente espancado a vítima, e depois a amarrou com uma corda ao carro e veio a arrastar seu corpo pela via pública.

b) *Causa independente*, por sua vez, é a que tem a capacidade de produzir por si só o resultado.[75] Pode ser de natureza absoluta ou relativa, dependendo da sua origem.

---

[75] Toda causa independente tem força suficiente para produzir por conta própria o resultado. A diferença entre a qualidade de absoluta ou relativa refere-se exclusivamente à sua origem.

b.1) *Causas absolutamente independentes* são aquelas que não se originam da conduta do agente, isto é, são absolutamente desvinculadas da sua ação ou omissão ilícita. E, por serem independentes, produzem por si sós o resultado naturalístico. Constituem a chamada **"causalidade antecipadora"**,[76] pois rompem o nexo causal. Dividem-se em preexistentes ou estado anterior – aquelas que existem **anteriormente** à prática da conduta. O resultado naturalístico teria ocorrido da mesma forma, mesmo sem o comportamento ilícito do agente; concomitantes – as que incidem **simultaneamente** à prática da conduta. Surgem no mesmo instante em que o agente realiza seu comportamento criminoso; e supervenientes – as que se concretizam **posteriormente** à conduta praticada pelo agente. Em todas as modalidades o resultado naturalístico ocorre independentemente da conduta do agente. As causas surgem de forma autônoma, ou seja, não se ligam ao comportamento criminoso do agente, e produzem por si sós o resultado material.[77] Por corolário, devem ser imputados ao agente somente os atos praticados, e não o resultado naturalístico, em face da quebra da relação de causalidade. De fato, suprimindo mentalmente sua conduta, ainda assim o resultado teria ocorrido como ocorreu. Respeita-se a teoria da equivalência dos antecedentes ou *conditio sine qua non*, adotada pelo art. 13, *caput, in fine,* do CP.

b.2) *Causas relativamente independentes* são as que se **originam da própria conduta efetuada pelo agente**. Daí serem relativas, pois não existiriam sem a atuação criminosa. Como, entretanto, tais causas são independentes, têm idoneidade para produzir, por si sós, o resultado, já que não se situam no normal trâmite do desenvolvimento causal. Classificam-se em preexistentes (existem **previamente** à prática da conduta do agente) e concomitantes (ocorrem **simultaneamente** à prática da conduta). Em obediência à teoria da equivalência dos antecedentes ou *conditio sine qua non*, adotada pelo art. 13, *caput, in fine,* do CP, nas duas hipóteses o agente responde pelo resultado naturalístico.

○ **Causas supervenientes relativamente independentes:** Em face da regra prevista no art. 13, § 1.º, do CP, as **causas supervenientes relativamente** independentes podem ser divididas em dois grupos: (1) as que **produzem por si sós** o resultado; e (2) as que **não produzem por si sós** o resultado. Quanto ao segundo grupo, incide a **teoria da equivalência dos antecedentes ou da conditio** *sine qua non*, adotada como regra geral no tocante à relação de causalidade (CP, art. 13, *caput, in fine*). O agente responde pelo resultado naturalístico, pois, suprimindo-se mentalmente a sua conduta, o resultado não teria ocorrido como e quando ocorreu.

– **Causas supervenientes relativamente independentes que produzem por si sós o resultado:** é a situação tratada pelo § 1.º do art. 13 do CP. Nesse dispositivo foi acolhida a **teoria da causalidade adequada**. Causa não é mais o acontecimento que de qualquer modo concorre para o resultado. Passa a ser causa apenas a conduta idônea – com base em um juízo estatístico e nas regras de experiência (*id quod plerumque accidit*) –, a provocar a produção do resultado naturalístico. Não basta qualquer contribuição. Exige-se uma contribuição adequada. Os exemplos famosos são: 1) pessoa atingida por disparos de arma de fogo que, internada em um hospital, falece não em razão dos ferimentos, mas queimada por um incêndio que destrói toda a área dos enfermos; e 2) ferido que morre durante o trajeto para o hospital, em face de acidente de tráfego que atinge a ambulância que o transportava. Em ambos os casos, a incidência da teoria da equivalência dos antecedentes acarretaria a imputação do resultado naturalístico ao responsável pelos ferimentos, pois, eliminando-se em abstrato sua conduta, certamente a morte não teria ocorrido quando e como ocorreu. Todavia, repita-se, não foi em vão a redação conferida pelo legislador ao § 1.º do art. 13 do CP. Essa regra foi ali expressamente colocada por força da preferência, nesse caso, pela teoria da causalidade adequada. A expressão **"por si só"** revela

---

[76] BAUMANN, Jürgen. *Derecho penal:* conceptos fundamentales y sistema. Trad. espanhola Conrado A. Finzi. Buenos Aires: Depalma, 1973. p. 126.

[77] BATTAGLINI, Giulio. *A interrupção do nexo causal.* Trad. Ricardo Rodrigues Gama. Campinas: LZN, 2003. p. 102-104.

a autonomia da causa superveniente que, embora relativa, não se encontra no mesmo curso do desenvolvimento causal da conduta praticada pelo autor. Em outras palavras, depois do rompimento da relação de causalidade, a concausa manifesta a sua verdadeira eficácia, produzindo o resultado por conta própria, ou seja, invoca para si a tarefa de concretizar o resultado naturalístico. Nos exemplos acima mencionados, conclui-se que qualquer pessoa que estivesse na área da enfermaria do hospital, ou no interior da ambulância, poderia morrer em razão do acontecimento inesperado e imprevisível, e não somente a ferida pela conduta praticada pelo agente. Portanto, a simples concorrência (de qualquer modo) não é suficiente para a imputação do resultado material produzido, anote-se, por uma causa idônea e adequada, por si só, para fazê-lo. O art. 13, § 1.º, cuidou exclusivamente das causas **supervenientes** relativamente independentes que produzem por si sós o resultado. Não falou das preexistentes nem das concomitantes, o que é alvo de crítica por parte da doutrina especializada.

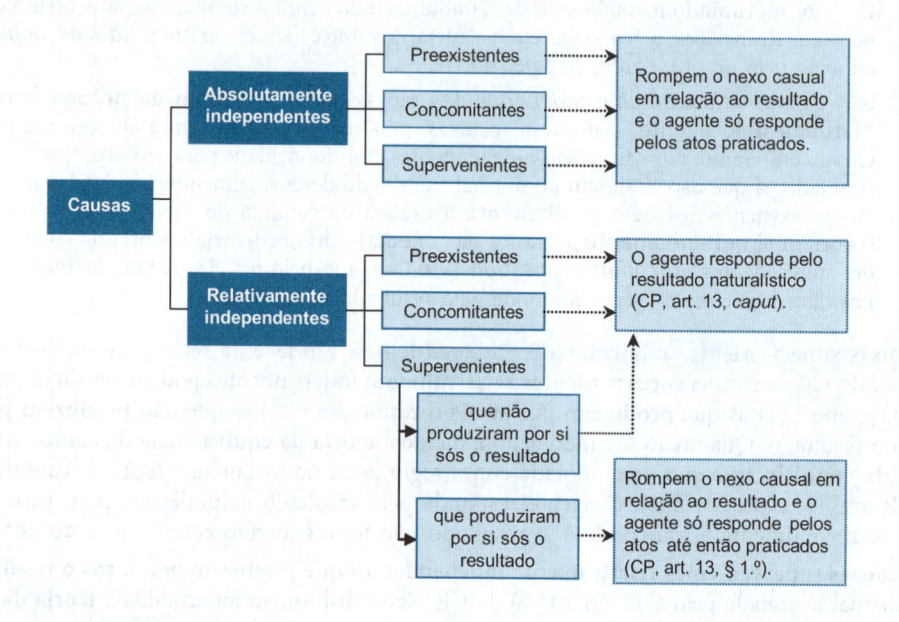

o **Relevância da omissão:** A **omissão penalmente relevante** encontra-se disciplinada pelo art. 13, § 2.º, do CP. O dispositivo é aplicável somente aos **crimes omissivos impróprios, espúrios ou comissivos por omissão,** isto é, aqueles em que o tipo penal descreve uma ação, mas a inércia do agente, que podia e devia agir para impedir o resultado naturalístico, conduz à sua produção. São crimes materiais, como é o caso do homicídio, cometido em regra por ação, mas passível também de ser praticado por inação, desde que o agente ostente o poder e o dever de agir. De fato, os crimes omissivos próprios ou puros não alojam em seu bojo um resultado naturalístico. A omissão é descrita pelo próprio tipo penal, e o crime se consuma com a simples inércia do agente. É o que se dá na omissão de socorro (art. 135 do CP): ou o sujeito presta assistência ao necessitado, e não há crime; ou omite-se, consumando automaticamente o delito. Esse é o significado da expressão **"penalmente relevante"**: a omissão que não é típica, por não estar descrita pelo tipo penal, somente se torna penalmente relevante quando presente o dever de agir. Nos crimes omissivos impróprios, a omissão **pode**, com o dever de agir, ser penalmente relevante. Por outro lado, nos crimes omissivos próprios, a omissão **sempre é** penalmente relevante, pois se encontra descrita pelo tipo penal, tal como nos arts. 135 e 269 do CP, e no art. 244-C da Lei 8.069/1990 – Estatuto da Criança e do Adolescente.

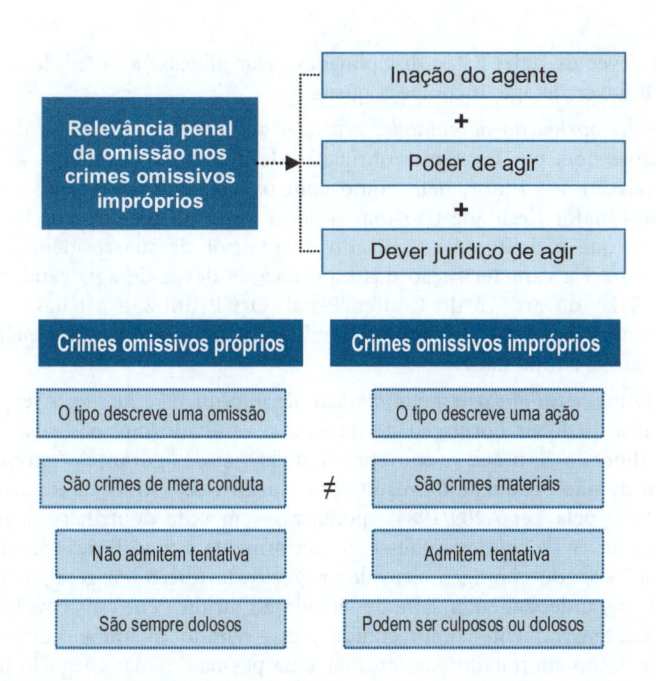

– **Teoria adotada:** O art. 13, § 2.º, do CP, no tocante à natureza jurídica da omissão, acolheu a **teoria normativa**, pela qual a omissão é um nada, e "do nada, nada surge". Não é punível de forma independente, ou seja, não se pune alguém pelo simples fato de ter se omitido. Só tem importância jurídico-penal quando presente o **dever de agir**. Daí a preferência pela teoria normativa. A omissão somente interessa ao Direito Penal quando, diante da inércia do agente, o ordenamento jurídico lhe impunha uma ação, um fazer.

– **Dever de agir – critérios existentes para sua definição:** Há dois critérios acerca da fixação do dever de agir: legal e judicial. Para o **critério legal**, é a lei que deve arrolar, taxativamente, as hipóteses do dever de agir. Cuida-se de critério mais seguro, por afastar incertezas e impedir variantes indesejadas que poderiam surgir na interpretação da situação submetida à análise do Poder Judiciário. **Por ele optou o legislador pátrio**, ao indicar nas alíneas "a", "b" e "c" do § 2.º do art. 13 do CP as pessoas a quem incumbe o dever de agir. Além disso, esse ônus precisa ser especificamente dirigido a pessoa ou pessoas determinadas, e não genericamente a todos os indivíduos. Por sua vez, o **critério judicial** permite ao magistrado, no caso concreto, decidir pela presença ou não do dever de agir. É defendido por Alberto Silva Franco e Rui Stoco.[78]

– **Poder de agir:** O art. 13, § 2.º, do CP é cristalino: não é suficiente o dever de agir. Exige-se mais: "A omissão é penalmente relevante quando o omitente **devia** e **podia** agir para evitar o resultado". Quem tem o dever de agir não pratica, automaticamente, uma conduta penalmente reprovável. É necessário que tenha se omitido quando devia e podia agir de forma a impedir o resultado. Por essa razão, a possibilidade de agir tem sido considerada elemento ou pressuposto do conceito de omissão, que surge como a não realização de conduta possível e esperada.[79] Poder de agir é a **possibilidade real e efetiva** de alguém, na situação concreta e em conformidade com o padrão do homem médio, evitar o resultado penalmente relevante.

[78]   FRANCO, Alberto Silva; STOCO, Rui. *Código Penal e sua interpretação jurisprudencial*: parte geral. 7. ed. São Paulo: RT, 2001. v. 1, p. 228.

[79]   FRAGOSO, Heleno Cláudio. *Conduta punível*. São Paulo: José Bushatsky, 1961. p. 54-55.

– **Hipóteses de dever de agir:** Estão disciplinadas pelas alíneas "a" a "c" do § 2.º do art. 13 do CP,[80] pelo qual o dever de agir incumbe a quem:

a) Tenha por lei obrigação de cuidado, proteção ou vigilância: Trata-se do **dever legal,** relativo às pessoas que, por lei, têm a obrigação de impedir o resultado. É o que se dá com os pais em relação aos filhos, bem como com os policiais no tocante aos indivíduos em geral. O irmão maior de idade não tem o dever legal no tocante aos irmãos menores de 18 anos, ainda que o delito seja praticado no interior de sua residência. Nesse caso, entretanto, é possível a caracterização das hipóteses de dever de agir catalogadas nas alíneas "b" e "c" do § 2.º do art. 13 do Código Penal. O CP utilizou a palavra "lei" em sentido amplo, valendo-se da **teoria das fontes.** Engloba os deveres impostos pela ordem jurídica considerada em sua totalidade;

b) De outra forma, assumiu a responsabilidade de impedir o resultado: A expressão **"de outra forma"** significa qualquer obrigação de impedir o resultado que não seja decorrente da lei, versada pela alínea "a". É o que se convencionou chamar de **"garante", "garantidor"** ou **"dever de garantidor da não produção do resultado naturalístico".** Antes da Reforma da Parte Geral do Código Penal pela Lei 7.209/1984, apontava-se em sede doutrinária a relação contratual como fonte do dever de agir. Alargou-se, posteriormente à modificação legislativa, o conceito de "garantidor", visando abranger, além dos negócios jurídicos em geral, as relações advindas da vida cotidiana, independentemente de vinculação jurídica entre os envolvidos. Cuida-se de conceito a ser extensivamente compreendido. Nesse sentido, incumbe o dever de agir tanto ao professor de natação contratado para ensinar uma pessoa a nadar (negócio jurídico) como ao nadador experiente que convida um amigo iniciante a atravessar um canal de águas correntes e geladas (situação concreta da vida). Nos dois casos, se o principiante enfrentar problemas, o garantidor, se possível fazê-lo, deverá impedir o resultado, sob pena de tê-lo a si imputado. A responsabilidade do garantidor subsiste enquanto ele estiver no local em que tem a obrigação de impedir o resultado. Durante o tempo em que lá permanecer estará vinculado ao dever de agir, porque dele ainda não se desvencilhou;[81]

c) Com seu comportamento anterior, criou o risco da ocorrência do resultado: Trata-se da **ingerência** ou **situação precedente.** Em suma, aquele que, com o seu comportamento anterior, criou uma situação de perigo, tem o dever de agir para impedir o resultado lesivo ao bem jurídico.

○ **Teoria da imputação objetiva: Claus Roxin, em 1970,** no ensaio Reflexões sobre a problemática da imputação no direito penal, desenvolveu a moderna teoria da imputação objetiva. Em uma perspectiva clássica, o tipo penal apresentava apenas aspectos **objetivos**, representados na relação de causalidade. Considerava-se realizado o tipo toda vez que alguém causava o resultado nele previsto, de acordo com a teoria da equivalência dos antecedentes. A causalidade gerava, assim, o problema do *regressus ad infinitum*, cuja restrição só podia ser efetuada no âmbito da ilicitude, ou, na maior parte das vezes, da culpabilidade, que englobava o dolo e a culpa. Para resolver esse problema, o sistema **finalista** conferiu ao tipo penal também uma feição **subjetiva**, com a inclusão na conduta do dolo e da culpa. Exemplo: Se "A", fabricante de armas de fogo, produz aquela que posteriormente foi adquirida por "B" para matar "C", não poderá ser penalmente responsabilizado. Para a teoria clássica, por ausência de culpabilidade; para a teoria finalista, porque o fato é atípico (uma vez ausente o dolo ou a culpa). Para

---

[80] O art. 2.º da Lei 9.605/1998 prevê, na esfera dos crimes ambientais, uma outra hipótese de dever de agir: "Quem, de qualquer forma, concorre para a prática dos crimes previstos nesta Lei, incide nas penas a estes cominadas, na medida da sua culpabilidade, bem como o diretor, o administrador, o membro de conselho e de órgão técnico, o auditor, o gerente, o preposto ou mandatário de pessoa jurídica, que, sabendo da conduta criminosa de outrem, deixar de impedir a sua prática, quando podia agir para evitá-la".

[81] No mesmo sentido: CAPEZ, Fernando. *Curso de direito penal*: parte geral. 6. ed. São Paulo: Saraiva, 2003. v. 1, p. 150.

os adeptos da teoria da imputação objetiva, contudo, o sistema finalista, ao limitar o tipo objetivo à relação de causalidade, de acordo com a teoria da equivalência dos antecedentes, não resolve todos os problemas inerentes à imputação. Vejamos o exemplo apresentado por Claus Roxin: Imaginemos que "A" venda heroína a "B". Os dois sabem que a injeção de certa quantidade de tóxico gera perigo de vida, mas assumem o risco de que a morte ocorra; "A" o faz porque o que lhe interessa é principalmente o dinheiro, e "B", por considerar sua vida já estragada e só suportável sob estado de entorpecimento. Deve "A" ser punido por homicídio cometido com dolo eventual, na hipótese de "B" realmente injetar em si o tóxico e, em decorrência disso, morrer? A causalidade de "A" para a morte de "B", bem como seu dolo eventual, encontram-se fora de dúvida. Se considerarmos a causalidade suficiente para a realização do tipo objetivo, teremos que concluir pela punição.[82] Assim, para resolver o caso narrado, entre outros sem solução possível pelo sistema finalista, a teoria da imputação objetiva insere duas novas **elementares – criação de um risco proibido e realização do risco no resultado**[83] – no tipo objetivo, que deixa de ser só causalidade. Em síntese, com a adoção da teoria da imputação objetiva, a relação de causalidade somente estaria caracterizada quando ultrapassadas três etapas: (1.ª) teoria da equivalência dos antecedentes; (2.ª) imputação objetiva e (3.ª) dolo ou culpa (causalidade psíquica).

○ **Terminologia e finalidade:** Ao contrário do que seu nome parece em princípio indicar, a teoria da imputação objetiva **não se confunde com a responsabilidade penal objetiva.** Sua função é completamente diversa: **limitar a responsabilidade penal,** pois a atribuição de um resultado a uma pessoa não é determinado pela relação de causalidade, mas é necessário outro nexo, de modo que esteja presente a realização de um risco proibido pela norma.[84] Seria mais apropriado, portanto, falar em **teoria da não imputação objetiva**, pois a sua missão precípua é evitar a atribuição indevida e objetiva de um resultado típico a alguém. Portanto, esta teoria é aplicável exclusivamente aos **crimes materiais.**

○ **Conceito e análise dos pressupostos da imputação objetiva:** Para Luís Greco, a imputação objetiva enuncia o conjunto de pressupostos genéricos que fazem a causação ser objetivamente típica; e estes pressupostos são a criação de um risco juridicamente desaprovado e a realização deste risco no resultado.[85] Assim, de acordo com a teoria, não basta a relação de causalidade para imputação do resultado, devendo estar presentes:

1) **A criação ou o aumento de um risco**: Em face da sua função de proteção de bens jurídicos, o Direito Penal deveria limitar-se a proibir ações perigosas, que coloquem em risco esses mesmos bens. No entanto, o que é risco? Podem ser consideradas como "risco" aquelas ações que, por meio de uma **prognose póstuma objetiva,** geram uma possibilidade de lesão ao bem jurídico. **Prognose,** pois se refere à situação do agente no momento da ação; **póstuma,** porque será feita pelo magistrado depois da prática do fato; e **objetiva,** pois parte do conhecimento de um homem prudente (*homo medius*) na mesma hipótese analisada. Como no exemplo clássico, em que um sobrinho manda um tio em uma viagem de avião, com a intenção de que o avião caia e o tio morra, não haveria responsabilidade do sobrinho se a sua intenção se concretizasse, pois viajar de avião não gera real possibilidade de dano. No entanto, a situação será diferente se o sobrinho tiver conhecimento de que haverá um ataque terrorista naquele determinado voo. Em síntese, será perigosa a ação que, aos olhos de um observador objetivo dotado dos **conheci-**

---

82   ROXIN, Claus. *Estudos de direito penal*. Trad. Luís Greco. Rio de Janeiro: Renovar, 2006. p. 103.

83   A análise das duas elementares traduz-se no que a doutrina denomina de causalidade normativa, em oposição à causalidade natural.

84   CAMARGO, Antonio Luís Chaves. *Imputação objetiva e direito penal brasileiro*. São Paulo: Cultural Paulista, 2002. p. 70.

85   GRECO, Luís. *Um panorama da teoria da imputação objetiva*. Rio de Janeiro: Lumen Juris, 2007. p. 5-9.

mentos especiais do autor, situado no momento da prática da ação, gere **real possibilidade de dano** para um determinado bem.[86] Por outro lado, afirma-se não haver ação perigosa quando: a) o risco for juridicamente irrelevante (a ação não gera uma possibilidade **real** de dano); ou b) quando há diminuição do risco, avaliado **antes** da ação pelo agente (como no exemplo de Roxin: quem convence o ladrão a furtar não 1.000, mas somente 100 marcos alemães, não é punível por participação no furto, pois sua conduta não elevou, mas diminuiu o risco de lesão).[87]

2) O risco criado deve ser proibido pelo Direito: Nem toda ação perigosa é proibida pelo Direito. Deve-se fazer uma ponderação entre a necessidade de proteção de determinado bem jurídico e o interesse geral de liberdade. Exemplificativamente, embora dirigir um veículo automotor possa eventualmente causar acidentes, permite-se tal conduta. Da mesma forma, são regulamentados alguns esportes, como o automobilismo e o boxe, que podem causar lesões aos seus praticantes. Veja-se que, pela teoria finalista, na lesão provocada em uma luta de boxe haveria uma causa de justificação (exclusão da ilicitude), enquanto para a imputação objetiva o fato é atípico, por se tratar de risco permitido. Como esclarece Günther Jakobs: "Um comportamento que gera um risco permitido é considerado socialmente normal, não porque no caso concreto esteja tolerado em virtude do contexto em que se encontra, mas porque nessa configuração é aceito de modo natural. Portanto, os comportamentos que criam riscos permitidos não são comportamentos que devam ser justificados, mas que não realizam tipo algum".[88] Dentro do conceito de risco permitido se insere o **princípio da confiança**. De acordo com esse princípio, não pratica conduta típica quem, agindo de acordo com as regras legais, se envolve em situação em que terceiro, descumprindo com o seu dever de cuidado, permite a produção do resultado. Por exemplo, se estamos dirigindo e vemos, à distância, um cidadão aguardando um momento oportuno para cruzar a rua, confiamos que ele não vai tentar a travessia na frente do veículo em movimento. Da mesma forma, se entregamos nosso automóvel para o conserto dos freios, que apresentam deficiência, ao sair da oficina acreditamos que o defeito esteja sanado. Assim, o risco de certos comportamentos não depende somente de nós, mas também dos outros cidadãos.[89] Destarte, há confiança de que a conduta de terceiros, realizada na sequência, bem como a conduta anterior, será conforme ao Direito, de forma que, se essa expectativa não se realizar, será atípica a conduta daquele que age corretamente.

– **Causas de exclusão do risco proibido**: A doutrina aponta ainda como causas de exclusão do risco proibido: (a) o comportamento exclusivo da vítima, que se coloca em perigo (autocolocação da vítima em situação de perigo); (b) as contribuições socialmente neutras (como no exemplo de Jakobs, em que o padeiro vende o pão ao autor, consciente de que este o usará para envenenar alguém); (c) os comportamentos socialmente adequados (princípio da adequação social); e (d) a proibição de regresso. Pela **proibição de regresso**, não haveria criação de um risco proibido nos casos em que a ação **não dolosa** de alguém **precedesse** a ação dolosa de um terceiro. Assim, aquele que esquece a sua arma, que vem a ser encontrada por outrem posteriormente e utilizada para a prática de um crime de homicídio, não seria responsabilizado.

3) O risco foi realizado no resultado: A norma de proibição visa evitar que um certo bem jurídico seja afetado de uma determinada maneira. Assim, só haverá realização do risco se a proibição da conduta for justificada para evitar a lesão de determinado bem jurídico por meio de determinado curso causal, os quais venham efetivamente a ocorrer.[90] É o **fim de proteção da norma** a que aludem os doutrinadores modernos. Com o mesmo fundamento, aponta-se ainda a hipótese do aumento do risco pelo comportamento proibido, em comparação com o comportamento hipotético correto. Tanto na realização do risco como no seu aumento, há exclusão da

86   GRECO, Luís. *Um panorama da teoria da imputação objetiva*. Rio de Janeiro: Lumen Juris, 2007. p. 25-27.
87   ROXIN, Claus. *Estudos de direito penal*. Trad. Luís Greco. Rio de Janeiro: Renovar, 2006. p. 109-110.
88   JAKOBS, Günther. *A imputação objetiva no direito penal*. São Paulo: RT, 2000. p. 38.
89   JESUS, Damásio E. *A imputação objetiva*. 2. ed. São Paulo: Saraiva, 2002. p. 46-47.
90   GRECO, Luís. *Um panorama da teoria da imputação objetiva*. Rio de Janeiro: Lumen Juris, 2007. p. 95.

imputação: (a) na lesão ou curso causal sem relação com o risco proibido; (b) nos danos tardios, relacionados à lesão anterior causada ao bem jurídico (ex.: a vítima de lesões corporais, alguns anos depois, perde o equilíbrio em razão da lesão nunca completamente curada e cai, sofrendo várias fraturas); (c) nos danos causados a outrem, resultantes de choque causado pelo fato criminoso praticado (ex.: mãe cardíaca falece ao saber do assassinato do filho); (d) nas ações perigosas de salvamento (ex.: "A" ateia fogo na casa de "B" na ausência deste, mas "B" reentra para salvar sua coleção de CDs de *playstation 2* não piratas, falecendo); e (e) no comportamento indevido posterior de um terceiro (ex.: vítima de lesões que, necessitando de uma cirurgia, vem a falecer em razão de erro médico grosseiro).[91]

○ **Conclusões acerca da imputação objetiva:** A proposta dos defensores da teoria da imputação objetiva é a inclusão de novas elementares no tipo objetivo, criando-se o conceito de **causalidade normativa**, em oposição à causalidade natural presente na teoria finalista. A inclusão de tais elementos visa resolver, no âmbito do fato típico, certos casos que para as demais teorias seriam solucionados em outros aspectos, como a ilicitude e a culpabilidade. Rogério Greco faz uma compilação de conclusões acerca da teoria em análise: (a) a imputação objetiva é uma análise que antecede à imputação subjetiva; (b) a imputação objetiva pode dizer respeito ao resultado ou ao comportamento do agente; (c) a expressão mais apropriada seria teoria da não imputação, uma vez que a teoria visa, com as suas vertentes, evitar a imputação objetiva (do resultado ou do comportamento) do tipo penal a alguém; (d) a teoria da imputação foi criada, inicialmente, para se contrapor aos dogmas da teoria da equivalência, erigindo uma relação de causalidade jurídica ou normativa, ao lado daquela outra de natureza material; (e) uma vez concluída pela não imputação objetiva, afasta-se o fato típico.[92]

○ *Direito Penal Quântico:* No campo doutrinário, algumas vozes sustentam a íntima relação, no campo da causalidade, da teoria da imputação objetiva com as regras da física quântica. Não basta a mera relação de causa e efeito (causalidade física) entre conduta e resultado naturalístico. Fala-se, por essa razão, em "**Direito Penal quântico**", destinado a solucionar as deficiências do Direito Penal tradicional, principalmente com a adoção da **teoria da imputação objetiva**: a tipicidade deixa de ser formal e assume um papel necessariamente material (**tipicidade material**), e o nexo causal abandona a simples fórmula de "causa e efeito", surgindo a **causalidade normativa**. O Direito Penal quântico baseia-se no princípio da indeterminação (ou incerteza) da relação de causalidade, razão pela qual finca seu estudo em critérios de probabilidade, e não de exatidão (ou certeza). Nesse contexto, seria preciso alterar as estruturas centrais da justiça penal, pautada na lei e na jurisprudência, para encontrar seus alicerces nos valores reinantes na sociedade. Para seus defensores, o Direito Penal quântico não representa propriamente um novo Direito Penal, e sim uma evolução doutrinária (e necessária) do Direito Penal, levando em conta os avanços do funcionalismo penal e da teoria da imputação objetiva.[93]

○ **Teoria da condição mínima:** Essa teoria foi desenvolvida pela alemã Ingeborg Puppe, e também é chamada de "fórmula da condição adequada a uma lei natural", "componente necessário de uma condição mínima suficiente" ou "condição INUS" (*insufficient non-redundant part of an unnecessary but sufficient condition*). Para essa proposta, a relação de causalidade é a adequação do caso concreto a uma lei causal de natureza geral. Nesse cenário, uma lei

---

91 Os exemplos são de GRECO, Luís. *Um panorama da teoria da imputação objetiva*. Rio de Janeiro: Lumen Juris, 2007. p. 109-125.

92 GRECO, Rogério. *Curso de direito penal*: parte geral. 10 ed. Rio de Janeiro: Impetus, 2008. p. 246.

93 Para um estudo aprofundado do assunto: GONDIM, Reno Feitosa. *Epistemologia Quântica & Direito Penal*. Fundamentos para uma Teoria da Imputação Objetiva do Direito Penal. Curitiba: Juruá, 2005.

causal deve ser compreendida como uma condição mínima suficiente para a produção de determinado resultado penalmente relevante. Tal condição mínima, entretanto, é composta de várias outras condições, necessárias para a formação dessa condição mínima. Nas palavras de Luís Greco: "Um comportamento deve ser considerado causa de um resultado quando ele puder ser subsumido sob uma dessas condições necessárias – independentemente de se há outros comportamentos para os quais isso também seja verdadeiro. Diferentemente, pois, da fórmula da *conditio sine qua non*, essa teoria não procede a uma eliminação mental no plano do caso concreto, mas sim no plano abstrato da formulação da lei causal, isto é, no momento de formular a condição mínima".[94] Para melhor visualização da teoria, pensemos em um exemplo: Pedro, João e Carlos planejam matar Fernando, cada um nele desferindo um único golpe de faca. Suponha-se que são necessárias duas facadas para matar a vítima, ou seja, a condição mínima do resultado é que dois golpes de faca sejam efetuados contra Fernando. Se os três agentes lançarem golpes de faca contra Fernando, poderão ser extraídas as seguintes conclusões: (a) as condutas de todos eles serão causas do resultado, consistente na morte de Fernando; e (b) as condutas de "Pedro e João", de "Pedro e Carlos" e de "João e Carlos" estarão amoldadas à condição mínima "duas facadas para matar a vítima".

○ **Jurisprudência selecionada:**

Concausa preexistente relativamente independente – infarto do miocárdio – não rompimento do nexo causal: "A existência de doença cardíaca de que padecia a vítima configura-se como concausa preexistente relativamente independente, não sendo possível afastar o resultado mais grave (morte) e, por consequência, a imputação de latrocínio. A despeito da controvérsia doutrinária quanto à classificação do crime previsto no art. 157, § 3º, inciso II, do Código Penal – se preterdoloso ou não – fato é que, para se imputar o resultado mais grave (consequente) ao autor, basta que a morte seja causada por conduta meramente culposa, não se exigindo, portanto, comportamento doloso, que apenas é imprescindível na subtração (antecedente). O art. 13, *caput*, do Código Penal, acolheu a teoria da equivalência das condições ou conditio *sine qua non*, ao prever que 'considera-se causa a ação ou omissão sem a qual o resultado não teria ocorrido'. A aplicação da teoria em comento ao estudo das concausas implica concluir que as causas absolutamente independentes sempre excluirão a imputação do resultado mais gravoso, as relativamente independentes, nem sempre. Já o § 1º do art. 13 do Código Penal prevê uma hipótese de exclusão da imputação – denominada por alguns de 'rompimento do nexo causal' –, respondendo o agente apenas pelos atos já praticados. Essa hipótese, porém, apenas tem cabimento quando a concausa, além de relativamente independente, também for superveniente à ação do agente, conduzindo, por si só, ao resultado agravador. Ou seja, se a concausa relativamente independente for preexistente ou concomitante à ação do autor, não haverá exclusão do nexo de causalidade. No caso, o laudo pericial não atestou que a morte tenha sido causada exclusivamente pela doença cardíaca preexistente da vítima. Ao contrário, consignou-se que o infarto 'pode ter sido ajudado pelo stress sofrido na data do óbito, pois há sinais de violência e tortura encontrados no exame' –, o que evidencia que a vítima apenas veio a falecer, exatamente, durante o crime praticado pelos acusados, que a agrediram severamente. Considerando que a doença cardíaca, *in casu*, é concausa preexistente relativamente independente, não há como afastar o resultado mais grave (morte) e, por consequência, a imputação de latrocínio. Nem mesmo a aplicação da teoria da imputação objetiva conduziria a outra conclusão. Segundo a doutrina, 'para a teoria da imputação objetiva, o resultado de uma conduta humana somente pode ser objetivamente imputado a seu autor quando tenha criado a um bem jurídico uma situação de risco juridicamente proibido (não permitido) e tal risco se tenha concretizado em um resultado típico'. Portanto, parece evidente que, ao dirigirem suas ações contra vítima idosa e usarem de exacerbada violência, os agentes criaram, sim,

---

[94] GRECO, Luís. *Problemas de causalidade e imputação objetiva nos crimes omissivos impróprios*. São Paulo: Marcial Pons, 2018. p. 54.

um risco juridicamente proibido – conclusão contrária seria impensável à luz do ordenamento jurídico brasileiro. Esse risco, concretizou-se em um resultado típico previsto justamente no tipo imputado aos réus (art. 157, § 3º, inciso II, do Código Penal)" (STJ: HC 704.718/SP, rel. Min. Laurita Vaz, 6.ª Turma, j. 16.05.2023, noticiado no *Informativo* 777).

Omissão penalmente relevante – abandono de incapaz com resultado morte – assunção fática da posição de garantidor – atipicidade penal não configurada de plano – necessidade de prosseguimento da ação penal: "Não há falar em trancamento da ação penal quando a complexidade dos fatos e da adequação típica das condutas a eles, na conformidade da plausível articulação de juízos normativos preliminares da denúncia, implicam a conveniência da instrução probatória. Trata-se de pedido de trancamento de ação penal sob fundamento do comprometimento do matricial dever de assistência, a improbabilidade do perigo decorrente da omissão e a imprevisibilidade objetiva do resultado culposo. Para análise da isenção da responsabilidade penal imputando o comprometimento do dever de assistência em virtude do comportamento da própria vítima deve-se compreender a complexa estrutura normativa desses tipos penais omissivos próprios e impróprios. Sucintamente, a posição de garante, ao qual é imposto o dever de impedir o resultado, tem suas hipóteses descritas nas alíneas do art. 13, § 2º, do Código Penal. Evidentemente, o dever geral de proteção previsto no artigo 227 da Constituição Federal e reforçado no artigo 70 da Lei n. 8.069/1990 (Estatuto da Criança e do Adolescente - ECA) se traduz numa norma de conteúdo programático e não se amolda à alínea a do art. 13, § 2º, do Código Penal. Esse dever geral não é compatível com a especial relação disposta no delito de abandono de incapaz, que exige um dever de assistência decorrente de cuidado, guarda, vigilância ou autoridade entre os sujeitos ativo e passivo. Ao reverso, esses dispositivos representam mais um objetivo mirado pelo constituinte, que impõem principalmente ao Poder Público uma atuação orientada com a finalidade de proteger os interesses das crianças e adolescentes, em virtude da sua peculiar condição de pessoas em desenvolvimento. Obviamente, esse dever de alguma forma também é atribuído à sociedade, porém, não na acepção especial como a prevista na elementar do delito em questão, mas como um dever genérico, que pode se amoldar em outra infração penal, como na omissão de socorro, por exemplo. No presente caso, o dever de assistência, que integra o tipo, adviria da assunção fática da posição de garante, nos precisos termos da alínea "b" do dispositivo supracitado. A esse respeito, não obstante a adoção da teoria formal pelo Código Penal - prevista no art. 13, § 2º, do CP –, a doutrina cuidou de reavaliar o instituto através de critérios materiais, pois aquelas não atendem suficientemente ao princípio da legalidade, nem são capazes de retratar todas as hipóteses geradoras de uma posição de garantidor. Dessa forma, inserida no contexto de especial posição de defesa de certos bens jurídicos, assentou-se que dela faz parte a "assunção, por parte de alguém, de uma função protetiva unilateral ou bilateral, que independentemente de um contrato formal, conduza a que se lhe confie a proteção do bem jurídico". Relativamente a essa hipótese de assunção do encargo, reputa-se indispensável, evidentemente, a voluntariedade e a consciência do dever assumido. Veja-se, também, que da assunção decorre uma expectativa, uma confiança de que haverá por parte do garantidor a efetiva assistência ao incapaz. Efetivamente, a assunção fática deve ser expressa, verbalmente aferível, ou demonstrada pela exteriorização do comportamento da pessoa que efetivamente assume a responsabilidade de resguardar o incapaz dos prováveis perigos e lesões a que estará submetido se sozinho estiver. Indubitável que a assunção da posição de garantidor não será irrestrita; terá seus limites definidos pelo contexto de proteção aos quais aderiu a pessoa que se dispôs a servir como responsável pela elisão do risco/resultado. Na macro perspectiva do *mandamus*, o aspecto que desponta como mais relevante é a tenra idade da criança (cinco anos ao tempo do fato), de forma a ser razoável deduzir que, nas circunstâncias reveladas pela investigação, se o infante logrou se subtrair da assistência, a omissão penalmente relevante já estaria configurada de *per si* porque a paciente, presumivelmente, não agira com a necessária cautela e com a abnegação que lhe era devida. De toda sorte, em casos desse peculiar jaez (criança de pouca idade), se e enquanto o cuidado, guarda, vigilância ou autoridade estiverem comprometidos pela fuga inevitável do incapaz, não haverá se atribuir ao garantidor os riscos do período em que o sujeito passivo permaneceu desassistido. No entanto, as nuances que definirão esse lapso temporal atípico deverão ser objeto de cautelosa, sensível e detalhada instrução probatória, pois não restará configurado o delito omissivo quando demonstrado que a pessoa à qual se atribui a obrigação de evitar o resultado não tinha condições de agir para impedi-lo. Portanto, da análise perfunctória consentânea à via estreita do *habeas corpus*, não se vislumbra inequívoca atipicidade da conduta irrogada à paciente. Ademais, com esteio nos fatos descritos na denúncia, teoricamente, é possível identificar na exordial acusatória as situações ensejadoras do perigo concreto: 1) a tenra idade da vítima (absolutamente incapaz de defender-se de quaisquer situações de perigo que se apresentassem à sua frente); 2) a falta de familiaridade com o local; 3) a incapacidade de determinar o correto curso do elevador, tendo em vista que acionou diversos botões aleatoriamente, exceto o que o levaria ao encontro de sua genitora, no pavimento térreo. Com efeito, a complexidade dos fatos e da adequação típica das condutas a eles, na conformidade da plausível articulação de juízos normativos preliminares da denúncia implicam a conveniência da instrução probatória" (STJ: RHC 150.707/PE, rel. Min. João Otávio de Noronha, rel. p/ acórdão Min. Joel Ilan Paciornik, 5.ª Turma, j. 15.02.2022, noticiado no *Informativo* 725).

Omissão penalmente relevante – crimes ambientais – não caracterização do dever de agir: "Nos termos do art. 13, § 2º, do Código Penal, a omissão é penalmente relevante quando o agente devia e podia agir para evitar o resultado, o que não é a hipótese dos autos. A obrigação genérica atribuída a todos os cidadãos de preservar o meio ambiente para as gerações futuras, consoante o art. 225 da Constituição Federal, não se amolda ao dever imposto por lei de cuidar, proteger e/ou vigiar, exigido na hipótese de crime omissivo impróprio" (STJ: REsp 897.426/SP, rel. Min. Laurita Vaz, 5.ª Turma, j. 27.03.2008).

Omissão penalmente relevante – estupro de vulnerável – irmã da vítima – art. 13, § 2.º, "b" e "c", do Código Penal: "A irmã de vítima do crime de estupro de vulnerável responde por conduta omissiva imprópria se assume o papel de garantidora. Trata-se de denúncia pela prática do delito de estupro de vulnerável na forma omissiva imprópria, tendo por vítimas as irmãs menores da denunciada e como autor da conduta comissiva seu marido. Os crimes omissos impróprios, de acordo com a doutrina, são aqueles que '(...) envolvem um não fazer, que implica a falta do dever legal de agir, contribuindo, pois, para causar o resultado. Não têm tipos específicos, gerando uma tipicidade por extensão. Para que alguém responda por um delito omissivo impróprio é preciso que tenha o dever de agir, imposto por lei, deixando de atuar, dolosa ou culposamente, auxiliando na produção do resultado.' Quando se fala em 'dever legal de agir' e em assunção do papel de 'garantidor', o Código Penal, no art. 13, § 2º, apresenta três hipóteses taxativas para caracterizar tal incumbência ao agente. Na primeira perspectiva, na alínea 'a', tem-se a figura do garantidor legal *stricto sensu*, aquele que tem por lei o dever de proteção, vigilância e cuidado, hipótese comumente aplicada entre os pais e os seus filhos menores de idade, no exercício de seu poder familiar. Nesse ponto, é clara a impossibilidade de extensão das obrigações paternas aos irmãos. Afinal, muito embora haja vínculo familiar e até presumidamente uma relação afetiva entre irmãos, o mero parentesco não torna penalmente responsável um irmão para com o outro, salvo, evidentemente, os casos de transferência de guarda ou tutela. A lei, ainda, expressamente prevê a assunção da figura de 'garantidor' pelo agente, nas alíneas 'b' e 'c', quais sejam: o da pessoa que de outra forma assumiu a responsabilidade de impedir o resultado, e daquele que criou o risco da ocorrência do resultado a partir de seu comportamento anterior. Assim, muito embora uma irmã mais velha não possa ser enquadrada na alínea 'a' do art. 13, § 2º, do CP, pois o mero parentesco não torna penalmente responsável um irmão para com o outro, caso caracterizada situação fática de assunção da figura do 'garantidor' pela irmã, nos termos previstos nas duas alíneas seguintes do referido artigo ('b' e 'c'), não há falar em atipicidade de sua conduta. Hipótese em que a acusada omitiu-se quanto aos abusos sexuais em tese praticados pelo seu marido na residência do casal contra suas irmãs menores durante anos. Assunção de responsabilidade ao levar as crianças para sua casa sem a companhia da genitora e criação de riscos ao não denunciar o agressor, mesmo ciente de suas condutas, bem como ao continuar deixando as meninas sozinhas em casa" (STJ: HC 603.195/PR, rel. Min. Ribeiro Dantas, 5.ª Turma, j. 06.10.2020, noticiado no *Informativo* 681).

Omissão penalmente relevante – não caracterização: "O representante legal de sociedade empresária contratante de empreitada não responde pelo delito de desabamento culposo ocorrido na obra contratada, quando não demonstrado o nexo causal, tampouco pode ser responsabilizado, na qualidade de garante, se não havia o dever legal de agir, a assunção voluntária de custódia ou mesmo a ingerência indevida sobre a consecução da obra. O debate jurídico se limita a saber se o representante legal da empresa contratante de empreitada pode ser responsabilizado pelo desabamento culposo ocorrido na obra tocada pela construtora contratada, que deu azo à morte de um de seus funcionários. Cabe ressaltar, de início, que se trata de delito que tem por bem jurídico tutelado a incolumidade pública, particularmente o perigo comum que pode decorrer da conduta proibida. O sujeito ativo do crime pode ser qualquer pessoa, mesmo o dono do imóvel que sofre o desabamento. Imputa-se ao representante, no caso, a prática do delito na modalidade culposa, quando o desabamento ou desmoronamento resulta da não observância, pelo sujeito ativo, do dever de cuidado necessário. Ressalte-se que a solução da controvérsia está voltada à caracterização do nexo de causalidade – elementar do tipo culposo estabelecida no art. 13, *caput*, do Código Penal. Segundo concepção doutrinária e jurisprudencial dominante, a teoria eleita pelo Estatuto Repressor para explicar a constatação do fenômeno causal é a Teoria da Equivalência das Condições, também conhecida como Teoria da Causalidade Simples ou Teoria da *conditio sine qua non*, ressalvada a limitação estampada no § 1º do mesmo dispositivo, que teria excepcionalmente previsto a teoria da causalidade adequada para hipótese restrita da superveniência de causa independente. Trata-se de teoria de cunho empírico naturalista, que pode ser classificada como generalizadora, é dizer, não promove hierarquia entre as condições que antecedem um resultado, tratando todas as causas como de igual valor. Assim, segundo essa linha de pensamento, causa nada mais é do que a condição (ação/omissão) sem a qual o resultado não teria ocorrido tal como ocorreu. Tudo aquilo que efetivamente contribuiu, in concreto, para o resultado, é tido por causa. A maior crítica enfrentada por esta teoria sempre foi a necessidade de estabelecer um limitador, de maneira a se identificar com segurança se certa conduta foi realmente determinante para ocorrência do resultado. Nessa perspectiva, o aperfeiçoamento da relação causal é ditado pelo método da eliminação hipotética dos antecedentes causais, desenvolvido por Thyrén. Em breves linhas, no campo mental da suposição ou da cogitação, o aplicador deve proceder à eliminação da conduta para concluir pela persistência ou desaparecimento do resultado. Em outras palavras, uma ação ou omissão será considerada como causa do evento sempre que, suprimida mentalmente do contexto fático, o resultado tenha deixado de ocorrer tal como ocorreu. Por óbvio, a concepção pura da teoria não é ratio a ser empregada no sistema penal vigente. Absorvendo as críticas sofridas pela doutrina especializada, fez-se imperioso, em mais uma oportunidade, o aperfeiçoamento do fenômeno causal, de maneira a se evitar o regresso da causalidade a condutas que, por certo, não estariam incluídas entre aquelas que efetivamente concorreram para o dano ao bem jurídico tutelado. Nesse compasso, buscando uma restrição ainda maior da causalidade, ganhou força a ideia de limitar o liame entre conduta e resultado por intermédio do elemento anímico ou subjetivo de que imbuído o agente, o que se convencionou chamar de causalidade psíquica (*imputatio delicti*). Palmilhando por essa linha de intelecção, o juízo de verificação da causalidade não pode retroceder ou retornar às condições que temporalmente precederam à posterior atuação típica culposa ou dolosa de outrem, a qual teria o condão de interromper o nexo causal iniciado pelo primeiro interveniente. Em outros termos, para evitar a responsabilidade de certas condutas antecedentes que contribuíram para o resultado, a doutrina clássica analisa o dolo e a culpa como limites da responsabilidade. As questões são resolvidas com o tipo subjetivo e não com o objetivo. Assim sendo, duas operações devem ser realizadas para explicitar o modelo causal: em primeiro lugar, identifica-se a imputação objetiva do evento (causa); num segundo plano, testa-se a imputação subjetiva (dolo/culpa). A responsabilização penal do agente dependerá de sua voluntariedade (dolo ou culpa) em relação à provocação do resultado. Nesse viés, inviável a atribuição de responsabilidade ao representante legal da sociedade empresária contratante de empreitada. Se é certo que existe o dever objetivo de cuidado de prover para que a obra seja realizada sem a intercorrência de infortúnios, este deve ser endereçado aos agentes da empresa responsável pela construção, ou a outros terceiros que tenham efetivamente interferido no curso causal (sempre lembrando que em nosso sistema não se atribuiu a prática de ilícitos penais a pessoas jurídicas, ressalvados os casos de crimes ambientais). De outra banda, também não se mostra factível a identificação de nexo jurídico ou de evitação, de forma a se adjetivar a posição do acusado como garante, imputando-lhe omissão penalmente relevante (art. 13, § 2º, do CP). Não havia no caso analisado, ou ao menos não foi narrado pela exordial, o dever legal de agir, a assunção voluntária de custódia ou mesmo a ingerência indevida do acusado sobre a consecução da obra em epígrafe. Em conclusão, se de um lado não se pode imputar de forma direta qualquer resultado penalmente relevante ao representante legal da sociedade contratante, dada a ausência de causalidade psíquica, de outro não cabe falar em omissão imprópria, considerando a não qualificação do agente como garantidor. Por conseguinte, a ação penal intentada deve ter seu prosseguimento obstado em face da atipicidade da conduta" (STJ: RHC 80.142/SP, rel. Min. Maria Thereza de Assis Moura, 6.ª Turma, j. 28.03.2017, noticiado no *Informativo* 601).

Omissão penalmente relevante – necessidade de descrição detalhada na denúncia: "É inepta denúncia que impute a prática de homicídio na forma omissiva imprópria quando não há descrição clara e precisa de como a acusada – médica cirurgiã de sobreaviso – poderia ter impedido o resultado morte, sendo insuficiente a simples menção do não comparecimento da denunciada à unidade hospitalar, quando lhe foi solicitada a presença para prestar imediato atendimento a paciente que foi a óbito. Com efeito, o legislador estabeleceu alguns requisitos essenciais para a formalização da acusação, a fim de que seja assegurado ao acusado o escorreito exercício do contraditório e da ampla defesa, pois a higidez da denúncia é uma garantia do denunciado. Neste contexto, quando se imputa a alguém crime comissivo por omissão (art. 13, § 2º, *b*, do CP), é necessário que se demonstre o nexo normativo entre a conduta omissiva e o resultado normativo, porque só se tem por constituída a relação de causalidade se, baseado em elementos empíricos, for possível concluir, com alto grau de probabilidade, que o resultado não ocorreria se a ação devida fosse efetivamente realizada. Na hipótese em foco, a denúncia não descreveu com a clareza necessária qual foi a conduta omitida pela denunciada que teria impedido o resultado morte, com probabilidade próxima da certeza. Assim, se inexistir a descrição do liame de causalidade normativa entre a conduta comissiva por omissão e a morte da vítima, não há que se falar em materialidade de crime de homicídio, porquanto é imprescindível que a imputação esteja embasada em prova técnica, como laudo cadavérico, parecer médico ou perícia médica, que permita, com dados científicos, demonstrar com a mínima segurança que a vítima evoluiu a óbito por falta daquele atendimento médico imediato e especializado não prestado pelo acusado. Destaque-se que a falta de laudo de necropsia não impede o reconhecimento da materialidade delitiva nos crimes de homicídio, podendo, muitas vezes, vir demonstrada por outros meios de prova, como, por exemplo, depoimentos testemunhais" (STJ: RHC 39.627/RJ, rel. Min. Rogerio Schietti Cruz, 6.ª Turma, j. 08.04.2014, noticiado no *Informativo* 538).

Teoria da imputação objetiva – autocolocação da vítima em situação de risco – princípio da confiança: "1. Afirmar na denúncia que 'a vítima foi jogada dentro da piscina por seus colegas, assim como tantos outros que estavam presentes, ocasionando seu óbito' não atende satisfatoriamente aos requisitos do art. 41 do Código de Processo Penal, uma vez que, segundo o referido dispositivo legal, 'A denúncia ou queixa conterá a exposição do fato criminoso, com todas as suas circunstâncias, a qualificação do acusado ou esclarecimentos pelos quais se possa identificá-lo, a classificação do crime e, quando necessário, o rol das testemunhas'. 2. Mesmo que se admita certo abrandamento no tocante ao rigor da individualização das condutas, quando se trata de delito de autoria coletiva, não existe respaldo jurisprudencial para uma acusação genérica, que impeça o exercício da ampla defesa, por não demonstrar qual a conduta tida por delituosa, considerando que nenhum dos membros da referida comissão foi apontado na peça acusatória como sendo pessoa que jogou a vítima na piscina.

3. Por outro lado, narrando a denúncia que a vítima afogou-se em virtude da ingestão de substân-cias psicotrópicas, o que caracteriza uma autocolocação em risco, excludente da responsabilidade criminal, ausente o nexo causal. 4. Ainda que se admita a existência de relação de causalidade entre a conduta dos acusados e a morte da vítima, à luz da teoria da imputação objetiva, necessária é a demonstração da criação pelos agentes de uma situação de risco não permitido, não ocorrente, na hipótese, porquanto é inviável exigir de uma Comissão de Formatura um rigor na fiscalização das substâncias ingeridas por todos os participantes de uma festa. 5. Associada à teoria da imputação objetiva, sustenta a doutrina que vigora o princípio da confiança, as pessoas se comportarão em conformidade com o direito, o que não ocorreu *in casu*, pois a vítima veio a afogar-se, segundo a denúncia, em virtude de ter ingerido substâncias psicotrópicas, comportando-se, portanto, de for-ma contrária aos padrões esperados, afastando, assim, a responsabilidade dos pacientes, diante da inexistência de previsibilidade do resultado, acarretando a atipicidade da conduta" (STJ: HC 46.525/MT, rel. Min. Arnaldo Esteves Lima, 5.ª Turma, j. 21.03.2006).

Teoria da imputação objetiva – criação ou aumento de risco proibido – necessidade: "1. Para que o agente seja condenado pela prática de crime culposo, são necessários, dentre outros requisitos: a inobservância do dever de cuidado objetivo (negligência, imprudência ou imperícia) e o nexo de causalidade. 2. No caso, a denúncia imputa ao paciente a prática de crime omissivo culposo, na forma imprópria. A teor do § 2º do art. 13 do Código Penal, somente poderá ser autor do delito quem se encontrar dentro de um determinado círculo normativo, ou seja, em posição de garantidor. 3. A hipótese não trata, evidentemente, de uma autêntica relação causal, já que a omissão, sendo um não agir, nada poderia causar, no sentido naturalístico da expressão. Portanto, a relação causal exigida para a configuração do fato típico em questão é de natureza normativa. 4. Da análise singela dos autos, sem que haja a necessidade de se incursionar na seara fático-probatória, verifico que a ausência do nexo causal se confirma nas narrativas constantes na própria denúncia. 5. Diante do quadro delineado, não há falar em negligência na conduta do paciente (engenheiro naval), dado que prestou as informações que entendia pertinentes ao êxito do trabalho do profissional qualificado, alertando-o sobre a sua exposição à substância tóxica, confiando que o contratado executaria a operação de mergulho dentro das regras de segurança exigíveis ao desempenho de sua atividade, que mesmo em situações normais já é extremamente perigosa. 6. Ainda que se admita a existência de relação de causalidade entre a conduta do acusado e a morte do mergulhador, à luz da teoria da imputação objetiva, seria necessária a demonstração da criação pelo paciente de uma situação de risco não permitido, não ocorrente, na hipótese. 7. Com efeito, não há como asseverar, de forma efetiva, que engenheiro tenha contribuído de alguma forma para aumentar o risco já existente (permitido) ou estabelecido situação que ultrapasse os limites para os quais tal risco seria juridicamente tolerado" (STJ: HC 68.871/PR, rel. Min. Maria Thereza de Assis Moura, rel. p/ acórdão Min. Og Fernandes, 6.ª Turma, j. 06.08.2009).

Teoria da imputação objetiva – risco permitido ou diminuição do risco – considerações: "I. De acordo com a Teoria Geral da Imputação Objetiva o resultado não pode ser imputado ao agente quando decorrer da prática de um risco permitido ou de uma ação que visa a diminuir um risco não permitido; o risco permitido não realize o resultado concreto; e o resultado se encontre fora da esfera de proteção da norma. II. O risco permitido deve ser verificado dentro das regras do ordenamento social, para o qual existe uma carga de tolerância genérica. É o risco inerente ao convívio social e, portanto, tolerável. III. Hipótese em que o agente agiu em desconformidade com as regras de trânsito (criou um risco não permitido), causando resultado jurídico abrangido pelo fim de proteção da norma de cuidado – morte da vítima, atraindo a incidência da imputabilidade objetiva. IV. As circunstâncias que envolvem o fato em si não podem ser utilizadas para atrair a incidência da teoria do risco permitido e afastar a imputabilidade objetiva, se as condições de sua aplicação encontram-se presentes, isto é, se o agente agiu em desconformidade com as regras de trânsito, causando resultado jurídico que a norma visava coibir com sua original previsão. V. O fato de transitar às 3 horas da madrugada e em via deserta não pode servir de justificativa à atua-ção do agente em desconformidade com a legislação de trânsito. Isto não é risco permitido, mas atuação proibida. VI. Impossível se considerar a hipótese de aplicação da teoria do risco permitido com atribuição do resultado danoso ao acaso, seja pelo fato do agente transitar embriagado e em velocidade acima da permitida na via, seja pelo que restou entendido pela Corte *a quo* no sentido de sua direção descuidada" (STJ: REsp 822.517/DF, rel. Min. Gilson Dipp, 5.ª Turma, j. 12.06.2007).

Art. 14. Diz-se o crime:

Crime consumado

I – consumado, quando nele se reúnem todos os elementos de sua definição legal;

Tentativa

II – tentado, quando, iniciada a execução, não se consuma por circunstâncias alheias à vontade do agente.

Pena de tentativa

Parágrafo único. Salvo disposição em contrário, pune-se a tentativa com a pena correspondente ao crime consumado, diminuída de um a dois terços.

○ **Iter criminis:** O *iter criminis* ou **"caminho do crime"** corresponde às etapas percorridas pelo agente para a prática de um fato previsto em lei como infração penal. Compreende duas fases: uma interna e outra externa. A **fase interna** é representada pela **cogitação.** A **fase externa** se divide em outras três: **preparação, execução** e **consumação.** O exaurimento não integra o *iter criminis.*

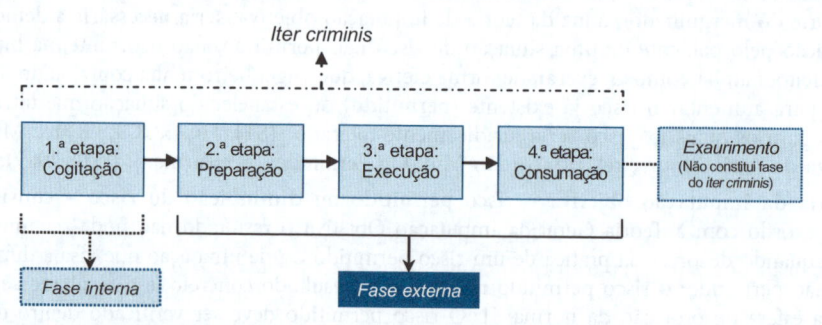

○ **Fase interna – cogitação:** A **cogitação** repousa na mente do agente, nela se formando a ideia de enveredar pela empreitada criminosa. Seu propósito ilícito encontra-se preso em um claustro psíquico. É sempre interna, não se revelando em atos externos. Por se tratar de mera ideia, sem qualquer possibilidade de ofensa ao bem jurídico, não pode ser alcançada pelo Direito Penal. Não é punível: inexiste crime, ainda que na forma tentada. De fato, conduta penalmente relevante é somente aquela praticada por seres humanos e projetada no mundo exterior. Já no Direito Romano proclamava Ulpiano: *cogitationis poenam nemo patitur,* isto é, ninguém pode ser punido exclusivamente pelos seus pensamentos. Na contramão dessa diretriz do Direito Penal, e no plano fictício, a famosa obra "1984", de George Orwell, narra a punição do "crime de pensamento", combatido com rigor pela Polícia das Ideias, atuante em Oceânia. É possível a divisão da cogitação em três momentos distintos: (**1.º**) **Idealização:** o sujeito tem a ideia de cometer uma infração penal; (**2.º**) **Deliberação:** o agente sopesa as vantagens e desvantagens de seu eventual comportamento contrário ao Direito Penal; e (**3.º**) **Resolução:** o sujeito se decide pelo cometimento da infração penal.[95]

○ Fase externa:

– **Preparação ou atos preparatórios:** Corresponde aos atos indispensáveis à prática da infração penal, municiando-se o agente dos elementos necessários para a concretização da sua conduta ilícita. Precisa ir além do simples projeto interno (mínimo), sem que se deva, contudo, iniciar a imediata realização tipicamente relevante da vontade delitiva (máximo).[96] Os atos preparatórios, geralmente, não são puníveis, nem na forma tentada, uma vez que não se iniciou a realização do núcleo do tipo penal. De fato, o art. 14, inc. II, do CP vinculou a tentativa à prática de atos executórios. Em casos excepcionais, é possível a punição de atos preparatórios nas hipóteses em que a lei optou por incriminá-los de forma autônoma. São os chamados **crimes-obstáculo**. Nesses casos o legislador transforma o ato preparatório de um determinado delito em crime diverso e independente, ou seja, passa a tratá-lo como ato de execução, a exemplo do que se dá com os delitos de fabrico, forne-cimento, aquisição, posse ou transporte de explosivos ou gás tóxico, ou asfixiante (CP, art. 253), incitação ao crime (CP, art. 286), associação criminosa (CP, art. 288) e petrechos para a falsificação de moeda (CP, art. 291). Uma exceção a esta regra encontra-se no art. 5.º da Lei 13.260/2016, que antecipou a tutela do Direito Penal para efetivamente punir meros **atos preparatórios de terrorismo**. Não se exige a prática de nenhum ato de execução. Basta a realização de um ato preparatório para autorizar a punição do responsável pela violação da norma penal.[97]

– **Execução ou atos executórios:** É aquela em que se inicia a agressão ao bem jurídico, por meio da realização do núcleo do tipo penal. O agente começa a realizar o verbo (núcleo do tipo) constante da definição legal, tornando o fato punível. É o caso da conduta de efetuar disparos de arma de fogo contra uma pessoa. Há incidência do Direito Penal, configurando no mínimo um crime tentado. Com efeito, o art. 14, II, do CP vinculou a tentativa ao início da execução do crime, ou seja, à prática de atos executórios. O ato de execução deve ser **idôneo** e **inequívoco**. **Ato idôneo** é o que se reveste de capacidade suficiente para lesar o bem jurídico penalmente tutelado. Essa idoneidade deve ser constatada no caso concreto, e não em abstrato. Por sua vez, **ato inequívoco** é o que se direciona ao ataque do bem jurídico, almejando a consumação da infração penal e fornecendo certeza acerca da vontade ilícita. Conclui-se, pois, que um ato de execução deve, obrigatoriamente, possuir essas características, simultaneamente. Não basta apenas uma delas. Também não é suficiente, em face da rejeição da teoria subjetiva – notadamente pela insegurança por ela proporcionada –, a vontade firme e consciente de cometer uma infração penal, quando não exteriorizado um ato idôneo e inequívoco.

– **Transição dos atos preparatórios para os atos executórios:** Um dos mais árduos problemas do Direito Penal é diferenciar, com precisão, um ato preparatório de um ato executório. Não é simples estabelecer o momento exato em que se opera a transição de uma fase para outra do *iter criminis*, em face do caráter fronteiriço de tais atos. E, como ainda não se construiu um método infalível para distinguir entre uns e outros, nos casos de irredutível dúvida sobre se o ato constitui um ataque ao bem jurídico ou apenas uma predisposição para esse ataque, o magistrado deverá pronunciar o *non liquet*, a falta de provas, negando a existência da tentativa. Inúmeras teorias

---

[95]   FRIAS CABALLERO, Jorge. *El proceso ejecutivo del delito*. 2. ed. Buenos Aires: Bibliográfica Argentina, 1956. p. 18.

[96]   MAURACH, Reinhart. *Tratado de Derecho Penal*. Trad. espanhola Juan Córdoba Roda. Barcelona: Ariel, 1962. v. 2, p. 168.

[97]   "Art. 5º Realizar atos preparatórios de terrorismo com o propósito inequívoco de consumar tal delito: Pena – a correspondente ao delito consumado, diminuída de um quarto até a metade."

apresentam propostas para a solução do impasse. Dividem-se inicialmente em subjetiva e objetiva. Esta última se ramifica em diversas outras. Vejamos cada uma delas:

1) *Teoria subjetiva:* não há transição dos atos preparatórios para os atos executórios. O que interessa é o plano interno do autor, a vontade criminosa, existente em quaisquer dos atos que compõem o *iter criminis*. Destarte, tanto a fase da preparação como a fase da execução importam na punição do agente.

2) *Teoria objetiva:* os atos executórios dependem do início de realização do tipo penal. O agente não pode ser punido pelo seu mero "querer interno". É imprescindível a exteriorização de atos idôneos e inequívocos para a produção do resultado lesivo. Essa teoria, todavia, se divide em outras:

2.1) **Teoria da hostilidade ao bem jurídico**: atos executórios são aqueles que atacam o bem jurídico, enquanto os atos preparatórios não caracterizam afronta ao bem jurídico, mantendo inalterado o "estado de paz". Foi idealizada por Max Ernst Mayer e tem como principais partidários Nélson Hungria e José Frederico Marques.

2.2) **Teoria objetivo-formal ou lógico-formal**: ato executório é aquele em que se inicia a realização do verbo contido na conduta criminosa. Exige tenha o autor concretizado efetivamente uma parte da conduta típica, penetrando no núcleo do tipo. Exemplo: em um homicídio, o sujeito, com golpes de punhal, inicia a conduta de "matar alguém". Surgiu dos estudos de Franz von Liszt. **É a preferida pela doutrina e pela jurisprudência no Brasil.**[98]

2.3) **Teoria objetivo-material**: atos executórios são aqueles em que se começa a prática do núcleo do tipo, e também os **imediatamente anteriores** ao início da conduta típica, de acordo com a visão de terceira pessoa, alheia aos fatos. O juiz deve se valer do critério do **terceiro observador** para impor a pena. Exemplo: aquele que está no alto de uma escada, portando um pé de cabra, pronto para pular um muro e ingressar em uma residência, na visão de um terceiro observador, iniciou a execução de um crime de furto. Essa teoria foi criada por Reinhart Frank, e adotada pelo art. 22 do Código Penal Português.

2.4) **Teoria objetivo-individual**: atos executórios são os relacionados ao início da conduta típica, e também os que lhe são **imediatamente anteriores,** em conformidade com o **plano concreto do autor.** Portanto, diferencia-se da anterior por não se preocupar com o terceiro observador, e sim com a prova do plano concreto do autor, independentemente de análise externa. Exemplo: "A", com uma faca em punho, aguarda atrás de uma moita a passagem de "B", seu desafeto, para matá-lo, desejo já anunciado para diversas pessoas. Quando este se encontra a 200 metros de distância, "A" fica de pé, segura firme a arma branca e aguarda em posição de ataque seu adversário. Surge a polícia e o aborda. Para essa teoria, poderia haver a prisão em flagrante, em face da caracterização da tentativa de homicídio, o que não se dá na teoria objetivo-formal. Essa teoria, que remonta a Hans Welzel, tem como principais defensores Eugenio Raúl Zaffaroni e José Henrique Pierangeli.

– Consumação: Dá-se a consumação, também chamada de crime consumado ou *summatum opus*, quando nele se reúnem todos os elementos de sua definição legal (art. 14, I, do CP). É, por isso, um **crime completo ou perfeito**, pois a conduta criminosa se realiza integralmente. Verifica-se quando o autor concretiza todas as elementares descritas pelo preceito primário de uma norma penal incriminadora.

– A consumação nas diversas espécies de crimes: Nos **delitos materiais**, ou causais (aí se inserindo os culposos e omissivos impróprios, espúrios ou comissivos por omissão), aperfeiçoa-se a consumação com a superveniência do resultado naturalístico. De seu turno, nos **crimes formais**, de resultado cortado ou de consumação antecipada, e nos **crimes de mera conduta** ou de simples atividade, a consumação ocorre com a prática da conduta. Nos **crimes qualificados pelo resultado**, incluindo os preterdolosos, a consumação se verifica com a produção do resul-

---

[98] STJ: AREsp 974.254/TO, rel. Min. Ribeiro Dantas, 5.ª Turma, j. 21.09.2021, noticiado no *Informativo* 711.

tado agravador, doloso ou culposo. Os **crimes de perigo concreto** se consumam com a efetiva exposição do bem jurídico a uma probabilidade de dano. Já os **crimes de perigo abstrato ou presumido** se consumam com a mera prática da conduta definida pela lei como perigosa. Em relação aos **crimes permanentes**, a consumação se arrasta no tempo, com a manutenção da situação contrária ao Direito, autorizando a prisão em flagrante a qualquer momento, enquanto não encerrada a permanência. Por outro lado, nos **crimes habituais** a consumação se dá com a reiteração de atos que revelam o estilo de vida do agente, pois cada um deles, isoladamente considerado, representa um indiferente penal.

○ **Exaurimento:** Também chamado de **crime exaurido** ou **crime esgotado,** é o delito em que, posteriormente à consumação, subsistem efeitos lesivos derivados da conduta do autor. É o caso do recebimento do resgate no crime de extorsão mediante sequestro, desnecessário para fins de tipicidade, eis que se consuma com a privação da liberdade destinada a ser trocada por indevida vantagem econômica. Por guardar estreita relação com os crimes formais, é chamado por Zaffaroni e Pierangelli de **consumação material.**[99] No terreno da tipicidade, o exaurimento não compõe o *iter criminis*, que se encerra com a consumação. Influi, contudo, na dosimetria da pena, notadamente na aplicação da pena-base, pois o art. 59, *caput*, do CP erigiu as consequências do crime à condição de circunstância judicial. Em alguns casos, o exaurimento pode funcionar como qualificadora, como se dá na resistência (art. 329, § 1.º, do CP), ou como causa de aumento da pena, a exemplo do que se verifica na corrupção passiva (art. 317, § 1.º, do CP).

○ **Tentativa:** Como bem define o art. 14, II, do CP, tentativa é o início de execução de um crime que somente não se consuma por circunstâncias alheias à vontade do agente. Destarte, o ato de tentativa é, necessariamente, um ato de execução. Exige-se tenha o sujeito praticado atos executórios, daí não sobrevindo a consumação por forças estranhas ao seu propósito, o que acarreta em tipicidade não finalizada, sem conclusão. A tentativa também é conhecida por outros rótulos: *conatus*, **crime imperfeito,** crime manco[100] ou, na preferência de Zaffaroni, **crime incompleto,**[101] em oposição ao crime consumado, reconhecido como completo ou perfeito.

– **Elementos:** Três elementos compõem a estrutura da tentativa: (1) início da execução do crime; (2) ausência de consumação por circunstâncias alheias à vontade do agente; e (3) dolo de consumação. O dolo da tentativa é igual ao dolo da consumação. O CP foi peremptório nesse sentido, ao dizer que o crime somente não se consuma por circunstâncias alheias à **vontade** do agente: tinha a intenção de alcançar a consumação, mas por circunstâncias alheias à sua vontade não conseguiu atingir seu objetivo. A resolução do indivíduo é idêntica no crime consumado e no crime tentado. Este último, em verdade, é perfeito na esfera subjetiva do agente, embora imperfeito no campo objetivo, relacionado ao resultado que deveria ser produzido com a conduta criminosa.

– **Natureza jurídica da tentativa:** O art. 14, II, do CP não goza de autonomia, pois a tentativa não existe por si só, isoladamente. Sua aplicação reclama a realização de um tipo incriminador, previsto na Parte Especial do CP ou pela legislação penal especial. O CP e a legislação extravagante não preveem, para cada crime, a figura da tentativa, nada obstante a maioria deles seja com ela compatível. Utiliza-se a definição do crime consumado em conjunto com a regra prevista no art. 14, II. A tentativa de furto, nesses termos, é a combinação de "subtrair, para si ou para outrem, coisa alheia móvel" com "iniciada a execução, não se consuma por circunstâncias alheias à vontade do agente". Portanto, furto tentado é: art. 155, *caput*, c/c o art. 14, II, ambos do CP. A adequação típica de um crime tentado é de subordinação mediata, ampliada ou por extensão,

---

[99]   ZAFFARONI, Eugenio Raúl; PIERANGELI, José Henrique. *Da tentativa*. 4. ed. São Paulo: RT, 1995. p. 26.

[100]   FRANCO, Alberto Silva; STOCO, Rui. *Código Penal e sua interpretação jurisprudencial*. Parte geral. 7. ed. São Paulo: RT, 2001, v. 1. p. 152.

[101]   ZAFFARONI, Eugenio Raúl. *Manual de derecho penal*. Parte general. 2. ed. Buenos Aires: Ediar, 2002. p. 809.

já que a conduta não se enquadra prontamente na lei penal incriminadora, reclamando-se, para complementar a tipicidade, a interposição do dispositivo contido no art. 14, II, do CP. Consequentemente, a norma definidora da tentativa é uma **norma de extensão** ou **de ampliação da conduta.** Opera-se uma **ampliação temporal** da figura típica, pois com a utilização da regra prevista no art. 14, II, do CP, o alcance do tipo penal não se limita apenas ao momento da consumação do crime, mas também a períodos anteriores. Antecipa-se a tutela penal para abarcar os atos executórios prévios à consumação.

– **Teorias sobre a punibilidade da tentativa:** Dentre as diversas teorias que buscam fundamentar a punibilidade da tentativa, quatro se destacam:

1) Teoria subjetiva, voluntarística ou **monista:** ocupa-se exclusivamente da vontade criminosa, que pode se revelar tanto na fase dos atos preparatórios como também durante a execução. O sujeito é punido por sua intenção, pois o que importa é o desvalor da ação, sendo irrelevante o desvalor do resultado.

2) Teoria sintomática: idealizada pela Escola Positiva de Ferri, Lombroso e Garofalo, sustenta a punição em razão da periculosidade subjetiva, isto é, do perigo revelado pelo agente. Possibilita a punição de atos preparatórios, pois a mera manifestação de periculosidade já pode ser enquadrada como tentativa, em consonância com a finalidade preventiva da pena.[102]

3) Teoria objetiva, realística ou **dualista:** a tentativa é punida em face do perigo proporcionado ao bem jurídico tutelado pela lei penal. Sopesam-se o desvalor da ação e o desvalor do resultado: a tentativa deve receber punição inferior à do crime consumado, pois o bem jurídico não foi atingido integralmente.

4) Teoria da impressão ou **objetivo-subjetiva:** representa um limite à teoria subjetiva, evitando o alcance desordenado dos atos preparatórios. A punibilidade da tentativa só é admissível quando a atuação da vontade ilícita do agente seja adequada para comover a confiança na vigência do ordenamento normativo e o sentimento de segurança jurídica dos que tenham conhecimento da conduta criminosa.[103]

– **Teoria adotada pelo CP:** A punibilidade da tentativa é disciplinada pelo art. 14, parágrafo único. Nesse campo, o CP acolheu **como regra** a **teoria objetiva, realística ou dualista,** ao determinar que a pena da tentativa deve ser correspondente à pena do crime consumado, diminuída de 1 (um) a 2/3 (dois terços). Como o desvalor do resultado é menor quando comparado ao do crime consumado, o *conatus* deve suportar uma punição mais branda. **Excepcionalmente,** entretanto, é aceita a **teoria subjetiva, voluntarística ou monista,** consagrada pela expressão **"salvo disposição em contrário".** Há casos, restritos, em que o crime consumado e o crime tentado comportam igual punição: são os **delitos de atentado** ou **de empreendimento.** Podem ser citados, como exemplos: (1) evasão mediante violência contra a pessoa (art. 352 do CP), em que o preso ou indivíduo submetido à medida de segurança detentiva, usando de violência contra a pessoa, recebe igual punição quando se evade ou tenta evadir-se do estabelecimento em que se encontra privado de sua liberdade; e (2) Lei 4.737/1965 – Código Eleitoral, art. 309, no qual se sujeita a igual pena o eleitor que vota ou tenta votar mais de uma vez, ou em lugar de outrem.

– **Critério para diminuição da pena:** A tentativa constitui-se em **causa obrigatória de diminuição da pena.** Incide na terceira fase de aplicação da pena privativa de liberdade, e sempre a reduz. A liberdade do magistrado repousa unicamente no *quantum* da diminuição, balizando-se entre os limites legais, de 1 (um) a 2/3 (dois terços). Deve reduzi-la, podendo somente escolher o montante da diminuição. E, para navegar entre tais parâmetros, o critério decisivo é a maior ou menor proximidade da consumação, é dizer, a **distância percorrida do *iter criminis*.**

– **Tentativa e crimes de competência dos Juizados Especiais Criminais:** Em caso de **crime tentado,** para analisar se o seu responsável deve ou não ser processado e julgado no Juizado

---

102 PUGLIA, Fernando. *Da tentativa.* Trad. Octavio Mendes. 2. ed. Lisboa: Clássica, 1907. p. 116.
103 ZAFFARONI, Eugenio Raúl. *Manual de derecho penal.* Parte general. 2. ed. Buenos Aires: Ediar, 2002. p. 814.

Especial Criminal, isto é, para verificar o enquadramento ou não no conceito de infração penal de menor potencial ofensivo, a causa de diminuição de pena deve ser aplicada em sua fração mínima sobre a pena máxima cominada. Se o resultado daí advindo for superior a dois anos, o Juizado não é o competente para o julgamento da causa.

– **Tentativa e diminuição da pena no Código Penal Militar:** O Código Penal Militar (Decreto-lei 1.001, de 21 de outubro de 1969) orienta-se, também no tocante à punibilidade da tentativa, pela teoria objetiva. Admite, todavia, uma exceção ao critério da obrigatória diminuição da pena do crime tentado, ao dispor em seu art. 30, parágrafo único: "Pune-se a tentativa com a pena correspondente ao crime, diminuída de um a dois terços, **podendo o juiz, no caso de excepcional gravidade, aplicar a pena do crime consumado**".

– **Espécies de tentativa:** A tentativa comporta a seguinte divisão: (a) **Tentativa branca ou incruenta:** o objeto material não é atingido pela conduta criminosa. Recebe essa denominação ao relacionar-se com a tentativa de homicídio em que não se produzem ferimentos na vítima, não acarretando no derramamento de sangue; (b) **Tentativa cruenta ou vermelha:** o objeto material é alcançado pela atuação do agente; (c) **Tentativa perfeita, acabada ou crime falho:** o agente esgota todos os meios executórios que estavam à sua disposição, e mesmo assim não sobrevém a consumação por circunstâncias alheias à sua vontade. Pode ser cruenta ou incruenta; e (d) **Tentativa imperfeita, inacabada ou tentativa propriamente dita** – o agente inicia a execução sem, contudo, utilizar todos os meios que tinha ao seu alcance, e o crime não se consuma por circunstâncias alheias à sua vontade.

– **Tentativa e crimes de ímpeto:** Crimes de ímpeto são os cometidos sem premeditação, como decorrência de reação emocional repentina. Há argumentos no sentido de que o ímpeto do agente afasta a viabilidade de análise do *iter criminis*, pois a sua atuação repentina impossibilita o fracionamento dos atos executórios. O acesso excessivo de emoção ou paixão não seria compatível com o propósito de praticar determinado crime. Veja-se o exemplo do homem que, ao chegar a sua casa, encontra sua esposa mantendo relações sexuais com terceira pessoa. Revoltado, saca sua arma de fogo e efetua disparos contra a adúltera, não a acertando, embora desejasse matá-la. Para aqueles que não aceitam o *conatus* nos crimes de ímpeto, seria impossível estabelecer, no plano concreto, se o traído não matou sua mulher por erro na pontaria ou pelo fato de não desejar alvejá-la efetivamente.

– **Tentativa e dolo eventual:** Orienta-se a doutrina pelo cabimento da tentativa nos crimes cometidos com dolo eventual, equiparado pelo art. 18, I, do CP, no tocante ao seu tratamento, ao dolo direto. A dificuldade de prova do início da execução de um crime que não se consuma por circunstâncias alheias ao consentimento do agente é questão de natureza processual, em nada interferindo na tipicidade do fato. Todavia, existem posições pela **inadmissibilidade** da tentativa nos crimes praticados com dolo eventual, com fundamento na redação do art. 14, II, do CP: se o legislador definiu o crime tentado como aquele em que, "iniciada a execução, não se consuma por circunstâncias alheias à **vontade** do agente", limitou o instituto ao dolo direto, para o qual adotou a teoria da vontade (art. 18, I, 1.ª parte), excluindo-a do alcance do dolo eventual, em que se acolheu a teoria do consentimento ou do assentimento (art. 18, I, *in fine*).[104]

– **Inadmissibilidade da tentativa:** Em geral, os crimes dolosos são compatíveis com a tentativa, pouco importando sejam materiais, formais ou de mera conduta. De fato, a admissibilidade ou não da tentativa tem a ver com o **caráter plurissubsistente** do delito, isto é, com a composição da conduta em diversos atos executórios, podendo, consequentemente, ser fracionada. Crimes formais e de mera conduta comportam o *conatus*, desde que sejam plurissubsistentes. **A regra, portanto, é a compatibilidade dos crimes com o *conatus*.** Algumas espécies de infrações penais, todavia, não admitem a tentativa:

---

[104]   É, dentre outros, o entendimento de GRECO, Rogério. *Curso de direito penal* – Parte geral. 10. ed. Rio de Janeiro: Impetus, 2008. p. 263-267.

1) Crimes culposos: o resultado naturalístico é involuntário, contrário à intenção do agente. Por corolário, seria no mínimo contraditório admitir-se, em um crime não desejado pelo seu autor, o início da execução de um delito que somente não se consuma por circunstâncias alheias à sua vontade. Essa regra se excepciona no que diz respeito à **culpa imprópria,** compatível com a tentativa, pois nela há a intenção de se produzir o resultado. Cuida-se, em verdade, de dolo, punido por razões de política criminal a título de culpa, em face de ser a conduta realizada pelo agente com amparo em erro inescusável quanto à ilicitude do fato;

2) Crimes preterdolosos: nestes crimes o resultado agravador é culposo, não desejado pelo agente. Por esse motivo, não se compactuam com a tentativa;

3) Crimes unissubsistentes: são aqueles em que a conduta é exteriorizada mediante um único ato, suficiente para alcançar a consumação. Não é possível a divisão do *iter criminis,* razão pela qual é incabível a tentativa;

4) Crimes omissivos próprios ou **puros:** ingressam no grupo dos crimes unissubsistentes. Em uma omissão de socorro (art. 135 do CP), por exemplo, o sujeito tem duas opções: ou presta assistência ao necessitado, e não há crime, ou deixa de prestá-la, e o crime estará consumado. Os crimes omissivos impróprios, espúrios ou comissivos por omissão, de seu turno, admitem a tentativa;

5) Crimes de perigo abstrato ou presumido: também se enquadram no bloco dos crimes unissubsistentes. No porte ilegal de arma de fogo, ou o agente porta a arma de fogo em situação irregular, e o crime estará consumado, ou não o faz, e o fato será atípico. Os crimes de perigo concreto, por sua vez, comportam a tentativa;

6) Contravenções penais: embora no plano fático seja em tese possível, a tentativa de contravenção penal é juridicamente irrelevante, em face da regra contida no art. 4.º do Decreto-lei 3.688/1941 – Lei das Contravenções Penais: "Não é punível a tentativa de contravenção";

7) Crimes condicionados: são aqueles cuja punibilidade está sujeita à produção de um resultado legalmente exigido. Como exemplo clássico, pode ser lembrado o delito de participação em suicídio (art. 122), antes da entrada em vigor da Lei 13.968/2019. A redação típica era a seguinte: "Art. 122. Induzir ou instigar alguém a suicidar-se ou prestar-lhe auxílio para que o faça: Pena - reclusão, de dois a seis anos, se o suicídio se consuma; ou reclusão, de um a três anos, se da tentativa de suicídio resulta lesão corporal de natureza grave". Portanto, somente era possível a punição em caso de resultado morte ou lesão corporal de natureza grave. Na sistemática atual, o tipo penal foi ampliado, para prever o crime de induzimento, instigação ou auxílio a suicídio ou a automutilação, e a consumação do delito, em sua modalidade simples (CP, art. 122, *caput*), independe do resultado morte ou lesão grave (ou gravíssima);

8) Crimes subordinados à condição objetiva de punibilidade: tal como ocorre em relação aos falimentares (art. 180 da Lei 11.101/2005 – Lei de Falências), pois se o próprio delito completo não é punível se não houver aquela condição, muito menos o será a sua tentativa;[105]

9) Crimes de atentado ou de empreendimento: não há tentativa, uma vez que a figura tentada recebe igual pena destinada ao crime consumado. É o que se dá, por exemplo, no delito tipificado pelo art. 352 do CP ("evadir-se ou tentar evadir-se"). Antes de falar-se em inadmissibilidade do *conatus,* parece-nos mais correto dizer que a modalidade que seria normalmente classificada como tentativa foi, na verdade, equiparada à consumação;

10) Crimes com tipo penal composto de condutas amplamente abrangentes: é impossível dissociar, no caso concreto, a tentativa da consumação. Veja-se o exemplo do crime de parcelamento ou desmembramento irregular do solo para fins urbanos, tipificado pelo art. 50, I, da Lei 6.766/1979: "Dar início, **de qualquer modo,** ou efetuar loteamento ou desmembramento do solo para fins urbanos sem autorização do órgão público competente, ou em desacordo com as

---

[105] NORONHA, E. Magalhães. Questões acerca da tentativa. *Estudos de direito e processo penal em homenagem a Nélson Hungria.* Rio de Janeiro: Forense, 1962. p. 247.

disposições desta Lei ou das normas pertinentes do Distrito Federal, Estados e Municípios". A expressão "de qualquer modo", na prática, inviabiliza a tentativa, pois qualquer que seja a conduta adotada pelo agente, implicará na consumação;

11) Crimes habituais: são aqueles compostos pela reiteração de atos que demonstram um estilo de vida do agente. Cada ato, isoladamente considerado, representa um indiferente penal. É o caso do curandeirismo (art. 284, I, do CP), em que o ato de prescrever, uma única vez, qualquer substância é conduta atípica, pois a lei reclama a habitualidade. Mirabete faz uma adequada ressalva, suscitando divergência: há tentativa do crime previsto no art. 282 do CP na conduta do sujeito que, sem ser médico, instala um consultório e é detido quando de sua primeira "consulta".[106] Não se devem confundir crimes habituais, entretanto, com crimes permanentes, nos quais a tentativa é perfeitamente cabível; e

12) Crimes-obstáculo: são os que retratam atos preparatórios tipificados de forma autônoma pelo legislador, a exemplo do crime de substância destinada à falsificação (art. 277 do CP). De fato, não há sentido em punir a preparação de um crime – que normalmente não é punível – como delito autônomo prevendo-se para este também a figura do *conatus*. Haveria incompatibilidade lógica de punir a tentativa de preparação de crime que somente é objeto de punição porque, excepcionalmente, o legislador construiu um tipo penal específico. Exemplificativamente, ter em depósito substância destinada à falsificação de um produto medicinal, não fosse a figura típica do art. 277, representaria conduta penalmente irrelevante, não podendo ser considerada ato executório do crime previsto no art. 273, pois trata-se de mera fase preparatória. Como se sabe, o intérprete não pode ampliar a exceção criada pelo legislador.

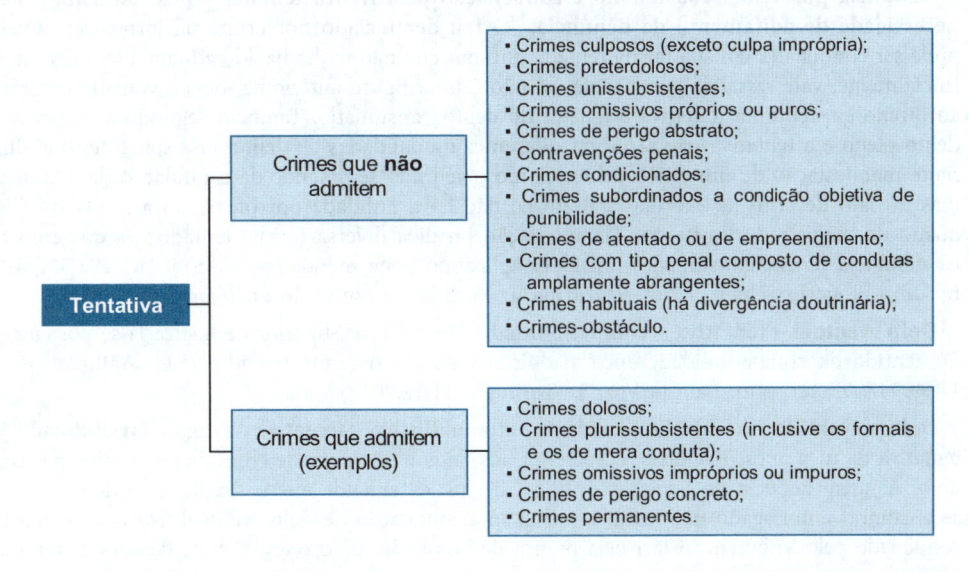

– Crimes punidos apenas na forma tentada: A regra vigente no sistema penal brasileiro é a punição dos crimes nas modalidades consumada e tentada. Mas em algumas situações não se admite o *conatus* – seja pela natureza da infração penal, seja em obediência a determinado mandamento legal –, razão pela qual apenas é possível a imposição de sanção penal para a forma consumada do delito ou da contravenção penal. É o que se verifica, a título ilustrativo, nos crimes culposos (salvo na culpa imprópria) e nos crimes unissubsistentes. Entretanto, em hipóteses raríssimas somente é cabível a punição de determinados delitos na forma tentada, pois nesse sentido orientou-se a previsão legislativa quando da elaboração do tipo penal. Um exemplo desse fenômeno encontra-se

---

[106] MIRABETE, Julio Fabbrini. *Manual de direito penal*. Parte geral. 24. ed. São Paulo: Atlas, 2007. v. 1, p. 153.

no art. 359-L (Abolição violenta do Estado Democrático de Direito) do Código Penal: "Tentar, com emprego de violência ou grave ameaça, abolir o Estado Democrático de Direito, impedindo ou restringindo o exercício dos poderes constitucionais: Pena – reclusão, de 4 (quatro) a 8 (oito) anos, além da pena correspondente à violência". A título ilustrativo, pensemos em um golpe armado e sangrento, com a deposição do Presidente da República, fechamento dos Poderes Legislativo e Judiciário e prisões das autoridades que ocupavam tais cargos públicos. Os novos detentores dos Poderes de Estado ditariam suas próprias "leis", inclusive uma Carta Constitucional. O art. 359-L do Código Penal não teria como ser a eles aplicado. De fato, a consumação da conduta nele descrita importaria em problema estranho à alçada do Direito Penal, assumindo um aspecto nitidamente político, tanto no âmbito interno como (principalmente) no Direito Internacional.

○ **Jurisprudência selecionada:**

Adequação típica mediata – concurso de pessoas: "O art. 29, *caput*, do Código Penal, não se relaciona somente ao aspecto da dosimetria da pena, mas influencia na tipicidade da conduta, na medida em que se trata de norma de extensão, que permite a adequação típica de subordinação mediata" (STJ: REsp 944.676/RS, rel. Min. Laurita Vaz, 5.ª Turma, j. 21.06.2011).

Consumação – extorsão mediante sequestro – crime formal: "Cuidando-se de crime formal, sequestrada a vítima e exigido o resgate, ocorre a consumação, ainda que não se tenha conseguido a vantagem econômica almejada (Súmula 96/STJ)" (STJ: HC 86.127/RJ, rel. Min. Napoleão Nunes Maia Filho, 5.ª Turma, j. 21.02.2008).

Denúncia por crime consumado e condenação pela figura tentada – possibilidade – desnecessidade de aditamento da denúncia: "O réu denunciado por crime na forma consumada pode ser condenado em sua forma tentada, mesmo que não tenha havido aditamento à denúncia. Inicialmente, vale ressaltar que a tentativa não é uma figura autônoma, pois a vontade contrária ao direito existente na tentativa é igual à do delito consumado. Também segundo a doutrina, o delito pleno e a tentativa não são duas diferentes modalidades de delito, mas somente uma diferente manifestação de um único delito. Como o réu não se defende da capitulação da denúncia, mas do fato descrito na exordial acusatória, não há a nulidade por ofensa ao art. 384 do CPP, quando o magistrado limita-se a dar definição jurídica diversa (crime tentado) da que constou na denúncia (crime consumado), inclusive aplicando pena menos grave" (STJ: HC 297.551/MG, rel. Min. Rogerio Schietti Cruz, 6.ª Turma, j. 05.03.2015, noticiado no *Informativo* 557).

Dolo eventual – tentativa – compatibilidade: "Esta Corte Superior de Justiça já se posicionou no sentido da compatibilidade entre o dolo eventual e o crime tentado" (STJ: AgRg no REsp 1.199.947/DF, rel. Min. Laurita Vaz, 5.ª Turma, j. 11.12.2012).

Dolo presumido – homicídio – acidente automobilístico – tentativa de fuga – inviabilidade: "A tentativa de fuga após o acidente é posterior aos fatos e não permite concluir que o réu agiu com dolo. A jurisprudência do Superior Tribunal de Justiça entende que o simples fato de o acusado se encontrar embriagado não justifica por si só a imputação de dolo eventual. No caso, o réu foi condenado pelo Tribunal do Júri pela prática de homicídio doloso em virtude de colisão automobilística ocorrida quando se encontrava embriagado. Tem-se que a imputação sobre o dolo eventual repousa em quatro elementos centrais: (I) a embriaguez do acusado; (II) o excesso de velocidade do veículo no momento da colisão; (III) o fato de a colisão ter acontecido no acostamento; e (IV) a tentativa de fuga do réu após os fatos. Pela atuação deficiente do aparato investigativo e acusador, não se produziu a prova técnica exigida pelos artigos 158 e 159 do Código de Processo Penal para, conclusivamente e com precisão, estabelecer o local do acidente e a velocidade em que o réu trafegava na via. O Tribunal de origem, após relatar essas lacunas probatórias fundamentais, afirma que os fatos que demonstram o dolo não podem ser considerados individualmente, porque as provas indicariam globalmente o dolo eventual. Contudo, essa forma holística de raciocínio probatório ignora que, no processo penal, cada fato, cada elemento do crime precisa ter suporte específico nas provas, sendo inviável presumir a comprovação de quaisquer deles – mesmo na falta de provas específicas a seu respeito – apenas porque fazem sentido ou não divergem de outras provas já existentes. Ademais, a pretendida valoração holística da prova contraria inclusive a redação dada aos quesitos pelo juízo de origem, quando os jurados foram perguntados especificamente se o réu conduzia o carro no acostamento. Logo, seria incoerente permitir que os jurados respondessem a quesitos sobre fatos específicos, mas negar a obrigatoriedade de produção de prova para cada um deles porque o conjunto probatório, considerado como um todo, indicaria o dolo eventual. Quanto a tentativa de fuga após a colisão, é conduta posterior à consumação do crime, e por isso, obviamente, não influencia o que aconteceu antes dela. Tentar fugir do local dos fatos é uma postura reprovável (e que pode configurar um crime autônomo, tipificado no art. 305 do CTB), mas nada diz sobre o elemento subjetivo na conduta anterior do acusado, quando da colisão. Dessa forma, o único fato efetivamente comprovado, que é a embriaguez do acusado, é por si só insuficiente para comprovar o dolo em sua conduta" (STJ: AgRg no AREsp 2.519.852/SC, rel. Min. Ribeiro Dantas, 5.ª Turma, j. 03.09.2024, noticiado no *Informativo* 824).

Tentativa – competência do Juizado Especial Criminal: "Em caso de crime tentado, para verificar se ele deve ser julgado no Juizado Especial Criminal, a causa de diminuição de pena deve ser aplicada em sua fração mínima de diminuição sobre a pena máxima cominada. Se o resultado daí advindo for superior a dois anos, o Juizado não é o competente para o julgamento da causa. (Inteligência do parágrafo único do artigo 2º da Lei 10.259/2001)" (STJ: HC 94.927/SP, rel. Min. Jane Silva – desembargadora convocada do TJ/MG, 6.ª Turma, j. 01.04.2008).

Tentativa – diminuição da pena – *iter criminis*: "A quantificação da causa de diminuição de pena relativa à tentativa (art. 14, II, CP) há de ser realizada conforme o *iter criminis* percorrido pelo agente: a redução será inversamente proporcional à maior proximidade do resultado almejado" (STF: HC 118.203/MT, rel. Min. Gilmar Mendes, 2ª Turma, j. 15.10.2013). *No mesmo sentido*: STJ: AgRg no REsp 1.862.078/PR, rel. Min. Joel Ilan Paciornik, 5.ª Turma, j. 23.06.2020.

Tentativa – transição dos atos preparatórios para atos de execução – teoria objetivo-formal – início da prática do núcleo do tipo: "Adotando-se a teoria objetivo-formal, o rompimento de cadeado e destruição de fechadura da porta da casa da vítima, com o intuito de, mediante uso de arma de fogo, efetuar subtração patrimonial da residência, configuram meros atos preparatórios que impedem a condenação por tentativa de roubo circunstanciado. Segundo o art. 14, II, do Código Penal, o crime é considerado tentado quando, iniciada a execução, não se consuma por circunstâncias alheias à vontade do agente. Mas o texto legal é muito aberto, não trazendo maior clareza ou precisão a respeito de algo que concretamente possa indicar quando a execução de um crime é iniciada, talvez por não se tratar de uma missão humanamente simples, sendo ela objeto de debates também em outros países. Diante da abertura legislativa, a solução desta causa é bastante complexa. Como mencionam Zaffaroni e Pierangeli, o problema mais crítico e árduo da tentativa é a determinação da diferença entre os atos executivos e os atos preparatórios, que normalmente não são puníveis. Com razão, eles mencionam que determinar esse limite é dificílimo, e, ao mesmo tempo, importantíssimo, esclarecendo que existem diversos critérios doutrinários que propõe uma solução, explicando seis diferentes, mas reconhecendo que nenhum deles é totalmente suficiente. Apesar das dificuldades, referidos autores adotam o chamado critério objetivo-individual, sugerido por Welzel, por meio do qual a tentativa começa com a atividade do autor que, segundo o seu plano concretamente delitivo, aproxima-se da realização. Outra não é a posição de Paulo César Busato, para quem o tipo deve ser percebido por intermédio da ação realizada, para que se identifique concretamente a presença de uma tentativa, dizendo ser esta a orientação dominante na academia. Diz ele que o sujeito flagrado de posse de um pé de cabra, mais um saco de estopa e um papel com anotação sobre a combinação do cofre, em frente à porta recém-arrombada de uma residência, teria dado início à realização do seu plano de furto, malgrado não tenha realizado o núcleo do tipo, tampouco a ofensa patrimonial. Seguindo outra trilha – variante do critério objetivo-individual, embora a reconhecendo como doutrinariamente minoritária, Juarez Cirino exige comportamento manifestado em execução específica do tipo, segundo o plano do autor, numa conexão ou semelhança muito grande com a teoria objetivo-

-formal, que exige o início da realização do núcleo da norma penal incriminadora. Assim, seriam condutas meramente preparatórias a de dirigir-se ao local da subtração patrimonial, ainda que portando armas, montar mecanismo de arrombamento no local, etc. Não há jurisprudência dominante dos Tribunais Superiores sobre a divergência, no entanto, aplica-se o mesmo raciocínio já desenvolvido pela Terceira Seção deste Tribunal (CC 56.209/MA), por meio do qual se deduz a adoção da teoria objetivo-formal para a separação entre atos preparatórios e atos de execução, exigindo-se para a configuração da tentativa que haja início da prática do núcleo do tipo penal. No caso, o rompimento de cadeado e a destruição de fechadura de portas da casa da vítima, com o intuito de, mediante uso de arma de fogo, efetuar subtração patrimonial da residência, configuram meros atos preparatórios impuníveis, por não iniciar o núcleo do verbo subtrair, o que impedem a condenação por tentativa de roubo circunstanciado" (STJ: AREsp 974.254/TO, rel. Min. Ribeiro Dantas, 5.ª Turma, j. 21.09.2021, noticiado no *Informativo* 711).

Tentativa branca – conceito: "Considera-se tentativa 'branca' aquela na qual o bem tutelado pelo tipo penal não sofre qualquer dano" (STJ: HC 265.189/RJ, rel. Min. Regina Helena Costa, 5.ª Turma, j. em 17.12.2013).

Desistência voluntária e arrependimento eficaz

> **Art. 15.** O agente que, voluntariamente, desiste de prosseguir na execução ou impede que o resultado se produza, só responde pelos atos já praticados.

○ **Introdução:** Desistência voluntária e arrependimento eficaz são formas de **tentativa abandonada**,[107] assim rotulados porque a consumação do crime deixa de ocorrer em razão da **vontade do agente**, que não chega ao resultado inicialmente desejado por interromper o processo executório do delito ou, esgotada a execução, emprega diligências eficazes para impedir o resultado. Diferem-se, portanto, da tentativa ou *conatus*, em que, iniciada a execução do delito, a consumação não ocorre por circunstâncias alheias à vontade do agente.

○ **Fundamento:** O fundamento político-criminal da desistência voluntária e do arrependimento eficaz é o estímulo ao agente para evitar a produção do resultado de um crime cuja execução já se iniciou, em relação ao qual lhe é perfeitamente possível alcançar a consumação. Por esse motivo, Franz von Liszt a eles se referia como a **"ponte de ouro"** do Direito Penal, isto é, a forma capaz de se valer o agente para retornar à seara da licitude.[108] Os institutos têm origem no **direito premial**, pelo qual o Estado concede ao criminoso um tratamento penal mais favorável em face da vedação voluntária do resultado.

○ **Natureza jurídica:** Há três correntes sobre a natureza jurídica da desistência voluntária e do arrependimento eficaz: (**1**) **Causa pessoal de extinção da punibilidade:** embora não prevista no art. 107 do CP, a desistência voluntária e o arrependimento eficaz retiram o *ius puniendi* estatal no tocante ao crime inicialmente desejado pelo agente. É a posição de Nélson Hungria, E. Magalhães Noronha, Aníbal Bruno e Eugenio Raúl Zaffaroni, entre outros; (**2**) **Causa de exclusão da culpabilidade:** se o agente não produziu, voluntariamente, o resultado inicialmente desejado, afasta-se em relação a este o juízo de reprovabilidade. Responde, entretanto, pelo

---

[107] Daí falar-se na configuração do **dolo abandonado** nesses dois institutos.

[108] Alguns autores, em alusão a esta expressão, também têm utilizado outras terminologias: (a) *"ponte de prata"*: para se referir ao arrependimento posterior (CP, art. 16), pois acarreta somente na diminuição da pena; (b) *"ponte de bronze"*: seria a atenuante da confissão espontânea (CP, art. 65, inc. III, d); e (c) *"ponte de diamante"*: em correspondência à colaboração premiada, quando o Ministério Público deixa de oferecer denúncia (Lei 12.850/2013, art. 4.º, § 4.º).

crime mais brando cometido. Comungam desse entendimento Hans Welzel e Claus Roxin; **(3)** **Causa de exclusão da tipicidade:** para essa vertente, afasta-se a tipicidade do crime inicialmente desejado pelo agente, subsistindo apenas a tipicidade dos atos já praticados. A ela se filiaram José Frederico Marques, Heleno Cláudio Fragoso, Basileu Garcia e Damásio E. de Jesus.

○ **Desistência voluntária:** Na desistência voluntária, o agente, por ato voluntário, interrompe o processo executório do crime, abandonando a prática dos demais atos necessários e que estavam à sua disposição para a consumação. Assemelha-se, mas não se confunde, com a **tentativa imperfeita ou inacabada,** compreendida como aquela em que não se esgotaram os meios de execução que o autor tinha a seu alcance. Conforme a clássica fórmula de Frank, a desistência voluntária se caracteriza quando o responsável pela conduta diz a si próprio: "posso prosseguir, mas não quero". Estaremos diante da tentativa, entretanto, se o raciocínio for outro: "quero prosseguir, mas não posso". Em regra, caracteriza-se por uma conduta negativa, pois o agente desiste da execução do crime, deixando de realizar outros atos que estavam sob o seu domínio. Nos crimes omissivos impróprios, todavia, a desistência voluntária reclama uma atuação positiva, um fazer, pelo qual o autor de um delito impede a produção do resultado. A desistência voluntária não é admitida nos crimes unissubsistentes, pois, se a conduta não pode ser fracionada, exteriorizando-se por um único ato, é impossível desistir da sua execução, que já se aperfeiçoou com a atuação do agente.

○ **Arrependimento eficaz:** No arrependimento eficaz, ou **resipiscência,**[109] depois de já praticados todos os atos executórios suficientes à consumação do crime, o agente adota providências aptas a impedir a produção do resultado. O arrependimento eficaz apresenta um ponto em comum – embora não se confunda – com a **tentativa perfeita ou acabada**: o agente esgota os meios de execução que se encontravam à sua disposição. O art. 15 do CP revela ser o arrependimento eficaz possível somente no tocante aos **crimes materiais,** pela análise da expressão "impede que o resultado se produza". Esse resultado, naturalístico, é exigido somente para a consumação dos crimes materiais. Além disso, nos crimes formais a realização da conduta implica na automática consumação do delito, aperfeiçoando-se a tipicidade do fato, muito embora, no caso concreto, seja possível, porém dispensável para a consumação, a produção do resultado naturalístico. Nos crimes de mera conduta, por sua vez, jamais ocorrerá o resultado naturalístico, motivo pelo qual não se admite a sua interrupção. Além disso, com a simples atividade o delito já estará consumado, com a tipicidade concluída e imutável.

○ **Requisitos:** Os requisitos da desistência voluntária e do arrependimento eficaz são a **voluntariedade** e a **eficácia.** Ambos devem ser voluntários, isto é, livres de coação física ou moral, pouco importando sejam espontâneos ou não. A iniciativa pode emanar de terceira pessoa ou mesmo da própria vítima, bastando o pensamento "posso prosseguir, mas não quero". Com efeito, a espontaneidade reclama tenha sido a ideia originada da mente do agente, como fruto de sua mais honesta vontade. Exige-se, ainda, a eficácia, ou seja, é necessário seja a atuação do agente capaz de evitar a produção do resultado. Se, embora o agente tenha buscado impedir sua ocorrência, ainda assim o resultado se verificou, subsiste a sua responsabilidade pelo crime consumado. Incide, todavia, a atenuante genérica prevista no art. 65, III, "b", 1.ª parte, do CP.

○ **Motivos:** São **irrelevantes os motivos** que levaram o agente a optar pela desistência voluntária ou pelo arrependimento eficaz. O CP se contenta com a voluntariedade e a eficácia para a exclusão da tipicidade.

---

[109] JESUS, Damásio E. de. *Direito penal*. Parte geral. 28. ed. 2. tir. São Paulo: Saraiva, 2006. v. 1, p. 344.

- **Efeito:** Na desistência voluntária e no arrependimento eficaz o efeito é o mesmo: o agente não responde pela forma tentada do crime inicialmente desejado, mas somente pelos atos já praticados.

- **Incompatibilidade com os crimes culposos:** A desistência voluntária e o arrependimento eficaz são incompatíveis com os crimes culposos, salvo na culpa imprópria. O motivo é simples: nessa modalidade de delito o resultado naturalístico é involuntário, não sendo lógico imaginar, portanto, um resultado que o agente desejava produzir para, em seguida, abandonar a execução que a ele conduziria ou impedir a sua produção.

- **Adiamento da prática do crime:** Prevalece o entendimento de que **há desistência voluntária no adiamento da empreitada criminosa,** com o propósito de repeti-la em ocasião mais adequada. **Não existe desistência voluntária, porém, na hipótese de execução retomada,** em que a pessoa deseja dar sequência, no futuro, à atividade criminosa que precisou adiar, utilizando-se dos atos anteriormente praticados.

- **Comunicabilidade da desistência voluntária e do arrependimento eficaz no concurso de pessoas:** Há duas correntes sobre o assunto: (**1**) Heleno Cláudio Fragoso e Costa e Silva, sustentando o caráter subjetivo dos institutos, defendiam a manutenção da responsabilidade do partícipe no tocante à tentativa abandonada pelo autor; (**2**) Nélson Hungria, de seu turno, apregoava o caráter misto – objetivo e subjetivo – da desistência voluntária e do arrependimento eficaz, com a exclusão da responsabilidade penal do partícipe. Essa última nos parece mais acertada, pois a conduta do partícipe é **acessória,** e sua punição depende da prática de um crime, consumado ou tentado, pelo autor, responsável pela conduta principal. Se o autor não comete nenhum crime, é impossível a punição do partícipe. Na hipótese de o partícipe desistir da empreitada criminosa, sua atuação, embora voluntária, será inútil se ele não conseguir impedir a consumação do delito por parte do autor. Destarte, exige-se que o partícipe convença o autor a não consumar a infração penal, pois, caso contrário, responderá pelo delito, em face da ineficácia da sua desistência.

- **Tentativa qualificada:** A tentativa é chamada de qualificada quando contém, em seu bojo, outro delito, de menor gravidade, já consumado. Na desistência voluntária e no arrependimento eficaz opera-se a exclusão da tipicidade do crime inicialmente desejado pelo agente. Resta, contudo, a responsabilidade penal pelos atos já praticados, os quais configuram um crime autônomo e já consumado. Daí falar-se em tentativa qualificada (exemplo: "A" efetua um tiro em "B", que cai ao solo. Em seguida, com mais cartuchos no tambor do revólver, desiste de matá-lo, razão pela qual responderá unicamente pela lesão corporal, e não pela tentativa de homicídio). É possível, ainda, que os atos já praticados pelo agente não configurem crime autônomo, situação em que ficará impune, como no exemplo em que o larápio, depois de apropriar-se da coisa móvel, desiste voluntariamente de furtá-la.

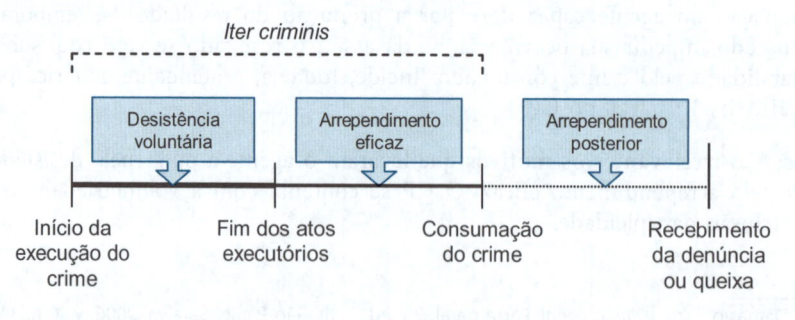

Iter criminis

| Desistência voluntária | Arrependimento eficaz | Arrependimento posterior |

Início da execução do crime — Fim dos atos executórios — Consumação do crime — Recebimento da denúncia ou queixa

○ **Desistência voluntária, arrependimento eficaz e Lei de Terrorismo:** Na sistemática do Código Penal é imprescindível o ingresso na fase de execução do crime para ensejar o reconhecimento da desistência voluntária e do arrependimento eficaz. De fato, o agente deve interromper o processo executório do crime (desistência voluntária) ou, depois do encerramento deste, há de adotar alguma providência impeditiva da consumação (arrependimento eficaz). O art. 10 da Lei 13.260/2016 – Lei de Terrorismo, contudo, apresenta uma regra diversa: "Mesmo antes de iniciada a execução do crime de terrorismo, na hipótese do art. 5º desta Lei, aplicam-se as disposições do art. 15 do Decreto-Lei no 2.848, de 7 de dezembro de 1940 – Código Penal". Esse dispositivo encontra-se em sintonia com o art. 5.º do citado diploma legal.[110] Com efeito, se a Lei 13.260/2016 pune de forma independente os **atos preparatórios de terrorismo**, é preciso adaptar a desistência voluntária e o arrependimento eficaz à fase de preparação do delito, inclusive com a finalidade de seduzir o terrorista a evitar seu propósito ilícito e preservar os bens jurídicos ameaçados pela conduta criminosa.

○ **Jurisprudência selecionada:**

Arrependimento eficaz – desistência voluntária – distinção: "Crime tentado: arrependimento eficaz (CP, art. 15): consequências jurídico-penais. Diversamente do que pode suceder na 'desistência voluntária' – quando seja ela mesma o fator impeditivo do delito projetado ou consentido –, o 'arrependimento eficaz' é fato posterior ao aperfeiçoamento do crime tentado, ao qual, no entanto, se, em concreto, impediu se produzisse o resultado típico, a lei dá o efeito de elidir a punibilidade da tentativa e limitá-la à consequente aos atos já praticados" (STF: HC 84.653/SP, rel. Min. Sepúlveda Pertence, 1.ª Turma, j. 02.08.2005).

Desistência voluntária – Tribunal do Júri – quesitação – incompatibilidade com a tentativa: "A resposta afirmativa dos jurados à indagação sobre a ocorrência de tentativa afasta automaticamente a hipótese de desistência voluntária. Essa a conclusão da 2ª Turma ao denegar *habeas corpus* impetrado – em favor de condenado pela prática do crime previsto no art. 121, § 2º, I e IV, c/c o art. 14, II, do CP – com base em suposto cerceamento de defesa, em virtude da falta de quesitação específica requerida pela defesa. Esclareceu-se que o conselho de sentença, após responder positivamente ao primeiro quesito, inerente à autoria, também o fizera de forma assertiva quanto ao segundo, a fim de reconhecer a prática de homicídio tentado. Reputou-se que, assim, fora rejeitada a tese de desistência voluntária. Inferiu-se que, no caso, a ausência de quesito específico relativo à matéria não inquinaria de nulidade o julgamento do tribunal do júri" (STF: HC 112.197/SP, rel. Min. Gilmar Mendes, 2.ª Turma, j. 05.06.2012, noticiado no *Informativo* 669).

Arrependimento posterior

> **Art. 16.** Nos crimes cometidos sem violência ou grave ameaça à pessoa, reparado o dano ou restituída a coisa, até o recebimento da denúncia ou da queixa, por ato voluntário do agente, a pena será reduzida de um a dois terços.

○ **Introdução:** Arrependimento posterior é a causa obrigatória de diminuição da pena que ocorre quando o responsável pelo crime praticado sem violência à pessoa ou grave ameaça, voluntariamente e até o recebimento da denúncia ou queixa, restitui a coisa ou repara o dano provocado por sua conduta. Com o propósito de distinguir o arrependimento posterior do

---

110   "Art. 5º Realizar atos preparatórios de terrorismo com o propósito inequívoco de consumar tal delito: Pena – a correspondente ao delito consumado, diminuída de um quarto até a metade."

arrependimento eficaz, disciplinado pelo art. 15 do CP, o legislador foi infeliz ao tratar do instituto no âmbito da teoria do crime. O assunto deveria ter sido disciplinado na seara da **teoria da pena,** por influir na sua dosagem, em nada alterando a adequação típica do fato concreto, ao contrário do que se dá no arrependimento eficaz.

○ **Natureza jurídica:** Trata-se de **causa obrigatória de diminuição da pena.** Tem incidência, portanto, na terceira fase de aplicação da pena privativa de liberdade.

○ **Extensão do benefício:** O arrependimento posterior alcança qualquer crime que com ele seja compatível, e não apenas os delitos contra o patrimônio. Raciocínio diverso levaria à conclusão de que essa figura penal deveria estar prevista no título dos crimes contra o patrimônio, e não na Parte Geral do CP. Basta, em termos genéricos, que exista um "dano" causado em razão da conduta penalmente ilícita. Prevalece o entendimento de que a reparação do **dano moral** enseja a aplicação do arrependimento posterior. Evidentemente, este instituto é inaplicável nos delitos em que não há dano a ser reparado ou coisa a ser restituída. Em outras palavras, o arrependimento posterior é cabível nos crimes patrimoniais e também em delitos diversos, desde que apresentem efeitos de índole patrimonial.

○ **Fundamentos:** O arrependimento posterior tem raízes em questões de política criminal, fundadas em duplo aspecto: (1) **proteção da vítima,** que deve ser amparada em relação aos danos sofridos; e (2) **fomento do arrependimento por parte do agente,** que se mostra mais preocupado com as consequências de seu ato, reduzindo as chances de reincidência.

○ **Requisitos:** O arrependimento posterior depende dos seguintes requisitos **cumulativos:**

a) Natureza do crime: O crime deve ter sido praticado **sem violência ou grave ameaça à pessoa.** A **violência contra a coisa** não exclui o benefício. Em caso de **violência culposa,** é cabível o arrependimento posterior. Não houve violência na conduta, e sim no resultado. No tocante aos crimes perpetrados com **violência imprópria,** duas posições se destacam: 1) é possível o arrependimento posterior, pois a lei só o excluiu no que diz respeito à violência própria. Se quisesse afastá-lo, o teria feito expressamente, tal como no art. 157, *caput*, do CP; e 2) não se admite o benefício pois violência imprópria é violência dolosa, e nela a vítima é reduzida à impossibilidade de resistência. A situação é tão grave que a subtração de coisa alheia móvel assim praticada deixa de ser furto e se torna roubo, crime muito mais grave.

b) Reparação do dano ou restituição da coisa: Deve ser voluntária, pessoal e integral. **Voluntária,** no sentido de ser realizada sem coação física ou moral. Pode se dar, assim, em razão de orientação de familiares, do advogado, ou mesmo por receio de suportar rigorosa sanção penal. Não se exige, contudo, espontaneidade. É prescindível tenha a ideia surgido livremente na mente do agente. **Pessoal,** salvo na hipótese de comprovada impossibilidade, ou seja, não pode advir de terceiros, exceto em situações que justifiquem a impossibilidade de ser feita diretamente pelo autor do crime. Por óbvio, também não pode ser resultante da atuação policial ao apreender o produto do crime, pois essa circunstância excluiria a voluntariedade. **Integral,** pois a reparação ou restituição de modo parcial não se encaixa no conceito apresentado pelo art. 16 do CP. A completude, entretanto, deve ser analisada no caso concreto, ficando ao encargo da vítima, principalmente, a sua constatação. O STF, todavia, já admitiu o arrependimento posterior na reparação parcial do dano. Nessa linha de raciocínio, o percentual de diminuição da pena (um a dois terços) existe para ser sopesado em razão da extensão da reparação (ou do ressarcimento) e da presteza com que ela ocorre. No tocante a delito cometido em data longínqua, a Corte Suprema já decidiu que, para fins de incidência do benefício previsto no art. 16 do Código Penal, basta o pagamento do montante principal do dano causado à vítima até o recebimento da denúncia ou queixa. Os valores decorrentes da atualização em razão dos juros e da correção monetária podem ser quitados em data posterior, sem inviabilizar o reconhecimento do arrependimento posterior.[111]

c) Limite temporal: Deve ser efetuada até o **recebimento** da denúncia ou da queixa. Se a reparação do dano for concretizada após o recebimento da denúncia ou da queixa, mas antes do julgamento, aplica-se a atenuante genérica prevista no art. 65, III, "b", parte final, do CP.

○ **Comunicabilidade do arrependimento posterior no concurso de pessoas:** A reparação do dano ou restituição da coisa tem natureza **objetiva**, comunicando-se aos demais coautores e partícipes do crime, na forma definida pelo art. 30 do CP. Nas infrações penais em que a reparação do dano ou restituição da coisa por um dos agentes inviabiliza igual atuação por parte dos demais, a todos se estende o benefício.

○ **Critério para redução da pena:** A redução da pena dentro dos parâmetros legais (um a dois terços) deve ser calculada com base na **celeridade** e na **voluntariedade** da reparação do dano ou da restituição da coisa. Quanto mais rápida e mais verdadeira, maior será a diminuição.

○ **Recusa do ofendido em aceitar a reparação do dano ou a restituição da coisa:** Seja qual for o motivo que leve a vítima a agir dessa forma, o agente não pode ser privado da diminuição da pena se preencher os requisitos legalmente previstos para a concessão do benefício. Pertinente, assim, a entrega da coisa à autoridade policial, que deverá lavrar auto de apreensão, para remessa ao juízo competente e posterior entrega ao ofendido, ou ainda, em casos extremos, o depósito em juízo, determinado em ação de consignação em pagamento.

○ **Dispositivos especiais acerca da reparação do dano: (a) Peculato culposo**: no peculato culposo, a reparação do dano, se anterior à sentença irrecorrível, extingue a punibilidade, e, se lhe for posterior, reduz de metade a pena imposta (art. 312, § 3.º, do CP). Essa regra, de caráter especial, afasta a incidência do art. 16 do Código Penal em relação ao peculato culposo. *Ver comentários ao art. 312*; **(b) Juizados Especiais Criminais**: A composição dos danos civis entre o autor do fato e o ofendido, em se tratando de crimes de ação penal privada ou ação penal pública condicionada à representação, acarreta na renúncia ao direito de queixa ou de representação, com a consequente extinção da punibilidade (art. 74, parágrafo único, da Lei 9.099/1995); **(c) Apropriação indébita previdenciária**: No crime tipificado pelo art. 168-A do CP, estará extinta a punibilidade se o agente, espontaneamente, declarar, confessar e efetuar o pagamento das contribuições, importâncias ou valores e prestar as informações devidas à previdência social, na forma definida em lei ou regulamento, antes do início da ação fiscal (§ 2.º).

– **Súmula 554 do STF:** "O pagamento de cheque emitido sem provisão de fundos, após o recebimento da denúncia, não obsta ao prosseguimento da ação penal." A interpretação *a contrario sensu* deste enunciado deixa claro que o pagamento de cheque sem provisão de fundos, **até o recebimento da denúncia,** impede o prosseguimento da ação penal. A súmula, criada anteriormente à Lei 7.209/1984, para o crime previsto no art. 171, § 2.º, VI, do CP, perdeu eficácia com a redação conferida ao art. 16 pela Reforma da Parte Geral do CP. A jurisprudência atual, todavia, é dominante no sentido de considerá-la válida, com a justificativa de não se referir ao arrependimento posterior, e sim à falta de justa causa para a denúncia, por ausência de fraude. É o atual entendimento do STJ, que limita a sua aplicação exclusivamente ao crime de estelionato na modalidade **emissão de cheque sem fundos** (art. 171, § 2.º, VI, do CP).

---

[111] STF: HC 165.312/SP, rel. Min. Marco Aurélio, 1.ª Turma, j. 14.04.2020, noticiado no *Informativo* 973.

○ **Jurisprudência selecionada:**

Circunstância objetiva – comunicabilidade no concurso de pessoas: "Uma vez reparado o dano integralmente por um dos autores do delito, a causa de diminuição de pena do arrependimento posterior, prevista no art. 16 do CP, estende-se aos demais coautores, cabendo ao julgador avaliar a fração de redução a ser aplicada, conforme a atuação de cada agente em relação à reparação efetivada. De fato, trata-se de circunstância comunicável, em razão de sua natureza objetiva. Deve-se observar, portanto, o disposto no art. 30 do CP, segundo o qual 'não se comunicam as circunstâncias e as condições de caráter pessoal, salvo quando elementares do crime'" (STJ: REsp 1.187.976/SP, rel. Min. Sebastião Reis Júnior, 6.ª Turma, j. 07.11.2013, noticiado no *Informativo* 531).

Crime contra a ordem tributária – reparação do dano – condenação transitada em julgado – pagamento do tributo – extinção da punibilidade: "O pagamento do débito tributário, a qualquer tempo, até mesmo após o advento do trânsito em julgado da sentença penal condenatória, é causa de extinção da punibilidade do acusado. A questão posta no *habeas corpus* consiste em definir se a quitação do tributo, após o trânsito em julgado da sentença condenatória por crime contra a ordem tributária, obsta a extinção da punibilidade com base no art. 9º, § 2º, da Lei n. 10.684/2003. Com efeito, à época da Lei n. 9.249/1995, esta Corte Superior de Justiça pacificou o entendimento de que a admissão do devedor no regime de parcelamento tributário equivaleria ao pagamento, razão pela qual também era considerada causa de extinção da punibilidade. Com a instituição do Programa de Recuperação Fiscal (REFIS) pela Lei n. 9.964/2000, a extinção da punibilidade apenas poderia ser declarada com o pagamento integral do débito tributário, e desde que isto ocorresse antes do recebimento da denúncia, conforme a redação do art. 15, § 3º, da referida legislação. O advento da Lei n. 10.684/2003 resultou na ampliação do lapso temporal durante o qual o adimplemento do débito tributário redundaria na extinção da punibilidade do agente responsável pela redução ou supressão de tributo. Da leitura do art. 9º, § 2º, da lei supracitada, depreende-se que o legislador ordinário não fixou um limite temporal dentro do qual o adimplemento da obrigação tributária e seus acessórios significaria a extinção da punibilidade do agente pela prática da sonegação fiscal, deixando transparecer que, uma vez em dia com o Fisco, o Estado não teria mais interesse em atribuir-lhe uma reprimenda corporal em razão da sonegação verificada. Nessa linha de raciocínio, a doutrina refere-se à interpretação jurisprudencial que vem sendo dada pelos tribunais pátrios à matéria, assinalando que 'como a regra em comento não traz nenhum marco para sua incidência, o pagamento se pode dar a qualquer tempo' – entendimento compartilhado, inclusive, pelo Supremo Tribunal Federal (HC 81.929, Rel. Min. Sepúlveda Pertence, Rel. para o acórdão Min. Cezar Peluso, Primeira Turma, DJ 27/2/2004). Portanto, se no histórico das leis que regulamentam o tema o legislador ordinário, no exercício da sua função constitucional e de acordo com a política criminal adotada, optou por retirar o marco temporal previsto para o adimplemento da obrigação tributária redundar na extinção da punibilidade do agente sonegador, é vedado ao Poder Judiciário estabelecer tal limite, ou seja, dizer o que a Lei não diz, em verdadeira interpretação extensiva não cabível na hipótese, porquanto incompatível com a *ratio* da legislação em apreço" (STJ: HC 362.478/SP, rel. Min. Jorge Mussi, 5.ª Turma, j. 14.09.2017, noticiado no *Informativo* 611).

Diminuição da pena – integralidade ou não da reparação do dano ou restituição da coisa: "A norma do artigo 16 do Código Penal direciona à gradação da diminuição da pena de um a dois terços presente a extensão do ato reparador do agente" (STF: HC 98.658/PR, rel. Min. Cármen Lúcia, red. p/ acórdão Min. Marco Aurélio, 1.ª Turma, j. 09.11.2010).

Emissão dolosa de cheque sem fundos – reparação do dano – extinção da punibilidade: "1. A ação penal não há de ir para frente em caso que tal, mesmo que o pagamento do cheque se tenha verificado após o recebimento da denúncia. 2. Ainda em caso tal, bem como em casos assemelhados, é lícito entender que se extingue a punibilidade pelo pagamento da dívida (por exemplo, RHC 21.489). 3. Segundo o Relator, lícito ainda é se invoque o princípio da insignificância diante da reparação do dano, de modo que se exclua da tipicidade penal fatos penalmente insignificantes" (STJ: HC 93.893/SP, rel. Min. Nilson Naves, 6.ª Turma, j. 20.05.2008).

Estelionato (art. 171, *caput*, do CP) – inaplicabilidade da Súmula 554 do STF: "Não configura óbice ao prosseguimento da ação penal – mas sim causa de diminuição de pena (art. 16 do CP) – o ressarcimento integral e voluntário, antes do recebimento da denúncia, do dano decorrente de estelionato praticado mediante a emissão de cheque furtado sem provisão de fundos. De fato, a conduta do agente que emite cheque que chegou ilicitamente ao seu poder configura o ilícito previsto no *caput* do art. 171 do CP, e não em seu § 2º, VI. Assim, tipificada a conduta como estelionato na sua forma fundamental, o fato de ter o paciente ressarcido o prejuízo à vítima antes do recebimento da denúncia, não impede a ação penal, não havendo falar, pois, em incidência do disposto na Súmula 554 do STF, que se restringe ao estelionato na modalidade de emissão de cheques sem suficiente provisão de fundos, prevista no art. 171, § 2º, VI, do CP. A propósito, se no curso da ação penal ficar devidamente comprovado o ressarcimento integral do dano à vítima antes do recebimento da peça de acusação, esse fato pode servir como causa de diminuição de pena, nos termos do previsto no art. 16 do CP" (STJ: HC 280.089/SP, rel. Min. Jorge Mussi, 5.ª Turma, j. 18.02.2014, noticiado no *Informativo* 537). *No mesmo sentido*: STJ: HC 199.959/RJ, rel. Min. Gilson Dipp, 5.ª Turma, j. 19.04.2012.

Furto de energia elétrica – pagamento do valor devido – extinção da punibilidade – impossibilidade – arrependimento posterior: "Não configura causa de extinção de punibilidade o pagamento de débito oriundo de furto de energia elétrica antes do oferecimento da denúncia. De início, quanto à configuração de causa de extinção de punibilidade, ressalta-se que o Superior Tribunal de Justiça se posicionava no sentido de que o pagamento do débito oriundo do furto de energia elétrica, antes do oferecimento da denúncia, configurava causa de extinção da punibilidade, pela aplicação analógica do disposto no art. 34 da Lei n. 9.249/1995 e do art. 9º da Lei n. 10.684/2003. Ocorre que a Quinta Turma desta Corte, no julgamento do AgRg no REsp 1.427.350/RJ, *DJe* 14.03.2018, modificou a posição anterior, passando a entender que o furto de energia elétrica não pode receber o mesmo tratamento dado ao inadimplemento tributário, de modo que o pagamento do débito antes do recebimento da denúncia não configura causa extintiva de punibilidade, mas causa de redução de pena relativa ao arrependimento posterior. Isso porque nos crimes contra a ordem tributária, o legislador (Leis n. 9.249/1995 e n. 10.684/2003), ao consagrar a possibilidade da extinção da punibilidade pelo pagamento do débito, adota política que visa a garantir a higidez do patrimônio público, somente. A sanção penal é invocada pela norma tributária como forma de fortalecer a ideia de cumprimento da obrigação fiscal. Já nos crimes patrimoniais, como o furto de energia elétrica, existe previsão legal específica de causa de diminuição da pena para os casos de pagamento da 'dívida' antes do recebimento da denúncia. Em tais hipóteses, o Código Penal, em seu art. 16, prevê o instituto do arrependimento posterior, que em nada afeta a pretensão punitiva, apenas constitui causa de diminuição da pena. Outrossim, a jurisprudência se consolidou no sentido de que a natureza jurídica da remuneração pela prestação de serviço público, no caso de fornecimento de energia elétrica, prestado por concessionária, é de tarifa ou preço público, não possuindo caráter tributário. Não há como se atribuir o efeito pretendido aos diversos institutos legais, considerando que os dispostos no art. 34 da Lei n. 9.249/1995 e no art. 9º da Lei n. 10.684/2003 fazem referência expressa e, por isso, taxativa, aos tributos e contribuições sociais, não dizendo respeito às tarifas ou preços públicos" (STJ: HC 412.208/SP, rel. Min. Felix Fischer, 5.ª Turma, j. 20.03.2018, noticiado no *Informativo* 622).

Homicídio culposo na direção de veículo automotor – inaplicabilidade do arrependimento posterior: "Em homicídio culposo na direção de veículo automotor (art. 302 do CTB), ainda que realizada composição civil entre o autor do crime e a família da vítima, é inaplicável o arrependimento posterior (art. 16 do CP). O STJ possui entendimento de que, para que seja possível aplicar a causa de diminuição de pena prevista no art. 16 do Código Penal, faz-se necessário que o crime praticado seja patrimonial ou possua efeitos patrimoniais (HC 47.922-PR, Quinta Turma, DJ 10/12/2007; e REsp 1.242.294-PR, Sexta Turma, DJe 3/2/2015). Na hipótese em análise, a tutela penal abrange o bem jurídico, o direito fundamental mais importante do ordenamento jurídico, a vida, que, uma vez ceifada, jamais poderá ser restituída, reparada. Não se pode, assim, falar que o delito do art. 302 do CTB é um crime patrimonial ou de efeito patrimonial. Além disso, não se pode reconhecer o arrependimento posterior pela impossibilidade de reparação do dano cometido contra o bem jurídico vida e, por conseguinte, pela impossibilidade de aproveitamento pela vítima da composição financeira entre a agente e a sua família. Sendo assim, inviável o reconhecimento do arrependimento posterior na hipótese de homicídio culposo na direção de veículo automotor" (STJ: REsp 1.561.276/BA, rel. Min. Sebastião Reis Júnior, 6.ª Turma, j. 28.06.2016, noticiado no *Informativo* 590).

Limite temporal – arrependimento posterior e atenuante genérica: "2. A atenuante da reparação do dano (art. 65, III, *b*, do CP) é analisada na segunda fase da fixação da pena, dessa forma, no presente caso, ainda que fosse reconhecida, ela não teria força para trazer a pena-base aquém do mínimo legal. Precedentes. 3. Quando a restituição do bem à vítima ocorrer após o recebimento da denúncia ou queixa, não se aplica a causa de diminuição do arrependimento posterior. No caso em tela, a quantia apropriada indevidamente foi restituída após o recebimento da denúncia" (STF: HC 99.803/RJ, rel. Min. Ellen Gracie, 2.ª Turma, j. 22.06.2010).

Moeda falsa – inaplicabilidade: "Não se aplica o instituto do arrependimento posterior ao crime de moeda falsa. No crime de moeda falsa – cuja consumação se dá com a falsificação da moeda, sendo irrelevante eventual dano patrimonial imposto a terceiros –, a vítima é a coletividade como um todo, e o bem jurídico tutelado é a fé pública, que não é passível de reparação. Desse modo, os crimes contra a fé pública, semelhantes aos demais crimes não patrimoniais em geral, são incompatíveis com o instituto do arrependimento posterior, dada a impossibilidade material de haver reparação do dano causado ou a restituição da coisa subtraída" (STJ: REsp 1.242.294/PR, rel. originário Min. Sebastião Reis Júnior, rel. para acórdão Min. Rogerio Schietti Cruz, 6.ª Turma, j. 18.11.2014, noticiado no *Informativo* 554).

Natureza jurídica – requisitos: "1. O arrependimento posterior é causa de diminuição de pena objetiva, bastando para a sua configuração seja voluntário e realizado antes do recebimento da denúncia, mediante a devolução ou reparação integral do bem jurídico lesado. 2. Na hipótese, observa-se, mormente da leitura do termo de declarações prestado pela própria vítima, que o recorrente, voluntariamente e logo após os fatos narrados na denúncia, restituiu, relativamente ao crime de estelionato, os bens havidos de forma indevida e fraudulenta" (STJ: RHC 20.051/RJ, rel. Min. Laurita Vaz, 5.ª Turma, j. 05.12.2006).

Reparação parcial do dano – admissibilidade: "A incidência do arrependimento posterior, contido no art. 16 do CP ('Nos crimes cometidos sem violência ou grave ameaça à pessoa, reparado o dano ou restituída a coisa, até o recebimento da denúncia ou da queixa, por ato voluntário do agente, a pena será reduzida de um a dois terços') prescinde da reparação total do dano e o balizamento, quanto à diminuição da pena decorrente da aplicação do instituto, está na extensão do ressarcimento, bem como na presteza com que ele ocorre. Essa a conclusão prevalente da 1ª Turma que, diante do empate, deferiu *habeas corpus* impetrado em favor do paciente – condenado pela prática dos crimes capitulados nos artigos 6º e 16 da Lei 7.492/1986 e no art. 168, § 1º, III, do CP –, para que o juízo de 1º grau verifique se estão preenchidos os requisitos necessários ao benefício e o aplique na proporção devida" (STF: HC 98.658/PR, rel. orig. Min. Cármen Lúcia, red. p/ o acórdão Min. Marco Aurélio, 1.ª Turma, j. 09.11.2010, noticiado no *Informativo* 608).

Reparação parcial do dano – inadmissibilidade: "Para o reconhecimento da minorante do arrependimento posterior, é necessária a reparação integral do dano ou a restituição total da coisa" (STJ: REsp 765.588/RS, rel. Min. Felix Fischer, 5.ª Turma, j. 07.02.2006).

Valor principal do dano – pagamento até o recebimento da denúncia ou queixa - inadimplemento dos juros e correção monetária – aplicabilidade do benefício: "A Primeira Turma deferiu a ordem de *habeas corpus* e determinou ao juízo de origem que proceda a nova dosimetria da pena, levando em conta a causa de diminuição prevista no art. 16 do Código Penal. No caso, a paciente foi condenada a 1 ano e 6 meses de reclusão, em regime inicial de cumprimento aberto, substituída por pena restritiva de direito, e o pagamento de 25 dias-multa, ante a prática da infração versada no art. 155, *caput* (furto), na forma do 71 (continuidade delitiva), do CP. Os impetrantes pleiteavam a diminuição da pena por arrependimento posterior. Destacaram a celebração de acordo entre a vítima e a paciente, no qual previsto o pagamento de R$ 48.751,11, a caracterizar o valor atualizado da subtração (R$ 33.000,00). Sustentaram, ainda, que o dano decorrente do delito foi integralmente reparado antes do recebimento da denúncia, bem como que os valores pagos após esse fato são referentes aos juros e à correção monetária e não integrariam a quantia a ser observada para fins de caracterização do arrependimento. A Turma reconheceu a incidência da causa de diminuição prevista no referido dispositivo do CP, uma vez que a parte principal do dano foi reparada antes do recebimento da denúncia" (STF: HC 165.312/SP, rel. Min. Marco Aurélio, 1.ª Turma, j. 14.04.2020, noticiado no *Informativo* 973).

Crime impossível

> **Art. 17.** Não se pune a tentativa quando, por ineficácia absoluta do meio ou por absoluta impropriedade do objeto, é impossível consumar-se o crime.

- **Conceito:** O art. 17 do CP traz o conceito de crime impossível, também chamado de **crime oco**: é o que se verifica quando, por ineficácia absoluta do meio ou por absoluta impropriedade do objeto, jamais ocorrerá a consumação.

- **Natureza jurídica:** O crime impossível guarda afinidade com o instituto da tentativa. Em ambos, o agente inicia, em seu plano interno, a execução da conduta criminosa que não alcança a consumação. As diferenças, entretanto, são nítidas. Na tentativa é possível atingir a consumação, pois os meios empregados pelo agente são idôneos, e o objeto material contra o qual se dirige a conduta constitui-se em bem jurídico suscetível de sofrer lesão ou perigo de lesão. Há, portanto, exposição do bem a dano ou perigo. No crime impossível, por sua vez, o emprego de meios ineficazes ou o ataque a objetos impróprios inviabilizam a produção do resultado, inexistindo situação de perigo ao bem jurídico penalmente tutelado. A redação do art. 17 do CP causa confusão acerca da natureza jurídica do crime impossível transmitindo a impressão equivocada de tratar-se de causa de isenção de pena no crime tentado. Na verdade, o crime impossível é **causa de exclusão da tipicidade,** eis que o fato praticado pelo agente não se enquadra em nenhum tipo penal. Entretanto, em razão da aparente similaridade entre os institutos, a doutrina convencionou também chamá-lo de **tentativa inadequada, tentativa inidônea,**[112] **tentativa impossível, tentativa irreal ou tentativa supersticiosa.** No regime da Parte Geral do CP de 1940, antes da reforma pela Lei 7.209/1984, falava-se em **quase crime,** pois os arts. 76, parágrafo único, e 94, III, impunham ao autor do crime impossível a medida de segurança de liberdade vigiada. No atual sistema, convém não mais usar essa expressão como sinônima de crime impossível, embora parcela doutrinária ainda o faça.

- **Teorias sobre o crime impossível:**

  1) Teoria objetiva: Apregoa que a responsabilização de alguém pela prática de determinada conduta depende de elementos objetivos e subjetivos (dolo e culpa). Elemento objetivo é, no mínimo, o perigo de lesão para bens jurídicos penalmente tutelados. E quando a conduta não tem potencialidade para lesar o bem jurídico, seja em razão do meio empregado pelo agente, seja pelas condições do objeto material, não se configura a tentativa. É o que se chama de **inidoneidade,** que, conforme o seu grau, pode ser de natureza absoluta ou relativa. **Inidoneidade absoluta** é aquela em que o crime jamais poderia chegar à consumação; **relativa,** por seu turno, aquela em que a conduta poderia ter consumado o delito, o que somente não ocorreu em razão de circunstâncias estranhas à vontade do agente. Essa teoria se subdivide em outras duas: objetiva pura e objetiva temperada.

---

[112] SAUER, Guillermo. *Derecho Penal (Parte General)*. Trad. de Juan del Rosal. Barcelona: Bosch Casa Editorial, 1956. p. 173.

1.1) Teoria objetiva pura: Para essa vertente, o Direito Penal somente pode proibir condutas lesivas a bens jurídicos, devendo apenas se preocupar com os resultados produzidos no mundo fenomênico. Portanto, quando a conduta é incapaz, por qualquer razão, de provocar a lesão, o fato há de permanecer impune. Essa impunidade ocorrerá **independentemente do grau da inidoneidade da ação,** pois nenhum bem jurídico foi lesado ou exposto a perigo de lesão. Assim, seja a inidoneidade do meio ou do objeto absoluta ou relativa, em nenhum caso estará caracterizada a tentativa.

1.2) Teoria objetiva temperada ou intermediária: Para a configuração do crime impossível, e, por corolário, para o afastamento da tentativa, os meios empregados e o objeto do crime devem ser **absolutamente inidôneos** a produzir o resultado idealizado pelo agente. Se a inidoneidade for relativa, haverá tentativa. **Foi a teoria consagrada pelo art. 17 do CP.**

2) Teoria subjetiva: Leva em conta a intenção do agente, manifestada por sua conduta, pouco importando se os meios por ele empregados ou o objeto do crime eram ou não idôneos para a produção do resultado. Assim, seja a inidoneidade absoluta ou relativa, em qualquer hipótese haverá tentativa, pois o que vale é a vontade do agente, seu aspecto psíquico.

3) Teoria sintomática: Preocupa-se com a **periculosidade do autor,** e não com o fato praticado. A tentativa e o crime impossível são manifestações exteriores de uma personalidade temerária do agente, incapaz de obedecer às regras jurídicas a todos impostas. Destarte, justifica-se, em qualquer caso, a aplicação de medida de segurança.

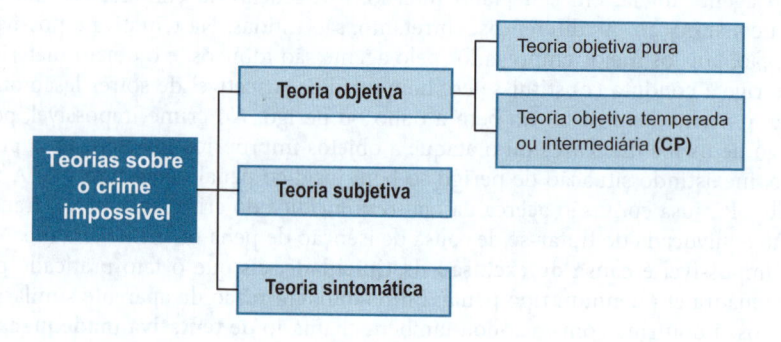

○ **Espécies de crime impossível:** Há duas espécies de crime impossível:

1) Crime impossível por ineficácia absoluta do meio: A palavra "meio" se refere ao **meio de execução** do crime. Dá-se a ineficácia absoluta quando o meio de execução utilizado pelo agente é, por sua natureza ou essência, **incapaz de produzir o resultado,** por mais reiterado que seja seu emprego. A inidoneidade do meio deve ser analisada **no caso concreto,** e jamais em abstrato. Se a ineficácia for relativa, a tentativa estará presente.

2) Crime impossível por impropriedade absoluta do objeto: Objeto, para o CP, é o **objeto material,** compreendido como a pessoa ou a coisa sobre a qual recai a conduta criminosa. O objeto material é absolutamente impróprio quando **inexistente antes do início da prática da conduta,** ou ainda quando, nas circunstâncias em que se encontra, torna impossível a sua consumação, tal como nas situações em que se tenta matar pessoa já falecida, ou se procura abortar o feto de mulher que não está grávida. A mera existência do objeto material é suficiente, por si só, para configurar a tentativa. O *conatus* estará ainda presente no caso de impropriedade relativa do objeto.

○ **Momento adequado para aferição da inidoneidade absoluta:** A ineficácia absoluta do meio e a impropriedade absoluta do objeto devem ser analisadas **depois** da prática da conduta com a qual se deseja consumar o crime. Uma vez realizada a conduta, e só então, deve ser diferenciada a situação em que tal conduta caracteriza tentativa punível ou crime impossível. A regra não pode ser estabelecida em abstrato, previamente, e sim no caso concreto, após a realização da conduta.

– **Súmula 567 do Superior Tribunal de Justiça:** "Sistema de vigilância realizado por monitoramento eletrônico ou por existência de segurança no interior de estabelecimento comercial, por si só, não torna impossível a configuração do crime de furto."

○ **Aspectos processuais inerentes ao crime impossível:** A comprovação do crime impossível acarreta a ausência de tipicidade do fato. Em verdade, não há crime. Consequentemente, o Ministério Público deve promover o arquivamento do inquérito policial. Se não o fizer, oferecendo denúncia, deve esta ser rejeitada, com fulcro no art. 395, II, do CPP, pois o fato evidentemente não constitui crime, faltando condição para o exercício da ação penal. Se a denúncia for recebida, com a instauração do processo penal, o juiz deve ao final absolver o réu, nos termos do art. 386, III, do CPP, pelo motivo de o fato não constituir infração penal. Em se tratando de crime da competência do Tribunal do Júri, ao final da primeira fase (*judicium accusationis*), deverá o acusado ser absolvido sumariamente, em conformidade com o art. 415, inciso III, do CPP, em face de o fato não constituir infração penal. O *habeas corpus* não é instrumento adequado para trancamento de ação penal que tenha como objeto um crime impossível, pois nessa ação constitucional não é cabível a produção de provas para demonstrar a ineficácia absoluta do meio ou a impropriedade absoluta do objeto. Excetua-se essa regra em hipóteses teratológicas. Exemplo: denúncia de homicídio pelo fato de alguém ter matado um boneco.

○ **Crime putativo e crime impossível:** Crime putativo, também chamado de **imaginário** ou **erroneamente suposto,** é o que existe apenas na mente do agente, que acredita violar a lei penal, quando na verdade o fato por ele concretizado não possui adequação típica, ou seja, não encontra correspondência em um tipo penal. São três as espécies de crime putativo:

1) Crime putativo por erro de tipo: É o crime imaginário que se verifica quando o autor acredita ofender uma lei penal incriminadora efetivamente existente, mas à sua conduta faltam elementos da definição típica. Exemplo: "A" acredita praticar tráfico de drogas (art. 33, *caput*, da Lei 11.343/2006) ao vender um pó branco, que reputa ser cocaína, mas na verdade é farinha.

2) Crime putativo por erro de proibição, "delito de alucinação" ou "crime de loucura": A equivocada crença do agente recai sobre a ilicitude do fato, pois supõe violar uma lei penal que não existe. Exemplo: "B", cidadão comum, perde o controle de seu automóvel, vindo a se chocar com outro veículo automotor que estava estacionado em via pública. Foge em seguida, com receio de ser preso em flagrante pela prática de dano culposo, não tipificado como infração penal pela legislação comum.[113]

3) Crime putativo por obra do agente provocador (crime de ensaio, crime de experiência ou flagrante provocado): Verifica-se quando alguém, insidiosamente, induz outra pessoa a cometer uma conduta criminosa, e, simultaneamente, adota medidas para impedir a consumação. A consumação deve ser **absolutamente** impossível, sob pena de configuração da tentativa. Compõe-se de dois atos: um de **indução,** pois o agente é provocado por outrem a cometer o delito, e outro de **impedimento,** eis que a pretensa vítima adota providências aptas a obstar a consumação. Como exemplo, podemos ilustrar com a situação da patroa que, desconfiada de furtos supostamente praticados por sua empregada doméstica, simula sua saída de casa e o esquecimento de cédulas de dinheiro sobre um móvel, atraindo a suspeita a subtraí-los. Ao mesmo tempo, instala uma câmera de filmagem no local e solicita a presença de policiais militares para acompanharem a atuação da serviçal. Quando ela se apodera do dinheiro e o coloca em sua bolsa, os policiais prontamente ingressam na residência e efetuam a prisão em flagrante. Caracterizado o crime putativo por obra do agente provocador, o fato resta impune, pois o seu autor por nada responde, nem mesmo pela tentativa. Aplica-se analogicamente a

---

[113] O dano culposo é crime perante o Código Penal Militar (Decreto-lei 1.001/1969, art. 266).

regra prevista no art. 17 do CP, pois a situação em muito se assemelha ao crime impossível. Sobre o assunto, o **STF** editou a **Súmula 145**: "Não há crime quando a preparação do flagrante pela polícia torna impossível a sua consumação."

– **Distinção entre crime putativo por obra do agente provocador e flagrante esperado**: Deve ser feita a distinção entre essa modalidade de crime putativo, também conhecido como flagrante preparado, e o **flagrante esperado**: No primeiro, a iniciativa do delito é do agente provocador. A vontade do provocado é viciada, o que contamina de nulidade toda a conduta e sequer existe tentativa. No flagrante esperado, a deflagração do processo executório do crime é responsabilidade do agente, razão pela qual é lícito. É válido quando a polícia, informada sobre a possibilidade de ocorrer um delito, dirige-se ao local, aguardando a sua execução. Iniciada esta, a pronta intervenção dos agentes policiais, prendendo o autor, configura o flagrante.[114]

– **Diferença entre crime impossível e crime putativo: Crime impossível** é a situação em que o autor, com a intenção de cometer o delito, não consegue fazê-lo por ter se utilizado de meio de execução absolutamente ineficaz, ou então em decorrência de ter direcionado a sua conduta a objeto material absolutamente impróprio. Portanto, o erro do agente recai sobre a idoneidade do meio ou do objeto material. De seu turno, **crime putativo** é aquele em que o agente, embora acredite praticar um fato típico, realiza um indiferente penal, seja pelo fato de a conduta não encontrar previsão legal (**crime putativo por erro de proibição**), seja pela ausência de um ou mais elementos da figura típica (**crime putativo por erro de tipo**), ou, ainda, por ter sido induzido à prática do crime, ao mesmo tempo em que foram adotadas providências eficazes para impedir sua consumação (**crime putativo por obra do agente provocador**).

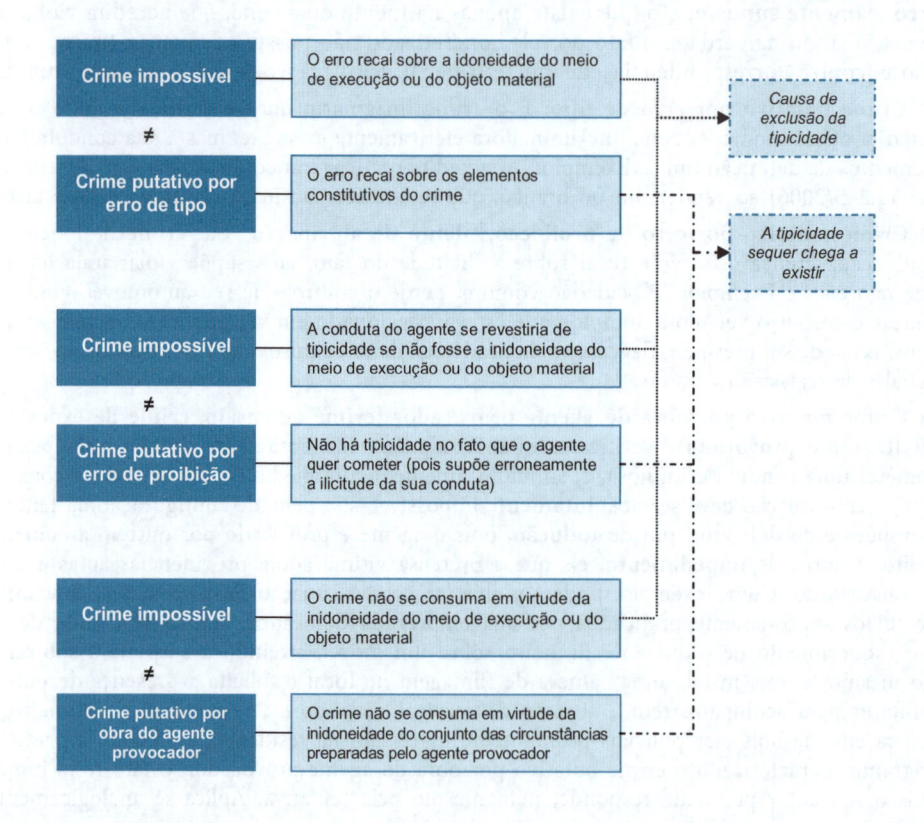

---

[114] BONFIM, Edilson Mougenot. *Curso de processo penal*. São Paulo: Saraiva, 2006. p. 374.

○ **Jurisprudência selecionada:**

Crime impossível – flagrante preparado – inocorrência – tráfico de drogas – crime permanente: "3. O flagrante preparado apresenta-se quando existe a figura do provocador da ação dita por criminosa, que se realiza a partir da indução do fato, e não quando, já estando o sujeito compreendido na descrição típica, a conduta se desenvolve para o fim de efetuar o flagrante. 4. Na espécie, inexiste patente violação da lei, pois o crime de tráfico de drogas estava consumado desde a realização dos verbos nucleares 'ter em depósito', 'guardar' ou 'transportar' entorpecentes, condutas que não foram estimuladas pelos policiais, sendo despicienda eventual indução da mercancia pelos agentes" (STJ: HC 214.235/SP, rel. Min. Maria Thereza de Assis Moura, 6.ª Turma, j. 15.05.2014).

Crime impossível – prisão em flagrante pelo segurança do estabelecimento comercial – não caracterização: "1. Cinge-se a controvérsia à configuração ou não de crime impossível na hipótese em que o agente, ao tentar sair do estabelecimento comercial com produtos pertencentes a este, é detido por seguranças, em decorrência da suspeita de funcionários da empresa. 2. No caso dos autos, o fato de o agente ter sido vigiado pelo segurança do estabelecimento não ilide, de forma absolutamente eficaz, a consumação do delito de furto, pois existiu o risco, ainda que mínimo, de que o agente lograsse êxito na consumação do furto e causasse prejuízo à vítima, restando frustrado seu intento por circunstâncias alheias à sua vontade. 3. Desta maneira, não se pode reconhecer, nesta situação, a configuração de crime impossível pela absoluta ineficácia do meio empregado, mas sim a tentativa de furto. O crime impossível somente se caracteriza quando o agente, após a prática do fato, jamais poderia consumar o crime pela ineficácia absoluta do meio empregado ou pela absoluta impropriedade do objeto material, nos termos do art. 17 do Código Penal" (STJ: AgRg no REsp 911.756/RS, rel. Min. Jane Silva (desembargadora convocada do TJ/MG), 6.ª Turma, j. 17.04.2008).

Crime impossível – roubo – ausência de bens em poder da vítima – não caracterização: "1. O Código Penal adotou em seu art. 17 a teoria objetiva-temperada para fins de reconhecimento do crime impossível. Necessário para fins de reconhecimento da impropriedade absoluta do objeto, que o bem jurídico não exista ou pelas circunstâncias do caso seja impossível ser atingido. A existência de qualquer bem com a vítima impede o reconhecimento da impropriedade absoluta do objeto. 2. Nos termos da jurisprudência desta Corte, ainda que não exista nenhum bem com a vítima, o crime de roubo, por ser delito complexo, tem iniciada sua execução quando o agente, visando a subtração de coisa alheia móvel, realiza o núcleo da conduta meio (constrangimento ilegal/lesão corporal ou vias de fato), ainda que não consiga atingir o crime fim (subtração da coisa almejada)" (STJ: REsp 1.340.747/RJ, rel. Min. Maria Thereza de Assis Moura, 6.ª Turma, j. 13.05.2014).

Crime impossível – sistema de vigilância – não caracterização: "A existência de sistema de vigilância em estabelecimento comercial não constitui óbice para a tipificação do crime de furto. Com base nesse entendimento, a Primeira Turma não conheceu de *habeas corpus* no qual se discutia a configuração de crime impossível em relação a furto cometido dentro de estabelecimento que possui sistema de segurança" (STF: HC 111.278/MG, rel. orig. Min. Marco Aurélio, red. p/ o ac. Min. Luís Roberto Barroso, 1.ª Turma, j. 10.04.2018, noticiado no *Informativo* 897). *No mesmo sentido*: STF: HC 117.083/SP, rel. Min. Gilmar Mendes, 2.ª Turma, j. 25.02.2014.

Crime impossível – tentativa – distinção: "1. O crime impossível somente se caracteriza quando o agente, após a prática do fato, jamais poderia consumar o crime pela ineficácia absoluta do meio empregado ou pela absoluta impropriedade do objeto material, nos termos do art. 17 do Código Penal. 2. A ação externa alheia à vontade do agente, impedindo a consumação do delito após iniciada a execução, caracteriza a tentativa (art. 14, II, do CP)" (STJ: HC 45.616/SP, rel. Min. Arnaldo Esteves Lima, 5.ª Turma, j. 09.08.2007).

Ineficácia relativa do meio de execução – crime impossível – inexistência: "O simples fato de a Receita Federal poder verificar, por meio de consulta aos seus sistemas informatizados, se teria ou não ocorrido a quitação dos impostos não conduz à conclusão de que se estaria diante de crime impossível, já que o meio empregado pelo agente não é absolutamente ineficaz para a produção do resultado" (STJ: HC 278.239/MG, rel. Min. Jorge Mussi, 5.ª Turma, j. 05.06.2014).

> **Art. 18.** Diz-se o crime:

Crime doloso

> I – doloso, quando o agente quis o resultado ou assumiu o risco de produzi-lo;

Crime culposo

> II – culposo, quando o agente deu causa ao resultado por imprudência, negligência ou imperícia.
>
> Parágrafo único. Salvo os casos expressos em lei, ninguém pode ser punido por fato previsto como crime, senão quando o pratica dolosamente.

○ **Crimes dolosos:** O dolo, no **sistema finalista**, integra a conduta e, consequentemente, o fato típico. Destarte, pode ser conceituado como o elemento psicológico do tipo penal, implícito e inerente a todo crime doloso. Dentro de uma **concepção causal**, por outro lado, o dolo funciona como elemento da culpabilidade. Em consonância com a orientação finalista, por nós adotada, o dolo consiste na vontade e consciência de realizar os elementos do tipo incriminador.

○ **Teorias do dolo:** Existem três teorias acerca do dolo: (**1**) **Teoria da representação:** A configuração do dolo exige apenas a **previsão do resultado**. Privilegia o lado intelectual, não se preocupando com o aspecto volitivo, pois pouco importa se o agente quis o resultado ou assumiu o risco de produzi-lo. Basta que o resultado tenha sido antevisto pelo sujeito. Em nosso sistema penal tal teoria deve ser afastada, por confundir o dolo com a culpa consciente; (**2**) **Teoria da vontade:** Se vale da teoria da representação, ao exigir a previsão do resultado. Além da representação, reclama ainda a **vontade de produzir o resultado**; (**3**) **Teoria do assentimento (teoria do consentimento** ou **da anuência):** Há dolo não somente quando o agente quer o resultado, mas também quando realiza a conduta **assumindo o risco de produzi-lo**.

○ **Teorias adotadas pelo CP:** O art. 18, I, do CP, revela que foram adotadas duas teorias – a da **vontade** ("quis o resultado") e a do **assentimento** ("assumiu o risco de produzi-lo"). Dolo é, sobretudo, vontade de produzir o resultado. Mas não é só. Também há dolo na conduta de quem, após prever e estar ciente de que pode provocar o resultado, assume o risco de produzi-lo.

○ **Elementos do dolo:** O dolo é composto por **consciência** e **vontade**. A consciência é seu elemento **intelectual**, ao passo que a vontade desponta como elemento **volitivo**. Tais elementos se relacionam em três momentos distintos e sucessivos. Em primeiro lugar, opera-se a consciência da conduta e do resultado. Depois, o sujeito manifesta sua consciência sobre a relação de causalidade entre a conduta a ser praticada e o resultado que em decorrência dela será produzido. Por fim, o agente exterioriza a vontade de realizar a conduta e produzir o resultado. Basta, para a verificação do dolo, que o resultado se produza em conformidade com a vontade esboçada pelo agente no momento da conduta. No tocante ao nexo causal, não é preciso que o *iter criminis* transcorra na forma idealizada pelo agente. Subsiste o dolo se o objetivo almejado for alcançado, ainda que de modo diverso (*aberratio causae*). O dolo deve englobar todas as elementares e circunstâncias do tipo penal. Se restar constatada a sua ausência acerca de qualquer parte do crime, entra em cena o instituto do erro de tipo.

○ **Dolo natural e dolo normativo:** A divisão do dolo em natural e normativo relaciona-se à teoria adotada para definição da conduta. Na **teoria clássica, causal ou mecanicista**, o dolo (e a culpa) estava alojado no interior da culpabilidade, a qual era composta por três elementos: imputabilidade, dolo (ou culpa) e exigibilidade de conduta diversa. O dolo ainda abrigava em seu bojo a consciência da ilicitude do fato. Esse dolo, revestido da consciência da ilicitude do fato, era chamado de **dolo normativo (ou colorido)**. Com o surgimento do **finalismo penal**, o dolo foi transferido da culpabilidade para a conduta. Passou a integrar o fato típico. A culpabilidade continuou a ser composta de três elementos, embora distintos: imputabilidade, potencial consciência da ilicitude e exigibilidade de conduta diversa. O dolo, portanto, abandonou a culpabilidade para residir no fato típico. A consciência da ilicitude, que era atual, passou a ser potencial e deixou de habitar o interior do dolo, para ter existência autônoma como elemento da culpabilidade. Tal dolo, livre da consciência da ilicitude, é chamado de **dolo natural (incolor ou avalorado)**. Em síntese, o dolo normativo vincula-se à teoria clássica da conduta (e ao sistema penal clássico), ao passo que o dolo natural se liga ao finalismo penal (sistema finalista).

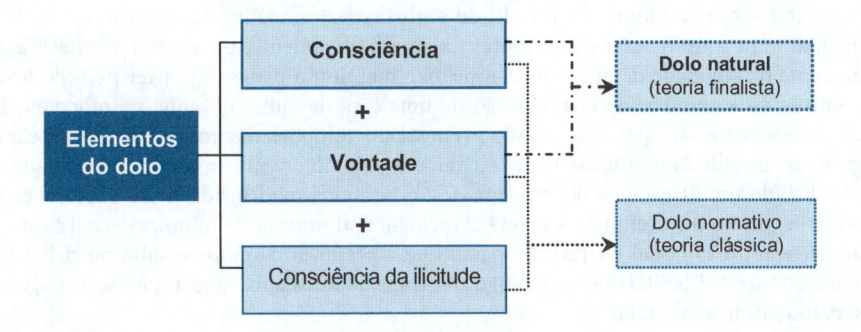

○ **Espécies de dolo:**

a) Dolo direto e dolo indireto: *Dolo direto (determinado, intencional, imediato ou incondiciona-do)* é aquele em que a vontade do agente é voltada a determinado resultado. Dirige sua conduta a uma finalidade precisa. É o caso do assassino profissional que, desejando a morte da vítima, dispara contra ela um único tiro, certeiro e fatal. *Dolo indireto* ou **indeterminado**, por sua vez, é aquele em que o agente não tem a vontade dirigida a um resultado determinado. Subdivide-se em dolo alternativo e em dolo eventual. **Dolo alternativo** é o que se verifica quando o agente deseja, indistintamente, um ou outro resultado. Sua intenção se destina, **com igual intensidade**, a produzir um entre vários resultados previstos como possíveis. É o caso do sujeito que atira contra o seu desafeto, com o propósito de matar ou ferir. Se matar, responderá por homicídio. Se ferir, responderá por tentativa de homicídio – em caso de dolo alternativo, o agente sempre responderá pelo resultado mais grave. Justifica-se esse raciocínio pelo fato de o CP ter adotado a teoria da vontade (art. 18, I). Se teve a vontade de praticar um crime mais grave, por ele deve responder, ainda que na forma tentada. *Dolo eventual* é a modalidade em que o agente não quer o resultado, por ele previsto, mas assume o risco de produzi-lo. É possível a sua existência em decorrência do acolhimento pelo CP da teoria do assentimento, na expressão "assumiu o risco de produzi-lo" (art. 18, I). O dolo eventual é admitido por todos os crimes que com ele sejam compatíveis. Há casos, entretanto, em que o tipo penal exige expressamente o dolo direto. Afasta-se, então, o dolo eventual (art. 180, *caput*, do CP – utiliza a expressão "coisa que **sabe** ser produto de crime", indicativa de dolo direto). Alguns autores criticam o dolo eventual, dizendo ser inócuo, pois a sua prova residiria exclusivamente na mente do autor. Não procedem tais alegações, pois o dolo eventual, assim como o dolo direto, não tem a sua comprovação limitada ao psiquismo interno do agente. Extrai-se, ao contrário, das **circunstâncias do caso concreto**, tais como os meios empregados, a apreciação da situação precedente, o comportamento do agente posteriormente ao crime e sua personalidade, entre tantos outros que somente a vida real pode esgotar. O dolo eventual não tem, por si só, reprovabilidade inferior ao dolo direto. O CP os colocou em idêntica posição jurídica. A pena-base será fixada levando-se em conta as circunstâncias judiciais previstas no art. 59, não se incluindo nesse rol a modalidade do dolo.

– ***Dolo eventual e os crimes de trânsito:*** A jurisprudência posiciona-se no sentido de existir dolo eventual na conduta do agente responsável por graves crimes praticados na direção de veículo automotor. Esta escolha fundamenta-se nas diversas campanhas educativas realizadas nas últimas décadas, demonstrando os inúmeros riscos da direção ousada e perigosa, como se dá no racha e no excesso de velocidade em via pública. Tais advertências são suficientes para esclarecer os motoristas da vedação legal de tais comportamentos, bem como dos resultados danosos que, em razão delas, são rotineiramente produzidos. E, se mesmo assim o condutor de veículo automotor continua a agir de forma temerária, revela inequivocamente sua indiferença com a vida e a integridade corporal alheia, devendo responder pelo crime doloso a que der causa. No tocante ao homicídio cometido na direção de veículo automotor, encontrando-se o condutor em **estado de embriaguez**, a análise da situação concreta é fundamental para a tipificação da conduta. Exemplificativamente, pode ser reconhecida a culpa consciente na atividade daquele que atropelou e matou um pedestre por ter perdido levemente o controle do automóvel após a ingestão de uma taça de vinho durante o almoço em família, mas certamente estará presente o dolo eventual no comportamento de quem atropela e mata alguém ao invadir uma calçada com seu veículo automotor, em excesso de velocidade, depois de ter bebido um litro de vodka em uma festa durante a madrugada. Com efeito, a conclusão pelo dolo (direto ou eventual) acarreta a incidência do crime definido no art. 121 do CP, de competência do Tribunal do Júri, ao passo que a presença da culpa resulta no delito previsto no art. 302 da Lei 9.503/1997 – Código de Trânsito Brasileiro, cujo processo e julgamento é reservado ao juízo singular.

b) ***Dolus bonus* e *dolus malus*:** Essa divisão diz respeito aos motivos do crime, que podem aumentar a pena, como no caso do motivo torpe, ou diminuí-la, tal como se dá no motivo de relevante valor social ou moral.

c) Dolo de propósito e dolo de ímpeto (ou repentino): *Dolo de propósito* (ou *refletido*) é o que emana da reflexão do agente, ainda que pequena, acerca da prática da conduta criminosa. Verifica-se nos **crimes premeditados**. *Dolo de ímpeto* (ou *repentino*) é o que se caracteriza quando o autor pratica o crime motivado por paixão violenta ou excessiva perturbação de ânimo. Não há intervalo entre a cogitação do crime e a execução da conduta penalmente ilícita. Ocorre geralmente nos **crimes passionais**.

d) Dolo genérico e dolo específico: Essa classificação ganhou destaque no sistema clássico do Direito Penal (teoria causalista da conduta). Falava-se em *dolo genérico* quando a vontade do agente se limitava à prática da conduta típica, sem nenhuma finalidade específica, tal como no crime de homicídio, em que é suficiente a intenção de matar alguém, pouco importando o motivo para a configuração da modalidade básica do crime. Por outro lado, o *dolo específico* existia nos crimes em que a referida vontade era acrescida de uma **finalidade especial**. No caso da injúria, por exemplo, não basta a atribuição à vítima de uma qualidade negativa. Exige-se também tenha a conduta a finalidade de macular a honra subjetiva da pessoa ofendida. Atualmente, com a superveniência da teoria finalista, utiliza-se o termo **dolo** para referir-se ao antigo dolo genérico. A expressão dolo específico, por sua vez, foi substituída por **elemento subjetivo do tipo** ou, ainda, **elemento subjetivo do injusto**.

e) Dolo presumido: também conhecido como *dolo in re ipsa*, seria a espécie que dispensa comprovação no caso concreto. Não pode ser admitido no Direito Penal moderno, incompatível com a responsabilidade penal objetiva.

f) Dolo de dano e dolo de perigo: *Dolo de dano* ou *de lesão* é o que se dá quando o agente quer ou assume o risco de lesionar um bem jurídico penalmente tutelado. É exigido para a prática de um crime de dano. Na lesão corporal, por exemplo, exigem-se a consciência e a vontade de ofender a saúde ou a integridade corporal de outrem. *Dolo de perigo* é o que ocorre quando o agente quer ou assume o risco de expor a perigo de lesão um bem jurídico penalmente tutelado. No crime tipificado pelo art. 130 do CP, exemplificativamente, o dolo do agente se circunscreve à exposição de alguém, por meio de relações sexuais ou de ato libidinoso, a contágio de moléstia venérea, de que sabe ou deve saber que está contaminado.

g) Dolo de primeiro grau e dolo de segundo grau: O *dolo de primeiro grau* consiste na vontade do agente, direcionada a determinado resultado, efetivamente perseguido, englobando os meios necessários para tanto. Há a intenção de atingir um único bem jurídico. Exemplo: o matador de aluguel que persegue e mata, com golpes de faca, a vítima indicada pelo mandante. *Dolo de segundo grau* ou *de consequências necessárias* é a vontade do agente dirigida a determinado resultado, efetivamente desejado, em que a utilização dos meios para alcançá-lo inclui, obrigatoriamente, efeitos colaterais de verificação praticamente certa. O agente não deseja imediatamente os efeitos colaterais, mas tem por certa a sua superveniência, caso se concretize o resultado pretendido. Exemplificativamente, é o que se verifica no tocante ao assassino que, desejando eliminar a vida de determinada pessoa que se encontra em lugar público, instala ali uma bomba, a qual, quando detonada, certamente matará outras pessoas ao seu redor. Mesmo que não queira atingir essas outras vítimas, tem por evidente o resultado se a bomba explodir como planejado.[115] Não nos parece correto falar-se em dolo de terceiro grau, o qual funcionaria como consequência inevitável do dolo de segundo grau. No exemplo mencionado, se uma das pessoas mortas pela explosão da bomba fosse uma mulher grávida, o assassino também deveria responder pelo aborto, em face do seu dolo de terceiro grau. Em nossa opinião, eventual responsabilização penal pelo aborto decorre do dolo de segundo grau, pois todo e qualquer crime praticado naquele contexto figura como consequência necessária da conduta do agente voltada ao resultado determinado, qual seja, a explosão da bomba para matar a pessoa por ele diretamente visada.

h) Dolo geral, por erro sucessivo ou *dolus generalis*: É o erro no tocante ao meio de execução do crime, relativamente à forma pela qual se produz o resultado inicialmente desejado pelo agente. Ocorre quando o sujeito, acreditando ter produzido o resultado almejado, pratica nova conduta com finalidade diversa, e ao final se constata que foi esta última que produziu o que se buscava desde o início. Esse erro, de natureza acidental, é **irrelevante** no Direito Penal, pois o que importa é que o agente queria um resultado e o alcançou. O dolo é geral e envolve todo o desenrolar da ação típica, do início da execução até a consumação. Exemplo: "A", desejando matar "B", oferece-lhe uma bebida, misturada com veneno. "B" ingere o líquido e, em seguida, cai ao solo, acreditando o autor que ele está morto. Com o propósito de ocultar o cadáver, "A" coloca o corpo de "B" em um saco plástico e o lança ao mar. Dias depois, o cadáver é encontrado e verifica-se que a morte ocorreu por força de asfixia provocada pelo afogamento. Nesse caso, o autor deve responder por homicídio consumado. A polêmica reside na incidência da qualificadora do veneno (desejada pelo agente) ou da asfixia (meio que efetivamente produziu a morte da vítima). Existem posições doutrinárias e jurisprudenciais em ambos os sentidos.

i) Dolo antecedente, dolo atual e dolo subsequente: *Dolo antecedente (inicial* ou *preordenado)* é o que existe desde o início da execução do crime. É suficiente para fixar a responsabilidade penal do agente. *Dolo atual* (ou *concomitante*) é aquele em que persiste a vontade do agente durante todo o desenvolvimento dos atos executórios. *Dolo subsequente* (ou *sucessivo*) é o que se verifica quando o agente, depois de iniciar uma ação com boa-fé, passa a agir de forma ilícita e, por corolário, pratica um crime, ou ainda quando conhece posteriormente a ilicitude de sua

---

[115]   ROXIN, Claus. *Derecho penal* – Parte general. Fundamentos. La estructura de la teoría del delito. Trad. espanhola Diego-Manuel Luzón Peña, Miguel Díaz y García Conlledo e Javier de Vicente Remensal. Madrid: Civitas, 2006. p. 423-424.

conduta e, ciente disso, não procura evitar suas consequências. A diferença entre dolo antecedente e dolo subsequente é relevante para a distinção dos crimes de apropriação indébita (CP, art. 168) e estelionato (CP, art. 171). Na apropriação indébita, o agente comporta-se como proprietário de uma coisa da qual tinha a posse ou detenção. Recebeu o bem licitamente, de boa-fé, mas posteriormente surge o dolo e ele não mais restitui a coisa, como se seu dono fosse. O dolo é subsequente. Já no estelionato o agente desde o início tem a intenção de obter ilicitamente para si o bem, utilizando-se de meio fraudulento para induzir a vítima a erro, alcançando vantagem pessoal em prejuízo alheio. O dolo é inicial.

j) Dolo abandonado: verifica-se na desistência voluntária e no arrependimento eficaz, institutos previstos no art. 15 do Código Penal e classificados pela doutrina como hipóteses de "tentativa abandonada". O agente, por sua própria vontade, afasta-se do resultado inicialmente desejado, seja interrompendo o processo de execução do crime (desistência voluntária), seja adotando providências aptas a impedir a consumação do delito, se já esgotada sua fase executiva (arrependimento eficaz).

k) Dolo unitário ou global: Verifica-se no crime continuado (ou continuidade delitiva), em que a realização dos crimes parcelares, integrantes da série continuada, deve ser fruto de um plano previamente elaborado pelo agente. Essa modalidade do dolo decorre da unidade de desígnio exigida para a caracterização do crime continuado, em sintonia com a teoria mista ou objetivo--subjetiva adotada pela jurisprudência brasileira no tocante à unidade de desígnio.[116]

o **O dolo nas contravenções penais:** O art. 3.º do Decreto-lei 3.688/1941 – Lei das Contravenções Penais, com a rubrica "Voluntariedade. Dolo e culpa", estabelece: "Para a existência da contravenção, basta a ação ou omissão voluntária. Deve-se, todavia, ter em conta o dolo ou a culpa, se a lei faz depender, de um ou de outra, qualquer efeito jurídico." A primeira parte do dispositivo revela a íntima ligação entre a LCP com a teoria clássica ou causal da conduta. De fato, o diploma legal foi promulgado na década de 1940, mesma época em que entrou em vigor o CP. Entretanto, a Lei 7.209/1984 modificou substancialmente a Parte Geral do CP, a ele conferindo uma sensível orientação finalista. A LCP, por sua vez, foi mantida, e com ela a concepção clássica então reinante. Por tal motivo, consta do texto de lei ser suficiente para a existência da contravenção a ação ou omissão voluntária. Como se sabe, na teoria clássica o dolo e a culpa figuravam como elementos da culpabilidade. Por corolário, para a conduta seria suficiente a ação ou omissão. Mas a regra deve ser interpretada levando-se em conta que as contravenções penais são, geralmente, infrações penais de mera conduta, sem produção de resultado naturalístico. Assim, basta efetivamente a ação ou omissão voluntária, pois o dolo, em consonância com o art. 18 do CP, ocorre quando o agente quis o **resultado** ou assumiu o risco de produzi-lo. E, diz a segunda parte do dispositivo, deve-se ter em conta o dolo ou a culpa, se a lei faz depender, de um ou de outra, qualquer efeito jurídico. Destarte, quando a contravenção penal não se enquadrar como de mera conduta, aí sim a lei exige expressamente o dolo e a culpa. Conclui-se, assim, que o dispositivo não consagra a responsabilidade penal objetiva. Quando se fala em ação ou omissão voluntária, refere-se à vontade, elemento da conduta e, também, do dolo. Não há, assim, diferença entre o tipo subjetivo do crime e o tipo subjetivo da contravenção penal. Nos dois casos exige-se o dolo, ainda que sem apontá-lo expressamente, mas chamando-o apenas de "ação ou omissão voluntária", consistente na vontade de realizar os elementos do tipo, colocando-se o sujeito consciente e deliberadamente em situação ilícita.

o **Prova do dolo e teoria dos indicadores externos:** O dolo, seja qual for a sua espécie, é um fenômeno interno do agente. Mas isso não impossibilita seja provado no caso concreto. Para essa finalidade, Winfried Hassemer desenvolveu a **teoria dos indicadores externos**,

---

[116] Para o estudo aprofundado do crime continuado, remetemos à leitura dos comentários do art. 71.

caracterizada pela união dos aspectos material e processual do dolo. Para essa teoria, é necessário analisar todas as circunstâncias ligadas à atuação do agente, em três etapas distintas e sucessivas: (a) demonstração do perigo ao bem jurídico; (b) visão do agente acerca desse perigo; e (c) decisão do agente sobre a realização do perigo, atacando o bem jurídico.[117] Em síntese, o dolo é um fenômeno interno do agente, mas para sua afirmação reclama prova de indicadores externos. Em última instância, o dolo nada mais é do que a sua própria demonstração concreta.

○ **Dolo sem vontade:**[118] Na visão tradicional do Direito Penal, o dolo sempre foi vinculado à vontade do agente, caracterizada pelo seu aspecto psicológico. Entretanto, há vozes críticas a esta concepção, sustentando a impossibilidade da vontade psicológica na teoria do dolo, uma vez que o Direito Penal não possui meios para ingressar na mente do agente. Inexistem instrumentos jurídicos válidos para descobrir, e comprovar, no que realmente pensava o agente no momento da conduta. Exemplificativamente, quando "A" efetua um disparo de arma de fogo contra seu amigo "B", não se pode efetivamente sustentar se ele pretendia matar a vítima, ou então se ele acreditava que tudo não passava de uma brincadeira, pois imaginava ter em sua mão um revólver de brinquedo, tal como aquele que utilizava para brincar de "polícia e ladrão" com o ofendido nos tempos em que eram crianças. Deve-se abandonar, portanto, a busca pelo elemento volitivo interno do agente. Seu comportamento há de ser interpretado **no plano normativo** ("**vontade normativa**"), a partir da conduta exteriorizada no mundo fático. O intérprete, ao invés da insegurança inerente ao psiquismo do autor do fato, deve valorar se a ação (ou omissão) a ele imputada viola uma norma penal. Nesse ponto, sustentam os defensores do "**dolo sem vontade psicológica**", a intenção do agente não é simplesmente ignorada, e sim extraída da análise de elementos externos, com base em critérios e dados da racionalidade humana. O ato interno (vontade psicológica) é constatado a partir do ato externo ("vontade normativa").[119]

○ **Crimes culposos:** Dentro da concepção finalista, a culpa é o **elemento normativo** da conduta, pois a sua aferição depende da valoração do caso concreto. Somente após minucioso juízo de valor poderá o intérprete afirmar se ela ocorreu ou não. Os crimes culposos, em regra, são previstos por **tipos penais abertos,** pois a lei não diz expressamente no que consiste o comportamento culposo, reservando tal missão ao magistrado na apreciação da lide posta à sua análise. Geralmente, o tipo penal descreve a modalidade dolosa, e, quando a ele também atribui variante culposa menciona expressamente a fórmula: "**se o crime é culposo**". Nada impede, entretanto, a definição de um crime culposo em um tipo penal fechado, tal como ocorre na receptação (CP, art. 180, § 3.º). A opção legislativa pela descrição de crimes culposos por meio de tipos fechados seria indiscutivelmente mais segura e precisa. De outro lado, essa escolha logo se revelaria insuficiente, pois seria impossível à lei prever, antecipadamente, todas as situações culposas que podem ocorrer na vida cotidiana.

○ **Fundamento da punibilidade da culpa:** No passado, diversos autores se manifestaram pela inutilidade da aplicação da pena ao crime culposo. Na Itália, Puglia e Vanini sustentavam que

---

[117] HASSEMER, Winfried. Los elementos característicos del dolo. *Anuario de Derecho Penal y Ciencias penales.* Tradução de María del Mar Diaz Pita: Centro de Publicaciones del Ministerio de Justicia, 1990. p. 931.

[118] Esse tema surgiu no Brasil com os estudos de Luis Greco, que inicialmente escreveu um artigo em obra publicada em Portugal. Para maiores detalhes: GRECO, Luis. Dolo sem vontade. *In*: DIAZ, Augusto Silva e outros (coords.). *Líber Amicorum de José de Sousa Brito em comemoração do 70.º aniversário.* Coimbra: Almedina, 2009. p. 895-903.

[119] Nesse sentido: GOMES, Enéias Xavier. *Dolo sem vontade psicológica: perspectivas de aplicação no Brasil.* Belo Horizonte: Editora D'Plácido, 2017. p. 116-117.

essa modalidade de delito não provém de um impulso contrário ao Direito e, consequentemente, a pena se mostraria ineficaz, já que a sua função seria a de afastar temporariamente do convívio social os indivíduos que revelam periculosidade, fator inexistente no sujeito que praticou uma lesão por não tê-la previsto, quando a deveria prever. Com o advento da Escola Positiva, a punição da culpa passou a ser reclamada por necessidade social, por ser a sanção penal uma reação constante e independente da vontade. O homem seria responsável tanto pelo crime culposo como pelo crime doloso, porque vive em sociedade. Atualmente, encontra-se encerrada a discussão acerca da obrigatoriedade de punição do crime culposo. O interesse público impõe consequências penais àqueles que agem culposamente, visando a preservação de bens indispensáveis ou relevantes à vida em sociedade. Em respeito ao **menor desvalor da conduta,** porém, os crimes culposos são apenados de modo mais brando do que os dolosos.

○ **Conceito de crime culposo:** Crime culposo é o que se verifica quando o agente, deixando de observar o dever objetivo de cuidado, por imprudência, negligência ou imperícia, realiza voluntariamente uma conduta que produz resultado naturalístico, não previsto nem querido, mas objetivamente previsível, e excepcionalmente previsto e querido, que podia, com a devida atenção, ter evitado.

○ **Elementos do crime culposo:** O crime culposo possui, em regra, os seguintes elementos:

a) Conduta voluntária: No crime culposo, a vontade do agente se limita à prática de uma conduta perigosa, por ele aceita e desejada.[120] É importante destacar que a vontade do agente circunscreve-se à realização da conduta, e não à produção do resultado naturalístico. Se desejar concretizar o resultado, a hipótese será de crime doloso. O crime culposo pode ser praticado por ação ou omissão.

b) Violação do dever objetivo de cuidado: A vida em sociedade retira do homem o direito de fazer tudo o que desejar, quando e onde o desejar. Os interesses de terceiras pessoas e da própria comunidade lhe impõem barreiras instransponíveis. Nesse diapasão, o dever objetivo de cuidado é o comportamento imposto pelo ordenamento jurídico a todas as pessoas, visando o regular e pacífico convívio social. No crime culposo, tal dever é desrespeitado pelo agente com a prática de uma conduta descuidada, a qual, fundada em injustificável falta de atenção, emana de sua imprudência, negligência ou imperícia (**modalidades** de culpa).

– **Imprudência:** É a forma positiva da culpa (*in agendo*), consistente na atuação do agente sem observância das cautelas necessárias. É a **ação** intempestiva e irrefletida. Tem, pois, forma ativa. Desenvolve-se sempre **de modo paralelo à ação**, ou seja, surge e se manifesta enquanto o seu autor pratica a conduta. Exemplificativamente, o motorista que dirige seu veículo automotor respeitando as leis de trânsito pratica conduta correta. A partir do momento em que passa a dirigir em excesso de velocidade, surge a imprudência. E, quanto mais ele insistir e agravar essa conduta, mais duradoura e perceptível será essa modalidade de culpa.

– **Negligência:** É a inação, a modalidade negativa da culpa (*in omitendo*), consistente na omissão em relação à conduta que se devia praticar. Negligenciar é, pois, omitir a ação cuidadosa que as circunstâncias exigem. Ocorre **previamente ao início da conduta**. É o caso do agente que deixa a arma de fogo municiada em local acessível a menor de idade, inabilitado para manuseá-la, que dela se apodera, vindo a matar alguém. O responsável foi negligente, e depois da sua omissão e em razão dela a conduta criminosa foi praticada.

---

[120] "Toda a culpa é culpa da vontade. Só aquilo contra o que o homem pode, do ponto de vista da vontade, alguma coisa, lhe pode ser censurado como culpa" (DIAS, Jorge de Figueiredo. *Liberdade*. Culpa. Direito Penal. 3. ed. Coimbra: Coimbra Editora, 1995. p. 57-58).

– **Imperícia:** É também chamada de **culpa profissional**, pois somente pode ser praticada no exercício de arte, profissão ou ofício. Ocorre sempre no âmbito de uma função na qual o agente, em que pese autorizado a desempenhá-la, não possui conhecimentos práticos ou teóricos para fazê-la a contento. Toda profissão, arte ou ofício é regida por princípios e regras que devem ser do conhecimento e do domínio de todos que a elas se dedicam. Se tais pessoas ultrapassarem os seus limites, conscientes ou inconscientes de sua incapacidade, violam a lei e respondem pelas consequências. Se a imperícia acontecer fora do exercício de arte, profissão ou ofício deverá ser tratada, sob o ponto de vista jurídico, como imprudência ou negligência. Assim, por exemplo, se um médico, realizando um parto, causa a morte da gestante, será imperito. Entretanto, se a morte for provocada pelo parto mal efetuado por um curandeiro, não há falar em imperícia, mas em imprudência. Os erros cometidos no desempenho de arte, profissão ou ofício não serão sempre frutos da imperícia, pois podem ser ordenados por negligência ou imprudência. A lei, ao determinar os requisitos necessários ao exercício de determinada atividade, não pode exigir de todas as pessoas o mesmo talento, igual cultura ou idêntica habilidade.

– **Distinção entre imperícia e erro profissional:** A imperícia não se confunde com o **erro profissional**. Erro profissional é o que resulta da **falibilidade das regras científicas**. O agente conhece e observa as regras da sua atividade, as quais, todavia, por estarem em constante evolução, mostram-se imperfeitas e defasadas para a solução do caso concreto. Destarte, o erro profissional exclui a culpa, uma vez que o resultado ocorre não em razão da conduta do agente, e sim pelas deficiências da própria ciência.

c) **Resultado naturalístico involuntário:** No crime culposo, o resultado naturalístico funciona como elementar do tipo penal. Em consequência, todo crime culposo integra o grupo dos **crimes materiais**. O sistema penal brasileiro não admite crimes culposos de mera conduta, ao contrário do que ocorre em outros países, como na Itália.[121] O resultado naturalístico é, obrigatoriamente, involuntário, salvo na culpa imprópria. Conclui-se, assim, ser o crime culposo incompatível com a tentativa – ou o resultado se produz, e o crime está consumado, ou da conduta perigosa não sobrevém o resultado, e o fato é um irrelevante penal, ao menos para a tipificação do crime culposo.[122]

d) **Nexo causal:** Por se tratar de crime material, a perfeição do crime culposo depende da produção do resultado naturalístico. E, como ocorre nos demais crimes materiais, exige-se o nexo causal, isto é, a relação de causa e efeito entre a conduta voluntária perigosa e o resultado involuntário. Em consonância com a teoria da *conditio sine qua non* (equivalência dos antecedentes), adotada pelo art. 13, *caput*, do CP, deve ser provado, por exemplo, que a morte da vítima foi produzida pela conduta do agente. No âmbito jurídico, a afirmação da causalidade deve estar respaldada em elementos empíricos que demonstrem que o resultado não ocorreria, com um grau de probabilidade nos limites da certeza, se a ação devida fosse efetivamente evitada ou realizada, tal como o contexto o determinava. Não demonstrada empiricamente essa relação, é de se negar a causalidade.

e) **Tipicidade:** Como também é elemento do fato típico nos crimes materiais consumados, a tipicidade precisa estar presente para a configuração do crime culposo. Reclama-se, assim, o juízo de subsunção, de adequação entre a conduta praticada pelo agente no mundo real e a descrição típica contida na lei penal para o aperfeiçoamento do delito culposo.

f) **Previsibilidade objetiva:** É a possibilidade de uma pessoa comum, com inteligência mediana, prever o resultado. Esse indivíduo comum, de atenção, diligência e perspicácia normais à generalidade das pessoas é o que se convencionou chamar de **homem médio** (*homo medius*) ou **homem** *standard*. Não se trata de pessoa brilhante e genial, nem de um ser humano indolente e

---

[121]   O art. 527 do Código Penal italiano prevê a modalidade culposa do crime de ato obsceno.

[122]   Pode até concretizar-se um crime, mas sempre diferente do culposo que restaria caracterizado com a produção do resultado naturalístico. Exemplo: Aquele que dirige veículo automotor embriagado, expondo a perigo a incolumidade de outrem, responde pelo crime tipificado pelo art. 306 do Código de Trânsito Brasileiro. Se, em razão da imprudência ao volante, o agente matar alguém, estará tipificado o crime delineado pelo art. 302 do CTB (homicídio culposo na direção do veículo automotor), que absorve o de embriaguez ao volante.

desleixado. É uma pessoa normal, de comportamento padrão quando comparado aos indivíduos em geral. Existe a previsibilidade do resultado quando, mediante um juízo de valor, se conclui que o homem médio, nas condições em que se encontrava o agente, teria antevisto o resultado produzido. Por ser a culpa o elemento normativo do tipo penal, o magistrado deve valorar a situação, inserindo hipoteticamente o homem médio no lugar do agente no caso concreto. Se concluir que o resultado era previsível àquele, estará configurada a previsibilidade a este. Daí falar-se em previsibilidade objetiva, por levar em conta o fato concreto e um elemento padrão para a sua aferição, e não o agente. Embora existam valiosos entendimentos nesse sentido, deve ser refutada a proposta de apreciar a previsibilidade de forma subjetiva, isto é, sob o prisma subjetivo do autor do fato, a qual leva em consideração os dotes intelectuais, sociais, econômicos e culturais do agente. O Direito Penal não pode ficar submisso aos interesses de pessoas incautas e despreparadas para o convívio social. Ademais, a previsibilidade subjetiva fomentaria a impunidade, pois, por se cuidar de questão que habita o aspecto interno do homem, jamais poderia ser fielmente provada a compreensão do agente acerca do resultado que a sua conduta era capaz de produzir.

g) Ausência de previsão: Em regra, o agente não prevê o resultado objetivamente previsível. Não enxerga aquilo que o homem médio conseguiria ver. Excepcionalmente, todavia, há previsão do resultado (culpa consciente).

Espécies de culpa:

1) Culpa inconsciente e culpa consciente: Essa divisão tem como fator distintivo a previsão do agente acerca do resultado naturalístico provocado pela sua conduta. *Culpa inconsciente, sem previsão* ou *ex ignorantia* é aquela em que o agente não prevê o resultado objetivamente previsível. *Culpa consciente, com previsão* ou *ex lascivia* é a que ocorre quando o agente, após prever o resultado objetivamente previsível, realiza a conduta acreditando sinceramente que ele não ocorrerá. Representa o estágio mais avançado da culpa, pois se aproxima do dolo eventual. Dele, todavia, se diferencia. Na culpa consciente, o sujeito não quer o resultado, nem assume o risco de produzi-lo. Apesar de sabê-lo possível, acredita sinceramente ser capaz de evitá-lo, o que apenas não acontece por erro de cálculo ou por erro na execução. No dolo eventual o agente não somente prevê o resultado naturalístico, como também, apesar de tudo, o aceita como uma das alternativas possíveis. O CP dispensa igual tratamento à culpa consciente e à culpa inconsciente. A previsão do resultado, por si só, não representa maior grau de reprovabilidade da conduta.

2) Culpa própria e culpa imprópria: Essa classificação se baseia na intenção de produzir o resultado naturalístico. *Culpa própria* é a que se verifica quando o agente não quer o resultado nem assume o risco de produzi-lo. É, por assim dizer, a culpa propriamente dita. *Culpa imprópria, por extensão, por equiparação* ou *por assimilação* é aquela em que o sujeito, após prever o resultado, e desejar sua produção, realiza a conduta por **erro inescusável quanto à ilicitude do fato**. O resultado vem, então, a ser concretizado. O agente incide em erro inescusável, inaceitável, injustificável quanto à ilicitude do fato. Supõe uma situação fática que, se existisse, tornaria a sua ação legítima. Como, entretanto, esse erro poderia ter sido evitado pelo emprego da prudência inerente ao homem médio, responde a título de culpa, se o crime admitir a modalidade culposa. Na verdade, cuida-se de dolo, eis que o agente quer a produção do resultado. Por motivos de **política criminal**, no entanto, o CP aplica a um crime doloso a punição correspondente a um crime culposo. O erro quanto à ilicitude do fato, embora inescusável, proporciona esse tratamento diferenciado. E, diante do caráter misto ou híbrido da culpa imprópria (dolo tratado como culpa), revela-se como a única modalidade de crime culposo que comporta a tentativa.

3) Culpa mediata ou indireta: Cuida-se da espécie que se verifica quando o agente produz o resultado naturalístico indiretamente a título de culpa. É o caso, por exemplo, da vítima que acabara de ser torturada no interior de um veículo, parado no acostamento de movimentada via pública. Quando conseguiu fugir, ela buscou atravessar a pista, foi atropelada e morreu. O agente responde pela tortura e também pelo resultado morte, provocado indiretamente por sua atuação culposa, pois lhe era objetivamente previsível a fuga da pessoa torturada na direção da via pública. É preciso destacar que a culpa mediata punível consiste em fato com relação estreita e realmente eficiente no tocante à causação do resultado naturalístico, não se podendo confundi-la com a mera condição ou ocasião do ocorrido.

4) Culpa presumida: Também denominada de culpa *in re ipsa,* tratava-se de modalidade de culpa admitida pela legislação penal existente no Brasil antes da entrada em vigor do CP de 1940, e consistia na simples inobservância de uma disposição regulamentar. Foi abolida do sistema penal pátrio, por constituir-se em verdadeira responsabilidade penal objetiva, retrocesso a tempos pretéritos em que o homem pagava pelo que fizera, sem nenhuma preocupação com o elemento subjetivo. Não se presume a culpa. Ao contrário, sempre deve ser provada por quem alega sua ocorrência.

○ **Graus de culpa:** No passado, buscou-se distinguir a culpa, quanto à sua intensidade, em grave, leve e levíssima. A culpa grave, ou lata, ocorreria quando qualquer pessoa fosse capaz de prever o resultado, enquanto a culpa leve estaria presente somente nos casos em que um homem de inteligência mediana pudesse antever o resultado. Finalmente, a culpa levíssima seria aquela em que o resultado se afigurasse perceptível somente às pessoas de excepcional cautela e inteligência, aproximando-se bastante do caso fortuito. O Direito Penal brasileiro refuta a divisão da culpa em graus. Ou há culpa, e está configurada a responsabilidade do agente, ou não existe culpa, e o fato é penalmente irrelevante. De fato, o art. 59, *caput,* do CP não elenca os graus de culpa como circunstâncias judiciais que influem na dosimetria da pena.

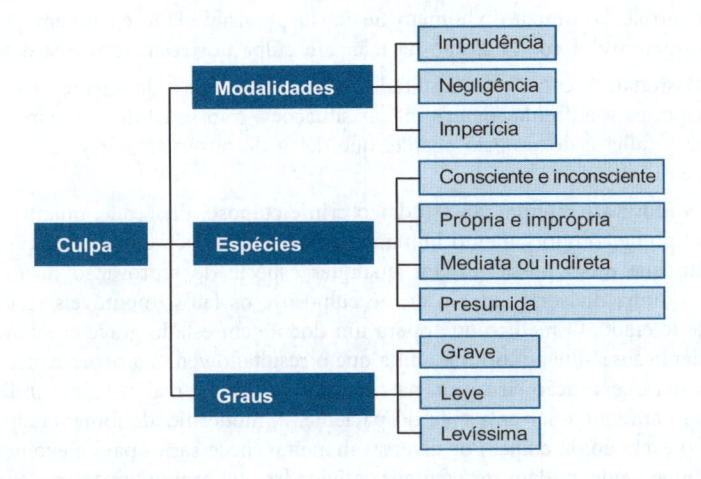

○ **Compensação de culpas:** **Não se admite a compensação de culpas** no Direito Penal, uma vez que prevalece o caráter público da sanção penal como fundamento para a sua proibição. Nesses termos, a culpa do agente não é anulada pela culpa da vítima. A compensação de culpas tem incidência apenas no direito privado, com a função de reduzir ou excluir o valor da indenização pelo ilícito praticado. No âmbito penal, vale ressaltar que a culpa da vítima, embora não afaste a culpa do agente, funciona como circunstância judicial favorável ao acusado, a ser sopesada pelo magistrado por ocasião da dosimetria da pena-base. É o que se extrai do art. 59, *caput,* do CP. Por último, se é correto afirmar que não há compensação de culpas no Direito Penal, também é certo dizer que a **culpa exclusiva da vítima** exclui a culpa do agente. Basta a mera interpretação literal da expressão em destaque para concluir que, se a culpa é **exclusiva** da vítima, certamente o agente atuou de forma correta, é dizer, livre de imprudência, negligência ou imperícia.

○ **Concorrência de culpas:** É o que se verifica quando duas ou mais pessoas concorrem, contribuem culposamente para a produção do resultado naturalístico. Todos os envolvidos que tiveram atuação culposa respondem pelo resultado produzido. Fundamenta-se essa posição na teoria da *conditio sine qua non,* acolhida pelo art. 13, *caput,* do CP. Se o resultado foi provocado pela pluralidade de condutas culposas, por ele respondem aqueles que as realizaram.

○ **Caráter excepcional do crime culposo:** O art. 18, parágrafo único, do CP consagrou o princípio da excepcionalidade do crime culposo. Salvo nos casos expressos em lei, ninguém pode ser punido por fato previsto como crime, senão quando o pratica dolosamente. A modalidade culposa de um crime deve ser expressamente declarada pela lei. No silêncio desta quanto ao elemento subjetivo, sua punição apenas se verifica a título de dolo. **No campo dos crimes contra o patrimônio** tipificados pelo CP, anote-se que o único delito punido a título de culpa é a **receptação** (art. 180, § 3.º). O dano culposo é fato atípico, embora encontre previsão no Código Penal Militar. De forma curiosa e desnecessária, o art. 244-C da Lei 8.069/1990 – Estatuto da Criança e do Adolescente – **exige expressamente o dolo** para a caracterização do delito nele contido: "Deixar o pai, a mãe ou o responsável legal, **de forma dolosa**, de comunicar à autoridade pública o desaparecimento de criança ou adolescente".

○ **Exclusão da culpa:** Exclui-se a culpa nos seguintes casos:

1) Caso fortuito e força maior: São acontecimentos imprevistos, imprevisíveis e inevitáveis, que escapam do controle da vontade do homem. Se não há previsibilidade, e também não existe vontade, elemento indispensável à conduta, não há falar em culpa nos resultados que deles se originam.

2) Erro profissional: A culpa pelo resultado naturalístico não é do agente, mas da ciência, que se mostra inapta para enfrentar determinadas situações. Não se confunde com a imperícia, uma vez que nesta a falha é do próprio agente, que deixa de observar as regras recomendadas pela profissão, arte ou ofício.

3) Risco tolerado: Karl Binding, ao estudar o crime culposo, dizia que, quanto mais imprescindível for um tipo de comportamento humano, maior será o risco que em relação a ele se deverá enfrentar, sem que disso possa resultar qualquer espécie de reprovação jurídica. Delimita-se, dessa forma, a linha divisória entre o crime culposo e os fatos impuníveis resultantes do risco juridicamente tolerado. O médico que opera um doente em estado grave em condições precárias sabe que poderá causar-lhe a morte. E ainda que o resultado venha a ocorrer, não terá agido com culpa, pois a sua intervenção cirúrgica, na situação em que foi realizada, era indispensável como a única forma para tentar salvar a vida do paciente. A modernidade fomenta ainda mais o risco tolerado como exclusão da culpa. Por diversas maneiras, necessárias para a evolução do homem e da própria humanidade, podem ser efetuadas atividades que proporcionam riscos calculados para bens jurídicos penalmente protegidos. Exemplificativamente, o piloto que testa pela primeira vez uma aeronave certamente é colocado em risco de vida, mas a possibilidade de morte é tolerada e aceita para colaborar com o progresso da ciência aeronáutica, indispensável na sociedade atual.

4) Princípio da confiança: Como o dever objetivo de cuidado se dirige a todas as pessoas, pode-se esperar que cada um se comporte de forma prudente e razoável, necessária para a coexistência pacífica em sociedade. E, por se presumir a boa-fé de todo indivíduo, aquele que cumpre as regras jurídicas impostas pelo Direito pode confiar que o seu semelhante também agirá de forma acertada. Assim agindo, não terá culpa nos crimes eventualmente produzidos pela conduta ilícita praticada por outrem.

○ **Jurisprudência selecionada:**

Compensação de culpas – impossibilidade: "A análise da culpa da vítima que, supostamente, teria contribuído para a ocorrência de acidente de trânsito resultando em sua morte implicaria, necessariamente, no reexame do material probatório dos autos, o que é vedado pelo enunciado da Súmula 7/STJ. Ainda que se admitisse a possibilidade de análise de eventual conduta culposa por parte da vítima, nenhum benefício traria ao recorrente, pois em sede criminal não há que se falar em compensação de culpas" (STJ: AgRg no REsp 881.410/MT, rel. Min. Carlos Fernando Mathias – juiz convocado do TRF 1.ª Região, 6.ª Turma, j. 13.11.2007).

Crime culposo – ausência de descrição minuciosa da modalidade da culpa – inépcia da denúncia: "É inepta a denúncia que imputa a prática de homicídio culposo na direção de veículo automotor (art. 302 da Lei 9.503/1997) sem descrever, de forma clara e precisa, a conduta negligente, imperita ou imprudente que teria gerado o resultado morte, sendo insuficiente a simples menção de que o suposto autor estava na direção do veículo no momento do acidente. Isso porque é ilegítima a persecução criminal quando, comparando-se o tipo penal apontado na denúncia com a conduta atribuída ao denunciado, não se verificar o preenchimento dos requisitos do art. 41 do CPP, necessários ao exercício do contraditório e da ampla defesa. De fato, não se pode olvidar que o homicídio culposo se perfaz com a ação imprudente, negligente ou imperita do agente, modalidades de culpa que devem ser descritas na inicial acusatória, sob pena de se punir a mera conduta de envolver-se em acidente de trânsito, algo irrelevante para o Direito Penal. A imputação, sem a observância dessas formalidades, representa a imposição de indevido ônus do processo ao suposto autor, ante a ausência da descrição de todos os elementos necessários à responsabilização penal decorrente da morte da vítima. Configura, ademais, responsabilização penal objetiva, derivada da mera morte de alguém, em razão de acidente causado na direção de veículo automotor" (STJ: HC 305.194/PB, rel. Min. Rogerio Schietti Cruz, 6.ª Turma, j. 11.11.2014, noticiado no *Informativo* 553).

Crime culposo – elementos – relação de causalidade: "1. Para que o agente seja condenado pela prática de crime culposo, são necessários, dentre outros requisitos: a inobservância do dever de cuidado objetivo (negligência, imprudência ou imperícia) e o nexo de causalidade. 2. No caso, a denúncia imputa ao paciente a prática de crime omissivo culposo, na forma imprópria. A teor do § 2º do art. 13 do Código Penal, somente poderá ser autor do delito quem se encontrar dentro de um determinado círculo normativo, ou seja, em posição de garantidor. 3. A hipótese não trata, evidentemente, de uma autêntica relação causal, já que a omissão, sendo um não agir, nada poderia causar, no sentido naturalístico da expressão. Portanto, a relação causal exigida para a configuração do fato típico em questão é de natureza normativa. 4. Da análise singela dos autos, sem que haja a necessidade de se incursionar na seara fático-probatória, verifico que a ausência do nexo causal se confirma nas narrativas constantes na própria denúncia. 5. Diante do quadro delineado, não há falar em negligência na conduta do paciente (engenheiro naval), dado que prestou as informações que entendia pertinentes ao êxito do trabalho do profissional qualificado, alertando-o sobre a sua exposição à substância tóxica, confiando que o contratado executaria a operação de mergulho dentro das regras de segurança exigíveis ao desempenho de sua atividade, que mesmo em situações normais já é extremamente perigosa. 6. Ainda que se admita a existência de relação de causalidade entre a conduta do acusado e a morte do mergulhador, à luz da teoria da imputação objetiva, seria necessária a demonstração da criação pelo paciente de uma situação de risco não permitido, não ocorrente, na hipótese. 7. Com efeito, não há como asseverar, de forma efetiva, que engenheiro tenha contribuído de alguma forma para aumentar o risco já existente (permitido) ou estabelecido situação que ultrapasse os limites para os quais tal risco seria juridicamente tolerado" (STJ: HC 68.871/PR, rel. originário Min. Maria Thereza de Assis Moura, rel. para acórdão Min. Og Fernandes, 6.ª Turma, j. 06.08.2009).

Crime de perigo abstrato – comprovação do dolo – proibição da responsabilidade penal objetiva: "Para a configuração do crime de perigo abstrato previsto no art. 1.º, inciso I, da Lei n. 8.176/1991, é imprescindível a comprovação do dolo, sendo vedada a responsabilização penal objetiva. (...) Os crimes de perigo abstrato, por sua própria definição, se revelam por meio da simples realização da conduta descrita na norma penal, dispensando a necessidade de demonstração concreta do perigo. Isso significa que o perigo ao bem jurídico protegido é presumido pela lei, tornando irrelevante, sob o ponto de vista jurídico, a efetiva ocorrência de um dano. (...) Todavia, a configuração do crime exige a presença do dolo, entendido como a vontade livre e consciente do agente de realizar a conduta descrita no tipo penal. (...) Portanto, ao se perscrutar a aplicação dos crimes de perigo abstrato, é crucial compreender que a tipicidade penal não se exaure na mera realização da conduta objetivamente perigosa, sendo indispensável a exigência de dolo para assegurar que a intervenção penal permaneça restrita às condutas realmente reprováveis" (STJ: AgRg no AREsp 2.349.885/BA, rel. Min. Joel Ilan Paciornik, rel. para acórdão Min. Ribeiro Dantas, 5.ª Turma, j. 03.09.2024, noticiado no *Informativo* 825).

Culpa presumida – responsabilidade penal objetiva – inadmissibilidade: "A responsabilidade penal é de caráter subjetivo, impedindo o brocardo *nullun crimen sine culpa* que se atribua prática de crime a presidente de clube social e esportivo pela morte, por afogamento, de menor que participava de festa privada de associada e mergulhou em piscina funda com outros colegas e com pessoas adultas por perto. Inobservância de eventual disposição regulamentar que não se traduz em causa, mas ocasião do evento lesivo" (STJ: RHC 11.397/SP, rel. Min. José Arnaldo da Fonseca, 5.ª Turma, j. 11.09.2001).

Desclassificação de crime doloso para crime culposo – exigência da *mutatio libelli*: "Quando na denúncia não houver descrição sequer implícita de circunstância elementar da modalidade culposa do tipo penal, o magistrado, ao proferir a sentença, não pode desclassificar a conduta dolosa do agente – assim descrita na denúncia – para a forma culposa do crime, sem a observância do regramento previsto no art. 384, *caput*, do CPP. Com efeito, o dolo direto é a vontade livre e consciente de realizar a conduta descrita no tipo penal. A culpa, por sua vez, decorre da violação ao dever objetivo de cuidado, causadora de perigo concreto ao bem jurídico tutelado. A par disso, frise-se que, segundo a doutrina, 'no momento de se determinar se a conduta do autor se ajusta ao tipo de injusto culposo é necessário indagar, sob a perspectiva *ex ante*, se no momento da ação ou da omissão era possível, para qualquer pessoa no lugar do autor, identificar o risco proibido e ajustar a conduta ao cuidado devido (cognoscibilidade ou conhecimento do risco proibido e previsibilidade da produção do resultado típico)'. Nesse passo, a prova a ser produzida pela defesa, no decorrer da instrução criminal, para comprovar a ausência do elemento subjetivo do injusto culposo ou doloso, é diversa. Assim, não descrevendo a denúncia sequer implicitamente o tipo culposo, a desclassificação da conduta dolosa para a culposa, ainda que represente aparente benefício à defesa, em razão de imposição de pena mais branda, deve observar a regra inserta no art. 384, *caput*, do CPP. Isso porque, após o advento da Lei 11.719/2008, qualquer alteração do conteúdo da acusação depende da participação ativa do Ministério Público, não mais se limitando a situações de imposição de pena mais grave, como previa a redação original do dispositivo. Portanto, o fato imputado ao réu na inicial acusatória, em especial a forma de cometimento do delito, da qual se infere o elemento subjetivo, deve guardar correspondência com aquele reconhecido na sentença, a teor do princípio da correlação entre acusação e sentença, corolário dos princípios do contraditório, da ampla defesa e acusatório" (STJ: REsp 1.388.440/ES, rel. Min. Nefi Cordeiro, 6.ª Turma, j. 05.03.2015, noticiado no *Informativo* 557).

Dolo – elementos – dolo eventual e sua comprovação: "2. A doutrina penal brasileira instrui que o dolo, conquanto constitua elemento subjetivo do tipo, deve ser compreendido sob dois aspectos: o cognitivo, que traduz o conhecimento dos elementos objetivos do tipo, e o volitivo, configurado pela vontade de realizar a conduta típica. 3. O elemento cognitivo consiste no efetivo conhecimento de que o resultado poderá ocorrer, isto é, o efetivo conhecimento dos elementos integrantes do tipo penal objetivo. A mera possibilidade de conhecimento, o chamado 'conhecimento potencial', não basta para caracterizar o elemento cognitivo do dolo. No elemento volitivo, por seu turno, o agente quer a produção do resultado de forma direta – dolo direto – ou admite a possibilidade de que o resultado sobrevenha – dolo eventual. 4. Considerando que o dolo eventual não é extraído da mente do acusado, mas das circunstâncias do fato, na hipótese em que a denúncia limita-se a narrar o elemento cognitivo do dolo, o seu aspecto de conhecimento pressuposto ao querer (vontade), não há como concluir pela existência do dolo eventual. Para tanto, há que evidenciar como e em que momento o sujeito assumiu o risco de produzir o resultado, isto é, admitiu e aceitou o risco de produzi-lo. Deve-se demonstrar a antevisão do resultado, isto é, a percepção de que é possível causá-lo antes da realização do comportamento"

(STJ: AgRg no REsp 1.043.279/PR, rel. Min. Jane Silva (Desembargadora convocada do TJ/MG), 6.ª Turma, j. 14.10.2008).

Dolo – elementos – crime culposo: "II. A doutrina penal brasileira instrui que o dolo, ainda que eventual, conquanto constitua elemento subjetivo do tipo, deve ser compreendido sob dois aspectos: o cognitivo, que traduz o conhecimento dos elementos objetivos do tipo, e o volitivo, configurado pela vontade de realizar a conduta típica. III. Se o dolo eventual não é extraído da mente do acusado, mas das circunstâncias do fato, conclui-se que a denúncia limitou-se a narrar o elemento cognitivo do dolo, o seu aspecto de conhecimento pressuposto ao querer (vontade). IV. A análise cuidadosa da denúncia finaliza o posicionamento de que não há descrição do elemento volitivo consistente em 'assumir o risco do resultado', em aceitar, a qualquer custo, o resultado, o que é imprescindível para a configuração do dolo eventual. V. A comparação entre a narrativa ministerial e a classificação jurídica dela extraída revela a submissão do paciente a flagrante constrangimento ilegal decorrente da imputação de crime hediondo praticado com dolo eventual. VI. Afastado elemento subjetivo dolo, resta concluir que o paciente pode ter provocado o resultado culposamente. VII. O tipo penal culposo, além de outros elementos, pressupõe a violação de um dever objetivo de cuidado e que o agente tenha a previsibilidade objetiva do resultado, a possibilidade de conhecimento do resultado, o 'conhecimento potencial' que não é suficiente ao tipo doloso. VIII. Considerando que a descrição da denúncia não é hábil a configurar o dolo eventual, o paciente, em tese, deu causa ao resultado por negligência. IX. Caberá à instrução criminal dirimir eventuais dúvidas acerca dos elementos do tipo culposo, como, por exemplo, a previsibilidade objetiva do resultado" (STJ: HC 44.015/SP, rel. Min. Gilson Dipp, 5.ª Turma, j. 13.12.2005).

Dolo eventual – análise do caso concreto: "14. A diferença entre o dolo eventual e a culpa consciente encontra-se no elemento volitivo que, ante a impossibilidade de penetrar-se na psique do agente, exige a observação de todas as circunstâncias objetivas do caso concreto, sendo certo que, em ambas as situações, ocorre a representação do resultado pelo agente. 15. Deveras, tratando-se de culpa consciente, o agente pratica o fato ciente de que o resultado lesivo, embora previsto por ele, não ocorrerá. [...] 16. A cognição empreendida nas instâncias originárias demonstrou que o paciente, ao lançar-se em práticas de expressiva periculosidade, em via pública, mediante alta velocidade, consentiu em que o resultado se produzisse, incidindo no dolo eventual previsto no art. 18, inciso I, segunda parte, *verbis*: ('Diz-se o crime: I – doloso, quando o agente quis o resultado ou assumiu o risco de produzi-lo' – grifei). 17. A notória periculosidade dessas práticas de competições automobilísticas em vias públicas gerou a edição de legislação especial prevendo-as como crime autônomo, no art. 308 do CTB, *in verbis*: 'Art. 308. Participar, na direção de veículo automotor, em via pública, de corrida, disputa ou competição automobilística não autorizada pela autoridade competente, desde que resulte dano potencial à incolumidade pública ou privada:'. 18. O art. 308 do CTB é crime doloso de perigo concreto que, se concretizado em lesão corporal ou homicídio, progride para os crimes dos artigos 129 ou 121, em sua forma dolosa, porquanto seria um contrassenso transmudar um delito doloso em culposo, em razão do advento de um resultado mais grave. [...] 19. É cediço na Corte que, em se tratando de homicídio praticado na direção de veículo automotor em decorrência do chamado 'racha', a conduta configura homicídio doloso" (STF: HC 101.698/RJ, rel. Min. Luiz Fux, 1.ª Turma, j. 18.10.2011).

Dolo eventual – desrespeito às regras de navegação – embriaguez: "Resta configurado o denominado dolo eventual quando o condutor da embarcação teve um prognóstico da possibilidade real da ocorrência do acidente e não empenhou-se ao ponto de evitá-lo, assumindo, portanto, o risco de produzi-lo, não podendo, pois, ser aplicada a figura da culpa objetiva e nem a culpa consciente, pois, nestas subespécies da figura culposa, o agente prevê o resultado mas repudia que isto possa acontecer, ou seja, tem ele a confiança que o resultado não vai ocorrer. Resta concluído pela prova testemunhal, bem como pela prova técnica, que o réu desrespeitou as regras de navegação, existindo ainda no processo laudo pericial constatando estado de embriaguez alterado, de ordem a se perceber haver ele tolerado, aquiescido, à produção do resultado, agindo o mesmo com indiferença na oportunidade do fatídico evento. Nesta espécie do gênero dolo o sujeito não tem o objetivo consciente e predeterminado de praticar um resultado danoso e antijurídico à vítima, mas na sua forma de agir, diante de uma situação que se apresenta, não se importa com o resultado final, tratando o fato com indiferença e descaso" (STF: RE 559.649/ES, decisão monocrática rel. Min. Carlos Britto, j. 14.03.2008).

Dolo eventual – embriaguez preordenada: "A embriaguez alcoólica que conduz à responsabilização a título doloso é apenas a preordenada, comprovando-se que o agente se embebedou para praticar o ilícito ou assumir o risco de produzi-lo" (STF: HC 107.801/SP, rel. orig. Min. Cármen Lúcia, red. p/ o acórdão Min. Luiz Fux, 1.ª Turma, j. 06.09.2011).

Dolo eventual – pronúncia – inadmissibilidade de presunção: "Ainda que a pronúncia seja uma fase em que a decisão é tomada com base em um juízo de probabilidade, não se admite que a presença do dolo, elemento essencial para a submissão do acusado a julgamento pelo Tribunal do Júri, seja imputado mediante mera presunção. Discute-se a possibilidade de afastamento do dolo eventual, a fim de que seja desclassificada a conduta de homicídio simples doloso para homicídio culposo na direção de veículo automotor, ao argumento de que não havendo nos autos demonstração cabal de que o recorrente aquiesceu com a ocorrência do resultado morte, assumindo o risco de produzi-la, a desclassificação da conduta em questão para outra de competência do juízo singular é medida que se impõe. Ao contrário do que afirma o Magistrado singular, a pronúncia é sim o momento em que, após devida instrução probatória, o Juízo tenha condições mínimas de averiguar se se trata de homicídio com intenção de matar, tanto que é possível nesta fase decisões como impronúncia, desclassificação ou absolvição sumária. Não se trata de uma decisão que avalia a plausibilidade jurídica das acusações e recebe a inicial acusatória, mas de um juízo de admissibilidade realizado após produção probatória, razão pela qual não se admite que o acusado seja submetido a julgamento por juízes leigos, apenas por mera presunção, o dolo deve estar inequívoco, sob pena de incompetência do Tribunal do Júri" (STJ: AgRg no HC 891.584/MA, rel. Min. Antonio Saldanha Palheiro, rel. para acórdão Min. Sebastião Reis Júnior, 6.ª Turma, j. 05.11.2024, noticiado no *Informativo* 835).

Dolo eventual – qualificadoras do homicídio – compatibilidade: "1. São compatíveis, em princípio, o dolo eventual e as qualificadoras do homicídio. É penalmente aceitável que, por motivo torpe, fútil, etc., assuma-se o risco de produzir o resultado. 2. A valoração dos motivos é feita objetivamente; de igual sorte, os meios e os modos. Portanto estão motivos, meios e modos cobertos também pelo dolo eventual. 3. Inexistência, na hipótese, de antinomia entre o dolo eventual e as qualificadoras do motivo torpe e de recurso que dificultou a defesa das vítimas" (STJ: HC 58.423/DF, rel. Min. Nilson Naves, 6.ª Turma, j. 24.04.2007).

Dolo eventual – "racha" – culpa consciente – distinção: "3. O dolo eventual compreende a hipótese em que o sujeito não quer diretamente a realização do tipo penal, mas a aceita como possível ou provável (assume o risco da produção do resultado, na redação do art. 18, I, *in fine*, do CP). 4. Das várias teorias que buscam justificar o dolo eventual, sobressai a teoria do consentimento (ou da assunção), consoante a qual o dolo exige que o agente consinta em causar o resultado, além de considerá-lo como possível. 5. A questão central diz respeito à distinção entre dolo eventual e culpa consciente que, como se sabe, apresentam aspecto comum: a previsão do resultado ilícito. No caso concreto, a narração contida na denúncia dá conta de que o paciente e o corréu conduziam seus respectivos veículos, realizando aquilo que coloquialmente se denominou 'pega' ou 'racha', em alta velocidade, em plena rodovia, atingindo um terceiro veículo (onde estavam as vítimas). 6. Para configuração do dolo eventual não é necessário o consentimento explícito do agente, nem sua consciência reflexiva em relação às circunstâncias do evento. Faz-se imprescindível que o dolo eventual se extraia das circunstâncias do evento, e não da mente do autor, eis que não se exige uma declaração expressa do agente" (STF: HC 91.159/MG, rel. Min. Ellen Gracie, 2.ª Turma, j. 02.09.2008).

Dolo eventual – surpresa como qualificadora do homicídio – incompatibilidade: "São incompatíveis o dolo eventual e a qualificadora da surpresa prevista no inciso IV do § 2º do art.

121 do CP ('§ 2º Se o homicídio é cometido: ... IV – à traição, de emboscada, ou mediante dissimulação ou outro recurso que dificulte ou torne impossível a defesa do ofendido'). Com base nesse entendimento, a 2ª Turma concedeu *habeas corpus* para determinar o restabelecimento da sentença de pronúncia, com exclusão da mencionada qualificadora. Na espécie, o paciente fora denunciado pela suposta prática dos crimes previstos no art. 121, § 2º, IV, c/c o art. 18, I, ambos do CP, e no art. 306 da Lei 9.503/1997 porque, ao conduzir veículo em alta velocidade e em estado de embriaguez, ultrapassara sinal vermelho e colidira com outro carro, cujo condutor viera a falecer. No STJ, dera-se provimento a recurso especial, interposto pelos assistentes de acusação, e submetera-se a qualificadora da surpresa (art. 121, § 2º, IV) ao tribunal do júri. Considerou-se que, em se tratando de crime de trânsito, cujo elemento subjetivo teria sido classificado como dolo eventual, não se poderia, ao menos na hipótese sob análise, concluir que tivesse o paciente deliberadamente agido de surpresa, de maneira a dificultar ou impossibilitar a defesa da vítima" (STF: HC 111.442/RS, rel. Min. Gilmar Mendes, 2.ª Turma, j. 28.08.2012, noticiado no *Informativo* 677).

Dolo eventual – tentativa – compatibilidade: "Esta Corte Superior de Justiça já se posicionou no sentido da compatibilidade entre o dolo eventual e o crime tentado" (STJ: AgRg no REsp 1.199.947/DF, rel. Min. Laurita Vaz, 5.ª Turma, j. 11.12.2012).

Embriaguez ao volante – ausência de circunstâncias indicativas do dolo eventual – homicídio culposo: "A embriaguez do agente condutor do automóvel, por si só, não pode servir de premissa bastante para a afirmação do dolo eventual em acidente de trânsito com resultado morte. De início, pontua-se que considerar que a embriaguez ao volante, de per si, já configuraria a existência de dolo eventual equivale admitir que todo e qualquer indivíduo que venha a conduzir veículo automotor em via pública com a capacidade psicomotora alterada em razão da influência de álcool responderá por homicídio doloso, ao causar, por violação a regra de trânsito, a morte de alguém. Não se descura que a embriaguez ao volante é circunstância negativa que deve contribuir para a análise do elemento anímico que move o agente. Todavia, não é a melhor solução estabelecer-se, como premissa aplicável a qualquer caso relativo a delito viário, no qual o condutor esteja sob efeito de bebida alcóolica, que a presença do dolo eventual é o elemento subjetivo ínsito ao comportamento, a ponto de determinar que o agente seja submetido a Júri Popular mesmo que não se indiquem quaisquer outras circunstâncias que confiram lastro à ilação de que o acusado anuiu ao resultado lesivo. O estabelecimento de modelos extraídos da praxis que se mostrem rígidos e impliquem maior certeza da adequação típica por simples subsunção, a despeito da facilidade que ocasionam no exame dos casos cotidianos, podem suscitar desapego do magistrado aos fatos sobre os quais recairá a imputação delituosa, afastando, nessa medida, a incidência do impositivo direito penal do fato. Diferente seria a conclusão se, por exemplo, estivesse o condutor do automóvel dirigindo em velocidade muito acima do permitido, ou fazendo, propositalmente, zigue-zague na pista, ou fazendo sucessivas ultrapassagens perigosas, ou desrespeitando semáforos com sinal vermelho, postando seu veículo em rota de colisão com os demais apenas para assustá-los, ou passando por outros automóveis 'tirando fino' e freando logo em seguida etc. Enfim, situações que permitissem ao menos suscitar a possível presença de um estado anímico compatível com o de quem anui com o resultado morte. Assim, não se afigura razoável atribuir a mesma reprovação a quem ingere uma dose de bebida alcóolica e em seguida dirige em veículo automotor, comparativamente àquele que, após embriagar-se completamente, conduz automóvel na via" (STJ: REsp 1.689.173/SC, rel. Min. Rogerio Schietti Cruz, 6.ª Turma, j. 21.11.2017, noticiado no *Informativo* 623).

Embriaguez ao volante – dolo eventual – homicídio na direção de veículo automotor – competência do Tribunal do Júri: "A Primeira Turma, por maioria, denegou a ordem de *habeas corpus* em que se pleiteava a reforma da decisão que reconheceu a ocorrência de dolo eventual em relação a homicídio cometido por motorista embriagado na direção de veículo automotor, firmada a competência do tribunal do júri. O impetrante apontava equívoco no enquadramento legal realizado na origem. Pleiteava a desclassificação da conduta para o crime previsto no art. 302 do Código de Trânsito Brasileiro. O Colegiado considerou legítima a tipificação da conduta como crime doloso, de competência do tribunal do júri, ante o reconhecimento da evolução jurisprudencial na análise do que vem a ser dolo eventual e culpa consciente. No caso, verifica-se a existência de dolo eventual no ato de dirigir veículo automotor sob a influência de álcool, além de fazê-lo na contramão. Esse é, portanto, um caso específico que evidencia a diferença entre a culpa consciente e o dolo eventual. O condutor assumiu o risco ou, no mínimo, não se preocupou com o risco de, eventualmente, causar lesões ou mesmo a morte de outrem" (STF: HC 124.687/MS, rel. Min. Marco Aurélio, red. p/ o ac. Min. Roberto Barroso, 1.ª Turma, j. 29.05.2018, noticiado no *Informativo* 904).

Embriaguez ao volante – dolo eventual *versus* culpa consciente – aferição em sede de pronúncia – filtro processual: "Na primeira fase do Tribunal do Júri, ao juiz togado cabe apreciar a existência de dolo eventual ou culpa consciente do condutor do veículo que, após a ingestão de bebida alcoólica, ocasiona acidente de trânsito com resultado morte. Observe-se, inicialmente a indagação a respeito da presença do dolo eventual: se o conceito jurídico-penal acerca do que é dolo eventual já produz enormes dificuldades ao julgador togado, que emite juízos técnicos, apoiados em séculos de estudos das ciências penais, o que se pode esperar de um julgamento realizado por pessoas que não possuem esse saber e que julgam a partir de suas íntimas convicções, sem explicitação dos fundamentos e razões que definem seus julgamentos? O legislador criou um procedimento bifásico para o julgamento dos crimes dolosos contra a vida, em que a primeira fase se encerra com uma avaliação técnica, empreendida por um juiz togado, o qual se socorre da dogmática penal e da prova dos autos, e mediante devida fundamentação, portanto, não se pode desprezar esse 'filtro de proteção para o acusado' e submetê-lo ao julgamento popular sem que se façam presentes as condições necessárias e suficientes para tanto. Note-se que a primeira etapa do procedimento bifásico do Tribunal do Júri tem o objetivo principal de avaliar a suficiência ou não de razões (justa causa) para levar o acusado ao seu juízo natural. O juízo da acusação (*iudicium accusationis*) funciona como um filtro pelo qual somente passam as acusações fundadas, viáveis, plausíveis e idôneas a serem objeto de decisão pelo juízo da causa (*iudicium causae*). Deste modo, não é consentâneo, aos objetivos a que representa na dinâmica do procedimento bifásico do Tribunal do Júri, a decisão de pronúncia relegar a juízes leigos, com a cômoda invocação da questionável regra do *in dubio pro societate*, a tarefa de decidir sobre a ocorrência de um estado anímico cuja verificação demanda complexo e técnico exame de conceitos jurídico-penais" (STJ: REsp 1.689.173/SC, rel. Min. Rogerio Schietti Cruz, 6.ª Turma, j. 21.11.2017, noticiado no *Informativo* 623).

Princípio da confiança: "A jurisprudência do Superior Tribunal de Justiça e a do Supremo Tribunal Federal convergem em relação à aceitação do princípio da confiança para excluir a tipicidade penal" (STJ: REsp 1.115.641/MG, rel. Min. Sebastião Reis Júnior, 6.ª Turma, j. 27.03.2012).

Responsabilidade penal subjetiva: "Sublinhou que o prefeito foi incluído entre os acusados, unicamente, em razão da função pública hierarquicamente superior à dos demais envolvidos, sem indicação mínima de sua participação em prática ilícita, o que evidencia, por conseguinte, violação à responsabilidade penal subjetiva, em contraposição à objetiva, cuja demonstração repele a responsabilidade presumida" (STF: AP 912/PB, rel. Min. Luiz Fux, 1.ª Turma, j. 07.03.2017, noticiado no *Informativo* 856).

Responsabilidade penal subjetiva – direito penal do fato: "Isso porque vige no ordenamento jurídico-penal pátrio o princípio da responsabilidade subjetiva, como corolário do Direito Penal do fato, adequado ao plexo de garantias vigente no Estado Democrático de Direito. Tal sistemática impõe ao órgão acusatório o ônus da prova acerca dos elementos constitutivos do tipo penal incriminador, nos termos do art. 156 do CPP, a ser exercido no seio do contraditório estabelecido em juízo, em respeito à clausula do devido processo legal" (STF: Inq 4483 AgR-segundo-DF e Inq 4327 AgR-segundo-DF, rel. Min. Edson Fachin, Plenário, j. 14.12.2017 e 19.12.2017, noticiados no *Informativo* 888).

Agravação pelo resultado

> **Art. 19.** Pelo resultado que agrava especialmente a pena, só responde o agente que o houver causado ao menos culposamente.

○ **Crime qualificado pelo resultado:** Crime qualificado pelo resultado é aquele que possui uma conduta básica, definida e apenada como delito de forma autônoma, nada obstante ainda ostente um resultado que o qualifica, majorando-lhe a pena por força de sua gravidade objetiva, desde que exista entre eles relação causal física e subjetiva. Física, por guardar vínculo de causa e efeito com a primeira, e subjetiva, por referir-se ao mesmo agente. Todo crime qualificado pelo resultado representa um único crime, e complexo, pois resulta da junção de dois ou mais delitos. Em face da proibição da responsabilidade penal objetiva, pelo resultado que agrava especialmente a pena só responde o agente que o houver causado ao menos culposamente.

○ **Espécies de crime qualificado pelo resultado:** O crime qualificado pelo resultado é gênero, que comporta quatro espécies, de acordo com o elemento subjetivo presente na conduta antecedente e no resultado agravador:

a) Dolo na conduta antecedente e dolo no resultado agravador (dolo no antecedente e dolo no consequente): O crime-base é doloso, bem como o resultado agravador. Como exemplo pode ser indicado o crime de latrocínio (CP, art. 157, § 3.º, II, do CP) em que o roubo é doloso e a morte sobrevém a título de dolo.

b) Dolo na conduta antecedente e culpa no resultado agravador – preterdolo (dolo no antecedente e dolo no consequente): O crime-base é doloso, e o resultado agravador, culposo. Utilizando como exemplo o latrocínio (CP, art. 157, § 3.º, II, do CP), o crime será preterdoloso se houver dolo na conduta do roubo e sobrevier morte a título de culpa.

c) Culpa na conduta antecedente e culpa no resultado agravador (culpa no antecedente e culpa no consequente): A conduta básica e o resultado mais gravoso são legalmente previstos na forma culposa. É o caso dos crimes culposos de perigo comum, resultando lesão corporal grave ou morte (art. 258, *in fine*, do CP).

d) Culpa na conduta antecedente e dolo no resultado agravador (culpa no antecedente e dolo no consequente): O fato original é tipificado culposamente, ao contrário do resultado agravador, de natureza dolosa. Veja-se o crime tipificado pelo art. 303, § 1.º, da Lei 9.503/1997 – Código de Trânsito Brasileiro – na hipótese em que o motorista de veículo automotor, em excesso de velocidade, atropela um pedestre, ferindo-o culposamente e, em seguida, dolosamente deixa de prestar socorro à vítima, quando era possível fazê-lo sem risco pessoal.

○ **Crime preterdoloso:** Preterdolo emana do latim *praeter dolum,* ou seja, além do dolo. Destarte, crime preterdoloso, ou preterintencional é o que se verifica quando a conduta dolosa acarreta a produção de um resultado mais grave do que o desejado pelo agente. O propósito do autor era praticar um crime doloso mas, por culpa, sobreveio resultado mais gravoso. O crime preterdoloso é uma **figura híbrida**. Há dolo do antecedente (*minus delictum*) e culpa no consequente (*majus delictum*). Nesse tipo de delito, o agente produz resultado diverso do pretendido. Há, pois, divergência entre a sua vontade e o resultado maior produzido. Exemplo típico é apresentado pelo art. 129, § 3.º, do CP (lesão corporal seguida de morte), no qual o legislador, após definir o crime de lesão corporal no *caput,* lhe adiciona um resultado agravador, a morte da vítima, produzida a título de culpa. O dolo em relação ao resultado agravador, direto ou eventual, afasta o caráter preterdoloso do crime.

○ **Relação entre dolo e culpa:** Em decorrência do misto de dolo e culpa, o preterdolo é classificado como elemento subjetivo-normativo do tipo penal. Com efeito, o dolo é o elemento subjetivo do tipo, enquanto a culpa é entendida como elemento normativo, pois a sua constatação depende de um prévio juízo de valor. Em face da proibição da responsabilidade penal objetiva, pelo resultado que agrava especialmente a pena só responde o agente que o houver causado ao menos culposamente. Destarte, o resultado mais grave deve ser objetivamente previsível, ou seja, previsível ao homem médio.

○ **Crime preterdoloso e reincidência:** O reincidente em crime preterdoloso deve receber idêntico tratamento destinado ao reincidente em crime doloso, pois antes de sobrevir o resultado culposo, mais grave, já havia se aperfeiçoado um delito menos grave, de natureza dolosa.

○ *Versari in re illicita:* A culpa que agrava especialmente o resultado deve ser provada. Não se presume, seja de forma absoluta (*iuris et de iure*), seja de forma relativa (*iuris tantum*), cabendo o ônus da prova a quem alega sua ocorrência. Não se admite a figura da *versari in re illicita*, originária do direito canônico e que serviu como ponto de transição entre a responsabilidade penal objetiva e a responsabilidade penal subjetiva. Proclamava o brocardo: *Qui in re illicita versatur tenetur etiam pro casu*, isto é, quem se envolve com coisa ilícita é responsável também pelo resultado fortuito. Na hipótese de lesão corporal seguida de morte, não é porque o agente desejou produzir ferimentos na vítima que, automaticamente, deve responder por sua morte. O resultado mais grave precisa ser derivado de culpa, a ser demonstrada no caso concreto.

○ **Jurisprudência selecionada:**

Crime preterdoloso – agravantes genéricas – compatibilidade: "O crime preterdoloso não tem seu tipo fundamental doloso alterado pelo resultado qualificador culposo nada obstando, em consequência, a incidência inequívoca e obrigatória da agravante genérica do artigo 61, inciso II, alínea 'c' do Código Penal, como é de regra nos crimes intencionais quando praticados à traição, de emboscada, ou mediante dissimulação, ou outro recurso que dificulte ou impossibilite a defesa da vítima" (STJ: REsp 1.254.749/SC, rel. Min. Maria Thereza de Assis Moura, 6.ª Turma, j. 06.05.2014).

Erro sobre elementos do tipo

Art. 20. O erro sobre elemento constitutivo do tipo legal de crime exclui o dolo, mas permite a punição por crime culposo, se previsto em lei.

Descriminantes putativas

§ 1º É isento de pena quem, por erro plenamente justificado pelas circunstâncias, supõe situação de fato que, se existisse, tornaria a ação legítima. Não há isenção de pena quando o erro deriva de culpa e o fato é punível como crime culposo.

Erro determinado por terceiro

§ 2º Responde pelo crime o terceiro que determina o erro.

Erro sobre a pessoa

> § 3º O erro quanto à pessoa contra a qual o crime é praticado não isenta de pena. Não se consideram, neste caso, as condições ou qualidades da vítima, senão as da pessoa contra quem o agente queria praticar o crime.

○ **Introdução:** Na redação original do CP, datada de 1940, o art. 17, *caput,* cuidava do **erro de fato:** "É isento de pena quem comete o crime por erro quanto ao fato que o constitui, ou quem, por erro plenamente justificado pelas circunstâncias, supõe situação de fato que, se existisse, tornaria a ação legítima." Esse dispositivo era muito menos abrangente, pois se referia unicamente aos **elementos objetivos** do tipo penal. Com a reforma da Parte Geral pela Lei 7.209/1984, o erro de fato foi substituído pelo **erro de tipo** que, além dos **elementos objetivos,** engloba também os **elementos subjetivos** e **normativos** eventualmente descritos na conduta criminosa. A expressão "tipo legal de crime" (art. 20, *caput,* do CP) deixa claro que o legislador somente se preocupou com o tipo penal incriminador, isto é, aquele que define uma conduta criminosa, cominando-lhe a pena respectiva.

○ **Erro e ignorância – distinção e tratamento:** *Erro* é a falsa percepção da realidade ou o falso conhecimento de determinado objeto. Por seu turno, *ignorância* é o completo desconhecimento da realidade ou de algum objeto. O CP trata de forma idêntica o erro e a ignorância. Ambos podem ensejar a aplicação do instituto do erro de tipo. Destarte, quando fala em "erro", utiliza essa palavra em sentido amplo, compreendendo o erro propriamente dito e a ignorância.

○ **Conceito:** Erro de tipo é a falsa percepção da realidade acerca dos **elementos constitutivos do tipo penal**. Extrai-se essa conclusão do art. 20, *caput,* do CP, que somente menciona as elementares. É o chamado **erro de tipo essencial.** Exemplo: "A", no estacionamento de um *shopping center,* aperta um botão inserido na chave do seu automóvel, com a finalidade de desativar o alarme. Escuta o barulho, abre a porta do carro, coloca a chave na ignição, liga-o e vai para casa. Percebe, posteriormente, que o carro não lhe pertencia, mas foi confundido com outro, de propriedade de terceira pessoa. Nesse caso, "A" não praticou o crime de furto, assim definido: "Subtrair, para si ou para outrem, coisa **alheia** móvel". Reputava sua a coisa móvel pertencente a outrem. Errou, portanto, sobre a elementar "alheia", pois o instituto impede o agente de compreender o aspecto ilícito do fato por ele praticado. Para Damásio E. de Jesus, contudo, erro de tipo é o que incide sobre elementares **e circunstâncias** da figura típica, tais como **qualificadoras** e **agravantes genéricas.**[123]

– **Erro de tipo e crimes omissivos impróprios:** Nos crimes omissivos impróprios, também chamados de crimes omissivos espúrios ou comissivos por omissão, o dever de agir, disciplinado no art. 13, § 2.º, do CP, funciona como elemento constitutivo do tipo. Destarte, nada impede a incidência do erro de tipo em relação ao dever de agir para evitar o resultado, levando-se em conta a relação de normalidade ou perigo do caso concreto. Em síntese, é cabível o erro de tipo na seara dos crimes omissivos impróprios. Exemplo: O salva-vidas avista um banhista se debatendo em águas rasas de uma praia e, imaginando que ele não estava se afogando (e sim dançando, brincando com outra pessoa etc.), nada faz. Posteriormente, tal banhista é retirado do mar sem vida por terceiros. Nessa hipótese, é possível o reconhecimento do instituto previsto no art. 20, *caput,* do CP, aplicando-se os efeitos que lhe são inerentes.

---

[123]   JESUS, Damásio E. de. *Direito penal.* Parte geral. 28. ed. 2. tir. São Paulo: Saraiva, 2006. v. 1, p. 309.

○ **Espécies:** O erro de tipo essencial pode ser **escusável** ou **inescusável**. (a) *Escusável, inevitável, invencível* ou *desculpável:* é a modalidade de erro de tipo que não deriva de culpa do agente, ou seja, mesmo que ele tivesse agido com a cautela e a prudência de um **homem médio**, ainda assim não poderia evitar a falsa percepção da realidade sobre os elementos constitutivos do tipo penal; (b) *Inescusável, evitável, vencível* ou *indesculpável:* é a espécie de erro de tipo que provém da culpa do agente, é dizer, se ele empregasse a cautela e a prudência do homem médio poderia evitá-lo, uma vez que seria capaz de compreender o caráter criminoso do fato. A natureza do erro (escusável ou inescusável) deve ser aferida na análise do caso concreto, levando-se em consideração as condições em que o fato foi praticado.

○ **Efeitos:** O erro de tipo, seja escusável ou inescusável, **sempre exclui o dolo.** De fato, como o dolo deve abranger todas as elementares do tipo penal, resta afastado pelo erro de tipo, pois o sujeito não possui a necessária vontade de praticar integralmente a conduta tipificada em lei como crime ou contravenção penal. Por essa razão, Zaffaroni denomina o erro de tipo de **"cara negativa do dolo"**.[124] Nada obstante, os efeitos variam conforme a espécie do erro de tipo. O **escusável exclui o dolo e a culpa**, acarretando na impunidade total do fato, enquanto o **inescusável** exclui o dolo, mas permite a punição por crime culposo, se previsto em lei (excepcionalidade do crime culposo). Nesse último, o sujeito age de forma imprudente, negligente ou imperita, ao contrário do que faz no primeiro. **Excepcionalmente**, todavia, pode acontecer de o erro de tipo, **ainda que escusável, não excluir a criminalidade do fato**. Esse fenômeno ocorre quando se opera a desclassificação para outro crime. O exemplo típico é o do particular que ofende um indivíduo desconhecendo a sua condição de funcionário público. Em face da ausência de dolo quanto a essa elementar, afasta-se o crime de desacato (art. 331 do CP), mas subsiste o de injúria (art. 140 do CP), pois a honra do particular também é tutelada pela lei penal.

○ **Erro de tipo e crime putativo por erro de tipo – diferenças:** No **erro de tipo** o indivíduo, desconhecendo um ou vários elementos constitutivos do tipo penal, não sabe que pratica um fato descrito em lei como infração penal, quando na verdade o faz. Já o **crime putativo por erro de tipo**, ou **delito putativo por erro de tipo**, é o crime imaginário ou erroneamente suposto, que existe exclusivamente na mente do agente. Ele quer praticar um crime, mas, por erro, acaba por cometer um fato penalmente irrelevante. Exemplo: "A" deseja praticar o crime de tráfico de drogas (Lei 11.343/2006, art. 33, *caput*), mas por desconhecimento comercializa talco.

○ **Descriminantes putativas: Descriminante** é a causa que exclui o crime, retirando o caráter ilícito do fato típico praticado por alguém. Essa palavra é sinônima, portanto, de **causa de exclusão da ilicitude**. **Putativa** provém de parecer, aparentar. É algo imaginário, erroneamente suposto. É tudo aquilo que **parece, mas não é o que aparenta ser**. Logo, descriminante putativa é a causa de exclusão da ilicitude que não existe concretamente, mas apenas na mente do autor de um fato típico. É também chamada de **descriminante erroneamente suposta** ou **descriminante imaginária**. Não há isenção de pena quando o erro deriva de culpa e o fato é punível como crime culposo. O art. 23 do CP prevê as causas de exclusão da ilicitude e em todas elas é possível que o agente as considere presentes por erro plenamente justificado pelas circunstâncias: *estado de necessidade putativo, legítima defesa putativa, estrito cumprimento de dever legal putativo* e *exercício regular do direito putativo*. Basta que, por erro plenamente justificado pelas circunstâncias, o agente suponha situação de fato que, se existisse, tornaria a sua ação legítima.

---

[124] ZAFFARONI, Eugenio Raúl. *Derecho penal*. Parte general. 2. ed. Buenos Aires: Ediar, 2002. p. 532.

– **Espécies:** As descriminantes putativas relacionam-se intrinsecamente com a figura do erro, e podem ser de três espécies: **(a) erro relativo aos pressupostos de fato de uma causa de exclusão da ilicitude:** É o caso daquele que, ao encontrar seu desafeto, e notando que tal pessoa coloca a mão no bolso, saca de seu revólver e o mata. Descobre, depois, que a vítima fora acometida por cegueira, por ele desconhecida, e não poderia sequer ter visto o seu agressor. Ausente, portanto, um dos requisitos da legítima defesa, qual seja, a "agressão injusta"; **(b) erro relativo à existência de uma causa de exclusão da ilicitude:** Imagine-se o sujeito que, depois de encontrar sua mulher com o amante, em flagrante adultério, mata a ambos, por crer que assim possa agir acobertado pela legítima defesa da honra. Nessa situação, o agente errou quanto à existência desta descriminante, não acolhida pelo ordenamento jurídico em vigor; **(c) erro relativo aos limites de uma causa de exclusão da ilicitude:** Temos como exemplo o fazendeiro que reputa adequado matar todo e qualquer posseiro que invada a sua propriedade. Cuida-se da figura do excesso, pois a defesa da propriedade não permite esse tipo de reação desproporcional.

– **Natureza jurídica:** A grande celeuma repousa na natureza jurídica das descriminantes putativas. No tocante às duas últimas hipóteses – **erro relativo à existência de uma causa de exclusão da ilicitude** e **erro relativo aos limites de uma causa de exclusão da ilicitude** –, é pacífico o entendimento de que se trata de uma modalidade de erro de proibição. Cuida-se do denominado **erro de proibição indireto.** Fala-se, então, em **descriminante putativa por erro de proibição.** Subsiste o dolo e também a culpa, excluindo-se a culpabilidade, se o erro for inevitável ou escusável. Caso o erro seja evitável ou inescusável, não se afasta a culpabilidade, e o agente responde por crime doloso, diminuindo-se a pena de um sexto a um terço (art. 21, *caput*, do CP). Com efeito, no sistema finalista o dolo é natural, ou seja, não aloja em seu bojo a consciência da ilicitude, funcionando esta última como elemento da culpabilidade. E, em relação à primeira hipótese – **erro relativo aos pressupostos de fato de uma causa de exclusão da ilicitude** –, a natureza jurídica da descriminante putativa depende da **teoria da culpabilidade adotada.**[125] Para a **teoria limitada da culpabilidade,** constitui-se em **erro de tipo permissivo.** Surgem então as **descriminantes putativas por erro de tipo.** No exemplo acima indicado (item "a"), se escusável o erro, exclui-se o dolo e a culpa, acarretando na atipicidade do fato, pois no finalismo tais elementos compõem a estrutura da conduta. Sem eles não há conduta, e sem conduta o fato é atípico. Mas, se inescusável o erro, afasta-se o dolo, subsistindo a responsabilidade por crime culposo, se previsto em lei (art. 20, § 1.º, do CP). Filiam-se a essa posição, entre outros, Damásio E. de Jesus[126] e Francisco de Assis Toledo.[127] O item 19 da Exposição de Motivos da Parte Geral do CP acolheu esta concepção. De outro lado, para a **teoria normativa pura da culpabilidade,** em sua vertente **extrema** ou **estrita,** trata-se também de hipótese de **erro de proibição.** Logo, constitui **descriminante putativa por erro de proibição,** com todos os seus efeitos: subsiste o dolo, e também a culpa, excluindo-se a culpabilidade se o erro for inevitável ou escusável. Se evitável ou inescusável o erro, não se afasta a culpabilidade, e o agente responde por crime doloso, diminuindo-se a pena (art. 21, *caput*, do CP). Partilham desse entendimento, que consagra em sede de descriminantes putativas a **teoria unitária do erro,** Cezar Roberto Bitencourt[128] e Guilherme de Souza Nucci,[129] entre outros. Enfim, a natureza jurídica das descriminantes putativas varia conforme a teoria da culpabilidade adotada.

[125] DIAS, Jorge de Figueiredo. *O problema da consciência da ilicitude em direito penal.* 5. ed. Coimbra: Coimbra Editora, 2000. p. 416.

[126] JESUS, Damásio E. de. *Direito penal.* Parte geral. 28. ed. 2. tir. São Paulo: Saraiva, 2006. v. 1, p. 316-317.

[127] TOLEDO, Francisco de Assis. *Princípios básicos de direito penal.* 5. ed. 13. tir. São Paulo: Saraiva, 2007. p. 272-277.

[128] BITENCOURT, Cezar Roberto. *Erro de tipo e erro de proibição.* Uma análise comparativa. 4. ed. São Paulo: Saraiva, 2007. p. 101.

[129] NUCCI, Guilherme de Souza. *Código Penal comentado.* 6. ed. São Paulo: RT, 2006. p. 205-206.

Descriminante putativa	Teoria limitada da culpabilidade	Teoria normativa pura da culpabilidade
Erro relativo aos pressupostos de fato de uma causa de exclusão da ilicitude	Erro de tipo	Erro de proibição (teoria unitária do erro)
Erro relativo à existência de uma causa de exclusão da ilicitude	Erro de proibição	Erro de proibição
Erro relativo aos limites de uma causa de exclusão da ilicitude	Erro de proibição	Erro de proibição

○ **Erro determinado por terceiro:** É a hipótese na qual quem pratica a conduta tem uma falsa percepção da realidade no que diz respeito aos elementos constitutivos do tipo penal em decorrência da atuação de terceira pessoa, chamada de **agente provocador**. O agente não erra por conta própria (**erro espontâneo**), mas de forma **provocada,** isto é, determinada por outrem. O erro provocado pode ser **doloso** ou **culposo**, dependendo do elemento subjetivo do agente provocador. Quando o provocador atua **dolosamente**, a ele deve ser imputado, na forma dolosa, o crime cometido pelo provocado. Exemplo: "A", apressado para não perder o ônibus, pede na saída da aula para "B" lhe arremessar seu aparelho de telefone celular que esquecera na mesa. "B", dolosamente, entrega o telefone pertencente a "C", seu desafeto. O provocado (que no caso seria "A"), nesse caso, ficará impune, sendo escusável seu erro. Mas, se o seu erro for inescusável, responderá por crime culposo, se previsto em lei. No exemplo acima, escusável ou inescusável o erro, nenhum crime seria imputado a "A", em face da inexistência do crime de furto culposo. Se o provocador agir **culposamente** (por imprudência, negligência ou imperícia), a ele será imputado o crime culposo praticado pelo provocado, se previsto em lei. Exemplo: Sem tomar maiores cautelas, o vendedor entrega para teste um veículo sem freios que ainda estava na oficina mecânica da concessionária. O pretenso comprador, ao dirigir o automóvel, atropela e mata um transeunte. Nessa situação, o provocado também poderá responder pelo crime culposo, desde que o seu erro seja inescusável. Ao contrário, tratando-se de erro escusável, permanecerá impune.

○ **Erro determinado por terceiro e concurso de pessoas:** É possível que o agente provocador e o provocado pelo erro atuem dolosamente quanto à produção do resultado. Imagine-se o seguinte exemplo: "A" pede emprestado a "B" um pouco de açúcar para adoçar excessivamente o café de "C". Entretanto, "B", desafeto de "C", entrega veneno no lugar do açúcar, com a intenção de matá-lo. "A", famoso químico, percebe a manobra de "B", e mesmo assim coloca veneno no café de "C", que o ingere e morre em seguida. Ambos respondem por homicídio qualificado (art. 121, § 2.º, III, do CP): "A" como autor, e "B" na condição de partícipe. **E se, no exemplo acima, "A" age dolosamente e "B", culposamente?** Não há erro provocado, pois "A" atuou dolosamente. E também não há participação culposa por parte de "B", pois inexiste participação culposa em crime doloso. Enfim, **não há concurso de pessoas**.

○ **Erro de tipo acidental:** Erro de tipo acidental é o que recai sobre dados diversos dos elementos constitutivos do tipo penal, ou seja, sobre as **circunstâncias** (qualificadoras, agravantes genéricas e causas de aumento da pena) **e fatores irrelevantes da figura típica**. A infração penal subsiste íntegra, e este erro **não afasta a responsabilidade penal**. Pode ocorrer nas seguintes situações:

1) Erro sobre a pessoa ou *error in persona*: É o que se verifica quando o agente confunde a pessoa visada, contra a qual desejava praticar a conduta criminosa, com pessoa diversa. Exemplo:

"A", com a intenção de matar "B", efetua disparos de arma de fogo contra "C", irmão gêmeo de "B", confundindo-o com aquele que efetivamente queria matar. Esse erro é irrelevante. O art. 121 do CP protege o bem jurídico "vida humana", independentemente de se tratar de "B" ou de "C". O crime consiste em "matar alguém" e, no exemplo mencionado, a conduta de "A" eliminou a vida de uma pessoa. De acordo com a regra do art. 20, § 3.º, do CP, deve-se levar em conta, para a **aplicação da pena,** as condições da **vítima virtual,** isto é, aquela que o sujeito pretendia atingir, mas que no caso concreto não sofreu perigo algum, e não a **vítima real,** que foi efetivamente atingida. Nesses termos, se no exemplo acima "A" queria matar seu pai, mas acabou causando a morte de seu tio, incide a agravante genérica relativa ao crime praticado contra ascendente (art. 61, II, "e", do CP), embora não tenha sido cometido o parricídio.

2) Erro sobre o objeto: o sujeito crê que a sua conduta recai sobre um determinado objeto, mas na verdade incide sobre objeto diverso. Exemplo: O agente acredita subtrair um relógio Rolex, quando realmente furta uma réplica de tal bem. Esse erro é irrelevante, e não interfere na tipicidade penal. O art. 155, *caput,* do CP tipifica a conduta de "subtrair, para si ou para outrem, coisa alheia móvel", e, no exemplo, houve a subtração do patrimônio alheio, pouco importando o seu efetivo valor. A coisa alheia móvel saiu da esfera de vigilância da vítima para ingressar no patrimônio do ladrão. Todavia, nada impede a incidência do princípio da insignificância, se o caso concreto revelar a inexpressividade da lesão ao bem jurídico.

3) Erro sobre as qualificadoras: O sujeito age com falsa percepção da realidade no que diz respeito a uma qualificadora do crime. Exemplo: O agente furta um carro depois de conseguir, por meio de fraude, a chave verdadeira do automóvel. Acredita praticar o crime de furto qualificado pelo emprego de chave falsa (art. 155, § 4.º, III, do CP), quando na verdade não incide a majorante por se tratar de chave verdadeira. Esse erro não afasta o dolo nem a culpa.[130] Desaparece a qualificadora, mas se mantém intacto o tipo fundamental, o qual deve ser imputado ao seu responsável.[131]

4) Erro sobre o nexo causal ou *aberratio causae*: É o engano relacionado à causa do crime: o resultado buscado pelo agente ocorreu em razão de um acontecimento diverso daquele que ele inicialmente idealizou. Inexiste erro quanto às elementares do tipo, bem como no tocante à ilicitude do fato. Esse erro é irrelevante no Direito Penal, de natureza acidental, pois o importante é que o agente queria um resultado naturalístico e o alcançou. O dolo abrange todo o desenrolar da ação típica, do início da execução até a consumação do delito. Exemplo: "A", no alto de uma ponte, empurra "B" – que não sabia nadar – ao mar, para matá-lo afogado. A vítima falece, não em razão da asfixia derivada do afogamento, e sim por traumatismo crânio-encefálico, pois se chocou em uma pedra antes de ter contato com água. O agente deve responder pelo homicídio consumado. Ele queria a morte de "B" e a ela deu causa. Há perfeita congruência entre a sua vontade e o resultado naturalístico produzido. Há duas posições sobre a incidência da qualificadora: (a) deve ser considerado o meio de execução que o agente desejava empregar para a consumação; e (b) é preciso levar em conta o meio de execução que efetivamente produziu o resultado.

5) Erro na execução ou *aberratio ictus*: É a aberração no ataque, em relação à pessoa a ser atingida pela conduta criminosa. O agente não se engana quanto à pessoa que desejava atacar, mas age de modo desastrado, errando o seu alvo e acertando pessoa diversa. *Ver comentários ao art. 73 do CP.*

6) Resultado diverso do pretendido, *aberratio delicti* **ou** *aberratio criminis*: Por acidente ou erro na execução do crime, sobrevém resultado diverso do pretendido. Em outras palavras, o agente desejava cometer um crime, mas por erro na execução acaba por cometer delito diverso. *Ver comentários ao art. 74 do CP.*

---

[130] PEÑARANDA RAMOS, Enrique. *Concurso de leyes, error y participación en el delito.* Madrid: Civitas, 1991. p. 78.
[131] Recorde-se que alguns autores, como Damásio E. de Jesus, consideram o erro sobre as qualificadoras como **erro de tipo essencial.**

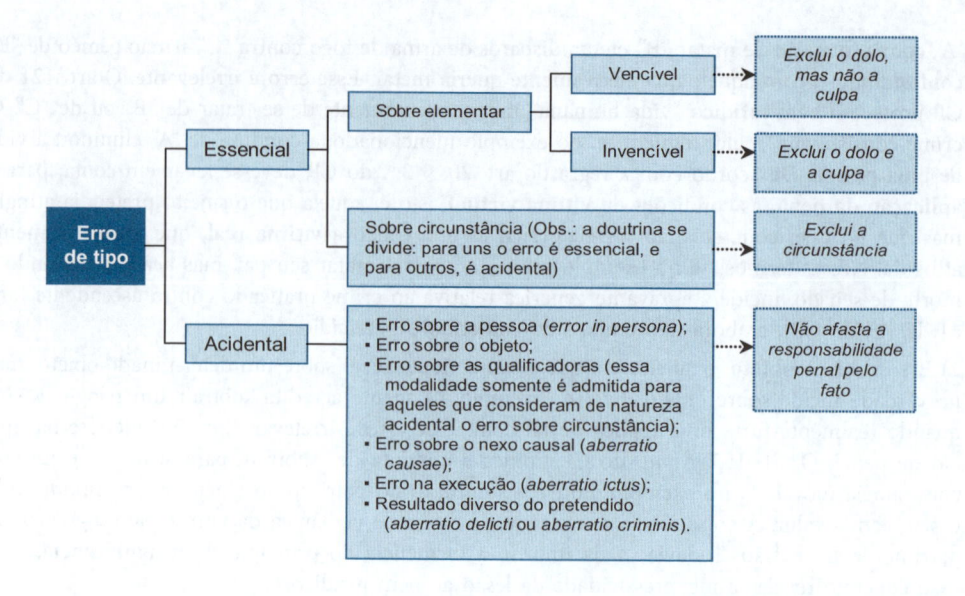

Erro sobre a ilicitude do fato

> **Art. 21.** O desconhecimento da lei é inescusável. O erro sobre a ilicitude do fato, se inevitável, isenta de pena; se evitável, poderá diminuí-la de um sexto a um terço.
>
> Parágrafo único. Considera-se evitável o erro se o agente atua ou se omite sem a consciência da ilicitude do fato, quando lhe era possível, nas circunstâncias, ter ou atingir essa consciência.

○ **Erro de proibição:** Falava-se, no Direito Romano, em **erro de direito** para se referir à ignorância ou falsa interpretação da lei. Essa opção foi acolhida pela redação original do CP de 1940 que, sob a rubrica **"ignorância ou erro de direito"**, dispunha: "A ignorância ou a errada compreensão da lei não eximem de pena." Com a Reforma da Parte Geral do CP, promovida pela Lei 7.209/1984, o panorama mudou: o erro de direito, então tratado pelo art. 16, cedeu espaço ao **erro sobre a ilicitude do fato**, disciplinado pelo art. 21 e doutrinariamente denominado de **erro de proibição**, mais técnico e diverso da mera ignorância ou errada compreensão da lei.

○ **Desconhecimento da lei *(ignorantia legis):*** Dispõe o art. 21, *caput*, 1.ª parte, do CP: "O desconhecimento da lei é inescusável". Em igual sentido, estabelece o art. 3.º da Lei de Introdução às Normas do Direito Brasileiro (Decreto-lei nº 4.657, de 4 de setembro de 1942): "Ninguém se escusa de cumprir a lei, alegando que não a conhece." Em princípio, o desconhecimento da lei é irrelevante no Direito Penal. Com efeito, para possibilitar a convivência de todos em sociedade, com obediência ao ordenamento jurídico, impõe-se uma ficção: a **presunção legal absoluta** acerca do conhecimento da lei. Considera-se ser a lei de conhecimento geral com a sua publicação no Diário Oficial. Mas a ciência da existência da lei é diferente do conhecimento do seu conteúdo. Aquela se obtém com a publicação da norma escrita; este, inerente ao conteúdo lícito ou ilícito da lei, somente se adquire com a vida em sociedade. E é justamente nesse ponto que entra em cena o instituto do erro de proibição. Há duas situações diversas: desconhecimento da lei (inaceitável) e desconhecimento do caráter ilícito do fato, capaz de afastar a culpabilidade, isentando o agente de pena. Como define Cezar Roberto Bitencourt: "A *ignorantia legis* é matéria de aplicação da lei, que, por ficção jurídica, se presume conhecida por todos, enquanto o erro de proibição é matéria de culpabilidade, num aspecto inteiramente diverso. Não se trata de derrogar ou não os efeitos da lei, em função de alguém conhecê-la ou desconhecê-la. A incidência é exatamente esta: a relação que existe entre a lei, em abstrato, e o conhecimento que alguém possa ter de que seu comportamento esteja contrariando a norma legal. E é exatamente nessa relação – de um lado a norma, em abstrato, plenamente eficaz e válida para todos, e, de outro lado, o comportamento concreto e individualizado – que se estabelecerá ou não a *consciência da ilicitude,* que é matéria de culpabilidade, e nada tem que ver com os princípios que informam a estabilidade do ordenamento jurídico."[132] Embora estabeleça o art. 21, *caput*, do CP, ser inescusável o desconhecimento da lei, o elevado número de complexas normas que compõem o sistema jurídico permite a sua eficácia em duas hipóteses no campo penal: a) atenuante genérica, seja escusável ou inescusável o desconhecimento da lei (art. 65, II, do CP); e b) autoriza o perdão judicial nas contravenções penais, desde que escusável (art. 8.º da Lei das Contravenções Penais – Decreto-lei 3.688/1941).

○ **Conceito de erro de proibição:** O erro de proibição foi disciplinado pelo art. 21, *caput*, do CP, que o chama de **"erro sobre a ilicitude do fato"**. Varia a natureza jurídica do instituto em razão da sua admissibilidade: funciona como causa de exclusão da culpabilidade, quando escusável, ou como causa de diminuição da pena, quando inescusável. O erro de proibição pode ser definido como a falsa percepção do agente acerca do caráter ilícito do fato típico por ele praticado, de acordo com um **juízo profano**, isto é, possível de ser alcançado mediante um procedimento de simples esforço de sua consciência. O sujeito conhece a existência da lei penal (presunção legal absoluta), mas desconhece ou interpreta mal seu conteúdo, ou seja, não compreende adequadamente seu caráter ilícito. A simples omissão, ou mesmo conivência do Poder Público no que diz respeito ao combate da criminalidade não autoriza o reconhecimento do erro de proibição.

○ **Efeitos – erro escusável e inescusável:** Na redação original da Parte Geral do CP, o **erro de direito** era considerado uma mera **atenuante genérica**. Atualmente, porém, o **erro de proibição** relaciona-se com a **culpabilidade**, podendo ou não excluí-la, se for escusável ou inescusável. **Erro de proibição escusável, inevitável**, ou **invencível**: o sujeito, ainda que no caso concreto tivesse se esforçado, não poderia evitá-lo. O agente, nada obstante o emprego das diligências ordinárias inerentes à sua condição pessoal, não tem condições de compreender o caráter ilícito do fato. Nesse caso, **exclui-se a culpabilidade**, em face da ausência de um dos seus elementos, a potencial consciência da ilicitude. Nos termos do art. 21, *caput:* "O erro sobre a ilicitude do fato, se inevitável, isenta de pena." **Erro de proibição inescusável, evitável**, ou **vencível**: poderia ser evitado com o normal esforço de consciência por parte do agente. Se empregasse as diligências normais, seria possível a compreensão acerca do caráter ilícito do fato. **Subsiste a culpabilidade**, mas **a pena deve ser diminuída de um sexto a um terço**, em face da **menor censurabilidade da conduta**. O grau de reprovabilidade do comportamento do agente é o vetor para a maior ou menor diminuição. Embora o art. 21, *caput*, disponha que o juiz **"poderá"** diminuir a pena, a redução é obrigatória, pois não se pode reconhecer a menor censurabilidade e não diminuir a sanção.[133]

---

[132] BITENCOURT, Cezar Roberto. *Erro de tipo e erro de proibição*. Uma análise comparativa. 4. ed. São Paulo: Saraiva, 2007. p. 92-93.

[133] MIRABETE, Julio Fabbrini. *Manual de direito penal*. Parte geral. 24. ed. São Paulo: Atlas, 2007. v. 1, p. 201.

○ **Critério para aferição da escusabilidade ou inescusabilidade do erro de proibição:** É o **perfil subjetivo do agente**, e não a figura do homem médio. De fato, em se tratando de matéria inerente à culpabilidade, levam-se em conta as condições particulares do responsável pelo fato típico e ilícito (cultura, localidade em que reside, inteligência e prudência etc.), com a finalidade de se alcançar sua responsabilidade individual, que não guarda relação com um *standard* de comportamento desejado pelo Direito Penal. Lembre-se: quando se fala em fato típico e ilicitude, e em todos os institutos a eles relacionados, considera-se a posição do homem médio, pois se analisa o fato (típico ou atípico, ilícito ou lícito). Já o tema "culpabilidade", e todas as matérias a ele ligadas, considera a figura concreta do responsável pelo fato típico e ilícito, para o fim de aferir se ele, com base em suas condições pessoais, é ou não merecedor de uma pena.

– **Erro de proibição escusável e potencial consciência da ilicitude:** A aplicação da pena ao autor de uma infração penal somente é justa e legítima quando ele, no momento da conduta, era dotado ao menos da possibilidade de compreender o caráter ilícito do fato praticado. Exige-se, pois, tivesse o autor o conhecimento, ou, no mínimo, a potencialidade de entender o aspecto criminoso do seu comportamento, isto é, os aspectos relativos ao tipo penal e à ilicitude. A potencial consciência da ilicitude é afastada pelo **erro de proibição escusável** (CP, art. 21, *caput*).

○ **Parâmetros legais para identificação da escusabilidade ou inescusabilidade do erro de proibição:** O caráter escusável ou inescusável do erro de proibição deve ser calculado com base na pessoa do agente. O parágrafo único do art. 21 do CP consagra esse entendimento, ao estabelecer que "considera-se evitável o erro se o agente atua ou se omite sem a consciência da ilicitude do fato, quando lhe era possível, nas circunstâncias, ter ou atingir essa consciência". Esse é o erro de proibição **inescusável**. *A contrario sensu*, conclui-se que o erro de proibição **escusável**, em consonância com o legislador, é aquele em que o agente atua ou se omite sem a consciência da ilicitude do fato, quando **não lhe era possível**, nas circunstâncias, ter ou atingir essa consciência. Há critérios mais seguros e específicos para a identificação do erro de proibição, fornecidos por Francisco de Assis Toledo[134]: 1) O agente atua com uma **"consciência profana"** acerca do caráter ilícito do fato; 2) O agente atua sem a mencionada consciência profana, quando lhe era fácil atingi-la, nas circunstâncias em que se encontrava, isto é, com o próprio esforço de inteligência e com os conhecimentos hauridos da vida comunitária de seu próprio meio; 3) O agente atua **sem a "consciência profana"** sobre o caráter ilícito do fato, por ter, na dúvida, deixado propositadamente de informar-se para não ter que evitar uma possível conduta proibida; e 4) O agente atua sem essa consciência por não ter procurado informar-se convenientemente, mesmo sem má intenção, para o exercício de atividades regulamentadas.

ERRO DE PROIBIÇÃO INESCUSÁVEL, VENCÍVEL OU EVITÁVEL
1) O agente atua com uma **"consciência profana"** acerca do caráter ilícito do fato.
2) O agente atua **sem** a mencionada consciência profana, quando lhe era fácil atingi-la, nas circunstâncias em que se encontrava, isto é, com o próprio esforço de inteligência e com os conhecimentos hauridos da vida comunitária de seu próprio meio.
3) O agente atua **sem a "consciência profana"** sobre o caráter ilícito do fato, por ter, na dúvida, deixado propositadamente de informar-se para não ter que evitar uma possível conduta proibida.
4) O agente atua sem essa consciência por não ter procurado informar-se convenientemente, mesmo sem má intenção, para o exercício de atividades regulamentadas.

---

[134] TOLEDO, Francisco de Assis. *O erro no direito penal*. São Paulo: Saraiva, 1977. p. 97.

○ **Espécies de erro de proibição:** O erro de proibição pode ser *direto*, *indireto* e *mandamental*. No erro de proibição **direto**, o agente desconhece o conteúdo de uma norma penal proibitiva, ou, se o conhece, interpreta-o de forma equivocada. No erro de proibição **indireto**, também chamado de **descriminante putativa por erro de proibição**, o agente conhece o caráter ilícito do fato, mas, no caso concreto, acredita erroneamente estar presente uma causa de exclusão da ilicitude, ou se equivoca quanto aos limites de uma causa de exclusão da ilicitude efetivamente presente. Finalmente, no erro de proibição **mandamental**, o agente, envolvido em uma situação de perigo a determinado bem jurídico, erroneamente acredita estar autorizado a livrar-se do dever de agir para impedir o resultado, nas hipóteses previstas no art. 13, § 2.º, do CP. Só é possível nos crimes omissivos impróprios. Em todas essas modalidades incidem os efeitos previstos no art. 21, *caput*, do Código Penal: se inevitável o erro de proibição, isenta de pena; se evitável, autoriza a diminuição da pena de um sexto a um terço.

○ **Erro de proibição e crime putativo por erro de proibição:** Tais institutos não se confundem. No **erro de proibição** o sujeito age acreditando na licitude do seu comportamento, quando na verdade pratica uma infração penal, por não compreender o caráter ilícito do fato. Já no **crime putativo por erro de proibição**, também conhecido como **delito por alucinação ou crime de loucura**, o agente atua acreditando que seu comportamento constitui crime ou contravenção penal, mas, na realidade, é penalmente irrelevante.

○ **Diferença entre erro de tipo e erro de proibição:** No **erro de tipo**, disciplinado pelo **art. 20 do CP**, o sujeito desconhece a **situação fática** que o cerca, não constatando em sua conduta a presença das elementares do tipo penal. Exemplo: "A" leva para casa, por engano, um livro de "B", seu colega de faculdade. Por acreditar que o bem lhe pertence, desconhecendo a elementar "coisa **alheia** móvel", não comete o crime de furto (CP, art. 155). O erro de tipo, escusável ou inescusável, **exclui o dolo**. Mas, se inescusável, subsiste a punição por crime culposo, se previsto em lei. No **erro de proibição** o sujeito conhece perfeitamente a situação fática em que se encontra, mas **desconhece a ilicitude do seu comportamento**. Consequentemente, não afeta o dolo (natural). Quanto aos seus efeitos, o erro de proibição, **se escusável, exclui a culpabilidade**, diante da ausência da potencial consciência da ilicitude, um dos seus elementos. E, **se inescusável**, subsiste o crime, e também a culpabilidade, incidindo uma **causa de diminuição da pena**, de um sexto a um terço (CP, art. 21, *caput*).

	Erro de tipo	Erro de proibição
Causa	O agente desconhece a situação fática, o que lhe impede o conhecimento de um ou mais elementos do tipo penal. Não sabe o que faz.	O agente conhece a realidade fática, mas não compreende o caráter ilícito da sua conduta. Sabe o que faz, mas não sabe que viola a lei penal.
Efeitos	• Escusável: exclui o dolo e a culpa; e • Inescusável: exclui o dolo, mas permite a punição por crime culposo, se previsto em lei.	• Escusável: exclui a culpabilidade; e • Inescusável: não afasta a culpabilidade, mas permite a diminuição da pena, de 1/6 a 1/3.

○ **O erro de tipo que incide sobre a ilicitude do fato:** O erro sobre a ilicitude do fato caracteriza erro de proibição, relacionando-se com o terreno da culpabilidade. Essa é a regra adotada pelo CP. Excepcionalmente, todavia, o preceito primário de um tipo penal inclui na descrição da conduta criminosa **elementos normativos de índole jurídica**, ou mesmo **palavras ou expressões atinentes à ilicitude**. É o que se dá, exemplificativamente, nos crimes de violação de correspondência (art. 151 do CP: "indevidamente"), divulgação de segredo, violação do segredo profissional, abandono material e abandono intelectual (arts. 153, *caput*, e § 2.º, 154, 244, *caput*, e 246, todos do CP: "sem justa causa"). Em tais hipóteses, o erro sobre a ilicitude do fato caracteriza **erro de tipo**, com todos os seus efeitos, e não erro de proibição, porque a ilicitude funciona como elemento do tipo penal. O erro, portanto, incide sobre os elementos do tipo.

○ **Jurisprudência selecionada:**

Erro de proibição – casa de prostituição – inadmissibilidade: "A simples manutenção de espaço destinado à prática de prostituição traduz-se em conduta penalmente reprovável, sendo que a possível condescendência dos órgãos públicos e a localização da casa comercial não autoriza, por si só, a aplicação da figura do erro de proibição, com vistas a absolver o réu" (STJ: REsp 870.055/SC, rel. Min. Gilson Dipp, 5.ª Turma, j. 27.02.2007).

Coação irresistível e obediência hierárquica

Art. 22. Se o fato é cometido sob coação irresistível ou em estrita obediência a ordem, não manifestamente ilegal, de superior hierárquico, só é punível o autor da coação ou da ordem.

○ **Culpabilidade – introdução:** No **sistema clássico do Direito Penal**, com a **concepção causalista, causal ou mecanicista da conduta**, dolo e culpa se alojam no interior da culpabilidade. Destarte, com a finalidade de evitar a responsabilidade penal objetiva, **a culpabilidade é elemento do crime**. Portanto, no sistema clássico (e também no neoclássico), o conceito analítico do crime é necessariamente tripartido: **"Fato típico e ilícito, praticado por agente culpável"**. Em uma **ótica finalista**, por outro lado, o dolo e a culpa foram retirados da culpabilidade (**"culpabilidade vazia"**) e transferidos para o interior da **conduta**. Esse fenômeno possibilitou analisar o crime, no campo analítico, por dois critérios distintos: tripartido e bipartido. No conceito **tripartido**, crime é também o fato típico e ilícito, praticado por agente culpável. A culpabilidade continua a constituir-se em elemento do crime. Difere-se, todavia, da visão clássica, porque agora o dolo e a culpa, vale repetir, encontram-se na conduta, e não mais na culpabilidade. Por sua vez, de acordo com o conceito **bipartido**, crime é o fato típico e ilícito. A culpabilidade deixa de funcionar como elemento constitutivo do crime, e passa a ser compreendida como **pressuposto de aplicação da pena**. Logo, no **sistema finalista** o crime pode ser definido como: (**1**) **Conceito tripartido:** fato típico e ilícito, praticado por agente culpável; ou (**2**) **Conceito bipartido:** fato típico e ilícito, funcionando a culpabilidade como pressuposto para aplicação da pena. Fica claro, pois, que somente para a teoria finalista da conduta o conceito analítico de crime pode ser tripartido ou bipartido. Para os seguidores do sistema clássico ou causal, o crime deve ser analisado, obrigatoriamente, em um conceito tripartido, sob pena de configuração da responsabilidade penal objetiva.

○ **Conceito de culpabilidade:** **Culpabilidade** é o **juízo de censura**, o **juízo de reprovabilidade** que incide sobre a formação e a exteriorização da vontade do responsável por um fato típico e ilícito, com o propósito de aferir a necessidade de imposição da pena.

○ **Culpabilidade pelo fato:** Em um Estado Democrático de Direito deve imperar um **direito penal do fato**, e jamais um direito penal do autor. Com efeito, o Direito Penal precisa se preocupar com a punição de autores de fatos típicos e ilícitos, e não em rotular pessoas. Assim sendo, o juízo de culpabilidade recai sobre o autor para analisar se ele deve ou não suportar uma pena em razão do **fato cometido**, isto é, como decorrência da prática de uma infração penal. O agente é punido em razão do comportamento que realizou ou deixou de realizar, e não pela condição de ser quem ele é.

○ **Fundamento da culpabilidade:** É a culpabilidade que diferencia a conduta do ser humano normal e apto ao convívio social, dotado de conhecimento do caráter ilícito do fato típico livremente cometido, do comportamento realizado por portadores de doenças mentais, bem como de pessoas com desenvolvimento mental incompleto ou retardado, e também dos atos de seres irracionais ou de pessoas que não possuem consciência do caráter ilícito do fato típico praticado ou não têm como agir de forma diversa. Aqueles devem ser punidos, pois tinham a possibilidade de respeitar o sistema jurídico e evitar resultados ilícitos; estes não. Consequentemente, a análise da presença ou não da culpabilidade leva em conta o **perfil subjetivo** do agente, e não a figura do homem médio, reservado ao fato típico e à ilicitude.

○ **Evolução do conceito de culpabilidade:** O Código Penal não apresenta e jamais apresentou o conceito de culpabilidade. Essa tarefa é da doutrina, que ao longo dos tempos formulou diversas teorias:

a) Teoria psicológica: Idealizada por **Franz von Liszt e Ernst von Beling** e intimamente relacionada ao desenvolvimento da teoria clássica da conduta. Para esta teoria, o **pressuposto fundamental** da culpabilidade é a **imputabilidade**, compreendida como a capacidade do ser humano de entender o caráter ilícito do fato e de determinar-se de acordo com esse entendimento. A culpabilidade, que tem como pressuposto a imputabilidade, é definida como o **vínculo psicológico** entre o sujeito e o fato típico e ilícito por ele praticado. Esse vínculo pode ser representado tanto pelo **dolo** como pela **culpa**. Dolo e culpa são **espécies da culpabilidade**, pois são as formas concretas pelas quais pode se revelar o vínculo psicológico entre o autor e a conduta praticada. Além disso, o dolo é **normativo**, ou seja, guarda em seu interior a consciência da ilicitude. E se a imputabilidade é pressuposto da culpabilidade, somente se analisa a presença do dolo ou da culpa se o agente for imputável, isto é, maior de 18 anos de idade e mentalmente sadio. Essa teoria somente é aplicável no **sistema clássico**, em que o dolo e a culpa integram a culpabilidade. Dentre as principais críticas a ela endereçadas podem ser destacadas a impossibilidade de resolver as situações de **inexigibilidade de conduta diversa**, notadamente a coação moral irresistível e a obediência hierárquica à ordem não manifestamente ilegal. Nesses casos o sujeito age com dolo, mas o crime não pode ser a ele imputado, pois somente é punido o autor da coação ou da ordem (CP, art. 22). Também não consegue explicar a culpa inconsciente (sem previsão), pois aqui não existe nenhum vínculo psicológico entre o autor e o fato por ele praticado, que sequer foi previsto. Essa teoria não é atualmente aceita, pois a culpabilidade não pode ser um mero e frágil vínculo psicológico.

b) Teoria normativa ou psicológico-normativa: Surge em **1907**, com a proposta de **Reinhart Frank**, relacionando a culpabilidade com a exigibilidade de conduta diversa. A culpabilidade deixa de ser um fenômeno puramente natural, de cunho psicológico, pois a ela se atribui um novo elemento, estritamente **normativo**, inicialmente chamado de **normalidade das circunstâncias concomitantes**, e, posteriormente, de **motivação normal**, atualmente definido como exigibilidade de conduta diversa. O conceito de culpabilidade assume um perfil complexo, constituído por elementos naturalísticos (vínculo psicológico, representado pelo dolo ou pela culpa) e normativos (normalidade das circunstâncias concomitantes ou motivação normal). Sua estrutura passa a ser composta por três elementos: **imputabilidade, dolo ou culpa e exigibilidade de conduta diversa**. A imputabilidade deixa de ser pressuposto da culpabilidade, para funcionar como seu elemento. Em resumo, somente é culpável o agente maior de 18 anos de idade e mentalmente sadio (imputabilidade) que atua com dolo ou culpa e que, no caso concreto, podia comportar-se em conformidade com o Direito. Afasta-se a culpabilidade quando não se podia exigir do sujeito um comportamento conforme o ordenamento jurídico. Nesse sentido, a culpabilidade pode ser definida como o juízo de reprovabilidade que recai sobre o autor de um fato típico e ilícito que poderia ter sido evitado. Essa teoria não eliminou da culpabilidade o vínculo psicológico (dolo ou culpa) que une o autor imputável ao fato por ele praticado. Mas a reforçou com a exigibilidade de conduta diversa. **O dolo permanece normativo:** aloja em seu bojo a consciência da ilicitude, isto é, o conhecimento acerca do caráter ilícito do fato. Essa teoria representou, à época, um grande avanço frente à teoria psicológica. Soçobrou com a superveniência da teoria finalista, que a fulminou por duas razões principais: 1) manutenção do dolo e da culpa como elementos da culpabilidade; e 2) tratamento do dolo normativo, possuindo em seu interior a consciência **atual** da ilicitude. Sua aplicação é restrita ao âmbito do **sistema neoclássico**, mas ainda com acolhimento da **teoria causal (causalista ou mecanicista) da conduta**, pois nela o dolo e a culpa compõem a culpabilidade. De fato, como houve uma profunda alteração na estrutura da culpabilidade, e, consequentemente, do conceito analítico de crime, a teoria normativa ou psicológico-normativa inaugurou o **sistema neoclássico** no Direito Penal, substituindo o sistema clássico caracterizado principalmente pela teoria psicológica da culpabilidade.[135]

c) Teoria normativa pura, extrema ou estrita:[136] Surge nos idos de 1930, com o **finalismo penal de Hans Welzel**, e dele é inseparável. A adoção da teoria normativa pura da culpabilidade somente é possível em um sistema finalista. É chamada de normativa pura porque os elementos psicológicos (dolo e culpa) que existiam na teoria psicológiconormativa da culpabilidade, inerente ao sistema causalista da conduta, com o finalismo penal foram transferidos para o fato típico, alojando-se no interior da conduta. Dessa forma, a culpabilidade se transforma em um simples juízo de reprovabilidade que incide sobre o autor de um fato típico e ilícito. **O dolo passa a ser natural, isto é, sem a consciência da ilicitude**. Com efeito, o dolo é levado para a conduta, deixando a consciência da ilicitude na culpabilidade. Aquele vai para o fato típico, esta permanece onde estava. Além disso, a consciência da ilicitude, que no sistema clássico era atual, isto é, deveria estar efetivamente presente no caso concreto, passa a ser **potencial**, ou seja, bastava tivesse o agente, na situação real, a possibilidade de conhecer o caráter ilícito do fato praticado, com base em um juízo comum.

d) Teoria limitada: Na teoria limitada, a culpabilidade é composta pelos mesmos elementos que integram a teoria normativa pura: (1) imputabilidade; (2) potencial consciência da ilicitude; e (3) exigibilidade de conduta diversa. Cuida-se, portanto, de uma variante da teoria normativa pura. A distinção entre tais teorias repousa unicamente no tratamento dispensado às **descriminantes putativas**. Nas descriminantes putativas, o agente, por erro plenamente justificado pelas circunstâncias, supõe situação fática ou jurídica que, se existisse, tornaria sua ação legítima. De acordo com a **teoria normativa pura**, em sua vertente **extrema** ou **estrita**, as descriminantes putativas sempre caracterizam **erro de proibição**. Por sua vez, para a **teoria limitada**, as descriminantes putativas são divididas em dois blocos: (1) **de fato**, tratadas como **erro de tipo** (art. 20, § 1.º, do CP); (2) **de direito**, disciplinadas como **erro de proibição** (art. 21 do CP).

○ Teoria adotada pelo CP: Nenhuma teoria foi expressamente adotada pelo Código Penal. Entretanto, o tratamento do erro (arts. 20 e 21) autoriza a conclusão pelo acolhimento da

---

[135] Embora esse período tenha se iniciado com os estudos de Reinhart Frank, em 1907, também se atribui grande importância aos trabalhos de Max Ernst Mayer e Edmund Mezger. A propósito, este último penalista alemão é apontado como o grande nome do sistema neoclássico, em face da publicação do seu "Tratado de Direito Penal". Nesse sentido: *Derecho penal*. Parte general. Fundamentos. La estructura de la teoría del delito. Trad. espanhola Diego-Manuel Luzón Peña, Miguel Díaz y García Conlledo e Javier de Vicente Remensal. Madrid: Civitas, 2006. t. I, 9.198.

[136] As denominações "extrema" e "estrita" são utilizadas para acentuar a distinção com a teoria limitada da culpabilidade.

teoria limitada.[137] Confira-se, a propósito, o item 19 da Exposição de Motivos da Nova Parte Geral do Código Penal: "Repete o Projeto as normas do Código de 1940, pertinentes às denominadas 'descriminantes putativas'. Ajusta-se, assim, o Projeto à **teoria limitada da culpabilidade**, que distingue o erro incidente sobre os pressupostos fáticos de uma causa de justificação do que incide sobre a norma permissiva" (grifamos).

○ **Coculpabilidade:** Todo ser humano atua em sociedade em circunstâncias determinadas, e com limites de comportamento também determinados. Como há desigualdades sociais, a personalidade do agente é moldada em consonância com as oportunidades oferecidas a cada indivíduo para orientar-se ou não em sintonia com o ordenamento jurídico. Entra em cena a chamada **coculpabilidade**, assim definida por Zaffaroni e Pierangeli: "Todo sujeito age numa circunstância determinada e com um âmbito de autodeterminação também determinado. Em sua própria personalidade há uma contribuição para esse âmbito de autodeterminação, posto que a sociedade – por melhor organizada que seja – nunca tem a possibilidade de brindar a todos os homens com as mesmas oportunidades. Em consequência, há sujeitos que têm um menor âmbito de autodeterminação, condicionado desta maneira por causas sociais. Não será possível atribuir estas causas sociais ao sujeito e sobrecarregá-lo com elas no momento de reprovação de culpabilidade. Costuma-se dizer que há, aqui, uma 'cocul-pabilidade', com a qual a própria sociedade deve arcar."[138] Para esses autores, essa carga de valores sociais negativos deve ser considerada, em prol do réu, como **atenuante genérica inominada**, na forma prevista no art. 66 do CP. Com efeito, a teoria da coculpabilidade aponta a parcela de responsabilidade social do Estado pela não inserção social e, portanto, devendo também suportar o ônus do comportamento desviante do padrão normativo por parte dos atores sociais sem cidadania plena que possuem uma menor autodeterminação diante das concausas socioeconômicas da criminalidade urbana e rural. O art. 66 do CP brasileiro dá ao juiz uma ferramenta para atenuar a resposta penal à desigualdade social de oportunidades ("a pena poderá ser ainda atenuada em razão de circunstância relevante, anterior ou posterior ao crime, embora não prevista expressamente em lei").[139] Esta teoria não tem sido admitida pelo Superior Tribunal de Justiça.

○ **Coculpabilidade às avessas:** essa teoria desenvolve-se em duas perspectivas fundamentais.

Em primeiro lugar, esta linha de pensamento diz respeito à **identificação crítica da seletividade do sistema penal e à incriminação da própria vulnerabilidade**. Em outras palavras, o Direito Penal direciona seu arsenal punitivo contra os indivíduos mais frágeis, normalmente excluídos da vida em sociedade e das atividades do Estado. Por esta razão, estas pessoas se tornam as protagonistas da aplicação da lei penal: a maioria dos acusados em ações penais são homens e mulheres que não tiveram acesso ao lazer, à cultura, à educação; eles também compõem com intensa densidade o ambiente dos estabelecimentos penais. Mas não é só. A coculpabilidade às avessas também envolve a **reprovação penal mais severa no tocante aos crimes praticados por pessoas dotadas de elevado poder econômico**, e que abusam desta vantagem para a execução de delitos (tributários, econômicos, financeiros, contra a Administração Pública etc.), em regra, prevalecendo-se das facilidades proporcionadas pelo livre trânsito nas redes de controle político e econômico. Cuida-se da face inversa da coculpabilidade: se os pobres, excluídos e marginalizados merecem um tratamento penal mais brando, porque o caminho da ilicitude lhes era mais atrativo,

---

[137] TOLEDO, Francisco de Assis. *Princípios básicos de direito penal*. 5. ed. 13. tir. São Paulo: Saraiva, 2007. p. 230.

[138] ZAFFARONI, Eugenio Raúl; PIERANGELI, José Henrique. *Manual de direito penal brasileiro*. Parte geral. 7. ed. São Paulo: RT, 2007. v. 1, p. 525.

[139] COSTA, Álvaro Mayrink da. *Direito penal*: volume 1 – parte geral. 8. ed. Rio de Janeiro: Forense, 2009. p. 1.205-1.206.

os ricos e poderosos não têm razão nenhuma para o cometimento de crimes. São movidos pela vaidade, por desvios de caráter e pela ambição desmedida, justificando a imposição da pena de modo severo. É importante destacar que, se de um lado a coculpabilidade poderia, ao menos em tese, ser admitida como atenuante genérica inominada, com fundamento no art. 66 do Código Penal, a coculpabilidade às avessas não pode ser compreendida como agravante genérica, por duas razões: (a) falta de previsão legal; e (b) em se tratando de matéria prejudicial ao acusado, não há espaço para a analogia *in malam partem*. Destarte, a punição mais rígida deverá ser alicerçada unicamente na pena-base, levando em conta as circunstâncias judiciais desfavoráveis (conduta social, personalidade do agente, motivos, circunstâncias e consequências do crime), com fulcro no art. 59, *caput*, do Código Penal.

○ **Graus de culpabilidade:** A maior ou menor culpabilidade do autor da infração penal constitui-se em circunstância judicial, destinada à dosimetria da pena (art. 59, *caput*, do CP). Influem, portanto, na quantidade da pena a ser concretamente aplicada.

○ **Dirimentes:** São assim chamadas as causas de exclusão da culpabilidade, que podem ser sintetizadas pelo gráfico abaixo:

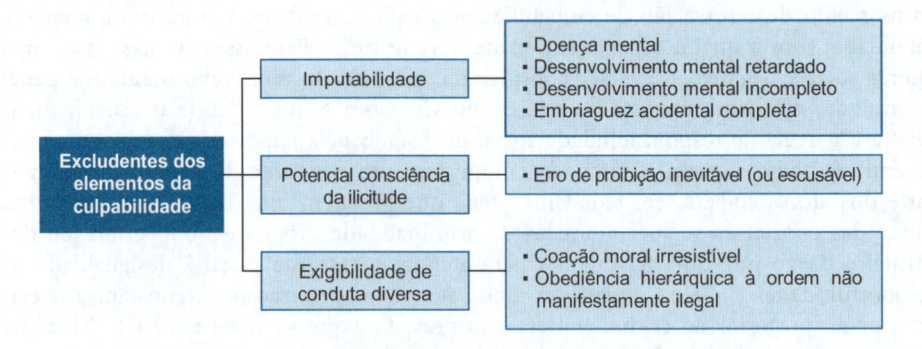

○ **Exigibilidade de conduta diversa:** A exigibilidade de conduta diversa é o **elemento da culpabilidade** consistente na expectativa da sociedade acerca da prática de uma conduta diversa daquela que foi deliberadamente adotada pelo autor de um fato típico e ilícito. Em síntese, é necessário tenha o crime sido cometido em circunstâncias normais, isto é, o agente podia comportar-se em conformidade com o Direito, mas preferiu violar a lei penal. Destarte, quando o caso concreto indicar a prática da infração penal em decorrência de inexigibilidade de conduta diversa, estará excluída a culpabilidade, pela ausência de um dos seus elementos. Atribui-se a **Reinhart Frank** a inserção da exigibilidade de conduta conforme ao Direito no juízo da culpabilidade, ao desenvolver, em 1907, sua **teoria da normalidade das circunstâncias concomitantes**,[140] criando a teoria psicológico-normativa da culpabilidade. No CP de 1940, com a Parte Geral alterada pela Lei 7.209/1984, o tratamento normativo da culpabilidade restou manifesto nos institutos da coação moral irresistível e da obediência hierárquica, causas legais de exclusão da culpabilidade motivadas pela inexigibilidade de conduta diversa.

○ **Coação moral irresistível:** Embora o dispositivo legal use a expressão "coação irresistível", refere-se exclusivamente à coação **moral** irresistível. Na coação moral, o coator, para alcançar o resultado ilícito desejado, ameaça o coagido, e este, por medo, realiza a conduta criminosa.

---

[140] FRANK, Reinhart. *Sobre la estructura del concepto de culpabilidad.* Buenos Aires: B de F, 2004. p. 28 e ss.

Essa intimidação recai sobre sua vontade, viciando-a, de modo a retirar a exigência legal de agir de maneira diferente. Exclui-se a culpabilidade, em face da **inexigibilidade de conduta diversa**. Por sua vez, na coação **física** irresistível elimina-se por completo a vontade do coagido. Seu aspecto volitivo não é meramente viciado, mas suprimido, e ele passa a atuar como instrumento do crime a serviço do coator. Exclui-se a conduta, e, consequentemente, o próprio fato típico praticado pelo coagido. Justifica-se a excludente porque a lei não pode impor às pessoas o dever de atuar de modo heroico. Destarte, se presente uma ameaça séria, grave e irresistível, não é razoável exigir o cumprimento literal pelo coagido do direito positivo, sob pena de suportar riscos que o Direito não será hábil a reparar.

– **Requisitos:** A coação moral irresistível depende dos seguintes requisitos cumulativos:

1) Ameaça do coator, ou seja, promessa de mal grave e iminente, o qual o coagido não é obrigado a suportar: se o mal é atual, com maior razão estará excluída a culpabilidade. Essa ameaça deve ser direcionada à pessoa do coagido ou ainda a indivíduos com ele intimamente relacionados. Se for dirigida a pessoa estranha, pode até ser excluída a culpabilidade, em face de causa supralegal fundada na inexigibilidade de conduta diversa. Se não bastasse, essa ameaça precisa ser séria e ligada a ofensa certa. Em suma, deve ser passível de realização, pouco importando se o coator realmente deseja ou não concretizá-la.

2) Inevitabilidade do perigo na posição em que se encontra o coagido: se o perigo puder por outro meio ser evitado, seja pela atuação do próprio coagido, seja pela força policial, não há falar na dirimente.

3) Caráter irresistível da ameaça: além de grave, o mal prometido deve ser irresistível. A gravidade e a irresistibilidade da ameaça devem ser aferidas no caso concreto, levando em conta as condições pessoais do coagido. Cuida-se, em verdade, de instituto relacionado com a culpabilidade, razão pela qual não se considera a figura imaginária do homem médio, voltada ao fato típico e ilícito, mas o perfil subjetivo do agente, que será então considerado culpável ou não. Nada obstante, há entendimentos no sentido de que a gravidade e a irresistibilidade da coação devem ser calculadas com base nas características do *homo medius*.

4) Presença de ao menos três pessoas envolvidas: devem estar presentes o coator, o coagido e a vítima do crime por este praticado. Admite-se, contudo, a configuração da dirimente em análise com apenas duas pessoas envolvidas: coator e coagido. Nesse caso, o coator funcionaria também como vítima.

– **Efeitos:** A coação moral irresistível afasta a culpabilidade do coagido (autor de um fato típico e ilícito). Não há, contudo, impunidade: pelo crime responde somente o coator. Trata-se de manifestação da **autoria mediata**, pois o coator valeu-se de pessoa sem culpabilidade (inexigibilidade de conduta diversa) para realizar a infração penal. O coator responde – além do crime praticado pelo coagido – pelo delito de tortura (art. 1.º, I, "b", da Lei 9.455/1997), em concurso material. Inexiste concurso de pessoas entre coator e coagido, em face da ausência de vínculo subjetivo. Não há, por parte do coagido, a intenção de contribuir para o crime praticado pelo coator. Se, entretanto, a coação moral for **resistível**, remanesce a culpabilidade do coagido, operando-se autêntico concurso de agentes entre ele e o coator. Na coação moral resistível a pena do coator será agravada (CP, art. 62, II) e a do coagido será atenuada (CP, art. 65, III, "c", 1.ª parte).

– **Temor reverencial:** É o fundado receio de decepcionar pessoa a quem se deve elevado respeito. Exemplo: filho que falsifica as notas lançadas no boletim da faculdade com o propósito de esconder as avaliações negativas do conhecimento dos pais, que arduamente custeiam seus estudos. Não se equipara à coação moral. Não há ameaça, mas apenas receio. Além disso, na seara do Direito Civil o temor reverencial sequer permite a anulação dos negócios jurídicos, não podendo, no campo criminal, elidir a culpabilidade.

○ **Obediência hierárquica:** Obediência hierárquica é a causa de exclusão da culpabilidade, fundada na inexigibilidade de conduta diversa, que ocorre quando um funcionário público subalterno pratica uma infração penal em decorrência do cumprimento de ordem, não manifestamente ilegal, emitida pelo superior hierárquico. Essa regra se fundamenta em dois pilares: (1.º) impossibilidade, no caso concreto, de conhecer a ilegalidade da ordem; e (2.º) inexigibilidade de conduta diversa.

– **Requisitos:** A caracterização da dirimente em apreço depende da verificação dos seguintes requisitos cumulativos:

1) Ordem não manifestamente ilegal: É a de aparente legalidade, em face da crença de licitude que tem um funcionário público subalterno ao obedecer ao mandamento de superior hierárquico, colocado nessa posição em razão de possuir maiores conhecimentos técnicos ou por encontrar-se há mais tempo no serviço público. É usual dizer que a obediência hierárquica representa uma fusão do erro de proibição (acarreta no desconhecimento do caráter ilícito do fato) com a inexigibilidade de conduta diversa (não se pode exigir do subordinado comportamento diferente). Se a ordem for legal, não há crime, seja por parte do superior hierárquico, seja por parte do subalterno. Em verdade, a atuação deste último estará acobertada pelo estrito cumprimento do dever legal (art. 23, III, do CP).

2) Ordem originária de autoridade competente: O mandamento deve emanar de funcionário público legalmente competente para fazê-lo. O cumprimento de ordem advinda de autoridade incompetente pode, no caso concreto, resultar no reconhecimento de erro de proibição invencível ou escusável.

3) Relação de Direito Público: A posição de hierarquia que autoriza o reconhecimento da excludente da culpabilidade somente existe no Direito Público. Não é admitida no campo privado, por falta de suporte para punição severa e injustificada àquele que descumpre ordem não manifestamente ilegal emanada de seu superior. Essa hierarquia, exclusiva da área pública, é mais frequente entre os militares. O descumprimento de ordem do superior na seara castrense caracteriza motivo legítimo para prisão disciplinar, ou, até mesmo, crime tipificado pelo art. 163 do Código Penal Militar.

4) Presença de pelo menos três pessoas: O mandante da ordem (superior hierárquico), seu executor (subalterno) e a vítima do crime por este praticado.

5) Cumprimento estrito da ordem: O executor não pode ultrapassar, por conta própria, os limites da ordem que lhe foi endereçada, sob pena de afastamento da excludente.

– **Efeitos:** O estrito cumprimento de ordem não manifestamente ilegal de superior hierárquico exclui a culpabilidade do executor subalterno, com fulcro na inexigibilidade de conduta diversa. O fato, contudo, não permanece impune, pois por ele responde o autor da ordem. Inexiste concurso de pessoas entre o mandante e o executor da ordem não manifestamente ilegal, por falta da unidade de elemento subjetivo relativamente à produção do resultado. Se, entretanto, a ordem for **manifestamente ilegal**, mandante e executor respondem pela infração penal, pois se caracteriza o concurso de agentes. Ambos sabem do caráter ilícito da conduta e contribuem para o resultado. Para o superior hierárquico, incide a agravante genérica descrita pelo art. 62, III, 1.ª parte, do CP. Quanto ao subalterno, aplica-se a atenuante genérica delineada pelo art. 65, III, "c" (em cumprimento de ordem de autoridade superior), do CP. Na análise da legalidade ou ilegalidade da ordem, deve ser considerado o **perfil subjetivo do executor**, e não os dados comuns ao homem médio, porque se trata de questão afeta à culpabilidade.

○ **Causas supralegais de exclusão da culpabilidade:** Modernamente tem sido sustentada a possibilidade de formulação de causas excludentes da culpabilidade não previstas em lei, ou seja, supralegais e distintas da coação moral irresistível e da obediência hierárquica. Essas causas supralegais se fundamentam em dois pontos: (1) a exigibilidade de conduta diversa constitui-se em princípio geral da culpabilidade, que dela não pode se desvencilhar. Em verdade, não se admite a responsabilização penal de comportamentos inevitáveis; e (2) a aceitação se coaduna com a regra *nullum crimen sine culpa*, acolhida pelo art. 19 do Código Penal. Na precisa lição de Francisco de Assis Toledo: "A inexigibilidade de outra conduta é, pois, a primeira e mais importante causa de exclusão da culpabilidade. E constitui um verdadeiro princípio de direito penal. Quando aflora em preceitos legislados, é uma causa legal de exclusão. Se não, deve ser reputada causa supralegal, erigindo-se em princípio fundamental que está intimamente ligado com o problema da responsabilidade pessoal e que, portanto, dispensa a existência de normas expressas a respeito."[141] São cabíveis nos crimes culposos e também nos dolosos, nada obstante sejam mais frequentes nos primeiros. Exemplificativamente, a mãe viúva que deixa em casa, sozinho, o filho de pouca idade para trabalhar, pois não tem pessoas de confiança para cuidar do menino e não pode contar com o serviço público de creche – que se encontra em greve –, sabe que a criança fatalmente subirá em móveis, abrirá armários e praticará outras atividades perigosas, sendo previsível que, em virtude da sua ausência, venha a se machucar. Ainda que se fira gravemente, não deverá a mãe ser responsabilizada pela lesão corporal culposa, em face da inexigibilidade de conduta diversa. Com efeito, seria inadequado impor a ela comportamento diverso, pois em tal caso poderiam faltar os recursos mínimos necessários para o sustento e a sobrevivência própria e de sua prole.

○ **Jurisprudência selecionada:**

Coação moral irresistível – não caracterização: "Nesse sentir, é inconcebível falar-se em cometimento delituoso sob o efeito de coação moral irresistível, se o agente poderia livremente recusar o cumprimento de tarefa manifestamente ilegal, porquanto não era ele hierarquicamente subalterno dos coautores mandantes e financiadores dos crimes de homicídio e, evidentemente, não seria moralmente obrigado a cumprir-lhes as ordens, mormente se comprovado, nos autos, que ele próprio, tornando-se desafeto gratuito de uma das vítimas, não escondia o seu propósito de vê-la morta, só não o fazendo pessoalmente por não possuir coragem para tanto" (STF: RE 487.450/PB, decisão monocrática do Min. Marco Aurélio, j. 15.03.2007).

Coação moral irresistível – porte de arma pelo vigia após o horário de expediente – ordem do empregador – não caracterização da dirimente: "O fato de o empregador obrigar seu empregado a portar arma de fogo durante o exercício das atribuições de vigia não caracteriza coação moral irresistível (art. 22 do CP) capaz de excluir a culpabilidade do crime de 'porte ilegal de arma de fogo de uso permitido' (art. 14 da Lei n. 10.826/2003) atribuído ao empregado que tenha sido flagrado portando, em via pública, arma de fogo, após o término do expediente laboral, no percurso entre o trabalho e a sua residência. De fato, não parece aceitável admitir a tese de que o vigia estava sob influência de coação moral irresistível, porquanto, quando praticou a conduta proibida, ele estava fora do horário e do ambiente de trabalho, livre, portanto, da relação de subordinação que o obrigava a portar arma de fogo de modo ilegal. Sob esse prisma, não há porque supor a indução do comportamento delitivo por força externa determinante, infligida pelo empregador. A verdade é que não há espaço para aplicação da regra disposta no art. 22 do CP ('Se o fato é cometido sob coação irresistível ou em estrita obediência a ordem, não manifestamente ilegal, de superior hierárquico, só é punível o autor da coação ou da ordem'). Assim, a inexigibilidade de conduta diversa somente funciona como causa de exclusão da culpabilidade quando proceder de forma contrária à lei se mostrar como única alternativa possível diante de determinada situação. Se há outros meios de solução do impasse, a exculpante não se caracteriza. Ademais, 'importa não confundir, aqui, a atividade exercida pelo réu (vigia) com a de um vigilante (profissional contratado por estabelecimentos financeiros ou por empresa

---

141   TOLEDO, Francisco de Assis. *Princípios básicos de direito penal*. 5. ed. 13. tir. São Paulo: Saraiva, 2007. p. 328.

especializada em prestação de serviços de vigilância e transporte de valores), cuja categoria é regulamentada pela Lei nº 7.102/83, ao qual é assegurado o direito de portar armas de fogo, quando em efetivo exercício da profissão" (STJ: REsp 1.456.633/RS, rel. Min. Reynaldo Soares da Fonseca, 5.ª Turma, j. 05.04.2016, noticiado no *Informativo* 581).

Coculpabilidade – atenuante inominada – art. 66 do Código Penal – compatibilidade: "A atenuante genérica prevista no art. 66 do Código Penal pode se valer da teoria da coculpabilidade como embasamento, pois trata-se de previsão genérica, que permite ao magistrado considerar qualquer fato relevante - anterior ou posterior à prática da conduta delitiva - mesmo que não expressamente previsto em lei, para reduzir a sanção imposta ao réu" (STJ: HC 411.243/PE, rel. Min. Jorge Mussi, 5.ª Turma, j. 07.12.2017).

Coculpabilidade – inaplicabilidade: "A teoria da coculpabilidade não pode ser erigida à condição de verdadeiro prêmio para agentes que não assumem a sua responsabilidade social e fazem da criminalidade um meio de vida" (STJ: AgRg no REsp 1.770.619/PE, rel. Min. Laurita Vaz, 6.ª Turma, j. 06.06.2019).

Coculpabilidade às avessas – circunstância judicial desfavorável – aumento da pena-base: "A personalidade do agente resulta da análise do seu perfil subjetivo, no que se refere a aspectos morais e psicológicos, para que se afira a existência de caráter voltado à prática de infrações penais, com base nos elementos probatórios dos autos, aptos a inferir o desvio de personalidade de acordo com o livre convencimento motivado, independentemente de perícia. No caso, sob a influência da teoria da coculpabilidade às avessas, as instâncias ordinárias constataram reduzido senso ético-social do paciente, em razão de ter triado o caminho da criminalidade, a despeito das favoráveis condições sócio-econômicas. Tal circunstância, cujos pressupostos fáticos não podem ser alterados nesta sumária via do *habeas corpus*, sob pena de indevido revolvimento fático probatório, permite concluir pela personalidade criminosa do agente" (STJ: HC 443.678/PE, rel. Min. Ribeiro Dantas, 5.ª Turma, j. 21.03.2019).

Culpabilidade – pressuposto de aplicação da pena: "Embora tenha por relevantes as alegações constantes da petição em epígrafe, penso que o incidente de insanidade mental, previsto no art. 149 do Código de Processo Penal, não se aplica aos processos de extradição. Isso porque a verificação sobre a imputabilidade do agente é matéria afeta à culpabilidade, não prejudicando em nada a tipicidade do delito, esta, sim, imprescindível ao deferimento do pedido extradicional" (STF: Ext 932/Itália, decisão monocrática do Min. Joaquim Barbosa, j. 18.03.2005).

Direito penal do fato – responsabilidade penal subjetiva: "Isso porque vige no ordenamento jurídico-penal pátrio o princípio da responsabilidade subjetiva, como corolário do Direito Penal do fato, adequado ao plexo de garantias vigente no Estado Democrático de Direito. Tal sistemática impõe ao órgão acusatório o ônus da prova acerca dos elementos constitutivos do tipo penal incriminador, nos termos do art. 156 do CPP, a ser exercido no seio do contraditório estabelecido em juízo, em respeito à clausula do devido processo legal" (STF: Inq 4.483 AgR-segundo/DF e Inq 4.327 AgR-segundo/DF, rel. Min. Edson Fachin, Plenário, j. 14.12.2017 e 19.12.2017, noticiados no *Informativo* 888).

Inexigibilidade de conduta diversa – causa supralegal de exclusão da culpabilidade – Tribunal do Júri – tese de defesa – quesitação: "A exigibilidade de conduta diversa, apesar de apresentar muita polêmica, é, no entendimento predominante, elemento da culpabilidade. Por via de consequência, sem adentrar na questão dos seus limites, a tese da inexigibilidade de conduta diversa pode ser apresentada como causa de exclusão da culpabilidade. Especificada e admitida a forma de inexigibilidade, aos jurados devem ser indagados os fatos ou as circunstâncias fáticas pertinentes à tese (Precedentes)" (STJ: HC 16.865/PE, rel. Min. Felix Fischer, 5.ª Turma, j. 09.10.2001).

Obediência hierárquica – exclusão da culpabilidade: "Humildes servidores representados por agentes de segurança e policiais de baixa patente não podem ser incriminados como coautores, por terem agido por temor do patrão e chefe de hierarquia superior" (STJ: APn 266/RO, rel. Min. Eliana Calmon, Corte Especial, j. 01.06.2005).

Exclusão de ilicitude

> **Art. 23.** Não há crime quando o agente pratica o fato:
>
> I – em estado de necessidade;
>
> II – em legítima defesa;
>
> III – em estrito cumprimento de dever legal ou no exercício regular de direito.

Excesso punível

> Parágrafo único. O agente, em qualquer das hipóteses deste artigo, responderá pelo excesso doloso ou culposo.

○ **Conceito de ilicitude:** Ilicitude é a **contrariedade** entre o fato típico praticado por alguém e o ordenamento jurídico, capaz de lesionar ou expor a perigo de lesão bens jurídicos penalmente tutelados. O juízo de ilicitude é posterior e dependente do juízo de tipicidade, de forma que todo fato penalmente ilícito também é, necessariamente, típico.

– **Ilicitude formal e ilicitude material:** **Ilicitude formal** é a mera contradição entre o fato praticado pelo agente e o sistema jurídico em vigor. É a característica da conduta que se coloca em oposição ao Direito. **Ilicitude material**, ou **substancial**, é o conteúdo material do injusto, a substância da ilicitude, que reside no caráter antissocial do comportamento, na sua contradição com os fins colimados pelo Direito, na ofensa aos valores necessários à ordem e à paz no desenvolvimento da vida social.[142] Em sede doutrinária, prevalece o entendimento de que a ilicitude é formal, pois consiste no exame da presença ou ausência das suas causas de exclusão. Nesses termos, o aspecto material se reserva ao terreno da tipicidade. Cumpre ressaltar, porém, que somente a concepção material autoriza a criação de causas supralegais de exclusão da ilicitude. De fato, em tais casos há relação de contrariedade entre o fato típico e o ordenamento jurídico, sem, contudo, revelar o caráter antissocial da conduta.

– **Concepção unitária:** Com o escopo de encerrar a discussão acerca do caráter formal ou material da ilicitude, surgiu uma concepção unitária, inicialmente na Alemanha, que depois se irradiou para fora dela, apregoando ser a ilicitude uma só. Nesse diapasão, um comportamento humano que se coloca em relação de antagonismo com o sistema jurídico não pode deixar de ofender ou expor a perigo de lesão bens jurídicos protegidos por esse mesmo sistema jurídico. Na lição de Francisco de Assis Toledo: "Pensar-se em uma antijuridicidade puramente formal – desobediência à norma – e em outra material – lesão ao bem jurídico tutelado por essa mesma norma – só teria sentido se a primeira subsistisse sem a segunda. [...] Correta, pois, a afirmação de BETTIOL de que a contraposição dos conceitos em exame – antijuridicidade formal e material – não tem razão de ser mantida viva, "porque só é antijurídico aquele fato que possa ser considerado lesivo a um bem jurídico. Fora disso, a antijuridicidade não existe."[143]

---

142 QUEIROZ FILHO, Antonio. *Lições de direito penal*. São Paulo: RT, 1966. p. 157.
143 TOLEDO, Francisco de Assis. *Ilicitude penal e causas de sua exclusão*. Rio de Janeiro: Forense, 1984. p. 11.

– **Terminologia:** Muitos autores utilizam ambos os termos **ilicitude** e **antijuridicidade** como sinônimos. Com o devido respeito aos entendimentos em contrário, este raciocínio desponta como incorreto. Com efeito, no universo da teoria geral do direito, a infração penal (crime e contravenção penal) constitui-se em um fato jurídico, já que a sua ocorrência provoca efeitos no campo jurídico. Logo, é incoerente imaginar que um crime (fato jurídico) seja revestido de anti-juridicidade. A contradição é óbvia: um fato jurídico seria, ao mesmo tempo, antijurídico. Por tal razão, mais acertado falar-se em ilícito e em ilicitude, em vez de antijurídico e antijuridicidade. Foi a opção preferida pelo legislador pátrio.

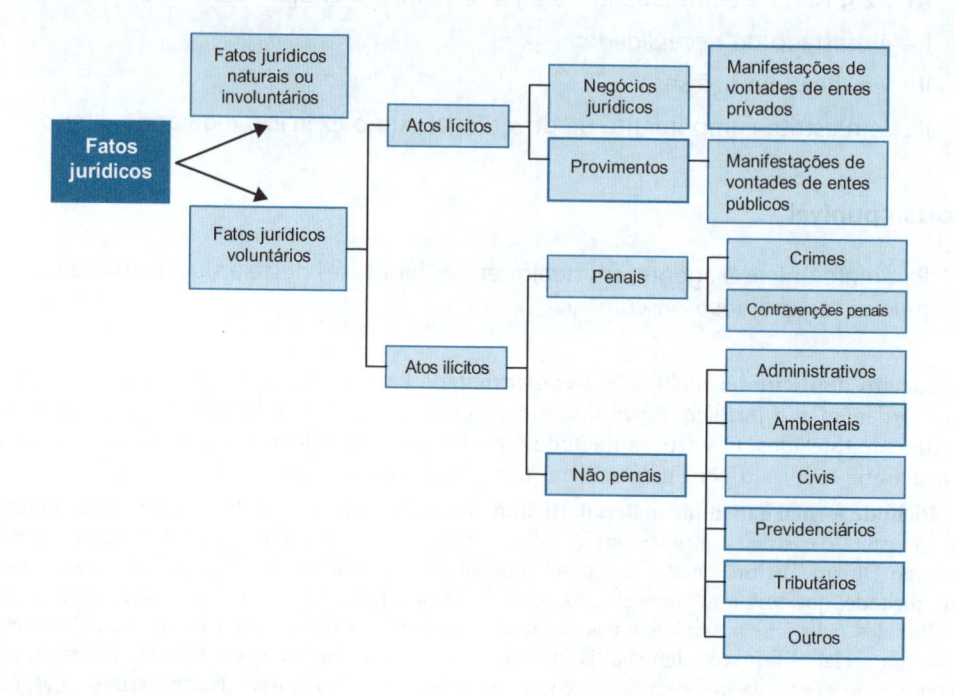

– **Ilícito e injusto:** O **ilícito** é a oposição entre um fato típico e o ordenamento jurídico. A relação é lógica e de mera constatação, não comportando graus. **Injusto** é o antagonismo entre o fato típico e a compreensão social acerca da justiça. Por corolário, um fato típico pode ser ilícito, mas considerado justo e quiçá admitido pela sociedade. O injusto se reveste de graus, vinculados à intensidade de reprovação social causada pelo comportamento penalmente ilícito.

– **Ilicitude genérica e ilicitude específica: Ilicitude genérica** é a que se posiciona **externamente** ao tipo penal incriminador. O fato típico se encontra em contradição com o ordenamento ju-rídico. No homicídio, por exemplo, é típica a conduta de "matar alguém", não autorizada pelo Direito, salvo se presente uma causa de justificação. A ilicitude se situa fora do tipo penal. De fato, em um sistema finalista o dolo é natural, isto é, para sua caracterização bastam consciência e vontade, independentemente do caráter ilícito do fato. Na **ilicitude específica**, por sua vez, o tipo penal **aloja em seu interior elementos atinentes ao caráter ilícito do comportamento do agente**. É o que se dá, exemplificativamente, nos crimes de violação de correspondência (CP, art. 151 – "indevidamente"), divulgação de segredo e violação do segredo profissional (CP, arts. 153 e 154 – "sem justa causa"), e exercício arbitrário das próprias razões (CP, art. 345 – "salvo quando a lei o permite"). Em tais hipóteses, unem-se no mesmo juízo a tipicidade e a ilicitude, pois esta última situa-se no corpo do tipo penal, funcionando como **elemento normativo do tipo**, cujo significado pode ser obtido por um procedimento de valoração do intérprete da lei penal.

Consequentemente, as causas de exclusão da ilicitude afastam a tipicidade. Em sentido contrário, Cezar Roberto Bitencourt emprega as expressões "antijuridicidade genérica" e "antijuridicidade específica" para distinguir a ilicitude penal da ilicitude extrapenal.[144]

– **Ilicitude objetiva e ilicitude subjetiva:** Essa classificação diz respeito ao **caráter da ilicitude**. Para a **ilicitude subjetiva**, a proibição ou o mandamento da lei penal dirige-se apenas às pessoas imputáveis, eis que somente elas têm capacidade mental para compreender as vedações e as ordens emitidas pelo legislador. Essa teoria **peca ao confundir ilicitude e culpabilidade:** basta a prática de um fato típico e ilícito para a configuração de uma infração penal, reservando-se à culpabilidade o juízo de reprovabilidade para a imposição de uma pena. Para a **ilicitude objetiva**, é suficiente a contrariedade entre o fato típico praticado pelo autor da conduta e o ordenamento jurídico, apto a causar dano ou expor a perigo bens jurídicos penalmente protegidos. As notas pessoais do agente, especialmente sua imputabilidade ou não, em nada afetam a ilicitude, a qual se mantém independentemente da culpabilidade, analisada em momento posterior. Em nosso sistema penal, **a ilicitude é claramente objetiva:** os inimputáveis, qualquer que seja a causa da ausência de culpabilidade, praticam condutas ilícitas.

– **Ilicitude penal e ilicitude extrapenal:** Essa divisão se relaciona intimamente com o caráter fragmentário do Direito Penal, pelo qual todo ilícito penal também é um ato ilícito perante os demais ramos do Direito, mas nem todo ato ilícito também guarda esta natureza no campo penal. Exemplificativamente, a sonegação fiscal calcada em fraude para exclusão do tributo é crime definido pela Lei 8.137/1990 e também ato ilícito perante o Direito Tributário. Contudo, o mero inadimplemento de um tributo, não admitido perante o direito fiscal, é fato penalmente atípico.

○ **Causas de exclusão da ilicitude:** Em face do acolhimento da teoria da tipicidade como indício da ilicitude, uma vez praticado o fato típico, presume-se o seu caráter ilícito. A tipicidade não constitui a ilicitude, apenas a revela indiciariamente.[145] Essa presunção é relativa, *iuris tantum*, pois um fato típico pode ser lícito, desde que o seu autor demonstre ter agido acobertado por uma causa de exclusão da ilicitude. Presente uma excludente da ilicitude, estará excluída a infração penal. Crime e contravenção penal deixam de existir, pois o fato típico não é contrário ao Direito. Várias são as denominações empregadas pela doutrina para se referir às causas de exclusão da ilicitude, destacando-se: causas de justificação, justificativas, descriminantes, tipos penais permissivos e eximentes.

○ **Espécies de excludentes da ilicitude:** O CP possui em sua íntegra causas genéricas e específicas de exclusão da ilicitude. **Causas genéricas**, ou **gerais**, são as previstas na Parte Geral do CP. Aplicam-se a qualquer espécie de infração penal, e encontram-se no art. 23 e seus incisos: I – estado de necessidade (art. 24); II – legítima defesa (art. 25); III – estrito cumprimento de dever legal e exercício regular de direito. Analisaremos as duas últimas nos comentários a este artigo. Quanto ao estado de necessidade e à legítima defesa, *ver comentários ao art. 24 e 25, respectivamente*. **Causas específicas**, ou **especiais**, podem ser definidas como as previstas na Parte Especial do CP (e na legislação especial), com aplicação unicamente a determinados crimes, ou seja, somente àqueles delitos a que expressamente se referem, a exemplo dos arts. 128 (aborto), 142 (injúria e difamação), 146, § 3.º, I e II (constrangimento ilegal), 150, § 3.º, I e II (violação de domicílio) e 156, § 2.º (furto de coisa comum), todos do Código Penal. Há também excludentes da ilicitude contidas fora do CP, tais como: **(a)** art. 10 da Lei 6.538/1978: exercício regular de direito, consistente na possibilidade de o serviço postal abrir carta com conteúdo suspeito; **(b)** art. 1.210, § 1.º, do CC: legítima defesa do domínio, pois o proprietário pode retomar o imóvel esbulhado logo em seguida à invasão; e **(c)** art. 37, I, da

---

[144] BITENCOURT, Cezar Roberto. *Tratado de direito penal*. Parte geral. 11. ed. São Paulo: Saraiva, 2007. v. 1, p. 296.
[145] REALE JÚNIOR, Miguel. *Antijuridicidade concreta*. São Paulo: José Bushatsky, 1974. p. 36.

Lei 9.605/1998: estado de necessidade, mediante o abatimento de um animal protegido por lei para saciar a fome do agente ou de sua família. Essa relação legal, contudo, não impede a formulação de causas supralegais de exclusão da ilicitude, analisadas um pouco adiante.

– Elementos objetivos e subjetivos das causas de exclusão da ilicitude: Discute-se em doutrina se o reconhecimento de uma causa de exclusão da ilicitude depende somente dos requisitos legalmente previstos, relacionados ao aspecto exterior do fato, ou se está condicionado também a um requisito subjetivo, atinente ao psiquismo interno do agente, que deve ter consciência de que atua sob a proteção da justificativa. Pensemos na seguinte situação hipotética: "A" efetua disparos de arma de fogo contra "B", seu desafeto, com o propósito de eliminar sua vida por vingança. Descobre-se, posteriormente, que naquele exato instante "B" iria acionar uma bomba e lançá-la em direção à casa de "C", para matá-lo. Vejamos agora cada uma das propostas doutrinárias, com a respectiva solução para o caso apresentado. A **concepção objetiva**, mais antiga, alega que o direito positivo não exige a presença do requisito subjetivo. A esse entendimento aderiram, dentre outros, José Frederico Marques e E. Magalhães Noronha. Logo, no caso narrado estaria configurada a legítima defesa de terceiro, com a exclusão do crime de "A". Essa posição, entretanto, foi aos poucos perdendo espaço para uma **concepção subjetiva**, pela qual o reconhecimento de uma causa de exclusão da ilicitude reclama o conhecimento da situação justificante pelo agente. Filiam-se a ela, dentre outros, Heleno Cláudio Fragoso, Julio Fabbrini Mirabete, Francisco de Assis Toledo e Damásio E. de Jesus. Sob essa ótica, no caso apresentado estaria excluída a legítima defesa de terceiro, e "A" responderia pelo homicídio praticado contra "B".

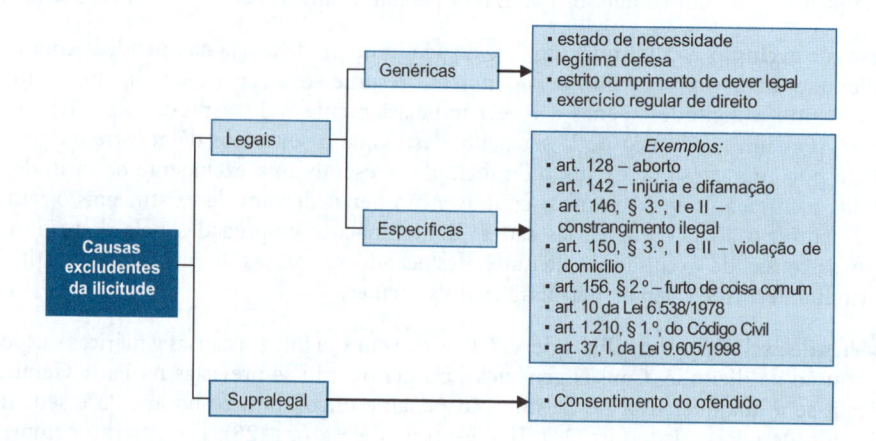

o **Estrito cumprimento de dever legal:** Ao contrário do que fez em relação ao estado de necessidade (art. 24) e à legítima defesa (art. 25, *caput*), o CP não apresentou o conceito de estrito cumprimento de dever legal, nem seus elementos característicos. Pode-se defini-lo, contudo, como a causa de exclusão da ilicitude que consiste na prática de um fato típico, em razão de cumprir o agente uma obrigação imposta por lei, de natureza penal ou não.

– Fundamento: Seria despropositado a lei impor a determinadas pessoas a prática de um ato, e, ao mesmo tempo, sujeitá-la, em face de seu cumprimento, a uma sanção penal em razão de consistir o seu mandamento em um fato descrito em lei como crime ou contravenção penal. Na eximente em apreço a lei não determina apenas a faculdade, a escolha do agente em obedecer ou não a regra por ela estabelecida. Há, em verdade, o dever legal de agir. É o caso, por exemplo, do cumprimento de mandado de busca domiciliar em que o morador ou quem o represente desobedeça à ordem de ingresso na residência, autorizando o arrombamento da porta e a entrada forçada (art. 245, § 2.º, do CPP). Em decorrência do estrito cumprimento do dever legal, o funcionário público responsável pelo cumprimento da ordem judicial não responde pelos crimes de dano ou de violação de domicílio.[146]

– Dever legal: O dever legal engloba qualquer **obrigação direta ou indiretamente resultante de lei**, em sentido genérico, isto é, preceito obrigatório e derivado da autoridade pública competente para emiti-lo. Pode também originar-se de atos administrativos, desde que de caráter geral, pois, se tiverem caráter específico, o agente não estará atuando sob o manto da excludente do estrito cumprimento de dever legal, e sim protegido pela obediência hierárquica (causa de exclusão da culpabilidade), se presentes os requisitos exigidos pelo art. 22 do CP. Destarte, o cumprimento de dever social, moral ou religioso, ainda que estrito, não autoriza a aplicação dessa excludente da ilicitude.

– Destinatários da excludente: Para Julio Fabbrini Mirabete, a excludente pressupõe no executor um funcionário público ou agente público que age por ordem da lei.[147] Prevalece, contudo, o entendimento de que o estrito cumprimento de dever legal como causa de exclusão da ilicitude também se estende ao particular, quando atua no cumprimento de um dever imposto por lei. Nesse sentido, não há crime de falso testemunho na conduta do advogado que se recusa a depor sobre fatos que tomou conhecimento no exercício da sua função, acobertados pelo sigilo profissional (Lei 8.906/1994 – Estatuto da Advocacia e da OAB, arts. 2.º, § 3.º, e 7.º, XIX).

– Limites da excludente: O cumprimento deve ser estritamente dentro da lei, ou seja, há de obedecer à risca os limites a que está subordinado. De fato, todo direito apresenta duas características fundamentais: **é limitado e disciplinado em sua execução**. Fora dos limites traçados pela lei, surge o excesso ou o abuso de autoridade. O fato torna-se ilícito, e, além de livrar do cumprimento aquele a quem se dirige a ordem, abre-lhe ainda espaço para a utilização da legítima defesa.

– Estrito cumprimento de dever legal e crime culposo: A excludente é incompatível com os crimes culposos. A situação, geralmente, é resolvida pelo estado de necessidade.

– Comunicabilidade da excludente da ilicitude: Em caso de concurso de pessoas, o estrito cumprimento de dever legal configurado em relação a um dos agentes estende-se aos demais envolvidos no fato típico, sejam eles coautores ou partícipes.

– Atuação policial e Lei do Crime Organizado: Nas investigações envolvendo delitos cometidos no contexto de organizações criminosas, não há crime na conduta do policial que oculta sua identidade para, utilizando-se da rede mundial de computadores, levantar indícios de autoria e da materialidade de delitos praticados pelos membros do agrupamento ilícito. Exclui-se a ilicitude, pois o fato está acobertado pelo estrito cumprimento de dever legal, sem prejuízo da responsabilização penal do policial pelos excessos eventualmente cometidos. É o que se extrai do art. 10-C da Lei 12.850/2013, com a redação dada pela Lei 13.964/2019 ("Pacote Anticrime"): "Art. 10-C. Não comete crime o policial que oculta a sua identidade para, por meio da internet, colher indícios de autoria e materialidade dos crimes previstos no art. 1º desta Lei. Parágrafo único. O agente policial infiltrado que deixar de observar a estrita finalidade da investigação responderá pelos excessos praticados."[148]

○ **Exercício regular de direito:** O direito é um só e a sua repartição em diversos ramos tem fins essencialmente didáticos. Dessa forma, um ato lícito para qualquer área do direito não pode ser ilícito perante o Direito Penal, e vice-versa, evitando-se a contradição e a falta de

---

[146] Outro exemplo de estrito cumprimento de dever legal encontra-se no art. 190-C da Lei 8.069/1990 – Estatuto da Criança e do Adolescente: "Não comete crime o policial que oculta a sua identidade para, por meio da internet, colher indícios de autoria e materialidade dos crimes previstos nos arts. 240, 241, 241-A, 241-B, 241-C e 241-D desta Lei e nos arts. 154-A, 217-A, 218, 218-A e 218-B do Decreto-Lei nº 2.848, de 7 de dezembro de 1940 (Código Penal)."

[147] MIRABETE, Julio Fabbrini. *Manual de direito penal*. Parte geral. 24. ed. São Paulo: Atlas, 2007. v. 1, p. 185.

[148] Para o estudo aprofundado do tema: MASSON, Cleber; MARÇAL, Vinícius. *Crime organizado*. 5. ed. São Paulo: Método, 2020.

unidade sistemática do ordenamento jurídico. A palavra "direito" é utilizada em sentido amplo pelo art. 23, III, do CP. Quem está autorizado a praticar um ato, reputado pela ordem jurídica como o exercício de um direito, age licitamente. Exemplificativamente, ao particular que, diante da prática de uma infração penal, corajosamente efetua a prisão em flagrante de seu autor, não pode ser imputado o crime de constrangimento ilegal, em razão da permissão contida no art. 301 do CPP.

– **Limites da excludente:** Essa causa de exclusão da ilicitude, assim como todas as demais, deve obedecer aos limites legais. Quem tem um direito, dele não pode abusar. O excesso ou abuso enseja, além do afastamento da excludente, a utilização da legítima defesa por parte do prejudicado pelo exercício irregular e abusivo do direito. Além disso, pode ocorrer até mesmo a prática de um crime. Exemplificativamente, os arts. 1.566, IV, e 1.634, I, do CC, preceituam ser dever dos pais a educação dos filhos, facultando-lhes o uso de meios moderados para correção e disciplina, quando necessário. O abuso ou excesso desse direito, entretanto, tipificará o crime de maus-tratos, delineado pelo art. 136 do CP. Anote-se ainda que quando o exercício regular de um direito tem seu nascedouro no Direito Penal, o fato pode ser ilícito na seara extrapenal, nada obstante não configure infração penal. É o caso do advogado que, durante debates em audiência judicial, ofende um colega, em razão de suas funções. Não há injúria, por força do art. 142, I, do Código Penal, o que não obsta a sua punição administrativa pela violação da ética profissional. Essa atuação, todavia, deve respeitar os limites legais, sob pena de configuração do excesso.

– **Costume:** É a reiteração uniforme de uma conduta, em face da convicção de sua obrigatoriedade. Não se trata de direito assegurado em lei, mas de prática consagrada em determinada coletividade, por ser considerada cogente. Predomina o entendimento de que o direito, cujo exercício regular autoriza a exclusão da ilicitude, **deve estar previsto em lei**. José Frederico Marques, contudo, sustenta a possibilidade de o fato típico ser justificado pelo direito consuetudinário. São suas palavras: "O 'costume' legitima também certas ações ou fatos típicos. É disto um exemplo o trote acadêmico em que as violências, injúrias e constrangimentos que os veteranos praticam contra os noviços, não se consideram atos antijurídicos em face do direito penal, porque longo e reiterado costume consagra o 'trote' como instituição legítima."[149]

– **Distinções entre estrito cumprimento de dever legal e exercício regular de direito:** A primeira diferença diz respeito à natureza das causas legais de exclusão da ilicitude – no *estrito cumprimento de dever legal*, de *natureza compulsória*, o agente está obrigado a cumprir o mandamento legal, enquanto no *exercício regular de direito*, de natureza facultativa, o ordenamento o autoriza a agir, mas a ele pertence a opção entre exercer ou não o direito assegurado. A segunda diferença reside na origem: no *estrito cumprimento de dever legal* o dever de agir tem origem na lei, exclusivamente, enquanto o *exercício regular de direito* tem seu exercício autorizado por lei, regulamentos e, para alguns, até mesmo nos costumes.

– **Lesões em atividades esportivas:** A prática de determinadas atividades esportivas pode resultar em lesões corporais, e, excepcionalmente, até mesmo na morte de seus praticantes. É o que ocorre em vários esportes, tais como futebol, boxe, artes marciais etc. O fato típico decorrente da realização de um esporte, desde que respeitadas as regras regulamentares emanadas de associações legalmente constituídas e autorizadas a emitir provisões internas, configura exercício regular de direito, afastando a ilicitude, porque o esporte é uma atividade que o Estado não somente permite, mas incentiva a sua prática. Todavia, se o fato típico cometido pelo agente resultar da violação das regras esportivas, notadamente por ultrapassar seus limites, o excesso implicará na responsabilidade pelo crime, doloso ou culposo.

– **Intervenções médicas ou cirúrgicas:** A atividade médica ou cirúrgica é indispensável para a sociedade, e, por esse motivo, regulamentada pelo Poder Público, exigindo-se habilitação técnica, atestada por órgãos oficiais, para o seu adequado exercício. Para caracterização da excludente, é

---

[149] MARQUES, José Frederico. *Tratado de direito penal*. Campinas: Bookseller, 1997. v. II, p. 179.

indispensável o consentimento do paciente, ou, quando incapaz ou impossibilitado de fazê-lo, de quem tenha qualidade para representá-lo, sob pena de constrangimento ilegal (art. 146 do CP). No caso de cirurgia para salvar o paciente de iminente risco de vida, estará o médico resguardado tanto pelo exercício regular de direito como pelo estado de necessidade, dispensando-se, nesse último caso, o consentimento da pessoa submetida ao serviço cirúrgico. Flávio Augusto Monteiro de Barros explica que a intervenção médica ou cirúrgica caracteriza estado de necessidade em duas hipóteses: (1) quando o leigo, na ausência absoluta do médico, realiza ato de medicina, para salvar a vida ou saúde de outrem de perigo atual e inevitável; e (2) quando o médico executa a medicina contra a vontade do paciente ou de seu representante legal para salvá-lo de iminente perigo de vida (art. 146, § 3.º, I, do CP).[150]

– A questão das testemunhas de Jeová: No tocante às pessoas que se filiam à religião "testemunhas de Jeová", e analisando a questão sob o prisma **estritamente jurídico**, é legítima a atuação do médico que, independentemente de autorização judicial, efetua a transfusão de sangue para salvar a vida do paciente, ainda que sem a sua autorização (se consciente e plenamente capaz) ou contra a vontade de seus familiares (se inconsciente ou incapaz). Com efeito, o direito à vida deve sobrepor-se às posições religiosas. A propósito, dispõe o art. 11 da Resolução CFM – Conselho Federal de Medicina 2.232/2019: "Em situações de urgência e emergência que caracterizarem iminente perigo de morte, o médico deve adotar todas as medidas necessárias e reconhecidas para preservar a vida do paciente, independentemente da recusa terapêutica." Nesse caso coexistem o estado de necessidade de terceiro (proteção da vida humana), o exercício regular de direito (desempenho de profissão autorizada e incentivada pelo Estado) e o estrito cumprimento de dever legal (o médico precisa cumprir a deliberação emanada do Conselho a que pertence).

– Ofendículas: Também chamadas de **ofendículos** ou **ofensáculas**, têm origem nos práticos do Direito que utilizaram a palavra para indicar a prevenção de qualquer ordem apta para ofender. Apontam-se comumente alguns engenhos mecânicos, como o arame farpado, a cerca elétrica e cacos de vidro sobre muros. Cuida-se de meios defensivos utilizados para a proteção da propriedade e de outros bens jurídicos, tais como a segurança familiar e a inviolabilidade do domicílio. O titular do bem jurídico prepara previamente o meio de defesa, quando o perigo ainda é remoto e incerto, e o seu funcionamento somente se dá em face de uma agressão atual ou iminente. Devem ser **visíveis:** funcionam como meio de advertência, e não como forma oculta para ofender terceiras pessoas. Há duas posições em doutrina acerca da espécie de excludente configurada pelas ofendículas: (1) Sebastián Soler, Vicenzo Manzini, Giuseppe Bettiol e Aníbal Bruno se filiam à tese que sustenta tratar-se de **exercício regular de direito**. Nesse sentido, é importante destacar o art. 1.210, § 1.º, do Código Civil: "O possuidor turbado, ou esbulhado, poderá manter-se ou restituir-se por sua própria força, contanto que o faça logo; os atos de defesa, ou de desforço, não podem ir além do indispensável à manutenção, ou restituição da posse"; (2) José Frederico Marques, Magalhães Noronha e Costa e Silva situam o assunto como **legítima defesa preordenada**, alegando o último que, se o aparelho está disposto de modo que só funcione no momento necessário e com a proporcionalidade a que o proprietário era pessoalmente obrigado, nada impede a aplicação da legítima defesa.[151]

– Meios mecânicos predispostos de defesa da propriedade: São assim compreendidos os **aparelhos ocultos** que possuem a mesma finalidade das ofendículas. Exemplo: espingarda com barbante ligando seu gatilho à fechadura de uma porta, a qual, se aberta, acarreta no disparo da arma de fogo. Por serem escondidos, normalmente acarretam em excesso punível, doloso ou culposo.

– Exercício regular de direito e utilização de cadáver para estudos e pesquisas científicas: A Lei 8.501/1992 permite a utilização de cadáver não reclamado junto às autoridades públicas para estudos e pesquisas científicas, desde que respeitados os requisitos por ela previstos: deve ter transcorrido

---

150 BARROS, Flávio Augusto Monteiro de. *Direito penal.* Parte geral. 5. ed. São Paulo: Saraiva, 2006. p. 343.
151 COSTA E SILVA, A. J. da. *Código Penal anotado.* São Paulo: RT, 1943. v. I, p. 171-172.

o prazo mínimo de 30 dias entre a data da morte e a do pedido de uso; a utilização do cadáver deve ser realizada por escolas de medicina; o cadáver não pode resultar de ação criminosa; e o cadáver não pode ter qualquer tipo de documentação, ou, quando identificado, não existirem informações sobre parentes ou responsáveis legais. Nesse caso, estará afastado eventual crime de vilipêndio ou destruição de cadáver por parte dos responsáveis pelas escolas de medicina, bem como dos estudiosos, em razão do exercício regular de direito.

○ **Causas supralegais de exclusão da ilicitude:** Prevalece na doutrina e na jurisprudência o entendimento de que as causas de exclusão da ilicitude não se limitam às hipóteses previstas em lei, se estendendo também àquelas que necessariamente resultam do direito em vigor e das suas fontes. Seria impossível exigir do legislador a regulamentação expressa e exaustiva de todas as causas de justificação, seja porque algumas delas resultam de novas construções doutrinárias, seja porque derivam de valores ético-sociais, cujas modificações constantes podem acarretar no desenho de novas causas ainda não previstas em lei, mas que em determinada sociedade se revelam imprescindíveis à adequada e justa aplicação da lei penal. E como essas eximentes não fundamentam nem agravam o poder punitivo estatal – operando exatamente em sentido contrário –, a criação de causas supralegais não ofende o princípio da reserva legal, inseparável do Direito Penal moderno. Para quem admite essa possibilidade, a causa supralegal de exclusão da ilicitude por todos aceita é o **consentimento do ofendido.**[152] Anote-se, porém, ser vedado o reconhecimento de causas supralegais para os partidários do caráter formal da ilicitude: se esta é compreendida como a mera contrariedade entre o fato praticado e o ordenamento jurídico (posição legalista), somente esse mesmo ordenamento jurídico pode, taxativamente, afastar a ilicitude legalmente configurada.

○ **Consentimento do ofendido:** Três teorias buscam fundamentar o consentimento do ofendido como causa supralegal de exclusão da ilicitude: (1) **Ausência de interesse:** não há interesse do Estado quando o próprio titular do bem jurídico, de cunho disponível, não tem vontade na aplicação do Direito Penal. Essa teoria é criticada por não se poder outorgar o poder de decisão a uma pessoa que pode se equivocar acerca do seu real interesse; (2) **Renúncia à proteção do Direito Penal:** em algumas situações, excepcionais, o sujeito passivo de uma infração penal pode renunciar, em favor do sujeito ativo, a proteção do Direito Penal. Essa teoria entra em manifesto conflito com o caráter público desse ramo do ordenamento jurídico; (3) **Ponderação de valores:** trata-se da teoria mais aceita no direito comparado. O consentimento funciona como causa de justificação quando o Direito concede prioridade ao valor da liberdade de atuação da vontade frente ao desvalor da conduta e do resultado causado pelo delito que atinge bem jurídico disponível.

– **Aplicabilidade:** O consentimento do ofendido como tipo penal permissivo tem aplicabilidade restrita aos delitos em que o único titular do bem ou interesse juridicamente protegido é a pessoa que aquiesce e que pode livremente dele dispor. De uma maneira geral, estes delitos podem ser incluídos em quatro grupos diversos: (*a*) delitos contra bens patrimoniais; (*b*) delitos contra a integridade física; (*c*) delitos contra a honra; e (*d*) delitos contra a liberdade individual.[153] Nos crimes contra o patrimônio, por óbvio, somente se aceita a disponibilidade se não houver

---

[152] BARROS, Flávio Augusto Monteiro de. Op. cit., p. 310-312, apresenta outras causas supralegais: 1) **Princípio da adequação social:** ação realizada dentro do âmbito da normalidade admitida pelas regras de cultura. Essa posição é isolada, pois tal princípio funciona como *causa de exclusão da tipicidade*; 2) **Princípio do balanço dos bens:** exclusão da ilicitude quando o sacrifício de um bem tem por fim preservar outro mais valioso. Assemelha-se ao estado de necessidade, mas dele se diferencia por não exigir, principalmente, a atualidade do perigo; e 3) **Princípio da insignificância ou da bagatela:** atualmente compreendido, de forma praticamente unânime, como excludente da tipicidade, inclusive pela jurisprudência do Supremo Tribunal Federal.

[153] PIERANGELI, José Henrique. *O consentimento do ofendido na teoria do delito.* 3. ed. São Paulo: RT, 2001. p. 98.

o emprego de violência à pessoa ou grave ameaça durante a execução do delito. E, nos crimes contra a integridade física, nas hipóteses em que a lei condiciona a persecução penal à iniciativa do ofendido ou de quem o represente, seja com o oferecimento de representação, seja com o ajuizamento de queixa-crime. Em síntese, é cabível unicamente em relação a **bens jurídicos disponíveis.** Se indisponível o bem jurídico, há interesse privativo do Estado e o particular dele não pode renunciar. O consentimento do ofendido somente pode afastar a ilicitude nos delitos em que **o titular do bem jurídico tutelado pela lei penal é uma pessoa, física ou jurídica.** Não tem o condão de excluir o crime quando se protegem bens jurídicos metaindividuais, ou então pertencentes à sociedade ou ao Estado.

– **Requisitos:** Para ser eficaz, o consentimento do ofendido: (a) deve ser **expresso (ou real),** pouco importando sua forma (oral ou por escrito, solene ou não). Mas também tem sido admitido o consentimento presumido (ou ficto), nas hipóteses em que se possa com razoabilidade concluir que o agente atuou supondo que o titular do bem jurídico teria consentido se conhecesse as circunstâncias em que a conduta foi praticada; (b) não pode ter sido concedido em razão de coação ou ameaça, nem de paga ou promessa de recompensa (há de ser **livre);** (c) deve ser **moral** e respeitar os **bons costumes;** (d) deve ser manifestado **previamente** à consumação da infração penal; e (e) o ofendido deve ser **plenamente capaz** para consentir, ou seja, deve ter completado 18 anos de idade e não padecer de nenhuma anomalia suficiente para retirar sua capacidade de entendimento e autodeterminação. No campo dos crimes contra a dignidade sexual, especificamente no tocante aos delitos previstos nos arts. 217-A, 218, 218-A e 218-B, todos do CP, a situação de vulnerabilidade funciona como instrumento legal de proteção à liberdade sexual da pessoa menor de 14 anos de idade, em face de sua incapacidade volitiva, sendo irrelevante o consentimento do vulnerável para a formação do crime sexual. Não produz efeitos o consentimento prestado pelo representante legal de um menor de idade ou incapaz.

– **Consentimento do ofendido e crimes culposos:** Não há obstáculo à exclusão da ilicitude nos crimes culposos como decorrência do consentimento do ofendido. Evidentemente, assim como nos crimes dolosos, o bem jurídico deve ser disponível. Ademais, o consentimento refere-se não ao resultado naturalístico, por ser involuntário, mas à conduta imprudente, negligente ou imperita. No crime de lesão corporal culposa na direção de veículo automotor (Lei 9.503/1997, art. 303), por exemplo, afasta-se a ilicitude quando a vítima aquiesce ao excesso de velocidade do motorista, daí resultando um acidente e a produção dos ferimentos.

– **Consentimento presumido:** A doutrina alemã aceita, paralelamente ao consentimento expresso, o consentimento presumido, nos casos urgentes em que o ofendido ou seu representante legal não possam prestar a anuência, mas seria razoável esperar que, se possível, agiriam dessa forma. Apontam-se os exemplos do aborto necessário, para salvar a vida da gestante, bem como a amputação de um membro de um ferido de guerra desacordado, para preservar partes relevantes de seu corpo e até mesmo livrá-lo da morte. O CP português também disciplina expressamente o consentimento presumido. Essa posição, favorável ao consentimento presumido, tem sido adotada no Brasil.

– **Consentimento do ofendido como causa de exclusão da tipicidade:** Na hipótese de bem jurídico disponível, é possível que o consentimento do ofendido afaste a tipicidade da conduta relativamente aos tipos penais em que se revela como requisito, expresso ou tácito, que o comportamento humano se realize contra ou sem a vontade do sujeito passivo. É o que ocorre nos crimes de sequestro ou cárcere privado (CP, art. 148), violação de domicílio (CP, art. 150) e estupro (CP, art. 213), entre outros.

○ **Causas de exclusão da ilicitude e aspectos processuais:** Se restar suficientemente comprovada a presença de uma causa de exclusão da ilicitude, estará ausente uma condição da ação penal, e o Ministério Público deverá requerer o arquivamento dos autos do inquérito policial. Se não o fizer **no tocante aos crimes diversos dos dolosos contra a vida,** o magistrado poderá rejeitar a denúncia, com fundamento no art. 395, II, do CPP. Na hipótese de a denúncia ter sido recebida, o juiz poderá, após a apresentação da resposta escrita, absolver sumariamente o acusado, em face da existência manifesta da causa de exclusão da ilicitude do fato, nos moldes do art. 397, I, do CPP. Se assim não agir, restará, por ocasião da sentença, absolvê-lo com fulcro no art. 386, VI, do CPP. Por outro lado, **nos crimes de competência do Tribunal do Júri**, o magistrado não poderá pronunciar o réu. Deverá absolvê-lo sumariamente, com fulcro no art. 415, IV, do CPP, diante da existência de circunstância que exclui o crime.

– **Prisão provisória e causas de exclusão da ilicitude:** A Lei 13.964/2019, também conhecida como "Pacote Anticrime", gerou reflexos no tocante às causas de exclusão da ilicitude. Como se extrai do art. 310, § 1.º, do CPP: "Art. 310. Após receber o auto de prisão em flagrante, no prazo máximo de até 24 (vinte e quatro) horas após a realização da prisão, o juiz deverá promover audiência de custódia com a presença do acusado, seu advogado constituído ou membro da Defensoria Pública e o membro do Ministério Público, e, nessa audiência, o juiz deverá, fundamentadamente: (...) § 1º Se o juiz verificar, pelo auto de prisão em flagrante, que o agente praticou o fato em qualquer das condições constantes dos incisos I, II ou III do *caput* do art. 23 do Decreto-Lei nº 2.848, de 7 de dezembro de 1940 (Código Penal), poderá, fundamentadamente, conceder ao acusado liberdade provisória, mediante termo de comparecimento obrigatório a todos os atos processuais, sob pena de revogação." Em resumo, o mencionado dispositivo legal impõe ao juiz a obrigação de, no prazo máximo de 24 horas após a prisão, realizar audiência de custódia, na qual deverá analisar o cabimento da liberdade provisória ao agente que praticou o fato (típico) em estado de necessidade, legítima defesa, estrito cumprimento do dever legal ou exercício regular do direito. Tal norma deve ser interpretada com prudência. De fato, se o magistrado concluir pela **fundada suspeita** (probabilidade) da prática do fato típico sob o manto de alguma causa excludente da ilicitude, é razoável a concessão da liberdade provisória, visando uma dupla finalidade: (a) o agente responde em liberdade à ação penal; e (b) abre-se espaço para apuração a fundo, durante a instrução criminal, da presença ou não da eximente.[154] De outro lado, se o juiz se deparar com um quadro fático de certeza acerca da prática do fato amparado por uma causa de exclusão da ilicitude, deverá relaxar a prisão, em face da sua ilegalidade, com fulcro no art. 5.º, LXV, da Constituição Federal, e no art. 310, I, do CPP. A ilegalidade da prisão repousa na ausência de crime. Igual raciocínio deve ser empregado na interpretação do art. 314 do CPP, relacionado à **prisão preventiva** e assim redigido: "Art. 314. A prisão preventiva em nenhum caso será decretada se o juiz verificar pelas provas constantes dos autos ter o agente praticado o fato nas condições previstas nos incisos I, II e III do *caput* do art. 23 do Decreto-Lei nº 2.848, de 7 de dezembro de 1940 – Código Penal." De fato, a prudência determina a manutenção em liberdade do agente, sem decretação da prisão preventiva, nas hipóteses de fundada suspeita da prática do fato em situação caracterizadora de qualquer das causas de exclusão da ilicitude. Por outro lado, se estiver cabalmente demonstrada a presença de alguma eximente, não há falar em crime, e muito menos na admissibilidade desta modalidade de prisão provisória.

– **Descriminante em branco (ou excludente da ilicitude em branco):** É a modalidade de causa de exclusão da ilicitude na qual seu conteúdo depende de complementação, a ser encontrada em outra lei, em um ato administrativo ou até mesmo no enunciado de Súmula Vinculante. Vejamos dois exemplos: (a) Um cidadão comum, ao presenciar a prática de um roubo, efetua a prisão em flagrante do ladrão, imobilizando-o até a chegada da Polícia Militar. Sua conduta é lícita, em face da regra contida no art. 301 do CPP: "Qualquer do povo poderá e as autoridades policiais e seus agentes deverão prender quem quer que seja encontrado em flagrante delito." Não há como se imputar a ele o crime de constrangimento ilegal, pois sua atuação encontra-se acobertada pelo exercício regular de direito expressamente assegurado pelo art. 301 do CPP; e (b) Um policial civil dirige-se à casa de condenado pela Justiça para efetuar o cumprimento de mandado de

---

[154] Nos crimes de competência do Tribunal do Júri, a dúvida acerca da presença ou não das causas excludentes da ilicitude deve ser submetida ao Conselho de Sentença, juízo natural para o julgamento dos crimes dolosos contra a vida, em sintonia com o mandamento veiculado pelo art. 5.º, XXXVIII, *d*, da Constituição Federal.

prisão. Lá chegando, é recebido a socos e pontapés, razão pela qual decide algemar o agressor. Nesse caso, não se pode falar na configuração do crime de abuso de autoridade, uma vez que o funcionário público se encontra no estrito cumprimento de dever legal, e a Súmula Vinculante 11 claramente autoriza o uso de algemas "em casos de resistência".

○ Excesso: Excesso é a **desnecessária intensificação** de um fato típico inicialmente amparado por uma causa de justificação. Pressupõe, portanto, uma excludente da ilicitude, a qual desaparece em face de o agente desrespeitar os seus limites legalmente previstos, suportando a punição pelas abusivas e inúteis lesões provocadas ao bem jurídico penalmente tutelado. Depois de apresentar as causas de exclusão da ilicitude, estatui o art. 23 do CP, em seu parágrafo único, que o agente, em qualquer das hipóteses previstas neste dispositivo, responderá pelo excesso doloso ou culposo. Assim, quando o agente ultrapassar as barreiras necessárias na prática do fato típico, cuja ilicitude a eximente apaga, há excesso, seja no tocante à situação de necessidade, à agressão repelida, ao dever legal, ou, ainda, ao exercício do direito. A expressão **"em qualquer das hipóteses deste artigo"** indica a penalização do excesso, doloso ou culposo, em todas as causas legais genéricas de exclusão da ilicitude. No **estado de necessidade**, o excesso recai na expressão "nem podia de outro modo evitar" (art. 24 do CP): age com excesso aquele que, para afastar a situação de perigo, utiliza meios dispensáveis e sacrifica bem jurídico alheio. Na **legítima defesa**, o excesso se consubstancia no emprego de meios desnecessários para repelir a injusta agressão, atual ou iminente, ou, quando necessários, os emprega imoderadamente. No **estrito cumprimento do dever legal**, o excesso resulta da não observância, pelo agente, dos limites determinados pela lei que lhe impõe a conduta consistente em um fato típico. No **exercício regular de direito**, finalmente, o excesso decorre do exercício abusivo do direito consagrado pelo ordenamento jurídico.

– **Espécies de excesso:** (1) **Doloso** ou **consciente** – é o excesso voluntário e proposital. O sujeito quer ultrapassar os parâmetros legais, sabendo que assim agindo praticará um delito de natureza dolosa, e por ele responderá como crime autônomo. (2) **Culposo** ou **inconsciente** – é o excesso resultante de imprudência, negligência ou imperícia (modalidades de culpa). O agente responde pelo crime culposo praticado, se previsto em lei. (3) **Acidental** ou **fortuito** – é a modalidade que se origina de caso fortuito ou força maior, eventos imprevisíveis e inevitáveis. Cuida-se de excesso penalmente irrelevante.[155] (4) **Exculpante** – é o excesso **decorrente da profunda alteração de ânimo do agente**, ou seja, medo ou susto provocado pela situação em que se encontra. Encontra certa dose de rejeição pela doutrina e pela jurisprudência. Há entendimentos, contudo, no sentido de que o excesso exculpante exclui a culpabilidade, em razão da inexigibilidade de conduta diversa. A propósito, com a rubrica "excesso escusável", dispõe o art. 45, parágrafo único, do Decreto-lei 1.001/1969 – Código Penal Militar: "Não é punível o excesso quando resulta de escusável surpresa ou perturbação de ânimo, em face da situação." O art. 20, § 6.º, do Código Penal Espanhol eleva o medo, dependendo da situação, à condição de causa de exclusão da culpabilidade.

– **Excesso intensivo e extensivo:** **Excesso intensivo** ou **próprio** é o que se verifica quando ainda estão presentes os pressupostos das causas de exclusão da ilicitude. É o caso do agente que, no contexto de uma agressão injusta, defende-se de forma desproporcional. Há superação dos limites traçados pela lei para a justificativa, e o excesso assume um perfil ilícito. São desse posicionamento, a título ilustrativo, Francisco de Assis Toledo, Nélson Hungria e Alberto Silva Franco. Para os adeptos dessa corrente, o excesso extensivo é, em verdade, um crime autônomo, situado fora do contexto fático da excludente da ilicitude. A situação pode ser dividida em duas etapas: (1) aquela em que estavam presentes os pressupostos da justificativa; e (2) uma posterior, na qual a excludente já estava encerrada, na qual o agente pratica outro delito, desvencilhado da situação anterior. **Excesso extensivo** ou **impróprio**, ao contrário, é aquele em que não estão

---

155 FRANCO, Alberto Silva; STOCO, Rui; MARREY, Adriano. *Teoria e prática do júri*. 6. ed. São Paulo: RT, 1997. p. 489.

mais presentes os pressupostos das causas de exclusão da ilicitude: não mais existe a agressão ilícita, encerrou-se a situação de perigo, o dever legal foi cumprido e o direito foi regularmente exercido. Em seguida, o agente ofende bem jurídico alheio, respondendo pelo resultado dolosa ou culposamente produzido. Filiam-se a essa vertente, entre outros, E. Magalhães Noronha e Celso Delmanto.

– **Legítima defesa e excesso:** Nada obstante seja admitido em relação a todas as causas genéricas de exclusão da ilicitude (CP, art. 23, parágrafo único), é mais comum a configuração do excesso na legítima defesa. E nessa eximente, com a adoção do **excesso intensivo ou próprio**, a intensificação desnecessária da conduta inicialmente justificada pode ocorrer em três hipóteses, a teor do previsto no art. 25, *caput*, do Código Penal: (1) o agente usa meio desnecessário; (2) o agente usa imoderadamente o meio necessário; ou (3) o agente usa, imoderadamente, meios desnecessários.

○ **Jurisprudência selecionada:**

Excesso doloso – quesitação após a absolvição do réu – impossibilidade: "3. Na atual sistemática do Tribunal do Júri, não há mais quesitos específicos sobre a absolvição, pois o Legislador Pátrio, ao editar a Lei n.º 11.689/2008, determinou que todas as teses defensivas, no ponto, fossem abrangidas por uma única quesitação obrigatória (art. 483, inciso III, do Código de Processo Penal). 4. Ao concentrar as teses absolutórias no terceiro quesito do Tribunal do Júri ('o jurado absolve o acusado?'), a lógica do Legislador foi a de impedir que os jurados fossem indagados sobre questões técnicas. Assim, declarada a absolvição pelo Conselho de Sentença, com resposta afirmativa de mais de três juízes leigos à referida quesitação, o prosseguimento do julgamento para verificação de excesso doloso constituiu constrangimento manifestamente ilegal ao direito ambulatorial do Paciente. 5. Ademais, o fato de ter sido considerada a quesitação sobre excesso doloso na legítima defesa significou ofensa à garantia da plenitude de defesa, pois o novo sistema permite justamente que o Jurado possa absolver o Réu baseado unicamente em sua livre convicção, e de forma independente da tese defensiva" (STJ: HC 190.264/PB, rel. Min. Laurita Vaz, 5.ª Turma, j. 26.08.2014).

Estrito cumprimento de dever legal – ausência de crime contra a honra: "1. Queixa-crime oferecida por Juiz contra Desembargadora que, durante processo de promoção por merecimento de magistrados, proferiu voto com expressões tidas por, caluniosas, difamatórias e injuriosas pelo querelante. 2. A querelada, em sessão pública, proferiu seu voto, em cumprimento ao previsto na Resolução n° 106/2010 do CNJ, com considerações que entendeu pertinentes, não se extraindo da sua manifestação atividade delituosa que se amolde às figuras típicas dos arts. 138, 139 e 140, c/c o art. 141, II, do Código Penal, visto que ausente o elemento subjetivo dos tipos penais, a inexistência de 'animus caluniandi, diffamandi vel injuriandi'. 3. Manifestação da querelada no estrito cumprimento do dever legal de fundamentação do voto, relatando informações que possuía, não se configurando a tipicidade dos crimes a ela imputados, pelo querelante nos termos do art. 142, III, do Código Penal e do art. 41 da LC n° 35/79 (LOMAN). 4. Queixa-crime rejeitada" (STJ: APn 720/BA, rel. Min. Sidnei Beneti, Corte Especial, j. 07.08.2013).

Exercício regular de direito – exclusão da ilicitude: "III - A manifestação considerada ofensiva, feita com o propósito de informar possíveis irregularidades, sem a intenção de ofender, descaracteriza o tipo subjetivo nos crimes contra a honra, sobretudo quando o ofensor está agindo no estrito cumprimento de dever legal. Precedentes. IV - As informações levadas ao Corregedor--Regional do Trabalho por ex-ocupante do mesmo cargo, ainda que deselegantes e com possíveis consequências graves, praticadas no exercício regular de um direito e sem a intenção de caluniar e injuriar o querelante, não podem ser consideradas típicas, daí porque ausente a justa causa para a ação penal" (STJ: APn 348/PA, rel. Min. Antônio de Pádua Ribeiro, Corte Especial, j. 18.05.2005).

Tribunal do Júri – absolvição do réu fundada na legítima defesa – impossibilidade de quesitação do excesso doloso: "Suscitada a legítima defesa como única tese defensiva perante o Conselho de Sentença, caso mais de três jurados respondam afirmativamente ao terceiro quesito – 'O jurado absolve o acusado?' –, o Juiz Presidente do Tribunal do Júri deve encerrar o julgamento e concluir pela absolvição do réu, não podendo submeter à votação quesito sobre eventual excesso doloso alegado pela acusação. Na atual sistemática do Tribunal do Júri, o CPP não prevê quesito específico sobre a legítima defesa. Após a Lei 11.689/2008, foram unificadas teses defensivas em um único quesito obrigatório (art. 483, inciso III, do CPP). Ao concentrar diversas teses absolutórias nesta questão – 'O jurado absolve o acusado?' –, o legislador buscou impedir que os jurados fossem indagados sobre aspectos técnicos. Nessa perspectiva, declarada a absolvição pelo Conselho de Sentença, prosseguir no julgamento para verificar se houve excesso doloso constituiu constrangimento manifestamente ilegal ao direito ambulatorial do acusado. Caracteriza, ademais, ofensa à garantia da plenitude de defesa, pois o novo sistema permite justamente que o jurado possa absolver o réu baseado unicamente em sua livre convicção e de forma independente das teses defensivas" (STJ: HC 190.264/PB, rel. Min. Laurita Vaz, 5.ª Turma, j. 26.08.2014, noticiado no *Informativo* 545).

Estado de necessidade

> **Art. 24.** Considera-se em estado de necessidade quem pratica o fato para salvar de perigo atual, que não provocou por sua vontade, nem podia de outro modo evitar, direito próprio ou alheio, cujo sacrifício, nas circunstâncias, não era razoável exigir-se.
>
> § 1º Não pode alegar estado de necessidade quem tinha o dever legal de enfrentar o perigo.
>
> § 2º Embora seja razoável exigir-se o sacrifício do direito ameaçado, a pena poderá ser reduzida de um a dois terços.

○ **Conceito:** Estado de necessidade é a causa de exclusão da ilicitude que depende de uma situação de perigo caracterizada pelo **conflito de interesses lícitos**, ou seja, uma colisão entre bens jurídicos pertencentes a pessoas diversas que se soluciona, com a autorização conferida pelo ordenamento jurídico, com o sacrifício de um deles para a preservação do outro.

○ **Natureza jurídica:** O art. 23, I, do CP deixa claro tratar-se de causa de exclusão da ilicitude. Com efeito, não há crime quando o agente pratica o fato (típico) em estado de necessidade. A doutrina diverge, contudo, acerca da essência do estado de necessidade: direito ou faculdade. Para Nélson Hungria, cuida-se de **faculdade**. Aníbal Bruno entende tratar-se de um **direito**, a ser exercido não contra aquele que suporta o fato necessitado, mas frente ao Estado, que tem o dever de reconhecer a exclusão da ilicitude, e, por corolário, o afastamento do crime. Com o devido respeito, a questão deve ser encarada sob outro enfoque, frente ao qual a doutrina é pacífica. O estado de necessidade constitui-se em **faculdade** entre os titulares dos bens jurídicos em colisão, uma vez que um deles não está obrigado a suportar a ação alheia, e, simultaneamente, em **direito** diante do Estado, que deve reconhecer os efeitos descritos em lei. Mais do que um mero direito, portanto, consiste em **direito subjetivo do réu**, pois o juiz não tem discricionariedade para concedê-lo. Presentes os requisitos legais, tem o magistrado a obrigação de decretar a exclusão da ilicitude.

– **Teorias:** Sobre a natureza jurídica do estado de necessidade, existem as seguintes teorias:

1) *Teoria unitária:* o estado de necessidade é causa de exclusão de ilicitude, desde que o bem jurídico sacrificado seja de igual valor ou de valor inferior ao bem jurídico preservado. Exige somente a razoabilidade na conduta do agente. Foi a teoria adotada pelo CP. A análise conjunta do art. 24, *caput* e § 2.º, autoriza um raciocínio bastante simples: se o bem em perigo é igual

ou superior a outro, sacrifica-se este, e restará consagrada a licitude do fato. Nesse caso, há razoabilidade na conduta do agente, o qual, para preservar interesse próprio ou de terceiro, pode sacrificar interesse alheio, desde que igual ou menos valioso do que o preservado. Não há crime. Se, todavia, o interesse sacrificado for superior ao preservado, tanto que era razoável exigir-se o sacrifício do direito ameaçado, subsiste o crime, autorizando, no máximo, a diminuição da pena, de um a dois terços. Em síntese, essa teoria admite somente o **estado de necessidade justificante** (excludente da ilicitude), quando o bem jurídico sacrificado apresenta valor igual ou inferior ao bem jurídico preservado. Se, contudo, o bem jurídico sacrificado reveste-se de valor superior ao bem jurídico sacrificado, não se caracteriza o estado de necessidade (há crime), admitindo-se a redução da pena, de um a dois terços.

2) *Teoria diferenciadora:* derivada do direito penal alemão e alicerçada no princípio da ponderação de bens e deveres, diferencia o estado de necessidade **justificante (excludente da ilicitude)** do estado de necessidade **exculpante (excludente da culpabilidade).** Para essa teoria, há estado de necessidade **justificante** quando se sacrifica bem jurídico de **valor igual ou inferior** ao do bem jurídico preservado. Nas hipóteses em que o bem jurídico sacrificado for de valor **superior** ao do bem jurídico protegido, mantém-se a ilicitude, mas caracteriza-se o estado de necessidade **exculpante** – causa de exclusão da culpabilidade, em face da **inexigibilidade de conduta diversa.** No Brasil, a teoria diferenciadora não foi acolhida pelo Código Penal, mas encontra amparo no Decreto-lei 1.001/1969 – Código Penal Militar –, em seu art. 39, o que não obsta, ainda, a previsão castrense do estado de necessidade como excludente da ilicitude (art. 43). Em outras palavras, o Código Penal Militar admite tanto o estado de necessidade justificante, excludente da ilicitude, como também o estado de necessidade exculpante, excludente da culpabilidade.

3) *Teoria da equidade:* originária de Immanuel Kant, prega a manutenção da ilicitude e da culpabilidade. A ação realizada em estado de necessidade não é juridicamente correta, mas não pode ser castigada por questões de equidade, calcadas na coação psicológica que move o sujeito.[156]

4) *Teoria da escola positiva:* alicerçada nos pensamentos de Ferri e Florián, pugna também pela manutenção da ilicitude. Todavia, o ato, extremamente necessário e sem móvel antissocial, deve permanecer impune por ausência de perigo social e de temibilidade do agente.[157]

○ **Requisitos:** O art. 24, *caput*, e seu § 1.º, do CP, elencam **requisitos cumulativos** para a configuração do estado de necessidade como causa legal de exclusão da ilicitude. A análise dos dispositivos revela a existência de dois momentos distintos para a verificação da excludente:

1) Situação de necessidade: Existência de (a) perigo atual; (b) perigo não provocado voluntariamente pelo agente; (c) ameaça a direito próprio ou alheio; e (d) ausência do dever legal de enfrentar o perigo.

– **Perigo atual:** Perigo é a exposição do bem jurídico a uma situação de probabilidade de dano. Sua origem pode vir de um fato da natureza (ex.: uma inundação, subtraindo o agente um barco para sobreviver), de seres irracionais (ex.: ataque de um cão bravio) ou mesmo de uma atividade humana (ex.: motorista que dirige em excesso de velocidade e atropela um transeunte, com o objetivo de chegar rapidamente a um hospital e socorrer um enfermo que se encontra no interior do veículo). Deve ser **efetivo** ou **real:** a sua existência deve ter sido comprovada no caso concreto. O CP exige seja o **perigo atual:** deve estar ocorrendo no momento em que o fato é praticado. Sua presença é imprescindível. Em relação ao **perigo iminente**, aquele prestes a se iniciar, há controvérsia. Prevalece o entendimento de que equivale ao perigo atual, excluindo o crime. Há posições, porém, no sentido de que o perigo iminente não autoriza o estado de necessidade, pois, se fosse esta a vontade da lei, o teria incluído expressamente. O perigo **remoto** ou **futuro**, normalmente imaginário, ou seja, aquele que pode ocorrer em

---

[156] GARCIA SOTO, Maria Paulina. *El estado de necesidad en materia penal.* Santiago: Jurídica Conosur, 1999. p. 76.
[157] GARCIA SOTO, Maria Paulina. Op. cit., p. 77.

momento ulterior ao da prática do fato típico, bem como o **perigo pretérito** ou **passado** – que já se verificou e encontra-se superado –, não caracterizam o estado de necessidade.

– **Perigo não provocado voluntariamente pelo agente:** Foi mencionado que a situação de perigo pode se originar de uma atividade humana, lícita ou não. O CP, contudo, é claro ao negar o estado de necessidade àquele que voluntariamente provocou o perigo. A discussão reside na extensão da palavra "voluntariamente". Qual é o seu alcance? Abrange apenas o perigo provocado dolosamente? Ou também engloba o perigo causado pelo agente a título de culpa? O panorama é tranquilo sobre o perigo dolosamente provocado: não é possível invocar a causa de justificação em apreço. Em relação ao perigo culposamente criado pelo agente, entretanto, a doutrina revela divergências. Aníbal Bruno, Basileu Garcia, Bento de Faria, Damásio E. de Jesus e Heleno Cláudio Fragoso aduzem ser a palavra "vontade" um sinal indicativo de dolo. Logo, aquele que culposamente provoca uma situação de perigo pode se valer do estado de necessidade para excluir a ilicitude do fato típico praticado. Na Alemanha, Claus Roxin informa ser unânime o entendimento no sentido de que a provocação culposa do perigo não afasta a possibilidade de invocar o estado de necessidade.[158] Por outro lado, E. Magalhães Noronha, Francisco de Assis Toledo, José Frederico Marques e Nélson Hungria sustentam que a atuação culposa também é voluntária em sua origem: a imprudência, a negligência e a imperícia derivam da vontade do autor da conduta. Consequentemente, não pode suscitar o estado de necessidade a pessoa que culposamente produziu a situação perigosa. Esta segunda posição nos parece a mais adequada. Com efeito, além de a culpa também ser voluntária em sua origem (involuntário é somente o resultado naturalístico), o Direito não pode ser piedoso com os incautos e imprudentes, autorizando o sacrifício de bens jurídicos alheios, em regra de terceiros inocentes, para acobertar com o manto da impunidade fatos típicos praticados por quem deu causa a uma situação de perigo. Se não bastasse, o CP deve ser interpretado sistematicamente e, analisando o art. 13, § 2.º, "c", podemos concluir que, se quem cria a situação de perigo, dolosa ou culposamente, tem o dever jurídico de impedir o resultado, igual raciocínio deve ser utilizado no tocante ao estado de necessidade, é dizer, quem cria o perigo, dolosa ou culposamente, não pode invocar a causa de justificação.

– **Ameaça a direito próprio ou alheio:** O perigo deve ser direcionado a bem jurídico pertencente ao autor do fato típico ou ainda a terceira pessoa. No Brasil, **qualquer bem jurídico**, próprio ou de terceiro, pode ser protegido quando enfrentar um perigo capaz de configurar o estado de necessidade (o art. 24, *caput*, do CP usa a expressão "direito próprio ou alheio"). Exige-se, todavia, a **legitimidade do bem**, que deve ser reconhecido e protegido pelo ordenamento jurídico. Para a proteção de bem jurídico de terceiro, a lei não reclama a existência de uma relação de parentesco ou intimidade, pois a eximente se funda na solidariedade que deve reinar entre os indivíduos em geral. Destarte, é possível o estado de necessidade para a defesa de bens jurídicos pertencentes a pessoas desconhecidas, e, inclusive, de pessoas jurídicas, que também são titulares de direitos.

– **Ausência do dever legal de enfrentar o perigo:** Não pode alegar estado de necessidade quem tinha o dever legal de enfrentar o perigo (CP, art. 24, § 1.º). O fundamento da norma é evitar que pessoas que têm o dever legal de enfrentar situações perigosas se esquivem de fazê-lo injustificadamente. Aquele que, por mandamento legal, tem o dever de se submeter a situações de perigo, não está autorizado a sacrificar bem jurídico de terceiro, ainda que para salvar outro bem jurídico, devendo suportar os riscos inerentes à sua função. Essa regra, evidentemente, deve ser interpretada com bom senso: não se pode exigir do titular do dever legal de enfrentar o perigo, friamente, atitudes heroicas ou sacrifício de direitos básicos de sua condição humana. Quanto à expressão **"dever legal de enfrentar o perigo"**, há quem

---

[158] ROXIN, Claus. *Derecho penal*. Parte general. Fundamentos. La estructura de la teoría del delito. Trad. espanhola Diego-Manuel Luzón Peña, Miguel Díaz y García Conlledo e Javier de Vicente Remensal. Madrid: Civitas, 2006. t. I, p. 698.

entenda que deve ser interpretada restritivamente. Portanto, "dever legal" abrange somente o dever decorrente da lei em sentido amplo (lei, medida provisória, decreto, regulamento, portaria etc.). É o entendimento de Nélson Hungria. Uma segunda corrente, por sua vez, afirma que a expressão há de ser interpretada extensivamente, compreendendo, além do dever legal, qualquer espécie de **dever jurídico**, tal como o dever contratual. É, entre outros, o entendimento de Bento de Faria, Costa e Silva e Galdino Siqueira. Essa última posição nos parece mais acertada. De fato, não pode invocar o estado de necessidade quem tem o dever jurídico de enfrentar o perigo. E, uma vez mais, nos socorremos do art. 13, § 2.º, do CP. Em verdade, se quem tem o dever jurídico de agir responde pelo crime quando se omite, com maior razão não pode invocar estado de necessidade diante de sua inércia. O dever resultante de contrato e outros mais, como o decorrente da posição de garantidor e da situação de ingerência, foram previstos expressamente no art. 13, § 2.º, do CP, merecendo ser tratados como **deveres legais**.

2) Fato necessitado: É o fato típico praticado pelo agente em face do perigo ao bem jurídico, que tem como requisitos: (a) inevitabilidade do perigo por outro modo; e (b) proporcionalidade. Preenchidos os requisitos anteriormente indicados, restando configurada a situação de necessidade, o agente pode praticar o fato necessitado, isto é, a conduta lesiva a outro bem jurídico. Esse fato, contudo, deve obedecer a dois outros requisitos: inevitabilidade do perigo por outro modo e proporcionalidade.

    – **Inevitabilidade do perigo por outro modo**: O fato necessitado deve ser absolutamente imprescindível para evitar a lesão ao bem jurídico. Se o caso concreto permitir o afastamento do perigo por qualquer outro meio (*commodus discessus*), a ser aferido de acordo com o juízo do homem médio e diverso da prática do fato típico, por ele deve optar o agente.

    – **Proporcionalidade:** diz respeito ao cotejo de valores, ou seja, à relação de importância entre o bem jurídico sacrificado e o bem jurídico preservado no caso concreto. Não se pode, previamente, estabelecer um quadro de valores, salvo em casos excepcionais (ex.: a vida humana, evidentemente, vale mais do que o patrimônio). Deve o magistrado decidir na situação real que lhe for apresentada, utilizando como vetor o juízo do homem médio. Em face da teoria unitária adotada pelo art. 24 do CP, o bem preservado no estado de necessidade deve ser de valor igual ou superior ao bem jurídico sacrificado.

○ **Causa de diminuição da pena (art. 24, § 2.º):** Cuida-se de **causa de diminuição da pena** que ocorre quando o agente, visando proteger bem jurídico próprio ou de terceiro, sacrifica outro bem jurídico de maior valor. Não há exclusão do crime. É mantida a tipicidade, mas é possível a diminuição da pena, dependendo das condições concretas em que o fato foi praticado. Essa norma só se aplica nos casos de estado de necessidade **exculpante**, desde que não tenha restado configurada uma situação de inexigibilidade de conduta diversa (excludente da culpabilidade).

○ **Espécies de estado de necessidade:** A divisão do estado de necessidade leva em conta diversos critérios:

    – **Quanto ao bem sacrificado:** (a) **Justificante:** o bem sacrificado é de valor igual ou inferior ao preservado. Exclui a ilicitude. (b) **Exculpante:** o bem sacrificado é de valor superior ao preservado. A ilicitude é mantida, mas, no caso concreto, pode afastar a culpabilidade, em face da inexigibilidade de conduta diversa.[159]

    – **Quanto à titularidade do bem jurídico preservado**: (a) **Próprio:** protege-se bem jurídico pertencente ao autor do fato necessitado; (b) **De terceiro:** o autor do fato necessitado tutela bem jurídico alheio.

---

[159]   O estado de necessidade exculpante é compatível apenas com a teoria diferenciadora, que não foi adotada pelo Código Penal, mas encontra amparo no art. 39 do Código Penal Militar.

– **Quanto à origem da situação de perigo:** (a) **Agressivo:** é aquele em que o agente, para preservar bem jurídico próprio ou de terceira pessoa, pratica o fato necessitado contra bem jurídico pertencente a terceiro inocente, ou seja, pessoa que não provocou a situação de perigo. O autor do fato necessitado, embora não seja responsável pelo perigo, deve indenizar o dano suportado pelo terceiro (art. 929 do CC), reservando-lhe, porém, ação regressiva contra o causador do perigo (art. 930, *caput*, do CC); (b) **Defensivo:** é aquele em que o agente, visando à proteção de bem jurídico próprio ou de terceiro, pratica o fato necessitado contra bem jurídico pertencente àquele que provocou o perigo. Obviamente, não há obrigação de ressarcir os danos causados, como se extrai da análise *a contrario sensu* do art. 929 do CC.

– **Quanto ao aspecto subjetivo do agente:** (a) **Real:** a situação de perigo efetivamente existe, e dela o agente tem conhecimento. Exclui a ilicitude; (b) **Putativo:** não existe a situação de necessidade, mas o autor do fato típico a considera presente. O agente, por erro, supõe situação de fato que, se existisse, tornaria sua ação legítima (art. 20, § 1.º, do CP).

o **Estado de necessidade recíproco:** É perfeitamente admissível que duas ou mais pessoas estejam, simultaneamente, em estado de necessidade, umas contra as outras. É o que se convencionou chamar de **estado de necessidade recíproco**, hipótese em que deve ser afastada a ilicitude do fato, sem a interferência do Estado que, ausente, permanece neutro nesse conflito.

o **Casos específicos de estado de necessidade:** Além da regra geral delineada pelo art. 24, o CP, em sua Parte Especial, prevê outros casos de estado de necessidade. É o que se dá no art. 128, I, permitindo o aborto necessário ou terapêutico praticado por médico quando não há outro meio para salvar a vida da gestante. De igual modo, o art. 146, § 3.º, preceitua em seus incisos não configurar constrangimento ilegal a intervenção médica ou cirúrgica, sem o consentimento do paciente ou de seu representante legal, se justificada por iminente perigo de vida, bem como a coação exercida para impedir suicídio. Em relação ao delito de violação de domicílio, é possível o estado de necessidade quando em seu interior algum crime está sendo praticado ou na iminência de o ser, e também na hipótese de desastre ou para socorrer alguém (art. 150, § 3.º, II, do CP e art. 5.º, XI, da CF). Aponta-se ainda o estado de necessidade, implicitamente, nos crimes de violação de correspondência, divulgação de segredo e violação de segredo profissional (arts. 151, 153 e 154 do CP), nas situações em que alguém pratica o fato típico para proteger direito próprio ou alheio.

o **Comunicabilidade do estado de necessidade:** O estado de necessidade justificante exclui a ilicitude do fato típico, afastando, consequentemente, a infração penal. E, desaparecendo o crime ou a contravenção penal em relação a algum dos envolvidos, se comunica a todos os coautores e partícipes da infração penal, pois no tocante a eles o fato também será lícito.

o **Estado de necessidade e crimes permanentes e habituais:** Em regra, não se aplica a justificativa no campo dos crimes permanentes e habituais, uma vez que, no fato que os integra, não há os requisitos da atualidade do perigo e da inevitabilidade do fato necessitado. A jurisprudência já reconheceu o estado de necessidade, contudo, no crime habitual de exercício ilegal de arte dentária (art. 282 do CP), em caso atinente à zona rural longínqua e carente de profissional habilitado.[160]

o **Estado de necessidade e erro na execução:** O estado de necessidade é compatível com a *aberratio ictus* (art. 73 do CP), na qual o agente, por acidente ou erro no uso dos meios de

---

[160]   JESUS, Damásio E. de. *Código Penal anotado.* 15. ed. São Paulo: Saraiva, 2004. p. 112.

execução, atinge pessoa ou objeto diverso do desejado, com o propósito de afastar a situação de perigo a bem jurídico próprio ou de terceiro.

○ **Estado de necessidade e dificuldades econômicas:** Não se confundem. No estado de necessidade, o agente é compelido a praticar o fato típico, para afastar a situação de perigo atual ou iminente, involuntário e inevitável, capaz de afetar bem jurídico próprio ou de terceiro, cujo sacrifício é inexigível. Na dificuldade econômica supõe-se que o indivíduo deva conformar-se com a privação, porque não se cuida do suprimento de necessidade vital ou primária, ou, ainda que disso se trate, que lhe seja possível satisfazer a carência por meio de atividade lícita. Em qualquer das hipóteses não se justifica a lesão ao interesse de outrem. Destarte, a dificuldade econômica, inclusive com a miserabilidade do agente, não constitui estado de necessidade. Em casos excepcionais, admite-se a prática de um fato típico como medida inevitável, ou seja, para satisfação de necessidade estritamente vital que a pessoa, nada obstante seu empenho, não conseguiu superar de forma lícita, a exemplo do furto famélico, em que o sujeito subtrai alimentos básicos para saciar a sua fome ou de pessoa a ele ligada por laços de parentesco ou de amizade. Portanto, se o agente podia laborar honestamente, ou então quando se apodera de bens supérfluos ou em quantidade exagerada, afasta-se a justificativa.

○ **Jurisprudência selecionada:**

Estado de necessidade – dificuldades financeiras – não caracterização: "A afetação da qualidade de vida, mesmo implicando em dificuldades financeiras, por si só, não preenche os requisitos do *status necessitatis* (art. 24 do CP)" (STJ: REsp 499.442/PE, rel. Min. Felix Fischer, 5.ª Turma, j. 24.06.2003).

Legítima defesa

Art. 25. Entende-se em legítima defesa quem, usando moderadamente dos meios necessários, repele injusta agressão, atual ou iminente, a direito seu ou de outrem.

Parágrafo único. Observados os requisitos previstos no *caput* deste artigo, considera-se também em legítima defesa o agente de segurança pública que repele agressão ou risco de agressão a vítima mantida refém durante a prática de crimes.

○ **Introdução:** O instituto da legítima defesa é inerente à condição humana. Acompanha o homem desde o seu nascimento, subsistindo durante toda a sua vida, por lhe ser natural o comportamento de defesa quando injustamente agredido por outra pessoa. Em razão da sua compreensão como direito natural, a legítima defesa sempre foi aceita por praticamente todos os sistemas jurídicos, ainda que muitas vezes não prevista expressamente em lei, constituindo-se, dentre todas, na causa de exclusão da ilicitude mais remota ao longo da história das civilizações. De fato, o Estado avocou para si a função jurisdicional, proibindo as pessoas de exercerem a autotutela, impedindo-as de fazerem justiça pelas próprias mãos. Seus agentes não podem, contudo, estar presentes simultaneamente em todos os lugares, razão pela qual o Estado autoriza os indivíduos a defenderem direitos em sua ausência, pois não seria correto deles exigir a instantânea submissão a um ato injusto para, somente depois, buscar a reparação do dano perante o Poder Judiciário.

○ **Natureza jurídica:** Como se extrai do art. 23, II, do Código Penal, a legítima defesa é causa de exclusão da ilicitude. Destarte, o fato típico praticado em legítima defesa é lícito. Não configura crime.

○ **Conceito:** Está no art. 25, *caput*, do Código Penal: trata-se da causa de justificação consistente em repelir injusta agressão, atual ou iminente, a direito próprio ou alheio, usando moderadamente dos meios necessários.

○ **Requisitos legais:** A legítima defesa depende dos seguintes requisitos **cumulativos:** agressão injusta; atual ou iminente; contra direito próprio ou alheio; reação com os meios necessários; e uso moderado dos meios necessários.

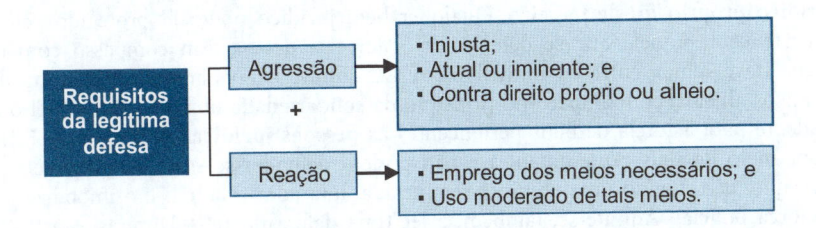

– **Agressão injusta: Agressão** é toda ação ou omissão humana, consciente e voluntária, que lesa ou expõe a perigo de lesão um bem ou interesse consagrado pelo ordenamento jurídico. Cuida-se de **atividade exclusiva do ser humano.** Não pode ser efetuada por um animal, ou por uma coisa, por faltar-lhes a consciência e a voluntariedade ínsitas ao ato de agredir. Portanto, animais que atacam e coisas que oferecem riscos às pessoas podem ser sacrificados ou danificados com fundamento no estado de necessidade, e não na legítima defesa, reservada a agressões emanadas do homem. Nada impede, entretanto, a utilização de animais como **instrumentos do crime,** como nos casos em que são ordenados, por alguém, ao ataque de determinada pessoa. Funcionam como verdadeiras armas, autorizando a legítima defesa. A agressão pode emanar de um **inimputável.** O inimputável pratica conduta consciente e voluntária, apta a configurar a agressão. O fato previsto em uma lei incriminadora por ele cometido é típico e ilícito. Falta-lhe apenas a culpabilidade. A agressão é tomada em sentido meramente objetivo, não guardando vínculo nenhum com o subjetivismo da culpabilidade. É pacífico na doutrina, entretanto, que a condição de inimputável do agressor, se conhecida do agredido, impõe a este maior diligência no evitar, e maior moderação no repelir o ataque. Há posições em sentido contrário, a exemplo de Nélson Hungria, que equiparava os inimputáveis aos seres irracionais. A defesa contra o ataque deles originado, consequentemente, não caracterizava legítima defesa, mas estado de necessidade. Em regra, a agressão é praticada por meio de uma ação, mas nada impede a sua veiculação por **omissão,** quando esta se apresenta idônea a causar danos e o omitente tinha, no caso concreto, o dever jurídico de agir. Mezger fornece o exemplo do carcereiro que tem o dever de liberar o recluso cuja pena já foi integralmente cumprida. Com a sua omissão ilícita, inevitavelmente agride um bem jurídico do preso, autorizando a reação em legítima defesa.[161] Além disso, a agressão deve ser **injusta,** que é a de natureza ilícita, **contrária ao Direito.** Pode ser **dolosa** ou **culposa.** É obtida com uma análise objetiva, consistindo na mera contradição com o ordenamento jurídico. Não se exige, para ser injusta, que a agressão seja prevista como infração penal. Basta que o agredido não esteja obrigado a suportá-la.

161 MEZGER, Edmund. *Tratado de derecho penal.* Trad. espanhola José Arturo Rodrigues Muñoz. Madrid: Revista de Derecho Privado, 1955. t. I, p. 453.

– Agressão atual ou iminente: Não pode o homem de bem ser obrigado a ceder ao injusto. Seria equivocado exigir fosse ele efetivamente agredido para, somente depois, defender-se. Exemplificativamente, não está ele obrigado a ser atingido por um disparo de arma de fogo para, após, defender-se matando o seu agressor. Ao contrário, com a iminência da agressão é permitida a reação imediata contra o agressor, desde que presente o justo receio quanto ao ataque a ser contra ele perpetrado. Atual é a agressão presente, isto é, já se iniciou e ainda não se encerrou a lesão ao bem jurídico. Iminente é a agressão prestes a acontecer, ou seja, aquela que se torna atual em um futuro imediato. A agressão **futura (ou remota)** e a agressão **passada (ou pretérita)** não abrem espaço para a legítima defesa. O medo e a vingança não autorizam a reação, mas apenas a necessidade de defesa urgente e efetiva do interesse ameaçado. A agressão pretérita caracterizaria nítida vingança.

– Agressão a direito próprio ou alheio: A agressão injusta, atual ou iminente, deve ameaçar **bem jurídico próprio ou de terceiro.** Qualquer bem jurídico pode ser protegido pela legítima defesa, pertencente àquele que se defende ou a terceira pessoa. Em compasso com o auxílio mútuo que deve reinar entre os indivíduos, o CP admite expressamente a legítima defesa de bens jurídicos alheios, com amparo no princípio da solidariedade humana. É possível o emprego da excludente para a tutela de bens pertencentes às **pessoas jurídicas,** inclusive do Estado, pois atuam por meio de seus representantes e não podem defender-se sozinhas. Veja-se o exemplo da pessoa que, percebendo uma empresa ser furtada, luta com o ladrão e o imobiliza até a chegada da força policial. Admite-se, também, a legítima defesa do **feto.** Deveras, o art. 2.º do CC resguarda os direitos do nascituro, que podem ser defendidos por terceiros. É o caso do agente que, percebendo estar a gestante na iminência de praticar um autoaborto, a impede, internando-a posteriormente em um hospital para que o parto transcorra normalmente. Embora com alguma controvérsia, pode-se ainda falar em legítima defesa do **cadáver.** Nada obstante não seja titular de direitos, a utilização da causa justificativa encontra amparo no reconhecimento que o Estado lhe confere, em respeito à sociedade e aos seus familiares, criando, inclusive, crimes destinados a esse desiderato (arts. 211 e 212 do CP).[162]

– Reação com os meios necessários: Meios necessários são aqueles que o agente tem à sua disposição para repelir a agressão injusta, atual ou iminente, a direito seu ou de outrem, no momento em que é praticada. A legítima defesa não é desforço desnecessário, mas medida que se destina à proteção de bens jurídicos. Não tem por fim punir, razão pela qual deve ser concretizada da forma menos lesiva possível. O calor do momento da agressão, todavia, impede sejam calculados os meios necessários de forma rígida e matemática. Seu cabimento deve ser analisado de modo flexível. A escolha dos meios deve obedecer aos reclamos da situação concreta de perigo, não se podendo exigir uma proporção mecânica entre os bens em conflito.[163] O meio necessário, desde que seja o único disponível ao agente para repelir a agressão, pode ser desproporcional em relação a ela, se empregado moderadamente. Se o meio empregado for desnecessário, estará configurado o **excesso,** doloso, culposo ou exculpante (sem dolo ou culpa), dependendo das condições em que ocorrer. Ao contrário do que ocorre no estado de necessidade, a possibilidade de fuga ou o socorro pela autoridade pública não impedem a legítima defesa. Não se impõe o *commodus discessus,* isto é, o agredido não está obrigado a procurar a saída mais cômoda e menos lesiva para escapar do ataque injusto. O Direito não pode se curvar a uma situação ilícita. Ademais, lhe é vedado obrigar que alguém seja pusilânime ou covarde, fugindo de um ataque injusto quando pode legitimamente se defender.

– Uso moderado dos meios necessários: Caracteriza-se pelo emprego dos meios necessários na medida suficiente para afastar a agressão injusta. Utiliza-se o perfil do homem médio, ou seja, para aferir a moderação dos meios necessários o magistrado compara o comportamento do agredido

---

[162] É a posição de MANZINI, Vicenzo. *Trattato di diritto penale italiano.* 5. ed. Torino: Torinese, 1981. v. II, p. 388.
[163] Nesse sentido: LINHARES, Marcello Jardim. *Legítima defesa.* 4. ed. São Paulo: Saraiva, 1994. p. 344.

com aquele que, em situação semelhante, seria adotado por um ser humano de inteligência e prudência comuns à maioria da sociedade. Essa análise não é rígida, baseada em critérios matemáticos ou científicos. Comporta ponderação, a ser aferida no caso concreto, levando em conta a natureza e a gravidade da agressão, a relevância do bem ameaçado, o perfil de cada um dos envolvidos e as características dos meios empreendidos para a defesa. O art. 25, *caput*, do CP não a exige expressamente, mas firmaram-se doutrina e jurisprudência no sentido de que, assim como no estado de necessidade, a legítima defesa reclama também **proporcionalidade** entre os bens jurídicos em conflito. O bem jurídico preservado deve ser de valor igual ou superior ao sacrificado, sob pena de configuração do excesso.

○ **Agente de segurança pública e vítima refém de crime:** A Lei 13.964/2019, também conhecida como "Pacote Anticrime", acrescentou o parágrafo único no art. 25 do Código Penal, com a seguinte redação: "Observados os requisitos previstos no *caput* deste artigo, considera-se também em legítima defesa o agente de segurança pública que repele agressão ou risco de agressão a vítima mantida refém durante a prática de crimes." Esse dispositivo afigura-se redundante e desnecessário, por duas razões: (a) se estão "observados os requisitos previstos no *caput* deste artigo", é porque já se caracteriza uma situação clara de legítima defesa; e (b) se existe "vítima mantida refém durante a prática de crimes", o agente de segurança pública não só pode, mas deve repelir agressão ou risco de agressão a ela endereçado, inclusive com a prática de fato típico, porém lícito, seja pela configuração da legítima defesa de terceiro, seja pela obrigação de prender quem quer que seja encontrado em flagrante delito (CPP, art. 301). Fica a impressão, portanto, que o legislador incluiu este parágrafo único no art. 25 do Código Penal para proporcionar maior segurança jurídica às instituições de segurança pública e aos seus membros, conferindo-lhe uma proteção explícita para um direito que sempre foi consagrado pelo Direito Penal. Essa atitude, ainda que desnecessária, mostra-se aceitável, principalmente pela repercussão que alguns casos têm tomado no Brasil nos últimos tempos. Exemplificativamente, na atuação de um atirador de elite (*sniper*) para salvar as vítimas de um sequestrador armado que as mantém como reféns no interior de um ônibus, é indiscutível a incidência da legítima defesa, como causa de exclusão da ilicitude, se ocorrer a morte do agente quando ele se propõe a eliminar a vida de uma das vítimas, desde que presentes os requisitos elencados pelo art. 25, *caput*, do Código Penal. Como "agente de segurança pública", destinatário desta norma, incluem-se os agentes públicos indicados no art. 144 da Constituição Federal: integrantes da polícia federal, da polícia rodoviária federal, das polícias civis, das polícias militares e corpos de bombeiros militares, das polícias penais federal, estaduais e distrital, bem como das guardas municipais. Os membros da polícia legislativa da Câmara dos Deputados (CF, art. 51, IV) e do Senado Federal (CF, art. 52, XIII) não são agentes de segurança pública, pois atuam nos ambientes restritos das casas do Congresso Nacional. Portanto, se agirem para salvar alguma vítima mantida refém de crime praticado no recinto do Poder Legislativo, serão contemplados pela legítima defesa, com a aplicação do art. 25, *caput*, do Código Penal, e não do seu parágrafo único. Em síntese, a eximente em estudo não pode ser aplicada a todo e qualquer funcionário público, mas tão somente **aos agentes de segurança pública**. E cuidado com um ponto importante: o agente de segurança pública, ao praticar um fato típico em legítima defesa, nem sempre será protegido pela excludente contida no parágrafo único do art. 25 do Código Penal. Esse dispositivo somente terá incidência quando tal pessoa repelir agressão ou risco de agressão a **vítima mantida refém durante a prática de crime**. Nos demais casos de legítima defesa será aplicável o instituto previsto no art. 25, *caput*, do Código Penal. Finalmente, cumpre destacar que a Lei 13.964/2019 – "Pacote Anticrime" permitiu a divisão binária da legítima defesa, a saber: (a) **comum ou geral**, definida no art. 25, *caput*, e aplicável a todas as pessoas, inclusive aos agentes de segurança pública; e (b) **específica ou especial**, catalogada no art. 25, parágrafo único, do Código Penal, e cabível apenas aos agentes de segurança pública na hipótese de vítima mantida refém durante a prática de crime.

○ **Legítima defesa e vingança:** Exige-se daquele que reage a vontade de defender-se. Seu ato deve ser uma resposta à agressão de outrem, e esse caráter de reação precisa estar presente nos dois momentos de sua atuação: o objetivo e o subjetivo. Entretanto, não exclui a legítima defesa a circunstância de o agente unir ao fim de defender-se uma finalidade diversa, tal como a vingança, desde que objetivamente não exceda os requisitos da necessidade (uso dos meios necessários) e da moderação (emprego moderado de tais meios).

○ **Desafio e legítima defesa:** Não há legítima defesa no desafio, no duelo, no convite para a luta. Os contendores respondem pelos crimes praticados.

○ **Espécies de legítima defesa:** A divisão da legítima defesa tem como parâmetros a forma de reação, a titularidade do bem jurídico protegido e o aspecto subjetivo daquele que se defende.

– **Quanto à forma de reação: a) Agressiva** ou **ativa** – é aquela em que a reação contra a agressão injusta configura um fato previsto em lei como infração penal. Exemplo: provocar lesões corporais no agressor; **b) Defensiva** ou **passiva** – é a legítima defesa na qual aquele que reage limita-se a impedir os atos agressivos, sem praticar um fato típico. Exemplo: segurar os braços do agressor para que ele não desfira socos.

– **Quanto à titularidade do bem jurídico protegido:** (a) **Própria** é aquela em que o agente defende bens jurídicos de sua titularidade; (b) **De terceiro** é aquela em que o agente protege bens jurídicos alheios.

– **Quanto ao aspecto subjetivo daquele que se defende:** (a) **Real**, em que se encontram todos os requisitos previstos no art. 25, *caput*, do CP. Exclui a ilicitude do fato (art. 23, II, do CP); (b) **Putativa** ou **imaginária,** em que o agente, por erro, acredita existir uma agressão injusta, atual ou iminente, a direito seu ou de outrem. O fato típico praticado permanece revestido de ilicitude (art. 20, § 1.º, do CP); (c) **Subjetiva** ou **excessiva**, em que o agente, por erro de tipo escusável, excede os limites da legítima defesa. É também denominada de **excesso acidental**.

– **Legítima defesa da honra:** Há polêmica acerca da admissibilidade da **legítima defesa da honra**. A honra, direito fundamental do homem, é inviolável por expressa disposição constitucional (art. 5.º, X). E como o art. 25 do CP não faz distinção entre os bens jurídicos, também pode ser alcançada pela legítima defesa. Mas a honra não pode ser isoladamente considerada. Deve ser analisada em determinado contexto, pois pode ser dividida em três aspectos distintos: respeito pessoal, liberdade sexual e infidelidade conjugal. O **respeito pessoal**, que engloba a dignidade e o decoro, é ofendido pelos crimes contra a honra: calúnia, difamação e injúria. Para a sua tutela, admite-se o emprego de força física, necessária e moderada, visando impedir a reiteração das ofensas. E, a propósito, no campo da injúria, a retorsão imediata, que consiste em outra injúria, é passível de perdão judicial (art. 140, § 1.º, do CP). No âmbito da **liberdade sexual** (livre disposição do corpo para fins sexuais), também se autoriza a legítima defesa. É o caso da pessoa que pode ferir ou até mesmo matar quem tenta lhe estuprar. Há, finalmente, a **infidelidade conjugal,** e nesse ponto reside a maior celeuma, relativa à legítima defesa da honra na órbita do adultério. No passado, com a predominância da cultura do machismo e coisificação da mulher, utilizava-se a tese absurda da legítima defesa da honra para assegurar a impunidade de assassinos de mulheres, sustentada na alegação de que a morte da mulher adúltera fora causada por "amor". Essa tese, felizmente, há muito foi sepultada, e não pode ser aceita em hipótese alguma. A proteção da honra não vai ao ponto de legitimar a morte da mulher (esposa, companheira, namorada, etc.) em caso de ciúme, dominação ou mesmo de infidelidade no relacionamento amoroso. A traição, como se sabe, não humilha o traído (ou a traída), e sim o traidor (ou a traidora), pois tal pessoa não se mostra segura e preparada para um relacionamento sério e duradouro. No âmbito do matrimônio, é válido destacar, operou-se a descriminalização do adultério, pois a quebra do dever conjugal pode (e deve) ser solucionada por outras formas, notadamente o divórcio, inclusive com indenização por danos morais ao cônjuge prejudicado pela traição. Além disso, eventual alegação no sentido de "abalo emocional" também não merece credibilidade. O art. 28, I, do Código Penal é firme ao estabelecer que a emoção e a paixão não excluem a imputabilidade penal. O Supremo Tribunal Federal, analisando a violência contra a mulher e o feminicídio, firmou o entendimento de que a tese da legítima defesa da honra é inconstitucional, por contrariar a dignidade da pessoa humana (CF, art. 1.º, III) e o princípio da proteção à vida e da igualdade de gênero (CF, art. 5.º, *caput*), e conferiu interpretação conforme à Constituição Federal aos arts. 23, II, e 25, *caput* e parágrafo único, do Código Penal, e também ao art. 65 do Código de Processo Penal, para o fim de excluir a legítima defesa da honra do âmbito do instituto da legítima defesa e, consequentemente, obstar à defesa, à acusação, à autoridade policial e ao juízo que utilizem, direta ou indiretamente, a tese de legítima defesa da honra (ou qualquer argumento que induza à tese) nas fases pré-processual ou processual penais, bem como durante julgamento perante o Tribunal do Júri, sob pena de nulidade do ato e do julgamento.[164]

– **Legítima defesa presumida:** A tipicidade funciona como indício da ilicitude. Portanto, todo fato típico presume-se ilícito. Inverte-se o ônus da prova: quem alega qualquer excludente da ilicitude, aí se inserindo a legítima defesa, deve provar a sua ocorrência. Por esse motivo, não se admite a legítima defesa presumida.

– **Legítima defesa sucessiva:** Constitui-se na espécie de legítima defesa em que alguém reage contra o excesso de legítima defesa. Exemplo: "A" profere palavras de baixo calão contra "B", o qual, para calá-lo, desfere-lhe um soco. Em seguida, com "A" já em silêncio, "B" continua a agredi-lo fisicamente, autorizando o emprego de força física pelo primeiro para defender-se. É possível essa legítima defesa, pois o excesso sempre representa uma agressão injusta.

○ **Legítima defesa contra a multidão:** Prevalece o entendimento pela sua admissibilidade, pois o instituto da legítima defesa reclama tão somente uma agressão injusta, atual ou iminente, a direito próprio ou alheio, emanada de seres humanos, pouco importando sejam eles individualizados ou não.[165] Em sentido contrário a opinião de Vincenzo La Medica, para quem o comportamento de defesa contra a multidão configura estado de necessidade.[166]

○ **Legítima defesa contra pessoa jurídica:** É possível a legítima defesa contra pessoa jurídica, uma vez que esta exterioriza a sua vontade por meio da conduta de seres humanos, permitindo a prática de agressões injustas.[167] Exemplo: O sistema de som de uma empresa está veiculando ofensas à honra de determinado funcionário. Nessa situação, ele estará autorizado a destruir a máquina, com a finalidade de proteger seu bem jurídico.

○ **Legítima defesa nas relações familiares:** Duas situações distintas podem ser visualizadas: (1) agressões dos pais contra os filhos; e (2) agressões entre os cônjuges. Na relação entre pais e filhos, os castigos moderados inserem-se no campo do exercício regular de direito, impedindo a intervenção de terceiras pessoas. Se, entretanto, os castigos forem imoderados e excessivos, caracterizam agressão injusta, autorizando a legítima defesa pelo descendente, por outro familiar ou mesmo por pessoa estranha. A Lei 13.010/2014, também conhecida como "Lei da Palmada" ou "Lei Menino Bernardo", modificou a Lei 8.069/1990 – Estatuto da Criança e do Adolescente, com a finalidade de proibir expressamente qualquer tipo de castigo físico ou tratamento cruel ou degradante como forma de correção. De seu turno, a Lei 14.344/2022 – "Lei Henry Borel" criou mecanismos para a prevenção e o enfrentamento da violência doméstica e familiar contra a criança e o adolescente. No tocante às relações entre os cônjuges, não tem qualquer deles

---

[164] STF: ADPF 779 MC/DF, rel. Min. Dias Toffoli, Plenário, j. 13.03.2021, noticiado no *Informativo* 1.009.

[165] LINHARES, Marcello Jardim. *Legítima defesa.* 4. ed. São Paulo: Saraiva, 1994. p. 166.

[166] LA MEDICA, Vincenzo. *O direito de defesa.* Trad. Fernando de Miranda. São Paulo: Saraiva: 1942. p. 48-49.

[167] MARSICO, Alfredo de. *Diritto penale* – Parte generale. Napoli: Jovene, 1937. p. 105.

mando ou hierarquia sobre o outro, em face da regra contida no art. 226, § 5.º, da CF. Assim, se o marido agredir injustamente a mulher, ou vice-versa, será cabível a legítima defesa por qualquer deles, ou mesmo por outro familiar ou terceira pessoa.[168]

○ **Legítima defesa e *aberratio ictus*:** Se, repelindo uma agressão injusta, atual ou iminente, a direito seu ou de outrem, o agente atinge pessoa inocente, por erro no emprego dos meios de execução, subsiste em seu favor a legítima defesa. Incidirá ainda a justificativa se o agente atingir a pessoa almejada e também pessoa inocente. O art. 73 do CP é peremptório ao estabelecer que o crime considera-se praticado contra a pessoa visada, permitindo a conclusão de que essa regra aplica-se inclusive para efeito de exclusão da ilicitude.

○ **Legítima defesa de terceiro e consentimento do ofendido:** Quanto à necessidade do consentimento para o exercício da legítima defesa de terceiro, duas situações se colocam: 1) em se tratando de bem jurídico **indisponível**, será prescindível o consentimento do ofendido. Exemplo: um homem agride cruelmente sua esposa, com o propósito de matá-la. Aquele que presenciar o ataque poderá, sem a anuência da mulher, protegê-la, ainda que para isso tenha que lesionar ou mesmo eliminar a vida do covarde marido; 2) Se o bem jurídico for **disponível**, impõe-se o consentimento do ofendido, se for possível a sua obtenção. Exemplo: um homem ofende com impropérios a honra de sua mulher. Por mais inconformado que um terceiro possa ficar com a situação, não poderá protegê-la sem o seu assentimento. Não se olvide, porém, que mesmo no caso de bem jurídico disponível, estará caracterizada a legítima defesa putativa quando o terceiro atuar sem o consentimento do ofendido.

○ **Diferença entre estado de necessidade e legítima defesa:** Estado de necessidade e legítima defesa são causas legais de exclusão da ilicitude (art. 23, I e II, do CP) e têm em comum o perigo a um bem jurídico, próprio ou de terceiro. Contudo, não se confundem. Na legítima defesa, o perigo provém de agressão ilícita do homem, e a reação se dirige contra seu autor. Por outro lado, no estado de necessidade **agressivo** o perigo é originário da natureza, de seres irracionais ou mesmo de um ser humano, mas, para dele se safar, o agente sacrifica bem jurídico pertencente a quem não provocou a situação de perigo. No estado de necessidade **defensivo** o agente sacrifica bem jurídico de titularidade de quem causou a situação de perigo. Em alguns casos, contudo, a situação de perigo ao bem jurídico é provocada por uma **agressão lícita** do ser humano que atua em estado de necessidade. Como o ataque é lícito, eventual reação caracterizará estado de necessidade, e não legítima defesa.

○ **Existência simultânea de legítima defesa e de estado de necessidade:** É possível que uma mesma pessoa atue simultaneamente acobertada pela legítima defesa e pelo estado de necessidade, quando, para repelir uma agressão injusta, praticar um fato típico visando afastar uma situação de perigo contra bem jurídico próprio ou alheio. Exemplo: "A", para defender-se de "B", que injustamente desejava matá-lo, subtrai uma arma de fogo pertencente a "C" (estado de necessidade), utilizando-a para matar o seu agressor (legítima defesa).

○ **Legítima defesa e relação com outras excludentes:** Os requisitos previstos no art. 25, *caput*, do CP revelam a admissibilidade da legítima defesa nos seguintes casos:

a) Legítima defesa real contra legítima defesa putativa: A legítima defesa real pressupõe uma agressão injusta. E essa agressão injusta estará presente na legítima defesa putativa, pois aquele que assim atua, atacando terceira pessoa, o faz de maneira ilícita, permitindo a reação defensiva. Exemplo: "A" caminha em área perigosa. De repente, visualiza "B" colocando a mão no interior de sua blusa, e, acreditando que seria assaltado, "A" saca uma arma de fogo para matar "B". Este

---

[168]   LA MEDICA, Vincenzo. *O direito de defesa*. Trad. Fernando de Miranda. São Paulo: Saraiva: 1942. p. 116-119.

último, entretanto, que iria apenas pegar um cigarro, consegue se esquivar dos tiros, e, em seguida, mata "A" para se defender. A legítima defesa real é o revide contra agressão efetivamente injusta, enquanto a legítima defesa putativa é a reação imaginária, erroneamente suposta, pois existe apenas na mente de quem a realiza. No exemplo mencionado, "A" agiu em legítima defesa putativa, ensejando a legítima defesa real por parte de "B". Esse raciocínio é também aplicável a todas as demais excludentes da ilicitude putativas (estado de necessidade, exercício regular de direito e estrito cumprimento de dever legal).

b) Legítima defesa putativa recíproca (legítima defesa putativa contra legítima defesa putativa): Ocorre na hipótese em que dois ou mais agentes acreditam, erroneamente, que um irá praticar contra o outro uma agressão injusta, quando na verdade o ataque ilícito não existe. Exemplo: "A" e "B", velhos desafetos, encontram-se em local ermo. Ambos colocam as mãos nos bolsos ao mesmo tempo e, em razão disso, partem um para cima do outro, lutando até o momento em que desmaiam. Posteriormente, apura-se que "A" iria oferecer a "B" um cigarro, enquanto este, que havia perdido a fala em um acidente, entregaria àquele um pedido escrito de desculpas pelos desentendimentos pretéritos.

c) Legítima defesa real contra legítima defesa subjetiva: Legítima defesa subjetiva, ou excessiva, é aquela em que o indivíduo, por erro escusável, ultrapassa os limites da legítima defesa. Daí ser também chamada de excesso acidental. No momento em que se configura o excesso, a outra pessoa – que de agressor passou a ser agredido –, pode agir em legítima defesa real, uma vez que foi praticada contra ele uma agressão injusta. Exemplo: "A", de porte físico avantajado, parte para cima de "B", com o escopo de agredi-lo. Este, entretanto, consegue acertar um golpe violento, fazendo seu inimigo desistir da contenda. "B" não nota, todavia, que "A" já estava imóvel, e continua a atacá-lo, desnecessariamente. A partir daí, essa agressão se torna injusta, e "A" poderá agir em legítima defesa real contra o excesso de "B".

d) Legítima defesa real contra legítima defesa culposa: Tal situação é possível, pois para a legítima defesa importa somente o caráter injusto da agressão, objetivamente considerado, independente do elemento subjetivo do agente. Exemplo: "A", sem adotar maior cautela, confunde "B" com uma pessoa que havia prometido matá-lo tão logo o encontrasse, e passa a efetuar disparos de arma de fogo para atingi-lo. "B" poderá, contra essa agressão injusta culposamente perpetrada, agir acobertado pela legítima defesa real.

e) Legítima defesa contra conduta amparada por causa de exclusão da culpabilidade: Será sempre cabível a legítima defesa contra uma agressão que, embora injusta, esteja acobertada por qualquer causa de exclusão da culpabilidade. Exemplo: "A" chega ao Brasil vindo de um país em que não há proteção sobre a propriedade de bens móveis. Não possui, pois, conhecimento acerca do caráter ilícito da conduta de furtar (erro de proibição). Dirige-se à residência de "B" para subtrair diversos de seus pertences. Assim agindo, autoriza "B" a repelir a agressão injusta em legítima defesa do seu patrimônio.

○ **Legítima defesa e relação com outras excludentes – inadmissibilidade:**

a) Legítima defesa real recíproca (legítima defesa real contra legítima defesa real): Não é cabível, pois o pressuposto da legítima defesa é a existência de uma agressão injusta. E, se a agressão de um dos envolvidos é injusta, automaticamente a reação do outro será justa, pois constituirá uma simples atitude de defesa. Consequentemente, apenas este último estará protegido pela causa de exclusão da ilicitude.

b) Legítima defesa real contra outra excludente real: Por idênticos motivos aos ligados à não aceitação da legítima defesa real recíproca, é inadmissível a relação da legítima defesa real com o estado de necessidade real, com o exercício regular de direito real, e, finalmente, com o estrito cumprimento de dever legal real. O fundamento é simples: se a outra excludente é real, não haverá a agressão injusta da qual depende a legítima defesa real.

○ **Legítima defesa e desobediência civil – distinção:** Desobediência civil é a resistência do cidadão à atividade estatal, em razão de reputá-la abusiva e contrária ao interesse público.[169] No campo penal, consiste na prática de um fato típico contra bem jurídico pertencente ao Poder Público, como no exemplo daquele que destrói uma porta para transitar em prédio municipal fechado em razão de greve no setor público. Em nossa opinião, a desobediência civil não importa na configuração da legítima defesa. De fato, a todos é assegurado o direito de não se conformar com as posturas estatais, mas de forma pacífica e ordenada. A lesão a bens jurídicos, mediante a prática de condutas penalmente típicas, não pode ser tolerada, sob pena de acarretar em anarquia e desordem pública.

○ **Jurisprudência selecionada:**

Legítima defesa da honra – feminicídio e violência contra a mulher – dignidade da pessoa humana, proteção à vida e igualdade de gênero: "A tese da legítima defesa da honra é inconstitucional, por contrariar os princípios da dignidade da pessoa humana (CF, art. 1º, III), da proteção à vida e da igualdade de gênero (CF, art. 5º, *caput*). Apesar da alcunha de 'legítima defesa' – instituto técnico-jurídico amplamente amparado no direito brasileiro –, a chamada legítima defesa da honra corresponde, na realidade, a recurso argumentativo/retórico odioso, desumano e cruel utilizado pelas defesas de acusados de feminicídio ou agressões contra mulher para imputar às vítimas a causa de suas próprias mortes ou lesões, contribuindo imensamente para a naturalização e a perpetuação da cultura de violência contra as mulheres no Brasil. O instituto da legítima defesa caracteriza-se pela conjunção dos seguintes elementos: a agressão é injusta e atual ou iminente; envolve direito próprio ou de terceiro, o uso moderado dos meios necessários e a presença de um ânimo de defesa (*animus defendendi*). Trata-se, portanto, de hipótese excepcional de afastamento da aplicação da lei penal, a qual somente se justifica pela confluência dos referidos fatores. De outro lado, a honra se refere a um atributo pessoal, íntimo e subjetivo, cuja tutela se encontra delineada na Constituição, por exemplo, na previsão do direito de resposta, e no Código Penal, que prevê os tipos penais da calúnia, da difamação e da injúria. Portanto, aquele que se vê lesado em sua honra tem meios jurídicos para buscar sua compensação. Também não há que se falar em direito subjetivo de agir com violência contra uma traição. A traição se encontra inserida no contexto das relações amorosas. Seu desvalor reside no âmbito ético e moral. Aliás, para evitar que a autoridade judiciária absolvesse o agente que agiu movido por ciúme ou outras paixões e emoções, o legislador ordinário inseriu no atual Código Penal a regra do art. 28, segundo a qual a emoção ou a paixão não excluem a imputabilidade penal. Aquele que pratica feminicídio ou usa de violência, com a justificativa de reprimir um adultério, não está a se defender, mas a atacar uma mulher de forma desproporcional, de forma covarde e criminosa. Assim sendo, o adultério não configura uma agressão injusta apta a excluir a antijuridicidade de um fato típico, pelo que qualquer ato violento perpetrado nesse contexto deve estar sujeito à repressão do direito penal. A ideia que subjaz à legítima defesa da honra tem raízes arcaicas no direito brasileiro, constituindo um ranço, na retórica de alguns operadores do direito, de institucionalização da desigualdade entre homens e mulheres e de tolerância e naturalização da violência doméstica, as quais não têm guarida na CF/1988. A legítima defesa da honra é uma ideia anacrônica que remonta a uma concepção rigidamente hierarquizada de família, na qual a mulher ocupa posição subalterna e tem restringida sua dignidade e sua autodeterminação. Segundo essa percepção, o comportamento da mulher, especialmente no que se refere à sua conduta sexual, seria uma extensão da reputação do "chefe de família", que, sentindo-se desonrado, agiria para corrigir ou cessar o motivo da desonra. Trata-se, assim, de uma percepção instrumental e desumanizadora do indivíduo, que subverte o conceito kantiano – que é base da ideia seminal de dignidade da pessoa humana – de que o ser humano é um fim em si mesmo, não podendo jamais ter seu valor individual restringido por

---

[169] Para um estudo aprofundado do assunto: GARCIA, Maria. *Desobediência civil:* direito fundamental. 2. ed. São Paulo: Editora Revista dos Tribunais, 2004.

outro ser humano ou atrelado a uma coisa. Trata-se, além do mais, de tese violadora dos direitos à vida e à igualdade entre homens e mulheres, também pilares de nossa ordem constitucional. A ofensa a esses direitos concretiza-se, sobretudo, no estímulo à perpetuação da violência contra a mulher e do feminicídio. Com efeito, o acolhimento da tese da legítima defesa da honra tem a potencialidade de estimular práticas violentas contra as mulheres ao exonerar seus perpetradores da devida sanção. A Constituição garante aos réus submetidos ao tribunal do júri plenitude de defesa, no sentido de que são cabíveis argumentos jurídicos e não jurídicos – sociológicos, políticos e morais, por exemplo –, para a formação do convencimento dos jurados. Não obstante, para além de um argumento atécnico e extrajurídico, a legítima defesa da honra é estratagema cruel, subversivo da dignidade da pessoa humana e dos direitos à igualdade e à vida e totalmente discriminatória contra a mulher, por contribuir com a perpetuação da violência doméstica e do feminicídio no País. Nesse contexto, a cláusula tutelar da plenitude de defesa não pode constituir instrumento de salvaguarda de práticas ilícitas. Há, portanto, a prevalência da dignidade da pessoa humana, da vedação a todas as formas de discriminação, do direito à igualdade e do direito à vida sobre a plenitude da defesa, tendo em vista os riscos elevados e sistêmicos decorrentes da naturalização, da tolerância e do incentivo à cultura da violência doméstica e do feminicídio. Com base nesses fundamentos, o Plenário, por unanimidade, referendou a concessão parcial da medida cautelar em arguição de descumprimento de preceito fundamental para: (i) firmar o entendimento de que a tese da legítima defesa da honra é inconstitucional, por contrariar os princípios constitucionais da dignidade da pessoa humana (CF, art. 1º, III), da proteção à vida e da igualdade de gênero (CF, art. 5º, *caput*); (ii) conferir interpretação conforme à Constituição aos arts. 23, II, e 25, *caput* e parágrafo único, do CP e ao art. 65 do Código de Processo Penal, de modo a excluir a legítima defesa da honra do âmbito do instituto da legítima defesa e, por consequência, (iii) obstar à defesa, à acusação, à autoridade policial e ao juízo que utilizem, direta ou indiretamente, a tese de legítima defesa da honra (ou qualquer argumento que induza à tese) nas fases pré-processual ou processual penais, bem como durante julgamento perante o tribunal do júri, sob pena de nulidade do ato e do julgamento, nos termos do voto do relator" (STF: ADPF 779 MC-Ref/DF, rel. Min. Dias Toffoli, Plenário, j. 13.03.2021, noticiado no *Informativo* 1.009). Essa conclusão foi reforçada pelo julgamento efetuado pelo Plenário do STF no dia 1º de agosto de 2023, com a decisão veiculada no *Informativo* 1.105.

TÍTULO III –
DA IMPUTABILIDADE PENAL

Inimputáveis

> **Art. 26.** É isento de pena o agente que, por doença mental ou desenvolvimento mental incompleto ou retardado, era, ao tempo da ação ou da omissão, inteiramente incapaz de entender o caráter ilícito do fato ou de determinar-se de acordo com esse entendimento.

Redução de pena

> Parágrafo único. A pena pode ser reduzida de um a dois terços, se o agente, em virtude de perturbação de saúde mental ou por desenvolvimento mental incompleto ou retardado não era inteiramente capaz de entender o caráter ilícito do fato ou de determinar-se de acordo com esse entendimento.

○ **Introdução:** A Parte Geral do CP de 1940, antes da entrada em vigor da Lei 7.209/1984, cuidava dessa disciplina dentro do título "Da responsabilidade". Essa opção sempre foi muito criticada, pois a responsabilidade penal não é elemento da culpabilidade, e sim sua **consequência**, ou seja, um sujeito culpável envolvido em um fato típico e ilícito deve ser punido pelo Estado. Atualmente, o Título III da Parte Geral do CP cuida, nos arts. 26 a 28, da **imputabilidade penal**.

○ **Conceito:** A imputabilidade penal é um dos elementos da culpabilidade. O CP acompanhou a tendência da maioria das legislações modernas, e optou por não defini-la. Limitou-se a apontar as hipóteses em que a imputabilidade está ausente, ou seja, os casos de **inimputabilidade penal**. Contudo, as notas características da inimputabilidade fornecem, ainda que indiretamente, o conceito de imputabilidade: é a capacidade mental, inerente ao ser humano de, ao tempo da ação ou da omissão, entender o caráter ilícito do fato e de determinar-se de acordo com esse entendimento. Dessa forma, a imputabilidade penal depende de dois elementos: (1.º) **intelectivo:** é a integridade biopsíquica, consistente na perfeita saúde mental que permite ao indivíduo o entendimento do caráter ilícito do fato; e (2.º) **volitivo:** é o domínio da vontade, é dizer, o agente controla e comanda seus impulsos relativos à compreensão do caráter ilícito do fato, determinando-se de acordo com esse entendimento. Esses elementos devem estar simultaneamente presentes, pois, na falta de um deles, o sujeito será tratado como inimputável. O Brasil adotou um **critério cronológico.** Toda pessoa, a partir do início do dia em que completa 18 anos de idade, presume-se imputável.

○ **Momento para a constatação da imputabilidade:** A imputabilidade deve ser analisada ao tempo da ação ou da omissão. Considera-se, portanto, a **prática da conduta**. Qualquer alteração posterior nela não interfere, produzindo apenas efeitos processuais.[169] Esta imposição decorre da teoria da atividade, adotada para o tempo do crime pelo art. 4.º do Código Penal. Consequentemente, se ao tempo da conduta o réu era imputável, a superveniência de doença mental não altera esse quadro. O réu deve ser tratado como imputável, limitando-se a nova causa a suspender o processo, até o seu restabelecimento (art. 152, *caput*, do CPP).

○ **Sistemas ou critérios para identificação da inimputabilidade:** Como já mencionado, ao completar 18 anos de idade todo ser humano presume-se imputável. Essa presunção, todavia, é **relativa** (*iuris tantum*), pois admite prova em contrário. E para a aferição da inimputabilidade existem três sistemas ou critérios: (**1.º**) **Critério biológico:** basta, para a inimputabilidade, a presença de um problema mental, representado por uma doença mental, ou então por desenvolvimento mental incompleto ou retardado. É irrelevante tenha o sujeito, no caso concreto, se mostrado lúcido ao tempo da prática da infração penal para entender o caráter ilícito do fato e determinar-se de acordo com esse entendimento. Esse sistema atribui demasiado valor ao laudo pericial, pois se o auxiliar da Justiça apontasse um problema mental, o magistrado nada poderia fazer. Seria presumida a inimputabilidade, de forma absoluta (*iuris et de iure*). (**2.º**) **Critério psicológico:** pouco importa se o indivíduo apresenta ou não alguma deficiência mental. Será inimputável ao se mostrar incapacitado de entender o caráter ilícito do fato ou de determinar-se de acordo com esse entendimento. Seu inconveniente é abrir espaço para o desmedido arbítrio do julgador, pois competiria exclusivamente ao magistrado decidir sobre a imputabilidade do réu. (**3.º**) **Critério biopsicológico:** resulta da fusão dos dois anteriores – é inimputável quem, ao tempo da conduta, apresenta um problema mental e, em razão disso, não possui capacidade para entender o caráter ilícito do fato ou determinar-se de acordo com esse entendimento. Esse sistema conjuga as atuações do magistrado (que trata da questão psicológica) e do perito (que cuida da questão biológica). A presunção de imputabilidade é relativa (*iuris tantum*): após os 18 anos, todos são imputáveis, salvo prova pericial em sentido contrário revelando a presença de causa mental deficiente, bem como o reconhecimento de que, por tal motivo, o agente não tinha ao tempo da conduta capacidade para entender o caráter ilícito do fato ou de determinar-se de acordo com esse entendimento. O CP, em seu art. 26, *caput*, acolheu **como regra** o sistema **biopsicológico**. **Excepcionalmente**, entretanto, foi adotado o sistema **biológico** no tocante aos menores de 18 anos (art. 228 da CF e art. 27 do CP).

○ **Causas de inimputabilidade:** O CP apresenta como causas de inimputabilidade: menoridade (art. 27); doença mental (art. 26, *caput*); desenvolvimento mental incompleto (arts. 26, *caput*, e 27); desenvolvimento mental retardado (art. 26, *caput*); e embriaguez completa proveniente de caso fortuito ou força maior (art. 28, § 1.º).

○ **Inimputabilidade por doença mental:** A expressão doença mental deve ser interpretada **em sentido amplo,** englobando os problemas patológicos e também os de origem toxicológica. Ingressam nesse rol (doença mental) todas as alterações mentais ou psíquicas que suprimem do ser humano a capacidade de entender o caráter ilícito do fato e de determinar-se de acordo com esse entendimento. A doença mental pode ser permanente ou transitória, devendo existir ao tempo da prática da conduta para acarretar no afastamento da imputabilidade. Além disso, não é necessário que emane de enfermidade mental, pois há enfermidades físicas que atingem o aspecto psicológico do indivíduo. São exemplos disso os surtos dos tifoides e os delírios decorrentes de graves pneumonias.

---

[169] SILVEIRA, V. César da. *Tratado da responsabilidade criminal.* São Paulo: Saraiva, 1955. v. I, p. 126.

– **Doente mental e intervalos de lucidez:** A inimputabilidade penal é aferida com base em um critério biopsicológico. Não basta a presença do problema mental. Exige-se ainda que em razão dele o sujeito seja incapaz, ao tempo da conduta, de entender o caráter ilícito do fato ou de determinar-se de acordo com esse entendimento. Logo, se ao tempo da conduta o indivíduo – nada obstante seja portador de problema mental – apresentar lucidez, será tratado como imputável. Conclui-se, pois, que os doentes mentais, durante os intervalos de lucidez, são penalmente imputáveis.

○ **Inimputáveis por desenvolvimento mental incompleto:** O desenvolvimento mental incompleto abrange os menores de 18 anos e os indígenas. Para os menores de 18 anos de idade, a regra é inócua, pois deles já cuidam o art. 228 da CF e o art. 27 do CP. Os índios, por outro lado, nem sempre serão inimputáveis. Essa situação depende do grau de assimilação dos valores sociais, a ser revelado pelo exame pericial (exame antropológico).[170] Destarte, dependendo da conclusão da perícia, o índio pode ser: a) imputável: se integrado à vida em sociedade; b) semi-imputável: no caso de estar dividido entre o convívio na tribo e na sociedade; e c) inimputável: quando completamente incapaz de viver em sociedade, desconhecendo as regras que lhe são inerentes.

○ **Inimputabilidade por desenvolvimento mental retardado:** Desenvolvimento mental retardado é o que não se compatibiliza com a fase da vida em que se encontra determinado indivíduo, resultante de alguma condição que lhe seja peculiar. A pessoa não se mostra em sintonia com os demais indivíduos que possuem sua idade cronológica. De fato, o retardo mental é uma condição de desenvolvimento interrompido ou incompleto da mente, especialmente caracterizada por um comprometimento de habilidades manifestadas durante o período de desenvolvimento, as quais contribuem para o nível global da inteligência, isto é, aptidões cognitivas, de linguagem, motoras e sociais.[171] A expressão "desenvolvimento mental *retardado*" compreende as oligofrenias em suas mais variadas manifestações (idiotice, imbecilidade e debilidade mental propriamente dita), bem como as pessoas que, por ausência ou deficiência dos sentidos, possuem deficiência psíquica, como se dá com o surdo-mudo. **O surdo-mudo não é automaticamente inimputável.** Pelo contrário, pois, completados 18 anos de idade, todos se presumem imputáveis. Compete à perícia indicar o grau de prejuízo a ele causado por essa falha biológica. Podem ocorrer três situações distintas: (1) se ao tempo da ação ou da omissão era capaz de entender o caráter ilícito do fato e de determinar-se de acordo com esse entendimento, será considerado **imputável**; (2) se ao tempo da ação ou da omissão não era inteiramente capaz de entender o caráter ilícito do fato ou de determinar-se de acordo com esse entendimento, será considerado **semi-imputável** (art. 26, parágrafo único, do CP); e 3) se ao tempo da ação ou da omissão era inteiramente incapaz de entender o caráter ilícito do fato ou de determinar-se de acordo com esse entendimento, será considerado **inimputável** (art. 26, *caput*, do CP).

○ **Perícia médica:** Salvo no tocante aos menores de 18 anos (critério biológico), o Direito Penal brasileiro acolheu o **sistema biopsicológico** para verificação da inimputabilidade – o juiz afere a parte psicológica, reservando-se à perícia o exame biológico (existência de problema ou anomalia mental). Há uma junção de tarefas, de forma que o magistrado não pode decidir sobre a imputabilidade ou inimputabilidade do acusado sem a colaboração técnica do perito. Exige-se o laudo médico para a comprovação da doença mental, do desenvolvimento mental incompleto ou do desenvolvimento mental retardado. Cuida-se de

---

[170] Nos termos do art. 56, *caput*, da Lei 6.001/1973 – Estatuto do Índio: "No caso de condenação de índio por infração penal, a pena deverá ser atenuada e na sua aplicação o Juiz atenderá também ao grau de integração do silvícola."

[171] MARANHÃO, Odon Ramos. *Curso básico de medicina legal*. 8. ed. 5. tir. São Paulo: Malheiros, 2000. p. 349.

meio legal de prova da inimputabilidade, imprescindível, que sequer pode ser substituído pela inspeção judicial, pois o julgador não possui conhecimentos médicos para identificar deficiências na saúde psíquica do réu. Portanto, a perícia é **fundamental** para a aferição da inimputabilidade. Mas, obviamente, o juiz não pode ser subserviente à conclusão médica, ou seja, não fica vinculado aos peritos. O magistrado é o *peritum peritorum*, é dizer, o "perito dos peritos" (art. 182 do CPP). Se o magistrado discordar da conclusão do laudo pericial, deverá rejeitar a conclusão técnica, ordenando em seguida a realização de novo exame pericial. Não lhe é facultado atuar como se médico fosse, pois a ele a lei impõe a valoração da parte psicológica, assegurando a biológica às pessoas com formação técnica específica. Para a instauração do incidente de insanidade mental, não basta a alegação defensiva no sentido da presença da anomalia ou enfermidade mental. Com efeito, o exame a que se refere o art. 149 do CPP é imprescindível apenas quando houver dúvida fundada a respeito da higidez mental do acusado, em face da presença de indícios plausíveis de que, ao tempo do fato, era incapaz de entender o caráter ilícito da conduta ou de determinar-se de acordo com esse entendimento. O incidente de insanidade mental tramita em autos apartados (CPP, art. 153) e suspende o processo (CPP, art. 149, § 2.º), mas não suspende a prescrição. Como a imputabilidade é presumida a partir do dia em que o agente completa 18 anos de idade, o réu não pode ser submetido à perícia médica contra a sua vontade, uma vez que se trata de prova que se destina exclusivamente a favorecê-lo.

○ **Efeitos da inimputabilidade:** Os menores de 18 anos sujeitam-se à legislação especial (art. 228 da CF): Lei 8.069/1990 – Estatuto da Criança e do Adolescente. Os demais inimputáveis submetem-se à justiça penal. São processados e julgados como qualquer outra pessoa, mas não podem ser condenados. Com efeito, a culpabilidade é pressuposto de aplicação da pena. Sem a imputabilidade (elemento da culpabilidade), não pode ser imposta uma pena. Assim, os inimputáveis, embora demonstrado o envolvimento em um fato típico e ilícito, são absolvidos. Trata-se da chamada sentença de **absolvição imprópria**, pois o réu é absolvido, mas contra ele é aplicada uma **medida de segurança**, na forma definida pelo art. 386, parágrafo único, III, do CPP. Isso se justifica pelo fato de, em relação aos inimputáveis, o juízo de culpabilidade (necessário para a pena) ser substituído pelo **juízo de periculosidade** (necessário para a medida de segurança). Além disso, o art. 97, *caput*, do CP presume de forma **absoluta** a periculosidade dos inimputáveis, ordenando a imposição de medida de segurança.

○ **Imputabilidade diminuída ou restrita:** O CP não rotulou o instituto previsto no parágrafo único do art. 26 do CP, preferindo falar somente em **"redução da pena"**. A doutrina e a jurisprudência consagraram como sinônimas diversas terminologias, destacando-se: imputabilidade diminuída, imputabilidade reduzida, imputabilidade restrita e semi-imputabilidade.

– **Conceito:** O art. 26, parágrafo único, do CP fala em **"perturbação da saúde mental"**. A perturbação da saúde mental também é uma doença mental, embora mais suave. Não elimina totalmente, mas reduz, por parte do agente, a capacidade de entender o caráter ilícito do fato e de determinar-se de acordo com esse entendimento, o que igualmente ocorre em relação ao desenvolvimento mental incompleto e ao desenvolvimento mental retardado. A diferença em relação à inimputabilidade, pois, é de **grau**. O agente tem diminuída a sua capacidade de entendimento e de autodeterminação, a qual permanece presente, embora em grau menor. Por esse motivo, subsiste a imputabilidade e, consequentemente, a culpabilidade. Como, entretanto, o sujeito encontra-se em posição biológica e psicológica inferior a um imputável, a reprovabilidade da conduta é menor, determinando a lei a redução da pena de 1 (um) a 2/3 (dois terços).

– **Sistema adotado:** Assim como na inimputabilidade, nesse ponto o CP também acolheu o **sistema biopsicológico**. Há dois fenômenos decisivos para aferição da semi-imputabilidade: (**1.º**) **biológico:** é a **causa**, consistente em perturbação da saúde mental ou desenvolvimento mental incompleto ou retardado; e (**2.º**) **psicológico:** é o **efeito**, pois em razão da anomalia mental o agente não era, ao tempo da conduta, inteiramente capaz de entender o caráter ilícito do fato ou de determinar-se de acordo com esse entendimento.

– **Natureza jurídica:** Cuida-se de **causa obrigatória de diminuição da pena**. Demonstrado pericialmente nos autos ser o réu **fronteiriço**, isto é, limítrofe entre a imputabilidade e a inimputabilidade, o magistrado, na terceira fase de aplicação da pena, deve obrigatoriamente reduzi-la. A diminuição é obrigatória, reservando-se ao juiz discricionariedade unicamente em relação ao seu percentual, dentro dos limites legais. O montante da redução, maior ou menor, deve levar em conta o grau de diminuição da capacidade de entender o caráter ilícito do fato ou de determinar-se de acordo com esse entendimento. Assim, se o fronteiriço estiver mais próximo da imputabilidade, a redução é menor (1/3), mas se estiver mais próximo dos limites da inimputabilidade, a diminuição deve alcançar o patamar máximo (2/3). Na hipótese de imputação de crime hediondo (art. 1.º da Lei 8.072/1990) ou equiparado (tráfico de drogas, tortura e terrorismo), a semi-imputabilidade limita-se à redução da pena, sem afastar a hediondez do delito e seus efeitos jurídicos (vedação de anistia, graça e indulto, percentuais diferenciados para progressão de regime prisional etc.).[172]

– **Efeitos:** Na semi-imputabilidade subsiste a culpabilidade, devendo o réu ser **condenado**, mas, por se tratar de pessoa com menor grau de censurabilidade, a pena há de ser obrigatoriamente reduzida de 1 (um) a 2/3 (dois terços). O semi-imputável, por outro lado, pode necessitar de **especial tratamento curativo**, por ser dotado de **periculosidade**. Nesse caso, se o exame pericial assim recomendar, e concordando o magistrado, a pena pode ser substituída por medida de segurança, nos moldes do art. 98 do CP. Vale lembrar que a sentença endereçada ao semi-imputável responsável pela prática de um fato típico e ilícito é **condenatória**. A operação é realizada em três etapas: (1) o juiz condena; (2) em seguida, diminui a pena de 1 (um) a 2/3 (dois terços); e (3) finalmente, se o réu necessitar de especial tratamento curativo, o magistrado substitui a **pena diminuída** por medida de segurança. Em síntese, o semi-imputável cumpre pena diminuída **ou** medida de segurança. Com a Reforma da Parte Geral do CP pela Lei 7.209/1984 adotou-se o **sistema vicariante** ou **unitário**, pelo qual o réu somente cumpre uma das sanções penais.

○ **Jurisprudência selecionada:**

Inimputabilidade – critério biopsicológico – incidente de insanidade mental – obrigatoriedade – impossibilidade de realização contra a vontade da defesa: "O incidente de insanidade mental é prova pericial constituída em favor da defesa. Logo, não é possível determiná-lo compulsoriamente na hipótese em que a defesa se oponha à sua realização. Essa é a conclusão da Segunda Turma ao conceder a ordem em 'habeas corpus' que discutiu a legitimidade de decisão judicial que deferira pedido formulado pelo Ministério Público Militar determinando a instauração de incidente de insanidade mental, com fundamento no art. 156 do Código de Processo Penal Militar (CPPM), a ser realizado por peritos médicos de hospital castrense. A Segunda Turma afirmou que o Código Penal Militar (CPM) e o Código Penal (CP) teriam adotado o critério biopsicológico para a análise da inimputabilidade do acusado. Assim, a circunstância de o agente ter doença mental provisória ou definitiva, ou desenvolvimento mental incompleto ou retardado (critério biológico), não seria suficiente para ele ser considerado penalmente inimputável, sem análise específica dessa condição para aplicação da legislação penal. Havendo dúvida sobre a imputabilidade, seria indispensável que, por meio de procedimento médico, se verificasse que, ao tempo da ação ou da omissão, o agente era totalmente incapaz de entender o caráter ilícito do fato ou de determinar-se de acordo com esse entendimento (critério psicológico). Contudo, no caso em comento, a defesa não solicitara a realização do mencionado exame. Tendo isso em conta, o Colegiado asseverou que o paciente não estaria obrigado a se submeter a esse exame" (STF: HC 133.078/RJ, rel. Min. Cármen Lúcia, 2.ª Turma, j. 06.09.2016, noticiado no *Informativo* 838).

---

[172] STJ: AgRg no HC 716.210/DF, rel. Min. Sebastião Reis Júnior, 6.ª Turma, j. 10.05.2022, noticiado no *Informativo* 737.

Índio – imputabilidade penal – Estatuto do Índio e estudo antropológico – relevância: "Embora a perícia antropológica não possua caráter vinculante, constitui importante instrumento para assistir o julgador no processo decisório. A respeito do tema, o Supremo Tribunal Federal, no julgamento dos Embargos de Declaração na Petição n. 3.388/RR, relativo ao processo de demarcação da terra indígena Raposa Serra do Sol, destacou a importância da realização do estudo antropológico, dado que "a inclusão de determinada área entre as 'terras tradicionalmente ocupadas pelos índios' não depende de uma avaliação puramente política das autoridades envolvidas, e sim de um estudo técnico antropológico. Sendo assim, a modificação da área demarcada não pode decorrer apenas das preferências políticas do agente decisório". Merece também relevo, mormente no âmbito penal, a Resolução n. 287/2019 do Conselho Nacional de Justiça, a qual estabelece que, "[a]o receber denúncia ou queixa em desfavor de pessoa indígena, a autoridade judicial poderá determinar, sempre que possível, de ofício ou a requerimento das partes, a realização de perícia antropológica, que fornecerá subsídios para o estabelecimento da responsabilidade da pessoa acusada". Portanto, resulta acentuada a relevância do estudo antropológico para a adequada compreensão dos contornos socioculturais tanto dos fatos analisados quanto dos indivíduos a quem são imputados, de modo a auxiliar o Juízo de primeiro grau na imposição de eventual reprimenda, mormente diante do que prescreve o art. 56 do Estatuto do Índio, segundo o qual, "[n]o caso de condenação de índio por infração penal, a pena deverá ser atenuada e na sua aplicação o Juiz atenderá também ao grau de integração do silvícola". Ante a concreta possibilidade de virem a ser julgados e, eventualmente, condenados pela prática dos crimes de que são acusados, será fundamental, para a precisa individualização das sanções criminais, que o juiz-presidente do Tribunal do Júri tenha as informações necessárias para efetuar o juízo de reprovação que consubstancia a ideia (*lato sensu*) de culpabilidade. Não se verifica, assim, prejuízo ao andamento processual que, uma vez (e se) pronunciados os réus, seja determinada a realização do Estudo Antropológico, *pari passu* aos atos necessários à preparação do julgamento, para o qual, então, deverá o laudo estar concluído e colocado à disposição não apenas dos juízes, leigos e togados, mas também das partes, ao escopo de auxiliá-las nos debates que se desenvolverão em sessão plenária"(STJ: RHC 86.305/RS, rel. Min. Rogerio Schietti Cruz, 6.ª Turma, j. 01.10.2019, noticiado no *Informativo* 659).

Perícia médica - inimputabilidade e semi-imputabilidade – meio legal de prova: "O reconhecimento da inimputabilidade ou semi-imputabilidade do réu depende da prévia instauração de incidente de insanidade mental e do respectivo exame médico-legal nele previsto. Inicialmente, salienta-se que a questão ora suscitada não guarda identidade com aquela veiculada em inúmeros julgados desta Corte, que subsidiaram a orientação no sentido de que a mera alegação de que o acusado é inimputável não justifica a instauração de incidente de insanidade mental, providência que deve ser condicionada à efetiva demonstração da sua necessidade, mormente quando há dúvida a respeito do seu poder de autodeterminação (AgRg no HC n. 516.731/GO, Ministro Jorge Mussi, Quinta Turma, DJe 20/8/2019), pois o que se discute, aqui, é a possibilidade de reconhecimento da semi-imputabilidade do réu sem exame médico-legal. No processo penal brasileiro, em consequência do sistema da persuasão racional, o juiz forma sua convicção pela livre apreciação da prova (art. 155 do CPP). Assim, em regra, não há falar em prova legal ou tarifada no processo penal brasileiro. Contudo, com relação à inimputabilidade (art. 26, *caput*, do CP) e semi-imputabilidade (art. 26, parágrafo único, do CP), não há como ignorar a importância do exame pericial, considerando que o Código Penal adotou expressamente o critério biopsicológico. Ora, o magistrado não detém os conhecimentos técnicos indispensáveis para aferir a saúde mental do réu, tampouco a sua capacidade de se autodeterminar. Atento a essa questão, o legislador estabeleceu o incidente de insanidade mental (art. 149 do CPP). A relevância desse incidente não sobressai apenas do conteúdo técnico da prova que se almeja produzir, mas também da vontade do legislador que, especificamente nos arts. 151 e 152 do CPP, estabeleceu algumas consequências diretas extraídas da conclusão do exame pericial, como a continuidade da presença do curador e a suspensão do processo. Cumpre destacar, ainda, a medida cautelar prevista no art. 319, IV, do Código de Processo Penal, que prevê a internação provisória para crimes praticados com violência ou com grave ameaça, quando os peritos concluírem pela imputabilidade ou semi-imputabilidade. Todos esses aspectos, embora insuficientes para sustentar a tese de que o magistrado ficaria vinculado às conclusões do laudo pericial – o que é expressamente rechaçado pelo art. 182 do CPP ('o juiz não ficará adstrito ao laudo, podendo aceitá-lo ou rejeitá-lo, no todo ou em parte') – autorizam a conclusão de que o exame médico-legal é indispensável para formar a convicção do órgão julgador para fins de aplicação do art. 26 do CP" (STJ: REsp 1.802.845/RS, rel. Min. Sebastião Reis Júnior, 6.ª Turma, j. 23.06.2020, noticiado no *Informativo 675*).

Semi-imputabilidade – crime hediondo ou equiparado – não afastamento: "A semi-imputabilidade, por si só, não afasta o tráfico de drogas e o seu caráter hediondo, tal como a forma privilegiada. No caso, a defesa requereu que fosse excluída a natureza hedionda do delito de tráfico de drogas, sob o argumento de que, por se tratar o paciente de semi-imputável, seria similar ao crime de tráfico privilegiado. Só que a Terceira Seção desta Corte, em 23/11/2016, ao julgar a Petição 11.796/DF, cancelou o enunciado n. 512 da Súmula deste Superior Tribunal de Justiça e firmou tese no sentido de que o tráfico ilícito de drogas na sua forma privilegiada (art. 33, § 4º, da Lei n. 11.343/2006) não é crime equiparado a hediondo (HC 375.963/SP, Ministro Reynaldo Soares da Fonseca, Quinta Turma, DJe 19/12/2018). No entanto, não há previsão legal sobre a semi-imputabilidade, por si só, afastar da conduta do tráfico de drogas e o seu caráter hediondo, tal como a forma privilegiada" (STJ: AgRg no HC 716.210/DF, rel. Min. Sebastião Reis Júnior, 6.ª Turma, j. 10.05.2022, noticiado no *Informativo 737*).

Semi-imputabilidade – diminuição da pena no grau mínimo – necessidade de fundamentação: "Reconhecida a semi-imputabilidade do réu, o Juiz não pode aplicar a causa de diminuição de pena prevista no art. 46 da Lei 11.343/2006 em seu grau mínimo (1/3) sem expor qualquer dado substancial, em concreto, que justifique a adoção dessa fração. De acordo com o referido artigo, a pena pode ser reduzida de um terço a dois terços se, por força de determinadas circunstâncias, o agente não possuía, ao tempo da ação ou da omissão, a plena capacidade de entender o caráter ilícito do fato ou de determinar-se de acordo com esse entendimento. A diminuição da pena, nessa situação, deve ser avaliada de acordo com o grau de deficiência intelectiva do réu, vale dizer, de sua capacidade de autodeterminação. Nesse contexto, a ausência da justificativa para aplicação do redutor em seu grau mínimo viola o princípio do livre convencimento motivado, malferindo o disposto no art. 93, IX, da CF" (STJ: HC 167.376/SP, rel. Min. Gurgel de Faria, 5.ª Turma, j. 23.09.2014, noticiado no *Informativo 547*).

Sistema biopsicológico: "A circunstância de o agente apresentar doença mental ou desenvolvimento mental incompleto ou retardado (critério biológico) pode até justificar a incapacidade civil, mas não é suficiente para que ele seja considerado penalmente inimputável. É indispensável que seja verificar se o réu, ao tempo da ação ou da omissão, era inteiramente incapaz de entender o caráter ilícito do fato ou de determinar-se de acordo com esse entendimento (critério psicológico)" (STF: HC 101.930/MG, rel. Min. Cármen Lúcia, 1.ª Turma, j. 27.04.2010).

Menores de dezoito anos

Art. 27. Os menores de 18 (dezoito) anos são penalmente inimputáveis, ficando sujeitos às normas estabelecidas na legislação especial.

○ **Menoridade:** Em relação aos menores de 18 anos de idade adotou-se o sistema **biológico** para a constatação da inimputabilidade. Tais pessoas, independentemente da inteligência, da perspicácia e do desenvolvimento mental, são tratadas como inimputáveis. Podem, inclusive, ter concluído uma faculdade ou já trabalharem com anotação em carteira de trabalho e previdência social. A presunção de inimputabilidade é **absoluta** (*iuris et de iure*), decorrente do art. 228 da CF e do art. 27 do CP, e não admite prova em sentido contrário. Nos termos da **Súmula 74 do STJ**, a prova da menoridade deve ser feita por documento hábil (certidão de nascimento, certidão de batismo, carteira escolar etc.).

○ **Menor de 18 anos de idade e a emancipação civil:** O menor de 18 anos civilmente emancipado continua, no campo penal, inimputável. A capacidade ou incapacidade civil não se confunde com a imputabilidade penal.

○ **Redução da maioridade penal:** Muito se discute sobre a possibilidade da diminuição da maioridade penal, e qual seria o instrumento necessário para tanto, visando considerar imputáveis as pessoas a partir de idade inferior a 18 anos. Recorde-se que os menores de 18 anos são inimputáveis por expressa determinação constitucional (art. 228). Sobre o assunto há duas posições: (1) A redução da maioridade penal somente seria possível com o advento de uma nova Constituição Federal, fruto do Poder Constituinte Originário. A maioridade penal constitui-se em cláusula pétrea implícita, referente ao direito fundamental de todo menor de 18 anos de não ser processado, julgado e condenado pela Justiça comum. (2) É suficiente uma emenda constitucional, por não se tratar de cláusula pétrea, mas de norma constitucional inserida no capítulo inerente à família, à criança, ao adolescente e à pessoa idosa. A propósito, já foram apresentadas diversas propostas de Emenda Constitucional nesse sentido, mas até agora nenhuma delas foi aprovada.

○ **Crimes permanentes e superveniência da maioridade penal:** Crimes permanentes são aqueles em que a consumação se prolonga no tempo, por vontade do agente. Nesses casos, é possível seja uma conduta iniciada quando a pessoa ainda é menor de 18 anos de idade, e somente se encerre quando atingida a maioridade penal. Exemplo: "A", com 17 anos de idade, pratica extorsão mediante sequestro contra "B", mantendo-o em cativeiro por diversos meses, período no qual o agente vem a completar 18 anos de idade. O agente poderá ser responsabilizado criminalmente **pelos atos praticados após o início da sua imputabilidade penal**. Se o adolescente, entretanto, praticou um ato infracional equiparado a delito de natureza instantânea, a superveniência da maioridade não autoriza sua responsabilização na esfera penal. Nada obstante, admite-se a imposição de medida socioeducativa pela justiça especializada (Vara da Infância e da Juventude). Como estabelece a **Súmula 605 do STJ**: "A superveniência da maioridade penal não interfere na apuração de ato infracional nem na aplicabilidade de medida socioeducativa em curso, inclusive na liberdade assistida, enquanto não atingida a idade de 21 anos".

○ **Menoridade penal e crimes militares:** **Em sua redação original,** estatuía o art. 50 do CPM: "O menor de dezoito anos é inimputável, salvo se, já tendo completado dezesseis anos, revela suficiente desenvolvimento psíquico para entender o caráter ilícito do fato e determinar-se de acordo com esse entendimento. Neste caso, a pena aplicável é diminuída de um terço até a metade". A ressalva relativa aos maiores de 16 anos não fora recepcionada pela Constituição Federal, a teor do seu art. 228. Essa imprecisão foi corrigida pela Lei 14.688/2023, e atualmente o art. 50 do Código Penal Militar apresenta a seguinte (e adequada) redação: "O menor de 18 (dezoito) anos é penalmente inimputável, ficando sujeito às normas estabelecidas na legislação especial".

○ **Jurisprudência selecionada:**

    Crimes permanentes – superveniência da maioridade penal: "Os crimes descritos no art. 159, § 1º, e art. 288, parágrafo único, do Código Penal, são permanentes. Em consequência, se o menor atingir a idade de 18 (dezoito) anos enquanto os delitos se encontrarem em plena consumação, será por eles responsabilizado" (STJ: HC 169.510/SP, rel. Min. Marco Aurélio Bellizze, 5.ª Turma, j. 07.02.2012).

Menoridade relativa – prova: "O documento hábil ao qual a Súmula 74/STJ faz referência não se restringe à certidão de nascimento, ou seja, outros documentos dotados de fé pública, portanto, igualmente hábeis para comprovar a menoridade, também podem atestar a referida situação jurídica, como, por exemplo, a identificação realizada pela polícia civil" (STJ: AgRg no REsp 1.396.837/MG, rel. Min. Sebastião Reis Júnior, 6.ª Turma, j. 27.06.2014). *No mesmo sentido*: STJ: AgRg no REsp 1.423.997/SC, rel. Min. Moura Ribeiro, 5.ª Turma, j. 20.02.2014.

Emoção e paixão

Art. 28. Não excluem a imputabilidade penal:

I – a emoção ou a paixão;

Embriaguez

II – a embriaguez, voluntária ou culposa, pelo álcool ou substância de efeitos análogos.

§ 1º É isento de pena o agente que, por embriaguez completa, proveniente de caso fortuito ou força maior, era, ao tempo da ação ou da omissão, inteiramente incapaz de entender o caráter ilícito do fato ou de determinar-se de acordo com esse entendimento.

§ 2º A pena pode ser reduzida de um a dois terços, se o agente, por embriaguez, proveniente de caso fortuito ou força maior, não possuía, ao tempo da ação ou da omissão, a plena capacidade de entender o caráter ilícito do fato ou de determinar-se de acordo com esse entendimento.

○ **Emoção e paixão:** No CP de 1890 a perturbação dos sentidos e da inteligência afastava a culpabilidade. Por esse motivo, era bastante comum a absolvição de autores de crimes passionais, notadamente de homicídios, sob a alegação de legítima defesa da honra, o que ora não mais se admite. O CP dispõe, atualmente, que a emoção ou a paixão **não excluem a imputabilidade penal**. Utilizou-se, pois, um **critério legal**, ao estatuir taxativamente que tais estados de ânimo não elidem o apontado elemento da culpabilidade. Essa escolha, entretanto, não é isenta de críticas. Bise, penalista suíço, observou que se devia deixar ao magistrado (critério judicial), nessa matéria, certa liberdade, pois podia acontecer que emoções violentas, muitas vezes instantâneas, fizessem com que o réu perdesse momentaneamente o domínio de si mesmo e o arrastassem a cometer, por efeito da cólera levada ao paroxismo, do sentimento de honra ultrajada, da dignidade ferida ou de qualquer provocação, um ato que não teria cometido se estivesse de sangue frio.[173]

– **Conceitos e distinções:** Emoção e paixão são perturbações da psique humana. **Emoção** é o estado afetivo que acarreta na **perturbação transitória** do equilíbrio psíquico, tal como na ira, medo, alegria, cólera, ansiedade, prazer erótico, surpresa e vergonha. **Paixão** é a emoção mais intensa, ou seja, a **perturbação duradoura** do equilíbrio psíquico. Dela são exemplos, entre outros, o amor, a inveja, a avareza, o ciúme, a vingança, o ódio, o fanatismo e a ambição. Enrico Altavilla, sob a ótica da psicologia judiciária, diz que "é o estudo das emoções e das paixões que,

---

[173]   COSTA E SILVA, A. J. da. *Código penal anotado*. São Paulo: RT, 1943. v. I, p. 189-190.

principalmente, nos convence de que bem poucos homens podem afirmar terem sido, durante toda a sua existência, completamente normais". E em seguida invoca as palavras de Kant, para quem: "A emoção é a água que rompe com violência o dique e se espalha rapidamente; a paixão é a torrente que escava o seu leito e nele se incrusta. A emoção é uma embriaguez, a paixão é uma doença."[174] Para Nélson Hungria: "Pode dizer-se que a paixão é a emoção que se protrai no tempo, incubando-se, introvertendo-se, criando um estado contínuo e duradouro de perturbação afetiva em torno de uma *ideia fixa,* de um pensamento obsidente. A emoção dá e passa; a paixão permanece, alimentando-se de si própria. Mas a paixão é como o borralho que, a um sopro mais forte, pode chamejar de novo, voltando a ser fogo crepitante, retornando a ser estado emocional agudo."[175] Portanto, a diferença entre a emoção e a paixão repousa, fundamentalmente, na **duração**. Aquela é um sentimento transitório, enquanto a paixão é duradoura, uma emoção em câmera lenta.

– **Efeitos:** Ainda que sejam de elevada intensidade, a emoção e a paixão não excluem a imputabilidade penal. Porém, o CP, implicitamente, permite duas exceções a essa regra: (1) coação moral irresistível, em face da inexigibilidade de conduta diversa; e (2) estado patológico, no qual se constituem autênticas formas de doença mental.

– **Emoção e paixão patológicas:** Em seu art. 28, I, o CP refere-se à condição de normalidade, isto é, emoção ou paixão incapaz de retirar do agente a capacidade de entender o caráter ilícito do fato ou de determinar-se de acordo com esse entendimento. Quando, contudo, a emoção ou paixão configurar um estado mórbido ou patológico, deverá ser compreendida como uma verdadeira psicose, indicativa de doença mental. Logo, se comprovada pericialmente, a situação encontrará respaldo no art. 26, *caput* (inimputabilidade), ou em seu parágrafo único (imputabilidade restrita ou semi-imputabilidade).

– **Espécies:** A emoção e a paixão podem ser **sociais**, como é o caso do amor, ou **antissociais**, tendo como exemplo o ódio, funcionado como circunstância judicial na aplicação da pena-base, em conformidade com o art. 59, *caput*, do CP. Fala-se, ainda, em emoções: **(a) astênicas:** são as resultantes daquele que sofre de debilidade orgânica, gerando situações de medo, desespero, pavor; e **(b) estênicas:** são aquelas decorrentes da pessoa que é vigorosa, forte e ativa, provocando situações de cólera, irritação, destempero e ira.[176]

– **Disposições especiais no CP:** O art. 65, III, "c", parte final, diz que se o crime foi cometido sob a influência de **violenta emoção**, provocada por ato injusto da vítima, a pena será atenuada. Estará presente, destarte, uma atenuante genérica, funcionando na segunda fase de aplicação da pena. Por sua vez, os arts. 121, § 1.º, e 129, § 4.º, preveem, no tocante ao homicídio e à lesão corporal, respectivamente, a figura do privilégio – causa especial de diminuição da pena – quando o crime é cometido sob o domínio de **violenta emoção**, e logo em seguida a injusta provocação da vítima.

– **A questão do homicídio passional:** O CP Republicano, de 1890, dispunha em seu art. 27, § 4.º: "Não são criminosos os que se acharem em estado de completa privação de sentidos e de inteligência no ato de cometer o crime."[177] Com base nesse dispositivo legal, os criminosos passionais eram comumente absolvidos, sob o pretexto de que, ao encontrarem o cônjuge em flagrante adultério, ou movidos por elevado ciúme, restavam privados da inteligência e dos sentidos. Com a regra ora prevista no art. 28, I, do CP essa interpretação não pode ser admitida. Emoção e paixão não excluem a imputabilidade penal, mormente quando o crime foi motivado por um suposto "amor". Roberto Lyra, com a autoridade de quem foi apelidado de **"o príncipe dos promotores"**, pelo fato de ter sido um dos maiores tribunos do júri, combatia veementemente a impunidade dos

[174] ALTAVILLA, Enrico. *Psicologia judiciária.* O processo psicológico e a verdade judicial. Tradução de Fernando Miranda. Coimbra: Armênio Amado Editor, 1981. v. I, p. 104-105.

[175] HUNGRIA, Nélson. *Comentários ao código Penal.* Rio de Janeiro: Forense, 1949. v. I, p. 523.

[176] NUCCI, Guilherme de Souza. *Código Penal comentado.* 6. ed. São Paulo: RT, 2006. p. 261.

[177] PIERANGELI, José Henrique. *Códigos Penais do Brasil:* evolução histórica. Bauru: Jalovi, 1980. p. 271.

passionais, assim se pronunciando: "O verdadeiro passional não mata. O amor é, por natureza e por finalidade, criador, fecundo, solidário, generoso. Ele é cliente das pretorias, das maternidades, dos lares e não dos necrotérios, dos cemitérios, dos manicômios. O amor, o amor mesmo, jamais desceu ao banco dos réus. Para os fins da responsabilidade, a lei considera apenas o momento do crime. E nele o que atua é o ódio. O amor não figura nas cifras da mortalidade e sim nas da natalidade; não tira, põe gente no mundo. Está nos berços e não nos túmulos."[178]

○ **Embriaguez:** É a **intoxicação aguda** produzida no corpo humano pelo **álcool ou por substância de efeitos análogos**, apta a provocar a exclusão da capacidade de entender o caráter ilícito do fato ou de determinar-se de acordo com esse entendimento. Como exemplos de substâncias de efeitos análogos podem ser apontados o éter, a morfina, o clorofórmio e quaisquer outras substâncias entorpecentes, ainda que não previstas na Portaria do Ministério da Saúde responsável por essa tarefa, dependendo, nesse caso, de perícia médica.

– **Denominação:** A embriaguez indicada no art. 28, II, do CP, que não exclui a imputabilidade penal, é chamada de **embriaguez aguda, embriaguez simples** ou **embriaguez fisiológica**.

– **Embriaguez crônica ou patológica, ou alcoolismo crônico:** Cuida-se da embriaguez que compromete total ou parcialmente a imputabilidade penal, e caracteriza-se pela desproporcional intensidade ou duração dos efeitos inerentes à intoxicação alcoólica. O efeito da embriaguez no organismo humano é contínuo, e as consequências do álcool ou da substância de efeitos análogos subsistem no sistema nervoso depois de sua eliminação. Por esse motivo, a embriaguez patológica é **equiparada às doenças mentais**. Logo, aplica-se o art. 26, *caput*, e seu parágrafo único, do CP, e não o art. 28, II. O ébrio é considerado inimputável ou semi-imputável, em conformidade com a conclusão do laudo pericial.

– **Períodos, fases ou etapas da embriaguez:** São cientificamente reconhecidas **três fases** da embriaguez:[179] **1.ª fase – Eufórica:** as funções intelectuais mostram-se excitadas e o indivíduo particularmente eufórico. A vontade e a autocrítica afiguram-se rebaixadas. A capacidade de julgamento se compromete. Há certo grau de erotismo. O ébrio fala acima do normal, apresenta desinibição e comporta-se de forma cômica e indecorosa. É conhecida como **"fase do macaco"**. **2.ª fase – Agitada:** caracteriza-se por perturbações psicossensoriais profundas. Alteram-se as funções intelectuais, o juízo crítico, a atenção e a memória. Os propósitos são desordenados ou absurdos. Há abolição da crítica. Os delitos normalmente são praticados com agressões ou contra a liberdade sexual, o que não impede crimes de outras espécies. Há perda do equilíbrio e a pessoa marcha de forma desordenada, ou se desequilibra. Ocorrem perturbações visuais. O sujeito fica agitado e agressivo, razão pela qual é chamada de **"fase do leão"**. Nessas duas fases (eufórica e agitada), é possível a prática de crimes comissivos e omissivos. **3.ª fase – Comatosa ("do coma"):** inicialmente há sono e o coma se instala progressivamente. Daí ser chamada de **"fase do porco"**. O estado comatoso pode até se tornar irreversível, com a morte do ébrio, o que pode ser facilitado com a exposição ao frio. Nessa terceira fase (comatosa) o ébrio somente pode praticar crimes omissivos, próprios ou impróprios (comissivos por omissão).

– **Espécies de embriaguez:** A **embriaguez aguda, simples ou fisiológica** classifica-se quanto à intensidade e quanto à origem.

a) Quanto à intensidade: Pode ser completa ou incompleta. **Completa, total,** ou **plena**, é a embriaguez que chegou à segunda (agitada) ou à terceira fase (comatosa). **Incompleta, parcial,** ou **semiplena**, é a embriaguez que se limitou à primeira fase (eufórica).

b) Quanto à origem: Pode ser voluntária, culposa, preordenada ou acidental. **Voluntária,** ou **intencional,** é aquela em que o indivíduo ingere bebidas alcoólicas com a intenção de embriagar-

---

[178] LYRA, Roberto. *Como julgar, como defender, como acusar*. Rio de Janeiro: José Konfino, 1975. p. 97.

[179] Adotamos os conceitos apresentados por MARANHÃO, Odon Ramos. *Curso básico de medicina legal*. 8. ed. 5ª tiragem. São Paulo: Malheiros, 2000. p. 390-393.

-se. Não quer praticar infrações penais. Sua vontade restringe-se a exceder aos limites permitidos para a ingestão do álcool ou substância de efeitos análogos. **Culposa** é a espécie de embriaguez em que a vontade do agente é somente beber, e não embriagar-se. Por exagero no consumo do álcool, todavia, acaba embriagado. Essas duas espécies de embriaguez (voluntária e culposa) não excluem a imputabilidade penal, sejam completas ou incompletas. **Preordenada**, ou **dolosa**, é aquela em que o sujeito propositadamente se embriaga para cometer uma infração penal. A embriaguez funciona como fator de encorajamento para a prática do crime ou da contravenção penal. A embriaguez preordenada, além de não excluir a imputabilidade penal, funciona como **agravante genérica** (art. 61, II, "l", do CP). **Acidental**, ou **fortuita**, é a embriaguez que resulta de caso fortuito ou força maior. No **caso fortuito**, o indivíduo não percebe ser atingido pelo álcool ou substância de efeitos análogos, ou desconhece uma condição fisiológica que o torna submisso às consequências da ingestão do álcool. Exemplos: (1) o sujeito mora ao lado de uma destilaria de aguardente, e aos poucos acaba embriagado pelos vapores da bebida que inala sem perceber; e (2) o agente faz tratamento com algum tipo de remédio, o qual potencializa os efeitos do álcool. Na **força maior**, o sujeito é obrigado a beber, ou então, por questões profissionais, necessita permanecer em recinto cercado pelo álcool ou substância de efeitos análogos. Exemplos: (1) o agente é amarrado e injetam em seu sangue elevada quantidade de álcool; e (2) o indivíduo trabalha na manutenção de uma destilaria de aguardente e, em determinado dia, cai em um tonel cheio da bebida. A embriaguez acidental ou fortuita, **se completa**, capaz de ao tempo da conduta tornar o agente inteiramente incapaz de entender o caráter ilícito do fato ou de determinar-se de acordo com esse entendimento, **exclui a imputabilidade penal** (art. 28, § 1.º, do CP). Por outro lado, a embriaguez acidental ou fortuita **incompleta**, isto é, aquela que ao tempo da conduta retira do agente parte da capacidade de entender o caráter ilícito do fato ou de determinar-se de acordo com esse entendimento, autoriza a **diminuição da pena de 1 (um) a 2/3 (dois terços)**. Equivale, portanto, à **semi-imputabilidade** (art. 28, § 2.º, do CP).

– **Embriaguez acidental completa e medida de segurança:** Nada obstante acarrete ao agente a isenção da pena, nos mesmos moldes da inimputabilidade penal, a embriaguez acidental ou fortuita, e completa, não autoriza a aplicação de medida de segurança, pois o sujeito é imputável. Não é portador de doença mental, nem apresenta desenvolvimento mental incompleto ou retardado, na forma exigida pelo art. 26, *caput*, do CP. Além disso, o tratamento curativo inerente à medida de segurança seria totalmente inócuo e desnecessário.

– **Prova da embriaguez:** A embriaguez admite qualquer meio probatório, mormente em face do sistema da livre apreciação da prova, da persuasão racional ou do livre convencimento motivado, adotado pelo art. 155, *caput*, do CPP. Destacam-se, contudo, três formas probatórias para a comprovação da embriaguez: **(a) exame laboratorial:** é o que revela a quantidade de álcool no sangue de alguém. O agente não é obrigado a ele se submeter, pois ninguém é obrigado a produzir prova contra si mesmo (*nemo tenetur se detegere*); **(b) exame clínico:** é a análise pessoal do indivíduo, evidenciando-se dados característicos da embriaguez, tais como o hálito, o controle emocional, o equilíbrio físico, a fala etc. **(c) prova testemunhal:** pessoas que relatem, deponham acerca da alteração de comportamento de quem se submeteu ao álcool ou substância de efeitos análogos.

– **Prova da embriaguez e o Código de Trânsito Brasileiro:** De acordo com o art. 277 da Lei 9.503/1997 – Código de Trânsito Brasileiro: "O condutor de veículo automotor envolvido em sinistro de trânsito ou que for alvo de fiscalização de trânsito poderá ser submetido a teste, exame clínico, perícia ou outro procedimento que, por meios técnicos ou científicos, na forma disciplinada pelo Contran, permita certificar influência de álcool ou outra substância psicoativa que determine dependência.. (...) § 2º A infração prevista no art. 165 também poderá ser caracterizada mediante imagem, vídeo, constatação de sinais que indiquem, na forma disciplinada pelo Contran, alteração da capacidade psicomotora ou produção de quaisquer outras provas em direito admitidas. § 3º Serão aplicadas as penalidades e medidas administrativas estabelecidas no art. 165-A deste Código ao condutor que se recusar a se submeter a qualquer dos procedimentos previstos no *caput* deste artigo". Portanto, ao motorista abordado pela autoridade pública é facultado recusar-se ao teste do bafômetro, nada obstante o seu estado de embriaguez possa ser aferido por outros meios de prova. Mas essa recusa importará em consequências jurídicas. Busca-se justificar a legitimidade desse dispositivo com o argumento de tratar-se de infração administrativa. Destarte, se o Estado autoriza alguém a conduzir veículos automotores, tem o direito de impor-lhe as condições necessárias para a manutenção dessa prerrogativa, destacando-se, entre elas, a submissão aos exames para comprovação de eventual uso de álcool ou substância de efeitos análogos. Logo, àquele que não se submeter aos testes será aplicada a infração administrativa prevista no art. 165-A do Código de Trânsito.[180] Sustenta-se, contudo, ser inaceitável essa regra. O motorista seria obrigado a produzir prova contra si mesmo, uma vez que serão provocados reflexos na seara criminal, relativamente ao delito tipificado pelo art. 306 da Lei 9.503/1997: "Art. 306. Conduzir veículo automotor com capacidade psicomotora alterada em razão da influência de álcool ou de outra substância psicoativa que determine dependência: Penas – detenção, de seis meses a três anos, multa e suspensão ou proibição de se obter a permissão ou a habilitação para dirigir veículo automotor. § 1º As condutas previstas no *caput* serão constatadas por: I – concentração igual ou superior a 6 decigramas de álcool por litro de sangue ou igual ou superior a 0,3 miligrama de álcool por litro de ar alveolar; ou II – sinais que indiquem, na forma disciplinada pelo Contran, alteração da capacidade psicomotora. § 2º A verificação do disposto neste artigo poderá ser obtida mediante teste de alcoolemia ou toxicológico, exame clínico, perícia, vídeo, prova testemunhal ou outros meios de prova em direito admitidos, observado o direito à contraprova. § 3º O Contran disporá sobre a equivalência entre os distintos testes de alcoolemia ou toxicológicos para efeito de caracterização do crime tipificado neste artigo. § 4º Poderá ser empregado qualquer aparelho homologado pelo Instituto Nacional de Metrologia, Qualidade e Tecnologia – INMETRO – para se determinar o previsto no *caput*."

– **Crime de perigo abstrato:** O delito contido no art. 306 do CTB insere-se no rol dos crimes de perigo abstrato, e sua descrição legal não atenta contra princípios constitucionais, porque é científica e estatisticamente comprovado que a condução de veículo automotor por quem ingeriu álcool ou substâncias psicoativas em determinado patamar coloca em risco a incolumidade física e a vida de terceiros, dada a diminuição dos reflexos, da percepção sensorial e da habilidade motora.

– **Prova da materialidade do fato:** Antes das Leis 12.760/2012 e 12.971/2014, a configuração do delito dependia de prova pericial (exame de sangue) ou método equivalente (etilômetro ou teste em aparelho de ar alveolar, popularmente conhecido como "bafômetro"). Em síntese, a prova da materialidade do crime tipificado no art. 306 do Código de Trânsito Brasileiro restringia-se a estes dois meios, não admitindo outra forma qualquer, pois eram os únicos recursos idôneos a indicar cientificamente a alcoolemia, uma vez que o legislador havia incluído o nível de dosagem alcoólica como elemento do tipo penal incriminador. Consequentemente, um motorista embriagado não poderia ser condenado sem submeter-se voluntariamente a tais exames, pois ninguém é obrigado a produzir prova contra si mesmo (*nemo tenetur se detegere*). No entanto, era possível aplicar-lhe as sanções administrativas pertinentes. Este cenário foi profundamente alterado pelas Leis 12.760/2012 e 12.971/2014. Atualmente, o tipo penal não se reporta à quantidade de álcool por litro de sangue. O legislador preferiu utilizar uma fórmula mais ampla, consistente em "capacidade psicomotora alterada em razão da influência de álcool ou de outra substância psicoativa que determine dependência". E nesse ponto surge uma importante indagação: Como se prova a alteração da capacidade psicomotora em decorrência do consumo do álcool ou de substância psicoativa? Por duas formas distintas. Em primeiro lugar, a alteração da capacidade psicomotora será demonstrada pela concentração igual ou superior a 6 decigramas de álcool por litro de sangue,

---

[180] "Art. 165-A. Recusar-se a ser submetido a teste, exame clínico, perícia ou outro procedimento que permita certificar influência de álcool ou outra substância psicoativa, na forma estabelecida pelo art. 277: Infração – gravíssima; Penalidade – multa (dez vezes) e suspensão do direito de dirigir por 12 (doze) meses; Medida administrativa – recolhimento do documento de habilitação e retenção do veículo, observado o disposto no § 4º do art. 270. Parágrafo único. Aplica-se em dobro a multa prevista no *caput* em caso de reincidência no período de até 12 (doze) meses."

ou igual ou superior a 0,3 miligramas de álcool por litro de ar alveolar (CTB, art. 306, § 1.º, I). Nesse caso, o exame pericial – exame de sangue ou teste do etilômetro – continua imprescindível, pois a comprovação da embriaguez reclama a precisa dosagem de álcool no sangue. Mas a grande novidade recai no inc. II do § 1.º do art. 306 do CTB. A alteração da capacidade psicomotora em face da influência do álcool ou de outra substância psicoativa que determine dependência pode ser constatada por "sinais que indiquem, na forma disciplinada pelo Contran, alteração da capacidade psicomotora". É de se observar que a presença destes sinais deve produzir efeitos equivalentes à concentração igual ou superior a 6 decigramas de álcool por litro de sangue, ou igual ou superior a 0,3 miligrama de álcool por litro de ar alveolar, raciocínio facilmente extraído da análise do § 3.º do art. 306 do Código de Trânsito Brasileiro: "O Contran disporá sobre a equivalência entre os distintos testes de alcoolemia ou toxicológicos para efeito de caracterização do crime tipificado neste artigo". Para reforçar esta sistemática, o § 2.º do art. 306 do Código de Trânsito Brasileiro preconiza que "a verificação do disposto neste artigo poderá ser obtida mediante teste de alcoolemia ou toxicológico, exame clínico, perícia, vídeo, prova testemunhal ou outros meios de prova em direito admitidos, observado o direito à contraprova." Embora o dispositivo dependa de regulamentação pelo Conselho Nacional de Trânsito, efetivada pela Resolução 432/2013, fica nítida a opção pelo sistema da liberdade da prova no tocante ao crime de embriaguez ao volante. Em outras palavras, se o condutor de veículo automotor envolver-se em acidente de trânsito ou for alvo de fiscalização de trânsito, e o agente público de trânsito suspeitar de eventual alteração de sua capacidade psicomotora em razão da influência do álcool ou de outra substância psicoativa que determine dependência, duas situações podem ocorrer: (a) se o motorista concordar, será submetido a teste de alcoolemia ou toxicológico, mediante exame de sangue ou etilômetro; ou (b) se ele não concordar, a alteração da sua capacidade psicomotora poderá ser comprovada por sinais indicativos, obtidos por diversos meios, a exemplo do exame clínico, da perícia, de vídeo e da prova testemunhal, entre outros.

– **Direito à contraprova**: Na hipótese em que a embriaguez seja constatada por meios diversos do exame pericial, o motorista não ficará totalmente vinculado à convicção do agente público. De fato, caso venha a se posicionar pela alteração da capacidade psicomotora do condutor, este terá à sua disposição o direito à contraprova, ou seja, poderá valer-se do teste de alcoolemia ou toxicológico para demonstrar a ausência de concentração igual ou superior a 6 decigramas de álcool por litro de sangue, ou igual ou superior a 0,3 miligrama de álcool por litro de ar alveolar, ou ainda de outra substância psicoativa que determina dependência. Em síntese, o motorista não está obrigado a submeter-se à perícia, o que não afasta a conclusão pela alteração da sua capacidade psicomotora, diante do consumo do álcool ou de outra substância psicoativa que determine dependência. Mas, se o agente de trânsito concluir, com base em sinais diversos, pela embriaguez do condutor, a este será assegurado o direito de passar pela perícia, com a finalidade de comprovar a integridade da sua capacidade psicomotora no âmbito penal.

– **A teoria da *actio libera in causa***: O CP dispõe, em seu art. 28, II, que a embriaguez, voluntária ou culposa, não exclui a imputabilidade penal. Já em relação à embriaguez preordenada, estatui em seu art. 61, II, "l" ser essa circunstância uma agravante genérica. Destarte, além de subsistir a imputabilidade, funciona como exasperação da pena. Coloca-se então a seguinte indagação: Como é possível a punição do agente em caso de embriaguez não acidental? No momento em que ele pratica o crime, embriagado, não estaria privado da capacidade de entender o caráter ilícito do fato ou de determinar-se de acordo com esse entendimento? Para responder essa questão, entra em cena a teoria da *actio libera in causa* (*ação livre em sua causa*). Fundamenta-se no princípio segundo o qual "a causa da causa também é a causa do que foi causado", isto é, para aferir-se a imputabilidade penal no caso da embriaguez, despreza-se o tempo em que o crime foi praticado. De fato, nesse momento o sujeito estava privado da capacidade de entendimento e de autodeterminação, por vontade própria, pois bebeu e embriagou-se livre de qualquer coação. Por esse motivo, considera-se como marco da imputabilidade penal o período anterior à embriaguez, em que o agente espontaneamente decidiu consumir bebida alcoólica ou de efeitos análogos. De acordo com o item 21 da Exposição de Motivos do CP de 1940, preservada nesse ponto pela Lei 7.209/1984: "Ao resolver o problema da embriaguez (pelo álcool ou substância de efeitos análogos), do ponto de vista da responsabilidade penal, o projeto aceitou em toda a sua plenitude a teoria da *actio libera in causa ad libertatem relata*, que, modernamente, não se limita ao estado de inconsciência preordenado, mas se estende a todos os casos em que o agente se deixou arrastar ao estado de inconsciência". Invoca-se essa teoria, portanto, para justificar a punição do sujeito que, **ao tempo da conduta**, encontrava-se em **estado de inconsciência**. Possibilita-se a análise do dolo ou da culpa revelados no momento em que se embriagou. São os casos em que alguém, no estado de não imputabilidade, é causador, por ação ou omissão, de algum resultado punível, tendo se colocado naquele estado propositadamente, com a intenção de produzir o evento lesivo, ou sem essa intenção, mas tendo previsto a possibilidade do resultado, ou, ainda, quando a podia ou devia prever.[181]

– **Aplicabilidade da teoria da *actio libera in causa***: Essa teoria foi desenvolvida para a **embriaguez preordenada**, e para ela se encaixa perfeitamente. O agente embriaga-se com a intenção de cometer um crime em estado de inconsciência, e assim o faz. O dolo estava presente quando arquitetou o crime, e por esse elemento subjetivo deve ser punido. Na embriaguez preordenada, o fundamento da punição é a **causalidade mediata**. O agente atua como mandante, na fase anterior, da imputabilidade, e faz executar o mandato criminoso, por si mesmo, como instrumento, em estado de inimputabilidade.[182] Posteriormente, entretanto, a aplicabilidade da teoria da *actio libera in causa* estendeu-se à **embriaguez voluntária** e à **embriaguez culposa**, bem como aos **demais estados de inconsciência**. Nessa última hipótese, pode ser citado o exemplo da mãe que, conhecedora dos sonhos noturnos que lhe deixam agitada e a fazem rolar na cama, esquece de levar o filho recém-nascido ao berço e o deixa dormir ao seu lado, vindo a sonhar e, ao rolar na cama, acaba por esmagar e matar a criança.[183] E, nesses casos, o sujeito, ao colocar-se em estado de inconsciência, não possuía dolo ou culpa para a prática do crime.

– **Críticas**: Existem críticas no sentido de que o Código Penal, ao adotar a teoria da *actio libera in causa*, teria consagrado a **responsabilidade objetiva,** pois, por motivo de política criminal, acolheu do direito italiano uma **ficção** para construir a figura do crime praticado em situação de embriaguez não fortuita, relativamente ao tratamento do ébrio voluntário ou culposo como imputável.[184] Paulo José da Costa Júnior critica veementemente o acolhimento da teoria da *actio libera in causa* para as situações de embriaguez voluntária ou culposa: "O legislador penal, ao considerar imputável aquele que em realidade não o era, fez uso de uma ficção jurídica. Ou melhor: adotou a responsabilidade objetiva, sem querer confessá-lo. No direito penal português confessou-se que, embora a 'ingestão de bebidas alcoólicas ou substâncias tóxicas possa criar, em muitos casos, um verdadeiro estado de inimputabilidade, por outro, as necessidades de política criminal não consentem na impunidade do delinquente'. O legislador pátrio não teve igual coragem. Preferiu 'tapar o sol com a peneira', adotando a responsabilidade anômala. Seria preferível ter confessado que, com base na defesa social, fora compelido a adotar nesse passo a responsabilidade objetiva, para evitar que criminosos fossem buscar no álcool a escusa absolutória."[185] Existem, porém, posições diversas, sustentando a não caracterização da responsabilidade penal objetiva no tocante à incidência da teoria da *actio libera in causa* na embriaguez voluntária e na embriaguez culposa. Vicenzo Manzini, na Itália, há muito falava em **vontade residual**, é dizer, ainda que embriagado, o sujeito mantém em seu íntimo um **resquício de consciência e de autodeterminação**, suficiente para legitimar a imputabilidade penal. Nessa linha de raciocínio, Giulio Battaglini rebate as críticas à teoria da *actio libera in causa*, sustentando que "uma

181 QUEIROZ, Narcelio de. *Teoria da "actio libera in causa".* Rio de Janeiro: Livraria Jacintho, 1936. p. 40.
182 BRUNO, Aníbal. *Direito penal.* Parte geral. Rio de Janeiro: Forense, 1967. t. 2, p. 151.
183 SOLER, Sebastian. *Derecho penal argentino.* Buenos Aires: La Ley, 1945. t. II, p. 47.
184 BRUNO, Aníbal. *Direito penal.* Parte geral. Rio de Janeiro: Forense, 1967. t. 2, p. 154.
185 COSTA JR., Paulo José da. *Direito penal:* curso completo. 6. ed. São Paulo: Saraiva, 1999. p. 100.

solução legislativa não pode basear-se rigorosamente em deduções lógicas: o que é necessário é que forneça a melhor tutela dos valores morais e nacionais de que trata". Em seguida arremata: "o ébrio, com inteligência suprimida e vontade inexistente, é uma criação da fantasia: ninguém jamais o viu no banco dos réus".[186] Cumpre destacar que, no tocante à **embriaguez acidental** ou **fortuita**, não se aplica a teoria da *actio libera in causa*, porque o indivíduo não tinha a opção de ingerir ou não o álcool ou substância de efeitos análogos.

○ **Jurisprudência selecionada:**

Art. 306 do Código de Trânsito Brasileiro – crime de perigo abstrato: "*Habeas Corpus*. Penal. Delito de embriaguez ao volante. Art. 306 do Código de Trânsito Brasileiro. Alegação de inconstitucionalidade do referido tipo penal por tratar-se de crime de perigo abstrato. Improcedência. Ordem denegada. I - A objetividade jurídica do delito tipificado na mencionada norma transcende a mera proteção da incolumidade pessoal, para alcançar também a tutela da proteção de todo corpo social, asseguradas ambas pelo incremento dos níveis de segurança nas vias públicas. II - Mostra-se irrelevante, nesse contexto, indagar se o comportamento do agente atingiu, ou não, concretamente, o bem jurídico tutelado pela norma, porque a hipótese é de crime de perigo abstrato, para o qual não importa o resultado. Precedente. III - No tipo penal sob análise, basta que se comprove que o acusado conduzia veículo automotor, na via pública, apresentando concentração de álcool no sangue igual ou superior a 6 decigramas por litro para que esteja caracterizado o perigo ao bem jurídico tutelado e, portanto, configurado o crime. IV - Por opção legislativa, não se faz necessária a prova do risco potencial de dano causado pela conduta do agente que dirige embriagado, inexistindo qualquer inconstitucionalidade em tal previsão legal" (STF: HC 109.269/MG, rel. Min. Ricardo Lewandowski, 2.ª Turma, j. 27.09.2011). *No mesmo sentido*: STJ: HC 175.385/MG, rel. Min. Laurita Vaz, 5.ª Turma, j. 17.03.2011.

---

[186] BATTAGLINI, Giulio. *Direito penal*. Parte geral. Tradução de Paulo José da Costa Jr. e Arminda Bergamini Miotto. São Paulo: Saraiva, Editora da Universidade de São Paulo, 1973. v. 1, p. 263-265.

TÍTULO IV –
DO CONCURSO DE PESSOAS

○ **Introdução:** As regras inerentes ao concurso de pessoas encontram-se disciplinadas pelos arts. 29 a 31 do CP. Na redação original da Parte Geral do CP, isto é, anteriormente à entrada em vigor da Lei 7.209/1984, o instituto era denominado simplesmente de **"coautoria"**, de forma pouco abrangente e imprecisa, por desprezar a figura da participação. Atualmente, o CP fala em **"concurso de pessoas"**. Várias outras nomenclaturas são também encontradas na doutrina: concurso de agentes, codelinquência, concurso de delinquentes, cumplicidade, bem como coautoria e participação, ambas em sentido lato.

○ **Conceito:** Concurso de pessoas é a colaboração empreendida por duas ou mais pessoas para a realização de um crime ou de uma contravenção penal.

○ **Requisitos:** A caracterização do concurso de pessoas reclama **cinco requisitos**:

1) Pluralidade de agentes culpáveis: O concurso de pessoas depende de pelo menos duas pessoas, e, consequentemente, de ao menos duas condutas penalmente relevantes. Essas condutas podem ser **principais**, no caso da coautoria, ou então **uma principal e outra acessória**, praticadas pelo autor e pelo partícipe, respectivamente. Os coautores ou partícipes, entretanto, devem ser **culpáveis**, ou seja, dotados de **culpabilidade**. Com efeito, a teoria do concurso de pessoas desenvolveu-se para solucionar os problemas envolvendo os **crimes unissubjetivos ou de concurso eventual**, que são aqueles em regra cometidos por uma única pessoa, mas que admitem o concurso de agentes. Nesses delitos, a culpabilidade dos envolvidos é fundamental, sob pena de caracterização da **autoria mediata**. Como veremos em seguida, outro requisito do concurso de pessoas é o **vínculo subjetivo** entre os agentes, exigindo, assim, sejam todos culpáveis, pois quem não goza desse juízo não tem capacidade para aderir à conduta alheia. Vale recordar que no tocante aos **crimes plurissubjetivos, plurilaterais** ou **de concurso necessário**, é dizer, aqueles em que o tipo penal exige a realização da conduta por dois ou mais agentes, a culpabilidade de todos os coautores ou partícipes é prescindível. Admite-se a presença de um único agente culpável, podendo os demais enquadrar-se em categoria diversa. De fato, não se faz necessária a utilização da norma de extensão prevista no art. 29, *caput*, do CP, uma vez que a presença de duas ou mais pessoas é garantida pelo próprio tipo penal. Nessas espécies de crimes não se diz "quem, de qualquer modo, concorre para o crime incide nas penas a este cominadas, na medida de sua culpabilidade", pois é a própria lei penal incriminadora que, por si só, reclama a pluralidade de pessoas. É o que se dá, por exemplo, nos crimes de rixa (CP, art. 137) e associação criminosa (CP, art. 288), nos quais o crime estará perfeitamente caracterizado quando existir entre os rixosos ou quadrilheiros pessoas sem culpabilidade, desde que algum dos envolvidos seja culpável. Da mesma forma, nos **crimes eventualmente plurissubjetivos** – aqueles geralmente praticados por uma única pessoa, mas que têm a pena aumentada quando praticados em concurso, a capacidade de culpa de um dos envolvidos é dispensável. Nesses termos, incide relativamente ao furto praticado por um maior de idade na companhia de um adolescente a qualificadora prevista no art. 155, § 4.º, IV, do CP. Nesses crimes (necessariamente plurissubjetivos ou eventualmente plurissubjetivos) há, portanto, um **pseudoconcurso, concurso impróprio,** ou **concurso aparente de pessoas.** Conclui-se, pois, que para o concurso de pessoas não basta a mera pluralidade de agentes. Exige-se sejam todos culpáveis.

2) Relevância causal das condutas para a produção do resultado: Concorrer para a infração penal importa em dizer que cada uma das pessoas deve fazer algo para que a empreitada tenha vida no âmbito da realidade. Em outras palavras, a conduta deve ser relevante, pois sem ela a infração penal não teria ocorrido como e quando ocorreu. A expressão **"de qualquer modo"** (art. 29, *caput*, do CP), precisa ser compreendida como uma contribuição pessoal, física ou moral, direta ou indireta, comissiva ou omissiva, anterior ou simultânea à execução. Deve a conduta individual influir efetivamente no resultado. Uma vez demonstrada a efetiva colaboração no caso concreto, não se reclama a identificação de todos os envolvidos na empreitada criminosa. Não pode ser considerado coautor ou partícipe quem assume em relação à infração penal uma atitude meramente negativa, quem não dá causa ao crime, quem não realiza qualquer conduta sem a qual o resultado não teria se verificado. De fato, a **participação inócua**, que em nada concorre para a realização do crime, é irrelevante para o Direito Penal. Anote-se que esse requisito (relevância causal) depende de uma contribuição prévia ou concomitante à execução, isto é, **anterior à consumação.** A concorrência posterior à consumação configura crime autônomo, mas não concurso de pessoas. Em tema de concurso de pessoas, a contribuição pode até ser concretizada após a consumação, **desde que tenha sido ajustada anteriormente.** Exemplo: "A" se compromete, perante "B", a auxiliá-lo a fugir e a escondê-lo depois de matar "C". Será partícipe do homicídio. Contudo, se somente depois da morte de "C" se dispuser a ajudá-lo a subtrair-se da ação da autoridade pública, não será partícipe do homicídio praticado por "A", mas autor do crime de favorecimento pessoal (CP, art. 348).

3) Vínculo subjetivo: Esse requisito, também chamado de **concurso de vontades**, impõe estejam todos os agentes ligados entre si por um vínculo de ordem subjetiva, um nexo psicológico, pois caso contrário não haverá um crime praticado em concurso, mas vários crimes simultâneos. Os agentes devem revelar **vontade homogênea**, visando à produção do mesmo resultado. É o que se convencionou chamar de **princípio da convergência.** Logo, não é possível a contribuição dolosa para um crime culposo, nem a concorrência culposa para um delito doloso. Sem esse requisito estaremos diante da **autoria colateral**. O vínculo subjetivo não depende, contudo, do prévio ajuste entre os envolvidos (*pactum sceleris*). Basta a ciência por parte de um agente no tocante ao fato de concorrer para a conduta de outrem (*scientia sceleris* ou *scientia maleficii*), chamada pela doutrina de "consciente e voluntária cooperação", "vontade de participar", "vontade de coparticipar", "adesão à vontade de outrem" ou "concorrência de vontades".[187] **Não se reclama o prévio ajuste**, nem muito menos estabilidade no agrupamento, o que acarretaria a caracterização do delito de associação criminosa (art. 288 do CP), se presentes ao menos três pessoas.

4) Unidade de infração penal para todos os agentes: O art. 29, *caput*, do CP adotou, **como regra**, a **teoria unitária, monística** ou **monista**: quem concorre para um crime, por ele responde. Todos os coautores e partícipes se sujeitam a um único tipo penal: há um único crime com diversos agentes. **Excepcionalmente**, contudo, o CP abre espaço para a **teoria pluralista, pluralística, da cumplicidade do crime distinto** ou **autonomia da cumplicidade**, pela qual se separam as condutas, com a criação de tipos penais diversos para os agentes que buscam um mesmo resultado. É o que se dá, por exemplo, nos seguintes crimes: **(a) aborto provocado por terceiro com o consentimento da gestante:** ao terceiro executor imputa-se o crime tipificado no art. 126, enquanto para a gestante incide o crime previsto no art. 124, *in fine*; **(b) bigamia:** quem já é casado pratica a conduta narrada no art. 235, *caput*, ao passo que aquele que, não sendo casado, contrai casamento com pessoa casada, conhecendo essa circunstância, incide na figura típica prevista no § 1.º do citado dispositivo legal; e **(c) corrupção passiva e ativa:** o funcionário

---

[187] FERRAZ, Esther de Figueiredo. *A codelinquência no direito penal brasileiro.* São Paulo: José Bushatsky, 1976. p. 25.

público pratica corrupção passiva (art. 317), e o particular, corrupção ativa (art. 333). Em sede doutrinária ainda despontam outras duas teorias: dualista e mista. Para a **teoria dualista**, idealizada por Vicenzo Manzini, no caso de pluralidade de agentes e de condutas diversas, provocando um mesmo resultado, há dois crimes distintos: um para os coautores e outro para os partícipes. Por fim, para a **teoria mista**, proposta por Francesco Carnelutti: "O delito concursal é uma soma de delitos singulares, cada um dos quais pode ser chamado *delito em concurso*. Entre o delito em concurso e o concursal há a mesma diferença que existe entre a parte e o todo. E o traço característico do primeiro reside em que ele não constitui uma entidade autônoma, mas elemento de um delito complexo que é o concursal".[188]

5) Existência de fato punível: O concurso de pessoas depende da punibilidade de um crime, a qual requer, em seu limite mínimo, o início da execução. Tal circunstância constitui o **princípio da exterioridade**. Nessa linha de raciocínio, dispõe o art. 31 do Código Penal: "O ajuste, a determinação ou instigação e o auxílio, salvo disposição expressa em contrário, não são puníveis, se o crime não chega, pelo menos, a ser tentado".

○ **Teorias sobre a autoria:** Existem diversas teorias que buscam fornecer o conceito de autor:

a) Teoria subjetiva ou **unitária:** não diferencia o autor do partícipe. Autor é aquele que de qualquer modo contribuir para a produção de um resultado penalmente relevante. Seu fundamento repousa na teoria da equivalência dos antecedentes ou *conditio sine qua non*, pois qualquer colaboração para o resultado, independente do seu grau, a ele deu causa. Essa teoria foi adotada pelo CP, em sua redação primitiva datada de 1940. Uma evidência dessa posição ainda existe no art. 349 do CP, não alterado pela Lei 7.209/1984: "Prestar a criminoso, fora dos casos de **coautoria** ou de receptação, auxílio destinado a tornar seguro o proveito do crime".

b) Teoria extensiva: também se fundamenta na teoria da equivalência dos antecedentes, não distinguindo o autor do partícipe. É, todavia, mais suave, porque admite causas de diminuição da pena para estabelecer diversos graus de autoria. Aparece nesse âmbito a figura do **cúmplice**, ou seja, o autor que concorre de modo menos importante para o resultado.

c) Teoria objetiva ou dualista: opera nítida distinção entre autor e partícipe. Foi adotada pela Lei 7.209/1984 – Reforma da Parte Geral do Código Penal, como se extrai do item 25 da Exposição de Motivos: "Sem completo retorno à experiência passada, curva-se, contudo, o Projeto aos críticos desta teoria, ao optar, na parte final do art. 29, e em seus dois parágrafos, por regras preciosas que distinguem a *autoria da participação*. Distinção, aliás, reclamada com eloquência pela doutrina, em face de decisões reconhecidamente injustas". Essa teoria subdivide-se em outras três:

c.1) teoria objetivo-formal: autor é quem realiza o **núcleo ("verbo") do tipo penal**, ou seja, a conduta criminosa descrita pelo preceito primário da norma incriminadora. Por sua vez, partícipe é quem de qualquer modo concorre para o crime, sem praticar o núcleo do tipo. Exemplo: quem efetua disparos de revólver em alguém, matando-o, é autor do crime de homicídio. Por sua vez, aquele que empresta a arma de fogo para essa finalidade é partícipe de tal crime. Destarte, a atuação do partícipe seria impune (no exemplo fornecido, a conduta de auxiliar a matar não encontra correspondência imediata no crime de homicídio) se não existisse a **norma de extensão pessoal** prevista no art. 29, *caput*, do CP. A adequação típica, na participação, é de subordinação mediata. Nesse contexto, o **autor intelectual**, é dizer, aquele que planeja mentalmente a conduta criminosa, **é partícipe**, e não autor, eis que não executa o núcleo do tipo penal. Essa teoria é a preferida pela doutrina nacional e tem o mérito de diferenciar precisamente a autoria da participação. Falha, todavia, ao deixar em aberto o instituto da **autoria mediata**. **Autoria mediata** é a modalidade de autoria em que o autor

---

[188] *Apud* FERRAZ, Esther de Figueiredo. *A codelinquência no direito penal brasileiro.* São Paulo: José Bushatsky, 1976. p. 31.

realiza indiretamente o núcleo do tipo, valendo-se de pessoa sem culpabilidade ou que age sem dolo ou culpa;

c.2) teoria objetivo-material: autor é quem presta a contribuição objetiva mais importante para a produção do resultado, e não necessariamente aquele que realiza o núcleo do tipo penal. De seu turno, partícipe é quem concorre de forma menos relevante, ainda que mediante a realização do núcleo do tipo; e

c.3) teoria do domínio do fato: criada em 1939, **por Hans Welzel**, com o propósito de ocupar posição intermediária entre as teorias objetiva e subjetiva. Nas lições do pai do finalismo penal: "Senhor do fato é aquele que o realiza em forma final, em razão de sua decisão volitiva. A conformação do fato mediante a vontade de realização que dirige em forma planificada é o que transforma o autor em senhor do fato."[189]

Essa teoria foi posteriormente aperfeiçoada por Claus Roxin, que lhe conferiu seu modelo atual. Para essa concepção, **autor é quem possui controle sobre o domínio final do fato**, domina finalisticamente o trâmite do crime e decide acerca da sua prática, suspensão, interrupção e condições. De fato, autor é aquele que tem a capacidade de fazer continuar e de impedir a conduta penalmente ilícita.[190]

Enquanto para Welzel a teoria do domínio do fato funciona como pressuposto para determinação da autoria, Roxin a utiliza como critério para delimitação do papel do sujeito na realização do delito, como autor ou partícipe. Destarte, tal proposta doutrinária se destina a diferenciar o autor do partícipe, com base no papel desempenhado pelo agente na prática do crime. Na visão de Roxin, a teoria do domínio do fato pode se manifestar de três formas diversas: (a) domínio da ação, quando o agente pratica, por conta própria, a conduta típica (autoria imediata); (b) domínio da vontade, em que terceira pessoa funciona como instrumento do crime (autoria mediata); e (c) domínio funcional do fato, atinente à atuação coordenada e caracterizada pela divisão de tarefas, por pelo menos mais uma pessoa além daquele que detém o controle final do fato. Para essa concepção, **autor é quem possui controle sobre o domínio final do fato**, domina finalisticamente o trâmite do crime e decide acerca da sua prática, suspensão, interrupção e condições. De fato, autor é aquele que tem a capacidade de fazer continuar e de impedir a conduta penalmente ilícita.[191] Em síntese, a teoria do domínio do fato **amplia o conceito de autor**, definindo-o como aquele que tem o **controle final do fato**, ainda que não realize o núcleo do tipo penal. Por corolário, o conceito de autor compreende: (a) o **autor propriamente dito:** é aquele que pratica o núcleo do tipo penal; (b) o **autor intelectual ("mentor do crime"):** é aquele que planeja mentalmente a empreitada criminosa. É autor, e não partícipe; (c) o **autor mediato:** é aquele que se vale de um inculpável ou de pessoa que atua sem dolo ou culpa para cometer a conduta criminosa; (d) os **coautores: nas hipóteses em que existem dois ou mais autores.** Coautor é aquele que age em colaboração recíproca e voluntária com o outro (ou os outros) para a realização da conduta principal; e (e) aquele que tem o controle final do fato: é a pessoa que tem poderes para controlar a prática do fato punível, mesmo sem realizar o núcleo do tipo penal. Exemplo: o líder de uma organização criminosa pode, do interior de um presídio, determinar a prática de um delito por seus seguidores. Ele pode, se e quando quiser, interromper a execução do delito, e retomá-la quando melhor lhe aprouver. Essa teoria também admite a figura do **partícipe. Partícipe**, no campo da teoria do domínio do fato, é quem de qualquer modo concorre para o crime, desde que não realize o núcleo do tipo penal nem possua o controle final do fato. Dentro de uma repartição estratificada de tarefas, o partícipe seria um simples concorrente acessório. Em suma, o partícipe só possui o

---

[189]   WELZEL, Hans. *Derecho penal alemán*. Tradução de Juan Busto Ramirez e Sergio Yañes Peréz. Santiago: Editorial Jurídica del Chile, 1987. p. 120.

[190]   ROXIN, Claus. *Autoria y domínio del hecho en derecho penal*. 7. ed. Madrid: Marcial Pons, 1999. p. 342.

[191]   ROXIN, Claus. *Autoria y domínio del hecho en derecho penal*. 7. ed. Madrid: Marcial Pons, 1999. p. 342.

domínio da *vontade* da própria conduta, tratando-se de um "colaborador", uma figura lateral, não tendo o domínio finalista do crime. O delito não lhe pertence: ele colabora no crime alheio.[192] Em face de sua finalidade, a teoria do domínio do fato somente tem aplicação nos **crimes dolosos**. Essa teoria não se encaixa no perfil dos crimes culposos, pois não se pode conceber o controle final de um fato não desejado pelo autor da conduta.[193] A teoria do domínio do fato, portanto, é acometida da mesma deficiência da teoria finalista da conduta, criticada por não se encaixar nesses delitos. Como destaca José Cerezo Mir:

"Mas tropeça com dificuldades nos delitos imprudentes porque neles não se pode falar de domínio do fato, já que o resultado se produz de modo cego, causal, não finalista. Por este motivo, Welzel se viu obrigado a desdobrar o conceito de autor. Nos delitos imprudentes é autor todo aquele que contribui para a produção do resultado com uma conduta que não responde ao cuidado objetivamente devido. Nos delitos dolosos é autor quem tem o domínio finalístico do fato."[194]

É preciso destacar, para afastar a responsabilidade penal objetiva, que a teoria do domínio do fato não preceitua que a mera posição de um agente na escala hierárquica sirva para demonstrar ou reforçar seu dolo, e também não permite a condenação de quem quer que seja com base em meras conjecturas, desprovidas de suporte probatório. É indispensável a individualização da conduta de todos os envolvidos na empreitada criminosa, inclusive com a demonstração do dolo de cada um deles, acompanhada, no plano fático, da relação de causalidade entre a conduta e o resultado descrito em lei.

○ **Teoria adotada pelo Código Penal:** O art. 29, *caput*, do CP, acolheu a **teoria restritiva**, no prisma **objetivo-formal**. Em verdade, diferencia autor e partícipe. Aquele é quem realiza o núcleo do tipo penal; este é quem de qualquer modo concorre para o crime, sem executar a conduta criminosa. Deve, todavia, ser **complementada** pela teoria da **autoria mediata**.

○ **Jurisprudência selecionada:**

Roubo em concurso de pessoas – crime acidentalmente coletivo – envolvimento de menor – possibilidade: "3. Para a caracterização do concurso de agentes não se mostra necessária a identificação do(s) corréu(s), sendo suficiente a concorrência de duas ou mais pessoas na execução do crime, circunstância evidenciada no caso, vez que tanto as vítimas como as testemunhas foram uníssonas em afirmar que haviam outros integrantes na prática delitiva. Precedentes. 4. Ademais, o fato de o crime de roubo ter sido supostamente praticado na companhia de inimputável não impede o reconhecimento da causa de aumento do concurso de agentes, porquanto a razão da exacerbação da punição é justamente o maior risco que a pluralidade de pessoas ocasiona ao patrimônio alheio e à integridade física do ofendido, bem como o maior grau de intimidação infligido à vítima" (STJ: HC 197.501/SP, rel. Min. Og Fernandes, 6.ª Turma, j. 10.05.2011).

Teoria do domínio do fato – autoria – posição hierarquicamente superior e ausência de presunção de dolo: "A teoria do domínio do fato não preceitua que a mera posição de um agente na escala hierárquica sirva para demonstrar ou reforçar o dolo da conduta. Do mesmo modo também não permite a condenação de um agente com base em conjecturas. Com base nessa orientação, a Segunda Turma deu provimento ao recurso de apelação a fim de absolver o réu, com base no art. 386, V, do CPP. No caso, o apelante, deputado federal e ex-governador, foi condenado por peculato-desvio, por supostas irregularidades verificadas durante a fase licitatória e de execução de obras para drenagem de águas pluviais na construção e ampliação de quatro grandes lagoas para deságue final que objetivava pôr termo a enchentes. Inicialmente, a Turma declarou a nulidade parcial da sentença que condenou o réu por participação nos atos de gestão praticados por secretá-

192 JESUS, Damásio E. de. *Teoria do domínio do fato no concurso de pessoas*. 3. ed. São Paulo: Saraiva, 2002. p. 26.
193 STF: HC 138.637/SP, rel. Min. Celso de Mello, 2ª Turma, j. 18.05.2017, noticiado no *Informativo* 864.
194 CEREZO MIR, José. *Derecho penal* – Parte geral. São Paulo: RT, 2007. p. 1.080.

rio. Ao considerar a participação do réu em fatos estranhos, não narrados na denúncia, a sentença afrontou o princípio da ampla defesa e contraditório. O réu foi surpreendido, depois de finda a instrução probatória, com fato que lhe era desconhecido e acerca do qual não lhe foi oportunizado se manifestar. Também se ofendeu o princípio do devido processo legal, tendo em vista que houve na hipótese, ação penal 'ex officio', em desobediência ao modelo constitucional que enuncia ser função institucional privativa do Ministério Público a promoção da ação penal pública [CF, art. 129, I]. Ressaltou que o Ministério Público imputou ao réu responsabilidade por dar continuidade a irregularidades iniciadas em gestão anterior, e que, segundo sua avaliação, seriam de 'gritante notoriedade'. Afirmou que, embora a norma processual preceitue não depender de prova os fatos notórios, nesta categoria, porém, não se enquadram os fatos que demandam tarefa intelectiva do autor para serem compreendidos e aceitos, como é o caso das irregularidades descritas nos autos. Portanto, os elementos probatórios apontados pelo 'parquet' são insuficientes para concluir pela participação do réu. As fraudes perpetradas não eram notórias ao ponto de prescindir de maior substrato probatório. Destacou que nada mais se argumentou sobre a atuação do réu na empreitada criminosa além do fato dele ter assinado os instrumentos de repasse e ter dado continuidade à obra que foi considerada irregular pelo TCU. A razão para a ausência de argumentos mais concretos a comprovar o dolo e autoria, ao que tudo indica pela frequente menção à 'superioridade hierárquica do réu', é a consideração pelo Ministério Público de que a adoção da teoria do domínio do fato dispensaria o aprofundamento do papel por ele desenvolvido nas fraudes denunciadas. No caso vertente não se evidenciou qualquer controvérsia entre a função do réu na empreitada criminosa, se o seu papel seria fundamental ou não, se seria autor ou mero partícipe. A dúvida existente reside, na realidade, em momento ainda anterior a tal apreciação, pois sequer se demonstrou estar o réu envolvido nas fraudes noticiadas. Assim, não há razão para discutir a medida da participação de um agente que sequer se comprovou ter anuído ou efetivamente concorrido para a prática delituosa. Só há motivo para discutir a medida da participação depois de confirmada a sua existência. É por isso que a adoção da teoria do domínio do fato, nos moldes em que utilizada pelo juízo de primeiro grau, não socorre ao apelo acusatório. Antes disso, acaba por infirmá-lo, na medida em que restringe o conceito aberto de autor preceituado pelo art. 29 do CP" (STF: AP 975/AL, rel. Min. Edson Fachin, 2.ª Turma, j. 03.10.2017, noticiado no *Informativo* 880).

Teoria do domínio do fato – crimes societários – individualização das condutas: "A Segunda Turma, por unanimidade, concedeu ordem em 'habeas corpus' para trancar ação penal envolvendo ex-diretores de empresa de telefonia por crimes contra a Fazenda Pública [art. 1º, II, da Lei 8.137/1990 c/c. art. 71 do Código Penal]. De acordo com a denúncia, os impetrantes, com domínio dos fatos na administração da sociedade anônima, teriam fraudado a Fazenda Pública de Pernambuco por meio da inserção de elementos inexatos em livros fiscais. Créditos tributários supostamente inexistentes teriam sido destacados em notas fiscais de aquisição de serviços de telecomunicações para reduzir o valor do Imposto sobre Circulação de Mercadorias e Serviços (ICMS). Além disso, os acusados não apenas detinham poder para decidir sobre a ilicitude, como também para persuadir os funcionários contratados a executarem o ato, sendo responsáveis pela ocorrência da redução do tributo. O Ministro Ricardo Lewandowski (relator) asseverou que não se pode invocar a teoria do domínio do fato, pura e simplesmente, sem nenhuma outra prova, citando de forma genérica os diretores estatutários da empresa, espalhados pelo Brasil, para lhes imputar um crime fiscal que teria sido supostamente praticado no Estado-membro. O Colegiado pontuou que, em matéria de crimes societários, a denúncia deve apresentar, suficiente e adequadamente, a conduta atribuível a cada um dos agentes, de modo a possibilitar a identificação do papel desempenhado pelos denunciados na estrutura jurídico-administrativa da empresa. Ressaltou que, no caso, a acusação feita aos pacientes deriva apenas dos cargos por eles ocupados na empresa de telefonia, estando ausente descrição mínima dos supostos atos ilícitos por eles praticados" (STF: HC 136.250/PE, rel. Min. Ricardo Lewandowski, 2.ª Turma, j. 23.05.2017, noticiado no *Informativo* 866).

Teoria do domínio do fato – sonegação fiscal – ausência de nexo causal – inaplicabilidade: "A teoria do domínio do fato não permite, isoladamente, que se faça uma acusação pela prática de qualquer crime, eis que a imputação deve ser acompanhada da devida descrição, no plano fático, do nexo de causalidade entre a conduta e o resultado delituoso. Apesar de o Código Penal prever que todo aquele que concorre para o crime é considerado autor (art. 29, caput), ainda que a sua participação seja de menor importância (art. 29, § 1º), há situações nas quais o intérprete lança mão do domínio do fato, do modo a presumir e demarcar a autoria. Entretanto, o conceito de 'domínio do fato' ou 'domínio final do fato' não se satisfaz com a simples referência à posição do indivíduo como administrador ou gestor (de fato ou previsto no contrato social da empresa). Vale dizer, é insuficiente considerar tal circunstância, isoladamente, para que se possa atribuir a responsabilidade penal pela prática de crime tributário. Em relação ao domínio do fato, há interessantes produções doutrinárias que chamam a atenção para os problemas que orbitam ao redor dessa teoria. O principal deles pode ser identificado logo em sua gênese, isto é, na ausência de uma construção teórico-dogmática coerente e passível de ser coordenada em harmonia com o nosso ordenamento jurídico, sobretudo na atuação jurisdicional diante de casos concretos. Fazer uso da teoria do domínio do fato pressupõe do intérprete a manutenção da coerência sistêmica. Foi com Welzel, em 1939, que surgiu uma teoria do domínio do fato como critério de delimitação de autoria e que dependeria de dois pressupostos: a) os pessoais, decorrentes da estrutura do tipo, e o b) fático, ligado ao domínio final do fato (o autor seria o senhor da decisão e da execução de sua vontade final). O domínio do fato, em sua concepção, portanto, compunha as espécies de autoria ou coautoria (direta ou mediata). Todavia, é com Roxin, sem dúvida, que a teoria do domínio do fato ganhou 'sua expressão mais acabada'. Longe de ser um aprimoramento ou aperfeiçoamento da teoria de Welzel, constituiu-se ela uma construção nova, com implicações teóricas e práticas distintas. Enquanto para Welzel a teoria do domínio do fato seria um pressuposto (requisito) material para determinação da autoria, para Roxin consistiria em um critério para delimitação do papel do agente na prática delitiva (como autor ou partícipe). Ela representou, assim, uma forma de distinguir autor de partícipe e não fundamentou responsabilidade penal onde ela não existe, mas apenas distinguiu o papel desempenhado por cada agente no delito. Roxin desenvolveu uma teoria em que o domínio do fato se manifestava de três maneiras, sem a pretensão de universalidade sobre todos os casos: a) domínio da ação, nas hipóteses em que o agente realiza, por sua própria pessoa, todos os elementos estruturais do crime (autoria imediata); b) domínio da vontade, na qual um terceiro funciona como instrumento do crime (autoria mediata); e c) domínio funcional do fato, que trata da ação coordenada, com divisão de tarefas, por pelo menos mais uma pessoa. Ao tratar especificamente do domínio da vontade, Roxin distinguiu três hipóteses: (1) por coação exercida sobre terceiro, (2) por indução a erro de terceiro e (3) por um aparato organizado de poder. Esta última hipótese trata daquele que 'servindo-se de uma organização verticalmente estruturada e apartada, dissociada da ordem jurídica, emite uma ordem cujo cumprimento é entregue a executores fungíveis, que funcionam como meras engrenagens de uma estrutura automática, não se limita a instigar, mas é verdadeiro autor mediato dos fatos realizados'. Mas, para Roxin, esse não seria o único critério de fundamentação e distinção da autoria e da participação. Existiriam outros delitos que não seriam influenciados pela teoria do domínio do fato, como naqueles em que há violação de dever (delitos próprios). Então, v. g., no crime de peculato, não seria estabelecida a autoria pela teoria do domínio do fato, mas por violação de dever. Além desses, os delitos culposos, omissivos (próprios e impróprios), também não seriam abrangidos pela teoria do domínio do fato. Observa-se, portanto, que a referida teoria opera em um plano de abstração e funciona como uma *ratio*, a qual é insuficiente, por si mesma e se conceitualmente considerada, para aferir a existência do nexo de causalidade entre o crime e o agente. É insuficiente e equivocado afirmar que um indivíduo é autor porque detém o domínio do fato se, no plano intermediário ligado aos fatos, não há nenhuma circunstância que estabeleça o nexo entre sua conduta e o resultado lesivo (comprovação da existência de um plano delituoso comum ou a contribuição relevante para a ocorrência do fato criminoso). Não há, portanto, como considerar, com base na teoria do domínio do fato, que a posição de gestor, diretor ou sócio administrador de uma empresa implica a presunção de que houve a participação no delito, se não houver, no plano fático-probatório, alguma circunstância que o vincule à prática delitiva. Também não é correto, no âmbito da imputação da responsabilidade penal, partir da premissa ligada à forma societária, ao número de sócios ou ao porte apresentado pela empresa para se presumir a autoria, sobretudo porque nem sempre as decisões tomadas por gestor de uma sociedade empresária ou pelo empresário individual, – seja ela qual for e de que forma esteja constituída – implicam o absoluto conhecimento e aquiescência com os trâmites burocráticos subjacentes, os quais, não raro, são delegados a terceiros. O delito de sonegação fiscal, previsto no art. 1º, II, da Lei n. 8.137/1990, exige, para sua configuração, que a conduta do agente seja dolosa, consistente na utilização de procedimentos (fraude) que violem de forma direta a lei ou o regulamento fiscal, com objetivo de favorecer a si ou terceiros, por meio da sonegação. Há uma diferença inquestionável entre aquele que não paga tributo por circunstâncias alheias à sua vontade de pagar (dificuldades financeiras, equívocos no preenchimento de guias etc.) e quem, dolosamente, sonega o tributo com a utilização de expedientes espúrios e motivado por interesses pessoais. Na hipótese, o quadro fático descrito na imputação é mais indicativo de conduta negligente ou imprudente. A constatação disso é reforçada pela delegação das operações contábeis sem a necessária fiscalização, situação que não se coaduna com o dolo, mas se aproxima da culpa em sentido estrito, não prevista no tipo penal em questão" (STJ: REsp 1.854.893/SP, rel. Min. Rogerio Schietti Cruz, 6.ª Turma, j. 08.09.2020, noticiado no *Informativo* 681).

Teoria unitária ou monista – unidade de crime: "Tratando-se de concurso de pessoas que agiram com unidade de desígnios e cujas condutas tiveram relevância causal para a produção do resultado, é inadmissível o reconhecimento de que um agente teria praticado o delito na forma tentada e o outro, na forma consumada. Segundo a teoria monista ou unitária, havendo pluralidade de agentes e convergência de vontades para a prática da mesma infração penal, como se deu no presente caso, todos aqueles que contribuem para o crime incidem nas penas a ele cominadas (CP, art. 29), ressalvadas as exceções para as quais a lei prevê expressamente a aplicação da teoria pluralista" (STF: HC 97.652/RS, rel. Min. Joaquim Barbosa, 2.ª Turma, j. 04.08.2009).

Vínculo subjetivo: "*In casu*, a alegação não demonstra plausibilidade apta a ensejar a condenação de um ou a absolvição de outro, mormente em se tratando de roubo em concurso de agentes, os quais previamente ajustam sua participação na prática das ações nucleares do tipo (subtração, ameaça, violência, rendição), de modo a garantir um resultado rápido e eficaz. Na hipótese, restou evidenciada, no curso da ação penal, a unidade de desígnios para o cometimento do delito" (STJ: HC 85.883/SP, rel. Min. Felix Fischer, 5.ª Turma, j. 07.02.2008).

Art. 29. Quem, de qualquer modo, concorre para o crime incide nas penas a este cominadas, na medida de sua culpabilidade.

§ 1º Se a participação for de menor importância, a pena pode ser diminuída de um sexto a um terço.

§ 2º Se algum dos concorrentes quis participar de crime menos grave, ser-lhe-á aplicada a pena deste; essa pena será aumentada até metade, na hipótese de ter sido previsível o resultado mais grave.

---

o **Introdução:** O concurso de pessoas depende de cinco requisitos: (a) pluralidade de agentes culpáveis; (b) relevância causal das condutas para a produção do resultado; (c) vínculo subjetivo; (d) unidade de infração penal para todos os agentes; e (e) existência de fato punível.

○ **Punibilidade no concurso de pessoas:** O *caput* do art. 29 do CP filiou-se à teoria unitária ou monista. Todos aqueles que concorrem para um crime por este respondem. Há pluralidade de agentes e unidade de crime. Assim sendo, todos os envolvidos em uma infração penal por ela são responsáveis. A identidade de crime, contudo, não importa automaticamente em identidade de penas. O art. 29, *caput*, do CP curvou-se ao princípio da culpabilidade, ao empregar em sua parte final a expressão **"na medida de sua culpabilidade"**. Nesses termos, as penas devem ser individualizadas no caso concreto, levando-se em conta o sistema trifásico delineado pelo art. 68 do CP. É importante destacar que um autor ou coautor não necessariamente deverá ser punido mais gravemente do que um partícipe. O fator decisivo para tanto é o caso concreto, levando-se em conta a **culpabilidade** de cada agente. Nesse sentido, um autor intelectual (partícipe) normalmente deve ser punido de forma mais severa do que o autor do delito, pois sem a sua vontade, sem a sua ideia o crime não ocorreria. O próprio CP revela filiar-se a esse entendimento, no tocante ao **autor intelectual** (art. 62, I) – o autor intelectual, além de responder pelo mesmo crime imputado ao autor, tem contra si, por mandamento legal, uma agravante genérica.

○ **Modalidades de concurso de pessoas – Coautoria:** É a forma de concurso de pessoas que ocorre quando existem dois ou mais autores na busca do mesmo resultado. A coautoria pode ser parcial ou direta. **Coautoria parcial**, ou **funcional**, é aquela em que os diversos autores praticam atos diversos, os quais, somados, produzem o resultado almejado. Exemplo: enquanto "A" segura a vítima, "B" a esfaqueia, produzindo a sua morte. Por sua vez, na **coautoria direta** ou **material** todos os agentes efetuam atos iguais. Exemplo: "A" e "B" efetuam disparos de arma de fogo contra "C", matando-o.

– **Coautoria, crimes próprios e crimes de mão própria:** Crimes próprios ou **especiais** são aqueles em que o tipo penal exige uma situação de fato ou de direito diferenciada por parte do sujeito ativo. Apenas quem reúne as condições especiais previstas na lei pode praticá-lo. É o caso do peculato (art. 312 do CP), cujo sujeito ativo deve ser funcionário público, e também do infanticídio (art. 123 do CP), que precisa ser praticado pela mãe, durante o parto ou logo após, sob a influência do estado puerperal. **Crimes de mão própria, de atuação pessoal** ou **de conduta infungível**, de outro lado, são os que somente podem ser praticados pelo sujeito expressamente indicado pelo tipo penal. Pode-se apontar o exemplo do falso testemunho (CP, art. 342). Os **crimes próprios podem ser praticados em coautoria**. É possível que duas ou mais pessoas dotadas das condições especiais reclamadas pela lei executem conjuntamente o núcleo do tipo. É o caso de dois funcionários públicos que, juntos, subtraem bens pertencentes à Administração Pública. Nada impede seja um crime próprio cometido por uma pessoa que preencha a situação fática ou jurídica exigida pela lei em concurso com terceira pessoa, sem essa qualidade. Exemplo: "A", funcionário público, convida "B", particular, para lhe ajudar a subtrair um computador que se encontra no gabinete da repartição pública em que trabalha. "B", ciente da condição de funcionário público de "A", ajuda-o a ingressar no local e a transportar o bem até a sua casa. Ambos respondem por peculato. Essa conclusão se coaduna com a regra traçada pelo art. 30 do CP. Os **crimes de mão própria**, por sua vez, são **incompatíveis com a coautoria**. Com efeito, podem ser praticados exclusivamente pela pessoa taxativamente indicada pelo tipo penal. Ninguém mais pode com ela executar o núcleo do tipo. Em um falso testemunho proferido em ação penal, a título ilustrativo, o advogado ou membro do Ministério Público não têm como negar ou calar a verdade juntamente com a testemunha. Apenas ela poderá fazê-lo. Existe somente uma exceção a esta regra, relativa ao crime de falsa perícia (art. 342 do CP) praticado em concurso por dois ou mais peritos, contadores, tradutores ou intérpretes, como na hipótese em que dois peritos subscrevem dolosamente o mesmo laudo falso. Trata-se de crime de mão própria cometido em coautoria.

– **O executor de reserva:** É o agente que acompanha, presencialmente, a execução da conduta típica, ficando à disposição, se necessário, para nela intervir. Se intervier, será tratado como coautor, e, em caso negativo, como partícipe.

– **Coautoria sucessiva:** É a espécie de coautoria que ocorre quando a conduta, iniciada em autoria única, se consuma com a colaboração de outra pessoa, com forças concentradas, mas sem prévio e determinado ajuste. Marcello Jardim Linhares apresenta o seguinte exemplo: "Se um dos agentes, em situação de imoderação dolosa, golpeou a vítima com socos e pontapés na cabeça, jogando-a ao chão, e mais adiante seu companheiro, também em estado de excesso doloso, atinge-a outra vez na cabeça com a coronha de uma espingarda, respondem ambos, em coautoria sucessiva, pelo resultado de lesões corporais graves".[195]

– **Coautoria em crimes omissivos:** De acordo com uma primeira corrente, **é possível a coautoria em crimes omissivos, sejam eles próprios (ou puros), ou ainda impróprios (espúrios ou comissivos por omissão).** Para o aperfeiçoamento da coautoria basta que dois ou mais agentes, vinculados pela unidade de propósitos, prestem contribuições relevantes para a produção do resultado, realizando atos de execução previstos na lei penal. Filiam-se a essa corrente, dentre outros, Cezar Roberto Bitencourt[196] e Guilherme de Souza Nucci, que exemplifica: "Duas pessoas podem, caminhando pela rua, deparar-se com outra, ferida, em busca de ajuda. Associadas, uma conhecendo a conduta da outra e até havendo incentivo recíproco, resolvem ir embora. São coautoras do crime de omissão de socorro (art. 135, CP)".[197] Uma segunda corrente entende que **não se admite a coautoria em crimes omissivos, qualquer que seja a sua natureza.** De acordo com essa posição, a coautoria não é possível nos crimes omissivos, porque cada um dos sujeitos detém o seu dever de agir – imposto pela lei a todos, nos próprios, ou pertencente a pessoas determinadas (art. 13, § 2.º, do CP), nos impróprios ou comissivos por omissão –, de modo individual, indivisível e indelegável. Nilo Batista defende com veemência esse entendimento: "O dever de atuar a que está adstrito o autor do delito omissivo é indecomponível. Por outro lado, como diz Bacigalupo, a falta de ação priva de sentido o pressuposto fundamental da coautoria, que é a divisão do trabalho; assim, *no es concebible que alguien omita una parte mientras otros omiten el resto.* Quando dois médicos omitem – ainda que de comum acordo – denunciar moléstia de notificação compulsória de que tiveram ciência (art. 269, CP), temos dois autores diretos individualmente consideráveis. A inexistência do acordo (que, de resto, não possui qualquer relevância típica) deslocaria para uma autoria colateral, sem alteração substancial na hipótese. A solução não se altera se se transferem os casos para a omissão imprópria: pai e mãe que deixam o pequeno filho morrer à míngua de alimentação são autores diretos do homicídio; a omissão de um não 'completa' a omissão do outro; o dever de assistência não é violado em 50% por cada qual".[198]

– **A autoria mediata:** O CP em vigor não disciplinou expressamente a autoria mediata. Cuida-se, assim, de **construção doutrinária**. Trata-se da espécie de autoria em que alguém, o **"sujeito de trás"**[199] se utiliza, para a execução da infração penal, de uma pessoa inculpável ou que atua sem dolo ou culpa. Há dois sujeitos nessa relação: (1) **autor mediato:** quem ordena a prática do crime; e (2) **autor imediato:** aquele que executa a conduta criminosa. Exemplo: "A", desejando matar sua esposa, entrega uma arma de fogo municiada a "B", criança de pouca idade, dizendo-lhe que, se apertar o gatilho na cabeça da mulher, esta lhe dará balas. Quando se fala em pessoa sem culpabilidade, aí se insere qualquer um dos seus elementos: imputabilidade, potencial consciência da ilicitude e exigibilidade de conduta diversa. Ausente qualquer deles, faltará a culpabilidade. A pessoa que

195   LINHARES, Marcello Jardim. *Coautoria.* Rio de Janeiro: Aide, 1987. p. 104.
196   BITENCOURT, Cezar Roberto. *Tratado de direito penal.* Parte geral. 11. ed. São Paulo: Saraiva, 2007. v. 1, p. 426.
197   NUCCI, Guilherme de Souza. *Código Penal comentado.* 6. ed. São Paulo: RT, 2006. p. 275.
198   BATISTA, Nilo. *Concurso de agentes:* uma investigação sobre os problemas da autoria e da participação no direito penal brasileiro. 2. ed. Rio de Janeiro: Lumen Juris, 2004. p. 65.
199   SILVA, Germano Marques da. *Direito penal português* – Parte geral. Lisboa: Verbo, 1998. v. II, p. 285.

atua sem discernimento – seja por ausência de culpabilidade, seja pela falta de dolo ou culpa –, funciona como mero **instrumento do crime**. Inexiste vínculo subjetivo, requisito indispensável para a configuração do concurso de agentes. **Não há, portanto, concurso de pessoas.** Somente ao autor mediato pode ser atribuída a **propriedade do crime**.[200] Em suma, o autor imediato não é punível. A infração penal deve ser imputada apenas ao autor mediato. Nada impede, todavia, a **coautoria mediata** e **participação na autoria mediata**. Exemplos: "A" e "B" pedem a "C", inimputável, que mate alguém (coautoria mediata), ou, então, "A" induz "B", ambos imputáveis, a pedir a "C", menor de idade, a morte de outra pessoa (participação na autoria mediata). O CP possui cinco situações em que pode ocorrer a autoria mediata: (a) inimputabilidade penal do executor por menoridade penal, embriaguez ou doença mental (art. 62, III); (b) coação moral irresistível (art. 22); (c) obediência hierárquica (art. 22); (d) erro de tipo escusável, provocado por terceiro (art. 20, § 2.º); e (e) erro de proibição escusável, provocado por terceiro (art. 21, *caput*). E, além delas, outros casos podem ocorrer, nas hipóteses em que o agente atua sem dolo ou culpa, tais como na coação física irresistível, no sonambulismo e na hipnose.

– **Autoria mediata e crimes culposos**: A autoria mediata é incompatível com os crimes culposos, por uma razão bastante simples: nesses crimes, o resultado naturalístico é involuntariamente produzido pelo agente. Consequentemente, não se pode conceber a utilização de um inculpável ou de pessoa sem dolo ou culpa para funcionar como instrumento de um crime cujo resultado o agente não quer nem assume o risco de produzir. É da essência da autoria mediata, portanto, a prática de um crime doloso.[201]

– **Autoria mediata, crimes próprios e de mão própria**: **Crimes próprios** ou **especiais** são aqueles em que o tipo penal exige uma situação fática ou jurídica específica por parte do sujeito ativo. Somente quem reúne condições diferenciadas pode praticá-lo. É o caso do peculato (art. 312 do CP), cujo sujeito ativo deve ser funcionário público, e também do infanticídio (art. 123 do CP), que precisa ser praticado pela mãe. Por outro lado, **crimes de mão própria, de atuação pessoal** ou **de conduta infungível** são aqueles que somente podem ser praticados pelo sujeito expressamente indicado pelo tipo penal. Pode-se apontar o exemplo do falso testemunho (art. 342 do CP), que deve ser executado apenas pela testemunha. Entende-se pela **admissibilidade** da autoria mediata nos **crimes próprios**, desde que o autor mediato detenha todas as qualidades ou condições pessoais reclamadas pelo tipo penal. Nesse sentido, um funcionário público pode se valer de um subalterno sem culpabilidade, em decorrência da obediência hierárquica, para praticar um peculato, subtraindo bens que se encontram sob a custódia da Administração Pública. Todavia, prevalece o entendimento de que a autoria mediata é **incompatível** com os **crimes de mão própria**, porque a conduta somente pode ser praticada pela pessoa diretamente indicada pelo tipo penal. A infração penal não pode ter a sua execução delegada a outrem.

– **Autoria de escritório**: Cuida-se de categoria oriunda da doutrina alemã que se constitui em **autoria mediata particular** ou **autoria mediata especial**. Nessa linha de raciocínio, é autor de escritório o agente que transmite a ordem a ser executada por outro autor direto, dotado de culpabilidade e passível de ser substituído a qualquer momento por outra pessoa, no âmbito de uma organização ilícita de poder. Exemplo: o líder do PCC (Primeiro Comando da Capital), em São Paulo, ou do CV (Comando Vermelho), no Rio de Janeiro, dá as ordens a serem seguidas por seus comandados. É ele o autor de escritório, com poder hierárquico sobre seus "soldados" (essa modalidade de autoria também é muito comum nos grupos terroristas).

– **A teoria do domínio da organização**: Essa teoria é apresentada por Claus Roxin – e funciona como a base do conceito de autoria de escritório fornecido por Eugenio Raúl Zaffaroni – para solucionar as questões inerentes ao concurso de pessoas nas estruturas organizadas de poder, com-

---

[200] MIR PUIG, Santiago. *Derecho penal*. Parte general. 5. ed. Barcelona: Reppertor, 1998. p. 401.
[201] Nesse sentido: WESSELS, Johannes. *Derecho penal* – Parte general. Buenos Aires: Depalma, 1980. p. 159.

preendidas como aparatos à margem da legalidade. Nas organizações criminosas, não raras vezes é difícil punir os detentores do comando, situados no ápice da pirâmide hierárquica, pois tais pessoas não executam as condutas típicas. Ao contrário, utilizam-se de indivíduos dotados de culpabilidade para a prática dos crimes. Nesse contexto, o penalista alemão tem como ponto de partida a teoria do domínio do fato, e amplia o alcance da autoria mediata, para legitimar a responsabilização do autor direto do crime, bem como do seu mandante, quando presente uma relação de subordinação entre eles, no âmbito de uma estrutura organizada de poder ilícito, situada às margens do Estado.

– **Autoria por convicção:** Verifica-se quando o agente tem conhecimento da norma penal, mas decide transgredi-la por questões de consciência política, religiosa, filosófica ou de qualquer outra natureza. É o que se dá na hipótese em que a mãe de uma criança de pouca idade, por motivos religiosos, impede a transfusão de sangue capaz de salvar a vida do seu filho, acarretando em sua responsabilização pelo crime de homicídio, em face da omissão penalmente relevante (CP, art. 13, § 2.º, "a").

○ **Modalidades de concurso de pessoas – participação:** É a modalidade de concurso de pessoas em que **o sujeito não realiza diretamente o núcleo do tipo penal, mas de qualquer modo concorre para o crime**. É, portanto, qualquer tipo de colaboração, desde que não relacionada à prática do verbo contido na descrição da conduta criminosa. Exemplo: é partícipe de um homicídio aquele que, ciente do propósito criminoso do autor, e disposto a com ele colaborar, empresta uma arma de fogo municiada para ser utilizada na execução do delito. A participação reclama **dois requisitos: (1) propósito de colaborar para a conduta do autor (principal); e (2) colaboração efetiva**, por meio de um comportamento acessório que concorra para a conduta principal.

– **Espécies:** Inicialmente, a participação pode ser moral ou material. **Participação moral** é aquela em que a conduta do agente restringe-se a **induzir** ou **instigar** terceira pessoa a cometer uma infração penal. Não há colaboração com meios materiais, mas apenas com ideias de natureza penalmente ilícitas. **Induzir** é fazer surgir na mente de outrem a vontade criminosa, até então inexistente. **Instigar** é reforçar a vontade criminosa que já existe na mente de outrem. O induzimento e a instigação devem ser relacionados à **prática de crime determinado** e direcionados a **pessoa ou pessoas determinadas**. Se alguém induzir ou instigar pessoas indeterminadas à realização de um crime, necessariamente determinado, não será tratado como partícipe, mas como autor de **incitação ao crime** (art. 286 do CP). Além disso, como o induzimento e a instigação se limitam ao aspecto moral da pessoa, normalmente ocorrem na fase da cogitação. Nada impede, entretanto, sejam efetivados durante os atos preparatórios. E, relativamente à **instigação**, é possível a sua verificação até mesmo durante a execução, principalmente para impedir a desistência voluntária e o arrependimento eficaz. Frise-se ser o induzimento incompatível com os atos executórios. Com efeito, se o autor já iniciou a execução, é porque já tinha em mente a ideia criminosa. Por sua vez, na **participação material** a conduta do sujeito consiste em prestar **auxílio** ao autor da infração penal. **Auxiliar** é facilitar, viabilizar materialmente a execução da infração penal, sem realizar a conduta descrita pelo núcleo do tipo. O partícipe que presta auxílio é chamado de **cúmplice**. O auxílio pode ser efetuado durante os **atos preparatórios** ou **executórios**, mas nunca após a consumação, salvo se ajustado previamente. Em síntese, o auxílio posterior à consumação, mas objeto de ajuste prévio, caracteriza participação. De seu turno, o auxílio posterior à consumação, porém não ajustado antecipadamente, não configura participação, e sim o crime autônomo de favorecimento pessoal (CP, art. 348).

– **Punição do partícipe – teorias da acessoriedade:** A conduta do partícipe tem **natureza acessória**, pois não realiza o núcleo do tipo penal. Sem a conduta principal, praticada pelo autor, a atuação do partícipe, em regra, é irrelevante. Exemplificativamente, não há crime na simples conduta de mandar matar alguém, se a ordem não for cumprida pelo seu destinatário. Nesses termos, a conduta acessória do partícipe somente adquire eficácia penal quando adere à conduta principal do autor.

A adequação típica tem subordinação mediata, por força da norma de extensão pessoal prevista no art. 29, *caput*, do CP. A acessoriedade da conduta do partícipe é consagrada pelo art. 31 do CP. Para a punição do partícipe deve ser iniciada a execução do crime pelo autor. Exige-se, pelo menos, a figura da tentativa. Há diversas teorias acerca da acessoriedade, formuladas com base em seus graus: **(a) Acessoriedade mínima:** para a punibilidade da participação é suficiente tenha o autor praticado um **fato típico**. Exemplo: "A" contrata "B" para matar "C". Depois do acerto, "B" caminha em via pública, e, gratuitamente, é atacado por "C", vindo por esse motivo a matá-lo em legítima defesa. Para essa teoria, "A" deveria ser punido como partícipe. Essa concepção deve ser afastada, por implicar na equivocada punição do partícipe quando o autor agiu acobertado por uma causa de exclusão da ilicitude, ou seja, quando não praticou uma infração penal. **(b) Acessoriedade limitada:** é suficiente, para a punição do partícipe, tenha o autor praticado um **fato típico e ilícito**. Exemplo: "A" contrata "B", **inimputável**, para matar "C". O contratado cumpre sua missão. Estaria presente o concurso de pessoas, figurando "B" como autor e "A" como partícipe do homicídio. É a posição preferida pela doutrina pátria. Não resolve, todavia, os problemas inerentes à **autoria mediata**. No exemplo, inexiste concurso entre "A" e "B" (inimputável), em face da ausência de vínculo subjetivo. Conforme explica Flávio Augusto Monteiro de Barros acerca da teoria da acessoriedade limitada: "Sua dificuldade é a compatibilização com a autoria mediata. Realmente, são incompatíveis. Na autoria mediata, a execução do crime é feita por pessoa que atua sem culpabilidade. Aquele que induziu, instigou ou auxiliou não é partícipe, e, sim, autor mediato. A teoria da acessoriedade limitada só tem cabimento entre os que repudiam a autoria mediata, considerando-a uma modalidade de participação."[202] **(c) Acessoriedade máxima** ou **extrema:** reclama, para a punição do partícipe, tenha sido o **fato típico e ilícito praticado por um agente culpável**. Exemplo: "A" contrata "B", **imputável**, para dar cabo à vida de "C", o que vem a ser fielmente concretizado. "B" é autor do crime de homicídio, e "A", partícipe. Em sintonia com a posição sustentada por Beatriz Vargas Ramos: "O grau de acessoriedade da participação é, portanto, o grau máximo – é preciso que a conduta principal seja típica, ilícita e também culpável. Sempre que faltar um desses atributos na ação empreendida pelo agente imediato, desaparecerá a participação, surgindo a figura do autor mediato."[203] **(d) Hiperacessoriedade:** para a punição do partícipe, é necessário que o autor, revestido de culpabilidade, pratique um fato típico e ilícito, e seja **efetivamente punido** no caso concreto. Destarte, se "A" contratou "B" para matar "C", no que foi atendido, mas o executor, logo após o crime, suicidou-se, não há falar em participação, em decorrência da aplicação da causa de extinção da punibilidade contida no art. 107, I, do CP. Essa teoria faz exigência descabida, permitindo em diversas hipóteses a impunidade do partícipe, embora o autor, com ele vinculado pela unidade de elemento subjetivo, tenha praticado uma infração penal.

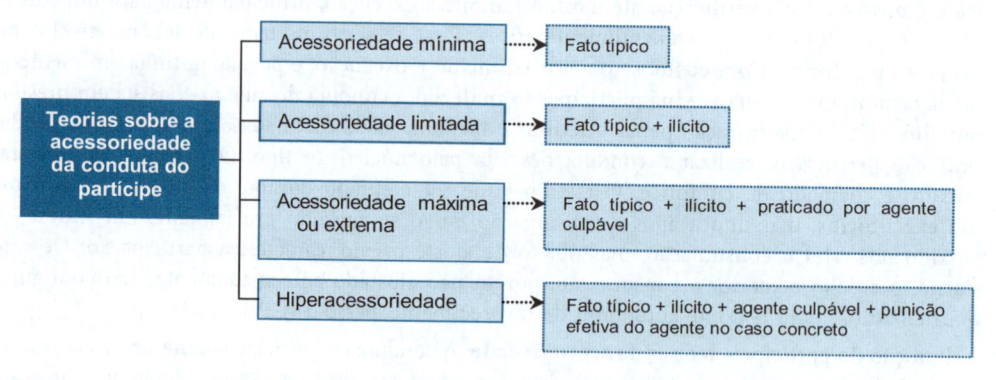

202   BARROS, Flávio Augusto Monteiro de. *Direito penal*. Parte geral. 5. ed. São Paulo: Saraiva, 2006. p. 420.
203   RAMOS, Beatriz Vargas. *Do concurso de pessoas*. Belo Horizonte: Del Rey, 1996. p. 42.

○ **Participação de menor importância:** O art. 29, § 1.º, do CP descreve uma **causa de diminuição da pena**, aplicável na terceira fase da fixação da pena. Em que pesem posições em contrário, trata-se de **direito subjetivo do réu.** A discricionariedade do juiz reserva-se apenas ao montante da redução, dentro dos limites legais. Participação de menor importância, ou **mínima**, é a de **reduzida eficiência causal**. Contribui para a produção do resultado, mas de forma menos decisiva, razão pela qual deve ser aferida exclusivamente no caso concreto. Nessa linha de raciocínio, o melhor critério para constatar a participação de menor importância é, uma vez mais, o da equivalência dos antecedentes ou *conditio sine qua non*. Anote-se que a diminuição da pena **se relaciona à participação**, isto é, ao comportamento adotado pelo sujeito, e não à sua pessoa. Portanto, suas condições pessoais (primário ou reincidente, perigoso ou não) não impedem a redução da reprimenda, se tiver contribuído minimamente para a produção do resultado. Como a lei fala em **"participação"**, não é possível a diminuição da pena ao coautor. A propósito, não há como se conceber uma coautoria de menor importância, ou seja, a prática de atos de execução de pouca relevância. O coautor sempre tem papel decisivo no deslinde da infração penal. Prevalece na doutrina o entendimento de que o dispositivo legal não se aplica ao **autor intelectual**, embora seja partícipe, pois, se arquitetou o crime, evidentemente a sua participação não se compreende como de menor importância. Não se deve confundir participação de menor importância com participação inócua – aquela que em nada contribuiu para o resultado, sendo penalmente irrelevante, pois se não deu causa ao crime é porque a ele não concorreu. Exemplo: "A" empresta uma faca para "B" matar "C". Precavido, contudo, "B" compra uma arma de fogo e, no dia do crime, sequer leva consigo a faca emprestada por "A", cuja participação foi, assim, inócua.

○ **Participação impunível:** Trata-se de causa de atipicidade da conduta do partícipe. A respeito, *ver comentários ao art. 31 do CP.*

○ **Participação por omissão:** A participação por omissão é possível, desde que o omitente, além de poder agir no caso concreto, tenha o dever de agir para evitar o resultado, por se enquadrar em alguma das hipóteses delineadas pelo art. 13, § 2.º, do CP.

○ **Conivência:** Também chamada de **participação negativa, crime silente** ou **concurso absolutamente negativo**, é a participação que ocorre nas situações em que o sujeito não está vinculado à conduta criminosa e não possui o dever de agir para impedir o resultado. Exemplo: um transeunte assiste ao roubo de uma pessoa desconhecida e nada faz. Não é partícipe. Portanto, o mero conhecimento de um fato criminoso não confere ao indivíduo a posição de partícipe por força de sua omissão, salvo se presente o dever de agir para impedir a produção do resultado.

○ **Participação sucessiva:** A participação sucessiva é possível nos casos em que um mesmo sujeito é instigado, induzido ou auxiliado por duas ou mais pessoas, cada qual desconhecendo o comportamento alheio, para executar uma infração penal. Exemplo: "A" sugere a "B" a prática de um roubo para quitar suas dívidas bancárias. Depois de refletir sobre a ideia, e sem contar a sua origem, consulta "C", que o estimula a assim agir. "B" pratica o roubo. "A" e "C" são partícipes do crime, pois para ele concorreram. A participação sucessiva deve ter sido capaz de influir no propósito criminoso, pois, se a ideia já estava perfeitamente sedimentada na mente do agente, será inócua a participação posterior, impedindo a punição do seu responsável.

○ **Participação em cadeia ou participação da participação:** A participação em cadeia é possível e punível pelas regras estabelecidas pelo CP. Verifica-se nos casos em que alguém induz ou instiga uma pessoa, para que esta posteriormente induza, instigue ou auxilie outro indivíduo a cometer um crime determinado. Exemplo: "A" induz "B" a instigar "C" a emprestar uma arma de fogo (auxiliar) a "D", para que este mate "E", devedor e desafeto de todos. "A", "B" e "C" respondem pelo homicídio, na condição de partícipes, pois concorreram para o crime que teve "D" como seu autor.

○ **Participação em ação alheia:** O partícipe deve, necessariamente, estar subjetivamente vinculado à conduta do autor. Exige-se a homogeneidade de elemento subjetivo, pois se todos os que concorrem para um crime por ele respondem, como decorrência da teoria unitária ou monista acolhida pelo art. 29, *caput*, do CP, não se admite a participação culposa em crime doloso, nem a participação dolosa em crime culposo. Mas é possível o envolvimento em ação alheia, de terceira pessoa, com **elemento subjetivo distinto**, quando a lei cria para a situação **dois crimes diferentes**, mas ligados um ao outro. Aquele que colabora culposamente para a conduta alheia responde por delito culposo, enquanto ao autor, que age com consciência e vontade, deve ser imputado um crime doloso. É o que ocorre em relação ao crime tipificado pelo art. 312, § 2.º, do CP. Imaginemos que um funcionário público, ao término de seu expediente, esqueça aberta a janela do seu gabinete. Aproveitando-se dessa facilidade, um particular que passava pela via pública ingressa na repartição pública e de lá subtrai um computador pertencente ao Estado. O funcionário público desidioso responde por peculato culposo, e o particular por furto. **Não há concurso de pessoas**, em face da ausência do liame subjetivo.

○ **Cooperação dolosamente distinta:** Também chamada de **desvios subjetivos entre os agentes** ou **participação em crime menos grave**, está descrita no § 2.º do dispositivo em análise. Esse dispositivo pode ser fracionado em duas partes:

– **1.ª parte:** Se algum dos concorrentes quis participar de crime menos grave, ser-lhe-á aplicada a pena deste. Essa regra constitui-se em **corolário lógico da teoria unitária ou monista** adotada pelo art. 29, *caput*, do CP. Destina-se, ainda, a afastar a **responsabilidade penal objetiva** no concurso de pessoas. A interpretação a ser dada é a seguinte: dois ou mais agentes cometeram dois ou mais crimes. Em relação a algum deles – **o mais grave** –, entretanto, não estavam ligados pelo vínculo subjetivo, isto é, não tinham unidade de propósitos quanto à produção do resultado. Vejamos um exemplo: "A" e "B" combinam a prática do furto de um automóvel que estava estacionado em via pública. Chegam ao local e, quando tentavam abrir a porta do veículo, surge seu proprietário. "A" foge, mas "B", que trazia consigo um revólver, circunstância que não havia comunicado ao seu comparsa, atira na vítima, matando-a. Nesse caso, "A" deve responder por tentativa de furto (art. 155 c/c o art. 14, II, do CP), e "B" por latrocínio consumado (art. 157, § 3.º, II, do CP). Se um dos concorrentes quis participar de crime menos grave, diz a lei penal, é porque em relação a ele não há concurso de pessoas. O vínculo subjetivo existia somente no tocante ao crime menos grave. Veda-se, destarte, a responsabilidade penal objetiva, pois não se permite a punição de um agente por crime praticado exclusivamente por outrem, frente ao qual não agiu com dolo ou culpa. Finalmente, o CP empregou a palavra **"concorrente"** de forma genérica, com o escopo de englobar tanto o autor como o partícipe, ou seja, a pessoa que de qualquer modo concorra para o crime.

– **2.ª parte:** *Essa pena será aumentada até a 1/2 (metade), na hipótese de ter sido previsível o resultado mais grave.* Diz o CP que o crime mais grave não pode ser imputado, em hipótese alguma, àquele que apenas quis participar de um crime menos grave. Esse mandamento legal deve ser interpretado em sintonia com o anterior. Quando o crime mais grave não era previsível a algum dos concorrentes, ele responde somente pelo crime menos grave, sem qualquer majoração da pena. É o que ocorre no exemplo já mencionado. Agora, ainda que fosse o crime mais grave previsível àquele que concorreu exclusivamente ao crime menos grave, subsistirá apenas em relação a este a responsabilidade penal. Por se tratar, contudo, de conduta mais reprovável, **a pena do crime menos grave** poderá ser aumentada até a 1/2 (metade). A previsibilidade deve ser aferida de acordo com o **juízo do homem médio**.

- **Autoria colateral:** Também chamada de **coautoria imprópria** ou **autoria parelha**, ocorre quando duas ou mais pessoas intervêm na execução de um crime, buscando igual resultado, embora cada uma delas ignore a conduta alheia. Exemplo: "A", portando um revólver, e "B", uma espingarda, escondem-se atrás de árvores, um do lado direito e outro do lado esquerdo de uma mesma rua. Quando "C", inimigo de ambos, por ali passa, ambos os agentes contra ele efetuam disparos de armas de fogo. "C" morre, revelando o exame necroscópico terem sido os ferimentos letais produzidos pelos disparos originários da arma de "A". **Não há concurso de pessoas**, pois estava ausente o vínculo subjetivo entre "A" e "B". Portanto, cada um dos agentes responde pelo crime a que deu causa: "A" por homicídio consumado, e "B" por tentativa de homicídio. Se ficasse demonstrado que os tiros de "B" atingiram o corpo de "C" quando já estava morto, "A" responderia pelo homicídio, enquanto "B" ficaria impune, por força da caracterização do crime impossível (impropriedade absoluta do objeto – art. 17 do CP).

- **Autoria incerta: Surge no campo da autoria colateral, quando mais de uma pessoa é indicada como autora do crime, mas não se apura com precisão qual foi a conduta que efetivamente produziu o resultado. Conhecem-se os possíveis autores, mas não se conclui, em juízo de certeza, qual comportamento deu causa ao resultado.** Suponha-se que "A" e "B" com armas de fogo e munições idênticas escondam-se atrás de árvores para eliminar a vida de "C". Quando este passa pelo local, contra ele atiram, e "C" morre. O exame pericial aponta ferimentos produzidos por um único disparo de arma de fogo como *causa mortis*. Os demais tiros não atingiram a vítima, e o laudo não afirma categoricamente quem foi o autor do disparo fatal. Há, no caso, dois crimes praticados por "A" e "B": um homicídio consumado e uma tentativa de homicídio. Como não se apurou quem produziu a morte, não se pode imputar o resultado naturalístico para "A" e "B". Um deles matou, mas o outro não. E, como **não há concurso de pessoas**, ambos devem responder por **tentativa de homicídio**. Com efeito, ambos praticaram atos de execução de um homicídio. Tentaram matar, mas somente um deles, **incerto**, o fez. Para eles será imputada a tentativa, pois a ela deram causa. Quanto a isso não há dúvida. E por não se saber quem de fato provocou a morte da vítima, não se pode responsabilizar qualquer deles pelo homicídio consumado, aplicando-se o princípio *in dubio pro reo*. Há casos, todavia, que causam estranheza ainda maior. Imagine-se que "João", casado com "Maria", seja amante de "Tereza". Todas as manhãs, juntamente com a esposa, toma café em casa. Em seguida, antes de ingressar no trabalho, passa na residência da amante, que não sabe ser ele casado, para com ela também fazer o desjejum. Em determinado dia, a esposa e a amante descobrem sobre a existência de outra mulher na vida de "João". Revoltadas, compram venenos para matá-lo. Na manhã seguinte, o adúltero bebe uma xícara de café, envenenado, em sua casa. Parte para a residência da amante, e também bebe uma xícara de café com veneno. Morre algumas horas depois. Realiza-se perícia, e o laudo conclui pela existência de duas substâncias no sangue de "João": veneno de rato e talco. "Maria" e "Tereza", orgulhosas, confessam ter colocado veneno no café do falecido traidor. A situação é a seguinte: uma das mulheres praticou homicídio, e a outra, crime impossível por ineficácia absoluta do meio (CP, art. 17). Os elementos de informação colhidos durante o inquérito policial não apontam qual foi a conduta de cada uma delas. O representante do Ministério Público ao receber o inquérito policial relatado, não deve denunciá-las. A única solução é o arquivamento do inquérito policial. Há um homicídio, mas às vingativas mulheres aplica-se o **crime impossível**. Uma matou, mas a outra nada fez. Como não há **concurso de pessoas**, por ausência do vínculo subjetivo, ambas devem ser beneficiadas pela dúvida.

Em resumo, se no bojo de uma autoria incerta todos os envolvidos praticaram atos de execução, devem responder pela tentativa do crime. Mas, se um deles incidiu em crime impossível, a causa de atipicidade a todos se estende.

○ **Autoria desconhecida:** Cuida-se de instituto ligado ao processo penal, que ocorre quando um crime foi cometido, mas não se sabe quem foi seu autor. Exemplo: "A" foi vítima de furto, pois todos os bens de sua residência foram subtraídos enquanto viajava. Não há provas, todavia, do responsável pelo delito. É nesse ponto que se diferencia da autoria incerta, de interesse do Direito Penal, pois nela conhecem-se os envolvidos em um crime, mas não se pode, com precisão, afirmar quem a ele realmente deu causa.

○ **Autoria complementar (ou acessória):** essa espécie de autoria pressupõe a atuação de ao menos duas pessoas, as quais agem cada qual sem o conhecimento da atuação alheia, porém, somente a união das duas (ou mais) condutas é apta a produzir o resultado naturalístico. Exemplo: "A", com intenção de matar, coloca uma certa quantidade de veneno no café da vítima. Algum tempo depois, "B", também com ânimo homicida, mistura uma dose de veneno no suco da mesma vítima. "A" e "B" sequer se conhecem, e ignoram o propósito criminoso em comum. A vítima vem a falecer, envenenada, e a perícia identifica em seu organismo duas espécies de venenos, e conclui que somente um deles era incapaz de matar. Não há falar em concurso de pessoas, em face da ausência do vínculo subjetivo. Nesse caso, cada agente deve responder pelo ato efetivamente praticado, e não pelo resultado naturalístico. No exemplo acima, "A" e "B" terão contra si imputados o crime de tentativa de homicídio qualificado pelo emprego de veneno, e não de homicídio consumado.

○ **Autoria sucessiva (ou subsequente):** verifica-se nas hipóteses em que alguém ofende o bem jurídico que já fora violado por outra pessoa. É o que se dá, a título de exemplo, no delito catalogado no art. 138, § 1.º, do Código Penal: a honra objetiva da vítima, após ter sido lesada pela calúnia cometida por alguém, é novamente atingida pela conduta do terceiro que, sabendo falsa a imputação, a propala ou a divulga. Não há concurso de pessoas, pela ausência do vínculo subjetivo, razão pela qual cada agente responde pelo delito que praticou, de forma autônoma.

○ **Concurso de pessoas e crimes multitudinários:** A relação entre o concurso de pessoas e os crimes praticados pelas multidões ganha força a cada dia, presente que se encontra esse fenômeno em diversos casos inerentes à vida moderna, tais como a violência comumente praticada pelas torcidas organizadas nos estádios de futebol, rebeliões em presídios e invasões de propriedades rurais por movimentos criados para esta finalidade. Em situações deste nível o concurso de pessoas inexoravelmente se reveste de maior gravidade, pois o resultado criminoso, além de ser facilmente alcançado, assume maiores proporções, por ser a incitação à violência transmitida velozmente entre os indivíduos situados à sua volta. O CP, atento a essas peculiaridades, cuidou de regular o assunto: quem provoca o tumulto tem a pena agravada, enquanto quem age sob o influxo da multidão, se não a iniciou, merece o abrandamento da punição. Com efeito, dispôs em seu art. 65, III, "e", que a pena será **atenuada** em relação ao agente que cometeu o crime sob a influência da multidão em tumulto, se não o provocou. Por outro lado, estabeleceu no art. 62, I, uma **agravante genérica** para o sujeito que promove, ou organiza a cooperação no crime ou dirige a atividade dos demais agentes. Mas a doutrina discorda sobre um ponto, qual seja, se a integração a uma multidão criminosa é, por si só, suficiente para demonstrar o vínculo subjetivo entre os agentes, caracterizando o concurso de pessoas. Para Mirabete, todos respondem pelo resultado produzido.[204] É também a po-

---

[204] MIRABETE, Julio Fabbrini. *Manual de direito penal.* Parte Geral. 24. ed. São Paulo: Atlas, 2007. v. 1, p. 242.

sição de Cezar Roberto Bitencourt.[205] De outro lado, sustenta Rogério Greco que os crimes multitudinários dependem, para a configuração do concurso de pessoas, da comprovação efetiva da contribuição causal de cada envolvido no tumulto.[206]

○ **Denúncia geral versus processo penal kafkiano ("criptoimputação"):** nos crimes de autoria coletiva, "embora a vestibular acusatória não possa ser de todo genérica, é válida quando, apesar de não descrever minuciosamente as atuações individuais dos acusados, demonstra um liame entre o seu agir e a suposta prática delituosa, estabelecendo a plausibilidade da imputação e possibilitando o exercício da ampla defesa".[207] Nesse contexto, não é inepta a denúncia (geral) que apresenta narrativa fática congruente, de modo a permitir o devido processo legal, descrevendo conduta típica que, "atentando aos ditames do art. 41 do CPP, qualifica os acusados, descreve o fato criminoso e suas circunstâncias. O fato, por si só, de o Ministério Público ter imputado ao recorrente a mesma conduta dos demais denunciados não torna a denúncia genérica, indeterminada ou imprecisa".[208] É imprescindível distinguir a **denúncia genérica** da **denúncia geral**. A denúncia genérica é aquela cuja imputação é gravemente contaminada por "situação de deficiência na narração do fato imputado, quando não contém os elementos mínimos de sua identificação como crime, como às vezes ocorre com a simples alusão aos elementos do tipo penal abstrato".[209] A denúncia genérica sofre com a pecha da **criptoimputação**[210] (imputação truncada, criptografada), por consagrar um **sistema processual kafkiano**, por meio do qual o denunciado não tem ideia do que se defende.[211] De seu turno, a denúncia geral é admitida na jurisprudência, porquanto nessa modalidade há a descrição dos fatos e da atuação, ainda que de maneira geral, de cada um dos imputados.

○ **Concurso de pessoas e crimes culposos:** Crime culposo é o que se verifica quando o agente, deixando de observar o dever objetivo de cuidado, por imprudência, negligência ou imperícia, realiza voluntariamente uma conduta que produz um resultado naturalístico indesejado, não previsto nem querido, mas objetivamente previsível, e excepcionalmente previsto e querido, que podia, com a devida atenção, ter evitado. Para facilitar o estudo do assunto é razoável abordar o cabimento do concurso de pessoas nessa categoria de delitos com amparo em suas duas modalidades: coautoria e participação.

– **Coautoria e crimes culposos:** A doutrina nacional é tranquila ao admitir a coautoria em crimes culposos, quando duas ou mais pessoas, conjuntamente, agindo por imprudência, negligência ou imperícia, violam o dever objetivo de cuidado a todos imposto, produzindo um resultado natura-

---

205 BITENCOURT, Cezar Roberto. *Tratado de direito penal.* Parte geral. 11. ed. São Paulo: Saraiva, 2007. v. 1, p. 428.

206 GRECO, Rogério. *Curso de direito penal* – parte geral. 10. ed. Rio de Janeiro: Impetus, 2008. p. 472.

207 STJ: RHC 68.903/RJ, rel. Min. Jorge Mussi, 5.ª Turma, j. 05.05.2016.

208 STJ: HC 311.571/SP, rel. Min. Gurgel de Faria, 5.ª Turma, j. 19.11.2015. No mesmo sentido: "A jurisprudência deste Superior Tribunal é firme na direção de que nos crimes societários, mostra-se impositivo que a denúncia contenha a descrição mínima da conduta de cada acusado e do nexo de causalidade, sob pena de ser considerada inepta" (STJ: RHC 139.465/PA, rel. Min. Rogerio Schietti Cruz, 6.ª Turma, j. 23.08.2022, noticiado no *Informativo* 748).

209 FERNANDES, Antonio Scarance. A reação defensiva à imputação. São Paulo: RT, 2002. p. 184.

210 No exemplo de Hugo Nigro Mazzilli, ocorre a criptoimputação quando o Ministério Público "atribui ao réu uma conduta culposa, por ter sido imprudente porque não teve cautela... Mas qual, precisamente, a cautela que o réu omitiu? É como se a denúncia dissesse que o réu teve culpa porque foi imprudente; foi imprudente porque não teve cautela; e, porque não teve cautela, teve culpa... Um círculo vicioso" (MAZZILLI, Hugo Nigro. A descrição do fato típico na acusação penal. Disponível em <http://www.mazzilli.com.br>. Acesso em 01.11.2016).

211 "O ordenamento positivo brasileiro [...] repudia as imputações criminais genéricas e não tolera, porque ineptas, as acusações que não individualizam nem especificam, de maneira concreta, a conduta penal atribuída ao denunciado. [...] A pessoa sob investigação penal tem o direito de não ser acusada com base em denúncia inepta" (STF: HC 80.084/PE, rel. Min. Celso de Mello, 2.ª Turma, j. 09.05.2000).

lístico. Imagine-se o exemplo em que dois indivíduos, em treinamento, efetuam disparos de arma de fogo em uma propriedade rural situada próxima a uma estrada de terra pouco movimentada. Atiram simultaneamente, atingindo um pedestre que passava pela via pública, o qual vem a morrer pelos ferimentos provocados pelas diversas munições. Há coautoria em um homicídio culposo.

– Participação e crimes culposos: Firmou-se a doutrina pátria no sentido de rejeitar a possibilidade de participação em crimes culposos. Com efeito, o crime culposo é normalmente definido por um tipo penal aberto, e nele se encaixa todo o comportamento que viola o dever objetivo de cuidado. Por corolário, é autor todo aquele que, desrespeitando esse dever, contribui para a produção do resultado naturalístico. A unidade de elemento subjetivo exigida para a caracterização do concurso de pessoas impede a participação dolosa em crime culposo. Na hipótese em que alguém, dolosamente, concorre para que outrem produza um resultado naturalístico culposo, há dois crimes: um doloso e outro culposo. Exemplo: "A", com a intenção de matar "B", convence "C" a acelerar seu carro em uma curva, pois sabe que naquele instante "B" por ali passará de bicicleta. O motorista atinge velocidade excessiva e atropela o ciclista, matando-o. "A" responde por homicídio doloso (art. 121 do CP), e "C" por homicídio culposo na direção de veículo automotor (art. 302 da Lei 9.503/1997 – CTB).

○ **Jurisprudência selecionada:**

Autoria colateral – concurso de pessoas – distinção: "Não é possível considerar como distinta a responsabilidade jurídico-penal de acusados que participaram de disputa automobilística ilícita, que ocasionou a morte de transeunte, na hipótese em que restou amplamente comprovado nos autos o vínculo subjetivo entre os agentes. Isso porque, no caso, não houve autoria colateral, na qual, embora os agentes se voltem contra o mesmo bem jurídico, um não tem conhecimento da ação do outro, mas sim concurso de pessoas, tendo em vista que ambos réus, por estarem participando do chamado 'pega', tinham a consciência e vontade de participar da mesma ação que resultou na morte da vítima. Assim, tratando-se de concurso de pessoas, em razão da unidade de desígnios e do resultado naturalístico único e indivisível, conforme a teoria monista, a análise e o julgamento das condutas não pode se dar de forma autônoma e isolada, já que não se pode romper o elemento subjetivo em relação aos agentes" (STJ: REsp 1.306.731/RJ, rel. Min. Marco Aurélio Bellizze, 5.ª Turma, j. 22.10.2013).

Coautoria funcional – participação de menor importância – inadmissibilidade: "III – A participação de somenos (§ 1.º do art. 29 do CP) não se confunde com a mera participação menos importante (*caput* do art. 29 do CP). Não se trata, no § 1.º, de 'menos importante', decorrente de simples comparação, mas, isto sim, de 'menor importância' ou, como dizem, 'apoucada relevância'. (Precedente do STJ). IV – O motorista que, combinando a prática do roubo com arma de fogo contra caminhoneiro, leva os coautores ao local do delito e, ali, os aguarda para fazer as vezes de batedor ou, então, para auxiliar na eventual fuga, realiza com a sua conduta o quadro que, na dicção da doutrina hodierna, se denomina de coautoria funcional" (STJ: HC 20.819/MS, rel. Min. Felix Fischer, 5.ª Turma, j. 02.05.2002).

Cooperação dolosamente distinta: "4. Se a intenção do agravante era a de praticar o crime de furto, sendo que o emprego de grave ameaça por um dos corréus ocorreu fora do âmbito de sua atuação na prática criminosa, uma vez que estava em local diverso quando houve a aludida ameaça, não lhe pode ser estendida esta elementar, mas deve responder na medida da sua culpabilidade, segundo a cooperação dolosamente distinta prevista no art. 29, § 2º, do Código Penal. 5. Situação concreta em que, segundo expresso no acórdão recorrido, a intenção dos coautores, entre eles o agravante, era a de praticar um crime de furto. Quando da execução do crime, o agravante não entrou no local de onde foram subtraídos os bens, mas ficou aguardando, numa motocicleta, para que pudessem empreender fuga. No curso da ação criminosa perpetrada diretamente pelos outros dois corréus, um deles, ao se deparar com a caseira, no interior da propriedade, utilizou-se de grave ameaça para garantir a detenção das coisas subtraídas. 6. Hipótese em que deve incidir a causa de aumento prevista no referido dispositivo, tendo em vista a afirmação, contida no julgado combatido, de que, em razão da presença de uma pessoa na propriedade onde estavam os bens a serem subtraídos, era previsível a possibilidade de ocorrência de resultado mais grave" (STJ: AgRg no REsp 1.245.570/SP, rel. Min. Sebastião Reis Júnior, 6.ª Turma, j. 20.03.2014).

Crimes culposos – coautoria – possibilidade: "A doutrina majoritária admite a coautoria em crime culposo. Para tanto, devem ser preenchidos os requisitos do concurso de agentes: a) pluralidade de agentes, b) relevância causal das várias condutas, c) liame subjetivo entre os agentes e d) identidade de infração penal" (STJ: HC 235.827/SP, rel. Min. Marco Aurélio Bellizze, 5.ª Turma, j. 03.09.2013).

Crimes de autoria coletiva – denúncia geral – admissibilidade: "2. Nos chamados crimes de autoria coletiva, defronta-se o órgão acusatório, no momento de oferecer a denúncia, com uma pluralidade de acusados envolvidos na prática delituosa. Nessa situação, a narrativa minudente de cada uma das condutas atribuídas aos vários agentes é tarefa bastante dificultosa, muitas vezes impraticável, sobretudo diante de organizações numerosas, (...). 3. Nesse contexto, a jurisprudência do Superior Tribunal de Justiça vem admitindo, excepcionalmente, em crimes de autoria coletiva, possa o titular da ação penal descrever os fatos de forma geral, tendo em vista a incapacidade de se mensurar, com precisão, em detalhes, o modo de participação de cada um dos acusados na empreitada criminosa. Portanto, será regular a peça acusatória quando, a despeito de não delinear as condutas individuais dos corréus, anunciar o liame entre a atuação do denunciado e a prática delituosa, demonstrando a plausibilidade da imputação e garantindo o pleno exercício do direito de defesa" (STJ: RHC 68.848/RN, rel. Min. Antonio Saldanha Palheiro, 6.ª Turma, j. 27.09.2016).

Crimes de autoria coletiva – denúncia geral – impossibilidade de descrição detalhada das condutas: "2. Não há abuso de acusação na denúncia que, ao tratar de crimes de autoria coletiva, deixa, por absoluta impossibilidade, de esgotar as minúcias do suposto cometimento do crime. 3. Há diferença entre denúncia genérica e geral. Enquanto naquela [genérica] se aponta fato incerto e imprecisamente descrito, na última [geral] há acusação da prática de fato específico atribuído a diversas pessoas, ligadas por circunstâncias comuns, mas sem a indicação minudente da responsabilidade interna e individual dos imputados [...], não há que se falar em inépcia quando a acusação descreve minimamente o fato tido como criminoso" (STF: HC 118.891/SP, rel. Min. Edson Fachin, 1.ª Turma, j. 01.09.2015).

Crimes ambientais e associação criminosa – descrição insuficiente dos fatos e nexo de causalidade – múltiplos atores no cargo de administrador – alta rotatividade – ausência de precisa individualização da conduta de cada um dos acusados na denúncia – vínculo associativo permanente não demonstrado – inépcia reconhecida: "Para a caracterização do delito de associação criminosa inserido em contexto societário, é imprescindível que a denúncia contenha a descrição da predisposição comum de meios para a prática de uma série indeterminada de delitos e uma contínua vinculação entre os associados com essa finalidade, não bastando a menção da posição/cargo ocupado pela pessoa física na empresa. A jurisprudência deste Superior Tribunal é firme na direção de que nos crimes societários, mostra-se impositivo que a denúncia contenha a descrição mínima da conduta de cada acusado e do nexo de causalidade, sob pena de ser considerada inepta. Registre-se que o nexo causal não pode ser aferido pela simples posição ocupada pela pessoa física na empresa. A imputação de responsabilidade individual exige como substrato mínimo a identificação de comportamento concreto violador de um determinado tipo penal. Afinal, não se trata de responsabilizar os sujeitos pelo mero pertencimento à organização empresarial, mas pelo suposto cometimento de delitos a partir dela. É insuficiente e equivocado afirmar que um indivíduo é autor porque detém o domínio do fato se, no plano intermediário ligado aos fatos, não há nenhuma circunstância que estabeleça o nexo entre sua conduta e o resultado lesivo (comprovação da existência de plano delituoso comum ou contribuição relevante para a ocorrência do fato criminoso). Observa-se que a denúncia explicita a própria dificuldade de se estabelecer a responsabilidade penal diante do frequente remanejamento de profissionais, com a troca constante entre os administradores de uma sociedade e outra, dentro do grupo econômico. Tal comportamento tem como objetivo dificultar a aferição da responsabilidade. Além dessa dinâmica estabelecida pelas empresas, que acabou por dificultar, de fato, a precisa individualização da conduta de cada um dos acusados na denúncia, merece destaque que a imputação feita contra o empresário não partiu da simples presunção decursiva de sua posição na empresa ou da condição de administrador, mas de sua possível ingerência e atuação dentro empresa, com a provável ciência da prática de crimes ambientais. Para a caracterização do delito previsto no art. 288 do Código Penal é necessário que, além da reunião de mais de três pessoas, seja indicado, na denúncia, o vínculo associativo permanente para a prática de crimes; vale dizer é impositivo que haja a descrição da predisposição comum de meios para a prática de uma série indeterminada de delitos e uma contínua vinculação entre os associados com essa finalidade" (STJ: RHC 139.465/PA, rel. Min. Rogerio Schietti Cruz, 6.ª Turma, j. 23.08.2022, noticiado no *Informativo* 748).

Crimes societários – necessidade de comprovação do vínculo entre o agente e o delito: "Com relação ao crime previsto no art. 2º da Lei 8.176/1991, o Colegiado recebeu a denúncia. Consignou, primeiramente, que a jurisprudência do STF seria no sentido de que, mesmo em relação aos delitos societários, a denúncia deveria conter, ainda que minimamente, a descrição individualizada da conduta supostamente praticada pela pessoa física dela integrante. Acrescentou que seria suficiente, para a aptidão da denúncia por crimes societários, a indicação, na peça acusatória, de que a pessoa física denunciada tivesse participação na gestão da pessoa jurídica, e que não fosse infirmada, de plano, pelo ato constitutivo desta última, a responsabilidade daquela na condução da sociedade. Asseverou que, no caso, o poder de gestão e a titularidade da empresa seriam ambos do denunciado. Apontou, ademais, que a exclusão do acusado do polo passivo de ação civil pública não seria motivo para obstar a 'persecutio criminis in iudicio'. Destacou que haveria uma independência relativa entre os juízos cível, criminal e administrativo. Dessa forma, o quanto decidido no juízo cível não seria suficiente para obstar, nesta fase, o recebimento da denúncia" (STF: Inq 3.644/AC, rel. Min. Cármen Lúcia, 2.ª Turma, j. 09.09.2014, noticiado no *Informativo* 758). *No mesmo sentido*: STJ: HC 218.594/MG, rel. Min. Sebastião Reis Júnior, 6.ª Turma, j. 11.12.2012, noticiado no *Informativo* 514.

Culpabilidade – dosimetria da pena – constitucionalidade: "A circunstância judicial 'culpabilidade', disposta no art. 59 do CP, atende ao critério constitucional da individualização da pena. Com base nessa orientação, o Plenário indeferiu *habeas corpus* em que se pleiteava o afastamento da mencionada circunstância judicial. Consignou-se que a previsão do aludido dispositivo legal atinente à culpabilidade mostrar-se-ia afinada com o princípio maior da individualização, porquanto a análise judicial das circunstâncias pessoais do réu seria indispensável à adequação temporal da pena, em especial nos crimes perpetrados em concurso de pessoas, nos quais se exigiria que cada um respondesse, tão somente, na medida de sua culpabilidade (CP, art. 29). Afirmou-se que o dimensionamento desta, quando cotejada com as demais circunstâncias descritas no art. 59 do CP, revelaria ao magistrado o grau de censura pessoal do réu na prática do ato delitivo. Aduziu-se que, ao contrário do que sustentado, a ponderação acerca das circunstâncias judiciais do crime atenderia ao princípio da proporcionalidade e representaria verdadeira limitação da discricionariedade judicial na tarefa individualizadora da pena-base" (STF: HC 105.674/RS, rel. Min. Marco Aurélio, Plenário, j. 17.10.2013, noticiado no *Informativo* 724).

Descrição da coautoria ou participação – ausência na denúncia – inépcia: "É gravemente inepta a denúncia que, a título de imputação de crimes praticados em concurso de agentes, não descreve nenhum fato capaz de corresponder às figuras de coautoria ou de participação de um dos denunciados" (STF: HC 86.520/SP, rel. Min. Cezar Peluso, 2.ª Turma, j. 06.02.2007).

Participação – requisitos para configuração – espécies: "Não vejo nos autos indícios de coautoria ou participação de Fernando Collor de Mello, nos fatos relatados no Inquérito. A sua participação, se tivesse ocorrido, ficaria, obviamente, no plano da participação intelectual. Para sujeitá-lo a processo ou inquérito necessária seria a existência de indícios de que tivesse, de qualquer modo, determinado induzido, instigado, ajustado ou auxiliado a prática dos delitos apurados neste inquérito. Anota

Hungria que: 'Segundo distinção tradicional, a participação pode ser material ou psíquica (moral, intelectual), direta ou indireta (em relação à execução do crime). Participação material direta é a cooperação imediata no ato de execução (ainda que prestada apenas mediante presença encorajadora ou solidarizante, ou para o fim de simples vigilância preventiva contra possíveis contratempos). Aos partícipes, em tal caso, se chama executores ou cooperadores imediatos. Participação psíquica direta é a determinação ou instigação para a execução do crime, de que vem a incumbir-se, exclusivamente, o determinado ou instigado. Participação indireta é a que ocorre sem concurso à execução, posto que não represente, ainda que tacitamente, determinação ou instigação. A esta forma de participação dá-se o nome, em sentido estrito, de auxílio. O próprio Código, no seu art. 27, é o primeiro a referir-se, expressamente, à determinação, instigação e auxílio (para declarar que são impuníveis no caso de *delictum non secutum*). Determinação é a influência no sentido de suscitar ou despertar em outrem a resolução criminosa. É indiferente o modo pelo qual se opere: mandato (remunerado ou gratuito, por influxo de relação de amizade ou ascendência moral, ou mediante sugestões ou ameaças, ou abuso de superioridade hierárquica) ou artifícios de induzimento. Instigação é a influência no sentido de excitar ou reforçar em outrem uma preexistente resolução criminosa, de modo a eliminar os últimos escrúpulos ou hesitações (ex.: prometer assistência a ser prestada após crime; chamar a brios o marido que ainda vacila em matar a esposa adúltera). Auxílio, finalmente, é a prestação de serviço, ministração de instrução ou fornecimento de meios para a execução do crime, mas sem participação direta ou imediata nesta. É claro que a determinação, a instigação ou o auxílio devem ter cunho de dolosidade. Não há participação culposa em crime doloso' (*Comentários ao Código Penal*, Nelson Hungria, vol. I, tomo II, arts. 11 a 27, Forense, 4ª edição, 1958, página 411/2). Ora, nada disso retratam os autos. Sem um mínimo de substrato de participação ou coautoria, não seria justa a sujeição de Fernando Collor a inquérito, no caso presente" (STF: Inq. 1.195/DF, Min. Carlos Velloso (decisão monocrática), j. 16.10.1998).

Participação de menor importância – inocorrência – atuação decisiva: "Tendo sido decisiva a participação do paciente, na pratica do delito, segundo as provas examinadas na condenação, não pode ser considerada de menor importância (art. 29, § 1º, do CP)" (STF: HC 72.893/SP, rel. Min. Sydney Sanches, 1.ª Turma, j. 24.10.1995).

Teoria unitária ou monista – unidade de crime: "Tratando-se de crime praticado em concurso de pessoas, o nosso Código Penal, inspirado na legislação italiana, adotou, como regra, a Teoria Monista ou Unitária, ou seja, havendo pluralidade de agentes, com diversidade de condutas, mas provocando um só resultado, existe um só delito" (STJ: REsp 1.306.731/RJ, rel. Min. Marco Aurélio Bellizze, 5.ª Turma, j. 22.10.2013).

Circunstâncias incomunicáveis

> **Art. 30.** Não se comunicam as circunstâncias e as condições de caráter pessoal, salvo quando elementares do crime.

○ **Circunstâncias incomunicáveis:** São as que não se estendem aos coautores ou partícipes de uma infração penal, pois se referem exclusivamente a determinado agente, incidindo apenas em relação a ele. A compreensão do dispositivo depende, inicialmente, da diferenciação entre elementares e circunstâncias.

○ **Distinção entre elementares e circunstâncias: Elementares** são os dados fundamentais de uma conduta penalmente ilícita. São os fatores que integram a definição básica de uma infração penal. No homicídio simples (CP, art. 121, *caput*), por exemplo, o núcleo é "matar", e "alguém" desponta como elementar. **Circunstâncias**, por sua vez, são os dados que se agregam ao tipo fundamental, para o fim de aumentar ou diminuir a pena. Exemplificativamente, no homicídio são circunstâncias o "relevante valor moral" (§ 1.º), o "motivo torpe" (§ 2.º, I) e o "motivo fútil" (§ 2.º, II), entre outras. O critério que melhor possibilita a distinção é o da **exclusão** ou da **eliminação**. Com efeito, excluindo-se uma elementar, o fato se torna atípico, ou então se opera a desclassificação para outra infração penal. Assim, é atípica, sem correspondência em um tipo penal, a conduta de "matar" um objeto, e não alguém. E tomando como ponto de partida um desacato (CP, art. 331), a eliminação da elementar funcionário público desclassifica a conduta para o crime de injúria (CP, art. 140). Por outro lado, a exclusão de uma circunstância tem o condão de apenas aumentar ou diminuir a pena de uma infração penal. Não lhe altera a denominação jurídica, incidindo somente na quantidade da reprimenda a ser aplicada. O crime ou contravenção penal, contudo, são mantidos. Por exemplo, a eliminação do "motivo torpe" diminui a pena do homicídio, que de qualificado passa a ser simples, mas de qualquer modo subsiste o crime definido pelo art. 121 do CP. Em suma, as elementares compõem a definição da conduta típica, enquanto as circunstâncias são exteriores ao tipo fundamental, funcionando como qualificadoras ou causas de aumento ou de diminuição da pena.

○ **Espécies de elementares e de circunstâncias:** Há elementares e circunstâncias de caráter pessoal, ou subjetivo, e de caráter real, ou objetivo. **Subjetivas**, ou de **caráter pessoal**, são as que se relacionam à **pessoa do agente**, e não ao fato por ele praticado. Exemplos: a condição de funcionário público, no peculato, é uma elementar de caráter pessoal (art. 312 do CP). E os motivos do crime são circunstâncias de igual natureza no tocante ao homicídio (art. 121, §§ 1.º e 2.º, I, II e V, do CP). **Objetivas**, ou de **caráter real**, são as elementares e circunstâncias que **dizem respeito ao fato, à infração penal cometida**, e não ao agente. Exemplos: o emprego de violência contra a pessoa, no roubo, é uma elementar objetiva (art. 157, *caput*, do CP), da mesma forma que o meio cruel como circunstância para a execução do homicídio (art. 121, § 2.º, III, do CP).

○ **Condições de caráter pessoal:** Paralelamente às elementares e circunstâncias, o art. 30 do CP ainda trata das **condições de caráter pessoal**. **Condições pessoais** são as qualidades, os aspectos subjetivos inerentes a determinado indivíduo, que o acompanham em qualquer situação, isto é, independem da prática da infração penal. É o caso da reincidência e da condição de menor de 21 anos.

○ **As regras do art. 30 do CP:** Com base nos conceitos e espécies de elementares, circunstâncias e condições analisados, podemos extrair três regras: (**1.ª**) **As circunstâncias e condições de caráter pessoal, ou subjetivas, não se comunicam,** pouco importando se ingressaram ou não na esfera de conhecimento dos demais agentes. (**2.ª**) **Comunicam-se as circunstâncias de caráter real, ou objetivas:** é necessário, porém, tenham ingressado na esfera de conhecimento dos demais agentes, para evitar a responsabilidade penal objetiva. (**3.ª**) **Comunicam-se as elementares, sejam objetivas ou subjetivas:** mais uma vez, exige-se que as elementares tenham entrado no âmbito de conhecimento de todos os agentes, para afastar a responsabilidade penal objetiva.

○ **Elementares personalíssimas e a questão do estado puerperal no infanticídio:** Nélson Hungria sustentou, após a entrada em vigor do CP de 1940, a existência de **elementares personalíssimas**, que não se confundiam com as pessoais. Estas seriam transmissíveis, aquelas não. Em síntese, seriam fatores que, embora integrassem a descrição fundamental de uma infração penal, **jamais se transmitiriam** aos demais coautores ou partícipes. Confira-se: "Deve-se notar, porém, que a ressalva do art. 26[212] não abrange as condições *personalíssimas* que informam os chamados

---

[212] Atual art. 30, após a reforma da Parte Geral do Código Penal pela Lei 7.209/1984.

delicta excepta. Importam elas um *privilegium* em favor da pessoa a quem concernem. São conceitualmente inextensíveis e impedem, quando haja cooperação com o *beneficiário*, a unidade do título do crime. Assim, a 'influência do estado puerperal' no infanticídio e a *causa honoris* no crime do art. 134: embora elementares, não se comunicam aos cooperadores, que responderão pelo tipo comum do crime".[213] Para ele, na hipótese em que o pai ou qualquer outra pessoa auxiliasse a mãe, abalada pelo estado puerperal, a matar o próprio filho, durante o parto ou logo após, não seria justo nem correto que o terceiro fosse beneficiado pelo crime de infanticídio, pois o puerpério não lhe atinge. Portanto, somente a mãe responderia pelo crime previsto no art. 123 do CP, imputando-se ao terceiro, coautor ou partícipe, a figura do homicídio.[214] Posteriormente, contudo, Hungria constatou seu equívoco e alterou o seu entendimento, levando em consideração a redação do CP: "salvo quando elementares do crime". Concluiu, então, que todos os terceiros que concorrem para um infanticídio por ele também respondem.[215] Destarte, justa ou não a situação, a lei fala em elementares, e, seja qual for sua natureza, é necessário que se estendam a todos os coautores e partícipes. Essa é a posição atualmente pacífica, que somente será modificada com eventual alteração legislativa.

○ **O excesso no mandato criminal:** O mandato guarda íntima relação com a figura do **autor intelectual**, em que alguém (partícipe) delibera sobre a prática de uma infração penal e transmite a outrem (autor) a tarefa de executá-lo. Nesse contexto, pode ocorrer falta de coincidência entre a vontade do partícipe e o comportamento do autor. O art. 19 do Código Penal de 1890 assim dispunha: "Aquelle que mandar, ou provocar alguem, a commeter crime, é responsável como autor: § 1º Por qualquer outro crime que o executor commeter para executar o de que se encarregou; § 2º Por qualquer outro crime que daquelle resultar."[216] Essa regra, que na prática permitia a responsabilidade penal objetiva, foi repelida pela sistemática em vigor. Atualmente, a questão deve ser solucionada com base nas regras inerentes à cooperação dolosamente distinta e à comunicabilidade das elementares e circunstâncias, desde que tenham ingressado na esfera de conhecimento de todos os agentes (CP, arts. 29, § 2.º, e 30).

○ **Jurisprudência selecionada:**

Homicídio qualificado pela emboscada – natureza objetiva – necessidade de conhecimento pelos mandantes do crime – inadmissibilidade da responsabilidade penal objetiva: "Há nulidade no quesito que não questiona os jurados sobre a ciência dos mandantes do crime em relação ao *modus operandi* pelos executores diretos – emboscada –, já que as qualificadoras objetivas do homicídio só se comunicam entre os coautores desde que tenham ciência do fato que qualifica o crime. No caso, não se questionou o júri sobre o conhecimento dos réus, mandantes do crime, acerca da maneira pela qual seus executores diretos o cometeriam, o que causa, sim, nulidade no reconhecimento da qualificadora. Afinal, a emboscada é qualificadora objetiva – relacionada ao *modus operandi* do homicídio – que se comunica a todos os coautores, desde que estes tenham ciência do fato que qualifica o crime. Lembre-se que, desde sua histórica transposição da culpabilidade para a tipicidade no âmbito da teoria geral do delito, o dolo engloba um elemento cognitivo – vale dizer, o conhecimento do agente quanto a todos os fatos descritos no tipo penal como elementares. Caso contrário, os acusados poderiam ser punidos por circunstância fática que nunca entrou em sua esfera de ciência e, consequentemente, jamais integrou seu dolo, o que configuraria responsabilização penal objetiva, inadmissível em nosso sistema criminal, em franca violação do art. 18, I, do CP. Até se poderia pensar, em tese, na possibilidade de dolo eventual dos mandantes quanto à emboscada, por ser previsível que os executores diretos dos assassinatos adotariam tal artifício para

213 HUNGRIA, Nélson. *Comentários ao Código Penal*. Rio de Janeiro: Forense, 1949. v. I, p. 574.
214 Essa posição foi à época seguida por diversos autores, destacando-se Aníbal Bruno, Bento de Faria, Heleno Cláudio Fragoso e Vicente Sabino.
215 HUNGRIA, Nélson. *Comentários ao Código Penal*. 5. ed. Rio de Janeiro: Forense, 1979. v. 5, p. 226.
216 GARCIA, Basileu. *Instituições de direito penal*. 4. ed. 37. tir. São Paulo: Max Limonad, 1975. t. I, v. I, p. 370.

ceifar a vida dos ofendidos, tendo os mandantes demonstrado uma hipotética indiferença a esse respeito. No entanto, essa nova configuração fática deveria ter sido objeto de denúncia, instrução, pronúncia, prova em plenário e quesitação aos jurados, sendo que nada disso ocorreu. Da maneira como redigido o quesito, o júri reconheceu apenas que os executores diretos do homicídio – os pistoleiros autores dos disparos – o fizeram mediante uma emboscada, mas não é possível extrair, de sua resposta, nenhuma conclusão a respeito da interferência dos mandantes nesse ponto. O quesito não contempla, por exemplo, a hipótese de a emboscada ter sido o modo eleito pelos mandantes para a prática dos assassinatos, ou escolhida pelos pistoleiros e aprovada pelos mandantes, ou ao menos sabida por estes. Por isso, a simples existência objetiva da qualificadora não se comunica aos ora recorrentes se, em nenhum momento, os jurados foram perguntados a respeito do dolo – ainda que eventual – dos mandantes quanto à emboscada" (STJ: REsp 1.973.397/MG, rel. Min. Ribeiro Dantas, 5.ª Turma, j. 06.09.2022, noticiado no *Informativo* 748).

Casos de impunibilidade

> **Art. 31.** O ajuste, a determinação ou instigação e o auxílio, salvo disposição expressa em contrário, não são puníveis, se o crime não chega, pelo menos, a ser tentado.

○ **Introdução:** Um dos requisitos do concurso de pessoas é a existência de fato punível. Este elemento determina, em seu limite mínimo, o início da execução da infração penal (**princípio da exterioridade**).

○ **Participação impunível:** A impunibilidade prevista no art. 31 do CP não deve ser atribuída ao agente, e sim **ao fato**. Cuida-se de **causa de atipicidade da conduta do partícipe**, e não de causa de isenção da pena. A regra decorre do **caráter acessório da participação:** o comportamento do partícipe só adquire relevância penal se o autor (conduta principal) iniciar a execução do crime (**princípio da executividade da participação**). E para fazê-lo, deve ingressar na esfera da tentativa, pois o art. 14, II, do CP a ela condicionou a punição dos atos praticados pelo agente. Destarte, não é punível, exemplificativamente, o simples ato de contratar um pistoleiro profissional para matar alguém. A conduta do partícipe (encomendar a morte) somente será punível se o contratado praticar atos de execução do homicídio, pois, caso contrário, estará configurado o **quase crime**. Antes da Reforma da Parte Geral do CP, promovida pela Lei 7.209/1984, era prevista a aplicação de medida de segurança ao partícipe ligado ao quase crime. Atualmente, nenhuma sanção penal pode ser imposta. Acertou o legislador, por se tratar de causa de atipicidade do fato. Destaca-se, porém, a locução '**salvo disposição expressa em contrário**'. O CP assim agiu para ressaltar que, em **situações taxativamente previstas em lei**, é possível a punição do ajuste, da determinação, da instigação e do auxílio como **crime autônomo**. Reclama, evidentemente, expressa previsão legal. É o que se dá nos delitos de incitação ao crime (art. 286 do CP) e de associação criminosa (art. 288 do CP). Na associação criminosa, por exemplo, a lei tipificou de forma independente a conduta de associarem-se três ou mais pessoas para o fim específico de cometer crimes. Existe o delito com a associação estável e permanente, ainda que os agentes não venham efetivamente a praticar nenhum delito. E, não fosse a exceção apontada pelo art. 31 do CP, seria vedado punir o ato associativo, enquanto não se praticasse um crime para o qual a união de indivíduos fora idealizada.

○ **Conceitos:** **Ajuste** é o acordo traçado entre duas ou mais pessoas. **Determinação** é o que foi decidido por alguém, almejando uma finalidade específica. **Instigação** é o reforço para a realização de algo a que uma pessoa já estava determinada a fazer. Finalmente, **auxílio** é a colaboração material prestada a alguém para atingir um objetivo. O ajuste, a determinação, a instigação e o auxílio devem se dirigir a pessoa ou pessoas determinadas, visando a prática de um crime ou de crimes também determinados.

TÍTULO V –
DAS PENAS

○ **Sanção penal:** Sanção penal é a resposta estatal, no exercício do *ius puniendi* e após o devido processo legal, ao responsável pela prática de um crime ou de uma contravenção penal. Divide-se em duas espécies: penas e medidas de segurança. As penas reclamam a culpabilidade do agente, e destinam-se aos imputáveis e aos semi-imputáveis sem periculosidade. Já as medidas de segurança têm como pressuposto a periculosidade, e dirigem-se aos inimputáveis e aos semi-imputáveis dotados de periculosidade, pois necessitam, no lugar da punição, de especial tratamento curativo.

○ **As vias do Direito Penal:** O Direito Penal é um **sistema de dupla via**, pois admite as penas (1.ª via) e as medidas de segurança (2.ª via) como respostas estatais aos violadores das suas regras. Fala-se também na **terceira via do Direito Penal**, consubstanciada nas situações em que, embora tenha sido cometida uma infração penal, não se impõe pena ou medida de segurança, pois a punibilidade estatal cede espaço à reparação do dano causado à vítima, a exemplo do que se verifica na composição dos danos civis nos crimes de menor potencial ofensivo de ação penal privada e de ação pública condicionada à representação do ofendido, na forma delineada pelo art. 74, parágrafo único, da Lei 9.099/1995.

○ **Conceito:** Pena é a reação que uma comunidade politicamente organizada opõe a um fato que viola uma das normas fundamentais da sua estrutura e, assim, é definido na lei como infração penal. Como reação contra o crime (ou contravenção penal) ela aparece com os primeiros agregados humanos. Violenta e impulsiva nos primeiros tempos, exprimindo o sentimento natural de vingança do ofendido ou a revolta de toda a comunidade social, a pena se vai disciplinando com o progresso das relações humanas, abandonando os seus apoios extrajurídicos e tomando o sentido de uma instituição de Direito posta nas mãos do Poder Público para a manutenção da ordem e segurança social.[217] Destarte, pena é a espécie de sanção penal consistente na **privação ou restrição de determinados bens jurídicos do condenado, aplicada pelo Estado em decorrência do cometimento de uma infração penal, com as finalidades de castigar seu responsável, readaptá-lo ao convívio em comunidade e, mediante a intimidação endereçada à sociedade, evitar a prática de novos crimes ou contravenções penais.**[218] O bem jurídico de que o condenado pode ser privado ou sofrer limitação varia: liberdade (pena privativa de liberdade), patrimônio (pena de multa), vida (pena de morte, na excepcional hipótese prevista no art. 5.º, XLVII, "a", da CF) ou outro direito qualquer, em conformidade com a legislação em vigor (penas restritivas de direitos).

---

[217] BRUNO, Aníbal. *Das penas*. Rio de Janeiro: Editora Rio, 1976. p. 10.

[218] Em uma situação excepcional, a legislação brasileira admite a imposição de sanção penal sem a interferência do Estado. É o que se extrai do art. 57 da Lei 6.001/1973 – Estatuto do Índio: "Será tolerada a aplicação, pelos grupos tribais, de acordo com as instituições próprias, de sanções penais ou disciplinares contra os seus membros, desde que não revistam caráter cruel ou infamante, proibida em qualquer caso a pena de morte."

○ **Princípios:** Aplicam-se às penas os seguintes princípios:

a) **Reserva legal ou da estrita legalidade:** emana do brocardo *nulla poena sine lege*, ou seja, somente a lei pode cominar a pena. Foi previsto como cláusula pétrea no art. 5.º, XXXIX, da CF, e também encontra amparo no art. 1.º do CP.

b) **Anterioridade**: a lei que comina a pena deve ser anterior ao fato que se pretende punir. Não basta, assim, o *nulla poena sine lege*. Exige-se um reforço: a lei deve ser prévia ao fato praticado – *nulla poena sine praevia lege* (art. 5.º, XXXIX, da CF e art. 1.º do CP).

c) **Personalidade, intransmissibilidade**, **intranscendência ou responsabilidade pessoal**: a pena não pode, em hipótese alguma, ultrapassar a pessoa do condenado (art. 5.º, XLV, da CF). É vedado alcançar, portanto, familiares do acusado ou pessoas alheias à infração penal. É possível, porém, que a obrigação de reparar o dano e a decretação do perdimento de bens, compreendidos como efeitos da condenação, sejam, nos termos da lei, estendidas aos sucessores e contra eles executadas até o limite do valor do patrimônio transferido (art. 5.º, XLV, da CF). A pena de multa não poderá ser cobrada dos sucessores do condenado.

d) **Inderrogabilidade ou inevitabilidade**: esse princípio é consectário lógico da reserva legal, e sustenta que a pena, se presentes os requisitos necessários para a condenação, não pode deixar de ser aplicada e integralmente cumprida. É, contudo, mitigado por alguns institutos penais, dos quais são exemplos a prescrição, o perdão judicial, o *sursis*, o livramento condicional etc.

e) **Intervenção mínima:** a pena é legítima unicamente nos casos estritamente necessários para a tutela de um bem jurídico penalmente reconhecido. Dele resultam dois outros princípios: fragmentariedade ou caráter fragmentário do Direito Penal e subsidiariedade.

f) **Humanidade ou humanização das penas:** a pena deve respeitar os direitos fundamentais do condenado enquanto ser humano. Não pode, assim, violar a sua integridade física ou moral (art. 5.º, XLIX, da CF). Da mesma forma, o Estado não pode dispensar nenhum tipo de tratamento cruel, desumano ou degradante ao preso. Com esse propósito, o art. 5.º, XLVII, da CF proíbe as penas de morte, de trabalhos forçados, de banimento e cruéis, bem como a prisão perpétua.

g) **Proporcionalidade:** a resposta penal há de ser justa e suficiente para cumprir o papel de reprovação do ilícito, bem como para prevenir novas infrações penais. Concretiza-se na atividade legislativa, funcionando como barreira ao legislador, e também ao magistrado, orientando-o na dosimetria da pena. De fato, tanto na cominação como na aplicação da pena deve existir correspondência entre o ilícito cometido e o grau da sanção penal imposta, levando-se ainda em conta o aspecto subjetivo do condenado (art. 5.º, XLVI, da CF).

h) **Individualização:** foi inicialmente previsto pelo Código Criminal do Império de 1830. A individualização da pena tem o significado de eleger a justa e adequada sanção penal, quanto ao montante, ao perfil e aos efeitos pendentes sobre o sentenciado, tornando-o único e distinto dos demais infratores, ainda que coautores ou partícipes do delito. Sua finalidade e importância residem na fuga da padronização da pena, da "mecanizada" ou "computadorizada" aplicação da sanção penal, que prescinda da figura do juiz, como ser pensante, adotando-se em seu lugar qualquer programa ou método que leve à pena preestabelecida, segundo um modelo unificado, empobrecido e, sem dúvida, injusto.[219] Esse princípio, que foi expressamente indicado pelo art. 5.º, XLVI, da CF, repousa no ideal de justiça segundo o qual se deve distribuir, a cada indivíduo, o que lhe cabe, de acordo com as circunstâncias específicas do seu comportamento – o que em matéria penal significa a aplicação da pena levando em conta não a norma penal em abstrato, mas, especialmente, os **aspectos subjetivos e objetivos** do crime.[220] Na célebre definição de Nélson Hungria: "A fórmula unitária foi assim fixada:

---

[219] NUCCI, Guilherme de Souza. *Individualização da pena*. 2. ed. São Paulo: RT: 2007. p. 30.
[220] SILVA, José Afonso da. *Comentário contextual à Constituição*. 4. ed. São Paulo: Malheiros, 2007. p. 145.

retribuir o mal concreto do crime com o mal concreto da pena, na concreta personalidade do criminoso. Ao ser cominada *in abstracto*, a pena é individualizada objetivamente; mas, ao ser aplicada *in concreto*, não prescinde da sua individualização subjetiva. Após a individualização convencional da lei, a individualização experimental do juiz, ao mesmo tempo objetiva e subjetiva. É conservada a prefixação de *minima* e *maxima* especiais; mas, suprimida a escala legal de graus intermédios, o juiz pode mover-se livremente entre aqueles, para realizar a 'justiça do caso concreto'".[221] Com efeito, a individualização da pena desenvolve-se em três planos: legislativo, judicial e administrativo. No prisma **legislativo**, o princípio é respeitado quando o legislador descreve o tipo penal e estabelece as sanções adequadas, indicando precisamente os seus limites, mínimo e máximo, e também as circunstâncias aptas a aumentar ou diminuir as reprimendas cabíveis. A individualização **judicial** complementa a legislativa, pois esta não pode ser extremamente detalhista, nem é capaz de prever todas as situações da vida concreta que possam aumentar ou diminuir a sanção penal. É efetivada pelo juiz quando aplica a pena utilizando-se de todos os instrumentais fornecidos pelos autos da ação penal, em obediência ao sistema trifásico delineado pelo art. 68 do CP (pena privativa de liberdade), ou ainda ao sistema bifásico inerente à sanção pecuniária (art. 49 do CP). Finalmente, a individualização **administrativa** é efetuada durante a execução da pena, quando o Estado deve zelar por cada condenado de forma singular, mediante tratamento penitenciário ou sistema alternativo no qual se afigure possível a integral realização das finalidades da pena.

○ **Teorias e finalidades:** O estudo das teorias das penas relaciona-se intimamente com as suas finalidades. Na verdade, as teorias inerentes aos fins da pena vinculam-se com a própria origem do Direito Penal. Nas palavras de Jorge de Figueiredo Dias: "O problema do fins (rectius, das finalidades) da pena criminal é tão velho quanto a própria história do direito penal; e, no decurso desta já longa história, ele tem sido discutido, vivamente e sem soluções de continuidade, pela filosofia (tanto pela filosofia geral, como pela filosofia do direito), pela doutrina do Estado e pela ciência (global) do direito penal. A razão de um tal interesse e da sua persistência ao longo dos tempos está em que, à sombra dos problemas dos fins das penas, é no fundo toda a teoria do direito penal que se discute e, com particular incidência, as questões fulcrais da legitimação, fundamentação, justificação e função da intervenção penal estatal. Por isso se pode dizer, sem exagero, que a questão dos fins da pena constitui, no fundo, a *questão do destino* do direito penal e, na plena acepção do termo, do seu *paradigma*".[222]

– **Teoria absoluta e finalidade retributiva:** A pena desponta como a retribuição estatal justa ao mal injusto provocado pelo condenado, consistente na prática de um crime ou de uma contravenção penal (*punitur quia peccatum est*). É chamada de absoluta porque esgota-se em si mesma, ou seja, a pena **independe de qualquer finalidade prática**, não se vincula a nenhum fim, pois não se preocupa com a readaptação social do infrator da lei penal. Pune-se simplesmente como retribuição à prática do ilícito penal. Em outras palavras, a pena funciona meramente como um castigo, assumindo nítido caráter expiatório, no sentido de funcionar como **instrumento de vingança do Estado contra o criminoso**, com a finalidade única de castigá-lo, fator esse que proporciona a justificação moral do condenado e o restabelecimento da ordem jurídica.[223] A teoria absoluta e a finalidade retributiva da pena ganharam destaque com os estudos de Georg Wilhelm Friedrich Hegel e de Immanuel Kant.

---

[221] HUNGRIA, Nélson. *Comentários ao Código Penal*. Rio de Janeiro: Forense, 1949. v. I, p. 86.

[222] DIAS, Jorge de Figueiredo. *Temas básicos da doutrina penal*. Coimbra: Coimbra Editora, 2001. p. 65-66.

[223] "Dizem uns que a justiça penal, não podendo desinteressar-se da falta moral, deve aplicar a todo delinquente, com capacidade para compreender as disposições da lei, uma pena aflitiva, isto é, um castigo que importe em retribuição proporcional à falta moral. A consciência pública sente a sua necessidade e o legislador não pode deixar de levar em conta esse estado de alma coletivo" (LYRA, Roberto. *Comentários ao Código Penal*. Rio de Janeiro: Forense, 1942. v. II, p. 43).

– **Teoria relativa e finalidades preventivas:** Para essa variante, a finalidade da pena consiste em prevenir, isto é, **evitar a prática de novas infrações penais** (*punitur ne peccetur*). É irrelevante a imposição de castigo ao condenado. Adota-se uma posição absolutamente contrária à teoria absoluta. Destarte, a pena não está destinada à realização da justiça sobre a terra, servindo apenas para a proteção da sociedade. A pena não se esgota em si mesma, despontando como meio cuja finalidade é evitar futuras ações puníveis.[224] A prevenção de novas infrações penais atende a um aspecto dúplice: geral e especial. A **prevenção geral** é destinada ao controle da violência, na medida em que busca diminuí-la e evitá-la. Pode ser negativa ou positiva. A **prevenção geral negativa**, idealizada por J. P. Anselm Feuerbach com arrimo em sua teoria da coação psicológica, tem o propósito de criar no espírito dos potenciais criminosos um contraestímulo suficientemente forte para afastá-los da prática do crime.[225] Atualmente, a finalidade de prevenção geral negativa manifesta-se rotineiramente pelo **direito penal do terror**. Instrumentaliza-se o condenado, na medida em que serve ele de exemplo para coagir outras pessoas do corpo social com a ameaça de uma pena grave, implacável e da qual não se pode escapar. Em verdade, o ponto de partida da prevenção geral possui normalmente uma tendência para o terror estatal. Quem pretende intimidar mediante a pena, tenderá a reforçar esse efeito, castigando tão duramente quanto possível.[226] **Prevenção geral positiva**, de outro lado, consiste em demonstrar e reafirmar a existência, a validade e a eficiência do Direito Penal. **Almeja-se demonstrar a vigência da lei penal.** O efeito buscado com a pena é romper com a ideia de vigência de uma "lei particular" que permite a prática criminosa, demonstrando que a lei geral – que impede tal prática e a compreende como conduta indesejada – está em vigor.[227] Em suma, o aspecto positivo da prevenção geral repousa na conservação e no reforço da confiança na firmeza e poder de execução do ordenamento jurídico. A pena tem a missão de demonstrar a inviolabilidade do Direito diante da comunidade jurídica e reforçar a confiança jurídica do povo.[228] Mas não para por aí. A pena ainda é dotada de **prevenção especial**, direcionada exclusivamente à pessoa do condenado. Subdivide-se também a prevenção especial em negativa e positiva. Para a **prevenção especial negativa**, o importante é intimidar o condenado para que ele não torne a ofender a lei penal. Busca, portanto, **evitar a reincidência**. A **prevenção especial positiva** preocupa-se com a **ressocialização** do condenado, para que no futuro possa ele, com o integral cumprimento da pena, ou, se presentes os requisitos legais, com a obtenção do livramento condicional, retornar ao convívio social preparado para respeitar as regras a todos impostas pelo Direito. A pena é legítima somente quando é capaz de promover a ressocialização do criminoso.[229] E, como tem se sustentado atualmente, antes de ser socializadora, a execução da pena de prisão deve ser **não dessocializadora**. Isto, num duplo sentido: por um lado, não se deve amputar o recluso dos direitos que a sua qualidade de cidadão lhe assegura; por outro lado, deve-se reduzir ao mínimo a marginalização de fato que a reclusão implica e os efeitos criminógenos que lhe estão associados. Só a incorporação da não dessocialização no conceito de socialização permitirá cumprir a Constituição e dissolver o paradoxo de se pretender preparar a reinserção social em um contexto, por definição, antissocial.[230]

– **Teoria mista ou unificadora e dupla finalidade – retribuição e prevenção:** A pena deve, simultaneamente, castigar o condenado pelo mal praticado e evitar a prática de novos crimes, tanto em relação ao criminoso como no tocante à sociedade. Em síntese, fundem-se as teorias e finalidades anteriores. A pena assume um tríplice aspecto: retribuição, prevenção geral e prevenção especial. Foi a teoria acolhida pelo art. 59, *caput*, do CP, quando dispõe que a pena será

---

[224] JESCHECK, Hans-Heinrich. *Tratado de derecho penal*. Parte general. 5. ed. Trad. espanhola Miguel Olmedo Cardenete. Granada: Comares, 2002. p. 77.

[225] DIAS, Jorge de Figueiredo. *Questões fundamentais de direito penal revisitadas*. São Paulo: RT, 1999. p. 99.

[226] ZAFFARONI, Eugenio Raúl. *Derecho penal*. Parte general. 2. ed. Buenos Aires: Ediar, 2002. p. 58-59.

[227] JUNQUEIRA, Gustavo Octaviano Diniz. *Finalidades da pena*. Barueri/SP: Manole, 2004. p. 69.

[228] ROXIN, Claus. *Derecho penal*. Parte geral. Fundamentos. La estructura de la teoría del delito. Tradução para o espanhol de Diego-Manuel Luzón Peña, Miguel Díaz y García Conlledo e Javier de Vicente Remensal. Madrid: Civitas, 2006. t. I, p. 91.

[229] HASSEMER, Winfried. *Direito penal libertário*. Trad. Regina Greve. Belo Horizonte: Del Rey, 2007. p. 104.

[230] RODRIGUES, Anabela Miranda. *Novo olhar sobre a questão penitenciária*. 2. ed. Coimbra: Coimbra Editora, 2002. p. 52.

estabelecida pelo juiz "conforme seja necessário e suficiente para **reprovação e prevenção** do crime". É também chamada de **teoria eclética, intermediária, conciliatória ou unitária**. E, se não bastasse, o direito penal brasileiro aponta, em diversos dispositivos, a sua opção pela teoria mista ou unificadora. De fato, o CP aponta o acolhimento da finalidade retributiva nos arts. 121, § 5.º, e 129, § 8.º, quando institui o perdão judicial para os crimes de homicídio culposo e lesões corporais culposas. Nesses casos, é possível a extinção da punibilidade quando as "consequências da infração atingirem o próprio agente de forma tão grave que a sanção penal se torne desnecessária". Fica claro, pois, ser cabível o perdão judicial quando o agente já foi punido, quando já foi castigado pelas consequências do crime por ele praticado. Já houve, portanto, a **retribuição**. Por sua vez, em diversos dispositivos a Lei 7.210/1984 – Lei de Execução Penal – dá ênfase à finalidade preventiva da pena, em suas duas vertentes, geral e especial. Nesse sentido, estabelece o seu art. 10, *caput*: "A assistência ao preso e ao internado é dever do Estado, objetivando **prevenir o crime** e orientar o **retorno à convivência em sociedade**". E, ainda, o art. 22: "A assistência social tem por finalidade amparar o preso e o internado e **prepará-los para o retorno à liberdade**". O trabalho do preso tem **finalidade educativa** (art. 28). E, finalmente, a Convenção Americana de Direitos Humanos, de 1969, conhecida como Pacto de San José da Costa Rica, incorporada ao direito pátrio pelo Decreto 678/1992, estatui em seu art. 5.º, item "6", no tocante ao direito à integridade pessoal, que "as penas privativas da liberdade devem ter por finalidade essencial a reforma e a readaptação social dos condenados". No sistema penal brasileiro as finalidades da pena devem ser buscadas pelo condenado e pelo Estado, com igual ênfase à retribuição e à prevenção.

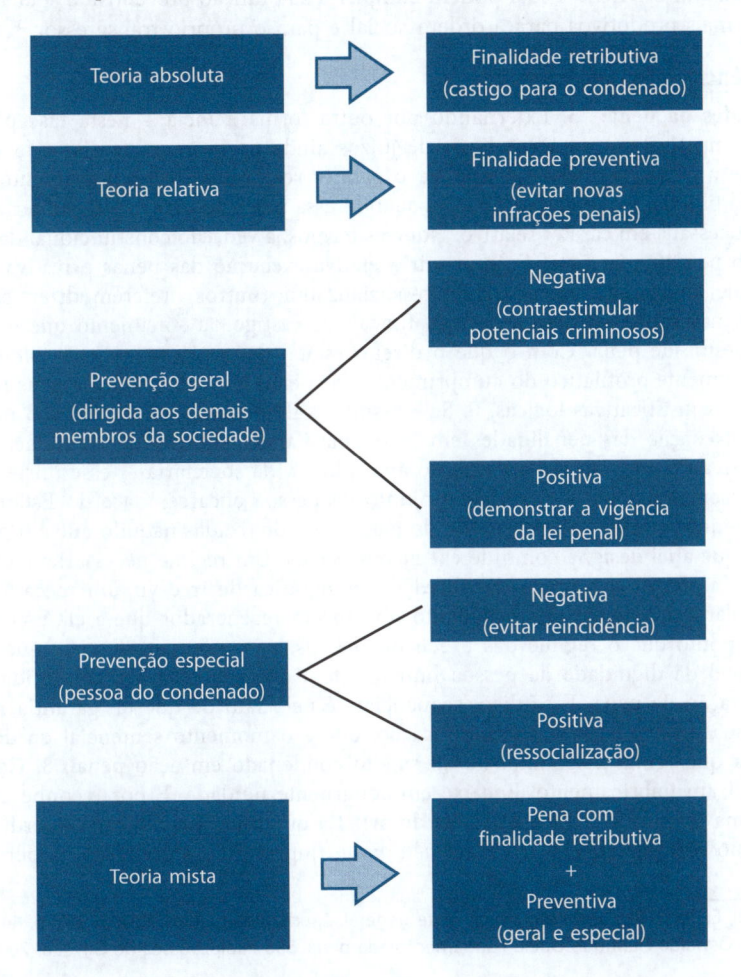

○ **Teoria agnóstica:** Também chamada de **teoria negativa**, coloca em destaque a descrença nas finalidades da pena e no poder punitivo do Estado, notadamente na ressocialização (prevenção especial positiva), a qual jamais pode ser efetivamente alcançada em nosso sistema penal. Essa teoria, portanto, sustenta que a única função efetivamente desempenhada pela pena seria a **neutralização** do condenado, especialmente quando a prisão acarreta o seu afastamento da sociedade.[231]

○ **Função social da pena:** Fala-se atualmente em função social da pena, e, consequentemente, em função social do Direito Penal, direcionada eficazmente à sociedade a qual se destina, pois no tocante a ela a pena tem as tarefas de protegê-la e pacificar seus membros após a prática de uma infração penal. Não basta a retribuição pura e simples, pois, nada obstante a finalidade mista acolhida pelo sistema penal brasileiro, a crise do sistema prisional transforma a pena em castigo e nada mais. A sanção penal deve atender aos anseios da sociedade, consistentes na tutela dos bens jurídicos indispensáveis para a manutenção e o desenvolvimento do indivíduo e da coletividade, pois só assim será legítima e aceita por todos em um Estado Democrático de Direito, combatendo a impunidade e recuperando os condenados para o convívio social. Em sua aplicação prática, a pena necessita passar pelo crivo da racionalidade contemporânea, impedindo que se torne o delinquente instrumento de sentimentos ancestrais de represália e castigo. Só assim o Direito Penal poderá cumprir a sua função preventiva e socializadora, com resultados mais produtivos para a ordem social e para o próprio transgressor.[232]

○ **Jurisprudência selecionada:**

Finalidades da pena: "5. Externando por outra forma a ideia – nesta fase processual tão somente compatível com a formulação de juízos ainda precários –, tem-se que vedar a pena de morte e a prisão perpétua já sinaliza o caráter reeducativo do cumprimento da pena de privação da liberdade de locomoção, seja quando essa privação ocorra em caráter absoluto, seja quando processada em caráter relativo. Noutros termos, a vedação constitucional da pena capital e da prisão perpétua já significa imprimir à efetiva execução das penas privativa ou restritiva da liberdade de locomoção um papel ressocializador (outros preferem dizer 'socializador'); de parelha, naturalmente, com a clássica função de castigo ou sofrimento que é indissociável da ideia mesma de pena. Com o quê o direito estatal de punir passa a ter naquele primeiro mister socialmente profilático do cumprimento das penas em causa um dos seus fundamentos. Uma das suas justificativas lógicas. 6. Se é assim – vale dizer, se a Constituição mesma parece conferir à execução das penalidades em foco uma paralela função de reabilitação individual, na perspectiva de um saneado retorno do apenado à vida societária –, esse mister reeducativo é de ser desempenhado pelo esforço conjunto da pessoa encarcerada e do Estado-carcereiro. Esforço conjunto que há de se dar segundo pautas adrede fixadas naquilo que é o próprio cerne do regime que a lei designa como de execuções penais. Um regime necessariamente concebido para fazer da efetiva constrição da liberdade topográfica de ir e vir um mecanismo tão eficiente no plano do castigo mesmo quanto no aspecto regenerador que a ela é consubstancial. 7. É neste ponto que o regime das execuções penais, para permanecer fiel àquela inspiração constitucional da dignidade da pessoa humana, tem que sequenciar a conhecida garantia da individualização da pena. E se digo 'sequenciar', é pelo fato de que tal garantia não se exaure com a sua primeira e necessária aplicação, que é o momento sentencial da dosimetria da reprimenda que venha a ser imposta ao sujeito condenado em ação penal. 8. Com efeito, as coisas sinalizam imbricamento. Encaixe em congruente unidade. É por reconhecer a todo ser humano uma dignidade inata (inciso III do art. 1º) que a Lei Republicana interdita a pena de morte (como regra geral) e a prisão *ad aeternum*. Imprimindo à execução da pena constritiva

[231] ZAFFARONI, Eugenio Raúl. *Derecho penal*. Parte general. 2. ed. Buenos Aires: Ediar, 2002. p. 44.
[232] MARQUES, Oswaldo Henrique Duek. Fundamentos da pena. São Paulo: Juarez de Oliveira, 2000. p. 110.

de liberdade, por consequência, um paralelo mister reeducativo. O que já implica trazer para os domínios de tal execução a garantia igualmente constitucional da individualização da pena" (STF: HC 91.874/RS, decisão monocrática do Min. Carlos Britto, j. 31.08.2007).

Princípio da personalidade ou da intranscendência da pena: "O postulado da intranscendência impede que sanções e restrições de ordem jurídica superem a dimensão estritamente pessoal do infrator" (STF: AC 1.033 AgR-QO/DF, rel. Min. Celso de Mello, Tribunal Pleno, j. 25.05.2006).

Princípio da personalidade ou da intranscendência da pena – responsabilidade criminal pelo estado de filiação – impossibilidade: "O mero proveito econômico não é suficiente para tipificar o crime de peculato-desvio, é necessário que o agente pratique alguma conduta voltada ao desvio de verbas públicas. Da peça acusatória, extrai-se que a mãe da recorrente, então ocupante do cargo de Diretora do Museu Imperial, é acusada de várias irregularidades envolvendo a Sociedade de Amigos do Museu Imperial – SAMI, inclusive desvio de recursos públicos. Através da sociedade apontada e de contratos supostamente fraudulentos, sem prévia licitação, a ex-diretora remetia valores diretamente à entidade privada em vez de promover o devido recolhimento aos cofres da União. Dentre as irregularidades, a denúncia aponta a contratação da empresa da filha da gestora pública, também sem licitação, e, nesse ensejo, imputa à *extranea* a conduta de peculato-desvio. Não obstante a gravidade da conduta da agente pública, mãe da recorrente, não se encontra, na denúncia, nenhuma conduta criminosa imputada à ora recorrente. Vale lembrar que o mero proveito econômico não é suficiente para tipificar o crime de peculato-desvio, é necessário que o agente pratique alguma conduta voltada ao desvio de verbas públicas. No caso, a codenunciada não deu destinação diversa à verba pública. Apenas recebeu valores por um serviço que efetivamente prestou, sendo desarrazoado exigir-lhe, em razão de sua qualidade de *extranea*, o conhecimento exato do trajeto das verbas públicas, ainda que a gestora fosse sua mãe. Destaque-se que o princípio da pessoalidade da sanção penal não permite conclusão diversa" (STJ: AgRg no RHC 144.053/RJ, rel. Min. Jesuíno Rissato (Desembargador convocado do TJDF), rel. p/ acórdão Min. Ribeiro Dantas, 5.ª Turma, j. 19.10.2021).

Princípio da proporcionalidade da pena: "Na fixação da pena-base, além do respeito aos ditames legais e da avaliação criteriosa das circunstâncias judiciais, deve ser observado o princípio da proporcionalidade, para que a resposta penal seja justa e suficiente para cumprir o papel de reprovação do ilícito" (STJ: HC 84.427/RJ, rel. Min. Napoleão Nunes Maia Filho, 5.ª Turma, j. 28.02.2008).

Capítulo I
DAS ESPÉCIES DE PENA

Art. 32. As penas são:

I – privativas de liberdade;

II – restritivas de direitos;

III – de multa.

○ **Cominação das penas:** Nos moldes do art. 53 do CP: "As penas privativas de liberdade têm seus limites estabelecidos na sanção correspondente a cada tipo legal de crime." Esse dispositivo é desnecessário no tocante às penas privativas de liberdade, pois já são cominadas por cada tipo legal de crime ou contravenção penal nos limites mínimo e máximo. Exemplificativamente, o art. 155 do CP prevê, para o furto simples, o limite mínimo de 1 (um) e máximo de 4 (quatro) anos de reclusão. Entretanto, a função substitutiva atribuída às penas restritivas de direitos e a cominação indeterminada das penas de multa explicam a introdução no CP dessas regras de cominação, evitando uma cansativa e indevida repetição em cada tipo legal.[233] Em nosso sistema penal as penas podem ser cominadas (previstas em abstrato) por diversas modalidades: (**a**) **isoladamente:** cuida-se da cominação única de uma pena, prevista com exclusividade pelo preceito secundário do tipo incriminador. Exemplo: art. 121, *caput*, do CP, com pena de reclusão; (**b**) **cumulativamente:** o tipo penal prevê, em conjunto, duas espécies de penas. Exemplo: art. 157, *caput*, do CP, com penas de reclusão e multa; (**c**) **paralelamente:** cominam-se, alternativamente, duas modalidades da mesma pena. Exemplo: art. 235, § 1.º, do CP, com penas de reclusão ou detenção, pois ambas são privativas de liberdade; (**d**) **alternativamente:** a lei coloca à disposição do magistrado a aplicação única de duas espécies de penas. Há duas opções, mas o julgador somente pode aplicar uma delas. Exemplo: art. 140, *caput*, do CP, com penas de detenção ou multa.

○ **Classificação das penas:** As penas podem ser classificadas com base em variados critérios:

– **Quanto ao bem jurídico do condenado atingido pela pena:** A pena pode ser dividida em cinco espécies: (**a**) **Pena privativa de liberdade:** retira do condenado o seu direito de locomoção, em razão da prisão por tempo determinado. Não se admite a privação perpétua da liberdade (art. 5.º, XLVII, "b", da CF), mas somente a de natureza temporária, pelo período máximo de 40 (quarenta) anos para crimes (art. 75 do CP) ou de 5 (cinco) anos para contravenções penais (art. 10 da LCP). (**b**) **Pena restritiva de direitos:** limita um ou mais direitos do condenado, em substituição à pena privativa de liberdade. Está prevista no art. 43 do CP e por alguns dispositivos da legislação extravagante. (**c**) **Pena de multa:** incide sobre o patrimônio do condenado. (**d**) **Pena restritiva da liberdade:** restringe o direito de locomoção do condenado, sem privá-lo da liberdade, isto é, sem submetê-lo à prisão. É possível a instituição, por lei, de pena restritiva da liberdade, em face de autorização constitucional (art. 5.º, XLVI, "a"). Exemplo: proibir o condenado por crime sexual de aproximar-se da residência da vítima. A deportação, a expulsão e a extradição de estrangeiros são admissíveis, uma vez que têm natureza administrativa, e não penal, e encontram-se previstas nos arts. 50 a 60 e 81 a 99 da Lei 13.445/2007 – Lei de Migração. (**e**) **Pena corporal:** viola a integridade física do condenado, tal como ocorre nas penas de açoite, de mutilações e de marcas de ferro quente. Essas penas são vedadas pelo art. 5.º, XLVII, "e", da CF, em face da crueldade de que se revestem. Admite-se, excepcionalmente, a pena de morte, em caso de guerra declarada contra agressão estrangeira (art. 5.º, XLVII, "a", da CF), nas hipóteses previstas no Decreto-lei 1.001/1969 – Código Penal Militar.

– **Quanto ao critério constitucional:** Essa classificação encontra-se no art. 5.º, XLVI e XLVII, da Constituição Federal. No inc. XLVI o art. 5.º contempla as penas permitidas. O rol é exemplificativo, pois se admitem, entre outras, as penas de privação ou restrição da liberdade, perda de bens, multa, prestação social alternativa e suspensão ou interdição de direitos. Por outro lado, o inc. XLVII do art. 5.º enumera as penas proibidas, a saber: de morte, salvo em caso de guerra declarada, de caráter perpétuo,[234] de trabalhos forçados, de banimento e cruéis.

– **Quanto ao critério adotado pelo CP:** As penas previstas no CP, em seu art. 32, são: privativas de liberdade, restritivas de direitos e multa.

---

[233] SANTOS, Juarez Cirino dos. *Direito penal* – Parte geral. 2. ed. Curitiba: ICPC; Lumen Juris, 2007. p. 549.
[234] Nos Estados Unidos da América, em alusão às regras do beisebol, existem defensores do modelo *"three strikes and you're out"*: a terceira condenação definitiva leva à exclusão social do indivíduo, mediante a imposição da pena de prisão perpétua.

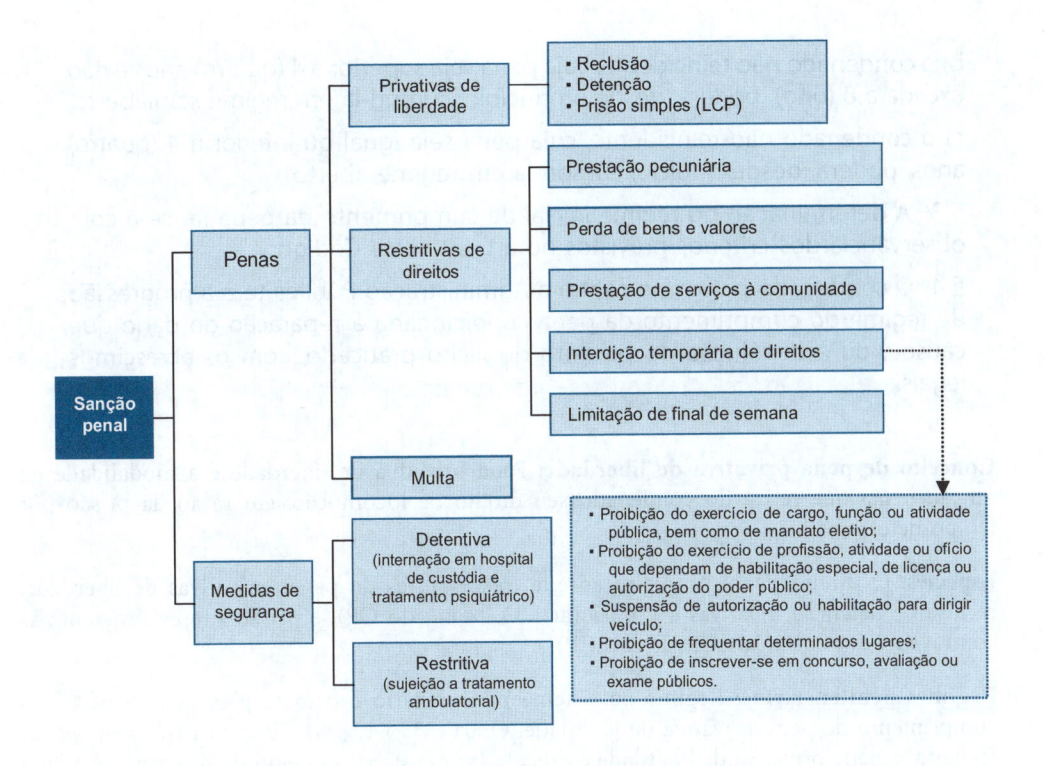

Seção I –
Das penas privativas de liberdade

Reclusão e detenção

Art. 33. A pena de reclusão deve ser cumprida em regime fechado, semiaberto ou aberto. A de detenção, em regime semiaberto, ou aberto, salvo necessidade de transferência a regime fechado.

§ 1º Considera-se:

a) regime fechado a execução da pena em estabelecimento de segurança máxima ou média;

b) regime semiaberto a execução da pena em colônia agrícola, industrial ou estabelecimento similar;

c) regime aberto a execução da pena em casa de albergado ou estabelecimento adequado.

§ 2º As penas privativas de liberdade deverão ser executadas em forma progressiva, segundo o mérito do condenado, observados os seguintes critérios e ressalvadas as hipóteses de transferência a regime mais rigoroso:

a) o condenado a pena superior a 8 (oito) anos deverá começar a cumpri-la em regime fechado;

b) o condenado não reincidente, cuja pena seja superior a 4 (quatro) anos e não exceda a 8 (oito), poderá, desde o princípio, cumpri-la em regime semiaberto;

c) o condenado não reincidente, cuja pena seja igual ou inferior a 4 (quatro) anos, poderá, desde o início, cumpri-la em regime aberto.

§ 3º A determinação do regime inicial de cumprimento da pena far-se-á com observância dos critérios previstos no art. 59 deste Código.

§ 4º O condenado por crime contra a Administração Pública terá a progressão de regime do cumprimento da pena condicionada à reparação do dano que causou, ou à devolução do produto do ilícito praticado, com os acréscimos legais.

○ **Conceito de pena privativa de liberdade:** Pena privativa de liberdade é a modalidade de sanção penal que retira do condenado seu direito de locomoção, em razão da prisão por tempo determinado.

○ **Espécies:** O direito penal brasileiro admite três espécies de penas privativas de liberdade: reclusão e detenção, relativas a crimes (art. 33, *caput*, do CP), e prisão simples, inerente às contravenções penais (art. 5.º, I, da LCP).

○ **Regimes penitenciários:** Regime ou sistema penitenciário é o meio pelo qual se efetiva o cumprimento da pena privativa de liberdade. O art. 33, § 1.º, do CP elenca três regimes: **a) fechado:** a pena privativa de liberdade é executada em estabelecimento de segurança máxima ou média;[235] **b) semiaberto:** a pena privativa de liberdade é executada em colônia agrícola, industrial ou estabelecimento similar; e **c) aberto:** a pena privativa de liberdade é executada em casa de albergado ou estabelecimento adequado.

	Regime fechado	**Regime semiaberto**	**Regime aberto**
Local de cumprimento	Estabelecimento de segurança máxima ou média (penitenciárias).	Colônia agrícola, industrial ou estabelecimento similar.	Casa do albergado ou estabelecimento adequado.
Características principais	• limitação das atividades em comum dos presos; • maior controle e vigilância sobre o preso; • regime reservado ao preso de maior periculosidade; • o preso trabalha no período diurno e fica isolado no período noturno;	• trabalho em comum dos presos; • mínimo de segurança e vigilância sobre o preso; • regime reservado ao preso de menor periculosidade; • o preso trabalha em comum durante o período diurno;	• baseia-se na autodisciplina e no senso de responsabilidade dos condenados; • o preso, fora do estabelecimento e sem vigilância, pode trabalhar, frequentar cursos ou exercer outra atividade autorizada, permanecendo recolhido durante o período noturno e nos dias de folga;

---

[235] A Lei 11.671/2008, com as modificações implementadas pela Lei 13.964/2019 ("Pacote Anticrime"), disciplina o **regime fechado de segurança máxima** (vide comentários ao art. 34).

	Regime fechado	**Regime semiaberto**	**Regime aberto**
Características principais	• a realização de exame criminológico é obrigatória no início do cumprimento da pena nesse regime; • permissão de saída; • remição.	• a realização do exame criminológico é facultativa no início do cumprimento da pena nesse regime; • permissão de saída; • saída temporária; • remição.	• não existe previsão de exame criminológico no início do cumprimento da pena nesse regime.

○ **Fixação do regime inicial de cumprimento da pena privativa de liberdade:** A leitura do art. 33, §§ 2.º e 3.º, do CP revela que três fatores são decisivos na escolha do regime inicial de cumprimento da pena privativa de liberdade: **reincidência**, **quantidade da pena aplicada** e **circunstâncias judiciais**. É o juiz sentenciante quem fixa o regime inicial de cumprimento da pena privativa de liberdade (art. 59, III, do CP). E, na hipótese de concurso de crimes, leva-se em conta o total das penas impostas, somadas (concurso material e concurso formal imperfeito) ou exasperadas de determinado percentual (concurso formal perfeito e crime continuado). Contudo, se durante a execução penal surgirem outras condenações criminais transitadas em julgado, o juízo da execução deverá somar o restante da pena objeto da execução com as novas penas, estabelecendo, em seguida, o regime de cumprimento para o total das reprimendas.

○ **Regime inicial de cumprimento da pena privativa de liberdade e crimes hediondos ou equiparados:** Nos crimes hediondos, previstos taxativamente no art. 1.º da Lei 8.072/1990, e nos delitos a estes equiparados pela determinação expressa contida no art. 5.º, XLIII, da CF (tráfico de drogas, tortura e terrorismo), a pena privativa de liberdade deve ser cumprida em **regime inicialmente fechado**, independentemente da sua quantidade e do perfil subjetivo do réu (primariedade ou reincidência e circunstâncias judiciais, favoráveis ou desfavoráveis).[236] Em síntese, não há discricionariedade reservada ao magistrado no tocante à fixação do regime prisional. É o que se extrai da regra delineada no art. 2.º, § 1.º, da Lei 8.072/1990. O STF, entretanto, firmou jurisprudência no sentido da inconstitucionalidade desta regra, por violação aos princípios da individualização da pena e da proporcionalidade. Nessa linha de raciocínio, o Supremo Tribunal Federal já aplicou os regimes semiaberto e aberto a réus condenados pelo crime de tráfico de drogas, levando em conta as penas aplicadas e as circunstâncias judiciais reveladas em cada caso concreto. Curiosamente, contudo, a Suprema Corte já reconheceu a constitucionalidade do art. 1.º, § 7.º, da Lei 9.455/1997, que impõe o regime inicial fechado para o condenado pelo crime de tortura (HC 123.316/SE, rel. Min. Marco Aurélio, 1.ª Turma, j. 09.06.2015, noticiado no *Informativo* 789). O STF criou uma situação inusitada, ao conferir valores diversos a crimes que receberam igual tratamento pelo art. 5.º, inc. XLIII, da CF. Em outras palavras, a Corte classifica como inconstitucional o regime inicial fechado nos crimes hediondos, no tráfico de drogas e no terrorismo, e simultaneamente o reputa constitucional no delito de tortura. O STJ, por sua vez, entende pela não obrigatoriedade de o condenado por crime de tortura iniciar o cumprimento da pena no regime prisional fechado (HC 286.925/RR, rel. Min. Laurita Vaz, 5.ª Turma, j. 13.05.2014, noticiado no *Informativo* 540).

---

[236] Vale a pena mencionar o art. 394-A do Código de Processo Penal, com a redação conferida pela Lei 13.285/2016: "Os processos que apurem a prática de crime hediondo ou violência contra a mulher terão prioridade de tramitação em todas as instâncias". Embora o dispositivo legal mencione apenas os crimes hediondos ou cometidos com violência contra a mulher, é indiscutível que tal regra também se aplica aos delitos equiparados a hediondos (tráfico de drogas, tortura e terrorismo), em face da igualdade de tratamento jurídico imposta pelo art. 5.º, XLIII, da Constituição Federal.

○ **Lideranças de organizações criminosas armadas:** O art. 2.º, § 8.º, da Lei 12.850/2013 – Lei do Crime Organizado, com a redação dada pela Lei 13.964/2019 – "Pacote Anticrime", estabelece que "as lideranças de organizações criminosas armadas ou que tenham armas à disposição deverão iniciar o cumprimento da pena em estabelecimentos penais de segurança máxima." Criou-se uma nova hipótese de **regime inicial fechado**, pois a inclusão em estabelecimento penal de segurança máxima será em **regime fechado de segurança máxima**, a teor da regra contida no art. 3.º, § 1.º, da Lei 11.671/2008. Em outras palavras, não existe cumprimento da pena em estabelecimento penal de segurança máxima em regime semiaberto ou aberto.[237]

○ **Tráfico de drogas privilegiado e Lei dos Crimes Hediondos:** O tráfico de drogas privilegiado encontra-se tipificado no art. 33, § 4.º, da Lei 11.343/2006 – Lei de Drogas. A diminuição da pena, de 1/6 (um sexto) a 2/3 (dois terços), aplica-se aos crimes definidos no *caput* e no § 1.º do art. 33 do citado diploma legal, desde que estejam presentes 4 (quatro) requisitos cumulativos, relacionados ao agente: (a) primariedade; (b) bons antecedentes; (c) não se dedicar a atividades criminosas; e (d) não integrar organizações criminosas. É fácil notar que tal delito nada mais é do que um tráfico de drogas sobre o qual incide uma causa de diminuição da pena. Na visão inicial da Lei de Drogas, o tráfico privilegiado constituía-se em crime equiparado a hediondo, porém acompanhado de uma minorante. O Supremo Tribunal Federal, entretanto, decidiu que o tráfico privilegiado não se submete às disposições da Lei dos Crimes Hediondos, pois não é assemelhado aos delitos desta estirpe. O Superior Tribunal de Justiça havia editado a Súmula 512 – "A aplicação da causa de diminuição de pena prevista no art. 33, § 4º, da Lei 11.343/2006 não afasta a hediondez do crime de tráfico de drogas" – mas no dia 23 de novembro de 2016 optou por cancelá-la, em face do entendimento lançado pelo plenário do STF. Finalmente, o art. 112, § 5.º, da Lei 7.210/1984 – Lei de Execução Penal, com a redação dada pela Lei 13.964/2019 – "Pacote Anticrime", estatui que, para fins de progressão de regime prisional, o crime de tráfico de drogas previsto no art. 33, § 4.º, da Lei 11.343/2006 não é considerado hediondo ou equiparado. Ora, se tal delito não é considerado equiparado a hediondo para fins de progressão, logicamente também não pode ser rotulado com igual natureza para qualquer outra finalidade no Direito Penal. O Supremo Tribunal Federal, levando em conta a resistência de parcela do Poder Judiciário em não reconhecer o tráfico de drogas privilegiado como crime comum, ou seja, não equiparado a hediondo, editou a **Súmula Vinculante 59**: "É impositiva a fixação do regime aberto e a substituição da pena privativa de liberdade por restritiva de direitos quando reconhecida a figura do tráfico privilegiado (art. 33, § 4º, da Lei 11.343/2006) e ausentes vetores negativos na primeira fase da dosimetria (art. 59 do CP), observados os requisitos do art. 33, § 2º, 'c', e do art. 44, ambos do Código Penal."

○ **Competência para execução da pena privativa de liberdade:** É do juízo das execuções penais (art. 1.º, LEP). E, nos termos da **Súmula 192 do STJ**: "Compete ao Juízo das Execuções Penais do Estado a execução das penas impostas a sentenciados pela Justiça Federal, Militar ou Eleitoral, quando recolhidos a estabelecimentos sujeitos à administração estadual."

○ **Jurisdicionalização da execução penal:** A execução da pena privativa de liberdade tem índole jurisdicional. Não se pode esquecer, porém, que também guarda em diversos momentos um aspecto administrativo. Em face da sua cada vez mais crescente jurisdicionalização, as decisões proferidas pelo juízo da execução comportam o recurso de agravo, normalmente sem efeito suspensivo, previsto no art. 197 da Lei 7.210/1984 – LEP. Esse agravo segue o rito do recurso em sentido estrito, disciplinado no art. 581 e seguintes do CPP, notadamente pela identidade

---

[237] Essa inovação certamente será submetida à apreciação do Supremo Tribunal Federal, que decidirá sobre sua constitucionalidade ou inconstitucionalidade. Para o estudo aprofundado do assunto, recomendamos a leitura de: MASSON, Cleber; e MARÇAL, Vinícius. *Crime organizado*. 5. ed. São Paulo: Método, 2020. p. 95-97.

de prazos para a interposição de ambos. Como preceitua a **Súmula 700 do STF**: "É de cinco dias o prazo para interposição de agravo contra decisão do juiz da execução penal."

○ **Diretrizes e parâmetros para o processamento da execução penal nos tribunais brasileiros:** A Resolução 280/2019, editada pelo CNJ – Conselho Nacional de Justiça, estabelece diretrizes e parâmetros para o processamento da execução penal nos tribunais brasileiros por intermédio do Sistema Eletrônico de Execução Unificado – SEEU, e dispõe sobre sua governança.

○ **Pena de reclusão:** A pena de reclusão deve ser cumprida inicialmente em regime fechado, semiaberto ou aberto (art. 33, *caput*, 1.ª parte, do CP). Os critérios para a determinação do regime são os seguintes, a teor das alíneas "a", "b" e "c" do § 2.º do art. 33 do CP: *a)* o reincidente inicia o cumprimento da pena privativa de liberdade no regime fechado, independentemente da quantidade da pena aplicada. Para amenizar essa regra o **STJ** editou a **Súmula 269**: "É admissível a adoção do regime prisional semiaberto aos reincidentes condenados a pena igual ou inferior a quatro anos se favoráveis as circunstâncias judiciais";[238] *b)* o primário, cuja pena seja superior a 8 (oito) anos deverá começar a cumpri-la no regime fechado;[239] *c)* o primário, cuja pena seja superior a 4 (quatro) anos e não exceda a 8 (oito), poderá, desde o princípio, cumpri-la em regime semiaberto; e *d)* o primário, cuja pena seja igual ou inferior a 4 (quatro) anos poderá, desde o início, cumpri-la em regime aberto. É possível, todavia, seja imposto em relação ao condenado primário um regime inicial mais rigoroso do que o permitido exclusivamente pela quantidade da pena aplicada (art. 33, § 3.º, do CP). Não basta, para tanto, o julgador reportar-se apenas à gravidade abstrata do crime, pois, como estatui a **Súmula 718 do STF**: "A opinião do julgador sobre a gravidade em abstrato do crime não constitui motivação idônea para a imposição de regime mais severo do que o permitido segundo a pena aplicada." Para aplicar o regime mais severo, portanto, o magistrado necessita fundamentar exaustivamente sua escolha, com base em elementos sólidos e amparados pelo ordenamento jurídico. Nos termos da **Súmula 719 do STF**: "A imposição do regime de cumprimento mais severo do que a pena aplicada permitir exige motivação idônea." Cumpre destacar que a fixação de regime prisional mais gravoso do que o correspondente à pena aplicada, em face da presença de circunstâncias judiciais desfavoráveis, constitui-se em possibilidade – e não em obrigatoriedade – conferida ao magistrado de impor tratamento penal mais severo ao acusado.

○ **Pena de detenção:** A pena de detenção deve ser cumprida inicialmente em regime semiaberto ou aberto (art. 33, *caput*, *in fine*, do CP). Não se admite o início de cumprimento da pena privativa de liberdade no fechado, nada obstante seja possível a regressão a esse regime. Os critérios para fixação do regime inicial de cumprimento da pena de detenção são os seguintes: (*a*) o condenado reincidente inicia o cumprimento da pena privativa de liberdade no regime semiaberto, seja qual for a quantidade da pena aplicada; (*b*) o primário, cuja pena seja superior a 4 (quatro) anos, deverá cumpri-la no regime semiaberto; e (*c*) o primário, cuja pena seja igual ou inferior a 4 (quatro) anos, poderá, desde o início, cumpri-la no regime aberto. No mais, aplica-se o que foi dito relativamente à possibilidade de determinação do regime semiaberto quando a pena imposta for igual ou inferior a 4 (quatro) anos.

○ **Pena de prisão simples:** A pena de prisão simples, cabível unicamente para as **contravenções penais**, deve ser cumprida, sem rigor penitenciário, em estabelecimento especial ou seção

---

[238] Existem opiniões no sentido de que o reincidente condenado a pena de reclusão igual ou inferior a 4 (quatro) anos pode iniciar o seu cumprimento no regime aberto, desde que a condenação anterior tenha sido exclusivamente à pena de multa (aplicação analógica do art. 77, § 1.º, do CP).

[239] O CP presume, de forma absoluta, a incompatibilidade de execução de pena privativa de liberdade superior a 8 (oito) anos com os regimes semiaberto e aberto, independentemente da gravidade do crime e das condições pessoais do condenado.

especial de prisão comum, em regime semiaberto ou aberto. O condenado à prisão simples fica sempre separado dos condenados à pena de reclusão ou de detenção (art. 6.º, *caput* e § 1.º da LCP). Não há regime fechado, seja inicialmente, seja em decorrência de regressão. Além disso, o trabalho é facultativo, se a pena aplicada não excede a 15 (quinze) dias, nos termos do art. 6.º, § 2.º, da LCP.

○ **Diferenças entre reclusão e detenção:** No CP extraem-se **quatro diferenças fundamentais** entre as penas de reclusão e as de detenção. Inicialmente, a reclusão pode ser cumprida nos regimes fechado, semiaberto ou aberto. Já a detenção, somente nos regimes semiaberto e aberto. Em segundo lugar, no caso de aplicação cumulativa de penas de reclusão e de detenção, executa-se aquela por primeiro (art. 69, *caput*, *in fine*, do CP). Posteriormente, isto é, depois de executada integralmente a pena de reclusão, será cumprida a pena de detenção. Em terceiro lugar, a reclusão pode ter como efeito da condenação a incapacidade para o exercício do poder familiar, da tutela ou da curatela nos crimes dolosos cometidos contra outrem igualmente titular do mesmo poder familiar, contra filho, filha ou outro descendente ou contra o tutelado ou curatelado (CP, art. 92, II). Esse efeito não é possível na pena de detenção. Finalmente, a reclusão acarreta na internação em caso de imposição de medida de segurança, enquanto na detenção o juiz pode aplicar o tratamento ambulatorial (art. 97, *caput*, do CP). Além disso, cumpre destacar a regra veiculada pelo art. 2.º, III, da Lei 9.296/1996, autorizando a **interceptação de comunicações telefônicas** de qualquer natureza como meio de prova somente nos crimes punidos com reclusão.

○ **Pena-base aplicada no mínimo legal e regime prisional mais rigoroso:** Se a pena-base for fixada no mínimo legal, duas posições se formaram a respeito da possibilidade da aplicação de regime prisional inicial mais severo do que o admitido pela quantidade da pena: **1.ª posição** – se a pena-base foi aplicada no mínimo legal, por serem favoráveis as circunstâncias judiciais previstas no art. 59, *caput*, do CP, não pode ser aplicado regime prisional mais gravoso. Situação contrária seria ilógica e incoerente. É a posição amplamente dominante, e inclusive consagrada na **Súmula 440 do STJ**: "Fixada a pena-base no mínimo legal, é vedado o estabelecimento de regime prisional mais gravoso do que o cabível em razão da sanção imposta, com base apenas na gravidade abstrata do delito." **2.ª posição** – o cálculo da pena privativa de liberdade no piso legal não induz, obrigatoriamente, à fixação do regime prisional mais suave, uma vez que as circunstâncias judiciais previstas no art. 59, *caput*, do CP devem ser analisadas em dois momentos distintos: inicialmente para a dosimetria da pena, e, em seguida, para determinação do regime prisional.

○ **Impossibilidade de modificação, pelo juízo da execução, do regime prisional equivocadamente fixado na decisão condenatória:** Justifica-se esta proibição pelo respeito à coisa julgada e pela inadmissibilidade de revisão criminal contra o réu, mormente *ex officio*. Se, exemplificativamente, o juízo da condenação fixar ao autor de latrocínio, condenado a 18 anos de reclusão, o regime prisional aberto, embora seja correto o regime fechado, em decorrência da pena imposta, e esta decisão transitar em julgado, o juízo da execução nada poderá fazer.

○ **Obrigatoriedade de prévia execução das penas mais graves:** A execução penal tem início com a expedição de **guia de recolhimento**, incumbência conferida ao juiz em relação ao réu que estiver ou vier a ser preso após o trânsito em julgado da sentença que aplicar pena privativa de liberdade (art. 105 da LEP). Mas, independentemente da ordem de expedição das guias de recolhimento, e também da data da chegada de cada uma delas ao juízo da execução, as penas mais graves devem ser executadas previamente às penas menos graves. Nesse contexto, se o réu possui mais de uma condenação, e se uma delas for consequência da prática de crime hediondo ou equiparado, deve ser a pena resultante dessa condenação executada em primeiro lugar, por ser mais grave, o que se extrai da natureza do delito e dos prazos mais dilatados para a progressão de regime e para a concessão de livramento condicional.

○ **Unificação das penas de reclusão e detenção para fixação do regime prisional:** Admite-se a unificação das penas de reclusão e de detenção, na fase de execução penal, para fim de fixação do regime prisional inicial, pois são reprimendas da mesma espécie (privativas de liberdade). Incide, portanto, a regra contida no art. 111, *caput*, da Lei 7.210/1984 – Lei de Execução Penal: "Art. 111. Quando houver condenação por mais de um crime, no mesmo processo ou em processos distintos, a determinação do regime de cumprimento será feita pelo resultado da soma ou unificação das penas, observada, quando for o caso, a detração ou remição."[240]

○ **Progressão de regimes:** Existem três sistemas clássicos que disciplinam a progressão de regime de cumprimento da pena privativa de liberdade. Pelo **sistema da Filadélfia**, o preso fica isolado em sua cela, sem dela sair, salvo esporadicamente para passeios em pátios fechados. Pelo **sistema de Auburn**, o condenado, em silêncio, trabalha durante o dia com outros presos e submete-se a isolamento no período noturno. Finalmente, o **sistema inglês ou progressivo** baseia-se no isolamento do condenado no início do cumprimento da pena privativa de liberdade. Em um segundo momento, ele é autorizado a trabalhar na companhia de outros presos e, na última etapa, vem a ser colocado em liberdade condicional.

– **Sistema adotado**: O Código Penal e a Lei de Execução Penal adotaram o **sistema progressivo ou inglês**. De fato, o art. 33, § 2.º, do CP diz que "as penas privativas de liberdade deverão ser executadas em forma progressiva". E o art. 112, *caput*, da Lei de Execução Penal preceitua que "a pena privativa de liberdade será executada em forma progressiva com a transferência para regime menos rigoroso".[241] Entretanto, o sistema inglês ou progressivo não foi integralmente acolhido. A legislação brasileira lhe impôs algumas modificações. Com efeito, no regime fechado o condenado fica sujeito a trabalho no período diurno e a isolamento durante o repouso noturno. O trabalho será em comum dentro do estabelecimento, na conformidade das aptidões ou ocupações anteriores do condenado, desde que compatíveis com a execução da pena (CP, art. 34, §§ 1.º e 2.º). Em seguida, se cumpridos os requisitos legais, o reeducando passa ao regime semiaberto, com trabalho em comum durante o período diurno, em colônia agrícola, industrial ou estabelecimento similar (CP, art. 35, § 1.º). É possível o alojamento do condenado em compartimento coletivo (LEP, art. 92, *caput*). Por fim, e se novamente satisfeitos os requisitos legais, o condenado é transferido ao regime aberto, fundado na autodisciplina e no senso de responsabilidade, no qual deverá, fora do estabelecimento e sem vigilância, trabalhar, frequentar curso ou exercer outra atividade autorizada, permanecendo recolhido durante o período noturno e nos dias de folga (CP, art. 36, *caput* e § 1.º). A progressão de regime prisional integra a **individualização da pena**, em sua fase executória, e destina-se ao cumprimento de sua finalidade de prevenção especial, mediante a busca da preparação do condenado para reinserção na sociedade.

– **Requisitos para a progressão de regime prisional**: Esse benefício depende de dois requisitos **cumulativos**, um objetivo e outro subjetivo.

– **Requisito objetivo**: Encontra-se nos diversos incisos do *caput* do art. 112 da Lei de Execução Penal; o requisito subjetivo, no § 1.º deste dispositivo legal. O **requisito objetivo** é o **cumprimento de parte da pena no regime anterior**. Nesse ponto, a Lei 13.964/2019, conhecida como "**Pacote Anticrime**", promoveu diversas modificações na Lei de Execução Penal. Com efeito, antes da sua entrada em vigor, a regra era o cumprimento de 1/6 da pena em cada um dos regimes prisionais, independentemente da natureza do crime (com ou sem violência ou grave ameaça à pessoa, por

---

[240] STJ: AgRg no REsp 2.053.887/MG, rel. Min. Joel Ilan Paciornik, 5.ª Turma, j. 15.05.2023, noticiado no *Informativo* 791.

[241] Existe uma hipótese na qual jamais será possível a progressão: quando for aplicado o regime inicial aberto, e não for decretada a regressão durante a execução da pena.

exemplo) e das condições pessoais do agente (primário ou reincidente).[242] Agora existem **diversas escalas de valores**, variando de 16% até 70% de cumprimento da pena no regime anterior, em razão da natureza do crime, de eventual resultado morte e do perfil do condenado. As alterações foram acertadas, e atendem aos princípios da individualização da pena (CF, art. 5.º, XLVI) e da isonomia, pois permitem tratamento jurídico igual aos iguais e desigual aos desiguais, com base em critérios objetivos de desigualdade. Além disso, o atual modelo de progressão está em sintonia com a busca das finalidades da pena (retribuição, prevenção geral e prevenção especial). São **9 (nove) percentuais diversos**, a saber:[243] I – **16% (dezesseis por cento)** da pena, se o apenado for primário e o crime tiver sido cometido sem violência à pessoa ou grave ameaça; II – **20% (vinte por cento) da pena**, se o apenado for reincidente em crime cometido sem violência à pessoa ou grave ameaça; III – **25% (vinte e cinco por cento) da pena**, se o apenado for primário e o crime tiver sido cometido com violência à pessoa ou grave ameaça;[244] IV – **30% (trinta por cento) da pena**, se o apenado for reincidente em crime cometido com violência à pessoa ou grave ameaça; V – **40% (quarenta por cento) da pena**, se o apenado for condenado pela prática de crime hediondo ou equiparado, se for primário;[245] VI – **50% (cinquenta por cento) da pena**, se o apenado for: (a) condenado pela prática de crime hediondo ou equiparado, com resultado morte, se for primário, vedado o livramento condicional; (b) condenado por exercer o comando, individual ou coletivo, de organização criminosa estruturada para a prática de crime hediondo ou equiparado; ou (c) condenado pela prática do crime de constituição de milícia privada; VI-A – **55% (cinquenta e cinco por cento) da pena**, se o apenado for condenado pela prática de **feminicídio**, se for primário, vedado o livramento condicional;[246] VII – **60% (sessenta por cento) da pena**, se o apenado for reincidente na prática de crime hediondo ou equiparado;[247] VIII – **70% (setenta por cento) da pena**, se o apenado for reincidente em crime hediondo ou equiparado com resultado morte, vedado o livramento condicional.[248]

---

[242] Os patamares diferenciados para o reincidente incidem durante a execução penal em sua inteireza, ou seja, acompanham o condenado em todas as eventuais progressões de regime: do fechado para o semiaberto, e deste para o aberto. O STJ compartilha desta linha de pensamento: AgRg no HC 904.095/SP, rel. Min. Otávio de Almeida Toledo (Desembargador convocado do TJSP), 6.ª Turma, j. 09.09.2024, noticiado no *Informativo 834*.

[243] Subsiste o percentual de 1/8 na progressão especial para mulher gestante ou que for mãe ou responsável por crianças ou pessoas com deficiência, pois o § 3.º do art. 112 da LEP não foi alterado pela Lei 13.964/2019 ("Pacote Anticrime").

[244] Se o crime foi praticado com violência contra a coisa, a progressão dependerá do cumprimento de 16% ou 20% da pena, dependendo da primariedade ou reincidência do agente.

[245] Os crimes hediondos estão elencados, taxativamente, no art. 1.º da Lei 8.072/1990. Os delitos equiparados a hediondos são o tráfico de drogas, a tortura e o terrorismo. Finalmente, para fins de progressão de regime prisional, o tráfico de drogas privilegiado, definido no art. 33, § 4.º, da Lei 11.343/2006 – Lei de Drogas, não é considerado crime equiparado a hediondo (LEP, art. 112, § 5.º).

[246] Esse inciso foi acrescentado pela Lei 14.994/2024 ("Pacote Antifeminicídio") e sua análise autoriza as seguintes conclusões: (a) se o apenado for **reincidente em crime comum** (exemplo: condenação anterior por um furto), a progressão dependerá do cumprimento de **55% da pena**. Para fins de progressão de regime ao condenado por feminicídio, o reincidente em crime comum equipara-se ao primário; (b) se o condenado for **reincidente em crime hediondo ou equiparado** (exemplo: estupro e posterior feminicídio, ambos hediondos), será necessário o cumprimento de **60% da pena** para progressão de regime (art. 112, VII, da LEP); e (c) se o apenado for **reincidente em crime hediondo ou equiparado com resultado morte** (exemplo: latrocínio e feminicídio consumados), a passagem ao regime mais brando exigirá o cumprimento de **70% da pena** (art. 112, VIII, da LEP). Em todas as hipóteses, não se admite o livramento condicional.

[247] Se o agente cometeu um crime hediondo (ou equiparado), e é reincidente em crime diverso (comum), a progressão dependerá do cumprimento de 40% da pena. Como ele não é "reincidente na prática de crime hediondo ou equiparado", a brecha na lei acarreta na incidência do percentual contido no inc. V do art. 112 da Lei de Execução Penal. Essa tese, que sustentamos desde a entrada em vigor da Lei 13.964/2019 – "Pacote Anticrime", foi acolhida pelo STF, no Tema 1.169 da Repercussão Geral (ARE 1.327.963/SP, rel. Min. Gilmar Mendes, Plenário, j. 17.09.2021, noticiado no *Informativo 1.032*), e também pelo STJ, no Tema 1.084 do Recurso Repetitivo (REsp 1.910.240/MG, rel. Min. Rogerio Schietti Cruz, 3.ª Seção, j. 26.05.2021, noticiado no *Informativo 699*).

[248] Se o agente cometeu um crime hediondo (ou equiparado) com resultado morte, diverso do feminicídio (55%), e é reincidente, mas não em crime de igual categoria, o montante exigido para a progressão será de 50%.

Percentual da pena	Natureza do crime	Condição do agente
16%	Sem violência à pessoa ou grave ameaça	Primário
20%	Sem violência à pessoa ou grave ameaça	Reincidente
25%	Com violência à pessoa ou grave ameaça	Primário
30%	Com violência à pessoa ou grave ameaça	Reincidente
40%	Crime hediondo ou equiparado	Primário
50%	(a) Crime hediondo ou equiparado com resultado morte (b) Comando, individual ou coletivo, de organização criminosa estruturada para a prática de crime hediondo ou equiparado[249] (c) Constituição de milícia privada	(a) Primário (b) Primário ou reincidente (lei não faz distinção) (c) Primário ou reincidente (lei não faz distinção)
60%	Crime hediondo ou equiparado sem resultado morte	Reincidente
70%	Crime hediondo ou equiparado com resultado morte	Reincidente

– **Lei penal no tempo**: Essas modificações interferem na atuação do poder punitivo do Estado. Consequentemente, nas hipóteses em que prejudicam a situação do agente, os novos percentuais somente podem ser aplicados para os fatos praticados após a entrada em vigor da Lei 13.964/2019 ("Pacote Anticrime") ou da Lei 14.994/2024 (no tocante ao feminicídio), em respeito à irretro-atividade da lei penal, direito fundamental consagrado no art. 5.º, XL, da Constituição Federal.

– **Segunda progressão e termo inicial**: Se a execução da pena foi iniciada no regime fechado, para a segunda progressão, do regime semiaberto para o aberto, deve ser cumprido o percentual cabível (16%, 20%, 25% etc.) do **restante da pena**, pois **"pena cumprida é pena extinta."** O termo inicial para a segunda progressão de regime prisional é a data em que o condenado efetivamente preencheu os requisitos do art. 112, I a VIII, da Lei de Execução Penal, e não a data em que ele ingressou no regime anterior ou a data em que foi deferida a primeira progressão. No **Tema 1165 do Recurso Repetitivo**, o Superior Tribunal de Justiça fixou a seguinte tese: "A decisão que defere a progressão de regime não tem natureza constitutiva, senão declaratória. O termo inicial para a progressão de regime deverá ser a data em que preenchidos os requisitos objetivo e subjetivo descritos no art. 112 da Lei 7.210, de 11.07.1984 (Lei de Execução Penal), e não a data em que efetivamente foi deferida a progressão. Essa data deverá ser definida de forma casuística, fixan-do-se como termo inicial o momento em que preenchido o último requisito pendente, seja ele o objetivo ou o subjetivo. Se por último for preenchido o requisito subjetivo, independentemente

---

Como ele não é "reincidente em crime hediondo ou equiparado com resultado morte", a omissão legislativa acarreta a incidência do percentual elencado pelo inc. VI, "a". Essa posição, que sustentamos desde a entrada em vigor da Lei 13.964/2019 – "Pacote Anticrime", foi adotada pelo Superior Tribunal de Justiça no **Tema 1.196 do Recurso Repetitivo:** "É válida a aplicação retroativa do percentual de 50% (cinquenta por cento), para fins de progressão de regime, a condenado por crime hediondo, com resultado morte, que seja reincidente genérico, nos moldes da alteração legal promovida pela Lei n. 13.964/2019 no art. 112, inc. VI, alínea a, da Lei n. 7.210/84 (Lei de Execução Penal), bem como a posterior concessão do livramento condicional, podendo ser formulado posteriormente com base no art. 83, inc. V, do Código Penal, o que não configura combinação de leis na aplicação retroativa de norma penal material mais benéfica".

[249] Se o agente, reincidente, também foi condenado pelo crime hediondo ou equiparado, para este delito deverá cumprir ao menos 60% da pena no regime anterior.

da anterior implementação do requisito objetivo, será aquele (o subjetivo) o marco para fixação da data-base para efeito de nova progressão de regime".[250]

– **Condenações superiores a 40 (quarenta) anos:** O percentual de cumprimento da pena deve ser calculado sobre o total da pena imposta, pois esse limite destina-se exclusivamente ao efetivo cumprimento da pena privativa de liberdade. Nos termos da **Súmula 715 do Supremo Tribunal Federal:** "A pena unificada para atender ao limite de trinta anos de cumprimento, determinado pelo art. 75 do Código Penal, não é considerada para a concessão de outros benefícios, como o livramento condicional ou regime mais favorável de execução".[251] Exemplificativamente, se o agente é reincidente em crime cometido com violência à pessoa ou grave ameaça e foi condenado à pena de 60 anos de reclusão, pela prática de diversos crimes em concurso material, a progressão somente será possível depois do cumprimento de pelo menos 18 (dezoito) anos no regime fechado (30% do total da pena imposta).

– **Requisito subjetivo:** É o **mérito**, presente quando o condenado ostentar "boa conduta carcerária, comprovada pelo diretor do estabelecimento , e pelos resultados do **exame criminológico**, respeitadas as normas que vedam a progressão" (LEP, art. 112, § 1.º). Esse requisito deve ser demonstrado pelo condenado, no curso da execução, para ter direito à progressão. O mérito, nos termos do item 29 da Exposição de Motivos da Lei de Execução Penal, é "o critério que comanda a execução progressiva." É necessário que se reconheça a provável capacidade do condenado de adaptar-se ao regime menos rigoroso. Nesse contexto, o comportamento mau ou sofrível normalmente indica a inaptidão para o regime mais brando, ou seja, o apenado não apresenta condições para se ajustar ao novo regime. Essa análise deve ser efetuada pelo magistrado no caso em concreto, de forma fundamentada, levando em conta os elementos efetivamente presentes na situação apresentada ao seu julgamento. Se foram aplicadas ao condenado, cumulativamente, penas privativas de liberdade e de multa, o inadimplemento voluntário desta impede a progressão de regime prisional, em face da ausência do requisito subjetivo legalmente exigido (mérito).[252]

○ **Progressão especial para mulher gestante ou que for mãe ou responsável por crianças ou pessoas com deficiência:** O art. 112, § 3º, da Lei de Execução Penal contempla uma modalidade especial de progressão de regime prisional para a mulher gestante e também para a mulher que for mãe ou responsável por crianças[253] ou pessoas com deficiência.[254] A gravidez, qualquer que seja seu estágio, deve ser provada por exame pericial (ultrassonografia ou meio equivalente) e, diante do silêncio da lei, pode ser anterior ou posterior ao início de cumprimento da pena. De seu turno, a comprovação da filiação (e da idade do filho) é realizada pela certidão de nascimento (ou documento similar) da criança, enquanto a condição de pessoa com deficiência há de ser provada por laudo médico ou outro documento idôneo, a exemplo de sentença de interdição civil. Se a mulher não for mãe da criança ou da pessoa com deficiência, a situação de responsável deve ser interpretada ampliativamente, abrangendo a guarda, a tutela e a curatela, bem como situações informais em que a condenada era a única pessoa que cuidava da criança ou da pessoa

---

[250] REsp 1.972.187/SP, rel. Min. Jesuíno Rissato (Desembargador convocado do TJDFT), 3.ª Seção, j. 14.08.2024, noticiado no *Informativo* 821.

[251] Os fundamentos da súmula continuam válidos, cabendo somente interpretá-la em sintonia com a atual redação do art. 75 do Código Penal, ou seja, respeitando o limite de 40 anos para cumprimento da pena privativa de liberdade.

[252] STF: EP 12 ProgReg-AgR/DF, rel. Min. Roberto Barroso, Plenário, j. 08.04.2015, noticiado no *Informativo* 780.

[253] Art. 2.º, *caput*, da Lei 8.069/1990 – Estatuto da Criança e do Adolescente: "Considera-se criança, para os efeitos desta Lei, a pessoa até doze anos de idade incompletos".

[254] Art. 2.º, *caput*, da Lei 13.146/2015 – Estatuto da Pessoa com Deficiência: "Considera-se pessoa com deficiência aquela que tem impedimento de longo prazo de natureza física, mental, intelectual ou sensorial, o qual, em interação com uma ou mais barreiras, pode obstruir sua participação plena e efetiva na sociedade em igualdade de condições com as demais pessoas". Na hipótese de pessoa com deficiência, pouco importa a sua idade, é dizer, não precisa tratar-se de criança ou adolescente.

com deficiência (exemplo: vizinha que assumiu os cuidados de criança cujos pais foram assassinados). Evidentemente, a condenada não terá direito à progressão especial se tiver sido judicialmente decretada sua suspensão ou destituição do poder familiar, por qualquer motivo diverso do cumprimento da pena. A progressão especial depende de **requisitos cumulativos**, objetivos e subjetivos. São **requisitos objetivos**: não ter cometido o crime com violência ou grave ameaça à pessoa (inc. I), não ter cometido o crime contra seu filho ou dependente (inc. II), e ter cumprido ao menos **1/8 (um oitavo)** da pena no regime anterior (inc. III). Os **requisitos subjetivos**, de seu turno, consistem em ser primária e ter bom comportamento carcerário, comprovado pelo diretor do estabelecimento (inc. IV), e não ter integrado organização criminosa (inc. V).[255] Em relação ao último requisito de natureza subjetiva, a lei não impõe limite temporal. Destarte, se existir prova segura de que a condenada já integrou organização criminosa, na forma definida pelo art. 1.º, § 1.º, da Lei 12.850/2013, ainda que antes (ou depois) do crime pelo qual está cumprindo a pena privativa de liberdade, será incabível a progressão especial.

– **Revogação do benefício**: O benefício será revogado se a condenada praticar novo crime doloso ou falta grave (LEP, art. 112, § 4.º). Tal revogação depende de decisão judicial, com respeito à ampla defesa, e não exclui a regressão a qualquer dos regimes mais rigorosos, com fundamento no art. 118, inc. I, da Lei de Execução Penal.

– **Crimes cometidos com violência à pessoa ou grave ameaça**: A progressão especial, com cumprimento de 1/8 (um oitavo) da pena no regime anterior, somente é cabível nos crimes cometidos sem violência à pessoa ou grave ameaça, a teor da regra contida no art. 112, § 3.º, I, da Lei de Execução Penal. De fato, se o crime foi praticado com violência à pessoa ou grave ameaça, incidirão os montantes de 25% ou 30% do cumprimento da pena, se reincidente em crime desta natureza (LEP, art. 112, III e IV).

○ **Progressão especial, condenada por crime hediondo ou equiparado, pelo comando de organização criminosa estruturada para a prática de delitos desta natureza ou por constituição de milícia privada:** Na hipótese de crime hediondo ou equiparado, deverão ser respeitados os índices de 40%, 50%, 60% ou 70%, dependendo da primariedade ou reincidência, e de eventual resultado morte (LEP art. 112, V, VI, "a", VI-A, VII e VIII). Vale destacar que o art. 2.º, § 2.º, da Lei 8.072/1990, que admitia a progressão especial para mulher gestante ou que for mãe ou responsável por crianças ou pessoas com deficiência nos crimes hediondos ou equiparados, foi expressamente revogado pelo art. 19 da Lei 13.964/2019 ("Pacote Anticrime"). A parcela de 50% também será observada no caso da condenada pelo exercício do comando, individual ou coletivo, de organização criminosa estruturada para a prática de crime hediondo ou equiparado, ou então pelo delito de constituição de milícia privada (LEP, art. 112, VI, "b" e "c").

○ **Proibição da progressão "por saltos":** O sistema progressivo acolhido pelo direito brasileiro é incompatível com a progressão "por saltos", consistente na passagem direta do regime fechado para o aberto. Não se pode pular o estágio no regime semiaberto, em atenção à necessidade de recuperação gradativa do condenado para retorno à sociedade. Como bem acentua o item 120 da Exposição de Motivos da Lei de Execução Penal: "Se o condenado estiver no regime fechado não poderá ser transferido diretamente para o regime aberto." Para afastar qualquer

---

[255] A vedação da progressão especial prevista no art. 112, V, § 3.º da Lei de Execução Penal, deve se restringir aos casos em houve condenação por crime associativo, a exemplo da organização criminosa (art. 2.º, da Lei 12.850/2013), da associação para o tráfico de drogas (art. 35, da Lei 11.343/2006) e da associação criminosa (art. 288, do CP), não servindo como óbice ao benefício o mero afastamento da minorante do § 4.º do art. 33 da Lei de Drogas (tráfico privilegiado). Esse é o entendimento consolidado no STJ: HC 888.336/SP, rel. Min. Sebastião Reis Júnior, 6.ª Turma, j. 13.08.2024, noticiado no *Informativo 827*.

controvérsia acerca do assunto, o **Superior Tribunal de Justiça** editou a **Súmula 491**: "É inadmissível a chamada progressão *per saltum* de regime prisional". Somente se admite essa passagem direta em hipóteses teratológicas, tais como quando o condenado, depois de já ter cumprido o percentual atinente ao regime fechado, e conseguido progressão para o regime semiaberto, não obtém vaga nesse regime, permanecendo por mais um percentual específico no regime fechado. Será possível, então, por ineficiência do Estado, o salto para o regime aberto.

○ **Progressão e crimes contra a Administração Pública:** Nos crimes contra a Administração Pública a progressão está condicionada, além do cumprimento do percentual previsto em lei e do mérito do condenado, a um requisito específico, consistente na **reparação do dano causado ou na devolução do produto do ilícito praticado**, com os acréscimos legais. É o que consta do art. 33, § 4.º, do Código Penal. Este dispositivo é constitucional e não se constitui em prisão civil por dívida. Além disso, destina-se a atuar como instrumento eficaz para a prevenção de novos delitos envolvendo a apropriação de bens públicos.[256] Para o Superior Tribunal de Justiça, a exigência desse requisito para a progressão de regime prisional depende da fixação expressa, na sentença condenatória (ou no acórdão condenatório), da obrigação de reparar o dano ou da devolução do produto do ilícito praticado, em face da vinculação da execução penal ao título condenatório.[257]

○ **Progressão e crimes hediondos ou equiparados:** Na redação original da Lei 8.072/1990 – Lei dos Crimes Hediondos –, o seu art. 2.º, § 1.º, dispunha que a pena privativa de liberdade imposta pela prática de qualquer crime hediondo ou equiparado (tráfico de drogas, tortura e terrorismo) deveria ser cumprida em regime integralmente fechado. Tratava-se de exceção legal ao sistema progressivo, pois o condenado iniciava e encerrava o cumprimento da pena privativa de liberdade no regime fechado, sem possibilidade de passagem para regime mais brando. Muito se discutiu sobre eventual inconstitucionalidade desse dispositivo. Com a edição da Lei 9.455/1997, definindo os crimes de tortura, acentuou-se o debate, em razão de estatuir, no seu art. 1.º, § 7.º, que o condenado por crime nela previsto iniciaria o cumprimento da pena em regime fechado. Efetuou-se uma clara distinção. A pena privativa de liberdade obrigatoriamente deveria ser executada inicialmente no regime fechado, mas era possível a progressão. Reforçou-se o argumento da inconstitucionalidade da proibição de progressão nos crimes hediondos, no tráfico de drogas e no terrorismo, pois se a todos esses crimes, incluindo-se a tortura, a Constituição Federal determinou igual tratamento (art. 5.º, XLIII), o legislador ordinário não poderia estabelecer distinção. O Supremo Tribunal Federal, então, encerrou o conflito, editando a Súmula 698: "Não se estende aos demais crimes hediondos a admissibilidade de progressão no regime de execução da pena aplicada ao crime de tortura". A Corte fundamentou essa posição no princípio da especialidade: o crime de tortura gozava de regra específica (progressão), e aos crimes hediondos, ao tráfico de drogas e ao terrorismo incidia a regra geral (regime integralmente fechado). Mas no dia 23 de fevereiro de 2006, no julgamento do HC 82.959/SP, o Supremo Tribunal Federal alterou seu entendimento e declarou a inconstitucionalidade da regra então prevista no art. 2.º, § 1.º, da Lei 8.072/1990 que, ao instituir um **regime-padrão**, violava o princípio constitucional da **individualização da pena**. A partir daí, criou-se um impasse. Com efeito, se o regime integralmente fechado para crimes hediondos e equiparados era inconstitucional, os condenados por tais delitos teriam direito à progressão, desde que respeitados os requisitos outrora exigidos pelo art. 112, *caput*, da Lei de Execução Penal: cumprimento de ao menos 1/6 da pena no regime anterior e mérito. Mas, então, o que tais crimes teriam de hediondos, se estavam na mesma vala dos crimes comuns? De fato, a Constituição Federal estabeleceu

---

256 STF: EP 22 ProgReg-AgR/DF, rel. Min. Roberto Barroso, Plenário, j. 17.12.2014, noticiado no *Informativo* 772.

257 STJ: HC 686.334/PE, rel. Min. Reynaldo Soares da Fonseca, 5.ª Turma, j. 14.09.2021, noticiado no *Informativo* 709.

nitidamente dois polos distintos. De um lado, no art. 98, I, determinou aos entes federativos a criação de juizados especiais, competentes para a conciliação, o julgamento e a execução de infrações penais de menor potencial ofensivo, mediante os procedimentos oral e sumaríssimo, permitidos, nas hipóteses previstas em lei, a transação e o julgamento de recursos por turmas de juízes de primeiro grau; no polo oposto, o art. 5.º, XLIII, previu os crimes hediondos e equiparados, inafiançáveis e insuscetíveis de graça ou anistia. Em suma, em um extremo a Lei Suprema dispensou tratamento amplamente favorável ao agente, buscando impedir a aplicação da pena privativa de liberdade, nos moldes da Lei 9.099/1995. No extremo oposto, a Constituição Federal exigiu tratamento mais rigoroso aos condenados por crimes hediondos e equiparados. Os fatos restantes entre tais extremidades encaixam-se na criminalidade comum. E aí estava o problema. O regime integralmente fechado foi declarado inconstitucional, e consequentemente inaplicável. Sobrava dispensar aos crimes hediondos e assemelhados o tratamento reservado aos crimes comuns, o que era inaceitável, por contrariar o espírito da Constituição Federal. Felizmente o legislador agiu com celeridade, e em 29 de março de 2007 entrou em vigor a Lei 11.464/2007, alterando a redação do art. 2.º, § 1.º, da Lei 8.072/1990, para estabelecer que a pena por crime hediondo ou equiparado seria cumprida **em regime inicialmente fechado**. Desapareceu o regime integralmente fechado, entrando em seu lugar o regime **inicialmente** fechado, é dizer, a pena privativa de liberdade começava obrigatoriamente no regime fechado, mas era possível a progressão ao semiaberto, e posteriormente ao aberto. Em seguida, dispôs o seu § 2.º que a progressão ocorreria após o cumprimento de 2/5 (dois quintos) da pena, para o primário, e de 3/5 (três quintos), se reincidente. Mas no julgamento do HC 111.840/ES, o Plenário do Supremo Tribunal Federal declarou a inconstitucionalidade do art. 2.º, § 1.º, da Lei 8.072/1990, por ofensa ao princípio da individualização da pena (CF, art. 5.º, XLVI). Em síntese, o regime inicialmente fechado para o cumprimento da pena privativa de liberdade nos crimes hediondos e equiparados foi reputado inconstitucional, razão pela qual o magistrado tem liberdade para estabelecer, no caso concreto, o regime prisional adequado, levando em conta os dados do agente e do fato criminoso. Finalmente, com as modificações implementadas pela Lei 13.964/2019 ("Pacote Anticrime"), os condenados por crimes hediondos ou equiparados passaram a depender de percentuais diferenciados para obter a progressão de regime prisional. Tais montantes variam de 40% a 70% de cumprimento da pena no regime anterior, nos moldes do art. 112, *caput*, V a VIII, da Lei de Execução Penal, e estão em sintonia com o tratamento mais severo imposto pelo art. 5.º, XLIII, da Constituição Federal aos condenados por delitos desta natureza, especialmente nas hipóteses de reincidência e de resultado morte.

– Requisito temporal para progressão em caso de execução conjunta por crime hediondo (ou equiparado) e crime comum: Em face dos requisitos temporais diversos – 40%, 50%, 55%, 60% ou 70% da pena para crimes hediondos ou equiparados, e 16%, 20%, 25% ou 30% da pena para crimes comuns –, a progressão de regime prisional em execução conjunta de penas impostas pela prática de crime hediondo (ou equiparado) e crime comum obedece a uma sistemática específica. Para possibilitar a progressão, é preciso calcular, no tocante ao delito hediondo ou equiparado, o percentual correspondente (40%, 50%, 55%, 60% ou 70%) para, somando-se ao restante da pena imposta, aferir se já foi cumprido o percentual correspondente ao delito não hediondo, em relação ao total da pena aplicada. Essa medida é favorável ao condenado, pois leva em conta, para a totalidade da pena, o menor percentual para fins de progressão, desde que respeitado o montante exigido para o crime hediondo (ou equiparado) em relação à parte da pena correspondente a tal delito. Vejamos um exemplo: "A", primário, foi condenado a 10 (dez) anos de reclusão, por estupro (crime hediondo), e a mais 14 anos (quatorze) anos, por dois roubos com emprego de arma branca, em concurso material, totalizando a pena de 24 (vinte e quatro) anos. Se presente o mérito, a progressão será possível após 6 anos do início da execução da pena, pois ele terá cumprido ao menos 40% da pena do crime hediondo (LEP, art. 112, V), ou seja, 4 anos, bem como 25% do total da pena, percentual aplicável aos crimes cometidos com violência à pessoa ou grave ameaça (LEP, art. 112, III).

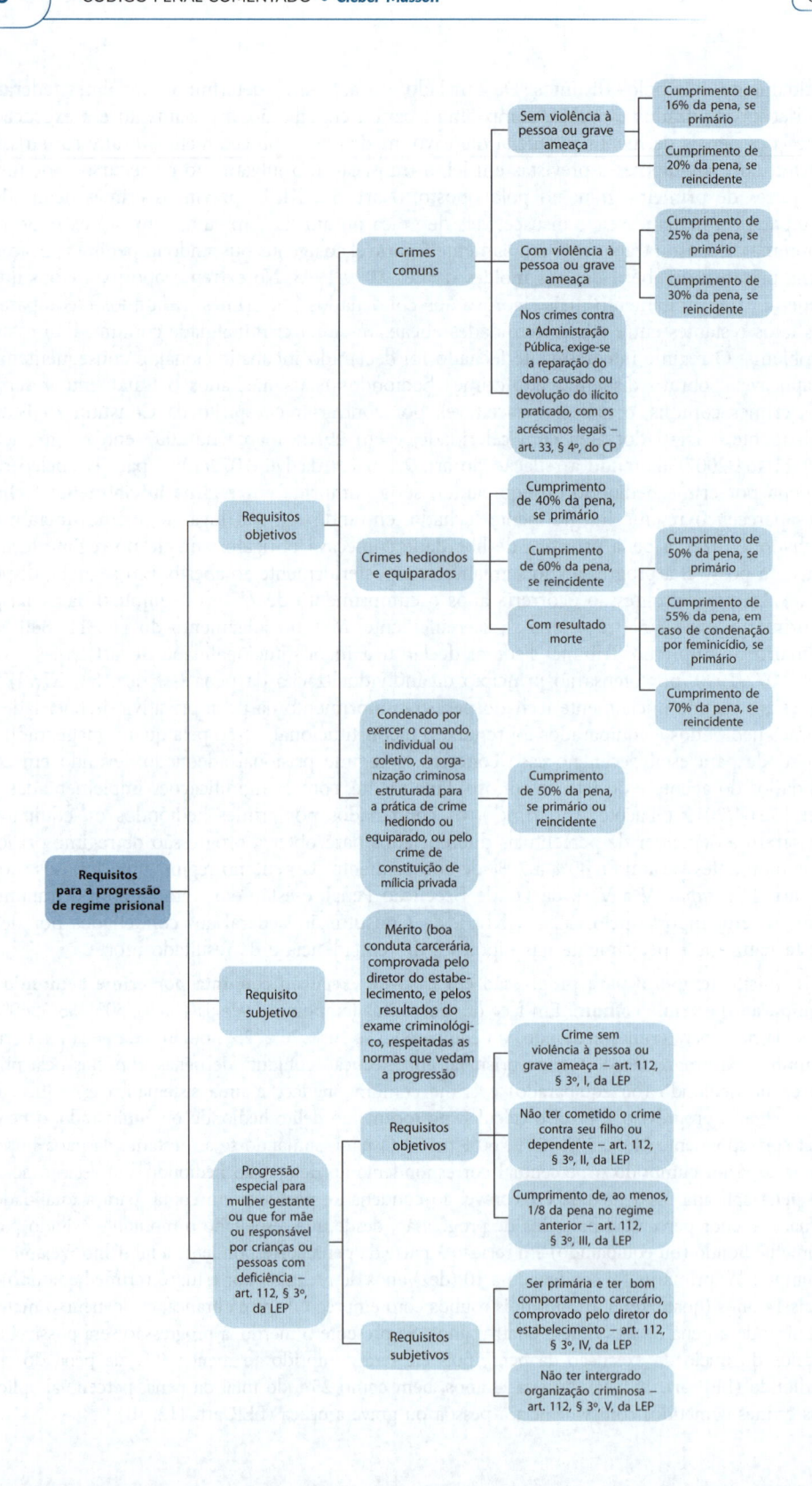

○ **Progressão e nova condenação:** A superveniência de condenação criminal impede a progressão de regime prisional, ainda que já deferida pelo juízo da execução, quando a nova pena tiver que ser cumprida em regime mais rigoroso. Exemplificativamente, se ao condenado já havia sido concedida a transferência para o regime semiaberto, mas surgiu nova pena a ser cumprida no regime fechado, estará inviabilizada a progressão. Entretanto, é preciso destacar o entendimento do Superior Tribunal de Justiça acerca da inadmissibilidade, por falta de previsão legal, de alteração da data-base para a concessão de benefícios durante a execução penal, inclusive a progressão de regime prisional, em face da superveniência do trânsito em julgado de sentença condenatória.[258]

○ **Processamento do pedido de progressão:** O pedido de progressão é endereçado ao juízo da execução. Nos termos do art. 112, § 2.º, da Lei de Execução Penal, "a decisão do juiz que determinar a progressão de regime será sempre motivada e precedida de manifestação do Ministério Público e do defensor". A questão a ser enfrentada é a seguinte: Se a progressão depende, além do cumprimento de determinado percentual da pena, também do **mérito** do condenado, esse procedimento é suficiente para a comprovação do requisito subjetivo? Antes da entrada em vigor da Lei 14.843/2024, o mérito ("boa conduta carcerária") era constatado diretamente pelo **diretor do estabelecimento**. Sua prova consistia em simples atestado de boa conduta carcerária. Essa opção legislativa era alvo de críticas. De fato, não se afigurava correto incumbir unicamente ao diretor do estabelecimento prisional a prova do mérito, pois, em diversas ocasiões, especialmente em crimes de elevada gravidade, o atestado de boa conduta carcerária era insuficiente para assegurar o preparo do condenado para ingressar em regime mais brando. Se não bastasse, o diretor do estabelecimento podia ser alvo de ameaças e intimidações de várias ordens, além de se envolver em redes de corrupção que assolam o sistema penitenciário brasileiro. Nessa linha de raciocínio, era possível a realização de exame criminológico no caso concreto, se o juízo da execução reputava cabível essa providência para fins de progressão de regime prisional. Esse entendimento encontra-se consolidado na **Súmula 439 do Superior Tribunal de Justiça**: "Admite-se o exame criminológico pelas peculiaridades do caso, desde que em decisão motivada". O panorama mudou com as alterações promovidas pela Lei 14.843/2024 – Lei Sargento PM Dias. De fato, nos crimes cometidos após sua vigência, o mérito deve ser comprovado, **cumulativamente:** (1) pelo **atestado de boa conduta carcerária**, elaborado pelo diretor do estabelecimento penal; e (2) pelo **exame criminológico**, de natureza obrigatória.[259] Cumpre destacar que a conclusão do exame criminológico, evidentemente, não vincula o juízo da execução, que pode decidir em sentido contrário, desde que fundamentadamente. É o que se extrai, relativamente às perícias em geral, da simples leitura do art. 182 do Código de Processo Penal: "O juiz não ficará adstrito ao laudo, podendo aceitá-lo ou rejeitá-lo, no todo ou em parte".

○ **Progressão e prática de falta grave:** A contagem do tempo para progressão de regime prisional é zerada se o preso comete falta grave,[260] ou seja, deve reiniciar-se novo prazo para a contagem do benefício da progressão do regime prisional. Nos termos do art. 112, § 6.º, da Lei de Execução Penal: "O cometimento de falta grave durante a execução da pena privativa

---

[258] REsp 1.557.461/SC, rel. Min. Rogerio Schietti Cruz, 3.ª Seção, j. 22.02.2018, noticiado no *Informativo* 621.

[259] "A realização do exame criminológico para a progressão de regime, nas condutas anteriores à edição da Lei 14.843/2024, exige decisão motivada, nos termos da Súmula 439/STJ. A exigência de realização de exame criminológico para toda e qualquer progressão de regime, nos termos da Lei 14.843/2024, constitui *novatio legis in pejus*, pois incrementa requisito, tornando mais difícil alcançar regimes prisionais menos gravosos à liberdade" (STJ: RHC 200.670/GO, rel. Min. Sebastião Reis Júnior, 6.ª Turma, j. 20.08.2024, noticiado no *Informativo* 824).

[260] A relação de faltas graves encontra-se prevista no art. 50 da Lei 7.210/1984 – Lei de Execução Penal.

de liberdade interrompe o prazo para a obtenção da progressão no regime de cumprimento da pena, caso em que o reinício da contagem do requisito objetivo terá como base a pena remanescente." Destarte, o condenado precisa cumprir o percentual legalmente previsto (16%, 20%, 25% etc.), iniciando-se a contagem a partir da falta grave, pois seu cometimento interrompe o prazo para a obtenção da progressão no regime de cumprimento da pena. Essa conclusão já era adotada pela **Súmula 534 do Superior Tribunal de Justiça**: "A prática de falta grave interrompe a contagem do prazo para a progressão de regime de cumprimento de pena, o qual se reinicia a partir do cometimento dessa infração". Contudo, a contagem do novo período aquisitivo do requisito objetivo (quantidade da pena a ser cumprida) deverá incidir sobre o **remanescente da pena**, e não sobre a totalidade dela. O § 6.º do art. 112 da Lei de Execução expressamente adota o princípio pelo qual "pena cumprida é pena extinta". Nesse novo período aquisitivo, posterior à falta grave, não bastará o cumprimento do percentual legalmente exigido, calculado sobre o restante da pena. A progressão de regime prisional também dependerá, inquestionavelmente, do mérito do condenado, ou seja, ele deverá demonstrar boa conduta carcerária após a prática da falta grave, sem prejuízo do resultado do exame criminológico, no sentido de revelar sua aptidão para o regime menos gravoso.

○ **Art. 112, § 7.º da Lei de Execução Penal:** A prática de falta grave revela o mau comportamento do condenado. Essa conclusão, que já era inafastável, ficou ainda mais clara com o § 6.º do art. 112 da Lei de Execução Penal. Se não bastasse, o art. 112, § 7.º, da Lei de Execução Penal estabelece: "O bom comportamento é readquirido após 1 (um) ano da ocorrência do fato, ou antes, após o cumprimento do requisito temporal exigível para a obtenção do direito".[261] A análise desse dispositivo, de redação confusa, revela duas hipóteses diversas para a reaquisição do bom comportamento, indispensável à progressão de regime prisional: **1.ª hipótese – O bom comportamento é readquirido após 1 (um) ano da ocorrência do fato.** O prazo de 1 ano, contado a partir da data da prática da falta grave, elimina o impedimento de se aferir o requisito subjetivo exigido para a progressão de regime prisional. Essa regra é aplicável às situações em que o condenado ainda não cumpriu o requisito temporal (16%, 20%, 25% etc.) legalmente exigido para a passagem ao regime menos severo. Na verdade, essa previsão legislativa é inútil. Se o requisito objetivo – cumprimento de parte da pena – ainda não foi atendido, não há como se falar em progressão de regime, mesmo se presente o bom comportamento do preso. **2.ª hipótese – O bom comportamento é readquirido antes (de 1 ano), após o cumprimento do requisito temporal exigível para a obtenção do direito.** Não se reclama, nesse caso, o decurso de 1 (um) ano da prática da falta de grave. A reaquisição do bom comportamento do condenado ocorre em momento anterior, desde que o condenado atenda ao requisito objetivo para a progressão, consistente no cumprimento de parte da pena privativa de liberdade legalmente prevista (16%, 20%, 25%, etc.). Exemplo: O condenado primário, seis meses depois da prática da falta grave, cumpre 16% da pena imposta pela prática de crime cometido sem violência à pessoa ou grave ameaça. A leitura apressada do § 7.º do art. 112 da Lei de Execução Penal conduz a uma conclusão equivocada. Fica a impressão de que, seja após 1 (um) ano da ocorrência do fato, seja antes desse prazo, se cumprido o requisito temporal exigível para a obtenção do benefício, estará automaticamente reconhecido o requisito subjetivo (boa conduta carcerária) e, consequentemente, o condenado terá direito à progressão de regime prisional. Mas não é isso. Essa interpretação afronta o sistema progressivo adotado pelo direito brasileiro no tocante ao cumprimento da pena privativa de liberdade, pois despreza o requisito subjetivo

---

[261] Esse dispositivo, acrescentado pela Lei 13.994/2019 – "Pacote Anticrime", havia sido vetado pelo Presidente da República. Tal veto, contudo, foi derrubado pelo Congresso Nacional.

indispensável ao benefício. Qual é, então, o real significado do art. 112, § 7.º, da Lei de Execução Penal? A resposta é simples. Depois de 1 (um) ano da prática da falta grave, ou antes desse intervalo, se cumprido o requisito temporal exigível para a progressão, será possível a passagem do condenado para o regime prisional menos severo, **desde que presente a boa conduta carcerária, comprovada pelo diretor do estabelecimento, e pelo resultado do exame criminológico,** na forma determinada pelo art. 112, § 1.º, da Lei de Execução Penal. De fato, o simples decurso do tempo não leva, inexoravelmente, à boa conduta carcerária. Em outras palavras, a superação das hipóteses elencadas pelo § 7.º do art. 112 da Lei de Execução Penal limita-se a retirar o impedimento absoluto da progressão, em face do mau comportamento do condenado. Mas daí não decorre automaticamente a progressão de regime. O benefício somente será possível se, além do cumprimento de parte da pena (LEP, art. 112, *caput* e seus incisos), também estiver presente o mérito do condenado (requisito subjetivo). Resta a conclusão, portanto, de que o veto presidencial nesse ponto era correto. O art. 112, § 7.º, da Lei de Execução é desnecessário, em face do conteúdo do art. 112, § 6.º, da Lei de Execução Penal e, principalmente, da sistemática adotada pelo direito brasileiro em relação à progressão de regime prisional.

○ **Súmula 533 do STJ:** "Para o reconhecimento da prática de falta disciplinar no âmbito da execução penal, é imprescindível a instauração de procedimento administrativo pelo diretor do estabelecimento prisional, assegurado o direito de defesa, a ser realizado por advogado constituído ou defensor público nomeado."

○ **Progressão e *habeas corpus*:** Em face da necessidade de produção de provas para aferição do requisito subjetivo (mérito do condenado), não é possível postular a progressão de regime prisional por meio da via célere e estreita do *habeas corpus*.

○ **Progressão, organização criminosa e manutenção do agrupamento ilícito:** O condenado por organização criminosa (Lei 12.850/2013, art. 2.º) ou por delito cometido no contexto da organização criminosa não poderá progredir de regime de cumprimento de pena, se existirem elementos de prova indicando a manutenção do agrupamento ilícito, a teor da regra contida no art. 2.º, § 9.º, da Lei 12.850/2013, com a redação dada pela Lei 13.964/2019 ("Pacote Anticrime"): "O condenado expressamente em sentença por integrar organização criminosa ou por crime praticado por meio de organização criminosa não poderá progredir de regime de cumprimento de pena ou obter livramento condicional ou outros benefícios prisionais se houver elementos probatórios que indiquem a manutenção do vínculo associativo."

○ **Progressão de regime, colaboração premiada e Lei do Crime Organizado:** Na hipótese de colaboração premiada posterior à sentença condenatória com trânsito em julgado, o art. 4.º, § 5.º, da Lei 12.850/2013 – Lei do Crime Organizado autoriza a progressão de regime prisional mesmo se ausente o requisito objetivo, ou seja, ainda que o condenado não tenha cumprido o percentual da pena legalmente exigido. O requisito subjetivo, consistente no mérito do condenado, não é dispensado, embora muitas vezes esta circunstância reste evidenciada pela própria colaboração.

○ **Progressão de regime prisional, condenado estrangeiro e processo de expulsão em trâmite:** É possível a progressão de regime prisional para cumprimento de pena privativa de liberdade imposta a estrangeiro que responde a processo de expulsão do território nacional, pela prática de crime comum, em face da regra contida no art. 54, § 3.º, da Lei 13.445/2017 – Lei de Migração: "Art. 54. A expulsão consiste em medida administrativa de retirada compulsória de migrante ou visitante do território nacional, conjugada com o impedimento de reingresso por prazo determinado. [...] § 3º O processamento da expulsão em caso de crime comum não prejudicará a progressão de regime, o cumprimento da pena, a suspensão condicional do processo, a comutação da pena ou a concessão de pena alternativa, de indulto coletivo ou individual, de anistia ou de quaisquer benefícios concedidos em igualdade de condições ao nacional brasileiro."

○ **Progressão de regime e prisão em unidade militar:** O benefício da progressão de regime prisional é aplicável aos militares, independentemente do local de cumprimento da pena privativa de liberdade. Cuida-se de manifestação do princípio da individualização da pena, direito fundamental assegurado a todas as pessoas pelo art. 5.º, XLVI, da Constituição Federal. Como já decidido pelo Supremo Tribunal Federal.[262]

○ **Progressão de regime e cumprimento da pena em penitenciária federal de segurança máxima:** O cumprimento da pena em penitenciária federal de segurança máxima obsta a progressão de regime prisional, em face da ausência do requisito subjetivo legalmente exigido (mérito).[263]

○ **Progressão de regime, custódia cautelar e termo inicial:** Na hipótese de custódia cautelar, ou seja, se o acusado foi preso preventivamente e nessa condição respondeu à ação penal, o termo inicial para contagem do percentual de cumprimento da pena necessário para a progressão de regime é a data do cumprimento do mandado de prisão preventiva, e não a data da publicação da sentença condenatória.[264]

○ **Progressão de regime e inadimplemento da pena de multa cumulativamente aplicada:** Na hipótese de aplicação simultânea de penas privativa de liberdade e de multa, o não pagamento da sanção pecuniária impede a progressão de regime prisional, salvo na hipótese de comprovação da inequívoca incapacidade econômica do apenado. Essa é a jurisprudência consolidada no Supremo Tribunal Federal e no Superior Tribunal de Justiça. Destarte, nas hipóteses de inadimplemento da pena de multa, e para que não se imponha ao reeducando um óbice insuperável, com ofensa à finalidade de ressocialização da pena, o juízo da execução deve, antes de deferir (ou não) a progressão de regime, intimar o condenado para efetuar o pagamento, ressaltando a possibilidade de parcelamento, a pedido e conforme as circunstâncias do caso concreto (CP, art. 50, *caput*), sem prejuízo de lhe conferir a chance de comprovar, se for o caso, a absoluta impossibilidade econômica de arcar com seu valor sem prejuízo do mínimo vital para a sua subsistência e de seus familiares.[265]

○ **Regressão:** É a transferência do condenado para regime prisional mais severo do que aquele em que se encontra. As hipóteses em que se autoriza a regressão constam do art. 118, I e II, e § 1.º, da LEP:

a) Prática de fato definido como crime doloso ou falta grave (art. 118, I): De acordo com o art. 50, *caput*, da LEP, comete falta grave o condenado à pena privativa de liberdade que: I – incitar ou participar de movimento para subverter a ordem ou a disciplina; II – fugir; III – possuir, indevidamente, instrumento capaz de ofender a integridade física de outrem; IV – provocar acidente de trabalho; V – descumprir, no regime aberto, as condições impostas; VI – inobservar

---

[262] STF: HC 104.174/RJ, rel. Min. Ayres Britto, 2.ª Turma, j. 29.03.2011, noticiado no *Informativo* 621. É também a posição do STJ: HC 215.765/RS, rel. Min. Gilson Dipp, 5.ª Turma, j. 08.11.2011, noticiado no *Informativo* 487.

[263] STF: HC 131.649/RJ, rel. orig. Min. Cármen Lúcia, rel. p/ ac. Min. Dias Toffoli, 2.ª Turma, j. 06.09.2016, noticiado no *Informativo* 838.

[264] STF: RHC 142.463/MG, rel. Min. Luiz Fux, 1.ª Turma, j. 12.09.2017, noticiado no *Informativo* 877.

[265] STJ: AgRg no REsp 2.039.364/MG, rel. Min. Reynaldo Soares da Fonseca, 5.ª Turma, j. 25.04.2023.

os deveres previstos nos incisos II e V do art. 39 da LEP (obediência ao servidor e respeito a qualquer pessoa com quem deve relacionar-se, e execução do trabalho, das tarefas e das ordens recebidas); VII – tiver em sua posse, utilizar ou fornecer aparelho telefônico, de rádio ou similar, que permita a comunicação com outros presos ou com o ambiente externo;[266] VIII – recusar submeter-se ao procedimento de identificação do perfil genético.[267] Trata-se de **rol taxativo**. Praticada a falta grave, deverá ser instaurado o procedimento para sua apuração, conforme o regulamento do estabelecimento prisional, assegurado o direito de defesa, nele inserida a prévia oitiva do condenado. E será motivada a decisão do responsável pelo local em que é cumprida a pena (arts. 59 e 118, § 2.º, da LEP). Já decidiu o STJ que não existe qualquer irregularidade em determinar a regressão provisória do apenado foragido (falta grave), independentemente da oitiva prévia, uma vez que a fuga impede o procedimento legalmente previsto. No que concerne ao **crime doloso**, basta a sua prática para autorizar-se a regressão, não se reclamando a existência de condenação definitiva. Em respeito à ampla defesa constitucionalmente assegurada, deve ser ouvido o condenado previamente à decisão judicial (LEP, art. 118, § 2.º). É a jurisprudência consagrada no STF e também na **Súmula 526 do STJ**: "O reconhecimento de falta grave decorrente do cometimento de fato definido como crime doloso no cumprimento da pena prescinde do trânsito em julgado de sentença penal condenatória no processo penal instaurado para apuração do fato." Aliás, a prática de crime doloso constitui, por si só, falta grave (art. 52, *caput*, da LEP). Tal entendimento foi acolhido pelo Plenário do Supremo Tribunal Federal, no Tema 758 da **Repercussão Geral**:

"O reconhecimento de falta grave consistente na prática de fato definido como crime doloso no curso da execução penal dispensa o trânsito em julgado da condenação criminal no juízo do conhecimento, desde que a apuração do ilícito disciplinar ocorra com observância do devido processo legal, do contraditório e da ampla defesa, podendo a instrução em sede executiva ser suprida por sentença criminal condenatória que verse sobre a materialidade, a autoria e as circunstâncias do crime correspondente à falta grave."[268]

Nessas duas hipóteses – prática de fato definida como crime doloso e falta grave –, exige-se a instauração de procedimento administrativo disciplinar, a ser acompanhado por defensor, para aferir a necessidade de regressão do condenado para regime prisional mais gravoso, em homenagem aos princípios constitucionais do devido processo legal, do contraditório e da ampla defesa (art. 5.º, LIV e LV, da CF). Com efeito, não incide a **Súmula Vinculante 5** do STF, aplicável somente aos procedimentos de natureza extrapenal. Em face da vedação de analogia *in malam partem* no Direito Penal, o cometimento de crime culposo ou de contravenção penal não permite a regressão de regime prisional.

b) Sofrer condenação, por crime anterior, cuja pena, somada ao restante da pena em execução, torne incabível o regime (art. 118, II): Esse dispositivo resulta do teor do art. 111, parágrafo único, da LEP. Imagine-se um réu que, condenado a 6 (seis) anos de reclusão, iniciou o cumprimento da pena no regime semiaberto, e logo em seguida a ele sobreveio, em razão de outro crime, condenação a nova pena, de 4 (quatro) anos de reclusão. Em face do total da pena resultante da soma (10 anos), será obrigatória a regressão para o regime fechado. Nessa situação a regressão independe da prévia oitiva do condenado, pois nada de útil poderia ele apresentar em sua defesa. Com efeito, já foi condenado por sentença transitada em julgado, fruto de ação penal em que se respeitou o devido processo legal e lhe foram asseguradas a ampla defesa e o contraditório. Não poderia agora, pois, alterar a coisa julgada.

---

[266] **Súmula 660 do STJ**: "A posse, pelo apenado, de aparelho celular ou de seus componentes essenciais constitui falta grave"; e **Súmula 661 do STJ**: "A falta grave prescinde da perícia do celular apreendido ou de seus componentes essenciais". E mais: "A utilização de aparelho celular durante o trabalho externo, sem expressa vedação judicial, não configura falta grave" (STJ: AgRg no HC 866.758/SP, rel. Min. Jesuíno Rissato (Desembargador convocado do TJDFT), 6.ª Turma, j. 15.04.2024, noticiado no *Informativo* 817).

[267] "O fornecimento de perfil genético, nos termos do art. 9.º-A da Lei de Execução Penal, não constitui violação do princípio da vedação à autoincriminação, configurando falta grave a recusa" (STJ: HC 879.757/GO, rel. Min. Sebastião Reis Júnior, 6.ª Turma, j. 20.08.2024, noticiado no *Informativo* 822).

[268] STF: RE 776.823/RS, rel. Min. Edson Fachin, Plenário, j. 04.12.2020, noticiado no *Informativo* 1001.

c) O condenado será transferido do regime aberto se frustrar os fins da execução ou não pagar, podendo, a multa cumulativamente imposta (art. 118, § 1.º): Os incisos I e II do art. 118 da LEP são aplicáveis às penas privativas de liberdade cumpridas em qualquer regime (fechado, semiaberto ou aberto), enquanto o seu § 1.º tem incidência exclusivamente ao regime aberto. Em primeiro lugar, é possível a regressão quando o condenado **frustrar os fins da execução**. O condenado assume conduta indicativa de sua incompatibilidade com o regime aberto, calcado na autodisciplina e no senso de responsabilidade (art. 36, *caput*, do CP). Exemplo: condenado que abandona injustificadamente seu trabalho. Permite-se, ainda, a regressão quando o condenado **não pagar, podendo, a multa cumulativamente imposta**. Essa hipótese somente é possível quando foi aplicada pena pecuniária simultaneamente com a pena privativa de liberdade. É imprescindível comprovar a solvência do condenado, compreendida como a capacidade para quitar de uma só vez ou mediante parcelas a pena de multa, sem privar-se dos recursos indispensáveis ao sustento do condenado e de sua família (art. 50, § 2.º, do CP). Existem, entretanto, vozes que alegam a superação desta parte do dispositivo, pois o art. 51 do CP atualmente veda a conversão da pena de multa para pena privativa de liberdade, motivo pelo qual a sua inadimplência também não poderia ensejar restrições à liberdade do condenado. Em qualquer desses casos, exige-se previamente à regressão a oitiva do condenado (art. 118, § 2.º, da LEP). Para o Supremo Tribunal Federal, se a progressão de regime foi condicionada ao pagamento da pena de multa e, para obter esse direito, o condenado parcelou o valor devido, mas posteriormente não honrou o acordo celebrado, o inadimplemento injustificado das parcelas atinentes à sanção pecuniária autoriza a regressão de regime prisional.

○ **Regressão "por saltos":** É possível a regressão "por saltos", isto é, a passagem direta do regime aberto para o fechado, uma vez que o art. 118, *caput*, da Lei de Execução Penal refere-se à "transferência para **qualquer** dos regimes mais rigorosos".

○ **Regressão a regime mais grave do que o fixado na sentença condenatória:** A sentença condenatória, no âmbito penal, transita em julgado com a cláusula *rebus sic stantibus*. Logo, a mudança da situação de fato no curso da execução, comparativamente ao substrato fático existente no início, impõe ao juiz da execução a adoção de medidas necessárias, de modo a adaptar a decisão à nova realidade. Entende-se, portanto, que, nos termos do art. 33, *caput*, do CP, se em matéria de condenação e execução da pena de detenção revela-se possível a regressão para o regime fechado, esse raciocínio com maior razão deve ser seguido nas hipóteses de condenação e execução de pena de reclusão. Dessa forma, a regra do art. 118, I, da LEP não é obstáculo à alteração do regime de cumprimento de pena privativa de liberdade para regime mais gravoso do que aquele fixado na sentença condenatória, desde que verificado algum dos pressupostos lá previstos.

○ **Regressão cautelar:** Nada obstante a omissão legislativa acerca do assunto, desponta como possível a regressão cautelar, isto é, a **suspensão judicial** do regime semiaberto ou aberto até que, em obediência ao art. 118, § 2.º, da LEP, o condenado seja ouvido e possa defender-se acerca do descumprimento das condições do regime.

○ **Execução provisória:** Execução provisória (ou antecipada) é o cumprimento da pena antes do trânsito em julgado da condenação. Não há pena definitiva. Na história do Direito Penal brasileiro sempre foram diferenciadas duas situações: (a) a execução provisória de réu preso; e (b) a execução provisória de réu solto. Vejamos cada uma delas separadamente.

– **Execução provisória de réu preso:** Se o acusado foi condenado, em 1.ª instância ou pelo Tribunal – em grau de recurso ou por se tratar de crime da sua competência originária –, e encontra-se preso preventivamente, nos termos dos arts. 311 e seguintes do Código de Processo Penal, admite-se a execução antecipada da pena. Esse instituto é benéfico ao réu, pois lhe permite pleitear a progressão de regime prisional e outros benefícios antes do trânsito em julgado da decisão judicial proferida em seu desfavor. A execução provisória tem como pressuposto inafastável o **trânsito em julgado para a acusação em relação à pena aplicada**.[269] Com efeito, pode ocorrer de o Ministério Público ou o querelante ter interposto recurso contra parte da sentença condenatória, diversa da pena imposta (regime prisional, substituição da pena privativa de liberdade por restritiva de direitos ou concessão de *sursis* etc.). Também é cabível quando a pena tiver sido fixada no patamar máximo legalmente previsto. Nesses casos, a pena determinada na decisão contra a qual a defesa recorreu não poderá ser aumentada, seja em face da proibição da *reformatio in pejus* (CPP, art. 617), seja pelo fato de já ter sido aplicada no limite máximo cominado. Portanto, a situação do réu não poderá ser agravada no julgamento do recurso: será ele favorecido ou, na pior das hipóteses, sua posição processual ficará como já estava. Vejamos um exemplo: "A" foi preso em flagrante pela prática de roubo em concurso de pessoas (CP, art. 157, § 2.º, II). Decretou-se a prisão preventiva, e ele permaneceu preso cautelarmente durante toda a ação penal. Depois de um 1 (um) ano e 6 (seis) meses foi proferida sentença, resultando em sua condenação à pena de 6 (seis) anos de reclusão, em regime inicialmente fechado. O Ministério Público, intimado da sentença, não recorreu, enquanto a defesa interpôs apelação postulando a absolvição. Anote-se: "A" já está preso há um ano e seis meses, isto é, já cumpriu 25% da pena imposta (LEP, art. 112, III, e CP, art. 42). Está presente, portanto, o requisito objetivo da progressão. Se comprovado o seu mérito, poderá progredir para o regime semiaberto, sendo desnecessário aguardar, para essa finalidade, o trânsito em julgado da condenação. A execução provisória é extremamente favorável ao réu, pois, ressalte-se, se for absolvido em grau recursal, não terá sofrido prejuízo algum. Pelo contrário, uma vez que já estará no regime semiaberto, ou quiçá no aberto, ao passo que, para os que refutam a execução provisória, teria ele aguardado o deslinde do recurso em posição mais gravosa no tocante à privação de sua liberdade. E, se for negado provimento ao recurso, já terá deixado para trás a parte mais severa do cumprimento da pena privativa de liberdade. Aqueles que não admitem a execução provisória buscam amparo no princípio da presunção de não culpabilidade (CF, art. 5.º, LVII), alegando que se o acusado deve ser tratado como inocente até o trânsito em julgado de sentença penal condenatória, não se poderia executar previamente a pena. Essa posição, entretanto, é contraditória e insustentável, pois utiliza um direito fundamental justamente para prejudicar o réu, e não para protegê-lo da atuação estatal. Por outro lado, se a acusação tiver recorrido, postulando a majoração da reprimenda, será inviável a execução provisória, pois a pena poderá ser aumentada no julgamento do seu recurso.

– **Competência para a execução provisória**: O **juízo da execução** é competente para a execução provisória, como se extrai dos arts. 2.º e seu parágrafo único, 65 e 66, da Lei de Execução Penal. Destarte, após a condenação, e desde que presente o trânsito em julgado para a acusação, ou se a pena tiver sido fixada no máximo legal, o juiz da ação penal expede **guia de recolhimento provisório**, encaminhando-a à Vara das Execuções Penais.[270]

– **Embasamento normativo da execução provisória**: Além da doutrina e da jurisprudência, que se posicionam majoritariamente em direção favorável à execução provisória, o ordenamento jurídico também lhe fornece suficiente embasamento. De fato, o art. 2.º, parágrafo único, da Lei de Execução Penal dispõe serem as suas disposições aplicáveis ao preso provisório. Nesse sentido, uma das regras da LEP é a progressão. Se é aplicável ao preso provisório a figura da progressão, desponta como correto falar-se em execução provisória. Em igual sentido, o Supremo Tribunal Federal criou a **Súmula 716**: "Admite-se a progressão de regime de cumprimento da pena ou a aplicação imediata de regime menos severo na determinada, antes do trânsito em julgado da sentença condenatória." Se não bastasse, o Conselho Nacional de Justiça editou a Resolução

---

269 STF: HC 90.893/SP, rel. Min. Cármen Lúcia, 1.ª Turma, j. 05.06.2007, noticiado no *Informativo* 470; RHC 92.872/MG, rel. Min. Cármen Lúcia, 1.ª Turma, j. 27.11.2007, noticiado no *Informativo* 484; e HC 92.417/RJ, rel. Min. Eros Grau, 2.ª Turma, j. 11.12.2007, noticiado no *Informativo* 492.

270 "Em execução provisória de pena fixada em ação penal originária, a expedição de guia de recolhimento de réu cabe ao tribunal competente para processá-la e julgá-la" (STJ: EDcl no REsp 1.484.415/DF, rel. Min. Rogerio Schietti Cruz, 6.ª Turma, j. 03.03.2016, noticiado no *Informativo* 581).

113/2010, cujo art. 8.º admite expressamente a execução provisória: "Tratando-se de réu preso por sentença condenatória recorrível, será expedida guia de recolhimento provisório da pena privativa de liberdade, ainda que pendente recurso sem efeito suspensivo, devendo, nesse caso, o juízo da execução definir o agendamento dos benefícios cabíveis".

– Execução provisória de réu solto: No plano histórico, a execução provisória (ou antecipada) da pena imposta a réu solto tradicionalmente foi admitida no direito brasileiro, inclusive após a vigência da Constituição Federal de 1988. Esse entendimento foi alterado no dia 5 de fevereiro de 2009, com o julgamento proferido pelo Plenário do Supremo Tribunal Federal no HC 84.078/MG, relatado pelo então Ministro Eros Grau. No dia 17 de fevereiro de 2016, o Plenário da Suprema Corte, nos autos do HC 126.292/SP, relatado pelo Min. Teori Zavascki, optou por restabelecer a antiga jurisprudência, em acórdão com a seguinte ementa: "A execução provisória de acórdão penal condenatório proferido em grau de apelação, ainda que sujeito a recurso especial ou extraordinário, não compromete o princípio constitucional da presunção de inocência afirmado pelo artigo 5.º, inciso LVII, da Constituição Federal". Entretanto, no dia 07 de novembro de 2019, ao apreciar as Ações Declaratórias de Constitucionalidade 43, 44 e 54, o Plenário do Supremo Tribunal Federal novamente modificou os rumos da sua jurisprudência, para o fim de vedar a execução provisória da pena aplicada a acusado solto. A maioria dos Ministros do Supremo Tribunal Federal (6 votos contrários à execução provisória e 5 votos favoráveis) concluiu pela legitimidade do cumprimento da pena somente após o trânsito em julgado da condenação, em homenagem ao princípio da presunção de não culpabilidade (CF, art. 5.º, LVII), salvo na hipótese de decretação da prisão preventiva do acusado, na forma determinada pelos arts. 311 e seguintes do Código de Processo Penal. Nada obstante o entendimento majoritário do Supremo Tribunal Federal, acompanhado de respeitadas vozes doutrinárias, somos favoráveis à execução provisória da pena aplicada ao réu solto, instituto que reputamos imprescindível para conferir racionalidade e coerência ao sistema penal, que não pode se autodestruir em decorrência da sua inércia e da inutilidade causada por condenações que nunca são efetivamente cumpridas. Passamos a apresentar nossos argumentos acerca do polêmico assunto.

– A execução provisória da pena no direito comparado: A discussão sobre eventual inconstitucionalidade da execução antecipada da pena não tem em outros países a relevância encontrada no Brasil. Não há regime democrático que repute tal instituto como incompatível com qualquer direito fundamental, notadamente a presunção de inocência (ou de não culpabilidade). A propósito, no julgamento pelo STF do HC 85.886/RJ, a então Ministra Ellen Gracie incisivamente destacou: "Em país nenhum do mundo, depois de observado o duplo grau de jurisdição, a execução de uma condenação fica suspensa, aguardando o referendo da Corte Suprema. Aqui não pode ser diferente".

○ **A relatividade da presunção de inocência:** A presunção de inocência (ou de não culpabilidade) encontra-se consagrada no art. 5.º, LVII, da Constituição Federal. Seu caráter relativo é indiscutível, por duas razões: (a) **nenhum direito fundamental é absoluto**. De fato, uma das características mais marcantes de todo e qualquer direito fundamental é a relatividade. Portanto, na hipótese de colisão, um direito fundamental deve necessariamente conformar-se com outro direito de igual natureza; e (b) **cuida-se de princípio**, e não de regra. Destarte, a presunção de inocência comporta variações, é dizer, pode (e deve) ser aplicada com maior ou menor intensidade, quando confrontada com outros princípios igualmente constitucionais. Se a presunção de inocência fosse absoluta, é preciso destacar, sequer poderia ser ajuizada uma ação penal contra quem ofendeu a lei penal. Mais do que isso: jamais seria decretada qualquer medida restritiva da liberdade, a exemplo da prisão preventiva e da prisão temporária, antes do trânsito em julgado da condenação. Na verdade, nunca existiria uma sentença condenatória definitiva, pois seria inviável a persecução penal. Não se pode enveredar por extremos ou concepções ideológicas exageradas. A Constituição Federal acertadamente consagrou o princípio da presunção de inocência. Isso, contudo, não resulta em presunção absoluta de desconfiança no tocante às decisões provenientes das instâncias ordinárias. Os juízos de 1.º grau e os Tribunais de Justiça e Regionais Federais não podem ser menosprezados à categoria de meras instâncias de passagem. Nessa linha de raciocínio, em todos os países democráticos a inocência do ser humano é presumida até o momento em que a culpa é provada de acordo com o Direito. A Declaração Universal dos Direitos Humanos, editada pela Organização das Nações Unidas em 1948, preceitua em seu artigo XI, 1: "Todo ser humano acusado de um ato delituoso tem o direito de ser presumido inocente até que a sua culpabilidade tenha sido provada de acordo com a lei, em julgamento público no qual lhe tenham sido asseguradas todas as garantias necessárias à sua defesa." Na Convenção Americana sobre Direitos Humanos (Pacto de São José da Costa Rica), incorporada ao direito pátrio pelo Decreto nº 678/1992, a presunção de inocência encontra-se prevista em seu art. 8, 2: "Toda pessoa acusada de delito tem direito a que se presuma sua inocência enquanto não se comprove legalmente sua culpa." De seu turno, a Convenção Europeia dos Direitos do Homem estatui em seu art. 6.º, 2: "Qualquer pessoa acusada de uma infração presume-se inocente enquanto a sua culpabilidade não tiver sido legalmente provada." A Declaração Universal dos Direitos do Homem e do Cidadão, de 1789, contempla disposição semelhante em seu art. 9.º. Em síntese, todos os diplomas escolhem, como limite para o término da presunção de inocência, o momento em que se dá a **comprovação da culpa**. Não há necessidade de trânsito em julgado da condenação. A questão central está em apurar, no Brasil, o momento em que isso ocorre.

○ **Presunção de inocência *versus* efetividade da Justiça penal:** A presunção de inocência não pode ser analisada isoladamente. Falta-lhe caráter absoluto. É preciso **confrontá-la com outros valores constitucionais**, notadamente a efetividade da Justiça penal (CF, art. 5.º, XXXV), indispensável para a segurança de todas as pessoas, inclusive daquela investigada ou acusada pela prática de uma infração penal. Com efeito, a segurança individual também é direito fundamental (CF, art. 5.º, *caput*). A segurança pública, por sua vez, representa um dever do Estado, direito e responsabilidade de todos, e é exercida para a preservação da ordem pública e da incolumidade das pessoas e do patrimônio (CF, art. 144, *caput*). Há muito tempo o **princípio da proporcionalidade**, um dos vetores do Direito Penal democrático, vem sendo encarado por uma **dupla face**. De um lado, representa a **proibição do excesso**, pois não se pode punir mais do que o necessário para a proteção do bem jurídico (**garantismo negativo**). Mas, de outro lado, a proporcionalidade revela a **proibição da proteção insuficiente de bens jurídicos**, pois não se tolera o tratamento penal impotente ou meramente simbólico (**garantismo positivo**). Há de se buscar um **garantismo integral**, capaz de atender com equilíbrio tanto as necessidades do acusado como também aos reclamos da sociedade. Quando um acusado vem a ser condenado em segundo grau de jurisdição, ou seja, a imputação contra ele lançada foi comprovada perante um juízo colegiado, integrado por magistrados em estágios avançados das suas carreiras, com respeito ao devido processo legal e ao duplo grau de jurisdição, fica evidente a demonstração concreta da sua responsabilidade penal. A acusação ganha consistência e, se inicialmente indicava uma dúvida acerca da materialidade do fato e da sua respectiva autoria, passa a aproximar-se do juízo de certeza. A partir desse momento, a presunção de inocência deve ser flexibilizada diante do interesse público na efetividade da lei penal. Essa conclusão compatibiliza o respeito ao direito fundamental consagrado no art. 5.º, LVII, da Lei Suprema com a eficácia da Justiça penal, sem prejuízo do respeito ao nosso complexo sistema processual penal. Em síntese, é inerente à presunção de não culpabilidade a **evolução em conformidade com o estágio da ação penal**. Quanto mais a persecução em juízo avança, mais gravoso deve ser o tratamento dispensado ao réu. Essa conclusão decorre da lógica do sistema jurídico, e é permitida pela Constituição Federal, que em nenhum momento impõe o mesmo tratamento ao réu durante todo o processo. Cabe aqui uma rápida incursão envolvendo o desenvolvimento do processo penal em suas variadas etapas. Depois de iniciada a ação penal, a condenação em 1.º grau representa um juízo de culpa, embora em tese provisório, pois submete-se à apelação à instância superior.[271] Com o julgamento do recurso e a condenação em 2.ª instância, **esgota-se o exame fático e probatório da demanda**.[272] Além disso, atende-se ao **duplo grau de jurisdição**, com o reexame integral da decisão singular, com ampla devolutividade da matéria versada na ação penal, pouco importando se ela foi ou não apreciada pelo juízo de origem. Ao réu fica normalmente assegurado o direito de acesso ao Tribunal em liberdade, salvo se decretada a sua prisão cautelar. Com exceção da via estreita da revisão criminal, portanto, é nas instâncias ordinárias que se encerra a análise dos fatos e das provas e, consequentemente, a definição da responsabilidade penal do acusado. Como se sabe, os recursos especial e extraordinário não têm efeito devolutivo, pois não se destinam ao reexame da matéria fática e probatória. A finalidade desses instrumentos consiste na uniformização da jurisprudência e na correta interpretação da lei federal (recurso especial) ou da Constituição Federal (recurso extraordinário). Em outros termos, com o julgamento efetuado pelo Tribunal de apelação (Tribunal de Justiça ou Tribunal Regional Federal) opera-se uma autêntica preclusão da matéria inerente aos fatos submetidos ao Poder Judiciário. Desta forma, é fácil perceber que a execução da pena na pendência de recursos de natureza extraordinária **não viola o núcleo fundamental da presunção de inocência**, concentrado especialmente no campo probatório. Como corolário da sua natureza jurídica – **direito fundamental processual de âmbito negativo**, ligado ao ônus da prova, o réu deve ser tratado como inocente durante toda a fase ordinária do processo criminal, com os direitos e garantias que lhe são inerentes, com respeito às regras probatórias e ao sistema acusatório. Com a condenação pelo Tribunal, em grau de apelação, e na pendência de recurso de natureza extraordinária, ainda que não se possa falar em réu definitivamente culpado, é inegável a existência de **justa causa para legitimar o início do cumprimento da pena**. Em verdade, há nítida diferença entre a posição de definitivamente culpado, a qual somente se concretiza após o trânsito em julgado da sentença penal condenatória, e a de condenado apta a ensejar a execução antecipada da pena, que se verifica com a prolação de acórdão condenatório com obediência ao duplo grau de jurisdição. Nesse contexto, é imperioso destacar que a Constituição Federal não condiciona a prisão ao trânsito em julgado da condenação, e sim à **ordem escrita e fundamentada da autoridade judiciária competente**, a teor do mandamento contido em seu art. 5.º, LXI. Logo, basta ao Poder Judiciário emitir uma ordem, escrita e fundamentada, para iniciar, a título provisório, o cumprimento da pena. O embasamento dessa ordem recai nos elementos constantes do acórdão condenatório. Com efeito, se nosso ordenamento jurídico admite a prisão cautelar, antes de qualquer édito condenatório, com maior razão há de admiti-la quando já existe um título executivo, proveniente de juízo colegiado, reconhecendo a responsabilidade penal do acusado. A execução provisória da pena privativa de liberdade não se constitui em prisão de natureza cautelar. Ao contrário, exige a formação de juízo de culpabilidade embasado em título judicial condenatório proferido em respeito ao duplo grau de jurisdição. É inegável que podem ocorrer equívocos nos juízos

---

[271] A decisão de 1.ª instância é mais robusta nos crimes de competência do Tribunal do Júri, norteado pela soberania dos veredictos (CF, art. 5.º, XXXVIII, "c").

[272] É preciso destacar que a execução provisória da pena reclama o **exaurimento completo da instância ordinária**, ou seja, não pode existir espaço para nenhum recurso, notadamente embargos de declaração, perante o Tribunal de Justiça, nos Estados, ou junto ao Tribunal Regional Federal, na esfera da União.

condenatórios proferidos pelas instâncias ordinárias.[273] Isso decorre da falibilidade humana, inclusive nas instâncias extraordinárias. Mas para tais infelicidades sempre está reservado o *habeas corpus*, ou então as medidas cautelares voltadas à obtenção de efeito suspensivo no recurso especial ou no recurso extraordinário. Em resumo, o acusado jamais estará abandonado da tutela jurisdicional frente a decisões teratológicas e nitidamente violadoras dos seus direitos. E mais: a última causa interruptiva da prescrição da pretensão punitiva é a publicação da sentença ou acórdão condenatórios recorríveis (CP, art. 117, IV). Essa opção do legislador deixa claro que, além de os recursos às cortes superiores não se destinarem ao exame de fatos e provas, também não interrompem o prazo prescricional. Como desdobramento dessa escolha legislativa, na prática, tais recursos, antes de representarem instrumentos de proteção da presunção de inocência, acabam constituindo-se verdadeiros mecanismos contrários à efetividade da jurisdição penal.

○ **As vantagens proporcionadas pela execução provisória:** A execução antecipada da pena atende aos anseios da coletividade, que não mais suporta a prestação jurisdicional tardia e muitas vezes inútil, bem como a impunidade causada pelos infindáveis casos de prescrição, inclusive em crimes de elevada gravidade. O instituto almeja colocar em prática, na esfera penal, o direito à razoável duração do processo (CF, art. 5.º, LXXVIII), o qual interessa a todas às pessoas, e principalmente aos acusados de boa-fé e dotados de lealdade processual, que não se valem de expedientes protelatórios para tumultuar o andamento da ação penal e atrasar a prestação jurisdicional, banalizando a atuação do Poder Judiciário e aniquilando a credibilidade da sociedade na sua eficácia. A prática judiciária não raras vezes confunde a ampla defesa (direito fundamental e conquistado a duras penas) com defesa simulada, baseada notadamente na morosidade da justiça penal e nas facilidades de que se aproveitam alguns acusados dotados de elevado poder econômico para arrastar no tempo suas ações penais, aproveitando-se das falhas do sistema e do invencível volume de serviço que acomete os órgãos do Poder Judiciário. Tal cenário ganha corpo com a falta de previsão da litigância de má-fé no processo penal brasileiro. Esse expediente indevido acaba favorecendo a seletividade negativa e discriminatória do Direito Penal, pois proporciona a fuga da pena aos réus dotados de recursos suficientes para enfrentar as lacunas da Justiça criminal. Igual sorte não assiste aos economicamente mais frágeis, muitas vezes amparados pela Defensoria Pública, instituição que, em face do gigantesco volume de serviço e da falta de estrutura humana, não consegue conferir igual tratamento àqueles que a procuram. Se não bastasse, a lentidão da Justiça penal estimula a prática de delitos econômicos, pois a quem tem recursos financeiros e almeja o enriquecimento ilícito o baixo risco de punição realmente compensa. As cifras douradas do Direito Penal ganham corpo com o cometimento de crimes do colarinho branco, contra a ordem tributária, contra a Administração Pública e de lavagem de capitais, entre tantos outros, que escapam da justa retribuição. A finalidade preventiva da pena – geral e especial – igualmente deixa de ser alcançada. É triste constatar que no sistema recursal brasileiro o trânsito em julgado da condenação depende, em algum momento, da inércia ou da anuência da parte derrotada. Sempre existe um recurso (agravos, embargos etc.) oponível contra uma decisão, ainda que sem nenhum fundamento válido, e os instrumentos legais para coibir tais comportamentos são insuficientes. Não raras vezes, portanto, a condenação definitiva somente ocorre quando o réu se conforma com seu destino, e então deixa de valer-se de algum recurso. Em outras

---

[273] Os dados estatísticos têm revelado, felizmente, que tais equívocos são raros. Como se extrai do voto proferido pelo Min. Roberto Barroso no HC 126.292/SP, os dados oficiais da assessoria de gestão estratégica do STF revelam que no período de 01.01.2009 até 19.04.2016 somente 0,035% de absolvições foram proferidas pelo STF em grau de recurso.

palavras, nosso sistema jurídico lamentavelmente condiciona o fim do processo à anuência do acusado, e o poder punitivo do Estado fica à mercê dos malabarismos defensivos que são apresentados no caso concreto.

○ **Análise do art. 283 do Código de Processo Penal:** Aqueles que não admitem a execução provisória da pena aplicada a réu solto invocam o art. 283 do Código de Processo Penal: "**Art. 283.** Ninguém poderá ser preso senão em flagrante delito ou por ordem escrita e fundamentada da autoridade judiciária competente, em decorrência de prisão cautelar ou em virtude de condenação criminal transitada em julgado". Esse dispositivo legal preceitua que, com exceção da custódia cautelar (prisão em flagrante, prisão temporária ou preventiva), somente será possível a prisão "**por ordem escrita e fundamentada da autoridade judiciária competente, em decorrência de condenação criminal transitada em julgado**". Exige-se, portanto, o trânsito em julgado da condenação. Surge aqui uma indagação: o art. 283 do CPP funciona como fator impeditivo da execução provisória, quando o acusado, malgrado a existência de acórdão condenatório em que foi respeitado o duplo grau de jurisdição, não teve contra si decretada a prisão preventiva?[274] Nada obstante o atual entendimento do Supremo Tribunal Federal, a resposta há de ser negativa. Com efeito, o Código de Processo Penal tem *status* de lei ordinária. Suas normas devem guardar compatibilidade vertical com a Constituição Federal, e não o contrário. A Lei Suprema, de seu turno, admite a execução provisória, em face da relatividade da presunção de inocência (ou de não culpabilidade) e da sua conformação com a efetividade da prestação jurisdicional e com a razoável duração do processo. De fato, a redação do art. 283 do Código de Processo Penal encontra seu fundamento de validade no princípio da presunção de não culpabilidade. Logo, se entendemos pela possibilidade da execução provisória da pena após a prolação de acórdão condenatório, pois não há ofensa ao comando normativo inscrito no art. 5.º, LVII, da Constituição Federal, o dispositivo infraconstitucional evidentemente não tem força para vedar o instituto.

○ **Execução provisória da pena e desaforamento:** Na hipótese em que houve desaforamento no trâmite de ação penal atinente a crime de competência do Tribunal do Júri, com posterior condenação pelo Conselho de Sentença, a qual vem a ser confirmada pela instância superior, em grau de recurso, a execução provisória da pena será promovida pelo juízo da comarca em que o feito foi desaforado. O deslocamento de foro opera-se tão somente para a realização do julgamento popular. Exemplificativamente, se João praticou um homicídio qualificado na cidade de Cravinhos, interior de São Paulo, e encontra-se preso preventivamente aguardando o julgamento pelo Tribunal do Júri, que vem a ocorrer, com condenação, em Ribeirão Preto, em razão do desaforamento, eventual execução provisória será promovida pelo juízo de Cravinhos, pois o deslocamento da competência não se estende para fins de cumprimento da pena.

○ **Execução provisória e prisão especial:** O recolhimento cautelar do acusado em prisão especial não impede a execução provisória da pena. É o que se extrai da **Súmula 717 do Supremo Tribunal Federal**: "Não impede a progressão de regime de execução da pena, fixada em sentença não transitada em julgado, o fato de o réu se encontrar em prisão especial".

○ **Execução provisória e Tribunal do Júri:** Analisamos que ao julgar as Ações Declaratórias de Constitucionalidade 43, 44 e 54, o STF reconheceu a procedência dos pedidos, para o fim de assentar a constitucionalidade do art. 283 do Código de Processo Penal, à época com a

---

[274] A prisão em flagrante deve ser convertida em prisão preventiva, se presentes os requisitos contidos no art. 312 do CPP e se revelarem inadequadas ou insuficientes as medidas cautelares diversas da prisão (CPP, art. 310, inc. II), e a prisão temporária somente pode ser decretada na fase investigatória (Lei 7.960/1989, art. 1.º, inc. I).

seguinte redação: "Ninguém poderá ser preso senão em flagrante delito ou por ordem escrita e fundamentada da autoridade judiciária competente, em decorrência de sentença condenatória transitada em julgado ou, no curso da investigação ou do processo, em virtude de prisão temporária ou prisão preventiva." Com essa premissa, e objetivando possibilitar a execução provisória da pena privativa de liberdade de réu solto, a Lei 13.964/2019, conhecida como "Pacote Anticrime", promoveu alterações no art. 492 do Código de Processo Penal, atinente à sentença proferida nos crimes de competência do Tribunal do Júri. O raciocínio é simples. Se uma norma do Código de Processo Penal (art. 283) estabelece a regra geral, vedando a execução provisória da pena privativa de liberdade, outra norma de igual hierarquia e alocada no mesmo diploma legislativo pode excepcioná-la, admitindo a execução provisória da pena em situações específicas. Se não bastasse, o art. 5.º, XXXVIII, da Constituição Federal elenca valores diferenciados no Tribunal do Júri, que reforçam a legitimidade da execução provisória da pena, a saber: plenitude de defesa (alínea "a"), soberania dos veredictos (alínea "c") e competência para julgamento dos crimes dolosos contra a vida (alínea "d"). De fato, a **plenitude de defesa** – tanto da defesa técnica como da autodefesa – possui espectro maior do que a ampla defesa, inerente ao processo e julgamento dos crimes em geral. Se ainda assim o réu foi condenado, a reforma da sentença em grau de recurso afigura-se extremamente improvável. De seu turno, a **soberania dos veredictos** leva à impossibilidade de modificação do mérito da decisão dos jurados pela instância superior. O Tribunal não pode, em grau de recurso, absolver o acusado, se os juízes leigos optaram por condená-lo. Essa afirmação ganha mais força quando somada à **competência para julgamento dos crimes dolosos contra a vida**. Em síntese, uma sentença condenatória emanada do Tribunal do Júri dificilmente será alterada em grau de recurso. Pode ser anulada, determinando-se a realização de novo júri, mas não é permitido à instância superior absolver o réu. Nesse cenário, o art. 492, I, "e", do Código de Processo Penal autoriza a execução provisória da pena, ao estabelecer que o juiz presidente do Tribunal do Júri proferirá sentença que, no caso de condenação, "mandará o acusado recolher-se ou recomendá-lo-á à prisão em que se encontra, se presentes os requisitos da prisão preventiva, ou, **no caso de condenação a uma pena igual ou superior a 15 (quinze) anos de reclusão, determinará a execução provisória das penas, com expedição do mandado de prisão, se for o caso, sem prejuízo do conhecimento de recursos que vierem a ser interpostos.**" Em outras palavras, o acusado estava em liberdade por ocasião do julgamento pelo Tribunal do Júri, no qual foi condenado. Tal circunstância autoriza a execução provisória da reprimenda, ainda que venha a ser interposto recurso defensivo. Como medida de cautela, o juiz presidente poderá, excepcionalmente, deixar de autorizar a execução provisória da pena, se houver questão substancial cuja resolução pelo tribunal ao qual competir o julgamento possa plausivelmente levar à revisão da condenação (CPP, art. 492, § 3.º). Em síntese, a execução antecipada da pena é a regra; sua negação, medida de natureza excepcional. Na mesma direção, o recurso de apelação interposto contra decisão condenatória do Tribunal do Júri a pena igual ou superior a 15 anos de reclusão **não terá efeito suspensivo** (CPP, art. 492, § 4.º). Excepcionalmente, contudo, o Tribunal poderá atribuir efeito suspensivo à apelação, se verificar que o recurso, cumulativamente, (I) não tem propósito meramente protelatório; e (II) levanta questão substancial e que pode resultar em absolvição, anulação da sentença, novo julgamento ou redução da pena para patamar inferior a 15 anos de reclusão (CPP, art. 492, § 5.º). O pedido de concessão de efeito suspensivo na apelação poderá ser feito no próprio recurso, incidentalmente, ou então separadamente, por meio de petição endereçada ao relator, instruída com cópias da sentença condenatória, das razões da apelação e de prova da tempestividade, das contrarrazões e das demais peças necessárias à compreensão da controvérsia submetida à apreciação do Tribunal (CPP, art. 492, § 6.º). O Supremo Tribunal Federal, **no Tema 1.068 da Repercussão Geral**, reconheceu a

constitucionalidade do art. 492, I, "e", do Código de Processo Penal, e foi ainda mais longe ao admitir a execução provisória da pena imposta pelo Tribunal do Júri, independentemente da sua quantidade: **"A soberania dos veredictos do Tribunal do Júri autoriza a imediata execução de condenação imposta pelo corpo de jurados, independentemente do total da pena aplicada".**

– Direito intertemporal: Nada obstante contida no Código de Processo Penal, o art. 492, I, "e" também possui caráter penal, em face da sua ligação com o poder punitivo do Estado, antecipado para momento anterior ao trânsito em julgado da condenação. Cuida-se indiscutivelmente de **norma híbrida**, razão pela qual somente pode ser aplicada a fatos praticados após a sua entrada em vigor. Com efeito, se incidisse a crimes praticados antes da sua vigência, a lei – também de natureza penal – estaria retroagindo em prejuízo do réu, com ofensa ao mandamento veiculado pelo art. 5.º, XL, da Constituição Federal.

○ **Jurisprudência selecionada:**

Circunstâncias judiciais desfavoráveis – regime prisional mais gravoso – possibilidade: "A 2ª Turma denegou a ordem em *habeas corpus* no qual se sustentava a existência de ilegalidade em sentença condenatória que teria fixado de forma automática o regime inicial semiaberto para o cumprimento de pena aplicada em patamar inferior a quatro anos, exclusivamente em razão da exasperação da pena-base. No caso, os pacientes foram condenados à pena de dois anos e seis meses de detenção pela suposta prática de crime contra a ordem econômica (Lei 8.176/1991, art. 1º, I), o que, segundo alegado, ensejaria a fixação do regime aberto, nos termos do art. 33, § 2º, *c*, do CP. O Colegiado destacou que, na espécie, embora a pena final fixada fosse inferior a quatro anos, duas das circunstâncias judiciais contidas no art. 59 do CP seriam desfavoráveis aos pacientes – as circunstâncias e as consequências do crime –, o que, nos termos do § 3º do art. 33 do CP ('A determinação do regime inicial de cumprimento da pena far-se-á com observância dos critérios previstos no art. 59 deste Código') e do Enunciado 719 da Súmula do STF ('A imposição do regime de cumprimento mais severo do que a pena aplicada permitir exige motivação idônea'), impediria a aplicação do regime inicial mais brando. Nessa perspectiva, não haveria dúvidas de que, por ocasião da sentença, o magistrado *a quo* cumprira satisfatoriamente a exigência de fundamentação da decisão, tendo em vista que apresentara justificativa plausível, amparada pelo ordenamento jurídico, para determinação do regime inicial semiaberto" (STF: HC 124.876/SP, rel. Min. Gilmar Mendes, 2.ª Turma, j. 24.02.2015, noticiado no *Informativo* 775). ***No mesmo sentido***: STJ: HC 193.146/MG, rel. Min. Napoleão Nunes Maia Filho, 5.ª Turma, j. 24.05.2011.

Circunstâncias judiciais desfavoráveis – regime prisional mais gravoso – possibilidade, e não obrigatoriedade: "Dadas as peculiaridades do caso concreto, admite-se que ao réu primário, condenado à pena igual ou inferior a 4 (quatro) anos de reclusão, seja fixado o regime inicial aberto, ainda que negativada circunstância judicial. A despeito de o § 3º do art. 33 do Código Penal dispor que para a escolha do modo inicial de cumprimento da pena deverão ser observados os critérios do art. 59, não fica o julgador compelido a fixar regime mais gravoso do que o cabível em razão do quantitativo da sanção imposta, ainda que presente circunstância judicial desfavorável. Assim, embora a definição da pena-base acima do mínimo legalmente previsto autorize, nos termos do art. 33, § 3º, do Código Penal, a fixação do regime inicial imediatamente mais grave do que o estabelecido em razão do *quantum* da pena aplicada, nada impede que o julgador deixe de recrudescer o modo prisional se entender que aquele cominado ao montante da pena imposta se mostra suficiente à reprovação do delito. É possível, portanto, concluir que a negativação de circunstâncias judiciais, ao contrário do que ocorre quando reconhecida a agravante da reincidência, confere ao julgador a faculdade – e não a obrigatoriedade – de recrudescer o regime prisional" (STJ: REsp 1.970.578/SC, rel. Min. Olindo Menezes (Desembargador convocado do TRF da 1.ª Região), 6.ª Turma, j. 03.05.2022, noticiado no *Informativo* 735).

Crime de tortura – regime inicial de cumprimento da pena privativa de liberdade: "Não é obrigatório que o condenado por crime de tortura inicie o cumprimento da pena no regime prisional fechado. Dispõe o art. 1º, § 7º, da Lei 9.455/1997 – lei que define os crimes de tortura e dá outras providências – que 'O condenado por crime previsto nesta Lei, salvo a hipótese do § 2º, iniciará o cumprimento da pena em regime fechado'. Entretanto, cumpre ressaltar que o Plenário do STF, ao julgar o HC 111.840-ES (*DJe* 17.12.2013), afastou a obrigatoriedade do regime inicial fechado para os condenados por crimes hediondos e equiparados, devendo-se observar, para a fixação do regime inicial de cumprimento de pena, o disposto no art. 33 c/c o art. 59, ambos do CP. Assim, por ser equiparado a crime hediondo, nos termos do art. 2º, *caput* e § 1º, da Lei 8.072/1990, é evidente que essa interpretação também deve ser aplicada ao crime de tortura, sendo o caso de se desconsiderar a regra disposta no art. 1º, § 7º, da Lei 9.455/1997, que possui a mesma disposição da norma declarada inconstitucional. Cabe esclarecer que, ao adotar essa posição, não se está a violar a Súmula Vinculante 10, do STF, que assim dispõe: 'Viola a cláusula de reserva de plenário (CF, art. 97) a decisão de órgão fracionário de tribunal que, embora não declare expressamente a inconstitucionalidade de lei ou ato normativo do Poder Público, afasta sua incidência, no todo ou em parte'. De fato, o entendimento adotado vai ao encontro daquele proferido pelo Plenário do STF, tornando-se desnecessário submeter tal questão ao Órgão Especial desta Corte, nos termos do art. 481, parágrafo único, do CPC: 'Os órgãos fracionários dos tribunais não submeterão ao plenário, ou ao órgão especial, a arguição de inconstitucionalidade, quando já houver pronunciamento destes ou do plenário do Supremo Tribunal Federal sobre a questão'. Portanto, seguindo a orientação adotada pela Suprema Corte, deve-se utilizar, para a fixação do regime inicial de cumprimento de pena, o disposto no art. 33 c/c o art. 59, ambos do CP e as Súmulas 440 do STJ e 719 do STF. Confiram-se, a propósito, os mencionados verbetes sumulares: 'Fixada a pena-base no mínimo legal, é vedado o estabelecimento de regime prisional mais gravoso do que o cabível em razão da sanção imposta, com base apenas na gravidade abstrata do delito.' (Súmula 440 do STJ) e 'A imposição do regime de cumprimento mais severo do que a pena aplicada permitir exige motivação idônea.' (Súmula 719 do STF)" (STJ: HC 286.925/RR, rel. Min. Laurita Vaz, 5.ª Turma, j. 13.05.2014, noticiado no *Informativo* 540).

Crimes contra a Administração Pública – reparação do dano ou restituição da coisa – constitucionalidade: "É constitucional o § 4º do art. 33 do CP, que condiciona a progressão de regime de cumprimento da pena de condenado por crime contra a Administração Pública à reparação do dano que causou, ou à devolução do produto do ilícito praticado, facultado o parcelamento da dívida. Com base nessa orientação, o Plenário, por maioria, negou provimento a agravo regimental interposto em face de decisão que indeferira pedido de progressão de regime a condenado nos autos da AP 470/MG (*DJe* 22.4.2013) pela prática dos crimes de peculato e corrupção passiva. [...] Quanto à alegada inconstitucionalidade do referido dispositivo legal, a Corte destacou que, em matéria de crimes contra a Administração Pública – como também nos crimes de colarinho branco em geral –, a parte verdadeiramente severa da pena, a ser executada com rigor, haveria de ser a de natureza pecuniária. Esta, sim, teria o poder de funcionar como real fator de prevenção, capaz de inibir a prática de crimes que envolvessem apropriação de recursos públicos. Por outro lado, a imposição da devolução do produto do crime não constituiria sanção adicional, mas, apenas a devolução daquilo que fora indevidamente apropriado ou desviado. Ademais, não seria o direito fundamental à liberdade do condenado que estaria em questão, mas, tão somente, se a pena privativa de liberdade a ser cumprida deveria se dar em regime mais favorável ou não, o que afastaria a alegação quanto à suposta ocorrência, no caso, de prisão por dívida. Outrossim, a norma em comento não seria a única, prevista na legislação penal, a ter na reparação do dano uma importante medida de política criminal. Ao contrário, bastaria uma rápida leitura dos principais diplomas penais brasileiros para constatar que a falta de reparação do dano: a) pode ser causa de revogação obrigatória do *sursis*; b) impede a extinção da punibilidade ou mesmo a redução da pena, em determinadas hipóteses; c) pode acarretar o indeferimento do livramento condicional e do indulto; d) afasta a atenuante genérica do art. 65, III, *b*, do CP, entre outros" (STF: EP 22 ProgReg-AgR/DF, rel. Min. Roberto Barroso, Plenário, j. 17.12.2014, noticiado no *Informativo* 772).

Crimes hediondos e equiparados – regime inicialmente fechado – inconstitucionalidade: "É inconstitucional o § 1º do art. 2º da Lei 8.072/90 ('Art. 2º Os crimes hediondos, a prática da tortura, o tráfico ilícito de entorpecentes e drogas afins e o terrorismo são insuscetíveis de: ... § 1º A pena por crime previsto neste artigo será cumprida inicialmente em regime fechado'). Com base nesse entendimento, o Plenário, por maioria, deferiu *habeas corpus* com a finalidade de alterar para semiaberto o regime inicial de pena do paciente, o qual fora condenado por tráfico de drogas com reprimenda inferior a 8 anos de reclusão e regime inicialmente fechado, por força da Lei 11.464/2007, que instituíra a obrigatoriedade de imposição desse regime a crimes hediondos e assemelhados – v. *Informativo* 670. Destacou-se que a fixação do regime inicial fechado se dera exclusivamente com fundamento na lei em vigor. Observou-se que não se teriam constatado requisitos subjetivos desfavoráveis ao paciente, considerado tecnicamente primário. Ressaltou-se que, assim como no caso da vedação legal à substituição de pena privativa de liberdade por restritiva de direitos em condenação pelo delito de tráfico – já declarada inconstitucional pelo STF –, a definição de regime deveria sempre ser analisada independentemente da natureza da infração. Ademais, seria imperioso aferir os critérios, de forma concreta, por se tratar de direito subjetivo garantido constitucionalmente ao indivíduo. Consignou-se que a Constituição contemplaria as restrições a serem impostas aos incursos em dispositivos da Lei 8.072/90, e dentre elas não se encontraria a obrigatoriedade de imposição de regime extremo para início de cumprimento de pena. Salientou-se que o art. 5º, XLIII, da CF, afastaria somente a fiança, a graça e a anistia, para, no inciso XLVI, assegurar, de forma abrangente, a individualização da pena. Vencidos os Ministros Luiz Fux, Joaquim Barbosa e Marco Aurélio, que denegavam a ordem" (STF: HC 111.840/ES, rel. Min. Dias Toffoli, Plenário, j. 27.06.2012, noticiado no *Informativo* 672). **No mesmo sentido**: STF: HC 107.107/SP, rel. Min. Roberto Barroso, 1.ª Turma, j. 19.08.2014; STJ: HC 292.926/SP, rel. Min. Laurita Vaz, 5.ª Turma, j. 26.08.2014; e STJ: EREsp 1.285.631/SP, rel. Min. Sebastião Reis Junior, 3.ª Seção, j. 24.10.2012, noticiado no *Informativo* 507.

Execução provisória – compatibilidade – entendimento antigo do STF: "A execução provisória de acórdão penal condenatório proferido em julgamento de apelação, ainda que sujeito a recurso especial ou extraordinário, não compromete o princípio constitucional da presunção de inocência. Esse o entendimento do Plenário, que, por maioria, denegou a ordem em 'habeas corpus' que visava à desconstituição de acórdão que, em sede de apelação, determinara a imediata prisão do paciente por força de sentença condenatória de primeiro grau. A Corte afirmou que o tema relacionado com a execução provisória de sentenças penais condenatórias envolveria reflexão sobre a) o alcance do princípio da presunção da inocência aliado à b) busca de necessário equilíbrio entre esse princípio e a efetividade da função jurisdicional penal. Tal equilíbrio deveria atender a valores caros não apenas aos acusados, mas também à sociedade, diante da realidade do intrincado e complexo sistema de justiça criminal brasileiro. A possibilidade da execução provisória da pena privativa de liberdade seria orientação a prevalecer na jurisprudência do STF, mesmo na vigência da CF/1988 (HC 68.726/DF, *DJU* de 20.11.1992, e HC 74.983/RS, *DJU* de 29.8.1997). Essa orientação seria ilustrada, ainda, pelos Enunciados 716 e 717 da Súmula do STF ('Admite-se a progressão de regime de cumprimento da pena ou a aplicação imediata de regime menos severo nela determinada, antes do trânsito em julgado da sentença condenatória', e 'Não impede a progressão de regime de execução da pena, fixada em sentença não transitada em julgado, o fato de o réu se encontrar em prisão especial', respectivamente). O plexo de regras e princípios garantidores da liberdade previsto em nossa legislação — princípios do devido processo legal, da ampla defesa, do contraditório, do juiz natural, da inadmissibilidade de obtenção de provas por meios ilícitos, da não autoincriminação, com todos os seus desdobramentos de ordem prática, como o direito de igualdade entre as partes, o direito à defesa técnica plena e efetiva, o direito de presença, o direito ao silêncio, o direito ao prévio conhecimento da acusação e das provas produzidas, a possibilidade de contraditá-las, com o consequente reconhecimento da ilegitimidade de condenação que não esteja devidamente fundamentada e assentada em provas produzidas sob o crivo do contraditório – revelaria quão distante se estaria da fórmula inversa, em que ao acusado incumbiria demonstrar sua inocência, fazendo prova negativa das faltas que lhe fossem imputadas. O Plenário ressaltou que, antes de prolatada a sentença penal, haveria de se manter reservas de dúvida acerca do comportamento contrário à ordem jurídica, o que levaria a atribuir ao acusado, para todos os efeitos – mas, sobretudo, no que se refere ao ônus da prova da incriminação –, a presunção de inocência. Nessa senda, a eventual condenação representaria juízo de culpabilidade, que deveria decorrer da logicidade extraída dos elementos de prova produzidos em regime de contraditório no curso da ação penal. Para o sentenciante de primeiro grau, ficaria superada a presunção de inocência por um juízo de culpa – pressuposto inafastável para condenação –, embora não definitivo, já que sujeito, se houver recurso, à revisão por tribunal de hierarquia imediatamente superior. Nesse juízo de apelação, de ordinário, ficaria definitivamente exaurido o exame sobre os fatos e provas da causa, com a fixação, se fosse o caso, da responsabilidade penal do acusado. Então, ali que se concretizaria, em seu sentido genuíno, o duplo grau de jurisdição, destinado ao reexame de decisão judicial em sua inteireza, mediante ampla devolutividade da matéria deduzida na ação penal, tivesse ela sido apreciada ou não pelo juízo 'a quo'. Ao réu ficaria assegurado o direito de acesso, em liberdade, a esse juízo de segundo grau, respeitadas as prisões cautelares porventura decretadas. Desse modo, ressalvada a estreita via da revisão criminal, seria, portanto, no âmbito das instâncias ordinárias que se exauriria a possibilidade de exame de fatos e provas e, sob esse aspecto, a própria fixação da responsabilidade criminal do acusado. Portanto, os recursos de natureza extraordinária não configurariam desdobramentos do duplo grau de jurisdição, porquanto não seriam recursos de ampla devolutividade, já que não se prestariam ao debate da matéria fática e probatória. Noutras palavras, com o julgamento implementado pelo tribunal de apelação, ocorreria uma espécie de preclusão da matéria envolvendo os fatos da causa. Os recursos ainda cabíveis para instâncias extraordinárias do STJ e do STF – recurso especial e extraordinário – teriam âmbito de cognição estrito à matéria de direito. Nessas circunstâncias, tendo havido, em segundo grau, juízo de incriminação do acusado, fundado em fatos e provas insuscetíveis de reexame pela instância extraordinária, pareceria inteiramente justificável a relativização e até mesmo a própria inversão, para a situação concreta, do princípio da presunção de inocência até então observado. Faria sentido, portanto, negar efeito suspensivo aos recursos extraordinários, como o fazem o art. 637 do CPP e o art. 27, § 2º, da Lei 8.038/1990. A Corte destacou, outrossim, que, com relação à previsão constitucional da presunção de não culpabilidade, ter-se-ia de considerá-la a sinalização de um instituto jurídico, ou o desenho de garantia institucional, sendo possível o estabelecimento de determinados limites. Assim, a execução da pena na pendência de recursos de natureza extraordinária não comprometeria o núcleo essencial do pressuposto da não culpabilidade, na medida em que o acusado tivesse sido tratado como inocente no curso de todo o processo ordinário criminal, observados os direitos e as garantias a ele inerentes, bem como respeitadas as regras probatórias e o modelo acusatório atual. Nessa trilha, aliás, haveria o exemplo recente da LC 135/2010 – Lei da Ficha Limpa, que, em seu art. 1º, I, expressamente consagraria como causa de inelegibilidade a existência de sentença condenatória por crimes nela relacionados, quando proferidas por órgão colegiado. A presunção de inocência não impediria que, mesmo antes do trânsito em julgado, o acórdão condenatório produzisse efeitos contra o acusado. De todo modo, não se poderia desconhecer que a jurisprudência que assegura, em grau absoluto, o princípio da presunção da inocência – a ponto de negar executividade a qualquer condenação enquanto não esgotado definitivamente o julgamento de todos os recursos, ordinários e extraordinários – teria permitido e incentivado a indevida e sucessiva interposição de recursos da mais variada espécie, com indisfarçados propósitos protelatórios. Visaria, não raro, à configuração da prescrição da pretensão punitiva ou executória. Cumpriria ao Poder Judiciário e, sobretudo, ao STF, garantir que o processo – único meio de efetivação do 'jus puniendi' estatal – resgatasse sua inafastável função institucional. A retomada da tradicional jurisprudência, de atribuir efeito apenas devolutivo aos recursos especial e extraordinário — como previsto em textos normativos — seria, sob esse aspecto, mecanismo legítimo de harmonizar o princípio da presunção de inocência com o da efetividade da função jurisdicional. O Plenário asseverou que seria possível tanto a ocorrência de equívocos nos juízos condenatórios proferidos pelas instâncias ordinárias quanto em relação às instâncias extraordinárias. Todavia, para essas eventualidades, sempre haveria outros mecanismos aptos a inibir consequências danosas para o condenado, suspendendo, se necessário, a execução provisória da pena. Assim sendo, medidas cautelares de outorga de efeito suspensivo ao recurso extraordinário ou especial seriam instrumentos inteiramente adequados e eficazes para controlar situações de injustiça ou excessos em juízos condenatórios recorridos. Por outro lado, a ação constitucional do 'habeas corpus' igualmente comporia o conjunto de vias processuais com inegável aptidão para controlar eventuais atentados aos direitos fundamentais decorrentes da condenação do acusado. Portanto, mesmo que exequível provisoriamente a sentença penal contra si proferida, o acusado não estaria desamparado da tutela jurisdicional em casos de flagrante violação de direitos. Vencidos os Ministros Marco Aurélio, Rosa Weber, Celso de Mello e Ricardo Lewandowski (Presidente), que, ao concederem a ordem, mantinham a jurisprudência firmada a partir do julgamento do HC 84.078/MG (*DJe* de 26.2.2010), no sentido de que a prisão antes do trânsito em julgado da condenação somente poderia ser decretada a título cautelar, e de que a ampla defesa não poderia ser visualizada de modo restrito, porquanto englobaria todas as fases processuais, inclusive as recursais de natureza extraordinária" (STF: HC 126.292/SP, rel. Min. Teori Zavascki, Plenário, j. 17.02.2016, noticiado no *Informativo* 814).

Execução provisória – incompatibilidade – atual entendimento do STF: "O Plenário, em conclusão de julgamento e por maioria, julgou procedentes pedidos formulados em ações declaratórias de constitucionalidade para assentar a constitucionalidade do art. 283 do CPP. Prevaleceu o voto do ministro Marco Aurélio (relator), que foi acompanhado pelos ministros Rosa Weber, Ricardo Lewandowski, Gilmar Mendes, Celso de Mello e Dias Toffoli. O relator afirmou que as ações declaratórias versam o reconhecimento da constitucionalidade do art. 283 do CPP, no que condiciona o início do cumprimento da pena ao trânsito em julgado do título condenatório, tendo em vista o figurino do art. 5º, LVII, da CF. Assim, de acordo com o referido preceito constitucional, ninguém será considerado culpado até o trânsito em julgado de sentença penal condenatória. A literalidade do preceito não deixa margem a dúvidas: a culpa é pressuposto da sanção, e a constatação ocorre apenas com a preclusão maior. O dispositivo não abre campo a controvérsias semânticas. A CF consagrou a excepcionalidade da custódia no sistema penal brasileiro, sobretudo no tocante à supressão da liberdade anterior ao trânsito em julgado da decisão condenatória. A regra é apurar para, em virtude de título judicial condenatório precluso na via da recorribilidade, prender, em execução da pena, que não admite a forma provisória. A exceção corre à conta de situações individualizadas nas quais se possa concluir pela aplicação do art. 312 do CPP e, portanto, pelo cabimento da prisão preventiva. O abandono do sentido unívoco do texto constitucional gera perplexidades, observada a situação veiculada: pretende-se a declaração de constitucionalidade de preceito que reproduz o texto da CF. Ao editar o dispositivo em jogo, o Poder Legislativo, por meio da Lei 12.403/2011, limitou-se a concretizar, no campo do processo, garantia explícita da CF, adequando-se à óptica então assentada pelo próprio STF no julgamento do HC 84.078, julgado em 5 de fevereiro de 2009, segundo a qual 'a prisão antes do trânsito em julgado da condenação somente pode ser decretada a título cautelar'. Também não merece prosperar a distinção entre as situações de inocência e não culpa. A execução da pena fixada por meio da sentença condenatória pressupõe a configuração do crime, ou seja, a verificação da tipicidade, antijuridicidade e culpabilidade. Assim, o implemento da sanção não deve ocorrer enquanto não assentada a prática do delito. Raciocínio em sentido contrário implica negar os avanços do constitucionalismo próprio ao Estado Democrático de Direito. O princípio da não culpabilidade é garantia vinculada, pela CF, à preclusão, de modo que a constitucionalidade do art. 283 do CPP não comporta questionamentos. O preceito consiste em reprodução de cláusula pétrea cujo núcleo essencial nem mesmo o poder constituinte derivado está autorizado a restringir. A determinação constitucional não surge desprovida de fundamento. Coloca-se o trânsito em julgado como marco seguro para a severa limitação da liberdade, ante a possibilidade de reversão ou atenuação da condenação nas instâncias superiores. Em cenário de profundo desrespeito ao princípio da não culpabilidade, sobretudo quando autorizada normativamente a prisão cautelar, não cabe antecipar, com contornos definitivos – execução da pena –, a supressão da liberdade." (STF: ADC 43/DF, ADC 44/DF e ADC 54/DF, rel. Min. Marco Aurélio, Plenário, j. 07.11.2019, noticiados no *Informativo* 958).

Execução provisória – Tribunal do Júri – art. 492, I, "e", do CPP – prisão automática – constitucionalidade – soberania dos veredictos – Tema 1.068 da Repercussão Geral: Tese fixada: "'A soberania dos veredictos do Tribunal do Júri autoriza a imediata execução de condenação imposta pelo corpo de jurados, independentemente do total da pena aplicada'. É constitucional – por não violar o princípio da presunção de inocência ou da não culpabilidade (CF/1988, art. 5.º, LVII) e por garantir a máxima efetividade da soberania dos veredictos (CF/1988, art. 5.º, XXXVIII, 'c') – a execução imediata da condenação imposta pelo Tribunal do Júri, independentemente do total da pena fixada. O Tribunal do Júri é o órgão constitucionalmente competente para julgar os crimes dolosos contra a vida e suas decisões são soberanas (CF/1988, art. 5.º, XXXVIII, 'c' e 'd'). Nesse contexto, nem mesmo a declaração de constitucionalidade do art. 283 do CPP/1941 – firmada por esta Corte por ocasião do julgamento das ADCs 43, 44 e 54 – impede a execução imediata da pena soberanamente imposta pelo Conselho de Sentença. A exceção ao duplo grau de jurisdição não representa ofensa ao devido processo legal ou à ampla defesa, visto que a exequibilidade imediata da decisão proferida pelo Tribunal do Júri não retira a possibilidade de se interporem os recursos cabíveis. Uma vez reconhecida, pelos jurados, a responsabilidade penal do réu, o Tribunal de segundo grau não pode rever essa deliberação. O recurso de apelação é cabível, por exemplo, na hipótese de fortes indícios de nulidade ou de condenação manifestamente contrária à prova dos autos (CPP/1941, art. 593, III), sendo que, somente em situações excepcionais, o Tribunal pode suspender a execução da decisão até o julgamento da peça recursal (efeito suspensivo). Ademais, a exequibilidade das decisões proferidas pelo corpo de jurados fundamenta-se na soberania dos seus veredictos – assegurada constitucionalmente –, de modo que limitar ou categorizar as decisões do Tribunal do Júri em função do montante da pena viola o princípio da isonomia (CF/1988, art. 5.º, *caput*), na medida em que confere tratamento diferenciado a pessoas submetidas a situações equivalentes" (STF: RE 1.235.340/SC, rel. Min. Luís Roberto Barroso, Plenário, j. 12.09.2024, noticiado no *Informativo* 1.150). *No mesmo sentido:* STJ: AgRg no HC 788.126/SC, rel. Min. Jesuíno Rissato (Desembargador convocado do TJDFT), rel. para acórdão Min. Sebastião Reis Júnior, 6.ª Turma, j. 17.09.2024, noticiado no *Informativo* 826.

Execução provisória – Tribunal do Júri – desaforamento – competência do juízo da comarca em que o feito foi desaforado: "A execução provisória da decisão proferida pelo Tribunal do Júri – oriunda de julgamento desaforado nos termos do art. 427 do CPP – compete ao Juízo originário da causa e não ao sentenciante. Entre outras insurgências aventadas no *habeas corpus*, importa analisar a competência para execução provisória de pena estabelecida em decisão proferida pelo Tribunal do Júri; se do Juízo sentenciante ou do Juízo em que o processo foi desaforado no intuito de garantir a imparcialidade do Conselho de Sentença. Sobre o tema, sabe-se que, de acordo com o teor dos arts. 70 e 69, I, ambos do CPP, via de regra, a competência dar-se-á pelo local da infração, pois presume-se que no lugar dos fatos, isto é, no distrito da culpa, o acervo probatório será construído com maior robustez, adotando-se, nesse campo, a expressão latina do *forum delicti comissi* – que prepondera, ainda mais, no procedimento dos crimes dolosos contra a vida, submetidos ao Tribunal do Júri, haja vista que os jurados do local dos fatos, frise-se, leigos sob a ótica jurídica, decidirão com base em razões pessoais, influenciadas pela cultura circunscrita àquela localidade. Contudo, excepcionando a regra supracitada, o art. 427 do CPP estabelece que, nas hipóteses em que o interesse da ordem pública o reclamar ou houver dúvidas sobre a imparcialidade do júri ou a segurança pessoal do acusado, poderá ser determinado o desaforamento do feito para comarca distinta, da mesma região, onde não existam aqueles motivos, preferindo-se as mais próximas. Cabe salientar, sob a ótica hermenêutica e da aplicação do Direito no Tribunal do Júri, o seguinte destaque da doutrina: 'cuida-se o desaforamento, portanto, de decisão jurisdicional que altera a competência inicialmente fixada pelos critérios constantes do art. 70 do CPP, com aplicação estrita à sessão de julgamento propriamente dita'. De igual modo, não se verifica violação ao artigo 668 do CPP, tendo em vista tratar-se de norma afeta aos julgamentos originariamente designados ao Júri, o que não se revela quando da ocorrência do instituto do desaforamento. Diante de tais elucidações, conclui-se que o art. 427 do CPP não comporta interpretação ampliativa, de modo que o deslocamento de competência dar-se-á tão somente quanto ao Tribunal Popular, ao passo que, uma vez realizado, esgota-se a competência da comarca destinatária, inexistindo, no caso, nenhuma violação quanto à execução provisória determinada pelo juízo originário da causa, em observância à exegese do art. 70 do mesmo diploma legal" (STJ: HC 374.713/RS, rel. Min. Antônio Saldanha Palheiro, 6.ª Turma, j. 06.06.2017, noticiado no *Informativo* 605).

Falta grave – recusa de fornecimento de perfil genético – art. 9.º-A da Lei de Execução Penal – ausência de violação do princípio da vedação à autoincriminação (*nemo tenetur se detegere*): "O fornecimento de perfil genético, nos termos do art. 9º-A da Lei de Execução Penal, não constitui violação do princípio da vedação à autoincriminação, configurando falta grave a recusa. Nos termos do art. 9º-A da Lei de Execução Penal, com redação dada pela Lei n. 13.964/2019, o condenado por crime doloso praticado com violência grave contra a pessoa, bem como por crime contra a vida, contra a liberdade sexual ou por crime sexual contra vulnerável, será submetido, obrigatoriamente, à identificação do perfil genético, mediante extração de DNA (ácido desoxirribonucleico), por técnica adequada e indolor, por ocasião do ingresso no estabelecimento penal. Ninguém será obrigado a produzir elementos de prova contra si mesmo. Decorrente do direito ao silêncio, previsto no art. 5º, LXIII, da Constituição Federal, o referido princípio também tem sede convencional, especialmente no art. 8.º, 2, 'g', da Convenção Americana Sobre Direitos Humanos (Pacto de São José da Costa Rica), incorporado ao direito brasileiro pelo Decreto n. 678/1992. No entanto, esse direito, de enorme importância no ordenamento jurídico, encontra limitações. Nesse sentido, este Superior Tribunal de Justiça, ao apreciar a configuração do delito de desobediência diante de ordem de parada de policiamento ostensivo, concluiu que eventual evasão não encontra no princípio da vedação da autoincriminação compulsória uma excludente (Tema 1060). Nessa linha, a vedação à autoincriminação compulsória faculta aos acusados não realizar o teste de alcoolemia, permanecer em silêncio quando convocado a depor, mesmo que na condição de testemunha, se e quando seu testemunho puder lhe incriminar, não fornecer padrões vocais ou gráficos para perícia e comparação com gravações telefônicas ou documentos obtidos em investigações. Tais precedentes demonstram que o momento em que exigida a conduta indica a incidência ou não do referido princípio. Se a conduta determinada pela Lei impele alguém a, em razão de investigação, produzir elemento contrário ao seu interesse pela liberdade, há violação da vedação à autoincriminação; mas, ausente investigação sobre suposto crime, não há falar em violação do princípio da autoincriminação. Portanto, não há falar em obrigatoriedade da produção de provas de crime ainda não ocorrido, futuro e incerto. Assim, não havendo fato definido como crime em apuração, o fornecimento do perfil genético não configura exigência de produção de prova contra o apenado. Tal exigência prevista na lei de execução busca recrudescer o caráter de prevenção especial negativo da pena. A determinação do art. 9º-A da Lei de Execução Penal não constitui violação do princípio da vedação à autoincriminação compulsória (*nemo tenetur se detegere*). A referida obrigatoriedade constitui procedimento de classificação, individualização e identificação. A identificação do perfil genético é uma ampliação da qualificação do apenado possível graças ao avanço da técnica, podendo ser utilizado como elemento de prova para elucidação de crimes futuros. Desse modo, não se vislumbra ilegalidade na determinação de fornecimento do perfil genético do reeducando, condenado pelo delito do art. 217-A do Código Penal, não sendo possível recusar o fornecimento em razão de eventual futuro e incerto cometimento de crime, constituindo falta grave a recusa, nos termos dos arts. 9-A, § 8.º, e 50, VIII, da Lei de Execução Penal" (STJ: HC 879.757/GO, rel. Min. Sebastião Reis Júnior, 6.ª Turma, j. 20.08.2024, noticiado no *Informativo* 822).

Falta grave – uso de aparelho celular pelo apenado durante o trabalho externo – não configuração: "A utilização de aparelho celular durante o trabalho externo, sem expressa vedação judicial, não configura falta grave. O entendimento da Sexta Turma do STJ é no sentido de que, durante o trabalho externo, não há previsão legal de incomunicabilidade do sentenciado. Nessa linha, somente nos casos em que há ordem expressa judicial de não usar telefone fora dos limites da unidade penal, é que o apenado poderá ser penalizado por falta grave pela infração de desobediência descrita no art. 50, VI, da Lei de Execução Penal – LEP. No caso, considerando-se a utilização de aparelho celular na empresa em que o reeducando prestava serviço na modalidade externa, não há falar em desobediência dos deveres previstos em lei, uma vez que não houve advertência do juízo quanto ao uso de celular durante o trabalho externo, bem como a conduta alusiva a uso de celular durante trabalho externo não se amolda à previsão legal descrita no art. 50, VII, da LEP, vale dizer, inexiste vedação legal à utilização de aparelho de comunicação fora das penitenciárias" (STJ: AgRg no HC 866.758/SP, rel. Min. Jesuíno Rissato (Desembargador convocado do TJDFT), 6.ª Turma, j. 15.04.2024, noticiado no *Informativo* 817).

Fixação equivocada do regime prisional – erro material – impossibilidade de alteração pelo juízo da execução: "*In casu*, o paciente foi condenado à pena de 18 anos de reclusão em regime inicial aberto pela prática do crime tipificado no art. 157, § 3º, do CP (latrocínio). Então, o juiz de execução determinou o início do cumprimento da pena em regime fechado ao argumento de que o regime aberto foi fixado de forma equivocada. Agora a impetração no *writ* sustenta, em síntese, que não há como modificar o regime fixado na sentença condenatória, pois ela transitou em julgado para a condenação. Para o Min. Relator Napoleão Nunes Maia Filho e o Min. Gilson Dipp, a fixação do regime aberto para o paciente condenado à pena de 18 anos de reclusão é mero erro material, possível de correção mesmo após o trânsito em julgado da condenação. No entanto, a maioria dos Ministros da Turma aderiu à divergência inaugurada pelo Min. Jorge Mussi, que, apesar de considerar tratar-se de erro material, pois o paciente condenado por latrocínio não poderia cumprir a pena em regime inicial aberto conforme o disposto no art. 33, § 2º, do CP, reconheceu agora não haver dúvida de que ocorreu a coisa julgada, pois o MP, como fiscal da lei, deveria ter interposto os embargos declaratórios, mas deixou de fazê-lo. Observou ainda serem nesse sentido as decisões do STF. Com esse entendimento, a Turma, ao prosseguir o julgamento, concedeu a ordem" (STJ: HC 176.320/AL, rel. originário Min. Napoleão Nunes Maia Filho, rel. para acórdão Min. Jorge Mussi, 5.ª Turma, j. 17.05.2011, noticiado no *Informativo* 473).

Pena de multa – inadimplemento deliberado – aplicação cumulativa com pena privativa de liberdade – óbice à progressão de regime prisional: "O inadimplemento deliberado da pena de multa cumulativamente aplicada ao sentenciado impede a progressão no regime prisional. Essa regra somente é excepcionada pela comprovação da absoluta impossibilidade econômica do apenado em pagar o valor, ainda que parceladamente. Essa a conclusão do Plenário que, por maioria, negou provimento a agravo regimental interposto em face de decisão monocrática que indeferira o pedido de progressão de regime prisional – tendo em vista o inadimplemento da multa imposta – de condenado, nos autos da AP 470/MG (*DJe* 22.04.2013), à pena de seis anos e seis meses de reclusão, em regime inicial semiaberto, bem assim à sanção pecuniária de 330 dias-multa, pela prática de corrupção passiva e lavagem de dinheiro. Alegava-se que o prévio pagamento da pena de multa não seria requisito legal para a progressão de regime, porquanto inexistente prisão por dívida (CF, art. 5º, LXVII), bem assim que o art. 51 do CP proibiria a conversão da multa em detenção. [...] O não recolhimento da multa por condenado que tivesse condições econômicas de pagá-la, sem sacrifício dos recursos indispensáveis ao sustento próprio e de sua família, constituiria deliberado descumprimento de decisão judicial e deveria impedir a progressão de regime. Além disso, admitir-se o não pagamento da multa configuraria tratamento privilegiado em relação ao sentenciado que espontaneamente pagasse a sanção pecuniária. Ademais, a passagem para o regime aberto exigiria do sentenciado autodisciplina e senso de responsabilidade (LEP, art. 114, II), a pressupor o cumprimento das decisões judiciais aplicadas a ele. Essa interpretação seria reforçada pelo art. 36, § 2º, do CP e pelo art. 118, § 1º, da LEP, que estabelecem a regressão de regime para o condenado que não pagar, podendo, a multa cumulativamente imposta. Assim, o deliberado inadimplemento da multa sequer poderia ser comparado à vedada prisão por dívida (CF, art. 5º, LXVII), configurando apenas óbice à progressão no regime prisional. Ressalvou que a exceção admissível ao dever de pagar a multa seria a impossibilidade econômica absoluta de fazê-lo. Seria cabível a progressão se o sentenciado, veraz e comprovadamente, demonstrasse sua total insolvabilidade, a ponto de impossibilitar até mesmo o pagamento parcelado da quantia devida, como autorizado pelo art. 50 do CP. Ressaltou que o acórdão exequendo fixara o *quantum* da sanção pecuniária especialmente em função da situação econômica do réu (CP, art. 60), de modo que a relativização dessa resposta penal dependeria de prova robusta por parte do sentenciado. No caso, entretanto, não houvera mínima comprovação de insolvabilidade, incabível, portanto, a exceção admissível ao dever de pagar a multa" (STF: EP 12 ProgReg-AgR/DF, rel. Min. Roberto Barroso, Plenário, j. 08.04.2015, noticiado no *Informativo* 780).

Pena privativa de liberdade – *ultima ratio* – necessidade da sua aplicação a ser avaliada no caso concreto: "No que se refere aos casos em que fora imposto o regime inicial semiaberto para cumprimento de pena, o Colegiado afirmou que seria desproporcional para a reprovação e prevenção quanto à conduta imputada. De acordo com a jurisprudência da Corte, seria necessário valorar os vetores subjetivos a respeito da causa penal (CP, art. 59), no sentido de individualizar a pena. A pena privativa de liberdade deveria se restringir às hipóteses de reconhecida necessidade, tendo em vista seu custo elevado, as consequências deletérias para infratores primários, ocasionais ou responsáveis por delitos de pequena significação. Haveria situações que, embora enquadráveis no enunciado normativo, não mereceriam as consequências concebidas pelo legislador. Caberia ao intérprete calibrar eventuais excessos e produzir a solução mais harmônica com o sistema jurídico. Dever-se-ia ter presente a regra geral de proporcionalidade, compatível com a natureza e a repercussão do delito. Seria indispensável, porém, que a avaliação se desse caso a caso, pois a uniformização de tratamento não seria desejável, tendo em vista as díspares realidades sociais, econômicas e culturais existentes no País" (STF: HC 123.108/MG, rel. Min. Roberto Barroso, Plenário, j. 03.08.2015, noticiado no *Informativo* 793).

Pena-base fixada no mínimo legal – regime prisional mais gravoso – impossibilidade: "A Segunda Turma, em conclusão e por maioria, deu provimento a recurso ordinário em 'habeas corpus' em que o recorrente pleiteava a fixação do regime semiaberto para o início do cumprimento da pena. No caso, ele foi condenado pela prática de roubo duplamente circunstanciado, em razão do concurso de agentes e do uso de arma de fogo. Na sentença, o juízo fixou a pena-base no mínimo legal, mas estabeleceu o regime inicial fechado. O Colegiado entendeu, de acordo com precedentes da Turma, que o juízo, ao analisar os requisitos do art. 59 do Código Penal, havia considerado todas as circunstâncias favoráveis. Concluiu que, fixada a pena no mínimo legal, não cabe determinar regime inicial fechado. Lembrou, também, orientação do Enunciado 440 da Súmula do Superior Tribunal de Justiça nesse mesmo sentido ('Fixada a pena-base no mínimo legal, é vedado o estabelecimento de regime prisional mais gravoso do que o cabível em razão da sanção imposta, com base apenas na gravidade abstrata do delito')" (STF: RHC 135.298/SP, rel. Min. Ricardo Lewandowski, red. p/ o ac. Min. Teori Zavascki, 2.ª Turma, j. 18.10.2016, noticiado no *Informativo* 844). *No mesmo sentido*: STF: HC 85.108/SP, rel. Min. Eros Grau, 1.ª Turma, j. 15.02.2005; e STJ: HC 218.617/SP, rel. Min. Laurita Vaz, 5.ª Turma, j. 02.10.2012, noticiado no *Informativo* 505.

Progressão de regime – crimes contra a Administração Pública – art. 33, § 4.º, do Código Penal – reparação do dano ou devolução da coisa – exclusão da sentença condenatória – condição para a progressão de regime – impossibilidade: "Não havendo na sentença condenatória transitada em julgado determinação expressa de reparação do dano ou de devolução do produto do ilícito, não pode o juízo das execuções inserir referida condição para fins de progressão de regime. 'É firme a dicção do Excelso Pretório em reconhecer a constitucionalidade do art. 33, § 4º, do Código Penal, o qual condiciona a progressão de regime, no caso de crime contra a administração pública, à reparação do dano ou à devolução do produto do ilícito'. (AgRg no REsp 1.786.891/PR, Rel. Min. Felix Fischer, Quinta Turma, *DJe* 23.09.2020). Contudo, a execução penal guarda relação com o título condenatório formado no juízo de conhecimento, motivo pelo qual não é possível agregar como condição para a progressão de regime capítulo condenatório expressamente decotado. Nessa linha de intelecção, não havendo na sentença condenatória transitada em julgado determinação expressa de reparação do dano ou de devolução do produto do ilícito, não pode o juízo das execuções inserir referida condição para fins de progressão, sob pena de se ter verdadeira revisão criminal contra o réu. Relevante anotar que o art. 91, inciso I, do Código Penal, que torna certa a obrigação de indenizar o dano causado pelo crime, deve ser lido em conjunto com os arts. 63 e 64 do Código de Processo Penal, uma vez que, de fato, a sentença condenatória é título executivo judicial, nos termos do art. 515, inciso VI, do Código de Processo Civil. Desse modo, deve referido título ser liquidado e executado na seara cível. De igual sorte, a disposição constante no art. 5º da Lei de Improbidade Administrativa não autoriza, por si só, a inclusão da reparação do dano na execução penal nem mesmo sua execução no cível, sem prévia ação de conhecimento, em observância ao devido processo legal. Frise-se que nos termos do art. 5º, inciso LIV, da Constituição Federal, 'ninguém será privado da liberdade ou de seus bens sem o devido processo legal'. Para que a reparação do dano ou a devolução do produto do ilícito faça parte da própria execução penal, condicionando a progressão de regime, mister se faz que conste expressamente da sentença condenatória, de forma individualizada e em observância aos princípios da ampla defesa e do contraditório, tão caros ao processo penal, observando-se, assim, o devido processo legal" (STJ: HC 686.334/PE, rel. Min. Reynaldo Soares da Fonseca, 5.ª Turma, j. 14.09.2021, noticiado no *Informativo* 709).

Progressão de regime – crime hediondo – reincidente genérico – requisito objetivo e lacuna no art. 112 da Lei de Execução Penal – interpretação *in bonam partem*: "A progressão de regime do reincidente não específico em crime hediondo ou equiparado com resultado morte deve observar o que previsto no inciso VI, *a*, do artigo 112 da Lei de Execução Penal. Firmou-se no Superior Tribunal de Justiça o entendimento no sentido de que, nos termos da legislação de regência, mostra-se irrelevante que a reincidência seja específica em crime hediondo para a aplicação da fração de 3/5 na progressão de regime, pois não deve haver distinção entre as condenações anteriores (se por crime comum ou por delito hediondo) (AgRg no HC n. 494.404/MS, Ministro Reynaldo Soares da Fonseca, Quinta Turma, DJe 20/5/2019). Contudo, tal entendimento não pode mais prevalecer diante da nova redação do art. 122 da Lei de Execução Penal, trazida com a Lei n. 13.964/2019 (Pacote Anticrime). Com efeito, a Lei de Crimes Hediondos não fazia distinção entre a reincidência genérica e a específica para estabelecer o cumprimento de 3/5 da pena para fins de progressão de regime, é o que se depreende da leitura do § 2º do art. 2º da Lei n. 8.072/1990: A progressão de regime, no caso dos condenados pelos crimes previstos neste artigo, dar-se-á após o cumprimento de 2/5 (dois quintos) da pena, se o apenado for primário, e de 3/5 (três quintos), se reincidente, observado o disposto nos §§ 3º e 4º do art. 112 da Lei nº 7.210, de 11 de julho de 1984 (Lei de Execução Penal). Já a Lei n. 13.964/2019 trouxe significativas mudanças na legislação penal e processual penal, e, nessa toada, revogou o referido dispositivo legal. Agora, os requisitos objetivos para a progressão de regime foram sensivelmente modificados, tendo sido criada uma variedade de lapsos temporais a serem observados antes da concessão da benesse. A leitura da atual redação do dispositivo em comento revela, porém, que a situação em exame (condenado por crime hediondo, reincidente não específico) não foi contemplada na lei. Vejamos: "Art. 112. A pena privativa de liberdade será executada em forma progressiva com a transferência para regime menos rigoroso, a ser determinada pelo juiz, quando o preso tiver cumprido ao menos: [...] V – 40% (quarenta por cento) da pena, se o apenado for condenado pela prática de crime hediondo ou equiparado, se for primário; VI – 50% (cinquenta por cento) da pena, se o apenado for: a) condenado pela prática de crime hediondo ou equiparado, com resultado morte, se for primário, vedado o livramento condicional; [...] VII – 60% (sessenta por cento) da pena, se o apenado for reincidente na prática de crime hediondo ou equiparado; VIII – 70% (setenta por cento) da pena, se o apenado for reincidente em crime hediondo ou equiparado com resultado morte, vedado o livramento condicional." Dessa forma, em relação aos apenados que foram condenados por crime hediondo, mas que são reincidentes em razão da prática anterior de crimes comuns não há percentual previsto na Lei de Execuções Penais, em sua nova redação, para fins de progressão de regime, visto que os percentuais de 60% e 70% se destinam unicamente aos reincidentes específicos, não podendo a interpretação ser extensiva, vez que seria prejudicial ao apenado. Assim, por ausência de previsão legal, o julgador deve integrar a norma aplicando a *analogia in bonam partem*. No caso (condenado por crime hediondo com resultado morte, reincidente não específico), diante da lacuna na lei, deve ser observado o lapso temporal relativo ao primário. Impõe-se, assim, a aplicação do contido no inciso VI, *a*, do referido artigo da Lei de Execução Penal, exigindo-se, portanto, o cumprimento de 50% da pena para a progressão de regime" (STJ: HC 581.315/PR, rel. Min. Sebastião Reis Júnior, 6.ª Turma, j. 06.10.2020, noticiado no *Informativo* 681).

Progressão de regime – crime hediondo com resultado morte – ausência de previsão dos lapsos relativos aos reincidentes genéricos – lacuna legal – aplicação do percentual de 50% previsto no art. 112, VI, "a", da Lei de Execução Penal – livramento condicional – possibilidade – Tema 1196 do Recurso Repetitivo: "É válida a aplicação retroativa do percentual de 50% (cinquenta por cento), para fins de progressão de regime, a condenado por crime hediondo, com resultado morte, que seja reincidente genérico, nos moldes da alteração legal promovida pela Lei n. 13.964/2019 no art. 112, inc. VI, alínea a, da Lei n. 7.210/1984 (Lei de Execução Penal), bem como a posterior concessão do livramento condicional, podendo ser formulado posteriormente com base no art. 83, inc. V, do Código Penal, o que não configura combinação de leis na aplicação retroativa de norma penal material mais benéfica. O Superior Tribunal de Justiça, após o advento da Lei n. 13.964/2019 (Pacote Anticrime), formou jurisprudência no sentido de adotar interpretação mais benéfica aos apenados, exigindo a reincidência específica em crime hediondo para a aplicação do percentual de 60% (sessenta por cento). E, em julgamento no rito dos recursos repetitivos, foi fixada a tese, segundo a qual, 'é reconhecida a retroatividade do patamar estabelecido no art. 112, V, da Lei n. 13.964/2019, àqueles apenados que, embora tenham cometido crime hediondo ou equiparado sem resultado morte, não sejam reincidentes em delito de natureza semelhante' (REsp 1.910.240/MG, rel. Min. Rogério Schietti Cruz, Terceira Seção, *DJe* 31.05.2021). Contudo, essa tese aprovada pela Terceira Seção do STJ não contemplou, de forma expressa, a situação dos condenados por crime hediondo ou equiparado com resultado morte. Sobre o tema, o STJ firmou jurisprudência no sentido de que é 'possível aplicação retroativa do art. 112, VI, 'a', da LEP, aos condenados por crime hediondo ou equiparado com resultado morte que sejam primários ou reincidentes não específicos, sem que tal retroação implique em imposição concomitante de sanção mais gravosa ao apenado, tendo em vista que, em uma interpretação sistemática, a vedação de concessão de livramento condicional prevista na parte final do dispositivo somente atingiria o período previsto para a progressão de regime, não impedindo posterior pleito com fundamento no art. 83, V, do CP' (AgRg nos EDcl no HC 689.031/SC, rel. Min. Reynaldo Soares da Fonseca, Quinta Turma, *DJe* 19.11.2021). Assim, na linha do entendimento jurisprudencial firmado no STJ, há possibilidade de concessão do livramento condicional da pena aos condenados por crimes hediondos com resultado morte, não reincidentes ou reincidentes genéricos, pois a vedação trazida pela Lei 13.964/2019, que alterou a Lei 7.210/1984, refere-se apenas ao período previsto para a progressão de regime, havendo a possibilidade de formulação de pedido do referido benefício posteriormente, após o cumprimento do percentual estabelecido, com base no art. 83, inc. V, do CP, que permanece vigente no ordenamento jurídico, não havendo que se falar em combinação de leis. Portanto, sob o rito do art. 543-C do CPC, deve ser firmada a seguinte tese: É válida a aplicação retroativa do percentual de 50% (cinquenta por cento), para fins de progressão de regime, a condenado por crime hediondo, com resultado morte, que seja reincidente genérico, nos moldes da alteração legal promovida pela Lei n. 13.964/2019 no art. 112, inc. VI, alínea *a*, da Lei n. 7.210/1984 (Lei de Execução Penal), bem como a posterior concessão do livramento condicional, podendo ser formulado posteriormente com base no art. 83, inc. V, do Código Penal, o que não configura combinação de leis na aplicação retroativa de norma penal material mais benéfica" (STJ: REsp 2.012.101/MG, rel. Min. Jesuíno Rissato (Desembargador convocado do TJDFT), 3.ª Seção, j. 22.05.2024, noticiado no *Informativo* 813).

Progressão de regime – cumprimento de pena em penitenciária federal de segurança máxima – ausência do requisito subjetivo (mérito) – impossibilidade: "O cumprimento de pena em penitenciária federal de segurança máxima por motivo de segurança pública não é compatível com a progressão de regime prisional. Com base nesse entendimento, a Segunda Turma, por maioria, não conheceu de 'habeas corpus' em que se discutia a possibilidade da concessão do benefício em face de seu deferimento por juiz federal sem que houvesse a impugnação da decisão pela via recursal. No caso, o juízo da execução penal suscitou conflito de competência ao ser comunicado de que a benesse da progressão de regime fora concedida ao paciente. O Superior Tribunal de Justiça (STJ), ao resolver o conflito, cassou a progressão. A Segunda Turma afirmou que a transferência do apenado para o sistema federal tem, em regra, como fundamento razões que atestam que, naquele momento, o condenado não tem mérito para progredir de regime. Observou que a transferência seria cabível no interesse da segurança pública ou do próprio preso (Lei 11.671/2008, art. 3º). Frisou que o paciente seria líder de organização criminosa. Ademais, mesmo sem cometer infrações disciplinares, o preso que pertencesse à associação criminosa não satisfaria aos requisitos subjetivos para a progressão de regime. A pertinência à sociedade criminosa seria crime e também circunstância reveladora da falta de condições de progredir a regime prisional mais brando. A Segunda Turma ainda registrou que a manutenção do condenado em regime fechado, com base na falta de mérito do apenado, não seria incompatível com a jurisprudência do STF" (STF: HC 131.649/RJ, rel. orig. Min. Cármen Lúcia, rel. p/ac. Min. Dias Toffoli, 2.ª Turma, j. 06.09.2016, noticiado no *Informativo* 838).

Progressão de regime – custódia cautelar – termo inicial: "A Primeira Turma deu provimento a recurso ordinário em 'habeas corpus' em que discutido o marco inicial para fins de obtenção de progressão de regime. No caso, o recorrente foi preso cautelarmente por força de mandado de prisão preventiva, mas foi fixada como termo inicial para a obtenção do benefício da progressão a data da publicação da sentença condenatória. A Turma entendeu que a custódia cautelar necessariamente deve ser computada para fins de obtenção de progressão de regime e demais benefícios executórios, desde que não ocorra condenação posterior apta a configurar falta grave. Partindo-se da premissa de que, diante da execução de uma única condenação, o legislador não impôs qualquer requisito adicional, impende considerar a data da prisão preventiva como marco inicial para a obtenção de benefícios em sede de execução penal" (STF: RHC 142.463/MG, rel. Min. Luiz Fux, 1.ª Turma, j. 12.09.2017, noticiado no *Informativo* 877).

Progressão de regime – exame criminológico – Lei 14.843/2024 – *novatio legis in pejus* – aplicação retroativa – impossibilidade: "A realização do exame criminológico para a progressão de regime, nas condutas anteriores à edição da Lei n. 14.843/2024, exige decisão motivada, nos termos da Súmula n. 439/STJ. A exigência de realização de exame criminológico para toda e qualquer progressão de regime, nos termos da Lei n. 14.843/2024, constitui *novatio legis in pejus*, pois incrementa requisito, tornando mais difícil alcançar regimes prisionais menos gravosos à liberdade. Por essa razão, a retroatividade dessa norma se mostra inconstitucional, diante do art. 5.º, XL, da Constituição Federal, e ilegal, nos termos do art. 2.º do Código Penal. Para situações anteriores à edição da nova lei permanece a possibilidade de exigência da realização do exame criminológico, desde que devidamente motivada, nos termos da Súmula n. 439/STJ. No caso, todas as condenações do reeducando são anteriores à Lei n. 14.843/2024, não sendo aplicável a disposição legal de forma retroativa" (STJ: RHC 200.670/GO, rel. Min. Sebastião Reis Júnior, 6.ª Turma, j. 20.08.2024, noticiado no *Informativo* 824).

Progressão de regime – inadimplemento da pena de multa cumulativamente aplicada – vedação ao deferimento da benesse do art. 112 da LEP – possibilidade – ausência de comprovação da absoluta incapacidade econômica de arcar com a sanção pecuniária – possibilidade de adimplemento parcelado – art. 50, *caput*, do CP – reeducando assistido pela Defensoria Pública – hipossuficiência presumida pelo juízo de origem – presunção indevida: "O fato de o reeducando ser assistido pela Defensoria Pública não gera a presunção de sua hipossuficiência em arcar com a pena de multa. Com o advento da Lei n. 9.268/1996, o tratamento jurídico conferido à pena de multa foi modificado, afastando-se a possibilidade de conversão dessa em privativa de liberdade, no caso de inadimplemento, passando essa a ser considerada como dívida de valor (art. 51, *caput*, do CP), o que, conforme entendimento firmado pelo Supremo Tribunal Federal, no julgamento da ADI 3.150/DF, 'não retirou da multa o seu caráter de pena, de sanção criminal' (ADI 3.150, Rel. Ministro Marco Aurélio, Rel. p/ Acórdão Ministro Roberto Barroso, Tribunal Pleno, DJe-170, divulg. 5/8/2019, public. 6/8/2019). Ademais, na mesma linha do STF, este Superior Tribunal de Justiça consolidou jurisprudência no sentido de que, na hipótese de condenação concomitante a pena privativa de liberdade e multa, o não pagamento da sanção pecuniária impede a progressão de regime, salvo comprovação de inequívoca incapacidade econômica do apenado. Na forma do art. 50, *caput*, do Código Penal, admite-se que, a requerimento do condenado e conforme as circunstâncias do caso concreto, seja deferido o pagamento da multa em parcelas mensais. Assim, nas hipóteses de inadimplemento da pena de multa, a fim de que não se imponha ao reeducando uma barreira intransponível, a ponto de violar o princípio da ressocialização da pena, nem se frustre, por outro lado, a finalidade da execução penal, o Juízo da Execução Criminal deve, antes de obstar ou deferir a progressão de regime ao apenado, verificar o valor da multa fixada e analisar, a partir de elementos fáticos, a respectiva capacidade econômica do sentenciado, com vistas a viabilizar, de algum modo, ainda que de forma parcelada, o pagamento da multa. No caso, foi deferida a progressão de regime ao fundamento de que, "Muito embora o reeducando não tenha comprovado a impossibilidade de saldar a pena de multa, sua hipossuficiência econômica se revela das circunstâncias dos autos, pois se encontra assistido pela Defensoria Pública, sendo, portanto, presumidamente hipossuficiente". Contudo, como bem ponderou o Ministro Rogério Schietti Cruz, no julgamento do HC 672.632, DJe 15/6/2021, 'nem todos os processados criminalmente, patrocinados pela Defensoria Pública, são hipossuficientes. [...]. Assim, é ônus do sentenciado, durante a execução, justificar o descumprimento da sentença, também no ponto relacionado à multa. Isso deve ser feito, primeiramente, ao Juiz da VEC, com oportunidade de oitiva do Ministério Público', afastando-se, portanto, a mera presunção de sua incapacidade econômica para o pagamento da sanção pecuniária. Desse modo, constatado o inadimplemento da pena de multa aplicada cumulativamente à privativa de liberdade, o Juízo da Execução Criminal deverá, antes de deliberar acerca da progressão de regime, intimar o reeducando para efetuar o pagamento, ressaltando a possibilidade de parcelamento, a pedido e conforme as circunstâncias do caso concreto (art. 50, *caput*, do CP), bem como oportunizando ao condenado comprovar, se for o caso, a absoluta impossibilidade econômica de arcar com seu valor sem prejuízo do mínimo vital para a sua subsistência e de seus familiares" (STJ: AgRg no REsp 2.039.364/MG, rel. Min. Reynaldo Soares da Fonseca, 5.ª Turma, j. 25.04.2023, noticiado no *Informativo Edição Extraordinária* 13).

Progressão de regime – Pacote Anticrime – diferenciação entre reincidência genérica e específica – ausência de previsão dos lapsos relativos aos reincidentes genéricos – lacuna legal e integração da norma – aplicação dos patamares previstos para os apenados primários – retroatividade da lei penal mais benéfica – Tema 1.084: "É reconhecida a retroatividade do patamar estabelecido no art. 112, V, da Lei n. 13.964/2019, àqueles apenados que, embora tenham cometido crime hediondo ou equiparado sem resultado morte, não sejam reincidentes em delito de natureza semelhante. A Lei 13.964/2019, intitulada Pacote Anticrime, promoveu profundas alterações no marco normativo referente aos lapsos exigidos para o alcance da progressão a regime menos gravoso, tendo sido expressamente revogadas as disposições do art. 2º, § 2º, da Lei 8.072/1990 e estabelecidos patamares calcados não apenas na natureza do delito, mas também no caráter da reincidência, seja ela genérica ou específica. Evidenciada a ausência de previsão dos parâmetros relativos aos apenados condenados por crime hediondo ou equiparado, mas reincidentes genéricos, impõe-se ao Juízo da execução penal a integração da norma sob análise, de modo que, dado o óbice à analogia *in malam partem*, é imperiosa a aplicação aos reincidentes genéricos dos lapsos de progressão referentes aos sentenciados primários. Ainda que provavelmente não tenha sido essa a intenção do legislador, é irrefutável que, *de lege lata*, a incidência retroativa do art. 112, V, da Lei 7.210/1984, quanto à hipótese da lacuna legal relativa aos apenados condenados por crime hediondo ou equiparado e reincidentes genéricos, instituiu conjuntura mais favorável que o anterior lapso de 3/5, a permitir, então, a retroatividade da lei penal mais benigna. Dadas essas ponderações, a hipótese em análise trata da incidência de lei penal mais benéfica ao apenado, condenado por estupro, porém reincidente genérico, de forma que é mister o reconhecimento de sua retroatividade, dado que o percentual por ela estabelecido – qual seja, de cumprimento de 40% das reprimendas impostas –, é inferior à fração de 3/5, anteriormente exigida para a progressão de condenados por crimes hediondos, fossem reincidentes genéricos ou específicos. Desse modo, para os fins previstos no art. 1.036 do Código de Processo Civil, fixa-se a seguinte tese: É reconhecida a retroatividade do patamar estabelecido no art. 112, V, da Lei 13.964/2019, àqueles apenados que, embora tenham cometido crime hediondo ou equiparado sem resultado morte, não sejam reincidentes em delito de natureza semelhante." (STJ: REsp 1.910.240/MG, rel. Min. Rogerio Schietti Cruz, 3.ª Seção, j. 26.05.2021, noticiado no *Informativo* 699). **No STF: Tema 1.169 da Repercussão Geral** – ARE 1.327.963/SP, rel. Min. Gilmar Mendes, Plenário, j. 17.09.2021, noticiado no *Informativo* 1.032: "Tendo em vista a legalidade e a taxatividade da norma penal (art. 5º, XXXIX, CF), a alteração promovida pela Lei 13.964/2019 no art. 112 da LEP não autoriza a incidência do percentual de 60% (inc. VII) aos condenados reincidentes não específicos para o fim de progressão de regime. Diante da omissão legislativa, impõe-se a analogia *in bonam partem*, para aplicação, inclusive retroativa, do inciso V do art. 112 da LEP (lapso temporal de 40%) ao condenado por crime hediondo ou equiparado sem resultado morte reincidente não específico. Ao reincidente não específico em crime hediondo, aplica-se, inclusive retroativamente, o inciso V do art. 112 da LEP para fins de progressão de regime. A reforma da sistemática da progressão de regime de condenados promovida pela Lei 13.964/2019 (Pacote Anticrime) não disciplinou, de forma expressa, a circunstância para progressão de pessoa condenada anteriormente por crime não hediondo e, em seguida, por crime hediondo, ou seja, reincidente não específico em crime hediondo. Inexistindo a previsão exata na norma regente, impõe-se a interpretação mais favorável à defesa. Trata-se de imposição decorrente da presunção de inocência, base fundamental ao sistema penal de um Estado Democrático de Direito. Com base nesse entendimento, o Plenário, por unanimidade, reconheceu a existência de repercussão geral da questão constitucional suscitada."

Progressão de regime – nova condenação – soma das penas – possibilidade de regressão: "Para definir o novo regime de cumprimento da pena, considerado aquele alusivo à execução em curso, soma-se a pena imposta na condenação superveniente, podendo o resultado implicar a regressão – inteligência dos artigos 111 e 118, inciso II, da Lei de Execução Penal" (STF: HC 96.824/RS, rel. Min. Marco Aurélio, 1.ª Turma, j. 12.04.2011). *No mesmo sentido:* STF: HC 100.499/RJ, rel. Min. Marco Aurélio, 1.ª Turma, j. 26.10.2010.

Progressão de regime – prisão militar – individualização da pena – possibilidade: "1. O processo de individualização da pena é um caminhar no rumo da personalização da resposta punitiva do Estado, desenvolvendo-se em três momentos individuados e complementares: o legislativo, o judicial e o executivo. É dizer: a lei comum não tem a força de subtrair do juiz sentenciante o poder-dever de impor ao delinquente a sanção criminal que a ele, juiz, afigurar-se como expressão de um concreto balanceamento ou de uma empírica ponderação de circunstâncias objetivas com protagonizações subjetivas do fato-tipo. Se compete à lei indicar os parâmetros de densificação da garantia constitucional da individualização do castigo, não lhe é permitido se desgarrar do núcleo significativo que exsurge da Constituição: o momento concreto da aplicação da pena privativa da liberdade, seguido do instante igualmente concreto do respectivo cumprimento em recinto penitenciário. Ali, busca da 'justa medida' entre a ação criminosa dos sentenciados e reação coativa do estado. Aqui, a mesma procura de uma justa medida, só que no transcurso de uma outra relação de causa e efeito: de uma parte, a resposta crescentemente positiva do encarcerado ao esforço estatal de recuperá-lo para a normalidade do convívio social; de outra banda, a passagem de um regime prisional mais severo para outro menos rigoroso. 2. Os militares, indivíduos que são, não foram excluídos da garantia constitucional da individualização da pena. Digo isso porque, de ordinário, a Constituição Federal de 1988, quando quis tratar por modo diferenciado os servidores militares, o fez explicitamente. Por ilustração, é o que se contém no inciso LXI do art. 5º do Magno Texto, a saber: 'ninguém será preso senão em flagrante delito ou por ordem escrita e fundamentada de autoridade judiciária competente, salvo nos casos de transgressão militar ou crime propriamente militar, definidos em lei'. Nova amostragem está no preceito de que 'não caberá *habeas corpus* em relação a punições disciplinares militares' (§ 2º do art. 142). Isso sem contar que são proibidas a sindicalização e a greve por parte do militar em serviço ativo, bem como a filiação partidária (incisos IV e V do § 3º do art. 142). 3. De se ver que esse tratamento particularizado decorre do fato de que as Forças Armadas são instituições nacionais regulares e permanentes, organizadas com base na hierarquia e disciplina, destinadas à Defesa da Pátria, garantia dos poderes constitucionais e, por iniciativa de qualquer destes, da lei e da ordem (cabeça do art. 142). Regramento singular, esse, que toma em linha de conta as 'peculiaridades de suas atividades, inclusive aquelas cumpridas por força de compromissos internacionais e de guerra' (inciso X do art. 142). 4. É de se entender, desse modo, contrária ao texto constitucional a exigência do cumprimento de pena privativa de liberdade sob regime integralmente fechado em estabelecimento militar, seja pelo invocado fundamento da falta de previsão legal na lei especial, seja pela necessidade do resguardo da segurança ou do respeito à hierarquia e à disciplina no âmbito castrense" (STF: HC 104.174/RJ, rel. Min. Ayres Britto, 2.ª Turma, j. 29.03.2011). *No mesmo sentido:* STJ: HC 215.765/RS, rel. Min. Gilson Dipp, 5.ª Turma, j. 08.11.2011.

Progressão de regime – regime aberto e manutenção da prisão domiciliar monitorada fixada no regime anterior (semiaberto harmonizado) – observância dos parâmetros da Súmula Vinculante 56 – inexistência de ofensa ao sistema progressivo: "A manutenção do monitoramento eletrônico ao apenado agraciado com a progressão ao regime aberto não implica constrangimento ilegal, pois atende aos parâmetros referenciados na Súmula Vinculante 56. Cinge-se a controvérsia acerca da possível ocorrência de constrangimento ilegal devido à manutenção do monitoramento eletrônico ao apenado agraciado com a progressão ao regime aberto. Entretanto, não há falar em ofensa ao sistema progressivo, pois a observância desse princípio se dá mediante a análise das condições às quais o apenado estaria submetido caso cumprisse a pena em estabelecimento prisional adequado, sendo certo que a prisão domiciliar monitorada não se afigura mais penosa do que aquela que o executando vivenciaria no cumprimento da pena em regime aberto. No caso, as circunstâncias permitem o deslocamento até o trabalho e o monitoramento estabelecido traduz a vigilância mínima necessária para aferir o cumprimento de pena fora de estabelecimento prisional, não constituindo meio físico apto a impedir a fuga do apenado, razão pela qual não destoa dos parâmetros estabelecidos para o cumprimento da pena em Casa de Albergado; ao contrário, não há dúvida de que é mais benéfico, já que permite usufruir de um conforto maior do que experimentaria no interior de estabelecimento prisional. Por fim, cumpre rememorar que se a solução jurídica estabelecida no julgamento do RE 641.320/RS e replicada na Súmula Vinculante 56/STF buscou, de um lado, evitar o excesso na execução, de outro, acabou por equiparar, em muitos casos, as condições de cumprimento da pena em regime semiaberto e aberto, consequência essa inarredável" (STJ: HC 691.963/RS, rel. Min. Sebastião Reis Júnior, 6.ª Turma, j. 19.10.2021, noticiado no *Informativo* 715).

Progressão de regime – reincidência – condição pessoal que se estende sobre a totalidade das penas executadas de mesma natureza: "Com as alterações promovidas pela Lei n. 13.964/2019, a reincidência somente atingirá delitos da mesma natureza, diferenciando-se entre delitos comuns (cometidos com ou sem violência) e hediondos ou equiparado (com ou sem resultado morte). A Terceira Seção desta Corte, no julgamento do EREsp 1.738.968/MG, de relatoria da Ministra Laurita Vaz, *DJe* 17.12.2019, estabeleceu que a intangibilidade da sentença penal condenatória transitada em julgado não retira do Juízo das Execuções Penais o dever de adequar o cumprimento da sanção penal às condições pessoais do réu. Ademais, o Superior Tribunal de Justiça já se manifestou no sentido de que 'a reincidência consiste em condição pessoal, relacionando-se, portanto, à pessoa do condenado e não às suas condenações individualmente consideradas. Como tal, a reincidência deve segui-lo durante toda a execução penal, não havendo falar, sequer, em ofensa aos limites da coisa julgada, quando não constatada pelo Juízo que prolatou a sentença condenatória, mas reconhecida pelo Juízo executório' (AgRg no HC 711.428/SC, rel. Min. Ribeiro

Dantas, Quinta Turma, *DJe* 14.06.2022). O Tribunal de origem não destoou do entendimento desta Corte Superior, uma vez que, na unificação das penas, a condição de reincidente configurada na condenação posterior, deve ser levada em conta na integralidade dos feitos em execução, aplicando-se fração única, inclusive na primeira condenação quando o réu ainda ostentava a condição de primário. Por fim, na linha das alterações promovidas pela Lei n. 13.964/2019, a reincidência somente atingirá delitos da mesma natureza, diferenciando-se entre delitos comuns (cometidos com ou sem violência) e hediondos ou equiparados (com ou sem resultado morte)" (STJ: AgRg no HC 904.095-SP, rel. Min. Otávio de Almeida Toledo (Desembargador convocado do TJSP), 6.ª Turma, j. 09.09.2024, noticiado no *Informativo* 834).

Progressão de regime – Súmula 715 do STF: "A Primeira Turma conheceu da impetração e, no mérito, por maioria, denegou a ordem de *habeas corpus*. A defesa do impetrante, condenado a pena unificada de 79 anos e 6 meses de reclusão, em regime inicial fechado, alegou que, no cômputo para concessão de benefícios na execução, deve ser levado em conta o limite versado no artigo 75 do Código Penal. Articulou que considerar no cálculo do benefício da progressão de regime pena unificada maior que o teto estabelecido pelo CP violaria o princípio da individualização da pena e a vedação constitucional à aplicação de sanções perpétuas. O Colegiado, em consonância com o Enunciado 715 da Súmula do Supremo Tribunal Federal, entendeu inaplicável, no cômputo para a concessão de regime mais benéfico, em relação a penas unificadas, o limite imposto pelo art. 75 do CP, devendo ser considerada a reprimenda total" (STF: HC 112.182/RJ, rel. Min. Marco Aurélio, 1.ª Turma, j. 03.04.2018, noticiado no *Informativo* 896).

Progressão de regime – tráfico de drogas – crime equiparado a hediondo – exceção à figura privilegiada: "As alterações promovidas pelo Pacote Anticrime (Lei n. 13.964/2019) apenas afastaram o caráter hediondo ou equiparado do tráfico privilegiado, previsto no art. 33, § 4º, da Lei n. 11.343/2006, nada dispondo sobre os demais dispositivos da Lei de Drogas. Sustenta o paciente que não há norma específica que defina o crime de tráfico de drogas como sendo hediondo ou equiparado. Insiste que a única previsão da aplicação da fração de progressão diferenciada ao crime de tráfico de drogas, prevista no art. 2º, § 2º da Lei n. 8.072/1990, foi revogada. Afirma que, na ausência de determinação legal, o condenado pela prática do crime de tráfico de drogas deverá progredir e ter o livramento condicional concedido conforme os critérios objetivos dos delitos comuns. No entanto, a equiparação a hediondo do delito de tráfico de drogas decorre de previsão constitucional constante no art. 5º, XLIII, da Carta Magna, que trata com mais rigor os crimes de maior reprovabilidade. Destaca-se que a Lei n. 13.964/2019, conhecida como 'Pacote Anticrime', ao promover alterações na Lei de Execução Penal, apenas afastou o caráter hediondo ou equiparado do tráfico privilegiado, previsto no art. 33, § 4º, da Lei n. 11.343/2006, nada dispondo sobre os demais dispositivos da Lei de Drogas. Assim, verifica-se que o entendimento do acórdão impugnado não destoa da jurisprudência desta Corte Superior de Justiça sobre a matéria, pois acertada a fração utilizada para o reconhecimento de benefícios executórios" (STJ: AgRg no HC 748.033/SC, rel. Min. Jorge Mussi, 5.ª Turma, j. 27.09.2022, noticiado no *Informativo* 754). *No mesmo sentido*: STJ: AgRg no HC 754.913/MG, rel. Ministro Jorge Mussi, 5.ª Turma, j. 06.12.2022, noticiado no *Informativo* 760.

Progressão de regime – unificação das penas – superveniência do trânsito em julgado de sentença condenatória – termo *a quo* para concessão de novos benefícios – ausência de previsão legal para alteração da data-base: "A alteração da data-base para concessão de novos benefícios executórios, em razão da unificação das penas, não encontra respaldo legal. As Turmas que compõem a Terceira Seção do Superior Tribunal de Justiça, em consonância com a compreensão do Supremo Tribunal Federal acerca do tema, possuíam o entendimento pacificado de que, sobrevindo condenação definitiva ao apenado, por fato anterior ou posterior ao início da execução penal, a contagem do prazo para concessão de futuros benefícios seria interrompida, de modo que o novo cálculo, realizado com base no somatório das penas, teria como termo a quo a data do trânsito em julgado da última sentença condenatória. Entretanto, da leitura dos artigos 111, parágrafo único, e 118, II, da Lei de Execução Penal, invocados para sustentar o posicionamento mencionado, apenas se conclui que, diante da superveniência do trânsito em julgado de sentença condenatória, caso o quantum de pena obtido após o somatório não permita a preservação do regime atual de cumprimento da pena, o novo regime será então determinado por meio do resultado da soma, de forma que estará o sentenciado sujeito à regressão. Assim, sequer a regressão de regime é consectário necessário da unificação das penas, porquanto será forçosa a regressão de regime somente quando a pena da nova execução, somada à reprimenda ainda não cumprida, torne incabível o regime atualmente imposto. Portanto, da leitura dos artigos supra, não se infere que, efetuada a soma das reprimendas impostas ao sentenciado, é mister a alteração da data-base para concessão de novos benefícios. Por conseguinte, deduz-se que a alteração do termo a quo referente à concessão de novos benefícios no bojo da execução da pena constitui afronta ao princípio da legalidade e ofensa à individualização da pena, motivo pelo qual se faz necessária a preservação do marco interruptivo anterior à unificação das penas. Ainda que assim não fosse, o reinício do marco temporal permanece sem guarida se analisados seus efeitos na avaliação do comportamento do reeducando. Caso o crime cometido no curso da execução tenha sido registrado como infração disciplinar, seus efeitos já repercutiram no bojo do cumprimento da pena, pois, segundo a jurisprudência consolidada desta Corte Superior, a prática de falta grave interrompe a data-base para concessão de novas benesses, à exceção do livramento condicional, da comutação de penas e do indulto. Portanto, a superveniência do trânsito em julgado da sentença condenatória não poderia servir de parâmetro para análise do mérito do apenado, sob pena de flagrante *bis in idem*. No mesmo caminho, o delito praticado antes do início da execução da pena não constitui parâmetro idôneo de avaliação do mérito do apenado, porquanto evento anterior ao início do resgate das reprimendas impostas não desmerece hodiernamente o comportamento do sentenciado e não se presta a macular sua avaliação, visto que é estranho ao processo de resgate da pena. A unificação de nova condenação definitiva já possui o condão de recrudescer o *quantum* de pena restante a ser cumprido pelo reeducando, logo, a alteração da data-base para concessão de novos benefícios, a despeito da ausência de previsão legal, configura excesso de execução, baseado apenas em argumentos extrajurídicos" (STJ: REsp 1.557.461/SC, rel. Min. Rogerio Schietti Cruz, 3.ª Seção, j. 22.02.2018, noticiado no *Informativo 621*).

Progressão de regime especial – art. 112, § 3.º, V, da Lei de Execução Penal – proibição de participação de organização criminosa – alcance – afastamento da minorante do tráfico – dedicação a atividades criminosas – extensão não admitida: "A vedação da progressão especial prevista no inciso V do § 3.º do art. 112 da Lei de Execução Penal deve se restringir aos casos em houve condenação por crime associativo, não servindo como óbice ao benefício o mero afastamento da minorante do § 4.º do art. 33 da Lei de Drogas. A controvérsia diz respeito à amplitude interpretativa do inciso V do § 3.º do art. 112 da Lei de Execução Penal, especialmente, os limites da expressão 'não ter integrado organização criminosa'. Inicialmente, a Sexta Turma do Superior Tribunal de Justiça interpretou o dispositivo estritamente para restringir a progressão especial aos casos em que a ré tivesse sido condenada pelo delito descrito na Lei n. 12.850/2013. No entanto, a jurisprudência evoluiu para admitir interpretação extensiva da norma, impondo como óbice à progressão especial a condenação por delitos associativos, como a associação para o tráfico. No caso, a instância local deu amplitude ainda maior ao dispositivo, considerando suficiente a fundamentação utilizada para afastar a incidência do § 4.º do art. 33 da Lei de Drogas. Entre as outras vedações à incidência da causa de diminuição da pena prevista no referido dispositivo encontra-se a não dedicação a atividades criminosas e o fato de não integrar organização criminosa. Esse dispositivo permite afastar a minorante em casos nos quais não há acusação ou prova da prática de crime associativo, associação para o tráfico (art. 35, da Lei n. 11.343/2006), organização criminosa (2.º, da Lei n. 12.850/2013) ou mesmo associação criminosa (art. 288, do Código Penal). Trata-se de hipótese cujos elementos, insuficientes para tipificação, mostram-se suficientes para afastar uma causa de diminuição da pena. Considerando o princípio da legalidade no âmbito da execução, as apenadas podem ter limitados seus direitos apenas pelo expressamente previsto na lei e na sentença condenatória. Já pelo princípio da individualização da pena, deve ser evitada a padronização da reprimenda, que deve ser adequada a cada reeducanda, considerando sua personalidade, seu histórico prisional e sua evolução carcerária. Na espécie, os fundamentos utilizados para não aplicar a minorante nem sequer indicam que a sentenciada integra organização criminosa, mas apenas que se dedica a atividades criminosas, o que, efetivamente, extrapola os limites do princípio da legalidade e da individualização da pena. Na prática, admitida a interpretação dada pela origem, toda condenada por tráfico, gestante ou mãe, que tivesse a causa de diminuição afastada, não poderia progredir de regime, nos termos do § 3.º do art. 112 da Lei de Execução Penal. Portanto, a vedação da progressão especial pela via interpretativa para todas as condenadas por tráfico de drogas sem incidência da causa de diminuição do § 4.º do art. 33 da Lei n. 11.343/2006 não encontra aporte legal, devendo se restringir a vedação do inciso V do § 3.º do art. 112 da Lei de Execução Penal aos casos em que houve condenação por crime associativo" (STJ: HC 888.336/SP, rel. Min. Sebastião Reis Júnior, 6.ª Turma, j. 13.08.2024, noticiado no *Informativo* 827).

Progressão "por saltos" – impossibilidade: "Nos termos da jurisprudência desta Corte Superior de Justiça, não se admite a progressão *per saltum*, diretamente do regime fechado para o aberto, sendo obrigatório o cumprimento do requisito temporal no regime anterior (semiaberto)" (STJ: HC 168.588/SP, rel. Min. Maria Thereza de Assis Moura, 6.ª Turma, j. 14.12.2010).

Regime inicial de cumprimento da pena privativa de liberdade – fixação – análise do caso concreto: "Na determinação do regime inicial de cumprimento da pena deve-se ter em consideração o disposto nos §§ 2º e 3º do art. 33 do Código Penal, observando-se os critérios do art. 59 do mesmo diploma. A quantidade de pena aplicada e o fato de ser primária não autorizam, por si sós, o abrandamento do modo inicial de resgate da sanção. Especialmente quando as circunstâncias do caso concreto e a fundamentação indicam a necessidade de uma maior repreensão" (STJ: HC 188.899/SP, rel. Min. Og Fernandes, 6.ª Turma, j. 28.04.2011).

Regime inicial fechado – pena inferior a 8 anos – circunstâncias judiciais desfavoráveis – possibilidade: "Inexiste ilegalidade na escolha do regime inicial fechado quando apontados dados fáticos suficientes a indicar a gravidade concreta do crime – o emprego de arma de fogo, a restrição de liberdade da vítima e o concurso de agentes, com periculosidade e destemor exacerbados –, ainda que o agente seja primário e o *quantum* da pena – 5 anos e 8 meses de reclusão – seja inferior a oito anos (art. 33, § 3º, do CP)" (STJ: HC 282.211/SP, rel. Min. Rogério Schietti Cruz, 6.ª Turma, j. 18.03.2014).

Regime prisional – critérios para fixação – gravidade do crime em abstrato – impossibilidade: "Revela-se inadmissível, na hipótese de condenação a pena não superior a 08 (oito) anos de reclusão, impor, ao sentenciado, em caráter inicial, o regime penal fechado, com base, unicamente, na gravidade objetiva do delito cometido, especialmente se se tratar de réu que ostente bons antecedentes e que seja comprovadamente primário. O discurso judicial, que se apoia, exclusivamente, no reconhecimento da gravidade objetiva do crime – e que se cinge, para efeito de exacerbação punitiva, a tópicos sentenciais meramente retóricos, eivados de pura generalidade, destituídos de qualquer fundamentação substancial e reveladores de linguagem típica dos partidários do 'direito penal simbólico' ou, até mesmo, do 'direito penal do inimigo' –, culmina por infringir os princípios liberais consagrados pela ordem democrática na qual se estrutura o Estado de Direito, expondo, com esse comportamento (em tudo colidente com os parâmetros delineados na Súmula 719/STF), uma visão autoritária e nulificadora do regime das liberdades públicas em nosso País" (STF: HC 85.531/SP, rel. Min. Celso de Mello, 2.ª Turma, j. 22.03.2007). *No mesmo sentido:* STJ: HC 97.656/SP, rel. Min. Jane Silva (Desembargadora convocada do TJ/MG), 6.ª Turma, j. 03.04.2008; e HC 131.655/SP, rel. Min. Felix Fischer, 5.ª Turma, j. 09.03.2010.

Regime prisional – unificação de penas – reclusão com detenção – art. 111, parágrafo único, da Lei de Execução Penal: "Nos termos do art. 111 da Lei de Execução Penal, as penas de reclusão e de detenção devem ser consideradas cumulativamente, já que ambas são da mesma espécie, ou seja, penas privativas de liberdade. A jurisprudência de ambas as Turmas de Direito Penal do Superior Tribunal de Justiça está fixada no sentido de que '(...) concorrendo penas de reclusão e detenção, ambas devem ser somadas para efeito de fixação da totalidade do encarceramento, porquanto constituem reprimendas de mesma espécie, ou seja, penas privativas de liberdade. Inteligência do art. 111 da Lei n. 7.210/84' (HC 460.460/RS, Rel. Ministro Reynaldo Soares da Fonseca, Quinta Turma, julgado em 19/2/2019, DJe 1º/3/2019). No caso, o Tribunal de origem concluiu pela impossibilidade de unificação das penas de reclusão e de detenção, sob o argumento de que o acusado fora condenado a diversos crimes com penas privativas de reclusão, mas há um crime que a natureza da pena é de detenção (dano qualificado). Assim, primeiramente deveria ser cumprida a pena de reclusão, e posteriormente a pena de detenção, não podendo haver a soma pura e simples para fins de execução, na medida em que as reprimendas possuem natureza jurídica e forma de execução diversa. Todavia, o entendimento do acórdão recorrido está em desacordo com a orientação do STJ. O art. 111, caput, da Lei n. 7.210/1984 não faz tal distinção e o seu parágrafo único prescreve a soma da pena superveniente, como forma de determinação do regime. Portanto, reitera-se que as penas de reclusão e de detenção devem ser consideradas cumulativamente" (STJ: AgRg no REsp 1.991.853/MG, rel. Min. Messod Azulay Neto, 5.ª Turma, j. 17.04.2023, noticiado no *Informativo* 771).

Regime prisional mais grave do que o correspondente à pena aplicada – roubo com emprego de arma – gravidade concreta do crime – possibilidade: "Ainda que consideradas favoráveis as circunstâncias judiciais (art. 59 do CP), é admissível a fixação do regime prisional fechado aos não reincidentes condenados por roubo a pena superior a quatro anos e inferior a oito anos se constatada a gravidade concreta da conduta delituosa, aferível, principalmente, pelo uso de arma de fogo" (STJ: HC 294.803/SP, rel. Min. Newton Trisotto (Desembargador convocado do TJ-SC), 5.ª Turma, j. 18.09.2014, noticiado no *Informativo* 548).

Regressão – recusa do detento em aceitar alimento que julgou impróprio – falta grave – art. 50, I, da LEP – não ocorrência – exercício dos direitos fundamentais – previsão do art. 41, I e VII, da Lei n. 7.210/1984 (Lei de Execução Penal): "O art. 50, I, da Lei n. 7.210/1984 (Lei de Execução Penal) estabelece que comete falta grave o detento condenado à pena privativa de liberdade que incitar ou participar de movimento para subverter a ordem ou a disciplina. No contexto desse dispositivo legal, o termo 'participar' significa envolver-se ativamente, cooperar ou contribuir para a realização de um movimento que tenha o propósito de desestabilizar a ordem ou a disciplina, seja por meio de ações concretas, como o uso de violência ou ameaças, ou por meio de ações intelectuais, como o planejamento ou a organização das atividades. Aquele que incita, ou seja, que estimula, motiva ou encoraja outros indivíduos a praticar atos de subversão ou indisciplina de forma coletiva, também será responsabilizado por essa infração. A 'greve de fome' realizada pelos detentos pode, em determinadas circunstâncias, caracterizar a falta grave prevista no art. 50, I, da LEP, especialmente se o movimento resultar na configuração do crime de motim de presos, previsto no art. 354 do Código Penal, ou no crime de dano ao patrimônio público, conforme estabelecido no art. 163 do Código Penal. Em tais situações, a recusa deliberada em se alimentar pode ser considerada parte de um movimento que busca subverter a ordem ou a disciplina no estabelecimento prisional, sujeitando os envolvidos às sanções correspondentes. No entanto, a recusa do detento em aceitar alimento que julga impróprio para consumo não se configura como falta grave, uma vez que no ordenamento jurídico vigente não existe qualquer imposição que obrigue o indivíduo privado de liberdade a ingerir alimentos em circunstâncias que considere inadequadas. Essa atitude, quando realizada de forma pacífica e sem ameaçar a segurança do ambiente carcerário, representa um exercício do direito à liberdade de expressão por parte do detento, direito esse amparado pelo próprio ordenamento jurídico no art. 5º, IV, da Constituição da República. Além disso, é fundamental observar o art. 41 da Lei de Execução Penal, que elenca os direitos do preso, notadamente o direito à 'alimentação suficiente' e à 'assistência material e à saúde'. A recusa em ingerir alimentos inadequados está intrinsecamente ligada à obrigação legal de proporcionar alimentação suficiente e está relacionada diretamente à assistência material e à saúde do detento. A ingestão de alimentos inadequados poderia prejudicar seriamente seu bem-estar físico e, consequentemente, sua saúde. Portanto, a recusa do detento em se negar a aceitar alimento que julga impróprio para consumo não se caracteriza como falta grave. Ao contrário, essa atitude representa o exercício de seu direito à liberdade de expressão e à preservação de sua dignidade, respeitando os direitos fundamentais do ser humano no sistema penitenciário, conforme preconizam as leis nacionais e os tratados internacionais ratificados pelo Brasil. Isso, desde que seja feita de forma ordeira e sem colocar em risco a ordem e a disciplina do estabelecimento prisional" (STJ: Processo em segredo de justiça, rel. Ministro Ribeiro Dantas, 5.ª Turma, j. 17.10.2023, noticiado no *Informativo 792*).

Regressão – falta grave – necessidade de ampla defesa: "Para o reconhecimento da prática de falta disciplinar, no âmbito da execução penal, é imprescindível a instauração de procedimento administrativo pelo diretor do estabelecimento prisional, assegurado o direito de defesa, a ser realizado por advogado constituído ou defensor público nomeado" (STJ: REsp 1.378.557/RS, rel. Min. Marco Aurélio Bellizze, 3.ª Seção, j. 23.10.2013). *No mesmo sentido*: STF: RE 398.269/RS, rel. Min. Gilmar Mendes, 2.ª Turma, j. 15.12.2009.

Regressão – faltas graves – rol taxativo: "1. As faltas graves são aquelas expressamente relacionadas no artigo 50 da LEP, não permitindo interpretação extensiva para encaixar outros atos de indisciplina no seu rol, sob pena de se ferir o princípio da legalidade. 2. Conquanto a recusa do preso em comparecer perante o Oficial de Justiça, para ato de citação, tenha sido um ato pouco recomendável, ele não constitui falta grave, além do paciente já ter sido punido com trinta dias de isolamento celular" (STJ: HC 108.616/SP, rel. Min. Jane Silva (Desembargadora convocada do TJ-MG), 6.ª Turma, j. 06.02.2009).

Regressão – prática de crime doloso – desnecessidade de condenação definitiva: "O reconhecimento de falta grave consistente na prática de fato definido como crime doloso no curso da execução penal dispensa o trânsito em julgado da condenação criminal no juízo do conhecimento, desde que a apuração do ilícito disciplinar ocorra com observância do devido processo legal, do contraditório e da ampla defesa, podendo a instrução em sede executiva ser suprida por sentença criminal condenatória que verse sobre a materialidade, a autoria e as circunstâncias do crime correspondente à falta grave. Enquanto no processo de conhecimento somente o trânsito em julgado da condenação criminal pode superar a presunção de não culpabilidade para se iniciar o cumprimento de pena, a decisão do juízo da execução, proferida após apuração de falta grave efetuada de modo válido, diante da dinamicidade da fase executiva e da necessidade de se assegurar a ordem no estabelecimento prisional, é apta a ensejar a imposição da sanção disciplinar, sem prejuízo, por certo, do direito recursal do apenado, inclusive, na busca de provimento de natureza suspensiva. Exigir o trânsito em julgado do processo de conhecimento para a imposição de falta grave no juízo da execução penal seria como vincular a competência desempenhada por este àquela a ser exercida pelo juízo do conhecimento. Essa independência, contudo, é expressa de modo nítido na cisão de competências: o juízo natural destinado à definição das sanções de natureza penal decorrentes da prática do fato criminoso em si, submetido à esfera de atribuições do órgão jurisdicional com competência sobre o processo criminal de conhecimento, é diverso daquele a quem compete a fixação das sanções disciplinares resultantes da prática de falta grave no curso da execução penal, providência a cargo do juízo da execução, nos termos dos arts. 48, parágrafo único, e 60, caput, da Lei de Execução Penal. A apuração da falta grave demanda a observância dos princípios constitucionais do devido processo legal, do contraditório e da ampla defesa. A apuração de faltas dessa natureza não pode ocorrer sem que se observem os princípios constitucionais do devido processo legal, do contraditório e da ampla defesa, normas de caráter transversal que irradiam seus efeitos por todas as esferas apuratórias e sancionatórias de ilícitos. Por outro lado, inexiste óbice ao aproveitamento de sentença proferida no processo penal de conhecimento, após regular instrução criminal, com observância do contraditório e da ampla defesa, pelo juízo da execução penal para o reconhecimento de falta grave. Esse título, diversamente dos autos de prisão em flagrante, de inquérito policial ou das petições iniciais dos processos criminais, supre a exigência de instrução perante autoridade administrativa ou judicial no âmbito executivo, autorizando a consequente aplicação das sanções disciplinares pela autoridade judiciária competente para decidir questões relativas à execução penal. No caso, trata-se de recurso extraordinário, com repercussão geral reconhecida (Tema 758), no qual se discute a necessidade de condenação com trânsito em julgado para se considerar como falta grave, no âmbito administrativo carcerário, a prática de fato definido como crime doloso. Com esse entendimento, o Plenário, em sessão virtual, deu provimento ao recurso extraordinário para determinar ao Juízo de origem que dê início à apuração da prática de falta grave, com a observância das diretrizes fixadas no julgamento" (STF: RE 776.823/RS, rel. Min. Edson Fachin, Plenário, j. 04.12.2020, noticiado no *Informativo* 1.001).

Regressão cautelar – falta grave – desnecessidade de prévia oitiva: "1. Nos termos do art. 50, inciso II, da Lei de Execução Penal, a fuga caracteriza falta grave, justificando a regressão cautelar do regime prisional pelo Juízo da Execução. 2. A oitiva prévia do condenado somente é exigível na transferência definitiva para regime mais rigoroso. Precedentes desta Corte Superior" (STJ: HC 115.373/RJ, Rel. Min. Jane Silva (Desembargadora convocada do TJ-MG), 6.ª Turma, j. 20.11.2008).

Tortura – regime inicialmente fechado para cumprimento da pena privativa de liberdade – princípio da especialidade – constitucionalidade: "O condenado por crime de tortura iniciará o cumprimento da pena em regime fechado, nos termos do disposto no § 7º do art. 1º da Lei 9.455/1997 – Lei de Tortura. Com base nessa orientação, a Primeira Turma denegou pedido formulado em *habeas corpus*, no qual se pretendia o reconhecimento de constrangimento ilegal consubstanciado na fixação, em sentença penal transitada em julgado, do cumprimento das penas impostas aos pacientes em regime inicialmente fechado. Alegavam os impetrantes a ocorrência de violação ao princípio da individualização da pena, uma vez que desrespeitados os artigos 33, § 3º, e 59 do CP. Apontavam a existência de similitude entre o disposto no artigo 1º, § 7º, da Lei de Tortura e o previsto no art. 2º, § 1º, da Lei de Crimes Hediondos, dispositivo legal que já teria sido declarado inconstitucional pelo STF no julgamento do HC 111.840/ES (*DJe* 17.12.2013). Salientavam, por fim, afronta ao Enunciado 719 da Súmula do STF. O Ministro Marco Aurélio (relator) denegou a ordem. Considerou que, no caso, a dosimetria e o regime inicial de cumprimento das penas fixadas atenderiam aos ditames legais. Asseverou não caber articular com a Lei de Crimes Hediondos, pois a regência específica (Lei 9.455/1997) prevê expressamente que o condenado por crime de tortura iniciará o cumprimento da pena em regime fechado, o que não se confundiria com a imposição de regime de cumprimento da pena integralmente fechado. Assinalou que o legislador ordinário, em consonância com a CF/1988, teria feito uma opção válida, ao prever que, considerada a gravidade do crime de tortura, a execução da pena, ainda que fixada no mínimo legal, deveria ser cumprida inicialmente em regime fechado, sem prejuízo de posterior progressão" (STF: HC 123.316/SE, rel. Min. Marco Aurélio, 1.ª Turma, j. 09.06.2015, noticiado no *Informativo* 789).

Tráfico de drogas – regime inicial fechado – constitucionalidade: "O delito de tráfico de entorpecentes, equiparado aos crimes hediondos segundo expressa disposição constitucional, sujeita-se, por consectário, ao tratamento dispensado a tais crimes. Com o advento da Lei 11.464/2007, que deu nova redação ao § 1º do artigo 2º da Lei nº 8.072/1990, ficou estabelecido o regime inicialmente fechado de cumprimento das penas por crimes ali previstos. O regime inicialmente fechado para o desconto da reprimenda é imposição legal e independe da quantidade da sanção imposta e de eventuais condições pessoais favoráveis ao réu" (STJ: HC 174.543/SP, rel. Min. Gilson Dipp, 5.ª Turma, j. 15.03.2011). *No mesmo sentido*: STJ: HC 143.319/MG, rel. Min. Laurita Vaz, 5.ª Turma, j. 16.12.2010.

Tráfico de drogas privilegiado – art. 33, § 4.º, da Lei 11.343/2006 – não equiparação aos delitos hediondos – regime inicial aberto – Súmula Vinculante 59: "É impositiva a fixação do regime aberto e a substituição da pena privativa de liberdade por restritiva de direitos quando reconhecida a figura do tráfico privilegiado (art. 33, § 4º, da Lei 11.343/2006) e ausentes vetores negativos na primeira fase da dosimetria (art. 59 do CP), observados os requisitos do art. 33, § 2º, 'c', e do art. 44, ambos do Código Penal." No caso de condenação pelo crime de tráfico privilegiado (Lei 11.343/2006, art. 33, § 4º), o magistrado deve fixar o regime aberto para o cumprimento inicial da pena quando inexistirem circunstâncias judiciais desfavoráveis na primeira fase da dosimetria (CP/1940, art. 59), o réu não for reincidente (CP/1940, art. 33, § 2º, "c") e a pena imposta não superar quatro anos. De igual modo, é obrigatória a substituição da pena privativa de liberdade por restritiva de direitos quando observados os requisitos legais (CP/1940, art. 44). O referido delito não se harmoniza com a hediondez do tráfico de entorpecentes (Lei 11.343/2006, art. 33, caput e § 1º), o que reforça ainda mais o constrangimento ilegal da estipulação de regime inicial de cumprimento de pena mais gravoso, em especial o fechado, se ausentes vetores negativos na primeira fase da dosimetria da pena. Ademais, a reincidência do réu desobriga a fixação do regime aberto. Por outro lado, para a conversão da pena privativa de liberdade em restritiva de direitos, o impedimento para a concessão do benefício é mais restrito, ou seja, apenas se verificada a reincidência específica. É de extrema importância a edição do verbete vinculante com a finalidade de otimizar os efeitos da jurisprudência do STF, pois vinculará os demais órgãos do Poder Judiciário e promoverá a segurança jurídica, evitando a multiplicação de processos sobre o mesmo tema. Nesse contexto, as reiteradas decisões desta Corte trazem em sua essência a envergadura constitucional necessária à edição do verbete, relacionada à fundamentação das decisões (CF/1988, art. 93, IX) e aos postulados da individualização da pena (CF/1988, art. 5º, XLVI), da legalidade (CF/1988, art. 5º, XXXIX), da humanização da pena (CF/1988, art. 5º, III e XLII) e da proporcionalidade (CF/1988, art. 5º, LIV)" (STF: PSV 139/DF, rel. Min. Presidente, Plenário, j. 19.10.2023, noticiado no *Informativo* 1113).

Unificação de penas – primeira execução extinta antes da segunda condenação – retificação do cálculo de benefícios – impossibilidade: "A pena integralmente cumprida não interfere nos cálculos de benefícios em nova execução penal. A controvérsia consiste na possibilidade de retificação dos cálculos penais do reeducando, sob o argumento de que deve ser computado o período relacionado à execução já extinta antes da atual execução. Quando houver condenação por mais de um crime contra a mesma pessoa, incide o art. 111 da LEP. O juiz observa o saldo da sanção a cumprir após eventual detração ou remição, determina o regime prisional e, então, elabora o cálculo de benefícios. Como a contagem incide sobre as guias reunidas para resgate preferencialmente em sua ordem cronológica de distribuição, a estimativa terá como marco inicial a data da primeira prisão do reeducando (interrompida pela última falta grave, no caso de progressão de regime), pois nesta data começou o cumprimento da execução unificada, sopesado o art. 42 do CP. No caso, o Tribunal de origem consignou expressamente que a primeira execução foi extinta antes da formação da culpa delitiva do segundo processo. Se a primeira execução do sentenciado foi extinta meses antes da formação da culpa do segundo processo, sem continuidade com a guia atual, a sanção integralmente resgatada noutro tempo não orienta nem tem reflexos nos cálculos de pena aplicada na última sentença, única em cumprimento, porque não existiu a soma ou a unificação de que trata o art. 111 da LEP. Portanto, somente seria possível acolher o pleito da defesa se estivéssemos diante de nova condenação no curso do resgate de outra pena (art. 111 da LEP) com a adição da nova sanção privativa de liberdade ao restante daquela ainda em cumprimento. Por sua vez, para o resgate – em ordem cronológica de duas ou mais guias, mediante adequação do regime prisional e refazimento dos cálculos de benefícios –, considera-se como termo inicial da execução unificada a data da primeira prisão (ou da última falta grave, para a progressão de regime), pois nesse dia começou o efetivo resgate das reprimendas somadas" (STJ: HC 762.729/SP, rel. Ministro Rogerio Schietti Cruz, 6.ª Turma, j. 04.10.2022, noticiado no *Informativo* 761).

Unificação de penas – reclusão e detenção – art. 111 da LEP – possibilidade: "É possível a unificação das penas de reclusão e de detenção, na fase de execução penal, para fim de fixação do regime prisional inicial. A controvérsia cinge-se em analisar a possibilidade de soma das penas de reclusão e de detenção, na fase de execução penal, para fim de fixação do regime prisional. A jurisprudência desta Corte está firmada no sentido de ser cabível a soma de tais penas, pois são reprimendas da mesma espécie (privativas de liberdade), nos termos do art. 111 da Lei de Execução Penal – LEP: 'A teor do art. 111 da Lei n. 7.210/1984, na unificação das penas, devem ser consideradas cumulativamente tanto as reprimendas de reclusão quanto as de detenção para efeito de fixação do regime prisional, porquanto constituem penas de mesma espécie, ou seja, ambas são penas privativas de liberdade' (AgRg no HC n. 473.459/SP, Quinta Turma, Rel. Min. Reynaldo Soares da Fonseca, DJe de 01/03/2019). Precedentes do STF e desta Corte Superior de Justiça; (AgRg no REsp n. 2.007.173/MG, relator Ministro Messod Azulay Neto, Quinta Turma, julgado em 14/2/2023, DJe de 22/2/2023). Portanto, mostra-se equivocado o raciocínio de que, caso sejam estabelecidos regimes diversos para o cumprimento das reprimendas, a execução da pena de detenção deve ser suspensa até que o apenado esteja em regime prisional compatível com essa espécie de sanção penal" (STJ: AgRg no REsp 2.053.887/MG, rel. Min. Joel Ilan Paciornik, 5.ª Turma, j. 15.05.2023, noticiado no *Informativo* 791).

Regras do regime fechado

> **Art. 34.** O condenado será submetido, no início do cumprimento da pena, a exame criminológico de classificação para individualização da execução.
>
> § 1º O condenado fica sujeito a trabalho no período diurno e a isolamento durante o repouso noturno.
>
> § 2º O trabalho será em comum dentro do estabelecimento, na conformidade das aptidões ou ocupações anteriores do condenado, desde que compatíveis com a execução da pena.
>
> § 3º O trabalho externo é admissível, no regime fechado, em serviços ou obras públicas.

○ **Regras do regime fechado:** Além do disposto no art. 34 do Código Penal, devem ser observadas as características previstas na Lei de Execução Penal (Lei 7.210/1984). Veremos, a seguir, as principais regras do regime fechado.

– **Local para o cumprimento da pena:** O local adequado para o cumprimento da pena privativa de liberdade em regime fechado é a **Penitenciária** (art. 87 da LEP). Pelo sistema legislativo, o condenado deve ser alojado em cela individual, que conterá dormitório, aparelho sanitário e lavatório. Cada unidade celular depende dos seguintes requisitos básicos: (a) salubridade do ambiente pela concorrência dos fatores de aeração, insolação e condicionamento térmico adequado à existência humana; e (b) área mínima de seis metros quadrados (art. 88 da LEP). A Penitenciária de homens será construída em local afastado do centro urbano, à distância que não restrinja a visitação (art. 90 da LEP). Embora na realidade ocorra fenômeno diverso, a **Cadeia Pública destina-se exclusivamente ao recolhimento de presos provisórios** (art. 102 da LEP). Esta também é a determinação contida no art. 300, *caput*, do CPP.

– **Exame criminológico:** No início do cumprimento da pena no regime fechado o condenado será obrigatoriamente submetido a exame criminológico de classificação para individualização da execução (art. 34, *caput*, do CP e art. 8.º, *caput*, da LEP), a ser realizado pela Comissão Técnica de Classificação, com vistas a definir o programa individualizador da pena privativa de liberdade adequada ao condenado (art. 6.º da LEP).

– **Trabalho diurno e isolamento noturno:** O condenado fica sujeito a trabalho no período diurno e a isolamento durante o repouso noturno. É o que se convencionou chamar de **"período de silêncio"**.[275] O trabalho será em comum dentro do estabelecimento, na conformidade das aptidões ou ocupações anteriores do condenado, desde que compatíveis com a execução da pena (art. 34, §§ 1.º e 2.º, do CP). Esse trabalho é obrigatório (art. 31, *caput*, da LEP). Na atribuição do trabalho deverão ser levadas em conta a habilitação, a condição pessoal e as necessidades futuras do preso, bem como as oportunidades oferecidas pelo mercado. Deverá ser limitado, tanto quanto possível, o artesanato sem expressão econômica, salvo nas regiões de turismo. Os maiores de 60 (sessenta) anos poderão solicitar ocupação adequada à sua idade, e os doentes ou deficientes físicos somente exercerão atividades apropriadas ao seu estado (art. 32, *caput*, e §§ 1.º a 3.º da LEP).

---

[275] COSTA, Álvaro Mayrink da. *Direito penal*: volume 3 – parte geral. 7. ed. Rio de Janeiro: Forense, 2007. p. 148.

– **Trabalho externo:** É admissível o **trabalho externo**, desde que em serviços ou obras públicas (art. 34, § 3.º, do CP). E, nos moldes do art. 36, *caput*, da LEP, "o trabalho externo será admissível para os presos em regime fechado somente em serviço ou obras públicas realizadas por órgãos da Administração Direta ou Indireta, ou entidades privadas, desde que tomadas as cautelas contra a fuga e em favor da disciplina". Quanto ao trabalho externo, devem ser observadas as regras do art. art. 36, §§ 1.º a 3.º, da LEP. A prestação de trabalho externo, **a ser autorizada pela direção do estabelecimento**, dependerá de aptidão, disciplina e responsabilidade, além do cumprimento mínimo de 1/6 (um sexto) da pena. E será revogada a autorização de trabalho externo ao preso que vier a praticar fato definido como crime, for punido por falta grave, ou faltar com aptidão, disciplina ou responsabilidade (art. 37, *caput* e parágrafo único, da LEP). É admissível o trabalho externo do condenado pela prática de **crime hediondo ou equiparado**, pois não há restrições legais. Logo, por cumprir parte da pena em regime fechado, aplicam-se as regras a ele inerentes. Deve ser tomada, porém, redobrada cautela no tocante à vigilância. A jornada normal de trabalho não será inferior a 6 (seis), nem superior a 8 (oito) horas, com descanso nos domingos e feriados. Aos presos designados para os serviços de conservação e manutenção do estabelecimento penal poderá ser atribuído horário especial de trabalho (art. 33 da LEP).

– **Remuneração e benefícios previdenciários:** O preso que desempenha atividade laborativa tem direito à remuneração, que não pode ser inferior a 3/4 do salário mínimo (art. 39 do CP e art. 29, *caput*, da LEP). Assiste-lhe, ainda, direito aos benefícios da Previdência Social (art. 39 do CP e art. 41, III, da LEP).

– **Recusa ao trabalho:** A recusa injustificada do preso à execução do trabalho caracteriza falta grave (arts. 31, 39, V e 50, VI, todos da LEP), acarretando na impossibilidade de obter a progressão de regime prisional ou o livramento condicional.

– **Hipóteses de não obrigatoriedade:** O trabalho não é obrigatório ao preso provisório e ao preso político (arts. 31, parágrafo único, e 200 da LEP). No tocante às contravenções penais, o trabalho é facultativo se a pena de prisão simples aplicada não exceder a 15 (quinze) dias (art. 6.º, § 2.º, do Decreto-lei 3.688/1941 – LCP).

○ **Domicílio do preso e cumprimento da pena:** O condenado à pena privativa de liberdade não tem o direito de cumpri-la na sua comarca, até porque nela não existe, obrigatoriamente, estabelecimento prisional. Com efeito, é preferível que a pessoa processada ou condenada fique custodiada em presídio no local em que reside, inclusive para facilitar o exercício de seu direito à assistência familiar e promover sua ressocialização. Mas, se sua permanência em presídio local se evidencia impraticável ou inconveniente por qualquer motivo, tal como em razão da periculosidade do agente e de suas desavenças com os demais detentos, é mister pôr em ressalto a preponderância ao interesse social da segurança e da própria eficácia da segregação individual. Em regra, a execução da pena deve ocorrer na mesma comarca em que se consumou o crime. Entretanto, o art. 86 da LEP admite exceções a essa regra, ou seja, é possível a transferência de condenado para sistema penitenciário de outra unidade federativa em estabelecimento local ou da União, desde que fundamentada a decisão pelo juiz por motivação idônea e válida para justificá-la. Destarte, ainda que seus parentes e as pessoas do seu convívio social residam em outra comarca ou mesmo em outro Estado, o condenado não tem direito à remoção do estabelecimento prisional quando preso em local diverso, especialmente se ligado a organizações criminosas, hipótese em que a supremacia do interesse público indica ser o Estado em que se deu a condenação o menos apropriado para cumprimento da pena. Destaque-se, ainda, que a União está autorizada a construir estabelecimento penal em local distante da condenação para recolher os condenados, quando a medida se justifique no interesse da segurança pública ou do próprio condenado (art. 86, § 1.º, da LEP). E cabe ao juiz competente, a requerimento da autoridade administrativa, definir o estabelecimento prisional adequado para abrigar o preso provisório ou condenado, em atenção ao regime e aos requisitos estabelecidos (art. 86, § 3.º, da LEP).

○ **Violência doméstica e familiar contra a mulher e local da prisão:** O **condenado ou preso provisório** que cometeu **crime de violência doméstica e familiar contra a mulher** e venha a **ameaçar ou praticar violência contra a vítima ou seus familiares**, durante o período em que se encontrar privado da liberdade, será transferido para **estabelecimento penal distante do local da residência da vítima**, ainda que situado em outra unidade federativa, inclusive da União (presídio federal). Essa regra, expressa pelo art. 86, § 4.º, da Lei de Execução Penal, foi criada pela Lei 14.994/2024 ("Pacote Antifeminicídio"), e seu objetivo é a proteção da mulher, vítima de violência doméstica ou familiar, e dos seus parentes, muitas vezes envolvidos na proteção e no auxílio da superação dos traumas causados à ofendida. O dispositivo é aplicável a **qualquer crime contra a mulher que envolva violência doméstica ou familiar**, e não apenas ao feminicídio, alcançando tanto o condenado definitivo como também o preso provisório. Em crimes dessa natureza, o preso normalmente tem domicílio na mesma cidade da vítima, em razão do seu vínculo doméstico ou familiar. Nada obstante seja comum o cumprimento da pena na localidade da sua residência, ou em comarca próxima, o risco à integridade da vítima ou dos seus parentes autoriza a remoção do detento para estabelecimento penal distante, quiçá situado em outro Estado ou no Distrito Federal, e inclusive a presídio federal.

○ **Estabelecimentos penais de segurança máxima:** A Lei 11.671/2008 dispõe sobre a transferência e inclusão de presos em **estabelecimentos penais federais de segurança máxima**. Esse diploma normativo passou por diversas modificações promovidas pela Lei 13.964/2019 ("Pacote Anticrime"), destinadas a implementar medidas mais severas voltadas ao interesse da segurança pública ou do próprio preso, definitivo ou provisório, especialmente nas situações ligadas às lideranças de organizações criminosas.

– **Transferência do preso:** A transferência do preso para estabelecimento prisional da União depende de decisão prévia e fundamentada do juízo federal competente, prolatada após receber os autos de transferência enviados pelo juízo responsável pela execução penal ou pela prisão provisória (Lei 11.671/2008, art. 4.º, *caput*). Se comprovada uma situação de emergência, essa transferência prescinde da prévia oitiva do preso. É o que se extrai da **Súmula 639 do Superior Tribunal de Justiça**: "Não fere o contraditório e o devido processo decisão que, sem ouvida prévia da defesa, determine transferência ou permanência de custodiado em estabelecimento penitenciário federal". A transferência pode ser requerida pela autoridade administrativa, pelo Ministério Público e pelo próprio preso (Lei 11.671/2008, art. 5.º, *caput*). Esse pedido será formulado perante o juízo de origem (estadual), que decide pela necessidade ou não de transferência ao estabelecimento federal. Não há hierarquia ou predominância de autoridade entre o juízo estadual e o juízo federal. Cada um dos magistrados deve atuar nos estritos limites da competência que lhe é atribuída pela legislação. Nesse contexto, somente o juiz estadual pode decidir sobre a necessidade ou não de transferência do preso para o estabelecimento federal de segurança máxima, pois é ele quem tem conhecimento sobre o comportamento do preso e as condições do estabelecimento prisional estadual, que se mostraram insuficientes no caso concreto. Em conformidade com o art. 3.º, *caput*, da Lei 11.671/2008, é o magistrado de origem quem tem elementos para concluir se a medida (transferência) se justifica "no interesse da segurança pública ou do próprio preso, condenado ou provisório."[276] Se o juízo federal rejeitar a transferência, o juízo de origem poderá suscitar conflito de competência perante o Superior Tribunal de Justiça (CF, art. 105, I, "d"), que o apreciará em caráter prioritário (Lei 11.671/2008, art. 9.º). Depois de efetuada a transferência, o juízo federal de execução penal será competente para as ações de natureza penal que tenham por objeto fatos ou incidentes relacionados à execução da

---

[276] A propósito, o STF há muito tempo firmou o entendimento de que não cabe ao juízo federal discutir as razões do juízo estadual ao solicitar a transferência ou renovação do prazo em presídio federal, pois este é o único habilitado a declarar a excepcionalidade da medida (HC 112.650/RJ, rel. Min. Rosa Weber, 1.ª Turma, j. 11.03.2014, noticiado no *Informativo* 738). O STJ compartilha dessa linha de pensamento: AgRg no CC 199.369/PA, rel. Min. Teodoro Silva Santos, 6.ª Turma, j. 06.02.2024, noticiado no *Informativo* 800.

pena ou infrações penais ocorridas no estabelecimento penal federal (Lei 11.671/2008, art. 2.º, parágrafo único). Se o preso que estiver no estabelecimento penal federal de segurança máxima não contar com advogado, sua assistência jurídica será incumbência da Defensoria Pública da União (Lei 11.671/2008, art. 5.º, § 1.º).

– **Características**: Para atender ao interesse da segurança pública, a inclusão em estabelecimento penal de segurança máxima será em **regime fechado de segurança máxima**, dotado das seguintes características: **(a) Recolhimento em cela individual**: cuida-se de medida voltada a evitar a comunicação do preso com outros detentos, e também para protegê-lo de ataques promovidos por presos vinculados a organizações criminosas diversas daquela a que ele possa estar vinculado; **(b) Visita do cônjuge, do companheiro, de parentes e de amigos somente em dias determinados, por meio virtual ou no parlatório, com o máximo de 2 (duas) pessoas por vez, além de eventuais crianças, separados por vidro e comunicação por meio de interfone, com filmagem e gravações**: não há contato físico entre o preso e quem o visita. O objetivo dessa restrição é impedir a entrada de objetos proibidos no estabelecimento prisional (drogas, armas etc.), e também fazer com o que o preso não transmita ordens – muitas vezes ligadas ao comando da atividade criminosa – a serem levadas para o ambiente externo. A quebra da comunicação é essencial para o combate das atividades de organizações criminosas. Se não for regularmente exercido, o direito de visitas pode ser suspenso por ato fundamentado do diretor do estabelecimento penal federal de segurança ou do Diretor do Sistema Penitenciário Federal (Lei 11.671/2008, art. 3.º, § 4.º). Os estabelecimentos penais federais de segurança máxima deverão dispor de monitoramento de áudio e vídeo no parlatório e nas áreas comuns, para fins de preservação da ordem interna e da segurança pública, vedado seu uso nas celas e no atendimento advocatício, salvo expressa autorização judicial em contrário (Lei 11.671/2008, art. 3.º, § 2.º). A violação desta regra caracteriza o crime de violação de sigilo funcional, tipificado no art. 325 do Código Penal. Entretanto, as gravações das visitas não poderão ser utilizadas como meio de prova de infrações penais **pretéritas** ao ingresso do preso no estabelecimento (Lei 11.671/2008, art. 3.º, § 3.º). Não podem ser utilizadas como meio de prova de infrações anteriores à entrada do preso no estabelecimento, mas nada impede o uso de tais gravações como elementos probatórios de crimes ou contravenções penais praticadas **depois do ingresso do detento no estabelecimento prisional, em seu recinto ou fora dele; (c) Banho de sol de até 2 (duas) horas diárias**: trata-se de medida decorrente do isolamento do preso, para que ele não venha a se comunicar ou então rivalizar com outros detentos recolhidos no estabelecimento penal; e **(d) Monitoramento de todos os meios de comunicação, inclusive de correspondência escrita**: busca-se mais uma vez impedir tanto a entrada de objetos proibidos no estabelecimento penal como a comunicação externa, para dificultar a continuidade das atividades da organização criminosa.

– **Prazo**: O prazo de permanência do preso no estabelecimento penal de segurança máxima será de até 3 anos, renováveis por iguais períodos, quando solicitado motivadamente pelo juízo de origem. Nos termos da **Súmula 662 do Superior Tribunal de Justiça:** "Para a prorrogação do prazo de permanência no sistema penitenciário federal, é prescindível a ocorrência de fato novo; basta constar, em decisão fundamentada, a persistência dos motivos que ensejaram a transferência inicial do preso." Não há limites para as renovações, desde que sejam observados os requisitos que autorizaram a transferência, e se persistirem os motivos que a determinaram (Lei 11.671/2008, art. 10, § 1.º). Além disso, deve evidentemente ser respeitado o limite de cumprimento da pena privativa de liberdade, na forma do art. 75 do Código Penal.

– **Estados e Distrito Federal**: Podem construir estabelecimentos prisionais de segurança máxima, ou adaptar os já existentes (Lei 11.671/2008, art. 11-B).

– **Juízos colegiados**: Em sintonia com a diretriz implantada para o julgamento de membros de organizações criminosas, e visando preservar os magistrados de intimidações e ataques individuais, decorrentes da personalização da atividade jurisdicional, a Lei 11.671/2008, com as modificações efetuadas pela Lei 13.964/2019, conhecida como "Pacote Anticrime", autoriza o julgamento colegiado para apreciar a transferência do preso para estabelecimento penal de segurança máxima, ou para prorrogação da permanência nesse recinto, bem como para a concessão ou denegação de benefícios prisionais ou imposição de sanções ao preso federal. Como estabelece seu art. 11-A: "As decisões relativas à transferência ou à prorrogação da permanência do preso em estabelecimento penal federal de segurança máxima, à concessão ou à denegação de benefícios prisionais ou à imposição de sanções ao preso federal poderão ser tomadas por órgão colegiado de juízes, na forma das normas de organização interna dos tribunais."

– **Líderes de organizações criminosas:** O art. 2.º, § 8.º, da Lei 12.850/2013 – Lei do Crime Organizado, com a redação conferida pela Lei 13.964/2019 ("Pacote Anticrime"), determina: "As lideranças de organizações criminosas armadas ou que tenham armas à disposição deverão iniciar o cumprimento da pena em estabelecimentos penais de segurança máxima."

○ **Regime disciplinar diferenciado:** O RDD – Regime Disciplinar Diferenciado foi inserido no art. 52 da Lei de Execução Penal pela Lei 10.792/2003. Posteriormente, a Lei 13.964/2019 ("Pacote Anticrime") promoveu diversas modificações no instituto, ampliando seu alcance e impondo regras mais rigorosas, para adaptá-lo à realidade atual, visando a combater com maior eficácia a atuação das organizações criminosas e controlar a atuação dos seus líderes, os quais muitas vezes continuam tranquilamente a desempenhar suas atividades no interior dos estabelecimentos prisionais.

– **Aplicabilidade:** O regime disciplinar diferenciado é aplicável ao preso provisório ou ao condenado definitivo, nacional ou estrangeiro, e tem cabimento em 3 (três) hipóteses: (a) com a prática de fato previsto como crime doloso, que constitui falta grave, desde que ocasione subversão da ordem ou disciplina internas, sem prejuízo da sanção penal correspondente ao delito cometido (LEP, art. 52, *caput*); (b) quando o preso apresentar alto risco para a ordem e a segurança do estabelecimento penal ou da sociedade (LEP, art. 52, § 1.º, I); e (c) quando recair sobre o preso fundadas suspeitas de envolvimento ou participação, a qualquer título, em organização criminosa, associação criminosa ou milícia privada, **independentemente da prática de falta grave** (LEP, art. 52, § 1.º, II).

– **Características:** São as seguintes (LEP, art. 52, I a VII): *I – duração máxima de até 2 (dois) anos, sem prejuízo de repetição da sanção por nova falta grave de mesma espécie.* O RDD pode ser aplicado por prazo menor (1 ano, por exemplo), mas também pode ser prorrogado, se o preso cometer nova falta grave. Não há limites para as prorrogações. Cada falta grave autoriza uma nova prorrogação, por até dois anos. Nada impede, portanto, o cumprimento integral da pena no regime disciplinar diferenciado, com respeito ao limite previsto no art. 75 do Código Penal, se o detento insistir na prática de faltas graves. *II – recolhimento em cela individual.* Essa medida, além da preservação da integridade física e da vida do preso frente à atuação de presos pertencentes a grupos criminosos diversos, busca evitar seu contato com outros detentos, inclusive para frear a engenharia de novos delitos. *III – visitas quinzenais, de 2 (duas) pessoas por vez, a serem realizadas em instalações equipadas para impedir o contato físico e a passagem de objetos, por pessoa da família ou, no caso de terceiro, autorizado judicialmente, com duração de 2 (duas) horas.* O limite é de duas pessoas a cada quinzena, pouco importando se adulto ou criança, com duração máxima de duas horas. Para os familiares do preso, não se exige autorização judicial, ao contrário do que se verifica em relação às demais pessoas. A proibição de contato físico e de passagem de objetos destina-se a evitar o ingresso de itens proibidos (armas, drogas etc.) no estabelecimento prisional, assim como a comunicação pela forma escrita. Todas as visitas serão gravadas em sistema de áudio, ou de áudio e vídeo e, com autorização judicial, as gravações serão fiscalizadas por agente penitenciário (LEP, art. 52, § 6.º). Se depois de 6 (seis) meses do ingresso no regime disciplinar diferenciado o preso ainda não tiver recebido nenhuma visita, ele poderá, com prévio agendamento, ter contato telefônico – que será gravado – com uma pessoa da família, duas vezes por mês e com dez minutos de duração em cada chamada (LEP, art. 52, § 7.º). *IV – direito do preso à saída da cela por 2 (duas) horas diárias para banho de sol, em grupos de até 4 (quatro) presos, desde que não haja contato com presos do mesmo grupo criminoso.* A proibição de contato com presos do mesmo grupo criminoso serve para evitar o planejamento de fuga, rebeliões e de crimes em geral. *V – entrevistas sempre monitoradas, exceto aquelas com seu defensor, em instalações equipadas para impedir o contato físico e a passagem de objetos, salvo expressa autorização judicial em contrário.* Assegura-se a indispensável assistência jurídica ao preso, porém sem qualquer contato físico e passagem de objetos, os quais não são necessários para o exercício da defesa técnica. *VI – fiscalização do conteúdo da correspondência.* Cuida-se de medida igualmente destinada a impedir a entrada de objetos proibidos no estabelecimento prisional, bem como para evitar a participação do preso na gestão da atividade criminosa ou seu envolvimento em atividades ilícitas. *VII – participação em audiências judiciais preferencialmente por videoconferência, garantindo-se a participação do defensor no mesmo ambiente do preso.* Deve-se evitar, ao máximo possível, a saída do preso do estabelecimento prisional, seja para inviabilizar seu resgate, seja para impedir o ataque por membros de grupos diversos. Além disso, as audiências por videoconferência representam considerável economia aos cofres públicos, pois não se gasta vultosa quantia em dinheiro com escolta, segurança nos fóruns etc., e direcionamento dos agentes de segurança pública para atuações mais relevantes. É imprescindível, em respeito à ampla defesa, que o defensor esteja no mesmo ambiente do preso durante a audiência judicial por videoconferência.

– **Cumprimento no RDD em estabelecimento federal:** Se existirem indícios de que o preso exerce **liderança em organização criminosa, associação criminosa ou milícia privada, ou que tenha atuação criminosa em 2 (dois) ou mais Estados da Federação, o regime disciplinar diferenciado será obrigatoriamente cumprido em estabelecimento prisional federal**, na forma disciplinada pela Lei 11.671/2008 (LEP, art. 52, § 3.º). Nessa hipótese, o RDD deverá contar com alta segurança interna e externa, principalmente no que diz respeito à necessidade de se evitar contato do preso com membros de sua organização criminosa, associação criminosa ou milícia privada, ou de grupos rivais (LEP, art. 52, § 5.º).

– **Situações diferenciadas de prorrogação do RDD:** Nas hipóteses dos §§ 1.º e 3.º do art. 52 da Lei de Execução Penal – (a) preso provisório ou definitivo que apresente alto risco para o ordem e a segurança do estabelecimento penal ou da sociedade, (b) preso sob o qual recaia fundadas suspeitas de envolvimento ou participação, a qualquer título, em organização criminosa, associação criminosa ou milícia privada, ou (c) preso que exerça liderança em organização criminosa, associação criminosa ou milícia privada, ou que tenha atuação criminosa em 2 ou mais Estados da Federação – o regime disciplinar diferenciado poderá ser prorrogado sucessivamente, por períodos de 1 (um) ano, se existirem indícios de que o preso: I – continua apresentando alto risco para a ordem e a segurança do estabelecimento penal de origem ou da sociedade; ou II – mantém os vínculos com organização criminosa, associação criminosa ou milícia privada, considerados também o perfil criminal e a função desempenhada por ele no grupo criminoso, a operação duradoura do grupo, a superveniência de novos processos criminais e os resultados do tratamento penitenciário (LEP, art. 52, § 4.º).

– **Inserção do preso no RDD:** A inserção do preso no regime disciplinar diferenciado depende de prévio e fundamentado despacho do juiz da execução competente, mediante requerimento circunstanciado elaborado pelo diretor do estabelecimento ou outra autoridade administrativa (exemplo: Secretário de Estado da Administração Penitenciária). A decisão judicial sobre a inclusão de preso em regime disciplinar será precedida de manifestação do Ministério Público e da defesa e prolatada no prazo máximo de 15 (quinze) dias (LEP, art. 54, e §§ 1.º e 2.º). Nos termos do art. 60 da Lei de Execução Penal, a autoridade administrativa poderá decretar o isolamento preventivo do faltoso pelo prazo de até 10 (dez) dias. Trata-se de medida antecedente à inclusão do preso no RDD, e esse período será abatido do total do período de inserção do preso no regime disciplinar diferenciado.

– **Medidas especiais de segurança:** De acordo com o art. 4.º da Lei 10.792/2003, responsável pela inserção do RDD na Lei de Execução Penal, "os estabelecimentos penitenciários, especialmente os destinados ao regime disciplinar diferenciado, disporão, dentre outros equipamentos de segurança, de bloqueadores de telecomunicação para telefones celulares, radiotransmissores e outros meios". Sem prejuízo, o art. 3.º da Lei 10.792/2003 estatui que "os estabelecimentos penitenciários disporão de aparelho detector de metais, aos quais devem se submeter todos que queiram ter acesso ao referido estabelecimento, **ainda que exerçam qualquer cargo ou função pública**".

– **Constitucionalidade e validade do RDD:** O regime disciplinar diferenciado tem sido alvo de críticas, alegando-se sua inconstitucionalidade, notadamente por suposta violação à dignidade da pessoa humana e por se tratar de pena cruel. Entretanto, não nos parece seja esse o caminho correto. O regime é severo, rígido, eficaz ao combate do crime organizado, mas não desumano. Muito ao contrário, a determinação de isolamento em cela individual, antes de ofender, assegura a integridade física e moral do preso, afastando dele as frequentes violências, ameaças, promiscuidade sexual e outros males que assolam o sistema penitenciário. O tratamento legal mais rigoroso está em sintonia com o comportamento diferenciado do seu destinatário. Quem busca destruir o Estado, criando governos paralelos tendentes ao controle da sociedade, deve ser enfrentado de modo mais contundente. Não se pode tratar de maneira igual um preso comum e um preso vinculado a organização criminosa. Além disso, o interesse público exige a proteção das pessoas de bem, mediante a efetiva segregação de indivíduos destemidos e incrédulos com a força dos poderes constituídos pelo Estado. O preso não tem direito à fuga. O regime disciplinar diferenciado tem se mostrado seguro, sem rebeliões e evasões. A Constituição Federal assegura a todos o direito à segurança (art. 5.º, *caput*), e o legislador acertou ao instituir um regime capaz de efetivar esse direito inerente a todas as pessoas. O ordenamento jurídico, especialmente a Lei de Execução Penal, precisa se ajustar à necessidade de se enfrentar com eficácia a criminalidade organizada, que amplia a cada dia sua esfera de atuação e o recrutamento de novos membros, notadamente no sistema prisional. É notório que o fortalecimento das organizações criminosas, especialmente as ligadas ao tráfico de drogas, depende da obtenção e distribuição de armamento pesado, utilizado diretamente para a prática de homicídios e outros atos de extrema violência, para demonstração de poder e intimidação de forças policiais e de rivais no mundo criminoso. Não raras vezes, a ordem para a prática de tais crimes parte do interior dos estabelecimentos prisionais. Nenhuma política de combate à criminalidade organizada, portanto, alcançará o sucesso sem o emprego de medidas que assegurem o real isolamento das suas lideranças.

– **Direito comparado:** No direito comparado, experiências deste jaez têm sido bem-sucedidas. Exemplificativamente, nos casos "Labita c. Itália", de 2000, e "Paolello c. Itália", de 2015, a Corte Europeia de Direitos Humanos decidiu que a imposição de medidas especiais e mais severas durante a execução da pena, no caso de integrantes de organizações criminosas, é perfeitamente compatível com os postulados de defesa dos direitos humanos.

○ **Jurisprudência selecionada:**

Execução penal – juízo competente – local do estabelecimento penal: "Se a execução penal é transferida para outra Unidade da Federação, consectário lógico da remoção operada, a teor do art. 86 da Lei nº 7.210/1984, o Juiz competente para esse fim é o indicado pela Lei de Organização Judiciária, ou seja, aquele da Unidade da Federação onde se executará a pena. Está-se diante não de uma simples delegação de competência de um Estado para outro, mas de verdadeira modificação de competência" (STJ: CC 90.702/PR, rel. Min. Og Fernandes, 3.ª Seção, j. 22.04.2009). *No mesmo sentido:* STJ: CC 110.576/AM, rel. Min. Arnaldo Esteves Lima, 3.ª Seção, j. 09.06.2010.

Local de cumprimento da pena – proximidade da família – existência de estabelecimento prisional adequado: "1. O art. 86, *caput*, da LEP permite o cumprimento da pena corporal em local diverso daquele em que houve a perpetração e consumação do crime. 2. Entretanto, o exame minucioso de cada caso concreto pode afastar o comando legal supramencionado, desde que comprovadas as assertivas de falta de segurança do presídio destinatário da remoção, participação do preso em facção criminosa e outras circunstâncias relevantes à administração da Justiça. Ônus do *Parquet*. 3. No caso sob exame, não ficou demonstrado o perigo na transferência, tampouco a periculosidade, ao contrário, porquanto são prisões aptas ao cumprimento de pena em regime fechado, além do que o vínculo familiar, a boa conduta carcerária e a respectiva vaga foram documentalmente demonstrados pelo paciente. 4. A ressocialização do preso e a proximidade da família devem ser prestigiadas sempre que ausentes elementos concretos e objetivos ameaçadores da segurança pública" (STF: HC 100.087/SP, rel. Min. Ellen Gracie, 2.ª Turma, j. 16.03.2010).

Local de cumprimento da pena – proximidade da família do condenado – ausência de direito subjetivo – prevalência do interesse público: "1. A execução da pena deve ocorrer, sempre que possível, em local próximo ao meio social e familiar do apenado, conforme previsto no art. 103 da

Lei de Execução Penal. 2. O direito do preso de ter suas reprimendas executadas onde reside sua família não é absoluto, devendo o magistrado fundamentar devidamente a sua decisão, analisando a conveniência e real possibilidade e necessidade da transferência, decidindo sobre o cumprimento da pena em local longe do convívio familiar" (STJ: HC 166.837/MS, rel. Min. Og Fernandes, 6.ª Turma, j. 01.09.2011). *No mesmo sentido:* STJ: AgRg no HC 209.452/RJ, rel. Min. Jorge Mussi, 5.ª Turma, j. 07.08.2014; STJ: HC 116.610/SP, rel. Min. Napoleão Nunes Maia Filho, 5.ª Turma, j. 06.10.2009; e STF: HC 101.540/SP, rel. Min. Ayres Britto, 2.ª Turma, j. 19.10.2010.

Obras emergenciais em presídios – reserva do possível e separação dos Poderes – inadmissibilidade da "coisificação" dos presos: "É lícito ao Poder Judiciário impor à Administração Pública obrigação de fazer, consistente na promoção de medidas ou na execução de obras emergenciais em estabelecimentos prisionais para dar efetividade ao postulado da dignidade da pessoa humana e assegurar aos detentos o respeito à sua integridade física e moral, nos termos do que preceitua o art. 5º, XLIX, da CF, não sendo oponível à decisão o argumento da reserva do possível nem o princípio da separação dos poderes. Essa a conclusão do Plenário, que proveu recurso extraordinário em que discutida a possibilidade de o Poder Judiciário determinar ao Poder Executivo estadual obrigação de fazer consistente na execução de obras em estabelecimentos prisionais, a fim de garantir a observância dos direitos fundamentais dos presos. O Colegiado assentou tratar-se, na espécie, de estabelecimento prisional cujas condições estruturais seriam efetivamente atentatórias à integridade física e moral dos detentos. Pontuou que a pena deveria ter caráter de ressocialização, e que impor ao condenado condições sub-humanas atentaria contra esse objetivo. Entretanto, o panorama nacional indicaria que o sistema carcerário como um todo estaria em quadro de total falência, tendo em vista a grande precariedade das instalações, bem assim episódios recorrentes de sevícias, torturas, execuções sumárias, revoltas, superlotação, condições precárias de higiene, entre outros problemas crônicos. Esse evidente caos institucional comprometeria a efetividade do sistema como instrumento de reabilitação social. Além disso, a questão afetaria também estabelecimentos destinados à internação de menores. O quadro revelaria desrespeito total ao postulado da dignidade da pessoa humana, em que haveria um processo de 'coisificação' de presos, a indicar retrocesso relativamente à lógica jurídica atual. A sujeição de presos a penas a ultrapassar mera privação de liberdade prevista na lei e na sentença seria um ato ilegal do Estado, e retiraria da sanção qualquer potencial de ressocialização. A temática envolveria a violação de normas constitucionais, infraconstitucionais e internacionais. Dessa forma, caberia ao Judiciário intervir para que o conteúdo do sistema constitucional fosse assegurado a qualquer jurisdicionado, de acordo com o postulado da inafastabilidade da jurisdição. Os juízes seriam assegurados do poder geral de cautela mediante o qual lhes seria permitido conceder medidas atípicas, sempre que se mostrassem necessárias para assegurar a efetividade do direito buscado. No caso, os direitos fundamentais em discussão não seriam normas meramente programáticas, sequer se trataria de hipótese em que o Judiciário estaria ingressando indevidamente em campo reservado à Administração. Não haveria falar em indevida implementação de políticas públicas na seara carcerária, à luz da separação dos poderes. Ressalvou que não seria dado ao Judiciário intervir, de ofício, em todas as situações em que direitos fundamentais fossem ameaçados. Outrossim, não caberia ao magistrado agir sem que fosse provocado, transmudando-se em administrador público. O juiz só poderia intervir nas situações em que se evidenciasse um 'não fazer' comissivo ou omissivo por parte das autoridades estatais que colocasse em risco, de maneira grave e iminente, os direitos dos jurisdicionados" (STF: RE 592.581/RS, rel. Min. Ricardo Lewandowski, Plenário, j. 13.08.2015, noticiado no *Informativo* 794).

Presídio federal – conflito entre juiz estadual e juiz federal: "Cabe ao Poder Judiciário verificar se o preso tem perfil apropriado para a transferência ou a permanência nos presídios federais, em controle exercido tanto pelo juiz de origem como pelo juiz federal responsável pelo presídio federal. Deferido o requerimento pelo magistrado de execução estadual, não cabe ao juiz federal exercer juízo de valor sobre a gravidade das razões do solicitante, salvo se evidenciadas condições desfavoráveis ou inviáveis da unidade prisional" (STF: HC 112.650/RJ, rel. Min. Rosa Weber, 1.ª Turma, j.

11.03.2014, noticiado no *Informativo* 738). **No mesmo sentido**: STJ: AgRg no CC 199.369/PA, rel. Min. Teodoro Silva Santos, 6.ª Turma, j. 06.02.2024, noticiado no *Informativo* 800.

Presídio federal – necessidade – permanência do preso: "Quando os motivos que fundamentaram a transferência do condenado para presídio federal de segurança máxima persistirem, justifica-se o pedido de renovação do prazo de permanência, ainda que não tenha ocorrido fato novo. A Lei 11.671/2008 dispõe que o período de permanência é renovável excepcionalmente, quando solicitado motivadamente pelo juízo de origem, não exigindo novos argumentos. Assim, tendo sido aceitos pelo juízo federal os fundamentos no momento do pedido de transferência, é suficiente, para a renovação do prazo, a afirmação de que esses motivos de segurança pública ainda permanecem. Ressaltou-se, também, que não cabe ao juízo federal discutir as razões do juízo estadual ao solicitar a transferência ou renovação do prazo em presídio federal, pois este é o único habilitado a declarar a excepcionalidade da medida. Ademais, trata-se, na hipótese, de preso integrante de organização criminosa que exerce função de liderança dentro do presídio. Nesses termos, a Seção, por maioria, conheceu do conflito e declarou competente o juízo federal, devendo o apenado permanecer no presídio de segurança máxima" (STJ: CC 122.042/RJ, rel. originário Min. Gilson Dipp, rel. para acórdão Min. Marco Aurélio Bellizze, 3.ª Seção, j. 27.06.2012, noticiado no *Informativo* 500). **No mesmo sentido**: STF: HC 106.039/MT, rel. Min. Ayres Britto, 2.ª Turma, j. 27.03.2012.

Regime Disciplinar Diferenciado – RDD – constitucionalidade: "1. Considerando-se que os princípios fundamentais consagrados na Carta Magna não são ilimitados (princípio da relatividade ou convivência das liberdades públicas), vislumbra-se que o legislador, ao instituir o Regime Disciplinar Diferenciado, atendeu ao princípio da proporcionalidade. 2. Legítima a atuação estatal, tendo em vista que a Lei nº 10.792/2003, que alterou a redação do art. 52 da LEP, busca dar efetividade à crescente necessidade de segurança nos estabelecimentos penais, bem como resguardar a ordem pública, que vem sendo ameaçada por criminosos que, mesmo encarcerados, continuam comandando ou integrando facções criminosas que atuam no interior do sistema prisional – liderando rebeliões que não raro culminam com fugas e mortes de reféns, agentes penitenciários e/ou outros detentos – e, também, no meio social" (STJ: HC 40.300/RJ, rel. Min. Arnaldo Esteves Lima, 5.ª Turma, j. 07.06.2005). **No mesmo sentido**: STJ: AgRg no RHC 46.314/MS, rel. Min. Moura Ribeiro, 5.ª Turma, j. 05.08.2014; e STJ: RHC 44.417/MS, rel. Min. Moura Ribeiro, 5.ª Turma, j. 25.02.2014.

Regime fechado – prisão preventiva – incompatibilidade da sua manutenção com regime prisional diverso fixado em sentença condenatória: "Viola o princípio da proporcionalidade a tentativa de compatibilizar a prisão preventiva com a imposição do regime inicial de cumprimento de pena semiaberto ou aberto. Na espécie, a fixação do regime semiaberto torna desproporcional a manutenção da prisão preventiva, por significar imposição de medida cautelar mais gravosa à liberdade do que a estabelecida na própria sentença condenatória, circunstância que se revela como verdadeiro constrangimento ilegal" (STF: HC 214.070 AgR/MG, rel. Min. Nunes Marques, redator do acórdão Min. Dias Toffoli, 2.ª Turma, j. 20.06.2023, noticiado no *Informativo* 1.100).

Trabalho do preso – recusa injustificada do condenado – falta grave: "Constitui falta grave na execução penal a recusa injustificada do condenado ao exercício de trabalho interno. O art. 31 da Lei 7.210/1984 (LEP) determina a obrigatoriedade do trabalho ao apenado condenado à pena privativa de liberdade, na medida de suas aptidões e capacidades, sendo sua execução, nos termos do art. 39, V, da referida Lei, um dever do apenado. O art. 50, VI, da LEP, por sua vez, classifica como falta grave a inobservância do dever de execução do trabalho. Ressalte-se, a propósito, que a pena de trabalho forçado, vedada no art. 5º, XLVIII, *c*, da CF, não se confunde com o dever de trabalho imposto ao apenado, ante o disposto no art. 6º, 3, da Convenção Americana de Direitos Humanos (Pacto San José da Costa Rica), segundo o qual os trabalhos ou serviços normalmente exigidos de pessoa reclusa em cumprimento de sentença ou resolução formal expedida pela autoridade judiciária competente não constituem trabalhos forçados ou obrigatórios vedados pela Convenção" (STJ: HC 264.989/SP, rel. Min. Ericson Maranho (Desembargador convocado do TJ/SP), 6.ª Turma, j. 04.08.2015, noticiado no *Informativo* 567).

Trabalho externo – empresa da família do preso – possibilidade: "O fato de o irmão do apenado ser um dos sócios da empresa empregadora não constitui óbice à concessão do benefício do trabalho externo, ainda que se argumente sobre o risco de ineficácia da realização do trabalho externo devido à fragilidade na fiscalização. Com efeito, a execução criminal visa ao retorno do condenado ao convívio em sociedade, com o escopo de reeducá-lo e ressocializá-lo, sendo que o trabalho é essencial para esse processo. Nesse contexto, é importante considerar que os riscos de ineficácia da realização de trabalho externo em empresa familiar, sob o argumento de fragilidade na fiscalização, não podem ser óbice à concessão do referido benefício. Em primeiro lugar, porque é muito difícil para o apenado conseguir emprego. Impedir que o preso seja contratado por parente é medida que reduz ainda mais a possibilidade de vir a conseguir uma ocupação lícita e, em consequência, sua perspectiva de reinserção na sociedade. Em segundo lugar, porque o Estado deve envidar todos os esforços possíveis no sentido de ressocializar os transgressores do Direito Penal, a fim de evitar novas agressões aos bens jurídicos da coletividade. Ademais, o Estado possui a atribuição de fiscalizar o efetivo cumprimento do trabalho extramuros, estando autorizado a revogar a benesse nas hipóteses elencadas no parágrafo único do art. 37 da LEP. Além disso, não há qualquer vedação na LEP quanto à concessão de trabalho externo em empresa da família do sentenciado" (STJ: HC 310.515/RS, rel. Min. Felix Fischer, 5ª Turma, j. 17.09.2015, noticiado no *Informativo* 569).

Transferência para presídio federal de segurança máxima – prévia oitiva do preso – desnecessidade: "A transferência de preso para presídio federal de segurança máxima sem a sua prévia oitiva, desde que fundamentada em fatos caracterizadores de situação emergencial, não configura ofensa aos princípios do devido processo legal, da ampla defesa, da individualização da pena e da dignidade da pessoa humana. Com base nesse entendimento, a 1ª Turma denegou *habeas corpus* em que se pleiteava a anulação de transferência de preso recolhido em penitenciária estadual para estabelecimento federal por suposta inobservância de requisitos legais. Aludiu-se ao que contido no § 6º do art. 5º da Lei 11.671/2008, que dispõe sobre a transferência e inclusão de presos em estabelecimentos penais federais de segurança máxima e dá outras providências ('§ 6º Havendo extrema necessidade, o juiz federal poderá autorizar a imediata transferência do preso e, após a instrução dos autos, na forma do § 2º deste artigo, decidir pela manutenção ou revogação da medida adotada'). Consignou-se a possibilidade de postergação da oitiva dos agentes envolvidos no processo de transferência, cuja formalidade estaria prevista no § 2º do mesmo preceito ['Instruídos os autos do processo de transferência, serão ouvidos, no prazo de 5 (cinco) dias cada, quando não requerentes, a autoridade administrativa, o Ministério Público e a defesa, bem com o Departamento Penitenciário Nacional – DEPEN, a quem é facultado indicar o estabelecimento penal mais adequado']. Aduziu-se que, no caso, estariam demonstrados os fatos ensejadores da situação emergencial: a) rebeliões ocorridas em determinado período, com a morte de vários detentos; b) julgamento, pela Corte Interamericana de Direitos Humanos, do Brasil e do estado-membro em que localizada a penitenciária na qual inicialmente recluso o paciente; c) interdição do presídio; e d) periculosidade do paciente. Ressaltou-se, ademais, a inexistência de direito subjetivo do reeducando de cumprir a pena em penitenciária específica" (STF: HC 115.539/RO, rel. Min. Luiz Fux, 1.ª Turma, j. 03.09.2013, noticiado no *Informativo* 718). *No mesmo sentido*: STJ: HC 85.106/PR, rel. Min. Laurita Vaz, 5.ª Turma, j. 02.02.2010.

Regras do regime semiaberto

Art. 35. Aplica-se a norma do art. 34 deste Código, *caput*, ao condenado que inicie o cumprimento da pena em regime semiaberto.

§ 1º O condenado fica sujeito a trabalho em comum durante o período diurno, em colônia agrícola, industrial ou estabelecimento similar.

§ 2º O trabalho externo é admissível, bem como a frequência a cursos supletivos profissionalizantes, de instrução de segundo grau ou superior.

○ **Regras do regime semiaberto:** A pena privativa de liberdade em regime prisional semiaberto deve ser cumprida em **colônia agrícola, industrial ou estabelecimento similar** (art. 91 da LEP).[277] O condenado poderá ser alojado em compartimento coletivo, com salubridade do ambiente pela concorrência dos fatores de aeração, insolação e condicionamento térmico adequado à existência humana. Além disso, as dependências coletivas devem ser dotadas dos seguintes requisitos básicos: (*1.º*) seleção adequada dos presos; e (*2.º*) o limite de capacidade máxima que atenda os objetivos de individualização da pena (art. 92 e parágrafo único da LEP). De acordo com o art. 35, *caput*, do CP, o exame criminológico, a exemplo do que ocorre no regime fechado, é obrigatório no início do cumprimento da pena no semiaberto. Prevalece, contudo, o entendimento de que esse exame é facultativo, nada obstante a posição contrária permita uma mais adequada individualização da pena, em face da regra prevista no art. 8.º, parágrafo único, da LEP (princípio da especialidade).[278] O condenado fica sujeito a trabalho em comum durante o período diurno. É admissível o trabalho externo, bem como a frequência a cursos supletivos profissionalizantes, de instrução de segundo grau ou superior (art. 35, §§ 1.º e 2.º, do CP). Assim como no regime fechado, o trabalho externo deve ser efetuado sob vigilância, porém não depende do prévio cumprimento de no mínimo 1/6 da pena.

○ **Falta de vagas no regime semiaberto (e no regime aberto) – A Súmula Vinculante 56:** No dia 29 de junho de 2016, o Supremo Tribunal Federal aprovou a **Súmula Vinculante 56**: "A falta de estabelecimento penal adequado não autoriza a manutenção do condenado em regime prisional mais gravoso, devendo-se observar, nessa hipótese, os parâmetros fixados no RE 641.320/RS." O enunciado vinculante foi criado com a finalidade de evitar o cumprimento da pena privativa de liberdade em regime prisional mais gravoso do que o determinado na sentença ou no acórdão, ou do que o autorizado por lei, em face da ausência de vagas ou de condições específicas que o possibilitem. As reconhecidas deficiências estruturais do sistema penitenciário e a incapacidade do Estado de prover recursos materiais que viabilizem a implementação de determinações impostas pela Lei de Execução Penal, que constitui exclusiva obrigação do Poder Público, não podem frustrar o exercício, pelo condenado, de direitos subjetivos que lhe foram conferidos pelo ordenamento positivo, sob risco de se caracterizar o excesso de execução, vedado pelo art. 185 da Lei 7.210/1984 – Lei de Execução Penal. Com efeito, a realidade do sistema prisional brasileiro revela a violação do **sistema progressivo**, pois os regimes semiaberto e, em especial, o aberto foram praticamente abandonados no âmbito da execução penal, e não raras vezes a reprimenda acaba sendo cumprida, em sua integralidade, no regime fechado, misturando-se os detentos que corretamente nele se encontram com aqueles que já deveriam (e mereciam) estar em regimes menos gravosos. Essa situação fática afronta os princípios constitucionais da individualização da pena, que também abrange o cumprimento da pena, e da legalidade, uma vez que a pena acaba sendo cumprida em regime diverso daquele previsto em lei. O precedente jurisprudencial expressamente citado no enunciado da súmula vinculante foi o Recurso Extraordinário 641.320, no qual a Corte Suprema fixou os seguintes parâmetros: (a) a falta de estabelecimento penal adequado não autoriza a manutenção do condenado em regime prisional mais gravoso; (b) os juízes da execução penal podem avaliar os estabelecimentos destinados aos regimes semiaberto e aberto, para qualificação como adequados a tais regimes. São aceitáveis estabelecimentos que não se

---

[277] Nos termos do art. 23 da Resolução CNJ 417/2021, com a redação alterada pela Resolução CNJ 474/2022: "Transitada em julgado a condenação ao cumprimento de pena em regime semiaberto ou aberto, a pessoa condenada será intimada para dar início ao cumprimento da pena, previamente à expedição de mandado de prisão, sem prejuízo da realização de audiência admonitória e da observância da Súmula Vinculante nº 56."

[278] O exame criminológico será imprescindível, todavia, para eventual progressão do condenado ao regime aberto (art. 112, § 1.º, da LEP).

qualificassem como "colônia agrícola, industrial" (regime semiaberto) ou "casa de albergado ou estabelecimento adequado" (regime aberto) (art. 33, § 1º, "b" e "c", do CP); (c) havendo "déficit" de vagas, deve ser determinada: (1) a saída antecipada de sentenciado no regime com falta de vagas; (2) a liberdade eletronicamente monitorada ao sentenciado que saia antecipadamente ou seja posto em prisão domiciliar por falta de vagas; (3) o cumprimento de penas restritivas de direito e/ou estudo ao sentenciado que obtenha a progressão ao regime aberto.[279] É de se observar que no regime semiaberto a pena não precisa obrigatoriamente ser cumprida em colônia agrícola ou industrial, e no regime aberto também não se afigura indispensável a execução da pena em casa de albergado. De fato, o art. 33, § 1.º, "b" e "c", do Código Penal admite o cumprimento da pena em "estabelecimento similar" ou em "estabelecimento adequado", e essa posição foi reforçada pelo Supremo Tribunal Federal, ao deixar claro que os magistrados da execução penal podem avaliar os estabelecimentos penais sob sua jurisdição para concluir se existe ou não o enquadramento na abertura permitida pelo Código Penal. Finalmente, é preciso destacar que a Súmula Vinculante 56 **não se aplica aos presos provisórios**. Em sede de custódia cautelar não existe propriamente cumprimento de pena, razão pela qual sequer se pode falar em diferenciação entre regimes prisionais durante a prisão preventiva (ou temporária).

– Falta de colônia agrícola ou industrial e cumprimento da pena em estabelecimento adequado: Se o condenado ao regime semiaberto, em face da ausência de vaga em colônia agrícola ou industrial, cumpre a pena em estabelecimento adequado, em local destinado exclusivamente aos presos do regime intermediário e com direito a todos os benefícios a este inerentes, não há falar em constrangimento ilegal e inserção do reeducando no regime aberto ou em prisão domiciliar. Esse raciocínio é igualmente válido para a ausência de vagas em casas de albergado destinadas a condenados ao regime aberto.

– Pandemia causada pela COVID-19, suspensão temporária do trabalho externo e prisão domiciliar: Diante do grave quadro de saúde pública causado pela COVID-19, o Conselho Nacional de Justiça – CNJ editou a Recomendação 62/2020, com a finalidade de recomendar aos Tribunais e aos magistrados a adoção de medidas preventivas à propagação da infecção pelo coronavírus no âmbito do sistema da justiça penal. Muitos presos (e presas) que estavam no regime semiaberto ficaram impossibilitados de prosseguir no trabalho externo, para evitar a contaminação pelo vírus com consequente disseminação da doença no sistema prisional. Essa suspensão, contudo, não autorizou a imediata substituição do regime intermediário pela prisão domiciliar.[280] Com efeito, a pandemia da COVID-19 não autorizou, de forma automatizada, a concessão da prisão domiciliar a todos aqueles que cumpriam pena no regime aberto e foram proibidos de dar continuidade ao trabalho externo. O CNJ não determinou tal benefício aos presos no regime semiaberto, e sim **recomendou** medidas preventivas à propagação do coronavírus, notadamente às pessoas que integram o "grupo de risco", tais como pessoas idosas, gestantes e pessoas com doenças crônicas, imunossupressoras, respiratórias e outras comorbidades preexistentes que possam conduzir ao agravamento do estado de saúde a partir do contágio, com especial atenção para diabetes, tuberculose, doenças renais, HIV e coinfecções. O Superior Tribunal de Justiça, entretanto, já decidiu de forma diversa, no sentido de autorizar a prisão domiciliar, durante a pandemia da COVID-19, a todo e qualquer preso do regime semiaberto ou aberto.[281]

– Saída temporária: Com a entrada em vigor da Lei 14.843/2024, que promoveu diversas modificações na saída temporária, o benefício passou a ser cabível aos condenados que cumprem pena

---

[279] STF: RE 641.320/RS, rel. Min. Gilmar Mendes, Plenário, j. 11.05.2016, noticiado no *Informativo* 825.

[280] STJ: AgRg no HC 580.495/SC, rel. Min. Reynaldo Soares da Fonseca, 5ª Turma, j. 09.06.2020, noticiado no *Informativo* 673.

[281] HC 575.495/MG, rel. Min. Sebastião Reis Júnior, 6ª Turma, j. 02.06.2020, noticiado no *Informativo* 673.

em regime **semiaberto**,[282] para saída do estabelecimento penal, **sem vigilância direta**, unicamente para frequência a curso supletivo profissionalizante, bem como de instrução do segundo grau ou superior, na comarca do Juízo da Execução.[283] Nos termos do art. 122, § 1.º, da Lei de Execução Penal: "a ausência de vigilância direta não impede a utilização de equipamento de monitoração eletrônica pelo condenado, quando assim determinar o juiz da execução". Não terá direito à saída temporária ou a trabalho externo sem vigilância direta o condenado que cumpre pena pela prática de **crime hediondo ou com violência ou grave ameaça contra pessoa** (art. 122, § 2.º, da LEP). De igual modo, o benefício não pode ser aplicado ao **preso provisório**, por dois motivos: (a) não é condenado; e (b) não cumpre pena privativa de liberdade em regime semiaberto. A saída temporária será autorizada por ato motivado do juiz da execução,[284] ouvidos o Ministério Público e a administração penitenciária, e dependerá da satisfação dos seguintes **requisitos cumulativos**: I – comportamento adequado;[285] II – cumprimento mínimo de 1/6 (um sexto) da pena, se o condenado for primário, e 1/4 (um quarto), se reincidente; e III – compatibilidade do benefício com os objetivos da pena (art. 123, da LEP). No tocante ao percentual de cumprimento da pena (1/6 ou 1/4), o período já descontado no regime fechado – se era o regime inicial da pena privativa de liberdade –, será computado para fins de saída temporária. É o que estabelece a **Súmula 40 do Superior Tribunal de Justiça**: "Para obtenção dos benefícios de saída temporária e trabalho externo, considera-se o tempo de cumprimento da pena no regime fechado". O tempo de saída será o necessário para o cumprimento das atividades discentes (art. 122, § 3.º, da LEP). O benefício será automaticamente revogado quando o condenado praticar fato definido como crime doloso, for punido por falta grave, desatender as condições impostas na autorização ou revelar baixo grau de aproveitamento do curso. Se revogado, a recuperação do direito à saída temporária dependerá da absolvição no processo penal, do cancelamento da punição disciplinar ou da demonstração do merecimento do condenado (art. 125, parágrafo único, da LEP).

– **Saída temporária e monitoração eletrônica:** O art. 146-B, inc. II, da Lei de Execução Penal autorizou o juiz a definir a fiscalização do condenado mediante monitoração eletrônica quando autorizar a saída temporária no regime semiaberto.[286] Trata-se de recurso excepcional, não po-

---

[282] O Superior Tribunal de Justiça já admitiu a saída temporária a condenado que cumpre pena em **prisão domiciliar**, em face da falta de vaga no regime semiaberto: "Há compatibilidade entre o benefício da saída temporária e prisão domiciliar por falta de estabelecimento adequado para o cumprimento de pena de reeducando que se encontre no regime semiaberto. Ao apenado em regime semiaberto que preencher os requisitos objetivos e subjetivos do art. 122 e seguintes da Lei de Execuções Penais, deve ser concedido o benefício das saídas temporárias. No caso, a Corte local indeferiu o pedido de saídas temporárias, por entender que o benefício é incompatível com a prisão domiciliar. Observado que o benefício da saída temporária tem como objetivo a ressocialização do preso e é concedido ao apenado em regime mais gravoso – semiaberto –, não se justifica negar a benesse ao reeducando que se encontra em regime menos gravoso – aberto, na modalidade de prisão domiciliar –, em razão de ausência de vagas em estabelecimento prisional compatível com o regime semiaberto" (STJ: HC 489.106/RS, rel. Min. Nefi Cordeiro, 6.ª Turma, j. 13.08.2019, noticiado no *Informativo* 655).

[283] Antes da Lei 14.843/2024 também era admitida a saída temporária pelo condenado para visita à família e participação em atividades destinadas a concorrer para o retorno ao convívio social. A nova sistemática é prejudicial ao réu, razão pela qual somente pode ser aplicada aos fatos praticados após a sua entrada em vigor (STJ: HC 932.864/SC, rel. Min. Sebastião Reis Júnior, 6.ª Turma, j. 10.09.2024, noticiado no *Informativo* 827).

[284] Como preceitua a **Súmula 520 do Superior Tribunal de Justiça**: "O benefício de saída temporária no âmbito da execução penal é ato jurisdicional insuscetível de delegação à autoridade administrativa do estabelecimento prisional".

[285] "Não se aplica limite temporal à análise do requisito subjetivo para concessão de saída temporária, devendo ser considerado todo o período de execução da pena, a fim de se averiguar o mérito do apenado" (STJ: HC 795.970/SC, rel. Min. Reynaldo Soares da Fonseca, 5.ª Turma, j. 14.03.2023, noticiado no *Informativo* 767).

[286] Nos termos do art. 146-B da Lei de Execução Penal, **além da saída temporária**, a fiscalização por meio da monitoração eletrônica também será possível quando o juiz: (a) determinar a **prisão domiciliar**; (b) aplicar **pena privativa de liberdade a ser cumprida nos regimes aberto ou semiaberto**, ou conceder **progressão para tais regimes**; (c) aplicar **pena restritiva de direitos que estabeleça limitação de frequência a lugares específicos**; e (d) conceder o **livramento condicional**.

dendo ser utilizado como regra. O juiz deverá fundamentar sua decisão, e baseá-la, sobretudo, em questões de necessidade, adequação e proporcionalidade da medida, pois a regra é a saída temporária sem vigilância direta (LEP, art. 122, *caput*). Nesse caso, o condenado será instruído acerca dos cuidados que deverá adotar com o equipamento eletrônico e dos seguintes deveres: I – receber visitas do servidor responsável pela monitoração eletrônica, responder aos seus contatos e cumprir suas orientações; II – abster-se de remover, de violar, de modificar, de danificar de qualquer forma o dispositivo de monitoração eletrônica ou de permitir que outrem o faça (LEP, art. 146-C, incs. I e II). A violação comprovada de tais deveres poderá acarretar, a critério do juiz da execução, ouvidos o Ministério Público e a defesa: (a) a regressão do regime; (b) a revogação da autorização de saída temporária; (c) advertência, por escrito, se o juiz decidir não aplicar qualquer das sanções anteriores; (d) a revogação do livramento condicional; ou (e) a conversão da pena restritiva de direitos em pena privativa de liberdade (art. 146-C, parágrafo único, I, II, VI, VII, VIII e IX, da LEP). Exige-se, portanto, respeito à ampla defesa para imposição da sanção cabível. A monitoração eletrônica poderá ser revogada quando se tornar desnecessária ou inadequada, ou se o condenado violar os deveres a que estiver sujeito durante sua vigência ou cometer falta grave (LEP, art. 146-D), sem prejuízo, nessa última hipótese, da imposição das sanções disciplinares previstas no art. 53 da Lei de Execução Penal. Finalmente, o art. 146-E da Lei de Execução Penal, criado pela Lei 14.994/2024 ("Pacote Antifeminicídio"), estabelece que o **condenado por crime contra a mulher, por razões da condição do sexo feminino** – e não somente por feminicídio –, ao usufruir de qualquer benefício em que ocorra a sua saída de estabelecimento penal, a exemplo da saída temporária, será fiscalizado por meio de monitoração eletrônica.

○ **Jurisprudência selecionada:**

Falta de vaga no regime semiaberto – impossibilidade de cumprimento da pena em regime mais gravoso – fundamento da criação, pelo STF, da Súmula Vinculante 56: "O Plenário, em conclusão de julgamento e por maioria, deu parcial provimento a recurso extraordinário em que se discutia a possibilidade de cumprimento de pena em regime menos gravoso, diante da impossibilidade de o Estado fornecer vagas para o cumprimento no regime originalmente estabelecido em condenação penal. Na espécie, o acórdão recorrido fixara a prisão em regime domiciliar a condenado à pena de 5 anos e 4 meses de reclusão, em razão da não existência de estabelecimento destinado ao regime semiaberto que atendesse todos os requisitos da LEP. A Corte determinou que, havendo viabilidade, ao invés da prisão domiciliar, se observasse: a) a saída antecipada do sentenciado no regime com falta de vagas; b) a liberdade eletronicamente monitorada do recorrido, enquanto em regime semiaberto; e c) o cumprimento de penas restritivas de direito e/ou estudo após progressão ao regime aberto. Assentou, assim, em sede de repercussão geral, o entendimento de que: a) a falta de estabelecimento penal adequado não autorizaria a manutenção do condenado em regime prisional mais gravoso; b) os juízes da execução penal poderiam avaliar os estabelecimentos destinados aos regimes semiaberto e aberto, para qualificação como adequados a tais regimes. Seriam aceitáveis estabelecimentos que não se qualificassem como 'colônia agrícola, industrial' (regime semiaberto) ou 'casa de albergado ou estabelecimento adequado' (regime aberto) (art. 33, § 1º, 'b' e 'c'); c) havendo 'déficit' de vagas, deveria ser determinada: 1) a saída antecipada de sentenciado no regime com falta de vagas; 2) a liberdade eletronicamente monitorada ao sentenciado que saísse antecipadamente ou fosse posto em prisão domiciliar por falta de vagas; 3) o cumprimento de penas restritivas de direito e/ou estudo ao sentenciado que progredisse ao regime aberto. Outrossim, até que fossem estruturadas as medidas alternativas propostas, poderia ser deferida a prisão domiciliar ao sentenciado. O Tribunal ressaltou, ainda, que o CNJ deveria apresentar: a) em 180 dias, contados da conclusão do julgamento: 1) projeto de estruturação do Cadastro Nacional de Presos, com etapas e prazos de implementação, devendo o banco de dados conter informações suficientes para identificar os mais próximos da progressão ou extinção da pena; 2) relatório sobre a implantação das centrais de monitoração e penas alternativas, acompanhado, se for o caso, de projeto de medidas ulteriores para desenvolvimento dessas estruturas; e b) em um ano, relatório com projetos para: 1) expansão do Programa Começar de Novo e adoção de outras medidas buscando o incremento da oferta de estudo e de trabalho aos condenados; e 2) aumento do número de vagas nos regimes semiaberto e aberto. A Corte destacou que o sistema progressivo de cumprimento de penas não estaria funcionando a contento. Haveria falta de vagas nos regimes semiaberto e aberto, este último sendo desprezado por várias unidades da Federação. Assim, a lei prevê 3 degraus da progressão, mas o último grau simplesmente não existiria em mais da metade do País. Por outro lado, na prática, os modelos de estabelecimentos de cumprimento de pena, necessariamente adequados aos regimes semiaberto e aberto (CP, art. 33, § 1º, 'b' e 'c'), teriam sido abandonados. Desse modo, os presos dos referidos regimes estariam sendo mantidos nos mesmos estabelecimentos que os presos em regime fechado e provisórios. Contudo, a possibilidade de manutenção de condenado em regime mais gravoso, na hipótese de inexistir vaga em estabelecimento adequado ao seu regime, seria uma questão ligada a duas garantias constitucionais em matéria penal da mais alta relevância: a individualização da pena (CF, art. 5º, XLVI) e a legalidade (CF, art. 5º, XXXIX). O sistema brasileiro teria sido formatado tendo o regime de cumprimento da pena como ferramenta central da individualização da sanção, importante na fase de aplicação (fixação do regime inicial) e capital na fase de execução (progressão de regime). Assim, a inobservância do direito à progressão de regime, mediante manutenção do condenado em regime mais gravoso, ofenderia o direito à individualização da pena. A violação ao princípio da legalidade seria ainda mais evidente. Conforme art. 5º, XXXIX, da CF, as penas devem ser previamente cominadas em lei. A legislação brasileira prevê o sistema progressivo de cumprimento de penas. Logo, assistiria ao condenado o direito a ser inserido em um regime inicial compatível com o título condenatório e a progredir de regime de acordo com seus méritos. A manutenção do condenado em regime mais gravoso seria um excesso de execução, com violação a direitos dele. Em outra perspectiva, haveria que ser rechaçada qualquer possibilidade de ponderar os direitos dos condenados à individualização da pena e à execução da pena de acordo com a lei e com os interesses da sociedade na manutenção da segurança pública. Não se poderia negar o dever do Estado de proteger os bens jurídicos penalmente relevantes. A proteção à integridade da pessoa e ao seu patrimônio contra agressões injustas estaria na raiz da própria ideia de Estado Constitucional. Em suma, o Estado teria o dever de proteger os direitos fundamentais contra agressões injustas de terceiros, como corolário do direito à segurança (CF, art. 5º). No entanto, a execução de penas corporais em nome da segurança pública só se justificaria com a observância de estrita legalidade. Regras claras e prévias seriam indispensáveis. Permitir que o Estado executasse a pena de forma deliberadamente excessiva seria negar não só o princípio da legalidade, mas a própria dignidade humana dos condenados (CF, art. 1º, III). Por mais grave que fosse o crime, a condenação não retiraria a humanidade da pessoa condenada. Ainda que privados de liberdade e dos direitos políticos, os condenados não se tornariam simples objetos de direito (CF, art. 5º, XLIX). O Plenário asseverou que, atualmente, haveria duas alternativas de tratamento do sentenciado que progredisse de regime quando não houvesse vagas suficientes. Ou seria mantido no regime mais gravoso ao que teria direito (fechado), ou seria colocado em regime menos gravoso (prisão domiciliar). Contudo, já não bastaria apenas afirmar o direito ao regime previsto na lei ou ao regime domiciliar. Apesar de ser imprescindível cobrar dos poderes públicos soluções definitivas para a falta de vagas – pela melhoria da administração das vagas existentes ou pelo aumento do número de vagas –, não haveria, porém, solução imediata possível. Desse modo, seria necessário verificar o que fazer com os sentenciados se a situação de falta de vagas estivesse configurada. A prisão domiciliar seria uma alternativa de difícil fiscalização e, isolada, de pouca eficácia. Todavia, não deveria ser descartada sua utilização, até que fossem estruturadas outras medidas, como as anteriormente mencionadas. Desse modo, seria preciso avançar em propostas de medidas que, muito embora não fossem tão gravosas como o encarceramento, não estivessem tão aquém do 'necessário e suficiente para reprovação e prevenção do crime' (CP, art. 59). As medidas em questão não pretenderiam esgotar as alternativas a serem adotadas pelos juízes de execuções penais no intuito de equacionar os problemas de falta de vagas nos regimes adequados ao cumprimento de pena. As peculiaridades de cada região e de cada estabelecimento prisional poderiam recomendar o desenvolvimento dessas medidas em novas direções. Assim, seria conveniente confiar às instâncias ordinárias margem para complementação e execução das medidas. O fundamental seria afastar o excesso da execução – manutenção do sentenciado em regime mais gravoso – e dar aos juízes das execuções penais a oportunidade de desenvolver soluções que minimizassem a insuficiência da execução, como se daria com o cumprimento da sentença em prisão domiciliar ou outra modalidade sem o rigor necessário" (STF: RE 641.320/RS, rel. Min. Gilmar Mendes, Plenário, j. 11.05.2016, noticiado no *Informativo* 825).

Falta de vaga no regime semiaberto – prisão domiciliar imediata – impossibilidade de concessão – necessidade de observância aos parâmetros definidos no RE 641.320/RS: "A inexistência de estabelecimento penal adequado ao regime prisional determinado para o cumprimento da pena não autoriza a concessão imediata do benefício da prisão domiciliar, porquanto, nos termos da Súmula Vinculante n. 56, é imprescindível que a adoção de tal medida seja precedida das providências estabelecidas no julgamento do RE 641.320/RS, quais sejam: (i) saída antecipada de outro sentenciado no regime com falta de vagas, abrindo-se, assim, vagas para os reeducandos que acabaram de progredir; (ii) a liberdade eletronicamente monitorada ao sentenciado que sai antecipadamente ou é posto em prisão domiciliar por falta de vagas; e (iii) cumprimento de penas restritivas de direitos e/ou estudo aos sentenciados em regime aberto. Inicialmente cumpre salientar que no julgamento do RE 641.320/RS, o Supremo Tribunal Federal assentou que 'a falta de estabelecimento penal adequado não autoriza a manutenção do condenado em regime prisional mais gravoso'. Concluiu, ainda, que, diante de tais situações, o julgador deveria buscar aplicar as seguintes alternativas, em ordem de preferência: (i) a saída antecipada de sentenciado no regime com falta de vagas; (ii) a liberdade eletronicamente monitorada ao sentenciado que sai antecipadamente ou é posto em prisão domiciliar por falta de vagas; (iii) o cumprimento de penas restritivas de direito e/ou estudo ao sentenciado que progride ao regime aberto. Até que sejam estruturadas as medidas alternativas propostas, poderá ser deferida a prisão domiciliar ao sentenciado. O relator do RE 641.320/RS, ao discorrer sobre a prisão domiciliar pura e simples, pondera ser ela 'uma alternativa de difícil fiscalização e, isolada, de pouca eficácia'. Isso porque, no seu entender, a par das dificuldades que o preso pode vir a ter para providenciar uma casa na qual seja acolhido e para auxiliar no seu sustento, já que as possibilidades de trabalho sem sair do ambiente doméstico são limitadas, há que se levar em conta que, 'em casos de crimes que tenham os membros da família como vítima, pode-se criar nova situação de risco, tornando a pena insuficiente para proteger as vítimas. Por outro lado, os associados para a prática de crimes passam a ter total acesso ao condenado. Eventuais restrições de movimentação não se estendem à comunidade, que não fica proibida de frequentar a casa na qual a pena é cumprida'. Defende, assim, que 'a execução da sentença em regime de prisão domiciliar é mais proveitosa se for acompanhada de trabalho', devendo ser acompanhada de 'monitoração eletrônica dos sentenciados, especialmente os do regime semiaberto', na forma do art. 146-B, II e IV, da Lei n. 7.210/1984. No tocante à saída antecipada, esclarece que 'o sentenciado do regime semiaberto que tem a saída antecipada pode ser colocado em liberdade eletronicamente monitorada; o sentenciado do aberto, ter a pena substituída por penas alternativas ou estudo'. Sugere que 'a saída antecipada deve ser deferida ao sentenciado que satisfaz os requisitos subjetivos e está mais próximo de satisfazer o requisito objetivo. Ou seja, aquele que está mais próximo de progredir tem o benefício antecipado. Para selecionar o condenado apto, é indispensável que o julgador tenha ferramentas para verificar qual está mais próximo do tempo de progressão'. Explicitando seu pensamento sobre a liberdade eletronicamente monitorada, aplicável tanto ao regime aberto quanto ao semiaberto, o Relator esclarece que 'melhor do que a pura e simples prisão domiciliar, é a liberdade eletronicamente vigiada, ficando o sentenciado obrigado a trabalhar e, se possível, estudar, recolhendo-se ao domícílio nos períodos de folga'. Depreende-se, portanto, que o relator do RE 641.320/RS somente considera a utilização da prisão domiciliar pouco efetiva como alternativa à ausência de vagas no regime adequado quando ela restringe totalmente o direito do executado de deixar a residência, não permitindo, assim, o exercício de trabalho externo, ou quando, estando o reeducando no regime aberto, a prisão domiciliar puder ser substituída pelo cumprimento de penas alternativas e/ou estudo" (STJ: REsp 1.710.674/MG, rel. Min. Reynaldo Soares da Fonseca, 3.ª Seção, j. 22.08.2018, noticiado no *Informativo* 632).

Pandemia – Covid-19 – sentenciados dos regimes semiaberto e aberto – suspensão do exercício do trabalho externo – recrudescimento da situação prisional – ilegalidade – Recomendação n. 62/CNJ e prisão domiciliar: "É cabível a concessão de prisão domiciliar aos reeducandos que cumprem pena em regime semiaberto e aberto que tiveram suspenso o exercício do trabalho externo, como medida preventiva de combate à pandemia, desde que não ostentem procedimento de apuração de falta grave. A revogação dos benefícios concedidos aos reeducandos configura flagrante ilegalidade, sobretudo diante do recrudescimento da situação em que estavam na execução da pena, todos em regime semiaberto, evoluídos à condição menos rigorosa, trabalhando e já em contato com a sociedade. A adoção de medidas preventivas de combate à pandemia da covid-19 extremamente restritivas não levaram em conta os princípios norteadores da execução penal (legalidade, individualização da pena e dignidade da pessoa humana), nem a finalidade da sanção penal de reinserção dos condenados no convívio social, pois a suspensão do exercício do trabalho externo daqueles em regime semiaberto traz degradação à situação vivida pelos custodiados que diariamente saem do estabelecimento prisional para laborar, readaptando-se à sociedade; portanto, a obrigação de voltar a permanecer em tempo integral na prisão representa alteração na situação carcerária de cada um dos atingidos pela medida de extrema restrição. É preciso ter em mente que o recrudescimento da situação prisional somente é admitido em nosso ordenamento jurídico como forma de penalidade em razão de cometimento de falta disciplinar, cuja imposição definitiva exige prévio procedimento disciplinar, com observância dos princípios constitucionais, sobretudo da ampla defesa e do contraditório. Assim, é preciso dar imediato cumprimento à Resolução n. 62/CNJ, como medida de contenção da pandemia causada pelo coronavírus (covid-19), notadamente ao disposto no inc. III do art. 5º, que dispõe sobre a concessão de prisão domiciliar para todas as pessoas presas em cumprimento de pena em regime aberto e semiaberto, mediante condições a serem definidas pelo juízo da execução" (STJ: HC 575.495/MG, rel. Min. Sebastião Reis Júnior, 6.ª Turma, j. 02.06.2020, noticiado no *Informativo* 673).

Pandemia – Covid-19 – suspensão temporária do trabalho externo do reeducando – possibilidade – substituição automática da prisão decorrente da sentença condenatória pela domiciliar – não cabimento – Resolução CNJ n. 62/2020: "A suspensão temporária do trabalho externo no regime semiaberto em razão da pandemia atende à Resolução n. 62 do CNJ, cuja recomendação não implica automática substituição da prisão decorrente da sentença condenatória pela domiciliar. Não há constrangimento ilegal na suspensão temporária do trabalho externo, pois, embora este constitua meio importante para a ressocialização do apenado, diante do cenário de crise em que o Brasil se encontra em razão da pandemia, tem-se que a suspensão do benefício encontra justificativa na proteção de um bem maior, qual seja, a saúde do próprio reeducando e da coletividade. Dessa forma, considerando que a vedação do ingresso de pessoas nas unidades prisionais devido à pandemia visa a proteger, de modo eficiente, a integridade física dos apenados, seria incongruente permitir que os executados deixassem o presídio para realizar trabalho externo e a ele retornassem diariamente, enquanto o restante da população é solicitada a permanecer em isolamento em suas residências. Ademais, a recomendação contida na Resolução n. 62, de 18 de março de 2020, do CNJ não implica automática substituição da prisão decorrente da sentença condenatória pela domiciliar. É necessário que o eventual beneficiário do instituto demonstre: a) sua inequívoca adequação ao chamado grupo de vulneráveis da covid-19; b) a impossibilidade de receber tratamento no estabelecimento prisional em que se encontra; e c) risco real de que o estabelecimento em que se encontra, e que o segrega do convívio social, cause mais risco do que o ambiente em que a sociedade está inserida. Assim, a suspensão temporária do benefício vem ao encontro das ações adotadas pelo Poder Público, as quais, visando à proteção da saúde da população carcerária, têm admitido a restrição ao direito de visitas ao preso, a prorrogação ou antecipação de outras benesses da execução penal" (STJ: AgRg no HC 580.495/SC, rel. Min. Reynaldo Soares da Fonseca, 5.ª Turma, j. 09.06.2020, noticiado no *Informativo* 673).

Regime inicial semiaberto – condenação oriunda da Justiça estadual – apenado domiciliado em comarca diversa da condenação – competência que remanesce com o Juízo da condenação – expedição de carta precatória– possibilidade: "Compete ao juiz da sentença ou ao indicado na lei local de organização judiciária a execução penal de condenação oriunda da Justiça estadual ao cumprimento de pena em regime semiaberto, ainda que haja mudança de domicílio do apenado. A execução penal competirá ao Juiz indicado na lei local de organização judiciária e, na sua ausência, ao da sentença, na forma do art. 65 da Lei de Execução Penal. O advento da Resolução n. 474/2022 do Conselho Nacional de Justiça – que alterou o art. 23 da Resolução n. 417/2021 – não alterou o cenário legal dessa matéria. O referido ato normativo estabelece que, em se tratando pena privativa de liberdade a ser cumprida em regime semiaberto ou aberto, o apenado deve ser previamente intimado para iniciar o cumprimento da pena, de modo que foi suprimida a possibilidade de expedição de mandado de prisão como primeiro ato da execução nessas hipóteses, providência essa que só tem lugar caso o apenado não seja encontrado no endereço por ele indicado ou, caso intimado, não se apresente para iniciar o cumprimento da pena. No julgamento do CC n. 197.304/PR, a Terceira Seção desta Corte decidiu que, em caso de condenação oriunda da Justiça Federal ao cumprimento de pena em regime semiaberto, é inviável impor ao Juízo da condenação o ônus de intimar o apenado, pois apenas o Juízo estadual pode aferir a existência de vaga em estabelecimento prisional adequado para o cumprimento da pena em regime semiaberto e, em caso negativo, adotar as medidas preconizadas na Súmula Vinculante 56 do STF. Contudo, o caso trata de condenação oriunda da Justiça estadual, hipótese na qual não se vislumbra nenhum óbice objetivo para que essa intimação seja levada a efeito pelo próprio Juízo da condenação ou por aquele designado pela lei de organização judiciária local (art. 65, da LEP), sendo-lhe possível averiguar, de antemão, a existência da vaga em estabelecimento compatível e intimar o apenado mediante carta precatória endereçada ao Juízo em que domiciliado. Desse modo, em se tratando de cumprimento de pena privativa de liberdade, oriunda da Justiça estadual, em regime inicial semiaberto e tendo o apenado indicado domicílio em local diverso da condenação, incumbe ao Juízo competente (art. 65, da LEP) averiguar de antemão a existência de vaga em estabelecimento compatível com esse regime, podendo, a partir daí, adotar, alternativamente, as seguintes providências: 1) expedir carta precatória para fins de intimação do apenado para que se apresente para iniciar o cumprimento da pena no estabelecimento por ele indicado (caso exista vaga em estabelecimento compatível); ou 2) harmonizar o regime (na forma da Súmula Vinculante n. 56, do STF), expedindo carta precatória para o Juízo do domicílio, deprecando não só a intimação do apenado (art. 23, da Resolução n. 417/2021 do CNJ) como também a fiscalização do cumprimento da pena em si, ressaltando que, caso opte por monitoramento eletrônico, deve consultar previamente o Juízo deprecado acerca da disponibilidade de equipamento, sem prejuízo da possibilidade de disponibilizar meio tecnológico para esse fim" (STJ: CC 208.423/SC, rel. Min. Sebastião Reis Júnior, 3.ª Seção, j. 25.09.2024, noticiado no *Informativo* 836).

Regime semiaberto ou aberto – cumprimento da pena em estabelecimento prisional adequado: "A Segunda Turma julgou improcedente reclamação ajuizada para garantir a observância, pela instância de origem, da Súmula Vinculante 56. O reclamante cumpre pena em regime semiaberto. Em razão de não estar recolhido em colônia penal, pleiteou lhe fosse concedida prisão domiciliar ou antecipação do regime aberto, o que foi negado. O Colegiado ressaltou o direito de o apenado cumprir a reprimenda em estabelecimento adequado ao regime imposto. Ponderou que a concessão de prisão domiciliar ou regime aberto é inviável, diante do regramento previsto na Lei de Execução Penal. Informou que o reclamante cumpre pena em ala de penitenciária destinada exclusivamente a internos do regime semiaberto e que todos os benefícios inerentes ao regime lhe são assegurados. A Turma deliberou no sentido de serem aceitáveis estabelecimentos não qualificados como colônia agrícola ou industrial (regime semiaberto) ou casa de albergado ou estabelecimento adequado (regime aberto). Entretanto, não é permitido o alojamento conjunto de presos dos regimes semiaberto e aberto com presos do regime fechado" (STF: Rcl 25.123/SC, rel. Min. Ricardo Lewandowski, 2.ª Turma, j. 18.04.2017, noticiado no *Informativo* 861).

Saída temporária – cumprimento da pena em prisão domiciliar pela falta de vagas no regime semiaberto – compatibilidade: "Há compatibilidade entre o benefício da saída temporária e prisão domiciliar por falta de estabelecimento adequado para o cumprimento de pena de reeducando que se encontre no regime semiaberto. Ao apenado em regime semiaberto que preencher os requisitos objetivos e subjetivos do art. 122 e seguintes da Lei de Execuções Penais, deve ser concedido o benefício das saídas temporárias. No caso, a Corte local indeferiu o pedido de saídas temporárias, por entender que o benefício é incompatível com a prisão domiciliar. Observado que o benefício da saída temporária tem como objetivo a ressocialização do preso e é concedido ao apenado em regime mais gravoso – semiaberto –, não se justifica negar a benesse ao reeducando que se encontra em regime menos gravoso – aberto, na modalidade de prisão domiciliar –, em razão de ausência de vagas em estabelecimento prisional compatível com o regime semiaberto" (STJ: HC 489.106/RS, rel. Min. Nefi Cordeiro, 6.ª Turma, j. 13.08.2019, noticiado no *Informativo* 655).

Saída temporária – falta grave – incompatibilidade do benefício com os objetivos da pena – limitação do período de aferição do requisito subjetivo – impossibilidade: "Não se aplica limite temporal à análise do requisito subjetivo para concessão de saída temporária, devendo ser considerado todo o período de execução da pena, a fim de se averiguar o mérito do apenado. Nos termos do art. 123 da LEP, a autorização da visita periódica ao lar 'será concedida por ato motivado do Juiz da execução, ouvidos o Ministério Público e a administração penitenciária e dependerá da satisfação dos seguintes requisitos: I – comportamento adequado; II – cumprimento mínimo de 1/6 (um sexto) da pena, se o condenado for primário, e 1/4 (um quarto), se reincidente; III – compatibilidade do benefício com os objetivos da pena'. No caso, o Tribunal estadual fundamentou o indeferimento do benefício de saída temporária com base no histórico penal que registra várias faltas disciplinares de natureza grave e média, incluindo fuga registrada, anteriormente, quando no gozo do mesmo benefício de saída temporária e, também, com base no parecer desfavorável da Comissão Técnica de Classificação. Dessa forma, tanto as faltas graves consistentes em evasões, fugas, flagrante quanto o registro de comportamento evidenciam que a conduta do apenado durante a execução penal não atende aos parâmetros necessários para demonstrar seu senso de disciplina e responsabilidade, bem como a compatibilidade do benefício com os objetivos da pena imposta. Com relação ao tema, a jurisprudência do STJ é pacífica no sentido de que a autorização para saídas temporárias leva em consideração o comportamento do sentenciado no cumprimento da pena. Nessa esteira, esta Corte tem entendido que 'Não se aplica limite temporal à análise do requisito subjetivo, devendo ser analisado todo o período de execução da pena, a fim de se averiguar o mérito do apenado' (AgRg no HC 734.258/SC, Relator Ministro Joel Ilan Paciornik, Quinta Turma, DJe 10/6/2022)" (STJ: HC 795.970/SC, rel. Min. Reynaldo Soares da Fonseca, 5.ª Turma, j. 14.03.2023, noticiado no *Informativo* 767).

Súmula Vinculante 56 – presos provisórios – inaplicabilidade: "A Súmula Vinculante n. 56/STF é inaplicável ao preso provisório. Após minucioso diagnóstico da execução penal brasileira, analisou-se a questão da falta de vagas no sistema carcerário e a consequência jurídica aos apenados, sobretudo o seu direito de não ser submetido a regime mais gravoso daquele imposto no título condenatório. Daí a Súmula Vinculante n. 56, que dispõe, *verbis*: "A falta de estabelecimento penal adequado não autoriza a manutenção do condenado em regime prisional mais gravoso, devendo-se observar, nessa hipótese, os parâmetros fixados no RE 641.320/RS." Ressalta-se que, na oportunidade, restaram estabelecidos como parâmetros que, previamente à concessão da prisão domiciliar, devem ser observadas outras alternativas ao *déficit* de vagas, quais sejam, (i) a saída antecipada de sentenciado no regime com falta de vagas; (ii) a liberdade eletronicamente monitorada ao sentenciado que sai antecipadamente ou é posto em prisão domiciliar por falta de vagas; ou (iii) o cumprimento de penas alternativas de direito e/ou estudo ao sentenciado que progride ao regime aberto. Observa-se, de pronto, que a Súmula Vinculante n. 56/STF, portanto, destina-se com exclusividade aos casos de efetivo cumprimento de pena. Em outras palavras, aplica-se tão somente ao preso definitivo ou àquele em cumprimento provisório da condenação. O seu objetivo não é outro senão vedar o resgate da reprimenda em regime mais gravoso do que teria direito o apenado pela falha do Estado em oferecer vaga em local apropriado. Não se pode estender a citada súmula vinculante ao preso provisório, eis que se trata de situação distinta. Por deter caráter cautelar, a prisão preventiva não se submete a distinção de diferentes regimes. Assim, sequer é possível falar em regime mais ou menos gravoso ou estabelecer um sistema de progressão ou regressão da prisão" (STJ: RHC 99.006/PA, rel. Min. Jorge Mussi, 5.ª Turma, j. 07.02.2019, noticiado no *Informativo* 642).

Trabalho externo – condenado em regime semiaberto – desnecessidade de cumprimento de 1/6 da pena: "A exigência objetiva de prévio cumprimento do mínimo de 1/6 da pena, para fins de trabalho externo, não se aplica aos condenados que se encontrarem em regime semiaberto. Essa a conclusão do Plenário ao dar provimento, por maioria, a agravo regimental, interposto de decisão proferida em sede de execução penal, para afastar a exigência do referido requisito temporal a condenado pela prática do crime de corrupção ativa. No caso, o Ministro Joaquim Barbosa (Presidente e então relator) indeferira o pedido do apenado pelos seguintes fundamentos: a) a realização de trabalho externo por condenado que cumprisse pena em regime semiaberto dependeria do requisito temporal definido no art. 37 da LEP (cumprimento de 1/6 da pena); b) a proposta de trabalho externo oferecida por empregador privado seria inidônea e inviabilizaria a fiscalização do cumprimento da pena; e c) a realização de trabalho interno pelo condenado já preencheria a finalidade educativa da pena, desnecessária a realização dos serviços da mesma natureza fora da unidade prisional. O Tribunal, inicialmente, reportou-se a estudo do CNJ, intitulado 'A crise do sistema penitenciário', no qual se constatara o impressionante déficit de vagas do sistema prisional brasileiro. Verificou que o Brasil teria a quarta maior população carcerária do mundo e, se fossem computados os presos domiciliares, teria a terceira. Mencionou que, no denominado 'Mutirão Carcerário' do CNJ, se observara que na maioria dos Estados-membros não funcionaria colônias agrícolas, industriais ou estabelecimento similares. Aludiu à ocorrência de dois extremos, ambos caracterizados por ilegalidades ou descontroles: ou se manteria o condenado em regime fechado, geralmente sem acesso a trabalho interno, ou se lhe concederia prisão domiciliar fora das hipóteses em que seria tecnicamente cabível. A Corte afirmou que a interpretação do direito não poderia ignorar a realidade. Ressaltou que juízes e tribunais deveriam prestigiar entendimentos razoáveis que não sobrecarregassem, ainda mais, o sistema, nem tampouco impusessem aos apenados situações mais gravosas do que as que decorreriam da lei e das condenações que teriam sofrido. Sublinhou que o STJ – órgão encarregado de uniformizar a interpretação do direito federal –, há mais de 15 anos sedimentara jurisprudência de que o prévio cumprimento de 1/6 da pena, para fins de trabalho externo, não se aplicaria aos que se encontrassem em regime semiaberto, mas somente aos condenados a regime fechado. Consignou que alguns tribunais de justiça dos Estados-membros teriam passado a adotar a mesma linha de entendimento. Rememorou que o único precedente do STF na matéria a esposar a mesma tese da decisão agravada fora o HC 72.565/AL (*DJU* de 30.8.1996), julgado em 1995, quando ainda não teria ocorrido – ou, pelo menos, sido percebida – a explosão nas estatísticas de encarceramento, que passaram do patamar de 100.000 para o de 500.000 ou 700.000, se computadas as prisões domiciliares. O Colegiado sublinhou que teria sido essa realidade fática que impusera a virada jurisprudencial conduzida pelo STJ no final da década de 90. Asseverou que jamais fora consistente e volumosa a jurisprudência do STF no sentido de aplicar-se a exigência de cumprimento de 1/6 da pena para autorizar-se o trabalho externo. Enfatizou que negar o direito ao trabalho externo, e reintroduzir a exigência de prévio cumprimento de 1/6 da pena, significaria drástica alteração da jurisprudência em vigor e iria de encontro às circunstâncias do sistema carcerário brasileiro dos dias de hoje. Destacou que boa parte da doutrina especializada defenderia a possibilidade de trabalho externo, independentemente do cumprimento de 1/6 da pena. No ponto, o Ministro Marco Aurélio acresceu que o trabalho externo seria admitido até mesmo no regime fechado, em obras públicas (CP, art. 34, § 3º). Ponderou que não faria sentido a exigência do cumprimento de 1/6 da pena para o trabalho externo, pois satisfeita essa condição, o reeducando teria direito ao regime aberto. O Ministro Teori Zavascki assinalou que esse requisito levaria a um tratamento desigual aos presos condenados originariamente pelo STF. O Ministro Luiz Fux salientou que, embora se devesse prestigiar a jurisprudência do STF, que exigiria o cumprimento de 1/6 da pena, a Corte possuiria pronunciamento segundo o qual a ausência de unidades para o cumprimento do regime semiaberto – colônia agrícola, industrial ou estabelecimento similar – permitiria o trabalho externo do condenado. Mencionou que as decisões judiciais não deveriam ficar apartadas da realidade fenomênica e que a realidade normativa teria de se adaptar à realidade prática. O Ministro Gilmar Mendes propôs a realização de um inventário do sistema prisional pelo CNJ a fim de ajudar na formulação de soluções. A Corte frisou não existir vedação legal ao trabalho externo em empresa privada. Ao contrário, destacou que o art. 36 da LEP expressamente menciona 'entidades privadas'. Anotou que, não obstante esse dispositivo cuidasse especificamente do trabalho externo para os condenados em regime fechado, que deveria ser realizado em obras públicas, não seria coerente imaginar que o regime semiaberto, menos restritivo, estaria sujeito a vedações adicionais e implícitas. Explanou que o trabalho externo em entidade privada seria não apenas possível, mas efetivamente praticado na realidade do sistema, a beneficiar numerosos condenados que se valeriam de oportunidades como essa para proporcionar a sua reinserção social. Realçou que, na situação dos autos, após procedimento que incluiriam entrevistas e treinamentos com os candidatos a empregador e inspeções no local de trabalho, além da exigência do compromisso formal no sentido de não se criar embaraços à atividade fiscalizatória do Poder Público, o escritório de advocacia que oferecera ao agravante a oportunidade de trabalho externo obtivera manifestação favorável das autoridades do sistema penitenciário. Assinalou que não se impusera óbice a esse fato. Pontuou que eventual dificuldade fiscalizatória justificaria a revogação imediata do benefício. Consignou, ainda, não haver elementos para afirmar a existência de relação pessoal entre o titular do escritório e o agravante. Registrou que o trabalho externo teria uma finalidade relevante de reinserção social a permitir ao apenado exercitar – e, sobretudo demonstrar à sociedade – o seu senso de responsabilidade e readequação. Reputou que a legislação criara essa possibilidade a fim de promover a reintegração supervisionada dos condenados, em benefício deles mesmos e da sociedade que, mais cedo ou mais tarde, teria de recebê-los de volta em definitivo. Vencido o Ministro Celso de Mello, que negava provimento ao agravo regimental. Entendia que a exigência temporal mínima prevista no art. 37 da LEP não poderia ser desconsiderada, mesmo em se tratando de regime penal semiaberto. Recordava que essa exigência constaria da exposição de motivos do projeto de lei que culminara na LEP. Aduzia que haveria atualmente projeto de lei em tramitação no Congresso Nacional, que pretenderia suprimir, da regra equivalente ao art. 37 da atual LEP, a exigência temporal mínima de 1/6. Portanto, a matéria seria de 'lege ferenda'. Em seguida, o Plenário autorizou o relator a decidir monocraticamente os demais incidentes sobre a concessão de trabalho externo" (STF: EP 2 TrabExt-AgR/DF, rel. Min. Roberto Barroso, Plenário, j. 25.06.2014, noticiado no *Informativo* 752).

Regras do regime aberto

Art. 36. O regime aberto baseia-se na autodisciplina e senso de responsabilidade do condenado.

§ 1º O condenado deverá, fora do estabelecimento e sem vigilância, trabalhar, frequentar curso ou exercer outra atividade autorizada, permanecendo recolhido durante o período noturno e nos dias de folga.

§ 2º O condenado será transferido do regime aberto, se praticar fato definido como crime doloso, se frustrar os fins da execução ou se, podendo, não pagar a multa cumulativamente aplicada.

○ **Regras do regime aberto:** O regime aberto baseia-se na **autodisciplina** e **senso de respon-sabilidade** do condenado. Com o trânsito em julgado da sentença penal, o juízo expede mandado de prisão para encaminhar o condenado ao regime aberto.[287] A pena é cumprida na **Casa do Albergado**, cujo prédio necessita situar-se em centro urbano, separado dos demais estabelecimentos, e caracterizar-se pela ausência de obstáculos físicos contra a fuga. Em cada região haverá, pelo menos, uma Casa do Albergado, a qual deverá conter, além dos aposentos para acomodar os presos, local adequado para cursos e palestras. O estabelecimento terá instalações para os serviços de fiscalização e orientação dos condenados (arts. 93 a 95 da LEP). O condenado deverá, fora do estabelecimento e sem vigilância, trabalhar, frequentar curso ou exercer outra atividade autorizada, permanecendo recolhido durante o período noturno e nos dias de folga (art. 36, § 1.º, do CP). O ingresso do condenado em regime aberto supõe a aceitação de seu programa e das condições impostas pelo juiz. Somente poderá ingressar no regime aberto o condenado que estiver trabalhando ou comprovar a possibilidade de fazê-lo imediatamente, e apresentar, pelos seus antecedentes e pelos resultados do **exame criminológico**, fundados indícios de que irá ajustar-se, com autodisciplina, baixa periculosidade e senso de responsabilidade, ao novo regime (arts. 113 e 114 da LEP). Algumas pessoas, em virtude de sua condição especial, podem ser dispensadas do trabalho: maiores de 70 (setenta) anos de idade, portadores de doença grave, aqueles que possuam filho menor ou portador de deficiência física ou mental e gestante (art. 114, parágrafo único, da LEP). O regime aberto depende da obediência de **condições**, divididas em dois blocos: (1.º) *gerais ou legais (art. 115):* (a) permanecer no local em que for designado, durante o repouso e nos dias de folga; (b) sair para o trabalho e retornar, nos horários fixados; (c) não se ausentar da cidade onde reside, sem autorização judicial; e (d) comparecer a juízo, para informar e justificar suas atividades, quando for determinado. (2.º) *especiais ou judiciais:* são as condições que podem ser estabelecidas discricionariamente pelo juízo da execução, a exemplo da **fiscalização por monitoramento eletrônico**, sem prejuízo das condições gerais (ou legais) e obrigatórias (art. 115, *caput*, da LEP). **No tocante às condições especiais (ou judiciais), é necessário que a determinação imposta pelo magistrado guarde pertinência com o delito pelo qual o reeducando foi condenado**. O juiz poderá modificar as condições estabelecidas para o regime aberto, de ofício, a requerimento do MP, da autoridade administrativa ou do condenado, desde que as circunstâncias assim o recomendem. Finalmente, firmou-se no Superior Tribunal de Justiça o entendimento de que "o tempo em que o apenado esteve afastado das suas obrigações no regime aberto, sob atestado médico, pode ser computado como pena efetivamente cumprida."[288]

○ **Regime aberto e prestação de serviços à comunidade:** Nos termos da **Súmula 493 do Superior Tribunal de Justiça**: "É inadmissível a fixação de pena substitutiva (art. 44 do CP) como condição especial ao regime aberto." Portanto, é vedada a imposição de prestação de serviços à comunidade ou de qualquer outra pena restritiva de direitos como medida necessária à concessão do regime prisional aberto.

○ **Legislação local:** Em se tratando o direito penitenciário de matéria de **competência legislativa concorrente** entre a União, os Estados e o Distrito Federal (art. 24, I, da CF), estatui

---

[287] De acordo com o art. 23 da Resolução CNJ 417/2021, com a redação determinada pela Resolução CNJ 474/2022: "Transitada em julgado a condenação ao cumprimento de pena em regime semiaberto ou aberto, a pessoa condenada será intimada para dar início ao cumprimento da pena, previamente à expedição de mandado de prisão, sem prejuízo da realização de audiência admonitória e da observância da Súmula Vinculante nº 56."

[288] STJ: AgRg no HC 703.002/GO, rel. Min. Messod Azulay Neto, 5.ª Turma, j. 12.06.2023, noticiado no *Informativo* 781.

o art. 119 da LEP que a legislação local poderá estabelecer **normas complementares** para o cumprimento da pena privativa de liberdade em regime aberto.

○ **Prisão albergue domiciliar:** O art. 117 da LEP é peremptório ao admitir o recolhimento do condenado à pena privativa de liberdade no regime aberto em residência particular exclusivamente nas hipóteses ali previstas, em **rol taxativo.** O STF, entretanto, vem abrandando o rigor do art. 117 da LEP, interpretando-o como uma relação meramente exemplificativa. O inciso I trata da hipótese de réu maior de 70 (setenta) anos, devendo a idade ser aferida ao tempo da execução da pena privativa de liberdade. Nada impede o início do cumprimento da pena em casa do albergado e, ultrapassados os 70 (setenta) anos de idade, seja concedida a prisão domiciliar. O legislador concede tratamento mais brando à pessoa que alcançou a senilidade, tendo em vista sua menor periculosidade e sua menor resistência em suportar os efeitos da pena. O Estatuto da Pessoa Idosa em nada alterou essa regra. No tocante ao inciso II do art. 117 (condenado acometido de doença grave), entende-se por **doença grave** a moléstia de difícil cura, dependente de longo tratamento ou que coloca em risco a vida do doente, a exemplo do câncer. Não basta a simples constatação da doença para a incidência da benesse legal, sendo imprescindível que o condenado não possa ser devidamente assistido pelo serviço médico da rede pública no estabelecimento prisional, além de se encontrar no estágio terminal da doença. Em relação ao inciso III (condenada com filho menor ou deficiente físico ou mental), é possível aplicá-lo analogicamente ao homem, se possuir filho menor ou com deficiência física ou mental. Esse benefício é deferido em prol da criança ou da pessoa com deficiência que precisa do amparo da mãe ou do pai. Nada obstante o art. 117 da Lei de Execução Penal contemple apenas o **regime aberto**, o Superior Tribunal de Justiça tem admitido a prisão domiciliar também às condenadas que cumprem pena nos regimes mais gravosos.[289] Finalmente, a prisão domiciliar à gestante (inciso IV) serve ao propósito de a ela proporcionar condições mais dignas, saudáveis e adequadas durante a gestação. Amparado no princípio da dignidade da pessoa humana, o STF já reconheceu o benefício da prisão domiciliar a **preso provisório.**

○ **Prisão albergue domiciliar e prisão domiciliar – distinção:** A prisão albergue domiciliar, prevista no art. 117 da LEP, representa uma forma especial de cumprimento da pena privativa de liberdade. Não se confunde com a **prisão domiciliar** disciplinada pelo CPP, **medida cautelar** consistente no recolhimento do indiciado ou acusado em sua residência, só podendo dela ausentar-se com autorização judicial (art. 317 do CPP). Trata-se de modalidade de prisão provisória, definida como **medida substitutiva da prisão preventiva** e, como determina o art. 318 do CPP, o juiz somente poderá aplicá-la quando o agente for: I – maior de 80 (oitenta) anos; II – extremamente debilitado por motivo de doença grave;[290] III – imprescindível aos cuidados especiais de pessoa menor de 6 (seis) anos de idade ou com deficiência; IV – gestante; V – mulher com filho de até 12 (doze) anos de idade incompletos;[291] ou VI – homem, caso seja o único responsável pelos cuidados do filho de até 12 (doze) anos de idade incompletos.

○ **Gestantes e mães presas preventivamente e substituição por prisão domiciliar –** *habeas corpus* **coletivo e arts. 318-A e 318-B do Código de Processo Penal:** De forma inovadora e polêmica, o Supremo Tribunal Federal concedeu *habeas corpus* coletivo para determinar a

---

[289] RHC 145.931/MG, rel. Min. Sebastião Reis Júnior, 3.ª Seção, j. 09.03.2022, noticiado no *Informativo* 728.

[290] Fala-se, nesse caso, em **prisão domiciliar humanitária** (STF: HC 153.961/DF, rel. Min. Dias Toffoli, 2.ª Turma, j. 27.03.2018, noticiado no *Informativo* 895).

[291] Os arts. 318-A e 318-B do Código de Processo Penal disciplinam a prisão domiciliar aplicada em substituição à prisão preventiva imposta à mulher gestante ou que for mãe ou responsável por crianças ou pessoas com deficiência.

substituição da prisão preventiva pela prisão domiciliar, sem prejuízo da aplicação concomitante das medidas alternativas previstas no art. 319 do Código de Processo Penal, em favor de todas as **mulheres presas, gestantes, puérperas ou mães de crianças e deficientes sob sua guarda**, nos termos do art. 2.º da Lei 8.069/1990 – Estatuto da Criança e do Adolescente e da Convenção sobre Direitos das Pessoas com Deficiência, abrangendo o Decreto Legislativo 186/2008 e o Estatuto da Pessoa com Deficiência, enquanto perdurar tal condição, **excetuados os casos de crimes praticados por elas mediante violência ou grave ameaça, contra seus descendentes ou, ainda, em situações excepcionalíssimas,** as quais deverão ser devidamente fundamentadas pelos juízes que denegarem o benefício. A ordem foi estendida às **adolescentes sujeitas a medidas socioeducativas** em idêntica situação no território nacional. Na hipótese de reincidência da presa, o juiz deverá analisar as circunstâncias do caso concreto, sempre levando em conta os princípios e as regras acima enunciadas, bem como o caráter excepcional da prisão. Se o magistrado concluir que a prisão domiciliar se mostra inviável ou inadequada em determinadas situações, poderá substituí-la pelas medidas cautelares contidas no art. 319 do Código de Processo Penal. Para apurar a situação de guardiã dos filhos da mulher presa, dever-se-á dar credibilidade à palavra da mãe. Também se faculta ao juiz a requisição de laudo social para eventual reanálise do benefício. A ordem não será aplicável se constatada a suspensão ou destituição do poder familiar por motivos diversos da prisão, a exemplo dos maus-tratos contra a criança ou filho portador de deficiência. Para chegar a essa conclusão, a Corte Suprema baseou-se nos seguintes fundamentos: (a) existe grave deficiência estrutural no sistema carcerário, que faz com que mulheres grávidas e mães de crianças, bem como as próprias crianças, sejam submetidas a situações degradantes, resultantes da privação de cuidados pré-natal e pós-parto e da carência de berçários e creches; (b) somente o Supremo Tribunal Federal é capaz de superar os bloqueios políticos e institucionais que vêm impedindo o avanço de soluções, o que significa cumprir à Corte o papel de retirar os demais Poderes da inércia, catalisar os debates e novas políticas públicas, coordenar ações e monitorar os resultados; (c) impera no Brasil a cultura do encarceramento, que se revela pela imposição exagerada de prisões provisórias a mulheres pobres e vulneráveis, resultando em situações que ferem a dignidade de gestantes e mães, com prejuízos para as respectivas crianças; (d) nosso país não tem conseguido garantir sequer o bem-estar de gestantes e mães que não estão inseridas no sistema prisional; e (e) as crianças em especial sofrem as consequências desse quadro em flagrante violação aos arts. 227 e 5.º, inc. XLV, da Constituição Federal, acarretando impactos ao seu bem-estar físico e psíquico e em danos ao seu desenvolvimento.[292] Na carona da decisão do Supremo Tribunal Federal, a Lei 13.769/2018 acrescentou ao Código de Processo Penal os arts. 318-A[293] e 318-B.[294] É importante destacar a aplicabilidade da prisão domiciliar somente em substituição à prisão preventiva, ou seja, sua incidência é vedada às mulheres privadas da liberdade em decorrência de condenação transitada em julgado.[295] Durante a execução penal, contudo, é cabível a progressão especial de regime prisional, disciplinada pelo art. 112, §§ 3.º e 4.º, da Lei 7.210/1984 – Lei de Execução Penal.

---

[292]   STF: HC 143.641/SP, rel. Min. Ricardo Lewandowski, 2.ª Turma, j. 20.02.2018, noticiado no *Informativo* 891.

[293]   "Art. 318-A. A prisão preventiva imposta à mulher gestante ou que for mãe ou responsável por crianças ou pessoas com deficiência será substituída por prisão domiciliar, desde que: I – não tenha cometido crime com violência ou grave ameaça a pessoa; II – não tenha cometido o crime contra seu filho ou dependente."

[294]   "Art. 318-B. A substituição de que tratam os arts. 318 e 318-A poderá ser efetuada sem prejuízo da aplicação concomitante das medidas alternativas previstas no art. 319 deste Código."

[295]   "Nesse sentido, o disposto no art. 318 do Código de Processo Penal tem aplicação em casos de prisão preventiva, sendo inadequado quando se trata de execução de título condenatório alcançado pela preclusão maior" (STF: HC 177.164/PA, rel. Min. Marco Aurélio, 1.ª Turma, j. 18.02.2020, noticiado no *Informativo* 967). O STJ já admitiu a prisão domiciliar em favor de condenada mãe de criança ou responsável por pessoa com

– **Resolução CNJ 369/2021:** A Resolução CNJ 369/2021 estabelece procedimentos e diretrizes para a substituição da privação de liberdade de gestantes, mães, pais e responsáveis por crianças e pessoas com deficiência, nos termos dos arts. 318 e 318-A do Código de Processo Penal, e em cumprimento às ordens coletivas de *habeas corpus* concedidas pela 2.ª Turma do Supremo Tribunal Federal nos HCs 143.641/SP e 165.704/DF.

○ **Prisão domiciliar e monitoração eletrônica:** O art. 146-B, IV, da LEP, admite a fiscalização por meio da monitoração eletrônica quando o juiz determinar a prisão domiciliar. E, como o art. 146-D, II, da LEP autoriza a revogação da monitoração eletrônica quando o "acusado" violar os deveres a que estiver sujeito durante a sua vigência ou cometer falta grave, abriu-se espaço a esta forma de vigilância indireta no tocante aos presos provisórios. É de se observar, por oportuno, ser cabível a revogação da prisão domiciliar na hipótese de violação comprovada nos deveres inerentes à monitoração eletrônica (art. 146-C, I e II, e parágrafo único, VI, da LEP).

○ **Monitoração eletrônica e Resolução CNPCP 31/2022:** A Resolução 31/2022, editada pelo Conselho Nacional de Política Criminal e Penitenciária, regulamenta a implementação, o acompanhamento, a fiscalização e o encerramento das medidas de monitoração eletrônica, decorrentes de ordens judiciais, e estabelece providências em caso de descumprimento das condições impostas. A teor do seu art. 4.º, *caput*: "Considera-se monitoração eletrônica a vigilância telemática posicional de pessoas através do uso de dispositivo e tecnologias que permitam indicar sua localização em tempo real".

○ **Pandemia da Covid-19 e cumprimento ficto da pena:** **Não se pode computar, como pena efetivamente cumprida, o período em que o condenado deixou de comparecer em juízo por força das medidas restritivas impostas pela pandemia da Covid-19.** O juízo da execução deve dar fiel cumprimento ao título judicial, zelando pela concretização da pena nos limites fixados na sentença, em respeito à coisa julgada. Além disso, não se admite o cumprimento ficto da pena, que não atenderia, nesse caso, às finalidades retributiva e preventiva que lhe são inerentes.[296]

○ **Regime aberto e ausência de Casa do Albergado:** *ver comentários ao art. 35.*

○ **Jurisprudência selecionada:**

Ausência de Casa de Albergado – cumprimento da pena em local compatível – possibilidade: "A inexistência de casa de albergado na localidade da execução da pena não gera o reconhecimento de direito ao benefício da prisão domiciliar quando o paciente estiver cumprindo a reprimenda em local compatível com as regras do regime aberto. O STJ tem admitido, excepcionalmente, a concessão da prisão domiciliar quando não houver local adequado ao regime prisional imposto. Todavia, na hipótese em que o paciente, em face da inexistência de casa de albergado, esteja cumprindo pena em local compatível com as regras do regime aberto – tendo o juízo da execução providenciado a infraestrutura necessária, atento ao princípio da razoabilidade e da proporcionalidade –, não se vislumbra o necessário enquadramento nas hipóteses excepcionais de concessão do regime prisional domiciliar" (STJ: HC 299.315/RS, rel. Min. Gurgel de Faria, 5.ª Turma, j. 18.12.2014, noticiado no *Informativo 554*).

---

deficiência em sede de execução provisória da pena privativa de liberdade (STJ: HC 487.763/SP, rel. Min. Reynaldo Soares da Fonseca, 5.ª Turma, j. 02.04.2019, noticiado no *Informativo* 647).

[296] STJ: AgRg no REsp 2.076.164/PR, rel. Min. Ribeiro Dantas, 5.ª Turma, j. 09.10.2023, noticiado no *Informativo* 796.

Ausência de casa do albergado – prisão domiciliar – possibilidade: "Constatada pelo juízo da execução competente a inexistência, no Estado-membro, de estabelecimento prisional para cumprimento de pena em regime aberto, nos termos da sentença, permite-se o início do cumprimento em prisão domiciliar, até ser disponibilizada vaga no regime adequado. Com base nesse entendimento, em conclusão, a 1ª Turma, por maioria, concedeu em parte a ordem de *habeas corpus*, para assegurar ao paciente o direito de iniciar o cumprimento da pena em prisão domiciliar. Na espécie, ele fora condenado à pena de reclusão, em regime aberto e, à falta de estabelecimento carcerário que atendesse à Lei de Execução Penal, fora colocado em prisão domiciliar. Ao fundamento de que o tribunal *a quo* teria subtraído a competência do juízo das execuções penais, o STJ cassara aquela determinação, objeto do presente *writ*. A Turma asseverou que, com ressalva das hipóteses legais de regressão, não seria admissível o recolhimento do paciente em regime mais severo do que o fixado na sentença condenatória. Aduziu que a prisão domiciliar deveria ser estabelecida pelo magistrado responsável pela execução apenas se inexistentes casas prisionais que atendessem a todos os requisitos da Lei de Execução Penal" (STF: HC 113.334/RS, rel. Min. Rosa Weber, 1.ª Turma, j. 18.02.2014, noticiado no *Informativo* 736). *No mesmo sentido*: STF: HC 95.334/RS, rel. orig. Min. Ricardo Lewandowski, rel. p/ o acórdão Min. Marco Aurélio, 1.ª Turma, j. 03.03.2009.

Cumprimento ficto da pena – atestado médico – entendimento da 3.ª Seção do STJ no Tema 1.120 do Recurso Repetitivo – aplicação por analogia: "O tempo em que o apenado esteve afastado das suas obrigações no regime aberto, sob atestado médico, pode ser computado como pena efetivamente cumprida. Em período que antecedia a pandemia de coronavírus, entendia-se que o mero decurso de prazo das penas não poderia ser considerado para o seu cumprimento, de forma ficta, nem mesmo sob a apreciação de peculiaridades no caso concreto (AgRg no REsp 1.934.076/GO, Quinta Turma, Rel. Ministro Reynaldo Soares da Fonseca, DJe 16/8/2021). Recentemente, a Terceira Seção desta Corte Superior, ao analisar o Tema 1120, modificou o entendimento para dar primazia aos princípios da dignidade da pessoa humana, da isonomia e da fraternidade, não permitindo negar aos indivíduos que tiveram seus trabalhos ou estudos interrompidos pela superveniência da pandemia de Covid-19 o direito de remitir parte da sua pena, tão somente por estarem privados de liberdade, pois não se observava nenhum discrímen legítimo que autorizasse negar àqueles presos que já trabalhavam ou estudavam o direito de remitir a pena durante as medidas sanitárias restritivas. Nesses casos, foi fixada a seguinte tese: 'Nada obstante a interpretação restritiva que deve ser conferida ao art. 126, § 4º, da Lei de Execução Penal, os princípios da individualização da pena, da dignidade da pessoa humana, da isonomia e da fraternidade, ao lado da teoria da derrotabilidade da norma e da situação excepcionalíssima da pandemia de covid-19, impõem o cômputo do período de restrições sanitárias como de efetivo estudo ou trabalho em favor dos presos que já estavam trabalhando ou estudando e se viram impossibilitados de continuar seus afazeres unicamente em razão do estado pandêmico' (REsp 1.953.607/SC, Terceira Seção, Rel. Ministro Ribeiro Dantas, DJe de 20/9/2022). Desse modo, no caso, por analogia ao referido entendimento, o tempo em que o apenado esteve afastado das suas obrigações no regime aberto, sob atestado médico, deve ser computado como pena efetivamente cumprida" (STJ: AgRg no HC 703.002/GO, rel. Min. Messod Azulay Neto, 5.ª Turma, j. 12.06.2023, noticiado no *Informativo* 781).

Gestantes e mães presas preventivamente – *habeas corpus* coletivo: "A Segunda Turma, por maioria, concedeu a ordem em *habeas corpus* coletivo, impetrado em favor de todas as mulheres presas preventivamente que ostentem a condição de gestantes, de puérperas ou de mães de crianças sob sua responsabilidade. Determinou a substituição da prisão preventiva pela domiciliar – sem prejuízo da aplicação concomitante das medidas alternativas previstas no art. 319 do CPP – de todas as mulheres presas, gestantes, puérperas, ou mães de crianças e deficientes sob sua guarda, nos termos do art. 2º do ECA e da Convenção sobre Direitos das Pessoas com Deficiência (Decreto Legislativo 186/2008 e Lei 13.146/2015), relacionadas nesse processo pelo DEPEN e outras autoridades estaduais, enquanto perdurar tal condição, excetuados os casos de crimes praticados por elas mediante violência ou grave ameaça, contra seus descendentes ou, ainda, em situações excepcionalíssimas, as quais deverão ser devidamente fundamentadas pelos juízes que denegarem o benefício. Estendeu a ordem, de ofício, às demais mulheres presas, gestantes, puérperas ou mães de crianças e de pessoas com deficiência, bem assim às adolescentes sujeitas a medidas socioeducativas em idêntica situação no território nacional, observadas as restrições previstas acima. Quando a detida for tecnicamente reincidente, o juiz deverá proceder em atenção às circunstâncias do caso concreto, mas sempre tendo por norte os princípios e as regras acima enunciados, observando, ademais, a diretriz de excepcionalidade da prisão. Se o juiz entender que a prisão domiciliar se mostra inviável ou inadequada em determinadas situações, poderá substituí-la por medidas alternativas arroladas no já mencionado art. 319 do CPP. Para apurar a situação de guardiã dos filhos da mulher presa, dever-se-á dar credibilidade à palavra da mãe. Faculta-se ao juiz, sem prejuízo de cumprir, desde logo, a presente determinação, requisitar a elaboração de laudo social para eventual reanálise do benefício. Caso se constate a suspensão ou destituição do poder familiar por outros motivos que não a prisão, a presente ordem não se aplicará. A fim de se dar cumprimento imediato a esta decisão, deverão ser comunicados os Presidentes dos Tribunais Estaduais e Federais, inclusive da Justiça Militar Estadual e Federal, para que prestem informações e, no prazo máximo de 60 dias a contar de sua publicação, implementem de modo integral as determinações estabelecidas no presente julgamento, à luz dos parâmetros ora enunciados. Com vistas a conferir maior agilidade, e sem prejuízo da medida determinada acima, também deverá ser oficiado ao DEPEN para que comunique aos estabelecimentos prisionais a decisão, cabendo a estes, independentemente de outra provocação, informar aos respectivos juízos a condição de gestante ou mãe das presas preventivas sob sua custódia. Deverá ser oficiado, igualmente, ao Conselho Nacional de Justiça – CNJ, para que, no âmbito de atuação do Departamento de Monitoramento e Fiscalização do Sistema Carcerário e do Sistema de Execução de Medidas Socioeducativas, avalie o cabimento de intervenção nos termos preconizados no art. 1º, § 1º, II, da Lei 12.106/2009, sem prejuízo de outras medidas de reinserção social para as beneficiárias desta decisão. O CNJ poderá ainda, no contexto do Projeto Saúde Prisional, atuar junto às esferas competentes para que o protocolo de entrada no ambiente prisional seja precedido de exame apto a verificar a situação de gestante da mulher. Tal diretriz está de acordo com o Eixo 2 do referido programa, que prioriza a saúde das mulheres privadas de liberdade. Os juízes responsáveis pela realização das audiências de custódia, bem como aqueles perante os quais se processam ações penais em que há mulheres presas preventivamente, deverão proceder à análise do cabimento da prisão, à luz das diretrizes ora firmadas, de ofício. Embora a provocação por meio de advogado não seja vedada para o cumprimento desta decisão, ela é dispensável, pois o que se almeja é, justamente, suprir falhas estruturais de acesso à Justiça da população presa. Cabe ao Judiciário adotar postura ativa ao dar pleno cumprimento a esta ordem judicial. Nas hipóteses de descumprimento da presente decisão, a ferramenta a ser utilizada é o recurso, e não a reclamação, como já explicitado na ADPF 347 MC/DF. Preliminarmente, a Turma entendeu cabível a impetração coletiva e, por maioria, conheceu do *habeas corpus*. Destacou a ação coletiva como um dos únicos instrumentos capazes de garantir o acesso à justiça dos grupos mais vulneráveis socioeconomicamente. Nesse sentido, o STF tem admitido com maior amplitude a utilização da ADPF e do mandado de injunção coletivo. O *habeas corpus*, por sua vez, se presta a salvaguardar a liberdade. Assim, se o bem jurídico ofendido é o direito de ir e vir, quer pessoal, quer de um grupo determinado de pessoas, o instrumento processual para resgatá-lo é o *habeas corpus*, individual ou coletivo. Esse remédio constitucional é notadamente maleável diante de lesões a direitos fundamentais, e existem dispositivos legais que encorajam o cabimento do *writ* na forma coletiva, como o art. 654, § 2º, do CPP, que preconiza a competência de juízes e tribunais para expedir ordem de *habeas corpus* de ofício. O art. 580 do mesmo diploma, por sua vez, permite que a ordem concedida em determinado *writ* seja estendida para todos que se encontram na mesma situação. Além disso, a existência de outras ferramentas disponíveis para suscitar a defesa coletiva de direitos não deve obstar o conhecimento desta ação, pois o rol de legitimados não é o mesmo, mas consideravelmente mais restrito na ADPF, por exemplo. Além disso, o acesso à justiça, sobretudo de mulheres presas e pobres, diante de sua notória deficiência, não pode prescindir da atuação dos diversos segmentos da sociedade civil em sua defesa. Ademais, as autoridades estaduais apresentaram listas contendo nomes e demais dados das mulheres presas preventivamente, de modo que fica superada qualquer alegação no sentido de as pacientes serem indeterminadas ou indetermináveis. O fato de a ordem, se concedida, poder se estender a outras mulheres em idêntica situação não representa novidade, ao contrário, constitui uma das consequências normais do instrumento. Fundamental, ainda, que a decisão do STF, no caso, contribua para imprimir maior isonomia às partes envolvidas, para permitir que lesões a direitos potenciais ou atuais sejam sanadas com mais celeridade e para descongestionar o acervo de processos em trâmite no país. Essas razões, somadas ao reconhecimento do estado de coisas inconstitucional do sistema prisional, bem assim à existência de decisões dissonantes sobre o alcance da redação do art. 318, IV e V, do CPP, impõem o reconhecimento da competência do STF para o julgamento do *writ*, sobretudo tendo em conta a relevância constitucional da matéria. (...) No mérito, o Colegiado entendeu haver grave deficiência estrutural no sistema carcerário, que faz com que mulheres grávidas e mães de crianças, bem como as próprias crianças, sejam submetidas a situações degradantes, resultantes da privação de cuidados pré-natal e pós-parto e da carência de berçários e creches. A respeito, apenas o STF se revela capaz, ante a situação descrita, de superar os bloqueios políticos e institucionais que vêm impedindo o avanço de soluções, o que significa cumprir à Corte o papel de retirar os demais Poderes da inércia, catalisar os debates e novas políticas públicas, coordenar ações e monitorar os resultados. Além disso, existe a cultura do encarceramento, que se revela pela imposição exagerada de prisões provisórias a mulheres pobres e vulneráveis, e que resulta em situações que ferem a dignidade de gestantes e mães, com prejuízos para as respectivas crianças. Ressalte-se que o país não tem conseguido garantir sequer o bem-estar de gestantes e mães que não estão inseridas no sistema prisional, ainda que o cuidado com a saúde maternal, de acordo com a ONU, seja prioritário no que concerne à promoção de desenvolvimento. Assim, a atuação do Tribunal no sentido de coibir o descumprimento sistemático de regras constitucionais e infraconstitucionais referentes aos direitos das presas e de seus filhos é condizente com os textos normativos que integram o patrimônio mundial de salvaguarda dos indivíduos colocados sob a custódia do Estado. As crianças, notadamente, sofrem as consequências desse quadro em flagrante violação aos arts. 227 e 5º, XLV, da CF, o que resulta em impactos ao seu bem-estar físico e psíquico e em danos ao seu desenvolvimento. Portanto, diante desse panorama, é de se evitar a arbitrariedade judicial e a supressão de direitos, típicas de sistemas jurídicos que não dispõem de soluções coletivas para problemas estruturais. Nesse sentido, cabe ao STF estabelecer os parâmetros a serem observados pelos juízes quando se depararem com a possibilidade de substituir a prisão preventiva pela domiciliar" (STF: HC 143.641/SP, rel. Min. Ricardo Lewandowski, 2.ª Turma, j. 20.02.2018, noticiado no *Informativo* 891).

Pandemia da Covid-19 – fechamento dos fóruns – juízo da execução que extinguiu a punibilidade do réu pelo cumprimento integral da pena, desprezando o período de pena remanescente – cumprimento ficto da pena – impossibilidade – violação das disposições contidas no título judicial: "O período em que o sentenciado deixou de comparecer em juízo por causa da pandemia da covid-19 não pode ser considerado como tempo de pena efetivamente cumprido. A questão controvertida cinge-se à possibilidade de cumprimento ficto da pena, em decorrência da pandemia da covid-19, bem como à possibilidade de o juízo da execução desprezar período de pena a cumprir e, desde logo, extinguir a punibilidade do apenado pelo cumprimento da pena. Sobre o tema, a jurisprudência desta Corte Superior é firme no sentido de que '[n]ão é admissível, por ausência de previsão legal, que se considere como cumprida a pena daquele que já obtivera - por motivo de força maior e para não se expor a maior risco em virtude da pandemia – o benefício da suspensão da pena restritiva de direitos, sendo absolutamente necessário o efetivo cumprimento da pena como instrumento tanto de ressocialização do apenado como de contraprestação em virtude da prática delitiva, a fim de que o reeducando alcance o requisito necessário para a extinção de sua punibilidade' (AgRg no HC 644.942/GO, Rel. Ministro Antonio

Saldanha Palheiro, Sexta Turma, DJe 17/6/2021). Com efeito, o período em que o sentenciado deixou de comparecer em juízo por causa da pandemia da covid-19 não pode ser considerado como tempo efetivamente cumprido. Apesar de o reeducando não ter dado causa àquela situação, não se pode concluir que a finalidade da pena (retribuição e de ressocialização do indivíduo) tenha sido atingida apenas pelo decurso do tempo. É dever do juízo da execução dar fiel cumprimento ao título judicial, executando a pena do réu nos limites impostos na sentença. A alteração das disposições contidas no título judicial, com o desprezo do período de pena remanescente, sem nenhuma justificativa legal, viola a coisa julgada. Desse modo, o réu não pode se beneficiar daquilo que efetivamente não cumpriu, sob pena de se vulnerar a função ressocializadora, bem como retributiva da reprimenda, ensejando, com isso, grave insegurança jurídica no tocante à execução da pena" (STJ: AgRg no REsp 2.076.164/PR, rel. Min. Ribeiro Dantas, 5.ª Turma, j. 09.10.2023, noticiado no *Informativo* 796).

Prisão domiciliar – aplicação excepcional aos condenados que cumprem pena nos regimes fechado ou semiaberto – possibilidade: "Não se descura que esta Corte Superior, em casos excepcionais, tem admitido a prisão domiciliar a condenados portadores de doenças graves, que estejam cumprindo pena em regime fechado ou semiaberto, desde que demonstrada a impossibilidade de receberem o tratamento adequado no estabelecimento prisional" (STJ: HC 271.060/SP, rel. Min. Laurita Vaz, 5.ª Turma, j. 17.10.2013).

Prisão domiciliar – condenada com filho menor e decisão transitada em julgado – inaplicabilidade: "A Primeira Turma denegou habeas corpus em que se requeria a prisão domiciliar de condenada pela prática de homicídio por decisão transitada em julgado, que tem filho com menos de doze anos de idade. Na espécie, a defesa sustentou a adequação da prisão domiciliar. Reportou-se ao HC 143.641, no qual concedida a ordem em favor de todas as mulheres presas preventivamente que ostentem a condição de gestantes, de puérperas ou de mães de crianças sob sua responsabilidade. Prevaleceu o voto do Ministro Marco Aurélio (relator), que reiterou a óptica veiculada ao indeferir medida acauteladora. Nesse sentido, o disposto no art. 318 do Código de Processo Penal tem aplicação em casos de prisão preventiva, sendo inadequado quando se trata de execução de título condenatório alcançado pela preclusão maior. O relator observou que, para ter-se a incidência do art. 117 da Lei 7.210/1984 [Lei de Execução Penal] – cumprimento da sanção em regime domiciliar –, é indispensável o enquadramento em uma das situações jurídicas nele contempladas. Apesar de comprovada a existência de filho menor, a paciente foi condenada à pena de 26 anos em regime fechado. Portanto, não está atendido o requisito primeiro de tratar-se de réu beneficiário de regime aberto" (STF: HC 177.164/PA, rel. Min. Marco Aurélio, 1.ª Turma, j. 18.02.2020, noticiado no *Informativo* 967).

Prisão domiciliar – condenada com filho menor e proteção integral à criança – regime fechado ou semiaberto – possibilidade: "Excepcionalmente, admite-se a concessão da prisão domiciliar às presas dos regimes fechado quando verificado pelo juízo da execução penal, no caso concreto, a proporcionalidade, adequação e necessidade da medida, e que a presença da mãe seja imprescindível para os cuidados da criança ou pessoa com deficiência, não sendo caso de crimes praticados por ela mediante violência ou grave ameaça contra seus descendentes. A Suprema Corte, no julgamento do HC Coletivo n. 143.641/SP, concedeu a ordem "para determinar a substituição da prisão preventiva pela domiciliar [...] de todas as mulheres presas, gestantes, puérperas ou mães de crianças e deficientes, [...] excetuados os casos de crimes praticados por elas mediante violência ou grave ameaça, contra seus descendentes ou, ainda, em situações excepcionalíssimas, as quais deverão ser devidamente fundamentadas" (HC 143.641/SP, Ministro Ricardo Lewandowski, Segunda Turma do STF, DJe 9/10/2018). Nesse mesmo sentido, o CPP (com as alterações promovidas pela Lei n. 13.769/2018) passou a prever a substituição da prisão preventiva por domiciliar à mulher gestante, mãe ou responsável por crianças ou pessoas com deficiência, desde que não tenha cometido crime com violência ou grave ameaça e o delito não tenha sido cometido o crime contra seu filho ou dependente, facultando, ainda, a aplicação de medidas cautelares (arts. 318-A e 318-B do CPP). No entanto, a execução de condenação definitiva em prisão domiciliar, em regra, somente era admitida ao reeducando do regime aberto, desde que seja maior de 70 anos, portador de doença grave, ou mulher gestante ou mãe de menor ou deficiente físico ou mental (art. 117 da LEP). Porém, excepcionalmente, admite-se a concessão do benefício às presas dos regimes fechado e semiaberto quando verificado pelo juízo da execução penal, no caso concreto – em juízo de ponderação entre o direito à segurança pública e a aplicação dos princípios da proteção integral da criança e da pessoa com deficiência –, que tal medida seja proporcional, adequada e necessária e que a presença da mãe seja imprescindível para os cuidados da criança ou pessoa com deficiência, salvo se a periculosidade e as condições pessoais da reeducanda indiquem que o benefício não atenda os melhores interesses da criança ou pessoa com deficiência. Outrossim, 'a jurisprudência desta Corte tem se orientado no sentido de que deve ser dada uma interpretação extensiva tanto ao julgado proferido pelo Supremo Tribunal Federal no Habeas Corpus coletivo n. 143.641, que somente tratava de prisão preventiva de mulheres gestantes ou mães de crianças de até 12 anos, quanto ao art. 318-A do Código de Processo Penal, para autorizar também a concessão de prisão domiciliar às rés em execução provisória ou definitiva da pena, ainda que em regime fechado' (Rcl 40.676/SP, Ministro Reynaldo Soares da Fonseca, Terceira Seção, DJe 1º/12/2020). Essa possibilidade, concessão de prisão domiciliar regulada no art. 117 da LEP, em qualquer momento do cumprimento da pena, ainda que em regime fechado, desde que excep-cionalidade do caso concreto imponha, tem sido reconhecida por esta Corte Superior. Também a Suprema Corte 'tem admitido, em situações absolutamente excepcionais, a concessão de prisão domiciliar a regimes mais severos de execução penal, a exemplo das ordens implementadas nas hipóteses em que o condenado estiver acometido de doença grave, a demandar tratamento específico, incompatível com o cárcere ou impassível de ser oferecido pelo Estado' (AgR na AP 996, Ministro Edson Fachin, Segunda Turma, DJe 29/9/2020). Outrossim, também deve-se levar em conta a ineficiência estatal em disponibilizar vaga à reeducanda em estabelecimento prisional próprio e adequado à sua condição pessoal, dotados de assistência médica pré-natal e pós-parto, berçários e creches para seus filhos (arts. 82, § 1º, e 83, § 2º, da LEP)" (STJ: RHC 145.931/MG, rel. Min. Sebastião Reis Júnior, 3.ª Seção, j. 09.03.2022, noticiado no *Informativo* 728).

Prisão domiciliar – direito ao trabalho – ampliação do rol do art. 117 da LEP: "1. O conde-nado tem o dever e o direito de trabalhar garantidos pela Constituição Federal e pela legislação específica. 2. Assim, em virtude da particularidade do caso ora em análise, qual seja – tendo o réu encontrado emprego em comarca diversa e distante daquela onde deveria cumprir sua pena, há de ser mantido seu direito à prisão domiciliar, não se aplicando o disposto no art. 117 da LEP. 3. É consabido que o apenado também é um sujeito de direitos e que o objetivo principal da pena, na moderna concepção de Estado democrático de direito, é a sua ressocialização e não o seu banimento nefasto do convívio em sociedade" (STJ: REsp 962.078/RS, rel. Min. Adilson Vieira Macabu – Desembargador convocado do TJ/RJ, 5.ª Turma, j. 17.02.2011).

Prisão domiciliar – doença grave – necessidade de cuidados especiais: "O art. 117 da Lei de Execução Penal somente admite a prisão domiciliar nos casos de execução da pena privativa de liberdade em regime aberto. Ainda assim, é indispensável a demonstração cabal de que o conde-nado esteja acometido de doença que exija cuidados especiais, insuscetíveis de serem prestados no local da prisão ou em estabelecimento hospitalar adequado (HC nº 83.358/SP, rel. Min. Carlos Britto, 1ª Turma, DJ 04.06.2004). Não havendo prova de doença grave do paciente, tampouco da inadequação ou insuficiência de eventual tratamento médico ministrado no estabelecimento prisional ao paciente, é caso de denegação do *writ*" (STF: HC 85.092/RJ, rel. Min. Ellen Gracie, 2.ª Turma, j. 03.06.2008).

Prisão domiciliar – doença grave – possibilidade de tratamento na prisão – inaplicabili-dade: "O Plenário, por maioria, negou provimento a agravo regimental, interposto de decisão proferida em sede de execução penal, que indeferira pedido de conversão de regime semiaberto em prisão domiciliar humanitária. No caso, o agravante fora condenado à pena de 7 anos e 11 dias de reclusão em regime semiaberto pela prática dos crimes de corrupção passiva e lavagem de dinheiro. A defesa requerera a autorização para cumprimento da pena em regime domiciliar, tendo em conta o fato de o agravante sofrer de diabetes tipo II, hipertensão arterial sistêmica e histórico de obesidade mórbida, além de ter sido submetido à cirurgia oncológica para a remoção de parte do pâncreas. O Ministro Joaquim Barbosa (então Presidente e relator) indeferira o pedido pelos seguintes fundamentos: a) ausência de doença grave atestada por junta médica oficial; e b) possibilidade de o sistema penitenciário oferecer a dieta e o acompanhamento médico e nutricional prescritos para o tratamento do sentenciado. O Tribunal afirmou que o laudo médico oficial, elaborado por médicos do Instituto Nacional do Câncer – INCA, ressaltara que o agravante não apresentaria qualquer evidência de doença neoplásica em atividade. Frisou que se teria constatado que, embora o estado clínico do agravante exigisse o uso continuado de medicamentos, sua situação não demandaria permanência em prisão domiciliar fixa. Recordou que o juízo da vara de execuções penais teria informado ao STF não haver impedimentos para o fornecimento da dieta e medicação necessárias. Salientou que, assim como referido no parecer ministerial, não haveria vedação que a família encaminhasse à unidade prisional eventuais medicamentos ou gêneros alimentícios que integrassem a prescrição médica e que não estivessem disponíveis no sistema" (STF: EP 23 AgR/DF, rel. Min. Roberto Barroso, Plenário, j. 27.08.2014, noticiado no *Informativo* 756).

Prisão domiciliar – frequência a culto religioso durante o período noturno – possibilidade – cumprimento das condições pelo reeducando: "Reeducando, em prisão domiciliar, pode ser autorizado a se ausentar de sua residência para frequentar culto religioso no período noturno. O benefício da prisão domiciliar possui normas de conduta a serem cumpridas, entre elas o recolhimento domiciliar até às 19h. Dessa forma, as atividades profissionais e pessoais devem se adequar aos horários e obrigações pré-estabelecidos. Ocorre, todavia, que o cumprimento de prisão domiciliar não impede a liberdade de culto, quando compatível com as condições impostas ao reeducando, atendendo à finalidade ressocializadora da pena. Ademais, considerada a possibilidade de controle do horário e de delimitação da área percorrida por meio do monitoramento eletrônico, o comparecimento a culto religioso não representa risco ao cumprimento da pena. Assim, não havendo notícia do descumprimento das condições impostas pelo juízo da execução, admite-se ao executado, em prisão domiciliar, ausentar-se de sua residência para frequentar culto religioso, no período noturno" (STJ: REsp 1.788.562/TO, rel. Min. Nefi Cordeiro, 6.ª Turma, j. 17.09.2019, noticiado no *Informativo* 657).

Prisão domiciliar – mãe com filho de até 12 anos incompletos – acusada investigada pela prática do crime de corrupção de menores em desfavor do próprio filho – não cabimento – necessidade de integral proteção dos menores: "A utilização do próprio filho para a prática de crimes, por se tratar de situação de risco ao menor, obsta a concessão de prisão domiciliar. O Superior Tribunal de Justiça possui entendimento no sentido de que 'é possível o indeferimento da prisão domiciliar da mãe de primeira infância, desde que fundamentada em reais peculiaridades que indiquem maior necessidade de acautelamento da ordem pública ou melhor cumprimento da teleologia da norma, na espécie, a integral proteção do menor' (AgRg no REsp 1.832.139/RS, relator Ministro Nefi Cordeiro, Sexta Turma, julgado em 18/2/2020, DJe 21/2/2020). No caso, as instâncias ordinárias indeferiram o pedido de concessão de prisão domiciliar por entenderem que a agravante também está sendo investigada pela prática do crime de corrupção de menores em desfavor do próprio filho de 14 anos, o qual praticava o tráfico de drogas por influência da acusada. O fato de a genitora envolver o filho adolescente no tráfico representa risco à própria proteção integral do menor. Nesse sentido, 'os fatos de a investigada comercializar entorpecentes em sua própria moradia, pertencer a organização criminosa, responder a outros procedimentos criminais por delitos da mesma natureza e por homicídio, além de envolver os próprios filhos na mercancia de entorpecentes, evidenciam o prognóstico de que a prisão domiciliar não impediria a prática de novas condutas delitivas no interior de sua casa, na presença das filhas menores de 12 anos, circunstância que inviabiliza o acolhimento do pleito' (RHC 99.897/RS, relator Ministro Rogerio Schietti Cruz, Sexta Turma, julgado em 25/9/2018, DJe 15/10/2018)" (STJ: AgRg no

HC 798.551/PR, rel. Min. Jesuíno Rissato (Desembargador convocado do TJDFT), 6.ª Turma, j. 28.02.2023, noticiado no *Informativo* 765).

Prisão domiciliar – mãe com filhos de até 12 anos incompletos – art. 318, V, do CPP – crime sem violência ou grave ameaça – não cometimento contra os próprios filhos – imprescindibilidade de cuidados maternos presumida: "A concessão de prisão domiciliar às genitoras de menores de até 12 anos incompletos não está condicionada à comprovação da imprescindibilidade dos cuidados maternos, que é legalmente presumida. No caso, as instâncias antecedentes indeferiram a prisão domiciliar visto que não fora demonstrada a imprescindibilidade da sentenciada aos cuidados dos filhos menores de 12 anos. Por razões humanitárias e para proteção integral da criança, é cabível a concessão de prisão domiciliar a genitoras de menores de até 12 anos incompletos, nos termos do art. 318, V, do CPP, desde que (a) não se trate de crime cometido com violência ou grave ameaça, (b) que não tenha sido praticado contra os próprios filhos e (c) não esteja presente situação excepcional que contraindique a medida (AgRg no PExt no RHC n. 113.084/PE, relator Ministro Reynaldo Soares da Fonseca, Quinta Turma, DJe de 10/6/2020). Tal entendimento diverge da orientação firmada no julgamento da Rcl n. 40.676/SP (relator Ministro Reynaldo Soares da Fonseca, DJe de 1º/12/2020), em que a Terceira Seção do STJ, dando interpretação extensiva à decisão do STF no HC coletivo n. 143.641/SP, concluiu ser possível a extensão do benefício de prisão-albergue domiciliar, prevista no art. 117, III, da LEP, às sentenciadas gestantes e mães de crianças de até 12 anos, ainda que em regime semiaberto ou fechado, desde que preenchidos os requisitos legais. Aliás, a imprescindibilidade da genitora ao cuidado dos filhos menores de 12 anos é presumida, 'tanto que propositalmente o legislador retirou da redação do art. 318, V do CPP, a comprovação de que seria ela imprescindível aos cuidados do menor' (STF, HC n. 169.406/MG, relatora Ministra Rosa Weber, Primeira Turma, DJe de 26/4/2021)" (STJ: AgRg no HC 731.648/SC, rel. Min. Joel Ilan Paciornik, rel. p/ acórdão Min. João Otávio de Noronha, 5.ª Turma, j. 07.06.2022, noticiado no *Informativo* 742).

Prisão domiciliar – mãe com filhos até 12 anos incompletos ou mulher gestante – tráfico de drogas – garantia da ordem pública – gravidade concreta – quantidade de droga – fundamentação idônea para manter a prisão preventiva – crime cometido no interior da residência – irrelevância das condições pessoais favoráveis: "O afastamento da prisão domiciliar para mulher gestante ou mãe de filho menor de 12 anos exige fundamentação idônea e casuística, independentemente de comprovação de indispensabilidade da sua presença para prestar cuidados ao filho, sob pena de infringência ao art. 318, inciso V, do CPP, inserido pelo Marco Legal da Primeira Infância (Lei n. 13.257/2016). O Superior Tribunal de Justiça possui entendimento consolidado no sentido de que a validade da segregação cautelar está condicionada à observância, em decisão devidamente fundamentada, aos requisitos insertos no art. 312 do Código de Processo Penal, revelando-se indispensável a demonstração de em que consiste o *periculum libertatis*. Não bastasse a compreensão já sedimentada nesta Casa, o Supremo Tribunal Federal, no julgamento do HC 143.641/SP, concedeu *habeas corpus* coletivo 'para determinar a substituição da prisão preventiva pela domiciliar – sem prejuízo da aplicação concomitante das medidas alternativas previstas no art. 319 do CPP – de todas as mulheres presas, gestantes, puérperas, ou mães de crianças e deficientes sob sua guarda, nos termos do art. 2º do ECA e da Convenção de Direitos das Pessoas com Deficiências (Decreto Legislativo 186/2008 e Lei 13.146/2015), relacionadas nesse processo pelo DEPEN e outras autoridades estaduais, enquanto perdurar tal condição, excetuados os casos de crimes praticados por elas mediante violência ou grave ameaça, contra seus descendentes ou, ainda, em situações excepcionalíssimas, as quais deverão ser devidamente fundamentadas pelos juízes que denegarem o benefício (...)' (STF, HC 143.641/SP, relator Ministro Ricardo Lewandowski, Segunda Turma, julgado em 20/2/2018, DJe de 21/2/2018). No caso, a prisão preventiva está justificada, pois, segundo a decisão que a impôs, foi apreendida grande quantidade e variedade de drogas, a saber, 2kg (dois quilos) de maconha, 8g (oito gramas) de crack e 18g (dezoito gramas) de cocaína. Dessarte, evidenciadas a periculosidade da ré e a necessidade da segregação como forma de acautelar a ordem pública. Ademais, o decreto de prisão preventiva salienta que, embora a autuada não possua antecedentes criminais, a elevada quantidade de drogas apreendidas inviabiliza a concessão da liberdade provisória (art. 310, II, CPP). Com efeito, a negativa da prisão domiciliar à acusada teve como lastro o fato de o delito ter sido cometido em sua própria residência, com armazenamento de grande quantidade e variedade de drogas em ambiente onde habitava com os filhos, colocando-os em risco, circunstância apta a afastar a aplicação do entendimento da Suprema Corte" (STJ: AgRg no HC 805.493/SC, rel. Min. Antonio Saldanha Palheiro, 6.ª Turma, j. 20.06.2023, noticiado no *Informativo* 780).

Prisão domiciliar – monitoramento eletrônico mediante uso de tornozeleira – pedido de retirada do equipamento por desnecessidade – indeferimento pelo juízo das execuções sem fundamento concreto – constrangimento ilegal evidenciado: "A manutenção de monitoramento por meio de tornozeleira eletrônica sem fundamentação concreta evidencia constrangimento ilegal ao apenado. A questão recursal gira em torno da legalidade do indeferimento de pedido de revogação de monitoramento eletrônico, por parte do juízo das execuções. Consoante dispõe o art. 146-D da Lei de Execução Penal, a monitoração eletrônica poderá ser revogada quando se tornar desnecessária ou inadequada. De qualquer sorte, ainda que o monitoramento eletrônico, com a colocação de tornozeleiras, seja uma alternativa tecnológica ao cárcere, a necessidade de sua manutenção deve ser aferida periodicamente, podendo ser dispensada a cautela em casos desnecessários. Todavia, a simples afirmação de que o monitoramento é medida mais acertada à fiscalização do trabalho externo com prisão domiciliar deferido ao apenado em cumprimento de pena de reclusão no regime semiaberto, sem maiores esclarecimentos acerca do caso concreto, não constitui fundamento idôneo para justificar o indeferimento do pleito. Assim como tem a jurisprudência exigido motivação concreta para a incidência de cautelares penais durante o processo criminal, a fixação de medidas de controle em fase de execução da pena igual motivação exigem, de modo que a incidência genérica – sempre e sem exame da necessidade da medida gravosa – de tornozeleiras eletrônicas não pode ser admitida" (STJ: HC 351.273/CE, rel. Min. Nefi Cordeiro, 6.ª Turma, j. 02.02.2017, noticiado no *Informativo* 597).

Prisão domiciliar humanitária – possibilidade – substituição da prisão preventiva: "A Turma, por maioria, conheceu da impetração e concedeu a ordem de *habeas corpus* para converter a custódia preventiva do paciente em prisão domiciliar humanitária, na forma do art. 318, II, do Código de Processo Penal. Determinou, ainda, que a prisão domiciliar deferida seja reavaliada pelo juízo processante a cada dois meses, enquanto perdurar a necessidade da custódia preventiva decretada (CPP, art. 312). Os impetrantes sustentaram que as circunstâncias do caso autorizam a mitigação do Enunciado 691 da Súmula do Supremo Tribunal Federal (STF), tendo em vista que o paciente foi operado de tumor maligno e carece de tratamento pós-operatório adequado, circunstância incompatível com a condição de preso preventivo. O Colegiado reconheceu a possibilidade de superação excepcional do Enunciado 691 para assegurar ao paciente a prisão domiciliar humanitária (CPP, art. 318, inciso II). Enfatizou que, tendo em vista o alto risco de saúde, a grande possibilidade de desenvolver infecções no cárcere e a impossibilidade de tratamento médico adequado na unidade prisional ou em estabelecimento hospitalar – tudo demonstrado satisfatoriamente no laudo pericial –, a concessão do *writ* se faz necessária para preservar a integridade física e moral do paciente, em respeito à dignidade da pessoa humana (CF, art. 1º, III)" (STF: HC 153.961/DF, rel. Min. Dias Toffoli, 2.ª Turma, j. 27.03.2018, noticiado no *Informativo* 895).

Regime aberto – crimes militares – aplicação subsidiária da Lei de Execução Penal: "Os militares, indivíduos que são, não foram excluídos da garantia constitucional da individualização da pena. Digo isso porque, de ordinário, a Constituição Federal de 1988, quando quis tratar por modo diferenciado os servidores militares, o fez explicitamente. Por ilustração, é o que se contém no inciso LXI do art. 5º do Magno Texto, a saber: 'ninguém será preso senão em flagrante delito ou por ordem escrita e fundamentada de autoridade judiciária competente, salvo nos casos de transgressão militar ou crime propriamente militar, definidos em lei'. Nova amostragem está no preceito de que 'não caberá *habeas corpus* em relação a punições disciplinares militares' (§ 2º do art. 142). Isso sem contar que são proibidas a sindicalização e a greve por parte do militar em serviço ativo, bem como a filiação partidária (incisos IV e V do § 3º do art. 142). De se ver que esse tratamento particularizado decorre do fato de que as Forças Armadas são instituições nacionais regulares e permanentes, organizadas com base na hierarquia e disciplina, destinadas à Defesa da Pátria, garantia dos poderes constitucionais e, por iniciativa de qualquer destes, da lei e da ordem (cabeça do art. 142). Regramento singular, esse, que toma em linha de conta as 'peculiaridades de suas atividades, inclusive aquelas cumpridas por força de compromissos internacionais e de guerra' (inciso X do art. 142). É de se entender, desse modo, contrária ao texto constitucional a exigência do cumprimento de pena privativa de liberdade sob regime integralmente fechado em estabelecimento militar, seja pelo invocado fundamento da falta de previsão legal na lei especial, seja pela necessidade do resguardo da segurança ou do respeito à hierarquia e à disciplina no âmbito castrense. Ordem parcialmente concedida para determinar ao Juízo da execução penal que promova a avaliação das condições objetivas e subjetivas para progressão de regime prisional, na concreta situação do paciente, e que aplique, para tanto, o Código Penal e a Lei 7.210/1984 naquilo que for omissa a Lei castrense" (STF: HC 104.174/RJ, rel. Min. Ayres Britto, 2.ª Turma, j. 29.03.2011). *No mesmo sentido*: STJ: HC 215.765/RS, rel. Min. Gilson Dipp, 5.ª Turma, j. 08.11.2011.

Regime aberto – prestação de serviços à comunidade como condição especial – impossibilidade: "A prestação de serviços à comunidade consiste em uma pena autônoma e substitutiva, eis que prevista no rol das restritivas de direitos, não podendo ser fixada como condição especial para o cumprimento de pena no regime aberto. *In casu*, inexiste a previsão legal para a cumulação da reprimenda restritiva com a privativa de liberdade. Extrai-se que a intenção do legislador, ao facultar a estipulação de condições especiais para o cumprimento do regime aberto, engloba circunstâncias inerentes ao próprio regime, conquanto diversas das obrigatórias previstas no art. 115 da LEP, não sendo a especialidade da condição uma fixação de outra pena pois, se assim o fosse, consistiria em pena em dobro para um mesmo ilícito penal, sem a previsão prévia do legislador ou a imposição na sentença condenatória, incidindo a hipótese em *bis in idem*" (STJ: HC 164.056/SP, rel. Min. Maria Thereza de Assis Moura, 6.ª Turma, j. 10.06.2010).

Regime aberto – progressão e comprovação de trabalho – razoabilidade: "As Turmas que integram a Terceira Seção desta Corte consagraram o entendimento de que a regra do art. 114, I, da LEP, a qual exige do condenado, para ingressar no regime aberto, a comprovação de trabalho ou a possibilidade imediata de fazê-lo (apresentação de proposta de emprego), deve sofrer temperamentos, ante a realidade brasileira" (STJ: HC 292.764/RJ, rel. Min. Maria Thereza de Assis Moura, 6.ª Turma, j. 10.06.2014). *No mesmo sentido*: STJ: HC 229.494/RJ, rel. Min. Marco Aurélio Bellizze, 5.ª Turma, j. 11.09.2012, noticiado no *Informativo* 504.

Regime aberto – revisão das condições de cumprimento de pena pelo juízo da execução – determinação de fundamentação das condições especiais – individualização – reedição de condição especial, relativa à proibição de ingestão de bebidas alcoólicas, sem amparo em fundamentação atrelada à situação individual do reeducando: "A proibição genérica de consumo de álcool imposta como condição especial ao apenado, com o argumento geral de preservar a saúde mental do condenado ou prevenir futuros crimes, deve vincular a necessidade da regra às circunstâncias específicas do crime pelo qual o condenado foi sentenciado. A criação de regra que destoe das condições gerais e obrigatórias previstas nos incisos do art. 115 da LEP pressupõe, necessariamente, que a imposição esteja acompanhada de fundamentação que justifique adequadamente a adequação da restrição imposta ao executado à sua situação concreta. A condição especial que veda ao apenado ingerir bebidas alcoólicas de qualquer espécie, com base na justificativa genérica de que a proibição visaria à manutenção da saúde mental do reeducando ou à prevenção do cometimento de novo delito, não atende ao comando da decisão emanada desta Corte (HC 751.948/MG). Ademais, não se nega que o apenado não deve ingerir álcool durante o trabalho ou antes de conduzir veículo automotor, neste último caso, sob pena de incorrer no delito descrito no art. 306 do Código de Trânsito Brasileiro. No entanto, não parece, a princípio, irrazoável que o executado, estando dentro de sua residência, no período noturno ou em dias de folga, venha a ingerir algum tipo de bebida alcoólica (como uma cerveja, por exemplo), cujo consumo não é vedado no ordenamento jurídico brasileiro. Aconselhando-se, por óbvio, a moderação, tendo em conta os conhecidos efeitos deletérios do excesso de consumo de álcool para a saúde. Assim, na hipótese, verifica-se a ausência de vinculação da regra imposta às circunstâncias concretas relacionadas aos delitos pelos quais o executado cumpre pena, e/ou ao comportamento do reeducando no curso da execução penal, ou até mesmo a problemas de saúde específicos de que sabidamente padeça e que justifiquem a contraindicação da ingestão de bebidas alcoólicas" (STJ: Rcl 45.054/MG, rel. Min. Reynaldo Soares da Fonseca, 3.ª Seção, j. 09.08.2023, noticiado no *Informativo* 784).

Regime especial

Art. 37. As mulheres cumprem pena em estabelecimento próprio, observando-se os deveres e direitos inerentes à sua condição pessoal, bem como, no que couber, o disposto neste Capítulo.

○ **Regime especial:** Os estabelecimentos penais destinados a mulheres deverão possuir, exclusivamente, agentes do sexo feminino na segurança de suas dependências internas (art. 83, § 3.º, da LEP). Essa regra coaduna-se com o art. 5.º, XLVIII, da CF. Na mesma direção, estabelece o art. 82, § 1.º, da LEP que "a mulher e o maior de 60 (sessenta) anos, separadamente, serão recolhidos a estabelecimento próprio e adequado à sua condição pessoal". A Lei Suprema também determina, em seu art. 5.º, L, que "às presidiárias serão asseguradas condições para que possam permanecer com seus filhos durante o período de amamentação". E dispõe o art. 89 da LEP: "[...] a penitenciária de mulheres será dotada de seção para gestante e parturiente e de creche para abrigar crianças maiores de 6 (seis) meses e menores de 7 (sete) anos, com a finalidade de assistir a criança desamparada cuja responsável estiver presa".

○ **Execução penal, mães presas e filhos recém-nascidos:** A Lei 11.942/2009, em compasso com as determinações contidas no art. 5.º, XLVIII e L, da CF, introduziu diversas modificações na LEP, com a finalidade de assegurar às mães presas e aos recém-nascidos condições mínimas de assistência. Destacam-se, entre tais alterações, as seguintes: (a) será assegurado acompanhamento médico à mulher, principalmente no pré-natal e no pós-parto, extensivo ao recém-nascido (art. 14, § 3.º, da LEP); (b) os estabelecimentos penais destinados a mulheres serão dotados de berçário, onde as condenadas possam cuidar de seus filhos, inclusive amamentá-los, no mínimo, até 6 (seis) meses de idade (art. 83, § 2.º, da LEP); (c) a penitenciária de mulheres será dotada de seção para gestante e parturiente e de creche para abrigar crianças maiores de 6 (seis) meses e menores de 7 (sete) anos, com a finalidade de assistir criança desamparada cuja responsável estiver presa (art. 89, *caput*, da LEP); e (d) a seção e a creche mencionadas devem possuir como requisitos básicos: I – atendimento por pessoal qualificado, de acordo com as diretrizes adotadas pela legislação educacional e em unidades autônomas; e II – horário de funcionamento que garanta a melhor assistência à criança e à sua responsável (art. 89, parágrafo único, da LEP). Mais tarde, a Lei 14.326/2022 incluiu o § 4.º no art. 14 da Lei de Execução Penal: "Será assegurado tratamento humanitário à mulher grávida durante os atos médico-hospitalares preparatórios para a realização do parto e durante o trabalho de parto, bem como à mulher no período de puerpério, cabendo ao poder público promover a assistência integral à sua saúde e à do recém-nascido." Se de um lado esse dispositivo visa a assegurar um direito à mulher grávida (ou no período de puerpério) e ao recém-nascido, de outro lado nos traz uma triste conclusão. No Brasil, é preciso uma lei para dizer o óbvio: qualquer pessoa – notadamente mulheres grávidas e recém-nascidos – deve ser tratada com humanidade e (um mínimo de) respeito.

○ **Proibição (ou não) de revista íntima:** A Lei 13.271/2016 foi editada com a finalidade de proibir a revista íntima em mulheres. Seu art. 1.º contém a seguinte redação: "Art. 1º As empresas privadas, os órgãos e entidades da Administração Pública, direta e indireta, ficam proibidos de adotar qualquer prática de revista íntima de suas funcionárias e de clientes do sexo feminino." O art. 2.º, por sua vez, impõe multa para quem descumprir a vedação legal, sem prejuízo da indenização por danos morais e materiais e sanções de ordem penal. A questão que surge diz respeito à proibição, ou não, da revista íntima em presas e nas demais mulheres que ingressam nos estabelecimentos penais, tais como as esposas, companheiras, namoradas, mães, filhas ou irmãs dos detentos (ou das detentas). De fato, o art. 1.º da Lei 13.271/2016 estende a vedação da revista íntima aos órgãos e entidades da Administração Pública, mas restringe sua proteção às funcionárias e clientes do sexo feminino. Esse foi o problema criado pelo legislador. As presas e as demais mulheres que comparecem, a qualquer título, ao sistema prisional não são "funcionárias", muito menos "clientes" dos órgãos e entidades da Administração Pública. O art. 3.º da Lei 13.271/2016 foi vetado pela Presidência da República. Seu texto era o seguinte: "Nos casos previstos em lei, para revistas em ambientes prisionais e sob investigação policial, a revista será unicamente realizada por funcionários servidores femininos." Em primeira análise, fica a impressão de que a proibição legal não alcança os ambientes prisionais (e policiais). Mas, nas razões do veto, a Presidência da República assim se pronunciou: "A redação do dispositivo possibilitaria interpretação no sentido de ser permitida a revista íntima nos estabelecimentos prisionais. Além disso, permitiria interpretação de que quaisquer revistas seriam realizadas unicamente por servidores femininos, tanto em pessoas do sexo masculino quanto do feminino." Em outras palavras, o veto foi lançado justamente para evitar qualquer interpretação no sentido do cabimento da revista íntima em mulheres, ou seja, a finalidade da Lei 13.271/2016 consistiu exatamente em proibir, de forma absoluta, o questionado procedimento. Ousamos discordar da opção legislativa (e também da Presidência da República). A proibição da revista íntima pode (e deve) ser a regra no Brasil, especialmente quando abusiva e desnecessária, mas precisa comportar exceções. Com efeito, o direito da mulher de se opor à revista íntima há de ser analisado em cada caso, de forma individualizada, e cotejado com o princípio da proporcionalidade. Na colisão de direitos fundamentais, é preciso conformar o direito à privacidade da mulher com o direito da coletividade, e também da própria mulher, à segurança pública, expressamente consagrado nos arts. 5.º, *caput*, e 144, *caput*, da Constituição Federal. Como se sabe, a segurança pública, além de figurar como dever do Estado, é direito e responsabilidade de todos, indistintamente. Não se pode utilizar da fórmula legal para permitir a impunidade de quem optou por violar as normas penais, e também não é razoável abrir uma brecha para a prática de crimes e para a facilitação de outros delitos, a exemplo do que se dá quando mulheres escondem drogas, aparelhos de telefonia celular e até mesmo armas (lâminas, canivetes etc.) em suas regiões íntimas, para levá-las ao interior de estabelecimentos penais. A Lei 13.271/2016, como qualquer outro diploma normativo, busca proteger as mulheres contra atuações inoportunas e excessivas, e nesse ponto merece ser louvada. Entretanto, deve ser interpretada com bom senso e coerência, harmonizando-se com as regras e princípios que norteiam nosso ordenamento jurídico.

Direitos do preso

Art. 38. O preso conserva todos os direitos não atingidos pela perda da liberdade, impondo-se a todas as autoridades o respeito à sua integridade física e moral.

○ **Direitos do preso:** O art. 38 do CP encontra-se em sintonia com o art. 5.º, XLIX, da CF: "é assegurado aos presos o respeito à integridade física e moral". Os arts. 40 e 41 da LEP arrolam diversos direitos dos presos, tais como alimentação suficiente e vestuário, atribuição de trabalho e sua remuneração, assistência material, jurídica, educacional, social, religiosa e à saúde, entrevista direta com o advogado, chamamento nominal, avistar-se com o diretor do presídio, contato com o mundo exterior por meio de correspondência escrita, da leitura e de outros meios de informação que não comprometam a moral e os bons costumes, atestado de pena a cumprir, emitido anualmente, etc. Com a entrada em vigor da Lei 12.245/2010, foi acrescentado o § 4.º ao art. 83 da LEP, para o fim de impor ao Estado o dever de instalar nos estabelecimentos penais salas de aulas destinadas a cursos do ensino básico e profissionalizante. Nos termos do art. 83, § 5.º, da LEP, nos estabelecimentos penais existirá, obrigatoriamente, instalação destinada à Defensoria Pública, instituição que, entre outras atribuições, "velará pela regular execução da pena e da medida de segurança, oficiando, no processo executivo e nos incidentes da execução, para a defesa dos necessitados em todos os graus e instâncias, de forma individual e coletiva" (LEP, art. 81-A).

○ **Visita íntima:** O art. 41, X, da LEP assegura ao preso o direito de visita do cônjuge, da companheira, de parentes e amigos em dias determinados. Cuida-se de medida destinada a preparar o retorno do condenado ao convívio social, bem como a manter seus laços de matrimônio, parentesco e amizade. Não foi previsto, todavia, o direito à visita íntima, isto é, encontro reservado no interior do estabelecimento penal com o cônjuge, companheira ou namorada para a realização de atos sexuais. Essa prática, contudo, é habitual nos presídios e tem sido autorizada pela direção dos estabelecimentos, destinada a controlar as sevícias sexuais entre os internos, bem como a preservar os laços de relacionamento afetivo entre casais separados pelo cumprimento da pena. No tocante aos **presídios federais**, o Decreto 6.049/2007 (art. 95, *caput* e parágrafo único) previu expressamente o direito à visita íntima. Com a finalidade de regulamentar esse decreto, a Portaria 718, de 28 de agosto de 2017, do Ministério da Justiça e Segurança Pública, disciplina a visita íntima no interior das Penitenciárias Federais. Por sua vez, a Resolução 23, de 4 de novembro de 2021, editada pelo Conselho Nacional de Política Criminal e Penitenciária, órgão do Ministério da Justiça, recomenda ao Departamento Penitenciário Nacional e às administrações penitenciárias das unidades federadas a adoção dos parâmetros que estabelece, para a concessão da visita conjugal ou íntima à pessoa privada de liberdade em estabelecimento penal.

○ **Visita íntima e condenado por crime cometido contra a mulher, por razões da condição do sexo feminino:** O condenado por crime contra a mulher, por razões da condição do sexo feminino, na forma disciplina pelo art. 121-A, § 1.º, do Código Penal, não poderá usufruir do direito previsto no inciso X do art. 41 da Lei 7.210/1984 – Lei de Execução Penal – (visita do cônjuge, da companheira, de parentes e amigos em dias determinados), **no tocante à visita íntima ou conjugal**. Nada obstante o dispositivo mencione o art. 41, X, da Lei de Execução Penal, sem fazer qualquer ressalva, sua parte final – "no tocante à visita íntima ou conjugal" – autoriza a conclusão de que a proibição alcança apenas a visita de **cônjuge (virago) ou companheira**, de modo a não excluir eventuais visitas de parentes e amigos. Essa proibição foi implementada pela Lei 14.994/2024 ("Pacote Antifeminicídio") e, em sintonia com a presunção de não culpabilidade (art. 5.º, LVII, da CF), somente se aplica ao **condenado definitivo** (com trânsito em julgado), e não ao preso provisório. Não basta a **condenação por crime contra a mulher**. É imprescindível que tenha sido o delito cometido por **razões da condição do sexo feminino**. Além disso, a vedação alcança **qualquer mulher** que tenha interesse em visitar o preso, e não somente a vítima do crime pelo qual ele tenha sido condenado. O fundamento dessa regra é simples: se o indivíduo cumpre pena por crime contra mulher, por razões da condição do sexo feminino, normalmente um feminicídio, seria ilógico autorizá-lo a receber a visita íntima ou social, diante da sua violência e desprezo contra mulheres.

○ **Visita social:** A Portaria 157/2019, editada pelo Ministério da Justiça e Segurança Pública, disciplina o procedimento de visita social aos presos nos estabelecimentos penais federais de segurança máxima, medida destinada unicamente à manutenção dos laços familiares e sociais, e sob a necessária supervisão.

○ **Limitação ao uso de algemas:** Nos termos da **Súmula Vinculante 11**, do STF: "Só é lícito o uso de algemas em caso de resistência e de fundado receio de fuga ou de perigo à integridade física própria ou alheia, por parte do preso ou de terceiros, justificada a excepcionalidade por escrito, sob pena de responsabilidade disciplinar, civil e penal do agente ou da autoridade e de nulidade da prisão ou do ato processual a que se refere, sem prejuízo da responsabilidade civil do Estado." Para o STF, o uso de algemas, como regra, encontra-se em confronto com a ordem jurídico-constitucional. O princípio da presunção de não culpabilidade impõe aos acusados em geral o tratamento devido aos seres humanos, aos que vivem em um Estado Democrático de Direito. Além disso, o art. 1.º, inc. III, da CF aponta como um dos fundamentos da República Federativa do Brasil a dignidade da pessoa humana, e da leitura do rol das garantias constitucionais previstas no art. 5.º, incs. XLIX, LXI, LXIII, LXIV, LXV, LXVI, XLVIII depreende-se a preocupação em se resguardar a figura do preso, repousando tais preceitos no inafastável tratamento humanitário do cidadão, na imprescindibilidade de lhe ser preservada a dignidade. E, nos palcos forenses, a manutenção do acusado algemado implicaria em colocar a defesa, antecipadamente, em patamar inferior, especialmente no Tribunal do Júri, composto por pessoas leigas que tiram ilações diversas acerca do contexto indicativo da periculosidade do réu. Para fundamentar a Súmula Vinculante, o STF registrou que a proibição do uso de algemas e do uso da força já era previsto nos tempos do Império (Decreto de 23.5.1821 e Código de Processo Criminal do Império de 29.11.1832, art. 180) e que houve manutenção dessas normas no ordenamento jurídico brasileiro subsequente (Lei 261/1841; Lei 2.033/1871, regulamentada pelo Decreto 4.824/1871; Código de Processo Penal de 1941, arts. 284 e 292; Lei de Execução Penal – LEP 7.210/1984 –, art. 159; Código de Processo Penal Militar, arts. 234, § 1.º, e 242). Citou-se, ademais, o disposto no item 3 das regras da Organização das Nações Unidas – ONU – para o tratamento de prisioneiros, no sentido de que o emprego de algemas jamais poderá se dar como medida de punição. Destarte, concluiu-se ser excepcional o uso de algemas, o qual somente pode ocorrer nos casos em que realmente se mostre indispensável para impedir ou evitar a fuga do preso, ou quando se cuidar comprovadamente de perigoso prisioneiro, circunstâncias que devem ser objeto de decisão judicial fundamentada.[297] Além disso, o STF mencionou que a Lei 11.689/2008, responsável por diversas modificações no Código de Processo Penal, especialmente em seu art. 474, § 3.º, tornou estreme de dúvidas a excepcionalidade do uso de algemas. No dia 26 de setembro de 2016, foi editado o **Decreto 8.858**, com a finalidade de regulamentar o art. 199 da Lei de Execução Penal, cuja redação é a seguinte: "Art. 199.

---

[297] O STF entendeu ser lícito o uso de algemas em caso de réu integrante de milícia privada, com extensa folha de antecedentes criminais e transferido para presídio de segurança máxima, em virtude da sua alta periculosidade, além da possibilidade de sua fuga ou de seu resgate (Rcl 32.970 AgR/RJ, rel. Min. Alexandre de Moraes, 1.ª Turma, j. 17.12.2019, noticiado no *Informativo* 964). Nesse mesmo julgamento, a Corte acertadamente salientou que "a questão da periculosidade, ou não, do réu, é assunto de polícia e não de juiz. Se a polícia informa que o réu é perigoso, o juiz, que, normalmente, entra em contato com o réu pela primeira vez, tem de confiar na presunção de legitimidade da informação passada pela autoridade policial. Fora dos casos de abuso patente, é preciso dar credibilidade àquele que tem o encargo de zelar pela segurança pública, inclusive no âmbito do tribunal."

O emprego de algemas será disciplinado por decreto federal." A partir de então, o emprego de algemas deve observar as seguintes diretrizes: I – art. 1.º, inc. III, e o art. 5.º, inc. III, ambos da Constituição Federal, que dispõem sobre a dignidade da pessoa humana e a proibição de tratamento desumano ou degradante; II – a Resolução nº 2010/2016, da Organização das Nações Unidas, sobre o tratamento de mulheres presas e medidas não privativas de liberdade para mulheres infratoras (Regras de Bangkok); e III – o Pacto de São José da Costa Rica, incorporado ao direito brasileiro pelo Decreto 678/1992, que determina o tratamento humanitário dos presos e, em especial, das mulheres em condição de vulnerabilidade. Além disso, o Decreto 8.858/2016 acompanhou a sistemática da Súmula Vinculante 11, e no seu art. 2.º admitiu o uso de algemas apenas em casos de resistência e de fundado receio de fuga ou de perigo à integridade física própria ou alheia, causado pelo preso ou por terceiros, justificada a sua excepcionalidade por escrito. Finalmente, o parágrafo único do art. 292 do Código de Processo Penal estatui ser "vedado o uso de algemas em mulheres grávidas durante os atos médico-hospitalares preparatórios para a realização do parto e durante o trabalho de parto, bem como em mulheres durante o período de puerpério imediato". Trata-se de imposição humanista em sintonia com o especial (e sagrado) momento do nascimento de um novo ser. A análise conjunta da Súmula Vinculante 11, do art. 292, parágrafo único, do Código de Processo Penal e do Decreto 8.858/2016 autoriza as seguintes conclusões:

Diretrizes sobre o emprego de algemas	Dignidade da pessoa humana; Proibição de tratamento desumano ou degradante; Resolução 2.010/2016 da ONU (Regras de Bangkok); e Pacto de São José da Costa Rica.
Hipóteses excepcionais em que o emprego de algemas é permitido (a excepcionalidade deve ser justificada por escrito)	Resistência à prisão; Fundado receio de fuga; e Perigo à integridade física própria ou alheia, causado pelo preso ou por terceiros.
Proibição do emprego de algemas em mulheres	Durante o trabalho de parto, em qualquer unidade do sistema penitenciário; No trajeto da parturiente entre a unidade prisional e a unidade hospitalar; e Após o parto, durante o período em que se encontrar hospitalizada.
Sanções para o uso indevido de algemas (podem ser cumuladas)	Nulidade da prisão; Nulidade do ato processual de que participou o preso; Responsabilidade civil, disciplinar e penal do agente ou da autoridade; e Responsabilidade civil do Estado.

○ **Uso de algemas pela Polícia para apresentação do preso à imprensa:** O Supremo Tribunal Federal já decidiu pela inaplicabilidade da Súmula Vinculante 11 à situação em que a autoridade policial apresentou um preso algemado à imprensa, no dia seguinte à prisão, **em ato completamente desvinculado da investigação preliminar ou da ação penal**. Como corolário da não incidência do enunciado vinculante, a eventual responsabilização do Estado ou dos agentes públicos envolvidos no ato deve ser buscada pelas vias adequadas. A Corte Suprema, todavia, possui entendimento diverso – no sentido da nulidade do ato processual e da responsabilidade disciplinar, civil e penal do agente ou autoridade – quando a utilização indevida de algemas ocorre **em atividade relacionada à persecução penal**.

○ **A separação dos presos nos estabelecimentos penais:** A Lei 13.167/2015 efetuou mudanças na Lei de Execução Penal, com o propósito de estabelecer critérios para a separação de presos nos estabelecimentos penais. Os presos provisórios devem ficar separados dos presos definitivamente condenados. Mas isso não basta. É necessária a distinção entre os presos provisórios e também entre os presos definitivos. De fato, os presos provisórios ficarão separados de acordo com os seguintes critérios: I – os acusados pela prática de crimes hediondos ou equiparados (tráfico de drogas, tortura e terrorismo); II – os acusados pela prática de delitos cometidos com violência ou grave ameaça à pessoa; e III – os acusados pela prática de crimes diversos ou de contravenções penais (LEP, art. 84, § 1.º). Por sua vez, os presos definitivamente condenados serão separados levando em conta os seguintes parâmetros: I – condenados pela prática de crimes hediondos ou equiparados (pouco importa se primários ou reincidentes); II – reincidentes condenados pela prática de delitos cometidos com violência ou grave ameaça à pessoa; III – primários condenados pela prática de crimes cometidos com violência ou grave ameaça à pessoa; e IV – demais condenados pela prática de outros crimes ou contravenções penais (LEP, art. 84, § 3.º). De seu turno, o preso que, ao tempo do fato, era funcionário da Administração da Justiça Criminal, a exemplo dos carcereiros, agentes penitenciários e diretores de presídios, ficará em dependência separada (LEP, art. 84, § 2.º). Finalmente, o preso que tiver sua integridade física, moral ou psicológica ameaçada pela convivência com os demais presos ficará segregado em local próprio, ou seja, isolado dos demais detentos (LEP, art. 84, § 4.º).

○ **Obras emergenciais em presídios. A reserva do possível e a separação dos Poderes do Estado:** O sistema prisional brasileiro enfrenta um verdadeiro caos estrutural. Fala-se inclusive na configuração de um **estado de coisas inconstitucional**, expressão utilizada pela Corte Constitucional da Colômbia para se referir ao quadro problemático dotado das seguintes características: (a) violação generalizada e sistêmica de direitos fundamentais; (b) inércia ou incapacidade reiterada e persistente das autoridades públicas em modificar a conjuntura; e (c) transgressões a exigir a atuação não apenas de um órgão, e sim de uma pluralidade de autoridades. Nesse contexto, o Poder Judiciário pode (e deve) determinar à Administração Pública a adoção de providências eficazes para promover medidas ou efetuar obras emergenciais em estabelecimentos prisionais, visando o respeito à dignidade da pessoa humana e à integridade física e moral dos presos, na forma determinada pela Constituição Federal, de modo a evitar a inaceitável "**coisificação**" dos detentos, os quais jamais podem ser tratados como meros objetos, em decorrência da simples (e indestrutível) condição de seres humanos. Essa postura ativa do Poder Judiciário não afronta o princípio da separação dos Poderes (CF, art. 2.º) e não pode ser limitada pela cláusula da "**reserva do possível**", pela qual a Administração Pública deve cumprir suas obrigações na medida das suas possibilidades.

○ **Privação de liberdade de lésbicas, *gays*, bissexuais, travestis e transexuais:** A Resolução Conjunta 2, de 26 de março de 2024, editada pelo CNPCP (Conselho Nacional de Política Criminal e Penitenciária) e pelo CNPCP/CNLGBTQIA+ (Conselho Nacional dos Direitos das Pessoas Lésbicas, *Gays*, Bissexuais, Travestis, Transexuais, Queer, Intersexo, Assexuais e outras) estabelece os parâmetros de acolhimento da população LGBTQIA+ em privação de liberdade no Brasil.

○ **Superlotação carcerária e responsabilidade civil do Estado:** A superlotação carcerária no Brasil é inegável, e caracterizada principalmente pela falta de investimentos do Poder Público para proporcionar o atendimento dos mandamentos impostos pela Lei 7.210/1984 – Lei de Execução Penal. Para o Supremo Tribunal Federal, o Estado tem o dever de indenizar os detentos pelos danos materiais e morais suportados, e não se aplica, para elidir sua responsabilidade civil, a cláusula da reserva do possível.[298]

---

[298] STF: RE 580.252/MS, rel. orig. Min. Teori Zavascki, red. p/ o ac. Min. Gilmar Mendes, Plenário, j. 16.02.2017, noticiado no *Informativo* 854.

○ **Cumprimento da pena em condições degradantes e cômputo da pena em dobro:** No famoso caso do IPPSC – Instituto Penal Plácido de Sá Carvalho, do Complexo Penitenciário de Bangu, situado no Rio de Janeiro, o Superior Tribunal de Justiça, dando cumprimento à Resolução de 22 de novembro de 2018, proferida pela Corte Interamericana de Direitos Humanos, determinou o cômputo em dobro da pena privativa de liberdade correspondente a cada dia de prisão ali cumprido, exceto para as pessoas acusadas ou condenadas por crimes contra a vida, contra a integridade física ou delitos sexuais.[299]

○ **Jurisprudência selecionada:**

Algemas – fundamentação idônea – réu integrante de milícia privada e transferida para presídio federal de segurança máxima – análise da periculosidade pela Polícia: "A Primeira Turma, em conclusão e por maioria, negou provimento a agravo regimental interposto contra decisão que negou seguimento a reclamação em que se requereu a decretação de nulidade de julgamento do tribunal do júri por inobservância da Súmula Vinculante 11 do Supremo Tribunal Federal. No caso, durante julgamento em plenário, a Juíza de Direito Presidente do Tribunal do Júri indeferiu o pleito da defesa de retirada das algemas do reclamante. Determinou que, excepcionalmente, fosse o acusado mantido algemado, na forma do que autoriza o referido verbete sumular, tendo em conta ofício exibido pela escolta do Departamento Penitenciário Nacional (DEPEN), o qual justificaria o uso de algemas. O juízo de origem considerou, ainda, que os policiais federais responsáveis pela escolta, quando consultados, afirmaram não poder opinar favoravelmente à retirada das algemas sem ferir o procedimento recomendado pelo órgão a que pertencem, em relação ao réu custodiado em presídio federal de segurança máxima. O Tribunal de Justiça local, em sede de apelação, afastou a apontada nulidade. Citou o envolvimento do réu com milícias, bem como seus maus antecedentes e acautelamento em presídio de segurança máxima. O colegiado entendeu que a juíza de primeiro grau justificou devidamente a manutenção do uso das algemas e que todas as circunstâncias fáticas exigiriam que o acusado estivesse algemado. Destacou que o réu integra milícia, possui extensa folha de antecedentes criminais e foi transferido para presídio de segurança máxima, em virtude da sua alta periculosidade, além da possibilidade de sua fuga ou de seu resgate. O Ministro Roberto Barroso ressaltou, sobretudo, o que consignado pelo Tribunal de Justiça ao decidir a matéria. Para ele, não se pode desconsiderar o que está nos autos do processo e na decisão do juízo *a quo*. Salientou que a questão da periculosidade, ou não, do réu, é assunto de polícia e não de juiz. Se a polícia informa que o réu é perigoso, o juiz, que, normalmente, entra em contato com o réu pela primeira vez, tem de confiar na presunção de legitimidade da informação passada pela autoridade policial. Fora dos casos de abuso patente, é preciso dar credibilidade àquele que tem o encargo de zelar pela segurança pública, inclusive no âmbito do tribunal" (STF: Rcl 32.970 AgR/RJ, rel. Min. Alexandre de Moraes, 1.ª Turma, j. 17.12.2019, noticiado no *Informativo* 964).

Algemas – utilização indevida – efeitos jurídicos: "(...) Por fim, a Turma ressaltou que, durante o transporte, o paciente foi exibido às câmeras de televisão algemado por pés e mãos, a despeito de sua aparente passividade, em afronta ao Enunciado 11 da Súmula Vinculante. O uso infundado de algemas é causa suficiente para invalidar o ato processual. Considerou, ainda, que o abuso no uso de algemas também enseja a responsabilidade disciplinar, civil e penal do agente ou da autoridade. Por essa razão, determinou a instauração de inquérito no Supremo Tribunal Federal (STF) para apurar eventual abuso de autoridade (art. 4º, 'b', da Lei 4.898/1965). O 'éthos' da jurisdição constitucional é impedir que se cometam violações contra os direitos humanos" (STF: HC 152.720/DF, rel. Min. Gilmar Mendes, 2.ª Turma, j. 10.04.2018, noticiado no *Informativo* 897).

Algemas – utilização pela autoridade policial – possibilidade: "A apresentação do custodiado algemado à imprensa pelas autoridades policiais não afronta o Enunciado 11 da Súmula Vin-

---

[299]   STJ: RHC 136.961/RJ, rel. Min. Reynaldo Soares da Fonseca, 5.ª Turma, j. 15.06.2021, noticiado no *Informativo* 701.

culante ('Só é lícito o uso de algemas em casos de resistência e de fundado receio de fuga ou de perigo à integridade física própria ou alheia, por parte do preso ou de terceiros, justificada a excepcionalidade por escrito, sob pena de responsabilidade disciplinar, civil e penal do agente ou da autoridade e de nulidade da prisão ou do ato processual a que se refere, sem prejuízo da responsabilidade civil do Estado'). Com base nessa orientação, a Primeira Turma julgou improcedente reclamação ajuizada por custodiado que, preso preventivamente por ordem judicial, fora apresentado algemado à imprensa por policiais civis estaduais. A Turma asseverou que a decisão judicial que determinara a segregação do reclamante não determinara o uso de algemas. Destacou que, embora evidenciado o emprego injustificado do referido artefato, seu manuseio decorrera de ato administrativo da autoridade policial, situação não abarcada pelo verbete, que se refere à prática de ato processual. As algemas teriam sido utilizadas um dia após a prisão, quando o reclamante já se encontrava na delegacia de polícia, tão somente no momento da exibição dos presos à imprensa. Assim, eventual responsabilização do Estado ou dos agentes envolvidos, decorrente dos fatos noticiados na inicial, deve ser buscada na via apropriada" (STF: Rcl 7.116/PE, rel. Min. Marco Aurélio, 1.ª Turma, j. 24.05.2016, noticiado no *Informativo* 827).

Direito de visita do preso – art. 41, X, da LEP – restrição de ingresso em estabelecimento prisional – impossibilidade de sanção de caráter perpétuo: "É ilegal a sanção administrativa que impede definitivamente o direito do preso de receber visitas. O ordenamento jurídico garante a toda pessoa privada da liberdade o direito a um tratamento humano e à assistência familiar e não prevê nenhuma hipótese de perda definitiva do direito de visita. Assim, a negativa da revisão do cancelamento do registro de visitante está em descompasso com a proibição constitucional de penalidades de caráter perpétuo. Na hipótese é ilegal a sanção administrativa que impede definitivamente o preso de estabelecer contato com seu genitor por suprimir o direito previsto no art. 41, X, da LEP, porquanto tem-se por caracterizado o excesso de prazo da medida, que deve subsistir por prazo razoável à implementação de sua finalidade. Até mesmo nos casos de homologação de faltas graves (fuga, subversão da disciplina etc.) ou de condenações definitivas existe, nos regimentos penitenciários ou no art. 94 do CP, a possibilidade de reabilitação. Toda pena deve atender ao caráter de temporariedade" (STJ: RMS 48.818/SP, rel. Min. Rogerio Schietti Cruz, 6.ª Turma, j. 26.11.2019, noticiado no *Informativo* 661).

Estabelecimento prisional – condições degradantes do preso – Resolução Corte IDH 22/11/2018 – cômputo em dobro do período de privação de liberdade – efetividade dos direitos humanos: "A Resolução da Corte Interamericana de Direitos Humanos de 22/11/2018, que determina o cômputo da pena em dobro, deve ser aplicada a todo o período cumprido pelo condenado no Instituto Penal Plácido de Sá Carvalho. Trata-se do notório caso do Instituto Penal Plácido de Sá Carvalho no Rio de Janeiro (IPPSC), objeto de inúmeras Inspeções que culminaram com a Resolução da Corte Interamericana de Direitos Humanos – IDH de 22/11/2018, que, ao reconhecer referido Instituto inadequado para a execução de penas, especialmente em razão de os presos se acharem em situação degradante e desumana, determinou que se computasse 'em dobro cada dia de privação de liberdade cumprido no IPPSC, para todas as pessoas ali alojadas, que não sejam acusadas de crimes contra a vida ou a integridade física, ou de crimes sexuais, ou não tenham sido por eles condenadas, nos termos dos Considerandos 115 a 130 da presente Resolução'. Ao sujeitar-se à jurisdição da Corte IDH, o País alarga o rol de direitos das pessoas e o espaço de diálogo com a comunidade internacional. Com isso, a jurisdição brasileira, ao basear-se na cooperação internacional, pode ampliar a efetividade dos direitos humanos. A sentença da Corte IDH produz autoridade de coisa julgada internacional, com eficácia vinculante e direta às partes. Todos os órgãos e poderes internos do país encontram-se obrigados a cumprir a sentença. Na hipótese, as instâncias inferiores ao diferirem os efeitos da decisão para o momento em que o Estado Brasileiro tomou ciência da decisão proferida pela Corte Interamericana, deixando com isso de computar parte do período em que teria sido cumprida pena em situação considerada degradante, deixaram de dar cumprimento a tal mandamento, levando em conta que as sentenças da Corte possuem eficácia imediata para os Estados Partes e efeito meramente declaratório.

Não se mostra possível que a determinação de cômputo em dobro tenha seus efeitos modulados como se o condenado tivesse cumprido parte da pena em condições aceitáveis até a notificação e a partir de então tal estado de fato tivesse se modificado. Em realidade, o substrato fático que deu origem ao reconhecimento da situação degradante já perdurara anteriormente, até para que pudesse ser objeto de reconhecimento, devendo, por tal razão, incidir sobre todo o período de cumprimento da pena. Por princípio interpretativo das convenções sobre direitos humanos, o Estado-parte da CIDH pode ampliar a proteção dos direitos humanos, por meio do princípio *pro personae*, interpretando a sentença da Corte IDH da maneira mais favorável possível aquele que vê seus direitos violados. As autoridades públicas, judiciárias inclusive, devem exercer o controle de convencionalidade, observando os efeitos das disposições do diploma internacional e adequando sua estrutura interna para garantir o cumprimento total de suas obrigações frente à comunidade internacional, uma vez que os países signatários são guardiões da tutela dos direitos humanos, devendo empregar a interpretação mais favorável ao ser humano. Aliás, essa particular forma de parametrar a interpretação das normas jurídicas (internas ou internacionais) é a que mais se aproxima da Constituição Federal, que faz da cidadania e da dignidade da pessoa humana dois de seus fundamentos, bem como tem por objetivos fundamentais erradicar a marginalização e construir uma sociedade livre, justa e solidária (incisos I, II e III do art. 3º). Tudo na perspectiva da construção do tipo ideal de sociedade que o preâmbulo da respectiva Carta Magna caracteriza como 'fraterna' (HC n. 94.163, rel. Min. CARLOS BRITTO, 1.ª Turma do STF, j. 02.12.2008, *DJe*-200, DIVULG 22.10.2009, PUBLIC 23.10.2009, EMENT VOL-02379-04 PP-00851). O horizonte da fraternidade é, na verdade, o que mais se ajusta com a efetiva tutela dos direitos humanos fundamentais. A certeza de que o titular desses direitos é qualquer pessoa deve sempre influenciar a interpretação das normas e a ação dos atores do Direito e do Sistema de Justiça. Ademais, os juízes nacionais devem agir como juízes interamericanos e estabelecer o diálogo entre o direito interno e o direito internacional dos direitos humanos, até mesmo para diminuir violações e abreviar as demandas internacionais. É com tal espírito hermenêutico que se dessume que, na hipótese, a melhor interpretação a ser dada é pela aplicação a Resolução da Corte Interamericana de Direitos Humanos, de 22 de novembro de 2018 a todo o período em que cumprida pena no IPPSC" (STJ: RHC 136.961/RJ, rel. Min. Reynaldo Soares da Fonseca, 5.ª Turma, j. 15.06.2021, noticiado no *Informativo* 701).

Prisão domiciliar – frequência a culto religioso durante o período noturno – possibilidade – cumprimento das condições pelo reeducando: "Reeducando, em prisão domiciliar, pode ser autorizado a se ausentar de sua residência para frequentar culto religioso no período noturno. O benefício da prisão domiciliar possui normas de conduta a serem cumpridas, entre elas o recolhimento domiciliar até às 19h. Dessa forma, as atividades profissionais e pessoais devem se adequar aos horários e obrigações pré-estabelecidos. Ocorre, todavia, que o cumprimento de prisão domiciliar não impede a liberdade de culto, quando compatível com as condições impostas ao reeducando, atendendo à finalidade ressocializadora da pena. Ademais, considerada a possibilidade de controle do horário e de delimitação da área percorrida por meio do monitoramento eletrônico, o comparecimento a culto religioso não representa risco ao cumprimento da pena. Assim, não havendo notícia do descumprimento das condições impostas pelo juízo da execução, admite-se ao executado, em prisão domiciliar, ausentar-se de sua residência para frequentar culto religioso, no período noturno" (STJ: REsp 1.788.562/TO, rel. Min. Nefi Cordeiro, 6.ª Turma, j. 17.09.2019, noticiado no *Informativo* 657).

Obras emergenciais em presídios – reserva do possível e separação dos Poderes – inadmissibilidade da "coisificação" dos presos: "É lícito ao Poder Judiciário impor à Administração Pública obrigação de fazer, consistente na promoção de medidas ou na execução de obras emergenciais em estabelecimentos prisionais para dar efetividade ao postulado da dignidade da pessoa humana e assegurar aos detentos o respeito à sua integridade física e moral, nos termos do que preceitua o art. 5º, XLIX, da CF, não sendo oponível à decisão o argumento da reserva do possível nem o princípio da separação dos poderes. Essa a conclusão do Plenário, que proveu recurso extraordinário em que discutida a possibilidade de o Poder Judiciário determinar ao Poder Executivo estadual obrigação de fazer consistente na execução de obras em estabelecimentos prisionais, a fim de garantir a observância dos direitos fundamentais dos presos. O Colegiado assentou tratar-se, na espécie, de estabelecimento prisional cujas condições estruturais seriam efetivamente atentatórias à integridade física e moral dos detentos. Pontuou que a pena deveria ter caráter de ressocialização, e que impor ao condenado condições sub-humanas atentaria contra esse objetivo. Entretanto, o panorama nacional indicaria que o sistema carcerário como um todo estaria em quadro de total falência, tendo em vista a grande precariedade das instalações, bem assim episódios recorrentes de sevícias, torturas, execuções sumárias, revoltas, superlotação, condições precárias de higiene, entre outros problemas crônicos. Esse evidente caos institucional comprometeria a efetividade do sistema como instrumento de reabilitação social. Além disso, a questão afetaria também estabelecimentos destinados à internação de menores. O quadro revelaria desrespeito total ao postulado da dignidade da pessoa humana, em que haveria um processo de 'coisificação' de presos, a indicar retrocesso relativamente à lógica jurídica atual. A sujeição de presos a penas a ultrapassar mera privação de liberdade prevista na lei e na sentença seria um ato ilegal do Estado, e retiraria da sanção qualquer potencial de ressocialização. A temática envolveria a violação de normas constitucionais, infraconstitucionais e internacionais. Dessa forma, caberia ao Judiciário intervir para que o conteúdo do sistema constitucional fosse assegurado a qualquer jurisdicionado, de acordo com o postulado da inafastabilidade da jurisdição. Os juízes seriam assegurados do poder geral de cautela mediante o qual lhes seria permitido conceder medidas atípicas, sempre que se mostrassem necessárias para assegurar a efetividade do direito buscado. No caso, os direitos fundamentais em discussão não seriam normas meramente programáticas, sequer se trataria de hipótese em que o Judiciário estaria ingressando indevidamente em campo reservado à Administração. Não haveria falar em indevida implementação de políticas públicas na seara carcerária, à luz da separação dos poderes. Ressalvou que não seria dado ao Judiciário intervir, de ofício, em todas as situações em que direitos fundamentais fossem ameaçados. Outrossim, não caberia ao magistrado agir sem que fosse provocado, transmudando-se em administrador público. O juiz só poderia intervir nas situações em que se evidenciasse um 'não fazer' comissivo ou omissivo por parte das autoridades estatais que colocasse em risco, de maneira grave e iminente, os direitos dos jurisdicionados" (STF: RE 592.581/RS, rel. Min. Ricardo Lewandowski, Plenário, j. 13.08.2015, noticiado no *Informativo* 794).

Superpopulação carcerária – responsabilidade civil do Estado – dever de indenizar os detentos pelos danos materiais e morais suportados – inaplicabilidade da cláusula da reserva do possível: "Considerando que é dever do Estado, imposto pelo sistema normativo, manter em seus presídios os padrões mínimos de humanidade previstos no ordenamento jurídico, é de sua responsabilidade, nos termos do art. 37, § 6º, da Constituição, a obrigação de ressarcir os danos, inclusive morais, comprovadamente causados aos detentos em decorrência da falta ou insuficiência das condições legais de encarceramento. Com essa orientação, o Tribunal, em conclusão e por maioria, deu provimento a recurso extraordinário para restabelecer o juízo condenatório nos termos e limites do acórdão proferido no julgamento da apelação, a qual fixara indenização no valor de dois mil reais a favor de detento. Consoante o acórdão restabelecido, estaria caracterizado o dano moral porque, após laudo de vigilância sanitária no presídio e decorrido lapso temporal, não teriam sido sanados os problemas de superlotação e de falta de condições mínimas de saúde e de higiene do estabelecimento penal. Além disso, não sendo assegurado o mínimo existencial, seria inaplicável a teoria da reserva do possível. Registrou, de início, a inexistência de controvérsia a respeito dos fatos da causa e da configuração do dano moral, haja vista o reconhecimento, pelo próprio acórdão recorrido, da precariedade do sistema penitenciário estadual, que lesou direitos fundamentais do recorrente, quanto à dignidade, intimidade, higidez física e integridade psíquica. Portanto, sendo incontroversos os fatos da causa e a ocorrência do dano, afirmou que a questão jurídica desenvolvida no recurso ficou restrita à reparabilidade, ou seja, à existência ou não da obrigação do Estado de ressarcir os danos morais verificados nas circunstâncias enunciadas. Em seguida, consignou que a matéria jurídica está no âmbito da responsabilidade civil do Estado de responder pelos danos, até mesmo morais, causados por ação ou omissão de seus agentes, nos termos do art. 37, § 6º, da CF, preceito normativo autoaplicável, que não se sujeita a intermediação legislativa ou a providência administrativa de qualquer espécie. Ocorrido o dano e estabelecido o seu nexo causal com a atuação da Administração ou dos seus agentes, nasce a responsabilidade civil do Estado. Sendo assim e tendo em conta que, no caso, a configuração do dano é matéria incontroversa, não há como acolher os argumentos que invocam, para negar o dever estatal de indenizar, o princípio da reserva do possível, na dimensão reducionista de significar a insuficiência de recursos financeiros. Frisou que o Estado é responsável pela guarda e segurança das pessoas submetidas a encarceramento, enquanto ali permanecerem detidas, e que é seu dever mantê-las em condições carcerárias com mínimos padrões de humanidade estabelecidos em lei, bem como, se for o caso, ressarcir os danos que daí decorrerem. Ademais, asseverou que as violações a direitos fundamentais causadoras de danos pessoais a detentos em estabelecimentos carcerários não poderiam ser relevadas ao argumento de que a indenização não teria o alcance para eliminar o grave problema prisional globalmente considerado, dependente da definição e da implantação de políticas públicas específicas, providências de atribuição legislativa e administrativa, não de provimentos judiciais. Sustentou que admitir essa assertiva significaria justificar a perpetuação da desumana situação constatada em presídios como aquele onde cumprida a pena do recorrente. Relembrou que a garantia mínima de segurança pessoal, física e psíquica dos detentos constitui dever estatal que tem amplo lastro não apenas no ordenamento nacional (CF, art. 5º, XLVII, 'e'; XLVIII; XLIX; Lei 7.210/1984 – LEP, arts. 10, 11, 12, 40, 85, 87, 88; Lei 9.455/1997 – crime de tortura; Lei 12.874/2013 – Sistema Nacional de Prevenção e Combate à Tortura), como também em fontes normativas internacionais adotadas pelo Brasil (Pacto Internacional de Direitos Civis e Políticos das Nações Unidas; Convenção Americana de Direitos Humanos; Princípios e Boas Práticas para a Proteção de Pessoas Privadas de Liberdade nas Américas, contida na Resolução 1/2008, aprovada pela Comissão Interamericana de Direitos Humanos; Convenção da Organização das Nações Unidas contra Tortura e Outros Tratamentos ou Penas Cruéis, Desumanos ou Degradantes; Regras Mínimas para o Tratamento de Prisioneiros, adotadas no 1º Congresso das Nações Unidas para a Prevenção ao Crime e Tratamento de Delinquentes). A criação de subterfúgios teóricos – como a separação dos Poderes, a reserva do possível e a natureza coletiva dos danos sofridos – para afastar a responsabilidade estatal pelas calamitosas condições da carceragem afronta não apenas o sentido do art. 37, § 6º, da CF, mas também determina o esvaziamento das inúmeras cláusulas constitucionais e convencionais citadas. O descumprimento reiterado dessas cláusulas se transforma em mero e inconsequente ato de fatalidade, o que não pode ser tolerado. Por fim, o relator enfatizou que a invocação seletiva de razões de Estado para negar, especificamente a determinada categoria de sujeitos, o direito à integridade física e moral não é compatível com o sentido e o alcance do princípio da jurisdição. Acolher essas razões é o mesmo que recusar aos detentos os mecanismos de reparação judicial dos danos sofridos, deixando-os descobertos de qualquer proteção estatal, em condição de vulnerabilidade juridicamente desastrosa. É dupla negativa: do direito e da jurisdição" (STF: RE 580.252/MS, rel. orig. Min. Teori Zavascki, red. p/ o ac. Min. Gilmar Mendes, Plenário, j. 16.02.2017, noticiado no *Informativo* 854).

Súmula Vinculante 11 do STF – cancelamento – impossibilidade: "O Plenário rejeitou proposta de cancelamento do Enunciado 11 da Súmula Vinculante ('Só é lícito o uso de algemas em casos de resistência e de fundado receio de fuga ou de perigo à integridade física própria ou alheia, por parte do preso ou de terceiros, justificada a excepcionalidade por escrito, sob pena de responsabilidade disciplinar, civil e penal do agente ou da autoridade e de nulidade da prisão ou do ato processual a que se refere, sem prejuízo da responsabilidade civil do Estado'). No caso, a proponente – Confederação Brasileira dos Trabalhadores Policiais Civis – Cobrapol – afirmava que a edição do enunciado em questão teria usurpado a função do Poder Legislativo. Ressaltava, ademais, o quanto disposto no art. 199 da Lei de Execução Penal ('O emprego de algemas será disciplinado por decreto federal'), apontando, então, que, se ainda não há decreto federal que regulamente a utilização de algemas, caberia aos interessados ajuizar mandado de injunção. A Corte asseverou que, para admitir-se a revisão ou o cancelamento de súmula vinculante, seria necessário demonstrar: a) a evidente superação da jurisprudência do STF no trato da matéria; b) a alteração legislativa quanto ao tema; ou, ainda, c) a modificação substantiva de contexto político, econômico ou social. A proponente, porém, não teria comprovado a existência dos aludidos pressupostos, assim como não teria se desincumbido do ônus de apresentar decisões reiteradas do STF que demonstrassem a desnecessidade de vigência do enunciado em questão, o que impossibilitaria o exame da presente proposta de cancelamento. Por fim, cumpriria destacar que o mero descontentamento ou eventual divergência quanto ao conteúdo de verbete vinculante não autorizariam a rediscussão da matéria" (STF: PSV 13/DF, Plenário, j. 24.09.2015, noticiado no *Informativo* 800).

Transexualidade – estabelecimento prisional adequado – liberdade sexual e de gênero – princípio da igualdade material – escolha da pessoa presa: "É dever do Judiciário indagar à pessoa autodeclarada parte da população transexual acerca da preferência pela custódia em unidade feminina, masculina ou específica, se houver, e, na unidade escolhida, preferência pela detenção no convívio geral ou em alas ou celas específicas. A determinação do local do cumprimento da pena da pessoa transgênero não é um exercício de livre discricionariedade do julgador, mas sim uma análise substancial das circunstâncias que tem por objeto resguardar a liberdade sexual e de gênero, a integridade física e a vida das pessoas transgênero presas, haja vista que o art. 7.º da Resolução CNJ n. 348/2020 determina que a referida decisão 'será proferida após questionamento da preferência da pessoa presa'. Dessa forma, o órgão estatal judicial responsável pelo acompanhamento da execução da pena não deve ter por objeto resguardar supostos constrangimentos das agentes carcerárias, pois, para isso, o Estado tem outros órgãos e outros instrumentos, que, inclusive, utilizam a força e a violência; e, por isso, é objetivo do Judiciário resguardar a vida e a integridade físicas das pessoas presas, respeitando a diversidade de gênero e a liberdade sexual. O Supremo Tribunal Federal (STF), em 2019, em razão da diversidade de gênero e da igualdade material, havia concedido medida cautelar na Arguição de Descumprimento de Preceito Fundamental (ADPF) 527, para que pessoas presas transexuais e travestis com identidade de gênero feminino possam escolher cumprir a pena em estabelecimentos prisionais femininos ou masculinos. Assim também determina o art. 8.º da Resolução CNJ n. 348/2020. Portanto, é dever do Judiciário indagar à pessoa autodeclarada parte da população transexual acerca da preferência pela custódia em unidade feminina, masculina ou específica, se houver, e, na unidade escolhida, preferência pela detenção no convívio geral ou em alas ou celas específicas" (STJ: HC 861.817/SC, rel. Min. Jesuíno Rissato (Desembargador convocado do TJDF), 6.ª Turma, j. 06.02.2024, noticiado no *Informativo* 801).

Visita íntima – autorização – não cabimento de *habeas corpus*: "O *habeas corpus* não é o meio adequado para tutelar visita íntima, por não estar envolvido o direito de ir e vir. Com base nesse entendimento, a Primeira Turma inadmitiu a impetração" (STF: HC 138.286/SP, rel. Min. Marco Aurélio, 1.ª Turma, j. 05.12.2017, noticiado no *Informativo* 887). **No mesmo sentido:** STF: HC 128.057/SP, rel. Min. Marco Aurélio, red. p/ o ac. Min. Alexandre de Moraes, 1.ª Turma, j. 01.08.2017, noticiado no *Informativo* 871; e STF: HC 127.685/DF, rel. Min. Dias Toffoli, 5.ª Turma, j. 30.06.2015, noticiado no *Informativo* 792.

Trabalho do preso

> **Art. 39.** O trabalho do preso será sempre remunerado, sendo-lhe garantidos os benefícios da Previdência Social.

○ **Trabalho do preso:** O trabalho do preso, além de remunerado, é obrigatório. Sua negativa injustificada caracteriza falta grave (art. 51, III, c/c o art. 39, V, ambos da LEP), e impede a progressão de regime prisional e o livramento condicional. Revela-se como uma das principais formas de ressocialização do condenado, retirando-lhe do ócio e motivando-o à reinserção social mediante atividade honesta. O fato de ser obrigatório, todavia, não equivale a dizer que o trabalho é forçado. Trabalho forçado, terminantemente proibido pelo art. 5.º, XLVII, "c", da CF é o não remunerado e obtido do preso com o uso de castigos físicos.

○ **A remuneração do trabalho do preso:** A remuneração pelo trabalho do preso não pode ser inferior a 3/4 do salário mínimo (Lei 7.210/1984 – Lei de Execução Penal, art. 29, *caput*). Esse montante, inferior a um salário mínimo, não ofende a dignidade da pessoa humana. De igual modo, inexiste afronta ao princípio da isonomia, pois aos presos não se aplica a garantia de salário mínimo assegurada aos trabalhadores pelo art. 7.º, IV, da Constituição Federal. De fato, o preso não se submete à sistemática da CLT – Consolidação das Leis do Trabalho. Seu labor não visa propriamente à remuneração, e sim a satisfação das finalidades da pena – retribuição e prevenção.

○ **Política Nacional de Trabalho no sistema prisional:** O Decreto 9.450/2018 instituiu a Política Nacional de Trabalho no âmbito do Sistema Prisional, voltada à ampliação e qualificação da oferta de vagas de trabalho, ao empreendedorismo e à formação profissional das pessoas presas e egressas do sistema prisional.

○ **Remição:** A remição é o benefício, de competência do juízo da execução, consistente no **abatimento de parte da pena privativa de liberdade pelo trabalho ou pelo estudo**. Na tradição brasileira da execução penal, a remição sempre foi atrelada ao trabalho do preso. Com a evolução dos tempos, e almejando especialmente a ressocialização do condenado, doutrina e jurisprudência passaram a inclinar-se pelo seu reconhecimento também nas hipóteses do estudo, posição que ganhou força com a edição da Súmula 341 do STJ. Esta linha de pensamento se consolidou, no plano normativo, com a entrada em vigor da Lei 12.433/2011, responsável pela alteração da LEP, conferindo nova disciplina jurídica ao instituto.

○ **Remição pelo trabalho:** Em relação ao **trabalho**, a remição consiste no desconto de **1 (um) dia de pena a cada 3 (três) dias de trabalho**, exclusivamente em favor do preso que cumpre pena no regime fechado ou semiaberto (art. 126, § 1.º, II, da LEP). O instituto não pode ser aplicado ao condenado que cumpre pena no regime aberto. Com efeito, além de ter o art. 126, *caput*, da LEP limitado seu campo de abrangência aos regimes fechado e semiaberto, o regime aberto pressupõe o trabalho do preso, e sua recusa autoriza até mesmo a regressão de regime prisional (art. 36, §§ 1.º e 2.º, do CP). Em verdade, o condenado deverá, fora do estabelecimento carcerário e sem vigilância, trabalhar, frequentar curso ou exercer outra atividade autorizada, permanecendo preso durante o período noturno e nos dias de folga. Destarte, atuando como seu pressuposto, não pode lhe proporcionar benefícios. Somente pode ser considerada, para fins de remição, a **jornada completa de trabalho**, ou seja, quem laborar menos de 6 (seis) horas em um dia não terá direito ao abatimento. No cálculo da remição devem ser considerados os dias efetivamente trabalhados, ainda que nos domingos e feriados e sem autorização do juízo da execução ou da direção do estabelecimento prisional. O que importa é a busca pela ressocialização, a qual fica mais próxima com o desempenho da atividade laborativa. Poderá ser atribuído horário especial de trabalho aos presos designados para os serviços de conservação e manutenção do estabelecimento penal (art. 33, parágrafo único, da LEP). O trabalho do preso deve ser descrito em relatório detalhado, indicando as atividades desempenhadas e seus respectivos horários.

○ **Súmula 562 do STJ:** "É possível a remição de parte do tempo de execução da pena quando o condenado, em regime fechado ou semiaberto, desempenha atividade laborativa, ainda que extramuros".

○ **Remição pelo estudo:**[300] No tocante ao **estudo**, a remição representa o abatimento de **1 (um) dia de pena a cada 12 (doze) horas de frequência escolar, divididas em no mínimo 3 (três) dias**, em atividade de ensino fundamental, médio, inclusive profissionalizante, ou superior, ou ainda de requalificação profissional (art. 126, § 1.º, I, da LEP).[301] O limite máximo legalmente previsto para o estudo do preso é de 4 (quatro) horas diárias. O Superior Tribunal de Justiça, entretanto, já admitiu o cômputo das horas excedentes para fins de remição.[302] Nada impede o acúmulo de 12 (doze) horas de estudo em período mais dilatado, a exemplo daquele que estuda duas horas diárias ao longo de seis dias. Portanto, embora inovando com o estudo, a Lei 12.433/2011, ao imprimir alterações na Lei de Execução Penal, manteve a tradição de permitir o desconto de um dia de pena para no mínimo três de aprendizado. E há uma regra importante a ser destacada, estimulante e representativa de autêntico prêmio ao sujeito dedicado, que conduziu com seriedade as atividades que lhe foram atribuídas: o tempo a remir em função das horas de estudo será acrescido de 1/3 (um terço) no caso de **conclusão do ensino fundamental, médio ou superior durante o cumprimento da pena**, desde que certificada pelo órgão competente do sistema de educação (art. 126, § 5.º, da LEP). Fácil notar, pela leitura da lei, que este *plus* somente terá cabimento para a conclusão verificada durante a execução da pena, e não incide na seara das atividades profissionalizantes e de requalificação profissional. O Superior Tribunal de Justiça reconheceu o cabimento desse prêmio na hipótese de aprovação no ENEM – Exame Nacional do Ensino Médio, diante do aproveitamento do estudo realizado durante a execução da pena. Mais do que isso, o Tribunal da Cidadania admitiu "a remição da pena pela aprovação no Exame Nacional do Ensino Médio – ENEM, ainda que o apenado já tenha concluído o ensino médio antes de dar início ao cumprimento da pena, ressalvado o acréscimo de 1/3, com fundamento no art. 126, § 5º, da Lei de Execução Penal."[303] Com base na analogia *in bonam partem*, o Superior Tribunal de Justiça foi além e reconheceu a remição da pena pelo estudo ao reeducando que obtém aprovação no Enem (Exame Nacional do Ensino Médio), nada obstante tenha concluído o ensino superior antes do início do cumprimento da pena.[304] Na linha da evolução tecnológica dos sistemas de educação, as atividades de estudo poderão ser desenvolvidas de **forma presencial** ou por **metodologia de ensino à distância**, no interior do estabelecimento penal ou fora dele. Em qualquer hipótese, deverão ser certificadas pelas autoridades educacionais competentes dos cursos frequentados (art. 126, § 2.º, da LEP). Em se tratando de ensino a distância, é imprescindível o credenciamento da instituição de ensino junto ao Ministério da Educação. Se a instituição de ensino presencial se situar fora dos limites do recinto penal, o preso deverá obter autorização do diretor do estabelecimento para comparecer às aulas. Nesse caso, o reeducando terá que comprovar mensalmente, por meio de declaração da respectiva unidade de ensino, a frequência e o aproveitamento escolar (art. 129, § 1.º, da LEP). A Lei 12.433/2011, além de assegurar a remição da pena privativa de liberdade pelo estudo aos presos alocados nos regimes fechado e semiaberto, inovou ao permitir o benefício aos condenados que cumprem pena no **regime aberto**, bem como àqueles que se encontram no período de prova do **livramento condicional**, pela frequência a curso de ensino regular ou de educação profissional (art. 126, § 6.º, da LEP). No

---

[300] A Resolução nº 04, de 30 de maio de 2016, editada pelo Conselho Nacional de Educação, órgão ligado ao Ministério da Educação, dispõe sobre as diretrizes operacionais nacionais para a remição de pena pelo estudo de pessoas em privação de liberdade nos estabelecimentos penais do sistema prisional brasileiro.

[301] O art. 50, parágrafo único, I, da Lei 14.113/2020 estatui que "A União, os Estados e o Distrito Federal desenvolverão, em regime de colaboração, programas de apoio ao esforço para conclusão da educação básica dos alunos regularmente matriculados no sistema público de educação: I – que cumpram pena no sistema penitenciário, ainda que na condição de presos provisórios".

[302] STJ: HC 461.047/SP, rel. Min. Laurita Vaz, 6.ª Turma, j. 04.08.2020, noticiado no *Informativo* 677.

[303] STJ: HC 786.844/SP, rel. Min. Joel Ilan Paciornik, rel. para acórdão Min. Reynaldo Soares da Fonseca, 5.ª Turma, j. 08.08.2023, noticiado no *Informativo* 783.

[304] REsp 2.156.059/MS, rel. Min. Ribeiro Dantas, 5.ª Turma, j. 05.11.2024, noticiado no *Informativo* 833.

regime aberto e no livramento condicional, é importante frisar a admissibilidade da remição unicamente pelo **estudo**, pois em tais situações o trabalho é obrigatório (arts. 36, § 1.º, e 83, III, ambos do CP). Em síntese, o condenado deve trabalhar para permanecer no regime aberto ou no livramento condicional, e se desejar abreviar sua pena ou período de prova, poderá estudar na razão de 12 (doze) horas de frequência escolar, divididas em no mínimo 3 (três) dias, para cada dia da sanção penal (ou do período de prova). Na esfera da União, a Portaria Conjunta 276/2012, do Conselho da Justiça Federal (CJF) e da Diretoria-Geral do Departamento Penitenciário Nacional (DEPEN) do Ministério da Justiça e Segurança Pública disciplinou a remição pela leitura para os presos de regime fechado custodiados em penitenciárias federais de segurança máxima. Na seara do Poder Judiciário, a **Resolução CNJ 391/2021** estabelece procedimentos e diretrizes a serem observados pelos magistrados para o reconhecimento do direito à remição de pena por meio de práticas sociais educativas em unidades de privação de liberdade, e deixa claro que tal reconhecimento deve considerar as **atividades escolares, as práticas sociais educativas não escolares e a leitura de obras literárias.**[305] **Atividades escolares**, nesse contexto, são aquelas de caráter escolar organizadas formalmente pelos sistemas oficiais de ensino, de competência dos Estados, do Distrito Federal e, no caso do sistema penitenciário federal, da União, que cumprem os requisitos legais de carga horária, matrícula, corpo docente, avaliação e certificação de elevação de escolaridade. Práticas sociais educativas não escolares, de seu turno, são as atividades de socialização e de educação não escolar, de autoaprendizagem ou de aprendizagem coletiva, assim entendidas aquelas que ampliam as possibilidades de educação para além das disciplinas escolares, tais como as de natureza cultural, esportiva, de capacitação profissional, de saúde, entre outras, de participação voluntária, integradas ao projeto político-pedagógico (PPP) da unidade ou do sistema prisional e executadas por iniciativas autônomas, instituições de ensino públicas ou privadas e pessoas e instituições autorizadas ou conveniadas com o poder público para esse fim. Com fundamento na sua íntima relação com o estudo e também em sua capacidade de colaborar para a ressocialização do apenado, a remição pela leitura tem sido admitida pelo Superior Tribunal de Justiça, mesmo quando o estabelecimento penal permite o acesso a atividades laborativas e à educação formal (nesses casos a leitura será computada, a título de remição, de forma concomitante e complementar). O art. 83, § 4.º, da Lei de Execução Penal impõe ao Estado o dever de instalar nos estabelecimentos penais salas de aulas destinadas a cursos do ensino básico e profissionalizante. Por sua vez, a Lei 13.163/2015 incluiu na Lei de Execução Penal os arts. 18-A e 21-A, com a finalidade de instituir nos presídios o ensino médio, regular ou supletivo, com formação geral ou educação profissional de nível médio, bem como de acrescentar no censo penitenciário a apuração do nível de escolaridade dos presos e das presas, além de verificar a implementação de cursos profissionais em nível de iniciação ou aperfeiçoamento técnico e o número de presos e presas atendidas, a existência de bibliotecas e as condições de seu acervo, e outros dados relevantes para o aprimoramento educacional de presos e presas. Convém destacar, finalmente, que o Superior Tribunal de Justiça tem gradativamente alargado o alcance da remição, de modo a autorizar o benefício sempre que a atividade do preso puder ser rotulada como trabalho ou estudo, sob o fundamento da ressocialização do condenado. A propósito, já se autorizou o desconto da pena privativa de liberdade mediante a atividade musical realizada em coral.

○ **Regras comuns à remição:** Não há limite para a remição. Quanto mais o condenado trabalhar ou estudar, maior será o desconto da pena, ou do período de prova do livramento condicional, no tocante ao estudo. O benefício é passível de aplicação a todas as modalidades de crimes, inclusive aos hediondos e equiparados, pois inexiste qualquer restrição legal. A remição também é cabível para os **presos provisórios**, nas situações decorrentes da imposição

---

[305]　Essa Resolução revogou expressamente a Recomendação CNJ 44/2013.

de prisão cautelar, ou seja, antes do trânsito em julgado da condenação (art. 126, § 7.º, da LEP). Cuida-se de corolário da regra contida no art. 2.º, parágrafo único, da LEP, em harmonia com a execução provisória da pena privativa de liberdade. De fato, seria equivocado permitir o cumprimento da sanção penal antes do trânsito em julgado da condenação, para fins de progressão de regime e, simultaneamente, impedir o trabalho ou estudo do preso como forma de diminuir a duração da reprimenda. Aliás, o art. 31, parágrafo único, da LEP admite o trabalho do preso provisório, desde que no interior do estabelecimento. Ora, se é possível seu trabalho (causa), não há como ser negada a remição (efeito). Se o preso estava laborando ou estudando, e ficou impossibilitado, **por acidente**, de prosseguir nos trabalhos ou nos estudos, continuará a beneficiar-se com a remição (art. 126, § 4.º, da LEP). A autoridade administrativa – diretor do estabelecimento penal ou responsável pela fiscalização da pena – encaminhará **mensalmente** ao juízo da execução cópia do registro de todos os condenados que estejam trabalhando ou estudando, com informação dos dias de trabalho ou das horas de frequência escolar ou de atividades de ensino de cada um deles (art. 129, *caput*, da LEP). É dever da autoridade administrativa dar ao condenado a relação dos seus dias remidos (art. 129, § 2.º, da LEP). Cuida-se de direito subjetivo do apenado, reforçado pela regra prevista no art. 41, XVI, da LEP. Em face da sua natureza jurídica, relacionada ao cumprimento e à extinção da pena, a remição será declarada pelo juiz da execução, ouvidos o MP – fiscal da execução penal – e a defesa (art. 126, § 8.º, da LEP), em homenagem aos princípios constitucionais do contraditório e da ampla defesa. O tempo remido será computado como **pena cumprida**, para todos os efeitos (art. 128 da LEP), a exemplo do percentual exigido de pena privativa de liberdade cumprida para progressão de regime prisional e obtenção de livramento condicional. Consagrou-se o princípio do Direito Penal segundo o qual "**pena cumprida é pena extinta**".

○ **Cumulatividade da remição pelo trabalho e pelo estudo:** Como estatui o art. 126, § 3.º, da LEP: "Para fins de cumulação dos casos de remição, as horas diárias de trabalho e de estudo serão definidas de forma a se compatibilizarem". Admite-se, portanto, a cumulatividade da remição pelo trabalho e pelo estudo, desde que compatíveis entre si, como medida apta a abreviar ainda mais o período de cumprimento da pena. Esta compatibilidade significa a ausência de prejuízo a qualquer das atividades, é dizer, o estudo não pode inviabilizar o trabalho, e vice-versa. A cumulatividade será cabível somente nos regimes fechado e semiaberto, pois no regime aberto e no livramento condicional o trabalho do condenado é obrigatório.

○ **Falta grave e perda dos dias remidos:**[306] Na sistemática original da LEP, assim dispunha o **antigo art. 127**: "O condenado que for punido por falta grave perderá o direito ao tempo remido, começando o novo período a partir da data da infração disciplinar." Esse dispositivo, durante muito tempo, foi alvo de intensa discussão doutrinária e jurisprudencial. Muitos sustentavam sua inconstitucionalidade, pois a perda dos dias já remidos em razão da prática de falta grave violaria o princípio da proporcionalidade, além de desconsiderar o direito adquirido e a coisa julgada (art. 5.º, XXXVI, da CF). Para espancar esta controvérsia, no dia 12 de junho de 2008, o STF aprovou a Súmula Vinculante 9, com a seguinte redação: "O disposto no artigo 127 da Lei 7.210/1984 (Lei de Execução Penal) foi recebido pela ordem constitucional vigente, e não se lhe aplica o limite temporal previsto no *caput* do artigo 58". Em resumo, reconheceu a constitucionalidade da perda de todos os dias remidos em decorrência da punição pela prática de falta grave. Mas o próprio STF rapidamente suavizou a extensão da súmula, decidindo que a decretação da perda dos dias remidos deveria observar o princípio da proporcionalidade entre a infração do condenado e a decisão a esta correspondente. Este panorama jurídico foi alterado com a entrada em vigor da Lei 12.433/2011. Com efeito, estabelece o **atual art.**

---

[306] A relação de faltas graves, inerentes à pena privativa de liberdade, encontra-se descrita no art. 50 da Lei de Execução Penal, em **rol taxativo**.

127 da Lei de Execução Penal: "Em caso de falta grave, o juiz poderá revogar até 1/3 (um terço) do tempo remido, observado o disposto no art. 57, recomeçando a contagem a partir da data da infração disciplinar".[307] Destarte, o limite máximo para a perda dos dias remidos, na hipótese de falta grave, é de 1/3 (um terço). Note que a lei não fala em um terço, e sim em **até 1/3** (um terço). Consequentemente, o percentual da perda dos dias remidos pode ser inclusive inferior, mas é vedado ao juízo da execução ultrapassar este patamar. Para encontrar o *quantum* correto, o magistrado deve se basear, em decisão fundamentada, nos vetores elencados pelo art. 57, *caput*, da LEP. Com a entrada em vigor da Lei 12.433/2011, a **Súmula Vinculante 9 do STF perdeu eficácia**. Não pode mais ser aplicada, pois o dispositivo legal que lhe fundamentava deixou de existir. Incide na hipótese o fenômeno da "superação sumular normativa", também conhecido como *overruling*.[308] Portanto, agora o condenado perde parte dos dias remidos (até 1/3), recomeçando a contagem a partir da data da infração disciplinar. Nada impede, a partir desta nova contagem, isto é, de novo período de trabalho ou estudo para fins de remição, seja decretada mais uma vez a perda de até 1/3 (um terço) dos dias remidos. A perda dos dias remidos pode incidir sobre dias de trabalho anteriores à falta grave, se ainda não foram declarados pelo juízo da execução no cálculo da remição. Nunca poderá recair, contudo, sobre dias de labor posteriores à infração disciplinar. O condenado não tem direito pleno à remição de todos os dias de trabalho ou estudo, mas somente uma expectativa de direito, a qual será concretizada se cumpridos integralmente os requisitos legais. A remição é um benefício contabilizado à medida que o apenado trabalha ou estuda. Essa contabilização deve operar no subjetivismo dele, apenado, como um estímulo para persistir enquadrado em boa conduta. A concessão da remição no tocante a todos os dias de trabalho ou estudo se sujeita à cláusula *rebus sic stantibus*. Assim sendo, ocorrendo a falta grave, o condenado perde até 1/3 (um terço) do tempo já remido. Para perda de até 1/3 (um terço) dos dias remidos, não basta a prática da falta grave, sendo imprescindível a **efetiva punição pela falta grave**, imposta ao final de sindicância instaurada no âmbito do estabelecimento penal, como forma de assegurar ao condenado o exercício da ampla defesa. Na sindicância apura-se a prática da falta grave, mas é somente o juízo da execução que declara a perda dos dias remidos. E de acordo com a jurisprudência consolidada no STF, é necessária a oitiva da defesa técnica em juízo antes da decretação da perda dos dias remidos, mesmo com a conclusão da sindicância em desfavor do reeducando. Embora a sindicância tenha caráter administrativo, seus reflexos penais afastam a incidência da Súmula Vinculante 5 do STF: "A falta de defesa técnica por advogado no processo administrativo disciplinar não ofende a Constituição." A Lei 12.433/2011 limita a 1/3 (um terço) a perda dos dias remidos como corolário da falta grave, mas subsiste a possibilidade de **regressão de regime prisional**, com fulcro no art. 118, I, da LEP.

○ **Súmula 533 do STJ:** "Para o reconhecimento da prática de falta disciplinar no âmbito da execução penal, é imprescindível a instauração de procedimento administrativo pelo diretor do estabelecimento prisional, assegurado o direito de defesa, a ser realizado por advogado constituído ou defensor público nomeado."

○ **Súmula 526 do STJ:** "O reconhecimento de falta grave decorrente do cometimento de fato definido como crime doloso no cumprimento da pena prescinde do trânsito em julgado de sentença penal condenatória no processo penal instaurado para apuração do fato."

---

[307] No **Tema 477 da Repercussão Geral**, o Supremo Tribunal Federal fixou a seguinte tese: "É constitucional a previsão legislativa de perda dos dias remidos pelo condenado que comete falta grave no curso da execução penal." (RE 1.116.485/RS, rel. Min. Luiz Fux, Plenário, j. 28.02.2023, noticiado no *Informativo* 1.084).

[308] Em razão disso, a Súmula Vinculante n. 9 está sujeita a revisão ou cancelamento pelo Supremo Tribunal Federal, a teor da regra estabelecida pelo art. 103-A, § 2.º, da Constituição Federal, e regulamentada pelo art. 5.º da Lei 11.417/2006: "Revogada ou modificada a lei em que se fundou a edição de enunciado de súmula vinculante, o Supremo Tribunal Federal, de ofício ou por provocação, procederá à sua revisão ou cancelamento, conforme o caso."

○ **Súmula 641 do STJ:** "A portaria de instauração do processo administrativo disciplinar prescinde da exposição detalhada dos fatos a serem apurados".

○ **Ausência de trabalho ou de estudo por falta de condições no estabelecimento penal:** Se não há condições adequadas para o desempenho de atividade laborativa ou de ensino no estabelecimento penal, não se pode conceder ao condenado a remição, pois a LEP condiciona o benefício ao efetivo e concreto trabalho ou estudo para abatimento da pena privativa de liberdade. Não se admite, portanto, a **remição ficta (ou virtual)**. Entretanto, o Superior Tribunal de Justiça, no Tema 1.120 do Recurso Repetitivo, com esteio na dignidade da pessoa humana e nos princípios da isonomia, da individualização da pena e da fraternidade, e com reforço na **teoria da derrotabilidade da norma jurídica** (art. 126, § 4.º, da Lei 7.210/1984 – Lei de Execução Penal), admitiu a remição ficta, de modo excepcionalíssimo, aos presos que estavam trabalhando ou estudando e não puderam continuar a fazê-lo em razão das restrições impostas pela fase mais crítica da pandemia da Covid-19.[309]

○ **O dever do Estado de fornecer condições para o estudo do preso:** O art. 83, § 4.º, da Lei de Execução Penal impõe ao Estado o dever de instalar nos estabelecimentos penais salas de aulas destinadas a cursos do ensino básico e profissionalizante. Na mesma direção, a Lei 13.163/2015 incluiu na Lei de Execução Penal os arts. 18-A e 21-A, com a finalidade de instituir nos presídios o ensino médio, regular ou supletivo, com formação geral ou educação profissional de nível médio, bem como de acrescentar no censo penitenciário a apuração do nível de escolaridade dos presos e das presas, além de verificar a implementação de cursos profissionais em nível de iniciação ou aperfeiçoamento técnico e o número de presos e presas atendidas, a existência de bibliotecas e as condições de seu acervo, e outros dados relevantes para o aprimoramento educacional de presos e presas.

○ **Jurisprudência selecionada:**

Remição – atividade laborativa extramuros – possibilidade: "É possível a remição de parte do tempo de execução da pena quando o condenado, em regime fechado ou semiaberto, desempenha atividade laborativa extramuros. Segundo o art. 126, *caput*, da Lei de Execução Penal (LEP), 'O condenado que cumpre a pena em regime fechado ou semiaberto poderá remir, por trabalho ou por estudo, parte do tempo de execução da pena'. Ainda, dispõe o § 6º do referido dispositivo legal que: 'O condenado que cumpre pena em regime aberto ou semiaberto e o que usufrui liberdade condicional poderão remir, pela frequência a curso de ensino regular ou de educação profissional, parte do tempo de execução da pena ou do período de prova, observado o disposto no inciso I do § 1º deste artigo'. Constata-se que os dispositivos supracitados não fizeram nenhuma distinção ou referência, para fins de remição de parte do tempo de execução da pena, quanto ao local em que deve ser desempenhada a atividade laborativa, de modo que se mostra indiferente o fato de o trabalho ser exercido dentro ou fora do ambiente carcerário. Na verdade, a lei exige apenas que o condenado esteja cumprindo a pena em regime fechado ou semiaberto (HC 206.313-RJ, 5ª Turma, *DJe* 11.12.2013). Ademais, se o condenado que cumpre pena em regime aberto ou semiaberto pode remir parte da reprimenda pela frequência a curso de ensino regular ou de educação profissional, não há razões para não considerar o trabalho extramuros de quem cumpre pena em regime semiaberto como fator de contagem do tempo para fins de remição. Além disso, insta salientar que o art. 36 da LEP somente prescreve a exigência de que o trabalho externo seja exercido, pelos presos em regime fechado, por meio de 'serviço ou obras públicas realizadas por órgãos da Administração Direta ou Indireta, ou entidades privadas, desde que tomadas as cautelas contra a fuga e em favor da disciplina'. Dessa forma, em homenagem, sobretudo, ao princípio da legalidade, não cabe restringir

---

[309] REsp 1.953.607/SC, rel. Min. Ribeiro Dantas, 3.ª Seção, j. 14.09.2022, noticiado no *Informativo* 749. Essa conclusão, todavia, **não se aplica do trabalho de natureza eventual** (STJ: HC 684.875/DF, rel. Min. Sebastião Reis Júnior, 6.ª Turma, j. 21.03.2023, noticiado no *Informativo* 768).

a futura concessão de remição da pena somente àqueles que prestam serviço nas dependências do estabelecimento prisional, tampouco deixar de recompensar o apenado que, cumprindo a pena no regime semiaberto, exerça atividade laborativa, ainda que extramuros. Na verdade, a LEP direciona-se a premiar o apenado que demonstra esforço em se ressocializar e que busca, na atividade laboral, um incentivo maior à reintegração social: 'A execução penal tem por objetivo efetivar as disposições de sentença ou decisão criminal e proporcionar condições para a harmônica integração social do condenado e do internado' (art. 1º). A ausência de distinção pela lei, para fins de remição, quanto à espécie ou ao local em que o trabalho é realizado, espelha a própria função ressocializadora da pena, inserindo o condenado no mercado de trabalho e no próprio meio social, minimizando suas chances de recidiva delitiva. De mais a mais, ausentes, por deficiência estrutural ou funcional do Sistema Penitenciário, as condições que permitam a oferta de trabalho digno para todos os apenados aptos à atividade laborativa, não se há de impor ao condenado que exerce trabalho extramuros os ônus decorrentes dessa ineficiência. Cabe ressaltar que a supervisão direta do próprio trabalho deve ficar a cargo do patrão do apenado, cumprindo à administração carcerária a supervisão sobre a regularidade do trabalho. Por fim, se concedida ao apenado pelo Juízo das Execuções Criminais a possibilidade de realização de trabalho extramuros, mostrar-se-ia, no mínimo, contraditório o Estado-Juiz permitir a realização dessa atividade fora do estabelecimento prisional, com vistas à ressocialização do apenado, e, ao mesmo tempo, ilidir o benefício da remição" (STJ: REsp 1.381.315/RJ, rel. Min. Rogerio Schietti Cruz, 3.ª Seção, j. 13.05.2015, noticiado no *Informativo* 562).

Remição – atividade realizada em coral – interpretação extensiva *in bonam partem* do art. 126 da LEP – finalidade da execução atendida – incentivo ao aprimoramento cultural e profissional: "O reeducando tem direito à remição de sua pena pela atividade musical realizada em coral. O ponto nodal da discussão consiste em analisar se o canto em coral pode ser considerado como trabalho ou estudo para fins de remição da pena. Inicialmente, consigna-se que a jurisprudência do Superior Tribunal de Justiça, como resultado de uma interpretação analógica *in bonam partem* da norma prevista no art. 126 da LEP, firmou o entendimento de que é possível remir a pena com base em atividades que não estejam expressas no texto legal. Concluiu-se, portanto, que o rol do art. 126 da Lei de Execução Penal não é taxativo, pois não descreve todas as atividades que poderão auxiliar no abreviamento da reprimenda. Aliás, o *caput* do citado artigo possui uma redação aberta, referindo-se apenas ao estudo e ao trabalho, ficando a cargo do inciso I do primeiro parágrafo a regulação somente no que se refere ao estudo – atividade de ensino fundamental, médio, inclusive profissionalizante, ou superior, ou ainda de requalificação profissional. Na mesma linha, consigna-se que a intenção do legislador ao permitir a remição pelo trabalho ou pelo estudo é incentivar o aprimoramento do reeducando, afastando-o, assim, do ócio e da prática de novos delitos, e, por outro lado, proporcionar condições para a harmônica integração social do condenado (art. 1º da LEP). Ao fomentar o estudo e o trabalho, pretende-se a inserção do reeducando ao mercado de trabalho, a fim de que ele obtenha o seu próprio sustento, de forma lícita, após o cumprimento de sua pena. Nessa toada, observa-se que o meio musical satisfaz todos esses requisitos, uma vez que além do aprimoramento cultural proporcionado ao apenado, ele promove sua formação profissional nos âmbitos cultural e artístico. A atividade musical realizada pelo reeducando profissionaliza, qualifica e capacita o réu, afastando-o do crime e reintegrando-o na sociedade. No mais, apesar de se encaixar perfeitamente à hipótese de estudo, vê-se, também, que a música já foi regulamentada como profissão pela Lei n. 3.857/1960" (STJ: REsp 1.666.637/ES, rel. Min. Sebastião Reis Júnior, 6.ª Turma, j. 26.09.2017, noticiado no *Informativo* 613).

Remição – cálculo da pena – dias de trabalho: "O cálculo da remição da pena será efetuado pelos dias trabalhados pelo condenado e não pelas horas, nos termos da Lei de Execução Penal (Lei 7.210/84). Com base nesse entendimento, a 2ª Turma denegou *habeas corpus* em que se discutia a possibilidade de se adotar o critério de dezoito horas para um dia remido, com o mínimo de seis horas como correspondente a uma jornada de trabalho. Enfatizou-se que, nos termos dos artigos 33 e 126 da LEP, a contagem é feita pelos dias trabalhados pelo apenado, à razão de '1 (um) dia de pena a cada 3 (três) dias de trabalho' (LEP, art. 126, § 1º, II)" (STF: HC 114.393/RS, rel. Min. Cármen Lúcia, 2.ª Turma, j. 03.12.2013, noticiado no *Informativo* 731). O STJ firmou jurisprudência em sentido contrário, permitindo seja o período de atividade laboral do apenado excedente ao limite máximo da jornada de trabalho (8 horas) computado para fins de remição, na razão de um dia de trabalho a cada seis horas extras realizadas" (STJ: HC 216.815/RS, rel. Min. Maria Thereza de Assis Moura, 6.ª Turma, j. 17.10.2013; e AgRg no HC 196.715/RS, rel. Min. Marco Aurélio Bellizze, 5.ª Turma, j. 15.08.2013).

Remição – estudo – aprovação no ENEM – aplicabilidade do art. 126, § 5.º, da LEP: "2. Esta Corte possui orientação no sentido de que 'a norma do art. 126 da LEP, ao possibilitar a abreviação da pena, tem por objetivo a ressocialização do condenado, sendo possível o uso da analogia *in bonam partem*, que admita o benefício em comento, em razão de atividades que não estejam expressas no texto legal' (REsp n. 744.032/SP, Ministro Felix Fischer, Quinta Turma, DJe 5/6/2006). 3. No caso, a aprovação da paciente no ENEM (Exame Nacional do Ensino Médio) configura aproveitamento dos estudos realizados durante a execução da pena, conforme o art. 126 da LEP e Recomendação 44/2013 do CNJ. 4. Essa particular forma de parametrar a interpretação da lei (no caso, a LEP) é a que mais se aproxima da Constituição Federal, que faz da cidadania e da dignidade da pessoa humana dois de seus fundamentos (incisos II e III do art. 1º). Mais: Constituição que tem por objetivos fundamentais erradicar a marginalização e construir uma sociedade livre, justa e solidária (incisos I e III do art. 3º). Tudo na perspectiva da construção do tipo ideal de sociedade que o preâmbulo de nossa Constituição caracteriza como 'fraterna' (HC 94163, Relator(a): Min. CARLOS BRITTO, Primeira Turma, julgado em 02/12/2008). 5. Com efeito, a interpretação dada ao art. 126 da LEP, pelo Superior Tribunal de Justiça, decorre, indiscutivelmente, desse resgate constitucional do princípio da fraternidade" (STJ: HC 382.780/PR, rel. Min. Reynaldo Soares da Fonseca, 5.ª Turma, j. 04.04.2017).

Remição – estudo – aprovação no ENEM – conclusão do ensino médio antes do início do cumprimento da pena: "É cabível a remição da pena pela aprovação no Exame Nacional do Ensino Médio – ENEM, ainda que o apenado já tenha concluído o ensino médio antes de dar início ao cumprimento da pena, ressalvado o acréscimo de 1/3, com fundamento no art. 126, § 5º, da Lei de Execução Penal. Cinge-se a controvérsia a definir se a aprovação no ENEM autoriza a remição de pena por estudo, mesmo que o apenado já tenha concluído o ensino médio antes de dar início ao cumprimento da pena. A despeito de as matérias nas quais o estudante é examinado no ENCCEJA – ensino médio e no ENEM possuírem nomes semelhantes, não há como se deduzir que ambos os exames tenham o mesmo grau de complexidade. Pelo contrário, é muito mais plausível depreender-se que a avaliação efetuada no ENEM contém questões mais complexas dos que as formuladas no ENCCEJA – ensino médio, sobretudo tendo em conta que a finalidade do ENEM é possibilitar o ingresso no ensino superior, o que, por certo, demanda mais empenho do executado nos estudos. Nessa linha de entendimento, o pedido de remição de pena por aprovação (total ou parcial) no ENCCEJA – ensino médio não possui o mesmo 'fato gerador' do pleito de remição de pena em decorrência de aprovação (total ou parcial) no ENEM realizado a partir de 2017. Não fosse assim, a Resolução n. 391, de 10/05/2021, do CNJ, que revogou a Recomendação n. 44/2013, teria deixado de reiterar a possibilidade de remição de pena por aprovação no ENEM, mantendo apenas a remição de pena por aprovação no ENCCEJA. Mas não foi o que ocorreu. Com isso em mente, deixar de reconhecer o direito do apenado à remição de pena por aprovação total ou parcial no ENEM é negar vigência à Resolução n. 391 do CNJ. Transposto esse raciocínio para a situação da conclusão do ensino médio antes do ingresso do apenado no sistema prisional, é forçoso concluir, também, que sua superveniente aprovação no ENEM durante o cumprimento da pena não corresponde ao mesmo nível de esforço e ao mesmo 'fato gerador' correspondente à obtenção do grau do ensino médio, não havendo que falar em concessão do benefício (remição de pena) em duplicidade pelo mesmo fato. Devo ressalvar, por cautela, que 'A jurisprudência do Superior Tribunal de Justiça é pacífica sobre a impossibilidade de nova remição pela segunda aprovação nas mesmas matérias do ensino fundamental em outro exame, a qual não pode ser duplamente considerada, sob pena de *bis in idem*' (AgRg no HC 608.477/SC, Rel. Ministra Laurita Vaz, Sexta Turma, DJe 21/6/2021). Além disso, a jurisprudência desta Corte e do Supremo Tribunal Federal é assente no sentido de que as 1.200 horas, correspondentes ao ensino médio, divididas por 12 (1 dia de pena a cada 12 horas de estudo) resultam em 100 dias remidos. Portanto, idêntica forma de parametrizar a contagem do tempo a ser remido é aplicável ao ENEM, com a exceção de que o apenado aprovado em todas as áreas do ENEM, a partir de 2017, não faz jus ao acréscimo de 1/3 (um terço) previsto no art. 126, § 5º, da LEP" (STJ: HC 786.844/SP, rel. Min. Joel Ilan Paciornik, rel. para acórdão Min. Reynaldo Soares da Fonseca, 5.ª Turma, j. 08.08.2023, noticiado no *Informativo* 783). *No mesmo sentido:* STJ: AgRg no HC 768.530/SP, Rel. Min. Antonio Saldanha Palheiro, 6.ª Turma, j. 06.03.2023, noticiado no *Informativo* 767.

Remição – estudo – aprovação no Enem – diploma de curso superior anterior ao início de cumprimento da pena – irrelevância – interpretação analógica *in bonam partem*: "A conclusão do ensino superior antes do início de cumprimento da reprimenda não impede a remição da pena pelo estudo ao reeducando que obtém aprovação no Exame Nacional do Ensino Médio (Enem). Cinge-se a controvérsia sobre a possibilidade de concessão da remição pela aprovação no Exame Nacional do Ensino Médio (Enem) ao apenado que já ostenta diploma de nível superior. O art. 126 da Lei de Execução Penal determina que o condenado que cumpre a pena em regime fechado ou semiaberto poderá remir, por trabalho ou por estudo, parte do tempo de execução da pena. Como resultado de uma interpretação analógica *in bonam partem* da referida norma, segundo jurisprudência desta Corte, é possível hipóteses de abreviação da reprimenda em razão de atividades que não estejam expressas no texto legal. Nessa linha, a Resolução CNJ n. 391/2021 prevê que faz jus à remição o apenado que, embora não esteja vinculado a atividades regulares de ensino, realiza estudos por conta própria e obtém aprovação nos exames nacionais que certificam a conclusão do ensino fundamental ou médio. Quanto à abrangência dessa hipótese, a Terceira Seção do STJ, no julgamento dos EREsp 1.979.591/SP, decidiu que é possível a remição da pena por aprovação no Enem ainda que o reeducando já tenha concluído o ensino médio anteriormente ao início do resgate da reprimenda. De fato, as normas da execução penal, notadamente aquela relacionada à remição pelos estudos, deve ser interpretada de modo mais favorável ao réu, especialmente em razão de inexistir, na regra contida no art. 126 da LEP, restrição à concessão do referido direito àqueles que já tenham concluído o ensino médio ou superior. É esse caminho interpretativo que o Superior Tribunal de Justiça tem adotado nas controvérsias relacionadas ao tema, porquanto vem considerando devidas benesses executórias que, apesar de não terem expressa previsão legal, prestigiam a ressocialização do recluso, como na espécie. Ademais, não se trata de se conferir espécie de crédito contra a justiça, porquanto a remição não é concedida pelo simples fato de o apenado já ter formação superior, mas, sim, por ele ter obtido êxito na aprovação do Exame Nacional do Ensino Médio por meio de conhecimentos por ele adquiridos" (STJ: REsp 2.156.059/MS, rel. Min. Ribeiro Dantas, 5.ª Turma, j. 05.11.2024, noticiado no *Informativo* 833).

Remição – estudo – ensino à distância – necessidade de credenciamento da entidade educacional junto ao SISTEC do Ministério da Educação e convênio com a unidade prisional: "Para fins de remição de pena, a instituição de ensino que ministra o curso à distância deve estar credenciada junto ao Sistema Nacional de Informações da Educação Profissional e Tecnológica (SISTEC) do Ministério da Educação. Nos termos do art. 126, § 2.º, da Lei de Execução Penal e da Resolução n. 391 do Conselho Nacional de Justiça (publicada no *DJe/CNJ* n. 120/2021, de 11/5/2021), a remição de pena em virtude de estudo realizado pelo apenado na modalidade capacitação profissional à distância deve atender os requisitos previstos nos arts. 2.º e 4.º da mencionada resolução, dentre os quais (1) demonstração de que a instituição de ensino que ministra o curso à distância é autorizada ou conveniada com o poder público para esse fim; (2) demonstração da integração do curso à distância realizado ao projeto político-pedagógico (PPP) da unidade ou do sistema prisional; (3) indicação da carga horária a ser ministrada e do conteúdo programático; (4) registro de participação da pessoa privada de liberdade nas atividades realizadas" (STJ: REsp 2.105.666/MG, rel. Min. Reynaldo Soares da Fonseca, 5.ª Turma, j. 27.02.2024, noticiado no *Informativo* 802). **No mesmo sentido:** STJ: AgRg no HC 722.388/SP, rel. Min. Olindo Menezes (Desembargador convocado do TRF 1.ª Região), 6.ª Turma, j. 09.08.2022, noticiado no *Informativo* 748.

Remição – estudo – leitura – possibilidade: "A atividade de leitura pode ser considerada para fins de remição de parte do tempo de execução da pena. O art. 126 da LEP (redação dada pela Lei 12.433/2011) estabelece que o 'condenado que cumpre a pena em regime fechado ou semiaberto poderá remir, por trabalho ou por estudo, parte do tempo de execução da pena'. De fato, a norma não prevê expressamente a leitura como forma de remição. No entanto, antes mesmo da alteração do art. 126 da LEP, que incluiu o estudo como forma de remir a pena, o STJ, em diversos julgados, já previa a possibilidade. Em certa oportunidade, salientou que a norma do art. 126 da LEP, ao possibilitar a abreviação da pena, tem por objetivo a ressocialização do condenado, sendo possível o uso da *analogia in bonam partem*, que admita o benefício em comento, em razão de atividades que não estejam expressas no texto legal (REsp 744.032-SP, 5ª Turma, *DJe* 05.06.2006). O estudo está estreitamente ligado à leitura e à produção de textos, atividades que exigem dos indivíduos a participação efetiva enquanto sujeitos ativos desse processo, levando-os à construção do conhecimento. A leitura em si tem a função de propiciar a cultura e possui caráter ressocializador, até mesmo por contribuir na restauração da autoestima. Além disso, a leitura diminui consideravelmente a ociosidade dos presos e reduz a reincidência criminal. Sendo um dos objetivos da LEP, ao instituir a remição, incentivar o bom comportamento do sentenciado e sua readaptação ao convívio social, impõe-se a interpretação extensiva do mencionado dispositivo, o que revela, inclusive, a crença do Poder Judiciário na leitura como método factível para o alcance da harmônica reintegração à vida em sociedade. Além do mais, em 20.06.2012, a Justiça Federal e o Departamento Penitenciário Nacional do Ministério da Justiça (Depen) já haviam assinado a Portaria Conjunta 276, a qual disciplina o Projeto da Remição pela Leitura no Sistema Penitenciário Federal. E, em 26.11.2013, o CNJ – considerando diversas disposições normativas, inclusive os arts. 126 a 129 da LEP, com a redação dada pela Lei 12.433/2011, a Súmula 341 do STJ e a referida portaria conjunta – editou a Recomendação 44, tratando das atividades educacionais complementares para fins de remição da pena pelo estudo e estabelecendo critérios para a admissão pela leitura" (STJ: HC 312.486/SP, rel. Min. Sebastião Reis Júnior, 6.ª Turma, j. 09.06.2015, noticiado no *Informativo* 564).

Remição – estudo – leitura e resenha de livros – possibilidade: "O fato de o estabelecimento penal assegurar acesso a atividades laborais e a educação formal não impede a remição por leitura e resenha de livros. Inicialmente, consigne-se que a jurisprudência do STJ tem admitido que a norma do art. 126 da LEP, ao possibilitar a abreviação da pena, tem por objetivo a ressocialização do condenado, sendo possível o uso da analogia *in bonam partem*, que admita o benefício em comento em razão de atividades que não estejam expressas no texto legal, como no caso, a leitura e resenha de livros, nos termos da Recomendação n. 44/2013 do CNJ [...]. Ademais, o fato de o estabelecimento penal onde se encontra o paciente assegurar acesso a atividades laborais e a educação formal não impede que se obtenha também a remição pela leitura, que é atividade complementar, mas não subsidiária, podendo ocorrer concomitantemente. Assim, as horas dedicadas à leitura e resenha de livros, como forma da remição pelo estudo, são perfeitamente compatíveis com a participação em atividades laborativas fornecidas pelo estabelecimento penal, nos termos do art. 126, § 3º, da LEP, uma vez que a leitura pode ser feita a qualquer momento do dia e em qualquer local, diferentemente da maior parte das ofertas de trabalho e estudo formal" (STJ: HC 353.689/SP, rel. Min. Felix Fischer, 5.ª Turma, j. 14.06.2016, noticiado no *Informativo* 587).

Remição – estudo – limite de horário de atividade escolar ultrapassado – período excedente a 12 horas a cada 3 dias – cômputo do tempo em excesso para remir a pena – possibilidade: "O tempo excedido, na frequência escolar, ao limite legal de 12 horas a cada 3 dias deve ser considerado para fins de remição da pena. O art. 126 da Lei de Execuções Penais prevê duas hipóteses de remição da pena: por trabalho ou por estudo. No caso de frequência escolar, prescreve o inciso I do § 1º do art. 126 da LEP que o reeducando poderá remir 1 dia de pena a cada 12 horas de atividade, divididas, no mínimo, em 3 dias. É certo que, para fins de remição da pena pelo trabalho, a jornada não pode ser superior a oito horas (STF, HC 136.701, Rel. Min. Marco Aurélio, Primeira Turma, DJe 31.07.2018). No entanto, no caso de superação da jornada máxima de 8 horas, o Superior Tribunal de Justiça firmou entendimento de que 'eventuais horas extras devem ser computadas quando excederem a oitava hora diária, hipótese em que se admite o cômputo do excedente para fins de remição de pena' (HC 462.464/SP, Rel. Ministro Felix Fischer, Quinta Turma, DJe 28.09.2018). O inciso II do art. 126 da Lei de Execuções Penais limita-se a referir que a remição ali regrada ocorre à razão de "1 (um) dia de pena a cada 3 (três) dias de trabalho". Diferentemente, para o caso de estudo, a jornada máxima está prevista na LEP, ao descrever que a remição é de "1 (um) dia de pena a cada 12 (doze) horas de frequência escolar – atividade de ensino fundamental, médio, inclusive profissionalizante, ou superior, ou ainda de requalificação profissional – divididas, no mínimo, em 3 (três) dias" (que resulta média máxima de 4 horas por dia). Todavia, a circunstância de a LEP limitar apenas as horas de estudos não pode impedir a equiparação com a situação da remição por trabalho. A *mens legis* que mais se aproxima da intenção ressocializadora da LEP é a de que tal detalhamento, no inciso II, seria na verdade despiciendo, porque o propósito da norma foi o de reger-se pela jornada máxima prevista pela legislação trabalhista. Não é possível interpretar o art. 126 como se o legislador tivesse diferenciado as hipóteses de remição para impedir que apenas as horas excedentes de estudo não pudessem ser remidas – o que, a propósito, não está proibido expressamente para nenhuma das duas circunstâncias" (STJ: HC 461.047/SP, rel. Min. Laurita Vaz, 6.ª Turma, j. 04.08.2020, noticiado no *Informativo 677*).

Remição – estudo à distância – fiscalização: "A ineficiência do Estado em fiscalizar as horas de estudo realizadas a distância pelo condenado não pode obstaculizar o seu direito de remição da pena, sendo suficiente para comprová-las a certificação fornecida pela entidade educacional. Nesse contexto, constando do atestado emitido pelo Sistema de Informações Penitenciárias que o sentenciado concluiu o aprendizado das disciplinas, a inércia estatal em acompanhar e fiscalizar o estudo a distância não deve ser a ele imputada, sob pena de prejudicá-lo pelo descumprimento de uma obrigação que não é sua. Em respeito ao princípio da igualdade, notadamente em situações precárias, é necessário sobrevalorizar a remição da pena, de modo que não se pode presumir que o condenado não tenha efetivamente se dedicado aos estudos na cela. Com base nesse entendimento, a Primeira Turma deu provimento ao recurso ordinário em *habeas corpus* para conceder a ordem e declarar remido mais um dia da pena do recorrente, totalizando três dias: dois dias referentes ao estudo presencial, já reconhecidos pelo juízo da execução, e um dia referente ao estudo à distância" (STF: RHC 203.546/PR, rel. Min. Cármen Lúcia, 1.ª Turma, j. 28.06.2022, noticiado no *Informativo 1.061*).

Remição – prática de falta grave – art. 127 da LEP – inaplicabilidade para outros benefícios: "A 2ª Turma denegou *habeas corpus* em que se pleiteava fosse declarado que a prática de falta grave estaria limitada ao máximo de 1/3 do lapso temporal no desconto da pena para todos os benefícios da execução da reprimenda que exigissem a contagem de tempo. Na situação dos autos, o STJ concedera, parcialmente, a ordem postulada para afastar o reinício da contagem do prazo, decorrente do cometimento de falta grave, necessário à aferição do requisito objetivo quanto aos benefícios de livramento condicional e comutação de pena. Enfatizou-se que o art. 127 da LEP, com a redação conferida pela Lei 12.433/2011, imporia ao juízo da execução, ao decretar a perda dos dias remidos, que se ativesse ao limite de 1/3 do tempo remido e levasse em conta, na aplicação dessa sanção, a natureza, os motivos, as circunstâncias e as consequências do fato, bem como a pessoa do faltoso e seu tempo de prisão [LEP: 'Art. 127. Em caso de falta grave, o juiz poderá revogar até 1/3 (um terço) do tempo remido, observado o disposto no art. 57, recomeçando a contagem a partir da data da infração disciplinar']. Na sequência, observou-se que, embora a impetrante postulasse a incidência da referida norma à espécie, verificar-se-ia que o juízo da execução não decretara a perda do tempo remido, a impedir a concessão da ordem para esse fim. Assinalou-se que, da leitura do dispositivo legal, inferir-se-ia que o legislador pretendera restringir somente a revogação dos dias remidos ao patamar de 1/3, motivo pelo qual não mereceria acolhida pretensão de estender o referido limite aos demais benefícios da execução" (STF: HC 110.921/RS, rel. Min. Ricardo Lewandowski, 2.ª Turma, j. 22.05.2012, noticiado no *Informativo 667*).

Remição – prática de falta grave – necessidade de fundamentação da decisão que determina a perda dos dias remidos: "Reconhecida falta grave no decorrer da execução penal, não pode ser determinada a perda dos dias remidos na fração máxima de 1/3 sem que haja fundamentação concreta para justificá-la. De fato, a Lei de Execução Penal (LEP) estipula como um dos seus vetores o mérito do apenado, cuja avaliação decorre do cumprimento de seus deveres (art. 39), da disciplina praticada dentro do estabelecimento prisional (art. 44) e, por óbvio, do comportamento observado quando em gozo dos benefícios previstos na aludida norma de regência. Inserido nesse escopo, a configuração da falta de natureza grave enseja vários efeitos (art. 48, parágrafo único), entre eles: a possibilidade de colocação do sentenciado em regime disciplinar diferenciado (art. 56); a interrupção do lapso para a aquisição de outros instrumentos ressocializantes, como, por exemplo, a progressão para regime menos gravoso (art. 112); a regressão no caso do cumprimento da pena em regime diverso do fechado (art. 118); além da revogação em até 1/3 do tempo remido (art. 127). Nesse contexto, o STJ adota o entendimento de que 'o cometimento de falta grave implica a perda de até 1/3 dos dias remidos, cabendo ao Juízo das Execuções dimensionar o *quantum* cabível, observando os critérios do artigo 57 da Lei 7.210/1984, relativos à natureza, aos motivos, às circunstâncias e às consequências do fato, bem como à pessoa do faltoso e seu tempo de prisão, recomeçando a contagem a partir da data da infração'. (HC 271.185-RS, Sexta Turma, *DJe* 14/3/2014). Dessa forma, ao decretar a perda dos dias remidos, o magistrado não pode apenas repetir o disposto no art. 57 da LEP, deixando de apontar elementos concretos do caso que, efetivamente, evidenciem a necessidade de decretação da perda dos dias remidos na fração máxima de 1/3. Isso porque, a motivação dos atos jurisdicionais, conforme imposição do artigo 93, IX, da CF ('Todos os julgamentos dos órgãos do Poder Judiciário serão públicos, e fundamentadas todas as decisões, sob pena de nulidade...'), funciona como garantia da atuação imparcial e *secundum legis* (sentido lato) do órgão julgador" (STJ: HC 282.265/RS, rel. Min. Rogerio Shietti Cruz, 5.ª Turma, j. 22.04.2014, noticiado no *Informativo* 539).

Remição – prática de falta grave – perda dos dias remidos – limite máximo de 1/3 – "A prática de falta grave impõe a decretação da perda de até 1/3 dos dias remidos, devendo a expressão 'poderá' contida no art. 127 da Lei 7.210/1984, com a redação que lhe foi conferida pela Lei 12.433/2011, ser interpretada como verdadeiro poder-dever do magistrado, ficando no juízo de discricionariedade do julgador apenas a fração da perda, que terá como limite máximo 1/3 dos dias remidos" (STJ: AgRg no REsp 1.430.097/PR, rel. Min. Felix Fischer, 5.ª Turma, j. 19.03.2015, noticiado no *Informativo* 559).

Remição – prática de falta grave – perda dos dias remidos – necessidade de oitiva da defesa: "A decisão que decreta a perda dos dias remidos, sem a oitiva da defesa, viola os princípios do contraditório e da ampla defesa" (STF: HC 95.423/RS, rel. orig. Min. Ellen Gracie, rel. p/ o acórdão Min. Eros Grau, 2.ª Turma, j. 03.03.2009). *No mesmo sentido*: STJ: HC 193.321/SP, rel. Min. Maria Thereza de Assis Moura, 6.ª Turma, j. 31.05.2011.

Remição – prática de falta grave – perda dos dias remidos – possibilidade de alcançar dias de trabalho anteriores à infração disciplinar: "Reconhecida falta grave, a perda de até 1/3 do tempo remido (art. 127 da LEP) pode alcançar dias de trabalho anteriores à infração disciplinar e que ainda não tenham sido declarados pelo juízo da execução no cômputo da remição. A remição na execução da pena constitui benefício submetido à cláusula *rebus sic stantibus*. Assim, o condenado possui apenas a expectativa do direito de abater os dias trabalhados do restante da pena a cumprir, desde que não venha a ser punido com falta grave. Nesse sentido, quanto aos dias de trabalho a serem considerados na compensação, se, por um lado, é certo que a perda dos dias remidos não pode alcançar os dias trabalhados após o cometimento da falta grave, sob pena de criar uma espécie de conta-corrente contra o condenado, desestimulando o trabalho do preso, por outro lado, não se deve deixar de computar os dias trabalhados antes do cometimento da falta grave, ainda que não tenham sido declarados pelo juízo da execução, sob pena de subverter os fins da pena, culminando por premiar a indisciplina carcerária. Precedente citado: HC 286.791-RS, 5a Turma, *DJe* 06.06.2014" (STJ: REsp 1.517.936/RS, rel. Min. Maria Thereza de Assis Moura, 6.ª Turma, j. 01.10.2015, noticiado no *Informativo* 571).

Remição – preso provisório – trabalho em período anterior ao início da execução – possibilidade se posterior à prática do delito: "É possível a remição do tempo de trabalho realizado antes do início da execução da pena, desde que em data posterior à prática do delito. Inicialmente, cumpre salientar que a impetrante pretende que se faça uma analogia *in bonam partem*, aplicando-se, no caso em apreço – relativo ao instituto da remição –, o entendimento adotado quanto à detração, aproveitando-se, na execução em curso, o período trabalhado no cumprimento da pena de processo anterior. Sabe-se que este Superior Tribunal de Justiça firmou orientação quanto à impossibilidade de remição por trabalho executado em momento anterior à prática do delito referente à pena a ser remida. No caso, denota-se que o trabalho em questão foi realizado em momento posterior à prática de um dos delitos cuja condenação se executa, de modo que, nesta hipótese, ainda que anterior ao início da execução, é possível a remição da pena pelo trabalho relativamente ao delito praticado anteriormente. Embora haja a possibilidade de o condenado remir o tempo de cumprimento da reprimenda pelo exercício do trabalho, como forma de implementar o objetivo ressocializador da pena, integrando-o, gradativamente, ao convívio social, a concessão de benefícios não pode favorecer o estímulo à prática de novas infrações penais. Por isso, entende-se não ser possível a detração ou a remição em processo distinto, dos dias trabalhados durante a execução de pena já extinta. O que se pretende evitar é o estímulo à prática de novos delitos, ou seja, que, em razão de eventual 'crédito' já constante em seu favor, o apenado cometa uma nova infração, sobre a qual pretenderia eventual abatimento em razão do trabalho já realizado, o que, com efeito, não pode ser admitido. Todavia, observa-se que não se trata de fato praticado após o trabalho realizado pelo apenado, mas de delito anterior ao labor, de modo que não há falar em estímulo ou em 'crédito', pois a infração já havia sido praticada. Por essa razão, não se verifica similitude entre as hipóteses de vedação de incidência do instituto da remição, devendo, nesse contexto, ser dado o mesmo tratamento utilizado para a detração" (STJ: HC 420.257/ RS, rel. Min. Nefi Cordeiro, 6.ª Turma, j. 19.04.2018, noticiado no *Informativo* 625).

Remição ficta – Covid-19 – suspensão do trabalho ou estudo durante a pandemia – situação excepcionalíssima – derrotabilidade da norma jurídica – preservação dos direitos – princípios da dignidade da pessoa humana, da isonomia e da fraternidade – diferenciação necessária – Tema 1.120 do Recurso Repetitivo: "Nada obstante a interpretação restritiva que deve ser conferida ao art. 126, § 4º, da LEP, os princípios da individualização da pena, da dignidade da pessoa humana, da isonomia e da fraternidade, ao lado da teoria da derrotabilidade da norma e da situação excepcionalíssima da pandemia de Covid-19, impõem o cômputo do período de restrições sanitárias como de efetivo estudo ou trabalho em favor dos presos que já estavam trabalhando ou estudando e se viram impossibilitados de continuar seus afazeres unicamente em razão do estado pandêmico. A controvérsia consiste em definir a possibilidade ou não de concessão de remição ficta, com extensão do alcance da norma prevista no art. 126, §4º, da Lei de Execução Penal, aos apenados impossibilitados de trabalhar ou estudar em razão da pandemia ocasionada pelo novo coronavírus. O STJ entende que a ausência de previsão legal específica impossibilita a concessão de remição da pena pelo simples fato de o Estado não propiciar meios necessários para o labor ou a educação de todos os custodiados. Entende-se, portanto, que a omissão estatal não pode implicar remição ficta da pena, haja vista a *ratio* do referido benefício, que é encurtar o tempo de pena mediante a efetiva dedicação do preso a atividades lícitas e favoráveis à sua reinserção social e ao seu progresso educativo. Contudo, em que pese tal entendimento, ele não se aplica à hipótese excepcionalíssima da pandemia de Covid-19 por várias razões (*distinguishing*). A jurisprudência mencionada foi construída para um estado normal das coisas, não para uma pandemia. O art. 3º da Lei 7.210/1984 estabelece que, "ao condenado e ao internado serão assegurados todos os direitos não atingidos pela sentença ou pela lei". Em outros termos, ressalvadas as restrições decorrentes da sentença penal e os efeitos da condenação, o condenado mantém todos os direitos que lhe assistiam antes do trânsito em julgado da decisão condenatória. Por sua vez, a doutrina estabelece que a 'Derrotabilidade é o ato pelo qual uma norma jurídica deixa de ser aplicada, mesmo presentes todas as condições de sua aplicabilidade, de modo a prevalecer a justiça material no caso concreto'. Nessa linha, negar aos presos que já trabalhavam ou estudavam antes da pandemia de Covid-19 o direito de continuar a remitir sua pena se revela medida injusta, pois: (a) desconsidera o seu pertencimento à sociedade em geral, que padeceu, mas também se viu compensada com algumas medidas jurídicas favoráveis, o que afrontaria o princípio da individualização da pena (art. 5º, XLVI, da CF/1988), da isonomia (art. 5º, *caput*, da CF/1988) e da fraternidade (art. 1º, II e III, 3º, I e III, da CF/1988); (b) exige que o legislador tivesse previsto a pandemia como forma de continuar a remição, o que é desnecessário ante o instituto da derrotabilidade da lei. Note-se, assim, que não se está a conferir uma espécie de remição ficta pura e simplesmente ante a impossibilidade material de trabalhar ou estudar. O benefício não deve ser direcionado a todo e qualquer preso que não pôde trabalhar ou estudar durante a pandemia, mas tão somente àqueles que, já estavam trabalhando ou estudando e, em razão da Covid, viram-se impossibilitados de continuar com suas atividades" (STJ: REsp 1.953.607/SC, rel. Min. Ribeiro Dantas, 3.ª Seção, j. 14.09.2022, noticiado no *Informativo* 749).

Remição ficta – Covid-19 – trabalho de natureza eventual – suspensão durante a pandemia – não incidência do Tema n. 1120/STJ: "É cediço que, em regra geral, não se admite a remição ficta, posto que 'O benefício da remição da pena pelo trabalho ou pelo estudo, consoante se denota do art. 126 da LEP, pressupõe que os reeducandos demonstrem a efetiva dedicação a trabalho ou estudo, com finalidade, portanto, produtiva ou educativa, dada a sua finalidade ressocializadora' (AgRg no HC 434.636/MG, Ministro Nefi Cordeiro, Sexta Turma, DJe 6/6/2018). Ocorre que, em razão da pandemia da Covid-19, que impôs a adoção de medidas excepcionais, esta Corte Superior, no julgamento do REsp 1.953.607/SC (Tema Repetitivo 1120), fixou a tese de que 'Nada obstante a interpretação restritiva que deve ser conferida ao art. 126, § 4º, da LEP, os princípios da individualização da pena, da dignidade da pessoa humana, da isonomia e da fraternidade, ao lado da teoria da derrotabilidade da norma e da situação excepcionalíssima da pandemia de Covid-19, impõem o cômputo do período de restrições sanitárias como de efetivo estudo ou trabalho em favor dos presos que já estavam trabalhando ou estudando e se viram impossibilitados de continuar seus afazeres unicamente em razão do estado pandêmico'. Assim, em razão da excepcionalíssima pandemia da Covid-19, o período de restrições sanitárias deve ser comutado como de efetivo estudo ou trabalho em favor dos presos que já estavam trabalhando ou estudando e se viram impossibilitados de continuar seus afazeres unicamente em razão do estado pandêmico. No presente caso, as instâncias de origem afirmaram ser incabível a aplicação da remição, porquanto o trabalho exercido no denominado 'Projeto Mãos Dadas' tem caráter eventual, pontual, ocorrendo sob demanda. Nesse contexto, observa-se que se mostra incabível a contabilização fictícia de dias remidos, dada a própria natureza esporádica do trabalho exercido no Projeto. Assim, sendo o trabalho de natureza eventual, incabível a aplicação da benesse, não podendo ser presumido que o reeducando ficou impossibilitado de continuar seus afazeres unicamente em razão do estado pandêmico" (STJ: HC 684.875/DF, rel. Min. Sebastião Reis Júnior, 6.ª Turma, j. 21.03.2023, noticiado no *Informativo* 768).

Remição ficta – omissão do Estado quanto ao fornecimento de condições de trabalho ou de estudo – impossibilidade: "A Primeira Turma, em conclusão de julgamento e por maioria, denegou a ordem de *habeas corpus* em que se discutia a possibilidade de remição ficta da pena, na hipótese em que o Estado não proporciona atividade laboral ou educacional aos internos do sistema penitenciário a fim de obterem a remição da pena. O Colegiado enfatizou que, embora o Estado tenha o dever de prover trabalho aos internos que desejem laborar, reconhecer a remição ficta da pena, nesse caso, faria com que todas as pessoas do sistema prisional obtivessem o benefício, fato que causaria substancial mudança na política pública do sistema carcerário, além de invadir a esfera do Poder Executivo. Destacou que o instituto da remição exige, necessariamente, a prática de atividade laboral ou educacional. Trata-se de reconhecimento pelo Estado do direito à diminuição da pena em virtude de trabalho efetuado pelo detento. Na espécie, não foi realizado trabalho, estudo ou leitura, em razão de o paciente estar submetido ao Regime Disciplinar Diferenciado. Portanto, não há que se falar em direito à remição" (STF: HC 124.520/RO, rel. Min. Marco Aurélio, red. p/ ac. Min. Roberto Barroso, 1.ª Turma, j. 29.05.2018, noticiado no *Informativo* 904).

Remição pelo trabalho – acordo de colaboração premiada – previsão de trabalho externo e de aplicação dos benefícios da execução – pleito de remição de dias trabalhados – ausência de fiscalização e de comprovação de jornada de trabalho – irrelevância – atividade advocatícia efetivamente desempenhada: "Estando devidamente comprovado o exercício de atividade laboral autônoma pelo apenado, é ilegítimo afastar a remição quando não há comprovação de supervisão da atividade e do cumprimento da jornada mínima de 6 horas diárias. Ao interpretar os artigos 33 e 126 da Lei de Execução Penal – LEP –, o Superior de Justiça de Justiça firmou o entendimento de que não basta a comprovação do trabalho para que o apenado tenha direito à remição, exigindo-se que a atividade seja supervisionada, com cumprimento da jornada mínima de 6 horas diárias. A matéria foi pacificada no julgamento do Tema 917 do STJ, oportunidade em que se fixou a tese de que 'é possível a remição de parte do tempo de execução da pena quando o condenado, em regime fechado ou semiaberto, desempenha atividade laborativa extramuros', e em que se esclareceu que a supervisão direta do próprio trabalho deve ficar a cargo do patrão do apenado, cumprindo à administração carcerária o controle da regularidade do trabalho. Contudo, quando o trabalho é realizado de forma autônoma e não há patrão para supervisioná-lo, notadamente no que se refere à jornada laboral, questiona-se como deve ser feita a comprovação da atividade para remição da pena. No caso, verifica-se que, no próprio acordo de colaboração premiada, há a previsão de trabalho externo durante o período de prisão domiciliar, bem como autorização para que o colaborador se desloque, das 6 às 20 horas, para os imóveis rurais de sua família e para o seu escritório de advocacia a fim de desenvolver suas atividades laborais. Estando devidamente comprovado o exercício da atividade advocatícia pelo colaborador, o fato de o trabalho não haver sido fiscalizado, inexistindo a comprovação da jornada diária, não impede a concessão do benefício, uma vez que é profissional autônomo e possui escritório advocatício individual, além de trabalhar em *home office*, peculiaridades que não permitem a supervisão de suas atividades por um patrão. Assim, não se afigura legítimo afastar a remição quando, apesar de devidamente demonstrada a atividade laboral, não há comprovação de supervisão da atividade e do cumprimento da jornada mínima de 6 horas diárias" (STJ: Processo em segredo de justiça, rel. Min. Og Fernandes, Corte Especial, j. 12.08.2024, noticiado no *Informativo* 836).

Remição pelo trabalho – atividades laborativas nos domingos e feriados – possibilidade: "Se o preso, ainda que sem autorização do juízo ou da direção do estabelecimento prisional, efetivamente trabalhar nos domingos e feriados, esses dias deverão ser considerados no cálculo da remição da pena. A remição da pena pelo trabalho se perfaz à razão de 1 dia de pena a cada 3 dias de trabalho, conforme o regramento do art. 126, § 1º, II, da LEP. E, nos termos do art. 33 do mesmo estatuto, considera-se dia trabalhado aquele em que cumprida jornada não inferior a 6 nem superior a 8 horas. Assim, a remição da pena pelo trabalho, nos termos do art. 33, c/c o art. 126, § 1º, é realizada à razão de um dia de pena a cada três dias de trabalho, cuja jornada diária não seja inferior a 6 nem superior a 8 horas, o que impõe, para fins de cálculo, a consideração dos dias efetivamente trabalhados" (STJ: HC 346.948/RS, rel. Min. Reynaldo Soares da Fonseca, 5.ª Turma, j. 21.06.2016, noticiado no *Informativo* 586).

Remição pelo trabalho – jornada diária inferior a 6 horas, por determinação da administração do presídio – possibilidade: "A Segunda Turma deu provimento a recurso ordinário em 'habeas corpus' e concedeu a ordem para que seja considerado, para fins de remição da pena, o total de horas trabalhadas em jornada diária inferior a seis horas. O Colegiado anotou que o condenado cumpria jornada de quatro horas diárias de trabalho por determinação da administração do presídio. Ponderou que, nos termos da Lei de Execução Penal (LEP), a jornada diária não deve ser inferior a seis nem superior a oito horas. Afirmou que, para computar os dias de remição, a administração penitenciária somou as horas trabalhadas e as dividiu por seis. A Turma concluiu que, ao fazer a conversão matemática do cálculo da remição, a administração penitenciária agiu dentro dos limites previstos na LEP. Asseverou que o condenado não poderia ser apenado por um limite de horas imposto pelo próprio estabelecimento penitenciário na execução de sua pena. Por fim, deliberou que a obrigatoriedade do cômputo de tempo de trabalho deve ser aplicada às hipóteses em que o sentenciado, por determinação da administração, cumpra jornada inferior ao mínimo de seis horas, ou seja, em que a jornada de trabalho não derive de ato voluntário nem de indisciplina ou insubmissão do preso" (STF: RHC 136.509/MG, rel. Min. Dias Toffoli, 2.ª Turma, j. 04.04.2017, noticiado no *Informativo* 860). ***No mesmo sentido***: STJ: AgRg no AREsp 2.356.272/RN, rel. Min. Jesuíno Rissato (Desembargador convocado do TJDFT), 6.ª Turma, j. 27.02.2024, noticiado no *Informativo* 21 – Edição Extraordinária.

Remição pelo trabalho – regime aberto – impossibilidade: "A Turma reafirmou o entendimento de que o condenado que cumpre pena no regime aberto não tem direito à remição pelo trabalho nos termos do art. 126 da LEP" (STJ: HC 186.389/RS, rel. Min. Sebastião Reis Júnior, 6.ª Turma, j.

28.02.2012, noticiado no *Informativo* 492). *No mesmo sentido*: STF: HC 98.261/RS, rel. Min. Cezar Peluso, 2.ª Turma, j. 02.03.2010.

Trabalho do preso – remuneração inferior ao salário-mínimo – possibilidade: "O patamar mínimo diferenciado de remuneração aos presos previsto no art. 29, caput, da Lei 7.210/1984 (Lei de Execução Penal – LEP) não representa violação aos princípios da dignidade humana e da isonomia, sendo inaplicável à hipótese a garantia de salário-mínimo prevista no art. 7º, IV, da Constituição Federal. O preso não se sujeita ao regime da Consolidação das Leis do Trabalho (CLT) e seu trabalho possui finalidades educativa e produtiva, não podendo ser comparado com o trabalho das pessoas que não cumprem pena. Essas têm garantido o salário-mínimo para satisfação de necessidades vitais básicas do trabalhador e de sua família com moradia, alimentação, educação, saúde, lazer, vestuário, higiene, transporte e previdência social. Por outro lado, o preso já tem atendida pelo Estado boa parte das necessidades vitais básicas que o salário-mínimo almeja satisfazer, tais como educação, alojamento, saúde, alimentação, vestuário e higiene. Além disso, o preso recebe o benefício da remição da pena, na proporção de 1 dia de redução da sanção criminal para cada 3 dias de trabalho e o produto da remuneração deve ser direcionado para a indenização dos danos causados pelo crime, a assistência à família, para pequenas despesas pessoais e para promover o ressarcimento ao Estado das despesas realizadas com a sua manutenção. Portanto, a legitimidade da diferenciação entre o trabalho do preso e o trabalho dos empregados em geral é evidenciada pela distinta lógica econômica do labor no sistema executório penal. Assim, o trabalho do detento pode até mesmo ser subsidiado pelo Erário, de modo que o discrímen promova – em vez de violar – o mandamento de isonomia contido no art. 5º, *caput*, da CF, no seu aspecto material, além de não representar violação ao princípio da dignidade humana. Com base nesse entendimento, o Plenário, por maioria, julgou improcedente o pedido formulado em arguição de descumprimento de preceito fundamental" (STF: ADPF 336/DF, rel. Min. Luiz Fux, Plenário, j. 27.02.2021, noticiado no *Informativo* 1.007).

Legislação especial

> **Art. 40.** A legislação especial regulará a matéria prevista nos arts. 38 e 39 deste Código, bem como especificará os deveres e direitos do preso, os critérios para revogação e transferência dos regimes e estabelecerá as infrações disciplinares e correspondentes sanções.

○ **Legislação especial:** Os artigos 38 e 39 tratam do trabalho e dos direitos do preso. Além das regras previstas no Código Penal, o art. 40 refere-se a lei especial sobre a execução da pena. Trata-se da Lei 7.210/1984 – Lei de Execução Penal.

Superveniência de doença mental

> **Art. 41.** O condenado a quem sobrevém doença mental deve ser recolhido a hospital de custódia e tratamento psiquiátrico ou, à falta, a outro estabelecimento adequado.

○ **Superveniência de doença mental:** No mesmo sentido, dispõe o art. 108 da LEP que "o condenado a quem sobrevier doença mental será internado em Hospital de Custódia e Tratamento Psiquiátrico". Tal situação não se confunde com aquela descrita no art. 26 do CP, que se destina aos inimputáveis no momento do cometimento da infração penal, isentos de pena, a quem será aplicada medida de segurança (absolvição imprópria). A superveniência de doença mental ao acusado também pode levar à conversão da pena em medida de segurança (art. 41 do CP e art. 183 da LEP). Tal conversão pode se dar de ofício pelo juiz ou a requerimento do Ministério Público, da Defensoria Pública ou da autoridade administrativa, mas diferentemente daquela imposta aos inimputáveis, esta não poderá ser por tempo indeterminado, devendo ser respeitado o montante da sua pena.

○ **Conceito de doença mental:** A expressão doença mental deve ser interpretada em sentido amplo, englobando os problemas patológicos e também os de origem toxicológica. Ingressam nesse rol (doença mental) todas as alterações mentais ou psíquicas que suprimem do ser humano a capacidade de entendimento e de determinar-se de acordo. A respeito, *ver comentários ao art. 26*.

○ **Natureza da doença mental:** Devem-se diferenciar duas situações, pois as regras aplicáveis serão diferentes em cada uma delas: superveniência de doença mental transitória e superveniência de doença mental permanente.

– **Doença mental transitória:** Se a doença mental superveniente for **transitória**, transfere-se o condenado a hospital de custódia e tratamento psiquiátrico, e, uma vez curado, retorna ao estabelecimento prisional, nos moldes do art. 41 do CP. Nessa hipótese, interrompe-se a execução da pena, mas esse período de interrupção é computado como cumprimento da pena, pois o condenado foi acometido de doença mental, necessitando de transferência para hospital de custódia e tratamento psiquiátrico, ou, à falta, a outro estabelecimento adequado.

– **Doença mental permanente:** Se no curso da execução da pena privativa de liberdade sobrevier ao condenado doença mental ou perturbação de saúde mental de natureza **permanente**, o art. 183 da LEP autoriza o juiz, de ofício, a requerimento do MP, da Defensoria Pública ou da autoridade administrativa, a substituí-la por medida de segurança. A conversão somente poderá ser efetuada durante o prazo de cumprimento da pena, e necessita de perícia médica. A respeito da medida de segurança, *ver comentários aos arts. 96 e ss.*

○ **Jurisprudência selecionada:**

Superveniência de doença mental – medida de segurança – duração: "(...) Já a medida de segurança prevista na Lei de Execuções Penais é aplicada quando, no curso na execução da pena privativa de liberdade, sobrevier doença mental ou perturbação da saúde mental, ocasião em que a pena é substituída pela medida de segurança, que deve perdurar pelo período de cumprimento da pena imposta na sentença penal condenatória. A medida de segurança substitutiva é adstrita ao tempo de cumprimento da pena privativa de liberdade fixada na sentença condenatória, sob pena de ofensa à coisa julgada" (STJ: HC 24.455/SP, rel. Min. Gilson Dipp, 5.ª Turma, j. 01.04.2003).

Detração

> **Art. 42.** Computam-se, na pena privativa de liberdade e na medida de segurança, o tempo de prisão provisória, no Brasil ou no estrangeiro, o de prisão administrativa e o de internação em qualquer dos estabelecimentos referidos no artigo anterior.

○ **Detração penal:** Detração penal é o **desconto**, na pena privativa de liberdade ou na medida de segurança, do tempo de prisão provisória ou de internação já cumprido pelo condenado. Evita-se o *bis in idem* na execução da pena privativa de liberdade. Na expressão "prisão provisória" compreende-se toda e qualquer prisão cautelar e processual (prisão em flagrante, prisão temporária e prisão preventiva), ou seja, não decorrente de pena, consistente na privação da liberdade antes do trânsito em julgado da condenação. Na medida de segurança, o tempo de prisão processual ou de internação provisória (art. 319, VII, do CPP) deve ser subtraído do **prazo mínimo** da internação em hospital de custódia e tratamento psiquiátrico ou do tratamento ambulatorial, que varia de um a três anos, como se extrai do art. 97, § 1.º, do CP. Exemplo: "A", depois de ser preso em flagrante, foi internado provisoriamente e mantido nessa situação por um ano. Durante a instrução criminal, restou comprovada sua inimputabilidade, motivo pelo qual o magistrado o absolveu e impôs medida de segurança de internação, pelo prazo mínimo de três anos. Com a aplicação do instituto da detração penal, a perícia médica de cessação da periculosidade será realizada depois de dois anos da internação do agente no hospital de custódia e tratamento psiquiátrico.

○ **Detração penal e medidas cautelares:** Nada obstante o art. 42 do Código Penal fale em "prisão provisória", o Superior Tribunal de Justiça, no Tema 1.155 do Recurso Repetitivo, alargou o alcance desse dispositivo, para o fim de admitir a detração penal amparada em medida cautelar de recolhimento noturno, aos finais de semana e dias não úteis, independentemente de monitoramento eletrônico. Tal entendimento fundamenta-se: (a) no princípio da humanidade; (b) na interpretação evolutiva da lei, pois à época em que tal norma foi redigida não existiam as medidas cautelares atualmente previstas no art. 319 do Código de Processo Penal; e (c) na natureza exemplificativa – e não taxativa – do rol previsto no art. 42 do Código Penal.[310]

○ **Competência para aplicação da detração penal e reflexos no regime inicial de cumprimento da pena privativa de liberdade:** Na sistemática da Lei de Execução Penal, a detração era reconhecida exclusivamente pelo juízo da execução. Consequentemente, este instituto não produzia qualquer efeito na fixação do regime inicial de cumprimento da pena privativa de liberdade. Enquanto o regime inicial de cumprimento da pena sempre foi estipulado pelo juiz da ação penal (processo de conhecimento), a detração penal era matéria de competência do juiz da execução e deveria ser apreciada somente após o trânsito em julgado da sentença penal condenatória (processo de execução). Contudo, este panorama foi profundamente alterado pela Lei 12.736/2012, responsável pela inclusão do § 2.º do art. 387 do Código de Processo Penal. Agora, a detração penal é **matéria de competência do juiz de 1.ª instância (ou do Tribunal)**, a ser reconhecida na fase de conhecimento, e não somente na esfera da execução. Exemplificativamente, se o acusado permaneceu preso preventivamente por um ano, e ao final do processo foi condenado à pena de nove anos de reclusão, o magistrado deverá aplicar a detração na própria sentença, fixando o regime inicial semiaberto para início de cumprimento da pena privativa de liberdade, correspondente ao restante da pena (oito anos), e não o regime fechado, relativo ao total da pena imposta. O legislador consagrou, explicitamente, o princípio segundo o qual "pena cumprida é pena extinta".

○ **Detração penal e penas restritivas de direitos:** É possível a incidência da detração penal nas penas restritivas de direitos de prestação de serviços à comunidade ou a entidades públicas, interdição temporária de direitos e limitação de fim de semana, pois são aplicáveis em substituição às penas privativas de liberdade pelo mesmo tempo de sua duração (art. 55 do CP).

○ **Detração penal e pena de multa:** Não se admite a detração penal no campo da pena de multa, diante da vedação legal da conversão desta última em pena privativa de liberdade. Ademais, o art. 42 do CP excluiu a incidência do instituto para a sanção pecuniária. Finalmente, a pena privativa de liberdade e a pena pecuniária têm finalidades diferentes e não há um critério legal capaz de expressar em dias-multa o tempo de prisão provisória.[311]

○ **Detração penal e suspensão condicional da execução da pena privativa de liberdade (sursis):** Não tem cabimento a detração penal no período de prova do *sursis*, que em regra varia de 2 (dois) a 4 (quatro) anos. Assim, se a pena privativa de liberdade de 2 (dois) anos foi suspensa

---

310 STJ: HC 455.097/PR, rel. Min. Laurita Vaz, 3.ª Seção, j. 14.04.2021, noticiado no *Informativo* 693.

311 MORAES, Alexandre de; SMANIO, Gianpaolo Poggio. *Legislação penal especial*. 10. ed. 2. reimpr. São Paulo: Atlas, 2008. p. 185.

condicionalmente por outros 2 (dois) anos, a circunstância de ter o condenado permanecido preso provisoriamente por 1 (um) ano, por exemplo, em nada interferirá no período de prova, que subsistirá pelo tempo de 2 (dois) anos. A propósito, esse prazo poderia ser fixado ainda que fosse menor a sanção imposta. Será aplicável o instituto na hipótese de ser revogado o *sursis*, pois aí restará ao condenado a obrigação de cumprir integralmente a pena que lhe foi imposta. No exemplo acima, faltaria somente 1 (um) ano para a satisfação total da pena privativa de liberdade.

○ **Detração penal e prescrição:** Discute-se se a detração penal influencia ou não no cálculo do prazo prescricional. Para quem admite essa possibilidade, fundada na aplicação analógica do art. 113 do CP, a prescrição deveria ser computada com base no tempo restante da pena, ou seja, somente com o tempo ainda não cumprido pelo condenado. O STF, fundado no princípio da estrita legalidade, de observância cogente em matéria penal, tem posição diversa.

○ **Detração penal e prisão provisória em outro processo:** Questiona-se se o período da prisão provisória que se opera em um processo, no qual o réu é absolvido, pode ser utilizado para fins de detração penal em outro processo, em que foi condenado. A doutrina não é pacífica sobre o assunto. Ora se exige a conexão ou continência entre a infração penal, a prisão provisória e a pena imposta, ora esse requisito afigura-se como dispensável. Em qualquer caso, porém, é necessário tenha sido praticada a infração penal pela qual o agente foi condenado anteriormente à infração penal em que houve a prisão provisória e posterior absolvição. Essa conclusão, além de sintonizar-se com o art. 111 da Lei de Execução Penal, impede a ocorrência da chamada "**conta corrente penal**", isto é, a constituição de saldo credor em favor do condenado que lhe daria um cheque em branco para cometer crimes e contravenções penais e abrigar-se sob o manto da impunidade. A jurisprudência estabeleceu-se no sentido de que não se reclama qualquer tipo de vínculo entre as infrações penais.

○ **Jurisprudência selecionada:**

Detração penal – características e efeitos jurídicos: "[...] A detração, por sua vez, é decorrência do princípio constitucional da não culpabilidade. A CF estabelece que 'ninguém será considerado culpado até o trânsito em julgado de sentença penal condenatória'. Ocorre que, mesmo antes do trânsito em julgado, em algumas situações, faz-se necessária a constrição provisória do acusado. Essa, no entanto, é uma prisão cautelar. E, por vezes, ao final do julgamento, pode ocorrer a absolvição do agente ou a prescrição da pretensão punitiva. Dessa forma, a detração visa impedir que o Estado abuse do poder-dever de punir, impondo ao agente uma fração desnecessária da pena quando houver a perda da liberdade ou a internação em momento anterior à sentença condenatória. Em razão desses casos, para amenizar a situação do réu, o CP regulamentou que: 'Art. 42 – Computam-se, na pena privativa de liberdade e na medida de segurança, o tempo de prisão provisória, no Brasil ou no estrangeiro, o de prisão administrativa e o de internação em qualquer dos estabelecimentos referidos no artigo anterior'. Nessa linha intelectiva, a detração é uma operação matemática em que se subtrai da pena privativa de liberdade (ou medida de segurança) aplicada ao réu ao final do processo, o tempo de prisão provisória, prisão administrativa ou internação em hospital de custódia e tratamento psiquiátrico que o sentenciado já cumpriu anteriormente. Frise-se que, em razão da equidade, admite-se a detração inclusive em processos que não guardem relação entre si, desde que a segregação indevida seja posterior ao crime em que se requer a incidência do instituto. Nestes casos, embora a prisão processual fosse necessária no momento em que foi realizada, ao final do julgamento do processo, a conduta do agente não resultou em uma punição efetiva. Dessa forma, é possível utilizar esse período para descontar a pena referente a crime praticado em data anterior. Conclui-se, portanto, que a detração é um instituto que pretende amenizar as consequências de uma custódia processual, abatendo-se da pena efetivamente aplicada o período em que o réu esteve preso por meio de medida cautelar, seja em razão de prisão provisória, prisão administrativa ou internação em hospital de custódia e tratamento psiquiátrico" (STJ: REsp 1.557.408/DF, rel. Min. Maria Thereza de Assis Moura, 6.ª Turma, j. 16.02.2016, noticiado no *Informativo* 577).

Detração penal – medida cautelar de recolhimento noturno e nos dias de folga – possibilidade – interpretação do art. 42 do Código Penal – desnecessidade de monitoramento eletrônico – contagem – soma das horas convertidas em dias – período remanescente menor do que 24 horas e fração de dia desprezada – Tema 1.155 do Recurso Repetitivo: "O período de recolhimento obrigatório noturno e nos dias de folga, por comprometer o *status libertatis* do acusado deve ser reconhecido como período a ser detraído da pena privativa de liberdade e da medida de segurança, em homenagem aos princípios da proporcionalidade e do *non bis in idem*. O monitoramento eletrônico associado, atribuição do Estado, não é condição indeclinável para a detração dos períodos de submissão a essas medidas cautelares, não se justificando distinção de tratamento ao investigado ao qual não é determinado e disponibilizado o aparelhamento. A soma das horas de recolhimento domiciliar a que o réu foi submetido devem ser convertidas em dias para contagem da detração da pena. Se no cômputo total remanescer período menor que vinte e quatro horas, essa fração de dia deverá ser desprezada. A reflexão sobre o abatimento na pena definitiva do tempo de cumprimento da medida cautelar prevista no art. 319, VII, do Código de Processo Penal (recolhimento domiciliar noturno e nos dias de folga), surge da ausência de previsão legal. Nos termos do art. 42 do Código Penal: 'Computam-se, na pena privativa de liberdade e na medida de segurança, o tempo de prisão provisória, no Brasil ou no estrangeiro, o de prisão administrativa e o de internação em qualquer dos estabelecimentos referidos no artigo anterior'. A cautelar de recolhimento domiciliar noturno e nos dias de folga estabelece que o investigado deverá permanecer recolhido em seu domicílio nesses períodos, desde que possua residência e trabalho fixos. Essa medida não se confunde com a prisão domiciliar, mas diferencia-se de outras cautelares na limitação de direitos, pois atinge diretamente a liberdade de locomoção do investigado, ainda que de forma parcial e/ou momentânea, impondo-lhe a permanência no local em que reside. Nesta Corte, o amadurecimento da questão partiu da interpretação dada ao art. 42 do Código Penal. Concluiu-se que o dispositivo não era *numerus clausus* e, em uma compreensão extensiva *in bonam partem*, dever-se-ia permitir que o período de recolhimento noturno, por comprometer o *status libertatis*, fosse reconhecido como período detraído, em homenagem ao princípio da proporcionalidade e em apreço ao princípio do *non bis in idem*. A detração penal dá efetividade ao princípio basilar da dignidade da pessoa humana e ao comando máximo do caráter ressocializador das penas, que é um dos principais objetivos da execução da pena no Brasil. Assim, a melhor interpretação a ser dada ao art. 42 do Código Penal é a de que o período em que um investigado/acusado cumprir medida cautelar de recolhimento domiciliar noturno e nos dias de folga (art. 319, V, do CPP) deve ser detraído da pena definitiva a ele imposta pelo Estado. Quanto à necessidade de o monitoramento eletrônico estar associado à medida de recolhimento noturno e nos dias de folga para fins da detração da pena de que aqui se cuida, tem-se que o monitoramento eletrônico (ME) é medida de vigilância, que afeta os direitos fundamentais, destacadamente a intangibilidade corporal do acusado. É possível sua aplicação isolada ou cumulativamente com outra medida. Essa medida é pouco difundida no Brasil, em razão do alto custo ou, ainda, de dúvidas quanto a sua efetividade. Outro aspecto importante é o fato de que seu emprego prevalece em fases de execução da pena (80%), ou seja, não se destina primordialmente à substituição da prisão preventiva. Assim, levando em conta a precária utilização do ME como medida cautelar e, considerando que o recolhimento noturno já priva a liberdade de quem a ele se submete, não se vislumbra a necessidade de dupla restrição para que se possa chegar ao grau de certeza do cumprimento efetivo do tempo de custódia cautelar, notadamente tendo em conta que o monitoramento eletrônico é atribuição do Estado. Nesse cenário, não se justifica o investigado que não dispõe do monitoramento receber tratamento não isonômico em relação àquele que cumpre a mesma medida restritiva de liberdade monitorado pelo equipamento. Portanto, deve prevalecer a corrente jurisprudencial inaugurada pela Ministra Laurita Vaz, no RHC 140.214/SC, de que o direito à detração não pode estar atrelado à condição de monitoramento eletrônico, pois seria impor ao investigado excesso de execução, com injustificável aflição de tratamento não isonômico àqueles que cumprem a mesma medida de recolhimento noturno e nos dias de folga monitorados. Ainda, a soma das horas de recolhimento domiciliar a que o réu for submetido devem ser convertidas em dias para contagem da detração da pena. E, se no cômputo total remanescer período menor que vinte e quatro horas, esse tempo deverá ser desconsiderado, em atenção à regra do art. 11 do Código Penal, segundo a qual devem ser desprezadas, nas penas privativas de liberdade e nas restritivas de direito, as frações de dia (HC n. 455.097/PR)" (STJ: REsp 1.977.135/SC, rel. Min. Joel Ilan Paciornik, 3.ª Seção, j. 23.11.2022, noticiado no *Informativo* 758). *No mesmo sentido:* STJ: HC 892.086/PR, rel. Min. Jesuíno Rissato (Desembargador convocado do TJDFT), 6.ª Turma, j. 14.05.2024, noticiado no *Informativo* 813.

Detração – prescrição – irrelevância: "O tempo de prisão provisória não pode ser computado para efeito da prescrição, mas tão somente para o cálculo de liquidação da pena. O artigo 113 do Código Penal, por não comportar interpretação extensiva nem analógica, restringe-se aos casos de evasão e de revogação do livramento condicional" (STF: RHC 85.026/SP, rel. Min. Eros Grau, 1.ª Turma, j. 26.04.2005).

Detração – prescrição da pretensão executória: "Prescrição da pretensão punitiva *versus* prescrição da pretensão executória. Detração. A detração apenas é considerada para efeito da prescrição da pretensão executória, não se estendendo aos cálculos relativos à prescrição da pretensão punitiva" (STF: HC 100.001/RJ, rel. Min. Marco Aurélio, 1.ª Turma, j. 11.05.2010).

Detração penal – prestação pecuniária – inaplicabilidade: "Esta Corte não admite a aplicação do instituto da detração penal à pena de prestação pecuniária, por ausência de previsão legal. Precedente" (STJ: REsp 1.853.916/PR, rel. Min. Nefi Cordeiro, 6.ª Turma, j. 04.08.2020).

Detração – prisão anterior por outro crime – impossibilidade: "Firme a jurisprudência deste Supremo Tribunal Federal no sentido de que 'não é possível creditar-se ao réu qualquer tempo de encarceramento anterior à prática do crime que deu origem a condenação atual' (RHC 61.195, Rel. Min. Francisco Rezek, *DJ* 23.9.1983). Não pode o paciente valer-se do período em que esteve custodiado – e posteriormente absolvido – para fins de detração da pena de crime cometido em período posterior" (STF: HC 93.979/RS, rel. Min. Cármen Lúcia, 1.ª Turma, j. 22.04.2008). *No mesmo sentido:* STJ: HC 178.129/RS, rel. Min. Og Fernandes, 6.ª Turma, j. 07.06.2011; REsp 848.531/RS, rel. Min. Felix Fischer, 5.ª Turma, j. 26.06.2007; e HC 197.112/RS, rel. Min. Og Fernandes, 6.ª Turma, j. 19.05.2011.

Detração – prisão por crime e posterior absolvição – crime anterior – possibilidade: "É admissível a detração do tempo de prisão processual ordenada em outro processo em que o sentenciado foi absolvido ou declarada a extinção da sua punibilidade, quando a data do cometimento do crime de que trata a execução seja anterior ao período pleiteado" (STJ: HC 155.049/RS, rel. Min. Celso Limongi (Desembargador convocado do TJ/SP), 6.ª Turma, j. 01.03.2011).

Detração – processos distintos – crime praticado antes da prisão – possibilidade: "É admitida a detração em relação a fato diverso daquele que deu azo à prisão processual; contudo, somente em relação a delitos anteriores à segregação provisória, sob risco de se criar uma espécie de crédito contra a Justiça Criminal" (STJ: HC 276.391/RS, rel. Min. Maria Thereza de Assis Moura, 6.ª Turma, j. 27.06.2014). *No mesmo sentido*: STJ: HC 178.894/RS, rel. Min. Laurita Vaz, 5.ª Turma, j. 13.11.2012, noticiado no *Informativo* 509.

Seção II –
Das penas restritivas de direitos

Penas restritivas de direitos

Art. 43. As penas restritivas de direitos são:

I – prestação pecuniária;

II – perda de bens e valores;

III – (VETADO)

IV – prestação de serviço à comunidade ou a entidades públicas;

V – interdição temporária de direitos;

VI – limitação de fim de semana.

○ **Conceito:** As penas restritivas de direitos são também chamadas de **"penas alternativas"**, pois têm o propósito de evitar a desnecessária imposição da pena privativa de liberdade nas situações expressamente indicadas em lei, relativas a indivíduos dotados de condições pessoais favoráveis e envolvidos na prática de infrações penais de reduzida gravidade. Busca-se a **fuga da pena privativa de liberdade**, reservada exclusivamente para situações excepcionais, aplicando-se em seu lugar a restrição de um ou mais direitos do condenado. Fala-se, atualmente, em **falência da pena de prisão**, provocada por diversos motivos, e notadamente por seu fator criminógeno. A privação da liberdade, em vez de combater a delinquência, muitas vezes a estimula. Não traz benefícios ao condenado, proporcionando, ao contrário, abertura para vícios e degradações morais.[312]

○ **Espécies:** As penas restritivas de direitos são: (a) prestação pecuniária; (b) perda de bens e valores; (c) prestação de serviços à comunidade ou a entidades públicas; (d) interdição temporária de direitos; e (e) limitação de fim de semana. As duas primeiras foram criadas pela Lei 9.714/1998, enquanto as demais já existiam no CP. O rol é **exaustivo**, não podendo o magistrado, no caso concreto, criar outra espécie de pena alternativa. O inciso III do art. 43, vetado pelo Presidente da República, previa a pena de **recolhimento domiciliar**. Amparou-se o veto na alegação de impossibilidade de fiscalização de pena dessa natureza, nada obstante sua existência no art. 8.º, V, da Lei 9.605/1998 – Lei dos Crimes Ambientais, que a define no art. 13.

Ao réu não é assegurado o direito subjetivo de escolher qual pena restritiva de direitos deseja cumprir em substituição à pena privativa de liberdade que lhe foi imposta. Essa tarefa pertence ao Poder Judiciário, cabendo unicamente ao magistrado determinar a medida alternativa mais adequada ao caso concreto.[313]

○ **Natureza jurídica:** As penas restritivas de direitos são, efetivamente, penas, independentemente da ausência de privação da liberdade. Muitas delas foram assim definidas, expressamente, pelo art. 5.º, XLVI, da CF, que apresenta um rol exemplificativo. Possuem duas características marcantes, indicadas pelos arts. 44 e 54 do CP: **substitutividade** e **autonomia**. São **substitutivas** porque resultam do procedimento judicial que, depois de aplicar uma pena privativa de liberdade, efetua a sua substituição por uma ou mais penas restritivas de direitos, desde que presentes os requisitos legais. Isso ocorre em razão de os tipos penais não possuírem, no preceito secundário, a previsão direta de penas restritivas de direitos, as quais estão definidas pela Parte Geral do CP. A Lei 11.343/2006 – Lei de Drogas, contudo, excepcionou essa regra quanto ao crime tipificado pelo art. 28, ao qual não se impõe pena privativa de liberdade, mas imediatamente penas restritivas de direitos (advertência sobre os efeitos das drogas, prestação de serviços à comunidade e medida educativa de comparecimento a programa ou curso educativo).[314] As penas restritivas de direitos são também dotadas de **autonomia** – uma vez substituídas, não podem ser cumuladas com a pena privativa de liberdade. Em

---

[312]　Nesse sentido: BITENCOURT, Cezar Roberto. *Falência da pena de prisão:* causas e alternativas. 2. ed. São Paulo: Saraiva, 2001. p. 157.

[313]　STJ: AgRg no HC 582.302/SC, rel. Min. Joel Ilan Paciornik, 5.ª Turma, j. 03.11.2020.

[314]　A decisão proferida pelo STF no Tema 506 da Repercussão Geral (RE 635.659/SP, rel. Min. Gilmar Mendes, Plenário, j. 26.06.2024, noticiado no *Informativo* 1.143) é aplicável unicamente à maconha, ou seja, o crime tipificado no art. 28 da Lei 11.343/2006 subsiste no tocante a todas as demais drogas.

suma, o magistrado deve aplicar isoladamente uma pena privativa de liberdade para, em seguida, substituí-la por uma ou mais restritivas de direitos. É vedado, contudo, somá-las. Além disso, durante a execução penal o Poder Judiciário deve regular o cumprimento da pena restritiva de direitos, olvidando-se da pena privativa de liberdade, exceto se for necessário o seu restabelecimento nas hipóteses extraordinariamente previstas em lei. A Lei 9.503/1997 – Código de Trânsito Brasileiro –, todavia, previu em diversos delitos a aplicação conjunta de penas privativa de liberdade e restritiva de direitos, como se observa dos arts. 302 (homicídio culposo na direção de veículo automotor), 303 (lesão corporal culposa na direção de veículo automotor), 306 (embriaguez ao volante), 307 (violação de proibição ou restrição para direção de veículo automotor) e 308 (participação em competição não autorizada). E afirmou expressamente em seu art. 292: "A suspensão ou a proibição de se obter a permissão ou a habilitação para dirigir veículo automotor pode ser imposta isolada ou cumulativamente com outras penalidades."[315]

○ **Duração:** Dispõe o art. 55 do CP que as penas restritivas de direitos de prestação de serviços à comunidade ou a entidades públicas, interdição temporária de direitos e limitação de fim de semana têm a **mesma duração** da pena privativa de liberdade substituída. Mas a pena de prestação de serviços à comunidade ou a entidades públicas superior a 1 (um) ano pode ser cumprida em menor tempo, nunca inferior à metade da pena privativa de liberdade fixada (art. 46, § 4.º, do CP). Essa regra não se aplica às penas de prestação pecuniária e perda de bens e valores, pois em nada se relacionam com o limite temporal da pena privativa de liberdade substituída. Têm, notadamente, cunho patrimonial, e não de restrição de direitos por prazo certo.

○ **Política Nacional de Alternativas Penais:** A Portaria 495/2016, do Ministro de Estado da Justiça, instituiu no âmbito do seu Ministério a Política Nacional de Alternativas Penais, com o objetivo de desenvolver ações, projetos e estratégias voltadas ao enfrentamento do encarceramento em massa e à ampliação da aplicação de alternativas penais à prisão, com enfoque restaurativo, em substituição à privação de liberdade. Seu art. 1.º, parágrafo único, inc. I preceitua que as alternativas penais abrangem as penas restritivas de direitos.

Art. 44. As penas restritivas de direitos são autônomas e substituem as privativas de liberdade, quando:

I – aplicada pena privativa de liberdade não superior a quatro anos e o crime não for cometido com violência ou grave ameaça à pessoa ou, qualquer que seja a pena aplicada, se o crime for culposo;

II – o réu não for reincidente em crime doloso;

III – a culpabilidade, os antecedentes, a conduta social e a personalidade do condenado, bem como os motivos e as circunstâncias indicarem que essa substituição seja suficiente.

§ 1º (Vetado).

---

[315] Outra **exceção à autonomia** das penas restritivas de direitos é encontrada no art. 78 da Lei 8.078/1990 – Código de Defesa do Consumidor: "Art. 78. Além das penas privativas de liberdade e de multa, podem ser impostas, cumulativa ou alternadamente, observado o disposto nos arts. 44 a 47, do Código Penal: I – a interdição temporária de direitos; II – a publicação em órgãos de comunicação de grande circulação ou audiência, às expensas do condenado, de notícia sobre os fatos e a condenação; III – a prestação de serviços à comunidade".

§ 2° Na condenação igual ou inferior a um ano, a substituição pode ser feita por multa ou por uma pena restritiva de direitos; se superior a um ano, a pena privativa de liberdade pode ser substituída por uma pena restritiva de direitos e multa ou por duas restritivas de direitos.

§ 3° Se o condenado for reincidente, o juiz poderá aplicar a substituição, desde que, em face de condenação anterior, a medida seja socialmente recomendável e a reincidência não se tenha operado em virtude da prática do mesmo crime.

§ 4° A pena restritiva de direitos converte-se em privativa de liberdade quando ocorrer o descumprimento injustificado da restrição imposta. No cálculo da pena privativa de liberdade a executar será deduzido o tempo cumprido da pena restritiva de direitos, respeitado o saldo mínimo de trinta dias de detenção ou reclusão.

§ 5° Sobrevindo condenação a pena privativa de liberdade, por outro crime, o juiz da execução penal decidirá sobre a conversão, podendo deixar de aplicá-la se for possível ao condenado cumprir a pena substitutiva anterior.

○ **Substituição da pena privativa de liberdade pela pena restritiva de direitos:** A substituição da pena privativa de liberdade está condicionada ao atendimento de diversos requisitos indicados nos incs. I a III do art. 44 do CP, de duas ordens: objetivos e subjetivos. No caso concreto, se todos os requisitos estiverem presentes, o magistrado não poderá negar a substituição da pena privativa de liberdade por restritiva de direitos.

○ **Requisitos objetivos:** Dizem respeito à natureza do crime e à quantidade da pena aplicada.

a) Natureza do crime: Em se tratando de **crime doloso**, deve ter sido **cometido sem violência ou grave ameaça à pessoa**.[316] Para o STJ, na hipótese de crime cuja substituição seja vedada pelo CP, pouco importa o grau de participação do agente no delito, mesmo que de menor importância, pois isso constituiria causa de diminuição da pena, sem alteração da classificação jurídica do crime, de que lhe são meios a violência e a grave ameaça, a obstar a pena alternativa. Quanto à **violência imprópria**, isto é, aquela em que não há emprego de força física contra a vítima, mas o agente a reduz por qualquer meio à impossibilidade de resistência, o entendimento dominante é de não ser possível a substituição, pois a violência imprópria nada mais é do que uma forma específica de violência. Mirabete sustenta a incidência do benefício ao crime de roubo cometido com o emprego de narcótico.[317] Discute-se também se seria admissível a substituição nos casos de **infrações penais de menor potencial ofensivo**, quando praticadas com emprego de violência ou grave ameaça à pessoa, tais como lesão corporal de natureza leve, ameaça e constrangimento ilegal. Alguns sustentam que seriam pertinentes os benefícios da Lei 9.099/1995, mas não a conversão da pena privativa de liberdade em restritiva de direitos. Destarte, em caso de condenação, o magistrado deveria limitar-se a fixar o regime aberto para o cumprimento da pena, ou, no máximo, conceder o *sursis*. Prevalece, contudo, entendimento diverso. Deveras, se é possível até mesmo a composição dos danos civis, em determinados casos, e frequentemente a transação penal, institutos muito mais benéficos, não seria correta a vedação da substituição da pena privativa de liberdade por restritiva de direitos. Na hipótese de **crimes culposos**, entende-se ser possível a substituição em todos eles, ainda que resulte na produção de violência contra a pessoa, tal como no homicídio culposo, tanto do CP (art. 121, § 3.°) como do Código de Trânsito Brasileiro (art. 302).

---

[316] Para o STJ, no **Tema 1.171 do Recurso Repetitivo**: "A utilização de simulacro de arma configura a elementar grave ameaça do tipo penal do roubo, subsumindo à hipótese legal que veda a substituição da pena".

[317] MIRABETE, Julio Fabbrini. *Manual de direito penal*. Parte geral. 24. ed. São Paulo: Atlas, 2007. v. 1, p. 283.

b) Quantidade da pena aplicada: Preocupou-se o legislador com a **pena efetivamente aplicada na situação concreta**, independentemente daquela cominada em abstrato pelo preceito secundário do tipo penal. Nos crimes dolosos, desde que não tenham sido cometidos com emprego de violência ou grave ameaça à pessoa, o limite é de **4 (quatro) anos**. Na hipótese de concurso de crimes, a substituição da pena privativa de liberdade por restritiva de direitos somente será possível quando o total das reprimendas não ultrapassar o limite de quatro anos previsto no inciso I do art. 44 do CP. No caso de **concurso formal** ou de **crime continuado**, leva-se em conta o total da pena imposta, aí se computando o acréscimo legal (1/6 até 1/2, no concurso formal, ou 1/6 até 2/3, no crime continuado). No tocante ao **concurso material**, o magistrado fixa na sentença a pena de cada crime, separadamente. Em seguida, analisa também isoladamente, em relação a cada delito, o cabimento da substituição da pena privativa de liberdade por restritiva de direitos. Se, todavia, para um dos crimes tiver sido negado o *sursis*, para os demais será incabível a substituição por pena restritiva de direitos (art. 69, § 1.º, do CP). E, quando forem aplicadas penas restritivas de direitos, o condenado cumprirá simultaneamente as que forem compatíveis entre si e sucessivamente as demais (art. 69, § 2.º, do CP). Em relação aos **crimes culposos**, é possível a substituição por pena restritiva de direitos, qualquer que seja a quantidade de pena privativa de liberdade imposta.

b.1) Homicídio culposo e lesão corporal culposa (grave ou gravíssima) na direção de veículo automotor com embriaguez ao volante e art. 312-B do Código de Trânsito Brasileiro: O art. 302, § 3.º, da Lei 9.503/1997 – Código de Trânsito Brasileiro, com a redação dada pela Lei 13.546/2017, prevê a pena de **reclusão, de cinco a oito anos**, e suspensão ou proibição do direito de se obter a permissão ou a habilitação para dirigir veículo automotor, quando o agente praticar homicídio culposo na direção de veículo automotor, conduzindo-o sob a influência de álcool ou de qualquer outra substância psicoativa que determine dependência. Criou-se uma figura até então inexistente no Brasil, qual seja, **crime culposo punido com reclusão**, e de significativa quantidade (cinco a oito anos). Esse fenômeno foi replicado na lesão corporal culposa na direção de veículo automotor, quando o agente conduz o veículo com capacidade psicomotora alterada em razão da influência de álcool ou de outra substância psicoativa que determine dependência, e se do crime resultar lesão corporal de natureza grave ou gravíssima, punido com reclusão, de dois a cinco anos (Lei 9.503/1997 – Código de Trânsito Brasileiro, art. 303, § 2.º). No tocante ao homicídio culposo na direção de veículo automotor, tal mudança baseou-se em diversos propósitos. Um deles, indiscutivelmente, foi vedar a substituição da pena privativa de liberdade por restritivas de direitos, pois a pena mínima a ser aplicada será superior a quatro anos, ultrapassando o limite imposto pelo art. 44, inc. I, do Código Penal.[318] Olvidou-se, contudo, de um ponto de fundamental importância. Cuida-se de **crime culposo**, para o qual é cabível a substituição da pena privativa de liberdade por restritiva de direitos, independentemente do montante da sanção aplicada. Portanto, não se pode impedir a substituição unicamente em razão da quantidade da pena imposta no caso concreto. Essa falha foi corrigida pela Lei 14.071/2020, ao acrescentar o art. 312-B no Código de Trânsito Brasileiro, assim redigido: "Art. 312-B. Aos crimes previstos no § 3º do art. 302 e no § 2º do art. 303 deste Código não se aplica o disposto no inciso I do *caput* do art. 44 do Decreto-Lei nº 2.848, de 7 de dezembro de 1940." Atualmente, portanto, é expressamente vedada a substituição da pena privativa por restritivas de direitos nos crimes de homicídio culposo e de lesão corporal culposa (grave ou gravíssima) na direção de veículo automotor na hipótese de condução pelo agente sob a influência de álcool ou de qualquer outra substância psicoativa que cause dependência. Criou-se uma regra especial, legítima e aplicável unicamente a tais delitos, para excepcionar a regra geral prevista no art. 44, I, do Código Penal. Em síntese, os crimes culposos em geral admitem a substituição da pena privativa de liberdade por restritivas de direitos, independentemente da sua quantidade

---

[318] Outro propósito, no campo penal, foi o afastamento do regime aberto e a possibilidade do regime fechado para início de cumprimento da pena privativa de liberdade (CP, art. 33, *caput*, e § 2.º, "c").

no caso concreto. Excepcionam-se apenas os delitos de homicídio culposo e de lesão corporal culposa (grave ou gravíssima) na direção de veículo automotor na hipótese de condução pelo agente sob a influência de álcool ou de qualquer outra substância psicoativa que cause dependência, tipificados nos arts 302, § 3.º e 303, § 2.º, do Código de Trânsito Brasileiro, em face da determinação contida em seu art. 312-B. E aqui cabe uma lembrança. Os preceitos secundários dos arts. 302, § 3.º e 303, § 2.º do Código de Trânsito Brasileiro já contemplam, cumulativamente às penas privativas de liberdade, a "suspensão ou proibição de se obter a permissão ou a habilitação para dirigir veículo automotor", consistente em uma pena restritiva de direitos. Destarte, em face da determinação contida no art. 312-B do Código de Trânsito Brasileiro, ao condenado pelos crimes definidos nos arts. 302, § 3.º e 303, § 2.º serão aplicadas, em conjunto, tanto a pena privativa de liberdade como a pena restritiva de direitos, esta última sem caráter substitutivo, pois encontra-se prevista diretamente nos tipos penais.

○ **Requisitos subjetivos:** Referem-se à pessoa do condenado, seja ele nacional ou estrangeiro, residente ou não no Brasil.

a) Não ser reincidente em crime doloso (art. 44, II, do CP): Conclui-se, indiretamente, não ser a reincidência em crime culposo impeditiva da substituição da pena privativa de liberdade por restritiva de direitos. E, mesmo para o reincidente em crime doloso, abre-se uma exceção. Se o condenado for reincidente, o juiz poderá aplicar a substituição, desde que, em face de condenação anterior, **a medida seja socialmente recomendável** (cuida-se de análise subjetiva, a ser minuciosamente desenvolvida pelo magistrado, levando em conta as condições do caso concreto, tais como as circunstâncias do delito e, principalmente, os dados pessoais do condenado) e **a reincidência não se tenha operado em virtude da prática do mesmo crime** (art. 44, § 3.º, do CP).[319]

b) Princípio da suficiência: De acordo com o art. 44, III, do CP, a pena restritiva de direitos precisa ser adequada e suficiente para atingir as suas finalidades. Em outras palavras, tanto a retribuição do mal praticado pelo crime como a prevenção (geral e especial) de novos crimes, inerentes à pena privativa de liberdade, devem ser alcançadas com a pena restritiva de direitos. Por corolário, não cabe a substituição quando a pena-base tiver sido fixada acima do mínimo legal, em razão do reconhecimento judicial expresso e fundamentado das circunstâncias desfavoráveis, em face do não atendimento do art. 44, III, do CP.

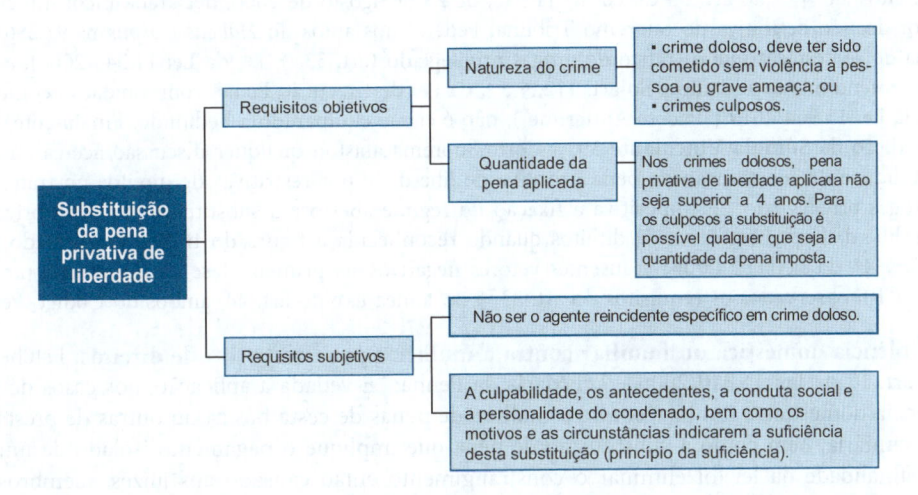

---

[319]   "A reincidência específica tratada no art. 44, § 3º, do Código Penal somente se aplica quando forem idênticos, e não apenas de mesma espécie, os crimes praticados" (STJ: AREsp 1.716.664/SP, rel. Min. Ribeiro Dantas, 3.ª Seção, j. 25.08.2021, noticiado no *Informativo* 706).

○ **Crimes hediondos e equiparados e penas restritivas de direitos:** Em regra, os requisitos previstos no art. 44 do Código Penal impedem a substituição da pena privativa de liberdade por restritiva de direitos no tocante aos crimes hediondos ou equiparados (tráfico de drogas, tortura e terrorismo), pois a pena aplicada é superior a 4 (quatro) anos, ou então os delitos são cometidos com emprego de violência à pessoa ou grave ameaça. Além disso, o tratamento mais severo imposto pelo art. 5.º, XLIII, da Constituição Federal aos responsáveis pela prática de crimes hediondos e equiparados torna inviável a utilização de tais medidas impeditivas da prisão. Há de ser ressaltada, entretanto, a ausência de norma específica na Lei 8.072/1990 – Lei dos Crimes Hediondos – proibitiva de penas restritivas de direitos para delitos de natureza hedionda ou equiparada.[320]

– A problemática relacionada ao tráfico de drogas: A pena cominada ao crime de tráfico de drogas, tanto na forma simples como na modalidade equiparada (Lei 11.343/2006 – Lei de Drogas, art. 33, *caput* e § 1.º), é de reclusão, de 5 (cinco) a 15 (quinze) anos, e 500 a 1.500 dias-multa. Na sistemática da revogada Lei 6.368/1976, o tráfico era apenado com reclusão, de 3 (três) a 15 (quinze) anos, sem prejuízo da multa (art. 12, *caput*). Um dos objetivos do legislador ao elevar o patamar mínimo da pena privativa de liberdade inerente ao tráfico de drogas foi afastar a discussão atinente ao cabimento de penas alternativas em delito de tão elevada gravidade, equiparado aos crimes hediondos pelo art. 5.º, XLIII, da CF. Contudo, nas situações em que o agente for primário e de bons antecedentes, não se dedicar a atividades criminosas nem integrar organizações criminosas, as penas (privativa de liberdade e multa) poderão ser reduzidas de 1/6 (um sexto) a 2/3 (dois terços), nos termos do art. 33, § 4.º, da Lei 11.343/2006. Nesses casos, é possível a aplicação da pena abaixo do teto de 4 (quatro) anos ao sujeito condenado pelo crime de tráfico de drogas. Mas a Lei 11.343/2006, visando afastar qualquer controvérsia, impediu expressamente a substituição da pena privativa de liberdade por restritivas de direitos no tráfico de drogas. É o que se extrai do próprio art. 33, § 4.º, e também do art. 44, *caput*. O STF, entretanto, decidiu pela inconstitucionalidade das regras impeditivas da substituição da pena privativa de liberdade, por ofensa ao **princípio da individualização da pena**. Destarte, admite-se a aplicação de penas restritivas de direitos, desde que presentes os requisitos elencados pelo art. 44 do CP. Para reforçar este entendimento, o **Senado Federal** editou a **Resolução nº 5, de 2012**, cujo art. 1.º contém a seguinte redação: "É suspensa a execução da expressão 'vedada a conversão em penas restritivas de direitos' do § 4º do art. 33 da Lei nº 11.343, de 23 de agosto de 2006, declarada inconstitucional por decisão definitiva do Supremo Tribunal Federal nos autos do *Habeas Corpus* nº 97.256/RS." Há de se destacar que o tráfico de drogas privilegiado (art. 33, § 4.º, da Lei 11.343/2006), a teor do entendimento adotado pelo art. 112, § 5.º, da Lei de Execução Penal, com a redação conferida pela Lei 13.964/2019 ("Pacote Anticrime"), não é crime equiparado a hediondo. Finalmente, com a edição da **Súmula Vinculante 59**, a Corte Suprema afastou qualquer discussão acerca da possibilidade de substituição da pena privativa de liberdade por restritivas de direitos no tráfico de drogas privilegiado: "É impositiva a fixação do regime aberto e a substituição da pena privativa de liberdade por restritiva de direitos quando reconhecida a figura do tráfico privilegiado (art. 33, § 4º, da Lei 11.343/06) e ausentes vetores negativos na primeira fase da dosimetria (art. 59 do CP), observados os requisitos do art. 33, § 2º, alínea c, e do art. 44, ambos do Código Penal."

○ **Violência doméstica ou familiar contra a mulher e pena restritiva de direitos:** Estabelece o art. 17 da Lei 11.340/2006 – Lei Maria da Penha: "É vedada a aplicação, nos casos de violência doméstica e familiar contra a mulher, de penas de cesta básica ou outras de prestação pecuniária, bem como a substituição de pena que implique o pagamento isolado de multa." A finalidade da lei foi eliminar o constrangimento então causado aos juízes, membros do MP, advogados, e, principalmente, à mulher, vítima dos crimes de ameaça ou lesão corporal

---

[320] STF: HC 94.477/PR, rel. Min. Gilmar Mendes, 2.ª Turma, j. 06.09.2011, noticiado no *Informativo* 639.

de natureza leve, que, depois de intimidada ou covardemente agredida por seu cônjuge ou companheiro, era exposta à humilhação pública de ver, em audiência, sua liberdade individual ou sua integridade física ser trocada por uma ou algumas poucas cestas básicas, gerando o sentimento de revolta, de impunidade e de injustiça.

– **Súmula 588 do Superior Tribunal de Justiça:** "A prática de crime ou contravenção penal contra a mulher com violência ou grave ameaça no ambiente doméstico impossibilita a substituição da pena privativa de liberdade por restritiva de direitos."

– **Súmula 600 do Superior Tribunal de Justiça:** "Para a configuração da violência doméstica e familiar prevista no art. 5º, da Lei 11.340/2006 (Lei Maria da Penha) não se exige a coabitação entre autor e vítima."

○ **Penas restritivas de direitos e crimes militares:** O STF não admite a substituição de pena privativa de liberdade por restritiva de direitos em delitos militares, sob o argumento de ser impossível a aplicação da analogia na espécie.

○ **Momento da substituição:** O juiz substitui a pena privativa de liberdade por restritiva de direitos na **sentença condenatória**. Depois de aplicar a pena adequada, com obediência ao critério trifásico, o magistrado estabelece o regime inicial de cumprimento da pena privativa de liberdade, e, finalmente, decide sobre o cabimento de pena restritiva de direitos (art. 59, IV, do CP). Mas, se na sentença condenatória o magistrado não tiver aplicado pena restritiva de direitos, o art. 180 da LEP permite a substituição da pena privativa de liberdade não superior a 2 (dois) anos durante a **execução penal**, desde que: I – o condenado a esteja cumprindo em regime aberto; II – tenha sido cumprido pelo menos 1/4 (um quarto) da pena; e III – os antecedentes e a personalidade do condenado indiquem ser a conversão recomendável.

○ **Regras da substituição:** Nos termos do art. 44, § 2.º, 1.ª parte, do CP, na condenação igual ou inferior a 1 (um) ano, a substituição pode ser feita **por multa ou por uma pena restritiva de direitos**. É irrelevante seja o crime doloso ou culposo, punido com reclusão ou detenção. Por sua vez, o art. 60, § 2.º, do CP dispõe: "A pena privativa de liberdade aplicada, não superior a 6 (seis) meses, **pode ser substituída pela de multa**, observados os critérios dos incisos II e III do art. 44 deste Código." Com a análise conjunta dos dois surge a seguinte indagação: Para as condenações superiores a 6 (seis) meses, mas iguais ou inferiores a 1 (um) ano, é possível a substituição da pena privativa de liberdade por multa? Há duas posições sobre o assunto: (1) É possível a substituição, pois o art. 44, § 2.º, 1.ª parte, mais recente e também mais favorável ao réu, revogou o art. 60, § 2.º. É o entendimento majoritário; e (2) Não é possível a substituição. Os dispositivos devem ser interpretados em conjunto. Destarte, nas condenações iguais ou inferiores a 6 (seis) meses a pena privativa de liberdade pode ser substituída por multa ou por uma restritiva de direitos, enquanto nas superiores a 6 (seis) meses e iguais ou inferiores a 1 (um) ano a pena privativa de liberdade pode ser substituída exclusivamente por uma restritiva de direitos. Entretanto, se a condenação for **superior a 1 (um) ano**, a pena privativa de liberdade pode ser substituída por uma pena restritiva de direitos e multa ou por duas restritivas de direitos (art. 44, § 2.º, *in fine*, do CP). E quando forem aplicadas duas penas restritivas de direitos, o condenado cumprirá simultaneamente as que forem compatíveis entre si, e sucessivamente as demais (art. 69, § 2.º, do CP). Essa última disposição **não se aplica aos crimes ambientais**, pois o art. 7.º da Lei 9.605/1998 contempla regra específica. Consequentemente, é possível a substituição da pena privativa de liberdade superior a 1 (um) ano, desde que igual ou inferior a 4 (quatro) anos, por uma única restritiva de direitos.

○ **Reconversão obrigatória da pena restritiva de direitos em privativa de liberdade (art. 44, § 4.º):** O dispositivo legal fala em conversão, mas deve ser lido como **reconversão**. A pena privativa de liberdade foi convertida em restritiva de direitos, mas, por força do descumprimento injustificado da restrição imposta, **reconverte-se** ao estado original. É simples o fundamento legal: a pena restritiva de direitos consiste em um benefício concedido ao réu. Evita-se a privação da liberdade em troca da restrição de direitos, injustificadamente descumprida pelo condenado. Se não há efetiva restrição de direitos, necessário restabelecer-se a pena privativa de liberdade. Cuida-se de **incidente na execução penal**, na forma definida pelo art. 181 da LEP, e exige obediência aos princípios do contraditório e da ampla defesa, sob pena de nulidade. A segunda parte do art. 44, § 4.º, preceitua que no cálculo da pena privativa de liberdade a executar será deduzido o tempo cumprido da pena restritiva de direitos, respeitado o saldo mínimo de 30 (trinta) dias de detenção ou reclusão. Exemplo: a pena privativa de liberdade foi substituída por prestação de serviços à comunidade por 1 (um) ano. Depois de 10 meses em situação regular, o condenado parou de prestar o serviço determinado em juízo, ensejando a reconversão para pena privativa de liberdade. Nesse caso, faltará ao condenado o cumprimento de 2 (dois) meses de pena privativa de liberdade. Como deve ser respeitado o **saldo mínimo de 30 (trinta) dias de detenção ou reclusão**, se no referido exemplo o condenado tiver prestado serviços à comunidade por 11 meses e 20 dias, e, faltando 10 dias para o seu integral cumprimento, abandonar a pena restritiva de direitos, será reconvertida para privativa de liberdade, pelo prazo mínimo de 30 dias. Em caso de **prisão simples** decorrente da condenação pela prática de contravenção penal, convertida para pena restritiva de direitos, não há exigência de período mínimo na hipótese de reconversão para privativa de liberdade. Em relação às penas restritivas de direitos de **prestação pecuniária e perda de bens e valores**, em que não existe período de tempo de cumprimento a ser abatido, afigura-se adequado descontar-se da pena privativa de liberdade o percentual do pagamento já efetuado pelo condenado. Exemplificativamente, se a pena privativa de liberdade de 1 (um) ano foi substituída por prestação pecuniária no valor de R$ 1.000,00 (mil reais), e o condenado pagou somente R$ 500,00 (quinhentos reais), determinando-se a reconversão restará o cumprimento de 6 (seis) meses da pena privativa de liberdade.

○ **Reconversão facultativa da pena restritiva de direitos em privativa de liberdade:** De acordo com o art. 44, § 5.º, do CP, se sobrevier condenação a pena privativa de liberdade, por outro crime, o juiz da execução penal decidirá sobre a conversão, podendo deixar de aplicá-la se for possível ao condenado cumprir a pena substitutiva anterior. A condenação superveniente a pena privativa de liberdade pela prática de outro crime não impõe a reconversão da pena restritiva de direitos. Exige-se mais: além de não ter sido concedido *sursis*, é necessária a impossibilidade de cumprimento conjunto das penas privativa de liberdade e restritiva de direitos. É o que acontece, hipoteticamente, em pena privativa de liberdade em regime fechado e prestação de serviços à comunidade. Se, por outro lado, for possível o cumprimento conjunto de ambas as penas, o juiz pode manter a pena restritiva de direitos. A redação do dispositivo em comento evidencia a impossibilidade de reconversão, obrigatória ou facultativa, da pena restritiva de direitos em privativa de liberdade com a condenação à pena de multa ou em decorrência de contravenção penal, em face da proibição da analogia *in malam partem* no Direito Penal. Finalmente, não há espaço para a reconversão, por falta de previsão legal, na hipótese de condenação superveniente em que a pena privativa de liberdade foi substituída por uma ou mais pena restritiva de direitos. Se o magistrado prolator da sentença concluiu pela necessidade e suficiência da pena alternativa, evitando o cárcere, não há razão para o juízo da execução determinar a reconversão da pena restritiva anterior.[321]

---

[321] STJ: Tema 1.106 do Recurso Repetitivo, REsp 1.918.287/MG, rel. Min. Sebastião Reis Júnior, rel. para o acórdão Min. Laurita Vaz, 3.ª Seção, j. 27.04.2022, noticiado no *Informativo* 736.

○ **Impossibilidade de reconversão da pena restritiva de direitos em privativa de liberdade a pedido do réu:** Se o juiz ou Tribunal, na sentença ou no acórdão, substituiu a pena privativa de liberdade por uma ou duas penas restritivas de direitos, não se admite a reconversão a pedido do acusado, independentemente do regime prisional, na hipótese de ele reputar menos gravoso o cumprimento da pena de reclusão ou de detenção. Com efeito, a aplicação da pena representa uma manifestação da soberania do Estado, e sua escolha não pode se sujeitar aos interesses do condenado.

○ **Início da execução das penas restritivas de direitos:** A matéria encontra-se disciplinada no art. 147 da LEP. Dá-se após o trânsito em julgado da sentença que aplicou a pena restritiva de direitos, momento em que o juiz da execução, de ofício ou a requerimento do MP, promoverá a execução, podendo, para tanto, requisitar, quando necessário, a colaboração de entidades públicas ou solicitá-la a particulares.

○ **Penas restritivas de direitos e execução provisória:** No passado, o Supremo Tribunal Federal já admitiu a execução provisória de penas restritivas de direitos, nas hipóteses excepcionais em que seja comprovado o intuito meramente protelatório do réu ou do seu defensor no exercício do direito recursal, buscando o retardamento do trânsito em julgado da condenação.[322] Com a jurisprudência atualmente adotada pela maioria dos Ministros da Suprema Corte, contudo, tal entendimento não pode mais prevalecer. De fato, se não é admitida sequer a execução provisória da pena privativa de liberdade, quando o réu se encontra solto, também não será aceita a execução provisória na seara das penas restritivas de direitos. Nesse ponto, cumpre destacar que, se foi efetuada a substituição da pena privativa de liberdade por uma ou mais penas restritivas de direitos, o acusado certamente não terá em seu desfavor a decretação da prisão preventiva. Por razões de lógica e coerência, e levando em conta que somos favoráveis à execução provisória da pena privativa de liberdade (vide comentários ao art. 33), igualmente defendemos o cabimento da execução provisória das penas restritivas de direitos, em situações excepcionais, caracterizadas sobretudo pelo propósito de tumultuar o regular trâmite da ação penal para impedir o trânsito em julgado da condenação e, consequentemente, o cumprimento da pena substitutiva. Por dever de lealdade, é imperioso reiterar que o art. 147 da Lei 7.210/1984 – Lei de Execução Penal, anterior à Constituição Federal, reclama o trânsito em julgado da condenação para a execução das penas restritivas de direitos: "Transitada em julgado a sentença que aplicou a pena restritiva de direitos, o Juiz da execução, de ofício ou a requerimento do Ministério Público, promoverá a execução, podendo, para tanto, requisitar, quando necessário, a colaboração de entidades públicas ou solicitá-la a particulares."

○ **Súmula 643 do STJ:** "A execução da pena restritiva de direitos depende do trânsito em julgado da condenação".

○ **Jurisprudência selecionada:**

     Concurso de crimes – pena superior a quatro anos – impossibilidade de aplicação de pena restritiva de direitos: "Tratando-se de concurso de crimes, a substituição da pena privativa de liberdade por restritiva de direitos somente será possível quando o total das reprimendas não ultrapasse o limite de quatro anos previsto no art. 44, I, do CP (Precedentes)" (STJ: HC 90.631/SP, rel. Min. Felix Fischer, 5.ª Turma, j. 21.02.2008). *No mesmo sentido*: STJ: HC 289.110/RJ, rel. Min. Jorge Mussi, 5.ª Turma, j. 18.06.2014.

---

[322]   STF: HC 88.500/RS, rel. Min. Joaquim Barbosa, 2.ª Turma, j. 20.10.2009, noticiado no *Informativo* 564.

Crime cometido com violência à pessoa ou grave ameaça – pena restritiva de direitos – impossibilidade: "A participação de menor importância, enquanto causa de diminuição de pena, em nada repercute na classificação jurídica do crime que, se praticado com violação ou grave ameaça, não comporta a substituição por pena restritiva de direitos" (STJ: HC 66.402/GO, rel. Min. Hamilton Carvalhido, 6.ª Turma, j. 06.12.2007).

Crimes militares – penas restritivas de direitos – não cabimento: "Não cabe substituir por pena restritiva de direitos, com fundamento no art. 44 do CP, a pena privativa de liberdade aplicada aos crimes militares. Isso porque o art. 59 do CPM disciplinou de modo diverso as hipóteses de substituição cabíveis sob sua égide" (STJ: HC 286.802/RJ, rel. Min. Felix Fischer, 5.ª Turma, j. 23.10.2014, noticiado no *Informativo* 551). *No mesmo sentido*: STF: HC 94.083/DF, rel. Min. Joaquim Barbosa, 2.ª Turma, j. 09.02.2010; e STF: ARE 779.938/MG AgR, rel. Min. Luiz Fux, 1.ª Turma, j. 05.08.2014.

Descumprimento da pena restritiva de direitos – mudança de endereço – reconversão para pena privativa de liberdade – não cabimento: "Se o paciente vinha comparecendo regularmente para o cumprimento da prestação de serviços à comunidade, a falta de informação ao juízo competente quanto à mudança de seu endereço não acarreta a sanção prevista no art. 181, § 1º, *a*, da LEP, qual seja, a conversão da pena restritiva de direito em privativa de liberdade. A interpretação teleológica ao dispositivo supramencionado revela que a intenção do legislador foi a de punir aqueles que buscam furtar-se ao cumprimento da pena alternativa" (STF: HC 95.370/RS, rel. Min. Ricardo Lewandowski, 1.ª Turma, j. 31.03.2009).

Fundamento das penas restritivas de direitos: "As penas restritivas de direitos são, em essência, uma alternativa aos efeitos certamente traumáticos, estigmatizantes e onerosos do cárcere. Não é à toa que todas elas são comumente chamadas de penas alternativas, pois essa é mesmo a sua natureza: constituir-se num substitutivo ao encarceramento e suas sequelas. E o fato é que a pena privativa de liberdade corporal não é a única a cumprir a função retributivo-ressocializadora ou restritivo-preventiva da sanção penal. As demais penas também são vocacionadas para esse geminado papel da retribuição-prevenção-ressocialização, e ninguém melhor do que o juiz natural da causa para saber, no caso concreto, qual o tipo alternativo de reprimenda é suficiente para castigar e, ao mesmo tempo, recuperar socialmente o apenado, prevenindo comportamentos do gênero" (STF: HC 110.078/SC, rel. Min. Ayres Britto, 2.ª Turma, j. 29.11.2011).

Pena restritiva de direitos – denegação sem fundamentação adequação – princípio da individualização da pena – nulidade da sentença: "A falta de fundamentação no tocante à denegação do benefício previsto no art. 44 do Código Penal ofende o princípio da individualização da pena. Precedente" (STF: HC 94.990/MG, rel. Min. Ricardo Lewandowski, 1ª Turma, j. 02.12.20008). *No mesmo sentido:* STJ: HC 84.725/PA, rel. Min. Laurita Vaz, 5.ª Turma, j. 17.04.2008.

Pena-base fixada acima do mínimo legal – circunstâncias judiciais desfavoráveis – ausência de requisito subjetivo – impossibilidade de aplicação de pena restritiva de direitos: "No que diz respeito ao pedido de substituição da pena privativa de liberdade por restritiva de direitos, é cediço que para a concessão do referido benefício é necessário que a culpabilidade, os antecedentes, a conduta social e a personalidade do condenado, bem como os motivos e as circunstâncias, indiquem que a substituição é suficiente. Essas circunstâncias pessoais, que também devem ser observadas na fixação da pena-base, é que vão dar a medida da conveniência da substituição" (STJ: AgRg no HC 202.056/MG, rel. Min. Gurgel de Faria, 5.ª Turma, j. 16.09.2014).

Penas restritivas de direitos – adequação ao caso concreto – decisão do Poder Judiciário – impossibilidade de escolha do condenado: "Nos termos da jurisprudência consolidada por esta Corte Superior, não existe direito subjetivo do réu em optar, na substituição da pena privativa de liberdade por restritiva de direitos, por qual medida prefere cumprir, cabendo ao Judiciário fixar a medida mais adequada ao caso concreto. Devidamente fundamentada na necessidade de repressão efetiva ao comportamento ilícito, a substituição pelo Tribunal de origem da restrição de fim de semana por serviços à comunidade não caracteriza constrangimento ilegal" (STJ: AgRg no HC 582.302/SC, rel. Min. Joel Ilan Paciornik, 5.ª Turma, j. 03.11.2020).

Reconversão da pena restritiva de direitos para privativa de liberdade – condenação por pena privativa de liberdade no curso da execução da pena alternativa, substituída por pena alternativa – impossibilidade – Tema 1106 do Recurso Repetitivo: "Sobrevindo condenação por pena privativa de liberdade no curso da execução de pena restritiva de direitos, as penas serão objeto de unificação, com a reconversão da pena alternativa em privativa de liberdade, ressalvada a possibilidade de cumprimento simultâneo aos apenados em regime aberto e vedada a unificação automática nos casos em que a condenação substituída por pena alternativa é superveniente. O art. 44, § 5º, do Código Penal trata de hipótese de conversão facultativa da pena alternativa, ao dispor que 'sobrevindo condenação a pena privativa de liberdade, por outro, o juiz da execução penal decidirá sobre a conversão, podendo deixar de aplicá-la se for possível ao condenado cumprir a pena substitutiva anterior'. Já a Lei de Execuções Penais prevê no art. 181 a hipótese de conversão das penas de prestação de serviços à comunidade e limitação de fim de semana em pena corporal, quando o condenado sofrer condenação 'por outro crime à pena privativa de liberdade, cuja execução não tenha sido suspensa'. Ou seja, a legislação prevê que a conversão será possível quando o apenado em cumprimento de pena restritiva de direitos vem a ser condenado à pena privativa de liberdade. Dessa forma, os arts. 44, § 5º, do Código Penal e 181, § 1º, e, da Lei n. 7.210/1984, não amparam a conversão na situação inversa, qual seja, aquela em que o apenado já se encontra em cumprimento de pena privativa de liberdade e sobrevém nova condenação em que a pena corporal foi substituída por pena alternativa. Em tais casos, a conversão não conta com o indispensável amparo legal e ainda ofende a coisa julgada, tendo em vista que o benefício foi concedido em sentença definitiva e, portanto, somente comporta a conversão nas situações expressamente previstas em lei, em especial no art. 44, §§ 4º e 5º, do Código Penal. A pena restritiva de direitos serve como uma alternativa ao cárcere. Logo, se o julgador reputou adequada a concessão do benefício, a situação do condenado não pode ser agravada por meio de interpretação que amplia o alcance do § 5º do art. 44 do Código Penal em seu prejuízo, notadamente à vista da possibilidade de cumprimento sucessivo das penas" (STJ: REsp 1.918.287/MG, rel. Min. Sebastião Reis Júnior, rel. para o acórdão Min. Laurita Vaz, 3.ª Seção, j. 27.04.2022, noticiado no *Informativo* 736).

Reconversão da pena restritiva de direitos para privativa de liberdade – descumprimento da restrição imposta – necessidade de prévia oitiva do condenado: "É imprescindível a prévia intimação pessoal do reeducando que descumpre pena restritiva de direitos para que se proceda à conversão da pena alternativa em privativa de liberdade. Isso porque se deve dar oportunidade para que o reeducando esclareça as razões do descumprimento, em homenagem aos princípios do contraditório e da ampla defesa" (STJ: HC 251.312/SP, rel. Min. Moura Ribeiro, 5.ª Turma, j. 18.02.2014, noticiado no *Informativo* 536).

Reconversão da pena restritiva de direitos para privativa de liberdade – impossibilidade na hipótese de cumprimento simultâneo das penas alternativas: "Consoante a orientação sedimentada nesta Corte Superior, uma vez iniciada a execução, as hipóteses de conversão das penas restritivas de direito em privativas de liberdade se restringem ao eventual descumprimento injustificado das obrigações impostas (art. 44, § 4.º, do CP c/c o art. 181 da LEP) e à superveniente condenação à pena privativa de liberdade por outro crime que se revele incompatível com a primeira reprimenda aplicada (art. 44, § 5.º, do CP). Não há que se cogitar de reconversão em pena reclusiva quando se revelar possível a execução simultânea ou sucessiva das medidas alternativas impostas ao réu. Na hipótese, tratando-se de duas condenações subsequentes a penas privativas de liberdade a serem cumpridas em regime aberto, ambas substituídas por penas restritivas de direito (prestação de serviços à comunidade), faz-se plenamente possível a execução sucessiva das penas alternativas aplicadas" (STJ: HC 193.041/DF, rel. Min. Alderita Ramos de Oliveira (Desembargadora convocada do TJ/PE), 6.ª Turma, j. 15.08.2013).

Reconversão da pena restritiva de direitos para privativa de liberdade – pedido do sentenciado – impossibilidade: "Não é possível, em razão de pedido feito por condenado que sequer iniciou o cumprimento da pena, a reconversão de pena de prestação de serviços à comunidade e de prestação pecuniária (restritivas de direitos) em pena privativa de liberdade a ser cumprida em regime aberto. O art. 33, § 2º, *c*, do CP apenas estabelece que 'o condenado não reincidente, cuja pena seja igual ou inferior a 4 (quatro) anos, poderá, desde o início, cumpri-la em regime aberto'. O referido dispositivo legal não traça qualquer direito subjetivo do condenado quanto à escolha entre a sanção alternativa e a pena privativa de liberdade. Ademais, a escolha da pena e do regime prisional, bem como do preenchimento dos requisitos do art. 44 do CP, insere-se no campo da discricionariedade vinculada do magistrado. Além disso, a reconversão da pena restritiva de direitos imposta na sentença condenatória em pena privativa de liberdade depende do advento dos requisitos legais (descumprimento das condições impostas pelo juiz da condenação). Por isso, não cabe ao condenado que sequer iniciou o cumprimento da pena escolher ou decidir a forma como pretende cumprir a condenação que lhe foi imposta. Ou seja, não é possível pleitear a forma que lhe parecer mais cômoda ou conveniente. Nesse sentido, oportuna a transcrição do seguinte entendimento doutrinário: 'Reconversão fundada em lei e não em desejo do condenado: a reconversão da pena restritiva de direitos, imposta na sentença condenatória, em pena privativa de liberdade, para qualquer regime, a depender do caso concreto, depende do advento dos requisitos legais, não bastando o mero intuito do sentenciado em cumprir pena, na prática, mais fácil. Em tese, o regime carcerário, mesmo o aberto, é mais prejudicial ao réu do que a pena restritiva de direitos; sabe-se, no entanto, ser o regime aberto, quando cumprido em prisão albergue domiciliar, muito mais simples do que a prestação de serviços à comunidade, até pelo fato de inexistir fiscalização. Por isso, alguns condenados manifestam preferência pelo regime aberto em lugar da restritiva de direitos. A única possibilidade para tal ocorrer será pela reconvenção formal, vale dizer, ordena-se o cumprimento da restritiva e ele não segue a determinação. Outra forma é inadmissível'" (STJ: REsp 1.524.484/PE, rel. Min. Reynaldo Soares da Fonseca, 5.ª Turma, j. 17.05.2016, noticiado no *Informativo* 584).

Reconversão da pena restritiva de direitos para privativa de liberdade – regime fechado e prestação de serviços à comunidade – incompatibilidade: "A jurisprudência desta Corte Superior tem se posicionado no sentido de que o Juiz da execução pode converter a pena restritiva de direitos em privativa de liberdade quando, sobrevindo nova condenação, o regime prisional anteriormente fixado for incompatível com o cumprimento de pena restritiva de direitos. Assim, verifica-se no caso dos autos que, estando o paciente cumprindo pena privativa de liberdade em regime fechado, é totalmente incompatível a manutenção da pena restritiva de direitos consistente na prestação de serviços à comunidade que sobreveio com a nova condenação" (STJ: HC 262.832/RS, rel. Min. Marilza Maynard (Desembargadora convocada do TJ/SE), 6.ª Turma, j. 17.12.2013).

Reconversão da pena restritiva de direitos para privativa de liberdade – respeito ao contraditório e à ampla defesa: "Esta Corte já se manifestou no sentido de que a decisão acerca da conversão da pena restritiva de direitos em privativa de liberdade deve ser calcada em procedimento no qual se obedeça os princípios do contraditório e da ampla defesa. Assim, convertida a pena restritiva de direitos em privativa de liberdade sem a presença do Defensor em audiência de justificação e sendo, por conseguinte, expedido mandado de prisão, restou configurado constrangimento ilegal" (STJ: HC 149.575/RS, rel. Min. Felix Fischer, 5.ª Turma, j. 02.03.2010). *No mesmo sentido*: STJ: AgRg no HC 278.783/MG, rel. Min. Laurita Vaz, 5.ª Turma, j. 26.08.2014.

Reincidência específica – conceito – nova prática do mesmo crime – vedação à analogia *in malan partem* – medida socialmente recomendável – condenação anterior – necessidade de aferição: "A reincidência específica tratada no art. 44, § 3º, do Código Penal somente se aplica quando forem idênticos, e não apenas de mesma espécie, os crimes praticados. A interpretação que as duas Turmas criminais do STJ dão ao art. 44, § 3º, do CP, conclui que a reincidência em crimes da mesma espécie, ainda que não seja no mesmo crime, obsta por completo a substituição da pena privativa de liberdade por restritiva de direitos. Fica prejudicado, assim, o debate quanto à suficiência da pena substitutiva, porque a reincidência específica torna desnecessário aferir se a substituição é ou não socialmente recomendável. Feita essa consideração, a questão que se apresenta pode ser sintetizada nos seguintes termos: para os fins da reincidência específica basta que o réu já tenha sido condenado por crime da mesma espécie, ou somente a condenação pelo mesmo crime impede a substituição da pena? A razão está com a última corrente. O art. 44, § 3º, do CP, excepciona o requisito da primariedade para a substituição da pena privativa de liberdade com a seguinte redação: 'Art. 44. As penas restritivas de direitos são autônomas e substituem as privativas de liberdade, quando: [...] II – o réu não for reincidente em crime doloso; [...] § 3º. Se o condenado for reincidente, o juiz poderá aplicar a substituição, desde que, em face de condenação anterior, a medida seja socialmente recomendável e a reincidência não se tenha operado em virtude da prática do mesmo crime'. De imediato, o princípio da vedação à analogia *in malam partem* nos recomenda que não seja ampliado o conceito de 'mesmo crime'. Toda atividade interpretativa parte da linguagem adotada no texto normativo, a qual, apesar da ocasional fluidez ou vagueza de seus termos, tem limites semânticos intransponíveis. Existe, afinal, uma distinção de significado entre 'mesmo crime' e 'crimes de mesma espécie'; se o legislador, no particular dispositivo legal em comento, optou pela primeira expressão, sua escolha democrática deve ser respeitada. É verdade que, em sede doutrinária, não é unânime o conceito de reincidência específica, havendo quem a entenda configurada 'se o crime anterior e o posterior forem os mesmos' ou, contrariamente, 'quando os dois crimes praticados pelo condenado são da mesma espécie'. Esta última definição está em sintonia com o art. 83, V, do CP, que proíbe o livramento condicional para o reincidente específico em crime hediondo – ou seja, quando a reincidência se operar entre delitos daquela espécie. Também no art. 112, VII, da LEP, com as recentes modificações da Lei n. 13.964/2019, o conceito de reincidência específica está atrelado à natureza (hedionda, no caso desse dispositivo) dos delitos, e não à identidade entre os tipos penais em que previstos. Por isso, se o art. 44, § 3º, do CP vedasse a substituição da pena reclusiva nos casos de reincidência específica, seria mesmo defensável a ideia de que o novo cometimento de crime da mesma espécie obstaria o benefício legal, em uma interpretação sistemática do CP e da LEP. Não foi isso, porém, que fez o legislador: com o uso da expressão 'mesmo crime' – ao invés de 'reincidência específica' –, criou-se no texto legal uma delimitação linguística que não pode ser ignorada. Pode-se argumentar, é claro, que a utilização de conceitos distintos de reincidência específica (um para a substituição da pena privativa de liberdade, outro para o livramento condicional e a progressão de regime) prejudicaria a coerência interna da legislação penal. Essa realidade, aliás, é de conhecimento de todos que com ela operamos diariamente: os dois principais diplomas legislativos que esta Terceira Seção é chamada a interpretar – o CP e o CPP –, ambos octogenários, encontram-se defasados, repletos de cortes e alterados de forma pouco sistemática ao longo das décadas. É possível ver, também, outro fator relevante em favor da interpretação que hoje prevalece, neste STJ, sobre o art. 44, § 3º, do CP. Pela redação do dispositivo, há situações em que a progressão criminosa, com a prática de um delito mais grave, premia o agente com a substituição, enquanto o cometimento de dois crimes mais leves a proíbe. Por exemplo: o réu reincidente pela prática de dois crimes de furto simples (art. 155, *caput*, do CP) não terá direito à substituição da pena, porquanto aplicável a vedação absoluta contida no art. 44, § 3º, do CP. De outro lado, se o segundo crime for de furto qualificado (art. 155, § 4º, do CP), o réu pode fazer *jus* à substituição, se a pena não ultrapassar 4 anos de reclusão. Em outras palavras, o cometimento de um segundo crime mais grave poderia, em tese, ser mais favorável ao acusado, em possível violação ao princípio constitucional da isonomia. Essa contradição é impedida pelo atual entendimento das Turmas que compõem a Terceira Seção deste Tribunal, que considera o bem jurídico tutelado pelos delitos para definir se incide, ou não, a proibição contida no art. 44, § 3º, do CP. Assim, se forem idênticos os bens ofendidos, não haverá substituição, mesmo que diversos os tipos penais pelos quais o réu foi condenado. Contudo, corrigir a discutível técnica legislativa em desfavor do réu é algo incabível no processo penal, que rejeita a analogia *in malam partem* em seu arsenal jusdogmático. Por essas razões, entende-se pela superação da tese de que a reincidência em crimes da mesma espécie impede, em absoluto, a substituição da pena privativa de liberdade por restritivas de direitos, porque somente a reincidência no mesmo crime (aquele constante no mesmo tipo penal) é capaz de fazê-lo, nos termos do art. 44, § 3º, do CP. Nos demais casos de reincidência, cabe ao Judiciário avaliar se a substituição é ou não recomendável, em face da condenação anterior" (STJ: AREsp 1.716.664/SP, rel. Min. Ribeiro Dantas, 3.ª Seção, j. 25.08.2021, noticiado no *Informativo* 706).

Roubo simples – emprego de simulacro de arma de fogo – grave ameaça configurada – substituição da pena privativa por restritiva de direitos – impossibilidade – art. 44, I, do Código Penal – Tema 1.171 do Recurso Repetitivo: "A utilização de simulacro de arma configura a elementar grave ameaça do tipo penal do roubo, subsumindo à hipótese legal que veda a substituição da pena. A controvérsia consiste em definir se configurado o delito de roubo, cometido mediante emprego de simulacro de arma, é possível substituir a pena privativa de liberdade por restritiva de direito, nos termos do art. 44, I, do Código Penal. O crime de roubo tutela dois bens jurídicos distintos, o patrimônio e a integridade física, abrangendo, em determinados casos, a liberdade individual da vítima, contudo, no Código Penal, o legislador classificou o tipo penal como delito contra o patrimônio. Na doutrina, a conduta típica é classificada como roubo próprio, quando o agente toma para si patrimônio alheio, valendo-se de violência, grave ameaça ou qualquer outro meio capaz que impeça a vítima de resistir ou defender-se; e roubo impróprio, quando o agente usa da violência ou grave ameaça para garantir a impunidade do crime ou a posse da res furtiva, não para tê-la para si. Segundo a doutrina, 'grave ameaça consiste na intimidação, isto é, coação psicológica, na promessa, direta ou indireta, implícita ou explícita, de castigo ou de malefício. A sua análise foge da esfera física para atuar no plano da atividade mental. Por isso mesmo sua conceituação é complexa, porque atuam fatores diversos como a fragilidade da vítima, o momento (dia ou noite), o local (ermo, escuro etc.) e a própria aparência do agente'. A jurisprudência do Superior Tribunal de Justiça não se mostra diferente, existindo diversos julgados no mesmo sentido, afirmando que a utilização do simulacro configura grave ameaça e que 'exercida mediante simulação de porte de arma é circunstância que está englobada pela elementar do tipo e não extrapola a reprovabilidade já ínsita ao delito de roubo' (AgRg no HC n. 687.887/SP, rel. Min. Antonio Saldanha Palheiro, Sexta Turma, julgado em 07.12.2021, *DJe* 13.12.2021). Portanto, a utilização do simulacro de arma de fogo para prática do crime de roubo, configura, sim, grave ameaça nos termos do art. 157 do Código Penal, subsumindo-se ao disposto no art. 44, I, do Código Penal, impedindo a substituição da pena privativa de liberdade por restritivas de direitos" (STJ: REsp 1.994.182/RJ, rel. Min. Sebastião Reis Júnior, 3.ª Seção, j. 13.12.2023, noticiado no *Informativo* 799).

Tráfico de drogas privilegiado – art. 33, § 4.º, da Lei 11.343/2006 – substituição da pena privativa de liberdade por restritivas de direitos – possibilidade – Súmula Vinculante 59: "É impositiva a fixação do regime aberto e a substituição da pena privativa de liberdade por restritiva de direitos quando reconhecida a figura do tráfico privilegiado (art. 33, § 4º, da Lei 11.343/2006) e ausentes vetores negativos na primeira fase da dosimetria (art. 59 do CP), observados os requisitos do art. 33, § 2º, 'c', e do art. 44, ambos do Código Penal. No caso de condenação pelo crime de tráfico privilegiado (Lei 11.343/2006, art. 33, § 4º), o magistrado deve fixar o regime aberto para o cumprimento inicial da pena quando inexistirem circunstâncias judiciais desfavoráveis na primeira fase da dosimetria (CP/1940, art. 59), o réu não for reincidente (CP/1940, art. 33, § 2º, 'c') e a pena imposta não superar quatro anos. De igual modo, é obrigatória a substituição da pena privativa de liberdade por restritiva de direitos quando observados os requisitos legais (CP/1940, art. 44). O referido delito não se harmoniza com a hediondez do tráfico de entorpecentes (Lei 11.343/2006, art. 33, *caput* e § 1º), o que reforça ainda mais o constrangimento ilegal da estipulação de regime inicial de cumprimento de pena mais gravoso, em especial o fechado, se ausentes vetores negativos na primeira fase da dosimetria da pena. Ademais, a reincidência do réu desobriga a fixação do regime aberto. Por outro lado, para a conversão da pena privativa de liberdade em restritiva de direitos, o impedimento para a concessão do benefício é mais restrito, ou seja, apenas se verificada a reincidência específica. É de extrema importância a edição do verbete vinculante com a finalidade de otimizar os efeitos da jurisprudência do STF, pois vinculará os demais órgãos do Poder Judiciário e promoverá a segurança jurídica, evitando a multiplicação de processos sobre o mesmo tema. Nesse contexto, as reiteradas decisões desta Corte trazem em sua essência a envergadura constitucional necessária à edição do verbete, relacionada à fundamentação das decisões (CF/1988, art. 93, IX) e aos postulados da individualização da pena (CF/1988, art. 5º, XLVI), da legalidade (CF/1988, art. 5º, XXXIX), da humanização da pena (CF/1988, art. 5º, III e XLII) e da proporcionalidade (CF/1988, art. 5º, LIV)" (STF: PSV 139/DF, rel. Min. Presidente, Plenário, j. 19.10.2023, noticiado no *Informativo* 1113).

Vias de fato – possibilidade de substituição da pena privativa de liberdade por restritiva de direitos: "É razoável concluir que a violência impeditiva da substituição da pena privativa de liberdade por restritivas de direitos, seja aquela de maior gravidade e não simplesmente, como no caso, mera contravenção de vias de fato, chamado por alguns até mesmo de 'crime anão' dada a sua baixa ou quase inexistente repercussão no meio social" (STJ: HC 180.353/MS, rel. Min. Maria Thereza de Assis Moura, 6.ª Turma, j. 16.11.2010).

Violência doméstica ou familiar contra a mulher – substituição da pena privativa de liberdade por restritivas de direitos – contravenção penal – impossibilidade: "A Primeira Turma, por maioria, indeferiu a ordem de 'habeas corpus' em que solicitada a substituição da pena privativa de liberdade por restritiva de direitos em caso de contravenção penal envolvendo violência doméstica. O paciente foi condenado por vias de fato, nos termos do art. 21 da Lei de Contravenções Penais (LCP), a vinte dias de prisão simples, em regime aberto. O juízo de 1º grau concedeu a suspensão condicional da pena ('sursis') pelo prazo de dois anos. A Turma julgou improcedente o pedido, com base em interpretação extensiva do art. 44, I do Código Penal, no caso de violência doméstica e familiar contra a mulher, em que a noção de crime abarcaria qualquer conduta delituosa, inclusive contravenção penal. Nesse sentido, reconhecida a necessidade de combate à cultura de violência contra a mulher no Brasil, o Colegiado considerou a equiparação da conduta do paciente à infração de menor potencial ofensivo incoerente com o entendimento da violência de gênero como grave violação dos direitos humanos" (STF: HC 137.888/MS, rel. Min. Rosa Weber, 1.ª Turma, j. 31.10.2017, noticiado no *Informativo* 884).

Violência doméstica ou familiar contra a mulher – substituição da pena privativa de liberdade por restritivas de direitos – impossibilidade: "Não é possível a substituição de pena privativa de liberdade por restritiva de direitos ao condenado pela prática do crime de lesão corporal praticado em ambiente doméstico (CP, art. 129, § 9º, na redação dada pela Lei 11.340/2006). [...] A Turma destacou que a substituição da pena privativa de liberdade por sanções restritivas de direitos encontrar-se-ia condicionada ao preenchimento dos requisitos objetivos e subjetivos elencados no art. 44 do CP ('Art. 44. As penas restritivas de direitos são autônomas e substituem as privativas de liberdade, quando: I – aplicada pena privativa de liberdade não superior a quatro anos e o crime não for cometido com violência ou grave ameaça à pessoa ou, qualquer que seja a pena aplicada, se o crime for culposo; II – o réu não for reincidente em crime doloso; III – a culpabilidade, os antecedentes, a conduta social e a personalidade do condenado, bem como os motivos e as circunstâncias indicarem que essa substituição seja suficiente'). Assim, a execução do crime mediante o emprego de violência seria circunstância impeditiva do benefício. Com advento da Lei 9.099/1995, acentuada parcela da doutrina passara a sustentar que a vedação abstrata prevista no art. 44 do CP, ao menos em relação aos crimes de menor potencial ofensivo, implicaria violação ao princípio da proporcionalidade, ou seja, não haveria razão para impedir a conversão da reprimenda a autores de delitos que poderiam, em tese, ser agraciados com a transação penal ou suspensão condicional do processo. Essa linha argumentativa, porém, não teria espaço em relação ao crime de lesão corporal praticado em ambiente doméstico, por duas razões: a) a pena máxima prevista para esse delito – três anos –, a impedir a transação penal (Lei 9.099/1995, art. 61); e b) a existência de comando proibitivo previsto no art. 41 da Lei Maria da Penha ('Aos crimes praticados com violência doméstica e familiar contra a mulher, independentemente da pena prevista, não se aplica a Lei nº 9.099, de 26 de setembro de 1995'). Portanto, o principal fundamento – aplicação da Lei 9.099/1995 — daqueles que militariam pelo abrandamento do art. 44 do CP deixaria de existir quando o cenário fosse de crime de lesão corporal no seio familiar. Ademais, não seria crível imaginar que a Lei Maria da Penha, que teria vindo justamente tutelar com maior rigor a integridade física das mulheres, tivesse autorizado a substituição da pena corporal, mitigando a regra geral do CP, que a proíbe. Nesse contexto, perderia sustento a alegação de que o art. 17 da Lei 11.340/2006 autorizaria a substituição de pena (Art. 17: 'É vedada a aplicação, nos casos de violência doméstica e familiar contra a mulher, de penas de cesta básica ou outras de prestação pecuniária, bem como a substituição de pena que implique o pagamento isolado de multa')" (STF: HC 129.446/MS, rel. Min. Teori Zavascki, 2.ª Turma, j. 20.10.2015, noticiado no *Informativo* 804). *No mesmo sentido*: STF: HC 114.703/MS, rel. Min. Gilmar Mendes, 2.ª Turma, j. 16.04.2013, noticiado no *Informativo* 702; STJ: AgRg no AREsp 461.738/MS, rel. Min. Maria Thereza de Assis Moura, 6.ª Turma, j. 01.04.2014; e STJ: AgRg no HC 288.503/MS, rel. Min. Marco Aurélio Bellizze, 5.ª Turma, j. 26.08.2014.

Conversão das penas restritivas de direitos

Art. 45. Na aplicação da substituição prevista no artigo anterior, proceder-se-á na forma deste e dos arts. 46, 47 e 48.

§ 1º A prestação pecuniária consiste no pagamento em dinheiro à vítima, a seus dependentes ou a entidade pública ou privada com destinação social, de importância fixada pelo juiz, não inferior a 1 (um) salário mínimo nem superior a 360 (trezentos e sessenta) salários mínimos. O valor pago será deduzido do montante de eventual condenação em ação de reparação civil, se coincidentes os beneficiários.

§ 2º No caso do parágrafo anterior, se houver aceitação do beneficiário, a prestação pecuniária pode consistir em prestação de outra natureza.

§ 3º A perda de bens e valores pertencentes aos condenados dar-se-á, ressalvada a legislação especial, em favor do Fundo Penitenciário Nacional, e seu valor terá como teto – o que for maior – o montante do prejuízo causado ou do provento obtido pelo agente ou por terceiro, em consequência da prática do crime.

§ 4º (Vetado).

○ **Penas restritivas de direitos em espécie – classificação:** As penas restritivas de direitos podem ser: (*a*) **Genéricas** ou **gerais** – são as que substituem as penas privativas de liberdade em **qualquer crime**, desde que presentes os requisitos legais. Nessa relação se incluem a prestação pecuniária, a perda de bens e valores, a prestação de serviços à comunidade ou a entidades públicas, a proibição de frequentar determinados lugares e a limitação de fim de semana; (*b*) **Específicas** ou **especiais** – são as penas restritivas de direitos que substituem as penas privativas de liberdade aplicadas como decorrência da prática de **crimes determinados**. Cuidam-se das interdições temporárias de direitos, salvo nas modalidades proibição de frequentar determinados lugares e proibição de inscrever-se em concurso, avaliação ou exame públicos (art. 47, IV e V, do CP).

○ **Prestação pecuniária:** Cuida-se de pena restritiva de direitos criada pela Lei 9.714/1998 e disciplinada pelos §§ 1.º e 2.º do dispositivo em análise.[323] Consiste no pagamento em dinheiro à vítima, a seus dependentes, ou a entidade pública ou privada com destinação social, de importância fixada pelo juiz, não inferior a 1 (um) salário-mínimo nem superior a 360 (trezentos e sessenta) salários-mínimos (art. 45, § 1.º, 1.ª parte, do CP). Para a identificação dos dependentes deve ser utilizada analogicamente a relação contida no art. 16 da Lei 8.213/1991: I – o cônjuge, a companheira, o companheiro e o filho não emancipado, de qualquer condição, menor de 21 (vinte e um) anos ou inválido ou que tenha deficiência intelectual ou mental ou deficiência grave; II – os pais; e III – o irmão não emancipado, de qualquer condição, menor de 21 (vinte e um) anos ou inválido ou que tenha deficiência intelectual ou mental ou deficiência grave. Qualquer entidade pública pode ser beneficiária do valor correspondente à prestação pecuniária, mas, em se tratando de entidade privada, exige-se que tenha destinação social. Importante destacar que o Poder Judiciário e o Ministério Público não podem ser favorecidos por essa pena, uma vez que não são entidades, embora apresentem destinação social. O dispositivo legal contém uma **relação preferencial**. Assim, os dependentes somente serão destinatários na ausência da vítima. E as entidades, na falta da vítima e de seus dependentes.

– **Irrelevância da aceitação da vítima:** Em se tratando de sanção penal, a prestação pecuniária reveste-se de **caráter unilateral, impositivo e cogente**, razão pela qual independe de aceitação da pessoa por ela favorecida. O juiz aplica essa pena sem prévia oitiva da vítima, de seus dependentes ou de entidade pública ou privada com destinação social.

– **Valor – parâmetros legais e reflexos jurídicos**: O valor da prestação pecuniária não pode ser inferior a 1 (um) salário-mínimo, nem superior a 360 (trezentos e sessenta) salários-mínimos. E o valor pago será deduzido do montante de eventual condenação em ação de reparação civil, se coincidentes os beneficiários (art. 45, § 1.º, *in fine*, do CP). Essa última parte revela que, nada obstante seja pena restritiva de direitos, a prestação pecuniária ostenta, ainda que indiretamente, caráter de **indenização civil antecipada**, impedindo o enriquecimento ilícito do ofendido ou de seus dependentes. Frise-se, porém, que desaparece qualquer aspecto civil quando o valor fixado na sentença condenatória for destinado em sua totalidade a alguma entidade pública ou privada com destinação social, pois são diversos os beneficiários. Nesse contexto, em que pese a omissão legislativa, é possível estender a dedução do valor pago a título de prestação pecuniária em relação às **conciliações,** homologadas em juízo, em ações cíveis indenizatórias, qualquer que seja o rito processual, e igualmente com a compensação do valor mínimo fixado na sentença condenatória para a reparação dos danos causados pelo crime, se coincidentes os beneficiários, nos termos do art. 387, IV, do Código de Processo Penal.[324] Também será cabível esse desconto no campo dos Juizados Especiais Criminais, tanto em sede de composição dos danos civis ou de transação penal (arts. 74 e 76 da Lei 9.099/1995). Mas cuidado: no campo dos Juizados Especiais Criminais, esse abatimento somente poderá ocorrer em ações penais públicas incondicionadas, pois a composição civil redunda em extinção da punibilidade nas ações penais privadas e nas ações penais públicas condicionadas à representação do ofendido ou de quem o represente, inexistindo, por corolário, sanção penal de qualquer espécie.[325] A fórmula legal abre espaço para verdadeiras situações de **despenalização**. É o que se dá quando a sentença penal determina a prestação pecuniária em favor da vítima de valor igual ou inferior ao posteriormente estipulado em ação de reparação

---

[323] A Resolução 558/2024, editada pelo CNJ, define a política institucional do Poder Judiciário na gestão e na destinação dos recursos oriundos da aplicação das penas de **prestação pecuniária** e de **perda de bens e valores**.

[324] STJ: REsp 1.882.059/SC, rel. Min. Joel Ilan Paciornik, 5.ª Turma, j. 19.10.2021, noticiado no *Informativo* 714.

[325] BITENCOURT, Cezar Roberto. *Novas penas alternativas*. São Paulo: Saraiva, 1999. p. 118.

civil. Como tal montante deve ser deduzido da condenação civil, o condenado nada mais fez do que reparar o dano causado pelo crime. A conduta criminosa foi, portanto, despenalizada.

– **Pagamento**: Deve ser efetuado **em dinheiro**. Mas, se houver aceitação do beneficiário, a prestação pecuniária pode consistir em **prestação de outra natureza** (art. 45, § 2.º, do CP). Essa fórmula ("prestação de outra natureza") é excessivamente ampla, dando margem à criação, no caso concreto, de penas indeterminadas e não previstas em lei. É fundamental, pois, a razoabilidade, e também a coerência por parte do juiz da execução penal, pois é nessa fase que será buscada a anuência do beneficiário em caso de impossibilidade do pagamento em moeda corrente. Na prática, tem sido admitido o pagamento em pedras preciosas, obras de arte, imóveis, automóveis, títulos mobiliários e bens móveis em geral. A Exposição de Motivos da Lei 9.714/1998 fala inclusive em entrega de cestas básicas e fornecimento de mão de obra. A prestação pecuniária é uma pena restritiva de direitos. Logo, ao contrário do que ocorre com a pena de multa, se o condenado solvente não efetuar o pagamento devido, frustrando sua execução, deve ser reconvertida em pena privativa de liberdade (art. 44, § 4.º, 1.ª parte, do CP). Essa é a medida adequada, não se podendo falar na imposição de alguma medida coercitiva (arresto de bens, por exemplo) para assegurar seu cumprimento. Além disso, a fiscalização da sua execução deve ser promovida pelo MP, pois não se pode delegar essa tarefa, eminentemente pública, à vítima, a seus dependentes ou a entidade pública ou privada com destinação social.

– **Prestação pecuniária e reparação do dano como efeito da condenação – distinção**: A prestação pecuniária é mais favorável e vantajosa ao ofendido do que a reparação do dano. De fato, na obrigação de reparar o dano (CP, art. 91, inc. I), a vítima ou seus herdeiros têm um título executivo, mas sem liquidez, exigindo-se sua prévia liquidação no juízo cível. Por sua vez, na pena de prestação pecuniária, o magistrado fixa o valor do pagamento a ser formulado à vítima ou aos seus dependentes, que são dispensados da liquidação e do ajuizamento de ação executiva no juízo cível.

– **Prestação pecuniária e pena de multa – distinções:** Em que pese o comum perfil pecuniário, essas espécies de pena não se confundem. Inicialmente, a prestação pecuniária constitui-se em pena restritiva de direitos (arts. 44 e 45, §§ 1.º e 2.º, do CP), ao passo que a multa é pena pecuniária propriamente dita (arts. 49 a 52 do CP). Na prestação pecuniária o dinheiro ou prestação de outra natureza é destinado à vítima do crime, aos seus dependentes ou a entidade pública ou privada com destinação social, e seu montante não pode ser inferior a um salário salário-mínimo nem superior a 360 (trezentos e sessenta) salários-mínimos. Na pena de multa, por sua vez, o valor arrecadado é encaminhado ao Fundo Penitenciário, e calcula-se entre 10 (dez) e 360 (trezentos e sessenta) **dias-multa**, fixando-se cada um deles entre 1/30 (um trigésimo) do salário-mínimo até 5 (cinco) salários-mínimos. Finalmente, na prestação pecuniária o valor pago será deduzido do montante de eventual condenação em ação de reparação civil, se coincidentes os beneficiários, o que não ocorre na pena de multa.

– **Prestação pecuniária, entidade pública ou privada e destinação dos valores:** Nas hipóteses em que a prestação pecuniária for estabelecida em sede de **transação penal ou suspensão condicional do processo**, e consistir em pagamento a **entidade pública ou privada com destinação social** (e não à vítima ou aos seus dependentes), a destinação deve ser decidida pelo **Poder Judiciário**, e não pelo Ministério Público.[326] Isso se extrai da Resolução 558/2024, editada pelo CNJ (Conselho Nacional de Justiça). De seu turno, quando a prestação pecuniária figurar como condição do **acordo de não persecução penal**, a destinação dos valores é matéria de competência do **juízo da execução penal**, que deve dar preferência a entidade pública ou de interesse social que proteja bens jurídicos semelhantes aos lesados pelo delito.[327]

---

[326] STF: ADI 5.388/DF, rel. Min. Marco Aurélio, redator do acórdão Min. Nunes Marques, Plenário, j. 17.05.2024, noticiado no *Informativo* 1.137.

[327] STJ: AREsp 2.419.790/MG, rel. Min. Ribeiro Dantas, 5.ª Turma, j. 06.02.2024, noticiado no *Informativo* 800.

○ **Perda de bens e valores:** Cuida-se de pena restritiva de direitos que consiste na retirada de bens e valores integrantes do **patrimônio lícito** do condenado, transferindo-os ao Fundo Penitenciário Nacional. Seu valor terá como teto – o que for maior – o montante do prejuízo causado ou do proveito obtido pelo agente ou por terceiro, em consequência da prática do crime (art. 45, § 3.º, do CP). Nota-se, de início, a possibilidade de aplicação dessa pena exclusivamente no tocante a **crimes**, não podendo ser utilizada para contravenções penais. Deve ter o crime produzido algum tipo de prejuízo à vítima ou ainda proporcionado vantagem patrimonial ao responsável pelo crime ou a terceira pessoa. Nessa linha de raciocínio, exemplificativamente, seria uma pena adequada a um crime de furto, mas incabível para crime de participação, na direção de veículo automotor, em competição não autorizada (art. 308 da Lei 9.503/1997 – Código de Trânsito Brasileiro). Em face do caráter pessoal da pena (princípio da personalidade, da intransmissibilidade ou da intranscendência), previsto no art. 5.º, XLV, da CF, a perda de bens e valores não pode ultrapassar a pessoa do condenado. Portanto, é vedado atingir o patrimônio de terceiros. Essa pena possui nítido **conteúdo confiscatório** – possível e legítimo –, pois foi expressamente admitida pelo art. 5.º, XLVI, "b", da CF. Nada obstante, a Exposição de Motivos da Lei 9.714/1998 sustenta o contrário, alegando ser a prática de um crime motivo justo e suficiente para a perda de bens e valores. Não deixa, porém, de ser confisco, definido como a retirada dos bens do patrimônio lícito de alguém sem qualquer tipo de indenização.

– **Limite:** O art. 45, § 3.º, do CP indica o limite máximo dessa pena, sempre o que for maior: o prejuízo causado pelo crime ou o proveito obtido pelo agente ou por terceiro em consequência da prática do crime. O proveito do crime engloba o bem auferido pela conduta criminosa e também os bens adquiridos pelo agente como consequência da alienação do produto do crime.

– **Perda de bens e valores e confisco como efeito da condenação – distinções:** A perda de bens e valores e o confisco não se confundem. Aquela é uma pena restritiva de direitos (art. 45, § 3.º, do CP), ao passo que este é efeito genérico e automático da condenação (art. 91, II, do CP). Podem ser impostos cumulativamente, mas as diferenças são nítidas. O confisco incide sobre os instrumentos ou sobre o produto do crime, **de cunho ilícito**, enquanto a perda de bens e valores recai sobre o **patrimônio lícito** do condenado.

○ **Jurisprudência selecionada:**

– **Prestação pecuniária – acordo de não persecução penal– destinação dos valores– competência do juízo da execução penal:** "Compete ao Juízo da Execução Penal a escolha da instituição beneficiária dos valores da prestação pecuniária ajustada no acordo de não persecução penal. O art. 28-A, IV, do CPP estabelece que, em casos nos quais o investigado confesse formal e circunstancialmente a prática de infração penal sem violência ou grave ameaça, com pena mínima inferior a 4 anos e não havendo arquivamento do caso, o Ministério Público pode propor acordo de não persecução penal. Tal acordo pode incluir o pagamento de prestação pecuniária, cujo destino será determinado pelo juízo da execução penal, preferencialmente a uma entidade pública ou de interesse social que proteja bens jurídicos semelhantes aos lesados pelo delito. A literalidade da norma de regência indica que, embora caiba ao Ministério Público a propositura do ANPP, a partir da ponderação da discricionariedade do Parquet como titular da ação penal, compete ao Juízo da Execução a escolha da instituição beneficiária dos valores" (STJ: AREsp 2.419.790/MG, rel. Min. Ribeiro Dantas, 5.ª Turma, j. 06.02.2024, noticiado no *Informativo* 800).

– **Prestação pecuniária – acordo em sede de transação penal e suspensão condicional do processo – destinação dos valores:** "São constitucionais as normas do Conselho Nacional de Justiça (CNJ) e do Conselho da Justiça Federal (CJF) que versam sobre a destinação dos recursos provenientes de prestação pecuniária fixada em substituição à prisão ou como condição para a suspensão condicional do processo ou para a transação penal. Não cabe ao Ministério Público administrar ou disciplinar o destino de recursos que ingressam nos cofres públicos a título de sanção criminal ou de sucedâneo desta, em especial porque a destinação das prestações pecuniárias não configura elemento essencial da negociação realizada entre o *Parquet* e o acusado em potencial. Compete ao Poder Judiciário administrar o cumprimento da pena privativa de liberdade e de suas medidas alternativas. Nesse contexto, as resoluções impugnadas limitaram-se a regulamentar o exercício de uma competência própria do Poder Judiciário, com a finalidade de conferir uma destinação imparcial e igualitária aos valores arrecadados e, desse modo, uniformizar a prática perante os tribunais pátrios. Ademais, a administração do cumprimento dessas medidas não tem natureza de direito penal ou processual penal, mas de regulamentação administrativa, de modo que não há que se falar, na espécie, em usurpação da competência legislativa privativa da União (CF/1988, art. 22, I). Com base nesses entendimentos, o Plenário, por maioria, julgou improcedente a ação para assentar a constitucionalidade da Resolução CNJ nº 154/2012, e, consequentemente, do artigo 1.º da Resolução CJF nº 295/2014" (STF: ADI 5.388/DF, rel. Min. Marco Aurélio, redator do acórdão Min. Nunes Marques, Plenário, j. 17.05.2024, noticiado no *Informativo* 1.137).

Prestação pecuniária – descumprimento – arresto de bem de família – impossibilidade – reconversão da pena restritiva de direitos em privativa de liberdade: "Havendo expressa previsão legal de reconversão da pena restritiva de direitos em privativa de liberdade, não há falar em arresto para o cumprimento forçado da pena substitutiva. De início, tratando-se de pena substitutiva, fixada com base no artigo 44 do Código Penal, tem-se que o eventual descumprimento da obrigação dá ensejo à reconversão da pena restritiva de direitos em privativa de liberdade, por força do comando expresso da norma do parágrafo 4º do referido artigo. No cálculo da pena privativa de liberdade a executar será deduzido o tempo cumprido da pena restritiva de direitos, respeitado o saldo mínimo de trinta dias de detenção ou reclusão. Ressalta-se que a execução das penas restritivas, assim como de modo geral de todas as alternativas à prisão, demanda um mecanismo coercitivo, capaz de assegurar o seu cumprimento, e este só pode ser a pena privativa de liberdade. Assim, não há falar em arresto para o cumprimento forçado da pena substitutiva já que a reconversão da pena é medida que, por si só, atribui coercitividade à pena restritiva de direitos" (STJ: REsp 1.699.665/PR, rel. Min. Maria Thereza de Assis Moura, 6.ª Turma, j. 07.08.2018, noticiado no *Informativo* 631).

Prestação pecuniária – detração penal – inaplicabilidade: "Esta Corte não admite a aplicação do instituto da detração penal à pena de prestação pecuniária, por ausência de previsão legal. Precedente" (STJ: REsp 1.853.916/PR, rel. Min. Nefi Cordeiro, 6.ª Turma, j. 04.08.2020).

Prestação pecuniária – falta de pagamento – possibilidade de reconversão para pena privativa de liberdade: "Conforme jurisprudência do STF, é viável a utilização do *habeas corpus* para discutir questões relacionadas à pena pecuniária estabelecida em substituição à reprimenda corporal (CP, art. 43, I, c/c o art. 45, § 1º), porquanto, diferentemente da pena de multa, que possui natureza jurídica distinta, aquela pode ser revertida em pena privativa de liberdade, caso descumprida injustificadamente pelo condenado (CP, art. 44, § 4º)" (STF: HC 122.563/MG, rel. Min. Teori Zavascki, 2.ª Turma, j. 02.09.2014).

Prestação pecuniária – reparação dos danos causados pela infração (art. 387, IV, do CPP) – coincidência de beneficiários – finalidade reparatória dos institutos – compensação – cabimento: "A prestação pecuniária prevista no art. 45, § 1º, do Código Penal pode ser compensada com o montante fixado com fundamento no art. 387, IV, do Código de Processo Penal, ante a coincidência de beneficiários. Inicialmente, em uma interpretação teleológica, tem-se que o art. 45, § 1º, do Código Penal previu uma ordem sucessiva de preferência entre os beneficiários elencados. Havendo vítima determinada, impõe-se que o valor estipulado para prestação pecuniária seja a ela destinado. Nesse contexto, é necessário o estudo particularizado dos institutos da prestação pecuniária (art. 45, § 1º, do CP) e da reparação dos danos causados pela infração (art. 387, IV, do CPP) para determinar se é possível a compensação. O art. 45, § 1º, do Código Penal prevê que a prestação pecuniária tem natureza de pena (restritiva de direitos), contudo, possui finalidade nitidamente reparatória (cível), ao dispor que '(...) consiste no pagamento em dinheiro à vítima, a seus dependentes ou a entidade pública ou privada com destinação social (...)'. A jurisprudência desta Corte é firme no sentido de que a referida pena restritiva de direitos guarda correspondência com o prejuízo causado pelo delito, o que reforça seu caráter reparatório. Por sua vez, o art. 387, IV, do Código de Processo Penal visa assegurar a reparação cível dos danos causados pela infração penal, representando nítida antecipação efetuada pelo juiz criminal. Assim, explicitada a natureza jurídica dos institutos, em razão da finalidade reparatória presente em ambas disposições legais e, ainda, diante da coincidência de beneficiários (vítima), impõe-se a dedução do montante fixado a título de reparação de danos – art. 387, IV, do Código de Processo Penal, do que foi estipulado a critério de prestação pecuniária substitutiva – art. 45, § 1º, do Código Penal, que prevê: '(...) O valor pago será deduzido do montante de eventual condenação em ação de reparação civil, se coincidentes os beneficiários'. Ressalta-se, por fim, que o valor fixado para reparação dos danos – art. 387, IV, do CPP – refere-se a um valor mínimo, nada impedindo que a vítima requeira valor superior no âmbito cível" (STJ: REsp 1.882.059/SC, rel. Min. Joel Ilan Paciornik, 5.ª Turma, j. 19.10.2021, noticiado no *Informativo* 714).

Prestação de serviços à comunidade ou a entidades públicas

> **Art. 46.** A prestação de serviços à comunidade ou a entidades públicas é aplicável às condenações superiores a seis meses de privação da liberdade.
>
> § 1º A prestação de serviços à comunidade ou a entidades públicas consiste na atribuição de tarefas gratuitas ao condenado.
>
> § 2º A prestação de serviço à comunidade dar-se-á em entidades assistenciais, hospitais, escolas, orfanatos e outros estabelecimentos congêneres, em programas comunitários ou estatais.
>
> § 3º As tarefas a que se refere o § 1º serão atribuídas conforme as aptidões do condenado, devendo ser cumpridas à razão de uma hora de tarefa por dia de condenação, fixadas de modo a não prejudicar a jornada normal de trabalho.
>
> § 4º Se a pena substituída for superior a um ano, é facultado ao condenado cumprir a pena substitutiva em menor tempo (art. 55), nunca inferior à metade da pena privativa de liberdade fixada.

o **Prestação de serviços à comunidade ou a entidades públicas:** Cuida-se de pena restritiva de direitos consistente na atribuição de **tarefas gratuitas** ao condenado, em entidades assistenciais, hospitais, escolas, orfanatos e outros estabelecimentos congêneres, em programas comunitários ou estatais (§§ 1.º e 2.º do art. 46 do CP). A expressão "entidades públicas" deve ser interpretada em sentido amplo, para englobar tanto as públicas em sentido estrito (Administração Pública direta ou indireta), como também as privadas com destinação social. Essa pena somente é aplicável às **condenações superiores a 6 (seis) meses** de privação da liberdade (art. 46, *caput*, do CP). Nada obstante seja uma pena restritiva de direitos, possui indiretamente caráter de privação da liberdade, já que o condenado deve ficar confinado na entidade destinatária dos serviços, durante algumas horas da semana, para desempenho das atividades impostas pelo juízo da execução. Nesse período, portanto, assemelha-se à pena privativa da liberdade, embora com ela não se confunda, pois o condenado não é retirado do convívio social. As tarefas serão atribuídas conforme as aptidões do condenado (§ 3.º). Veda-se atividade cruel, ociosa, vexatória ou humilhante, que em nada se compatibilizaria com as finalidades da pena. Da mesma forma, não é possível a imposição de prestação de serviços em igreja ou qualquer tipo de templo religioso, por não se tratar de serviço à **comunidade**, além de ofender o caráter laico do Estado (art. 19, I, da CF). As tarefas devem ser cumpridas à razão de **1 (uma) hora de tarefa por dia de condenação**, fixadas de modo a não prejudicar a jornada normal de trabalho (§ 3.º). Adotou-se, nesse ponto, o sistema da **hora-tarefa**. Essa opção foi necessária para permitir a regular execução da pena, já que o cumprimento em dias seria de difícil ou até mesmo impossível fiscalização. Mas apresenta contradição com a regra estipulada pelo art. 10, *in fine*, do CP, pela qual se contam os dias, os meses e os anos pelo calendário comum, isto é, sem conversão dos dias em horas, e também com o art. 11 do CP, pelo qual devem ser desprezadas, nas penas restritivas de direitos, as frações de dias, ou seja, as horas. Se a pena substituída for superior a 1 (um) ano, é facultado ao condenado cumprir a pena alternativa **em menor tempo, nunca inferior à metade da pena privativa de liberdade fixada** (§ 4.º). Essa antecipação da finalização da pena é **faculdade** do condenado, não podendo ser imposta pelo juiz. Além disso, somente é admissível na hipótese de pena privativa de liberdade (substituída por prestação de serviços) superior a 1 (um) ano. Mas, para não transformá-la em pena meramente simbólica, e também para não prejudicar a jornada normal de trabalho do condenado, estabeleceu o dispositivo legal que a antecipação nunca pode ocorrer em período inferior à metade da pena privativa de liberdade fixada. Exemplo: o réu é condenado a 2 (dois) anos de reclusão pela prática de furto (art. 155, *caput*, do CP). Presentes os requisitos legais, o juiz substitui a pena privativa de liberdade por restritiva de direitos consistente em prestação de serviços à comunidade. O condenado, sequioso por cumprir brevemente a sanção penal, decide trabalhar mais de uma hora por dia. Se trabalhar duas horas por dia, cumprirá integralmente a pena em 1 (um) ano. Contudo, se trabalhar mais de duas horas por dia, ainda assim não poderá reduzir a pena para aquém de 1 (um) ano, pois esse tempo representa a metade da pena privativa de liberdade fixada.

○ **Execução da prestação de serviços à comunidade:** As tarefas executadas como prestação de serviços à comunidade não serão remuneradas (art. 30 da LEP), e também não geram vínculo empregatício com o Estado (art. 28, § 2.º, da LEP). A execução da pena de prestação de serviços à comunidade tem início a partir da data do primeiro comparecimento do condenado à entidade beneficiada (art. 149, § 2.º, da LEP). Cabe ao juiz da execução, nos termos do art. 149 da LEP: I – designar a entidade ou programa comunitário ou estatal, devidamente credenciado ou convencionado, junto ao qual o condenado deverá trabalhar gratuitamente, de acordo com as suas aptidões; II – determinar a intimação do condenado, cientificando-o da entidade, dias e horário em que deverá cumprir a pena; e III – alterar a forma de execução, a fim de ajustá-la às modificações ocorridas na jornada de trabalho. Finalmente, a entidade beneficiada com a prestação de serviços encaminhará, **mensalmente**, ao juiz da execução, relatório circunstanciado das atividades do condenado, bem como, a qualquer tempo, comunicação sobre ausência ou falta disciplinar (art. 150 da LEP).

○ **Prestação de serviços à comunidade e trabalhos forçados:** Não é correto alegar a inconstitucionalidade da pena de prestação de serviços à comunidade ou entidades públicas, sob o fundamento de constituir-se em inaceitável pena de trabalhos forçados (art. 5.º, XLVII, "c", da CF), por dois motivos fundamentais: (*1.º*) a prestação de serviços tem amparo constitucional, fruto do Poder Constituinte Originário (art. 5º, XLVI, "d"), afastando, assim, a argumentação de inconstitucionalidade. Como se sabe, não há norma constitucional inconstitucional quando instituída originariamente; (2.º) A pena restritiva de direitos representa um benefício ao condenado, que pode ou não desempenhar as tarefas atribuídas, optando pela pena substitutiva ou então pela reconversão à pena privativa de liberdade.

○ **Prestação de serviços à comunidade e crimes ambientais:** Em relação à **pessoa física**, dispõe o art. 9.º da Lei 9.605/1998 que a prestação de serviços à comunidade consiste na atribuição ao condenado de tarefas gratuitas junto a parques e jardins públicos e unidades de conservação, e, no caso, de dano da coisa particular, pública ou tombada, na restauração desta, se possível. Já a **pessoa jurídica** condenada por crime ambiental se sujeita às seguintes tarefas como prestação de serviços à comunidade: (a) custeio de programas e de projetos ambientais; (b) execução de obras de recuperação de áreas degradadas; (c) manutenção de espaços públicos; e d) contribuições a entidades ambientais ou culturais públicas (art. 23 da Lei 9.605/1998).

○ **Ausência de local adequado para execução da prestação de serviços à comunidade:** Se, na prática, não existir local adequado para cumprimento dessa pena restritiva de direitos, há três propostas para a solução do problema: (1) a pena deve ser considerada cumprida, desde que tenha decorrido o tempo a ela correspondente e o condenado tenha permanecido à disposição do Estado; (2) deve aguardar-se o oferecimento de local adequado, com a superveniência do início do cumprimento da pena ou então com o reconhecimento da prescrição; e (3) o juízo da execução deve buscar outro local adequado para o cumprimento da pena restritiva de direitos (art. 148 da LEP). É a posição consagrada no Superior Tribunal de Justiça.

○ **Prestação de serviços à comunidade e crimes previstos no Código de Trânsito Brasileiro:** Nos crimes definidos nos arts. 302 a 312 da Lei 9.503/1997 – Código de Trânsito Brasileiro, se o juiz substituir a pena privativa de liberdade por restritiva de direitos, deverá obrigatoriamente aplicar a prestação de serviços à comunidade ou a entidades públicas, em uma das seguintes atividades: I – trabalho, aos fins de semana, em equipes de resgate dos corpos de bombeiros e em outras unidades móveis especializadas no atendimento a vítimas de trânsito; II – trabalho em unidades de pronto-socorro de hospitais da rede pública que recebem vítimas de sinistro de trânsito e politraumatizados; III – trabalho em clínicas ou instituições especializadas na recuperação de sinistrados de trânsito; ou IV – outras atividades relacionadas a resgate, atendimento e recuperação de vítimas de sinistros de trânsito. Essa determinação encontra-se prevista no art. 312-A do Código de Trânsito Brasileiro e foi criada pela Lei 13.281/2016 com o inequívoco propósito de, além de proporcionar a justa punição do infrator e disponibilizar mão de obra para auxiliar as vítimas de sinistros de trânsito, também para conscientizar os condutores de veículos automotores da gravidade dos males provocados pelos seus comportamentos ilícitos, especialmente aqueles que oferecem risco de morte às vítimas ou lhes causam graves problemas de saúde.

○ **Jurisprudência selecionada:**

Ausência de local para cumprimento da pena restritiva de direitos – impossibilidade de extinção da pena: "A impossibilidade de cumprimento pelo sentenciado de pena restritiva de direitos não possibilita sua extinção, por absoluta falta de previsão legal para tanto. É certo que o art. 148 da Lei de Execução Penal permite a alteração da forma de cumprimento das penas restritivas de direitos, mas não simplesmente a extinção da pena por reputar suficiente o que já foi cumprido pelo apenado. Tal medida vai de encontro ao próprio fim ressocializador da reprimenda" (STJ: HC 176.490/SP, rel. Min. Laurita Vaz, 5.ª Turma, j. 23.10.2012).

Interdição temporária de direitos

> **Art. 47.** As penas de interdição temporária de direitos são:
>
> I – proibição do exercício de cargo, função ou atividade pública, bem como de mandato eletivo;

II – proibição do exercício de profissão, atividade ou ofício que dependam de habilitação especial, de licença ou autorização do Poder Público;

III – suspensão de autorização ou de habilitação para dirigir veículo.

IV – proibição de frequentar determinados lugares.

V – proibição de inscrever-se em concurso, avaliação ou exame públicos.

○ **Interdição temporária de direito:** As duas primeiras formas de interdição de direitos (incs. I e II), e também a última (inc. V), são alvos de críticas, fundadas na contrariedade às finalidades da pena, notadamente em relação à prevenção especial (ressocialização do criminoso), uma vez que não existe vantagem nenhuma em impedir o condenado de desempenhar uma profissão ou atividade lícita. Deve, sim, ser punido, mas não proibido de exercer profissões ou atividades por si só legais e até mesmo fomentadas pelo Estado.

○ **Proibição de exercício de cargo, função ou atividade pública, bem como de mandato eletivo (art. 47, I):** Essa pena restritiva de direitos é **específica**, uma vez que somente é aplicável ao crime cometido no exercício de profissão, atividade, ofício, cargo ou função, sempre que houver violação dos deveres que lhes são inerentes (art. 56 do CP). Diz respeito à **vida pública** do condenado, por relacionar-se a cargo, função ou atividade **pública**, bem como a **mandato eletivo**. E, nada obstante essa pena tenha como propósito englobar as condutas praticadas por funcionários públicos, em consonância com o conceito previsto no art. 327 do CP, não é imprescindível que tenha sido praticado um crime contra a Administração Pública, podendo ser um crime comum, desde que com violação dos deveres funcionais do agente. A interdição temporária de direitos engloba tanto a suspensão daquele que exerce cargo, função ou atividade pública, bem como mandato eletivo, ao tempo da condenação, como também daquele que deixou de exercer tais misteres, voluntariamente ou não, posteriormente à prática do crime. Com o integral cumprimento da pena, encerra-se a proibição do exercício do direito. Essa pena, contudo, não se confunde com o **efeito da condenação** relativo à **perda de cargo, função pública ou mandato eletivo**, definido pelo art. 92, I, do CP.

– **Deputados Federais e Senadores**: No tocante à proibição do exercício de mandato eletivo de **deputados federais e senadores**, parte da doutrina sustenta ser essa pena inconstitucional, pois tais parlamentares somente podem ser proibidos de exercer o mandato na forma prevista na CF. Com efeito, o art. 55, VI e § 2.º, da CF, previu somente a perda do mandato, e não a interdição temporária.[328]

○ **Proibição do exercício de profissão, atividade ou ofício que dependam de habilitação especial, de licença ou autorização do Poder Público (art. 47, II):** Cuida-se também de pena restritiva de direitos **específica**, aplicável exclusivamente ao crime cometido no exercício de profissão, atividade, ofício, cargo ou função, sempre que houver violação dos deveres que lhes são inerentes (art. 56 do CP). Refere-se, contudo, à **esfera privada** de atuação do condenado, embora dependente de habilitação especial, de licença ou autorização do Poder Público. **Profissão** é o trabalho remunerado e com índole intelectual dominante, tais como a de médico, dentista, advogado e engenheiro. **Ofício** é o trabalho remunerado, predominantemente mecânico ou manual. **Atividade**, por sua vez, tem natureza residual: qualquer outra forma de labor, remunerada ou não. É necessário que dependam de habilitação especial, de licença ou autorização do Poder Público, sob pena de ser impossível a ingerência do Estado

---

[328] Nesse sentido, entre outros: GOMES, Luiz Flávio. *Penas e medidas alternativas à prisão.* 1. ed. 2. tir. São Paulo: RT, 1999. p. 146.

para exigir a interdição temporária do direito. O condenado é impedido, durante o tempo da pena, de desempenhar a profissão, ofício ou atividade.

○ **Suspensão de autorização ou habilitação para dirigir veículo (art. 47, III):** Essa pena aplica-se somente aos crimes culposos de trânsito (art. 57 do CP). Como tais crimes encontram-se atualmente previstos em sua maioria pelo Código de Trânsito Brasileiro – Lei 9.503/1997, esse dispositivo foi por ele tacitamente revogado. Para elucidar o raciocínio, razoável diferenciar, sob a ótica do CTB, autorização, permissão e habilitação para dirigir veículos. A **autorização** é exigida para condução de ciclomotores (art. 141 do CTB). Por sua vez, a **permissão** se destina a candidatos aprovados nos exames de habilitação, com validade de um ano (art. 148, § 2.º, do CTB). E a **habilitação** diz respeito a condutores definitivamente aprovados nos exames e com licença para dirigir veículos automotores, isto é, portadores de Carteira Nacional de Habilitação (art. 148, § 3.º, do CTB). Conclusão: o art. 47, III, do CP fala apenas em **autorização** ou **habilitação**. Logo, tudo o que se relaciona com a **permissão** deve ser disciplinado pelo CTB. E quanto à **habilitação,** os arts. 302 e 303 do CTB impõem a cominação cumulativa da pena privativa de liberdade com a pena de suspensão ou proibição de obter permissão ou **habilitação** para dirigir veículo automotor.[329] Destarte, por se tratar de lei posterior e especial, a **suspensão da habilitação** aos crimes culposos de trânsito também é tratada pelo CTB. Além disso, seria impossível e destituída de qualquer finalidade a substituição da pena privativa de liberdade por essa pena restritiva de direitos, resultando em duas penas restritivas de igual natureza. Resta à incidência do art. 47, III, do CP exclusivamente, portanto, a **suspensão de autorização** para dirigir veículo, autorização esta destinada exclusivamente a **ciclomotores** (art. 141 do CTB). Portanto, o juiz somente pode aplicar, com fulcro no art. 47, III, do CP, a pena restritiva de direitos de suspensão de autorização para dirigir ciclomotores relativamente a crimes culposos de trânsito com ele praticados. Não se deve confundir essa espécie de pena, atinente à suspensão de autorização e aos crimes culposos, com o **efeito da condenação** previsto no art. 92, III, do CP: **inabilitação** para dirigir veículo, quando utilizado como **meio** para a prática de **crime doloso**.

○ **Proibição de frequentar determinados lugares (art. 47, IV):** Trata-se, na verdade, de restrição da liberdade, pois o condenado é atingido diretamente em sua liberdade de locomoção. A proibição de frequentar determinados lugares é também uma condição do *sursis* especial (art. 78, § 2.º, "a", do CP). Cuida-se de pena praticamente inócua, de difícil e inexistente fiscalização. O legislador poderia ter delimitado o seu âmbito de incidência, indicando expressamente os lugares em que o condenado fica proibido de frequentar.

○ **Proibição de inscrever-se em concurso, avaliação ou exame públicos (art. 47, V):** Esta modalidade de pena restritiva – consistente em interdição temporária de direitos – foi instituída pela Lei 12.550/2011, a qual autorizou o Poder Executivo a criar a empresa pública unipessoal denominada Empresa Brasileira de Serviços Hospitalares – EBSERH. Embora o diploma normativo não guarde vinculação com o Direito Penal, o legislador se aproveitou de projeto de lei que estava em trâmite adiantado no Congresso Nacional para inserir o inciso V no art. 47 do CP, visando impedir a inscrição de condenados em concursos, avaliações ou exames públicos durante o cumprimento da sanção penal. Nada obstante esta pena restritiva de direitos guarde estreita relação com o crime tipificado no art. 311-A do CP (fraudes em

---

[329] O Plenário do Supremo Tribunal Federal decidiu pela constitucionalidade da imposição da pena de suspensão de habilitação a motoristas profissionais que tenham sido condenados por homicídio culposo em razão de acidente de trânsito. Fixou-se a seguinte tese de repercussão geral (Tema 486): "É constitucional a imposição da pena de suspensão de habilitação para dirigir veículo automotor ao motorista profissional condenado por homicídio culposo no trânsito." (STF: RE 607.107/MG, rel. Min. Roberto Barroso, Plenário, j. 12.02.2020).

certames de interesse público), igualmente inserido pela Lei 12.550/2011, sua aplicação – a critério do magistrado – é possível aos condenados em geral, se presentes os requisitos elencados pelo art. 44 do CP. Com efeito, a condenação por diversos delitos recomenda a vedação do acesso às funções e cargos públicos, pela ausência de lisura e de idoneidade moral do agente, a exemplo do que se dá no estelionato, nos crimes contra a Administração Pública, nos crimes em licitações e contratos administrativos, entre tantos outros. Trata-se, portanto, de pena restritiva de direitos **genérica**, pois seu raio de incidência não se limita ao crime definido no art. 311-A do CP.

○ **Jurisprudência selecionada:**

Interdição temporária de direitos – crime praticado no exercício da advocacia – suspensão da atividade profissional: "Noutro giro, a interdição temporária de direitos está expressamente prevista como pena alternativa, na qual inclui a proibição do exercício da provisão, atividade ou ofício que dependam de habilitação especial, de licença ou autorização do Poder Público (art. 43, V, c/c o art. 47, II, do Código Penal). Como ressaltou o Ministério Público Federal, 'se o crime foi praticado no exercício da atividade advocatícia, não constitui excessivo rigor substituir a pena privativa de liberdade pela suspensão da atividade profissional pelo mesmo prazo'" (STJ: HC 126.373/SP, rel. Min. Og Fernandes, 6.ª Turma, j. 11.12.2012).

Proibição de frequentar determinados lugares – não caracterização da pena de banimento: "As medidas de afastamento da função pública e a proibição de frequentar os municípios de Macarani/BA e Maiquinique/BA foram bem fundamentadas, por serem estes os locais onde o paciente praticava atos abusivos enquanto investido na função de Delegado da Polícia Civil, sendo plausível que sua presença exerça influência nos meios de investigação, além de impactar o ambiente social que deveria proteger, causando temor às vítimas e testemunhas. A pena de banimento, proibida pela Constituição Federal, consiste na 'retirada forçada de um nacional de seu país, em virtude da prática de determinado fato no território nacional' (MORAES, Alexandre de; Constituição do Brasil interpretada e legislação constitucional. 2ª ed. São Paulo; ed. Atlas, 2003), hipótese que em nada se assemelha ao presente caso" (STJ: HC 252.807/BA, rel. Min. Marco Aurélio Bellizze, 5.ª Turma, j. 24.09.2013).

Limitação de fim de semana

> **Art. 48.** A limitação de fim de semana consiste na obrigação de permanecer, aos sábados e domingos, por 5 (cinco) horas diárias, em casa de albergado ou outro estabelecimento adequado.
>
> Parágrafo único. Durante a permanência poderão ser ministrados ao condenado cursos e palestras ou atribuídas atividades educativas.

○ **Limitação de fim de semana:** Essa modalidade de pena é originária da Alemanha e pouco aplicada entre nós, uma vez que no Brasil praticamente não existem casas de albergado. Na falta do referido estabelecimento, não pode o paciente cumprir a pena em presídio, situação mais gravosa do que a estabelecida pelo decreto condenatório. Em consonância com as regras definidas pelos arts. 94 e 95 da LEP, o prédio da casa de albergado deverá situar-se em centro urbano, separado dos demais estabelecimentos, e caracterizar-se pela ausência de obstáculos físicos contra a fuga. Deverá conter, além dos aposentos para acomodar os presos, local adequado para cursos e palestras, e instalações para os serviços de fiscalização e orientação dos condenados. Cabe ao juiz da execução determinar a intimação do condenado, cientificando-o do local, dias e horário em que deverá cumprir a pena, a qual terá início a partir da data do primeiro comparecimento (art. 151, *caput* e parágrafo único da LEP). E, mensalmente, o estabelecimento designado encaminhará ao juiz da execução relatório, e comunicará, a qualquer tempo, a ausência ou falta disciplinar do condenado (art. 153 da LEP).

○ **Jurisprudência selecionada:**

Limitação de final de semana – inexistência de Casa de Albergado – regime domiciliar: "Na falta de vagas em estabelecimento compatível ao regime fixado na condenação, configura constrangimento ilegal a submissão do réu ao cumprimento de pena em regime mais gravoso, admitindo-se, em tais situações, que o réu cumpra a reprimenda em regime aberto, ou em regime domiciliar, na hipótese de inexistência de Casa de Albergado. Precedentes. Se a pena de limitação de fim de semana deve ser efetivada em Casa de Albergado, não pode o paciente, na falta do referido estabelecimento, ser submetido a cumprimento da reprimenda em Presídio, situação mais gravosa do que a estabelecida pelo decreto condenatório. Precedente da Turma. Deve ser cassado o acórdão recorrido, a fim de que o paciente cumpra a pena restritiva de direitos concernente à limitação de fim de semana em regime domiciliar, até que surja estabelecimento adequado" (STJ: HC 60.919/DF, rel. Min. Gilson Dipp, 5.ª Turma, j. 10.10.2006).

Seção III –
Da pena de multa[330]

Multa

> **Art. 49.** A pena de multa consiste no pagamento ao fundo penitenciário da quantia fixada na sentença e calculada em dias-multa. Será, no mínimo, de 10 (dez) e, no máximo, de 360 (trezentos e sessenta) dias-multa.
>
> § 1º O valor do dia-multa será fixado pelo juiz não podendo ser inferior a um trigésimo do maior salário mínimo mensal vigente ao tempo do fato, nem superior a 5 (cinco) vezes esse salário.
>
> § 2º O valor da multa será atualizado, quando da execução, pelos índices de correção monetária.

○ **Conceito:** Multa é a espécie de sanção penal, de cunho patrimonial, consistente no pagamento de determinado valor em dinheiro em favor do Fundo Penitenciário.[331] Em se tratando de pena, deve respeitar os princípios da reserva legal e da anterioridade.

○ **Fundo Penitenciário:** O Fundo Penitenciário Nacional (FUNPEN), instituído no âmbito do Ministério da Justiça e Segurança Pública, é gerido pelo Departamento Penitenciário Nacional (Depen) e tem a finalidade de proporcionar recursos e meios para financiar e apoiar as atividades e os programas de modernização e aprimoramento do sistema penitenciário nacional (Lei Complementar 79/1994, art. 1.º). Entre os seus variados recursos estão as multas decorrentes de sentenças penais condenatórias com trânsito em julgado (LC 79/1994,

---

[330] A Resolução 558/2024, editada pelo CNJ, define a política institucional do Poder Judiciário na gestão e na destinação dos recursos oriundos da aplicação da pena de multa.

[331] Na sistemática implementada pelo art. 73 da Lei 9.605/1998 – Lei dos Crimes Ambientais, os valores arrecadados em pagamento de **multas por infração ambiental** serão revertidos ao Fundo Nacional do Meio Ambiente, ao Fundo Naval, ao Fundo Nacional para Calamidades Públicas, Proteção e Defesa Civil (Funcap), e aos fundos estaduais ou municipais de meio ambiente ou correlatos.

art. 2.º, V). A Lei Complementar 79/1994 não indica a origem das penas de multa, isto é, se provenientes da Justiça Estadual ou da Justiça Federal. Nesse contexto, os Estados e o Distrito Federal podem legislar sobre esse assunto, com a finalidade de encaminhar a sanção pecuniária para o fundo penitenciário sob sua gestão. Com efeito, o art. 24, I, da Constituição Federal fixa a competência concorrente entre a União, os Estados e o Distrito Federal para legislar sobre **direito penitenciário.**[332]

○ **Critério adotado para a fixação da pena de multa:** O CP adota, por força do art. 2.º da Lei 7.209/1984 – Reforma da Parte Geral do CP –, o critério do **dia-multa**, pelo qual o preceito secundário de cada tipo penal se limita a cominar a pena de multa, sem indicar seu valor, o qual deve ser calculado com base nos critérios previstos no dispositivo em análise. Em face da redação do art. 12 do CP, essa regra não impede a existência de exceções.

○ **Crimes em licitações e contratos administrativos:** Aos crimes em licitações e contratos administrativos são cominadas, cumulativamente, pena privativa de liberdade e pena de multa. Na sistemática da Lei 8.666/1993, seu art. 99 continha a seguinte redação: "Art. 99. A pena de multa cominada nos arts. 89 a 98 desta Lei consiste no pagamento de quantia fixada na sentença e calculada em índices percentuais, cuja base corresponderá ao valor da vantagem efetivamente obtida ou potencialmente auferível pelo agente. § 1.º Os índices a que se refere este artigo não poderão ser inferiores a 2% (dois por cento), nem superiores a 5% (cinco por cento) do valor do contrato licitado ou celebrado com dispensa ou inexigibilidade de licitação. § 2.º O produto da arrecadação da multa reverterá, conforme o caso, à Fazenda Federal, Distrital, Estadual ou Municipal." Existia, portanto, uma metodologia diferenciada daquela prevista no art. 49 do Código Penal, em que se adota o **sistema do dia-multa**. Esse panorama mudou com a entrada em vigor da Lei 14.133/2021 – Lei de Licitações e Contratos Administrativos. A matéria está tratada no art. 337-P do Código Penal: "A pena de multa cominada aos crimes previstos neste Capítulo seguirá a metodologia de cálculo prevista neste Código e não poderá ser inferior a 2% (dois por cento) do valor do contrato licitado ou celebrado com contratação direta." Destarte, a pena de multa nos crimes em licitações e contratos administrativos é calculada de acordo com os parâmetros delineados no art. 49 do Código Penal. O art. 337-P do Código Penal faz uma ressalva: a pena de multa não poderá ser inferior a 2% (dois por cento) do **valor do contrato licitado ou celebrado com contratação direta**. Esse limite mínimo somente é cabível nas hipóteses de contratos diretamente celebrados, ou seja, sem prévia licitação. Nos contratos antecedidos de procedimento licitatório, não há falar no piso de 2% do valor do contrato. Finalmente, na vigência da Lei 8.666/1993 o produto da arrecadação da multa era revertido, conforme o caso, à Fazenda Federal, Distrital, Estadual ou Municipal (art. 99, § 2.º). A pena de multa desempenhava uma indiscutível função arrecadatória em prol dos mencionados entes federativos. Agora, o valor da pena de multa deve ser revertido ao Fundo Penitenciário, Nacional ou Estadual, a depender do caso concreto, como se extrai da regra inscrita no art. 49, *caput*, do Código Penal.

○ **Aplicação da pena de multa:** A fixação da pena de multa segue um **sistema bifásico** – sua aplicação deve respeitar duas fases distintas e sucessivas. **1.ª fase:** O juiz estabelece o **número de dias-multa**, que varia entre o mínimo de 10 (dez) e o máximo de 360 (trezentos e sessenta). É o que dispõe a parte final do *caput* do art. 49 do CP. Para encontrar esse número, o magistrado utiliza as circunstâncias judiciais do art. 59, *caput*, do CP, bem

---

[332] Em São Paulo, por exemplo, a Lei Estadual 9.171/1995 criou o Fundo Penitenciário Estadual, dispondo ainda que as multas impostas pela Justiça Estadual a ele se destinam.

como eventuais atenuantes e agravantes e causas de diminuição e aumento da pena. Em suma, todas as etapas que devem ser percorridas para a dosimetria da pena privativa de liberdade são utilizadas para o cálculo do número de dias-multa na sanção pecuniária. **2.ª fase:** Já definido o número de dias-multa, cabe agora ao magistrado a fixação do **valor de cada dia-multa**, que não pode ser inferior a um trigésimo do maior salário mínimo mensal vigente ao tempo do fato, nem superior a cinco vezes esse salário (CP, art. 49, § 1.º). Leva-se em conta a **situação econômica do réu**, nos termos do art. 60, *caput*, do CP. Com tais dados, conclui-se o cálculo da sanção pecuniária. Esse método possibilita a perfeita individualização da pena de multa, na forma exigida pelo art. 5.º, XLVI, da CF. Com o trânsito em julgado da sentença penal condenatória, o valor da pena de multa será irretratável.[333]

Quantidade de dias-multa	X	Valor de cada dia-multa	=	Valor total da pena de multa
Mínimo de **10** e máximo de **360** dias-multa, sendo utilizado o mesmo critério para a aplicação da pena privativa de liberdade		Mínimo de **1/30** e máximo de **5** vezes o salário mínimo, de acordo com a *capacidade econômica do agente* – art. 60 do CP		O juiz, de acordo com a capacidade do agente, pode aumentá-lo até o **triplo**, se o entender insuficiente e ineficaz em face da situação financeira do acusado – art. 60, § 1.º, do CP

○ **Valor ineficaz da pena de multa:** Encerrado o sistema bifásico e calculado o valor da pena de multa, o magistrado pode reputar que, em face do elevado poder econômico do réu, a sanção pecuniária, embora aplicada no máximo legal, é ineficaz. Nessa hipótese, a ele se reserva a faculdade de aumentar o seu valor até o **triplo (CP, art. 60, § 1.º)**. Nos crimes contra a propriedade industrial (Lei 9.279/1996, art. 197, parágrafo único) e nos crimes previstos nos arts. 33 a 39 da Lei de Drogas (Lei 11.343/2006, art. 43, parágrafo único), o **valor da pena de multa** pode ser aumentado até o **décuplo**. Por sua vez, nos crimes contra o sistema financeiro nacional, o valor do **dia-multa** pode ser estendido até o **décuplo** (Lei 7.492/1986, art. 33).

○ **Multa excessiva:** O art. 76, § 1.º, da Lei 9.099/1995 autoriza o juiz, nas hipóteses em que a pena de multa seja a única aplicável, a reduzi-la até a metade. Essa redução somente é possível quando a situação econômica do autor do fato a recomendar. De seu turno, o art. 197, parágrafo único, da Lei 9.279/1996 (crimes contra a propriedade industrial) autoriza a redução da pena de multa em até 10 vezes, dependendo das condições pessoais do agente e da vantagem auferida no caso concreto.

○ **Multa irrisória:** Multa irrisória é a de valor extremamente reduzido. Não há definição legal acerca do seu montante. A questão controversa reside na necessidade ou não de sua cobrança pelo Estado. Destacam-se duas posições: (1) A multa irrisória não deve ser executada em juízo, já que o Poder Público arcará em sua cobrança com valor superior ao que será ao final arrecadado, e o condenado sequer suportará o caráter retributivo da pena; e (2) A cobrança em juízo é obrigatória. Pouco importa o seu valor: a multa é pena, incidindo sobre ela os princípios da imperatividade da sua aplicação e da inderrogabilidade do seu cumprimento. É o entendimento dominante. A propósito, o art. 1.º, § 1.º, da Portaria do Ministério da Fazenda 75/2012, que fixa os valores mínimos para inscrição e execução da Dívida Ativa da União, faz expressa ressalva à pena de multa, no sentido de inexistir valor mínimo para legitimar a sua execução judicial.

---

[333] LYRA, Roberto. *Comentários ao Código Penal*. Rio de Janeiro: Forense, 1942. v. II, p. 143.

○ **Pena de multa e *habeas corpus*:** Não se admite a utilização do *habeas corpus* para discussão de temas inerentes à pena de multa, pois, como essa espécie de sanção penal não pode mais ser convertida em privativa de liberdade – em nada afetando a liberdade de locomoção –, incabível se torna o emprego do remédio disciplinado pelo art. 5.º, LXVIII, da CF. Esse fundamento ensejou a edição da **Súmula 693 do STF**: "Não cabe *habeas corpus* contra decisão condenatória a pena de multa, ou relativo a processo em curso por infração penal a que a pena pecuniária seja a única cominada."

○ **Multa e correção monetária:** Incide correção monetária na pena de multa. O termo inicial é a data em que foi praticada a infração penal, por se tratar de mera atualização do valor.

○ **Súmula 171 do STJ:** "Cominadas cumulativamente, em lei especial, penas privativas de liberdade e pecuniária, é defeso a substituição da prisão por multa." Essa súmula foi idealizada para atingir o crime de porte de substância entorpecente para uso próprio, à época definido pelo art. 16 da Lei 6.368/1976. Tinha o propósito de impedir que o usuário, valendo-se da multa substitutiva, fosse condenado somente às penas pecuniárias. Em que pese a revogação do citado diploma legal, a súmula permanece válida e cabível aos casos que se amoldem à sua definição.

○ **Pena de multa na Lei de Drogas:** A Lei 11.343/2006 também se filiou ao **sistema do dia-multa**. Mas as regras relativas ao número de dias-multa e ao valor de cada dia-multa são diversas das estabelecidas pelo CP. Com efeito, para o crime tipificado pelo art. 28 o juiz fixará o número de dias-multa em quantidade nunca inferior a 40 nem superior a 100, atendendo à reprovabilidade da conduta, e o valor do dia-multa em conformidade com a capacidade econômica do agente, atribuindo a cada um deles o valor de 1/30 (um trinta avos) até três vezes o valor do salário-mínimo (art. 29, *caput*). E os valores arrecadados serão creditados à conta do Fundo Nacional Antidrogas (art. 29, parágrafo único). Já para os crimes inerentes à produção não autorizada e ao tráfico de drogas (arts. 33 a 39), o **número de dias-multa** é previsto particularmente para cada delito, e será dosado levando-se em conta, **com preponderância sobre o previsto no art. 59 do CP**, a natureza e a quantidade da substância ou do produto, a personalidade e a conduta social do agente. Em seguida, o **valor do dia-multa** deve ser calculado com base nas condições econômicas do réu, não inferior a 1/30 (um trinta avos) nem superior a cinco vezes o salário mínimo (art. 43, *caput*). Na hipótese de concurso de crimes, em qualquer modalidade (concurso material, concurso formal ou crime continuado), as penas de multa serão impostas sempre **cumulativamente** (art. 43, parágrafo único, 1.ª parte). Finalmente, o juiz poderá aumentá-las até o **décuplo** se, em virtude da situação econômica do acusado, considerá-las ineficazes, ainda que aplicadas no máximo (art. 43, parágrafo único, parte final).

○ **Pena de multa e violência doméstica e familiar contra a mulher:** Estabelece o artigo 17 da Lei 11.340/2006 – Lei Maria da Penha ser vedada a aplicação, nos casos de violência doméstica e familiar contra a mulher, de penas de cesta básica ou outras de prestação pecuniária, **bem como a substituição de pena que implique o pagamento isolado de multa**. Como corolário dessa proibição, não se admite a imposição isolada da multa, ainda que o preceito secundário do tipo penal comine de forma autônoma tal espécie de pena, a exemplo do que se dá no crime de ameaça, no qual o art. 147 do Código Penal prevê a pena de detenção, de um a seis meses, ou multa.[334] Esse é o entendimento firmado pelo Superior Tribunal de Justiça no **Tema 1.189 do Recurso Repetitivo**.

---

[334] A situação não se altera quando a ameaça é cometida contra a mulher, por razões da condição do sexo feminino, na qual a pena é aplicada em dobro (art. 147, § 1.º, do CP).

○ **Jurisprudência selecionada:**

Multa – aumento em recurso exclusivo da defesa – vedação ao princípio da *non reformatio in pejus*: "Caracteriza manifesta ilegalidade, por violação ao princípio da *non reformatio in pejus*, a majoração da pena de multa por tribunal, na hipótese de recurso exclusivo da defesa. Isso porque, na apreciação de recurso exclusivo da defesa, o tribunal não pode inovar na fundamentação da dosimetria da pena, contra o condenado, ainda que a inovação não resulte em aumento da pena final. Com base nesse entendimento, a Segunda Turma deu provimento a agravo regimental para, mantendo o não conhecimento do recurso ordinário em *habeas corpus*, conceder a ordem, de ofício, e restabelecer a pena de multa imposta pelo juízo de primeiro grau, mantidos os demais termos do acórdão de segunda instância, tudo nos termos do voto do relator, que reajustou seu voto" (STF: RHC 194.952 AgR/SP, rel. Min. Ricardo Lewandowski, 2.ª Turma, j. 13.04.2021, noticiado no *Informativo* 1.013).

Multa – concurso de crimes: "O valor do dia-multa deve ser informado pela situação econômica do réu, determinando a sua quantidade os demais elementos da individualização da resposta penal" (STJ: AgRg no REsp 607.929/PR, rel. Min. Hamilton Carvalhido, 6.ª Turma, j. 26.04.2007).

Situação de extrema pobreza do réu – isenção da pena de multa – impossibilidade: "Inexiste previsão legal para a isenção da pena de multa, em razão da situação econômica do réu, devendo esta servir, tão somente, de parâmetro para a fixação de seu valor" (STJ: REsp 761.268/RS, rel. Min. Felix Fischer, 5.ª Turma, j. 17.08.2006).

Violência doméstica contra a mulher – crime de ameaça – aplicação isolada da pena de multa – impossibilidade – art. 17 da Lei 11.340/2006 – Tema 1.189 do Recurso Repetitivo: "A vedação constante do art. 17 da Lei n. 11.340/2006 (Lei Maria da Penha) obsta a imposição, nos casos de violência doméstica e familiar contra a mulher, de pena de multa isoladamente, ainda que prevista de forma autônoma no preceito secundário do tipo penal imputado. A controvérsia consiste em definir se a vedação constante do art. 17 da Lei n. 11.340/2006 (Lei Maria da Penha) obsta a imposição, nos casos de violência doméstica e familiar contra a mulher, de pena de multa isoladamente, ainda que prevista de forma autônoma no preceito secundário do crime de ameaça. Essa norma dispõe que 'é vedada a aplicação, nos casos de violência doméstica e familiar contra a mulher, de penas de cesta básica ou outras de prestação pecuniária, bem como a substituição de pena que implique o pagamento isolado de multa'. A intenção do legislador ao impedir a aplicação exclusiva da pena de multa foi a de ampliar a função de prevenção geral das penas impostas nos casos de crimes cometidos nesse contexto. Dessa forma, pretende-se demonstrar à sociedade que a prática de agressão contra a mulher acarreta consequências graves para o autor, que vão além do aspecto financeiro. Tal interpretação implica na compreensão de que a proibição legal também se aplica à hipótese de multa estabelecida como uma pena autônoma na parte secundária do tipo penal, como é o caso do crime de ameaça (art. 147 do Código Penal). Com efeito, a imposição desse tipo de penalidade (multa) em crimes cometidos de acordo com o artigo 5º da Lei n. 11.340/2006 só pode ocorrer de forma cumulativa, nunca de maneira isolada" (STJ: REsp 2.049.327/RJ, rel. Min. Sebastião Reis Júnior, 3.ª Seção, j. 14.06.2023, noticiado no *Informativo* 779).

Pagamento da multa

Art. 50. A multa deve ser paga dentro de 10 (dez) dias depois de transitada em julgado a sentença. A requerimento do condenado e conforme as circunstâncias, o juiz pode permitir que o pagamento se realize em parcelas mensais.

§ 1º A cobrança da multa pode efetuar-se mediante desconto no vencimento ou salário do condenado quando:

a) aplicada isoladamente;

> b) aplicada cumulativamente com pena restritiva de direitos;
>
> c) concedida a suspensão condicional da pena.
>
> § 2º O desconto não deve incidir sobre os recursos indispensáveis ao sustento do condenado e de sua família.

○ **Pagamento voluntário da multa:** O pagamento voluntário ou espontâneo da pena de multa deve ser efetuado no prazo de 10 (dez) dias depois do trânsito em julgado da sentença condenatória, como determina a 1.ª parte do *caput* do dispositivo em estudo.

○ **Pagamento parcelado da multa:** A parte final do art. 50 do CP dispõe que o juiz pode, atendendo a requerimento do condenado, e considerando as circunstâncias do caso, permitir o parcelamento do pagamento da pena de multa. O art. 169 da LEP determina que esse parcelamento, em prestações iguais e sucessivas, deverá ser pleiteado pelo condenado antes de vencido o prazo legal para pagamento da multa. A lei não prevê limite ao número de parcelas, reservando-se tal tarefa ao juízo da execução, o qual, antes de decidir sobre o pedido de parcelamento, poderá determinar diligências para verificar a real situação econômica do condenado, e deverá ouvir o MP (art. 169, § 1.º, da LEP). Concedido o parcelamento, o benefício será revogado pelo juiz, de ofício ou a pedido do MP, se o condenado for impontual no pagamento ou se melhorar sua condição econômica (art. 169, § 2.º, da LEP).

○ **Pagamento mediante desconto da remuneração do condenado:** É possível, ainda, que seja a cobrança da multa efetuada mediante desconto na remuneração do condenado, quando tiver sido aplicada isoladamente, cumulativamente com pena restritiva de direitos, ou então quando tiver sido concedida a suspensão condicional da pena (art. 50, § 1.º, do CP). Em síntese, somente não se admite a cobrança da multa por meio de desconto na remuneração quando tiver sido imposta pena privativa de liberdade não suspensa. O desconto não deve incidir sobre os recursos indispensáveis ao sustento do condenado e de sua família, e terá como limites o máximo de um quarto e o mínimo de um décimo da remuneração (art. 50, § 2.º, do CP e art. 168, I, da LEP).

Conversão da multa e revogação

> **Art. 51.** Transitada em julgado a sentença condenatória, a multa será executada perante o juiz da execução penal e será considerada dívida de valor, aplicáveis as normas relativas à dívida ativa da Fazenda Pública, inclusive no que concerne às causas interruptivas e suspensivas da prescrição.
>
> § 1º (Revogado).
>
> § 2º (Revogado).

Execução da pena de multa: Se ocorrer a omissão do condenado, com o transcurso do prazo legal sem o pagamento da pena de multa, será necessário promover sua execução, visando ao pagamento forçado (ou coercitivo). Esse tema passou por profundas modificações legislativas ao longo das últimas décadas. Para sua melhor compreensão, é prudente enveredar por sua análise histórica. Na **redação original do Código Penal**, o inadimplemento da pena de multa acarretava sua conversão em pena privativa de liberdade, na proporção de um dia de detenção para cada dia-multa. Com a entrada em vigor da **Lei 9.268/1996**, foi vedada a conversão da pena de multa em detenção. O art. 51 do Código Penal estava assim redigido: "Transitada em julgado a sentença condenatória, a multa será considerada dívida de valor, aplicando-se-lhes as normas da legislação relativa à dívida ativa da Fazenda Pública, inclusive no que concerne às causas interruptivas e suspensivas da prescrição." A multa deveria ser cobrada como dívida de valor, porém não se indicava o juízo competente para a execução, nem o órgão com legitimidade para fazê-la. Em face dessa omissão legislativa, surgiram basicamente duas posições na jurisprudência: **1.ª posição:** A pena de multa era executada pela Fazenda Pública, perante a Vara das Execuções Fiscais. Era a posição do Superior Tribunal de Justiça, estampada na Súmula 521: "A legitimidade para a execução fiscal de multa pendente de pagamento imposta em sentença condenatória é exclusiva da Procuradoria da Fazenda Pública";[335] e **2.ª posição:** A pena de multa era executada pelo Ministério Público, perante a Vara das Execuções Penais. Foi o entendimento então adotado pelo Supremo Tribunal Federal.[336] A polêmica chegou ao fim com a **atual sistemática do art. 51 do Código Penal.** O inadimplemento da sanção pecuniária não autoriza sua conversão em detenção, pois a pena de multa será considerada **dívida de valor.** A execução deverá ser promovida pelo Ministério Público, perante o juízo da execução penal, obedecendo ao rito previsto nos arts. 164 a 170 da Lei 7.210/1984 – Lei de Execução Penal. Destarte, cabe ao *Parquet*, depois de extrair certidão da sentença penal condenatória com trânsito em julgado, que funcionará como título executivo judicial, requerer, em autos apartados, a citação do condenado para, no prazo de 10 dias, pagar o valor da multa ou nomear bens à penhora (LEP, art. 164, *caput*). Decorrido esse prazo sem o pagamento da multa, ou o depósito da respectiva importância, proceder-se-á à penhora de tantos bens quantos bastem para garantir a execução (LEP, art. 164, § 1.º). O trecho "aplicáveis as normas relativas à dívida ativa da Fazenda Pública", contido no art. 51 do CP, diz respeito às causas interruptivas e suspensivas da prescrição, pois a multa deve ser considerada dívida de valor, e não com o procedimento para sua cobrança em juízo. Cumpre destacar que o Supremo Tribunal Federal reconhece **legitimidade subsidiária à Fazenda Pública** para execução da pena pecuniária: "Por ser também dívida de valor em face do Poder Público, a multa pode ser subsidiariamente cobrada pela Fazenda Pública, na Vara de Execução Fiscal, se o Ministério Público não houver atuado em prazo razoável (90 dias)."[337] Ademais, não se admite, em hipótese alguma, a execução da pena de multa de ofício pelo juiz.[338] Nada obstante seja considerada dívida de valor, **a multa preserva seu caráter de pena**, na forma determinada pelo art. 5.º, XLVI, *c*, da Constituição Federal. De fato, pouco importa a nomenclatura atribuída pelo legislador, pois a natureza jurídica da multa enquanto sanção penal é conferida pela Lei Suprema, e nenhum ato infraconstitucional pode retirar-lhe tal qualidade. Essa conclusão foi reforçada pela atual redação do dispositivo em análise: se é executada perante o juízo da execução penal, a multa é pena. A menção à "dívida de valor" destina-se unicamente a impedir sua conversão em detenção. Consequentemente, não pode ser declarada a extinção da pena de multa sem o seu efetivo pagamento, ou então em face da incidência de alguma causa extintiva da punibilidade, ainda que eventual pena privativa de liberdade ou restritiva de direitos cumulativamente imposta tenha sido integralmente cumprida.[339]

---

335   Com a atual redação do art. 51 do Código Penal, esta súmula acabou superada e tende a ser cancelada pelo Superior Tribunal de Justiça.

336   STF: ADI 3.150/DF, rel. Min. Marco Aurélio, red. p/ acórdão Min. Roberto Barroso, Plenário, j. 13.12.2018, noticiado no *Informativo* 927.

337   STF: ADI 3.150/DF, rel. Min. Marco Aurélio, red. p/ acórdão Min. Roberto Barroso, Plenário, j. 13.12.2018, noticiado no *Informativo* 927.

338   STJ: AgRg no AREsp 2.222.146/GO, rel. Min. Reynaldo Soares Da Fonseca, 5.ª Turma, j. 09.05.2023, noticiado no *Informativo* 779.

339   O Superior Tribunal de Justiça, entretanto, no Tema 931 do Recurso Repetitivo, firmou a seguinte tese: "Na hipótese de condenação concomitante a (*sic*) pena privativa de liberdade e multa, o inadimplemento da sanção pecuniária, pelo condenado que comprovar impossibilidade de fazê-lo, não obsta o reconhecimento da extinção da punibilidade" (REsp 1.785.383/SP, rel. Min. Rogerio Schietti Cruz, 3.ª Seção, j. 24.11.2021). Com

Finalmente, como corolário da sua previsão enquanto pena, a inadimplência da multa seguida da morte do condenado não tem o condão de estender sua cobrança aos seus herdeiros, em obediência ao princípio da personalidade ou intransmissibilidade da pena, consagrado pelo art. 5.º, XLV, da Constituição Federal.

○ **Cumprimento da pena privativa de liberdade, condenado economicamente hipossuficiente, inadimplemento da pena de multa e reflexos jurídicos:** Na hipótese de aplicação cumulativa de penas privativa de liberdade (ou restritiva de direitos substitutiva) e de multa, o cumprimento daquela pelo condenado não importa na satisfação automática desta última. Em outras palavras, depois de cumprida a pena de reclusão, detenção ou prisão simples, o acusado deverá adimplir a sanção pecuniária. Se não o fizer, sua execução incumbirá ao Ministério Público, perante o juízo da execução penal. Essa conclusão, amparada nas finalidades de retribuição e de prevenção especial da pena de multa, decorre tanto da sistemática consagrada pelo art. 51 do Código Penal como da orientação firmada pelo Plenário do Supremo Tribunal Federal no julgamento da ADI 3.150/DF. A Corte Suprema abre exceção unicamente na hipótese em que restar comprovada, no tocante ao condenado, a **impossibilidade de efetuar o pagamento da pena de multa**, ainda que de forma parcelada. Destarte, o juízo da execução pode declarar a extinção da punibilidade, no momento oportuno, se restar demonstrada nos autos a insolvência do apenado.[340] O Superior Tribunal de Justiça, todavia, no **Tema 931 do Recurso Repetitivo** (com revisão), entende que a autodeclaração de pobreza (hipossuficiência econômica) é suficiente para comprovar a impossibilidade de quitar a pena de multa. Essa presunção decorre da situação de pobreza que acomete os ex-presos em geral, mas é de natureza relativa, razão pela qual pode ser afastada por decisão fundamentada do juízo da execução, no sentido de que o condenado possui condições concretas de efetuar o pagamento da sanção pecuniária.[341]

○ **Causas suspensivas e interruptivas da prescrição da pena de multa:** O art. 51 do CP determina a aplicação das normas da legislação relativa à dívida ativa da Fazenda Pública no que concerne às causas interruptivas e suspensivas da prescrição. Incidem, assim, as disposições da Lei 6.830/1980 – Lei de Execução Fiscal e do Código Tributário Nacional. Em relação à **suspensão** da prescrição, dispõe o art. 40 da Lei de Execução Fiscal: "O juiz suspenderá o curso da execução, enquanto não for localizado o devedor ou encontrados bens sobre os quais possa recair a penhora, e, nesses casos, não correrá o prazo de prescrição." Esta suspensão não é eterna, a teor do contido na **Súmula 314 do STJ**: "Em execução fiscal, não localizados bens penhoráveis, suspende-se o processo por um ano, findo o qual se inicia o prazo da prescrição quinquenal intercorrente". As causas de **interrupção** da prescrição encontram-se no art. 174, parágrafo único, do CTN, destacando-se o inciso I: "A prescrição se interrompe: I – pelo despacho do juiz que ordenar a citação em execução fiscal".

○ **Jurisprudência selecionada:**

Pena de multa – execução de ofício pelo magistrado – impossibilidade – inteligência dos arts. 164 e seguintes da LEP – competência prioritária do Ministério Público – competência

---

o merecido respeito, essa posição do STJ, além de contrariar a jurisprudência do STF – ADI 3.150/DF, rel. Min. Marco Aurélio, red. p/ acórdão Min. Roberto Barroso, Plenário, j. 13.12.2018, noticiado no *Informativo* 927 –, não leva em conta que a multa, enquanto pena, é inderrogável e indisponível quanto ao seu cumprimento. A impossibilidade de pagamento da pena pecuniária somente pode conduzir à sua extinção pela incidência da prescrição ou de outra causa extintiva da punibilidade, e o legislador não previu a pobreza como uma das suas hipóteses.

[340] STF: ADI 7.032/DF, rel. Min. Flávio Dino, Plenário, j. 22.03.2024, noticiado no *Informativo* 1.129.

[341] STJ: REsp 2.090.454/SP, rel. Min. Rogerio Schietti Cruz, 3.ª Seção, j. 28.02.2024, noticiado no *Informativo* 803.

subsidiária da Fazenda Pública: "Não cabe a determinação do pagamento da pena de multa, de ofício, ao juízo da execução. O Supremo Tribunal Federal, ao julgar a ADI 3.150/DF, declarou que, à luz do preceito estabelecido pelo art. 5º, inciso XLVI, da Constituição Federal, a multa, ao lado da privação de liberdade e de outras restrições - perda de bens, prestação social alternativa e suspensão ou interdição de direitos -, é espécie de pena aplicável em retribuição e em prevenção à prática de crimes. Com base nessa premissa, a legitimidade para a execução da multa resultante de uma condenação criminal transitada em julgado, devido à sua natureza penal, recai prioritariamente sobre o Ministério Público, ainda que não de forma exclusiva. Por outro lado, a Fazenda Pública tem a legitimidade subsidiária para propor a execução fiscal, somente em caso de omissão do órgão ministerial dentro do prazo estabelecido de 90 dias a partir da intimação para a execução da penalidade. Em síntese, conforme entendimento do STF, (i) o Ministério Público é o órgão legitimado para promover a execução da pena de multa, perante a Vara de Execução Criminal, observado o procedimento descrito pelos arts. 164 e seguintes da Lei de Execução Penal; e (ii) caso o titular da ação penal, devidamente intimado, não proponha a execução da multa no prazo de 90 (noventa) dias, o Juiz da execução criminal dará ciência do feito ao órgão competente da Fazenda Pública (Federal ou Estadual, conforme o caso) para a respectiva cobrança na própria Vara de Execução Fiscal, com a observância do rito da Lei n. 6.830/1980. Dessa forma, a determinação do pagamento da pena de multa não cabe, de ofício, ao juízo da execução. No mesmo sentido é o entendimento da Quinta Turma desta Corte, que já decidiu que 'incumbe ao Ministério Público a execução da pena de multa, o qual, atento às disposições contidas nos arts. 164 e seguintes da Lei de Execução Penal, deverá promovê-la, não cabendo ao juízo da execução a determinação, de ofício, do respectivo pagamento' (AgRg no AREsp 2.092.616/GO, relator Ministro Ribeiro Dantas, Quinta Turma, julgado em 2/8/2022, DJe de 10/8/2022)" (STJ: AgRg no AREsp 2.222.146/GO, rel. Min. Reynaldo Soares Da Fonseca, 5.ª Turma, j. 09.05.2023, noticiado no *Informativo* 779).

Pena de multa – impossibilidade de pagamento comprovada – pena privativa de liberdade integralmente cumprida – extinção da punibilidade: "O adimplemento da pena de multa conjuntamente cominada com a pena privativa de liberdade é condição para o reconhecimento da extinção da punibilidade, salvo na situação de comprovada impossibilidade pelo apenado, ainda que de forma parcelada. Conforme a jurisprudência desta Corte, a multa prevista no art. 51 do Código Penal, muito embora considerada dívida de valor, permanece dotada da natureza sancionatória de cunho penal. Por outro lado, o princípio da proporcionalidade da resposta penal impõe que o juízo da execução sopese o fato de o condenado não dispor de condições para pagar o valor fixado para a pena de multa, de modo que, quando essa circunstância for devidamente demonstrada, o óbice à extinção da pena privativa de liberdade deve ser afastado. Com base nesse entendimento, o Plenário, por unanimidade, julgou parcialmente procedente a ação para conferir ao art. 51 do CP/1940 interpretação no sentido de que, cominada conjuntamente com a pena privativa de liberdade, a pena de multa obsta o reconhecimento da extinção da punibilidade, salvo na situação de comprovada impossibilidade de seu pagamento pelo apenado, ainda que de forma parcelada. Acrescentou, ainda, a possibilidade de o juiz de execução extinguir a punibilidade do apenado, no momento oportuno, concluindo essa impossibilidade de pagamento através de elementos comprobatórios constantes dos autos" (STF: ADI 7.032/DF, rel. Min. Flávio Dino, Plenário, j. 22.03.2024, noticiado no *Informativo* 1.129).

Pena de multa– impossibilidade de pagamento e sua comprovação – presunção relativa de veracidade da autodeclaração de pobreza: "O inadimplemento da pena de multa, mesmo após o cumprimento da pena de prisão ou da pena restritiva de direitos, não impede a extinção da punibilidade, desde que o condenado alegue hipossuficiência, salvo se o juiz competente, em decisão devidamente fundamentada, entenda de forma diferente, indicando especificamente a capacidade de pagamento da penalidade pecuniária. A Terceira Seção do STJ, por ocasião do julgamento do Recurso Especial Representativo da Controvérsia 1.519.777/SP, assentou a tese de que 'nos casos em que haja condenação a pena privativa de liberdade e multa, cumprida a primeira (ou a restritiva de direitos que eventualmente a tenha substituído), o inadimplemento da sanção pecuniária não obsta o reconhecimento da extinção da punibilidade'. Ao apreciar a ADI 3.150, o STF firmou o entendimento de que a alteração do art. 51 do Código Penal, promovida Lei n. 9.268/1996, não retirou o caráter de sanção criminal da pena de multa, de modo que a primazia para sua execução incumbe ao Ministério Público e o seu inadimplemento obsta a extinção da punibilidade do apenado. Tal compreensão foi posteriormente sintetizada em nova alteração do referido dispositivo legal, pela Lei n. 13.964/2019. Em decorrência do entendimento firmado pelo STF, bem como em face da mais recente alteração legislativa no artigo 51 do Código Penal, o STJ reviu a tese anteriormente aventada no Tema n. 931, para assentar que, 'na hipótese de condenação concomitante a pena privativa de liberdade e multa, o inadimplemento da sanção pecuniária obsta o reconhecimento da extinção da punibilidade' (Recursos Especiais Representativos da Controvérsia 1.785.383/SP e 1.785.861/SP, rel. Min. Rogerio Schietti, Terceira Seção, *DJe* 21.09.2021). De toda sorte, é razoável inferir que referida decisão do STF se dirige àqueles condenados que possuam condições econômicas de adimplir a sanção pecuniária, geralmente relacionados a crimes de colarinho branco, de modo a impedir que o descumprimento da decisão judicial resulte em sensação de impunidade. Demonstra-o também a decisão do Pleno da Suprema Corte, ao julgar o Agravo Regimental na Progressão de Regime na Execução Penal 12/DF, a respeito da exigência de reparação do dano para obtenção do benefício da progressão de regime. Na ocasião, salientou-se que, 'especialmente em matéria de crimes contra a Administração Pública – como também nos crimes de colarinho branco em geral –, a parte verdadeiramente severa da pena, a ser executada com rigor, há de ser a de natureza pecuniária. Esta, sim, tem o poder de funcionar como real fator de prevenção, capaz de inibir a prática de crimes que envolvam apropriação de recursos públicos' (rel. Min. Roberto Barroso, Tribunal Pleno, *DJe* 18.03.2015). Assim, mesmo aqueles que cumpriram integralmente suas penas, ainda precisam enfrentar a desproporcionalidade e a crueldade do sistema, já que são obrigados a pagar multas que foram fixadas quando condenados. A depender do perfil do réu, essas multas acabam aprofundando ainda mais a desigualdade econômica e social existente na população apenada, uma vez que após a saída da prisão retornam com frequência para a situação anterior a sua prisão, agora sobreposta com o estigma de ex-preso. É oportuno lembrar que, entre outros efeitos secundários, a condenação criminal transitada em julgado retira direitos políticos do condenado, nos termos do art. 15, III, da Constituição da República de 1988. Como consequência, uma série de benefícios sociais – inclusive empréstimos e adesão a programas de inclusão e de complementação de renda – lhe serão negados enquanto pendente dívida pecuniária decorrente da condenação. Ainda na seara dos malefícios oriundos do não reconhecimento da extinção da punibilidade, o art. 64, I, do Código Penal determina que, 'para efeito de reincidência: [...] não prevalece a condenação anterior, se entre a data do cumprimento ou extinção da pena e a infração posterior tiver decorrido período de tempo superior a 5 (cinco) anos, computado o período de prova da suspensão ou do livramento condicional, se não ocorrer revogação', o que implica dizer que continuará o condenado a ostentar a condição de potencial reincidente enquanto inadimplida a sanção pecuniária. Não se mostra, portanto, compatível com os objetivos e fundamentos do Estado Democrático de Direito – destinado a assegurar o exercício dos direitos sociais e individuais, a liberdade, a segurança, o bem-estar, o desenvolvimento, a igualdade e a justiça' (Preâmbulo da Constituição da República) – que se perpetue uma situação que tem representado uma sobrepunição dos condenados notoriamente incapacitados de, já expiada a pena privativa de liberdade ou restritiva de direitos, solver uma dívida que, a despeito de legalmente imposta – com a incidência formal do Direito Penal – não se apresenta, no momento de sua execução, em punição estatal. Além disso, não se trata de generalizado perdão da dívida de valor ou sua isenção, porquanto se o Ministério Público, a quem compete, especialmente, a fiscalização da execução penal, vislumbrar a possibilidade de que o condenado não se encontra nessa situação de miserabilidade que o isente do adimplemento da multa, poderá produzir prova em sentido contrário. É dizer, presume-se a pobreza do condenado que sai do sistema penitenciário – porque amparada na realidade visível, crua e escancarada – permitindo-se prova em sentido contrário. E, por se tratar de decisão judicial, poderá o juiz competente, ao analisar o pleito de extinção da punibilidade, indeferi-lo se, mediante concreta motivação, indicar evidências de que o condenado possui recursos que lhe permitam, ao contrário do que declarou, pagar a multa. De mais a mais, resta ainda a possibilidade, nos termos do art. 51 do Código Penal, de a multa poder ser executada como dívida de valor, aplicáveis as normas relativas à dívida ativa da Fazenda Pública, inclusive no que concerne às causas interruptivas e suspensivas da prescrição. A execução da sanção pecuniária – sempre sujeita, evidentemente, à capacidade de pagar do devedor – poderá ser implementada pelo Ministério Público, prioritariamente, ou pela Fazenda Pública, subsidiariamente. A propósito, o Decreto Presidencial de indulto natalino – n. 11.846/2023 – abrangeu pessoas 'condenadas a pena de multa, ainda que não quitada, independentemente da fase executória ou do juízo em que se encontre, aplicada isolada ou cumulativamente com pena privativa de liberdade, desde que não supere o valor mínimo para o ajuizamento de execuções fiscais de débitos com a Fazenda Nacional, estabelecido em ato do Ministro de Estado da Fazenda, ou que não tenham capacidade econômica de quitá-la, ainda que supere o referido valor'. Isso equivale a dizer que, para o Poder Executivo, é melhor perdoar a dívida pecuniária de quem já cumpriu a integralidade da pena privativa de liberdade e deseja – sem a obrigatoriedade de pagar uma pena de multa até um valor que o Estado costuma renunciar à cobrança de seus créditos fiscais – reconquistar um patamar civilizatório de que até então eram tolhidos em virtude do não pagamento da multa. No caso, a Corte de origem procedeu ao exame das condições socioeconômicas a que submetido o apenado, a fim de averiguar a possibilidade de incidência da tese firmada no Tema 931, o que levou o Tribunal a concluir pela vulnerabilidade econômica do recorrido. O Tribunal *a quo*, não obstante haver reconhecido a legitimidade da cobrança da pena de multa pelo Ministério Público, alicerçou sua compreensão na patente hipossuficiência do executado, conjuntura que não foi desconstituída pelo órgão ministerial. A presunção de veracidade da declaração de hipossuficiência, a fim de permitir a concessão da gratuidade de justiça, possui amparo no art. 99, § 3.º, do Código de Processo Civil, segundo o qual 'presume-se verdadeira a alegação de insuficiência deduzida exclusivamente por pessoa natural', podendo ser elidida caso esteja demonstrada a capacidade econômica do reeducando. Desse modo, conclui-se que o inadimplemento da pena de multa, após cumprida a pena privativa de liberdade ou restritiva de direitos, não obsta a extinção da punibilidade, ante a alegada hipossuficiência do condenado, salvo se diversamente entender o juiz competente, em decisão suficientemente motivada, que indique concretamente a possibilidade de pagamento da sanção pecuniária" (STJ: REsp 2.090.454/SP, rel. Min. Rogerio Schietti Cruz, 3.ª Seção, j. 28.02.2024, noticiado no *Informativo* 803).

Pena de multa – inadimplemento deliberado – aplicação cumulativa com pena privativa de liberdade – óbice à progressão de regime prisional: "O inadimplemento deliberado da pena de multa cumulativamente aplicada ao sentenciado impede a progressão no regime prisional. Essa regra somente é excepcionada pela comprovação da absoluta impossibilidade econômica do apenado em pagar o valor, ainda que parceladamente. Essa a conclusão do Plenário que, por maioria, negou provimento a agravo regimental interposto em face de decisão monocrática que indeferira o pedido de progressão de regime prisional – tendo em vista o inadimplemento da multa imposta – de condenado, nos autos da AP 470/MG (*DJe* 22.04.2013), à pena de seis anos e seis meses de reclusão, em regime inicial semiaberto, bem assim à sanção pecuniária de 330 dias-multa, pela prática de corrupção passiva e lavagem de dinheiro. Alegava-se que o prévio pagamento da pena de multa não seria requisito legal para a progressão de regime, porquanto inexistente prisão por dívida (CF, art. 5º, LXVII), bem assim que o art. 51 do CP proibiria a conversão da multa em detenção. [...] O não recolhimento da multa por condenado que tivesse condições econômicas de pagá-la, sem sacrifício dos recursos indispensáveis ao sustento próprio e de sua família, constituiria deliberado descumprimento de decisão judicial e deveria impedir a progressão de regime. Além disso, admitir-se o não pagamento da multa configuraria tratamento privilegiado em relação ao sentenciado que espontaneamente pagasse a sanção pecuniária. Ademais, a passagem para o regime aberto exigiria do sentenciado autodisciplina e senso de responsabilidade (LEP, art. 114, II), a pressupor o cumprimento das decisões judiciais aplicadas a ele. Essa interpretação seria reforçada pelo art. 36, § 2º, do CP e pelo art. 118, § 1º, da LEP, que estabelecem a regressão de regime para o condenado que não pagar, podendo, a multa cumulativamente imposta. Assim, o deliberado inadimplemento da multa sequer poderia ser comparado à vedada prisão por dívida (CF, art. 5º, LXVII), configurando apenas óbice à progressão no regime prisional. Ressalvou que a exceção admissível ao dever de pagar a multa seria a impossibilidade econômica absoluta de fazê-lo. Seria cabível a progressão se o sentenciado, veraz e comprovadamente, demonstrasse sua total insolvabilidade, a ponto de impossibilitar até mesmo o pagamento parcelado da quantia devida, como autorizado pelo art. 50 do CP. Ressaltou que o acórdão exequendo fixara o *quantum* da sanção pecuniária especialmente em função da situação econômica do réu (CP, art. 60), de modo que a relativização dessa resposta penal dependeria de prova robusta por parte do sentenciado. No caso, entretanto, não houvera mínima comprovação de insolvabilidade, incabível, portanto, a exceção admissível ao dever de pagar a multa" (STF: EP 12 ProgReg-AgR/DF, rel. Min. Roberto Barroso, Plenário, j. 08.04.2015, noticiado no *Informativo* 780).

Pena de multa – natureza jurídica – execução – legitimidade ativa e competência: "O Plenário, por maioria, julgou parcialmente procedente o pedido formulado em ação direta de inconstitucionalidade ajuizada em face do art. 51 do Código Penal e, em conclusão de julgamento e por maioria, resolveu questão de ordem em ação penal no sentido de assentar a legitimidade do Ministério Público (MP) para propor a cobrança de multa decorrente de sentença penal condenatória transitada em julgado, com a possibilidade subsidiária de cobrança pela Fazenda Pública. O colegiado assentou que a Lei 9.268/1996, ao considerar a multa penal como dívida de valor, não retirou dela o caráter de sanção criminal que lhe é inerente, por força do art. 5º, XLVI, *c*, da Constituição Federal. Como consequência, a legitimação prioritária para a execução da multa penal é do MP, perante a vara de execuções penais. Entretanto, caso o titular da ação penal, devidamente intimado, não proponha a execução da multa no prazo de noventa dias, o juiz da execução criminal deverá dar ciência do feito ao órgão competente da Fazenda Pública (federal ou estadual, conforme o caso) para a respectiva cobrança na própria vara de execução fiscal, com a observância do rito da Lei 6.830/1980. O Plenário registrou que o art. 51 do CP, na redação que lhe havia sido dada pela Lei 7.209/1984, previa a possibilidade de conversão da multa em pena de detenção, quando o condenado, deliberadamente, deixasse de honrá-la. Posteriormente, a Lei 9.268/1996 deu nova redação ao dispositivo, referindo-se à multa como dívida de valor. Assim, a nova redação do referido dispositivo implicou duas consequências: i) não mais permite a conversão da pena de multa em detenção; e ii) a multa passou a ser considerada dívida de valor. Contudo, dizer que a multa penal se trata de dívida de valor não significa que tenha perdido o caráter de sanção criminal. A natureza de sanção penal dessa espécie de multa é prevista na própria CF, razão pela qual o legislador ordinário não poderia retirar-lhe essa qualidade. Diante de tal constatação, não há como retirar do MP a competência para a execução da multa penal, considerado o teor do art. 129 da CF, segundo o qual é função institucional do MP promover privativamente a ação penal pública, na forma da lei. Promover a ação penal significa conduzi-la ao longo do processo de conhecimento e de execução, ou seja, buscar a condenação e, uma vez obtida esta, executá-la. Caso contrário, haveria interrupção na função do titular da ação penal. Ademais, o art. 164 da Lei de Execução Penal é expresso ao reconhecer essa competência do MP. Esse dispositivo não foi revogado expressamente pela Lei 9.268/1996" (STF: ADI 3.150/DF, rel. Min. Marco Aurélio, Plenário, j. 13.12.2018, noticiado no *Informativo* 927).

Suspensão da execução da multa

Art. 52. É suspensa a execução da pena de multa, se sobrevém ao condenado doença mental.

○ **Suspensão da execução da multa:** De acordo com o dispositivo em estudo, suspende-se a execução da pena de multa, mas não se opera a suspensão da prescrição, em relação à qual se aplicam os prazos definidos pelo art. 114 do CP.

Capítulo II
DA COMINAÇÃO DAS PENAS

Penas privativas de liberdade

> **Art. 53.** As penas privativas de liberdade têm seus limites estabelecidos na sanção correspondente a cada tipo legal de crime.

○ **Cominação das penas:** O dispositivo é desnecessário no tocante às penas privativas de liberdade, pois já são cominadas por cada tipo legal de crime ou contravenção penal nos limites mínimo e máximo. Exemplificativamente, o art. 155 do CP prevê, para o furto simples, o limite mínimo de 1 (um) e máximo de 4 (quatro) anos de reclusão. Entretanto, a função substitutiva atribuída às penas restritivas de direitos e a cominação indeterminada das penas de multa explicam a introdução no CP dessas regras, evitando uma cansativa e indevida repetição em cada tipo legal.[342] Em nosso sistema penal as penas podem ser cominadas em abstrato por diversas modalidades: **(a) isoladamente:** cuida-se da cominação única de uma pena, prevista com exclusividade pelo preceito secundário do tipo incriminador. Exemplo: art. 121, *caput*, do CP, com pena de reclusão; **(b) cumulativamente:** o tipo penal prevê, em conjunto, duas espécies de penas. Exemplo: art. 157, *caput*, do CP, com penas de reclusão e multa; **(c) paralelamente:** cominam-se, alternativamente, duas modalidades de penas. Exemplo: art. 235, § 1.º, do CP, com penas de reclusão ou detenção; **(d) alternativamente:** a lei coloca à disposição do magistrado a aplicação única de duas espécies de penas. Há duas opções, mas o julgador somente pode aplicar uma delas. Exemplo: art. 140, *caput*, do CP, com penas de detenção ou multa.

○ **Limites das penas:** As penas privativas de liberdade são previstas abstratamente no preceito secundário de cada tipo penal incriminador. O legislador previu seus limites mínimo e máximo, podendo haver alteração para mais ou para menos, a depender da existência de causas de aumento ou de diminuição da pena. Na legislação extravagante existem situações diversas. No Código Eleitoral – Lei 4.737/1965, a diversos crimes (exemplo: arts. 289, 290 e 291) o legislador impõe somente o limite máximo da pena, sem cominar seu mínimo. Para complementar esta opção legislativa, o art. 284 do Código Eleitoral estabelece: "Sempre que este Código não indicar o grau mínimo, entende-se que será ele de quinze dias para a pena de detenção e de um ano para a de reclusão." Essa técnica se repete no Código Penal Militar – Decreto-lei 1.001/1969 (exemplos: arts. 146, parágrafo único, 147 e 148), estabelecendo seu art. 58: "O mínimo da pena de reclusão é de um ano, e o máximo de trinta anos; o mínimo da pena de detenção é de trinta dias, e o máximo de dez anos."

---

[342] SANTOS, Juarez Cirino dos. *Direito penal* – Parte geral. 2. ed. Curitiba: ICPC; Lumen Juris, 2007. p. 549.

Penas restritivas de direitos

> **Art. 54.** As penas restritivas de direitos são aplicáveis, independentemente de cominação na parte especial, em substituição à pena privativa de liberdade, fixada em quantidade inferior a 1 (um) ano, ou nos crimes culposos.

○ **Derrogação:** A Lei 9.714/1998 alterou os arts. 43, 44, 45, 46, 55 e 77 do CP, derrogando o dispositivo em estudo no tocante à permissão da substituição da pena privativa de liberdade apenas quando for inferior a um ano. Com a redação dada pela Lei 9.714/1998, o art. 44, I, do CP dispõe: "As penas restritivas de direitos são autônomas e substituem as privativas de liberdade, quando: I – aplicada pena privativa de liberdade não superior a quatro anos e o crime não for cometido com violência ou grave ameaça à pessoa ou, qualquer que seja a pena aplicada, se o crime for culposo." *Vide comentários ao art. 44 do CP.*

> **Art. 55.** As penas restritivas de direitos referidas nos incisos III, IV, V e VI do art. 43 terão a mesma duração da pena privativa de liberdade substituída, ressalvado o disposto no § 4º do art. 46.

○ **Duração das penas restritivas de direitos:** De acordo com o dispositivo em apreço, as penas restritivas de direitos de prestação de serviços à comunidade ou a entidades públicas, interdição temporária de direitos e limitação de fim de semana devem ter a **mesma duração** da pena privativa de liberdade substituída. Tal previsão se justifica pelo fato de os preceitos secundários dos tipos penais não trazerem, em abstrato, o montante desse tipo de pena. De acordo com o art. 46, § 4.º, do CP, a pena de prestação de serviços à comunidade ou a entidades públicas superior a 1 (um) ano pode ser cumprida em menor tempo, nunca inferior à metade da pena privativa de liberdade fixada. Tal regra não se aplica às penas de prestação pecuniária e perda de bens e valores, pois em nada se relacionam com o limite temporal da pena privativa de liberdade substituída – têm cunho patrimonial, e não de restrição de direitos por prazo certo.

> **Art. 56.** As penas de interdição, previstas nos incisos I e II do art. 47 deste Código, aplicam-se para todo o crime cometido no exercício de profissão, atividade, ofício, cargo ou função, sempre que houver violação dos deveres que lhes são inerentes.

○ **Aplicação das penas de interdição do art. 47, I e II do CP:** O inciso I do art. 47 do CP prevê a pena de proibição de exercício de cargo, função ou atividade pública, bem como de mandato eletivo. O inciso II prevê a proibição do exercício de profissão, atividade ou ofício que dependam de habilitação especial, de licença ou autorização do Poder Público. Ambas são penas específicas, pois aplicáveis somente ao crime cometido no exercício de profissão, atividade, ofício, cargo ou função, sempre que houver violação dos deveres que lhes são inerentes, conforme redação do art. 56 do CP. A primeira diz respeito à **vida pública** do condenado, por relacionar-se a cargo, função ou atividade **pública**, bem como a **mandato eletivo**. A segunda refere-se à **esfera privada** de atuação do condenado, embora dependente de habilitação especial, de licença ou autorização do Poder Público. Ambas pressupõem a prática do delito no exercício das atividades referidas e com violação dos deveres a elas inerentes. Ou seja, deve haver vinculação da atividade exercida pelo agente com o delito praticado. Ainda, devem estar presentes os requisitos do art. 44 do CP para que tais penas sejam impostas.

> **Art. 57.** A pena de interdição, prevista no inciso III do art. 47 deste Código, aplica-se aos crimes culposos de trânsito.

○ **Revogação:** O inciso III do art. 47 do CP prevê a pena de suspensão de autorização ou de habilitação para dirigir veículo. Como já comentado, os crimes culposos de trânsito encontram-se atualmente previstos pelo Código de Trânsito Brasileiro – Lei 9.503/1997, restando à incidência do art. 47, III, do CP exclusivamente a **suspensão de autorização** para dirigir veículo, autorização esta destinada unicamente aos **ciclomotores** (art. 141 do CTB).

Pena de multa

> **Art. 58.** A multa, prevista em cada tipo legal de crime, tem os limites fixados no art. 49 e seus parágrafos deste Código.
>
> Parágrafo único. A multa prevista no parágrafo único do art. 44 e no § 2º do art. 60 deste Código aplica-se independentemente de cominação na parte especial.

○ **Limites para a pena de multa:** Na atual sistemática penal, adota-se como regra o critério do **dia-multa**, pelo qual a pena de multa vem genericamente indicada no preceito secundário de cada tipo penal, e o seu valor é calculado com base nos critérios previstos no art. 49 do CP. Em outras palavras, a multa não vem mais prevista em cada tipo legal de crime, como dispõe o artigo em análise. A respeito, *ver comentários ao art. 49 do CP.*

○ **Multa substitutiva:** Também chamada de **vicariante**, é a modalidade de pena de multa indicada pelo art. 58, parágrafo único, do Código Penal.

Capítulo III
DA APLICAÇÃO DA PENA

Fixação da pena

> **Art. 59.** O juiz, atendendo à culpabilidade, aos antecedentes, à conduta social, à personalidade do agente, aos motivos, às circunstâncias e consequências do crime, bem como ao comportamento da vítima, estabelecerá, conforme seja necessário e suficiente para reprovação e prevenção do crime:
>
> I – as penas aplicáveis dentre as cominadas;
>
> II – a quantidade de pena aplicável, dentro dos limites previstos;
>
> III – o regime inicial de cumprimento da pena privativa de liberdade;
>
> IV – a substituição da pena privativa da liberdade aplicada, por outra espécie de pena, se cabível.

○ **Conceito:** A atividade de aplicar a pena, **exclusivamente judicial,** consiste em fixá-la, na sentença, depois de superadas todas as etapas do devido processo legal, em quantidade determinada e respeitando os requisitos legais, em desfavor do réu a quem foi imputada a autoria ou participação em uma infração penal. Cuida-se de **ato discricionário juridicamente vinculado**. O juiz está preso aos parâmetros que a lei estabelece. Dentro deles poderá fazer as suas opções, para chegar a uma aplicação justa da pena, atento às exigências da espécie concreta, isto é, às suas singularidades, às suas nuanças objetivas e principalmente à pessoa a quem a sanção se destina. Todavia, é forçoso reconhecer estar habitualmente presente nesta atividade do julgador um coeficiente criador, e mesmo irracional, em que, inclusive inconscientemente, se projetam a personalidade e as concepções da vida e do mundo do juiz.[343]

○ **Pressuposto da fixação da pena:** A aplicação da pena tem como pressuposto a **culpabilidade** do agente, constituída por imputabilidade, potencial consciência da ilicitude e exigibilidade de conduta diversa. Ausente a culpabilidade, será impossível a imposição de pena, qualquer que seja a sua modalidade. Na hipótese de inadequação da pena, poderá o réu suportar uma medida de segurança, se for maior de 18 anos de idade e dotado de periculosidade. Enquanto a culpabilidade é pressuposto de aplicação da pena, a periculosidade funciona como pressuposto de aplicação da medida de segurança. A pena, no direito brasileiro, deve ser aplicada mesmo quando o condenado, posteriormente ao crime e por qualquer motivo, não mais dependa de ressocialização. Justifica-se esse posicionamento pela adoção da teoria mista ou unificadora da pena, que possui, além da finalidade preventiva especial, a prevenção geral como objetivo (intimidação da coletividade) e, principalmente, o caráter retributivo (obrigatoriedade de punição).

○ **Sistemas ou critérios para aplicação da pena:** A história recente do Direito Penal brasileiro indica a existência de dois sistemas principais para a aplicação da pena privativa de liberdade: um bifásico e outro trifásico. Para o **critério bifásico**, idealizado por Roberto Lyra, a pena privativa de liberdade deveria ser aplicada em duas fases distintas. Na primeira fase, o magistrado calcularia a pena-base levando em conta as circunstâncias judiciais e as atenuantes e agravantes genéricas. Em seguida, incidiriam na segunda fase as causas de diminuição e de aumento da pena.[344] Esse sistema encontrou ressonância nos pensamentos de José Frederico Marques e de Basileu Garcia.[345] Por sua vez, o **critério trifásico**, elaborado por Nélson Hungria, sustenta a dosimetria da pena privativa de liberdade em três etapas. Na primeira, o juiz fixa a pena-base, com apoio nas circunstâncias judiciais. Em seguida, aplica as atenuantes e agravantes genéricas, e, finalmente, as causas de diminuição e de aumento da pena. **O art. 68, *caput*, do Código Penal filiou-se ao critério trifásico.** Entretanto, para a **pena de multa** adotou-se o **sistema bifásico** (art. 49, *caput* e § 1.º do CP). Fixa-se inicialmente o número de dias-multa, e, após, calcula-se o valor de cada dia-multa. Para Alberto Silva Franco, a reforma da Parte Geral do Código Penal pela Lei 7.209/1984, embora acolhendo o critério

[343] LUISI, Luiz. *Os princípios constitucionais penais.* 2. ed. Porto Alegre: Sergio Fabris, 2003. p. 54.

[344] LYRA, Roberto. *Comentários ao código penal.* Rio de Janeiro: Forense, 1942. v. II, p. 172.

[345] "Parece-nos haver inaceitável artificialismo na separação do trabalho do julgador em três fases. Duas, sem dúvida, serão imprescindíveis, sempre que existir causa de aumento ou de diminuição a atender. Só então surgirá a contingência de fixar-se uma pena-base. Essa designação, corrente em nosso meio, como entre os comentadores italianos, pode ser mantida sem desvantagem. Exprimirá a quantidade fundamental da pena, sobre a qual se computarão os aumentos e diminuições. Não queremos dizer que a verificação não possa tripartir-se, mas, tão só, que não há necessidade. [...] Nada impede que o juiz, no uso dos seus largos poderes, complique um pouco mais o seu labor espiritual, detendo-se numa etapa provisória, na certeza de que terá imediatamente de alterar o resultado colhido, ante a eficácia de agravantes e atenuantes obrigatórias, já presentes na sua consciência ao início da operação" (GARCIA, Basileu. *Instituições de direito penal.* 4. ed. 37. tir. São Paulo, Max Limonad. t. II, v. I, 1975).

trifásico, foi além: criou uma **quarta fase**, ou seja, a da substituição da pena privativa de liberdade pela pena restritiva de direitos ou pela pena pecuniária.[346]

○ **Elementares e circunstâncias:** **Elementares**, ou **elementos**, são os fatores que compõem a estrutura da figura típica, integrando o **tipo fundamental**. É o caso de "alguém" no crime de homicídio (CP, art. 121, *caput*). **Circunstâncias** são os dados que se agregam ao tipo fundamental para o fim de aumentar ou diminuir a quantidade da pena, tais como o "motivo torpe" e o "relevante valor moral", qualificadora e privilégio no homicídio doloso, respectivamente. Formam o **tipo derivado**. As elementares normalmente encontram-se descritas no *caput* do tipo penal, enquanto as circunstâncias estão nos parágrafos a ele vinculados. Excepcionalmente, entretanto, o legislador prevê elementares fora do *caput*, como se verifica no crime de excesso de exação, descrito pelo art. 316, § 1.º, do CP, independente do delito de concussão tipificado pelo seu *caput*. A forma mais segura para distinguir se determinado fator previsto em lei constitui-se em elementar ou circunstância se faz pelo **critério da exclusão**. Se a sua retirada resultar na atipicidade do fato ou na desclassificação para outro delito, trata-se de elementar. Mas se subsistir o mesmo crime, alterando-se somente a quantidade da pena, cuida-se de circunstância.

– **Classificação das circunstâncias:** No campo da aplicação da pena, as circunstâncias podem ser legais ou judiciais. **Circunstâncias legais** são as previstas no CP e pela legislação penal especial. São suas espécies as qualificadoras, as atenuantes e agravantes genéricas e as causas de diminuição e de aumento da pena. **Circunstâncias judiciais**, de outro lado, são as relacionadas ao crime, objetiva e subjetivamente, e alcançadas pela atividade judicial, em conformidade com as regras previstas no art. 59, *caput*, do CP. Têm natureza residual ou subsidiária, pois somente incidem quando não configuram circunstâncias legais.

– **Compensação das circunstâncias:** Quanto à compensação entre as circunstâncias legais e judiciais, entende-se ser possível essa operação somente quando dentro da mesma fase, sob pena de se frustrar o sistema trifásico estabelecido em lei. Exemplo: na primeira fase, o magistrado pode compensar os maus antecedentes (circunstância judicial desfavorável ao réu) com o comportamento inadequado da vítima (circunstância judicial favorável ao réu). É vedada a compensação envolvendo fases distintas.[347] Exemplo: o juiz não pode compensar a personalidade desajustada do réu (circunstância judicial desfavorável: 1.ª fase) com a menoridade relativa (atenuante genérica: 2.ª fase).

○ **Agravantes genéricas e causas de aumento da pena:** As agravantes genéricas são assim chamadas por estarem previstas **taxativamente** na Parte Geral do CP (arts. 61 e 62),[348] e a exasperação da pena, que deve respeitar o limite máximo abstratamente cominado pelo legislador, é definida pelo juiz no caso concreto, uma vez que a lei não indica a quantidade de aumento. **Incidem na segunda fase de aplicação da pena**. As causas de aumento da pena, obrigatórias ou facultativas, por sua vez, situam-se na Parte Geral, na Parte Especial do CP, e também na legislação especial. São previstas em quantidade fixa ou variável, podendo elevar a pena concreta acima do limite máximo legalmente estipulado pelo legislador. **Aplicam-se na terceira fase da dosimetria da pena**, e são também chamadas de **qualificadoras em sentido amplo**.

---

[346] FRANCO, Alberto Silva; STOCO, Rui. *Código penal e sua interpretação jurisprudencial*. Parte geral. 7. ed. São Paulo: RT, 2001. v. 1, p. 1.233.

[347] NUCCI, Guilherme de Souza. *Individualização da pena*. 2. ed. São Paulo: RT, 2007. p. 263-264.

[348] Isso não impede, porém, que sejam previstas agravantes por leis especiais, a exemplo do que ocorre no art. 298 da Lei 9.503/1997 em relação aos crimes de trânsito. Mas, no Código Penal, estão arroladas na Parte Geral.

○ **Causas de aumento da pena e qualificadoras:** As causas de aumento da pena, utilizáveis na terceira fase da aplicação da pena, funcionam exclusivamente como percentuais para a elevação da reprimenda, em quantidade fixa ou variável. Encontram previsão tanto na Parte Geral como na Parte Especial do CP, e também na legislação especial. Já as **qualificadoras têm penas próprias**, dissociadas do tipo fundamental, pois são alterados os próprios limites (mínimo e máximo) abstratamente cominados. Ademais, no caso de crime qualificado o magistrado já utiliza na primeira fase da dosimetria da pena a sanção a ele correspondente. Finalmente, estão previstas na Parte Especial do CP e na legislação especial, mas em hipótese alguma na Parte Geral.

○ **Atenuantes genéricas e causas de diminuição da pena:** As atenuantes genéricas recebem essa denominação por estarem localizadas, **exemplificativamente**, na Parte Geral do CP (arts. 65 e 66),[349] e o abrandamento da pena, que deve observar o limite mínimo abstratamente cominado pelo legislador,[350] é definido pelo juiz no caso concreto, uma vez que a lei não indica a quantidade de diminuição. **Têm lugar na segunda fase de aplicação da pena.** As causas de diminuição da pena, obrigatórias ou facultativas, estão previstas na Parte Geral (exemplos: arts. 16, 21, *caput*, *in fine*, 24, § 2.º, 26, parágrafo único, etc.) e na Parte Especial do CP (exemplos: arts. 121, § 1.º, 155, § 2.º, etc.), bem como na legislação especial (exemplos: Lei 7.492/1986 – Crimes contra o Sistema Financeiro Nacional, art. 25, § 2.º, Lei 11.343/2006 – Drogas, art. 33, § 4.º etc.), em quantidade fixa (exemplo: diminui-se a pena de 1/3) ou variável (exemplo: diminui-se a pena de 1/3/ a 2/3). **Podem reduzir a pena abaixo do mínimo legal, e incidem na terceira fase de aplicação da pena.**

○ **O critério trifásico:** O art. 68 do CP adotou o critério ou sistema trifásico. Impõe-se a dosimetria da pena privativa de liberdade em três fases distintas e sucessivas, que devem ser suficientemente fundamentadas pelo julgador. Permite-se, assim, a regular individualização da pena (art. 5.º, XLVI, da CF), além de conferir ao réu o exercício da ampla defesa. A respeito, *ver comentários ao art. 68 do CP.*

○ **Circunstâncias judiciais do art. 59 do CP:** Algumas dessas circunstâncias dizem respeito ao **agente** (antecedentes, conduta social, personalidade e motivos do crime), e outras se relacionam à **infração penal** (circunstâncias, consequências e comportamento do ofendido). Atenção a um ponto importante. Na fixação da pena-base, ainda que essa operação seja recomendável e prudente, o magistrado não é obrigado a referir-se individualmente a cada uma das circunstâncias judiciais utilizadas para elevar a reprimenda acima do mínimo legal. Exemplificativamente, não há necessidade de dizer expressamente que uma condenação anterior definitiva incide como mau antecedente. Basta demonstrar a presença da condenação com trânsito em julgado e concluir pela exasperação da pena em razão dela.

– **Culpabilidade:** A partir da Reforma da Parte Geral do CP pela Lei 7.209/1984, essa circunstância judicial substituiu as expressões "intensidade do dolo" e "grau da culpa", previstas originariamente no art. 42 do CP como relevantes para a aplicação da pena-base. Agiu, nesse passo, corretamente o legislador, pois com a adoção do sistema finalista, o dolo e a culpa passaram a ser considerados no interior da conduta, integrando a estrutura do fato típico. Destarte, tais elementos não mais se relacionam com a aplicação da pena. A culpabilidade deve ser compreendida como o juízo de reprovabilidade, como o juízo de censura que recai sobre o responsável por um crime ou contravenção penal, no intuito de desempenhar o papel de pressuposto de aplicação da pena.

---

[349] É possível, entretanto, sua definição também por leis especiais, a exemplo do art. 14 da Lei 9.605/1998 (crimes ambientais). Mas, no Código Penal, encontram-se previstas exclusivamente na Parte Geral.

[350] **Súmula 231 do Superior Tribunal de Justiça:** "A incidência da circunstância atenuante não pode conduzir à redução da pena abaixo do mínimo legal."

Nesse ponto, equivocou-se o legislador, pois todos os envolvidos em uma infração penal, desde que culpáveis, devem ser punidos. Destarte, a culpabilidade relaciona-se com a possibilidade de aplicação da pena, mas não com a sua dosimetria. Portanto, teria sido mais feliz o legislador se tivesse utilizado a expressão "**grau de culpabilidade**" para transmitir a ideia de que todos os agentes culpáveis, autores ou partícipes de um ilícito penal, serão punidos, mas os que agiram de modo mais reprovável suportarão penas mais elevadas. Em síntese, a "**culpabilidade do art. 59, caput, do Código Penal**" não se confunde com a "**culpabilidade da teoria do crime**", formada, em uma visão finalista, por imputabilidade, potencial consciência da ilicitude e exigibilidade de conduta diversa.

– **Antecedentes:** São os dados atinentes à **vida pregressa** do réu na seara criminal. Dizem respeito a todos os fatos e acontecimentos que envolvem o seu passado criminal, bons ou ruins. Em suma, os antecedentes se revelam como o "filme" de tudo o que ele fez ou deixou de fazer antes de envolver-se com o ilícito penal, **desde que contidos em sua folha de antecedentes**. Todos os demais fatores relacionados à sua vida pretérita, que não os indicados na folha de antecedentes, devem ser analisados no âmbito da **conduta social**, também circunstância judicial prevista no art. 59, *caput*, do CP. Em compasso com a **Súmula 444 do STJ**: "É vedada a utilização de inquéritos policiais e ações penais em curso para agravar a pena-base."[351] Portanto, exige-se o trânsito em julgado da condenação, em respeito ao princípio da presunção de não culpabilidade (CF, art. 5.º, LVII). Para caracterização dos maus antecedentes basta a existência de uma condenação penal definitiva, pouco importando o momento da sua concretização. Em outras palavras, embora exista um crime anterior, o trânsito em julgado da condenação pode ser anterior ou posterior à prática do novo delito, no qual será considerada a circunstância judicial desfavorável.

– **Atestados de antecedentes e sigilo das anotações:** O art. 20, parágrafo único, do Código de Processo Penal assim estabelece: "Nos atestados de antecedentes que lhe forem solicitados, a autoridade policial não poderá mencionar quaisquer anotações referentes a instauração de inquérito contra os requerentes."

– **Transação penal e acordo de não persecução penal**: A transação penal (Lei 9.099/1995, art. 76, § 6.º) e a celebração e o cumprimento do acordo de não persecução penal (CPP, art. 28-A, § 12) não caracterizam maus antecedentes. Além das previsões legais nesse sentido, em tais situações não há condenação penal com trânsito em julgado.

– **Validade da condenação anterior para fins de maus antecedentes:** O Código Penal filiou-se ao **sistema da perpetuidade**, ou seja, o decurso do tempo após o cumprimento ou extinção da pena não elimina esta circunstância judicial desfavorável, ao contrário do que se verifica na reincidência (CP, art. 64, I). Em apertada síntese, não há para aos maus antecedentes regra análoga àquela contida em relação à reincidência. Essa é a nossa posição, amparada também pelos princípios constitucionais da isonomia (art. 5.º, *caput*) e da individualização da pena (art. 5.º, XLVI). Em verdade, tal sistema permite tratar igualmente os iguais e desigualmente os desiguais, na medida das suas desigualdades, pois aquele que ostenta uma condenação penal definitiva não pode ser colocado, para fins de aplicação da pena, no mesmo patamar jurídico de quem nunca teve a culpa reconhecida pelo Poder Judiciário em razão da prática de um crime ou de uma contravenção penal. Além disso, a individualização da pena não pode simplesmente ignorar uma condenação com trânsito em julgado já proferida contra o acusado. Não há nenhuma ofensa à presunção de não culpabilidade, ou estado de inocência (CF, art. 5.º, LVII), pois os maus antecedentes somente incidem após a condenação pelo Poder Judiciário, no momento da fixação da pena-base. Essa linha de pensamento encontra apoio no Supremo Tribunal Federal, em julgamento dotado de

---

[351] Inquéritos policiais e ações penais em curso não caracterizam maus antecedentes, mas podem ser utilizados para justificar a decretação da prisão preventiva como garantia da ordem pública (STJ: RHC 70.698/MG, rel. Min. Joel Ilan Paciornik, 5.ª Turma, j. 28.06.2016) e para afastar a causa de diminuição da pena contida no art. 33, § 4.º, da Lei 11.343/2006 – Lei de Drogas (STJ: EREsp 1.431.091/SP, rel. Min. Felix Fischer, 3.ª Seção, j. 14.12.2016).

repercussão geral: "Não se aplica para o reconhecimento dos maus antecedentes o prazo quinquenal de prescrição da reincidência, previsto no art. 64, I, do Código Penal."[352]

– Conduta social: Também conhecida como **"antecedentes sociais"**, é o **estilo de vida** do réu, correto ou inadequado, perante a sociedade, sua família, ambiente de trabalho, círculo de amizades e vizinhança etc. Deve ser objeto de questionamento do magistrado tanto no interrogatório como na colheita da prova testemunhal. Se necessária para a busca da verdade real, pode ser ainda determinada a avaliação do acusado pelo Setor Técnico do juízo (avaliação social e psicológica). É preciso cuidado para não confundir a conduta social com os maus antecedentes, os quais se limitam ao passado do réu no âmbito criminal. De fato, uma condenação penal definitiva não pode ser valorada negativamente, no momento da dosimetria da pena-base, como conduta social (ou então a título de personalidade). Mais do que isso, deve-se ter muita atenção para não valorar duplamente um mesmo dado fático como conduta social e mau antecedente, afastando-se o inaceitável *bis in idem*.

– Personalidade do agente: É o **perfil subjetivo do réu**, nos aspectos moral e psicológico, pelo qual se analisa se tem ou não o caráter voltado à prática de infrações penais. A existência de condenações penais com trânsito em julgado não se presta a fundamentar a exasperação da pena-base como personalidade voltada para o crime, pois tais registros definitivos somente podem ser utilizados, dependendo do caso concreto, como maus antecedentes ou reincidência (agravante genérica), sob pena de caracterização de *bis in idem*. No caso concreto, a avaliação negativa da personalidade do acusado pode ser efetuada por qualquer meio, não se exigindo laudo técnico especializado.

– Motivos do crime: São os **fatores psíquicos** que levam a pessoa a praticar o crime ou a contravenção penal. Esta circunstância judicial (favorável ou desfavorável ao réu) somente tem cabimento quando a motivação não caracterizar elementar do delito, qualificadora, causa de diminuição ou de aumento da pena, ou atenuante ou agravante genérica. Exemplo: o motivo fútil é uma qualificadora do homicídio (art. 121, § 2.º, II, do CP) e agravante genérica para os demais crimes (art. 61, II, "a", do CP). Destarte, se fútil o motivo, será utilizado como qualificadora ou agravante genérica, conforme o caso, e não como circunstância judicial desfavorável, evitando-se o *bis in idem*. Os motivos do crime não se confundem com o dolo e a culpa. Aqueles são dinâmicos, mutáveis, desvinculados do tipo penal e revelam os desejos do agente. Podem ou não ser alcançados com a prática da infração penal. O dolo e a culpa, alocados no fato típico, são estáticos e vinculados ao tipo penal, e é irrelevante para sua caracterização o móvel da conduta.

– Circunstâncias do crime: São os dados acidentais, secundários, relativos à infração penal, mas que não integram sua estrutura, tais como o modo de execução do crime, os instrumentos empregados em sua prática, as condições de tempo e local em que ocorreu o ilícito penal, o relacionamento entre o agente e o ofendido etc. Não há lugar para a gravidade abstrata do crime, pois essa circunstância já foi levada em consideração pelo legislador para a cominação das penas mínima e máxima. De fato, as circunstâncias do crime levam em conta os aspectos objetivos e subjetivos de natureza acidental que revestem o delito no **plano concreto**. As circunstâncias do crime vinculam-se ao **aumento da pena**, pois as circunstâncias favoráveis ao réu devem ser aceitas como atenuantes genéricas inominadas, na forma do art. 66 do CP. Justifica-se essa conclusão pela natureza residual das circunstâncias judiciais.

– Consequências do crime: Envolvem o **conjunto de efeitos danosos provocados pelo crime**, em desfavor da vítima, de seus familiares ou da coletividade. Essa circunstância judicial deve ser aplicada com atenção: em um estupro, exemplificativamente, o medo provocado na pessoa (homem ou mulher) vitimada é consequência natural do delito, e não pode funcionar como fator de exasperação da pena, ao contrário do trauma certamente causado em seus filhos menores quando o crime é por eles presenciado.

---

[352] STF: RE 593.818/SC, rel. Min. Roberto Barroso, Plenário, j. 18.08.2020.

– **Comportamento da vítima:** É a atitude da vítima, que tem o condão de provocar ou facilitar a prática do crime. Cuida-se de circunstância judicial ligada à **vitimologia**, isto é, ao estudo da participação da vítima e dos males a ela produzidos por uma infração penal. Nesse sentido, aquele que abertamente manuseia grande quantidade de dinheiro em um ônibus, por exemplo, incentiva a prática de furtos ou roubos por ladrões. E a mulher que, interessada em lucros fáceis, presta favores sexuais mediante remuneração em estabelecimento pertencente a outrem, colabora para o crime de favorecimento da prostituição (art. 228 do CP). Fácil concluir, portanto, que se trata de circunstância judicial **favorável ao réu**. Em outras palavras, o comportamento da vítima apenas deve ser utilizado em benefício do réu, devendo tal circunstância ser neutralizada no caso de não interferência do ofendido na prática do crime.

○ **Jurisprudência selecionada:**

Aplicação da pena-base – registros criminais pretéritos classificados como conduta social – impossibilidade – caracterização como maus antecedentes – desnecessidade de menção específica a cada uma das circunstâncias judiciais: "Demonstrada mera falta de técnica na sentença, o habeas corpus pode ser deferido para nominar de forma correta os registros pretéritos da paciente, doravante chamados de maus antecedentes, e não de conduta social, sem afastar, todavia, o dado desabonador que, concretamente, existe nos autos e justifica diferenciada individualização da pena. A Terceira Seção pacificou o entendimento de que: 'Eventuais condenações criminais do réu transitadas em julgado e não utilizadas para caracterizar a reincidência somente podem ser valoradas, na primeira fase da dosimetria, a título de antecedentes criminais, não se admitindo sua utilização também para desvalorar a personalidade ou a conduta social do agente' (EREsp 1.688.077/MS, Rel. Ministro Reynaldo Soares da Fonseca, 3ª S., DJe 28/8/2019, destaquei). No caso, a paciente possuía outras cinco condenações definitivas por idêntico crime, não valoradas como reincidência nem fracionadas para análise negativa de mais de uma circunstância judicial. As instâncias ordinárias, contudo, classificaram os antecedentes erroneamente, como conduta social negativa. O vício do ato apontado como coator se refere, tão somente, ao incorreto título conferido à vetorial do art. 59 do CP. Uma vez reconhecida a atecnia do Tribunal *a quo*, mas verificado que, de fato, a ré ostenta várias condenações irrecorríveis – o que demanda mais rigorosa repressão penal, para prevenção e repressão de sua conduta reiterada –, o correto é conceder a ordem para corrigir a denominação errada da circunstância judicial negativa. A dicção legal do art. 59 do CP não impõe ao juiz a obrigação de intitular as circunstâncias judiciais na sentença. Na tarefa individualizadora da reprimenda básica é cogente, apenas, indicar as peculiaridades do caso concreto relacionadas aos vetores elencados pelo legislador. Se a sentença simplesmente registrar a existência de várias condenações definitivas anteriores, sem dar um nome específico para essa circunstância, não haverá vício algum. Da mesma forma, se afirmar que o resultado é mais gravoso do que o previsto no tipo penal, sem chamar tal dado de consequências do crime, estará justificado o acréscimo da pena-base. Identificada apenas uma atecnia, não se pode desconsiderar o registro concreto feito pelo Juiz sentenciante, da 'prática do mesmo crime de estelionato em outras ações penais', de modo a punir a ré da mesma forma que um criminoso neófito. Se a defesa não instruiu a impetração com certidão comprobatória de que as anotações não existem, o correto é, tão-somente, corrigir o único vício verificado no ato apontado como coator e consertar a classificação errônea da circunstância judicial, de forma a dar-lhe o nome correto, consoante a classificação jurídica dos vetores do art. 59 do CP. Apenas quando os antecedentes não existirem ou forem fracionados, para análise negativa, também, como marcadores da conduta social ou da personalidade, é possível reduzir a pena em *habeas corpus*, pois estará caracterizado vício de fundamentação e/ou *bis in idem* na exasperação da pena-base" (STJ: HC 501.144/SP, rel. Min. Rogerio Schietti Cruz, 6.ª Turma, j. 10.03.2020, noticiado no *Informativo* 669).

Circunstância judicial – elementar do tipo – pena-base no mínimo legal: "É firme o entendimento desta Corte de que elementos próprios do tipo penal não podem ser utilizados como circunstâncias judiciais desfavoráveis para o fim de majorar a pena-base, sob pena de *bis in idem*. Vê-se que, *in casu*, o MM. Juiz de primeiro grau e o Tribunal *a quo* embasaram-se em elemento próprio do crime, qual seja, o fato de os pacientes se beneficiarem de verbas públicas em detrimento de toda a coletividade, para elevar a pena-base, o que não se coaduna com a sistemática admitida pela legislação penal" (STJ: HC 124.009/SP, rel. Min. Napoleão Nunes Maia Filho, 5.ª Turma, j. 15.03.2011). *No mesmo sentido:* STF: HC 92.274/MS, rel. Min. Ricardo Lewandowski, 1.ª Turma, j. 19.02.2008.

Circunstâncias do crime – estelionato – confiança da vítima no autor do crime – exasperação da pena-base – possibilidade: "O cometimento de estelionato em detrimento de vítima que conhecia o autor do delito e lhe depositava total confiança justifica a exasperação da pena-base. De fato, tendo sido apontados argumentos idôneos e diversos do tipo penal violado que evidenciam como desfavoráveis as circunstâncias do crime, não há constrangimento ilegal na valoração negativa dessa circunstância judicial" (STJ: HC 332.676/PE, rel. Min. Ericson Maranho (Desembargador convocado do TJ/SP), 6.ª Turma, j. 17.12.2015, noticiado no *Informativo* 576).

Circunstâncias do crime – roubo praticado no interior de ônibus vazio – emprego de simulacro de arma de fogo – impossibilidade de elevação da pena-base: "O roubo em transporte coletivo vazio é circunstância concreta que não justifica a elevação da pena-base. Com relação às circunstâncias do crime, para fins do art. 59 do Código Penal, tal vetorial deve abordar análise sobre os aspectos objetivos e subjetivos de natureza acidental que envolvem o delito. No caso, a valoração negativa considerou o fato do crime ter sido praticado no interior de transporte coletivo, local de grande circulação de pessoas. De fato, a prática de crimes de roubo dentro de transportes coletivos autoriza, nos termos da abalizada jurisprudência desta Corte Superior, a elevação da pena-base por consistir, via de regra, em fundamento idôneo para considerar desfavorável circunstância judicial. Isso porque no transporte público há comumente grande circulação de pessoas, o que eleva a periculosidade da ação. Todavia, observa-se que as circunstâncias concretas do presente caso demonstram que a ação não desbordou da periculosidade própria do tipo. Conforme mencionado pela própria vítima, o ônibus estava vazio no momento do delito, o qual foi praticado com simulacro de arma de fogo. Tais circunstâncias concretas (ônibus vazio e uso de simulacro de arma de fogo) evidenciam que o *modus operandi* do delito foi normal à espécie, não se justificando a elevação da reprimenda. Portanto, de rigor o afastamento da valoração negativa das circunstâncias judiciais relativas as circunstâncias do crime" (STJ: AgRg no HC 693.887/ES, rel. Min. Ribeiro Dantas, 5.ª Turma, j. 15.02.2022, noticiado no *Informativo* 727).

Circunstâncias judiciais e circunstâncias legais: "Inexistindo diferença ontológica qualquer entre as circunstâncias judiciais e as legais, a reincidência afasta a função dos antecedentes penais como circunstância judicial, pena de violação do princípio *ne bis in idem*" (STJ: HC 97.119/SP, rel. Min. Hamilton Carvalhido, 6.ª Turma, j. 29.04.2008).

Comportamento da vítima – circunstância judicial favorável ao réu: "O comportamento da vítima apenas deve ser utilizado em benefício do réu, devendo tal circunstância ser neutralizada no caso de não interferência do ofendido na prática do crime" (STJ: HC 284.951/MG, rel. Min. Marco Aurélio Bellizze, 5.ª Turma, j. 08.04.2014). *No mesmo sentido*: STJ: HC 182.572/PR, rel. Min. Nefi Cordeiro, 6.ª Turma, j. 03.06.2014.

Comportamento da vítima – crime sexual contra menor de 14 anos – impossibilidade de diminuição da pena-base: "Em se tratando de crime sexual praticado contra menor de 14 anos, a experiência sexual anterior e a eventual homossexualidade do ofendido não servem para justificar a diminuição da pena-base a título de comportamento da vítima. Inicialmente, importante salientar que a jurisprudência pacífica do STJ considera que, no estupro e no atentado violento ao pudor contra menor de 14 anos, praticados antes da vigência da Lei 12.015/2009, a presunção de violência é absoluta. Desse modo, é irrelevante, para fins de configuração do delito, a aquiescência da adolescente ou mesmo o fato de a vítima já ter mantido relações sexuais anteriores (EREsp 1.152.864-SC, Terceira Seção, *DJe* 1º.04.2014 e EREsp 762.044-SP, Terceira Seção, *DJe* 14.04.2010).

Portanto, tem-se que o comportamento da vítima menor de 14 anos é irrelevante para fins de configuração do delito, tendo em vista a presunção absoluta de violência. No caso em análise, todavia, a discussão gira em torno da possibilidade de se considerar o comportamento da vítima – quando menor de 14 anos – como fundamento para a redução da pena-base do réu. De fato, sobre a possibilidade de redução da pena-base em face do comportamento da vítima, o STJ firmou entendimento de que 'o comportamento da vítima é uma circunstância neutra ou favorável quando da fixação da primeira fase da dosimetria da condenação' (HC 245.665-AL, 5.ª Turma, *DJe* 03.02.2014). Nessa medida, ainda que o comportamento da vítima possa ser considerado de forma favorável ao réu, tratando-se de crime de atentado violento ao pudor contra vítima menor de 14 anos, a experiência sexual anterior e a eventual homossexualidade do ofendido não servem para justificar a diminuição da pena-base a título de comportamento da vítima. A experiência sexual anterior e a eventual homossexualidade do ofendido, assim como não desnaturam o crime sexual praticado, com violência presumida, contra menor de 14 anos, não servem para justificar a diminuição da pena-base a título de comportamento da vítima" (STJ: REsp 897.734/PR, rel. Min. Nefi Cordeiro, 6.ª Turma, j. 03.02.2015, noticiado no *Informativo* 555).

Condenações pretéritas com trânsito em julgado – maus antecedentes – valoração negativa da personalidade e conduta social – impossibilidade – Tema 1.077 dos recursos repetitivos: "Condenações criminais transitadas em julgado, não consideradas para caracterizar a reincidência, somente podem ser valoradas, na primeira fase da dosimetria, a título de antecedentes criminais, não se admitindo sua utilização para desabonar a personalidade ou a conduta social do agente. No que concerne à fixação da pena-base, é certo que o Julgador deve, ao individualizar a pena, examinar com acuidade os elementos que dizem respeito ao fato delituoso e aspectos inerentes ao agente, obedecidos e sopesados todos os critérios legais para aplicar, de forma justa e fundamentada, a reprimenda que seja, proporcionalmente, necessária e suficiente para reprovação do crime, sobrepujando as elementares comuns do próprio tipo legal. No art. 59 do Código Penal, com redação conferida pela Lei 7.209/1984, o legislador elencou oito circunstâncias judiciais para individualização da pena na primeira fase da dosimetria, quais sejam: a culpabilidade; os antecedentes; a conduta social; a personalidade do agente; os motivos; as circunstâncias; as consequências do crime; e o comportamento da vítima. Ao considerar desfavoráveis as circunstâncias judiciais, deve o Julgador declinar, motivadamente, as suas razões, que devem corresponder objetivamente às características próprias do vetor desabonado. A inobservância dessa regra implica ofensa ao preceito contido no art. 93, inciso IX, da Constituição da República. No caso, analisa-se a possibilidade de condenações criminais transitadas em julgado serem valoradas para desabonar os vetores personalidade e conduta social. A doutrina diferencia detalhadamente antecedentes criminais de conduta social e esclarece que o legislador penal determinou essa análise em momentos distintos porque 'os antecedentes traduzem o passado criminal do agente, a conduta social deve buscar aferir o seu comportamento perante a sociedade, afastando tudo aquilo que diga respeito à prática de infrações penais'. Especifica, ainda, que as incriminações anteriores 'jamais servirão de base para a conduta social, pois abrange todo o comportamento do agente no seio da sociedade, afastando-se desse seu raciocínio seu histórico criminal, verificável em sede de antecedentes penais'. Quanto ao vetor personalidade do agente, a mensuração negativa da referida moduladora 'deve ser aferida a partir de uma análise pormenorizada, com base em elementos concretos extraídos dos autos, acerca da insensibilidade, desonestidade e modo de agir do criminoso para a consumação do delito [...]' (HC 472.654/DF, Rel. Min. Laurita Vaz, Sexta Turma, *DJe* 11.03.2019)' (STJ, AgRg no REsp 1.918.046/SP, rel. Min. Reynaldo Soares da Fonseca, 5.ª Turma, *DJe* 19.04.2021). 'A jurisprudência da Suprema Corte (e a do Superior Tribunal de Justiça) orienta-se no sentido de repelir a possibilidade jurídica de o magistrado sentenciante valorar negativamente, na primeira fase da operação de dosimetria penal, as circunstâncias judiciais da personalidade e da conduta social, quando se utiliza, para esse efeito, de condenações criminais anteriores, ainda que transitadas em julgado, pois esse específico aspecto (prévias condenações penais) há de caracterizar, unicamente, maus antecedentes' (STF, RHC 144.337-AgR, Rel. Ministro Celso de Mello, 2.ª Turma,

DJe 22.11.2019). Em conclusão, o vetor dos antecedentes é o que se refere única e exclusivamente ao histórico criminal do agente. 'O conceito de maus antecedentes, por ser mais amplo do que o da reincidência, abrange as condenações definitivas, por fato anterior ao delito, transitadas em julgado no curso da ação penal e as atingidas pelo período depurador, ressalvada casuística constatação de grande período de tempo ou pequena gravidade do fato prévio' (STJ, AgRg no AREsp 924.174/DF, Rel. Min. Nefi Cordeiro, Sexta Turma, *DJe* 16.12.2016)" (STJ: REsp 1.794.854/DF, rel. Min. Laurita Vaz, 3.ª Seção, j. 23.06.2021, noticiado no *Informativo* 702).

Conduta social – homicídio qualificado e intenso envolvimento do acusado com o tráfico de drogas – valoração negativa – fundamento idôneo: "O intenso envolvimento com o tráfico de drogas constitui fundamento idôneo para valorar negativamente a conduta social do agente na primeira fase da dosimetria da pena no crime de homicídio qualificado. Inicialmente, cabe ressaltar que a exasperação da pena-base deve estar fundamentada em dados concretos extraídos da conduta imputada ao acusado, os quais devem desbordar das elementares inerentes ao tipo penal. Quanto à valoração negativa da conduta social, na sentença consta que 'o acusado, em seu ambiente social, trata-se de indivíduo ligado diretamente ao tráfico de drogas, que atuava sob ordens diretas do tráfico de drogas da região de Guaraná, encontra-se em alto nível de inserção criminosa e se trata de pessoa temida na comunidade, possuindo, ainda, laços estreitos com uma rede de pessoas dedicadas à prática criminosa'. Nesse contexto, é plenamente justificada a negativação dessa circunstância judicial, porquanto reflete o temor causado pelo agente, pois trata-se de uma avaliação de natureza comportamental, pertinente ao relacionamento do agente no trabalho, na vizinhança, perante familiares ou amigos, não havendo uma delimitação mínima do campo de análise, podendo ser pequena como no núcleo familiar ou mais ampla como a comunidade em que o indivíduo mora. No caso, o fato de o sentenciado estar envolvido com o tráfico de drogas denota sua periculosidade, destemor às instituições constituídas, e também demonstra sua propensão para violar as regras sociais, sendo o caso, portanto, de manter a negativação da conduta social" (STJ: HC 807.513/ES, rel. Min. Reynaldo Soares da Fonseca, 5.ª Turma, j. 11.04.2023, noticiado no *Informativo* 770).

Consequências do crime – furto – empresa de transporte de valores – prejuízo inserido no risco do negócio - exasperação da pena-base – impossibilidade: "No crime de furto contra empresa de segurança e transporte de valores, o prejuízo está inserido no risco do negócio e não autoriza a exasperação da pena basilar, porquanto ínsito ao tipo penal. O Superior Tribunal de Justiça admite a exasperação da pena-base pela valoração negativa das consequências do delito, com base no prejuízo expressivo sofrido pela vítima, quando ultrapassa o normal à espécie. No caso concreto, não se pode afirmar que o prejuízo extrapolou o tipo penal, porquanto em se tratando de empresa de transporte de valores, o valor subtraído está inserido no risco do negócio. Nesse sentido: 'Mostra-se inadmissível a exasperação da pena-base pelas consequências do crime, em razão de que o prejuízo suportado pela vítima se mostra inerente ao crime de furto' (AgRg no REsp 1.984.532/SC, relator Ministro Olindo Menezes - Desembargador convocado do TRF 1ª Região, Sexta Turma, DJe 16/9/2022)" (STJ: AgRg no REsp 2.322.175/MG, rel. Min. Reynaldo Soares da Fonseca, 5.ª Turma, j. 30.05.2023, noticiado no *Informativo* 777).

Consequências do crime – homicídio e vítima de tenra idade – valoração negativa – pena-base e *bis in idem*: "A tenra idade da vítima é fundamento idôneo para a majoração da pena-base do crime de homicídio pela valoração negativa das consequências do crime. Em princípio, o homicídio perpetrado contra vítima de tenra idade (adolescente ou criança) ostenta reprovabilidade idêntica àquele perpetrado contra um adulto, pois ambos vulneram o objeto jurídico tutelado pela norma (vida). Não há como ignorar, no entanto, o fato de que o homicídio perpetrado conta a vítima jovem ceifa uma vida repleta de possibilidades e perspectivas, que não guardam identidade ou semelhança com aquelas verificadas na vida adulta. Há que se sopesar, ainda, as consequências do homicídio contra vítima de tenra idade no núcleo familiar respectivo: pais e demais familiares enlutados por um crime que subverte a ordem natural da vida. Não se pode olvidar, ademais, o aumento crescente do número de homicídios perpetrados contra adolescentes no Brasil, o que reclama uma resposta estatal. Não ignoro que o legislador ordinário estabeleceu – no art. 121, § 4º, do Código Penal – o aumento de pena para o crime de homicídio doloso praticado contra pessoa menor de 14 ou maior de 60 anos. Nada obsta, contudo, que o magistrado, ao se deparar com crime de homicídio perpetrado contra uma vítima com 14 anos de idade ou mais (mas com menos de 18 anos), aumente a pena na primeira fase da dosimetria, pois, como referenciado acima, um crime perpetrado contra um adolescente ostenta consequências mais gravosas do que um homicídio comum. Assim, deve prevalecer a orientação no sentido de que a tenra idade da vítima (menor de 18 anos de idade) é elemento concreto e transborda aqueles inerentes ao crime de homicídio, sendo apto, pois, a justificar o agravamento da pena-base, mediante valoração negativa das consequências do crime, ressalvada, para evitar *bis in idem*, a hipótese em que aplicada a causa de aumento prevista no art. 121, § 4º (parte final), do Código Penal" (STJ: AgRg no REsp 1.851.435/PA, rel. Min. Sebastião Reis Júnior, 3.ª Seção, j. 12.08.2020, noticiado no *Informativo* 679).

Consequências do crime – repercussão internacional do delito – fundamentação idônea: "É idônea a mensuração da repercussão internacional do delito na majoração da pena-base pelas consequências do crime. A pena-base comporta aumento em virtude da repercussão internacional do delito, por se referir a consequências que desbordam do tipo penal. Note-se que 'a circunstância judicial referente às consequências do delito procura mensurar o abalo social da conduta, em razão da extensão e da repercussão dos efeitos do delito, principalmente, o grau de alcance do resultado da ação ilícita.' (AgRg no HC 438.774/RJ, Rel. Ministro Jorge Mussi, Quinta Turma, DJe 13/9/2018), e 'o vetor consequências, no contexto da individualização das penas, deve ser avaliado aferindo-se a repercussão do fato no cotidiano da vítima e no tecido social.' (HC 435.215/RS, Rel. Ministra Maria Thereza de Assis Moura, Sexta Turma, DJe 29/8/2018). No caso, em que os réus foram condenados pelos crimes de tortura e ocultação de cadáver, diferentemente do que concluiu a Corte estadual, não há como atribuir essa repercussão tão somente aos interesses político-econômicos da época, que haveriam influenciado a imprensa. Com efeito, o delito se tornou notório em decorrência da gravidade concreta do fato, que configurou um emblemático episódio de violência policial contra integrante da população preta e periférica do Rio de Janeiro, a provocar abalos sociais não apenas na comunidade local, como também no país e na comunidade internacional" (STJ: Processo em segredo de justiça, rel. Ministro Rogerio Schietti Cruz, 6.ª Turma, j. 22.08.2023, noticiado no *Informativo* 786).

Culpabilidade – dosimetria da pena – constitucionalidade: "A circunstância judicial 'culpabilidade', disposta no art. 59 do CP, atende ao critério constitucional da individualização da pena. Com base nessa orientação, o Plenário indeferiu *habeas corpus* em que se pleiteava o afastamento da mencionada circunstância judicial. Consignou-se que a previsão do aludido dispositivo legal atinente à culpabilidade mostrar-se-ia afinada com o princípio maior da individualização, porquanto a análise judicial das circunstâncias pessoais do réu seria indispensável à adequação temporal da pena, em especial nos crimes perpetrados em concurso de pessoas, nos quais se exigiria que cada um respondesse, tão somente, na medida de sua culpabilidade (CP, art. 29). Afirmou-se que o dimensionamento desta, quando cotejada com as demais circunstâncias descritas no art. 59 do CP, revelaria ao magistrado o grau de censura pessoal do réu na prática do ato delitivo. Aduziu-se que, ao contrário do que sustentado, a ponderação acerca das circunstâncias judiciais do crime atenderia ao princípio da proporcionalidade e representaria verdadeira limitação da discricionariedade judicial na tarefa individualizadora da pena-base" (STF: HC 105.674/RS, rel. Min. Marco Aurélio, Plenário, j. 17.10.2013, noticiado no *Informativo* 724).

Culpabilidade – extorsão praticada por policial militar – maior reprovabilidade da conduta – fundamentação idônea: "A condição de policial militar que pratica o crime de extorsão indica maior reprovabilidade e censura da conduta praticada, o que justifica a majoração da pena base. Cinge-se a controvérsia a analisar a dosimetria da pena na condenação de policial militar pelo crime de extorsão. O fato de ser policial militar justifica a maior reprovabilidade da conduta (culpabilidade) e, por conseguinte, a exasperação da pena-base, uma vez que o comportamento dele esperado seria exatamente o de evitar a prática de crimes. A referida característica não é elementar do crime de extorsão, não havendo que se falar em *bis in idem*. O acórdão embargado concluiu que a exasperação da pena-base em função do desvalor da culpabilidade tinha restado suficientemente justificada, porquanto o recorrente foi condenado pela prática de crime de extorsão majorada, de forma que, na esteira da jurisprudência desta Corte Superior, o fato de ser (ele) policial justifica a maior reprovabilidade da conduta (culpabilidade) e, por conseguinte, a majoração da pena-base, uma vez que o comportamento esperado seria exatamente o de evitar a prática de crimes. Restou também expressamente consignado que, na esteira da jurisprudência deste Superior Tribunal, e considerando que a condição de policial a não é elementar do crime de extorsão, demonstra, na verdade, a maior reprovabilidade e censura de sua conduta praticada, encontrando-se portanto justificada a majoração da pena-base em razão do desvalor da culpabilidade, não havendo que se falar em *bis in idem*" (STJ: EDcl no AgRg no REsp 1.903.213/MG, rel. Min. Olindo Menezes (Desembargador convocado do TRF da 1.ª Região), 6.ª Turma, j. 07.06.2022).

Culpabilidade – mentira do réu no interrogatório – aumento da pena-base – valoração como circunstância judicial negativa – impossibilidade – fato posterior ao delito imputado: "O fato de o réu mentir em interrogatório judicial, imputando prática criminosa a terceiro, não autoriza a majoração da pena-base. A questão cinge-se a definir se é possível a majoração da pena-base, pela valoração negativa da culpabilidade, pelo fato de o réu ter mentido em interrogatório judicial. Ainda que o falseamento da verdade eventualmente possa, a depender do caso e se cabalmente comprovado, justificar a responsabilização do réu por crime autônomo, isso não significa que essa prática, no interrogatório, autorize a exasperação da pena-base do acusado. O conceito de culpabilidade, como circunstância judicial prevista o artigo 59, do Código Penal, portanto, está relacionado com a reprovabilidade/censurabilidade da conduta do agente, de forma que deve o magistrado, quando da aplicação da pena-base, dimensioná-la pelo nível de intensidade da reprovação penal e expor sempre os fundamentos que lhe formaram o convencimento. Trata-se de aferir o grau de reprovabilidade do fato criminoso praticado pelo réu. No caso, a culpabilidade do acusado foi valorada negativamente sob o argumento de que tentou se furtar à responsabilização penal, imputando falsamente a um terceiro (vizinho) a responsabilidade por ter plantado drogas e armas em sua casa na noite anterior ao cumprimento do mandado de busca e apreensão pela polícia. Ainda que se pudesse considerar provado que o réu atribuiu falsamente crime a terceiro no interrogatório, isso não diria respeito à sua culpabilidade, a qual relaciona-se ao grau de reprovabilidade pessoal da conduta imputada ao acusado. Isso porque o interrogatório constitui fato posterior à prática da infração penal, de modo que não pode ser usado retroativamente para incrementar o juízo de reprovabilidade de fato praticado no passado. Com efeito, o exame da sanção penal cabível deve ser realizado, em regra, com base somente em elementos existentes até o momento da prática do crime imputado, ressalvados, naturalmente: a) o exame das consequências do delito, que, embora posteriores, representam mero desdobramento causal direto dele, e não novas e futuras condutas do acusado retroativamente valoradas; b) o superveniente trânsito em julgado de condenação por fato praticado no passado, uma vez que representa a simples declaração jurídica da existência de evento pretérito. Nem mesmo nas circunstâncias da personalidade ou da conduta social seria possível considerar desfavoravelmente a mentira do réu em interrogatório judicial. O paralelo feito por alguns doutrinadores com a confissão (se a confissão revela aspecto favorável da personalidade e atenua a pena, a mentira supostamente revelaria o oposto e poderia autorizar o seu aumento), embora interessante, é assimétrico e não permite que dele se extraia tal conclusão. A confissão e diversos outros institutos que permitem o abrandamento da sanção (colaboração premiada, arrependimento posterior etc.) integram o chamado Direito penal premial e se justificam como ferramentas para valorizar e estimular a postura que o réu adota depois da prática do delito para mitigar seus efeitos ou facilitar a atividade estatal na sua persecução. Diferente, porém, é a análise sobre o que pode legitimar o incremento da sanção penal, a qual, nos termos dos mais basilares postulados penais e processuais penais, não pode ficar ao sabor de eventos futuros, incertos e não decorrentes diretamente, como desdobramento meramente causal, do fato imputado na denúncia (por exemplo, nos termos acima esclarecidos, as consequências do crime). O que deve ser avaliado é se, ao praticar o fato criminoso imputado, a culpabilidade do réu foi exacerbada ou se, até aquele momento, ele demonstrava personalidade desvirtuada ou conduta social inadequada, o que não pode ser aferido retroativamente com base em fato diverso que só veio a ser realizado em tempo futuro, às vezes longos anos depois" (STJ: HC 834.126/RS, rel. Ministro Rogerio Schietti Cruz, 6.ª Turma, j. 05.09.2023, noticiado no *Informativo* 789).

Culpabilidade – policial civil – utilização para exasperar a pena-base em crime de concussão – possibilidade: "É legítima a utilização da condição pessoal de policial civil como circunstância judicial desfavorável para fins de exasperação da pena base aplicada a acusado pela prática do crime de concussão. Com base nessa orientação, a Primeira Turma, por maioria, conheceu e denegou a ordem em 'habeas corpus' em que pleiteado o reconhecimento do 'bis in idem'. A Turma afirmou que seria possível, no que se refere à culpabilidade (CP, art. 59), promover, em cada caso concreto, juízo de reprovabilidade maior tendo em consideração a condição de policial civil do agente. O delito previsto no art. 316 do CP seria de mão própria, porém, presentes as circunstâncias do art. 59 do CP, se poderia levar em conta, quando do juízo de reprovabilidade, a qualidade específica ou a qualificação do funcionário público. Dentro do Estado Democrático de Direito e do país que se almeja construir, o fato de uma autoridade pública – no caso, uma autoridade policial – obter vantagem indevida de alguém que esteja praticando um delito comprometeria de maneira grave o fundamento de legitimidade da autoridade, que seria atuar pelo bem comum e pelo bem público. Portanto, aquele que fosse investido de parcela de autoridade pública – fosse juiz, membro do Ministério Público ou autoridade policial – deveria ser avaliado, no desempenho da sua função, com escrutínio mais rígido. Assim, a pena aplicada, de 2 anos e 6 meses, não seria desproporcional diante das circunstâncias. Preliminarmente, o Colegiado exarou entendimento segundo o qual deveriam ser conhecidos os 'habeas corpus' nas hipóteses em que fossem substitutivos de recurso extraordinário, como no caso em comento" (STF: HC 132.990/PE, rel. orig. Min. Luiz Fux, red. p/ o acórdão Min. Edson Fachin, 1.ª Turma, j. 16.08.2016, noticiado no *Informativo* 835).

Culpabilidade – valoração negativa – roubo circunstanciado – emprego de arma de fogo e concurso de agentes – dosimetria da pena – fundamentos concretos: "A majoração da pena é admissível quando a culpabilidade revela aspectos mais censuráveis, além dos inerentes ao tipo penal, desde que haja fundamentação concreta e idônea para tal. Ambas as Turmas da Terceira Seção do STJ possuem orientação no sentido de que, na análise da circunstância judicial da culpabilidade, é necessário levar em conta tanto a maior como a menor censurabilidade da conduta delituosa praticada, aplicando-se não apenas as condições pessoais do agente, mas também avaliando a situação em que a prática criminosa ocorreu. No caso, os agravantes alegam que 'a culpabilidade não poderia ser valorada negativamente, pois ela não se confunde com aquela que é pressuposto da pena, ou seja, se a culpabilidade do réu é reprovável e desfavorável pela própria natureza da infração. Em outros termos, não pode exasperar a pena-base, pois esta é inerente ao próprio tipo penal, de modo que para que a circunstância negativa seja negativamente valorada, é necessário que ela extrapole aquela já prevista pelo legislador no tipo incriminador, o que no caso não se verifica'. Todavia, o Tribunal *a quo* destacou que, durante a fuga empreendida com o veículo da vítima, os acusados efetuaram disparos de arma de fogo contra a guarnição da polícia militar, sendo presos somente em município diverso daquele onde consumado o roubo do veículo automotor. Dessa forma, percebe-se que o acórdão recorrido apresentou elementos concretos que autorizam a valoração negativa da culpabilidade dos agentes, eis que reveladores do maior desvalor das condutas" (STJ: AgRg no REsp 2.012.591/PA, rel. Min. João Batista Moreira (Desembargador convocado do TRF1), 5.ª Turma, j. 16.05.2023).

Culpabilidade – violência doméstica – crime praticado na presença de filho menor de idade – ameaça – dosimetria – valoração negativa – cabimento: "Ameaçar a vítima na presença de seu filho menor de idade justifica a valoração negativa da culpabilidade do agente. A respeito da dosimetria da pena, vale anotar que sua individualização é uma atividade vinculada a parâmetros abstratamente cominados na lei, sendo, contudo, permitido ao julgador atuar discricionariamente na escolha da sanção penal aplicável ao caso concreto, após o exame percuciente dos elementos do delito, e em decisão motivada. Dessarte, às Cortes Superiores é possível, apenas, o controle da legalidade e da constitucionalidade na dosimetria. No caso, percebe-se que a pena-base do recorrente foi exasperada em razão do maior desvalor da vetorial culpabilidade. A culpabilidade, para fins do art. 59 do Código Penal, deve ser compreendida como juízo de reprovabilidade da conduta, apontando maior ou menor censura do comportamento do réu. Não se trata de verificação da ocorrência dos elementos da culpabilidade, para que se possa concluir pela prática ou não de delito, mas, sim, do grau de reprovação penal da conduta do agente, mediante demonstração de elementos concretos do delito. No caso, depreende-se que o Tribunal de origem apresenta argumento válido, no sentido de que as ameaças foram lançadas quando a vítima se encontrava com seu filho menor de idade, o que revela maior desvalor e censura na conduta do acusado, tratando-se de fundamento idôneo para análise negativa da culpabilidade" (STJ: AREsp 1.964.508/MS, rel. Min. Ribeiro Dantas, 5.ª Turma, j. 29.03.2022, noticiado no *Informativo* 731).

Culpabilidade – vulnerabilidade emocional e psicológica da vítima – exasperação da pena-base – possibilidade: "O fato de o agente ter se aproveitado, para a prática do crime, da situação de vulnerabilidade emocional e psicológica da vítima decorrente da morte de seu filho em razão de erro médico pode constituir motivo idôneo para a valoração negativa de sua culpabilidade. De fato, conforme entendimento do STJ, 'é possível a valoração negativa da circunstância judicial da culpabilidade com base em elementos concretos e objetivos, constantes dos autos, que demonstrem que o comportamento da condenada é merecedor de maior reprovabilidade, de maneira a restar caracterizado que a conduta delituosa extrapolou os limites naturais próprios à execução do crime'" (STJ: HC 264.459/SP, rel. Min. Reynaldo Soares da Fonseca, 5.ª Turma, j. 10.03.2016, noticiado no *Informativo* 579).

Dosimetria da pena – custos da atuação judicial – consequências do crime: "Os elevados custos da atuação estatal para apuração da conduta criminosa e o enriquecimento ilícito logrado pelo agente não constituem motivação idônea para a valoração negativa do vetor 'consequências do crime' na primeira fase da dosimetria da pena (CP/1940, art. 59). Com base nesse entendimento, a Segunda Turma concedeu de ofício a ordem em 'habeas corpus', para determinar ao juízo que redimensione a pena do paciente, condenado pela prática de tráfico de drogas (art. 12 da Lei 6.368/1976). No caso, o juízo prolator da sentença condenatória reputou desfavoráveis as consequências do crime, por entender que a investigação criminal teria exigido despesas excessivas dos órgãos estatais responsáveis pela repressão, assim como por ter o condenado obtido enriquecimento ilícito em decorrência da prática criminosa. A defesa sustentou ter havido violação dos princípios constitucionais da individualização da pena e da motivação das decisões judiciais (CF/1988, arts. 5º, XLVI, e 93, IX). Alegou que o alto custo da investigação criminal não serviria de justificativa para a majoração da pena, bem como que os vetores negativos considerados na sentença condenatória teriam sido valorados de forma global, e não individualmente. O Colegiado decidiu que as despesas suportadas pelo Estado com a persecução criminal e o enriquecimento ilícito do condenado não se subsumem no vetor negativo 'consequências do crime' (CP/1940, art. 59), entendido como dano decorrente da conduta praticada pelo agente. Além disso, assentou que, embora recomendável a valoração individualizada de cada vetor na primeira fase da dosimetria, a fixação da pena-base de forma conglobada – sem a particularização do 'quantum' de pena especificamente atribuído a cada um dos vetores negativos – não impede que as instâncias superiores exerçam o controle de sua legalidade e determinem o seu reajustamento. Assim, em se tratando de pena-base conglobada, nada obsta que, decotado algum vetor negativo indevidamente reconhecido, seja determinado ao juízo de primeiro grau que proceda ao redimensionamento da pena imposta, com os abatimentos pertinentes. Asseverou, também, que o efeito devolutivo da apelação, no caso de recurso exclusivo da defesa, transfere o conhecimento de toda a matéria impugnada ao Tribunal 'ad quem', que pode até mesmo rever os critérios de individualização definidos na sentença penal condenatória, para manter ou reduzir a pena. O reajustamento da pena-base, nessas hipóteses, não deve extravasar a pena aplicada em primeiro grau, sob risco de 'reformatio in pejus'" (STF: HC 134.193/GO, rel. Min. Dias Toffoli, 2.ª Turma, j. 26.10.2016, noticiado no *Informativo* 845).

Fatos posteriores ao crime em julgamento – dosimetria da pena: "Na dosimetria da pena, os fatos posteriores ao crime em julgamento não podem ser utilizados como fundamento para valorar negativamente a culpabilidade, a personalidade e a conduta social do réu" (STJ: HC 189.385/RS, rel. Min. Sebastião Reis Júnior, 6.ª Turma, j. 20.02.2014, noticiado no *Informativo* 535).

Fixação da pena-base – argumentos genéricos – elementares do crime utilizadas como consequência do delito – impossibilidade: "Não é possível a utilização de argumentos genéricos ou circunstâncias elementares do próprio tipo penal para o aumento da pena-base com fundamento nas consequências do delito" (STJ: HC 165.089/DF, Rel. Min. Laurita Vaz, 5.ª Turma, j. 16.10.2012, noticiado no *Informativo* 506).

Maus antecedentes – atos infracionais – não caracterização: "No processo penal, o fato de o suposto autor do crime já ter se envolvido em ato infracional não constitui fundamento idôneo à decretação de prisão preventiva. Isso porque a vida na época da menoridade não pode ser levada em consideração pelo Direito Penal para nenhum fim. Atos infracionais não configuram crimes e, por isso, não é possível considerá-los como maus antecedentes nem como reincidência, até porque fatos ocorridos ainda na adolescência estão acobertados por sigilo e estão sujeitos a medidas judiciais exclusivamente voltadas à proteção do jovem. Por conseguinte, a prática de atos infracionais não serve de lastro para a análise de uma pretensa personalidade voltada à prática de crimes hábil a justificar ameaça a garantia da ordem pública. Portanto, o cometimento de atos infracionais somente terá efeito na apuração de outros atos infracionais, amparando, *v.g.*, a internação (art. 122, II, do ECA), e não a prisão preventiva em processo criminal" (STJ: HC 338.936/SP, rel. Min. Nefi Cordeiro, 6.ª Turma, j. 17.12.2015, noticiado no *Informativo* 576).

Maus antecedentes – condenação definitiva posterior ao novo delito – possibilidade: "A dosimetria da pena é matéria sujeita a certa discricionariedade judicial. O Código Penal não estabelece rígidos esquemas matemáticos ou regras absolutamente objetivas para a fixação da pena. [...] Condenações transitadas em julgado após o cometimento dos crimes objeto da condenação são aptas a desabonar, na primeira fase da dosimetria, os antecedentes criminais para efeito de exacerbação da pena-base (CP, art. 59)" (STF: HC 117.737, rel. Min. Rosa Weber, 1.ª Turma, j. 15.10.2013). *No mesmo sentido*: STJ: AgRg no AREsp 243.109/SP, rel. Min. Laurita Vaz, 5.ª Turma, j. 05.06.2014.

Maus antecedentes – inquéritos policiais e ações penais em andamento – não caracterização: "Inquéritos policiais ou ações penais sem trânsito em julgado não podem ser considerados como maus antecedentes para fins de dosimetria da pena. Esse o entendimento do Plenário que, em conclusão de julgamento e por maioria, desproveu recurso extraordinário. O Colegiado explicou que a jurisprudência da Corte sobre o tema estaria em evolução, e a tendência atual seria no sentido de que a cláusula constitucional da não culpabilidade (CF, art. 5º, LVII) não poderia ser afastada. Haveria semelhante movimento por parte da doutrina, a concluir que, sob o império da nova ordem constitucional, somente poderiam ser valoradas como maus antecedentes as decisões condenatórias irrecorríveis. Assim, não poderiam ser considerados para esse fim quaisquer outras investigações ou processos criminais em andamento, mesmo em fase recursal. Esse ponto de vista estaria em consonância com a moderna jurisprudência da Corte Interamericana de Direitos Humanos e do Tribunal Europeu dos Direitos do Homem. Ademais, haveria recomendação por parte do Comitê de Direitos Humanos das Nações Unidas, no sentido de que o Poder Público deveria abster-se de prejulgar o acusado. Colacionou, também, o Enunciado 444 da Súmula do STJ ('É vedada a utilização de inquéritos policiais e ações penais em curso para agravar a pena-base'). O lançamento, no mundo jurídico, de enfoque ainda não definitivo e, portanto, sujeito a condição resolutiva, potencializaria a atuação da polícia judiciária, bem como a precariedade de certos pronunciamentos judiciais. Nesse sentido, uma vez admitido pelo sistema penal brasileiro o conhecimento do conteúdo da folha penal como fator a se ter em conta na fixação da pena, a presunção deveria militar em favor do acusado. O arcabouço normativo não poderia ser interpretado a ponto de gerar perplexidade. [...] O Plenário asseverou que o transcurso do quinquênio previsto no art. 64, I, do CP não seria óbice ao acionamento do art. 59 do mesmo diploma. Por outro lado, conflitaria com a ordem jurídica considerar, para a majoração da pena-base, processos que tivessem resultado na aceitação de proposta de transação penal (Lei 9.099/1995, art. 76, § 6º); na concessão de remissão em procedimento judicial para apuração de ato infracional previsto no ECA, com aplicação de medida de caráter reeducacional; na extinção da punibilidade, entre outros, excetuados os resultantes em indulto individual, coletivo ou comutação de pena. Por fim, as condenações por fatos posteriores ao apurado, com trânsito em julgado, não seriam aptas a desabonar, na primeira fase da dosimetria, os antecedentes para efeito de exacerbação da pena-base. No ponto, a incidência penal só serviria para agravar a medida da pena quando ocorrida antes do cometimento do delito, independentemente de a decisão alusiva à prática haver transitado em julgado em momento prévio. Deveria ser considerado o quadro existente na data da prática delituosa" (STF: RE 591.054/SC, rel. Min. Marco Aurélio, Plenário, j. 17.12.2014, noticiado no *Informativo* 772).

Maus antecedentes – período depurador – analogia *in bonam partem* com a reincidência: "As condenações transitadas em julgado há mais de cinco anos não poderão ser caracterizadas como maus antecedentes para efeito de fixação da pena, conforme previsão do art. 64, I, do CP ['Para efeito de reincidência: I – não prevalece a condenação anterior, se entre a data do cumprimento ou extinção da pena e a infração posterior tiver decorrido período de tempo superior a 5 (cinco) anos, computado o período de prova da suspensão ou do livramento condicional, se não ocorrer revogação']. Esse é o entendimento da Segunda Turma, que, em conclusão de julgamento e por maioria, concedeu a ordem em *habeas corpus* para restabelecer a decisão do tribunal de justiça que afastara os maus antecedentes, considerada condenação anterior ao período depurador (CP, art. 64, I), para efeito de dosimetria da pena. A Turma afirmou que o período depurador de cinco anos teria a aptidão de nulificar a reincidência, de forma que não poderia mais influenciar no *quantum* de pena do réu e em nenhum de seus desdobramentos. Observou que seria assente que a *ratio legis* consistiria em apagar da vida do indivíduo os erros do passado, já que houvera o devido cumprimento de sua punição, de modo que seria inadmissível atribuir à condenação o *status* de perpetuidade, sob pena de violação aos princípios constitucionais e legais, sobretudo o da ressocialização da pena. A Constituição vedaria expressamente, na alínea *b* do inciso XLVII do art. 5º, as penas de caráter perpétuo. Esse dispositivo suscitaria questão acerca da proporcionalidade da pena e de seus efeitos para além da reprimenda corporal propriamente dita. Nessa perspectiva, por meio de cotejo das regras basilares de hermenêutica, constatar-se-ia que, se o objetivo primordial fosse o de se afastar a pena perpétua, reintegrando o apenado no seio da sociedade, com maior razão dever-se-ia aplicar esse raciocínio aos maus antecedentes. Ademais, o agravamento da pena-base com fundamento em condenações transitadas em julgado há mais de cinco anos não encontraria previsão na legislação pátria, tampouco na Constituição, mas se trataria de uma analogia *in malam partem*, método de integração vedado em nosso ordenamento" (STF: HC 126.315/SP, rel. Min. Gilmar Mendes, 2.ª Turma, j. 15.09.2015, noticiado no *Informativo* 799).

Maus antecedentes – necessidade de condenação anterior com trânsito em julgado: "A mera sujeição de alguém a simples investigações policiais (arquivadas ou não) ou a persecuções criminais ainda em curso não basta, só por si – ante a inexistência, em tais situações, de condenação penal transitada em julgado –, para justificar o reconhecimento de que o réu não possui bons antecedentes. Somente a condenação penal transitada em julgado pode justificar a exacerbação da pena, pois, com o trânsito em julgado, descaracteriza-se a presunção *juris tantum* de inocência do réu, que passa, então, a ostentar o *status* jurídico-penal de condenado, com todas as consequências legais daí decorrentes. Precedentes. Doutrina. A presunção constitucional de inocência no vigente ordenamento positivo brasileiro. A evolução histórica desse direito fundamental titularizado por qualquer pessoa, independentemente da natureza do crime pelo qual venha a ser condenada.

O *status quaestionis* no direito internacional: proteção no âmbito regional e no plano global. Presunção de inocência: direito fundamental do indivíduo e limitação ao poder do Estado (ADPF 144/DF, Rel. Min. Celso de Mello, Pleno, *v.g.*). Doutrina. Precedentes (STF)" (STF: HC 97.665/RS, rel. Min. Celso de Mello, 2.ª Turma, j. 04.05.2010). *No mesmo sentido*: STF: HC 122.940/PI, rel. Min. Gilmar Mendes, 2.ª Turma, j. 13.12.2016, noticiado no *Informativo* 851; e STF: RHC 121.126/DF, rel. Min. Rosa Weber, 1.ª Turma, j. 22.04.2014.

Maus antecedentes – sistema da temporariedade: "Quando o paciente não pode ser considerado reincidente, diante do transcurso de lapso temporal superior a cinco anos, conforme previsto no art. 64, I, do Código Penal, a existência de condenações anteriores não caracteriza maus antecedentes" (STF: RHC 118.977/MS, rel. Min. Dias Toffoli, 1.ª Turma, j. 18.03.2014). *No mesmo sentido*: STF: HC 110.191/RJ, rel. Min. Gilmar Mendes, 2.ª Turma, j. 23.04.2013.

Maus antecedentes – sistemas da perpetuidade e da temporariedade – reflexos jurídicos: "Mostrou-se possível a aplicação da minorante prevista no § 4º do art. 33 da Lei n. 11.343/2006 em relação a réu que, apesar de ser tecnicamente primário ao praticar o crime de tráfico, ostentava duas condenações (a primeira por receptação culposa e a segunda em razão de furto qualificado pelo concurso de pessoas) cujas penas foram aplicadas no mínimo legal para ambos os delitos anteriores (respectivamente, 1 mês em regime fechado e 2 anos em regime aberto, havendo sido concedido *sursis* por 2 anos), os quais foram perpetrados sem violência ou grave ameaça contra pessoa, considerando-se ainda, para afastar os maus antecedentes, o fato de que, até a data da prática do crime de tráfico de drogas, passaram mais de 8 anos da extinção da punibilidade do primeiro crime e da baixa dos autos do segundo crime, sem que tenha havido a notícia de condenação do réu por qualquer outro delito, de que ele se dedicava a atividades delituosas ou de que integrava organização criminosa. De fato, de acordo com entendimento da Sexta Turma do STJ, 'À luz do artigo 64, inciso I, do Código Penal, ultrapassado o lapso temporal superior a cinco anos entre a data do cumprimento ou extinção da pena e a infração posterior, as condenações penais anteriores não prevalecem para fins de reincidência. Podem, contudo, ser consideradas como maus antecedentes' (HC 292.474-RS, *DJe* 3/12/2014). Apesar disso, considerando as peculiaridades do caso concreto aqui analisado, não há como afastar a aplicação da causa especial de diminuição de pena prevista no § 4º do art. 33 da Lei 11.343/2006 (Lei de Drogas) – segundo a qual, em relação aos delitos previstos no *caput* e no 1º do dispositivo, as penas poderão ser reduzidas de um sexto a dois terços 'desde que o agente seja primário, de bons antecedentes, não se dedique às atividades criminosas nem integre organização criminosa' – em razão da simples existência de duas condenações transitadas em julgado com extinção da punibilidade há tanto tempo, tendo em vista, ademais, que, além de o réu ser tecnicamente primário (art. 64, I, do CP) ao praticar o crime em comento, não há notícias de que se dedique a atividades delituosas ou de que integre organização criminosa. Saliente-se que, aqui, não se está a afirmar que o mero decurso do período depurador da reincidência seja suficiente para, por si só, impedir toda e qualquer valoração sobre os antecedentes, até porque a hipótese prevista no art. 64, I, do CP trata tão somente da reincidência. Da mesma forma, não se está, simplesmente, descuidando de observar o entendimento do STJ de que condenações prévias, com trânsito em julgado há mais de 5 anos, apesar de não ensejarem reincidência, podem servir de alicerce para valoração desfavorável dos antecedentes. Consigne-se apenas que eternizar a valoração negativa dos antecedentes para afastar a minorante em questão, sem nenhuma ponderação sobre as circunstâncias do caso concreto, não se coaduna com o Direito Penal do fato. Nesse contexto, no RHC 2.227-MG (Sexta Turma, *DJ* 29/3/1993), já se afirmou que a norma inserta no inciso I do art. 64 do CP 'harmoniza-se com o sistema do Código Penal que subscreve o princípio *tempus omnia solvet*', concluindo-se no sentido de que 'Não há, pois, estigma permanente no Direito Penal'. Além disso, dois julgados da Quarta Turma do STJ (o REsp 1.334.097-RJ, relativo ao caso conhecido como 'Chacina da Candelária', e o REsp 1.335.153-RJ, referente ao caso 'Aida Curi', ambos publicados no *DJe* 10/9/2013) tratam, na esfera civil, da extensão do dano pela violação do direito à privacidade e do direito de ser deixado em paz (direito ao esquecimento). Não obstante, a essência dessa doutrina – com adaptações e temperamentos, por óbvio – pode ser invocada no caso, pois, no que diz respeito ao direito de ser esquecido, de que é titular aquele sobre quem recai o peso de uma condenação penal, esclarece o voto lançado no referido REsp 1.334.097-RJ: Aquele que já cumpriu pena criminal e que precisa reajustar-se à sociedade 'há de ter o direito a não ver repassados ao público os fatos que o levaram à penitenciária [...] o direito ao esquecimento que assiste ao condenado [...]. Por esse direito, então, aquele que tenha cometido um crime, todavia já cumprida a pena respectiva, vê a propósito preservada sua privacidade, honra e imagem. Cuida-se inclusive de garantir ou facilitar a interação e reintegração do indivíduo à sociedade, quando em liberdade, cujos direitos da personalidade não podem, por evento passado e expirado, ser diminuídos. [...] E é por essa ótica que o direito ao esquecimento revela sua maior nobreza, pois afirma-se, na verdade, como um direito à esperança, em absoluta sintonia com a presunção legal e constitucional de regenerabilidade da pessoa humana'. Também não se pode deixar de mencionar o HC 256.210-SP (*DJe* 13/12/2013), no qual a Sexta Turma do STJ, à unanimidade, concluiu – agora, sim, especificamente no âmbito do Direito Penal – que o lapso temporal entre a última condenação e a prática da infração apurada naquele *writ* (quase 14 anos) justificava a não influência das condenações anteriores (que se originaram de condutas perpetradas nas décadas de 70, 80 e 90) para fins de exasperação da pena-base, a título de maus antecedentes. Ademais, o STF (HC 126.315-SP, Segunda Turma, *DJe* 7/12/2015) aqueceu a discussão a respeito da estipulação de um prazo limite para se considerar uma condenação como maus antecedentes. Na ocasião, destacou-se a impossibilidade de que se atribua à condenação o *status* de perpetuidade, sob o fundamento de que 'a possibilidade de sopesarem-se negativamente antecedentes criminais, sem qualquer limitação temporal *ad aeternum*, em verdade, é pena de caráter perpétuo mal revestida de legalidade'. Aliás, foi também por esses fundamentos que o legislador de 1977, mediante a alteração na Parte Geral do CP ocasionada pela Lei n. 6.146, instituiu a temporalidade para a reincidência e positivou o 'período depurador' no art. 46, parágrafo único, então vigente, denominado no item 13 da respectiva Exposição de Motivos como 'prescrição da reincidência', e cuja previsão normativa foi mantida no art. 64, I, do atual Código. Além do mais, deve-se considerar a advertência doutrinária segundo o qual 'a proibição de penas perpétuas é um corolário da orientação humanitária ordenada pela Constituição, como princípio orientador da legislação penal'. Sendo assim, não se pode tornar perpétua a valoração negativa dos antecedentes, nem perenizar o estigma de criminoso para fins de aplicação da pena, sob pena de violação da regra geral que permeia o sistema. Afinal, a transitoriedade é consectário natural da ordem das coisas. Se o transcurso do tempo impede que condenações anteriores configurem reincidência, esse mesmo fundamento – o lapso temporal – deve ser sopesado na análise das condenações geradoras, em tese, de maus antecedentes. De mais a mais, embora o STF ainda não tenha decidido o mérito do RE 593.818-SC – que, em repercussão geral já reconhecida (*DJe* 3/4/2009), decidirá se existe ou não um prazo limite para se sopesar uma condenação anterior como maus antecedentes –, no caso aqui analisado, firme na ideia que subjaz à temporalidade dos antecedentes criminais, devem ser relativizados os dois registros penais tão antigos do acusado, de modo a não lhes imprimir excessivo relevo a ponto de impedir a incidência da minorante descrita no § 4º do art. 33 da Lei de Drogas" (STJ: REsp 1.160.440/MG, rel. Min. Rogerio Schietti Cruz, 6.ª Turma, j. 17.03.2016, noticiado no *Informativo* 580).

Motivos do crime – utilização de elementares inerentes aos tipos penais de concussão e corrupção passiva (obtenção de lucro fácil e cobiça) – impossibilidade – bis in idem: "A obtenção de lucro fácil e a cobiça constituem elementares dos tipos de concussão e corrupção passiva (arts. 316 e 317 do CP), sendo indevido utilizá-las, para exasperação da pena-base, no momento em que analisados os motivos do crime – circunstância judicial prevista no art. 59 do CP. Nos presentes embargos, aponta-se, em síntese, divergência no que concerne à interpretação do art. 59 do Código Penal, pois considera que os argumentos utilizados para elevar a pena-base dos delitos de concussão e de corrupção passiva são inerentes ao próprio tipo penal e, portanto, não poderiam ter sido valorados, novamente, no momento da fixação da pena-base. No caso em análise, examinando-se o acórdão do Tribunal de origem, verifica-se que a exasperação em ambos os crimes teve fundamento em 6 (seis) dos quesitos descritos no *caput* do art. 59 do CP:

a culpabilidade, a conduta social, a personalidade do agente, os motivos do crime, as circunstâncias e consequências do crime. Ao examinar os motivos do crime, o voto condutor do acórdão condenatório reputou como desvalores aptos a justificar a elevação da pena-base a intenção de obter lucro fácil e a cobiça. Com efeito, embora inseridos no Código Penal no Título dos crimes contra a Administração Pública, tanto a concussão (art. 316, CP) quanto a corrupção passiva (art. 317, CP) possuem várias das características dos crimes contra o patrimônio, com a peculiaridade da qualificação do agente como servidor público. Assim sendo, no exame das circunstâncias judiciais envolvendo a prática desses dois delitos, a jurisprudência desta Corte vem entendendo que a cobiça, a ganância e a intenção de obter lucro fácil constituem elementares dos delitos, não podendo, assim, serem utilizadas novamente na apreciação das circunstâncias judiciais para justificar a elevação da pena-base" (STJ: EDv nos EREsp 1.196.136/RO, rel. Min. Reynaldo Soares da Fonseca, 3.ª Seção, j. 24.05.2017, noticiado no *Informativo* 608).

Motivos do crime – valoração negativa – violência contra mulher – ameaça contra a ex-esposa com o objetivo de impedi-la de requerer o divórcio e pensão alimentícia para os filhos – fundamentação idônea: "É idônea a valoração negativa dos motivos do crime na hipótese em que o agressor se utiliza de ameaças para constranger a vítima a desistir de requerer o divórcio e pensão alimentícia em benefício dos filhos. A individualização da pena é submetida aos elementos de convicção judiciais acerca das circunstâncias do crime, cabendo às Cortes Superiores apenas o controle da legalidade e da constitucionalidade dos critérios empregados, a fim de evitar eventuais arbitrariedades. No caso, percebe-se que a pena-base restou fixada acima do mínimo legal pela análise desfavorável dos motivos do crime. Destacou-se que o crime de ameaça ocorreu em decorrência do sentenciado reprovar a conduta da vítima - sua ex-esposa, de ter acionado a Justiça para pôr fim ao casamento e requerer pensão alimentícia para os filhos do casal e demais direitos relativos a tal demanda. A intenção do agente seria ameaçar a vítima para que ela desistisse de acioná-lo judicialmente. Tal elemento é concreto e não é ínsito ao tipo penal em questão, podendo ser sopesado como circunstância judicial desfavorável, na medida em que demonstra uma maior reprovabilidade da conduta, motivada pelo anseio de enfraquecimento e de desrespeito aos direitos conferidos à mulher pela Lei Maria da Penha. Dessa forma, devidamente motivada a exasperação da pena-base, não se constata qualquer ilegalidade a ser sanada" (STJ: AgRg no HC 746.729/GO, rel. Min. Ribeiro Dantas, 5.ª Turma, j. 19.12.2022, noticiado no *Informativo* 767).

Múltiplas condenações com trânsito em julgado – utilização como reincidência e maus antecedentes – impossibilidade de valoração negativa a título de personalidade ou conduta social do agente: "Eventuais condenações criminais do réu transitadas em julgado e não utilizadas para caracterizar a reincidência somente podem ser valoradas, na primeira fase da dosimetria, a título de antecedentes criminais, não se admitindo sua utilização também para desvalorar a personalidade ou a conduta social do agente. Cinge-se a discussão a definir sobre a possibilidade da utilização de múltiplas condenações transitadas em julgado não consideradas para efeito de caracterização da agravante de reincidência (art. 61, I, CP) como fundamento, também, para a exasperação da pena-base, na primeira fase da dosimetria (art. 59, CP), tanto na circunstância judicial 'maus antecedentes' quanto na que perquire sua 'personalidade'. Com efeito, a doutrina, ao esmiuçar os elementos constituintes das circunstâncias judiciais constantes do art. 59 do Código Penal, enfatiza que a conduta social e a personalidade do agente não se confundem com os antecedentes criminais, porquanto gozam de contornos próprios – referem-se ao modo de ser e agir do autor do delito –, os quais não podem ser deduzidos, de forma automática, da folha de antecedentes criminais do réu. Trata-se da atuação do réu na comunidade, no contexto familiar, no trabalho, na vizinhança (conduta social), do seu temperamento e das características do seu caráter, aos quais se agregam fatores hereditários e socioambientais, moldados pelas experiências vividas pelo agente (personalidade social). Nesse sentido, é possível concluir que constitui uma atecnia entender que condenações transitadas em julgado refletem negativamente na personalidade ou na conduta social do agente. Isso sem contar que é dado ao julgador atribuir o peso que achar mais conveniente e justo a cada uma das circunstâncias judiciais, o que lhe permite valorar de forma mais enfática os antecedentes criminais do réu com histórico de múltiplas condenações definitivas. Observe-se, por fim, que essa novel orientação jurisprudencial do Superior Tribunal de Justiça se alinha também à orientação seguida pela Segunda Turma do Pretório Excelso" (STJ: EAREsp 1.311.636/MS, rel. Min. Reynaldo Soares da Fonseca, 3.ª Seção, j. 10.04.2019, noticiado no *Informativo* 647).

Pena-base – culpabilidade – elevada reprovabilidade: "Não há como se acoimar de ilegal a sentença condenatória no ponto em que procedeu ao aumento da pena-base em razão da culpabilidade, haja vista a elevada reprovabilidade da conduta delituosa praticada, bem evidenciada pelo fato do paciente ser titular de cargos públicos relevantes e ostentar alto grau de instrução, circunstâncias que, devidamente demonstradas, são fundamentos aptos a respaldar uma pequena exacerbação da pena-base, como a que ocorreu no caso *sub examine*" (STJ: HC 194.326/RS, rel. Min. Jorge Mussi, 5.ª Turma, j. 18.08.2011).

Pena-base – impossibilidade de fixação além dos limites legais: "O incremento em decorrência da avaliação negativa do *modus operandi* não constitui elemento ínsito ao tipo, podendo ser validamente considerado na fixação da pena-base imposta ao infrator. É o que, aliás, impõe o art. 59 do Código Penal, o qual determina que o juiz, na fixação da reprimenda, faça a valoração, entre outros elementos, das circunstâncias em que se deu a infração, o que justifica a exasperação da reprimenda entre os limites abstratamente cominados para o crime" (STF: RHC 117.037/SP, rel. Min. Dias Toffoli, 1.ª Turma, j. 08.10.2013). *No mesmo sentido*: STJ: AgRg no HC 274.128/BA, rel. Min. Marco Aurélio Bellizze, 5.ª Turma, j. 19.08.2014.

Personalidade – avaliação negativa – desnecessidade de laudo técnico: "A avaliação negativa da personalidade não exige laudo técnico especializado" (STJ: AgRg no REsp 1.802.811/AL, rel. Min. Antonio Saldanha Palheiro, 6.ª Turma, j. 23.06.2020).

Personalidade – utilização de condenação anterior com trânsito em julgado para sua valoração negativa – impossibilidade: "A existência de condenações definitivas anteriores não se presta a fundamentar a exasperação da pena-base como personalidade voltada para o crime. Inicialmente, cumpre salientar que o legislador estabeleceu, no *caput* do art. 59 do Código Penal, oito vetores a serem considerados na primeira fase de aplicação da reprimenda, quais sejam: a culpabilidade; os antecedentes; a conduta social; a personalidade do agente; os motivos; as circunstâncias; as consequências do crime e o comportamento da vítima. O objetivo foi prever circunstâncias diversas e com regramentos próprios a serem valoradas pelo julgador – na mesma fase de dosimetria – de acordo com a situação fática posta em análise. Referidos vetores, portanto, não se confundem. A consideração desfavorável da personalidade do agente, nesse sentido, deve ser aferida a partir do seu modo de agir, podendo-se avaliar a insensibilidade acentuada, a maldade, a desonestidade e a perversidade demonstrada e utilizada pelo criminoso na consecução do delito. Sua aferição somente é possível se existirem, nos autos, elementos suficientes e que efetivamente possam levar o julgador a uma conclusão segura sobre a questão. Nesses termos, a Sexta Turma, em recente julgado – cuja *ratio decidendi* é perfeitamente aplicável no presente caso –, considerou que 'a valoração negativa da vetorial conduta social com base em condenações definitivas por fatos anteriores é ilegal, pois estas se prestariam ao sopesamento negativo da circunstância judicial relativa aos antecedentes' (HC 457.039/SC, rel. Ministra Laurita Vaz, sexta turma, julgado em 18/10/2018, DJe 07/11/2018). Vê-se, pois, que não há justificativa para se aplicar o referido entendimento para o vetor da conduta social e desprezá-lo no que tange à personalidade, haja vista que, reitere-se, a razão de decidir é a mesma. No mesmo sentido, a Quinta Turma deste Tribunal Superior consolidou o entendimento de que 'condenações transitadas em julgado não constituem fundamento idôneo para análise desfavorável da personalidade ou da conduta social do agente'. Ademais, corroborando com a tese ora defendida, o legislador conferiu ao julgador maior discricionariedade – mesmo que ainda vinculada aos parâmetros legais – ao não prever, no art. 59 do Código Penal, um *quantum* mínimo ou máximo para a exasperação da pena-base. De fato, cabe à prudência do (da) Magistrado (a) fixar, com a devida fundamentação e dentro de parâmetros razoáveis e proporcionais, o patamar que entender mais adequado e justo ao caso concreto. Nessa perspectiva, com o permissivo da lei, é legítimo que o (a) Magistrado (a), na hipótese de haver mais de uma condenação transitada em julgado em desfavor do Réu, eleve a pena, por exemplo, acima do patamar de 1/6 (um sexto), já que a existência de múltiplas sentenças penais definitivas denotam que seus antecedentes lhe são mais desfavoráveis. Respeita-se, concomitantemente, o princípio da legalidade e da individualização da reprimenda" (STJ: HC 472.654/DF, rel. Min. Laurita Vaz, 6.ª Turma, j, 21.02.2019, noticiado no *Informativo* 643).

Prefeito – utilização desta condição como causa de aumento da pena e circunstância judicial desfavorável – *bis in idem* – impossibilidade: "No mérito, o Colegiado afirmou que a materialidade dos delitos em questão estaria devidamente demonstrada no processo. De fato, da análise da lei original aprovada pela câmara dos vereadores constatar-se-ia que na lei falsificada fora inserido dispositivo legal não aprovado por aquela casa legislativa. Haveria laudo pericial a demonstrar que o texto enviado à publicação teria contado com artigo anteriormente inexistente no projeto de lei encaminhado pela prefeitura para a câmara dos vereadores. Da mesma forma, a materialidade do crime preconizado no art. 89 da Lei 8.666/1993 encontrar-se-ia comprovada em documentos acostados aos autos. A Turma afirmou também que a autoria de ambos os delitos seria inconteste e recairia, indubitavelmente, sobre o apelante, que, na qualidade de prefeito, teria decretado estado de emergência na cidade e autorizado a contratação direta de empresa para a conclusão de obra, dispensando a realização de procedimento licitatório. Teria igualmente assinado a referida lei com conteúdo adulterado, estando demonstrada a ciência inequívoca do ilícito. Relativamente à dosimetria da pena imposta, contudo, a Turma destacou que a qualidade de prefeito municipal do apelante teria sido duplamente considerada, o que configuraria 'bis in idem'. Como a regra do art. 297, § 1º, do CP, estabelece que a pena deve ser aumentada de um sexto quando o agente for funcionário público e cometer o crime prevalecendo-se do cargo, essa circunstância deveria ser considerada apenas por ocasião da majorante, na terceira fase da dosimetria e não na primeira fase. Sendo assim, a pena base deveria ser reduzida para 3 anos e 6 meses de reclusão, quantidade de pena um pouco acima do mínimo, mas ainda abaixo do termo médio, o que estaria justificado principalmente diante da culpabilidade extremamente acentuada consistente na falsificação de uma lei. Com o aumento de um sexto, tal qual determinado pelo o art. 297, § 1º, do CP, e não havendo outras majorantes nem circunstâncias legais a serem sopesadas, a pena definitiva deveria ficar em 4 anos e 2 meses de reclusão" (STF: AP 971/RJ, rel. Min. Edson Fachin, 1.ª Turma, j. 28.06.2016, noticiado no *Informativo* 832).

Critérios especiais da pena de multa

Art. 60. Na fixação da pena de multa o juiz deve atender, principalmente, à situação econômica do réu.

§ 1º A multa pode ser aumentada até o triplo, se o juiz considerar que, em virtude da situação econômica do réu, é ineficaz, embora aplicada no máximo.

Multa substitutiva

§ 2º A pena privativa de liberdade aplicada, não superior a 6 (seis) meses, pode ser substituída pela de multa, observados os critérios dos incisos II e III do art. 44 deste Código.

○ **Aplicação da pena de multa:** A pena de multa segue um **sistema bifásico**, que possibilita a sua individualização, na forma exigida pelo art. 5.º, XLVI, da CF. A respeito da fixação da pena de multa, *ver comentários ao art. 49 do CP.*

○ **Multa substitutiva:** A multa substitutiva ou vicariante está prevista no § 2.º do dispositivo em comento. Da leitura do inciso I do art. 44 do CP podemos concluir que as penas restritivas de direitos substituem as privativas de liberdade quando estas não forem superiores a quatro anos, se o crime for doloso. Como o art. 60, § 2.º, do CP cita apenas os incisos II e III do art. 44, não se aplica o limite temporal de quatro anos no tocante aos crimes dolosos. A multa substitutiva da pena privativa de liberdade tem natureza jurídica distinta da pena de multa cominada pelo preceito secundário do tipo penal. Permanece, portanto, o teto de seis meses, e independe do emprego de violência ou grave ameaça à pessoa. Basta para a sua incidência que o réu não seja reincidente em crime doloso e, ademais, a culpabilidade, os antecedentes, a conduta social e a personalidade do condenado, bem como os motivos e as circunstâncias indiquem a suficiência da substituição.

○ **Jurisprudência selecionada:**

Pena de multa – condenação igual ou inferior a um ano – discricionariedade do magistrado: "Nas hipóteses a envolver condenação igual ou inferior a 1 (um) ano, a substituição pode ser feita por multa ou por uma pena restritiva de direitos (CP, art. 44, § 2º). O juiz não está obrigado a promover a substituição, necessariamente, por uma pena de multa" (STF: HC 98.995/RS, rel. Min. Gilmar Mendes, 2.ª Turma, j. 19.10.2010).

Pena de multa – previsão autônoma – prestação pecuniária – distinção: "Impugnação ao cálculo da pena sob o argumento de sobreposição das penas de multa e pecuniária. Improcedência: a pena de multa, cominada abstratamente no tipo penal, tem natureza distinta da pena de multa substitutiva da pena privativa de liberdade prevista no artigo 44, § 2º do Código Penal" (STF: RHC 90.114/PR, rel. Min. Eros Grau, 2.ª Turma, j. 05.06.2007).

Circunstâncias agravantes

Art. 61. São circunstâncias que sempre agravam a pena, quando não constituem ou qualificam o crime:

I – a reincidência;

II – ter o agente cometido o crime:

a) por motivo fútil ou torpe;

b) para facilitar ou assegurar a execução, a ocultação, a impunidade ou vantagem de outro crime;

c) à traição, de emboscada, ou mediante dissimulação, ou outro recurso que dificultou ou tornou impossível a defesa do ofendido;

d) com emprego de veneno, fogo, explosivo, tortura ou outro meio insidioso ou cruel, ou de que podia resultar perigo comum;

e) contra ascendente, descendente, irmão ou cônjuge;

f) com abuso de autoridade ou prevalecendo-se de relações domésticas, de coabitação ou de hospitalidade, ou com violência contra a mulher na forma da lei específica;

g) com abuso de poder ou violação de dever inerente a cargo, ofício, ministério ou profissão;

h) contra criança, maior de 60 (sessenta) anos, enfermo ou mulher grávida;

i) quando o ofendido estava sob a imediata proteção da autoridade;

j) em ocasião de incêndio, naufrágio, inundação ou qualquer calamidade pública, ou de desgraça particular do ofendido;

l) em estado de embriaguez preordenada.

○ **Introdução:** Agravantes são dados ou fatos, objetivos ou subjetivos, que se encontram ao redor do crime, aderindo ao delito sem modificar sua estrutura típica, mas agravando a pena dentro dos limites impostos abstratamente pela lei.

– **Elementares e circunstâncias:** As elementares compõem o tipo penal básico, ou seja, são dados indispensáveis à definição do tipo. As circunstâncias são dados acidentais, secundários, que não integram a estrutura da infração penal, como o modo de execução do crime, os instrumentos empregados para sua prática, as condições de tempo e local em que ocorreu o ilícito penal, o relacionamento entre o agente e o ofendido etc. Sua existência não interfere na existência do tipo penal.

○ **Reincidência (art. 61, I):** Não se admite, em hipótese alguma, a dupla punição pelo mesmo fato. Com base nesse princípio foi editada a **Súmula 241 do STJ:** "A reincidência penal não pode ser considerada como circunstância agravante e, simultaneamente, como circunstância judicial." A reincidência como agravante genérica quando da prática de novo crime, contudo, não importa em violação desse princípio. A regra prevista no art. 61, I, do CP encontra-se em sintonia com o ordenamento jurídico em vigor. A existência de duas ou mais ações penais, em searas judiciais diversas, pela prática de fatos distintos, não acarreta violação a esse princípio. *V. comentários aos arts. 63 e 64 do CP.*

○ **Motivo fútil ou torpe (art. 61, II, "a"):** **Motivo fútil** é o insignificante, de pouca importância, completamente desproporcional à natureza do crime praticado. Exemplo: age com motivo fútil o marido que mata a esposa por não ter passado adequadamente uma peça do seu vestuário. Fundamenta-se a agravação da resposta estatal em razão do egoísmo, da atitude mesquinha que alimenta a conduta do responsável pela infração penal. A **ausência de motivo** não deve ser equiparada ao motivo fútil, pois todo crime tem a sua motivação. Há quem alegue que, se um motivo ínfimo justifica a elevação da pena, com maior razão deve ser punida mais gravemente a infração penal imotivada. O **ciúme** não deve ser enquadrado como motivo fútil. Esse sentimento, que destrói o equilíbrio do ser humano e arruína a sua vida não pode ser considerado insignificante ou desprezível. A **embriaguez**, por sua vez, é incompatível com o motivo fútil. O embriagado não tem pleno controle do seu modo de agir, afastando assim a futilidade da força que o impele a transgredir o Direito Penal. Mas há quem diga que, em face da norma prevista no art. 28, II, do CP, essa agravante genérica pode ser aplicada ao ébrio. Anote-se ainda que motivo fútil e **motivo injusto** não se confundem: todo crime é injusto, pois o sujeito passivo não é obrigado a suportá-lo, embora nem sempre seja fútil. **Motivo torpe** é o vil, repugnante, abjeto, moralmente reprovável. Exemplo: matar um parente para ficar com a sua herança. Fundamenta-se a maior quantidade de pena pela violação do sentimento comum de ética e de justiça. A **vingança** não caracteriza automaticamente a torpeza. Será ou não torpe, dependendo do motivo que levou o indivíduo a vingar-se de alguém. Exemplos: (1) Não é torpe a conduta do pai que mata o estuprador de sua filha. Ao contrário, trata-se de relevante valor moral (privilégio), nos moldes do art. 121, § 1.º, do CP; e (2) É torpe o ato de um traficante consistente em matar outro vendedor de drogas que havia, no passado, dominado o controle do tráfico na favela então gerenciada pelo assassino. Ressalte-se que, por absoluta incompatibilidade, **um motivo não pode ser simultaneamente fútil e torpe.**

○ **Finalidade de facilitar ou assegurar a execução, a ocultação, a impunidade ou a vantagem de outro crime (art. 61, II, "b"):** Essa agravante genérica repousa na **conexão**, ou seja, na ligação entre dois ou mais crimes. A conexão pode ser **teleológica**, quando o crime é praticado para facilitar ou assegurar a *execução* de outro crime (exemplo: furtar um banco para, com o dinheiro, adquirir um carro roubado), ou **consequencial**, na hipótese em que o delito é cometido para facilitar ou assegurar a *ocultação*, a *impunidade* ou a *vantagem* de outro crime (exemplo: coagir uma testemunha para não incriminar em juízo o autor de um tráfico de drogas). Cuida-se, em verdade, de uma forma especial de **motivo torpe**, pois buscar de qualquer modo, com um crime, executar outro delito, ocultá-lo, dele escapar ou em razão dele lucrar revela a intensa depravação moral do agente. Configura-se a agravante genérica mesmo que não seja iniciado o delito almejado pelo agente. Basta sua intenção de cometê-lo. Contudo, quando forem realizados os dois delitos, por eles responderá o sujeito, em concurso material (art. 69 do CP).

○ **Traição, emboscada, dissimulação, e outros recursos que dificultem ou tornem impossível a defesa do ofendido (art. 61, II, "c"):** Valeu-se o legislador da **interpretação analógica** ou *intra legem*. O dispositivo contém uma fórmula casuística seguida de uma fórmula genérica. A traição, a emboscada e a dissimulação dificultam ou impossibilitam a defesa do ofendido, assim como outros recursos similares, como a surpresa e a superioridade de armas. Por coerência legal, deve ser uma situação semelhante à traição, à emboscada e à dissimulação. **Traição** é a deslealdade, a perfídia, a quebra da confiança que o ofendido depositava no responsável pelo crime. Pode ser **material** ou **objetiva** (exemplo: agredir um amigo durante seu sono) ou **moral** ou **subjetiva** (exemplo: atrair a vítima embriagada para o alto de uma ponte e de lá empurrá-la rumo ao chão). **Emboscada** é a tocaia, a cilada, ou seja, aguardar escondido a passagem da vítima para, repentinamente, atacá-la. **Dissimulação** é o disfarce, a ocultação da vontade criminosa para agredir a vítima descuidada. Exemplo: fingir-se funcionário de uma empresa de telefonia para ingressar na residência de alguém e ofender sua integridade corporal.

○ **Emprego de veneno, fogo, explosivo, tortura ou outro meio insidioso ou cruel, ou de que possa resultar perigo comum (art. 61, II, "d"):** O legislador, uma vez mais, utiliza a **interpretação analógica**, mas agora relacionada aos **meios de execução** do crime. Há, nesse dispositivo, três gêneros e quatro espécies. O primeiro gênero é o meio insidioso, que tem como espécie o emprego de veneno. O outro gênero é o meio cruel, dele resultando as espécies emprego de fogo e de tortura. Por fim, perigo comum é gênero e o explosivo e o fogo suas espécies. **Meio insidioso** é o que revela estratagema, ou seja, é o dissimulado em sua capacidade danosa. Exige-se seja empregado **sub-repticiamente**, isto é, sem ser notado pela vítima. O exemplo legal é o veneno, definido como qualquer substância, química ou não, que pode ferir ou matar quando inoculada no organismo humano. **Meio cruel** é o que inflige à vítima um intenso e desnecessário sofrimento para alcançar o resultado desejado, revelando a insensibilidade do agente. O dispositivo legal apresenta dois exemplos: fogo e tortura. Como a lei autoriza a interpretação analógica, pode ser ainda citada a asfixia. O emprego de veneno, se introduzido à força no organismo da vítima, caracteriza meio cruel. **Meio de que possa resultar perigo comum** é aquele que, além de proporcionar sofrimento intenso e exagerado à vítima, pode também colocar em risco um número indeterminado de pessoas. A lei aponta como exemplos o explosivo e o fogo, esse último quando oferece perigo a diversas pessoas.

○ **Vítima – descendente, ascendente, irmão ou cônjuge (art. 61, II, "e"):** O fundamento dessa agravante genérica repousa na **apatia moral do agente**, que se prevalece de relações familiares para a prática do crime, transgredindo o dever de auxílio recíproco existente entre parentes e pessoas ligadas pelo matrimônio. O sujeito deve efetivamente aproveitar-se das facilidades que o parentesco ou o matrimônio lhe proporcionam, pois caso contrário o dispositivo legal não terá incidência. O parentesco pode ser civil ou natural, pois o art. 227, § 6.º, da CF proíbe qualquer discriminação entre os filhos havidos ou não do casamento. Não ingressam na agravante genérica as relações decorrentes do parentesco por afinidade. A união estável não autoriza a aplicação da agravante genérica, em face da inadmissibilidade da analogia *in malam partem* no Direito Penal. Exige-se, para a incidência da agravante, **prova documental** da relação de parentesco ou do vínculo matrimonial. De fato, a prova do estado das pessoas deve observar as restrições estabelecidas na lei civil (art. 155, parágrafo único, do CPP).

○ **Abuso de autoridade, prevalência de relações domésticas, de coabitação ou de hospitalidade e violência contra a mulher (art. 61, II, "f"):** Legitima-se a exasperação da pena em face da violação dos postulados de solidariedade e de assistência que devem reinar nas situações ali descritas. A expressão "abuso de autoridade" relaciona-se ao direito privado (exemplo: tutor e tutelado). Excluem-se as relações de direito público. Deve existir um vínculo de dependência entre o agente e a vítima. Caracteriza-se pelo mau uso que dela se faz, pelo excesso ou pela violência, fora dos casos de exercício de cargo, ofício, ministério ou profissão.[353] **Relações domésticas** são as criadas entre os membros de uma família, podendo ou não existir ligações de parentesco (exemplo: patrão e babá de seu filho). No tocante à união estável, em que não é possível sua equiparação ao cônjuge para agravação da pena, nada impede a inserção da companheira ou do companheiro nessa alínea (prevalecendo-se das relações domésticas). **Coabitação** é a moradia sob o mesmo teto, ainda que por breve período (exemplo: moradores de uma república de estudantes). Deve ser lícita e conhecida dos coabitantes. Pode ser voluntária, fortuita, ou ainda coativa, como ocorre na carcerária. **Hospitalidade** é a recepção eventual, durante a estadia provisória na residência de alguém, sem necessidade de pernoite (exemplo: receber amigos para um jantar). Afasta-se a relação de hospitalidade quando o agente ingressa, clandestina ou astuciosamente, ou ainda com violência, na moradia do hospedeiro, uma vez que depende do seu consentimento para caracterizar-se. Esses três últimos casos de relações – domésticas, coabitação e hospitalidade – devem existir ao tempo do crime, nada importando tenha sido o delito praticado fora do âmbito da relação doméstica, ou do local que ensejou a coabitação ou a hospitalidade. Incide a agravante genérica, exemplificativamente, quando o morador de uma república subtrai bens de um colega que com ele divide a residência em momento no qual estavam no interior de um ônibus, no transporte à faculdade. A expressão "ou com violência contra a mulher na forma da lei específica", acrescentada pela Lei 11.340/2006 (Lei Maria da Penha), não trouxe nenhuma utilidade prática, pois a violência doméstica ou familiar contra a mulher já funcionava como agravante genérica na alínea "f" ou na alínea "e".

○ **Abuso de poder e violação de dever inerente a cargo, ofício, ministério ou profissão (art. 61, II, "g"):** Essa alínea prevê duas agravantes diversas: abuso de poder e violação de dever. O **abuso de poder** e a **violação de dever inerente a cargo** têm como principal característica serem praticados por funcionários públicos, ou então por particulares ligados a cargos públicos, contra funcionários públicos entre si ou contra o público em geral. Pressupõem no agente a condição de funcionário público, e o crime deve ser cometido no desempenho do cargo público. Ligam-se, assim, ao exercício do Poder Público e do cargo público de maneira ilegítima e excessiva, com violação das regras de Direito Público. Cargo público é o lugar instituído na organização do serviço público, com denominação própria, atribuições e responsabilidades específicas e estipêndio correspondente, para ser provido e exercido por um titular, na forma estabelecida em lei.[354] O abuso de poder e a violação de dever inerente a cargo podem, em determinadas circunstâncias, configurar crime autônomo, e não atuar como agravante genérica. Exemplo: violação de sigilo funcional (art. 325 do CP). Quando

---

[353] SABINO JÚNIOR, Vicente. *Direito penal*. São Paulo: Sugestões Literárias, 1967. v. II, p. 358.

[354] MEIRELLES, Hely Lopes. *Direito administrativo brasileiro*. 32. ed. atual. por Eurico de Andrade Azevedo, Délcio Balestero Aleixo e José Emmanuel Burle Filho. São Paulo: Malheiros, 2006. p. 417.

o sujeito for punido pelo crime de abuso de autoridade, tipificado pela Lei 13.869/2019, afasta-se essa agravante genérica para evitar o *bis in idem*. Já a expressão **"violação de dever inerente a ofício, ministério ou profissão"** se refere a atividades de natureza privada. **Ofício** é a atividade remunerada e predominantemente manual. Exemplo: mecânico de automóveis. **Ministério** diz respeito ao exercício de um culto religioso. Exemplo: padre ou pastor de uma igreja. Deve tratar-se de religião reconhecida e permitida pelo Estado. **Profissão**, por sua vez, é remunerada e reclama conhecimentos restritos e especializados, com predominância do fator intelectual. Exemplos: advogado, engenheiro, médico etc.

○ **Vítima criança, maior de 60 (sessenta) anos, enfermo e mulher grávida (art. 61, II, "h"):** Essa agravante genérica fundamenta-se na **situação de fragilidade ou debilidade da vítima, na facilidade que encontra o agente para cometer o delito e na sua covardia**. Essas pessoas, indubitavelmente, têm menor chance de defesa. **Criança** é a pessoa de até 12 anos de idade incompletos (art. 2.º, *caput*, da Lei 8.069/1990 – ECA). Quanto à pessoa **idosa** (**pessoa com idade igual ou superior a 60 anos**), essa redação se deve à entrada em vigor da Lei 10.741/2003 (Estatuto da Pessoa Idosa). É necessário o nexo de dependência entre a situação de fragilidade do ofendido e o crime praticado.[355] **Enfermo** é o indivíduo que, em decorrência de alguma doença, permanente ou transitória, enfrenta debilidade em sua capacidade física ou mental. É, em suma, a pessoa portadora de deficiência física ou mental. Aqui também se exige o nexo entre o crime praticado e a enfermidade da vítima. Exemplo: um furto contra um cego autoriza a agravante genérica, ao contrário de igual crime cometido contra pessoa resfriada, já que tal doença não deixa de constituir-se em uma deficiência do corpo humano. **Mulher grávida**, para justificar a agravante, deve ser aquela em estágio avançado da gestação, capaz de torná-la mais vulnerável às investidas criminosas, e desde que a sua peculiar condição facilite a prática do delito. Em todas essas hipóteses, o agente deve ter ciência da situação de fragilidade da vítima, ou seja, ele precisa saber que pratica o delito contra criança, pessoa idosa, enfermo ou mulher grávida, pois não se admite a responsabilidade penal objetiva.

○ **Ofendido sob a imediata proteção da autoridade (art. 61, II, "i"):** Nessa situação é mais grave a punição, porque quem se encontra sob a proteção do Estado não deve ser ofendido por condutas criminosas. Diante da proteção do Poder Público, o agente revela destemor e incredulidade com a força dos poderes constituídos, merecendo mais rigorosa reprovação. **Proteção imediata** significa guarda, dependência, sujeição. Enquadra-se nessa agravante o resgate de preso para ser morto por facção rival, mas não o crime cometido contra vítima que se encontrava ao lado de um policial.

○ **Ocasião de incêndio, naufrágio, inundação ou qualquer calamidade pública, ou de desgraça particular do ofendido (art. 61, II, "j"):** Nessa alínea o CP mais uma vez se utiliza da **interpretação analógica** ou *intra legem*. Essa agravante genérica justifica-se pela **insensibilidade moral do agente**, que não observa os mais comezinhos postulados de fraternidade e de solidariedade humana e se aproveita de situações calamitosas ou de desgraça particular da vítima, que se encontra em posição de inferioridade, para praticar um crime. **Calamidade pública** é o acidente generalizado, a tragédia que engloba um número indeterminado de pessoas. Exemplo: roubo a supermercado cometido durante a pandemia causada pela CO-VID-19, reconhecida como estado de calamidade pública pelo Decreto Legislativo 06/2020.

---

[355] "Ausente qualquer nexo entre a ação do réu e a condição de vulnerabilidade da vítima, quando o furto qualificado pelo arrombamento à residência ocorreu quando os proprietários não se encontram no imóvel, com a escolha da residência de forma aleatória, nada indicando a condição de idoso do morador da casa invadida. Configurada a excepcionalidade da situação, deve ser afastada a agravante relativa ao crime praticado contra idoso, prevista no art. 61, II, 'h', do Código Penal" (STJ: HC 593.219/SC, rel. Min. Ribeiro Dantas, 5.ª Turma, j. 25.08.2020, noticiado no *Informativo 679*).

Desgraça particular do ofendido, por outro lado, é o acidente ou tragédia relativo a uma pessoa ou a um grupo determinado de pessoas. Exemplo: saque dos bens da vítima logo após o capotamento do seu automóvel.

○ **Estado de embriaguez preordenada (art. 61, II, "l"):** Nessa situação pune-se com maior rigor para evitar que pessoas se embriaguem buscando encorajamento para a prática de infrações penais, bem como a exclusão da imputabilidade penal. Utiliza-se a teoria da *actio libera in causa*.

○ **Jurisprudência selecionada:**

Agravante genérica – elevação da pena acima de 1/6 – possibilidade – necessidade de fundamentação: "1. A individualização da pena é uma atividade em que o julgador está vinculado a parâmetros abstratamente cominados pelo legislador, sendo-lhe permitido, entretanto, atuar discricionariamente na escolha da sanção penal aplicável ao caso concreto, após o exame percuciente dos elementos do delito, e em decisão motivada. Destarte, cabe às Cortes Superiores, apenas, o controle de legalidade e da constitucionalidade dos critérios utilizados no cálculo da pena. 2. O Código Penal olvidou-se de estabelecer limites mínimo e máximo de aumento ou redução de pena a serem aplicados em razão das agravantes e das atenuantes genéricas. Assim, a jurisprudência reconhece que compete ao julgador, dentro do seu livre convencimento e de acordo com as peculiaridades do caso, escolher a fração de aumento ou redução de pena, em observância aos princípios da razoabilidade e da proporcionalidade. Todavia, a aplicação de fração superior a 1/6 exige motivação concreta e idônea" (STJ: AgRg no AREsp 1.558.815/GO, rel. Min. Ribeiro Dantas, 5.ª Turma, j. 10.10.2019). *No mesmo sentido*: STF: RHC 127.382/DF, rel. Min. Teori Zavascki, 2.ª Turma, j. 05.05.2015; e STJ: AgRg no HC 456.060/RJ, rel. Min. Reynaldo Soares da Fonseca, 5.ª Turma, j. 23.06.2020.

Agravantes e atenuantes genéricas – impossibilidade de fixação da pena além dos limites em abstrato: "Como assentado em precedentes da Suprema Corte, a presença de atenuantes não pode levar a pena a ficar abaixo do mínimo, e a de agravantes também não pode levar a pena a ficar acima do máximo previsto no tipo penal básico ou qualificado" (STF: HC 93.071/RS, rel. Min. Menezes Direito, 1.ª Turma, j. 18.03.2008). *No mesmo sentido:* STF: RE 597.270 QO/RS, rel. Min. Cezar Peluso, Plenário, j. 26.03.2009; STF: HC 85.673/PA, rel. Sepúlveda Pertence, 1ª Turma, j. 31.05.2005; STF: HC 70.883/SP, rel. Min. Celso de Mello, 1ª Turma, j. 08.03.1994.

Agravantes genéricas – incidência em crimes preterdolosos – possibilidade: "É possível a aplicação da agravante genérica do art. 61, II, 'c', do CP nos crimes preterdolosos, como o delito de lesão corporal seguida de morte (art. 129, § 3º, do CP). De início, nos termos do art. 61, II, 'c', do CP, são circunstâncias que sempre agravam a pena, quando não constituem ou qualificam o crime, ter o agente cometido o crime à traição, de emboscada, ou mediante dissimulação, ou outro recurso que dificultou ou tornou impossível a defesa do ofendido. De fato, apesar da existência de controvérsia doutrinária e jurisprudencial, entende-se que não há óbice legal ou incompatibilidade qualquer na aplicação da citada agravante genérica aos crimes preterdolosos. Isso porque, nos crimes qualificados pelo resultado na modalidade preterdolosa, a conduta-base dolosa preenche autonomamente o tipo legal e o resultado culposo denota mera consequência que, assim sendo, constitui elemento relevante em sede de determinação da medida da pena. Ademais, o art. 129, § 3º, do CP descreve conduta dolosa que autonomamente preenche o tipo legal de lesões corporais, ainda que dessa conduta exsurja resultado diverso mais grave a título de culpa, consistente na morte da vítima. Assim, no crime de lesão corporal seguida de morte, a ofensa intencional à integridade física da vítima constitui crime autônomo doloso, cuja natureza não se altera com a produção do resultado mais grave previsível, mas não pretendido (morte), resolvendo-se a maior reprovabilidade do fato no campo da punibilidade. Além do mais, entende a doutrina que nos casos de lesões qualificadas pelo resultado, o tipo legal de crime é o mesmo (lesão corporal dolosa), não se alterando o tipo fundamental, apenas se lhe acrescentando um elemento de maior punibilidade" (STJ: REsp 1.254.749/SC, rel. Min. Maria Thereza de Assis Moura, 6.ª Turma, j. 06.05.2014, noticiado no *Informativo* 541).

Crime contra maior de 60 anos – agravante do art. 61, II, "h", do Código Penal – furto praticado aleatoriamente em residência sem a presença do morador idoso – ausência de nexo entre o furto e a condição de vulnerabilidade da vítima – não incidência: "Não se aplica a agravante prevista no art. 61, II, "h", do Código Penal na hipótese em que o crime de furto qualificado pelo arrombamento à residência ocorreu quando os proprietários não se encontravam no imóvel, não havendo que se falar, portanto, em ameaça à vítima ou em benefício do agente para a prática delitiva em razão de sua condição de fragilidade. Por se tratar de agravante de natureza objetiva, a incidência do art. 61, II, "h", do CP independe da prévia ciência pelo réu da idade da vítima, sendo, de igual modo, desnecessário perquirir se tal circunstância, de fato, facilitou ou concorreu para a prática delitiva. A incidência da agravante ocorre em razão da fragilidade, vulnerabilidade da vítima perante o agente, em razão de sua menor capacidade de defesa, a qual é presumida. Ausente qualquer nexo entre a ação do réu e a condição de vulnerabilidade da vítima, quando o furto qualificado pelo arrombamento à residência ocorreu quando os proprietários não se encontram no imóvel, com a escolha da residência de forma aleatória, nada indicando a condição de idoso do morador da casa invadida. Configurada a excepcionalidade da situação, deve ser afastada a agravante relativa ao crime praticado contra idoso, prevista no art. 61, II, 'h', do Código Penal" (STJ: HC 593.219/SC, rel. Min. Ribeiro Dantas, 5.ª Turma, j. 25.08.2020, noticiado no *Informativo* 679).

Crimes contra a dignidade sexual – aplicação simultânea da agravante do art. 61, II, "f", e da majorante do art. 226, II, ambas do Código Penal – inexistência de *bis in idem* **– hipóteses de incidência distintas – exceção quando verificada apenas relação de autoridade – Tema 1215 do Recurso Repetitivo:** "Nos crimes contra a dignidade sexual, não configura *bis in idem* a aplicação simultânea da agravante genérica do art. 61, II, 'f', e da majorante específica do art. 226, II, ambos do Código Penal, salvo quando presente apenas a relação de autoridade do agente sobre a vítima, hipótese na qual deve ser aplicada tão somente a causa de aumento. A causa de aumento do art. 226, II, do Código Penal prevê que as penas dos delitos previstos no Título VI – crimes contra a dignidade sexual – serão aumentadas da metade nas hipóteses em que o agente possui autoridade sobre a vítima. Inegável a maior censurabilidade da conduta praticada por quem teria o dever de proteção e vigilância da vítima, além de ser condição apta a facilitar a prática do crime e a dificultar a sua descoberta. De outro lado, a agravante genérica do art. 61, II, 'f', do CP tem por finalidade punir mais severamente o agente que pratica o crime 'com abuso de autoridade ou prevalecendo-se de relações domésticas, de coabitação ou de hospitalidade, ou com violência contra a mulher na forma da lei específica'. Constata-se que o único ponto de intersecção entre os dois dispositivos em análise é o atinente à existência de relação de autoridade. Na hipótese da majorante, o legislador previu cláusula casuística, na qual trouxe algumas situações em que o agente exerce naturalmente autoridade sobre a vítima, seguida de cláusula genérica, para abarcar outras situações não previstas expressamente no texto legal. No caso da agravante genérica, previu-se que a circunstância de o crime ser cometido com abuso de autoridade sempre agrava a pena. Nessa hipótese, revela-se evidente a sobreposição de situações. Contudo, nos demais casos do art. 61, II, 'f', do CP, a conclusão deve ser distinta. Isso porque a circunstância de o agente cometer o crime prevalecendo-se das relações domésticas, de coabitação, de hospitalidade ou com violência contra a mulher na forma da lei específica não pressupõe, tampouco exige, qualquer relação de autoridade entre o agente e a vítima. Da mesma forma, o agente pode possuir autoridade sobre a vítima, sem, contudo, incidir, necessariamente, em alguma dessas circunstâncias que agravam a pena. Portanto, se o agente, além de possuir relação de autoridade sobre a vítima, praticar o crime em alguma dessas situações, deve ser aplicada a agravante do art. 61, II, 'f', do CP, em conjunto com a majorante do art. 226, II, do CP. A aplicação simultânea da agravante genérica e da causa de aumento de pena, nessas hipóteses, não representa uma dupla valoração da mesma circunstância, não sendo possível falar em violação ao princípio do *ne bis in idem*. Se, do contrário, existir apenas a circunstância de ter o agente autoridade sobre a vítima, deve ser aplicada somente a causa de aumento dos crimes contra a dignidade sexual, diante de sua especialidade em relação à agravante. Destaca-se que a jurisprudência do STJ posiciona-se neste sentido, pois '[c]om razão as instâncias ordinárias, ao fazerem incidir quer a agravante genérica do art. 61, inciso II, alínea 'f', quer a causa de aumento específica do art. 226, inciso II, ambas do Código Penal, uma vez que fundamentaram a aplicação da agravante na coabitação e, com relação à causa específica, apontaram a condição do acusado ser pai das vítimas, mantendo com as menores o vínculo familiar expresso no pátrio poder, cuja relação de prevalência é totalmente diversa da relação de coabitação. Com efeito, não é condição de coabitação a relação de ascendência, ou vice-versa, demonstrando cabalmente, assim, tratar a lei de situações totalmente distintas' (HC 336.120/PR, rel. Min. Reynaldo Soares da Fonseca, Quinta Turma, *DJe* 25.04.2017). No caso, o Tribunal *a quo* decotou a circunstância agravante por entender que a sua aplicação simultânea com a majorante específica do art. 226, II, do CP configuraria *bis in idem*, pois o mesmo fato – relação doméstica e parentesco – teria sido valorado negativamente duas vezes. Contudo, a circunstância de o crime ser cometido com prevalência das relações domésticas não se confunde com a relação de autoridade (ascendência) que o acusado possui sobre a vítima, razão pela qual inexiste *bis in idem*. Ante o exposto, é fixada a seguinte tese: nos crimes contra a dignidade sexual, não configura *bis in idem* a aplicação simultânea da agravante genérica do art. 61, II, 'f', e da majorante específica do art. 226, II, ambos do Código Penal, salvo quando presente apenas a relação de autoridade do agente sobre a vítima, hipótese na qual deve ser aplicada tão somente a causa de aumento" (STJ: REsp 2.038.833/MG, rel. Min. Joel Ilan Paciornik, 3.ª Seção, j. 13.11.2024, noticiado no *Informativo* 834).

Violência contra a mulher – questão de gênero: "(...) De outro lado, a agravante genérica prevista no art. 61, II, 'f', do CP visa punir o agente que pratica crime contra a mulher em razão de seu gênero, cometido ou não no ambiente familiar ou doméstico. Destarte, nessa alínea, prevê-se um agravamento da penalidade em razão da violência de gênero" (STJ: AgRg no REsp 1.998.980/GO, rel. Min. Joel Ilan Paciornik, 5.ª Turma, j. 08.05.2023, noticiado no *Informativo* 775).

Agravantes no caso de concurso de pessoas

Art. 62. A pena será ainda agravada em relação ao agente que:

I – promove, ou organiza a cooperação no crime ou dirige a atividade dos demais agentes;

II – coage ou induz outrem à execução material do crime;

III – instiga ou determina a cometer o crime alguém sujeito à sua autoridade ou não punível em virtude de condição ou qualidade pessoal;

IV – executa o crime, ou nele participa, mediante paga ou promessa de recompensa.

○ **Introdução:** A terminologia utilizada pelo legislador é inadequada. Afigura-se equivocado falar-se em agravante no "concurso de pessoas". Concurso de pessoas, em termos técnicos, é a colaboração de dois ou mais agentes culpáveis para a prática de uma infração penal. E, como a pluralidade de agentes culpáveis é um dos traços característicos do instituto, essa expressão é imprópria, pois os incisos II e III do art. 62 dizem respeito a dois típicos casos de **autoria mediata**. Como se sabe, não há concurso de pessoas na autoria mediata, pois os envolvidos não são dotados de culpabilidade, o que inviabiliza, consequentemente, o vínculo subjetivo entre eles. Faltam, pois, requisitos do instituto delineado pelo art. 29, *caput*, do CP. É bom saber, portanto, que nesse dispositivo legal o CP, impropriamente, utiliza a expressão "concurso de pessoas" para referir-se aos crimes praticados com qualquer tipo de atuação de duas ou mais pessoas, mas não obrigatoriamente nos moldes do seu art. 29, *caput*.

○ **Autor intelectual (art. 62, I):** Promover ou organizar a cooperação no crime, ou dirigir a atividade dos demais criminosos, consiste em arquitetar mentalmente a estrutura do delito de modo a permitir a operacionalização da conduta ilícita. É o que se dá com o **autor intelectual**, bem como com o **autor de escritório**, maestros de toda a empreitada criminosa. Reclama-se, para incidência da agravante, a real hierarquia do agente sobre os demais comparsas. Logo, não há aumento da pena na hipótese de simples sugestão quanto à prática da infração penal. Por esse motivo, é imprescindível nesse caso o ajuste prévio (desnecessário no concurso de pessoas), capaz de identificar a subserviência de um ou mais indivíduos em relação ao líder. Em nosso sistema penal, o autor intelectual (mentor do crime) não é propriamente autor, e sim partícipe. Com efeito, não realiza o núcleo do tipo incriminador, mas de qualquer modo concorre para o crime. E, em face da adoção, como regra, da teoria unitária ou monista no concurso de pessoas, é possível seja o autor intelectual punido mais gravemente do que o autor propriamente dito (executor). Sua culpabilidade, certamente, é mais acentuada, já que sem a sua contribuição moral o crime não se concretizaria. Cumpre destacar a inexistência de *bis in idem* na atividade judicial que, depois de reconhecer a participação, aplica essa agravante genérica. Seus motivos e finalidades são distintos. Na verdade, nem todo partícipe merece a agravante genérica, uma vez que concorrer para o crime não importa, necessariamente, em promover, ou organizar a cooperação no crime, ou dirigir a atividade dos demais agentes. Em síntese, a agravante prevista no art. 62, inc. I, do Código Penal não é incompatível com a participação, a exemplo do que ocorre com o mandante do delito. Mas sua incidência não é automática, pois reclama comprovação no caso concreto.

○ **Coação ou indução ao crime (art. 62, II):** **Coagir** é obrigar alguém, com emprego de violência ou grave ameaça, de forma irresistível ou não, a cometer um crime. A coação física irresistível exclui a conduta, e, portanto, o fato típico. A coação moral irresistível, por outro lado, exclui a culpabilidade, por inexigibilidade de conduta diversa. Somente o coator responde pelo crime. Se, entretanto, for resistível a coação, há concurso de pessoas. Mas o coagido, em razão da pressão suportada, terá a pena atenuada (art. 65, III, "c", 1.ª parte, do CP). A agravante genérica recairá sobre o coator tanto na coação física como na coação moral, irresistíveis ou resistíveis. A lei não permite exceção. **Induzir** é fazer surgir na mente de outrem o propósito criminoso até então inexistente. Não há violência ou grave ameaça, apenas sugestão. Com a incidência da agravante genérica, o partícipe (quem induz) será, em tese, apenado com mais vigor do que o autor (executor material).

○ **Instigação ou determinação para o crime (art. 62, III):** **Instigar** é reforçar a ideia criminosa já existente. **Determinar** é ordenar a prática do delito. Exige-se esteja o executor do crime sob a autoridade de quem instiga ou determina. A lei se refere a qualquer espécie de relação ou subordinação, pública ou privada, religiosa ou profissional, e até mesmo doméstica. Basta ser capaz de influir no espírito do agente, e, dependendo do seu grau, pode configurar uma dirimente (art. 22 do CP: obediência hierárquica) ou uma atenuante genérica (art. 65, III, do CP). A instigação ou determinação pode dirigir-se até mesmo aos inimputáveis, pessoas não puníveis em virtude de sua condição ou qualidade pessoal, caracterizando a autoria mediata.

○ **Criminoso mercenário (art. 62, IV):** Pune-se mais gravemente o **criminoso mercenário**. Cuida-se de especial forma de motivo torpe caracterizado pela ganância, pela ambição desmedida, pela cupidez, isto é, cobiça, desejo imoderado de riquezas. Na paga, a recompensa é anterior à prática do crime. Na promessa, a recompensa é convencionada para o futuro, e não é obrigatório, para a aplicação da agravante genérica, seja ela efetivamente recebida pelo agente. É suficiente tenha sido o crime motivado pela crença no ulterior pagamento.

○ **Jurisprudência selecionada:**

Agravante do art. 62, inc. I, do Código Penal e condição de mandante do delito – compatibilidade – necessidade de comprovação no caso concreto: "Em princípio, não é incompatível a incidência da agravante do art. 62, I, do CP ao autor intelectual do delito (mandante). O art. 62, I, do CP prevê que: 'A pena será ainda agravada em relação ao agente que: I – promove, ou organiza a cooperação no crime ou dirige a atividade dos demais agentes;' Em princípio, não há que se falar em *bis in idem* em razão da incidência dessa agravante ao autor intelectual do delito (mandante). De acordo com a doutrina, a agravante em foco objetiva punir mais severamente aquele que tem a iniciativa da empreitada criminosa e exerce um papel de liderança ou destaque entre os coautores ou partícipes do delito, coordenando e dirigindo a atuação dos demais, fornecendo, por exemplos, dados relevantes sobre a vítima, determinando a forma como o crime será perpetrado, emprestando os meios para a consecução do delito, independente de ser o mandante ou não ou de quantas pessoas estão envolvidas. Há, inclusive, precedente do STF (Tribunal Pleno, AO 1.046-RR, *DJe* 22/6/2007) indicando a possibilidade de coexistência da agravante e da condenação por homicídio na qualidade de mandante. Entretanto, não obstante a inexistência de incompatibilidade entre a condenação por homicídio como mandante e a incidência da agravante do art. 62, I, do CP, deve-se apontar elementos concretos suficientes para caracterizar a referida circunstância agravadora. Isso porque, se o fato de ser o mandante do homicídio não exclui automaticamente a agravante do art. 62, I, do CP, também não obriga a sua incidência em todos os casos" (STJ: REsp 1.563.169/DF, rel. Min. Reynaldo Soares da Fonseca, 5.ª Turma, j. 10.03.2016, noticiado no *Informativo* 580).

Reincidência

> **Art. 63.** Verifica-se a reincidência quando o agente comete novo crime, depois de transitar em julgado a sentença que, no País ou no estrangeiro, o tenha condenado por crime anterior.

○ **Introdução:** A pena, no Brasil, apresenta uma tríplice finalidade: retribuição, prevenção geral e prevenção especial. A prática de uma nova infração penal, com a caracterização da reincidência (também chamada de recidiva), revela o fracasso no tocante a duas destas finalidades. Com efeito, a pena falhou na tarefa **retributiva,** pois o condenado não se atemorizou suficientemente com o castigo, ao ponto de descumprir novamente a lei penal, suportando o risco de ser mais uma vez privado de sua liberdade ou de seus bens. A sanção mostrou-se insuficiente, justificando uma nova punição, agora mais grave. Por esse motivo, não se pode falar em dupla punição pelo mesmo fato. O reincidente não é punido duas vezes pelo mesmo fato. Ao contrário, já foi apenado pelo crime anterior, pressuposto da reincidência, e posteriormente pelo novo delito, com a pena agravada. Trata-se, isso sim, de punição mais rigorosa daquele que novamente demonstrou não se intimidar com a autoridade estatal. E, além disso, a pena também deixou a desejar na missão de **prevenção especial**, revelando não ter ressocializado satisfatoriamente seu destinatário. É o fracasso do Estado no cumprimento de uma finalidade que lhe foi constitucional e legalmente atribuída, mas que, por motivos diversos e de conhecimento notório, não é desempenhada a contento. Destarte, o **fundamento** da reincidência é claro e muito bem reconhecido pelo STF: o recrudescimento da pena resulta da opção do agente por continuar a delinquir.

○ **Conceito e requisitos:** Reincidência é a prática de novo crime depois da condenação definitiva, no Brasil ou no exterior, pela prática de crime anterior. Da análise do dispositivo ora estudado despontam três requisitos imprescindíveis para a configuração da reincidência, **ordenados cronologicamente**: (1) um crime, cometido no Brasil ou em outro país; (2) condenação definitiva, isto é, com trânsito em julgado, por esse crime; e (3) prática de novo crime. Destarte, a reincidência depende, obrigatoriamente, de ao menos dois crimes: um anterior, em cuja ação penal já foi proferida sentença condenatória, com seu respectivo trânsito em julgado, e outro posterior ao trânsito em julgado. Com a prática desse novo crime será tratado como reincidente, com todas as consequências rigorosas daí decorrentes. Portanto, somente existe reincidência quando o novo crime tiver sido praticado depois do trânsito em julgado da condenação anterior. Logo, se for cometido na data do trânsito em julgado, não estará caracterizada a recidiva. E, ainda, não haverá reincidência se o agente praticar os dois crimes na mesma ocasião e forem julgados pela mesma sentença.[356] Pouco importa tenha sido o crime que resultou na condenação definitiva praticado no Brasil ou no estrangeiro. Para a caracterização da reincidência, a sentença estrangeira **não precisa ser homologada pelo STJ**, como se extrai do art. 9.º do CP. Basta a prova de que foi proferida judicialmente e transitou em julgado. Desaparece a reincidência quando a condenação que a justifica teve seu trânsito em julgado desconstituído judicialmente. Pode acontecer uma situação curiosa: o agente possuir contra si diversas condenações definitivas no campo penal, e ainda assim ser primário. Esse fenômeno ocorre quando, nada obstante as múltiplas sentenças condenatórias transitadas em julgado, ainda não praticou nenhum delito após a primeira condenação definitiva, ou seja, todos os crimes praticados pelo indivíduo antecederam a primeira sentença condenatória transitada em julgado.

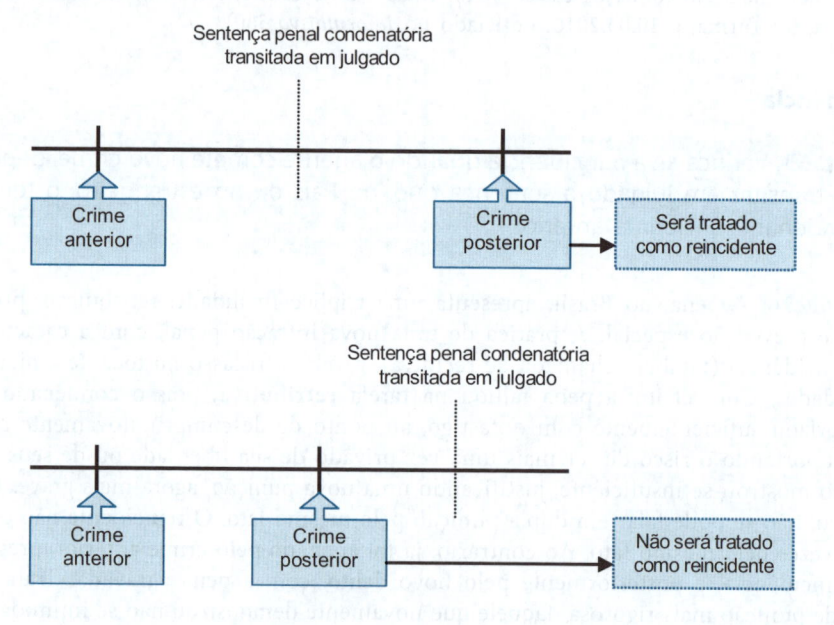

FARIA, Bento. *Código Penal brasileiro comentado*. Rio de Janeiro: Record, 1961. v. III, p. 44.

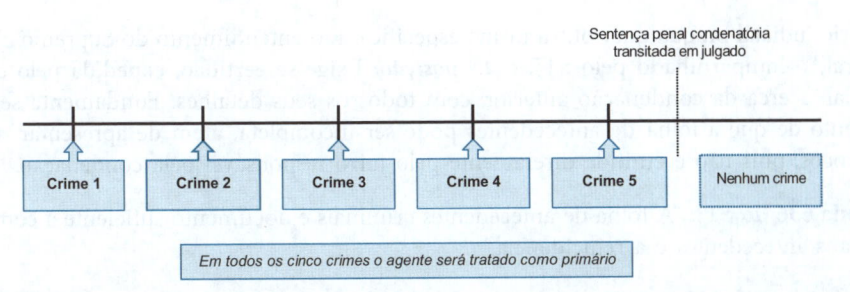

Em todos os cinco crimes o agente será tratado como primário

– Crime e contravenção penal – relação para fins de reincidência: A combinação do art. 7.º do Decreto-lei 3.688/1941 (Lei das Contravenções Penais) com o art. 63 do CP permite concluir que: (a) a condenação definitiva no exterior, pela prática de contravenção penal, não serve no Brasil, em nenhuma hipótese, como pressuposto da reincidência; (b) é reincidente o agente que, depois do trânsito em julgado de uma condenação por crime (no Brasil ou no estrangeiro), cometer novo crime (aqui ou no estrangeiro) ou contravenção penal (no Brasil); (c) é reincidente aquele que, após o trânsito em julgado de uma condenação no Brasil, pela prática de contravenção penal, cometer nova contravenção penal; e (d) não é reincidente o sujeito que, depois do trânsito em julgado da condenação, no Brasil, por contravenção penal, praticar, no Brasil ou no estrangeiro, novo crime. Não se caracteriza a reincidência, portanto, na hipótese em que o agente decide enveredar por uma infração penal mais grave, deixando de ser mero contraventor para se tornar criminoso. O fundamento dessa brecha é a **falha legislativa** que, lamentavelmente, insiste-se em manter.

Infração penal anterior	Infração penal posterior	Resultado
Crime	*Crime*	*Reincidente*
Contravenção penal	*Contravenção penal*	*Reincidente*
Crime	*Contravenção penal*	*Reincidente*
Contravenção penal	**Crime**	**Primário**

– Pena aplicada ao responsável pelo crime anterior e reincidência: Para a caracterização da reincidência, basta o trânsito em julgado da condenação resultante da prática de um crime anterior. O art. 63 do CP não permite qualquer distinção em face da pena imposta. Assim, não pode ser acolhido o argumento de que a condenação exclusiva à pena de multa não gera reincidência. Essa posição, sem amparo doutrinário ou jurisprudencial, mas utilizada em casos práticos, funda-se em duas premissas: 1.ª) a pena pecuniária é de pouca importância, e não teria forças para ensejar a recidiva; e 2.ª) o art. 77, § 1.º, do CP dispõe que a condenação anterior à pena de multa não impede o *sursis*, e, por esse motivo, a aplicação exclusiva da pena pecuniária não configura a reincidência, pois o *sursis* não é cabível ao reincidente (art. 77, I, do CP). No tocante à **posse de droga para consumo pessoal** (art. 28 da Lei 11.343/2006), o Supremo Tribunal Federal e o Superior Tribunal de Justiça firmaram jurisprudência no sentido de que a condenação por tal delito não funciona como pressuposto da reincidência.

○ **Natureza jurídica da reincidência:** Trata-se de **agravante genérica**, incidindo na segunda fase da aplicação da pena privativa de liberdade. Tem caráter **subjetivo** ou **pessoal**, não se comunicando aos demais coautores ou partícipes.

○ **Prova da reincidência:** Há duas posições sobre a forma pela qual se prova a recidiva: *1.ª posição:* Basta a juntada de documento hábil para comprovação da condenação anterior, com trânsito em julgado, a exemplo da folha de antecedentes e de informações extraídas dos sítios eletrônicos dos tribunais. Em outras palavras, não se exige certidão expedida pelo cartório judicial ou qualquer outra forma específica. É o entendimento do Supremo Tribunal Federal,[357] compartilhado pelo STJ; e **2.ª posição:** Exige-se certidão, expedida pelo cartório judicial, acerca da condenação anterior, com todos os seus detalhes. Fundamenta-se no argumento de que a folha de antecedentes pode ser incompleta, além de apresentar diversos equívocos, pois não é emitida diretamente pelo juízo responsável pela condenação.

○ **Súmula 636 do STJ:** "A folha de antecedentes criminais é documento suficiente a comprovar os maus antecedentes e a reincidência."

○ **Espécies de reincidência:** Em relação à **necessidade de cumprimento da pena imposta pela condenação anterior**, a reincidência pode ser real ou presumida. **Reincidência real, própria ou verdadeira** é a que ocorre quando o agente comete novo crime depois de ter cumprido integralmente a pena imposta como decorrência da prática do crime anterior. **Reincidência presumida, ficta, imprópria ou falsa**, por sua vez, é a que ocorre quando o sujeito pratica novo crime depois da condenação definitiva pela prática de crime anterior, pouco importando tenha sido ou não cumprida a pena. O CP em vigor filiou-se à **reincidência presumida**. É suficiente, para alguém ser tratado como reincidente, a prática de novo crime depois do trânsito em julgado da condenação anterior. Em outro plano, relativo às **categorias dos crimes**, a reincidência pode ser genérica ou específica. Na **reincidência genérica**, os crimes praticados pelo agente são previstos por tipos penais diversos. Exemplo: "A" comete um furto, pelo qual é condenado com trânsito em julgado, e, posteriormente, pratica um estupro. É reincidente genérico. De seu turno, na **reincidência específica** os dois ou mais crimes perpetrados pelo agente encontram-se definidos pelo mesmo tipo penal. Exemplo: "B" pratica um roubo, e, depois de definitivamente condenado, comete outro roubo. É reincidente específico.

– **Reincidência genérica e reincidência específica – efeitos:** A legislação penal brasileira, seguindo a tendência mundial, trata as duas situações de modo análogo. Os efeitos, em regra, são idênticos, seja a reincidência genérica seja a específica. Esse raciocínio restou consolidado pelo Superior Tribunal de Justiça, no **Tema 1.172 do Recurso Repetitivo**.[358] Em algumas raras situações, todavia, a reincidência específica comporta tratamento diferenciado. O art. 44, § 3.º, do CP veda peremptoriamente a substituição da pena privativa de liberdade por restritiva de direitos ao reincidente específico, embora seja a medida socialmente recomendável. É o que também se dá no livramento condicional para os crimes hediondos e equiparados, e também para o tráfico de pessoas, vedado para o reincidente específico em crimes dessa natureza (art. 83, V, do CP). Essa restrição foi ainda prevista expressamente aos autores dos crimes tipificados nos arts. 33, *caput* e § 1.º, e 34 a 37 da Lei de Drogas (art. 44, parágrafo único, da Lei 11.343/2006). Em relação aos crimes definidos na Lei 9.503/1997 – Código de Trânsito Brasileiro, o art. 296 autoriza ao reincidente específico em crimes nela previstos, a aplicação da penalidade de suspensão da permissão ou habilitação para dirigir veículo automotor, sem prejuízo das demais sanções penais cabíveis. Na Lei 11.343/2006 – Lei de Drogas, a reincidência específica no crime tipificado no art. 28 (posse de droga para consumo pessoal) acarreta na aplicação das penas de prestação de serviços à comunidade e de medida educativa de comparecimento a programa ou curso educativo pelo prazo de 10 (dez) meses, a teor da regra contida em seu art. 28, § 4.º.

---

[357] STF: HC 162.548 AgR/SP, rel. Min. Rosa Weber, 1.ª Turma, j. 16.06.2020, noticiado no *Informativo* 982.

[358] Antes da reforma da Parte Geral pela Lei 7.209/1984, o Código Penal preceituava que estava presente a reincidência específica quando da mesma natureza os crimes. E consideravam-se crimes da mesma natureza os previstos no mesmo dispositivo legal, bem como os que, embora previstos em dispositivos diversos, apresentassem, pelos seus fatos constitutivos ou por seus motivos determinantes, caracteres fundamentais comuns. As consequências da reincidência específica eram a aplicação da pena privativa de liberdade acima da metade da soma do mínimo com o máximo e a aplicação da pena mais grave em qualidade, dentre as cominadas alternativamente (art. 46, § 1.º, II, e § 2.º, e art. 47, I e II).

○ **Extinção da punibilidade do crime anterior:** Para saber se a extinção da punibilidade do crime anterior afasta a reincidência, dois fatores devem ser analisados: o momento em que ocorreu a causa extintiva da punibilidade e a espécie de causa de extinção da punibilidade. Se a causa de extinção da punibilidade ocorreu antes do trânsito em julgado da sentença condenatória, o crime anterior não subsiste para fins de reincidência. Essa conclusão é evidente, até mesmo porque, nesse caso, não existe condenação definitiva. É o que se dá, por exemplo, com a prescrição da pretensão punitiva. Por outro lado, se a extinção da punibilidade se efetivou após o trânsito em julgado da condenação, a sentença penal continua apta a caracterizar a reincidência, tal como ocorre na prescrição da pretensão executória. Essa regra, entretanto, comporta duas exceções: anistia e *abolitio criminis*. Nesses casos, desfaz-se a própria condenação, pois são veiculadas por meio de lei, que torna atípico o fato até então incriminado (*abolitio criminis*) ou exclui determinados fatos do raio de incidência do Direito Penal (anistia). O próprio fato praticado pelo agente deixa de ser penalmente ilícito, não se podendo, por corolário, falar-se em reincidência.

○ **Terminologias – reincidente, primário e tecnicamente primário:** O CP traz somente o conceito de reincidente – é o sujeito que comete um novo crime depois do trânsito em julgado da sentença que o tenha condenado, no Brasil ou no estrangeiro, pela prática de crime anterior. Destarte, **o conceito de primário é obtido pela via residual, isto é, por exclusão.** Com efeito, primário é todo aquele que não se encaixa no perfil do reincidente. Não se exige que jamais tenha praticado um crime: basta que não tenha cometido um crime depois do trânsito em julgado de uma condenação anterior. Em sede jurisprudencial, contudo, criou-se a figura do **tecnicamente primário**, que seria a pessoa possuidora de condenação definitiva, sem ser reincidente. A primariedade estaria limitada aos casos em que o agente não ostenta nenhuma condenação. Em nosso sistema penal, o tecnicamente primário poderia ser visualizado em duas hipóteses: (1.ª) o sujeito possui uma ou diversas condenações definitivas, mas não praticou nenhum dos crimes depois da primeira sentença condenatória transitada em julgado; e (2.ª) o indivíduo ostenta uma condenação definitiva, e depois dela praticou um novo crime. Entretanto, entre a extinção da punibilidade do crime anterior e o novo delito decorreu período superior a 5 (cinco) anos (art. 64, I, do CP). Essa denominação, contudo, deve ser utilizada com prudência, porque não encontra amparo legal. Fala-se, ainda, em **multirreincidente**, expressão empregada para referir-se ao sujeito que, mais do que ser reincidente, possui três ou mais condenações transitadas em julgado.

○ **Efeitos da reincidência:** A reincidência, além de constituir-se em agravante genérica, produz diversos efeitos desfavoráveis ao agente, tais como: (a) na pena de reclusão, impede o início do cumprimento da pena privativa de liberdade em regime semiaberto ou aberto, e, na pena de detenção, obsta o início do cumprimento da pena privativa de liberdade em regime aberto (art. 33, *caput* e § 2.º, do CP); (b) quando em crime doloso, é capaz de impedir a substituição da pena privativa de liberdade por restritiva de direitos (art. 44, II, do CP); (c) no concurso com atenuantes genéricas, possui caráter preponderante (art. 67 do CP); (d) se em crime doloso, salvo quando imposta somente a pena de multa, impede a concessão do *sursis* (art. 77, I e § 1.º, do CP); (e) autoriza a revogação do *sursis* (art. 81, I e § 1.º, do CP), do livramento condicional (art. 86, I e II, e art. 87, ambos do CP) e da reabilitação, se a condenação for a pena que não seja de multa (art. 95 do CP); (f) quando em crime doloso, aumenta o prazo para a concessão do livramento condicional (art. 83, II, do CP); (g) impede o livramento condicional em crimes hediondos ou equiparados em caso de reincidência específica em crimes dessa natureza (art. 83, V, do CP); (h) se antecedente à condenação, aumenta de um terço o prazo da prescrição da pretensão executória (art. 110, *caput*, do CP); (i) se posterior à condenação, interrompe a prescrição da pretensão executória (art. 117, VI, do CP); (j) impede a obtenção do furto privilegiado, da apropriação indébita privilegiada, do estelionato privilegiado e da receptação privilegiada (arts. 155, § 2.º, 170, 171, § 1.º, e 180, § 5.º, *in fine*, todos do CP); (k) obsta os benefícios da transação penal e da suspensão condicional do processo (art. 76, § 2.º, I, e art. 89, *caput*, ambos da Lei 9.099/1995); (l) autoriza a decretação da prisão preventiva, quando o réu tiver sido condenado por crime doloso (art. 313, II, do CPP); (m) impede a celebração do acordo de não persecução penal com o Ministério Público (CPP, art. 28-A, § 2.º, II); (n) acarreta na denegação da liberdade provisória, com ou sem medidas cautelares, em sede de audiência de custódia (CPP, art. 310, § 2.º); e (o) aumenta o prazo de cumprimento da pena privativa de liberdade no regime mais gravoso para fins de progressão de regime prisional (Lei 7.210/1984 – Lei de Execução Penal, art. 112).

○ **Reincidência e maus antecedentes:** No critério trifásico de aplicação da pena privativa de liberdade, os maus antecedentes incidem na primeira fase, e a reincidência é utilizada na etapa seguinte. Destarte, em se tratando de réu reincidente, a condenação penal definitiva deve ser realçada pelo magistrado somente na segunda fase da dosimetria da pena, por se constituir em agravante genérica, prevista expressamente no art. 61, I, do CP. Não pode ser também utilizada para a caracterização de maus antecedentes, sob pena de fomentar o *bis in idem*. Esse é o teor da **Súmula 241 do STJ**: "A reincidência penal não pode ser considerada como circunstância agravante e, simultaneamente, como circunstância judicial." O STF compartilha deste entendimento. Entretanto, se o réu possui mais de uma condenação definitiva, uma pode ser utilizada como mau antecedente e a outra como agravante genérica (reincidência), não se falando em *bis in idem*. Na hipótese de múltiplas condenações definitivas, o magistrado deve utilizar uma delas para caracterizar a reincidência, se for o caso, e as demais como maus antecedentes. É vedada a utilização de condenação penal definitiva a título de outra circunstância judicial desfavorável, notadamente a conduta social ou a personalidade do agente.

○ **Falta de reconhecimento da reincidência pelo juízo da condenação e proclamação pelo juízo da execução para fins de benefícios:** Se a reincidência estiver devidamente caracterizada, mas a sentença condenatória (ou acórdão condenatório) com trânsito em julgado tiver deixado de mencioná-la expressamente, o juízo da execução pode reconhecê-la para fins de concessão (ou não) de benefícios, a exemplo da progressão de regime prisional e do livramento condicional, sem que ocorra violação à coisa julgada e à proibição da *reformatio in pejus*. Essa conclusão, **consagrada pelo Superior Tribunal de Justiça no Tema 1.208 do Recurso Repetitivo**, decorre sobretudo do princípio da individualização da pena, previsto no art. 5.º, XLVI, da Constituição Federal, o qual também incide na fase da execução da pena, pois nessa etapa deve-se levar em conta o perfil subjetivo do condenado.[359]

○ **Jurisprudência selecionada:**

Múltiplas condenações com trânsito em julgado – utilização como reincidência e maus antecedentes – impossibilidade de valoração negativa a título de personalidade ou conduta social do agente: "Eventuais condenações criminais do réu transitadas em julgado e não utilizadas para caracterizar a reincidência somente podem ser valoradas, na primeira fase da dosimetria, a título de antecedentes criminais, não se admitindo sua utilização também para desvalorar a personalidade ou a conduta social do agente. Cinge-se a discussão a definir sobre a possibilidade da utilização de múltiplas condenações transitadas em julgado não consideradas para efeito de

---

[359]   REsp 2.049.870/MG, rel. Ministra Laurita Vaz, 3.ª Seção, j. 17.10.2023; e REsp 2.055.920/MG, rel. Ministra Laurita Vaz, 3.ª Seção, j. 17.10.2023, noticiados no *Informativo* 792.

caracterização da agravante de reincidência (art. 61, I, CP) como fundamento, também, para a exasperação da pena-base, na primeira fase da dosimetria (art. 59, CP), tanto na circunstância judicial 'maus antecedentes' quanto na que perquire sua 'personalidade'. Com efeito, a doutrina, ao esmiuçar os elementos constituintes das circunstâncias judiciais constantes do art. 59 do Código Penal, enfatiza que a conduta social e a personalidade do agente não se confundem com os antecedentes criminais, porquanto gozam de contornos próprios – referem-se ao modo de ser e agir do autor do delito –, os quais não podem ser deduzidos, de forma automática, da folha de antecedentes criminais do réu. Trata-se da atuação do réu na comunidade, no contexto familiar, no trabalho, na vizinhança (conduta social), do seu temperamento e das características do seu caráter, aos quais se agregam fatores hereditários e socioambientais, moldados pelas experiências vividas pelo agente (personalidade social). Nesse sentido, é possível concluir que constitui uma atecnia entender que condenações transitadas em julgado refletem negativamente na personalidade ou na conduta social do agente. Isso sem contar que é dado ao julgador atribuir o peso que achar mais conveniente e justo a cada uma das circunstâncias judiciais, o que lhe permite valorar de forma mais enfática os antecedentes criminais do réu com histórico de múltiplas condenações definitivas. Observe-se, por fim, que essa novel orientação jurisprudencial do Superior Tribunal de Justiça se alinha também à orientação seguida pela Segunda Turma do Pretório Excelso" (STJ: EAREsp 1.311.636/MS, rel. Min. Reynaldo Soares da Fonseca, 3.ª Seção, j. 10.04.2019, noticiado no *Informativo* 647).

Posse de drogas para consumo pessoal – art. 28, § 4.º, da Lei 11.343/2006 – reincidência específica: "A reincidência de que trata o § 4º do art. 28 da Lei n. 11.343/2006 é a específica. Não obstante a existência de precedente em sentido diverso (AgRg no HC 497.852/RJ, Rel. Ministra Laurita Vaz, Sexta Turma, julgado em 11/06/2019, *DJe* 25/06/2019) – em que a reincidência genérica era pela prática dos delitos de roubo e de porte de arma –, em revisão de entendimento, embora não conste da letra da lei, forçoso concluir que a reincidência de que trata o § 4º do art. 28 da Lei n. 11.343/2006 é a específica. Com efeito, a melhor exegese, segundo a interpretação topográfica, essencial à hermenêutica, é de que os parágrafos não são unidades autônomas, estando vinculadas ao *caput* do artigo a que se referem. Vale dizer, aquele que reincidir na prática do delito de posse de drogas para consumo pessoal ficará sujeito a penas mais severas – pelo prazo máximo de 10 meses –, não se aplicando, portanto, à hipótese vertente, a regra segundo a qual ao intérprete não cabe distinguir quando a norma não o fez. Desse modo, condenação anterior por crime de roubo não impede a aplicação das penas do art. 28, II e III, da Lei n. 11.343/2006, com a limitação de 5 meses de que dispõe o § 3º do referido dispositivo legal" (STJ: REsp 1.771.304/ES, rel. Min. Nefi Cordeiro, 6.ª Turma, j. 10.12.2019, noticiado no *Informativo* 662).

Posse de droga para uso pessoal – condenação definitiva – não caracterização da reincidência: "Viola o princípio da proporcionalidade a consideração de condenação anterior pelo delito do art. 28 da Lei 11.343/2006, "porte de droga para consumo pessoal", para fins de reincidência. O delito previsto no art. 28 da Lei 11.343/2006 não comina pena privativa de liberdade, mas tão somente "advertência sobre os efeitos das drogas" (inc. I); "prestação de serviços à comunidade" (inc. II) e "medida educativa de comparecimento à programa ou curso educativo" (inc. III). Não se afigura razoável, portanto, permitir que uma conduta que possui vedação legal quanto à imposição de prisão, a fim de evitar a estigmatização do usuário de drogas, possa dar azo à posterior configuração de reincidência. Deve-se ponderar, ainda, que a reincidência depende da constatação de que houve condenação criminal com trânsito em julgado, o que não ocorre em grande parte dos casos de incidência do art. 28 da Lei 11.343/2006" (STF: RHC 178.512 AgR/SP, rel. Min. Edson Fachin, 2.ª Turma, j. 22.03.2022, noticiado no *Informativo* 1.048). *No mesmo sentido*: STJ: HC 453.437/SP, rel. Min. Reynaldo Soares da Fonseca, 5.ª Turma, j. 04.10.2018, noticiado no *Informativo* 636; e STJ: REsp 1.672.654/SP, rel. Min. Maria Thereza de Assis Moura, 6.ª Turma, j. 21.08.2018, noticiado no *Informativo* 632.

Prova da reincidência – ausência de forma específica: "A Primeira Turma negou provimento a agravo regimental interposto contra decisão que indeferiu a ordem de habeas corpus impetrado em face de acórdão do Superior Tribunal de Justiça. Nas razões do agravo regimental, a defesa insistiu na existência de ilegalidade no reconhecimento da reincidência em desfavor da paciente. Alegou que a reincidência foi reconhecida com base em informações processuais extraídas dos sítios eletrônicos de tribunais — documentação precária e, portanto, sem aptidão para comprovar o trânsito em julgado de condenações anteriores. O colegiado considerou que, conforme jurisprudência da Corte, para fins de comprovação da reincidência, é necessária documentação hábil que traduza o cometimento de novo crime depois de transitar em julgado a sentença condenatória por crime anterior, mas não se exige, contudo, forma específica para a comprovação [Código Penal, art. 63]. Nessa linha, não há ilegalidade no ato dito coator, no ponto em reconhecida a existência de reincidência a partir do uso de informações processuais extraídas dos sítios eletrônicos de tribunais. Ademais, a verossimilhança das informações que embasaram o reconhecimento da reincidência não foi superada pela defesa, que apenas apontou ser precária a documentação que a lastreia. Ou seja, a defesa repisa a inviabilidade da reincidência pela mera repulsa à forma pela qual essa agravante fora reconhecida na origem, mas não traz prova pré-constituída apta a desconstituir seu conteúdo. Inviável, dessa forma, concluir de forma diversa das instâncias ordinárias" (STF: HC 162.548 AgR/SP, rel. Min. Rosa Weber, 1.ª Turma, j. 16.06.2020, noticiado no *Informativo* 982).

Prova da reincidência – folha de antecedentes – necessidade da indicação da data do trânsito em julgado: "É imprescindível a existência de condenação anterior com trânsito em julgado, nos termos do artigo 63 do Código Penal, além de outros requisitos (art. 64, I e II, do CP), para que seja reconhecida a agravante da reincidência. Na espécie, embora conste da certidão de antecedentes criminais condenação anterior da paciente, não há informação acerca da ocorrência de trânsito em julgado, sendo, de rigor, o afastamento da referida agravante" (STJ: HC 283.294/SP, rel. Min. Maria Thereza de Assis Moura, 6.ª Turma, j. 18.06.2014).

Reincidência – atos infracionais – não caracterização: "A anterior prática de atos infracionais, apesar de não poder ser considerada para fins de reincidência ou maus antecedentes, pode servir para justificar a manutenção da prisão preventiva como garantia da ordem pública" (STJ: RHC 47.671/MS, rel. Min. Gurgel de Faria, 5.ª Turma, j. 18.12.2014, noticiado no *Informativo* 554).

Reincidência – aumento da pena em patamar superior a 1/6 – fundamentação idônea – possibilidade: "O aumento da pena pela reincidência em fração superior a 1/6 exige motivação idônea. Embora a lei não preveja percentuais mínimos e máximos de majoração da pena pela reincidência, deve-se atentar aos princípios da proporcionalidade, razoabilidade, necessidade e suficiência à reprovação e à prevenção do crime" (STJ: HC 200.900/RJ, Rel. Min. Sebastião Reis Júnior, 6.ª Turma, j. 27.09.2012, noticiado no *Informativo* 505).

Reincidência – execução penal – ausência de reconhecimento pelo juízo sentenciante – proclamação pelo juízo da execução – possibilidade – Tema 1.208 do Recurso Repetitivo: "A reincidência pode ser admitida pelo juízo das execuções penais para análise da concessão de benefícios, ainda que não reconhecida pelo juízo que prolatou a sentença condenatória. O reconhecimento da reincidência nas fases de conhecimento e de execução penal produz efeitos diversos. Incumbe ao Juízo de conhecimento a aplicação da agravante do art. 61, inciso I, do Código Penal, para fins de agravamento da reprimenda e fixação do regime inicial de cumprimento de pena. Em um segundo momento, o reconhecimento dessa condição pessoal para fins de concessão de benefícios da execução penal compete ao Juízo das Execuções, nos termos do art. 66, inciso III, da Lei de Execução Penal. Desse modo, ainda que não reconhecida na condenação, a reincidência deve ser observada pelo Juízo das Execuções para concessão de benefícios, sendo descabida a alegação de *reformatio in pejus* ou de violação da coisa julgada, pois se trata de atribuições distintas. Há, na verdade, a individualização da pena relativa à apreciação de institutos próprios da execução penal. A matéria foi definida pela Terceira Seção do Superior Tribunal de Justiça no julgamento do EREsp 1.738.968/MG, oportunidade em que ficou estabelecido que a intangibilidade da sentença penal condenatória transitada em julgado não retira do Juízo das Execuções Penais o dever de adequar o cumprimento da sanção penal às condições pessoais do réu. Efetivamente, 'a reincidência é um fato, relativo à condição pessoal do condenado, que não pode ser desconsiderado pelo juízo da execução, independente da sua menção na sentença condenatória, pois afetaria exponencialmente o bom desenvolvimento da execução da pena traçado nas normas correspondentes' (AgRg no REsp 1.642.746/ES, relatora Ministra Maria Thereza de Assis Moura, Sexta Turma, DJe de 14/8/2017). Nesse sentido, frisa-se que 'não cabe ao Juiz da Execução rever a pena e o regime aplicados no título judicial a cumprir. Contudo, é de sua competência realizar o somatório das condenações (unificação das penas), analisar a natureza dos crimes (hediondo ou a ele equiparados) e a circunstância pessoal do reeducando (primariedade ou reincidência) para fins de fruição de benefícios da LEP.' (AgRg no AREsp 1.237.581/MS, Rel. Ministro Rogério Schietti Cruz, Sexta Turma, DJe 1/8/2018)" (STJ: REsp 2.049.870/MG, rel. Ministra Laurita Vaz, 3.ª Seção, j. 17.10.2023; e REsp 2.055.920/MG, rel. Ministra Laurita Vaz, 3.ª Seção, j. 17.10.2023, noticiados no *Informativo* 792).

Reincidência – declaração de extinção da punibilidade – ausência de condenação com trânsito em julgado – não caracterização: "É inviável o reconhecimento de reincidência com base em único processo anterior em desfavor do réu, no qual – após desclassificar o delito de tráfico para porte de substância entorpecente para consumo próprio – o juízo extinguiu a punibilidade por considerar que o tempo da prisão provisória seria mais que suficiente para compensar eventual condenação. Trata-se de *habeas corpus* em que o impetrante sustenta a ocorrência de constrangimento ilegal, ao argumento de que a reincidência foi considerada de maneira equivocada. Vale salientar que o paciente – condenado por tráfico de drogas – não obteve a redução da pena inerente à figura privilegiada do tipo penal, em face do reconhecimento da reincidência, com base em única ação penal anterior constante em sua vida pregressa. Na oportunidade da referida primeira e única condenação, o Juiz desclassificou o delito pelo qual respondia, atribuindo-lhe o crime de porte de substância entorpecente para consumo próprio, e, ato contínuo, extinguiu a punibilidade por considerar o tempo da prisão provisória mais do que suficiente para compensar eventual medida a lhe ser imposta. De fato, as instâncias ordinárias deixaram de reconhecer a incidência da causa especial de diminuição prevista no § 4º do art. 33 da Lei n. 11.343/2006, porque concluíram que a extinção da punibilidade, nesses casos, se assemelharia à extinção do processo executivo pelo cumprimento de pena e, por conseguinte, seria apta a gerar a reincidência. Todavia, não há como desprezar que o tempo de constrição considerado para a extinção da punibilidade se deu no âmbito exclusivo da prisão preventiva, sendo inconcebível compreender, em nítida interpretação prejudicial ao réu, que o tempo de prisão provisória seja o mesmo que o tempo de prisão no cumprimento de pena, haja vista tratar-se de institutos absolutamente distintos em todos os seus aspectos e objetivos. Nessa linha de raciocínio, a decisão de extinção da punibilidade, na hipótese, aproxima-se muito mais do exaurimento do direito de exercício da pretensão punitiva como forma de reconhecimento, pelo Estado, da prática de coerção cautelar desproporcional no curso do único processo em desfavor do paciente – citado anteriormente – do que com o esgotamento de processo executivo pelo cumprimento de pena. Acrescente-se, ainda, que, se o paciente não houvesse ficado preso preventivamente – prisão que, posteriormente, se mostrou ilegal, dada a desclassificação do primeiro delito a ele imputado –, teria feito jus à transação penal, benefício que, como é sabido, não é apto a configurar nem maus antecedentes nem reincidência. Nesse sentido, o único processo anterior existente em desfavor do réu não pode ser considerado para fins de reincidência, devendo a Corte de origem reanalisar o preenchimento dos demais requisitos necessários à aplicação da minorante prevista no art. 33, § 4º, da Lei de Drogas" (STJ: HC 390.038/SP, rel. Min. Rogerio Schietti Cruz, 6.ª Turma, j. 06.02.2018, noticiado no *Informativo* 619).

Reincidência – incerteza sobre a data do crime – não incidência: "A agravante da reincidência não deve ser aplicada se não há na denúncia exatidão da data dos fatos apta a demonstrar que o delito ocorreu após o trânsito em julgado de condenação anterior. Em observância ao princípio do *in dubio pro reo*, deve ser dada a interpretação mais favorável ao acusado, não se podendo presumir que o trânsito em julgado referente ao crime anterior ocorreu antes do cometimento do segundo delito" (STJ: HC 200.900/RJ, Rel. Min. Sebastião Reis Júnior, 6.ª Turma, j. 27.09.2012, noticiado no *Informativo* 505).

Reincidência – obrigatoriedade de aumento da pena – fundamento – inexistência de *bis in idem*: "É pacífico o entendimento desta Corte no sentido de que, sendo o réu reincidente, a agravante prevista no art. 61, I, do Código Penal, é de aplicação obrigatória. Não há falar-se em *bis in idem* se, em obediência ao art. 61, inciso I, do Código Penal, aumentou-se a pena sob o fundamento de ser o réu reincidente. A reincidência, fruto da maior periculosidade do condenado, faz com que haja um agravamento da sanção, não se estando a punir o mesmo comportamento duas vezes, reconhecendo, sim, que a reiteração delituosa é reveladora da necessidade de um apenamento mais rigoroso" (STJ: AgRg no REsp 1.017.755/RS, rel. Min. Paulo Gallotti, 6.ª Turma, j. 29.04.2008). *No mesmo sentido:* STJ: REsp 713.813/RS, rel. Min. Hamilton Carvalhido, 6.ª Turma, j. 27.09.2007; STJ: AgRg no REsp 916.657/RS, rel. Min. Jane Silva (Desembargadora convocada do TJ/MG), 6.ª Turma, j. 15.04.2008; e STF: HC 91.688/RS, rel. Min. Eros Grau, 2.ª Turma, j. 14.08.2007.

Reincidência – pressuposto: "Para o reconhecimento da reincidência é necessário que a condenação transitada em julgado seja anterior ao cometimento do novo crime" (STF: RHC 88.022/RJ, rel. Min. Sepúlveda Pertence, 1.ª Turma, j. 28.03.2006).

Reincidência – recepção pela Constituição Federal – efeitos: "É constitucional a aplicação da reincidência como agravante da pena em processos criminais (CP, art. 61, I). Essa a conclusão do Plenário ao desprover recurso extraordinário em que alegado que o instituto configuraria *bis in idem*, bem como ofenderia os princípios da proporcionalidade e da individualização da pena. Registrou-se que as repercussões legais da reincidência seriam múltiplas, não restritas ao agravamento da pena. Nesse sentido, ela obstaculizaria: a) cumprimento de pena nos regimes semiaberto e aberto (CP, art. 33, § 2º, *b* e *c*); b) substituição de pena privativa de liberdade por restritiva de direito ou multa (CP, arts. 44, II; e 60, § 2º); c) *sursis* (CP, art. 77, I); d) diminuição de pena, reabilitação e prestação de fiança; e e) transação e *sursis* processual em juizados especiais (Lei 9.099/1995, arts. 76, § 2º, I e 89). Além disso, a recidiva seria levada em conta para: a) deslinde do concurso de agravantes e atenuantes (CP, art. 67); b) efeito de lapso temporal quanto ao livramento condicional (CP, art. 83, I e II); c) interrupção da prescrição (CP, art. 117, VI); e d) revogação de *sursis* e livramento condicional, a impossibilitar, em alguns casos, a diminuição da pena, a reabilitação e a prestação de fiança (CP, arts. 155, § 2º; 170; 171, § 1º; 95; e CPP, art. 323, III). Consignou-se que a reincidência não contrariaria a individualização da pena. Ao contrário, levar-se-ia em conta, justamente, o perfil do condenado, ao distingui-lo daqueles que cometessem a primeira infração penal. Nesse sentido, lembrou-se que a Lei 11.343/2006 preceituaria como causa de diminuição de pena o fato de o agente ser primário e detentor de bons antecedentes (art. 33, § 4º). Do mesmo modo, a recidiva seria considerada no cômputo do requisito objetivo para progressão de regime dos condenados por crime hediondo. Nesse aspecto, a lei exigiria o implemento de 2/5 da reprimenda, se primário o agente; e 3/5, se reincidente. O instituto impediria, também, o livramento condicional aos condenados por crime hediondo, tortura e tráfico ilícito de entorpecentes (CP, art. 83, V). Figuraria, ainda, como agravante da contravenção penal prevista no art. 25 do Decreto-Lei 3.688/41. Influiria na revogação do *sursis* processual e do livramento condicional, assim como na reabilitação (CP, arts. 81, I e § 1º; 86; 87 e 95). Considerou-se que a reincidência comporia consagrado sistema de política criminal de combate à delinquência e que eventual inconstitucionalidade do instituto alcançaria todas as normas acima declinadas. Asseverou-se que sua aplicação não significaria duplicidade, porquanto não alcançaria delito pretérito, mas novo ilícito, que ocorrera sem que ultrapassado o interregno do art. 64 do CP. Asseverou-se que o julgador deveria ter parâmetros para estabelecer a pena adequada ao caso concreto. Nesse contexto, a reincidência significaria o cometimento de novo fato antijurídico, além do anterior. Reputou-se razoável o fator de discriminação, considerado o perfil do réu, merecedor de maior repreensão porque voltara a delinquir a despeito da condenação havida, que deveria ter sido tomada como advertência no que tange à necessidade de adoção de postura própria ao homem médio. Explicou-se que os tipos penais previam limites mínimo e máximo de apenação, somente alijados se verificada causa de diminuição ou de aumento da reprimenda. A definição da pena adequada levaria em conta particularidades da situação, inclusive se o agente voltara a claudicar. Estaria respaldado, então, o instituto constitucional da individualização da pena, na medida em que se evitaria colocar o reincidente e o agente episódico no mesmo patamar. Frisou-se que a jurisprudência da Corte filiar-se-ia, predominantemente, à corrente doutrinária segundo a qual o instituto encontraria fundamento constitucional, porquanto atenderia ao princípio da individualização da pena. Assinalou-se que não se poderia, a partir da exacerbação do garantismo penal, desmantelar o sistema no ponto consagrador da cabível distinção, ao se tratar os desiguais de forma igual. A regência da matéria, harmônica com a Constituição, denotaria razoável política normativa criminal. O Min. Luiz Fux acresceu não se poder saber o motivo de o agente ter voltado a delinquir depois de punido – se isso decorreria de eventual falibilidade do sistema carcerário, da personalidade do indivíduo ou de outros fatores. Diferenciou reincidência de reiteração criminosa e sublinhou que nesta dar-se-ia ao acusado o denominado período de *probation*, para que refletisse sobre sua atitude e não voltasse a cometer o delito. O Min. Gilmar Mendes aludiu a índices que indicariam que a reincidência decorreria da falência do modelo prisional, que não disporia de condições adequadas para a ressocialização. Colacionou medidas positivas para reverter o quadro, como formação profissional e educacional de condenados e indicou a importância do debate crítico acerca do modelo punitivo existente" (STF: RE 453.000/ RS, rel. Min. Marco Aurélio, Plenário, j. 04.04.2013, noticiado no *Informativo* 700).

Reincidência e maus antecedentes – pluralidades de condenações definitivas – não caracterização de *bis in idem*: "Maus antecedentes. Reincidência. Inexistência de violação ao princípio do *non bis in idem*. Condenações diversas" (STF: HC 96.771/SP, rel. Min. Gilmar Mendes, 2.ª Turma, j. 17.08.2010). *No mesmo sentido:* STJ: AgRg no REsp 1.072.726/RS, rel. Min. Paulo Gallotti, 6.ª Turma, j. 06.11.2008.

Reincidência específica – fração de aumento de 1/6 (um sexto) – tratamento igualitário ao reincidente genérico – ressalva de justificativa concreta – Tema 1.172 do Recurso Repetitivo: "A reincidência específica como único fundamento só justifica o agravamento da pena em fração mais gravosa que 1/6 em casos excepcionais e mediante detalhada fundamentação baseada em dados concretos do caso. Cinge-se a controvérsia a definir se é possível a elevação da pena por circunstância agravante, na fração maior que 1/6, utilizando como fundamento unicamente a reincidência específica do réu. Uma análise evolutiva do ordenamento jurídico nacional mostra que antes do Código Penal de 1940 a configuração da agravante da reincidência tinha como pressuposto o cometimento de crimes de mesma natureza. O Código Penal de 1940, em sua redação original, ampliou o conceito da agravante da reincidência ao permitir que o crime anteriormente cometido fosse de natureza diversa do atual, inaugurando a classificação da reincidência em específica e genérica, com ressalva expressa de que pena mais gravosa incidiria ao reincidente específico. Durante esse período histórico, a diferença de tratamento entre reincidência específica e genérica para fins de cominação de pena já era discutível, com posições jurídicas antagônicas. Nesse contexto, sobreveio a vigência da Lei n. 6.416/1977 que, alterando o Código Penal, aboliu a diferenciação entre reincidência específica e genérica e, por consequência, suprimiu o tratamento diferenciado no tocante à dosimetria da pena. Assim, considerando que a redação vigente do Código Penal estatuída pela Lei n. 7.209/1984 teve origem na Lei n. 6.416/1977, a interpretação da norma deve ser realizada de forma restritiva, evitando, com isso, restabelecer parcialmente a vigência da lei expressamente revogada. Inclusive, tal interpretação evita incongruência decorrente da afirmativa de que a reincidência específica, por si só, é mais reprovável do que a reincidência genérica. Ainda, para fins de inadmitir distinção de agravamento de pena entre o reincidente genérico e o específico, é importante pesar que o tratamento diferenciado entre os reincidentes pode ser feito em razão da quantidade de crimes anteriores cometidos, ou seja, da multirreincidência. Sendo assim, a controvérsia deve ser solucionada no sentido de não ser possível a elevação da pena pela presença da agravante da reincidência em fração mais prejudicial ao apendo do que a de 1/6 utilizando-se como fundamento unicamente a reincidência específica do réu. Fica ressalvada a excepcionalidade da aplicação de fração mais gravosa do que 1/6 mediante fundamentação concreta a respeito da reincidência específica" (STJ: REsp 2.003.716/RS, rel. Min. Joel Ilan Paciornik, 3.ª Seção, j. 25.10.2023, noticiado no *Informativo* 793).

> **Art. 64.** Para efeito de reincidência:
>
> I – não prevalece a condenação anterior, se entre a data do cumprimento ou extinção da pena e a infração posterior tiver decorrido período de tempo superior a 5 (cinco) anos, computado o período de prova da suspensão ou do livramento condicional, se não ocorrer revogação;
>
> II – não se consideram os crimes militares próprios e políticos.

○ **Validade da condenação anterior para fins de reincidência:** O dispositivo evidencia que a partir da Reforma da Parte Geral do Código Penal pela Lei 7.209/1984 adotou-se o **sistema da temporariedade**, limitando a validade da reincidência ao período de 5 (cinco) anos. É o que se convencionou chamar de **período depurador**, ou **caducidade da condenação anterior para fins de reincidência**.[360] Na redação original do CP acolhia-se o **sistema da perpetuidade**, pelo qual o estigma da reincidência jamais seria desvinculado da pessoa do criminoso.[361] O quinquênio deve ser contado entre a extinção da pena resultante do crime anterior – pelo seu cumprimento ou por qualquer outro motivo – e a **prática do novo crime**, sendo irrelevante a data da sentença proferida como sua decorrência. Leva-se em conta a data em que a pena foi efetivamente extinta, pouco importando o dia em que foi proferida a decisão judicial declaratória da extinção da punibilidade. Computa-se nesse prazo de 5 (cinco) anos o período de prova da suspensão ou do livramento condicional, se não ocorrer revogação. Nessas hipóteses, o prazo é contado do início do período de prova, que flui a partir da audiência admonitória, e não da extinção da pena, que somente se opera com o fim do período de prova. Destarte, se o condenado cumpre o *sursis* por 4 (quatro) anos, sem revogação, ao final do período de prova o juiz deverá declarar extinta a pena privativa de liberdade (art. 82 do CP), e ele precisará somente de mais 1 (um) ano para que essa condenação não seja mais apta a caracterizar a reincidência.

○ **Crimes militares próprios, crimes políticos e a reincidência:** O art. 63 do CP refere-se unicamente a "crime". Essa é a regra: qualquer crime pode ensejar a reincidência: dolosos ou culposos, punidos com reclusão ou detenção, de elevada ou mínima gravidade, consumados e mesmo os tentados, pois a lei limita-se a dizer "crime cometido", o que não se confunde com "crime consumado". O inciso II do dispositivo em análise, no entanto, abre espaço para duas exceções ao estatuir que, para efeito de reincidência, não se consideram os crimes militares próprios e os políticos. **Crimes militares próprios** são os tipificados exclusivamente pelo Código Penal Militar (Decreto-lei 1.001/1969). Assim, somente podem ser praticados por quem preencha a condição específica de militar. Despontam como exemplos a deserção, o motim, a revolta e o desrespeito, entre outros. Limita-se essa regra às hipóteses em que o agente pratica um crime militar próprio e depois um crime comum, ou, ainda, um crime militar impróprio. De fato, o art. 71 do CPM prevê a reincidência quando o militar pratica

---

[360] Nada obstante, transcorrido esse prazo a sentença condenatória subsiste como mau antecedente, influindo na dosimetria da pena-base (CP, art. 59, *caput*).

[361] LYRA, Roberto. *Comentários ao Código Penal*. Rio de Janeiro: Forense, 1942. v. II, p. 280 e ss.

um crime militar próprio, e, depois da condenação definitiva, comete outro crime de igual natureza. Já os **crimes militares impróprios** são os previstos no CPM e também pelo CP, dos quais são exemplos o homicídio e o estupro. Funcionam como pressuposto da reincidência, pois foram excluídos pelo art. 64, II, a eles se aplicando a regra geral definida pelo art. 63 do CP. Também não caracteriza reincidência a condenação anterior transitada em julgado por **crime político**, que pode ser: **(a) próprio** ou **puro**: ofende apenas a segurança ou a organização do Estado; ou **(b) impróprio, impuro** ou **relativo**: ofende a segurança ou a organização do Estado, e também um bem jurídico protegido pela legislação comum. Em ambas as espécies opera-se o afastamento da reincidência do Código Penal, pois este diploma normativo, ao contrário do que fez no tocante aos crimes militares, não estabeleceu distinção entre crimes políticos próprios ou impróprios.[362]

○ **Reconhecimento equivocado da reincidência, prejuízo ao réu e indenização pelo erro judiciário:** Se a reincidência foi equivocadamente reconhecida na sentença ou no acórdão condenatório, seja porque não estava devidamente constituída, seja porque não foi observado o período depurador (CP, art. 64, inc. I), daí resultando danos materiais e/ou morais ao acusado, estará caracterizado o **erro judiciário**, acarretando ao Estado o dever de indenizar os prejuízos causados, na forma definida pelo art. 5.º, inc. LXXV, da Constituição Federal.

○ **Jurisprudência selecionada:**

Reincidência – reconhecimento equivocado e provocação de prejuízos ao réu – indenização pelo erro judiciário – possibilidade: "No caso em que o reconhecimento da reincidência tenha origem em infração anterior cuja pena tenha sido cumprida ou extinta há mais de 5 anos, deferido o pedido revisional para diminuir a pena equivocadamente fixada, será devida a indenização ao condenado que tenha sofrido prejuízos em virtude do erro judiciário. É que tendo sido reconhecido que o acusado foi considerado indevidamente reincidente, há clara contrariedade ao disposto no art. 64, I, do CP. Sobre o assunto, pondera doutrina: 'o conceito de erro judiciário deve transcender as barreiras limitativas da sentença condenatória impositiva de pena privativa de liberdade, para envolver toda e qualquer decisão judicial errônea, que tenha provocado evidente prejuízo à liberdade individual ou mesmo à imagem e à honra do acusado [...]'. E, nessa perspectiva, outra doutrina arremata: 'é importante notar que, tal como a sentença condenatória – que serve como título judicial para a execução do dano praticado pelo agente em favor do ofendido (art. 63, CPP) –, também o acórdão rescindido em que se tenha reconhecido o direito à indenização servirá unicamente como título executivo para o réu condenado injustamente demandar o Estado, cujo *quantum* deverá ser apurado na esfera cível'" (STJ: REsp 1.243.516/SP, rel. Min. Reynaldo Soares da Fonseca, 5.ª Turma, j. 22.09.2016, noticiado no *Informativo* 590).

Circunstâncias atenuantes

> **Art. 65.** São circunstâncias que sempre atenuam a pena:
>
> I – ser o agente menor de 21 (vinte e um), na data do fato, ou maior de 70 (setenta) anos, na data da sentença;
>
> II – o desconhecimento da lei;
>
> III – ter o agente:
>
> a) cometido o crime por motivo de relevante valor social ou moral;

---

[362] Há posições em contrário. É o caso de NUCCI, Guilherme de Souza. *Código Penal comentado*. 6. ed. São Paulo: RT, 2006. p. 380.

> b) procurado, por sua espontânea vontade e com eficiência, logo após o crime, evitar-lhe ou minorar-lhe as consequências, ou ter, antes do julgamento, reparado o dano;
>
> c) cometido o crime sob coação a que podia resistir, ou em cumprimento de ordem de autoridade superior, ou sob a influência de violenta emoção, provocada por ato injusto da vítima;
>
> d) confessado espontaneamente, perante a autoridade, a autoria do crime;
>
> e) cometido o crime sob a influência de multidão em tumulto, se não o provocou.

○ **Conceito:** O art. 65 do CP dispõe sobre as atenuantes genéricas, que são circunstâncias legais, de natureza objetiva ou subjetiva. Não integram a estrutura do tipo penal, mas a ele se ligam a fim de diminuir a pena. Recebem este nome por estarem previstas na Parte Geral do CP, mas é preciso recordar que também podem estar presentes na legislação especial, como se verifica no art. 14 da Lei 9.605/1998, no tocante aos crimes ambientais. O rol do dispositivo ora analisado é **exemplificativo**, como se extrai da leitura do art. 66 do CP, que consagra as **atenuantes inominadas**. A aplicação das atenuantes é de aplicação compulsória.

○ **Menoridade relativa e senilidade (art. 65, I):** **Menoridade relativa** é a atenuante genérica aplicável aos réus **menores de 21 anos ao tempo do fato, pouco importando a data da sentença**. Devem ser maiores de 18 anos, independentemente de eventual emancipação civil, pois do contrário incidem as regras do Estatuto da Criança e do Adolescente – Lei 8.069/1990. Essa atenuante tem como fundamento a **imaturidade do agente**, que por tal motivo merece uma pena mais branda, suficiente para alcançar suas finalidades de retribuição e prevenção (geral e especial). A prova da idade somente pode ser feita pela certidão de nascimento (art. 155, parágrafo único, do CPP). A jurisprudência, entretanto, admite outros meios probatórios, tais como a carteira de identidade, a carteira nacional de habilitação e o certificado de reservista. Veja-se, a propósito, a **Súmula 74 do STJ**: "Para efeitos penais, o reconhecimento da menoridade do réu requer prova por documento hábil." Basta, assim, qualquer documento juridicamente hábil, não se vinculando a prova da menoridade unicamente à certidão de nascimento. O art. 5.º do CC não revogou essa atenuante genérica, por dois fundamentos: (1) em se tratando de norma favorável ao réu, deveria ter sido revogada expressamente, em face da inadmissibilidade no Direito Penal da analogia *in malam partem*. Respeita-se, desse modo, o princípio da reserva legal; e (2) os dispositivos penais foram expressamente preservados pelo art. 2.043 do CC. **Velhice**, ou **senilidade**, é a atenuante genérica incidente ao réu **maior de 70 (setenta) anos ao tempo da sentença, qualquer que seja a data do fato**. Fundamenta-se nas **alterações físicas e psicológicas que atingem pessoas em idade avançada**, aptas a influírem no ânimo criminoso, e também na **menor capacidade que têm para suportar integralmente a pena**, que por isso deve ser amenizada. Leva-se em conta a data da publicação da sentença, ou seja, o dia em que é entregue em mãos do escrivão. Em caso de acórdão condenatório, a idade deve ser aferida na data da sessão de julgamento do recurso de apelação interposto pela acusação. Essa regra também não foi modificada com a superveniência da Lei 10.741/2003, que em seu art. 1.º considerou pessoa idosa o ser humano com idade igual ou superior a 60 anos. Com efeito, a lei penal fala em maior de 70 anos, e não em pessoa idosa, situações diversas que comportam tratamento distinto. É a posição do STF em relação à diminuição pela metade do prazo prescricional (art. 115 do CP), aplicável a esse dispositivo legal por identidade de razões.

○ **Desconhecimento da lei (art. 65, II):** Embora o desconhecimento da lei seja inescusável (art. 21, *caput*, do CP) e não afaste o caráter criminoso do fato, funciona como atenuante genérica. Suaviza-se, no campo penal, a regra definida pelo art. 3.º da Lei de Introdução às Normas do Direito Brasileiro (Decreto-lei nº 4.657, de 4 de setembro de 1942): "Ninguém se escusa de cumprir a lei, alegando que não a conhece." De fato, subsiste o crime e a responsabilidade penal. Cumpre-se a lei, mas é abrandada a pena. Justifica-se essa atenuante pelo fato de o ordenamento jurídico brasileiro ser composto por um emaranhado complexo de leis e atos normativos, constantemente revogados e em contínua modificação, dificultando por parte do cidadão a exata compreensão do seu significado e do seu alcance. Na seara das **contravenções penais**, a ignorância ou a errada compreensão da lei, se escusáveis, autorizam o perdão judicial (art. 8.º da LCP).

○ **Relevante valor social ou moral (art. 65, III, "a"):** No Direito Penal, motivo é o antecedente psíquico da conduta criminosa. Os motivos do crime são circunstâncias judiciais importantes na fixação da pena-base (art. 59, *caput*, do CP). Podem também desempenhar o papel de qualificadora ou de privilégio em determinados crimes, como no homicídio doloso, ou ainda de agravante (art. 61, II, "a", do CP) ou de atenuante genérica, como aqui ocorre. Para ser reconhecido como atenuante, o motivo deve ser relevante, isto é, importante, considerável. A fim de aferir essa relevância, o magistrado adota como parâmetro a figura do homem médio, e não o perfil subjetivo do réu. **Valor social** é o que atende aos anseios da coletividade (exemplo: matar um perigoso estuprador que amedrontava as moradoras de uma pacata cidade). **Valor moral** é o que diz respeito ao agente, e está em conformidade com a moralidade e os princípios éticos dominantes (exemplo: matar o responsável por torturas pretéritas, muito tempo depois dos atos de covardia).

○ **Arrependimento (art. 65, III, "b"):** A pena será atenuada se o agente tiver procurado, por sua espontânea vontade e com eficiência, logo após o crime, evitar-lhe ou minorar-lhe as consequências, ou, antes do julgamento, reparado o dano. Não se pode confundir a primeira parte do dispositivo com a figura do arrependimento eficaz (art. 15 do CP). No arrependimento eficaz o agente esgota os atos executórios, mas impede a consumação do crime. Exemplo: depois de efetuar disparos de arma de fogo contra a vítima, com o intuito de matá-la, arrepende-se o agente e a leva ao hospital, salvando-a da morte. Trata-se de causa de exclusão da tipicidade, pois subsiste somente a responsabilidade penal pelos atos praticados. Não há tentativa, uma vez que o crime não se consumou por vontade do agente. Por sua vez, **na atenuante genérica o crime se consuma**, mas o seu responsável procura, por sua espontânea vontade e com eficiência, logo após o crime, impedir ou reduzir as suas consequências. Exemplo: o sujeito atropela e mata um pai de família, mas passa a pagar pensão mensal aos seus herdeiros. Atende-se à menor reprovabilidade que indica quem, passado o ímpeto da ação delituosa, procura, com eficácia, diminuir ou evitar as consequências de sua ação. Deve o arrependimento ocorrer **logo após**, ou seja, em intervalo de tempo que não pode ser exatamente quantificado e que se deve aferir pelos fundamentos da atenuação. Por outro lado, é preciso que o arrependimento se materialize por **espontânea vontade**. O arrependimento tem de ser eficaz. De nada valerão os esforços do agente se não conseguir ele efetivamente evitar ou diminuir as consequências.[363] No campo dos crimes de trânsito, decidiu o STJ ser incabível essa atenuante genérica quando o responsável pelo acidente presta socorro à vítima, pois se cuida de dever legal do agente causador do delito, e seu cumprimento não importa mitigação da sanção. A parte final do dispositivo – **"ter, antes do julgamento,**

---

363   FRAGOSO, Heleno Cláudio. *Lições de direito penal* – parte geral. 15. ed. rev. e atual. por Fernando Fragoso. Rio de Janeiro, Forense, 1994. p. 340-341.

reparado o dano" – precisa ser diferenciada do arrependimento posterior (art. 16 do CP), causa obrigatória de diminuição da pena. Nesse, a reparação do dano ou restituição da coisa deve preceder o recebimento da denúncia ou da queixa, enquanto na atenuante genérica é possível a reparação do dano antes do julgamento em 1.ª instância. Contudo, aqui também a reparação do dano deve ser integral e efetuada pelo réu livre de coação. Destarte, se o dano é reparado em razão de condenação no juízo civil, não se aplica a atenuante. Incide, contudo, o abrandamento da pena quando a vítima renunciar ao seu direito de crédito ou recusar injustificadamente a indenização. Fundamenta-se essa atenuante genérica em questões de política criminal, buscando estimular o acusado, mediante a diminuição de sua pena, a reparar o dano provocado a um bem jurídico penalmente tutelado.

○ **Coação resistível, cumprimento de ordem de autoridade superior e influência de violenta emoção, provocada por ato injusto da vítima (art. 65, III, "c"):** Fundamentam-se essas atenuantes genéricas pelo fato de ser atacado o juízo de culpabilidade do réu, passando sua conduta a apresentar menor reprovabilidade social. No tocante à **coação**, a de natureza física e irresistível afasta a conduta do coagido, e, consequentemente, o fato típico, por ausência de vontade, um dos elementos inerentes ao dolo e à culpa. Já a coação moral irresistível exclui a culpabilidade do coagido, em face da inexigibilidade de conduta diversa (art. 22, 1.ª parte, do CP). Mas, se tais coações forem **resistíveis**, haverá concurso de pessoas entre coator e coagido. Aquele terá a pena agravada (art. 62, II, do CP); já em relação a este, a reprimenda será atenuada. Para aferir-se a resistibilidade ou não da coação, analisa-se o perfil do agente, e não a figura do homem médio. Por sua vez, a **obediência hierárquica** de ordem não manifestamente ilegal exclui a culpabilidade, também por inexigibilidade de conduta diversa (art. 22, *in fine*, do CP). Somente o superior hierárquico responde pelo crime. Todavia, se a ordem for manifestamente ilegal, tanto o superior hierárquico como o funcionário público subalterno responderão, em concurso, pelo crime. Àquele incidirá uma agravante genérica (art. 62, III, do CP), enquanto a este uma atenuante genérica, pois o subalterno é colocado em difícil posição quando o superior lhe determina a execução de ato ilegal. **A influência de violenta emoção, provocada por ato injusto da vítima**, também figura como atenuante genérica. Se o crime for de homicídio ou de lesões corporais, circunstâncias semelhantes caracterizam privilégio (arts. 121, § 1.º, e 129, § 4.º, ambos do CP). Nesses casos, porém, reclama-se o **domínio de violenta emoção, logo em seguida a injusta provocação da vítima**. Domínio é mais amplo e mais forte do que influência. O primeiro envolve o controle do agente, ao passo que a última somente perturba o seu ânimo. Ainda, na atenuante genérica basta um ato injusto da vítima, enquanto no privilégio impõe-se sua injusta provocação. Finalmente, no privilégio a reação é imediata ("logo em seguida"), ao passo que na atenuante admite-se certo hiato temporal, uma vez que a lei não condiciona a atuação do agente a determinado período de tempo.

○ **Confissão espontânea perante a autoridade (art. 65, III, "d"):** Para servir como atenuante genérica, a confissão há de ser **espontânea**, é dizer, deve surgir como fruto da sinceridade do íntimo do agente. Entretanto, o STJ já decidiu ser prescindível a espontaneidade, bastando que haja apenas a voluntariedade. Para o STF, a simples postura de reconhecimento da prática do delito enseja o reconhecimento desta atenuante genérica, pois o CP não faz qualquer ressalva no tocante à maneira como o agente pronuncia a confissão, e essa circunstância possui **natureza objetiva**, razão pela qual independe do subjetivismo do julgador. Além disso, exige-se seja a confissão relativa à autoria (em sentido amplo, para abranger a autoria propriamente dita e a participação), e seja prestada perante a autoridade pública envolvida na persecução penal (delegado de Polícia, membro do Poder Judiciário ou do Ministério Público). Se presente a confissão perante a autoridade pública, a circunstância funcionará como atenuante genérica mesmo se existirem outras provas aptas a embasar a condenação. Se o crime foi praticado em concurso de pessoas, aplica-se a atenuante genérica quando o réu confessa o delito e afasta a responsabilidade penal do seu comparsa, dizendo ter agido sozinho. A confissão pode ser **parcial**, pois não precisa alcançar eventuais qualificadoras ou causas de aumento da pena. **Seu limite temporal é o trânsito em julgado da condenação**. O fundamento dessa atenuante é a **lealdade processual**. Se na fase investigatória o acusado confessou seu envolvimento no ilícito penal, e posteriormente retratou-se em juízo, a atenuante terá incidência se as declarações na fase pré-processual, em conjunto com as provas apuradas sob o contraditório, embasaram a condenação. A propósito, a **Súmula 545 do Superior Tribunal de Justiça** encontra-se assim redigida: "Quando a confissão for utilizada para a formação do convencimento do julgador, o réu fará jus à atenuante prevista no artigo 65, III, *d*, do Código Penal". A Corte da Cidadania, na interpretação de tal súmula, tem lhe conferido alcance mais amplo, no sentido da aplicabilidade da atenuante mesmo quando a confissão não for apontada pelo magistrado como fundamento da condenação. O direito ao tratamento penal mais brando se concretiza no momento da confissão pelo agente, e não com seu reconhecimento pelo Poder Judiciário. O Supremo Tribunal Federal, todavia, tem decidido que a **confissão qualificada** – na qual o acusado reconhece seu envolvimento no fato típico, mas aduz ter agido sob o manto de uma causa de exclusão da ilicitude ou da culpabilidade –, não autoriza a incidência da atenuante genérica. Concordamos com esse entendimento, pois nessa hipótese a finalidade do réu é exercer sua autodefesa, e não contribuir para a descoberta da verdade real. A prisão em flagrante do agente não impede, por si só, o reconhecimento da atenuante da confissão espontânea. Finalmente, não incide essa atenuante genérica nas situações em que o acusado busca minimizar indevidamente sua responsabilidade penal, a exemplo do que se verifica quando um traficante confessa a propriedade da droga, mas nega sua comercialização, aduzindo que o produto se destinava ao consumo próprio.

– *Súmula 630 do STJ*: "A incidência da atenuante da confissão espontânea no crime de tráfico ilícito de entorpecentes exige o reconhecimento da traficância pelo acusado, não bastando a mera admissão da posse ou propriedade para uso próprio."

○ **Influência de multidão em tumulto, se o agente não o provocou (art. 65, III, "e"):** Cuida-se do **crime multitudinário**, do qual são exemplos as invasões de propriedades rurais, as brigas em estádios de futebol etc. Pode ser definido como o crime cometido pela multidão em tumulto, espontaneamente organizada no sentido de uma conduta comum contra coisas ou pessoas. Apurada a autoria do fato, todos os seus componentes respondem pelo delito.[364] Justifica-se a atenuação da pena na **deformação transitória** da personalidade que sofre o indivíduo sob a pressão das paixões violentas que agitam o grupo em sublevação. A lei toma em conta essa turvação acidental que acomete o espírito dos amotinados, em quem falta a serenidade necessária para pesar razões e decidir conforme o Direito, atribuindo-lhe, então, uma responsabilidade diminuída e, com ela, a minoração da pena. Não podem gozar da atenuante os que provocaram o tumulto. Com efeito, a mera provocação de tumulto, por si só, caracteriza contravenção penal (art. 40 do Decreto-lei 3.688/1941). O beneficiário da atenuante genérica não pode se valer da premeditação, pois tal circunstância afastaria o seu fundamento. A quantidade de pessoas para a configuração da multidão fica a critério do juiz.

○ **Jurisprudência selecionada:**

Agravantes e atenuantes genéricas – impossibilidade de fixação da pena além dos limites em abstrato: "Como assentado em precedentes da Suprema Corte, a presença de atenuantes não

---

[364] JESUS, Damásio E. de. *Da codelinquência em face do novo Código Penal*. São Paulo: RT, 1976. p. 83.

pode levar a pena a ficar abaixo do mínimo, e a de agravantes também não pode levar a pena a ficar acima do máximo previsto no tipo penal básico ou qualificado" (STF: HC 93.071/RS, rel. Min. Menezes Direito, 1.ª Turma, j. 18.03.2008). *No mesmo sentido:* STF: RE 597.270 QO/RS, rel. Min. Cezar Peluso, Plenário, j. 26.03.2009; STF: HC 85.673/PA, rel. Sepúlveda Pertence, 1.ª Turma, j. 31.05.2005.

Atenuante genérica – pena abaixo do mínimo legal – impossibilidade: "'A incidência da circunstância atenuante não pode conduzir à redução da pena abaixo do mínimo legal.' (Súmula do STJ, Enunciado nº 231)" (STJ: REsp 713.813/RS, rel. Min. Hamilton Carvalhido, 6.ª Turma, j. 27.09.2007).

Confissão espontânea – características gerais – circunstância preponderante: "A 2.ª Turma, ao reconhecer, na espécie, o caráter preponderante da confissão espontânea, concedeu *habeas corpus* para determinar ao juízo processante que redimensionasse a pena imposta ao paciente. No caso, discutia-se se esse ato caracterizaria circunstância atenuante relacionada à personalidade do agente e, portanto, preponderante nos termos do art. 67 do CP ('No concurso de agravantes e atenuantes, a pena deve aproximar-se do limite indicado pelas circunstâncias preponderantes, entendendo-se como tais as que resultam dos motivos determinantes do crime, da personalidade do agente e da reincidência'). Inicialmente, acentuou-se que a Constituição (art. 5º, LXIII) asseguraria aos presos o direito ao silêncio e que o Pacto de São José da Costa Rica (art. 8º, 2, *g*) institucionalizaria o princípio da não autoincriminação – *nemo denetur se detegere*. Nesse contexto, o chamado réu confesso assumiria postura incomum, ao afastar-se do instinto do autoacobertamento para colaborar com a elucidação dos fatos, do que resultaria a prevalência de sua confissão. Em seguida, enfatizou-se que, na concreta situação dos autos, a confissão do paciente contribuíra efetivamente para sua condenação e afastara as chances de reconhecimento da tese da defesa técnica no sentido da não consumação do crime. Asseverou-se que o instituto da confissão espontânea seria sanção do tipo premial e que se assumiria com o paciente postura de lealdade. Destacou-se o caráter individual, personalístico dos direitos subjetivos constitucionais em matéria criminal e, como o indivíduo seria uma realidade única, afirmou-se que todo o instituto de direito penal que se lhe aplicasse, deveria exibir o timbre da personalização, notadamente na dosimetria da pena" (STF: HC 101.909/MG, rel. Min. Ayres Britto, 2.ª Turma, j. 28.02.2012, noticiado no *Informativo* 656).

Confissão espontânea – concurso de pessoas – afastamento da responsabilidade do comparsa – incidência da atenuante: "O fato de o réu confessar o crime e afastar a responsabilidade de corréu, dizendo que cometeu o crime sozinho, não retira a natureza de confissão de suas declarações" (STJ: AgRg no AREsp 1.726.860/SP, rel. Min. Laurita Vaz, 6.ª Turma, j. 08.09.2020).

Confissão espontânea – irrelevância da existência de outras provas: "A confissão realizada em juízo, desde que espontânea, é suficiente para fazer incidir a atenuante prevista no art. 65, III, *d*, do CP, quando expressamente utilizada para a formação do convencimento do julgador. O CP confere à confissão espontânea do acusado, no art. 65, inciso III, *d*, a estatura de atenuante genérica, para fins de apuração da pena a ser atribuída na segunda fase do sistema trifásico de cálculo da sanção penal. Com efeito, a afirmação de que as demais provas seriam suficientes para a condenação do paciente, a despeito da confissão espontânea, não autoriza a exclusão da atenuante, se ela efetivamente ocorreu e foi utilizada na formação do convencimento do julgador" (STJ: REsp 1.183.157/SP, Rel. Min. Sebastião Reis Júnior, 6.ª Turma, j. 16.10.2012, noticiado no *Informativo* 506).

Confissão espontânea – Tribunal do Júri – tese não debatida em plenário – incidência da atenuante: "Pode o Juiz Presidente do Tribunal do Júri reconhecer a atenuante genérica atinente à confissão espontânea, ainda que não tenha sido debatida no plenário, quer em razão da sua natureza objetiva, quer em homenagem ao predicado da amplitude de defesa, consagrado no art. 5º, XXXVIII, 'a', da Constituição da República. É direito público subjetivo do réu ter a pena reduzida, quando confessa espontaneamente o envolvimento no crime" (STF: HC 106.376/MG, rel. Min. Cármen Lúcia, 1.ª Turma, j. 01.03.2011).

Confissão espontânea na fase policial – retratação em juízo – fundamento da sentença condenatória – incidência da atenuante: "A confissão extrajudicial retratada em Juízo constitui circunstância atenuante (alínea 'd' do inciso III do art. 65 do CP), quando embasar a sentença penal condenatória. O que se deu no caso concreto" (STF: HC 91.654/PR, rel. Min. Carlos Britto, 1.ª Turma, j. 08.04.2008). *No mesmo sentido:* STJ: AgRg no REsp 1.358.625/SP, rel. Min. Laurita Vaz, 5ª Turma, j. 26.08.2014.

Confissão espontânea – negativa da qualificadora – aplicabilidade da atenuante genérica: "O fato de o denunciado por furto qualificado pelo rompimento de obstáculo ter confessado a subtração do bem, apesar de ter negado o arrombamento, é circunstância suficiente para a incidência da atenuante da confissão espontânea (art. 65, III, *d*, do CP). Isso porque, consoante entendimento sufragado no âmbito do STJ, mesmo que o agente tenha confessado parcialmente os fatos narrados na exordial acusatória, deve ser beneficiado com a atenuante genérica da confissão espontânea" (STJ: HC 328.021/SC, rel. Min. Leopoldo de Arruda Raposo (Desembargador convocado do TJ-PE), 5.ª Turma, j. 03.09.2015, noticiado no *Informativo* 569).

Confissão espontânea – subtração de bem com negativa do emprego da violência ou da grave ameaça – inaplicabilidade da atenuante genérica: "O fato de o denunciado por roubo ter confessado a subtração do bem, negando, porém, o emprego de violência ou grave ameaça, é circunstância que não enseja a aplicação da atenuante da confissão espontânea (art. 65, III, *d*, do CP). Isso porque a atenuante da confissão espontânea pressupõe que o réu reconheça a autoria do fato típico que lhe é imputado. Ocorre que, no caso, o réu não admitiu a prática do roubo denunciado, pois negou o emprego de violência ou de grave ameaça para subtrair o bem da vítima, numa clara tentativa de desclassificar a sua conduta para o crime de furto. Nesse contexto, em que se nega a prática do tipo penal apontado na peça acusatória, não é possível o reconhecimento da circunstância atenuante" (STJ: HC 301.063/SP, rel. Min. Gurgel de Faria, 5.ª Turma, j. 03.09.2015, noticiado no *Informativo* 569).

Confissão espontânea – Súmula 545 do STJ – pretendido afastamento da atenuante, quando a confissão não foi utilizada para fundamentar a sentença condenatória – descabimento – ausência de previsão legal – princípios da legalidade, isonomia e individualização da pena – interpretação do art. 65, III, "d", do CP – proteção da confiança (*vertrauensschutz*) que o réu, de boa-fé, deposita no sistema jurídico ao optar pela confissão: "O réu fará jus à atenuante do art. 65, III, 'd', do CP quando houver admitido a autoria do crime perante a autoridade, independentemente de a confissão ser utilizada pelo juiz como um dos fundamentos da sentença condenatória, e mesmo que seja ela parcial, qualificada, extrajudicial ou retratada. Trata-se de proposta do Ministério Público para interpretação a *contrario sensu* da Súmula 545/STJ para concluir que, quando a confissão não for utilizada como um dos fundamentos da sentença condenatória, o réu, mesmo tendo confessado, não fará jus à atenuante respectiva. Contudo, tal compreensão, embora esteja presente em alguns julgados recentes desta Corte Superior, não encontra amparo em nenhum dos precedentes geradores da Súmula 545/STJ. Estes precedentes instituíram para o réu a garantia de que a atenuante incide mesmo nos casos de confissão qualificada, parcial, extrajudicial, retratada, etc. Nenhum deles, porém, ordenou a exclusão da atenuante quando a confissão não for empregada na motivação da sentença, até porque esse tema não foi apreciado quando da formação do enunciado sumular. Nesse sentido, o art. 65, III, 'd', do CP não exige, para sua incidência, que a confissão do réu tenha sido empregada na sentença como uma das razões da condenação. Com efeito, o direito subjetivo à atenuação da pena surge quando o réu confessa (momento constitutivo), e não quando o juiz cita sua confissão na fundamentação da sentença condenatória (momento meramente declaratório). Ademais, viola o princípio da legalidade condicionar a atenuação da pena à citação expressa da confissão na sentença como razão decisória, mormente porque o direito subjetivo e preexistente do réu não pode ficar disponível ao arbítrio do julgador. Afinal, se a lei condicionasse a atenuação da pena à menção da confissão na sentença condenatória, haveria um pressuposto adicional que mudaria o momento constitutivo do direito subjetivo do réu. Da mesma forma, caso o art. 65, III, 'd', do CP impusesse à confissão pressupostos adicionais, não previstos para as demais atenuantes, ou exigisse que a confissão produzisse certos efeitos práticos sobre a investigação criminal, não haveria que se falar em legítima expectativa à redução da pena por parte do acusado que não cumprisse todos os requisitos legais. Essa restrição ofende também os princípios da isonomia e da individualização da pena, por permitir que réus em situações processuais idênticas recebam respostas divergentes do Judiciário, caso a sentença condenatória de um deles elenque a confissão como um dos pilares da condenação e a outra não o faça. Ao contrário da colaboração e da delação premiadas, a atenuante da confissão não se fundamenta nos efeitos ou facilidades que a admissão dos fatos pelo réu eventualmente traga para a apuração do crime (dimensão prática), mas sim no senso de responsabilidade pessoal do acusado, que é característica de sua personalidade, na forma do art. 67 do CP (dimensão psíquico-moral). Consequentemente, a existência de outras provas da culpabilidade do acusado, e mesmo eventual prisão em flagrante, não autorizam o julgador a recusar a atenuação da pena, em especial porque a confissão, enquanto espécie *sui generis* de prova, corrobora objetivamente as demais. O sistema jurídico precisa proteger a confiança depositada de boa-fé pelo acusado na legislação penal, tutelando sua expectativa legítima e induzida pela própria lei quanto à atenuação da pena. A decisão pela confissão, afinal, é ponderada pelo réu considerando o *trade-off* entre a diminuição de suas chances de absolvição e a expectativa de redução da reprimenda. É contraditória e viola a boa-fé objetiva a postura do Estado em garantir a atenuação da pena pela confissão, na via legislativa, a fim de estimular que acusados confessem; para depois desconsiderá-la no processo judicial, valendo-se de requisitos não previstos em lei. Por tudo isso, o réu fará jus à atenuante do art. 65, III, 'd', do CP quando houver confessado a autoria do crime perante a autoridade, independentemente de a confissão ser utilizada pelo juiz como um dos fundamentos da sentença condenatória" (STJ: REsp 1.972.098/SC, rel. Min. Ribeiro Dantas, 5.ª Turma, j. 14.06.2022, noticiado no *Informativo* 741).

Confissão parcial – atenuante genérica: "A circunstância atenuante pertinente à confissão espontânea, ainda que parcial, é aplicável àquele que confessa a autoria do crime independentemente da admissão do dolo ou das demais circunstâncias narradas na denúncia. Precedentes" (STF: HC 99.436/RS, rel. Min. Cármen Lúcia, 1.ª Turma, j. 26.10.2010). *No mesmo sentido*: STF: HC 82.337/RJ, rel. Min. Ellen Gracie, 1.ª Turma, j. 25.02.2003.

Confissão qualificada – afastamento da atenuante genérica: "A confissão qualificada não é suficiente para justificar a atenuante prevista no art. 65, III, 'd', do Código Penal [..] A aplicação da atenuante da confissão espontânea prevista no art. 65, III, 'd', do Código Penal não incide quando o agente reconhece sua participação no fato, contudo, alega tese de exclusão da ilicitude" (STF: HC 119.671/SP, rel. Min. Luiz Fux, 1.ª Turma, j. 05.11.2013). *No mesmo sentido*: **STF:** RHC 190.420 AgR/ES, rel. Min. Rosa Weber, 1.ª Turma, j. 29.03.2021.

Confissão qualificada – reconhecimento da atenuante genérica: "A confissão, mesmo que qualificada, dá ensejo à incidência da atenuante prevista no art. 65, III, *d*, do CP, quando utilizada para corroborar o acervo probatório e fundamentar a condenação" (STJ: EREsp 1.416.247/GO, rel. Min. Ribeiro Dantas, 3.ª Seção, j. 22.06.2016, noticiado no *Informativo* 586). *No mesmo sentido*: STJ: AgRg no REsp 1.392.005/PR, rel. Min. Marco Aurélio Bellizze, 5.ª Turma, j. 18.06.2014; STJ: AgRg no AREsp 433.206/SP, rel. Min. Laurita Vaz, 5.ª Turma, j. 26.08.2014; e STJ: AgRg no REsp 1.198.354/ES, rel. Min. Jorge Mussi, 5.ª Turma, j. 16.10.2014, noticiado no *Informativo* 551.

Homicídio culposo – prestação de socorro – dever legal – não incidência de atenuante genérica: "No homicídio culposo, a ausência de imediato socorro à vítima é causa de aumento da pena (art. 121, § 4º, do CPB), descabendo cogitar da atenuante genérica da alínea b do inciso III do art. 65 do referido Código, quando esse socorro foi efetivamente prestado, eis que traduz dever legal do agente causador do delito, não sendo causa de diminuição da sanção" (STJ: HC 65.971/PR, rel. Min. Napoleão Nunes Maia Filho, 5.ª Turma, j. 13.09.2007).

> **Art. 66.** A pena poderá ser ainda atenuada em razão de circunstância relevante, anterior ou posterior ao crime, embora não prevista expressamente em lei.

○ **Atenuantes inominadas:** O dispositivo versa sobre as atenuantes que **não estão especificadas em lei**, podendo ser qualquer circunstância relevante, anterior ou posterior ao crime. São também chamadas de **atenuantes de clemência**, pois normalmente o magistrado as concede por ato de bondade. Eugenio Raúl Zaffaroni e José Henrique Pierangeli sustentam o cabimento de atenuante dessa estirpe na **teoria da coculpabilidade**, isto é, situação em que o agente (em regra pobre e marginalizado) deve ser punido de modo mais brando pelo motivo de a ele não terem sido conferidas, pela sociedade e pelo Estado – responsáveis pelo bem-estar das pessoas em geral – todas as oportunidades para o seu desenvolvimento como ser humano.[365] O Superior Tribunal de Justiça não tem admitido a aplicação desta teoria.

○ **Jurisprudência selecionada:**

Atenuante inominada – bons antecedentes criminais – não caracterização: "Não caracteriza circunstância relevante anterior ao crime (art. 66 do CP) o fato de o condenado possuir bons antecedentes criminais. A atenuante inominada é entendida como uma circunstância relevante, anterior ou posterior ao delito, não disposta em lei, mas que influencia no juízo de reprovação do autor. Excluem-se, portanto, os antecedentes criminais, que já são avaliados na fixação da pena-base e expressamente previstos como circunstância judicial do art. 59 do CP" (STJ: REsp 1.405.989/SP, rel. para o acórdão Min. Nefi Cordeiro, 6.ª Turma, j. 18.08.2015, noticiado no *Informativo* 569).

Coculpabilidade – atenuante inominada – compatibilidade: "A atenuante genérica prevista no art. 66 do Código Penal pode se valer da teoria da coculpabilidade como embasamento, pois trata-se de previsão genérica, que permite ao magistrado considerar qualquer fato relevante – anterior ou posterior à prática da conduta delitiva – mesmo que não expressamente previsto em lei, para reduzir a sanção imposta ao réu" (STJ: HC 411.243/PE, rel. Min. Jorge Mussi, 5.ª Turma, j. 07.12.2017).

Coculpabilidade – impossibilidade de utilização como atenuante inominada: "A teoria da coculpabilidade não pode ser erigida à condição de verdadeiro prêmio para agentes que não assumem a sua responsabilidade social e fazem da criminalidade um meio de vida" (STJ: AgRg no REsp 1.770.619/PE, rel. Min. Laurita Vaz, 6.ª Turma, j. 06.06.2019).

Concurso de circunstâncias agravantes e atenuantes

> **Art. 67.** No concurso de agravantes e atenuantes, a pena deve aproximar-se do limite indicado pelas circunstâncias preponderantes, entendendo-se como tais as que resultam dos motivos determinantes do crime, da personalidade do agente e da reincidência.

○ **Concurso de circunstâncias agravantes e atenuantes genéricas:** Se presentes, simultaneamente, agravantes e atenuantes genéricas, a regra geral é a de que uma neutraliza a eficácia da outra. É o que se denomina de **equivalência das circunstâncias**. Excepciona-se essa sistemática quando existente alguma **circunstância preponderante**. De acordo com o art. 67 do CP, entendem-se como tais as que resultam dos motivos determinantes do crime, da personalidade do agente e da reincidência. Há, em suma, agravantes e atenuantes genéricas mais valiosas do que outras no âmbito da aplicação da pena. Durante muito tempo sustentou-se o entendimento de que a meno-

---

[365] ZAFFARONI, Eugenio Raúl; PIERANGELI, José Henrique. *Manual de direito penal brasileiro.* Parte geral. 7. ed. São Paulo: RT, 2007. v. 1, p. 525.

ridade relativa era a circunstância preponderante por excelência (prevalecia sobre todas as demais de igual natureza), uma vez que os menores de 21 anos, na vigência do Código Civil de 1916, eram relativamente incapazes. Essa posição perdeu seu fundamento de validade depois da entrada em vigor do Código Civil de 2002, que considerou os maiores de 18 anos plenamente capazes para os atos da vida civil. Mas cuidado. Embora não se sobressaia frente às demais circunstâncias previstas no art. 67 do Código Penal, a atenuante da **menoridade relativa** indiscutivelmente constitui-se em circunstância preponderante, pois diz respeito à personalidade do **agente**. Cumpre destacar a diferença entre circunstâncias preponderantes e circunstâncias incompatíveis. Nessas, uma das circunstâncias tem que desaparecer (exemplo: o relevante valor moral é incompatível com o motivo fútil), enquanto naquelas subsistem todas as agravantes e atenuantes genéricas, pesando mais a que prepondera, quer para agravar a pena, quer para atenuá-la.[366]

○ **Concurso entre reincidência e confissão espontânea:** A reincidência (agravante genérica) e a confissão espontânea (atenuante genérica) são utilizadas pelo magistrado na segunda fase da dosimetria da pena. Além disso, ambas possuem natureza preponderante, como se extrai do dispositivo ora analisado. No concurso entre ambas, a jurisprudência se divide no tocante à compensação entre ambas e à prevalência da recidiva. Para o Supremo Tribunal Federal, a agravante da reincidência prepondera sobre a atenuante da confissão espontânea. O Superior Tribunal de Justiça, de seu turno, firmou entendimento em sentido contrário, no sentido da equivalência entre ambas. Finalmente, na hipótese de réu **multirreincidente**, o Superior Tribunal de Justiça, no julgamento do Tema 585 do Recurso Repetitivo, firmou entendimento no sentido da admissibilidade da **compensação proporcional** da atenuante da confissão espontânea com a reincidência, em face da preponderância desta agravante: "É possível, na segunda fase da dosimetria da pena, a compensação integral da atenuante da confissão espontânea com a agravante da reincidência, seja ela específica ou não. Todavia, nos casos de multirreincidência, deve ser reconhecida a preponderância da agravante prevista no art. 61, I, do Código Penal, sendo admissível a sua compensação proporcional com a atenuante da confissão espontânea, em estrito atendimento aos princípios da individualização da pena e da proporcionalidade."[367]

○ **Confissão espontânea e promessa de recompensa:** O STJ já admitiu a compensação entre a atenuante da confissão espontânea e a agravante da promessa de recompensa, reputando-as como igualmente preponderantes.

○ **Confissão espontânea e dissimulação:** Para o Superior Tribunal de Justiça, a dissimulação não se constitui em circunstância preponderante, razão pela qual, na hipótese de concurso com a confissão espontânea, a atenuante deve preponderar, conduzindo à redução da pena na segunda fase da sua fixação. Essa posição está sujeita a críticas, uma vez que a dissimulação guarda vínculo com a **personalidade do agente**, indicada como circunstância preponderante pelo art. 67 do Código Penal.

○ **Confissão espontânea e qualificadora deslocada para a segunda fase da dosimetria da pena:** Na hipótese de crime duplamente (ou triplamente) qualificado, o magistrado utiliza uma das qualificadoras para aumentar os limites da pena em abstrato, isto é, como qualificadora propriamente dita, e a outra (ou outras) na segunda fase da dosimetria da pena, quando tal circunstância for também prevista como agravante genérica, ou então na primeira fase da aplicação da pena, como circunstância judicial desfavorável, se ela não encontrar correspondência entre as agravantes genéricas. Vejamos um exemplo: "A" foi condenado por homicídio duplamente qualificado, pelo motivo fútil e pelo emprego de meio cruel (CP, art. 121, § 2.º, II e III). O magistrado se vale de uma das qualificadoras para fixar a pena privativa de liberdade entre

---

[366] VERGARA, Pedro. *Das circunstâncias atenuantes no direito penal vigente.* Rio de Janeiro: Bofoni, 1948. p. 50-54.
[367] STJ: REsp 1.931.145/SP, rel. Min. Sebastião Reis Júnior, 3.ª Seção, j. 22.06.2022.

12 e 30 anos, e a outra na segunda fase da aplicação da pena, pois tanto o motivo fútil como o meio cruel são previstos como agravantes genéricas (CP, art. 61, II, "a" e "d"). Nesse caso, é possível a compensação da confissão espontânea com a qualificadora remanescente, deslocada para a segunda fase da dosimetria da pena.

○ **Jurisprudência selecionada**

Confissão espontânea – dissimulação – preponderância da atenuante genérica: "No concurso entre agravantes e atenuantes, a atenuante da confissão espontânea deve preponderar sobre a agravante da dissimulação, nos termos do art. 67 do Código Penal. O art. 67 do Código Penal determina que 'no concurso de agravante e atenuantes, a pena deve aproximar-se do limite indicado pelas circunstâncias preponderantes, entendendo-se como tais as que resultam dos motivos determinantes do crime, da personalidade do agente e da reincidência'. Esta Corte Superior entende que a confissão espontânea é circunstância preponderante, e a agravante da dissimulação não está prevista como circunstância preponderante por não se encaixar nos quesitos previstos no art. 67 do Código Penal. Assim, a reprimenda deve ser reduzida na segunda fase da dosimetria. No caso, a Corte de origem, a despeito de considerar que não caberia a preponderância da agravante da dissimulação sobre a atenuante da confissão, ainda que qualificada, concluiu que deveriam ser compensadas a agravante da dissimulação com a atenuante da confissão espontânea. Contudo, tal entendimento destoa do art. 67 do Código Penal. Tendo a pena-base sido fixada e mantida em 14 anos de reclusão, impõe-se a sua redução em 1/12 (um doze avos), na segunda fase da dosimetria, pela preponderância da atenuante da confissão espontânea sobre a agravante da dissimulação, restando a sanção intermediária em 12 anos e 10 meses de reclusão, a qual, à míngua de outras causas modificativas, torna-se definitiva" (STJ: HC 557.224/PR, rel. Min. Antonio Saldanha Palheiro, 6.ª Turma, j. 16.08.2022, noticiado no *Informativo* 745).

Confissão espontânea – reincidência – agravante preponderante: "Nos termos do art. 67 do Código Penal, no concurso de atenuantes e agravantes, a pena deve aproximar-se do limite indicado pelas circunstâncias preponderantes. No caso sob exame, a agravante da reincidência prepondera sobre a atenuante da confissão espontânea, razão pela qual é inviável a compensação pleiteada" (STF: RHC 120.677/DF, rel. Min. Ricardo Lewandowski, 2ª Turma, j. 18.03.2014). *No mesmo sentido*: STF: HC 112.830/AC, rel. Min. Dias Toffoli, 1.ª Turma, j. 22.05.2012.

Confissão espontânea – reincidência – compensação: "A Seção, por maioria, entendeu que devem ser compensadas a atenuante da confissão espontânea e a agravante da reincidência por serem igualmente preponderantes. Segundo se afirmou, a confissão revela traço da personalidade do agente, indicando o seu arrependimento e o desejo de emenda. Assim, nos termos do art. 67 do CP, o peso entre a confissão – que diz respeito à personalidade do agente – e a reincidência – expressamente prevista no referido artigo como circunstância preponderante – deve ser o mesmo, daí a possibilidade de compensação" (STJ: EREsp 1.154.752/RS, rel. Min. Sebastião Reis Júnior, 3.ª Seção, j. 23.05.2012, noticiado no *Informativo* 498). *No mesmo sentido:* STJ: AgRg no AREsp 437.391/ SP, rel. Min. Jorge Mussi, 5.ª Turma, j. 27.03.2014; e STJ: REsp 1.341.370/MT, rel. Min. Sebastião Reis Júnior, 3.ª Seção, j. 10.04.2013, noticiado no *Informativo* 522.

Confissão espontânea e multirreincidência – compensação proporcional – Tema 585 do Recurso Repetitivo: "É possível, na segunda fase da dosimetria da pena, a compensação integral da atenuante da confissão espontânea com a agravante da reincidência, seja ela específica ou não. Todavia, nos casos de multirreincidência, deve ser reconhecida a preponderância da agravante prevista no art. 61, I, do Código Penal, sendo admissível a sua compensação proporcional com a atenuante da confissão espontânea, em estrito atendimento aos princípios da individualização da pena e da proporcionalidade. A questão suscitada já foi objeto de inúmeros julgados desta Corte e cinge-se a delimitar os efeitos da compensação da atenuante da confissão espontânea com a agravante da reincidência, irradiando seus efeitos para ambas as espécies (genérica ou específica), sendo imprescindível, ainda, adequar-se a redação do Tema n. 585/STJ à hipótese de multirreincidência. Em 2012, diante da divergência entre as Turmas de Direito Penal, a Terceira Seção desta Corte, no julgamento do EREsp n. 1.154.752/RS, pacificou o entendimento, no sentido de ser possível, na segunda fase do cálculo da pena, a compensação da agravante da reincidência com a atenuante da confissão espontânea, por serem igualmente preponderantes, de acordo com o art. 67 do Código Penal. Na oportunidade, definiu-se que a incidência da atenuante prevista no art. 65, III, d, do Código Penal, independe se a confissão foi integral ou parcial, especialmente quando utilizada para fundamentar a condenação. Isso porque a confissão, por indicar arrependimento, demonstra uma personalidade mais ajustada, a ponto de a pessoa reconhecer o erro e assumir suas consequências. Então, por demonstrar traço da personalidade do agente, o peso entre a confissão e a reincidência deve ser o mesmo, nos termos do art. 67 do Código Penal, pois são igualmente preponderantes. Em seguida, a Terceira Seção, em 10/4/2013, sob a sistemática dos recursos especiais repetitivos, firmou, no julgamento do REsp. n. 1.341.370/MT, DJe de 17/4/2013, o entendimento de que, observadas as especificidades do caso concreto, deve-se compensar a atenuante da confissão espontânea com a agravante da reincidência na segunda fase da dosimetria da pena (Tema n. 585/STJ). No julgamento do *Habeas Corpus* n. 365.963/SP, definiu-se que a especificidade da reincidência não obstaculiza sua compensação com a atenuante da confissão espontânea. Em outras palavras, a reincidência, ainda que específica, deve ser compensada integralmente com a atenuante da confissão, demonstrando, assim, que não deve ser ofertado maior desvalor à conduta do réu que ostente outra condenação pelo mesmo delito. Destacou-se ainda que, tratando-se de réu multirreincidente, deve ser reconhecida a preponderância da agravante prevista no art. 61, I, do Código Penal, sendo admissível a sua compensação proporcional com a atenuante da confissão espontânea, em estrito atendimento aos princípios da individualização da pena e da proporcionalidade. Na verdade, a condição de multirreincidência exige maior reprovação do que a conduta de um acusado que tenha a condição de reincidente em razão de um evento único e isolado em sua vida. Se a simples reincidência é, por lei, reprovada com maior intensidade, porque demonstra um presumível desprezo às solenes advertências da lei e da pena, reveladora de especial tendência antissocial, por questão de lógica e de proporcionalidade, e em atendimento ao princípio da individualização da pena, há a necessidade de se conferir um maior agravamento na situação penal do réu nos casos de multirreincidência, em função da frequência da atividade criminosa, a qual evidencia uma maior reprovabilidade da conduta, devendo, assim, prevalecer sobre a confissão. Assim, a recidiva prepondera nas hipóteses em que o acusado possui várias condenações por crimes anteriores, transitadas em julgado, reclamando repressão estatal mais robusta" (STJ: REsp 1.931.145/SP, rel. Min. Sebastião Reis Júnior, 3.ª Seção, j. 22.06.2022, noticiado no *Informativo* 742).

Confissão espontânea – promessa de recompensa – compensação – possibilidade: "É possível compensar a atenuante da confissão espontânea (art. 65, III, 'd', do CP) com a agravante da promessa de recompensa (art. 62, IV). O STJ pacificou o entendimento no sentido de ser possível, na segunda fase da dosimetria da pena, a compensação da atenuante da confissão espontânea com a agravante da reincidência (REsp 1.341.370-MT, Terceira Seção, *DJe* 17/4/2013). Esse raciocínio, *mutatis mutandis*, assemelha-se à presente hipótese, por se tratar da possibilidade de compensação entre circunstâncias igualmente preponderantes, a saber, a agravante de crime cometido mediante paga com a atenuante da confissão espontânea" (STJ: HC 318.594/SP, rel. Min. Felix Fischer, 5.ª Turma, j. 16.02.2016, noticiado no *Informativo* 577).

Confissão espontânea – violência contra a mulher – compensação – possibilidade: "Compensa-se a atenuante da confissão espontânea (art. 65, III, *d*, do CP) com a agravante de ter sido o crime praticado com violência contra a mulher (art. 61, II, *f*, do CP). O STJ tem firme entendimento de que a atenuante da confissão espontânea, por envolver a personalidade do agente, deve ser utilizada como circunstância preponderante quando do concurso entre agravantes e atenuantes, nos termos consignados pelo art. 67 do CP. Nessa linha intelectiva, o STJ, por ocasião do julgamento do REsp 1.341.370-MT, Terceira Seção, *DJe* 17.04.2013, submetido ao rito do art. 543-C do CPC, pacificou a compreensão de que a agravante da reincidência e a atenuante da confissão espontânea, por serem igualmente preponderantes, devem ser compensadas entre si. Nessa senda, o referido entendimento deve ser estendido, por interpretação analógica, à hipótese em análise, dada sua similitude, por também versar sobre a possibilidade de compensação entre circunstâncias preponderantes" (STJ:

AgRg no AREsp 689.064/RJ, rel. Min. Maria Thereza de Assis Moura, 6.ª Turma, j. 06.08.2015, noticiado no *Informativo* 568).

Confissão qualificada – pluralidade de qualificadoras e deslocamento de uma delas para a segunda fase da dosimetria – compensação integral – possibilidade – circunstâncias igualmente preponderantes: "A atenuante da confissão, mesmo qualificada, pode ser compensada integralmente com qualificadora deslocada para a segunda fase da dosimetria em razão da pluralidade de qualificadoras. A controvérsia cinge-se a definir se uma qualificadora sobejante, analisada como agravante, deve preponderar sobre a atenuante da confissão. Inicialmente, consigne-se que a utilização de uma das qualificadoras do homicídio para exasperação da pena intermediária é plenamente cabível. Logo, em se tratando de homicídio triplamente qualificado, não há ilegalidade na utilização de uma das qualificadoras para recrudescimento da pena, já que, conforme jurisprudência desta Corte, 'havendo duas ou mais qualificadoras, uma delas deverá ser utilizada para qualificar a conduta, alterando o quantum da pena em abstrato, e as demais poderão ser valoradas na segunda fase da dosimetria, caso correspondam a uma das agravantes previstas na legislação penal, ou, ainda, como circunstância judicial, afastando a pena-base do mínimo legal' (HC 402.851/SC, relator Ministro Felix Fischer, Quinta Turma, DJe 21/9/2017). Ademais, nos termos da orientação do Superior Tribunal de Justiça, 'a confissão, ainda que parcial, ou mesmo qualificada - em que o agente admite a autoria dos fatos, alegando, porém, ter agido sob o pálio de excludentes de ilicitude ou de culpabilidade -, deve ser reconhecida e considerada para fins de atenuar a pena' (HC 350.956/SC, relator Ministro Nefi Cordeiro, Sexta Turma, DJe 15/8/2016). Em se tratando 'de julgamento realizado perante o Tribunal do Júri, todavia, considerando a dificuldade em se concluir pela utilização, pelos jurados, da confissão espontânea para justificar a condenação, este Superior Tribunal de Justiça firmou o entendimento de que é suficiente que a tese defensiva tenha sido debatida em plenário, seja arguida pela defesa técnica ou alegada pelo réu em seu depoimento' (AgRg no AREsp 1.754.440/MT, relator Ministro Ribeiro Dantas, Quinta Turma, DJe 8/3/2021). No caso, a atenuante da confissão, mesmo qualificada, pode ser compensada integralmente com a qualificadora do motivo fútil, que fora deslocada para a segunda fase da dosimetria em razão da pluralidade de qualificadoras. Isso, porque são circunstâncias igualmente preponderantes, conforme entende este Tribunal Superior, que define que 'tal conclusão, por certo, deve ser igualmente aplicada à hipótese dos autos, por se tratarem de circunstâncias igualmente preponderantes, que versam sobre os motivos determinantes do crime e a personalidade do réu, conforme a dicção do art. 67 do CP' (HC 408.668/SP, relator Ministro Ribeiro Dantas, Quinta Turma, DJe 21/9/2017)" (STJ: AgRg no REsp 2.010.303/MG, rel. Ministro Antonio Saldanha Palheiro, 6.ª Turma, j. 14.11.2022, noticiado no *Informativo* 761).

Menoridade relativa – concurso com motivo fútil – compensação – ilegalidade – preponderância da atenuante: "A atenuante da menoridade relativa deve ser considerada circunstância preponderante na exasperação da pena. A atenuante da menoridade relativa, assim como a da confissão espontânea, por estarem relacionadas com a personalidade do agente, devem ser consideradas preponderantes, nos termos do art. 67 do CP. Nesse sentido: '1. O Superior Tribunal de Justiça já firmou o entendimento de que a confissão espontânea (Recurso Especial Representativo de Controvérsia 1.341.370/MT) e a menoridade relativa, sendo atributos da personalidade do agente, são igualmente preponderantes com a reincidência e os motivos do delito, consoante disposto no art. 67 do Código Penal.' (AgRg no REsp 1627502/RO, Rel. Ministro Ribeiro Dantas, Quinta Turma, julgado em 28/11/2017, DJe 01/12/2017). No caso analisado, tem-se que a fundamentação adota pela Corte estadual, no sentido de que menoridade não se encaixa nas hipóteses de preponderância previstas no art. 67 do CP, não deve prevalecer. Assim, havendo agravante reconhecida pelo conselho de sentença (motivo fútil), com uma atenuante preponderante – menoridade do réu –, a pena não deve sofrer alteração na segunda fase da dosimetria da pena. Nesse norte: AREsp 1085046/SP, Ministro Reynaldo Soares da Fonseca, julgado em 14/12/2017, DJe 18/12/2017" (STJ: AgRg no HC 693.079/SP, rel. Min. Olindo Menezes (Desembargador convocado do TRF da 1.ª Região), 6.ª Turma, j. 14.06.2022).

Menoridade relativa – emboscada – predominância da atenuante genérica: "A atenuante de menoridade prevalece sobre a agravante de emboscada. Precedentes" (STJ: HC 150.231/DF, rel. Min. Og Fernandes, 6.ª Turma, j. 10.05.2011).

Cálculo da pena

Art. 68. A pena-base será fixada atendendo-se ao critério do art. 59 deste Código; em seguida serão consideradas as circunstâncias atenuantes e agravantes; por último, as causas de diminuição e de aumento.

Parágrafo único. No concurso de causas de aumento ou de diminuição previstas na parte especial, pode o juiz limitar-se a um só aumento ou a uma só diminuição, prevalecendo, todavia, a causa que mais aumente ou diminua.

○ **Sistemas ou critérios de aplicação da pena privativa de liberdade:** Como analisado no art. 59 do CP, existem dois sistemas principais para a aplicação da pena privativa de liberdade: um bifásico e outro trifásico. O **critério bifásico**, idealizado por Roberto Lyra, indica a aplicação da pena privativa de liberdade em duas fases – na primeira, o magistrado calcularia a pena-base levando em conta as circunstâncias judiciais e as atenuantes e agravantes genéricas, incidindo na segunda fase as causas de diminuição e de aumento da pena.[368] Já o **critério trifásico**, elaborado por Nélson Hungria, sustenta a dosimetria da pena privativa de liberdade em três etapas: (1) Fixação da pena-base pelo juiz, com apoio nas circunstâncias judiciais. (2) Aplicação de atenuantes e agravantes genéricas. (3) Causas de diminuição e de aumento da pena. Pela leitura do *caput* do art. 68 do CP, nota-se facilmente a adoção **do critério trifásico**, relativamente à pena privativa de liberdade. Vale lembrar que para a **pena de multa** acolheu-se o **sistema bifásico** (art. 49, *caput* e § 1.º do CP).

○ **O critério trifásico:** A pena privativa de liberdade deve ser aplicada em três fases **distintas e sucessivas**. Cada etapa de fixação da pena deve ser suficientemente fundamentada pelo julgador. Permite-se, assim, a regular individualização da pena (art. 5.º, XLVI, da CF), além de conferir ao réu o exercício da ampla defesa, pois lhe concede o direito de acompanhar e impugnar, se reputar adequado, cada estágio de aplicação da pena. A ausência de fundamentação leva à nulidade da sentença (art. 93, IX, da CF), ou, pelo menos, à redução da pena ao mínimo legal pela instância superior. Com efeito, prevalece o entendimento de que a aplicação da pena no mínimo legal prescinde de motivação, em face da inexistência de prejuízo ao réu. A análise do CP autoriza a extração de algumas regras inerentes ao critério trifásico: (1) Na 1.ª fase – **pena-base** –, o juiz deve navegar dentro dos limites legais cominados à infração penal, isto é, não pode ultrapassar o patamar mínimo nem o patamar máximo correspondente ao crime ou à contravenção penal pelo qual o réu foi condenado. (2) Na 2.ª fase – **pena intermediária** –, se estiverem presentes agravantes ou atenuantes genéricas, a pena não pode ser elevada além do máximo abstratamente cominado nem reduzida aquém do mínimo legal. (3) Na 3.ª fase – **pena definitiva** – as causas de aumento e de diminuição são aplicáveis em relação à reprimenda resultante da segunda fase, e não sobre a pena-base. Se existirem no caso concreto, a pena pode ser fixada acima ou abaixo dos limites máximo e mínimo abstratamente definidos pelo legislador. (4) Na ausência de agravantes e/ou atenuantes genéricas, e também de causas de aumento e/ou de diminuição da pena, a pena-base resultará como definitiva.

---

[368] LYRA, Roberto. *Comentários ao código penal.* Rio de Janeiro: Forense, 1942. v. II, p. 172.

– **Providências judiciais posteriores à dosimetria da pena**: Concluída a operação relativa à dosimetria da pena, a etapa seguinte consiste em determinar o regime inicial de cumprimento da pena privativa de liberdade: fechado, semiaberto ou aberto. Após, o magistrado deve analisar, na própria sentença condenatória, eventual possibilidade de substituição da pena privativa de liberdade por restritiva de direitos ou multa. E se não for cabível a substituição, mas a pena for igual ou inferior a 2 (dois) anos, exige-se manifestação fundamentada acerca da pertinência ou não da suspensão condicional da pena (*sursis*), se presentes os requisitos legais. Depois de concretizada a sanção penal, o juiz fixará **valor mínimo para reparação dos danos causados pela infração**, considerando os prejuízos sofridos pelo ofendido (CPP, art. 387, inc. IV).[369] Finalmente, se não foi possível a substituição ou a suspensão condicional da pena privativa de liberdade, o magistrado, na sentença, decidirá, fundamentadamente, sobre a **manutenção ou, se for o caso, a imposição de prisão preventiva ou de outra medida cautelar**, sem prejuízo do conhecimento da apelação que vier a ser interposta (CPP, art. 387, § 1.º).

○ **A primeira fase da dosimetria da pena – fixação da pena-base:** Para o cálculo da pena-base o juiz se vale das **circunstâncias judiciais** indicadas pelo art. 59, *caput*, do CP. Nos crimes envolvendo drogas, há também outras circunstâncias judiciais, previstas no art. 42 da Lei 11.343/2006: "O juiz, na fixação das penas, considerará, com preponderância sobre o previsto no art. 59 do Código Penal, a natureza e a quantidade da substância ou do produto, a personalidade e a conduta social do agente." De acordo com o STF, as mesmas circunstâncias judiciais analisadas pelo juiz podem ser valoradas novamente pelo Tribunal, sob pena de restar manietada a atuação da instância superior. Posteriormente, sobre essa pena-base incidirão as atenuantes e agravantes genéricas (2.ª fase), bem como as causas de diminuição ou de aumento da pena (3.ª fase). Nessa etapa, ainda que todas as circunstâncias sejam extremamente favoráveis ao réu, a pena-base não pode ser inferior ao mínimo abstratamente cominado ao crime. E, de igual modo, mesmo sendo as circunstâncias judiciais inteiramente contrárias ao acusado, a pena-base deve respeitar o máximo legalmente previsto. Tais circunstâncias são também conhecidas como **inominadas**, porque a lei não lhes fornece nomenclatura específica, ao contrário do que fez com as circunstâncias legais. Têm caráter **residual ou subsidiário** – apenas podem ser utilizadas quando não configurarem elementos do tipo penal, qualificadoras ou privilégios, agravantes ou atenuantes genéricas, ou ainda causas de aumento ou de diminuição da pena, todas elas preferenciais pelo fato de terem sido expressamente definidas em lei. Em razão disso, o julgador, ao determinar a quantidade de pena aplicável, deve ter a prudência de evitar o *bis in idem* como corolário da utilização, ainda que impensada, por duas ou mais vezes, de uma mesma circunstância para elevar a reprimenda.

– **Cominação alternativa de penas e qualificadoras**: Quando o preceito secundário do tipo penal cominar penas alternativas (exemplo: detenção ou multa), o magistrado deve, previamente à dosimetria da pena, optar por qual delas irá aplicar. E se o crime imputado for qualificado, inicia-se a fixação da pena-base a partir da pena correspondente à qualificadora. Na hipótese de estarem presentes duas ou mais qualificadoras, o magistrado deve utilizar uma delas para qualificar o crime, e as demais como agravantes genéricas, na segunda fase, desde que encontrem correspondência nos arts. 61 e 62 do CP. Em outras palavras, a circunstância que funciona como qualificadora do crime deve ser também prevista como agravante genérica. E se não houver essa correspondência, as demais qualificadoras passam a funcionar como circunstâncias judiciais

---

[369] Para o Superior Tribunal de Justiça, a fixação do valor mínimo depende de pedido expresso do titular da ação penal (Ministério Público ou querelante), e pode abranger tantos os danos materiais como também os danos morais causados pela infração penal (REsp 1.265.707/RS, rel. Min. Rogerio Schietti Cruz, 6.ª Turma, j. 27.05.2014; e REsp 1.585.684/DF, rel. Min. Maria Thereza de Assis Moura, 6.ª Turma, j. 09.08.2016, noticiado no *Informativo* 588).

desfavoráveis, incidindo na fixação da pena-base (1.ª fase).[370] Mas também há posicionamentos sustentando que, em qualquer hipótese, as demais qualificadoras atuam como circunstâncias judiciais desfavoráveis, influenciando na dosimetria da pena-base (1.ª fase). Há entendimento minoritário no sentido de que, na pluralidade de qualificadoras, somente uma pode ser empregada pelo julgador desprezando-se as demais, pois a função a elas correlata (aumentar a pena em abstrato) já foi desempenhada. Essa posição encontra forte resistência, uma vez que a sua aplicação prática viola o princípio da isonomia constitucionalmente consagrado. De fato, pessoas em situação diversa receberiam igual tratamento pelo magistrado responsável pela fixação da pena privativa de liberdade.

– **Análise das circunstâncias judiciais:** O art. 59, *caput*, do CP contém 8 (oito) circunstâncias judiciais, as quais devem ser enfrentadas pelo magistrado fundamentadamente, sob pena de nulidade da sentença. Não é suficiente a indicação genérica dessas circunstâncias. Exige-se a análise específica de cada uma delas, reportando-se o julgador aos elementos dos autos da ação penal relativos a elas. De fato, se a pena-base for majorada sem fundamentação, estará configurado o **excesso de pena**, reclamando sua diminuição pela instância superior. Convencionou-se chamar-se essa tarefa judicial de **redimensionamento** da pena. Somente quando todas as circunstâncias judiciais forem favoráveis ao réu a pena deve ser fixada no mínimo legal. Em verdade, se uma delas lhe for desfavorável, o juiz deve elevá-la acima do piso. E, nesse contexto, se todas ou quase todas as circunstâncias inominadas apresentarem-se como prejudiciais ao acusado, nada impede a imposição da pena máxima. Todavia, instalou-se na prática forense o raciocínio equivocado pelo qual a pena-base equivale à pena mínima, o que não se compactua com o espírito da legislação penal. Em consonância com a **cultura da pena mínima** reinante no Brasil, a jurisprudência se firmou no sentido de que, quando imposta a reprimenda em seu patamar mínimo, prescinde-se de fundamentação judicial. É a posição consolidada inclusive no STF. Discordamos dessa ideia, pois, além do direito do réu acerca da fundamentação, existe também o direito da sociedade em saber as razões que levaram o Poder Judiciário a aplicar a pena privativa de liberdade em seu patamar mínimo. O Direito Penal constitui-se em ramo do Direito Público, e, portanto, insuscetível de ser moldado apenas pelo interesse de uma das partes (réu) da relação processual. Para nós, a aplicação da pena deve ser sempre suficientemente motivada, nos moldes do art. 93, IX, da CF, independentemente da sua quantidade em concreto.

– **Princípio da proporcionalidade:** Este princípio deve ser respeitado na fixação da pena-base, ficando evidenciado pela relação lógica entre o número de circunstâncias judiciais prejudiciais ao réu e a elevação da pena mínima legalmente prevista.

– **Circunstância judicial e recurso exclusivo da defesa:** Quando o Tribunal, em recurso exclusivo da defesa, afastar circunstância judicial prejudicial ao réu reconhecida na sentença, a pena-base deverá ser proporcionalmente reduzida. Todavia, não há falar em *reformatio in pejus* quando a instância superior limita-se a corrigir a classificação de um fato já valorado negativamente pela sentença para enquadrá-lo como outra circunstância judicial – a exemplo da hipótese em que o Tribunal substitui a "conduta social" por "personalidade" –, nem o simples reforço de fundamentação para manter a valoração negativa de circunstância já reputada desfavorável na sentença. Essa foi a tese fixada pelo Superior Tribunal de Justiça no **Tema 1.214 do Recurso Repetitivo**.[371]

– **Circunstâncias judiciais em espécie:** São elas: a culpabilidade, os antecedentes, a conduta social, a personalidade do agente, os motivos do crime, as suas circunstâncias e consequências, e, por fim, o comportamento da vítima. A respeito, *ver comentários ao art. 59* do CP.

○ **A segunda fase da dosimetria da pena – atenuantes e agravantes:** Atenuantes e agravantes são circunstâncias legais, de **natureza objetiva ou subjetiva**, não integrantes da estrutura do

---

[370] Veja-se que algumas das circunstâncias legais que qualificam o homicídio (CP, art. 121, § 2.º, I a V) funcionam como agravantes genéricas para os demais crimes (CP, art. 61, II, "a", "b", "c" e "d").

[371] STJ: REsp 2.058.971/MG, rel. Min. Sebastião Reis Júnior, 3.ª Seção, j. 28.08.2024, noticiado no *Informativo* 827.

tipo penal, mas que a ele se ligam com a finalidade de diminuir ou aumentar a pena. Podem ser genéricas, quando previstas na Parte Geral do Código Penal e aplicáveis à generalidade dos crimes, ou específicas, se contidas na legislação extravagante, tal como se verifica no art. 298 da Lei 9.503/1997 (Código de Trânsito Brasileiro), em relação aos crimes de trânsito (agravantes), e no art. 14 da Lei 9.605/1998, no tocante aos crimes ambientais (atenuantes). As agravantes genéricas, prejudiciais ao réu, estão previstas nos arts. 61 e 62 do CP em **rol taxativo**, não se admitindo analogia *in malam partem*. Contrariamente, as atenuantes genéricas, favoráveis ao acusado, encontram-se descritas em **rol exemplificativo**. Com efeito, nada obstante o art. 65 do CP apresente relação detalhada de atenuantes genéricas, o art. 66 abre grande válvula de escape ao estatuir que "a pena poderá ser ainda atenuada em razão de circunstância relevante, anterior ou posterior ao crime, embora não prevista expressamente em lei". Destarte, qualquer **circunstância relevante e favorável ao réu**, seja anterior ou posterior ao crime, pode atuar como fator judicialmente discricionário de abrandamento da pena.

– **Obrigatoriedade**: Atenuantes e agravantes são de **aplicação compulsória** pelo magistrado, que não pode deixar de levá-las em conta, quando presentes, na dosimetria da pena. No tocante às **agravantes genéricas**, o art. 61, *caput*, do CP dispõe que são "causas que **sempre agravam a pena**", enquanto estabelece o art. 62, *caput*, do CP que "a pena **será** ainda agravada". Mas para evitar o *bis in idem*, veda-se a sua utilização quando já funcionarem como elementar do tipo penal, ou ainda como qualificadora ou causa de aumento da pena. Ademais, as agravantes genéricas serão inócuas, ainda que muitas delas estejam presentes, quando a pena-base já tiver sido fixada no máximo legalmente previsto. Com efeito, embora sempre agravem a pena, tais circunstâncias não podem elevá-la acima do teto cominado em abstrato, pois não integram a estrutura típica e, como o legislador não previu expressamente o percentual de exasperação da pena, a atividade judicial que criasse uma nova reprimenda para determinada infração penal violaria o princípio da separação de poderes do Estado (art. 2.º da CF), uma vez que estaria inovando no plano legislativo. As **atenuantes genéricas** também são de **incidência obrigatória**. De fato, diz o art. 65, *caput*, que "são circunstâncias que **sempre atenuam** a pena". Consequentemente, quando presentes devem ser aplicadas pelo juiz, salvo quando já funcionarem como causa de diminuição da pena. Além disso, as atenuantes genéricas, ainda que existam muitas delas no caso concreto, serão ineficazes quando a pena-base (1.ª fase) for fixada no mínimo legal. Como não integram a estrutura do tipo penal, e não tiveram o percentual de redução previsto expressamente pelo legislador, a aplicação da pena fora dos parâmetros legais representaria intromissão indevida do Poder Judiciário na função legiferante. Tais motivos levaram o STJ a editar a **Súmula 231**: "A incidência da circunstância atenuante não pode conduzir à redução da pena abaixo do mínimo legal".[372] É também o entendimento do STF.[373] A propósito, o **parágrafo único do art. 77 do Decreto-lei 1.001/1969 (Código Penal Militar)**, incluído pela Lei 14.688/2023, expressamente dispõe: "Salvo na aplicação das causas de diminuição e de aumento, a pena não poderá ser fixada aquém do mínimo nem acima do máximo previsto em abstrato para o crime".

– **Percentual das atenuantes e agravantes**: A lei não estabelece o percentual de diminuição ou de aumento da pena no tocante às atenuantes e agravantes genéricas. Na prática forense, todavia, consagrou-se o entendimento de que a diminuição ou o aumento deve ser de **1/6 (um sexto) sobre a pena-base**, por se tratar do menor índice estipulado pela legislação penal (CP e leis especiais) para as causas de diminuição e de aumento da pena. Em situações excepcionais, as

---

[372]   Depois de muitos embates, tal Súmula foi preservada pelo Superior Tribunal de Justiça: REsp 1.869.764/MS, rel. Min. Rogerio Schietti Cruz, rel. para acórdão Min. Messod Azulay Neto, 3.ª Seção, j. 14.08.2024, noticiado no *Informativo* 823.

[373]   "Como assentado em precedentes da Suprema Corte, a presença de atenuantes não pode levar a pena a ficar abaixo do mínimo, e a de agravantes também não pode levar a pena a ficar acima do máximo previsto no tipo penal básico ou qualificado" (STF: HC 93.071/RS, rel. Min. Menezes Direito, 1.ª Turma, j. 18.03.2008). E ainda: RE 597.270 QO/RS, rel. Min. Cezar Peluso, Plenário, j. 26.03.2009, noticiado no *Informativo* 540.

atenuantes e agravantes podem incidir em fração superior a 1/6, desde que presente motivação idônea, em atenção aos princípios da proporcionalidade, razoabilidade, necessidade e suficiência à reprovação e à prevenção do crime.

– Art. 61 do CP, agravantes genéricas e âmbito de aplicação: O CP, em seu art. 61, I, trata da reincidência, agravante genérica aplicável aos crimes em geral. No inciso II, o art. 61 elenca diversas agravantes genéricas e, de acordo com o posicionamento dominante nos âmbitos doutrinário e jurisprudencial, aplicam-se exclusivamente aos **crimes dolosos** (e também nos **preterdolosos**, pois há dolo na fase inicial), já que seria incompatível a incidência nos crimes culposos, não se justificando a elevação da pena quando produzido involuntariamente o resultado naturalístico. Já decidiu o STF, contudo, no julgamento histórico do navio *Bateau Mouche*, que tais agravantes também recaem sobre os crimes culposos.

○ **A terceira fase da dosimetria da pena – causas de diminuição (minorantes) e de aumento (majorantes):** São circunstâncias obrigatórias ou facultativas de diminuição ou de aumento da pena, previstas na Parte Geral ou na Parte Especial do CP, e também na legislação especial, em quantidade fixa ou variável. Incidem sobre o montante resultante da segunda-fase de aplicação da pena (agravantes e atenuantes), e não sobre a pena-base. Ao contrário das circunstâncias judiciais e das agravantes e atenuantes genéricas, **podem levar a pena acima do máximo legal, ou trazê-la abaixo do mínimo abstratamente cominado**, uma vez que o legislador aponta os limites de aumento e/ou de diminuição. As causas de aumento e de diminuição da pena dividem-se em **genéricas**, quando definidas na Parte Geral do CP e aplicáveis à generalidade dos crimes, e **específicas**, se contidas na sua Parte Especial ou na legislação extravagante, e de aplicação restrita a determinados delitos.

– As regras do art. 68, parágrafo único: Da leitura do art. 68, parágrafo único, do CP extraem-se as seguintes conclusões: (a) se existirem duas ou mais causas de aumento ou de diminuição previstas na **Parte Geral**, ambas deverão ser aplicadas, desde que obrigatórias; (b) se existirem duas ou mais causas de aumento ou de diminuição previstas na **Parte Especial**, ou na **legislação especial** (analogia *in bonam partem*), o juiz pode limitar-se a um só aumento ou a uma só diminuição, ainda que obrigatórias, prevalecendo, nesse caso, a causa que mais aumente ou mais diminua. Cuida-se de faculdade judicial;[374] (c) se existirem uma causa de aumento e uma causa de diminuição, simultaneamente, ambas deverão ser aplicadas, desde que obrigatórias. Em primeiro lugar, o magistrado aplica as causas de aumento, e depois as de diminuição. Não pode a sentença fazê-las recair ao mesmo tempo, compensando-as; e (d) se existirem, ao mesmo tempo, duas causas de aumento, ou então duas causas de diminuição, previstas uma na Parte Geral e outra na Parte Especial ou legislação especial, todas elas serão aplicáveis. Por questão de lógica intrínseca à estrutura do tipo penal, incidem inicialmente as causas de aumento e de diminuição da Parte Especial ou da legislação especial, e, posteriormente, as majorantes ou minorantes da Parte Geral.

○ **Jurisprudência selecionada:**

Agravante genérica – elevação da pena acima de 1/6 – possibilidade – necessidade de fundamentação: "1. A individualização da pena é uma atividade em que o julgador está vinculado a parâmetros abstratamente cominados pelo legislador, sendo-lhe permitido, entretanto, atuar discricionariamente na escolha da sanção penal aplicável ao caso concreto, após o exame percuciente dos elementos do delito, e em decisão motivada. Destarte, cabe às Cortes Superiores,

---

[374] Em respeito aos princípios da isonomia e da individualização da pena (CF, art. 5.º, *caput* e XLVI), as causas de aumento remanescentes deverão ser utilizadas como agravantes genéricas, se previstas em lei (CP, arts. 61 e 62), ou, residualmente, como circunstâncias judiciais desfavoráveis. Já as restantes causas de diminuição funcionarão como atenuantes genéricas, nominadas (CP, art. 65) ou inominadas (art. 66). O Superior Tribunal de Justiça comunga desse entendimento: HC 463.434/MT, rel. Min. Reynaldo Soares Da Fonseca, 3.ª Seção, j. 25.11.2020, noticiado no *Informativo* 684.

apenas, o controle de legalidade e da constitucionalidade dos critérios utilizados no cálculo da pena. 2. O Código Penal olvidou-se de estabelecer limites mínimo e máximo de aumento ou redução de pena a serem aplicados em razão das agravantes e das atenuantes genéricas. Assim, a jurisprudência reconhece que compete ao julgador, dentro do seu livre convencimento e de acordo com as peculiaridades do caso, escolher a fração de aumento ou redução de pena, em observância aos princípios da razoabilidade e da proporcionalidade. Todavia, a aplicação de fração superior a 1/6 exige motivação concreta e idônea" (STJ: AgRg no AREsp 1.558.815/GO, rel. Min. Ribeiro Dantas, 5ª Turma, j. 10.10.2019). *No mesmo sentido*: STF: RHC 127.382/DF, rel. Min. Teori Zavascki, 2.ª Turma, j. 05.05.2015.

Agravantes e atenuantes genéricas – impossibilidade de fixação da pena além dos limites em abstrato: "Como assentado em precedentes da Suprema Corte, a presença de atenuantes não pode levar a pena a ficar abaixo do mínimo, e a de agravantes também não pode levar a pena a ficar acima do máximo previsto no tipo penal básico ou qualificado" (STF: HC 93.071/RS, rel. Min. Menezes Direito, 1.ª Turma, j. 18.03.2008). *No mesmo sentido*: STF: RE 597.270 QO/RS, rel. Min. Cezar Peluso, Plenário, j. 26.03.2009.

Causas de aumento da pena – valoração em outra etapa do critério trifásico – possibilidade – princípio da individualização da pena: "O deslocamento da majorante sobejante para outra fase da dosimetria, além de não contrariar o sistema trifásico, é a que melhor se coaduna com o princípio da individualização da pena. A questão jurídica diz respeito, em síntese, à valoração de majorantes sobejantes na primeira ou na segunda fase da dosimetria da pena, a depender se a causa de aumento traz patamar fixo ou variável. De início, ressalta-se que não é possível dar tratamento diferenciado à causa de aumento que traz patamar fixo e à que traz patamar variável, porquanto, além de não se verificar utilidade na referida distinção, o mesmo instituto jurídico teria tratamento distinto a depender de critério que não integra sua natureza jurídica. Quanto à possibilidade propriamente dita de deslocar a majorante sobejante para outra fase da dosimetria, considero que se trata de providência que, além de não contrariar o sistema trifásico, é a que melhor se coaduna com o princípio da individualização da pena. Com efeito, o sistema trifásico, trazido no art. 68 do Código Penal, disciplina que a fixação da pena observará três fases: a fixação da pena-base, por meio da valoração das circunstâncias judiciais previstas no art. 59 do Código Penal; a fixação da pena intermediária, com a valoração das atenuantes e das agravantes; e a pena definitiva, após a incidência das causas de diminuição e de aumento da pena. O Código Penal não atribui um patamar fixo às circunstâncias judiciais nem às agravantes e atenuantes, as quais devem ser sopesadas de acordo com o livre convencimento motivado do Magistrado, em observância aos princípios da razoabilidade e da proporcionalidade. As causas de aumento e de diminuição, por seu turno, já apresentam os patamares que devem ser utilizados, de forma fixa ou variável. Segundo a doutrina, as causas de aumento também são chamadas de qualificadoras em sentido amplo e, 'por integrarem a estrutura típica do delito, permitem a fixação da pena acima do máximo em abstrato previsto pelo legislador'. Nessa linha de raciocínio, nos mesmos moldes em que ocorre com o crime qualificado, já existindo uma circunstância que qualifique ou majore o crime, autorizando, assim, a alteração do preceito secundário, ou a incidência de fração de aumento, considera-se correta a jurisprudência que prevalece no Superior Tribunal de Justiça, no sentido de que as qualificadoras e majorantes sobressalentes podem ser valoradas na primeira ou na segunda fase da dosimetria da pena. De fato, da mesma forma que a existência de mais de uma qualificadora não modifica nem o tipo penal nem o preceito secundário, tem-se que a existência de mais de uma majorante também não autoriza a retirada da fração de aumento do mínimo, uma vez que se 'exige fundamentação concreta, não sendo suficiente a mera indicação do número de majorantes', nos termos do entendimento sumulado no verbete n. 443 da Súmula desta Corte. Nesse contexto, a desconsideração tanto da qualificadora quanto da majorante sobressalentes acaba por violar o princípio da individualização da pena, o qual preconiza a necessidade de a pena ser aplicada em observância ao caso concreto, com a valoração de todas as circunstâncias objetivas e subjetivas do crime. Ademais, referida desconsideração vai de encontro ao sistema trifásico, pois as causas de aumento (3ª fase), assim como algumas das agravantes, são, em regra, circunstâncias do crime (1ª fase) valoradas de forma mais gravosa pelo legislador. Assim, não sendo valoradas na terceira fase, nada impede sua valoração de forma residual na primeira ou na segunda fases. A desconsideração das majorantes sobressalentes na dosimetria acabaria por subverter a própria individualização da pena realizada pelo legislador, uma vez que as circunstâncias consideradas mais gravosas, a ponto de serem tratadas como causas de aumento, acabariam sendo desprezadas. Lado outro, se não tivessem sido previstas como majorantes, poderiam ser integralmente valoradas na primeira e na segunda fases da dosimetria. Por fim, não há se falar que o deslocamento da causa de aumento para a primeira fase permite o 'agravamento do regime prisional por via transversa', porquanto o que não se admite é a fixação de regime prisional mais gravoso sem a devida fundamentação. Assim, ainda que a pena-base seja fixada no mínimo legal, é possível a imposição de regime mais gravoso que o estabelecido em lei, desde que seja declinada motivação concreta" (STJ: HC 463.434/MT, rel. Min. Reynaldo Soares Da Fonseca, 3.ª Seção, j. 25.11.2020, noticiado no *Informativo* 684).

Critério trifásico – falta de observância – nulidade da sentença: "É nulo o capítulo decisório de sentença condenatória que, sem observar os cálculos segundo o critério trifásico, considera, para efeito de fixação da pena-base, os maus antecedentes e a reincidência do réu" (STF: RHC 84.295/RJ, rel. Min. Cezar Peluso, 1.ª Turma, j. 29.11.2005).

Critério trifásico – limites legais da pena: "Consoante o disposto no art. 68, *caput*, do CP, a aplicação da pena é constituída de três fases distintas: na primeira é fixada a pena-base de acordo com as circunstâncias previstas no art. 59 do mesmo estatuto; na segunda são aplicadas atenuantes ou agravantes, se existentes: e, na terceira, verifica-se a ocorrência de causas especiais de aumento ou diminuição da sanção. Para as duas primeiras fases, deve-se observar os limites mínimo e máximo cominados; somente exsurge a possibilidade de diminuição ou de elevação da pena aquém de seu mínimo legal ou além do máximo quando da terceira etapa da aplicação da reprimenda" (STJ: AgRg no AREsp 437.391/SP, rel. Min. Jorge Mussi, 5.ª Turma, j. 27.03.2014).

Dosimetria da pena – *bis in idem* – causas de aumento e tabela para majorar a pena – inadmissibilidade: "A 2ª Turma deu parcial provimento a recurso ordinário em *habeas corpus* para determinar ao juízo de origem que, afastado o *bis in idem* e sem uso de tabela para estipular a majoração da pena, procedesse à nova dosimetria, sem prejuízo da condenação do paciente. De início, verificou-se a ocorrência de *bis in idem*, uma vez que a restrição da liberdade das vítimas teria sido utilizada para a fixação da pena-base, quando da análise das consequências do crime, e, na terceira etapa da dosimetria, como causa de aumento (CP, art. 157, § 2º, V). Em seguida, explicitou-se que o tribunal de justiça local ponderava ser necessário observar certa gradação estabelecida em tabela, a nortear a dosimetria, quando verificado o concurso de diversas causas de aumento. Asseverou-se que a jurisprudência do STF não admitiria, de modo geral, que fossem estabelecidas frações categóricas para aumentar a pena, em função de qualificadoras ou outros de motivos" (STF: RHC 116.676/MG, rel. Min. Ricardo Lewandowski, 2.ª Turma, j. 20.08.2013, noticiado no *Informativo* 716).

Dosimetria da pena – fundamentação inidônea – redimensionamento da pena: "A 1ª Turma julgou extinto *habeas corpus* por inadequação da via processual. Porém, por empate na votação, concedeu a ordem, de ofício, para reduzir a pena do paciente e estabelecer regime prisional inicial menos gravoso. No caso, o juiz de piso, ao fixar a reprimenda e regime prisional mais severos, teria considerado como circunstâncias judiciais desfavoráveis o registro de antecedentes criminais, a personalidade voltada para a prática de crimes e o fato de o delito perpetrado configurar 'porta de entrada' a delitos de maior gravidade. Prevaleceu o voto do Min. Dias Toffoli, relator, que consignou que o juiz não poderia avaliar o crime de furto como 'porta de entrada' para delitos de maior gravidade, de modo a aferir esse elemento como indicador de maior reprovabilidade da conduta. Tampouco, em vista da falta de certidões específicas, seria possível reconhecer-se a presença de maus antecedentes do paciente. Assim, afastou duas causas genéricas de agravamento da pena e redimensionou a dosimetria e o regime prisional" (STF: HC 112.309/MS, rel. Min. Dias Toffoli, 1.ª Turma, j. 27.11.2012, noticiado no *Informativo* 690).

Individualização da pena – inexistência de direito à pena mínima: "A Turma ressaltou a inexistência de direito público subjetivo de condenado à estipulação da pena-base em seu grau mínimo" (STF: RHC 117.488 AgR/RJ, rel. Min. Gilmar Mendes, 2.ª Turma, j. 01.10.2013, noticiado no *Informativo* 722).

Individualização da pena – necessidade de fundamentação: "1. A necessidade de fundamentação dos pronunciamentos judiciais (inciso IX do art. 93 da Constituição Federal) tem na fixação da pena um dos seus momentos culminantes. Garantia constitucional que submete o magistrado a coordenadas objetivas de imparcialidade e propicia às partes conhecer os motivos que levaram o julgador a decidir neste ou naquele sentido. 2. O dever de motivação no trajeto da dosimetria da pena não passou despercebido à reforma penal de 1984. Tanto que a ele o legislador fez expressa referência na Exposição de Motivos da Nova Parte Geral do Código Penal, ao cuidar do sistema trifásico de aplicação da pena privativa de liberdade. 3. O Supremo Tribunal Federal circunscreve a legalidade da pena ao motivado exame judicial das circunstâncias do delito. Exame revelador de um exercício racional de fundamentação e ponderação dos efeitos éticos e sociais da sanção, embasado nas peculiaridades do caso concreto e no senso de realidade do órgão sentenciante. O artigo 59 do Código Penal confere ao Juízo sentenciante o poder-dever de estabelecer uma reprimenda apta à prevenção e simultaneamente à reprovação do delito, sempre atento o magistrado à concretude da causa" (STF: HC 106.965/AC, rel. Min. Ayres Britto, 2.ª Turma, j. 19.04.2011).

Individualização da pena – necessidade de fundamentação – circunstâncias judiciais desfavoráveis – pena acima do mínimo legal: "O julgador deve, ao individualizar a pena, examinar com acuidade os elementos que dizem respeito ao fato, para aplicar, de forma justa e fundamentada, a reprimenda que seja necessária e suficiente para reprovação do crime. Especialmente, quando considerar desfavoráveis as circunstâncias judiciais, deve o Magistrado declinar, motivadamente, as suas razões, pois a inobservância dessa regra ofende o preceito contido no art. 93, inciso IX, da Constituição da República" (STJ: HC 246.658/SP, rel. Min. Laurita Vaz, 5.ª Turma, j. 26.08.2014).

Pena-base – existência de uma circunstância judicial desfavorável – aumento acima do mínimo legal: "Resulta legítima a fixação da pena-base acima do mínimo legal com fundamento em apenas uma das circunstâncias judiciais arroladas no art. 59 do Código Penal, *in casu* os motivos do crime" (STF: HC 108.146/GO, rel. Min. Luiz Fux, 1.ª Turma, j. 05.06.2012).

Pena-base – existência de uma circunstância judicial desfavorável – elevação até o máximo – possibilidade: "A depender da gravidade da circunstância judicial, a incidência de uma única delas (art. 59, Código Penal) é suficiente para a fixação da pena-base no máximo legal. A Corte de origem avaliou de forma negativa as circunstâncias do crime, tendo em vista a grande quantidade de cédulas contrafeitas (139 cédulas), o que extrapolaria o normal em relação a crimes desta espécie. A fundamentação apresentada justifica o aumento da reprimenda básica, pois lastreada em elemento concreto que denota maior reprovabilidade, como já decidiu esta Corte Superior. Dessa forma, não se pode atribuir como ilegal a elevação da pena-base, na espécie, amparada nas circunstâncias do crime e nos maus antecedentes, exatamente como realizado. A jurisprudência do STJ orienta que até mesmo uma única circunstância judicial pode elevar a pena-base ao máximo legal, a depender de sua gravidade" (STJ: AgRg nos EDcl no AREsp 2.172.438/SP, rel. Min. João Batista Moreira (Desembargador convocado do TRF1), 5.ª Turma, j. 11.04.2023, noticiado no *Informativo Edição Extraordinária* 13).

Pena-base – impossibilidade de fixação além dos limites legais: "O incremento em decorrência da avaliação negativa do *modus operandi* não constitui elemento ínsito ao tipo, podendo ser validamente considerado na fixação da pena-base imposta ao infrator. É o que, aliás, impõe o art. 59 do Código Penal, o qual determina que o juiz, na fixação da reprimenda, faça a valoração, entre outros elementos, das circunstâncias em que se deu a infração, o que justifica a exasperação da reprimenda entre os limites abstratamente cominados para o crime" (STF: RHC 117.037/SP, rel. Min. Dias Toffoli, 1.ª Turma, j. 08.10.2013). *No mesmo sentido*: STJ: AgRg no HC 274.128/BA, rel. Min. Marco Aurélio Bellizze, 5.ª Turma, j. 19.08.2014.

Pena-base – recurso exclusivo da defesa – valoração negativa afastada pelo Tribunal – redução proporcional da pena-base – necessidade – mera correção ou reforço de fundamento de circunstância desfavorável – *reformatio in pejus* **– não ocorrência – Tema 1214 do Recurso Repetitivo:** "É obrigatória a redução proporcional da pena-base quando o Tribunal de segunda instância, em recurso exclusivo da defesa, afastar circunstância judicial negativa reconhecida na sentença. Todavia, não implicam *reformatio in pejus* a mera correção da classificação de um fato já valorado negativamente pela sentença para enquadrá-lo como outra circunstância judicial, nem o simples reforço de fundamentação para manter a valoração negativa de circunstância já reputada desfavorável na sentença. A controvérsia cinge-se a definir se é obrigatória a redução proporcional da pena-base, quando o Tribunal de origem, em recurso exclusivo da defesa, decotar circunstância judicial negativada na sentença condenatória, sob pena de, ao não fazê-lo, incorrer em violação da disposição contida no art. 617 do Código de Processo Penal (princípio *ne reformatio in pejus*). Sobre o tema, a Terceira Seção do Superior Tribunal de Justiça, quando do julgamento do EREsp 1.826.799/RS, firmou o entendimento no sentido de ser imperiosa a redução proporcional da pena-base quando o Tribunal de origem, em recurso exclusivo da defesa, afastar uma circunstância judicial negativa do art. 59 do CP reconhecida no édito condenatório. Nesse julgamento ficou assentado que 'a proibição de reforma para pior não admite, em caso de recurso exclusivo da defesa, seja agravada a situação do recorrente, direta ou indiretamente. Nos termos do art. 617 do Código de Processo Penal, essa reforma prejudicial somente poderá ocorrer na hipótese de previsão legal de recurso de ofício, em que se devolve ao Tribunal de Justiça todo o conhecimento da matéria, assim como nas situações em que houver recurso da acusação'. Destaque-se que a controvérsia jurídica em apreciação não abrange a hipótese em que o Tribunal *a quo*, ao se deparar com fundamentação inidônea na valoração negativa de vetorial na primeira fase, mantém a negativação, mas com base em fundamento distinto daquele circunstanciado na sentença, valendo-se do efeito devolutivo próprio da apelação. Isso, a jurisprudência do STJ tem admitido. Desse modo, fixa-se a seguinte tese: É obrigatória a redução proporcional da pena-base quando o Tribunal de segunda instância, em recurso exclusivo da defesa, afastar circunstância judicial negativa reconhecida na sentença. Todavia, não implicam *reformatio in pejus* a mera correção da classificação de um fato já valorado negativamente pela sentença para enquadrá-lo como outra circunstância judicial, nem o simples reforço de fundamentação para manter a valoração negativa de circunstância já reputada desfavorável na sentença" (STJ: REsp 2.058.971/MG, rel. Min. Sebastião Reis Júnior, 3.ª Seção, j. 28.08.2024, noticiado no *Informativo* 827).

Qualificadoras – impossibilidade de utilização como circunstâncias judiciais: "Consubstanciando qualificadoras motivo fútil e prática a dificultar ou a impossibilitar a defesa da vítima, descabe considerar esses fatos na fixação da pena-base, ou seja, como circunstâncias judiciais" (STF: HC 107.501 ED/GO, rel. orig. Min. Cármen Lúcia, red. p/ o acórdão Min. Marco Aurélio, 1.ª Turma, j. 02.08.2011).

Súmula 231 do STJ– manutenção: "A incidência da circunstância atenuante não pode conduzir à redução da pena abaixo do mínimo legal. No julgamento do tema da repercussão geral n. 158, Recurso Extraordinário 597.270, de relatoria do Ministro Cezar Peluso, o Supremo Tribunal Federal, à luz dos princípios constitucionais da reserva legal, da proporcionalidade e da individualização da pena, fixou a tese, com eficácia de precedente vinculante, no sentido de que 'circunstância atenuante genérica não pode conduzir à redução da pena abaixo do mínimo legal'. Vale mencionar que o recurso extraordinário, que deu origem ao acórdão em repercussão geral, questionava a validade da Súmula 231 do STJ, que estaria em aparente oposição aos mencionados princípios constitucionais. Portanto, estabelecido o padrão decisório em repercussão geral, não se tem dúvida acerca da obrigatoriedade de julgamento no mesmo sentido da definição do Supremo Tribunal Federal, inclusive para o Superior Tribunal de Justiça. Ademais, no mérito, não há razão para a modificação do entendimento sumulado, uma vez que os fundamentos e o contexto econômico, político, cultural e social relativos à matéria não sofreram alterações substanciais. O art. 68 do Código Penal adotou, para a individualização da pena, na fase judicial, o método trifásico. A interpretação juridicamente correta é a de que a dosagem da pena, na segunda fase, fora dos parâmetros instituídos para cada crime específico, representaria violação ao princípio da legalidade e indevida usurpação da atividade legislativa porque induziria limites diferentes daqueles previstos pelo Poder Legislativo, de forma específica, para cada delito. Diferentemente, na terceira fase, a previsão das causas de aumento e diminuição foram inseridas pelo legislador ordinário, abstratamente, em cada tipo penal e possuem, para cada delito, uma fração específica. Assim, é evidente que, para as causas de aumento e diminuição, o legislador refletiu sobre a possiblidade de desbordamento dos parâmetros porquanto instituiu aumentos e diminuições de forma individualizada, isto é, a possibilidade de inobservância dos parâmetros mínimos e máximos vem sempre acompanhada da quantidade de aumento ou de diminuição para cada delito, ou grupo, individualmente considerado, em atenção ao princípio da reserva legal. Nesse contexto normativo e teórico, os termos 'sempre agravam a pena' e 'sempre atenuam a pena', constantes, respetivamente, dos arts. 61 e 65 do Código Penal, devem ser interpretados no sentido de que, diante de uma agravante ou atenuante prescrita nesses dispositivos legais, o julgador está obrigado a aplicar a circunstância, ou seja, não pode, mesmo que fundamentadamente, afastar o aumento ou a diminuição. Isso não significa, por outro lado, que seja possível a redução abaixo do mínimo ou o aumento acima do máximo. Assim, a atenuante sempre atenua, desde que respeitada a pena mínima. O legislador, no processo de tipificação de uma conduta, faz uma calibragem da pena mínima e máxima levando em conta as causas de aumento e diminuição, uma vez que são elementos que se constituem, no plano legal, em conjunto. E, assim, parece lógico que causas de diminuição ultrapassem as barreiras mínimas, ao passo que as atenuantes sejam limitadas ao parâmetro abstrato. Registre-se, ainda, outra repercussão importante. A interpretação no sentido da viabilidade de desbordamento do parâmetro mínimo denotaria a possibilidade de proteção insuficiente dos bens penalmente tutelados. Isso porque, a pretexto de garantir um direito ou impedir um excesso, o entendimento poderia resultar, por via transversa, uma insuficiência da resposta estatal para tutela de bens jurídicos. A partir, pois, de uma interpretação sistemática e teleológica, a tentativa de superação da Súmula n. 231 do STJ não encontra respaldo jurídico porque desconsidera a metodologia adotada pelo Código Penal e os limites constitucionalmente instituídos pela separação de poderes" (STJ: REsp 1.869.764/MS, rel. Min. Rogerio Schietti Cruz, rel. para acórdão Min. Messod Azulay Neto, 3.ª Seção, j. 14.08.2024, noticiado no *Informativo* 823).

Concurso material

> **Art. 69.** Quando o agente, mediante mais de uma ação ou omissão, pratica dois ou mais crimes, idênticos ou não, aplicam-se cumulativamente as penas privativas de liberdade em que haja incorrido. No caso de aplicação cumulativa de penas de reclusão e de detenção, executa-se primeiro aquela.
>
> § 1º Na hipótese deste artigo, quando ao agente tiver sido aplicada pena privativa de liberdade, não suspensa, por um dos crimes, para os demais será incabível a substituição de que trata o art. 44 deste Código.
>
> § 2º Quando forem aplicadas penas restritivas de direitos, o condenado cumprirá simultaneamente as que forem compatíveis entre si e sucessivamente as demais.

○ **Conceito de concurso de crimes:** Concurso de crimes é o instituto que se verifica quando o agente, mediante uma ou várias condutas, pratica duas ou mais infrações penais. Pode existir, portanto, unidade ou pluralidade de condutas. Sempre serão cometidas, contudo, duas ou mais infrações penais.

○ **Espécies:** O concurso de crimes pode se manifestar sob três formas: concurso material, concurso formal e crime continuado.

○ **Sistemas de aplicação da pena no concurso de crimes:** Destacam-se, no Brasil, três sistemas de aplicação da pena: cúmulo material, exasperação e absorção. Pelo **sistema do cúmulo material**, aplica-se ao réu o somatório das penas de cada uma das infrações penais pelas quais foi condenado. Esse sistema foi adotado em relação ao **concurso material** (art. 69 do CP), ao **concurso formal imperfeito ou impróprio** (art. 70, *caput*, 2.ª parte, do CP), e, pelo texto da lei, ao **concurso das penas de multa** (art. 72 do CP). De acordo com o **sistema da exasperação**, aplica-se somente a pena da infração penal mais grave praticada pelo agente, aumentada de determinado percentual. É o sistema acolhido em relação ao **concurso formal próprio ou perfeito** (art. 70, *caput*, 1.ª parte, do CP) e ao **crime continuado** (art. 71 do CP). Já pelo **sistema da absorção**, aplica-se exclusivamente a pena da infração penal mais grave, dentre as diversas praticadas pelo agente, sem qualquer aumento. Esse sistema foi consagrado pela jurisprudência em relação aos **crimes falimentares** praticados pelo falido, sob a égide do Decreto-lei 7.661/1945, em virtude do princípio da unidade ou unicidade dos crimes falimentares, e preservado pela Lei 11.101/2005 – Lei de Falências. Isso, porém, não impede o concurso material ou formal entre um crime falimentar e outro delito comum.

○ **Conceito de concurso material:** O concurso material, também chamado de **real**, está disciplinado pelo dispositivo em análise. Verifica-se quando o agente, mediante mais de uma ação ou omissão, pratica dois ou mais crimes, idênticos ou não. Há **pluralidade de condutas** e **pluralidade de resultados**. Pouco importa se os fatos ocorreram ou não no mesmo contexto fático.

– **Espécies de concurso material:** O concurso material pode ser homogêneo ou heterogêneo. **Homogêneo**, quando os crimes são idênticos, e **heterogêneo**, quando os crimes são diversos.

– **Momento adequado para a soma das penas no concurso material:** Se houver conexão entre as infrações penais, com a consequente unidade processual, a regra do concurso material será aplicada pelo juiz que profere a sentença condenatória. O magistrado, em respeito ao princípio constitucional da individualização da pena, deve fixar, separadamente, a pena de cada uma das infrações penais. Em seguida, na própria sentença, procederá à soma de todas elas. Caso, porém, não exista conexão entre as diversas infrações penais, sendo elas, consequentemente, objeto de ações penais diversas, as disposições inerentes ao concurso material serão aplicadas pelo juízo da execução. Com o trânsito em julgado das sentenças, todas as condenações serão reunidas na mesma execução, e aí se procederá à soma das penas, na forma prevista no art. 66, III, "a", da LEP.

– **Imposição cumulativa de penas de reclusão e detenção:** Se for imposta pena de reclusão para um dos crimes e de detenção para o outro, executa-se inicialmente a de reclusão (art. 69, *caput*, 2.ª parte, do CP).

– **Cumulação de pena privativa de liberdade com restritiva de direitos:** O § 1.º do art. 69 do CP revela a possibilidade de se cumular, na aplicação das penas de crimes em concurso material, uma pena privativa de liberdade, desde que tenha sido concedido *sursis*, com uma restritiva de direitos. Por lógica, também será admissível a aplicação de pena restritiva de direitos quando ao agente tiver sido imposta pena privativa de liberdade, com regime aberto para seu cumprimento, eis que será possível a execução simultânea de ambas.

– **Cumprimento sucessivo ou simultâneo de penas restritivas de direitos:** De acordo com § 2.º do art. 69 do CP, o condenado cumprirá simultaneamente as penas restritivas de direitos que forem compatíveis entre si, e sucessivamente as demais. Admite-se, por exemplo, o cumprimento simultâneo de prestação de serviços à comunidade e prestação pecuniária. Se forem impostas, todavia, duas penas de limitação de final de semana, serão cumpridas sucessivamente.

– **Concurso material e suspensão condicional do processo (art. 89 da Lei 9.099/1995):** A suspensão condicional do processo somente será admissível quando, no concurso material, a somatória das penas impostas ao acusado preencher os pressupostos do art. 89 da Lei 9.099/1995. O total das penas mínimas, portanto, deve ser igual ou inferior a 1 (um) ano.

○ **Concurso de crimes moderado ou limitado:** O concurso de crimes é moderado ou limitado em razão do teto máximo de 40 anos para o cumprimento da pena privativa de liberdade. Embora a somatória das penas possa ultrapassar esse montante, o efetivo cumprimento deverá obedecer ao prazo previsto no art. 75 do CP. Fala-se, assim, em moderação ou limitação ao concurso de crimes.

○ **Concurso de concursos de crimes ou concorrência de concursos:** É possível entre as modalidades de concurso de crimes. Imagine-se, exemplificativamente, que determinada pessoa pratique, em um dia, três homicídios culposos em concurso formal, e, no outro dia, mais dois crimes de homicídio culposo, também em concurso formal. Entre esses dois blocos de concursos haverá concurso material. A imputação seria assim definida: art. 121, § 3.º, por três vezes, na forma do art. 70, *caput*, 1.ª parte, em concurso material (art. 69) com art. 121, § 3.º, por duas vezes, na forma do art. 70, *caput*, 1.ª parte. A pena seria calculada pelo juiz com base nas seguintes etapas: (a) no tocante aos três crimes praticados no primeiro dia, utilização da pena do crime de homicídio culposo (detenção, de 1 a 3 anos), aumentada de 1/6 até 1/2. Pelo critério adotado, seria exasperada em 1/5, em razão da prática de três crimes; (b) em relação aos dois crimes cometidos posteriormente, emprego da pena do crime de homicídio culposo (detenção, de 1 a 3 anos), aumentada de 1/6 até 1/2. Pelo critério adotado, seria exasperada em 1/6, pela prática de dois crimes; e (c) finalmente, as penas resultantes dos dois grupos de concurso formal seriam somadas, em obediência ao concurso material.

○ **Concurso de crimes e competência dos Juizados Especiais Criminais:** Na hipótese de concurso de crimes, a pena considerada para fins de fixação da competência do Juizado Especial Criminal será o resultado da soma, no caso de concurso material ou de concurso formal impróprio (ou imperfeito), ou da exasperação, na hipótese de concurso formal próprio (ou perfeito) ou crime continuado, das penas máximas cominadas aos delitos. Com efeito, se desse somatório resultar um apenamento superior a dois anos, fica afastada a competência do Juizado Especial.

○ **Concurso entre crimes e contravenções penais:** No concurso de infrações penais, estabelece o art. 76 do CP que "executar-se-á primeiramente a pena mais grave". Ao se referir a "infrações", o CP, em harmonia com o art. 1.º da Lei de Introdução ao Código Penal, trata do gênero, do qual são espécies o crime e a contravenção penal. E nesse contexto, o propósito do dispositivo legal é esclarecer que, no concurso entre crimes e contravenções penais, cumpre-se inicialmente a pena privativa de liberdade inerente ao crime (reclusão ou detenção), de maior gravidade, e, depois, a pena de prisão simples correspondente à contravenção penal.

○ **Jurisprudência selecionada:**

Concurso material – Juizado Especial Criminal – competência: "No caso de concurso de crimes, a pena considerada para fins de fixação da competência do Juizado Especial Criminal será o resultado da soma, no caso de concurso material, ou a exasperação, na hipótese de concurso formal ou crime continuado, das penas máximas cominadas aos delitos. Com efeito, se desse somatório resultar um apenamento superior a dois anos, fica afastada a competência do Juizado Especial (Precedentes do Pretório Excelso e do STJ)" (STJ: HC 80.773/RJ, rel. Min. Felix Fischer, 5.ª Turma, j. 04.10.2007).

Concurso material – suspensão condicional do processo: "A suspensão condicional do processo somente é admissível quando, no concurso material, a somatória das penas preencha os pressupostos do art. 89 da Lei 9.099/1995" (STF: HC 89.708/BA, rel. Min. Ricardo Lewandowski, 1.ª Turma, j. 24.04.2007).

Sistema da absorção – unidade do crime falimentar: "O princípio da unicidade estabelece que, havendo o concurso de diversas condutas voltadas ao cometimento de fraudes aos credores da empresa em processo de falência, considera-se a prática de apenas um único tipo penal, para o qual deve ser aplicada a pena do mais grave deles" (STJ: HC 94.632/MG, rel. Min. Og Fernandes, 6.ª Turma, j. 12.03.2013). *No mesmo sentido:* STJ: REsp 1.617.129/RS, rel. Min. Sebastião Reis Júnior, 6.ª Turma, j. 07.11.2017.

Concurso formal

Art. 70. Quando o agente, mediante uma só ação ou omissão, pratica dois ou mais crimes, idênticos ou não, aplica-se-lhe a mais grave das penas cabíveis ou, se iguais, somente uma delas, mas aumentada, em qualquer caso, de um sexto até metade. As penas aplicam-se, entretanto, cumulativamente, se a ação ou omissão é dolosa e os crimes concorrentes resultam de desígnios autônomos, consoante o disposto no artigo anterior.

Parágrafo único. Não poderá a pena exceder a que seria cabível pela regra do art. 69 deste Código.

○ **Conceito:** Concurso formal, ou **ideal**, é aquele em que o agente, mediante uma única conduta, pratica dois ou mais crimes, idênticos ou não.

○ **Requisitos para o concurso formal:** Da leitura do *caput* do art. 70 do CP destacam-se dois requisitos: **unidade de conduta** (uma só ação ou omissão) e **pluralidade de resultados** (dois ou mais crimes). A unidade de conduta somente se concretiza quando os atos são realizados no mesmo contexto temporal e espacial. Com efeito, a unidade de conduta não importa, obrigatoriamente, em ato único, pois há condutas fracionáveis em diversos atos, como no caso daquele que mata alguém (conduta) mediante diversos golpes de punhal (atos).

○ **Espécies de concurso formal:** O concurso formal pode ser: *homogêneo* ou *heterogêneo*, e *perfeito* ou *imperfeito*.

– **Concurso formal homogêneo e heterogêneo:** É **homogêneo** quando os crimes são idênticos. Exemplo: três homicídios culposos praticados na direção de veículo automotor. Diz-se, por sua vez, **heterogêneo** o concurso formal quando os delitos são diversos. Exemplo: "A", dolosamente, efetua disparos de arma de fogo contra "B", seu desafeto, matando-o. O projétil, entretanto, perfura o corpo da vítima, resultando em lesões culposas em terceira pessoa.

– **Concurso formal perfeito e imperfeito:** Perfeito, ou **próprio**, é a espécie de concurso formal em que o agente realiza a conduta típica, que produz dois ou mais resultados, sem atuar com desígnios autônomos. Desígnio autônomo, ou pluralidade de desígnios, é o propósito de produzir, com uma única conduta, mais de um crime. É fácil concluir, portanto, que o concurso formal perfeito ou próprio ocorre entre crimes culposos, ou então entre um crime doloso e um crime culposo.[375] **Imperfeito**, ou **impróprio**, é a modalidade de concurso formal que se verifica quando a conduta dolosa do agente e os crimes concorrentes derivam de desígnios autônomos. Existem, portanto, dois crimes dolosos (dolo direto ou dolo eventual).

○ **Teorias sobre o concurso formal:** Apontam-se, em doutrina, duas teorias acerca do concurso formal de crimes. Pela **teoria subjetiva**, exige-se unidade de desígnios na conduta do agente para a configuração do concurso formal. Já pela **teoria objetiva**, bastam a unidade de conduta e a

---

[375] O concurso formal perfeito (ou próprio) não se confunde com o crime preterdoloso. Naquele há dois ou mais crimes, um doloso e os demais culposos, ou então todos culposos, enquanto nesse há um único crime, composto de uma conduta inicial dolosa e de um resultado agravador de natureza culposa.

pluralidade de resultados para a caracterização do concurso formal. Pouco importa se o sujeito agiu ou não com unidade de desígnios. O CP adotou a teoria objetiva, uma vez que o art. 70, *caput*, 2.ª parte, admite o concurso formal imperfeito, em que despontam os desígnios autônomos.

○ **Aplicação da pena no concurso formal próprio ou perfeito:** O CP acolheu o **sistema da exasperação**. Aplica-se a pena de qualquer dos crimes, se idênticos, ou então a mais grave, aumentada, em qualquer caso, de um sexto até a metade. O critério que norteia o juiz para fixar o aumento da pena entre os patamares legalmente previstos é, exclusivamente, o **número de crimes** cometidos pelo agente. No caso de serem perpetrados sete ou mais crimes, deve-se aplicar o montante máximo de aumento, qual seja, a metade, relativamente a seis crimes, ao passo que os demais devem ser considerados como circunstâncias judiciais desfavoráveis para a dosimetria da pena-base, nos moldes do art. 59, *caput*, do CP. O concurso formal perfeito é **causa de aumento da pena**, e incide, por corolário, na terceira fase de aplicação da pena. É nítida a conclusão de que a regra do concurso formal perfeito constitui-se em flagrante benefício ao réu. Com efeito, trata-se de fórmula destinada a lhe favorecer, uma vez que a lógica seria responder normalmente por todos os crimes que praticou. O CP utilizou-se dessa opção, todavia, por se tratar de hipótese em que a pluralidade de resultados não deriva de desígnios autônomos, eis que os crimes são culposos, ou, no máximo, apenas um é doloso e os demais, culposos.

○ **Aplicação da pena no concurso formal impróprio ou imperfeito:** O art. 70, *caput*, 2.ª parte, do CP consagrou o **sistema do cúmulo material**. Tal como no concurso material, serão somadas as penas de todos os crimes produzidos pelo agente. E, nesse ponto, agiu acertadamente o legislador. De fato, se há desígnios autônomos, há dolo na conduta que produz a pluralidade de resultados, e o agente deve responder por todos os resultados a que deu causa, sem nenhum tratamento diferenciado. Ora, é clara a inexistência de diferença, exemplificativamente, na conduta daquele que, desejando a morte de todos os membros de uma família, ingressa na residência em que vivem e coloca fogo no corpo de cada uma das pessoas, matando-as, da conduta de atear fogo na residência durante o período de repouso noturno, causando a morte de todos os indivíduos. Em ambas as situações o agente queria a morte de várias pessoas, e as efetivou. Na primeira hipótese, estaria desenhado o concurso material (pluralidade de condutas e pluralidade de resultados), enquanto na segunda restaria delineado o concurso formal (unidade de conduta e pluralidade de resultados). O tratamento jurídico, por questões de lógica, de bom senso, e, notadamente, de Justiça, deve ser idêntico em ambos os casos.

○ **Concurso material benéfico:** Estatui o parágrafo único do art. 70 do CP que "não poderá a pena exceder a que seria cabível pela regra do art. 69 deste Código". O concurso formal próprio ou perfeito, no qual se adota o sistema da exasperação para aplicação da pena, foi criado para favorecer o réu, afastando o rigor do concurso material nas hipóteses em que a pluralidade de resultados não deriva de desígnios autônomos. Seria contraditório, portanto, que a sua regra, no caso concreto, prejudicasse o agente. Assim, quando o sistema da exasperação for prejudicial ao acusado, deve ser excluído, para o fim de incidir o sistema do cúmulo material. Fala-se, nesse caso, em **concurso material benéfico** ou **favorável**.

○ **Jurisprudência selecionada:**

Concurso formal – aplicação no critério trifásico: "Na aplicação de pena privativa de liberdade, o aumento decorrente de concurso formal ou de crime continuado não incide sobre a pena-base, mas sobre a pena acrescida por circunstância qualificadora ou causa especial de aumento" (STF: RHC 86.080/MG, rel. Min. Cezar Peluso, 1.ª Turma, j. 06.06.2006).

Concurso formal – número de crimes – dosimetria da pena: "A melhor técnica para dosimetria da pena privativa de liberdade, em se tratando de crimes em concurso formal, é a fixação da pena de cada uma das infrações isoladamente e, sobre a maior pena, referente à conduta mais grave, apurada concretamente, ou, sendo iguais, sobre qualquer delas, fazer-se o devido aumento, considerando-se nessa última etapa o número de infrações que a integram" (STJ: HC 85.513/DF, rel. Min. Jane Silva – Desembargadora convocada do TJ/MG, 5.ª Turma, j. 13.09.2007). *No mesmo sentido*: HC 284.951/MG, rel. Min. Marco Aurélio Bellizze, 5.ª Turma, j. 08.04.2014.

Concurso formal – unidade de conduta – pluralidade de crimes: "A jurisprudência deste Supremo Tribunal Federal é firme no sentido de configurar-se concurso formal a ação única que tenha como resultado a lesão ao patrimônio de vítimas diversas, e não crime único: Precedentes" (STF: HC 91.615/RS, rel. Min. Cármen Lúcia, 1.ª Turma, j. 11.09.2007).

Concurso formal impróprio – desígnios autônomos – dolo: "Os desígnios autônomos que caracterizam o concurso formal impróprio referem-se a qualquer forma de dolo, direto ou eventual. O Tribunal de origem reconheceu o concurso formal impróprio de infrações, porquanto o réu, ao assumir a produção do resultado morte, em relação as duas vítimas, ainda que o tenha feito mediante uma única ação, agiu com desígnios autônomos, devendo assim ser as penas de cada crime somadas, nos termos do artigo 70, segunda parte, do Código Penal. Isso porque, no caso, embora caracterizado o dolo eventual quanto a ambas as vítimas, uma delas estava no veículo conduzido pelo acusado, havendo, relativamente a esta, desígnio autônomo em relação à vítima que transitava no outro automóvel. É dizer, o acusado assumiu o risco de ocasionar a morte ou lesão grave de sua passageira e, ciente da possibilidade do segundo resultado em relação a terceiros, aceitou-o. De fato, 'a expressão 'desígnios autônomos' refere-se a qualquer forma de dolo, seja ele direto ou eventual. Vale dizer, o dolo eventual também representa o endereçamento da vontade do agente, pois ele, embora vislumbrando a possibilidade de ocorrência de um segundo resultado, não o desejando diretamente, mas admitindo-o, aceita-o' (HC 191.490/RJ, rel. Min. Sebastião Reis Júnior, Sexta Turma, *DJe* de 09.10.2012). Não se ignora que parte da doutrina defende ser possível o concurso formal próprio mesmo entre crimes dolosos caso pelo menos um deles tenha sido praticado com dolo eventual, ao argumento de que somente há desígnio autônomo no dolo direto e de que somente este é capaz de traduzir a necessidade de tratamento equivalente ao concurso material, com o cúmulo de penas. No entanto, prevalece nesta Corte Superior o entendimento no sentido de que o concurso formal próprio ou perfeito somente é possível se os crimes forem todos culposos, ou se um for doloso e o outro culposo. Assim, se o agente pretende alcançar mais de um resultado ou anui com tal possibilidade, como na situação em análise, configura-se o concurso formal impróprio ou imperfeito, pois caracterizados os desígnios autônomos" (STJ: AgRg no AREsp 2.521.343/SP, rel. Min. Reynaldo Soares da Fonseca, 5.ª Turma, j. 17.09.2024, noticiado no *Informativo* 827). *No mesmo sentido*: STJ: HC 191.490/RJ, rel. Min. Sebastião Reis Júnior, 6.ª Turma, j. 27.09.2012, noticiado no *Informativo* 505.

Crime continuado

Art. 71. Quando o agente, mediante mais de uma ação ou omissão, pratica dois ou mais crimes da mesma espécie e, pelas condições de tempo, lugar, maneira de execução e outras semelhantes, devem os subsequentes ser havidos como continuação do primeiro, aplica-se-lhe a pena de um só dos crimes, se idênticas, ou a mais grave, se diversas, aumentada, em qualquer caso, de um sexto a dois terços.

Parágrafo único. Nos crimes dolosos, contra vítimas diferentes, cometidos com violência ou grave ameaça à pessoa, poderá o juiz, considerando a culpabilidade, os antecedentes, a conduta social e a personalidade do agente, bem como os motivos e as circunstâncias, aumentar a pena de um só dos crimes, se idênticas, ou a mais grave, se diversas, até o triplo, observadas as regras do parágrafo único do art. 70 e do art. 75 deste Código.

○ **Conceito:** Crime continuado, ou continuidade delitiva, é a modalidade de concurso de crimes que se verifica quando o agente, por meio de duas ou mais condutas, comete dois ou mais crimes da mesma espécie e, pelas condições de tempo, local, modo de execução e outras semelhantes, devem os subsequentes ser havidos como continuação do primeiro.

○ **Natureza jurídica:** Duas teorias principais buscam explicar o fundamento do crime continuado: a da ficção jurídica e a da realidade. Para a **teoria da ficção jurídica**, desenvolvida por Francesco Carrara, como seu próprio nome indica, a continuidade delitiva é uma ficção criada pelo Direito. Existem, na verdade, vários crimes, considerados como um único delito para fins de aplicação da pena.[376] Os diversos **delitos parcelares** formam um crime final. Foi a teoria acolhida pelo art. 71 do CP. A unidade do crime continuado se opera exclusivamente para fins de aplicação da pena. Para as demais finalidades há concurso, tanto que a prescrição, por exemplo, é analisada separadamente em relação a cada delito, como se extrai do art. 119 do CP e da **Súmula 497 do Supremo Tribunal Federal**: "Quando se tratar de crime continuado, a prescrição regula-se pela pena imposta na sentença, não se computando o acréscimo decorrente da continuação". Por outro lado, a **teoria da realidade**, ou da **unidade real**, idealizada por Bernardino Alimena, vislumbra o crime continuado como um único delito. Para ele, a conduta pode ser composta por um ou vários atos, os quais não necessariamente guardam absoluta correspondência com a unidade ou pluralidade de delitos.[377]

○ **Requisitos:** A análise do art. 71, *caput*, do CP autoriza a ilação de que o reconhecimento do crime continuado depende da existência simultânea de três requisitos: (1) pluralidade de condutas; (2) pluralidade de crimes da mesma espécie; e (3) condições semelhantes de tempo, lugar, maneira de execução e outras semelhantes. Doutrina e jurisprudência divergem acerca da necessidade de um **quarto requisito**, consistente na **unidade de desígnio**.

– **Pluralidade de condutas:** O Código Penal é taxativo ao exigir seja o crime continuado praticado "mediante mais de uma ação ou omissão". Tal como no concurso material, o crime continuado reclama uma pluralidade de condutas, o que não se confunde com a mera pluralidade de atos. Repita-se, nada impede seja uma conduta composta de diversos atos.

– **Pluralidade de crimes da mesma espécie:** A pluralidade de condutas é necessária para ensejar a prática de dois ou mais crimes da mesma espécie. Doutrina e jurisprudência se dividem sobre a definição crimes da mesma espécie. Para uma primeira posição, amplamente consolidada no STF e no STJ, crimes da mesma espécie são aqueles **tipificados pelo mesmo dispositivo legal**, consumados ou tentados, seja na forma simples, privilegiada ou qualificada. Mas não basta. Os crimes precisam possuir a mesma estrutura jurídica, ou seja, devem ser idênticos os bens jurídicos tutelados. Nesse sentido, roubo e latrocínio, embora previstos no art. 157 do CP (são crimes do mesmo gênero), não são crimes da mesma espécie. Na doutrina, é o entendimento, por exemplo, de Damásio E. de Jesus e Nélson Hungria. A outra posição, da qual são partidários, entre outros, Manoel Pedro Pimentel, Basileu Garcia e Heleno Cláudio Fragoso, sustenta serem crimes da mesma espécie aqueles que tutelam o mesmo bem jurídico, pouco importando se estão ou não previstos no mesmo tipo penal. Exemplificativamente, para essa posição, com diminuto eco nos Tribunais, furto, estelionato e apropriação indébita – crimes contra o patrimônio – seriam da mesma espécie.

– **Condições semelhantes de tempo, lugar, maneira de execução e outras:** *(a) Conexão temporal:* Não se admite um intervalo excessivo entre um crime e outro. É importante frisar que se trata de conexão temporal, e não de imediatismo cronológico.[378] A jurisprudência consagrou um critério

---

[376]   CARRARA, Francesco. *Programa de derecho criminal*. Parte general. Bogotá: Temis, 2004. v. I, p. 343 e ss.

[377]   ALIMENA, Bernardino. *Principios de derecho penal*. Trad. Eugenio Cuello Callón. Madrid: Victoriano Suárez, 1915. v. I, p. 492.

[378]   LYRA, Roberto. *A expressão mais simples do direito penal*. Edição histórica. Rio de Janeiro: Editora Rio, 1976. p. 184.

objetivo, pelo qual entre um crime parcelar e outro não pode transcorrer um hiato superior a 30 (trinta) dias; *(b) Conexão espacial:* Reclama-se sejam os crimes praticados em semelhantes condições de lugar. A jurisprudência firmou o entendimento de que os diversos delitos devem ser praticados na mesma cidade, ou no máximo em cidades limítrofes, ou ainda contíguas, isto é, próximas entre si; *(c) Conexão modal:* A lei ainda impõe a semelhança entre a maneira de execução pela qual os crimes são praticados, isto é, o agente deve seguir sempre um padrão análogo em suas diversas condutas. Um furto praticado por meio de escalada e outro efetuado com rompimento de obstáculo, por exemplo, malgrado compreendidos como crimes da mesma espécie, impedem a continuidade delitiva, em face do distinto modo de execução. Pelo mesmo motivo, a variação de comparsas e o fato de o agente praticar um crime isoladamente e outro em concurso inviabilizam a configuração do crime continuado; *(d) Conexão ocasional:* Não foi prevista em lei, mas é exigida por parcela da doutrina e da jurisprudência, em razão de admitir o art. 71, *caput*, do CP, "outras [condições] semelhantes". O agente, para executar os crimes posteriores, deve se valer da ocasião proporcionada pelo crime anterior.

– Crime continuado e unidade de desígnio: Há duas teorias no que diz respeito à necessidade de o crime continuado ser praticado pelo agente com unidade de desígnio: **1.ª Teoria objetivo-subjetiva ou mista:** Não basta a presença dos requisitos objetivos previstos no art. 71, *caput*, do CP. Reclama-se também a unidade de desígnio, isto é, os vários crimes resultam de plano previamente elaborado pelo agente.[379] É a posição adotada, entre outros, por Eugenio Raúl Zaffaroni, Magalhães Noronha e Damásio E. de Jesus, e amplamente dominante no âmbito jurisprudencial. Esta teoria permite a diferenciação entre a continuidade delitiva e a habitualidade criminosa. **2.ª Teoria objetiva pura ou puramente objetiva:** Basta a presença dos requisitos objetivos elencados pelo art. 71, *caput*, do CP. Sustenta ainda que, como o citado dispositivo legal apresenta apenas requisitos objetivos, as "outras semelhantes" condições ali admitidas devem ser de natureza objetiva, exclusivamente. Traz ainda o argumento arrolado pelo item 59 da Exposição de Motivos da Nova Parte Geral do CP: "O critério da teoria puramente objetiva não revelou na prática maiores inconvenientes, a despeito das objeções formuladas pelos partidários da teoria objetivo-subjetiva." Em suma, dispensa-se a intenção do agente de praticar os crimes em continuidade. É suficiente a presença das semelhantes condições de índole objetiva. É a posição, na doutrina, de Roberto Lyra, Nélson Hungria e José Frederico Marques.

○ **Espécies e dosimetria da pena:** O art. 71 do CP apresenta três espécies de crime continuado: simples, qualificado e específico. Foi adotado, em todos os casos, o **sistema da exasperação**. Crime continuado **simples** ou **comum** é aquele em que as penas dos delitos parcelares são idênticas. Exemplo: três furtos simples. Aplica-se a pena de um só dos crimes, aumentada de 1/6 a 2/3. No crime continuado **qualificado**, as penas dos crimes são diferentes. Exemplo: um furto simples consumado e um furto simples na forma tentada. Aplica-se a pena do crime mais grave, exasperada de 1/6 a 2/3. Em ambas as situações, o vetor para o aumento da pena entre 1/6 e 2/3 é o número de crimes, exclusivamente. Nos termos da Súmula 659 do Superior Tribunal de Justiça: "A fração de aumento em razão da prática de crime continuado deve ser fixada de acordo com o número de delitos cometidos, aplicando-se 1/6 pela prática de duas infrações, 1/5 para três, 1/4 para quatro, 1/3 para cinco, 1/2 para seis e 2/3 para sete ou mais infrações." Na hipótese de serem cometidos oito ou mais crimes, deve-se aplicar o montante máximo de aumento, qual seja, 2/3, relativamente a sete crimes, enquanto os restantes serão utilizados como circunstâncias judiciais desfavoráveis, na dosimetria da pena-base, nos moldes do art. 59, *caput*, do CP. É possível o aumento da pena na fração máxima (2/3) quando não se conhece, com exatidão, o número de delitos praticados pelo

---

[379] Daí falar-se em **dolo unitário ou global** no crime continuado, pois a realização dos crimes parcelares, integrantes da série continuada, deve ser fruto de um projeto antecipadamente idealizado pelo agente.

agente, desde que sejam vários e prolongados em amplo espaço de tempo.[380] Por sua vez, crime continuado **específico** é o previsto no parágrafo único do artigo 71 do CP, o qual se verifica nos crimes dolosos, contra vítimas diferentes, cometidos com violência ou grave ameaça à pessoa.[381] Aplica-se a pena de qualquer dos crimes, se idênticas, ou a mais grave, se diversas, aumentada até o triplo. A lei não indica o percentual mínimo de aumento da pena, mas somente o máximo (até o triplo). Em sintonia com o *caput*, deve ser utilizado o mínimo de 1/6 pois, caso contrário, o crime continuado seria inútil por confundir-se com o concurso material, ofendendo-se a vontade da lei e a origem do instituto, consistente em tratar de forma benéfica os autores de crimes da mesma espécie ligados entre si pelas mesmas condições de tempo, local, maneira de execução e outras semelhantes.[382] A exasperação da pena, de um sexto até o triplo, deve levar em conta, além do número de crimes, as 6 (seis) circunstâncias judiciais expressamente indicadas no art. 71, parágrafo único, do Código Penal: culpabilidade, antecedentes, conduta social, personalidade do agente, motivos e circunstâncias do crime. Como se sabe, tais fatores encontram-se igualmente previstos no art. 59, *caput*, do Código Penal, e incidem na dosimetria da pena-base. Não há falar em *bis in idem* na nova utilização dessas circunstâncias na derradeira etapa de aplicação da pena, pois a continuidade delitiva constitui-se em instituto favorável ao réu e, se não existisse, as penas seriam aplicadas em conformidade com a regra do concurso material. Observa-se, nessa modalidade, a possibilidade de crime continuado contra bens jurídicos personalíssimos, inclusive contra vítimas diferentes, tal como na pluralidade de homicídios. Com o advento na Nova Parte Geral do CP, introduzida pela Lei 7.209/1984, é forçoso concluir pela insubsistência da **Súmula 605 do STF**,[383] a qual vedava a continuidade delitiva nos crimes contra a vida. O crime continuado, em qualquer de suas espécies, constitui-se em **causa obrigatória de aumento da pena**, incidindo na **terceira fase** de aplicação da pena. Se, entretanto, os crimes parcelares forem objetos de ações penais diversas, em juízos distintos, não unificadas antes do trânsito em julgado, é possível a unificação das penas em sede de execução, com fulcro no art. 82 do CPP.

○ **O art. 71 do CP apresenta três espécies de crime continuado:** simples, qualificado e específico. Foi adotado, em todos os casos, o **sistema da exasperação**. Crime continuado **simples** ou **comum** é aquele em que as penas dos delitos parcelares são idênticas. Exemplo: três furtos simples. Aplica-se a pena de um só dos crimes, aumentada de 1/6 a 2/3. No crime continuado **qualificado**, as penas dos crimes são diferentes. Exemplo: um furto simples consumado e um furto simples na forma tentada. Aplica-se a pena do crime mais grave, exasperada de 1/6 a 2/3. Em ambas as situações, o vetor para o aumento da pena entre 1/6 e 2/3 é o número de crimes, exclusivamente. Na hipótese de serem cometidos oito ou mais crimes, deve-se aplicar o montante máximo de aumento, qual seja, 2/3, relativamente a sete crimes, enquanto os restantes serão considerados circunstâncias judiciais desfavoráveis para a dosimetria da

---

[380] STF: HC 127.158/MG, rel. Min. Dias Toffoli, 2.ª Turma, j. 23.06.2015, noticiado no *Informativo* 791; e STJ: Processo em segredo de justiça, rel. Min. Jesuíno Rissato (Desembargador convocado do TJDFT), 6.ª Turma, j. 08.08.2023, noticiado no Informativo 782.

[381] Exige-se a **violência real**, consistente no emprego de força física contra a vítima, razão pela qual não pode ser reconhecida a continuidade delitiva específica na hipótese de estupros de vulnerável (CP, art. 217-A) contra vítimas diversas (STJ: Processo em segredo de justiça, rel. Min. Reynaldo Soares da Fonseca, 5.ª Turma, j. 05.09.2023, noticiado no *Informativo* 786).

[382] STF: HC 70.593/SP, rel. Min. Celso de Mello, 1.ª Turma, j. 05.10.1993, noticiado no *Informativo* 448. O Superior Tribunal de Justiça, entretanto, a nosso ver de modo equivocado, já admitiu a aplicação da pena em dobro na hipótese de dois homicídios qualificados cometidos na forma do art. 71, parágrafo único, do Código Penal (AgRg no HC 301.882/RJ, rel. Min. Antonio Saldanha Palheiro, 6.ª Turma, j. 19.04.2022, noticiado no *Informativo* 733).

[383] Súmula 605 do STF: "Não se admite continuidade delitiva nos crimes contra a vida."

pena-base, nos moldes do art. 59 do CP. Por sua vez, crime continuado **específico** é o previsto no parágrafo único do artigo 71 do CP, o qual se verifica nos crimes dolosos, contra vítimas diferentes, cometidos com violência ou grave ameaça à pessoa. Aplica-se a pena de qualquer dos crimes, se idênticas, ou a mais grave, se diversas, aumentada até o triplo. A lei não indica o percentual mínimo de aumento da pena, mas somente o máximo (até o triplo). Por óbvio, em sintonia com o *caput*, deve ser utilizado o mínimo de 1/6, pois, caso contrário, o crime continuado seria inútil por se confundir com o concurso material, ofendendo-se a vontade da lei e a origem do instituto, consistente em tratar de forma benéfica os autores de crimes da mesma espécie ligados entre si pelas mesmas condições de tempo, local, maneira de execução e outras semelhantes.[384] Observa-se, nessa modalidade, a possibilidade de crime continuado contra bens jurídicos personalíssimos, inclusive contra vítimas diferentes, tal como na pluralidade de homicídios. Com o advento na Nova Parte Geral do CP, introduzida pela Lei 7.209/1984, forçoso concluir pela insubsistência da **Súmula 605 do STF**[385], a qual vedava a continuidade delitiva nos crimes contra a vida. O crime continuado, em qualquer de suas espécies, constitui-se em **causa obrigatória de aumento da pena**, incidindo na **terceira fase** de aplicação da pena. Se, entretanto, os diversos crimes parcelares forem objetos de variadas ações penais, em juízos distintos, não unificadas antes do trânsito em julgado, é possível a unificação das penas em sede de execução, com fulcro no art. 82 do CPP.

○ **Concurso material benéfico:** Pelos mesmos fundamentos explicados no concurso formal, a pena do crime continuado não pode exceder a que seria resultante do concurso material. É o que se extrai da parte final do parágrafo único do art. 71 do CP.

○ **Crime continuado e conflito de leis no tempo:** O crime continuado é formado por uma pluralidade de crimes da mesma espécie. Pode ocorrer de estar em vigor uma determinada lei para um grupo de delitos, e, com a superveniência de outra lei, mais gravosa, ser praticada uma nova série de crimes, todos eles em continuidade, nos moldes do art. 71, *caput*, do CP. A lei mais gravosa deve ser aplicada a toda a série delitiva, pois o agente que insistiu na empreitada criminosa, depois da entrada em vigor da nova lei, tinha a opção de seguir ou não seus mandamentos. Além disso, se o crime continuado é um único delito para fins de aplicação da pena, deve incidir a lei em vigor por ocasião da sua conclusão. Nesse sentido é o teor da **Súmula 711 do STF**: "A lei penal mais grave aplica-se ao crime continuado ou ao crime permanente, se a sua vigência é anterior à cessação da continuidade ou da permanência."

○ **Crime continuado e prescrição:** A teoria da ficção jurídica considera vários crimes como um só para fins de aplicação da pena. Para os demais efeitos subsiste a pluralidade de delitos. Em relação à extinção da punibilidade, destacando-se a prescrição como uma de suas formas, o art. 119 do CP estatui que "no caso de concurso de crimes, a extinção da punibilidade incidirá sobre a pena de cada um, isoladamente". Especificamente no tocante à prescrição do crime continuado, estabelece a **Súmula 497 do STF**: "Quando se tratar de crime continuado, a prescrição regula-se pela pena imposta na sentença, não se computando o acréscimo decorrente da continuação." Tomemos o exemplo de dois furtos qualificados praticados em continuidade delitiva, com aplicação da pena privativa de liberdade no patamar mínimo. A operação seria: 2 anos (pena mínima) + aumento de 1/6 em face da continuidade delitiva (4 meses) = pena final de 2 (dois) anos e 4 (quatro) meses. Essa pena prescreveria em 8

---

[384] O Superior Tribunal de Justiça, entretanto, a nosso ver de modo equivocado, já admitiu a aplicação da pena em dobro na hipótese de dois homicídios qualificados cometidos na forma do art. 71, parágrafo único, do Código Penal (AgRg no HC 301.882/RJ, rel. Min. Antonio Saldanha Palheiro, 6.ª Turma, j. 19.04.2022, noticiado no *Informativo* 733).

[385] Súmula 605 do STF: "Não se admite continuidade delitiva nos crimes contra a vida."

(oito) anos, conforme previsto no art. 109, IV, do CP. Com a aplicação da **Súmula 497 do STF**, porém, a prescrição será calculada com base na pena de 2 (dois) anos, desprezando-se o aumento decorrente da continuação, e ocorrerá em 4 (quatro) anos (art. 109, V, do CP).

○ **Crime continuado e suspensão condicional do processo:** O instituto da suspensão condicional do processo encontra previsão no art. 89 da Lei 9.099/1995. O crime continuado, pela teoria da ficção jurídica aceita pelo CP, é um único crime para fins de aplicação da sanção penal, sobre o qual deve incidir a exasperação de 1/6 a 2/3, por se tratar de causa obrigatória de aumento da pena. Para se admitir a suspensão condicional do processo, portanto, é necessário respeitar o limite da pena mínima do crime, de 1 ano, aí já computado o aumento decorrente da continuação. Dois estelionatos em continuidade delitiva, por exemplo, não comportariam o benefício processual, pois a pena rasa seria de 1 (um) ano e 2 (dois) meses, corolário do mínimo da cominação legal (1 ano) majorado de 1/6 (2 meses). É o que estabelece a **Súmula 723 do STF**: "Não se admite a suspensão condicional do processo por crime continuado, se a soma da pena mínima da infração mais grave com o aumento mínimo de 1/6 (um sexto) for superior a 1 (um) ano."

○ **Crime continuado e crime habitual – diferenças:** No crime continuado, vários delitos, por ficção jurídica, são legalmente considerados como um só, para fins de aplicação da pena. Cada crime parcelar, contudo, tem existência autônoma, e, não fosse a série de continuidade, subsistiria isoladamente como fato punível. Como exemplo, três apropriações indébitas cometidas por um indivíduo nas mesmas condições de tempo, lugar, maneira de execução e outras semelhantes caracterizam um crime continuado, mas não se pode dizer que uma apropriação indébita, por si só, não seja crime. De seu turno, crime habitual é aquele em que cada ato isolado representa um indiferente penal. O crime somente se aperfeiçoa quando a conduta é reiteradamente praticada pelo agente. Exemplificativamente, cada ato de exercício ilegal da medicina, analisado separadamente, é irrelevante, mas a pluralidade de atos iguais acarreta a tipicidade do fato.

○ **Jurisprudência selecionada:**

    Crime continuado – apropriação indébita previdenciária e sonegação de contribuição previdenciária – tipos penais diversos – possibilidade: "A Turma entendeu que é possível o reconhecimento da continuidade delitiva entre o crime de sonegação previdenciária (art. 337-A do CP) e o crime de apropriação indébita previdenciária (art. 168-A do CP) praticados na administração de empresas de um mesmo grupo econômico. Entendeu-se que, apesar de os crimes estarem tipificados em dispositivos distintos, são da mesma espécie, pois violam o mesmo bem jurídico, a previdência social. No caso, os crimes foram praticados na administração de pessoas jurídicas diversas, mas de idêntico grupo empresarial, havendo entre eles vínculos em relação ao tempo, ao lugar e à maneira de execução, evidenciando ser um continuação do outro" (STJ: REsp 1.212.911/RS, rel. Min. Sebastião Reis Júnior, 6.ª Turma, j. 20.03.2012, noticiado no *Informativo* 493).

    Crime continuado – aumento da pena – número de crimes: "Consignou, ademais, que o aumento de 2/3 da pena se harmonizaria com a jurisprudência pacífica da Corte, no sentido de que o *quantum* de exasperação da pena, por força do reconhecimento da continuidade delitiva, deveria ser proporcional ao número de infrações cometidas. Considerou, por fim, que a imprecisão quanto ao número de crimes praticados pelo paciente não obstaria a incidência da causa de aumento da pena em seu patamar máximo, desde que houvesse elementos seguros, como na espécie, que demonstrassem que vários seriam os crimes praticados ao longo de dilatadíssimo lapso temporal" (STF: HC 127.158/MG, rel. Min. Dias Toffoli, 2.ª Turma, j. 23.06.2015, noticiado no *Informativo* 791).

Crime continuado – aumento da pena – adoção de fração de 2/3 no caso de 7 ou mais infrações – proporcionalidade – consonância com a jurisprudência do STJ: "É proporcional a aplicação da fração máxima de 2/3 na hipótese de a conduta criminosa corresponder a 7 ou mais infrações em continuidade delitiva. A jurisprudência do STJ entende que 'a fração a ser aplicada a título de continuidade delitiva deve ser proporcional ao número de infrações cometidas, sendo aplicada a fração máxima de 2/3 no caso de 7 ou mais infrações' (AgRg no AREsp n. 2.067.269/SP, Ministro Olindo Menezes (Desembargador convocado do TRF 1ª Região), Sexta Turma, DJe de 5/8/2022). No caso, a defesa do acusado sustentou pedido de redução da fração decorrente do reconhecimento da continuidade delitiva. Contudo, as condutas criminosas foram praticadas por 15 vezes, demonstrando fundamento suficiente para aplicar o aumento do crime continuado no patamar adotado de 2/3" (STJ: AgRg no REsp 1.945.790/MS, rel. Min. Sebastião Reis Júnior, 6.ª Turma, j. 13.09.2022, noticiado no *Informativo* 749).

Crime continuado – ausência de conexão temporal – intervalo superior a 30 dias entre cada um dos delitos: "O Supremo Tribunal Federal, todavia, lançou luz sobre o tema ao firmar, e a consolidar, o entendimento de que, excedido o intervalo de 30 dias entre os crimes, não é possível ter-se o segundo delito como continuidade do primeiro" (STF: HC 107.636/RS, rel. Min. Luiz Fux, 1.ª Turma, j. 06.03.2012). *No mesmo sentido*: STJ: AgRg no AREsp 468.460/MG, rel. Min. Sebastião Reis Júnior, 6.ª Turma, j. 08.05.2014; e STJ: HC 239.397/RS, rel. Min. Laurita Vaz, 5.ª Turma, j. 08.04.2014.

Crime continuado – ausência de conexão temporal – caracterização do concurso material: "A continuidade delitiva deve ser reconhecida 'quando o agente, mediante mais de uma ação ou omissão, pratica dois ou mais crimes da mesma espécie e, pelas condições de tempo, lugar, maneira de execução e outras semelhantes, devem os subsequentes ser havidos como continuação do primeiro' (CP, art. 71). Evidenciado que as séries delituosas estão separadas por espaço temporal igual a seis meses, não se há de falar em crime continuado, mas em reiteração criminosa, incidindo a regra do concurso material" (STF: HC 87.495/SP, rel. Min. Eros Grau, 1.ª Turma, j. 07.03.2006).

Crime continuado – concurso material benéfico: "Continuidade delitiva. Possibilidade de triplicar a pena. Correta aplicação do concurso material. Paciente condenado por duplo homicídio duplamente qualificado às penas de quinze anos, totalizando trinta anos. Pretensão de ser aplicada a regra da continuidade delitiva. Hipótese em que o Juiz, face às circunstâncias do caso concreto, desfavoráveis ao paciente, optou por aplicar a regra do concurso material em lugar da continuidade delitiva prevista no parágrafo único do artigo 71 do Código Penal, que, se adotada, poderia levar a pena ao triplo, chegando a quarenta e cinco anos" (STF: HC 88.253/RJ, rel. Min. Eros Grau, 2.ª Turma, j. 02.05.2006).

Crime continuado – crimes da mesma espécie – previsão no mesmo tipo penal: "Não há continuidade delitiva entre os crimes do art. 6º da Lei 7.492/1986 (Lei dos Crimes contra o Sistema Financeiro Nacional) e os crimes do art. 1º da Lei 9.613/1998 (Lei dos Crimes de 'Lavagem' de Dinheiro). Há continuidade delitiva, a teor do art. 71 do CP, quando o agente, mediante mais de uma ação ou omissão, pratica crimes da mesma espécie e, em razão das condições de tempo, lugar, maneira de execução e outras semelhantes, devam os delitos seguintes ser havidos como continuação do primeiro. Assim, não incide a regra do crime continuado na hipótese, pois os crimes descritos nos arts. 6º da Lei 7.492/1986 e 1º da Lei 9.613/1998 não são da mesma espécie" (STJ: REsp 1.405.989/SP, rel. originário Min. Sebastião Reis Júnior, rel. para acórdão Min. Nefi Cordeiro, 6.ª Turma, j. 18.08.2015, noticiado no *Informativo* 569).

Crime continuado – diversos delitos sexuais por longo período de tempo – aumento no percentual máximo – possibilidade: "Constatando-se a ocorrência de diversos crimes sexuais durante longo período de tempo, é possível o aumento da pena pela continuidade delitiva no patamar máximo de 2/3 (art. 71 do CP), ainda que sem a quantificação exata do número de eventos criminosos" (STJ: HC 311.146/SP, rel. Min. Newton Trisotto (Desembargador convocado do TJ-SC), 5.ª Turma, j. 17.03.2015, noticiado no *Informativo* 559).

Crime continuado – dosimetria da pena – número de crimes: "Na linha da jurisprudência do STJ, o aumento da pena, pela continuidade delitiva, faz-se, basicamente, quanto ao art. 71, *caput*, do Código Penal, por força do número de infrações praticadas. Sendo seis as condutas imputadas ao acusado, consoante demonstrado pelas instâncias ordinárias, correta a fixação do aumento na metade. Consoante a jurisprudência, 'esta Corte Superior de Justiça pacificou entendimento segundo o qual o aumento da pena pela continuidade delitiva, dentro do intervalo de 1/6 a 2/3, previsto no art. 71 do CPB, deve adotar o critério da quantidade de infrações praticadas. Assim, aplica-se o aumento de 1/6 pela prática de 2 infrações; 1/5, para 3 infrações; 1/4, para 4 infrações; 1/3, para 5 infrações; 1/2, para 6 infrações; e 2/3, para 7 ou mais infrações'" (STJ: AgRg nos EDcl no AREsp 267.637/SP, rel. Min. Assusete Magalhães, 6.ª Turma, j. 13.08.2013). *No mesmo sentido:* STF: HC 99.245/RJ, rel. Min. Gilmar Mendes, 2.ª Turma, j. 06.09.2011.

Crime continuado – habitualidade criminosa – distinção: "A prática reiterada de crimes contra o patrimônio, indicadora de delinquência habitual ou profissional, impossibilita o reconhecimento de continuidade delitiva para efeito de unificação de penas. Com base nessa orientação, a 1ª Turma, por maioria, denegou *habeas corpus* em que pretendido novo cálculo de pena pela prática de 2 delitos de roubo qualificado, objetos de condenações diversas. Ressaltou-se que as seguidas ações criminosas descaracterizariam o crime continuado" (STF: HC 109.730/RS, rel. Min. Rosa Weber, 1.ª Turma, j. 02.10.2012, noticiado no *Informativo* 682).

Crime continuado – imprecisão do número de crimes – estupros de vulnerável por diversas vezes durante longo período – causa de aumento no patamar máximo – possibilidade – bens jurídicos tutelados pelos arts. 213 e 217-A do CP – Tema 1.202 do Recurso Repetitivo: "No crime de estupro de vulnerável, é possível a aplicação da fração máxima de majoração prevista no art. 71, *caput*, do Código Penal, ainda que não haja a delimitação precisa do número de atos sexuais praticados, desde que o longo período de tempo e a recorrência das condutas permita concluir que houve 7 (sete) ou mais repetições. A continuidade delitiva, prevista no art. 71 do Código Penal, é instituto da dosimetria da pena concebido com a função de racionalizar a punição de condutas que, embora praticadas de forma independente, estejam inseridas dentro de um mesmo desenvolvimento delitivo. Assim, por opção legislativa e critérios de política criminal, a lei penal afasta excepcionalmente a aplicação do concurso material e impõe uma única punição àqueles casos nos quais os crimes subsequentes possam ser tidos como continuação de um primeiro delito, de acordo com a análise das condições de tempo, lugar, maneira de execução e outras semelhantes. Com efeito, a compreensão jurisprudencial uníssona desta Corte Superior firmou-se no sentido de que, diante da prática de apenas 2 (duas) condutas em continuidade, deve-se aplicar o aumento mínimo previsto no art. 71, *caput*, do Código Penal, qual seja, 1/6 (um sexto). A partir desse piso, a fração de aumento deve ser aumentada gradativamente, conforme o número de condutas em continuidade, até se alcançar o teto legal de 2/3 (dois terços), o que ocorre a partir da sétima conduta delituosa. A adoção do critério referente ao número de condutas praticadas suscita questões específicas nos crimes de natureza sexual, especialmente no delito de estupro de vulnerável, em razão do triste contexto fático que frequentemente se constata nestes crimes. A proximidade que o autor do delito de estupro de vulnerável normalmente possui com a vítima, a facilidade de acesso à sua residência e a menor capacidade que os vulneráveis possuem de se insurgir contra o agressor são condições que favorecem a repetição silenciosa, cruel e indeterminada de abusos sexuais. Não raras vezes, cria-se um ambiente de submissão perene da vítima ao agressor, naturalizando-se a repetição da violência sexual como parte da rotina cotidiana de crianças e adolescentes. Nessas hipóteses, a vítima, completamente subjugada e objetificada, não possui sequer condições de quantificar quantas vezes foi violentada. A violência contra ela deixou ser um fato extraordinário, convertendo-se no modo cotidiano de vida que lhe foi imposto. A torpeza do agressor, que submeteu a vítima a abusos sexuais tão recorrentes e constantes ao ponto de tornar impossível determinar o número exato de suas condutas, evidentemente não pode ser invocada para se pleitear uma majoração menor na aplicação da continuidade delitiva. Nos crimes de natureza sexual, o critério jurisprudencial objetivo para a fixação da fração de majoração na continuidade delitiva deve ser contextualizado com as circunstâncias concretas do delito, em especial o tempo de duração da situação de violência sexual e a recorrência das condutas no cotidiano da vítima, devendo-se aplicar o aumento no patamar que, de acordo com as provas dos autos, melhor se aproxime do número real de atos sexuais efetivamente praticados. De fato, ambas as turmas que compõem a Terceira Seção do Superior Tribunal de Justiça já se manifestaram, de forma unânime, no sentido de que, para aplicação do aumento decorrente da continuidade delitiva, é prescindível a indicação exata do número de condutas praticadas, sendo preponderante o exame do tempo de duração dos abusos e da sua recorrência. Na situação em análise, a Corte estadual esclareceu que a vítima, com apenas 11 anos de idade no início das condutas delitivas, foi submetida pelo acusado aos mais diversos tipos de atos libidinosos, de modo frequente e ininterrupto, ao longo de cerca de 4 (quatro) anos. Estas circunstâncias fáticas tornam plenamente justificada a majoração da pena, em decorrência da continuidade delitiva, na fração máxima de 2/3 (dois terços). Por fim, não é possível a aplicação da continuidade delitiva entre os delitos de estupro qualificado (art. 213, § 1.º, do Código Penal) e estupro de vulnerável (art. 217-A do Código Penal), pois se trata de tipos penais que tutelam bens jurídicos diversos e que possuem circunstâncias elementares bastante distintivas. Enquanto o estupro de vulnerável tutela a dignidade sexual e o direito ao desenvolvimento da personalidade livre de abusos, o estupro qualificado tutela a liberdade sexual e o direito ao exercício da sexualidade sem coações. No caso, verifica-se que ambos os bens jurídicos foram violados, pois o sentenciado violou a dignidade sexual da criança, convertendo-a em instrumento sexual quando ela sequer era capaz de consentir com os atos praticados, bem como, posteriormente, violou a liberdade sexual da adolescente, privando-a da liberdade de consentir ao constrangê-la mediante o emprego de grave ameaça" (STJ: REsp 2.029.482/RJ, rel. Min. Laurita Vaz, 3.ª Seção, j. 17.10.2023; e REsp 2.050.195/RJ, rel. Min. Laurita Vaz, 3.ª Seção, j. 17.10.2023, noticiados no *Informativo* 792). ***No mesmo sentido:*** STJ: Processo em segredo de justiça, rel. Min. Jesuíno Rissato (Desembargador convocado do TJDFT), 6.ª Turma, j. 08.08.2023, noticiado no *Informativo* 782).

Crime continuado – natureza jurídica – prescrição: "A ficção jurídica do delito continuado, consagrada pela legislação penal brasileira, vislumbra, nele, uma unidade incindível, de que deriva a impossibilidade legal de dispensar, a cada momento desse fenômeno delituoso, um tratamento penal autônomo. Não podem ser considerados, desse modo, isoladamente, para efeitos prescricionais, os diversos delitos parcelares que compõem a estrutura unitária do crime continuado" (STF: HC 70.593/SP, rel. Min. Celso de Mello, 1.ª Turma, j. 05.10.1993). *No mesmo sentido*: STF: HC 100.612/SP, rel. orig. Min. Marco Aurélio, red. p/ o acórdão Min. Roberto Barroso, 1.ª Turma, j. 16.08.2016, noticiado no *Informativo* 835.

Crime continuado – requisitos: "1. Para se caracterizar a continuidade delitiva, faz-se mister que os crimes sejam da mesma espécie, e haja homogeneidade de execução; a continuidade delitiva ocorre com o preenchimento dos requisitos objetivos (mesmas condições de tempo, espaço e *modus operandi*) e subjetivo (unidade de desígnios); 2. *In casu*, os crimes de furto e estelionato, embora pertençam ao mesmo gênero, são delitos de espécie diversa, já que possuem elementos objetivos e subjetivos distintos" (STJ: HC 28.579/SC, rel. originário Min. Paulo Medina, rel. para acórdão Min. Hélio Quaglia Barbosa, 6.ª Turma, j. 02.02.2006).

Crime continuado – requisitos – distinção com a habitualidade criminosa: "1. Para configurar o crime continuado, na linha adotada pelo Direito Penal brasileiro, é imperioso que o agente: a) pratique mais de uma ação ou omissão; b) que as referidas ações ou omissões sejam previstas como crime; c) que os crimes sejam da mesma espécie; d) que as condições do crime (tempo, lugar, modo de execução e outras similares) indiquem que as ações ou omissões subsequentes efetivamente constituam o prosseguimento da primeira. 2. É assente na doutrina e na jurisprudência que não basta que haja similitude entre as condições objetivas (tempo, lugar, modo de execução e outras similares). É necessário que entre essas condições haja uma ligação, um liame, de tal modo a evidenciar-se, de plano, terem sido os crimes subsequentes continuação do primeiro. 3. O entendimento desta Corte é no sentido de que a reiteração criminosa indicadora de delinquência habitual ou profissional é suficiente para descaracterizar o crime continuado" (STF: RHC 93.144/SP, rel. Min. Menezes Direito, 1.ª Turma, j. 18.03.2008).

Crime continuado – roubo e extorsão – impossibilidade: "Por não constituírem delitos da mesma espécie, não é possível reconhecer a continuidade delitiva na prática dos crimes de roubo e extorsão. Com base nesse entendimento, a Primeira Turma, por maioria, denegou a ordem de *habeas corpus*. A defesa alegou ser cabível a continuidade delitiva, pois o roubo e a extorsão teriam sido praticados contra a mesma pessoa, no mesmo lugar e em contexto semelhante. Sustentou, ainda, que os crimes são da mesma espécie, pois tangenciam o mesmo bem jurídico e revelam elementos e sanções similares. O Colegiado considerou evidente a divisão de desígnios das condutas, uma vez que o paciente já havia consumado o roubo quando passou a exigir algo que apenas a vítima podia fornecer, de modo a caracterizar a consumação do crime de extorsão" (STF: HC 114.667/SP, rel. orig. Min. Marco Aurélio, red. p/ o ac. Min. Roberto Barroso, 1.ª Turma, j. 24.04.2018, noticiado no *Informativo* 899). *No mesmo sentido*: STJ: HC 77.467/SP, rel. Min. Nefi Cordeiro, 6.ª Turma, j. 02.10.2014, noticiado no *Informativo* 549.

Crime continuado – roubo e furto – impossibilidade: "Continuidade delitiva dos crimes de roubo e furto. Impossibilidade. Espécies distintas" (STF: HC 97.057/RS, rel. Min. Gilmar Mendes, 2.ª Turma, j. 03.08.2010).

Crime continuado – roubo e latrocínio – impossibilidade: "Os crimes de roubo e latrocínio, pelos quais o paciente foi condenado, apesar de serem do mesmo gênero, não são da mesma espécie. No crime de roubo, a conduta do agente ofende o patrimônio. No delito de latrocínio, ocorre lesão ao patrimônio e à vida da vítima, não havendo homogeneidade de execução na prática dos dois delitos, razão pela qual tem aplicabilidade a regra do concurso material" (STJ: HC 240.630/RS, rel. Min. Laurita Vaz, 5.ª Turma, j. 04.02.2014). *No mesmo sentido*: STF: RHC 91.552/RJ, rel. Min. Cezar Peluso, 2ª Turma, j. 09.03.2010.

Crime continuado – unidade de desígnio: "A continuidade delitiva (CP, art. 71) não pode prescindir dos requisitos objetivos (mesmas condições de tempo, lugar e maneira de execução) e subjetivo (unidade de desígnios)" (STF: RHC 85.577/RJ, rel. Min. Ellen Gracie, 2.ª Turma, j. 16.08.2005). *No mesmo sentido:* STJ: HC 640.830/SP, rel. Min. Nefi Cordeiro, 6.ª Turma, j. 02.03.2021.

Crime continuado específico – aplicação da pena: "Se reconhecida a continuidade delitiva específica entre estupros praticados contra vítimas diferentes, deve ser aplicada exclusivamente a regra do art. 71, parágrafo único, do Código Penal, mesmo que, em relação a cada uma das vítimas, especificamente, também tenha ocorrido a prática de crime continuado. A quantidade de infrações praticadas quanto a todas as vítimas deve ser avaliada de uma só vez, refletindo na fixação do patamar de aumento decorrente da incidência do crime continuado específico, em cuja estipulação também deverão ser observadas as demais circunstâncias mencionadas no art. 71, parágrafo único, do CP. Esse procedimento não faz com que a continuidade delitiva existente em relação a cada vítima específica deixe de ser considerada, mas apenas com que a sua valoração seja feita em conjunto, o que é possível porque os parâmetros mínimo e máximo de aumento previstos no art. 71, parágrafo único, são mais amplos do que aqueles estabelecidos no *caput* do mesmo artigo" (STJ: REsp 1.471.651/MG, rel. Min. Sebastião Reis Júnior, 6.ª Turma, j. 13.10.2015, noticiado no *Informativo* 573).

Crime continuado específico – estupro de vulnerável contra vítimas distintas – violência real – ausência – não incidência do art. 71, parágrafo único, do Código Penal: "Não incide a regra a continuidade delitiva específica nos crimes de estupro praticados com violência presumida. O crime continuado é benefício penal, modalidade de concurso de crimes, que, por ficção legal, consagra unidade incindível entre os crimes que o formam, para fins específicos de aplicação da pena. Para a sua aplicação, o art. 71, *caput*, do CP, exige, concomitantemente, três requisitos objetivos: pluralidade de condutas, pluralidade de crime da mesma espécie e condições semelhantes de tempo lugar, maneira de execução e outras semelhantes. Quanto à continuidade delitiva específica, descrita no art. 71, parágrafo único, do Código Penal, são acrescidos os seguintes requisitos: sejam dolosos, realizados contra vítimas diferentes e cometidos com violência ou grave ameaça à pessoa. No caso, a instância a quo não aplicou a regra continuidade delitiva específica porque não empregada violência real contra as vítimas. De fato, 'A violência de que trata a continuidade delitiva especial (art. 71, parágrafo único, do Código Penal) é real, sendo inviável aplicar limites mais gravosos do benefício penal da continuidade delitiva com base, exclusivamente, na ficção jurídica de violência do legislador utilizada para criar o tipo penal de estupro de vulnerável, se efetivamente a conjunção carnal ou ato libidinoso executado contra vulnerável foi desprovido de qualquer violência real.' (PET no REsp 1.659.662/CE, relator Ministro Ribeiro Dantas, Quinta Turma, DJe de 14/5/2021). Nesse sentido, 'A jurisprudência desta Corte Superior decidiu que, nas hipóteses de crimes de estupro ou de atentado violento ao pudor praticados com violência presumida, não incide a regra do concurso material nem da continuidade delitiva específica' (REsp 1.602.771/MG, relator Ministro Rogerio Schietti Cruz, Sexta Turma, DJe de 27/10/2017)" (STJ: Processo em segredo de justiça, rel. Min. Reynaldo Soares da Fonseca, 5.ª Turma, j. 05.09.2023, noticiado no *Informativo* 786).

Crime continuado específico – homicídios qualificados – desclassificação do concurso material – pena final inalterada – não caracterização da *reformatio in pejus*: "O reconhecimento da continuidade delitiva não importa na obrigatoriedade de redução da pena definitiva fixada em cúmulo material, porquanto há possibilidade de aumento do delito mais gravoso em até o triplo, nos termos do art. 71, parágrafo único, *in fine*, do Código Penal. No caso, o agente foi condenado a 30 anos de reclusão, em cúmulo material de dois delitos de homicídio qualificado com decapitação e esquartejamento das vítimas. Em recurso de apelação, foi reconhecido crime continuado, mas sem alteração na pena final, porquanto aplicado o aumento por continuidade delitiva para dobrar a pena de 15 anos, nos termos do art. 71, parágrafo único, *in fine*, do Código Penal. Sobre o tema, é pacífica a distinção entre os institutos da continuidade delitiva e da pena-base, a despeito de aparentemente partilharem a necessidade de valoração de vetoriais semelhantes, mesmo porque cada crime permanece independente na cadeia delitiva, tanto que se permite dosimetrias distintas para cada evento. A distinção entre os referidos institutos – a saber, pena-base e continuidade delitiva – permite, inclusive, a valoração da mesma circunstância fática sob dois aspectos distintos, sem infringência ao princípio do *ne bis in idem*. Ademais, o reconhecimento da continuidade delitiva não importa na obrigatoriedade de redução da pena definitiva fixada em cúmulo material, porquanto há possibilidade de aumento do delito mais gravoso em até o triplo, conforme o trecho do dispositivo acima citado. Portanto, mantida a pena definitiva no mesmo montante, modificados somente os institutos penais sem o decote de qualquer vetorial negativa ou causa de aumento, não há de se falar em reformatio in pejus. Frisa-se, na mesma linha, a manifestação da Procuradoria-Geral da República, para quem "não houve nova valoração das circunstâncias judiciais na primeira fase da dosimetria da pena, mas apenas o apontamento de elementos concretos para fundamentar o patamar aplicado em razão da continuidade delitiva, nos exatos termos do art. 71, parágrafo único, do Estatuto Repressivo, não havendo cogitar-se de *reformatio in pejus*" (STJ: AgRg no HC 301.882/RJ, rel. Min. Antonio Saldanha Palheiro, 6.ª Turma, j. 19.04.2022, noticiado no *Informativo* 733).

Multas no concurso de crimes

> **Art. 72.** No concurso de crimes, as penas de multa são aplicadas distinta e integralmente.

○ **Multa no concurso de crimes:** A interpretação literal do texto da lei revela a adoção, no tocante às penas de multa no concurso de crimes, do **sistema do cúmulo material**. Essa conclusão é inquestionável no tocante ao concurso material e ao concurso formal. Mas há forte controvérsia em relação ao **crime continuado**. Discute-se se, nessa hipótese, as multas cominadas aos diversos delitos praticados pelo agente devem ser somadas (sistema do cúmulo material), ou então aplicada somente uma delas, com aumento de determinado percentual (sistema da exasperação). Para os partidários da primeira corrente, o artigo em exame foi taxativo ao determinar a soma das penas de multa no concurso de crimes, pouco importando a sua modalidade, isto é, se concurso material, formal, ou, ainda, crime continuado. Não se poderia, assim, ser acolhida interpretação diversa, em manifesta oposição ao texto legal. Além disso, a posição geográfica da regra revelaria a intenção do legislador de fazer valer seu mandamento a todas as espécies de concurso de crimes. Com efeito, por estar no art. 72, irradiaria seus efeitos sobre os arts. 69, 70 e 71, todos do CP. É a posição dominante em sede doutrinária. Os adeptos da segunda corrente, por outro lado, alegam que a adoção da teoria da ficção jurídica pelo art. 71 do CP implica na aplicação de uma única pena de multa, por se tratar de crime único para fins de dosimetria da sanção penal. Não teria sentido aplicar-se uma só pena privativa de liberdade, e várias penas de multa, para um crime continuado. É a posição majoritária no âmbito jurisprudencial.

○ **Jurisprudência selecionada:**

Multa – concurso de crimes: "4. 'A pena de multa, aplicada no crime continuado, escapa à norma contida no art. 72 do Código Penal.' (REsp nº 68.186/DF, Relator Ministro Assis Toledo, *in* DJ 18/12/1995). 5. As penas de multa, no caso de concurso de crimes, material e formal, aplicam-se cumulativamente, diversamente do que ocorre com o crime continuado, induvidoso concurso material de crimes gravado pela menor culpabilidade do agente, mas que é tratado como crime único pela lei penal vigente, como resulta da simples letra dos artigos 71 e 72 do Código Penal, à luz dos artigos 69 e 70 do mesmo diploma legal" (STJ: AgRg no REsp 607.929/PR, rel. Min. Hamilton Carvalhido, 6.ª Turma, j. 26.04.2007).

Multa – crime continuado: "1- Configurada está a continuação delitiva entre dois crimes de roubo, cometidos contra a mesma vítima, mais ou menos numa mesma época, num mesmo local e com o mesmo modo de execução. 2- Na hipótese da aplicação da pena de multa no crime continuado, não é aplicável a regra do artigo 72 do Código Penal" (STJ: HC 95.641/DF, rel. Min. Jane Silva – Desembargadora convocada do TJ/MG, 6ª Turma, j. 18.03.2008). *No mesmo sentido*: STJ: REsp 905.854/SP, rel. Min. Felix Fischer, 5.ª Turma, j. 25.10.2007.

Erro na execução

> **Art. 73.** Quando, por acidente ou erro no uso dos meios de execução, o agente, ao invés de atingir a pessoa que pretendia ofender, atinge pessoa diversa, responde como se tivesse praticado o crime contra aquela, atendendo-se ao disposto no § 3º do art. 20 deste Código. No caso de ser também atingida a pessoa que o agente pretendia ofender, aplica-se a regra do art. 70 deste Código.

○ **Conceito:** É a **aberração no ataque**, em relação à pessoa a ser atingida pela conduta criminosa. O agente não se engana quanto à pessoa que desejava atacar, mas atua de modo desastrado, errando o seu alvo e acertando pessoa diversa. Exemplo: "A" nota que "B", seu inimigo, está parado em um ponto de ônibus. Saca sua arma, mira-o e efetua o disparo para matá-lo, mas por falha na pontaria acerta "C", que também aguardava o coletivo, matando-o. O crime que queria praticar e o crime que praticou são idênticos, mas a pessoa morta é diversa da visada. No erro na execução deve atender-se ao disposto pelo art. 20, § 3.º, do CP – levam-se em conta as condições da vítima que o agente desejava atingir (vítima virtual), desprezando-se as condições pessoais da efetivamente ofendida (vítima real). Entretanto, erro na execução e erro sobre a pessoa são institutos diversos. No **erro sobre a pessoa** o agente confunde a pessoa que queria atingir com pessoa diversa. Existem, portanto, somente duas pessoas envolvidas (agente e vítima real). No **erro na execução** o agente não confunde a pessoa que desejava atingir com outra, mas por aberração no ataque acaba por acertar pessoa diversa. Há três pessoas envolvidas (agente, vítima virtual e vítima real).

○ Espécies: O erro na execução pode ser de duas espécies: **(a) Com unidade simples** ou **com resultado único** (1.ª parte do art. 73), na qual o agente atinge unicamente a pessoa diversa da desejada. A vítima virtual não suporta qualquer tipo de lesão. **(b) Com unidade complexa** ou **com resultado duplo**: é a situação descrita pela parte final do art. 73, na qual o sujeito, além de atingir a pessoa inicialmente desejada, ofende também pessoa ou pessoas diversas. Sua conduta enseja dois resultados: o originariamente pretendido e o involuntário. Nessa hipótese, determina o CP a aplicação da regra do concurso formal próprio ou perfeito (art. 70, *caput*, 1.ª parte, do CP). O percentual de aumento varia de acordo com o número de crimes produzidos a título de culpa.

○ Dolo eventual quanto ao segundo resultado: O erro na execução com unidade complexa é admitido apenas quando as demais pessoas forem atingidas **culposamente.** Se houver **dolo eventual** no tocante às demais pessoas ofendidas, incide a regra do **concurso formal impróprio** ou **imperfeito** (sistema do cúmulo material), somando-se as penas, pois a pluralidade de resultados deriva de desígnios autônomos, ou seja, dolos diversos para a produção dos resultados naturalísticos.

○ Jurisprudência selecionada:

Erro na execução – dolo eventual – aplicação da pena: "Ocorrendo a figura da *aberratio ictus*, mas com dolo eventual, em face da previsibilidade do risco de lesão com relação a terceiros, conquanto se tenha concurso formal de crimes dolosos, as penas são aplicadas cumulativamente, de conformidade com a norma do art. 70, parte final, do Código Penal" (STF: HC 73.548/SP, rel. Min. Ilmar Galvão, 1.ª Turma, j. 12.03.1996). *No mesmo sentido*: STJ: REsp 138.557/DF, rel. Min. Gilson Dipp, 5.ª Turma, j. 14.05.2002.

Resultado diverso do pretendido

Art. 74. Fora dos casos do artigo anterior, quando, por acidente ou erro na execução do crime, sobrevém resultado diverso do pretendido, o agente responde por culpa, se o fato é previsto como crime culposo; se ocorre também o resultado pretendido, aplica-se a regra do art. 70 deste Código.

○ Conceito de resultado diverso do pretendido: O dispositivo disciplina a situação em que, por acidente ou erro na execução do crime, sobrevém resultado diverso do pretendido. Em outras palavras, o agente desejava cometer um crime, mas por erro na execução acaba por cometer crime diverso. Ao contrário do erro na execução, no resultado diverso do pretendido a relação é **crime x crime**. Daí o nome: *resultado* (crime) *diverso do pretendido*. O exemplo clássico, idealizado por Giuseppe Maggiore, é o do sujeito que atira uma pedra para quebrar uma vidraça (art. 163 do CP: dano), mas, por erro na execução, atinge uma pessoa que passava pela rua, lesionando-a (art. 129 do CP: lesões corporais).

○ **Espécies de resultado diverso do pretendido:** O resultado diverso do pretendido pode revelar-se sob duas espécies: (**1**) **Com unidade simples** ou **com resultado único:** 1.ª parte do art. 74. Nessa situação, o agente atinge somente bem jurídico diverso do pretendido. No exemplo mencionado, o agente atingiria apenas a pessoa que passava pela rua. E o dispositivo legal é claro: "o agente responde por culpa, se o fato é previsto como crime culposo". Assim, será imputado apenas o crime de lesão corporal culposa. (**2**) **Com unidade complexa** ou **resultado duplo:** 2.ª parte do art. 74. Nessa situação, a conduta do agente atinge o bem jurídico desejado e também bem jurídico diverso, culposamente. No exemplo, o sujeito quebra a vidraça e também fere a pessoa. Utiliza-se a regra do concurso formal, aplicando-se a pena do crime mais grave, aumentada de 1/6 (um sexto) até 1/2 (metade), variando o aumento de acordo com o número de crimes produzidos a título de culpa. Se o resultado previsto como crime culposo for **menos grave** ou se o crime **não admitir a modalidade culposa,** deve-se desprezar a regra contida no art. 74 do CP. Exemplificativamente, se "A" efetua disparos de arma de fogo contra "B" para matá-lo, mas não o acerta e quebra uma vidraça, a sistemática do resultado diverso do pretendido implicaria a absorção da tentativa branca ou incruenta de homicídio pelo dano culposo. Como no Código Penal o dano não admite a modalidade culposa, a conduta seria atípica. E, ainda que o legislador tivesse incriminado o dano culposo, tal delito não seria capaz de absorver o homicídio tentado. Deve ser imputada ao agente a tentativa de homicídio.

Limite das penas

> **Art. 75.** O tempo de cumprimento das penas privativas de liberdade não pode ser superior a 40 (quarenta) anos.
>
> § 1º Quando o agente for condenado a penas privativas de liberdade cuja soma seja superior a 40 (quarenta) anos, devem elas ser unificadas para atender ao limite máximo deste artigo.
>
> § 2º Sobrevindo condenação por fato posterior ao início do cumprimento da pena, far-se-á nova unificação, desprezando-se, para esse fim, o período de pena já cumprido.

○ **Fundamentos:** Os dispositivos legais que limitam o cumprimento da pena privativa de liberdade (art. 75 do CP e art. 10 do Decreto-lei 3.688/1941 – Lei das Contravenções Penais) têm como amparo a vedação constitucional da pena de caráter perpétuo (art. 5.º, XLVII, "b", da CF). Com efeito, seria inócuo e incoerente a CF proibir a prisão perpétua, e, por outro lado, alguém ser condenado ao cumprimento efetivo de uma pena privativa de liberdade de 80, 90 ou mais anos. É possível, todavia, a condenação por tempo superior a 40 anos, ou, o que é mais comum, diversas condenações que resultem em um total de penas superior a esse limite. Se não bastasse, a proibição de cumprimento de pena privativa de liberdade acima de 40 anos se coaduna com a dignidade da pessoa humana, fundamento da República Federativa do Brasil consagrado pelo art. 1.º, III, da CF. Não seria correto privar alguém de sua liberdade retirando-lhe a esperança de um dia voltar a viver em sociedade. Essa atitude estaria em descompasso com a finalidade da pena consistente na ressocialização do condenado. Na redação original do Código Penal, o tempo máximo de cumprimento das penas privativas de liberdade era de 30 anos. A elevação para 40 anos foi promovida pela Lei 13.964/2019, também conhecida como "Pacote Anticrime", por duas razões: (a) Em 1940, a expectativa de vida dos brasileiros era, em média, de 45,5 anos. Em 2018, de acordo com o IBGE – Instituto Brasileiro de Geografia e Estatística, tal média saltou para 76,3 anos;[386] e (b) No passado, as penas dos crimes eram menores, e raramente alguém praticava mais de um delito de elevada gravidade. Atualmente, contudo, diversos crimes têm penas máximas altas, e são repetidamente cometidos por algumas pessoas. Exemplificativamente, ao estupro qualificado pela morte (CP, art. 213, § 2.º) é cominada a pena máxima de 30 anos de reclusão. Se o sujeito praticasse diversas infrações desta natureza, com o limite de 30 anos indiscutivelmente faria pouca diferença se ele estuprasse duas, três ou mais pessoas, daí resultando as mortes das vítimas. Em qualquer caso, somente poderia cumprir 30 anos de privação da liberdade.

○ **Unificação de penas:** De acordo com § 1.º do art. 75 do CP, quando o agente for condenado a penas privativas de liberdade cuja soma seja superior a 40 anos, devem tais penas ser unificadas para atender a este limite. A unificação é a transformação de várias penas em uma única. Pode ocorrer em duas situações: (*1.ª*) *razões de política criminal*: evitar o cumprimento de uma pena privativa de caráter perpétuo. O sistema penal brasileiro adota o limite máximo de 40 anos; (*2.ª*) *adequação de tipicidade*: nos casos em que restou configurado o crime continuado, mas a aplicação de suas regras não foi possível pelo juiz da ação penal, reservando-se essa tarefa para a fase executória. Essa unificação se dá somente para fins de cumprimento da pena, não se aplicando a benefícios como livramento condicional, remição, progressão de regimes, entre outros. Como consagrado pela **Súmula 715 do Supremo Tribunal Federal**: "A pena unificada para atender ao limite de trinta anos de cumprimento, determinado pelo art. 75 do Código Penal, não é considerada para a concessão de outros benefícios, como o livramento condicional ou regime mais favorável de execução."[387]

○ **Competência para unificação das penas:** É do juiz das execuções penais, a teor do art. 66, III, "a", da Lei 7.210/1984 (LEP).

○ **Nova condenação e unificação das penas:** Sobrevindo condenação por fato posterior ao início do cumprimento da pena, far-se-á **nova unificação**, desprezando-se, para esse fim, o período de pena já cumprido (CP, art. 75, § 2.º). Essa regra se destina aos casos em que o agente, encontrando-se no cumprimento da pena privativa de liberdade, é condenado por fato praticado posteriormente ao início de satisfação da sanção penal. Despreza-se o tempo já obedecido pelo sentenciado, procedendo-se a nova unificação para obedecer ao limite de 40 anos. Exemplo: no cárcere, cumprindo pena de 25 anos pela prática de latrocínio, o sentenciado comete um homicídio qualificado, pelo qual é condenado, depois de cinco anos, à nova pena de 25 anos. As penas serão unificadas, desprezando-se os 5 anos já cumpridos: restarão 20 anos da primeira condenação e outros 25 anos da subsequente. A unificação se destina a impedir que, desse novo resultado, o agente cumpra mais de 40 anos. Terá cumprido, assim, os 5 primeiros anos, restando-lhe outros 40 com a nova unificação. Tal sistemática, contudo, é deficiente ao deixar praticamente impune o crime cometido por quem, condenado a 40 anos ou mais de reclusão, comete novo crime logo no início do cumprimento da sanção penal. A nova pena será praticamente inútil, pois pouco acrescentará no montante final a ser descontado. Deve ser ressaltado que o citado dispositivo refere-se somente ao limite das penas aplicadas antes e durante a fase executória. Destarte, se houver intervalo entre o

---

[386] Disponível em: <https://www.ibge.gov.br/estatisticas/sociais/populacao/9126-tabuas-completas-de-mortalidade.html?=&t=resultados>. Acesso em: 13 dez 2019.

[387] Os fundamentos da súmula continuam válidos, mas seu texto deve ser interpretado em conformidade com a nova redação do art. 75 do Código Penal, ou seja, levando em conta o limite de 40 anos para cumprimento da pena privativa de liberdade.

cumprimento das penas anteriores cumpridas pelo condenado e o início das novas penas, impostas depois da satisfação integral daquelas, não se aplica esta regra.

○ **Fuga do réu e cumprimento da pena unificada:** Em caso de fuga do condenado do estabelecimento prisional, e desde que não seja praticado nenhum novo crime durante este período, o limite de 40 (quarenta) anos deve ser contado a partir do início do cumprimento da pena, e não de sua eventual recaptura. Em outras palavras, a fuga não interrompe a execução da pena privativa de liberdade. Provoca apenas sua suspensão. Contudo, se durante o período de fuga o condenado praticar um novo delito, em relação ao qual venha a ser condenado, deverá ocorrer nova unificação das penas (restante da pena anterior acrescido do montante correspondente à nova condenação), e o limite de 40 anos terá início na data da recaptura.

○ **Jurisprudência selecionada:**

Limite das penas – fundamento constitucional – cálculo de benefícios – fuga do preso: "A unificação penal autorizada pela norma inscrita no art. 75 do Código Penal justifica-se como consequência direta e imediata do preceito constitucional que veda (CF, art. 5º, XLVII, 'b'), de modo absoluto, a existência, no sistema jurídico brasileiro, de sanções penais de caráter perpétuo" (STF: HC 84.766/SP, rel. Min. Celso de Mello, 2.ª Turma, j. 11.09.2007).

Limite das penas – Pacote Anticrime e irretroatividade da lei penal mais gravosa: "Os fatos incriminados que sejam investigados, anteriores a 24 de dezembro de 2019, impõem, para fins de extradição, o compromisso do Estado estrangeiro em estabelecer o cumprimento de pena máxima de 30 anos para o extraditando. O Estado estrangeiro que requer extradição deve assumir o compromisso de observar o tempo máximo de cumprimento de pena previsto no ordenamento jurídico brasileiro à época dos fatos delituosos atribuídos ao extraditando. Dessa forma, o limite temporal fixado pela Lei 13.964/2019 ('Pacote Anticrime') em 40 anos aplica-se somente em relação a crimes imputados ao extraditando praticados após a entrada em vigor desse diploma legal. Com efeito, trata-se de norma de conteúdo material, razão pela qual incide o princípio da irretroatividade da lei penal mais gravosa inscrito no art. 5º, XL, da Constituição Federal." (STF: Ext. 1.652/Governo do Chile, rel. Min. Rosa Weber, 1.ª Turma, j. 19.10.2021, noticiado no *Informativo* 1.035).

Limite das penas – prática de novo crime durante a fuga do condenado – nova unificação – termo inicial do cumprimento da pena: "2. Ante a superveniência de nova condenação do paciente, por fatos ocorridos quando se encontrava foragido, o Juízo singular, no que foi referendado pela Corte *a quo*, unificou as reprimendas e, a fim de respeitar o teto [...] para o cumprimento do restante das penas privativas de liberdade, observando a regra estabelecida pelo § 2.º do art. 75, do Código Penal, considerou como termo inicial para cálculo da limitação de pena a data da recaptura do Paciente. 3. O acórdão ora objurgado está em conformidade com o entendimento deste Tribunal Superior, uma vez que, apesar do limite constitucional relativo à imposição de pena privativa de liberdade, [...] na hipótese de fuga do paciente, ante a superveniência de novas condenações, impõe-se uma outra unificação, desprezando-se o *quantum* de pena já cumprida" (STJ: HC 193.381/RS, rel. Min. Laurita Vaz, 5.ª Turma, j. 17.03.2011).

Limite das penas – raio de incidência do art. 75 do Código Penal: "O cálculo para a obtenção de benefícios da execução penal deverá ter como base o somatório das condenações definitivas, pois o limite previsto no artigo 75 do Código Penal refere-se somente ao tempo máximo de cumprimento das penas privativas de liberdade. Súmula 715/STF" (STJ: HC 214.748/RJ, rel. Min. Rogério Schietti Cruz, 6.ª Turma, j. 18.06.2014).

Unificação das penas – superveniência do trânsito em julgado de sentença condenatória – termo *a quo* para concessão de novos benefícios – ausência de previsão legal para alteração da data-base – recurso repetitivo tema 1.006: "A unificação de penas não enseja a alteração da data-base para concessão de novos benefícios executórios. Sobre o tema, é imperioso salientar que as Turmas que compõem a Terceira Seção deste Superior Tribunal possuíam o entendimento pacificado de que, sobrevindo condenação definitiva ao apenado, por fato anterior ou posterior ao início da execução penal, a contagem do prazo para concessão de benefícios é interrompida e deve ser feito novo cálculo, com base no somatório das penas. Ademais, o termo *a quo* para concessão de futuros benefícios seria a data do trânsito em julgado da última sentença condenatória. Consoante o entendimento do Supremo Tribunal Federal, a determinação de reinício do marco para concessão de novos benefícios, após a unificação das reprimendas impostas ao sentenciado, advém da possibilidade de que, determinada a regressão de regime, o apenado possa, em seguida, progredir, apenas diante do cumprimento da fração necessária em relação ao *quantum* da pena recém incluída na guia de execução. Portanto, verifica-se que não há previsão legal expressa que permita a alteração da data-base para concessão de novas benesses, caso, depois de efetuada a soma das penas, o resultado não permita a manutenção do regime atual. Da leitura dos arts. 111, parágrafo único, e 118, II, ambos da Lei de Execução Penal, conclui-se que, diante da superveniência do trânsito em julgado de sentença condenatória, caso o *quantum* de pena obtido após o somatório não permita a preservação do regime atual de cumprimento da pena, o novo regime será então determinado por meio do resultado da soma, de forma que estará o sentenciado sujeito à regressão. Desse modo, não se infere que, efetuada a soma das reprimendas impostas ao sentenciado, é mister a alteração da data-base para concessão de novos benefícios, especialmente, ante a ausência de disposição legal expressa. Aliás, mesmo diante das razões suscitadas pelo Supremo Tribunal Federal, percebe-se que a regressão não é consequência imediata da unificação das penas, de maneira que o somatório não implicaria necessariamente alteração da data-base. É imperioso consignar que a alteração da data-base, em razão da superveniência do trânsito em julgado de sentença condenatória, procedimento que não possui respaldo legal e é embasado apenas na regressão de regime, implica conjuntura incongruente, na qual o condenado que já havia progredido é forçado a cumprir lapso superior àquele em que permaneceu em regime mais gravoso para que novamente progrida. Por conseguinte, deduz-se da exposição supra que a alteração do termo *a quo* referente à concessão de novos benefícios no bojo da execução da pena constitui afronta ao princípio da legalidade e ofensa à individualização da pena, motivos pelos quais se faz necessária a preservação do marco interruptivo anterior à unificação das penas, pois a alteração da data-base não é consectário imediato do somatório das reprimendas impostas ao sentenciado. No entanto, ainda que assim não fosse, o reinício do marco temporal permanece sem guarida se analisados seus efeitos na avaliação do comportamento do reeducando. Caso o reeducando viesse a ser condenado pela prática de delito cometido no curso da execução, a superveniência do trânsito em julgado da sentença condenatória, segundo a atual jurisprudência desta Egrégia Corte, acarretaria a unificação das penas a ele impostas e a alteração da data-base para concessão de novos benefícios, o que já haveria ocorrido em momento anterior, dada o registro da respectiva falta grave, implicando indevido *bis in idem*. Aliás, se a condenação definitiva por delito praticado após o início da execução da pena não se presta a ensejar a modificação da data-base para concessão de novos benefícios, com maior razão não pode o trânsito em julgado de sentença condenatória prolatada em face de delito anterior implicar o reinício do marco temporal, porquanto se trata de fato que nem sequer fora praticado no curso do resgate das reprimendas impostas ao reeducando. Dessa maneira, não se pode alegar que um fato praticado antes do início da execução da pena constitua parâmetro de avaliação do mérito do apenado, uma vez que evento anterior ao início do resgate das reprimendas impostas não desmerece hodiernamente o comportamento do sentenciado. Assim, um delito cometido antes de iniciar-se o cumprimento da pena não possui o condão de subsidiar a análise do desenvolvimento da conduta do condenado e, por conseguinte, não deve ser utilizado como critério para que se proceda ao desprezo do período de pena cumprido antes do trânsito em julgado da sentença condenatória, em face do reinício do marco temporal relativo aos benefícios executórios. Por tanto, assim como já delimitado no julgado do REsp n. 1.557.461/SC, Terceira Seção, julgado em 22/02/2018, DJe 15/03/2018, é preciso ressaltar que a unificação de nova condenação definitiva já possui o condão de recrudescer o *quantum* de pena restante a ser cumprido pelo reeducando; logo, a alteração da data-base para concessão de novos benefícios, a despeito da ausência de previsão legal, configura excesso de execução, com base apenas em argumentos extrajurídicos. O período de cumprimento de pena desde o início da execução ou desde a última infração disciplinar não pode ser desconsiderado, seja por delito ocorrido antes do início da execução da pena, seja por crime praticado depois e já apontado como falta grave" (STJ: ProAfR no REsp 1.753.509/PR, rel. Min. Rogerio Schietti Cruz, 3.ª Seção, j. 18.12.2018, noticiado no *Informativo* 644).

Concurso de infrações

> **Art. 76.** No concurso de infrações, executar-se-á primeiramente a pena mais grave.

○ **Ordem de execução das penas:** De acordo com os arts. 69 e 76 do CP e 681 do CPP, no concurso de infrações, executar-se-á primeiro a mais grave, devendo a pena mais branda ser cumprida posteriormente. Assim, havendo concurso material entre crimes punidos com penas de reclusão e detenção, a reclusão deve ser inicialmente executada. Se o concurso for entre crime e contravenção, a pena privativa de liberdade referente ao crime deverá ser executada em primeiro lugar.

Capítulo IV
DA SUSPENSÃO CONDICIONAL DA PENA

Requisitos da suspensão da pena

> **Art. 77.** A execução da pena privativa de liberdade, não superior a 2 (dois) anos, poderá ser suspensa, por 2 (dois) a 4 (quatro) anos, desde que:
>
> I – o condenado não seja reincidente em crime doloso;
>
> II – a culpabilidade, os antecedentes, a conduta social e personalidade do agente, bem como os motivos e as circunstâncias autorizem a concessão do benefício;
>
> III – Não seja indicada ou cabível a substituição prevista no art. 44 deste Código.
>
> § 1º A condenação anterior a pena de multa não impede a concessão do benefício.
>
> § 2º A execução da pena privativa de liberdade, não superior a quatro anos, poderá ser suspensa, por quatro a seis anos, desde que o condenado seja maior de setenta anos de idade, ou razões de saúde justifiquem a suspensão.

○ **Origem histórica:** O *sursis*, como forma de suspensão condicional da execução da pena, surgiu na França com a lei de 26 de março de 1891, que tem o seu precedente e a sua fonte inspiradora numa proposição do Sen. Bérenger apresentada ao Parlamento em 1884.[388] No Brasil, a primeira iniciativa para adoção do instituto foi de Esmeraldino Bandeira, que, em 18

---

[388] MARTINS, José Salgado. *Direito penal*: introdução e parte geral. São Paulo: Saraiva, 1974. p. 375.

de julho de 1906, apresentou à Câmara dos Deputados, sem sucesso, um projeto baseado na lei francesa. Posteriormente, o Decreto 4.577, de 5 de setembro de 1922, autorizou o Poder Executivo, no governo do Presidente da República Arthur da Silva Bernardes, a expedir o Decreto 16.588, de setembro de 1924, regulamentando o assunto. Na Exposição de Motivos desse decreto, o então Ministro da Justiça João Luiz Alves ressaltou as finalidades do instituto, as quais subsistem nos dias atuais: (1.ª) não inutilizar, desde logo, pelo cumprimento da pena, o criminoso primário, não corrompido e não perverso; (2.ª) evitar-lhe, com o contágio na prisão, as funestas e conhecidas consequências desse grave mal; (3.ª) diminuir o índice da reincidência, pelo receio de que se torne efetiva a primeira condenação.[389]

○ **Sistemas:** Existem três sistemas sobre a suspensão condicional da execução da pena privativa de liberdade: (*1.º*) *Sistema anglo-americano ou "probation system"*: o magistrado, sem aplicar pena, reconhece a responsabilidade penal do réu, submetendo-lhe a um período de prova, no qual, em liberdade, deve ele comportar-se adequadamente. Se o acusado não agir de forma correta, o julgamento é retomado, com a consequente prolação de sentença condenatória e imposição de pena privativa de liberdade. (*2.º*) *Sistema do "probation of first offenders act"*: o juiz determina a suspensão da ação penal, permitindo a liberdade do acusado, sem declará-lo culpado. Durante a suspensão, o réu deve apresentar boa conduta, pois caso contrário será reiniciada a ação penal. Esse sistema foi acolhido, no Brasil, no tocante à suspensão condicional do processo, definida pelo art. 89 da Lei 9.099/1995. (*3.º*) *Sistema franco-belga*: o réu é processado normalmente, e, com a condenação, a ele é atribuída uma pena privativa de liberdade. O juiz, entretanto, levando em conta condições legalmente previstas, suspende a execução da pena por determinado período, dentro do qual o acusado deve revelar bom comportamento e atender as condições impostas, pois senão deverá cumprir integralmente a sanção penal. Foi adotado pelos arts. 77 a 82 do CP em relação ao *sursis*.

○ **Conceito:** *Sursis* é a suspensão condicional da execução da pena privativa de liberdade, na qual o réu, se assim desejar, se submete durante o período de prova à fiscalização e ao cumprimento de condições judicialmente estabelecidas.

○ **Natureza jurídica:** Há três posições acerca da natureza jurídica do *sursis*: (*a*) *Instituto de política criminal*: cuida-se de execução mitigada da pena privativa de liberdade. O condenado cumpre a pena que lhe foi imposta, mas de forma menos gravosa. Portanto, é benefício, tal como proclama o inc. II do art. 77 do CP, e também modalidade de satisfação da pena. É o entendimento dominante. (*b*) *Direito público subjetivo do condenado*: consubstancia-se em benefício penal assegurado ao réu. O juiz tem liberdade para analisar a presença dos requisitos legais, os quais, se presentes, impõem a concessão do *sursis*. (*c*) *Pena*: trata-se de espécie de pena, embora não prevista no art. 32 do CP.

○ **Requisitos:** Os requisitos da suspensão condicional da execução da pena são previstos nos incisos do art. 77 do CP: (a) não ser o condenado reincidente em crime doloso (inciso I); (b) a culpabilidade, os antecedentes, a conduta social e a personalidade do agente, bem como os motivos e as circunstâncias devem autorizar a concessão do benefício (inciso II); e (c) não ser indicada ou cabível a substituição prevista no art. 44 do CP (inciso III). De acordo com § 1.º, a condenação anterior a **pena de multa** não impede a concessão do benefício. Se o

---

[389] Cf. SIQUEIRA, Galdino. *Tratado de direito penal* – Parte geral. Rio de Janeiro: José Konfino Editor, 1947. t. II, p. 863-864.

condenado for maior de 70 (setenta) anos ou se razões de saúde justificarem a suspensão, a execução da pena privativa de liberdade, não superior a 4 (quatro) anos, poderá ser suspensa, por 4 (quatro) a 6 (seis) anos (§ 2.º). Como se pode notar, o dispositivo legal apresenta requisitos objetivos (relacionados à pena) e subjetivos (ligados ao agente).

– **Requisitos objetivos:** Vejamos cada um deles.

a) Natureza da pena: a pena deve ser privativa de liberdade, isto é, reclusão ou detenção, no caso de crime, ou prisão simples, em se tratando de contravenção penal. E como determina o art. 80 do CP, o *sursis* não se estende às penas restritivas de direitos nem à multa. O *sursis* não se aplica, em hipótese alguma, às medidas de segurança. O próprio nome do instituto é elucidativo: suspensão condicional da **pena**, e não da medida de segurança. Se não bastasse, em relação aos inimputáveis a sentença é absolutória, não se falando em imposição de pena privativa de liberdade. Já no tocante aos semi-imputáveis, a sentença condenatória que determina a incidência de pena reduzida a substitui por medida de segurança, que, em qualquer caso, possui finalidade completamente diversa do *sursis*.

b) Quantidade da pena privativa de liberdade: a pena concreta, efetivamente aplicada na sentença condenatória, **não pode ser superior a dois anos**. Em se tratando de concurso de crimes, seja qual for sua espécie, a pena resultante da pluralidade de infrações penais não pode ultrapassar o limite legal. Destarte, o concurso de crimes, por si só, não exclui a suspensão condicional da pena. Há situações, contudo, em que o CP e leis especiais admitem excepcionalmente o *sursis* para condenações superiores a dois anos. Na hipótese de condenado maior de 70 anos de idade, ao tempo da sentença ou do acórdão (*sursis* **etário**) ou com problemas de saúde (*sursis* **humanitário** ou **profilático**), a pena aplicada pode ser **igual ou inferior a quatro anos**. Nos crimes previstos na Lei 9.605/1998 – Crimes Ambientais (art. 16), a execução da pena privativa de liberdade pode ser condicionalmente suspensa nas condenações **iguais ou inferiores a três anos**.

c) Não tenha sido a pena privativa de liberdade substituída por restritiva de direitos: o inciso III do art. 77 do CP evidencia ser o *sursis* subsidiário em relação às penas restritivas de direitos, por ser menos favorável ao condenado. Com o alargamento das penas restritivas de direitos a partir da Lei 9.714/1998, o instituto em apreço passou a ser cada vez menos utilizado. Em regra, quando cabível o *sursis*, será também possível a substituição da pena privativa de liberdade nos moldes do art. 44 do CP, mais vantajosa ao réu. Remanesce o *sursis* para raras hipóteses, tal como quando o réu, não reincidente em crime doloso, for condenado à pena privativa de liberdade igual ou inferior a dois anos por delito cometido com o emprego de violência à pessoa ou grave ameaça.

– **Requisitos subjetivos:** (*a*) *Réu não reincidente em crime doloso:* a reincidência em crime culposo não impede o *sursis*. Lembre-se, ainda, que a condenação anterior por contravenção penal não caracteriza a reincidência. É possível o *sursis* ao reincidente em crime doloso em uma hipótese: quando a condenação anterior for exclusivamente à pena de multa (art. 77, § 1.º, do CP). Nesse sentido, estatui a **Súmula 499 do STF**: "Não obsta à concessão do *sursis* condenação anterior à pena de multa". (*b*) *A culpabilidade, os antecedentes, a conduta social e personalidade do agente, bem como os motivos e as circunstâncias do crime, autorizem a concessão do benefício:* a análise deve ser efetuada, exclusivamente, no caso concreto. A existência de outras ações penais em trâmite contra o réu, embora não lhe retirem a primariedade, pode impedir a suspensão condicional da pena pelo não preenchimento do requisito subjetivo contido no inciso II do art. 77 do CP.

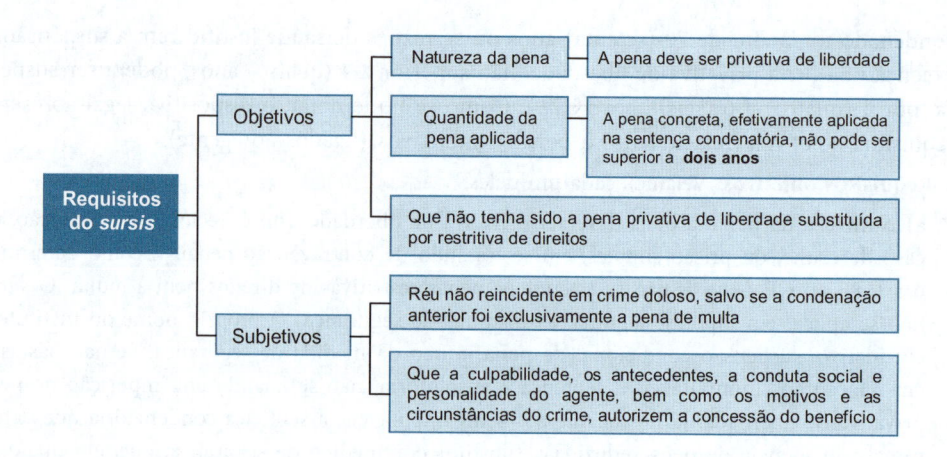

○ **Momento adequado para concessão do *sursis*:** Da leitura do art. 157 da LEP depreende-se que o cabimento ou não do *sursis* deve ser analisado, de maneira fundamentada, **na sentença ou no acórdão** que aplicar a pena privativa de liberdade. Em regra, o juízo da execução não pode conceder a suspensão condicional da pena, pois se trata de questão que deve ser solucionada durante o trâmite da ação penal. É possível, todavia, a delegação dessa matéria ao juízo da execução quando a ação penal não apresentar elementos probatórios suficientes para se decidir se o condenado preenche ou não os requisitos legalmente exigidos para a medida. O juízo da execução também poderá conceder o *sursis* quando, por força de fato superveniente à sentença ou ao acórdão condenatório, desaparecer o motivo que obstava sua concessão. Nos dois casos, o fundamento legal repousa no art. 66, III, "d", da LEP.

○ **Espécies de *sursis*:** O CP contempla duas espécies de *sursis*: **(a)** *Sursis* **simples** – aplicável quando o condenado não houver reparado o dano, injustificadamente, e/ou as circunstâncias do art. 59 do CP não lhe forem inteiramente favoráveis. No primeiro ano do período de prova o condenado deverá prestar serviços à comunidade ou submeter-se à limitação de fim de semana, cabendo a escolha ao magistrado; **(b)** *Sursis* **especial** – aplicável quando o condenado tiver reparado o dano, salvo impossibilidade de fazê-lo, e se as circunstâncias do art. 59 do CP lhe forem inteiramente favoráveis. Nessa modalidade, o condenado, em regra, não presta serviços à comunidade nem se submete a limitação de fim de semana, pois o juiz pode substituir tal exigência por outras **condições cumulativas:** proibição de frequentar determinados lugares e de ausentar-se da comarca onde reside, sem autorização do juiz, e comparecimento pessoal e obrigatório a juízo, mensalmente, para informar e justificar suas atividades. Não é possível a cumulação das condições do *sursis* especial no *sursis* simples.

○ **Período de prova:** É o intervalo de tempo fixado na sentença condenatória concessiva do *sursis*, no qual o condenado deverá revelar boa conduta, bem como cumprir as condições que lhe foram impostas pelo Poder Judiciário. Na regra geral do CP, varia entre dois e quatro anos (art. 77, *caput*), o que também se dá nos crimes ambientais, embora o limite da condenação seja de três anos, diferentemente do previsto na legislação comum. No caso de *sursis* etário ou humanitário, o período de prova é de quatro a seis anos, desde que a condenação seja superior a dois anos e inferior a quatro anos, por questão de razoabilidade. Com efeito, se a condenação seguir a sistemática comum, ou seja, for igual ou inferior a dois anos, o período de prova será o comum (dois a quatro anos). No Decreto-lei 3.688/1941 – Lei das Contravenções Penais – o período de suspensão é de um a três anos (art. 11). A fixação do período de prova acima do patamar mínimo legalmente previsto deve ser justificada, fundamentadamente, sob pena de nulidade e redução pela superior instância. O período de prova tem início com a **audiência admonitória** (art. 161 da LEP), também conhecida como **audiência de advertência**, realizada pelo juiz depois do trânsito em julgado da condenação. Nessa audiência, o juiz procede à leitura da sentença ao condenado, advertindo-o das consequências de nova infração penal e do descumprimento das condições impostas (art. 160 da LEP).

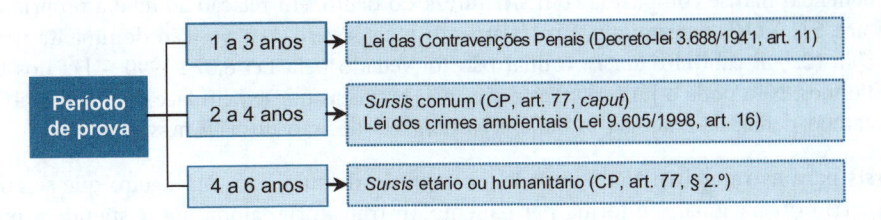

○ **Fiscalização das condições impostas durante o período de prova:** Será atribuída, pelo juiz, ao serviço social penitenciário, ao Patronato, ao Conselho da Comunidade ou a instituição beneficiada com a prestação de serviços, inspecionados pelo Conselho Penitenciário, pelo MP, ou por ambos (art. 158, § 3.º, da LEP).

○ **Revogação:** Revogado o *sursis*, o condenado deverá cumprir **integralmente** a pena privativa de liberdade que se encontrava suspensa, observando-se o regime prisional determinado na sentença. Não se considera o tempo em que permaneceu no período de prova, ainda que nesse intervalo tenha cumprido as condições impostas. A revogação pode ser de duas espécies: obrigatória ou facultativa. A **revogação obrigatória** decorre da lei. É dever do juiz decretá-la, não havendo margem para discricionariedade acerca da decisão de manter ou não a suspensão. A **revogação facultativa** permite ao juiz a liberdade de revogar ou não o benefício. *Ver comentários ao art. 81 do CP.*

○ ***Sursis* sucessivos:** *Sursis* sucessivo é o concedido a réu que, anteriormente, teve a sua pena privativa de liberdade extinta em razão do cumprimento integral de *sursis* originário da prática de outra infração penal. Essa situação é possível quando o agente, após cumprir a suspensão condicional da pena, comete crime culposo ou contravenção penal. Por não ser reincidente em crime doloso, é permitida a concessão de novo *sursis*.

○ ***Sursis* simultâneos:** São simultâneos ou **coetâneos** os *sursis* cumpridos ao mesmo tempo. Isso pode ocorrer em duas hipóteses: (*1.ª*) O réu, durante o período de prova, é irrecorrivelmente condenado por crime culposo ou contravenção penal a pena privativa de liberdade igual ou inferior a dois anos. Pode ser a ele concedido novo *sursis*, pois não é reincidente em crime doloso, e nada impede a manutenção do *sursis* anterior, eis que a revogação é facultativa; (*2.ª*) O réu, antes do início do período de prova, é irrecorrivelmente condenado pela prática de crime doloso, sem ser reincidente, e obtém novo *sursis*. O *sursis* anterior é preservado, pois a condenação por crime doloso apenas o revoga quando seu trânsito em julgado se verificar durante o período de prova.

○ ***Sursis* e crimes hediondos ou equiparados:** Em regra, as penas impostas em condenações pela prática de crimes hediondos ou equiparados (tráfico de drogas, tortura e terrorismo) são superiores a dois anos, por se tratarem de infrações penais consideradas de elevada gravidade pelo Poder Constituinte Originário, e, consequentemente, também pelo legislador ordinário. Seria extrapolado, portanto, o limite quantitativo para aplicação da suspensão condicional da pena. Todavia, é possível vislumbrar, ao menos em tese, algumas situações em que uma pena privativa de liberdade decorrente da prática de crime hediondo ou equiparado comporte o benefício. Imagine-se um tráfico de drogas (art. 33, *caput*), com pena no mínimo legal (5 anos), e acompanhado da causa de diminuição contida no § 4.º do art. 33 da Lei 11.343/2006, em seu patamar máximo (2/3). A pena seria de um ano e oito meses, dentro do teto previsto no art. 77, *caput*, do Código Penal. Questiona-se: É cabível, nesse caso, a suspensão condicional da pena? Formaram-se duas correntes sobre o assunto: (*1.ª*) É inaplicável o *sursis*. A dimensão do benefício não se compactua com a natureza do delito, em relação ao qual a própria CF, em seu art. 5.º, XLIII, determinou um tratamento mais severo. É a posição dominante no STF e no STJ; (*2.ª*) É cabível o *sursis*, o qual não foi vedado pela Lei 8.072/1990 – Lei dos Crimes Hediondos. Não pode o juiz criar restrições não previstas por lei, em face da inadmissibilidade, no campo penal, da analogia *in malam partem*. Há decisão do STF nesse sentido.

○ **Sursis para estrangeiro:** Nada impede a concessão de sursis ao estrangeiro que se encontra em território nacional, de forma permanente ou transitória, ainda que responda a processo de expulsão por força da prática de crime comum. É o que se extrai da regra contida no art. 54, § 3.º, da Lei 13.445/2017 – Lei de Migração: "Art. 54. A expulsão consiste em medida administrativa de retirada compulsória de migrante ou visitante do território nacional, conjugada com o impedimento de reingresso por prazo determinado. [...] § 3º O processamento da expulsão em caso de crime comum não prejudicará a progressão de regime, o cumprimento da pena, a suspensão condicional do processo, a comutação da pena ou a concessão de pena alternativa, de indulto coletivo ou individual, de anistia ou de quaisquer benefícios concedidos em igualdade de condições ao nacional brasileiro."

○ **Sursis e detração penal:** Em primeira análise, a suspensão condicional da pena não é compatível com a detração penal. Com efeito, o benefício se destina a impedir a execução de uma pena privativa de liberdade, motivo pelo qual é impossível o desconto do período cumprido a título de prisão provisória no montante da pena imposta, que, por estar suspensa, sequer é objeto de cumprimento pelo condenado. Entretanto, se o *sursis* for revogado, daí resultará o cumprimento integral da pena privativa de liberdade, autorizando-se, a partir de então, a aplicação do instituto da detração penal e de todos os seus efeitos.

○ **Sursis e indulto:** Discute-se a possibilidade de incidência de indulto aos condenados que se encontram em período de prova como decorrência da suspensão condicional da execução da pena. Há duas posições sobre o assunto: (*1.ª*) É possível. O indulto se destina a pessoas condenadas ao cumprimento de penas privativas de liberdade, e o *sursis* nada mais é do que uma forma diferenciada de execução da pena. Pode o decreto de indulto, portanto, beneficiar condenados que estejam cumprindo a suspensão condicional da pena. (*2.ª*) Não é possível. O indulto alcança somente os condenados que se encontram privados da liberdade, e aquele que teve suspensa sua pena não precisa desse benefício emanado do Poder Executivo federal.

○ **Sursis e regime penitenciário:** Em cumprimento ao previsto no art. 59, III, do CP, deve o magistrado – depois de superado o critério trifásico e dosada a pena privativa de liberdade – estabelecer o regime prisional inicial. E para encontrar o regime prisional adequado, o juiz se apoia nos critérios norteadores indicados pelo art. 33, §§ 2.º e 3.º, do CP. Superada essa etapa, o magistrado passa à fase seguinte: analisar a possibilidade de substituição da pena privativa de liberdade por restritiva de direitos ou multa. Finalmente, se a pena privativa de liberdade aplicada não foi substituída por restritiva de direitos ou multa, e não ultrapassar dois anos, o juiz ingressa na derradeira operação: aferir o cabimento da suspensão condicional da pena. Portanto, conclui-se que o magistrado, ao decidir sobre a concessão ou não do *sursis*, já terá definido o regime prisional para início de cumprimento da pena privativa de liberdade, respeitando o direito do condenado de saber as condições em que cumprirá a sanção penal, caso não aceite o benefício, ou na hipótese de ser este revogado no futuro. Não deve ser aceita, portanto, a tese pela qual se sustenta que, uma vez concedido o *sursis*, prescinde-se da fixação do regime prisional. Essa definição é lógica e legalmente precedente, podendo-se concluir que, se assim agir o magistrado, estará violando o procedimento de aplicação da pena delineado pelo art. 59 do CP.

○ **Jurisprudência selecionada:**

Sursis – **aplicação da pena-base** – **análise das circunstâncias judiciais**: "Tendo-se aplicado a pena-base no mínimo legal previsto para o tipo, não se pode, na análise da suspensão condicional da pena, desprezar o enfoque, apontando-se circunstâncias judiciais negativas" (STF: HC 92.322/PA, rel. orig. Min. Cármen Lúcia, rel. p/ o acórdão Min. Marco Aurélio, 1.ª Turma, 18.12.2007).

Sursis – **circunstâncias judiciais** – **análise do caso concreto**: "A valoração desfavorável quanto à culpabilidade do agravante, ante a maior reprovabilidade de sua conduta consubstanciada na gravidade concreta do crime, impede o deferimento da suspensão condicional da pena por ausência do requisito previsto no inciso II do art. 77 do Código Penal" (STJ: AgRg no AREsp 368.384/DF, rel. Min. Marco Aurélio Bellizze, 5.ª Turma, j. 22.10.2013).

Sursis – **cômputo do período de prova para obtenção do indulto** – **impossibilidade**: "Não é possível o cômputo do período de prova cumprido em suspensão condicional da pena para preenchimento do requisito temporal objetivo do indulto natalino. Com base nessa orientação, a Segunda Turma, em conclusão de julgamento e por maioria, denegou a ordem em *habeas corpus* no qual se pleiteava tal contagem, relativamente ao cumprimento de um quarto da pena privativa de liberdade, instituído pelo art. 1º, XIII, do Decreto 8.172/2013 ('Art. 1º Concede-se indulto coletivo às pessoas, nacionais e estrangeiras; [...] XIII – condenadas a pena privativa de liberdade, desde que substituída por restritiva de direitos, na forma do art. 44 do Decreto-lei nº 2.848, de 7 de dezembro de 1940 – Código Penal, ou ainda beneficiadas com a suspensão condicional da pena, que, de qualquer forma, tenham cumprido, até 25 de dezembro de 2013, um quarto da pena, se não reincidentes, ou um terço, se reincidentes') – v. *Informativo* 787. A impetrante sustentava, em suma, que o paciente reuniria todos os requisitos necessários para a fruição do benefício, porque já teria cumprido mais de um quarto do período de prova para a suspensão condicional da pena que lhe fora imposta. O Colegiado asseverou que não se poderia confundir o tempo alusivo ao período de prova, exigido para a obtenção da suspensão condicional da pena, com o requisito temporal objetivo previsto no art. 1º, XIII, do Decreto 8.172/2013, qual seja o cumprimento parcial da pena. Reiterou, assim, o que decidido no HC 117.855/SP (*DJe* 19.11.2013). Vencido o Ministro Teori Zavascki, que concedia a ordem por entender que o período de prova cumprido em suspensão condicional da pena deveria ser computado como tempo de cumprimento de pena restritiva de liberdade. O Ministro Gilmar Mendes reajustou seu voto para acompanhar o voto divergente" (STF: HC 123.698/PE, rel. Min. Cármen Lúcia, 2.ª Turma, j. 17.11.2015, noticiado no *Informativo* 808).

Sursis – **crimes hediondos e equiparados** – **impossibilidade**: "O óbice previsto no artigo 44 da Lei nº 11.343/2006, à suspensão condicional da pena imposta ante tráfico de drogas mostra-se afinado com a Lei nº 8.072/1990 e com o disposto no inciso XLIII do artigo 5º da Constituição Federal" (STJ: HC 197.268/SP, rel. Min. Laurita Vaz, 5.ª Turma, j. 26.02.2013). *No mesmo sentido*: STF: HC 101.919/MG, rel. Min. Marco Aurélio, 1.ª Turma, j. 06.09.2011, noticiado no *Informativo* 639.

Sursis – **crimes hediondos e equiparados** – **possibilidade**: "Possível é a suspensão condicional da pena mesmo em se tratando de crime hediondo – precedente" (STF: HC 86.698/SP, rel. Min. Marco Aurélio, 1.ª Turma, j. 19.06.2007).

Sursis – **inexistência de direito subjetivo**: "Não há direito subjetivo do acusado ao benefício da suspensão condicional da pena (art. 77 do CP), sendo legítima a decisão que indefere este benefício com apoio no elevado número de punições disciplinares já aplicadas ao paciente" (STF: HC 85.790/RJ, rel. Min. Carlos Britto, 1.ª Turma, j. 31.05.2005).

> **Art. 78.** Durante o prazo da suspensão, o condenado ficará sujeito à observação e ao cumprimento das condições estabelecidas pelo juiz.
>
> § 1º No primeiro ano do prazo, deverá o condenado prestar serviços à comunidade (art. 46) ou submeter-se à limitação de fim de semana (art. 48).
>
> § 2º Se o condenado houver reparado o dano, salvo impossibilidade de fazê-lo, e se as circunstâncias do art. 59 deste Código lhe forem inteiramente favoráveis, o juiz poderá substituir a exigência do parágrafo anterior pelas seguintes condições, aplicadas cumulativamente:
>
> a) proibição de frequentar determinados lugares;
>
> b) proibição de ausentar-se da comarca onde reside, sem autorização do juiz;
>
> c) comparecimento pessoal e obrigatório a juízo, mensalmente, para informar e justificar suas atividades.

○ **Condições:** Como o CP deixa claro, a suspensão da pena é **condicional**, isto é, obedece a condições. No *sursis* simples, a condição legal e obrigatória é a prestação de serviços à comunidade ou limitação de fim de semana, durante o primeiro ano do período de suspensão (art. 78, § 1.º).[390] No *sursis* especial, as condições legais que devem ser cumpridas cumulativamente no primeiro ano do período de suspensão são: proibição de frequentar determinados lugares e de ausentar-se da comarca onde reside, sem autorização do juiz, e comparecimento pessoal e obrigatório a juízo, mensalmente, para informar e justificar suas atividades (art. 78, § 2.º). Sobre a prestação de serviço à comunidade e a limitação de fim, *ver comentários aos arts. 46 e 48 do CP*. Além das condições legais, o magistrado pode especificar, na sentença, outras condições a que fica subordinada a suspensão, desde que adequadas ao fato e à situação pessoal do condenado (condições judiciais), no primeiro ano do período de suspensão. Por fim, há ainda condições legais indiretas, assim chamadas por autorizarem a revogação do *sursis* se verificadas durante o seu prazo. A respeito das condições judiciais e das condições legais indiretas, *ver comentários aos arts. 79 e 81 do CP*.

○ **Sursis e suspensão dos direitos políticos:** Enquanto não declarada a extinção da sanção penal por força do integral decurso do período de prova do *sursis* sem revogação, o condenado cumprirá, ainda que de forma alternativa, a pena privativa de liberdade. Estarão presentes, destarte, os efeitos da condenação criminal. Logo, ao agente incidirá a suspensão dos direitos políticos, com fulcro no art. 15, III, da CF.

○ **Sursis incondicionado:** O CP, após a Reforma da Parte Geral pela Lei 7.209/1984, não admite o *sursis* sem condições. De fato, seria no mínimo contraditório instituir a suspensão condicional da pena sem condições. Consequentemente, se o juiz se esquecer de lançar as condições na sentença condenatória, criando um *sursis* incondicionado, a acusação deve recorrer para que a decisão seja reformada pela instância superior. Contudo, se a sentença

---

[390] O STJ já decidiu que as condições previstas no art. 78, § 1.º, do Código Penal podem ser estabelecidas pelo mesmo prazo da pena privativa de liberdade aplicada, e não necessariamente pelo prazo de 1 (um) ano (STJ: Processo em segredo de justiça, rel. Min. Sebastião Reis Júnior, 6.ª Turma, j. 11.03.2024, noticiado no *Informativo* 815).

condenatória omissa transitar em julgado, duas posições se formaram sobre a possibilidade de o juízo da execução fixá-las: *1.ª posição* – É possível. Com efeito, se a LEP, em seu art. 158, § 2.º, autoriza o juiz, a qualquer tempo, de ofício, a requerimento do MP ou mediante proposta do Conselho Penitenciário, a modificar as condições e regras estabelecidas na sentença, ouvido o condenado, além de em seu art. 159, § 2.º, permitir ao tribunal conferir ao juízo da execução a incumbência de estabelecer as condições do benefício, nada obsta que esse juízo fixe condições não determinadas pela sentença. As condições do *sursis* também podem ser fixadas pelo juízo da execução quando o benefício tiver sido negado pela instância inferior, mas concedido pela instância superior. *2.ª posição* – Não é possível. O juízo da execução violaria a coisa julgada, e, além disso, a situação do réu seria agravada sem recurso com essa finalidade.

○ **Jurisprudência selecionada:**

Sursis **simples – aplicação de limitação de final de semana pelo mesmo prazo da pena corporal imposta – regularidade:** "As condições do art. 78, § 1.º, do Código Penal, para cumprimento da suspensão condicional da pena, podem ser estabelecidas no mesmo prazo da pena corporal imposta. O art. 78, § 1.º, do Código Penal preceitua que, durante o prazo da suspensão, o condenado ficará sujeito à observação e ao cumprimento das condições estabelecidas pelo juiz. No primeiro ano do prazo, deverá o condenado prestar serviços à comunidade (art. 46) ou submeter-se à limitação de fim de semana (art. 48). No caso, a Corte de origem redimensionou a pena para 4 meses de detenção, em regime aberto, sendo aplicado ao réu o *sursis* pelo prazo de dois anos mediante limitação de final de semana pelo tempo da pena aplicada. O Ministério Público estadual pugnou pela reforma da decisão para determinar a limitação de final de semana durante todo o primeiro ano do período de suspensão condicional da pena e não apenas pelo mesmo prazo da pena imposta (4 meses). Entretanto, o texto do comando legal é claro no sentido de que, no curso do primeiro ano do prazo, deverá o condenado prestar serviços à comunidade ou submeter-se à limitação de fim de semana, e não durante um ano" (STJ: Processo em segredo de justiça, rel. Min. Sebastião Reis Júnior, 6.ª Turma, j. 11.03.2024, noticiado no *Informativo* 815).

> **Art. 79.** A sentença poderá especificar outras condições a que fica subordinada a suspensão, desde que adequadas ao fato e à situação pessoal do condenado.

○ **Condições judiciais:** Além das condições legais diretas do art. 78 do CP, o art. 79 permite ao magistrado especificar, na sentença, outras condições a que fica subordinada a suspensão, desde que adequadas ao fato e à situação pessoal do condenado. São as denominadas **condições judiciais**, que jamais podem ser vexatórias ou abusivas, não se admitindo que violem direitos fundamentais do condenado. Também devem ser cumpridas, por identidade de razão, somente no primeiro ano do período de suspensão.

○ *Sursis e habeas corpus:* O *habeas corpus* não é adequado para se pleitear a concessão da suspensão condicional da pena, nem para discutir o cabimento das condições legais e judiciais impostas no caso concreto, pois em tais hipóteses seria necessária a análise dos requisitos subjetivos indicados pelo art. 77, I, e, principalmente, II, do CP. E, como se sabe, não se admite dilação probatória na via estreita desse remédio constitucional. Excepcionam-se, todavia, situações teratológicas, a exemplo do caso de um antigo Prefeito a quem é imposta a condição de varrer as ruas do centro da cidade que governou.

> **Art. 80.** A suspensão não se estende às penas restritivas de direitos nem à multa.

○ **Aplicação do *sursis*:** Como o *sursis* constitui-se na suspensão condicional da execução da **pena privativa de liberdade** (reclusão, detenção ou prisão simples), não pode ser aplicado às penas restritivas de direitos e nem à multa, pois tais espécies de pena já caracterizam uma forma alternativa de evitar a privação da liberdade.

Revogação obrigatória

> **Art. 81.** A suspensão será revogada se, no curso do prazo, o beneficiário:
>
> I – é condenado, em sentença irrecorrível, por crime doloso;
>
> II – frustra, embora solvente, a execução de pena de multa ou não efetua, sem motivo justificado, a reparação do dano;
>
> III – descumpre a condição do § 1º do art. 78 deste Código.

Revogação facultativa

> § 1º A suspensão poderá ser revogada se o condenado descumpre qualquer outra condição imposta ou é irrecorrivelmente condenado, por crime culposo ou por contravenção, a pena privativa de liberdade ou restritiva de direitos.

Prorrogação do período de prova

> § 2º Se o beneficiário está sendo processado por outro crime ou contravenção, considera-se prorrogado o prazo da suspensão até o julgamento definitivo.
>
> § 3º Quando facultativa a revogação, o juiz pode, ao invés de decretá-la, prorrogar o período de prova até o máximo, se este não foi o fixado.

○ **Condições legais indiretas:** O art. 81 do CP prevê **condições legais indiretas**, assim chamadas por autorizarem a revogação do *sursis*. São condições proibitivas, pois a presença de qualquer delas implicará a revogação do benefício.

○ **Revogação obrigatória do *sursis*:** A revogação obrigatória, nada obstante imponha ao magistrado a atuação em consonância com a lei, não é automática. Exige-se decisão judicial. De acordo com o dispositivo legal, a suspensão do *sursis* será revogada se, no curso do prazo, o beneficiário:

– **É condenado, em sentença irrecorrível, por crime doloso:** A prática de crime doloso pode ter ocorrido antes ou durante o período de prova, pois a lei fala apenas em condenação irrecorrível durante o prazo de suspensão condicional da pena. Pouco importa o momento da prática do delito. O fator decisivo é o tempo do trânsito em julgado da condenação. A revogação deveria ocorrer qualquer que fosse a sanção penal imposta como decorrência da prática de crime doloso. Porém, é pacífico o entendimento de que a condenação irrecorrível à pena de multa não autoriza a revogação da suspensão condicional, mesmo em se tratando de crime doloso. O raciocínio é simples: se a condenação a esse tipo de pena não impede o *sursis* (art. 77, § 1.º, do CP), por igual fundamento não pode revogá-lo. Por fim, a sentença que concede perdão judicial pela prática de crime doloso não revoga o *sursis*, pois não é condenatória, e sim declaratória da extinção da punibilidade (**Súmula 18 do STJ**).

– **Frustra, embora solvente, a execução da pena de multa ou não efetua, sem motivo justificado, a reparação do dano:** Em relação à **inadimplência da multa**, há duas posições acerca da possibilidade de revogação do *sursis:* (1) Não é possível. A multa deve ser tratada como dívida de valor. Como não pode ser convertida em prisão, sua inadimplência não justifica a revogação da suspensão condicional da pena; e (2) É possível. A modificação do art. 51 do Código Penal não afeta os demais dispositivos legais relativos à multa. Além disso, a pena privativa de liberdade já foi imposta, e o *sursis* não se confunde com a pena de multa. Prevalece o entendimento no sentido de que, se depois de revogado o benefício, o condenado paga a multa, é permitido o seu restabelecimento. A lei também determina a revogação do *sursis* em caso de ausência injustificada da **reparação do dano**.

– **Descumpre a condição do § 1.º do art. 78 deste Código:** É causa obrigatória de revogação da suspensão condicional da pena o descumprimento da prestação de serviços à comunidade ou da limitação de fim de semana, no primeiro ano do período de prova do *sursis* simples. O fundamento é simples: o condenado – que não reparou o dano e possui circunstâncias judiciais desfavoráveis – descumpre uma das condições da suspensão **condicional** da pena. Logo, contraria a natureza do instituto, justificando sua revogação.

○ **Revogação facultativa:** O § 1.º do dispositivo em comento traz as hipóteses de revogação facultativa do *sursis*. Nestes casos o juiz pode, em vez de decretar a revogação, prorrogar o período de prova até o máximo, se este não foi o fixado. Vislumbram-se duas situações de revogação facultativa:

– **Descumprimento de qualquer outra condição imposta:** As condições ora indicadas são as previstas no arts. 78, § 2º, "a", "b" e "c", e 79, ambos do CP, ou seja, proibição de frequentar determinados lugares e de ausentar-se da comarca onde reside, sem autorização do juiz; comparecimento pessoal e obrigatório a juízo, mensalmente, para informar e justificar suas atividades, além das judiciais, desde que adequadas ao fato e à situação pessoal do condenado.

– **Condenação irrecorrível, por crime culposo ou contravenção, a pena privativa de liberdade ou restritiva de direitos:** A condenação com trânsito em julgado, por crime culposo ou contravenção penal, a pena privativa de liberdade, somente comportará a manutenção do *sursis* quando for imposto o regime prisional aberto para o seu cumprimento. De fato, a aplicação de regime fechado ou semiaberto acarreta a obrigação de o condenado ser colocado em estabelecimento penal, incompatibilizando o cumprimento da suspensão condicional da pena. Atente-se ainda ao fato de que a condenação à pena pecuniária não se constitui sequer em causa de revogação facultativa do *sursis*, o que se coaduna com a regra traçada pelo art. 77, § 1.º, do CP.

○ **Revogação do *sursis* e prévia oitiva do condenado:** Em respeito aos princípios constitucionais da ampla defesa e do contraditório, o condenado deve ser ouvido antes da revogação do benefício, a ele conferindo a oportunidade para justificar eventual manutenção da suspensão condicional da pena. Essa oitiva, entretanto, é impertinente e desnecessária quando a causa da revogação for a condenação irrecorrível por crime, doloso ou culposo, ou por contravenção penal. Nesse caso, nada de relevante o réu poderá apresentar. Com efeito, ele já teve chances suficientes para se defender durante a ação penal, pessoalmente e por defensor, e não poderá, com suas escusas, alterar a coisa julgada.

○ **Revogação obrigatória do *sursis* pela condenação irrecorrível por crime doloso durante o curso do prazo e término do período de prova:** Sobre a possibilidade da revogação do *sursis* depois do término do período de prova, na hipótese de ser descoberta uma condenação transitada em julgado pela prática de crime doloso durante o curso do seu prazo, formam-se duas linhas de pensamento: (**1.ª**) É possível. A revogação do *sursis*, nesse caso, é automática (art. 81, I, do CP). É a posição a que se filia o STJ. (**2.ª**) Não é possível. Por se tratar de sentença meramente declaratória (art. 82 do CP), a pena privativa de liberdade estará automaticamente extinta com o término do período de prova.

○ **Cassação do *sursis*:** A cassação do *sursis* se verifica quando o benefício fica sem efeito **antes** do início do período de prova. Destarte, não se confunde com a revogação, que somente pode ser decretada durante a suspensão condicional da pena. A cassação pode ocorrer em quatro hipóteses: (1) o condenado não comparece, injustificadamente, à audiência admonitória (art. 161 da LEP). A suspensão ficará sem efeito, executando-se imediatamente a pena; (2) o condenado renuncia ao benefício. O cumprimento do *sursis* é vinculado à aceitação do condenado, podendo o réu preferir o cumprimento da pena; (3) o réu é irrecorrivelmente condenado à pena privativa de liberdade não suspensa. A condenação à prisão, durante o período de prova, é causa de revogação do *sursis*. Tem lugar a cassação, todavia, quando o trânsito em julgado ocorrer antes do início do período de prova, pois é incompatível o cumprimento simultâneo da pena em regime fechado ou semiaberto e do *sursis;* (4) a pena privativa de liberdade é majorada em grau de recurso da acusação, passando de dois anos. O *sursis* anteriormente concedido é cassado pelo tribunal.

○ **Prorrogação do período de prova:** É a situação em que a duração da suspensão condicional da pena excede o prazo do período de prova determinado na sentença condenatória. Prevalece o entendimento de que durante a prorrogação do período de prova **não subsistem as condições do *sursis***. Existem no CP duas hipóteses de prorrogação do período de prova:

– **O beneficiário está sendo processado por outro crime ou contravenção (art. 81, § 2.º):** Nesse caso, considera-se prorrogado o prazo da suspensão até o julgamento definitivo. Como o Código Penal disse **"considera-se"**, conclui-se ser automática a prorrogação, ou seja, independe de decisão judicial expressa nesse sentido. Basta o recebimento da denúncia ou queixa, e não a mera prática do crime ou contravenção penal, pois a lei fala em beneficiário que está sendo **"processado"**. A ação penal pode relacionar-se a crime ou contravenção penal praticados durante o período de prova, ou mesmo com infração penal cometida antes daquela cuja condenação redundou na concessão do *sursis* que teve seu período de prova prorrogado. O fundamento da prorrogação é o seguinte: não é o cometimento do crime ou da contravenção penal que autoriza a revogação do *sursis*, mas a condenação transitada em julgado daí derivada. É razoável, destarte, aguardar o término da ação penal para se constatar se será ou não caso de revogação, seja ela obrigatória (crime doloso) ou facultativa (contravenção penal), se o réu for condenado, ou de extinção da pena privativa de liberdade, nos moldes do art. 82 do CP, na hipótese de ser absolvido. A mera instauração de inquérito policial não autoriza a prorrogação do período de prova.

– **Nas hipóteses de revogação facultativa (art. 81, § 3.º):** Nesses casos, o juiz pode, em vez de decretar a revogação do *sursis*, prorrogar o período de prova até o máximo, se este não foi o fixado. A prorrogação não é automática. Depende de expressa decisão judicial nesse sentido.

○ **Jurisprudência selecionada:**

Sursis – **revogação** – **cumprimento da pena**: "A consequência da revogação do *sursis* da pena é o cumprimento da reprimenda privativa de liberdade imposta no édito condenatório que se encontrava suspensa diante do preenchimento dos requisitos constantes no art. 77 do Código Penal" (STJ: HC 142.263/RS, rel. Min. Félix Fischer, 5.ª Turma, j. 03.12.2009).

Sursis – **revogação após o período de prova** – **crime cometido durante a vigência do benefício** – **possibilidade**: "Inexiste constrangimento ilegal quanto à revogação do benefício da suspensão condicional da pena em razão de condenação pelo cometimento de outro crime durante o período de prova, desde que não tenha sido extinta a punibilidade do agente mediante sentença transitada em julgado, nos termos do inciso I do art. 81 do Código Penal. Esta Corte tem firmado o entendimento no sentido de que o período de prova do *sursis* fica automaticamente prorrogado quando o beneficiário está sendo processado por outro crime ou contravenção, bem como que a superveniência de sentença condenatória irrecorrível é caso de revogação obrigatória do benefício, mesmo quando ultrapassado o período de prova" (STJ: HC 175.758/SP, rel. Min. Laurita Vaz, 5.ª Turma, j. 04.10.2011). *No mesmo sentido*: STF: HC 114.862/SP, rel. Min. Gilmar Mendes, 2.ª Turma, j. 01.10.2013.

Cumprimento das condições

Art. 82. Expirado o prazo sem que tenha havido revogação, considera-se extinta a pena privativa de liberdade.

○ **Extinção da pena:** Cumprido integralmente o período de prova, sem revogação, considera-se extinta a pena privativa de liberdade. A sentença é meramente declaratória, e retroage ao dia em que se encerrou o período de prova. Exige-se prévia manifestação do MP, sob pena de nulidade, com fundamento no art. 67 da LEP.

○ **Término do período de prova e possibilidade de sua prorrogação e revogação do benefício:** Questiona-se a possibilidade de o juiz, depois de encerrado o período de prova, prorrogá-lo por descobrir que o condenado está sendo processado por outro crime ou contravenção penal, para decidir, no futuro, se o benefício deve ou não ser revogado, tendo em vista a natureza declaratória da sentença que reconhece a extinção da pena privativa de liberdade. Formaram-se duas posições acerca do assunto:

– **1.ª posição – É possível a prorrogação:** A prorrogação é automática, prescindindo de decisão judicial. É o entendimento dominante, consagrado inclusive no STF e no STJ. Anote-se, contudo, que a prorrogação será cabível desde que o juiz ainda não tenha declarado extinta a pena privativa de liberdade, com o consequente trânsito em julgado. De fato, nada mais poderá ser feito se a declaração da extinção da punibilidade já tiver transitado em julgado.

– **2ª posição – Não se admite a prorrogação:** A pena estará automaticamente extinta com o término do período de prova.

Capítulo V
DO LIVRAMENTO CONDICIONAL

Requisitos do livramento condicional

Art. 83. O juiz poderá conceder livramento condicional ao condenado a pena privativa de liberdade igual ou superior a 2 (dois) anos, desde que:

I – cumprida mais de um terço da pena se o condenado não for reincidente em crime doloso e tiver bons antecedentes;

II – cumprida mais da metade se o condenado for reincidente em crime doloso;

III – comprovado:

a) bom comportamento durante a execução da pena;

b) não cometimento de falta grave nos últimos 12 (doze) meses;

c) bom desempenho no trabalho que lhe foi atribuído; e

d) aptidão para prover a própria subsistência mediante trabalho honesto;

IV – tenha reparado, salvo efetiva impossibilidade de fazê-lo, o dano causado pela infração;

V – cumpridos mais de dois terços da pena, nos casos de condenação por crime hediondo, prática de tortura, tráfico ilícito de entorpecentes e drogas afins, tráfico de pessoas e terrorismo, se o apenado não for reincidente específico em crimes dessa natureza.

Parágrafo único. Para o condenado por crime doloso, cometido com violência ou grave ameaça à pessoa, a concessão do livramento ficará também subordinada à constatação de condições pessoais que façam presumir que o liberado não voltará a delinquir.

○ **Conceito:** Livramento condicional é o benefício que permite ao condenado à pena privativa de liberdade superior a 2 (dois) anos a liberdade antecipada, condicional e precária, desde que cumprida parte da reprimenda imposta e sejam observados os demais requisitos legais. A liberdade é antecipada, condicional e precária. **Antecipada**, pois o condenado retorna ao convívio social antes do integral cumprimento da pena privativa de liberdade. **Condicional**, pois durante o período restante da pena (período de prova) o egresso submete-se ao atendimento de determinadas condições fixadas na decisão que lhe concede o benefício. E **precária**, pois pode ser revogada se sobrevier uma ou mais condições previstas nos arts. 86 e 87 do CP.

○ **Evolução histórica:** O livramento condicional surgiu no ano de 1846, na França, com a decisão do magistrado Beneville, que se referiu ao instituto denominando-o **"liberação preparatória"**. No Brasil, sua primeira manifestação ocorreu com a edição do Código Penal Republicano de 1890 (arts. 50 a 52), regulamentado pelos Decretos 4.577, de 5 de setembro de 1922, e 16.665, de 6 de novembro de 1924. A partir de então, foi mantido pela legislação penal brasileira, como derradeira etapa do processo escalonado de reforma do criminoso.

○ **Natureza jurídica:** Para a doutrina e para a jurisprudência dos Tribunais Superiores, o livramento condicional constitui-se em **benefício** conferido pela lei ao condenado que preenche os requisitos legais. Embora se constitua em instituto penal restritivo da liberdade, por importar em limitação de diversos direitos da pessoa humana, funciona como **direito subjetivo**, pois a liberdade precoce não pode ser negada àquele que atende a todos os mandamentos aplicáveis à espécie. E, nada obstante seja concedido durante a execução da pena privativa de liberdade, não pode ser tratado como um de seus incidentes, pois não encontra previsão nos arts. 180 a 193 da Lei 7.210/1984 – LEP. Damásio E. de Jesus, entretanto, apresenta posicionamento diverso. Para ele, cuida-se de forma especial de cumprimento da pena: "O instituto, na reforma penal de 1984, não constitui mais um direito público subjetivo de liberdade do condenado nem incidente de execução. É medida penal de natureza restritiva da liberdade, de cunho repressivo e preventivo. Não é um benefício".[391]

---

[391] JESUS, Damásio E. de. *Direito penal.* Parte geral. 28. ed. 2. tir. São Paulo: Saraiva, 2006. v. 1, p. 625.

○ **Diferenças com o *sursis*:** Livramento condicional e *sursis* apresentam pontos comuns. São benefícios conferidos aos condenados à pena privativa de liberdade que atendem a diversos requisitos previstos em lei. São também condicionais, pois durante o período de vigência dos institutos seus destinatários sujeitam-se à fiscalização quanto à observância de condições judicialmente fixadas. Em ambos esse período de prova tem início com a audiência admonitória. Finalmente, apresentam a finalidade de evitar a execução da pena privativa de liberdade, total ou parcialmente. Mas as diferenças são nítidas. No livramento condicional o condenado retorna ao convívio social depois do cumprimento de parte da pena que lhe foi imposta, dependendo da natureza do crime e de suas condições pessoais. Foi condenado, cumpre uma fração da reprimenda e, posteriormente, é colocado em liberdade. Por sua vez, no *sursis* o condenado sequer inicia o cumprimento da pena privativa de liberdade. Distinguem-se também quanto à duração. No livramento condicional o período de prova, também chamado de **período de experiência**, isto é, o tempo em que o condenado deve observar as condições legais e judiciais impostas, bem como respeitar as causas de revogação, é representado pelo restante da pena ainda não cumprido. No *sursis*, de seu turno, o período de prova deve ser estipulado dentro dos parâmetros legalmente indicados: entre 2 (dois) e 4 (quatro) anos, mas que pode ser diverso, tal como no *sursis* etário e no *sursis* humanitário, bem como em hipóteses indicadas por leis especiais, como é o caso da Lei das Contravenções Penais (Decreto-lei 3.688/1941, art. 11). Finalmente, o *sursis* geralmente é concedido pela sentença condenatória, que comporta recurso de apelação (art. 593 e § 4.º, do CPP). Mas também pode ser concedido pelo acórdão, em grau de recurso ou em se tratando de competência originária dos tribunais. Já o livramento condicional é obrigatoriamente deferido pelo juízo da execução, e para impugnar essa decisão o recurso cabível é o agravo em execução (art. 197 da LEP).

○ **Juízo competente para concessão do livramento condicional:** O livramento condicional somente pode ser concedido depois de cumprida parte da pena privativa de liberdade. Normalmente, já existe trânsito em julgado da condenação, inclusive com cumprimento da pena, razão pela qual é competente o **juízo da execução** para analisar o cabimento ou não do benefício (art. 66, III, "e", da LEP). Todavia, o STF tem admitido a concessão do livramento condicional em sede de **execução provisória**, isto é, com o trânsito em julgado da condenação apenas para a acusação. Nesse caso, também será competente o juízo da execução. Em face do caráter itinerante do processo de execução, é competente o juízo do local em que o condenado cumpre a pena, independentemente da comarca em que foi proferida a sentença condenatória.

○ **Egresso:** É a nomenclatura dispensada pelo art. 26, II, da LEP ao condenado beneficiado pelo livramento condicional, durante o período de prova.

○ **Requisitos:** A concessão do livramento condicional depende do preenchimento de vários requisitos objetivos e subjetivos. Aqueles se relacionam à pena (espécie, quantidade e parcela já cumprida), bem como à reparação do dano; estes dizem respeito às condições pessoais do condenado.

– **Requisitos objetivos:** Os incisos I, II, IV e V do dispositivo em análise enumeram, para a concessão do livramento condicional, 4 (quatro) requisitos objetivos, relacionados à pena e à reparação do dano:

1) **Espécie da pena** – Deve ser privativa de liberdade (reclusão, detenção ou prisão simples);

2) **Quantidade da pena** – A pena privativa de liberdade imposta ao condenado, a qual se encontra em sede de execução, deve ser igual ou superior a 2 (dois) anos, admitindo-se a soma das penas por infrações diversas. A respeito, *ver comentários ao art. 84*;

3) Parcela da pena já cumprida – O montante depende das condições do condenado e da natureza do crime por ele praticado. Para o condenado que não for reincidente em crime doloso e apresentar bons antecedentes, basta o cumprimento de mais de um terço da pena (inciso I). Trata-se do livramento condicional **simples**. Em relação ao reincidente em crime culposo há duas posições: a) encaixa-se na regra prevista no inciso I; e b) esse tratamento a ele não se aplica, pois um reincidente em crime culposo não pode ser considerado possuidor de bons antecedentes. No caso, porém, de condenado reincidente em crime doloso, exige-se o cumprimento de mais de metade da pena (inciso II). É o livramento condicional **qualificado**. E, na hipótese de diversos crimes, o requisito objetivo é o cumprimento de mais da metade do total das penas unificadas. Falhou a lei, contudo, ao olvidar-se de uma situação: condenado não reincidente em crime doloso, mas portador de **maus antecedentes**. Não se enquadra no inciso I nem no inciso II do art. 83 do CP. Formaram-se duas posições sobre o assunto: (a) Deve receber igual tratamento dispensado ao reincidente em crime doloso, de modo que o livramento condicional só será possível com o cumprimento de mais de metade da pena. Como não possui bons antecedentes, não se amolda ao inciso I, aplicando-se subsidiariamente a regra delineada pelo inciso II. (b) É necessário seja adotada a posição mais favorável ao condenado, em face da ausência de expressa previsão legal. Destarte, será cabível o benefício com o cumprimento de mais de um terço da pena, pois, embora portador de maus antecedentes, não é reincidente em crime doloso. É a posição do STJ. Finalmente, em se tratando de condenado pela prática de crime hediondo (Lei 8.072/1990, art. 1.º) ou equiparado (tráfico de drogas, tortura e terrorismo), ou ainda pelo tráfico de pessoas, é necessário o cumprimento de mais de dois terços da pena, desde que não seja reincidente específico em crimes dessa natureza. Cuida-se do livramento condicional **específico**. Conclui-se, pois, ser vedado o livramento condicional para o condenado por crime hediondo ou equiparado, ou por tráfico de pessoas, quando reincidente específico em delito dessa natureza. É o que se extrai do inciso V do dispositivo em exame e do art. 44, parágrafo único, da Lei 11.343/2006 – Lei de Drogas. Essa proibição é constitucional, pois a disciplina da matéria é reservada à legislação ordinária, podendo ser impedido o benefício às pessoas que revelam comportamento social desajustado e elevada periculosidade. Em suma, a regra é o integral cumprimento da pena, podendo a lei restringir a liberdade antecipada àqueles que não preenchem os requisitos por ela exigidos. Nesse contexto, nas hipóteses em que o réu, reincidente específico, cumpre pena pela prática de delitos hediondos ou a eles equiparados, ou por tráfico de pessoas, e também de delitos comuns, a possibilidade de concessão do livramento condicional estará condicionada ao **cumprimento integral** das penas referentes àqueles delitos. Para fins de livramento condicional, duas correntes se formaram a respeito do que se entende por reincidente específico: (a) É reincidente específico aquele que, condenado pela prática de crime hediondo ou equiparado, pratica novamente qualquer um desses delitos, ainda que tipificados por dispositivos distintos. Exemplo: homicídio qualificado e tráfico de drogas. É a tendência atualmente dominante, pois a lei dos crimes hediondos não definiu a reincidência específica, e todos os delitos por ela abrangidos merecem igual tratamento, por força constitucional (art. 5.º, XLIII, da CF). (b) É reincidente específico o agente que, depois de condenado por crime hediondo ou equiparado, comete idêntico delito. Exemplo: latrocínio e latrocínio.

– **Crime hediondo ou equiparado com resultado morte**: A Lei 13.964/2019, também conhecida como "Pacote Anticrime", promoveu uma importante inovação na seara do livramento condicional. Não se admite o benefício ao condenado, **primário ou reincidente**, por crime hediondo ou equiparado com resultado morte (Lei 7.210/1984 – Lei de Execução Penal, art. 112, VI, "a" e VIII).

– **Feminicídio**: O art. 112, VI-A, da Lei de Execução Penal, implementado pela Lei 14.994/2024 ("Pacote Antifeminicídio"), veda o livramento condicional ao condenado por **feminicídio**, independentemente do seu *status* de **primário** ou **reincidente**.

4) Reparação do dano – Dispensa-se esse requisito quando comprovada a efetiva impossibilidade do condenado em atendê-lo (art. 83, IV, do CP). Esse requisito pode ser ainda dispensado quando a vítima não for encontrada para ser indenizada, bem como quando renunciar a dívida ou mostrar-se desinteressada em ser ressarcida.

– Requisitos subjetivos: Além dos requisitos objetivos, devem ser também preenchidos os requisitos subjetivos previstos no art. 83, III e parágrafo único, atinentes à pessoa do condenado. São eles:

1) Bom comportamento durante a execução da pena (art. 83, III, "a"): Antes da Lei 13.964/2019 ("Pacote Anticrime"), falava-se em "comportamento satisfatório". Agora a exigência é maior, pois a concessão do livramento condicional depende do "bom comportamento" durante o cumprimento da pena privativa de liberdade. A propósito, para fins de progressão de regime prisional, o art. 112, § 1.º, da Lei 7.210/1984 – Lei de Execução Penal reclama a "boa conduta carcerária". Embora tais expressões apresentem conteúdo similar, o legislador teria sido mais feliz se tivesse utilizado o "bom comportamento" também para fins de progressão de regime, até mesmo para padronizar sua linguagem frente à atitude esperada do condenado durante a execução da pena. Esse requisito deve ser comprovado pelo **diretor do estabelecimento prisional**, levando em conta o modo de agir do condenado após o início da execução da pena, de uma forma ampla, desprezando-se seu comportamento pretérito. Além disso, sua análise deve incidir sobre **todo o histórico prisional do condenado**, não se limitando ao período de 12 meses exigido na alínea "b" do inc. III do art. 83 do Código Penal. Essa é a posição do Superior Tribunal de Justiça, consagrada no **Tema 1.161 do Recurso Repetitivo**. Nos termos da **Súmula 441 do Superior Tribunal de Justiça**: "A falta grave não interrompe o prazo para obtenção de livramento condicional". No caso concreto, entretanto, a falta grave pode inviabilizar o benefício, se cometida nos últimos 12 meses (CP, art. 83, III, "b"), e pela ausência de um dos seus requisitos subjetivos, qual seja, o bom comportamento durante a execução da pena.

2) Não cometimento de falta grave nos últimos 12 meses (art. 83, III, "b"): Esse requisito foi criado pela Lei 13.964/2019, também conhecida como "Pacote Anticrime", com a finalidade de auxiliar na manutenção da disciplina no interior dos estabelecimentos prisionais. A relação das faltas graves aplicáveis aos condenados à pena privativa de liberdade encontra-se no art. 50 da Lei 7.210/1984 – Lei de Execução Penal. Se a falta grave foi cometida em período anterior aos 12 meses do pedido de livramento condicional, em tese o benefício será cabível, desde que sua prática não seja incompatível com o "bom comportamento durante a execução da pena" elencado pelo art. 83, III, "a", do Código Penal.

3) Bom desempenho no trabalho que lhe foi atribuído (art. 83, III, "c"): Nada obstante a proibição do trabalho forçado (CF, art. 5.º, XLVII, "c"), o exercício de atividade laboral é obrigatório para a concessão do livramento condicional. O preso não é forçado a trabalhar, mas, se não o fizer, será vedado o benefício da liberdade antecipada. Esse requisito deve ser desprezado quando, em face de problemas do estabelecimento prisional, nenhum trabalho foi atribuído ao condenado.

4) Aptidão para prover à própria subsistência mediante trabalho honesto (art. 83, III, "d"): Exige-se unicamente prova da **aptidão** para o exercício de trabalho honesto, e não de emprego certo e garantido após a saída do estabelecimento prisional. De fato, requisito dessa natureza inviabilizaria o benefício, pois se até mesmo muitos primários e de vida pretérita escorreita encontram-se desempregados, o que falar-se daqueles que carregam em suas folhas de antecedentes a pecha da condenação por crimes e contravenções penais.

5) Para o condenado por crime doloso, cometido com violência ou grave ameaça à pessoa, a constatação de condições pessoais que façam presumir que o liberado não voltará a delinquir (art. 83, parágrafo único): Esse requisito deve ser constatado pela Comissão Técnica de Classificação, responsável pela elaboração e fiscalização do programa de individualização da execução penal (LEP, arts. 5.º a 9.º). Faz-se um **juízo de prognose**, direcionado ao futuro, com o propósito de constatar se, em razão de suas condições pessoais, é provável a reincidência pelo condenado. Em caso positivo, nega-se o benefício.[392] Esse requisito, obrigatório para os crimes cometidos com violência à pessoa ou grave ameaça, é facultativo para os demais delitos.

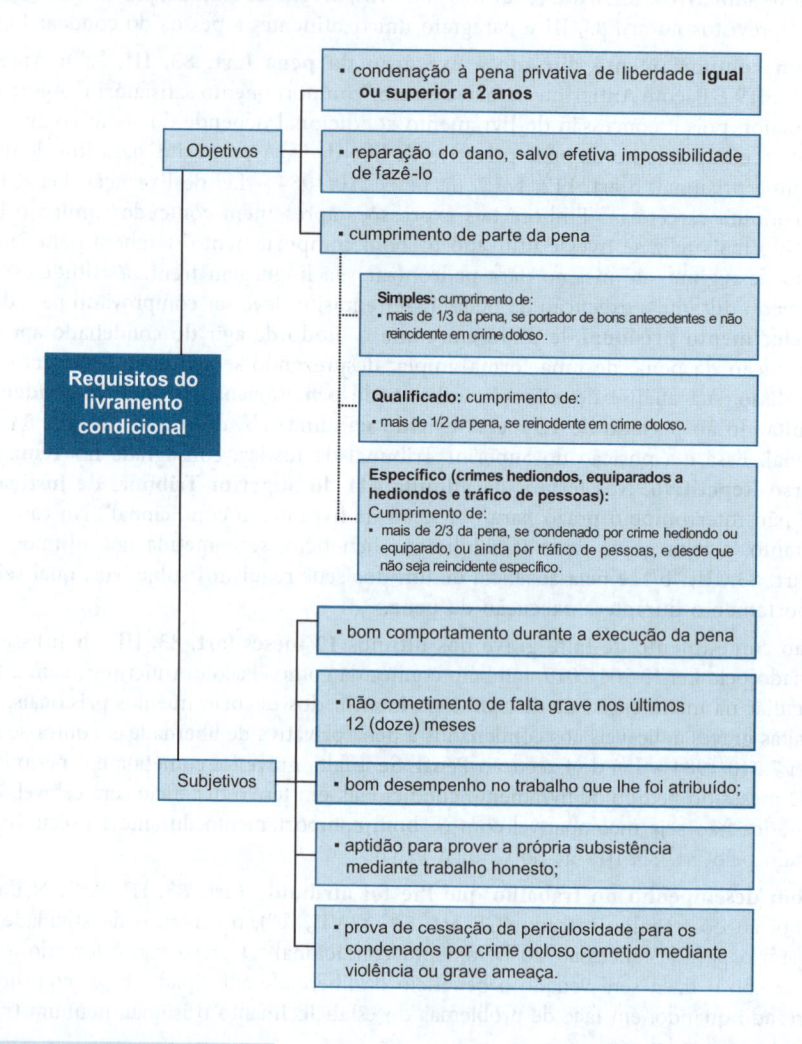

○ **Rito do livramento condicional:** O pedido de livramento condicional deve ser endereçado ao juízo da execução (arts. 66, III, "e", e 131 da LEP). Não precisa ser subscrito por advogado (art. 712, *caput*, do CPP). A decisão que concede (ou denega) o livramento condicional será sempre motivada e precedida de manifestação do Ministério Público e do defensor (LEP, art. 112, § 2.º), sob pena de nulidade. Discute-se a necessidade de manifestação do **Conselho Penitenciário** antes da concessão do livramento condicional. A polêmica reside na Lei 10.792/2003, que alterou diversos dispositivos da Lei de Execução Penal. Com efeito,

---

[392] Veja-se um exemplo extraído da jurisprudência do STJ: "O histórico prisional conturbado do apenado, somado ao crime praticado com violência ou grave ameaça (uma condição legal do atual art. 83, parágrafo único, do Código Penal), afasta a constatação inequívoca do requisito subjetivo para a concessão do livramento condicional" (HC 734.064/SP, rel. Min. Jesuíno Rissato (Desembargador convocado do TJDFT), 5.ª Turma, j. 03.05.2022, noticiado no *Informativo* 735).

entre as incumbências do Conselho Penitenciário não mais se inclui emitir parecer sobre livramento condicional, pois esse encargo foi eliminado do art. 70, I, da LEP. Entretanto, a Lei 10.792/2003 não modificou o art. 131 da LEP, que reclama a oitiva do Conselho Penitenciário. Essa é a polêmica. Há duas posições sobre o assunto: (*1.ª*) É necessário o parecer do Conselho Penitenciário. Embora a Lei 10.792/2003 tenha retirado do art. 70, I, da LEP a incumbência de emitir parecer sobre livramento condicional, remanesce no art. 131 da LEP a necessidade dessa manifestação no procedimento da liberdade antecipada. (*2.ª*) Com a edição da Lei 10.792/2003, dispensa-se o parecer do Conselho Penitenciário. Pode o juiz da execução, portanto, conceder ou denegar o livramento condicional sem a prévia manifestação desse órgão. Anote-se, contudo, que o parecer do Conselho Penitenciário não foi extirpado peremptoriamente. Fica à discricionariedade do juiz, quando reputar necessário, determinar sua realização. Qualquer que seja a posição adotada, a manifestação do Conselho Penitenciário, tipicamente de índole administrativa, tanto pela concessão como pela denegação do livramento condicional, não vincula o juízo da execução, que pode acolher ou rejeitar o parecer lançado (art. 713 do CPP). A decisão judicial que concede ou denega o livramento condicional pode ser impugnada por recurso de agravo (art. 197 da LEP). Concedido o benefício, será expedida **carta de livramento** com cópia integral da decisão judicial em duas vias, remetendo-se uma à autoridade administrativa incumbida da sua execução e outra ao Conselho Penitenciário (art. 136 da LEP). Após, em dia marcado pelo presidente do Conselho Penitenciário, será realizada audiência admonitória, consistente em cerimônia solene no estabelecimento onde o condenado cumpre a pena privativa de liberdade, observando-se o procedimento previsto no art. 137 da LEP. Se aceitar as condições impostas na sentença de livramento, o liberado, ao sair do estabelecimento penal, receberá uma **caderneta**, que exibirá à autoridade judiciária ou administrativa sempre que lhe for exigida (art. 138, *caput*, da LEP).

– Livramento condicional e Lei do Crime Organizado: O condenado por organização criminosa (Lei 12.850/2013, art. 2.º) ou por delito cometido no contexto da organização criminosa não poderá obter o livramento condicional, **se existirem elementos de prova indicando a manutenção do agrupamento ilícito**. É o que se extrai do art. 2.º, § 9.º, da Lei 12.850/2013, com a redação conferida pela Lei 13.964/2019 ("Pacote Anticrime"): "O condenado expressamente em sentença por integrar organização criminosa ou por crime praticado por meio de organização criminosa não poderá progredir de regime de cumprimento de pena ou obter livramento condicional ou outros benefícios prisionais se houver elementos probatórios que indiquem a manutenção do vínculo associativo."

– Livramento condicional e limite de cumprimento da pena: O livramento condicional, nada obstante se constitua em benefício ao condenado que preenche os requisitos previstos no art. 83 do Código Penal, funciona como uma forma de cumprimento do restante da pena privativa de liberdade. Destarte, em sua execução deve ser observada a regra contida no art. 75 do Código Penal, atinente ao limite de cumprimento da pena privativa de liberdade. Em síntese, o tempo da pena privativa de liberdade efetivamente cumprida pelo sentenciado, somado ao período de prova do livramento condicional (CP, art. 83, I, II ou V), não pode ser superior a 40 (quarenta) anos.[393]

○ **Jurisprudência selecionada:**

Associação para o tráfico de drogas – requisito específico para o livramento condicional: "O condenado por associação para o tráfico (art. 35 da Lei 11.343/2006), caso não seja reincidente específico, deve cumprir 2/3 da pena para fazer jus ao livramento condicional. Isso porque a própria Lei 11.343/2006, no parágrafo único do art. 44, prevê requisito objetivo específico para a concessão do livramento condicional ao delito de associação para o tráfico: 'Os crimes previstos nos arts. 33, *caput* e § 1º, e 34 a 37 desta Lei são inafiançáveis e insuscetíveis de *sursis*, graça, indulto, anistia e

---

[393]   STJ: REsp 1.922.012/RS, rel. Min. Joel Ilan Paciornik, 5.ª Turma, j. 05.10.2021, noticiado no *Informativo* 712.

liberdade provisória, vedada a conversão de suas penas em restritivas de direitos. Parágrafo único. Nos crimes previstos no *caput* deste artigo, dar-se-á o livramento condicional após o cumprimento de dois terços da pena, vedada sua concessão ao reincidente específico'. Assim, em observância ao princípio da especialidade, aplica-se o disposto no art. 44, parágrafo único, da Lei 11.343/2006 em detrimento dos incisos I e II do art. 83 do CP. Ressalte-se que o lapso temporal de cumprimento de pena para obtenção do livramento condicional quanto ao delito do art. 35 da Lei 11.343/2006 independe da análise do caráter hediondo do crime" (STJ: HC 311.656/RJ, rel. Min. Felix Fischer, 5.ª Turma, j. 25.08.2015, noticiado no *Informativo* 568).

Ausência de trânsito em julgado da condenação – competência: "A jurisprudência do STF já não reclama o trânsito em julgado da condenação nem para a concessão do indulto, nem para a progressão de regime de execução, nem para o livramento condicional (HC 76.524, DJ 29.08.1983, Pertence). No caso, o paciente – submetido à prisão processual, que perdura por mais de 2/3 da pena fixada na condenação, dada a demora do julgamento de recursos de apelação – tem direito a progressão de regime de execução ou a concessão de livramento condicional, exigindo-se, contudo, o preenchimento de requisitos subjetivos para o deferimento dos benefícios. *Habeas corpus*: deferimento, em parte, para que o Juízo das Execuções ou o Juízo de origem analise, como entender de direito, as condições para eventual progressão de regime ou concessão de livramento condicional" (STF: HC 87.801/SP, rel. Min. Sepúlveda Pertence, 1.ª Turma, j. 02.05.2006).

Comportamento do condenado – análise de todo o histórico prisional e requisito subjetivo – falta grave nos últimos 12 meses e requisito objetivo – Tema 1161 do Recurso Repetitivo: "A valoração do requisito subjetivo para concessão do livramento condicional – bom comportamento durante a execução da pena (art. 83, inciso III, alínea a, do Código Penal) – deve considerar todo o histórico prisional, não se limitando ao período de 12 meses referido na alínea b do mesmo inciso III do art. 83 do Código Penal. Com o advento da Lei n. 13.964/2019 (Pacote Anticrime), foram acrescentados no art. 83 do Código Penal novos requisitos para o livramento condicional. A primeira mudança diz respeito à necessidade de se comprovar bom comportamento durante a execução da pena, e o outro é o de não cometimento de falta grave nos últimos 12 meses da data da concessão do benefício. A inclusão da alínea b no inciso III do art. 83 do Código Penal teve como objetivo impedir a concessão do livramento condicional ao apenado que tenha cometido falta grave nos últimos 12 meses, o que não significa, todavia, que 'a ausência de falta grave no mencionado período seja suficiente para satisfazer o requisito subjetivo exigido para a concessão do livramento condicional' (AgRg no HC 730.327/RS, Ministra Laurita Vaz, Sexta Turma, DJe de 2/12/2022). A determinação incluída pela referida alínea b é um acréscimo ao bom comportamento carcerário exigido na alínea a do mesmo dispositivo, cuja análise deve considerar todo o histórico prisional do apenado. Trata-se de requisitos cumulativos, pois, além de ostentar bom comportamento durante todo o período de cumprimento da pena, o apenado não pode ter incorrido em nenhuma falta grave nos últimos 12 meses da data da análise da concessão do benefício. Quanto ao tema, esta Corte já se pronunciou a respeito, firmando o entendimento de que '[p]ara fins de bom comportamento carcerário, considera-se todo o período da execução penal.' (AgRg no HC 728.715/SP, Ministro Rogerio Schietti Cruz, Sexta Turma, DJe de 10/6/2022). Em outras palavras, 'não se aplica limite temporal para aferição de requisito subjetivo com escopo na concessão do livramento condicional, que deve necessariamente considerar todo o período da execução da pena [...]' (AgRg no REsp 1.961.829/MG, Ministro Reynaldo Soares da Fonseca, Quinta Turma, DJe de 19/11/2021). Portanto, o requisito previsto no art. 83, inciso III, alínea b, do Código Penal, de ausência de prática de falta grave nos últimos 12 meses, é pressuposto objetivo para a concessão do livramento condicional e não limita a análise do requisito subjetivo" (STJ: REsp 1.970.217/MG, rel. Min. Ribeiro Dantas, 3.ª Seção, j. 24.05.2023, noticiado no *Informativo* 776).

Condenado primário e com maus antecedentes – cálculo: "No caso de paciente primário, de maus antecedentes, como o Código não contemplou tal hipótese, ao tratar do prazo para concessão do livramento condicional, não se admite a interpretação em prejuízo do réu, devendo ser aplicado o prazo de um terço. O paciente primário com maus antecedentes não pode ser equiparado ao reincidente, em seu prejuízo. Precedentes" (STJ: HC 102.278/RJ, rel. Min. Jane Silva – Desembargadora convocada do TJ/MG, 6.ª Turma, j. 03.04.2008).

Condenado reincidente – cumprimento de metade da pena: "Esta Corte possui orientação no sentido de que ao 'sentenciado reincidente em crime doloso, deve ser adotado o lapso preconizado no art. 83, II, do Código Penal, impondo-se o transcurso do patamar de 1/2 (um meio) da sanção para a obtenção da liberdade clausulada, não havendo de se cogitar na aplicação concomitante do patamar de 1/3 (um terço) para a execução de pena aplicada ao tempo em que o réu ostentava a primariedade e de 1/2 (um meio) para as demais execuções'" (STJ: EDcl no HC 267.328/MG, rel. Min. Moura Ribeiro, 5.ª Turma, j. 03.06.2014).

Crimes hediondos e equiparados – cumprimento da pena: "A exigência de cumprimento de 2/3 da pena para o livramento condicional, nos casos de crime hediondo, advém da Lei nº 8.072/1990, não sofreu qualquer alteração pela Lei nº 11.464/2007, que apenas modificou o lapso para a progressão de regime prisional" (STJ: HC 168.588/SP, rel. Min. Maria Thereza de Assis Moura, 6ª Turma, j. 14.12.2010).

Crimes hediondos e equiparados – reincidência específica: "I – Nas hipóteses em que o réu, reincidente específico, cumpre pena pela prática de delitos hediondos ou a eles equiparados, e também de delitos não hediondos, a possibilidade de concessão do livramento condicional estará condicionada ao cumprimento integral das penas referentes àqueles delitos. II – *In casu*, o paciente cumpriu integralmente as reprimendas decorrentes da prática dos delitos de tráfico ilícito de entorpecentes, fazendo jus à concessão do livramento condicional quanto ao delito não hediondo, caso devidamente preenchidos os requisitos autorizadores da concessão do benefício. Inaplicável, portanto, no presente caso, o óbice previsto no art. 83, inciso V, *in fine*, do Código Penal. III – Tais requisitos, na hipótese, devem ser apreciados de acordo com o remanescente da pena relativa ao delito não hediondo" (STJ: HC 84.189/RJ, rel. Min. Felix Fischer, 5.ª Turma, j. 18.12.2007).

Execução conjunta de penas decorrentes de crime hediondo e de crime comum: "Esta Corte pacificou o entendimento de que para a concessão da benesse do livramento condicional, quando se tratar de execução conjunta de penas por crime hediondo e crime comum, deve ser elaborado o cálculo separadamente, com o agrupamento por crimes, computando-se por primeiro o percentual de 2/3 referente à condenação pelos crimes hediondos e, em seguida, o percentual de 1/3 concernente aos crimes comuns" (STJ: HC 267.328/MG, rel. Min. Moura Ribeiro, 5.ª Turma, j. 25.02.2014).

Falta grave – ausência nos últimos 12 (doze) meses – requisito subjetivo - fato por si só insuficiente: "A ausência de falta grave nos últimos 12 (doze) meses não é suficiente para satisfazer o requisito subjetivo exigido para a concessão do livramento condicional. A Lei n. 13.964/2019 incluiu a alínea b no inciso III do art. 83 do Código Penal, com o objetivo de impedir a concessão do livramento condicional quando há falta grave nos últimos 12 (doze) meses. Isso não significa que a ausência de falta grave no mencionado período seja suficiente para satisfazer o requisito subjetivo exigido para a concessão do livramento condicional, nem sequer que eventuais faltas disciplinares ocorridas anteriormente não possam ser consideradas pelo Juízo das Execuções Penais para aferir fundamentadamente o mérito do apenado. Assim, é legítimo que o julgador fundamente o indeferimento do pedido de livramento condicional em infrações disciplinares cometidas há mais de 12 (doze) meses, em razão da existência do requisito cumulativo contido na alínea a do art. 83 do inciso III do Código Penal, o qual determina que esse benefício será concedido apenas aos que demonstrarem bom comportamento durante a execução da pena" (STJ: AgRg no HC 776.645/SP, rel. Min. Laurita Vaz, 6.ª Turma, j. 25.10.2022, noticiado no *Informativo* 756).

Faltas graves e fuga reiterada do estabelecimento penal – ausência do requisito subjetivo: "A prática de faltas graves em seguida, juntamente com a situação de foragido do paciente, são suficientes para demonstrar que o seu comportamento não é adequado e que o requisito subjetivo, para concessão do benefício do livramento condicional, não se encontra cumprido. Precedentes" (STJ: HC 99.218/RS, rel. Min. Jane Silva (Desembargadora convocada do TJ/MG), 6.ª Turma, j. 29.04.2008).

Finalidade reeducativa da pena: "1. Para maior respeito à finalidade reeducativa da pena, o livramento condicional constitui a última etapa da execução penal, timbrada, esta, pela ideia central da liberdade responsável do condenado, de modo a permitir-lhe melhores condições de reinserção social. 2. A Lei de Execução Penal é de ser interpretada com os olhos postos em seu art. 1º. Artigo que institui a lógica da prevalência de mecanismos de reinclusão social (e não de exclusão do sujeito apenado) no exame dos direitos e deveres dos sentenciados. Isso para favorecer, sempre que possível, a redução de distância entre a população intramuros penitenciários e a comunidade extramuros. 3. Essa particular forma de parametrar a interpretação da lei (no caso, a LEP) é a que mais se aproxima da Constituição Federal, que faz da cidadania e da dignidade da pessoa humana dois de seus fundamentos (incisos II e III do art. 1º). A reintegração social dos apenados é, justamente, pontual densificação de ambos os fundamentos constitucionais" (STF: HC 99.652/RS, rel. Min. Carlos Britto, 1.ª Turma, j. 03.11.2009). *No mesmo sentido*: STJ: HC 235.480/SP, rel. Min. Gilson Dipp, 5.ª Turma, j. 26.06.2012.

Fundamento – requisito temporal – prática de falta grave: "O livramento condicional, para maior respeito à finalidade reeducativa da pena, constitui a última etapa da execução penal, timbrada, esta, pela ideia-força da liberdade responsável do condenado, de modo a lhe permitir melhores condições de reinserção social. O requisito temporal do livramento condicional é aferido a partir da quantidade de pena já efetivamente cumprida. Quantidade, essa, que não sofre nenhuma alteração com eventual prática de falta grave, pelo singelo mas robusto fundamento de que a ninguém é dado desconsiderar tempo de pena já cumprido. Pois o fato é que pena cumprida é pena extinta. É claro que, no caso de fuga (como é a situação destes autos), o lapso temporal em que o paciente esteve foragido não será computado como tempo de castigo cumprido. Óbvio! Todavia, a fuga não 'zera' ou faz desaparecer a pena até então cumprida. Ofende o princípio da legalidade a decisão que fixa a data da fuga do paciente como nova data-base para o cálculo do requisito temporal do livramento condicional" (STF: HC 94.163/RS, rel. Min. Carlos Britto, 1.ª Turma, j. 02.12.2008).

Mau comportamento carcerário – requisito subjetivo não configurado – faltas de natureza grave – crime cometido com violência ou grave ameaça: "O histórico prisional conturbado do apenado, somado ao crime praticado com violência ou grave ameaça (uma condição legal do atual art. 83, parágrafo único, do Código Penal), afasta a constatação inequívoca do requisito subjetivo para a concessão do livramento condicional. Para a concessão do benefício do livramento condicional, deve o reeducando preencher os requisitos de natureza objetiva (lapso temporal) e subjetiva (em especial, 'bom comportamento durante a execução da pena', 'bom desempenho no trabalho que lhe foi atribuído' e 'aptidão para prover à própria subsistência mediante trabalho honesto'), nos termos do art. 83 do Código Penal, com a atual redação, c/c o art. 131 da Lei de Execução Penal. A jurisprudência desta Corte se firmou no sentido de que, para que se afaste o requisito subjetivo das benesses executórias, deve o ser com base nos elementos concretos extraídos da execução. Com efeito, nos casos em que o cumprimento de pena por crimes que incluem delito praticado com violência ou grave ameaça (roubo), bem como a presença de faltas de natureza grave relativamente recentes, independentemente da simples observação da data fixada de reabilitação, nos termos do art. 83, parágrafo único, do Código Penal, com a redação atual dada pela Lei n. 13.964/2019, deve-se observar igualmente que: "Para o condenado por crime doloso, cometido com violência ou grave ameaça à pessoa, a concessão do livramento ficará também subordinada à constatação de condições pessoais que façam presumir que o liberado não voltará a delinquir". Dessa forma, o histórico prisional conturbado do apenado, somado ao crime praticado (uma condição legal do atual art. 83, parágrafo único, do Código Penal), afasta a constatação inequívoca do requisito subjetivo para a concessão do livramento condicional. Não há falar, pois, em suposta ilegalidade dos prazos fixados para a reabilitação da falta grave na Resolução SAP n. 144/2010 do Regimento Interno Padrão do Estado de São Paulo. Embora, de fato, a Sexta Turma desta Corte tenha esposado o entendimento de que as reabilitações das faltas graves cometidas no mesmo dia e que ocorrem em períodos sucessivos e não concomitantes conferem ao apenado tratamento mais rigoroso (HC 652.190/SP, Sexta Turma, Relª. Minª. Laurita Vaz, DJe de 27/8/2021), o precedente tratava de faltas cometidas há cerca de 4 (quatro) anos e em crime de tráfico de drogas. No caso vertente, a simples constatação de eventual reabilitação das faltas não altera a situação prisional do paciente, já que não se mostram tão antigas e o crime praticado se deu sob violência ou grave ameaça" (STJ: HC

734.064/SP, rel. Min. Jesuíno Rissato (Desembargador convocado do TJDFT), 5.ª Turma, j. 03.05.2022, noticiado no *Informativo* 735).

Período de prova – limite temporal previsto no art. 75 do Código Penal – aplicabilidade: "Aplica-se o limite temporal previsto no art. 75 do Código Penal ao apenado em livramento condicional. Inicialmente cumpre salientar que, no caso em tela, o Juiz da Execução Penal havia negado a extinção da pena, eis que entendeu inaplicável a consideração do tempo em livramento condicional para alcance do limite do art. 75 do CP. Deve ser sopesado que o art. 75 do CP decorre de balizamento da duração máxima das penas privativas de liberdade, em atenção ao disposto na Emenda Constitucional 1 de 17/10/1969 que editou o novo texto da Constituição Federal de 24/01/1967. Analisando-se a legislação infraconstitucional, tem-se que o livramento condicional é um instituto jurídico positivado, tanto no CP (arts. 83 a 90) quanto na Lei 7.210/1984 (Lei de Execução Penal – LEP) (arts. 131 a 146), a ser aplicado ao apenado para que ele fique solto, mediante condições, por um tempo determinado e denominado de 'período de prova' (art. 26, II, da LEP), com a finalidade de extinguir a pena privativa de liberdade. Ultrapassado o período de prova, ou seja, não revogado o livramento condicional, encerra-se seu período, declarando-se extinta a pena privativa de liberdade. Embora não se extraia da leitura dos dispositivos legais expressamente o prazo de duração do livramento condicional, é pacífica a compreensão de que o tempo em livramento condicional corresponderá ao mesmo tempo restante da pena privativa de liberdade a ser cumprida. Inclusive e em reforço de tal compreensão, o CP e a LEP dispõem que o tempo em livramento condicional será computado como tempo de cumprimento de pena caso o motivo de revogação do livramento condicional decorra de infração penal anterior à vigência do referido instituto. Com o norte nos princípios da isonomia e da razoabilidade, podemos afirmar que o instituto do livramento condicional deve produzir os mesmos efeitos para quaisquer dos apenados que nele ingressem e tais efeitos não devem ser alterados no decorrer do período de prova, ressalvado o regramento legal a respeito da revogação, devendo o término do prazo do livramento condicional coincidir com o alcance do limite do art. 75 do CP. Logo, em atenção ao tratamento isonômico, o efeito ordinário do livramento condicional (um dia em livramento condicional equivale a um dia de pena privativa de liberdade), aplicado ao apenado em pena inferior ao limite do art. 75 do CP, deve ser aplicado em pena privativa de liberdade superior ao referido limite legal. Sob outra ótica, princípio da razoabilidade, não se pode exigir, do mesmo apenado em livramento condicional sob mesmas condições, mais do que um dia em livramento condicional para descontar um dia de pena privativa de liberdade, em razão apenas de estar cumprindo pena privativa de liberdade inferior ou superior ao limite do art. 75 do CP. Assim, o Juiz da Execução Penal, para conceder o livramento condicional, observará a pena privativa de liberdade resultante de sentença(s) condenatória(s). Alcançado o requisito objetivo para fins de concessão do livramento condicional, a duração dele (o período de prova) será correspondente ao restante de pena privativa de liberdade a cumprir, limitada ao disposto no art. 75 do CP" (STJ: REsp 1.922.012/RS, rel. Min. Joel Ilan Paciornik, 5.ª Turma, j. 05.10.2021, noticiado no *Informativo* 712).

Prática de falta grave – não interrupção do prazo para obtenção do benefício: "A prática de falta grave não interrompe o prazo para a obtenção de livramento condicional. Aplica-se, nessa situação, o entendimento consagrado na Súmula 441 do STJ" (STJ: REsp 1.364.192/RS, rel. Min. Sebastião Reis Júnior, 3.ª Seção, j. 12.02.2014, noticiado no *Informativo* 546).

Reincidência – influência sobre todas as condenações: "Na definição do requisito objetivo para a concessão de livramento condicional, a condição de reincidente em crime doloso deve incidir sobre a somatória das penas impostas ao condenado, ainda que a agravante da reincidência não tenha sido reconhecida pelo juízo sentenciante em algumas das condenações. Isso porque a reincidência é circunstância pessoal que interfere na execução como um todo, e não somente nas penas em que ela foi reconhecida" (STJ: HC 307.180/RS, rel. Min. Felix Fischer, 5.ª Turma, j. 16.04.2015, noticiado no *Informativo* 561).

Requisitos – exame criminológico: "1. O Supremo Tribunal Federal entende que o deferimento de benefícios prisionais está vinculado ao preenchimento, pelo condenado, de requisitos objetivo e subjetivo. Sendo certo que, na aferição do pressuposto subjetivo, pode o Juiz da Execução usar o exame criminológico como um dos elementos de formação de sua convicção. Noutro falar: a ideia-força que orienta os julgados desta Corte é a de que o exame criminológico pode subsidiar as decisões do Juiz das Execuções Criminais. Juiz, é bom que se diga, que não estará adstrito ao laudo técnico, podendo valorá-lo, a partir dos demais elementos que instruem os autos de execução criminal. 2. Na concreta situação dos autos, o Juízo das Execuções Penais dispensou, indevidamente, a comprovação do requisito subjetivo. Requisito subjetivo exigido tanto pelo art. 112 da Lei de Execuções Penais quanto pelo art. 83 do Código Penal. Mais: a própria notícia de que o paciente empreendeu três fugas do estabelecimento prisional já impede considerar preenchido o requisito subjetivo necessário ao livramento condicional. Precedentes" (STF: HC 94.208/RS, rel. Min. Carlos Britto, 1.ª Turma, j. 10.11.2009). *No mesmo sentido*: STJ: HC 287.754/RN, rel. Min. Marco Aurélio Bellizze, 5.ª Turma, j. 20.03.2014.

Vedação ao reincidente específico – constitucionalidade: "1. O livramento condicional consiste na última etapa da execução da pena visando a ressocialização do apenado, atendidos os requisitos do art. 83 do CP, vedado, contudo, expressamente, o benefício para reincidentes específicos. 2. A vedação legal à concessão do livramento condicional ao reincidente específico não padece de inconstitucionalidade por ofensa ao princípio da individualização da pena por atender aos fins repressivos da reprimenda" (STJ: HC 139.511/RJ, rel. Min. Arnaldo Esteves Lima, 5.ª Turma, j. 06.10.2009).

Soma de penas

> **Art. 84.** As penas que correspondem a infrações diversas devem somar-se para efeito do livramento.

○ **Soma das penas para efeito de livramento:** Um dos requisitos objetivos para a concessão do livramento condicional é a quantidade da pena imposta: pena privativa de liberdade igual ou superior a 2 (dois) anos. O dispositivo em exame prevê a soma das penas correspondentes a infrações diversas para efeito do livramento. Trata-se de medida salutar, pois, se não existisse, estaria vedado o benefício ao indivíduo que, exemplificativamente, fosse condenado por dois furtos, de diminuta gravidade, cada um com pena de 1 (um) ano e 2 (dois) meses de reclusão, uma vez que o montante das penas impediria o *sursis*, enquanto para um criminoso autor de roubo mediante a restrição da liberdade da vítima (CP, art. 157, § 2.º, V), com pena de 6 (seis) anos, o livramento condicional seria cabível. Em conformidade com a orientação do STJ, não há como somar a pena aplicada em sentença ainda não transitada em julgado ao cálculo do total da pena a ser cumprida para efeito de concessão do livramento condicional.

○ **Jurisprudência selecionada:**

Livramento condicional – cálculo com base no total da pena: "O requisito objetivo para a manutenção de livramento condicional, para condenados reincidentes em crimes dolosos, é o cumprimento de mais da metade do total das penas unificadas. *In casu*, verifica-se que o paciente não possui tal requisito, o que torna inviável a manutenção do benefício" (STJ: HC 96.279/ES, rel. Min. Felix Fischer, 5.ª Turma, j. 27.03.2008).

Livramento condicional – soma das penas – necessidade de condenação definitiva: "Não é possível que pena aplicada por sentença penal condenatória não transitada em julgado venha a integrar cálculo do total da pena a ser cumprida, para efeito de concessão de livramento condicional" (STJ: HC 48.269/RS, rel. Min. Maria Thereza de Assis Moura, 6.ª Turma, j. 19.04.2007).

Especificações das condições

> **Art. 85.** A sentença especificará as condições a que fica subordinado o livramento.

○ **Condições:** Como indica o próprio nome do instituto, o livramento é **condicional**. Com efeito, a liberdade antecipada se sujeita ao cumprimento de condições a serem observadas pelo condenado durante o período de prova ou de experiência, isto é, pelo tempo restante da pena privativa de liberdade. Esse período de prova tem início com a cerimônia realizada no estabelecimento prisional em que o condenado cumpre a pena, realizada após a concessão do benefício pelo juízo da execução. Na cerimônia, com suas etapas definidas pelo art. 137 da LEP, o condenando declara se aceita ou não as condições a que fica subordinado o livramento.

○ **Espécies de condições:** As condições do livramento condicional podem ser legais ou judiciais.

a) Condições legais são as que decorrem do mandamento legal. Estão previstas em **rol taxativo**. Nos termos do art. 132, § 1.º, da LEP, serão **sempre** impostas ao liberado condicional as obrigações seguintes: (a) obter ocupação lícita, dentro de prazo razoável, se for apto para o trabalho. Esse prazo razoável deve ser estipulado pelo juiz. Entende-se que, se o condenado for pessoa portadora de deficiência física impeditiva de atividade laborativa, não se impõe essa condição; (b) comunicar periodicamente ao juiz sua ocupação. O prazo da comunicação também deve ser indicado pelo magistrado. Na praxe, normalmente é mensal; e (c) não mudar do território da comarca do Juízo da Execução sem prévia autorização deste.

b) Condições judiciais: Sem prejuízo das condições legais, podem ainda ser impostas **condições judiciais**. Não são de aplicação peremptória, reservando espaço para a discricionariedade do magistrado. Estão indicadas em **rol exemplificativo**, pois o juiz da execução tem a faculdade de estabelecer outras condições, desde que adequadas ao caso e em conformidade com os direitos constitucionais do condenado. Em conformidade com o art. 132, § 2.º, da LEP, poderão ser ainda impostas ao liberado condicional, entre outras obrigações, as seguintes: (a) não mudar de residência sem comunicação ao juiz e à autoridade incumbida da observação cautelar e de proteção; (b) recolher-se à habitação em hora fixada; e (c) não frequentar determinados lugares; e (d) utilizar equipamento de monitoração eletrônica. Nas condições indicadas nas letras "b" e "c" – "recolher-se à habitação em hora fixada" e "não frequentar determinados lugares" – o juízo da execução deve indicar, precisamente, o horário para recolhimento à habitação e os lugares cuja frequência está proibida.

c) Condições legais indiretas: Fala-se também em **condições legais indiretas**. Consistem nas causas de revogação do livramento condicional, e recebem esse nome pela razão de se constituírem em **condições negativas**, ou seja, revogam o benefício se estiverem presentes. Portanto, o condenado, para não ensejar a revogação da liberdade antecipada durante o período de prova, deve evitar que tais acontecimentos se verifiquem.

Revogação do livramento

> **Art. 86.** Revoga-se o livramento, se o liberado vem a ser condenado a pena privativa de liberdade, em sentença irrecorrível:
>
> I – por crime cometido durante a vigência do benefício;
>
> II – por crime anterior, observado o disposto no art. 84 deste Código.

○ **Revogação do livramento condicional:** O livramento condicional é **precário**, ou seja, é inerente ao benefício sua possibilidade de revogação a qualquer momento, desde que não sejam cumpridas suas condições – legais, judiciais ou indiretas. A revogação pode ser obrigatória ou facultativa, e suas causas encontram-se disciplinadas pelos arts. 86 e 87 do CP. Deve ser decretada pelo **juiz da execução**, de ofício, a requerimento do MP ou mediante representação do Conselho Penitenciário. Em qualquer caso, o juiz deve proceder à **prévia oitiva** do condenado, sob pena de nulidade por violação do princípio constitucional da ampla defesa.

○ **Revogação obrigatória:** Podem ser retiradas algumas conclusões do art. 86 do CP. São **causas legais de revogação**, pois ao magistrado não é dado o direito de recusá-las. Decorrem da lei, sem qualquer margem de discricionariedade para o Poder Judiciário. Ademais, a condenação irrecorrível por contravenção penal, qualquer que seja o momento de sua prática, com aplicação de pena privativa de liberdade, não autoriza a revogação obrigatória do livramento condicional. Essa posição se reforça com a análise do art. 87 do CP, que permite a revogação facultativa do benefício quando o liberado é condenado irrecorrivelmente por contravenção penal a pena que não seja privativa de liberdade. Se não bastasse, não é possível a revogação obrigatória do livramento condicional quando o crime é cometido antes da cerimônia do livramento condicional, mas após a decisão judicial que concedeu o benefício. De fato, o inciso I refere-se ao crime cometido durante a vigência do benefício, ao passo que o inciso II reporta-se a crime anterior. Finalmente, a decisão judicial que revoga o livramento condicional em razão de condenação irrecorrível dispensa fundamentação, pois toda a motivação já foi efetuada na sentença condenatória, limitando-se o juízo da execução a reconhecê-la.

– **Inciso I:** O liberado deve ser condenado à pena privativa de liberdade, por decisão transitada em julgado, por crime **cometido durante a vigência do benefício**. Nesse caso, o juiz poderá ordenar a prisão do liberado, ouvidos o Conselho Penitenciário e o MP, **suspendendo** o curso do livramento condicional, cuja revogação, entretanto, ficará dependendo da decisão final (art. 145 da LEP). Se a decisão final for condenatória, e transitar em julgado, o juiz deverá revogar o livramento condicional. De fato, o juiz não poderá declarar extinta a pena, enquanto não passar em julgado a sentença em processo a que responde o liberado, por crime cometido na vigência do livramento (art. 89 do CP). E como violou a confiança nele depositada pelo juízo da execução, praticando um crime durante a vigência do benefício, os efeitos da revogação são rigorosos, quais sejam: (a) não se computa na pena o tempo em que esteve solto o liberado; (b) não se concede, em relação à mesma pena, novo livramento; e (c) não se pode somar o restante da pena cominada ao crime à nova pena, para fins de concessão de novo livramento. É o que se extrai do art. 88 do CP, dos arts. 728 e 729 do CPP, bem como dos arts. 141 e 142 da LEP.

– **Inciso II:** O livramento condicional deve ser revogado quando o liberado vem a ser condenado a pena privativa de liberdade, em sentença irrecorrível, **por crime anterior**, observado o disposto no art. 84 do CP. A referência ao art. 84 tem o seguinte significado: somente é possível a revogação quando a nova pena privativa de liberdade, somada à anterior, que ensejou o livramento condicional, resultar na impossibilidade de manutenção do benefício. Exemplo: depois de condenado a 12 anos de reclusão, o réu, primário e com bons antecedentes, cumpriu mais de quatro anos da pena e a ele foi concedida a liberdade antecipada. Após dois anos no gozo do benefício, e, portanto, faltando seis anos para a extinção da pena privativa de liberdade, é condenado a 20 anos de reclusão por crime anterior. Sua pena faltante, somadas as duas, é de 26 anos, razão pela qual é incompatível preservar o livramento condicional com os seis anos de pena até então cumpridos, que representam menos de um terço do total. Como, entretanto, o liberado não abusou a confiança nele depositada pelo Poder Judiciário, pois o crime foi cometido antes da concessão da liberdade antecipada, os efeitos da revogação são mais suaves, quais sejam: (a) computa-se como cumprimento da pena o tempo em que o condenado esteve solto; (b) admite-se a soma do tempo das duas penas para concessão de novo livramento; e (c) permite-se novo livramento condicional, desde que o condenado tenha cumprido mais de um terço ou mais de metade do total da pena imposta (soma das penas), conforme seja primário e portador de bons antecedentes ou reincidente em crime doloso. É o que consta do art. 88 do CP, dos arts. 728 e 729 do CPP, e dos arts. 141 e 142 da LEP.

○ **Jurisprudência selecionada:**

Livramento condicional – condenado por crime cometido na vigência do benefício – revogação obrigatória: "1. A condenação irrecorrível, por crime cometido na vigência do livramento condicional, é causa de revogação obrigatória do benefício (inciso I do artigo 86 do Código Penal). 2. Revogado o livramento condicional pela prática delitiva durante o período de prova, não se conta como tempo de pena cumprida o lapso temporal em que o condenado ficou em liberdade" (STF: HC 90.449/RJ, rel. Min. Carlos Britto, 1.ª Turma, j. 09.10.2007). *No mesmo sentido:* STJ: AgRg no REsp 897.696/RS, rel. Min. Jane Silva – Desembargadora convocada do TJ/MG, 6.ª Turma, j. 29.04.2008.

Livramento condicional – prática de crime durante o período de prova – efeitos – impossibilidade de perda dos dias remidos: "O cometimento de crime durante o período de prova do livramento condicional não implica a perda dos dias remidos. Isso porque o livramento condicional possui regras distintas da execução penal dentro do sistema progressivo de penas. Assim, no caso de revogação do livramento condicional que seja motivada por infração penal cometida na vigência do benefício, aplica-se o disposto nos arts. 142 da Lei 7.210/1984 (LEP) e 88 do CP, os quais determinam que não se computará na pena o tempo em que esteve solto o liberado e não se concederá, em relação à mesma pena, novo livramento. A cumulação dessas sanções com os efeitos próprios da prática da falta grave não é possível, por inexistência de disposição legal nesse sentido. Desse modo, consoante o disposto no art. 140, parágrafo único, da LEP, as penalidades para o sentenciado no gozo de livramento condicional consistem em revogação do benefício, advertência ou agravamento das condições" (STJ: HC 271.907/SP, rel. Min. Rogerio Schietti Cruz, 6.ª Turma, j. 27.03.2014, noticiado no *Informativo* 539).

Livramento condicional – prisão cautelar – revogação: "2. À luz do disposto no art. 86, I, do Código Penal e no art. 145 da Lei das Execuções Penais, se, durante o cumprimento do benefício, o liberado cometer outra infração penal, o juiz poderá ordenar a sua prisão, suspendendo o curso do livramento condicional, cuja revogação, entretanto, aguardará a conclusão do novo processo instaurado. 3. A suspensão do livramento condicional não é automática. Pelo contrário, deve ser expressa, por decisão fundamentada, para se aguardar a apuração da nova infração penal cometida durante o período de prova, e, então, se o caso, revogar o benefício" (STF: HC 119.938/RJ, rel. Min. Rosa Weber, 1ª Turma, j. 03.06.2014). *No mesmo sentido*: STF: HC 109.618/RJ, rel. Min. Dias Toffoli, 1ª Turma, j. 12.06.2012, noticiado no *Informativo* 670.

Livramento condicional – revogação – efeitos: "Determina o art. 141 da Lei de Execução Penal que, se a revogação do livramento condicional for motivada por infração penal anterior à vigência do benefício, computar-se-á como tempo de cumprimento da pena o período de prova, sendo permitida, para a concessão de novo livramento, a soma do tempo das duas penas. Por seu turno, o art. 142 do mesmo diploma legal estabelece que, no caso de revogação por outro motivo, não se computará na pena o tempo em que esteve solto o liberado, e tampouco se concederá, em relação à mesma pena, novo livramento" (STJ: REsp 1.154.726/RS, rel. Min. Marco Aurélio Bellizze, 5.ª Turma, j. 08.05.2014).

Revogação facultativa

Art. 87. O juiz poderá, também, revogar o livramento, se o liberado deixar de cumprir qualquer das obrigações constantes da sentença, ou for irrecorrivelmente condenado, por crime ou contravenção, a pena que não seja privativa de liberdade.

○ **Revogação facultativa:** Este dispositivo contém **causas judiciais** de revogação do livramento condicional, pois fica a critério do magistrado eventual manutenção do benefício. Se optar por não revogá-lo, o juiz deverá advertir o liberado ou agravar as condições impostas (art. 140, parágrafo único, da LEP). A revogação facultativa é possível em duas hipóteses:

– **Se o liberado deixar de cumprir qualquer das obrigações constantes da sentença:** O motivo dessa causa é simples: o livramento é condicional, mas o condenado não cumpre as condições assumidas por ocasião da concessão do benefício. Se ele não honrou sua palavra, o Estado pode revogar a liberdade antecipada, com a consequente retomada da execução da pena privativa de liberdade. O descumprimento de qualquer condição, legal ou judicial, faculta a revogação do livramento condicional. É prudente, contudo, sem prejuízo da prévia oitiva do condenado (art. 143 da LEP), que lhe seja feita nova advertência, com reiteração das condições impostas ou mesmo com o agravamento de tais condições. Em suma, razoável tentar-se a manutenção do benefício e somente revogá-lo com o desatendimento reiterado das condições que lhe são inerentes. Mas se o juiz optar pela revogação do benefício, seus efeitos serão rigorosos, pois o liberado abusou da confiança nele depositada pelo Estado. Como se infere do art. 88 do CP, não se desconta na pena o tempo em que esteve solto o condenado, e também não se permite a concessão, no tocante à mesma pena, de novo livramento condicional.

– **Se o liberado for irrecorrivelmente condenado, por crime ou contravenção, a pena que não seja privativa de liberdade:** É irrelevante o momento da prática do crime ou da contravenção penal, isto é, se antes do livramento condicional ou durante o período de experiência. A revogação facultativa depende de condenação irrecorrível a pena que **não seja privativa de liberdade**. A condenação irrecorrível a pena privativa de liberdade pela prática de crime induz à revogação obrigatória (art. 86 do CP), e não gera nenhum efeito se decorrente de contravenção penal. De acordo com a regra estipulada pelo art. 88 do CP, variam os efeitos, todavia, em razão do momento em que a infração penal foi praticada. Se cometido o crime ou contravenção penal anteriormente ao benefício, os efeitos são os seguintes: desconta-se da pena o tempo em que esteve solto o condenado, e também se permite novo livramento condicional em relação à mesma pena. Por outro lado, se praticado o crime ou contravenção penal na vigência do benefício, os efeitos são mais graves: não se desconta da pena o tempo em que esteve solto o condenado, e não se autoriza a concessão, no tocante à mesma pena, de novo livramento condicional.

○ **Jurisprudência selecionada:**

Revogação facultativa – opções reservadas ao juiz: "Na hipótese de deixar de cumprir uma das condições impostas pelo Juízo da Execução Penal, o liberado poderá ter seu benefício revogado, ser advertido ou as suas condições poderão ser agravadas" (STJ: AgRg no REsp 1.236.295/RS, rel. Min. Laurita Vaz, 5ª Turma, j. 24.09.2013).

Efeitos da revogação

> **Art. 88.** Revogado o livramento, não poderá ser novamente concedido, e, salvo quando a revogação resulta de condenação por outro crime anterior àquele benefício, não se desconta na pena o tempo em que esteve solto o condenado.

○ **Efeitos da revogação:** Os efeitos da revogação do livramento condicional dependem da sua causa. Se o benefício for revogado em razão da condenação do réu por crime cometido antes da concessão do livramento, deverá cumprir o restante da pena, sendo descontado o período em que esteve solto. A nova condenação deverá ser somada ao tempo restante da pena anterior, podendo ser concedido novo benefício, cumpridas as exigências do art. 83, I, II ou V do CP. De outro lado, sendo revogado o benefício em razão de condenação irrecorrível por fato praticado durante o livramento condicional, deverá o condenado cumprir o restante da pena, mas não será descontado o período em que esteve solto e não poderá obter novo livramento com base nesta pena. Já quanto à nova condenação, em tese poderá haver concessão de novo livramento condicional. Há ainda uma terceira hipótese, que é a revogação do livramento em razão do descumprimento das condições impostas. Nesse caso deverá ser cumprido o restante da pena e não caberá nova concessão.

○ **Jurisprudência selecionada:**

Livramento condicional – revogação obrigatória – crime cometido na vigência do benefício: "1. A condenação irrecorrível, por crime cometido na vigência do livramento condicional, é causa de revogação obrigatória do benefício (inciso I do artigo 86 do Código Penal). 2. Revogado o livramento condicional pela prática delitiva durante o período de prova, não se conta como tempo de pena cumprida o lapso temporal em que o condenado ficou em liberdade" (STF: HC 90.449/ RJ, rel. Min. Carlos Britto, 1.ª Turma, j. 09.10.2007). *No mesmo sentido:* STJ: AgRg no REsp 897.696/RS, rel. Min. Jane Silva (Desembargadora convocada do TJ/MG), 6.ª Turma, j. 29.04.2008.

Extinção

> **Art. 89.** O juiz não poderá declarar extinta a pena, enquanto não passar em julgado a sentença em processo a que responde o liberado, por crime cometido na vigência do livramento.

○ **Prorrogação do período de prova:** É cabível a prorrogação do período de prova quando o beneficiário responde a ação penal em razão de **crime cometido na vigência do livramento condicional**. É o teor do dispositivo em análise. O juiz da Vara das Execuções não poderá declarar a extinção da pena privativa de liberdade enquanto não transitar em julgado a sentença proferida na ação penal ajuizada em decorrência do crime cometido na vigência do livramento condicional. Deve prorrogar o período de prova até o trânsito em julgado da sentença, que poderá ser condenatória ou absolutória. Durante a prorrogação não subsistem as condições do livramento condicional, desde que já tenha sido ultrapassado o período de prova, ou seja, já tenha se esvaído o tempo restante da pena privativa de liberdade.

○ **Natureza e efeitos da prorrogação:** Essa prorrogação é automática ou depende de expressa decisão judicial? Há duas posições sobre o assunto: (1.ª) A prorrogação é automática e prescinde de decisão judicial. Para essa corrente, basta o recebimento da denúncia ou da queixa. É o entendimento dominante na doutrina, com eco minoritário no STJ; e (2.ª) A prorrogação não é automática e depende de decisão judicial expressa. É a posição amplamente dominante do STJ e também a do STF. Para ambas as posições, a prorrogação somente é possível em relação a crime cometido na vigência do benefício, pois o crime anterior permite o desconto na pena do tempo em que esteve solto o condenado. Destarte, seria inócuo prorrogar o benefício além do período de prova, uma vez que a pena privativa de liberdade já estaria integralmente cumprida. Pouco importa seja o crime doloso ou culposo, punido com reclusão ou detenção. Não se admite, entretanto, a prorrogação do período de prova no caso de contravenção penal cometida durante a vigência do livramento condicional, pois a lei fala somente em **"crime"**. Com o término da prorrogação em razão de crime cometido durante a vigência do benefício, operando-se o trânsito em julgado da sentença, podem ocorrer as seguintes situações: (a) o liberado é absolvido: declara-se a extinção da pena privativa de liberdade; (b) o liberado é condenado a pena privativa de liberdade: o benefício é obrigatoriamente revogado (art. 86, I e II, do CP); e (c) o liberado é condenado a pena que não seja privativa de liberdade: a revogação do livramento condicional é facultativa (art. 87, in fine, do CP).

○ **Suspensão do livramento condicional:** Dispõe o art. 145 da LEP que "praticada pelo liberado outra infração penal, o juiz poderá ordenar a sua prisão, ouvidos o Conselho Penitenciário e o Ministério Público, suspendendo o curso do livramento condicional, cuja revogação, entretanto, ficará dependendo da decisão final". A revogação do livramento condicional, tanto na modalidade obrigatória como na forma facultativa, quando motivada pela prática de crime ou contravenção penal, depende do trânsito em julgado da condenação. É o que consta expressamente dos arts. 86 e 87 do CP. Pode acontecer, entretanto, de ser moroso o trâmite da ação penal iniciada em razão do cometimento do crime ou da contravenção penal, a ponto de não haver decisão definitiva ao tempo do término do período de prova do livramento condicional. Nesse caso, deveria ser declarada a extinção da pena privativa de liberdade, com fulcro no art. 90 do CP. Esse procedimento levaria ao inconveniente de, posteriormente à extinção da pena privativa de liberdade, ser o agente definitivamente condenado por crime ou contravenção penal cometidos antes ou durante a vigência do benefício. Para superar esse entrave, o art. 145 da LEP permite ao magistrado, depois de ouvidos o Conselho Penitenciário e o MP, a suspensão do livramento condicional até a decisão final. O dispositivo legal é aplicável às hipóteses descritas pelo art. 86, I e II, bem como pelo art. 87, ambos do CP. Com efeito, o art. 145 da LEP limita-se a falar em **prática de outra infração penal** (crime ou contravenção), pouco importando se na vigência do livramento condicional ou em momento pretérito. Não se exige, portanto, condenação definitiva, bastando o cometimento do crime ou da contravenção penal. Ademais, a condenação por sentença irrecorrível decorrente de crime do qual resulte pena privativa de liberdade **deve** ensejar a revogação do benefício, enquanto a condenação definitiva por crime ou contravenção penal a pena que não seja privativa de liberdade **pode** produzir igual efeito. Mas não é possível a suspensão do livramento condicional quando o liberado deixa de cumprir qualquer das obrigações decorrentes da sentença (art. 87, 1.ª parte, do CP), pois a LEP autoriza essa medida somente quando praticada outra infração penal. O Superior Tribunal de Justiça, contudo, já decidiu em sentido contrário.

○ **Jurisprudência selecionada:**

Livramento condicional – prática de crime na vigência do benefício – suspensão cautelar: "O cometimento de outro delito pelo condenado, no decorrer do livramento condicional, autoriza a suspensão cautelar do benefício, a teor dos arts. 145 da Lei de Execução Penal e 732 do Código de Processo Penal" (STJ: AgRg no REsp 996.569/RS, rel. Ministro Paulo Gallotti, 6.ª Turma, j. 15.05.2008).

Livramento condicional – prisão em flagrante durante o período de prova: "Se o condenado é preso em flagrante delito durante o período de prova do livramento condicional, sem contudo, em tal lapso, haver a declaração de revogação ou prorrogação, não há falar-se em automática extinção da punibilidade" (STJ: AgRg no HC 73.714/RJ, rel. Min. Maria Thereza de Assis Moura, 6.ª Turma, j. 09.10.2007).

Livramento condicional – suspensão do benefício – descumprimento das obrigações impostas – possibilidade: "O Superior Tribunal de Justiça, ao fazer a interpretação conjugada do art. 87 do Código Penal com o art. 145 da Lei de Execução Penal, entende que, não obstante a revogação do livramento condicional dependa da prévia oitiva do apenado, a suspensão cautelar do benefício quando o liberado deixa de cumprir as obrigações que lhe são impostas prescinde de tal formalidade" (STJ: AgRg no RHC 49.213/MG, rel. Min. Sebastião Reis Júnior, 6.ª Turma, j. 04.09.2014).

Livramento condicional – suspensão do benefício – revogação posterior – possibilidade: "Uma vez cumprido o prazo do livramento condicional e suas condições, não ocorrendo suspensão ou revogação, a pena é automaticamente extinta, nos termos do art. 90 do Código Penal. Suspenso o livramento condicional durante o seu curso, nos termos do art. 145 da Lei de Execução Penal, não há óbice para que o benefício venha a ser revogado depois de expirado o período de prova" (STJ: HC 81.753/RJ, rel. Min. Arnaldo Esteves Lima, 5ª Turma, j. 11.12.2007).

Art. 90. Se até o seu término o livramento não é revogado, considera-se extinta a pena privativa de liberdade.

○ **Extinção da pena:** Superado sem revogação o período de prova do livramento condicional, considera-se extinta a pena privativa de liberdade. Cuida-se de **sentença meramente declaratória**, com **eficácia retroativa (*ex tunc*)** à data em que se encerrou o período de prova. Destarte, extingue-se a pena privativa de liberdade com o término sem revogação do período de prova, e não com a decisão judicial que se limita a reconhecer o fim da sanção penal. Antes da decretação da extinção da pena privativa de liberdade, o magistrado deve ouvir o MP (art. 67 da LEP).

○ **Súmula 617 do STJ:** "A ausência de suspensão ou revogação do livramento condicional antes do término do período de prova enseja a extinção da punibilidade pelo integral cumprimento da pena".

○ **Jurisprudência selecionada:**

Livramento condicional – prática de crime durante o período de prova – inércia do Ministério Público no tocante à suspensão cautelar do benefício – extinção da pena: "1- Cabe ao Juízo das Execuções a suspensão cautelar do benefício ainda durante o seu curso, para, posteriormente, e se fosse o caso, revogá-lo. Inteligência do art. 732 do Código de Processo Penal e art. 145 da Lei de Execuções Penais. 2- Não obstante ser obrigatória a revogação do livramento condicional na hipótese de condenação irrecorrível à pena privativa de liberdade por crime cometido durante a sua vigência, faz-se mister a prévia suspensão cautelar do benefício. 3- Permanecendo inerte o órgão fiscalizador, não se pode restringir o direito do réu, após o cumprimento integral do benefício, restabelecendo situação já vencida pelo decurso de tempo. Incidência do disposto no art. 90 do Código Penal" (STJ: HC 89.138/MG, rel. Min. Jane Silva – Desembargadora convocada do TJ/MG, 6.ª Turma, j. 12.02.2008).

Livramento condicional – suspensão do período de prova – medida cautelar – extinção da pena – decisão meramente declaratória: "1. 'A suspensão do curso do livramento condicional até a decisão definitiva do processo resultante da imputação da prática do crime durante a sua vigência é medida cautelar, dependente de decisão judicial específica. Não tendo havido a suspensão cautelar, corre sem óbice o prazo do livramento, cujo termo, sem revogação, implica extinção da pena.' (STF, HC 81879-0/SP, Rel. Min. Sepúlveda Pertence, DJ de 06.08.2002). 2. A suspensão e/ou a revogação do livramento condicional em período posterior a seu término é, em regra, constrangimento ilegal, ainda que seu pedido tenha sido efetivado pelo órgão ministerial em período anterior (artigo 90 do Código Penal). 3. A decisão de extinção da pena é ato meramente declaratório, ainda que prolatado em data ulterior, tendo-se por extinta a punibilidade na efetiva data do término do período de prova. Precedentes deste STJ" (STJ: HC 41.492/RJ, rel. Min. Hélio Quaglia Barbosa, 6.ª Turma, j. 31.08.2005).

Livramento condicional – término do período de prova – ausência de suspensão ou prorrogação – extinção da pena: "1. Não havendo suspensão ou prorrogação do livramento condicional pelo Juízo das Execuções, que estava ciente da prática de nova conduta delituosa, a pena é automaticamente extinta após o decurso do prazo, nos termos do art. 90 do Código Penal. 2. Segundo a orientação do Supremo Tribunal Federal, a solução legal exclusiva para obstar a extinção da pena, pelo término do prazo do livramento condicional sem decisão judicial que o revogue, é a medida cautelar (arts. 732 do CPP e 145 da LEP)" (STJ: HC 79.511/RJ, rel. Min. Arnaldo Esteves Lima, 5.ª Turma, j. 04.10.2007). *No mesmo sentido:* STJ: HC 86.888/RJ, rel. Min. Félix Fischer, 5.ª Turma, j. 18.12.2007.

Capítulo VI
DOS EFEITOS DA CONDENAÇÃO

Efeitos genéricos e específicos

> **Art. 91.** São efeitos da condenação:
>
> I – tornar certa a obrigação de indenizar o dano causado pelo crime;
>
> II – a perda em favor da União, ressalvado o direito do lesado ou de terceiro de boa-fé:
>
> a) dos instrumentos do crime, desde que consistam em coisas cujo fabrico, alienação, uso, porte ou detenção constitua fato ilícito;
>
> b) do produto do crime ou de qualquer bem ou valor que constitua proveito auferido pelo agente com a prática do fato criminoso.
>
> § 1º Poderá ser decretada a perda de bens ou valores equivalentes ao produto ou proveito do crime quando estes não forem encontrados ou quando se localizarem no exterior.
>
> § 2º Na hipótese do § 1º, as medidas assecuratórias previstas na legislação processual poderão abranger bens ou valores equivalentes do investigado ou acusado para posterior decretação de perda.

○ **Introdução:** Condenação é o ato exclusivo do Poder Judiciário que, representado por um de seus membros e depois de obedecido o devido processo legal, aplica em sentença a pena correspondente ao agente culpável reconhecido como responsável por um fato típico e ilícito. Efeitos da condenação são todas as consequências que, direta ou indiretamente, atingem a pessoa do condenado por sentença penal transitada em julgado. Esses efeitos não se limitam ao campo penal, incidindo também nas áreas cível, administrativa, trabalhista e político-eleitoral, entre outras.

○ **Pressuposto:** Para se falar em seus efeitos, por óbvio, reclama-se a existência de uma sentença penal condenatória com trânsito em julgado. Sentença penal condenatória é aquela proferida em regular ação penal, impondo pena ao envolvido (autor, coautor ou partícipe) em um crime ou contravenção penal. Transitada em julgado é a decisão judicial que não comporta mais recursos. A sentença que aplica medida de segurança aos inimputáveis do art. 26, *caput*, do CP, tem natureza absolutória (art. 386, parágrafo único, do CPP).[394] Por corolário, ausente a condenação, não produz os efeitos em estudo. Por outro lado, a sentença que aplica medida de segurança aos semi-imputáveis do art. 26, parágrafo único, do CP é condenatória. De fato, o sistema vicariante acolhido por nosso sistema jurídico impõe ao juiz a condenação do agente, com redução da pena de um a dois terços, e, posteriormente, se recomendável, a substituição da pena diminuída por medida de segurança (art. 98, *caput*, do CP). De seu turno, a decisão judicial que implementa a transação penal é **homologatória** do acordo celebrado entre o Ministério Público e o autor do fato. Como não há condenação, é vedado falar em seus efeitos. Esta conclusão também é extraída da **Súmula Vinculante 35**, do Supremo Tribunal Federal: "A homologação da transação penal prevista no art. 76

---

[394] Como impõe medida de segurança, é chamada de *absolvição imprópria*.

da Lei 9.099/1995 não faz coisa julgada material e, descumpridas suas cláusulas, retoma-se a *situação anterior*, possibilitando-se ao Ministério Público a continuidade da persecução penal mediante oferecimento de denúncia ou requisição de inquérito policial."

o **Efeitos principais da condenação:** São a imposição da pena privativa de liberdade, restritiva de direitos, pecuniária, e, ainda, de medida de segurança ao semi-imputável. A imposição de sanção penal é, sem dúvida, o efeito precípuo da condenação. A circunstância de estar o condenado obrigado a cumpri-la, todavia, não afasta a existência de outros efeitos, de cunho penal ou não, que em determinadas situações obrigatoriamente a ela aderem.

o **Efeitos secundários da condenação:** Também conhecidos como efeitos mediatos, acessórios, reflexos ou indiretos, constituem-se em consequências da sentença penal condenatória como fato jurídico. Os efeitos secundários se dividem em dois blocos: penais e extrapenais. Estão previstos no Código Penal e fora dele.

– **Efeitos secundários de natureza penal:** O trânsito em julgado da sentença penal condenatória gera diversos efeitos jurídicos,[395] destacando-se no Código Penal: (a) caracterização da reincidência, se posteriormente for praticado novo crime, com todas as consequências daí resultantes (arts. 63 e 64); (b) fixação de regime fechado para cumprimento da pena privativa de liberdade, se for cometido novo crime (art. 33, § 2.º); (c) configuração de maus antecedentes (art. 59); (d) impedimento à concessão da suspensão condicional da pena, quando da prática de novo crime, e revogação, obrigatória ou facultativa, do *sursis* e do livramento condicional (arts. 77, I e § 1.º, 81, I, 86, *caput*, e 87); (e) aumento ou interrupção do prazo da prescrição da pretensão executória (arts. 110, *caput*, e 117, VI), em face do reconhecimento da reincidência quando da prática de novo crime; (f) revogação da reabilitação, como consequência do reconhecimento da reincidência (art. 95); (g) conversão da pena restritiva de direitos por privativa de liberdade, se não for possível ao condenado o cumprimento simultâneo da pena substitutiva anterior (art. 44, § 5.º); e (h) vedação da concessão de privilégios a crimes contra o patrimônio, como desdobramento do reconhecimento da reincidência (arts. 155, § 2.º, 170 e 171, § 1.º). Produz também efeitos na legislação especial, tal como a impossibilidade de concessão da transação penal e da suspensão condicional do processo, na eventual prática de novo delito (arts. 76, § 2.º, I, e 89, *caput*, da Lei 9.099/1995).

– **Efeitos secundários de natureza extrapenal previstos no Código Penal:** São assim denominados (extrapenais) por incidirem em áreas diversas do Direito. Dividem-se em genéricos e específicos. **Efeitos genéricos,** chamados dessa maneira por recaírem sobre todos os crimes, são os previstos no art. 91 do CP: obrigação de reparar o dano (inc. I) e confisco (inc. II). A interpretação *a contrario sensu* do art. 92, parágrafo único, do CP, mostra serem tais efeitos **automáticos,** ou seja, não precisam ser expressamente declarados na sentença. Toda condenação os produz. **Efeitos específicos** são os indicados pelo art. 92 do CP: perda do cargo, função pública ou mandato eletivo (inc. I), incapacidade para o exercício do poder familiar, da tutela ou da curatela (inc. II), e inabilitação para dirigir veículo, quando utilizado como meio para a prática de crime doloso (inc. III) e, para o condenado por crime praticado contra a mulher, por razões da condição do sexo feminino, nos termos do art. 121-A, § 1.º, do Código Penal, a vedação da sua nomeação, designação ou diplomação em qualquer cargo, função pública ou mandato eletivo entre o trânsito em julgado da condenação até o efetivo cumprimento da pena (§ 2.º, II). Têm essa denominação – específicos – pelo fato de serem aplicados somente em determinados crimes. Em regra, **não são automáticos,** necessitando de expressa motivação na sentença condenatória para produzirem efeitos, mas independem de pedido expresso da acusação (art. 92, § 1.º, do CP), **salvo no tocante**

---

395 São inúmeros os efeitos penais secundários da condenação, e inviável e cansativo aqui enumerá-los. Escolhemos, por isso, os mais importantes e de maior incidência em concursos públicos.

ao condenado por crime praticado contra a mulher, por razões da condição do sexo feminino, hipótese em que os efeitos da condenação são automáticos (art. 92, § 2.º, III, do CP).

○ **Efeitos secundários, de natureza extrapenal e genéricos:**

1) **Reparação do dano (art. 91, I):** É efeito da condenação "tornar certa a obrigação de indenizar o dano causado pelo crime". Em sintonia com esse dispositivo, o art. 63 do CPP estatui que "transitada em julgado a sentença condenatória, poderão promover-lhe a execução, no juízo cível, para o efeito da reparação do dano, o ofendido, seu representante legal ou seus herdeiros". Nesse sentido, estabelece o art. 515, VI, do CPC, ser título executivo judicial a sentença penal condenatória transitada em julgado. O cometimento de um crime acarreta a atribuição de duas responsabilidades ao autor, uma penal e outra civil, e, nada obstante tais instâncias sejam independentes, seria desarrazoado exigir que, já presente uma sentença penal condenatória com trânsito em julgado reconhecendo a prova da autoria e da materialidade de um fato delituoso, tivesse a vítima ou seu representante legal a necessidade de iniciar uma ação de conhecimento para conseguir a reparação do dano. Busca-se, assim, facilitar o ressarcimento da vítima. Já estará reconhecido o caráter ilícito do fato, bem como a obrigação de reparar o dano (*an debeatur*). Entretanto, como o título executivo é incompleto, a sentença penal deverá ser liquidada, para se apurar com exatidão o *quantum debeatur*, na forma definida pelos arts. 509 e seguintes do CPC. De fato, o juiz, ao proferir sentença condenatória, obrigatoriamente fixará valor mínimo para reparação dos danos causados pela infração, considerando os prejuízos sofridos pelo ofendido (art. 387, IV, do CPP). Opera-se a determinação de um valor mínimo, mas ainda impreciso. Com o trânsito em julgado da sentença condenatória, a execução poderá ser efetuada por esse montante preestabelecido, sem prejuízo da liquidação para a apuração do dano efetivamente sofrido (art. 63, parágrafo único, do CPP). A fixação do valor mínimo na sentença condenatória abrange tanto o dano material como também o dano moral, e depende de provocação do titular da ação penal (Ministério Público ou querelante). Com o trânsito em julgado da sentença penal condenatória, não se pode questionar no juízo cível a obrigação de reparar o dano causado pelo crime, mas somente o seu valor.

– **Extinção da punibilidade:** Não perde a condição de título executivo judicial a sentença penal condenatória com trânsito em julgado se posteriormente a ela verificar-se a extinção da punibilidade do agente. Em se tratando de extinção da punibilidade derivada de *abolitio criminis* ou de anistia, embora rescindam a sentença condenatória no plano penal, persiste o efeito civil da reparação do dano.

– **Vítima pobre:** Quando o titular do direito à reparação do dano for pobre, a execução da sentença penal condenatória será promovida, dependendo do seu requerimento, pelo MP (art. 68 do CPP) ou pela Defensoria Pública, onde houver.

– **Morte do condenado:** Se após o trânsito em julgado da sentença penal falecer o condenado, a execução civil será ajuizada em face de seus herdeiros, até os limites das forças da herança, em consonância com as regras previstas no art. 5.º, XLV, da CF, e no art. 943 do CC.

– **Reparação do dano junto ao responsável civil:** A sentença penal condenatória com trânsito em julgado apenas pode ser executada civilmente contra aquele que foi réu na ação penal. Para acionar o responsável civil que não foi criminalmente acusado, será obrigatório o ajuizamento de ação civil de conhecimento, funcionando a condenação como elemento probatório, e não como título executivo.

– **Absolvição em sede de revisão criminal:** Se o réu condenado com trânsito em julgado for absolvido em revisão criminal, desaparece a força executiva, mesmo se já tiver sido iniciada a execução civil. Tal como fora criado, o título é desconstituído por decisão judicial.

– **Decisão judicial diversa da condenação:** Sempre que a decisão judicial não tiver natureza condenatória, como nos casos de sentença declaratória da extinção da punibilidade pela prescrição da pretensão punitiva, transação penal, entre outros, deverá o prejudicado intentar ação civil de indenização em razão de ato ilícito. A sentença penal absolutória, em regra, não produz a obrigação de reparar o dano, salvo na hipótese de acórdão que absolve o réu em sede de revisão criminal. De fato, o injustamente condenado pode, ao efetuar pedido de revisão criminal, cumulá-lo com indenização por perdas e danos. Nesse caso, pode-se reconhecer o direito à indenização na esfera cível.

– **Ação civil *ex delicto***: O ofendido, seu representante legal ou herdeiros não precisam aguardar o final da ação penal para postular, no juízo cível, a reparação do dano. Mas, sem o título executivo, deverá ser ajuizada a ação civil *ex delicto*, situação em que o seu trâmite pode ser suspenso, por decisão judicial, até o julgamento definitivo da ação penal (art. 64, parágrafo único, do CPP), visando evitar decisões judiciais contraditórias.

– **Absolvição no juízo penal e reflexos civis**: A absolvição na esfera penal faz coisa julgada no campo civil, impedindo a reparação do dano, quando fundamentada no reconhecimento inequívoco da inexistência do fato ou da autoria, no exercício regular do direito, no estrito cumprimento do dever legal e na legítima defesa. Nas demais hipóteses de absolvição, arroladas no art. 386 do CPP, subsiste a possibilidade de se buscar civilmente a reparação do dano.

– **A questão do estado de necessidade**: Na hipótese de absolvição penal em razão da comprovação do estado de necessidade, permanece a responsabilidade civil, na forma prevista no art. 929 do CC. Com efeito, quando o proprietário da coisa destruída ou deteriorada não foi o responsável pelo perigo, a ele é assegurado o direito à indenização do prejuízo que lhe foi causado, por parte do autor do fato típico. Por sua vez, se o perigo foi causado por terceiro, quem sofreu o prejuízo deverá ajuizar ação indenizatória contra aquele que, em estado de necessidade, destruiu ou deteriorou o bem que lhe pertencia. A este, contudo, é reservado o direito de mover ação de regresso contra quem provocou o perigo, na forma do art. 930 do CC.

2) Confisco (art. 91, II): Como efeito da condenação, confisco é a **perda de bens de natureza ilícita** em favor da União. A medida possui dupla finalidade: impedir a difusão de instrumentos adequados à prática de novos crimes e proibir o enriquecimento ilícito por parte do criminoso. O citado dispositivo legal não autoriza o confisco de bens particulares e lícitos do condenado, mas somente o dos instrumentos e produtos do crime, e preserva os interesses de terceiros de boa-fé.

– **Instrumento do crime** (*instrumenta sceleris*) é o meio de que se vale o agente para cometer o delito, e apenas pode ser confiscado quando seu fabrico, alienação, uso, porte ou detenção constituir fato ilícito. É o caso da arma de fogo que o agente utilizou para cometer um roubo, salvo se ele possuir seu registro e autorização para portá-la. Os veículos, embarcações, aeronaves e quaisquer outros meios de transporte não podem ser confiscados, exceto quando utilizados para a prática de crimes previstos na Lei de Drogas (Lei 11.343/2006, arts. 62 e 63), ou então quando sua fabricação ou uso constituir fato ilícito (art. 91, II, alínea "a", do CP). A perda dos instrumentos é **automática**, resultando do trânsito em julgado da sentença penal condenatória. Não cabe o confisco, por consequência, nos casos de absolvição, ou quando celebrada transação penal, por se tratar de sentença meramente homologatória, ou na hipótese de arquivamento do inquérito policial ou declaração da extinção da punibilidade fundada na prescrição da pretensão punitiva.

– **Produto do crime** (*producta sceleris*) significa a vantagem **direta** obtida pelo agente em decorrência da prática do crime. É o caso do relógio roubado. **Proveito do crime**, por outro lado, é a vantagem indireta do crime, resultante da especificação do produto do crime (é o caso do ouro derivado do derretimento do relógio), o bem adquirido pelo agente em razão de alienação do produto do crime (o dinheiro auferido com a venda do relógio roubado), bem como o preço do crime (*pretium sceleris*). Inicialmente, o produto e o proveito do crime deverão ser restituídos ao prejudicado pelo crime ou ao terceiro de boa-fé. Essa restituição será possível ainda que se trate de bem cujo fabrico, alienação, uso, porte ou detenção se constitua em fato ilícito, desde que tal pessoa, por força de sua qualidade ou função, tenha autorização para ser seu proprietário. Exemplo: uma arma de guerra é apreendida, mas vem a ser devolvida ao seu legítimo dono, um colecionador de armas autorizado pelo Comando do Exército. O confisco pela União somente será efetuado se for desconhecida a identidade do proprietário do bem ou não for reclamado seu valor, hipótese em que, uma vez confiscados, os instrumentos e produtos do crime passam à União, integrando o patrimônio do Fundo Penitenciário Nacional (art. 2.º, IV, da Lei Complementar 79/1994, regulamentada pelo Decreto 1.093/1994).[396]

– **Instrumentos de contravenção penal**: Embora existam entendimentos em contrário, os instrumentos de contravenção penal não podem ser confiscados, pois a lei penal deve ser interpretada restritivamente, e o art. 91, II, "a", do CP fala somente em confisco dos instrumentos do crime.

– **Cultura ilegal de plantas psicotrópicas e exploração de trabalho escravo**: Por mandamento constitucional, as propriedades rurais e urbanas de qualquer região do País onde forem localizadas culturas ilegais de plantas psicotrópicas ou a exploração de trabalho escravo na forma da lei serão expropriadas e destinadas à reforma agrária e a programas de habitação popular, sem qualquer indenização ao proprietário e sem prejuízo de outras sanções previstas em lei. Além disso, todo e qualquer bem de valor econômico apreendido em decorrência do tráfico ilícito de entorpecentes e drogas afins e da exploração de trabalho escravo será confiscado e reverterá a fundo especial com destinação específica, na forma da lei (art. 243, *caput* e parágrafo único, da CF).

– **Inovações promovidas pela Lei 12.694/2012**: Os §§ 1.º e 2.º do art. 91 do CP foram introduzidos pela Lei 12.694/2012, com o propósito de permitir maior eficácia nas condenações proferidas em delitos cometidos no contexto de organizações criminosas. Nesses casos, poderá ser decretada a perda de bens ou valores equivalentes ao produto ou proveito do crime quando estes não forem encontrados ou quando se localizarem no exterior, notas comuns aos delitos praticados pelas estruturas ilícitas de poder. Além disso, as medidas assecuratórias previstas na legislação processual (sequestro, arresto, especialização de hipoteca legal etc.) poderão abranger bens ou valores equivalentes do investigado ou acusado para posterior decretação de perda.

○ **Jurisprudência selecionada:**

Confisco – finalidade: "O confisco é disciplinado no art. 91, do Código Penal, como forma de expropriação, em favor do Estado, dos instrumentos e produtos de crime, com a finalidade de assegurar a indisponibilidade dos bens ilícitos utilizados para a prática da infração ou que tenham sido angariados com a conduta ilícita" (STJ: EREsp 1.316.694/PR, rel. Min. Regina Helena Costa, 5.ª Turma, j. 17.12.2013).

Confisco – restituição do bem ao lesado ou terceiro de boa-fé – alcance: "O lesado ou terceiro de boa-fé a que se referem os arts. 91, II, do CP e 133, parágrafo único, do CPP, são aqueles diretamente prejudicados pelo confisco do bem, como é o caso, por exemplo, do condômino ou do comprador de boa-fé. Aqueles que estejam sendo apenas obliquamente prejudicados pelo confisco, que jamais tenham estabelecido relação jurídica que envolvesse diretamente o bem perdido, não se enquadram nesse conceito de lesado ou terceiro de boa-fé" (STJ: REsp 1.366.894/RS, rel. Min. Nancy Andrighi, 3.ª Turma, j. 22.04.2014).

Reparação do dano – absolvição criminal – possibilidade de discussão no juízo cível: "Afastado o obrigatório aproveitamento da sentença penal condenatória que não transitou em julgado, deve o juízo cível, no âmbito de sua livre convicção, pautar-se nos elementos de prova apresentados no âmbito de todo o processo, inclusive em eventual prova emprestada do processo criminal do qual tenha participado o réu (garantia do contraditório), a fim de aferir a responsabilidade da parte ré pela reparação do dano" (STJ: REsp 678.143/MG, rel. Min. Raul Araújo, 4.ª Turma, j. 22.05.2012).

---

[396] Depois da apreensão dos instrumentos e produtos do crime, serão esses bens inutilizados, leiloados ou recolhidos a museu criminal, se houver interesse na sua conservação. Os bens imóveis adquiridos pelo agente com o proveito do crime, ainda que transferidos a terceiro, serão sequestrados (CPP, arts. 122 a 125).

Reparação do dano – fixação de valor mínimo – necessidade de pedido expresso: "3 – A aplicação do instituto disposto no art. 387, inciso IV, do CPP, referente à reparação de natureza cível, quando da prolação da sentença condenatória, requer a dedução de um pedido expresso do querelante ou do Ministério Público, em respeito às garantias do contraditório e da ampla defesa. 4 – Neste caso houve pedido expresso por parte do Ministério Público, na exordial acusatória, o que é suficiente para que o juiz sentenciante fixe o valor mínimo a título de reparação dos danos causados pela infração. 5 – Assim sendo, não há que se falar em iliquidez do pedido, pois o *quantum* há que ser avaliado e debatido ao longo do processo, não tendo o *Parquet* o dever de, na denúncia, apontar valor líquido e certo, o qual será devidamente fixado pelo Juiz sentenciante" (STJ: REsp 1.265.707/RS, rel. Min. Rogerio Schietti Cruz, 6.ª Turma, j. 27.05.2014). *No mesmo sentido*: STJ: REsp 1.193.083/RS, rel. Min. Laurita Vaz, 5.ª Turma, j. 20.08.2013, noticiado no *Informativo* 528.

Reparação do dano – fixação de valor mínimo para compensação de danos morais sofridos pela vítima – possibilidade: "O juiz, ao proferir sentença penal condenatória, no momento de fixar o valor mínimo para a reparação dos danos causados pela infração (art. 387, IV, do CPP), pode, sentindo-se apto diante de um caso concreto, quantificar, ao menos o mínimo, o valor do dano moral sofrido pela vítima, desde que fundamente essa opção. De fato, a legislação penal brasileira sempre buscou incentivar o ressarcimento à vítima. Essa conclusão pode ser extraída da observação de algumas regras do CP: a) art. 91, I – a obrigação de reparar o dano é um efeito da condenação; b) art. 16 – configura causa de diminuição da pena o agente reparar o dano ou restituir a coisa ao ofendido; c) art. 65, III, 'b' – a reparação do dano configura atenuante genérica, etc. Mas, apesar de incentivar o ressarcimento da vítima, a regra em nosso sistema judiciário era a separação de jurisdição, em que a ação penal destinava-se à condenação do agente pela prática da infração penal, enquanto a ação civil tinha por objetivo a reparação do dano. No entanto, apesar de haver uma separação de jurisdição, a sentença penal condenatória possuía o *status* de título executivo judicial, que, no entanto, deveria ser liquidado perante a jurisdição civil. Com a valorização dos princípios da economia e celeridade processual e considerando que a legislação penal brasileira sempre buscou incentivar o ressarcimento à vítima, surgiu a necessidade de repensar esse sistema, justamente para que se possa proteger com maior eficácia o ofendido, evitando que o alto custo e a lentidão da justiça levem a vítima a desistir de pleitear a indenização civil. Dentro desse novo panorama, em que se busca dar maior efetividade ao direito da vítima em ver ressarcido o dano sofrido, a Lei n. 11.719/2008 trouxe diversas alterações ao CPP, dentre elas, o poder conferido ao magistrado penal de fixar um valor mínimo para a reparação civil do dano causado pela infração penal, sem prejuízo da apuração do dano efetivamente sofrido pelo ofendido na esfera cível. No Brasil, embora não se tenha aderido ao sistema de unidade de juízo, essa evolução legislativa indica, sem dúvidas, o reconhecimento da natureza cível da verba mínima para a condenação criminal. Antes da alteração legislativa, a sentença penal condenatória irrecorrível era um título executório incompleto, porque embora tornasse certa a exigibilidade do crédito, dependia de liquidação para apurar o *quantum* devido. Assim, ao impor ao juiz penal a obrigação de fixar valor mínimo para reparação dos danos causados pelo delito, considerando os prejuízos sofridos pelo ofendido, está-se ampliando o âmbito de sua jurisdição para abranger, embora de forma limitada, a jurisdição cível, pois o juiz penal deverá apurar a existência de dano civil, não obstante pretenda fixar apenas o valor mínimo. Dessa forma, junto com a sentença penal, haverá uma sentença cível líquida que, mesmo limitada, estará apta a ser executada. E quando se fala em sentença cível, em que se apura o valor do prejuízo causado a outrem, vale lembrar que, além do prejuízo material, também deve ser observado o dano moral que a conduta ilícita ocasionou. E nesse ponto, embora a legislação tenha introduzido essa alteração, não regulamentou nenhum procedimento para efetivar a apuração desse valor nem estabeleceu qual o grau de sua abrangência, pois apenas se referiu à 'apuração do dano efetivamente sofrido'. Assim, para que se possa definir esses parâmetros, deve-se observar o escopo da própria alteração legislativa: promover maior eficácia ao direito da vítima em ver ressarcido o dano sofrido. Assim, considerando que a norma não limitou nem regulamentou como será quantificado o valor mínimo para a indenização e considerando que a legislação penal sempre priorizou o ressarcimento da vítima em relação aos prejuízos sofridos, o juiz que se sentir apto, diante de um caso concreto, a quantificar, ao menos o mínimo, o valor do dano moral sofrido pela vítima, não poderá ser impedido de o fazer" (STJ: REsp 1.585.684/DF, rel. Min. Maria Thereza de Assis Moura, 6.ª Turma, j. 09.08.2016, noticiado no *Informativo* 588).

Transação penal – sentença homologatória do acordo – impossibilidade de incidência dos efeitos da condenação: "As consequências jurídicas extrapenais, previstas no art. 91 do CP, são decorrentes de sentença penal condenatória. Isso não ocorre, portanto, quando há transação penal, cuja sentença tem natureza meramente homologatória, sem qualquer juízo sobre a responsabilidade criminal do aceitante. As consequências geradas pela transação penal são essencialmente aquelas estipuladas por modo consensual no respectivo instrumento de acordo. [...] Apesar de não possuírem natureza penal propriamente dita, não haveria dúvidas de que esses efeitos constituiriam drástica intervenção estatal no patrimônio dos acusados, razão pela qual sua imposição só poderia ser viabilizada mediante a observância do devido processo, que garantisse ao acusado a possibilidade de exercer seu direito de resistência por todos os meios colocados à sua disposição. Ou seja, as medidas acessórias previstas no art. 91 do CP, embora incidissem *ex lege*, exigiriam juízo prévio a respeito da culpa do investigado, sob pena de transgressão ao devido processo legal" (STF: RE 795.567/PR, rel. Min. Teori Zavascki, Plenário, j. 28.05.2015, noticiado no *Informativo* 787).

Art. 91-A Na hipótese de condenação por infrações às quais a lei comine pena máxima superior a 6 (seis) anos de reclusão, poderá ser decretada a perda, como produto ou proveito do crime, dos bens correspondentes à diferença entre o valor do patrimônio do condenado e aquele que seja compatível com o seu rendimento lícito.

§ 1º Para efeito da perda prevista no *caput* deste artigo, entende-se por patrimônio do condenado todos os bens:

I – de sua titularidade, ou em relação aos quais ele tenha o domínio e o benefício direto ou indireto, na data da infração penal ou recebidos posteriormente; e

II – transferidos a terceiros a título gratuito ou mediante contraprestação irrisória, a partir do início da atividade criminal.

§ 2º O condenado poderá demonstrar a inexistência da incompatibilidade ou a procedência lícita do patrimônio.

§ 3º A perda prevista neste artigo deverá ser requerida expressamente pelo Ministério Público, por ocasião do oferecimento da denúncia, com indicação da diferença apurada.

§ 4º Na sentença condenatória, o juiz deve declarar o valor da diferença apurada e especificar os bens cuja perda for decretada.

§ 5º Os instrumentos utilizados para a prática de crimes por organizações criminosas e milícias deverão ser declarados perdidos em favor da União ou do Estado, dependendo da Justiça onde tramita a ação penal, ainda que não ponham em perigo a segurança das pessoas, a moral ou a ordem pública, nem ofereçam sério risco de ser utilizados para o cometimento de novos crimes.

– **Introdução**: Na tradição do Direito Penal brasileiro, o alcance do confisco sempre foi limitado aos **instrumentos do crime** e ao **produto do crime** (ou de qualquer bem ou valor que constitua proveito auferido pelo agente com a prática do fato crime criminoso). Esse tratamento legislativo, deveras tímido, deixava lacunas nas situações em que condenados por diversos crimes, notadamente tráfico de drogas, lavagem de capitais, corrupção e outros delitos ligados a organizações criminosas, apresentavam patrimônio elevado, com estilo de vida incompatível com seus rendimentos, mesmo com a perda dos bens que foram comprovados como instrumentos ou produtos do crime. Tal panorama foi alterado com a Lei 13.964/2019, conhecida como "Pacote Anticrime". Para combater o **enriquecimento ilícito**, criou-se no art. 91-A do CP o instituto conhecido como **confisco alargado** (ou **ampliado**).

– **Aplicabilidade**: Nas condenações por infrações em a lei comina **pena máxima superior a 6 anos de reclusão**, o juiz (ou Tribunal) poderá decretar a perda, como produto ou proveito do crime, **dos bens correspondentes à diferença entre o valor do patrimônio do condenado e aquele que seja compatível com seu rendimento lícito** (CP, art. 91-A, *caput*). Ao contrário do confisco tradicional, disciplinado no art. 91 do CP, o confisco alargado **não é efeito automático da condenação**. Cuida-se de instituto reservado à discricionariedade do magistrado, cabendo a ele a análise do caso concreto para avaliar a necessidade ou não da medida. É também **efeito específico da condenação**, pois não se aplica a qualquer crime, mas somente àqueles em que a pena máxima em abstrato seja superior a 6 anos de reclusão.

– **Patrimônio do condenado**: O patrimônio do condenado, para fins do confisco alargado, é composto por todos os bens de sua titularidade, ou em relação aos quais ele tenha o domínio e o benefício direto ou indireto, na data da infração penal ou recebidos posteriormente, bem como pelos bens transferidos a terceiros a título gratuito ou mediante contraprestação irrisória, a partir do início da atividade criminosa (CP, art. 91-A, § 1.º, I e II). Busca-se viabilizar a perda de bens do condenado nas transferências simuladas de bens a terceiros, os famosos "laranjas", como se dá em doações forjadas e "vendas" por valores simbólicos.

– **Inversão do ônus da prova**: Reserva-se ao condenado a possibilidade de demonstrar a inexistência da incompatibilidade ou a procedência lícita do patrimônio (CP, art. 91-A, § 2.º). Opera-se a **inversão do ônus da prova** quando o sujeito possui patrimônio incompatível com seus rendimentos lícitos. O Estado não precisa provar a origem ilícita dos bens do condenado. Cabe a ele demonstrar a procedência legítima do seu acervo patrimonial. Exemplificativamente, será dele a tarefa de provar que ganhou na loteria, que recebeu vultosa herança de um parente distante, que contraiu matrimônio com pessoa rica etc.

– **Atuação do Ministério Público**: O confisco alargado deve ser expressamente requerido pelo Ministério Público **no oferecimento da denúncia**. Também cabe ao *Parquet* a indicação da diferença apurada entre os rendimentos lícitos do agente e o valor do seu patrimônio (CP, art. 91-A, § 3.º). Em outras palavras, além da **imputação criminal** – exposição do fato criminoso, com todas as suas circunstâncias, na forma exigida pelo art. 41 do CPP –, para fins de confisco alargado a denúncia também deve conter a **imputação patrimonial**, consistente na indicação dos bens correspondentes à diferença entre o valor do patrimônio do condenado e aquele que seja compatível com seus rendimentos lícitos, cuja perda se pretende seja decretada por ocasião da sentença.

– **Sentença condenatória**: Na sentença condenatória (ou acórdão condenatório), o juiz (ou Tribunal) deve declarar o montante da diferença comprovada entre os rendimentos lícitos do acusado e seu patrimônio, especificando os bens cuja perda for decretada (CP, art. 91-A, § 4.º).

– **Organizações criminosas e milícias**: Para sufocar financeiramente as organizações criminosas e milícias, dificultando a manutenção das suas atividades ilícitas, os instrumentos por elas utilizados para a prática de crimes deverão ser declarados perdidos em favor da União ou do Estado, dependendo da Justiça em que tramita a ação penal, ainda que não representem perigo à segurança das pessoas, à moral ou à ordem pública, nem ofereçam sério risco de ser utilizados para o cometimento de novos crimes (CP, art. 91-A, § 5.º). Nessa hipótese, **a perda dos bens é obrigatória**, não podendo o magistrado deixar de fazê-la.

Art. 92. São também efeitos da condenação:

I – a perda de cargo, função pública ou mandato eletivo:

a) quando aplicada pena privativa de liberdade por tempo igual ou superior a um ano, nos crimes praticados com abuso de poder ou violação de dever para com a Administração Pública;

b) quando for aplicada pena privativa de liberdade por tempo superior a 4 (quatro) anos nos demais casos.

II – a incapacidade para o exercício do poder familiar, da tutela ou da curatela nos crimes dolosos sujeitos à pena de reclusão cometidos contra outrem igualmente titular do mesmo poder familiar, contra filho, filha ou outro descendente, tutelado ou curatelado, bem como nos crimes cometidos contra a mulher por razões da condição do sexo feminino, nos termos do § 1º do art. 121-A deste Código;

III – a inabilitação para dirigir veículo, quando utilizado como meio para a prática de crime doloso.

§ 1º Os efeitos de que trata este artigo não são automáticos, devendo ser motivadamente declarados na sentença pelo juiz, mas independem de pedido expresso da acusação, observado o disposto no inciso III do § 2º deste artigo.

§ 2º Ao condenado por crime praticado contra a mulher por razões da condição do sexo feminino, nos termos do § 1º do art. 121-A deste Código serão:

I – aplicados os efeitos previstos nos incisos I e II do *caput* deste artigo;

II – vedadas a sua nomeação, designação ou diplomação em qualquer cargo, função pública ou mandato eletivo entre o trânsito em julgado da condenação até o efetivo cumprimento da pena;

III – automáticos os efeitos dos incisos I e II do *caput* e do inciso II do § 2º deste artigo.

○ **Efeitos secundários, de natureza extrapenal e específicos:**

– **Perda de cargo, função pública ou mandato eletivo (art. 92, I):** Esta perda ocorrerá: (a) quando aplicada pena privativa de liberdade por tempo igual ou superior a 1 (um) ano, nos crimes praticados com abuso de poder ou violação de dever para com a Administração Pública; (b) quando for aplicada pena privativa de liberdade por tempo superior a 4 (quatro) anos nos demais casos; e (c) ao condenado por crime praticado contra a mulher por razões da condição do sexo feminino, nos termos do § 1.º do art. 121-A. Em regra, esses efeitos **não são automáticos**, devendo ser motivadamente declarados na sentença, mas independem de pedido expresso da acusação. Consequentemente, o magistrado precisa proceder à apreciação da natureza e da extensão do dano, bem como às condições pessoais do réu, para aferir seu cabimento no caso concreto, podendo o fazer ainda que o Ministério Público (ou o querelante) não tenha pleiteado sua incidência. Cumpre destacar que a perda de cargo, função pública ou mandato eletivo incidirá como **efeito automático no tocante ao condenado por crime praticado contra a mulher, por razões da condição do sexo feminino**, nos termos do § 1.º do art. 121-A deste Código Penal (art. 92, § 2.º, I, do CP).

Na **alínea "a"**, além do conceito de funcionário público contido no art. 327 do CP, deve ser analisado se o crime ocorreu no exercício das funções exercidas pelo agente, isto é, se ele se valeu das facilidades proporcionadas por sua função para praticar o delito. Via de regra, esse efeito da condenação restringe-se ao cargo, função pública ou mandato eletivo ocupado pelo funcionário público na data em que o crime foi praticado. No caso concreto, entretanto, o magistrado pode estendê-lo a cargo, função pública ou mandato eletivo diverso, exercido pelo agente ao tempo da condenação, caso entenda que o novo posto guarda relação com as atribuições anteriores. De fato, o art. 92, inc. I, do Código Penal fala em perda "de", e não do cargo, função pública ou mandato eletivo. Já na **alínea "b"**, é possível a incidência do efeito da condenação em qualquer crime, bastando a presença de dois requisitos: (1) natureza da pena: privativa de liberdade;[397] e (2) quantidade da pena: superior a 4 (quatro) anos. Esse efeito específico da condenação não se confunde com a *proibição do exercício de cargo, função ou atividade pública*, elencada no art. 47, I, do CP como pena restritiva de direitos, espécie de pena de interdição **temporária** de direitos. O efeito da condenação, por sua vez, é **permanente**, já que o condenado, ainda que seja posteriormente reabilitado, jamais poderá ocupar o cargo, função ou mandato objeto da perda, salvo se o recuperar por investidura legítima. A possibilidade de perda do cargo público não precisa vir prevista na denúncia, pois decorre de previsão legal expressa, como efeito da condenação.

– Incapacidade para o exercício do poder familiar, da tutela ou da curatela nos crimes dolosos sujeitos à pena de reclusão cometidos contra outrem igualmente titular do mesmo poder familiar, contra filho, filha ou outro descendente ou contra tutelado ou curatelado, bem como nos crimes cometidos contra a mulher por razões da condição do sexo feminino, nos termos do § 1.º do art. 121-A deste Código (art. 92, II): Em regra, esse efeito **não é automático, exceto em relação ao condenado por crime praticado contra a mulher, por razões da condição do sexo feminino** (art. 92, § 2.º, III, do CP). A incidência desse efeito exige **três requisitos:** (1) **natureza do crime:** somente os dolosos; (2) **natureza da pena:** reclusão; e (3) **qualidade da vítima:** pessoa igualmente detentora do poder familiar, filho, filha, outro descendente (exemplo: o agente abusa sexualmente da neta e, por esta razão, perde o poder familiar em relação a um filho menor), tutelado, curatelado ou mulher, na hipótese de crime cometido em razão da condição do sexo feminino. Presentes os requisitos, o juiz pode declarar na sentença esse efeito, ainda que ausente pedido expresso da acusação nesse sentido. Sua aplicação não é obrigatória, e sua pertinência deve ser avaliada no caso concreto, notadamente quando o crime provoque a incompatibilidade para o exercício do poder familiar, tutela ou curatela. Na hipótese de **crime cometido contra a mulher, por razões da condição do sexo feminino**, tal efeito incidirá automaticamente, ou seja, independentemente de decisão judicial acerca do tema. É suficiente a condenação, a teor da regra condita no art. 92, § 2.º, III, do Código Penal. Em qualquer dos casos – efeito automático ou não –, pouco importa a quantidade da pena imposta, bem como o regime prisional. Essa incapacidade pode ser estendida para alcançar outros filhos, pupilos ou curatelados, além da vítima do crime. Não seria razoável, exemplificativamente, decretar a perda do poder familiar somente em relação à filha de dez anos de idade estuprada pelo pai, aguardando fosse igual delito praticado contra as outras filhas mais jovens, para que só então se privasse o genitor desse direito. Em relação à **vítima do crime doloso e punido com reclusão**, essa **incapacidade é permanente**. De fato, mesmo em caso de reabilitação é vedada a reintegração do agente na situação anterior (art. 93, parágrafo único, do CP). No tocante a **outros filhos, pupilos ou curatelados**, a **incapacidade é provisória**, pois o condenado, se reabilitado, poderá voltar a exercer o poder familiar, tutela ou curatela.

– Inabilitação para dirigir veículo, quando utilizado como meio para a prática de crime doloso (art. 92, III): São exigidos dois requisitos: (1) o crime deve ser doloso; e (2) utilização do veículo

---

397   A substituição da pena privativa de liberdade por restritivas de direitos não prejudica a incidência deste efeito da condenação (STJ: AgRg no REsp 2.060.059/MG, rel. Min. Joel Ilan Paciornik, 5.ª Turma, j. 30.11.2023, noticiado no *Informativo* 798).

como meio de execução. Este efeito não tem incidência no tocante aos crimes culposos. Além disso, tal efeito não se confunde com a suspensão da autorização ou de habilitação, definida pelo art. 47, III, do CP, como pena restrita de direitos aplicável aos responsáveis por crimes culposos de trânsito, com igual duração à da pena privativa de liberdade substituída. No caso de crime praticado na direção de **veículo automotor**, os arts. 292 e 293 da Lei 9.503/1997 (CTB) preveem a suspensão ou proibição de se obter a permissão ou habilitação como pena, a ser aplicada isolada ou cumulativamente com outras penas, pelo prazo de 2 (dois) meses a 5 (cinco) anos.

– **Proibição de nomeação, designação ou nomeação em cargo, função pública ou mandato eletivo (art. 92, § 2.º, II):** A Lei 14.994/2024, conhecida como "Pacote Antifeminicídio", criou mais um efeito da condenação, consistente na vedação de nomeação, designação ou diplomação em qualquer cargo, função pública ou mandato eletivo entre o trânsito em julgado da condenação até o efetivo cumprimento da pena. Trata-se de **efeito específico**, aplicável unicamente ao condenado por crime praticado contra a mulher, por razões da condição do sexo feminino, nos termos do art. 121-A, § 1.º, do Código Penal. É também **efeito automático** (art. 92, § 2.º, III, do CP), razão pela qual decorre naturalmente da condenação, ou seja, prescinde de fundamentação expressa na sentença condenatória. Sua duração inicia-se com o trânsito em julgado da condenação, em respeito à presunção de não culpabilidade (art. 5.º, LVII, da CF), e subsiste até o integral cumprimento da pena, pois a partir daí presume-se que suas finalidades retributiva e preventiva foram alcançadas. Parte-se da acertada premissa que tal condenado não tem integridade para exercer qualquer cargo, função pública ou mandato eletivo, antes do efetivo cumprimento da pena que lhe foi imposta. Além disso, seria ilógico, inadequado e um péssimo exemplo social e uma afronta à vítima (se ainda viva) e aos seus familiares elevar uma pessoa desta estirpe a representante do Estado, premiando-o com um cargo público em prejuízo da coletividade.

○ Efeitos da condenação previstos fora do Código Penal:

– **Abuso de autoridade**: Como se extrai do art. 4.º da Lei 13.869/2019 – Abuso de Autoridade: "São efeitos da condenação: I – tornar certa a obrigação de indenizar o dano causado pelo crime, devendo o juiz, a requerimento do ofendido, fixar na sentença o valor mínimo para reparação dos danos causados pela infração, considerando os prejuízos por ele sofridos; II – a inabilitação para o exercício de cargo, mandato ou função pública, pelo período de 1 (um) a 5 (cinco) anos; III – a perda do cargo, do mandato ou da função pública." O parágrafo único do mencionado dispositivo legal estatui que os efeitos previstos nos incs. II e III dependem da reincidência em crime de abuso de autoridade e não são automáticos, devendo ser declarados motivadamente na sentença. Conclui-se, portanto, que o efeito da condenação contido no inc. I (obrigação de reparar o dano causado pelo crime) independe da reincidência em crime de abuso de autoridade, além de ser automático, razão pela qual prescinde de declaração fundamentada na sentença condenatória.

– **Suspensão dos direitos políticos:** Nos termos do art. 15, III, da CF, opera-se a suspensão dos direitos políticos em face da condenação criminal transitada em julgado, enquanto durarem seus efeitos. Esse efeito é automático, prescindindo de motivação expressa na sentença condenatória, e a suspensão abrange os direitos políticos de natureza ativa e passiva. Subsiste até a extinção da sanção penal. É indiferente o regime prisional fixado na sentença, bem como eventual substituição da pena privativa de liberdade por restritiva de direitos ou multa. Da mesma forma, a concessão de *sursis* e de livramento condicional não influi na suspensão dos direitos políticos, pois não extinguem a pena. E, como estabelece a **Súmula 9 do TSE**: "A suspensão de direitos políticos decorrente de condenação criminal transitada em julgado cessa com o cumprimento ou a extinção da pena, independendo de reabilitação ou prova de reparação dos danos."

– **Perda do mandato de Deputado Federal ou Senador:** De acordo com art. 55, VI, da CF: "Perderá o mandato o Deputado ou Senador: VI – que sofrer condenação criminal em sentença transitada em julgado." Esse efeito da condenação pode ser aplicado a qualquer espécie de crime, independente da sanção penal aplicada e de sua respectiva quantidade. A perda do mandato será decidida pela Câmara dos Deputados ou pelo Senado Federal, por voto secreto e maioria absoluta, mediante provocação da respectiva Mesa ou de partido político representado no Congresso Nacional, assegurada ampla defesa (art. 55, § 2.º, da CF).

– Rescisão contratual na Justiça do Trabalho: A condenação criminal transitada em julgado contra o empregado, qualquer que seja o crime, bem como o local de sua prática e a sua vítima, faz coisa julgada na Justiça do Trabalho. Se a execução da pena não tiver sido suspensa, autoriza a demissão por justa causa pelo empregador. É o que dispõe o art. 482, "d", da CLT. Tal efeito não precisa ser motivadamente fundamentado na sentença penal condenatória.

– Lei de Falências: O art. 181, I a III, da Lei 11.101/2005 estabelece como efeitos da condenação aos crimes nela previstos, a inabilitação para o exercício de atividade empresarial, o impedimento para o exercício de cargo ou função em conselho de administração, diretoria ou gerência das sociedades sujeitas à lei de falências, e a impossibilidade de gerir empresa por mandato ou por gestão de negócio. Por sua vez, o art. 181, § 1.º, esclarece que tais efeitos não são automáticos, devendo ser motivadamente declarados na sentença, e perdurarão até 5 (cinco) anos após a extinção da punibilidade, podendo, contudo, cessar antes pela reabilitação criminal. Com o trânsito em julgado da condenação, o juiz deverá notificar o Registro Público de Empresas para que adote as medidas necessárias para impedir novo registro em nome dos inabilitados (art. 181, § 2.º).

– Lei de Tortura: A condenação pela prática de crime definido pela Lei de Tortura, se o agente for funcionário público, acarretará a perda do cargo, função ou emprego público, bem como a interdição para seu exercício pelo dobro do prazo da pena aplicada (art. 1.º, § 5.º, da Lei 9.455/1997). Cuida-se de **efeito automático** da condenação.

– Lei de Drogas: No caso de crime ligado ao tráfico de drogas, o art. 56, § 1.º, da Lei 11.343/2006 permite ao juiz, por ocasião do recebimento da denúncia, decretar o afastamento cautelar do acusado de suas atividades, se for funcionário público, comunicando ao órgão respectivo. Trata-se de medida cautelar. Em caso de condenação, a perda do cargo ou função pública observa a regra geral delineada pelo CP.

– Crimes resultantes de preconceitos de raça e de cor: O art. 16 da Lei 7.716/1989 estabelece ser efeito da condenação pelos crimes nela previstos a perda do cargo ou função pública, para o servidor público, e a suspensão do funcionamento do estabelecimento particular por prazo não superior a 3 (três) meses. Esses efeitos **não são automáticos**, devendo ser expressamente declarados na sentença (art. 18).

– Lavagem de capitais: Nos termos do art. 7.º da Lei 9.613/1998: "Art. 7º São efeitos da condenação, além dos previstos no Código Penal: I – a perda, em favor da União – e dos Estados, nos casos de competência da Justiça Estadual –, de todos os bens, direitos e valores relacionados, direta ou indiretamente, à prática dos crimes previstos nesta Lei, inclusive aqueles utilizados para prestar a fiança, ressalvado o direito do lesado ou de terceiro de boa-fé; II – a interdição do exercício de cargo ou função pública de qualquer natureza e de diretor, de membro de conselho de administração ou de gerência das pessoas jurídicas referidas no art. 9º, pelo dobro do tempo da pena privativa de liberdade aplicada. § 1º A União e os Estados, no âmbito de suas competências, regulamentarão a forma de destinação dos bens, direitos e valores cuja perda houver sido declarada, assegurada, quanto aos processos de competência da Justiça Federal, a sua utilização pelos órgãos federais encarregados da prevenção, do combate, da ação penal e do julgamento dos crimes previstos nesta Lei, e, quanto aos processos de competência da Justiça Estadual, a preferência dos órgãos locais com idêntica função. § 2º Os instrumentos do crime sem valor econômico cuja perda em favor da União ou do Estado for decretada serão inutilizados ou doados a museu criminal ou a entidade pública, se houver interesse na sua conservação." Estes efeitos são **automáticos**, dispensando indicação expressa na sentença condenatória.

– Crime organizado: O art. 2.º, § 6.º da Lei 12.850/2013 – Lei do Crime Organizado contempla uma hipótese de **efeito automático** ao condenado pelo delito de organização criminosa por natureza: "Art. 2º Promover, constituir, financiar ou integrar, pessoalmente ou por interposta pessoa, organização criminosa: Pena – reclusão, de 3 (três) a 8 (oito) anos, e multa, sem prejuízo das penas correspondentes às demais infrações penais praticadas. (...) § 6º A condenação com trânsito em julgado acarretará ao funcionário público a perda do cargo, função, emprego ou mandato eletivo e a interdição para o exercício de função ou cargo público pelo prazo de 8 (oito) anos subsequentes ao cumprimento da pena."

– Cadastro Nacional das Pessoas Condenadas por Crime de Estupro: A Lei 14.069/2020 criou, no âmbito da União, o Cadastro Nacional de Pessoas Condenadas por Crime de Estupro, o qual deverá conter, no mínimo, as seguintes informações sobre as pessoas condenadas por tal delito: "I – características físicas e dados de identificação datiloscópica; II – identificação do perfil genético; III – fotos; IV – local de moradia e atividade laboral desenvolvida, nos últimos 3 (três) anos, em caso de concessão de livramento condicional." Nada obstante a lei fale somente em "estupro", o cadastro deve contemplar tanto as pessoas condenadas pelo crime de estupro (CP, art. 213) como também aquelas sobre as quais recai condenação pelo delito de estupro de vulnerável, tipificado no art. 217-A do Código Penal. Em respeito ao princípio da presunção de não culpabilidade, previsto no art. 5.º, LVII, da Constituição Federal, a Lei 14.069/2020 acertadamente utiliza a expressão "pessoas condenadas por crime de estupro", razão pela qual a inclusão no Cadastro somente poderá ser efetuada após o trânsito em julgado da condenação.

– Código Civil, indignidade e exclusão da sucessão: O art. 1.814 do Código Civil estatui que são excluídos da sucessão os herdeiros ou legatários: I – que houverem sido autores, coautores ou partícipes de homicídio doloso, ou tentativa deste, contra a pessoa de cuja sucessão se tratar, seu cônjuge, companheiro, ascendente ou descendente; II – que houverem acusado caluniosamente em juízo o autor da herança ou incorrerem em crime contra a sua honra, ou de seu cônjuge ou companheiro; e III – que, por violência ou meios fraudulentos, inibirem ou obstarem o autor da herança de dispor livremente de seus bens por ato de última vontade. De seu turno, o art. 1.815-A do Código Civil determina que em tais hipóteses de indignidade o **trânsito em julgado da sentença penal condenatória** acarretará a imediata exclusão do herdeiro ou legatário indigno, independentemente de sentença específica destinada a afastá-lo da sucessão. Cuida-se, portanto, de **efeito automático da condenação**.

○ **Jurisprudência selecionada:**

Deputado Federal – perda do mandato – competência da Câmara dos Deputados: "A 2ª Turma deu parcial provimento a recurso de apelação decorrente de ação penal oferecida contra deputado federal e corréu pela suposta prática dos crimes de violação de sigilo funcional e fraude processual. Na espécie, os recorrentes (delegado federal à época dos fatos e escrivão da polícia federal) teriam informado jornalistas a respeito de suposta reunião a ser realizada entre terceiras pessoas – as quais estariam sendo investigadas em determinada operação policial –, na qual ocorreria 'ação policial controlada' e, posteriormente, teriam editado gravação jornalística feita durante esse encontro a fim de utilizá-la em processo criminal. Pelas referidas condutas, os recorrentes foram condenados, em concurso material de crimes, por violação de sigilo funcional (CP, art. 325, *caput*) e fraude processual (CP, art. 347, parágrafo único). O delegado federal também fora condenado por violação de sigilo profissional, na forma qualificada (CP, art. 325, § 2º), em razão de ter, em outra ocasião, alertado jornalistas sobre a data de cumprimento de mandados de busca e apreensão. Em questão de ordem, a Turma esclareceu que o presente caso não trataria de ação penal originária, mas sim de apelação em sentença condenatória cuja competência para julgamento fora deslocada em razão da diplomação de um dos acusados no decorrer do trâmite processual. Desse modo, deveria ser seguido o regime de julgamento dos recursos, no qual a sustentação oral dos recorrentes se daria antes do pronunciamento do Ministério Público. Em seguida, ao afastar as preliminares suscitadas pela defesa, a Turma salientou que o fato de a sentença ter sido divulgada por diversos meios jornalísticos no dia de sua juntada pelo escrivão ao processo e da lavratura do respectivo termo não afetara a validade do ato judicial, nem importara em prejuízo processual aos apelantes. Em decorrência disso, eventual irregularidade na conduta do magistrado sentenciante ao disponibilizar a sentença para a mídia, a despeito do caráter sigiloso imprimido ao feito, deveria ser apreciada no âmbito administrativo e não em processo judicial perante esta Corte. No mérito, a Turma aduziu que, pelos elementos coletados a partir do rastreamento de ligações telefônicas, judicialmente autorizado, mostrara-se inquestionável a existência de comunicações a jornalistas em ambas as oportunidades descritas na denúncia. Além disso, a edição da filmagem em questão teria efetivamente acontecido, visto que alguns trechos teriam sido cortados. No entanto, esse fato não seria suficiente para caracterizar fraude processual, porque, além de a inovação não ter propriamente alterado o conteúdo da matéria, estaria ausente o elemento normativo 'artificiosamente' e, tampouco, haveria a certeza da existência do dolo específico de induzir a erro o juiz ou perito. Assim, os acusados foram absolvidos, nesse ponto, ante a atipicidade da conduta. No tocante ao vazamento de informações a jornalistas, praticada por ambos os réus, a Turma constatou a ocorrência da prescrição da pretensão punitiva. Quanto à violação de sigilo funcional em razão do vazamento de informações sobre o cumprimento dos mandados de busca e apreensão, ponderou que a conduta, detalhadamente premeditada, teria fomentado uma exposição absolutamente desnecessária à finalidade da investigação criminal. Tendo isso em conta, a condenação do ora deputado federal foi mantida. Por fim, conforme orientação fixada pelo Plenário, a Turma determinou a expedição de notificações à Câmara dos Deputados para os fins previstos no § 2º do art. 55 da CF" (STF: AP 563/SP, rel. Min. Teori Zavascki, 2.ª Turma, j. 21.10.2014, noticiado no *Informativo* 764).

Detentor de mandato eletivo – perda do mandato – competência do Poder Legislativo: "O Plenário condenou senador (prefeito à época dos fatos delituosos), bem assim o presidente e o vice-presidente de comissão de licitação municipal pela prática do crime descrito no art. 90 da Lei 8.666/1993 ['Art. 90. Frustrar ou fraudar, mediante ajuste, combinação ou qualquer outro expediente, o caráter competitivo do procedimento licitatório, com o intuito de obter, para si ou para outrem, vantagem decorrente da adjudicação do objeto da licitação: Pena – detenção, de 2 (dois) a 4 (quatro) anos, e multa'] à pena de 4 anos, 8 meses e 26 dias de detenção em regime inicial semiaberto. Fixou-se, por maioria, multa de R$ 201.817,05 ao detentor de cargo político, e de R$ 134.544,07 aos demais apenados, valores a serem revertidos aos cofres do município. Determinou-se – caso estejam em exercício – a perda de cargo, emprego ou função pública dos dois últimos réus. Entendeu-se, em votação majoritária, competir ao Senado Federal deliberar sobre a eventual perda do mandato parlamentar do ex-prefeito (CF, art. 55, VI e § 2º)" (STF: AP 565/RO, rel. Min. Cármen Lúcia, Plenário, j. 07 e 08.08.2013, noticiado no *Informativo* 714).

Efeitos da condenação – cassação de aposentadoria de funcionário público – impossibilidade: "Ainda que condenado por crime praticado durante o período de atividade, o servidor público não pode ter a sua aposentadoria cassada com fundamento no art. 92, I, do CP, mesmo que a sua aposentadoria tenha ocorrido no curso da ação penal. De fato, os efeitos de condenação criminal previstos no art. 92, I, do CP – segundo o qual são efeitos da condenação criminal a 'perda de cargo, função pública ou mandato eletivo' –, embora possam repercutir na esfera das relações extrapenais, são efeitos penais, na medida em que decorrem de lei penal. Sendo assim, pela natureza constrangedora desses efeitos (que acarretam restrição ou perda de direitos), eles somente podem ser declarados nas hipóteses restritas do dispositivo mencionado, o que implica afirmar que o rol do art. 92 do CP é taxativo, sendo vedada a interpretação extensiva ou analógica para estendê-los em desfavor do réu, sob pena de afronta ao princípio da legalidade. Dessa maneira, como essa previsão legal é dirigida para a 'perda de cargo, função pública ou mandato eletivo', não se pode estendê-la ao servidor que se aposentou, ainda que no decorrer da ação penal" (STJ: REsp 1.416.477/SP, rel. Min. Walter de Almeida Guilherme (Desembargador convocado do TJ/SP), 5.ª Turma, j. 18.11.2014, noticiado no *Informativo* 552). ***No mesmo sentido***: STJ: REsp 1.317.487/MT, rel. Min. Laurita Vaz, 5ª Turma, j. 07.08.2014; e STJ: RMS 31.980/ES, rel. Min. Og Fernandes, 6ª Turma, j. 02.10.2012, noticiado no *Informativo* 505.

Perda de cargo público – aplicação de pena restritiva de direitos – irrelevância: "A substituição da pena privativa de liberdade por restritiva de direitos não tem o condão de afastar o efeito disposto no art. 92 do Código Penal, pois a perda do cargo não está adstrita à efetiva privação da liberdade do réu" (STJ: AgRg no REsp 1.208.940/RS, rel. Min. Marco Aurélio Bellizze, 5.ª Turma, j. 10.06.2014).

Perda de cargo público – efeito não automático da condenação – necessidade de fundamentação judicial: "A determinação da perda de cargo público fundada na aplicação de pena privativa de liberdade superior a 4 anos (art. 92, I, *b*, do CP) pressupõe fundamentação concreta que justifique o cabimento da medida. De fato, para que seja declarada a perda do cargo público, na hipótese descrita no art. 92, I, *b*, do CP, são necessários dois requisitos: a) que o *quantum* da sanção penal privativa de liberdade seja superior a 4 anos; e b) que a decisão proferida se apresente de forma motivada, com a explicitação das razões que ensejaram o cabimento da medida. A motivação dos atos jurisdicionais, conforme imposição do art. 93, IX, da CF ('Todos os julgamentos dos órgãos do Poder Judiciário serão públicos, e fundamentadas todas as decisões, sob pena de nulidade...'), funciona como garantia da atuação imparcial e *secundum legis* (sentido lato) do órgão julgador. Ademais, a motivação dos atos judiciais serve de controle social sobre os atos judiciais e de controle pelas partes sobre a atividade intelectual do julgador, para que verifiquem se este, ao decidir, considerou todos os argumentos e as provas produzidas pelas partes e se bem aplicou o direito ao caso concreto. Por fim, registre-se que o tratamento jurídico-penal será diverso quando se tratar de crimes previstos no art. 1º da Lei 9.455/1997 (Lei de Tortura). Isso porque, conforme dispõe o § 5º do art. 1º deste diploma legal, a perda do cargo, função ou emprego público é efeito automático da condenação, sendo dispensável fundamentação concreta" (STJ: REsp 1.044.866/MG, rel. Min. Rogerio Schietti Cruz, 6.ª Turma, j. 02.10.2014, noticiado no *Informativo* 549).

Perda de cargo público – funcionário público envolvido com organização criminosa – art. 2.º, § 6.º, da Lei 12.850/2013 – princípio da proporcionalidade: "É compatível com o princípio da proporcionalidade, em sua acepção substancial, a previsão normativa de perda do cargo, função, emprego ou mandato eletivo e da interdição para o exercício de função ou cargo público pelo prazo de 8 anos subsequente ao cumprimento da pena, no caso em que funcionário público esteja envolvido com organizações criminosas (Lei 12.850/2013, art. 2º, § 6º)" (STF: ADI 5.567/DF, rel. Min. Alexandre de Moraes, Plenário, j. 20.11.2023, noticiado no *Informativo* 1.177).

Perda de cargo público – membro vitalício do Ministério Público – necessidade de respeito às regras contidas na Lei Orgânica do MP: "Em ação penal decorrente da prática de corrupção passiva praticada por membro vitalício do Ministério Público Estadual, não é possível determinar a perda do cargo com fundamento no art. 92, I, *a*, do CP. De acordo com o art. 92, I, *a*, do CP, é efeito não automático da condenação a perda do cargo, função pública ou mandato eletivo quando aplicada a pena privativa de liberdade por tempo igual ou superior a um ano, nos crimes praticados com abuso de poder ou violação de dever para com a Administração Pública. Entretanto, quanto à perda do cargo de membro do Ministério Público Estadual, há norma especial (Lei 8.625/1993 – Lei Orgânica Nacional do Ministério Público) que dispõe que a perda do referido cargo somente pode ocorrer após o trânsito em julgado de ação civil proposta para esse fim. O art. 38, § 2º, da Lei 8.625/1993 ainda prevê que a ação civil para a decretação da perda do cargo somente pode ser ajuizada pelo Procurador-Geral de Justiça quando previamente autorizado pelo Colégio de Procuradores, o que constitui condição de procedibilidade, juntamente com o trânsito em julgado da sentença penal condenatória. Com efeito, em se tratando de normas legais de mesma hierarquia, o fato de a Lei Orgânica Nacional do Ministério Público prever regras específicas e diferenciadas das do Código Penal para a perda de cargo, em atenção ao princípio da especialidade – *lex specialis derogat generali* –, deve prevalecer o que dispõe a lei orgânica" (STJ: REsp 1.251.621/AM, rel. Min. Laurita Vaz, 5.ª Turma, j. 16.10.2014, noticiado no *Informativo* 552).

Perda de cargo público – policial militar e corrupção de testemunha – violação de dever para com a Administração Pública – aplicabilidade: "O reconhecimento de que o réu, condenado pelo crime de corrupção de testemunha, praticou ato incompatível com o cargo de policial militar, é fundamento válido para a decretação da perda do cargo público. No caso, verifica-se que a instância ordinária apresentou fundamentação válida para a aplicação do art. 92, I, a, do Código Penal, asseverando que houve clara violação de dever para com a Administração Pública por parte do sentenciado, que restou condenado por corromper testemunha que iria depor em processo penal no qual figurava como réu, ato que, de fato, é incompatível com o cargo de policial militar. Com efeito, o reconhecimento de que o réu praticou ato incompatível com o cargo por ele ocupado é fundamento suficiente para a decretação do efeito extrapenal de perda do cargo público" (STJ: HC 710.966/SE, rel. Min. Sebastião Reis Júnior, 6.ª Turma, j. 15.03.2022, noticiado no *Informativo* 731).

Perda de cargo público – previsão legal – desnecessidade de indicação da denúncia: "A possibilidade de perda do cargo público não precisa vir prevista na denúncia, posto que decorre de previsão legal expressa, como efeito da condenação, nos termos do artigo 92 do Código Penal" (STJ: HC 81.954/PR, rel. Min. Maria Thereza de Assis Moura, 6.ª Turma, j. 29.11.2007). *No mesmo sentido*: STJ: AgRg no AREsp 46.266/SP, rel. Min. Laurita Vaz, 5.ª Turma, j. 26.06.2012.

Perda de cargo público – substituição da pena privativa de liberdade por penas restritivas de direitos – compatibilidade: "Não há incompatibilidade entre o efeito de perda do cargo previsto no art. 92, I, do Código Penal e a substituição da pena privativa de liberdade por restritiva de direitos. A imposição da pena de perda do cargo, emprego ou função pública deve ser adequadamente fundamentada, sendo uma consequência administrativa da condenação imposta. Exigindo-se, para tanto, apenas o preenchimento dos requisitos objetivos para sua aplicação, quais sejam: pena privativa de liberdade igual ou superior a 1 ano, nos casos de crimes praticados com abuso de poder ou violação de dever para com a administração pública ou pena privativa de liberdade igual ou superior a 4 anos, nos demais crimes. No caso, o Tribunal estadual manteve a condenação por falsidade ideológica à pena superior a 1 ano, por crime praticado com violação de dever funcional, uma vez que a acusada inseriu declarações falsas em mandados judiciais de intimação, por quatro vezes distintas, com a finalidade de omitir o descumprimento de seu dever funcional, tendo, por motivo injustificado, deixado de executar as diligências determinadas nos mandados em tempo hábil, frustrando a realização de audiência e/ou retardando a prática de atos processuais. Contudo, não aplicou o efeito de perda do cargo público, consoante o disposto no art. 92, I, a, do CP, ao argumento de que seria situação mais gravosa do que a pena que lhe restou substituída. Nesse aspecto, nada impede que, baseando-se na própria fundamentação do acórdão, o STJ reveja as consequências jurídicas dela decorrentes, o que corresponde à revaloração de provas. Assim, o entendimento majoritário da Tribunal *a quo* não encontra amparo na jurisprudência desta Corte, pois, de fato, não há incompatibilidade entre o efeito de perda do cargo previsto no art. 92, inciso I, do Código Penal e a substituição da pena privativa de liberdade por penas restritivas de direitos (AgRg no AREsp 2.010.695/DF, relator Ministro Olindo Menezes (Desembargador convocado do TRF 1ª Região), Sexta Turma, DJe de 10/6/2022)" (STJ: AgRg no REsp 2.060.059/MG, rel. Min. Joel Ilan Paciornik, 5.ª Turma, j. 30.11.2023, noticiado no *Informativo* 798).

Perda de cargo público, função pública ou mandato eletivo – restrição ao posto ocupado no momento do delito – possibilidade de extensão no caso concreto: "A pena de perdimento deve ser restrita ao cargo ocupado ou função pública exercida no momento do delito, à exceção da hipótese em que o magistrado, motivadamente, entender que o novo cargo ou função guarda correlação com as atribuições anteriores. Cinge-se a controvérsia a saber se a pena de perdimento prevista no art. 92, I, do CP se restringe à atividade pública exercida no momento do delito. O STJ entende que o reconhecimento de que o réu praticou ato incompatível com o cargo por ele ocupado é fundamento suficiente para a decretação do efeito extrapenal de perda do cargo público (AgRg no REsp 1.613.927-RS, DJe 30/9/2016). Em regra, a pena de perdimento deve ser restrita ao cargo público ocupado ou função pública exercida no momento do delito. Trilhando esse entendimento, doutrina defende que 'A perda deve restringir-se somente àquele cargo, função ou atividade no exercício do qual praticou o abuso, porque a interdição pressupõe que a ação criminosa tenha sido realizada com abuso de poder ou violação de dever que lhe é inerente'.

Assim, a perda do cargo público, por violação de dever inerente a ele, necessita ser por crime cometido no exercício desse cargo, valendo-se o envolvido da função para a prática do delito. Porém, salienta-se que se o magistrado de origem considerar, motivadamente, que o novo cargo guarda correlação com as atribuições do anterior, ou seja, naquele em que foram praticados os crimes, mostra-se devida a perda da nova função, uma vez que tal ato visa anular a possibilidade de reiteração de ilícitos da mesma natureza, o que não ocorreu no caso" (STJ: REsp 1.452.935/PE, rel. Min. Reynaldo Soares da Fonseca, 5.ª Turma, j. 14.03.2017, noticiado no *Informativo* 599). **Com o merecido respeito, esse julgado comporta um reparo. A perda de cargo, função pública ou mandato eletivo constitui-se em efeito da condenação. Não se trata de pena.**

Suspensão dos direitos políticos – substituição da pena privativa de liberdade por restritiva de direitos – irrelevância: "A suspensão de direitos políticos prevista no art. 15, III, da Constituição Federal, aplica-se no caso de substituição da pena privativa de liberdade pela restritiva de direitos. Com base nesse entendimento, o Plenário, ao apreciar o Tema 370 da repercussão geral, deu provimento a recurso extraordinário em que se discutia a suspensão dos direitos políticos de condenado por sentença criminal transitada em julgado, cuja pena privativa de liberdade foi substituída por pena restritiva de direitos. O Plenário afirmou que, de acordo com a jurisprudência firmada antes e depois de 1988, o art. 15, III, da CF é norma autoaplicável. Observou que, das constituições brasileiras, somente a Constituição de 1824 restringia a aplicabilidade da suspensão dos direitos políticos às hipóteses de sentença condenatória a pena privativa de liberdade (Constituição de 1824, art. 8, II). A partir da Constituição republicana de 1891, até a atual, não há mais essa diferenciação. A razão de ser da norma atual (CF, art. 15, III) é impedir aos condenados — após o devido processo legal e com sentença transitada em julgado — o exercício dos direitos políticos enquanto cumprirem pena. Não há nenhuma arbitrariedade no fato de a própria Constituição estabelecer, de forma excepcional, a possibilidade, seja temporária – no caso de suspensão –, seja permanente – no caso de perda –, do afastamento do exercício dos direitos políticos. Isso porque o exercício dos direitos políticos, assim como o exercício de qualquer outro direito fundamental, não é absoluto. Ressaltou que, ainda que em casos mais leves do que a condenação penal, a legislação reclamada pelos arts. 37, § 4º, e 14, § 9º, da CF também permite a parcial suspensão do exercício de direitos políticos. Até porque, na inelegibilidade, os efeitos nada mais são do que uma parcial suspensão da capacidade eleitoral passiva, ou seja, de poder ser votado. E, para isso, não se exige, no campo civil, sequer o trânsito em julgado. Entretanto, nos casos mais graves, em que se aplica o Direito Penal, a CF determina que, enquanto durar o cumprimento da pena aplicada, ficam suspensos os direitos políticos" (STF: RE 601.182/MG, rel. Min. Marco Aurélio, red. p/ acórdão Min. Alexandre de Moraes, Plenário, j. 08.05.2019, noticiado no *Informativo* 939).

Tortura – efeito automático da condenação: "A perda do cargo, função ou emprego público é efeito automático da condenação pela prática do crime de tortura, não sendo necessária fundamentação concreta para a sua aplicação" (STJ: AgRg no Ag 1.388.953/SP, rel. Min. Maria Thereza de Assis Moura, 6.ª Turma, j. 20.06.2013).

Capítulo VII –
DA REABILITAÇÃO

Reabilitação

Art. 93. A reabilitação alcança quaisquer penas aplicadas em sentença definitiva, assegurando ao condenado o sigilo dos registros sobre o seu processo e condenação.

Parágrafo único. A reabilitação poderá, também, atingir os efeitos da condenação, previstos no art. 92 deste Código, vedada reintegração na situação anterior, nos casos dos incisos I e II do mesmo artigo.

○ **Conceito:** Reabilitação é o instituto jurídico-penal que se destina a **promover a reinserção social do condenado**, a ele assegurando o **sigilo de seus antecedentes criminais**, bem como a **suspensão condicional de determinados efeitos secundários de natureza extrapenal e específicos da condenação**, mediante a declaração judicial no sentido de que as penas a ele aplicadas foram cumpridas ou por qualquer outro modo extintas. Busca reintegrar o condenado que tenha cumprido a pena na posição jurídica que desfrutava anteriormente à prolação da condenação.[398] Tem, portanto, duas funções: (1) assegurar ao condenado o sigilo dos registros sobre seu processo e condenação (*caput*); e (2) suspender condicionalmente os efeitos da condenação previstos no art. 92 do CP (parágrafo único).

○ **Natureza jurídica:** Cuida-se de **medida de política criminal assecuratória do sigilo sobre os antecedentes criminais do condenado e, ainda, causa suspensiva condicional de certos efeitos secundários de natureza extrapenal e específicos da condenação**. Não se trata, pois, de causa de extinção da punibilidade. De fato, como consta da Exposição de Motivos da Parte Geral do Código Penal, em seu item 82: "Trata-se de instituto que não *extingue*, mas tão somente *suspende* alguns efeitos penais da sentença condenatória, visto que a qualquer tempo, revogada a reabilitação, se restabelece o *status quo ante*. Diferentemente, as causas extintivas da punibilidade operam efeitos irrevogáveis, fazendo cessar definitivamente a pretensão punitiva ou a executória."

○ **Modalidades de reabilitação no Código Penal:**

– **Sigilo das condenações – art. 93,** *caput:* A reabilitação assegura ao condenado o sigilo dos registros sobre seu processo e condenação. O art. 202 da LEP estatui que cumprida ou extinta a pena, não constarão da folha corrida, atestados ou certidões fornecidas por autoridade policial ou por auxiliares da Justiça, qualquer notícia ou referência à condenação, salvo para instruir processo pela prática de nova infração penal ou outros casos expressos em lei. Esse sigilo, como se percebe, é garantido de forma automática e imediata depois do cumprimento integral ou extinção da pena por qualquer outro motivo. Prescinde da reabilitação, sendo mais restrito, pois pode ser quebrado por qualquer autoridade judiciária, por membro do MP ou, ainda, por Delegado de Polícia. **O sigilo assegurado pela reabilitação é mais amplo**, pois as informações por ele cobertas somente podem ser obtidas por requisição (ordem), não de qualquer integrante do Poder Judiciário, mas exclusivamente do **juiz criminal**. É o que se extrai do art. 748 do CPP. Esta é a utilidade prática do instituto.

– **Efeitos secundários de natureza extrapenal e específicos da condenação (parágrafo único):** A suspensão desses efeitos é **condicional**, porque se exige do reabilitando o cumprimento de condições para retornar à situação em que estava previamente à condenação. **(a) Perda de cargo, função pública ou mandato eletivo quando aplicada pena privativa de liberdade por tempo igual ou superior a um ano, nos crimes praticados com abuso de poder, ou violação de dever para com a Administração Pública, ou ainda quando aplicada pena privativa de liberdade por tempo superior a quatro anos, nos demais crimes. Esse efeito também é aplicável ao condenado por crime praticado contra a mulher por razões da condição do sexo feminino (art. 92, § 2.º, I, do CP).** O agente reabilitado não é automaticamente reintegrado à situação anterior, por expressa determinação do dispositivo em análise. Ele pode voltar, contudo, a exercer novo cargo, emprego ou função pública, **desde que proveniente de nova investidura**. Exemplo: o funcionário público condenado por peculato, que perdeu o cargo público que ocupava, desde que reabilitado, pode novamente ser funcionário público, se aprovado no concurso público respectivo. **(b)** É também efeito secundário de natureza extrapenal e específico da condenação a **incapacidade para o exercício do poder familiar, da tutela ou da curatela nos crimes dolosos sujeitos à pena de reclusão**

---

[398] BETTIOL, Giuseppe. *Direito penal*. Trad. Paulo José da Costa Jr. e Alberto Silva Franco. São Paulo: RT, 1966. p. 226.

cometidos contra outrem igualmente titular do mesmo poder familiar, contra filho, filha ou outro descendente ou contra tutelado ou curatelado, bem como nos crimes cometidos contra a mulher por razões da condição do sexo feminino, nos termos do § 1.º do art. 121-A do Código Penal. Esse efeito da condenação pode ser estendido a outros filhos, tutelados ou curatelados. Com a reabilitação, o condenado pode voltar a exercer o poder familiar, a tutela ou a curatela **em relação àqueles que não foram vítimas do delito doloso punido com reclusão**, pois em relação ao ofendido a incapacidade é permanente, conforme determina o art. 93, parágrafo único, do Código Penal. Em outras palavras, jamais poderá ser exercido novamente o poder familiar, tutela ou curatela em face da vítima do crime cuja condenação produziu o efeito previsto no art. 92, II, do Código Penal. **(c) Inabilitação para dirigir veículo, quando utilizado como meio para a prática de crime doloso**. Uma vez reabilitado, o agente **poderá obter nova carteira de habilitação**, sem qualquer restrição legal. **(d)** O art. 92, § 2.º, II, do Código Penal, criado pela Lei 14.994/2024 – "Pacote Antifeminicídio" –, estatui que **ao condenado por crime praticado contra a mulher, por razões da condição do sexo feminino, é vedada a sua nomeação, designação ou diplomação em qualquer cargo, função pública ou mandato eletivo entre o trânsito em julgado da condenação até o efetivo cumprimento da pena**. Esse efeito da condenação subsiste "até o efetivo cumprimento da pena", ou seja, não há necessidade de reabilitação. Com a extinção da punibilidade, em tese, será permitida ao agente a nomeação, a designação ou a diplomação em cargo, função pública ou mandato eletivo, caso ele preencha os requisitos legalmente exigidos para tal mister.

○ **Jurisprudência selecionada:**

Sigilo da condenação: "Esta Corte Superior de Justiça já pacificou o entendimento segundo o qual, por analogia à regra inserta no art. 748 do Código de Processo Penal, as anotações referentes a inquéritos policiais e ações penais não serão mencionadas na Folha de Antecedentes Criminais, nem em certidão extraída dos livros do juízo, nas hipóteses em que resultarem na extinção da punibilidade pela prescrição da pretensão punitiva, arquivamento, absolvição ou reabilitação" (STJ: RMS 42.972/SP, rel. Min. Laurita Vaz, 5.ª Turma, j. 22.04.2014). *No mesmo sentido*: STJ: RMS 25.096/SP, rel. Min. Laurita Vaz, 5.ª Turma, j. 28.02.2008.

Art. 94. A reabilitação poderá ser requerida, decorridos 2 (dois) anos do dia em que for extinta, de qualquer modo, a pena ou terminar sua execução, computando-se o período de prova da suspensão e o do livramento condicional, se não sobrevier revogação, desde que o condenado:

I – tenha tido domicílio no País no prazo acima referido;

II – tenha dado, durante esse tempo, demonstração efetiva e constante de bom comportamento público e privado;

III – tenha ressarcido o dano causado pelo crime ou demonstre a absoluta impossibilidade de o fazer, até o dia do pedido, ou exiba documento que comprove a renúncia da vítima ou novação da dívida.

Parágrafo único. Negada a reabilitação, poderá ser requerida, a qualquer tempo, desde que o pedido seja instruído com novos elementos comprobatórios dos requisitos necessários.

○ **Pressuposto e requisitos da reabilitação:**

– **Pressuposto**: existência de uma sentença condenatória transitada em julgado. É indiferente a natureza da sanção penal aplicada ao condenado, uma vez que a reabilitação alcança quaisquer penas aplicadas em sentença definitiva, tal como dispõe o *caput* do art. 93 do CP.

– **Requisitos objetivos:** São os que se relacionam ao tempo de cumprimento da pena e à reparação do dano.

a) Tempo de cumprimento da pena (*caput*): Deve ter transcorrido o período de **2 (dois) anos** do dia em que tiver sido extinta, de qualquer modo, a pena ou terminar a sua execução, computando-se o período de prova do *sursis* e do livramento condicional, se não sobrevier revogação. O prazo é o mesmo, seja o condenado primário ou reincidente. Nas hipóteses de *sursis* e de livramento condicional, o termo inicial do prazo é a audiência admonitória. Na pena de multa, o prazo se inicia a partir do seu efetivo pagamento, pois esse ato enseja a sua extinção. Se ocorrer a sua execução, motivada pela ausência do adimplemento voluntário, a multa será cobrada como dívida de valor, razão pela qual o decurso legal para a reabilitação inicia-se a partir da data em que deveria ter ocorrido o pagamento da pena pecuniária. Em se tratando de extinção da pena pela ocorrência da prescrição, a contagem do prazo tem início na data em que ocorreu a causa extintiva da punibilidade, pouco importando o momento em que se deu o seu reconhecimento judicial. **Se o agente ostentar diversas condenações, o pedido de reabilitação deve ser formulado no tocante a todas elas.** Não pode se limitar somente a parcela das penas, em razão de as demais ainda não terem sido integralmente cumpridas ou extintas por qualquer outra causa. A reabilitação tem por essência a totalidade de seus efeitos, proporcionando a plena reinserção social do condenado.

b) Reparação do dano: O inc. III do art. 94 do CP autoriza a reabilitação ao condenado que tenha ressarcido o dano causado pelo crime ou demonstre a absoluta impossibilidade de fazê-lo, até o dia do pedido, ou exiba documento que comprove a renúncia da vítima ou novação da dívida. Esse requisito é dispensado quando já se operou a prescrição do débito no âmbito civil. Em homenagem à separação e independência entre as instâncias, subsiste a obrigação de reparar o dano, como requisito da reabilitação, quando em prol do penalmente condenado tiver sido julgado improcedente o pedido de indenização formulado no juízo civil. Com efeito, prevalece a decisão penal no tocante à prova da autoria e da materialidade do fato delituoso. Não há falar em dano a ser reparado nos crimes que não o produzem, tal como apologia ao crime e ato obsceno. Da mesma forma, não incide esse requisito quando o crime não apresenta vítima determinada, ou ainda quando figura como sujeito passivo um ente destituído de personalidade jurídica (crime vago). A pobreza, na acepção jurídica do termo, que justifica a dispensa da reparação do dano, pode ser provada por qualquer meio legítimo. A renúncia da vítima ou a novação civil da dívida também autorizam a reabilitação independentemente do ressarcimento dos prejuízos. O fato de a vítima não ter ajuizado ação indenizatória contra o condenado não significa estar ele livre de reparar o dano.

– **Requisitos subjetivos:** Dizem respeito à **pessoa do condenado**: domicílio no país nos dois anos seguintes ao cumprimento ou extinção da pena (inc. I) e bom comportamento público e privado nesse período (inc. II). Exige-se tenha sido o condenado domiciliado no Brasil no prazo de dois anos após a extinção da pena, o que admite liberdade de prova. Ainda, o condenado, no prazo de dois anos posteriormente à extinção da pena, deve ter apresentado, de forma efetiva e constante, bom comportamento público e privado. Não só a prática de novo delito impede a reabilitação. Qualquer ato capaz de macular a reputação do agente pode fazê-lo. A demonstração efetiva e constante de bom comportamento público e privado pode ser feita, exemplificativamente, com frequência a estabelecimentos de ensino e cursos profissionalizantes, ocupação lícita e honesta, participação em programas filantrópicos e sociais etc.

○ **Pedido de reabilitação:** A legitimidade para formular o pedido de reabilitação é **privativa do condenado.** Cuida-se de ato eminentemente pessoal, intransferível. Não se estende aos seus herdeiros ou sucessores em caso de falecimento do titular, o que se justifica pela finalidade do instituto (reinserção social do condenado). Inexiste, pois, reabilitação em prol da memória do condenado falecido, uma vez que a medida somente produz efeitos para o futuro. O condenado deve ser assistido por advogado e o pedido deve ser endereçado ao juízo de primeiro grau em que tramitou a ação penal, ainda que a decisão condenatória transitada em julgado tenha sido proferida em sede recursal. No caso de competência originária, a reabilitação deve ser ajuizada perante o Tribunal competente. A petição inicial deve estar acompanhada de todos os requisitos de índole objetiva e subjetiva, disciplinados pelo art. 94 do CP. O MP deve ser ouvido previamente à decisão judicial. A sentença que concede ou nega a reabilitação pode ser impugnada por meio de recurso de apelação, na forma do art. 593, II, do CPP. A hipótese de concessão comporta também recurso de ofício (art. 746 do CPP). O parágrafo único do art. 94 do CP revela o caráter *rebus sic stantibus* da reabilitação, pois, uma vez negada, poderá ser novamente requerida, a qualquer tempo, desde que o pedido seja instruído com novos elementos comprobatórios dos requisitos necessários.

○ **Jurisprudência selecionada:**

Reabilitação – cumprimento da pena privativa de liberdade – pena de multa não paga – possibilidade: "I. Consoante a jurisprudência, 'compete ao Juízo da Execução Penal determinar a intimação do condenado para realizar o pagamento da pena de multa, a teor do que dispõe o art. 50 do Código Penal, e, acaso ocorra o inadimplemento da referida obrigação, o fato deve ser comunicado à Fazenda Pública a fim de que ajuíze a execução fiscal no foro competente, de acordo com as normas da Lei n. 6.830/1980, porquanto, a Lei n. 9.268/1996, ao alterar a redação do art. 51 do Código Penal, afastou a titularidade do Ministério Público' (STJ, REsp 832.267, Rel. Ministra LAURITA VAZ, QUINTA TURMA, *DJU* de 14/05/2007). II. Nessa linha de raciocínio, concluiu a Terceira Seção do Superior Tribunal de Justiça pela possibilidade de extinção da execução penal, quando, cumprida a pena privativa de liberdade, resta pendente a multa, na medida em que esta deverá ser cobrada, pela Fazenda Pública, no Juízo competente. III. Firmou-se o entendimento da 3ª Seção do STJ no sentido de que, 'considerando-se a pena de multa como dívida de valor e, consequentemente, tornando-se legitimado a efetuar sua cobrança a Procuradoria da Fazenda Pública, na Vara Fazendária, perde a razão de ser a manutenção do Processo de Execução perante a Vara das Execuções Penais, quando pendente, unicamente, o pagamento desta' (STJ, EREsp 845.902/RS, Rel. Ministra MARIA THEREZA DE ASSIS MOURA, TERCEIRA SEÇÃO, *DJe* de 01/02/2011). IV. O entendimento contrário, ou seja, o de que a punibilidade do réu permaneceria incólume, enquanto não adimplida a multa, vincularia a finalização do procedimento penal à eventual cobrança do valor, pela Fazenda Pública, que – como se sabe – pode deixar de ajuizar a execução para cobrança da dívida ativa, em várias situações. Tal vinculação, assim, parece não se coadunar com as peculiaridades do processo penal, sendo desarrazoado que o réu, tendo cumprido a pena privativa de liberdade, fique impossibilitado de obter sua reabilitação, após o prazo estabelecido em lei, enquanto não comprovar o pagamento da multa, submetida a procedimento de cobrança cível" (STJ: REsp 1.166.866/MS, rel. Min. Assusete Magalhães, 6.ª Turma, j. 20.08.2013).

> **Art. 95.** A reabilitação será revogada, de ofício ou a requerimento do Ministério Público, se o reabilitado for condenado, como reincidente, por decisão definitiva, a pena que não seja de multa.

○ **Reabilitação e reincidência:** A reabilitação suspende condicionalmente alguns efeitos secundários de natureza extrapenal e específicos da condenação. A condenação, todavia, permanece íntegra, pois o instituto em análise não a rescinde. **Portanto, se, embora reabilitado, o agente vier a praticar novo delito, será considerado reincidente**. De acordo com o art. 64, I, do CP a condenação anterior somente perde força para gerar a reincidência quando, entre a data do cumprimento ou extinção da pena dela decorrente e a infração posterior tiver decorrido período de tempo superior a 5 (cinco) anos, computado o período de prova da suspensão ou do livramento condicional, se não ocorrer revogação. Esse hiato temporal é o que se convencionou chamar de período depurador ou caducidade da reincidência.

○ **Reabilitação e *habeas corpus*:** A via do *habeas corpus* não é a adequada para instrumentalizar o pedido de reabilitação.

○ **Jurisprudência selecionada:**

Reabilitação – art. 94, II, do CP – exigência de bom comportamento público e privado – acordo de não persecução penal – antecedente desfavorável – não caracterização – indiciamento seguido de acordo de não persecução penal – bom comportamento – não ocorrência: "O fato de o acordo de não persecução penal não gerar reincidência ou maus antecedentes não necessariamente implica o reconhecimento de 'bom comportamento público e privado', para fins de reabilitação criminal, conforme estabelecido no art. 94, II, do Código Penal. A controvérsia cinge-se a definir se o indiciamento seguido por um acordo de não persecução penal impede o deferimento do pedido de reabilitação criminal. A reabilitação é uma medida no âmbito da política criminal que pretende a restauração da dignidade pessoal de indivíduos condenados, bem como a facilitação de sua reintegração na comunidade. É um instrumento essencial para a ressocialização e a reinserção de condenados na sociedade, uma vez que reconhece que, em certos casos, as pessoas podem demonstrar que estão prontas para reassumir plenamente seus direitos e responsabilidades como cidadãos. Para isso o legislador prescreveu alguns requisitos para sua obtenção, previstos no art. 94, I, II e III, do CP. Entre esses requisitos, depreende-se que é necessário que o condenado demonstre, ao longo desse tempo, um comportamento público e privado que denote uma efetiva e constante boa conduta. No tocante à questão de o indiciamento seguido por um acordo de não persecução penal não ser considerado como antecedente criminal desfavorável, é crucial estabelecer uma distinção entre antecedentes criminais desfavoráveis e a demonstração efetiva e constante de bom comportamento público e privado ao longo de um período de 2 (dois) anos contados a partir da data de extinção, de qualquer forma, da pena ou do término de sua execução, para fins de reabilitação. O art. 28-A, § 12, do Código de Processo Penal estabelece que a celebração e o cumprimento do ANPP não serão registrados na certidão de antecedentes criminais. Assim, a celebração do acordo não implicará o registro de reincidência no histórico criminal do indivíduo. Noutro vértice, o termo 'bom comportamento público e privado', constante no art. 94, II, do CPP, refere-se à conduta social e moral de um indivíduo, tanto em suas interações públicas quanto privadas. Ele engloba ações éticas, respeitosas e socialmente aceitáveis em todas as áreas da vida, independentemente de estar em um ambiente público, onde outras pessoas estão presentes, ou em situações privadas, mais íntimas e pessoais. Dito isso, constata-se que o fato de o acordo de não persecução penal não gerar reincidência ou maus antecedentes não necessariamente implica o reconhecimento de 'bom comportamento público e privado', conforme estabelecido no art. 94, II, do CP, que se refere à conduta social e moral do indivíduo na sociedade. No caso, apesar dos efeitos do ANPP decorrentes de suposto crime previsto no art. 171, § 3º, do CP pelo recebimento indevido do benefício de auxílio emergencial, a avaliação do 'bom comportamento' deve ser feita com base nas ações cotidianas do indivíduo. Logo, a ausência de bom comportamento devido ao seu indiciamento pelo crime de estelionato majorado por fraude eletrônica pode ser considerada como justificativa para negar o pedido de reabilitação" (STJ: REsp 2.059.742/RS, rel. Min. Ribeiro Dantas, 5.ª Turma, j. 28.11.2023, noticiado no *Informativo* 797).

Reabilitação – dilação probatória – impropriedade do *habeas corpus*: "A via do *habeas corpus* não é a adequada para o fim pretendido pela Impetrante – pedido de reabilitação do paciente" (STF: HC 90.554/RJ, rel. Min. Cármen Lúcia, 1.ª Turma, j. 06.03.2007).

Reabilitação – pressuposto – sentença condenatória com trânsito em julgado: "Uma vez decretada a prescrição da pretensão punitiva e inexistindo, portanto, qualquer condenação, resta ausente o interesse processual de se obter a reabilitação criminal" (STJ: REsp 665.531/SP, rel. Min. José Arnaldo da Fonseca, 5.ª Turma, j. 03.02.2005).

TÍTULO VI –
DAS MEDIDAS DE SEGURANÇA

Espécies de medidas de segurança

> **Art. 96.** As medidas de segurança são:
>
> I – internação em hospital de custódia e tratamento psiquiátrico ou, à falta, em outro estabelecimento adequado;
>
> II – sujeição a tratamento ambulatorial.
>
> Parágrafo único. Extinta a punibilidade, não se impõe medida de segurança nem subsiste a que tenha sido imposta.

○ **Conceito:** Medida de segurança é a modalidade de sanção penal com finalidade exclusivamente preventiva, e de caráter terapêutico, destinada a tratar inimputáveis e semi-imputáveis portadores de periculosidade, com o escopo de evitar a prática de futuras infrações penais. Em que pese o seu aspecto curativo, revela-se como espécie de sanção penal, pois toda e qualquer privação ou restrição de direitos, para quem a suporta, apresenta conteúdo penoso. Essa é a posição dominante em sede doutrinária. Há, contudo, entendimentos minoritários no sentido de tratar-se de instituto estritamente assistencial ou curativo, razão pela qual não estaria submetido aos princípios vetores do Direito Penal, dentre os quais o da reserva legal e da anterioridade.[367]

○ **Distinções entre pena e medida de segurança:** No Direito Penal brasileiro, penas e medidas de segurança apresentam claras distinções. As penas têm **finalidade** eclética, isto é, retributiva e preventiva, enquanto as medidas de segurança destinam-se exclusivamente à prevenção de novas infrações penais (prevenção especial). As penas são aplicadas por **período** determinado, guardando proporcionalidade com a reprovação do crime. Já as medidas de segurança são aplicadas por período determinado quanto ao limite mínimo, mas absolutamente indeterminado no tocante à duração máxima, pois a sua extinção depende do fim da periculosidade do agente. As penas têm como **pressuposto** a culpabilidade, ao passo que as medidas de segurança reclamam a periculosidade do indivíduo. No tocante aos **destinatários**, as penas se dirigem aos imputáveis e semi-imputáveis sem periculosidade. Por sua vez, as medidas de segurança se dirigem aos inimputáveis e aos semi-imputáveis perigosos. Não é possível a aplicação de medidas de segurança aos imputáveis.

---

[367] É o caso de TOLEDO, Francisco de Assis. *Princípios básicos de direito penal*. 5. ed. 13. tir. São Paulo: Saraiva, 2007. p. 40-42.

	Penas	Medidas de segurança
Finalidades	Retribuição (castigo), prevenção geral e prevenção especial	Prevenção especial
Duração	Determinada	Determinada no mínimo e indeterminada no máximo (com a ressalva das divergências doutrinárias e jurisprudenciais)
Pressuposto	Culpabilidade	Periculosidade
Destinatários	Imputáveis e semi-imputáveis sem periculosidade (que não necessitam de especial tratamento curativo)	Inimputáveis e semi-imputáveis dotados de periculosidade (que necessitam de especial tratamento curativo)

○ **Princípios das medidas de segurança:** **Legalidade** – Apenas a lei pode criar medidas de segurança. Não podem ser veiculadas por medida provisória, nos termos do art. 62, § 1.º, I, "b", da CF. **Anterioridade** – Somente se admite a imposição de medida de segurança quando sua previsão legal for anterior à prática da infração penal, eis que a esta espécie de sanção penal também incide o princípio constitucional da irretroatividade da lei penal mais severa (art. 5.º, XL, da CF). **Jurisdicionalidade** – A medida de segurança pode ser aplicada apenas pelo Poder Judiciário, com observância do devido processo legal.

○ **Espécies de medidas de segurança:** O art. 96 do CP apresenta duas espécies de medidas de segurança: (*1.ª*) **Detentiva** (inciso I) – consiste em **internação** em hospital de custódia e tratamento psiquiátrico ou, à falta, em outro estabelecimento adequado. Importa em privação da liberdade do agente e (*2.ª*) **Restritiva** (inciso II) – é a sujeição a **tratamento ambulatorial**. O agente permanece livre, mas submetido a tratamento médico adequado. O critério para escolha da espécie de medida de segurança a ser aplicada reside na **natureza da pena cominada** à infração penal. Com efeito, dispõe o art. 97, *caput*, do CP, que se o fato é punido com reclusão, o juiz determinará, obrigatoriamente, sua internação. Se o fato, todavia, for punível com detenção, poderá o juiz optar entre a internação e o tratamento ambulatorial. No caso de pena de detenção, a escolha entre as medidas de segurança detentiva e restritiva deve ser guiada pelo grau de periculosidade do réu. O rígido critério adotado pelo CP é alvo de críticas, por estabelecer um modelo padrão para medidas de segurança e levar à internação de diversas pessoas que poderiam ser tratadas de forma mais branda. Cria, inclusive, distinções injustas entre imputáveis e inimputáveis. Exemplificativamente, o condenado pela prática de crime de furto simples dificilmente seria submetido ao cárcere, pois teria direito a diversos institutos que evitam a privação da liberdade, tais como penas restritivas de direitos, *sursis* etc. Se inimputável, contudo, seria inevitavelmente internado, por se tratar de crime punido com reclusão. Em face disso, há propostas para a correção do equívoco legislativo, reservando a internação somente aos casos em que a periculosidade do agente efetivamente reclame a privação da liberdade. Para Carlota Pizarro de Almeida: "Não é correto, portanto, quando se trate de portadores de anomalia psíquica, estabelecer uma correspondência entre a medida de segurança e a gravidade do fato praticado. Mas já será importante estabelecê-la em relação à perigosidade do agente: só assim se respeita o princípio da proporcionalidade."[368]

---

[368] ALMEIDA, Carlota Pizarro de. *Modelos de inimputabilidade*. Da teoria à prática. Coimbra: Almedina, 2000. p. 34.

○ **Jurisprudência selecionada:**

Art. 97 do Código Penal – inimputabilidade do réu – crime punido com reclusão – sentença absolutória imprópria – medida de segurança – internação em manicômio judiciário – substituição por tratamento ambulatorial – possibilidade: "Na aplicação do art. 97 do Código Penal não deve ser considerada a natureza da pena privativa de liberdade aplicável, mas sim a periculosidade do agente, cabendo ao julgador a faculdade de optar pelo tratamento que melhor se adapte ao inimputável. A Quinta Turma, há muito, firmou entendimento no sentido de que, 'conforme a dicção do art. 97 do Código Penal, tratando-se de crime punível com reclusão, descabe a substituição da internação em hospital de custódia por tratamento ambulatorial'. Lado outro, a Sexta Turma, em sucessivos julgados, tem proclamado a tese de que, 'na fixação da medida de segurança, por não se vincular à gravidade do delito perpetrado, mas à periculosidade do agente, é cabível ao magistrado a opção por tratamento mais apropriado ao inimputável, independentemente de o fato ser punível com reclusão ou detenção, em homenagem aos princípios da adequação, da razoabilidade e da proporcionalidade'. A doutrina brasileira majoritariamente tem se manifestado acerca da injustiça da referida norma, por padronizar a aplicação da sanção penal, impondo ao condenado, independentemente de sua periculosidade, medida de segurança de internação em hospital de custódia, em razão de o fato previsto como crime ser punível com reclusão. Nesse contexto deve prevalecer a jurisprudência da Sexta Turma" (STJ: EREsp 998.128/MG, rel. Min. Ribeiro Dantas, 3.ª Seção, j. 27.11.2019, noticiado no *Informativo* 662).

Medida de segurança – prescrição da pretensão punitiva – impossibilidade de internação compulsória, ainda que rotulada de "internação civil": "A Segunda Turma concedeu ordem de *habeas corpus* para ratificar liminar anteriormente deferida que transferiu o paciente de Hospital de Custódia e Tratamento Psiquiátrico (HCTP) e o encaminhou a Centro de Atenção Psicossocial ou a unidade de saúde similar a fim de verificar a necessidade de tratamento médico. O paciente respondeu por homicídio em primeira instância e foi sentenciado a absolvição imprópria com aplicação de medida de segurança (internação). O cumprimento da pena começou no ano de 2010 em HCTP. Em 2015, o Tribunal de Justiça reconheceu a nulidade do processo criminal em face da extinção da pretensão punitiva. Entretanto, mesmo com a extinção da sentença, o paciente continuou internado em HCTP. A Turma afirmou que esse tipo de estabelecimento é destinado àqueles que cumprem medida de segurança, resposta penal oferecida às pessoas que apresentam diagnóstico psiquiátrico e tenham praticado crime. Ademais, a Lei de Execuções Penais (Lei 7.210/1984), em seu Título IV, elenca os HCTPs como 'estabelecimentos penais'. Extinta a punibilidade em decorrência do reconhecimento da prescrição, não há que falar em pena, medida de segurança ou manutenção do paciente em HCTP. Além disso, pelo que consta dos documentos apresentados com a inicial, 'não há qualquer indicação médica para internação do paciente em hospital psiquiátrico, visto que não há patologia a ser abordada em unidade de grupos (hospital geral ou especializado), bem como não há possibilidade de 'cura' para seus traços de personalidade disfuncionais'. De acordo com a Convenção Internacional dos Direitos das Pessoas com Deficiência (CDPD), internalizada em nosso ordenamento como texto constitucional (Decreto Legislativo 186/2008 e Decreto 6.949/2009), as pessoas com impedimentos de longo prazo de natureza física, mental, intelectual e sensorial são consideradas deficientes e merecem a 'plena e efetiva participação e inclusão na sociedade' (art. 3º). Em outras palavras, a tônica da inclusão social da pessoa com deficiência apresenta-se como princípio de status constitucional. Tal entendimento – aliado ao que disciplina a Lei 10.216/2001, no sentido de que as internações terão caráter excepcional – autoriza a conclusão de que, no caso, a manutenção do paciente em HCTP apoia-se em narrativa inconstitucional, porquanto opta pela restrição de uma garantia fundamental – a liberdade – pela via da interdição civil de quem teve a punibilidade extinta e possui laudo psiquiátrico favorável à desinternação" (STF: HC 151.523/SP, rel. Min. Edson Fachin, 2.ª Turma, j. 27.11.2018, noticiado no *Informativo* 925).

Medida de segurança – trânsito em julgado – regra geral: "A prisão preventiva é excepcional e só deve ser decretada a título cautelar e de forma fundamentada em observância ao princípio constitucional da presunção de inocência. O STF fixou o entendimento de que ofende o princípio da não culpabilidade a execução da pena privativa de liberdade antes do trânsito em julgado da sentença condenatória, ressalvada a hipótese de prisão cautelar do réu, desde que presentes os requisitos autorizadores previstos no art. 312 do CPP. Assim, verificou-se a ilegalidade da medida cautelar no caso; pois, como o paciente encontrava-se em liberdade durante a tramitação da apelação e não foi fundamentada a necessidade da imediata aplicação da medida de segurança de internação, ele tem o direito de aguardar o eventual trânsito em julgado da condenação em liberdade. Destaque-se que a medida de segurança é uma espécie de sanção penal ao lado da pena, logo não é cabível, no ordenamento jurídico, sua execução provisória, pois a LEP (arts. 171 e 172) determina a expedição de guia pela autoridade judiciária para a internação em hospital psiquiátrico ou submissão a tratamento ambulatorial, o que só se mostra possível depois do trânsito em julgado da decisão" (STJ: HC 226.014/SP, rel. Min. Laurita Vaz, 5.ª Turma, j. 19.04.2012, noticiado no *Informativo* 495).

Imposição da medida de segurança para inimputável

> **Art. 97.** Se o agente for inimputável, o juiz determinará sua internação (art. 26). Se, todavia, o fato previsto como crime for punível com detenção, poderá o juiz submetê-lo a tratamento ambulatorial.

Prazo

> § 1º A internação, ou tratamento ambulatorial, será por tempo indeterminado, perdurando enquanto não for averiguada, mediante perícia médica, a cessação de periculosidade. O prazo mínimo deverá ser de 1 (um) a 3 (três) anos.

Perícia médica

> § 2º A perícia médica realizar-se-á ao termo do prazo mínimo fixado e deverá ser repetida de ano em ano, ou a qualquer tempo, se o determinar o juiz da execução.

Desinternação ou liberação condicional

> § 3º A desinternação, ou a liberação, será sempre condicional devendo ser restabelecida a situação anterior se o agente, antes do decurso de 1 (um) ano, pratica fato indicativo de persistência de sua periculosidade.

> § 4º Em qualquer fase do tratamento ambulatorial, poderá o juiz determinar a internação do agente, se essa providência for necessária para fins curativos.

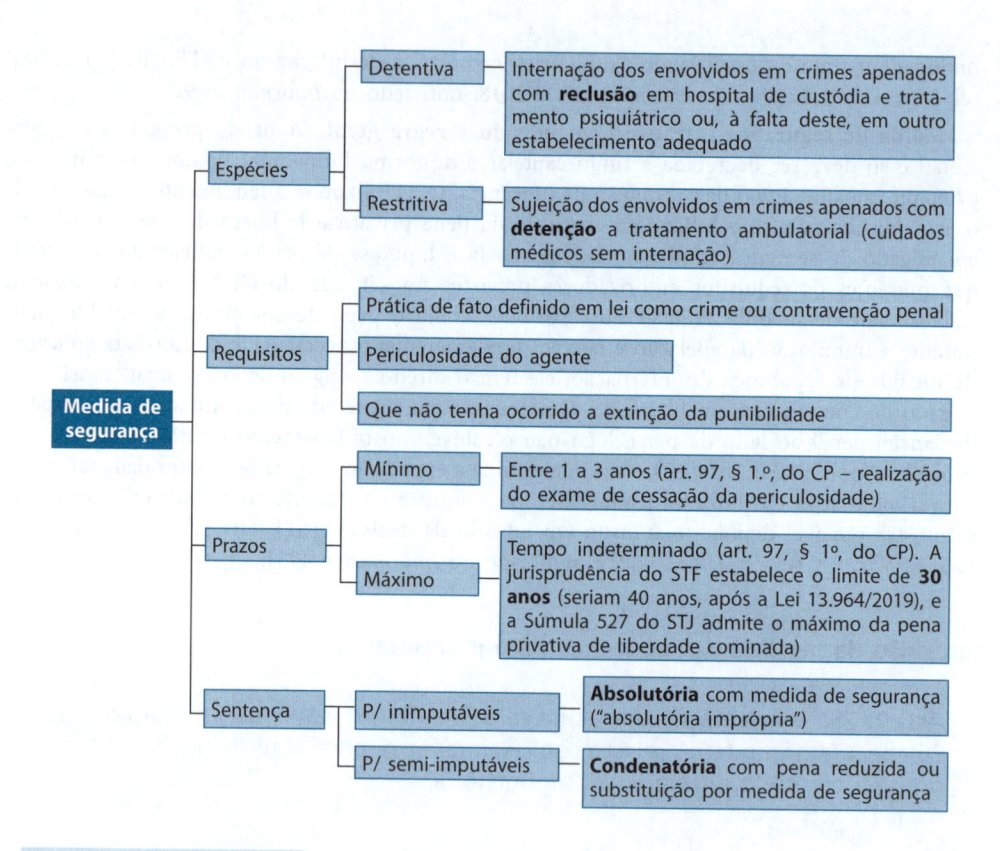

○ **Requisitos para aplicação:** A aplicação da medida depende de três requisitos: (1) Prática de fato típico e ilícito: deve ter sido praticada uma infração penal, ou seja, reclamam-se certeza da autoria e prova da materialidade do fato delituoso. O raciocínio a ser feito é o seguinte: há provas para a condenação, mas como o caso concreto não autoriza a imposição de pena é necessária a aplicação de medida de segurança. (2) Periculosidade do agente: o simples fato de ser a pessoa portadora de periculosidade não permite a incidência da medida de segurança. É imperioso o respeito ao devido processo legal, com o exercício do contraditório e da ampla defesa. A título ilustrativo, um inimputável que tenha praticado um fato típico em estado de necessidade não comete crime, razão pela qual não se aplica medida de segurança. Da mesma forma, não incide essa espécie de sanção penal quando ausentes provas inequívocas da autoria e da materialidade do fato. (3) Não tenha ocorrido a extinção da punibilidade: é obrigatório que o Estado ainda possua o direito de punir. Nos termos do art. 96, parágrafo único, "extinta a punibilidade, não se impõe medida de segurança nem subsiste a que tenha sido imposta".

○ **Conceito de periculosidade:** Periculosidade é a **efetiva probabilidade**, relativa ao responsável por uma infração penal, inimputável ou semi-imputável, de voltar a envolver-se em crimes ou contravenções penais. Extrai-se da natureza e da gravidade do fato cometido e das circunstâncias indicadas na legislação nacional. É considerada socialmente perigosa a pessoa que cometeu o fato, quando é de temer que pratique novos fatos previstos na lei como infrações.[369] Não é, assim, a mera possibilidade de reincidência – faz-se necessário um

---

[369] NOGUEIRA, J. C. Ataliba. *Medidas de segurança.* São Paulo: Saraiva, 1937. p. 221.

juízo de probabilidade, no qual a chance de nova infração penal ser praticada é concreta e potencial, segundo as regras da experiência comum. Reclama-se um **prognóstico** completo, calcado em conjecturas razoáveis, de que o indivíduo tornará a cometer infrações penais. De fato, funcionando a periculosidade como um dos pressupostos das medidas de segurança, e tendo essa espécie de sanção penal como função exclusiva a prevenção especial, o magistrado deve analisar o futuro, com o escopo de aferir a probabilidade de o agente praticar novos ilícitos penais. Daí falar-se em **juízo de prognose**. Nas penas, ao contrário, opera-se um diagnóstico acerca do passado do agente, para se concluir se é ou não necessária sua aplicação. Fala-se, nesse caso, de **juízo de diagnose**. Com efeito, as penas têm como pressuposto a culpabilidade. Em suma, a pena se justifica em razão daquilo que o agente fez. A medida de segurança, por outro lado, somente se legitima se necessária para evitar que o indivíduo venha novamente a enveredar pelo caminho da ilicitude penal.

○ **Espécies de periculosidade:** De acordo com o sistema adotado pelo CP, a periculosidade pode ser presumida ou real. **Periculosidade presumida**, ou **ficta**, é a que ocorre quando a lei expressamente considera determinado indivíduo perigoso. Essa presunção é absoluta (*iuris et de iure*), e o juiz tem a obrigação de impor ao agente a medida de segurança. Aplica-se aos inimputáveis do art. 26, *caput*, do CP, de modo que tais pessoas serão submetidas à medida de segurança quando comprovado seu envolvimento em uma infração penal. Se um inimputável, portanto, praticou uma infração penal, será tratado como perigoso, prescindindo-se de conclusão pericial específica nesse sentido. Basta ser inimputável e responsável por um crime ou contravenção penal. **Periculosidade real**, ou **concreta**, é a que deve ser provada no caso concreto, isto é, a lei não presume sua existência. É aplicável aos semi-imputáveis do art. 26, parágrafo único, do CP. Destarte, quando um semi-imputável comete uma infração penal, será tratado como culpável, salvo se o exame pericial que constatar sua responsabilidade diminuída concluir também (e essa conclusão for aceita pelo magistrado) pela sua periculosidade, recomendando a substituição da pena por medida de segurança.

○ **Aplicação da medida de segurança:** O inimputável (art. 26, *caput*, do CP) que pratica uma infração penal é absolvido. Não se aplica pena, em virtude da ausência de seu pressuposto – a culpabilidade. Essa absolvição está prevista no art. 386, VI, do CPP. Diante de sua periculosidade, todavia, impõe-se uma medida de segurança. Trata-se de **sentença absolutória imprópria**, assim chamada por recair sobre o réu uma sanção penal, na forma definida pelo art. 386, parágrafo único, III, do CPP. De acordo com a **Súmula 422 do STF**: "A absolvição criminal não prejudica a medida de segurança, quando couber, ainda que importe privação da liberdade." Por outro lado, no tocante ao semi-imputável (art. 26, parágrafo único, do CP) responsável por um crime ou contravenção penal a sentença é **condenatória**. A presença da culpabilidade, embora diminuída, autoriza a imposição de pena, reduzida obrigatoriamente de um a dois terços. Se, entretanto, constatar-se a sua periculosidade, de forma a necessitar o condenado de especial tratamento curativo, a pena reduzida pode ser substituída por medida de segurança. O art. 98 do CP acolheu o **sistema vicariante** ou **unitário**, pois ao semi-imputável será aplicada pena, reduzida de um a dois terços, ou medida de segurança, conforme seja mais adequado ao caso concreto. Antes da reforma da Parte Geral do CP pela Lei 7.209/1984, imperava o **sistema do duplo binário** (derivado do italiano *doppio binario*),[370] também chamado de **duplo trilho** ou **dupla via**, pelo qual o semi-imputável perigoso cumpria inicialmente a pena privativa de liberdade, e, ao final desta, se subsistisse a periculosidade, era submetido à medida de segurança. Nada impede a imposição **simul-**

---

[370] DOTTI, René Ariel. Visão geral da medida de segurança. In: SHECAIRA, Sérgio Salomão (Org.). *Estudos criminais em homenagem a Evandro Lins e Silva*. São Paulo: Método, 2001. p. 310.

tânea ao semi-imputável de pena privativa de liberdade e de medida de segurança, **pela prática de fatos diversos**, situação que não viola o sistema vicariante. Nesse contexto, se o condenado estava cumprindo pena e sobreveio a imposição, em outra ação penal, de medida de segurança, não é obrigatória a conversão da reprimenda em internação ou tratamento ambulatorial. Em relação aos semi-imputáveis, a sentença sempre será condenatória, tanto na hipótese de aplicação de pena privativa de liberdade como no caso de sua substituição por medida de segurança. Mas, uma vez aplicada a medida de segurança, segue-se o mesmo regramento existente para os inimputáveis no tocante à execução da sanção penal.

○ **Prazo mínimo da medida de segurança:** A sentença que aplica medida de segurança deve, obrigatoriamente, fixar o prazo mínimo de internação ou tratamento ambulatorial, entre um a três anos, nos termos do § 1.º, *in fine*, do dispositivo em análise. O prazo mínimo se destina à **realização do exame de cessação da periculosidade**.

○ **Prazo máximo da medida de segurança:** Da leitura do § 1.º, 1.ª parte, conclui-se que a medida de segurança pode ser eterna. De fato, se a periculosidade durar por toda a vida do agente, pelo mesmo período se arrastará a internação ou o tratamento ambulatorial. Essa opção legal se funda na premissa de que, por ser a medida de segurança um bem, destinada a proteger o responsável por uma infração penal, e também recuperá-lo do mal de que padece, não encontra limites no tempo. O que é bom não deve ser barrado por questões temporais. A escolha legislativa, todavia, não é unânime. Diversos penalistas pugnam pela inconstitucionalidade da duração indeterminada, quiçá perpétua, da medida de segurança, espécie de sanção penal. Além disso, se o imputável é protegido pelo limite de 40 anos para cumprimento da pena privativa de liberdade, não poderia um inimputável, doente, ser internado por prazo indeterminado.[371] Esta posição é atualmente aceita pelo STF. O STJ, de seu turno, tem inovado sobre o assunto, decidindo que a duração da medida de segurança não pode ultrapassar o limite máximo de pena cominada abstratamente ao delito praticado, em obediência aos **princípios da isonomia e da proporcionalidade.** Em nossa opinião, a posição lançada pelo STJ desponta como a mais adequada acerca do máximo de duração da medida de segurança, especialmente no tocante à internação em hospital de custódia e tratamento psiquiátrico. Com efeito, se uma pessoa culpável (imputável ou semi-imputável), e, portanto, dotada de livre arbítrio e responsável por uma conduta reprovável, pode ser apenada até o limite previsto em lei, não há razão para permitir que um indivíduo envolvido pela periculosidade (inimputável ou semi-imputável), normalmente portador de doença mental, receba uma medida de segurança por período superior.

○ **Súmula 527 do STJ:** "O tempo de duração da medida de segurança não deve ultrapassar o limite máximo da pena abstratamente cominada ao delito praticado."

○ **Execução das medidas de segurança:** Com o trânsito em julgado da sentença que aplica a medida de segurança, será ordenada pelo juiz a expedição de **guia para a execução** (art. 171 da LEP). Essa guia é imprescindível, pois sem ela ninguém será internado em hospital de custódia e tratamento psiquiátrico, nem submetido a tratamento ambulatorial, para cumprimento da medida de segurança (art. 172 da LEP). Em se tratando de internação, o agente é obrigatoriamente submetido a exame criminológico. No tratamento ambulatorial esse exame é facultativo (art. 174 da LEP). Durante a execução da medida de segurança, o sentenciado pode contratar médico de sua confiança para orientar e acompanhar o tratamento. Em caso

---

[371] É o caso de ZAFFARONI, Eugenio Raúl; PIERANGELLI, José Henrique. *Manual de direito penal brasileiro.* Parte geral. 7. ed. São Paulo: RT, 2007. v. 1, p. 733.

de divergência entre o profissional particular e o médico oficial, decidirá o juiz da execução, como *peritum peritorum*, isto é, o perito dos peritos (art. 43 e parágrafo único da LEP). Ao término do prazo mínimo de duração da medida de segurança, será averiguada a cessação da periculosidade, pelo exame das condições pessoais do agente. O procedimento a ser seguido consta do art. 175 da LEP: I – a autoridade administrativa, até 1 (um) mês antes de expirar o prazo mínimo de duração da medida de segurança, remeterá ao juiz da execução minucioso relatório, instruído com o laudo psiquiátrico, que o habilite a resolver sobre a revogação ou permanência da medida. Prescinde-se de intervenção judicial; II – o juiz pode determinar a realização de diligências para esclarecer possíveis dúvidas; III – com a juntada do relatório e realização de eventuais diligências, serão ouvidos, sucessivamente, o MP e o curador ou defensor, no prazo de 3 (três) dias para cada um. O juiz nomeará curador ou defensor se o sentenciado não o tiver; IV – o juiz, de ofício ou a pedido das partes, poderá determinar a realização de novas diligências, ainda que expirado o prazo mínimo de duração da medida de segurança; e V – ouvidas as partes e cumpridas as diligências acaso determinadas, o juiz profere sua decisão, no prazo de 5 (cinco) dias. Excepcionalmente, o juiz pode determinar a antecipação do exame de cessação da periculosidade, embora não decorrido o período mínimo de duração da medida de segurança, atendendo a pedido fundamentado do MP ou do interessado, seu procurador ou defensor (art. 176 da LEP). Ainda que não previsto em lei, entende-se que o juiz pode também, de ofício, ordenar antecipadamente a realização do exame, quando tiver ciência de fato relevante capaz de justificar sua atuação. Se concluir pela persistência da periculosidade, o juiz manterá a medida de segurança, devendo a autoridade administrativa renovar o exame psiquiátrico de ano em ano, ou a qualquer tempo, se o determinar o juiz da execução (art. 97, § 2.º, do CP). Ao contrário, se concluir pela cessação da periculosidade, o juiz **suspenderá** a execução da medida de segurança, determinando a **desinternação** (para a espécie detentiva) ou a **liberação** (para a modalidade restritiva) do agente. Essa decisão comporta agravo em execução, **com efeito suspensivo**, pois a desinternação ou liberação dependem do trânsito em julgado (art. 179 da LEP). Essa é a única hipótese de agravo de execução com efeito suspensivo (art. 197 c/c art. 179, ambos da LEP). A desinternação e a liberação serão sempre **condicionadas**, pois o juiz deve impor ao agente as mesmas condições do livramento condicional (art. 178 da LEP).

– **Condições da desinternação e da liberação**: Estas condições se dividem em *obrigatórias* e *facultativas*. São **condições obrigatórias:** (1) obter ocupação lícita, se apto para o trabalho, (2) comunicar periodicamente ao juiz sua ocupação, e (3) não mudar da comarca sem prévia autorização judicial (art. 178 c/c o art. 132, § 1.º, ambos da LEP). O juiz tem, ainda, a discricionariedade para impor **condições facultativas**, tais como: (1) não mudar de residência sem comunicação ao juiz e à autoridade incumbida da observância cautelar e de proteção, (2) recolher-se à habitação em hora fixada, (3) não frequentar determinados lugares, e (4) utilizar equipamento de monitoração eletrônica (LEP, art. 178 c/c o art. 132, § 2.º).

– **Revogação**: A desinternação e a liberação, de natureza condicional, serão revogadas pelo juízo da execução se o agente, **antes do decurso de 1 ano**, praticar fato, e não necessariamente infração penal, indicativo da manutenção da sua periculosidade (art. 97, § 3.º, do CP).

– **Egresso**: O internado ou submetido a tratamento ambulatorial que foi liberado pelo período de 1 (um) ano, a contar da saída do estabelecimento, é chamado de **egresso** pelo art. 26, I, da LEP.

○ **Medida de segurança provisória ou preventiva:** Em sua redação original, o art. 80, *caput*, do CP previa a medida de segurança provisória ou preventiva, é dizer, aplicada durante o trâmite da ação penal. Entretanto, com a entrada em vigor da Lei 7.209/1984, este instituto foi suprimido do sistema jurídico-penal brasileiro. Com a edição da Lei 12.403/2011, reafirmou-se o instituto da **internação provisória**, inserida entre as medidas cautelares, de cunho pessoal, no art. 319, VII, do CPP. Para a sua utilização, exigem-se os seguintes **requisitos cumulativos**: (a) **crime praticado com emprego de violência à pessoa ou grave ameaça**; (b) **perícia** concluindo pela inimputabilidade ou semi-imputabilidade do agente. Nesse último caso, é imprescindível a demonstração da periculosidade, indicando a necessidade do tratamento curativo, e não somente da diminuição da pena; (c) **risco de reiteração** de novas condutas criminosas. Este risco é presumido no tocante aos inimputáveis, em face da sua periculosidade. No tocante aos semi-imputáveis, e desde que seja recomendável o especial tratamento curativo, o risco de reiteração deve ser provado no caso concreto. Se não for recomendado o especial tratamento curativo, cabe prisão preventiva, desde que presentes os requisitos legais (arts. 282 e 311 a 313 do CPP). Esta inovação é salutar, pois evita o encarceramento de pessoas portadoras de doenças mentais, as quais anteriormente eram presas preventivamente e ficavam desprovidas de tratamento médico, prejudicando ainda mais o seu já debilitado estado. No entanto, há um inconveniente. Como a imputabilidade de todo ser humano é presumida a partir dos 18 anos, muitas pessoas continuarão sendo presas provisoriamente, e somente durante a instrução criminal, mais especificamente no bojo do incidente de insanidade mental, será provada a inimputabilidade (ou semi-imputabilidade), autorizando a partir daí a internação provisória.

○ **Conversão do tratamento ambulatorial em internação:** De acordo com o § 4.º do dispositivo em análise, "em qualquer fase do tratamento ambulatorial, poderá o juiz determinar a internação do agente, se essa providência for necessária para fins curativos". E, ainda, estabelece o art. 184 da LEP: "O tratamento ambulatorial poderá ser convertido em internação se o agente revelar incompatibilidade com a medida." Além disso, determina o parágrafo único do citado dispositivo legal que, nessa hipótese, o prazo mínimo de internação será de 1 (um) ano.

○ **Desinternação progressiva:** Cuida-se da **conversão da internação para tratamento ambulatorial**, durante o prazo de duração da medida de segurança, como forma de preparar o sentenciado, progressivamente, para o retorno ao convívio social, nos casos em que a internação não se mostra mais necessária, embora o agente dependa da manutenção dos cuidados médicos. Essa providência, nada obstante não prevista em lei, tem sido admitida na prática forense, uma vez que a medida de segurança não possui o caráter de castigo, podendo ser abrandada quando a situação fática dispensar a privação da liberdade do agente. Para os partidários da desinternação progressiva, o inimputável ou o semi-imputável tem o direito à progressividade ao tratamento ambulatorial sob pena de afrontar-se a individualização na execução da sanção criminal, prevista constitucionalmente no art. 5.º, XLVI. A progressividade do internamento ao tratamento ambulatorial consiste numa garantia constitucional, inerente a qualquer cidadão, configurando-se sua inadmissibilidade um contrassenso às finalidades do tratamento.[372] Atualmente, este instituto tem aceitação pacífica na jurisprudência do STF e do STJ.

○ **Conversão da pena em medida de segurança:** Se no curso da execução da pena privativa de liberdade sobrevier ao condenado doença mental ou perturbação de saúde mental, o art. 183 da LEP autoriza o juiz, de ofício, a requerimento do MP ou da autoridade administrativa, a substituí-la por medida de segurança. Esta substituição somente deve ocorrer quando a doença mental ou perturbação da saúde mental for de natureza **permanente**. Se transitória, transfere-se o condenado a hospital de custódia e tratamento psiquiátrico, e, uma vez curado, retorna ao estabelecimento prisional, nos moldes do art. 41 do CP. A conversão somente poderá ser efetuada **durante o prazo de cumprimento da pena, e necessita de perícia médica**.

---

[372] FERRARI, Eduardo Reale. *Medidas de segurança e direito penal no estado democrático de direito.* São Paulo: RT, 2001. p. 172-173.

Realizada a conversão, discute-se o período máximo de duração da medida de segurança. É grande a controvérsia, existindo quatro posições sobre o assunto: (1) A medida de segurança deverá persistir por prazo indeterminado, até a cessação da periculosidade, nos moldes do art. 97, § 1.º, do CP. Pouco importa a duração da pena privativa de liberdade substituída. (2) A medida de segurança terá a duração máxima de 40 anos, limite fixado pelo art. 75 do CP para a pena privativa de liberdade. (3) A medida de segurança terá a duração da pena máxima cominada em abstrato à infração penal que ensejou a imposição da pena privativa de liberdade. (4) A medida de segurança terá igual duração à pena privativa de liberdade originariamente aplicada. O sentenciado cumpre a medida de segurança pelo restante da pena aplicada. Como bem observa Antonio Carlos da Ponte: "Realizada a conversão, que optará por uma medida de segurança detentiva (internação em hospital de custódia e tratamento psiquiátrico) ou restritiva (sujeição a tratamento ambulatorial), passam a reger a execução penal as regras próprias da sanção aplicada em substituição. Isso significa que a medida de segurança será estabelecida por um prazo mínimo, variável de um a três anos, sem, contudo, que seu prazo máximo ultrapasse aquele correspondente à pena substituída, sob pena de ofensa à coisa julgada, uma vez que a superveniência de doença mental não tem o condão de retroagir seus efeitos, de modo a alterar o que ficou decidido e transitou em julgado. Do contrário, estar-se-ia, de modo indireto, impondo-se ao sentenciado o cumprimento correspondente ao somatório da pena e da medida de segurança, possibilidade definitivamente afastada pelo sistema vicariante."[373] É também a posição do Superior Tribunal de Justiça.

○ **Medidas de segurança na Lei de Drogas:** Os arts. 45, parágrafo único, e 47, ambos da Lei 11.343/2006, disciplinam expressamente as medidas de segurança no tocante aos crimes nela previstos, em relação aos agentes inimputáveis e semi-imputáveis dependentes de drogas.

○ **Adolescente infrator e medidas de segurança:** A internação decorrente da condenação pela prática de ato infracional é medida socioeducativa (e não sanção penal), e deverá ser cumprida em entidade exclusiva para adolescentes, em local distinto daquele destinado ao abrigo, obedecida rigorosa separação por critérios de idade, compleição física e gravidade da infração (ECA, art. 123 do ECA – Lei 8.069/1990). O fato de o adolescente infrator ter completado 21 (vinte e um) anos impõe a sua liberação compulsória da medida de internação (art. 121, § 5.º, do ECA). Portanto, com a superveniência dos 21 (vinte e um) anos de idade, como inexiste espaço sequer à medida socioeducativa, não é possível aplicar, por analogia, medida de segurança prevista no CP àquele sob proteção do ECA, ainda que a personalidade do infrator revele manifesta periculosidade.

○ **Jurisprudência selecionada:**

Desinternação progressiva: "A melhora do quadro psiquiátrico do paciente autoriza o juízo de execução a determinar procedimento de desinternação progressiva, em regime de semi-internação" (STF: HC 97.621/RS, rel. Min. Cezar Peluso, 2.ª Turma, j. 02.06.2009). *No mesmo sentido:* STF: HC 102.489/RS, rel. Min. Luiz Fux, 1.ª Turma, j. 22.11.2011; STF: HC 98.360/RS, rel. Min. Ricardo Lewandowski, 1.ª Turma, j. 04.08.2009; e STJ: HC 89.212/SP, rel. Min. Maria Thereza de Assis Moura, 6.ª Turma, j. 27.03.2008.

Estatuto da Criança e do Adolescente – internação como medida socioeducativa – distinção com medida de segurança: "1. 'A internação deverá ser cumprida em entidade exclusiva para adolescentes, em local distinto daquele destinado ao abrigo, obedecida rigorosa separação por critérios de idade, compleição física e gravidade da infração' (art. 123 do ECA). 2. O fato de o menor infrator ter completado 21 (vinte e um) anos impõe sua liberação compulsória da medida

---

[373] PONTE, Antonio Carlos da. *Inimputabilidade e processo penal*. 2. ed. São Paulo: Quartier Latin, 2007. p. 87.

de internação (art. 121, § 5º, do ECA). 3. Não é possível aplicar, por analogia, medida de segurança prevista no Código Penal àquele sob proteção do Estatuto da Criança e do Adolescente" (STJ: HC 55.280/GO, rel. Min. Arnaldo Esteves Lima, 5.ª Turma, j. 27.09.2007).

Inimputabilidade – presença do dolo – medida de segurança: "*In casu*, o ora paciente foi denunciado como incurso no art. 306 do CTB por duas vezes e nos arts. 329 e 330, ambos do CP. Em primeiro grau, foi julgada improcedente a denúncia, sendo o paciente absolvido das imputações, contudo aplicou-se-lhe medida de segurança consistente em internação no tocante ao delito de desobediência, decisão que foi mantida pelo tribunal *a quo*. No *habeas corpus*, busca-se o reconhecimento da atipicidade da conduta imputada ao paciente, não apenas em razão de sua inimputabilidade penal, mas também, primordialmente, por ausência do dolo. A Turma denegou a ordem ao entendimento de que a inimputabilidade leva à aplicação de medida de segurança, mas não exclui a tipicidade do delito. Assim, consignou-se que, tendo sido demonstradas pelo magistrado *a quo* a materialidade e a autoria do fato criminoso, não há falar, na hipótese, em atipicidade por ausência de dolo decorrente da incapacidade de entender o caráter ilícito do fato. Observou-se, ainda, que o paciente já foi absolvido, sendo-lhe aplicada, como visto, em razão da inimputabilidade, medida de segurança nos termos que determina a legislação pertinente" (STJ: HC 175.774/MG, rel. Min. Maria Thereza de Assis Moura, 6.ª Turma, j. 06.12.2011, noticiado no *Informativo* 489).

Medida de segurança imposta pela justiça militar – marinheiro licenciado do serviço ativo – execução – competência da justiça estadual: "Compete à Justiça Estadual a execução de medida de segurança imposta a militar licenciado. Cuida-se de execução de medida de segurança imposta a marinheiro que veio a ser licenciado do serviço ativo. De acordo com o art. 62 do Código Penal Militar, 'o civil cumpre a pena aplicada pela Justiça Militar, em estabelecimento prisional civil, ficando ele sujeito ao regime conforme a legislação penal comum, de cujos benefícios e concessões, também, poderá gozar'. Assim, constatado que não há mais vínculo com a Justiça Militar, a pena imposta deve ser executada pela Justiça Estadual. Não há que se excepcionar, desta regra, a execução da medida de segurança imposta. Isto porque a execução da medida estabelecida se dará em estabelecimento estadual, ante a inexistência de estabelecimentos penais federais próprios para essa finalidade. Inafastável, portanto, o enunciado da Súmula 192 desta Corte, segundo o qual: 'compete ao Juízo das Execuções Penais do Estado a execução das penas impostas a sentenciados pela Justiça Federal, Militar ou Eleitoral, quando recolhidos a estabelecimentos sujeitos a administração estadual'" (STJ: CC 149.442/RJ, rel. Min. Joel Ilan Paciornik, 3.ª Seção, j. 09.05.2018, noticiado no *Informativo* 626).

Pena de reclusão – desnecessidade da internação – cabimento do tratamento ambulatorial: "Em casos excepcionais, admite-se a substituição da internação por medida de tratamento ambulatorial quando a pena estabelecida para o tipo é a reclusão, notadamente quando manifesta a desnecessidade da internação" (STF: HC 85.401/RS, rel. Min. Cezar Peluso, 2.ª Turma, j. 04.12.2009). *No mesmo sentido*: STJ: REsp 1.266.225/PI, rel. Min. Sebastião Reis Júnior, 6.ª Turma, j. 16.08.2012; e STJ: REsp 912.668/SP, rel. Min. Rogério Schietti Cruz, 6.ª Turma, j. 18.03.2014.

Prazo máximo – art. 75 do Código Penal: "A interpretação sistemática e teleológica dos artigos 75, 97 e 183, os dois primeiros do Código Penal e o último da Lei de Execuções Penais, deve fazer-se considerada a garantia constitucional abolidora das prisões perpétuas" (STF: HC 84.219/SP, rel. Min. Marco Aurélio, 1.ª Turma, j. 16.08.2005). *No mesmo sentido:* STF: HC 107.432/RS, rel. Min. Ricardo Lewandowski, 1.ª Turma, j. 24.05.2011; e STF: HC 97.621/RS, rel. Min. Cezar Peluso, 2.ª Turma, j. 02.06.2009.

Prazo máximo – pena máxima em abstrato: "Nos termos do atual posicionamento desta Corte, o art. 97, § 1.º, do Código Penal, deve ser interpretado em consonância com os princípios da isonomia, proporcionalidade e razoabilidade. Assim, o tempo de cumprimento da medida de segurança, na modalidade internação ou tratamento ambulatorial, deve ser limitado ao máximo da pena abstratamente cominada ao delito perpetrado" (STJ: HC 285.953/RS, rel. Min. Laurita

Vaz, 5.ª Turma, j. 10.06.2014). *No mesmo sentido*: STJ: HC 147.343/MG, rel. Min. Laurita Vaz, 5.ª Turma, j. 05.04.2011.

Semi-imputável – substituição da pena por medida de segurança: "A reforma penal de 1984 autoriza a substituição da pena privativa de liberdade por medida de segurança ao condenado semi-imputável que necessitar de especial tratamento curativo, aplicando-se o mesmo regramento da medida de segurança para inimputáveis" (STJ: HC 187.051/SP, rel. Min. Gilson Dipp, 5.ª Turma, j. 06.10.2011). *No mesmo sentido*: STJ: REsp 863.665/MT, rel. Min. Felix Fischer, 5.ª Turma, j. 22.05.2007.

Sistema vicariante – conversão de pena privativa de liberdade em medida de segurança por fatos diversos – impossibilidade: "Durante o cumprimento de pena privativa de liberdade, o fato de ter sido imposta ao réu, em outra ação penal, medida de segurança referente a fato diverso não impõe a conversão da pena privativa de liberdade que estava sendo executada em medida de segurança. Inicialmente, convém apontar que o sistema vicariante afastou a imposição cumulativa ou sucessiva de pena e medida de segurança, uma vez que a aplicação conjunta ofenderia o princípio do *ne bis in idem*, já que o mesmo indivíduo suportaria duas consequências em razão do mesmo fato. No caso em análise, evidencia-se que cada reprimenda imposta corresponde a um fato distinto. Portanto, não há que se falar em ofensa ao sistema vicariante, porquanto a medida de segurança refere-se a um fato específico e a aplicação da pena privativa de liberdade correlaciona-se a outro fato e delito" (STJ: HC 275.635/SP, rel. Min. Nefi Cordeiro, 6.ª Turma, j. 08.03.2016, noticiado no *Informativo 579*).

Superveniência da doença mental – duração da medida de segurança: "Em se tratando de medida de segurança aplicada em substituição à pena corporal, prevista no art. 183 da Lei de Execução Penal, sua duração está adstrita ao tempo que resta para o cumprimento da pena privativa de liberdade estabelecida na sentença condenatória, sob pena de ofensa à coisa julgada" (STJ: HC 130.162/SP, rel. Min. Maria Thereza de Assis Moura, 6ª Turma, j. 02.08.2012). *No mesmo sentido*: STJ: HC 219.014/RJ, rel. Min. Og Fernandes, 6.ª Turma, j. 16.05.2013.

Substituição da pena por medida de segurança para o semi-imputável

Art. 98. Na hipótese do parágrafo único do art. 26 deste Código e necessitando o condenado de especial tratamento curativo, a pena privativa de liberdade pode ser substituída pela internação, ou tratamento ambulatorial, pelo prazo mínimo de 1 (um) a 3 (três) anos, nos termos do artigo anterior e respectivos §§ 1º a 4º.

○ **Medida de segurança e semi-imputável:** Ao semi-imputável, em razão de se tratar de pessoa com menor grau de censurabilidade, pode ser imposta pena, obrigatoriamente diminuída de um a dois terços. A respeito, *ver comentários ao art. 26 do CP*. Se o semi-imputável necessitar de **especial tratamento curativo**, por ser dotado de periculosidade, e assim recomendando o exame pericial, o juiz optará pela substituição da pena privativa de liberdade por medida de segurança, nos moldes do dispositivo em análise.

○ **Pena de multa e medida de segurança:** Se o semi-imputável for condenado à pena de multa, não caberá a substituição desta por medida de segurança.

Direitos do internado

Art. 99. O internado será recolhido a estabelecimento dotado de características hospitalares e será submetido a tratamento.

○ **Direitos do internado:** Como consequência do mandamento legal, o sentenciado a quem foi imposta medida de segurança detentiva não pode ser colocado em estabelecimento prisional comum, sob pena de ser submetido a constrangimento ilegal sanável por *habeas corpus*. Por corolário, o indivíduo deve aguardar o surgimento de vaga em tratamento ambulatorial. É a posição do Superior Tribunal de Justiça.

○ **Jurisprudência selecionada:**

Internação – hospital de custódia e tratamento psiquiátrico – impossibilidade de cumprimento em estabelecimento prisional comum: "É ilegal a manutenção da prisão de acusado que vem a receber medida de segurança de internação ao final do processo, ainda que se alegue ausência de vagas em estabelecimentos hospitalares adequados à realização do tratamento. Com efeito, o inimputável não pode, em nenhuma hipótese, ser responsabilizado pela falta de manutenção de estabelecimentos adequados ao cumprimento da medida de segurança, por ser essa responsabilidade do Estado" (STJ: RHC 38.499/SP, rel. Min. Maria Thereza De Assis Moura, 6.ª Turma, j. 11.03.2014, noticiado no *Informativo* 537). *No mesmo sentido*: STJ: HC 231.124/SP, rel. Min. Laurita Vaz, 5.ª Turma, j. 23.04.2013, noticiado no *Informativo* 522.

Internação – manutenção do agente em estabelecimento prisional – impossibilidade – inclusão em tratamento ambulatorial: "A 2ª Turma não conheceu de 'habeas corpus', mas deferiu a ordem, de ofício, para determinar a inclusão do paciente em tratamento ambulatorial, sob a supervisão do juízo da execução criminal. No caso, a pena privativa de liberdade ao paciente (dois anos, um mês e vinte dias de reclusão) fora substituída por medida de segurança consistente em internação hospitalar ou estabelecimento similar para tratamento de dependência química pelo prazo de dois anos, e, ao seu término, pelo tratamento ambulatorial. Nada obstante, passados quase três anos do recolhimento do paciente em estabelecimento prisional, o Estado não lhe teria garantido o direito de cumprir a medida de segurança fixada pelo juízo sentenciante. A Turma destacou que estaria evidenciada situação de evidente ilegalidade, uma vez que o paciente teria permanecido custodiado por tempo superior ao que disposto pelo magistrado de 1º grau. Além disso, não teria sido submetido ao tratamento médico adequado" (STF: HC 122.670/SP, rel. Min. Ricardo Lewandowski, 2.ª Turma, j. 05.08.2014, noticiado no *Informativo* 753). *No mesmo sentido*: STJ: RHC 44.587/SP, rel. Min. Laurita Vaz, 5.ª Turma, j. 08.05.2014; e STJ: HC 297.409/SP, rel. Min. Maria Thereza de Assis Moura, 6.ª Turma, j. 26.08.2014.

Medida de segurança – indulto – compatibilidade: "Reveste-se de legitimidade jurídica a concessão, pelo presidente da República, do benefício constitucional do indulto (CF, art. 84, XII), que traduz expressão do poder de graça do Estado, mesmo se se tratar de indulgência destinada a favorecer pessoa que, em razão de sua inimputabilidade ou semi-imputabilidade, sofre medida de segurança, ainda que de caráter pessoal e detentivo. Essa a conclusão do Plenário, que negou provimento a recurso extraordinário em que discutida a possibilidade de extensão de indulto a internados em cumprimento de medida de segurança. O Colegiado assinalou que a competência privativa do presidente da República prevista no art. 84, XII, da CF abrange a medida de segurança, espécie de sanção penal, inexistindo restrição à concessão de indulto. Embora não seja pena em sentido estrito, é medida de natureza penal e ajusta-se ao preceito, cuja interpretação deveria ser ontológica" (STF: RE 628.658/RS, rel. Min. Marco Aurélio, Plenário, j. 04 e 05.11.2015, noticiado no *Informativo* 806).

TÍTULO VII –
DA AÇÃO PENAL

Ação pública e de iniciativa privada

> **Art. 100.** A ação penal é pública, salvo quando a lei expressamente a declara privativa do ofendido.
>
> § 1º A ação pública é promovida pelo Ministério Público, dependendo, quando a lei o exige, de representação do ofendido ou de requisição do Ministro da Justiça.
>
> § 2º A ação de iniciativa privada é promovida mediante queixa do ofendido ou de quem tenha qualidade para representá-lo.
>
> § 3º A ação de iniciativa privada pode intentar-se nos crimes de ação pública, se o Ministério Público não oferece denúncia no prazo legal.
>
> § 4º No caso de morte do ofendido ou de ter sido declarado ausente por decisão judicial, o direito de oferecer queixa ou de prosseguir na ação passa ao cônjuge, ascendente, descendente ou irmão.

o **Introdução:** O instituto da ação penal, em que pese ser mais intimamente relacionado ao processo penal, e, por consequência, disciplinado pelo CPP, é também tratado pelos arts. 100 a 106 do CP, o que redunda em críticas doutrinárias, por ser o direito de ação um direito subjetivo **processual**, autônomo e distinto do direito material. Essa postura se justifica pelo fato de diversas questões afetas à ação penal implicarem na extinção da punibilidade, ampliando a esfera de liberdade do cidadão e retirando do Estado o direito de punir.

o **Conceito:** Ação penal é o direito de exigir do Estado a aplicação do direito penal objetivo em face do indivíduo envolvido em um fato tipificado em lei como infração penal.

o **Características:** O direito ao exercício da ação penal apresenta as seguintes características: é (a) **público:** a atividade jurisdicional provocada é incumbência do Poder Público; (b) **subjetivo:** o seu titular exige do Estado a prestação jurisdicional; (c) **autônomo:** independe da efetiva existência do direito material; (d) **abstrato:** independe do resultado final da postulação (favorável ou desfavorável); e (e) **instrumental:** embora o fim último do autor seja o de obter um resultado favorável à pretensão insatisfeita, o direito de ação tem por fim a instauração de um processo, com a tutela jurisdicional, para a composição da lide. Esse direito instrumental, porém, só existe porque é conexo a um caso concreto.[374]

---

[374] DEMERCIAN, Pedro Henrique; MALULY, Jorge Assaf. *Curso de processo penal.* 3. ed. Rio de Janeiro: Forense, 2005. p. 87-88.

○ **Classificação da ação penal:** A classificação da ação penal pode ser efetuada levando em consideração a tutela jurisdicional invocada ou a titularidade para sua propositura.

– **Divisão com base na tutela jurisdicional invocada:** É a utilizada também no processo civil, e classifica as ações em: (a) **de conhecimento**: visa o reconhecimento do direito submetido à apreciação judicial. É exemplo a ação proposta pelo MP ou pelo ofendido ou seu representante legal, visando a condenação do responsável por um fato típico e ilícito. É também chamada de "**ação penal condenatória**"; (b) **cautelar**: busca resguardar o direito invocado na ação principal, de forma a permitir a eficácia da prestação jurisdicional. Há diversos provimentos cautelares, tal como o sequestro, previsto nos arts. 125 e 132 do CPP, medida destinada a efetuar a constrição dos bens adquiridos com os proventos da infração penal; e (c) **de execução**: almeja a satisfação de um direito já reconhecido. A Lei 7.210/1984 cuida da execução da sentença penal condenatória.

– **Divisão subjetiva:** É a classificação adotada pelo artigo em estudo: "A ação penal é pública, salvo quando a lei expressamente a declara privativa do ofendido." Essa divisão parte da titularidade para propositura da ação penal. É pública a proposta pelo MP, e privada a que tem como sujeito ativo o ofendido ou seu representante legal.

○ **Condições genéricas da ação penal:** Ao contrário do CPC (arts. 17 e 485, inc. VI), o CPP não aponta expressamente as **condições genéricas** para a propositura da ação penal, as quais são indicadas pela doutrina e pela jurisprudência: (a) possibilidade jurídica do pedido; b) legitimidade *ad causam*; e (c) interesse processual.[375] Afrânio Silva Jardim aponta ainda uma quarta condição genérica, qual seja, a **justa causa**.[376] Essa posição, historicamente doutrinária, foi recepcionada pela Lei 11.719/2008, que deu nova redação ao art. 395 do CPP, para o fim de estabelecer em seu inciso III a rejeição da denúncia quando faltar justa causa para o exercício da ação penal.

– **Possibilidade jurídica do pedido**: Para o possível exercício do direito de ação, o fato descrito na denúncia ou queixa-crime há de ser típico, ou seja, deve encontrar subsunção na lei penal incriminadora. Por tal motivo, dispõe o art. 395, II, do CPP que "a denúncia ou queixa será rejeitada quando: II - faltar pressuposto processual ou **condição** para o exercício da ação penal". Para Fernando Capez: "A fim de não se confundir a análise dessa condição da ação com o mérito, a apreciação da possibilidade jurídica do pedido deve ser feita sobre a causa de pedir (*causa petendi*) considerada em tese, desvinculada de qualquer prova porventura existente. Analisa-se o fato *tal qual narrado na peça inicial*, sem se perquirir se essa é ou não a verdadeira realidade, a fim de se concluir se o ordenamento material comina-lhe, em abstrato, uma sanção. Deixa-se para o mérito a análise dos *fatos provados*."[377] Tem-se, portanto, que a verificação do preenchimento da condição da ação em exame é efetuada tomando-se em consideração o ordenamento jurídico penal, isto é, verifica-se se os fatos narrados pela inicial acusatória encontram previsão em lei penal incriminadora, independentemente, nesse primeiro momento, da prova concreta de sua efetiva ocorrência.

– **Legitimidade *ad causam* ou legitimidade para agir**: Na consagrada definição de Alfredo Buzaid, legitimidade *ad causam* é a pertinência subjetiva para a ação. Nesses termos, apenas a pessoa cuja titularidade da ação penal é garantida pela lei tem o poder de ajuizá-la (legitimidade ativa), bem como somente aquele supostamente responsável pelo fato definido como infração penal pode figurar no polo passivo dessa mesma ação (legitimidade passiva). A lei penal estabelece como regra geral a ação penal pública, que apenas poderá ser proposta pelo MP, na forma definida

---

[375] O Código de Processo Civil contempla como condições da ação somente o interesse processual e a legitimidade para a causa.

[376] JARDIM, Afrânio Silva. *Ação penal pública:* princípio da obrigatoriedade. 2. ed. Rio de Janeiro: Forense, 1994. p. 39.

[377] CAPEZ, Fernando. *Curso de processo penal.* 13. ed. São Paulo: Saraiva, 2006. p. 113.

pelo art. 129, I, da CF. Destarte, nos crimes de ação penal pública, se a demanda for iniciada pelo ofendido ou seu representante legal, manifesta será a ilegitimidade ativa *ad causam*, salvo na situação prevista no art. 5.º, LIX, da CF, e no art. 29 do CPP (ação penal privada subsidiária da pública). Da mesma forma, em caso de ação penal privada, se a contenda for iniciada pelo MP, estará configurada a ilegitimidade para agir. Essa condição deve ser analisada pelo magistrado por ocasião do recebimento da denúncia ou queixa, constituindo-se em causa de sua rejeição a ilegitimidade da parte (art. 395, II, do CPP com redação dada pela Lei 11.719/2008).

– **Interesse processual:** O interesse processual se relaciona com a **utilidade** ou **necessidade** da providência jurisdicional, e com a **adequação** do meio utilizado para alcançar o fim almejado. A obrigatoriedade da providência jurisdicional para que se possa impor qualquer sanção ao envolvido em uma infração penal decorre do art. 5.º, LIV, da CF. A ação penal é pressuposto para aplicação da pena, restando preenchido o requisito da **necessidade**. A **utilidade**, por sua vez, se revela na eficácia da decisão judicial para satisfação do interesse pleiteado pelo titular da ação. Por esse motivo, a ocorrência de qualquer causa extintiva da punibilidade implicará na rejeição da denúncia ou queixa (art. 395, II, do CPP), pois a ação penal será completamente inócua, ou ainda na absolvição sumária (art. 397, IV, do CPP). Aponta-se, rotineiramente, a prescrição antecipada ou virtual como hipótese de inutilidade do exercício da ação penal. Cumpre frisar, contudo, não ser essa espécie doutrinária de extinção da punibilidade aceita pelo STF, por ausência de previsão legal. É também o entendimento consolidado na **Súmula 438 do Superior Tribunal de Justiça**: "É inadmissível a extinção da punibilidade pela prescrição da pretensão punitiva com fundamento em pena hipotética, independentemente da existência ou sorte do processo penal." Finalmente, a **adequação** desponta na compatibilidade entre o meio empregado pelo titular do direito posto em debate (ação penal) e a sua pretensão (condenação do autor do fato típico e ilícito).

– **Justa causa:** Para Afrânio Silva Jardim, às três condições clássicas que se apresentam no processo civil deve ser acrescentada uma quarta: a justa causa, ou seja, um **lastro mínimo de prova** capaz de fornecer arrimo à pretensão acusatória, uma vez que a simples instauração do processo penal atinge o *status dignitatis* do imputado. Esse lastro probatório é fornecido pelo inquérito policial ou pelas peças de informação, procedimentos investigatórios e informativos que devem acompanhar a inicial acusatória (arts. 12, 39, § 5.º, e 46, § 1.º, todos do CPP).[378] Nessa esteira, os arts. 647 e 648, I, do CPP rotulam como coação ilegal a ausência de justa causa na ação penal, autorizando a concessão da ordem de *habeas corpus* para sanar o problema. Após a edição da Lei 11.719/2008, a ausência de justa causa para o exercício da ação penal autoriza a rejeição da denúncia ou queixa (art. 395, III, do CPP).

○ **Condições específicas ou condições de procedibilidade:** São aquelas estabelecidas em lei, cuja ausência impede o regular exercício do direito de ação. Encontram respaldo no art. 395, II, 2.ª parte, do CPP. Exemplos de condições de procedibilidade: (1) a representação do ofendido ou de quem tiver qualidade para representá-lo e a requisição do Ministro da Justiça na ação penal pública condicionada (art. 24, *caput*, do CPP); (2) a entrada do agente em território nacional em caso de crime praticado no exterior (art. 7.º, § 2.º, *a*, do CP); e (3) o trânsito em julgado da sentença que anula o casamento, no crime de induzimento a erro essencial e ocultação de impedimento (art. 236, parágrafo único, do CP). O STF e o STJ também reconhecem, como condição de procedibilidade, a conclusão do procedimento administrativo, com o consequente lançamento definitivo do tributo, quando se discute a existência do débito ou do montante devido, para a instauração da ação penal por crimes contra a ordem tributária, previstos no art. 1.º da Lei 8.137/1990. Relativamente aos crimes

---

[378] JARDIM, Afrânio Silva. *Ação penal pública:* princípio da obrigatoriedade. 2. ed. Rio de Janeiro: Forense, 1994. p. 36.

definidos no art. 1.º, I a IV, da Lei 8.137/1990,[379] o STF, para espancar qualquer polêmica, editou a **Súmula Vinculante 24**: "Não se tipifica crime material contra a ordem tributária, previsto no art. 1º, incisos I a IV, da Lei nº 8.137/90, antes do lançamento definitivo do tributo."[380] Convém destacar que no descaminho, tipificado no art. 334 do Código Penal, é prescindível a prévia constituição do crédito tributário na esfera administrativa, a título de condição de procedibilidade, pois trata-se de delito formal.

○ **Ação penal pública:** Nos termos do art. 129, I, da CF, é função institucional do MP promover, **privativamente**, a ação penal pública, na forma da lei. A ação penal pública é iniciada por denúncia ajuizada pelo Ministério Público. O oferecimento da denúncia pode, no entanto, estar condicionado à representação da vítima ou seu representante legal, ou, ainda, à requisição do Ministro da Justiça, em hipóteses expressamente elencadas pela lei penal. A ação penal pública, portanto, pode ser **condicionada** ou **incondicionada**, em conformidade com o § 1.º do dispositivo em análise. No mesmo sentido o disposto pelo art. 24, *caput*, do CPP.

○ **Princípios que regem a ação penal pública:** São os seguintes:

1) Oficialidade ou autoritariedade: os órgãos responsáveis pela persecução penal são públicos, oficiais, e a eles é atribuída autoridade, uma vez que o Estado detém a titularidade exclusiva do direito de punir.

2) Obrigatoriedade ou legalidade: se estiverem presentes elementos suficientes à propositura da ação penal, não há discricionariedade por parte do MP, que deverá, obrigatoriamente, oferecer denúncia. Por esse motivo, o art. 24, *caput*, do CPP usa a expressão **"esta será promovida"**. Pela mesma razão, o arquivamento do inquérito policial há de ser necessariamente motivado (art. 28 do CPP), dependendo de ordem expressa pelo *Parquet*, com posterior apreciação pela instância de revisão ministerial, para fins de homologação (ou eventual rejeição). Não há espaço no sistema processual brasileiro para o arquivamento implícito. Esse princípio é mitigado pela previsão contida no art. 98, I, da CF, que permite a transação penal nas infrações penais de menor potencial ofensivo, cuja regulamentação se deu pelo art. 76, *caput*, da Lei 9.099/1995.

3) Indivisibilidade: a ação penal pública deve englobar todos os envolvidos (coautores e partícipes) na infração penal, regra que decorre do próprio princípio da obrigatoriedade. O MP, porém, não está obrigado a ofertar denúncia quando não houver elementos probatórios mínimos para demonstrar, sumariamente, a participação de uma determinada pessoa no ilícito penal. A exclusão de um agente, entretanto, deve ser suficientemente justificada, determinando-se, no tocante a ele, o arquivamento do inquérito policial ou das peças de informação. Há autores que defendem a **divisibilidade** da ação penal pública, no sentido de que o processo penal pode ser desmembrado, pois o oferecimento de denúncia contra um acusado não exclui a possibilidade futura de ação penal contra outros envolvidos, e, além disso, permite-se o aditamento da denúncia com a inclusão de corréu a qualquer tempo e ainda a propositura de nova ação penal contra agente não incluído em processo já sentenciado.

4) Indisponibilidade ou indesistibilidade: depois de instaurada a ação penal, o MP não poderá dela desistir (art. 42 do CPP), bem como lhe é vedado desistir de eventual recurso interposto

---

[379] Art. 1.º, I a IV, da Lei 8.137/1990: "Constitui crime contra a ordem tributária suprimir ou reduzir tributo, ou contribuição social e qualquer acessório, mediante as seguintes condutas: I – omitir informação, ou prestar declaração falsa às autoridades fazendárias; II – fraudar a fiscalização tributária, inserindo elementos inexatos, ou omitindo operação de qualquer natureza, em documento ou livro exigido pela lei fiscal; III – falsificar ou alterar nota fiscal, fatura, duplicata, nota de venda, ou qualquer outro documento relativo à operação tributável; IV – elaborar, distribuir, fornecer, emitir ou utilizar documento que saiba ou deva saber falso ou inexato".

[380] É desnecessária, contudo, a juntada integral do Procedimento Administrativo Fiscal correspondente (STJ: RHC 94.288/RJ, rel. Min. Reynaldo Soares da Fonseca, 5.ª Turma, j. 22.05.2018, noticiado no *Informativo* 627).

(art. 576 do CPP). Esse princípio é abrandado pelo instituto disciplinado pelo art. 89 da Lei 9.099/1995, que autoriza o *Parquet* a propor ao acusado, depois do oferecimento da denúncia, a suspensão condicional do processo, pelo prazo de dois a quatros anos, o qual, se decorrido integralmente sem revogação, implicará na extinção da punibilidade.

5) Intranscendência: a ação penal somente pode ser ajuizada contra os supostos responsáveis pela prática da infração penal, não abrangendo seus sucessores ou eventuais responsáveis civis. Para a condenação dos responsáveis pela indenização, em se tratando de pessoas distintas dos envolvidos no ilícito penal, deverá ser proposta ação autônoma de conhecimento, em consonância com a legislação processual civil.

6) Oficiosidade: salvo no caso da ação pública condicionada, os órgãos encarregados da persecução penal devem agir de ofício, independentemente de provocação.

7) Suficiência: a ação penal é capaz de solucionar, por si só, a questão prejudicial não ligada ao estado civil das pessoas. Logo, é prescindível aguardar a solução de qualquer outra questão no âmbito cível.

○ **Ação penal pública incondicionada:** É a espécie de ação penal iniciada pelo MP, com o oferecimento de denúncia, que depende somente da existência de prova da materialidade e de indícios de autoria de um fato previsto em lei como infração penal. A grande maioria das infrações penais pertence a esta categoria de ação penal. Consequentemente, sua pertinência é obtida por via residual, isto é, sempre que a lei não exigir a representação do ofendido ou de quem tiver qualidade para representá-lo, a requisição do Ministro da Justiça, ou, ainda, indicar o cabimento de ação penal privada, o MP poderá oferecer denúncia, se presentes seus requisitos, independentemente de qualquer tipo de provocação.

○ **Ação penal pública condicionada:** É condicionada a ação penal quando a lei expressamente exigir, como condição para o oferecimento da denúncia, a existência de representação do ofendido ou de quem tiver qualidade para representá-lo, ou ainda, de requisição do Ministro da Justiça (art. 100, § 1.º, do CP e art. 24 do CPP). A necessidade de representação do ofendido ou requisição do Ministro da Justiça visa proteger o ofendido, evitando que o escândalo do processo (*strepitus judicii* ou *strepitus fori*) seja ainda mais prejudicial do que a ocorrência do crime em si.

– **Representação do ofendido e requisição do Ministro da Justiça – natureza jurídica:** Não há consenso doutrinário sobre o assunto. Hélio Tornaghi as considerava condições objetivas de punibilidade,[381] enquanto Ada Pellegrini Grinover entende ser a representação uma parcela da possibilidade jurídica do pedido, já que, sem ela, a pretensão deduzida em juízo sequer pode ser admitida por ser juridicamente impossível.[382] Para Fernando Capez[383] e Fernando da Costa Tourinho Filho,[384] a representação do ofendido ou de seu representante legal e a requisição do Ministro da Justiça são condições de procedibilidade. Julio Fabbrini Mirabete, por sua vez, considera a representação e a requisição como condições suspensivas de procedibilidade, já que sem elas não pode ser proposta a ação penal pública.[385] O STF e o STJ entendem tratar-se de **condição de procedibilidade.**

– **Representação do ofendido:** A representação, também chamada de *delatio criminis* postulatória, apresenta **duplo aspecto:** é, simultaneamente, autorização e pedido para que se possa iniciar a persecução penal nos casos exigidos em lei.

381   TORNAGUI, Hélio. *Curso de processo penal.* 5. ed. São Paulo: Saraiva, 1988. v. 1, p. 44.

382   *Apud* DEMERCIAN, Pedro Henrique; MALULY, Jorge Assad. Op. cit., p. 116.

383   CAPEZ, Fernando. *Curso de processo penal.* 13. ed. São Paulo: Saraiva, 2006. p. 121.

384   TOURINHO FILHO, Fernando da Costa. *Manual de processo penal.* 8. ed. São Paulo: Saraiva, 2006. p. 296-302.

385   MIRABETE, Julio Fabbrini. *Processo penal.* 18. ed. São Paulo: Atlas, 2007. p. 98-99.

– **Legitimados para a representação:** (1) o ofendido, quando maior de 18 anos (art. 24 do CPP). O art. 34 do CPP, que traçava a legitimidade concorrente para representação entre o ofendido maior de 18 e menor de 21 anos de idade e seu representante legal, foi tacitamente revogado pelo art. 5.º do CC/2002, que não mais prevê a incapacidade relativa para tal faixa etária. De fato, o fundamento da concorrência na legitimidade era o desenvolvimento civil incompleto do menor de 21 anos de idade, que ainda não tinha plena compreensão dos seus direitos e deveres, o que não mais se admite na legislação civil em vigor; (2) o procurador com poderes especiais (art. 39, *caput*, do CPP). Não se exige seja o procurador advogado regularmente inscrito nos quadros da OAB. Deve, porém, possuir poderes específicos para oferecer representação; (3) o representante legal, se o ofendido for menor de 18 anos ou mentalmente enfermo (art. 24, *caput*, c/c art. 33, aplicável por analogia, ambos do CPP); (4) o curador especial, quando o ofendido for menor de 18 anos ou mentalmente enfermo, e não tiver representante legal ou os interesses deste colidirem com os daquele, nomeado de ofício pelo juiz ou a requerimento do MP (art. 33 do CPP, aplicável por analogia).

– **Eficácia objetiva da representação:** Uma vez oferecida representação contra um dos responsáveis pela infração penal, o MP poderá oferecer denúncia contra qualquer dos envolvidos, em obediência ao princípio da indivisibilidade da ação penal pública. E, se operar-se a retratação em relação a qualquer deles, seus efeitos se estenderão a todos, por aplicação analógica do art. 49 do CPP.

– **Representação na Lei 9.099/1995:** Em relação às infrações penais de menor potencial ofensivo, isto é, as contravenções penais e os crimes com pena máxima em abstrato igual ou inferior a 2 (dois) anos, cumulada ou não com multa, independentemente da existência de rito especial, deve ser seguido o procedimento definido pelo art. 72 e seguintes da Lei 9.099/1995, a saber: (a) abre-se oportunidade para composição dos danos civis entre o ofendido e o autor do fato, no caso de ação penal de iniciativa privada ou de ação penal pública condicionada à representação; (b) se obtida a composição, sua homologação judicial importa na renúncia ao direito de queixa ou de representação, com a consequente extinção da punibilidade; (c) se, contudo, não for obtida a composição dos danos civis, e em se tratando de ação penal pública condicionada à representação, será dada oportunidade ao ofendido ou ao seu representante legal para exercer o direito de representação, verbalmente, com posterior redução a termo. O não oferecimento da representação na audiência preliminar não implica decadência do direito, que poderá ser exercido no prazo previsto em lei (Lei 9.099/1995, art. 75, *caput* e parágrafo único), prazo este definido, como regra, pelo art. 38 do CPP.

– **Forma da representação:** A representação **independe de forma especial**. O STF firmou o entendimento de que é suficiente a demonstração inequívoca da intenção do ofendido ou de quem tiver qualidade para representá-lo em iniciar a ação penal. No caso de vítima menor de 18 anos, admite-se que seja a representação ofertada por qualquer pessoa que exerça sua guarda de fato, ou ainda por quem a sustente materialmente, com o propósito de evitar a impunidade do responsável pela prática da infração penal.

– **Requisição do Ministro da Justiça:** Cuida-se de **condição de procedibilidade** consistente em ato de natureza administrativa e política, revestido de discricionariedade, pois há crimes em que a viabilidade de propositura da ação penal depende de um juízo de conveniência e oportunidade por parte do Ministro da Justiça. As hipóteses de ação penal pública condicionada à requisição do Ministro da Justiça no CP são: (a) crime cometido por estrangeiro contra brasileiro fora do território nacional (art. 7.º, § 3.º, *b*); e (b) crimes contra a honra praticados contra o Presidente da República e contra chefe de governo estrangeiro (art. 141, I, c/c o art. 145, parágrafo único).

– **Prazo:** A legislação não impõe prazo decadencial para o oferecimento da requisição do Ministro da Justiça. Dessa forma, pode ser lançada a qualquer tempo, desde que não tenha ocorrido a extinção da punibilidade, pela prescrição ou outra causa.

– **Retratação da requisição:** O direito positivo não previu a retratação da requisição. A doutrina, entretanto, apresenta dois posicionamentos: (1.º) a requisição do Ministro da Justiça é ato administrativo e político de caráter discricionário. Pode, portanto, ser revogado, se não subsistirem os motivos de conveniência e oportunidade que a ensejaram,[386] até o oferecimento da denúncia; e (2.º) não se admite a retratação, seja por falta de previsão legal, seja pela seriedade de que deve revestir-se o ato, mormente diante da ausência de prazo decadencial para seu oferecimento, o que proporciona tempo suficiente para reflexão acerca do seu cabimento.

– **Não vinculação da requisição:** A palavra requisição significa ordem, mandamento, de modo que seu destinatário está obrigado a cumpri-la. Nesse sentido, o MP e a autoridade judiciária requisitam à autoridade policial a instauração de inquérito policial (art. 5.º, II, 1.ª parte, do CPP). A requisição do Ministro da Justiça não obriga o MP a oferecer denúncia, pois é incompatível com a **independência funcional**, princípio institucional do MP, na forma do art. 127, § 1.º, da CF. Desse modo, os dispositivos legais que se referem à requisição do Ministro da Justiça devem ser interpretados em conformidade com a época em que foram editados, especialmente os do CPP, de 1941, em que o MP não tinha o perfil constitucional atual. Ao contrário, era um mero ramo do Poder Executivo, o que se justificava com a expressão "requisição do Ministro da Justiça", pois o *Parquet* a ele estava hierarquicamente vinculado. A partir da Constituição de 1988, entretanto, a palavra requisição deve ser compreendida como **representação**.

○ **Ação penal privada:** Diz-se privada a ação penal cuja legitimidade para propositura pertence ao ofendido ou a quem legalmente o represente, quando aquele for menor de 18 anos ou mentalmente enfermo. É iniciada com o oferecimento de **queixa-crime**, a qual deve conter os mesmos elementos da denúncia (art. 41 do CPP). Poucos crimes são processados por meio de ação penal privada e, vale recordar, tais casos são expressamente indicados pela lei. No CP, podem ser lembrados os exemplos dos crimes tipificados pelos arts. 184, 236 e 345 (sem emprego de violência), entre outros.

– **Prazo:** A queixa-crime deve ser ajuizada no prazo de seis meses, contado a partir da data em que o ofendido ou seu representante legal tomar conhecimento da autoria da infração penal (art. 38 do CPP). Esse prazo é **decadencial**. Não se prorroga por força de domingos, feriados ou férias, e deve ser incluído em seu cômputo o dia do começo, excluindo-se o dia do final, em consonância com a regra traçada pelo art. 10 do CP. O art. 38 do CPP, ao utilizar a expressão "salvo disposição em contrário", admite a existência de prazos diferenciados, tal como se dá no crime definido pelo art. 236 do CP e nos crimes de ação penal privada contra a propriedade imaterial que deixam vestígios (art. 529, *caput*, do CPP).

– **Princípios:** A ação penal privada apresenta os seguintes princípios:

1) Oportunidade ou conveniência: o ofendido tem liberdade para iniciar a ação penal. A renúncia tácita ou expressa ao direito de queixa encontra previsão nos arts. 50 e 57 do CPP. A renúncia contra um dos autores do crime a todos se estenderá (art. 49 do CPP). O art. 74, parágrafo único, da Lei 9.099/1995 contém mais uma hipótese de renúncia ao direito de queixa, quando a composição dos danos civis causados pela infração de menor potencial ofensivo for homologada em juízo.

2) Disponibilidade: decorre do princípio da oportunidade, e permite ao ofendido ou representante legal a possibilidade de desistir da ação penal ou do recurso eventualmente interposto. Pode ainda o querelante desistir da ação penal, até o trânsito em julgado da sentença condenatória, valendo-se dos institutos do perdão aceito e da perempção (arts. 51 e 60 do CPP).

3) Indivisibilidade: a queixa-crime contra qualquer dos autores do crime obrigará ao processo de todos, e o MP zelará pela sua indivisibilidade (art. 48 do CPP). Portanto, o ofendido ou representante legal pode escolher entre ajuizar ou não a queixa-crime. Não é cabível, todavia, optar por

---

386   ROMEIRO, Jorge Alberto. *Da ação penal*. Rio de Janeiro: Forense, 1978. p. 125.

oferecê-la somente contra um ou outro envolvido na infração penal.[387] No tocante à possibilidade de o MP aditar a queixa-crime para incluir eventuais coautores ou partícipes, há três posições: (*1.ª*) o MP não pode fazê-lo, uma vez que estaria invadindo a legitimação do ofendido ou de seu representante legal; (*2.ª*) o aditamento é possível e expressamente previsto no art. 46, § 2.º, do CPP; e (*3.ª*) o MP não pode aditar a queixa-crime. E, além disso, a inicial acusatória deve ser rejeitada, em razão da renúncia tácita com relação aos não incluídos, uma vez que referida causa de extinção da punibilidade se comunica aos demais (art. 49 do CPP).

4) Intranscendência: a ação penal privada somente pode ser proposta contra os autores ou partícipes da infração penal, não abrangendo seus sucessores ou eventuais responsáveis civis.

– **Espécies:** São espécies de ação penal privada:

1) Ação penal exclusivamente privada ou ação penal privada propriamente dita: A legitimidade para ajuizamento da queixa-crime é do ofendido, se maior de 18 anos e capaz. Se for menor de 18 anos ou mentalmente enfermo, poderá ser proposta por seu representante legal (art. 30 do CPP). No caso de morte do ofendido ou quando declarado ausente por decisão judicial, o direito de oferecer queixa ou prosseguir na ação passará ao cônjuge, ascendente, descendente ou irmão (art. 31 do CPP). Se o ofendido for menor de 18 anos, ou mentalmente enfermo, e não tiver representante legal, ou colidirem os interesses deste com os daquele, o direito de queixa poderá ser exercido por curador especial, nomeado, de ofício ou a requerimento do MP, pelo juiz competente para o processo penal (art. 33 do CPP).

2) Ação penal privada personalíssima: Nessa modalidade de ação penal, a lei confere exclusivamente ao ofendido a titularidade do direito de queixa, intransmissível mesmo na hipótese do seu falecimento. Também não é possível a nomeação de curador especial ao incapaz, nem o oferecimento de queixa-crime pelo seu representante legal. O único exemplo de ação penal privada personalíssima subsistente em nosso ordenamento jurídico é o crime de induzimento a erro essencial e ocultação de impedimento, tipificado pelo art. 236 do CP: "**Art. 236.** Contrair casamento, induzindo em erro essencial o outro contraente, ou ocultando-lhe impedimento que não seja casamento anterior: Pena – detenção, de 6 (seis) meses a 2 (dois) anos. **Parágrafo único.** A ação penal depende de queixa do contraente enganado e não pode ser intentada senão depois de transitar em julgado a sentença que, por motivo de erro ou impedimento, anule o casamento". A capacidade civil por emancipação ou pelo casamento não altera a impossibilidade de oferecer queixa. Destarte, o prazo decadencial apenas passará a fluir quando cessar a incapacidade penal, ou seja, quando o ofendido completar 18 anos de idade.

3) Ação penal privada subsidiária da pública: Encontra-se prevista no § 3.º do art. 100 do CP. O direito a esta espécie de ação foi erigido à categoria de direito fundamental pelo art. 5.º, LIX, da CF. Em caso de inércia do MP, o ofendido ou representante legal pode oferecer **queixa subsidiária**, no prazo de seis meses, contados do termo final do prazo para oferecimento da denúncia. Nesse caso, o MP poderá aditar a queixa, repudiá-la e oferecer denúncia substitutiva, intervir em todos os atos do processo, fornecer elementos de prova, interpor recurso e, a todo tempo, no caso de negligência do querelante, retomar a ação como parte principal (art. 29 do CPP). Após o prazo de seis meses, cessa a possibilidade de ação privada subsidiária, nada obstante o *Parquet* ainda possa oferecer denúncia enquanto não extinta a punibilidade do agente, uma vez que a ação não perde seu caráter público. Cumpre frisar que a ação privada subsidiária tem cabimento apenas na **inércia do MP**, não sendo admitida quando o *Parquet* determinar o arquivamento do inquérito policial ou das peças de informação ou requisitar a realização de novas diligências para elucidar a materialidade do fato ou sua autoria.

---

[387] "O princípio da indivisibilidade da ação penal privada destina-se a evitar o uso do Poder Judiciário para propósitos de vingança privada" (STJ: Processo em segredo de justiça, rel. Min. Messod Azulay Neto, rel. para acórdão Min. Joel Ilan Paciornik, 5.ª Turma, j. 27.08.2024, noticiado no *Informativo* 826).

4) Ação penal privada concorrente: Também se admite a ação penal privada concorrente, no tocante aos crimes contra a honra praticados contra funcionário público em razão de suas funções. Faculta-se ao ofendido escolher entre ajuizar a ação penal privada ou então oferecer representação autorizando o MP a exercitar a ação penal pública condicionada à representação. Nos termos da **Súmula 714 do STF:** "É concorrente a legitimidade do ofendido, mediante queixa, e do Ministério Público, condicionada à representação do ofendido, para a ação penal por crime contra a honra de servidor público em razão do exercício de suas funções." Nessas hipóteses a legitimidade, além de concorrente, é excludente da atuação do outro legitimado. Em síntese, o exercício da ação pública condicionada exclui a utilização da ação penal privada, e vice-versa.

– Ação penal nos crimes contra a dignidade sexual: Nos delitos contra a liberdade sexual e nos delitos sexuais contra vulneráveis, previstos nos Capítulos I, I-A e II do Título VI da Parte Especial do Código Penal – crimes contra a dignidade sexual –, **a ação penal é pública incondicionada**. É o que se extrai do art. 225 do Código Penal. Mas nem sempre foi assim. Na sistemática original do Código Penal (texto de 1940), os então denominados "crimes contra os costumes" eram processados, em regra, mediante ação penal privada. Com as alterações promovidas pela Lei 12.015/2009, a regra passou a ser a ação pública condicionada à representação, ficando excepcionada quando a vítima era menor de 18 anos ou pessoa vulnerável, hipóteses em que a ação penal era pública incondicionada. Em nossa opinião, essa era a opção mais acertada. De fato, afastando-se a ação penal privada, retirava-se do ofendido (ou de seu representante legal) o ônus de oferecer a queixa-crime. Se não bastasse, a exigência da representação protegia a intimidade da vítima, que poderia optar por não oferecer a condição de procedibilidade para evitar o escândalo do processo (strepitus fori). Em síntese, se a vítima – maior de idade e capaz – desejasse preservar sua vida privada, bastava não representar. Porém, fazendo-o, cabia ao Ministério Público ajuizar a ação penal, sem ônus processuais ao ofendido. Com a atual redação do art. 225 do Código Penal, a **Súmula 608 do Supremo Tribunal Federal** – "No crime de estupro, praticado mediante violência real, a ação penal é pública incondicionada" – tornou-se desnecessária, pois o estupro, qualquer que seja seu meio de execução, passou a ser crime de ação pública incondicionada. A finalidade do legislador, ao implementar a ação penal pública incondicionada, e nesse ponto ele andou bem, foi livrar a vítima da pressão de representar contra seu agressor, ou então de retratar-se da representação eventualmente já lançada. Por fim, convém destacar um erro técnico na alteração promovida pela Lei 13.718/2018. Diante da regra contida no art. 100, § 1.º, do Código Penal – "A ação pública é promovida pelo Ministério Público, dependendo, **quando a lei o exige**, de representação do ofendido ou de requisição do Ministro da Justiça", bastava ao legislador revogar o art. 225 do Código Penal, e automaticamente a ação penal no crime de estupro (e nos crimes contra a dignidade sexual) passaria a ser pública incondicionada, sem necessidade de subsistência deste dispositivo legal.

○ **Ação penal e crime de lesão corporal praticado com violência doméstica e familiar contra a mulher:** Nos crimes de lesões corporais com violência doméstica e familiar contra a mulher, em todas as suas modalidades (inclusive de natureza leve e culposa), a ação penal é pública incondicionada.[388] As lesões leves e culposas, no plano histórico, sempre foram consideradas crimes de ação penal pública incondicionada pelo direito brasileiro. Todavia, com a entrada em vigor da Lei 9.099/1995, elas foram transformadas pelo seu art. 88 em delitos de ação penal pública condicionada à representação do ofendido ou de seu representante legal. Esse panorama foi alterado com a Lei 11.340/2006 – Lei Maria da Penha, que estabelece em seu art. 41: "Aos crimes praticados com violência doméstica e familiar contra a mulher, independentemente da pena prevista, não se aplica a Lei 9.099, de 26 de setembro de 1995." Portanto, como não se aplicam as disposições da Lei 9.099/1995, afasta-se a incidência do seu art. 88,

---

388   É também o entendimento de LIMA, Renato Brasileiro de. *Manual de processo penal.* Niterói: Impetus, 2011. v. I, p. 347.

e os crimes de lesões corporais de natureza leve e culposa voltam a ser de ação penal pública incondicionada, exclusivamente quando cometidos com violência doméstica e familiar contra a mulher. Além disso, podem ser apontados outros argumentos que justificam essa posição: (a) o art. 88 da Lei 9.099/1995 foi derrogado em relação à Lei Maria da Penha, em razão de o art. 41 deste diploma legal ter expressamente afastado a aplicação, por inteiro, daquela lei ao tipo descrito no art. 129, § 9.º, do CP; (b) isso se deve ao fato de que as referidas leis possuem escopos diametralmente opostos. Enquanto a Lei dos Juizados Especiais busca evitar o início do processo penal, que poderá culminar em imposição de sanção ao agente, a Lei Maria da Penha procura punir com maior rigor o agressor que age às escondidas nos lares, pondo em risco a saúde de sua família e (c) a Lei 11.340/2006 procurou criar mecanismos para coibir a violência doméstica e familiar contra as mulheres nos termos do § 8.º do art. 226 e do art. 227, ambos da CF/1988, daí não se poder falar em representação quando a lesão corporal culposa ou dolosa simples atingir a mulher, em casos de violência doméstica, familiar ou íntima. Este é o entendimento consagrado no Supremo Tribunal Federal e no Superior Tribunal de Justiça.

○ **Súmula 536 do STJ:** "A suspensão condicional do processo e a transação penal não se aplicam na hipótese de delitos sujeitos ao rito da Lei Maria da Penha."

○ **Súmula 542 do STJ:** "A ação penal relativa ao crime de lesão corporal resultante de violência doméstica contra a mulher é pública incondicionada."

○ **Súmula 600 do STJ:** "Para a configuração da violência doméstica e familiar prevista no artigo 5º da Lei 11.340/2006 (Lei Maria da Penha) não se exige a coabitação entre autor e vítima."

○ **Jurisprudência selecionada:**

Ação penal privada – aditamento da queixa pelo Ministério Público – possibilidade: "Nos termos do artigo 45 do CPP, a queixa poderá ser aditada pelo Ministério Público, ainda que se trate de ação penal privativa do ofendido, desde que não proceda à inclusão de coautor ou partícipe, tampouco inove quanto aos fatos descritos, hipóteses, por sua vez, inocorrentes na espécie" (STJ: HC 85.039/SP, rel. Min. Felix Fischer, 5.ª Turma, j. 05.03.2009).

Ação penal privada – falta de individualização da conduta – rejeição: "A Primeira Turma determinou o desmembramento de queixa-crime em relação ao querelado não detentor de foro por prerrogativa de função. Quanto aos demais querelados, rejeitou, por maioria, a inicial acusatória. No caso, a queixa-crime foi oferecida por deputado federal, em face de radialista e sócios-proprietários de empresa de radiodifusão sonora, pela prática dos crimes de calúnia, difamação e injúria (CP, arts. 138, 139 e 140, § 3º). O Colegiado registrou que o querelante não individualizou, minimamente, as condutas dos querelados detentores de prerrogativa de foro e lhes imputou fatos criminosos em razão da mera condição de sócios-proprietários do veículo de comunicação social por meio do qual o radialista teria proferido as supostas ofensas à honra do peticionário. Nesse contexto, pontuou que a mera posição hierárquica dos acusados na titularidade da empresa de comunicação, sem a descrição da ação e sem elementos que evidenciem a vontade e consciência de praticar o crime imputado, inviabiliza o prosseguimento da ação penal, por manifesta ausência de justa causa. Ademais, ressaltou que os princípios constitucionais do devido processo legal, do contraditório e da ampla defesa (CF, art. 5º, LIV e LV) impõem que a inicial acusatória tenha como fundamentos elementos probatórios mínimos que demonstrem a materialidade do fato delituoso e os indícios suficientes de autoria" (STF: Pet 5.660/PA, rel. Min. Luiz Fux, 1.ª Turma, j. 14.03.2017, noticiado no *Informativo* 857).

Ação penal privada – indisponibilidade do direito de punir: "O Ministro Celso de Mello registrava que, embora se cuidasse de ação penal privada, o interesse de punir pertenceria ao Estado e seria de ordem pública" (STF: AP 584 QO/PR, rel. Min. Dias Toffoli, Plenário, j. 10.04.2014, noticiado no *Informativo* 742).

Ação penal privada – princípio da indivisibilidade – composição dos danos civis: "Caso o querelante proponha, na própria queixa-crime, composição civil de danos para parte dos querelados, a peça acusatória deverá ser rejeitada em sua integralidade – isto é, em relação a todos os querelados. Isso porque a composição pelos danos, sendo aceita e homologada judicialmente, implica a renúncia ao direito de queixa, nos termos do disposto no art. 74, parágrafo único, da Lei 9.099/1995, tratando-se a renúncia, expressa ou tácita (art. 104 do CP), de causa extintiva da punibilidade, sendo irretratável (art. 107, V, CP). Por força do princípio da indivisibilidade, a todos se estende a manifestação do intento de não processar parte dos envolvidos, de modo que a renúncia beneficia a todos eles" (STJ: AP 724/DF, rel. Min. Og Fernandes, Corte Especial, j. 20.08.2014, noticiado no *Informativo* 547).

Ação penal – princípio da indivisibilidade – crimes contra a honra – crimes em contextos autônomos: "Não configurada coautoria ou participação nos crimes contra honra, mas delitos autônomos em contextos distintos, a ausência de oferecimento de queixa-crime contra todos os que proferiram ofensas contra a vítima não afronta o princípio da indivisibilidade da ação penal privada. O princípio da indivisibilidade da ação penal privada destina-se a evitar o uso do Poder Judiciário para propósitos de vingança privada. No entanto, a definição dos contextos dos delitos contra a honra é decisiva para a distinção entre autoria colateral e coautoria/participação, essas últimas as únicas hipóteses jurídicas sujeitas ao princípio da indivisibilidade, gizado no artigo 49 do CPP, sendo inaplicável quando se trata de delitos autônomos em contextos distintos. No caso, as ofensas supostamente proferidas pelo querelado durante uma *live* não configuram coautoria com terceiros que, em situações independentes, possam ter manifestado opiniões semelhantes em outras ocasiões. Não há se falar em renúncia tácita pela querelante quanto ao exercício do direito de queixa em relação a outros indivíduos desconhecidos ou precariamente identificados. Não seria razoável exigir-se da querelante a investigação de centenas de pessoas, sob pena de, não o fazendo no prazo decadencial de seis meses, ver tolhido seu direito de propor a ação penal contra o querelado, que a ela se apresentava como o protagonista da campanha difamatória em específico. Desse modo, à luz da deontologia do princípio da indivisibilidade e à mingua de evidências do uso seletivo da ação penal, a omissão da querelante quanto ao oferecimento de queixa-crime contra outros tantos possíveis autores de ofensas contra a sua honra, em contextos diversos, não pode impedi-la de exercitar a pretensão punitiva especificamente contra o querelado" (STJ: Processo em segredo de justiça, rel. Min. Messod Azulay Neto, rel. para acórdão Min. Joel Ilan Paciornik, 5.ª Turma, j. 27.08.2024, noticiado no *Informativo* 826).

Ação penal privada – princípio da indivisibilidade – efeitos jurídicos: "Não oferecida a queixa-crime contra todos os supostos autores ou partícipes da prática delituosa, há afronta ao princípio da indivisibilidade da ação penal, a implicar renúncia tácita ao direito de querela, cuja eficácia extintiva da punibilidade estende-se a todos quantos alegadamente hajam intervindo no cometimento da infração penal. Com base nesse entendimento, a Primeira Turma rejeitou queixa-crime oferecida em face de senador a quem fora imputada a prática dos delitos de calúnia e difamação. Na espécie, o parlamentar teria alegadamente imputado ao querelante, mediante ampla divulgação (internet), o cometimento de crimes e atos, tudo com a nítida e deliberada intenção de ferir a honra deste. A Turma ressaltou que as supostas difamação e calúnia teriam sido veiculadas por outros meios além do imputado ao querelado, e que a notícia supostamente vexatória fora reencaminhada por outras pessoas. Destacou que a responsabilização penal se daria por todas as pessoas que veicularam a notícia caluniadora e difamatória e que, portanto, fora violado o princípio da indivisibilidade da ação penal. Ademais, ainda que não houvesse ofensa ao referido postulado, o querelante não trouxera aos autos a cópia da página da rede social em que fora veiculada a notícia" (STF: Inq 3.526/DF, rel. Min. Roberto Barroso, 1.ª Turma, j. 02.02.2016, noticiado no *Informativo* 813).

Ação penal privada – princípio da indivisibilidade – extensão: "A não inclusão de eventuais suspeitos na queixa-crime não configura, por si só, renúncia tácita ao direito de queixa. Com efeito, o direito de queixa é indivisível, é dizer, a queixa contra qualquer dos autores do crime obrigará ao processo de todos (art. 48 do CPP). Dessarte, o ofendido não pode limitar a este ou aquele autor da conduta tida como delituosa o exercício do *jus accusationis*, tanto que o art. 49 do CPP dispõe que a renúncia ao direito de queixa, em relação a um dos autores do crime, a todos se estenderá. Portanto, o princípio da indivisibilidade da ação penal privada torna obrigatória a formulação da queixa-crime em face de todos os autores, coautores e partícipes do injusto penal, sendo que a inobservância de tal princípio acarreta a renúncia ao direito de queixa, que de acordo com o art. 107, V, do CP, é causa de extinção da punibilidade. Contudo, para o reconhecimento da renúncia tácita ao direito de queixa, exige-se a demonstração de que a não inclusão de determinados autores ou partícipes na queixa-crime se deu de forma deliberada pelo querelante" (STJ: RHC 55.142/MG, rel. Min. Felix Fischer, 5.ª Turma, j. 12.05.2015, noticiado no *Informativo* 562). *No mesmo sentido*: STJ: APn 724/DF, rel. Min. Og Fernandes, Corte Especial, j. 20.08.2014; e STJ: RHC 26.752/MG, rel. Min. Felix Fischer, 5.ª Turma, j. 18.02.2010.

Ação penal privada concorrente – preclusão do outro legitimado: "1. Nos crimes contra a honra de servidor público, a legitimidade para a ação é concorrente, vale dizer, o ofendido pode propor a queixa-crime, ou pode representar ao Ministério Público para que ofereça denúncia. 2. A opção por uma das vias torna a outra preclusa, não se admitindo que a vítima represente ao Ministério Público e, posteriormente, ofereça ela própria a queixa-crime" (STJ: HC 259.870/ES, rel. Min. Jorge Mussi, 5ª Turma, j. 17.12.2013).

Ação penal privada subsidiária – arquivamento – não cabimento: "1. Sendo a ação penal relativa ao crime tipificado no art. 339 do Código Penal (denunciação caluniosa) pública incondicionada, a ação penal privada subsidiária da pública só tem cabimento quando há prova inequívoca da total inércia do Ministério Público. Quer dizer, só é permitido ao ofendido atuar de forma supletiva, quando o titular da ação penal pública – já de posse dos elementos necessários à formulação da peça acusatória – deixar de ajuizar a ação penal dentro do prazo legal, sem motivo justificável. 2. No caso, tal situação não ocorreu, porquanto, provocado, o Ministério Público local instaurou procedimento investigatório, que, após acurada investigação, foi arquivado em razão da atipicidade da conduta representada. 3. Mesmo tendo o Procurador-Geral promovido o arquivamento depois de ajuizada a ação penal subsidiária, a falta de manifestação tempestiva está definitivamente suprida pelo parecer recomendando a rejeição da queixa-crime, cujo atendimento – segundo a jurisprudência – é irrecusável" (STJ: HC 175.141/MT, rel. Min. Celso Limongi – Desembargador convocado do TJ/SP, 6.ª Turma, j. 02.12.2010). *No mesmo sentido*: STJ: AgRg no RMS 27.518/SP, rel. Min. Marco Aurélio Bellizze, 5.ª Turma, j. 20.02.2014.

Ação penal pública – princípio da divisibilidade: "Não vigora o princípio da indivisibilidade na ação penal pública. O *Parquet* é livre para formar sua convicção incluindo na increpação as pessoas que entenda terem praticados ilícitos penais, ou seja, mediante a constatação de indícios de autoria e materialidade, não se podendo falar em arquivamento implícito em relação a quem não foi denunciado" (STJ: RHC 34.233/SP, rel. Min. Maria Thereza de Assis Moura, 6.ª Turma, j. 06.05.2014).

Ação penal pública – princípio da indivisibilidade: "Com base no princípio da indivisibilidade da ação penal, é incabível o arquivamento implícito em crimes de ação pública. Precedentes do STJ e do STF" (STJ: HC 237.168/SP, rel. Min. Laurita Vaz, 5.ª Turma, j. 08.04.2014).

Ação penal pública condicionada – representação – retratação da retratação – possibilidade: "A doutrina e a jurisprudência admitem a retração de retratação dentro do prazo decadencial" (STJ: AgRg no REsp 1.131.357/DF, rel. Min. Sebastião Reis Júnior, 6.ª Turma, j. 05.11.2013).

Crime tributário – constituição definitiva do crédito – justa causa presente – súmula vinculante 24 – desnecessidade de juntada do procedimento administrativo fiscal para o início da ação penal: "Para o início da ação penal, basta a prova da constituição definitiva do crédito tributário

(Súmula Vinculante 24), sendo desnecessária a juntada integral do Procedimento Administrativo Fiscal correspondente. Cumpre informar, de início, que a materialidade dos crimes listados no art. 1º, inciso I a IV, da Lei n. 8.137/1990 apenas se verifica com a constituição definitiva do crédito tributário, situação que ocorre por meio do procedimento tributário devidamente instaurado. Assim, o direito penal apenas passa a ter lugar após verificada a adequada tipicidade da conduta imputada. Nesse contexto, não se revela indispensável a juntada dos documentos tributários, mas apenas a comprovação da constituição definitiva do crédito tributário. Eventual desconstituição do que foi averiguado tributariamente não pode ser feito no juízo criminal, cabendo ao recorrente se valer dos meios próprios para tanto. Em suma: a) para o início da ação penal, basta a prova da constituição definitiva do crédito tributário (Súmula Vinculante 24), não sendo necessária a juntada integral do Procedimento Administrativo Fiscal – PAF correspondente; b) a validade do crédito fiscal deve ser examinada no Juízo cível, não cabendo à esfera penal qualquer tentativa de sua desconstituição; c) caso a defesa entenda que a documentação apresentada pelo Parquet é insuficiente e queira esmiuçar a dívida, pode apresentar cópia do referido PAF ou dizer de eventuais obstáculos administrativos; e d) se houver qualquer obstáculo administrativo para o acesso ao procedimento administrativo fiscal respectivo, a parte pode sugerir ao Juiz sua atuação até mesmo de ofício, desde que aponte qualquer prejuízo à defesa, que possa interferir na formação do livre convencimento do julgador" (STJ: RHC 94.288/RJ, rel. Min. Reynaldo Soares da Fonseca, 5.ª Turma, j. 22.05.2018, noticiado no *Informativo* 627).

Defensoria Pública – assistente de acusação – possibilidade – desnecessidade de procuração com poderes especiais: "Quando a Defensoria Pública atuar como representante do assistente de acusação, é dispensável a juntada de procuração com poderes especiais. Isso porque o defensor público deve juntar procuração judicial somente nas hipóteses em que a lei exigir poderes especiais (arts. 44, XI, 89, XI, e 128, XI, da LC 80/1994). Ressalte-se que a Defensoria Pública tem por função institucional patrocinar tanto a ação penal privada quanto a subsidiária da pública, não havendo incompatibilidade com a função acusatória. Assim, nada impede que a referida instituição possa prestar assistência jurídica, atuando como assistente de acusação, nos termos dos arts. 268 e seguintes do CPP" (STJ: HC 293.979/MG, rel. Min. Gurgel de Faria, 5.ª Turma, j. 05.02.2015, noticiado no *Informativo* 555).

Denúncia – instrução e justa causa – reconhecimento fotográfico – possibilidade: "Para embasar a denúncia oferecida, é possível a utilização do reconhecimento fotográfico realizado na fase policial, desde que este não seja utilizado de forma isolada e esteja em consonância com os demais elementos probatórios constantes dos autos" (STJ: HC 238.577/SP, rel. Min. Sebastião Reis Júnior, 6.ª Turma, j. 06.12.2012, noticiado no *Informativo* 514).

Denúncia – requisitos: "Assentou constar da denúncia descrição compreensível das condutas imputadas aos acusados, com indicação das circunstâncias de tempo, lugar e modo, sem qualquer prejuízo ao exercício de defesa. Aliás, o direito à defesa foi exercido de forma ampla pelos denunciados, que se contrapuseram, em suas respostas, aos fatos e à capitulação indicada pelo órgão acusatório. Ao lado disso, não é necessário que a denúncia descreva minuciosamente as ações ilícitas, mesmo porque isso equivaleria a exercício de antecipação do que será apurado na fase instrutória, sob o crivo do contraditório. O que se exige é uma descrição lógica e coerente que possibilite ao acusado compreender a imputação e exercer seu direito de defesa" (STF: Inq 3.982/DF, rel. Min. Edson Fachin, 2.ª Turma, j. 07.03.2017, noticiado no *Informativo* 856).

Descaminho – delito formal – desnecessidade da prévia constituição do crédito tributário na esfera administrativa: "1. O fato de um dos bens jurídicos tutelados pelo direito penal no crime de descaminho ser a arrecadação tributária não pode levar à conclusão de que sua natureza jurídica é a mesma do crime previsto no art. 1.º da Lei 8.137/90. De rigor conceder tratamento adequado às especificidades dos respectivos tipos, a fim de emprestar-lhes interpretação adequada à natureza de cada delito, considerado o sistema jurídico como um todo, à luz do que pretendeu o Legislador ao editar referidas normas. [...] 3. A norma penal do art. 334 do Código Penal –

elencada sob o Título XI: 'Dos Crimes Contra a Administração Pública' – visa proteger, em primeiro plano, a integridade do sistema de controle de entrada e saída de mercadorias do país, como importante instrumento de política econômica. Engloba a própria estabilidade das atividades comerciais dentro do país, refletindo na balança comercial entre o Brasil e outros países. Na fraude pressuposta pelo referido tipo, ademais, há artifícios mais amplos para a frustração da atividade fiscalizadora do Estado do que o crime de sonegação fiscal, podendo referir-se tanto à utilização de documentos falsificados, quanto, e em maior medida, à utilização de rotas marginais e estradas clandestinas para fuga da fiscalização alfandegária. 4. A exigência de lançamento tributário definitivo no crime de descaminho esvazia o próprio conteúdo do injusto penal, equivalendo quase a uma descriminalização por via hermenêutica, já que, segundo a legislação aduaneira e tributária, nesses casos incide a pena de perdimento da mercadoria, operação que tem por efeito jurídico justamente tornar insubsistente o fato gerador do tributo e, por conseguinte, impedir a apuração administrativa do valor devido. 5. A prática do descaminho não se submete à regra instituída pelo Supremo Tribunal Federal ao editar a Súmula Vinculante 24, expressa em exigir o exaurimento da via administrativa somente em 'crime material contra a ordem tributária, previsto no art. 1º, incisos I a IV, da Lei nº 8.137/90'. 6. Em suma: o crime de descaminho perfaz-se com o ato de iludir o pagamento de imposto devido pela entrada de mercadoria no país. Não é necessária a apuração administrativo-fiscal do montante que deixou de ser recolhido para a configuração do delito, embora este possa orientar a aplicação do princípio da insignificância quando se tratar de conduta isolada. Trata-se de crime formal, e não material, razão pela qual o resultado da conduta delituosa relacionada ao *quantum* do imposto devido não integra o tipo legal" (STJ: RHC: 35.180/RS, rel. Min. Laurita Vaz, 5.ª Turma, j. 01.04.2014).

Elemento subjetivo – necessidade de descrição detalhada – inépcia da denúncia: "É inepta denúncia que, ao descrever a conduta do acusado como sendo dolosa, o faz de forma genérica, a ponto de ser possível enquadrá-la tanto como culpa consciente quanto como dolo eventual. Com efeito, o elemento psíquico que caracteriza o injusto penal, em sua forma dolosa ou culposa, deve estar bem caracterizado, desde a denúncia, pois é tênue a linha entre o dolo eventual e a culpa consciente. Na hipótese em análise, há nítida violação da garantia do contraditório e da plenitude de defesa, por não despontar da exordial acusatória, com a clareza e a precisão exigidas, o dolo, em sua forma eventual, que teria animado o agente, sendo impossível conhecer no caso em apreço as circunstâncias subjetivas" (STJ: RHC 39.627/RJ, rel. Min. Rogerio Schietti Cruz, 6.ª Turma, j. 08.04.2014, noticiado no *Informativo* 538).

Inicial acusatória desacompanhada de procedimento prévio ou peças de informação – ausência de justa causa – rejeição: "Deve ser rejeitada a queixa-crime que, oferecida antes de qualquer procedimento prévio, impute a prática de infração de menor potencial ofensivo com base apenas na versão do autor e na indicação de rol de testemunhas, desacompanhada de Termo Circunstanciado ou de qualquer outro documento hábil a demonstrar, ainda que de modo indiciário, a autoria e a materialidade do crime. Isso porque a imputação penal desacompanhada de documentos hábeis a demonstrar, ainda que de modo indiciário, a autoria e a materialidade do crime, destituída, desse modo, de base empírica idônea, implica ausência de 'justa causa', fato que, nos termos do art. 395, III, do CPP, desautoriza a instauração da *persecutio criminis in iudicio*. De fato, a despeito de o rito dos Juizados Especiais Criminais ser pautado pelos critérios da oralidade, simplicidade e informalidade, a inicial acusatória (queixa-crime ou denúncia), mesmo nas infrações de menor potencial ofensivo, deve vir acompanhada com o mínimo embasamento probatório, ou seja, com lastro probatório mínimo apto a demonstrar, ainda que de modo indiciário, a efetiva realização do ilícito penal. Dessa forma, mesmo nas infrações de menor potencial ofensivo, é necessária análise da justa causa, seja na denúncia ou na queixa-crime. Trata-se, portanto, de um pressuposto processual que deve ser averiguado, de plano, pelo magistrado, sob pena de rejeição da inicial acusatória. Além disso, como, no caso em análise, a queixa-crime crime foi oferecida antes de qualquer procedimento prévio, essa inicial acusatória não pode se eximir de um controle jurisdicional acerca dos pressupostos processuais. Diferentemente, seria a hipótese em que a persecução penal é deflagrada por um Termo Circunstanciado enviado pela autoridade policial, na qual haverá, imediatamente, uma fase preliminar, já lastreada com um suporte probatório mínimo. E, ao final, na impossibilidade de aplicação dos institutos despenalizadores, a inicial acusatória (denúncia ou queixa-crime) seria ofertada, conforme dispõe o art. 77 da Lei n. 9.099/1995. As partes terão a oportunidade de compor civilmente os danos, ou, não havendo a composição, será analisada a possibilidade de oferecimento de transação penal. Caso não haja a aplicação dos institutos acima referidos, a inicial acusatória será apresentada oralmente ou por escrito. Nesse momento, o magistrado analisará o preenchimento das condições da ação e dos pressupostos processuais, uma vez que a apresentação da ação penal é postergada para o final da fase preliminar. Todavia, no caso aqui analisado, há uma peculiaridade, na medida em que a deflagração do procedimento criminal ocorreu com o oferecimento, de imediato, da queixa-crime. Assim, imprescindível uma análise, ainda que perfunctória, de seus pressupostos, dentre estes a justa causa da ação penal privada. Nesse contexto, seria temerário dar início à persecução penal, mesmo sob o rito da Lei n. 9.099/1995, com base apenas na versão do querelante acerca dos fatos, sem qualquer lastro probatório mínimo a embasar a queixa-crime" (STJ: RHC 61.822/DF, rel. Min. Felix Fischer, 5.ª Turma, j. 17.12.2015, noticiado no *Informativo* 577).

Omissão penalmente relevante – necessidade de descrição detalhada na denúncia: "É inepta denúncia que impute a prática de homicídio na forma omissiva imprópria quando não há descrição clara e precisa de como a acusada – médica cirurgiã de sobreaviso – poderia ter impedido o resultado morte, sendo insuficiente a simples menção do não comparecimento da denunciada à unidade hospitalar, quando lhe foi solicitada a presença para prestar imediato atendimento a paciente que foi a óbito. Com efeito, o legislador estabeleceu alguns requisitos essenciais para a formalização da acusação, a fim de que seja assegurado ao acusado o escorreito exercício do contraditório e da ampla defesa, pois a higidez da denúncia é uma garantia do denunciado. Neste contexto, quando se imputa a alguém crime comissivo por omissão (art. 13, § 2º, *b*, do CP), é necessário que se demonstre o nexo normativo entre a conduta omissiva e o resultado normativo, porque só se tem por constituída a relação de causalidade se, baseado em elementos empíricos, for possível concluir, com alto grau de probabilidade, que o resultado não ocorreria se a ação devida fosse efetivamente realizada. Na hipótese em foco, a denúncia não descreveu com a clareza necessária qual foi a conduta omitida pela denunciada que teria impedido o resultado morte, com probabilidade próxima da certeza. Assim, se inexistir a descrição do liame de causalidade normativa entre a conduta comissiva por omissão e a morte da vítima, não há que se falar em materialidade de crime de homicídio, porquanto é imprescindível que a imputação esteja embasada em prova técnica, como laudo cadavérico, parecer médico ou perícia médica, que permita, com dados científicos, demonstrar com a mínima segurança que a vítima evoluiu a óbito por falta daquele atendimento médico imediato e especializado não prestado pelo acusado. Destaque-se que a falta de laudo de necropsia não impede o reconhecimento da materialidade delitiva nos crimes de homicídio, podendo, muitas vezes, vir demonstrada por outros meios de prova, como, por exemplo, depoimentos testemunhais" (STJ: RHC 39.627/RJ, rel. Min. Rogerio Schietti Cruz, 6.ª Turma, j. 08.04.2014, noticiado no *Informativo* 538).

Princípio da indisponibilidade da ação penal pública – impossibilidade de arquivamento implícito: "I - Alegação de ocorrência de arquivamento implícito do inquérito policial, pois o Ministério Público estadual, apesar de já possuir elementos suficientes para a acusação, deixou de incluir o paciente na primeira denúncia, oferecida contra outros sete policiais civis. II - Independentemente de a identificação do paciente ter ocorrido antes ou depois da primeira denúncia, o fato é que não existe, em nosso ordenamento jurídico processual, qualquer dispositivo legal que preveja a figura do arquivamento implícito, devendo ser o pedido formulado expressamente, a teor do disposto no art. 28 do Código Processual Penal. III - Incidência do postulado da indisponibilidade da ação penal pública que decorre do elevado valor dos bens jurídicos que ela tutela" (STF: HC 104.356/RJ, rel. Min. Ricardo Lewandowski, 1.ª Turma, j. 19.10.2010). *No mesmo sentido*: STJ: HC 224.246/DF, rel. Min. Sebastião Reis Júnior, 6.ª Turma, j. 25.02.2014.

Representação do ofendido – natureza jurídica – condição de procedibilidade – ausência de rigor formal: "A representação do ofendido – condição de procedibilidade da ação penal pública condicionada – prescinde de rigor formal, sendo suficiente a demonstração inequívoca da parte interessada de que seja apurada e processada a infração penal" (STJ: RHC 42.029/RJ, rel. Min. Laurita Vaz, 5.ª Turma, j. 26.08.2014).

Utilização da expressão "ação penal condenatória" – cabimento – inserção na denúncia da fotografia do acusado – impossibilidade: "2. Nesse passo, não se pode considerar, por si e desde logo, como cerceamento à liberdade de locomoção, a ser corrigido por meio de *habeas corpus*, a inserção da fotografia do paciente na peça acusatória bem como a inclusão da expressão 'condenatória' para nomear a ação penal, sendo incapaz até mesmo de gerar o receio de eventual prisão ilegal. 3. Além disso, a peça acusatória apenas delimita a qual espécie de ação penal responde o paciente, valendo-se de uma das classificações existentes na doutrina, que comumente subdivide as ações penais de conhecimento em declaratórias, constitutivas e condenatórias. 4. Não obstante essas ponderações, não há constrangimento na utilização da nomenclatura 'ação penal condenatória'. Isso porque essa é a classificação dada à ação penal instaurada pelo Estado contra o acusado. 5. 'Dentre as ações penais de conhecimento, temos a declaratória, que visa à declaração de um direito (ex: *habeas corpus* preventivo e pedido de extradição passiva); constitutiva, que procura a criação, extinção ou modificação de uma situação jurídica (ex: revisão criminal e homologação de sentença estrangeira); e a ação penal condenatória, que é dirigida para o reconhecimento da pretensão punitiva' (LIMA, Marcellus Polastri. *Manual de Processo Penal*. 2ª ed., Rio de Janeiro: Lumen Juris, 2009, p. 161). 4. Diz o art. 5º, inciso LVIII, da CF, que o civilmente identificado não será submetido a identificação criminal, salvo nas hipóteses previstas em lei. 5. A Lei nº 10.054/2000, vigente à época dos fatos, previa, em seu artigo 3º, I, que o civilmente identificado por documento original poderia ser submetido à identificação criminal, quando estivesse indiciado ou acusado pela prática de homicídio doloso, crimes contra o patrimônio praticados mediante violência ou grave ameaça, crime de receptação qualificada, crimes contra a liberdade sexual ou crime de falsificação de documento público. 6. E, entre as formas de identificação criminal consta expressamente a utilização de materiais datiloscópico e fotográfico, como feito na hipótese. 7. A inserção da fotografia do acusado na vestibular viola diferentes normas constitucionais, dentre as quais o direito à honra, à imagem e também o princípio matriz de toda a ordem constitucional: o da dignidade da pessoa humana. 8. Mesmo nos termos da lei vigente à época dos fatos, era permitida a identificação criminal do acusado (por se tratar de crime contra o patrimônio praticado mediante violência ou grame ameaça) na fase de investigação. Esses dados, colhidos na fase policial, podem ser usados – como de fato o foram – na fase judicial. 9. É desnecessária a digitalização de foto já constante nos autos da ação penal para, novamente, colocá-la na peça acusatória. Isso porque se efetivou, num momento anterior, a devida identificação – civil e criminal – do investigado" (STJ: HC 88.448/DF, rel. Min. Og Fernandes, 6.ª Turma, j. 06.05.2010).

Violência doméstica ou familiar contra a mulher – lesão corporal – revisão do entendimento do STJ – adequação à orientação do STF (ADI 4.424/DF) – ação pública incondicionada: "A ação penal nos crimes de lesão corporal leve cometidos em detrimento da mulher, no âmbito doméstico e familiar, é pública incondicionada. Sobre o tema, a Terceira Seção do Superior Tribunal de Justiça, por ocasião do julgamento do Recurso Especial Representativo da Controvérsia n. 1.097.042-DF, submetido ao rito dos recursos especiais repetitivos – regulado pelo art. 543-C do CPC de 1973 –, firmou o entendimento de que 'a ação penal nos crimes de lesão corporal leve cometidos em detrimento da mulher, no âmbito doméstico e familiar, é pública condicionada à representação da vítima' (Rel. Min. Napoleão Nunes Maia Filho, Rel. p/ acórdão Min. Jorge Mussi, DJe 21/5/2010 – Tema 177). Todavia, em sessão realizada em 9/2/2012, o Plenário do Supremo Tribunal Federal, por maioria de votos, julgou procedente a Ação Direta de Inconstitucionalidade n. 4.424, com efeito erga omnes, em que atribuiu orientação, conforme à Constituição, aos arts. 12, I, 16 e 41, todos da Lei n. 11.340/2006, acolhendo, assim, tese oposta à jurisprudência consolidada desta Corte, ao assentar que os crimes de lesão corporal praticados contra a mulher no âmbito doméstico e familiar são de ação penal pública incondicionada. Concluiu-se, em suma, que, não obstante permanecer imperiosa a representação para crimes dispostos em leis diversas da Lei n. 9.099/95, como o de ameaça e os cometidos contra a dignidade sexual, nas hipóteses de lesões corporais, mesmo que de natureza leve ou culposa, praticadas contra a mulher em âmbito doméstico, a ação penal cabível seria pública incondicionada. Já em consonância com o referido julgamento do Excelso Pretório acerca do tema, a Terceira Seção houve por bem editar a Súmula n. 542, publicada no DJe 26/8/2015 – o que reforça, ainda mais, a revisão da tese fixada no REsp representativo da controvérsia n. 1.097.042-DF, a fim de adequá-lo ao entendimento externado pela Suprema Corte, considerando os princípios da segurança jurídica, da proteção da confiança e da isonomia, nos termos dos arts. 927, § 4º, do CPC de 2015 e 256-S do Regimento Interno do STJ (Emenda Regimental n. 24/2016)" (STJ: Pet 11.805/DF, rel. Min. Rogerio Schietti Cruz, 3.ª Seção, j. 10.05.2017, noticiado no *Informativo* 604).

A ação penal no crime complexo

> **Art. 101.** Quando a lei considera como elemento ou circunstâncias do tipo legal fatos que, por si mesmos, constituem crimes, cabe ação pública em relação àquele, desde que, em relação a qualquer destes, se deva proceder por iniciativa do Ministério Público.

o **Ação penal nos crimes complexos:** Crimes complexos são aqueles que resultam da **fusão de dois ou mais tipos penais**. Exemplos: roubo (furto + lesão corporal ou ameaça), latrocínio (roubo + homicídio) e extorsão mediante sequestro (extorsão + sequestro). Destarte, o crime que resulta da união de dois outros será de ação penal pública, desde que um deles pertença a esta categoria, ainda que seja o outro de ação penal privada. Como, porém, a lei sempre indica expressamente as hipóteses de crime de ação penal privada, essa regra é inócua e absolutamente desnecessária.

Irretratabilidade da representação

> **Art. 102.** A representação será irretratável depois de oferecida a denúncia.

o **Retratação da representação:** O dispositivo legal fala em **oferecimento** da denúncia, e não em recebimento. Assim, se o MP já ofereceu denúncia, mas o Poder Judiciário ainda não a recebeu formalmente, será vedada a retratação. Na hipótese de retratação da representação, antes do oferecimento da denúncia, há dois entendimentos: (1) o juiz deve declarar a extinção da punibilidade, em que pese a ausência de previsão expressa pelo art. 107 do CP; e (2) os autos devem permanecer em cartório, uma vez que antes do decurso do prazo decadencial será possível o oferecimento de nova representação, ou seja, a retratação da retratação. Essa última posição se afigura mais acertada. De fato, evita a utilização, pelo ofendido ou seu representante legal, da representação como forma de vingança, chantagem ou qualquer outro meio escuso contra o suposto autor ou partícipe da infração penal, espécie de barganha que o Direito não pode tolerar. A jurisprudência também admite a **retratação tácita da representação**, desde que demonstrada de forma inequívoca a prática de ato incompatível com o desejo de instaurar a persecução penal em juízo. O art. 104, *caput*, e seu parágrafo único, do CP, entretanto, somente admitem essa possibilidade – retratação tácita – relativamente ao direito de queixa.

○ **Jurisprudência selecionada:**

Retratação da retratação – possibilidade: "A doutrina e a jurisprudência admitem a retração de retratação dentro do prazo decadencial" (STJ: AgRg no REsp 1.131.357/DF, rel. Min. Sebastião Reis Júnior, 6.ª Turma, j. 05.11.2013).

Decadência do direito de queixa ou de representação

> **Art. 103.** Salvo disposição expressa em contrário, o ofendido decai do direito de queixa ou de representação se não o exerce dentro do prazo de 6 (seis) meses, contado do dia em que veio a saber quem é o autor do crime, ou, no caso do § 3º do art. 100 deste Código, do dia em que se esgota o prazo para oferecimento da denúncia.

○ **Prazo para a queixa-crime:** Nos termos do art. 38 do CPP, em regra, a queixa-crime deve ser ajuizada no prazo de seis meses. Este interregno será contado a partir da data em que o ofendido ou seu representante legal tomar conhecimento da autoria da infração penal. Trata-se de prazo **decadencial**, que não se prorroga por força de domingos, feriados ou férias, devendo ser incluído em seu cômputo o dia do começo, excluindo-se o dia do final, conforme a regra traçada pelo art. 10 do CP. Diante da utilização da expressão "salvo disposição em contrário", o art. 38 do CPP admite a existência de prazos diferenciados, a exemplo do crime definido pelo art. 236 do CP e dos crimes de ação penal privada contra a propriedade imaterial que deixam vestígios (art. 529, *caput*, do CPP).

○ **Prazo para a representação:** O direito de representação poderá ser exercido no prazo de seis meses, contado a partir do dia em que o ofendido ou seu representante legal tomou ciência acerca da autoria da infração penal. Decorrido esse prazo, com a omissão de quem tinha a prerrogativa de oferecer a representação, verificar-se-á a extinção da punibilidade pela decadência (art. 107, IV, 2.ª figura, do CP). Na hipótese de curador especial, tal prazo é computado a partir da aceitação da nomeação para exercer o *munus* público, e não do conhecimento da autoria. Com a morte do ofendido, e se ainda não tiver se esgotado o prazo decadencial, o direito de representação será transmitido ao CADI (cônjuge, ascendente, descendente ou irmão – art. 24, § 1.º, do CPP). E, nos termos do art. 38, parágrafo único, do CPP, a decadência, nesse caso, ocorrerá no mesmo prazo. Quanto à compreensão da contagem do prazo decadencial no caso de transmissão às pessoas acima indicadas a doutrina se divide: (a) para uma primeira corrente, o termo inicial ou *a quo* é o conhecimento da autoria pelo cônjuge, ascendente, descendente ou irmão; e (b) para outra corrente, no entanto, os sucessores terão o prazo de seis meses para o exercício do direito de representação, contado a partir da data em que tomaram conhecimento da autoria. Se os sucessores, entretanto, já tinham ciência da autoria da infração penal à época em que o ofendido estava vivo, o prazo decadencial se iniciará a partir da morte do ofendido. No tocante ao ofendido menor de 18 anos ou enfermo mental, o prazo não começa a correr enquanto não cessar a incapacidade ou a enfermidade. Com efeito, não se pode falar na perda de um direito impossível de ser exercido. Todavia, para o representante legal, o prazo tem início com o conhecimento da autoria. Se houver conflito entre o interesse do ofendido incapaz e o do seu representante legal, será necessária a nomeação de curador especial para defender os anseios da vítima. Nessa hipótese, o prazo para oferecimento da representação terá início na data em que o curador tiver ciência da sua nomeação.

○ **Jurisprudência selecionada:**

Ação pública condicionada – direito de representação – conflito entre os interesses do incapaz e do seu representante legal – nomeação de curador especial: "Segundo o entendimento desta Corte Superior de Justiça, havendo conflito de interesses entre a vítima menor e o seu representante legal, poderá exercer o direito de representação o curador especial nomeado, de ofício ou a requerimento do Ministério Público, pelo Juízo condutor do feito, hipótese em que o prazo decadencial começará a fluir a partir da data em que o curador tomar ciência da nomeação" (STJ: HC 170.030/PR, rel. Min. Laurita Vaz, 5.ª Turma, j. 28.08.2012).

Renúncia expressa ou tácita do direito de queixa

Art. 104. O direito de queixa não pode ser exercido quando renunciado expressa ou tacitamente.

Parágrafo único. Importa renúncia tácita ao direito de queixa a prática de ato incompatível com a vontade de exercê-lo; não a implica, todavia, o fato de receber o ofendido a indenização do dano causado pelo crime.

○ **Renúncia ao direito de queixa:** A renúncia é **ato unilateral** pelo qual se efetua a desistência do direito de ação pela vítima. Pode ocorrer na ação penal exclusivamente privada, mas não na subsidiária da pública, pois se o ofendido deixar de oferecer queixa o MP poderá iniciar a ação penal enquanto não extinta a punibilidade do agente, pela prescrição ou por qualquer outra causa. A renúncia expressa constará de declaração assinada pelo ofendido, por seu representante legal ou procurador com poderes especiais (art. 50, *caput*, do CPP). De seu turno, a renúncia tácita ao direito de queixa resulta da prática de ato incompatível com a vontade de exercê-lo, que admitirá todos os meios de prova (art. 104, parágrafo único, do CP e art. 57 do CPP). Não acarreta em renúncia tácita, todavia, o fato de receber o ofendido a indenização do dano causado pelo crime, conforme dispõe o parágrafo único do dispositivo em análise. Na hipótese, porém, da Lei 9.099/1995, tratando-se de ação penal de iniciativa privada ou de ação pública condicionada à representação, o acordo entre ofensor e ofendido, judicialmente homologado, acarreta em renúncia ao direito de queixa ou representação (art. 74, parágrafo único). Portanto, nos crimes de iniciativa privada e pública condicionada à representação, **de competência dos Juizados Especiais**, a composição civil extingue a punibilidade do autor do fato. Nos termos do art. 49 do CPP, "a renúncia ao exercício do direito de queixa, em relação a um dos autores do crime, a todos se estenderá". E, como já decidiu o STF, tratando-se de ação penal privada, o oferecimento de queixa-crime somente contra um ou alguns dos supostos autores ou partícipes da prática delituosa, com exclusão dos demais envolvidos, configura hipótese de violação ao princípio da indivisibilidade (art. 48 do CPP), implicando, por isso mesmo, em renúncia tácita ao direito de querela (art. 49 do CPP), cuja eficácia extintiva da punibilidade estende-se a todos quantos alegadamente hajam intervindo no suposto cometimento da infração penal (art. 107, V, do CP c/c o art. 104). A renúncia pode ser exercida apenas **antes** do oferecimento da queixa. De fato, depois do início da ação penal poderão ocorrer outras formas de extinção da punibilidade, tais como a perempção ou o perdão do ofendido. No caso de morte da vítima, o direito de oferecer queixa passará ao cônjuge, ascendente, descendente ou irmão (art. 31 do CPP). E a renúncia por parte de um dos colegitimados não impedirá o exercício da ação penal privada pelos outros. De igual modo, em caso de crime com duas ou mais vítimas, a renúncia de uma delas não obsta o direito de queixa pelas demais.

○ **Natureza jurídica da renúncia:** Conforme disposto no art. 107, V, do CP, a renúncia ao direito de queixa constitui-se em causa extintiva da punibilidade.

○ **Jurisprudência selecionada:**

Renúncia tácita ao direito de queixa e princípio da indivisibilidade da ação penal privada: "Tratando-se de ação penal privada, o oferecimento de queixa-crime somente contra um ou alguns dos supostos autores ou partícipes da prática delituosa, com exclusão dos demais envolvidos, configura hipótese de violação ao princípio da indivisibilidade (CPP, art. 48), implicando, por isso mesmo, renúncia tácita ao direito de querela (CPP, art. 49), cuja eficácia extintiva da punibilidade estende-se a todos quantos alegadamente hajam intervindo no suposto cometimento da infração penal (CP, art. 107, V, c/c o art. 104). Doutrina. Precedentes" (STF: HC 88.165/RJ, rel. Min. Celso de Mello, 2.ª Turma, j. 18.04.2006).

Perdão do ofendido

> **Art. 105.** O perdão do ofendido, nos crimes em que somente se procede mediante queixa, obsta ao prosseguimento da ação.

○ **Conceito:** Perdão do ofendido é a **desistência** manifestada após o oferecimento da **queixa**, impeditiva do **prosseguimento da ação**. Portanto, seja ele expresso ou tácito, somente constitui-se em causa de extinção da punibilidade nos crimes que se apuram exclusivamente por ação penal privada. A respeito, *ver os comentários ao art. 106 do CP*.

○ **Jurisprudência selecionada:**

Cabimento do perdão do ofendido: "O perdão do ofendido, seja ele expresso ou tácito, só é causa de extinção da punibilidade nos crimes que se apuram exclusivamente por ação penal privada" (STJ: HC 45.417/SP, rel. Min. Paulo Medina, 6.ª Turma, j. 17.08.2006). *No mesmo sentido*: STJ: HC 44.280/MG, rel. Min. Felix Fischer, 5.ª Turma, j. 06.12.2005.

> **Art. 106.** O perdão, no processo ou fora dele, expresso ou tácito:
>
> I – se concedido a qualquer dos querelados, a todos aproveita;
>
> II – se concedido por um dos ofendidos, não prejudica o direito dos outros;
>
> III – se o querelado o recusa, não produz efeito.
>
> § 1º Perdão tácito é o que resulta da prática de ato incompatível com a vontade de prosseguir na ação.
>
> § 2º Não é admissível o perdão depois que passa em julgado a sentença condenatória.

○ **Momento do perdão:** O perdão pode ocorrer a qualquer momento, depois do início da ação penal privada, até o trânsito em julgado da sentença condenatória, conforme enuncia o § 2.º do art. 106 do CP.

○ **Perdão tácito:** É o que **resulta da prática de ato incompatível com a vontade de prosseguir na ação** (§ 1.º), o qual admite todos os meios de prova (art. 57 do CPP).

- o **Concessão:** A **concessão** do perdão pode ser feita pelo ofendido ou por seu representante legal, quando menor de 18 anos ou incapaz, encontrando-se tacitamente revogado pelo novo CC o disposto no art. 52 do CPP ("Se o querelante for menor de 21 e maior de 18 anos, o direito de perdão poderá ser exercido por ele ou por seu representante legal, mas o perdão concedido por um, havendo oposição do outro, não produzirá efeito").

- o **Aceitação:** Por se tratar de **ato bilateral**, o perdão depende da **aceitação** do querelado, pois a ele pode ser interessante provar a sua inocência. No perdão, o querelado será intimado a dizer, dentro de três dias, se o aceita, devendo, ao mesmo tempo, ser cientificado de que o seu silêncio importará em anuência. Aceito o perdão, expressa ou tacitamente, o juiz julgará extinta a punibilidade (art. 58, *caput* e parágrafo único, do CPP).

- o **Abrangência:** O perdão refere-se a cada crime individualmente considerado. Consequentemente, nada impede o posterior oferecimento de queixa em caso de reiteração da infração penal pelo perdoado.

- o **Pluralidade de sujeitos:** O perdão concedido a um dos querelados aproveitará a todos, sem que produza, todavia, efeito em relação ao que o recusar (art. 51 do CPP). Finalmente, se concedido o perdão por um ou alguns dos ofendidos, isso não prejudicará o direito das demais vítimas em prosseguir com a ação penal.

TÍTULO VIII –
DA EXTINÇÃO DA PUNIBILIDADE

Extinção da punibilidade

Art. 107. Extingue-se a punibilidade:

I – pela morte do agente;

II – pela anistia, graça ou indulto;

III – pela retroatividade de lei que não mais considera o fato como criminoso;

IV – pela prescrição, decadência ou perempção;

V – pela renúncia do direito de queixa ou pelo perdão aceito, nos crimes de ação privada;

VI – pela retratação do agente, nos casos em que a lei a admite;

VII – (Revogado);

VIII – (Revogado);

IX – pelo perdão judicial, nos casos previstos em lei.

○ **Introdução:** Com a prática do crime ou da contravenção penal, nasce automaticamente a **punibilidade**, compreendida como a **possibilidade jurídica de o Estado impor uma sanção penal ao responsável (autor, coautor ou partícipe) pela infração penal**. A punibilidade consiste, pois, em **consequência da infração penal**. Não é seu elemento, razão pela qual o crime e a contravenção penal permanecem íntegros com a superveniência da causa extintiva da punibilidade. Desaparece do mundo jurídico somente o poder punitivo estatal: o Estado não pode mais punir, nada obstante a existência concreta e inapagável de um ilícito penal. Em hipóteses excepcionais, entretanto, a extinção da punibilidade elimina a própria infração penal. Esse fenômeno somente é possível com a *abolitio criminis* e com a anistia, pois os seus efeitos possuem força para rescindir inclusive eventual sentença penal condenatória. De fato, a ***abolitio criminis*** funciona como **causa superveniente de extinção da tipicidade**, pois a nova lei torna atípico o fato até então incriminado. De seu turno, a **anistia**, por ficção legal e por força de sua eficácia retroativa, provoca a **atipicidade temporária do fato** cometido pelo agente, resultando na exclusão da infração penal. Isso se justifica pelo fato de tanto a *abolitio criminis* como a anistia serem veiculadas por meio de lei ordinária, de igual natureza àquela que no passado instituiu o crime ou a contravenção penal. Com efeito, se uma lei criou a infração penal, nada impede sejam os seus efeitos apagados por outra lei de igual hierarquia no universo jurídico.

○ **O rol do art. 107 do CP:** É unânime o entendimento doutrinário no sentido de ser **exemplificativo** o rol do art. 107 do CP, o qual contém em seu interior algumas causas de extinção da punibilidade admitidas pelo Direito Penal brasileiro. Em verdade, diversas outras causas extintivas podem ser encontradas no CP e na legislação especial, destacando-se: (1) término do período de prova, sem revogação, do *sursis*, do livramento condicional e da suspensão condicional do processo (art. 89, § 5.º, da Lei 9.099/1995); (2) escusas absolutórias (exemplos: arts. 181 e 348, § 2.º, do CP); (3) reparação do dano, no peculato culposo, efetivada antes do trânsito em julgado da sentença condenatória (art. 312, § 3.º, do CP); (4) pagamento do tributo ou contribuição social nos crimes contra a ordem tributária (art. 83, § 4.º, da Lei 9.430/1996);[388] (5) confissão espontânea e pagamento das contribuições, importâncias ou valores e prestação das informações devidas à previdência social, na forma definida em lei ou regulamento, antes do início da ação fiscal, nos crimes de apropriação indébita previdenciária e sonegação de contribuição previdenciária (arts. 168-A, § 2.º, e 337-A, § 1.º, do CP e art. 83, § 4.º, da Lei 9.430/1996); (6) conciliação efetuada em relação aos crimes contra a honra, nos termos do art. 520 do CPP; (7) morte do cônjuge ofendido no crime de induzimento a erro essencial e ocultação de impedimento (art. 236 do CP), por se tratar de ação penal privada personalíssima; (8) cumprimento integral do acordo de leniência, relativamente aos crimes contra a ordem econômica tipificados na Lei 8.137/1990 (art. 87, parágrafo único, da Lei 12.529/2011); e (9) cumprimento integral do acordo de não persecução penal (CPP, art. 28-A, § 13.º).

○ **Causas supralegais de extinção da punibilidade:** Nada impede a construção de **causas de extinção da punibilidade não previstas em lei,** a exemplo da contida na **Súmula 554 do Supremo Tribunal Federal**: "O pagamento de cheque emitido sem provisão de fundos, após o recebimento da denúncia, não obsta ao prosseguimento da ação penal."[389]

○ **Momento de ocorrência da extinção da punibilidade – antes ou depois do trânsito em julgado da condenação:** As causas de extinção da punibilidade podem alcançar a pretensão punitiva ou a pretensão executória do Estado, conforme ocorram antes ou depois do trânsito em julgado da sentença penal condenatória. Quanto àquelas previstas no art. 107 do CP, ora analisado, algumas causas extintivas atacam exclusivamente a **pretensão punitiva**. São elas: decadência, perempção, renúncia do direito de queixa, perdão aceito, retratação do agente e perdão judicial. Por outro lado, duas outras causas atingem apenas a **pretensão executória:** indulto[390] e graça. Além disso, o *sursis* e o livramento condicional, previstos fora do art. 107 do CP, afetam exclusivamente a pretensão executória, em face do término do período de prova sem revogação. Finalmente, as causas de extinção da punibilidade remanescentes podem direcionar-se tanto contra a pretensão punitiva como, também, contra a pretensão executória, dependendo do momento em que ocorrerem, isto é, antes ou depois da condenação definitiva. Incluem-se nessa relação a morte do agente, a anistia, a *abolitio criminis* e a prescrição.

---

388 "São constitucionais — por não violarem os preceitos dos arts. 3º, I a IV, e 5º, "caput", ambos da CF/1988 nem o princípio da proporcionalidade, sob a perspectiva da proibição da proteção deficiente — dispositivos de leis que estabelecem a suspensão da pretensão punitiva estatal, em consequência do parcelamento de débitos tributários, bem como a extinção da punibilidade do agente, se realizado o pagamento integral. No caso, o legislador penal-tributário, atuando em espaço de conformação que lhe é próprio, conferiu prevalência à política de arrecadação dos tributos e de restabelecimento das atividades econômicas das empresas" (STF: ADI 4.273/DF, rel. Min. Nunes Marques, Plenário, j. 14.08.2023, noticiado no *Informativo* 1.103).

389 No tocante ao **furto de energia elétrica**, convém destacar que o Superior Tribunal de Justiça entende que o pagamento do débito antes do oferecimento da denúncia não configura causa de extinção da punibilidade, sem prejuízo do reconhecimento do arrependimento posterior, previsto no art. 16 do Código Penal (RHC 101.299/RS, rel. Min. Nefi Cordeiro, rel. p/ acórdão Min. Joel Ilan Paciornik, 3.ª Seção, j. 13.03.2019, noticiado no *Informativo* 645; e HC 412.208/SP, rel. Min. Felix Fischer, 5.ª Turma, j. 20.03.2018, noticiado no *Informativo* 622).

390 Pelo texto da Lei 7.210/1984 – Lei de Execução Penal, pois o Supremo Tribunal Federal admite o indulto antes do trânsito em julgado da condenação.

○ **Efeitos:** As causas de extinção da punibilidade que atingem a pretensão punitiva eliminam todos os efeitos penais de eventual sentença condenatória já proferida. Destarte, esse ato judicial não serve como pressuposto da reincidência, nem pode ser usado como título executivo judicial na área cível. Por sua vez, as causas extintivas que afetam a pretensão executória, salvo nas hipóteses de *abolitio criminis* e anistia, apagam unicamente o efeito principal da condenação, é dizer, a pena. Subsistem os efeitos secundários da sentença condenatória: pressuposto da reincidência e constituição de título executivo judicial no campo civil.

– *Súmula 631 do STJ:* "O indulto extingue os efeitos primários da condenação (pretensão executória), mas não atinge os efeitos secundários, penais ou extrapenais."

○ **Morte do agente (art. 107, I):** Extingue-se a punibilidade pela morte do agente. Essa opção legislativa tem dois fundamentos: (1) o **princípio da personalidade da pena:** a pena não pode passar da pessoa do condenado (art. 5.º, XLV, 1.ª parte, da CF); e (2) o brocardo de justiça pelo qual a morte tudo apaga (*mors omnia solvit*). A regra alcança todas as espécies de penas, além dos efeitos penais da sentença condenatória. Excepcionam-se, porém, por expressa disposição constitucional, a obrigação de reparar o dano, até os limites das forças da herança, e a decretação do perdimento de bens. E como bem observa Júlio Fabbrini Mirabete, essa mesma regra se estende à pessoa jurídica, podendo a obrigação ser transferida à sua sucessora, relativamente aos crimes que podem por ela ser praticados. Mas se a morte do agente ocorrer após o trânsito em julgado da condenação, subsistem os efeitos secundários **extrapenais**, autorizando a execução da sentença penal no juízo cível contra os seus herdeiros. A expressão "agente" foi empregada em sentido amplo, significando "indiciado", "réu", "sentenciado", "condenado" ou "reeducando", pois essa causa de extinção da punibilidade pode ocorrer em qualquer etapa da persecução penal. Cuida-se de **causa personalíssima**, não se comunicando aos demais coautores e partícipes, que respondem normalmente pela infração penal.

– **Prova da morte do agente**: O art. 62 do CPP é claro ao exigir que seja a prova da morte efetuada exclusivamente com a **certidão de óbito**. Alguns doutrinadores, tais como Nélson Hungria e Magalhães Noronha, entendiam que a declaração judicial de ausência (art. 6.º do CC) ou da extrema probabilidade de morte de quem estava em perigo de vida ou prisioneiro ou desaparecido em campanha não encontrado até dois anos após o término da guerra (art. 7.º do CC) teria o mesmo efeito de extinção da punibilidade. Essas propostas, entretanto, não têm amparo legal. Com efeito, em caso de morte do acusado, o juiz, somente à vista da certidão de óbito, e depois de ouvido o MP, declarará extinta a punibilidade (art. 62 do CPP).

– **Falsidade da certidão de óbito**: Discute-se o que pode ser feito se, com fundamento em certidão de óbito **falsa**, foi declarada a extinção da punibilidade. Surgiram dois posicionamentos distintos: *1.ª posição:* o réu pode ser processado somente pelo crime de falso, pois o ordenamento jurídico brasileiro não contempla a revisão criminal *pro societate*. É a posição dominante em sede doutrinária; e *2.ª posição:* poderá haver revogação da decisão judicial, pois a declaração com falso fundamento não faria coisa julgada em sentido estrito. Em verdade, trata-se de decisão judicial inexistente, inidônea a produzir os efeitos inerentes à autoridade da coisa julgada. Se não bastasse, o sujeito não pode ser beneficiado pela sua própria torpeza, e a formalidade não há de ser levada ao ponto de tornar imutável uma decisão lastreada em falsidade. É a posição do STF e também do STJ.

– **Extinção da pessoa jurídica, crimes ambientais e princípio da personalidade da pena:** Como corolário do princípio da personalidade (intransmissibilidade ou intranscendência) da pena, consagrado no art. 5.º, XLV, da Constituição Federal, a extinção legal da pessoa jurídica acarreta a extinção da punibilidade no tocante às penas dos crimes ambientais a ela imputados. Em outras palavras, o encerramento não fraudulento da pessoa jurídica equivale, **para fins penais,** à sua "morte", razão pela qual deve ser aplicada a regra contida no art. 107, I, do Código Penal.[391]

---

[391]   STJ: REsp 1.977.172/PR, rel. Min. Ribeiro Dantas, 3.ª Seção, j. 24.08.2022, noticiado no *Informativo* 746.

○ **Anistia, graça e indulto (art. 107, II):** Anistia, graça e indulto são modalidades de indulgência soberana emanadas de órgãos estranhos ao Poder Judiciário, que dispensam, em determinadas hipóteses, a total ou parcial incidência da lei penal. Concretizam a renúncia do Estado ao direito de punir. Embora advenham de órgãos alheios ao Poder Judiciário, a anistia, a graça e o indulto somente acarretam na extinção da punibilidade de seu destinatário após acolhimento por decisão judicial. Essas causas extintivas da punibilidade têm lugar em crimes de ação penal pública (incondicionada e condicionada) e de ação penal privada. De fato, nesses últimos o Estado transferiu ao particular unicamente a titularidade para iniciativa da ação penal, mantendo sob seu controle o direito de punir, capaz de ser renunciado pelos institutos em estudo.

– **Anistia:** É a exclusão, por lei ordinária com efeitos retroativos, de um ou mais fatos criminosos do campo de incidência do Direito Penal. A clemência estatal é concedida por **lei ordinária** editada pelo **Congresso Nacional** (arts. 21, XVII, e 48, VIII, da CF). A competência da União para concessão de anistia abrange somente as **infrações penais**. Essa causa de extinção da punibilidade destina-se, em regra, a crimes políticos (anistia **especial**), abrangendo, excepcionalmente, crimes comuns. Abrange **fatos**, e não indivíduos, embora possam ser impostas condições específicas ao réu ou condenado (anistia **condicionada**). E, concedida a anistia, o juiz, de ofício, a requerimento do interessado ou do MP, por proposta da autoridade administrativa ou do Conselho Penitenciário, declarará extinta a punibilidade (art. 187 da LEP). Divide-se em **própria**, quando concedida anteriormente à condenação, e **imprópria**, na hipótese em que sua concessão opera-se após a sentença condenatória. Pode ser também **condicionada** ou **incondicionada**, conforme esteja ou não sujeita a condições para sua aceitação. A anistia tem **efeitos *ex tunc***, para o passado, apagando todos os efeitos penais. Rescinde até mesmo a condenação. Portanto, se no futuro o agente praticar nova infração penal, não será atingido pela reincidência, em face da ausência do seu pressuposto. Permanecem íntegros, entretanto, os efeitos civis da sentença condenatória, que, por esse motivo, subsiste como título executivo judicial no campo civil. A decisão judicial que reconhece a anistia e declara a extinção da punibilidade deve ser lançada pelo magistrado que conduz a ação penal. Se, todavia, a ação penal estiver no tribunal – em grau recursal ou por se tratar de processo de sua competência originária –, compete a ele a declaração da extinção da punibilidade. Por último, se a lei concessiva da anistia entrar em vigor depois do trânsito em julgado da condenação, será competente o juízo da execução para a declaração da extinção da punibilidade (art. 66, II, da LEP e **Súmula 611 do STF**). A anistia pode ser, ainda, **geral ou absoluta**, quando concedida em termos gerais, ou **parcial ou relativa**, na hipótese em que faz exceções entre crimes ou pessoas. A causa extintiva apenas pode ser recusada por seu destinatário quando condicionada, isto é, vinculada ao cumprimento de determinadas condições. Conforme disposto no art. 5.º, XLIII, da CF, "a lei considerará crimes inafiançáveis e **insuscetíveis de** graça ou **anistia** a prática da tortura, o tráfico ilícito de entorpecentes e drogas afins, o terrorismo e os definidos como crimes hediondos, por eles respondendo os mandantes, os executores e os que, podendo evitá-los, se omitirem". Esse mandamento constitucional foi regulamentado pelos arts. 2.º, I, da Lei 8.072/1990 (crimes hediondos), pelo art. 1.º, § 6.º da Lei 9.455/1997 (tortura) e pelo art. 44, *caput*, da Lei 11.343/2006 (tráfico de drogas).

– **Graça:** A graça tem por objeto **crimes comuns, com sentença condenatória transitada em julgado**, visando o benefício de **pessoa determinada** por meio da extinção ou comutação da pena imposta. É também denominada, inclusive pela LEP, de **indulto individual**. Em regra, depende de **provocação** da parte interessada. De fato, o indulto individual poderá ser provocado por petição do condenado, por iniciativa do MP, do Conselho Penitenciário, ou da autoridade administrativa (art. 188 da LEP). A petição, acompanhada dos documentos que a instruírem, será entregue ao Conselho Penitenciário, para a elaboração de parecer e posterior encaminhamento ao Ministério da Justiça e Segurança Pública (art. 189 da LEP). A graça é **ato privativo e discricionário do Presidente da República** (CF, art. 84, XII), desde que respeitadas as vedações impostas pelo sistema constitucional, e passível de delegação aos Ministros de Estado, ao Procurador-Geral da República ou ao Advogado-Geral da União (CF, art. 84, parágrafo único). Alcança apenas o cumprimento da pena, na forma realçada pelo decreto presidencial, restando íntegros os efeitos penais secundários e também os efeitos de natureza civil. Classifica-se como **plena**, quando importa em extinção da pena imposta ao condenado, ou **parcial**, quando acarreta em diminuição ou comutação da pena. A graça não poderá ser recusada, salvo quando proposta comutação de pena (art. 739 do CPP) ou submetida a condições para sua concessão. Uma vez concedida e anexada aos autos cópia do decreto, o juiz declarará extinta a punibilidade ou ajustará a execução aos termos do decreto, em caso de comutação da pena (art. 192 da LEP). A CF, em seu art. 5.º, XLIII, considera insuscetíveis de graça a prática de tortura, o tráfico ilícito de entorpecentes e drogas afins, o terrorismo e os crimes definidos como hediondos. Essa regra foi regulamentada pelos arts. 2.º, I, da Lei 8.072/1990 (crimes hediondos), pelo art. 1.º, § 6.º, da Lei 9.455/1997 (tortura) e pelo art. 44, *caput*, da Lei 11.343/2006 (tráfico de drogas).

– **Indulto:** O indulto propriamente dito, ou **indulto coletivo**, é modalidade de clemência concedida **espontaneamente** pelo Presidente da República a todo o grupo de condenados que preencherem os requisitos apontados pelo **decreto**.[392] O indulto leva em consideração a duração da pena aplicada, bem como o preenchimento de determinados requisitos subjetivos (exemplo: primariedade) e objetivos (exemplo: cumprimento de parte da pena).[393] Admite-se o benefício ao condenado que cumpre pena em qualquer regime prisional (fechado, semiaberto ou aberto). Contudo, como se trata de instituto atinente à execução penal, esse instituto não é cabível aos presos cautelares com direito à detração penal. O indulto pode ser **total**, quando há extinção da punibilidade, ou **parcial**, quando há diminuição ou comutação da pena imposta pela condenação, **incondicionado** ou **condicionado** (caso em que poderá ser recusado). No indulto total extinguem-se as sanções penais mencionadas no decreto presidencial, subsistindo os demais efeitos, penais ou extrapenais, não abarcados pelo benefício. Nesse contexto, se o decreto de indulto se limitou a prever o instituto à pena privativa de liberdade, não ocorrerá a extinção da punibilidade no tocante à sanção pecuniária cumulativamente aplicada. Na comutação de penas não se pode falar propriamente em extinção da punibilidade, mas somente em transformação da pena em outra de menor gravidade. Por sua vez, na diminuição de pena haveria extinção da punibilidade só em relação ao *quantum* perdoado. Tal como na graça, o indulto coletivo é ato que se insere na **atividade discricionária do Presidente da República**, que poderá optar pela concessão de benefício a determinados crimes e não a outros, por critérios razoáveis de política criminal. Finalmente, é preciso observar a incidência do indulto não só às penas, mas também às medidas de segurança.

– **Indulto e crimes hediondos:** A Lei de Crimes Hediondos – Lei 8.072/1990 –, em seu art. 2.º, I, vedou a concessão de indulto para crimes hediondos, prática de tortura, tráfico de drogas e terrorismo. E como a CF proibiu expressamente apenas a concessão de graça ou anistia para os crimes mencionados no seu art. 5.º, XLIII, surgiram dois posicionamentos acerca da proibição legal: *1)* a regra é **inconstitucional**, por abranger hipótese não prevista no texto constitucional; e *2)* a regra é **constitucional**, pois a graça seria gênero do qual o indulto é espécie. É a atual posição do STF. Igual vedação é atualmente prevista no art. 44, *caput*, da Lei 11.343/2006, no tocante ao tráfico de drogas.

---

[392] Na dicção do STJ, o indulto "é um instrumento de política criminal e carcerária adotada pelo Executivo, com amparo em competência constitucional, que encontra restrições apenas na própria Constituição da República, que veda a concessão de anistia, graça ou indulto aos crimes de tortura, tráfico de drogas, terrorismo e aos classificados como hediondos" (STJ: AgRg no HC 935.027/SP, rel. Min. Ribeiro Dantas, 5.ª Turma, j. 30.09.2024.º, noticiado no *Informativo* 833).

[393] "Segundo a jurisprudência deste Tribunal Superior, para a análise do pedido de indulto ou comutação de penas, o magistrado deve restringir-se ao exame do preenchimento dos requisitos previstos no decreto presidencial, uma vez que os pressupostos para a concessão da benesse são da competência privativa do presidente da República. Dessa forma, qualquer outra exigência caracteriza constrangimento ilegal" (STJ: AgRg no HC 537.982/DF, rel. Min. Jorge Mussi, 5.ª Turma, j. 13.04.2020, noticiado no *Informativo* 670).

A natureza dos crimes abrangidos pelo indulto deve ser analisada à época da sua prática, e não no momento da concessão do benefício. Exemplificativamente, se quando cometido o delito não era hediondo, e depois passou a ostentar esta característica, em tese será cabível o indulto.

– *Súmula 535 do STJ:* "A prática de falta grave não interrompe o prazo para fim de comutação de pena ou indulto."

– *Súmula 631 do STJ:* "O indulto extingue os efeitos primários da condenação (pretensão executória), mas não atinge os efeitos secundários, penais ou extrapenais."

– **Há limites ao Presidente da República na concessão do indulto (e da graça)?** O indulto é ato discricionário do Presidente da República. Não há nenhuma dúvida nesse ponto. Reserva-se exclusivamente ao Chefe do Poder Executivo a análise da conveniência e da oportunidade no tocante à clemência soberana, seja para fins de extinção da punibilidade (indulto total), seja para fins de comutação da pena (indulto parcial). Também não pairam maiores discussões sobre o alcance do benefício. O indulto, como causa extintiva da punibilidade, pode incidir sobre qualquer espécie de pena – privativa de liberdade, restritiva de direitos ou multa –, e também em relação à medida de segurança. O ponto de divergência repousa na liberdade para concessão do indulto. Em outras palavras, existem limites ao Presidente da República? No polêmico caso envolvendo o Decreto 9.246/2017, editado pelo então Presidente Michel Temer, o Supremo Tribunal Federal entendeu que não.[394] Com o merecido respeito à Corte Constitucional, nosso entendimento é diverso. De fato, o indulto deve observar os limites impostos pela Lei Suprema. Tais barreiras, contudo, podem ser implícitas e decorrentes do sistema constitucional interpretado em sua totalidade. Em primeiro lugar, é imprescindível a obediência à **separação dos Poderes**, insculpida no art. 2.º da Constituição Federal. Não se pode, ao livre gosto do Presidente da República, muitas vezes motivado por acordos políticos, partidários e contrários aos interesses da nação, simplesmente ignorar uma decisão condenatória imposta pelo Poder Judiciário após anos, quiçá décadas, de tramitação de uma ação penal, norteada pelos princípios (também constitucionais) do contraditório, da ampla defesa e do devido processo legal. Imagine-se um decreto de indulto exigindo, por exemplo, apenas o cumprimento de 1/10 da pena privativa de liberdade para extinção da punibilidade. Essa opção do Poder Executivo indiscutivelmente banalizaria a atuação jurisdicional, transformando as portas do sistema penal em uma autêntica "porta giratória" fomentadora da impunidade e da criminalidade. Mas não para por aí. Na tradição do Direito Penal brasileiro, o indulto sempre se pautou em questões humanitárias e de controle do sistema prisional. Concede-se o benefício para aqueles que se comportaram de forma satisfatória e encontram-se próximos do cumprimento integral da pena, inclusive para abrir vagas nos estabelecimentos penais para quem inicia a execução da pena. O novo condenado deve sentir-se motivado para trilhar, adequadamente, caminho análogo ao seguido pelos seus antecessores, pois de tal modo será agraciado pelo beneplácito presidencial. A concessão indiscriminada do indulto aniquila a busca pelas **finalidades da pena** – retribuição, prevenção geral e prevenção especial – compatíveis com os vetores impostos pelo art. 5.º, XL a L, da Constituição Federal. Se não bastasse, o art. 37 da Lei Suprema elenca diversos princípios da Administração Pública, destacando-se a **moralidade**, a **impessoalidade** e a **eficiência**. O aniquilamento de penas pelo deferimento arbitrário do indulto indiscutivelmente ataca tais valores: contraria-se a ética que a sociedade espera (e exige) dos governantes, beneficia pessoas determinadas e invariavelmente ligadas ao Presidente da República por razões espúrias, e atira ao ralo a atuação eficaz do sistema de justiça penal, incentivando o descaso e o descrédito dos Poderes Constituídos pelo Estado. Felizmente, a Corte Suprema alterou seu posicionamento, filiando-se à nossa linha de raciocínio, ao apreciar o igualmente polêmico decreto de indulto

---

[394] STF: ADI 5.874/DF, rel. orig. Min. Roberto Barroso, red. p/ o ac. Min. Alexandre de Moraes, Plenário, j. 09.05.2019, noticiado no *Informativo* 939.

individual (graça) editado pelo ex-Presidente da República Jair Messias Bolsonaro em favor do então Deputado Federal Daniel Silveira.[395]

○ **Abolitio criminis (art. 107, III):** É a nova lei que exclui do âmbito do Direito Penal um fato até então considerado criminoso. Encontra previsão legal no art. 2.º, *caput*, do CP. Alcança a execução e os efeitos penais da sentença condenatória, não servindo como pressuposto da reincidência, nem configurando maus antecedentes. Sobrevivem, entretanto, os efeitos civis de eventual condenação, isto é, a obrigação de reparar o dano provocado pela infração penal e a constituição de título executivo judicial.

○ **Prescrição (art. 107, IV, 1.ª figura):** *Ver comentários ao art. 109 e seguintes do CP.*

○ **Decadência (art. 107, IV, 2.ª figura):** A decadência é a **perda do direito de queixa ou de representação em face da inércia de seu titular durante o prazo legalmente previsto**. O prazo, salvo disposição legal em contrário, é de 6 (seis) meses, independentemente do número de dias de cada mês, contados do dia em que o ofendido veio a saber quem é o autor do crime, ou, no caso de ação penal privada subsidiária da pública, do dia em que se esgota o prazo para oferecimento da denúncia (art. 103 do CP). Esse prazo é contado a partir do conhecimento inequívoco da autoria, e não de meras suspeitas. A contagem do prazo se dá de acordo com a regra do art. 10 do CP, pois possui índole penal. O prazo decadencial é para o **oferecimento** da queixa-crime, e não para o seu recebimento pelo Poder Judiciário, e no caso de ser ela antecedida por inquérito policial, deve o prazo ser apurado a partir da conclusão oficial deste procedimento preparatório, se somente nesse momento foi apurada a autoria da infração penal. O prazo decadencial é **preclusivo e improrrogável**, e não se submete, em face de sua própria natureza jurídica, à incidência de quaisquer causas de interrupção e suspensão. No caso de crime continuado, o prazo decadencial é contado separadamente para cada delito parcelar. De fato, a ficção jurídica de unidade de crime tem lugar exclusivamente para fins de aplicação da pena. E, no crime habitual, tal prazo deve ser computado a partir do último fato praticado pelo agente.

○ **Perempção (art. 107, IV, 3.ª figura):** É a **perda do direito de ação**, que acarreta na extinção da punibilidade, **provocada pela inércia processual do querelante**. A perempção não é aplicável na ação penal privada subsidiária da pública, uma vez que nessa hipótese o MP dará andamento à ação na hipótese de omissão ou desídia do querelante. As causas de perempção foram previstas no art. 60 do CPP. Trata-se de sanção que somente pode ser imposta **após a propositura da queixa**. Com efeito, fala o CPP em "início da ação penal", "atos do processo" etc.

– **Hipóteses de perempção**: Na primeira situação – quando, iniciada a ação penal, o querelante deixar de promover o andamento do processo durante 30 dias seguidos (art. 60, I, do CPP), se faz necessária a regular intimação do querelante para o ato processual. Se ainda assim não se manifestar no prazo legal de 30 dias, será declarada a extinção da punibilidade pela perempção. Exemplo: o querelante deixa de nomear novo advogado, apesar de devidamente intimado da renúncia do patrono antecessor. Há perempção, ainda, no caso de falecimento ou incapacidade do querelante, quando as pessoas determinadas pela lei não comparecerem em juízo no prazo de 60 dias, para prosseguimento do feito (art. 60, II, do CPP). No caso de morte, o direito de prosseguir na ação passará ao cônjuge, ascendente, descendente ou irmão (art. 31 do CPP). No caso de interdição, ao curador. O inciso III do art. 60 do CPP prevê a ocorrência de perempção quando o querelante: (a) deixar de comparecer, sem motivo justificado, a qualquer ato do processo;

---

[395] ADPF 964/DF, ADPF 965/DF, ADPF 966/DF e ADPF 967/DF, rel. Min. Rosa Weber, Plenário, j. 10.05.2023, noticiado no *Informativo* 1.094.

e (b) nas alegações finais, deixar de formular pedido de condenação. A presença do querelante deve ser **necessária** para a prática do ato processual. Assim, não se faz obrigatório o seu comparecimento na audiência preliminar, tanto por ser ato anterior ao recebimento ou rejeição da queixa-crime, quanto pelo fato de se tratar de mera faculdade conferida às partes. Também não se dá a perempção pela ausência do querelante na audiência prevista no art. 520 do CPP. O ato processual a ser praticado, portanto, deve demandar a participação pessoal do querelante, não havendo perempção se nos demais atos ele se fizer representar por seu procurador. Não pode ser declarada a extinção da punibilidade, da mesma forma, se a ausência for justificada. A declaração de perempção só pode ocorrer se o querelante for intimado para o ato a ser praticado. Portanto, nos casos de audiência realizada por carta precatória, em virtude da desnecessidade de intimação, não pode ser considerada perempta a ação pela ausência do querelante ou seu defensor. A falta de pedido de condenação nas alegações finais é igualmente hipótese de perempção (inciso III, 2.ª parte). Esse fenômeno não tem lugar na ação penal pública, pois o magistrado pode proferir sentença condenatória mesmo com pedido de absolvição do MP (art. 385 do CPP). Não é preciso que o querelante manifeste expressamente o pedido de condenação, bastando que dos seus termos possa extrair-se esse propósito. Nesse contexto, os pedidos de procedência da ação penal ou de aplicação da pena são suficientes para revelar tal vontade do ofendido. A não apresentação de alegações finais no prazo legal equivale à falta de pedido de condenação, desde que intimado o querelante para o ato. Essa regra, nada obstante a manutenção do texto do art. 60, III, do CPP, reclama interpretação em sintonia com as modificações introduzidas pela Lei 11.719/2008. Com efeito, a partir de então as alegações finais, tanto da acusação como da defesa, são lançadas oralmente em audiência. Mas o juiz poderá, considerada a complexidade do caso ou o número de acusados, conceder às partes o prazo de 5 (cinco) dias sucessivamente para apresentação de memoriais (art. 403, *caput* e § 3.º, do CPP). Por último, a ação penal é considerada perempta quando o querelante – pessoa jurídica – se extinguir sem deixar sucessor (art. 60, IV, do CPP). Se houver sucessor, procerderse-á na forma prevista no art. 60, II, do CPP, exigindo-se habilitação no prazo legal para prosseguimento da lide, sob pena de perempção. Além das hipóteses legais, também pode ser considerada perempta a ação penal com a morte do querelante na ação penal privada **personalíssima**. O único exemplo vigente é possível no crime tipificado pelo art. 236 do CP (induzimento a erro essencial e ocultação de impedimento). Em caso de **pluralidade** de querelantes, a perempção somente atingirá o desidioso, persistindo a ação penal no tocante aos demais.

○ **Renúncia ao direito de queixa ou perdão aceito nos crimes de ação privada (art. 107, V):** *Ver comentários ao art. 104 do CP.*

○ **Retratação do agente, nos casos em que a lei a admite (art. 107, VI):** Retratar-se é desdizer-se, confessar que errou, revelando o arrependimento do responsável pela infração penal. Tem cabimento como causa de extinção da punibilidade apenas nos casos em que a lei a admite. É o que ocorre, exemplificativamente, quando o querelado, antes da sentença, se retrata cabalmente da calúnia ou da difamação (art. 143 do CP). Por esse motivo, não extingue a punibilidade no crime de injúria, pois nessa situação não foi expressamente prevista. A retratação depende dos requisitos exigidos pelo dispositivo legal que a prevê. Segundo o STJ, a retratação, para gerar a extinção da punibilidade do agente, deve ser **cabal, completa, inequívoca**. Se a ofensa for praticada mediante texto veiculado na *internet*, será necessária a publicidade da retratação. De igual modo, o CP admite a retratação no art. 342, § 2.º, segundo o qual o fato deixa de ser punível se, antes da sentença no processo em que ocorreu o ilícito, o agente se retrata ou declara a verdade.

○ **Casamento do agente com a vítima (art. 107, VII):** O inciso VII do art. 107 foi revogado pela Lei 11.106/2005. Previa como causa de extinção da punibilidade o casamento do agente com a vítima, nos crimes contra os costumes, definidos nos Capítulos I, II e III do Título

IV da Parte Especial do CP. Sua revogação, por se tratar de *novatio legis in pejus*, implica no reconhecimento da causa de extinção àquele que praticou crime contra os costumes antes da entrada em vigor da Lei 11.106/2005, caso venha a contrair matrimônio com a vítima após sua vigência. No entanto, como já decidiu o STF, a extinção da punibilidade não deve ser reconhecida quando não houver consentimento válido da vítima ao matrimônio. O STF não admitia a possibilidade de a união estável ser equiparada ao casamento para fins de extinção da punibilidade quando estava em vigor o dispositivo legal, mas o STJ tinha entendimento diverso.

○ **Casamento da vítima com terceiro (art. 107, VIII):** O inciso VIII do art. 107 também foi revogado pela Lei 11.106/2005. Trazia como causa de extinção da punibilidade o casamento da vítima com terceiro, nos crimes referidos no inciso anterior, se cometidos sem violência real ou grave ameaça e desde que a ofendida não requeresse o prosseguimento do inquérito policial ou da ação penal no prazo de 60 dias a contar da celebração. Tal como no inciso anterior, sua revogação configura *novatio legis in pejus*, tornando possível sua aplicação aos processos penais referentes aos crimes contra os costumes praticados antes da vigência da Lei 11.106/2005. Valem as mesmas observações registradas no inciso precedente em relação à união estável.

○ **Perdão judicial (art. 107, IX):** Perdão judicial é o ato exclusivo de membro do Poder Judiciário que, **na sentença**, deixa de aplicar a pena ao réu, em face da presença de requisitos legalmente exigidos. Somente pode ser concedido nos casos expressamente previstos em lei. É vedada a sua aplicação a delito para o qual a lei não prevê a extensão do benefício. O perdão judicial, em regra, é aplicável aos crimes culposos. Mas também tem incidência a crimes dolosos, dependendo apenas da vontade do legislador. Vejamos alguns casos em que foi previsto: (a) art. 121, § 5.º, do CP; (b) art. 129, § 8.º, do CP; (c) art. 140, § 1.º, do CP; (d) art. 180, § 5.º, do CP; (e) art. 8.º da Lei das Contravenções Penais; (f) art. 29, § 2.º, da Lei 9.605/1998 – Lei dos Crimes Ambientais; (g) art. 13 da Lei 9.807/1999. No tocante ao homicídio e lesão culposos, cometidos na direção de veículo automotor, o Código de Trânsito não prevê o perdão judicial. É imperativa, contudo, a aplicação analógica do § 5.º do art. 121 e do § 8.º do art. 129, ambos do CP, que são normas de caráter geral (art. 12 do CP), justificativa que restou bem delineada com o veto do Presidente da República ao dispositivo legal que previa o perdão judicial em tais crimes do Código de Trânsito Brasileiro.

– **Natureza jurídica:** Trata-se de causa extintiva da punibilidade, e consubstancia-se em **direito público subjetivo**, razão pela qual o magistrado deve concedê-lo ao réu quando presentes os requisitos exigidos em lei. Em síntese, o juiz possui discricionariedade para verificar a presença dos requisitos legais, mas, se considerá-los existentes, a aplicação do perdão judicial é obrigatória.

– **Aplicabilidade:** A jurisprudência tem conferido amplo alcance ao perdão judicial, permitindo sua aplicação quando as consequências da infração atingirem, de forma física ou moral, o próprio agente, seus familiares, noiva, amigos íntimos etc. Em qualquer caso, porém, é imprescindível o vínculo familiar ou afetivo entre o autor e a vítima do crime. Se a conduta do agente acarretou a produção de dois ou mais resultados, o perdão judicial incidirá somente no tocante ao delito em que ficar comprovado o vínculo familiar ou afetivo entre ele e a vítima, de modo a tornar evidente que as consequências do crime o atingiram de forma tão grave que a sanção penal se revela desnecessária. Em outras palavras, a caracterização do concurso formal, mediante unidade de conduta e pluralidade de resultados, não autoriza o reconhecimento automático do perdão judicial para todos os crimes.

– **Incomunicabilidade:** *O perdão judicial* constitui-se em **condição subjetiva** ou **pessoal**, e não se comunica aos demais envolvidos na empreitada criminosa. De fato, somente quem ostenta as condições legalmente exigidas pelo perdão judicial pode ser beneficiado com a extinção da punibilidade. Imagine-se, exemplificativamente, um homicídio culposo praticado na direção de veículo automotor. No automóvel estavam o condutor, seus dois filhos de pouca idade e terceira pessoa, até então desconhecida, a quem havia dado carona. O motorista, em excesso de velocidade, é incentivado pelo carona a correr ainda mais. Em face dessa imprudência, perde a direção do veículo, que capota, resultando na morte das duas crianças. Os adultos sobrevivem. Nessa situação, o perdão judicial, se cabível, incidirá somente em relação ao motorista, pois apenas ele suportou as graves consequências do crime de modo a tornar desnecessária a aplicação da pena.

– **Momento para concessão do perdão judicial**: O perdão judicial somente pode ser concedido pelo Poder Judiciário, na sentença ou no acórdão (em grau recursal ou em ações penais de competência originária dos tribunais). Há, contudo, autores que sustentam a aplicação do perdão judicial a qualquer tempo, amparados no art. 61, *caput*, do CPP, por se tratar de causa de extinção da punibilidade. Não concordamos com esse entendimento, uma vez que o perdão judicial somente se justifica quando o réu deveria ser condenado (há prova da autoria e da materialidade do fato), mas a lei autoriza o juiz a declarar a extinção da punibilidade. Além disso, a prova segura do seu cabimento somente pode ser produzida durante a instrução criminal em juízo, sob o crivo do contraditório.

– **Natureza jurídica da sentença concessiva do perdão judicial**: Há três posições a respeito: *1.ª posição*: **Condenatória** – Foi defendida pelo STF antes da reforma da Parte Geral do CP pela Lei 7.209/1984, e subsistiu após a entrada em vigor do citado diploma legal até a promulgação da atual CF, período em que o STF apreciava e julgava questões infraconstitucionais, e firmou o entendimento de que somente se perdoa quem errou, isto é, quem cometeu uma infração penal. Portanto, o magistrado deve condenar o réu e, posteriormente, conceder o perdão judicial, deixando de aplicar a pena. Atualmente, existe quem defenda essa corrente com amparo no art. 120 do CP, o qual dispõe expressamente que a sentença concessiva de perdão judicial não prevalece para efeito de reincidência. Seria uma condenação, com todos os seus efeitos, exceto para fins de recidiva. *2.ª posição*: **Absolutória** – Funda-se no fato de não existir condenação sem aplicação de pena. Desse modo, como há sentença, sem imposição de sanção penal, seria inevitavelmente de cunho absolutório. Essa corrente falha em uma questão terminológica: somente se perdoa quem errou. Quem deve ser absolvido não depende de perdão. Além disso, a sentença concessiva do perdão judicial não se enquadra no art. 386 do CPP, responsável pela previsão das hipóteses de absolvição na justiça penal brasileira. *3.ª posição*: **Declaratória da extinção da punibilidade** – O juiz reconhece a prática de um fato típico e ilícito, bem como a culpabilidade do réu, mas por questões de política criminal, reforçadas pela lei, deixa de aplicar a pena. A sentença não pode ser condenatória, pois é impossível falar-se em condenação sem pena. E também não pode ser absolutória, já que um inocente que deve ser absolvido não precisa clamar por perdão. Resta, assim, uma única saída: a sentença é declaratória da extinção da punibilidade. O juiz não condena nem absolve. Em se tratando de crime que a admite e presentes os requisitos legais, limita-se o magistrado a declarar a ocorrência da causa extintiva da punibilidade. Essa posição foi consagrada pela **Súmula 18 do STJ** – **"A sentença concessiva do perdão judicial é declaratória de extinção da punibilidade, não subsistindo qualquer efeito condenatório"** – e é amplamente dominante nos dias atuais.

– **Distinção entre perdão judicial e escusas absolutórias**: Em ambos, o fato é típico e ilícito, e o agente possui culpabilidade. Subsiste a infração penal, operando-se exclusivamente a extinção da punibilidade. Em suma, há um crime ou contravenção penal e o seu responsável deve submeter-se ao juízo de reprovabilidade, mas o Estado está impedido de punir. Além disso, tanto o perdão judicial como as escusas absolutórias são condições subjetivas ou pessoais, incomunicáveis aos demais coautores e partícipes da infração penal. Nada obstante tais semelhanças, os institutos não se confundem. O perdão judicial somente pode ser concedido na sentença ou no acórdão, depois de cumprido o devido processo legal. Por sua vez, as escusas absolutórias (arts. 181 e 348, § 2.º, do CP) **impedem a instauração da persecução penal**. Sequer existe inquérito policial. Com efeito, as escusas absolutórias se justificam por questões objetivas, provadas de imediato.

Exemplo: relação de parentesco na linha reta. De outro lado, o perdão judicial reclama o regular trâmite da ação penal para provar se estão ou não presentes os requisitos legalmente exigidos.

– Distinção entre perdão judicial e perdão do ofendido: O perdão judicial é ato exclusivo do Poder Judiciário, **unilateral** (independe de aceitação da parte contrária), e tem lugar em crimes de ação penal pública ou privada. Já o perdão do ofendido é concedido pela vítima de um crime que somente se processa por meio de ação penal privada e é bilateral (reclama a aceitação expressa ou tácita do querelado).

○ **Jurisprudência selecionada:**

Abolitio criminis **e princípio da continuidade típico-normativa – distinção:** "O condenado por estupro e atentado violento ao pudor, praticados no mesmo contexto fático e contra a mesma vítima, tem direito à aplicação retroativa da Lei 12.015/2009, de modo a ser reconhecida a ocorrência de crime único, devendo a prática de ato libidinoso diverso da conjunção carnal ser valorada na aplicação da pena-base referente ao crime de estupro. De início, cabe registrar que, diante do princípio da continuidade normativa, não há falar em *abolitio criminis* quanto ao crime de atentado violento ao pudor cometido antes da alteração legislativa conferida pela Lei 12.015/2009. A referida norma não descriminalizou a conduta prevista na antiga redação do art. 214 do CP (que tipificava a conduta de atentado violento ao pudor), mas apenas a deslocou para o art. 213 do CP, formando um tipo penal misto, com condutas alternativas (estupro e atentado violento ao pudor). Todavia, nos termos da jurisprudência do STJ, o reconhecimento de crime único não implica desconsideração absoluta da conduta referente à prática de ato libidinoso diverso da conjunção carnal, devendo tal conduta ser valorada na dosimetria da pena aplicada ao crime de estupro, aumentando a pena-base" (STJ: HC 212.305/DF, rel. Min. Marilza Maynard (Desembargadora Convocada do TJ/SE), 6.ª Turma, j. 24.04.2014, noticiado no *Informativo* 543). *No mesmo sentido*: STJ: HC 163.545/RJ, rel. Min. Maria Thereza de Assis Moura, 6.ª Turma, j. 25.06.2013, noticiado no *Informativo* 527.

Anistia – competência: "Só quando se cuidar de anistia de crimes – que se caracteriza como *abolitio criminis* de efeito temporário e só retroativo – a competência exclusiva da União se harmoniza com a competência federal privativa para legislar sobre Direito Penal" (STF: ADI 104/RO, rel. Min. Sepúlveda Pertence, Tribunal Pleno, j. 04.06.2007).

Anistia – considerações gerais: "II. – A anistia, que depende de lei, é para os crimes políticos. Essa é a regra. Consubstancia ela ato político, com natureza política. Excepcionalmente, estende--se a crimes comuns, certo que, para estes, há o indulto e a graça, institutos distintos da anistia (CF, art. 84, XII). Pode abranger, também, qualquer sanção imposta por lei. III. – A anistia é ato político, concedido mediante lei, assim da competência do Congresso e do Chefe do Executivo, correndo por conta destes a avaliação dos critérios de conveniência e oportunidade do ato, sem dispensa, entretanto, do controle judicial, porque pode ocorrer, por exemplo, desvio do poder de legislar ou afronta ao devido processo legal substancial (CF, art. 5º, LIV)" (STF: ADI 1.231/DF, rel. Min. Carlos Velloso, Tribunal Pleno, j. 15.12.2005).

Anistia – modificação da lei pelo Poder Judiciário – impossibilidade: "7. No Estado democrático de direito, o Poder Judiciário não está autorizado a alterar, a dar outra redação, diversa da nele contemplada, a texto normativo. Pode, a partir dele, produzir distintas normas. Mas nem mesmo o Supremo Tribunal Federal está autorizado a reescrever leis de anistia. 8. Revisão de lei de anistia, se mudanças do tempo e da sociedade a impuserem, haverá – ou não – de ser feita pelo Poder Legislativo, não pelo Poder Judiciário" (STF: ADPF 153/DF, rel. Min. Eros Grau, Plenário, j. 29.04.2010).

Composição dos danos civis – renúncia ao direito de queixa ou de representação: "O querelante formulou proposta de composição de danos a dois dos querelados, o que implica, em sendo aceita e homologada judicialmente, a renúncia ao direito de queixa, nos termos do disposto no art. 74, parágrafo único, da Lei n. 9.099/95. A renúncia, expressa ou tácita (art. 104 do CPB), é causa extintiva da punibilidade, sendo irretratável (art. 107, V, CPB)" (STJ: APn 724/DF, rel. Min. Og Fernandes, Corte Especial, j. 20.08.2014).

Comutação de pena e indulto – prática de falta grave – não interrupção do prazo para obtenção do benefício: "A prática de falta grave não interrompe automaticamente o prazo necessário para a concessão de indulto ou de comutação de pena, devendo-se observar o cumprimento dos requisitos previstos no decreto presidencial pelo qual foram instituídos" (STJ: REsp 1.364.192/RS, rel. Min. Sebastião Reis Júnior, 3.ª Seção, j. 12.02.2014, noticiado no *Informativo* 546).

Crime contra a ordem tributária – reparação do dano – condenação transitada em julgado – pagamento do tributo – extinção da punibilidade: "O pagamento do débito tributário, a qualquer tempo, até mesmo após o advento do trânsito em julgado da sentença penal condenatória, é causa de extinção da punibilidade do acusado. A questão posta no *habeas corpus* consiste em definir se a quitação do tributo, após o trânsito em julgado da sentença condenatória por crime contra a ordem tributária, obsta a extinção da punibilidade com base no art. 9º, § 2º, da Lei n. 10.684/2003. Com efeito, à época da Lei n. 9.249/1995, esta Corte Superior de Justiça pacificou o entendimento de que a admissão do devedor no regime de parcelamento tributário equivaleria ao pagamento, razão pela qual também era considerada causa de extinção da punibilidade. Com a instituição do Programa de Recuperação Fiscal (REFIS) pela Lei n. 9.964/2000, a extinção da punibilidade apenas poderia ser declarada com o pagamento integral do débito tributário, e desde que isto ocorresse antes do recebimento da denúncia, conforme a redação do art. 15, § 3º, da referida legislação. O advento da Lei n. 10.684/2003 resultou na ampliação do lapso temporal durante o qual o adimplemento do débito tributário redundaria na extinção da punibilidade do agente responsável pela redução ou supressão de tributo. Da leitura do art. 9º, § 2º, da lei supracitada, depreende-se que o legislador ordinário não fixou um limite temporal dentro do qual o adimplemento da obrigação tributária e seus acessórios significaria a extinção da punibilidade do agente pela prática da sonegação fiscal, deixando transparecer que, uma vez em dia com o Fisco, o Estado não teria mais interesse em atribuir-lhe uma reprimenda corporal em razão da sonegação verificada. Nessa linha de raciocínio, a doutrina refere-se à interpretação jurisprudencial que vem sendo dada pelos tribunais pátrios à matéria, assinalando que 'como a regra em comento não traz nenhum marco para sua incidência, o pagamento se pode dar a qualquer tempo' – entendimento compartilhado, inclusive, pelo Supremo Tribunal Federal (HC 81.929, Rel. Min. Sepúlveda Pertence, Rel. para o acórdão Min. Cezar Peluso, Primeira Turma, DJ 27/2/2004). Portanto, se no histórico das leis que regulamentam o tema o legislador ordinário, no exercício da sua função constitucional e de acordo com a política criminal adotada, optou por retirar o marco temporal previsto para o adimplemento da obrigação tributária redundar na extinção da punibilidade do agente sonegador, é vedado ao Poder Judiciário estabelecer tal limite, ou seja, dizer o que a Lei não diz, em verdadeira interpretação extensiva não cabível na hipótese, porquanto incompatível com a *ratio* da legislação em apreço" (STJ: HC 362.478/SP, rel. Min. Jorge Mussi, 5.ª Turma, j. 14.09.2017, noticiado no *Informativo* 611).

Crimes contra a ordem tributária – causas de extinção da punibilidade – abrandamento da responsabilização penal e finalidade arrecadatória – constitucionalidade: "São constitucionais – por não violarem os preceitos dos arts. 3º, I a IV, e 5º, 'caput', ambos da CF/1988 nem o princípio da proporcionalidade, sob a perspectiva da proibição da proteção deficiente – dispositivos de leis que estabelecem a suspensão da pretensão punitiva estatal, em consequência do parcelamento de débitos tributários, bem como a extinção da punibilidade do agente, se realizado o pagamento integral. No caso, o legislador penal-tributário, atuando em espaço de conformação que lhe é próprio, conferiu prevalência à política de arrecadação dos tributos e de restabelecimento das atividades econômicas das empresas. Nesse contexto, a adoção dessas medidas de despenalização (causas suspensiva e extintiva de punibilidade, decorrentes do parcelamento ou pagamento integral dos débitos tributários), além de estimular essencialmente a reparação do dano causado ao erário, contribui para a concretização dos objetivos fundamentais da República (CF/1988, art. 3º). Ademais, ao deixar, como *ultima ratio*, as sanções penais pela prática dos delitos contra a ordem tributária, em conformidade com o postulado da proporcionalidade e da intervenção mínima do direito penal, o legislador prestigia a liberdade, a propriedade e a livre iniciativa" (STF: ADI 4.273/DF, rel. Min. Nunes Marques, Plenário, j. 14.08.2023, noticiado no *Informativo* 1.103).

Decadência – identificação da autoria: "Vítima que compareceu à delegacia de polícia no dia seguinte ao fato supostamente delituoso para manifestar a intenção de responsabilizá-lo criminalmente, tão logo o identificasse. Data que não pode ser tida como termo inicial da representação, que foi oferecida no prazo decadencial, computado a partir da identificação superveniente da autoria, na forma do que prevê o artigo 38 do CPP" (STF: HC 85.872/SP, rel. Min. Eros Grau, 1.ª Turma, j. 06.09.2005).

Decadência – início do prazo: "Ação penal pública condicionada: prazo de decadência da representação se conta do conhecimento inequívoco da autoria, não de meras suspeitas" (STF: HC 89.938/SP, rel. Min. Sepúlveda Pertence, 1.ª Turma, j. 14.11.2006).

Decadência – natureza do prazo: "Como regra, o prazo da decadência é de 06 (seis) meses e em se tratando de causa de extinção da punibilidade o prazo tem natureza penal, devendo ser contado nos termos do art. 10 do Código Penal e não de acordo com o art. 798, § 1º, do Código de Processo Penal, quer dizer, inclui-se no cômputo do prazo o *dies a quo*" (STJ: APn 562/MS, rel. originário Min. Fernando Gonçalves, rel. para acórdão Min. Felix Fischer, Corte Especial, j. 02.06.2010).

Decadência – oferecimento de queixa-crime – inquérito policial: "O prazo decadencial do art. 38 do CPP é para o oferecimento da queixa crime, e não para o seu recebimento pelo juiz, e no caso de ser ela antecedida de inquérito policial ('pedido de providências') deve o prazo ser apurado a partir da conclusão oficial deste procedimento preparatório" (STF: RHC 85.951/PR, rel. Min. Gilmar Mendes, 2.ª Turma, j. 07.02.2006).

Furto de energia elétrica – extinção da punibilidade pelo pagamento do débito antes do recebimento da denúncia – impossibilidade: "No caso de furto de energia elétrica mediante fraude, o adimplemento do débito antes do recebimento da denúncia não extingue a punibilidade. Saliente-se que são três os fundamentos para a não aplicação do instituto de extinção de punibilidade ao crime de furto de energia elétrica em razão do adimplemento do débito antes do recebimento da denúncia. Em primeiro lugar, seria diversa a política criminal aplicada aos crimes contra o patrimônio e contra a ordem tributária. O furto de energia elétrica, além de atingir a esfera individual, tem reflexos coletivos e, não obstante seja tratado na prática como conduta sem tanta repercussão, se for analisado sob o aspecto social, ganha conotação mais significativa, ainda mais quando considerada a crise hidroelétrica recentemente vivida em nosso país. A intenção punitiva do Estado nesse contexto deve estar associada à repreensão da conduta que afeta bem tão precioso da humanidade. Desse modo, o papel do Estado, nos casos de furto de energia elétrica, não deve estar adstrito à intenção arrecadatória da tarifa, deve coibir ou prevenir eventual prejuízo ao próprio abastecimento elétrico do país, que ora se reflete na ausência ou queda do serviço público, ora no repasse, ainda que parcial, do prejuízo financeiro ao restante dos cidadãos brasileiros. Em segundo lugar, há impossibilidade de aplicação analógica do art. 34 da Lei n. 9.249/1995 aos crimes contra o patrimônio, porquanto existe previsão legal específica de causa de diminuição da pena para os casos de pagamento da 'dívida' antes do recebimento da denúncia (art. 16 do Código Penal). Destarte, ainda que se pudesse observar a existência de lacuna legal, não nos poderíamos valer desse método integrativo, uma vez que é nítida a discrepância da *ratio legis* entre as situações jurídicas apresentadas, em que uma a satisfação estatal está no pagamento da dívida e a outra no papel preventivo do Estado, que se vê imbuído da proteção a bem jurídico de maior relevância. Por fim, diferentemente do imposto, a tarifa ou preço público tem tratamento legislativo diverso. A jurisprudência se consolidou no sentido de que a natureza jurídica da remuneração pela prestação de serviço público, no caso de fornecimento de energia elétrica, prestado por concessionária, é de tarifa ou preço público, não possuindo caráter tributário" (STJ: RHC 101.299/RS, rel. Min. Nefi Cordeiro, rel. p/ acórdão Min. Joel Ilan Paciornik,

3.ª Seção, j. 13.03.2019, noticiado no *Informativo* 645). *No mesmo sentido*: STJ: HC 412.208/SP, rel. Min. Felix Fischer, 5.ª Turma, j. 20.03.2018, noticiado no *Informativo* 622.

Indulto – análise dos requisitos exigidos pelo decreto presidencial: "Todavia, consoante a jurisprudência deste Superior Tribunal de Justiça, a interpretação extensiva das restrições contidas no decreto concessivo de comutação/indulto de penas consiste, nos termos do art. 84, XII, da Constituição Federal, em invasão à competência exclusiva do Presidente da República, motivo pelo qual, preenchidos os requisitos estabelecidos na norma legal, o benefício deve ser concedido por meio de sentença – a qual possui natureza meramente declaratória –, sob pena de ofensa ao princípio da legalidade" (STJ: AgRg no HC 824.625/SP, rel. Min. Reynaldo Soares da Fonseca, 5.ª Turma, j. 20.06.2023, noticiado no *Informativo* 781).

Indulto – concessão antes do trânsito em julgado da condenação – possibilidade: "A jurisprudência do STF já não reclama o trânsito em julgado da condenação nem para a concessão do indulto, nem para a progressão de regime de execução, nem para o livramento condicional (HC 76.524, *DJ* 29.08.83, Pertence)" (STF: HC 87.801/SP, rel. Min. Sepúlveda Pertence, 1.ª Turma, j. 02.05.2006).

Indulto – cômputo do período de prova do *sursis* para obtenção do benefício – impossibilidade: "Não é possível o cômputo do período de prova cumprido em suspensão condicional da pena para preenchimento do requisito temporal objetivo do indulto natalino. Com base nessa orientação, a Segunda Turma, em conclusão de julgamento e por maioria, denegou a ordem em *habeas corpus* no qual se pleiteava tal contagem, relativamente ao cumprimento de um quarto da pena privativa de liberdade, instituído pelo art. 1º, XIII, do Decreto 8.172/2013 ('Art. 1º Concede-se indulto coletivo às pessoas, nacionais e estrangeiras; [...] XIII – condenadas a pena privativa de liberdade, desde que substituída por restritiva de direitos, na forma do art. 44 do Decreto-lei 2.848, de 7 de dezembro de 1940 – Código Penal, ou ainda beneficiadas com a suspensão condicional da pena, que, de qualquer forma, tenham cumprido, até 25 de dezembro de 2013, um quarto da pena, se não reincidentes, ou um terço, se reincidentes') – *v. Informativo* 787. A impetrante sustentava, em suma, que o paciente reuniria todos os requisitos necessários para a fruição do benefício, porque já teria cumprido mais de um quarto do período de prova para a suspensão condicional da pena que lhe fora imposta. O Colegiado asseverou que não se poderia confundir o tempo alusivo ao período de prova, exigido para a obtenção da suspensão condicional da pena, com o requisito temporal objetivo previsto no art. 1º, XIII, do Decreto 8.172/2013, qual seja o cumprimento parcial da pena. Reiterou, assim, o que decidido no HC 117.855/SP (*DJe* 19.11.2013). Vencido o Ministro Teori Zavascki, que concedia a ordem por entender que o período de prova cumprido em suspensão condicional da pena deveria ser computado como tempo de cumprimento de pena restritiva de liberdade. O Ministro Gilmar Mendes reajustou seu voto para acompanhar o voto divergente" (STF: HC 123.698/PE, rel. Min. Cármen Lúcia, 2.ª Turma, j. 17.11.2015, noticiado no *Informativo* 808).

Indulto – descumprimento das condições do livramento condicional – impossibilidade de denegação da causa extintiva da punibilidade por ausência do requisito subjetivo: "O descumprimento das condições impostas para o livramento condicional não pode ser invocado para impedir a concessão do indulto, a título de não preenchimento do requisito subjetivo. A controvérsia cinge-se à possibilidade de considerar o descumprimento das condições do livramento condicional como falta grave, apta a obstaculizar a concessão do indulto. Segundo a jurisprudência deste Tribunal Superior, para a análise do pedido de indulto ou comutação de penas, o magistrado deve restringir-se ao exame do preenchimento dos requisitos previstos no decreto presidencial, uma vez que os pressupostos para a concessão da benesse são da competência privativa do presidente da República. Dessa forma, qualquer outra exigência caracteriza constrangimento ilegal. O art. 3º do Decreto n. 7.873/2012 prevê que apenas falta disciplinar de natureza grave prevista na Lei de Execução Penal cometida nos 12 (doze) meses anteriores à data de publicação do decreto, pode obstar a concessão do indulto. É cediço, portanto, que o descumprimento das condições do livramento condicional não encontra previsão no art. 50 da Lei de Execuções Penais, o qual elenca de forma taxativa as faltas graves. Eventual descumprimento de condições impostas não pode ser invocado a título de infração disciplinar grave a fim de impedir a concessão do indulto. Desse modo, não há amparo no decreto concessivo para que faltas disciplinares não previstas na LEP sejam utilizadas para obstar a concessão do indulto, a título de não preenchimento do requisito subjetivo" (STJ: AgRg no HC 537.982/DF, rel. Min. Jorge Mussi, 5.ª Turma, j. 13.04.2020, noticiado no *Informativo* 670).

Indulto – detração penal – características e efeitos jurídicos: "O período compreendido entre a publicação do decreto concessivo de indulto pleno e a decisão judicial que reconheça o benefício não pode ser subtraído na conta de liquidação das novas execuções penais, mesmo que estas se refiram a condenações por fatos anteriores ao decreto indulgente. A concessão do indulto, pleno ou parcial, atinge a pena. Será pleno quando extinguir a pena por completo, resultando na extinção da punibilidade. E será parcial, também chamado de comutação, quando o afastamento da pena não se der por completo. No entanto, em ambos os casos, os demais efeitos penais e civis do crime permanecem inalterados. Assinale-se, ainda, que o indulto não é aplicado de forma automática. Necessita, assim, de um procedimento judicial em que o juiz da execução irá avaliar se o apenado preenche, ou não, os requisitos insculpidos no decreto presidencial. Embora haja doutrina que defenda ser meramente declaratória a decisão concessiva de indulto, os decretos presidenciais, em geral, possuem condições objetivas e subjetivas que necessitam de avaliação judicial. Nessa medida, esse trâmite processual certamente levará um espaço de tempo para ser cumprido, o que afasta a possibilidade de publicação do decreto concessivo do benefício em um dia e, já no dia seguinte, a sua aplicação no caso concreto. Assim, o indulto somente poderá produzir os seus efeitos após essa avaliação. Além disso, em regra, a concessão do indulto pressupõe a existência de uma sentença penal condenatória com trânsito em julgado. Uma vez transitada em julgado a sentença penal condenatória, surge a pretensão de execução da pena. Se, posteriormente, o Estado desistir de prosseguir na execução da pena, haverá, tão somente, uma interrupção do cumprimento, mas não uma inidoneidade ou desnecessidade da pena. Vale ressaltar que essa interrupção, no caso do indulto, é um ato de clemência do Estado, que só será reconhecido ao apenado após regular procedimento judicial. Portanto, até a prolação da decisão que extinguir a punibilidade do agente, a sua custódia será decorrente de uma prisão pena. A detração, por sua vez, é decorrência do princípio constitucional da não culpabilidade. A CF estabelece que 'ninguém será considerado culpado até o trânsito em julgado de sentença penal condenatória'. Ocorre que, mesmo antes do trânsito em julgado, em algumas situações, faz-se necessária a constrição provisória do acusado. Essa, no entanto, é uma prisão cautelar. E, por vezes, ao final do julgamento, pode ocorrer a absolvição do agente ou a prescrição da pretensão punitiva. Dessa forma, a detração visa impedir que o Estado abuse do poder-dever de punir, impondo ao agente uma fração desnecessária da pena quando houver a perda da liberdade ou a internação em momento anterior à sentença condenatória. Em razão desses casos, para amenizar a situação do réu, o CP regulamentou que: 'Art. 42 – Computam-se, na pena privativa de liberdade e na medida de segurança, o tempo de prisão provisória, no Brasil ou no estrangeiro, o de prisão administrativa e o de internação em qualquer dos estabelecimentos referidos no artigo anterior'. Nessa linha intelectiva, a detração é uma operação matemática em que se subtrai da pena privativa de liberdade (ou medida de segurança) aplicada ao réu ao final do processo, o tempo de prisão provisória, prisão administrativa ou internação em hospital de custódia e tratamento psiquiátrico que o sentenciado já cumpriu anteriormente. Frise-se que, em razão da equidade, admite-se a detração inclusive em processos que não guardem relação entre si, desde que a segregação indevida seja posterior ao crime em que se requer a incidência do instituto. Nestes casos, embora a prisão processual fosse necessária no momento em que foi realizada, ao final do julgamento do processo, a conduta do agente não resultou em uma punição efetiva. Dessa forma, é possível utilizar esse período para descontar a pena referente a crime praticado em data anterior. Conclui-se, portanto, que a detração é um instituto que pretende amenizar as consequências de uma custódia processual, abatendo-se da pena efetivamente aplicada o período em que o réu esteve preso por meio de medida cautelar, seja em razão de prisão provisória, prisão administrativa ou internação em hospital de custódia e tratamento psiquiátrico. Assim, o instituto da detração não pode tangenciar o benefício do indulto porque, enquanto o período compreendido entre a publicação do Decreto Presidencial e a decisão que reconhece o indulto, decretando-se a extinção da punibilidade do agente, refere-se a uma prisão pena, a detração somente se opera em relação à medida cautelar, o que impede a sua aplicação no referido período" (STJ: REsp 1.557.408/DF, rel. Min. Maria Thereza de Assis Moura, 6.ª Turma, j. 16.02.2016, noticiado no *Informativo* 577).

Indulto – detração penal – prisão cautelar – impossibilidade: "O indulto é instituto da execução penal, não se estendendo os benefícios da norma instituidora aos presos cautelarmente com direito à detração penal. Discute-se a possibilidade de utilização da detração penal para fins de indulto. No entanto, a jurisprudência desta Corte, é no sentido de que o indulto é instituto da execução penal, não se estendendo os benefícios da norma instituidora, no caso o Decreto Presidencial n. 9.246/1997, aos presos cautelarmente com direito à detração penal, mas apenas aos que cumpriam prisão-pena na ocasião da edição da norma" (STJ: AgRg no AREsp 1.887.116/GO, rel. Min. Olindo Menezes (Desembargador convocado do TRF 1.ª Região), 6.ª Turma, j. 03.05.2022, noticiado no *Informativo* 736).

Indulto – fundamentos – aplicabilidade a qualquer regime prisional indicado no Decreto Presidencial: "O Decreto n. 9.246/2017 não traz nenhuma ressalva ao regime de cumprimento de pena quando dispõe sobre a comutação aos condenados que cumprem pena privativa de liberdade. Inicialmente cumpre salientar que o indulto e a comutação, no ordenamento pátrio, não estão restritos apenas a fundamentos humanitários e costumam ser previstos anualmente, de forma coletiva, como verdadeiro instrumento de política criminal colocado à disposição do Presidente da República, segundo sua conveniência. O perdão das penas é, então, ato discricionário associado, comumentemente, ao combate ao hiperencarceramento, com vistas ao retorno do preso ao convívio social. No Decreto Presidencial n. 9.246/2017, foi concedida a comutação às pessoas condenadas a pena privativa de liberdade em 1/4, se reincidentes, e que, até 25 de dezembro de 2017, tenham cumprido 1/3 da pena. Não houve nenhuma ressalva ou especificação do regime prisional em curso. Consta do regramento, tão somente, que o benefício não alcançaria os sentenciados por crimes elencados no art. 3º ou que não preenchessem o requisito subjetivo do art. 4º. Conquanto o indulto e a comutação coletivos tenham por finalidade combater a lotação nos presídios e propiciar que encarcerados retornem ao convívio social, o Decreto Presidencial n. 9.246/2017 incluiu como beneficiado (e não restringiu) aquele sentenciado que não estava em situação de reclusão. Mesmo com a reinserção já estimulada por outros meios (penas substitutivas, regime aberto, livramento condicional e suspensão condicional do processo) e sem motivo humanitário, as pessoas descritas no art. 8º também foram agraciadas com o perdão. Ao incluir na previsão legal as pessoas que estão em liberdade ou bastante próximas de sua obtenção, o Presidente da República não vedou, via reversa, o benefício aos reeducandos dos regimes semiaberto e fechado. Assim, o art. 8º do Decreto n. 9.246/2017 é norma inclusiva e não proibitiva" (STJ: REsp 1.828.409/MS, rel. Min. Rogerio Schietti Cruz, 6.ª Turma, j. 01.10.2019, noticiado no *Informativo* 659).

Indulto – graça – incompatibilidade com os crimes hediondos – atos de governo: "II – O inciso I do art. 2º da Lei 8.072/1990 retira seu fundamento de validade diretamente do art. 5º, XLIII, da Constituição Federal. III – O art. 5º, XLIII, da Constituição, que proíbe a graça, gênero do qual o indulto é espécie, nos crimes hediondos definidos em lei, não conflita com o art. 84, XII, da Lei Maior. IV – O decreto presidencial que concede o indulto configura ato de governo, caracterizado pela ampla discricionariedade" (STF: HC 90.364/MG, rel. Min. Ricardo Lewandowski, Tribunal Pleno, j. 31.10.2007).

Indulto – medida de segurança – compatibilidade: "Reveste-se de legitimidade jurídica a concessão, pelo Presidente da República, do benefício constitucional do indulto (CF, art. 84, XII), que traduz expressão do poder de graça do Estado, mesmo se se tratar de indulgência destinada a favorecer pessoa que, em razão de sua inimputabilidade ou semi-imputabilidade, sofre medida de segurança, ainda que de caráter pessoal e detentivo. Essa a conclusão do Plenário, que negou provimento a recurso extraordinário em que discutida a possibilidade de extensão de indulto a internados em cumprimento de medida de segurança. O Colegiado assinalou que a competência privativa do Presidente da República prevista no art. 84, XII, da CF abrange a medida de segurança, espécie de sanção penal, inexistindo restrição à concessão de indulto. Embora não seja pena em sentido estrito, é medida de natureza penal e ajusta-se ao preceito, cuja interpretação deveria ser ontológica" (STF: RE 628.658/RS, rel. Min. Marco Aurélio, Plenário, j. 04 e 05.11.2015, noticiado no *Informativo* 806).

Indulto – pena de multa: "O indulto da pena privativa de liberdade não alcança a pena de multa que tenha sido objeto de parcelamento espontaneamente assumido pelo sentenciado. Com base nesse entendimento, o Plenário, em conclusão e por maioria, negou provimento a agravo regimental em que se discutia a extinção da pena de multa imposta. No caso, para ter direito à progressão de regime e ao indulto, e diante da impossibilidade de fazer o pagamento integral de uma só vez, o sentenciado parcelou a pena de multa aplicada. Vencido o Ministro Marco Aurélio, que deu provimento ao agravo regimental. Ressaltou que o indulto leva à extinção da punibilidade e alcança não só a pena restritiva de liberdade como também a pena de multa" (STF: EP 11 IndCom-AgR/DF, rel. Min. Roberto Barroso, Plenário, j. 08.11.2017, noticiado no *Informativo* 884).

Indulto e graça – decreto presidencial – requisitos para sua validade e consonância com os ditames constitucionais: "É inconstitucional – por violar os princípios da impessoalidade e da moralidade administrativa (CF/1988, art. 37, 'caput') e por incorrer em desvio de finalidade – decreto presidencial que, ao conceder indulto individual (graça em sentido estrito), visa atingir objetivos distintos daqueles autorizados pela Constituição Federal de 1988, eis que observa interesse pessoal ao invés do público. O indulto é um dos mecanismos políticos de extinção da punibilidade previstos expressamente pela atual ordem constitucional e cuja utilização é vedada para crimes específicos. A partir de um complexo sistema de freios e contrapesos, ele é considerado como importante instrumento de política criminal, voltado a atenuar possíveis incorreções legislativas ou judiciárias em prol da reinserção e ressocialização de condenados que a ele façam jus. Diante de sua natureza jurídica de ato de governo ou ato político (espécie do gênero ato administrativo), o indulto reveste-se de ampla discricionariedade, contudo, disso não resulta a sua impossibilidade absoluta de ser questionado perante o Poder Judiciário, em especial para verificar se o seu objeto está de acordo com os ditames constitucionais. Na linha da jurisprudência desta Corte, é possível realizar o controle de constitucionalidade de decreto de indulto, notadamente quanto a possível ocorrência de desvio de finalidade. Na espécie, o então Presidente da República, utilizando-se de sua competência constitucional, editou decreto de indulto individual em favor de parlamentar federal que no dia imediatamente anterior foi condenado, pelo Plenário do STF, à pena de oito anos e nove meses de reclusão, em regime inicial fechado, pela prática dos crimes de ameaça ao Estado Democrático de Direito e de coação no curso do processo. Nesse contexto, verificado que o benefício foi concedido de modo absolutamente desconectado do interesse público – mas em razão do mero vínculo de afinidade político-ideológico entre o chefe do Poder Executivo e o beneficiário – há evidente desrespeito aos princípios norteadores da Administração Pública, principalmente o da impessoalidade e da moralidade administrativa. Com base nesses entendimentos, o Plenário, em apreciação conjunta, por maioria, julgou procedentes as ações para declarar a inconstitucionalidade do Decreto presidencial de 21 de abril de 2022" (STF: ADPF 964/DF, ADPF 965/DF, ADPF 966/DF e ADPF 967/DF, rel. Min. Rosa Weber, Plenário, j. 10.05.2023, noticiado no *Informativo* 1.094). *Em sentido contrário:* STF: ADI 5.874/DF, rel. orig. Min. Roberto Barroso, red. p/ o ac. Min. Alexandre de Moraes, Plenário, j. 09.05.2019, noticiado no *Informativo* 939.

Indulto humanitário – tráfico de drogas – não cabimento: "A 2ª Turma reiterou jurisprudência no sentido de não ser possível o deferimento de indulto a réu condenado por tráfico de drogas, ainda que tenha sido aplicada a causa de diminuição prevista no art. 33, § 4º, da Lei 11.343/2006 à pena a ele imposta, circunstância que não altera a tipicidade do crime. Na espécie, paciente condenada pela prática dos delitos de tráfico e de associação para o tráfico ilícito de entorpecentes pretendia a concessão de indulto humanitário em face de seu precário estado de saúde (portadora de diabetes, hipertensão arterial sistêmica e insuficiência renal crônica, além de haver perdido a integralidade da visão). A Turma asseverou que o fato de a paciente estar doente ou ser acometida de deficiência visual não seria causa de extinção da punibilidade nem de suspensão da execução da pena. Afirmou que os condenados por tráfico de drogas ilícitas não poderiam ser contemplados com o indulto. Ponderou que, nos termos da Lei 8.072/1990, o crime de tráfico de droga, equiparado a hediondo, não permitiria anistia, graça e indulto ('Art. 2º Os crimes hediondos, a prática da tortura, o tráfico ilícito de entorpecentes e drogas afins e o terrorismo são insuscetíveis de: I – anistia, graça e indulto'). Pontuou que haveria consenso na doutrina quanto à impropriedade entre o disposto no art. 5º, XLIII, da CF ('a lei considerará crimes inafiançáveis e insuscetíveis de graça ou anistia a prática da tortura, o tráfico ilícito de entorpecentes e drogas afins, o terrorismo e os definidos como crimes hediondos, por eles respondendo os mandantes, os executores e os que, podendo evitá-los, se omitirem') e a regra de competência privativa do Presidente da República, contida no art. 84, XII, da CF ('conceder indulto e comutar penas, com audiência, se necessário, dos órgãos instituídos em lei'). Assinalou que a proibição do art. 5º, XLIII, da CF seria aplicável ao indulto individual e ao indulto coletivo. Enfatizou que, tanto o tráfico ilícito de entorpecentes, quanto a associação para o tráfico foram equiparados a crime hediondo (Lei 11.343/2006, art. 44) e, por isso, a benesse requerida não poderia ser concedida" (STF: HC 118.213/SP, rel. Min. Gilmar Mendes, 2.ª Turma, j. 06.05.2014, noticiado no *Informativo* 745).

Indulto natalino – utilização do período de prova do *sursis* como tempo de cumprimento da pena privativa de liberdade – impossibilidade: "Em razão de o *sursis* não ostentar natureza jurídica de pena, mas de medida alternativa a ela, o período de prova exigido para a obtenção desse benefício não se confunde com o requisito temporal relativo ao cumprimento de um quarto da pena privativa de liberdade para se alcançar o indulto natalino. Com base nesse entendimento, a Primeira Turma, por maioria, negou provimento a recurso ordinário em *habeas corpus* em que se discutia a possibilidade de se computar o período de prova referente ao *sursis* como cumprimento de pena para fins de concessão de indulto. Na espécie, os incisos XIII e XIV do art. 1º do Decreto 8.172/2013 teriam reconhecido como merecedores do indulto natalino os réus condenados à pena privativa de liberdade, desde que substituída por pena restritiva de direitos, na forma do art. 44 do CP, ou ainda beneficiados com a suspensão condicional da pena, que, de qualquer forma, tivessem cumprido, até 25 de dezembro de 2013, um quarto da pena, requisito temporal vinculado à pena privativa de liberdade, sem qualquer relação com o período de prova do *sursis*. O recorrente fora condenado a dois meses de prisão no regime aberto pela prática do crime de lesões corporais culposas, tipificado no art. 251 do CPM e, beneficiado com o *sursis*, tivera negado o indulto natalino pelo STJ. Vencido o Ministro Marco Aurélio, que dava provimento ao recurso. Afirmava que, no caso do indulto, o período de prova para suspensão condicional da pena poderia ser considerado para efeito do atendimento ao requisito temporal, sob pena de um direito atribuído ao cidadão vir, em um passo seguinte, a prejudicá-lo" (STF: RHC 128.515/ BA, rel. Min. Luiz Fux, 1.ª Turma, j. 30.06.2015, noticiado no *Informativo* 792).

Morte do agente – certidão de óbito falsa – ausência de coisa julgada material: "A decisão que, com base em certidão de óbito falsa, julga extinta a punibilidade do réu pode ser revogada, dado que não gera coisa julgada em sentido estrito" (STF: HC 104.998/SP, rel. Min. Dias Toffoli, 1.ª Turma, j. 14.12.2010). *No mesmo sentido:* STF: HC 84.525/MG, rel. Min. Carlos Velloso, 2.ª Turma, j. 16.11.2004; STJ: HC 143.474/SP, rel. Min. Celso Limongi (Desembargador convocado do TJ-SP), 6.ª Turma, j. 06.05.2010; e STJ: HC 31.234/MG, rel. Min. Felix Fischer, 5.ª Turma, j. 16.12.2003.

"Morte do agente" – princípio da intranscendência da pena – crime de poluição (Lei 9.605/1998, art. 54, § 2.º, V) – conduta praticada por sociedade empresária posteriormente incorporada por outra – extinção da incorporada – responsabilização penal da incorporado-

ra – descabimento – ausência de indício de fraude – aplicação analógica do art. 107, I, do CP – extinção da punibilidade: "O princípio da intranscendência da pena, previsto no art. 5º, XLV da Constituição Federal, tem aplicação às pessoas jurídicas, de modo que, extinta legalmente a pessoa jurídica – sem nenhum indício de fraude –, aplica-se analogicamente o art. 107, I, do Código Penal, com a consequente extinção de sua punibilidade. Inicialmente, como se extrai dos arts. 1.116 do CC/2002 e 227 da Lei n. 6.404/1976, a sucessão da incorporada pela incorporadora se opera quanto a direitos e obrigações, e mesmo assim somente para aqueles compatíveis com a natureza da incorporação, como aponta a doutrina. Obrigação, não custa lembrar, é instituto com um sentido jurídico próprio, diferente de seu significado popular, 'e aí se concebe a obrigação como um vínculo de direito que liga uma pessoa a outra, ou uma relação de caráter patrimonial, que permite exigir de alguém uma prestação'. As consequências de uma série de atos ilícitos cabem em tese no conceito de obrigações, e por isso estão abarcadas pela sucessão. É o caso, por exemplo, da reparação *in natura* do dano ambiental na esfera cível ou administrativa, juntamente da responsabilidade civil por indenizar terceiros eventualmente afetados pela suposta poluição praticada. Em tais relações, de natureza indiscutivelmente patrimonial, é possível identificar todos os elementos que estruturam uma obrigação, a saber: (I) as partes ativa e passiva (elemento subjetivo), (II) o objeto, que consiste em prestações patrimoniais de dar ou fazer, e (III) o vínculo jurídico que os une (*ex lege*, nessa situação hipotética). Por conseguinte, possíveis obrigações reparatórias derivadas do ato ilícito descrito na denúncia podem ser redirecionadas (em tese), nos exatos limites dos arts. 1.116 do CC/2002 e 227 da Lei n. 6.404/1976. Já a pretensão punitiva estatal, pela prática do crime tipificado no art. 54 da Lei n. 9.605/1998, não se enquadra em nenhum desses conceitos ora analisados. É verdade que, como diz o *Parquet*, as sanções passíveis de imposição à pessoa jurídica, previstas nos arts. 21 a 24 da Lei n. 9.605/1998, assemelham-se a obrigações de dar, fazer e não fazer, o que poderia induzir o intérprete a acreditar numa possível transmissibilidade à sociedade incorporadora. Afinal, há uma inegável similitude entre os efeitos práticos da obrigação civil de reparar o dano causado e, exemplificativamente, a imposição da pena de executar obras de recuperação do meio ambiente degradado, modalidade de reprimenda restritiva de direitos (prestação de serviços à comunidade) tratada no art. 23, II, da Lei n. 9.605/1998. As sanções criminais, entretanto, não se equiparam a obrigações cíveis, porque o fundamento jurídico de sua incidência é em todo distinto. Na relação entre o Ministério Público e o réu em uma ação penal, inexistem os três elementos obrigacionais há pouco referenciados, justamente porque a pretensão punitiva criminal não é uma obrigação, dela divergindo em suas fontes, estruturas e consequências. No aspecto estrutural, o vínculo das obrigações recai sobre o patrimônio do devedor (art. 798 do CPC), enquanto a pretensão punitiva sujeita não só os bens do acusado, mas também sua liberdade e, em casos extremos, sua própria vida (art. 5º, XLVII, 'a', da CR/1988) à potestade estatal. Essa severidade adicional do braço sancionador do Estado justifica outra diferença nas estruturas da obrigação e da pretensão punitiva: enquanto a obrigação, sem atravessar a crise do inadimplemento, pode ser espontaneamente cumprida pelo devedor, a pretensão punitiva sequer é tecnicamente adimplível. O autor de um delito não pode, ele próprio, reconhecer a prática do crime e privar-se de sua liberdade com uma pena reclusiva, sendo imprescindível a intermediação do Poder Judiciário para a imposição de sanções criminais – e isso mesmo nos casos em que o sistema jurídico permite negociações entre acusação e defesa a seu respeito, como nos acordos de colaboração premiada, regidos pela Lei n. 12.850/2013. Por fim, as consequências jurídicas da obrigação e da pretensão punitiva são também distintas. Se de um lado a obrigação reclama adimplemento (espontâneo ou forçado) ou resolução em perdas e danos, a pretensão punitiva, de outro, gera a aplicação de pena quando julgada procedente pelo Poder Judiciário. Todas essas diferenciações demonstram que não é possível enquadrar a pretensão punitiva na transmissibilidade regida pelos arts. 1.116 do CC/2002 e 227 da Lei n. 6.404/1976, o que nos traz a uma conclusão intermediária: não há, no regramento jurídico da incorporação, norma autorizadora da extensão da responsabilidade penal à incorporadora por ato praticado pela incorporada. Pensando ainda no aspecto consequencial, a pena é disciplinada por um plexo normativo próprio, com matizes garantistas que delimitam sua extensão e também não têm correspondência no campo das obrigações. Para os fins deste voto, o mais relevante deles é o princípio da pessoalidade ou intranscendência, insculpido no art. 5º, XLV, da CR/1988. Para o *Parquet*, referido princípio não teria aplicação às pessoas jurídicas, destinando-se exclusivamente às pessoas naturais. A compreensão sistemática da norma constitucional também aponta nessa direção: se o sistema criminal admite a punição de pessoas jurídicas, em que pesem as peculiaridades que derivam da ausência de um corpo físico, não pode o sistema valer-se dessas mesmas peculiaridades como fundamento para restringir garantias penais cujo exercício pela pessoa jurídica é, na prática, possível. É distinta a hipótese da incorporação realizada para escapar ao cumprimento de uma pena já aplicada à sociedade incorporada em sentença definitiva, ainda que não exista fraude. Afinal, no presente caso, não chegou a ocorrer a prolação de sentença condenatória, porque a ação penal foi trancada em seu nascedouro: o que se julgou neste recurso especial foi a possibilidade de a incorporadora suceder a incorporada para responder a ação penal ainda em tramitação. A situação seria diferente se já houvesse sentença definitiva impondo alguma pena à sociedade e esta, sentindo-se onerada pela reprimenda, aceitasse ser incorporada por outra, a fim de não arcar com os efeitos da sanção penal. Para esses dois casos (tanto a ocorrência de fraude como a incorporação realizada após sentença condenatória transitada em julgado), pode-se pensar na desconsideração da incorporação, ou mesmo da personalidade jurídica da incorporadora, a fim de manter viva a sociedade incorporada até que a pena seja cumprida. Ou, no caso da pena mais gravosa do catálogo legal (a liquidação forçada, prevista no art. 24 da Lei n. 9.605/1998), é viável declarar a ineficácia da operação de incorporação em face do Poder Público, de modo a garantir que a parcela de patrimônio incorporada seja alcançada pela pena definitiva. Trata-se de soluções em tese possíveis para evitar o esvaziamento da pretensão punitiva estatal, a serem aprofundadas pelo Judiciário nas hipóteses sobreditas. O fundamental, neste julgamento, é compreender que a situação dos autos não abrange fraude ou incorporação com o fim de escapar a uma pena já aplicada, mesmo porque, repito, a ação penal foi trancada pouco após o recebimento da denúncia. Se configurada alguma dessas outras hipóteses, haverá distinção em relação ao precedente ora firmado, com a necessária aplicação de consequência jurídica diversa" (STJ: REsp 1.977/172/PR, rel. Min. Ribeiro Dantas, 3.ª Seção, j. 24.08.2022, noticiado no *Informativo* 746).

Perdão do ofendido – aplicação restrita aos crimes de ação penal exclusivamente privada: "Nos termos do art. 105 do Código Penal, 'o perdão do ofendido, nos crimes em que somente se procede mediante queixa, obsta ao prosseguimento da ação', logo, é de se concluir que a referida causa extintiva de punibilidade somente tem efetiva aplicabilidade nas ações penais exclusivamente privadas, já que na ação penal pública condicionada à representação, ao ser proposta, a titularidade é de imediato transferida ao órgão ministerial, não mais dela dispondo a parte" (STJ: HC 111.326/MT, rel. Min. Jorge Mussi, 5.ª Turma, j. 26.10.2010).

Perdão judicial – aplicabilidade: "Sendo o perdão judicial uma das causas de extinção de punibilidade (art. 107, inciso IX, do CP), se analisado conjuntamente com o art. 51, do Código de Processo Penal ('o perdão concedido a um dos querelados aproveitará a todos...'), deduz-se que o benefício deve ser aplicado a todos os efeitos causados por uma única ação delitiva. O que é reforçado pela interpretação do art. 70, do Código Penal Brasileiro, ao tratar do concurso formal, que determina a unificação das penas, quando o agente, mediante uma única ação, pratica dois ou mais crimes, idênticos ou não. – Considerando-se, ainda, que o instituto do Perdão Judicial é admitido toda vez que as consequências do fato afetem o respectivo autor, de forma tão grave que a aplicação da pena não teria sentido, injustificável se torna sua cisão" (STJ: HC 21.442/SP, rel. Min. Jorge Scartezzini, 5.ª Turma, j. 07.11.2002).

Perdão judicial – cabimento nas hipóteses expressamente previstas em lei: "Condenado por homicídio duplamente qualificado não faz jus ao perdão judicial por absoluta ausência de previsão legal à sua aplicação" (STJ: HC 55.430/RS, rel. Min. Gilson Dipp, 5.ª Turma, j. 04.05.2006).

Perdão judicial – efeitos: "Ante norma expressa, no particular, com a superveniente Lei n. 7.209, de 1984, que alterou o art. 120, do Código Penal (Parte Geral), nos termos do parecer da Douta Procuradoria-Geral da República, tem-se que os efeitos da reincidência não se encontram incluídos na abrangência do perdão judicial" (STF: RE 104.679/SP, rel. Min. Aldir Passarinho, 2.ª Turma, j. 22.10.1985).

Perdão judicial – morte no trânsito – necessidade de laço afetivo entre o agente e a vítima: "O perdão judicial não pode ser concedido ao agente de homicídio culposo na direção de veículo automotor (art. 302 do CTB) que, embora atingido moralmente de forma grave pelas consequências do acidente, não tinha vínculo afetivo com a vítima nem sofreu sequelas físicas gravíssimas e permanentes. Conquanto o perdão judicial possa ser aplicado nos casos em que o agente de homicídio culposo sofra sequelas físicas gravíssimas e permanentes, a doutrina, quando se volta para o sofrimento psicológico do agente, enxerga no § 5º do art. 121 do CP a exigência de um laço prévio entre os envolvidos para reconhecer como 'tão grave' a forma como as consequências da infração atingiram o agente. A interpretação dada, na maior parte das vezes, é no sentido de que só sofre intensamente o réu que, de forma culposa, matou alguém conhecido e com quem mantinha laços afetivos. O exemplo mais comumente lançado é o caso de um pai que mata culposamente o filho. Essa interpretação desdobra-se em um norte que ampara o julgador. Entender pela desnecessidade do vínculo seria abrir uma fenda na lei, não desejada pelo legislador. Isso porque, além de ser de difícil aferição o 'tão grave' sofrimento, o argumento da desnecessidade do vínculo serviria para todo e qualquer caso de delito de trânsito com vítima fatal. Isso não significa dizer o que a lei não disse, mas apenas conferir-lhe interpretação mais razoável e humana, sem perder de vista o desgaste emocional que possa sofrer o acusado dessa espécie de delito, mesmo que não conhecendo a vítima. A solidarização com o choque psicológico do agente não pode conduzir a uma eventual banalização do instituto do perdão judicial, o que seria no mínimo temerário no atual cenário de violência no trânsito, que tanto se tenta combater. Como conclusão, conforme entendimento doutrinário, a desnecessidade da pena que esteia o perdão judicial deve, a partir da nova ótica penal e constitucional, referir-se à comunicação para a comunidade de que o intenso e perene sofrimento do infrator não justifica o reforço de vigência da norma por meio da sanção penal" (STJ: REsp 1.455.178/DF, rel. Min. Rogerio Schietti Cruz, 6.ª Turma, j. 05.06.2014, noticiado no *Informativo* 542).

Perdão judicial – mortes no trânsito – vínculo afetivo entre réu e vítimas – necessidade de comprovação – inviabilidade de extensão dos efeitos pelo concurso formal: "O fato de os delitos haverem sido cometidos em concurso formal não autoriza a extensão dos efeitos do perdão judicial concedido para um dos crimes, se não restou comprovado, quanto ao outro, a existência do liame subjetivo entre o infrator e a outra vítima fatal. A matéria tratada nos autos consiste em averiguar a possibilidade de concessão do perdão judicial (art. 121, § 5º do CP) a autor de crime culposo de trânsito, que, mediante uma única ação imprudente, leva duas vítimas a óbito, independentemente de haver prova de que mantivesse fortes vínculos afetivos com uma das vítimas fatais. Sob esse prisma, cumpre observar que, quando a avaliação está voltada para o sofrimento psicológico do autor do crime, a melhor doutrina enxerga no § 5º do art. 121 do CP a exigência de um vínculo, de um laço prévio de conhecimento entre os envolvidos, para que seja 'tão grave' a consequência ao agente a ponto de ser despicienda e até exacerbada outra pena, além da própria dor causada, intimamente, pelo dano provocado ao outro. No que toca ao instituto do concurso formal, ao se analisar a literalidade do art. 70 do CP, verifica-se que, a um primeiro olhar, trata-se de um sistema de exasperação da pena, ou seja, nos casos de concurso formal próprio ou homogêneo, a pena a ser aplicada deverá ser a de um dos delitos, aumentada de um sexto até a metade. Dessa forma, o percentual de aumento deve ter relação com o número de resultados e vítimas, e não com as circunstâncias do fato. Quis o legislador com isso beneficiar o acusado ao lhe fixar somente uma das penas, mas acrescendo-lhe uma cota-parte que sirva para representar a punição por todos os delitos, porquanto derivados da mesma ação ou omissão do agente. Note-se, porém, que não há referência à hipótese de extensão da absolvição, da extinção da punibilidade, ou mesmo da redução da pena pela prática de nenhum dos delitos. Dispõe, entretanto, o art. 108 do Código Penal, in fine, que, 'nos crimes conexos, a extinção da punibilidade de um deles não impede, quanto aos outros, a agravação da pena resultante da conexão'. Assim, tratando-se o perdão judicial de uma causa de extinção de punibilidade excepcional, que somente é cabível quando presentes os requisitos necessários à sua concessão, esses preceitos de índole atípica devem ser os balizadores precípuos para a aferição de sua concessão ou não, levando-se em consideração cada delito de per si, e não de forma generalizada, como nos casos em que se afiguram pluralidades de delitos decorrentes do concurso formal de crimes" (STJ: REsp 1.444.699/RS, rel. Min. Rogerio Schietti Cruz, 6.ª Turma, j. 01.06.2017, noticiado no *Informativo* 606).

Perempção – abandono da causa: "Justifica-se o reconhecimento da perempção – que constitui causa extintiva da punibilidade peculiar às ações penais exclusivamente privadas –, quando o querelante, não obstante intimado pela Imprensa oficial, deixa de adotar as providências necessárias à regular movimentação do processo, gerando, com esse comportamento negativo, o abandono da causa penal por período superior a trinta dias (CPP, art. 60, I)" (STF: Inq. AgRg 920/DF, rel. Min. Celso de Mello, Tribunal Pleno, j. 03.08.1995).

Perempção – ação penal privada: "A perempção – perda do direito de ação motivada pela inércia processual do querelante, com a consequente extinção da punibilidade –, é instituto próprio da ação penal privada, não podendo ser invocada quando a persecução criminal é iniciada pelo Ministério Público, mediante representação, em virtude da prática de crime contra a honra de funcionário público no exercício de suas funções ou em razão delas" (STJ: HC 32.577/MT, rel. Min. José Arnaldo da Fonseca, 5.ª Turma, j. 05.08.2004). *No mesmo sentido*: STJ: RHC 18.780/SC, rel. Min. Gilson Dipp, 5.ª Turma, j. 06.06.2006.

Perempção – ação penal privada subsidiária da pública – inaplicabilidade: "Impossível reconhecer a extinção da punibilidade pela perempção em ação penal privada subsidiária de ação penal pública" (STJ: RHC 26.530/SC, rel. Min. Laurita Vaz, 5.ª Turma, j. 08.11.2011).

Perempção – audiência preliminar – não ocorrência: "3. A presença do querelante na audiência preliminar não é obrigatória, tanto por ser ato anterior ao recebimento ou rejeição da queixa-crime, quanto pelo fato de se tratar de mera faculdade conferida às partes. 4. A ausência do querelante à audiência preliminar pode ser suprida pelo comparecimento de seu patrono" (STF: HC 86.942/MG, rel. Min. Gilmar Mendes, 2.ª Turma, j. 07.02.2006).

Perempção – ausência à audiência de conciliação – não ocorrência: "2. Segundo orientação pretoriana, não se dá a perempção pela ausência do querelante na audiência prevista no art. 520 do Código de Processo Penal, dado que ainda não instaurada a relação processual com o recebimento da queixa (art. 60, III, do Código de Processo Penal). 3. O adiamento da audiência, em virtude de entraves do mecanismo judiciário, relacionados com a intimação de testemunhas, não induz à perempção de ação penal, porquanto esta causa extintiva da punibilidade pressupõe negligência do querelante" (STJ: HC 9.843/MT, rel. Min. Fernando Gonçalves, 6ª Turma, j. 21.03.2000).

Perempção – momento para sua ocorrência: "A perempção somente tem lugar após o recebimento da queixa-crime. A menção do fato criminoso no instrumento de mandato, exigida pelo art. 44 do Código de Processo Penal (CPP), cumpre-se pela indicação do artigo de lei no qual se baseia a queixa-crime ou pela referência à denominação jurídica do crime. A queixa-crime que atribui a prática de delitos contra a honra aos querelados, de maneira conjunta, e expõe o fato criminoso e suas circunstâncias, a qualificação dos acusados, a classificação do crime e o rol das testemunhas atende os requisitos do art. 41 do estatuto Processual Penal" (STJ: REsp 663.934/SP, rel. Min. Paulo Medina, 6.ª Turma, j. 09.02.2006).

Perempção – sanção jurídica: "De acordo com a jurisprudência do Superior Tribunal de Justiça, a perempção, como perda do direito de prosseguir na ação penal de iniciativa privada, é uma sanção jurídica, imposta ao querelante por sua inércia, negligência ou contumácia" (STJ: EDcl no HC 156.230/PE, rel. Min. Marco Aurélio Bellizze, 5.ª Turma, j. 06.03.2012).

Retratação – falso testemunho: "A retratação, prevista como causa de extinção da punibilidade do delito de falso testemunho, deve ser realizada antes da sentença e no próprio processo no qual a afirmação inverídica foi feita" (STJ: RHC 33.350/RS, rel. Min. Jorge Mussi, 5.ª Turma, j. 01.10.2013).

Retratação – ofensa pela internet – publicidade: "1. Nos termos do art. 143 do Código Penal, a retratação, para gerar a extinção da punibilidade do agente, deve ser cabal, ou seja, completa, inequívoca. 2. No caso, em que a ofensa foi praticada mediante texto veiculado na internet, o que potencializa o dano à honra do ofendido, a exigência de publicidade da retratação revela-se necessária para que esta cumpra a sua finalidade e alcance o efeito previsto na lei" (STJ: REsp 320.958/RN, rel. Min. Arnaldo Esteves Lima, 5.ª Turma, j. 06.09.2007).

> **Art. 108.** A extinção da punibilidade de crime que é pressuposto, elemento constitutivo ou circunstância agravante de outro não se estende a este. Nos crimes conexos, a extinção da punibilidade de um deles não impede, quanto aos outros, a agravação da pena resultante da conexão.

○ **Extinção da punibilidade nos crimes acessórios, complexos e conexos:** **Crime acessório**, também denominado **de crime de fusão** ou **parasitário**, é aquele cuja existência depende da prática anterior de outro crime, chamado de **principal**. A extinção da punibilidade do crime principal não se estende ao crime acessório. Exemplo: o crime de lavagem de dinheiro (art. 1.º da Lei 9.613/1998) será punível mesmo com a extinção da punibilidade do delito anterior que permitiu a sua prática. **Crime complexo**, por sua vez, é aquele que resulta da união de dois ou mais crimes. A extinção da punibilidade da parte (um dos crimes) não alcança o todo (crime complexo). Exemplo: eventual prescrição do roubo não importa na automática extinção da punibilidade do latrocínio. **Crime conexo**, finalmente, é o praticado para assegurar a execução, a ocultação, a impunidade ou a vantagem de outro crime. É o que se dá com o indivíduo que, para vender drogas, mata um policial que o investigava. A ele serão imputados os crimes de homicídio qualificado pela conexão (art. 121, § 2.º, V, do CP) em concurso material com o tráfico de drogas (art. 33 da Lei 11.343/2006). De acordo com o artigo em exame, ainda que ocorra a prescrição do tráfico de drogas, subsiste, no tocante ao homicídio, a qualificadora da conexão. No âmbito do **princípio da consunção** (conflito aparente de normas penais), a extinção da punibilidade do crime-fim igualmente atinge o direito de punir do Estado em relação ao crime-meio.

○ **Jurisprudência selecionada:**

Extinção da punibilidade – relação entre crime-meio e crime-fim: "No caso em que a falsidade ideológica tenha sido praticada com o fim exclusivo de proporcionar a realização do crime de descaminho, a extinção da punibilidade quanto a este – diante do pagamento do tributo devido – impede que, em razão daquela primeira conduta, considerada de forma autônoma, proceda-se à persecução penal do agente. Isso porque, nesse contexto, exaurindo-se o crime-meio na prática do crime-fim, cuja punibilidade não mais persista, falta justa causa para a persecução pelo crime de falso, porquanto carente de autonomia" (STJ: RHC 31.321/PR, rel. Min. Marco Aurélio Bellizze, 5.ª Turma, j. 16.05.2013, noticiado no *Informativo* 523).

Prescrição – crime antecedente – lavagem de dinheiro – delito autônomo: "A extinção da punibilidade pela prescrição quanto aos crimes antecedentes não implica o reconhecimento da atipicidade do delito de lavagem de dinheiro (art. 1º da Lei 9.613/1998) imputado ao paciente. Nos termos do art. 2º, II, § 1º, da Lei mencionada, para a configuração do delito de lavagem de dinheiro não há necessidade de prova cabal do crime anterior, mas apenas a demonstração de indícios suficientes de sua existência. Assim sendo, o crime de lavagem de dinheiro é delito autônomo, independente de condenação ou da existência de processo por crime antecedente" (STJ: HC 207.936/MG, rel. Min. Jorge Mussi, 5.ª Turma, j. 27.03.2012, noticiado no *Informativo* 494).

Prescrição antes de transitar em julgado a sentença

> **Art. 109.** A prescrição, antes de transitar em julgado a sentença final, salvo o disposto no § 1º do art. 110 deste Código, regula-se pelo máximo da pena privativa de liberdade cominada ao crime, verificando-se:
>
> I – em vinte anos, se o máximo da pena é superior a doze;
>
> II – em dezesseis anos, se o máximo da pena é superior a oito anos e não excede a doze;
>
> III – em doze anos, se o máximo da pena é superior a quatro anos e não excede a oito;
>
> IV – em oito anos, se o máximo da pena é superior a dois anos e não excede a quatro;
>
> V – em quatro anos, se o máximo da pena é igual a um ano ou, sendo superior, não excede a dois;
>
> VI – em 3 (três) anos, se o máximo da pena é inferior a 1 (um) ano.

Prescrição das penas restritivas de direito

> Parágrafo único. Aplicam-se às penas restritivas de direito os mesmos prazos previstos para as privativas de liberdade.

○ **Introdução:** O Estado é o titular exclusivo do **direito de punir**. Somente ele pode aplicar pena ou medida de segurança ao responsável por uma infração penal. Esse direito tem **natureza abstrata**, pois pode ser exercido sobre todas as pessoas. Paira indistintamente sobre elas, independentemente da prática de um crime ou de uma contravenção penal, funcionando como advertência, pois a prática de um ilícito penal importará na imposição de uma sanção ao infrator. Com a prática da infração penal, contudo, o *ius puniendi* automaticamente se concretiza, e a partir de então o Estado tem o poder, e o dever, de punir o responsável pelo fato típico e ilícito. A pretensão punitiva, outrora abstrata e dirigida contra todos os indivíduos, transforma-se em concreta, visando uma pessoa determinada. Esse interesse estatal, de índole pública, se sobrepõe ao direito de liberdade do responsável pelo ilícito penal.

○ **Limites ao direito de punir:** O direito de punir é **limitado**. Encontra barreiras penais e processuais, tais como a representação do ofendido, nos crimes de ação penal pública condicionada, as condições da ação penal e a necessidade de obediência a regras constitucionais e processuais para ser efetivamente exercido (devido processo legal). Na ampla maioria dos casos, há ainda **limites temporais**, pois o direito de punir não pode se arrastar, ao longo dos anos, eternamente. O Estado deve aplicar a sanção penal dentro de períodos legalmente fixados, pois em caso contrário sua inércia tem o condão de extinguir a consciência do delito, renunciando implicitamente ao poder que lhe foi conferido pelo ordenamento jurídico. Cabe a ele, pois, empreender todos os esforços para que a punibilidade se efetive célere e prontamente. Entra em cena o instituto da prescrição. É como se, cometida uma infração penal, o sistema jurídico virasse em desfavor do Estado uma ampulheta, variando o seu tamanho proporcionalmente à gravidade do ilícito penal. O poder-dever de aplicar a sanção penal precisa ser efetivado antes de escoar toda a areia que representa o tempo que se passa, pois, se não o fizer dentro dos limites legalmente previstos, o Estado perderá, para sempre, o direito de punir.

○ **Conceito de prescrição:** Prescrição é a perda da **pretensão punitiva** ou da **pretensão executória** em face da inércia do Estado durante determinado **tempo legalmente previsto**. Pretensão punitiva é o interesse em aplicar uma sanção penal ao responsável por um crime ou por uma contravenção penal, enquanto a pretensão executória é o interesse em executar, em exigir o cumprimento da sanção penal já imposta.

○ **Fundamentos: (a) Segurança jurídica ao responsável pela infração penal:** não seria justa nem correta a imposição ou a execução de uma sanção penal muito tempo depois da prática do crime ou da contravenção penal; **(b) Luta contra a ineficiência do Estado:** os órgãos estatais responsáveis pela apuração, processo e julgamento de infrações penais devem atuar com zelo e celeridade, em obediência à eficiência dos entes públicos, estatuída pelo art. 37, *caput*, da CF como princípio vetor da Administração Pública. Serve, portanto, como castigo em caso de não ser alcançada uma meta pelo Estado, qual seja, aplicar a sanção penal dentro de prazos legalmente previstos; **(c) Impertinência da sanção penal:** a resposta do Estado somente cumpre a sua função preventiva (especial e geral) quando manifestada logo após a prática da infração penal. O Direito Penal intimida não pela gravidade da punição, mas pela certeza de seu exercício.

○ **Natureza jurídica:** A prescrição é **causa de extinção da punibilidade** prevista no art. 107, IV, 1.ª figura, do CP. A infração penal por ela atingida, portanto, permanece íntegra e inabalável. Desaparece tão somente a punibilidade, compreendida como consequência, e não como elemento do crime ou da contravenção penal.

○ **Alocação:** A prescrição, embora produza diversos efeitos no processo penal, é **matéria inerente ao Direito Penal**, pois, quando ocorre, extingue o direito de punir, de titularidade do Estado. Para o cômputo de seu prazo observa-se o art. 10 do CP. Os **prazos prescricionais são improrrogáveis**, não se suspendendo em finais de semana, feriados ou férias. Além disso, trata-se de **matéria de ordem pública**, podendo e devendo ser decretada de ofício, em qualquer tempo e grau de jurisdição, ou mediante requerimento de qualquer das partes. Nos termos do art. 61, *caput*, do CPP: "Em qualquer fase do processo, o juiz, se reconhecer extinta a punibilidade, deverá declará-lo de ofício." Finalmente, constitui-se em **matéria preliminar**, isto é, impede a análise do mérito da ação penal, seja pelo juízo natural, seja em grau de recurso. Em caso de prescrição, não há falar em absolvição ou condenação, mas apenas em extinção da punibilidade.

○ **Imprescritibilidade penal:** O Código Criminal do Império, de 1830, dispunha em seu art. 65 que as penas impostas aos condenados não prescreviam em tempo algum. Os diplomas posteriores (CP de 1890, Consolidação das Leis Penais de 1932 e CP de 1940) não repetiram aquela fórmula, já criticada em seu tempo. E, atualmente, a regra geral consiste na aplicação da prescrição a todas as modalidades de infrações penais, inclusive aos crimes hediondos. A CF, todavia, na contramão de seu próprio espírito, por vedar qualquer espécie de prisão perpétua (art. 5.º, XLVII, "b"), determina a imprescritibilidade de dois grupos de crimes que, a propósito, não são os mais graves em nosso Direito Penal: (a) racismo (art. 5.º, XLII), regulamentado pela Lei 7.716/1989; e (b) ação de grupos armados, civis ou militares, contra a ordem constitucional e o Estado democrático (art. 5.º, XLIV), disciplinados nos arts. 359-J, 359-L e 359-M do Código Penal.

○ **Rol taxativo ou exemplificativo:** Como corolário das apontadas exceções, taxativamente indicadas pelo texto constitucional, prevalece em seara doutrinária o entendimento de que a legislação ordinária não pode criar outras hipóteses de imprescritibilidade penal. Com efeito, no momento em que o Poder Constituinte Originário admitiu apenas esses dois crimes como insuscetíveis de prescrição, afirmou implicitamente que todas as demais infrações penais prescrevem, e, pela posição em que tais exceções foram previstas (art. 5.º), a prescrição teria sido erigida à categoria de **direito fundamental do ser humano**, consistente na obrigação do Estado de investigar, processar e punir alguém dentro de prazos legalmente previstos. Essa linha de pensamento foi acolhida pelo Plenário do Supremo Tribunal Federal, ao decidir o Tema 438 da repercussão geral. É de se observar, entretanto, posição em sentido contrário encampada pelo art. 29 do Decreto 4.388/2002 – responsável pela promulgação no Brasil do Estatuto de Roma do **Tribunal Penal Internacional**: "Os crimes da competência do Tribunal não prescrevem."

○ **Crimes contra a humanidade:** As penas dos crimes contra a humanidade submetem-se ao instituto da prescrição, pois não há norma no direito pátrio que imponha a imprescritibilidade penal em tais delitos.

○ **O art. 366 do CPP:** Firmou-se a jurisprudência no sentido de que, em caso de citação por edital e consequente aplicação do art. 366 do CPP, não se admite a suspensão da prescrição por tempo indefinido, o que poderia configurar uma situação de imprescritibilidade. Ao contrário, o processo penal deve permanecer suspenso pelo prazo máximo da pena privativa de liberdade cominada ao crime em abstrato, na forma do art. 109 do CP. Superado esse prazo, retoma-se o trâmite da prescrição, calculado pelo máximo da pena em abstrato legalmente previsto. Na prática, a prescrição passa a ser **calculada em dobro**, sem falar-se em imprescritibilidade. Exemplificativamente, uma ação penal por crime de furto simples (art. 155, *caput*, do CP), em que o réu foi citado por edital e não compareceu ao interrogatório nem constituiu defensor, deve ser suspensa, operando-se também a suspensão do prazo prescricional, por 8 (oito) anos, uma vez que a pena máxima cominada em abstrato ao delito é de 4 (quatro) anos. Em seguida, decorrido tal prazo, é retomado o curso da prescrição, que se efetivará após outros 8 (oito) anos. Esse é o entendimento consagrado na **Súmula 415 do STJ**: "O período de suspensão do prazo prescricional é regulado pelo máximo da pena cominada."

○ **Injúria racial e racismo:** O Supremo Tribunal Federal havia firmado entendimento no sentido de que a injúria racial, então catalogada no art. 140, § 3.º, do Código Penal, constituía-se em espécie de racismo, razão pela qual a pena cominada a tal delito seria imprescritível, na forma determinada pelo art. 5.º, XLII, da Constituição Federal.[396] Em nossa opinião, a Corte Suprema acertava na finalidade do julgado, mas errava no meio empregado para alcançá-lo. Indiscutivelmente, a injúria racial – crime abjeto, vil e altamente reprovável – devia ser severamente punida. Entretanto, a posição do Supremo Tribunal Federal, visando à proteção da igualdade racial, acabava desprezando outro direito fundamental, consistente no princípio da reserva legal, consagrado no art. 5.º, XXXIX, da Constituição Federal. De fato, a reserva legal apresenta, em sintonia com a soberania popular, um fundamento popular ou democrático. O povo, por seus representantes, integrantes do Poder Legislativo, escolhe os crimes e lhes comina as respectivas penas. Em outras palavras, o povo – ainda que não se concordasse com isso – havia catalogado a injúria racial entre os crimes contra a honra, no art. 140, § 3.º, do Código Penal, e não entre os delitos de preconceito, intolerância ou discriminação, definidos na Lei 7.716/1989. O ativismo do Supremo Tribunal Federal, ainda que repleto de boas intenções, desprezava o princípio da reserva legal, um dos pilares centrais do Direito

---

[396]   STF: HC 154.248/DF, rel. Min. Edson Fachin, Plenário, j. 28.10.2021, noticiado no *Informativo* 1.036.

Penal, conquistado a duras penas ao longo da história. Felizmente essa celeuma foi superada com a entrada em vigor da Lei 14.532/2023. A conduta outrora prevista como injúria racial agora configura crime de racismo, tipificado no art. 2.º-A da Lei 7.716/1989: "Injuriar alguém, ofendendo-lhe a dignidade ou o decoro, em razão de raça, cor, etnia ou procedência nacional. Pena: reclusão, de 2 (dois) a 5 (cinco) anos, e multa." A tipicidade do fato foi deslocada do Código Penal para a lei que define os crimes resultantes de preconceito de raça ou de cor. O Congresso Nacional, por décadas omisso, movimentou-se graças ao "empurrão" do Supremo Tribunal Federal e solucionou a questão, dispensando a merecida proteção ao bem jurídico, sem relegar a segundo plano o princípio da reserva legal.

○ **Diferenças entre prescrição e decadência:** Prescrição e decadência são causas de extinção da punibilidade, previstas no art. 107, IV, do CP. Além disso, ocorrem em razão da inércia do titular de um direito durante determinado tempo legalmente definido. Todavia, a decadência somente pode se verificar nos crimes de ação penal privada e de ação penal pública condicionada à representação do ofendido ou de quem o represente (decurso *in albis* do prazo para ajuizamento da queixa-crime ou oferecimento da representação). A prescrição, por sua vez, é capaz de atingir qualquer espécie de crime, pouco importando a forma pela qual se processa. Consequentemente, somente pode ocorrer a decadência antes do início da ação penal, pois o legitimado tinha um prazo para ajuizar a queixa-crime ou lançar a representação, mas assim não o fez. Ao reverso, a prescrição pode se concretizar a qualquer momento, isto é, antes ou durante a ação penal, e até mesmo depois do trânsito em julgado da sentença penal condenatória. Por último, a decadência importa diretamente na perda do direito de ação, pois, com seu advento, a ação penal não pode mais ser iniciada, seja pelo decurso do prazo para ajuizamento da queixa-crime, seja pelo transcurso do intervalo temporal para oferecimento da representação. Perde-se imediatamente o direito de ação, e mediatamente, o direito de punir, haja vista que, sem o direito de ação, o Estado não tem meios legítimos ("devido processo legal") para punir o responsável pela infração penal. Na prescrição, por outro lado, opera-se imediatamente em relação ao Estado a perda do direito de punir, fulminando qualquer possibilidade de exercício do direito de ação.

○ **Espécies de prescrição:** O CP apresenta dois grandes grupos de prescrição: (1) prescrição da pretensão punitiva; e (2) prescrição da pretensão executória. De seu turno, a prescrição da pretensão punitiva é subdividida em outras três modalidades: (a) prescrição da pretensão punitiva propriamente dita ou prescrição da ação penal; (b) prescrição intercorrente; e (c) prescrição retroativa. A prescrição da pretensão executória existe isoladamente, ou seja, não se divide em espécies. A linha divisória entre os dois grandes grupos é o **trânsito em julgado da condenação:** na prescrição da pretensão punitiva, não há trânsito em julgado para ambas as partes (acusação e defesa), ao contrário do que se dá na prescrição da pretensão executória, na qual a sentença penal condenatória já transitou em julgado para o MP ou para o querelante, e também para a defesa.

○ **Prescrição intercorrente e prescrição retroativa:** Pelo fato de a prescrição intercorrente e a prescrição retroativa estarem situadas no § 1.º do art. 110 do CP, é comum fazer-se inaceitável confusão. Diz-se que somente na prescrição da pretensão punitiva propriamente dita ou prescrição da ação não existe trânsito em julgado, ao contrário das demais espécies, mormente por tratar o *caput* do art. 110 do Estatuto Repressivo da **"prescrição depois de transitar em julgado a sentença condenatória"**. Esta conclusão é equivocada. A prescrição intercorrente e a prescrição retroativa pertencem ao grupo da prescrição da pretensão punitiva. Só há prescrição da pretensão executória depois do trânsito em julgado da sentença penal condenatória para **ambas as partes do processo penal**. E na prescrição intercorrente e na prescrição retroativa há trânsito em julgado da condenação, **mas apenas para a acusação**. Destarte, andou mal o legislador ao inserir no art. 110 do CP a prescrição intercorrente e a prescrição retroativa. Em verdade, deveria ter delas tratado em dispositivo à parte, principalmente em razão da relevância dos institutos.

○ **Efeitos da prescrição e competência para sua declaração:** Os efeitos da prescrição no ordenamento jurídico brasileiro dependem da sua espécie:

– **Prescrição da pretensão punitiva:** Essa modalidade de prescrição **obsta o exercício da ação penal**, seja na fase administrativa (inquérito policial) ou na fase judicial (ação penal). Não há interesse apto a legitimar a intervenção estatal, autorizando-se inclusive a rejeição da denúncia ou queixa, nos moldes do art. 395, II, do CPP. Se já foi instaurada a persecução penal, por outro lado, a prescrição da pretensão punitiva impede a sua continuação. Deve o magistrado, depois de ouvido o MP, declarar a extinção da punibilidade, sem análise do mérito, arquivando-se os autos em seguida. Caso assim não faça, assistirá ao acusado o direito de impetrar *habeas corpus* para cessar a coação ilegal (art. 648, VII, do CPP). Seu reconhecimento é da competência do membro do Poder Judiciário a quem estiver afeta a ação penal: juízo de 1.ª instância ou tribunais, em grau de recurso ou no caso de infrações penais que sejam de sua competência originária. Por último, a prescrição da pretensão punitiva **apaga todos os efeitos de eventual sentença condenatória já proferida, principal ou secundários, penais ou extrapenais**. Não servirá como pressuposto da reincidência, nem como maus antecedentes. Além disso, não constituirá título executivo no juízo civil.

– **Prescrição da pretensão executória:** Como já existe trânsito em julgado da sentença penal condenatória para acusação e defesa, compete ao **juízo da execução** reconhecê-la e declarar a extinção da punibilidade, depois de ouvido o *Parquet*, comportando essa decisão recurso de **agravo**, sem efeito suspensivo (arts. 66, II, e 197 da LEP). **Extingue somente a pena (efeito principal), mantendo-se intocáveis todos os demais efeitos secundários da condenação, penais e extrapenais**. **Subsiste a condenação**, ou seja, não se rescinde a sentença penal, que funciona como pressuposto da reincidência dentro do período depurador previsto no art. 64, I, do CP. Por igual fundamento, a condenação caracteriza antecedente negativo e serve como título executivo no campo civil.

○ **Prescrição da pena privativa de liberdade:**

– **Prescrição da pretensão punitiva propriamente dita ou prescrição da ação penal:** Encontra-se prevista no art. 109, *caput*, do CP. A prescrição é a perda do direito estatal de punir por força do decurso do tempo. Antes de se retirar um direito de qualquer pessoa, deve-se dar a ela todas as chances de exercê-lo. Com o Estado não é diferente. Na prescrição da pretensão punitiva propriamente dita, não há trânsito em julgado para acusação nem para defesa. Nada impede, assim, a fixação da pena no máximo legal. E, se a reprimenda pode chegar ao limite máximo, não se pode privar o Estado do direito de punir com base em quantidade diversa de sanção penal. Por esse motivo, essa prescrição deve levar em consideração o **máximo da pena privativa de liberdade cominada ao delito**.

– **Cálculo:** A prescrição da ação penal é calculada com base no máximo da pena privativa de liberdade abstratamente cominada ao crime. Utiliza-se a quantidade máxima prevista no preceito secundário do tipo penal, enquadrando-a em algum dos incisos do art. 109 do CP. O prazo previsto no inciso VI do referido dispositivo (3 anos) era, anteriormente à Lei 12.234/2010, de 2 (dois) anos. Agora, o menor prazo prescricional **previsto no CP** é de 3 (três) anos, no tocante às **penas privativas de liberdade**. No Brasil, subsiste o prazo de 2 (dois) anos em duas hipóteses: (a) para a pena de multa, quando for a única cominada ou aplicada (art. 114, I, do CP); e (b) para o crime tipificado no art. 28, *caput*, da Lei 11.343/2006 (porte de droga para consumo pessoal), nos termos do art. 30 da mesma lei. Essas regras específicas não foram atingidas pelas alterações promovidas no Código Penal pela Lei 12.234/2010.

– **Pena de morte em tempo de guerra**: a prescrição opera-se em 30 anos, a teor da regra contida no art. 125, I, do Decreto-lei 1.001/1969 – Código Penal Militar.

– **O sistema trifásico**: A pena privativa de liberdade é calculada em conformidade com o sistema trifásico (art. 68, *caput*, do CP), e cada uma dessas etapas pode ou não influenciar no cômputo da prescrição. Vejamos.

a) 1.ª fase – Circunstâncias judiciais do art. 59, caput: Nessa fase, o juiz deve navegar entre os limites (mínimo e máximo) previstos no preceito secundário do tipo penal, não podendo, em hipótese alguma, **ultrapassá-los**. Consequentemente, as circunstâncias judiciais não influenciam no cálculo da prescrição.

b) 2.ª fase – Agravantes e atenuantes genéricas: As agravantes genéricas estão arroladas taxativamente pelos arts. 61 e 62 do CP. As atenuantes genéricas, de caráter exemplificativo, encontram-se nos arts. 65 e 66 do CP. Não podem levar a pena além ou aquém dos limites legais, isto é, o juiz deve respeitar, em caso de agravantes genéricas, o máximo cominado pelo tipo penal, e, no tocante às atenuantes genéricas, o patamar mínimo, ainda que diversas estejam presentes e por mais ínfima que seja a reprovabilidade do agente. A não observância dos parâmetros legais implicaria na criação de uma nova pena, convertendo o magistrado em legislador, em evidente violação da separação de Poderes consagrada pelo art. 2.º da CF. Nessa esteira a **Súmula 231 do STJ**: "A incidência da circunstância atenuante não pode conduzir à redução da pena abaixo do mínimo legal". Por identidade de razões, os motivos que levaram à criação do enunciado também se aplicam às agravantes genéricas. Conclui-se, pois, que as agravantes e atenuantes genéricas também não influem na contagem do prazo prescricional. Há, entretanto, duas exceções, por expressa previsão legal: **menoridade relativa** e **senilidade**. A respeito, *vide os comentários ao art. 115 do CP*.

c) 3.ª fase – Causas de aumento e de diminuição da pena: As causas de aumento e de diminuição da pena estão delineadas na Parte Geral (genéricas) e na Parte Especial (específicas) do CP. Aumentam e diminuem a pena em quantidade fixa (exemplo: art. 155, § 1.º – "aumenta-se de um terço") ou variável (exemplos: art. 14, parágrafo único – "diminuída de um a dois terços", e art. 70, *caput* – "aumentada, em qualquer caso, de um sexto até metade"). Como as causas de aumento podem levar a pena acima do limite máximo legal, e as causas de diminuição têm o condão de reduzi-la abaixo do piso mínimo, influem no cálculo da prescrição, ao contrário do que ocorre com as circunstâncias judiciais e com as agravantes e atenuantes genéricas. Nas causas de aumento da pena de quantidade variável, incide o percentual de **maior elevação**. Por outro lado, nas causas de diminuição da pena de quantidade variável, utiliza-se o percentual de **menor redução**. Com efeito, as causas de diminuição da pena reduzem, **obrigatoriamente**, a pena. Em síntese, a pena será necessariamente reduzida, restando ao juiz, por ocasião da sentença, definir o percentual adequado. A pena até pode ser reduzida no máximo, mas não há certeza disso. Destarte, seria errado retirar do Estado seu direito de punir com base na diminuição mais elevada, quando no caso concreto a redução da pena pode se concretizar em percentual diverso. Finalmente, se estiverem presentes, simultaneamente, causas de aumento e de diminuição da pena, ambas em quantidades variáveis, o magistrado deve calcular a prescrição da pretensão punitiva propriamente dita com base na pena máxima cominada ao delito, acrescida da causa que mais aumenta, subtraindo, em seguida, o percentual atinente à causa que menos diminui.

○ **Prescrição das penas restritivas de direitos**: As penas restritivas de direitos, por serem **substitutivas** das privativas de liberdade (não têm previsão independente nos preceitos secundários dos tipos penais), seguem os mesmos prazos das penas substituídas.

○ **Prescrição e detração penal**: Discute-se se a detração penal (art. 42 do CP) – consistente no desconto, na pena privativa de liberdade, do tempo de prisão provisória já cumprida pelo condenado – influencia ou não no cálculo da prescrição. Para quem admite essa possibilidade, fundada na aplicação analógica do art. 113 do CP, a prescrição deveria ser computada com base no restante da pena, ou seja, somente com o tempo ainda não cumprido pelo sentenciado. O STF, inspirado no princípio da estrita legalidade, de observância cogente em matéria penal, tem posição diversa, entendendo que deve a prescrição observar a pena aplicada, ou seja, a pena concretizada no título executivo judicial, sem diminuir-se o período em que o réu esteve, provisoriamente, sob a custódia do Estado (detração penal).

○ **Prescrição na legislação penal especial:** Aplicam-se as regras do CP a todas as leis que não possuam tratamento específico acerca da prescrição. Extrai-se essa conclusão do art. 12 do Código Penal (princípio da convivência das esferas autônomas). É o que ocorre, por exemplo, nos crimes de abuso de autoridade (Lei 13.689/2019), nos crimes contra a economia popular (Lei 1.521/1951), nos crimes eleitorais (Lei 4.737/1965), nas contravenções penais (Decreto-lei 3.688/1941), nos crimes contra o sistema financeiro nacional (Lei 7.492/1986), nos crimes ambientais (Lei 9.605/1998) e nos crimes de lavagem de bens, direitos e valores (Lei 9.613/1998), entre vários outros.

– Lei de Drogas – Lei 11.343/2006: Para a conduta prevista no art. 28 da Lei 11.343/2006, opera-se em 2 (dois) anos tanto a prescrição da pretensão punitiva como a prescrição da pretensão executória (art. 30 da Lei de Drogas). Esse prazo prescricional subsiste no patamar de 2 (dois) anos. Em se tratando de **lei especial** e, portanto, de **regra específica**, não se aplica a alteração introduzida no art. 109, VI, do CP pela Lei 12.234/2010. É o que se extrai da leitura do art. 12 do CP. Anote-se, porém, que em relação a todos os demais crimes previstos na Lei 11.343/2006, o instituto da prescrição obedece aos mandamentos do CP.

– Código Penal Militar – Decreto-lei 1.001/1969: A prescrição da pretensão punitiva é regulada pelo máximo da pena privativa de liberdade cominada ao delito (art. 125, *caput*). Por sua vez, a prescrição da pretensão executória é calculada pela quantidade de pena imposta, a qual será aumentada de um terço se o réu é criminoso habitual ou por tendência (art. 126). Para a pena de morte, o prazo prescricional é de 30 anos (art. 125, I).

– Prescrição e ECA: As disposições do CP relativas à prescrição são compatíveis com as medidas socioeducativas tratadas pela Lei 8.069/1990 – Estatuto da Criança e do Adolescente, pois tais formas de resposta estatal, a par de sua natureza preventiva e reeducativa, possuem também caráter retributivo e repressivo. Nesse sentido a **Súmula 338 do STJ**: "A prescrição penal é aplicável nas medidas socioeducativas." A prescrição da pretensão punitiva é calculada com base na pena máxima em abstrato cominada ao crime ou contravenção penal correspondente ao ato infracional, reduzida pela metade pelo fato de tratar-se de pessoa menor de 21 anos de idade. De seu turno, na medida socioeducativa de internação aplicada sem termo final utiliza-se o prazo de 3 (três) anos como parâmetro para cálculo da prescrição da pretensão executória, a ser também reduzida pela metade, nos termos do art. 115 do CP. Tais conclusões fundamentam-se no fato de serem as normas gerais do Código Penal aplicáveis subsidiariamente em caso de omissão do Estatuto da Criança e do Adolescente.

– Falta grave na Lei de Execução Penal e prescrição de infração disciplinar: Em face da ausência de norma específica na LEP (Lei 7.210/1984) sobre o tema, é constitucional, porque mais benéfico ao reeducando, o entendimento pelo qual é de 3 (três) anos o prazo prescricional para a aplicação de sanção disciplinar em razão da prática de falta grave (arts. 52 e 53 da LEP). Utiliza-se, analogicamente, o disposto no art. 109, VI, do CP, com a redação dada pela Lei 12.234/2010, levando-se em conta o menor lapso previsto. E, em caso de fuga do condenado do estabelecimento prisional, o termo inicial do prazo de prescrição é a **data da recaptura**, tomando-se de empréstimo o art. 111, III, do CP.

○ **Jurisprudência selecionada:**

Crimes contra a humanidade – prescrição: "O Plenário, em conclusão e julgamento e por maioria, indeferiu pedido de extradição formulado pelo Governo da Argentina em desfavor de um nacional, ao qual imputada a suposta prática de delitos de lesa-humanidade. Ele é investigado por crimes correspondentes, no Código Penal brasileiro, aos de homicídio qualificado, sequestro e associação criminosa. Os delitos teriam sido cometidos quando o extraditando integrava o grupo terrorista 'Triple A', em atividade entre os anos 1973 e 1975, cujo objetivo era o sequestro e o assassinato de cidadãos argentinos contrários ao governo então vigente naquele país. O Colegiado considerou estar extinta a punibilidade dos crimes imputados ao extraditando, nos termos da legislação brasileira, e de não ter sido atendido, portanto, o requisito da dupla punibilidade. Destacou a jurisprudência nesse sentido, e relembrou o art. 77, VI, do Estatuto do Estrangeiro e o art. III, 'c', do tratado de extradição entre Brasil e Argentina quanto à vedação do pleito extradicional quando extinta a punibilidade pela prescrição. Apresentou também o posicionamento da Corte em casos semelhantes, nos quais o pedido de extradição teria sido deferido apenas quanto aos crimes reputados de natureza permanente e considerados não prescritos, em virtude da não cessação da permanência, situação diversa da ora analisada. Relativamente à qualificação dos delitos imputados ao extraditando como de lesa-humanidade, entendeu que essa circunstância não afasta a aplicação da citada jurisprudência. A Corte se referiu a fundamentos expostos na ADPF 153/DF, no sentido da não aplicação, no Brasil, da imprescritibilidade dos crimes dessa natureza, haja vista o País não ter subscrito a Convenção sobre a Imprescritibilidade dos Crimes de Guerra e dos Crimes contra a Humanidade, nem ter a ela aderido, e, ainda, em razão de somente lei interna poder dispor sobre prescritibilidade ou imprescritibilidade da pretensão estatal de punir. Ponderou que, mesmo se houvesse norma de direito internacional de caráter cogente a estabelecer a imprescritibilidade dos crimes contra a humanidade, ela não seria aplicável no Brasil, por não ter sido ainda reproduzida no direito interno. Portanto, o Estatuto de Roma, considerado norma de estatura supralegal ou constitucional, não elidiria a força normativa do art. 5º, XV, da Constituição da República, que veda a retroatividade da lei penal, salvo para beneficiar o réu. Em seguida, o Plenário afastou a ofensa ao art. 27 da Convenção de Viena sobre o Direito dos Tratados. Não ocorre, no caso, invocação de limitações de direito interno para justificar o inadimplemento do tratado de extradição entre Brasil e Argentina, mas simples incidência de limitação prevista nesse tratado. Concluiu que, estando prescritos os crimes, segundo o ordenamento jurídico brasileiro, eventual acolhimento do pedido extradicional ofenderia o próprio tratado de extradição, que demanda a observância do requisito da dupla punibilidade. Vencidos os Ministros Edson Fachin (relator), Roberto Barroso, Rosa Weber, que reajustou o voto, Ricardo Lewandowski e Cármen Lúcia (presidente), todos pelo indeferimento do pedido. Em seguida, o Tribunal determinou a expedição de alvará de soltura em favor do extraditando" (STF: Ext 1.362/DF, rel. Min. Edson Fachin, red. p/ o ac. Min. Teori Zavascki, Plenário, j. 09.11.2016, noticiado no *Informativo* 846).

Crimes contra a humanidade – prescrição – convenção sobre a Imprescritibilidade dos Crimes de Guerra e dos Crimes contra a Humanidade – ausência de ratificação pelo Brasil e *jus cogens* – inaplicabilidade – necessidade de lei em sentido formal: "O disposto na Convenção sobre a Imprescritibilidade dos Crimes de Guerra e dos Crimes contra a Humanidade não torna inaplicável o art. 107, inciso IV, do Código Penal. A Convenção sobre a Imprescritibilidade dos Crimes de Guerra e dos Crimes contra a Humanidade foi adotada pela Resolução n. 2.391 da Assembleia Geral da ONU, em 26/11/1968, e entrou em vigor em 11/11/1970. Contudo, mencionada Convenção não foi ratificada pelo Brasil. Prevalece na jurisprudência que 'os tratados em geral, inclusive os de direitos humanos, somente podem ser aplicados na ordem jurídica brasileira depois de serem promulgados na ordem interna'. Ademais, a depender da forma como o tratado internacional de direitos humanos for incorporado, ele pode ter *status* constitucional ou supralegal. De fato, no julgamento do Recurso Extraordinário n. 466.343/SP, o Supremo Tribunal Federal concluiu que o art. 5º, § 3º, da Constituição Federal revela que os tratados sobre direitos humanos, que não foram aprovados naqueles termos, não possuem *status* constitucional. Contudo, embora se tratem de normas infraconstitucionais, posicionam-se acima das leis, assumindo posição de supralegalidade. Na hipótese, entretanto, a referida Convenção não foi ratificada pelo Brasil, não sendo internalizada nem como norma supralegal. Nada obstante, no presente julgamento se discute sua observância independentemente de ratificação, por se tratar de norma *jus cogens*, ou seja, conforme disposto no art. 53 da Convenção de Viena: norma aceita e reconhecida pela comunidade internacional dos Estados como um todo, como norma da qual nenhuma derrogação é permitida e que só pode ser modificada por norma ulterior de Direito Internacional geral da mesma natureza. Relevante anotar, independentemente do *status* que se atribua à Convenção analisada, que no julgamento da Extradição n. 1.362/DF, considerou-se inaplicável o *jus cogens*, prevalecendo o entendimento no sentido de que a qualificação do crime como de lesa-humanidade não afasta a sua prescrição, porquanto: (a) o Brasil não subscreveu a Convenção sobre a Imprescritibilidade dos Crimes de Guerra e dos Crimes contra a Humanidade, nem aderiu a ela; e (b) apenas lei interna pode dispor sobre prescritibilidade ou imprescritibilidade da pretensão estatal de punir (ADPF 153, Relator(a): Min. Eros Grau, voto do Min. Celso de Mello, Tribunal Pleno, DJe de 06/08/2010). Ainda que se admita o *jus cogens*, na contramão do que decidido pelo Supremo Tribunal Federal, o controle de convencionalidade exercido pelo STJ, com a finalidade de aferir se a legislação infraconstitucional está em dissonância com o disposto no tratado internacional sobre direitos humanos, deve se harmonizar com os princípios e garantias constitucionais. Com efeito, não se pode perder de vista que o tratado possui status supralegal, porém infraconstitucional, porquanto não internalizado nos termos do art. 5º, § 3º, da CF/1988. Conclusão em sentido contrário violaria não apenas o disposto no referido dispositivo da Constituição da República, mas também a jurisprudência consolidada do STF sobre o status dos tratados sobre direitos humanos, bem como inviabilizaria o exame dos temas pelo STJ. Não se coaduna com a ordem constitucional vigente admitir a paralisação da eficácia da norma que disciplina a prescrição, com o objetivo de tornar imprescritíveis crimes contra a humanidade, por se tratar de norma de direito penal que demanda, da mesma forma, a existência de lei em sentido formal. Ademais, se deve igual observância ao princípio da irretroatividade. Portanto, não é possível tornar inaplicável o disposto no art. 107, IV, do CP, em face do disposto na Convenção sobre a Imprescritibilidade dos Crimes de Guerra e dos Crimes contra a Humanidade, sob pena de se vulnerar o princípio constitucional da legalidade e da irretroatividade, bem como a própria segurança jurídica, com consequências igualmente graves, em virtude da mitigação de princípios relevantes à própria consolidação do Estado Democrático de Direito" (STJ: REsp 1.798.903/RJ, rel. Min. Reynaldo Soares da Fonseca, 3.ª Seção, j. 25.09.2019, noticiado no *Informativo* 659).

Detração penal – irrelevância para fins de prescrição: "O tempo de prisão provisória não pode ser computado para efeito da prescrição, mas tão somente para o cálculo de liquidação da pena. O artigo 113 do Código Penal, por não comportar interpretação extensiva nem analógica, restringe-se aos casos de evasão e de revogação do livramento condicional" (STF: RHC 85.026/SP, rel. Min. Eros Grau, 1.ª Turma, j. 26.04.2005). *No mesmo sentido*: STJ: HC 216.876/SP, rel. Min. Maria Thereza de Assis Moura, 6.ª Turma, j. 17.12.2013.

Espécies de prescrição – efeitos: "Deve ser reconhecida a extinção da punibilidade com fundamento na prescrição da pretensão punitiva, e não com base na prescrição da pretensão executória, na hipótese em que os prazos correspondentes a ambas as espécies de prescrição tiverem decorrido quando ainda pendente de julgamento agravo interposto tempestivamente em face de decisão que tenha negado, na origem, seguimento a recurso especial ou extraordinário. De início, cumpre esclarecer que se mostra mais interessante para o réu obter o reconhecimento da extinção da punibilidade com fundamento na prescrição da pretensão punitiva, pois, ainda que ambas possam ter se implementado, tem-se que os efeitos da primeira são mais abrangentes, elidindo a reincidência e impedindo o reconhecimento de maus antecedentes. A prescrição da pretensão executória só pode ser reconhecida após o trânsito em julgado para ambas as partes, ainda que o seu lapso tenha início com o trânsito em julgado para a acusação, nos termos do que dispõe o art. 112, I, do CP" (STJ: REsp 1.255.240/DF, rel. Min. Marco Aurélio Bellizze, 5.ª Turma, j. 19.09.2013, noticiado no *Informativo* 532).

Estatuto da Criança e do Adolescente: "Aplica-se ao menor infrator o instituto da prescrição penal, ainda que não disciplinado na legislação especial a que se submetem os atos infracionais praticados por adolescente (Lei nº 8.069/1990), regendo-se tais hipóteses pelo regime jurídico previsto no Código Penal (art. 115), pois, por ser mais favorável, nesse aspecto, deve ser estendido aos procedimentos de apuração dos atos infracionais, reconhecendo-se a aplicabilidade do benefício que reduz à metade o prazo prescricional em relação ao menor de vinte e um (21) anos" (STF: HC 107.200/RS, rel. Min. Celso de Mello, 2.ª Turma, j. 28.06.2011). *No mesmo sentido:* STJ: HC 90.172/RJ, rel. Min. Laurita Vaz, 5.ª Turma, j. 21.02.2008; e STF: HC 88.788/SP, rel. Min. Joaquim Barbosa, 2.ª Turma, j. 22.04.2008.

Estatuto da Criança e do Adolescente – medida socioeducativa sem termo final – limite máximo de 3 anos como parâmetro para seu cálculo: "Tratando-se de medida socioeducativa aplicada sem termo, o prazo prescricional deve ter como parâmetro a duração máxima da internação (3 anos), e não o tempo da medida, que poderá efetivamente ser cumprida até que o socioeducando complete 21 anos de idade. Nos termos do Enunciado n. 338 da Súmula do STJ, a prescrição penal é aplicável nas medidas socioeducativas. Diante disso, a jurisprudência desta Corte firmou o entendimento de que, uma vez aplicada medida socioeducativa sem termo final, deve ser considerado o período máximo de 3 anos de duração da medida de internação para o cálculo do prazo prescricional da pretensão socioeducativa, e não o tempo da medida, que poderá efetivamente ser cumprida até que o envolvido complete 21 anos de idade" (STJ: AgRg no REsp 1.856.028/SC, rel. Min. Reynaldo Soares da Fonseca, 5.ª Turma, j. 12.05.2020, noticiado no *Informativo 672*).

Imprescritibilidade penal – injúria racial: "O crime de injúria racial, espécie do gênero racismo, é imprescritível. A prática de injúria racial, prevista no art. 140, § 3º, do Código Penal, traz em seu bojo o emprego de elementos associados aos que se definem como raça, cor, etnia, religião ou origem para se ofender ou insultar alguém. Consistindo o racismo em processo sistemático de discriminação que elege a raça como critério distintivo para estabelecer desvantagens valorativas e materiais, a injúria racial consuma os objetivos concretos da circulação de estereótipos e estigmas raciais. Nesse sentido, é insubsistente a alegação de que há distinção ontológica entre as condutas previstas na Lei 7.716/1989 e aquela constante do art. 140, § 3º, do CP. Em ambos os casos, há o emprego de elementos discriminatórios baseados naquilo que sociopoliticamente constitui raça, para a violação, o ata-que, a supressão de direitos fundamentais do ofendido. Sendo assim, excluir o crime de injúria racial do âmbito do mandado constitucional de criminalização por meras considerações formalistas desprovidas de substância, por uma leitura geográfica apartada da busca da compreensão do sentido e do alcance do mandado constitucional de criminalização, é restringir-lhe indevidamente a aplicabilidade, negando-lhe a vigência. Com base nesse entendimento, o Plenário, por maioria, denegou a ordem de *habeas corpus*, nos termos do voto do relator. Vencido o ministro Nunes Marques." (STF: HC 154.248/DF, rel. Min. Edson Fachin, Plenário, j. 28.10.2021, noticiado no *Informativo 1.036*).

Imprescritibilidade penal – previsão em lei ordinária – impossibilidade – art. 366 do CPP – suspensão do prazo prescricional e limitação ao tempo da prescrição em abstrato: "Em caso de inatividade processual decorrente de citação por edital, ressalvados os crimes previstos na Constituição Federal como imprescritíveis, é constitucional limitar o período de suspensão do prazo prescricional ao tempo de prescrição da pena máxima em abstrato cominada ao crime, a despeito de o processo permanecer suspenso. A CF estipula ser a prescritibilidade das pretensões penais a regra e, salvo opção constitucional expressa, não autorizou que o legislador ordinário crie hipóteses de imprescritibilidade não previstas no texto constitucional. Essa conclusão deflui de diversos dispositivos constitucionais, como a vedação de penas de caráter perpétuo, a garantia da duração razoável do processo e da celeridade processual e a cláusula do devido processo legal. A imprescritibilidade é opção somente da CF. Ressalvados os crimes de racismo e as ações de grupos armados contra a ordem constitucional e o Estado Democrático, a regra é a prescritibilidade. É compatível com a Constituição a interpretação conjunta do art. 366 do Código de Processo Penal com o art. 109, *caput*, do Código Penal, limitando o prazo de suspensão da prescrição ao tempo de prescrição do máximo da pena em abstrato prevista para o delito. De um lado, a própria lógica da prescrição é que as pretensões sejam exercidas em prazo previamente delimitado no tempo. Ela visa trazer segurança jurídica. Caso essa limitação não exista, o que se tem, ao fim, é a imprescritibilidade. De outro, o legislador ordinário não está autorizado a criar outras hipóteses de imprescritibilidade penal. Além disso, regular o prazo de suspensão da prescrição com o tempo de prescrição da pena máxima em abstrato cominada ao delito mostra-se condizente com o princípio da proporcionalidade e com a própria noção de individualização da pena. Finda a suspensão do prazo prescricional pelo decurso do tempo estabelecido no art. 109 do CP, será retomado o curso da prescrição, permanecendo suspenso o processo penal. Rechaça-se o entendimento de que não se pode dar curso ao prazo de prescrição. Não se cuida de cindir a regra prevista no art. 366 do CPP, mas sim de conferir eficácias distintas a normas jurídicas diversas, uma dirigida à suspensão da prescrição e outra dirigida à suspensão do processo. Ademais, a compreensão de que também deveria ser dado prosseguimento ao curso do processo, com a nomeação de defensor dativo, contraria o próprio sentido da alteração promovida no art. 366 pela Lei 9.271/1996. Por ser a citação por edital uma ficção jurídica, pretendeu-se com a alteração legislativa obstar que alguém fosse processado e julgado sem que se tivesse a certeza de que tomara conhecimento do processo, em prejuízo à ampla defesa, ao contraditório e ao devido processo legal. Além de não prestigiar as garantias inerentes ao devido processo legal, a retomada do processo coloca o réu em situação mais gravosa do que a suspensão do processo e da prescrição ad aeternum. Igualmente, não está em harmonia com diplomas internacionais, que, à luz da cláusula de abertura prevista no texto constitucional, têm força normativa interna e natureza supralegal. Ao apreciar o Tema 438 da repercussão geral, o Plenário negou provimento ao recurso extraordinário" (STF: RE 600.851/DF, rel. Min. Edson Fachin, Plenário, j. 04.12.2020, noticiado no *Informativo* 1.001).

Imprescritibilidade penal – previsão em lei ordinária – possibilidade: "1. Conforme assentou o Supremo Tribunal Federal, no julgamento da Ext. 1.042, 19.12.2006, a Constituição Federal não proíbe a suspensão da prescrição, por prazo indeterminado, na hipótese do art. 366 do C. Pr. Penal. 2. A indeterminação do prazo da suspensão não constitui, a rigor, hipótese de imprescritibilidade: não impede a retomada do curso da prescrição, apenas a condiciona a um evento futuro e incerto, situação substancialmente diversa da imprescritibilidade. 3. Ademais, a Constituição Federal se limita, no art. 5º, XLII e XLIV, a excluir os crimes que enumera da incidência material das regras da prescrição, sem proibir, em tese, que a legislação ordinária criasse outras hipóteses" (STF: RE 460.971/RS, rel. Min. Sepúlveda Pertence, 1.ª Turma, j. 13.02.2007).

Imprescritibilidade penal – racismo: "A Constituição Federal de 1988 impôs aos agentes de delitos dessa natureza, pela gravidade e repulsividade da ofensa, a cláusula de imprescritibilidade, para que fique, *ad perpetuam rei memoriam*, verberado o repúdio e a abjeção da sociedade nacional à sua prática. [...] Jamais podem se apagar da memória dos povos que se pretendam justos os atos repulsivos do passado que permitiram e incentivaram o ódio entre iguais por motivos raciais de torpeza inominável. A ausência de prescrição nos crimes de racismo justifica-se como alerta grave para as gerações de hoje e de amanhã, para que se impeça a reinstauração de velhos e ultrapassados conceitos que a consciência jurídica e histórica não mais admitem" (STF: HC 82.424/RS, rel. Min. Moreira Alves, rel. p/ acórdão Min. Maurício Corrêa, Plenário, j. 17.09.2003).

Lei de Execução Penal – prescrição da falta grave – aplicação analógica do art. 109, inc. VI, do CP: "Ante a inexistência de legislação específica quanto à prescrição de infrações disciplinares de natureza grave, aplica-se, por analogia, o Código Penal. Com base nessa orientação, a 2ª Turma indeferiu 'habeas corpus' no qual se pretendia restabelecer decisão de tribunal local, que reconhecera a prescrição de Processo Administrativo Disciplinar – PAD, instaurado para apurar suposta prática de falta grave. Na espécie, o paciente empreendera fuga do sistema prisional e, recapturado, contra ele fora instaurado o aludido PAD. Na sequência, o juízo das execuções deixara de homologar o PAD ao fundamento de não ter sido observado o prazo máximo de 30 dias para a sua conclusão, conforme previsto no Regime Disciplinar Penitenciário do Rio Grande do Sul, porém, reconhecera a prática de falta grave e determinara a regressão de regime, a perda dos dias remidos e a alteração da data-base para a concessão de novos benefícios para a data da recaptura. Interposto agravo em execução, o tribunal local reconhecera a prescrição do PAD e, por consequência, restabelecera o regime semiaberto, a data-base anterior e devolvera os dias remidos perdidos. No presente 'habeas corpus', a defesa afirmava que o tribunal 'a quo' teria reconhecido a prescrição do PAD e não a da falta grave e, prescrito aquele, não poderia prevalecer a falta grave. A Turma sublinhou que, em razão da ausência de norma específica, aplicar-se-ia, à evasão do estabelecimento prisional (infração disciplinar de natureza grave), o prazo prescricional de dois anos, em conformidade com o artigo 109, VI, do CP, com redação anterior à Lei 12.234/2010, que alterou esse prazo para três anos. Assinalou, ainda, que o Regime Penitenciário do Rio Grande do Sul não teria o condão de regular a prescrição. Destacou que essa matéria seria de competência legislativa privativa da União (CF, art. 22, I)" (STF: HC 114.422/RS, rel. Min. Gilmar Mendes, 2.ª Turma, j. 06.05.2014, noticiado no *Informativo* 745). *No mesmo sentido*: STF: HC 92.000/SP, rel. Min. Ricardo Lewandowski, 1.ª Turma, j. 13.11.2007; e STJ: HC 111.650/RS, rel. Min. Og Fernandes, 6.ª Turma, j. 28.06.2011.

Prescrição – matéria de ordem pública: "Apesar da prescrição não ter sido enfrentada nas instâncias ordinárias, trata-se de matéria de ordem pública, que pode e deve ser reconhecida de ofício ou a requerimento das partes, a qualquer tempo e grau de jurisdição, mesmo após o trânsito em julgado da condenação, nos termos do art. 61 do Código de Processo Penal, inclusive em sede de *habeas corpus*" (STJ: HC 162.084/MG, rel. Min. Og Fernandes, 6.ª Turma, j. 10.08.2010). *No mesmo sentido*: STJ: AgRg no REsp 1.316.912/SP, rel. Min. Maria Thereza de Assis Moura, 6.ª Turma, j. 18.03.2014.

Prescrição – matéria de ordem pública – reconhecimento de ofício – acórdão confirmatório da condenação – ausência de interrupção da prescrição: "Em voto-vista, o Ministro Dias Toffoli acompanhou o relator quanto ao não conhecimento do *writ*, ante a supressão de instância, porém, concedeu a ordem, de ofício, para assentar a extinção da punibilidade do paciente em virtude da ocorrência da prescrição do delito de estelionato previdenciário, na forma do art. 107, IV, do CP. Frisou que o tema da prescrição, em direito penal, seria matéria de ordem pública, passível de ser arguida e reconhecida a qualquer tempo, inclusive de ofício. Sublinhou que o acórdão que confirma a condenação de primeiro grau ou diminui a reprimenda imposta na sentença não interromperia a prescrição, pois sua natureza seria declaratória" (STF: HC 110.221/RJ, rel. Min. Luiz Fux, 1.ª Turma, j. 03.12.2013, noticiado no *Informativo* 731).

Prescrição – matéria preliminar: "1. O Superior Tribunal de Justiça firmou compreensão no sentido de que, consumando-se o lapso prescricional (prescrição subsequente ou superveniente) na pendência de recurso especial, deve-se declarar, preliminarmente, a extinção da punibilidade, com prejuízo do exame do mérito da causa. 2. Com efeito, uma vez declarada extinta a punibilidade, nos termos do art. 107, IV, do Código Penal, mostra-se patente a falta de interesse dos recorrentes em obter a absolvição em face da suposta atipicidade da conduta, em razão dos amplos efeitos do reconhecimento deste instituto" (STJ: REsp 908.863/SP, rel. Min. Og Fernandes, 6.ª Turma, j. 08.02.2011). *No mesmo sentido*: STJ: Rcl 4.515/SP, rel. Min. Maria Thereza de Assis Moura, 3.ª Seção, j. 27.04.2011.

Prescrição – penas restritivas de direitos: "1. A paciente foi condenada à pena de um ano de reclusão e 10 dias-multa (art. 171 do Código Penal), sendo que a pena privativa de liberdade foi substituída pela restritiva de direitos (pagamento de prestação pecuniária). Fato que não impede a aplicação dos prazos prescricionais fixados pelo art. 109 do CP. Dispositivo que, em seu parágrafo único, estende, expressamente, 'às penas restritivas de direito os mesmos prazos previstos para as privativas de liberdade'. 2. A pena restritiva de direitos é de natureza jurídica distinta da pena de multa. Inaplicabilidade, portanto, do inciso I do art. 114 do CP. Disposição legal que estabelece, de modo particularizado, o prazo prescricional de 2 (dois) anos para a pena de multa, quando essa multa 'for a única cominada ou aplicada'. O que, à evidência, não é o caso dos autos" (STF: HC 92.224/SP, rel. Min. Carlos Britto, 1.ª Turma, j. 20.11.2007). *No mesmo sentido*: STJ: REsp 1.023.429/SP, rel. Min. Felix Fischer, 5.ª Turma, j. 02.06.2009.

Prescrição da pretensão executória – efeitos: "Vale gizar que os efeitos da condenação remanescem apenas na hipótese de prescrição da pretensão executória, que retira do Estado a possibilidade de executar a pena, isto é, extingue-se a reprimenda, sem, contudo, rescindir a sentença condenatória. Logo, ela produz os demais efeitos penais e extrapenais. Aqui a sentença gera reincidência e serve como título executivo" (STJ: AgRg no AREsp 375.892/RJ, rel. Min. Jorge Mussi, 5.ª Turma, j. 05.08.2014).

Prescrição da pretensão punitiva – efeitos: "O reconhecimento da extinção da punibilidade pelo implemento da prescrição da pretensão punitiva estatal enseja o desaparecimento de todos os efeitos penais e extrapenais da condenação" (STJ: AgRg nos EREsp 1.022.286/RS, rel. Min. Regina Helena Costa, 3.ª Seção, j. 27.08.2014).

Prescrição virtual – pena máxima em abstrato – prescrição retroativa: "Por reputar ausente omissão, contradição ou obscuridade, o Plenário rejeitou embargos de declaração opostos de decisão que rejeitara os primeiros embargos – opostos de recebimento de denúncia –, porque protelatórios, mas concedeu, de ofício, *habeas corpus* para declarar extinta a punibilidade do embargante, com fundamento na prescrição da pretensão punitiva. A defesa sustentava a ocorrência da aludida causa de extinção da punibilidade, haja vista que o denunciado completara setenta anos de idade após o recebimento da inicial acusatória, o que reduziria o prazo prescricional à metade, nos termos do art. 115 do CP. Considerou-se transcorridos mais de dez anos entre a data do fato e o recebimento da exordial, de maneira que sequer a aplicação da pena máxima de cinco anos, cominada ao crime de apropriação indébita previdenciária (CP, art. 168-A), imputado ao parlamentar denunciado, impediria a extinção da punibilidade pela prescrição. Frisou-se que, na concreta situação dos autos, o acusado teria direito à redução do prazo prescricional pela metade, de forma que, tendo em conta a referida pena máxima, a prescrição de doze anos (CP, art. 109, III) operar-se-ia em seis. Assim, constatou-se, nos termos da antiga redação do art. 110, § 2º, do CP, a ocorrência da prescrição retroativa. Aduziu-se que a jurisprudência da Corte rejeitaria a possibilidade de reconhecimento da prescrição retroativa antecipada ('prescrição em perspectiva'). Consignou-se que o repúdio do STF à prescrição em perspectiva teria base na possibilidade de aditamento à denúncia e de descoberta de novos fatos aptos a alterar a capitulação jurídica da conduta. Por outro lado, anotou-se que, no caso, o órgão acusatório não sinalizara, em nenhum momento, essa hipótese. Ao contrário, opinara pelo reconhecimento da extinção da punibilidade pela prescrição da pretensão punitiva" (STF: Inq. 2.584 ED-ED/SP, rel. Min. Ayres Britto, Plenário, j. 01.03.2012, noticiado no *Informativo* 656).

Prescrição virtual ou em perspectiva – inadmissibilidade: "Não se admite a denominada prescrição em perspectiva, haja vista a inexistência de previsão legal do instituto. Com base nessa orientação, a Primeira Turma negou provimento a agravo regimental em que se impugnava decisão monocrática que determinara o prosseguimento de inquérito, ouvindo-se o Ministério Público Federal quanto a possíveis diligências. Na espécie, em face da diplomação de um dos investigados no cargo de deputado federal, os autos foram remetidos ao STF. A Turma destacou que, por ocasião do julgamento do presente recurso, o agravante não mais deteria prerrogativa de foro, porém, competiria ao STF processar e julgar o agravo regimental em que se impugna decisão monocrática de integrante da Corte. Apontou a inadequação da decisão do juízo de origem que teria prejulgado ação penal que sequer fora proposta, ao aventar uma possível penalidade e, a partir da pena hipotética, pronunciar a prescrição da pretensão punitiva. Afastada a prescrição e o arquivamento dos autos, a Turma determinou a remessa do inquérito ao juiz da vara criminal competente" (STF: Inq 3.574 AgR/MT, rel. Min. Marco Aurélio, 1.ª Turma, j. 02.06.2015, noticiado no *Informativo* 788).

Prescrição depois de transitar em julgado sentença final condenatória

Art. 110. A prescrição depois de transitar em julgado a sentença condenatória regula-se pela pena aplicada e verifica-se nos prazos fixados no artigo anterior, os quais se aumentam de um terço, se o condenado é reincidente.

§ 1º A prescrição, depois da sentença condenatória com trânsito em julgado para a acusação ou depois de improvido seu recurso, regula-se pela pena aplicada, não podendo, em nenhuma hipótese, ter por termo inicial data anterior à da denúncia ou queixa.

§ 2º (Revogado).

○ **Prescrição da pretensão executória ou prescrição da condenação:** É a **perda**, em razão da omissão do Estado durante determinado prazo legalmente previsto, **do direito e do dever de executar uma sanção penal** definitivamente aplicada pelo Poder Judiciário.

– **Forma de contagem:** A prescrição da pretensão executória da pena privativa de liberdade é calculada com base na **pena concreta**, fixada na sentença ou no acórdão, pois já existe trânsito em julgado da condenação para a acusação e para a defesa. É o que consta da **Súmula 604 do STF**: "A prescrição pela pena em concreto é somente da pretensão executória da pena privativa de liberdade." O Estado não tem mais a expectativa de aplicação da pena máxima (em abstrato), pois o seu limite para execução é o da pena definitiva. Deve, portanto, exercer o direito de punir dentro do prazo correlato à pena concreta, pois depois não mais poderá fazê-lo.

– **Reincidência**: Na hipótese de **reincidência**, devidamente reconhecida na sentença ou no acórdão, **o prazo prescricional aumenta-se de um terço** (art. 110, *caput*, do CP). Esse aumento é aplicável exclusivamente à prescrição da pretensão executória. A propósito, estabelece a **Súmula 220 do STJ**: "A reincidência não influi no prazo da prescrição da pretensão punitiva."

– **Fuga do condenado e revogação do livramento condicional**: Nos termos do art. 113 do CP: "No caso de **evadir-se o condenado** ou de **revogar-se o livramento condicional**, a prescrição é regulada pelo tempo que **resta** da pena." Esse dispositivo consagra o princípio penal segundo o qual "pena cumprida é pena extinta". Com efeito, se o condenado já cumpriu parte do débito correspondente à infração penal por ele cometida, o Estado não tem mais o poder de executá-la, razão pela qual esse período não pode ser computado no cálculo prescricional.

○ **Prescrição superveniente, intercorrente ou subsequente:** É a **modalidade de prescrição da pretensão punitiva** (não há trânsito em julgado para ambas as partes) que se verifica entre a publicação da sentença condenatória recorrível (ou acórdão condenatório recorrível) e seu trânsito em julgado para a defesa. Daí seu nome: superveniente, ou seja, **posterior à sentença**. Depende do trânsito em julgado para a acusação no tocante à pena imposta, seja pela não interposição de recurso, seja pelo seu improvimento. Portanto, é possível falar em prescrição intercorrente ainda que sem trânsito em julgado para a acusação, quando tenha recorrido o MP ou o querelante sem pleitear o aumento da pena (exemplo: modificação do regime prisional). Além disso, admite-se também a prescrição intercorrente quando o recurso da acusação visa ao aumento da pena, mas mesmo com o seu provimento e considerando-se a pena imposta pelo Tribunal, ainda assim tenha decorrido o prazo prescricional. Exemplo: a pena do furto simples foi fixada em 1 (um) ano. O MP recorre, requerendo seja a reprimenda elevada para 2 (dois) anos. Ainda que obtenha êxito, o prazo da prescrição permanecerá inalterado em 4 (quatro) anos.

– Cálculo da prescrição superveniente, intercorrente ou subsequente: É calculada com base na **pena aplicada**. Nos termos da **Súmula 146 do STF**: "A prescrição da ação penal regula-se pela pena concretizada na sentença, quando não há recurso da acusação." De fato, se a sentença condenatória aplicou uma pena ao réu, e contra ela não foi interposto recurso, ou, se o foi, negou-se provimento, o Tribunal não pode agravar a situação do condenado em recurso exclusivo da defesa, como determina o art. 617 do CPP, ao consagrar o princípio da *non reformatio in pejus*. Com efeito, a pena imposta na sentença é a mais grave que o réu pode suportar. Pode ser mantida, diminuída ou mesmo suprimida no julgamento de seu eventual recurso. Logo, o Estado deve fazer com que seja cumprida no prazo a ela correspondente, e não mais levando em conta a pena máxima em abstrato.

– Termo inicial: A prescrição intercorrente começa a fluir com a publicação da sentença (ou acórdão) condenatória recorrível, embora condicionada ao trânsito em julgado para a acusação. Em suma, depende do trânsito em julgado para o MP ou para o querelante, mas, com esse pressuposto, seu prazo inicial retroage à data da publicação do decreto condenatório.

– Motivos para sua ocorrência: A prescrição superveniente pode ocorrer por dois motivos: (1) demora em se intimar o réu da sentença, isto é, ultrapassa-se o prazo prescricional e o réu ainda não foi dela intimado (art. 392 do CPP); ou (2) demora no julgamento do recurso de defesa, ou seja, o réu foi intimado, recorreu, superou-se o prazo da prescrição e o Tribunal ainda não apreciou o seu recurso.

– Momento adequado para o seu reconhecimento: A prescrição superveniente **não pode ser decretada na própria sentença condenatória**, em face da ausência do trânsito em julgado para a acusação, ou do improvimento do seu recurso. Depois do trânsito em julgado para a acusação, seja com o decurso *in albis* do prazo recursal, seja com o improvimento do seu recurso pelo Tribunal, há duas posições acerca do momento adequado para o seu reconhecimento: (1) Pode ser reconhecida exclusivamente pelo Tribunal, pois o magistrado de 1.ª instância, ao proferir a sentença, esgota a sua atividade jurisdicional. Essa posição, extremamente conservadora, é custosa e demorada, pois obriga o réu a recorrer somente para que seja decretada a prescrição. (2) Pode ser decretada em 1.º grau de jurisdição, por se tratar de matéria de ordem pública, a qual pode ser reconhecida de ofício a qualquer tempo (art. 61, *caput*, do CPP). É o entendimento do STJ. No Estado de São Paulo, o Provimento 3/1994 da Corregedoria-Geral da Justiça recomenda ao juiz de Direito que, constatando a prescrição, declare a extinção da punibilidade, por economia processual, ainda que já tenha proferido a sentença condenatória.

– Redução da pena imposta pela sentença e pendência de recurso da acusação: Na hipótese em que a pena imposta pela sentença de 1.ª instância for reduzida pelo Tribunal, a prescrição superveniente (entre a sentença e o acórdão) deve ser calculada com base na pena aplicada pela **sentença condenatória**, a teor da regra prevista no art. 110, § 1.º, do CP. Esse raciocínio fica ainda mais reforçado com a eventual existência de recurso especial ou extraordinário ajuizado pela acusação contra o acórdão que diminui a reprimenda utilizada como parâmetro para o cômputo prescricional.

○ **Prescrição retroativa:** Damásio E. de Jesus informa ter ocorrido em 12 de junho de 1946, nos autos do HC 29.370, rel. Min. Castro Nunes, a pioneira manifestação do STF sobre o que iria posteriormente se transformar na **prescrição retroativa**: "Se o art. 109, depois de assentar o princípio de que a prescrição da ação é a que ocorre antes do trânsito em julgado da sentença final, admite uma exceção, a do parágrafo único do art. 110 [...], parece claro que a exceção se refere à prescrição do procedimento penal. A razão do dispositivo legal é óbvia: se pelo recurso do réu não seria possível uma *reformatio in pejus*, a fixação da pena se torna definitiva, como se fora a pena cominada na lei."

– Cálculo da prescrição retroativa: Esta espécie da prescrição da pretensão punitiva (não há trânsito em julgado da condenação para ambas as partes) é calculada pela **pena aplicada**, ou seja, pela pena imposta na sentença condenatória. É o que se extrai do § 1.º do dispositivo em análise, e também da **Súmula 146 do STF**: "A prescrição da ação penal regula-se pela pena concretizada na sentença, quando não há recurso da acusação." Depende, contudo, do **trânsito em julgado da sentença condenatória (ou acórdão condenatório) para a acusação no tocante à pena imposta, seja pela não interposição do recurso cabível no prazo legal, seja pelo fato de ter sido improvido seu recurso.** Se a sentença condenatória aplicou determinada pena ao réu, contra a qual não foi interposto recurso, ou, se o foi, negou-se provimento, a instância superior não pode agravar a situação do condenado em recurso exclusivo da defesa, como determina o art. 617 do CPP, ao consagrar o princípio da *non reformatio in pejus.*

– **Termo inicial:** A prescrição retroativa começa a correr a partir da publicação da sentença ou do acórdão condenatório, desde que haja transitado em julgado para a acusação ou ao seu recurso tenha sido negado provimento. Justifica-se seu nome, **"retroativa"**, pelo fato de ser contada da sentença ou acórdão condenatórios **para trás**.

– **Períodos prescricionais:** Nos crimes em geral, a prescrição retroativa pode ocorrer entre a publicação da sentença ou acórdão condenatórios e o recebimento da denúncia ou queixa. Já nos **crimes de competência do Tribunal do Júri**, a prescrição retroativa pode se verificar: (a) entre a publicação da sentença ou acórdão condenatório e a decisão confirmatória da pronúncia; (b) entre a decisão confirmatória da pronúncia e a pronúncia; (c) entre a pronúncia e o recebimento da denúncia ou queixa.

– **Inovações da Lei 12.234/2010:** Esta lei, responsável pela atual redação do art. 110 do CP, promoveu diversas modificações no âmbito da prescrição, notadamente na seara da prescrição retroativa. Sua finalidade precípua, a teor do seu art. 1.º, consistia na **eliminação da prescrição retroativa**. Aliás, esta espécie de prescrição é criação genuinamente brasileira, introduzida em nosso Direito Penal na década de 1960 por diversos julgados que culminaram na edição da **Súmula 146 do STF**, e posteriormente sacramentada no revogado § 2.º do art. 110 do CP, nos moldes da redação conferida pela Reforma da Parte Geral do CP pela Lei 7.209/1984. Entretanto, não se operou a total eliminação da prescrição retroativa, como pretendia o art. 1.º da Lei 12.234/2010. Da leitura do § 1.º do art. 110 nota-se facilmente a sobrevivência da prescrição retroativa na fase processual, ou seja, após o oferecimento da denúncia ou queixa. Mas não se pode reconhecer a prescrição retroativa na fase investigatória, isto é, no período compreendido entre a data do fato e o oferecimento da inicial acusatória. Assim, a Lei 12.234/2010 promoveu a **extinção parcial** da prescrição retroativa. A investigação criminal, desacompanhada de acusação formal e de cunho extraprocessual (não é processo, e sim procedimento), comporta dilação temporal mais ampla, orientada somente pelo máximo da pena privativa de liberdade em abstrato. Com efeito, não há falar em imprescritibilidade penal no período anterior ao recebimento da denúncia ou queixa, pois continua a incidir, normalmente, a prescrição da pretensão punitiva propriamente dita (prescrição da ação) como castigo à inércia estatal. Por essa razão, não há espaço para a prescrição retroativa na fase investigatória. De seu turno, com o oferecimento da denúncia ou queixa, tem início a ação penal, impondo-se um ônus ao imputado em face da acusação formal contra ele endereçada. A lentidão em seu trâmite ofende um direito fundamental, consistente na razoável duração do processo (art. 5.º, LXXVIII, da CF), e é sancionada com a prescrição retroativa.

– **Recebimento e oferecimento da denúncia ou queixa:** A nova redação do § 1.º do art. 110 do CP poderia ter sido mais precisa. Com efeito, ao invés de falar em "data anterior ao **recebimento** da denúncia ou queixa", como fez o art. 117, I, do CP, falou em "data anterior à da denúncia ou queixa", o que autoriza a conclusão no sentido de referir-se ao **oferecimento**, ou seja, ao ajuizamento da denúncia ou queixa. Portanto, existem duas datas importantes relacionadas à prescrição: (a) a do **oferecimento** da denúncia ou queixa, destinada a impedir a prescrição retroativa em data anterior a esse fato (art. 110, § 1.º, *in fine*, do CP); e (b) a do **recebimento** da denúncia ou queixa, voltada à interrupção do prazo prescricional (art. 117, I, do CP).

– **Momento adequado para o seu reconhecimento:** A prescrição retroativa **jamais pode ser reconhecida na própria sentença condenatória**, em face da ausência de um pressuposto fundamental: o trânsito em julgado para a acusação ou o improvimento do seu recurso. Depois do trânsito em julgado para a acusação, seja com o decurso *in albis* do prazo recursal, seja com o improvimento do seu recurso pelo Tribunal, há duas posições acerca do momento adequado para a decretação da prescrição retroativa: *1.ª posição:* Pode ser reconhecida exclusivamente pelo Tribunal, pois o magistrado de 1.ª instância, ao proferir a sentença, exaure sua função jurisdicional. Essa posição, extremamente conservadora, é custosa e demorada, pois obriga o réu a recorrer somente para que seja decretada a prescrição. *2.ª posição:* Pode ser decretada em 1º grau de jurisdição, pelo juízo sentenciante ou pelo juízo da execução, por se tratar de matéria de ordem pública, a qual pode ser reconhecida de ofício a qualquer tempo (art. 61, *caput*, do CPP). É a posição consagrada no STJ. No Estado de São Paulo, o Provimento 3/1994 da Corregedoria-Geral da Justiça recomenda ao juiz de Direito que, constatando a prescrição, declare a extinção da punibilidade, por economia processual, ainda que já tenha proferido a sentença condenatória.

○ **Prescrição virtual, projetada, antecipada, prognostical ou retroativa em perspectiva:** Trata-se de construção doutrinária e jurisprudencial. Decreta-se a extinção da punibilidade com fundamento na perspectiva de que, mesmo na hipótese de eventual condenação, inevitavelmente ocorrerá a prescrição retroativa. Relevante parcela da doutrina é favorável à adoção prática dessa espécie de prescrição, por dois motivos: **ausência de interesse de agir e economia processual**. Não existiria utilidade na ação penal, pois irremediavelmente ocorreria a prescrição retroativa, tornando inócuo o seu emprego. Ademais, seria despropositado gastar tempo dos operadores da Justiça, e, principalmente, dinheiro público, com um processo penal fadado a ter reconhecida a extinção da punibilidade. Advirta-se, contudo, que mesmo para os que aceitam essa construção científica é necessário agir com bom senso. O réu não tem, antecipadamente, o direito de receber a pena mínima. Portanto, é equivocado desejar a incidência da prescrição antecipada quando, com a pena rasa, estaria extinta a punibilidade. Em verdade, só há falar nessa espécie de prescrição quando, exclusivamente, a pena máxima, ou algo dela muito próximo, seria capaz de evitar a extinção da punibilidade. Os tribunais superiores não vêm admitindo essa espécie fictícia de prescrição. A respeito, o **STJ** editou a **Súmula 438**: "É inadmissível a extinção da punibilidade pela prescrição da pretensão punitiva com fundamento em pena hipotética, independentemente da existência ou sorte do processo penal". É também a jurisprudência consolidada no Supremo Tribunal Federal.

– **Prescrição virtual e o § 1.º do art. 110 do CP:** A alteração desse dispositivo pela Lei 12.234/2010, efetuada com a finalidade de impedir a prescrição retroativa em período anterior à denúncia ou queixa, tornou extremamente difícil a ocorrência prática da prescrição virtual. Como se sabe, a prescrição antecipada normalmente se verificava na fase investigatória, ou seja, entre o fato criminoso e a provável data do recebimento da denúncia ou queixa. Subsiste, entretanto, a possibilidade de reconhecimento da prescrição retroativa na fase judicial, isto é, entre a publicação da sentença condenatória recorrível e o recebimento da denúncia ou queixa. Para os adeptos da prescrição virtual, esta brecha abre ensejo para sua constatação durante o desenrolar da ação penal.

– **Prescrição virtual nos crimes de competência do Tribunal do Júri:** A prescrição antecipada, para os defensores desse instituto, seria possível em três momentos distintos: (a) entre a publicação da sentença condenatória recorrível e a decisão confirmatória da pronúncia; (b) entre a decisão confirmatória da pronúncia e a pronúncia; e (c) entre a pronúncia e o recebimento da denúncia ou queixa.

○ **Prescrição das medidas de segurança:** As medidas de segurança, qualquer que seja sua espécie, podem ser aplicadas aos inimputáveis (art. 26, *caput*, do CP) ou aos semi-imputáveis (art. 26, parágrafo único, do CP), quando comprovada a periculosidade e o condenado necessitar de especial tratamento curativo. Submetem-se, em qualquer hipótese, ao instituto da prescrição. No tocante aos **semi-imputáveis**, a prescrição segue a sistemática inerente às penas privativas de liberdade, uma vez que leva em conta a pena diminuída aplicada com a condenação e depois substituída por medida de segurança (art. 98 do CP). Existe uma sentença condenatória concreta apta a servir de parâmetro para o cálculo do prazo prescricional. A questão é diversa, porém, em relação aos **inimputáveis**. Destacam-se duas posições acerca do tema: *1.ª posição:* É possível somente a prescrição da pretensão punitiva, com base na pena máxima em abstrato, e jamais a prescrição da pretensão executória, porque esta última exige a imposição de pena concreta, o que não se dá na medida de segurança aplicada ao inimputável. Depois de atribuída a medida de segurança, se o inimputável não for encontrado imediatamente (pela fuga ou qualquer outra causa), mas só depois de superado seu prazo mínimo, o correto é analisar se subsiste ou não a periculosidade do agente que legitimou a sanção penal. Em caso positivo, deve ser executada. Em caso negativo, declara-se sua extinção. *2.ª posição:* Podem ocorrer ambas as espécies de prescrição: da pretensão punitiva e da pretensão executória, calculando-se as duas em conformidade com a pena máxima em abstrato. Essa última posição é aceita pelo STF.

○ **Jurisprudência selecionada:**

Medida de segurança – prescrição – pena máxima em abstrato: "A jurisprudência desta Corte, em valiosa manifestação de prestígio à dignidade da pessoa humana, consolidou entendimento segundo o qual, em caso de sentença absolutória imprópria, a prescrição da pretensão executória tem como parâmetro a pena máxima cominada ao delito imputado" (STJ: RHC 33.638/RJ, rel. Min. Maria Thereza de Assis Moura, 6.ª Turma, j. 05.08.2014). *No mesmo sentido:* STJ: RHC 30.915/SP, rel. Min. Rogério Schietti Cruz, 6.ª Turma, j. 18.06.2014.

Medida de segurança – absolvição imprópria – pena máxima em abstrato: "A prescrição da medida de segurança imposta em sentença absolutória imprópria é regulada pela pena máxima abstratamente prevista para o delito. O CP não cuida expressamente da prescrição de medida de segurança, mas essa é considerada uma espécie do gênero sanção penal. Assim considerada, sujeita-se às regras previstas no CP relativas aos prazos prescricionais e às diversas causas interruptivas da prescrição. O STF já se manifestou nesse sentido ao entender que incide o instituto da prescrição na medida de segurança, estipulando que 'é espécie do gênero sanção penal e se sujeita, por isso mesmo, à regra contida no artigo 109 do Código Penal' (RHC 86.888-SP, Primeira Turma, *DJ* de 02.12.2005). Esta Corte Superior, por sua vez, já enfrentou a questão, também considerando a medida de segurança como espécie de sanção penal e, portanto, igualmente sujeita à prescrição e suas regras, assentando, ainda, que o lapso temporal necessário à verificação da referida causa de extinção da punibilidade deve ser encontrado tendo como referência a pena máxima abstratamente prevista para o delito" (STJ: RHC 39.920/RJ, rel. Min. Jorge Mussi, 5.ª Turma, j. 06.02.2014, noticiado no *Informativo* 535).

Prescrição da pretensão executória – medida de segurança – cálculo: "1. A prescrição da pretensão executória alcança não só os imputáveis, mas também aqueles submetidos ao regime de medida de segurança. Precedentes. 2. Consoante dispõe o art. 115 do Código Penal, são reduzidos de metade os prazos de prescrição quando o criminoso era, ao tempo do crime, menor de 21 (vinte e um) anos. 3. Na hipótese, após verificar ultrapassado o prazo de 10 (dez) anos entre a determinação da internação do paciente e o início de cumprimento da medida de segurança, o Juízo da Execução, acertadamente, reconheceu a extinção da punibilidade pela prescrição da pretensão executória" (STJ: HC 59.764/SP, rel. Min. Og Fernandes, 6.ª Turma, j. 25.05.2010).

Prescrição da pretensão executória – pena restritiva de direitos – abandono no cumprimento: "No caso de abandono pelo sentenciado do cumprimento da pena restritiva de direitos – prestação de serviços à comunidade –, a prescrição da pretensão executória será regulada pelo tempo restante do cumprimento da medida substitutiva imposta. Com base nesse entendimento, a Turma concedeu a ordem para declarar extinta a punibilidade do paciente pela ocorrência da prescrição executória da pena. Ao conferir interpretação extensiva ao art. 113 do CP, decidiu-se que o abandono no cumprimento da pena restritiva de direitos pode se equiparado às hipóteses de 'evasão' e da 'revogação do livramento condicional' previstas no referido artigo, uma vez que as situações se assemelham na medida em que há, em todos os casos, sentença condenatória e o cumprimento de parte da pena pelo sentenciado" (STJ: HC 232.764/RS, rel. Min. Maria Thereza de Assis Moura, 6.ª Turma, j. 25.06.2012, noticiado no *Informativo* 500).

Prescrição retroativa – cálculo: "A prescrição da pretensão punitiva após o trânsito em julgado para a acusação tem como parâmetro a pena in concreto, aí compreendida eventual exasperação pela aplicação de agravante genérica. A pena imposta ao paciente foi de dois anos e seis meses de reclusão, o que leva ao prazo prescricional de oito anos (CP, art. 109, IV). Esse interregno temporal não foi ultrapassado entre o recebimento da denúncia e a publicação da sentença condenatória" (STF: HC 91.959/TO, rel. Min. Eros Grau, 2.ª Turma, j. 09.10.2007).

Prescrição retroativa – constitucionalidade: "É constitucional o art. 110, § 1º, do CP ('§ 1º A prescrição, depois da sentença condenatória com trânsito em julgado para a acusação ou depois de improvido seu recurso, regula-se pela pena aplicada, não podendo, em nenhuma hipótese, ter por termo inicial data anterior à da denúncia ou queixa'), na redação dada pela Lei 12.234/2010. Essa a conclusão do Plenário que, por maioria, denegou *habeas corpus* em que se pleiteava o reconhecimento da prescrição da pretensão punitiva em favor do paciente, na modalidade retroativa, entre a data do fato e o recebimento da denúncia, diante da pena em concreto aplicada, por decisão transitada em julgado para a acusação. No caso, ele fora condenado à pena de um ano de reclusão, como incurso nas sanções do art. 240 do CPM (furto). Alegava-se que a citada inovação legislativa teria praticamente eliminado as possibilidades de se reconhecer a prescrição retroativa, e que o direito à prescrição seria qualificado, implicitamente, como um dos direitos fundamentais dos cidadãos pela Constituição. O Colegiado realizou retrospectiva histórica a respeito da prescrição retroativa na legislação pátria, a culminar na alteração promovida pela Lei 12.234/2010. O dispositivo do art. 110 do CP, antes do advento da mencionada lei, tratava da prescrição calculada pela pena concretamente fixada na sentença condenatória, desde que houvesse trânsito em julgado para a acusação ou desde que improvido seu recurso. A Corte consignou que a diferença entre a prescrição retroativa e a intercorrente residiria no fato de esta ocorrer entre a publicação da sentença condenatória e o trânsito em julgado para a defesa; e aquela seria contada da publicação da decisão condenatória para trás. A prescrição seria novamente computada, pois, antes, tivera seu prazo calculado em função da maior pena possível e, depois, seria verificada de acordo com a pena aplicada na sentença. Por essa razão, se o julgador constatasse não ocorrida a prescrição com base na pena concreta entre a publicação da sentença condenatória e o acórdão, passaria imediatamente a conferir se o novo prazo prescricional, calculado de acordo com a pena concreta, teria ocorrido entre: a) a data do fato e o recebimento da denúncia ou queixa; b) o recebimento da denúncia ou queixa e a pronúncia; c) a pronúncia e sua confirmação por acórdão; d) a pronúncia ou o seu acórdão confirmatório e a sentença condenatória; e e) o recebimento da denúncia ou queixa e a publicação da sentença condenatória, no caso de crimes não dolosos contra a vida. Essa modalidade de prescrição seria denominada 'retroativa' porque contada para trás, da condenação até a pronúncia ou recebimento da denúncia ou queixa, conforme a espécie de crime. Com a promulgação da nova lei, a prescrição, depois da sentença condenatória com trânsito em julgado para a acusação ou depois de improvido seu recurso, seria regulada pela pena aplicada, e não poderia ter por termo inicial data anterior à da denúncia ou queixa. Desse modo, fora vedada a prescrição retroativa incidente entre a data do fato e o recebimento da denúncia ou queixa. Nesse contexto, não se operaria a prescrição retroativa durante a fase do inquérito policial ou da investigação criminal, período em que ocorrida a apuração do fato, mas poderia incidir a prescrição da pretensão punitiva pela pena máxima em abstrato. Ademais, a norma não retroagiria, para não prejudicar autores de crimes cometidos antes de sua entrada em vigor. O Tribunal mencionou a existência de corrente doutrinária defensora da inconstitucionalidade dessa alteração legislativa, por supostamente violar a proporcionalidade e os princípios da dignidade humana, da humanidade da pena, da culpabilidade, da individualização da pena, da isonomia e da razoável duração do processo. Outra corrente afirmaria a extinção da prescrição na modalidade retroativa pela Lei 12.234/2010. A Corte aduziu, entretanto, que essa inovação estaria inserta na liberdade de conformação do legislador, que teria legitimidade democrática para, ao restringir direitos, escolher os meios que reputasse adequados para a consecução de determinados objetivos, desde que não lhe fosse vedado pela Constituição e nem violasse a proporcionalidade, a fim de realizar uma tarefa de concordância prática justificada pela defesa de outros bens ou direitos constitucionalmente protegidos. O Plenário ponderou, ainda, que os fluxos do sistema de justiça criminal no Brasil seriam pouco eficientes, e que a taxa de esclarecimento de crimes seria demasiado baixa, a indicar a impossibilidade de se investigar, com eficiência, todos os crimes praticados. Isso demonstraria a vinculação da nova lei com a realidade. Nesse sentido, dada a impossibilidade financeira de o Estado atender, em sua plenitude, a todas as outras demandas sociais, seria irreal pretender que os órgãos da persecução devessem ser providos de toda a estrutura material e humana para investigar, com eficiência e celeridade, todo e qualquer crime praticado. A avassaladora massa de delitos a apurar seria uma das causas da impunidade, dada a demora ou impossibilidade no seu esclarecimento, na verificação da responsabilidade penal e na punição do culpado, assim reconhecido definitivamente. Dessa maneira, o legislador optara por não mais prestigiar um sistema de prescrição da pretensão punitiva retroativa que culminava por esvaziar a efetividade da tutela jurisdicional penal. Demais disso, essa modalidade de prescrição, calculada a partir da pena aplicada na sentença, constituiria peculiaridade da lei brasileira, que não encontraria similar no direito comparado. Nas legislações alienígenas, a prescrição da pretensão punitiva seria regulada pela pena máxima em abstrato, e nunca pela pena aplicada, a qual regularia apenas a prescrição da pretensão executória. Isso demonstraria que, embora a pena justa para o crime fosse a imposta na sentença, seria questão de política criminal, a cargo do legislador, estabelecer se a prescrição, enquanto não ocorrido o trânsito em julgado, deveria ser regulada pela pena abstrata ou concreta, bem como, nesta hipótese, definir a expansão dos efeitos *ex tunc*. Vencido o Ministro Marco Aurélio, que concedia a ordem e assentava a inconstitucionalidade do art. 110, § 1º, do CP. Assinalava que não se poderia chancelar a possibilidade de o Ministério Público ou o titular de ação penal privada não ter prazo para atuar, ainda que houvesse dados suficientes para a propositura de ação penal, independentemente de investigação" (STF: HC 122.694/SP, rel. Min. Dias Toffoli, Plenário, j. 10.12.2014, noticiado no *Informativo* 771).

Prescrição superveniente: "2. A pena de um ano prescreve em quatro, sendo o réu menor de vinte e um anos à época do fato, prescreve na metade desse tempo. 3. Verificado o transcurso do tempo necessário exigido em lei para a extinção da punibilidade, deve ser declarada a prescrição da pretensão punitiva em sua modalidade superveniente quando o decurso de tempo se verifica após a sentença condenatória" (STJ: EDcl no REsp 817.698/RS, rel. Min. Jane Silva (Desembargadora convocada do TJ/MG), 6.ª Turma, j. 29.04.2008).

Prescrição superveniente – continuidade delitiva – cálculo: "1. Dispõe o art. 110, § 1º, do CPB que a prescrição, depois da sentença condenatória com trânsito em julgado para a acusação, ou depois de improvido seu recurso, regula-se pela pena aplicada. 2. Ausente recurso de Apelação do Ministério Público, para o cálculo da prescrição, deve ser considerada a redução da pena operada em 2º Grau, que a fixou em 2 anos, prescrevendo, dessa forma, em 4 anos (art. 109, V do CPB), afastado o percentual de elevação de 1/6, nos termos da Súmula 497/STF, segundo a qual, quando se tratar de crime continuado, a prescrição regula-se pela pena imposta na sentença, não se computando o acréscimo decorrente da continuação; assim sendo, na hipótese, impõe-se o reconhecimento da prescrição da pretensão punitiva estatal, uma vez decorridos mais de 7 anos entre a sentença recorrível e o trânsito em julgado para a defesa. 3. Cuida-se, neste caso, da prescrição denominada intercorrente, superveniente ou subsequente, modalidade de prescrição da pretensão punitiva do Estado com base na pena efetivamente aplicada, após o trânsito em julgado para a acusação" (STJ: HC 62.933/MT, rel. Min. Napoleão Nunes Maia Filho, 5.ª Turma, j. 20.11.2007).

Prescrição superveniente – pena aplicada na sentença: "A 'pena aplicada' a que se refere o § 1º do artigo 110 é a pena da sentença condenatória, e não de eventual acórdão que reduza a pena em grau de apelação, mormente se ainda se encontra em trâmite Recurso Especial do Ministério Público" (STJ: HC 53.351/RJ, rel. Min. Maria Thereza de Assis Moura, 6.ª Turma, j. 24.04.2007).

Reincidência – aumento do prazo da prescrição da pretensão punitiva – impossibilidade: "Transcurso de 2 anos entre o recebimento da denúncia e a sentença condenatória. Pena de 3 meses de detenção. Reincidência. Acréscimo de 1/3. Inadmissibilidade. Hipótese que não é de pretensão executória. HC concedido. Precedentes. Inteligência do art. 110, *caput* e §§ 1º e 2º, do CP. O acréscimo de que cuida o art. 110, *caput*, do Código Penal, não se aplica a prescrição da pretensão punitiva, mas apenas da executória" (STF: HC 87.716/SP, rel. Min. Cezar Peluso, 1.ª Turma, j. 09.05.2006).

Termo inicial da prescrição antes de transitar em julgado a sentença final

> **Art. 111.** A prescrição, antes de transitar em julgado a sentença final, começa a correr:
>
> I – do dia em que o crime se consumou;
>
> II – no caso de tentativa, do dia em que cessou a atividade criminosa;
>
> III – nos crimes permanentes, do dia em que cessou a permanência;
>
> IV – nos de bigamia e nos de falsificação ou alteração de assentamento do registro civil, da data em que o fato se tornou conhecido.
>
> V – nos crimes contra a dignidade sexual ou que envolvam violência contra a criança e o adolescente, previstos neste Código ou em legislação especial, da data em que a vítima completar 18 (dezoito) anos, salvo se a esse tempo já houver sido proposta a ação penal.

○ **Termo inicial da prescrição da pretensão punitiva:** O art. 111 do CP possui uma regra geral *(inciso I)* e exceções *(incisos II a V)*.

○ **Regra geral (inciso I):** A normalidade é a fluência do prazo da prescrição da pretensão punitiva a partir da data em que o crime se consumou. Nos crimes materiais, inicia-se com a produção do resultado naturalístico, enquanto nos crimes formais e nos de mera conduta opera-se a partir da prática da conduta criminosa. Em relação ao tempo do crime, o art. 4.º do CP acolheu a teoria da atividade. Todavia, no tocante à prescrição, adotou-se a **teoria do resultado**, pois o que importa é o dia da consumação. Se o caso concreto acarretar em dúvida insolúvel, resolve-se a questão em prol do réu, considerando como data da consumação a mais remota, em que a prescrição terá se iniciado há mais tempo. Exemplo: encontra-se um feto, já em estado de putrefação, e descobre-se ter sido praticado por determinada mulher um aborto criminoso. A perícia conclui ter o delito ocorrido entre os meses de janeiro e setembro de um dado ano, sem especificar a data. Deve ser considerado, como início do prazo prescricional, o dia 1.º de janeiro, mais favorável à agente.

○ **Exceções:** As exceções foram **taxativamente** previstas em lei. Não se admite a analogia contrária ao réu, uma vez que o início tardio da prescrição seria a ele prejudicial, por dificultar a extinção da punibilidade. Vejamos cada uma delas.

– **Tentativa (inciso II):** A prescrição tem início no **dia em que cessou a atividade criminosa**, isto é, no dia em que foi praticado o último ato de execução.

– Crimes permanentes (inciso III): Crimes permanentes são aqueles em que a consumação se prolonga no tempo, por vontade do agente. **Nesses delitos, enquanto não encerrada a permanência, é dizer, enquanto não cessada a consumação, não se inicia o trâmite do prazo prescricional.** O fundamento dessa exceção é simples: a consumação se arrasta no tempo, somente se aperfeiçoando com o fim da permanência. Em suma, o crime continua se consumando. A propósito, no crime de sequestro, de índole permanente, o STF já decidiu que, se as vítimas jamais forem encontradas (com ou sem vida), o prazo prescricional não se inicia, pois não se pode concluir pelo esgotamento da atividade criminosa. *Crimes habituais:* São os que se compõem da reiteração de diversos atos, isoladamente considerados irrelevantes perante o Direito Penal. É o caso do exercício ilegal da medicina (art. 282 do CP), em que não basta a prática de um ato privativo de médico, mas que essa postura se revele como o estilo de vida do agente. Nesses delitos, o prazo prescricional inicia-se **a partir da data da última das ações que constituem o fato típico.** Não há diversos crimes, mas um delito único que atinge a consumação apenas com o último ato executório. Exemplo: no exercício ilegal da medicina, a prescrição flui a partir da última prática ilegal de ato privativo de médico.

– Crimes de bigamia e de falsificação ou alteração de assentamento do registro civil (inciso IV): Nesses crimes, a prescrição começa a correr **a partir da data em que o fato se tornar conhecido.** O conhecimento do fato, exigido pela lei, refere-se à autoridade pública que tenha poderes para apurar, processar ou punir o responsável pelo delito, aí se incluindo o Delegado de Polícia, o membro do MP e o órgão do Poder Judiciário. Prevalece o entendimento de que não é necessária a ciência formal do crime (notícia do delito perante o Poder Público), bastando a de cunho presumido, relativa à notoriedade do fato.

– Crimes contra a dignidade sexual ou que envolvam violência contra a criança e o adolescente (inciso V): Este inciso foi criado pela Lei 12.650/2012, também conhecida como "Lei Joanna Maranhão",[397] e posteriormente alterado pela Lei 14.344/2022 – "Lei Henry Borel".[398] No campo dos **crimes contra a dignidade sexual**, é importante observar que essa regra somente incide no tocante aos delitos praticados contra crianças ou adolescentes, não se aplicando aos **demais vulneráveis**, diversos dos menores de 14 anos, elencados pelo parágrafo único do art. 217-A do Código Penal (pessoas com enfermidade ou deficiência mental, sem discernimento para o ato, ou que, por qualquer outra causa, não possam oferecer resistência).

a) Fundamento: Lamentavelmente, a ampla maioria dos crimes sexuais ou violentos contra vítimas menores de 18 anos ocorre no ambiente doméstico, e seus autores são justamente aqueles que deveriam zelar pelo desenvolvimento das crianças e dos adolescentes: pais, padrastos, avós, parentes em geral e pessoas com alguma relação de afinidade. Muito embora em tais delitos a ação penal em regra seja pública incondicionada – nos crimes contra a dignidade sexual há regra expressa nesse sentido (CP, art. 225) –, razão pela qual a autoridade policial e o Ministério Público poderiam (e deveriam) iniciar a persecução penal de ofício, independentemente de autorização da vítima ou do seu representante legal, os crimes desta natureza normalmente ficam em sigilo. As vítimas, por medo, ingenuidade ou até mesmo pela falta de acesso aos órgãos públicos, não levam os fatos ao conhecimento das autoridades competentes.

---

[397] Joanna Maranhão denunciou, no ano de 2008, os abusos sexuais que sofreu, aos 9 anos de idade, no início da carreira de nadadora, de Eugênio Miranda, seu então treinador.

[398] Henry Borel Medeiros, então com 4 (quatro) anos de idade, foi assassinado no dia 08 de março de 2021, no apartamento em que moravam sua mãe, Monique Medeiros da Costa e Silva, e seu padrasto, o médico e à época vereador Jairo Souza Santos Júnior, conhecido como "Dr. Jairinho". A Lei 14.344/2022 criou mecanismos para a prevenção e o enfrentamento da violência doméstica e familiar contra a criança e o adolescente, nos termos do § 8.º do art. 226 e do § 4.º do art. 227 da Constituição Federal e das disposições específicas previstas em tratados, convenções ou acordos internacionais de que o Brasil seja parte, e implementou modificações no Código Penal, na Lei 7.210/1984 – Lei de Execução Penal, na Lei 8.069/1990 – Estatuto da Criança e do Adolescente, na Lei 8.072/1990 – Lei dos Crimes Hediondos e na Lei 13.431/2017, que estabelece o sistema de garantia de direitos da criança e do adolescente vítima ou testemunha de violência.

Apenas ao atingir a maioridade, o ofendido terá plenas condições para manter-se por conta própria, encerrando a relação de dependência perante seu agressor ou qualquer outra pessoa que pretenda blindar-se com a impunidade.

b) Termo inicial da prescrição: Dar-se-á na data em que a vítima completar 18 anos, salvo se a esse tempo já houver sido proposta a ação penal. A prescrição começará a fluir da data do oferecimento da denúncia ou queixa (ação penal privada subsidiária da pública), e o Estado estará habilitado para aplicar a sanção adequada, com respeito ao devido processo legal. A ação penal se considera **proposta** no dia em que o Ministério Público (ou querelante) oferece a denúncia (ou queixa crime). De fato, se o dispositivo legal versasse sobre o "recebimento" seria de todo inútil, em face da interrupção da prescrição da pretensão punitiva (CP, art. 117, I).

c) Teto do prazo prescricional: Nessas hipóteses, a prescrição pode ultrapassar o teto de 20 anos previsto no art. 109, inc. I, do Código Penal. Exemplo: em um estupro de vulnerável pratica-do contra criança de 5 anos de idade (CP, art. 217-A), a prescrição ocorre em 20 anos. Se a denúncia não for ajuizada até a data da sua maioridade, a partir de então o Estado contará com mais 20 anos para a imposição da pena privativa de liberdade, num total de 33 anos. Se existir, na situação concreta, alguma causa impeditiva da prescrição da pretensão punitiva, o prazo prescricional não terá início enquanto o impedimento não for superado (a respeito, *ver comentários ao art. 116).*

d) Morte da vítima e prescrição: Se a vítima do crime sexual vier a falecer, duas situações devem ser diferenciadas: (a) se a morte ocorrer antes do 18.º aniversário, a prescrição terá início na data da consumação do delito (regra geral do art. 111, I), pois o ofendido jamais alcançará a maioridade; e (b) se a morte ocorrer após o 18.º aniversário, a prescrição terá se iniciado com o advento da maioridade (art. 111, V).

○ **Termo inicial da prescrição da pretensão punitiva e regra especial da Lei de Falências:** Como regra, a Lei 11.101/2005 estatui em seu art. 182 que a prescrição dos crimes nela previstos reger-se-á pelo CP. No tocante ao termo inicial, entretanto, possui critério diverso: o prazo da prescrição começa a correr do dia da decretação da falência, da concessão da recuperação judicial ou com a homologação do plano de recuperação extrajudicial. Essa disposição somente se aplica à prescrição da pretensão punitiva, e jamais à prescrição da pretensão executória, que depende do trânsito em julgado da sentença condenatória para ambas as partes do processo penal.

○ **Jurisprudência selecionada:**

Bigamia – termo inicial – prescrição: "Criminal. Bigamia. Prescrição pela pena em concreto. – Data inicial do prazo. Jurisprudência assentada sobre que o prazo começa a correr a partir da 'notitia criminis' levada ao conhecimento da autoridade pública" (STJ: RHC 7.206/RJ, rel. Min. José Dantas, 5.ª Turma, j. 28.04.1998).

Crime habitual – termo inicial da prescrição da pretensão punitiva: "1. Prescrição: não consu-mação: gestão temerária de instituição financeira: cuidando-se de crime habitual, conta-se o prazo da prescrição da data da prática do último ato delituoso (C. Penal, art. 111, III). 2. Embora a reiteração se tenha iniciado e, assim, configurado o delito habitual em junho de 1994, os atos posteriores não constituem mero exaurimento, mas também atos executórios que, juntamente com os demais, formam delito único" (STF: HC 87.987/RS, rel. Min. Sepúlveda Pertence, 1.ª Turma, j. 09.05.2006).

Crime permanente – termo inicial da prescrição da pretensão punitiva: "O crime de seques-tro, por ser permanente, não prescreve enquanto não for encontrada a pessoa ou o corpo" (STF: Ext 1.270/DF, rel. orig. Min. Marco Aurélio, red. p/ o ac. Min. Roberto Barroso, 1.ª Turma, j. 12.12.2017, noticiado no *Informativo* 888).

Crime tributário – constituição do crédito e momento consumativo – termo inicial da prescrição da pretensão punitiva: "Não há que se falar em aplicação retroativa *in malam par-tem* do Enunciado 24 da Súmula Vinculante ('Não se tipifica crime material contra a ordem tributária, previsto no art. 1º, incisos I a IV, da Lei nº 8.137/90, antes do lançamento definitivo do tributo') aos fatos ocorridos anteriormente à sua edição, uma vez que o aludido enunciado apenas consolidou interpretação reiterada do STF sobre a matéria. Com base nessa orientação, a Primeira Turma, em conclusão de julgamento, desproveu recurso ordinário em *habeas corpus* no qual se pleiteava o reconhecimento da prescrição da pretensão punitiva estatal em razão da alegada impossibilidade de incidência retroativa do referido enunciado. Na espécie, o recorrente fora denunciado pela suposta prática do crime previsto no art. 1º, I, II e III, da Lei 8.137/1990, em virtude de condutas que teriam sido perpetradas entre 1990 e 1992. Após o recebimento da denúncia em 18.9.2009, o ora recorrente fora condenado à pena de três anos e nove meses de reclusão, por sentença proferida em 02.05.2012. A Turma afirmou que o Enunciado 24 da Súmula Vinculante não teria inovado no ordenamento jurídico. Com o julgamento do HC 81.611/DF (*DJU* 13.05.2005), o Plenário teria assentado sua jurisprudência no sentido de que 'a consumação do crime tipificado no art. 1º da Lei 8.137/1990 somente se verifica com a constituição do crédito fiscal, começando a correr, a partir daí, a prescrição' (HC 85.051/MG, *DJU* 1º.07.2005). Assim, a prescrição não estaria caracterizada, tendo em conta que os crimes imputados ao recorrente teriam como termo de constituição o momento em que finalizado o processo administrativo tributário, em 24.09.2003" (STF: RHC 122.774/RJ, rel. Min. Dias Toffoli, 1.ª Turma, j. 19.05.2015, noticiado no *Informativo* 786).

Termo inicial da prescrição após a sentença condenatória irrecorrível

> **Art. 112.** No caso do art. 110 deste Código, a prescrição começa a correr:
>
> I – do dia em que transita em julgado a sentença condenatória, para a acusação, ou a que revoga a suspensão condicional da pena ou o livramento condicional;
>
> II – do dia em que se interrompe a execução, salvo quando o tempo da interrupção deva computar-se na pena.

○ **Termo inicial da prescrição da pretensão executória:** O dispositivo em exame consagra três critérios, dois no inciso I, e outro no inciso II.

– **1.º critério: Do dia em que transita em julgado a sentença condenatória para a acusação.** Essa regra se afigura contraditória, mas é extremamente favorável ao réu. De fato, a prescrição da pretensão executória depende do trânsito em julgado para ambas as partes, mas, a partir do momento em que isso ocorre, seu termo inicial retroage ao trânsito em julgado para a acusação. É o que se infere da 1.ª parte do inciso I.

○ **Análise crítica:** A opção do legislador foi infeliz. Para ilustrar nosso raciocínio, pensemos em um exemplo. Após o regular trâmite da ação penal, a sentença condenatória aplica a pena de 1 ano de reclusão. A acusação não apela, daí sobrevindo para ela o trânsito em julgado da condenação. A defesa, contudo, interpõe recurso de apelação, o qual demora 3 anos para ser julgado. Diante do seu caráter meramente protelatório, o Tribunal nega provimento ao recurso, e a sentença condenatória transita em julgado para a defesa. A partir desse momento, é viável o reconhecimento da prescrição da pretensão executória. Como seu início retroage à data do trânsito em julgado para a acusação, faltará somente 1 ano para a extinção da punibilidade, uma vez que já se passaram 3 anos desde tal data. É fácil notar, portanto, que o legislador criou um sistema destinado a favorecer o acusado, inclusive com o estímulo à impunidade. De fato, não há coerência em condicionar a prescrição da pretensão executória ao trânsito em julgado para ambas as partes do processo penal e, com o seu advento, retroagir o termo inicial à data do trânsito em julgado para a acusação.

Em linha com o nosso raciocínio que sustentamos há muitos anos, o STJ passou a decidir que o termo inicial da prescrição da pretensão executória é o dia do trânsito em julgado da condenação para ambas as partes.[399] Nessa linha de raciocínio que sustentamos há muitos anos, e partindo da premissa de que a expressão "para a acusação", contida no art. 112, I, do Código Penal, não foi recepcionada pela Constituição Federal, o Supremo Tribunal Federal fixou a seguinte tese no **Tema 788 da Repercussão Geral:** 'O prazo para a prescrição da execução da pena concretamente aplicada somente começa a correr do dia em que a sentença condenatória transita em julgado para ambas as partes, momento em que nasce para o Estado a pretensão executória da pena, conforme interpretação dada pelo Supremo Tribunal Federal ao princípio da presunção de inocência (art. 5º, inciso LVII, da Constituição Federal) nas ADC 43, 44 e 54.' A Corte Suprema solucionou a questão enveredando pela não recepção de parte do art. 112, I, do Código Penal frente ao texto constitucional. A saída é válida e correta, mas o mais prudente, em nosso entendimento, seria a alteração legislativa desse dispositivo legal, para afastar qualquer discussão acerca da caracterização da analogia *in malam partem*.

– **2.º critério: Do dia da revogação da suspensão condicional da pena ou do livramento condicional.** Com a revogação do *sursis* ou do livramento condicional, o juiz determina a prisão do condenado. A partir de então, o Estado tem um prazo, legalmente previsto, para executar a pena imposta (inciso I, parte final). Recorde-se que, com a revogação do *sursis*, o condenado deverá cumprir integralmente a pena que lhe foi aplicada, e com base nela será calculada a prescrição da pretensão executória. Já em relação ao livramento condicional, a revogação pode considerar ou não o tempo em que esteve solto o condenado (art. 88 do CP). Nesse caso, é com amparo na pena, total ou em seu restante, que deverá ser aferida a prescrição da pretensão executória.

– **3.º critério: Do dia em que se interrompe a execução, salvo quando o tempo da interrupção deva computar-se na pena.** Esse critério, previsto no inciso II do art. 112 do CP, abrange as seguintes situações: (a) Fuga do condenado, no regime fechado ou semiaberto, abandono do regime aberto, ou descumprimento das penas restritivas de direitos: a prescrição começa a correr a partir da data da evasão, do abandono ou do descumprimento, calculando-se em conformidade com o restante da pena; e (b) Superveniência de doença mental (art. 41 do CP): interrompe-se a execução, mas esse período de interrupção é computado como cumprimento da pena, pois o condenado foi acometido de doença mental, necessitando de transferência para hospital de custódia e tratamento psiquiátrico, ou, à falta, a outro estabelecimento adequado.

○ **Prescrição da pretensão executória e indulto:** Quando o indulto não funciona como causa extintiva da punibilidade, limitando-se somente a diminuir a pena, irradia efeitos sobre o cálculo da prescrição da pretensão executória, que agora deve respeitar a nova sanção penal.

○ **Jurisprudência selecionada:**

Prescrição da pretensão executória – *sursis* – causa impeditiva: "Durante a suspensão condicional da pena, não corre prazo prescricional (CP, art. 77 c/c o art. 112). Com base nesse entendimento, a 2ª Turma afastou a alegada extinção de punibilidade do extraditando pela prescrição da pretensão punitiva estatal e deferiu a extradição. No caso, fora requerida a extradição executória de réu condenado, pela prática de crime de 'fraude' mediante emissão de cheques sem provisão de fundos, a pena de três anos de prisão. A defesa sustentava a atipicidade da conduta imputada ao extraditando, a necessidade de sobrestamento do pedido de extradição em face da repercussão geral reconhecida nos autos do RE 608.898 RG/DF – em que se discute o tema da expulsão de estrangeiro que possui filho brasileiro nascido após o fato motivador da expulsão –, além da já mencionada extinção de punibilidade pela prescrição da pretensão punitiva. A Turma concluiu

---

[399] STJ: AgRg no REsp 1.983.259/PR, rel. Min. Sebastião Reis Júnior, 3.ª Seção, j. 26.10.2022, noticiado no *Informativo* 755). A matéria, com repercussão geral reconhecida (Tema 788), encontra-se pendente de julgamento pelo Supremo Tribunal Federal.

que o pedido de extradição atenderia aos requisitos formais exigidos na legislação de regência. O Estado requerente teria demonstrado a competência jurisdicional para a instrução e julgamento dos crimes impostos ao extraditando, além de ter instruído seu pedido com cópia de sentença final de privação de liberdade e dos demais documentos exigidos pelo art. 80 da Lei 6.815/1980. Esclareceu que, tendo em vista o sistema de contenciosidade limitada adotado pelo Brasil, não seria possível analisar a aplicabilidade e as implicações do novo Código Penal do país requerente, que teria entrado em vigor em 2014. Mencionou que essa matéria deveria ser debatida no juízo de origem. Registrou o disposto no Verbete 421 da Súmula do STF ('Não impede a extradição a circunstância de ser o extraditando casado com brasileiro ou ter filho brasileiro'). Explanou que a questão debatida no RE 608.898 RG/DF trataria de expulsão e não de extradição, institutos que não se confundiriam" (STF: Ext 1.254/Romênia, rel. Min. Teori Zavascki, 2.ª Turma, j. 29.04.2014, noticiado no *Informativo* 744). *No mesmo sentido*: STF: HC 91.562/PR, rel. Min. Joaquim Barbosa, 2.ª Turma, j. 09.10.2007.

Prescrição da pretensão executória – termo inicial – trânsito em julgado para ambas as partes – Tema 788 da Repercussão Geral: "É incompatível com a atual ordem constitucional – à luz do postulado da presunção de inocência (CF/1988, art. 5º, LVII) e o atual entendimento do STF sobre ele – a aplicação meramente literal do disposto no art. 112, I, do Código Penal. Por isso, é necessário interpretá-lo sistemicamente, com a fixação do trânsito em julgado para ambas as partes (acusação e defesa) como marco inicial da prescrição da pretensão executória estatal pela pena concretamente aplicada em sentença condenatória. Conforme jurisprudência firmada nesta Corte, o Estado não pode determinar a execução da pena contra condenado com base em título executivo não definitivo, dada a prevalência do princípio da não culpabilidade ou da presunção de inocência. Assim, a constituição definitiva do título judicial condenatório é condição de exercício da pretensão executória do Estado. Nesse contexto, a prescrição da pretensão executória pressupõe a inércia do titular do direito de punir. Portanto, a única interpretação do inciso I do art. 112 do Código Penal compatível com esse entendimento é a que elimina do dispositivo a locução 'para a acusação' e define como termo inicial o trânsito em julgado para ambas as partes, visto que é nesse momento que surge o título penal passível de ser executado pelo Estado. Ademais, a aplicação da literalidade do dispositivo impugnado, além de contrária à ordem jurídico-normativa, apenas fomenta a interposição de recursos com fins meramente procrastinatórios, frustrando a efetividade da jurisdição penal. Com base nesse e outros entendimentos, o Plenário, por maioria, ao apreciar o Tema 788 de repercussão geral, negou provimento ao agravo em recurso extraordinário interposto pelo MPDFT e declarou a não recepção pela Constituição Federal da locução 'para a acusação', contida art. 112, inciso I (primeira parte), do Código Penal, conferindo-lhe interpretação conforme a Constituição no sentido de que a prescrição começa a correr do dia em que transita em julgado a sentença condenatória para ambas as partes. Esse entendimento se aplica aos casos em que (i) a pena não foi declarada extinta pela prescrição; e (ii) cujo trânsito em julgado para a acusação tenha ocorrido após 12.11.2020" (STF: ARE 848.107/DF, rel. Min. Dias Toffoli, Plenário, j. 30.06.2023, noticiado no *Informativo* 1.101).

Prescrição no caso de evasão do condenado ou de revogação do livramento condicional

> **Art. 113.** No caso de evadir-se o condenado ou de revogar-se o livramento condicional, a prescrição é regulada pelo tempo que resta da pena.

○ **Prescrição da pretensão executória:** Como regra geral, a prescrição da pretensão executória da pena privativa de liberdade é calculada com base na **pena concreta**, aplicada na sentença ou acórdão. A respeito, *ver comentários ao art. 110 do Código Penal*.

○ **Prescrição no caso de evasão do condenado ou de revogação do livramento condicional:** O art. 113 consagra o princípio penal segundo o qual "pena cumprida é pena extinta". Assim, tendo o condenado cumprido parte do débito correspondente à infração penal por ele cometida, o cálculo prescricional levará em conta somente o tempo restante da pena aplicada na sentença ou no acórdão, pois o Estado não tem mais o poder de executar a parte da pena já cumprida.

○ **Alcance:** O dispositivo em comento diz respeito apenas à prescrição da pretensão executória, o que depreende das expressões "condenado" e "livramento condicional".

Prescrição da multa

> **Art. 114.** A prescrição da pena de multa ocorrerá:
>
> I – em 2 (dois) anos, quando a multa for a única cominada ou aplicada;
>
> II – no mesmo prazo estabelecido para prescrição da pena privativa de liberdade, quando a multa for alternativa ou cumulativamente cominada ou cumulativamente aplicada.

○ **Prescrição da pena de multa:** Convém fazer a distinção entre a prescrição da pretensão punitiva e a prescrição da pretensão executória da pena pecuniária.

– **Prescrição da pretensão punitiva da pena de multa:** O dispositivo ora estudado é pacificamente aplicado quando a sanção pecuniária ainda não transitou em julgado para ambas as partes. Além disso, incidem as causas impeditivas e interruptivas versadas pelos arts. 116, I e II, e 117, I a IV, do CP.

– **Prescrição da pretensão executória:** Em relação à prescrição da pretensão executória, as causas suspensivas e interruptivas são as previstas na legislação relativa à dívida ativa da Fazenda Pública, isto é, na Lei 6.830/1980 (art. 51 do CP). A causa interruptiva mais importante é o despacho judicial que ordena a citação (art. 8.º, § 2.º, da Lei 6.830/1980). No tocante ao prazo prescricional, há duas correntes: (a) É de 5 (cinco) anos, pois a pena de multa, para fins de execução, deve ser considerada dívida de valor; e (b) É o mesmo prazo da pena privativa de liberdade, se aplicada conjuntamente com esta, em obediência ao art. 118 do CP, pelo qual as penas mais leves prescrevem com as mais graves. E se foi a única imposta ao condenado, a pena de multa prescreve em 2 (dois) anos. Vale ressaltar, qualquer que seja a corrente adotada, que a reincidência, embora devidamente reconhecida na sentença, não aumenta em 1/3 (um terço) o prazo da prescrição da pretensão executória da pena de multa. Como determina a **Súmula 604 do STF**: "A prescrição pela pena em concreto é somente da pretensão executória da pena privativa de liberdade."

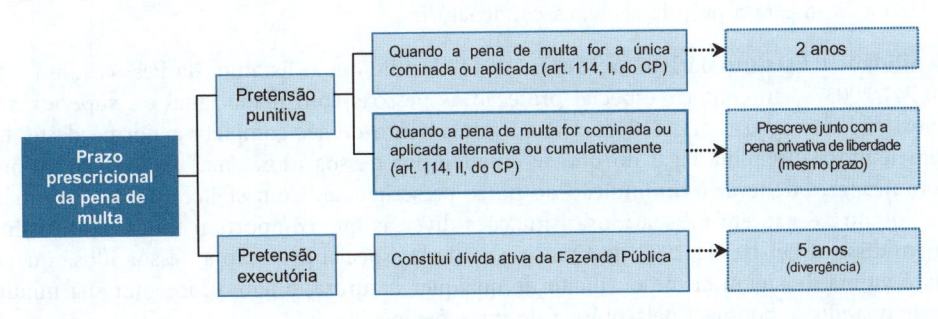

Redução dos prazos de prescrição

> **Art. 115.** São reduzidos de metade os prazos de prescrição quando o criminoso era, ao tempo do crime, menor de 21 (vinte e um) anos, ou, na data da sentença, maior de 70 (setenta) anos.

○ **Menoridade relativa e senilidade:** Constituem-se em atenuantes genéricas, tratadas pelo art. 65, I, do CP, as circunstâncias de ser o agente menor de 21 (vinte e um), **na data do fato**, ou maior de 70 (setenta) anos, **na data da sentença**. Essas atenuantes, na forma do dispositivo em comento, reduzem pela metade os prazos de prescrição, **qualquer que seja sua modalidade (prescrição da pretensão punitiva e prescrição da pretensão executória).**

– **Menoridade:** Compreende-se o acusado maior de 18 anos, penalmente imputável, mas menor de 21 anos ao tempo do fato, pouco importando a data da sentença. Essa regra em nada foi alterada pelo CC em vigor, pelas seguintes razões: (a) por se tratar de norma favorável ao réu, deveria ter sido revogada expressamente, em face da inadmissibilidade no Direito Penal da analogia *in malam partem*; e (b) os dispositivos penais foram expressamente preservados pelo art. 2.043 do CC. Anote-se não ser imprescindível para comprovação da menoridade a juntada aos autos de certidão de nascimento, o que pode ser feito por qualquer documento apto. Nos moldes da **Súmula 74 do STJ**: "Para efeitos penais, o reconhecimento da menoridade do réu requer prova por documento hábil."

– **Senilidade:** A idade de 70 anos deve ser aferida ao tempo da sentença, pouco importando a data da prática do fato. Nesse contexto, o STF decidiu que a palavra "sentença" deve ser interpretada em sentido amplo, para englobar também o acórdão, quando: (a) tiver o agente sido julgado diretamente por um colegiado; (b) houver reforma da sentença absolutória em julgamento de recurso para condenar o réu; e (c) ocorrer a substituição do decreto condenatório em sede de recurso no qual reformada parcialmente a sentença. Assim, não é possível a aplicação do art. 115 do CP às hipóteses em que unicamente se confirma a condenação em sede de recurso. Tradicionalmente o STF não admite a redução da prescrição da pretensão punitiva pela metade quando o condenado completa 70 (setenta) anos de idade após a prolação da sentença condenatória, ainda que na pendência de julgamento de recurso defensivo. O Plenário da Corte Suprema, contudo, já decidiu no sentido de admitir-se a diminuição da prescrição pela metade quando a idade de 70 anos vem a ser atingida depois do julgamento, desde que na data do aniversário do acusado a condenação ainda não tenha transitado em julgado. Na visão do Superior Tribunal de Justiça, é cabível a redução da prescrição pela metade, com arrimo no art. 115 do Código Penal, se entre a sentença condenatória e o julgamento dos **embargos de declaração** o acusado atinge idade superior a 70 anos, uma vez que a decisão que julga os aclaratórios integra a própria sentença condenatória.

○ **Senilidade e Estatuto da Pessoa Idosa:** O STF decidiu que o Estatuto da Pessoa Idosa – Lei 10.741/2003 –, ao conferir especial proteção às pessoas com idade igual ou superior a 60 anos, não derrogou o art. 115 do CP, ao fundamento de ser completa a norma deste, não remetendo à disciplina legal do que se entende por pessoa idosa, mas fixando os 70 anos como capazes de levar à diminuição do prazo prescricional. Com efeito, a lei fala em maior de 70 anos, e não em pessoa idosa, situações diversas que comportam tratamento distinto. Além disso, a Lei 10.741/2003 destina-se a conferir especial proteção à pessoa idosa quando ela é vítima de algum crime ou ilícito de qualquer natureza, e não a fomentar sua impunidade quando responsável pela prática de infrações penais.

○ **Jurisprudência selecionada:**

Maior de 70 anos – aniversário após o julgamento, mas dentro do prazo recursal – redução pela metade: "Ao tecer considerações sobre a outra tese formulada nos embargos, o Min. Luiz Fux aduziu a ocorrência da prescrição da pretensão punitiva, na modalidade retroativa, em face da redução decorrente da idade avançada [CP: 'Art. 115 (...)']. Pontuou que o acusado completara 70 anos no dia seguinte à sessão do julgamento e que o art. 115 do CP deveria ser interpretado à luz da irrecorribilidade do título penal condenatório, e não da data do pronunciamento judicial. Realçou, ainda, que houvera recurso apenas da defesa. O Min. Marco Aurélio acentuou que incidiria o prazo pela metade, pois o Código Penal, ao versar a matéria, não se referiria a sentença ou acórdão condenatórios simplesmente prolatados, mas recorríveis (CP: 'Art. 117. O curso da prescrição interrompe-se:... IV – pela publicação da sentença ou acórdão condenatórios recorríveis'). Avaliou que, na espécie, ele teria atingido a idade antes da publicação do acórdão. Por sua vez, o Min. Dias Toffoli indicou que a publicação da mencionada decisão colegiada dar-se-ia na sessão de julgamento, mas o acusado, ao completar 70 anos antes do trânsito em julgado do acórdão, teria ao benefício relativo à prescrição da pretensão punitiva. O Min. Ricardo Lewandowski, ao reduzir pela metade o prazo, também, assentou a prescrição. O Min. Celso de Mello assinalou ser possível reconhecer a incidência da norma do art. 115 do CP quando o condenado completasse 70 anos após a sessão pública de julgamento, mas opusesse embargos de declaração reputados admissíveis, nos quais se buscasse infringir a decisão de modo processualmente legítimo, como no caso" (STF: AP 516 ED/DF, rel. orig. Min. Ayres Britto, red. p/ o acórdão Min. Luiz Fux, Plenário, j. 05.12.2013, noticiado no *Informativo* 731).

Maior de 70 anos – embargos de declaração – idade atingida no intervalo entre a sentença condenatória e o julgamento dos aclaratórios – redução da prescrição pela metade: "É cabível a redução do prazo prescricional pela metade (art. 115 do CP) se, entre a sentença condenatória e o julgamento dos embargos de declaração, o réu atinge a idade superior a 70 anos, tendo em vista que a decisão que julga os embargos integra a própria sentença condenatória" (STJ: EDcl no AgRg no REsp 1.877.388/CE, rel. Min. Antonio Saldanha Palheiro, 6.ª Turma, j. 02.05.2023, noticiado no *Informativo* 773).

Maior de 70 anos – idade atingida após a sentença condenatória – redução da prescrição pela metade – impossibilidade: "A prescrição da pretensão punitiva de condenado com mais de 70 anos se consuma com a prolação da sentença e não com o trânsito em julgado, conforme estatui o art. 115 do CP ['Art. 115 – São reduzidos de metade os prazos de prescrição quando o criminoso era, ao tempo do crime, menor de 21 (vinte e um) anos, ou, na data da sentença, maior de 70 (setenta) anos']. Com base nesse entendimento, a Primeira Turma denegou a ordem de 'habeas corpus' em que se discutia a extinção da punibilidade de paciente que completara 70 anos após a sentença condenatória, porém, antes do trânsito em julgado" (STF: HC 129.696/SP, rel. Min. Dias Toffoli, 2.ª Turma, j. 19.04.2016, noticiado no *Informativo* 822). *No mesmo sentido*: STJ: HC 316.110/SP, rel. Min. Rogerio Schietti Cruz, 6.º Turma, j. 25.06.2019, noticiado no *Informativo* 652.

Maior de 70 anos de idade – prescrição – considerações gerais – Estatuto da Pessoa Idosa: "I – A idade de 60 (sessenta) anos, prevista no art. 1º do Estatuto do Idoso, somente serve de parâmetro para os direitos e obrigações estabelecidos pela Lei 10.741/2003. Não há que se falar em revogação tácita do art. 115 do Código Penal, que estabelece a redução dos prazos de prescrição quando o criminoso possui mais de 70 (setenta) anos de idade na data da sentença condenatória. II – A redução do prazo prescricional é aplicada, analogicamente, quando a idade avançada é verificada na data em que proferida decisão colegiada condenatória de agente que possui foro especial por prerrogativa de função, quando há reforma da sentença absolutória ou, ainda, quando a reforma é apenas parcial da sentença condenatória em sede de recurso. III – Não cabe aplicar o benefício do art. 115 do Código Penal quando o agente conta com mais de 70 (setenta) anos na data do acórdão que se limita a confirmar a sentença condenatória. IV – Hipótese dos autos em que o agente apenas completou a idade necessária à redução do prazo prescricional quando estava pendente de julgamento agravo de instrumento interposto de decisão que inadmitiu recurso extraordinário" (STF: HC 86.320/SP, rel. Min. Ricardo Lewandowski, 1.ª Turma, j. 17.10.2006). *No mesmo sentido:* STF: HC 89.969/RJ, rel. Min. Marco Aurélio, 1.ª Turma, j. 26.06.2007.

Causas impeditivas da prescrição

Art. 116. Antes de passar em julgado a sentença final, a prescrição não corre:

I – enquanto não resolvida, em outro processo, questão de que dependa o reconhecimento da existência do crime;

II – enquanto o agente cumpre pena no exterior;

III – na pendência de embargos de declaração ou de recursos aos Tribunais Superiores, quando inadmissíveis; e

IV – enquanto não cumprido ou não rescindido o acordo de não persecução penal.

Parágrafo único. Depois de passada em julgado a sentença condenatória, a prescrição não corre durante o tempo em que o condenado está preso por outro motivo.

○ **Causas impeditivas:** Nada obstante o CP fale em "causas impeditivas", essas regras se aplicam ao impedimento e à suspensão da prescrição. **Impedimento** é o acontecimento que obsta o início do curso da prescrição. Já na **suspensão,** esse acontecimento desponta durante o trâmite do prazo prescricional, travando momentaneamente a sua fluência. Superado esse entrave, a prescrição volta a correr normalmente, nela se **computando** o período anterior.

○ **Prescrição da pretensão punitiva e prescrição da pretensão executória:** Os incs. I a IV do art. 116 do CP se relacionam com a prescrição da pretensão punitiva. De seu turno, o parágrafo único diz respeito à prescrição da pretensão executória.

– Inciso I – Enquanto não resolvida, em outro processo, questão de que dependa o reconhecimento da existência do crime: Trata-se da **questão prejudicial** ainda não resolvida em outro processo. Questão prejudicial é a que influencia na tipicidade da conduta, ou seja, aquela cuja solução é fundamental para a existência do crime e, consequentemente, para o julgamento do mérito da ação penal. As questões prejudiciais estão previstas nos arts. 92 (relativas ao estado civil das pessoas) e 93 (atinentes a questões diversas) do CPP. O juiz criminal, geralmente, possui jurisdição para decidir qualquer questão, salvo a inerente ao **estado civil das pessoas,** caso em que a ação penal será **obrigatoriamente suspensa** até o trânsito em julgado da sentença proferida na ação civil (art. 92 do CPP). Destarte, o termo inicial da suspensão da prescrição é o despacho que suspende a ação penal, e o termo final é o despacho que determina a retomada do seu trâmite. O exemplo clássico é o do agente processado por bigamia que, no juízo cível, busca a anulação de um dos casamentos. Se obtiver sucesso, não haverá o crime tipificado pelo art. 235 do CP. Em relação às questões prejudiciais diversas, ou seja, não atinentes ao estado civil das pessoas (art. 93 do CPP), a suspensão da ação penal é **facultativa,** mas, se o juiz por ela optar, também estará suspensa a prescrição.

– Inciso II – Enquanto o agente cumpre pena no exterior: Justifica-se essa causa impeditiva porque, normalmente, não se consegue a extradição de pessoa que cumpre pena no exterior. Em respeito à soberania do outro país, aguarda-se a integral satisfação da sanção penal no estrangeiro, para, posteriormente, ser o agente punido no Brasil.

– Inciso III – Na pendência de embargos de declaração ou de recursos aos Tribunais Superiores, quando inadmissíveis: A última causa interruptiva da prescrição da pretensão punitiva é a publicação da sentença ou acórdão condenatório recorríveis (CP, art. 117, IV). Na prática, entretanto, é usual a utilização de embargos declaratórios com fins meramente protelatórios, ou seja, para afastar o trânsito em julgado da condenação e adiar a execução definitiva da pena. Igual procedimento se repete com recursos aos Tribunais Superiores, notadamente o recurso especial (STJ) e o recurso extraordinário (STF), em hipóteses nas quais claramente os instrumentos processuais são inadmissíveis. Antes das alterações promovidas pela Lei 13.964/2019, também conhecida como "Pacote Anticrime", a prescrição fluía normalmente durante a apreciação de tais recursos, circunstância que, somada à morosidade da prestação jurisdicional, muitas vezes levava à extinção da punibilidade. A atividade procrastinatória era eficaz para garantir a impunidade de criminosos já condenados pelo Poder Judiciário.

– Inciso IV – Enquanto não cumprido ou não rescindido o acordo de não persecução penal: Acordo de não persecução penal, disciplinado pelo art. 28-A do Código de Processo Penal, é o negócio jurídico formalizado por escrito e firmado pelo Ministério Público, pelo investigado e por seu defensor, cabível nas infrações penais praticadas sem violência ou grave ameaça e com pena mínima inferior a 4 (quatro) anos, obrigatoriamente homologado em audiência pelo juízo competente, qual seja, o juiz de garantias, nos termos do art. 3.º-B, XVII, do Código de Processo Penal. Somente pode ser celebrado quando não for caso de arquivamento do procedimento investigatório, e depende da confissão formal e circunstanciada acerca do crime ou da contravenção penal. Em troca do não oferecimento da denúncia, o investigado sujeita-se ao cumprimento de condições não privativas da liberdade pactuadas (CPP, art. 28-A, I a V) pactuadas com o *Parquet*. Depois de homologado judicialmente, os autos são devolvidos ao Ministério Público para que inicie sua execução (CPP, art. 28-A, § 6.º). O cumprimento do acordo de não persecução penal pode demandar prazo dilatado, a exemplo do que dá na prestação de serviços à comunidade ou a entidades públicas (CPP, art. 28-A, III). Se o acordo de não persecução penal for integralmente cumprido, o Poder Judiciário decretará a extinção da punibilidade (CPP, art. 28-A, § 13). Entretanto, se o investigado descumprir qualquer das condições estipuladas no acordo, o Ministério Público deverá comunicar ao juízo, para fins de sua rescisão e posterior oferecimento de denúncia (CPP, art. 28-A, § 10). Em síntese, a persecução penal fica suspensa durante a vigência do acordo de não persecução penal. Nada mais correto, portanto, que a prescrição também não corra durante esse intervalo.

– Parágrafo único – Depois de passada em julgado a sentença condenatória, a prescrição não corre durante o tempo em que o condenado está preso por outro motivo: Se o Estado ainda não pode exigir do condenado o cumprimento da pena, porque ele está preso por outro motivo, não seria correto nem justo impossibilitá-lo de exercer, no futuro, seu direito de punir. Sua omissão não é voluntária, mas compulsória. Essa causa impeditiva tem incidência inclusive nas situações em que o condenado cumpre a pena privativa de liberdade em regime aberto ou prisão domiciliar, mesmo se o juízo da execução ainda não tiver determinado a soma ou unificação das penas.

○ **Natureza do rol das causas impeditivas e suspensivas previstas no CP:** Em se tratando de matéria prejudicial ao réu, por dificultar a ocorrência da extinção da punibilidade, a enumeração das causas suspensivas e interruptivas é **taxativa**, não comportando aplicação analógica. Dessa forma, é importante ressaltar que a instauração de **incidente de insanidade mental**, versado pelo art. 149 do CPP, não suspende a prescrição da pretensão punitiva, por falta de amparo legal.

○ **Causas impeditivas e suspensivas da prescrição da pretensão punitiva previstas fora do CP:** A previsão de causas impeditivas e suspensivas da prescrição da pretensão punitiva não se restringe ao CP, podendo ser encontradas, entre outras, nos seguintes diplomas legais: **(a) Art. 89, § 6.º, da Lei 9.099/1995:** Suspensão condicional do processo, nos crimes com pena mínima igual ou inferior a 1 ano, em que também se opera a suspensão da prescrição; **(b) Art.**

366 do CPP: Quando o réu, citado por edital, não comparecer ao interrogatório nem constituir defensor, suspende-se o processo e a prescrição; **(c) Art. 368 do CPP:** Estando o acusado no estrangeiro, em lugar sabido, será citado mediante carta rogatória, suspendendo-se o curso da prescrição até o seu cumprimento; **(d) Art. 53, § 5.º, da CF:** A sustação pela Câmara dos Deputados ou pelo Senado Federal, dos processos criminais contra Deputado Federal ou Senador, suspende a prescrição, enquanto durar o mandato; **(e) Acordo de leniência nos crimes contra a ordem econômica:** Na forma do art. 87 da Lei 12.529/2011: "Nos crimes contra a ordem econômica, tipificados na Lei no 8.137, de 27 de dezembro de 1990, e nos demais crimes diretamente relacionados à prática de cartel, tais como os tipificados na Lei no 8.666, de 21 de junho de 1993, e os tipificados no art. 288 do Decreto-Lei nº 2.848, de 7 de dezembro de 1940 – Código Penal, a celebração de acordo de leniência, nos termos desta Lei, determina a suspensão do curso do prazo prescricional e impede o oferecimento da denúncia com relação ao agente beneficiário da leniência"; e **(f) Crimes contra a ordem tributária:** Nesses delitos, a suspensão da prescrição pode ocorrer em diversas hipóteses, entre elas a do parcelamento do débito tributário, que importa na suspensão da prescrição da pretensão punitiva com fundamento no art. 83, §§ 2.º e 3.º, da Lei 9.430/1996, com a redação que lhe foi conferida pela Lei 12.382/2011. Para o STF, nos crimes materiais contra a ordem tributária (Lei 8.137/1990, art. 1.º), o lançamento do tributo pendente de decisão definitiva do processo administrativo importa na falta de justa causa para a ação penal, suspendendo, porém, o curso da prescrição enquanto obstada a sua propositura pela falta do lançamento definitivo.

○ **Recurso extraordinário com repercussão geral, suspensão dos processos pendentes em todo o território nacional e suspensão da prescrição:** Para o Supremo Tribunal Federal, a suspensão processual prevista no art. 1.035, § 5.º, do Código de Processo Civil ("Reconhecida a repercussão geral, o relator no Supremo Tribunal Federal determinará a suspensão do processamento de todos os processos pendentes, individuais ou coletivos, que versem sobre a questão e tramitem no território nacional") **produz efeitos nos processos penais** cuja matéria tenha sido objeto de repercussão geral reconhecida pela Corte. Destarte, enquanto não julgado o recurso extraordinário paradigma, **é possível a suspensão da prescrição da pretensão punitiva** de crimes ou contravenções penais objeto das ações penais sobrestadas, com as seguintes características fundamentais: (a) a suspensão de processamento prevista no § 5.º do art. 1.035 do CPC não consiste em consequência automática e necessária do reconhecimento da repercussão geral realizada com fulcro no *caput* do mesmo dispositivo, sendo da discricionariedade do relator do recurso extraordinário paradigma determiná-la ou modulá-la; (b) a possibilidade de sobrestamento se aplica aos processos de natureza penal; (c) nesse contexto, em sendo determinado o sobrestamento de processos de natureza penal, opera-se **automaticamente** a suspensão da prescrição da pretensão punitiva relativa aos crimes que forem objeto das ações penais sobrestadas, a partir de interpretação conforme a Constituição Federal do art. 116, inc. I, do Código Penal; (d) **em nenhuma hipótese**, o sobrestamento de processos penais determinado com fundamento no art. 1.035, § 5.º, do CPC **abrangerá inquéritos policiais ou procedimentos investigatórios conduzidos pelo Ministério Público**; (e) **em nenhuma hipótese**, o sobrestamento de processos penais determinado com fundamento no art. 1.035, § 5.º, do CPC **abrangerá ações penais em que haja réu preso provisoriamente**; (f) em qualquer caso de sobrestamento de ação penal determinado com fundamento no art. 1.035, § 5.º, do CPC, **poderá o juízo de piso, no curso da suspensão, proceder, conforme a necessidade, à produção de provas de natureza urgente.**[400] Em que

---

[400] RE 966.177 RG/RS, rel. Min. Luiz Fux, Plenário, j. 07.06.2017, noticiado no *Informativo* 868. O STJ já decidiu que "não há a suspensão dos prazos prescricionais em **execução penal**, por ausência de previsão legal, em razão da submissão de tema à repercussão geral na hipótese prevista no art. 1.035, § 5º, do CPC, sem a

pese a força desta decisão, e a inquestionável utilidade da sua aplicação prática, ousamos discordar do Supremo Tribunal Federal, por uma razão muito simples: a suspensão da prescrição é matéria prejudicial ao acusado, pois retarda (ou inviabiliza) a extinção da punibilidade. Portanto, somente em lei em sentido formal, cuidando expressamente desse tema, seria capaz de criar, de modo legítimo, nova causa suspensiva da prescrição da pretensão punitiva, em obediência ao princípio da taxatividade, compreendido como fundamento jurídico do princípio da reserva legal (CF, art. 5.º, inc. XXXIX, e CP, art. 1.º). De fato, não se pode utilizar no Direito Penal, por analogia (*in malam partem*), um dispositivo do Código de Processo Civil para criar embaraço à prescrição.

○ **Outras causas impeditivas da prescrição da pretensão executória:** Em consonância com a orientação do STF, embora o CP não considere, de forma explícita, a suspensão condicional da pena (*sursis*) e o livramento condicional como causas impeditivas da prescrição da pretensão executória, esse efeito deflui da lógica do sistema vigente.

○ **Jurisprudência selecionada:**

Carta rogatória – termo final da suspensão da prescrição – data da efetiva da citação e retorno da contagem: "O termo final da suspensão do prazo prescricional pela expedição de carta rogatória para citação do acusado no exterior é a data da efetivação da comunicação processual no estrangeiro, ainda que haja demora para a juntada da carta rogatória cumprida aos autos. Cinge-se a controvérsia sobre quais os corretos marcos de início e fim da suspensão do prazo de prescrição no caso de citação por carta rogatória, considerando o disposto no art. 368 do CPP. De um lado, sustenta-se que a data de cumprimento da carta rogatória é da sua juntada aos autos, o que afastaria a prescrição, enquanto do outro lado, entende-se que tal data equivale à efetiva citação no estrangeiro, o que conduziria à extinção da punibilidade. A diferença decorre do considerável lapso temporal entre a realização da comunicação processual no estrangeiro e a juntada aos autos. Ambas as interpretações são razoáveis, mas isso acontece justamente em razão da imprecisão do texto legal, da sua omissão legislativa em estabelecer os marcos iniciais e finais exatos para a suspensão da prescrição. Esta opção legislativa por vagueza termina aumentando a margem de discricionariedade do julgador, especialmente em caso como este, sobre o qual, ao que tudo indica, além de não haver precedente vinculante, não há jurisprudência dominante acerca do tema nos Tribunais Superiores. Assim, diante da divergência doutrinária e jurisprudencial, deve prevalecer o entendimento de que a fluência do prazo prescricional continua não na data em que os autos da carta rogatória der entrada no cartório, mas sim (*sic*) naquela em que se der o efetivo cumprimento no juízo rogado. Vale ressaltar que a questão é hermenêutica e não de integração da norma jurídica, sendo que a Súmula 710/STF estabelece que no processo penal os prazos contam-se (*sic*) da data da intimação, e não da juntada aos autos do mandado ou da carta precatória ou de ordem, valendo o mesmo raciocínio para a carta rogatória. Tal entendimento tem por base a regra específica do art. 798, § 5º, 'a', do CPP, que diferencia a sistemática adotada para os processos criminais em relação aos processos cíveis" (STJ: REsp 1.882.330/SP, rel. Min. Ribeiro Dantas, 5.ª Turma, j. 06.04.2021, noticiado no *Informativo* 691).

Prescrição da pretensão executória – suspensão – cumprimento de pena decorrente de condenação imposta em outro processo – inteligência do art. 116, parágrafo único, do Código Penal: "O cumprimento de pena imposta em outro processo, ainda que em regime aberto ou em prisão domiciliar, impede o curso da prescrição executória. De acordo com o parágrafo único, do artigo 116, do Código Penal, 'depois de passada em julgado a sentença condenatória, a prescrição não corre durante o tempo em que o condenado está preso por outro motivo'. Ao interpretar

declaração de sobrestamento dos processos, nem a suspensão expressa dos prazos citados" (HC 682.633/MG, rel. Min. Olindo Menezes (Desembargador convocado do Tribunal Regional Federal da 1.ª Região), 6.ª Turma, j. 05.10.2021).

o referido dispositivo legal, esta Corte Superior de Justiça pacificou o entendimento de que o cumprimento de pena imposta em outro processo, ainda que em regime aberto ou em prisão domiciliar, impede o curso da prescrição executória. Assim, não há que se falar em fluência do prazo prescricional, o que impede o reconhecimento da extinção de sua punibilidade. Quanto ao ponto, é imperioso destacar que o fato de o prazo prescricional não correr durante o tempo em que o condenado está preso por outro motivo não depende da unificação das penas" (STJ: AgRg no RHC 123.523/SP, rel. Min. Jorge Mussi, 5.ª Turma, j. 13.04.2020, noticiado no *Informativo* 670).

Prescrição da pretensão executória – suspensão – cumprimento de pena por outro motivo: "Em conclusão, a 1ª Turma desproveu recurso ordinário em *habeas corpus* no qual discutida a ocorrência de prescrição da pretensão executória da pena em virtude de o réu ser menor de 21 anos à época do delito. No caso, o paciente fora condenado à pena de 8 meses de detenção pelo crime de lesão corporal leve e a defesa sustentava a ocorrência de prescrição, haja vista que já decorrido o interregno de 1 ano do trânsito em julgado da sentença condenatória sem o início da execução da pena. Solicitada a certidão criminal para verificar eventual cumprimento da reprimenda, constatou-se que, embora não iniciada a execução dessa pena, o réu encontrava-se preso pela prática de latrocínio – v. *Informativos* 635 e 646. No tocante à alegada menoridade do recorrente, asseverou-se que a data de seu nascimento constaria de documentos inaptos à prova da idade, quais sejam, a denúncia e a certidão de execução criminal, de modo que a lei civil somente admitiria essa comprovação por meio de declaração própria – certidão do registro civil. Aduziu-se que, unificadas as penas em 16.12.2009, antes do transcurso do lapso de 2 anos contados do termo inicial, ocorrido em 23.06.2008, data do trânsito em julgado para a acusação, não se verificaria a prescrição da pretensão executória. Ademais, ao salientar-se que o réu já estaria custodiado, reputou-se possível a soma das penas. O Min. Marco Aurélio acrescentou que o termo inicial alusivo à prescrição da pretensão executória coincidiria com a data em que o título executivo transitasse em julgado para a defesa, não para o Ministério Público apenas. Ressaltou que o fato de a acusação não haver interposto recurso contra a sentença não faria retroagir o citado marco, caso contrário colocar-se-ia em xeque o princípio da não culpabilidade. Sublinhou que, à data do trânsito em julgado do acórdão que dera margem a este *writ*, o réu já estava cumprindo pena ante diversas condenações. Logo, como ele não poderia submeter-se a segunda reprimenda sem antes cumprir a anterior, não teria ocorrido prescrição" (STF: RHC 105.504/MS, rel. Min. Dias Toffoli, 1.ª Turma, j. 13.12.2011, noticiado no *Informativo* 652).

Repercussão geral no recurso extraordinário – suspensão dos processos e da prescrição: "O Supremo Tribunal Federal concluiu julgamento de questão de ordem em recurso extraordinário no qual se discutiam o alcance da suspensão processual preconizada no art. 1.035, § 5º, do Código de Processo Civil e os seus efeitos sobre os processos penais cuja matéria tenha sido objeto de repercussão geral reconhecida pela Corte. Questionava-se a possibilidade de suspensão – enquanto não julgado o recurso extraordinário paradigma – do prazo prescricional da pretensão punitiva de crimes ou contravenções penais objeto das ações penais sobrestadas. A questão foi suscitada em recurso extraordinário, com repercussão geral reconhecida (Tema 924), que no qual se impugna acórdão que considerou atípica a conduta contravencional do jogo de azar, prevista no art. 50 da Lei de Contravenções Penais (Decreto-Lei 3.688/1941). A Corte, por maioria, acompanhou o voto, ora reajustado, do Ministro Luiz Fux (relator). A questão de ordem foi resolvida da seguinte forma: a) a suspensão de processamento prevista no § 5º do art. 1.035 do CPC não consiste em consequência automática e necessária do reconhecimento da repercussão geral realizada com fulcro no 'caput' do mesmo dispositivo, sendo da discricionariedade do relator do recurso extraordinário paradigma determiná-la ou modulá-la; b) a possibilidade de sobrestamento se aplica aos processos de natureza penal; c) neste contexto, em sendo determinado o sobrestamento de processos de natureza penal, opera-se, automaticamente, a suspensão da prescrição da pretensão punitiva relativa aos crimes que forem objeto das ações penais sobrestadas, a partir de interpretação conforme a Constituição do art. 116, I, do Código Penal; d) em nenhuma hipótese, o sobrestamento de processos penais determinado com fundamento no art. 1.035, § 5º, do CPC abrangerá inquéritos policiais ou procedimentos investigatórios conduzidos pelo Ministério Público; e) em nenhuma hipótese, o sobrestamento de processos penais determinado com fundamento no art. 1.035, § 5º, do CPC abrangerá ações penais em que haja réu preso provisoriamente; f) em qualquer caso de sobrestamento de ação penal determinado com fundamento no art. 1.035, § 5º, do CPC, poderá o juízo de piso, no curso da suspensão, proceder, conforme a necessidade, à produção de provas de natureza urgente. Asseverou que a suspensão do prazo prescricional para a resolução de questão externa prejudicial ao reconhecimento do crime abrange a hipótese de suspensão do prazo prescricional nos processos criminais com repercussão geral reconhecida, porquanto a resolução da questão concernente à repercussão. Entendeu que a interpretação conforme a Constituição Federal do art. 116, I, do CP se funda nos postulados da unidade e da concordância prática das normas constitucionais. O legislador, ao impor a suspensão dos processos sem instituir, simultaneamente, a suspensão dos prazos prescricionais, cria o risco de erigir sistema processual que vulnera a eficácia normativa e a aplicabilidade imediata de princípios constitucionais. Além disso, o sobrestamento de processo criminal, sem previsão legal de suspensão do prazo prescricional, impede o exercício da pretensão punitiva pelo Ministério Público e gera desequilíbrio entre as partes. Desse modo, fere a prerrogativa institucional do "Parquet" e o postulado da paridade de armas, violando os princípios do contraditório e do devido processo legal. Afirmou, ainda, que o princípio da proporcionalidade opera tanto na esfera de proteção contra excessos estatais quanto na proibição de proteção deficiente. No caso, flagrantemente violado pelo obstáculo intransponível à proteção de direitos fundamentais da sociedade de impor sua ordem penal. Observou que a interpretação conforme à Constituição, segundo os limites reconhecidos pela jurisprudência do STF, encontra-se preservada. A exegese proposta não implica violação à expressão literal do texto infraconstitucional, tampouco à vontade do legislador, considerando a opção legislativa que fixou todas as hipóteses de suspensão da prescrição da pretensão punitiva previstas no ordenamento jurídico nacional, qual seja, a superveniência de fato impeditivo da atuação do Estado-acusador. Aduziu que o sobrestamento de processos penais determinado em razão da adoção da sistemática da repercussão geral não abrangerá inquéritos policiais ou procedimentos investigatórios conduzidos pelo Ministério Público. O § 5º do art. 1.035 do CPC prevê apenas a possibilidade de suspensão dos processos pendentes que versarem sobre a questão debatida e tramitarem no território nacional, não ostentando os mencionados expedientes de investigação a natureza jurídica de processo, mas sim de procedimento. Acrescentou que o sobrestamento de processos penais determinado em razão da adoção da sistemática da repercussão geral tampouco abrangerá ações penais em que haja réu preso provisoriamente. Não se mostra admissível, sob pena de ampliação injustificada do período de restrição do direito de liberdade do acusado, que a segregação processual perdure enquanto estiver suspenso o curso da marcha processual e do prazo prescricional concernente às infrações penais cogitadas. Além disso, registrou que, em qualquer caso de sobrestamento de ação penal determinado com fundamento no art. 1.035, § 5º, do CPC, o juízo de piso poderá, a partir de aplicação analógica do disposto no art. 92, 'caput', do Código de Processo Penal (CPP), autorizar, no curso da suspensão, a produção de provas de natureza urgente. Vencidos os Ministros Edson Fachin e Marco Aurélio. O Ministro Edson Fachin rejeitou a questão de ordem por entender ser necessária lei em sentido formal para que o fenômeno da suspensão seja reconhecido como causa interruptiva da prescrição. O Ministro Marco Aurélio assentou a inconstitucionalidade do art. 1.035, § 5º, do CPC por afronta ao art. 5º, XXXV, da CF. Além disso, reputou não ser o referido dispositivo aplicável ao processo-crime, tendo em conta o art. 3º do CPP, por ser com ele incompatível" (STF: RE 966.177 RG/RS, rel. Min. Luiz Fux, Plenário, j. 07.06.2017, noticiado no *Informativo* 868).

Repercussão geral no recurso extraordinário – tema submetido à apreciação do STF – falta grave cometida em execução penal – sobrestamento do recurso pelo Tribunal de origem e suspensão do lapso prescricional – ausência de previsão legal: "Não há a suspensão dos prazos prescricionais em execução penal, por ausência de previsão legal, em razão da submissão de tema à repercussão geral na hipótese prevista no art. 1.035, § 5º, do CPC, sem a declaração de sobrestamento dos processos, nem a suspensão expressa dos prazos citados. A prescrição das faltas disciplinares de natureza grave, em virtude da inexistência de legislação específica, regula-se, por analogia, pelo menor dos prazos previstos no art. 109, VI, do Código Penal, de 3 (três) anos. Como a decisão proferida na QO no RE n. 966.177/RS refere-se especificamente à hipótese prevista no art. 1.035, § 5º, do CPC, e não houve o sobrestamento dos processos, nem a suspensão do prazo prescricional, pelo Supremo Tribunal Federal no RE n. 972.598/RS – tema 941, verifica-se a ocorrência de manifesta ilegalidade na suspensão do prazo prescricional sem prévia previsão legal. Isso porque, apesar de o artigo 1.030, III, do CPC prever a possibilidade de o relator sobrestar o recurso que versar sobre controvérsia de caráter repetitivo, nada dispõe sobre a possibilidade de suspensão do prazo prescricional nos casos em que reconhecida a repercussão geral do tema. Assim, em observância ao princípio da legalidade, as causas suspensivas da prescrição demandam expressa previsão legal, o que não se vislumbra na hipótese prevista no art. 1.030, III, do CPC, utilizada para sobrestar o processo no Tribunal de origem, não sendo admissível a analogia *in malam partem*. Com efeito, decorrido lapso superior a 3 (três) anos, previsto no art. 109, VI, do CP, desde a prática da falta disciplinar grave e o seu reconhecimento, deve ser reconhecida a prescrição" (STJ: HC 682.633/MG, rel. Min. Olindo Menezes (Desembargador convocado do Tribunal Reginal Federal da 1.ª Região), 6.ª Turma, j. 05.10.2021).

Suspensão da prescrição da pretensão punitiva – crimes tributários: "1. A verificação de eventual ocorrência da prescrição da pretensão punitiva do Estado, considerado o crime imputado ao paciente, esbarra na questão decidida por esta Suprema Corte no HC nº 81.611/DF, Relator o Ministro Sepúlveda Pertence, no sentido de que, enquanto não efetivado o lançamento definitivo do débito tributário, não há justa causa para a ação penal, ficando, porém, suspenso o curso do prazo prescricional. 2. Considera-se termo inicial, para fins de contagem do prazo prescricional, a data do julgamento definitivo sobre eventual supressão ou redução de tributo devido" (STF: HC 94.096/SP, rel. Min. Menezes Direito, 1.ª Turma, j. 03.02.2009).

Causas interruptivas da prescrição

> **Art. 117.** O curso da prescrição interrompe-se:
>
> I – pelo recebimento da denúncia ou da queixa;
>
> II – pela pronúncia;
>
> III – pela decisão confirmatória da pronúncia;
>
> IV – pela publicação da sentença ou acórdão condenatórios recorríveis;
>
> V – pelo início ou continuação do cumprimento da pena;
>
> VI – pela reincidência.
>
> § 1º Exceituados os casos dos incisos V e VI deste artigo, a interrupção da prescrição produz efeitos relativamente a todos os autores do crime. Nos crimes conexos, que sejam objeto do mesmo processo, estende-se aos demais a interrupção relativa a qualquer deles.
>
> § 2º Interrompida a prescrição, salvo a hipótese do inciso V deste artigo, todo o prazo começa a correr, novamente, do dia da interrupção.

○ **Causas interruptivas:** As hipóteses de interrupção da **prescrição da pretensão punitiva** foram definidas pelos incisos I a IV do art. 117 do CP. Por sua vez, os incisos V e VI referem-se à interrupção da **prescrição da pretensão executória**. Interrupção do prazo significa que, verificada a causa legalmente prevista, o intervalo temporal volta ao seu início, desprezando-se o tempo até então ultrapassado. Os marcos interruptivos conduzem ao **reinício do cálculo**. É o que consta expressamente do § 2.º deste dispositivo. Por se tratar de matéria prejudicial ao réu, **o rol do art. 117 é taxativo**, não admitindo o emprego da analogia para englobar situações semelhantes não apontadas pela lei.

– **Inciso I – Recebimento da denúncia ou da queixa:** o curso da prescrição da pretensão punitiva é interrompido pelo **recebimento** da inicial acusatória, e não pelo seu oferecimento por parte do MP ou do querelante. A interrupção se dá com a **publicação** do despacho de recebimento da denúncia ou da queixa. Prescinde-se da veiculação do ato judicial na imprensa oficial, ainda que por meio do processo judicial eletrônico. Basta a publicação do ato em cartório, com a entrega do despacho em mãos do escrivão. A partir da reforma promovida no CPP pela Lei 11.719/2008, o STJ considera como adequado ao recebimento da denúncia ou queixa o momento previsto no art. 396: tão logo oferecida a acusação e antes mesmo da citação do acusado. Esse recebimento pode ainda ocorrer em 2.º grau de jurisdição, pois, no caso de a denúncia ou queixa ser rejeitada, a interrupção ocorrerá na data da sessão de julgamento do recurso em sentido estrito (art. 581, I, do CPP) ou da apelação (art. 82, *caput*, da Lei 9.099/1995) pelo Tribunal. É o que se extrai da **Súmula 709 do STF**: "Salvo quando nula a decisão de primeiro grau, o acórdão que provê o recurso contra a rejeição da denúncia vale, desde logo, pelo recebimento dela." A denúncia ou a queixa recebida por juízo absolutamente incompetente não interrompe a prescrição, porque esse despacho tem índole de ato decisório, aplicando-se, portanto, a regra prevista no art. 567, 1.ª parte, do CPP. A interrupção somente se efetivará com a publicação do despacho do juízo competente ratificando os atos anteriores. Por sua vez, se o despacho de recebimento da denúncia ou da queixa for posteriormente **anulado**, por qualquer motivo, não se interrompe o curso da prescrição, pois os atos nulos não produzem efeitos jurídicos. O recebimento do aditamento à denúncia ou à queixa não interrompe a prescrição, exceto se for acrescentado novo crime ou novo acusado, quando a interrupção ocorrerá apenas em relação a esse novo delito ou no tocante ao novo agente.

– **Inciso II – Pronúncia:** É a decisão interlocutória mista não terminativa, fundada em prova da materialidade do fato delituoso e indícios suficientes de autoria, que submete o responsável pela prática de um crime doloso contra a vida a julgamento perante o Tribunal do Júri. Consequentemente, essa causa de interrupção da prescrição da pretensão punitiva é aplicável somente aos crimes de competência do Tribunal do Júri. A interrupção se efetiva com a **publicação da sentença de pronúncia**, a qual normalmente ocorre na audiência em que é lançada, e prescinde de veiculação na imprensa oficial. No caso de o réu ter sido impronunciado, interpondo-se contra a decisão recurso de apelação (art. 416 do CPP), ao qual se dá provimento para o fim de pronunciá-lo, a interrupção se dá na data da sessão de julgamento do recurso pelo Tribunal competente. E, uma vez pronunciado, persiste a força interruptiva da prescrição, ainda que o Tribunal do Júri, no julgamento em plenário, desclassifique o crime para outro que não seja de sua competência. É o que se extrai da **Súmula 191 do STJ**: "A pronúncia é causa interruptiva da prescrição, ainda que o Tribunal do Júri venha a desclassificar o crime."

– **Inciso III – Decisão confirmatória da pronúncia:** Essa forma de interrupção também é possível apenas nos crimes de competência do Tribunal do Júri, e ocorre quando o réu foi pronunciado, e contra essa decisão a defesa interpôs recurso em sentido estrito, com fundamento no art. 581, IV, do CPP, ao qual foi negado provimento. Opera-se a interrupção na data de **sessão de julgamento** do recurso pelo Tribunal competente, e não na data da publicação do acórdão. Essas duas causas interruptivas (pronúncia e decisão que a confirma) são justificáveis pela amplitude e pela extensão do procedimento dos crimes de competência do Tribunal do Júri, fatores que poderiam fomentar artimanhas processuais que levariam à impunidade pela prescrição.

– **Inciso IV – Publicação da sentença ou acórdão condenatórios recorríveis:** No caso da **sentença condenatória**, a interrupção opera-se com sua **publicação**, isto é, com sua entrega em mãos do escrivão, que lavrará nos autos o respectivo termo, registrando-a em livro especialmente destinado a esse fim (art. 389 do CPP), ou ainda na própria audiência, se a sentença for proferida nessa ocasião. No tocante ao **acórdão condenatório**, a interrupção se dá com a **sessão de julgamento pelo Tribunal competente**, seja em relação a recurso da acusação, seja nas hipóteses de sua competência originária. Em sede recursal, o Supremo Tribunal Federal e o Superior Tribunal de Justiça entendem que o **acórdão confirmatório da condenação** funciona como causa interruptiva da prescrição da pretensão punitiva, pouco importando se mantém, aumenta ou reduz a pena aplicada pela instância inferior.[401] Essa posição sujeita-se a críticas, pois, ao menos no plano técnico, somente se pode falar em "acórdão condenatório" quando a sentença foi absolutória ou então nos crimes de competência originária dos Tribunais. Nesse contexto, se a sentença foi condenatória, e o acórdão limita-se a preservá-la, ainda que aumentando ou diminuindo a pena aplicada, não seria correto falar em acórdão condenatório, e sim em "acórdão confirmatório" da condenação. Se, todavia, a sentença condenatória foi reformada pelo Tribunal em grau de apelação, absolvendo o réu, mantém-se a interrupção provocada pela publicação da decisão de 1.ª instância. A sentença anulada não interrompe a prescrição, pois um ato nulo não produz efeitos jurídicos. O acórdão proferido nas **ações penais de competência originária do STF** (art. 102, I, *b* e *c*, da CF), nas hipóteses em que não comporta mais nenhum recurso, **não interrompe a prescrição, pois é irrecorrível**. Finalmente, a sentença que aplica medida de segurança pode ou não interromper a prescrição. Não interrompe quando impõe medida de segurança ao inimputável, pois nesse caso tem natureza absolutória ("absolvição imprópria"). Interrompe, contudo, na hipótese de medida de segurança dirigida ao semi-imputável, já que nessa hipótese a sentença é condenatória.

– Inciso V – Início ou continuação do cumprimento da pena: Com a condenação, ordena-se o início do cumprimento da pena, e, quando isso efetivamente ocorre, interrompe-se a prescrição da pretensão executória. De outro lado, se o cumprimento da pena foi interrompido, normalmente pela fuga, ou ainda por outro motivo que possa se apresentar, o curso da prescrição da pretensão executória será interrompido com a recaptura do condenado (continuação do cumprimento da pena).

– Inciso VI – Reincidência: Nesse caso é importante adotar redobrada cautela: a reincidência antecedente, ou seja, aquela que já existia por ocasião da condenação, aumenta em 1/3 o prazo da prescrição da pretensão executória (CP, art. 110, *caput*), enquanto a reincidência **subsequente**, posterior à condenação transitada em julgado, interrompe o prazo prescricional já iniciado. Opera-se a interrupção com a **prática do crime**, embora condicionada ao trânsito em julgado da condenação. Consoante o ensinamento de Antonio Rodrigues Porto: "O réu será considerado reincidente quando passar em julgado a condenação pelo segundo crime; mas o momento da interrupção da prescrição, relativamente à condenação anterior, é o dia da prática do novo crime, e não a data da respectiva sentença. A eficácia desta retroage, para esse efeito, à data em que se verificou o segundo delito." Destarte, se for absolvido pelo crime posterior, não será interrompida a prescrição da pretensão executória. Existe, contudo, posição em sentido contrário: como decorrência do princípio da presunção de não culpabilidade (art. 5.º, LVII, da CF), a interrupção deve ocorrer somente a partir do trânsito em julgado da condenação pelo segundo crime.

○ **Comunicabilidade das causas interruptivas da prescrição da pretensão punitiva:** De acordo com o § 1.º do dispositivo em análise, excetuados os casos dos incisos V e VI deste artigo, a interrupção da prescrição produz efeitos relativamente a todos os autores do crime. Nos crimes conexos, que sejam objeto do mesmo processo, estende-se aos demais a interrupção relativa a qualquer deles. A previsão expressa da exceção relativa aos incisos V e VI se fundamenta na circunstância de se tratarem de causas de interrupção da **prescrição da pretensão executória**. O § 1.º do art. 117 do CP apresenta duas regras distintas: (a) comu-

---

[401]   STF: HC 176.473/RR, rel. Min. Alexandre de Moraes, Plenário, j. 05.02.2020, noticiado no *Informativo* 965; STJ: Tema 110 do Recurso Repetitivo – REsp 1.930.130/MG, rel. Min. João Otávio de Noronha, 3.ª Seção, j. 10.08.2022, noticiado no *Informativo* 744.

nicabilidade no concurso de pessoas; e (b) comunicabilidade nos crimes conexos que sejam objeto do mesmo processo.

– **Concurso de pessoas:** Dispõe o texto de lei que "a interrupção da prescrição produz efeitos relativamente a todos os autores do crime". A palavra "autores" foi utilizada pelo CP como gênero, para englobar tanto coautores como partícipes do crime. Fundamenta-se essa regra no fato de que quando o Estado exerce a persecução relativamente a um dos envolvidos no crime, revelou o seu interesse em também efetivá-la em relação a todos os demais. Essa sistemática é aplicável a todas as causas interruptivas da prescrição da pretensão punitiva: recebimento da denúncia ou queixa, pronúncia, decisão confirmatória da pronúncia e publicação da sentença ou acórdão condenatórios recorríveis.

– **Crimes conexos que sejam objeto do mesmo processo:** Crimes conexos são aqueles que possuem alguma ligação entre si. Quando tais crimes forem objeto do mesmo processo, diga-se, da mesma ação penal, ou seja, forem imputados ao réu na mesma denúncia ou na mesma queixa-crime, a interrupção relativa a qualquer deles estende os seus efeitos aos demais. Essa disposição também se aplica a todas as causas interruptivas da prescrição da pretensão punitiva.

○ **Incomunicabilidade das causas interruptivas da prescrição da pretensão executória:** O art. 117, § 1.º, 1.ª parte, do CP impõe expressamente a incomunicabilidade das causas interruptivas da prescrição da pretensão executória: **"Excetuados os casos dos incisos V e VI deste artigo**, a interrupção da prescrição produz efeitos relativamente a todos os autores do crime." Fundamenta-se essa opção na natureza personalíssima dessas causas interruptivas, intransmissíveis aos coautores e partícipes da infração penal. De fato, alguém iniciou o cumprimento da pena, ou continuou a cumpri-la, ou é reincidente, e tais situações não são comunicáveis a qualquer outra pessoa.

○ **Causa especial de interrupção da prescrição da pretensão punitiva nos crimes falimentares:** Estatui o art. 182, parágrafo único, da Lei 11.101/2005: "A decretação da falência do devedor interrompe a prescrição cuja contagem tenha iniciado com a concessão da recuperação judicial ou com a homologação do plano de recuperação extrajudicial."

○ **Jurisprudência selecionada:**

Interrupção da prescrição da pretensão punitiva – acórdão condenatório – data da sessão de julgamento: "A prescrição da pretensão punitiva do Estado, em segundo grau de jurisdição, se interrompe na data da sessão de julgamento do recurso e não na data da publicação do acórdão. Com base nesse entendimento, a 1ª Turma, por maioria, negou provimento a recurso ordinário em *habeas corpus* em que se alegava a extinção da punibilidade do delito pela ocorrência da prescrição da pretensão punitiva. O Colegiado afirmou que, por se tratar de acórdão, a publicação do ato ocorreria com a realização da sessão de julgamento. O Ministro Roberto Barroso enfatizou que a prescrição seria a perda de uma pretensão pelo seu não exercício, dentro de um determinado prazo. Portanto, a prescrição estaria associada à inércia do titular do direito. Dessa forma, com a realização da sessão de julgamento, não se poderia reconhecer essa inércia" (STF: RHC 125.078/SP, rel. Min. Dias Toffoli, 1.ª Turma, j. 03.03.2015, noticiado no *Informativo* 776).

Interrupção da prescrição da pretensão punitiva – acórdão confirmatório da condenação: "A impetração requer a concessão da ordem, para declarar extinta a punibilidade do paciente, condenado pela prática do crime de tráfico transnacional de drogas (Lei 11.343/2006, art. 33, caput, c/c art. 40, I), ante a ocorrência da prescrição da pretensão punitiva. Enfatiza que o acórdão proferido pelo Tribunal Regional Federal (TRF) não pode ser considerado marco interruptivo da prescrição, pois a apelação foi desprovida, tendo sido confirmada a sentença condenatória em todos os seus termos. O ministro Alexandre de Moraes (relator) denegou a ordem, por não vislumbrar constrangimento ilegal, no que foi acompanhado pelos ministros Edson Fachin, Roberto

Barroso, Rosa Weber, Luiz Fux, Cármen Lúcia e Marco Aurélio. Segundo o relator, somente há se falar em prescrição diante da inércia do Estado. O art. 117 do Código Penal, o qual deve ser interpretado de forma sistemática, elenca todas as causas interruptivas da prescrição, ou seja, que demonstram que o Estado não está inerte. Relativamente ao inciso IV do art. 117, o CP não faz distinção entre acórdão condenatório inicial e acórdão condenatório confirmatório da decisão, nem seria razoável fazê-lo. Nessa segunda hipótese – acórdão condenatório confirmatório da decisão de primeira instância – o Estado juiz reanalisa a decisão condenatória ante a provocação da própria defesa. Se o faz dentro do prazo legal, seja mantendo, aumentando ou reduzindo a pena anteriormente imposta, há atuação, e não inércia estatal. Portanto, deve o prazo prescricional ser interrompido para o cumprimento do devido processo legal. Pontuou que a Lei 11.596/2007, ao alterar a redação do inciso IV do art. 117 do CP, corroborou esse entendimento e serviu para dirimir qualquer dúvida interpretativa. A nova redação acrescentou ao termo 'sentença condenatória', como fator de interrupção dessa prescrição, a expressão 'acórdão condenatório'. Tratou-se de opção política-legislativa direcionada ao combate à criminalidade, que confirmou jurisprudência da Primeira Turma, que já entendia o anterior vocábulo como gênero das espécies 'sentença' e 'acórdão'. O propósito da modificação emerge, inclusive, da leitura da Justificação do Projeto de Lei 401/2003, que culminou na edição da Lei 11.596/2007. Pretendeu-se evitar a interposição de recursos meramente protelatórios às instâncias superiores, uma vez que a publicação do acórdão condenatório recorrível interrompe o prazo prescricional, zerando-o novamente. Além disso, esclareceu-se que a interrupção da prescrição se dá pela simples condenação em segundo grau, seja confirmando integralmente a decisão monocrática, seja reduzindo ou aumentando a pena por ela anteriormente imposta. O relator observou, também, que não se pode desconsiderar o 'efeito substitutivo' das decisões passíveis de reforma no âmbito recursal. O que será executado, a partir do trânsito em julgado, é o acórdão condenatório, ou seja, os termos da decisão definitiva de mérito de segundo grau. Em divergência, o Ministro Ricardo Lewandowski concedeu a ordem para declarar extinta a punibilidade do paciente em face da prescrição operada nos autos, com fundamento no art. 117, IV, do CP. No mesmo sentido, votou o Ministro Gilmar Mendes. Para o Ministro Lewandowski, o acórdão que confirma a condenação de primeiro grau ou diminui a reprimenda imposta na sentença não substitui o título condenatório, porque tem uma natureza meramente declaratória de uma situação jurídica anterior. A causa de interrupção prescricional prevista no inciso IV do art. 117 do CP refere-se a acórdão condenatório, cuja compreensão hermenêutica mais adequada não abarca o acórdão confirmatório do édito condenatório proferido em primeira instância. Asseverou que a interpretação extensiva do referido dispositivo, ao arrepio da legalidade estrita e da finalidade do instituto da prescrição, afronta o direito fundamental do acusado de ser julgado em tempo razoável" (STF: HC 176.473/RR, rel. Min. Alexandre de Moraes, Plenário, j. 05.02.2020, noticiado no *Informativo* 965). *No mesmo sentido:* STJ: Tema 110 do Recurso Repetitivo – REsp 1.930.130/MG, rel. Min. João Otávio de Noronha, 3.ª Seção, j. 10.08.2022, noticiado no *Informativo* 744.

Interrupção da prescrição da pretensão punitiva – aditamento da denúncia – recebimento inicial: "O aditamento da denúncia não torna nula a primeira exordial acusatória apresentada, razão pela qual mantém-se a interrupção do prazo prescricional decorrente do seu recebimento (art. 117, I, do CPB)" (STJ: HC 188.471/ES, rel. Min. Napoleão Nunes Maia Filho, 5.ª Turma, j. 31.05.2011).

Interrupção da prescrição da pretensão punitiva – crimes conexos objeto do mesmo processo – comunicabilidade: "No caso de crimes conexos que sejam objeto do mesmo processo, havendo sentença condenatória para um dos crimes e acórdão condenatório para o outro delito, tem-se que a prescrição da pretensão punitiva de ambos é interrompida a cada provimento jurisdicional (art. 117, § 1º, do CP). De antemão, salienta-se que o art. 117, IV, do CP enuncia que: 'O curso da prescrição interrompe-se: IV – pela publicação da sentença ou acórdão condenatórios recorríveis'. Nesse contexto, é importante ressaltar que, se a sentença é condenatória, o acórdão só poderá ser confirmatório ou absolutório, assim como só haverá acórdão condenatório no caso de prévia sentença absolutória. Na hipótese, contudo, os crimes são conexos, o que viabilizou a ocorrência, no mesmo processo, tanto de uma sentença condenatória quanto de um acórdão condenatório. Isso porque a sentença condenou por um crime e absolveu por outro, e o acórdão reformou a absolvição. Ressaltado isso, enfatiza-se que a prescrição não é contada separadamente nos casos de crimes conexos que sejam objeto do mesmo processo. Ademais, para efeito de prescrição, o art. 117, § 1º, do CP dispõe que: '[...] Nos crimes conexos, que sejam objeto do mesmo processo, estende-se aos demais a interrupção relativa a qualquer deles'. Portanto, observa-se que, a despeito de a sentença ter sido em parte condenatória e em parte absolutória, ela interrompeu o prazo prescricional de ambos os crimes julgados. Outrossim, o acórdão, em que pese ter confirmado a condenação perpetrada pelo Juiz singular, também condenou o agente – que, até então, tinha sido absolvido – pelo outro crime, de sorte que interrompeu, novamente, a prescrição de ambos os delitos conexos" (STJ: RHC 40.177/PR, rel. Min. Reynaldo Soares da Fonseca, 5.ª Turma, j. 25.08.2015, noticiado no *Informativo* 568).

Interrupção da prescrição da pretensão punitiva – decisão confirmatória da pronúncia – art. 117, III, do CP – decisão proferida pelo STJ em sede de agravo em recurso especial – não ocorrência: "As decisões proferidas pelo Superior Tribunal Justiça, em recurso interposto contra o acórdão confirmatório da pronúncia, não se inserem no conceito do art. 117, inciso III, do Código Penal como causa interruptiva da prescrição. A controvérsia se refere à inclusão ou não das decisões proferidas pelo Superior Tribunal de Justiça no conceito de decisão confirmatória da pronúncia, constante no art. 117, inciso III, do Código Penal. O inciso III do art. 117 do Código Penal dispõe que 'o curso da prescrição interrompe-se: [...] pela decisão confirmatória da pronúncia'. No entanto, não é possível considerar que a generalidade do vocábulo autoriza a interrupção da prescrição a cada decisão proferida após a pronúncia, sob pena de se desvirtuar a própria sistemática trazida no referido dispositivo legal. De fato, as causas interruptivas da prescrição da pretensão punitiva listadas no referido dispositivo legal guardam íntima relação com o curso da ação penal em primeira e segunda instâncias, que são as instâncias nas quais, em regra, é formada a culpa. Relevante anotar, no ponto, que o único pronunciamento do STJ que pode ser considerado, na hipótese, como marco interruptivo da prescrição, é aquele que restabelece a pronúncia, nas hipóteses em que o réu é despronunciado pela Corte local. Isso se deve ao fato de que o julgamento pelo Tribunal do Júri apenas se torna possível após a decisão proferida pelo Superior Tribunal de Justiça. Dessa forma, não é possível desconsiderar referida decisão como marco interruptivo da prescrição. No entanto, já tendo a pronúncia sido confirmada pelo Tribunal de Justiça, autorizando, inclusive, o julgamento pelo Conselho de Sentença, conforme jurisprudência uníssona desta Corte Superior e do STF, não há se falar em nova confirmação da decisão de pronúncia, no julgamento dos recursos manejados para as instâncias extraordinárias. De fato, '"a preclusão da decisão de pronúncia, dada a ausência de efeito suspensivo aos recursos de natureza extraordinária (recursos especial e extraordinário – art. 637 do CPP), coincide com o exaurimento da matéria em recursos inerentes ao procedimento do Júri apreciados pelas instâncias ordinárias. A interposição de recursos especial ou extraordinário contra acórdão confirmatório da decisão de pronúncia não obstaculiza a realização do julgamento pelo Tribunal do Júri' (AgR no HC 118.357/PE, Primeira Turma, Relª. Ministra. Rosa Weber, DJe 27/10/2017)". (EDcl no AgRg no AgRg no AREsp 1.027.534/BA, Relator Ministro Felix Fischer, Quinta Turma, DJe de 22/11/2017). De igual sorte, acaso o réu seja impronunciado em primeiro grau e pronunciado em segundo grau, o recurso especial julgado pelo Superior Tribunal de Justiça também não poderia ser considerado como decisão que confirma a pronúncia, haja vista as limitações inerentes à sua natureza. Com efeito, como é de conhecimento, não é possível o reexame de fatos e provas em recurso especial. No que diz respeito à lógica interpretativa adotada pelo Supremo Tribunal Federal no julgamento do HC 176.473/RR, verifica-se que o Pretório Excelso, ao analisar a extensão do significado dos vocábulos constantes do inciso IV do art. 117 do Código Penal, considerou que, sistematicamente, não haveria justificativa para tratamentos díspares entre acórdão condenatório e acórdão confirmatório, sendo ambos pronunciamentos do Tribunal Estadual a demonstrar a ausência de inércia estatal. Contudo, em nenhum momento o STF avançou no tema para considerar que as decisões proferidas pelo STJ, também deveriam ser considerados acórdão condenatório ou confirmatório recorrível. De fato, a discussão se limitou aos pronunciamentos judiciais de primeiro e segundo graus, destacando-se que a alteração legislativa apenas confirmou a jurisprudência do Pretório Excelso no sentido de que o anterior vocábulo 'decisão' já albergava as espécies sentença e acórdão (HC 92.340/SC, DJe 8/8/2008). Assim, não obstante a decisão proferida por esta Corte Superior revelar 'pleno exercício da jurisdição penal', tem-se que as decisões proferidas pelos Tribunais Superiores não foram contempladas como causas interruptivas da prescrição, mas apenas as decisões proferidas pelas instâncias ordinárias. Trata-se de opção política-legislativa que, a meu ver, não pode ser desconsiderada por meio de interpretação extensiva em matéria que deve ser interpretada restritivamente. Relevante ponderar, por fim, que houve recente alteração legislativa no art. 116 do Código Penal, por meio da Lei n. 13.964/2019, para incluir causa suspensiva da prescrição, consistente na pendência de 'recursos aos Tribunais Superiores, quando inadmissíveis'. Utilizou-se de nomenclatura específica para determinar a suspensão do prazo prescricional, com o objetivo de se evitar a utilização de recursos para os Tribunais Superiores de forma protelatória. Desse modo, não é possível nem recomendável inserir, como regra, as decisões proferidas pelo Superior Tribunal de Justiça como marcos interruptivos da prescrição, quer no inciso III quer no inciso IV do art. 117 do Código Penal, haja vista se tratar de dispositivos legais que devem ser interpretados restritivamente e que guardam estreita relação com a formação da culpa, a qual não é propriamente examinada nos recursos para os Tribunais Superiores" (STJ: HC 826.977/ SP, rel. Min. Ribeiro Dantas, rel. para acórdão Min. Reynaldo Soares da Fonseca, 5.ª Turma, j. 05.12.2023, noticiado no *Informativo* 798).

Interrupção da prescrição da pretensão punitiva – recebimento da denúncia – juízo absolutamente incompetente – não ocorrência: "Quando a autoridade que receber a denúncia for incompetente em razão de prerrogativa de foro do réu, o recebimento da peça acusatória será ato absolutamente nulo e, portanto, não interromperá a prescrição" (STJ: APn 295/RR, rel. Min. Jorge Mussi, Corte Especial, j. 17.12.2014, noticiado no *Informativo* 555). *No mesmo sentido*: STF: HC 104.907/PE, rel. Min. Celso de Mello, 2.ª Turma, j. 10.05.2011, *Informativo* 626; e STJ: RHC 29.599/RS, rel. Min. Jorge Mussi, 5.ª Turma, j. 11.06.2013.

Interrupção da prescrição da pretensão punitiva – recebimento da denúncia – juízo relativamente incompetente – ocorrência: "Tratando-se de incompetência relativa, o exame da prescrição da pretensão punitiva deve considerar o recebimento da denúncia realizado pelo Juízo incompetente, e não a convalidação posterior do Juízo que detém competência territorial, uma vez que este último ato possui natureza declarativa, prestando-se unicamente a confirmar a validade do primeiro. Em outros termos: pelo princípio da convalidação, o recebimento da denúncia por parte de Juízo territorialmente incompetente tem o condão de interromper o prazo prescricional" (STJ: RHC 40.514/MG, rel. Min. Laurita Vaz, 5.ª Turma, j. 08.05.2014).

Interrupção da prescrição da pretensão punitiva – recebimento da denúncia – momento: "A par da divergência doutrinária instaurada, na linha do entendimento majoritário (Andrey Borges de Mendonça; Leandro Galluzzi dos Santos; Walter Nunes da Silva Junior; Luiz Flávio Gomes; Rogério Sanches Cunha e Ronaldo Batista Pinto), é de se entender que o recebimento da denúncia se opera na fase do art. 396 do Código de Processo Penal" (STJ: HC 138.089/SC, rel. Min. Felix Fischer, 5.ª Turma, j. 02.03.2010).

Interrupção da prescrição da pretensão executória – penas restritivas de direitos – início de cumprimento da pena: "O simples comparecimento do apenado perante a instituição assistencial designada pelo Juízo da Execução Penal é suficiente para caracterizar o início do cumprimento da pena restritiva de direitos de prestação de serviços à comunidade, ainda que dispensado no mesmo dia, logo após a apresentação, por não se enquadrar ao perfil exigido. Inteligência do art. 149, § 2º da LEP. [...] O afastamento de causa interruptiva da prescrição, por se ater diretamente à extinção da punibilidade do agente, depende de expressa declaração judicial, não podendo ser arredada implicitamente em razão da simples fixação de prazo de validade equivocado do mandado de prisão" (STJ: HC 108.007/SP, Rel. Min. Jane Silva (Desembargadora convocada do TJ-MG), 6.ª Turma, j. 25.09.2008).

Art. 118. As penas mais leves prescrevem com as mais graves.

○ **Prescrição e absorção de penas:** A comparação de gravidade é a seguinte: a pena privativa de liberdade é a mais grave, enquanto mais leves são as restritivas de direitos e a multa. Como sustentam Zaffaroni e Pierangeli: "Razões doutrinárias, e muito especialmente de política criminal, determinaram a solução legal. Aliás, seria incompreensível que o Estado, em razão do tempo, se conformasse com a não execução de uma pena de maior intensidade e determinasse a continuação da prescrição de penas mais leves." O dispositivo é absolutamente dispensável para as penas restritivas de direitos, as quais, por serem substitutivas, necessariamente prescrevem no mesmo prazo das penas privativas de liberdade substituídas. Aliás, isso já consta do art. 109, parágrafo único, do Código Penal. Cumpre frisar, no entanto, que na hipótese de serem aplicadas, simultaneamente, uma pena privativa de liberdade e outra restritiva de direitos, como admitem diversos crimes tipificados pelo Código de Trânsito Brasileiro (arts. 302 a 304 e 306 a 308 da Lei 9.503/1997), com a prescrição daquela a esta não se reservará melhor sorte. No campo da pena de multa, o art. 114, II, do CP previu regra específica, mas com o mesmo propósito da ora em análise. Deve ser destacado, porém, que esse critério não tem incidência na seara do **concurso de crimes**, em que a pena de cada delito prescreve isoladamente (art. 119 do CP).

Art. 119. No caso de concurso de crimes, a extinção da punibilidade incidirá sobre a pena de cada um, isoladamente.

○ **Prescrição no concurso de crimes:** Aplica-se este dispositivo ao concurso material, ao concurso formal e ao crime continuado.

○ **Concurso de crimes e sistema do cúmulo material:** Em relação ao **concurso material**, caracterizado quando o agente, mediante duas ou mais condutas, pratica dois ou mais crimes, idênticos ou não, o art. 69, *caput*, do CP acolheu o **sistema do cúmulo material**, é dizer, somam-se as penas de todos os crimes. No que concerne à prescrição, a extinção da punibilidade deve ser analisada sobre a pena de cada um dos delitos, isoladamente, e não sobre a pena final, resultante da soma das reprimendas cabíveis a cada um dos crimes. O mesmo raciocínio se aplica ao **concurso formal impróprio**, ou **imperfeito** (art. 70, *caput*, *in fine*, do CP), pois nele as penas dos diversos crimes também devem ser somadas.

○ **Concurso de crimes e sistema da exasperação:** No tocante ao **concurso formal próprio**, ou **perfeito**, e também ao **crime continuado**, adotou-se o **sistema da exasperação** (arts. 70, *caput*, 1.ª parte, e 71, *caput* e parágrafo único, ambos do CP), pois o magistrado, para dosar a pena, aplica a inerente a qualquer dos crimes, se idênticas, ou a mais grave, se diversas, aumentada de determinado percentual. Para o cálculo da prescrição, o juiz há de considerar somente a pena inicial, isto é, a pena derivada de um dos crimes, sem o aumento decorrente do concurso formal próprio ou da continuidade delitiva. Nessa linha de entendimento é o teor da **Súmula 497 do STF**: "Quando se tratar de crime continuado, a prescrição regula-se pela pena imposta na sentença, não se computando o acréscimo decorrente da continuação." A orientação da súmula também incide em relação ao concurso formal próprio ou perfeito, pela identidade de fundamento. De fato, nas duas modalidades de concurso de crimes o legislador recepcionou, para fins de aplicação da pena, o sistema da exasperação.

○ **Jurisprudência selecionada:**

Prescrição – concurso de crimes: "O artigo 109 do Código Penal disciplina que o prazo prescricional, antes do trânsito em julgado da decisão condenatória, regula-se pelo máximo da pena cominada ao crime. No cálculo, cada crime é considerado isoladamente, não se considerando o acréscimo decorrente do concurso formal, material ou da continuidade delitiva, a teor do disposto no artigo 119 do Código Penal" (STJ: AgRg no REsp 1.341.671/MG, rel. Min. Rogério Schietti Cruz, 6.ª Turma, j. 03.06.2014).

Prescrição – concurso formal: "O acréscimo decorrente do concurso formal não é levado em consideração no cálculo da prescrição, pela aplicação da regra do art. 119 do Código Penal" (STJ: HC 188.023/ES, rel. Min. Sebastião Reis Júnior, 6.ª Turma, j. 01.09.2011).

Prescrição – concurso material: "No ponto, aduziu-se que, em se tratando de delitos em concurso material, incide, na espécie, o mencionado art. 119 do CP, que impõe que o lapso prescricional seja calculado separadamente, em função da pena imposta a cada um dos crimes" (STF: HC 85.399/PR, rel. Min. Celso de Mello, 2.ª Turma, j. 12.12.2006, noticiado no *Informativo* 452).

Perdão judicial

Art. 120. A sentença que conceder perdão judicial não será considerada para efeitos de reincidência.

○ **Prescrição e perdão judicial:** O perdão judicial é causa extintiva da punibilidade e consubstancia-se em direito público subjetivo, razão pela qual deve o magistrado concedê-lo ao réu quando presentes os requisitos exigidos em lei. Existem três correntes quanto à natureza jurídica da sentença concessiva desta espécie de perdão: (1) condenatória; (2) absolutória; e (3) declaratória da extinção da punibilidade. Aplicado o instituto, independentemente da corrente adotada, a sentença que o conceder não gerará reincidência no futuro. *Ver comentários ao art. 107 do CP.*

PARTE ESPECIAL

TÍTULO I –
DOS CRIMES CONTRA A PESSOA

Capítulo I –
DOS CRIMES CONTRA A VIDA

○ **Fundamento constitucional:** A vida constitui-se em direito fundamental do ser humano, consagrado no art. 5.º da Constituição Federal. Trata-se de direito formal e materialmente constitucional, com caráter supraestatal. Não obstante, tem natureza relativa: pode sofrer limitações, desde que legítimas e sustentadas por interesses maiores do Estado. Nesse sentido, a admissão da pena de morte em tempo de guerra (CF, art. 5.º, XLVII, *a*), a legítima defesa (CP, art. 25) e o aborto em determinadas situações legalmente previstas (CP, art. 128).

Homicídio simples

> **Art. 121.** Matar alguém:
>
> Pena – reclusão, de seis a vinte anos.

Caso de diminuição de pena

> § 1º Se o agente comete o crime impelido por motivo de relevante valor social ou moral, ou sob o domínio de violenta emoção, logo em seguida a injusta provocação da vítima, o juiz pode reduzir a pena de um sexto a um terço.

Homicídio qualificado

> § 2º Se o homicídio é cometido:
>
> I – mediante paga ou promessa de recompensa, ou por outro motivo torpe;
>
> II – por motivo fútil;
>
> III – com emprego de veneno, fogo, explosivo, asfixia, tortura ou outro meio insidioso ou cruel, ou de que possa resultar perigo comum;
>
> IV – à traição, de emboscada, ou mediante dissimulação ou outro recurso que dificulte ou torne impossível a defesa do ofendido;
>
> V – para assegurar a execução, a ocultação, a impunidade ou vantagem de outro crime:
>
> Pena – reclusão, de doze a trinta anos.

VI – Revogado;

VII – contra autoridade ou agente descrito nos arts. 142 e 144 da Constituição Federal, integrantes do sistema prisional e da Força Nacional de Segurança Pública, no exercício da função ou em decorrência dela, ou contra seu cônjuge, companheiro ou parente consanguíneo até terceiro grau, em razão dessa condição;

VIII – com emprego de arma de fogo de uso restrito ou proibido;

Homicídio contra menor de 14 (quatorze) anos.

IX – contra menor de 14 (quatorze) anos:

Pena – reclusão, de doze a trinta anos.

§ 2º-A Revogado.

§ 2º-B. A pena do homicídio contra menor de 14 (quatorze) anos é aumentada de:

I – 1/3 (um terço) até a metade se a vítima é pessoa com deficiência ou com doença que implique o aumento de sua vulnerabilidade;

II – 2/3 (dois terços) se o autor é ascendente, padrasto ou madrasta, tio, irmão, cônjuge, companheiro, tutor, curador, preceptor ou empregador da vítima ou por qualquer outro título tiver autoridade sobre ela;

III – 2/3 (dois terços) se o crime for praticado em instituição de educação básica pública ou privada.

Homicídio culposo

§ 3º Se o homicídio é culposo:

Pena – detenção de um a três anos.

Aumento de pena

§ 4º No homicídio culposo, a pena é aumentada de 1/3 (um terço), se o crime resulta de inobservância de regra técnica de profissão, arte ou ofício, ou se o agente deixa de prestar imediato socorro à vítima, não procura diminuir as consequências do seu ato, ou foge para evitar prisão em flagrante. Sendo doloso o homicídio, a pena é aumentada de 1/3 (um terço) se o crime é praticado contra pessoa menor de 14 (quatorze) ou maior de 60 (sessenta) anos.

§ 5º Na hipótese de homicídio culposo, o juiz poderá deixar de aplicar a pena, se as consequências da infração atingirem o próprio agente de forma tão grave que a sanção penal se torne desnecessária.

§ 6º A pena é aumentada de 1/3 (um terço) até a metade se o crime for praticado por milícia privada, sob o pretexto de prestação de serviço de segurança, ou por grupo de extermínio.

§ 7º Revogado.

Classificação:	Informações rápidas:
Crime simples Crime comum Crime material Crime de dano Crime de forma livre Crime comissivo (*regra*) ou omissivo impróprio (*exceção*) Crime instantâneo (ou para alguns, instantâneo de efeitos permanentes) Crime unissubjetivo (*regra*) Crime plurissubsistente (*regra*) Crime progressivo	**Homicídio simples:** não é hediondo, em regra (*v.* Lei 8.072/1990); **Homicídio privilegiado:** incomunicável (diminuição obrigatória da pena), não é hediondo; eutanásia (ainda é crime, mas pode ser admitida como causa supralegal de exclusão da ilicitude); **Homicídio qualificado:** é sempre hediondo; privilegia-do-qualificado (possível desde que qualificadoras de natureza objetiva; porém não é hediondo); pluralidade de qualificadoras (uma qualifica; a outra agrava a pena – *diverg*.). **Homicídio culposo:** não admite tentativa. **Perdão judicial:** deve ser concedido na sentença (declaratória de extinção da punibilidade/STJ); ato unilateral; não gera reincidência. **Ação penal:** pública incondicionada (*doloso*: rito do júri; culposo: rito sumário com *sursis* processual).

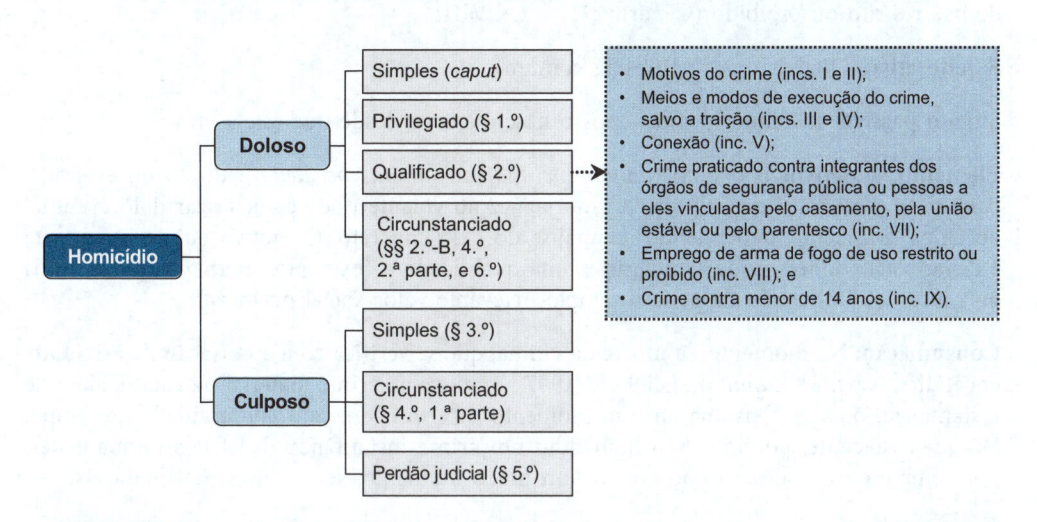

○ **Introdução:** Homicídio é a supressão da **vida humana extrauterina** praticada por outra pessoa. Se a vida humana for intrauterina estará caracterizado o delito de aborto. Se já iniciado o trabalho de parto, a morte do feto configura homicídio ou infanticídio (art. 123, CP).

○ **Objeto jurídico:** A vida humana, direito fundamental assegurado pelo art. 5.º, *caput*, da Constituição Federal. É irrelevante a viabilidade do ser nascente, bastando o nascimento com vida.

○ **Objeto material:** É o ser humano que suporta a conduta criminosa.

○ **Núcleo do tipo:** É o verbo **matar**. Trata-se de **crime de forma livre**. Pode ser praticado por **ação** ou por **omissão**, desde que presente o dever de agir (hipóteses previstas no art. 13, § 2.º, do CP), de **forma direta** (meio de execução manuseado diretamente pelo agente) ou **indireta** (meio de execução manipulado indiretamente pelo homicida). O homicídio também pode ser praticado por meio de relações sexuais ou atos libidinosos. É o que ocorre com a Aids (síndrome da imunodeficiência adquirida), doença fatal e incurável. Se um portador do vírus

HIV, consciente da letalidade da moléstia, efetua intencionalmente com terceira pessoa ato libidinoso que transmite a doença, matando-a, responderá por homicídio doloso consumado. E, se a vítima não falecer, a ele deverá ser imputado o crime de homicídio tentado. Nesse caso, não há falar no crime de perigo de contágio venéreo (CP, art. 130), uma vez que o dolo do agente dirige-se à morte da vítima.[1] Igual raciocínio se aplica à hipótese em que alguém, fazendo uso de uma seringa contendo sangue com o vírus HIV, injeta o líquido em outra pessoa, contaminando-a. Em qualquer dos casos, o crime será o de homicídio, consumado ou tentado, dependendo da produção ou não do resultado naturalístico morte.[2] Há quem entenda, todavia, tratar-se de lesão corporal gravíssima em face da enfermidade incurável (CP, art. 129, § 2.º, inc. II).[3] Não concordamos com essa posição, pois enfermidade incurável é a doença que não possui solução no atual estágio da ciência médica, mas que não leva à morte, como ocorre na Aids. Os meios de execução podem ser **materiais** (os que assolam a integridade física do ofendido) ou **morais** (a morte é produzida por um trauma psíquico na vítima como, por exemplo, a depressão, que acarreta a morte em face do uso excessivo de medicamentos). O meio de execução pode caracterizar uma qualificadora, como se dá no emprego de veneno, fogo, explosivo, asfixia ou outro meio insidioso ou cruel, ou de que possa resultar perigo comum (CP, art. 121, § 2.º, III), ou então no emprego de arma de fogo de uso restrito ou proibido (CP, art. 121, § 2.º, VIII).

○ **Sujeito ativo:** Qualquer pessoa (crime comum).

○ **Sujeito passivo:** Qualquer pessoa, após o nascimento e desde que esteja viva.

○ **Elemento subjetivo:** É o dolo (*animus necandi* ou *animus occidendi*), direto ou eventual. Admite-se a modalidade culposa. A embriaguez ao volante pode caracterizar dolo eventual ou culpa consciente, dependendo da análise do caso concreto. O motivo que leva o agente a ceifar a vida alheia pode caracterizar uma qualificadora (exemplo: motivo torpe ou fútil) ou causa de diminuição da pena (exemplo: relevante valor social ou moral).[4]

○ **Consumação:** No momento da **morte** da vítima, que se verifica com a **cessação da atividade encefálica** – art. 3.º, *caput*, da Lei 9.434/1997.[5] Trata-se de crime material ou causal, além de instantâneo, pois se consuma em um momento determinado, sem continuidade no tempo. Há quem sustente, porém, ser o homicídio um crime instantâneo de efeitos permanentes, pois, embora a consumação ocorra em um único momento, seus efeitos são imutáveis.

○ **Tentativa:** É possível. A tentativa branca ou incruenta é aquela em que a vítima não é atingida, enquanto a tentativa vermelha ou cruenta é aquela em que a vítima sofre ferimentos.

---

[1] Para o Supremo Tribunal Federal, contudo, não comete homicídio (consumado ou tentado) o sujeito que, tendo ciência da doença (AIDS) e deliberadamente a ocultando de seus parceiros, mantém relações sexuais sem preservativo. A Corte, todavia, limita-se a afastar o crime doloso contra a vida, sem concluir acerca da tipicidade do delito efetivamente cometido, se perigo de contágio venéreo ou lesão corporal gravíssima (HC 98.712/SP, rel. Min. Marco Aurélio, 1.ª Turma, j. 05.10.2010, noticiado no *Informativo* 603).

[2] Essa conclusão também é aplicável à transmissão dolosa da **COVID-19** (coronavírus), notadamente em relação às vítimas integrantes do denominado "grupo de risco", até que sobrevenha um método eficaz de cura da patologia.

[3] TAVAREZ, Juarez. *Teoria do injusto penal.* Belo Horizonte: Del Rey, 2000. p. 289-290.

[4] Vale destacar que algumas qualificadoras são compatíveis unicamente com o dolo direto. Na visão do Supremo Tribunal Federal, é que se verifica, a título ilustrativo, no inc. IV do § 2.º do art. 121 do Código Penal: HC 111.442/RS, rel. Min. Gilmar Mendes, 2.ª Turma, j. 28.08.2012, noticiado no *Informativo* 677; e HC 95.136/PR, rel. Min. Joaquim Barbosa, 2.ª Turma, j. 01.03.2011, noticiado no *Informativo* 618.

[5] A Lei 9.434/1997 encontra-se regulamentada pelo Decreto 9.175/2017. Além disso, a Resolução n.º 2.173/2017, editada pelo Conselho Federal de Medicina, define os critérios do diagnóstico da morte encefálica.

○ **Ação Penal:** Pública incondicionada, em todas as modalidades do delito.

○ **Competência:** É do Tribunal do Júri (CF, art. 5.º, XXXVIII, *d*), exceto no tocante ao homicídio culposo, de competência do juízo comum.

○ **Lei 9.099/1995:** Cabe suspensão condicional do processo unicamente no homicídio culposo, desde que presentes os demais requisitos exigidos pelo do art. 89 da Lei 9.099/1995.

○ **Justiça Militar:** O art. 9.º, § 1.º, do Código Penal Militar – Decreto-lei 1.001/1969 prevê uma regra geral: o homicídio doloso praticado contra civil será da competência do Tribunal do Júri. O § 2.º do art. 9.º, contudo, elenca situações em que os crimes dolosos contra a vida cometidos por militares das Forças Armadas contra civil serão da competência da Justiça Militar da União.

○ **Genocídio:** é a destruição total ou parcial de grupo nacional, étnico, racial ou religioso (art. 2.º da Convenção para a prevenção e a repressão do crime de Genocídio, ratificada pelo Decreto 30.822/1952 c.c. art. 1.º, *a*, da Lei 2.889/1956). A competência é do juízo comum, e não do Tribunal do Júri. Trata-se de crime contra a humanidade, e não de crime doloso contra a vida, pois não foi catalogado no Capítulo I do Título I da Parte Especial do Código Penal.

○ **Homicídio simples (art. 121,** *caput***):** Trata-se de conduta desprovida de elementos normativos ou subjetivos. **Em regra**, não é crime hediondo, exceto quando praticado em **atividade típica de grupo de extermínio**, ainda que por **um só agente** (Lei 8.072/1990, art. 1.º, I, 1.ª parte).

○ **Homicídio privilegiado (art. 121, § 1.º):** Denominação doutrinária e jurisprudencial. Cuida-se, na verdade, de causa de diminuição da pena (minorante). As hipóteses legais de privilégio apresentam **caráter subjetivo**, não se comunicando aos coautores ou partícipes (art. 30 do CP), se o crime for praticado em concurso de pessoas. Presente uma de tais hipóteses, o juiz **deverá diminuir a pena**, obrigatoriamente (trata-se de direito subjetivo do agente). Os crimes dolosos contra a vida são de competência do Tribunal do Júri (CF, art. 5.º, XXXVIII, *d*), cabendo o reconhecimento das causas de diminuição da pena aos jurados, não podendo o juiz presidente contrariar a soberania dos veredictos constitucionalmente consagrada (art. 5.º, XXXVIII, *c*). A discricionariedade do juiz limitar-se-á ao *quantum* da diminuição. O homicídio privilegiado não é crime hediondo, por ausência de previsão na Lei 8.072/1990.

○ **Circunstâncias que ensejam o reconhecimento do privilégio:** (a) **motivo de relevante valor social**: aquele relacionado ao **interesse da coletividade**, e não apenas do agente individualmente considerado; (b) **motivo de relevante valor moral**: diz respeito a **interesse particular** do autor do homicídio, aprovado pela moralidade média e considerado nobre e altruísta (ex.: eutanásia). Nesses dois casos, o privilégio diferencia-se da atenuante do art. 65, III, "a", do CP, pois o agente atua não apenas *motivado* pelo relevante valor social ou moral, mas **impelido**, ou seja, impulsionado em elevado grau; e (c) **domínio de violenta emoção, logo em seguida a injusta provocação da vítima**: leva-se em conta o aspecto psicológico do agente que, dominado pela emoção violenta, não se controla, tendo sua culpabilidade reduzida. O CP exige três requisitos cumulativos: (1) **domínio de violenta emoção** (emoção intensa, capaz de alterar o estado de ânimo do agente a ponto de tirar-lhe a seriedade e a isenção que ordinariamente possui; (2) **injusta provocação da vítima** (comportamento apto a desencadear a violenta emoção e a consequente prática do crime), não necessariamente com o propósito direto e específico de provocar, bastando que o agente sinta-se provocado injustamente, podendo, ainda, ser dirigida a terceira pessoa e até mesmo a um animal. Havendo **agressão injusta** por parte da vítima, estará configurada a legítima defesa (art.

25 do CP); (3) **reação imediata**: é indispensável seja o fato praticado logo após a injusta provocação da vítima.

○ **Homicídio privilegiado e erro na execução (*aberratio ictus*):** se o agente erroneamente supõe a existência do motivo, induzido por circunstâncias de fato, incide o privilégio.

○ **Eutanásia/ortotanásia:** a eutanásia pode ser de duas espécies: (a) **eutanásia em sentido estrito** (eutanásia ativa, morte assistida por intervenção deliberada, homicídio piedoso, compassivo, médico, caritativo ou consensual): é o **modo comissivo** de abreviar a vida de pessoa portadora de doença grave, em estado terminal e sem previsão de cura ou recuperação pela ciência médica; (b) **ortotanásia** – eutanásia por omissão (eutanásia omissiva, eutanásia moral ou eutanásia terapêutica): a pessoa, normalmente um médico, deixa de adotar as providências necessárias para prolongar a vida de doente terminal, portador de moléstia incurável e irreversível. Ambas tipificam o crime de homicídio privilegiado pelo relevante valor moral, pois a vida é bem jurídico indisponível.

○ *Distanásia:* também conhecida como **obstinação terapêutica**, é a morte vagarosa e sofrida de um ser humano, prolongada pelos recursos oferecidos pela medicina. Não há crime, pois trata-se de meio capaz de arrastar a existência da vida humana, ainda que com sofrimento, até o seu fim natural.

○ *Mistanásia:* é a morte precoce e miserável de alguém, provocada pelo descaso e pela maldade de determinados seres humanos. Pode ocorrer em três situações: (1) doentes que, por motivos políticos, sociais ou econômicos, falecem em razão da falta de atendimento médico adequado pelo sistema de saúde; (2) enfermos que, nada obstante o ingresso no sistema de saúde, morrem em face de erro médico; e (3) doentes que entram na rede de saúde com real expectativa de vida, mas vêm a morrer em consequência de atos de má-fé, a exemplo da retirada indevida de órgãos ou partes de seus corpos para doação a outras pessoas. Dependendo do caso concreto, a mistanásia pode ensejar o reconhecimento do homicídio culposo, especialmente nas duas primeiras situações anteriormente indicadas, ou ainda do homicídio doloso, notadamente na terceira hipótese. Como não existe de parte do agente a intenção de antecipar a morte de indivíduo portador de enfermidade grave, em estado terminal e sem previsão de cura, visando eliminar seu elevado sofrimento, não nos parece correto rotular a mistanásia como **eutanásia social**, embora tal nomenclatura seja comumente empregada como sinônima da mistanásia.

○ **Domínio de violenta emoção:** homicídio também é considerado privilegiado quando é cometido "sob o domínio de violenta emoção, logo em seguida a injusta provocação da vítima". Leva-se em conta o aspecto psicológico do agente que, dominado pela emoção violenta, não se controla. Sua culpabilidade é reduzida, refletindo na diminuição da pena a ser cumprida. Para que incida a minorante, três requisitos cumulativos devem ser observados: (1) **domínio de violenta emoção**: a emoção deve ser violenta, intensa, capaz de alterar o estado de ânimo do agente a ponto de tirar-lhe a seriedade e a isenção que ordinariamente possui; (2) **injusta provocação da vítima**: o privilégio se contenta com a provocação injusta, que pode ser, mas não necessariamente há de ser criminosa. Não é necessário seja a provocação dirigida ao homicida. É possível a provocação injusta contra um terceiro e até contra um animal. Entretanto, se existir **agressão injusta** por parte da vítima, o sujeito que a matou estará acobertado pela legítima defesa, afastando-se a ilicitude do fato, desde que presentes os demais requisitos previstos no art. 25 do Código Penal; e (3) **reação imediata**: o art. 121, § 1.º, do Código Penal impõe a relação de imediatidade entre a provocação injusta e a conduta homicida. É indispensável seja o fato praticado "logo em seguida", momentos após a injusta provocação da vítima. Deve-se considerar o instante em que o sujeito toma ciência da provocação injusta e não aquele em que ela realmente ocorreu. É possível, destarte, tenha a provocação injusta se verificado até mesmo em um momento longínquo, desde que o homicida somente tenha dela tido conhecimento pouco antes do homicídio. Estará configurado o privilégio.

○ **Homicídio qualificado (art. 121, § 2.º, CP):**[6] Os incisos I e II trazem qualificadoras relacionadas aos motivos do crime. O inciso III diz respeito aos meios de execução, e o inc. IV aos modos de execução do homicídio. O inciso V refere-se à conexão, caracterizada por uma especial finalidade almejada pelo agente. Por sua vez, o inciso VII liga-se ao delito cometido contra integrantes dos órgãos de segurança pública ou pessoas a eles vinculadas pelo casamento, pela união estável ou pelo parentesco. O inciso VIII também diz respeito ao meio de execução, consistente em arma de fogo de uso restrito ou proibido. Finalmente, o inciso IX guarda relação com a idade da vítima (menor de 14 anos). **As qualificadoras previstas nos incisos I, II, V e VII, e também a traição (inciso IV) são de índole subjetiva** (pertencem ao agente, e não ao fato), não se comunicando aos coautores ou partícipes em caso de concurso de pessoas (art. 30 do CP). **As qualificadoras descritas pelos incisos III, IV e VIII (meios e modos de execução do homicídio), com exceção da traição, e IX (idade da vítima) são de natureza objetiva** (relacionam-se ao fato praticado) e comunicam-se no concurso de pessoas, desde que conhecidas por todos os envolvidos, sob pena de responsabilidade penal objetiva. Pela mesma razão, devem ainda integrar o dolo do responsável pelo homicídio. O homicídio qualificado é crime hediondo, qualquer que seja a qualificadora. É o que consta do art. 1.º, inc. I, *in fine*, da Lei 8.072/1990. Importante destacar que, ao entrar em vigor, a Lei 8.072/1990, em sua redação original, não previa o homicídio qualificado nem o homicídio simples praticado em atividade típica de grupo de extermínio, ainda que por um só agente, como crimes hediondos. Essa modificação ocorreu em razão da Lei 8.930/1994 (Lei Glória Perez). Atualmente o homicídio qualificado e o homicídio simples praticado em atividade típica de grupo de extermínio, ainda que por um só agente, consumados ou tentados, revestem-se da hediondez.

– **Mediante paga ou promessa de recompensa, ou por outro motivo torpe (inc. I): Homicídio mercenário** ou **homicídio por mandato remunerado**, motivado pela **cupidez** (ambição desmedida). Na **paga** o recebimento é prévio, enquanto na **promessa** o pagamento é convencionado para momento posterior à execução do crime. Não é necessário que o sujeito efetivamente receba a recompensa. O pagamento, em ambos os casos, pode ser em dinheiro ou qualquer outra espécie de bem, não sendo a vantagem necessariamente econômica. **Cuida-se de crime plurissubjetivo, plurilateral** ou de concurso necessário, pois devem existir ao menos duas pessoas: o mandante e o executor (ou **sicário**).[7] Não se aplica a qualificadora ao mandante, por se tratar de circunstância manifestamente subjetiva (art. 30 do CP), exceto se restar comprovado que o motivo que o levou a encomendar o homicídio também é torpe (torpeza genérica). **Motivo torpe** é o vil, repugnante, abjeto, moralmente reprovável. A **vingança** não caracteriza automaticamente a torpeza, será ou não torpe, dependendo do motivo que levou o indivíduo a vingar-se de alguém, o qual reclama avaliação no caso concreto. Historicamente, o **ciúme** não era considerado motivo torpe. Argumentava-se que quem mata por amor – pois somente quem ama sente ciúme –, embora criminoso, não pode ser taxado de vil ou

---

[6]   O inciso VI foi revogado pela Lei 14.994/2024. O feminicídio, outrora qualificadora do homicídio, agora é tipificado pelo art. 121-A do Código Penal como crime autônomo.

[7]   Essa terminologia já foi utilizada pelo STF para referir-se ao executor do homicídio mercenário (HC 67.757/SP, rel. Min. Sepúlveda Pertence, 1.ª Turma, j. 10.05.1990).

ignóbil, sendo tratado semelhante a quem mata por questões repugnantes, tais como rivalidade profissional, pagamento para a prática do homicídio etc. Nos tempos atuais, o ciúme não merece mais ser tratado, em uma visão romântica, como um "ato de amor". O amor verdadeiro não humilha, não mata, não destrói famílias. O ciúme assassino é, na verdade, um sentimento espúrio de dominação e coisificação daquele que se considera superior frente a outra pessoa, em regra uma mulher covardemente inferiorizada. Nessa linha de raciocínio, o ciúme pode ser enquadrado ou não como motivo torpe, a depender das peculiaridades do caso concreto.[8]

– Por motivo fútil (inc. II): Motivo fútil é o insignificante, de pouca importância, desproporcional à natureza do crime praticado. Deve ser apreciado no caso concreto. A **ausência de motivo** não deve ser equiparada ao motivo fútil, assim como o **ciúme**. A **embriaguez** é incompatível com o motivo fútil, pois o embriagado não tem pleno controle do seu modo de agir. Motivo fútil e **motivo injusto** não se confundem: todo crime é injusto, pois o sujeito passivo não é obrigado a suportá-lo, embora nem sempre seja fútil. O motivo não pode ser simultaneamente fútil e torpe – uma motivação exclui a outra. Não se aplica essa qualificadora quando a razão do crime é uma acirrada discussão entre autor e vítima, ainda que decorrente de causa desproporcional ao resultado produzido.

– Com emprego de veneno, fogo, explosivo, asfixia, tortura ou outro meio insidioso ou cruel, ou de que possa resultar perigo comum (inc. III): Veneno é a substância de origem química ou biológica capaz de provocar a morte quando introduzida no organismo humano. Determinadas substâncias podem ser tratadas como veneno quando aptas a levar a vítima à morte, em razão de alguma doença ou como resultado de eventual reação alérgica (ex.: glicose para vítima diabética), desde que o autor do homicídio tenha ciência da incompatibilidade entre o organismo da vítima e a substância por ele ministrada, sob pena de responsabilidade penal objetiva. Quando empregado sem o conhecimento do ofendido, representará **meio insidioso** (uso de fraude para cometer o crime sem que a vítima o perceba), mas se utilizado com violência estará caracterizado o **meio cruel**. Finalmente, o veneno também pode constituir-se em **meio de que possa resultar perigo comum**. Exemplo: colocar veneno da caixa d'água de uma faculdade visando matar uma pessoa determinada que ali consome o líquido todos os dias. Essa conduta, além da capacidade para matar a vítima, coloca em risco a vida e a saúde de um número indeterminado de pessoas. O homicídio praticado com emprego de veneno é denominado de **venefício**, e depende de prova pericial (exame toxicológico).

Meio cruel é aquele que causa à vítima intenso e desnecessário sofrimento físico ou mental. Quando o meio cruel é empregado após a morte da vítima caracteriza-se, em regra, o crime de homicídio (simples ou com outra qualificadora), em concurso com o crime do art. 211 do CP (destruição, subtração ou ocultação de cadáver). A reiteração de golpes isoladamente considerada não configura a qualificadora do meio cruel.

Fogo é o resultado da combustão de produtos inflamáveis, da qual decorrem calor e luz. Trata-se, em geral, de meio cruel, mas se inúmeras pessoas forem expostas ao perigo de dano, o crime será qualificado pelo meio de que possa resultar perigo comum. **Explosivo** é o produto com capacidade de destruir objetos em geral, mediante detonação e estrondo. Caracteriza, normalmente, meio de que possa resultar perigo comum, mas pode configurar meio cruel (exemplo: amarrar uma bomba de grandes proporções junto ao pescoço da vítima). Nesses dois meios de execução – fogo e explosivo –, se destruídas coisas alheias, o crime de dano qualificado pelo emprego de substância inflamável ou explosiva será afastado, por tratar-se de hipótese de **subsidiariedade expressa** (art. 163, parágrafo único, II, do CP).

Asfixia é a supressão da função respiratória, com origem mecânica ou tóxica. A **asfixia mecânica** pode ocorrer pelos seguintes meios: (*a*) estrangulamento; (*b*) esganadura; (*c*) sufocação; (*d*) enforcamento; (*e*) afogamento; (*f*) soterramento; e (*g*) imprensamento. A **asfixia tóxica** pode

---

[8] STJ: AgRg no AREsp 363.919/PR, rel. Min. Jorge Mussi, 5.ª Turma, j. 13.05.2014.

verificar-se pelas seguintes formas: (*a*) uso de gás asfixiante ou inalação; e (*b*) confinamento. A asfixia pode constituir meio cruel (ex.: afogamento) ou insidioso (ex.: uso de gás tóxico, inalado pela vítima sem notá-lo).

O **homicídio qualificado pela tortura** (que pode ser física ou mental) caracteriza-se pela **morte dolosa** – o agente utiliza a tortura (meio cruel) para provocar a morte da vítima, causando-lhe intenso e desnecessário sofrimento físico ou mental. Não se confunde com o crime definido na Lei 9.455/1997, em que o sujeito tem o dolo de torturar a vítima, e da tortura resulta culposamente sua morte (crime preterdoloso). No homicídio qualificado pela tortura o dolo é de matar.

Meio de que possa resultar perigo comum é aquele que expõe, além da vítima, um número indeterminado de pessoas a uma situação de **probabilidade** de dano. Restando provado este perigo, ao agente serão imputados os crimes de homicídio qualificado e de perigo comum (CP, arts. 250 a 259), em concurso formal (art. 70 do CP).

– **À traição, de emboscada, ou mediante dissimulação ou outro recurso que dificulte ou torne impossível a defesa do ofendido (inc. IV):** Homicídio qualificado pelo **modo de execução**.

Traição pode ser **física** (exemplo: atirar pelas costas) ou **moral** (atrair a vítima para um precipício). Nessa qualificadora, o agente se vale da confiança que o ofendido nele previamente depositava para o fim de matá-lo em momento em que ele se encontrava desprevenido e sem vigilância. Não será aplicada se a vítima teve tempo para fugir. No ataque frontal e repentino, poderá ser caracterizada a surpresa (meio genérico que dificulta a defesa do ofendido). Na traição a relação de confiança preexiste ao crime e o sujeito dela se aproveita para executar o delito. Se o agente, para se aproximar da vítima, faz nascer esse vínculo de confiança, haverá dissimulação. O homicídio qualificado pela traição é conhecido como homicídio "proditorium". Cuida-se, excepcionalmente, de **crime próprio** ou **especial**, pois somente pode ser cometido pela pessoa em que a vítima depositava uma especial confiança.

Emboscada é a tocaia. O agente aguarda escondido, em determinado local, a passagem da vítima, para matá-la quando ali passar. **Dissimulação** é a atuação disfarçada, hipócrita, que oculta a real intenção do agente – pode ser **material** (emprego de algum aparato, tal como uma farda policial) ou **moral** (demonstração de falsa amizade ou simpatia pela vítima).

Outro recurso que dificulte ou torne impossível a defesa da vítima é fórmula genérica indicativa de meio análogo à traição, à emboscada e à dissimulação, como a surpresa, estado de embriaguez da vítima, superioridade numérica de agentes etc. A surpresa é incompatível com o dolo eventual, pois o sujeito deve dirigir sua vontade em uma única direção: matar a vítima de modo imprevisível. Cumpre destacar que não ocorre surpresa se o crime foi precedido de desavença. A superioridade de armas, ou então o emprego de arma contra vítima desarmada, por si só, não qualifica o homicídio. Exige-se também a surpresa no ataque.

– **Homicídio procustiano e homicídio teseuniano:** Tais denominações originam-se de Procusto e Teseu, personagens da mitologia grega. **Procusto** ("o esticador"), também mencionado como Polipémon ou Damastes, era um criminoso que habitava a serra de Elêusis. Em sua casa ele tinha uma cama de ferro, com o seu tamanho, a qual oferecia para descanso dos exaustos viajantes que ali passavam. Se quem se deitasse na cama fosse maior do que o móvel, ele cortava as partes sobressalentes da pessoa; por outro lado, se quem se deitasse fosse menor do que a cama, o assassino esticava a pessoa até seu corpo cobrir toda a superfície do móvel. Com base nisso, utiliza-se a expressão **homicídio procustiano** para referir-se ao homicídio qualificado pelo emprego da traição, embora não se possa descartar também a incidência da qualificadora do meio cruel. Procusto continuou seu derramamento de sangue até ser capturado por **Teseu**, o qual, depois de prendê-lo em sua própria cama, cortou sua cabeça e seus pés, dispensando-lhe idêntico castigo que impunha aos seus "hóspedes". Por tal razão, utiliza-se a nomenclatura "**homicídio teseuniano**" no tocante ao homicídio caracterizado pela vingança.

– Para assegurar a execução, a ocultação, a impunidade ou vantagem de outro crime (inc. V): Qualificadora de natureza subjetiva, relacionada à motivação do agente. A doutrina convencionou chamá-la de **conexão**, em face da ligação entre dois ou mais crimes. Há duas espécies de conexão: teleológica (homicídio praticado para **assegurar a execução de outro crime**) e consequencial (homicídio cometido para **assegurar a ocultação, a impunidade ou a vantagem de outro crime**). Na **ocultação** o agente pretende impedir que se descubra a prática de outro crime e na **impunidade** deseja evitar a punibilidade do crime anterior. O outro crime pode ter sido praticado por terceira pessoa. A **vantagem** é tudo o que se auferiu com o outro crime. Em todas as hipóteses é irrelevante o tempo decorrido entre o homicídio e o outro crime. A extinção da punibilidade de um deles não impede, quanto aos outros, a agravação da pena resultante da conexão (art. 108, 2.ª parte, do CP). Além das situações expressamente previstas em lei (conexão teleológica e consequencial), a doutrina criou a figura da **conexão ocasional**, que estaria configurada quando um crime é cometido em face da ocasião proporcionada pela prática de outro delito, porém, essa conexão não qualifica o homicídio, pois não foi prevista em lei.

– Homicídio contra integrantes dos órgãos de segurança pública (inc. VII): é uma qualificadora do homicídio doloso, de natureza pessoal ou subjetiva, de competência do Tribunal do Júri e tem natureza hedionda, a teor da regra contida no art. 1.º, inc. I, da Lei 8.072/1990. A caracterização da qualificadora reclama seja o homicídio (consumado ou tentado) cometido no exercício da função ou em decorrência dela. Esse inciso foi incluído no Código Penal com a finalidade de tornar mais severa a pena do homicídio, consumado ou tentado, praticado contra integrantes dos órgãos de segurança pública ou pessoas a estes ligadas pelo casamento, pela união estável ou pelo parentesco. Importante ressaltar que a qualificadora não alcança o **parentesco por afinidade**, adquirido pela pessoa em razão do casamento ou da união estável, a exemplo dos sogros, genros, noras e cunhados.

– Alcance da qualificadora: são considerados integrantes dos órgãos de segurança públicas, para fins de incidência da qualificadora: (a) autoridade ou agente descrito nos arts. 142 e 144 da CF; (b) integrantes do sistema prisional; e (c) integrantes da Força Nacional de Segurança Pública. A figura qualificada também deve ser reconhecida quando o homicídio for praticado contra cônjuge, companheiro ou parente consanguíneo até terceiro grau de tais pessoas, e em razão de condição funcional.

– Guardas municipais: tais agentes públicos encontram-se previstos no art. 144, § 8.º, da Constituição Federal, e o Estatuto do Desarmamento autoriza o porte de arma de fogo para os seus integrantes. Portanto, se o homicídio for cometido contra um guarda municipal, no exercício da função ou em decorrência dela, deverá incidir a qualificadora em análise.

– Polícia legislativa da Câmara dos Deputados e do Senado Federal: a qualificadora não se aplica aos agentes de polícia da Câmara dos Deputados e do Senado Federal, previstos nos arts. 51, inc. IV, e 52, inc. XIII, da Lei Suprema, e não em seus arts. 142 e 144, como reclama o art. 121, § 2.º, inc. VII, do Código Penal.

– Polícias penais: incide a qualificadora quando o homicídio for cometido contra membros das polícias penais – federal, estaduais ou distrital – pois são autoridades ou agentes descritos no art. 144, VI, da Constituição Federal. Além disso, às polícias penais cabe a segurança dos estabelecimentos penais (CF, art. 144, § 5.º-A), motivo pelo qual também podem ser classificados como "integrantes do sistema prisional", na forma exigida pelo art. 121, § 2.º, VII, do Código Penal.

– Vítima que deixou de exercer a função pública: só é possível a incidência da qualificadora para os funcionários públicos da ativa, ou seja, homicídio (consumado ou tentado) cometido no exercício da função ou em decorrência dela. Se a vítima deixou de exercer a função pública, estará excluída a figura qualificada, malgrado o crime tenha sido motivado pela atividade anteriormente por ele desempenhada.

– Emprego de arma de fogo de uso restrito ou proibido (inc. VIII): Esse inciso, criado pela Lei 13.964/2019 – Pacote Anticrime – foi inicialmente vetado pelo Presidente da República, com a seguinte justificativa: "A propositura legislativa, ao prever como qualificadora do crime de homicídio o emprego de arma de fogo de uso restrito ou proibido, sem qualquer ressalva, viola o princípio da proporcionalidade entre o tipo penal descrito e a pena cominada, além de gerar insegurança jurídica, notadamente aos agentes de segurança pública, tendo em vista que esses servidores poderão ser severamente processados ou condenados criminalmente por utilizarem suas armas, que são de uso restrito, no exercício de suas funções para defesa pessoal ou de terceiros ou, ainda, em situações extremas para a garantia da ordem pública, a exemplo de conflito armado contra facções criminosas." Em nossa opinião, o veto atendeu mais a interesses corporativos, notadamente dos agentes de segurança pública – os quais, é importante destacar, já são protegidos pelo instituto da legítima defesa, quando desempenham corretamente suas atividades –, do que a razões de índole jurídica. Contudo, o **Congresso Nacional** derrubou tal veto, daí resultando a promulgação do inc. VIII do § 2.º do art. 121 do Código Penal, com a implementação de mais uma qualificadora no crime de homicídio. O fundamento do tratamento penal mais severo repousa na maior capacidade letal das armas de fogo de uso restrito ou proibido,[9] bem como no elevado risco que tais instrumentos representam à segurança pública e à vida e à saúde das demais pessoas, e não apenas à vítima do homicídio. Além disso, a utilização de armas de fogo diferenciadas para a prática de homicídios acaba alimentando o mercado do tráfico de armas e contribuindo para o aumento da violência urbana. As definições de arma de fogo de uso restrito e de uso proibido encontram-se previstas no art. 3.º, parágrafo único, incisos II e III, do Anexo I (Regulamento de Produtos Controlados) do Decreto 10.030/2019, com as alterações promovidas pelo Decreto 10.627/2021.[10] Cuida-se de qualificadora de **natureza objetiva**, relacionada ao **meio de execução** do homicídio.[11] Nos termos do art. 30 do Código Penal, se o crime for praticado em concurso de pessoas, essa circunstância comunica-se aos coautores ou partícipes, desde que sejam do conhecimento de todos os agentes. A caracterização da qualificadora **independe da existência** ou **inexistência de registro** ou **autorização para o porte da arma de fogo**. Em outras palavras, ainda que o agente possua ou porte legalmente a arma de fogo de uso restrito ou proibido, incidirá a circunstância prevista no art. 121, § 2.º, VIII, do Código Penal se ele matar alguém empregando esse instrumento, pois a lei se contenta com o "emprego" de tal arma de fogo.

– **Crime contra menor de 14 (quatorze) anos (inc. IX):** Essa qualificadora foi instituída pela Lei 14.344/2022 – Lei Henry Borel, e tem como fundamentos a maior fragilidade da vítima, com capacidade de resistência diminuída em face do seu incompleto desenvolvimento, bem como a acentuada reprovabilidade do agente, indicativa de gritante covardia e deturpação moral. Trata-se de circunstância de **natureza objetiva**, pois diz respeito à idade da vítima ao tempo do crime, a qual deve ser do conhecimento do agente, sob pena de configuração da responsabilidade penal objetiva. De fato, o erro acerca da idade do ofendido exclui essa qualificadora, a exemplo do que se verifica quando o sujeito mata um menor de 14 anos acreditando que sua conduta era direcionada à pessoa com idade mais avançada, notadamente em face da compleição física da vítima. A idade da vítima deve ser provada por documento idôneo (certidão de nascimento, carteira de identidade ou registro geral etc.). O tipo penal contenta-se com a idade da vítima, ou seja, o homicídio será qualificado quando cometido contra pessoa menor de 14 anos (criança ou adolescente). Não há nenhuma exigência específica quanto à qualidade do sujeito ativo, sem prejuízo da incidência da majorante contida no art. 121, § 2.º-B, II, do Código Penal, e também não se reclama seja o crime cometido no contexto de violência doméstica ou familiar.

---

[9] O emprego de arma de fogo de uso permitido ou de arma branca não enseja o reconhecimento dessa qualificadora.

[10] O art. 121, § 2.º, VIII, do Código Penal, constitui-se, portanto, em **norma penal em branco heterogênea** (em sentido estrito ou fragmentária).

[11] O art. 121, § 2.º, do Código Penal, atualmente contempla dois incisos – III e VIII – com qualificadoras atinentes aos meios de execução do homicídio.

– Causas de aumento de pena: O art. 121, § 2.º-B, do Código Penal contempla causas de aumento aplicáveis ao homicídio (qualificado) praticado contra menor de 14 (quatorze) anos: *Inc. I – 1/3 (um terço) até a metade se a vítima é pessoa com deficiência ou com doença que implique o aumento de sua vulnerabilidade:* A insensibilidade do agente mostra-se ainda mais elevada. A vítima, além de menor de 14 anos, também é pessoa com deficiência ou doença que implique o aumento da sua vulnerabilidade. Em outras palavras, a capacidade de resistência do ofendido é praticamente nula. A **deficiência** deve ser interpretada em sentido amplo: pode ser física, mental, intelectual ou sensorial.[12] De seu turno, a **doença que implique o aumento de sua vulnerabilidade** deve ser identificada no caso concreto, e pode ser de qualquer natureza. O decisivo é a redução da capacidade de resistência da vítima, a exemplo da doença de Charcot, também conhecida como ELA – Esclerose Lateral Amiotrófica. O agente deve conhecer a deficiência ou doença que implique o aumento da vulnerabilidade da vítima, pois não se admite a responsabilidade penal objetiva; e *Inc. II – 2/3 (dois terços) se o autor é ascendente, padrasto ou madrasta, tio, irmão, cônjuge, companheiro, tutor, curador, preceptor ou empregador da vítima ou por qualquer outro título tiver autoridade sobre ela:* essas causas de aumento relacionam-se com a **qualidade do sujeito ativo**, pois são atinentes ao seu parentesco ou com sua posição de autoridade perante o ofendido. Não se restringem, portanto, ao poder familiar. A condição de ascendente pode advir do nascimento ou da adoção. Os irmãos podem ser bilaterais (mesmo pai e mesma mãe) ou unilaterais (mesmo pai ou mesma mãe). Preceptor é a pessoa incumbida de acompanhar e orientar a educação de uma criança ou adolescente. No tocante à expressão "ou por qualquer título tiver autoridade sobre ela", o agente tem com a vítima uma relação de direito (exemplo: carcereiro com o detento) ou de fato (exemplo: criança abandonada que passa a noite na casa de quem a recolhe da rua); e *Inc. III – 2/3 (dois terços) se o crime for praticado em instituição de educação básica pública ou privada:* essa majorante foi incluída pela Lei 14.811/2024 e diz respeito ao **local do crime**. A instituição educacional deve zelar pela integridade corporal e pela vida da criança ou adolescente, notadamente porque ela não está sob os cuidados dos pais ou responsáveis legais durante o período em que frequenta o estabelecimento de ensino. Nos termos do art. 4.º, I, da Lei 9.394/1996 – Diretrizes e Bases da Educação Nacional, a educação básica é obrigatória e gratuita dos 4 (quatro) aos 17 (dezessete) anos de idade e compreende a pré-escola, o ensino fundamental e o ensino médio. A causa de aumento incidirá se o crime for praticado tanto em instituição de educação básica **pública ou privada**, porém limitada à **vítima menor de 14 anos**.

○ **Premeditação:** Não qualifica o homicídio.

○ **Pluralidade de qualificadoras:** O magistrado deve utilizar uma delas para qualificar o crime, e as demais como agravantes genéricas (art. 61, II, *a, b, c e d*, do CP) ou circunstâncias judiciais desfavoráveis, dependendo se a qualificadora está ou não prevista como agravante no tocante aos delitos em geral.

○ **Qualificadoras e crime tentado:** Todas as qualificadoras do homicídio são compatíveis com a forma tentada.

○ **Qualificadoras e dolo eventual:** Em regra, as qualificadoras podem ser praticadas pelo agente com dolo direto ou eventual.[13] Há vozes na doutrina, porém, no sentido de que algumas delas – motivo torpe, motivo fútil e emboscada – não se coadunam com o dolo eventual.

---

[12] Sua definição está prevista no art. 2.º, *caput*, da Lei 13.146/2015 – Estatuto da Pessoa com Deficiência: "Considera-se pessoa com deficiência aquela que tem impedimento de longo prazo de natureza física, mental, intelectual ou sensorial, o qual, em interação com uma ou mais barreiras, pode obstruir sua participação plena e efetiva na sociedade em igualdade de condições com as demais pessoas."

[13] "A qualificadora do meio cruel é compatível com o dolo eventual" (STJ: REsp 1.829.601/PR, rel. Min. Nefi Cordeiro, 6.ª Turma, j. 04.02.2020, noticiado no *Informativo* 665).

O Supremo Tribunal Federal, entretanto, já decidiu pela possibilidade de coexistência do dolo eventual com as qualificadoras do motivo torpe ou do motivo fútil no crime de homicídio, posição com a qual concordamos.[14] De igual modo, o Superior Tribunal de Justiça também se pronunciou pela compatibilidade, no crime de homicídio, entre o dolo eventual e as qualificadoras elencadas pelos incisos I, II, III e IV do § 2.º do art. 121 do Código Penal.[15]

○ **Homicídio privilegiado-qualificado (homicídio híbrido):** É possível, desde que a qualificadora tenha **natureza objetiva**. O privilégio é de ordem subjetiva e afasta as qualificadoras de igual índole. De acordo com o entendimento dominante, essa modalidade de homicídio não é considerada um crime hediondo, com base na redação do art. 1.º, inc. I, da Lei 8.072/1990, que indicou como dotados da hediondez somente o homicídio simples, quando praticado em atividade típica de grupo de extermínio, ainda que por um só agente (*caput*), e o homicídio qualificado (§ 2.º), não fazendo referência alguma ao privilegiado (§ 1.º).

○ **Homicídio e parentesco:** A circunstância do parentesco não qualifica o homicídio, constituindo mera agravante genérica (CP, art. 61, inc. II, *e*). Todavia, a conduta de matar o próprio pai (parricídio), a mãe (matricídio), o cônjuge varão (conjucídio), o cônjuge virago (uxoricídio), o filho (filicídio), o irmão (fratricídio), embora mais reprovável sob os prismas ético e moral, não qualifica o homicídio.

○ **Homicídio culposo:** O sujeito realiza uma conduta voluntária, com violação do dever objetivo de cuidado a todos imposto, por imprudência, negligência ou imperícia, e assim produz um resultado naturalístico (morte) involuntário, não previsto nem querido, mas objetivamente previsível, que podia com a devida atenção ter evitado. A **imprudência** (culpa positiva) consiste na prática de um ato perigoso. **Negligência** (culpa negativa) é deixar de fazer aquilo que a cautela recomenda. A **imperícia** (culpa profissional) é a falta de aptidão para o exercício de arte, profissão ou ofício para a qual o agente, em que pese autorizado a exercê-la, não possui conhecimentos teóricos ou práticos para tanto. O crime culposo (ressalvada a culpa imprópria) é incompatível com a tentativa. O homicídio culposo praticado na direção de veículo automotor é delito definido pelo art. 302 da Lei 9.503/1997 – Código de Trânsito Brasileiro (*princípio da especialidade*). O homicídio culposo é crime que se processa mediante ação penal pública incondicionada, submetendo-se ao rito sumário (art. 394, § 1.º, II, do CPP), também comporta o benefício da suspensão condicional do processo, desde que presentes os requisitos previstos no art. 89 da Lei 9.099/1995.

○ **Causas de aumento de pena no homicídio culposo (art. 121, § 4.º, 1.ª parte):** (a) Inobservância de regra técnica de profissão, arte ou ofício – o agente é dotado das habilidades necessárias para o desempenho da atividade, mas por desídia não as observa. Incide somente para o **profissional**; (b) **Deixar de prestar imediato socorro à vítima** – fundamenta-se na **solidariedade humana**. Relaciona-se unicamente às pessoas que por culpa contribuíram para a produção do resultado naturalístico, e não tenham prestado imediato socorro à vítima. Não se exige a vontade de matar depois de provocados culposamente os ferimentos, bastando o **dolo de perigo**. Se o agente não provocou o homicídio culposo, mas deixou de prestar socorro, quando podia fazê-lo, responde pelo crime de omissão de socorro com a pena majorada pela morte (CP, art. 135, parágrafo único, *in fine*). Não incide a causa de aumento na hipótese de **morte instantânea incontestável** mas, restando dúvida, a solidariedade impõe a prestação de socorro, pois a majoração da pena se deve à moralidade da conduta do agente, e não ao

---

[14]   STF: RHC 92.571/DF, rel. Min. Celso de Mello, 2.ª Turma, j. 30.06.2009, noticiado no *Informativo* 553.

[15]   STJ: REsp 1.836.556/PR, rel. Min. Joel Ilan Paciornik, 5.ª Turma, j. 15.06.2021, noticiado no *Informativo* 701.

resultado naturalístico. Não incide o aumento da pena quando o sujeito deixou de prestar socorro porque não tinha condições de fazê-lo, assim como no caso de **socorro prestado por terceiros** (o sujeito deixou de prestar socorro por haver pessoas mais capacitadas para tanto). Se o responsável pelo homicídio culposo prestar socorro à vítima, não será aplicada a atenuante genérica definida pelo art. 65, inciso III, *b*, do CP, pois trata-se de dever do causador do delito. Nos crimes culposos praticados na direção de veículo automotor aplica-se a causa de aumento prevista no art. 302, § 1.º, do CTB; **(c) Não procurar diminuir as consequências do seu ato** – desdobramento normal da causa de aumento de pena anterior; **(d) Fugir para evitar prisão em flagrante** – o espírito da norma é aumentar a pena do agente que, fugindo para evitar a prisão em flagrante, visa a assegurar a impunidade do seu ato, dificultando a ação da justiça, e por isso merece punição mais severa do que o outro que dessa maneira não procede. É claro que não se aplica o aumento quando o indivíduo assim agiu diante de sérias ameaças de populares contra a sua vida ou integridade física. Há vozes sustentando que essa causa de aumento se reveste de frágil constitucionalidade, pois não se poderia punir alguém pelo fato de deixar de apresentar-se à autoridade policial para ser preso. Esse comportamento, dispensável em relação aos responsáveis por crimes dolosos, não pode ser exigido de autores de crimes menos graves, como são os culposos. Entretanto, ao analisar o crime tipificado pelo art. 305 do CTB ("Afastar-se o condutor do veículo do local do sinistro, para fugir à responsabilidade penal ou civil que lhe possa ser atribuída"), indiscutivelmente com natureza semelhante à majorante em estudo, o Supremo Tribunal Federal decidiu pela constitucionalidade do delito.[16]

○ **Causas de aumento de pena no homicídio doloso (art. 121, § 4.º, 2.ª parte, e art. 121, § 6.º):** Incidem no homicídio doloso – simples, privilegiado ou qualificado –, consumado ou tentado. São circunstâncias legais especiais de natureza objetiva e de aplicação obrigatória. Ensejam o surgimento do denominado **homicídio doloso circunstanciado**. São as seguintes:

– **Idade da vítima ao tempo do crime (teoria da atividade adotada pelo art. 4.º do CP):** subsiste unicamente a majorante atinente ao crime praticado contra pessoa maior de 60 (sessenta) anos,[17] e tal idade deve ser do conhecimento do agente. O reconhecimento da causa de aumento afasta a agravante genérica delineada pelo art. 61, II, *h*, do CP.

– **Milícia privada e grupo de extermínio:** Cuida-se de causa especial de aumento da pena, incidente na terceira e última fase da dosimetria da pena privativa de liberdade, aplicável exclusivamente ao homicídio doloso, simples ou qualificado. Embora não exista disposição expressa nesse sentido, é evidente que o homicídio cometido por milícia privada será classificado como **crime hediondo**. Com efeito, não há como se imaginar uma execução desta natureza sem a presença de alguma qualificadora, notadamente o motivo torpe ou o recurso que dificulta ou impossibilita a defesa do ofendido. **Milícia privada** é o agrupamento armado e estruturado de civis – inclusive com a participação de militares fora das suas funções – com a pretensa finalidade de restaurar a segurança em locais controlados pela criminalidade, em face da inoperância e desídia do Poder Público, e como recompensa são remunerados por empresários e pelas pessoas em geral. A majoração da pena reclama seja o homicídio cometido pela milícia privada "sob o pretexto de prestação de serviço de segurança". Na audiência de custódia do preso envolvido com

---

[16] STF: ADC 35/DF, rel. orig. Min. Marco Aurélio, red. p/ o ac. Min. Edson Fachin, Plenário, j. 09.10.2020, noticiado no *Informativo* 994.

[17] O art. 121, § 4.º, 2.ª parte, do Código Penal foi tacitamente derrogado pela Lei 14.344/2022 – Lei Henry Borel. O legislador incidiu em grave falta de técnica ao deixar de alterar a redação desse dispositivo legal, uma vez que a causa de aumento de pena na hipótese de crime praticado contra pessoa menor de 14 (quatorze) anos indiscutivelmente deixou de existir. Com efeito, se o homicídio cometido contra menor de 14 (quatorze) anos é qualificado (CP, art. 121, § 2.º, IX), a idade da vítima não pode ser utilizada também como majorante, pois não se admite a dupla punição pelo mesmo fato (*ne bis in idem*).

milícia privada será vedada a liberdade provisória, com ou sem medidas cautelares (CPP, art. 310, § 2.º). Na hipótese de crimes praticados por milícias, aí se incluindo o homicídio, é cabível o **confisco alargado ou ampliado de bens**: os instrumentos utilizados para a prática do delito deverão ser declarados perdidos em favor da União ou do Estado, dependendo da Justiça em que tramita a ação penal, ainda que não ponham em perigo a segurança das pessoas, a moral ou a ordem pública, nem ofereçam sério risco de ser utilizados para o cometimento de novos crimes. (CP, art. 91-A, § 5.º). Além disso, admite-se a inclusão do preso no RDD – Regime Disciplinar Diferenciado (LEP, art. 52, § 1.º). Se existirem indícios de ser o preso líder da milícia privada, o RDD será cumprido em estabelecimento federal de segurança máxima (LEP, art. 52, § 3.º). **Grupo de extermínio** é a associação de matadores, composta de particulares e muitas vezes também por policiais autointitulados de "justiceiros", que buscam eliminar pessoas deliberadamente rotuladas como perigosas ou inconvenientes aos anseios da coletividade. Sua existência se deve à covardia e à omissão do Estado, bem como à simpatia e não raras vezes ao financiamento de particulares e de empresários, que contam com a ajuda destes exterminadores para enfrentar supostos ou verdadeiros marginais, sem a intervenção do Poder Público.

○ **Perdão judicial (art. 121, § 5.º, do CP):** Aplicável somente para o homicídio culposo. **Há regra idêntica para a lesão corporal culposa** (CP, art. 129, § 8.º). Trata-se de **causa de extinção da punibilidade** (CP, art. 107, IX) aplicável nos casos em que o sujeito produz culposamente a morte de alguém, mas as consequências desse crime lhe são tão graves que a punição desponta como desnecessária. A gravidade e a extensão das consequências da infração devem ser analisadas na situação concreta, levando em conta as condições pessoais do agente e da vítima. Podem atingir o próprio autor da conduta culposa, seus familiares ou ainda pessoas que lhe são próximas e queridas. Será concedido na **sentença** (declaratória da extinção da punibilidade – Súmula 18 do STJ – não subsistem quaisquer efeitos condenatórios). Cuida-se de **direito subjetivo do réu**. Não precisa ser aceito para surtir efeitos (**ato unilateral**). Não existindo provas da autoria e/ou da materialidade do fato, o réu há de ser absolvido.

○ **Jurisprudência selecionada:**

Art. 305 do Código de Trânsito Brasileiro – crime de fuga e direito à não autoincriminação: "É constitucional o tipo penal que prevê o crime de fuga do local do acidente [Código de Trânsito Brasileiro, art. 305]. A evasão do local do acidente não constitui exercício do direito ao silêncio ou do princípio do nemo tenetur se detegere. Essas garantias apenas limitam o Estado de impor a colaboração ativa do condutor do veículo envolvido no acidente para produção de provas que o prejudique. A escolha do legislador infraconstitucional está em consonância com o escopo da regra convencional sobre trânsito de "aumentar a segurança nas rodovias mediante a adoção de regras uniformes de trânsito". O conjunto de leis no sentido do recrudescimento das regras de conduta no trânsito decorre da política criminal que visa acoimar a lamentável e alarmante situação que envolvem os acidentes de trânsito e que resultam, invariavelmente, mortes e graves lesões. A identificação dos envolvidos constitui fator imprescindível para consecução da finalidade da norma de regência. Nessa dimensão, é concedido ao condutor uma série de direitos resultantes da autorização conferida pelo Estado, mas que, a seu lado, obrigações são irrogadas e dentre elas, encontra-se a de permanecer no local do acidente para que seja identificado. Ressalte-se que a permanência no local do acidente não comporta ilação de confissão de autoria delitiva ou de responsabilidade pelo sinistro, mas tão somente a sua identificação. Com esse entendimento, o Plenário, por maioria, declarou a constitucionalidade do tipo penal descrito no art. 305 do CTB e julgou procedente a ação declaratória" (STF: ADC 35/DF, rel. orig. Min. Marco Aurélio, red. p/ o ac. Min. Edson Fachin, Plenário, j. 09.10.2020, noticiado no *Informativo* 994).

Ciúme – motivo torpe ou fútil – análise do caso concreto: "O sentimento de ciúme pode tanto inserir-se na qualificadora do inciso I ou II do § 2º, ou mesmo no privilégio do § 1º, ambos do art. 121 do CP, análise feita concretamente, caso a caso" (STJ: AgRg no AREsp 363.919/PR, rel. Min. Jorge Mussi, 5.ª Turma, j. 13.05.2014). *No mesmo sentido:* STJ: REsp 810.728/RJ, rel. Min. Maria Thereza de Assis Moura, 6.ª Turma, j. 24.11.2009.

Ciúme – não configuração de motivo fútil: "Homicídio triplamente qualificado: pronúncia: motivação suficiente quanto a duas qualificativas (emprego de fogo e recurso que dificulte ou torne impossível a defesa do ofendido) e inidônea quanto à qualificadora do motivo fútil. [...] as qualificativas atinentes ao emprego de fogo e de recurso que dificultou a defesa da vítima ressaem da própria versão do fato motivadamente acolhida na sentença. O mesmo não ocorre no tocante à futilidade do motivo: ainda que não baste a excluir a criminalidade do fato ou a culpabilidade do agente, a vingança da mulher enciumada, grávida e abandonada não se pode tachar de insignificante. [...]" (STF: HC 90.744/PE, rel. Min. Sepúlveda Pertence, 1.ª Turma, j. 12.06.2007).

Dissimulação e uso de recurso que dificultou a defesa da vítima – quesitação confirmada pelo júri - duas valorações autônomas – *bis in idem:* "A confirmação pelo Tribunal do Júri da dissimulação e do uso de meio que dificultou a defesa da vítima deve ensejar uma única elevação em decorrência da qualificadora contida no art. 121, § 2º, inciso IV, do Código Penal, ainda que quesitadas individualmente e não guardem relação de interdependência entre si. A controvérsia consiste em definir se as circunstâncias reconhecidas pelo Conselho de Sentença devem trazer repercussão, de forma individual, na dosimetria da pena. No caso, em razão das circunstâncias da dissimulação e do uso de meio que dificultou ou impossibilitou a defesa da vítima terem sido quesitadas e confirmadas, individualmente, pelo Conselho de Sentença, o Juízo sentenciante as reconheceu como duas qualificadoras autônomas. Contudo, a resposta positiva do Conselho de Sentença aos referidos quesitos deve ensejar o reconhecimento uno da qualificadora contida no art. 121, § 2º, inciso IV, do Código Penal, ainda que não guardem relação de interdependência entre si. Portanto, ainda que o Tribunal do Júri tenha reconhecido a configuração da dissimulação usada para entrar na casa da vítima e o uso de meio que dificultou a defesa da vítima, deve incidir uma única elevação em decorrência da qualificadora do art. 121, § 2º, inciso IV, do Código Penal, a fim de evitar *bis in idem*" (STJ: Processo sob segredo de justiça, rel. Min. Laurita Vaz, 6.ª Turma, j. 07.02.2023, noticiado no *Informativo* 764).

Dolo eventual – caracterização: "Para configuração do dolo eventual não é necessário o consentimento explícito do agente, nem sua consciência reflexiva em relação às circunstâncias do evento. Faz-se imprescindível que o dolo eventual se extraia das circunstâncias do evento, e não da mente do autor, eis que não se exige uma declaração expressa do agente. Na realidade, o dolo eventual não poderia ser descartado ou julgado inadmissível na fase do *iudicium accusationis*" (STF: HC 92.304/SP, rel. Min. Ellen Gracie, 2.ª Turma, j. 05.08.2008).

Dolo eventual – embriaguez ao volante – acidente automobilístico – tentativa de fuga – inviabilidade de presunção do elemento subjetivo: "A tentativa de fuga após o acidente é posterior aos fatos e não permite concluir que o réu agiu com dolo. A jurisprudência do Superior Tribunal de Justiça entende que o simples fato de o acusado se encontrar embriagado não justifica por si só a imputação de dolo eventual. No caso, o réu foi condenado pelo Tribunal do Júri pela prática de homicídio doloso em virtude de colisão automobilística ocorrida quando se encontrava embriagado. Tem-se que a imputação sobre o dolo eventual repousa em quatro elementos centrais: (I) a embriaguez do acusado; (II) o excesso de velocidade do veículo no momento da colisão; (III) o fato de a colisão ter acontecido no acostamento; e (IV) a tentativa de fuga do réu após os fatos. Pela atuação deficiente do aparato investigativo e acusador, não se produziu a prova técnica exigida pelos artigos 158 e 159 do Código de Processo Penal para, conclusivamente e com precisão, estabelecer o local do acidente e a velocidade em que o réu trafegava na via. O Tribunal de origem, após relatar essas lacunas probatórias fundamentais, afirma que os fatos que demonstram o dolo não podem ser considerados individualmente, porque as provas indicariam globalmente o dolo eventual. Contudo, essa forma holística de raciocínio probatório ignora que, no processo penal, cada fato, cada elemento do crime precisa ter suporte específico nas provas, sendo inviável presumir a comprovação de quaisquer deles – mesmo na falta de provas específicas a seu respeito – apenas porque fazem sentido ou não divergem de outras provas já existentes. Ademais, a pretendida valoração holística da prova contraria inclusive a redação dada aos quesitos pelo juízo de origem, quando os jurados foram perguntados especificamente se o réu conduzia o carro no acostamento. Logo, seria incoerente permitir que os jurados respondessem a quesitos sobre fatos específicos, mas negar a obrigatoriedade de produção de prova para cada um deles porque o conjunto probatório, considerado como um todo, indicaria o dolo eventual. Quanto a tentativa de fuga após a colisão, é conduta posterior à consumação do crime, e por isso, obviamente, não influencia o que aconteceu antes dela. Tentar fugir do local dos fatos é uma postura reprovável (e que pode configurar um crime autônomo, tipificado no art. 305 do CTB), mas nada diz sobre o elemento subjetivo na conduta anterior do acusado, quando da colisão. Dessa forma, o único fato efetivamente comprovado, que é a embriaguez do acusado, é por si só insuficiente para comprovar o dolo em sua conduta" (STJ: AgRg no AREsp 2.519.852/SC, rel. Min. Ribeiro Dantas, 5.ª Turma, j. 03.09.2024, noticiado no *Informativo* 824).

Dolo eventual – meio cruel – compatibilidade: "A qualificadora do meio cruel é compatível com o dolo eventual. No caso concreto, o acórdão, mantendo a sentença de pronúncia no que se refere à materialidade, à autoria e ao elemento subjetivo do agente (dolo eventual), afastou a qualificadora do meio cruel, ao entendimento de que, por servir de fundamento para a configuração do dolo eventual, os fatos que a princípio ensejariam a crueldade do meio não poderiam ser utilizados para qualificar o crime. Tal entendimento não se harmoniza com a jurisprudência desta Corte, segundo a qual não há falar em incompatibilidade entre o dolo eventual e a qualificadora do meio cruel (art. 121, § 2º, III, do CP). O dolo do agente, seja direto ou indireto, não exclui a possibilidade de o homicídio ter sido praticado com o emprego de meio mais reprovável, tais quais aqueles descritos no tipo penal relativo à mencionada qualificadora" (STJ: REsp 1.829.601/PR, rel. Min. Nefi Cordeiro, 6.ª Turma, j. 04.02.2020, noticiado no *Informativo* 665).

Dolo eventual – motivo fútil – incompatibilidade: "É incompatível com o dolo eventual a qualificadora de motivo fútil (art. 121, § 2º, II, do CP). Conforme entendimento externado pelo Min. Jorge Mussi, ao tempo que ainda era Desembargador, 'os motivos de um crime se determinam em face das condicionantes do impulso criminógeno que influem para formar a intenção de cometer o delito, intenção que, frise-se, não se compatibiliza com o dolo eventual ou indireto, onde não há o elemento volitivo' (TJSC, HC 1998.016445-1, DJ 15/12/1998). Ademais, segundo doutrina, 'Não são expressões sinônimas – intenção criminosa e voluntariedade. A vontade do homem aplicada à ação ou inação constitutivas da infração penal é a voluntariedade; a vontade do agente aplicada às consequências lesivas do direito é intenção criminosa. Em todas as infrações penais encontram-se voluntariedade. Em todos, porém, não se vislumbra a intenção criminosa. Os crimes em que não se encontra a intenção criminosa são os culposos e os praticados com dolo indireto, não obstante a voluntariedade da ação nas duas modalidades'. Destaque-se que, em situações semelhantes, já decidiu desse modo tanto o STJ (REsp 1.277.036-SP, Quinta Turma, *DJe* 10/10/2014) quanto o STF (HC 111.442-RS, Segunda Turma, *DJe* 17/9/2012; e HC 95.136, Segunda Turma, *DJe* 30/3/2011), sendo que a única diferença foi a qualificadora excluída: no caso em análise, a do inciso II, § 2º, do art. 121, já nos referidos precedentes, a do inciso IV do mesmo parágrafo e artigo" (STJ: HC 307.617/SP, rel. Min. Nefi Cordeiro, rel. para acórdão Min. Sebastião Reis Júnior, 6.ª Turma, j. 19.04.2016, noticiado no *Informativo* 583).

Dolo eventual – motivo torpe ou fútil – compatibilidade: "O dolo eventual pode coexistir com a qualificadora do motivo torpe do crime de homicídio. Com base nesse entendimento, a Turma desproveu recurso ordinário em *habeas corpus* interposto em favor de médico pronunciado pela prática dos delitos de homicídio qualificado e de exercício ilegal da medicina (artigos 121, § 2º, I, e 282, parágrafo único, ambos c/c o art. 69, do CP, respectivamente), em decorrência do fato de, mesmo inabilitado temporariamente para o exercício da atividade, havê-la exercido e, nesta condição, ter realizado várias cirurgias plásticas – as quais cominaram na morte de algumas pacientes –, sendo motivado por intuito econômico. A impetração sustentava a incompatibilidade da qualificadora do motivo torpe com o dolo eventual, bem como a inadequação da linguagem utilizada na sentença de pronúncia pela magistrada de primeiro grau. Concluiu-se pela menciona-da compossibilidade, porquanto nada impediria que o paciente – médico –, embora prevendo o resultado e assumindo o risco de levar os seus pacientes à morte, praticasse a conduta motivado por outras razões, tais como torpeza ou futilidade" (STF: RHC 92.571/DF, rel. Min. Celso de Mello, 2.ª Turma, j. 30.06.2009, noticiado no *Informativo* 553).

Dolo eventual – qualificadoras do art. 121, § 2.º, I a IV, do Código Penal – compatibilidade: "O dolo eventual no crime de homicídio é compatível com as qualificadoras objetivas previstas no art. 121, § 2.º, III e IV, do Código Penal. A jurisprudência do Superior Tribunal de Justiça e do Supremo Tribunal Federal oscila a respeito da compatibilidade ou incompatibilidade do dolo eventual no homicídio com as qualificadoras objetivas (art. 121, § 2.º, III e IV). Destaca-se que aqueles que compreendem pela referida incompatibilidade escoram tal posição na percepção de que o autor escolhe o meio e o modo de proceder com outra finalidade, lícita ou não, embora seja previsível e admitida a morte. Tal posicionamento, retira, definitivamente do mundo jurídico, a possibilidade fática de existir um autor que opte por utilizar meio e modo específicos mais re-prováveis para alcançar fim diverso, mesmo sendo previsível o resultado morte e admissível a sua concretização. Ainda, a justificativa de incompatibilidade entre o dolo eventual e as qualificadoras objetivas, inexistência de dolo direto para o resultado morte, se contrapõe à admissão no STJ de compatibilidade entre o dolo eventual e o motivo específico e mais reprovável (art. 121, § 2.º, I e II, do CP). Com essas considerações, elege-se o posicionamento pela compatibilidade, em tese, do dolo eventual também com as qualificadoras objetivas (art. 121, § 2.º, III e IV, do CP). Em resumo, as referidas qualificadoras serão devidas quando constatado que o autor delas se utilizou dolosamente como meio ou como modo específico mais reprovável para agir e alcançar outro resultado, mesmo sendo previsível e tendo admitido o resultado morte" (STJ: REsp 1.836.556/PR, rel. Min. Joel Ilan Paciornik, 5.ª Turma, j. 15.06.2021, noticiado no *Informativo* 701).

Emboscada – qualificadora de natureza objetiva – necessidade de conhecimento pelos mandantes do crime – inadmissibilidade da responsabilidade penal objetiva: "Há nulidade no quesito que não questiona os jurados sobre a ciência dos mandantes do crime em relação ao *modus operandi* pelos executores diretos – emboscada –, já que as qualificadoras objetivas do homicídio só se comunicam entre os coautores desde que tenham ciência do fato que qualifica o crime. No caso, não se questionou o júri sobre o conhecimento dos réus, mandantes do crime, acerca da maneira pela qual seus executores diretos o cometeriam, o que causa, sim, nulidade no reconhecimento da qualificadora. Afinal, a emboscada é qualificadora objetiva – relacionada ao *modus operandi* do homicídio – que se comunica a todos os coautores, desde que estes te-nham ciência do fato que qualifica o crime. Lembre-se que, desde sua histórica transposição da culpabilidade para a tipicidade no âmbito da teoria geral do delito, o dolo engloba um elemento cognitivo – vale dizer, o conhecimento do agente quanto a todos os fatos descritos no tipo penal como elementares. Caso contrário, os acusados poderiam ser punidos por circunstância fática que nunca entrou em sua esfera de ciência e, consequentemente, jamais integrou seu dolo, o que configuraria responsabilização penal objetiva, inadmissível em nosso sistema criminal, em franca violação do art. 18, I, do CP. Até se poderia pensar, em tese, na possibilidade de dolo eventual dos mandantes quanto à emboscada, por ser previsível que os executores diretos dos assassinatos adotariam tal artifício para ceifar a vida dos ofendidos, tendo os mandantes demonstrado uma hipotética indiferença a esse respeito. No entanto, essa nova configuração fática deveria ter sido objeto de denúncia, instrução, pronúncia, prova em plenário e quesitação aos jurados, sendo que nada disso ocorreu. Da maneira como redigido o quesito, o júri reconheceu apenas que os executores diretos do homicídio – os pistoleiros autores dos disparos – o fizeram mediante uma emboscada, mas não é possível extrair, de sua resposta, nenhuma conclusão a respeito da interferência dos mandantes nesse ponto. O quesito não contempla, por exemplo, a hipótese de a emboscada ter sido o modo eleito pelos mandantes para a prática dos assassinatos, ou escolhida pelos pistoleiros e aprovada pelos mandantes, ou ao menos sabida por estes. Por isso, a simples existência objetiva da qualificadora não se comunica aos ora recorrentes se, em nenhum momento, os jurados foram perguntados a respeito do dolo – ainda que eventual – dos mandantes quanto à emboscada" (STJ: REsp 1.973.397/MG, rel. Min. Ribeiro Dantas, 5.ª Turma, j. 06.09.2022, noticiado no *Informativo* 748).

Genocídio: "O tipo penal do delito de genocídio protege, em todas as suas modalidades, bem jurídico coletivo ou transindividual, figurado na existência do grupo racial, étnico ou religioso, a qual é posta em risco por ações que podem também ser ofensivas a bens jurídicos individuais, como o direito à vida, a integridade física ou mental, a liberdade de locomoção etc. [...] Competência criminal. Ação penal. Conexão. Concurso formal entre genocídio e homicídios dolosos agravados. Feito da competência da Justiça Federal. Julgamento cometido, em tese, ao tribunal do júri. Inteligência do art. 5º, XXXVIII, da CF, e art. 78, I, cc. art. 74, § 1º, do Código de Processo Penal. Condenação exclusiva pelo delito de genocídio, no juízo federal monocrático. Recurso exclusivo da defesa. Improvimento. Compete ao tribunal do júri da Justiça Federal julgar os delitos de genocídio e de homicídio ou homicídios dolosos que constituíram modalidade de sua execução" (STF: RE 351.487/RR, Rel. Min. Cezar Peluso, Tribunal Pleno, j. 03.08.2006).

Homicídio culposo – aplicação do Código Brasileiro de Trânsito: "1. A questão central, objeto do recurso extraordinário interposto, cinge-se à constitucionalidade (ou não) do disposto no art. 302, parágrafo único, da Lei 9.503/97 (Código de Trânsito Brasileiro), eis que passou a ser dado tratamento mais rigoroso às hipóteses de homicídio culposo causado em acidente de veículo. 2. É inegável a existência de maior risco objetivo em decorrência da condução de veículos nas vias públicas – conforme dados estatísticos que demonstram os alarmantes números de acidentes fatais ou graves nas vias públicas e rodovias públicas – impondo-se aos motoristas maior cuidado na atividade. 3. O princípio da isonomia não impede o tratamento diversificado das situações quando houver elemento de discrímen razoável, o que efetivamente ocorre no tema em questão. A maior frequência de acidentes de trânsito, com vítimas fatais, ensejou a aprovação do projeto de lei, inclusive com o tratamento mais rigoroso contido no art. 302, parágrafo único, da Lei 9.503/97. 4. A majoração das margens penais – comparativamente ao tratamento dado pelo art. 121, § 3º, do Código Penal – demonstra o enfoque maior no desvalor do resultado, notadamente em razão da realidade brasileira envolvendo os homicídios culposos provocados por indivíduos na direção de veículo automotor" (STF: RE 428.864/SP, Rel. Min. Ellen Gracie, 2.ª Turma, j. 14.10.2008). *No mesmo sentido:* STF: AI 847.110 AgR/RS, rel. Min. Luiz Fux, 1.ª Turma, j. 25.10.2011.

Homicídio culposo – imperícia – descumprimento de regra técnica no exercício da profissão – ausência de *bis in idem*: "É possível a aplicação da causa de aumento de pena prevista no art. 121, § 4º, do CP no caso de homicídio culposo cometido por médico e decorrente do descumprimento de regra técnica no exercício da profissão. Nessa situação, não há que se falar em *bis in idem*. Isso porque o legislador, ao estabelecer a circunstância especial de aumento de pena prevista no referido dispositivo legal, pretendeu reconhecer maior reprovabilidade à conduta do profissional que, embora tenha o necessário conhecimento para o exercício de sua ocupação, não o utilize adequadamente, produzindo o evento criminoso de forma culposa, sem a devida observância das regras técnicas de sua profissão. De fato, caso se entendesse caracterizado o *bis in idem* na situação, ter-se-ia que concluir que essa majorante somente poderia ser aplicada se o agente, ao cometer a infração, incidisse em pelo menos duas ações ou omissões imprudentes ou negligentes, uma para configurar a culpa e a outra para a majorante, o que não seria condizente com a pretensão legal" (STJ: HC 181.847/MS, rel. Min. Marco Aurélio Bellizze, rel. para acórdão Min. Campos Marques (Desembargador convocado do TJ/PR), 5.ª Turma, j. 04.04.2013, noticiado no *Informativo* 520).

Homicídio culposo – inaplicabilidade da atenuante se prestado socorro pelo agente: "No homicídio culposo, a ausência de imediato socorro à vítima é causa de aumento da pena (art. 121, § 4.º, do CPB), descabendo cogitar da atenuante genérica da alínea *b* do inciso III do art. 65 do referido Código, quando esse socorro foi efetivamente prestado, eis que traduz dever legal do agente causador do delito, não sendo causa de diminuição da sanção" (STJ: HC 65.971/PR, rel. Min. Napoleão Nunes Maia Filho, 5.ª Turma, j. 13.09.2007).

Homicídio culposo – inépcia da denúncia: "É inepta a denúncia que imputa a prática de homicídio culposo na direção de veículo automotor (art. 302 da Lei 9.503/1997) sem descrever, de forma clara e precisa, a conduta negligente, imperita ou imprudente que teria gerado o resultado morte, sendo insuficiente a simples menção de que o suposto autor estava na direção do veículo no momento do acidente. Isso porque é ilegítima a persecução criminal quando, comparando-se o tipo penal apontado na denúncia com a conduta atribuída ao denunciado, não se verificar o preenchimento dos requisitos do art. 41 do CPP, necessários ao exercício do contraditório e da ampla defesa. De fato, não se pode olvidar que o homicídio culposo se perfaz com a ação imprudente, negligente ou imperita do agente, modalidades de culpa que devem ser descritas na inicial acusatória, sob pena de se punir a mera conduta de envolver-se em acidente de trânsito, algo irrelevante para o Direito Penal. A imputação, sem a observância dessas formalidades, representa a imposição de indevido ônus do processo ao suposto autor, ante a ausência da descrição de todos os elementos necessários à responsabilização penal decorrente da morte da vítima. Configura, ademais, responsabilização penal objetiva, derivada da mera morte de alguém, em razão de acidente causado na direção de veículo automotor" (STJ: HC 305.194/PB, rel. Min. Rogerio Schietti Cruz, 6.ª Turma, j. 11.11.2014, noticiado no *Informativo* 553).

Homicídio culposo – morte instantânea da vítima – omissão de socorro como causa de aumento de pena: "No homicídio culposo, a morte instantânea da vítima não afasta a causa de aumento de pena prevista no art. 121, § 4º, do CP – deixar de prestar imediato socorro à vítima –, a não ser que o óbito seja evidente, isto é, perceptível por qualquer pessoa. Com efeito, o aumento imposto à pena decorre do total desinteresse pela sorte da vítima. Isso é evidenciado por estar a majorante inserida no § 4º do art. 121 do CP, cujo móvel é a observância do dever de solidariedade que deve reger as relações na sociedade brasileira (art. 3º, I, da CF). Em suma, o que pretende a regra em destaque é realçar a importância da alteridade. Assim, o interesse pela integridade da vítima deve ser demonstrado, a despeito da possibilidade de êxito, ou não, do socorro que possa vir a ser prestado. Tanto é que não só a omissão de socorro majora a pena no caso de homicídio culposo, como também se o agente "não procura diminuir as consequências do seu ato, ou foge para evitar a prisão em flagrante". Cumpre destacar, ainda, que o dever imposto ao autor do homicídio remanesce, a não ser que seja evidente a morte instantânea, perceptível por qualquer pessoa. Em outras palavras, havendo dúvida sobre a ocorrência do óbito imediato, compete ao autor da conduta imprimir os esforços necessários para minimizar as consequências do fato. Isso porque 'ao agressor, não cabe, no momento do fato, presumir as condições físicas da vítima, medindo a gravidade das lesões que causou e as consequências de sua conduta. Tal responsabilidade é do especialista médico, autoridade científica e legalmente habilitada para, em tais circunstâncias, estabelecer o momento e a causa da morte'" (STJ: HC 269.038/RS, rel. Min. Felix Fischer, 5.ª Turma, j. 02.12.2014, noticiado no *Informativo* 554).

Homicídio culposo na direção de veículo automotor – perdão judicial – aplicabilidade – exigência de laço afetivo entre o agente e a vítima: "O perdão judicial não pode ser concedido ao agente de homicídio culposo na direção de veículo automotor (art. 302 do CTB) que, embora atingido moralmente de forma grave pelas consequências do acidente, não tinha vínculo afetivo com a vítima nem sofreu sequelas físicas gravíssimas e permanentes. Conquanto o perdão judicial possa ser aplicado nos casos em que o agente de homicídio culposo sofra sequelas físicas gravíssimas e permanentes, a doutrina, quando se volta para o sofrimento psicológico do agente, enxerga no § 5º do art. 121 do CP a exigência de um laço prévio entre os envolvidos para reconhecer como 'tão grave' a forma como as consequências da infração atingiram o agente. A interpretação dada, na maior parte das vezes, é no sentido de que só sofre intensamente o réu que, de forma culposa, matou alguém conhecido e com quem mantinha laços afetivos. O exemplo mais comumente lançado é o caso de um pai que mata culposamente o filho. Essa interpretação desdobra-se em um norte que ampara o julgador. Entender pela desnecessidade do vínculo seria abrir uma fenda na lei, não desejada pelo legislador. Isso porque, além de ser de difícil aferição o 'tão grave' sofrimento, o argumento da desnecessidade do vínculo serviria para todo e qualquer caso de delito de trânsito com vítima fatal. Isso não significa dizer o que a lei não disse, mas apenas conferir-lhe interpretação mais razoável e humana, sem perder de vista o desgaste emocional que possa sofrer o acusado dessa espécie de delito, mesmo que não conhecendo a vítima. A solidarização com o choque psicológico do agente não pode conduzir a uma eventual banalização do instituto do perdão judicial, o que seria no mínimo temerário no atual cenário de violência no trânsito, que tanto se tenta combater. Como conclusão, conforme entendimento doutrinário, a desnecessidade da pena que esteia o perdão judicial deve, a partir da nova ótica penal e constitucional, referir-se à comunicação para a comunidade de que o intenso e perene sofrimento do infrator não justifica o reforço de vigência da norma por meio da sanção penal" (STJ: REsp 1.455.178/DF, rel. Min. Rogerio Schietti Cruz, 6.ª Turma, j. 05.06.2014, noticiado no *Informativo* 542).

Homicídio culposo na direção de veículo automotor – perdão judicial – dois delitos em concurso formal – necessidade de comprovação do vínculo afetivo entre réu e vítimas – inviabilidade de extensão dos efeitos pelo concurso de crimes: "O fato de os delitos haverem sido cometidos em concurso formal não autoriza a extensão dos efeitos do perdão judicial concedido para um dos crimes, se não restou comprovado, quanto ao outro, a existência do liame subjetivo entre o infrator e a outra vítima fatal. A matéria tratada nos autos consiste em averiguar a possibilidade de concessão do perdão judicial (art. 121, § 5º do CP) a autor de crime culposo de trânsito, que, mediante uma única ação imprudente, leva duas vítimas a óbito, independentemente de haver prova de que mantivesse fortes vínculos afetivos com uma das vítimas fatais. Sob esse prisma, cumpre observar que, quando a avaliação está voltada para o sofrimento psicológico do autor do crime, a melhor doutrina enxerga no § 5º do art. 121 do CP a exigência de um vínculo, de um laço prévio de conhecimento entre os envolvidos, para que seja 'tão grave' a consequência ao agente a ponto de ser despicienda e até exacerbada outra pena, além da própria dor causada, intimamente, pelo dano provocado ao outro. No que toca ao instituto do concurso formal, ao se analisar a literalidade do art. 70 do CP, verifica-se que, a um primeiro olhar, trata-se de um sistema de exasperação da pena, ou seja, nos casos de concurso formal próprio ou homogêneo, a pena a ser aplicada deverá ser a de um dos delitos, aumentada de um sexto até a metade. Dessa forma, o percentual de aumento deve ter relação com o número de resultados e vítimas, e não com as circunstâncias do fato. Quis o legislador com isso beneficiar o acusado ao lhe fixar somente uma das penas, mas acrescendo-lhe uma cota-parte que sirva para representar a punição por todos os delitos, porquanto derivados da mesma ação ou omissão do agente. Note-se, porém, que não há referência à hipótese de extensão da absolvição, da extinção da punibilidade, ou mesmo da redução da pena pela prática de nenhum dos delitos. Dispõe, entretanto, o art. 108 do Código Penal, *in fine*, que, 'nos crimes conexos, a extinção da punibilidade de um deles não impede, quanto aos outros, a agravação da pena resultante da conexão'. Assim, tratando-se o perdão judicial de uma causa de extinção de punibilidade excepcional, que somente é cabível quando presentes os requisitos necessários à sua concessão, esses preceitos de índole atípica devem ser os balizadores precípuos para a aferição de sua concessão ou não, levando-se em consideração cada delito de per si, e não de forma generalizada, como nos casos em que se afiguram pluralidades de delitos decorrentes do concurso formal de crimes" (STJ: REsp 1.444.699/RS, rel. Min. Rogério Schietti Cruz, 6.ª Turma, j. 1º.06.2017, noticiado no *Informativo* 606).

Homicídio doloso – hipótese de crime plurilocal – competência: "*In casu*, o ora paciente foi denunciado pela suposta prática dos crimes previstos no art. 121, § 2º, I, III e IV, e no art. 211, ambos do CP, em concurso material. A denúncia foi recebida em parte pelo juiz singular da vara do júri de Guarulhos-SP, que, na mesma decisão, decretou a prisão preventiva do paciente. O *habeas corpus* impetrado perante o TJ foi denegado. Nesta superior instância, entre outras alegações, sustentou-se a ocorrência de constrangimento ilegal, pois o juiz que decretou a prisão do paciente seria incompetente para processar e julgar a causa. Aduziu-se, ainda, não haver como ser acolhida a tese do crime plurilocal por não existir nos autos nenhuma prova de que o crime ou os atos preparatórios ter-se-iam iniciado em Guarulhos. A Turma denegou o *habeas corpus* por entender, entre outras questões, que, no caso, embora os atos executórios do crime de homicídio tenham-se iniciado na comarca de Guarulhos, local em que houve, em tese, os disparos de arma de fogo contra a vítima, e não obstante tenha-se apurado que a causa efetiva da sua morte foi asfixia por afogamento, a qual ocorreu em represa localizada na comarca de Nazaré Paulista-SP, sem dúvida o lugar que mais atende às finalidades almejadas pelo legislador ao fixar a competência de foro é o do local em que foram iniciados os atos executórios, o juízo de Guarulhos. Observou-se que este é o local onde, em tese, ter-se-ia iniciado o crime, onde reside a maior parte das testemunhas arroladas tanto pela defesa quanto pela acusação, onde residem os réus e residia a vítima, onde a exemplaridade da pena mostrar-se-á mais eficaz e onde a instrução iniciou-se, colhendo-se provas não só testemunhais como técnicas, pelo que o desenrolar da ação penal nesse juízo, sem dúvidas, melhor atenderá às finalidades do processo e melhor alcançará a verdade real" (STJ: HC 196.458/SP, rel. Min. Sebastião Reis Júnior, 6.ª Turma, j. 06.12.2011, noticiado no *Informativo* 489).

Homicídio mercenário – qualificadora da paga (art. 121, 2.º, I, do CP) – inaplicabilidade aos mandantes do crime: "A qualificadora da paga (art. 121, 2º, I, do CP) não é aplicável aos mandantes do homicídio, porque o pagamento é, para eles, a conduta que os integra no concurso de pessoas, mas não o motivo do crime. Inicialmente, segundo a jurisprudência desta Quinta Turma, os motivos do homicídio têm caráter eminentemente subjetivo e, dessa forma, não se comunicam necessariamente entre os coautores. Especificamente sobre a qualificadora da paga, este colegiado sedimentou a compreensão de que tal circunstância se aplica somente aos executores diretos do homicídio, porque são eles que, propriamente, cometem o crime 'mediante paga ou promessa de recompensa'. Como consequência, o mandante do delito não incorre na referida qualificadora, já que sua contribuição para o cometimento do homicídio em concurso de pessoas, na forma de autoria mediata, é a própria contratação e pagamento do assassinato. Existem precedentes mais antigos desta Turma em sentido contrário, permitindo a aplicação da qualificadora também ao mandante do homicídio. Nem se ignora que, na Sexta Turma, já se afirmou que 'é possível a aplicação da qualificadora descrita no inciso I do § 2º do artigo 121 do Código Penal ao mandante do crime de homicídio' (HC n. 447.390/SC, relatora Ministra Laurita Vaz, Sexta Turma, julgado em 23/4/2019, DJe de 30/4/2019). No entanto, como destaca a doutrina, os motivos do mandante – pelo menos em tese – podem até ser nobres ou mesmo se enquadrar no privilégio do § 1º do art. 121, já que o autor intelectual não age motivado pela recompensa; somente o executor direto é quem, recebendo o pagamento ou a promessa, a tem como um dos motivos determinantes de sua conduta. Há, assim, uma diferenciação relevante entre as condutas de mandante e executor: para o primeiro, a paga é a própria conduta que permite seu enquadramento no tipo penal enquanto coautor, na modalidade de autoria mediata; para o segundo, a paga é, efetivamente, o motivo (ou um dos motivos) pelo qual aderiu ao concurso de agentes e executou a ação nuclear típica. E, como se sabe, a qualificadora prevista no inciso I do art. 121, § 2º, do CP, diz respeito à motivação do agente, tendo a lei utilizado, ali, a técnica da interpretação analógica. Vale dizer: o homicídio é qualificado sempre que seu motivo for torpe, o que acontece exemplificativamente nas situações em que o crime é praticado mediante paga ou promessa de recompensa, ou por motivos assemelhados a estes. Em conclusão, como a paga não é o motivo da conduta do mandante, mas sim o meio de sua exteriorização, referida qualificadora não se aplica a ele. O direito penal é regido pelo princípio da legalidade, de modo que considerações sobre justiça e equidade, ponderáveis que sejam, não autorizam o julgador a suplantar eventuais deficiências do tipo penal. Outrossim, a jurisprudência mais recente deste colegiado tem se orientado pela inaplicabilidade da qualificadora ao mandante, forte nas razões de legalidade acima referidas" (STJ: REsp 1.973.397/MG, rel. Min. Ribeiro Dantas, 5.ª Turma, j. 06.09.2022, noticiado no *Informativo* 748).

Homicídio mercenário – qualificadora do motivo torpe em relação ao mandante – análise do caso concreto: "O reconhecimento da qualificadora da 'paga ou promessa de recompensa' (inciso I do § 2º do art. 121) em relação ao executor do crime de homicídio mercenário não qualifica automaticamente o delito em relação ao mandante, nada obstante este possa incidir no referido dispositivo caso o motivo que o tenha levado a empreitar o óbito alheio seja torpe. De fato, no homicídio qualificado pelo motivo torpe consistente na paga ou na promessa de recompensa (art. 121, § 2º, I, do CP) – conhecido como homicídio mercenário – há concurso de agentes necessário, na medida em que, de um lado, tem-se a figura do mandante, aquele que oferece a recompensa, e, de outro, há a figura do executor do delito, aquele que aceita a promessa de recompensa. É bem verdade que nem sempre a motivação do mandante será abjeta, desprezível ou repugnante, como ocorre, por exemplo, nos homicídios privilegiados, em que o mandante, por relevante valor moral, contrata pistoleiro para matar o estuprador de sua filha. Nesses casos, a circunstância prevista no art. 121, § 2º, I, do CP não será transmitida, por óbvio, ao mandante, em razão da incompatibilidade da qualificadora do motivo torpe com o crime privilegiado, de modo que apenas o executor do delito (que recebeu a paga ou a promessa de recompensa) responde pela qualificadora do motivo torpe. Entretanto, apesar de a 'paga ou promessa de recompensa' (art. 121, § 2º, I, do CP) não ser elementar, mas sim circunstância de caráter pessoal do delito de homicídio, sendo, portanto, incomunicável automaticamente a coautores do homicídio, conforme o art. 30 do CP (REsp 467.810-SP, Quinta Turma, *DJ* 19/12/2003), poderá o mandante responder por homicídio qualificado pelo motivo torpe caso o motivo que o tenha levado a empreitar o óbito alheio seja abjeto, desprezível ou repugnante" (STJ: REsp 1.209.852/PR, rel. Min. Rogerio Schietti Cruz, 6.ª Turma, j. 15.12.2015, noticiado no *Informativo 575*).

Homicídio privilegiado-qualificado: "A jurisprudência do Supremo Tribunal Federal é firme no sentido do reconhecimento da conciliação entre homicídio objetivamente qualificado e ao mesmo tempo subjetivamente privilegiado. Noutro dizer, tratando-se de circunstância qualificadora de caráter objetivo (meios e modos de execução do crime), é possível o reconhecimento do privilégio (sempre de natureza subjetiva)" (STF: HC 98.265/MS, rel. Min. Carlos Britto, 1.ª Turma, j. 24.03.2010).

Homicídio privilegiado-qualificado – inaplicabilidade da Lei dos Crimes Hediondos: "Por incompatibilidade axiológica e por falta de previsão legal, o homicídio qualificado-privilegiado não integra o rol dos denominados crimes hediondos" (STJ: HC 153.728/SP, rel. Min. Félix Fischer, 5.ª Turma, j. 13.04.2010).

Imperícia e aumento de pena por inobservância de regra técnica: "Ação penal. Denúncia. Homicídio culposo. Negligência consistente em inobservância de regra técnica da profissão médica. Não percepção de sintomas visíveis de infecção, cujo diagnóstico e tratamento teriam impedido a morte da vítima. Falta consequente de realização de exame de antibiograma. Mera decorrência. Causa especial de aumento de pena prevista no art. 121, § 4º, do CP. Imputação cumulativa baseada no mesmo fato da culpa. Inadmissibilidade. Majorante excluída da acusação. HC concedido para esse fim. Inteligência do art. 121, §§ 3º e 4º, do CP. A imputação da causa de aumento de pena por inobservância de regra técnica de profissão, objeto do disposto no art. 121, § 4º, do Código Penal, só é admissível quando fundada na descrição de fato diverso daquele que constitui o núcleo da ação culposa" (STF: HC 95.078/RJ, rel. Min. Cezar Peluso, 2.ª Turma, j. 10.03.2009). *No mesmo sentido:* STJ: HC 63.929/RJ, rel. Min. Felix Fischer, 5.ª Turma, j. 13.03.2007.

Motivo fútil – análise da sua presença – matéria reservada ao Conselho de Sentença: "Em conclusão, a 1ª Turma, por maioria, denegou *habeas corpus*, ao reconhecer, na espécie, a competência do tribunal do júri para analisar se o ciúme seria, ou não, motivo fútil. Na presente situação, o paciente fora pronunciado pela suposta prática de homicídio triplamente qualificado por impossibilidade de defesa da vítima, meio cruel e motivo fútil, este último em razão de ciúme por parte do autor (CP, art. 121, § 2º, II, III e IV). Reputou-se que caberia ao conselho de sentença decidir se o paciente praticara o ilícito motivado por ciúme, bem como analisar se esse sentimento, no caso concreto, constituiria motivo fútil apto a qualificar o crime em comento. Asseverou-se que apenas a qualificadora que se revelasse improcedente poderia ser excluída da pronúncia, o que não se verificara. Enfatizou-se que esse entendimento não assentaria que o ciúme fosse instrumento autorizador ou imune a justificar o crime" (STF: HC 107.090/RJ, rel. Min. Ricardo Lewandowski, 1.ª Turma, j. 18.06.2013, noticiado no *Informativo* 711).

Motivo fútil – ausência de motivo – distinção: "Na hipótese em apreço, a incidência da qualificadora prevista no art. 121, § 2º, inciso II, do Código Penal, é manifestamente descabida, porquanto motivo fútil não se confunde com ausência de motivos, de tal sorte que se o crime for praticado sem nenhuma razão, o agente somente poderá ser denunciado por homicídio simples" (STJ: HC 152.548/MG, rel. Min. Jorge Mussi, 5.ª Turma, j. 22.02.2011). *No mesmo sentido:* STJ: AgRg no AREsp 68.033/DF, rel. Min. Sebastião Reis Junior, 6.ª Turma, j. 18.12.2012.

Motivo fútil – prévia discussão entre agente e vítima – possibilidade de incidência: "A anterior discussão entre a vítima e o autor do homicídio, por si só, não afasta a qualificadora do motivo fútil" (STJ: AgRg no REsp 1.113.364/PE, rel. Min. Sebastião Reis Júnior, 5.ª Turma, j. 21.08.2013, noticiado no *Informativo* 525).

Omissão de socorro – aumento da pena: "2. Homicídio culposo agravado pela omissão de socorro. 3. Pedido de desconsideração da causa de aumento de pena prevista no art. 121, § 4.º, do Código Penal, para que se opere a extinção da punibilidade, em face da consequente prescrição da pretensão punitiva, contada pela pena concreta. 4. Alegação de que, diante da morte imediata da vítima, não seria cabível a incidência da causa de aumento da pena, em razão de o agente não ter prestado socorro" (STF: HC 84.380/MG, rel. Min. Gilmar Mendes, 2.ª Turma, j. 05.04.2005).

Pluralidade de qualificadoras: "As circunstâncias evidenciadas na espécie refletem o entendimento da Corte, preconizado no sentido de que, 'na hipótese de concorrência de qualificadoras num mesmo tipo penal, uma delas deve ser utilizada para qualificar o crime e as demais serão consideradas como circunstâncias agravantes'" (STF: RHC 114.458/MS, rel. Min. Dias Toffoli, 1.ª Turma, j. 19.02.2013). *No mesmo sentido:* STF: RHC 120.599/ES, rel. Min. Luiz Fux, 1.ª Turma, j. 25.02.2014.

Privilégio – relevante valor moral: "1. A causa especial de diminuição de pena do § 1º do art. 121 não se confunde com a atenuante genérica da alínea 'a' do inciso III do art. 65 do Código Penal. 2. A incidência da causa especial de diminuição de pena do motivo de relevante valor moral depende da prova de que o agente atuou no calor dos fatos, impulsionado pela motivação relevante. A atenuante incide, residualmente, naqueles casos em que, comprovado o motivo de relevante valor moral, não se pode afirmar que a conduta do agente seja fruto do instante dos acontecimentos [...]" (STF: HC 89.814/MS, rel. Min. Carlos Britto, 1.ª Turma, j. 18.03.2008).

Pronúncia – qualificadoras – motivo fútil e recurso que dificultou a defesa do ofendido – contradição: "No caso, a sentença de pronúncia afastara a qualificadora concernente ao emprego de recurso que teria dificultado a defesa do ofendido pela surpresa da agressão. Constaria dos autos que a vítima, no início do desentendimento com o paciente, poderia ter deixado o local, mas preferira enfrentar os oponentes, além de ameaçá-los. Por isso, não fora apanhado de surpresa. Contudo, a decisão de pronúncia teria reconhecido a qualificadora do motivo fútil, em decorrência de a discussão ser de somenos importância, tendo como pano de fundo a ocupação de uma mesa de bilhar. Afirmou-se que não seria o caso de revolvimento de prova, porquanto haveria contradição entre os termos da sentença e a conclusão para considerar o motivo fútil como qualificadora. Consignou-se que o evento 'morte' haveria decorrido de postura assumida pela vítima, de ameaça e de enfrentamento. Acrescentou-se que descaberia assentar a provocação da vítima e o motivo fútil" (STF: HC 107.199/SP, rel. Min. Marco Aurélio, 1.ª Turma, j. 20.08.2013, noticiado no *Informativo* 716).

"Racha" – morte de pessoa estranha à competição não autorizada – qualificadora do motivo fútil – inaplicabilidade: "Não incide a qualificadora de motivo fútil (art. 121, § 2º, II, do CP), na hipótese de homicídio supostamente praticado por agente que disputava 'racha', quando o veículo por ele conduzido – em razão de choque com outro automóvel também participante do 'racha' – tenha atingido o veículo da vítima, terceiro estranho à disputa automobilística. No caso em análise, o homicídio decorre de um acidente automobilístico, em que não havia nenhuma relação entre o autor do delito e a vítima. A vítima nem era quem praticava o 'racha' com o agente do crime. Ela era um terceiro que trafegava por perto naquele momento e que, por um dos azares do destino, viu-se atingido pelo acidente que envolveu o agente do delito. Quando o legislador quis se referir a motivo fútil, fê-lo tendo em mente uma reação desproporcional ou inadequada do agente quando cotejado com a ação ou omissão da vítima; uma situação, portanto, que pressupõe uma relação direta, mesmo que tênue, entre agente e vítima. No caso não há essa relação. Não havia nenhuma relação entre o autor do crime e a vítima. O agente não reagiu a uma ação ou omissão da vítima (um esbarrão na rua, uma fechada de carro, uma negativa a um pedido). Não há aqui motivo fútil, banal, insignificante, diante de um acidente cuja causa foi um comportamento imprudente do agente, comportamento este que não foi resposta à ação ou omissão da vítima" (STJ: HC 307.617/SP, rel. Min. Nefi Cordeiro, rel. para acórdão Min. Sebastião Reis Júnior, 6.ª Turma, j. 19.04.2016, noticiado no *Informativo* 583).

Surpresa e anterior desavença: "A doutrina e a jurisprudência entendem que a formulação tiro pelas costas é indício ou configura a qualificadora. Não se dá surpresa se o crime foi precedido de desavença (vias de fato ou calorosa discussão)" (STF: HC 77.347/SP, rel. Min. Nélson Jobim, 2.ª Turma, j. 06.10.1998).

Surpresa e dolo eventual – incompatibilidade: "São incompatíveis o dolo eventual e a qualificadora da surpresa prevista no inciso IV do § 2º do art. 121 do CP ('§ 2º Se o homicídio é cometido: (...) IV – à traição, de emboscada, ou mediante dissimulação ou outro recurso que dificulte ou torne impossível a defesa do ofendido'). Com base nesse entendimento, a 2ª Turma concedeu habeas corpus para determinar o restabelecimento da sentença de pronúncia, com exclusão da mencionada qualificadora. Na espécie, o paciente fora denunciado pela suposta prática dos crimes previstos no art. 121, § 2º, IV, c/c o art. 18, I, ambos do CP, e no art. 306 da Lei 9.503/1997 porque, ao conduzir veículo em alta velocidade e em estado de embriaguez, ultrapassara sinal vermelho e colidira com outro carro, cujo condutor viera a falecer. No STJ, dera-se provimento a recurso especial, interposto pelos assistentes de acusação, e submetera-se a qualificadora da surpresa (art. 121, § 2º, IV) ao Tribunal do Júri. Considerou-se que, em se tratando de crime de trânsito, cujo elemento subjetivo teria sido classificado como dolo eventual, não se poderia, ao menos na hipótese sob análise, concluir que tivesse o paciente deliberadamente agido de surpresa, de maneira a dificultar ou impossibilitar a defesa da vítima" (STF: HC 111.442/RS, rel. Min. Gilmar Mendes, 2.ª Turma, j. 28.08.2012, noticiado no *Informativo* 677).

Transmissão de moléstia grave: "Moléstia grave. Transmissão. HIV. Crime doloso contra a vida versus o de transmitir doença grave. Descabe, ante previsão expressa quanto ao tipo penal, partir-se para o enquadramento de ato relativo à transmissão de doença grave como a configurar crime doloso contra a vida" (STF: HC 98.712/SP, rel. Min. Marco Aurélio, 1.ª Turma, j. 05.10.2010).

Vingança – configuração de motivo torpe: "A verificação se a vingança constitui ou não motivo torpe deve ser feita com base nas peculiaridades de cada caso concreto, de modo que não se pode estabelecer um juízo a priori, positivo ou negativo" (STJ: REsp 785.122/SP, rel. Min. Og Fernandes, 6.ª Turma, j. 19.10.2010, *Informativo* 452).

Feminicídio

Art. 121-A. Matar mulher por razões da condição do sexo feminino:

Pena – reclusão, de 20 (vinte) a 40 (quarenta) anos.

§ 1º Considera-se que há razões da condição do sexo feminino quando o crime envolve:

I – violência doméstica e familiar;

II – menosprezo ou discriminação à condição de mulher.

§ 2º A pena do feminicídio é aumentada de 1/3 (um terço) até a metade se o crime é praticado:

I – durante a gestação, nos 3 (três) meses posteriores ao parto ou se a vítima é a mãe ou a responsável por criança, adolescente ou pessoa com deficiência de qualquer idade;

II – contra pessoa menor de 14 (catorze) anos, maior de 60 (sessenta) anos, com deficiência ou portadora de doenças degenerativas que acarretem condição limitante ou de vulnerabilidade física ou mental;

III – na presença física ou virtual de descendente ou de ascendente da vítima;

IV – em descumprimento das medidas protetivas de urgência previstas nos incisos I, II e III do *caput* do art. 22 da Lei nº 11.340, de 7 de agosto de 2006 (Lei Maria da Penha);

V – nas circunstâncias previstas nos incisos III, IV e VIII do § 2º do art. 121 deste Código.

Coautoria

§ 3º Comunicam-se ao coautor ou partícipe as circunstâncias pessoais elementares do crime previstas no § 1º deste artigo.

Classificação:	Informações rápidas:
Crime simples;	O feminicídio é **crime hediondo**.
Crime comum;	Feminicídio é a morte dolosa de uma mulher, por **razões da**
Crime material ou causal;	**condição do sexo feminino** (violência doméstica e familiar; e
Crime de dano;	menosprezo ou discriminação à condição de mulher).
Crime de forma livre;	**Norma penal explicativa ou complementar** (§ 1.º): razões
Crime comissivo (regra) ou omissivo impróprio (exceção);	da condição do sexo feminino.
Crime instantâneo;	**Causas de aumento de pena** (§ 2.º).
Crime unissubjetivo, unilateral ou de concurso eventual; e	**Coautoria** (§ 3.º).
Crime plurissubsistente.	Ação pública incondicionada.

○ **Evolução legislativa:** A Lei 11.340/2006 – Lei Maria da Penha –, embora sem criar crimes e cominar penas, foi um primeiro (e fundamental) passo para combater a violência de gênero, instituindo medidas protetivas para a mulher vítima de violência doméstica ou familiar e enrijecendo o tratamento dispensado aos agressores. Contudo, a escalada de violência contra a mulher continuava em ritmo cada vez mais forte e a Lei Maria da Penha em poucos anos mostrou-se insuficiente. Em razão disso, a Lei 13.104/2015 criou, no contexto do homicídio, a qualificadora do feminicídio (art. 121, § 2.º, VI, CP). Quase uma década mais tarde, editou-se a Lei 14.994/2024, conhecida como "Pacote Antifeminicídio", e o feminicídio deixou de ser uma qualificadora do homicídio. Constitui-se, atualmente, em **crime autônomo**, tipificado no art. 121-A do Código Penal e de **natureza hedionda**, nos termos do art. 1.º, I-B, da Lei 8.072/1990. A competência para seu processo e julgamento é do Tribunal do Júri, pois trata-se crime doloso contra a vida. A pena privativa de liberdade cominada ao feminicídio, em seu patamar máximo – 40 (quarenta) anos de reclusão – é a **mais elevada da legislação brasileira**.

○ **Constitucionalidade do feminicídio *versus* função simbólica do Direito Penal:** O feminicídio como crime autônomo e especial frente ao homicídio é **constitucional**. Embora somente a mulher possa figurar como vítima do delito, não há falar em ofensa ao princípio da igualdade, assegurado pelo art. 5.º, *caput*, da Constituição Federal, pois a isonomia consiste em tratar igualmente os iguais e desigualmente os desiguais, na medida das suas desigualdades. O critério da discriminação é objetivo e positivo: repousa na necessidade de maior proteção nos crimes cometidos contra a mulher por razões da condição do sexo feminino, especialmente em uma sociedade ainda contaminada pelos impulsos machistas. Busca-se a igualdade em sentido material, pois a igualdade formal demonstrou não ser suficiente para conter a violência contra as mulheres, em regra fisicamente mais frágeis em comparação aos homens. Não se pode falar no feminicídio como uma manifestação da **função simbólica** do Direito Penal, malgrado existam vozes sustentando a sua desnecessidade, pois as condutas que o representam já caracterizariam o delito de homicídio.

○ **Objetividade jurídica:** Tutela-se a vida humana, direito fundamental assegurado a todas as pessoas pelo art. 5.º, *caput*, da Constituição Federal.

○ **Objeto material:** É a mulher atingida pela conduta criminosa.

○ **Conceito:** Feminicídio é a morte dolosa de uma mulher, **por razões da condição do sexo feminino**. Cuida-se de **modalidade especial de homicídio**, pois a conduta de "**matar alguém**" deve ser cometida por razões da condição do sexo feminino. O conflito aparente de normas é solucionado pelo princípio da especialidade.[18] O § 1.º do art. 121-A do Código Penal contém uma **norma penal explicativa (ou complementar)**, a qual considera que há razões de condição de sexo feminino quando o crime envolve:

Inc. I– Violência doméstica e familiar: A violência doméstica e familiar contra a mulher, indiscutivelmente uma violação dos direitos humanos, encontra-se definida no art. 5.º da Lei 11.340/2006 – Lei Maria da Penha: "Art. 5.º Para os efeitos desta Lei, configura violência doméstica e familiar contra a mulher qualquer ação ou omissão baseada no gênero que lhe cause morte, lesão, sofrimento físico, sexual ou psicológico e dano moral ou patrimonial: I – no âmbito da unidade doméstica, compreendida como o espaço de convívio permanente de pessoas, com ou sem vínculo familiar, inclusive as esporadicamente agregadas; II – no âmbito da família, compreendida como a comunidade formada por indivíduos que são ou se consideram aparentados, unidos por laços naturais, por afinidade ou por vontade expressa; III – em qualquer relação íntima de afeto, na qual o agressor conviva ou tenha convivido com a ofendida, independentemente de coabitação.

---

[18] No julgamento pelo Tribunal do Júri, se os jurados reconhecerem a morte da vítima, mas negarem as "razões da condição do sexo feminino", estar-se-á diante de hipótese de desclassificação para o crime de homicídio.

Parágrafo único. As relações pessoais enunciadas neste artigo independem de orientação sexual". A Lei 14.994/2024, ao elevar o feminicídio à categoria de delito autônomo, poderia ter sanado uma falha técnica da Lei Maria da Penha. Com efeito, não se exige a violência doméstica **e** familiar, bastando a violência doméstica **ou** familiar. Entretanto, o reconhecimento da violência doméstica ou familiar contra a mulher não é suficiente para a configuração do feminicídio. **O inciso I do § 1.º deve ser interpretado em sintonia com o *caput*, ambos do art. 121-A do Código Penal**, o qual reclama que a motivação do homicídio tenha sido as "razões da condição do sexo feminino", daí resultando a violência doméstica ou familiar.

Inc. II– Menosprezo ou discriminação à condição de mulher: Aqui não se exige a violência doméstica ou familiar, bastando o menosprezo ou discriminação à condição de mulher. A pessoa que mata a mulher enxerga nela um ser inferior, com menos direitos. Exemplo: o aluno de uma prestigiada universidade mata a colega de sala que está prestes a concluir o curso com as melhores notas da turma, por não aceitar ser superado por uma mulher. Admite-se, nesse contexto, o **feminicídio sem intimidade (não íntimo)** entre o autor e a vítima. Prescinde-se de qualquer vinculação entre os sujeitos do delito. Basta a morte da mulher, que pode inclusive ser desconhecida do agente, em face do seu menosprezo ou discriminação ao sexo feminino.

○ **Feminicídio e femicídio:** Ambos os delitos envolvem a morte de mulher, mas enquanto aquele se baseia em razões da condição de sexo feminino, este consiste em qualquer homicídio contra a mulher.

○ **Núcleo do tipo:** É "matar". Trata-se de **crime de forma livre**, compatível com qualquer meio de execução. Em regra, o feminicídio é cometido por ação, mas também pode ser praticado por omissão, quando presente o dever de agir para evitar o resultado (art. 13. § 2.º, do CP).

○ **Sujeito ativo:** O feminicídio é **crime comum** ou **geral**, podendo ser cometido por qualquer pessoa.

○ **Feminicídio e concurso de pessoas:** Com a rubrica "coautoria", o § 3.º do art. 121-A do Código Penal apresenta a seguinte redação: "Comunicam-se ao coautor ou partícipe as circunstâncias pessoais elementares do crime previstas no § 1º deste artigo". A falta de técnica legislativa na elaboração desse dispositivo salta aos olhos. Em primeiro lugar, é errado rotular o instituto como "**coautoria**" e, em seguida, dizer que "comunicam-se ao **coautor ou partícipe**". Em outras palavras, trata-se de **concurso de pessoas**, do qual são espécies tanto a coautoria (e não só ela) como a participação. Mas não para por aí. Com efeito, não existem "circunstâncias pessoais elementares", isto é, ou são circunstâncias (dados que se agregam ao tipo fundamental, para aumentar ou diminuir a pena, formando o tipo derivado), ou são elementares (dados que integram a modalidade básica do crime, conhecido como tipo fundamental). Na época em que o feminicídio era qualificadora do homicídio, falava-se em circunstância (de natureza objetiva, na visão do Superior Tribunal de Justiça)[19]. Porém, agora existe um crime autônomo, ou seja, as "razões da condição do sexo feminino" são elementares do delito e, nesse contexto, comunicam-se aos demais coautores e partícipes que delas têm ciência, a teor da regra contida no art. 30 do Código Penal. Além disso, o § 1.º do art. 121-A do Código Penal contempla uma **norma penal explicativa ou complementar**: sua finalidade consiste unicamente em delimitar o alcance e o conteúdo da expressão – "razões da condição do sexo feminino" – contida no *caput*.

---

[19] STJ: HC 433.898/RS, rel. Min. Nefi Cordeiro, 6.ª Turma, j. 24.04.2018, noticiado no *Informativo 625*.

○ **Sujeito passivo:** É a **mulher**, independentemente da sua idade (criança, adolescente, adulta ou idosa) e da sua orientação sexual. O homem não pode figurar como vítima, pois o art. 121-A, *caput*, do Código Penal fala em "mulher" e "sexo feminino".[20]

– **A transexualidade e seus reflexos jurídicos:** A transexualidade é classificada pela Organização Mundial de Saúde como uma espécie de incongruência de gênero, condição relativa à saúde sexual em que o indivíduo tem o desejo de viver e de ser aceito como do sexo oposto ao do seu nascimento. Nos dias atuais, é comum a transgenitalização, ou seja, a cirurgia de redesignação sexual. Nesse terreno, duas situações podem ocorrer. Em primeiro lugar, admite-se a "neocolpovulvoplastia", consistente na alteração do órgão sexual masculino para o feminino, com a construção de uma neovagina (vaginoplastia). Nesse caso, não há falar em feminicídio na morte do transexual, pois a vítima biologicamente não ostenta o sexo feminino, tanto que em nenhuma hipótese poderá reproduzir-se, pela ausência dos órgãos internos. Essa situação é mantida ainda que a pessoa tenha sido beneficiada pela alteração do registro civil (mudança de nome). Não há dúvida que uma mulher transgênero – pessoa que nasceu homem, mas se identifica como mulher – pode (e deve) ser beneficiada pelas medidas protetivas previstas na Lei 11.340/2006 – Lei Maria da Penha. Isso não autoriza a conclusão no sentido de figurar como vítima do feminicídio, pois o art. 121-A, *caput*, do Código Penal fala expressamente em "mulher" e "sexo feminino", razão pela qual a equiparação do transgênero constituiria indisfarçável analogia *in malam partem*, atentatória da taxatividade e vedada pelo Direito Penal moderno. Essa polêmica não existiria se o tipo penal falasse em "matar alguém por razões de gênero". Mas a falha do legislador não pode ser suprida pelo operador do Direito, mediante o emprego da analogia prejudicial ao réu e da ofensa ao princípio da reserva legal. De outro lado, a mulher submetida a cirurgia para readequação ao sexo masculino (homem transgênero) pode ser vítima do feminicídio, pois biologicamente continua ostentando o sexo feminino.

– **Feminicídio político:** É o cometido contra a mulher que conquistou relevante parcela de poder, e tal posição de destaque é decisiva para a prática do delito. Essa expressão foi utilizada pelo Superior Tribunal de Justiça no julgamento do Incidente de Deslocamento de Competência (IDC) 24/DF, envolvendo os crimes – então de homicídios qualificados – praticados contra Marielle Franco, na época vereadora no Rio de Janeiro, e Anderson Gomes.

– **Elemento subjetivo:** É o dolo, direto ou eventual, acompanhado do **elemento subjetivo específico** contido na expressão "**por razões da condição do sexo feminino**".

– **A inadmissibilidade do feminicídio privilegiado:** Na sistemática anterior à Lei 14.994/2024, o feminicídio constituía-se em figura qualificada do homicídio. Para o Superior Tribunal de Justiça, tratava-se de qualificadora de natureza objetiva. Ao menos em tese, portanto, era possível a caracterização do homicídio híbrido – simultaneamente privilegiado e qualificado –, tal como quando o agente matava a mulher, por razões da condição do sexo feminino, sob o domínio de violenta emoção, logo em seguida a injusta provocação da vítima. Esse panorama mudou. **Agora não se admite o feminicídio privilegiado**, pois as hipóteses do privilégio, contidas no § 1.º do art. 121 do Código Penal, são restritas ao homicídio, por ausência de previsão legal.

– **Feminicídio e "legítima defesa da honra":** A honra é direito fundamental do ser humano, inviolável por expressa determinação constitucional (art. 5.º, X). Como todos os demais direitos, pode ser tutelada pela legítima defesa, mas a proteção da honra não vai ao ponto de legitimar a

---

[20]   Com base nas hipóteses legais e nos sujeitos do delito, podem ser apontadas as seguintes espécies de feminicídio: **(a) "intralar"**: as circunstâncias fáticas indicam que um homem matou uma mulher em contexto de violência doméstica ou familiar; **(b) homoafetivo**: uma mulher mata a outra no contexto de violência doméstica ou familiar; **(c) simbólico heterogêneo**: um homem assassina uma mulher motivado pelo desprezo ou discriminação à condição de mulher, reportando-se, no campo simbólico, à destruição da identidade da vítima e de sua condição de pertencer ao sexo feminino; e **(d) simbólico homogêneo**: uma mulher assassina outra mulher motivada pelo desprezo ou discriminação da condição feminina (BARROS, Francisco Dirceu; SOUZA, Renee do Ó. *Feminicídio*: controvérsias e aspectos práticos. 2. ed. Leme: Mizuno, 2021. p. 33-34).

morte da mulher (esposa, companheira, namorada etc.) em caso de ciúme, dominação ou mesmo de infidelidade no relacionamento amoroso. Além disso, eventual alegação no sentido de "abalo emocional" também não merece credibilidade. O art. 28, I, do Código Penal é firme ao estabelecer que a emoção e a paixão não excluem a imputabilidade penal. Essa linha de raciocínio foi acolhida pelo Plenário do Supremo Tribunal Federal.[21] Em síntese, a Corte Suprema firmou o entendimento de que a tese da legítima defesa da honra é inconstitucional, por contrariar a dignidade da pessoa humana (art. 1.º, III, da CF) e o princípio da proteção à vida e da igualdade de gênero (art. 5.º, *caput*, da CF), e conferiu interpretação conforme à Constituição Federal aos arts. 23, II, e 25, *caput* e parágrafo único, do Código Penal, bem como ao art. 65 do Código de Processo Penal, a fim de excluir a legítima defesa da honra do âmbito do instituto da legítima defesa e, consequentemente, obstar à defesa, à acusação, à autoridade policial e ao juízo que utilizem, direta ou indiretamente, a tese de legítima defesa da honra (ou qualquer argumento que induza à tese) nas fases pré-processual ou processual penais, e durante julgamento perante o Tribunal do Júri, sob pena de nulidade do ato e do julgamento.

○ **Consumação:** Trata-se de **crime material ou causal**, consumando-se com a morte da mulher, representada pelo fim da atividade cerebral, nos termos do art. 3.º, *caput*, da Lei 9.434/1997.

○ **Tentativa:** É possível, em face do caráter plurissubsistente do delito, permitindo o fracionamento do *iter criminis*.

○ **Ação penal:** Pública incondicionada.

○ **Lei 9.099/1995:** O feminicídio é crime de elevado (e máximo) potencial ofensivo. Diante da pena cominada, bem como do seu caráter hediondo, não há espaço para qualquer dos benefícios elencados pela Lei 9.099/1995.

○ **Causas de aumento da pena (art. 121-A, § 2.º):** Incidem na terceira e última fase da aplicação da pena privativa de liberdade, aumentando a pena de 1/3 (um terço) até a metade e devem ser submetidas à votação dos jurados. Para evitar a responsabilidade penal objetiva, tais circunstâncias precisam ser abrangidas pelo dolo do agente. Como são causas de aumento da pena, fala-se em **feminicídio circunstanciado ou majorado**, e não em feminicídio qualificado. Aumenta-se a pena se o crime é praticado:

Inc. I: Durante a gestação, nos 3 (três) meses posteriores ao parto ou se a vítima é a mãe, ou a responsável por criança, adolescente ou pessoa com deficiência de qualquer idade: O aumento da pena pode ocorrer em **três hipóteses: a) Crime praticado durante a gestação**: nesse caso, e partindo da premissa de que o indivíduo conhece a gravidez, a ele serão imputados dois crimes: feminicídio circunstanciado (art. 121-A, § 2.º, I, do CP) e aborto sem o consentimento da gestante (art. 125, do CP), com dolo direto ou eventual, em concurso formal impróprio ou imperfeito (art. 70, *caput*, parte final, do CP), pois a pluralidade de resultados emana de desígnios autônomos. Todavia, se a gestação era ignorada pelo agente, não poderão ser reconhecidos nem o crime de aborto nem a majorante, em respeito à inadmissibilidade da responsabilidade penal objetiva. **b) Crime praticado nos 3 (três) meses posteriores ao parto**: nos três meses após o parto, o recém-nascido é extremamente dependente dos cuidados maternos e, com a morte da mãe, o normal desenvolvimento da criança torna-se muito mais complexo. **c) Se a vítima é a mãe ou a responsável por criança, adolescente ou pessoa com deficiência de qualquer idade**: Não incide a majorante, em face da ausência da sua razão de existir, se a vítima do feminicídio, embora mãe, não tinha sob seus cuidados a criança, o adolescente ou a pessoa com deficiência,

---

[21] ADPF 779 MC/DF, rel. Min. Dias Toffoli, Plenário, j. 13.03.2021, noticiado no *Informativo* 1.009. Essa conclusão foi reforçada pelo julgamento efetuado pelo Plenário do STF no dia 1º de agosto de 2023, com a decisão veiculada no *Informativo* 1.105.

como na hipótese em que fora decretada judicialmente a perda do poder familiar, em razão de crime doloso punido com reclusão cometido contra o filho.

Inc. II: Contra pessoa menor de 14 (catorze) anos, maior de 60 (sessenta) anos, com deficiência ou portadora de doenças degenerativas que acarretem condição limitante ou de vulnerabilidade física ou mental: A deficiência deve ser interpretada em sentido amplo: pode ser física, mental, intelectual ou sensorial (art. 2.º, *caput*, da Lei 13.146/2015 – Estatuto da Pessoa com Deficiência). A parte final – "ou portadora de doenças degenerativas que acarretem condição limitante ou de vulnerabilidade física ou mental" – abrange enfermidades como a esclerose múltipla, o mal de Parkinson, o mal de Alzheimer e a doença de Charcot, também conhecida como Esclerose Lateral Amiotrófica (ELA). A incidência da majorante pressupõe o conhecimento, pelo agente, da situação de fragilidade da vítima, sob pena de caracterização da responsabilidade penal objetiva.

Inc. III: Na presença física ou virtual de descendente ou de ascendente da vítima: Pouco importa o grau de parentesco entre a vítima e a testemunha do crime: por expressa previsão legal, a causa de aumento da pena somente é aplicável ao parentesco em linha reta, não incidindo no tocante aos colaterais (irmãos, tios, sobrinhos, primos etc.). Nos dias atuais, não se exige a presença física do descendente ou do ascendente no momento da morte da vítima, podendo o crime ser presenciado mediante a utilização de recursos tecnológicos (exemplo: o sujeito mata a mãe quando ela conversava, via Skype ou programa similar, com seu filho que cursava faculdade em outro país).

Inc. IV: Em descumprimento das medidas protetivas de urgência previstas nos incisos I, II e III do caput *do art. 22 da Lei 11.340, de 7 de agosto de 2006 (Lei Maria da Penha)*: O art. 22 da Lei 11.340/2006 – Lei Maria da Penha – prevê como medidas protetivas a suspensão da posse ou a restrição do porte de armas, com comunicação ao órgão competente, nos termos da Lei 10.826, de 22 de dezembro de 2003 – Estatuto do Desarmamento (inc. I), o afastamento do lar, domicílio ou local de convivência com a ofendida (inc. II), e a proibição de determinadas condutas (inc. III), entre as quais considera-se: (a) aproximação da ofendida, de seus familiares e das testemunhas, fixando o limite mínimo de distância entre estes e o agressor; (b) contato com a ofendida, seus familiares e testemunhas por qualquer meio de comunicação; e (c) frequentação de determinados lugares a fim de preservar a integridade física e psicológica da ofendida. O descumprimento de decisão judicial que defere medidas protetivas de urgência constitui, por si só, o delito tipificado no art. 24-A da Lei 11.340/2006, punido com reclusão, de 2 (dois) a 5 (cinco) anos, e multa. O feminicídio praticado com descumprimento das medidas protetivas de urgência absorve o crime previsto no art. 24-A da Lei Maria da Penha, mas terá a pena aumentada, de 1/3 (um terço) até a metade. Não há falar em concurso entre o feminicídio majorado e o delito capitulado no art. 24-A da Lei Maria da Penha, sob pena de caracterização do *bis in idem*.

Inc. V: Nas circunstâncias previstas nos incisos III, IV e VIII do § 2.º do art. 121 deste Código: A Lei 14.994/2024 rotulou algumas (e não todas) qualificadoras do homicídio como causas de aumento da pena do feminicídio, a saber: III – emprego de veneno, fogo, explosivo, asfixia, tortura ou outro meio insidioso ou cruel, ou de que possa resultar perigo comum; IV – traição, emboscada, ou mediante dissimulação ou outro recurso que dificulte ou torne impossível a defesa do ofendido; e VIII – com emprego de arma de fogo de uso restrito ou proibido. E as qualificadoras atinentes aos **motivos torpe e fútil, bem como à conexão**, catalogadas no art. 121, § 2.º, I, II e V, do Código Penal? Qual a razão de não terem sido também previstas como majorantes do feminicídio? A resposta é simples. O feminicídio reclama um elemento subjetivo específico, consistente nas "razões da condição do sexo feminino". A morte é motivada pela inferiorização ou coisificação da mulher. Sem essa finalidade, a morte da vítima caracteriza homicídio, e não feminicídio. O motivo do feminicídio, portanto, não pode ser fútil ou torpe, por opção do legislador. A conexão também tem natureza subjetiva (ou pessoal), pois o homicídio é praticado para assegurar a execução, a ocultação, a impunidade ou vantagem de outro crime.

○ **Feminicídio circunstanciado e regime integralmente fechado:** Pensemos em uma situação hipotética: João, reincidente em crime hediondo ou equiparado com resultado morte, é condenado por feminicídio circunstanciado, em face da presença de alguma causa de aumento de pena elencada pelo art. 121-A, § 2.º, do Código Penal. Diante das peculiaridades do caso concreto, o magistrado aplica a pena máxima (40 anos), aumentada de metade pela incidência da majorante, resultado a pena final de 60 anos. Como ele é reincidente em crime hediondo ou equiparado com resultado morte, a progressão de regime prisional depende do cumprimento de 70% da pena, vedado o livramento condicional, a teor da regra contida no art. 112, VIII, da Lei 7.210/1984 – Lei de Execução Penal. Em síntese, a progressão somente será possível após o cumprimento de 42 (quarenta e dois) anos de reclusão no regime fechado. Todavia, o art. 75 do Código Penal estatui que o tempo de cumprimento da pena privativa de liberdade não pode ser superior a 40 (quarenta) anos, ou seja, a sanção será cumprida, em sua inteireza, no regime fechado.[22] Fica nítido que a Lei 14.994/2024, provavelmente de forma inconsciente, ressuscitou a possibilidade prática de caracterização do regime integralmente fechado, o qual havia sido extirpado do ordenamento jurídico brasileiro desde que o Supremo Tribunal Federal declarou a inconstitucionalidade da redação original do art. 2.º, § 1.º, da Lei 8.072/1990 – Lei dos Crimes Hediondos.

○ **Jurisprudência selecionada:**

Feminicídio – legítima defesa da honra– dignidade da pessoa humana, proteção à vida e igualdade de gênero: "A tese da legítima defesa da honra é inconstitucional, por contrariar os princípios da dignidade da pessoa humana (CF, art. 1.º, III), da proteção à vida e da igualdade de gênero (CF, art. 5.º, *caput*). Apesar da alcunha de 'legítima defesa' – instituto técnico-jurídico amplamente amparado no direito brasileiro –, a chamada legítima defesa da honra corresponde, na realidade, a recurso argumentativo/retórico odioso, desumano e cruel utilizado pelas defesas de acusados de feminicídio ou agressões contra mulher para imputar às vítimas a causa de suas próprias mortes ou lesões, contribuindo imensamente para a naturalização e a perpetuação da cultura de violência contra as mulheres no Brasil. O instituto da legítima defesa caracteriza-se pela conjunção dos seguintes elementos: a agressão é injusta e atual ou iminente; envolve direito próprio ou de terceiro, o uso moderado dos meios necessários e a presença de um ânimo de defesa (*animus defendendi*). Trata-se, portanto, de hipótese excepcional de afastamento da aplicação da lei penal, a qual somente se justifica pela confluência dos referidos fatores. De outro lado, a honra se refere a um atributo pessoal, íntimo e subjetivo, cuja tutela se encontra delineada na Constituição, por exemplo, na previsão do direito de resposta, e no Código Penal, que prevê os tipos penais da calúnia, da difamação e da injúria. Portanto, aquele que se vê lesado em sua honra tem meios jurídicos para buscar sua compensação. Também não há que se falar em direito subjetivo de agir com violência contra uma traição. A traição se encontra inserida no contexto das relações amorosas. Seu desvalor reside no âmbito ético e moral. Aliás, para evitar que a autoridade judiciária absolvesse o agente que agiu movido por ciúme ou outras paixões e emoções, o legislador ordinário inseriu no atual Código Penal a regra do art. 28, segundo a qual a emoção ou a paixão não excluem a imputabilidade penal. Aquele que pratica feminicídio ou usa de violência, com a justificativa de reprimir um adultério, não está a se defender, mas a atacar uma mulher de forma desproporcional, de forma covarde e criminosa. Assim sendo, o adultério não configura uma agressão injusta apta a excluir a antijuridicidade de um fato típico, pelo que qualquer ato violento perpetrado nesse contexto deve estar sujeito à repressão do direito penal. A ideia que subjaz à legítima defesa da honra tem raízes arcaicas

---

[22] É preciso recordar que, nos termos da Súmula 715 do Supremo Tribunal Federal, o limite temporal previsto no art. 75 do Código Penal diz respeito ao cumprimento da pena privativa de liberdade, não aplicando-se para fins de progressão de regime prisional.

no direito brasileiro, constituindo um ranço, na retórica de alguns operadores do direito, de institucionalização da desigualdade entre homens e mulheres e de tolerância e naturalização da violência doméstica, as quais não têm guarida na CF/1988. A legítima defesa da honra é uma ideia anacrônica que remonta a uma concepção rigidamente hierarquizada de família, na qual a mulher ocupa posição subalterna e tem restringida sua dignidade e sua autodeterminação. Segundo essa percepção, o comportamento da mulher, especialmente no que se refere à sua conduta sexual, seria uma extensão da reputação do 'chefe de família', que, sentindo-se desonrado, agiria para corrigir ou cessar o motivo da desonra. Trata-se, assim, de uma percepção instrumental e desumanizadora do indivíduo, que subverte o conceito kantiano – que é base da ideia seminal de dignidade da pessoa humana – de que o ser humano é um fim em si mesmo, não podendo jamais ter seu valor individual restringido por outro ser humano ou atrelado a uma coisa. Trata-se, além do mais, de tese violadora dos direitos à vida e à igualdade entre homens e mulheres, também pilares de nossa ordem constitucional. A ofensa a esses direitos concretiza-se, sobretudo, no estímulo à perpetuação da violência contra a mulher e do feminicídio. Com efeito, o acolhimento da tese da legítima defesa da honra tem a potencialidade de estimular práticas violentas contra as mulheres ao exonerar seus perpetradores da devida sanção. A Constituição garante aos réus submetidos ao tribunal do júri plenitude de defesa, no sentido de que são cabíveis argumentos jurídicos e não jurídicos – sociológicos, políticos e morais, por exemplo –, para a formação do convencimento dos jurados. Não obstante, para além de um argumento atécnico e extrajurídico, a legítima defesa da honra é estratagema cruel, subversivo da dignidade da pessoa humana e dos direitos à igualdade e à vida e totalmente discriminatória contra a mulher, por contribuir com a perpetuação da violência doméstica e do feminicídio no País. Nesse contexto, a cláusula tutelar da plenitude de defesa não pode constituir instrumento de salvaguarda de práticas ilícitas. Há, portanto, a prevalência da dignidade da pessoa humana, da vedação a todas as formas de discriminação, do direito à igualdade e do direito à vida sobre a plenitude da defesa, tendo em vista os riscos elevados e sistêmicos decorrentes da naturalização, da tolerância e do incentivo à cultura da violência doméstica e do feminicídio. Com base nesses fundamentos, o Plenário, por unanimidade, referendou a concessão parcial da medida cautelar em arguição de descumprimento de preceito fundamental para: (i) firmar o entendimento de que a tese da legítima defesa da honra é inconstitucional, por contrariar os princípios constitucionais da dignidade da pessoa humana (CF, art. 1.º, III), da proteção à vida e da igualdade de gênero (CF, art. 5.º, *caput*); (ii) conferir interpretação conforme à Constituição aos arts. 23, II, e 25, *caput* e parágrafo único, do CP e ao art. 65 do Código de Processo Penal, de modo a excluir a legítima defesa da honra do âmbito do instituto da legítima defesa e, por consequência, (iii) obstar à defesa, à acusação, à autoridade policial e ao juízo que utilizem, direta ou indiretamente, a tese de legítima defesa da honra (ou qualquer argumento que induza à tese) nas fases pré-processual ou processual penais, bem como durante julgamento perante o tribunal do júri, sob pena de nulidade do ato e do julgamento, nos termos do voto do relator" (STF: ADPF 779 MC-Ref/DF, rel. Min. Dias Toffoli, Plenário, j. 13.03.2021, noticiado no *Informativo* 1.009). Essa conclusão foi reforçada pelo julgamento efetuado pelo Plenário do STF no dia 01 de agosto de 2023, com a decisão veiculada no *Informativo* 1.105.

Feminicídio – "legítima defesa da honra"– impossibilidade de utilização em sede de *habeas corpus* – impossibilidade: "O Supremo Tribunal Federal, no julgamento da ADPF n. 779/ DF, considerou inconstitucional a tese da legítima defesa da honra, ainda que utilizada no Tribunal de Júri, não sendo possível dar guarida à referida tese em sede de *habeas corpus*. Inicialmente cumpre salientar que a defesa tenta diminuir a gravidade da conduta do recorrente por intermédio do rechaçado instituto da 'legítima defesa da honra'. Aponta como 'normal' a reação violenta ao descontentamento com o relacionamento e coloca, ainda, a culpa na vítima por tamanha brutalidade. Hoje se colhe os frutos de um período no qual a 'legítima defesa da honra' encontrava guarida na Justiça brasileira. É justamente a normalização desse tipo de reação violenta e intempestiva que coloca o país no patamar de países com os mais altos índices de feminicídio. Não se pode mais dar espaço a esse tipo de argumentação. A jurisprudência do Tribunal da Cidadania, inclusive, é firme ao pontuar que o ciúme autoriza, inclusive, a exasperação da pena-base por derivar da sensação de domínio do homem em detrimento da mulher. Por fim, o eminente Ministro Dias Toffoli deferiu liminar, no julgamento da ADPF n. 779/DF, para obstar a utilização da tese de 'legítima defesa da honra' perante o Tribunal do Júri por considerá-la inconstitucional. Na mesma linha de raciocínio, não há como dar guarida à tese em sede de *habeas corpus*" (STJ: RHC 136.911/MT, rel. Min. Joel Ilan Paciornik, 5.ª Turma, j. 09.03.2021).

Induzimento, instigação ou auxílio a suicídio ou a automutilação

Art. 122. Induzir ou instigar alguém a suicidar-se ou a praticar automutilação ou prestar-lhe auxílio material para que o faça:

Pena – reclusão, de 6 (seis) meses a 2 (dois) anos.

§ 1º Se da automutilação ou da tentativa de suicídio resulta lesão corporal de natureza grave ou gravíssima, nos termos dos §§ 1º e 2º do art. 129 deste Código:

Pena – reclusão, de 1 (um) a 3 (três) anos.

§ 2º Se o suicídio se consuma ou se da automutilação resulta morte:

Pena – reclusão, de 2 (dois) a 6 (seis) anos.

§ 3º A pena é duplicada:

I – se o crime é praticado por motivo egoístico, torpe ou fútil;

II – se a vítima é menor ou tem diminuída, por qualquer causa, a capacidade de resistência.

§ 4º A pena é aumentada até o dobro se a conduta é realizada por meio da rede de computadores, de rede social ou transmitida em tempo real.

§ 5º Aplica-se a pena em dobro se o autor é líder, coordenador ou administrador de grupo, de comunidade ou de rede virtual, ou por estes é responsável.

§ 6º Se o crime de que trata o § 1º deste artigo resulta em lesão corporal de natureza gravíssima e é cometido contra menor de 14 (quatorze) anos ou contra quem, por enfermidade ou deficiência mental, não tem o necessário discernimento para a prática do ato, ou que, por qualquer outra causa, não pode oferecer resistência, responde o agente pelo crime descrito no § 2º do art. 129 deste Código.

§ 7º Se o crime de que trata o § 2º deste artigo é cometido contra menor de 14 (quatorze) anos ou contra quem não tem o necessário discernimento para a prática do ato, ou que, por qualquer outra causa, não pode oferecer resistência, responde o agente pelo crime de homicídio, nos termos do art. 121 deste Código.

Classificação:	Informações rápidas:
Crime comum Crime de dano Crime comissivo ou omissivo (divergência) Crime formal *(caput)*. O exaurimento acarreta na caracterização de qualificadoras (§§ 1.º e 2.º) Crime de forma livre Crime simples Crime instantâneo Crime unissubjetivo Crime plurissubsistente	A destruição da vida por seu titular deve ser **voluntária** (não se admite consentimento da vítima). A participação pode ser **moral** (induzir e instigar: seriedade) ou **material** (auxiliar: atividade acessória e eficaz). Não se admite provocação indireta. A vítima deve ter mínima capacidade de resistência e discernimento. A majorante prevista no art. 122, § 4.º, é uma hipótese de crime hediondo.

○ **Introdução e análise crítica:** A redação original do art. 122 do Código Penal contemplava somente o crime de induzimento, instigação ou auxílio ao suicídio. O tipo penal tinha a seguinte redação: "Induzir ou instigar alguém a suicidar-se ou prestar-lhe auxílio para que o faça". O induzimento, instigação ou auxílio à automutilação foi incluído pela Lei 13.968/2019. Nada obstante a boa intenção do legislador, a nova figura típica foi situada em local inadequado do Código Penal. Com efeito, o art. 122 encontra-se no Capítulo I do Título I da Parte Especial do Código Penal, entre os "crimes contra a vida". Nesse contexto, o induzimento, instigação ou auxílio à automutilação não ofende a vida humana, e sim a integridade corporal. Seria mais apropriada, portanto, a inclusão desta infração penal em local diverso, quiçá no art. 129 do Código Penal, como uma variante da lesão corporal. O legislador criou uma anomalia jurídica. O induzimento, instigação ou auxílio à automutilação é delito essencialmente doloso, e foi alocado entre os crimes contra a vida. Entretanto, não ingressa na competência do Tribunal do Júri, **pois não se constitui em crime doloso contra a vida**, na forma exigida pelo art. 5.º, XXXVIII, "d", da Constituição Federal. A competência para o processo e julgamento desse delito é do juízo singular. Se não bastasse, o art. 122 do Código Penal dispensa igual tratamento jurídico a situações diversas. Os tipos penais contemplados em seu *caput* e nos §§ 1.º e 2.º cominam penas idênticas tanto ao induzimento, instigação ou auxílio ao suicídio como à colaboração à automutilação alheia, quando na primeira hipótese o resultado é sensivelmente mais grave.

○ **Conceito de suicídio e de automutilação:**[23] **Suicídio** é a **destruição deliberada da própria vida**. É também chamado de **autocídio** ou **autoquíria**. **Automutilação** é **qualquer tipo de comportamento voluntário envolvendo agressão direta ao próprio corpo, sem a intenção de suicídio**. A conduta suicida ou de automutilação, por si só, não é criminosa no Brasil. Nem poderia sê-la pois, como corolário do **princípio da alteridade**, o Direito Penal só está autorizado a incriminar os comportamentos que transcendem a figura do seu autor. Não são puníveis as condutas que lesionam ou expõem a perigo bens jurídicos pertencentes exclusivamente a quem as praticou. Em relação ao suicídio, ainda que assim não fosse, o Estado não poderia punir o suicida, pois com sua morte estaria extinta sua punibilidade, nos termos do art. 107, inciso I, do Código Penal. Não houve tipificação da conduta em caso de sobrevivência da pessoa que buscou destruir sua própria vida, mas não há falar em licitude do suicídio – inteligência do art. 146, § 3.º, II do CP. **O suicídio é ilícito, embora não seja criminoso.** Igual raciocínio pode (e deve) ser construído no tocante à automutilação. No Brasil, é crime o induzimento, a instigação ou auxílio a suicídio ou a automutilação, ou,

---

[23] O Decreto 10.225/2020 institui o Comitê Gestor da Política Nacional de Prevenção da Automutilação e do Suicídio, regulamenta a Política Nacional de Prevenção da Automutilação e do Suicídio e estabelece normas relativas à notificação compulsória de violência autoprovocada.

como preferimos, a **participação em suicídio ou em automutilação**. Vedou-se a conduta de concorrer para que outrem destrua voluntariamente sua própria vida ou ofenda sua própria integridade corporal ou saúde. **O consentimento da vítima é irrelevante, em face da indisponibilidade dos bens jurídicos penalmente tutelados**.

○ **Objeto jurídico:** Na participação em suicídio, tutela-se a vida humana, direito fundamental constitucionalmente consagrado (art. 5.º, *caput*). Na participação em automutilação, por sua vez, o bem jurídico protegido é a incolumidade física em sentido amplo, abrangente da integridade corporal e da saúde da pessoa humana.

○ **Objeto material:** É o ser humano que suporta a conduta criminosa, isto é, aquele contra quem se dirige o induzimento, a instigação ou o auxílio ao suicídio ou à automutilação.

○ **Núcleo do tipo:** A participação em suicídio ou em automutilação pode ser **moral**, nos núcleos **induzir e instigar**, ou **material**, na conduta de **auxiliar** ("prestar auxílio") alguém a suicidar-se ou a praticar automutilação. Não se admite a **provocação indireta** ao suicídio ou à automutilação. **Induzir** significa incutir na mente alheia a ideia do suicídio ou da automutilação. **Instigar** é reforçar o propósito suicida ou de automutilação preexistente. Nessas duas espécies de participação moral exige-se **seriedade** na conduta do agente. **Auxiliar** é concorrer materialmente para a prática do suicídio ou da automutilação (atividade **acessória**, **secundária**, sob pena de responder por crime de homicídio). O auxílio deve ser **eficaz**. Não se confunde com a omissão de socorro ao suicida ou automutilado, que caracterizará o delito do art. 135 do CP. Admite-se o **auxílio por omissão**, desde que presente o **dever de agir para evitar o resultado** (art. 13, § 2.º, do CP). Há entendimento no sentido de ser a expressão legal **"prestar auxílio"** indicativa de ação, devendo o agente, em caso de conduta omissiva, responder pelo delito do art. art. 135, parágrafo único, do CP. Trata-se de **tipo misto alternativo** (crime de ação múltipla ou de conteúdo variado): o tipo contempla dois ou mais núcleos, e estará caracterizado um único delito quando o agente realiza duas ou mais condutas contra o mesmo objeto material, ou seja, a mesma pessoa. A participação em suicídio ou em automutilação deve dirigir-se a **pessoa determinada ou pessoas determinadas**.

○ **Sujeito ativo:** Qualquer pessoa (crime comum).

○ **Sujeito passivo:** Pode ser qualquer pessoa, desde que possua um **mínimo de capacidade de resistência e de discernimento** quanto à conduta criminosa.

○ **Elemento subjetivo:** É o dolo, direto ou eventual. Não se admite a modalidade culposa.

○ **Consumação:** O crime se aperfeiçoa com o mero induzimento, instigação ou auxílio ao suicídio ou à automutilação. Trata-se de **crime formal, de consumação antecipada ou de resultado cortado** (a consumação ocorre com a prática da conduta legalmente descrita, dispensando a produção do resultado naturalístico). Nos §§ 1.º e 2.º do art. 122 do Código Penal, o legislador elevou o exaurimento à condição de qualificadoras. Em verdade, o delito se consuma com o simples induzimento, instigação ou auxílio a suicídio ou a automutilação (art. 122, *caput*). A superveniência do resultado naturalístico, todavia, faz surgir as figuras qualificadas, seja pela lesão grave ou gravíssima (§ 1.º), seja pela morte (§ 2.º). Cuidado: na hipótese em que "da automutilação resulta morte", é indiscutível a natureza **preterdolosa** do delito. O agente tem dolo no tocante à automutilação da vítima, e a morte sobrevém a título de culpa. De fato, se presente o dolo (direto ou eventual) em relação à morte do ofendido, estará caracterizado o induzimento, instigação ou auxílio ao suicídio, e não à automutilação. Nas figuras qualificadas, é irrelevante o intervalo decorrido entre a conduta do agente e o suicídio ou automutilação da vítima. O delito estará configurado com a mera relação de causalidade entre a participação em suicídio ou em automutilação e a destruição da própria vida ou ofensa à própria integridade física.

○ **Tentativa:** Na modalidade simples, prevista no *caput*, a tentativa é cabível quando o delito se apresentar como plurissubsistente, admitindo o fracionamento do *iter criminis*. Nas figuras qualificadas, de seu turno, não se admite a tentativa (a incidência dos tipos penais está condicionada aos resultados legalmente exigidos).

○ **Pacto de morte:** No pacto de morte ou **suicídio a dois**, podem ocorrer as seguintes situações: **(a)** se o sobrevivente praticou atos de execução da morte do outro, a ele será imputado o crime de homicídio; **(b)** se o sobrevivente somente auxiliou o outro a suicidar-se, responderá pelo crime de participação em suicídio; **(c)** se ambos praticaram atos de execução, um contra o outro, e ambos sobreviveram, responderão os dois por tentativa de homicídio; **(d)** se ambos se auxiliaram mutuamente e ambos sobreviveram, a eles será atribuído o crime de participação em suicídio; **(e)** se um deles **praticou atos de execução da morte de ambos**, mas ambos sobreviveram, aquele responderá por tentativa de homicídio, e este por participação em suicídio.

○ **Roleta-russa e duelo americano:** Aos sobreviventes será imputado o crime de participação em suicídio. Se um dos envolvidos, que não sabia se a arma de fogo estava ou não apta a efetuar o disparo, aciona seu gatilho, apontando-a a direção de outrem, e assim agindo provoca sua morte, o crime será de homicídio, com dolo eventual.

○ **Ação Penal:** Pública incondicionada.

○ **Competência:** Na **participação em suicídio, é do Tribunal do Júri** (art. 5.º, XXXVIII, *d*, da CF). Na participação em automutilação, de seu turno, **é do juízo singular**.

○ **Lei 9.099/1995:** Na **modalidade simples**, prevista no *caput*, é **infração penal de menor potencial ofensivo**: a pena máxima em abstrato autoriza a incidência da transação penal e do rito sumaríssimo, nos moldes da Lei 9.099/1995. No caso do § 1.º (resultado lesão corporal grave ou gravíssima) veicula um **crime de médio potencial ofensivo**: caberá a suspensão condicional do processo, se presentes os demais requisitos elencados pelo art. 89 da Lei 9.099/1995. No caso do § 2.º (resultado morte) constitui-se em **crime de elevado potencial ofensivo**, incompatível com os benefícios despenalizadores instituídos pela Lei 9.099/1995.

○ **Causas de aumento de pena – § 3.º:** A pena será **duplicada**: (a) se o crime é praticado por motivo egoístico, torpe ou fútil; (b) II – se a vítima é menor ou tem diminuída, por qualquer causa, a capacidade de resistência. **Motivo egoístico** é o que revela individualismo exagerado, excessivo apego próprio em detrimento da vida ou da integridade física alheia. **Motivo torpe** é o vil, abjeto, repugnante, revelador da depravação moral do agente. **Motivo fútil** é o insignificante, de pequena monta, desproporcional ao resultado praticado. **Vítima menor** é a pessoa com idade entre 14 anos e 18 anos. Possui capacidade de discernimento, porém reduzida em face da ausência do desenvolvimento mental incompleto. O fundamento da majorante repousa na maior facilidade que pessoas nessa faixa etária apresentam para serem convencidas por outrem a suicidarem-se ou a praticarem automutilação. **Vítima que, por qualquer causa, tem diminuída a capacidade de resistência** é a pessoa mais propensa a ser influenciada pela participação em suicídio ou em automutilação. Deve ser maior de 18 anos de idade. A menor resistência pode ser provocada por enfermidade física ou mental, por efeitos do álcool ou de drogas. Tais fatos devem ser de conhecimento do agente, para afastar a responsabilidade penal objetiva.

○ **Delito cometido pela *internet* – causas de aumento de pena dos §§ 4.º e 5.º:** *Nos termos do § 4.º do art. 122 do CP:* "A pena é aumentada até o dobro se a conduta é realizada por meio da rede de computadores, de rede social ou transmitida em tempo real." Como o dispositivo fala em "aumentada até o dobro", a majorante varia de 1/6 (menor percentual previsto no CP para as causas de diminuição da pena) até o dobro. Em 2016, um ritual da *internet* despertou medo coletivo e produziu enormes prejuízos em muitas pessoas, notadamente crianças, adolescentes e portadores de alguma espécie de distúrbio mental. Viralizava o "Desafio da Baleia Azul" (*Blue Whale Challenge*).[24] Os participantes desse "jogo" eram submetidos a uma disputa nada sadia. Aos desafiantes (jogadores ou participantes) eram atribuídas tarefas pelos curadores (administradores). Para avançarem as fases, os desafiantes iam se automutilando, cada vez com maior gravidade. O desafio final era o suicídio. No mundo virtual, com destaque para as redes sociais (Twitter, Instagram, Facebook, WhatsApp etc.) e transmissões em tempo real (*lives*), os destinatários do induzimento, instigação ou auxílio a suicídio ou a automutilação são ilimitados, e estão espalhados em todos os cantos do planeta. Além disso, cria-se um cenário de ilusão, no qual os agentes se apresentam como pessoas dispostas a alegrar a vida e proporcionar benefícios a quem aceita compartilhar suas vidas. Os participantes, por sua vez, não têm muito tempo para pensar ou para pedir conselhos a outras pessoas. Precisam decidir, de imediato, se aceitam ou não participar dos jogos e desafios. A dimensão difusa do dano e a covardia acentuada dos agentes, que se valem muitas vezes de nomes fictícios, fotos falsas e discursos mentirosos, justificam o tratamento penal mais severo. Em reforço a essa regra, estatui o § 5.º do art. 122 do Código Penal: "Aplica-se a pena em dobro se o autor é líder, coordenador ou administrador de grupo, de comunidade ou de rede virtual, ou por estes é responsável." Os líderes, coordenadores, administradores ou pessoas de qualquer modo responsáveis, também conhecidas como "curadores" de grupo, comunidade ou rede virtual, exercem o comando das atividades criminosas, razão pela qual devem ser mais rigorosamente punidos.[25]

○ **Crime hediondo:** Nos termos do art. 1.º, X, da Lei 8.072/1990, o induzimento, instigação ou auxílio a suicídio ou a automutilação, quando realizado por meio da rede de computadores, de rede social ou transmitidos em tempo real, é **crime hediondo**. Somente nessa hipótese o delito tipificado no art. 122 do Código Penal é rotulado pela hediondez.[26]

○ **Cumulação de causas de aumento:** As majorantes dos §§ 4.º e 5.º podem ser cumuladas com as previstas no § 3.º, a exemplo do que se verifica quando a conduta é realizada pela *internet* e cometida contra vítima menor (§ 3.º, II, 1.ª parte). Na aplicação da pena, incidirá a regra delineada pelo art. 68, parágrafo único, do Código Penal: "No concurso de causas de aumento ou de diminuição previstas na parte especial, pode o juiz limitar-se a um só aumento ou a uma só diminuição, prevalecendo, todavia, a causa que mais aumente ou diminua."

○ **Vítima menor de 14 anos, portadora de enfermidade ou deficiência mental ou de qualquer modo incapaz de oferecer resistência e reflexos penais:** Se a vítima não apresentar nenhum discernimento frente ao suicídio ou à automutilação, em razão da sua idade (menor de 14 anos) ou por ser acometido de enfermidade ou deficiência mental, ou por qualquer outra causa não puder oferecer resistência (exemplo: vítima sem lucidez em face de medicamentos sedativos), estará caracterizado o delito tipificado no art. 129, § 2.º, do CP, se nela resultar lesão corporal gravíssima; ou então o crime de homicídio (art. 121, CP), se sobrevier a morte.

---

[24] Posteriormente surgiram outros "jogos" similares, tais como o "Desafio da Coruja Vermelha" (*Red Owl*) e o "Desafio da Boneca Momo"(*Momo Challenge*).

[25] A atual redação do art. 122, § 5.º, do Código Penal foi atribuída pela Lei 14.811/2024.

[26] O inc. X do art. 1.º da Lei 8.072/1990 foi acrescentado pela Lei 14.811/2024.

○ **Doentes terminais:** A criminalização do auxílio ao suicídio é tema polêmico quando a pessoa é portadora de doença terminal e, estando lúcida, deseja dar fim à sua própria vida de forma indolor, com auxílio médico. No Brasil tal conduta é conhecida como eutanásia, caracterizando homicídio por motivo de relevante valor moral. Já a ortotanásia é a eutanásia por omissão (deixar de adotar as medidas necessárias para prolongar a vida do paciente terminal).

○ **Testemunhas de Jeová:** O médico que atua contra a vontade da vítima, maior e capaz, que se recusa a receber transfusão de sangue em situação de imprescindibilidade, age amparado pelo art. 146, § 3.º, do CP, pois tal recusa pode ser considerada como tentativa de suicídio.

○ **Disparo de arma de fogo:** O disparo de arma de fogo, como ato preparatório para o suicídio, não é conduta típica.

○ **Jurisprudência selecionada:**

   Elemento subjetivo e inadmissibilidade da provocação indireta de suicídio: "Suicídio – Tipicidade – Elemento subjetivo – O tipo do artigo 122 do Código Penal deve estar configurado em uma das três formas previstas na norma – o induzimento, a instigação ou o auxílio ao suicídio [...] Ao contrário do que preceituado no artigo 207, § 2º, do Código Penal Militar, o Diploma Penal Comum não contempla como tipo penal a provocação indireta ao suicídio, de resto cogitada no § 2º do artigo 123 do que seria o Código Penal de 1969, cuja vigência, fixada para 1º de agosto de 1970, jamais ocorreu" (STF: HC 72.049/MG, Rel. Min. Marco Aurélio, 2.ª Turma, j. 28.03.1995).

Infanticídio

> **Art. 123.** Matar, sob a influência do estado puerperal, o próprio filho, durante o parto ou logo após:
>
> Pena – detenção, de dois a seis anos.

Classificação:	Informações rápidas:
Crime próprio	Forma privilegiada de homicídio (com especializantes).
Crime de forma livre	O crime é praticado **durante ou logo após o parto**
Crime comissivo ou omissivo	(inicia-se com a *dilatação* do colo do útero e termina
Crime material	com a *expulsão*).
Crime instantâneo	Admite coautoria e participação.
Crime de dano	Não se admite a modalidade culposa.
Crime unissubjetivo (*regra*)	É desnecessária a perícia sobre estado puerperal
Crime plurissubsistente	(*presunção*).
Crime progressivo	Admite tentativa.

○ **Introdução: Forma privilegiada de homicídio** em que o legislador previu uma pena menor pelo fato de ser praticado pela mãe contra seu filho, nascente ou recém-nascido, durante o parto ou logo após, influenciada pelo estado puerperal. Possui iguais elementares do crime de homicídio, mas também elementos especializantes atinentes aos sujeitos, ao tempo e à motivação do crime. Não se exige qualquer finalidade especial para favorecer a mãe com a figura típica privilegiada, bastando esteja ela influenciada pelo estado puerperal. É preciso identificar o momento em que o feto passa a ser considerado nascente, a fim de diferenciar o infanticídio (que ocorre durante o parto) do crime de aborto (antes do parto). Assim, o parto tem início com a **dilatação**, seguida da **expulsão** e terminando com a **expulsão da placenta**. A morte do ofendido, em qualquer dessas fases, tipifica o crime de infanticídio.

○ **Objeto jurídico:** A vida humana.

○ **Objeto material:** É a criança, nascente ou recém-nascida, contra quem se dirige a conduta criminosa.

○ **Núcleo do tipo:** É o verbo "matar".

○ **Elemento subjetivo:** É o dolo, direto ou eventual. Não se admite a modalidade culposa.

○ **Influência do estado puerperal:** Estado puerperal é o **conjunto de alterações físicas e psíquicas** que acometem a mulher em decorrência das circunstâncias relacionadas ao parto e que afetam sua saúde mental. Não é imprescindível a perícia para sua constatação (é efeito normal e inerente ao parto – presunção *iuris tantum*). Exige-se relação de causalidade subjetiva entre a morte do nascente ou recém-nascido e o estado puerperal, pois a conduta deve ser criminosa sob sua influência. Não se confunde com a inimputabilidade penal ou com a semi-imputabilidade – ainda que em estado puerperal, a mulher é imputável. Assim, se a mãe, influenciada pelo estado puerperal e logo após o parto, mata outra criança, que acreditava ser seu filho, responde por infanticídio (**infanticídio putativo**), **se matar um adulto**, ainda que presentes as demais elementares previstas no art. 123 do Código Penal, o crime será de homicídio.

○ **Elemento temporal:** A expressão "logo após o parto" será interpretada no caso concreto. Enquanto subsistirem os sinais indicativos do estado puerperal, bem como sua influência no tocante ao modo de agir da mulher, será possível a concretização do delito.

○ **Sujeito ativo:** A mãe (crime próprio). Como ela possui o dever de agir para evitar o resultado (CP, art. 13, § 2.º, a), é possível que cometa o crime por omissão. Admite coautoria e participação (todos os terceiros que concorrem para um infanticídio por ele também respondem, tendo em vista o disposto no art. 30 do CP).

○ **Sujeito passivo:** O **nascente** (durante o parto) **ou recém-nascido** (ou neonato, logo após o parto). Não incidem as agravantes genéricas previstas no art. 61, II, *e* e *h* do CP, pois tais circunstâncias já funcionam como elementares da descrição típica (vedação do *bis in idem*).

○ **A questão da anencefalia:** Se a mãe, sob a influência do estado puerperal, praticar alguma conduta visando a morte o filho, nascente ou recém-nascido, acometido de anencefalia, estará caracterizado crime impossível, em razão da impropriedade absoluta do objeto material, nos termos do art. 17 do Código Penal. Com efeito, não há vida apta a justificar a intervenção penal, em sintonia com a decisão lançada pelo Supremo Tribunal Federal no julgamento da ADPF – Arguição de Descumprimento de Preceito Fundamental nº 54/DF.

○ **O erro no infanticídio:** Se a mãe, influenciada pelo estado puerperal e logo após o parto, mata outra criança acreditando ser seu filho, responde por infanticídio (**infanticídio putativo**); se, nas mesmas condições **matar um adulto**, o crime será de homicídio.

○ **Consumação:** Dá-se com a morte do nascente ou neonato.

○ **Tentativa:** É possível.

○ **Crime impossível:** Estará configurado crime impossível, por impropriedade absoluta do objeto material (art. 17 do CP), se a criança for expulsa morta do útero, e a mãe, supondo-a viva, realizar atos de matar.

○ **Ação Penal:** Pública incondicionada.

○ **Competência:** É do Tribunal do Júri (art. 5.º, XXXVIII, *d*, da CF).

○ **Lei 9.099/1995:** Não se aplica nenhum dos institutos despenalizadores previstos, pois se trata de crime de elevado potencial ofensivo.

Aborto provocado pela gestante ou com seu consentimento

> **Art. 124.** Provocar aborto em si mesma ou consentir que outrem lho provoque:
> Pena – detenção, de um a três anos.

Classificação:	Informações rápidas:
Crime material Crime próprio e de mão própria (art. 124) Crime comum (arts. 125 e 126) Crime instantâneo Crime comissivo ou omissivo, de dano Crime unissubjetivo *(regra)* Crime plurissubjetivo ou de concurso necessário (art. 124, 2.ª parte) Crime plurissubsistente *(regra)* Crime de forma livre Crime progressivo	**Autoaborto (1.ª parte):** admite participação (o partícipe responde pelo art. 124 e homicídio culposo ou lesão corporal culposa); autoaborto sentimental ou humanitário caracteriza crime (só médico pode fazê-lo). **Consentimento para o aborto (2.ª parte):** exceção pluralística (*gestante*: art. 124, 2.ª parte; terceiro: art. 126). Admitem ***sursis processual***

○ **Introdução:** Aborto ou **abortamento** é a interrupção da gravidez, da qual resulta a morte do produto da concepção. É com a **fecundação** que se inicia a gravidez – a partir de então já existe uma nova vida em desenvolvimento, merecedora da tutela do Direito Penal. Há aborto qualquer que seja o momento da evolução fetal – a proteção penal ocorre desde a constituição do ovo ou zigoto até a fase em que se inicia o processo de parto, pois a partir de então o crime será de homicídio ou infanticídio. O aborto pode ser: (a) **natural**; (b) **acidental**; (c) **criminoso**; (d) **legal** ou **permitido**; (e) **eugênico** ou **eugenésico**; (f) **econômico** ou **social**.

○ **Objeto jurídico:** A vida humana. No aborto provocado por terceiro, sem o consentimento da gestante (art. 125), protege-se também a integridade física e psíquica da gestante.

○ **Objeto material:** É o feto, em todas as modalidades de aborto criminoso. O Código Penal não faz distinção entre óvulo fecundado, embrião ou feto, sendo todos merecedores da tutela penal. Deve haver **prova da gravidez** – se a mulher não estava grávida, ou se o feto já havia morrido por outro motivo, estará configurado crime impossível por absoluta impropriedade do objeto (CP, art. 17). O feto deve estar alojado no útero materno e não se exige que tenha viabilidade. Não há proteção do Direito Penal na **gravidez molar** (em que ocorre desenvolvimento anormal do ovo ou "mola"), nem na **gravidez extrauterina**, que representa uma situação patológica.

○ **Interrupção voluntária da gravidez no primeiro trimestre:** A 1.ª Turma do Supremo Tribunal Federal, de forma polêmica, decidiu que não há crime de aborto quando a interrupção voluntária da gestação ocorre no 1.º trimestre.[27] Não concordamos com essa decisão, pois é manifestamente contrária ao direito à vida consagrado no art. 5.º, *caput*, da Constituição Federal. É preciso destacar que o julgado é isolado e revela o entendimento de apenas 3 Ministros, razão pela qual não se pode falar que consagra o entendimento da Corte Suprema.

○ **Sujeito ativo:** A gestante, nas modalidades tipificadas pelo art. 124 do Código Penal (crimes próprios), e qualquer pessoa, nos demais casos (crimes comuns). Os crimes previstos no art. 124 do Código Penal são **de mão própria** (somente a gestante pode cometê-los). Admitem apenas participação, e são incompatíveis com a coautoria, salvo se adotada, no tocante à autoria, a teoria do domínio do fato.

○ **Sujeito passivo:** O feto. No aborto provocado por terceiro sem o consentimento da gestante (CP, art. 125), há duas vítimas: o feto e a gestante.

○ **Meios de execução:** Crime de **forma livre**, admitindo qualquer meio de execução, comissivo ou omissivo, físico ou psíquico. A omissão, para ser penalmente relevante, depende da existência do dever de agir (CP, art. 13, § 2.º).

○ **Elemento subjetivo:** É o dolo, direto ou eventual. Não existe aborto culposo como crime contra a vida – quem provoca aborto por culpa responde por lesão corporal culposa contra a gestante, pois os ferimentos nela provocados são consequência natural da manobra abortiva. Se a própria gestante agir culposamente e ensejar o aborto, o fato será atípico (princípio da alteridade). Se o sujeito agride uma mulher, que sabe estar grávida, com a exclusiva intenção de lesioná-la, mas produz culposamente o aborto, responde por lesão corporal gravíssima (CP, art. 129, § 2.º, V).

○ **Consumação:** Dá-se com a morte do feto, no útero materno ou depois da prematura expulsão provocada pelo agente. Nesse último caso, o STJ já decidiu tratar-se de homicídio consumado. É prescindível a expulsão do produto da concepção.

○ **Tentativa:** É possível, em todas as modalidades de aborto criminoso. Se a intenção do agente era ferir a gestante o crime será de lesão corporal grave em face da aceleração do parto (CP, art. 129, § 1.º, IV). Se o procedimento abortivo acarretar na expulsão do feto com vida e, em seguida, o agente realizar nova conduta contra o recém-nascido, para matá-lo, haverá concurso material entre tentativa de aborto e homicídio (ou infanticídio, se presentes as elementares do art. 123 do CP). Se o agente praticar a conduta abortiva e o feto for expulso com vida, morrendo posteriormente em decorrência da manobra realizada, o crime será de aborto consumado. O Superior Tribunal de Justiça, todavia, já decidiu que nesse caso estará caracterizado o homicídio consumado.

○ **Ação Penal:** É pública incondicionada, em todas as modalidades do crime de aborto.

○ **Competência:** É do Tribunal do Júri (CF, art. 5.º, XXXVIII, *d*).

○ **Lei 9.099/1995:** Em face da pena mínima cominada ao autoaborto e ao consentimento para o aborto (art. 124), esses crimes admitem a suspensão condicional do processo, desde que presentes os demais requisitos exigidos pelo art. 89 da Lei 9.099/1995.

---

[27]   STF: HC 124.306/RJ, rel. orig. Min. Marco Aurélio, red. p/ o ac. Min. Roberto Barroso, 1.ª Turma, j. 29.11.2016, noticiado no *Informativo 849*.

○ **Aborto e Lei das Contravenções Penais:** Constitui contravenção penal a conduta de anunciar processo, substância ou objeto destinado a provocar aborto (art. 20 do Decreto-lei 3.688/1941, LCP).

○ **Concurso com o delito de associação criminosa:** Se três ou mais pessoas se associarem para o fim específico de cometer abortos (exemplo: clínica ilegal para abortamentos), responderão pelo art. 288 do CP em concurso material com os abortos eventualmente cometidos.

○ **Aborto provocado pela gestante ou com seu consentimento:** O art. 124 do Código Penal contém duas figuras típicas: (*a*) *Provocar aborto em si mesma – autoaborto* (1.ª parte) e (*b*) *Consentir para que terceiro lhe provoque o aborto* (2.ª parte). Na primeira hipótese (**autoaborto**), a gestante efetua contra si própria o procedimento abortivo. Se a grávida tenta o suicídio e daí resulta a morte do feto, a ela deve ser imputado o autoaborto, como corolário do seu dolo eventual. Porém, há quem entenda não existir crime em tal hipótese, pois seria consequência lógica da autolesão (princípio da alteridade). Esse delito admite a **participação**. O partícipe do autoaborto pratica homicídio culposo ou lesão corporal de natureza culposa, se ocorrer morte ou lesão corporal de natureza grave em relação à gestante, sendo inaplicável o art. 127 do Código Penal. Quando a gestante provoca em si mesma o **aborto legal ou permitido**, duas situações podem ocorrer: (1.ª) tratando-se de **aborto necessário** ou terapêutico (CP, art. 128, I), não há crime, em face da exclusão da ilicitude pelo estado de necessidade; e (2.ª) na hipótese de **aborto sentimental** ou **humanitário**, o fato é típico e ilícito, pois nessa modalidade somente é autorizado o aborto praticado por médico. É de se reconhecer, contudo, a incidência de uma dirimente, em face da inexigibilidade de conduta diversa (causa supralegal de exclusão da culpabilidade). Na segunda hipótese (**consentimento para o aborto**), a grávida autoriza um terceiro, que não precisa ser médico, a fazê-lo. O Código Penal abre uma exceção à teoria monista ou unitária no concurso de pessoas (art. 29, *caput*), sendo a gestante autora do crime tipificado pelo art. 124, 2.ª parte, e o terceiro, autor do crime definido pelo art. 126. É crime **de mão própria** – somente a gestante pode consentir e deve ter capacidade e discernimento para tanto, o que se evidencia por sua integridade mental e por sua idade (14 anos ou mais). O consentimento deve ser válido. Admite participação, respondendo o partícipe pelo art. 124 do CP (conduta vinculada ao consentimento da gestante) ou pelo art. 126 (conduta vinculada à do terceiro que provoca o aborto).

○ **Jurisprudência selecionada:**

Aborto consentido – direitos fundamentais da mulher – interrupção da gestação no primeiro trimestre – fato atípico: "A Primeira Turma, por maioria, não conheceu de *habeas corpus*, por entendê-lo incabível na espécie. Porém, concedeu a ordem de ofício em favor de pacientes presos cautelarmente em razão do suposto cometimento dos crimes descritos nos arts. 126 e 288 do Código Penal (aborto consentido e formação de quadrilha), para afastar a custódia preventiva. Assentou não estarem presentes os requisitos que legitimam a prisão cautelar (Código de Processo Penal, art. 312). Afinal, os pacientes são primários e com bons antecedentes, têm trabalho e residência fixa, têm comparecido aos atos de instrução e cumprirão pena em regime aberto, na hipótese de condenação. Reputou ser preciso conferir interpretação conforme à Constituição aos arts. 124 a 126 do CP, que tipificam o crime de aborto, para excluir do seu âmbito de incidência a interrupção voluntária da gestação efetivada no primeiro trimestre. A criminalização, nessa hipótese, viola diversos direitos fundamentais da mulher, bem como o princípio da proporcionalidade" (STF: HC 124.306/RJ, rel. orig. Min. Marco Aurélio, red. p/ o ac. Min. Roberto Barroso, 1.ª Turma, j. 29.11.2016, noticiado no *Informativo* 849).

Manobra abortiva – nascimento com vida e morte superveniente – homicídio consumado: "Na ação descrita como praticada pelo paciente é possível se identificar o suposto dolo de matar, resultado possível tanto no delito de aborto, quanto no de homicídio – ambos crimes contra a vida. Devido ao fato de a criança ter nascido com vida – condição que, caso se mantivesse, resultaria no delito de tentativa de aborto – mas falecido em seguida em decorrência das agressões, deve-se adequar o tipo para o crime de homicídio consumado" (STJ: HC 85.298/MG, rel. Min. Marilza Maynard (Desembargadora convocada do TJ/SE), 6.ª Turma, j. 06.02.2014).

Prova da gravidez – imprescindibilidade: "No delito capitulado no art. 124 do CP, para instauração da persecução penal, é imprescindível a prova de sua materialidade. O ônus incumbe ao órgão acusador, não sendo suficiente para este mister a simples confissão da acusada. Aborto, diz a medicina, é interrupção da gravidez e, portanto, fundamental, essencial, imprescindível o diagnóstico desta como meio de configuração da infração" (STJ: HC 11.515/RJ, rel. Min. Fernando Gonçalves, 6.ª Turma, j. 07.11.2000).

Aborto provocado por terceiro

> **Art. 125.** Provocar aborto, sem o consentimento da gestante:
>
> Pena – reclusão, de três a dez anos.
>
> **Art. 126.** Provocar aborto com o consentimento da gestante:
>
> Pena – reclusão, de um a quatro anos.
>
> Parágrafo único. Aplica-se a pena do artigo anterior, se a gestante não é maior de quatorze anos, ou é alienada ou débil mental, ou se o consentimento é obtido mediante fraude, grave ameaça ou violência.

○ **Aborto provocado por terceiro sem o consentimento da gestante (art. 125):** Duas situações são possíveis: (a) não houve efetivamente o consentimento da gestante; ou (b) houve consentimento, mas sem efeitos jurídicos válidos, pois incide uma das situações indicadas pelo art. 126, parágrafo único, do Código Penal. É **crime de dupla subjetividade passiva**, pois existem duas vítimas: o feto e a gestante. Se a mulher estiver grávida de gêmeos (ou trigêmeos), e esta circunstância for do conhecimento do terceiro, haverá dois (ou três) crimes de aborto, em concurso formal impróprio ou imperfeito (CP, art. 70, *caput*, parte final) – se esse fato não for conhecido, responderá por um único crime, afastando-se a responsabilidade penal objetiva. *Ver comentários ao art. 124 quanto às características gerais.*

Classificação:	Informações rápidas:
Crime material	Pressupõe ausência de consentimento (inclusive
Crime comum	consentimento inválido).
Crime instantâneo	Dupla subjetividade passiva (feto e gestante).
Crime comissivo ou omissivo, de dano	**Gêmeos** ou **trigêmeos** (**2** ou **3** crimes em
Crime unissubjetivo, unilateral ou de concurso	concurso formal impróprio ou imperfeito, salvo
eventual (*regra*)	desconhecimento).
Crime plurissubsistente (*regra*)	
Crime de forma livre	
Crime progressivo	

○ **Aborto provocado por terceiro com o consentimento da gestante (art. 126):** Também se trata de exceção à teoria monista ou unitária no concurso de pessoas (art. 29, *caput*), respondendo a gestante pelo crime definido no art. 124, 2.ª parte (consentimento para o aborto), e o terceiro pelo delito contido no art. 126 (aborto consentido ou consensual), ambos do Código Penal. O consentimento da gestante deve subsistir até a consumação do aborto – se, durante o procedimento, ela solicitar ao terceiro a interrupção das manobras letais, mas não for obedecida, para ela o fato será atípico, e o terceiro responderá pelo crime delineado pelo art. 125 do Código Penal. Se o terceiro cometer o fato por incidir em erro sobre o consentimento da gestante, plenamente justificado pelas circunstâncias, a conduta deverá reputar-se praticada com o seu consentimento. Admite participação, respondendo o partícipe pelo art. 124 (conduta vinculada ao consentimento da gestante) ou pelo art. 126 (conduta vinculada à do terceiro provocador do aborto). *Ver comentários ao art. 124 quanto às características gerais.*

Classificação:	Informações rápidas:
Crime material Crime comum Crime instantâneo Crime comissivo ou omissivo, de dano Crime unissubjetivo (*regra*) Crime plurissubjetivo ou de concurso necessário (art. 124, 2.ª parte) Crime plurissubsistente (*regra*) Crime de forma livre Crime progressivo	Exceção pluralística: *a gestante* responde pelo art. 124 o *terceiro* que provoca o *aborto* responde pelo art. 126 (particípe: depende da pessoa a cuja conduta concorreu). O consentimento da gestante (*expresso* ou *tácito*) deve subsistir até a consumação do aborto. Admite *sursis* processual.

Forma qualificada

> **Art. 127.** As penas cominadas nos dois artigos anteriores são aumentadas de um terço, se, em consequência do aborto ou dos meios empregados para provocá-lo, a gestante sofre lesão corporal de natureza grave; e são duplicadas, se, por qualquer dessas causas, lhe sobrevém a morte.

Informações rápidas:
Na verdade, são causas de aumento da pena aplicáveis somente ao **aborto praticado por terceiro** (nunca à gestante), sem ou com o consentimento da gestante (arts. 125 e 126). O art. 127 prevê hipóteses de crimes qualificados pelo resultado, de natureza preterdolosa. É imprescindível a prova da gravidez.

o **Aborto qualificado:** as hipóteses elencadas caracterizam causas de aumento de pena e são aplicáveis ao **aborto praticado por terceiro**, sem ou com o consentimento da gestante (arts. 125 e 126), por expressa disposição legal. São hipóteses de **crimes qualificados pelo resultado, de natureza preterdolosa** (aborto doloso e lesão corporal ou morte culposos). Aplica-se o art. 19 do Código Penal: "Pelo resultado que agrava especialmente a pena, só responde o agente que o houver causado ao menos culposamente." Se em consequência do aborto ou dos meios empregados para provocá-lo a gestante sofre lesão corporal de natureza leve, o terceiro responde somente pelo aborto simples, sem ou com o seu consentimento, restando absorvida a lesão corporal. Se, no entanto, o terceiro tinha dolo (direto ou eventual) no tocante a ambos os crimes, responde por aborto e por lesão corporal de natureza grave ou homicídio, em concurso (material ou formal imperfeito). Aquele que mata dolosamente uma mulher, ciente da sua gravidez, e assim provoca a morte do feto, responde por homicídio doloso e também por aborto, ainda que ausente a intenção de provocar a morte do feto (quando se mata uma mulher grávida há pelo menos dolo eventual quanto ao aborto).

Se o terceiro ignorava a gravidez será responsabilizado por homicídio doloso, sob risco de caracterização da responsabilidade penal objetiva. Incide o aumento quando o aborto não se consuma, mas a gestante sofre lesão corporal de natureza grave ou morre. É imprescindível a prova da gravidez. *Ver comentários ao art. 124 quanto às características gerais.*

Art. 128. Não se pune o aborto praticado por médico:

Aborto necessário

I – se não há outro meio de salvar a vida da gestante;

Aborto no caso de gravidez resultante de estupro

II – se a gravidez resulta de estupro e o aborto é precedido de consentimento da gestante ou, quando incapaz, de seu representante legal.

Informações rápidas:

São **causas especiais de exclusão da ilicitude.**

Fundamentos: *aborto necessário* – conflito de valores fundamentais, que determina a prevalência da vida da gestante; *aborto sentimental* – dignidade da pessoa humana.

Ambos devem ser praticados por **médico** (este **não** precisa de autorização judicial para realizar o aborto necessário e sentimental).

Aborto sentimental: autorizado também se a gravidez decorrer de estupro de vulnerável *analogia in bonam partem.*

Aborto eugênico: o ordenamento pátrio não prevê regra permissiva. Graves anomalias físicas ou psíquicas, ou mesmo características monstruosas não autorizam o aborto (deve ser provada a impossibilidade de natural vida extrauterina).

Aborto econômico: não está previsto no ordenamento. Se praticado, caracterizar-se-á crime de aborto.

○ **Aborto legal ou permitido:** O dispositivo arrola duas **causas especiais de exclusão da ilicitude** – o **aborto necessário** e o **aborto no caso de gravidez resultante de estupro**. Em ambas, o aborto há de ser **praticado por médico**. O **aborto necessário ou terapêutico** depende de três requisitos: (1) ser praticado por médico; (2) que a vida da gestante corra perigo em razão da gravidez; e (3) que não exista outro meio de salvá-la. O risco para a vida da gestante não precisa ser atual. Se o médico supõe erroneamente o perigo em razão das circunstâncias do caso concreto, não responde pelo crime em face da descriminante putativa prevista no art. 20, § 1.º, do Código Penal. Como a vida constitui-se em bem jurídico indisponível, não se exige o consentimento da gestante para o aborto. Não há crime quando a gestante se recusa a fazê-lo e o médico provoca o aborto necessário. E não são puníveis as lesões corporais resultantes do procedimento cirúrgico. É desnecessária a autorização judicial para o aborto. Se o aborto necessário for realizado por enfermeira, ou por pessoa diversa do médico, havendo perigo atual para a gestante, o fato será lícito, como corolário do estado de necessidade (CP, art. 24); ausente este perigo subsistirá o crime de aborto, com ou sem o consentimento da gestante. O **aborto em caso de gravidez resultante de estupro (aborto sentimental, humanitário, ético ou piedoso)** deve ser praticado por médico e exige-se o consentimento válido da gestante ou de seu responsável legal, se incapaz. A gravidez deve ser consequência de crime de estupro cometido contra a mulher (CP, art. 213), pouco importando o meio de execução do delito (violência à pessoa ou grave ameaça). Todavia, se for realizado pela gestante ou por outra pessoa, que não um profissional da medicina, o fato será típico e ilícito, mas é de se reconhecer a incidência de uma dirimente, em face da inexigibilidade de conduta diversa (causa supralegal de exclusão da culpabilidade). Pouco importa o meio de execução do delito: violência à pessoa ou grave ameaça. Será possível o aborto ainda que a gravidez resulte da prática do sexo anal ou de qualquer outro ato libidinoso diverso da conjunção carnal, em face da mobilidade dos espermatozoides. Da mesma forma, por analogia *in bonam partem*, é permitido o aborto quando a gravidez resultar de **estupro de vulnerável** (CP, art. 217-A). É prescindível a condenação e até mesmo a ação penal pelo crime de estupro, bastando a existência de provas seguras acerca da existência do crime. Se, após o aborto, ficar provado que a gestante apresentou ao médico um boletim de ocorrência com conteúdo falso, o profissional da medicina não responderá por crime algum, pois presente uma descriminante putativa (CP, art. 20, § 1.º). À mulher, por seu turno, serão imputados os crimes de aborto e de comunicação falsa de crime (CP, art. 340). *Ver comentários ao art. 124 quanto às características gerais.*

○ **Aborto eugênico ou eugenésico:** O direito brasileiro não contempla regra permissiva do aborto nas hipóteses em que a criança nascerá com graves deformidades físicas ou psíquicas (aborto eugênico ou eugenésico). O fundamento dessa opção é a tutela da vida humana no mais amplo sentido.

○ **Tratamento jurídico-penal da anencefalia:** Anencefalia é a malformação rara do tubo neural acontecida entre o 16.º e o 26.º dia de gestação, caracterizada pela ausência total ou parcial do encéfalo e da calota craniana, proveniente de defeito de fechamento do tubo neural durante a formação embrionária. O Conselho Federal de Medicina (CFM) considera o anencéfalo um natimorto cerebral, por não possuir os hemisférios cerebrais e o córtex cerebral, mas somente o tronco.[28] Consequentemente, sua eliminação em intervenção cirúrgica constitui-se em fato atípico, pois o anencéfalo não possui vida humana que legitima a intervenção do Direito Penal. No julgamento da ADPF 54/DF, ajuizada pela CNTS – Confederação Nacional dos Trabalhadores na Saúde, o Plenário do Supremo Tribunal Federal declarou a inconstitucionalidade da interpretação segundo a qual a interrupção da gravidez de feto anencéfalo seria conduta tipificada nos arts. 124, 126 e 128, incs. I e II, do Código Penal. Desta forma, a Corte reconheceu o direito da gestante de submeter-se à **antecipação terapêutica de parto** na hipótese de anencefalia, previamente diagnosticada por profissional habilitado, sem estar compelida a apresentar autorização judicial ou qualquer outra forma de permissão do Estado. Se a gestante ou um terceiro praticar manobras abortivas no sentido de eliminar o feto anencéfalo, estará caracterizado **crime impossível**, em razão da impropriedade absoluta do objeto material, nos termos do art. 17 do Código Penal.

○ **Interrupção de gravidez de feto anencéfalo:** No julgamento da ADPF 54/DF, ajuizada pela CNTS – Confederação Nacional dos Trabalhadores na Saúde, o Plenário do Supremo Tribunal Federal declarou a inconstitucionalidade da interpretação segundo a qual a interrupção da gravidez de feto anencéfalo seria conduta tipificada nos arts. 124, 126 e 128, incs. I e II, do Código Penal. Desta forma, a Corte reconheceu o direito da gestante de submeter-se à antecipação terapêutica de parto na hipótese de anencefalia, previamente diagnosticada por profissional habilitado, sem estar compelida a apresentar autorização judicial ou qualquer outra forma de permissão do Estado. Os fundamentos invocados pelo Excelso Pretório foram a laicidade do Estado brasileiro, a dignidade humana, o usufruto da vida, a liberdade, a autodeterminação, a saúde e o pleno reconhecimento dos direitos individuais, especialmente

---

[28] Disponível em: <http://www.medicosecurador.com/sncfetal/articulos/anomalias_2htm>.

os direitos sexuais e reprodutivos das mulheres. Anencefalia é a malformação do tubo neural, a caracterizar-se pela ausência parcial do encéfalo e do crânio, resultante de defeito no fechamento do tubo neural durante o desenvolvimento embrionário. O diagnóstico desta anomalia reclama a ausência dos hemisférios cerebrais, do cerebelo e de um tronco cerebral rudimentar ou a inexistência total ou parcial do crânio. Pode ser diagnosticada clinicamente na 12ª semana de gestação, mediante o exame de ultrassonografia. Os anencéfalos são natimortos cerebrais, e jamais podem se tornar pessoas. Não há vida em potencial, e sim a certeza da morte (incompatibilidade com a vida extrauterina), razão pela qual não se pode falar em aborto. Em síntese, os fetos com anencefalia não gozam do direito à vida, posição em sintonia com as disposições elencadas pela Lei 9.434/1997, a qual versa sobre a remoção de órgãos, tecidos e partes do corpo humano para fins de transplante e tratamento. A obrigatoriedade de preservar a gestação produz danos à gestante, muitas vezes levando-as a uma situação psíquica devastadora, pois na maioria das vezes predominam quadros mórbidos de dor, angústia, luto, impotência e desespero, em face da certeza do óbito.[29]

○ **Diagnóstico da anencefalia e antecipação terapêutica:** No dia 14 de maio de 2012, atendendo à decisão proferida pelo Supremo Tribunal Federal na ADPF 54/DF, o Conselho Federal de Medicina editou a Resolução CFM nº 1.989/2012, disciplinando a atuação prática dos médicos no tocante à interrupção da gravidez baseada na anencefalia do feto, independentemente de autorização do Estado.

○ **Crime impossível:** Se a gestante ou um terceiro praticar manobras abortivas no sentido de eliminar o feto anencéfalo, estará caracterizado crime impossível, em razão da impropriedade absoluta do objeto material, nos termos do art. 17 do Código Penal.

– **A questão da microcefalia:** Microcefalia é a condição neurológica rara na qual a cabeça do feto ou da criança apresenta dimensões significativamente inferiores às de outros fetos ou crianças de igual estágio de desenvolvimento ou do mesmo sexo e da mesma idade. Em síntese, o cérebro não cresce de forma adequada durante a gestação ou após o nascimento. Além do reduzido tamanho da cabeça, a microcefalia revela outros sintomas, a exemplo das crises convulsivas, atraso mental, paralisia, epilepsia e hipertonia muscular generalizada.

Essa anomalia possui diversas causas, destacando-se as infecções como rubéola, citomegalovírus e toxoplasmose, o consumo de cigarro, álcool ou drogas durante a gravidez, doenças metabólicas na gestante, desnutrição e, mais recentemente, a contaminação pelo zika vírus durante a gestação, notadamente em seu primeiro trimestre.

Diante dos surtos de zika vírus que vêm acometendo nosso País, surge uma indagação no âmbito do Direito Penal. É lícito o aborto quando os exames médicos comprovam a microcefalia no feto? Existem duas posições sobre o assunto:

1ª posição: Sim. Para essa corrente, o art. 128 do Código Penal não é taxativo, e foi construído na década de 1940, época em que nem sequer se imaginava o surgimento do zika vírus. Além disso, se o Estado não consegue conter a proliferação do mosquito *Aedes Aegypti*, transmissor do vírus, não pode impedir a gestante de interromper a gravidez, pois ela será obrigada a suportar todas as dificuldades decorrentes da criação de uma criança com microcefalia. Fundamenta-se esse entendimento na dignidade da pessoa humana (CF, art. 1.º, III), supostamente aplicável tanto à gestante como também ao feto. A ANADEP – Associação Nacional dos Defensores Públicos provocou o Supremo Tribunal Federal a se posicionar sobre o assunto, ajuizando ação direta de inconstitucionalidade, na qual pleiteia: (a) a interpretação conforme a Constituição Federal dos arts. 124, 126 e 128 do Código Penal, declarando-se a inconstitucionalidade da interpretação segundo a qual a interrupção

---

[29]   STF: ADPF 54/DF, rel. Min. Marco Aurélio, Plenário, j. 11 e 12.04.2012, noticiado no *Informativo* 661.

da gestação em relação à mulher que comprovadamente tiver sido infectada pelo vírus zika e optar pela mencionada medida constitui crime de aborto; ou (b) a interpretação conforme a Constituição Federal do art. 128, incs. I e II, do Código Penal, julgando constitucional a interrupção da gestação de mulher que comprovadamente tiver sido infectada pelo vírus zika e optar pela mencionada medida, tendo em vista se tratar de causa de justificação específica (CP, art. 128) ou de justificação genérica, consistente no estado de necessidade (CP, arts. 23, inc. I, e 24), as quais configuram hipóteses legítimas de interrupção da gravidez e, por consequência, a sustação dos inquéritos policiais, das prisões em flagrante e dos processos em andamento que envolvam a interrupção da gravidez quando houver diagnóstico clínico ou laboratorial de infecção da gestante pelo zika vírus. A Suprema Corte, contudo, julgou prejudicada a ação direta de inconstitucionalidade e, ao mesmo tempo, não conheceu da arguição de descumprimento de preceito fundamental.[30]

2ª posição: Não. Para os adeptos dessa linha de pensamento, as hipóteses de aborto permitido encontram-se taxativamente previstas no art. 128 do Código Penal, e no seu rol não se encaixam as enfermidades provocadas pela microcefalia ou por qualquer outra doença. Em outras palavras, nosso ordenamento jurídico somente admite o aborto necessário (se não há outro meio de salvar a vida da gestante) e o aborto sentimental, humanitário, ético ou piedoso (se a gravidez resulta de estupro e o aborto é precedido de consentimento da gestante ou, quando incapaz, de seu representante legal). É a posição a que nos filiamos. Convém discorrer um pouco mais sobre o tema. Em primeiro lugar, é preciso destacar que a microcefalia não se confunde com a anencefalia. Na anencefalia não há vida humana intrauterina, pela ausência da atividade cerebral, circunstância que levou o Supremo Tribunal Federal, no julgamento da ADPF 54/DF, a autorizar a antecipação do parto (e não o aborto). Na microcefalia, por sua vez, há vida humana intrauterina, razão pela qual é viável o nascimento. A criança certamente suportará inúmeros problemas em seu crescimento, e ao longo de toda a sua vida, mas existe vida humana merecedora de proteção do Direito Penal. Permitir o aborto em caso de microcefalia equivaleria a ampliar exageradamente a interrupção da vida humana ainda em formação. Além disso, se a morte do feto fosse possível nessa situação, por igualdade de fundamento também deveria sê-lo em várias outras enfermidades que acometem o feto. Mais do que alargar indevidamente o rol fechado contido no art. 128 do Código Penal, a autorização do aborto representaria grave e inaceitável ameaça ao direito à vida assegurado a todas as pessoas pelo art. 5.º, *caput*, da Constituição Federal. No plano normativo, vale a pena destacar os vetores consagrados pela Lei 13.146/2015 – Estatuto da Pessoa com Deficiência –, especialmente em seus arts. 4.º, 5.º e 8.º, os quais sepultam a tese favorável ao aborto do feto com microcefalia. De fato, a pessoa com deficiência é um ser humano comum. O Estado deve protegê-la e fomentar seu normal desenvolvimento, e não privá-la do direito de viver.

○ **Aborto econômico, miserável ou social:** É a interrupção da gravidez fundada em razões econômicas ou sociais, quando a gestante ou sua família não possuem condições financeiras para cuidar da criança, ou até mesmo por políticas públicas baseadas no controle da natalidade. Há crime, pois o sistema jurídico em vigor não autoriza o aborto nessas situações.

○ **Jurisprudência selecionada:**

Aborto eugênico ou eugenésico – Síndrome de Edwards – inexistência de comprovação de inviabilidade de vida extrauterina – impossibilidade de aplicação, por analogia, da interpretação firmada na ADPF 54 do Supremo Tribunal Federal – inexistência de prova de risco objetivo à vida da gestante – salvo-conduto – impossibilidade: "Não é possível a concessão de salvo-conduto autorizando a realização de procedimento de interrupção da gravidez, em aplicação, por analogia, do entendimento firmado no julgamento da ADPF n. 54/STF, quando,

---

[30] STF: ADI 5.581/DF, rel. Min. Cármen Lúcia, Plenário, j. 04.05.2020.

embora o feto esteja acometido de condição genética com prognóstico grave (Síndrome de Edwards e cardiopatia grave), com alta probabilidade de letalidade, não for possível extrair da documentação médica a impossibilidade de vida fora do útero. Em sede de arguição de descumprimento de preceito fundamental, ajuizada com o objetivo de que a interrupção da gravidez de feto anencéfalo não fosse considerada crime, o Supremo Tribunal Federal conferiu interpretação conforme à Constituição, fixando o entendimento no sentido de que 'Mostra-se inconstitucional interpretação de a interrupção da gravidez de feto anencéfalo ser conduta tipificada nos artigos 124, 126 e 128, incisos I e II, do Código Penal' (ADPF n. 54, Tribunal Pleno, rel. Min. Marco Aurélio, *DJe* 30.04.2013). No voto condutor, o Ministro Marco Aurélio consignou que não se discutia a descriminalização do aborto, mas tão somente a possibilidade de interrupção da gravidez de feto anencéfalo. A anencefalia, doença congênita letal, pressupõe a ausência parcial ou total do cérebro para a qual não há cura e tampouco possibilidade de desenvolvimento da massa encefálica em momento posterior. O crime de aborto atenta contra a vida, mas, na hipótese de anencefalia, o delito não se configura, pois o anencéfalo não tem potencialidade de vida. E, inexistindo potencialidade para o feto se tornar pessoa humana, não surge justificativa para a tutela jurídico-penal. O Ministro Marco Aurélio registrou, ainda, que 'o feto anencéfalo, mesmo que biologicamente vivo, porque feito de células e tecidos vivos, é juridicamente morto, não gozando de proteção jurídica e (...) principalmente de proteção jurídico-penal. Nesse contexto, a interrupção da gestação de feto anencefálico não configura crime contra a vida – revela-se conduta atípica'. Assim, a interpretação dada pelo Supremo Tribunal Federal parte da premissa da inviabilidade da vida extrauterina. Assentada a premissa teórica, impossível a aplicação do entendimento ao caso em análise, porquanto, embora o feto esteja acometido de condição genética com prognóstico grave, com alta probabilidade de letalidade, não se extrai da documentação médica a impossibilidade de vida fora do útero. Portanto, inviável a aplicação, por analogia, da interpretação conforme a Constituição fixada pela ADPF n. 54 do STF. Ademais, no caso, não se identifica elementos objetivos que indiquem o risco no prosseguimento da gravidez para a gestante, o que, em tese, poderia levar à caracterização da excludente do art. 128, inciso I, do Código Penal" (STJ: HC 932.495/SC, rel. Min. Messod Azulay Neto, 5.ª Turma, j. 06.08.2024, noticiado no *Informativo* 820).

Exame pericial indireto: "A jurisprudência do Supremo Tribunal Federal é firme no sentido da possibilidade de exame de corpo de delito indireto no crime de aborto" (STF: HC 97.479/PA, Rel. Min. Ellen Gracie, 2.ª Turma, j. 12.06.2009).

Capítulo II –
DAS LESÕES CORPORAIS

Lesão corporal

Art. 129. Ofender a integridade corporal ou a saúde de outrem:

Pena – detenção, de três meses a um ano.

Lesão corporal de natureza grave

§ 1º Se resulta:

I – incapacidade para as ocupações habituais, por mais de trinta dias;

II – perigo de vida;

III – debilidade permanente de membro, sentido ou função;

IV – aceleração de parto:

Pena – reclusão, de um a cinco anos.

§ 2º Se resulta:

I – incapacidade permanente para o trabalho;

II – enfermidade incurável;

III – perda ou inutilização do membro, sentido ou função;

IV – deformidade permanente;

V – aborto:

Pena – reclusão, de dois a oito anos.

Lesão corporal seguida de morte

§ 3º Se resulta morte e as circunstâncias evidenciam que o agente não quis o resultado, nem assumiu o risco de produzi-lo:

Pena – reclusão, de quatro a doze anos.

Diminuição de pena

§ 4º Se o agente comete o crime impelido por motivo de relevante valor social ou moral ou sob o domínio de violenta emoção, logo em seguida a injusta provocação da vítima, o juiz pode reduzir a pena de um sexto a um terço.

Substituição da pena

§ 5º O juiz, não sendo graves as lesões, pode ainda substituir a pena de detenção pela de multa:

I – se ocorre qualquer das hipóteses do parágrafo anterior;

II – se as lesões são recíprocas.

Lesão corporal culposa

§ 6º Se a lesão é culposa:

Pena – detenção, de dois meses a um ano.

Aumento de pena

§ 7º Aumenta-se a pena de 1/3 (um terço) se ocorrer qualquer das hipóteses dos §§ 4º e 6º do art. 121 deste Código.

§ 8º Aplica-se à lesão culposa o disposto no § 5º do art. 121.

Violência doméstica

§ 9º Se a lesão for praticada contra ascendente, descendente, irmão, cônjuge ou companheiro, ou com quem conviva ou tenha convivido, ou, ainda, prevalecendo-se o agente das relações domésticas, de coabitação ou de hospitalidade:

Pena – reclusão, de 2 (dois) a 5 (cinco) anos.

§ 10. Nos casos previstos nos §§ 1º a 3º deste artigo, se as circunstâncias são as indicadas no § 9º deste artigo, aumenta-se a pena em 1/3 (um terço).

§ 11. Na hipótese do § 9º deste artigo, a pena será aumentada de um terço se o crime for cometido contra pessoa portadora de deficiência.

§ 12. Se a lesão for praticada contra autoridade ou agente descrito nos arts. 142 e 144 da Constituição Federal, integrantes do sistema prisional e da Força Nacional de Segurança Pública, no exercício da função ou em decorrência dela, ou contra seu cônjuge, companheiro ou parente consanguíneo até terceiro grau, em razão dessa condição, a pena é aumentada de um a dois terços.

§ 13. Se a lesão é praticada contra a mulher, por razões da condição do sexo feminino, nos termos do § 1º do art. 121-A deste Código:

Pena – reclusão, de 2 (dois) a 5 (cinco) anos.

Classificação:	Informações rápidas:
Crime comum Crime material Crime de dano Crime unilateral *(regra)* Crime comissivo ou omissivo Crime instantâneo	**Equimoses** e **hematomas** caracterizam lesão corporal (eritemas não). As lesões corporais culposas e as seguidas de morte não admitem tentativa (as dolosas admitem). O consentimento do ofendido pode atuar como causa supralegal de exclusão da ilicitude *(ver requisitos)*.
Crime de forma livre Crime plurissubsistente *(regra)*	**Ação penal:** *pública condicionada* – lesões leves e culposas; *pública incondicionada* – lesões graves, gravíssimas, seguidas de morte e todas decorrentes de violência doméstica (Lei 11.340/2006). **Cirurgias de alteração de sexo e esterilização:** constituem hipóteses de exercício regular do direito *(ver requisitos)*. **Lesão corporal privilegiada (§ 4.º):** causa de diminuição de pena aplicável às lesões dolosas. **Lesão corporal culposa (§ 6.º)**

○ **Introdução: Lesão corporal** é a ofensa humana direcionada à integridade corporal ou à saúde de outra pessoa. Depende da produção de algum dano no corpo da vítima, interno ou externo, englobando qualquer alteração prejudicial à sua saúde, inclusive problemas psíquicos. É prescindível a produção de dores ou a irradiação de sangue do organismo do ofendido. A dor, por si só, não caracteriza lesão corporal. O crime pode ser cometido com emprego de grave ameaça ou mediante ato sexual consentido. Não é necessário seja a vítima portadora de saúde perfeita. São exemplos de **ofensa à integridade física** as fraturas, fissuras, escoriações, queimaduras e luxações, a **equimose** e o **hematoma**. Os **eritemas** não ingressam no conceito do delito. O corte de cabelo ou da barba sem autorização da vítima pode configurar, dependendo da motivação do agente, lesão corporal ou injúria real, se presente a intenção de humilhar a vítima. A pluralidade de lesões contra a mesma vítima e no mesmo contexto temporal caracteriza crime único. A **ofensa à saúde**, por seu turno, compreende as perturbações fisiológicas (desarranjo no funcionamento de algum órgão do corpo humano) ou mentais (alteração prejudicial da atividade cerebral). Diversos crimes previstos na Parte Especial do Código Penal e na legislação extravagante possuem a "violência" como elementar, relativamente ao seu meio de execução. É o caso do roubo, da extorsão e do estupro, entre outros. Nesses casos, eventual lesão corporal leve que suportar a vítima em razão da execução do delito será absorvida pelo crime mais grave (princípio da consunção ou da absorção). Essa regra não será aplicada, contudo, quando o preceito secundário do tipo penal determinar expressamente o **concurso material obrigatório**, isto é, a incidência conjunta das penas cominadas ao crime cometido e à lesão corporal leve.

○ **Objeto jurídico:** A incolumidade física em sentido amplo: a integridade corporal e a saúde da pessoa humana.

○ **Objeto material:** A pessoa humana que suporta a conduta criminosa.

○ **Núcleo do tipo:** Verbo "**ofender**" – prejudicar alguém no tocante à sua integridade corporal ou à sua saúde. Pode ser praticado por ação e, excepcionalmente, por omissão, quando presente o dever de agir para evitar o resultado (art. 13, § 2.º, do CP). Admite qualquer meio de execução (**crime de forma livre**).

○ **Sujeito ativo:** Qualquer pessoa (**crime comum**).

○ **Sujeito passivo:** Qualquer pessoa. Em alguns casos o tipo penal exige uma situação diferenciada em relação à vítima – na lesão corporal grave ou gravíssima a vítima deve ser mulher grávida (para possibilitar a aceleração do parto ou o aborto – CP, art. 129, § 1.º, IV, e § 2.º, V); e na lesão praticada contra a mulher, por razões da condição do sexo feminino (CP, art. 129, § 13).

○ **Elemento subjetivo:** Em geral é o dolo, direto ou eventual, (*animus laedendi* ou *animus nocendi*) – *caput* e §§ 1.º, 2.º e 9.º. Mas há também a culpa (§ 6.º) e o preterdolo (§ 3.º).

○ **Consumação:** Consuma-se com a efetiva lesão à integridade corporal ou à saúde da vítima (crime de dano).

○ **Tentativa:** É possível nas modalidades dolosas. Incabível na lesão culposa e na lesão corporal seguida de morte (a involuntariedade do resultado naturalístico que envolve a culpa é incompatível com o *conatus).* A tentativa de lesão corporal não se confunde com a contravenção penal de **vias de fato** (Decreto-lei 3.688/1941, art. 21), em que a vontade do agente limita-se a agredir o ofendido, sem lesioná-lo.

○ **Ação Penal:** Na lesão corporal dolosa de natureza leve e na lesão corporal culposa a ação penal pública é condicionada à representação do ofendido (Lei 9.099/1995, art. 88). As demais espécies de lesões corporais dolosas são crimes de ação penal pública incondicionada.

○ **Súmula 542 do STJ:** "A ação penal relativa ao crime de lesão corporal resultante de violência doméstica contra a mulher é pública incondicionada."

○ **Lei 9.099/1995:** A lesão leve e a lesão culposa são infrações penais de menor potencial ofensivo. Admitem transação penal e seu processo e julgamento seguem o rito sumaríssimo (arts. 77 e seguintes da Lei 9.099/1995). As hipóteses do § 1.º do art. 129 autorizam a suspensão condicional do processo (art. 89). A lesão corporal gravíssima e a lesão corporal seguida de morte são incompatíveis com as disposições da Lei 9.099/1995.

○ **Súmula 536 do STJ:** "A suspensão condicional do processo e a transação penal não se aplicam na hipótese de delitos sujeitos ao rito da Lei Maria da Penha."

○ **Lesão corporal e consentimento do ofendido:** Nas lesões corporais dolosas de natureza leve o consentimento do ofendido caracterizará **causa supralegal de exclusão da ilicitude**, desde que seja: (a) **expresso**, pouco importando sua forma;[31] (b) **livre de coação, mediante violência à pessoa ou grave ameaça**; (c) **moral** e respeite os **bons costumes**; (d) **anterior** à consumação da infração penal; e (e) manifestado por **pessoa capaz**. É irrelevante o consentimento do ofendido nos crimes de lesão corporal grave, gravíssima e seguida de morte, em face da indisponibilidade do bem jurídico protegido.

○ **Princípio da insignificância ou criminalidade de bagatela:** É possível sua incidência na lesão corporal dolosa de natureza leve e na lesão corporal culposa (CP, art. 129, *caput,* e § 6.º), quando a conduta acarreta em ofensa ínfima à integridade corporal ou à saúde da pessoa humana, acarretando na atipicidade do fato.

○ **Autolesão:** Não se pune a autolesão (princípio da alteridade), salvo se caracterizar crime autônomo como a fraude para recebimento do valor de seguro (art. 171, § 2.º, V, do CP) ou a criação ou simulação de incapacidade física (art. 184 do CPM – Decreto-lei 1.001/1969).

○ **Lesões em atividades esportivas:** Nos esportes em que os ferimentos decorrem naturalmente da sua prática não há crime em razão da exclusão da ilicitude pelo exercício regular do direito. Há crime, contudo, quando o agredido é o árbitro ou um terceiro diverso dos competidores.

○ **Lesões corporais e remoção indevida de órgãos, tecidos ou partes do corpo humano para fins de transplante ou tratamento (Lei 9.434/1997):** A referida lei autoriza a disposição **gratuita** de tecidos, órgãos e partes do corpo humano de pessoa viva, **para fins de transplante e tratamento**. O doador, maior e capaz, deve anuir ao ato, que não pode causar graves prejuízos à sua saúde. Devem ser cumpridos os demais requisitos legais (arts. 1.º e 9.º), sob pena de tipificação do crime previsto no art. 14 da mesma lei.

○ **Lesões corporais e cirurgias emergenciais:** Não há crime nas situações em que o médico atua sem o consentimento do operado ou de seus representantes legais nas cirurgias de emergência, dotadas de risco concreto de morte do paciente, pois se encontra amparado pelo estado de necessidade de terceiro. Ausente a situação de emergência, deverá haver prévia anuência para afastar o crime pelo exercício regular do direito.

○ **Cirurgia de mudança de sexo:** Não há crime por ausência do dolo de lesionar a integridade corporal ou a saúde do paciente. O médico que a realiza não pratica crime por estar acobertado pela excludente da ilicitude do exercício regular de direito (Portaria do Ministério da Saúde 2.803/2013).

---

[31] O Direito Penal vem admitindo o **consentimento presumido** (ou **ficto**), nas hipóteses em que se possa, com razoabilidade, concluir que o agente atuou supondo que o titular do bem jurídico teria consentido se conhecesse as circunstâncias em que a conduta foi praticada.

○ **Cirurgias de esterilização sexual:** Não há crime na conduta do médico que efetua cirurgia de esterilização sexual (vasectomia, ligadura de trompas etc.) com a autorização do paciente, nada obstante a eliminação da função reprodutora. Não há dolo de ofender a integridade física ou a saúde de outrem e, além disso, incide a excludente da ilicitude atinente ao exercício regular de direito, pois tais procedimentos médicos são legalmente autorizados.

○ **Lesão corporal leve ou simples (art. 129, *caput*):** Toda e qualquer lesão corporal dolosa que não seja grave, gravíssima, cometida com violência doméstica e familiar ou praticada contra a mulher, por razões da condição do sexo feminino. A prova da materialidade é feita com o exame de corpo de delito. Para o oferecimento da denúncia é suficiente o boletim médico ou prova equivalente (art. 77, § 1.º, Lei 9.099/1995). Para a condenação exige-se a perícia, sob pena de nulidade (CPP, art. 564, III, *b*). Se os vestígios houverem desaparecido será aceito o exame de corpo de delito indireto (CPP, art. 167).

○ **Lesão corporal de natureza grave (art. 129, § 1.º):** Trata-se de figura qualificada. A lesão corporal é considerada grave se dela resultar: **(a) Incapacidade para as ocupações habituais por mais de 30 dias (I)** – ocupação habitual é qualquer atividade, física ou mental, do cotidiano da vítima. Não precisa ser **lucrativa**. É irrelevante a idade do ofendido. A atividade deve ser **lícita**, sendo indiferente se moral ou imoral. Subsiste a qualificadora quando a vítima pode com sacrifício retornar às suas ocupações habituais. Não incidirá a qualificadora na hipótese em que a vítima puder desempenhar regularmente suas ocupações habituais, embora não o faça por vergonha. A incapacitação é **objetiva**, e não subjetiva. Cuida-se de **crime a prazo**, pois somente se verifica depois do decurso do prazo estabelecido em lei. São exigidos dois exames periciais: um **inicial**, realizado logo após o crime, para constatar a existência das lesões, e um **complementar**, efetuado após 30 dias, contados da data do crime, para comprovar a duração da incapacidade das ocupações habituais em razão dos ferimentos provocados pela conduta criminosa. O exame complementar pode ser suprido por prova testemunhal (art. 168, § 3.º, CPP); **(b) Perigo de vida (II)** – possibilidade grave, concreta e imediata de a vítima morrer em consequência das lesões sofridas. Trata-se de **perigo concreto**, comprovado por perícia médica, que poderá ser substituída por prova testemunhal quando os depoimentos emanarem de especialistas; **(c) Debilidade permanente de membro, sentido ou função (III)** – debilidade é a **diminuição ou o enfraquecimento da capacidade funcional**. Há de ser permanente (duradoura e de recuperação incerta). Não se exige perpetuidade. **Membros** são os braços, pernas, mãos e pés. Os dedos integram os membros, e a perda ou a diminuição funcional de um ou mais dedos acarreta na debilidade permanente das mãos ou dos pés. **Sentidos** são: visão, audição, tato, olfato e paladar. **Função** é a atividade inerente a um órgão ou aparelho do corpo humano. Na hipótese de **órgãos duplos** a perda de um deles caracteriza lesão grave pela debilidade permanente e a perda de ambos configura lesão gravíssima pela perda ou inutilização. A perda de um ou mais dentes pode ou não caracterizar lesão corporal grave, dependendo da comprovação pericial acerca da debilidade ou não da função mastigatória, e, indiretamente, também da função digestiva. A recuperação do membro, sentido ou função por meio cirúrgico ou ortopédico não acarreta a exclusão da qualificadora, pois a vítima não é obrigada a submeter-se a tais procedimentos; **(d) Aceleração de parto (IV)** – é a **antecipação do parto (parto prematuro)** em decorrência da lesão corporal produzida na gestante. A criança nasce viva e continua a viver. Exige-se o conhecimento da gravidez da vítima. Se o agente a ignorava, responderá por lesão corporal leve, afastando-se a responsabilidade penal objetiva. Se o feto for expulso morto do ventre materno o crime será de lesão corporal gravíssima em razão do aborto. Se a criança nascer viva, mas falecer logo em seguida ao nascimento, haverá lesão corporal gravíssima em razão do aborto. É possível a coexistência de diversas formas de lesão corporal grave (exemplo:

perigo de vida e aceleração de parto). Nesses casos, estará configurado um único crime, em face da unidade de ofensa ao bem jurídico penalmente tutelado, mas tal circunstância deverá ser utilizada como circunstância judicial desfavorável ao réu na dosimetria da pena-base (CP, art. 59, *caput* – "consequências do crime").

○ **Lesões corporais gravíssimas (art. 129, § 2.º):** É a segunda forma qualificada prevista no artigo. A lesão corporal é considerada gravíssima se dela resultar: **(a) Incapacidade permanente para o trabalho (I)** – é toda e qualquer incapacidade longa e duradoura, que não permita fixar seu limite temporal. Relaciona-se com a atividade remunerada exercida pela vítima, que resta prejudicada em seu aspecto financeiro em razão da conduta criminosa. Trata-se de **incapacidade genérica** para o trabalho (a vítima fica impossibilitada de exercer qualquer tipo de atividade laborativa), bastando seja **parcial ou relativa; (b) Enfermidade incurável (II)** – **alteração prejudicial da saúde por processo patológico, físico ou psíquico,** que não pode ser eficazmente combatida com os recursos da medicina à época do crime. Deve ser provada por exame pericial. Também é considerada incurável a enfermidade que somente pode ser enfrentada por procedimento cirúrgico complexo ou mediante tratamentos experimentais ou penosos, pois a vítima não pode ser obrigada a enfrentar tais situações. Não se aplica a qualificadora se houver tratamento ou cirurgia simples para solucionar o problema e a vítima se recusar injustificadamente a adotá-lo. Não se admite revisão criminal se, posteriormente à condenação definitiva por esse crime, surge na medicina um meio eficaz para curar a enfermidade; **(c) Perda ou inutilização de membro, sentido ou função (III)** – **Perda** é a ablação, a destruição ou privação de membro, sentido ou função. Pode concretizar-se por **mutilação** (eliminação direta pela conduta criminosa) ou por **amputação** (resulta da intervenção médico-cirúrgica realizada pela necessidade de salvar a vida do ofendido ou impedir consequências ainda mais danosas). **Inutilização**, por sua vez, é a falta de aptidão do órgão para desempenhar sua função específica. O membro ou órgão continua ligado ao corpo da vítima, mas incapacitado para desempenhar as atividades que lhe são inerentes. A perda de parte do movimento de um membro caracteriza lesão grave pela debilidade; a perda de todo o movimento tipifica lesão corporal gravíssima pela inutilização. Na hipótese de **órgãos duplos** a afetação de apenas um deles tipifica lesão corporal grave pela debilidade de sentido ou função. Quando os dois órgãos forem prejudicados haverá lesão corporal gravíssima, caracterizando perda ou inutilização. A correção corporal da vítima por meios ortopédicos ou próteses não afasta a qualificadora, ao contrário do reimplante realizado com êxito; **(d) Deformidade permanente (IV)** – é o dano duradouro de alguma parte do corpo da vítima, que não pode ser retificado por si próprio ao longo do tempo. É suficiente a irreparabilidade por relevante intervalo temporal. Prevalece o entendimento no sentido de ser esta qualificadora intimamente relacionada a **questões estéticas**, devendo ser visível e causar impressão vexatória. Desaparece a qualificadora quando a deformidade for corrigida por cirurgia plástica, mas subsiste se a vítima se recusa a realizá-la. A correção da deformidade com o emprego de prótese não exclui a qualificadora. De igual modo, a ocultação da deformidade pelos cabelos ou por aparelhos também não a afasta. Esta circunstância qualificadora deve ser atestada por exame de corpo de delito; **(e) Aborto (V)** – a interrupção da gravidez, com a consequente morte do feto, deve ter sido provocada culposamente (crime preterdoloso); se a morte do feto foi proposital, o sujeito deve responder por lesão corporal leve (ou grave ou gravíssima), em concurso formal impróprio ou imperfeito com aborto sem o consentimento da gestante (CP, art. 125). É obrigatório o conhecimento do sujeito acerca da gravidez da vítima, sob pena de responsabilidade penal objetiva. Se o agente ignorava a gravidez da ofendida, a hipótese é de erro de tipo, com exclusão do dolo e da qualificadora.

Pode haver ocorrência simultânea de duas ou mais modalidades de lesão corporal gravíssima, configurando-se crime único.

○ **Pluralidade de lesões corporais graves ou gravíssimas:** Nada impede a ocorrência simultânea de duas ou mais modalidades de lesão corporal grave ou gravíssima. Configura-se crime único em face da unidade de ofensa ao bem jurídico penalmente tutelado, mas tal circunstância deverá ser utilizada como circunstância judicial desfavorável ao réu na dosimetria da pena-base (CP, art. 59, *caput*). Se o exame de corpo de delito indicar ter o ofendido suportado, como decorrência de uma mesma conduta criminosa, uma lesão corporal grave e uma lesão corporal gravíssima, o sujeito responderá somente pelo crime mais grave.

○ **Lesão corporal seguida de morte (art. 129, § 3.º):** Cuida-se de crime exclusivamente preterdoloso, é também chamado de **homicídio preterintencional** ou **preterdoloso**. É o **único crime autenticamente preterdoloso tipificado pelo Código Penal**, pois o legislador foi explícito ao exigir dolo no crime antecedente (lesão corporal) e **culpa no resultado agravador** ("não quis o resultado nem assumiu o risco de produzi-lo"). Com efeito, se presente o dolo eventual quanto ao resultado morte, o sujeito deve responder por homicídio doloso. Exige-se a comprovação da relação de causalidade entre a lesão corporal e a morte. Não admite tentativa. Tem como pressuposto inafastável uma lesão corporal dolosa. Se o sujeito pratica lesão corporal culposa ou vias de fato (Decreto-lei 3.688/1941, art. 21), daí resultando culposamente a morte da vítima, responde somente por homicídio culposo, ficando absorvido o delito mais leve ou a contravenção penal. Exige-se a comprovação da relação de causalidade entre a lesão corporal e a morte. Com efeito, se esta originar-se de motivo diverso da agressão, não poderá ser imputada ao agente.

○ **Lesão corporal dolosa privilegiada (art. 129, § 4.º):** Causa de diminuição de pena que incide unicamente no tocante às lesões dolosas, qualquer que seja sua modalidade. **Não é cabível na lesão corporal culposa.** *Ver as observações formuladas em relação ao privilégio no crime de homicídio doloso (art. 121).*

○ **Lesões corporais leves e substituição da pena (art. 129, § 5.º):** O juiz, não sendo graves as lesões, pode substituir a pena de detenção pela pena de multa em duas situações: I – se ocorrer qualquer das hipóteses do § 4.º do art. 129; e II – se as lesões forem recíprocas. Cumpre destacar que a situação **lesões recíprocas**, em que duas pessoas se agridem ao mesmo tempo, não se confunde com a legítima defesa, pois, se a vítima ferir o ofensor apenas para se defender, não cometerá crime nenhum. Sua conduta nada mais será do que uma reação legítima contra uma agressão injusta, na forma delineada pelo art. 25 do Código Penal. O dispositivo é aplicável somente à lesão corporal leve – as graves e gravíssimas foram expressamente excluídas e a lesão corporal culposa o foi tacitamente (pela posição geográfica do dispositivo legal e pela própria essência do instituto).

○ **Lesão corporal culposa (art. 129, § 6.º):** É a conduta típica descrita pelo *caput, quando* praticada mediante culpa. Trata-se de **tipo penal aberto**, devendo o intérprete utilizar um **juízo de valor** para, com base no critério do homem médio, constatar se quando da conduta, cometida com imprudência, negligência ou imperícia, era possível ao agente prever objetivamente a produção do resultado naturalístico. A modalidade de culpa deve ser motivadamente descrita na inicial acusatória, sob pena de inépcia. **Não há distinção com base na gravidade dos ferimentos**. A gravidade da lesão, por se tratar de circunstância judicial desfavorável, deve ser sopesada pelo juiz na dosimetria da pena-base (CP, art. 59, *caput*). Trata-se de **infração penal de menor potencial ofensivo**, compatível com os benefícios contidos na Lei 9.099/1995. Além disso, é **crime de ação penal pública condicionada**, em face da alteração promovida pelo art. 88 da Lei 9.099/1995. Por tais motivos, a composição civil dos danos homologada pelo juiz acarreta em renúncia ao direito de representação, e, por corolário, em extinção da punibilidade (Lei 9.099/1995, art. 74, parágrafo único). Também é cabível a transação penal, desde que presentes os requisitos legais (Lei 9.099/1995, art. 76).

○ **Lesão corporal culposa e Código de Trânsito Brasileiro:** Se cometida na **direção de veículo automotor**, estará tipificado o crime previsto no art. 303 da Lei 9.503/1997 – CTB. Resolve-se o conflito aparente de normas pelo princípio da especialidade.

○ **Lesão corporal culposa e aumento de pena (art. 129, § 7.º):** A pena será aumentada de 1/3 se o crime resultar de inobservância de regra técnica de profissão, arte ou ofício, ou se o agente deixar de prestar imediato socorro à vítima, não procurar diminuir as consequências do seu ato, ou fugir para evitar prisão em flagrante (CP, art. 121, § 4.º, 1.ª parte).

○ **Aumento de pena na lesão corporal dolosa (art. 129, § 7.º):** Na hipótese de lesão corporal dolosa, qualquer que seja sua modalidade, a pena será aumentada de 1/3 se o crime for praticado contra pessoa menor de 14 (quatorze) ou maior de 60 (sessenta) anos, ou então por milícia privada, sob o pretexto de prestação de serviço de segurança, ou por grupo de extermínio. *Ver comentários ao art. 121.*

○ **Lesão corporal culposa e perdão judicial (art. 129, § 8.º):** O juiz pode deixar de aplicar a pena quando as consequências da infração atingirem o próprio agente de forma tão grave que a sanção penal se torne desnecessária. *Ver os comentários feitos ao perdão judicial no homicídio culposo (art. 121).*

○ **Lesão corporal e violência doméstica (art. 129, § 9.º):** Trata-se de forma qualificada de lesão corporal que leva em conta o contexto em que é praticada. A pena prevista ao caso, em razão da sua quantidade, somente deve ser aplicada na hipótese de **lesão corporal leve ou de lesão corporal grave** (***caput* e 1.º**). Se a lesão corporal for grave, gravíssima ou seguida de morte, aplicar-se-á o aumento de 1/3 imposto pelo § 10 do art. 129 do CP. Pode ser praticada: **(a) contra ascendente, descendente, irmão, cônjuge ou companheiro:** o parentesco pode ser civil ou natural (o art. 227, § 6.º, da CF proíbe qualquer discriminação entre os filhos havidos ou não do casamento). Não ingressam as relações decorrentes do parentesco por afinidade. Exige-se **prova documental** da relação de parentesco ou do vínculo matrimonial. A união estável pode ser comprovada por testemunhas ou outros meios de prova que não exclusivamente os documentos; **(b) com quem conviva ou tenha convivido:** tais expressões **devem ser interpretadas restritivamente**. Quanto ao trecho "tenha convivido", exige-se tenha sido a lesão corporal praticada em decorrência da convivência passada entre o autor e a vítima. **(c) prevalecendo-se o agente das relações domésticas, de coabitação ou de hospitalidade: Relações domésticas** são as criadas entre os membros de uma família, podendo ou não existir ligações de parentesco. **Coabitação** é a moradia sob o mesmo teto, ainda que por breve período – deve ser lícita e conhecida dos coabitantes. **Hospitalidade** é a recepção eventual, durante a estadia provisória na residência de alguém, sem necessidade de pernoite. Em todos os casos, a relação doméstica, a coabitação ou a hospitalidade devem existir ao tempo do crime, pouco importando tenha sido o delito praticado fora do âmbito da relação doméstica, ou do local que ensejou a coabitação ou a hospitalidade. No tocante à mulher, cumpre consignar que o art. 7.º da Lei 11.340/2006 estabelece como formas de violência doméstica e familiar contra a mulher, entre outras, as seguintes: violência física, violência psicológica, violência sexual, violência patrimonial e violência moral. A lesão corporal qualificada pela violência doméstica constitui-se em **crime de elevado potencial ofensivo**, razão pela qual é incompatível com os benefícios elencados pela

Lei 9.099/1995. A **ação penal é pública incondicionada**, razão pela qual a autoridade policial e o Ministério Público não dependem da representação da vítima ou de seu representante legal para iniciarem a persecução penal na fase investigatória e em juízo.

– **Súmula 588 do STJ:** "A prática de crime ou contravenção penal contra a mulher com violência ou grave ameaça no ambiente doméstico impossibilita a substituição da pena privativa de liberdade por restritiva de direitos."

– **Súmula 589 do STJ:** "É inaplicável o princípio da insignificância nos crimes ou contravenções penais praticados contra a mulher no âmbito das relações domésticas."

– **Súmula 600 do STJ:** "Para a configuração da violência doméstica e familiar prevista no art. 5º da Lei 11.340/2006 (Lei Maria da Penha) não se exige a coabitação entre autor e vítima."

– **Decreto 9.586/2018:** Institui o SINAPOM – Sistema Nacional de Políticas para as Mulheres e o Plano Nacional de Combate à Violência Doméstica, vinculado à Secretaria Nacional de Políticas para Mulheres do Ministério das Mulheres.

○ **Cirurgia reparadora de sequelas:** A Lei 13.239/2015 dispõe sobre a oferta e a realização, no âmbito do Sistema Único de Saúde – SUS –, de cirurgia plástica reparadora de sequelas de lesões causadas por atos de violência contra a mulher.

○ **Atendimento público específico e especializado para mulheres vítimas de violência doméstica:** A Lei 13.427/2017 alterou o art. 7.º da Lei 8.080/1990 para inserir, entre os princípios do SUS – Sistema Único de Saúde, o princípio da organização de atendimento público específico e especializado para mulheres vítimas de violência doméstica em geral.

○ **Violência doméstica e as agravantes genéricas previstas no art. 61, inciso II, "e" e "f", do CP:** Se a lesão corporal dolosa (leve, grave, gravíssima ou seguida de morte) for cometida com violência doméstica, **em regra** não se aplicam as agravantes genéricas previstas no art. 61, inciso II, alínea "e" (crime cometido contra ascendente, descendente, irmão ou cônjuge) e "f" (crime cometido com abuso de autoridade ou prevalecendo-se de relações domésticas, de coabitação ou de hospitalidade, ou com violência contra a mulher na forma da lei específica), do Código Penal, afastando-se o *bis in idem* (dupla punição pelo mesmo fato), a exemplo de quando a lesão corporal é praticada contra irmão. Há situações, todavia, em que a agravante genérica será compatível com a figura qualificada da lesão corporal, **notadamente quando o delito tem a mulher como vítima.**[32]

○ **Violência doméstica e lesões graves, gravíssimas e seguidas de morte (art. 129, § 10):** Se a lesão corporal for grave, gravíssima ou seguida de morte, e o crime for praticado com violência doméstica, incidirá sobre as penas respectivas (art. 129, §§ 1.º, 2.º e 3.º) o aumento de 1/3 imposto pelo § 10 do art. 129 do CP.

○ **Pessoa com deficiência e aumento de pena na lesão corporal leve com violência doméstica (art. 129, § 11):** A pena da lesão corporal leve cometida com violência doméstica será aumentada de 1/3 (um terço) quando a vítima for pessoa com deficiência. Esse dispositivo foi acrescentado pela Lei 11.340/2006 (Lei Maria da Penha). Deve tratar-se de pessoa com deficiência e ligada ao autor do crime pelos laços de violência doméstica indicados pelo § 9.º do art. 129 do CP. Pessoa com deficiência é aquela que, em consequência de alguma enfermidade, permanente ou transitória, enfrenta debilidade em sua capacidade física ou mental.

---

[32]   STJ: REsp 2.027.794/MS, rel. Min. Jesuíno Rissato (Desembargador convocado do TJDFT), 3.ª Seção, j. 12.06.2024, noticiado no *Informativo* 816.

○ **Lesão corporal contra integrantes dos órgãos de segurança pública (art. 129, § 12):** Cuida-se de causa de aumento da pena aplicável exclusivamente à lesão corporal dolosa, em qualquer das suas modalidades (leve, grave, gravíssima ou seguida de morte). A majorante vincula-se à motivação do agente. Ele tem o dolo de cometer a lesão corporal contra integrante de órgão de segurança pública ou contra cônjuge, companheiro ou parente deste. Portanto, o § 12 do art. 129 do Código Penal não pode ser aplicado à lesão culposa.

○ **Lesão corporal contra a mulher, por razões da condição do sexo feminino (art. 129, § 13):** Esse dispositivo, acrescentado pela Lei 14.188/2021[33] e, posteriormente, alterado pela Lei 14.994/2024 ("Pacote Antifeminicídio"), contém a seguinte redação: "Se a lesão é praticada contra a mulher, por razões da condição do sexo feminino, nos termos do § 1.º do art. 121-A deste Código: Pena – reclusão, de 2 (dois) a 5 (cinco anos)". Trata-se de **qualificadora aplicável unicamente à lesão corporal leve e à lesão corporal grave**, conclusão extraída da quantidade da pena privativa de liberdade cominada. Com efeito, não existiria razão lógica para punir uma lesão gravíssima ou seguida de morte contra a mulher, por razões da condição do sexo feminino, com pena inferior àquela prevista para as respectivas qualificadoras (art. 129, §§ 2.º e 3.º, do CP). O sujeito passivo há de ser exclusivamente a mulher.[34] Mas isso não basta. É imprescindível que o crime tenha sido cometido **por razões da condição do sexo feminino**, circunstância que pode se verificar nas duas situações elencadas pelo § 1.º do art. 121-A do Código Penal, a saber: (a) violência doméstica e familiar; e (b) menosprezo ou discriminação à condição de mulher.[35] Na seara da **transexualidade**, há duas posições acerca da possibilidade de as mulheres transexuais, isto é, pessoas com identidade de gênero feminino, serem vítimas desse delito: **1.ª posição**: As mulheres transexuais **podem** ser vítimas do delito tipificado no art. 129, § 13, do Código Penal, independentemente de cirurgia de redesignação sexual, de alteração do nome ou sexo no documento de registro civil; e **2.ª posição**: As mulheres transexuais **não podem** figurar como vítimas desse crime. Como o tipo penal limita-se a falar em "contra a mulher", e não em "mulher transexual", a aplicação da qualificadora representaria autêntica analogia *in malam partem* (prejudicial ao réu), vedada no Direito Penal. Cuida-se de **crime de elevado potencial ofensivo**, incompatível com os benefícios previstos na Lei 9.099/1995, conclusão reforçada pela proibição contida no art. 41 da Lei 11.340/2006 – Lei Maria da Penha.[36]

○ **Lesão corporal e Lei dos Crimes Hediondos:** Em regra, a lesão corporal não é crime hediondo. As exceções foram criadas pela Lei 13.142/2015, ao acrescentar o inc. I-A ao art. 1.º da Lei 8.072/1990.

Com efeito, são delitos rotulados pela hediondez a "lesão corporal dolosa de natureza gravíssima (art. 129, § 2.º) e lesão corporal seguida de morte (art. 129, § 3.º), quando praticadas contra autoridade ou agente descrito nos arts. 142 e 144 da Constituição Federal, integrantes do sistema prisional e da Força Nacional de Segurança Pública, no exercício da função ou em decorrência dela, ou contra seu cônjuge, companheiro ou parente consanguíneo até terceiro grau, em razão dessa condição".

---

[33] Esta lei também definiu o programa de cooperação "Sinal Vermelho contra a Violência Doméstica" como uma das medidas de enfrentamento da violência doméstica e familiar contra a mulher, previstas na Lei 11.340/2006, e criou, entre os delitos contra a liberdade individual, a violência psicológica contra a mulher, no art. 147-B do Código Penal.

[34] O homem jamais pode figurar como vítima dessa figura qualificada da lesão corporal.

[35] Para evitar repetições desnecessárias, solicitamos sua gentileza em proceder à leitura dos comentários acerca do feminicídio.

[36] "Art. 41. Aos crimes praticados com violência doméstica e familiar contra a mulher, independentemente da pena prevista, não se aplica a Lei nº 9.099, de 26 de setembro de 1995".

Cuidado com um ponto importante. Sem prejuízo da lesão corporal seguida de morte, apenas a lesão gravíssima (CP, art. 129, § 2.º) pode ser acometida pela hediondez. A lesão grave (CP, art. 129, § 1.º) é incompatível com esse tratamento.

○ **Jurisprudência selecionada:**

Crime cometido com violência – Lei Maria da Penha – impossibilidade de substituição da pena privativa de liberdade por restritiva de direitos: "Não cabe a substituição de pena privativa de liberdade por restritiva de direito quando o crime for cometido com violência. Com base nesse entendimento, a 2ª Turma denegou *habeas corpus* em que se pretendia o restabelecimento de acórdão do tribunal de justiça local que substituíra a pena cominada de 3 meses de detenção, em regime aberto, por limitação de fim de semana. No caso, o paciente fora condenado pela prática de delito previsto no art. 129, § 9º, do CP, combinado com a Lei 11.340/2006 (Lei Maria da Penha). Reputou-se que, embora a pena privativa de liberdade fosse inferior a 4 anos, o crime fora cometido com violência contra pessoa, motivo suficiente para obstaculizar o benefício, nos termos do art. 44, I, do CP ['As penas restritivas de direitos são autônomas e substituem as privativas de liberdade, quando: I – aplicada pena privativa de liberdade não superior a 4 (quatro) anos e o crime não for cometido com violência ou grave ameaça à pessoa ou, qualquer que seja a pena aplicada, se o crime for culposo']" (STF: HC 114.703/MS, rel. Min. Gilmar Mendes, 2.ª Turma, j. 16.04.2013, noticiado no *Informativo* 702). *No mesmo sentido*: STJ: HC 192.104/MS, Rel. Min. Og Fernandes, 6.ª Turma, j. 09.10.2012, noticiado no *Informativo* 506.

Incapacidade para as ocupações habituais: "A 'incapacidade' pressupõe qualquer atividade desempenhada pela vítima – a prática de atos do cotidiano, o trabalho ou o esporte, indistintamente – e, por óbvio, implica mudança compulsória e indesejada de vida do indivíduo, ocasionando-lhe dissabor, dor e sofrimento" (STJ: REsp 876.102/DF, Rel. Min. Luis Felipe Salomão, 4.ª Turma, j. 22.11.2011).

Lei Maria da Penha – ação penal pública incondicionada: "Em seguida, o Plenário, por maioria, julgou procedente ação direta, proposta pelo Procurador Geral da República, para atribuir interpretação conforme a Constituição aos artigos 12, I; 16 e 41, todos da Lei 11.340/2006, e assentar a natureza incondicionada da ação penal em caso de crime de lesão corporal, praticado mediante violência doméstica e familiar contra a mulher. Preliminarmente, afastou-se alegação do Senado da República segundo a qual a ação direta seria imprópria, visto que a Constituição não versaria a natureza da ação penal – se pública incondicionada ou pública subordinada à representação da vítima. Haveria, conforme sustentado, violência reflexa, uma vez que a disciplina do tema estaria em normas infraconstitucionais. O Colegiado explicitou que a Constituição seria dotada de princípios implícitos e explícitos, e que caberia à Suprema Corte definir se a previsão normativa a submeter crime de lesão corporal leve praticado contra a mulher, em ambiente doméstico, ensejaria tratamento igualitário, consideradas as lesões provocadas em geral, bem como a necessidade de representação. Salientou-se a evocação do princípio explícito da dignidade humana, bem como do art. 226, § 8º, da CF. Frisou-se a grande repercussão do questionamento, no sentido de definir se haveria mecanismos capazes de inibir e coibir a violência no âmbito das relações familiares, no que a atuação estatal submeter-se-ia à vontade da vítima. No mérito, evidenciou-se que os dados estatísticos no tocante à violência doméstica seriam alarmantes, visto que, na maioria dos casos em que perpetrada lesão corporal de natureza leve, a mulher acabaria por não representar ou por afastar a representação anteriormente formalizada. A respeito, o Min. Ricardo Lewandowski advertiu que o fato ocorreria, estatisticamente, por vício de vontade da parte dela. Apontou-se que o agente, por sua vez, passaria a reiterar seu comportamento ou a agir de forma mais agressiva. Afirmou-se que, sob o ponto de vista feminino, a ameaça e as agressões físicas surgiriam, na maioria dos casos, em ambiente doméstico. Seriam eventos decorrentes de dinâmicas privadas, o que aprofundaria o problema, já que acirraria a situação de invisibilidade social. Registrou-se a necessidade de intervenção estatal acerca do problema, baseada na dignidade da pessoa humana (CF, art. 1º, III), na igualdade (CF, art. 5º, I) e na vedação a qualquer discriminação atentatória dos direitos e liberdades fundamentais (CF, art. 5º, XLI). Reputou-se que a legislação ordinária protetiva estaria em sintonia com a Convenção sobre a Eliminação de Todas as Formas de Violência contra a Mulher e com a Convenção de Belém do Pará. Sob o ângulo constitucional, ressaltou-se o dever do Estado de assegurar a assistência à família e de criar mecanismos para coibir a violência no âmbito de suas relações. Não seria razoável ou proporcional, assim, deixar a atuação estatal a critério da vítima. A proteção à mulher esvaziar-se-ia, portanto, no que admitido que, verificada a agressão com lesão corporal leve, pudesse ela, depois de acionada a autoridade policial, recuar e retratar-se em audiência especificamente designada com essa finalidade, fazendo-o antes de recebida a denúncia. Dessumiu-se que deixar a mulher – autora da representação – decidir sobre o início da persecução penal significaria desconsiderar a assimetria de poder decorrente de relações histórico-culturais, bem como outros fatores, tudo a contribuir para a diminuição de sua proteção e a prorrogar o quadro de violência, discriminação e ofensa à dignidade humana. Implicaria relevar os graves impactos emocionais impostos à vítima, impedindo-a de romper com o estado de submissão. Entendeu-se não ser aplicável aos crimes glosados pela lei discutida o que disposto na Lei 9.099/95, de maneira que, em se tratando de lesões corporais, mesmo que de natureza leve ou culposa, praticadas contra a mulher em âmbito doméstico, a ação penal cabível seria pública incondicionada. Acentuou-se, entretanto, permanecer a necessidade de representação para crimes dispostos em leis diversas da 9.099/95, como o de ameaça e os cometidos contra a dignidade sexual. Consignou-se que o Tribunal, ao julgar o HC 106.212/MS (*DJe* de 13.06.2011), declarara, em processo subjetivo, a constitucionalidade do art. 41 da Lei 11.340/2006, no que afastaria a aplicação da Lei dos Juizados Especiais relativamente aos crimes cometidos com violência doméstica e familiar contra a mulher, independentemente da pena prevista" (STF: ADI 4.424/DF, rel. Min. Marco Aurélio, Plenário, j. 09.02.2012, noticiado no *Informativo* 654).

No mesmo sentido: STJ: Pet 11.805/DF, rel. Min. Rogerio Schietti Cruz, 3.ª Seção, j. 10.05.2017, noticiado no *Informativo* 604.

Lei Maria da Penha – briga entre irmãos – violência doméstica caracterizada: "Não é inepta a denúncia que se fundamenta no art. 129, § 9º, do CP – lesão corporal leve –, qualificada pela violência doméstica, tão somente em razão de o crime não ter ocorrido no ambiente familiar. A controvérsia de que trata o habeas corpus envolve discussão a respeito do trancamento da ação penal, em razão de alegada inépcia da denúncia fundamentada no art. 129, § 9º, do Código Penal. Isso porque, a conduta estabelecida no tipo penal não se amoldaria às hipóteses em que a agressão física, ainda que entre irmãos, tenha ocorrido na sede da empresa em que o autor e a vítima trabalhavam. Com efeito, da simples leitura do artigo mencionado, verifica-se que a lesão corporal qualificada pela violência doméstica não exige que as agressões ocorram em contexto familiar de forma peremptória, apresentando, em verdade, diversos núcleos alternativos. Portanto, cuidando-se de lesões corporais praticadas contra irmão, a conduta já se encontra devidamente subsumida ao tipo penal tratado, o qual não exige que a lesão seja contra familiar e também em contexto familiar, sendo suficiente a configuração da primeira elementar. De acordo com a doutrina, nesses casos, é 'dispensável a coabitação entre o autor e a vítima, bastando existir a referida relação parental. Assim, se numa confraternização de família, que há muito não se reunia, um irmão, vindo de Estado longínquo, agride o outro, ferindo-o na sua saúde física ou mental, terá praticado o crime de violência doméstica'" (STJ: RHC 50.026/PA, rel. Min. Reynaldo Soares da Fonseca, 5.ª Turma, j. 03.08.2017, noticiado no *Informativo* 609). **No mesmo sentido:** STJ: HC 184.990/RS, rel. Min. Og Fernandes, 6.ª Turma, j. 12.06.2012, noticiado no *Informativo* 499.

Lei Maria da Penha – inaplicabilidade da Lei 9.099/1995: "1. A jurisprudência do Superior Tribunal de Justiça firmou-se no sentido da inaplicabilidade da Lei nº 9.099/1995 aos crimes praticados com violência doméstica ou familiar, em razão do disposto no art. 41 da Lei nº 11.340/2006. Precedentes. 2. Incabível, na hipótese, a substituição da pena privativa de liberdade por restritivas de direitos, tendo em vista que o Paciente não preenche o requisito previsto no art. 44, inciso I, do Código Penal, pois, não obstante a pena imposta tenha sido inferior a 4 (quatro) anos, trata-se de delito cometido com violência contra a vítima, o que impossibilita a pretendida substituição" (STJ: HC 192.417/MS, Rel. Min. Laurita Vaz, 5.ª Turma, j. 06.12.2011).

Lesão corporal grave (CP, art. 129, § 1.º, III) – perda de dois dentes – caracterização: "A lesão corporal que provoca na vítima a perda de dois dentes tem natureza grave (art. 129, § 1.º, III, do CP), e não gravíssima (art. 129, § 2.º, IV, do CP). Com efeito, deformidade, no sentido médico-legal, ensina doutrina, 'é o prejuízo estético adquirido, visível, indelével, oriundo da deformação de uma parte do corpo'. Assim, a perda de dois dentes, muito embora possa reduzir a capacidade funcional da mastigação, não enseja a deformidade permanente prevista no art. 129, § 2.º, IV, do CP e, sim, debilidade permanente (configuradora de lesão corporal grave). De fato, a perda da dentição pode implicar redução da capacidade mastigatória e até, eventualmente, dano estético, o qual, apesar de manter o seu caráter definitivo – se não reparado em procedimento interventivo –, não pode ser, na hipótese, de tal monta a qualificar a vítima como uma pessoa deformada. Dessa forma, entende-se que o resultado provocado pela lesão causada à vítima (perda de dois dentes) subsume-se à lesão corporal grave, e não à gravíssima. Precedente citado: REsp 1.220.094/MG, Quinta Turma, *DJe* 9/3/2011" (STJ: REsp 1.620.158/RJ, rel. Min. Rogerio Schietti Cruz, 6.ª Turma, j. 13.09.2016, noticiado no *Informativo* 590). *No mesmo sentido*: STJ: Processo em segredo de justiça, rel. Min. Antonio Saldanha Palheiro, 6.ª Turma, j. 13.03.2023, noticiado no *Informativo* 770.

Lesão corporal gravíssima – deformidade permanente – cirurgia estética reparadora – manutenção da qualificadora: "A qualificadora 'deformidade permanente' do crime de lesão corporal (art. 129, § 2º, IV, do CP) não é afastada por posterior cirurgia estética reparadora que elimine ou minimize a deformidade na vítima. Isso porque, o fato criminoso é valorado no momento de sua consumação, não o afetando providências posteriores, notadamente quando não usuais (pelo risco ou pelo custo, como cirurgia plástica ou de tratamentos prolongados, dolorosos ou geradores do risco de vida) e promovidas a critério exclusivo da vítima" (STJ: HC 306.677/RJ, rel. Min. Ericson Maranhão (Desembargador convocado do TJ/SP), rel. p/ acórdão Min. Nefi Cordeiro, 6.ª Turma, j. 19.05.2015, noticiado no *Informativo* 562).

Lesão corporal gravíssima – deformidade permanente – dano estético e restrição às lesões físicas – estresse pós-traumático e alteração permanente da personalidade – não incidência: "A qualificadora prevista no art. 129, § 2º, inciso IV, do Código Penal (deformidade permanente) abrange somente lesões corporais que resultam em danos físicos. O crime de lesão corporal, conforme a doutrina, consiste 'em qualquer dano ocasionado por alguém, sem *animus necandi*, à integridade física ou a saúde (fisiológica ou mental) de outrem'. Assim, também pratica o referido delito aquele que causa lesão à saúde mental de outrem. Nesses termos, ainda, segundo a doutrina, no ponto: 'mesmo a desintegração da saúde mental é lesão corporal, pois a inteligência, a vontade ou a memória dizem com a atividade funcional do cérebro, que é um dos mais importantes órgãos do corpo. Não se concebe uma perturbação mental sem um dano à saúde, e é inconcebível um dano à saúde sem um mal corpóreo ou uma alteração do corpo'. A conclusão doutrinária, contudo, tem relação com o tipo penal fundamental do delito de lesão corporal. Com efeito, ao especificamente tratar da qualificadora prevista no art. 129, § 2.º, inciso IV, do Código Penal (deformidade permanente), ressalta-se que ela está relacionada à estética, não devendo ser verificada tão somente com base em um critério puramente objetivo, mas, a um só tempo, objetivo e subjetivo. Nesse sentido, leciona que a qualificadora estará presente quando houver uma deturpação ou vício de forma capaz de causar 'uma impressão, senão de repugnância ou de mal-estar, pelo menos de desgosto, de desagrado'. A propósito, ambas as turmas que compõem a Terceira Seção desta Corte Superior de Justiça firmaram o entendimento de que a deformidade permanente deve representar lesão estética de certa monta, capaz de causar desconforto a quem a vê ou ao seu portador, abrangendo, portanto, apenas lesões corporais que resultam em danos físicos. No caso, não incide a mencionada qualificadora, porquanto a vítima, em razão da lesão, 'fora cometida de *Transtorno de Estresse Pós-Traumático*, provocando-lhe alteração permanente da personalidade'. Registra-se, por oportuno, que a lesão causadora de danos psicológicos pode, a depender do caso concreto, ensejar o reconhecimento de outra qualificadora ou ser considerada como circunstância judicial desfavorável (como ocorreu na situação em análise)" (STJ: HC 689.921/SP, rel. Min. Laurita Vaz, 6.ª Turma, j. 08.03.2022, noticiado no *Informativo* 728).

Lesão corporal seguida de morte – incidência de agravantes genéricas – possibilidade: "É possível a aplicação da agravante genérica do art. 61, II, 'c', do CP nos crimes preterdolosos, como o delito de lesão corporal seguida de morte (art. 129, § 3º, do CP). De início, nos termos do art. 61, II, 'c', do CP, são circunstâncias que sempre agravam a pena, quando não constituem ou qualificam o crime, ter o agente cometido o crime à traição, de emboscada, ou mediante dissimulação, ou outro recurso que dificultou ou tornou impossível a defesa do ofendido. De fato, apesar da existência de controvérsia doutrinária e jurisprudencial, entende-se que não há óbice legal ou incompatibilidade qualquer na aplicação da citada agravante genérica aos crimes preterdolosos. Isso porque, nos crimes qualificados pelo resultado na modalidade preterdolosa, a conduta-base dolosa preenche autonomamente o tipo legal e o resultado culposo denota mera consequência que, assim sendo, constitui elemento relevante em sede de determinação da medida da pena. Ademais, o art. 129, § 3º, do CP descreve conduta dolosa que autonomamente preenche o tipo legal de lesões corporais, ainda que dessa conduta exsurja resultado diverso mais grave a título de culpa, consistente na morte da vítima. Assim, no crime de lesão corporal seguida de morte, a ofensa intencional à integridade física da vítima constitui crime autônomo doloso, cuja natureza não se altera com a produção do resultado mais grave previsível mas não pretendido (morte), resolvendo-se a maior reprovabilidade do fato no campo da punibilidade. Além do mais, entende a doutrina que nos casos de lesões qualificadas pelo resultado, o tipo legal de crime é o mesmo (lesão corporal dolosa), não se alterando o tipo fundamental, apenas se lhe acrescentando um elemento de maior punibilidade" (STJ: REsp 1.254.749/SC, rel. Min. Maria Thereza de Assis Moura, 6.ª Turma, j. 06.05.2014, noticiado no *Informativo 541*).

Lesão corporal seguida de morte – nexo causal: "Segundo consta dos autos, o recorrente foi denunciado pela prática do crime de lesão corporal qualificada pelo resultado morte (art. 129, § 3º, do CP), porque, durante um baile de carnaval, sob efeito de álcool e por motivo de ciúmes de sua namorada, agrediu a vítima com chutes e joelhadas na região abdominal, ocasionando sua queda contra o meio-fio da calçada, onde bateu a cabeça, vindo a óbito. Ocorre que, segundo o laudo pericial, a causa da morte foi hemorragia encefálica decorrente da ruptura de um aneurisma cerebral congênito, situação clínica desconhecida pela vítima e seus familiares. O juízo singular reconheceu que houve crime de lesão corporal simples, visto que restou dúvida sobre a existência do nexo de causalidade entre a lesão corporal e o falecimento da vítima. O tribunal *a quo*, por sua vez, entendeu ter ocorrido lesão corporal seguida de morte (art. 129, § 3º, c/c o art. 61, II, *a* e *c*, do CP), sob o argumento de que a agressão perpetrada pelo recorrente contra a vítima deu causa ao óbito. Assim, a questão diz respeito a aferir a existência de nexo de causalidade entre a conduta do recorrente e o resultado morte (art. 13 do CP). Nesse contexto, a Turma, prosseguindo o julgamento, por maioria, deu provimento ao agravo regimental e ao recurso especial, determinando o restabelecimento da sentença. Conforme observou a Min. Maria Thereza de Assis Moura em seu voto-vista, está-se a tratar dos crimes preterdolosos, nos quais, como cediço, há dolo no comportamento do agente, que vem a ser notabilizado por resultado punível a título de culpa. Ademais, salientou que, nesse tipo penal, a conduta precedente que constitui o delito-base e o resultado mais grave devem estar em uma relação de causalidade, de modo que o resultado mais grave decorra sempre da ação precedente, e não de outras circunstâncias. Entretanto, asseverou que o tratamento da causalidade, estabelecido no art. 13 do CP, deve ser emoldurado pelas disposições do art. 18 do mesmo *codex*, a determinar que a responsabilidade somente se cristalize quando o resultado puder ser atribuível ao menos culposamente. Ressaltou que, embora alguém que desfira golpes contra uma vítima bêbada que venha a cair e bater a cabeça no meio-fio pudesse ter a previsibilidade objetiva do advento da morte, na hipótese, o próprio laudo afasta a vinculação da *causa mortis* do choque craniano, porquanto não aponta haver liame entre o choque da cabeça contra o meio-fio e o evento letal. *In casu*, a causa da morte foi hemorragia encefálica decorrente da ruptura de um aneurisma cerebral congênito, situação clínica de que sequer a vítima tinha conhecimento. Ademais, não houve golpes perpetrados pelo recorrente na região do crânio da vítima. Portanto, não se mostra razoável reconhecer como típico o resultado morte, imantando-o de caráter culposo. Dessa forma, restabeleceu-se a sentença de primeiro grau que desvinculou o resultado do comportamento do 'agente, que não tinha ciência da particular, e determinante, condição fisiológica da vítima'" (STJ: AgRg no REsp 1.094.758/RS, rel. originário Min. Sebastião Reis Júnior, rel. para acórdão Min. Vasco Della Giustina (Desembargador convocado do TJ/RS), 6.ª Turma, j. 1º.03.2012, noticiado no *Informativo* 492).

Lesão culposa e descrição da modalidade da culpa: "Acidente de veículo. Imputação de culpa, na modalidade de imperícia. (...) Mera referência a perda de controle do veículo. Insuficiência. Processo anulado desde a denúncia, inclusive. HC concedido para esse fim. É inepta a denúncia que, imputando ao réu a prática de lesões corporais culposas, em acidente de veículo, causado por alegada imperícia, não descreve o fato em que teria consistido" (STF: HC 86.609/RJ, Rel. Min. Cezar Peluso, 1.ª Turma, j. 06.06.2006). *No mesmo sentido*: STJ: HC 188.023/ES, rel. Min. Sebastião Reis Júnior, 6.ª Turma, j. 1º.09.2011, noticiado no *Informativo* 482.

Perigo de vida e prova pericial: "1. De acordo com o previsto no art. 168 do CPP: 'Em casos de lesões corporais, se o primeiro exame pericial tiver sido incompleto, proceder-se-á a exame complementar por determinação da autoridade policial ou judiciária, de ofício, ou a requerimento do Ministério Público, do ofendido ou do acusado, ou de seu defensor'. 2. Contudo, 'Esta Corte tem afirmado ser desnecessário o laudo complementar do art. 168, § 2º, do CPP quando se cuidar da hipótese do inciso II do § 1º do artigo 129 do CPB (perigo de vida)' (HC 110.197/ES). Precedentes. 3. No caso, constata-se dos autos que a prova técnica concluiu pelo perigo de vida decorrente da agressão sofrida, razão por que foi dado, corretamente, provimento ao apelo ministerial para se reconhecer a qualificadora do inciso II do § 1º do art. 129 do CP, não havendo falar, por isso mesmo, em constrangimento ilegal apto a ensejar a concessão da ordem" (STJ: HC 183.446/MG, rel. Min. Jorge Mussi, 5.ª Turma, j. 27.09.2011). *No mesmo sentido:* STJ: HC 110.197/ES, rel. Min. Napoleão Nunes Maia Filho, 5.ª Turma, j. 29.04.2010.

Princípio da insignificância e crime militar: "1. O princípio da insignificância é aplicável no âmbito da Justiça Militar de forma criteriosa e casuística. Precedentes. 2. Lesão corporal leve, consistente em único soco desferido pelo paciente contra outro militar, após injusta provocação deste. O direito penal não há de estar voltado à punição de condutas que não provoquem lesão significativa a bens jurídicos relevantes, prejuízos relevantes ao titular do bem tutelado ou, ainda, à integridade da ordem social" (STF: HC 95.445/DF, rel. Min. Eros Grau, 2.ª Turma, j. 02.12.2008).

Violência doméstica – exame de corpo de delito – ausência – fotografia não municiada – insuficiência de outros meios de prova – ausência de justificativa para a não realização de prova técnica – absolvição: "O exame de corpo de delito poderá, em determinadas situações, ser dispensado para a configuração de lesão corporal ocorrida em âmbito doméstico, na hipótese de subsistirem outras provas idôneas da materialidade do crime. A jurisprudência deste Tribunal possui entendimento consolidado de que a palavra da vítima detém especial importância nos crimes praticados no âmbito de violência doméstica, devido ao contexto de clandestinidade em que normalmente ocorrem. Todavia, a tese não deve ser vulgarizada a ponto de esvaziar o conteúdo normativo do art. 158 do Código de Processo Penal. Por um lado, incumbe ao Poder Judiciário responder adequadamente aos que perpetram atos de violência doméstica, a fim de assegurar a proteção de pessoas vulneráveis, conforme preconiza a Constituição Federal. Por outro, é um consectário do Estado de Direito preservar os direitos e garantias que visam a mitigar a assimetria entre os cidadãos e o Estado no âmbito do processo penal. Contudo, no caso, não havia laudo emitido por médico particular, nem testemunha que tivesse presenciado o momento das agressões. Ao revés, o exame de corpo de delito deixou de ser realizado, e as fotografias que instruem o feito não foram municiadas, a despeito de terem sido produzidas pelo irmão da vítima. Nesse sentido, verifica-se que a condenação por lesão corporal foi proferida sem a realização de exame de corpo de delito. Ademais, as provas que deveriam suprir essa deficiência consistiam em fotografia não periciada, depoimento da vítima e relato de informante que não presenciou diretamente os fatos. Com efeito, o exame de corpo de delito deixou de ser realizado e os elementos de prova restantes - fotografia não periciada, depoimento da vítima e relato de informante que não presenciou os fatos - se mostraram insuficientes para a manutenção da condenação. A absolvição é medida que se impõe diante da falta de prova técnica exigida por lei, e cuja ausência não foi adequadamente suprida, nem devidamente justificada" (STJ: AgRg no AREsp 2.078.054/DF, rel. Min. Messod Azulay Neto, 5.ª Turma, j. 23.05.2023, noticiado no *Informativo* 777).

Violência doméstica – incidência da agravante do art. 61, II, "f", do Código Penal – violência de gênero – bis in idem – não configuração: "A aplicação da agravante prevista no art. 61, II, 'f', do Código Penal, em condenação pelo delito do art. 129, § 9º, do CP, por si só, não configura *bis in idem*. Cinge-se a controvérsia à incidência da agravante do art. 61, II, 'f', do Código Penal quando adotado o rito da Lei n. 11.340/2006 (Lei Maria da Penha). A figura qualificada do crime de lesão corporal prevista no § 9º, ou a causa de aumento, § 10, e a agravante genérica não possuem o mesmo âmbito de incidência, não redundando, pois, em uma dupla punição pelo mesmo fato. A causa de aumento do § 10 do art. 129 do CP pune mais gravemente o agente que pratica a lesão corporal utilizando-se das relações familiares ou domésticas, circunstância que torna a vítima mais vulnerável ao seu agressor e também eleva as chances de impunidade do agente. Nessa hipótese, a vítima pode ser tanto homem quanto mulher, já que a ação não é movida pelo gênero do ofendido. Assim, nesse caso, há maior reprimenda em razão da violência doméstica. De outro lado, a agravante genérica prevista no art. 61, II, 'f', do CP visa punir o agente que pratica crime contra a mulher em razão de seu gênero, cometido ou não no ambiente familiar ou doméstico. Destarte, nessa alínea, prevê-se um agravamento da penalidade em razão da violência de gênero. Ou seja, a aplicação conjunta da agravante e da causa de aumento pune o agressor pela violência doméstica contra a mulher. Tanto não há *bis in idem* que o legislador inseriu novo parágrafo no art. 129 do CP (§ 13), para punir com maior severidade exatamente a lesão corporal praticada contra a mulher, em razão da condição do sexo feminino, a denotar que o § 9º não abordava essa circunstância específica. Não se olvida, contudo, que é possível cogitar-se a ocorrência de *bis in idem* em determinadas hipóteses de aplicação conjunta dos dois dispositivos em comento, como, por exemplo, quando se está diante apenas da circunstância de o crime ter sido cometido com prevalecimento das 'relações domésticas, de coabitação ou de hospitalidade'" (STJ: AgRg no REsp 1.998.980/GO, rel. Min. Joel Ilan Paciornik, 5.ª Turma, j. 08.05.2023, noticiado no *Informativo* 775). **No mesmo sentido**: REsp 2.027.794/MS, rel. Min. Jesuíno Rissato (Desembargador convocado do TJDFT), 3.ª Seção, j. 12.06.2024, noticiado no *Informativo* 816).

Capítulo III –
DA PERICLITAÇÃO DA VIDA E DA SAÚDE

○ **Introdução:** O Código Penal trata nesse capítulo, que compreende os arts. 130 a 136, dos crimes de perigo. Contrariamente ao que fez nos artigos anteriores (arts. 121 a 129 – crimes de dano), não se exige para a consumação do delito a efetiva lesão ao bem jurídico penalmente tutelado. Prescinde-se do dano. É suficiente a exposição do bem jurídico a uma probabilidade de dano. Essa bipartição dos crimes – de dano e de perigo – relaciona-se com o grau de intensidade do resultado almejado pelo agente como consequência da conduta. Com efeito, crimes de dano ou de lesão são aqueles em que somente se produz a consumação com a efetiva lesão do bem jurídico. São exemplos o homicídio e as lesões corporais (CP, arts. 121 e 129, respectivamente).

○ **Crimes de perigo:** São os que se consumam com a mera exposição do bem jurídico penalmente tutelado a uma situação de perigo, ou seja, basta a probabilidade de dano. Subdividem-se em: (**a**) **crimes de perigo abstrato, presumido** ou **de simples desobediência**: são os que se consumam, automaticamente, com a mera prática da conduta. Não se exige a comprovação da produção da situação de perigo. Ao contrário, há presunção absoluta (*iuris et de iure*) de que determinadas condutas acarretam perigo a bens jurídicos. É o caso do tráfico de drogas (Lei 11.343/2006, art. 33, *caput*); (**b**) **crimes de perigo concreto:** são aqueles que se consumam com a efetiva comprovação, no caso concreto, da ocorrência da situação de perigo. É o caso do crime de perigo de vida (CP, art. 132); (**c**) **crimes de perigo individual:** são os que atingem uma pessoa determinada ou então um número determinado de pessoas, tal como no perigo de contágio venéreo. É o que se dá com os crimes disciplinados nesse capítulo (CP, arts. 130 a 136); (**d**) **crimes de perigo comum ou coletivo:** são os que alcançam um número indeterminado de pessoas, como no caso da explosão criminosa. Estão previstos no capítulo I do Título VIII da Parte Especial do Código Penal (arts. 250 a 259); (**e**) **crimes de perigo atual:** são aqueles em que o perigo está ocorrendo, como no abandono de incapaz (CP, art. 133); (**f**) **crimes de perigo iminente:** são aqueles em que o perigo está na iminência de ocorrer; (**g**) **crimes de perigo futuro ou mediato:** são os delitos em que a situação de perigo decorrente da conduta se projeta para o futuro, como no porte ilegal de arma de fogo de uso permitido (Lei 10.826/2003, art. 14).

Perigo de contágio venéreo

Art. 130. Expor alguém, por meio de relações sexuais ou qualquer ato libidinoso, a contágio de moléstia venérea, de que sabe ou deve saber que está contaminado:

Pena – detenção, de três meses a um ano, ou multa.

§ 1º Se é intenção do agente transmitir a moléstia:

Pena – reclusão, de um a quatro anos, e multa.

§ 2º Somente se procede mediante representação.

Classificação:	Informações rápidas:
Crime próprio e de mão própria	É incompatível com a omissão.
Crime simples	A expressão "deve saber" não se refere à culpa, mas a dolo eventual. Admite tentativa.
Crime de perigo presumido ou abstrato (*caput*) ou de perigo com dolo de dano (§ 1.º)	Na qualificadora (§ 1.º) o legislador previu um **crime de perigo com dolo de dano.**
Crime comissivo	Para a consumação do crime previsto no *caput* não se exige a contaminação da vítima (se ocorrer, haverá *exaurimento*). No crime qualificado, ver consequências.
Crime forma vinculada	
Crime formal	
Crime unilateral (*regra*)	Admite concurso (*formal*) de crimes.
Crime plurissubsistente	**Ação penal:** pública condicionada (*caput* e § 1.º).
Crime instantâneo	

○ **Introdução:** O art. 130 do CP prevê duas espécies de crime de perigo de contágio venéreo, diferenciadas pelo elemento subjetivo: no *caput* encontra-se a modalidade fundamental ou crime simples. Trata-se de infração penal de menor potencial ofensivo. No § 1.º encontra-se a figura derivada ou crime qualificado (crime de médio potencial ofensivo, pois autoriza a suspensão condicional do processo, desde que presentes os demais requisitos exigidos pelo art. 89 da Lei 9.099/1995).

○ **Objeto jurídico:** O bem jurídico protegido é a incolumidade física da pessoa em sentido amplo, compreendendo a vida e a saúde.

○ **Objeto material:** É a pessoa que pratica relação sexual ou qualquer ato libidinoso com o sujeito contaminado pela doença venérea.

○ **Núcleo do tipo:** É o verbo "**expor**" – colocar alguém ao alcance de determinada situação de perigo (contaminação) mediante a prática de relações sexuais ou qualquer outro ato libidinoso capaz de contagiá-lo com a moléstia venérea. Não se admite a conduta omissiva. Há necessidade de contato físico entre o agente e a vítima. Ausente esse contato, o crime poderá ser outro (arts. 131 ou 132 do CP). **Relação sexual** é o coito, o vínculo entre duas pessoas, de sexos diferentes ou não, pela prática sexual. Engloba, além da conjunção carnal, o sexo oral e o sexo anal. **Ato libidinoso** é qualquer prática ligada à satisfação do desejo sexual. **Moléstia venérea** é toda doença que se contrai pelo contato sexual. O uso de preservativo ou de outro meio apto a impedir a transmissão da moléstia venérea exclui o crime, porém, se o agente utiliza o preservativo durante a relação sexual, mas expõe a vítima a ato libidinoso diverso e capaz de contaminá-la, como um beijo sensual, subsiste o delito.

○ **Sujeito ativo:** Trata-se de **crime próprio ou especial** – é preciso que o sujeito esteja infectado pela moléstia venérea, pouco importando seu sexo e estado civil. Sem prejuízo, é também **crime de mão própria, de atuação pessoal ou de conduta infungível** – sua autoria não pode ser delegada a outra pessoa. É incompatível com a coautoria, embora admita a participação. Se presente o erro de tipo escusável (CP, art. 20, *caput*), opera-se a exclusão do dolo e, consequentemente, da tipicidade do fato.

○ **Sujeito passivo:** Qualquer pessoa. É possível a prática do crime no âmbito do matrimônio, abrindo-se espaço para a dissolução da sociedade conjugal em consequência da conduta desonrosa e violação dos deveres do casamento por um dos cônjuges. Se a vítima não for suscetível à contaminação, seja pelo fato de já possuir a doença venérea, seja pelo fato de ser imune, estará caracterizado o crime impossível pela impropriedade absoluta do objeto material (art. 17 do CP).

○ **Elemento subjetivo:** Na modalidade simples (*caput*) é o **dolo de perigo**, que pode ser **direto** ou **eventual**. Na figura qualificada (§ 1.º), cuida-se de **crime de perigo com dolo de dano**, uma vez que o sujeito tem a intenção de transmitir a moléstia de que está contaminado, sendo dispensável a efetiva transmissão. É crime formal, consumando-se com a simples prática da relação sexual ou do ato libidinoso.

○ **Consumação:** No *caput*, o crime se consuma com a prática da relação sexual ou do ato libidinoso. A contaminação da vítima caracteriza simples exaurimento, indiferente no plano da tipicidade, mas que deve ser sopesado na dosimetria da pena-base (CP, art. 59, *caput* – "consequências do crime"). Na **figura qualificada definida pelo § 1.º**, o crime também se consuma com a prática da relação sexual ou do ato libidinoso. Se a vítima for contaminada, quatro situações distintas podem ocorrer: (a) se resultar **lesão corporal leve**, o sujeito responderá apenas pelo crime de perigo, por ser sua pena superior em abstrato à reprimenda prevista no art. 129, *caput*, do Código Penal; (b) se resultar **lesão corporal grave ou gravíssima,** responderá pelo crime tipificado no art. 129, § 1.º ou § 2.º do CP, que absorve o crime de perigo; (c) se resultar **lesão corporal seguida de morte**, responderá pelo crime definido pelo art. 129, § 3.º, do CP, que absorve o crime de perigo; e (d) se resultar a **morte da vítima (com dolo direto ou eventual)**, o sujeito responderá por homicídio doloso, simples ou qualificado, se estiver presente alguma das circunstâncias elencadas pelo art. 121, § 2.º, I a V, do CP.

○ **Concurso de crimes:** O perigo de contágio venéreo simples (CP, art. 130, *caput*) pode ser praticado em concurso formal com outros delitos, notadamente os crimes contra a liberdade sexual. É o que se dá quando alguém comete um estupro, sabendo ou devendo saber da contaminação por moléstia venérea. Deve responder pelos dois crimes. Se, entretanto, o sujeito tinha a intenção de transmitir a moléstia, responderá pelo crime qualificado e pelo crime contra a liberdade sexual, em concurso formal impróprio ou imperfeito (CP, art. 70, *caput*, *in fine*), justificado pela existência de desígnios autônomos.

○ **A questão da AIDS:** A AIDS (Síndrome da Imunodeficiência Adquirida), doença fatal e incurável, não é moléstia venérea, uma vez que pode ser transmitida por formas diversas da relação sexual e dos atos libidinosos. Se um portador do vírus HIV, consciente da letalidade da moléstia, efetua intencionalmente com terceira pessoa ato libidinoso que transmite a doença, matando-a, responde por homicídio doloso consumado. E, se a vítima não falecer, a ele deve ser imputado o crime de homicídio tentado. Não há falar no crime de perigo de contágio venéreo (CP, art. 130), uma vez que o dolo do agente dirige-se à morte da vítima. É a nossa posição. Para o Supremo Tribunal Federal, contudo, não comete homicídio (consumado ou tentado) o sujeito que, tendo ciência da doença (AIDS) e, deliberadamente, oculta-a de seus parceiros, mantém relações sexuais sem preservativo. A Corte, todavia, limita-se a afastar o crime doloso contra a vida, sem concluir peremptoriamente acerca da tipicidade do delito efetivamente cometido (perigo de contágio venéreo ou lesão corporal gravíssima pela enfermidade incurável).

○ **Doenças sexualmente transmissíveis e crimes contra a dignidade sexual:** Nos termos do art. 234-A, inciso IV, do CP, os crimes contra a dignidade sexual terão a pena aumentada de 1/3 a 2/3, se o agente transmite à vítima doença sexualmente transmissível que sabe ou deveria ser portador. É vedada a incidência da majorante na hipótese em que o sujeito não tinha motivos legítimos para desconfiar da sua condição de portador da doença sexualmente transmissível, sob pena de consagração da responsabilidade penal objetiva.

○ **Tentativa:** É cabível, tanto no *caput* como no § 1.º.

○ **Ação Penal:** É pública condicionada à representação (CP, art. 130, § 2.º), na figura simples e também na forma qualificada.

○ **Lei 9.099/1995:** cabe conciliação e transação (arts. 72 a 74 e art. 76) no caso do *caput*; em ambos os casos (*caput* e § 1.º), admite-se a suspensão condicional do processo (art. 89).

○ **Jurisprudência selecionada:**

AIDS e tentativa de homicídio – impossibilidade: "Moléstia Grave. Transmissão. HIV. Crime doloso contra a vida *versus* o de transmitir doença grave. Descabe, ante previsão expressa quanto ao tipo penal, partir-se para o enquadramento de ato relativo à transmissão de doença grave como a configurar crime doloso contra a vida" (STF: HC 98.712/SP, Rel. Min. Marco Aurélio, 1.ª Turma, j. 05.10.2010).

AIDS e tentativa de homicídio – possibilidade: "*Habeas corpus*. Tentativa de homicídio. Portador vírus da aids. Desclassificação. Artigo 131 do código penal. 1. Em havendo dolo de matar, a relação sexual forçada e dirigida à transmissão do vírus da AIDS é idônea para a caracterização da tentativa de homicídio. 2. Ordem denegada" (STJ: HC 9.378/RS, Rel. Min. Hamilton Carvalhido, 6.ª Turma, j. 18.10.1999).

Perigo de contágio de moléstia grave

Art. 131. Praticar, com o fim de transmitir a outrem moléstia grave de que está contaminado, ato capaz de produzir o contágio:

Pena – reclusão, de um a quatro anos, e multa.

Classificação:	Informações rápidas:
Crime formal	*A moléstia venérea grave (incurável ou não)* **não pode** ter sido transmitida por relação sexual ou de ato libidinoso *(nesse caso, ver art. 130)*.
Crime de forma livre	
Crime próprio	
Crime comissivo *(regra)*	Não admite dolo eventual nem modalidade culposa.
Crime unissubjetivo *(regra)*	A tentativa é possível somente quando o crime for plurissubsistente.
Crime instantâneo	
Crime unissubsistente ou plurissubsistente	Admite concurso *(formal)* de crimes.
Crime de dano	**Ação penal:** pública incondicionada.
	Admite *sursis* processual.

○ **Objeto jurídico:** Tutelam-se a vida e a saúde do ser humano.

○ **Objeto material:** É a pessoa submetida à conduta apta a produzir o contágio de moléstia grave.

○ **Núcleo do tipo:** O núcleo do tipo é "praticar". Admite qualquer meio de execução dotado de capacidade para transmitir a moléstia grave, que pode ser **direto**, relativo ao contato físico, ou **indireto**, referente ao uso de objetos em geral. *Moléstia grave é qualquer enfermidade que acarreta séria perturbação da saúde. A moléstia venérea, se grave, pode enquadrar-se no crime em análise, desde que o perigo de contágio não ocorra em razão de relação sexual ou de ato libidinoso.*

○ **Sujeito ativo:** Trata-se de *crime próprio*, pois o sujeito ativo deve estar contaminado pela moléstia grave.

○ **Sujeito passivo:** Qualquer pessoa, inclusive a portadora de moléstia grave, pois a contaminação pode ser agravada, ou então é possível seja a vítima infectada por nova enfermidade.

○ **Elemento subjetivo:** Consiste no **dolo direto** de expor a vítima ao perigo de contágio da moléstia grave. Não se admite a figura culposa.

○ **Consumação:** Consuma-se no momento da prática do ato capaz de produzir o contágio, independentemente da efetiva transmissão. Ao efetivar-se a transmissão da moléstia grave, quatro situações podem ocorrer: (a) se resultar **lesão corporal leve** (CP, art. 129, *caput*), este crime será absorvido pelo perigo de contágio de moléstia grave, por se tratar de mero exaurimento e, além disso, constitui-se em crime de dano com pena inferior à do delito de perigo; (b) se resultar **lesão corporal grave ou gravíssima**, o agente responde somente por este crime (CP, 129, § 1.º ou § 2.º), crime de dano mais grave do que o crime de perigo; (c) se resultar **culposamente a morte da vítima**, estará configurado o crime de lesão corporal seguida de morte (CP, art. 129, § 3.º); e (d) se resultar dolosamente a morte da vítima, em decorrência da gravidade da moléstia pela qual foi contaminada, ao agente deve ser imputado o crime de homicídio doloso. Nessa hipótese, será possível a tentativa, pois o agente quis ou assumiu o risco de matar o ofendido.

○ **Tentativa:** É possível, quando a conduta for composta de diversos atos (crime plurissubsistente). Destarte, incabível o *conatus* quando a conduta for praticada por um único ato (crime unissubsistente).

○ **Concurso de crimes:** Se em decorrência da contaminação pela moléstia grave é também provocada epidemia, o sujeito responde pelos crimes dos arts. 131 e 267 do Código Penal, em concurso formal.

○ **Ação penal:** É pública incondicionada.

○ **Lei 9.099/1995:** Em face da pena mínima cominada em abstrato, esse crime admite a suspensão condicional do processo.

Perigo para a vida ou saúde de outrem

> **Art. 132.** Expor a vida ou a saúde de outrem a perigo direto e iminente:
>
> Pena – detenção, de três meses a um ano, se o fato não constitui crime mais grave.
>
> Parágrafo único. A pena é aumentada de um sexto a um terço se a exposição da vida ou da saúde de outrem a perigo decorre do transporte de pessoas para a prestação de serviços em estabelecimentos de qualquer natureza, em desacordo com as normas legais.

Classificação:	Informações rápidas:
Crime de perigo concreto Crime comum Crime de forma livre Crime doloso, simples Crime instantâneo Crime unissubsistente ou plurissubsistente Crime unissubjetivo *(regra)* Crime comissivo ou omissivo e expressamente subsidiário	O dolo de perigo, direto ou eventual. O consentimento do ofendido é irrelevante (bem jurídico indisponível). Não admite modalidade culposa. A tentativa é possível somente na modalidade comissiva. Não admite concurso formal de crime em virtude do caráter subsidiário do crime. **Disparo de arma de fogo:** Lei 10.826/2003 (Estatuto do Desarmamento). **Ação penal:** pública incondicionada.

○ **Objeto jurídico:** O tipo penal protege a vida e a saúde da pessoa humana.

○ **Objeto material:** É a pessoa que tem sua vida ou sua saúde exposta a perigo direto e iminente.

○ **Núcleo do tipo:** O núcleo do tipo é **expor**. E "expor alguém a perigo" significa submeter uma pessoa à situação em que o dano à sua saúde é de provável ocorrência. Trata-se de delito de ação livre, pois admite qualquer meio de execução, comissivo ou omissivo. Trata-se de **crime de perigo concreto**, pois não basta a prática da conduta ilícita. É necessário ficar provado que em razão do comportamento do agente a vítima teve sua vida ou sua saúde submetida a risco de lesão. **Perigo direto** é o que alcança pessoa ou pessoas certas e determinadas. Por sua vez, **perigo iminente** é o capaz de danificar imediatamente a vida ou a saúde do ofendido.

○ **Sujeito ativo:** Qualquer pessoa.

○ **Sujeito passivo:** Qualquer pessoa, desde que certa e determinada, independentemente de qualquer ligação com o autor.

○ **Elemento subjetivo:** É o **dolo de perigo**, direto ou eventual. O sujeito quer ou assume o risco de expor a vida ou a saúde de outrem a uma situação de perigo concreto. Não se admite a modalidade culposa.

○ **Consumação:** Dá-se no instante em que ocorre a produção do perigo concreto para a vítima.

○ **Tentativa:** É possível, somente na modalidade comissiva.

○ **Subsidiariedade expressa:** Trata-se de hipótese de subsidiariedade expressa, pois ao sujeito somente será imputado esse delito "se o fato não constitui crime mais grave". Diante disso, não incide o instituto do concurso formal. Estará configurado crime único quando, com uma só conduta, o agente expuser várias pessoas ao perigo.

○ **Perigo para a vida ou saúde de outrem e disparo de arma de fogo:** Em razão da subsidiariedade, tal conduta enquadra-se no art. 15 da Lei 10.826/2003 – Estatuto do Desarmamento, com pena mais grave (reclusão, de 2 a 4 anos, e multa).

○ **Causa de aumento de pena:** A pena será aumentada de 1/6 (um sexto) a 1/3 (um terço) se a exposição da vida ou da saúde de outrem a perigo decorre do transporte de pessoas para a prestação de serviços em estabelecimentos de qualquer natureza, em desacordo com as normas legais. Trata-se de causa de aumento de pena inerente à **segurança viária**, ou seja, é crime de trânsito localizado no Código Penal. Sua principal finalidade é punir mais severamente o transporte de "boias-frias" sem as cautelas necessárias. Nada obstante, o transporte pode ser efetuado para empresas, públicas ou privadas, ou propriedades de qualquer natureza (sítios ou fazendas, fábricas, lojas, empresas em geral etc.).

○ **Ação penal:** Pública incondicionada.

○ **Lei 9.099/1995:** Esse crime ingressa no rol das infrações penais de menor potencial ofensivo, em face do limite máximo da pena privativa de liberdade cominada pelo legislador. Admite a transação penal, se presentes os requisitos legais, e segue o rito sumaríssimo previsto nos arts. 77 e seguintes.

○ **Estatuto da Pessoa Idosa:** Quando a vítima for pessoa idosa e a conduta encontrar correspondência no art. 99 da Lei 10.741/2003, restará afastado o art. 132 do Código Penal (princípio da especialidade).

Abandono de incapaz

Art. 133. Abandonar pessoa que está sob seu cuidado, guarda, vigilância ou autoridade, e, por qualquer motivo, incapaz de defender-se dos riscos resultantes do abandono:

Pena – detenção, de seis meses a três anos.

§ 1º Se do abandono resulta lesão corporal de natureza grave:

Pena – reclusão, de um a cinco anos.

§ 2º Se resulta a morte:

Pena – reclusão, de quatro a doze anos.

Aumento de pena

§ 3º As penas cominadas neste artigo aumentam-se de um terço:

I – se o abandono ocorre em lugar ermo;

II – se o agente é ascendente ou descendente, cônjuge, irmão, tutor ou curador da vítima;

III – se a vítima é maior de 60 (sessenta) anos.

Classificação:	Informações rápidas:
Crime próprio	O consentimento do ofendido é irrelevante (bem jurídico
Crime instantâneo de efeitos permanentes	indisponível e consentimento inválido do incapaz).
Crime de forma livre	A incapacidade prevista no tipo penal não se confunde
Crime de perigo concreto	com a civil.
Crime comissivo ou omissivo	Não admite modalidade culposa.
Crime unissubjetivo (regra)	A tentativa é possível somente na modalidade comissiva.
Crime unissubsistente ou plurissubsistente	Não é compatível com a forma omissiva.
(conforme o caso)	**Ação penal:** pública incondicionada.
	Figuras qualificadas: hipóteses preterdolosas.

○ **Introdução:** O *caput* define a modalidade simples do abandono de incapaz. Cuida-se de crime de médio potencial ofensivo. Os §§ 1.º e 2.º elencam qualificadoras, em virtude da superveniência de um resultado agravador: lesão corporal grave ou morte. Na primeira espécie – abandono de incapaz qualificado pela lesão corporal grave –, e somente nela, também é possível a suspensão condicional do processo (art. 89 da Lei 9.099/1995). Finalmente, o § 3.º elenca causas de aumento da pena.

○ **Objeto jurídico:** Tutelam-se a vida, a saúde e a segurança da pessoa humana.

○ **Objeto material:** É a pessoa incapaz de defender-se dos riscos resultantes do abandono.

○ **Núcleo do tipo:** "**Abandonar**" traduz a ideia de desamparar, descuidar. O abandono é físico, no sentido de deixar o incapaz sozinho, sem a devida assistência. O abandono deve ser **real**: depende de separação física, distanciamento entre o responsável e o incapaz. Em qualquer caso (ação ou omissão), há de ser provado o perigo efetivo para a vítima em decorrência da conduta criminosa. Inexiste crime quando o incapaz é quem abandona seu protetor. Se a finalidade do abandono do incapaz for ocultar desonra própria, e tratando-se a vítima de recém-nascido, o crime será o de exposição ou abandono de recém-nascido (CP, art. 134).

○ **Sujeito ativo:** É somente a pessoa que possui o dever de zelar pela vida, pela saúde ou pela segurança da vítima. Cuida-se de **crime próprio**, pois apenas pode ser praticado por aquele que tem o incapaz sob seu cuidado, guarda, vigilância ou autoridade. Destarte, é imprescindível a especial vinculação entre os sujeitos do delito, caracterizada pela relação jurídica estabelecida entre o agente e a vítima. **Cuidado** é a assistência eventual. **Guarda** é a assistência duradoura. **Vigilância** é a assistência acauteladora. Envolve pessoas normalmente capazes, mas que não podem se defender em razão de situações excepcionais. **Autoridade** é a relação de superioridade, de direito público ou de direito privado, para emitir ordens em face de outra pessoa.

○ **Sujeito passivo:** É o incapaz de defender-se dos riscos resultantes do abandono e que estava sob a guarda, cuidado, vigilância ou autoridade do sujeito ativo.

○ **Elemento subjetivo:** É o dolo de perigo, direto ou eventual. Não se admite a modalidade culposa.

○ **Consumação:** No momento do abandono, desde que daí resulte perigo concreto. O crime é instantâneo de efeitos permanentes, pois se consuma em um momento determinado, mas seus efeitos se arrastam no tempo, persistindo enquanto o incapaz não for devidamente assistido.

○ **Tentativa:** É possível na modalidade comissiva, exclusivamente.

○ **Ação penal:** A ação penal é pública incondicionada, em todas as espécies criminosas.

○ **Lei 9.099/1995:** No *caput* e no § 1.º, o abandono de incapaz constitui-se em crime de médio potencial ofensivo, pois sua pena mínima autoriza a suspensão condicional do processo. No § 2.º, cuida-se de crime de elevado potencial ofensivo, incompatível com os benefícios previstos pela Lei 9.099/1995.

○ **Figuras qualificadas:** A expressão lesão corporal de natureza grave (§ 1.º) foi utilizada em sentido amplo, para abranger tanto as lesões corporais graves (CP, art. 129, § 1.º) como as lesões corporais gravíssimas (CP, art. 129, § 2.º). São crimes qualificados pelo resultado e estritamente preterdolosos, conclusão que se extrai da análise das penas cominadas em abstrato. Por corolário, se o sujeito agiu com dolo de dano, a ele deve ser imputado o crime mais grave: lesão corporal grave ou gravíssima ou homicídio. A lesão corporal leve fica absorvida pelo abandono de incapaz, por se tratar de crime de dano com pena inferior à do crime de perigo.

○ **Causas de aumento de pena:** O § 3.º *elenca três causas que aumentam a pena em 1/3 (um terço):* (a) se o abandono ocorre em lugar ermo: Local habitual ou eventualmente solitário. Justifica-se o aumento pela maior dificuldade proporcionada ao incapaz para encontrar socorro (inciso I); (b) se o agente é ascendente ou descendente, cônjuge, irmão, tutor ou curador da vítima: fundamenta-se o aumento na maior reprovabilidade da conduta praticada quando presentes laços de parentesco ou de maior proximidade entre o autor e a vítima, os quais devem ser provados, e jamais presumidos (inciso II); (c) se a vítima é maior de 60 (sessenta) anos. Esta causa de aumento de pena foi inserida no CP pela Lei 10.741/2003 – Estatuto da Pessoa Idosa, em razão do número cada vez maior de pessoas idosas abandonadas por parentes na fase de suas vidas em que mais necessitam de cuidado e proteção.

○ **Abandono de incapaz e Estatuto da Pessoa com Deficiência:** O art. 90 da Lei 13.146/2015 – Estatuto da Pessoa com Deficiência – prevê uma modalidade especial de abandono de incapaz: "Art. 90. Abandonar pessoa com deficiência em hospitais, casas de saúde, entidades de abrigamento ou congêneres: Pena – reclusão, de 6 (seis) meses a 3 (três) anos, e multa. Parágrafo único. Na mesma pena incorre quem não prover as necessidades básicas de pessoa com deficiência quando obrigado por lei ou mandado."

- **Abandono de incapaz e Lei Henry Borel:** O art. 26 da Lei 14.344/2022, conhecida como "Lei Henry Borel", incrimina a falta de comunicação à autoridade pública da prática de abandono de incapaz: "Art. 26. Deixar de comunicar à autoridade pública a prática de violência, de tratamento cruel ou degradante ou de formas violentas de educação, correção ou disciplina contra criança ou adolescente ou o abandono de incapaz: Pena – detenção, de 6 (seis) meses a 3 (três) anos. § 1º A pena é aumentada de metade, se da omissão resulta lesão corporal de natureza grave, e triplicada, se resulta morte. § 2º Aplica-se a pena em dobro se o crime é praticado por ascendente, parente consanguíneo até terceiro grau, responsável legal, tutor, guardião, padrasto ou madrasta da vítima."

- **Jurisprudência selecionada:**

  Abandono de incapaz com resultado morte – dever de assistência – assunção fática da posição de garantidor – atipicidade penal não configurada de plano – necessidade de prosseguimento da ação penal: "(...) Trata-se de pedido de trancamento de ação penal sob fundamento do comprometimento do matricial dever de assistência, a improbabilidade do perigo decorrente da omissão e a imprevisibilidade objetiva do resultado culposo. Para análise da isenção da responsabilidade penal imputando o comprometimento do dever de assistência em virtude do comportamento da própria vítima deve-se compreender a complexa estrutura normativa desses tipos penais omissivos próprios e impróprios. Sucintamente, a posição de garante, ao qual é imposto o dever de impedir o resultado, tem suas hipóteses descritas nas alíneas do art. 13, § 2º, do Código Penal. Evidentemente, o dever geral de proteção previsto no artigo 227 da Constituição Federal e reforçado no artigo 70 da Lei n. 8.069/1990 (Estatuto da Criança e do Adolescente – ECA) se traduz numa norma de conteúdo programático e não se amolda à alínea a do art. 13, § 2º, do Código Penal. Esse dever geral não é compatível com a especial relação disposta no delito de abandono de incapaz, que exige um dever de assistência decorrente de cuidado, guarda, vigilância ou autoridade entre os sujeitos ativo e passivo. Ao reverso, esses dispositivos representam mais um objetivo mirado pelo constituinte, que impõem principalmente ao Poder Público uma atuação orientada com a finalidade de proteger os interesses das crianças e adolescentes, em virtude da sua peculiar condição de pessoas em desenvolvimento. Obviamente, esse dever de alguma forma também é atribuído à sociedade, porém, não na acepção especial como a prevista na elementar do delito em questão, mas como um dever genérico, que pode se amoldar em outra infração penal, como na omissão de socorro, por exemplo. No presente caso, o dever de assistência, que integra o tipo, adviria da assunção fática da posição de garante, nos precisos termos da alínea 'b' do dispositivo supracitado. A esse respeito, não obstante a adoção da teoria formal pelo Código Penal – prevista no art. 13, § 2º, do CP –, a doutrina cuidou de reavaliar o instituto através de critérios materiais, pois aquelas não atendem suficientemente ao princípio da legalidade, nem são capazes de retratar todas as hipóteses geradoras de uma posição de garantidor. Dessa forma, inserida no contexto de especial posição de defesa de certos bens jurídicos, assentou-se que dela faz parte a 'assunção, por parte de alguém, de uma função protetiva unilateral ou bilateral, que independentemente de um contrato formal, conduza a que se lhe confie a proteção do bem jurídico'. Relativamente a essa hipótese de assunção do encargo, reputa-se indispensável, evidentemente, a voluntariedade e a consciência do dever assumido. Veja-se, também, que da assunção decorre uma expectativa, uma confiança de que haverá por parte do garantidor a efetiva assistência ao incapaz. Efetivamente, a assunção fática deve ser expressa, verbalmente aferível, ou demonstrada pela exteriorização do comportamento da pessoa que efetivamente assume a responsabilidade de resguardar o incapaz dos prováveis perigos e lesões a que estará submetido se sozinho estiver. Indubitável que a assunção da posição de garantidor não será irrestrita; terá seus limites definidos pelo contexto de proteção aos quais aderiu a pessoa que se dispôs a servir como responsável pela elisão do risco/resultado. Na macro perspectiva do *mandamus*, o aspecto que desponta como mais relevante é a tenra idade da criança (cinco anos ao tempo do fato), de forma a ser razoável deduzir que, nas circunstâncias reveladas pela investigação, se o infante logrou se subtrair da assistência, a omissão penalmente relevante já estaria configurada de *per si* porque a paciente, presumivelmente, não agira com a necessária cautela e com a abnegação que lhe era devida. De toda sorte, em casos desse peculiar jaez (criança de pouca idade), se e enquanto o cuidado, guarda, vigilância ou autoridade estiverem comprometidos pela fuga inevitável do incapaz, não haverá se atribuir ao garantidor os riscos do período em que o sujeito passivo permaneceu desassistido. No entanto, as nuances que definirão esse lapso temporal atípico deverão ser objeto de cautelosa, sensível e detalhada instrução probatória, pois não restará configurado o delito omissivo quando demonstrado que a pessoa à qual se atribui a obrigação de evitar o resultado não tinha condições de agir para impedi-lo. Portanto, da análise perfunctória consentânea à via estreita do *habeas corpus*, não se vislumbra inequívoca atipicidade da conduta irrogada à paciente. Ademais, com esteio nos fatos descritos na denúncia, teoricamente, é possível identificar na exordial acusatória as situações ensejadoras do perigo concreto: 1) a tenra idade da vítima (absolutamente incapaz de defender-se de quaisquer situações de perigo que se apresentassem à sua frente); 2) a falta de familiaridade com o local; 3) a incapacidade de determinar o correto curso do elevador, tendo em vista que acionou diversos botões aleatoriamente, exceto o que o levaria ao encontro de sua genitora, no pavimento térreo. Com efeito, a complexidade dos fatos e da adequação típica das condutas a eles, na conformidade da plausível articulação de juízos normativos preliminares da denúncia implicam a conveniência da instrução probatória" (STJ: RHC 150.707/PE, rel. Min. João Otávio de Noronha, rel. p/ acórdão Min. Joel Ilan Paciornik, 5.ª Turma, j. 15.02.2022, noticiado no *Informativo* 725).

Exposição ou abandono de recém-nascido

Art. 134. Expor ou abandonar recém-nascido, para ocultar desonra própria:

Pena – detenção, de seis meses a dois anos.

§ 1º Se do fato resulta lesão corporal de natureza grave:

Pena – detenção, de um a três anos.

§ 2º Se resulta a morte:

Pena – detenção, de dois a seis anos.

Classificação:	Informações rápidas:
Crime de perigo concreto	O crime é uma forma privilegiada do abandono de incapaz (CP, art. 133) cometido por motivo de honra.
Crime doloso	
Crime próprio	Tipo penal aberto: o elemento normativo é "para ocultar desonra própria" (prostituta não pode ser sujeito ativo desse crime nem marido que abandona filho adulterino).
Crime comissivo ou omissivo	
Crime de forma livre	
Crime unissubjetivo *(regra)*	
Crime instantâneo de efeitos permanentes	Não se pune a modalidade culposa.
Crime unissubsistente ou plurissubsistente	A tentativa é possível somente quando praticado por ação (crime comissivo).
	Qualificadoras: hipóteses preterdolosas.
	Ação penal: pública incondicionada.

○ **Introdução:** Esse delito representa uma figura privilegiada do abandono de incapaz (CP, art. 133) cometido por motivo de honra. Nada obstante estejam definidos por tipos penais autônomos, o abandono de incapaz é o crime fundamental, do qual deriva o tipo da exposição ou abandono de recém-nascido.

○ **Objeto jurídico:** Tutelam-se a vida e a saúde da pessoa humana.

○ **Objeto material:** É o recém-nascido atingido pela conduta criminosa.

○ **Núcleos do tipo:** O tipo penal contém dois núcleos: "expor" e "abandonar". **Expor** equivale a transferir a vítima para lugar diverso daquele em que lhe é prestada a assistência; **abandonar** significa desamparar a vítima no tocante aos cuidados necessários.

○ **Elemento normativo:** O crime há de ser praticado **"para ocultar desonra própria". A honra aqui tratada é a de natureza sexual, a boa fama e a reputação que desfruta o autor ou a autora pelo seu comportamento decente e pelos bons costumes.** O tipo penal pressupõe que o nascimento da criança deve ter sido sigiloso, no sentido de não ter chegado ao conhecimento de estranhos. A repetição do fato impede o reconhecimento do privilégio. Uma ação penal anterior por exposição de recém-nascido acarreta a impossibilidade de sustentar, quanto ao segundo crime, a ocultação de uma honra que a pessoa não mais possui.

○ **Sujeito ativo:** Trata-se de **crime próprio** ou **especial**. Somente pode ser cometido pela mãe que concebeu o filho de forma irregular e, ainda, pelo pai adulterino. Veja, portanto, que esse crime não é exclusivo da mãe, podendo ser praticado também pelo pai. O crime em análise é compatível com o concurso de pessoas.

○ **Sujeito passivo:** É o recém-nascido.

○ **Elemento subjetivo:** É o dolo direto. Além disso, exige-se ainda um especial fim de agir: "para ocultar desonra própria". Não se pune a modalidade culposa.

○ **Consumação:** Dá-se no momento em que a vítima é submetida ao perigo concreto.

○ **Tentativa:** É possível, somente quando se tratar de crime comissivo.

○ **Figuras qualificadas:** A expressão lesão corporal de natureza grave (§ 1.º) foi utilizada em sentido amplo, para abranger tanto as lesões corporais graves (CP, art. 129, § 1.º) como as lesões corporais gravíssimas (CP, art. 129, § 2.º). São crimes qualificados pelo resultado e estritamente **preterdolosos.** Se o sujeito agiu com dolo de dano (*animus laedendi* para as lesões corporais, *animus necandi* ou *occidendi* para a morte), a ele deve ser imputado o crime mais grave: lesão corporal grave ou gravíssima, infanticídio (se presente o estado puerperal) ou homicídio. A lesão corporal leve fica absorvida pelo abandono de incapaz, por se tratar de crime de dano com pena inferior à do crime de perigo.

○ **Ação penal:** A ação penal é pública incondicionada, em todas as formas criminosas.

○ **Lei 9.099/1995:** No *caput* está descrita uma infração penal de menor potencial ofensivo. Admite transação penal e obedece ao procedimento sumaríssimo disciplinado pelos arts. 77 e seguintes desta Lei.

Omissão de socorro

> **Art. 135.** Deixar de prestar assistência, quando possível fazê-lo sem risco pessoal, à criança abandonada ou extraviada, ou à pessoa inválida ou ferida, ao desamparo ou em grave e iminente perigo; ou não pedir, nesses casos, o socorro da autoridade pública:
>
> Pena – detenção, de um a seis meses, ou multa.
>
> Parágrafo único. A pena é aumentada de metade, se da omissão resulta lesão corporal de natureza grave, e triplicada, se resulta a morte.

Classificação:	Informações rápidas:
Crime comum	A lei não reserva discricionariedade ao agente: se tiver condi-
Crime omissivo próprio ou puro	ções para socorrer diretamente a vítima, deve fazê-lo (mas, se
Crime de perigo abstrato ou de perigo	não puder fazê-lo, deve solicitar auxílio à autoridade pública).
concreto	Omissão de socorro e vítima idosa: incide o crime tipificado
Crime de forma livre	pelo art. 97 da Lei 10.741/2003 (Estatuto da Pessoa Idosa).
Crime unissubjetivo (*regra*)	Morte instantânea: impede a caracterização do crime.
Crime unissubsistente	Não admite modalidade culposa.
Crime instantâneo	Pelo fato de ser crime omissivo próprio ou puro, não admite
	tentativa.
	As causas de aumento se referem a hipóteses **preterdolosas.**

○ **Objeto jurídico:** A lei penal protege imediatamente a vida e a saúde da pessoa humana. Também tutela, mediatamente, a solidariedade humana.

○ **Objeto material:** É a pessoa a quem o agente deixa injustificadamente de prestar socorro.

○ **Núcleos do tipo:** **"Deixar de prestar assistência"** significa não socorrer quem se encontra em perigo. **"Não pedir"**, por sua vez, equivale a deixar de solicitar auxílio da autoridade pública para socorrer quem está em perigo. O agente, inicialmente, se puder fazê-lo sem risco pessoal, deve prestar socorro à vítima. Somente e quando não tiver condições de prestar diretamente o socorro, em face de risco pessoal, deve pedir o auxílio da autoridade pública. Cuida-se de típica hipótese de **crime omissivo próprio ou puro**, pois a omissão está descrita diretamente no tipo penal.

○ **Elemento normativo do tipo:** É representado pela expressão "quando possível fazê-lo sem risco pessoal". Não poderia a lei impor a alguém a prestação de socorro mediante a criação de risco fundado para sua integridade corporal. Quando presente o risco pessoal, o sujeito deve pedir socorro à autoridade pública, porque esta tem o dever legal de enfrentar o perigo (CP, art. 13, § 2.°, *a*, e art. 24, § 1.°). Em face desse critério hierárquico, o crime de omissão de socorro pode ser cometido de duas maneiras diversas: **(1.ª) Falta de assistência imediata:** o agente pode prestar socorro, sem risco pessoal, mas deliberadamente não o faz. **(2.ª) Falta de assistência mediata:** o sujeito não pode prestar pessoalmente o socorro, mas também não solicita o auxílio da autoridade pública. É cabível inclusive a **omissão de socorro virtual**, como na hipótese em que o sujeito percebe, durante uma chamada de vídeo, que seu interlocutor, residente em outra cidade, começa a passar mal e vem a desmaiar, mas ele permanece inerte, deixando de pedir socorro à autoridade pública.

○ **Sujeito ativo:** Pode ser cometido por qualquer pessoa, mesmo que não tenha o dever de prestar assistência. Se várias pessoas negam a assistência, todas respondem pelo crime.

○ **Omissão médica:** O crime de omissão de socorro pode ser praticado por um médico ao deixar de atender uma vítima necessitada. Igual raciocínio se aplica à enfermeira e a secretária do hospital que recusa o pronto atendimento médico.

○ **Sujeito passivo:** São elas: criança abandonada, criança extraviada, pessoa inválida e ao desamparo, pessoa ferida e ao desamparo, e pessoa em grave e iminente perigo. Vejamos:

a) Criança abandonada: é a pessoa com idade inferior a 12 anos (Lei 8.069/1990 – Estatuto da Criança e do Adolescente, art. 2.°) que foi intencionalmente deixada em algum lugar por quem devia exercer sua vigilância, e por esse motivo não pode prover sua própria subsistência.

b) Criança extraviada: é a pessoa com idade inferior a 12 anos que está perdida, isto é, não sabe retornar por conta própria ao local em que reside ou possa encontrar resguardo e proteção.

c) Pessoa inválida e ao desamparo: invalidez é a característica inerente à pessoa que não pode, por conta própria, praticar os atos cotidianos de um ser humano. Pode advir de problema físico ou mental. Mas não basta a invalidez. Exige-se ainda esteja a pessoa ao desamparo, isto é, incapacitada para se livrar por si só da situação de perigo.

d) Pessoa ferida e ao desamparo: é aquela que sofreu lesão corporal, não necessariamente grave, acidentalmente ou provocada por terceira pessoa. É imprescindível que também se encontre ao desamparo, ou seja, impossibilitada de afastar o perigo por suas próprias forças.

e) Pessoa em grave e iminente perigo: o perigo deve ser sério e fundado, apto a causar um mal relevante em curto espaço de tempo. Não é necessário seja a vítima inválida, nem que esteja ferida.

○ **Omissão de socorro e resistência da vítima:** Subsiste o crime de omissão de socorro quando a vítima recusa a assistência de terceiro. Desaparecerá o delito, todavia, quando a resistência da vítima impossibilitar a prestação de socorro.

○ **Classificação do perigo com base na condição da vítima:** Nas hipóteses de criança abandonada, criança extraviada, pessoa inválida e pessoa ferida, ambas ao desamparo, o crime de omissão de socorro classifica-se como de **perigo abstrato ou presumido**. Se a vítima, no caso concreto, encaixar-se em alguma dessas situações, e o agente deixar de a ela prestar assistência, presume-se de forma absoluta (*iuris et de iure*) a ocorrência do perigo, não se admitindo prova em contrário. Por sua vez, na hipótese de pessoa em grave e iminente perigo o crime é de **perigo concreto**.

○ **Omissão de socorro e vítima idosa:** Em caso de omissão de socorro envolvendo vítima idosa, é dizer, pessoa com idade igual ou superior a 60 (sessenta) anos, incide o crime tipificado pelo art. 97 da Lei 10.741/2003 – Estatuto da Pessoa Idosa.

○ **Omissão de socorro e morte instantânea:** Não há crime de omissão de socorro quando alguém deixa de prestar assistência a pessoa manifestamente morta.

○ **Elemento subjetivo:** É o dolo de perigo, direto ou eventual. Não se admite a modalidade culposa.

○ **Consumação:** Consuma-se o crime no momento da omissão, daí advindo o perigo presumido ou concreto, conforme o caso.

○ **Tentativa:** Tratando-se de **crime omissivo próprio ou puro**, não se admite o *conatus*.

○ **Causa de aumento de pena:** A pena prevista no *caput* é aumentada de metade, se da omissão resulta lesão corporal de natureza grave, e triplicada, se resulta a morte.

○ **Omissão de socorro e Código de Trânsito Brasileiro:** O art. 304 da Lei 9.503/1997 faz menção ao condutor do veículo que, na ocasião do sinistro, deixa de prestar imediato socorro à vítima. Esse dispositivo será aplicável unicamente ao condutor de veículo que, **agindo sem culpa**, se envolva em sinistro e não socorra imediatamente a vítima. Por sua vez, o crime de omissão de socorro tipificado pelo art. 135 do Código Penal será aplicável aos condutores de veículos automotores não envolvidos no sinistro, bem como a qualquer outra pessoa que deixar de prestar socorro à vítima que se encontrar em alguma das situações por ele indicadas. Note-se também que o crime delineado pelo art. 304 da Lei 9.503/1997 é **expressamente subsidiário**.

○ **Omissão de socorro e Estatuto da Criança e do Adolescente:** O art. 244-C da Lei 8.069/1990– Estatuto da Criança e do Adolescente – contempla um crime relacionado à omissão de socorro de pessoa menor de 18 anos, cometido pelo seu pai, mãe ou responsável legal: "Art. 244-C. Deixar o pai, a mãe ou o responsável legal, de forma dolosa, de comunicar à autoridade pública o desaparecimento de criança ou adolescente: Pena – reclusão, de 2 (dois) a 4 (quatro) anos, e multa".

○ **Omissão de socorro e Lei Henry Borel:** O art. 26 da Lei 14.344/2022, conhecida como "Lei Henry Borel", prevê uma modalidade específica de omissão de socorro, relacionada à falta de comunicação, à autoridade pública, da prática de violência contra criança ou adolescente, ou o abandono de incapaz: "Art. 26. Deixar de comunicar à autoridade pública a prática de violência, de tratamento cruel ou degradante ou de formas violentas de educação, correção ou disciplina contra criança ou adolescente ou o abandono de incapaz: Pena – detenção, de 6 (seis) meses a 3 (três) anos. § 1º A pena é aumentada de metade, se da omissão resulta lesão corporal de natureza grave, e triplicada, se resulta morte. § 2º Aplica-se a pena em dobro se o crime é praticado por ascendente, parente consanguíneo até terceiro grau, responsável legal, tutor, guardião, padrasto ou madrasta da vítima".

○ **Ação Penal:** É pública incondicionada.

○ **Lei 9.099/1995:** Em sua modalidade fundamental, a omissão de socorro constitui-se em infração penal de menor potencial ofensivo, compatível com a transação penal e com o procedimento sumaríssimo disciplinado pelos arts. 77 e seguintes da Lei.

Condicionamento de atendimento médico-hospitalar emergencial

> **Art. 135-A.** Exigir cheque-caução, nota promissória ou qualquer garantia, bem como o preenchimento prévio de formulários administrativos, como condição para o atendimento médico-hospitalar emergencial:
>
> Pena – detenção, de 3 (três) meses a 1 (um) ano, e multa.
>
> Parágrafo único. A pena é aumentada até o dobro se da negativa de atendimento resulta lesão corporal de natureza grave, e até o triplo se resulta a morte.

Classificação:	Informações rápidas:
Crime simples	**Objeto material:** cheque-caução, nota promissória, qualquer
Crime comum	outra garantia ou formulários administrativos.
Crime de formal (na modalidade simples) ou material (nas modalidades circunstanciadas)	**Local do atendimento:** hospital particular.
	Elemento subjetivo: dolo + elemento subjetivo específico.
	Não admite modalidade culposa.
Crime de perigo concreto	**Tentativa:** admite (crime plurissubsistente).
Crime comissivo *(regra)*	**Lei penal em branco homogênea:** atendimento emergencial
Crime instantâneo	definido pelo art. 35-C, I, da Lei 9.656/1998.
Crime unissubjetivo ou de concurso	**Ação penal:** pública incondicionada.
eventual	**Lei 9.099/1995:** no *caput*, é infração penal de menor potencial
Crime plurissubsistente *(regra)*	ofensivo; no parágrafo único, será crime de médio ou elevado
	potencial ofensivo.

○ **Introdução:** O crime tipificado no art. 135-A do Código Penal foi criado pela Lei 12.653/2012, e sua conformidade com o princípio da intervenção mínima é questionável, pois já existiam regras jurídicas sobre o assunto: (a) **no plano administrativo**, a Resolução

Normativa ANS 496/2022, art. 1.º, veda, em qualquer situação, a exigência, de caução, depósito de qualquer natureza, nota promissória ou quaisquer outros títulos de crédito, no ato ou anteriormente à prestação do serviço de atendimento de saúde; (b) **no âmbito civil**, o art. 171, II, do Código Civil determina a anulabilidade do negócio jurídico resultante de estado de perigo, incontestável na hipótese em que uma pessoa com deficiência de saúde depende de atendimento médico-hospitalar emergencial; e (c) **na esfera penal**, as situações descritas no art. 135-A do Código Penal sempre caracterizaram o crime de omissão de socorro (CP, art. 135), pois a pessoa a quem se condiciona o atendimento médico-hospitalar ao fornecimento de garantia ou ao preenchimento prévio de formulários administrativos indubitavelmente encontra-se "ferida" ou "em grave e iminente perigo", e o sujeito ativo deixa de prestar-lhe assistência, quando possível fazê-lo sem risco pessoal. Esta problemática, portanto, possui arcabouço jurídico para ser combatida pelo Poder Público e pelas pessoas em geral. Nesse cenário, se o Estado não desempenha a contento sua fiscalização sobre os estabelecimentos hospitalares, e se muitos particulares não reivindicam seus direitos perante a Administração Pública e o Poder Judiciário, não será o Direito Penal o salvador dos interesses em conflito. Trata-se de mais uma manifestação do direito **penal de emergência**,[37] conferindo-lhe nítida **função simbólica** e desprovida de qualquer eficácia.

○ **Objeto jurídico:** Os bens jurídicos penalmente tutelados são a vida e a saúde da pessoa humana.

○ **Objeto material:** É o cheque-caução, a nota promissória, qualquer outra garantia ou os formulários administrativos.

– **Cheque-caução ou "cheque em garantia":** Cuida-se de título de crédito, normalmente preenchido em valor excessivo, com a finalidade de assegurar, no crime em análise, o pagamento de despesa médica, evitando-se o risco de inadimplemento da obrigação pelo paciente, ou ainda pela falta de cobertura pelo seu plano de saúde.

– **Nota promissória:** Também é um título de crédito, representado pela promessa de pagamento do valor nela indicado.

– **"Qualquer garantia":** A fórmula utilizada deriva do emprego da interpretação analógica (ou *intra legem*), e abrange todas as situações diversas do cheque-caução e da nota promissória, mas que também colocam a entidade hospitalar em situação favorável, em prejuízo de quem necessita do atendimento médico-hospitalar emergencial, acarretando em risco efetivo à sua vida ou à sua saúde, a exemplo dos instrumentos particulares de confissão de dívida, do depósito em conta bancária, da entrega de bens (tais como joias e relógios), do endosso de outros títulos de crédito etc.

– **Formulários administrativos:** Via de regra, consubstanciam-se em contratos de adesão impregnados de cláusulas leoninas e protetivas do hospital, com supressão dos direitos do paciente ou dos seus responsáveis.

○ **Núcleo do tipo:** É **"exigir"**, no sentido de ordenar ou impor algo, de modo autoritário e capaz de intimidar. Não há emprego de violência à pessoa ou grave ameaça. O agente se aproveita do quadro de penúria do doente ou acidentado para condicionar o atendimento médico-hospitalar emergencial à entrega de cheque-caução, nota promissória ou qualquer

37 A proposta que resultou na Lei 12.653/2012 foi apresentada pela Presidência da República em razão da morte do então secretário de Recursos Humanos do Ministério do Planejamento, Duvanier Paiva Ferreira, com 56 anos de idade, acometido por infarto agudo do miocárdio no dia 19 de janeiro de 2012. Após os familiares terem procurado atendimento emergencial em dois hospitais particulares de Brasília, negados pela exigência de cheque-caução, ele veio a óbito.

outra garantia, ou então ao preenchimento prévio de formulários administrativos, seja por ele próprio, seja pelos seus familiares ou pessoas próximas (amigos, noivo ou noiva etc.). Em síntese, o sujeito ativo deixa de dispensar o atendimento especializado enquanto o enfermo (ou alguém em seu nome) não atender à condição por ele imposta. Para a caracterização do delito é suficiente uma única conduta – exigir cheque-caução, nota promissória ou qualquer garantia, ou exigir o preenchimento prévio de formulários administrativos – como condição para o atendimento médico-hospitalar emergencial. As condutas são **alternativas**, e não cumulativas.

– **O local do atendimento:** O atendimento médico de caráter emergencial deve ser prestado em hospital, pois o tipo penal utiliza a expressão "atendimento médico-hospitalar emergencial". Não basta o atendimento médico. É preciso seja realizado em hospital. Em razão disso, não se admite a incidência do art. 135-A do Código Penal nos atendimentos eventualmente prestados em locais diversos (casa do paciente, centros religiosos etc.).

– **Atendimento médico-hospitalar emergencial e atendimento de urgência – distinção e reflexos jurídicos:** A Lei 9.656/1998 dispõe sobre os planos e seguros privados de atendimento à saúde. Seu art. 35-C, com a redação conferida pela Lei 11.935/2009, impõe a obrigatoriedade da cobertura no atendimento nos casos de emergência e de urgência. **Casos de emergência** são os que implicam em risco imediato de vida ou de lesões irreparáveis ao paciente (inciso I); de seu turno, **casos de urgência** são os resultantes de acidentes pessoais ou de complicações no processo gestacional (inciso II). Destarte, o art. 135-A do Código Penal constitui-se em **lei penal em branco homogênea**, pois a definição da conduta criminosa é imprecisa, dependendo da complementação fornecida pelo art. 35-C, I, da Lei 9.656/1998. É fácil notar que os casos de emergência revestem-se de maior gravidade, justificando imediato atendimento médico-hospitalar, mediante intervenção ou procedimento cirúrgico. A identificação do caso como emergencial ou urgente será realizada exclusivamente pelo médico, com base na análise da posição clínica do paciente. Em obediência ao princípio da reserva legal ou da estrita legalidade no campo penal, daí resultando a vedação da analogia *in malam partem*, não se caracteriza o crime em apreço na conduta de exigir cheque-caução, nota promissória ou qualquer garantia, bem como preenchimento prévio de formulários administrativos, como condição para o atendimento médico-hospitalar de urgência.[38] Mas este comportamento tem relevância jurídico-penal, pois encontra subsunção no art. 135 do Código Penal (omissão de socorro).

○ **Sujeito ativo:** Pode ser qualquer funcionário ou administrador do estabelecimento de saúde que realize atendimento médico-hospitalar emergencial, e também o médico que se recusa a atender um paciente sem o fornecimento de garantia ou o preenchimento prévio de formulário administrativo (**crime comum** ou **geral**). É perfeitamente cabível o concurso de pessoas, nas modalidades coautoria e participação, a exemplo da situação em que o proprietário do hospital ordena ao atendente a exigência de cheque-caução como condição para o atendimento médico-hospitalar. Nessa seara, dois pontos merecem destaque: (a) o delito somente pode ser cometido no âmbito de **hospitais particulares**, pois nos estabelecimentos da rede pública de saúde é vedada a cobrança de qualquer valor para o atendimento médico. Se o funcionário público fizer esta exigência indevida, estará caracterizado o crime de concussão (CP, art. 316), sem prejuízo da responsabilidade pelo resultado decorrente da omissão frente ao atendimento médico, nos moldes do art. 13, § 2.º, "a", do Código Penal (dever legal); e (b) o crime não pode ser praticado pela pessoa jurídica (hospital), em face da ausência de previsão constitucional e legal nesse sentido.

---

[38] No mesmo sentido: CUNHA, Rogério Sanches. *Curso de direito penal.* Parte Especial. 4. ed. Salvador: Juspodivm, 2012. p. 156/157.

– O dever de agir para evitar o resultado: Se o sujeito possuir o dever de agir para evitar o resultado, e omitir-se em decorrência do não recebimento de garantia ou do não preenchimento de formulários administrativos, daí resultando lesão corporal de natureza grave (ou gravíssima) ou a morte da vítima, a ele será imputado o crime derivado da sua inércia.

○ **Sujeito passivo:** É a pessoa acometida de problema em sua saúde, e por esta razão necessitada de atendimento médico-hospitalar emergencial.

○ **Elemento subjetivo:** É o dolo, direto ou eventual, acrescido de um especial fim de agir (**elemento subjetivo específico**), representado pela expressão "como condição para o atendimento médico-hospitalar emergencial". Em outras palavras, não basta exigir a garantia ou o preenchimento de formulário administrativo. É preciso fazê-lo como medida necessária ao atendimento de emergência. Não se admite a modalidade culposa.

– Funcionários de hospitais, conhecimento do caráter ilícito do fato e inexigibilidade de conduta diversa: Como estabelece o art. 2.º da Lei 12.653/2012: "O estabelecimento de saúde que realize atendimento médico-hospitalar emergencial fica obrigado a afixar, em local visível, cartaz ou equivalente, com a seguinte informação: 'Constitui crime a exigência de cheque-caução, de nota promissória ou de qualquer garantia, bem como do preenchimento prévio de formulários administrativos, como condição para o atendimento médico-hospitalar emergencial, nos termos do art. 135-A do Decreto-Lei nº 2.848, de 7 de dezembro de 1940 – Código Penal.'" Em face desta regra, não há espaço para os funcionários de hospitais invocarem o instituto do erro de proibição (CP, art. 21), arguindo o desconhecimento do caráter ilícito do fato. Nada impede, contudo, a comprovação de panorama de inexigibilidade de conduta diversa, como desdobramento das determinações emitidas pelos administradores dos hospitais privados aos atendentes, inclusive com ameaça de demissão diante da omissão no tocante à exigência indevida. Nesses casos, estará excluída a culpabilidade do atendente, com a configuração do instituto da autoria mediata, e somente ao responsável pelo estabelecimento de saúde será imputado o delito, não se aperfeiçoando o concurso de pessoas, em face da ausência do vínculo subjetivo.

○ **Consumação:** O condicionamento de atendimento médico-hospitalar emergencial é **crime formal, de consumação antecipada** ou **de resultado cortado:** consuma-se com a exigência do cheque--caução, nota promissória ou qualquer outra garantia, bem como com o preenchimento prévio de formulários administrativos, independentemente da superveniência do resultado naturalístico. É também **crime de perigo concreto,** pois reclama a comprovação do risco ao bem jurídico penalmente protegido, representado pela necessidade de atendimento de natureza emergencial.

○ **Tentativa:** É possível, em face do caráter plurissubsistente do delito, permitindo o fracionamento do *iter criminis.*

○ **Ação penal:** É pública incondicionada.

○ **Lei 9.099/1995:** Em sua modalidade fundamental, prevista no *caput* do art. 135-A do Código Penal, o condicionamento de atendimento médico-hospitalar emergencial constitui-se em *infração penal de menor potencial ofensivo*, de competência do Juizado Especial Criminal e compatível com a transação penal e com o rito sumaríssimo, nos termos da Lei 9.099/1995. Esta conclusão é igualmente aplicável quando da negativa de atendimento resultar lesão corporal de natureza grave (ou gravíssima). Com efeito, a pena será aumentada **até a metade,** não ultrapassando o teto de 2 anos, na forma exigida pelo art. 61 da Lei 9.099/1995. De seu turno, se da negativa de atendimento resultar a morte, a pena será aumentada **até o triplo.** Destarte, poderá ser, mas não será necessariamente triplicada. Consequentemente, três situações despontam como possíveis na situação concreta: **(a)** se, nada obstante a majoração, a pena máxima não exceder o patamar de 2 anos, o condicionamento de atendimento médico-hospitalar emergencial será rotulado como **infração penal de menor potencial ofensivo; (b)** se, com a incidência do aumento, a pena máxima ultrapassar 2 anos, mas a pena mínima não extrapolar 1 ano, estará caracterizado um **crime de médio potencial ofensivo**, comportando a suspensão condicional do processo, se presentes os demais requisitos elencados pelo art. 89 da Lei 9.099/1995; e **(c)** se o aumento levar a pena máxima além do teto de 2 anos, e a pena mínima exceder o piso de 1 ano, estará configurado um **crime de elevado potencial ofensivo**, incompatível com os benefícios contidos na Lei 9.099/1995.

○ **Causas de aumento da pena (art. 135-A, parágrafo único):** A superveniência da lesão corporal de natureza grave (ou gravíssima) ou da morte da pessoa necessitada do atendimento médico-hospitalar emergencial funciona como **causa de aumento da pena**, incidente na terceira e derradeira fase da aplicação da pena privativa de liberdade. A majoração é obrigatória, reservando-se discricionariedade ao juiz para elevar a reprimenda **até** o dobro (lesão corporal grave em sentido amplo) ou **até** o triplo (morte). Como a lei não indicou o percentual mínimo, conclui-se que nos dois casos a exasperação será de 1/6 (um sexto) até o dobro ou até o triplo, pois tal montante é o menor admitido pelo Código Penal no tocante às causas de aumento da pena. As figuras agravadas são necessariamente **preterdolosas**, conclusão facilmente extraída das penas cominadas pelo legislador. Há dolo na exigência indevida de garantia ou do preenchimento prévio de formulários administrativos, e culpa no tocante ao resultado gravador (lesão corporal grave em sentido amplo ou morte). Nesses casos, ao contrário da modalidade fundamental contida no *caput* do art. 135-A, os crimes são **materiais** ou **causais**, pois a consumação reclama a concretização de qualquer dos resultados naturalísticos.

○ **Estatuto da Pessoa Idosa:** A Lei 10.741/2003 – Estatuto da Pessoa Idosa – contempla, em seu art. 103,[39] uma figura semelhante ao crime definido no art. 135-A do Código Penal: "Art. 103. Negar o acolhimento ou a permanência da pessoa idosa, como abrigada, por recusa desta em outorgar procuração à entidade de atendimento: Pena – detenção de 6 (seis) meses a 1 (um) ano e multa." Vale destacar, em relação à pessoa idosa, a inexistência de situação apta a exigir o atendimento médico-hospitalar emergencial. Não se trata de clínica médica ou hospital. Basta a negativa de acolhimento ou permanência da pessoa com idade igual ou superior a 60 anos em abrigo, diante da sua recusa em fornecer procuração à entidade de atendimento para administrar seus interesses.

Maus-tratos

> **Art. 136.** Expor a perigo a vida ou a saúde de pessoa sob sua autoridade, guarda ou vigilância, para fim de educação, ensino, tratamento ou custódia, quer privando-a de alimentação ou cuidados indispensáveis, quer sujeitando-a a trabalho excessivo ou inadequado, quer abusando de meios de correção ou disciplina:
>
> Pena – detenção, de dois meses a um ano, ou multa.
>
> § 1º Se do fato resulta lesão corporal de natureza grave:
>
> Pena – reclusão, de um a quatro anos.
>
> § 2º Se resulta a morte:

---

[39] O crime definido no art. 97 do Estatuto da Pessoa Idosa, por seu turno, é uma modalidade especial de omissão de socorro (CP, art. 135).

Pena – reclusão, de quatro a doze anos.

§ 3º Aumenta-se a pena de um terço, se o crime é praticado contra pessoa menor de 14 (catorze) anos.

Classificação:	Informações rápidas:
Crime simples Crime comum Crime de formal (na modalidade simples) ou material (nas modalidades circunstanciadas) Crime de perigo concreto Crime comissivo (*regra*) Crime instantâneo Crime unissubjetivo ou de concurso eventual Crime plurissubsistente (*regra*)	O marido não pode ser sujeito ativo de crime de maus-tratos contra a sua esposa (e vice-versa) pois inexiste hierarquia entre eles no âmbito da relação matrimonial. **Vítima idosa:** incide Lei 10.741/2003 (Estatuto da Pessoa Idosa). A tentativa é possível somente nas modalidades comissivas. **Figuras qualificadas:** hipóteses preterdolosas. **Ação penal:** pública incondicionada. A distinção entre tortura e maus-tratos deve ser feita no caso concreto (análise do elemento subjetivo).

○ **Objeto jurídico:** A vida e a saúde da pessoa humana.

○ **Objeto material:** É a pessoa que se encontra em alguma das situações descritas no tipo penal e sofre os maus-tratos.

○ **Núcleo do tipo:** "**Expor**" significa colocar alguém em perigo. Cuida-se de **crime de forma vinculada**, pois a conduta de "expor a perigo a vida ou a saúde da pessoa" somente admite os modos de execução expressamente previstos em lei, quais sejam: (**a**) **Privação de alimentos ou cuidados indispensáveis:** "Privar" equivale a destituir, retirar, tolher alguém de um bem ou objeto determinado. O crime, nessa hipótese, é omissivo próprio ou puro. **Cuidados indispensáveis** são os imprescindíveis à preservação da vida e da saúde de quem está sendo educado, tratado ou custodiado por alguém. (**b**) **Sujeição a trabalho excessivo ou inadequado:** **Trabalho excessivo** é o capaz de prejudicar a vida ou a saúde de alguém, em razão de produzir anormal cansaço como decorrência do seu elevado volume. Deve ser aferido no caso concreto, levando-se em consideração os aspectos físicos da vítima. **Trabalho inadequado** é o impróprio para uma determinada pessoa, e por esse motivo apto a proporcionar perigo à vida ou à saúde de quem o realiza. (**c**) **Abuso dos meios de correção ou disciplina: Correção** é o meio destinado a tornar certo o que está errado. **Disciplina** é o expediente utilizado para preservar a normalidade, isto é, manter certo aquilo que já está certo. Em ambas as situações o crime é comissivo. O uso do direito de correção e de disciplina é importante, quiçá fundamental, para a educação, o ensino, o tratamento ou a custódia de pessoa que se encontra sob autoridade, guarda ou vigilância de alguém, e nesse ponto a conduta é lícita, pois presente o exercício regular de direito (CP, art. 23). Surge o delito de maus-tratos, porém, quando o titular do direito de correção ou de disciplina dele abusa. Em outras palavras, o exercício do direito transmuda-se de regular para "irregular". É o que se dá, por exemplo, quando um pai – que tem o direito de castigar seu filho, desde que com moderação – decide espancá-lo, colocando em perigo sua vida ou sua saúde. A propósito, a Lei 13.010/2014, conhecida como "Lei da Palmada" ou "Lei Menino Bernardo", efetuou modificações no Estatuto da Criança e do Adolescente para o fim de estabelecer expressamente o direito da criança e do adolescente de serem educados e cuidados sem o uso de castigos físicos ou de tratamento cruel ou degradante.

○ **Sujeito ativo:** O tipo penal reclama uma vinculação especial entre o autor e a vítima dos maus-tratos (crime próprio). O ofendido deve estar sob a autoridade, guarda ou vigilância do agente, para fim de educação, ensino, tratamento ou custódia, mas pouco importa o grau de instrução ou a classe social do responsável pela conduta criminosa.

○ **Sujeito passivo:** A vítima deve ser pessoa subordinada ao responsável pela conduta criminosa.

– **Maus-tratos contra pessoa idosa:** Se a vítima for idosa, incide o crime tipificado pelo art. 99 da Lei 10.741/2003 – Estatuto da Pessoa Idosa.

○ **Elemento subjetivo:** É o dolo, direto ou eventual. O tipo penal também reclama uma finalidade específica (elemento subjetivo específico), pois a exposição a perigo da vida ou da saúde da pessoa sob a autoridade, guarda ou vigilância do agente deve ser praticada "para fim de educação, ensino, tratamento ou custódia". Não se admite a modalidade culposa.

○ **Consumação:** Dá-se com a exposição da vítima ao perigo. Não se reclama o dano efetivo.

○ **Tentativa:** É possível somente nas modalidades comissivas.

○ **Figuras qualificadas:** As duas qualificadoras previstas nos §§ 1.º e 2.º (lesão corporal de natureza grave e morte) são exclusivamente **preterdolosas**. A lesão corporal leve é absorvida pelo crime de maus-tratos.

○ **Causa de aumento de pena:** Aumenta-se a pena de 1/3 (um terço), se o crime é praticado contra pessoa menor de 14 (quatorze) anos.

○ **Ação penal:** É pública incondicionada.

○ **Lei 9.099/1995:** No *caput*, maus-tratos é infração penal de menor potencial ofensivo, compatível com a transação penal e o rito sumaríssimo. No § 1.º, trata-se de crime de médio potencial ofensivo, e admite a suspensão condicional do processo. Finalmente, no § 2.º o art. 136 contém um crime de elevado potencial ofensivo, não se aplicando os benefícios contidos na Lei 9.099/1995.

○ **Maus-tratos e agravantes genéricas:** O crime de maus-tratos afasta a incidência das agravantes genéricas descritas pelo art. 61, inciso II, alíneas "e", "f", "g", "h" e "i", pois as circunstâncias que ensejam sua aplicação já funcionam como elementares do delito.

○ **Art. 232 do Estatuto da Criança e do Adolescente x maus-tratos:** Tratando-se de criança ou adolescente sujeita à autoridade, guarda ou vigilância de alguém e submetida a vexame ou constrangimento, aplica-se o art. 232 da Lei 8.069/1990 – Estatuto da Criança e do Adolescente. Note-se que nessa situação a vida ou a saúde da criança ou do adolescente não é exposta a perigo. Limita-se o sujeito a constrangê-la ou humilhá-la, tal como quando a reprime abusivamente em local público e na presença de outras pessoas.

○ **Distinção entre os crimes de tortura e maus-tratos:** A distinção entre os crimes de tortura e de maus-tratos deve ser feita no caso concreto: aquela depende de intenso sofrimento físico ou mental, enquanto para este é suficiente a exposição a perigo da vida ou da saúde da pessoa. Ademais, o delito de maus-tratos é de perigo (dolo de perigo), e o de tortura, de dano (dolo de dano). Portanto, a diferenciação se baseia no elemento subjetivo. Se o fato é praticado por alguém para fim de educação, ensino, tratamento ou custódia, mas com imoderação, o crime é de maus-tratos. Sem essa finalidade, ou seja, realizado o fato apenas para submeter a vítima a intenso sofrimento físico ou mental, o delito é de tortura.

○ **Maus-tratos contra animais:** O art. 32 da Lei 9.605/1998 – Crimes Ambientais prevê o crime de maus-tratos contra animais: "Art. 32. Praticar ato de abuso, maus-tratos, ferir ou mutilar animais silvestres, domésticos ou domesticados, nativos ou exóticos: Pena – detenção, de três meses a um ano, e multa. § 1º Incorre nas mesmas penas quem realiza experiência dolorosa ou cruel em animal vivo, ainda que para fins didáticos ou científicos, quando existirem recursos alternativos. § 1º-A Quando se tratar de cão ou gato, a pena para as condutas descritas no *caput* deste artigo será de reclusão, de 2 (dois) a 5 (cinco) anos, multa e proibição da guarda. § 2º A pena é aumentada de um sexto a um terço, se ocorre morte do animal."

○ **Jurisprudência selecionada:**

Distinção entre tortura e maus-tratos: "I. A figura do inc. II do art. 1º, da Lei nº 9.455/1997 implica na existência de vontade livre e consciente do detentor da guarda, do poder ou da autoridade sobre a vítima de causar sofrimento de ordem física ou moral, como forma de castigo ou prevenção. II. O tipo do art. 136, do Código Penal, por sua vez, se aperfeiçoa com a simples exposição a perigo a vida ou a saúde de pessoa sob sua autoridade, guarda ou vigilância, em razão de excesso nos meios de correção ou disciplina. III. Enquanto na hipótese de maus-tratos, a finalidade da conduta é a repreensão de uma indisciplina, na tortura, o propósito é causar o padecimento da vítima" (STJ: REsp 610.395/SC, Rel. Min. Gilson Dipp, 5.ª Turma, j. 25.05.2004).

Capítulo IV –
DA RIXA

Rixa

Art. 137. Participar de rixa, salvo para separar os contendores:

Pena – detenção, de quinze dias a dois meses, ou multa.

Parágrafo único. Se ocorre morte ou lesão corporal de natureza grave, aplica-se, pelo fato da participação na rixa, a pena de detenção, de seis meses a dois anos.

Classificação:	Informações rápidas:
Crime comum	*Devem existir* **ao menos três pessoas** participando ativamente da rixa (pelo menos uma delas deve ser imputável).
Crime plurissubjetivo e de condutas contrapostas *(regra)*	**Não** se confunde com o crime de multidão.
Crime doloso	A participação pode ser material ou moral (deve ser 4.ª pessoa).
Crime de forma livre	**Tentativa:** a rixa subitânea **não** admite; a rixa preordenada **admite**.
Crime comissivo *(regra)*	**Rixa qualificada:** *resultado não individualizado* – todos respondem, não havendo responsável pela morte ou lesão grave; *resultado individualizado* – todos respondem, mas só o autor da lesão grave ou morte responde em concurso material com a rixa qualificada.
Crime de perigo abstrato	
Crime plurissubsistente	
Crime instantâneo	**Legítima defesa:** não pode ser alegada em relação à rixa (mas pode para os crimes que qualificam a rixa).
	Ação penal: pública incondicionada.

○ **Introdução:** Rixa é uma luta tumultuosa e confusa que travam entre si três ou mais pessoas, acompanhada de vias de fato ou violências recíprocas. **Devem existir ao menos três pessoas participando ativamente da rixa.**

○ **Objeto jurídico:** A vida e a saúde das pessoas envolvidas na rixa. Secundariamente, a paz social, nos termos do item 48 da Exposição de Motivos da Parte Especial do Código Penal.

○ **Objeto material:** É o participante da rixa.

○ **Núcleo do tipo:** O núcleo é "participar", isto é, tomar parte nas agressões. Os três ou mais rixosos devem combater entre si.

○ **Sujeitos do crime:** Cada participante é, ao mesmo tempo, sujeito ativo e passivo da rixa. Sujeito passivo não da própria ação, mas da ação dos outros, ou ainda da situação de perigo que com a formação da rixa se criou.[40]

○ **Elemento subjetivo:** É o dolo de perigo, pouco importando o motivo que ensejou o surgimento da rixa. Deve estar presente o *animus rixandi* (vontade de participar da rixa). Não existe forma culposa. Anote-se que o crime é de perigo abstrato ou presumido: a lei presume, de forma absoluta, que há situação de perigo com a participação na rixa.

○ **Consumação:** Dá-se com a prática de vias de fato ou violências recíprocas.

○ **Tentativa:** Na rixa subitânea ou *ex improviso* não se admite o *conatus*. Ou ocorre a rixa, e o crime está consumado, ou o tumulto não se inicia, e o fato é atípico. No entanto, se a rixa for preordenada ou *ex proposito*, é cabível a tentativa, quando três ou mais pessoas acertam uma rixa, mas não conseguem consumá-la por circunstâncias alheias às suas vontades.

○ **Rixa qualificada:** Também chamada de **rixa complexa**, está prevista no parágrafo único deste artigo. Permite a conclusão de que todos os rixosos, pelo fato da participação na rixa, suportarão a qualificadora quando ocorre lesão corporal de natureza grave ou morte, pouco importando qual deles foi o responsável pela produção do resultado agravador. É indiferente que a morte ou a lesão corporal de natureza grave tenha sido produzida em um dos rixosos ou em um terceiro, alheio à rixa, apaziguador ou mero transeunte. De igual modo, também há rixa qualificada quando um estranho mata um dos rixosos quando de sua intervenção destinada a conter o tumulto. Basta, em qualquer dos casos, a relação de causalidade entre a rixa e o resultado naturalístico. A pena da rixa qualificada é a mesma, tanto se resultar lesão corporal de natureza grave como se resultar morte. O resultado agravador (lesão corporal de natureza grave ou morte) pode ser doloso ou culposo. Não se cuida de crime essencialmente preterdoloso. As lesões leves e a tentativa de homicídio não qualificam a rixa.

○ **Rixa e legítima defesa:** Não é possível suscitar a legítima defesa no crime de rixa, pois quem dele dolosamente participa comete ato ilícito.

○ **Ação penal:** É pública incondicionada, qualquer que seja a modalidade do delito.

○ **Lei 9.099/1995:** A rixa simples e a rixa qualificada são infrações penais de menor potencial ofensivo. Os limites máximos da pena privativa de liberdade autorizam a transação penal,

---

40   BRUNO, Aníbal. *Crimes contra a pessoa*. 5. ed. Rio de Janeiro: Editora Rio, 1979. p. 256.

se presentes os demais requisitos legais, e o processo e julgamento desse crime seguem o rito sumaríssimo (arts. 76 e 77).

○ **Jurisprudência selecionada:**

Rixa e homicídio: "Não tendo sido apurado o autor do tiro causador do homicídio, não é admissível que por ele respondam todos os participantes da rixa, que pressupõe grupos opostos" (STF: AP 196/PB, Rel. Min. Aliomar Baleeiro, Tribunal Pleno, j. 10.06.1970).

Capítulo V –
DOS CRIMES CONTRA A HONRA

○ **Conceito de honra:** Honra é o conjunto das qualidades físicas, morais e intelectuais de um ser humano, que o fazem merecedor de respeito no meio social e promovem sua autoestima. É um sentimento natural, inerente a todo homem e cuja ofensa produz uma dor psíquica, um abalo moral, acompanhados de atos de repulsão ao ofensor. Representa o valor social do indivíduo, pois está ligada à sua aceitação ou aversão dentro de um dos círculos sociais em que vive, integrando seu patrimônio. Trata-se de patrimônio moral que encontra proteção como **direito fundamental do homem** no art. 5.º, inciso X, da Constituição Federal (fundamento constitucional dos crimes contra a honra).

○ **Espécies de honra:** *(a)* **Honra objetiva e honra subjetiva.** A honra objetiva é a visão que as demais pessoas da coletividade têm acerca das qualidades físicas, morais e intelectuais de alguém, ou seja, é a reputação de cada indivíduo no meio social em que está imerso; em suma, é o julgamento que as pessoas fazem de alguém. Já a honra subjetiva é o sentimento que cada pessoa possui acerca das suas próprias qualidades físicas, morais e intelectuais, o juízo que cada um faz de si mesmo (autoestima). Subdivide-se em honra-dignidade (conjunto de atributos morais do indivíduo) e honra-decoro (conjunto de atributos físicos e intelectuais). *(b)* **Honra comum e honra especial.** Honra comum é a atinente à vítima enquanto pessoa humana, independentemente das atividades por ela exercidas. Honra especial, ou honra profissional, é a que se relaciona com a atividade particular da vítima.

○ **Subsidiariedade:** Os crimes contra a honra estão previstos também em diversas leis extravagantes, como o Código Penal Militar e o Código Eleitoral. Os tipos previstos no Código Penal somente serão aplicados quando não se verificar nenhuma das hipóteses excepcionalmente elencadas pela legislação especial. Se o fato cometido no caso concreto ostentar os elementos especializantes contidos na lei especial, esta terá preferência sobre a lei geral (princípio da especialidade).

○ **Classificação:** São **crimes de dano** (deve-se efetivamente lesionar a honra da vítima, não bastando a exposição do bem jurídico a uma situação de perigo). Sem prejuízo, são **delitos formais, de consumação antecipada ou de resultado cortado:** o tipo penal contém conduta e resultado naturalístico, bastando a prática daquela para a consumação.

○ **Sujeito ativo:** Qualquer pessoa (crime comum). Algumas pessoas, todavia, são imunes aos crimes contra a honra. Não os praticam, ainda que ofendam a honra alheia, pois o ordenamento jurídico as afasta da incidência do Direito Penal. É o que se dá com as **imunidades parlamentares.** A imunidade material protege o parlamentar em suas **opiniões, palavras e votos,** desde que **relacionadas às suas funções**, não abrangendo manifestações desarrazoadas e desprovidas de conexão com seus deveres constitucionais. A imunidade material abrange os **deputados federais** e **senadores**. De acordo com o art. 27, § 1.º, da Constituição Federal, aos **deputados estaduais** serão aplicadas as mesmas regras sobre imunidades relativas aos deputados federais e senadores. No tocante ao Poder Legislativo Municipal, dispõe o art. 29, inciso VIII, da Constituição Federal que os municípios serão regidos por lei orgânica, que deverá obedecer, entre outras regras, a da inviolabilidade dos **vereadores** por suas opiniões, palavras e votos, no exercício do mandato e na circunscrição do Município.

○ **Sujeito passivo:** Pode ser qualquer **pessoa física**. Os crimes contra a honra supõem, em sua configuração estrutural e típica, a existência de **sujeito passivo determinado e conhecido**. Não é imprescindível, contudo, que a pessoa moralmente ofendida seja objeto de expressa referência nominal. Basta que o ofendido seja designado de maneira tal que torne possível a sua identificação, ainda que na limitada esfera de suas relações pessoais, profissionais ou sociais. Os **desonrados**, os **doentes mentais e menores de 18 anos** também podem ser vítimas de todos os crimes contra a honra. A **pessoa jurídica** pode ser vítima de calúnia (apenas quanto a crimes ambientais) e difamação, mas nunca de injúria. Nada obstante estabeleça o art. 138, § 2.º, do Código Penal a punibilidade **da calúnia contra os mortos**, a lei protege a honra dos falecidos relativamente à memória da boa reputação, bem como o interesse dos familiares em preservar sua dignidade, não sendo o morto o sujeito passivo do crime. Vítimas do crime, portanto, são o cônjuge e os familiares do falecido.

○ **Elemento subjetivo:** Em regra é o **dolo**, direto ou eventual, não havendo crime contra a honra de natureza culposa. No subtipo de calúnia, definido pelo art. 138, § 1.º, do Código Penal, admite-se exclusivamente o dolo direto, pois consta a expressão "sabendo falsa a imputação". Não basta praticar a conduta descrita pelo tipo penal de cada um dos crimes contra a honra. Exige-se um **especial fim de agir** (teoria finalista = elemento subjetivo do tipo ou elemento subjetivo do injusto; teoria clássica = dolo específico), consistente na intenção de macular a honra alheia (*animus diffamandi vel injuriandi*). Nesse contexto, o Superior Tribunal de Justiça já decidiu pela não caracterização do crime de injúria quando falta ao agente a previsibilidade quanto à ciência da vítima no tocante à ofensa, a exemplo do que se verifica quando uma pessoa, sem conhecimento dos interlocutores, escuta a conversa pela extensão telefônica, na qual foram lançadas palavras agressivas à sua honra subjetiva.[41] Deve haver seriedade na conduta do agente consistente em imputar a outrem falsamente a prática de um fato previsto como crime (calúnia) ou simplesmente ofensivo à reputação, verdadeiro ou falso (difamação), ou então de atribuir à vítima uma qualidade negativa (injúria). Por essa razão, a intenção de brincar (*animus jocandi*), desacompanhada da vontade de ofender, afasta os crimes contra a honra. Também não há crime contra a honra quando: (a) a intenção do agente limita-se a narrar um fato (*animus narrandi*), descrevendo objetivamente aquilo que viu ou ouviu. É o que ocorre, por exemplo, com as testemunhas; (b) a vontade do sujeito se dirige à crítica honesta e merecida, com o propósito de auxiliar o criticado (*animus criticandi*). Exemplo: crítica científica; (c) o sujeito busca apenas se defender (*animus defendendi*). Não há crime, em face da legítima defesa; (d) o agente deseja unicamente corrigir (*animus corrigendi*), tal como se dá na admoestação verbal de pais aos seus filhos. Inexiste crime, em decorrência do exercício regular de direito; e (e) o indivíduo quer somente aconselhar a outra pessoa (*animus consulendi*). No palco dos **embates políticos**, em que adversários proferem ataques uns aos outros, o Superior Tribunal de Justiça tem afastado os crimes contra honra, com base na ausência da real intenção de lesar o bem jurídico tutelado.[42]

---

[41] STJ: REsp 1.765.673/SP, rel. Min. Sebastião Reis Júnior, 6.ª Turma, j. 26.05.2020, noticiado no *Informativo* 672.

[42] STJ: QC 6/DF, rel. Min. Herman Benjamin, Corte Especial, j. 10.06.2024, noticiado no *Informativo* 819.

○ **Consentimento do ofendido:** A honra é **bem jurídico disponível.** Portanto, o consentimento do ofendido, se prévio, emanado de pessoa capaz e livre de qualquer tipo de coação ou fraude, exclui o crime. O consentimento posterior, por outro lado, pode ensejar a renúncia ou o perdão, extinguindo a punibilidade, pois os crimes contra a honra, em regra, somente procedem-se mediante queixa. O consentimento prestado pelo representante legal de um menor de idade ou incapaz não afasta o crime, pois a honra não lhe pertence, e a ninguém é dado dispor validamente de direito alheio.

○ **Competência:** Em regra, os crimes contra a honra são de competência da Justiça Estadual. Serão, contudo, de competência da Justiça Federal quando houver ofensa a interesse da União, na forma prevista pelo art. 109, inc. IV, da Constituição Federal. Exemplificativamente, dispõe a Súmula 147 do Superior Tribunal de Justiça: "Compete à Justiça Federal processar e julgar os crimes praticados contra funcionário público federal, quando relacionados com o exercício da função."

	Calúnia	Difamação	Injúria
Classificação no tocante à intensidade do mal visado pela conduta	*Crimes de dano*		
Classificação quanto à relação entre conduta e resultado naturalístico	*Delitos formais, de consumação antecipada ou de resultado cortado*		
Sujeito ativo	**Regra:** crimes comuns ou gerais **Exceções:** imunidades parlamentares e advogados, entre outras		
Sujeito passivo	Qualquer pessoa física e pessoa jurídica (na calúnia, relativamente aos crimes ambientais)		Qualquer pessoa física
Meios de execução	Crimes de forma livre		
Elemento subjetivo	Dolo, direto ou eventual (**exceto** no § 1.º do art. 138, em que o dolo só pode ser o direto)	Dolo, direto ou eventual	
Lei 9.099/1995	Infrações penais de menor potencial ofensivo		Infração penal de menor potencial ofensivo (**exceto** injúria qualificada – art. 140, § 3.º)
Causas especiais de exclusão da ilicitude (art. 142)	Não se aplicam	Aplicam-se	
Retratação	Admitem (obs.: causa extintiva da punibilidade de natureza subjetiva – não se comunica aos demais querelados que não se retrataram)		Não admite

	Calúnia	**Difamação**	**Injúria**
Pedido de explicações	Admitem		
Ação penal	**Regra: Privada** **Exceção:** • Pública condicionada à requisição do Ministro da Justiça no crime contra o Presidente da República ou contra chefe de governo estrangeiro. • Pública condicionada à representação do ofendido no crime contra funcionário público, em razão de suas funções, ou contra os Presidentes do Senado Federal, da Câmara dos Deputados ou do Supremo Tribunal Federal.	**Regra: Privada** **Exceções:** • Pública condicionada à requisição do Ministro da Justiça no crime contra o Presidente da República ou contra chefe de governo estrangeiro; • Pública condicionada à representação do ofendido no crime contra funcionário público, em razão de suas funções, ou contra os Presidentes do Senado Federal, da Câmara dos Deputados ou do Supremo Tribunal Federal.	**Regra: Privada** **Exceções:** • Pública incondicionada na injúria real, se da violência resulta lesão corporal; • Pública condicionada à representação do ofendido no crime contra funcionário público, em razão de suas funções, ou contra os Presidentes do Senado Federal, da Câmara dos Deputados ou do Supremo Tribunal Federal; • Pública condicionada à representação do ofendido no crime de injúria qualificada previsto no art. 140, § 3.º; • Pública condicionada à requisição do Ministro da Justiça no crime contra o Presidente da República ou contra chefe de governo estrangeiro.

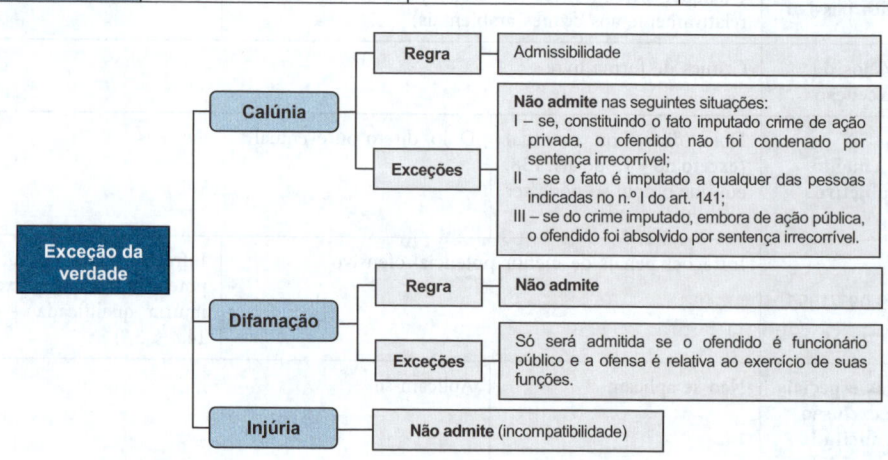

○ **Jurisprudência selecionada:**

Crime contra a honra de particular cometido em depoimento prestado ao Ministério Público do Trabalho – competência da Justiça Estadual: "Não compete à Justiça Federal processar e julgar queixa-crime proposta por particular contra particular, somente pelo fato de as declarações do querelado terem sido prestadas na Procuradoria do Trabalho. Tratou-se de conflito de competência negativo em razão da divergência entre Juízo federal e Juízo estadual para processar e julgar ações penais privadas nas quais se buscava apurar a prática dos crimes de calúnia e difamação pelos querelados, em depoimento prestado em inquérito civil instaurado por Procuradoria Regional do Trabalho. Estando em análise nas queixas-crime a prática de delitos contra a honra, e não de falso testemunho, tampouco se vislumbrando nos autos indícios de que os depoimentos prestados por querelados perante o *parquet* trabalhista são falsos, estaremos diante de verdadeira relação entre particulares e não haverá nenhum interesse ou violação de direito que afete a União, de modo que a causa não se enquadrará em nenhuma das hipóteses do art. 109 da Constituição Federal e não incidirá, assim, a Súmula n. 165 do STJ, que assim dispõe: 'Compete a justiça federal processar e julgar crime de falso testemunho cometido no processo trabalhista'" (STJ: CC 148.350/PI, rel. Min. Felix Fischer, 3.ª Seção, j. 09.11.2016, noticiado no *Informativo* 593).

Crimes contra honra – elemento subjetivo – discurso proferido no exercício do mandato de Governador do Estado – embate político – ausência de dolo de difamar ou de injuriar (*animus injuriandi vel diffamandi*): "Expressões eventualmente contumeliosas, quando proferidas em momento de exaltação, bem assim no exercício do direito de crítica ou de censura profissional, ainda que veementes, atuam como fatores de descaracterização do elemento subjetivo peculiar aos tipos penais definidores dos crimes contra a honra. Trata-se, na origem, de alegação de prática de crimes contra a honra supostamente praticados por Governador de Estado em evento de inauguração de obra pública. A animosidade entre as partes teria advindo de embate político a respeito da remuneração de Policiais Militares. No palanque da inauguração, o Governador teria chamado o suposto ofendido por mais de uma vez de 'mau-caráter', e teria se utilizado das expressões 'o mau-caráter do Da Silva que está ali' e 'gente igual a esse mau-caráter', motivo pelo qual foi acusado de incidir no delito de injúria previsto no art. 140 do Código Penal. No mesmo contexto, o Governador teria dito que 'essas pessoas aqui não tinham salário, (...) por causa de gente igual a esse mau caráter, não tinham salário', o que evidenciaria o intento positivo e deliberado de ofender a honra alheia, incidindo no delito de difamação, previsto no art. 139 do CP. São elementos comuns nos crimes contra a honra o agente proceder com dolo de dano, isto é, propor-se a ofender a honra alheia, e não simplesmente a perigo de ofensa. Dessa forma, a acusação, para os tipos penais de difamação e injúria, não reúne mínimas condições de admissibilidade, isso porque as palavras lançadas pelo Governador não podem ser consideradas criminosas ante a constatação de ausência no dolo de difamar ou de injuriar. No embate entre personagens políticos é usual que, no enfrentamento de ideias, se tenha divergência sobre os rumos das opções na administração do ente Federativo e, no acirramento dos ânimos, surjam adjetivações que não guardam, necessariamente, similitude com o propósito de ofender pessoalmente o adversário. A propósito, o Superior Tribunal de Justiça publicou Jurisprudência em Teses (edição 130) e divulgou 13 enunciados da Corte sobre posicionamentos consolidados a respeito dos crimes contra a honra. Entre eles está a Tese n. 1, que prevê que, 'Para a configuração dos crimes contra a honra, exige-se a demonstração mínima do intento positivo e deliberado de ofender a honra alheia (dolo específico), o denominado 'animus *caluniandi, diffamandi vel injuriandi*'. Aliado a isso também ao caso concreto é pertinente mencionar o Enunciado 7, cuja proposição é de que: 'Expressões eventualmente contumeliosas, quando proferidas em momento de exaltação, bem assim no exercício do direito de crítica ou de censura profissional, ainda que veementes, atuam como fatores de descaracterização do elemento subjetivo peculiar aos tipos penais definidores dos crimes contra a honra'. Assim sendo, não evidenciado minimamente o dolo especial de ofender a honra de outrem, deve ser rejeitada a queixa-crime quanto aos delitos de difamação e injúria" (STJ: QC 6/DF, rel. Min. Herman Benjamin, Corte Especial, j. 10.06.2024, noticiado no *Informativo* 819).

Crimes contra a honra – elemento subjetivo – exigência da intenção de macular a honra alheia: "A queixa-crime que impute ao querelado a prática de crime contra a honra deve ser rejeitada na hipótese em que o querelante se limite a transcrever algumas frases, escritas pelo querelado em sua rede social, segundo as quais o querelante seria um litigante habitual do Poder Judiciário (fato notório, publicado em inúmeros órgãos de imprensa), sem esclarecimentos que possibilitem uma análise do elemento subjetivo da conduta do querelado consistente no intento positivo e deliberado de lesar a honra do ofendido. A nova sistemática do processo penal traz os aspectos nos quais o magistrado deve se debruçar na fase de prelibação. O inciso I do art. 395 do CPP, a propósito, dispõe que a denúncia ou queixa será rejeitada quando 'for manifestamente inepta'. Na situação em análise, a queixa-crime não atende ao comando estabelecido pelo art. 41 do CPP, segundo o qual a 'denúncia ou queixa conterá a exposição do fato criminoso, com todas as suas circunstâncias, a qualificação do acusado ou esclarecimentos pelos quais se possa identificá-lo, a classificação do crime e, quando necessário, o rol das testemunhas'. Isso porque, embora se exija, para a caracterização de crime contra a honra, demonstração do intento positivo e deliberado de lesar a honra alheia (*animus injuriandi vel diffamandi*), não existem, na queixa-crime em apreço, esclarecimentos que possibilitem uma análise do elemento subjetivo da conduta do querelado consistente no intento positivo e deliberado de lesar a honra do ofendido" (STJ: AP 724/DF, rel. Min. Og Fernandes, Corte Especial, j. 20.08.2014, noticiado no *Informativo* 547).

Imunidade parlamentar – complemento à liberdade de expressão: "A imunidade parlamentar é uma proteção adicional ao direito fundamental de todas as pessoas à liberdade de expressão, previsto no art. 5°, IV e IX, da Constituição. Assim, mesmo quando desbordem e se enquadrem em tipos penais, as palavras dos congressistas, desde que guardem alguma pertinência com suas funções parlamentares, estarão cobertas pela imunidade material do art. 53, *caput*, da Constituição ('Art. 53. Os Deputados e Senadores são invioláveis, civil e penalmente, por quaisquer de suas opiniões, palavras e votos'). Com base nessa orientação, a Primeira Turma, em julgamento conjunto e por maioria, rejeitou a queixa-crime oferecida em face de senador a quem fora imputado a prática dos delitos de calúnia, injúria e difamação. Na espécie, parlamentar teria postado na rede social 'Facebook' que ex-Presidente da República teria cometido crimes e, ainda, teria impetrado *habeas corpus* preventivo relativo a atos de corrupção ocorrido no âmbito da Petrobras. De início, a Turma assentou o caráter reprovável e lamentável com o qual as críticas à suposta conduta de um ex-Presidente da República teriam sido feitas. Na sequência, ressaltou que a imunidade material conferida aos parlamentares não seria uma prerrogativa absoluta. Restringir-se-ia a opiniões e palavras externadas, dentro ou fora do recinto do Congresso Nacional, mas no exercício do mandato ou em razão dele. Prevaleceria, portanto, a compreensão de que a imunidade parlamentar não se estenderia para opiniões ou palavras que pudessem malferir a honra de alguém quando essa manifestação estivesse dissociada do exercício do mandato. Para o Colegiado, a Constituição teria garantido uma tolerância com o uso – que normalmente fosse considerado abusivo – do direito de expressar livremente suas opiniões, quando proveniente de parlamentar no exercício de seus respectivos mandatos. Essa condescendência se justificaria para assegurar um bem maior – a própria democracia. Entre um parlamentar acuado pelo eventual receio de um processo criminal e um parlamentar livre para expor as suspeitas que pairassem sobre outros homens públicos, mesmo que de forma que pudesse ser considerada abusiva e, portanto, criminosa, o caminho trilhado pela Constituição seria o de conferir liberdade ao congressista. Assim, a regra da imunidade deveria prevalecer nas situações limítrofes em que não fosse delineada a conexão entre a atividade parlamentar e as ofensas irrogadas a pretexto de exercê-la, mas que, igualmente, não se pudesse, de plano, dizer que exorbitassem do exercício do mandato" (STF: Inq. 4.088/DF, rel. Min. Edson Fachin, 1.ª Turma, j. 01.12.2015, noticiado no *Informativo* 810).

Imunidade parlamentar – declarações publicadas em rede social – inaplicabilidade – ofensa recíproca e perdão judicial: "Em virtude da incidência do perdão judicial (CP/1940, art. 107, IX), a Primeira Turma extinguiu ação penal e declarou extinta a punibilidade de deputado federal acusado de suposta prática de crime de injúria. O deputado federal teria publicado em rede social declarações ofensivas à honra de governador de Estado-membro. A publicação, extraída do perfil pessoal do acusado, teria sido capturada por meio de 'print screen'. A Turma reconheceu a materialidade e autoria delitivas, e afastou a inviolabilidade parlamentar material, pois as declarações teriam sido proferidas fora do recinto parlamentar e em ambiente virtual. Observou, portanto, não haver relação entre as declarações e o exercício do mandato. Reputou configurado, de um lado, o elemento subjetivo, constituído pela vontade livre e consciente de atribuir qualificações negativas ao ofendido. Por outro lado, entendeu que o comportamento do ofendido traria reflexos à punibilidade da conduta. O acusado postou as mensagens ofensivas menos de 24 horas depois de o ofendido publicar manifestação, também injuriosa, ao deputado. Seriam, assim, mensagens imediatamente posteriores às veiculadas pelo ofendido, e elaboradas em resposta a elas. Ao publicá-las, o acusado citou parte do conteúdo da mensagem postada pelo ofendido, comprovando o nexo de pertinência entre as condutas. Dessa maneira, o ofendido não só, de forma reprovável, provocara a injúria, como também, em tese, praticara o mesmo delito, o que gerara a retorsão imediata do acusado. Sendo assim, estariam configuradas as hipóteses de perdão judicial, nos termos do art. 140, § 1º, do CP/1940 ('Art. 140 – Injuriar alguém, ofendendo-lhe a dignidade ou o decoro: Pena – detenção, de um a seis meses, ou multa. § 1º – O juiz pode deixar de aplicar a pena: I – quando o ofendido, de forma reprovável, provocou diretamente a injúria; II – no caso de retorsão imediata, que consista em outra injúria'). Logo, não haveria razão moral para o Estado punir quem injuriou a pessoa que provocou" (STF: AP 926/AC, rel. Min. Rosa Weber, 1.ª Turma, j. 06.09.2016, noticiado no *Informativo* 838).

Imunidade parlamentar – Deputado Federal – "caso Daniel Silveira" – afronta aos princípios democráticos, republicanos e da separação de Poderes: "Atentar contra a democracia e o Estado de Direito não configura exercício da função parlamentar a invocar a imunidade constitucional prevista no art. 53, *caput*, da Constituição Federal. A imunidade material parlamentar não deve ser utilizada para atentar frontalmente contra a própria manutenção do Estado Democrático de Direito. Em nenhum momento histórico, em qualquer que seja o país que se analise, a imunidade parlamentar se confundiu com a impunidade. As imunidades parlamentares surgiram para garantir o Estado de Direito e da separação de Poderes. Modernamente, foram se desenvolvendo para a preservação da própria democracia. A previsão constitucional do Estado Democrático de Direito consagra a obrigatoriedade de o País ser regido por normas democráticas, com observância da separação de Poderes, bem como vincula a todos, especialmente as autoridades públicas, ao absoluto respeito aos direitos e garantias fundamentais, com a finalidade de afastamento de qualquer tendência ao autoritarismo e concentração de poder. A CF não permite a propagação de ideias contrárias à ordem constitucional e ao Estado Democrático (arts. 5º, XLIV; e 34, III e IV), nem tampouco a realização de manifestações nas redes sociais visando ao rompimento do Estado de Direito, com a extinção das cláusulas pétreas constitucionais – separação de Poderes (art. 60, § 4º), com a consequente instalação do arbítrio. A liberdade de expressão e o pluralismo de ideias são valores estruturantes do sistema democrático. A livre discussão, a ampla participação política e o princípio democrático estão interligados com a liberdade de expressão, tendo por objeto não somente a proteção de pensamentos e ideias, mas também opiniões, crenças, realização de juízo de valor e críticas a agentes públicos, no sentido de garantir a real participação dos cidadãos na vida coletiva. Dessa maneira, tanto são inconstitucionais as condutas e manifestações que tenham a nítida finalidade de controlar ou mesmo aniquilar a força do pensamento crítico, indispensável ao regime democrático, quanto aquelas que pretendam destruí-lo, juntamente com suas instituições republicanas, pregando a violência, o arbítrio, o desrespeito à separação de Poderes e aos direitos fundamentais. Na hipótese, deputado federal publicou vídeo em rede social no qual, além de atacar frontalmente os ministros do Supremo Tribunal Federal (STF), por meio de diversas ameaças e ofensas, expressamente propagou a adoção de medidas antidemocráticas contra o STF, bem como instigou a adoção de medidas violentas contra a vida e a segurança de seus membros, em clara afronta aos princípios democráticos, republicanos e da separação de Poderes. Tais condutas, além de tipificarem crimes contra a honra do Poder Judiciário e dos ministros do STF, são previstas, expressamente, na Lei 7.170/1973, especificamente, nos arts. 17, 18, 22, I e IV, 23, I, II e IV, e 26. Ademais, as condutas criminosas do parlamentar configuram hipótese de flagrante delito, pois verifica-se, de maneira clara e evidente, a perpetuação no tempo dos delitos acima mencionados, uma vez que o referido vídeo permaneceu disponível e acessível a todos os usuários da rede mundial de computadores. Ressalta-se que a prática das referidas condutas criminosas atenta diretamente contra a ordem constitucional e o Estado Democrático; apresentando, portanto, todos os requisitos para que, nos termos do art. 312 do CPP, fosse decretada a prisão preventiva; tornando, consequentemente, essa prática delitiva insuscetível de fiança, na exata previsão do art. 324, IV, do CPP. Configura-se, portanto, a possibilidade constitucional de prisão em flagrante de parlamentar pela prática de crime inafiançável, nos termos do § 2º do art. 53 da CF. Com esse entendimento, o Plenário referendou a decisão monocrática do ministro relator que determinara a prisão em flagrante do parlamentar" (STF: Inq 4.781, rel. Min. Alexandre de Moraes, Plenário, j. 17.02.2021, noticiado no *Informativo* 1.006).

Imunidades parlamentares – Deputados Estaduais – amplitude da norma constitucional – equiparação aos parlamentares federais: "O Plenário, por maioria, indeferiu medidas cautelares em ações diretas de inconstitucionalidade ajuizadas contra os arts. 33, § 3º, e 38, §§ 1º, 2º e 3º, da Constituição do Estado do Rio Grande do Norte, os §§ 2º ao 5º do art. 102 da Constituição do Estado do Rio de Janeiro e a Resolução 577/2017 da respectiva Assembleia Legislativa, bem como contra os §§ 2º ao 5º do art. 29 da Constituição do Estado do Mato Grosso e a Resolução 5.221/2017 da respectiva Assembleia Legislativa. Os dispositivos constitucionais impugnados estendem aos deputados estaduais as imunidades formais previstas no art. 53 da Constituição Federal para deputados federais e senadores. Já as Resoluções revogam prisões cautelares, preventivas e provisórias de deputados estaduais e determinam o pleno retorno aos mandatos parlamentares, com todos os seus consectários. O Colegiado entendeu que a leitura da Constituição da República revela que, sob os ângulos literal e sistemático, os deputados estaduais têm direito às imunidades formal e material e à inviolabilidade conferidas pelo constituinte aos congressistas, no que estendidas, expressamente, pelo § 1º do art. 27 da CF. Asseverou que o dispositivo não abre campo a controvérsias semânticas em torno de quais imunidades são abrangidas pela norma extensora. A referência no plural, de cunho genérico, evidencia haver-se conferido a parlamentares estaduais proteção sob os campos material e formal. Se o constituinte quisesse estabelecer estatuto com menor amplitude para os deputados estaduais, o teria feito expressamente, como fez, no inciso VIII do art. 29, em relação aos vereadores. A extensão do estatuto dos congressistas federais aos parlamentares estaduais traduz dado significativo do pacto federativo. O reconhecimento da importância do Legislativo estadual viabiliza a reprodução, no âmbito regional, da harmonia entre os Poderes da República. É inadequado, portanto, extrair da Constituição Federal proteção reduzida da atividade do Legislativo nos entes federados, como se fosse menor a relevância dos órgãos locais para o robustecimento do Estado Democrático de Direito. Acrescentou que reconhecer a prerrogativa de o Legislativo sustar decisões judiciais de natureza criminal, precárias e efêmeras, cujo teor resulte em afastamento ou limitação da função parlamentar não implica dar-lhe carta branca. Prestigia-se, ao invés, a Carta Magna, impondo-se a cada qual o desempenho do papel por ela conferido" (STF: ADI 5.823 MC/RN, rel. Min. Marco Aurélio, Plenário, j. 08.05.2019; ADI 5.824 MC/RJ, rel. orig. Min. Edson Fachin, red. p/ o ac. Min. Marco Aurélio, Plenário, j. 08.05.2019; e ADI 5.825 MC/MT, rel. orig. Min. Edson Fachin, red. p/ o ac. Min. Marco Aurélio, Plenário, j. 08.05.2019, noticiados no *Informativo* 939).

Imunidade parlamentar – incitação ao crime de estupro e injúria – ausência de conexão com a atividade legislativa – declarações prestadas à imprensa – inaplicabilidade: "A Primeira Turma, em julgamento conjunto e por maioria, recebeu denúncia pela suposta prática de incitação ao crime (CP, art. 286) e queixa-crime apenas quanto à alegada prática de injúria (CP, art. 140), ambos os delitos imputados a deputado federal. Os crimes dizem respeito a declarações proferidas na Câmara dos Deputados e, no dia seguinte, divulgadas em entrevista concedida à imprensa. No caso, o parlamentar afirmara que deputada federal 'não merece ser estuprada, por ser muito ruim, muito feia, não fazer seu gênero' e acrescentara que, se fosse estuprador, 'não iria estuprá-la porque ela não merece'. A Turma assinalou que a garantia constitucional da imunidade material protege o parlamentar, qualquer que seja o âmbito espacial em que exerça a liberdade de opinião, sempre que suas manifestações guardem conexão com o desempenho da função legislativa ou tenham sido proferidas em razão dela. Para que as afirmações feitas pelo parlamentar possam ser relacionadas ao exercício do mandato, devem revelar teor minimamente político, referido a fatos que estejam sob debate público, sob investigação em CPI ou em órgãos de persecução penal ou, ainda, sobre qualquer tema que seja de interesse de setores da sociedade, do eleitorado, de organizações ou quaisquer grupos representados no parlamento ou com pretensão à representação democrática. Consequentemente, não há como relacionar ao desempenho da função legislativa, ou de atos praticados em razão do exercício de mandato parlamentar, as palavras e opiniões meramente pessoais, sem relação com o debate democrático de fatos ou ideias e, portanto, sem vínculo com o exercício das funções cometidas a um parlamentar. Na hipótese, trata-se de declarações que não guardam relação com o exercício do mandato. Não obstante a jurisprudência do STF tenha entendimento no sentido da impossibilidade de responsabilização do parlamentar quando as palavras tenham sido proferidas no recinto da Câmara dos Deputados, as declarações foram proferidas em entrevista a veículo de imprensa, não incidindo, assim, a imunidade. O fato de o parlamentar estar em seu gabinete no momento em que a concedera é meramente acidental, já que não foi ali que se tornaram públicas as ofensas, mas sim por meio da imprensa e da internet. Portanto, cuidando-se de declarações firmadas em entrevista concedida a veículo de grande circulação, cujo conteúdo não se relaciona com a garantia do exercício da função parlamentar, não incide o art. 53 da CF. O Colegiado explicou que a defesa sustentava atipicidade da conduta de incitação ao crime, pois as afirmações seriam genéricas. A respeito, registrou que o tipo penal em análise dá ênfase ao aspecto subjetivo da ordem pública, ao sentimento de paz e à tranquilidade social. O bem jurídico tutelado é diverso daquele que é ofendido pelo crime objeto da instigação. Não se trata da proteção direta de bens jurídicos primários, mas de formas de proteção mediata daqueles, pois se enfrenta uma das condições favoráveis à prática de graves danos para a ordem e a perturbação sociais. Assim, a incitação ao crime não envolve ataque concreto ao bem jurídico tutelado, mas sim destina-se a salvaguardar o valor desse bem jurídico do crime objeto de incitação. No caso, a integridade física e psíquica da mulher encontra ampla guarida na ordem jurídica, por meio de normas exsurgidas de um pano de fundo aterrador, de cotidianas mortes, lesões e imposição de sofrimento ao gênero feminino no País. Assim, em tese, a manifestação do acusado tem o potencial de incitar outros homens a expor as mulheres à fragilidade e à violência física, sexual, psicológica e moral, porquanto proferida por parlamentar, que não pode desconhecer os tipos penais. Especialmente, o crime de estupro tem consequências graves, e sua ameaça perene mantém todas as mulheres em situação de subordinação. Portanto, discursos que relativizam essa gravidade e a abjeção do delito contribuem para agravar a vitimização secundária produzida pelo estupro. A Turma enfatizou, ainda, que a utilização do vocábulo 'merece' tivera por fim conferir ao delito o atributo de prêmio, favor, benesse à mulher. Além disso, confere às vítimas o merecimento dos sofrimentos a elas infligidos. Essa fala reflete os valores de uma sociedade desigual, que ainda tolera e até incentiva a prática de atitudes machistas e defende a naturalidade de uma posição superior do homem, nas mais diversas atividades. Não se podem subestimar os efeitos de discursos que reproduzem o rebaixamento da dignidade sexual da mulher, que podem gerar perigosas consequências sobre a forma como muitos irão considerar o crime de estupro, podendo, efetivamente, encorajar sua prática. O desprezo demonstrado pela dignidade sexual reforça e incentiva a perpetuação dos traços de uma cultura que ainda subjuga a mulher, com o potencial de instigar variados grupos a lançarem sobre a própria vítima a culpa por ser alvo de criminosos sexuais. Portanto, não é necessário que se apregoe, verbal e literalmente, a prática de determinado crime. O tipo do art. 286 do CP abrange qualquer conduta apta a provocar ou a reforçar a intenção da prática criminosa de terceiros. A Turma sublinhou outra alegação da defesa, segundo a qual, se as palavras do parlamentar fossem consideradas incitação ao estupro, então as mulheres que aderiram ao movimento iniciado na internet ('eu não mereço ser estuprada') também o teriam praticado. Ressaltou que se tratara de campanha de crítica e repúdio às declarações do parlamentar. O sentido conferido, na referida campanha, ao verbo 'merecer' revela-se oposto ao empregado pelo acusado nas manifestações que externara publicamente. Essas mensagens buscaram restabelecer o sentimento social de que o estupro é uma crueldade intolerável. Ademais, o tipo penal da incitação ao crime é formal, de perigo abstrato, e independe da produção de resultado. Além disso, não exige o fim especial de agir, mas apenas o dolo genérico, consistente na consciência de que o comportamento do agente instigará outros a praticar crimes. No caso, a frase do parlamentar tem potencial para estimular a perspectiva da superioridade masculina e a intimidação da mulher pela ameaça de uso da violência. Assim, a afirmação pública do imputado tem, em tese, o potencial de reforçar eventual propósito existente em parte daqueles que depreenderam as declarações, no sentido da prática de violência contra a mulher, inclusive novos crimes contra a honra da vítima e de mulheres em geral. Por fim, o Colegiado, no que diz respeito às imputações constantes da queixa-crime (calúnia e injúria), reputou que as mesmas declarações emanadas na denúncia atingiram, em tese, a honra subjetiva da querelante, pois revelam potencial de rebaixar sua dignidade moral, expondo sua imagem à humilhação pública, além de associar as características da mulher à possibilidade de ser vítima de estupro. Não cabe, nessa fase processual, concluir no sentido da configuração de retorsão imediata ou reação a injusta provocação. A queixa-crime atribui, ainda, a prática do delito de calúnia, pelo fato de o querelado ter falsamente afirmado que a querelante o chamara de estuprador. No ponto, entretanto, a inicial não narra de que maneira a afirmação do parlamentar tivera por fim específico ofender a honra da querelante, razão pela qual a queixa não pode ser recebida quanto a esse delito. Vencido o Ministro Marco Aurélio, que não recebia a denúncia ou a queixa-crime" (STF: Inq 3.932/DF e Pet 5.243/DF, rel. Min. Luiz Fux, 1.ª Turma, j. 21.06.2016, noticiados no *Informativo* 831).

Imunidade parlamentar – liberdade de expressão: "A liberdade de expressão não alcança a prática de discursos dolosos, com intuito manifestamente difamatório, de juízos depreciativos de mero valor, de injúrias em razão da forma ou de críticas aviltantes. É possível vislumbrar restrições à livre manifestação de ideias, inclusive mediante a aplicação da lei penal, em atos, discursos ou ações que envolvam, por exemplo, a pedofilia, nos casos de discursos que incitem a violência ou quando se tratar de discurso com intuito manifestamente difamatório. A garantia da imunidade parlamentar não alcança os atos praticados sem claro nexo de vinculação recíproca entre o discurso e o desempenho das funções parlamentares. Isso porque as garantias dos membros do Parlamento são vislumbradas sob uma perspectiva funcional, ou seja, de proteção apenas das funções consideradas essenciais aos integrantes do Poder Legislativo, independentemente de onde elas sejam exercidas. No caso, os discursos proferidos pelo querelado teriam sido proferidos com nítido caráter injurioso e difamatório, de forma manifestamente dolosa, sem qualquer hipótese de prévia provocação ou retorsão imediata capaz de excluir a tipificação, em tese, dos atos descritos nas queixas-crimes. Com base nesses entendimentos, a Segunda Turma, por maioria, ao dar provimento a agravos regimentais, recebeu queixas-crimes pelos delitos dos arts. 139 e 140 do Código Penal" (STF: Pet 8.242 AgR/DF, rel. Min. Celso de Mello, redator do acórdão Min. Gilmar Mendes, 2.ª Turma, j. 03.05.2022, noticiado no *Informativo* 1.053).

Imunidade parlamentar – limites relacionados ao exercício do mandato: "A Primeira Turma julgou procedente pedido formulado em ação penal para condenar deputado federal pela prática do crime de difamação agravada. Cuida-se de ação penal privada promovida contra parlamentar em cujo perfil de rede social foi publicado vídeo editado com cortes de trechos de discurso feito pelo autor, então deputado federal, a fim de difamá-lo. Inicialmente, o colegiado assentou que as alegações de inépcia da inicial e de incidência da imunidade parlamentar já tinham sido rejeitadas quando do recebimento da queixa-crime. Na espécie, não se aplica a imunidade parlamentar, pois o ato não foi praticado *in officio* ou *propter officium*. Reiterou que a liberdade de opinião e manifestação do parlamentar, *ratione muneris*, impõe contornos à imunidade material, nos limites estritamente necessários à defesa do mandato contra o arbítrio, à luz do princípio republicano que norteia a Constituição Federal. De igual modo, a veiculação dolosa de vídeo com conteúdo fraudulento, para fins difamatórios, a conferir ampla divulgação pela rede social ao conteúdo sabidamente falso, não encontra abrigo na imunidade parlamentar [CF, art. 53]. No mérito, foi assentada a comprovação da materialidade do delito. Laudo de perícia criminal de instituto de criminalística da polícia civil concluiu que o vídeo foi editado e que o processo de edição resultou na modificação da informação, conduzindo à compreensão diversa da realidade factual. A Turma realçou que o conteúdo original da manifestação sofreu vários cortes, após os quais passou a revelar conotação racista e preconceituosa. O fato de veicular trechos da fala do autor é elemento especioso, ardil empregado com o intuito de conferir-lhe verossimilhança. Além disso, o dano à honra do querelante foi certificado em juízo por depoimentos prestados. Simultaneamente, há prova do impacto sobre a imagem do autor. A fraude revela nítido potencial de enganar os cidadãos que a visualizaram e de produzir discursos de ódio contra a fala indevidamente alterada, difamando o opositor político do réu. Noutro passo, assinalou que a publicação em perfil de rede social é penalmente imputável ao agente que, dolosamente, tem o intuito de difamar, injuriar ou caluniar terceiros, máxime quando demonstrado o conhecimento da falsidade do conteúdo. A criminalização da veiculação de conteúdo com essas finalidades não colide com o direito fundamental à liberdade de expressão. Observou que o delito contra a honra é de ação múltipla, conglobando não apenas a criação do conteúdo criminoso como também a sua postagem e a disponibilização de perfil em rede social com fim de servir de plataforma à alavancagem da injúria, calúnia ou difamação. A autoria desses crimes praticados por meio da internet demanda: (i) demonstração de que o réu é o titular de página, blogue ou perfil pelo qual divulgado o material difamatório; (ii) demonstração do consentimento — prévio, concomitante ou sucessivo — com a veiculação em seu perfil; (iii) demonstração de que o réu tinha conhecimento do conteúdo fraudulento da postagem (*animus injuriandi, caluniandi ou diffamandi*). A divulgação do conteúdo fraudado constitui etapa da execução do crime, a estabelecer a autoria criminosa do divulgador, que não exclui a do programador visual ou do editor responsável pela execução material da fraude, quando promovidas por outros agentes em coautoria. Na circunstância de um ajudante postar vídeo fraudulento veiculador de difamação, a coautoria criminosa do titular do perfil somente é afastada se ele desconhecer o uso de sua página para a divulgação e, portanto, não consentir com o emprego de sua plataforma em rede social para alavancar a campanha difamatória. Na situação dos autos, os testemunhos colhidos na instrução corroboram a autoria criminosa. O referido vídeo foi postado no perfil do acusado, que admitiu tê-lo assistido e ter sido informado da postagem quando foi disponibilizado em sua página na rede social. O réu sabia que o conteúdo não era fidedigno à fala do querelante, porquanto se tratava de manifestação absolutamente contrária à proferida em debate do qual ele próprio participara e cujo conteúdo era de seu inteiro conhecimento. Ainda assim, o parlamentar-querelado manteve o conteúdo difamatório disponível em sua plataforma, que somente foi retirado de circulação após decisão judicial. Ademais, o vídeo fraudulento elevou a popularidade do réu na rede social utilizada, revelando número de visualizações superior à média de sua página, a evidenciar seu ganho pessoal com a campanha difamatória. Ao rechaçar tese defensiva da ausência de dolo de difamar, o colegiado anotou que as alegações não se sustentam. A divulgação por mero *animus narrandi* se caracteriza quando há desconhecimento da natureza fraudulenta. Na espécie, o réu detinha todas as informações necessárias para conhecer o descompasso entre o discurso proferido e o divulgado no vídeo com adulterações aptas a inverter o sentido da fala e conferir-lhe teor racista. Igualmente inverossímil a arguição de que os cortes realizados tiveram finalidade exclusivamente técnica, com o objetivo de reduzir o vídeo ao tamanho limite do suporte de mídia utilizado. Se essa fosse unicamente a intenção, os cortes não teriam deturpado a fala do querelante. Outros trechos poderiam ter sido excluídos para atender ao propósito técnico" (STF: AP 1.021/DF, rel. Min. Luiz Fux, 1.ª Turma, j. 18.08.2020, noticiado no *Informativo* 987).

Imunidade parlamentar – nexo com as funções parlamentares – necessidade: "A Primeira Turma recebeu queixa-crime formulada contra parlamentar pela prática de crime de difamação e injúria. De acordo com a inicial, o parlamentar-querelado, em discurso proferido no Plenário da Câmara dos Deputados e em reunião da Comissão de Constituição e Justiça e da Cidadania da mesma Casa, teria desferido ofensas verbais a artistas, ao afirmar, dentre outras imputações, que eles teriam "assaltado" os cofres públicos ao angariar recursos oriundos da Lei Rouanet (Lei 8.313/1991). A Turma salientou que o fato de o parlamentar estar na Casa legislativa no momento em que proferiu as declarações não afasta a possibilidade de cometimento de crimes contra a honra, nos casos em que as ofensas são divulgadas pelo próprio parlamentar na Internet. Afirmou que a inviolabilidade material somente abarca as declarações que apresentem nexo direto e evidente com o exercício das funções parlamentares. No caso concreto, embora aludindo à Lei Rouanet, o parlamentar nada acrescentou ao debate público sobre a melhor forma de distribuição dos recursos destinados à cultura, limitando-se a proferir palavras ofensivas à dignidade dos querelantes. O Parlamento é o local por excelência para o livre mercado de ideias – não para o livre mercado de ofensas. A liberdade de expressão política dos parlamentares, ainda que vigorosa, deve se manter nos limites da civilidade. Ninguém pode se escudar na inviolabilidade parlamentar para, sem vinculação com a função, agredir a dignidade alheia ou difundir discursos de ódio, violência e discriminação" (STF: PET 7.174/DF, rel. Min. Alexandre de Moraes, red. p/ o ac. Min. Marco Aurélio, 1.ª Turma, j. 10.03.2020, noticiado no *Informativo* 969).

Calúnia

Art. 138. Caluniar alguém, imputando-lhe falsamente fato definido como crime:

Pena – detenção, de seis meses a dois anos, e multa.

§ 1º Na mesma pena incorre quem, sabendo falsa a imputação, a propala ou divulga.

§ 2º É punível a calúnia contra os mortos.

Exceção da verdade

§ 3º Admite-se a prova da verdade, salvo:

I – se, constituindo o fato imputado crime de ação privada, o ofendido não foi condenado por sentença irrecorrível;

II – se o fato é imputado a qualquer das pessoas indicadas no nº I do art. 141;

III – se do crime imputado, embora de ação pública, o ofendido foi absolvido por sentença irrecorrível.

Classificação:	Informações rápidas:
Crime comum Crime de forma livre Crime unissubsistente ou plurissub-sistente Crime instantâneo Crime unissubjetivo (regra) Crime comissivo Crime de dano Crime formal	Atinge a honra objetiva da pessoa (o crime consuma se quando a imputação falsa de crime chega ao conhecimento de terceira pessoa). Imputação falsa de crime (qualquer espécie – não abrange contravenção penal), fato determinado, verossímil e contra pessoa certa e determinada. A tentativa é ou não possível, dependendo do meio de execução do crime. A calúnia é o único crime contra a honra que tutela os mortos. A regra é a admissibilidade da exceção da verdade.

○ **Introdução:** Caluniar consiste na atividade de *atribuir falsamente a alguém a prática de fato definido como crime*.

○ **Objeto jurídico:** O bem jurídico tutelado é a **honra objetiva**, ou seja, a reputação da pessoa na sociedade.

○ **Objeto material:** É a pessoa que tem sua honra objetiva ofendida pela conduta criminosa.

○ **Núcleo do tipo:** É "caluniar". O legislador foi redundante. Com efeito, caluniar é imputar, razão pela qual não era necessário dizer: "caluniar alguém, imputando-lhe...". A conduta consiste em atribuir a alguém a prática de determinado fato. Esse fato, entretanto, deve ser previsto em lei como criminoso. Imputação falsa de contravenção penal atinge a honra, configurando crime de difamação, mas não calúnia. O fato deve ser também **verossímil**, pois em caso contrário não há calúnia. Se não bastasse, é fundamental seja **a ofensa dirigida contra pessoa certa e determinada**. A imputação falsa de contravenção penal não configura o crime de calúnia, e, se uma lei posterior retirar o caráter criminoso do fato imputado ao agente (*abolitio criminis*), desaparecerá a calúnia. O delito será desclassificado para difamação, se o fato for desonroso, ou deixará de existir, nos demais casos.

○ **Elemento normativo do tipo – "falsamente":** *A* imputação do fato definido como crime deve ser **falsa**. Essa falsidade pode recair **sobre o fato**: o crime atribuído à vítima não ocorreu; ou **sobre o envolvimento no fato**: o crime foi praticado, mas a vítima não tem nenhum tipo de responsabilidade em relação a ele.

○ **Formas de calúnia:** Quanto às suas formas, a calúnia apresenta a seguinte divisão: (a) **inequívoca ou explícita**: a ofensa é direta, manifesta. Não deixa dúvida nenhuma acerca da vontade do sujeito de atacar a honra alheia; (b) **equívoca ou implícita**: a ofensa é velada, discreta. O sujeito, sub-repticiamente, passa o recado no sentido de que a vítima teria praticado um delito; e (c) **reflexa**: o sujeito, desejando caluniar uma pessoa, acaba na descrição do fato, atribuindo falsamente a prática de um crime também a pessoa diversa.

○ **Consumação:** No momento em que a imputação falsa de crime chega ao conhecimento de terceira pessoa, sendo irrelevante se a vítima tomou ou não ciência do fato.

○ **Tentativa:** É ou não possível, dependendo do meio de execução do crime, ou seja, se o delito apresentar-se como plurissubsistente (exemplo: carta que se extravia) ou unissubsistente (exemplo: ofensa oral).

○ **Calúnia e denunciação caluniosa: distinções: Na calúnia**, o sujeito se limita a imputar a alguém, falsamente e perante terceira pessoa, a prática de um fato definido como crime, enquanto na **denunciação caluniosa** (CP, art. 339), não apenas atribui à vítima, falsamente, a prática de um delito, mas leva essa imputação ao conhecimento da autoridade pública, movimentando a máquina estatal mediante a instauração de inquérito policial, de procedimento investigatório criminal, de processo judicial, de processo administrativo disciplinar, de inquérito civil ou de ação de improbidade administrativa contra alguém que sabe inocente.[43] A calúnia é crime contra a honra, e em regra se processa por ação penal privada, enquanto a denunciação caluniosa é crime contra a Administração da Justiça e de ação penal pública incondicionada.

○ **Subtipo da calúnia (art. 138, § 1.º):** Verifica-se essa espécie de calúnia quando alguém, depois de tomar conhecimento da imputação falsa de um crime à vítima, leva adiante a ofensa, transmitindo-a a outras pessoas. **Propalar** é relatar verbalmente, enquanto **divulgar** consiste em relatar por qualquer outro meio (exemplos: panfletos, outdoors, gestos etc.). **Essa modalidade do crime de calúnia é incompatível com o dolo eventual**, pois o tipo utiliza a expressão "sabendo falsa a imputação". Também não admite tentativa, pois ou sujeito relata o que ouviu, e o crime estará consumado, ou não conta, e inexiste crime. Essa é a posição dominante. Entendemos, contudo, ser admissível o *conatus* na conduta de "**divulgar**" (exemplo: o agente coloca um cartaz em uma árvore, mas, antes de ser lido por outras pessoas, um raio o destrói).

○ **Calúnia contra os mortos:** A lei tutela a honra das pessoas mortas relativamente à memória da boa reputação, bem como o interesse dos familiares em preservar a dignidade do falecido. Vítimas do crime são o cônjuge e os familiares do morto, pois este último não tem mais direitos a serem penalmente protegidos.

○ **Exceção da verdade:** É o instrumento adequado para viabilizar aquele a quem se atribui a responsabilidade pela calúnia a prova da veracidade do fato criminoso por ele imputado a outrem, e se fundamenta no interesse público em apurar a efetiva responsabilidade pelo crime para posteriormente punir seu autor, coautor ou partícipe. Trata-se de **incidente processual e prejudicial**, pois impede a análise do mérito do crime de calúnia. Ademais, constitui-se em **medida facultativa de defesa indireta**, pois o acusado pelo delito contra a honra não é obrigado a se valer da exceção da verdade, e pode defender-se diretamente (exemplo: negativa de autoria). Na hipótese de autoridade pública com prerrogativa de foro (foro especial), a exceção da verdade será decidida pelo Tribunal competente. Entretanto, a análise da sua admissibilidade será realizada pelo juízo em que tramita a ação penal. Esse instituto deve ser apresentado na primeira oportunidade em que a defesa se manifestar nos autos. Nas ações penais que tramitam em 1.ª instância, o momento adequado para o seu oferecimento é a resposta à acusação, prevista no art. 396 do Código de Processo Penal. De seu turno, nos crimes de competência originária dos Tribunais Superiores, a oportunidade cabível é a defesa prévia, contida no art. 8.º da Lei 8.038/1990. Em razão de ser a falsidade da imputação uma elementar do crime de calúnia, **a regra é a admissibilidade da exceção da verdade**. Entretanto, a exceção da verdade não poderá ser utilizada em três situações **expressamente** previstas pelo § 3.º do art. 138 do Código Penal, a saber: I – se, constituindo o fato imputado crime de ação privada, o ofendido não foi condenado por sentença irre-

---

Após a entrada em vigor da Lei 14.110/2020, alterando a redação do *caput* do art. 339 do Código Penal, passou a ser também possível a caracterização de denunciação caluniosa mediante a imputação falsa de infração ético-disciplinar ou de ato ímprobo.

corrível; II – se o fato é imputado a qualquer das pessoas indicadas no n.º I do art. 141; e III – se do crime imputado, embora de ação pública, o ofendido foi absolvido por sentença irrecorrível. Esse rol é taxativo e não pode ser ampliado pelo intérprete da lei.

○ **Ação Penal:** Em regra, a ação penal é privada. Exceções: a ação será pública condicionada à requisição do Ministro da Justiça no crime contra o Presidente da República ou contra chefe do governo estrangeiro, ou pública condicionada à representação do ofendido no crime contra funcionário público, em razão das suas funções, ou contra os Presidentes do Senado Federal, da Câmara dos Deputados ou do Supremo Tribunal Federal.

○ **Lei 9.099/1995:** Em face da pena máxima cominada ao delito, trata-se de infração penal de menor potencial ofensivo.

○ **Atribuição antecipada de culpa pelo agente público e abuso de autoridade:** Se a conduta ofensiva à honra objetiva da vítima consistir na atribuição antecipada de culpa pelo responsável pelas investigações, mediante meio de comunicação (inclusive redes sociais), antes de concluídas as apurações e formalizada a acusação, estará configurado o crime de abuso de autoridade tipificado no art. 38 da Lei 13.869/2019: "Art. 38. Antecipar o responsável pelas investigações, por meio de comunicação, inclusive rede social, atribuição de culpa, antes de concluídas as apurações e formalizada a acusação: Pena – detenção, de 6 (seis) meses a 2 (dois) anos, e multa."

○ **Jurisprudência selecionada:**

Calúnia, difamação e injúria – prática mediante a divulgação de uma única carta – possibilidade: "É possível que se impute de forma concomitante a prática dos crimes de calúnia, de difamação e de injúria ao agente que divulga em uma única carta dizeres aptos a configurar os referidos delitos, sobretudo no caso em que os trechos utilizados para caracterizar o crime de calúnia forem diversos dos empregados para demonstrar a prática do crime de difamação. Ainda que diversas ofensas tenham sido assacadas por meio de uma única carta, a simples imputação ao acusado dos crimes de calúnia, injúria e difamação não caracteriza ofensa ao princípio que proíbe o *bis in idem*, já que os crimes previstos nos arts. 138, 139 e 140 do CP tutelam bens jurídicos distintos, não se podendo asseverar de antemão que o primeiro absorveria os demais. Ademais, constatado que diferentes afirmações constantes da missiva atribuída ao réu foram utilizadas para caracterizar os crimes de calúnia e de difamação, não se pode afirmar que teria havido dupla persecução pelos mesmos fatos. De mais a mais, ainda que os dizeres também sejam considerados para fins de evidenciar o cometimento de injúria, o certo é que essa infração penal, por tutelar bem jurídico diverso daquele protegido na calúnia e na difamação, a princípio, não pode ser por elas absorvido" (STJ: RHC 41.527/RJ, rel. Min. Jorge Mussi, 5.ª Turma, j. 03.03.2015, noticiado no *Informativo* 557).

Direitos indígenas – competência – Justiça Federal: "Compete à Justiça Federal – e não à Justiça Estadual – processar e julgar ação penal referente aos crimes de calúnia e difamação praticados no contexto de disputa pela posição de cacique em comunidade indígena. O conceito de direitos indígenas, previsto no art. 109, XI, da CF/1988, para efeito de fixação da competência da Justiça Federal, é aquele referente às matérias que envolvam a organização social dos índios, seus costumes, línguas, crenças e tradições, bem como os direitos sobre as terras que tradicionalmente ocupam, compreendendo, portanto, a hipótese em análise" (STJ: CC 123.016/TO, Rel. Min. Marco Aurélio Bellizze, 3.ª Seção, j. 26.06.2013, noticiado no *Informativo* 527).

Dolo: "1. O agente que atribui falsamente a terceiros a prática de fatos criminosos incorre na prática do delito de calúnia. Dolo específico que, em juízo de delibação da exordial acusatória, revela-se demonstrado. 2. Imputação de fatos desabonadores e ofensas que, em juízo de admissibilidade da exordial acusatória, demonstram-se aptos a atingir a reputação profissional e a honra do ofendido" (STJ: APn 574/BA, rel. Min. Eliana Calmon, Corte Especial, j. 18.08.2010).

Dolo – imprescindibilidade da intenção de ofender o bem jurídico tutelado: "A manifestação do advogado em juízo para defender seu cliente não configura crime de calúnia se emitida sem a intenção de ofender a honra. Isso porque, nessa situação, não se verifica o elemento subjetivo do tipo penal. Com efeito, embora a imunidade do advogado no exercício de suas funções incida somente sobre os delitos de injúria e de difamação (art. 142, I, do CP), para a configuração de quaisquer das figuras típicas dos crimes contra a honra – entre eles, a calúnia – faz-se necessária a intenção de ofender o bem jurídico tutelado. Nesse contexto, ausente a intenção de caluniar (*animus caluniandi*), não pode ser imputado ao advogado a prática de calúnia" (STJ: Rcl 15.574/RJ, rel. Min. Rogerio Schietti Cruz, 3.ª Seção, j. 09.04.2014, noticiado no *Informativo* 539).

Dolo e imunidades parlamentares: "1. As afirmações tidas como ofensivas pelo Querelante foram feitas no exercício do mandato parlamentar, por ter o Querelado se manifestado na condição de Deputado Federal e de Presidente da Câmara, não sendo possível desvincular aquelas afirmações do exercício da ampla liberdade de expressão, típica da atividade parlamentar (art. 51 da Constituição da República). 2. O art. 53 da Constituição da República dispõe que os Deputados são isentos de enquadramento penal por suas opiniões, palavras e votos, têm imunidade material no exercício da função parlamentar. 3. Ausência de indício de *animus difamandi* ou *injuriandi*, não sendo possível desvincular a citada publicação do exercício da liberdade de expressão, própria da atividade de comunicação (art. 5º, inc. IX, da Constituição da República)" (STF: Inq. 2.297/DF, rel. Min. Cármen Lúcia, Tribunal Pleno, j. 20.09.2007).

Elemento subjetivo – necessidade da intenção de ofender a honra da vítima: "Por fim, o Colegiado, no que diz respeito às imputações constantes da queixa-crime (calúnia e injúria), reputou que as mesmas declarações emanadas na denúncia atingiram, em tese, a honra subjetiva da querelante, pois revelam potencial de rebaixar sua dignidade moral, expondo sua imagem à humilhação pública, além de associar as características da mulher à possibilidade de ser vítima de estupro. Não cabe, nessa fase processual, concluir no sentido da configuração de retorsão imediata ou reação a injusta provocação. A queixa-crime atribui, ainda, a prática do delito de calúnia, pelo fato de o querelado ter falsamente afirmado que a querelante o chamara de estuprador. No ponto, entretanto, a inicial não narra de que maneira a afirmação do parlamentar tivera por fim específico ofender a honra da querelante, razão pela qual a queixa não pode ser recebida quanto a esse delito" (STF: Inq 3.932/DF, rel. Min. Luiz Fux, e Pet 5.243/DF, rel. Min. Luiz Fux, 1.ª Turma, j. 21.06.2016, noticiados no *Informativo* 831).

Exceção da verdade – autoridade com prerrogativa de foro – juízo de admissibilidade: "A exceção da verdade oposta em face de autoridade que possua prerrogativa de foro pode ser inadmitida pelo juízo da ação penal de origem caso verificada a ausência dos requisitos de admissibilidade para o processamento do referido incidente. Com efeito, conforme precedentes do STJ, o juízo de admissibilidade, o processamento e a instrução da exceção da verdade oposta em face de autoridades públicas com prerrogativa de foro devem ser realizados pelo próprio juízo da ação penal na qual se aprecie, na origem, a suposta ocorrência de crime contra a honra. De fato, somente após a instrução dos autos, caso admitida a *exceptio veritatis*, o juízo da ação penal originária deverá remetê-los à instância superior para o julgamento do mérito. Desse modo, o reconhecimento da inadmissibilidade da exceção da verdade durante o seu processamento não caracteriza usurpação de competência do órgão responsável por apreciar o mérito do incidente. A propósito, eventual desacerto no processamento da exceção da verdade pelo juízo de origem poderá ser impugnado pelas vias recursais ordinárias" (STJ: Rcl 7.391/MT, rel. Min. Laurita Vaz, Corte Especial, j. 19.06.2013, noticiado no *Informativo* 522).

Exceção da verdade – crime de competência originária dos Tribunais Superiores – momento para apresentação: "Nas demandas que seguem o rito dos processos de competência originária dos Tribunais Superiores (Lei n. 8.038/1990), é tempestiva a exceção da verdade apresentada no prazo da defesa prévia (art. 8º), ainda que o acusado tenha apresentado defesa preliminar (art. 4º). Como é cediço, a exceção da verdade é meio processual de defesa indireta do réu, podendo ser apresentada nos processos em que se apuram crimes de calúnia (art. 138, § 3º, do CP) e de difamação, quando praticados em detrimento de funcionário público no exercício de suas funções (art. 139, parágrafo único, do CP). Nesse contexto, o art. 523 do CPP, que cuida do rito relativo aos crimes contra a honra, prevê a possibilidade de contestação à exceção da verdade, no prazo de 2 dias, porém não dispõe sobre o prazo para sua apresentação, que é a celeuma trazida na presente discussão. Diante disso, tem-se entendido, por meio de uma interpretação sistemática, que o referido instituto defensivo deve ser apresentado na primeira oportunidade em que a defesa se manifestar nos autos, portanto, no momento da apresentação da resposta à acusação, no prazo de 10 dias, previsto no art. 396 do CPP. No entanto, o rito dos processos que tramitam em Tribunais Superiores prevê a apresentação de defesa preliminar antes mesmo do recebimento da denúncia, no prazo de 15 dias, conforme dispõe o art. 4º da Lei n. 8.038/1990. Prevê, ademais, após o recebimento da denúncia, o prazo de 5 dias para a defesa prévia, contado do interrogatório ou da intimação do defensor dativo, nos termos do art. 8º da referida Lei. Nessa conjuntura, com base na Lei n. 8.038/1990, há quem defenda que a exceção da verdade deve ser apresentada no prazo do art. 4º e há quem entenda que o prazo deve ser contado nos termos do art. 8º. Um exame superficial poderia levar a crer que a primeira oportunidade para a defesa se manifestar nos autos, de fato, é no prazo de 15 dias, antes mesmo do recebimento da denúncia. Contudo, sem o recebimento da inicial acusatória, nem ao menos é possível processar a exceção da verdade, que tramita simultaneamente com a ação penal, devendo ser resolvida antes da sentença de mérito. Note-se que a exceção da verdade, em virtude da necessidade de se fazer prova do alegado, até mesmo por meio de instrução processual, não pode de plano impedir o recebimento da denúncia, porquanto demanda dilação probatória, inviável nesta sede. De fato, no momento da defesa preliminar (art. 4º), nem ao menos se iniciou a ação penal, razão pela qual não seria apropriado apresentar referida defesa antes do recebimento da denúncia. Ademais, conforme entendimento jurisprudencial e doutrinário, a exceção da verdade possui natureza jurídica de ação declaratória incidental, o que, igualmente, pressupõe a prévia instauração da ação penal. Assim, cuidando-se a exceção da verdade de instrumento que veicula matéria de defesa indireta de mérito, formalizada por meio de verdadeira ação declaratória incidental, mostra-se imprescindível a prévia instauração da ação penal, por meio do efetivo recebimento da denúncia. Dessarte, o prazo para apresentação da exceção da verdade, independentemente do rito procedimental adotado, deve ser o primeiro momento para a defesa se manifestar nos autos, após o efetivo início da ação penal. Portanto, o prazo para a defesa apresentar a exceção da verdade, nos processos da competência de Tribunal, deve ser o previsto no art. 8º da Lei n. 8.038/1990" (STJ: HC 202.548/MG, rel. Min. Reynaldo Soares da Fonseca, 5.ª Turma, j. 24.11.2015, noticiado no *Informativo* 574).

Exceção da verdade e presunção de falsidade da imputação: "Não tendo o acusado, por meio de exceção da verdade, provado a veracidade da imputação, presume-se a falsidade desta" (STF: AP 296/PR, rel. Min. Moreira Alves, Plenário, j. 20.05.1993).

Extensão das imunidades parlamentares: "A inviolabilidade (imunidade material) não se restringe ao âmbito espacial da Casa a que pertence o parlamentar, acompanhando-o muro a fora ou *externa corporis*, mas com uma ressalva: sua atuação tem que se enquadrar nos marcos de um comportamento que se constitua em expressão do múnus parlamentar, ou num prolongamento natural desse mister. Assim, não pode ser um predicamento *intuitu personae*, mas rigorosamente *intuitu funcionae*, alojando-se no campo mais estreito, determinável e formal das relações institucionais públicas, seja diretamente, seja por natural desdobramento; e nunca nas inumeráveis e abertas e coloquiais interações que permeiam o dia a dia da sociedade civil. No caso, ficou evidenciado que o acusado agiu exclusivamente na condição de jornalista – como produtor e apresentador do programa de televisão –, sem que de suas declarações pudesse se extrair qualquer relação com o seu mandato parlamentar" (STF: Inq 2.036/PA, Rel. Min. Carlos Britto, Tribunal Pleno, j. 23.06.2004).

Imunidade parlamentar: "A garantia constitucional da imunidade parlamentar em sentido material (CF, art. 53, *caput*) exclui a responsabilidade civil do membro do Poder Legislativo, por danos eventualmente resultantes de manifestações, orais ou escritas, desde que motivadas pelo desempenho do mandato (prática 'in officio') ou externadas em razão deste (prática 'propter officium'), qualquer que seja o âmbito espacial ('locus') em que se haja exercido a liberdade de opinião, ainda que fora do recinto da própria Casa legislativa. – A EC 35/2001, ao dar nova fórmula redacional ao art. 53, *caput*, da Constituição da República, consagrou diretriz, que, firmada anteriormente pelo Supremo Tribunal Federal (*RTJ* 177/1375-1376, Rel. Min. Sepúlveda Pertence), já reconhecia, em favor do membro do Poder Legislativo, a exclusão de sua responsabilidade civil, como decorrência da garantia fundada na imunidade parlamentar material, desde que satisfeitos determinados pressupostos legitimadores da incidência dessa excepcional prerrogativa jurídica. – Essa prerrogativa político-jurídica – que protege o parlamentar em tema de responsabilidade civil – supõe, para que possa ser invocada, que exista o necessário nexo de implicação recíproca entre as declarações moralmente ofensivas, de um lado, e a prática inerente ao ofício legislativo, de outro, salvo se as declarações contumeliosas houverem sido proferidas no recinto da Casa legislativa, notadamente da tribuna parlamentar, hipótese em que será absoluta a inviolabilidade constitucional. Doutrina. Precedentes. – Se o membro do Poder Legislativo, não obstante amparado pela imunidade parlamentar material, incidir em abuso dessa prerrogativa constitucional, expor-se-á à jurisdição censória da própria Casa legislativa a que pertence (CF, art. 55, § 1.º)" (STF: AI 473.092/AC, rel. Min. Celso de Mello, Tribunal Pleno, j. 07.03.2005).

Imunidade parlamentar material – publicação em *blog* pessoal – ausência de conexão com a atividade parlamentar – caracterização de crime contra a honra: "A imunidade material de parlamentar (CF, art. 53, *caput*), quanto a crimes contra a honra, alcança as supostas ofensas irrogadas fora do Parlamento, quando guardarem conexão com o exercício da atividade parlamentar. Com base nessa orientação, a 1ª Turma, por maioria, recebeu denúncia oferecida contra deputado federal pela suposta prática do crime de calúnia (CP, art. 138). Na espécie, o investigado, em blogue pessoal, imputara a delegado de polícia o fato de ter arquivado investigações sob sua condução para atender a interesses políticos de seus aliados – conduta definida como crime de corrupção passiva e/ou prevaricação. A Turma consignou que as afirmações expressas no blogue do investigado não se inseririam no exercício de sua atividade parlamentar e não guardariam liame com ela. Concluiu, pois, que a imunidade material não seria aplicável ao caso concreto" (STF: Inq 3.672/RJ, rel. Min. Rosa Weber, 1.ª Turma, j. 14.10.2014, noticiado no *Informativo* 763).

Necessidade de imputação de fato determinado: "Em relação ao crime de calúnia, são manifestamente atípicos os fatos imputados ao querelado, pois não houve em suas declarações a particularização da conduta criminosa que teria sido praticada pelo querelante" (STF: Inq. 2.134/PA, Rel. Min. Joaquim Barbosa, Tribunal Pleno, j. 23.03.2006).

União estável homoafetiva – ajuizamento de ação penal privada por companheira – legitimidade – *status* de cônjuge – interpretação extensiva – art. 3.º c/c art. 24, § 1.º, do CPP: "A companheira, em união estável homoafetiva reconhecida, goza do mesmo status de cônjuge para o processo penal, possuindo legitimidade para ajuizar a ação penal privada. No caso, trata-se de crime de calúnia contra pessoa morta, o que aponta que os querelantes – mãe, pai, irmã e companheira em união estável da vítima falecida – são partes legítimas para ajuizar a ação penal privada, nos termos do art. 24, § 1º, do CPP. Cumpre anotar que a companheira, em união estável reconhecida, goza do mesmo *status* de cônjuge para o processo penal, podendo figurar como legítima representante da falecida. Vale ressaltar que a interpretação extensiva da norma processual penal tem autorização expressa do art. 3º do CPP ('a lei processual penal admitirá interpretação extensiva e aplicação analógica, bem como o suplemento dos princípios gerais de direito'). Ademais, o STF, ao apreciar o tema 498 da repercussão geral, reconheceu a 'inexistência de hierarquia ou diferença de qualidade jurídica entre as duas formas de constituição de um novo e autonomizado núcleo doméstico, aplicando-se à união estável entre pessoas do mesmo sexo as mesmas regras e mesmas consequências da união estável heteroafetiva' (RE 646.721, Rel. Min. Marco Aurélio, Rel. Acd. Min. Roberto Barroso, Tribunal Pleno, julgado em 10/05/2017, *DJe* 11/09/2017)" (STJ: APn 912/RJ, rel. Min. Laurita Vaz, Corte Especial, j. 07.08.2019, noticiado no *Informativo* 654).

Vereadores e imunidades parlamentares: "O Supremo Tribunal Federal fixou entendimento de que a imunidade material concedida aos vereadores sobre suas opiniões, palavras e votos não é absoluta, e é limitada ao exercício do mandato parlamentar sendo respeitada a pertinência com o cargo e o interesse municipal" (STF: RE-AgR 583.559/RS, Rel. Min. Eros Grau, 2.ª Turma, j. 10.06.2008).

Difamação

> **Art. 139.** Difamar alguém, imputando-lhe fato ofensivo à sua reputação:
>
> Pena – detenção, de três meses a um ano, e multa.

Exceção da verdade

> Parágrafo único – A exceção da verdade somente se admite se o ofendido é funcionário público e a ofensa é relativa ao exercício de suas funções.

Classificação:	Informações rápidas:
Crime comum Crime de forma livre Crime unissubsistente ou plurissubsistente Crime instantâneo Crime unissubjetivo *(regra)* Crime comissivo Crime de dano Crime formal	Atinge a **honra objetiva** da pessoa (o crime se consuma quando a imputação chega ao conhecimento de terceiro). A Imputação deve versar sobre fato (verdadeiro ou falso) ofensivo à reputação, aí se incluindo a imputação de fato definido como contravenção penal. A tentativa é ou não possível, dependendo do meio de execução do crime.

○ **Introdução:** Trata-se de crime que ofende a **honra objetiva** e, da mesma forma que na calúnia, depende da imputação de algum fato a alguém. Esse fato, todavia, não precisa ser criminoso. Basta tenha capacidade para macular a reputação da vítima, isto é, o bom conceito que ela desfruta na coletividade, pouco importando se verdadeiro ou falso. A imputação de fato definido como contravenção penal tipifica o crime de difamação, pois a calúnia depende da imputação falsa de crime.

○ **Objeto jurídico:** A lei penal protege a honra objetiva.

○ **Objeto material:** É a pessoa que tem sua honra objetiva atacada pela conduta criminosa.

○ **Núcleo do tipo:** É imputar a alguém um fato ofensivo à sua reputação. Consiste, pois, em desacreditar publicamente uma pessoa, maculando os atributos que a tornam merecedora de respeito no convívio social.

○ **Consumação:** O crime se consuma quando terceira pessoa toma conhecimento da ofensa dirigida à vítima.

○ **Tentativa:** Pode ou não pode ser admitida, dependendo do meio de execução do crime (delito unissubsistente – exemplo: ofensa oral, ou plurissubsistente – exemplo: difamação por escrito, como na carta ofensiva que se extravia).

○ **Exceção da verdade: Em regra** não se admite a exceção da verdade no crime de difamação, pois pouco importa se a falsidade da imputação não funciona como elementar típica. **Excepcionalmente**, entretanto, o legislador autoriza nos casos em que o ofendido é funcionário público e a ofensa é relativa ao exercício de suas funções.

○ **Exceção de notoriedade:** Previsto no art. 523 do CPP, dispõe sobre o processo e julgamento dos crimes de calúnia e injúria, de competência do juiz singular. Na prática, é utilizado principalmente para o crime de difamação, pois não haveria motivos legítimos para permitir a exceção da notoriedade do fato imputado à calúnia e à injúria, e negá-lo para remanescente delito contra a honra.

○ **Ação Penal:** Em regra, a ação penal é privada. Exceções: será pública condicionada à requisição do Ministro da Justiça no crime contra o Presidente da República ou contra chefe do governo estrangeiro, ou então pública condicionada à representação do ofendido na difamação cometida contra funcionário público, em razão das suas funções, ou contra os Presidentes do Senado Federal, da Câmara dos Deputados ou do Supremo Tribunal Federal.

○ **Lei 9.099/1995:** Em face da pena máxima cominada ao delito, trata-se de infração penal de menor potencial ofensivo.

○ **Jurisprudência selecionada:**

Calúnia, difamação e injúria – prática mediante a divulgação de uma única carta – possibilidade: "É possível que se impute de forma concomitante a prática dos crimes de calúnia, de difamação e de injúria ao agente que divulga em uma única carta dizeres aptos a configurar os referidos delitos, sobretudo no caso em que os trechos utilizados para caracterizar o crime de calúnia forem diversos dos empregados para demonstrar a prática do crime de difamação. Ainda que diversas ofensas tenham sido assacadas por meio de uma única carta, a simples imputação ao acusado dos crimes de calúnia, injúria e difamação não caracteriza ofensa ao princípio que proíbe o *bis in idem*, já que os crimes previstos nos arts. 138, 139 e 140 do CP tutelam bens jurídicos distintos, não se podendo asseverar de antemão que o primeiro absorveria os demais. Ademais, constatado que diferentes afirmações constantes da missiva atribuída ao réu foram utilizadas para caracterizar os crimes de calúnia e de difamação, não se pode afirmar que teria havido dupla persecução pelos mesmos fatos. De mais a mais, ainda que os dizeres também sejam considerados para fins de evidenciar o cometimento de injúria, o certo é que essa infração penal, por tutelar bem jurídico diverso daquele protegido na calúnia e na difamação, a princípio, não pode ser por elas absorvido" (STJ: RHC 41.527/RJ, rel. Min. Jorge Mussi, 5.ª Turma, j. 03.03.2015, noticiado no *Informativo* 557).

Direitos indígenas – competência – Justiça Federal: "Compete à Justiça Federal – e não à Justiça Estadual – processar e julgar ação penal referente aos crimes de calúnia e difamação praticados no contexto de disputa pela posição de cacique em comunidade indígena. O conceito de direitos indígenas, previsto no art. 109, XI, da CF/1988, para efeito de fixação da competência da Justiça Federal, é aquele referente às matérias que envolvam a organização social dos índios, seus costumes, línguas, crenças e tradições, bem como os direitos sobre as terras que tradicionalmente ocupam, compreendendo, portanto, a hipótese em análise" (STJ: CC 123.016/TO, Rel. Min. Marco Aurélio Bellizze, 3.ª Seção, j. 26.06.2013, noticiado no *Informativo* 527).

Dolo – elemento subjetivo específico: "O paciente responde à ação penal pelo crime de difamação, por ter afirmado, ao peticionar em processo judicial em que atuava como advogado, que a juíza do feito, ainda que temporariamente, ausentou-se do interrogatório do seu cliente, deixando de assinar o referido ato. Ciente dessa manifestação, a juíza ofereceu representação ao Ministério Público Federal, requerendo que fossem tomadas as medidas criminais cabíveis, originando-se a denúncia pelo crime de difamação. A Turma concedeu a ordem de *habeas corpus* para trancar a ação penal por atipicidade da conduta do paciente, por não ter sido caracterizado o *animus difamandi*, consistente no especial fim de difamar, na intenção de ofender, na vontade de denegrir, no desejo de atingir a honra do ofendido, sem o qual não se perfaz o elemento subjetivo do tipo penal em testilha, impedindo que se reconheça a configuração do delito" (STJ: HC 202.059/SP, rel. Min. Marco Aurélio Bellizze, 5.ª Turma, j. 16.02.2012, noticiado no *Informativo* 491).

Dolo e intenção de criticar (*animus criticandi*) – fato atípico: "A tipicidade do crime contra a honra que é a difamação há de ser definida a partir do contexto em que veiculadas as expressões, cabendo afastá-la quando se tem simples crítica à atuação de agente público, revelando-a fora das balizas próprias" (STF: Inq 2.154/DF, Rel. Min. Marco Aurélio, Tribunal Pleno, j. 17.12.2004).

Exceção da verdade – crime de competência originária dos Tribunais Superiores – momento para apresentação: "Nas demandas que seguem o rito dos processos de competência originária dos Tribunais Superiores (Lei n. 8.038/1990), é tempestiva a exceção da verdade apresentada no prazo da defesa prévia (art. 8º), ainda que o acusado tenha apresentado defesa preliminar (art. 4º). Como é cediço, a exceção da verdade é meio processual de defesa indireta do réu, podendo ser apresentada nos processos em que se apuram crimes de calúnia (art. 138, § 3º, do CP) e de difamação, quando praticados em detrimento de funcionário público no exercício de suas funções (art. 139, parágrafo único, do CP). Nesse contexto, o art. 523 do CPP, que cuida do rito relativo aos crimes contra a honra, prevê a possibilidade de contestação à exceção da verdade, no prazo de 2 dias, porém não dispõe sobre o prazo para sua apresentação, que é a celeuma trazida na presente discussão. Diante disso, tem-se entendido, por meio de uma interpretação sistemática, que o referido instituto defensivo deve ser apresentado na primeira oportunidade em que a defesa se manifestar nos autos, portanto, no momento da apresentação da resposta à acusação, no prazo de 10 dias, previsto no art. 396 do CPP. No entanto, o rito dos processos que tramitam em Tribunais Superiores prevê a apresentação de defesa preliminar antes mesmo do recebimento da denúncia, no prazo de 15 dias, conforme dispõe o art. 4º da Lei n. 8.038/1990. Prevê, ademais, após o recebimento da denúncia, o prazo de 5 dias para a defesa prévia, contado do interrogatório ou da intimação do defensor dativo, nos termos do art. 8º da referida Lei. Nessa conjuntura, com base na Lei n. 8.038/1990, há quem defenda que a exceção da verdade deve ser apresentada no prazo do art. 4º e há quem entenda que o prazo deve ser contado nos termos do art. 8º. Um exame superficial poderia levar a crer que a primeira oportunidade para a defesa se manifestar nos autos, de fato, é no prazo de 15 dias, antes mesmo do recebimento da denúncia. Contudo, sem o recebimento da inicial acusatória, nem ao menos é possível processar a exceção da verdade, que tramita simultaneamente com a ação penal, devendo ser resolvida antes da sentença de mérito. Note-se que a exceção da verdade, em virtude da necessidade de se fazer prova do alegado, até mesmo por meio de instrução processual, não pode de plano impedir o recebimento da denúncia, porquanto demanda dilação probatória, inviável nesta sede. De fato, no momento da defesa preliminar (art. 4º), nem ao menos se iniciou a ação penal, razão pela qual não seria apropriado apresentar referida defesa antes do recebimento da denúncia. Ademais, conforme entendimento jurisprudencial e doutrinário, a exceção da verdade possui natureza jurídica de ação declaratória incidental, o que, igualmente, pressupõe a prévia instauração da ação penal. Assim, cuidando-se a exceção da verdade de instrumento que veicula matéria de defesa indireta de mérito, formalizada por meio de verdadeira ação declaratória incidental, mostra-se imprescindível a prévia instauração da ação penal, por meio do efetivo recebimento da denúncia. Dessarte, o prazo para apresentação da exceção da verdade, independentemente do rito procedimental adotado, deve ser o primeiro momento para a defesa se manifestar nos autos, após o efetivo início da ação penal. Portanto, o prazo para a defesa apresentar a exceção da verdade, nos processos da competência de Tribunal, deve ser o previsto no art. 8º da Lei n. 8.038/1990" (STJ: HC 202.548/MG, rel. Min. Reynaldo Soares da Fonseca, 5.ª Turma, j. 24.11.2015, noticiado no *Informativo* 574).

Injúria

> **Art. 140.** Injuriar alguém, ofendendo-lhe a dignidade ou o decoro:
>
> Pena – detenção, de um a seis meses, ou multa.
>
> § 1º O juiz pode deixar de aplicar a pena:
>
> I – quando o ofendido, de forma reprovável, provocou diretamente a injúria;
>
> II – no caso de retorsão imediata, que consista em outra injúria.
>
> § 2º Se a injúria consiste em violência ou vias de fato, que, por sua natureza ou pelo meio empregado, se considerem aviltantes:
>
> Pena – detenção, de três meses a um ano, e multa, além da pena correspondente à violência.
>
> § 3º Se a injúria consiste na utilização de elementos referentes a religião ou à condição de pessoa idosa ou com deficiência:
>
> Pena – reclusão, de 1 (um) a 3 (três) anos, e multa.

Classificação:	Informações rápidas:
Crime comum Crime de forma livre Crime unissubsistente ou plurissubsistente Crime instantâneo Crime unissubjetivo *(regra)* Crime comissivo Crime de dano Crime formal	*Ofende a* **honra subjetiva** da pessoa (a consumação ocorre quando a ofensa a dignidade ou ao decoro chega ao conhecimento da vítima). Basta a atribuição de **qualidade negativa**, prescindindo-se da imputação de fato determinado. A tentativa é possível somente quando praticada por escrito. **Não** admite exceção da verdade. Único crime contra a honra que prevê hipótese de **perdão judicial.** A injúria real impõe concurso material obrigatório (injúria real + crime resultante da violência).

o **Introdução:** Caracteriza-se o delito com a simples ofensa à dignidade ou ao decoro da vítima, mediante xingamento ou atribuição de qualidade negativa.

o **Objeto jurídico:** Tutela-se a honra subjetiva.

o **Objeto material:** É a pessoa cuja honra subjetiva é atacada pela conduta criminosa.

o **Núcleo do tipo:** Injuriar equivale a ofender, insultar ou falar mal, de modo a abalar o conceito que a vítima tem de si própria. Esse crime, normalmente, é **comissivo**. Mas é possível também a **injúria por omissão**. Nada impede, também, a **injúria indireta**, nas situações em que a injúria, além de atacar a honra da provocada, alcança reflexamente pessoa diversa.

o **Injúria absoluta e injúria relativa:** Na injúria absoluta a palavra dirigida contra a vítima é indiscutivelmente ofensiva à honra subjetiva, pouco importando a época em que foi proferida ou a região do Brasil na qual foi lançada, a exemplo do que se dá quando alguém é chamado de "retardado" ou "débil mental". De seu turno, na injúria relativa a palavra aparentemente ofensiva pode ser considerada aceitável, dependendo da época ou do local em que foi proferida. Chamar uma mulher de "macho", a título ilustrativo, revela-se como atitude criminosa, mas em algumas partes do Brasil – no maravilhoso estado do Ceará, por exemplo –, é algo comum entre pessoas que se admiram.

○ **Autoinjúria:** não há crime, pois o sujeito dirige a ofensa à sua própria honra subjetiva (exemplo: um homem se apresenta como "imbecil" aos seus pares). Com efeito, ninguém pode ser sujeito ativo e passivo de um mesmo crime. Além disso, pelo princípio da alteridade, não há delito na conduta que prejudica somente quem a praticou. Estará caracterizado o crime de injúria, contudo, quando o sujeito acaba também ofendendo uma terceira pessoa, tal como na hipótese em que alguém se declara "filho de prostituta". Há indiscutível injúria contra sua genitora.

○ *Bullying:* Também conhecido como **intimidação sistemática** e regulamentado pela Lei 13.185/2015, pode caracterizar o delito de injúria, notadamente nas situações de insultos pessoais e comentários sistemáticos e apelidos pejorativos. A propósito, o art. 4.º, inc. II, "a", da Lei 13.431/2017, responsável pela criação do sistema de garantia de direitos da criança e do adolescente vítima ou testemunha de violência, expressamente elenca o bullying como forma de violência psicológica capaz de comprometer o desenvolvimento físico ou emocional da vítima. A Lei 14.811/2024 acrescentou ao Código Penal, no art. 146-A, *caput*, a intimidação sistemática (*bullying*). Cuida-se, na verdade, de contravenção penal (o *cyberbullying*, definido no parágrafo único do art. 146-A do Código Penal, é crime), expressamente subsidiária, razão pela qual fica afastada na hipótese de configuração da injúria.

○ **Consumação:** No momento em que a ofensa à dignidade ou ao decoro chega ao **conhecimento da vítima**, sendo irrelevante que tenha sido proferida em sua presença (injúria imediata) ou que tenha chegado ao seu conhecimento por intermédio de terceira pessoa (injúria mediata).

○ **Tentativa:** É ou não possível, dependendo do meio de execução do crime, ou seja, se o delito se apresentar como plurissubsistente (exemplo: bilhete que se extravia) ou unissubsistente (exemplo: ofensa oral na presença da vítima).

○ **Exceção da verdade:** Não se admite. O crime de injúria é **incompatível com a exceção da verdade**, pois é irrelevante a natureza falsa ou verdadeira da ofensa.

○ **Perdão judicial (art. 140, § 1.º, I e II):** Trata-se de **causa de extinção da punibilidade (CP, art. 107, inc. IX), cabível quando o ofendido, de forma, reprovável, provocou diretamente a injúria ou no caso de retorsão imediata.** Também se admite o perdão judicial no tocante à injúria praticada por escrito.

○ **Injúria real (art. 140, § 2.º):** Quando a injúria consiste em **violência ou vias de fato que, por sua natureza ou pelo meio empregado, se considerem aviltantes**. A contravenção penal de **vias de fato é** absorvida pela injúria real, pois o Código Penal prevê autonomia (soma de penas) exclusivamente para as lesões corporais.

○ **Injúria qualificada (art. 140, § 3.º):** Ocorre quando para a prática do crime de injúria se utiliza de elementos referentes à religião ou à condição de pessoa idosa ou com deficiência.

○ **Injúria racial e racismo:** O Supremo Tribunal Federal entendia que a injúria racial, catalogada no art. 140, § 3.º, do Código Penal, constituía-se em espécie de racismo, razão pela qual a pena então cominada a tal delito seria imprescritível, na forma determinada pelo art. 5.º, XLII, da Constituição Federal.[44] Em nossa opinião, a Corte Suprema acertava na finalidade do julgado, mas errava no meio empregado para alcançá-lo. Não há dúvida de que a injúria racial – crime abjeto, vil e altamente reprovável – sempre mereceu punição severa. Entretanto, a posição do Supremo Tribunal Federal, visando à proteção da igualdade racial, acabava desprezando outro direito fundamental, consistente no princípio da reserva legal, consagrado no art. 5.º, XXXIX, da Constituição Federal. De fato, a reserva legal apresenta, em sintonia com a soberania popular, um fundamento popular ou democrático. O povo, por seus representantes, integrantes do Poder Legislativo, escolhe os crimes e lhes comina as respectivas penas. Em outras palavras, o povo – ainda que não se concordasse com isso – havia catalogado a injúria racial entre os crimes contra a honra, no art. 140, § 3.º, do Código Penal, e não entre os delitos de preconceito, intolerância ou discriminação, definidos na Lei 7.716/1989. O ativismo do Supremo Tribunal Federal, ainda que repleto de boas intenções, desprezava o princípio da reserva legal, um dos pilares centrais do Direito Penal, conquistado a duras penas ao longo da história. Felizmente, essa celeuma foi superada com a entrada em vigor da Lei 14.532/2023. A tipicidade da injúria racial foi deslocada para a Lei 7.716/1989, em seu art. 2.º-A. Depois do "empurrão" do Supremo Tribunal Federal, o Congresso Nacional equacionou a questão, dispensando a merecida proteção ao bem jurídico, sem abrir mão do princípio da reserva legal.

○ **Estatuto da Pessoa Idosa (Lei 10.741/2003):** Caracteriza o crime tipificado pelo seu art. 96, § 1.º, a conduta de desdenhar, humilhar, menosprezar ou discriminar pessoa idosa, por qualquer motivo.

○ **Discriminação dos portadores do vírus HIV e dos doentes de AIDS:** A discriminação dos portadores do vírus da imunodeficiência humana (HIV) e doentes de AIDS, fundamentada na condição de portador ou doente, enseja o reconhecimento do crime específico tipificado pelo art. 1.º da Lei 12.984/2014: "Art. 1º Constitui crime punível com reclusão, de 1 (um) a 4 (quatro) anos, e multa, as seguintes condutas discriminatórias contra o portador do HIV e o doente de AIDS, em razão da sua condição de portador ou de doente: I – recusar, procrastinar, cancelar ou segregar a inscrição ou impedir que permaneça como aluno em creche ou estabelecimento de ensino de qualquer curso ou grau, público ou privado; II – negar emprego ou trabalho; III – exonerar ou demitir de seu cargo ou emprego; IV – segregar no ambiente de trabalho ou escolar; V – divulgar a condição do portador do HIV ou de doente de AIDS, com intuito de ofender-lhe a dignidade; VI – recusar ou retardar atendimento de saúde."

○ **Injúria contra funcionário público e desacato – distinção:** Se a ofensa é realizada na presença do funcionário público, no exercício da função ou em razão dela, não se trata de simples agressão à sua honra, mas de desacato, arrolado pelo legislador entre os crimes contra a Administração Pública (CP, art. 331).

○ **Injúria cometida pela internet e competência:** Os crimes de injúria cometidos pela internet são de competência da Justiça Estadual, mesmo se forem utilizadas redes sociais sediadas no exterior.

○ **Misoginia, injúria cometida pela internet e investigação pela Polícia Federal:** De acordo com o art. 1.º, VII, da Lei 10.446/2002, quando houver repercussão interestadual ou internacional que exija repressão uniforme, poderá o Departamento de Polícia Federal do Ministério da Justiça e Segurança Pública, sem prejuízo da responsabilidade dos órgãos de segurança pública arrolados no art. 144 da Constituição Federal, em especial das Polícias Militares e Civis dos Estados, proceder à investigação de quaisquer crimes – inclusive de injúria – praticados por

---

[44] STF: HC 154.248/DF, rel. Min. Edson Fachin, Plenário, j. 28.10.2021, noticiado no *Informativo* 1.036.

meio da rede mundial de computadores que difundam conteúdo misógino, definidos como aqueles que propagam o ódio ou a aversão às mulheres.

○ **Homofobia, divulgação em redes sociais de abrangência internacional e competência:** Se a injúria consistir em faltas de cunho homofóbico, estará caracterizado o crime de racismo, em sintonia com a jurisprudência consolidada no Supremo Tribunal Federal. Na hipótese de divulgação de tais ofensas em redes sociais ou plataformas de vídeos de alcance internacional, a exemplo do Facebook e do Youtube, a competência para o processo e julgamento do delito será da Justiça Federal.[45]

○ **Homofobia e irrelevância da orientação sexual da vítima:** A homofobia é caracterizada pela utilização de ofensas preconceituosas que atingem a honra do ofendido, indicativa de preconceito e intolerância no tocante à sua orientação sexual. O delito subsiste quando a vítima é heterossexual.

○ **Homofobia e acordo de não persecução penal:** O crime de homofobia (e também de transfobia), é incompatível com o acordo de não persecução penal. Com efeito, o instituto da justiça negociada revela-se insuficiente para prevenção e repressão de delito desta natureza (art. 28-A, *caput*, do CPP), sem prejuízo da incidência da norma proibitiva contida no art. 28-A, § 2.º, IV, do Código de Processo Penal, uma vez que se trata de crime motivado pelo gênero da vítima.

○ **Injúria eleitoral:** Crime previsto no art. 326 do Código Eleitoral, que contém uma modalidade específica de injúria. Esse delito ingressa na competência da Justiça Eleitoral, e apresenta nítidas diferenças com o crime tipificado no art. 140 do Código Penal, uma vez que a injúria eleitoral somente se caracteriza quando a ofensa ao decoro ou à dignidade ocorrer na propaganda eleitoral ou com fins de propaganda.

○ **Ação Penal:** Ver comentários ao art. 145 do CP.

○ **Lei 9.099/1995:** Em face da pena máxima cominada aos delitos do *caput* e do § 1.º, são infrações penais de menor potencial ofensivo, incidindo as disposições da Lei 9.099/1995. Os benefícios, contudo, não se aplicam à injúria qualificada prevista no § 3.º do art. 140.

○ **Jurisprudência selecionada:**

Calúnia, difamação e injúria – prática mediante a divulgação de uma única carta – possibilidade: "É possível que se impute de forma concomitante a prática dos crimes de calúnia, de difamação e de injúria ao agente que divulga em uma única carta dizeres aptos a configurar os referidos delitos, sobretudo no caso em que os trechos utilizados para caracterizar o crime de calúnia forem diversos dos empregados para demonstrar a prática do crime de difamação. Ainda que diversas ofensas tenham sido assacadas por meio de uma única carta, a simples imputação ao acusado dos crimes de calúnia, injúria e difamação não caracteriza ofensa ao princípio que proíbe o *bis in idem*, já que os crimes previstos nos arts. 138, 139 e 140 do CP tutelam bens jurídicos distintos, não se podendo asseverar de antemão que o primeiro absorveria os demais. Ademais, constatado que diferentes afirmações constantes da missiva atribuída ao réu foram utilizadas para caracterizar os crimes de calúnia e de difamação, não se pode afirmar que teria havido dupla persecução pelos mesmos fatos. De mais a mais, ainda que os dizeres também sejam considerados para fins de evidenciar o cometimento de injúria, o certo é que essa infração penal, por tutelar bem jurídico diverso daquele protegido na calúnia e na difamação, a princípio, não pode ser por elas absorvido" (STJ: RHC 41.527/RJ, rel. Min. Jorge Mussi, 5.ª Turma, j. 03.03.2015, noticiado no *Informativo* 557).

---

[45]   CC 191.970/RS, rel. Min. Laurita Vaz, 3.ª Seção, j. 14.12.2022, noticiado no *Informativo* 761.

Consumação – injúria cometida pela *internet* – utilização do *Instagram direct* – caráter privado das mensagens – local em que a vítima tomou ciência das ofensas: "O crime de injúria praticado pela internet por mensagens privadas, as quais somente o autor e o destinatário têm acesso ao seu conteúdo, consuma-se no local em que a vítima tomou conhecimento do conteúdo ofensivo. A jurisprudência do Superior Tribunal de Justiça é firme no sentido de que no caso de delitos contra a honra praticados por meio da internet, o local da consumação do delito é aquele onde incluído o conteúdo ofensivo na rede mundial de computadores. Contudo, tal entendimento diz respeito aos casos em que a publicação é possível de ser visualizada por terceiros, indistintamente, a partir do momento em que veiculada por seu autor. Na situação em análise, embora tenha sido utilizada a internet para a suposta prática do crime de injúria, o envio da mensagem de áudio com o conteúdo ofensivo à vítima ocorreu por meio de aplicativo de troca de mensagens entre usuários em caráter privado, denominado *instagram direct*, no qual somente o autor e o destinatário têm acesso ao seu conteúdo, não sendo acessível para visualização por terceiros, após a sua inserção na rede de computadores. Portanto, no caso, aplica-se o entendimento geral de que o crime de injúria se consuma no local onde a vítima tomou conhecimento do conteúdo ofensivo" (STJ: CC 184.269/PB, rel. Min. Laurita Vaz, 3.ª Seção, j. 09.02.2022, noticiado no *Informativo 724*).

Distinção entre injúria e difamação: "A difamação pressupõe atribuir a outrem fato determinado ofensivo à reputação. Na injúria, tem-se veiculação capaz de, sem especificidade maior, implicar ofensa à dignidade ou ao decoro" (STF: Inq. 2.543/AC, Rel. Min. Marco Aurélio, Tribunal Pleno, j. 19.06.2008).

Elemento subjetivo: "2. Os delitos contra a honra reclamam, para a configuração penal, o elemento subjetivo consistente no dolo de ofender na modalidade de 'dolo específico', cognominado 'animus injuriandi', consoante cediço em sede doutrinária e na jurisprudência do Supremo Tribunal Federal e deste Superior Tribunal de Justiça. 3. A doutrina pátria leciona que: *O dolo na injúria, ou seja, a vontade de praticar a conduta, deve vir informado no elemento subjetivo do tipo, ou seja, do 'animus infamandi' ou 'injuriandi', conhecido pelos clássicos como dolo específico. Inexiste ela nos demais 'animii' ('jocandi', 'criticandi', 'narrandi' etc.) [...] Tem-se decidido pela inexistência do elemento subjetivo nas expressões proferidas no calor de uma discussão, no depoimento como testemunha etc."* (STJ: APn 555/DF, Rel. Min. Luiz Fux, Corte Especial, j. 01.04.2009).

Elemento subjetivo – crítica política contundente a homem público – liberdade de expressão – ausência do *animus injuriandi*: "Nos crimes contra honra não basta criticar o indivíduo ou a sua gestão da coisa pública, é necessário o dolo específico de ofender a honra alheia. O Supremo Tribunal Federal tem reiteradas decisões no sentido de que as liberdades de expressão e de imprensa desfrutam de uma posição preferencial por serem pré-condição para o exercício esclarecido dos demais direitos e liberdades inerentes ao Estado democrático de Direito. O respeito às regras do jogo democrático, especialmente a proteção das minorias, apresenta-se como um limite concreto a eventuais abusos da liberdade de expressão. Estabelecidas essas balizas, é importante ressaltar que a postura do Estado, através de todos os seus órgãos e entes, frente ao exercício dessas liberdades individuais, deve ser de respeito e de não obstrução. Não é por outro motivo que, no julgamento da ADPF 130, o STF proibiu a censura de publicações jornalísticas, bem como reconheceu a excepcionalidade de qualquer tipo de intervenção estatal na divulgação de notícias e de opiniões. Esclareceu-se que eventual uso abusivo da liberdade de expressão deve ser reparado, preferencialmente, por meio de retificação, direito de resposta ou indenização. Nesse passo, revela-se necessário ressaltar que a proteção da honra do homem público não é idêntica àquela destinada ao particular. É lícito dizer, com amparo na jurisprudência da Suprema Corte, que, 'ao decidir-se pela militância política, o homem público aceita a inevitável ampliação do que a doutrina italiana costuma chamar a *zona di iluminabilità*, resignando-se a uma maior exposição de sua vida e de sua personalidade aos comentários e à valoração do público, em particular, dos seus adversários'. Essa tolerância com a liberdade da crítica ao homem público apenas há de ser menor, 'quando, ainda que situado no campo da vida pública do militante político, o libelo do adversário ultrapasse a linha dos juízos desprimorosos para a imputação de fatos mais ou menos concretos, sobretudo se invadem ou tangenciam a esfera da criminalidade' (HC 78426, Relator Min. Sepúlveda Pertence, Primeira Turma, julgado em 16/03/1999). Como cediço, os crimes contra a honra exigem dolo específico, não se contentando com o mero dolo geral. Não basta criticar o indivíduo ou sua gestão da coisa pública, é necessário ter a intenção de ofendê-lo. Nesse sentido: 'os delitos contra a honra reclamam, para a configuração penal, o elemento subjetivo consistente no dolo de ofender na modalidade de *dolo específico*, cognominado *animus injuriandi* (APn 555/DF, Rel. Ministro Luiz Fux, Corte Especial, DJe de 14/05/2009). Em igual direção: APn 941/DF, Rel. Ministro Raul Araújo, Corte Especial, DJe 27/11/2020. É de suma importância também ressaltar que o Direito Penal é uma importante ferramenta conferida à sociedade. Entretanto, não se deve perder de vista que este instrumento deve ser sempre a *ultima ratio*. Ele somente pode ser acionado em situações extremas, que denotem grave violação aos valores mais importantes e compartilhados socialmente. Não deve servir jamais de mordaça, nem tampouco instrumento de perseguições políticas aos que pensam diversamente do Governo eleito" (STJ: HC 653.641/TO, rel. Min. Ribeiro Dantas, 3.ª Seção, j. 23.06.2021).

Elemento subjetivo – necessidade da intenção de ofender a honra da vítima: "Por fim, o Colegiado, no que diz respeito às imputações constantes da queixa-crime (calúnia e injúria), reputou que as mesmas declarações emanadas na denúncia atingiram, em tese, a honra subjetiva da querelante, pois revelam potencial de rebaixar sua dignidade moral, expondo sua imagem à humilhação pública, além de associar as características da mulher à possibilidade de ser vítima de estupro. Não cabe, nessa fase processual, concluir no sentido da configuração de retorsão imediata ou reação à injusta provocação. A queixa-crime atribui, ainda, a prática do delito de calúnia, pelo fato de o querelado ter falsamente afirmado que a querelante o chamara de estuprador. No ponto, entretanto, a inicial não narra de que maneira a afirmação do parlamentar tivera por fim específico ofender a honra da querelante, razão pela qual a queixa não pode ser recebida quanto a esse delito" (STF: Inq 3.932/DF, rel. Min. Luiz Fux, e Pet 5243/DF, rel. Min. Luiz Fux, 1.ª Turma, j. 21.06.2016, noticiados no *Informativo* 831).

Homofobia – conteúdo divulgado no Facebook e no YouTube – abrangência internacional – competência da Justiça Federal: "Compete à Justiça Federal processar e julgar o conteúdo de falas de suposto cunho homofóbico divulgadas na internet, em perfis abertos da rede social Facebook e na plataforma de compartilhamento de vídeos YouTube, ambos de abrangência internacional. O Supremo Tribunal Federal, no julgamento da Ação Direta de Inconstitucionalidade por Omissão n. 26, de relatoria do Ministro Celso de Mello, deu interpretação conforme a Constituição para enquadrar a homofobia e a transfobia, qualquer que seja a forma de sua manifestação, nos diversos tipos penais definidos na Lei n. 7.716/1989, até que sobrevenha legislação autônoma, editada pelo Congresso Nacional. Tendo sido firmado pelo STF o entendimento de que a homofobia traduz expressão de racismo, compreendido em sua dimensão social, caberá a casos de homofobia o tratamento legal conferido ao crime de racismo. No caso, os fatos narrados pelo Ministério Público estadual indicam que a conduta do investigado não se restringiu a uma pessoa determinada, ainda que tenha feito menção a ato atribuído a um professor da rede pública, mas diz respeito a uma coletividade de pessoas. Com efeito, foi destacado, no requerimento de autorização para instauração do procedimento investigatório criminal, que as afirmações do investigado seriam capazes de provocar 'especial estímulo à hostilidade contra pessoas em razão da orientação sexual ou identidade de gênero'. Ficou demonstrado, ainda, que as falas de suposto cunho homofóbico foram divulgadas na internet, em perfis abertos da rede social Facebook e da plataforma de compartilhamento de vídeos YouTube, ambos de abrangência internacional. Considerada essa conjuntura, vale referir que a Terceira Seção do Superior Tribunal de Justiça, em julgamento ocorrido em 13/5/2020, assentou que a Constituição Federal 'reconhece a competência da Justiça Federal não apenas no caso de acesso da publicação por alguém no estrangeiro, mas também nas hipóteses em que a amplitude do meio de divulgação tenha o condão de possibilitar o acesso', e que, 'diante da potencialidade de o material disponibilizado na internet ser acessado no exterior, está configurada a competência da Justiça Federal, ainda que o conteúdo não tenha sido efetivamente visualizado fora do território nacional' (CC 163.420/PR, Rel. Ministro Joel Ilan Paciornik, DJe 1º/6/2020). A rigor, o meio de divulgação empregado pelo investigado no caso tanto é eficaz para que usuários no exterior visualizassem o conteúdo das falas quanto é crível admitir que o material foi acessado fora do Brasil. Vale lembrar, inclusive, que o Marco Civil da Internet (Lei n. 12.965/2014), que 'estabelece princípios, garantias, direitos e deveres para o uso da Internet no Brasil', prevê, em seu art. 2º, inciso I, 'o reconhecimento da escala mundial da rede'" (STJ: CC 191.970/RS, rel. Ministra Laurita Vaz, 3.ª Seção, j. 14.12.2022, noticiado no *Informativo* 761).

Homofobia – direito fundamental à não discriminação – acordo de não persecução penal– não cabimento: "Não cabe acordo de não persecução penal nos crimes raciais, o que inclui as condutas resultantes de atos homofóbicos. Na forma do art. 28-A, § 7.º, do CPP, o juiz poderá recusar homologação à proposta de acordo de não persecução penal que não atender aos requisitos legais, que inclui a necessidade e suficiência do ANPP à reprovação e prevenção do crime (art. 28-A, *caput*, do CPP). Nessa linha de intelecção, a Segunda Turma do STF sedimentou o entendimento de que, seguindo a teleologia da excepcionalidade do inciso IV do § 2.º do art. 28-A do CPP, – que veda a aplicação do ANPP 'nos crimes praticados no âmbito de violência doméstica ou familiar, ou praticados contra a mulher por razões da condição de sexo feminino, em favor do agressor' –, o alcance material para a aplicação do acordo 'despenalizador' e a inibição da *persecutio criminis* exige conformidade com a Constituição Federal e com os compromissos assumidos internacionalmente pelo Estado brasileiro, com vistas à preservação do direito fundamental à não discriminação (art. 3º, inciso IV, da CF), não abrangendo, desse modo, os crimes raciais (nem a injúria racial, prevista no art. 140, § 3º, do Código Penal, nem os delitos previstos na Lei n. 7.716/1989). (STF: RHC 222.599, rel. Min. Edson Fachin, Segunda Turma, *DJe* 22.03.2023). Nesse contexto, o Supremo Tribunal Federal, ao apreciar a Ação Direta de Inconstitucionalidade por Omissão n. 26, reconhecendo o estado de mora inconstitucional do Congresso Nacional na implementação da prestação legislativa destinada a cumprir o mandado de incriminação a que se referem os incisos XLI e XLII do art. 5º da CF, deu interpretação conforme à Constituição, para enquadrar a homofobia e a transfobia, expressões de racismo em sua dimensão social, nos diversos tipos penais definidos na Lei n. 7.716/1989, atribuindo a essas condutas o tratamento legal conferido ao crime de racismo, até que sobrevenha legislação autônoma. (STF: ADO 26, rel. Min. Celso de Mello, Tribunal Pleno, *DJe* 06.10.2020). No caso, o Tribunal de origem manteve afastada a pretensão de homologação do ANPP celebrado entre o Parquet e a autora dos supostos atos homofóbicos, conduta que se enquadra, em tese, na Lei n. 7.716/1989 ou no art. 140, § 3.º, do Código Penal, com fundamento na insuficiência do ajuste proposto à reprovação e prevenção do crime, objeto de investigação, à luz do direito fundamental à não discriminação, entendimento que se coaduna com a jurisprudência do STF e deste Tribunal Superior" (STJ: AREsp 2.607.962/ GO, rel. Min. Reynaldo Soares da Fonseca, 5.ª Turma, j. 13.08.2024, noticiado no *Informativo* 821).

Homofobia – irrelevância da real orientação sexual da vítima: "Independentemente da orientação sexual da vítima, o delito de injúria se caracteriza pela utilização de insultos preconceituosos e homofóbicos que ofendem a honra subjetiva do ofendido. No caso, a vítima gravou as ofensas no interior da sua casa no momento em que seu vizinho de casa contígua proferia diversos xingamentos contra ele e a companheira. A gravação realizada pela vítima sem o conhecimento do autor do delito não se equipara à interceptação telefônica, sendo prova válida. Caso em que a vítima, dentro de sua própria residência, gravou as ofensas homofóbicas proferidas pelo vizinho a ela direcionadas. Independentemente da real orientação sexual da vítima, o delito de injúria restou caracterizado quando o acusado, valendo-se de insultos indiscutivelmente preconceituosos e homofóbicos, ofendeu a honra subjetiva do ofendido, seu vizinho. Isto é, não é porque a vítima é heterossexual que não pode sofrer homofobia (injúria racial equiparada) quando seu agressor, acreditando que a vítima seja homossexual, profere ofensas valendo-se de termos pejorativos atrelados de forma criminosa a esse grupo minoritário e estigmatizado" (STJ: AgRg no HC 844.274/DF, rel. Min. Ribeiro Dantas, 5.ª Turma, j. 13.05.2024, noticiado no *Informativo* 814).

Imunidade parlamentar – declarações publicadas em rede social – inaplicabilidade – ofensa recíproca e perdão judicial: "Em virtude da incidência do perdão judicial (CP/1940, art. 107, IX), a Primeira Turma extinguiu ação penal e declarou extinta a punibilidade de deputado federal acusado de suposta prática de crime de injúria. O deputado federal teria publicado em rede social declarações ofensivas à honra de governador de Estado-membro. A publicação, extraída do perfil pessoal do acusado, teria sido capturada por meio de 'print screen'. A Turma reconheceu a materialidade e autoria delitivas, e afastou a inviolabilidade parlamentar material, pois as declarações teriam sido proferidas fora do recinto parlamentar e em ambiente virtual. Observou, portanto, não haver relação entre as declarações e o exercício do mandato. Reputou configurado, de um lado, o elemento subjetivo, constituído pela vontade livre e consciente de atribuir qualificações negativas ao ofendido. Por outro lado, entendeu que o comportamento do ofendido traria reflexos à punibilidade da conduta. O acusado postou as mensagens ofensivas menos de 24 horas depois de o ofendido publicar manifestação, também injuriosa, ao deputado. Seriam, assim, mensagens imediatamente posteriores às veiculadas pelo ofendido, e elaboradas em resposta a elas. Ao publicá-las, o acusado citou parte do conteúdo da mensagem postada pelo ofendido, comprovando o nexo de pertinência entre as condutas. Dessa maneira, o ofendido não só, de forma reprovável, provocara a injúria, como também, em tese, praticara o mesmo delito, o que gerara a retorsão imediata do acusado. Sendo assim, estariam configuradas as hipóteses de perdão judicial, nos termos do art. 140, § 1º, do CP/1940 ('Art. 140 – Injuriar alguém, ofendendo-lhe a dignidade ou o decoro: Pena – detenção, de um a seis meses, ou multa. § 1º – O juiz pode deixar de aplicar a pena: I – quando o ofendido, de forma reprovável, provocou diretamente a injúria; II – no caso de retorsão imediata, que consista em outra injúria'). Logo, não haveria razão moral para o Estado punir quem injuriou a pessoa que provocou" (STF: AP 926/AC, rel. Min. Rosa Weber, 1.ª Turma, j. 06.09.2016, noticiado no *Informativo* 838).

Injúria indireta (ou reflexa): "A Primeira Turma, por maioria, deu provimento a agravo regimental em petição para reconhecer a legitimidade ativa ad causam de mulher de deputado federal para formalizar queixa-crime com imputação do crime de injúria, prevista no art. 140 do Código Penal (CP), em tese perpetrada por senador contra a honra de seu marido. Determinou, por conseguinte, o prosseguimento da ação penal. Na queixa-crime, a querelante se diz ofendida com a declaração do querelado, no Twitter, na qual insinua que seu marido mantém relação homossexual extraconjugal com outro parlamentar. A Turma considerou que a afirmação do senador pode configurar injúria contra a honra da mulher do deputado federal, em face da apontada traição, o que lhe confere a legitimidade ativa. Citou, ademais, entendimento doutrinário que reconhece a legitimidade ativa do homem casado que é chamado de 'corno' em relação a conduta desonrosa atribuída a sua mulher. Concluiu que o mesmo tratamento deve ser dado a uma mulher que se sente ofendida, em decorrência de alegada traição" (STF: Pet 7.417 AgR/DF, rel. Min. Luiz Fux, red. p/ o ac. Min. Marco Aurélio, 1.ª Turma, j. 09.10.2018, noticiado no *Informativo* 919).

Injúria racial – imprescritibilidade: "O crime de injúria racial, espécie do gênero racismo, é imprescritível. A prática de injúria racial, prevista no art. 140, § 3º, do Código Penal, traz em seu bojo o emprego de elementos associados aos que se definem como raça, cor, etnia, religião ou origem para se ofender ou insultar alguém. Consistindo o racismo em processo sistemático de discriminação que elege a raça como critério distintivo para estabelecer desvantagens valorativas e materiais, a injúria racial consuma os objetivos concretos da circulação de estereótipos e estigmas raciais. Nesse sentido, é insubsistente a alegação de que há distinção ontológica entre as condutas previstas na Lei 7.716/1989 e aquela constante do art. 140, § 3º, do CP. Em ambos os casos, há o emprego de elementos discriminatórios baseados naquilo que sociopoliticamente constitui raça, para a violação, o ataque, a supressão de direitos fundamentais do ofendido. Sendo assim, excluir o crime de injúria racial do âmbito do mandado constitucional de criminalização por meras considerações formalistas desprovidas de substância, por uma leitura geográfica apartada da busca da compreensão do sentido e do alcance do mandado constitucional de criminalização, é restringir-lhe indevidamente a aplicabilidade, negando-lhe vigência" (STF: HC 154.248/DF, rel. Min. Edson Fachin, Plenário, j. 28.10.2021, noticiado no *Informativo* 1.036).

Internet – Competência: "A Seção entendeu que compete à Justiça estadual processar e julgar os crimes de injúria praticados por meio da rede mundial de computadores, ainda que em páginas eletrônicas internacionais, tais como as redes sociais *Orkut* e *Twitter*. Asseverou-se que o simples fato de o suposto delito ter sido cometido pela internet não atrai, por si só, a competência da Justiça Federal. Destacou-se que a conduta delituosa – mensagens de caráter ofensivo publicadas pela ex-namorada da vítima nas mencionadas redes sociais – não se subsume em nenhuma das hipóteses elencadas no art. 109, IV e V, da CF. O delito de injúria não está previsto em tratado ou convenção internacional em que o Brasil se comprometeu a combater, por exemplo, os crimes de racismo, xenofobia, publicação de pornografia infantil, entre outros. Ademais, as mensagens veiculadas na *internet* não ofenderam bens, interesses ou serviços da União ou de suas entidades autárquicas ou empresas públicas. Dessa forma, declarou-se competente para conhecer e julgar o feito o juízo de Direito do Juizado Especial Civil e Criminal" (STJ: CC 121.431/SE, rel. Min. Marco Aurélio Bellizze, 3.ª Seção, j. 11.04.2012, noticiado no *Informativo* 495). *No mesmo sentido*: STJ: AgRg nos EDcl no CC 120.559/DF, rel. Min. Jorge Mussi, 3.ª Seção, j. 11.12.2013.

Injúria com motivação política – ausência de caracterização de propaganda eleitoral – crime comum – competência da Justiça Estadual: "Compete à Justiça Comum Estadual, e não à Eleitoral, processar e julgar injúria cometida no âmbito doméstico e desvinculada, direta ou indiretamente, de propaganda eleitoral, embora motivada por divergência política às vésperas da eleição. De fato, o crime previsto no art. 326 do Código Eleitoral possui nítida simetria com o crime de injúria previsto no art. 140 do CP, mas com este não se confunde, distinguindo-se, sobretudo, pelo acréscimo de elementares objetivas à figura típica, que acabou por resultar em relevante restrição à sua aplicação, refletindo, também por isso, na maior especialização do objeto jurídico tutelado. A propósito, assim dispõem os referidos dispositivos legais: 'Art. 140 – Injuriar alguém, ofendendo-lhe a dignidade ou o decoro: [...]' e 'Art. 326 – Injuriar alguém, na propaganda eleitoral, ou visando a fins de propaganda, ofendendo-lhe a dignidade ou o decoro: [...]'. Como se vê, a injúria eleitoral somente se perfectibiliza quando a ofensa ao decoro ou à dignidade ocorrer na propaganda eleitoral ou com fins de propaganda. Ou seja, a caracterização do crime de injúria previsto na legislação eleitoral exige, como elementar do tipo, que a ofensa seja perpetrada na propaganda eleitoral ou vise fins de propaganda (TSE, HC 187.635-MG, *DJe* de 16.02.2011), sob pena de incorrer-se no crime de injúria comum. Por fim, cabe ressaltar que, na injúria comum, tutela-se a honra subjetiva, sob o viés da dignidade ou decoro individual e, na injúria eleitoral, protegem-se esses atributos ante o interesse social que se extrai do direito subjetivo dos eleitores à lisura da competição eleitoral ou do 'inafastável aprimoramento do Estado Democrático de Direito e o direito dos cidadãos de serem informados sobre os perfis dos candidatos, atendendo-se à política da transparência' (STF, Inq 1.884/RS, Tribunal Pleno, *DJ* de 27.08.2004)" (STJ: CC 134.005/PR, rel. Min. Rogerio Schietti Cruz, 3.ª Seção, j. 11.06.2014, noticiado no *Informativo* 543).

Injúria qualificada – dignidade da pessoa humana – proporcionalidade da pena: "Em conclusão de julgamento, a 1ª Turma denegou *habeas corpus* em que se alegava a desproporcionalidade da pena prevista em abstrato quanto ao tipo qualificado de injúria, na redação dada pela Lei 10.741/2003 ('Art. 140. Injuriar alguém, ofendendo-lhe a dignidade ou o decoro: ... § 3º Se a injúria consiste na utilização de elementos referentes a raça, cor, etnia, religião, origem ou a condição de pessoa idosa ou portadora de deficiência: Pena – reclusão de um a três anos e multa'). (...) Destacou-se que o tipo qualificado de injúria teria como escopo a proteção do princípio da dignidade da pessoa humana como postulado essencial da ordem constitucional, ao qual estaria vinculado o Estado no dever de respeito à proteção do indivíduo. Observou-se que o legislador teria atentado para a necessidade de se assegurar prevalência desses princípios" (STF: HC 109.676/RJ, rel. Min. Luiz Fux, 1.ª Turma, j. 11.06.2013, noticiado no *Informativo* 710).

Disposições comuns

Art. 141. As penas cominadas neste Capítulo aumentam-se de um terço, se qualquer dos crimes é cometido:

I – contra o Presidente da República, ou contra chefe de governo estrangeiro;

II – contra funcionário público, em razão de suas funções, ou contra os Presidentes do Senado Federal, da Câmara dos Deputados ou do Supremo Tribunal Federal;

III – na presença de várias pessoas, ou por meio que facilite a divulgação da calúnia, da difamação ou da injúria;

IV – contra criança, adolescente, pessoa maior de 60 (sessenta) anos ou pessoa com deficiência, exceto na hipótese prevista no § 3º do art. 140 deste Código.

§ 1º Se o crime é cometido mediante paga ou promessa de recompensa, aplica-se a pena em dobro.

§ 2º Se o crime é cometido ou divulgado em quaisquer modalidades das redes sociais da rede mundial de computadores, aplica-se em triplo a pena.

§ 3º Se o crime for cometido contra a mulher por razões da condição do sexo feminino, nos termos do § 1º do art. 121-A deste Código, aplica-se a pena em dobro.

Informações rápidas:

Os incisos e os parágrafos são causas de aumento da pena.

Funcionário público: a ofensa deve se relacionar com o exercício de suas funções (vida privada não está abrangida).

Presença de várias pessoas: devem existir no mínimo **três** (não se incluem nesse número a vítima, o autor da conduta criminosa, nem eventuais coautores ou partícipes).

Imprensa: lei inconstitucional (STF). Aplica-se o CP.

Pessoa idosa, criança, adolescente ou pessoa com deficiência: o agente deve conhecer a idade ou a peculiar condição da vítima.

Crime mercenário: pena em dobro (a vantagem paga ou prometida não precisa ser econômica).

○ **Natureza jurídica:** São **causas de aumento da pena** aplicáveis a todos os crimes contra a honra. São elas:

– Inciso I – Contra o Presidente da República, ou contra chefe de governo estrangeiro: A conduta criminosa, além de atentar contra a honra de uma pessoa, ofende também os interesses da nação. O ataque à honra de chefe de governo estrangeiro, com ou sem motivação política, caracteriza crime comum, com aumento da pena.

– Inciso II – Contra funcionário público, em razão de suas funções, ou contra os Presidentes do Senado Federal, da Câmara dos Deputados ou do Supremo Tribunal Federal: No tocante ao crime praticado "contra funcionário público, em razão de suas funções", o aumento da pena fundamenta-se no interesse supremo da Administração Pública, ofendida pelo ataque à honra dos seus agentes. É imprescindível a relação de causalidade entre a ofensa e o exercício da função pública. Pouco importa seja o crime cometido quando o funcionário público estava em serviço ou não: incide o aumento desde que o fato se relacione ao exercício de suas funções. **Não se aplica o aumento da pena quando a conduta se refere à vida privada do funcionário público.** De igual modo, a pena também não pode ser elevada na hipótese em que a ofensa é lançada em época na qual a vítima não é mais funcionário público, nada obstante se relacione à função anteriormente exercida. A parte final – "ou contra os Presidentes do Senado Federal, da Câmara dos Deputados ou do Supremo Tribunal Federal" – foi acrescentada pela Lei 14.197/2021, responsável pela criação do Título XII – da Parte Especial do Código Penal ("Crimes contra o Estado Democrático de Direito"), e revela-se repetitiva e desnecessária, pois tais autoridades também são "funcionários públicos", razão pela qual já eram alcançados pela majorante. Com efeito, incidirá o aumento da pena quando o crime contra a honra for praticado contra qualquer dos demais Senadores, Deputados Federais e Ministros da Suprema Corte. Ao contrário do que se dá em relação ao "funcionário público", a lei não contém a expressão "em razão de suas funções" quando o delito é cometido contra os Presidentes do Senado Federal, da Câmara dos Deputados ou do Supremo Tribunal Federal. Nada obstante, a aplicabilidade da majorante reclama a relação de causalidade entre a conduta criminosa e o exercício da função pública, pois a finalidade da norma é proteger o prestígio do cargo ocupado pela vítima, não se podendo falar no aumento da pena quando a ofensa à honra diz respeito à vida particular do parlamentar ou magistrado.

– Inciso III – Na presença de várias pessoas, ou por meio que facilite a divulgação da calúnia, da difamação ou da injúria: Na primeira parte do inciso III ("na presença de várias pessoas"), devem existir no mínimo **três pessoas**, vale ressaltar que não são computadas as pessoas que, por qualquer motivo, não tenham capacidade de compreender a ofensa à honra do sujeito passivo, tais como crianças de pouca idade, doentes mentais, surdos (quando o crime é cometido verbalmente e não desfrutam da técnica de leitura labial), cegos (na hipótese de crime praticado mediante gestos ou símbolos). A parte final do dispositivo em estudo ("ou por meio que facilite a divulgação da calúnia, da difamação ou da injúria") diz respeito a instrumentos e objetos que facilitem a propagação da ofensa, ainda que não se esteja na presença de várias pessoas. Com o julgamento proferido pelo Supremo Tribunal Federal no julgamento da Arguição de Descumprimento de Preceito Fundamental 130-7/DF, decidindo pela não recepção da Lei 5.250/1967 (Lei de Imprensa) pela Constituição Federal de 1988, aos crimes contra a honra praticados por meio da imprensa (oral ou escrita) incidirão as disposições previstas nos arts. 138 a 145 do Código Penal.

– Inciso IV – Contra criança, adolescente, pessoa maior de 60 (sessenta) anos ou pessoa com deficiência, exceto na hipótese prevista no § 3.º do art. 140 deste Código: Esse inciso foi inserido no Código Penal pela Lei 10.741/2003 – Estatuto da Pessoa Idosa, e posteriormente modificado pela Lei 14.344/2022 – Lei Henry Borel, e somente se aplica quando o sujeito tinha conhecimento da idade ou da peculiar condição da vítima. A ressalva final – "exceto na hipótese prevista no § 3.º do art. 140 deste Código" – visa a evitar o *bis in idem*.

– § 1.º – Crime cometido mediante paga ou promessa de recompensa: Paga e promessa de recompensa caracterizam o **crime mercenário** ou **crime por mandato remunerado,** motivado pela cupidez, isto é, pela ambição desmedida, pelo desejo imoderado de riquezas.

– § 2.º – Crime cometido ou divulgado em quaisquer modalidades das redes sociais da rede mundial de computadores: Esse dispositivo, acrescentado ao Código Penal pela Lei 13.964/2019 – Pacote Anticrime, foi inicialmente vetado pelo Presidente da República. Entretanto, o **veto foi derrubado pelo Congresso Nacional,** daí resultando a inclusão do § 2.º no art. 141 do Código Penal, instituindo o aumento da pena, no triplo, quando qualquer dos crimes contra a honra – calúnia, difamação ou injúria – é cometido com a utilização de rede social da *internet*, a exemplo do *Twitter, Facebook, WhatsApp, Telegram, Instagram,* etc. Nos tempos atuais, o achaque à honra alheia tem sido facilitado, e sobremaneira acentuado, com a utilização de redes sociais disseminadas no ambiente da internet. Em poucos minutos, a reputação ou a autoestima de uma pessoa pode ser destruída com postagens e compartilhamentos de notícias ofensivas, geralmente falsas, envolvendo sua dignidade ou decoro. Muitos ainda acreditam, erroneamente, que a rede mundial de computadores é "terra de ninguém", na qual tudo pode ser escrito ou falado sob o escudo de um perfil *fake*, pois os atos ilícitos não deixam rastros. Esse cenário favorece a prática de crimes contra a honra no universo virtual, situação que não pode ser tolerada. O fundamento do tratamento penal mais severo repousa, portanto, na extensão do dano provocado pela conduta criminosa, com maior abalo à honra da vítima, no estímulo ao **cometimento de crimes contra a** honra por outras pessoas, bem como no anonimato que normalmente envolve a prática de tais delitos no ambiente virtual. Nada obstante, o aumento da pena em montante tão elevado – no triplo – soa como despropositado. Na história do Direito Penal brasileiro, nunca houve alguma majorante nesse patamar. Além disso, o art. 141, III, do Código Penal, contempla o aumento da pena, no montante de um terço, quando o meio de execução do delito facilita a divulgação da calúnia, da difamação ou da injúria. Há uma nítida desproporção no tratamento dispensado ao meio que facilita a divulgação do crime contra a honra: de um lado, as redes sociais da *internet*, com aumento da pena no triplo; de outro lado, todos os demais ambientes, incluindo-se a televisão, o rádio, jornais e revistas, com aumento de 1/3. O Brasil padece, nesse ponto, de um problema histórico. Nosso Código Penal remonta ao longínquo ano de 1940. Naquela época, os crimes contra a honra eram mais raros e, mesmo quando praticados, seus efeitos ficavam restritos a um número reduzido de pessoas. Não era possível imaginar a realidade atual, em que o delito pode rapidamente chegar ao conhecimento de milhões de pessoas, espalhadas pelos quatro cantos do mundo. Em nossa opinião, a reforma legislativa nos crimes contra a honra deveria ser mais profunda. As penas de todos esses delitos precisam ser elevadas no plano abstrato. A título ilustrativo, a pena cominada à injúria – detenção, de um a seis meses, ou multa – é risível. O agente pode arruinar a vida da vítima, não raras vezes criando para ela um quadro de profunda depressão. Sua conduta ainda assim será classificada como infração penal de menor potencial ofensivo. Da mesma forma, uma difamação (detenção de três meses a um ano, e multa) é capaz de destruir uma família, um nome construído ao longo de décadas, uma carreira lapidada com anos de estudo e trabalho, e igualmente será rotulada como infração penal de menor potencial ofensivo. Resta a impressão de que a honra não tem mais valor. Qualquer pessoa pode livremente ofender quem quer que seja, e a resposta penal será meramente simbólica. Convém destacar a **impossibilidade de *bis idem* entre as majorantes contidas no III e no § 2.º do art. 141 do Código Penal.** Aquela tem caráter residual, e será aplicada sempre que o crime contra a honra for cometido "por meio que facilite a divulgação da calúnia, da difamação ou da injúria"; se tal meio, contudo, for alguma rede social da *internet*, incidirá esta última. O conflito aparente de normas é solucionado pelo princípio da especialidade.

– § 3.º – Crime cometido contra a mulher, por razões da condição do sexo feminino: A pena de qualquer dos crimes contra a honra será aplicada **em dobro**, se cometido contra a mulher por razões da condição do sexo feminino. Esta majorante foi incluída no § 3.º do art. 141 do Código Penal pela Lei 14.994/2024, conhecida como "Pacote Antifeminicídio". Nessa situação, a calúnia, a difamação ou a injúria, além de representar violência psicológica e moral contra a mulher (art. 7.º, II e V, da Lei 11.340/2006), revela menosprezo e discriminação, causando-lhe intenso abalo emocional. Além disso, é indiscutível que a honra da vítima sofre graves prejuízos, notadamente em uma sociedade tristemente manchada pelo machismo e pela inferiorização da mulher. Nada impede a incidência conjunta dessa causa de aumento com outra majorante elencada pelo art. 141 do Código Penal, a exemplo do que ocorre na injúria cometida contra mulher, por razões da condição do sexo feminino, por meio de alguma rede social da *internet* (§§ 2.º e 3.º).

Exclusão do crime

Art. 142. Não constituem injúria ou difamação punível:

I – a ofensa irrogada em juízo, na discussão da causa, pela parte ou por seu procurador;

II – a opinião desfavorável da crítica literária, artística ou científica, salvo quando inequívoca a intenção de injuriar ou difamar;

III – o conceito desfavorável emitido por funcionário público, em apreciação ou informação que preste no cumprimento de dever do ofício.

Parágrafo único. Nos casos dos ns. I e III, responde pela injúria ou pela difamação quem lhe dá publicidade.

○ **Natureza jurídica:** São causas especiais de exclusão de ilicitude.

○ **Alcance:** Aplicam-se à injúria e à difamação, por expressa previsão legal.

○ **Hipóteses de exclusão da ilicitude:** São três: *Inciso I:* Trata-se da imunidade judiciária, que alcança tanto a ofensa oral como também a ofensa escrita. A expressão "ofensa irrogada em juízo" reclama uma relação processual instaurada, ligada ao exercício da jurisdição, inerente ao Poder Judiciário, afastando-se as demais espécies de processos e procedimentos, tais como os policiais e administrativos. **Partes** são o autor e o réu, bem como seus assistentes e as demais pessoas admitidas de qualquer modo na relação processual, tais como o chamado à autoria e o terceiro prejudicado que recorre. **Procuradores**, por sua vez, são os advogados, constituídos ou dativos. Subsiste a excludente da ilicitude, contudo, quando a ofensa for proferida contra terceiro, desde que relacionada à discussão da causa. Com relação ao **magistrado** prevalece o entendimento de que não se aplica a excludente da ilicitude àquele que o ofende. No tocante ao **membro do Ministério Público**, subsiste a imunidade como parte ou como fiscal da lei, bastando a relação moderada entre o fato e o exercício da função. *Inciso II: A opinião desfavorável da crítica literária, artística ou científica, salvo quando inequívoca a intenção de injuriar ou difamar:* A crítica honesta e moderada de cunho literário, artístico ou científico é lícita, pois se coaduna com a liberdade de expressão, direito fundamental assegurado pelo art. 5.º, inciso IV, da Constituição Federal. Caracteriza, todavia, o crime de injúria ou de difamação quando evidente a intenção de ofender a honra alheia. *Inciso III: O conceito desfavorável emitido por funcionário público, em apreciação ou informação que preste no cumprimento de dever do ofício:* Essa causa de exclusão da ilicitude é necessária para assegurar a independência e tranquilidade dos servidores públicos, para o perfeito desempenho das suas funções, no interesse da coisa pública.

○ **Jurisprudência selecionada:**

Alcance e fundamento das imunidades dos magistrados: "O magistrado, no exercício de sua atividade profissional, está sujeito a rígidos preceitos de caráter ético-jurídico que compõem, em seus elementos essenciais, aspectos deontológicos básicos concernentes à prática do próprio ofício jurisdicional. A condição funcional ostentada pelo magistrado, quando evidente a abusividade do seu comportamento pessoal ou profissional, não deve atuar como manto protetor de ilegítimas condutas revestidas de tipicidade penal. A utilização, no discurso judiciário, de linguagem excessiva, imprópria ou abusiva, que, sem qualquer pertinência com a discussão da causa, culmine por vilipendiar, injustamente, a honra de terceiros – revelando, desse modo, na conduta profissional do juiz, a presença de censurável intuito ofensivo – pode, eventualmente, caracterizar a responsabilidade pessoal (inclusive penal) do magistrado. [...] O magistrado não pode ser punido ou prejudicado pelas opiniões que manifestar ou pelo teor das decisões que proferir, exceto se, ao agir de maneira abusiva e com o propósito inequívoco de ofender, incidir nas hipóteses de impropriedade verbal ou de excesso de linguagem (LOMAN, art. 41). A *ratio* subjacente a esse entendimento decorre da necessidade de proteger os magistrados no exercício regular de sua atividade profissional, afastando – a partir da cláusula de relativa imunidade jurídica que lhes é concedida – a possibilidade de que sofram, mediante injusta intimidação representada pela instauração de procedimentos penais ou civis sem causa legítima, indevida inibição quanto ao pleno desempenho da função jurisdicional. A crítica judiciária, ainda que exteriorizada em termos ásperos e candentes, não se reveste de expressão penal, em tema de crimes contra a honra, quando, manifestada por qualquer magistrado no regular desempenho de sua atividade jurisdicional, vem a ser exercida com a justa finalidade de apontar equívocos ou de censurar condutas processuais reputadas inadmissíveis" (STF: QC 501/DF, Rel. Min. Celso de Mello, Tribunal Pleno, j. 27.04.1994).

Imunidade de advogados – natureza relativa: "I – A inviolabilidade das prerrogativas dos advogados, quando no exercício da profissão, é constitucionalmente assegurada, nos termos da lei. II – O art. 142 do Código Penal exclui a punibilidade nos casos de injúria ou difamação, quando a ofensa é irrogada em juízo. III – A imunidade do advogado, no exercício do 'munus publico', é relativa" (STF: HC 86.044/PE, rel. Min. Ricardo Lewandowski, 1.ª Turma, j. 07.11.2006).

Imunidade de advogados – ofensas homofóbicas proferidas no Tribunal do Júri – caráter relativo – ausência de relação entre as palavras injuriosas e a atividade funcional do causídico – plenitude de defesa que não é escudo para práticas ilícitas: "A plenitude de defesa exercida no Tribunal do Júri não pode ser manejada pelo advogado como salvo conduto para a prática de ilícitos. Cinge-se a controvérsia a aferir se a conduta capitulada, pelo Ministério Público, como injúria preconceituosa estaria abarcada pela imunidade prevista no art. 7º, § 2º, da Lei n. 8.906/1994, vigente à época dos fatos. Imunidade não é sinônimo de privilégio. O fim teleológico de toda imunidade penal é a salvaguarda da própria função desempenhada pelo agente, que, por ser dotada de relevante interesse social - no caso da advocacia, é a própria Constituição da República que a prevê como indispensável à administração da Justiça – merece proteção diferenciada, a fim de se evitar embaraços indevidos ao seu pleno exercício. No entanto, não se pode presumir que a mesma Constituição que prevê um alargado catálogo de direitos fundamentais confira plenos poderes para que pessoas com determinados *munus* possam descumpri-los em contexto totalmente divorciado da finalidade da norma que prevê a garantia da imunidade. Desse modo, não parece adequado admitir que, mesmo no exercício de suas funções, possa um membro da advocacia proferir discursos de ódio ou ofensas sem nenhuma relação com o caso tratado. Ofensas eventualmente proferidas por advogados não serão tipificadas como injúria ou difamação, desde que relacionadas com a função por estes desempenhadas. Exige-se, portanto, pertinência entre as palavras injuriosas e a atividade do profissional. Conclusão diversa implicaria autorização indiscriminada para que o integrante dos quadros da Ordem dos Advogados do Brasil pudesse ofender a honra de qualquer pessoa, sem punição alguma, ainda que as palavras ofensivas em nada se relacionem com a causa de atuação do causídico. Ademais, embora no Tribunal do Júri seja assegurada a plenitude de defesa (art. 5º, inciso XXXVIII, alínea a, da Constituição Federal), a referida garantia não pode ser distorcida pelo advogado como se fosse salvo conduto para a prática de delitos. Essa foi a compreensão exteriorizada pelo Supremo Tribunal Federal no paradigmático julgamento em que se vedou a utilização da cruel expressão "legítima defesa da honra", sendo ressaltado, expressamente, no respectivo acórdão, que a plenitude de defesa, própria do Tribunal do Júri, não pode constituir instrumento de salvaguarda de práticas ilícitas. (ADPF 779 MC-Ref, relator Ministro Dias Toffoli, Tribunal Pleno, julgado em 15/3/2021, PUBLIC 20/5/2021)" (STJ: RHC 156.955/SP, rel. Min. Laurita Vaz, 6.ª Turma, j. 02.05.2023, noticiado no *Informativo Edição Extraordinária 13*).

Imunidade de magistrados: "O querelado, no estrito cumprimento do dever legal, a teor do art. 41 da LOMAN, não pode ser punido ou prejudicado pelas opiniões que manifestar ou pelo teor das decisões que proferir. No caso concreto, nem houve excesso de linguagem ou conduta ofensiva" (STJ: APn 482/PA, Rel. Min. Humberto Gomes de Barros, Corte Especial, j. 17.10.2007, noticiada no *Informativo* 336).

Relação de causalidade entre a ofensa e o exercício do direito: "Deve existir, ainda, relação de causalidade entre a ofensa proferida e o exercício da defesa de um direito em juízo" (STF: HC 98.237/SP, rel. Min. Celso de Mello, 2.ª Turma, j. 15.12.2009).

Retratação

> **Art. 143.** O querelado que, antes da sentença, se retrata cabalmente da calúnia ou da difamação, fica isento de pena.
>
> Parágrafo único. Nos casos em que o querelado tenha praticado a calúnia ou a difamação utilizando-se de meios de comunicação, a retratação dar-se-á, se assim desejar o ofendido, pelos mesmos meios em que se praticou a ofensa.

○ **Conceito:** Retratar-se significa retirar o que foi dito, desdizer-se, assumir que errou.

○ **Natureza jurídica:** Trata-se de **causa de extinção da punibilidade** conforme se extrai do art. 107, inciso VI, do Código Penal. Tem **natureza subjetiva**: não se comunica aos demais querelados que não se retrataram.

○ **Alcance:** É **cabível unicamente na calúnia e na difamação**. Na injúria, por sua vez, a retratação do agente não leva à extinção da punibilidade, pois a lei não admite e também porque não há imputação de fato, mas atribuição de qualidade negativa e atentatória à honra subjetiva da vítima.

○ **Ação penal privada:** A retratação somente é possível nos crimes de calúnia e de difamação de ação penal privada, pois o *caput* fala em **querelado**.

○ **Forma:** A retratação deve ser total e incondicional, **cabal**, em decorrência de funcionar como **condição restritiva da pena**. Precisa abranger tudo o que foi dito pelo criminoso. É **ato unilateral**, razão pela qual prescinde de aceitação do ofendido.

○ **Momento:** A retratação, ato unilateral que deve ser total e incondicional, há de ser **anterior à sentença de primeira instância** na ação penal ("antes da sentença"). Ainda que tal sentença não tenha transitado em julgado, a retratação posterior é ineficaz. **Nos crimes de competência originária dos Tribunais**, a retratação deve preceder o acórdão.

○ **Calúnia e difamação cometidas por meios de comunicação:** Se o querelado praticou o crime utilizando-se dos meios de comunicação, a exemplo da televisão, do rádio, de jornal ou de revista, a retratação dar-se-á, se assim desejar o ofendido, pelos mesmos meios em que se praticou a ofensa. O parágrafo único do art. 143 do Código Penal contempla uma **opção disponibilizada à vítima**, a qual deve ser respeitada pelo querelado para a viabilização da causa extintiva da punibilidade.

○ **Jurisprudência selecionada:**

Retratação – ato unilateral – extinção da punibilidade: "A retratação da calúnia, feita antes da sentença, acarreta a extinção da punibilidade do agente independente de aceitação do ofendido. Consoante as diretrizes do Código Penal: 'Art. 143. O querelado que, antes da sentença, se retrata cabalmente da calúnia ou da difamação, fica isento de pena. Parágrafo único. Nos casos em que o querelado tenha praticado a calúnia ou a difamação utilizando-se de meios de comunicação, a retratação dar-se-á, se assim desejar o ofendido, pelos mesmos meios em que se praticou a ofensa'. A retratação, admitida nos crimes de calúnia e difamação, não é ato bilateral, ou seja, não pressupõe aceitação da parte ofendida para surtir seus efeitos na seara penal, porque a lei não exige isso. O Código, quando quis condicionar o ato extintivo da punibilidade à aceitação da outra parte, o fez de forma expressa, como no caso do perdão ofertado pelo querelante depois de instaurada a ação privada. Como é sabido, não há como se fazer analogia *in malam partem*, contra o réu, para lhe impor condição para causa extintiva da punibilidade que a Lei Penal não exigiu. Na verdade, basta que a retratação seja cabal. Vale dizer: deve ser clara, completa, definitiva e irrestrita, sem remanescer nenhuma dúvida ou ambiguidade quanto ao seu alcance, que é justamente o de desdizer as palavras ofensivas à honra, retratando-se o ofensor do malfeito. Ademais, em se tratando de ofensa irrogada por meios de comunicação – como no caso, que foi por postagem em rede social na *internet* –, o parágrafo único do art. 143 do Código Penal dispõe que 'a retratação dar-se-á, se assim desejar o ofendido, pelos mesmos meios em que se praticou a ofensa'. A norma penal, ao abrir ao ofendido a possibilidade de exigir que a retratação seja feita pelo mesmo meio em que se praticou a ofensa, não transmudou a natureza do ato, que é essencialmente unilateral. Apenas permitiu que o ofendido exerça uma faculdade. Portanto, se o ofensor, desde logo, mesmo sem consultar o ofendido, já se utiliza do mesmo veículo de comunicação para apresentar a retratação, não se afigura razoável desmerecê-la, porque o ato já atingiu sua finalidade legal" (STJ: APn 912/RJ, rel. Min. Laurita Vaz, Corte Especial, j. 03.03.2021, noticiado no *Informativo* 687).

Retratação – calúnia: "A 2ª Turma indeferiu *habeas corpus* em que alegada ausência de justa causa para a ação penal em virtude de retratação por parte do acusado, nos termos do art. 143 do CP. Na espécie, o paciente fora denunciado pela suposta prática do crime de calúnia (CP, art. 138), com a causa de aumento de pena prevista no art. 141, II, do CP ('contra funcionário público, no exercício das funções'), porquanto imputara a magistrado o delito de advocacia administrativa ao deferir reiterados pedidos de dilação de prazo à parte contrária. Salientou-se que a retratação seria aceitável nos crimes contra a honra praticados em desfavor de servidor ou agentes públicos, pois a lei penal preferiria que o ofensor desmentisse o fato calunioso ou difamatório atribuído à vítima à sua condenação. Porém, reputou-se que, no caso, não houvera a retratação, uma vez que o paciente apenas tentara justificar o seu ato como reação, como rebeldia momentânea, ao mesmo tempo em que negara ter-se referido ao juiz em particular" (STF: HC 107.206/RS, rel. Min. Gilmar Mendes, 2.ª Turma, j. 06.03.2012, noticiado no *Informativo* 657).

> **Art. 144.** Se, de referências, alusões ou frases, se infere calúnia, difamação ou injúria, quem se julga ofendido pode pedir explicações em juízo. Aquele que se recusa a dá-las ou, a critério do juiz, não as dá satisfatórias, responde pela ofensa.

o **Natureza jurídica:** O art. 144 do Código Penal veicula o instituto do **pedido de explicações** nos crimes contra a honra.

o **Introdução: Inferência** é o processo lógico de raciocínio baseado em uma dedução. Parte-se de um argumento para se chegar a uma conclusão. No campo dos crimes contra a honra, tem lugar quando uma pessoa se vale de frase equívoca, pela qual, mediante uma dedução, pode-se concluir que se trata de ofensa a alguém. Mas não há certeza sobre o ânimo de atacar a honra alheia, ou, ainda que presente essa certeza, não se sabe exatamente qual pessoa foi atacada. Para afastar a dúvida sobre eventual ofensa, a lei permite àquele que se sentir prejudicado pedir explicações em juízo, previamente ao oferecimento da ação penal. É **medida facultativa**, pois a pessoa ofendida não precisa dele se valer para o oferecimento da ação penal.

o **Momento:** O pedido de explicações somente pode ser utilizado **antes** do ajuizamento da ação penal. Importante ressaltar que o magistrado não julga o pedido de explicações, porém, se posteriormente a vítima ajuizar ação penal, o juiz levará em conta as explicações prestadas para receber ou rejeitar a inicial acusatória.

○ **Procedimento:** **Não há procedimento específico** para o pedido de explicações. Obedece, portanto, ao **rito das notificações avulsas**. No entanto, o requerido não pode ser compelido a prestar as informações solicitadas, razão pela qual à sua omissão veda-se a imposição de qualquer espécie de sanção. O magistrado **não julga o pedido de explicações**.

○ **Prescrição e decadência:** O pedido de explicações **não interrompe nem suspende a prescrição nem a decadência**. Contudo, **torna prevento o juízo** para futura ação penal.

○ **Jurisprudência selecionada:**

Natureza jurídica e cabimento do pedido de explicações: "O pedido de explicações constitui típica providência de ordem cautelar, destinada a aparelhar ação penal principal tendente a sentença penal condenatória. O interessado, ao formulá-lo, invoca, em juízo, tutela cautelar penal, visando a que se esclareçam situações revestidas de equivocidade, ambiguidade ou dubiedade, a fim de que se viabilize o exercício futuro de ação penal condenatória. A notificação prevista no Código Penal (art. 144) traduz mera faculdade processual sujeita à discrição do ofendido. E só se justifica na hipótese de ofensas equívocas. – O pedido de explicações em juízo acha-se instrumentalmente vinculado à necessidade de esclarecer situações, frases ou expressões, escritas ou verbais, caracterizadas por sua dubiedade, equivocidade ou ambiguidade. Ausentes esses requisitos condicionadores de sua formulação, a interpelação judicial, porque desnecessária, revela-se processualmente inadmissível. – Onde não houver dúvida objetiva em torno do conteúdo moralmente ofensivo das afirmações questionadas ou, então, onde inexistir qualquer incerteza a propósito dos destinatários de tais declarações, aí não terá pertinência nem cabimento a interpelação judicial, pois ausentes, em tais hipóteses, os pressupostos necessários à sua utilização" (STF: Pet-AgR 4.444/DF, Rel. Min. Celso de Mello, Tribunal Pleno, j. 26.11.2008).

Pedido de explicações – Presidente da República: "O Supremo Tribunal Federal possui competência originária para processar pedido de explicações formulado com apoio no art. 144 do Código Penal, quando deduzido contra a Presidente da República, que dispõe de prerrogativa de foro, 'ratione muneris', perante esta Corte Suprema, nas infrações penais comuns (CF, art. 86, 'caput', c/c o art. 102, I, 'b'). O pedido de explicações, admissível em qualquer das modalidades de crimes contra a honra, constitui típica providência de ordem cautelar, sempre facultativa (RT 602/368 – RT 627/365 – RT 752/611 – RTJ 142/816), destinada a aparelhar ação penal principal tendente a sentença condenatória. O interessado, ao formulá-lo, invoca, em juízo, tutela cautelar penal, visando a que se esclareçam situações revestidas de equivocidade, ambiguidade ou dubiedade, a fim de que se viabilize o exercício eventual de ação penal condenatória. O pedido de explicações em juízo submete-se à mesma ordem ritual que é peculiar ao procedimento das notificações avulsas (CPC, art. 867 c/c o art. 3º do CPP). Isso significa, portanto, que não caberá, ao Supremo Tribunal Federal, em sede de interpelação penal, avaliar o conteúdo das explicações dadas pela parte requerida nem examinar a legitimidade jurídica de sua eventual recusa em prestá-las, pois tal matéria compreende-se na esfera do processo penal de conhecimento a ser eventualmente instaurado. [...] Onde não houver dúvida em torno do conteúdo alegadamente ofensivo das afirmações questionadas ou, então, onde inexistir qualquer incerteza a propósito dos destinatários de tais declarações, aí não terá pertinência nem cabimento a interpelação judicial, pois ausentes, em tais hipóteses (como sucede na espécie), os pressupostos necessários à sua adequada utilização" (STF: Pet 5.146/DF, rel. Min. Celso de Mello, Plenário, j. 21.02.2014, noticiado no *Informativo* 751).

Art. 145. Nos crimes previstos neste Capítulo somente se procede mediante queixa, salvo quando, no caso do art. 140, § 2º, da violência resulta lesão corporal.

Parágrafo único. Procede-se mediante requisição do Ministro da Justiça, no caso do inciso I do *caput* do art. 141 deste Código, e mediante representação do ofendido, no caso do inciso II do mesmo artigo, bem como no caso do § 3º do art. 140 deste Código.

○ **Ação penal privada:** É a regra geral nos crimes contra a honra, pois "somente se procede mediante queixa".[46] Contudo, há exceções:

○ **Ação penal pública incondicionada:** A ação será pública incondicionada na injúria real, se da violência resulta lesão corporal (art. 145, *caput*, parte final). A injúria real praticada com emprego de **vias de fato** é crime de ação penal privada.

○ **Ação pública condicionada à requisição do Ministro da Justiça:** Nos crimes contra a honra do Presidente da República ou de chefe de governo estrangeiro (CP, art. 145, parágrafo único, 1.ª parte).

○ **Ação penal pública condicionada à representação do ofendido:** Nos crimes contra a honra praticados contra funcionário público, em razão de suas funções, ou contra os Presidentes do Senado Federal, da Câmara dos Deputados ou do Supremo Tribunal Federal (CP, art. 145, parágrafo único, 2.ª figura); de injúria qualificada pela utilização de elementos referentes à religião ou à condição de pessoa idosa ou com deficiência, na forma do art. 140, § 3.º, do Código Penal (CP, art. 145, parágrafo único, *in fine*, com redação dada pela Lei 12.033/2009). No tocante ao crime contra a honra de funcionário público, em razão de suas funções, se não há relação entre o delito contra a honra e o exercício das funções públicas, a ação penal é privada. Também é privada a ação penal quando a ofensa se dirige a pessoa que já deixou a função pública. E, nos termos da Súmula 714 do STF: "É concorrente a legitimidade do ofendido, mediante queixa, e do Ministério Público, condicionada à representação do ofendido, para a ação penal por crime contra a honra de servidor público em razão do exercício de suas funções." O fundamento da súmula é simples. O Código Penal previu a ação penal pública condicionada para não onerar o funcionário público ofendido em razão de suas funções. Não seria correto impor a ele a custosa tarefa de constituir um advogado para tutelar sua honra, injustamente atacada quando desempenhava alguma atividade de interesse público. Mas, se ele quiser arcar com o encargo do ajuizamento de queixa-crime, pode recusar o benefício que lhe é assegurado e ingressar com ação penal privada. Cuida-se de **opção reservada exclusivamente à vítima**. Somente a ela é assegurado o direito de escolher entre ajuizar a queixa-crime (ação penal privada) ou oferecer representação autorizando o Ministério Público a oferecer denúncia (ação pública condicionada).

○ **Jurisprudência selecionada:**

Ação penal pública condicionada e eficácia da representação: "A representação nos crimes contra a honra constitui-se em *delatio criminis* postulatória, traduzindo elemento subordinante e condicionante do ajuizamento, pelo Ministério Público, da ação penal de que é titular. De igual modo, limita a atuação do *Parquet*, o qual não pode agir *ultra vires*, ou seja, não pode extrapolar os limites da representação, ampliando seu objeto" (STF: HC 98.237/SP, rel. Min. Celso de Mello, 2.ª Turma, j. 15.12.2009).

---

[46] Em caso de morte do ofendido, o direito de queixa passará ao cônjuge, ascendente, descendente ou irmão. No caso de união estável homoafetiva, é de ser reconhecida a legitimidade da companheira (ou companheiro) para ajuizar a ação penal privada, pois tal pessoa é equiparada ao cônjuge para tal fim.

União estável homoafetiva – ajuizamento de ação penal privada por companheira – legitimidade – *status* de cônjuge – interpretação extensiva – art. 3.º c.c. art. 24, § 1.º, do CPP: "A companheira, em união estável homoafetiva reconhecida, goza do mesmo *status* de cônjuge para o processo penal, possuindo legitimidade para ajuizar a ação penal privada. No caso, trata-se de crime de calúnia contra pessoa morta, o que aponta que os querelantes – mãe, pai, irmã e companheira em união estável da vítima falecida – são partes legítimas para ajuizar a ação penal privada, nos termos do art. 24, § 1º, do CPP. Cumpre anotar que a companheira, em união estável reconhecida, goza do mesmo *status* de cônjuge para o processo penal, podendo figurar como legítima representante da falecida. Vale ressaltar que a interpretação extensiva da norma processual penal tem autorização expressa do art. 3º do CPP ('a lei processual penal admitirá interpretação extensiva e aplicação analógica, bem como o suplemento dos princípios gerais de direito'). Ademais, o STF, ao apreciar o tema 498 da repercussão geral, reconheceu a 'inexistência de hierarquia ou diferença de qualidade jurídica entre as duas formas de constituição de um novo e autonomizado núcleo doméstico, aplicando-se à união estável entre pessoas do mesmo sexo as mesmas regras e mesmas consequências da união estável heteroafetiva' (RE 646.721, Rel. Min. Marco Aurélio, Rel. Acd. Min. Roberto Barroso, Tribunal Pleno, julgado em 10/05/2017, *DJe* 11/09/2017)" (STJ: APn 912/RJ, rel. Min. Laurita Vaz, Corte Especial, j. 07.08.2019, noticiado no *Informativo* 654).

Capítulo VI –
DOS CRIMES CONTRA A LIBERDADE INDIVIDUAL

Seção I –
Dos crimes contra a liberdade pessoal

○ **Fundamento dos crimes contra a liberdade pessoal:** Está no art. 5.º, *caput*, da Constituição Federal, que assegura a todos o direito à liberdade. Daí se extrai que qualquer espécie de violação à liberdade do ser humano reclama punição, justificando a tipificação das condutas definidas pelos arts. 146 a 149 do CP.

Constrangimento ilegal

> **Art. 146.** Constranger alguém, mediante violência ou grave ameaça, ou depois de lhe haver reduzido, por qualquer outro meio, a capacidade de resistência, a não fazer o que a lei permite, ou a fazer o que ela não manda:
>
> Pena – detenção, de três meses a um ano, ou multa.

Aumento de pena

> § 1º As penas aplicam-se cumulativamente e em dobro, quando, para a execução do crime, se reúnem mais de três pessoas, ou há emprego de armas.
>
> § 2º Além das penas cominadas, aplicam-se as correspondentes à violência.
>
> § 3º Não se compreendem na disposição deste artigo:
>
> I – a intervenção médica ou cirúrgica, sem o consentimento do paciente ou de seu representante legal, se justificada por iminente perigo de vida;
>
> II – a coação exercida para impedir suicídio.

Classificação:	Informações rápidas:
Crime comum	Imposição ilegal à vítima de um comportamento **certo**
Crime doloso	**e determinado**, comissivo ou omissivo.
Crime de forma ou ação livre	Não admite a modalidade culposa.
Crime material	Admite tentativa.
Crime simples	O § 1.º (causa de aumento de pena) exige no mínimo 4
Crime instantâneo	pessoas e a exasperação pode ser aplicada quando se
Crime de dano	tratar de arma própria (ex. revólver) ou imprópria (ex.
Crime unissubjetivo (regra)	chave de fenda).
Crime plurissubsistente	**Ação penal:** pública incondicionada.
Crime subsidiário	

○ **Objeto jurídico:** É a liberdade do ser humano para agir dentro dos limites legalmente previstos. O fundamento desse delito encontra-se no art. 5.º, II, da Constituição Federal: somente a lei pode obrigar alguém a adotar determinado comportamento, ou então proibi-lo de agir ao seu livre alvedrio.

○ **Objeto material:** É a pessoa sobre a qual recai a conduta criminosa.

○ **Núcleo do tipo:** Constranger é **coagir alguém a fazer ou deixar de fazer algo**, retirando sua liberdade de autodeterminação. Há crime, uma vez que somente ao Estado, exclusivamente por meio de lei, confere-se a tarefa de disciplinar a obrigação ou a proibição de condutas por seres humanos. O delito pode ocorrer em duas hipóteses: (a) quando a vítima é compelida a fazer alguma coisa (conduta comissiva ou positiva); e (b) quando a vítima é compelida a deixar de fazer algo (conduta omissiva ou negativa), que também engloba a situação em que ela é coagida a permitir que o agente faça alguma coisa. O agente precisa impor à vítima um comportamento **certo e determinado** e o constrangimento há de ser **ilegal** (deve estar em desconformidade com a legislação em vigor). A ilegitimidade da pretensão pode ser **absoluta** (quando o agente não tem direito à ação ou omissão) ou **relativa** (quando o agente tem direito à ação ou omissão, mas a vítima não pode ser compelida a comportar-se da forma por ele visada). Não há crime quando o constrangimento objetiva impedir a realização de ação ou omissão proibida pela lei – quem assim age está acobertado pelo exercício regular do direito, causa excludente da ilicitude (art. 23, III, do CP). Estará caracterizado o delito de constrangimento ilegal na hipótese em que o sujeito, valendo-se de violência (própria ou imprópria) ou grave ameaça, busca evitar a realização de ato meramente imoral pela vítima. Se o comportamento da vítima puder ser exigido por meio de ação judicial, o crime será o de exercício arbitrário das próprias razões (CP, art. 345). Também estará configurado este delito sempre que o agente, embora incidindo em erro, acreditar ser legítima sua pretensão. O constrangimento ilegal é crime de forma livre, pois admite qualquer meio de execução, mediante: (a) Violência: própria, ou física, é o emprego de força bruta sobre a vítima. Pode ser **direta ou imediata**, quando dirigida contra a vítima, ou **indireta ou mediata**, quando dirigida a pessoa ou coisa ligada ao ofendido; (b) Grave ameaça (ou violência moral): consiste na promessa de realização de mal grave, futuro e sério contra a vítima ou pessoa que lhe é próxima. Pode ser transmitida ao ofendido oralmente ou por escrito. Note-se que, ao contrário do crime de ameaça (CP, art. 147), não precisa ser injusta; ou (c) **Qualquer outro meio que reduza a capacidade de resistência da vítima**: Trata-se da **violência imprópria**, valendo-se o legislador da interpretação analógica. Depois de estabelecer uma fórmula casuística (violência ou grave ameaça), recorreu a uma fórmula genérica. Constitui-se, portanto, meio de execução do crime de constrangimento ilegal qualquer outra conduta, ainda que não prevista em lei, mas análoga à violência própria e à grave ameaça, idônea a tolher a liberdade de autodeterminação da vítima.

○ **Sujeito ativo:** Pode ser qualquer pessoa (**crime comum**).

Constrangimento ilegal por agente público e abuso de autoridade: Estará caracterizado crime de abuso de autoridade, tipificado no art. 13 da Lei 13.869/2019, nas hipóteses de o agente público "constranger o preso ou o detento, mediante violência, grave ameaça ou redução de sua capacidade de resistência, a: I – exibir-se ou ter seu corpo ou parte dele exibido à curiosidade pública; II – submeter-se a situação vexatória ou a um constrangimento não autorizado em lei; ou III – produzir prova contra si mesmo ou contra terceiro."

○ **Sujeito passivo:** Qualquer pessoa, desde que dotada de capacidade de autodeterminação. A Lei 10.741/2003 – Estatuto da Pessoa Idosa, em seu art. 107, pune com reclusão, de 2 (dois) a 5 (cinco) anos, aquele que coage, de qualquer modo, a pessoa idosa a doar, contratar, testar ou outorgar procuração. Por sua vez, o art. 71 da Lei 8.078/1990 – Código de Defesa do Consumidor, prevê a pena de detenção, de 3 (meses) a 1 (um) ano, e multa, para quem utilizar, na cobrança de dívidas, de ameaça, coação, constrangimento físico ou moral, afirmações falsas, incorretas ou enganosas, ou de qualquer outro procedimento que exponha o consumidor, injustificadamente, a ridículo ou interfira com seu trabalho, descanso ou lazer.

○ **Elemento subjetivo:** É o dolo. Não se admite a modalidade culposa. Para Damásio E. de Jesus, exige-se ainda um especial fim de agir, uma vez que a conduta é realizada com o fim de que a vítima não faça o que a lei permite ou faça o que ela não determina.[47] Para outros autores basta o dolo, pois as expressões "a não fazer o que a lei permite" e "a fazer o que ela não manda" constituem elementos objetivos do tipo, e não subjetivos.[48] A finalidade do sujeito ativo é irrelevante.

○ **Consumação:** Dá-se no instante em que a vítima faz ou deixa de fazer algo, em decorrência da violência ou grave ameaça utilizada pelo agente. **Cuida-se de crime material e instantâneo**.

○ **Tentativa:** É possível, em face do caráter plurissubsistente do crime.

○ **Ação Penal:** É pública incondicionada, em todas as modalidades do delito.

○ **Lei 9.099/1995:** Tanto na modalidade do *caput*, como nas causas de aumento de pena, é infração penal de menor potencial ofensivo, sujeita, portanto, ao procedimento sumaríssimo e à transação penal, desde que presentes os demais requisitos legalmente exigidos (Lei 9.099/1995, art. 76).

○ **Subsidiariedade tácita:** O constrangimento ilegal é **crime subsidiário** – a lei que o define é afastada pela lei que utiliza o constrangimento ilegal como elemento, qualificadora ou meio de execução de um crime mais grave (exemplos: CP, arts. 158 e 213, dentre outros).

○ **Constrangimento ilegal e Lei de Tortura:** Quando o sujeito constrange alguém com emprego de violência ou grave ameaça, causando-lhe sofrimento físico ou mental, para provocar ação ou omissão de natureza criminosa, responde pelo crime praticado em concurso material com tortura (Lei 9.455/1997, art. 1.º, I, *b*). Se a violência ou grave ameaça dirigir-se à prática de contravenção penal, estará caracterizado o concurso material entre a contravenção cometida e o crime de constrangimento ilegal, pois a Lei 9.455/1997 refere-se unicamente à coação para a prática de crime.

---

[47] JESUS, Damásio E. de. *Código Penal anotado*. 15. ed. Saraiva: São Paulo, 2004. p. 514.
[48] É o caso de NUCCI, Guilherme de Souza. *Código Penal comentado*. 8. ed. São Paulo: RT, 2008. p. 668.

○ **Causas de aumento da pena (art. 146, § 1.º):** Dizem respeito à **execução do crime**: (a) **reunião de mais de três pessoas**: é imprescindível que ao menos **quatro pessoas** tenham se envolvido nos atos executórios. Trata-se de **crime plurissubjetivo, plurilateral ou de concurso necessário**, e ingressam nesse número os inimputáveis e os sujeitos não identificados. Pode haver concurso material com o delito de associação criminosa (CP, art. 288); (b) **emprego de armas**: incide o aumento quando se tratar de arma própria ou imprópria. Basta uma única arma para legitimar o aumento da pena (a **lei faz menção ao gênero, e não ao número**). É necessário seja a arma efetivamente empregada pelo agente, mas seu porte ostensivo, utilizado com o nítido propósito de amedrontar a vítima, também autoriza a incidência da majorante. Em face da reduzida quantidade de pena do constrangimento ilegal, os crimes de posse ilegal de arma de fogo ou de porte ilegal de arma de fogo (Lei 10.826/2003, arts. 12 e 14) não são por ele absorvidos – estará configurado o concurso material de crimes. O arquivamento de inquérito policial pela prática do crime de porte ilegal de arma de fogo não impede o reconhecimento da causa de aumento da pena.

○ **Concurso material obrigatório (art. 146, § 2.º):** O agente que, com violência, constrange ilegalmente a vítima, vindo a feri-la, deve responder pelo constrangimento ilegal (simples ou agravado, conforme o caso), em concurso material com o crime resultante da violência (lesão corporal leve, grave ou gravíssima, tentativa de homicídio etc.).

○ **Causas de exclusão do crime (art. 146, § 3.º):** São **causas especiais de exclusão da ilicitude**, por se constituírem em manifestações inequívocas do estado de necessidade de terceiro. Para alguns autores são **causas excludentes da tipicidade** pois, se os fatos não se encontram compreendidos na norma penal incriminadora, despontam como condutas atípicas. Qualquer que seja a posição adotada, porém, opera-se a exclusão do crime. Não caracterizará constrangimento ilegal: (a) **a intervenção médica ou cirúrgica, sem o consentimento do paciente ou de seu representante legal, se justificada por iminente perigo de vida (inc. I)** – pouco importa o motivo da discordância com a intervenção médica ou cirúrgica. Ainda que de cunho religioso, em que pese ser o Brasil um Estado laico, pode agir o profissional da medicina contra a vontade do paciente ou de quem o represente, a fim de salvar sua vida; (b) **a coação exercida para impedir suicídio (inc. II)** – o constrangimento, neste caso, é legal, pois o suicídio é ilegal. O dispositivo em análise permite o emprego de coação para combater um ato ilícito.

○ **Abuso de autoridade:** O art. 24 da Lei 13.869/2019 define, como abuso de autoridade, conduta que envolve constrangimento ilegal a funcionário ou empregado de instituição hospitalar pública ou privada: "Art. 24. Constranger, sob violência ou grave ameaça, funcionário ou empregado de instituição hospitalar pública ou privada a admitir para tratamento pessoa cujo óbito já tenha ocorrido, com o fim de alterar local ou momento de crime, prejudicando sua apuração: Pena – detenção, de 1 (um) a 4 (quatro) anos, e multa, além da pena correspondente à violência."

○ **Jurisprudência selecionada:**

Constrangimento ilegal e estupro – Subsidiariedade tácita: "Estupro ou atentado violento ao pudor praticados com violência real: delitos complexos (CP, art. 101). Dispõe o § 2.º do art. 146 do CP, que além das penas cominadas ao constrangimento ilegal, se este for praticado com violência, devem ser aplicadas as penas correspondentes (vias de fato, lesões corporais ou morte). O fato constitutivo da violência real, pois, não se inclui na tipificação do constrangimento ilegal (CP, art. 146, *caput*), como aliás se infere da objetividade jurídica deste; mas se inclui ela, ao contrário, no de estupro ou atentado violento ao pudor mediante violência real: quando praticados com violência real, portanto, não se trata de mero constrangimento ilegal com finalidade específica, mas de delitos efetivamente complexos. Daí que, comprovada a ausência de finalidade específica de conjunção carnal ou ato libidinoso diverso, restam, no caso de violência real, duas infrações penais em concurso material: (a) constrangimento ilegal e homicídio; (b) constrangimento ilegal e lesões corporais; ou ainda, (c) constrangimento ilegal e vias de fato; assim, só a concorrência do especial fim de agir é que os converte em crime diverso contra a liberdade sexual" (STF: HC 86.058/RJ, Rel. Min. Sepúlveda Pertence, 1.ª Turma, j. 25.10.2005).

Constrangimento ilegal e porte ilegal de arma de fogo: "O arquivamento de inquérito pela prática do crime do art. 10 da Lei 9.437/1997 não impede o reconhecimento, em desfavor do paciente, da causa de aumento de pena prevista no § 1º do art. 146 do Código Penal. Enquanto a Lei 9.437/1997 define os crimes voltados à repressão do uso e porte de arma de fogo, a majorante do constrangimento ilegal ora em debate refere-se a qualquer arma, desde que ela tenha a capacidade de impingir à vítima a grave ameaça contida no *caput* do art. 146 do Código Penal" (STF: HC 85.005/RJ, Rel. Min. Joaquim Barbosa, 2.ª Turma, j. 1º.03.2005).

Intimidação sistemática (*bullying*) e intimidação sistemática virtual (*cyberbullying*)

> **Art. 146-A.** Intimidar sistematicamente, individualmente ou em grupo, mediante violência física ou psicológica, uma ou mais pessoas, de modo intencional e repetitivo, sem motivação evidente, por meio de atos de intimidação, de humilhação ou de discriminação ou de ações verbais, morais, sexuais, sociais, psicológicas, físicas, materiais ou virtuais:
>
> Pena – multa, se a conduta não constituir crime mais grave.
>
> Parágrafo único. Se a conduta é realizada por meio da rede de computadores, de rede social, de aplicativos, de jogos on-line ou por qualquer outro meio ou ambiente digital, ou transmitida em tempo real:
>
> Pena – reclusão, de 2 (dois) anos a 4 (quatro) anos, e multa, se a conduta não constituir crime mais grave.

Classificação:	Informações rápidas:
Crime simples	**Intimidação sistemática, ou *bullying*** (art. 146-A, *caput*): contravenção penal. Não admite tentativa.
Crime comum	
Crime formal, de consumação antecipada ou de resultado cortado	**Intimidação sistemática virtual, ou *cyberbullying*** (art. 146-A, parágrafo único): modalidade qualificada, crime de elevado potencial ofensivo. Admite tentativa.
Crime de dano	
Crime de forma livre	Não admite modalidade culposa.
Crime comissivo	**Ação penal:** pública incondicionada.
Crime habitual	
Crime unissubjetivo, unilateral ou de concurso eventual	
Crime plurissubsistente	

○ **Objeto jurídico:** É a liberdade pessoal, no tocante à autoestima, ao respeito e à capacidade de autodeterminação, física e psicológica, do ser humano.

○ **Objeto material:** É a pessoa física atingida pela intimidação sistemática.

○ **Núcleo do tipo:** É **intimidar**, no sentido de amedrontar ou assustar alguém. Não basta um único ato de intimidação: a conduta há de ser efetuada **sistematicamente**, ou seja, de forma reiterada, evidenciando o propósito de inferiorizar a vítima. O agente se vale de **violência física ou psicoló-**

gica. Devem ser utilizados os conceitos fornecidos pelo art. 4.º, I e II, da Lei 13.431/2017, a qual estabelece o sistema de garantia de direitos da criança e do adolescente vítima ou testemunha de violência.[49] A violência física ou psicológica é concretizada por meio de atos de intimidação,[50] de humilhação ou de discriminação ou de ações verbais, morais, sexuais, sociais, psicológicas, físicas, materiais ou virtuais. Se a conduta for realizada por meio da **rede de computadores** (*internet*)[51], de **rede social** (Instagram, X, TikTok etc.), de **aplicativos** (Whatsapp ou Telegram, por exemplo), de **jogos on-line** (Playstation, Xbox, jogos de computadores etc.) ou por qualquer outro **meio ou ambiente digital** (a exemplo da chamada de vídeo), ou **transmitida em tempo real** (as famosas "lives" pelo Youtube, Dailymotion, Vimeo ou similar), estará caracterizada a **qualificadora da intimidação sistemática virtual (ou *cyberbullying*)**, catalogada no parágrafo único do art. 146-A do Código Penal. O tratamento penal mais severo justifica-se pela difusão da conduta, de alcance ilimitado, bem como pelo maior dano causado à vítima. Muitos indivíduos chegam a ser verdadeiramente excluídos dos seus ambientes (escolas, clubes, academias etc.) ou virtualmente linchados ("cancelados") em decorrência do *cyberbullying*. A intimidação sistemática, em regra, é cometida por meio de uma ação (crime comissivo). Nada impede, contudo, sua prática por omissão, quando o agente, que devia (e podia) agir para evitar o resultado, na forma do art. 13, § 2.º, do Código Penal, dolosamente permanece inerte.

○ **Sujeito ativo:** Pode ser qualquer pessoa (**crime comum** ou **geral**). Normalmente é cometido por um único agente, mas admite o concurso de pessoas (coautoria ou participação). Trata-se de **crime unissubjetivo, unilateral** ou **de concurso eventual**.

○ **Sujeito passivo:** Pode ser qualquer pessoa. Porém, normalmente são cometidas contra crianças e adolescentes, e nesse campo assumem destacada gravidade em face da vulnerabilidade da vítima. O *bullying* e o *cyberbullying* muitas vezes são direcionados a "grupos de vítimas" (exemplos: crianças obesas ou adolescentes menos favorecidos economicamente de uma escola particular). Se a intimidação sistemática atingir duas ou mais vítimas, ao agente serão imputados dois crimes, em concurso formal impróprio (se a pluralidade de resultados emana de uma única conduta) ou em concurso material (na hipótese de duas ou mais condutas).

○ **Elemento subjetivo:** É o **dolo direto**. Não há espaço para o dolo eventual, pois o tipo penal reclama a prática da conduta "**de modo intencional**". Além disso, há a exigência da intimidação sistemática "**de modo repetitivo**", ou seja, indicativa de atividade frequente do agente contra a vítima. O bullying (ou cyberbullying) deve ser cometido "**sem motivação evidente**", isto é, o sujeito intimida sistematicamente o ofendido sem uma razão determinada. A presença de motivo específico acarreta a caracterização de delito diverso. Não se admite a modalidade culposa.

○ **Consumação:** Consuma-se com a prática da conduta prevista em lei, independentemente da superveniência do resultado naturalístico. Portanto é **crime formal, de consumação antecipada ou de resultado cortado**. É também **crime habitual**, pois o tipo penal reclama a reiteração de atos contra a vítima ("**de modo repetitivo**").

---

[49]   Trata-se de determinação imposta pelo art. 2.º, § 2.º, da Lei 14.811/2024, e que não prejudica a aplicação do art. 146-A do Código Penal na hipótese de vítima maior de 18 anos de idade. Vale destacar que o art. 7.º, I e II, da Lei 11.340/2006 – Lei Maria da Penha, classifica a violência física e a violência psicológica como formas de violência doméstica e familiar contra a mulher.

[50]   O tipo penal contém redundância ao dispor sobre "intimidação sistemática mediante atos de intimidação".

[51]   A *internet* é o conjunto de redes de computadores que, espalhados pelo planeta, comportam a troca de dados e mensagens mediante a utilização de um protocolo comum.

○ **Tentativa:** No tocante ao *bullying* (CP, art. 146-A, *caput*), cumpre o art. 4.º do Decreto-lei 3.688/1941 – Lei das Contravenções Penais estatui que "não é punível a tentativa de contravenção". Porém a tentativa é possível na figura qualificada (CP, art. 146-A, parágrafo único), a exemplo da situação em que o sujeito, mediante violência psicológica, encaminha várias mensagens diretas humilhantes no Instagram do ofendido, mas este nunca as visualiza.

○ **Ação penal:** A ação penal é pública incondicionada, tanto no *bullying* (art. 146-A, *caput*) como no *cyberbullying* (art. 146-A, parágrafo único).

○ **Lei 9.099/1995:** A intimidação sistemática (*bullying*) é **contravenção penal** (infração penal de menor potencial ofensivo), de competência do Juizado Especial Criminal e compatível com a transação penal, nos termos do art. 76 da Lei 9.099/1995. Já a intimidação sistemática virtual (*cyberbullying*) é **crime de elevado potencial ofensivo**, o que inviabiliza os benefícios contidos na Lei 9.099/1995.

○ **Subsidiariedade expressa:** O art. 146-A do Código Penal contempla **crimes expressamente subsidiários**. Somente será possível a punição pelo *bullying* e pelo *cyberbullying* "se a conduta não constituir crime mais grave".

○ **Competência:** A intimidação sistemática virtual é crime de competência da Justiça Estadual. Será competente a Justiça Federal, entretanto, quando o delito for cometido em prejuízo de interesse da União, a exemplo do cyberbullying praticado contra funcionário público federal, quando relacionados com o exercício da função, nos termos da Súmula 147 do Superior Tribunal de Justiça. A modalidade simples (*bullying*), definida no *caput* do art. 146-A do Código Penal, sempre será da competência da Justiça Estadual.

Ameaça

Art. 147. Ameaçar alguém, por palavra, escrito ou gesto, ou qualquer outro meio simbólico, de causar-lhe mal injusto e grave:

§ 1º Se o crime é cometido contra a mulher por razões da condição do sexo feminino, nos termos do § 1º do art. 121-A deste Código, aplica-se a pena em dobro.

§ 2º Somente se procede mediante representação, exceto na hipótese prevista no § 1º deste artigo.

Classificação:	Informações rápidas:
Crime doloso Crime comum Crime de forma livre Crime unissubsistente ou plurissubsistente Crime instantâneo Crime unilateral (*regra*) Crime subsidiário	O mal também deve ser sério (ou fundado), **iminente** e **verossímel**. A ameaça pode ser direta, indireta, explícita, implícita ou condicional. Não se reclama nenhuma finalidade específica, e também não se admite a modalidade culposa. A tentativa é admissível nas hipóteses de ameaça escrita, simbólica ou por gestos, e incompatível nos casos de ameaça verbal. **Ação penal:** em regra, é pública condicionada à representação, mas, se o crime for cometido contra a mulher por razões da condição do sexo feminino, será pública incondicionada.

○ **Objeto jurídico:** O bem jurídico tutelado pela lei penal é a **liberdade da pessoa humana**, notadamente no tocante à paz de espírito, ao sossego, à tranquilidade e ao sentimento de segurança.

○ **Objeto material:** É a pessoa contra a qual se dirige a ameaça.

○ **Núcleo do tipo:** É "**ameaçar**", que equivale a intimidar, amedrontar alguém, mediante a promessa de causar-lhe mal injusto e grave, que pode ser físico, econômico ou moral. **Mal injusto** é aquele que a vítima não está obrigada a suportar, podendo ser ilícito ou imoral. **Mal grave** é o capaz de produzir ao ofendido um prejuízo relevante. O mal deve ser sério, ou fundado, iminente e verossímil, ou seja, passível de realização. O fato é atípico, por constituir crime impossível, quando inidôneo a amedrontar. Também não há crime na praga e no esconjuro. Admite-se a ocorrência do delito na hipótese de dano fantástico, quando o sujeito passivo é supersticioso e o sujeito ativo tem consciência desta circunstância pessoal. Trata-se de **crime de forma livre** – a conduta pode ser praticada por palavras, escritos, gestos ou qualquer outro meio simbólico. Não há necessidade de ser a ameaça proferida na presença da vítima, bastando que chegue ao seu conhecimento.

○ **Ameaça e promessa de mal atual ou futuro:** Discute-se se o mal prometido deve ser unicamente futuro, ou se pode também ser atual. Há duas posições sobre o assunto: (**1.ª**) **o mal necessariamente há de ser futuro**, uma vez que ameaçar nada mais é do que prometer realizar, ulteriormente, mal injusto e grave. Consequentemente, o mal atual (que está ocorrendo) nada mais é do que ato preparatório ou executório de outro crime. É a posição a que nos filiamos; (**2.ª**) **o mal pode ser atual ou futuro**, havendo crime nos dois casos.

○ **Sujeito ativo:** Qualquer pessoa (**crime comum**).

○ **Sujeito passivo:** Qualquer pessoa **certa e determinada**, desde que capaz de compreender o caráter intimidatório da ameaça. Se a ameaça é endereçada simultaneamente a diversas pessoas, reunidas por qualquer motivo ou acidentalmente, há diversos crimes (dependendo do número de ofendidos) em concurso formal. Não há crime de ameaça contra a coletividade, nem contra pessoas indeterminadas.

○ **Ameaça e Lei Maria da Penha:** Se o crime envolver relação doméstica e familiar, e for praticado contra mulher, estará caracterizada uma situação de violência psicológica, definida pelo art. 7.º, inc. II, da Lei 11.340/2006 – Lei Maria da Penha: "Art. 7º São formas de violência doméstica e familiar contra a mulher, entre outras: [...] II – a violência psicológica, entendida como qualquer conduta que lhe cause dano emocional e diminuição da autoestima ou que lhe prejudique e perturbe o pleno desenvolvimento ou que vise degradar ou controlar suas ações, comportamentos, crenças e decisões, mediante ameaça, constrangimento, humilhação, manipulação, isolamento, vigilância constante, perseguição contumaz, insulto, chantagem, violação de sua intimidade, ridicularização, exploração e limitação do direito de ir e vir ou qualquer outro meio que lhe cause prejuízo à saúde psicológica e à autodeterminação."

○ **Ameaça circunstanciada (ou majorada):** Se o crime for cometido **contra a mulher, por razões da condição do sexo feminino**, na forma definida pelo art. 121-A, § 1.º, do Código Penal, **a pena será aplicada em dobro**. Trata-se de causa de aumento da pena, criada pela Lei 14.994/2024 – "Pacote Antifeminicídio" –, e não de qualificadora.

○ **Elemento subjetivo:** É o dolo, consistente na vontade livre e consciente de intimidar alguém. É imprescindível tenha sido a ameaça efetuada em tom de seriedade, ainda que não possua o agente a real intenção de realizar o mal prometido. Não se reclama finalidade específica, e também não se admite a modalidade culposa. A intenção de brincar (*animus jocandi*), a simples bravata e a mera incontinência verbal não caracterizam o crime de ameaça. O estado de ira do agente não afasta por si só o delito, pois subsiste o dolo, consistente na vontade de intimidar. Além disso, a emoção e a paixão não excluem a imputabilidade penal (CP, art. 28, I). Deve-se analisar o caso prático, pois em algumas situações a ira pode agravar ainda mais a ameaça. Igual raciocínio se aplica à ameaça proferida pelo ébrio (art. 28, II).

○ **Ameaça e violência doméstica contra a mulher:** A discussão entre homem e mulher no âmbito doméstico, em contexto de raiva do agressor, não exclui o crime de ameaça, notadamente em face da vulnerabilidade da vítima.[52]

○ **Consumação:** Dá-se no momento em que a vítima toma conhecimento do conteúdo da ameaça, pouco importando sua efetiva intimidação e a real intenção do autor em fazer valer sua promessa. O crime é **formal, de consumação antecipada ou de resultado cortado**. Basta queira o agente intimidar, e tenha sua ameaça capacidade para fazê-lo.

○ **Tentativa:** É admissível nas hipóteses de ameaça escrita, simbólica ou por gestos (crime plurissubsistente), e incompatível nos casos de ameaça verbal (delito unissubsistente).

○ **Ação penal:** Em regra, é pública condicionada à representação. Todavia, a ação penal será pública incondicionada na hipótese de ameaça cometida contra a mulher, por razões da condição do sexo feminino, nos termos do § 1º do art. 121-A deste Código (art. 147, § 2.º, do CP).

○ **Lei 9.099/1995:** A ameaça é punida com detenção, de 1 (um) a 6 (seis) meses, ou multa. Cuida-se de **infração penal de menor potencial ofensivo**, tanto na figura simples (*caput*) como na variante majorada ou circunstanciada (§ 1.º). Na modalidade simples, catalogada no art. 147, *caput*, do Código Penal, a ameaça comporta composição dos danos civis, por se tratar de crime de ação penal pública condicionada à representação, e transação penal, desde que presentes os requisitos legais (art. 76, da Lei 9.099/1995). Submete-se, finalmente, ao rito sumaríssimo previsto nos arts. 77 e seguintes da Lei 9.099/1995. Cumpre destacar que tais benefícios despenalizadores não terão incidência quando o delito for cometido com violência doméstica ou familiar contra a mulher, em face da regra contida no art. 41 da Lei 11.340/2006 – Lei Maria da Penha.

○ **Ameaça e constrangimento ilegal:** O crime de ameaça não se confunde com o de constrangimento ilegal (CP, art. 146), em que se deseja uma conduta positiva ou negativa do sujeito passivo.

○ **Ameaça e Código de Defesa do Consumidor:** A ameaça na cobrança de dívida caracteriza crime contra as relações de consumo, de ação penal pública incondicionada, em face do princípio da especialidade (Lei 8.078/1990, art. 71).

---

[52] STJ: Processo em segredo de justiça, rel. Min. Antonio Carlos Ferreira, Corte Especial, j. 10.06.2024, noticiado no *Informativo* 21 – Edição Extraordinária.

○ **Subsidiariedade:** O crime de ameaça é subsidiário em relação a outros delitos mais graves. Se após a ameaça for praticada lesão corporal contra a mesma vítima, aquele delito será por este absorvido.

○ **Jurisprudência selecionada:**

Conceito e elemento subjetivo: "O crime de ameaça se caracteriza pelo fato de alguém prometer a outrem de causar-lhe mal injusto e grave. É irrelevante a intenção do agente em realizar ou não o mal prometido. Basta que incuta fundado temor à vítima" (STF: HC 80.626/BA, Rel. Min. Nelson Jobim, 2.ª Turma, j. 13.02.2001).

Contratação de trabalhos espirituais – ausência de potencialidade de concretização – atipicidade da conduta: "A contratação de serviços espirituais para provocar a morte de autoridades não configura crime de ameaça. Consta dos autos que houve a contratação de trabalhos espirituais visando à morte de várias autoridades, incluindo autoridade policial, promotor de justiça, vereador, prefeito e repórter investigativo. O delito de ameaça somente pode ser cometido dolosamente, ou seja, deve estar configurada a intenção do agente de provocar medo na vítima. Na hipótese dos autos, a representação policial e a peça acusatória deixaram de apontar conduta da paciente direcionada a causar temor nas vítimas, uma vez que não há no caderno processual nenhum indício de que a profissional contratada para realizar o trabalho espiritual procurou um dos ofendidos, a mando da paciente, com o propósito de atemorizá-los. Não houve nenhuma menção a respeito da intenção em infundir temor, mas tão somente foi narrada a contratação de trabalho espiritual visando a "eliminar diversas pessoas". Como ressaltado pelo Parquet federal, dos elementos colhidos não ficou demonstrado que a ré: "teve a vontade livre e consciente de intimidar os ofendidos: a conduta dela consistiu em contratar uma 'profissional especializada' que trabalha com esse tipo serviço - que se pode denominar de metafísico -, a fim de que fosse causado mal grave e injusto aos ofendidos. Resta claro que ela esperava que a profissional mantivesse o sigilo, o que, contra sua vontade, não ocorreu. Não há, portanto, o dolo de ameaça, dirigida, direta ou indiretamente, aos ofendidos, como exige a objetividade jurídica do tipo penal, sob pena de, em não se levando em conta tal fator, adotar-se a configuração de responsabilidade penal objetiva na espécie. (...)". De toda forma, o tipo penal (art. 147 do CP), ao definir o delito de ameaça, descreve que o mal prometido deve ser injusto e grave, ou seja, deve ser sério e verossímil. A ameaça, portanto, deve ter potencialidade de concretização, sob a perspectiva da ciência e do homem médio, situação também não demonstrada no caso" (STJ: HC 697.581/GO, rel. Min. Laurita Vaz, 6.ª Turma, j. 07.03.2023, noticiado no *Informativo* 771).

Lei Maria da Penha – irmãos – aplicabilidade: "A hipótese de briga entre irmãos – que ameaçaram a vítima de morte – amolda-se àqueles objetos de proteção da Lei n. 11.340/2006 (Lei Maria da Penha). *In casu*, caracterizada a relação íntima de afeto familiar entre os agressores e a vítima, inexiste a exigência de coabitação ao tempo do crime, para a configuração da violência doméstica contra a mulher" (STJ: HC 184.990/RS, rel. Min. Og Fernandes, 6.ª Turma, j. 12.06.2012, noticiado no *Informativo* 499). *No mesmo sentido*: STJ: REsp 1.239.850/DF, rel. Min. Laurita Vaz, 5.ª Turma, j. 16.02.2012.

Violência doméstica contra a mulher – Lei Maria da Penha – contexto de discussão – presunção de vulnerabilidade da mulher: "O fato de ameaças serem proferidas em um contexto de cólera ou ira entre o autor e a vítima não afasta a tipicidade do delito. Trata-se de imputação da prática do crime de ameaça (art. 147 do Código Penal) em contexto de violência doméstica contra a mulher. Registra-se que o delito deve ser analisado tendo como norte interpretativo a Lei n. 11.340/2006 (Lei Maria da Penha), pois trata-se de marco normativo de proteção à mulher em circunstância de violência doméstica e familiar. No caso, a defesa alegou que o delito de ameaça não ficou configurado, pois houve a expressão de um sentimento de raiva, comum no contexto de discussões acaloradas. Tal alegação não deve prosperar, uma vez que o fato de a promessa de mal injusto e grave ter sido proferida em momento de cólera ou ira não exclui, *per se*, o escopo de amedrontar a vítima nem enfraquece a sobriedade da ameaça. (...) No caso, a análise das provas, nas quais se verifica o comportamento agressivo do réu, conjugadas com as declarações da vítima, demonstram que não se tratava de uma singela ou inofensiva discussão entre marido e mulher, pois quando 'há violência, não há nada de relação de afetividade; é relação de poder, é briga por poder, é saber quem manda' nas palavras da Ministra Carmen Lúcia (STF: ADC n. 19, Tribunal Pleno, j. 09.02.2012). Entender o contrário é banalizar a violência contra a mulher e desprezar todo o empenho e a construção jurisprudencial do Superior Tribunal de Justiça no sentido de dar plena efetividade à Lei n. 11.340/2006 e responsabilização dos agressores, sempre com absoluto respeito aos corolários do contraditório, ampla defesa e devido processo legal. No entendimento jurisprudencial do STJ, demonstrada a violência – em qualquer das formas constantes no rol exemplificativo do art. 7.º da Lei n. 11.340/2006 –, a vulnerabilidade da vítima mulher é presumida, pois tal situação é intrínseca à própria violência, que a atinge nas mais diversas dimensões pessoais" (STJ: Processo em segredo de justiça, rel. Min. Antonio Carlos Ferreira, Corte Especial, j. 10.06.2024, noticiado no *Informativo* 21 – Edição Extraordinária).

Perseguição

> **Art. 147-A.** Perseguir alguém, reiteradamente e por qualquer meio, ameaçando-lhe a integridade física ou psicológica, restringindo-lhe a capacidade de locomoção ou, de qualquer forma, invadindo ou perturbando sua esfera de liberdade ou privacidade.
>
> Pena – reclusão, de 6 (seis) meses a 2 (dois) anos, e multa.
>
> § 1º A pena é aumentada de metade se o crime é cometido:
>
> I – contra criança, adolescente ou idoso;
>
> II – contra mulher por razões da condição de sexo feminino, nos termos do § 2º-A do art. 121 deste Código;
>
> III – mediante concurso de 2 (duas) ou mais pessoas ou com o emprego de arma.
>
> § 2º As penas deste artigo são aplicáveis sem prejuízo das correspondentes à violência.
>
> § 3º Somente se procede mediante representação.

Classificação:	Informações rápidas:
Crime simples	Não se reclama nenhuma finalidade específica, e também não se admite a modalidade culposa.
Crime comum ou geral	Em situações excepcionais, a tentativa é admissível.
Crime formal, de consumação antecipada ou de resultado cortado	**Ação penal:** pública condicionada à representação.
Crime de dano	
Crime de forma livre	
Crime comissivo (*regra*)	
Crime habitual	
Crime acidentalmente coletivo	
Crime plurissubsistente	

○ **Objeto jurídico:** O bem jurídico tutelado pela lei penal é a **liberdade individual**, no que diz respeito à privacidade, ao direito de locomoção, à integridade psíquica e à autodeterminação.

○ **Objeto material:** É a pessoa física perseguida reiteradamente e por qualquer meio, daí resultando a ameaça à sua integridade física ou psicológica, a restrição à sua capacidade de locomoção ou a invasão ou perturbação da sua esfera de liberdade ou privacidade.

○ **Núcleo do tipo:** É "**perseguir**", no sentido de seguir, procurar ou importunar uma pessoa, indo ao seu encalço. A conduta deve ser praticada contra "**alguém**", ou seja, o perseguidor atua contra uma pessoa determinada, ou contra pessoas determinadas. O tipo penal reclama a perseguição reiterada, utilizando o elemento normativo **reiteradamente**, indicativo de **habitualidade**. Cuida-se de **crime de forma livre**, compatível com qualquer meio de execução. A perseguição de alguém, reiterada e por qualquer meio, tem como finalidade: **ameaçar a integridade física ou psicológica da vítima; restringir a capacidade de locomoção da vítima; de qualquer forma, invadir ou perturbar a esfera de privacidade da vítima**. Normalmente, a conduta é exteriorizada por ação (crime comissivo), mas é possível a sua prática mediante omissão (crime comissivo por omissão), quando presente o dever de agir para evitar o resultado.

– *Cyberstalking:* A prática do delito de perseguição admite qualquer meio de execução, não ficando restrito ao ambiente informático. Quando assume a forma de *cyberstalking*, portanto, constitui-se em **delito informático impróprio**, pois não se trata de infração exclusiva do mundo computacional.

○ **Sujeito ativo:** Qualquer pessoa (**crime comum**).

– **Concurso de pessoas:** Admite-se o concurso de pessoas, tanto na coautoria como na participação. Em qualquer dos casos, a pena será aumentada de metade, a teor da regra contida no art. 147-A, § 1.º, inciso III, do Código Penal. Trata-se, portanto, de **crime acidentalmente coletivo**.

– *Paparazzi:* Nada impede a caracterização do delito se a busca por imagens inéditas consistir em verdadeira perseguição reiterada da vítima, com invasão da sua esfera de privacidade.

○ **Sujeito passivo:** Qualquer pessoa física, independentemente do sexo, orientação sexual, idade, origem ou religião. Se a vítima for criança, adolescente ou pessoa idosa, ou então mulher e o delito for praticado por razões da condição de sexo feminino, a pena será aumentada de metade, com fundamento no art. 147-A, § 1.º, incisos I e II, do Código Penal.

○ **Elemento subjetivo:** É o dolo, independentemente de qualquer finalidade específica ou mesmo de motivação econômica. Na prática, o delito em regra é praticado por razões de vingança, inveja, idolatria, ódio, misoginia, homofobia ou paixão de qualquer natureza. Não se admite a modalidade culposa.

– **Perseguição e investigações policiais:** Não há crime na perseguição efetuada por agente policial visando a elucidação de um crime e a identificação da sua autoria, ainda que efetuada com reiteração, e daí resulte eventual ameaça à integridade psicológica do investigado, restrição da sua capacidade de locomoção ou, ainda, invasão ou perturbação da sua esfera de liberdade ou privacidade. O policial não tem o dolo de realizar os elementos constitutivos do art. 147-A Código Penal, e sim de, no estrito cumprimento do seu dever legal, apurar a prática de um ou mais delitos.

○ **Consumação:** Cuida-se de **crime habitual**. O art. 147-A do Código Penal contempla a elementar "**reiteradamente**", razão pela qual sua consumação reclama a repetição de atos indicativos da efetiva perseguição da vítima. Um único ato isolado, ainda que incômodo e invasivo, não caracteriza o delito. Essa reiteração, entretanto, não precisa se prolongar no tempo, mediante o decurso de vários dias, semanas ou meses. Nada impede que sejam efetuadas na mesma data, especialmente quando revestidos de elevada intensidade intimidativa. Trata-se também de **crime formal, de consumação antecipada** ou de **resultado cortado**:

consuma-se com a prática da conduta prevista em lei, de forma reiterada, independentemente da superveniência do resultado naturalístico. Em outras palavras, basta seja a perseguição idônea a ameaçar a integridade física ou psicológica da vítima, a restringir a sua capacidade de locomoção ou, de qualquer forma, a invadir sua esfera de liberdade ou privacidade, ainda que isso não venha a efetivamente ocorrer.

○ **Tentativa:** em situações excepcionais, os crimes habituais, incluindo a perseguição, podem ser compatíveis com a tentativa.

○ **Ação penal:** É pública condicionada à representação.

○ **Lei 9.099/1995:** A perseguição, em sua modalidade fundamental prevista no *caput*, é infração penal de menor potencial ofensivo, de competência do Juizado Especial Criminal. A pena privativa de liberdade, cominada em seu patamar máximo (2 anos), torna o delito compatível com a composição dos danos civis e com a transação penal. Nas figuras majoradas – CP, art. 147-A, § 1.º – o aumento da pena de metade conduz a perseguição ao patamar de **crime de médio potencial ofensivo**, admitindo a suspensão condicional do processo, se presentes os requisitos elencados pelo art. 89 da Lei 9.099/1995.

○ **Causas de aumento de pena:** O § 1.º do art. 147-A do Código Penal contempla **causas de aumento de pena** (ou majorantes), em patamar fixo – **metade** – a serem utilizadas na terceira fase da dosimetria da pena, quando o crime é cometido:

– **Contra criança, adolescente ou pessoa idosa:** É imprescindível o conhecimento do agente acerca da idade da vítima, pois não se admite a responsabilidade penal objetiva.

– **Contra mulher por razões da condição de sexo feminino, nos termos do § 1.º do art. 121-A deste Código:**[53] Não basta seja a perseguição cometida contra a mulher. Exige-se mais: tal como no feminicídio, o crime, além de atingir a mulher, deve ser praticado por razões da condição de sexo feminino. Destarte, é imprescindível que o delito envolva (I) violência doméstica ou familiar, ou então (II) menosprezo ou discriminação à condição de mulher.

– **Mediante concurso de 2 (duas) ou mais pessoas ou com o emprego de arma:** O **concurso de pessoas** pode se concretizar tanto pela coautoria como pela participação. O **emprego de arma**, de seu turno, pode se dar pelo emprego efetivo da arma ou mediante seu porte ostensivo.

○ **Concurso material obrigatório (§ 2.º):** Consagrou-se o **concurso material obrigatório** entre a perseguição, quando praticada com emprego de **violência**, e eventual crime dela resultante, a exemplo da lesão corporal ou do homicídio. A soma das penas, por expressa previsão legal, não tem lugar quando o *stalking* tem como meio de execução a grave ameaça, a fraude ou qualquer forma diversa da violência à pessoa.

○ **Competência:** Em regra, a perseguição é crime de competência da Justiça Estadual. Excepcionalmente, será competente a Justiça Federal, como na hipótese do delito transnacional (envolvendo dois ou mais países) praticado pela *internet* contra uma determinada mulher. Nesse caso, o *cyberstalking* será de competência da Justiça Federal, com fundamento no art. 109, inciso V, da Constituição Federal, pois o Brasil é signatário da Convenção Interamericana para Prevenir, Punir e Erradicar a Violência contra a Mulher, concluída em Belém do Pará, em 9 de junho de 1994, e incorporada ao direito pátrio pelo Decreto 1.973/1996. Será possível a investigação pela **Polícia Federal**, mesmo no caso de competência da Justiça Estadual, quando no crime de perseguição houver

---

[53] A partir da Lei 14.994/2024, a menção há de levar em conta o art. 121-A, § 1.º, do Código Penal.

repercussão interestadual ou internacional que exija repressão uniforme, seja por se tratar de delito com violação a direitos humanos, que a República Federativa do Brasil se comprometeu a reprimir em decorrência de tratados internacionais de que seja parte (Lei 10.446/2002, art. 1.º, inc. III), seja quando o delito for praticado por meio da rede mundial de computadores e difunda conteúdo misógino, isto é, propagando ódio ou aversão às mulheres (Lei 10.446/2002, art. 1.º, inc. VII).

○ **Jurisprudência selecionada:**

Perseguição – revogação da contravenção de perturbação da tranquilidade (art. 65 do Decreto--Lei n. 3.688/1941) – princípio da continuidade típico-normativa: "A revogação da contravenção de perturbação da tranquilidade – art. 65 do Decreto-Lei n. 3.688/1941 – pela Lei n. 14.132/2021, não significa que tenha ocorrido *abolitio criminis* em relação a todos os fatos que estavam enquadrados na referida infração penal. De início, convém analisar a Lei n. 14.132, de 31 de março de 2021, a qual acrescentou o art. 147-A ao Código Penal, para prever o crime de perseguição, conhecido como *stalking*, e revogou o art. 65 da Lei das Contravenções Penais. Segundo o art. 147-A do Código Penal, constitui crime 'perseguir alguém, reiteradamente e por qualquer meio, ameaçando-lhe a integridade física ou psicológica, restringindo-lhe a capacidade de locomoção ou, de qualquer forma, invadindo ou perturbando sua esfera de liberdade ou privacidade'. A pena é de reclusão de 6 (seis) meses a 2 (dois) anos e multa. Como já dito, a par de criar um novo tipo penal, a Lei n. 14.132/2021 revogou expressamente o artigo 65 da Lei das Contravenções Penais, cuja redação era a seguinte: 'Artigo 65 – Molestar alguém ou perturbar-lhe a tranquilidade, por acinte ou por motivo reprovável: Pena – prisão simples, de quinze dias a dois meses, ou multa'. Com efeito, a revogação da contravenção de perturbação da tranquilidade pela Lei n. 14.132/2021, não significa que tenha ocorrido *abolitio criminis* em relação a todos os fatos que estavam enquadrados na referida infração penal. De fato, a parte final do art. 147-A do Código Penal prevê a conduta de perseguir alguém, reiteradamente, por qualquer meio e 'de qualquer forma, invadindo ou perturbando sua esfera de liberdade ou privacidade', circunstância que, a toda evidência, já estava contida na ação de 'molestar alguém ou perturbar-lhe a tranquilidade, por acinte ou por motivo reprovável', quando cometida de forma reiterada, porquanto a tutela da liberdade também abrange a tranquilidade. No caso, está consignado que o acusado, mesmo depois de processado e condenado em primeira instância pelo mesmo crime (art. 65 da LCP), cometido contra a mesma vítima, voltou a tentar contato ao lhe enviar três e-mails e um presente. Assim, considerando que o comportamento é reiterado – ação que, no momento atual, está contida no art. 147-A do Código Penal, em razão do princípio da continuidade normativo-típica –, de rigor, no caso, a incidência da lei anterior mais benéfica (art. 65 do Decreto Lei n. 3.688/1941)" (STJ: AgRg nos EDcl no REsp 1.863.977/SC, rel. Min. Laurita Vaz, 6.ª Turma, j. 14.12.2021, noticiado no *Informativo* 722).

Violência psicológica contra a mulher

Art. 147-B. Causar dano emocional à mulher que a prejudique e perturbe seu pleno desenvolvimento ou que vise a degradar ou a controlar suas ações, comportamentos, crenças e decisões, mediante ameaça, constrangimento, humilhação, manipulação, isolamento, chantagem, ridicularização, limitação do direito de ir e vir ou qualquer outro meio que cause prejuízo à sua saúde psicológica e autodeterminação:

Pena – reclusão, de 6 (seis) meses a 2 (dois) anos, e multa, se a conduta não constitui crime mais grave.

Classificação:	Informações rápidas:
Crime simples Crime comum Crime material ou causal Crime de dano Crime de forma livre Crime comissivo *(regra)* Crime instantâneo Crime unissubjetivo, unilateral ou de concurso eventual Crime plurissubsistente	O elemento subjetivo é o dolo, acompanhado da especial finalidade de causar dano emocional à mulher que a prejudique e perturbe seu pleno desenvolvimento ou que vise degradar ou controlar suas ações, comportamentos, crenças e decisões (elemento subjetivo específico). Não se admite a modalidade culposa. A tentativa é cabível. **Ação penal:** pública incondicionada.

○ **Objeto jurídico:** O bem jurídico tutelado pela lei penal é a **liberdade pessoal da mulher**, no tocante ao seu direito fundamental de viver sem aflições emocionais, medos e traumas psicológicos impostos por outrem.

○ **Objeto material:** É a mulher atingida pela violência psicológica.

○ **Núcleo do tipo:** É "**causar**", no sentido de provocar ou ocasionar dano emocional à mulher. O art. 147-B do Código Penal menciona, em rol **exemplificativo**, os meios de execução do delito, a saber: ameaça, constrangimento, humilhação, manipulação, isolamento, chantagem, ridicularização, limitação do direito de ir e vir. Cuida-se de **crime de forma livre**, pois admite qualquer meio de execução (gestos, palavras, comportamentos agressivos etc.), e normalmente praticado por ação (**crime comissivo**). É possível, todavia, a realização do delito mediante omissão (**crime omissivo impróprio, espúrio ou comissivo por omissão**), quando o omitente tinha o dever de agir – e podia agir – para evitar o resultado. A conduta do agente deve causar prejuízo à saúde psicológica e autodeterminação da mulher.

– **Saúde psicológica** é o estado emocional de bem-estar e segurança que permite às pessoas realizar suas capacidades produtivas, enfrentar as dificuldades cotidianas e viver regularmente em sociedade.

– **Autodeterminação** é a liberdade para decidir seu próprio destino, independentemente da interferência alheia.

– **Local do delito:** Nada obstante a violência psicológica represente uma forma de violência contra a mulher, a descrição típica não limita sua prática ao âmbito doméstico, familiar ou à relação íntima de afeto. O crime pode ser cometido em ambientes diversos, tais como o local de trabalho, espaços abertos, ambientes acadêmicos, hospitais, instituições públicas e privadas em geral, templos religiosos, entre tantos outros.

– **Revitimização pela autoridade pública:** Se presente o dolo de causar novo dano emocional à mulher, já abalada pela conduta criminosa, nada impede a caracterização do delito tipificado no art. 147-B do Código Penal nas situações de revitimização da mulher pela autoridade pública.

– **Definição da violência psicológica e alcance do tipo penal:** Antes da criação do art. 147-B do Código Penal, a violência psicológica já era definida pelo art. 7.º, inciso II, da Lei 11.340/2006 – Lei Maria da Penha. Entretanto, a conceituação de violência psicológica da Lei Maria da Penha é mais ampla, pois também abrange, além do insulto, a vigilância constante, a perseguição contumaz e a violação da sua intimidade. Essas três formas utilizadas pelo agente para a prática da violência psicológica foram acertadamente deixadas de lado pelo legislador na construção do art. 147-B do Código Penal, para evitar confusão entre os crimes de violência psicológica contra a mulher e de perseguição (CP, art. 147-A).

– **Distinção entre violência psicológica e perseguição (*stalking*) contra a mulher:** A perseguição contra a mulher constitui-se em crime habitual, pois o tipo penal contém a elementar "reiteradamente", no tocante ao núcleo perseguir. A ação penal é pública condicionada à representação, e o delito é formal, de consumação antecipada ou de resultado cortado, consumando-se com a perseguição reiterada e por qualquer meio, independentemente da produção do resultado naturalístico. Além disso, para a incidência dessa modalidade do delito não basta seja praticado contra mulher. É imprescindível seja a perseguição cometida por "razões da condição do sexo feminino", isto é, com violência doméstica ou familiar, ou então com menosprezo ou discriminação à condição de mulher. Já a violência psicológica contra a mulher é crime instantâneo, ou seja, independe de habitualidade. Uma única conduta é suficiente à caracterização do delito. A ação penal é pública incondicionada, e a consumação reclama a produção do resultado naturalístico, consistente na causação do dano emocional (crime material ou causal). Finalmente, a aplicabilidade do art. 147-B contenta-se com a prática da conduta contra a mulher, em qualquer circunstância, ou seja, não se exige seja cometido "por razões da condição do sexo feminino". Embora existam tais diferenças, nada impede o **concurso** entre tais delitos, quando praticados em **contextos fáticos diversos**.

○ **Sujeito ativo:** Qualquer pessoa (**crime comum**).

– **Concurso de pessoas:** Admite-se o concurso de pessoas, tanto na coautoria como na participação.

○ **Sujeito passivo:** É a mulher, independentemente da idade e da orientação sexual. Exige-se, contudo, o discernimento necessário – em razão da idade e da higidez mental – de compreender o caráter ofensivo da conduta, apta a causar dano emocional que a prejudique e perturbe seu pleno desenvolvimento ou que vise degradar ou controlar suas ações, comportamentos, crenças e decisões.

○ **Elemento subjetivo:** É o dolo, acompanhado da especial finalidade (elemento subjetivo específico) de causar dano emocional à mulher que a prejudique e perturbe seu pleno desenvolvimento ou que vise degradar ou controlar suas ações, comportamentos, crenças e decisões. Exige-se seriedade na conduta, ou seja, a efetiva intenção de agredir psicologicamente a mulher. Destarte, não se caracteriza o delito nas hipóteses de brincadeiras inoportunas ou discussões acaloradas, desde que não se revistam de meios indiretos para realizar o comportamento descrito no art. 147-B do Código Penal. Não se admite a modalidade culposa.

○ **Consumação:** Cuida-se de **crime material ou causal**. A consumação reclama a produção do resultado naturalístico, consistente no dano emocional à mulher que a prejudique e perturbe seu pleno desenvolvimento ou que vise degradar ou controlar suas ações, comportamentos, crenças e decisões. Esse dano emocional pode ser produzido com uma única conduta do agente. Não se reclama a habitualidade da conduta criminosa. A reiteração de atos pode ocorrer, mas não é necessária à caracterização do delito.

– **Comprovação do delito:** Em diversas situações práticas, o dano emocional causado à mulher vem a ser provado por laudo pericial elaborado por profissional da medicina ou da psicologia. Essa diligência, todavia, não é imprescindível para a demonstração do delito, uma vez que o crime de violência psicológica contra a mulher normalmente não deixa vestígios materiais (CPP, art. 158, *caput*). Com efeito, nada impede a comprovação do delito por outras formas, especialmente as declarações da vítima, bem como os depoimentos de testemunhas, relatórios de atendimentos médicos ou psicológicos, gravações em áudio e/ou vídeo e quaisquer meios que revelem o prejuízo provocado pela conduta criminosa à saúde psicológica e à autodeterminação da mulher, inclusive a confissão do agente.

○ **Tentativa:** É cabível, em face do caráter plurissubsistente do delito, permitindo o fracionamento do *iter criminis*.

○ **Ação penal:** É pública incondicionada.

○ **Lei 9.099/1995:** Quando o delito é praticado com violência doméstica ou familiar contra a mulher, nada obstante a pena privativa de liberdade cominada – reclusão, de 6 (seis) meses a 2 (dois) anos –, a violência psicológica contra a mulher afigura-se incompatível com os benefícios contidos na Lei 9.099/1995, em face da regra prevista no art. 41 da Lei 11.340/2006 – Lei Maria da Penha. Com efeito, a violência psicológica constitui-se em violência doméstica ou familiar contra a mulher, nos termos do art. 7.º, inciso II, da Lei 11.340/2006 – Lei Maria da Penha. De outro lado, quando a conduta é cometida fora do raio de incidência da Lei Maria da Penha, ou seja, sem envolver o âmbito da unidade doméstica, da família ou qualquer relação íntima de afeto, na qual o agressor conviva ou tenha convivido com a ofendida, independentemente de coabitação (Lei 11.340/2006, art. 5.º, incs. I, II e III), a violência psicológica constitui-se em infração penal de menor potencial ofensivo, de competência do Juizado Especial Criminal e compatível com a transação penal, nos termos do art. 76 da Lei 9.099/1995.

○ **Subsidiariedade expressa:** A expressão "se a conduta não constitui crime mais grave", utilizada pelo preceito secundário do art. 147-B do Código Penal, revela o caráter expressamente subsidiário da violência psicológica contra a mulher. Em outras palavras, tal delito somente estará caracterizado quando o comportamento do agente não importar no reconhecimento de crime mais grave.

Sequestro e cárcere privado

Art. 148. Privar alguém de sua liberdade, mediante sequestro ou cárcere privado:

Pena – reclusão, de um a três anos.

§ 1º A pena é de reclusão, de dois a cinco anos:

I – se a vítima é ascendente, descendente, cônjuge ou companheiro do agente ou maior de 60 (sessenta) anos;

II – se o crime é praticado mediante internação da vítima em casa de saúde ou hospital;

III – se a privação da liberdade dura mais de quinze dias.

IV – se o crime é praticado contra menor de 18 (dezoito) anos;

V – se o crime é praticado com fins libidinosos.

§ 2º Se resulta à vítima, em razão de maus-tratos ou da natureza da detenção, grave sofrimento físico ou moral:

Pena – reclusão, de dois a oito anos.

Classificação:	Informações rápidas:
Crime doloso	O consentimento da vítima, se válido, exclui o crime (regra).
Crime material	**Cárcere privado:** pressupõe confinamento, clausura;
Crime permanente	**sequestro:** limites espaciais mais amplos. Ambos consistem na *privação da liberdade da vítima*, sem o seu
Crime de forma livre	
Crime comum	consentimento, por tempo juridicamente relevante.
Crime comissivo ou omissivo	Podem ser cometidos mediante **detenção** ou **retenção**.
Crime unissubsistente ou plurissubsistente	Não se admite a modalidade culposa.
Crime unissubjetivo *(regra)*	A tentativa é possível, tanto no sequestro como no
Crime subsidiário	cárcere privado.

○ **Objeto jurídico:** É a **liberdade de locomoção**, consistente no direito de ir, vir e permanecer, de toda e qualquer pessoa humana (art. 5.º, *caput*, da CF). Tão relevante é esse direito que a CF prevê o *habeas corpus* como garantia para zelar pelo seu respeito, sempre que alguém sofrer ou se achar ameaçado de sofrer violência ou coação em sua liberdade de locomoção, por ilegalidade ou abuso de poder (art. 5.º, LXVIII).

○ **Objeto material:** É a pessoa humana que suporta a conduta criminosa.

○ **Núcleo do tipo:** É o verbo "**privar**", que significa tolher, total ou parcialmente, a liberdade de locomoção de alguém. Admite-se a execução do crime por ação (regra geral) ou, excepcionalmente, por omissão, desde que presente o dever de agir (CP, art. 13, § 2.º). O sequestro e o cárcere privado podem ser cometidos mediante **detenção** (levar a vítima a um cativeiro) ou **retenção** (impedir a saída da vítima de sua residência).

○ **Sujeito ativo:** Qualquer pessoa (**crime comum**).

○ **Sujeito passivo:** Qualquer pessoa. Se a vítima for ascendente, descendente, cônjuge, ou companheiro do agente, ou pessoa com idade superior a 60 (sessenta) anos ou inferior a 18 (dezoito) anos, incide a figura qualificada (CP, art. 148, § 1.º, inc. I ou IV).

○ **Elemento subjetivo:** É o dolo, sem qualquer finalidade específica. Não se admite a modalidade culposa. Se o propósito do agente for obter, para si ou para outrem, qualquer vantagem, como condição ou preço do resgate, o crime será de extorsão mediante sequestro (CP, art. 159). Se o delito for cometido com fins libidinosos, incidirá a figura qualificada definida pelo art. 148, § 1.º, V, do CP. A retenção de paciente em hospital para garantir o pagamento dos honorários médicos tipifica o delito de exercício arbitrário das próprias razões (CP, art. 345). A privação de liberdade com finalidade corretiva caracteriza o crime de maus-tratos (CP, art. 136). Não restará caracterizado o crime quando a privação da liberdade de alguém objetivar a fuga, por parte de criminosos, da ação da autoridade pública.

○ **Consentimento do ofendido:** O consentimento da vítima, se válido, exclui o crime.

○ **Consumação:** O crime é **permanente e material**. A consumação se prolonga no tempo, sendo possível a prisão em flagrante a qualquer momento, enquanto subsistir a eliminação da liberdade da vítima. Além disso, a prescrição da pretensão punitiva tem como termo inicial a data em que cessar a permanência (CP, art. 111, III).

○ **Tentativa:** É possível.

○ **Subsidiariedade:** O sequestro e o cárcere privado subsistem como delitos autônomos somente quando a privação da liberdade não funciona como elementar ou meio de execução de outro crime, a exemplo da extorsão mediante sequestro (CP, art. 159).

○ **Ação Penal:** É pública incondicionada.

○ **Lei 9.099/1995:** No *caput*, o sequestro ou cárcere privado constitui-se em crime de médio potencial ofensivo, compatível com a suspensão condicional do processo. Nas demais modalidades, trata-se de crime de elevado potencial ofensivo, não incidindo as disposições da Lei 9.099/1995.

○ **Qualificadoras (art. 148, §§ 1.º e 2.º):** O § **1.º** elenca cinco qualificadoras: **(a) Se a vítima é ascendente, descendente, cônjuge ou companheiro do agente ou maior de 60 (sessenta) anos (inc. I):** a maior gravidade da conduta repousa no fato de ter sido o crime praticado no âmbito das relações familiares, no seio da união estável, ou ainda contra pessoa idosa, mais frágil em razão da avançada idade, e, consequentemente, com menor possibilidade de defesa. No tocante ao ascendente, ao descendente, ao cônjuge e à pessoa maior de 60 (sessenta) anos, não se aplica o art. 61, II, "e", e "h", do CP. O pai que sequestra o próprio filho, descumprindo ordem judicial, comete somente o crime de desobediência (CP, art. 330). Incide a qualificadora se a conduta for iniciada antes de a vítima completar 60 (sessenta) anos, desde que subsista depois de completar esta idade; **(b) Se o crime é praticado mediante internação da vítima em casa de saúde ou hospital (inc. II):** crime conhecido como **internação fraudulenta**, pode ser praticado por médico ou por qualquer outra pessoa; **(c) Se a privação da liberdade dura mais de 15 (quinze) dias (inc. III):** quanto mais longa a supressão da liberdade, maiores são as possibilidades de a vítima suportar danos físicos e psíquicos. Trata-se de **crime a prazo**. O período legalmente exigido deve ser computado em conformidade com a regra traçada pelo art. 10 do CP, compreendendo o intervalo entre a consumação do delito e a libertação do ofendido; **(d) Se o crime é praticado contra menor de dezoito anos (inc. IV):** Aplica-se às hipóteses em que a vítima é criança ou adolescente. No caso de **vítima criança**, ou seja, pessoa que ainda não completou 12 (doze) anos de idade, será vedada a incidência da agravante genérica prevista no art. 61, inciso II, alínea "h", do Código Penal, em respeito à proibição do *bis in idem*. Essa qualificadora não se confunde com o crime tipificado no art. 230 da Lei 8.069/1990 – Estatuto da Criança e do Adolescente, que apresenta delito menos rigoroso; **(e) Se o crime é praticado com fins libidinosos (inc. V):** Esse inciso foi acrescido pela Lei 11.106/2005 para suprir a lacuna surgida em razão da revogação do crime de rapto, que cuidava somente da privação da liberdade de mulher honesta. Atualmente, a qualificadora consiste na privação da liberdade de uma pessoa, homem ou mulher, com fins sexuais. Trata-se de **crime formal, de resultado cortado ou de consumação antecipada** – consuma-se com a privação da liberdade, desde que o sujeito deseje praticar atos libidinosos com a vítima, pouco importando se alcança ou não o fim almejado. Se envolver-se sexualmente com a vítima, responderá, em concurso material, pelo delito em apreço e pelo respectivo crime contra a liberdade sexual, tal como o estupro. O § **2.º** qualifica o crime **se resultar à vítima, em razão de maus-tratos ou da natureza da detenção, grave sofrimento físico ou moral** – trata-se de crime qualificado pelo resultado. Os **maus-tratos** consistem na conduta agressiva do agente que ofende a moral, o corpo ou a saúde da vítima, sem produzir lesão corporal. Se ocorrer lesão corporal ou morte haverá concurso material entre o sequestro ou cárcere privado, na forma simples, e o crime de lesão corporal ou homicídio. A **natureza da detenção** diz respeito ao aspecto físico da privação da liberdade do ofendido, tal como prendê-la em local frio e úmido, sem luz solar etc.

○ Crime hediondo: O sequestro ou cárcere privado cometido **contra menor de 18 (dezoito) anos** reveste-se da hediondez, a teor da regra contida no art. 1.º, XI, da Lei 8.072/1990.[54]

○ Lei de Tortura: Configura-se o crime de tortura (art. 1.º, § 4.º, III, da Lei 9.455/1997) quando o sequestro é cometido com o fim de obter informação, declaração ou confissão da vítima ou de terceira pessoa, para provocar ação ou omissão de natureza criminosa ou em razão de discriminação racial ou religiosa.

---

54   Esse inciso foi incluído ao art. 1.º da Lei 8.072/1990 pela Lei 14.811/2024.

○ **Sequestro ou cárcere privado e tráfico de pessoas – meios especiais de prevenção e repressão:** Em face da possível ligação do sequestro ou cárcere privado com o crime de tráfico de pessoas, o art. 13-A do Código de Processo Penal estatui que o membro do Ministério Público ou o Delegado de Polícia poderá requisitar **diretamente**, de quaisquer órgãos do poder público ou de empresas da iniciativa privada, dados e informações cadastrais da vítima ou de suspeitos. A requisição deverá ser atendida no prazo de 24 horas, e conterá: (a) o nome da autoridade requisitante; (b) o número do inquérito policial (ou então do procedimento investigatório criminal – PIC – em caso de investigação conduzida diretamente pelo *Parquet*); e (c) a identificação da unidade de polícia judiciária – ou do Ministério Público, na hipótese de PIC – responsável pela investigação. De seu turno, o art. 13-B do Código de Processo Penal, também implementado pela Lei 13.344/2016, estabelece que, se necessário à prevenção e à repressão dos crimes relacionados ao tráfico de pessoas, o membro do Ministério Público ou o delegado de polícia poderão requisitar, **mediante autorização judicial,**[55] às empresas prestadoras de serviço de telecomunicações e/ou telemática que disponibilizem imediatamente os meios técnicos adequados – como sinais, informações e outros – que permitam a localização da vítima ou dos suspeitos do delito em curso. Se não houver manifestação judicial no prazo de 12 (doze) horas, a autoridade competente – membro do MP ou Delegado de Polícia – requisitará às empresas prestadoras de serviço de telecomunicações e/ou telemática que disponibilizem imediatamente os meios técnicos adequados – como sinais, informações e outros – que permitam a localização da vítima ou dos suspeitos do delito em curso, com imediata comunicação ao juiz. O § 1.º do art. 13-B do Código de Processo Penal apresenta o **conceito de sinal**, para fins de investigação e repressão ao tráfico de pessoas. Trata-se do posicionamento da estação de cobertura, setorização e intensidade de radiofrequência. Por sua vez, o § 2.º prevê algumas restrições, pois o sinal: I – não permitirá acesso ao conteúdo da comunicação de qualquer natureza, que dependerá de autorização judicial, conforme disposto em lei;[56] II – deverá ser fornecido pela prestadora de telefonia móvel celular por período não superior a 30 (trinta) dias, renovável por uma única vez, por igual período; III – para períodos superiores àquele de que trata o inciso II, será necessária a apresentação de ordem judicial. Na hipótese do art. 13-B do Código de Processo Penal, o inquérito policial deverá ser instaurado no prazo máximo de 72 (setenta e duas) horas, contado do registro da respectiva ocorrência policial.

○ **Agente público e abuso de autoridade:** Caracteriza-se o crime definido no art. 12, parágrafo único, IV, da Lei 13.869/2019 – Lei de Abuso de Autoridade, punido com detenção, de 6 meses a 2 anos, e multa, quando o funcionário público "prolonga a execução de pena privativa de liberdade, de prisão temporária, de prisão preventiva, de medida de segurança ou de internação, deixando, sem motivo justo e excepcionalíssimo, de executar o alvará de soltura imediatamente após recebido ou de promover a soltura do preso quando esgotado o prazo judicial ou legal."

○ **Jurisprudência selecionada:**

Crime permanente – prescrição: "O crime de sequestro, por ser permanente, não prescreve enquanto não for encontrada a pessoa ou o corpo" (STF: Ext 1.270/DF, rel. orig. Min.

---

[55] A redação legal não prezou pela boa técnica. Se há requisição do Ministério Público ou da autoridade policial, não há necessidade de autorização judicial.

[56] Nesse caso deverão ser observadas as exigências impostas pelo art. 5.º, inc. XII, da Constituição Federal, e também pela Lei 9.296/1996 – Lei de Interceptação Telefônica.

Marco Aurélio, red. p/ o ac. Min. Roberto Barroso, 1.ª Turma, j. 12.12.2017, noticiado no *Informativo* 888).

Elemento subjetivo: "A retenção do condutor do veículo roubado, com deslocamento a lugar ermo e posterior liberação, longe fica de configurar o crime de sequestro e cárcere privado. Exsurge, ao primeiro exame, fim único, ou seja, evitar a comunicação, pela vítima, do crime de roubo à polícia, e a perseguição imediata. O tipo do artigo 148 do Código Penal pressupõe a vontade livre e consciente de privar o ofendido da liberdade de locomoção" (STF: HC 74.594/SP, Rel. Min. Marco Aurélio, 2.ª Turma, j. 12.11.1996).

Redução a condição análoga à de escravo

Art. 149. Reduzir alguém a condição análoga à de escravo, quer submetendo-o a trabalhos forçados ou a jornada exaustiva, quer sujeitando-o a condições degradantes de trabalho, quer restringindo, por qualquer meio, sua locomoção em razão de dívida contraída com o empregador ou preposto:

Pena – reclusão, de dois a oito anos, e multa, além da pena correspondente à violência.

§ 1º Nas mesmas penas incorre quem:

I – cerceia o uso de qualquer meio de transporte por parte do trabalhador, com o fim de retê-lo no local de trabalho;

II – mantém vigilância ostensiva no local de trabalho ou se apodera de documentos ou objetos pessoais do trabalhador, com o fim de retê-lo no local de trabalho.

§ 2º A pena é aumentada de metade, se o crime é cometido:

I – contra criança ou adolescente;

II – por motivo de preconceito de raça, cor, etnia, religião ou origem.

Classificação:	Informações rápidas:
Crime comum	Não se exige escravidão, mas condição semelhante a essa
Crime doloso	(escravo – elemento normativo do tipo).
Crime simples	É imprescindível a supressão da vontade da vítima.
Crime de forma vinculada	Admite tentativa.
Crime permanente	**Adoção do sistema do concurso material obrigatório**
Crime material	entre a redução análoga à condição de escravo praticado
Crime de dano	com violência e o crime dela decorrente.
Crime unissubjetivo *(regra)*	**Competência:** Justiça Comum Estadual quando praticado
Crime comissivo *(regra)* ou omissivo	contra uma ou poucas pessoas (se praticado contra grupo
impróprio ou comissivo por omissão	de trabalhadores, haverá crime contra a organização do
(exceção)	trabalho, cuja competência é da Justiça Federal).
Crime plurissubsistente	**Ação penal:** pública incondicionada.

○ **Introdução:** Este delito é doutrinariamente conhecido como **plágio**, denominação que remonta ao Direito Romano, época em que a *Lex Fabia de Plagiariis* vedava a escravização de homem livre, bem como o comércio de escravo alheio, então chamado de *plagium*, indicativo da total e completa submissão de uma pessoa à vontade alheia. Não se trata, todavia, de escravidão. É suficiente seja a vítima reduzida à condição análoga (semelhante) à de escravo.

○ **Objeto jurídico:** O direito à liberdade de qualquer indivíduo, e não somente do trabalhador, em todas as suas formas de exteriorização (corolário da dignidade da pessoa humana – CF, art. 1.º, III – e direito inviolável assegurado pelo art. 5.º, *caput*, da CF). A lei penal busca impedir seja uma pessoa submetida à servidão e ao poder de fato de outrem, assegurando sua autodeterminação. Há situações em que se tutela, também, a organização do trabalho (crime pluriofensivo), casos em a competência para processo e julgamento será da Justiça Federal.

○ **Objeto material:** É a pessoa humana tratada como escravo.

○ **Núcleo do tipo:** O núcleo do tipo é "**reduzir**", ou seja, subjugar, forçar alguém a viver em situação semelhante àquela em que se encontravam os escravos em períodos remotos. Não se exige seja a vítima açoitada ou acorrentada. O tipo penal contém a palavra "**escravo**", que funciona como **elemento normativo do tipo**. Seu significado deve ser extraído mediante uma valoração por parte do intérprete da norma. Atualmente, escravo traduz a ideia de indivíduo incapaz de ditar os caminhos a seguir em sua vida, pois outra pessoa (patrão ou empregador) se considera como seu legítimo e exclusivo proprietário (o conceito de escravo há de ser interpretado em sentido amplo). Trata-se de delito de **forma vinculada**. O art. 149, *caput*, do CP enumera formas de conduta **alternativas** – ainda que ocorra a prática de mais de uma conduta, haverá um único crime, devendo esta circunstância ser levada em conta na dosimetria da pena-base, para o fim de aumentá-la, nos termos do art. 59, *caput*, do Código Penal. O delito se configura pelas seguintes condutas: (**a**) **Submeter alguém a trabalhos forçados ou a jornada exaustiva: trabalhos forçados** são atividades desenvolvidas de forma compulsória, e continuamente, com emprego de violência física ou moral. **Jornada exaustiva** é o período de labor diário que extrapola as regras da legislação trabalhista, esgotando física e psiquicamente o trabalhador, pouco importando o pagamento de horas extras ou qualquer outro tipo de compensação. **É imprescindível a supressão da vontade da vítima**. Se for o próprio trabalhador quem busca a jornada exaustiva, seja para aumentar sua renda, seja para alcançar qualquer outro tipo de vantagem, o fato será atípico. O tipo exige seja o ofendido **submetido**, isto é, colocado por outrem, contra sua vontade, em jornada exaustiva de trabalho; (**b**) **Sujeitar alguém a condições degradantes de trabalho** – são condições que caracterizam um ambiente humilhante de trabalho para um ser humano livre e digno de respeito; (**c**) **Restringir, por qualquer meio, a locomoção de alguém em razão de dívida contraída com empregador ou preposto** – qualquer que seja o meio empregado, se a liberdade de ir e vir do trabalhador for cerceada em função de dívida contraída com o empregador ou preposto seu, configura-se o delito. Caso o patrão proporcione ao empregado a oportunidade de adquirir bens em comércio de sua propriedade, o que por si só não é ilícito, lhe é vedado em qualquer hipótese vincular a saída do empregado do seu posto em virtude da existência de dívida. Não se confunde com o delito do art. 203, § 1.º, I, do CP, residual e mais brando, em que o empregador obriga o trabalhador a usar mercadoria de determinado estabelecimento com o fim de vinculá-lo, pela dívida contraída, ao seu posto de trabalho, mas sem afetar sua liberdade de locomoção.

○ **Figuras equiparadas (art. 149, § 1.º):** São tipos penais básicos e autônomos que também configuram o crime de redução à condição análoga à de escravo: (**a**) **Cercear o uso de qualquer meio de transporte por parte do trabalhador, com o fim de retê-lo no local de trabalho (inc. I)** – Consiste em impedir o trabalhador de utilizar qualquer meio de transporte para mantê-lo integralmente vinculado ao seu posto de trabalho; **(b) Manter vigilância ostensiva no local de trabalho ou se apoderar de documentos ou objetos pessoais do trabalhador, com o fim de retê-lo no local de trabalho (inc. II)** – manter vigilância ostensiva no local de trabalho, por si só, não constitui crime. Aperfeiçoa-se o delito somente quando presente uma finalidade específica: reter o trabalhador em seu local de trabalho. Não se exige o emprego de armas; **Apoderar-se de documentos ou objetos pessoais do trabalhador** consiste em **crime permanente**, pois visa tolher a liberdade de locomoção do trabalhador (finalidade específica prevista no tipo penal, que o diferencia do delito definido pelo art. 203, § 1.º, II, do CP).

○ **Sujeito ativo:** Qualquer pessoa (**crime comum**), nada obstante o delito seja normalmente cometido pelo empregador ou por seus prepostos.

○ **Sujeito passivo:** Qualquer ser humano, pouco importando seu sexo, raça, idade ou cor, desde que ligado a uma relação de trabalho, pode ser vítima do crime de redução a condição análoga à de escravo. É irrelevante seja a vítima civilizada ou não.

○ **Causas de aumento de pena (art. 149, § 2.º):** Se o ofendido for criança ou adolescente (inc. I), ou o crime for praticado por motivo de preconceito de raça, cor, etnia, religião ou origem (inc. II), a pena será aumentada de metade. Considera-se criança a pessoa com idade inferior a 12 anos, e adolescente a pessoa com idade entre 12 e 18 anos (art. 2.º da Lei 8.069/1990 – ECA).

○ **Elemento subjetivo:** É o dolo. Não se admite a forma culposa. Nas figuras equiparadas previstas no § 1.º, exige-se, além do dolo, um especial fim de agir, representado pelas expressões "com o fim de retê-lo no local de trabalho" (incs. I e II).

○ **Consumação:** A consumação ocorre quando o agente reduz a vítima à condição análoga à de escravo. O ofendido é privado da sua liberdade de autodeterminação, de forma não transitória. Trata-se de crime material e permanente. É desnecessária a imposição de maus-tratos, e também não se exige a comprovação do sofrimento suportado pelo sujeito passivo. Basta o cerceamento da sua liberdade individual.

○ **Tentativa:** É possível.

○ **Penas – acumulação material:** O crime é punido com reclusão, de dois a oito anos, e multa. Além disso, se houver o emprego de violência, responderá também o agente pelo crime dela resultante. Adotou-se, portanto, o sistema do **concurso material obrigatório** entre a redução análoga à condição de escravo praticado com violência e o crime dela decorrente (lesão corporal leve, grave ou gravíssima, tentativa de homicídio etc.).

○ **Competência:** Em regra, é da Justiça Comum Estadual. Entretanto, a reforma efetuada pela Lei 10.803/2003, que deu nova redação ao *caput* do art. 149 do CP, revelou a nítida preocupação do legislador com a **liberdade de trabalho**. De fato, embora o delito esteja previsto no capítulo relativo aos crimes contra a liberdade individual, há o interesse em tutelar a **organização do trabalho,** o que o coloca entre os delitos de competência da Justiça Comum Federal, nos termos do art. 109, VI, da CF. Será competente a Justiça Estadual quando o crime for cometido contra uma única pessoa, ou então no tocante a poucas pessoas, e não a um grupo de trabalhadores.

○ **Trabalho escravo e homenagens em bens públicos:** O art. 1.º da Lei 6.454/1977, com a redação dada pela Lei 12.781/2013, proíbe, em todo o território nacional, atribuir nome de pessoa viva ou que tenha se notabilizado pela defesa ou exploração de mão de obra escrava, em qualquer modalidade, a bem público, de qualquer natureza, pertencente à União ou às pessoas jurídicas da administração indireta.

○ **Exploração de trabalho escravo e confisco de propriedades rurais e urbanas:** Como destaca o art. 243 da Constituição Federal: "Art. 243. As propriedades rurais e urbanas de qualquer região do País onde forem localizadas culturas ilegais de plantas psicotrópicas ou a exploração de trabalho escravo na forma da lei serão expropriadas e destinadas à reforma agrária e a programas de habitação popular, sem qualquer indenização ao proprietário e sem prejuízo de outras sanções previstas em lei, observado, no que couber, o disposto no art. 5º. Parágrafo único. Todo e qualquer bem de valor econômico apreendido em decorrência do tráfico ilícito de entorpecentes e drogas afins e da exploração de trabalho escravo será confiscado e reverterá a fundo especial com destinação específica, na forma da lei."

○ **Ação penal:** É pública incondicionada, em todas as modalidades do crime.

○ **Lei 9.099/1995:** Cuida-se de crime de elevado potencial ofensivo, incompatível com os benefícios contidos na Lei 9.099/1995.

○ **Redução a condição análoga à de escravo e tráfico de pessoas – meios especiais de prevenção, investigação e repressão:** Diante da possível ligação da redução a condição análoga à de escravo com o tráfico de pessoas, o art. 13-A do Código de Processo Penal estatui que o membro do Ministério Público ou o Delegado de Polícia poderá requisitar **diretamente**, de quaisquer órgãos do poder público ou de empresas da iniciativa privada, dados e informações cadastrais da vítima ou de suspeitos. A requisição deverá ser atendida no prazo de 24 horas, e conterá: (a) o nome da autoridade requisitante; (b) o número do inquérito policial (ou então do procedimento investigatório criminal – PIC – em caso de investigação conduzida diretamente pelo *Parquet*); e (c) a identificação da unidade de polícia judiciária – ou do Ministério Público, na hipótese de PIC – responsável pela investigação. De seu turno, o art. 13-B do Código de Processo Penal estabelece que, se necessário à prevenção e à repressão dos crimes relacionados ao tráfico de pessoas, o membro do Ministério Público ou o delegado de polícia poderão requisitar, **mediante autorização judicial**,[57] às empresas prestadoras de serviço de telecomunicações e/ou telemática que disponibilizem imediatamente os meios técnicos adequados – como sinais, informações e outros – que permitam a localização da vítima ou dos suspeitos do delito em curso. Se não houver manifestação judicial no prazo de 12 (doze) horas, a autoridade competente – membro do MP ou Delegado de Polícia – requisitará às empresas prestadoras de serviço de telecomunicações e/ou telemática que disponibilizem imediatamente os meios técnicos adequados – como sinais, informações e outros – que permitam a localização da vítima ou dos suspeitos do delito em curso, com imediata comunicação ao juiz. O § 1.º do art. 13-B do Código de Processo Penal apresenta o **conceito de sinal**, para fins de investigação e repressão ao tráfico de pessoas. Trata-se do posicionamento da estação de cobertura, setorização e intensidade de radiofrequência. Por sua vez, o § 2.º prevê algumas restrições, pois o sinal: I – não permitirá acesso ao conteúdo da comunicação de qualquer natureza, que dependerá de autorização judicial, conforme disposto em lei;[58] II – deverá ser fornecido pela prestadora de telefonia móvel celular por período não superior a 30 (trinta) dias,

---

57   A redação legal não prezou pela boa técnica. Se há requisição do Ministério Público ou da autoridade policial, não há necessidade de autorização judicial.

58   Nesse caso deverão ser observadas as exigências impostas pelo art. 5.º, inc. XII, da Constituição Federal, e também pela Lei 9.296/1996 – Lei de Interceptação Telefônica.

renovável por uma única vez, por igual período; III – para períodos superiores àquele de que trata o inciso II, será necessária a apresentação de ordem judicial. Na hipótese do art. 13-B do Código de Processo Penal, o inquérito policial deverá ser instaurado no prazo máximo de 72 (setenta e duas) horas, contado do registro da respectiva ocorrência policial. Essa regra é igualmente aplicável ao procedimento investigatório criminal instaurado e conduzido pelo Ministério Público.

○ **Trabalho escravo e Portaria MTP 671/2021:** O art. 207 da Portaria 671/2021, editada pelo Ministério do Trabalho e Previdência, estatui que "[...] considera-se em condição análoga à de escravo o trabalhador submetido, de forma isolada ou conjuntamente, a: I – trabalho forçado; II – jornada exaustiva; III – condição degradante de trabalho; IV – restrição, por qualquer meio, de locomoção em razão de dívida contraída com empregador ou preposto, no momento da contratação ou no curso do contrato de trabalho; V – retenção no local de trabalho em razão de: a) cerceamento do uso de qualquer meio de transporte; b) manutenção de vigilância ostensiva; c) apoderamento de documentos ou objetos pessoais".

○ **Lista nacional de condenações por submissão de trabalhadores a condições análogas à de escravo:** A Resolução n.º 168/2019, editada pelo Conselho Superior do Ministério Público do Trabalho, institui, no âmbito do MPT – Ministério Público do Trabalho, a lista nacional de condenações por tráfico de pessoas ou por submissão de trabalhadores a condições análogas à de escravo, em ações propostas pelo MPT.

○ **Imigrante, trabalho escravo e autorização de residência:** A Portaria Interministerial 46/2024, editada conjuntamente pelo Ministério da Justiça e Segurança Pública e pelo Ministério do Trabalho e Emprego, dispõe sobre a concessão e os procedimentos de autorização de residência à pessoa que tenha sido vítima de tráfico de pessoas, de trabalho escravo ou de violação de direito agravada por sua condição migratória.

○ **Lei de Licitações e Contratos Administrativos:** Nos termos do art. 14, VI, da Lei 14.133/2021 – Lei de Licitações e Contratos Administrativos: "Art. 14. Não poderão disputar licitação ou participar da execução de contrato, direta ou indiretamente: (...) VI – pessoa física ou jurídica que, nos 5 (cinco) anos anteriores à divulgação do edital, tenha sido condenada judicialmente, com trânsito em julgado, por exploração de trabalho infantil, por submissão de trabalhadores a condições análogas às de escravo ou por contratação de adolescentes nos casos vedados pela legislação trabalhista."

○ **Jurisprudência selecionada:**

Caracterização do delito – bem jurídico – responsabilidade penal: "O Plenário, por maioria, recebeu denúncia oferecida contra deputado federal e outro denunciado pela suposta prática do crime previsto no art. 149 do CP ('Reduzir alguém a condição análoga à de escravo, quer submetendo-o a trabalhos forçados ou a jornada exaustiva, quer sujeitando-o a condições degradantes de trabalho, quer restringindo, por qualquer meio, sua locomoção em razão de dívida contraída com o empregador ou preposto'). A inicial acusatória narra – a partir de relatório elaborado pelo Grupo Especial de Fiscalização Móvel do Ministério do Trabalho e Emprego – que eles teriam submetido trabalhadores de empresa agrícola a jornada exaustiva e a condições degradantes de trabalho, cerceando-lhes a locomoção com o objetivo de mantê-los no local onde laboravam. Reputou-se não ser exigida, para o recebimento da inicial, valoração aprofundada dos elementos trazidos, que seriam suficientes para a instauração da ação penal. O Min. Luiz Fux acrescentou que o tipo penal em questão deveria ser analisado sob o prisma do princípio constitucional da dignidade da pessoa humana. Destacou que as condições de higiene, habitação, saúde, alimentação, transporte, trabalho e remuneração das pessoas que laboravam no local demonstrariam violação a este postulado e, ademais, configurariam o crime analisado. Aduziu que a denúncia descreveria práticas delituosas perpetradas no âmbito da estrutura organizada pelos representantes da empresa, sendo certo que, em crimes societários, os criminosos esconder-se-iam por detrás do véu da personalidade jurídica em busca da impunidade. O Min. Ricardo Lewandowski registrou que ao menos um dos núcleos do tipo descrito no art. 149 do CP – submeter alguém a trabalhos forçados ou a jornada exaustiva – estaria suficientemente demonstrado, sem prejuízo de outros que fossem, eventualmente, melhor explicitados. O Min. Ayres Britto, por sua vez, observou que além deste núcleo do tipo, a submissão a condições degradantes de trabalho estaria presente. Asseverou, ademais, que o art. 149 do CP não protegeria o trabalhador – tutelado pelo art. 203 do mesmo diploma –, mas o indivíduo de maneira geral. No ponto, o Min. Cezar Peluso, Presidente, divergiu, ao frisar que a origem histórica do crime de redução a condição análoga à de escravo teria incluído o tipo na defesa da liberdade. Entretanto, com a modificação advinda pela Lei 10.803/2003, o campo de proteção da norma teria sido restrito às relações de trabalho, pela vulnerabilidade imanente à condição do trabalhador. Assim, o objeto da tutela material seria a dignidade da pessoa na posição de trabalhador, e não a liberdade de qualquer pessoa. Bastaria, portanto, a demonstração do fato de trabalhador ser submetido a condições degradantes, para que fosse caracterizado, em tese, o crime. Reputou, por fim, que ambos os denunciados teriam o domínio dos fatos, ou seja, não poderiam ignorar as condições a que os trabalhadores eram submetidos e, portanto, seriam capazes de tolher a prática do crime" (STF: Inq 3.412/AL, rel. orig. Min. Marco Aurélio, red. p/ o acórdão Min. Rosa Weber, Plenário, j. 29.03.2012, noticiado no *Informativo* 660).

Competência – Justiça Estadual: "Direito Processual Penal. Recurso Extraordinário. Competência da Justiça Federal. Crimes de redução à condição análoga à de escravo, de exposição da vida e saúde destes trabalhadores a perigo, de frustração de direitos trabalhistas e omissão de dados na carteira de trabalho e previdência social [...]. O acórdão recorrido manteve a decisão do juiz federal que declarou a incompetência da justiça federal para processar e julgar o crime de redução à condição análoga à de escravo, o crime de frustração de direito assegurado por lei trabalhista, o crime de omissão de dados da Carteira de Trabalho e Previdência Social e o crime de exposição da vida e saúde de trabalhadores a perigo. No caso, entendeu-se que não se trata de crimes contra a organização do trabalho, mas contra determinados trabalhadores, o que não atrai a competência da Justiça federal" (STF: RE 541.627/PA, Rel. Min. Ellen Gracie, 2.ª Turma, j. 14.10.2008).

Competência – organização do trabalho e Justiça Federal: "Compete à justiça federal processar e julgar o crime de redução à condição análoga à de escravo (CP, art. 149). Ao reafirmar essa orientação, o Plenário, por maioria, deu provimento a recurso extraordinário, afetado pela 2ª Turma, interposto contra acórdão que declarara a competência da justiça estadual – *v. Informativos* 556, 573 e 752. O Tribunal aduziu que o caso dos autos seria similar ao tratado no RE 398.041/PA (*DJe* 19.12.2008), oportunidade em que se teria firmado a competência da justiça federal para processar e julgar ação penal referente ao crime do art. 149 do CP. Assinalou que o constituinte teria dado importância especial à valorização da pessoa humana e de seus direitos fundamentais, de maneira que a existência comprovada de trabalhadores submetidos à escravidão afrontaria não apenas os princípios constitucionais do art. 5º da CF, mas toda a sociedade, em seu aspecto moral e ético. Os crimes contra a organização do trabalho comportariam outras dimensões, para além de aspectos puramente orgânicos. Não se cuidaria apenas de velar pela preservação de um sistema institucional voltado à proteção coletiva dos direitos e deveres dos trabalhadores. A tutela da organização do trabalho deveria necessariamente englobar outro elemento: o homem, abarcados aspectos atinentes à sua liberdade, autodeterminação e dignidade. Assim, quaisquer condutas violadoras não somente do sistema voltado à proteção dos direitos e deveres dos trabalhadores, mas também do homem trabalhador, seriam enquadráveis na categoria dos crimes contra a organização do trabalho, se praticadas no contexto de relações de trabalho. A Constituição teria considerado o ser humano como um dos componentes axiológicos aptos a dar sentido a todo o arcabouço jurídico-constitucional pátrio. Ademais, teria atribuído à dignidade humana a condição de centro de gravidade de toda a ordem jurídica. O constituinte, neste sentido, teria outorgado aos princípios fundamentais a qualidade de normas embasadoras e informativas de toda a ordem constitucional, inclusive dos direitos fundamentais, que integrariam o núcleo essencial da Constituição. A Corte ponderou que, diante da opção constitucional pela tutela da dignidade intrínseca do homem, seria inadmissível pensar que o sistema de organização do trabalho pudesse ser concebido unicamente à luz de órgãos e instituições, excluído dessa relação o próprio ser humano. O art. 109, VI, da CF estabelece competir à justiça federal processar e julgar os crimes contra a organização do trabalho, sem explicitar quais delitos estariam nessa categoria. Assim, embora houvesse um capítulo destinado a esses crimes no Código Penal, inexistiria correspondência taxativa entre os delitos capitulados naquele diploma e os crimes indicados na Constituição, e caberia ao intérprete verificar em quais casos se estaria diante de delitos contra a organização do trabalho. Além disso, o bem jurídico protegido no tipo penal do art. 149 do CP seria a liberdade individual, compreendida sob o enfoque ético-social e da dignidade, no sentido de evitar que a pessoa humana fosse transformada em 'res'. A conduta criminosa contra a organização do trabalho atingiria interesse de ordem geral, que seria a manutenção dos princípios básicos sobre os quais estruturado o trabalho em todo o País. Concluiu que o tipo previsto no art. 149 do CP se caracterizaria como crime contra a organização do trabalho, e atrairia a competência da justiça federal. Afastou tese no sentido de que a extensão normativa do crime teria como resultado o processamento e a condenação de pessoas inocentes pelo simples fato de se valerem de trabalho prestado em condições ambientais adversas. Sob esse aspecto, um tipo aberto ou fechado deveria ser interpretado pela justiça considerada competente nos termos da Constituição. Dessa maneira, a má redação ou a contrariedade diante da disciplina penal de determinado tema não desautorizaria a escolha do constituinte. O Ministro Luiz Fux pontuou que a competência seria da justiça federal quando houvesse lesão à organização do trabalho, na hipótese de multiplicidade de vítimas, de modo que o delito alcançasse uma coletividade de trabalhadores. Na espécie, o delito vitimara 53 trabalhadores, número expressivo suficiente para caracterizar a ofensa à organização do trabalho. O Ministro Gilmar Mendes sublinhou que a competência da justiça federal seria inequívoca quando ocorresse lesão à organização do trabalho, como, por exemplo, nas hipóteses de violação aos direitos humanos, como no caso de negativa a um grupo de empregados de sair do local. No mais, seria matéria da competência da justiça estadual. O Ministro Ricardo Lewandowski (Presidente) ressaltou que, em princípio, a competência poderia ser concorrente. Vencido o Ministro Cezar Peluso, que negava provimento ao recurso" (STF: RE 459.510/MT, rel. orig. Min. Cezar Peluso, rel. p/ o acórdão Min. Dias Toffoli, Plenário, j. 26.11.2015, noticiado no *Informativo* 809). **No mesmo sentido:** STF: RE 398.041/PA, rel. Min. Joaquim Barbosa, Plenário, j. 30.11.2006; e STJ: CC 95.707/TO, rel. Min. Maria Thereza de Assis Moura, 3.ª Seção, j. 11.02.2009.

Concurso de crimes – arts. 203 e 207 do Código Penal – possibilidade: "Entendeu-se possível a coexistência dos crimes dos artigos 149, 203 e 207, todos do CP, sem consunção. Relativamente ao delito de redução a condição análoga à de escravo (CP, art. 149), consignou-se que a aludida fiscalização demonstraria a precária situação de labor a que os trabalhadores estariam submetidos e que cópias de lançamentos contábeis evidenciariam dívidas assumidas por vários deles no armazém mantido no local. Considerou-se que a imputação referente ao crime do art. 207 do CP, na modalidade de recrutamento de trabalhadores fora da localidade de execução do trabalho, não garantindo condições de seu retorno ao local de origem, também encontraria substrato probatório. Assinalou-se que a fraude descrita consistiria em promessas de salários e de outros benefícios por ocasião do contrato. Quanto ao crime descrito no art. 203 do CP, referente a frustração, mediante fraude, de direitos assegurados pela legislação trabalhista, destacou-se a lavratura de autos de infração por parte dos auditores do MTE, em face da ausência de formalização de contrato de trabalho" (STF: Inq. 2.131/DF, rel. orig. Min. Ellen Gracie, red. p/ o acórdão Min. Luiz Fux, Plenário, j. 23.02.2012, noticiado no *Informativo* 655).

Meios de execução – desnecessidade da liberdade de locomoção: "Para configuração do delito de 'redução a condição análoga à de escravo' (art. 149 do CP) – de competência da Justiça Federal – é desnecessária a restrição à liberdade de locomoção do trabalhador. De fato, a restrição à liberdade de locomoção do trabalhador é uma das formas de cometimento do delito, mas não é a única. Conforme se infere da redação do art. 149 do CP, o tipo penal prevê outras condutas que podem ofender o bem juridicamente tutelado, isto é, a liberdade de o indivíduo ir, vir e se autodeterminar, dentre elas submeter o sujeito passivo do delito a condições de trabalho degradantes, subumanas" (STJ: CC 127.937/GO, rel. Min. Nefi Cordeiro, 3.ª Seção, j. 28.05.2014, noticiado no *Informativo* 543).

Tráfico de pessoas[59]

Art. 149-A. Agenciar, aliciar, recrutar, transportar, transferir, comprar, alojar ou acolher pessoa, mediante grave ameaça, violência, coação, fraude ou abuso, com a finalidade de:

I – remover-lhe órgãos, tecidos ou partes do corpo;

II – submetê-la a trabalho em condições análogas à de escravo;

III – submetê-la a qualquer tipo de servidão;

IV – adoção ilegal; ou

V – exploração sexual.

Pena – reclusão, de 4 (quatro) a 8 (oito) anos, e multa.

§ 1º A pena é aumentada de um terço até a metade se:

I – o crime for cometido por funcionário público no exercício de suas funções ou a pretexto de exercê-las;

II – o crime for cometido contra criança, adolescente ou pessoa idosa ou com deficiência;

III – o agente se prevalecer de relações de parentesco, domésticas, de coabitação, de hospitalidade, de dependência econômica, de autoridade ou de superioridade hierárquica inerente ao exercício de emprego, cargo ou função; ou

IV – a vítima do tráfico de pessoas for retirada do território nacional.

§ 2º A pena é reduzida de um a dois terços se o agente for primário e não integrar organização criminosa.

Classificação:	Informações rápidas:
Crime simples	O consentimento do ofendido não exclui o crime, tendo em vista as finalidades do tráfico de pessoas.
Crime comum	
Crime formal, de consumação antecipada ou de resultado cortado	Possível aplicar causa de diminuição da pena, desde que dois requisitos cumulativos sejam observados: o agente deve ser primário e não pode integrar organização criminosa.
Crime de forma livre	
Crime comissivo (*regra*)	
Crime instantâneo (*regra*) ou permanente (nas condutas de "alojar" e "acolher")	Admite tentativa.
Crime unissubjetivo, unilateral ou de concurso eventual	**Competência:** será da Justiça Estadual, porém, na hipótese de tráfico internacional a competência será da Justiça Federal.
Crime plurissubsistente	**Ação Penal:** pública incondicionada.

---

[59] O Decreto 9.440/2018 aprovou o III Plano Nacional de Enfrentamento ao Tráfico de Pessoas.

○ **Introdução:** Em tempos de globalização, de "cidadãos(ãs) do mundo", no qual todos(as) buscam facilmente transformar seus sonhos em realidade, surgem verdadeiras redes criminosas, que se aproveitam da situação de vulnerabilidade de muitas pessoas, para praticarem uma das mais cruéis e desumanas formas de escravidão moderna: o tráfico de pessoas.

– Apontado como uma das atividades criminosas mais lucrativas do mundo, o tráfico de pessoas faz milhões de vítimas, movimentando bilhões de dólares por ano, segundo dados do Escritório das Nações Unidas sobre Drogas e Crime (UNODC). Atualmente esse crime está relacionado a outras práticas criminosas e de violações aos direitos humanos, servindo não apenas à exploração de mão de obra escrava, mas também a redes internacionais de exploração sexual comercial, muitas vezes ligadas a roteiros de turismo sexual e associações criminosas transnacionais especializadas em remoção de órgãos.

– Com o propósito de adequar a legislação brasileira à sistemática internacional, o art. 13 da Lei 13.344/2016 criou o crime de tráfico de pessoas, incluindo o art. 149-A ao Código Penal.

○ **Portaria Interministerial MJSP/MTE 46/2024:** A Portaria Interministerial 46/2024, editada conjuntamente pelo Ministério da Justiça e Segurança Pública e pelo Ministério do Trabalho e Emprego, dispõe sobre a concessão e os procedimentos de autorização de residência à pessoa que tenha sido vítima de tráfico de pessoas, de trabalho escravo ou de violação de direito agravada por sua condição migratória.

○ **Objeto jurídico:** O bem jurídico protegido é a liberdade pessoal, no tocante à plena gestão do ser humano quanto ao seu próprio corpo, à liberdade de locomoção e de trabalho, ao estado de filiação e à liberdade sexual.

○ **Objeto material:** É a pessoa, de qualquer origem, sexo ou idade, atingida pela conduta criminosa.

○ **Núcleos do tipo: Agenciar** é atuar como empresário, representar alguém; **aliciar** equivale a atrair, seduzir, induzir ou corromper alguém, com entrega de dinheiro ou qualquer outra vantagem; **recrutar** é angariar, convocar alguém para um determinado propósito; **transportar** é levar de um local para outro; **transferir** equivale a deslocar ou despachar alguém para outro local; **comprar**, no crime em apreço, significa adquirir a pessoa traficada; **alojar** é abrigar, hospedar ou acomodar alguém em determinado local; e **acolher**, finalmente, é receber alguém. Nos dois últimos núcleos ("alojar" e "acolher"), o tráfico de pessoas é **crime permanente**. A consumação se prolonga no tempo, pela vontade do agente, durante todo o período do alojamento ou do acolhimento da vítima. Nos demais casos, constitui-se em **delito instantâneo**.

– **Violência** é o emprego de força física contra a vítima, mediante lesão corporal ou vias de fato. Embora a lei fale somente em "violência", é indispensável a **violência à pessoa**. **Grave ameaça** é a promessa de mal injusto, grave e passível de realização, dirigida contra a própria vítima do tráfico de pessoas ou então a pessoa a ela ligada por vínculo de parentesco ou afetivo. **Coação** é a intimidação da vítima. A previsão desse meio de execução era desnecessária, pois a coação se concretiza justamente pelo emprego de violência ou grave ameaça. **Fraude**, por sua vez, é o artifício ou ardil destinado a ludibriar a vítima. Por último, **abuso** é o desmando, o uso excessivo do poder em relação a uma pessoa. O sujeito se aproveita da sua posição de superioridade perante a vítima para forçá-la a fazer ou deixar de fazer algo contra a sua vontade.

Inc. I – remover-lhe órgãos, tecidos ou partes do corpo

– Se a remoção se concretizar, ao agente também será imputado o crime de homicídio, consumado ou tentado, se havia o dolo de matar, ou então de lesão corporal grave (CP, art. 129, § 1.º, inc. II ou III) ou gravíssima (CP, art. 129, § 2.º, inc. II, III ou IV). Por sua vez, se a remoção for praticada para fins de transplante, estará caracterizado o crime definido no art. 14 da Lei 9.434/1997.

Inc. II – submetê-la a trabalho em condições análogas à de escravo

– A condição análoga à de escravo constitui-se em situação fática na qual o agente busca retirar a liberdade de autodeterminação de alguém, suprimindo seus direitos, em situação semelhante àquela vivida pelos escravos. Se essa submissão efetivamente ocorrer, o traficante de pessoa também deverá responder pelo crime de plágio (redução a condição análoga à de escravo), tipificado no art. 149 do Código Penal.

Inc. III – submetê-la a qualquer tipo de servidão

– Servidão é a submissão da vítima aos anseios do agente, desde que não resulte em condição análoga à de escravo, pois tal situação foi descrita separadamente pelo legislador, como na hipótese em que a pessoa traficada é obrigada a trabalhar para o agente por um reduzidíssimo salário, por longas jornadas diárias e sem folgas semanais.

Inc. IV – adoção ilegal

– A adoção de crianças e adolescentes é disciplinada pelos arts. 39 a 52-D da Lei 8.069/1990 – Estatuto da Criança e do Adolescente. Infelizmente o comércio clandestino de crianças de pouca idade, muitas vezes bebês, cresce a cada dia, inclusive com o transporte das vítimas ao exterior. De seu turno, a adoção de maiores de 18 anos, menos frequente, é regulamentada pelo art. 1.619 do Código Civil, com aplicação subsidiária das regras contidas no Estatuto da Criança e do Adolescente.

Inc. V – exploração sexual

– Exploração sexual é a atividade em que o sujeito busca algum proveito com a utilização da sexualidade alheia. Trata-se de **elemento normativo do tipo**, de índole cultural, cujo conceito deve ser obtido mediante a valoração do intérprete da lei penal. A exploração sexual não se confunde com a **violência sexual**, pois não há emprego de violência ou grave ameaça contra a vítima. De fato, no tráfico de pessoas a violência (ou qualquer outro meio de execução) recai na conduta de agenciar, aliciar, recrutar, transportar, transferir, comprar, alojar ou acolher pessoa, mas não na ulterior exploração sexual. Nesse contexto, uma pessoa é explorada sexualmente quando vem a ser enganada para manter relação sexual, ou então nas situações em que permite a obtenção de vantagem econômica por terceiro, em consequência da sua atividade sexual. A exploração sexual é a hipótese mais comum de tráfico de pessoas, tanto no plano interno, como se dá no "turismo sexual",[60] como também em âmbito internacional, com o envio de homens e especialmente mulheres para atuarem no comércio carnal. Além da ação espúria dos traficantes, que lucram facilmente ao abusarem de pessoas em situação de necessidade e ludibriadas com a promessa de ganhos fáceis em curto espaço de tempo, a miséria que toma conta de relevante parte da população brasileira contribui para esse quadro alarmante.

○ **Sujeito ativo:** Qualquer pessoa (**crime comum**) ou **geral**: pode ser praticado por qualquer pessoa. Admite o concurso de pessoas, em ambas as modalidades (coautoria e participação).

○ **Sujeito passivo:** Pode ser **qualquer pessoa**, independentemente da origem, sexo, idade, religião ou classe social. Basta a traficância de uma única pessoa para a caracterização do delito.

○ **Consentimento do ofendido:** O consentimento do ofendido **não exclui** o crime tipificado no art. 149-A do Código Penal. Em uma primeira análise, fica a impressão no sentido de que a anuência da vítima afastaria os meios de execução do delito (grave ameaça, violência, coação, fraude ou abuso) e, consequentemente, a tipicidade do fato. Mas essa conclusão não subsiste em face das finalidades do tráfico de pessoas. Com efeito, não há falar em validade do consentimento do ofendido na hipótese de remoção de órgãos, tecidos ou partes do corpo

---

[60] A Portaria Interministerial 272/2019, do Ministério do Turismo e do Ministério da Mulher, da Família e dos Direitos Humanos, institui o Código de Conduta destinado à prevenção e ao enfrentamento à exploração sexual de crianças e adolescentes no turismo.

humano, de submissão a trabalho em condições análogas à de escravo ou a qualquer tipo de servidão, bem como de adoção ilegal ou exploração sexual. O agente busca atacar um bem jurídico indisponível, circunstância que anula eventual assentimento do sujeito passivo. Especificamente na **exploração sexual**, aparentemente compatível com a vontade da vítima, cumpre destacar que qualquer pessoa capaz pode utilizar seu corpo, no plano erótico, como reputar mais adequado. Mas não se admite a exploração da sexualidade alheia. Em síntese, a exploração é logicamente incompatível com o consentimento do ofendido, em respeito à dignidade sexual, corolário da dignidade da pessoa humana.

– Causas de aumento da pena (art. 149-A, § 1.º): O art. 149-A, § 1.º, do Código Penal elenca causas de aumento da pena, a serem utilizadas pelo magistrado na terceira fase da aplicação da pena privativa de liberdade, e também na pena de multa. O aumento varia de **um terço até metade**, nas seguintes situações:

Inc. I: *Crime cometido por funcionário público no exercício de suas funções ou a pretexto de exercê-las*

– É mais acentuada a reprovabilidade quando o agente é funcionário público, e se aproveita dos poderes inerentes às suas funções para cometer o tráfico de pessoas. Se não bastasse, tal circunstância facilita a prática do delito, criando sérios embaraços à sua prevenção e repressão. Tais fatores justificam o aumento da pena. Basta imaginar a situação de um magistrado, integrante de uma rede transnacional de tráfico de pessoas, que em troca de vantagem ilícita expede uma autorização de viagem internacional para uma determinada criança, a qual será na verdade destinada à adoção ilegal.

Inc. II: *Crime cometido contra criança, adolescente ou pessoa idosa ou com deficiência*

– **Criança** é a pessoa com até doze anos de idade incompletos, e **adolescente** aquela entre doze e dezoito anos de idade (Lei 8.069/1990 – Estatuto da Criança e do Adolescente, art. 2.º, *caput*). O art. 4.º, inc. III, "c", da Lei 13.431/2017, responsável pela criação do sistema de garantia de direitos da criança e do adolescente vítima ou testemunha de violência, aponta o tráfico de pessoas envolvendo menores de 18 anos como forma de violência sexual, e o define como "o recrutamento, o transporte, a transferência, o alojamento ou o acolhimento da criança ou do adolescente, dentro do território nacional ou para o estrangeiro, com o fim de exploração sexual, mediante ameaça, uso de força ou outra forma de coação, rapto, fraude, engano, abuso de autoridade, aproveitamento de situação de vulnerabilidade ou entrega ou aceitação de pagamento, entre os casos previstos na legislação". A idade da vítima deve ser provada por documento hábil, pois a majorante diz respeito ao estado civil das pessoas, aplicando-se a regra contida no parágrafo único do art. 155 do Código de Processo Penal: "Somente quanto ao estado das pessoas serão observadas as restrições estabelecidas na lei civil." O tráfico de pessoas cometido contra criança ou adolescente é **crime hediondo**, nos termos do art. 1.º, XII, da Lei 8.072/1990.[61]

– **Pessoa Idosa** é a pessoa com idade igual ou superior a sessenta anos (Lei 10.741/2003 – Estatuto da Pessoa Idosa, art. 1.º). **Pessoa com deficiência** é aquela que tem impedimento de longo prazo de natureza física, mental, intelectual ou sensorial, o qual, em interação com uma ou mais barreiras, pode obstruir sua participação plena e efetiva na sociedade em igualdade de condições com as demais pessoas (Lei 13.146/2015 – Estatuto da Pessoa com Deficiência, art. 2.º, *caput*).

– O fundamento do tratamento penal mais severo repousa na ingenuidade ou fragilidade física ou psicológica da vítima, circunstância que facilita a prática do delito, bem como na extensão do dano causado a tais pessoas, principalmente no tocante às crianças e aos adolescentes.

---

[61] O inc. XII do art. 1.º da Lei dos Crimes Hediondos foi incluído pela Lei 14.811/2024.

Inc. III – O agente se prevalecer de relações de parentesco, domésticas, de coabitação, de hospitalidade, de dependência econômica, de autoridade ou de superioridade hierárquica inerente ao exercício de emprego, cargo ou função

– Nessa hipótese, o agente, além da grave ameaça, violência, coação, abuso ou fraude, também se aproveita da sua proximidade com a vítima, ou com sua posição hierárquica favorável, para executar o delito. Essas circunstâncias tornam o seu grau de reprovabilidade mais elevado e facilitam a prática do crime, legitimando a incidência da majorante.

Inc. IV – A vítima do tráfico de pessoas for retirada do território nacional

– A retirada da vítima do território nacional a afasta das pessoas com as quais mantém vínculos familiares e afetivos, e dificulta seu retorno ao Brasil, bem como a apuração do delito e a aplicação da lei penal brasileira.

– É preciso pontuar que a caracterização do tráfico internacional de pessoa não reclama a efetiva retirada do ofendido do território nacional. Basta a intenção de fazê-lo. Contudo, se a finalidade específica for alcançada, com o exaurimento do delito, incidirá a causa de aumento da pena em análise.

○ **Causas de diminuição da pena (art. 149-A, § 2.º):** Trata-se de **causa de diminuição da pena**, aplicável na terceira fase da dosimetria da pena privativa de liberdade, e também incide na pena de multa.

– A minorante reclama dois **requisitos cumulativos**, atinentes ao agente, que deve ser primário e não pode integrar organização criminosa.

– O conceito de **agente primário** é obtido por exclusão. Com efeito, no Brasil primário é quem não se enquadra na definição de reincidente (CP, art. 63), ou seja, é aquele que não cometeu novo crime, depois de transitar em julgado a sentença que, no país ou no estrangeiro, o tenha condenado por crime anterior.

– É vedada a aplicação da causa de diminuição da pena quando o agente integra **qualquer organização criminosa**, isto é, pouco importa a espécie das infrações penais praticadas pelo agrupamento ilícito. Em outras palavras, para afastar o benefício legal não se exige seja a organização criminosa voltada especificamente ao tráfico de pessoas. Em qualquer dos casos, chega-se à conclusão lógica de que o perfil subjetivo do agente é incompatível com o tratamento mais brando implementado pelo legislador.

– Chama atenção o **caráter dúplice** da relação entre os delitos de tráfico de pessoas e organização criminosa. Se de um lado a ausência dessa figura típica permite o reconhecimento da modalidade privilegiada do crime contra a liberdade individual, se o agente for primário, de outro lado a presença da organização criminosa importa necessariamente no concurso material entre essa infração penal e o tráfico de pessoas.

○ **Elemento subjetivo:** É o dolo, direto ou eventual, acompanhado de um fim específico (**elemento subjetivo específico**), consistente na finalidade de remover órgãos, tecidos ou partes do corpo da pessoa traficada, ou, então, submetê-la a trabalho em condições análogas à de escravo ou a qualquer tipo de servidão, bem como a adoção ilegal ou exploração sexual. Não se admite a modalidade culposa.

○ **Consumação:** O tráfico de pessoas é **crime formal, de consumação antecipada** ou **de resultado cortado**: consuma-se com a conduta de agenciar, aliciar, recrutar, transportar, transferir, comprar, alojar ou acolher pessoa, mediante grave ameaça, violência, coação, fraude ou abuso, **com a finalidade de** remover-lhe órgãos, tecidos ou partes do corpo, submetê-la a trabalho em condições análogas à de escravo, submetê-la a qualquer tipo de servidão, adoção ilegal ou exploração sexual, ainda que essa finalidade não venha a ser efetivamente alcançada pelo agente.

○ **Tentativa:** É possível.

○ **Competência:** Em regra, o tráfico de pessoas é crime de competência da **Justiça Estadual**. Todavia, a competência será da **Justiça Federal** na hipótese de **tráfico internacional**. Com efeito, o Brasil é signatário da Convenção para a Repressão do Tráfico de Pessoas e do Lenocínio, aprovada pelo Decreto Legislativo 06/1958 e promulgada pelo Decreto 46.981/1959. Além disso, o tráfico internacional de pessoa é **crime a distância**, pois sua execução tem início no território nacional, e o resultado ocorre ou ao menos deveria ocorrer em país diverso, ou vice-versa. Destarte, no tráfico internacional de pessoa a competência é da Justiça Federal, com fundamento no art. 109, inc. V, da Constituição Federal.

○ **Ação penal:** É pública incondicionada, em todas as modalidades do delito.

○ **Lei 9.099/1995:** Cuida-se de crime de elevado potencial ofensivo, incompatível com os benefícios contidos na Lei 9.099/1995.

○ **Lista nacional de condenações por tráfico de pessoas:** A Resolução n.º 168/2019, editada pelo Conselho Superior do Ministério Público do Trabalho, institui, no âmbito do MPT – Ministério Público do Trabalho, a lista nacional de condenações por tráfico de pessoas ou por submissão de trabalhadores a condições análogas à de escravo, em ações propostas pelo MPT.

○ **Imigrante, tráfico de pessoas e autorização de residência:** A Portaria Interministerial 46/2024, editada conjuntamente pelo Ministério da Justiça e Segurança Pública e pelo Ministério do Trabalho e Emprego, dispõe sobre a concessão e os procedimentos de autorização de residência à pessoa que tenha sido vítima de tráfico de pessoas, de trabalho escravo ou de violação de direito agravada por sua condição migratória.

Seção II –
Dos crimes contra a inviolabilidade do domicílio

Violação de domicílio

Art. 150. Entrar ou permanecer, clandestina ou astuciosamente, ou contra a vontade expressa ou tácita de quem de direito, em casa alheia ou em suas dependências:

Pena – detenção, de um a três meses, ou multa.

§ 1º Se o crime é cometido durante a noite, ou em lugar ermo, ou com o emprego de violência ou de arma, ou por duas ou mais pessoas:

Pena – detenção, de seis meses a dois anos, além da pena correspondente à violência.

§ 2º (Revogado).

§ 3º Não constitui crime a entrada ou permanência em casa alheia ou em suas dependências:

I – durante o dia, com observância das formalidades legais, para efetuar prisão ou outra diligência;

II – a qualquer hora do dia ou da noite, quando algum crime está sendo ali praticado ou na iminência de o ser.

§ 4º A expressão "casa" compreende:

I – qualquer compartimento habitado;

II – aposento ocupado de habitação coletiva;

III – compartimento não aberto ao público, onde alguém exerce profissão ou atividade.

§ 5º Não se compreendem na expressão "casa":

I – hospedaria, estalagem ou qualquer outra habitação coletiva, enquanto aberta, salvo a restrição do n.º II do parágrafo anterior;

II – taverna, casa de jogo e outras do mesmo gênero.

Classificação:	Informações rápidas:
Crime comum	Fundamento constitucional: inviolabilidade do domicílio (art. 5.º, XI).
Crime instantâneo	Elementos normativos: "clandestina ou astuciosamente" e "contra
Crime permanente	a vontade expressa ou tácita de quem de direito".
Crime de mera conduta	O consentimento do morador, explícito ou implícito, torna o
Crime de forma livre	fato atípico.
Crime unilateral (*regra*)	O crime é incompatível com o dolo eventual.
Crime comissivo ("entrar") ou omissivo	Não se admite a modalidade culposa.
("permanecer")	Consuma-se no momento em que o sujeito ingressa comple-
Crime unissubsistente ou plurissubsistente	tamente na casa da vítima ("entrar"), ou então quando, ciente
Crime de conteúdo variado, de ação	de que deve sair do local, não o faz por tempo juridicamente
múltipla ou tipo misto alternativo	relevante ("permanecer").
Crime de dano	A tentativa é possível na conduta "entrar".
	Ação penal: pública incondicionada.

○ **Objeto jurídico:** Tutela-se a **tranquilidade doméstica**, abrangente da intimidade, da segurança e da vida privada proporcionadas pelo domicílio. Seu fundamento constitucional encontra-se no art. 5.º, XI, da Constituição Federal. A incriminação da violação de domicílio não protege a posse ou a propriedade. Com efeito, não configura o delito em análise o ingresso em casa abandonada ou desabitada, podendo restar caracterizado o crime de esbulho possessório (CP, art. 161, § 1.º, II). Casa desabitada não se confunde com **casa na ausência de seus moradores**, pois nesse caso é possível o crime de violação de domicílio, uma vez que subsiste a proteção da tranquilidade doméstica.

○ **Objeto material:** É o domicílio invadido, que suporta a entrada ou permanência de alguém, clandestina ou astuciosamente, ou contra a vontade expressa ou tácita de quem de direito.

○ **Núcleos do tipo:** A conduta criminosa possui dois núcleos: entrar e permanecer. **Entrar** é a ação de penetrar, de ingressar totalmente em casa alheia ou em suas dependências. **Permanecer** pressupõe a entrada lícita seguida de uma omissão, consistente na negativa em sair do local. É possível a prática do crime, portanto, por duas formas distintas: **ação**, caracterizada pelo ingresso no domicílio alheio, e **omissão**, relativamente à recusa em dele sair. Cuida-se de **tipo misto alternativo, crime de ação múltipla ou de conteúdo variado**: entrando ilicitamente em casa alheia ou em suas dependências, e nela permanecendo, o agente responde por um único delito.

○ **Elementos normativos do tipo:** É necessário que a conduta seja praticada clandestina ou astuciosamente, ou contra a vontade expressa ou tácita de quem de direito. Se presente o consentimento do morador, explícito ou implícito, o fato é atípico. Entrar ou permanecer **clandestinamente** em casa alheia ou em suas dependências significa fazê-lo de forma oculta, sem se deixar notar pela vítima. Por sua vez, entrar ou permanecer **astuciosamente** consiste em conduta fraudulenta, maliciosa. Em ambas as hipóteses presume-se o **dissentimento**, pois se pressupõe ser contra a vontade de quem de direito, já que essa pessoa não sabe que o agente lá se encontra. Finalmente, entrar ou permanecer em casa alheia ou em suas dependências **contra a vontade expressa ou tácita de quem de direito** enseja a entrada ou permanência **francas**. Nesses casos, o dissentimento de quem de direito pode ser expresso ou tácito.

○ **Conceito de casa (art. 150, § 4.º):** O conceito de casa é previsto no art. 150, § 4.º, do CP (**lei penal interpretativa ou explicativa**) e pode ser sintetizado como qualquer lugar privado em que alguém habita. O domicílio tutelado pelo Código Penal é diverso do domicílio definido pelo Código Civil. No direito civil, domicílio é o local em que a pessoa reside com ânimo definitivo. Esse ânimo duradouro, no direito penal, é irrelevante, pois se protege qualquer lar, casa ou local em que alguém mora. A lei penal resguarda a tranquilidade no local de habitação, pouco importando seja permanente, eventual ou transitório. O conceito de casa compreende: (**a**) **qualquer compartimento habitado (inc. I)** – qualquer lugar destinado à ocupação pelo ser humano pode ser fracionado em blocos menores (compartimentos). Deve ser habitado por alguém, para morar, viver ou usar. Até mesmo um automóvel pode ser classificado como compartimento habitado (exemplo: boleia de um caminhão ou *trailers*); (**b**) **aposento ocupado de habitação coletiva (inc. II)** – quartos de pensões, repúblicas, hotéis e motéis, que estejam ocupados por alguém;[62] (**c**) **compartimento não aberto ao público, onde alguém exerce profissão ou atividade (inc. III)** – consultório do médico ou dentista, balcão do padeiro etc. A proteção da inviolabilidade domiciliar estende-se também para as autoridades fiscais e fazendárias. O **compartimento aberto ao público** não é tutelado pela lei penal. É livre a entrada ou permanência em **locais e repartições públicas**, pois se pertencem a todos indistintamente, não podem funcionar como domicílio de uma pessoa determinada; (**d**) **dependências protegidas: art. 150, *caput*** – o dispositivo legal protege também as dependências da casa (jardins, garagens, quintais, terraços e pátios), desde que fechados, cercados ou se existentes obstáculos de fácil visualização vedando a passagem do público. As pastagens e campos de propriedades rurais não são abrangidas pela proteção legal.

○ **Violação de direito ou prerrogativa de advogado e abuso de autoridade:** A Lei 13.869/2019 – Abuso de Autoridade, acrescentou à Lei 8.906/1994 – Estatuto da Advocacia e a Ordem dos Advogados do Brasil o art. 7.º-B, para o fim de criar crimes relacionados à violação de direito ou prerrogativa de advogado: "Art. 7º-B Constitui crime violar direito ou prerrogativa de advogado previstos nos incisos II, III, IV e V do **caput** do art. 7º desta Lei: Pena – detenção, de 2 (dois) a 4 (quatro) anos, e multa." O art. 7.º, II, III, IV e V da Lei 8.906/1994 assegura aos advogados os seguintes direitos: "Art. 7º São direitos do advogado: II – a inviolabilidade de seu escritório ou local de trabalho, bem como de seus instrumentos de trabalho, de sua correspondência escrita, eletrônica, telefônica e telemática, desde que relativas ao exercício da advocacia; III – comunicar-se com seus clientes, pessoal e reservadamente, mesmo sem pro- curação, quando estes se acharem presos, detidos ou recolhidos em estabelecimentos civis ou militares, ainda que considerados incomunicáveis; IV – ter a presença de representante da OAB, quando preso em flagrante, por motivo ligado ao exercício da advocacia, para lavratura do auto respectivo, sob pena de nulidade e, nos demais casos, a comunicação expressa à seccional da

---

[62]   STJ: HC 659.527/SP, rel. Min. Rogerio Schietti Cruz, 6.ª Turma, j. 19.10.2021, noticiado no *Informativo* 715.

OAB; V – não ser recolhido preso, antes de sentença transitada em julgado, senão em sala de Estado Maior, com instalações e comodidades condignas, e, na sua falta, em prisão domiciliar." A violação do direito profissional elencado no art. 7.º, II, do Estatuto da Advocacia e da Ordem dos Advogados do Brasil guarda íntima relação com o crime de violação de domicílio. O conflito aparente de normas deve ser solucionado pelo **princípio da especialidade**, ou seja, a violação do escritório de advocacia acarreta na configuração do delito tipificado no art. 7.º-B da Lei 8.906/1994, afastando a violação de domicílio prevista no art. 150 do Código Penal.

○ **Não se compreendem no conceito de "casa" (art. 150, § 5.º): (a) hospedaria, estalagem ou qualquer outra habitação coletiva, enquanto aberta ao público, salvo a restrição do n.º II do parágrafo anterior (inc. I)** – hospedaria é o recinto destinado a receber pessoas que ali permanecem por um período predeterminado, mediante contraprestação pecuniária (hotéis, motéis e flats). **Estalagem** também é o local adequado para receber hóspedes, mediante remuneração, mas em proporção menor do que a hospedaria (pousadas, abrigos e pensões). **Qualquer outra habitação coletiva**, por sua vez, é fórmula genérica indicativa de lugar coletivo e aberto ao público (parques, áreas de lazer e *campings)*. Enquanto a hospedaria, estalagem ou qualquer outra habitação coletiva estiver aberta, o local será considerado como de livre acesso ao público, não podendo ser objeto material do crime de violação de domicílio. Se fechado, com acesso restrito, à pessoa que ali ingressar ou permanecer contra a vontade expressa ou tácita de quem de direito será imputado o crime em análise; **(b) taverna, casa de jogo e outras do mesmo gênero (inc. II)**: taverna é o local em que são vendidas e servidas refeições e bebidas. **Casas de jogo** são, em regra, proibidas no Brasil (exemplo: cassinos) mas, mesmo quando permitidas (exemplo: fliperamas), não se encaixam no conceito de domicílio, pois se assegura livre acesso ao público. A expressão **"outras do mesmo gênero"** engloba os demais lugares de diversão pública (cinemas, teatros e casas de espetáculos).

○ **Sujeito ativo:** O **crime é comum,** podendo ser praticado por qualquer pessoa, **inclusive pelo proprietário do bem**, quando entra ou permanece na residência ocupada pelo inquilino contra sua vontade expressa ou tácita. O CP não protege a propriedade nem a posse indireta do locador. O locatário, possuidor direto do imóvel, não é ofendido em sua posse, e sim em sua tranquilidade doméstica. A serviçal que permite o ingresso do amante em seu quarto pratica o crime em concurso com ele (presume-se o dissentimento do dono da residência). O divorciado pode cometer o crime ao entrar ou permanecer na residência do seu ex-cônjuge contra sua vontade. Não há crime quando uma mulher, na ausência do seu marido, permite a entrada do amante em sua residência.

○ **Agente público e abuso de autoridade:** Se a violação de domicílio for praticada por agente público, estará configurado o delito tipificado no art. 22 da Lei 13.869/2019 – Lei de Abuso de Autoridade.[63] Em razão da criação desse tipo penal, o art. 44 da Lei 13.869/2019 revogou expressamente o § 2.º do art. 150 do Código Penal, que previa o aumento da pena de 1/3 quando a violação de domicílio era cometida "por funcionário público, fora dos casos legais, ou com inobservância das formalidades estabelecidas em lei, ou com abuso do poder."

---

[63] "Art. 22. Invadir ou adentrar, clandestina ou astuciosamente, ou à revelia da vontade do ocupante, imóvel alheio ou suas dependências, ou nele permanecer nas mesmas condições, sem determinação judicial ou fora das condições estabelecidas em lei: Pena – detenção, de 1 (um) a 4 (quatro) anos, e multa. § 1º Incorre na mesma pena, na forma prevista no *caput* deste artigo, quem: I – coage alguém, mediante violência ou grave ameaça, a franquear-lhe o acesso a imóvel ou suas dependências; II – (Vetado); III – cumpre mandado de busca e apreensão domiciliar após as 21h (vinte e uma horas) ou antes das 5h (cinco horas). § 2º Não haverá crime se o ingresso for para prestar socorro, ou quando houver fundados indícios que indiquem a necessidade do ingresso em razão de situação de flagrante delito ou de desastre."

○ **Sujeito passivo:** É o titular do direito à tranquilidade doméstica. É o "**quem de direito**" – o sujeito que tem o poder de admitir ou excluir alguém da sua casa (*ius prohibendi*), pouco importando seja ou não seu proprietário. Pode ser: (1) uma pessoa a quem os demais habitantes da casa estão subordinados (**regime de subordinação**); ou (2) diversas pessoas, habitantes da mesma residência, em relação isonômica (**regime de igualdade**). No **regime de subordinação,** como é o caso de uma família, não são todos os seus membros que podem permitir a entrada ou a permanência de terceiros na residência, mas apenas o pai e a mãe, que administram os interesses familiares em igualdade de condições (CF, arts. 5.º, I, e 226, § 5.º). No conflito entre marido e mulher, prevalece a vontade de quem proíbe (*melhor est conditio prohibentis*). Os filhos e empregados podem proibir o ingresso e a permanência de terceiros em suas dependências, mas, se entrarem em conflito com os chefes da casa, a vontade destes prevalecerá, salvo na hipótese de residência pertencente ao filho maior de idade e civilmente capaz. No **regime de igualdade** todos os moradores são titulares do direito de permitir ou proibir a entrada ou permanência de alguém no recinto da casa (repúblicas de estudantes e condomínios). Havendo conflito, é melhor a condição de quem proíbe. No tocante aos condomínios, qualquer dos condôminos pode permitir o ingresso nas partes comuns.

○ **Elemento subjetivo:** É o dolo, abrangente do elemento normativo "contra a vontade expressa ou tácita de quem de direito". O crime é incompatível com o dolo eventual. Há atipicidade, por ausência de dolo, nas condutas de entrar em casa alheia para esconder-se da polícia ou quando o sujeito supõe ingressar em local diverso do proibido (erro de tipo). Não se admite a modalidade culposa.

○ **Consumação:** Cuida-se de **crime de mera conduta ou de simples atividade** (o tipo penal não contém resultado naturalístico). Consuma-se no momento em que o sujeito ingressa completamente na casa da vítima ("entrar" – crime instantâneo), ou então quando, ciente de que deve sair do local, não o faz por tempo juridicamente relevante ("permanecer" – crime permanente). É imprescindível a entrada concreta em casa alheia. Não há crime na conduta de olhar ou observar, ainda que com o uso de binóculos, a movimentação na residência de terceira pessoa. Violações de domicílio anteriores toleradas ou perdoadas pelo sujeito passivo não afastam o crime posterior.

○ **Tentativa:** É possível na conduta "entrar" (crime comissivo), mas incabível no núcleo "permanecer" (crime omissivo próprio ou puro).

○ **Ação Penal:** É pública incondicionada.

○ **Lei 9.099/1995:** Tanto na forma simples (*caput*) como na figura qualificada (§ 1.º), a infração penal é de menor potencial ofensivo. Admite-se a transação penal, desde que presentes seus requisitos legais, e segue o rito sumaríssimo. A suspensão condicional do processo é cabível em todas as hipóteses.

○ **Concurso de crimes:** A caracterização do delito reclama tenha o agente, como finalidade própria, o ingresso ou permanência em casa alheia, e nada mais do que isso. Quando assim atua como meio de execução de outro crime mais grave, a violação de domicílio fica absorvida (princípio da consunção). Subsiste o crime de violação de domicílio quando há dúvida acerca do verdadeiro propósito do agente e também quando caracteriza desistência voluntária, pois o agente só responde pelos atos praticados.

○ **Figuras qualificadas (art. 150, § 1.º):** O crime será qualificado se for cometido: (**a**) **durante a noite** – o conceito de noite não é unânime. Para José Afonso da Silva, noite é o período que se estende das 18h às 6h.[64] Celso de Mello, por outro lado, sustenta que deve ser levado em conta o **critério físico-astronômico**, considerando dia o intervalo de tempo situado entre a aurora e o crepúsculo. O restante caracteriza a noite. Essa última posição, para a qual são irrelevantes o horário e a época do dano, importando somente a existência ou não de luz solar, parece compatibilizar-se mais adequadamente com o fundamento da qualificadora;[65] **(b) em lugar ermo** – local habitualmente abandonado e afastado dos centros urbanos, no qual o socorro é mais difícil, tornando deveras remota a chance de defesa por parte da vítima; **(c) com o emprego de violência** – força física, tanto em relação à pessoa como no tocante à coisa, uma vez que a lei não faz distinção. Se a violência for empregada contra uma pessoa e ela sofrer lesões corporais, serão aplicadas cumulativamente as penas atinentes à violação de domicílio e à lesão corporal, ainda que leve. A lei impõe o **concurso material obrigatório** entre a violação de domicílio e a violência. A violência moral (grave ameaça) não qualifica o crime, por ausência de previsão legal; **(d) com o emprego de arma** – arma é todo instrumento com potencialidade para matar ou ferir. Pode ser **própria** (criada com tal finalidade), ou **imprópria** (concebida para outra finalidade). Fala-se ainda em **armas brancas**, que são as revestidas de ponta ou gume, e podem ser próprias (exemplo: punhal) ou impróprias (exemplo: faca de cozinha). É necessário que o sujeito se utilize da arma para intimidar a vítima. Basta, porém, a intimidação tácita, que se verifica com o seu porte ostensivo; **(e) ou por duas ou mais pessoas** – todos devem praticar atos de execução (coautoria). A maior punição é justificada pela circunstância de a atuação simultânea dos agentes dificultar a defesa da vítima para impedir a violação de domicílio.

○ **Causas de aumento da pena (art. 150, § 2.º):** O § 2.º do art. 150 do Código Penal foi expressamente revogado pelo art. 44 da Lei 13.869/2019 – Lei de Abuso de Autoridade.

○ **Excludentes da ilicitude (art. 150, § 3.º):** São **causas especiais de exclusão da ilicitude**, pois a lei usa a expressão "não constitui crime". O teor da regra encontra-se abrangido pelo art. 23, III, 1.ª parte, do CP (estrito cumprimento de dever legal). A CF cuida do assunto no art. 5.º, XI, no qual se visualizam duas situações distintas: a) **durante o dia** – pode-se penetrar em casa alheia, sem o consentimento do morador, em caso de flagrante delito ou desastre, para prestar socorro e em cumprimento de determinação judicial (a CF colocou a violação de domicílio sob o manto da **reserva de jurisdição**). A determinação judicial pode referir-se a **qualquer espécie de diligência**, de natureza jurisdicional, policial, fiscal ou administrativa; b) **durante a noite** – não se permite o ingresso por determinação judicial, subsistindo os demais casos. Devem ser respeitadas as formalidades legais art. 293 do CPP para que a prisão seja efetuada. O art. 5.º, XI, da CF utiliza a palavra "**delito**" em sentido amplo. A parte final do art. 150, § 3.º, II, do CP ("ou na iminência de o ser") não foi recepcionada pela Constituição de 1988. Não há crime, seja violação de domicílio, seja abuso de autoridade (Lei 13.869/2019, art. 22), quando policiais ou cidadãos em geral ingressam em imóvel com aparência de desabitado, notadamente quando há fundada suspeita da prática de crime permanente em seu interior. Finalmente, também não há crime de violação de domicílio, em razão do estado de necessidade (CP, art. 23, I, e art. 24), quando o sujeito entra ou permanece em casa alheia ou em suas dependências para escapar de pessoas que o perseguem para agredi-lo ou subtraí-lo.

○ **Jurisprudência selecionada:**

Alcance da palavra "casa" – amplitude do termo – abrangência dos escritórios profissionais: "O relator ressaltou que, embora a Constituição empregasse o termo 'casa' à proteção contra a

---

64 SILVA, José Afonso da. *Comentário contextual à Constituição*. 4. ed. São Paulo: Malheiros, 2007. p. 104.

65 A Lei 13.869/2019 – Abuso de Autoridade, embora sem falar em "noite", tipifica a conduta do agente público que cumpre mandado de busca e apreensão domiciliar após as 21h (vinte e uma horas) ou antes das 5h (cinco horas).

busca domiciliar não autorizada, essa proteção iria além do ambiente doméstico. O art. 150, §4º, do CP, ao definir 'casa' para fins do crime de violação de domicílio, traria conceito abrangente do termo ('A expressão <casa> compreende: I – qualquer compartimento habitado; II – aposento ocupado de habitação coletiva; III – compartimento não aberto ao público, onde alguém exerce profissão ou atividade'). Assim, o conceito de 'casa' estender-se-ia aos escritórios profissionais. Reputou que a busca e apreensão de documentos e objetos realizados por autoridade pública no domicílio de alguém, sem autorização judicial fundamentada, revelar-se-ia ilegítima, e o material eventualmente apreendido configuraria prova ilicitamente obtida. Assim, refutou o argumento de que o mandado de busca e apreensão não precisaria indicar endereço determinado. Enfatizou que a legislação processual determinaria que o mandado contivesse, precisamente, o local da diligência (CPP, art. 243). A indicação, no caso concreto, não deixara margem para dúvidas e não teria ocorrido equívoco na localização do endereço da busca. O local não seria de difícil identificação, como comumente ocorreria no meio rural. Concluiu que, desde o início, os policiais teriam identificado o 28º andar como alvo da diligência. Em seguida, pediu vista a Ministra Cármen Lúcia" (STF: HC 106.566/SP, rel. Min. Gilmar Mendes, 2.ª Turma, j. 09.12.2014, noticiado no *Informativo* 771).

Atitude suspeita e ingresso policial no domicílio – fuga no momento da abordagem – ausência de justa causa – aplicação do entendimento firmado no HC 598.051/SP: "A violação de domicílio com base no comportamento suspeito do acusado, que empreendeu fuga ao ver a viatura policial, não autoriza a dispensa de investigações prévias ou do mandado judicial para a entrada dos agentes públicos na residência. Tendo como referência o recente entendimento firmado por esta Corte, nos autos do HC 598.051/SP, o ingresso policial forçado em domicílio, resultando na apreensão de material apto a configurar o crime de tráfico de drogas, deve apresentar justificativa circunstanciada em elementos prévios que indiquem efetivo estado de flagrância de delitos graves, além de estar configurada situação que demonstre não ser possível mitigação da atuação policial por tempo suficiente para se realizar o trâmite de expedição de mandado judicial idôneo ou a prática de outras diligências. No caso em tela, a violação de domicílio teve como justificativa o comportamento suspeito do acusado – que empreendeu fuga ao ver a viatura policial –, circunstância fática que não autoriza a dispensa de investigações prévias ou do mandado judicial para a entrada dos agentes públicos na residência, acarretando a nulidade da diligência policial. Ademais, a alegação de que a entrada dos policiais teria sido autorizada pelo agente não merece acolhimento. Isso porque não há outro elemento probatório no mesmo sentido, salvo o depoimento dos policiais que realizaram o flagrante, tendo tal autorização sido negada em juízo pelo réu. Por fim, 'Segundo a nova orientação jurisprudencial, o ônus de comprovar a higidez dessa autorização, com prova da voluntariedade do consentimento, recai sobre o estado acusador' (HC 685.593/SP, relator Ministro Sebastião Reis Junior, Sexta Turma, DJe 19/10/2021)" (STJ: HC 695.980/GO, rel. Min. Antonio Saldanha Palheiro, 6.ª Turma, j. 22.03.2022, noticiado no *Informativo* 730).

Busca e apreensão – domicílio como expressão do direito à intimidade – asilo inviolável – exceções constitucionais – interpretação restritiva – ausência de fundadas razões e de consentimento válido do morador – indução a erro – vício da manifestação de vontade – provas obtidas – nulidade: "A indução do morador a erro na autorização do ingresso em domicílio macula a validade da manifestação de vontade e, por consequência, contamina toda a busca e apreensão. O art. 5º, XI, da Constituição Federal consagrou o direito fundamental à inviolabilidade do domicílio, ao dispor que a casa é asilo inviolável do indivíduo, ninguém nela podendo penetrar sem consentimento do morador, salvo em caso de flagrante delito ou desastre, ou para prestar socorro, ou, durante o dia, por determinação judicial. O Supremo Tribunal Federal definiu, em repercussão geral (Tema 280), que o ingresso forçado em domicílio sem mandado judicial apenas se revela legítimo – a qualquer hora do dia, inclusive durante o período noturno – quando amparado em fundadas razões, devidamente justificadas pelas circunstâncias do caso concreto, que indiquem estar ocorrendo, no interior da casa, situação de flagrante delito (RE 603.616/RO, Rel. Ministro Gilmar Mendes, DJe 8/10/2010). No mesmo sentido, neste STJ: REsp 1.574.681/RS. No caso, apesar da menção a informação anônima repassada pela Central de Operações da Polícia Militar – Copom, não há nenhum registro concreto de prévia investigação para apurar a conformidade da notícia, ou seja, a ocorrência do comércio espúrio na localidade, tampouco a realização de diligências prévias, monitoramento ou campanas no local para averiguar a veracidade e a plausibilidade das informações recebidas anonimamente e constatar o aventado comércio ilícito de entorpecentes. Não houve, da mesma forma, menção a qualquer atitude suspeita, exteriorizada em atos concretos, nem movimentação de pessoas típica de comercialização de drogas. Por ocasião do julgamento do HC 598.051/SP (Rel. Ministro Rogerio Schietti, DJe 15/3/2021), a Sexta Turma desta Corte Superior de Justiça, à unanimidade, propôs nova e criteriosa abordagem sobre o controle do alegado consentimento do morador para o ingresso em seu domicílio por agentes estatais. Na ocasião, foram apresentadas as seguintes conclusões: a) Na hipótese de suspeita de crime em flagrante, exige– se, em termos de *standard probatório* para ingresso no domicílio do suspeito sem mandado judicial, a existência de fundadas razões (justa causa), aferidas de modo objetivo e devidamente justificadas, de maneira a indicar que dentro da casa ocorre situação de flagrante delito; b) O tráfico ilícito de entorpecentes, em que pese ser classificado como crime de natureza permanente, nem sempre autoriza a entrada sem mandado no domicílio onde supostamente se encontra a droga. Apenas será permitido o ingresso em situações de urgência, quando se concluir que do atraso decorrente da obtenção de mandado judicial se possa objetiva e concretamente inferir que a prova do crime (ou a própria droga) será destruída ou ocultada; c) O consentimento do morador, para validar o ingresso de agentes estatais em sua casa e a busca e apreensão de objetos relacionados ao crime, precisa ser voluntário e livre de qualquer tipo de constrangimento ou coação; d) A prova da legalidade e da voluntariedade do consentimento para o ingresso na residência do suspeito incumbe, em caso de dúvida, ao Estado, e deve ser feita com declaração assinada pela pessoa que autorizou o ingresso domiciliar, indicando-se, sempre que possível, testemunhas do ato. Em todo caso, a operação deve ser registrada em áudio-vídeo e preservada tal prova enquanto durar o processo; e) A violação a essas regras e condições legais e constitucionais para o ingresso no domicílio alheio resulta na ilicitude das provas obtidas em decorrência da medida, bem como das demais provas que dela decorrerem em relação de causalidade, sem prejuízo de eventual responsabilização penal do(s) agente(s) público(s) que tenha(m) realizado a diligência. As regras de experiência e o senso comum, somadas às peculiaridades do caso concreto, não conferem verossimilhança à afirmação dos agentes policiais de que o paciente teria autorizado, livre e voluntariamente, o ingresso em seu próprio domicílio, de sorte a franquear àqueles a apreensão de drogas e, consequentemente, a formação de prova incriminatória em seu desfavor. Na hipótese em análise, ainda que o acusado haja admitido a abertura do portão do imóvel para os agentes da lei, ressalvou que o fez apenas porque informado sobre a necessidade de perseguirem um suposto criminoso em fuga, e não para que fossem procuradas e apreendidas drogas. Ademais, se, de um lado, deve-se, como regra, presumir a veracidade das declarações de qualquer servidor público, não se há de ignorar, por outro lado, que a notoriedade de frequentes eventos de abusos e desvios na condução de diligências policiais permite inferir como pouco crível a versão oficial apresentada no inquérito policial, máxime quando interfere em direitos fundamentais do indivíduo e quando se nota indisfarçável desejo de se criar narrativa que confira plena legalidade à ação estatal. Essa relevante dúvida não pode, dadas as circunstâncias concretas – avaliadas por qualquer pessoa isenta e com base na experiência quotidiana do que ocorre nos centros urbanos – ser dirimida a favor do Estado, mas a favor do titular do direito atingido (*in dubio pro libertas*). Em verdade, caberia aos agentes que atuam em nome do Estado demonstrar, de modo inequívoco, que o consentimento do morador foi livremente prestado, ou que, na espécie, havia em curso na residência uma clara situação de comércio espúrio de droga, a autorizar, pois, o ingresso domiciliar mesmo sem consentimento válido do morador. Entretanto, não se demonstrou preocupação em documentar esse consentimento, quer por escrito, quer por testemunhas, quer, ainda e especialmente, por registro de áudio-vídeo. Sobre a gravação audiovisual, aliás, é pertinente destacar o recente julgamento pelo Supremo Tribunal Federal dos Embargos de Declaração na Medida Cautelar da ADPF 635 ('ADPF das Favelas', finalizado em 3/2/2022), oportunidade na qual o Pretório Excelso – em sua composição plena e em consonância com o decidido por este Superior Tribunal no já citado HC 598.051/SP – reconheceu a imprescindibilidade de tal forma de monitoração da atividade policial e determinou, entre outros, que 'o Estado do Rio de Janeiro, no prazo máximo de 180 (cento e oitenta) dias, instale equipamentos de GPS e sistemas de gravação de áudio e vídeo nas viaturas policiais e nas fardas dos agentes de segurança, com o posterior armazenamento digital dos respectivos arquivos'. Dessa forma, em atenção à basilar lição de hermenêutica constitucional segundo a qual exceções a direitos fundamentais devem ser interpretadas restritivamente, prevalece, quanto ao consentimento, na ausência de prova adequada em sentido diverso, a versão apresentada pelo morador de que apenas abriu o portão para os policiais perseguirem um suposto autor de crime de roubo. Partindo dessa premissa, isto é, de que a autorização foi obtida mediante indução do acusado a erro pelos policiais militares, não pode ser considerada válida a apreensão das drogas, porquanto viciada a manifestação volitiva do paciente. Se, no Direito Civil, que envolve direitos patrimoniais disponíveis, em uma relação equilibrada entre particulares, a indução da parte adversa a erro acarreta a invalidade da sua manifestação por vício de vontade (art. 145, CC), com muito mais razão deve fazê-lo no Direito Penal (*lato sensu*), que trata de direitos indisponíveis do indivíduo diante do poderio do Estado, em relação manifestamente desigual. A descoberta *a posteriori* de uma situação de flagrante decorreu de ingresso ilícito na moradia do acusado, em violação a norma constitucional que consagra direito fundamental à inviolabilidade do domicílio, o que torna imprestável, no caso concreto, a prova ilicitamente obtida e, por conseguinte, todos os atos dela decorrentes – relativa ao delito descrito no art. 33 da Lei n. 11.343/2006 –, porque apoiada exclusivamente nessa diligência policial. Ressalta-se que, conquanto seja legítimo que os órgãos de persecução penal se empenhem em investigar, apurar e punir autores de crimes mais graves, os meios empregados devem, inevitavelmente, vincular-se aos limites e ao regramento das leis e da Constituição Federal. Afinal, é a licitude dos meios empregados pelo Estado que justificam o alcance dos fins perseguidos, em um processo penal sedimentado sobre bases republicanas e democráticas" (STJ: HC 674.139/SP, rel. Min. Rogerio Schietti Cruz, 6.ª Turma, j. 15.02.2022, noticiado no *Informativo* 725).

Busca domiciliar – habitação em prédio abandonado de escola municipal – extensão interpretativa do conceito de domicílio – possibilidade – art. 5º, inciso XI, da CF/1988: "A habitação em prédio abandonado de escola municipal pode caracterizar o conceito de domicílio em que incide a proteção disposta no art. 5º, inciso XI, da Constituição Federal. A Constituição da República, em seu art. 5º, inciso XI, afirma que 'a casa é asilo inviolável do indivíduo, ninguém nela podendo penetrar sem consentimento do morador, salvo em caso de flagrante delito ou desastre, ou para prestar socorro, ou, durante o dia, por determinação judicial'. O Pleno do Supremo Tribunal Federal, no exame do RE 603.616 (Tema 280/STF), reconhecido como de repercussão geral, assentou que 'a entrada forçada em domicílio sem mandado judicial só é lícita, mesmo em período noturno, quando amparada em fundadas razões, devidamente justificadas a posteriori, que indiquem que dentro da casa ocorre situação de flagrante delito, sob pena de responsabilidade disciplinar, civil e penal do agente ou da autoridade e de nulidade dos atos praticados'. Não procede o fundamento de que o fato de o agravante habitar o prédio abandonado de uma escola municipal descaracterizaria o conceito de domicílio, para que haja proteção constitucional. Anota-se, por fim, que o Decreto n. 7.053/2009, que instituiu a Política Nacional para População em Situação de Rua, reforça a condição de moradia aos habitantes de logradouros públicos e áreas degradadas" (STJ: AgRg no HC 712.529/SE, rel. Min. Ribeiro Dantas, 5.ª Turma, j. 25.10.2022, noticiado no *Informativo* 755).

Conceito de casa: "Para os fins da proteção jurídica a que se refere o art. 5º, XI, da Constituição da República, o conceito normativo de 'casa' revela-se abrangente e, por estender-se a qualquer compartimento privado não aberto ao público, onde alguém exerce profissão ou atividade (CP, art. 150, § 4º, III), compreende, observada essa específica limitação espacial (área interna não acessível ao público), os escritórios profissionais. [...] Sem que ocorra qualquer das situações excepcionais taxativamente previstas no texto constitucional (art. 5º, XI), nenhum agente público, ainda que vinculado à administração tributária do Estado, poderá, contra a vontade de quem de direito (*invito domino*), ingressar, durante o dia, sem mandado judicial, em espaço privado não aberto ao público, onde alguém exerce sua atividade profissional, sob pena de a prova resultante da diligência de busca e apreensão assim executada reputar-se inadmissível, porque impregnada de ilicitude material" (STF: HC 82.788/RJ, rel. Min. Celso de Mello, 2.ª Turma, j. 12.04.2005).

Estabelecimento comercial – invasão do imóvel sem mandado judicial – local aberto ao público – inviolabilidade de domicílio – não ocorrência: "A abordagem policial em estabelecimento comercial, ainda que a diligência tenha ocorrido quando não havia mais clientes, é hipótese de local aberto ao público, que não recebe a proteção constitucional da inviolabilidade do domicílio. Nos termos do art. 5º, inciso XI, da Constituição Federal, 'a casa é asilo inviolável do indivíduo, ninguém nela podendo penetrar sem consentimento do morador, salvo em caso de flagrante delito ou desastre, ou para prestar socorro, ou, durante o dia, por determinação judicial'. Consoante decidido no RE 603.616/RO, pelo Supremo Tribunal Federal, 'a entrada forçada em domicílio sem mandado judicial é lícita, mesmo em período noturno, quando amparada em fundadas razões, devidamente justificadas a posteriori, que indiquem que, dentro da casa, ocorre situação de flagrante delito, sob pena de responsabilidade disciplinar, civil, e penal do agente ou da autoridade e de nulidade dos atos praticados'. Todavia, no caso, verifica-se que os policiais afirmaram que 'havia uma investigação em andamento relativa a um roubo de carga, tendo sido veiculada denúncia anônima dando conta de que parte do carregamento subtraído estava nas dependências da borracharia pertencente ao réu, diante do que procederam à diligência local'. Em razão de haver investigações em curso, relativa ao roubo de uma carga, os policiais diligenciaram no local indicado. Aguardaram até não mais ter clientes nas dependências do estabelecimento, quando abordaram o acusado, que, de pronto, indicou o local em que estocada a res furtiva. Portanto, a abordagem policial foi realizada em um imóvel no qual funcionava estabelecimento comercial, e, mesmo que a diligência tenha ocorrido quando não havia mais clientes, no horário em que o proprietário iria fechar a borracharia, a hipótese passa a ser de local aberto ao público. Desse modo, como se trata de estabelecimento comercial – em funcionamento e aberto ao público – não pode receber a proteção que a Constituição Federal confere à casa. Assim, não há violação à garantia constitucional da inviolabilidade do domicílio, a caracterizar a ocorrência de constrangimento ilegal" (STJ: HC 754.789/RS, rel. Ministro Olindo Menezes (Desembargador convocado do TRF 1ª Região), 6.ª Turma, j. 06/12/2022, noticiado no *Informativo* 760).

Estado de flagrância – crimes permanentes – domicílio como expressão do direito à intimidade – asilo Inviolável – exceções constitucionais – interpretação restritiva – invasão de domicílio pela polícia – necessidade de justa causa: "Não configura justa causa apta a autorizar invasão domiciliar a mera intuição da autoridade policial de eventual traficância praticada por indivíduo, fundada unicamente em sua fuga de local supostamente conhecido como ponto de venda de drogas ante iminente abordagem policial. Cinge-se a discussão sobre a legitimidade do procedimento policial que, após o ingresso no interior da residência de determinado indivíduo, sem o seu consentimento válido e sem autorização judicial, logra encontrar e apreender drogas, de sorte a configurar a prática do crime de tráfico de entorpecente, cujo caráter permanente autorizaria o ingresso domiciliar. Inicialmente, cumpre pontuar que o texto constitucional estabeleceu no art. 5º, XI, a máxima de que a residência é asilo inviolável, atribuindo-lhe contorno de direito fundamental vinculado à proteção da vida privada e ao direito à intimidade. Ao mesmo tempo, previu, em *numerus clausus*, as respectivas exceções, quais sejam: a) se o morador consentir; b) em flagrante delito; c) em caso de desastre; d) para prestar socorro; e) durante o dia, por determinação judicial. Aliás, o Plenário do Supremo Tribunal Federal, por ocasião do julgamento do RE n. 603.616/RO, com repercussão geral previamente reconhecida, assentou que 'a entrada forçada em domicílio sem mandado judicial só é lícita, mesmo em período noturno, quando amparada em fundadas razões, devidamente justificadas a posteriori, que indiquem que dentro da casa ocorre situação de flagrante delito, sob pena de responsabilidade disciplinar, civil e penal do agente ou da autoridade e de nulidade dos atos praticados' (Rel. Ministro Gilmar Mendes, DJe 8/10/2010). No entanto, embora a jurisprudência tenha caminhado no sentido de que as autoridades podem ingressar em domicílio, sem o consentimento do morador, em hipóteses de flagrante-delito de crime permanente – de que é exemplo o tráfico de drogas –, o entendimento merece ser aperfeiçoado, dentro, obviamente, dos limites definidos pela Carta Magna e pelo Supremo Tribunal Federal, para que se possa perquirir em qual medida a entrada forçada em domicílio é tolerável.

O crime de tráfico de drogas, por seu tipo plurinuclear, enseja diversas situações de flagrante que não devem ser confundidas. Nem sempre o agente traz consigo drogas ou age ostensivamente de modo a ser possível antever que sua conduta se insere em alguma das dezoito alternativas típicas que justificam o flagrante, com a mitigação de um direito fundamental. Nesses casos, espera-se que a autoridade policial proceda a investigações preliminares que a levem a descobrir, v. g., que a residência de determinado indivíduo serve de depósito ou de comercialização de substâncias entorpecentes, de modo a autorizar o ingresso na casa, a qualquer hora do dia ou da noite, dada a natureza permanente do tráfico de drogas. Na hipótese em que o acusado encontra-se em local supostamente conhecido como ponto de venda de drogas, e, ao avistar o patrulhamento policial, empreende fuga até sua residência (por motivos desconhecidos) e, em razão disso, é perseguido por policiais, sem, contudo, haver um contexto fático do qual se possa concluir (ou, ao menos, ter-se fundada suspeita), que no interior da residência também ocorre uma conduta criminosa, a questão da legitimidade da atuação policial, ao invadir o domicílio, torna-se extremamente controversa. Assim, ao menos que se possa inferir, de fatores outros que não a mera fuga ante a iminente abordagem policial, que o evasor esteja praticando crime de tráfico de drogas, ou outro de caráter permanente, no interior da residência onde se homiziou, não haverá razão séria para a mitigação da inviolabilidade do domicílio, ainda que haja posterior descoberta e apreensão de drogas no interior da residência – circunstância que se mostrará meramente acidental –, sob pena de esvaziar-se essa franquia constitucional da mais alta importância. O que se tem, portanto, é apenas a intuição acerca de eventual traficância praticada pelo recorrido, o que, embora pudesse autorizar abordagem policial, em via pública, para averiguação, não configurou, por si só, 'fundadas razões' a autorizar o ingresso em seu domicílio, sem o seu consentimento e sem determinação judicial" (STJ: REsp 1.574.681/RS, rel. Min. Rogerio Schietti Cruz, 6.ª Turma, j. 20.04.2017, noticiado no *Informativo* 606).

Estado de flagrância – desnecessidade de autorização judicial – controle posterior da validade da diligência policial: "A entrada forçada em domicílio sem mandado judicial só é lícita, mesmo em período noturno, quando amparada em fundadas razões, devidamente justificadas *a posteriori*, que indiquem que dentro da casa ocorre situação de flagrante delito, sob pena de responsabilidade disciplinar, civil e penal do agente ou da autoridade, e de nulidade dos atos praticados. Essa a orientação do Plenário, que reconheceu a repercussão geral do tema e, por maioria, negou provimento a recurso extraordinário em que se discutia, à luz do art. 5º, XI, LV e LVI, da Constituição, a legalidade das provas obtidas mediante invasão de domicílio por autoridades policiais sem o devido mandado de busca e apreensão. O acórdão impugnado assentara o caráter permanente do delito de tráfico de drogas e mantivera condenação criminal fundada em busca domiciliar sem a apresentação de mandado de busca e apreensão. A Corte asseverou que o texto constitucional trata da inviolabilidade domiciliar e de suas exceções no art. 5º, XI ('a casa é asilo inviolável do indivíduo, ninguém nela podendo penetrar sem consentimento do morador, salvo em caso de flagrante delito ou desastre, ou para prestar socorro, ou, durante o dia, por determinação judicial'). Seriam estabelecidas, portanto, quatro exceções à inviolabilidade: a) flagrante delito; b) desastre; c) prestação de socorro; e d) determinação judicial. A interpretação adotada pelo STF seria no sentido de que, se dentro da casa estivesse ocorrendo um crime permanente, seria viável o ingresso forçado pelas forças policiais, independentemente de determinação judicial. Isso se daria porque, por definição, nos crimes permanentes, haveria um interregno entre a consumação e o exaurimento. Nesse interregno, o crime estaria em curso. Assim, se dentro do local protegido o crime permanente estivesse ocorrendo, o perpetrador estaria cometendo o delito. Caracterizada a situação de flagrante, seria viável o ingresso forçado no domicílio. Desse modo, por exemplo, no crime de tráfico de drogas (Lei 11.343/2006, art. 33), estando a droga depositada em uma determinada casa, o morador estaria em situação de flagrante delito, sendo passível de prisão em flagrante. Um policial, em razão disso, poderia ingressar na residência, sem autorização judicial, e realizar a prisão. Entretanto, seria necessário estabelecer uma interpretação que afirmasse a garantia da inviolabilidade da casa e, por outro lado, protegesse os agentes da segurança pública, oferecendo orientação mais segura sobre suas formas de atuação. Nessa medida, a entrada forçada em domicílio, sem uma justificativa conforme o direito, seria arbitrária. Por outro lado, não seria a constatação de situação de flagrância, posterior ao ingresso, que justificaria a medida. Ante o que consignado, seria necessário fortalecer o controle *a posteriori*, exigindo dos policiais a demonstração de que a medida fora adotada mediante justa causa, ou seja, que haveria elementos para caracterizar a suspeita de que uma situação a autorizar o ingresso forçado em domicílio estaria presente. O modelo probatório, portanto, deveria ser o mesmo da busca e apreensão domiciliar – apresentação de 'fundadas razões', na forma do art. 240, §1º, do CPP –, tratando-se de exigência modesta, compatível com a fase de obtenção de provas. Vencido o Ministro Marco Aurélio, que provia o recurso por entender que não estaria configurado, na espécie, o crime permanente" (STF: RE 603.616/RO, rel. Min. Gilmar Mendes, Plenário, j. 05.11.2015, noticiado no *Informativo* 806).

Imóvel não habitado – local de armazenamento de armas e drogas – busca e apreensão e ausência de prévia autorização judicial – fundada suspeita de crime permanente – fato atípico: "Não há nulidade na busca e apreensão efetuada por policiais, sem prévio mandado judicial, em apartamento que não revela sinais de habitação, nem mesmo de forma transitória ou eventual, se a aparente ausência de residentes no local se alia à fundada suspeita de que o imóvel é utilizado para a prática de crime permanente. O Supremo Tribunal Federal definiu, em repercussão geral, que o ingresso forçado em domicílio sem mandado judicial apenas se revela legítimo – a qualquer hora do dia, inclusive durante o período noturno – quando amparado em fundadas razões, devidamente justificadas pelas circunstâncias do caso concreto, que indiquem estar ocorrendo, no interior da casa, situação de flagrante delito (RE 603.616/RO, Rel. Ministro Gilmar Mendes DJe 8/10/2010). Nessa linha de raciocínio, o ingresso em moradia alheia depende, para sua validade e sua regularidade, da existência de fundadas razões (justa causa) que sinalizem para a possibilidade de mitigação do direito fundamental em questão. É dizer, somente quando o contexto fático anterior à invasão permitir a conclusão acerca da ocorrência de crime no interior da residência é que se mostra possível sacrificar o direito à inviolabilidade do domicílio. Ademais, a proteção constitucional, no tocante à casa, independentemente de seu formato e localização, de se tratar de bem móvel ou imóvel, pressupõe que o indivíduo a utilize para fins de habitação, moradia, ainda que de forma transitória, pois tutela-se o bem jurídico da intimidade da vida privada. O crime de tráfico de drogas, na modalidade guardar ou ter em depósito possui natureza permanente. Tal fato torna legítima a entrada de policiais em domicílio para fazer cessar a prática do delito, independentemente de mandado judicial, desde que existam elementos suficientes de probabilidade delitiva capazes de demonstrar a ocorrência de situação flagrancial. No caso, após denúncia anônima detalhada de armazenamento de drogas e de armas, seguida de informações dos vizinhos de que não haveria residente no imóvel, de vistoria externa na qual não foram identificados indícios de ocupação, mas foi visualizada parte do material ilícito, policiais adentraram o local e encontraram grande quantidade de drogas. Assim, sem desconsiderar a proteção constitucional de que goza a propriedade privada, ainda que desabitada, não se verifica nulidade na busca e apreensão efetuada por policiais, sem prévio mandado judicial, em apartamento que não revela sinais de habitação, nem mesmo de forma transitória ou eventual" (STJ: HC 588.445/SC, rel. Min. Reynaldo Soares da Fonseca, 5.ª Turma, j. 25.08.2020, noticiado no *Informativo* 678).

Invasão de consulado estrangeiro – ausência de lesão a interesse da União – competência da Justiça Estadual: "Compete à Justiça Estadual – e não à Justiça Federal – processar e julgar supostos crimes de violação de domicílio, de dano e de cárcere privado – este, em tese, praticado contra agente consular – cometidos por particulares no contexto de invasão a consulado estrangeiro. De acordo com o disposto no art. 109, IV e V, da CF, a competência penal da Justiça Federal pressupõe que haja ofensa a bens, serviços ou interesses da União ou que, comprovada a internacionalidade do fato, o crime praticado esteja previsto em tratados ou convenções internacionais. No entanto, os supostos crimes praticados estão previstos no CP, não havendo qualquer indício de internacionalidade dos fatos. De igual modo, na situação em análise, as condutas ilícitas não ofendem diretamente os bens, serviços ou interesses da União, entidades autárquicas ou empresas públicas federais. Ressalte-se que o disposto nos incisos I e II do art. 109 da CF e o fato de competir à União a manutenção de relações diplomáticas com Estados estrangeiros – do que derivam as relações consulares – não alteram a competência penal da Justiça Federal" (STJ: AgRg no CC 133.092/RS, rel. Min. Maria Thereza de Assis Moura, 3.ª Seção, j. 23.04.2014, noticiado no *Informativo* 541).

Gabinete de Delegado de Polícia – domicílio para fins penais – caracterização do crime: "Configura o crime de violação de domicílio (art. 150 do CP) o ingresso e a permanência, sem autorização, em gabinete de Delegado de Polícia, embora faça parte de um prédio ou de uma repartição públicos. O § 4º do art. 150 do CP, em seu inciso III, dispõe que a expressão 'casa' compreende o 'compartimento não aberto ao público, onde alguém exerce profissão ou atividade'. Ora, se o compartimento deve ser fechado ao público, depreende-se que faz parte de um prédio ou de uma repartição públicos, ou então que, inserido em ambiente privado, possua uma parte conjugada que seja aberta ao público. Assim, verifica-se que, sendo a sala de um servidor público – no caso, o gabinete de um Delegado de Polícia – um compartimento com acesso restrito e dependente de autorização, e, por isso, um local fechado ao público, onde determinado indivíduo exerce suas atividades laborais, há o necessário enquadramento no conceito de 'casa' previsto no art. 150 do Estatuto Repressivo. Com efeito, entendimento contrário implicaria a ausência de proteção à liberdade individual de todos aqueles que trabalham em prédios públicos, já que poderiam ter os recintos ou compartimentos fechados em que exercem suas atividades invadidos por terceiros não autorizados a qualquer momento, o que não se coaduna com o objetivo da norma penal incriminadora em questão. Ademais, em diversas situações o serviço público ficaria inviabilizado, pois bastaria que um cidadão ou que grupos de cidadãos desejassem manifestar sua indignação ou protestar contra determinada situação para que pudessem ingressar em qualquer prédio público, inclusive nos espaços restritos à população, sem que tal conduta caracterizasse qualquer ilícito, o que, como visto, não é possível à luz da legislação penal em vigor" (STJ: HC 298.763/SC, rel. Min. Jorge Mussi, 5.ª Turma, j. 07.10.2014, noticiado no *Informativo* 549).

Quarto de hotel – tráfico de drogas e prisão em flagrante – morada não permanente – *standard* probatório diferenciado – presença de fundadas razões – necessidade: "É lícita a entrada de policiais, sem autorização judicial e sem o consentimento do hóspede, em quarto de hotel não utilizado como morada permanente, desde que presentes as fundadas razões que sinalizem a ocorrência de crime e hipótese de flagrante delito. O quarto de hotel constitui espaço privado que, segundo entendimento do Supremo Tribunal Federal, é qualificado juridicamente como 'casa' (desde que ocupado) para fins de tutela constitucional da inviolabilidade domiciliar. Embora a jurisprudência tenha caminhado no sentido de que as autoridades podem ingressar em domicílio, sem o consentimento do morador, em hipóteses de flagrante delito de crime permanente – de que é exemplo o tráfico de drogas –, ao julgar o REsp 1.574.681/RS (*DJe* 30.05.2017), a Sexta Turma do STJ decidiu, à unanimidade, que não se há de admitir que a mera constatação de situação de flagrância, posterior ao ingresso, justifique a medida. No referido julgamento, concluiu-se, portanto, que, para legitimar-se o ingresso em domicílio alheio, é necessário tenha a autoridade policial fundadas razões para acreditar, com lastro em circunstâncias objetivas, no atual ou iminente cometimento de crime no local onde a diligência vai ser cumprida. No caso, verifica-se que, previamente à prisão em flagrante, foram realizadas diligências investigativas para apurar a veracidade da informação recebida no sentido de que havia entorpecentes no quarto de hotel em que estava hospedado o réu. Vale dizer, a atuação policial foi precedida de mínima investigação acerca de tal informação de que, naquele quarto, realmente acontecia a traficância de drogas, tudo a demonstrar que estava presente o elemento "fundadas razões", a autorizar o ingresso no referido local. Esclarece-se que, embora o quarto de hotel regularmente ocupado seja, juridicamente, qualificado como 'casa' para fins de tutela constitucional da inviolabilidade domiciliar (art. 5º, XI), a exigência, em termos de standard probatório, para que policiais ingressem em um quarto de hotel sem mandado judicial não pode ser igual às fundadas razões exigidas para o ingresso em uma residência propriamente dita, a não ser que se trate (o quarto de hotel) de um local de moradia permanente do suspeito. Isso porque é diferente invadir uma casa habitada permanentemente pelo suspeito e até por várias pessoas (crianças e idosos, inclusive) e um quarto de hotel que, como no caso, é aparentemente utilizado não como uma morada permanente, mas para outros fins, inclusive, ao que tudo indica, o comércio de drogas. Com efeito, presentes as fundadas razões que sinalizem a ocorrência de crime e evidenciem hipótese de flagrante delito, é regular o ingresso da polícia no quarto de hotel ocupado pelo acusado, sem autorização judicial e sem o consentimento do hóspede" (STJ: HC 659.527/SP, rel. Min. Rogerio Schietti Cruz, 6.ª Turma, j. 19.10.2021, noticiado no *Informativo* 715).

Noite – inviolabilidade absoluta do domicílio: "A Constituição preconiza a inviolabilidade noturna do domicílio, pouco importando a existência de ordem judicial" (STF: RE 460.880/RS, rel. Min. Marco Aurélio, 1.ª Turma, j. 25.09.2007, noticiado no *Informativo* 481).

Seção III –
Dos crimes contra a inviolabilidade
de correspondência

○ **Fundamento dos crimes contra a inviolabilidade de correspondência:** Encontra-se no art. 5º, XII, da CF: "é inviolável o sigilo da correspondência e das comunicações telegráficas, de dados e das comunicações telefônicas, salvo, no último caso, por ordem judicial, nas hipóteses e na forma que a lei estabelecer para fins de investigação criminal ou instrução processual penal." Esse direito é relativo, a exemplo dos demais direitos fundamentais. É necessária sua compatibilização com as demais regras do ordenamento jurídico, e, principalmente, a inviolabilidade de correspondência não pode ser utilizada para ofender o interesse público, nem para prejudicar direitos alheios. É o que se convencionou chamar de **convivência das liberdades públicas**. Exemplificativamente, não se pode conceber a invocação deste direito para servir de escudo para a prática de infrações penais por alguém, como na hipótese em que um indivíduo se vale do serviço de correios para o tráfico de drogas. A inviolabilidade do sigilo epistolar não pode constituir instrumento de salvaguarda de práticas ilícitas (STF: HC 70.814/SP, 1.ª Turma, Rel. Min. Celso de Mello, j. 1º.03.1994).

○ **Supremo Tribunal Federal e Tema 1.041 da Repercussão Geral:** "(1) Sem autorização judicial ou fora das hipóteses legais, é ilícita a prova obtida mediante abertura de carta, telegrama, pacote ou meio análogo, salvo se ocorrida em estabelecimento penitenciário, quando houver fundados indícios da prática de atividades ilícitas; (2) Em relação à abertura de encomenda postada nos Correios, a prova obtida somente será lícita quando houver fundados indícios da prática de atividade ilícita, formalizando-se as providências adotadas para fins de controle administrativo ou judicial."[66]

Violação de correspondência

> **Art. 151.** Devassar indevidamente o conteúdo de correspondência fechada, dirigida a outrem:
> Pena – detenção, de um a seis meses, ou multa.

---

[66]　RE 1.116.949 ED/PR, rel. Min. Edson Fachin, Plenário, j. 30.11.2023, noticiado no Informativo 1.119.

Sonegação ou destruição de correspondência

> § 1º Na mesma pena incorre:
>
> I – quem se apossa indevidamente de correspondência alheia, embora não fechada e, no todo ou em parte, a sonega ou destrói;

Violação de comunicação telegráfica, radioelétrica ou telefônica

> II – quem indevidamente divulga, transmite a outrem ou utiliza abusivamente comunicação telegráfica ou radioelétrica dirigida a terceiro, ou conversação telefônica entre outras pessoas;
>
> III – quem impede a comunicação ou a conversação referidas no número anterior;
>
> IV – quem instala ou utiliza estação ou aparelho radioelétrico, sem observância de disposição legal.
>
> § 2º As penas aumentam-se de metade, se há dano para outrem.
>
> § 3º Se o agente comete o crime, com abuso de função em serviço postal, telegráfico, radioelétrico ou telefônico:
>
> Pena – detenção, de um a três anos.
>
> § 4º Somente se procede mediante representação, salvo nos casos do § 1º, IV, e do § 3º.

Classificação:	Informações rápidas:
Crime comum Crime doloso Crime de mera conduta Crime de forma livre Crime instantâneo Crime unissubjetivo (*regra*) Crime unissubsistente ou plurissubsistente	Atenção para o art. 151 em relação ao disposto na Lei 6.538/1978 (lei de serviços postais). **Elemento normativo:** "indevidamente". **Dupla subjetividade passiva:** remetente (o seu falecimento não exclui o delito) + destinatário (a impossibilidade de localização não afasta o crime). Admite tentativa. **Ação penal:** pública condicionada à representação, exceto no § 1.º, IV, e no § 3.º (pública incondicionada). **Competência:** *Justiça Federal*, quando a conduta ocorrer durante o trânsito da correspondência (serviço postal, de competência da União); *Justiça Estadual*, quando a correspondência se encontrava na posse do remetente ou do destinatário.

○ **Violação de correspondência (art. 151, *caput*)**

– **Introdução:** O art. 151, *caput*, do CP foi revogado pelo art. 40, *caput*, da Lei 6.538/1978, que regula os serviços postais (lei especial e cronologicamente posterior): "Art. 40. Devassar indevidamente o conteúdo de correspondência fechada dirigida a outrem: Pena – detenção, até seis meses, ou pagamento não excedente a vinte dias-multa."

– **Objeto jurídico:** A lei penal tutela a liberdade de comunicação do pensamento, concretizada pelo sigilo da correspondência.

– **Objeto material:** É a correspondência (carta, bilhete, telegrama etc.) violada pela conduta criminosa. A correspondência **pode ser particular ou oficial, pouco importando esteja ou não redigida em português**. Exige-se, porém, que se trate de **idioma conhecido**, pois, na hipótese de ser veiculada por códigos incompreensíveis e indecifráveis, haverá crime impossível por absoluta impropriedade do objeto (CP, art. 17). A lei penal protege a **correspondência fechada**, pois somente esta contém em seu interior um segredo. Inexiste crime na conduta do sujeito que lê uma missiva cujo envelope está aberto. Também não há crime no tocante às correspondências cujos envelopes possuem a expressão "este envelope pode ser aberto pela Empresa de Correios e Telégrafos". Além disso, reclama-se a **atualidade** da correspondência. Não há crime, por exemplo, na conduta daquele que devassa uma carta que encontrou e estava perdida há décadas em lugar público. Finalmente, é preciso seja a correspondência endereçada a **destinatário específico**. O fato é atípico quando alguém devassa uma carta remetida ao povo, aos eleitores em geral, aos amantes do futebol etc.

– **Núcleo do tipo:** É "**devassar**", que significa tomar conhecimento de algo proibido. Com efeito, o sigilo da correspondência é inviolável, por expressa disposição constitucional (art. 5.º, XII). A devassa pode ser efetuada por qualquer meio (**crime de forma livre**). Embora seja o método mais comum, **não é obrigatória a abertura da correspondência** – o sujeito pode conhecer o conteúdo de uma carta apalpando o objeto que está em seu interior (exemplos: dinheiro, joias etc.). E, mesmo na leitura de uma correspondência, o agente pode inteirar-se do seu conteúdo sem abri-la. Exemplo: colocar a carta contra a luz.

– **Elemento normativo do tipo:** Para caracterização do crime não basta ao agente devassar o conteúdo de correspondência fechada, dirigida a outrem. É preciso que o faça "**indevidamente**" – sem ter o direito de tomar conhecimento do seu conteúdo. Nada obstante o teor do art. 5.º, XII, da CF, o art. 10 da Lei 6.538/1978 determina inexistir crime na violação de correspondência alheia em algumas situações. Tal dispositivo foi recepcionado pela ordem constitucional em vigor, uma vez que não há liberdades públicas absolutas, e a finalidade da lei ordinária é legítima, pois visa coibir abusos e a prática de atos ilícitos acobertados pelo manto da inviolabilidade epistolar. Além das hipóteses definidas no art. 10 da Lei 6.538/1978, existem outras em que a violação de correspondência é legítima. Exemplos: (1) os pais podem abrir cartas estranhas endereçadas aos filhos menores. Cuida-se de corolário do poder familiar, configurando, destarte, exercício regular de direito. Há crime, entretanto, na abertura de cartas encaminhadas aos filhos maiores e capazes, ainda que residam com os pais; e (2) ao diretor do estabelecimento prisional é assegurado o direito de acessar o conteúdo de correspondências suspeitas remetidas aos presos (LEP, art. 41, XV e parágrafo único).

– **Violação de correspondência entre cônjuges:** Prevalece o entendimento de que o marido pode ler carta dirigida à esposa, e vice-versa. Esta conclusão fundamenta-se no art. 226, § 5.º, da CF e no art. 1.566, inciso II, do CC. De fato, o casamento acarreta aos envolvidos um elenco de direitos e deveres incompatíveis com a vida de solteiro, caracterizada pelo maior isolamento e privacidade do indivíduo. Além disso, diversas cartas, bilhetes e telegramas, ainda que em nome de um dos cônjuges, interessam igualmente ao casal. Exemplos: contas domésticas, mensalidades de escolas dos filhos, convites etc. Portanto, quando um dos cônjuges abre correspondências encaminhadas ao outro cônjuge, não há crime, em face do exercício regular de direito. O fato pode ser indecoroso e antiético, mas não interessa ao Direito Penal. É de se observar, porém, que a Lei 11.340/2006 – Lei Maria da Penha – prevê uma medida protetiva que obriga o agressor a não entrar em "contato com a ofendida, seus familiares e testemunhas por qualquer meio de comunicação" (art. 22, III, *b*). Desta forma, será legítima e conforme o Direito a atuação da pessoa que, em obediência a ordem judicial, impedir o contato mediante correspondência do agressor com a vítima de violência doméstica ou familiar.

– **Sujeito ativo:** Qualquer pessoa (**crime comum**), inclusive o **cego**, desde que possa, de qualquer modo, tomar conhecimento do seu conteúdo (exemplo: apalpando o seu interior). Incidirá uma **agravante genérica** se o crime for cometido por pessoa prevalecendo-se do cargo, ou em abuso da função (Lei 6.538/1978, art. 43). É imprescindível que o sujeito pratique o fato em decorrência do cargo ou função específica por ele desempenhada, relativa ao serviço postal.

– **Sujeito passivo:** Há duas vítimas (**crime de dupla subjetividade passiva**): o remetente e o destinatário. Exclui-se o crime se qualquer um deles autorizar o conhecimento do conteúdo da correspondência por terceira pessoa. Enquanto não chega ao destinatário, pertence unicamente ao remetente. A impossibilidade de localização do destinatário não afasta o crime. O falecimento do remetente não exclui o delito. Se a correspondência ainda não foi enviada, e sobreveio sua morte, seus herdeiros têm o direito de conhecer seu conteúdo, pois ela agora lhes pertence. Se o destinatário falece antes de receber a correspondência, seus sucessores poderão conhecer seu conteúdo, que provavelmente a eles interessa. O sigilo terminou para o destinatário original com a sua morte, pois a partir daí não é mais sujeito de direitos. Nessa hipótese, não procede falar em crime em face do interesse do remetente. Com efeito, o espólio não tem como diferenciar as correspondências que lhe são irrelevantes das outras, importantes (exemplos: cobrança de dívidas, créditos a receber etc.).

– **Elemento subjetivo:** É o dolo, abrangente da ilegitimidade da conduta de devassar a correspondência alheia. Prescinde-se de qualquer finalidade específica, e não se admite a modalidade culposa. O erro de tipo exclui o dolo e, consequentemente, torna o fato atípico (CP, art. 20, *caput*). Se a finalidade do agente for entregar a governo estrangeiro, a seus agentes, ou à organização criminosa estrangeira, em desacordo com determinação legal ou regulamentar, documento ou informação classificados como secretos ou ultrassecretos nos termos da lei, cuja revelação possa colocar em perigo a preservação da ordem constitucional ou a soberania nacional, estará caracterizado o crime de espionagem, previsto no art. 359-K do Código Penal.

– **Consumação:** Trata-se de **crime de mera conduta**: consuma-se com o conhecimento do conteúdo da correspondência. A lei não previu qualquer tipo de resultado naturalístico.

– **Tentativa:** É possível.

– **Pena:** Detenção, de até seis meses, ou pagamento não excedente a vinte dias-multa (Lei 6.538/1978, art. 40). Contrariamente à tradição pátria, não se comina pena mínima. Como a lei penal, quando favorável ao réu, não pode ser interpretada restritivamente, conclui-se que o juiz pode aplicar a pena de 1 (um) dia a 6 (seis) meses de detenção. Por sua vez, a pena de multa parte do mínimo legal, de 10 (dez) dias-multa, nos termos do art. 49, *caput*, do Código Penal, e vai até o máximo de 20 (vinte) dias-multa.

– **Causa de aumento da pena:** As penas são aumentadas da metade quando há dano a outrem (Lei 6.538/1978, art. 40, § 2.º). Esse dano pode ser econômico ou moral, e o prejudicado pode ser o remetente, o destinatário ou mesmo um terceiro.

– **Ação Penal:** É pública condicionada à representação (CP, art. 151, § 4.º, preservado pelo art. 48 da Lei 6.538/1978). Tratando-se de crime de dupla subjetividade passiva, o direito de representação pode ser exercido tanto pelo remetente como pelo destinatário da correspondência. Se um deles quiser representar, e o outro não, prevalece a vontade daquele que deseja autorizar a instauração da persecução penal.

– **Lei 9.099/1995:** Trata-se de infração penal de menor potencial ofensivo. Admite composição civil dos danos e transação penal, se presentes os requisitos legais. Obedece ao procedimento sumaríssimo, previsto nos arts. 77 e seguintes da Lei 9.099/1995.

– **Subsidiariedade:** O crime de violação de correspondência é subsidiário em relação a outros crimes mais graves.

– **Competência:** A competência varia de acordo com o momento em que a conduta criminosa é praticada. Será da Justiça Federal quando a conduta ocorrer durante o trânsito da correspondência, valendo-se o sujeito do serviço postal, de competência da União (CF, art. 22, V). Se o comportamento ilícito for realizado quando a correspondência se encontrava na posse do remetente ou do destinatário, a competência será da Justiça Estadual.

○ Sonegação ou destruição de correspondência (art. 151, § 1.º, inc. I)

– **Introdução:** O art. 151, § 1.º, inciso I, do Código Penal foi revogado pelo art. 40, § 1.º, da Lei 6.538/1978, lei específica e mais recente. Sua redação é a seguinte: "Incorre nas mesmas penas quem se apossa indevidamente de correspondência alheia, embora não fechada, para sonegá-la ou destruí-la, no todo ou em parte."

– **Natureza jurídica:** O crime previsto no art. 40, § 1.º, da Lei 6.538/1978 é **crime autônomo** em relação ao *caput*. As penas alternativas cominadas em abstrato são as mesmas do delito de violação de correspondência, mas o legislador utilizou outro núcleo e inseriu novas elementares.

– **Objeto jurídico:** É a inviolabilidade da correspondência, no sentido de ser preservada pelo seu titular até quando reputar conveniente.

– **Objeto material:** É, uma vez mais, a correspondência alheia, mas agora retirada da esfera de disponibilidade do seu titular. **Pode, no entanto, estar aberta ou fechada**, uma vez que a conduta consiste em apossar-se da correspondência para sonegá-la ou destruí-la, indevidamente, e não para tomar conhecimento ilegítimo do seu conteúdo.

– **Núcleo do tipo:** A conduta consiste em se apossar de correspondência alheia, ainda que aberta, para sonegá-la ou destruí-la, no todo ou em parte. **Apossar** equivale a apoderar-se, a tomar posse de algo, a ter para si uma coisa pertencente a outrem.

– **Elemento subjetivo:** É o dolo, abrangente da ilegitimidade da conduta de apossar-se de correspondência alheia. Exige-se finalidade específica: "**para sonegá-la ou destruí-la**". **Sonegar** é esconder, ocultar, enquanto **destruir** é eliminar. É essa finalidade específica que diferencia o delito em análise de alguns crimes contra o patrimônio, tais como o furto e a apropriação indébita. Pode haver concurso material entre este crime e um delito patrimonial. Não se admite a modalidade culposa.

– **Consumação:** Dá-se com o apossamento da correspondência, sendo prescindível sua sonegação ou destruição. O crime é **formal**.

– **Tentativa:** É possível.

– **Causa de aumento da pena: As penas são aumentadas da metade quando há dano a outrem** (Lei 6.538/1978, art. 40, § 2.º). O dano pode ser econômico ou moral, e o prejudicado pode ser o remetente, o destinatário ou mesmo um terceiro.

– **Ação Penal:** É pública condicionada à representação (CP, art. 151, § 4.º, preservado pelo art. 48 da Lei 6.538/1978). Tratando-se de crime de dupla subjetividade passiva, o direito de representação pode ser exercido tanto pelo remetente como pelo destinatário da correspondência. Se um deles quiser representar, e o outro não, prevalece a vontade daquele que deseja autorizar a instauração da persecução penal.

– **Lei 9.099/1995:** Cuida-se de infração penal de menor potencial ofensivo. Admite composição civil dos danos e transação penal, se presentes os requisitos legais. Obedece ao procedimento sumaríssimo, previsto nos arts. 77 e seguintes da Lei 9.099/1995.

○ **Violação de comunicação telegráfica, radioelétrica ou telefônica (art. 151, § 1.º, II a IV):** A primeira parte do art. 151, § 1.º, II, do CP está em vigor unicamente nas hipóteses em que a violação é efetuada por pessoas comuns. Aplica-se o art. 56, § 1.º, da Lei 4.117/1962 – Código Brasileiro de Telecomunicações, nas hipóteses em que a violação é praticada por funcionário do governo encarregado da transmissão da mensagem. A parte final do art. 151, § 1.º, II, do CP foi derrogada pela Lei 9.296/1996, que regulamenta o art. 5.º, XII, parte final, da CF. Esta lei ordinária criou um tipo penal específico para a violação do sigilo telefônico no art. 10, com a redação alterada pela Lei 13.869/2019 – Lei de Abuso de Autoridade, dispondo que constitui crime realizar interceptação de comunicações telefônicas, de informática ou telemática, promover escuta ambiental ou quebrar segredo da Justiça, sem autorização judicial ou com objetivos não autorizados em lei. O dispositivo continua aplicável ao terceiro que não interveio na interceptação telefônica criminosa, mas divulgou-a a outras pessoas. Se um terceiro concorrer de qualquer modo para a interceptação telefônica ilegal, será partícipe do crime definido pelo art. 10 da Lei 9.296/1996. Se tiver ciência de uma gravação oriunda de violação telefônica indevida, e divulgá-la, a ele será imputado o crime definido pelo art. 151, § 1.º, II, do CP. A modalidade do crime prevista no art. 151, § 1.º, III, está em vigor, nos termos definidos pelo CP. O art. 151, § 1.º, IV, do CP foi substituído pelo art. 70 da Lei 4.117/1962 – Código Brasileiro de Telecomunicações. A finalidade da lei é vedar a uma pessoa, sem autorização legal, a instalação ou utilização de aparelho clandestino de telecomunicações.

– **Objeto jurídico:** O sigilo da comunicação transmitida pelo telégrafo, pelo rádio e pelo telefone.

– **Objeto material:** É a comunicação telegráfica ou radioelétrica dirigida a terceiro, ou a conversação telefônica entre pessoas indevidamente divulgada, transmitida a outrem ou utilizada abusivamente.

– **Núcleos do tipo:** No inciso II, é "**divulgar**", "**transmitir**" e "**utilizar**" (**tipo misto alternativo**). A prática de mais de uma conduta visando igual objeto material caracteriza crime único. **Divulgar** é tornar algo público, dando conhecimento do seu conteúdo a outras pessoas. **Transmitir** significa enviar de um local para outro. **Utilizar**, finalmente, é fazer uso de algo. Já na figura do inciso III, é "**impedir**", obstruir a comunicação ou conversação telegráfica, radioelétrica ou telefônica. Pune-se o indivíduo que, sem amparo legal, não deixa ser realizada a comunicação ou conversação alheia. **Comunicação telegráfica** é a transmissão de mensagens entre dois polos distantes entre si, **por meio de um sistema de sinais e códigos, utilizando-se de fios**. **Comunicação radioelétrica** é a transmissão de mensagens entre dois polos distantes entre si, **por meio de um sistema de ondas, sem uso de fios**.

– **Elemento subjetivo:** É o dolo. No tocante à utilização de comunicação telegráfica ou radioelétrica exige-se que o sujeito cometa o fato "abusivamente", isto é, com a consciência de abusar quanto ao uso indevido da mensagem.

– **Consumação:** No tipo previsto no inciso II, dá-se com a divulgação, transmissão ou utilização abusiva. A divulgação necessita do conhecimento do conteúdo da comunicação por um número indeterminado de pessoas.

– **Ação penal:** Nas hipóteses dos incisos II e III, é pública condicionada à representação. Já para o previsto no inciso IV, é pública incondicionada.

– **Lei 9.099/1995:** São infrações penais de menor potencial ofensivo. Admitem composição civil dos danos e transação penal, se presentes os requisitos legais. Obedecem ao procedimento sumaríssimo, previsto nos arts. 77 e seguintes da Lei 9.099/1995.

○ **Causa de aumento da pena:** As penas, em todas as hipóteses, **aumentam-se de metade, se há dano para outrem**. Esse dano pode ser econômico ou moral, e pertinente a qualquer pessoa.

○ **Figura qualificada (art. 151, § 3.º):** Aplicável às hipóteses não revogadas pela Lei 4.117/1962 – Código Brasileiro de Telecomunicações, e pela Lei 6.538/1978 – Serviços Postais. A incidência da figura qualificada só será cabível quando o sujeito ativo desempenhar alguma função em serviço postal, telegráfico, radioelétrico ou telefônico, e dela abusar. Exige-se a relação de causalidade entre a função exercida abusivamente pelo agente e o delito praticado. No tocante à qualificadora, a ação penal é pública incondicionada (CP, art. 151, § 4.º).

Correspondência comercial

Art. 152. Abusar da condição de sócio ou empregado de estabelecimento comercial ou industrial para, no todo ou em parte, desviar, sonegar, subtrair ou suprimir correspondência, ou revelar a estranho seu conteúdo:

Pena – detenção, de três meses a dois anos.

Parágrafo único. Somente se procede mediante representação.

Classificação:	Informações rápidas:
Crime próprio Crime de forma livre Crime comissivo e omissivo Crime instantâneo Crime unissubjetivo (regra) Crime formal Crime unissubsistente ou plurissub-sistente	Não se admite a modalidade culposa. A consumação ocorre quando o agente desvia, sonega, subtrai ou suprime a correspondência comercial, ou então quando revela a terceiro seu conteúdo. Admite tentativa. **Ação penal:** pública condicionada à representação. **Princípio da insignificância:** cabível nas hipóteses em que o sócio ou empregado pratica a conduta em relação à correspondência irrelevante para o estabelecimento comercial ou industrial.

○ **Objeto jurídico:** É a inviolabilidade de correspondência. A lei penal tutela a liberdade de comunicação do pensamento transmitida por meio de correspondência comercial.

○ **Objeto material:** É a correspondência comercial que suporta a conduta criminosa. No conceito de **correspondência comercial** se encaixa toda e qualquer carta, bilhete ou telegrama inerente à atividade mercantil. Deve relacionar-se às atividades exercidas pelo estabelecimento comercial ou industrial. Por esse motivo, a correspondência remetida ao estabelecimento, tratando de assunto alheio às suas atividades, poderá ser objeto material somente do crime de violação de correspondência (CP, art. 151, *caput*).[67]

○ **Núcleo do tipo:** O núcleo do tipo é **abusar**, que significa utilizar de forma excessiva ou inadequada. Os sócios ou empregados, no exercício de suas atividades, geralmente têm acesso a informações contidas em correspondências endereçadas ao estabelecimento comercial ou industrial. Nesse contexto, a pessoa jurídica, na mesma linha da pessoa física, merece proteção penal para que suas correspondências não sejam ultrajadas, com a transmissão indevida das informações nela contidas a estranhos. A conduta de abusar se concretiza mediante o ato de, no todo ou em parte, desviar, sonegar, subtrair ou suprimir correspondência, ou revelar a estranho seu conteúdo. Pode ser exteriorizada por ação (exemplo: abrir uma carta) ou por omissão (exemplo: deixar uma correspondência ser destruída pela chuva). Percebe-se inicialmente que a correspondência comercial pode ser devassada total ou parcialmente, e em qualquer caso estará caracterizado o delito. **Desviar** é afastar a correspondência do seu real destino. **Sonegar** é esconder, no sentido de obstar a chegada da correspondência ao correto estabelecimento comercial ou industrial. **Subtrair** é apoderar-se da correspondência comercial, retirando do seu devido lugar ou impedindo seu envio ao destino original. **Suprimir** é destruir para que a correspondência não seja entregue em seu destino, ou para que seja retirada do estabelecimento comercial ou industrial para o qual foi encaminhada. **Revelar** é permitir o acesso ao conteúdo da correspondência do estabelecimento comercial ou industrial a quem seja alheio aos seus quadros ou não tenha o direito de conhecer o que nela se contém.

○ **Sujeito ativo:** Somente o sócio ou empregado do estabelecimento comercial ou industrial (**crime próprio**).

○ **Sujeito passivo:** É o estabelecimento comercial ou industrial titular da correspondência violada.

---

[67] Com igual raciocínio: GONÇALVES, Victor Eduardo Rios. *Dos crimes contra a pessoa*. 9. ed. São Paulo: Saraiva, 2007. p. 141.

○ **Elemento subjetivo:** É o dolo. Exige-se também um especial fim de agir, representado pela intenção de abusar da condição de sócio ou empregado. É necessário tenha o agente, ao tempo da conduta, a consciência de que abusa da sua peculiar condição em relação à vítima. Não se admite a modalidade culposa.

○ **Consumação: O crime é formal, de consumação antecipada ou de resultado cortado.** Dá-se a consumação quando o agente desvia, sonega, subtrai ou suprime a correspondência comercial, ou então quando revela a terceiro seu conteúdo. Não há necessidade de produção do resultado naturalístico, isto é, prescinde-se do prejuízo à pessoa jurídica.

○ **Tentativa:** É possível.

○ **Ação Penal:** É pública condicionada à representação (art. 152, parágrafo único, do CP).

○ **Lei 9.099/1995:** Em face da pena máxima cominada ao delito (dois anos), cuida-se de infração penal de menor potencial ofensivo. Além disso, em se tratando de crime de ação penal pública condicionada à representação, é possível a composição dos danos civis, bem como a transação penal, se presentes seus requisitos legais (Lei 9.099/1995, art. 76). Finalmente, o processo e o julgamento deste crime obedecem ao rito sumaríssimo, disciplinado pelos arts. 77 e seguintes da Lei 9.099/1995.

○ **Princípio da insignificância ou da criminalidade de bagatela:** É possível falar no princípio da insignificância nas hipóteses em que o sócio ou empregado pratica a conduta em relação a correspondência irrelevante para o estabelecimento comercial ou industrial. Exemplo: sujeito ativo que abusa da sua especial condição e subtrai uma correspondência contendo propaganda política.

Seção IV –
Dos crimes contra a inviolabilidade
dos segredos

○ **Fundamento dos crimes contra a inviolabilidade dos segredos:** Reside no art. 5.º, X, da Constituição Federal, responsável por assegurar a inviolabilidade de dois direitos fundamentais do ser humano: **honra** e **vida privada**. Reserva-se a toda pessoa o direito de manter segredo acerca de fatos afetos à sua vida privada. Nessa seara, a norma constitucional resguarda os segredos pessoais. De fato, um segredo inerente a alguém, quando divulgado ou revelado sem justa causa, tem o condão de acarretar sérios danos às pessoas em geral. O CP busca, nos arts. 153 e 154, resguardar do conhecimento público segredos cuja revelação possa produzir danos a uma pessoa. Não ingressa na proteção penal, consequentemente, a punição pela revelação ou divulgação de fatos secretos incapazes de proporcionar consequências jurídicas ao seu titular.

○ **Conceito de segredo:** *É o fato da vida privada que se tem interesse em ocultar.* Pressupõe dois elementos: um *negativo* – a ausência de notoriedade, e outro *positivo* – a vontade determinante de sua custódia ou preservação.[68] Secreto, em síntese, é o fato que ainda não é notório. **Segredo** é simplesmente o que está sob reserva, ou é oculto. O **sigilo**, por sua vez, é o segredo que não se pode violar.[69] Em outras palavras, o sigilo é o instrumento pelo qual se protege o segredo.

---

[68]　HUNGRIA, Nélson. *Comentários ao Código Penal*. 2. ed. Rio de Janeiro: Forense, 1953. v. 6, p. 254.

[69]　Cf. DE PLÁCIDO E SILVA. *Vocabulário jurídico*. Rio de Janeiro: Forense, 1989. v. 4, p. 182.

○ **Diferença entre os crimes contra a inviolabilidade de correspondência e dos segredos:** Reside no fato de que, nos primeiros, o legislador busca coibir o conhecimento do conteúdo de uma missiva sem autorização para tanto (tutela-se unicamente a inviolabilidade de correspondência), enquanto nos crimes contra a inviolabilidade dos segredos protege-se um segredo nela contido, capaz de, se divulgado ou revelado, causar danos a outrem. Além disso, o bem jurídico resguardado pela lei penal é a inviolabilidade dos segredos.

Divulgação de segredo

> **Art. 153.** Divulgar alguém, sem justa causa, conteúdo de documento particular ou de correspondência confidencial, de que é destinatário ou detentor, e cuja divulgação possa produzir dano a outrem:
>
> Pena – detenção, de um a seis meses, ou multa.
>
> § 1º Somente se procede mediante representação.
>
> § 1º-A. Divulgar, sem justa causa, informações sigilosas ou reservadas, assim definidas em lei, contidas ou não nos sistemas de informações ou banco de dados da Administração Pública:
>
> Pena – detenção, de 1 (um) a 4 (quatro) anos, e multa.
>
> § 2º Quando resultar prejuízo para a Administração Pública, a ação penal será incondicionada.

Classificação:	Informações rápidas:
Crime próprio	**Fundamento constitucional**: inviolabilidade da intimidade ou da vida privada (art. 5.º, X).
Crime doloso	
Crime formal	O caráter confidencial (segredo) da correspondência pode ser expresso ou tácito (pode até ser presumido por lei).
Crime de resultado cortado ou de consumação antecipada	**Elemento normativo**: "sem justa causa" (sem motivo legítimo para fazê-lo). É necessário que o agente conheça o caráter confidencial da informação divulgada, a ilegitimidade da sua conduta e a possibilidade de produzir dano a outrem.
Crime de forma livre	
Crime unissubsistente ou plurissubsistente	
Crime instantâneo	Não admite forma culposa.
Crime unilateral *(regra)*	Admite tentativa.
	Ação penal: pública condicionada à representação – art. 153, *caput* e § 1.º-A; incondicionada – quando resultar prejuízo para a Administração Pública (§ 2.º).

○ **Objeto jurídico:** É a **inviolabilidade da intimidade ou da vida privada**. Veda-se a divulgação de segredos cujo conhecimento por terceiros pode trazer prejuízos ao seu titular.

○ **Objeto material:** É o **conteúdo secreto de documento particular ou de correspondência confidencial.**

○ **Núcleo do tipo:** É **divulgar**, vulgarizar, tornar público ou conhecido um fato ou informação. Não basta a comunicação a uma só pessoa ou a um número reduzido e limitado, exige-se propalação, difusão, possibilitando o conhecimento do fato a um número indeterminado de pessoas.[70] O fato ou informação deve estar contido em documento particular ou correspondência confidencial. É indispensável esteja o segredo concretizado pela forma escrita – o segredo conhecido oralmente escapa da incidência do art. 153, *caput*, do CP. A conduta de divulgar pode ser praticada por variados meios (**crime de forma livre**). O objetivo da lei penal é vedar que uma pessoa, destinatária de um documento particular ou de uma correspondência confidencial, possa divulgá-la a terceiros, provocando danos a alguém. **Documento** é o escrito que condensa graficamente o pensamento de alguém, podendo provar um fato ou a realização de um ato juridicamente relevante. Para o CPP, é o escrito, instrumento ou papel público ou particular.[71] Interessa, para o art. 153, *caput*, do CP, unicamente o **documento particular**, cujo conceito há de ser obtido por exclusão. De fato, documento particular é o elaborado por particular, sem a interferência de funcionário público no exercício de suas funções. O tipo penal em análise não se aplica ao **documento público**, por ausência de previsão legal. A revelação do seu conteúdo pode, contudo, caracterizar o crime de violação de sigilo funcional (art. 325 do CP). **Correspondência confidencial** é o escrito em forma de bilhete, carta ou telegrama, que tem destinatário certo e com conteúdo que não pode ser revelado a estranhos. Tratando-se de correspondência não confidencial, inexiste crime. **O caráter confidencial (segredo) da correspondência pode ser expresso** (assim indicado pelo remetente) **ou tácito** (aquele cuja divulgação é capaz de prejudicar alguém). Há documentos que, por sua natureza ou por necessidade legal, são secretos, a exemplo do testamento cerrado – em tais casos, o segredo é **presumido**. Não importa que o vínculo de segredo seja temporário ou condicionado ao advento de determinado fato: ainda em tal hipótese, seu rompimento antecipado é crime.[72]

○ **Elemento normativo do tipo:** Está contido na expressão "**sem justa causa**". Não é qualquer divulgação de conteúdo de documento particular ou de correspondência confidencial que caracteriza o delito de divulgação de segredo – a divulgação deve ser realizada sem justa causa. A justa causa conduz à exclusão da tipicidade do fato. Há justa causa, entre outras, nas seguintes hipóteses: comunicação à autoridade policial, ao Ministério Público ou ao Poder Judiciário de infração penal; consentimento do interessado; para servir de prova da existência de uma infração penal ou de sua autoria; dever de testemunhar em juízo; e defesa de interesse legítimo. Também não há crime quando alguém entrega à autoridade policial, ao *Parquet* ou ao Poder Judiciário uma missiva recebida de outrem, contendo a confissão de um delito pelo verdadeiro autor (remetente). Há justa causa na divulgação do fato secreto, prevista expressamente no art. 233, parágrafo único, do CPP: "As cartas poderão ser exibidas em juízo pelo respectivo destinatário, para a defesa de seu direito, ainda que não haja consentimento do signatário." Aplica-se ao caso, também, o **princípio da proporcionalidade, da razoabilidade ou da convivência das liberdades públicas:** sacrifica-se o direito à intimidade de um criminoso para preservação do direito à liberdade de um inocente.

○ **Sujeito ativo:** Trata-se de **crime próprio**, pois somente pode ser praticado pelo destinatário ou detentor do documento particular ou correspondência de conteúdo confidencial.

○ **Sujeito passivo:** É aquele a quem a divulgação do segredo possa produzir dano (remetente, destinatário ou qualquer outra pessoa).

---
70 SILVEIRA, Euclides Custódio da. *Direito penal*. Crimes contra a pessoa. São Paulo: Max Limonad, 1959. p. 315.
71 MIRABETE, Julio Fabbrini. *Código de Processo Penal interpretado*. 10. ed. São Paulo: Atlas, 2003. p. 612.
72 HUNGRIA, Nélson. *Comentários ao Código Penal*. 2. ed. Rio de Janeiro: Forense, 1953. v. 6, p. 245.

○ **Elemento subjetivo:** É o dolo. Não se admite a forma culposa. Em face do elemento normativo "sem justa causa", é necessário conheça o agente o caráter confidencial da informação divulgada, a ilegitimidade da sua conduta e a possibilidade de produzir dano a outrem. Não se exige nenhum elemento subjetivo específico. O especial fim de agir do sujeito ativo, entretanto, pode tipificar outros crimes (arts. 154, 325 ou 359-K do CP; art. 144 do CPM – Decreto-lei 1.001/1969; e art. 195 da Lei 9.279/1996).

○ **Consumação:** Dá-se no instante em que o segredo é divulgado para um número indeterminado de pessoas.[73] **O delito é formal**, dispensando-se a efetiva produção do dano em concreto (resultado naturalístico).

○ **Tentativa:** É possível.

○ **Figura qualificada (art. 153, § 1.º-A):** A qualificadora, denominada de "**divulgação de sigilo funcional de sistemas de informações**", foi instituída pela Lei 9.983/2000, com o fim de tutelar as informações sigilosas ou reservadas de interesse da Administração Pública, notadamente as relativas à Previdência Social. É necessário que a informação sigilosa ou reservada tenha conteúdo material. Logo, não há crime quando se tratar de informação meramente verbal, ainda que sigilosa ou reservada. **Informações** são os dados sobre alguém ou algo. **Sigilosa** é a informação confidencial, secreta. **Reservada** é a informação merecedora de cuidados especiais relativamente às pessoas que dela possam ter ciência. Trata-se de crime comum: pode ser praticado por qualquer pessoa. Se o sujeito ativo for funcionário público, a ele será imputado o crime de violação de sigilo funcional (CP, art. 325). O sujeito passivo é o Estado. Nada impede a existência de um particular como sujeito passivo **mediato ou secundário**, desde que possa ser prejudicado pela divulgação das informações sigilosas ou reservadas.

○ **Normal penal em branco:** A figura qualificada do § 1.º-A é **norma penal em branco em sentido lato ou homogênea**. O tipo penal confere ao legislador a tarefa de indicar quais são as informações sigilosas ou reservadas, que podem ou não estar contidas em bancos de dados ou sistemas de informações. São exemplos de informações sigilosas no direito brasileiro: (a) art. 20, *caput*, do CPP; (b) art. 76, § 4.º, da Lei 9.099/1995; (c) art. 202 da Lei 7.210/1984 – Lei de Execução Penal.

○ **Ação Penal:** No *caput*, a ação penal é pública condicionada à representação (CP, art. 153, § 1.º). Não se aplica a regra prevista no art. 153, § 2.º, do CP, pois o tipo fundamental fala somente em "dano a outrem", excluindo, portanto, a eficácia penal da conduta criminosa em relação à Administração Pública. Na figura qualificada, em regra, é pública condicionada à representação (CP, art. 153, § 1.º). Nesse caso, somente o particular é ofendido pela conduta criminosa. No entanto, se do fato resultar prejuízo para a Administração Pública, a ação penal será pública incondicionada (CP, art. 153, § 2.º).

○ **Lei 9.099/1995:** O art. 153, *caput*, do CP constitui-se em **infração penal de menor potencial ofensivo**. Obedece ao rito sumaríssimo e comporta transação penal, se presentes os requisitos exigidos no art. 76 da Lei 9.099/1995. E, por se tratar de crime de ação penal pública condicionada à representação, eventual composição dos danos civis leva à extinção da punibilidade pela renúncia ao direito de representação (Lei 9.099/1995, art. 74, parágrafo único). A figura qualificada constitui-se em **crime de médio potencial ofensivo**, compatível com a suspensão condicional do processo (Lei 9.099/1995, art. 89).

---

[73] Nesse sentido: JESUS, Damásio E. de. *Código Penal anotado*. 15. ed. Saraiva: São Paulo, 2004. p. 546; SILVA, César Dario Mariano da. *Manual de direito penal*. 3. ed. Rio de Janeiro: Forense, 2006. v. 2, p. 135; e FRANCO, Alberto Silva; STOCO, Rui. *Código Penal e sua interpretação*. 8. ed. São Paulo: RT, 2007. p. 765.

Violação do segredo profissional

Art. 154. Revelar alguém, sem justa causa, segredo, de que tem ciência em razão de função, ministério, ofício ou profissão, e cuja revelação possa produzir dano a outrem:

Pena – detenção, de três meses a um ano, ou multa.

Parágrafo único. Somente se procede mediante representação.

Classificação:	Informações rápidas:
Crime próprio Crime formal Crime doloso Crime de forma livre Crime unissubjetivo (*regra*) Crime instantâneo Crime unissubsistente ou plurissubsistente	Segredo é toda informação secreta que não pode ser tornada pública ou conhecida de pessoas não autorizadas, pois sua revelação pode produzir dano a outrem. **Elemento normativo:** "sem justa causa" (sem sustentação legal). **Consentimento do ofendido:** não pode ser aceito quando houve previsão legal de sigilo (ex. advogados e médicos). Não admite modalidade culposa. A tentativa é admissível na revelação do segredo por escrito. **Ação penal:** pública condicionada à representação.

○ **Introdução:** O segredo profissional desponta como consectário lógico do direto à intimidade, previsto no art. 5.º, X, da Constituição Federal, e "obriga a quem exerce uma profissão regulamentada, em razão da qual há de tomar conhecimento do segredo de outra pessoa, a guardá-lo com fidelidade".[74] Exemplificativamente, o advogado a quem o cliente confidencia a prática de um crime não pode inadvertidamente transmitir essa informação a outras pessoas. O titular do segredo é protegido pelo direito à intimidade, uma vez que o profissional não pode sem justa causa invadir sua esfera privada e revelar a outrem o segredo de que teve conhecimento, sob pena de violar aquele direito e incidir na figura típica prevista no art. 154 do CP.

○ **Objeto jurídico:** É a inviolabilidade da intimidade e da vida privada das pessoas, relativamente ao segredo profissional. O dever de guardá-lo, contudo, não é absoluto.

○ **Objeto material:** É o assunto transmitido ao profissional em caráter sigiloso.

○ **Núcleo do tipo:** O núcleo do tipo é **"revelar"**, no sentido de delatar ou denunciar. **Segredo** é toda informação secreta, o assunto ou fato que não pode ser tornado público ou conhecido de pessoas não autorizadas, pois sua revelação pode produzir dano a outrem. Esse dano pode atingir um interesse público ou privado, bem como pode ser material ou simplesmente moral. É necessário, porém, que seja injusto. O responsável pela conduta criminosa pode ter recebido o segredo oralmente, por escrito, ou por outro modo qualquer. O crime é de **forma livre**, comportando qualquer meio de execução.

○ **Elemento normativo do tipo:** Só há crime quando a violação do segredo profissional é realizada "sem justa causa", isto é, sem sustentação legal. Destarte, o fato será atípico, por

---

[74]   NOVOA MONREAL, Eduardo. *Derecho a la vida privada y libertad de información.* 2. ed. Ciudad de México: Siglo Veintiuno Editores, 1981. p. 80.

ausência do elemento normativo, em diversos casos, tais como: estado de necessidade (exemplo: sujeito revela um segredo alheio para não ser incriminado), exercício regular de direito (exemplo: psicólogo revela ao médico um dado sigiloso acerca do paciente em comum), estrito cumprimento de dever legal (exemplo: art. 269 do Código Penal, do qual decorre a obrigação legal do médico de comunicar doença de notificação compulsória) e consentimento do ofendido. Quanto ao **consentimento do ofendido**, existem hipóteses em que a lei não o admite como justa causa para a revelação do segredo profissional. É o que ocorre no tocante ao advogado (Lei 8.906/1994 – Estatuto da OAB, art. 7.º, XIX), bem como relativamente ao médico (Código de Ética Médica, art. 36). Tais pessoas, portanto, podem recusar-se a depor como testemunhas. O art. 66, II, do Decreto-lei 3.688/1941 (Lei das Contravenções Penais) dispõe que o médico não é obrigado a comunicar crime de que teve conhecimento no exercício da profissão quando a comunicação expuser o cliente a procedimento criminal.

○ **Advogado, sigilo profissional e acordo de colaboração premiada:** O art. 6.º, § 6.º-I, da Lei 8.906/1994 – Estatuto da Advocacia – veda ao advogado efetuar acordo de colaboração premiada contra quem seja ou tenha sido seu cliente, e a inobservância dessa proibição importa na instauração de processo disciplinar, com a possível incidência das sanções legais pertinentes. Destarte, é inadmissível o acordo de colaboração premiada firmado com violação do sigilo profissional, ainda que o advogado seja investigado em inquérito policial (ou procedimento investigatório análogo) ou réu em ação penal. As provas decorrentes de eventual delação são ilícitas.

○ **Sujeito ativo:** **Crime próprio**, somente pode ser cometido por quem teve conhecimento do segredo em razão de sua função, ministério, ofício ou profissão ("**confidentes necessários**"). **Função** é atividade imposta a uma pessoa, por lei, ordem judicial ou contrato, remunerada ou não (depositário judicial, tutor, curador e administrador judicial etc.). **Ministério** é o exercício de uma tarefa resultante de uma situação fática e não de direito, de ordem religiosa ou social, como o sacerdócio e a assistência social voluntária. **Ofício** é a ocupação mecânica ou manual (sapateiro, empregada doméstica e mecânico de automóveis). **Profissão** é a atividade especializada desempenhada com habitualidade e visando lucro (engenheiros, médicos, dentistas e advogados). Os **auxiliares** destas pessoas também podem praticar o crime, quando revelam segredos dos quais tiveram conhecimento em decorrência do exercício de suas atividades. Impõe-se a **relação de causalidade** entre a situação ou estado do sujeito ativo e a ciência do fato sigiloso, não bastando uma simples relação ocasional. O crime relaciona-se necessariamente a uma **atividade privada** – se a conduta for praticada por funcionário público, estará caracterizado outro crime, a exemplo da violação de sigilo funcional (CP, art. 325, *caput*) ou da fraude em certames de interesse público (CP, art. 311-A).

○ **Sujeito passivo:** Qualquer pessoa suscetível de ser prejudicada pela revelação do segredo, seja seu titular ou até mesmo um terceiro.

○ **Elemento subjetivo:** É o dolo, abrangente da ciência da ilegitimidade da conduta e da possibilidade de causar dano a outrem. Não se admite a modalidade culposa, e também não se exige nenhuma finalidade específica.

○ **Consumação:** Dá-se no instante em que o confidente necessário revela a terceira pessoa o segredo de que tem ciência em razão de função, ministério, ofício ou profissão. Basta seja contado o conteúdo do segredo a **uma única pessoa**, desde que esta conduta possa causar dano a alguém, patrimonial ou moral. Prescinde-se da produção do resultado naturalístico. O crime é **formal, de resultado cortado ou de consumação antecipada.**

○ **Tentativa:** É admissível na revelação do segredo por escrito, tal como na carta que se extravia (delito plurissubsistente).

○ **Ação Penal:** É pública condicionada à representação, a teor do art. 154, parágrafo único, do Código Penal.

○ **Lei 9.099/1995:** Trata-se de **infração penal de menor potencial ofensivo**, compatível com a composição dos danos civis e com a transação penal, desde que presentes os requisitos legalmente previstos (Lei 9.099/1995, art. 76). Segue o rito sumaríssimo (Lei 9.099/1995, arts. 77 e seguintes).

○ **Distinção em relação ao crime de espionagem:** Aquele que entregar a governo estrangeiro, a seus agentes, ou à organização criminosa estrangeira, em desacordo com determinação legal ou regulamentar, documento ou informação classificados como secretos ou ultrassecretos nos termos da lei, cuja revelação possa colocar em perigo a preservação da ordem constitucional ou a soberania nacional, deve responder pelo crime tipificado no art. 359-K do Código Penal. Se o documento, dado ou informação é transmitido ou revelado com violação do dever de sigilo, estará configurada a figura qualificada definida no § 2.º do art. 359-K do Código Penal.

○ **Distinção em relação ao Crime contra o Sistema Financeiro Nacional:** Incide nas penas do art. 18 da Lei 7.492/1986 quem "violar sigilo de operação ou de serviço prestado por instituição financeira ou integrante do sistema de distribuição de títulos mobiliários de que tenha conhecimento, em razão de ofício".

○ **Jurisprudência selecionada:**

Violação de sigilo profissional – acordo de colaboração premiada – questionamento formulado pelos delatados – legitimidade e interesse – delator advogado – impossibilidade – advogado na condição de investigado/denunciado – irrelevância: "Ainda que o advogado seja investigado, é inadmissível o acordo de colaboração premiada firmado com violação do sigilo profissional. Não obstante haver precedentes importantes em sentido contrário, não há razão para outra afirmação senão a de que os delatados tem, sim, a legitimidade de questionar o acordo de colaboração premiada com a alegação de não ter sido firmado com observância da imperiosa legalidade. A partir do momento que sua esfera jurídica foi afetada pelo teor da delação é evidente a sua legitimidade para questionar esse acordo que, de forma negativa, afeta direitos seus. É também possível, portanto, que constatada a ilegalidade do acordo, em casos excepcionais, a invalidação das provas decorrentes dele. E, afinal, é legal a colaboração de pessoa que está sob o pálio do sigilo profissional? A ideia aqui não é discutir o acordo sob o viés da traição mercantilizada pelo Estado com um criminoso. Há inúmeros motivos que levam o suposto membro de uma organização criminosa a denunciar os demais membros e suas atividades, legítimos ou não, neste caso, não importa, nem mesmo se foi usado o acordo como mecanismo de autodefesa. A questão é saber se o contrato de advocacia não garante a confidencialidade das informações recebidas em razão da prestação de serviços. Afinal, o advogado tem a obrigação de guardar sigilo dos fatos que tem conhecimento por conta e durante o exercício da profissão. A legislação até prevê proteções para auxiliar o advogado na manutenção do sigilo profissional, como se vê do art. 207 do Código de Processo Penal e do art. 7.º, XIX, do Estatuto da Advocacia. No caso, o colaborador foi investigado, preso e denunciado, antes de fazer a escolha pelo acordo com o *Parquet* estadual. Mesmo assim, a obrigação de sigilo se impõe. Esse é ônus do advogado que não pode ser superado mesmo quando investigado sob pena de se colocar em fragilidade o amplo direito de defesa. Quebrar o sigilo profissional para atenuar pena em ação penal em que figura, com o cliente, como investigado, não está autorizado pelo Código de Ética da Advocacia. O art. 25 é claro que o sigilo só pode ser rompido salvo grave ameaça ao direito à vida, à honra, ou quando o advogado se veja afrontado pelo próprio cliente e, em defesa própria, tenha que revelar segredo, porém sempre restrito ao interesse da causa. A confissão de um crime com a indicação das informações previstas no art. 4º da Lei n. 12.850/2013 não se inclui entre essas hipóteses. Ao delatar, o advogado que oferece informações obtidas exclusivamente em razão de sua atuação profissional não está defendendo sua vida ou de terceiro, sua honra (afinal confessa não só um crime como a sua participação em organização criminosa) nem está agindo em razão de afronta do próprio cliente (ao contrário) nem em defesa própria (não está usando as informações sigilosas para se defender, para provar sua inocência em razão de acusação sofrida, mas sim para atenuar sua pena). Destaque-se que o sigilo profissional do advogado 'é premissa fundamental para exercício efetivo do direito de defesa e para a relação de confiança entre defensor técnico e cliente' (STF: Rcl 37.235/RO, rel. Min. Gilmar Mendes, Segunda Turma, *DJe* 27.05.2020). A partir do momento que entendermos possível que o sigilo entre advogado e cliente possa ser quebrado no momento em que o advogado passa a ser investigado, essa premissa deixa de existir e a defesa passa a correr risco em razão de uma ruptura, ou melhor dizendo, de um receio de ruptura na relação de confiança entre defensor técnico e cliente, fragilizando o seu direito à ampla defesa. Desse modo, é inadmissível a prova proveniente de acordo de colaboração premiada firmado com violação do sigilo profissional, não havendo falar em justa causa para a utilização do instituto como mecanismo de autodefesa pelo advogado, mesmo que a condição profissional não alcance todos os investigados. Por fim, registre-se que, em alteração legislativa posterior aos fatos em análise (Lei n. 14.365/2022), no § 6.º-I do art. 6.º do Estatuto da Advocacia passou a constar proibição expressa da delação por parte do advogado contra seu cliente" (STJ: RHC 179.805/PR, rel. Min. Sebastião Reis Júnior, 6.ª Turma, j. 21.05.2024, noticiado no *Informativo* 813).

Invasão de dispositivo informático

Art. 154-A. Invadir dispositivo informático de uso alheio, conectado ou não à rede de computadores, com o fim de obter, adulterar ou destruir dados ou informações sem autorização expressa ou tácita do usuário do dispositivo ou de instalar vulnerabilidades para obter vantagem ilícita:

Pena – reclusão, de 1 (um) a 4 (quatro) anos, e multa.

§ 1º Na mesma pena incorre quem produz, oferece, distribui, vende ou difunde dispositivo ou programa de computador com o intuito de permitir a prática da conduta definida no *caput*.

§ 2º Aumenta-se a pena de 1/3 (um terço) a 2/3 (dois terços) se da invasão resulta prejuízo econômico.

§ 3º Se da invasão resultar a obtenção de conteúdo de comunicações eletrônicas privadas, segredos comerciais ou industriais, informações sigilosas, assim definidas em lei, ou o controle remoto não autorizado do dispositivo invadido:

Pena – reclusão, de 2 (dois) a 5 (cinco) anos, e multa.

§ 4º Na hipótese do § 3º, aumenta-se a pena de um a dois terços se houver divulgação, comercialização ou transmissão a terceiro, a qualquer título, dos dados ou informações obtidos.

§ 5º Aumenta-se a pena de um terço à metade se o crime for praticado contra:

I – Presidente da República, governadores e prefeitos;

II – Presidente do Supremo Tribunal Federal;

III – Presidente da Câmara dos Deputados, do Senado Federal, de Assembleia Legislativa de Estado, da Câmara Legislativa do Distrito Federal ou de Câmara Municipal; ou

IV – dirigente máximo da administração direta e indireta federal, estadual, municipal ou do Distrito Federal.

Classificação:	Informações rápidas:
Crime simples Crime comum Crime formal, de consumação antecipada ou de resultado cortado Crime de forma livre Crime comissivo Crime instantâneo ou delito permanente Crime unissubjetivo, unilateral ou de concurso eventual Crime plurissubsistente	Somente há crime quando a conduta recai em dispositivo informático **alheio**. **Elemento normativo do tipo:** violação indevida (sem justa causa ou ilegítima) de mecanismo de segurança. **Elemento subjetivo:** dolo, acrescido de uma finalidade específica (elemento subjetivo específico). Não se admite a modalidade culposa. Admite tentativa. **Ação penal:** em regra, pública condicionada à representação. Nos casos do art. 154-B, pública incondicionada.

○ **Introdução:** A legislação penal brasileira sempre possuiu arsenal para combater a imensa maioria dos crimes eletrônicos, algo em torno de 95%.[75] Ao contrário das vozes lançadas pela opinião popular, a *internet* nunca foi um território livre, sem lei e sem punição. Nada obstante seus acertos, é inegável que leis editadas décadas atrás, nas quais sequer se pensava na existência de computadores, levavam a malabarismos adaptativos dos operadores do Direito para enfrentar novos comportamentos. Como de praxe, os debates sobre uma legislação específica para os crimes ligados à *internet* (**crimes cibernéticos**) se arrastavam há anos, em velocidade de conexão discada. Mas a atividade dos congressistas, impulsionada pela opinião pública, recebeu imenso *upload* depois da invasão do computador pessoal de Carolina Dieckmann. Em maio de 2012, 36 fotos íntimas[76] da atriz foram subtraídas por cinco homens, posteriormente identificados e responsabilizados pelos crimes de extorsão, difamação e furto, mas não pela invasão do computador, em face do vácuo normativo. Para suprir esta lacuna, foi editada a Lei 12.737/2012, conhecida como **Lei Carolina Dieckmann** e responsável pela inclusão no art. 154-A do Código Penal do delito de invasão de dispositivo informático, também conhecido como **intrusão informática**. Posteriormente, e com o escopo de estabelecer princípios, garantias, direitos e deveres para o uso da *internet* no Brasil, foi editada a Lei 12.965/2014, conhecida como "Marco Civil da Internet". De seu turno, a Lei 13.709/2018 – Lei Geral de Proteção de Dados Pessoais (LGPD) dispõe sobre o tratamento de dados pessoais, inclusive nos meios digitais, por pessoa natural ou por pessoa jurídica de direito público ou privado, com o objetivo de proteger os direitos fundamentais de liberdade e de privacidade e o livre desenvolvimento da personalidade da pessoa natural. Mesmo com todo esse esforço legislativo, o número de crimes informáticos continuou – e continua – crescendo em ritmo acelerado. O legislador, atento à necessidade de aperfeiçoar a definição da conduta criminosa, bem como de conferir tratamento mais severo à invasão de

---

[75] ROSSINI, Augusto Eduardo de Souza. *Informática, telemática e direito penal.* São Paulo: Memória Jurídica, 2004.
[76] As fotos foram disponibilizadas na rede mundial de computadores, e em 5 dias foram acessadas mais de 8 milhões de vezes.

dispositivo informático, editou a Lei 14.155/2021, promovendo três importantes modificações no art. 154-A do Código Penal, a saber: (a) no *caput*, aperfeiçoou-se a descrição típica, e aumentou-se a pena privativa de liberdade; (b) no § 2.º, foram elevados os percentuais da causa de aumento de pena atinente à invasão da qual resulta prejuízo econômico; e (3) na figura qualificada prevista no § 3.º, a pena foi sensivelmente aumentada, e foi excluída sua natureza expressamente subsidiária.

○ **Objeto jurídico:** É a liberdade individual, especificamente no tocante à inviolabilidade dos segredos.

○ **Objeto material: É o dispositivo informático de uso alheio, conectado ou não à rede de computadores**. Nota-se nesse ponto uma modificação promovida pela Lei 14.155/2021. Em sua redação original, o *caput* do art. 154-A do Código Penal falava em "dispositivo informático alheio". Os dispositivos informáticos dividem-se basicamente em 4 (quatro) grupos: **(a) dispositivos de processamento:** são responsáveis pela análise de dados, com o fornecimento de informações, visando a compreensão de uma informação do dispositivo de entrada para envio aos dispositivos de saída ou de armazenamento. Exemplos: placas de vídeo e processadores de computadores e *smartphones;* **(b) dispositivos de entrada:** relacionam-se à captação de dados escritos, orais ou visuais (exemplos: teclados, microfones e *webcam);* **(c) dispositivos de saída**: fornecem uma interface destinada ao conhecimento ou captação, para outros dispositivos, da informação escrita, oral ou visual produzida no processamento (exemplos: impressoras e monitores); e **(d) dispositivos de armazenamento**: dizem respeito à guarda de dados ou informações para posterior análise (exemplos: *pendrives, HDs – hard disks* e CDs – discos compactos). Com a mudança legislativa, caracteriza-se o delito quando a conduta recai em "dispositivo informático **de uso alheio**". Destarte, o fato será típico quando o sujeito devassa um dispositivo próprio que se encontra na posse de terceiro, para uso pessoal. Essa conclusão é reforçada pela parte final do *caput* do art. 154-A do Código Penal: "sem autorização expressa ou tácita do **usuário** do dispositivo". Antes da Lei 14.155/2021, o tipo penal continha a expressão "sem autorização expressa ou tácita do **titular** do dispositivo". É irrelevante se o dispositivo informático alheio está ou não conectado à rede de computadores. Destarte, não se exige sua interligação com outro dispositivo informático, possibilitando o compartilhamento de dados ou informações.

○ **Núcleo do tipo:** O núcleo do tipo é "**invadir**", no sentido de devassar dispositivo informático alheio, conectado ou não à rede de computadores. Na redação original do art. 154-A do Código Penal, a invasão necessariamente devia ser praticada **mediante violação indevida de mecanismo de segurança**, compreendido como qualquer ferramenta utilizada para proteger o dispositivo informático de ameaças (subtração ou alteração de informações, danos físicos, modificação das configurações, etc.), a exemplo dos programas antivírus, do *firewall* e das senhas. **Essa exigência deixou de existir com as alterações implementadas pela Lei 14.155/2021.** Portanto, caracteriza-se o delito tanto quando o agente invade dispositivo informático de uso alheio, violando indevidamente mecanismo de segurança, como também quando o sujeito invade dispositivo informático de uso alheio desprotegido, isto é, não dotado de mecanismo de segurança, com o fim de obter, adulterar ou destruir dados ou informações sem autorização expressa ou tácita do usuário do dispositivo ou de instalar vulnerabilidades para obter vantagem ilícita, como na hipótese em que um funcionário de uma empresa apaga os dados do computador do seu colega de trabalho, que com ele disputava uma promoção para cargo melhor remunerado, aproveitando-se que a vítima foi ao banheiro e esqueceu seu *notebook* aberto.

○ **Sujeito ativo:** Trata-se de **crime comum** ou **geral**, podendo ser cometido por qualquer pessoa. Embora esta condição não seja exigida pelo tipo penal, normalmente o crime é praticado por sujeitos dotados de especiais conhecimentos de informática, conhecidos como *crackers*.[77]

○ **Sujeito passivo:** Pode ser qualquer pessoa, física ou jurídica.

– **Qualidade do sujeito passivo e aumento da pena (art. 154-A, § 5.º):** O § 5.º do art. 154-A do Código Penal contempla **causas de aumento da pena**, a serem utilizadas na terceira e derradeira etapa da dosimetria da pena privativa de liberdade. A pena será aumentada de um terço à metade se o crime for praticado contra as pessoas elencadas no dispositivo. A exasperação é justificada pela relevância dos dados e informações contidos nos dispositivos informáticos de tais pessoas, indispensáveis para a gestão da coisa pública. Consequentemente, a conduta que recai nestes objetos causa danos mais extensos, comportando a resposta penal dotada de maior rigor.

○ **Elemento subjetivo:** É o dolo, acrescido de um especial fim de agir (**elemento subjetivo específico**) representado pela expressão "e com o fim de obter, adulterar ou destruir dados ou informações sem autorização expressa ou tácita do usuário do dispositivo ou de instalar vulnerabilidades para obter vantagem ilícita". **Dados** são elementos extraídos do mundo real e alocados no dispositivo informático, representados por números, símbolos, palavras ou imagens, insuscetíveis de compreensão por quem os examina. Por sua vez, **informações** são os dados processados e organizados de modo a apresentarem determinado significado. **Vulnerabilidades**, também conhecidas como "*bugs*", são falhas no projeto ou na implementação de um *software* ou sistema operacional e, por esta razão, aptas a sujeitar o dispositivo informático a uma ameaça, a exemplo dos incontáveis vírus e das deficiências de funcionamento em geral. Nota-se, portanto, a ausência de crime no ato de simplesmente invadir o computador alheio, sem nenhuma finalidade específica, conforme se dá nas condutas de *hackers* que entram no sistema de segurança de grandes empresas, avisando-as das falhas operacionais. Nessas situações, é frequente a contratação desses *experts*, mediante elevada remuneração, justamente para aperfeiçoar a proteção virtual das corporações.[78] Não se admite a modalidade **culposa**.

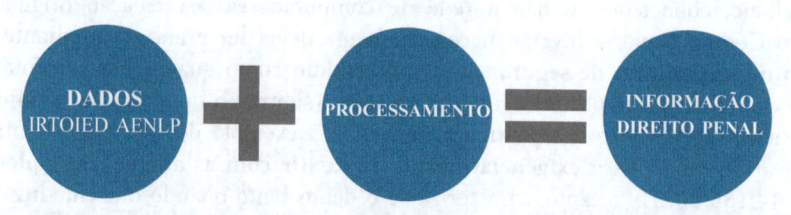

---

77 É preciso diferenciar *hackers* e *crackers*: aqueles são indivíduos que se dedicam excessivamente a conhecer e alterar a estrutura e o funcionamento de dispositivos, programas e redes de computadores. Como são dotados de conhecimentos especiais, os *hackers* conseguem obter soluções e efeitos que vão além do normal funcionamento dos sistemas informáticos, inclusive com a superação de barreiras destinadas a impedir o acesso de determinados dados. Se tais pessoas utilizam seus conhecimentos para fins ilegais, passam a ingressar na categoria dos *crackers*.

78 Exemplo marcante foi o de George Hotz, conhecido no mundo virtual como "Geohot". Depois de muitas peripécias na *internet*, como o desbloqueio do *iPhone* e do *Playstation* 3, e também de processo movido pela *Sony*, ele foi contratado pelo *Facebook* para desenvolver um aplicativo para *iPad*.

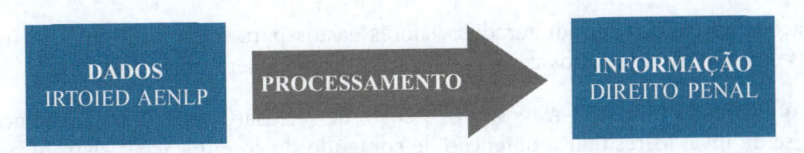

- **Consumação:** Perfaz-se com o simples ato de invadir dispositivo informático alheio, conectado ou não à rede de computadores, mediante violação indevida de mecanismo de segurança, com a finalidade de obter, adulterar ou destruir dados ou informações sem autorização expressa ou tácita do titular do dispositivo ou instalar vulnerabilidades para obter vantagem ilícita, pouco importando se este objetivo vem a ser efetivamente alcançado. No caso concreto, a invasão de dispositivo informático pode apresentar-se como **crime instantâneo** ou então como **delito permanente**, tal como na situação em que o sujeito permanece, durante relevante período, destruindo dados contidos em computador alheio.

- **Tentativa:** É possível, em face do caráter plurissubsistente do delito, permitindo o fracionamento do *iter criminis*.

- **Lei 9.099/1995:** Em face da pena cominada – reclusão, de 1 (um) a 4 (quatro) anos, e multa – a invasão de dispositivo informático constitui-se em **crime de médio potencial ofensivo**, compatível com a suspensão condicional do processo, se presentes os demais requisitos elencados pelo art. 89 da Lei 9.099/1995.

   Competência: Em regra, é da **Justiça Estadual**. É irrelevante se o crime foi cometido pela rede mundial de computadores. Com efeito, o simples fato de o delito ser praticado pela *internet* não atrai, por si só, a competência da Justiça Federal, a qual incidirá somente se presente alguma das hipóteses elencadas no art. 109, incs. IV e V, da Constituição Federal. Além disso, a invasão de dispositivo informático não é crime previsto em tratado ou convenção internacional em que o Brasil se comprometeu a combater.[79]

- **Concurso de crimes:** É perfeitamente possível o concurso entre a invasão de dispositivo informático e outros delitos, especialmente o furto (subtração de dados ou informações), o dano (destruição de dados ou informações, ou inutilização do computador ou de outro dispositivo) e a extorsão (exigência de vantagem econômica indevida para devolução dos dados ou informações).

- **Figuras equiparadas (art. 154-A, § 1.º):** Pune-se a conduta daquele que contribui, mediante produção, oferecimento, distribuição ou difusão de programa de computador para que um terceiro venha a devassar dispositivo informático alheio, na forma descrita pelo art. 154-A, *caput*, do Código Penal. É o que dá, exemplificativamente, em relação aos especialistas que vendem *softwares* em sites, possibilitando a outras pessoas a invasão de computadores alheios. O tipo penal reclama um especial fim de agir (**elemento subjetivo específico**): não basta produzir, oferecer, distribuir, vender ou difundir programa de computador. É imprescindível fazê-lo "com o intuito de permitir a prática da conduta definida no *caput*". O legislador criou mais uma **exceção à teoria unitária ou monista** (art. 29, *caput*, do CP). Em verdade, mesmo se presente o vínculo subjetivo, quem devassa o computador alheio responde pelo crime tipificado no art. 154-A, *caput*, ao passo que o sujeito envolvido com o programa de computador e que lhe oferece condições para tanto será responsabilizado pelo delito contido no art. 154-A, § 1.º, ambos do Código Penal.

- **Prejuízo econômico e aumento da pena (art. 154-A, § 2.º):** Cuida-se de **causa de aumento da pena**, a ser utilizada na terceira e última fase da aplicação da pena privativa de liberdade. Diversos fatores podem proporcionar o prejuízo econômico: divulgação de informações capazes de macular a honra da vítima, tempo de trabalho necessário para a reprodução dos dados ou

---

[79] A propósito, este raciocínio tem assento no STJ, no tocante à injúria praticada pela *internet* (CC 121.431/SE, rel. Min. Marco Aurélio Bellizze, 3.ª Seção, j. 11.04.2012, noticiado no *Informativo* 495).

informações destruídos ou adulterados, valores gastos para livrar o dispositivo informático de vírus etc. Em qualquer dos casos, a elevação da pena será obrigatória.

○ **Figura qualificada (art. 154-A, § 3.º):** A pena é de reclusão, de 2 (dois) a 5 (cinco) anos, e multa, "se da invasão resultar a obtenção de conteúdo de comunicações eletrônicas privadas, segredos comerciais ou industriais, informações sigilosas, assim definidas em lei, ou o controle remoto não autorizado do dispositivo invadido". A qualificadora constitui-se em **crime de elevado potencial ofensivo,** incompatível com benefícios previstos na Lei 9.099/1995, e vincula-se ao comportamento daquele que, além de devassar dispositivo informático alheio, vai além. De fato, o sujeito obtém conteúdo de comunicações eletrônicas privadas, segredos comerciais ou industriais, informações sigilosas assim definidas em lei (**norma penal em branco homogênea**), ou o controle remoto não autorizado do dispositivo invadido. **Controle remoto** é qualquer mecanismo idôneo a permitir o acesso sem fio ao dispositivo informático, mediante sinal infravermelho, *bluetooth* ou mesmo pela *internet*. Um grande exemplo é o VNC – *Virtual Network Computing*, consistente em programa utilizado para acessar remotamente o dispositivo. Para evitar qualquer polêmica, o tipo penal foi expresso: somente é punível o controle remoto **não autorizado** do dispositivo invadido. Evidentemente, não há crime se existia permissão para tanto, como ocorre nos computadores instalados em escolas infantis, pelos quais os pais acompanham à distância as atividades desenvolvidas pelos seus filhos.

○ **Causa de aumento da pena (art. 154-A, § 4.º):** Aplica-se unicamente à modalidade qualificada prevista no § 3.º do art. 154-A. Nesse caso, o **exaurimento** justifica a maior severidade no tratamento penal. A divulgação, comercialização ou transmissão a terceiro, embora normalmente envolva alguma contraprestação, pode ser gratuita, pois o legislador empregou a expressão "a qualquer título".

○ **Infiltração de agentes de polícia na internet:** A investigação do crime de invasão de dispositivo informático admite um meio especial de obtenção de prova, consistente na infiltração de agentes de polícia na internet. A implementação dessa medida, a teor do art. 190-A da Lei 8.069/1990 – Estatuto da Criança e do Adolescente, obedecerá às seguintes regras: I – será precedida de autorização judicial devidamente circunstanciada e fundamentada, que estabelecerá os limites da infiltração para obtenção de prova, ouvido o Ministério Público; II – dar-se-á mediante requerimento do Ministério Público ou representação de delegado de polícia e conterá a demonstração de sua necessidade, o alcance das tarefas dos policiais, os nomes ou apelidos das pessoas investigadas e, quando possível, os dados de conexão ou cadastrais que permitam a identificação dessas pessoas; e III – não poderá exceder o prazo de 90 (noventa) dias, sem prejuízo de eventuais renovações, desde que o total não exceda a 720 (setecentos e vinte) dias e seja demonstrada sua efetiva necessidade, a critério da autoridade judicial.

○ **Jurisprudência selecionada:**

Crime praticado pela *internet* – **competência:** "1 – O simples fato de o suposto delito ter sido cometido por meio da rede mundial de computadores, ainda que em páginas eletrônicas internacionais, tais como as redes sociais 'Orkut' e 'Twitter', não atrai, por si só, a competência da Justiça Federal. 2 – É preciso que o crime ofenda a bens, serviços ou interesses da União ou esteja previsto em tratado ou convenção internacional em que o Brasil se comprometeu a combater, como por exemplo, mensagens que veiculassem pornografia infantil, racismo, xenofobia, dentre outros, conforme preceitua o art. 109, incisos IV e V, da Constituição Federal. 3 – Verificando-se que as ofensas possuem caráter exclusivamente pessoal, as quais foram praticadas pela ex-namorada da vítima, não se subsumindo, portanto, a ação delituosa a nenhuma das hipóteses do dispositivo constitucional, a competência para processar e julgar o feito será da Justiça Estadual" (STJ: CC 121.431/SE, rel. Min. Marco Aurélio Bellizze, 3.ª Seção, j. 11.04.2012).

Ação penal

> **Art. 154-B.** Nos crimes definidos no art. 154-A, somente se procede mediante representação, salvo se o crime é cometido contra a administração pública direta ou indireta de qualquer dos Poderes da União, Estados, Distrito Federal ou Municípios ou contra empresas concessionárias de serviços públicos.

○ **Ação penal pública condicionada:** No crime de invasão de dispositivo informativo, **em regra**, a ação é **pública condicionada** à representação do ofendido ou de quem tiver qualidade para representá-lo. Esta opção legislativa é justificada pela disponibilidade do interesse atacado pelo delito, vinculado precipuamente à esfera de intimidade da vítima. Além disso, o escândalo do processo (*strepitus iudicii*), com o ajuizamento da ação penal, muitas vezes pode ser mais prejudicial à vítima do que suportar sigilosamente os efeitos do delito. Destarte, reserva-se ao ofendido ou ao seu representante a oportunidade (ou conveniência) para autorizar ou não o início da persecução penal.

○ **Ação penal pública incondicionada:** Excepcionalmente, a ação penal será **pública incondicionada**, nas hipóteses em que o delito envolver a Administração Pública, pois nesses casos há ofensa a valores de natureza indisponível. Esse dispositivo, como não poderia ser diferente, repetiu a sistemática acolhida pelo Código de Processo Penal, especialmente em seu art. 24, § 2.º: "Seja qual for o crime, quando praticado em detrimento do patrimônio ou interesse da União, Estado e Município, a ação penal será pública."

○ **Jurisprudência selecionada:**

Quebra de sigilo telemático – provedora de aplicação – Facebook – recusa de fornecimento de dados armazenados em seus servidores – utilização de cooperação jurídica internacional – desnecessidade – crime praticado em território nacional mediante serviço ofertado a usuários brasileiros – opção por armazenamento em nuvem – irrelevância: "Empresas que prestam serviços de aplicação na internet em território brasileiro devem necessariamente se submeter ao ordenamento jurídico pátrio, independentemente da circunstância de possuírem filiais no Brasil e/ou realizarem armazenamento em nuvem. O art. 11 da Lei n. 12.965/2014 (Marco Civil da Internet) é claro na determinação de aplicação da legislação brasileira a operações de coleta, armazenamento, guarda e tratamento de dados por provedores de aplicações, exigindo apenas que um desses atos ocorra em território nacional. Acrescenta-se, ainda, que o armazenamento em nuvem, estrategicamente utilizado por diversas empresas nacionais e estrangeiras, possibilita que armazenem dados em todos os cantos do globo, sem que essa faculdade ou estratégia empresarial possa interferir na obrigação de entregá-los às autoridades judiciais brasileiras quando envolvam a prática de crime em território nacional. Quanto à alegada necessidade de utilização de pedido de cooperação jurídica internacional, a Corte Especial do STJ entende que o mecanismo é necessário apenas quando haja necessidade de coleta de prova produzida em jurisdição estrangeira, não quando seu armazenamento posterior se dê em local diverso do de sua produção por opção da empresa que preste serviços a usuários brasileiros (Inq 784/DF, relatora Ministra Laurita Vaz, Corte Especial, DJe de 28/08/2013). O que se espera de empresas que prestam serviço no Brasil é o fiel cumprimento da legislação pátria e cooperação na elucidação de condutas ilícitas, especialmente quando regularmente quebrado por decisão judicial o sigilo de dados dos envolvidos. Nesse sentido, o fato de determinada empresa estar sediada nos Estados Unidos não tem o condão de eximi-la do cumprimento das leis e decisões judiciais brasileiras, uma vez que disponibiliza seus serviços para milhões de usuários que se encontram em território brasileiro" (STJ: RMS 66.392/RS, rel. Min. João Otávio de Noronha, 5.ª Turma, j. 16.08.2022, noticiado no *Informativo* 750).

TÍTULO II –
DOS CRIMES CONTRA O PATRIMÔNIO

○ **Fundamento constitucional dos crimes contra o patrimônio:** Encontra-se no art. 5.º, *caput*, da Constituição Federal. O direito à propriedade é direito humano fundamental e inviolável.

○ **Nomenclatura:** Ao contrário do Código Penal de 1890, que se referia a "crimes contra a propriedade", o diploma atual, de 1940, preferiu acertadamente dispor sobre os "crimes contra o patrimônio", uma vez que os crimes disciplinados pelos seus arts. 155 a 180 não têm por objetividade jurídica somente a propriedade, mas também todo e qualquer interesse de valor econômico, isto é, avaliável em dinheiro.

○ **Conceito de patrimônio:** Patrimônio é o complexo de bens ou interesses de valor econômico em relação de pertinência com uma pessoa.

○ **Definição de crimes contra o patrimônio:** Espécies de ilícito penal que ofendem ou expõem a perigo de lesão qualquer bem, interesse ou direito economicamente relevante, privado ou público. A nota predominante do elemento patrimonial é o seu caráter econômico, o seu valor traduzível em pecúnia; por extensão, também aquelas coisas que, embora sem valor venal, representam uma utilidade, ainda que simplesmente moral (valor de afeição), para o seu proprietário. Consideram-se patrimoniais os delitos quando o interesse *predominante* é patrimonial, ainda que sejam atingidos outros bens jurídicos, como a vida e a liberdade. Por sua vez, crimes como o peculato e a corrupção passiva, que ofendem o patrimônio, não são nesta classe incluídos, porque acima deles a lei coloca outro interesse, que é o do regular funcionamento da Administração Pública. A prevalência do interesse patrimonial é, pois, o elemento primordial, o fundamento básico na capitulação dos crimes contra o patrimônio.

Capítulo I –
DO FURTO

Furto

> **Art. 155.** Subtrair, para si ou para outrem, coisa alheia móvel:
>
> Pena – reclusão, de um a quatro anos, e multa.
>
> § 1º A pena aumenta-se de um terço, se o crime é praticado durante o repouso noturno.
>
> § 2º Se o criminoso é primário, e é de pequeno valor a coisa furtada, o juiz pode substituir a pena de reclusão pela de detenção, diminuí-la de um a dois terços, ou aplicar somente a pena de multa.
>
> § 3º Equipara-se à coisa móvel a energia elétrica ou qualquer outra que tenha valor econômico.

Furto qualificado

§ 4º A pena é de reclusão de dois a oito anos, e multa, se o crime é cometido:

I – com destruição ou rompimento de obstáculo à subtração da coisa;

II – com abuso de confiança, ou mediante fraude, escalada ou destreza;

III – com emprego de chave falsa;

IV – mediante concurso de duas ou mais pessoas.

§ 4º-A A pena é de reclusão de 4 (quatro) a 10 (dez) anos e multa, se houver emprego de explosivo ou de artefato análogo que cause perigo comum.

§ 4º-B. A pena é de reclusão, de 4 (quatro) a 8 (oito) anos, e multa, se o furto mediante fraude é cometido por meio de dispositivo eletrônico ou informático, conectado ou não à rede de computadores, com ou sem a violação de mecanismo de segurança ou a utilização de programa malicioso, ou por qualquer outro meio fraudulento análogo.

§ 4º-C. A pena prevista no § 4º-B deste artigo, considerada a relevância do resultado gravoso:

I – aumenta-se de 1/3 (um terço) a 2/3 (dois terços), se o crime é praticado mediante a utilização de servidor mantido fora do território nacional;

II – aumenta-se de 1/3 (um terço) ao dobro, se o crime é praticado contra idoso ou vulnerável.

§ 5º A pena é de reclusão de três a oito anos, se a subtração for de veículo automotor que venha a ser transportado para outro Estado ou para o exterior.

§ 6º A pena é de reclusão de 2 (dois) a 5 (cinco) anos se a subtração for de semovente domesticável de produção, ainda que abatido ou dividido em partes no local da subtração.

§ 7º A pena é de reclusão de 4 (quatro) a 10 (dez) anos e multa, se a subtração for de substâncias explosivas ou de acessórios que, conjunta ou isoladamente, possibilitem sua fabricação, montagem ou emprego.

Classificação:	Informações rápidas:
Crime comum	Tutela a propriedade *e a* **posse** (desde que legítima). Pressupõe *animus furandi*.
Crime de forma livre	O **consentimento do ofendido**, antes ou durante a subtração, torna o fato
Crime material	atípico (bem disponível), mas após a subtração o fato será típico.
Crime instantâneo *(regra)* ou	O *ser humano* não é coisa, mas é possível o furto de partes do corpo
permanente *(exceção – CP, art.*	humano como cabelos ou de dentes com intuito de lucro.
155, § 3.º)	Não são objeto de furto a *res nullius*, a *res derelicta* e as coisas de uso comum.
Crime plurissubsistente *(regra)*	A *res desperdicta* é objeto do crime de apropriação de coisa achada. Talão
Crime de dano	de cheques e folha avulsa de cheque podem ser objeto; cartão bancário ou
Crime unissubjetivo	de crédito não podem (princípio da insignificância).
Crime hediondo (somente na	**Furto famélico:** exclui a ilicitude diante do estado de necessidade.
qualificadora prevista no § 4.º-A)	**Ladrão que furta ladrão:** caracteriza furto.
	Adoção da teoria da **inversão da posse** (STF).
	Não admite modalidade culposa.
	A tentativa é possível em todas as modalidades de furto.
	Ação penal: pública incondicionada.
	Furto privilegiado + repouso noturno: possível.
	Furto privilegiado + qualificado: possível, desde que se trate de qualificadora de natureza objetiva (Súmula 511 do STJ).

○ **Objeto jurídico:** É a **propriedade** e a **posse legítima**. O patrimônio é **bem jurídico disponível** – o consentimento do ofendido, revelado antes ou durante a subtração, torna o fato atípico, ainda que sua anuência seja ignorada pelo agente, pois não se pode furtar com a aquiescência do titular do bem. Depois da subtração o consentimento é ineficaz, subsistindo intacto o delito.[64]

○ **Objeto material:** É a **coisa alheia móvel** que suporta a conduta criminosa.

– **Coisa alheia**: A coisa deve ser **alheia (elemento normativo do tipo)** – sua compreensão reclama um juízo de valor, de índole jurídica, relacionada com a propriedade da coisa. É alheia a coisa que não pertence àquele que pratica a subtração. Se o sujeito subtrai coisa própria, reputando-a alheia, há crime impossível em face da impropriedade absoluta do objeto material (CP, art. 17).

– **Coisa móvel**: É todo e qualquer bem corpóreo suscetível de ser apreendido e transportado de um local para outro. Deste conceito podem ser extraídas algumas conclusões: (a) bem corpóreo é todo aquele que se materializa em uma base física; (b) os bens incorpóreos, representados pelos direitos, não podem ser furtados; (c) os bens imóveis não figuram como objeto material do furto, pois é impossível retirá-los da esfera de vigilância da vítima. Anote-se, porém, que o Código Penal, no tocante aos bens móveis, adota um sentido real, e não propriamente jurídico. São móveis as coisas que têm movimentos próprios (semoventes) e as que podem ser levadas de um local para outro. A propósito, não se aplica ao Direito Penal a teoria da ficção jurídica prevista pelo Direito Civil para classificar como imóveis alguns bens essencialmente móveis, tais como os materiais provisoriamente separados de um prédio, para nele se reempregarem (CC, art. 81, II). Os semoventes e animais em geral, quando tiverem proprietário, podem ser objeto material de furto.[65] A propósito, o furto de gado é juridicamente conhecido como **abigeato**. Se, contudo, alguém se apoderar de um animal alheio com o propósito de exigir alguma vantagem econômica para restituí-lo, o crime será de extorsão (CP, art. 158). Também é possível a subtração (extração clandestina) de pedras, areia, minerais, árvores e plantas em geral, salvo se o fato caracterizar algum crime definido pela Lei 9.605/1998 – Lei dos Crimes Ambientais –, especialmente em seus arts. 44 e 50-A.

– **Coisas sem dono e abandonadas**: A apropriação das coisas sem dono *(res nullius)* ou abandonadas *(res derelicta)* é meio lícito para obtenção do domínio. O ouro da arcada dentária do esqueleto não constitui *res nullius* nem *res derelicta*. Com a morte, a propriedade dos bens do *de cujus* é imediatamente transmitida aos herdeiros (princípio da *saisine*). O delito de violação de sepultura (art. 210 do CP) é absorvido pelo furto (art. 155, § 4.º, I do CP).

– **Coisas de uso comum**: Não se caracteriza o crime de furto em relação às **coisas de uso comum** (pertencentes a todos), tais como o ar e a água dos rios e oceanos. Caracteriza-se o delito quando tais coisas foram destacadas do local de origem e sejam exploradas por alguém (exemplos: água engarrafada e gás liquefeito). O desvio ou represamento de águas alheias, em proveito próprio ou de outrem, configura o crime de usurpação (art. 161, § 1.º, I, do CP).

– **Coisas fora do comércio: É possível o furto das coisas que estejam fora do comércio, desde que tenham dono,** como os bens públicos e os bens gravados com cláusula de inalienabilidade.

– **Coisa perdida (*res desperdicta*)**: O art. 169, parágrafo único, II, do Código Penal contempla um crime específico, denominado "apropriação de coisa achada". Importante ressaltar que uma coisa somente pode ser classificada como perdida quando se situa em local público ou de uso público.

---

[64] Embora a questão seja mais afeta ao campo do elemento subjetivo, é válido destacar que também não há crime quando o sujeito subtrai o bem acreditando erroneamente que estava presente o consentimento do ofendido.

[65] Se a conduta recair sobre "semovente domesticável de produção", estará caracterizada a figura qualificada prevista no art. 155, § 6.º, do Código Penal.

– Partes do corpo humano: É possível o furto de partes do corpo humano, a exemplo de fios de cabelos. A subtração de órgãos vitais do corpo humano configura lesão corporal grave ou gravíssima, ou até mesmo homicídio, consumado ou tentado, dependendo da finalidade almejada pelo agente. Também é possível a subtração de objetos ou instrumentos ligados ao corpo da pessoa humana e que se destinam à correção estética ou auxílio de suas atividades (olhos de vidro, perucas, dentaduras, próteses mecânicas, orelhas de borracha etc.).

– Cadáver: A subtração de cadáver ou de parte dele caracteriza o crime definido pelo art. 211 do Código Penal. Se o cadáver ostentar valor econômico e encontrar-se na posse legítima de uma pessoa, física ou jurídica, estará delineado o delito de furto (exemplo: cadáver pertencente a uma Faculdade de Medicina ou a um hospital). O cadáver, quando destituído de valor econômico, não se encaixa no conceito de coisa alheia. Ao contrário, ingressa no rol das coisas fora do comércio, e sua tutela penal repousa em princípios éticos, religiosos, sanitários e de ordem pública determinados pelo ordenamento jurídico.

– Explosivos e acessórios: A subtração de substâncias explosivas ou de acessórios que, conjunta ou isoladamente, possibilitem sua fabricação, montagem ou emprego, caracteriza a figura qualificada prevista no art. 155, § 7.º, do Código Penal.

– Tecidos, órgãos e partes do corpo humano ou de cadáver, para fins de transplante: A remoção de tecidos, órgãos ou partes do corpo de pessoa ou de cadáver, para fins de transplante, em desacordo com as disposições legais, caracteriza o crime definido pelo art. 14 da Lei 9.434/1997.

– Energia elétrica ou de outra natureza: É possível a subtração de **energia** elétrica ou "qualquer outra que tenha valor econômico" (art. 155, § 3.º, do CP – **norma penal explicativa**). O STF, entretanto, já decidiu pela inexistência de furto na ligação clandestina de TV a cabo, com o argumento de que este objeto não seria "energia". O Superior Tribunal de Justiça, a nosso ver com razão, possui entendimento em sentido diverso. É indispensável tratar-se de energia cujo apossamento seja possível, isto é, que possa ser dissociada da sua origem. A subtração de sêmen também é considerada furto (**energia genética**).

– Dívida de corrida de táxi: A dívida de corrida táxi (ou meio de transporte equivalente) não pode ser considerada coisa alheia móvel para fins de configuração da tipicidade dos delitos patrimoniais.

○ **Questões específicas inerentes ao objeto material:**

– Furto e princípio da insignificância ou criminalidade de bagatela: Este princípio é pacificamente reconhecido pela doutrina e pela jurisprudência, especialmente no crime de furto. Exemplos: (1) subtração do cadarço de um tênis em uma grande loja de calçados; e (2) subtração de uma folha de papel em branco de uma agência bancária. Funciona como **causa de exclusão da tipicidade**, afastando a tipicidade material, mediante a **interpretação restritiva do tipo penal**. Seu reconhecimento depende de requisitos de ordem objetiva e subjetiva. São **requisitos objetivos** a mínima ofensividade da conduta, a ausência de periculosidade social, o reduzido grau de reprovabilidade do comportamento e a inexpressividade da lesão jurídica. Por outro lado, seus **requisitos subjetivos** são a importância do objeto material para a vítima, levando-se em conta sua situação econômica, o valor sentimental do bem e também as circunstâncias e resultado do crime. O princípio da insignificância, desde que presentes seus requisitos objetivos e subjetivos, é, em tese, aplicável tanto ao furto simples como ao furto qualificado. Não basta para o reconhecimento do princípio da insignificância unicamente o ínfimo valor da coisa subtraída. Se assim fosse, deixaria de existir a forma tentada de vários crimes, a exemplo do furto simples, e desapareceria do nosso sistema penal a figura do furto privilegiado (CP, art. 155, § 2.º). Não incide o princípio da insignificância quando, embora a coisa subtraída seja de valor ínfimo, a conduta tenha provocado significativo prejuízo à vítima, ainda que sentimental. Na visão do STJ – **Tema**

1.205 do Recurso Repetitivo: "A restituição imediata e integral do bem furtado não constitui, por si só, motivo suficiente para a incidência do princípio da insignificância."[66]

– **Furto de objetos de estimação:** Há quem entenda que as coisas de valor afetivo também compõem o patrimônio da pessoa humana. É a posição, entre outros, de Nélson Hungria, e a ela nos filiamos. Uma segunda posição entende que uma coisa puramente de estimação não pode ser objeto material do crime de furto, em razão da ausência de valor patrimonial.

– **Furto famélico:** É o furto cometido por quem subtrai alimentos em geral para saciar a fome e preservar a saúde ou a vida própria ou de terceiro, quando comprovada uma situação de extrema penúria. Não há crime em face da exclusão da ilicitude pelo estado de necessidade (CP, art. 24, *caput*). Sacrifica-se um bem de menor valor (patrimônio) para salvaguardar um bem de maior valor (saúde ou vida humana). Exige-se o perigo atual, de modo que não se permite a subtração para se precaver da fome que a pessoa pode vir a enfrentar no futuro. É necessário que a pessoa não possua condições lícitas para saciar sua fome ou de terceiro, e que não tenha voluntariamente se colocado na situação de penúria. Não se deve confundir o furto famélico com o **estado de precisão** (dificuldades financeiras), o qual não autoriza a invasão no patrimônio alheio, sob pena da quebra do Estado de Direito.

– **Talão de cheques e cartão bancário ou de crédito:** O **talão de cheques** e também a **folha avulsa de cheque** podem ser objetos materiais de furto, porque têm valor econômico. Tal subtração acarreta vantagens ao larápio e prejuízos à vítima, que precisará sustar a(s) folha(s) subtraída(s), registrar boletim de ocorrência e pagar taxas bancárias para receber novo talão. Além disso, tais bens podem ser utilizados para a prática de outros delitos, causando ainda mais transtornos jurídicos à vítima da subtração. Se a folha de cheque for utilizada para estelionato, existem duas posições sobre o assunto: (a) o estelionato absorve o furto, que funciona como etapa preparatória daquele delito; e (b) há concurso material entre os crimes de furto e estelionato. Quanto ao **cartão bancário ou de crédito**, não há crime de furto, pela ausência de valor econômico. Ademais, basta a comunicação do fato à instituição financeira e a reposição do cartão é efetuada gratuitamente. E mais: tais cartões dependem de uma senha pessoal para serem utilizados, circunstância que retira a potencialidade lesiva da sua mera posse indevida. Eventual utilização do cartão para saques em dinheiro ou compras em geral caracteriza estelionato (CP, art. 171, *caput*).

○ **Núcleo do tipo:** É **subtrair**, no sentido de inverter o título da posse de um bem. No contexto do furto, interpretando-se a ação nuclear em sintonia com os elementos do tipo penal, pode-se dizer que subtrair equivale a apoderar-se da coisa móvel da vítima, com o ânimo de tê-la em definitivo para si ou para outrem. A conduta de subtrair não depende, obrigatoriamente, da retirada da coisa do lugar em que se encontra. Alcança tal situação, mas não se limita a ela. De fato, subtrair engloba duas hipóteses distintas: (1) o bem é retirado da vítima; e (2) o bem é espontaneamente entregue ao agente, mas ele, indevidamente, o retira da esfera de vigilância da vítima. No último caso, o furto não se confunde com a apropriação indébita, definida pelo art. 168 do Código Penal. Neste delito, a vítima entrega ao agente a posse desvigiada de um bem, ao passo que no furto a posse é vigiada, e a subtração reside exatamente na retirada do bem desta esfera de vigilância. Não é imprescindível seja o furto perpetrado clandestinamente. Pode ser cometido abertamente, mesmo à vista do ofendido. Em outras palavras, é irrelevante se a vítima presencia ou não a subtração. Só entra em cena o delito de roubo (CP, art. 157) quando o sujeito ativo valer-se, para a subtração da coisa alheia móvel, de grave ameaça, violência à pessoa ou qualquer outro meio que reduza a vítima à impossibilidade de resistência. Cuida-se de **crime de forma livre**. Admite qualquer meio de execução.

---

[66] REsp 2.062.095/AL, rel. Min. Sebastião Reis Júnior, 3.ª Seção, j. 25.10.2023, e REsp 2.062.375/AL, rel. Min. Sebastião Reis Júnior, 3.ª Seção, j. 25.10.2023, noticiados no *Informativo* 793.

○ **Sujeito ativo:** Qualquer pessoa (**crime comum**), com exceção do proprietário da coisa móvel, pois ela há de ser **"alheia"**. Na figura qualificada relativa ao abuso de confiança a lei prevê um crime próprio ou especial – somente pode ser praticado pela pessoa em quem a vítima depositava uma especial confiança. O ladrão que furta ladrão, relativamente à coisa por este subtraída, comete crime de furto. O bem cada vez mais se distancia da vítima, tornando ainda mais improvável sua recuperação. O sujeito passivo, porém, não será o primeiro larápio, e sim o proprietário ou possuidor da coisa, vítima do delito inicial. A pessoa que, depois de efetuar empréstimo e empenhar bem de sua propriedade, a título de garantia, o subtrai, assim como aquele que tira de terceiro coisa que estava em seu poder por determinação judicial, responde pelo crime definido pelo art. 346 do CP. O funcionário público que subtrai ou concorre para que seja subtraído bem público ou particular que se encontra sob a guarda ou custódia da Administração Pública, valendo-se da facilidade que seu cargo lhe proporciona, pratica o crime de peculato furto (CP, art. 312, § 1.º), também conhecido como **peculato impróprio**. Denomina-se **famulato** o furto cometido por pessoas que têm a detenção da coisa alheia móvel, especialmente os empregados domésticos, razão pela qual este crime é também rotulado de **furto doméstico**.

○ **Sujeito passivo:** Apenas o proprietário e o possuidor legítimos da coisa móvel podem ser vítimas do furto, pois funcionam como titulares do bem jurídico atingido pela conduta criminosa. Pouco importa que se trate de pessoa física ou jurídica. O detentor não pode figurar como sujeito passivo do furto, uma vez que o crime não lhe prejudica. Como sabido, quem desfruta da detenção de um bem o usa em nome alheio, e não em nome próprio. A ausência de identificação do sujeito passivo não afasta a tipicidade do furto.

○ **Elemento subjetivo:** É o dolo *(animus furandi)*. Exige-se um especial fim de agir, representado pela expressão "para si ou para outrem" (**fim de assenhoreamento definitivo da coisa** – *animus rem sibi habendi)*. O agente se apossa de coisa alheia móvel e passa a comportar-se como se fosse seu proprietário. Prescinde-se do fim de lucro *(animus lucrandi)*. O motivo do crime, ainda que nobre (exemplo: furtar dinheiro de um banco para entregar à população carente), não afasta a tipicidade da conduta. Há crime quando a conduta é realizada por espírito de vingança, por mero despeito, por superstição, por fanatismo religioso ou por fim amoroso. Não se admite a modalidade culposa. É atípica a conduta de subtrair coisa alheia móvel reputando-a própria, ainda que se trate de erro inescusável (vencível) – o erro de tipo exclui o dolo (CP, art. 20, *caput)*, e o Código Penal não contempla o furto culposo. Se o agente, depois de tomar conhecimento acerca da circunstância de constituir-se a coisa em alheia, deixar propositadamente de restituí-la, a ele será imputado o crime de apropriação indébita (CP, art. 168). Se um credor subtrai bens do devedor para se ressarcir de dívida não paga, o crime será o de exercício arbitrário das próprias razões (CP, art. 345).

○ **A questão do furto de uso:** O furto de uso caracteriza-se pela intenção que tem o agente de usar a coisa sem dela se apropriar. A violação da posse se dá com a utilização da coisa, que constitui o elemento subjetivo da ação. O elemento objetivo resulta da devolução da coisa, depois de usada. Ausente o fim de assenhoreamento definitivo, a apropriação no furto de uso resume-se em exercer sobre a coisa atos de apoderamento temporário. O furto de uso depende, portanto, dos seguintes requisitos: (a) subtração de coisa alheia móvel infungível; (b) intenção de utilizar momentaneamente a coisa subtraída (requisito subjetivo); e (c) restituição da coisa depois do uso momentâneo, imediatamente, ao seu possuidor originário (requisito objetivo). O objeto material deve ser **infungível** – tratando-se de coisa fungível, sua utilização momentânea seguida de pronta e imediata restituição não afasta a configuração do delito de furto. A devolução de produto equivalente é penalmente irrelevante, pois no furto de uso a própria coisa subtraída deve ser restituída. Pode caracterizar-se, todavia, o arrependimento posterior (CP, art. 16). É também fundamental a restituição do bem antes do descobrimento da subtração pela vítima. No tocante ao **requisito objetivo**, afasta-se o furto de uso quando a coisa subtraída é utilizada pelo agente por relevante período, bem como quando vem a ser abandonada em local distante. Deve a coisa ser restituída integralmente e em seu estado original. O furto de uso, no direito pátrio, limita-se à esfera do Direito Civil[67] e divide-se em duas modalidades: próprio (consiste em usar a coisa contra a proibição expressa do seu dono, que a tinha entregado a alguém, ou utilizá-la para fim distinto do assinalado) e impróprio (aquele que comete quem se apodera da coisa sem maior propósito que o de utilizá-la e devolvê-la).[68] Não é suficiente alegar o *animus restituendi*: é necessário prová-lo. O furto de uso não se confunde com o estado de necessidade: aquele não pressupõe uma situação de perigo, ao passo que neste a subtração é praticada por alguém para afastar uma situação de perigo atual a um bem jurídico próprio ou de terceiro, nos moldes do art. 24 do Código Penal. Em ambos os casos, porém, o efeito prático é o mesmo: não há crime, seja pela atipicidade do fato (furto de uso), seja pela exclusão da ilicitude (estado de necessidade).

○ **Consumação:** No STF e no STJ prevalece a **teoria da *amotio*** (também chamada pelo STJ de *apprehensio*): o furto se consuma com a posse de fato da *res furtiva*, ainda que por breve espaço de tempo e seguida de perseguição ao agente, sendo prescindível a posse mansa e pacífica ou desvigiada do bem. Estará consumado o delito se o agente, embora sem ingressar na livre disponibilidade do bem, o destrói, inutiliza, danifica ou oculta. Não há necessidade de ser a coisa transportada pelo sujeito para outro lugar. Cuida-se de **crime material**: somente se consuma com a efetiva diminuição patrimonial da vítima. Em regra, é **crime instantâneo**, pois se aperfeiçoa em momento determinado, sem continuidade no tempo. Excepcionalmente, será **crime permanente**, a exemplo do que se dá na subtração duradoura de energia elétrica, autorizando a prisão em flagrante a qualquer tempo, enquanto não encerrada a permanência.

○ **Furto de energia elétrica e pagamento do débito antes do recebimento da denúncia:** No furto de energia elétrica, a quitação do débito junto à empresa responsável pela prestação do serviço público não acarreta na extinção da punibilidade do agente, mesmo se efetuada antes do recebimento da denúncia. Com efeito, não há falar em aplicação analógica da regra prevista no art. 34 da Lei 9.249/1995,[69] restrita aos delitos de natureza tributária nela indicados. Além disso, a energia elétrica não tem natureza jurídica de tributo, e sim de tarifa ou preço público. Se não bastasse, nesse delito o efeito jurídico da reparação do dano, antes do recebimento da denúncia, consiste no arrependimento posterior (diminuição da pena de 1/3 a 2/3), na forma definida pelo art. 16 do Código Penal. Finalmente, razões de política criminal impõem a necessidade de punição do furto de energia elétrica, visando a retribuição do delito e a prevenção de novas infrações penais deste jaez, pois tal crime patrimonial prejudica a coletividade como um todo, seja com o repasse do valor desviado para os demais usuários do serviço público, seja inclusive pela possibilidade de falta de energia elétrica em razão do seu desvio indiscriminado por algumas pessoas.

---

[67] Anote-se, porém, que o furto de uso é crime perante o Código Penal Militar (Decreto-lei 1.001/1969): "Art. 241. Se a coisa é subtraída para o fim de uso momentâneo e, a seguir, vem a ser imediatamente restituída ou reposta no lugar onde se achava: Pena – detenção, até seis meses. Parágrafo único. A pena é aumentada de metade se a coisa usada é veículo motorizado, embarcação, aeronave ou arma, e de 1/3 (um terço) se é animal de sela ou de tiro".

[68] Essa classificação é proposta por GOLDSTEIN, Raul. *Diccionario de derecho penal y criminología*. 2. ed. Buenos Aires: Astrea, 1978. p. 92.

[69] Art. 34 da Lei 9.249/1995: "Extingue-se a punibilidade dos crimes definidos na Lei nº 8.137, de 27 de dezembro de 1990, e na Lei nº 4.729, de 14 de julho de 1965, quando o agente promover o pagamento do tributo ou contribuição social, inclusive acessórios, antes do recebimento da denúncia."

○ **Tentativa:** É possível em todas as modalidades de furto: simples, privilegiado e qualificado.

○ **Tentativa de furto e crime impossível – distinções:** Na tentativa (*conatus*), há início da execução de um crime que somente não se consuma por circunstâncias alheias à vontade do agente. No crime impossível não há incidência do Direito Penal (inexiste crime), uma vez que, por ineficácia absoluta do meio ou por absoluta impropriedade do objeto, jamais se chegará à consumação. A realização integral do crime é de todo impraticável. Nesse caso, o fato é atípico. O art. 17 do Código Penal acolheu, no tocante ao crime impossível, a **teoria objetiva temperada ou intermediária**: para a configuração do crime impossível, e, por corolário, para o afastamento da tentativa, os meios empregados e o objeto material do crime devem ser **absolutamente inidôneos** a produzir o resultado idealizado pelo agente. Se a inidoneidade for relativa, haverá tentativa. Dispositivos antifurto inseridos em veículos automotores não caracterizam crime impossível, e sim tentativa de furto. A existência de sistema de vigilância por câmeras ou agentes de segurança em supermercados e estabelecimentos comerciais torna mais difícil, mas não impossível, a consumação de furtos ali praticados. Caracteriza-se, portanto, a tentativa. Esse é o entendimento consolidado na Súmula 567 do Superior Tribunal de Justiça: "Sistema de vigilância realizado por monitoramento eletrônico ou por existência de segurança no interior de estabelecimento comercial, por si só, não torna impossível a configuração do crime de furto."

○ **Ação penal:** É pública incondicionada, em todas as modalidades do furto.

○ **Lei 9.099/1995:** O furto simples é crime compatível com a suspensão condicional do processo, desde que presentes os demais requisitos exigidos pelo art. 89 da Lei 9.099/1995. Tal benefício não pode ser aplicado ao furto agravado pelo repouso noturno (CP, art. 155, § 1.º) nem ao furto qualificado (CP, art. 155, §§ 4.º, 4.º-A, 4.º-B, 5.º, 6.º e 7.º).

○ **Furto e conflito aparente de normas penais:** As hipóteses mais frequentes de conflito aparente de normas penais no crime de furto são as seguintes: (a) O agente, para furtar, invade residência alheia – o crime de violação de domicílio (CP, art. 150) fica absorvido, por se tratar de fato anterior impunível (princípio da consunção); (b) O agente furta um bem e, em seguida, o destrói – o crime de dano (CP, art. 163) é absorvido pelo furto (princípio da consunção); (c) O agente furta um bem e depois efetua sua venda a um terceiro de boa-fé – existem duas posições sobre o assunto: (**1.ª**) O crime de disposição de coisa alheia como própria (CP, art. 171, § 2.º, I) resta absorvido, pois se constitui em fato posterior impunível (princípio da consunção). Aquele que subtrai um bem, ao vendê-lo, nada mais faz do que agir como se fosse seu legítimo proprietário. (**2.ª**) Há dois crimes, em concurso material: furto e disposição de coisa alheia como própria. A circunstância de serem os crimes cometidos contra vítimas diferentes, uma da subtração e outra da fraude, impede a incidência do princípio da consunção.

○ **Furto praticado durante o repouso noturno (art. 155, § 1.º):** Trata-se de **causa de aumento de pena**, e não de qualificadora. É também denominado **furto noturno ou furto circunstanciado**. O Código Penal prevê o furto noturno como um meio-termo entre o furto simples (art. 155, *caput*) e o furto qualificado (CP, art. 155, §§ 4.º, 4.º-A, 4.º-B, 5.º, 6.º e 7.º). A pena é a mesma cominada ao furto simples, mas aumentada de um terço. No plano histórico sempre se entendeu que a causa de aumento de pena somente incidia no tocante ao furto simples, não se aplicando ao furto qualificado. As razões que justificavam este raciocínio são: (a) técnica de elaboração legislativa: a posição geográfica em que se encontra o furto noturno revela a intenção do legislador em submeter a exasperação da reprimenda apenas à modalidade fundamental, disciplinada no *caput*; e (b) as figuras qualificadas possuem penas autônomas, que já foram alteradas em seus patamares mínimo e máximo, fornecendo uma mais grave e justa punição ao sujeito envolvido no furto qualificado. O Superior Tribunal de Justiça compartilha dessa linha de pensamento, com a fixação da seguinte tese no **Tema 1.087** do Recurso Repetitivo: "A causa de aumento prevista no § 1° do art. 155 do Código Penal (prática do crime de furto no período noturno) não incide no crime de furto na sua forma qualificada (§ 4°)". O Supremo Tribunal Federal, contudo, já decidiu pela aplicabilidade da majorante do repouso noturno tanto ao furto simples como também ao furto qualificado.[70] O Código Penal visa, com a maior punibilidade do furto noturno, assegurar a propriedade móvel contra a maior precariedade de vigilância e defesa durante o recolhimento das pessoas para o repouso durante a noite (critério estritamente objetivo). Durante o repouso noturno há maior facilidade para a subtração – essa é a razão do tratamento legal mais rígido. A vigilância dos proprietários e possuidores legítimos sobre seus bens é dificultada, ou até mesmo desaparece, durante o período em que as pessoas descansam, e o larápio se vale desta condição para lesar o patrimônio alheio.

– Conceito de repouso noturno: É o intervalo que medeia dois períodos: aquele em que as pessoas se recolhem, e, posteriormente, o outro no qual despertam para a vida cotidiana. O critério para definir o repouso noturno é variável e deve considerar, necessariamente, os costumes de uma determinada localidade, não se confundindo com noite (*v. comentários ao art. 150*). Não há necessidade de ser o furto cometido em casa habitada. O Código Penal não faz distinção se o crime é praticado *intra* ou *extra muros*. A majorante é perfeitamente aplicável aos furtos cometidos durante o repouso noturno em automóveis estacionados em vias públicas, bem como em estabelecimentos comerciais. A causa de aumento de pena não poderá ser aplicada a crimes cometidos durante o dia, ainda que em tal período ocorra o repouso de uma determinada vítima. O Superior Tribunal de Justiça firmou, no **Tema 1.144 do Recurso Repetitivo**, a seguinte tese: "1. Nos termos do § 1° do art. 155 do Código Penal, se o crime de furto é praticado durante o repouso noturno, a pena será aumentada de um terço. 2. O repouso noturno compreende o período em que a população se recolhe para descansar, devendo o julgador atentar-se às características do caso concreto. 3. A situação de repouso está configurada quando presente a condição de sossego/tranquilidade do período da noite, caso em que, em razão da diminuição ou precariedade de vigilância dos bens, ou, ainda, da menor capacidade de resistência da vítima, facilita-se a concretização do crime. 4. São irrelevantes os fatos de as vítimas estarem ou não dormindo no momento do crime, ou o local de sua ocorrência, em estabelecimento comercial, via pública, residência desabitada ou em veículos, bastando que o furto ocorra, obrigatoriamente, à noite e em situação de repouso".

○ **Furto privilegiado (art. 155, § 2.°):** Também chamado de **furto de pequeno valor**, ou **furto mínimo**, no qual a menor gravidade do fato, a primariedade do agente e o reduzido prejuízo ao ofendido recomendam um tratamento penal menos severo. Sua caracterização depende dos seguintes requisitos: **(a) Criminoso primário:** o Código Penal não define a primariedade, devendo seu conceito ser obtido negativamente: primário é toda pessoa não reincidente, ou seja, que não praticou novo crime depois de ter sido definitivamente condenado, no Brasil ou no exterior, por crime anterior (CP, art. 63). A condenação anterior só funciona como pressuposto da reincidência desde que não tenha decorrido o prazo de 5 (cinco) anos entre a data de cumprimento ou extinção da pena e a prática do novo crime (período depurador). Há entendimentos no sentido de ser vedado o privilégio não só ao reincidente, mas também ao **tecnicamente primário**[71] (sujeito que, embora não se enquadrando no conceito

---

70 HC 130.952/MG, rel. Min. Dias Toffoli, 2.ª Turma, j. 13.12.2016, noticiado no *Informativo* 851.

71 Cf. MIRABETE, Julio Fabbrini. *Manual de direito penal*. 25. ed. São Paulo: Atlas, 2007. v. 2, p. 211. O Superior Tribunal de Justiça, porém, já decidiu em sentido contrário (HC 45.179/MS, Rel. Min. Gilson Dipp, 5.ª Turma, j. 25.10.2005).

de reincidente, registra condenação anterior); e **(b) Pequeno valor da coisa subtraída:** O Código Penal nada dispõe acerca do conceito de coisa de pequeno valor. A jurisprudência, buscando proporcionar segurança jurídica, há muito consagrou um critério objetivo: **coisa de pequeno valor é aquela que não excede o montante de 1 (um) salário mínimo**. Leva-se em conta o tempo do crime, e não a data da sentença. Na hipótese de crime tentado, considera-se o valor do bem que o sujeito pretendia subtrair. É necessário seja o pequeno valor da coisa expressamente indicado em **auto de avaliação**. A excessiva fortuna ou a demasiada pobreza do ofendido são irrelevantes para a concessão do privilégio. A ausência de prejuízo, decorrente da posterior apreensão do bem e sua restituição à vítima, não permite a incidência do privilégio, uma vez que tal raciocínio transformaria todos os furtos tentados em condutas penalmente insignificantes, pela ausência de prejuízo ao patrimônio alheio. Não se confunde a "coisa de pequeno valor" com a "coisa de valor insignificante" – aquela, se também presente a primariedade do agente, enseja a incidência do privilégio; esta, por sua vez, conduz à atipicidade do fato, em decorrência do princípio da insignificância (criminalidade de bagatela). A jurisprudência é unânime ao efetuar esta distinção. Com o reconhecimento do privilégio, o Código Penal autoriza ao juiz a: (a) substituir a pena de reclusão pela de detenção; (b) diminuir a pena de reclusão de um a dois terços; e (c) aplicar somente a pena de multa. Os dois primeiros efeitos, compatíveis entre si, admitem cumulação. Prevalece o entendimento de que o juiz **deve** reduzir a pena quando configurado o privilégio no crime de furto, podendo optar por alguma das suas consequências. Cuida-se de **direito subjetivo do réu**, e não de discricionariedade judicial: o magistrado não pode negar o benefício quando presentes os requisitos legalmente exigidos.

○ **Furto privilegiado cometido durante o repouso noturno – admissibilidade:** É possível a ocorrência de crime de furto simultaneamente privilegiado e praticado durante o repouso noturno (hipótese de concurso entre causa de aumento e de diminuição da pena, a ser resolvida na forma prevista no art. 68, parágrafo único, do CP). O juiz poderá adotar uma das seguintes soluções: (a) substituir a pena de reclusão pela de detenção (privilégio), e depois aumentá-la de um terço (repouso noturno); (b) reduzir a pena de reclusão de um a dois terços (privilégio), e depois aumentá-la de um terço (repouso noturno); (c) substituir a pena de reclusão pela de detenção, e diminuí-la de um a dois terços, pois essas medidas são compatíveis entre si, e depois aumentá-la de um terço (repouso noturno); e (d) Substituir a pena de reclusão pela pena de multa (privilégio), e depois aumentá-la de um terço (repouso noturno).

○ **A questão do furto privilegiado-qualificado:** Discute-se sobre a possibilidade de aplicar o privilégio às figuras qualificadas (admissibilidade ou não da constituição do furto privilegiado-qualificado ou **furto híbrido**). Há duas posições a respeito: **(1.ª) Inadmissibilidade do furto privilegiado-qualificado** – essa posição funda-se na interpretação geográfica do art. 155 do CP – o privilégio, previsto no § 2.º, somente incide no furto noturno (§ 1.º) e no furto simples (*caput*). Não é aplicável às formas qualificadas (§§ 4.º, 4.º-A, 4.º-B, 5.º, 6.º e 7.º), propositadamente alocadas pelo legislador posteriormente ao privilégio. Além disso, a gravidade em abstrato das espécies qualificadas seria logicamente incompatível com as benesses proporcionadas pela figura privilegiada e a aceitação do furto híbrido importaria no surgimento de um novo tipo penal; **(2.ª) Admissibilidade do furto privilegiado-qualificado** – encontra seu fundamento de validade em questões de política criminal. A incidência prática do privilégio permite a aplicação mais humanista das regras inerentes ao furto qualificado, impedindo um tratamento excessivamente rigoroso quando a situação não o recomenda. É o atual entendimento do STF, e também consolidado na **Súmula 511 do STJ**: "É possível o reconhecimento do privilégio previsto no § 2º do art. 155 do CP nos casos de crime de furto qualificado, se estiverem presentes a primariedade do agente, o pequeno valor da coisa e a qualificadora for de ordem objetiva."

○ **Furto qualificado (art. 155, §§ 4.º, 4.º-A, 4.º-B, 5.º, 6.º e 7.º):** Não incide a suspensão condicional do processo (art. 89 da Lei 9.099/1995). O aumento da pena se deve à maior reprovabilidade de que se reveste a conduta criminosa, bem como ao resultado provocado. Um furto pode se revestir de duas ou mais qualificadoras. O juiz, na sentença, utilizará somente uma delas para qualificar o crime, alterando os limites da pena em abstrato, funcionando as demais como circunstâncias judiciais desfavoráveis, na primeira fase da dosimetria da pena privativa de liberdade (art. 59, *caput*, do CP). Não podem ser empregadas como agravantes genéricas, porque as qualificadoras do furto não encontram correspondência nos arts. 61 e 62 do Código Penal. Com exceção da qualificadora do abuso de confiança, de índole subjetiva, todas as demais são de natureza objetiva: comunicam-se aos demais coautores e partícipes que dela tomaram conhecimento (art. 30 do CP).

○ **Qualificadoras do art. 155, § 4.º:** Dizem respeito ao **meio de execução** empregado pelo agente na prática do crime.

– Inciso I – Com destruição ou rompimento de obstáculo à subtração da coisa: Destruição é o comportamento que faz desaparecer alguma coisa. Destruir é subverter ou desfazer totalmente algo. **Rompimento** é a atividade consistente em deteriorar algum objeto, abrir brecha, arrombar, arrebentar, cortar, serrar, perfurar, forçar de qualquer modo um objeto para superar sua resistência e possibilitar ou facilitar a prática do furto. **Obstáculo** é a barreira, o empecilho que protege um bem, dificultando sua subtração. Pode ser **externo** (cadeado) ou **interno** (grade de proteção), e **ativo** (cerca elétrica e armadilhas) ou **passivo** (portas, janelas, fechaduras, câmeras de monitoramento e sensores de presença). Em relação ao **cão de guarda**, há duas posições: (a) pode ser definido como obstáculo, razão pela qual sua morte enseja a qualificadora, pois atua como entrave à prática da conduta criminosa;[72] e (b) não se pode considerá-lo obstáculo no sentido técnico da palavra, e sua morte poderá caracterizar crime de dano, mas não a qualificadora em estudo.[73] Nas duas hipóteses (destruição e rompimento) opera-se um dano a determinado objeto. Na destruição o dano é total, e parcial no rompimento. Em qualquer caso, porém, o crime de dano (CP, art. 163) resta absorvido pelo furto qualificado, uma vez que funcionou como crime menos grave para a prática de um crime mais grave. Resolve-se o conflito aparente de leis penais com a utilização do princípio da consunção. A qualificadora em análise somente pode ser aplicada quando a destruição ou rompimento do obstáculo ocorrer antes ou durante a consumação do furto – se depois de consumado o furto o sujeito desnecessariamente destruir ou romper um obstáculo, responderá por furto simples (CP, art. 155, *caput*) e dano (CP, art. 163) em concurso material. A mera remoção do obstáculo não caracteriza a qualificadora. A violência deve ser sempre direcionada à coisa – se atingir uma pessoa, estará delineado crime mais grave (CP, art. 157). Como a destruição e o rompimento de obstáculo deixam vestígios, é imprescindível a elaboração de **exame de corpo delito**, direto ou indireto, para comprovação da materialidade, não podendo a confissão do acusado substituí-lo (CPP, art. 158). Não sendo possível o exame de corpo de delito, por haverem desaparecido os vestígios, a prova testemunhal poderá suprir-lhe a falta (CPP, art. 167). Discute-se se o obstáculo há de ser estranho à coisa furtada, e não inerente a ela, ou se é obstáculo todo e qualquer objeto que dificulta a subtração, havendo duas posições doutrinárias e jurisprudenciais sobre o assunto: (**1.ª**) O obstáculo, obrigatoriamente, há de ser

---

[72] BARROS, Flávio Augusto Monteiro de. *Direito penal*. Parte especial. 2. ed. São Paulo: Saraiva, 2009. v. 2, p. 350. E também: DOTTI, René Ariel. O conceito de obstáculo no furto qualificado. *Boletim do Instituto Brasileiro de Ciências Criminais*, São Paulo: IBCCRIM, n. 155, p. 7, 2005.

[73] GONÇALVES, Victor Eduardo Rios. *Dos crimes contra o patrimônio*. 8. ed. São Paulo: Saraiva, 2005. v. 9, p. 16 (Coleção Sinopses jurídicas).

estranho. Não se aplica a qualificadora quando a violência é utilizada pelo agente contra a própria coisa subtraída; (**2.ª**) O obstáculo pode ser qualquer objeto que embaraça a subtração, exterior à coisa que se pretende furtar ou inerente a ela. A qualificadora terá cabimento em ambos os casos.

– Inciso II – Com abuso de confiança, ou mediante fraude, escalada ou destreza:

a) Abuso de confiança é o sentimento de credibilidade ou de segurança que uma pessoa deposita em outra. Cuida-se de **circunstância subjetiva**, incomunicável no concurso de pessoas (art. 30 do CP). Esta qualificadora consiste na traição, pelo agente, da confiança que, oriunda de relações antecedentes entre ele e a vítima, faz com que o objeto material do furto tenha sido deixado ou ficasse exposto ao seu fácil alcance. Pressupõe dois requisitos: (a) a vítima tem que depositar, por qualquer motivo, uma especial confiança no agente; e (b) o agente deve se aproveitar de alguma facilidade decorrente da confiança nele depositada para cometer o crime. A mera relação empregatícia, por si só, não é assaz para caracterizar o abuso de confiança. A análise deve ser feita no caso concreto. Não se exige seja antigo o vínculo empregatício. Se não for comprovado o abuso de confiança, afastando-se a qualificadora, incidirá residualmente a agravante genérica prevista no art. 61, II, *f*, do Código Penal. Não basta a confiança – o sujeito, ao executar o delito, deve se valer de alguma facilidade proporcionada pela confiança que a vítima especialmente nele depositava. Não se confunde com a apropriação indébita (CP, art. 168) – em ambos os crimes se opera a quebra da confiança que a vítima depositava no agente, mas, enquanto no furto qualificado o sujeito **subtrai** bens do ofendido aproveitando-se da menor vigilância dispensada em decorrência da confiança, na apropriação indébita o agente **não restitui** à vítima o bem que lhe foi por ela voluntariamente entregue.

b) Fraude[74] – é o artifício ou ardil, o meio enganoso utilizado pelo agente para diminuir a vigilância da vítima ou de terceiro sobre um bem móvel, permitindo ou facilitando sua subtração. **Artifício** é a fraude material, representada pelo emprego de algum objeto, instrumento ou vestimenta para ludibriar o titular da coisa. **Ardil** é a fraude moral ou intelectual, consistente na conversa enganosa. A fraude, como qualificadora do furto, há de ser empregada antes ou durante a subtração (antecede a consumação do delito). Exige-se seja utilizada pelo agente para iludir a vigilância ou atenção da vítima ou de terceiro sobre o bem. A fraude posterior à consumação do crime não qualifica o crime. Também não se confunde com o estelionato – a fraude, no furto, funciona como qualificadora (CP, art. 155, § 4.º, II) e se presta a diminuir a vigilância da vítima (ou de terceiro) sobre o bem, permitindo ou facilitando a subtração; no estelionato é elementar (CP, art. 171, *caput*) e se destina a colocar a vítima (ou terceiro) em erro, mediante uma falsa percepção da realidade, fazendo com que ela espontaneamente lhe entregue o bem. Não há subtração: a fraude antecede o apossamento da coisa e é causa para ludibriar sua entrega pela vítima. O crime envolvendo o *test drive* de veículos automotores caracteriza estelionato, mas a jurisprudência consolidou o entendimento de que se trata de furto qualificado pela fraude, fundamentando-se na **precariedade da posse** e, principalmente, em motivos de **política criminal**. Com efeito, busca-se a proteção da vítima relativamente à reparação do dano, uma vez que os contratos de seguro são obrigados ao ressarcimento de crimes de furto, mas estão isentos na hipótese de estelionato.[75]

– Fraude envolvendo energia elétrica: Existem duas situações diversas: *1.ª situação*: O agente desvia a energia elétrica da rede pública para seu imóvel, com a finalidade de usufruir gratuitamente do serviço público, a exemplo do que se dá no chamado "gato", em que o sujeito faz a ligação direta do poste situado em via pública para sua casa (ou empresa). A energia elétrica sequer é compu-

---

[74] Se o furto mediante fraude for cometido por meio de dispositivo eletrônico ou informático, conectado ou não à rede de computadores, com ou sem a violação de mecanismo de segurança ou a utilização de programa malicioso, ou por qualquer outro meio fraudulento análogo, estará caracterizada a qualificadora contida no § 4.º-B do art. 155 do Código Penal (furto informático, eletrônico ou cibernético).

[75] Aplica-se igual raciocínio ao "golpe do manobrista", no qual o motorista voluntariamente entrega o carro ao suposto funcionário da empresa de *valet*, e este foge com o veículo, para não mais devolvê-lo.

tada pelo medidor instalado pela concessionária. Nessa hipótese, o crime é de **furto qualificado pela fraude**, pois houve subtração de bem dotado de valor econômico; e *2.ª situação*: O agente utiliza algum artifício para alterar o medidor de energia elétrica. Não há desvio da rede pública para seu imóvel. A empresa concessionária voluntariamente entrega a energia ao usuário, e ele se vale de meio fraudulento para enganar a vítima na leitura relacionada ao consumo do bem. O sujeito paga pelo serviço utilizado, porém em valor inferior ao devido. Essa é a sua forma de obter vantagem ilícita em prejuízo alheio. O delito é de **estelionato**.

c) Escalada – é a utilização de uma **via anormal** para entrar ou sair de um recinto fechado em que o furto será ou foi praticado. É prescindível à imputação da qualificadora a ultrapassagem de um muro ou obstáculo pelo alto, bastando o ingresso ou retirada de forma anormal, que pode concretizar-se pelo **uso de instrumentos** existentes no local do crime ou para lá levados propositalmente, ou mesmo pela peculiar habilidade física do agente. O obstáculo deve ser superado sem emprego de violência, ainda que contra a coisa, sob pena de restar configurado o crime de roubo (CP, art. 157); se o sujeito, valendo-se de um ônibus, derrubar um muro para entrar em uma agência bancária, a qualificadora será a relativa à destruição ou rompimento de obstáculo (CP, art. 155, § 4.º, inc. I). O obstáculo deve ser **contínuo**, não oferecendo alternativas à execução do crime sem o recurso à escalada. Quando a escalada envolve um muro ou parede a ser ultrapassado por cima, não há limite predeterminado para caracterização da qualificadora. A tentativa (*conatus*) deste furto qualificado pressupõe ao menos o início da escalada. É dispensável, para o aperfeiçoamento da qualificadora, o ingresso total do corpo do agente no local do crime. A prova da escalada pode ser feita por qualquer meio, não reclamando, obrigatoriamente, a elaboração de laudo pericial, uma vez que nem sempre o crime de furto assim praticado deixa vestígios materiais.

d) Destreza – é a especial **habilidade física ou manual** que permite ao agente retirar bens em poder direto da vítima sem que ela perceba a subtração. Esta qualificadora é cabível unicamente quando a vítima traz seus pertences juntos ao corpo, pois é somente em tais hipóteses que a destreza pode se exteriorizar. Exige a soma de dois fatores: ter destreza e agir com destreza. Não incide a qualificadora se a vítima estava, ao tempo da subtração, dormindo em sono profundo ou embriagada em estágio avançado, pois nessas circunstâncias não se exige destreza, ainda que o agente dela seja dotado. A destreza é uma ação que recai sobre a vítima, e não sobre coisas. Se a vítima notar a conduta do agente, não incidirá a qualificadora – estará caracterizado o crime de furto simples (CP, art. 155, *caput*). Se o crime não se consuma porque a conduta do agente foi notada por terceiro, que impediu a subtração há tentativa de furto qualificado.

– Inciso III – Com emprego de chave falsa: Chave falsa é qualquer instrumento, **com ou sem forma de chave**, de que se vale o agente para fazer funcionar, no lugar da chave verdadeira (utilizada por quem de direito), o mecanismo de uma fechadura ou dispositivo semelhante, permitindo ou facilitando a subtração do bem. O uso de chave verdadeira, ilicitamente obtida pelo agente, não caracteriza a qualificadora em análise, mas pode ensejar a qualificadora atinente à fraude. Não incide a qualificadora inerente ao uso de chave falsa na "ligação direta" de veículos automotores, pois não há emprego de qualquer instrumento em sua ignição. Nessa linha de raciocínio, o emprego de **módulo de ignição** diverso do original, voltado à ligação do veículo automotor, autoriza a incidência da qualificadora. Para configuração da tentativa de furto qualificado pelo emprego de chave falsa reclama-se, ao menos, já esteja o agente a introduzir a chave falsa na fechadura ou dispositivo análogo. A posse isolada de chave falsa caracteriza contravenção penal (LCP – Decreto-lei 3.688/1941, art. 25), mas nunca tentativa ou ato executório do crime contra o patrimônio. Em regra, a comprovação dessa qualificadora depende de prova pericial, uma vez que o emprego de chave falsa normalmente deixa vestígios materiais, a exemplo das avarias na fechadura da porta do veículo automotor. No caso concreto, porém, o exame de corpo de delito pode não ser necessário, notadamente quando o agente, preso em flagrante na posse do instrumento, dele fez uso com habilidade diferenciada, de modo a não deixar rastros de sua conduta.

– Inciso IV – Mediante concurso de duas ou mais pessoas: O fundamento do tratamento legislativo mais severo consiste na maior facilidade para o aperfeiçoamento do furto com a reunião de duas ou mais pessoas. Cuida-se de **crime acidentalmente coletivo**: pode ser praticado por uma única pessoa, mas a pluralidade de sujeitos acarreta o aumento da pena. A qualificadora é aplicável ainda que um dos envolvidos seja inimputável ou desconhecido. A pessoa maior e capaz que cometer o furto em concurso com um menor de 18 anos de idade responderá por furto qualificado (CP, art. 155, § 4.º, IV) e corrupção de menores (art. 244-B da Lei 8.069/1990 – ECA). Trata-se de **crime formal, de consumação antecipada** ou **de resultado cortado**, cuja objetividade jurídica é a proteção da moralidade da criança ou adolescente, razão pela qual sua finalidade precípua é coibir a prática de delitos em que existe a exploração de pessoas com idade inferior a 18 anos.[76] Esta é a posição consolidada na Súmula 500 do Superior Tribunal de Justiça: "A configuração do crime do art. 244-B do ECA independe da prova da efetiva corrupção do menor, por se tratar de delito formal". Se não bastasse, cuida-se também de **crime de perigo**, sendo prescindível a demonstração de efetiva e posterior corrupção moral da criança ou adolescente, cuja inocência se presume. Discute-se se a expressão "concurso de duas ou mais pessoas" abrange coautores e partícipes ou exclusivamente coautores. Admitimos a coautoria e a participação para a configuração da qualificadora – é a posição atualmente predominante em sede doutrinária e jurisprudencial. Tratando-se de pessoas maiores e capazes, é indispensável o vínculo subjetivo, que não se confunde com o prévio ajuste. Basta que um dos sujeitos tenha consciência de sua contribuição para a conduta de terceiro, ainda que este desconheça tal colaboração. Como corolário da teoria unitária ou monista acolhida pelo CP (art. 29, *caput*), todos os envolvidos responderão pela qualificadora, ainda que um só dos agentes alcance a consumação do delito. Na hipótese de crime praticado por duas pessoas, a absolvição do comparsa (coautor ou partícipe) formalmente denunciado não afasta, automaticamente, a incidência da qualificadora quanto ao sujeito condenado.

○ **Furto qualificado pelo concurso de duas ou mais pessoas e hibridismo penal:** Imaginemos um furto duplamente qualificado: concurso de duas ou mais pessoas e qualquer outra qualificadora. Sabemos que, na hipótese de furto duplamente qualificado, uma qualificadora altera os limites em abstrato da pena, ao passo que a outra é utilizada como circunstância judicial desfavorável (art. 59, *caput*, do CP). Com base nisso, seria possível o uso da outra qualificadora para modificar os limites da pena em abstrato, e a atinente ao concurso de pessoas como causa de aumento de pena (terceira fase da dosimetria da pena privativa de liberdade), de um terço até metade aplicando-se analogicamente a regra prevista em relação ao roubo pelo art. 157, § 2.º, II, do Código Penal? Façamos, agora, mais uma reflexão. A qualificadora do concurso de duas ou mais pessoas eleva a pena do furto para 2 (dois) a 8 (oito) anos de reclusão, e multa, tornando-a muito mais gravosa do que a pena da modalidade simples, delineada pelo *caput*, qual seja, reclusão de 1 (um) a 4 (quatro) anos, e multa. E com base nesse raciocínio outra pergunta há de ser feita: Pode o juiz, em vez de aplicar a qualificadora do furto, utilizar a causa de aumento de pena do roubo, valendo-se da analogia *in bonam partem* (favorável ao réu)? Em síntese, em ambas as hipóteses, tanto na prejudicial como na favorável ao acusado, é cabível a construção prática deste hibridismo penal? O Supremo Tribunal Federal acertadamente entende que não: A regra do art. 155, § 4.º, IV, do Código Penal não pode ser substituída pela disposição constante do art. 157, § 2.º, do mesmo *Codex*, sob a alegação de ofensa ao princípio da proporcionalidade. Não é

---

[76] Esse era o entendimento do STF na égide da Lei 2.252/1954 e não há razão jurídica para a sua alteração, uma vez que a descrição da conduta criminosa era praticamente idêntica à contida na lei atual. Nesse sentido: HC 97.197/PR, rel. Min. Joaquim Barbosa, 2.ª Turma, j. 27.10.2009, noticiado no *Informativo* 565; e HC 92.014/SP, rel. orig. Min. Ricardo Lewandowski, rel. p/ o acórdão Min. Menezes Direito, 1.ª Turma, j. 02.09.2008, noticiado no *Informativo* 518. Vale destacar, todavia, que, na vigência da Lei 2.252/2954, também existiam entendimentos contrários, sustentando que a corrupção de menores era crime material e reclamava prova da concreta e real corrupção do menor.

possível aplicar-se a majorante do crime de roubo ao furto qualificado, pois as qualificadoras relativas ao furto – que possuem natureza jurídica de elementar do tipo – não se confundem com as causas de aumento de pena na hipótese de roubo. É defeso ao julgador aplicar, por analogia, sanção sem previsão legal, ainda que para beneficiar o réu, ao argumento de que o legislador deveria ter disciplinado a situação de outra forma.[77] O Superior Tribunal de Justiça possui idêntico posicionamento, consagrado na Súmula 442: "É inadmissível aplicar, no furto qualificado, pelo concurso de agentes, a majorante do roubo." Conclui-se, pois, que a alegada falta de técnica legislativa – considerando o concurso de duas ou mais pessoas qualificadoras no furto e causa de aumento de pena no roubo – não autoriza o magistrado, no caso concreto, a construir ao seu arbítrio uma nova sanção penal. Deve limitar-se a aplicar a legislação positivada, respeitando o princípio da separação dos Poderes consagrado pelo art. 2.º da Constituição Federal.

○ **Qualificadora do § 4.º – A: emprego de explosivo ou de artefato análogo que cause perigo comum:** Trata-se de qualificadora de **natureza objetiva**, pois diz respeito ao **meio de execução** utilizado na prática do furto. Em razão disso, é possível a sua comunicabilidade no concurso de pessoas, diante da regra prevista no art. 30 do Código Penal. Diante da pena privativa de liberdade em abstrato – reclusão, de 4 (quatro) a 10 (dez) anos – o furto qualificado pelo emprego de explosivo ou de artefato análogo que cause perigo comum constitui-se em **crime de elevado potencial ofensivo**, incompatível com os benefícios elencados pela Lei 9.099/1995.

– Crime hediondo: O furto qualificado pelo emprego de explosivo ou de artefato análogo que cause perigo comum é **crime hediondo**, a teor da regra contida no art. 1.º, IX, da Lei 8.072/1990, com a redação conferida pela Lei 13.964/2019 ("Pacote Anticrime"). É a primeira vez, no direito brasileiro, que uma modalidade de furto é revestida pela nota da hediondez.[78]

– Fundamento da qualificadora: A cada dia são mais frequentes as explosões de caixas eletrônicos, para subtração do dinheiro alocado em seu interior. A criação da qualificadora se justifica, portanto, pela necessidade de combater uma forma mais grave do furto, que não se esgota na ofensa ao patrimônio alheio. De fato, a conduta também coloca em risco a integridade corporal e a vida de um número indeterminado de pessoas, as quais podem ser afetadas pelos danos produzidos pela detonação do explosivo ou do artefato análogo. Nada obstante diversos bens possam ser furtados com emprego de explosivos ou artefatos análogos, a exemplo da destruição da porta de uma casa ou do vidro de um carro blindado, é evidente que o principal escopo do legislador foi tutelar a explosão de caixas eletrônicos.

– Explosivo ou artefato análogo que cause perigo comum: O § 4.º-A do art. 155 do Código Penal utiliza-se da interpretação analógica ou *intra legem*. O tipo contém uma fórmula casuística – "emprego de explosivo", seguida de uma fórmula genérica – "emprego de artefato análogo que cause perigo comum". **Explosivo** é a substância com capacidade de destruir objetos em geral, mediante detonação e estrondo. **Artefato análogo** é o produto concebido com finalidade diversa, mas apto a produzir efeitos similares aos do explosivo, a exemplo de um botijão de gás. Mas não é qualquer explosivo (ou artefato análogo) que autoriza a incidência da qualificadora. É necessário que tal meio de execução "**cause perigo comum**" (o legislador utilizou fórmula diversa da contida no crime de homicídio qualificado pelo meio "de que possa resultar perigo comum" – CP, art. 121, § 2.º, III). Como essa modalidade de furto qualificado deixa vestígios materiais, sua prova

---

[77] STF: HC 95.351/RS, Rel. Min. Ricardo Lewandowski, 1.ª Turma, j. 21.10.2008. E também: STF: HC 94.283/RS, Rel. Min. Cármen Lúcia, 1.ª Turma, j. 07.10.2008.

[78] O legislador, de forma imperdoável, cometeu um erro grosseiro, ao deixar de também incluir, no rol dos crimes hediondos, o roubo com destruição ou rompimento de obstáculo mediante o emprego de explosivo ou de artefato análogo que cause perigo comum, tipificado no art. 157, § 2.º-A, II, do Código Penal, delito indiscutivelmente mais grave do que esta modalidade do furto. De nossa parte, resta lamentar e aguardar que tal equívoco seja rapidamente solucionado pelo Congresso Nacional.

depende de **exame de corpo de delito**, direto ou indireto, não podendo supri-lo a confissão do acusado (CPP, art. 158). A perícia destina-se a demonstrar o emprego do explosivo (ou do artefato análogo), bem como a sua capacidade de causar perigo comum, compreendido como o risco ou probabilidade de dano à vida, à integridade física ou ao patrimônio de um número indeterminado de pessoas. A provocação do perigo comum, de seu turno, admite qualquer meio de prova (exemplos: testemunhas, filmagem do local do crime, etc.). Em síntese, a caracterização da qualificadora não se esgota na subtração com emprego de explosivo (ou de artefato análogo). É imprescindível a idoneidade do meio de execução para causar perigo comum. E mais: exige-se prova da efetiva causação do risco a um número indeterminado de pessoas. Portanto, o emprego de explosivo (ou de artefato análogo) na prática do furto não acarreta no reconhecimento automático da qualificadora contida no § 4.º-A do art. 155 do Código Penal. É necessária uma perícia atestando a aptidão do meio para provocar perigo comum, bem como prova da efetiva produção do perigo comum.

– Compatibilidade com outras qualificadoras: O emprego de explosivo ou de artefato análogo que causa perigo comum é compatível com as demais qualificadoras do furto. Nada impede a presença conjunta de duas ou mais delas. Exemplo: "A" e "B", em concurso, utilizam explosivo para subtrair o dinheiro que estava no interior de um caixa eletrônico. Nesse caso, como o legislador cominou pena mais elevada para a circunstância contida no 4.º-A (reclusão, de 4 a 10 anos, e multa), ela servirá para qualificar o delito, ao passo que o concurso de pessoas (CP, art. 155, § 4.º, inc. IV) funcionará como circunstância judicial desfavorável, na forma do art. 59, *caput*, do Código Penal. A propósito, é perfeitamente possível o furto qualificado pelo emprego de explosivo ou de artefato análogo que causa perigo comum para a subtração de substâncias explosivas ou de acessórios que, conjunta ou isoladamente, possibilitem sua fabricação, montagem ou emprego, hipótese em que incidirão as qualificadoras previstas nos §§ 4.º-A e 7.º do art. 155 do Código Penal, com penas idênticas. Na maioria das vezes o emprego de explosivo ou de artefato análogo que causa perigo comum destina-se a destruir ou romper um obstáculo à subtração da coisa. Se isso ocorrer, a qualificadora prevista no inc. I do § 4.º será absorvida pela qualificadora catalogada no § 4.º-A, ambos do art. 155 do Código Penal, pois aquela funciona como meio para a prática desta. O conflito aparente de normas é superado com a utilização do princípio da consunção.

– Privilégio: A incidência do privilégio nessa figura típica aparentemente é possível, pois o § 4.º-A contempla uma qualificadora objetiva, relacionada ao meio de execução do furto (vide Súmula 511 do STJ). Na prática, entretanto, os requisitos exigidos pelo § 2.º do art. 155 do Código Penal dificilmente estarão presentes. Com efeito, o furto qualificado pelo emprego de explosivo (ou de artefato análogo) visa a subtração de elevada quantia em dinheiro, ou então de bens valiosos, afastando o requisito objetivo consistente no "pequeno valor da coisa", definido em sede jurisprudencial como aquele que não ultrapassa um salário mínimo. Se não bastasse, delitos dessa espécie geralmente são praticados por indivíduos ligados a organizações criminosas, em regra reincidentes, inviabilizando o reconhecimento do requisito subjetivo "primariedade do agente".

– Concurso com crime tipificado no Estatuto do Desarmamento: É interessante a questão envolvendo a possibilidade de concurso entre o furto qualificado pelo emprego de explosivo ou artefato análogo e o crime tipificado no art. 16, § 1.º, inc. III, da Lei 10.826/2003 – Estatuto do Desarmamento ("possuir, deter, fabricar ou empregar artefato explosivo ou incendiário, sem autorização ou em desacordo com determinação legal ou regulamentar"). Duas situações diversas podem surgir: **1.ª situação**: O agente é preso em flagrante durante a prática do furto qualificado, ou logo depois de cometê-lo, na posse de artefato explosivo, sem autorização ou em desacordo com determinação legal ou regulamentar. O conflito aparente de normas é solucionado pelo princípio da consunção, operando-se a absorção do crime meio (*antefactum* impunível) pelo crime fim. O sujeito responderá unicamente pelo delito previsto no art. 155, § 4.º-A, do Código Penal; **2.ª situação**: O agente praticou o furto qualificado pelo emprego de explosivo. Dias depois, no cumprimento de mandado de busca e apreensão, policiais encontram em sua residência os bens furtados, bem como diversos explosivos. Nessa hipótese, deverão ser a ele imputados os dois crimes (CP, art. 155, § 4.º-A, e Lei 10.826/2003, art. 16, § 1.º, III), em concurso material, pois as condutas foram praticadas em contextos fáticos diversos. Se não bastasse, tais delitos ofendem bens jurídicos distintos e consumaram-se em diferentes momentos, circunstâncias que afastam a incidência do princípio da consunção.

– Relação com o crime de explosão: Antes da entrada em vigor da Lei 13.654/2018, responsável pela criação do § 4.º-A do art. 155 do Código Penal, àquele que praticava um furto com emprego de explosivo ou de artefato análogo, a exemplo da explosão de caixas eletrônicos para subtração de dinheiro, geralmente eram imputados os crimes de furto qualificado pela destruição ou rompimento de obstáculo (CP, art. 155, § 4.º, I) em concurso com explosão (CP, art. 251), se a conduta colocasse em risco a vida, a integridade física ou o patrimônio de um número indeterminado de pessoas. Esse panorama jurídico se alterou. Agora o sujeito responde unicamente pelo delito tipificado no art. 155, § 4.º-A, pois o tipo penal contém a expressão "que cause perigo comum". Em outras palavras, a provocação do perigo comum, ao mesmo tempo em que legitima a incidência da qualificadora do furto, afasta o crime autônomo de explosão.

○ **Qualificadora do § 4.º-B:** **furto informático, eletrônico ou cibernético:** Nos termos do art. 155, § 4.º-B, do Código Penal, acrescentado pela Lei 14.155/2021: "A pena é de reclusão, de 4 (quatro) a 8 (oito) anos, e multa, se o furto mediante fraude é cometido por meio de dispositivo eletrônico ou informático, conectado ou não à rede de computadores, com ou sem a violação de mecanismo de segurança ou a utilização de programa malicioso, ou por qualquer outro meio fraudulento análogo." Atualmente existem duas modalidades de furto qualificado pela fraude: (a) a **fraude "comum"**, de natureza residual, prevista no § 4.º, II, punida com reclusão, de 2 a 8 anos, e multa, utilizada por qualquer meio diverso dos dispositivos eletrônicos ou informáticos; e (b) a **fraude por meio de dispositivo eletrônico ou informático**, de índole especial, definida no § 4.º-B e punida com reclusão, de 4 a 8 anos, e multa. Em ambos os casos, o agente se utiliza de algum estratagema para ludibriar a vítima, de modo a inverter a posse do bem sem que esta perceba a subtração. A diferença está no meio de execução do delito. A criação da qualificadora fundamenta-se no avanço da internet, presente em quase todos os lares e ambientes de trabalho, conduzindo à ampliação do comércio eletrônico e no uso da rede mundial de computadores para a realização das mais diversas atividades cotidianas. Com a pandemia da Covid-19, iniciada em 2020, as pessoas foram obrigadas a permanecer em suas casas, e acabaram transformando o ambiente virtual em um mundo real: computadores (e congêneres) eram utilizados para as finalidades outrora desconhecidas por muitas pessoas, tais como conversas entre amigos ou familiares, pagamento de contas, serviços bancários, compras em geral e, inclusive, para fins profissionais. O mundo mudou, especialmente para aqueles que não tinham o hábito de navegar pela internet. Pessoas sem experiência e "malícia" no ambiente virtual, notadamente idosas, tornaram-se presas fáceis para os autores de ilícitos informáticos. O número de crimes cibernéticos disparou. O legislador, atento a esse panorama, editou a Lei 14.155/2021, conferindo tratamento mais severo ao "furto eletrônico", "furto informático" ou "furto cibernético". **Dispositivo eletrônico** e **dispositivo informático** não se confundem. Aquele é gênero; este, espécie. O **dispositivo eletrônico** abrange aparelhos que não são obrigatoriamente informáticos, tais como máquinas de fax e cartões bancários dotados de chips. **Dispositivo informático**, de seu turno, é qualquer aparelho destinado a armazenar e processar dados e informações, a exemplo do computador, do *smartphone*, do *tablet* e do *pendrive*, entre outros. O tipo penal não reclama a conexão do dispositivo eletrônico ou informático à rede de computadores, seja ela interna (*intranet*) ou externa (*internet*). Na realidade, todavia, é comum a prática de furtos mediante a utilização da rede mundial de computadores. A parte final do § 4.º-B do art. 155 do Código Penal é clara ao estabelecer que a conduta pode ser praticada "com ou sem a violação de mecanismo de segurança ou a utilização de programa malicioso, ou por qualquer outro meio fraudulento análogo". O legislador socorreu-se da **interpretação analógica**, apresentando uma fórmula casuística – a violação de mecanismo de segurança (exemplo: clonagem de cartão bancário e obtenção da senha do legítimo titular para saques em terminais eletrônicos) e a utilização de programa malicioso[79] (exemplos: vírus, *worms*, cavalos de Troia, *spyware*, etc.) são meios fraudulentos –, mas não são os únicos, pois o tipo penal fala em "qualquer outro meio fraudulento análogo" (fórmula genérica), a exemplo da conversa enganosa para subtrair o Iphone da vítima e fazer compras usando do cartão de crédito instalado no aplicativo *Wallet*.

– **Causas de aumento de pena:** O § 4.º-C do art. 155 do Código Penal, também criado pela Lei 14.155/2021, contempla causas de aumento de pena aplicáveis ao furto informático (eletrônico ou cibernético) em razão da **"relevância do resultado gravoso"**, compreendida como o **prejuízo patrimonial causado à vítima da subtração**. Vejamos cada um dos incisos: Inc. I – **aumenta-se de 1/3 (um terço) a 2/3 (dois terços), se o crime é praticado mediante a utilização de servidor mantido fora do território nacional:** A utilização de servidor[80] mantido no exterior impõe o aumento da pena. Seu percentual, contudo – de 1/3 (um terço) a 2/3 (dois terços), leva em conta a relevância do resultado gravoso, ou seja, varia em conformidade com o maior ou menor prejuízo ao ofendido. O fundamento da majorante repousa na complexidade de apuração do delito quando o servidor é mantido fora do Brasil. A localização no exterior diz respeito unicamente ao servidor informático, e não ao responsável pela conduta criminosa, que pode estar – e normalmente está – no território nacional. Além disso, o uso de sistema mantido em outro país revela maior grau de especialização do agente, bem como uma estrutura sofisticada para a prática do delito, circunstâncias atinentes à atuação de organizações criminosas com ramificações no exterior. Uma crítica deve ser registrada. A sanção cominada desponta como exagerada e desproporcional. No plano abstrato, e levando em conta os patamares máximos, a pena privativa de liberdade pode alcançar 13 anos e 4 meses de reclusão (8 anos + 2/3), ultrapassando a pena máxima de delitos indiscutivelmente mais graves, como o roubo simples (CP, art. 157, *caput*) e o estupro (CP, art. 213); e Inc. II – **aumenta-se de 1/3 (um terço) ao dobro, se o crime é praticado contra idoso ou vulnerável:** A prática do delito contra pessoa idosa ou vulnerável torna obrigatório o aumento da pena. Seu patamar – de 1/3 (um terço) ao dobro –, entretanto, deve ser balizado pela relevância do resultado gravoso, é dizer, pelo prejuízo econômico causado à vítima. O tratamento penal mais rigoroso baseia-se na maior reprovabilidade do agente, que se aproveita da fragilidade e da ingenuidade do ofendido. **Pessoa Idosa** é a pessoa com idade igual ou superior a 60 anos (Lei 10.741/2003 – Estatuto da Pessoa Idosa, art. 1.º). A palavra **"vulnerável"**, a teor do art. 217-A do Código Penal, engloba: (a) o menor de 14 anos; (b) a pessoa com enfermidade ou deficiência mental, sem discernimento para o ato; e (c) aquele que, por qualquer outra causa, não pode oferecer resistência. No campo da pena privativa de liberdade cominada, a desproporcionalidade nesse ponto mostra-se ainda mais exagerada. A pena máxima do furto informático cometido contra pessoa idosa ou vulnerável pode chegar a 16 anos. Sem dúvida uma enorme falta de bom senso do legislador. Para evitar a responsabilidade penal objetiva, a incidência desta causa de aumento reclama o conhecimento do agente acerca da condição de pessoa idosa ou vulnerável da vítima. Na prática, essa exigência inviabilizará sua aplicação, pois os responsáveis pelos furtos cibernéticos normalmente desconhecem as características pessoais das suas vítimas. Lançam as redes na direção de milhares de usuários aleatórios da *internet* em busca do êxito criminoso frente a alguns poucos que caem em suas armadilhas.

---

[79]   *Malware*, ou "*software* malicioso", é uma abreviação do inglês *malicious software*, consistente no programa de computador desenvolvido para infectar o dispositivo informático de um usuário legítimo e prejudicá-lo de diversas formas.

[80]   Servidor, para os fins do tipo penal, é o dispositivo informático que autoriza o acesso a informações por outros computadores ou sistemas conectados em rede. É o "aparelho mãe", que, em uma determinada rede de computadores, hospeda esse tipo de sistema informático.

– **Compatibilidade com outras qualificadoras e com o privilégio:** O § 4.º-B do art. 155 do Código Penal pode ser aplicado conjuntamente com outras qualificadoras do furto, a exemplo do concurso de pessoas (CP, art. 155, § 4.º, IV). Nada impede, de outro lado, a incidência simultânea do privilégio, se presentes os requisitos elencados pelo § 2.º do art. 155 do Código Penal, a saber, primariedade do agente e pequeno valor da coisa furtada.

– **Lei dos Crimes Hediondos:** O furto informático acertadamente **não é crime hediondo**, nem mesmo nas hipóteses em que incidem as majorantes do § 4.º-C do art. 155 do Código Penal. De fato, essa figura típica não se encontra catalogada no rol taxativo da Lei 8.072/1990.

○ **Qualificadora do art. 155, § 5.º – subtração de veículo automotor que venha a ser transportado para outro Estado ou para o exterior:** Trata-se de qualificadora que diz respeito a um resultado posterior à subtração, consistente no transporte do veículo automotor para outro Estado federativo ou para outro país. Fundamenta-se na maior dificuldade de recuperação do bem pela vítima. A finalidade da Lei 9.426/1996 foi a de combater uma crescente e inquietante forma de criminalidade dos dias atuais, relacionada à subtração e ao mercado paralelo de veículos automotores. Para ser aplicada, a qualificadora depende de dois requisitos: (a) o objeto material da subtração deve ser veículo automotor; e (b) o veículo automotor deve ser transportado para outro Estado ou para o exterior. **Veículo automotor** não é apenas o automóvel. De acordo com o Anexo I do Código de Trânsito Brasileiro (Lei 9.503/1997), seu conceito compreende "veículo a motor de propulsão a combustão, elétrica ou híbrida que circula por seus próprios meios e que serve normalmente para o transporte viário de pessoas e coisas ou para a tração viária de veículos utilizados para o transporte de pessoas e coisas, compreendidos na definição os veículos conectados a uma linha elétrica e que não circulam sobre trilhos (ônibus elétrico)". O transporte de partes isoladas do veículo automotor para outro Estado ou para o exterior não qualifica o crime de furto. **Transporte do veículo automotor para outro Estado ou para o exterior** – A qualificadora somente terá incidência prática quando o veículo automotor efetivamente for transportado para outro Estado ou para o exterior. A palavra Estado abrange o Distrito Federal (interpretação extensiva). O momento consumativo do furto não está condicionado ao alcance da finalidade almejada pelo agente. De fato, o furto pode já ter se consumado, sem que ainda esteja caracterizada a qualificadora. A figura qualificada é compatível com a tentativa quando o agente tenta subtrair o veículo automotor na fronteira com outro Estado ou com o exterior, para lá transportá-lo, mas não consegue fazê-lo por circunstâncias alheias à sua vontade. Essa qualificadora leva em conta um resultado posterior alcançado pelo agente. É fácil notar que tal resultado, qualificativo do furto, não se confunde com a sua consumação. A qualificadora é de natureza objetiva e aumenta a pena mesmo depois de consumado o delito. Em síntese, pode-se concluir que o momento consumativo do furto não está condicionado ao alcance da finalidade almejada pelo agente.

○ **Art. 155, § 5.º e concurso de pessoas:** A pessoa que concorre para o transporte do veículo automotor para outro Estado ou para o exterior responde pela qualificadora, desde que tal circunstância, de natureza objetiva, tenha ingressado em sua esfera de conhecimento (art. 30 do CP). Em se tratando de **contrato exclusivo de transporte** (acordo convencionado apenas para a pessoa transportar o veículo automotor para outro Estado ou para o exterior), três situações podem ocorrer: (a) se foi contratada **antes** da subtração, e estava ciente da sua prática, responde por furto qualificado, nos termos do art. 155, § 4.º, inc. IV e § 5.º, do CP. De fato, ao aceitar a realização da função ilícita, concorreu para o furto, estimulando sua prática; (b) se foi contratada **após** a subtração, e tinha ciência da origem ilícita do bem, responde por receptação própria (CP, art. 180, *caput*, 1.ª parte); e (c) se não tinha conhecimento da origem criminosa do bem, para ela o fato é atípico. Não responde por crime algum. É irrelevante, ainda, o momento da contratação (antes ou após a subtração).

○ **Simultaneidade das qualificadoras dos §§ 4.º e 5.º do art. 155 do Código Penal:** As qualificadoras dos §§ 4.º e 5.º do CP são compatíveis entre si – é possível a existência simultânea de duas ou mais delas. Como o legislador cominou pena maior para a circunstância delineada pelo § 5.º, ela servirá para qualificar o delito. As demais, por sua vez, desempenharão o papel de circunstâncias judiciais desfavoráveis, nos moldes do art. 59, *caput*, do Código Penal.

○ **Qualificadora do § 6.º:** **semovente domesticável de produção**: Cuida-se de qualificadora de **natureza objetiva**, relacionada ao **objeto material** do furto. Destarte, admite-se a sua comunicabilidade no concurso de pessoas, em face da regra contida no art. 30 do Código Penal. E, diante da pena cominada, constitui-se em **crime de elevado potencial ofensivo**, incompatível com os benefícios elencados pela Lei 9.099/1995.

– **A desnecessidade da qualificadora**: A qualificadora prevista no art. 155, § 6.º, do Código Penal é mais um fruto da inflação legislativa e do direito penal simbólico. Sua criação era desnecessária, uma vez que a situação por ela disciplinada já era alvo de proteção, mais eficaz, pelo nosso sistema penal. O furto de semoventes, conhecido como **abigeato**, sempre foi tutelado pelo art. 155 do Código Penal, e normalmente na sua forma qualificada, pois esse delito em regra é cometido em concurso de pessoas, como no exemplo em que dois homens subtraem um boi de uma fazenda e o colocam em um caminhão, para levá-lo a outro local (CP, art. 155, § 4.º, inc. IV), ou então mediante destruição ou rompimento de obstáculo, como na situação em que um sujeito quebra o cadeado de uma porteira para subtrair o cavalo que estava no pasto (CP, art. 155, § 4.º, inc. I). A propósito, as figuras qualificadas do § 4.º inclusive apresentam pena superior à cominada no § 6.º, ambos do art. 155 do Código Penal.[81] Causa estranheza, portanto, a criação de uma qualificadora que já era contemplada pela definição típica do furto, em sua forma simples (situação rara) ou nas figuras qualificadas. Mas a falta de técnica do legislador foi ainda mais acentuada. Tratando-se de crime contra o patrimônio, o direito brasileiro sempre previu, com razão, a sanção pecuniária. Nada é mais lógico do que punir economicamente aquele que buscou lesar o patrimônio o alheio. Mas o § 6.º do art. 155 do Código Penal, além de contemplar pena privativa de liberdade inferior às contidas nas demais qualificadoras, deixou de prever a pena de multa.

– **Objetividade jurídica**: O bem jurídico imediatamente protegido é o **patrimônio**. No plano imediato também se tutela a **saúde pública**, pois não se conhece a origem do animal furtado, e essa circunstância pode trazer prejuízos no consumo dos produtos dele extraídos (carne, leite etc.),[82] bem como à ordem tributária, pois vários impostos deixam de ser arrecadados com o comércio clandestino dos animais.

– **Alcance do tipo penal**: A qualificadora prevista no art. 155, § 6.º, do Código Penal contém um objeto material específico. E aqui repousa o seu ponto principal. O que se entende por **semovente domesticável de produção**? Semovente é aquele que possui movimento próprio. Além dos homens, apenas os animais podem se locomover sozinhos. Como os homens não são "coisas", e sim pessoas, o Direito utiliza a palavra "semovente" como sinônima de animal.[83] A propósito, cumpre destacar que os insetos e os micro-organismos, nada obstante possam se movimentar sozinhos, não se enquadram no conceito de semoventes no âmbito dos crimes patrimoniais, pois não são dotados de valor econômico. Nesse contexto, semovente domesticável de produção é o animal já domesticado, ou que possa vir a sê-lo, e criado para abate, exploração de seus frutos ou ainda para procriação. Destacam-se como exemplos os bovinos, os suínos, os caprinos e as

---

[81]   E também não se pode esquecer a causa de aumento contida no § 1.º do art. 155 do Código Penal, pois os abigeatos são na maioria das vezes cometidos na zona rural e durante o **repouso noturno**, com os furtadores se aproveitando da escuridão e da ausência de pessoas nos pastos, currais, campos e retiros.

[82]   Convém destacar a existência de vacinas que impedem o consumo de carne bovina por relevante período, até 40 dias em alguns casos, sob o risco de graves intoxicações e de risco de vida ao ser humano.

[83]   Em um triste passado, à época da escravatura, os escravos foram considerados semoventes, pois eram classificados como "coisas", e não pessoas.

aves.[84] Também podem ser lembrados os cães, os gatos e os equinos, quando criados para fins de reprodução e venda dos seus filhotes. O legislador adotou um **conceito ampliativo**, pois não fez restrições quanto à definição do semovente domesticável de produção. Durante a tramitação do projeto que resultou na Lei 13.330/2016, foi proposta a substituição da expressão por "animais quadrúpedes domesticáveis para produção pecuária", buscando direcionar o alcance da qualificadora ao seu foco principal. Não se aplica o § 6.º do art. 155 do Código Penal na subtração de animal doméstico que não seja voltado à produção, a exemplo do cachorro castrado que estava no quintal de uma casa. Falta uma característica expressamente exigida pelo tipo penal. Estará caracterizado o furto em sua modalidade simples, ou então com uma qualificadora diversa. A qualificadora não alcança o animal selvagem nem o animal abandonado ou que nunca teve proprietário, por duas razões: (a) inexiste semovente domesticável de produção; e (b) não há patrimônio idôneo e pertencente a alguém para legitimar a proteção do Direito Penal.

– **Situação do animal no momento da subtração**: O semovente domesticável de produção pode ser furtado vivo (exemplo: o larápio coloca em seu caminhão um boi que estava no pasto), abatido (exemplo: o furtador mata um boi antes de colocá-lo em seu caminhão) ou dividido em partes no local da subtração (exemplo: o agente mata um boi, mas leva consigo somente as peças de carnes mais valiosas). Em qualquer das hipóteses, a qualificadora terá incidência. O tipo penal é claro: somente incide a figura qualificada quando o animal é "dividido em partes no local da subtração". Essa divisão deve ser efetuada pelo agente no local em que o furto é praticado. Destarte, não será aplicável a regra contida no § 6.º do art. 155 do Código Penal caso o animal tenha sido legitimamente dividido pelo seu proprietário e suas diversas partes tenham seguido destinos diferentes. A título ilustrativo, uma peça de picanha à venda em um açougue não pode ser equiparada a um semovente. De igual modo, o fruto do animal (exemplo: o leite da vaca) também não é objeto material da qualificadora. A subtração de tal bem caracterizará o furto simples, ou então acompanhado por qualificadora diversa.

– **Compatibilidade com outras qualificadoras**: A qualificadora prevista no § 6.º é compatível com diversas figuras qualificadas contidas no § 4.º do art. 155 do Código Penal.[85] Exemplo: "A" e "B", em concurso, subtraem um boi que estava no pasto de uma fazenda. Esse furto conta com duas qualificadoras (CP, art. 155, § 4.º, inc. IV e § 6.º). Como as qualificadoras do § 4.º são mais graves, o magistrado aplicará a pena privativa de liberdade levando em conta os limites em abstrato nele previstos (reclusão de dois a oito anos, e multa), utilizando o § 6.º como circunstância judicial desfavorável, pois sua descrição não encontra correspondência nas agravantes elencadas pelos arts. 61 e 62 do Código Penal.

– **Privilégio:** O furto de semovente domesticável de produção admite a figura do privilégio. Em síntese, nessa hipótese é cabível a caracterização do furto híbrido (furto privilegiado-qualificado).[86] Exemplo: Um agente primário subtrai um bezerro de pequeno valor (até 1 salário mínimo). O magistrado deverá aplicar a pena prevista no § 6.º, com a incidência dos benefícios contidos no § 2.º do art. 155 do Código Penal (substituição da reclusão pela detenção ou diminuição da pena de um a dois terços). Não será possível a aplicação isolada da pena de multa, pois a sanção pecuniária não foi cominada no § 6.º.

– **Furto qualificado e princípio da insignificância:** Em um primeiro momento, o Supremo Tribunal Federal e o Superior Tribunal de Justiça firmaram jurisprudência no sentido da inaplicabilidade

---

[84] Os ovos e os embriões dos animais não se classificam como semoventes. A subtração de tais bens pode caracterizar o delito de furto, mas sem a qualificadora elencada pelo § 6.º do art. 155 do Código Penal.

[85] É evidente que a subtração de semovente domesticável de produção não guarda nenhuma relação com determinadas qualificadoras do furto, a exemplo da destreza (§ 4.º, inc. II) e da subtração de veículo automotor que venha a ser transportado para outro Estado ou para o exterior (§ 5.º).

[86] Vale a pena recordar o teor da Súmula 511 do STJ: "É possível o reconhecimento do privilégio previsto no § 2º do art. 155 do CP nos casos de crime de furto qualificado, se estiverem presentes a primariedade do agente, o pequeno valor da coisa e a qualificadora for de ordem objetiva".

do princípio da insignificância ao furto qualificado, diante da ausência dos seus requisitos objetivos, notadamente a mínima ofensividade da conduta e o reduzido grau de reprovabilidade do comportamento.[87] Essa linha de pensamento, entretanto, começa a ser alterada, para o fim de ser admitido o princípio da insignificância no furto qualificado.[88] Além disso, na hipótese contida no art. 155, § 6.º, do Código Penal, por sua vez, a matéria deve ser interpretada com redobrada cautela, com tendência pela aplicabilidade da criminalidade de bagatela em uma modalidade qualificada do furto. Imaginemos a situação em que uma pessoa primária subtraia um semovente de valor irrisório e de pouca (ou nenhuma) importância para a vítima. Uma galinha, por exemplo. O afastamento do princípio da insignificância consagraria a punição do "ladrão de galinha", pelo simples fato de o objeto material ser um semovente domesticável de produção. De outro lado, tal postulado incidiria na subtração de bens diversos, inclusive mais valiosos (uma peça de roupa, um aparelho eletrônico etc.), representando nítida ofensa aos princípios da isonomia e da intervenção mínima, e retirando a credibilidade e a coerência do Direito Penal.

– **Furto qualificado e crime ambiental:** O furto de semovente domesticável de produção, na hipótese de abatimento do animal, não se confunde com o crime contra a fauna tipificado no art. 29, *caput*, da Lei 9.605/1998 – Crimes Ambientais, cuja descrição é a seguinte: "Matar, perseguir, caçar, apanhar, utilizar espécimes da fauna silvestre, nativos ou em rota migratória, sem a devida permissão, licença ou autorização da autoridade competente, ou em desacordo com a obtida." No crime ambiental o animal é nativo ou encontra-se em rota migratória. Em outras palavras, não se trata de semovente domesticável de produção. Além disso, nesse delito o dolo do agente repousa exclusivamente na morte do animal, sem nenhuma finalidade específica. No furto, por sua vez, busca-se a subtração ilícita, com ânimo de assenhoreamento definitivo, pois o ladrão almeja ter, para si ou para outrem, bem integrante do patrimônio alheio. O furtador não se contenta em simplesmente matar o animal, pois nessa hipótese estaria consagrado o delito de dano (CP, art. 163).

○ **Qualificadora do art. 155, § 7.º – subtração de substâncias explosivas ou de acessórios que, conjunta ou isoladamente, possibilitem sua fabricação, montagem ou emprego:** O § 7.º do art. 155 do Código Penal também foi concebido pela Lei 13.654/2018 e contempla uma qualificadora de **natureza objetiva**, relacionada ao **objeto material** do furto. Consequentemente, admite-se sua comunicabilidade no concurso de pessoas, na forma do art. 30 do Código Penal. Além disso, constitui-se em **crime de elevado potencial ofensivo**. A pena privativa de liberdade cominada – reclusão, de 4 (quatro) a 10 (dez) anos – inviabiliza os benefícios previstos na Lei 9.099/1995.

– **Objeto material:** Ao contrário do § 4.º-A do art. 155 do Código Penal, em que o explosivo ou artefato análogo que cause perigo comum é utilizado como **meio de execução** do furto, na qualificadora em análise o agente visa a subtração de substâncias explosivas ou de acessórios que, conjunta ou isoladamente, possibilitem sua fabricação, montagem ou emprego. Em outras palavras, o explosivo (em sentido amplo) funciona como **objeto material** do delito, ou seja, é o bem a ser subtraído pelo sujeito, que para tanto pode se valer de diversos meios, tais como a escalada, o concurso de pessoas, a fraude, o emprego de chave falsa, a destruição ou rompimento de obstáculo e, inclusive, do emprego de explosivos.[89] **Substância explosiva** é a dotada de aptidão para destruir objetos em geral, mediante detonação e estrondo. O tipo penal estende sua tutela aos **acessórios**

87　STF: HC 130.617 AgrR/RJ, rel. Min. Cármen Lúcia, 2.ª Turma, j. 02.02.2016; e HC 131.618/MS, rel. Min. Cármen Lúcia, 2.ª Turma, j. 15.12.2015. No STJ: HC 351.207/RS, rel. Min. Maria Thereza de Assis Moura, 6.ª Turma, j. 28.06.2016.

88　STF: HC 181.389 AgR/SP, rel. Min. Gilmar Mendes, 2.ª Turma, j. 14.04.2020, noticiado no *Informativo* 973; e STJ: HC 553.872/SP, rel. Min. Reynaldo Soares da Fonseca, 5.ª Turma, j. 11.02.2020, noticiado no *Informativo* 665.

89　Cumpre também destacar que a qualificadora prevista no § 4.º-A reveste-se da hediondez (Lei 8.072/1990, art. 1.º, IX), ao contrário da figura qualificada elencada pelo § 7.º.

que, **conjunta ou isoladamente, possibilitem a fabricação, montagem ou emprego** da substância explosiva, a exemplo da pólvora, da espoleta e do cordel detonante. Como a substância explosiva (ou seu acessório) constitui-se em objeto material do furto, e não em seu meio de execução, e o tipo penal não reclama a causação de perigo comum, a qualificadora prevista no 7.º do art. 155 do Código Penal admite qualquer meio de prova, tais como testemunhas, confissão do acusado e filmagem do local da subtração. Prescinde-se da elaboração de exame de corpo de delito, pois não se trata de crime que deixa vestígios materiais.

– **Compatibilidade com outras qualificadoras:** A subtração de substâncias explosivas ou de acessórios que, conjunta ou isoladamente, possibilitem sua fabricação, montagem ou emprego pode ser cumulada com outras qualificadoras do furto. Exemplo: "A", valendo-se de uma barra de ferro, quebra a janela de um depósito, nele ingressa e subtrai substâncias explosivas que estavam acondicionadas em caixas. Nessa hipótese, diante da pena mais elevada cominada ao § 7.º (reclusão, de 4 a 10 anos, e multa), ele servirá para qualificar o delito, enquanto a destruição ou rompimento de obstáculo à subtração da coisa (CP, art. 155, § 4º, I) será utilizada como circunstância judicial desfavorável, nos termos do art. 59, *caput*, do Código Penal. Cumpre destacar a possibilidade de incidência simultânea das qualificadoras contidas nos §§ 4.º-A e 7.º do art. 155 do Código Penal, as quais possuem idênticas penas. Exemplo: "C" emprega explosivo que causa perigo comum para destruir um cofre e subtrair elevada quantidade de dinamite que estava em seu interior.

– **Privilégio:** Nada obstante sua aplicabilidade pareça possível, mormente levando em conta a natureza objetiva da qualificadora, o reconhecimento prático dos requisitos exigidos pelo § 2.º do art. 155 do Código Penal é extremamente difícil. De fato, o objeto material furtado (ou que se pretendia furtar) raramente será rotulado como "coisa de pequeno valor" (requisito objetivo do privilégio), compreendida pela jurisprudência como aquela que não extrapola um salário mínimo. Substâncias explosivas são de comercialização controlada e de alto custo. Além disso, crimes dessa natureza normalmente são cometidos por pessoas vinculadas a organizações criminosas, muitas vezes reincidentes, e almejam os explosivos para utilizá-los na prática de crimes mais graves, a exemplo de roubos, homicídios e atos de terrorismo. Não há como se reconhecer, portanto, o requisito subjetivo "primariedade do agente".

– **Concurso com crime tipificado no Estatuto do Desarmamento:** Merece destaque a situação jurídica envolvendo o cabimento (ou não) de concurso material entre o furto de substâncias explosivas ou de acessórios que, conjunta ou isoladamente, possibilitem sua fabricação, montagem ou emprego e o crime definido no art. 16, § 1.º, III, da Lei 10.826/2003 – Estatuto do Desarmamento ("possuir, deter, fabricar ou empregar artefato explosivo ou incendiário, sem autorização ou em desacordo com determinação legal ou regulamentar"). Na prática, duas situações podem se apresentar: **1.ª situação:** O agente é preso em flagrante durante a prática do furto qualificado, ou logo depois de cometê-lo, na posse das substâncias explosivas subtraídas. Nesse caso, a ele será imputado unicamente o furto qualificado (CP, art. 155, § 7.º), restando absorvido o crime tipificado no Estatuto do Desarmamento, pois funciona como normal desdobramento (*post factum* impunível) do delito patrimonial. O conflito aparente de normas é solucionado pelo princípio da consunção; e **2.ª situação:** O agente praticou o furto de substâncias explosivas ou de acessórios que, conjunta ou isoladamente, possibilitem sua fabricação, montagem ou emprego. Um mês depois, policiais comparecem à sua residência para efetuar o cumprimento de mandado de prisão, e encontram os explosivos furtados, bem como outros artefatos desta natureza. Nessa hipótese, a ele deverão ser imputados os dois crimes (CP, art. 155, § 7.º, e Lei 10.826/2003, art. 16, § 1.º, III), em concurso material, pois as condutas foram praticadas em contextos fáticos diversos. Além disso, os delitos violam bens jurídicos diversos e consumaram-se em diferentes momentos, fatores que impedem a incidência do princípio da consunção.

○ **Jurisprudência selecionada:**

Abuso de confiança: "Estando comprovada a relação de confiança entre a empregada doméstica e a vítima que a contrata – seja pela entrega das chaves do imóvel ou pelas boas referências de que detinha a Acusada – cabível a incidência da qualificadora 'abuso de confiança' para o crime de furto" (STJ: HC 192.922/SP, rel. Min. Laurita Vaz, 5.ª Turma, j. 28.02.2012). *No mesmo sentido*: STJ: HC 82.828/MS, rel. Min. Hamilton Carvalhido, 6.ª Turma, j. 21.02.2008.

Chave falsa: "A jurisprudência desta Corte tem pontificado que o emprego de gazuas, mixas, ou qualquer outro instrumento, ainda que sem a forma de chave, mas apto a abrir fechadura ou imprimir funcionamento em aparelhos e máquinas, a exemplo, automóveis, caracteriza a qualificadora do art. 155, § 4º, inciso III, do Código Penal" (STJ: HC 119.524/MG, rel. Min. Og Fernandes, 6.ª Turma, j. 26.10.2010). *No mesmo sentido*: STJ: HC 101.495/MG, rel. Min. Napoleão Nunes Maia Filho, 5.ª Turma, j. 19.06.2008.

Chave falsa – exame pericial – prescindibilidade em situações específicas – ausência de vestígios e instrumento apreendido em poder do agente: "O exame pericial torna-se excepcionalmente prescindível à comprovação da qualificadora prevista no inciso III, do § 4.º, do art. 155 do Código Penal, quando inexistirem vestígios no veículo furtado e houver a apreensão de chave falsa em poder do agente. Em que pese ser necessária a realização de exame pericial quando o delito deixa vestígios, esta Corte Superior entende pela possibilidade de que a perícia não seja realizada quando houver a comprovação, por outros meios, da ocorrência da qualificadora. No caso, o uso da chave falsa foi reconhecido de forma indireta, uma vez que a vítima afirmou que não houve nenhuma avaria no bem, motivo pelo qual o veículo nem sequer foi encaminhado à perícia pela autoridade policial. Além disso, a chave falsa foi apreendida em poder do recorrente, o que torna o exame pericial, excepcionalmente, prescindível à comprovação da mencionada qualificadora. Assim, a perícia da chave falsa se mostra desnecessária, diante do comprovado o uso inequívoco da chave micha" (STJ: AgRg no HC 876.671/SC, rel. Min. Antonio Saldanha Palheiro, 6.ª Turma, j. 29.04.2024, noticiado no *Informativo* 21 – Edição Extraordinária).

Consumação: "Consuma-se o crime de furto com a posse de fato da *res furtiva*, ainda que por breve espaço de tempo e seguida de perseguição ao agente, sendo prescindível a posse mansa e pacífica ou desvigiada. O Plenário do STF (RE 102.490-SP, *DJ* 16.08.1991), superando a controvérsia em torno do tema, consolidou a adoção da teoria da *apprehensio* (ou *amotio*), segundo a qual se considera consumado o delito de furto quando, cessada a clandestinidade, o agente detenha a posse de fato sobre o bem, ainda que seja possível à vítima retomá-lo, por ato seu ou de terceiro, em virtude de perseguição imediata. Desde então, o tema encontra-se pacificado na jurisprudência dos Tribunais Superiores. Precedentes citados do STJ: AgRg no REsp 1.346.113-SP, Quinta Turma, *DJe* 30.04.2014; HC 220.084-MT, Sexta Turma, *DJe* 17.12.2014; e AgRg no AREsp 493.567-SP, Sexta Turma, *DJe* 10.09.2014. Precedentes citados do STF: HC 114.329-RS, Primeira Turma, *DJe* 18.10.2013; e HC 108.678-RS, Primeira Turma, *DJe* 10.05.2012" (STJ: REsp 1.524.450/RJ, rel. Min. Nefi Cordeiro, 3.ª Seção, j. 14.10.2015, noticiado no *Informativo* 572). *No mesmo sentido*: STF: HC 114.329/RS, rel. Min. Roberto Barroso, 1.ª Turma, j. 01.10.2013.

Corrupção de menores – consumação – crime formal: "A simples participação de menor de dezoito anos em infração penal cometida por agente imputável é suficiente à consumação do crime de corrupção de menores – previsto no art. 1º da revogada Lei 2.252/1954 e atualmente tipificado no art. 244-B do ECA –, sendo dispensada, para sua configuração, prova de que o menor tenha sido efetivamente corrompido. Isso porque o delito de corrupção de menores é considerado formal, de acordo com a jurisprudência do STJ" (STJ: HC 159.620/RJ, rel. Min. Maria Thereza de Assis Moura, 6.ª Turma, j. 12.03.2013, noticiado no *Informativo* 518).

Corrupção de menores – participação de dois adolescentes na empreitada criminosa – concurso formal: "A prática de crimes em concurso com dois adolescentes dá ensejo à condenação por dois crimes de corrupção de menores. De início, cumpre salientar que o caput do art. 244-B do Estatuto da Criança e do Adolescente dispõe que está sujeito a pena de 1 a 4 anos de reclusão, aquele que 'corromper ou facilitar a corrupção de menor de 18 (dezoito) anos, com ele praticando infração penal ou induzindo-o a praticá-la'. Segundo a doutrina, o bem jurídico tutelado pelo art. 244-B do ECA é a formação moral da criança e do adolescente no que se refere à necessidade de eles não ingressarem ou permanecerem no mundo da criminalidade. Ora, se o bem jurídico tutelado pelo crime de corrupção de menores é a sua formação moral, caso duas crianças/adolescentes tiverem seu amadurecimento moral violado, em razão de estímulos a praticar o crime ou a permanecer na seara criminosa, dois foram os bens jurídicos violados. Da mesma forma, dois são os sujeitos passivos atingidos, uma vez que a doutrina é unânime em reconhecer que o sujeito passivo do crime de corrupção de menores é a criança ou o adolescente submetido à corrupção. O entendimento perfilhado também se coaduna com os princípios da prioridade absoluta e do melhor interesse da criança e do adolescente, vez que trata cada uma delas como sujeitos de direitos. Ademais, seria desarrazoado atribuir a prática de crime único ao réu que corrompeu dois adolescentes, assim como ao que corrompeu apenas um" (STJ: REsp 1.680.114/GO, rel. Min. Sebastião Reis Júnior, 6.ª Turma, j. 10.10.2017, noticiado no *Informativo* 613).

Crime contra maior de 60 anos – agravante do art. 61, II, *h*, do Código Penal – furto praticado aleatoriamente em residência sem a presença do morador idoso – ausência de nexo entre o furto e a condição de vulnerabilidade da vítima – não incidência: "Não se aplica a agravante prevista no art. 61, II, 'h', do Código Penal na hipótese em que o crime de furto qualificado pelo arrombamento à residência ocorreu quando os proprietários não se encontravam no imóvel, não havendo que se falar, portanto, em ameaça à vítima ou em benefício do agente para a prática delitiva em razão de sua condição de fragilidade. Por se tratar de agravante de natureza objetiva, a incidência do art. 61, II, 'h', do CP independe da prévia ciência pelo réu da idade da vítima, sendo, de igual modo, desnecessário perquirir se tal circunstância, de fato, facilitou ou concorreu para a prática delitiva. A incidência da agravante ocorre em razão da fragilidade, vulnerabilidade da vítima perante o agente, em razão de sua menor capacidade de defesa, a qual é presumida. Ausente qualquer nexo entre a ação do réu e a condição de vulnerabilidade da vítima, quando o furto qualificado pelo arrombamento à residência ocorreu quando os proprietários não se encontram no imóvel, com a escolha da residência de forma aleatória, nada indicando a condição de idoso do morador da casa invadida. Configurada a excepcionalidade da situação, deve ser afastada a agravante relativa ao crime praticado contra idoso, prevista no art. 61, II, 'h', do Código Penal" (STJ: HC 593.219/SC, rel. Min. Ribeiro Dantas, 5.ª Turma, j. 25.08.2020, noticiado no Informativo 679).

Crime impossível – conduta praticada no interior de estabelecimento comercial guarnecido por mecanismo de vigilância e de segurança – não caracterização: "A existência de sistema de vigilância em estabelecimento comercial não constitui óbice para a tipificação do crime de furto. Com base nesse entendimento, a Primeira Turma não conheceu de habeas corpus no qual se discutia a configuração de crime impossível em relação a furto cometido dentro de estabelecimento que possui sistema de segurança" (STF: HC 111.278/MG, rel. orig. Min. Marco Aurélio, red. p/ o ac. Min. Luís Roberto Barroso, 1.ª Turma, j. 10.04.2018, noticiado no *Informativo* 897). *No mesmo sentido*: STJ: REsp 1.385.621/MG, rel. Min. Rogerio Schietti Cruz, 3.ª Seção, j. 27.05.2015, noticiado no *Informativo* 563.

Destreza – caracterização: "No crime de furto, não deve ser reconhecida a qualificadora da 'destreza' (art. 155, § 4º, II, do CP) caso inexista comprovação de que o agente tenha se valido de excepcional – incomum – habilidade para subtrair a coisa que se encontrava na posse da vítima sem despertar-lhe a atenção. Efetivamente, não configuram essa qualificadora os atos dissimulados comuns aos crimes contra o patrimônio – que, por óbvio, não são praticados às escancaras. A propósito, preleciona a doutrina que essa qualificadora significa uma 'especial habilidade capaz de impedir que a vítima perceba a subtração realizada em sua presença. É a subtração que se convencionou chamar de punga. A destreza pressupõe uma atividade dissimulada, que exige habilidade incomum, aumentando o risco de dano ao patrimônio e dificultando sua proteção'. Nesse passo, 'a destreza constitui a habilidade física ou manual empregada pelo agente na subtração, fazendo com que a vítima não perceba o seu ato. É o meio empregado pelos batedores de carteira, *pick-pockets* ou punguistas, na gíria criminal brasileira. O agente adestra-se, treina, especializa-se, adquirindo habilidade tal com as mãos e dedos que a subtração ocorre como um passe de mágica, dissimuladamente. Por isso, a prisão em flagrante (próprio) do punguista afasta a qualificadora, devendo responder por tentativa de furto simples; na verdade, a realidade prática comprovou exatamente a inabilidade do incauto'. Dispõe ainda a doutrina que 'Destreza: é a agilidade ímpar dos movimentos de alguém, configurando uma especial habilidade. O batedor de carteira (figura praticamente extinta diante da ousadia dos criminosos atuais) era o melhor exemplo. Por conta da agilidade de suas mãos, conseguia retirar a carteira de alguém, sem que a vítima percebesse. Não se trata do 'trombadinha', que investe contra a vítima, arrancando-lhe, com violência, os pertences'" (STJ: REsp 1.478.648/PR, rel. Min. Newton Trisotto (Desembargador convocado do TJ/SC), 5ª Turma, j. 16.12.2014, noticiado no *Informativo* 554).

Dívida de corrida de táxi – coisa alheia móvel – não caracterização: "A dívida de corrida táxi não pode ser considerada coisa alheia móvel para fins de configuração da tipicidade dos delitos patrimoniais. No caso, o agente se negou a efetuar o pagamento da corrida de táxi e desferiu um golpe de faca no motorista, sem (tentar) subtrair objeto algum, de modo a excluir o *animus furandi*, o que afasta a conduta do núcleo do tipo de roubo qualificado pelo resultado, composto pelo verbo subtrair e pelo complemento 'coisa alheia móvel'. A equiparação da dívida de transporte com a coisa alheia móvel prevista no tipo do art. 157 do Código Penal não pode ser admitida em razão dos princípios elementares da tipicidade e da legalidade estrita que regem a aplicação da lei penal. A doutrina conceitua coisa como 'tudo aquilo que existe, podendo tratar-se de objetos inanimados ou de semoventes'. Ademais, embora a dívida do agente para com o motorista tenha valor econômico, de coisa não se trata, ao menos para fins de definição jurídica exigida para a correta tipificação da conduta. Aliás, de acordo com a doutrina, 'os direitos reais ou pessoais não podem ser objeto de furto'" (STJ: REsp 1.757.543/RS, rel. Min. Antonio Saldanha Palheiro, 6.ª Turma, j. 24.09.2019, noticiado no *Informativo* 658).

Energia elétrica – distinção entre furto qualificado pela fraude e estelionato: "A alteração do sistema de medição, mediante fraude, para que aponte resultado menor do que o real consumo de energia elétrica configura estelionato. Não se desconhece o precedente firmado nos autos do RHC n. 62.437/SC, em 2016, em que o Ministro Nefi Cordeiro consigna que a subtração de energia por alteração de medidor sem o conhecimento da concessionária, melhor se amolda ao delito de furto mediante fraude e não ao de estelionato. Ao que se pode concluir dos estudos doutrinários, no furto, a fraude visa a diminuir a vigilância da vítima e possibilitar a subtração da *res* (inversão da posse). O bem é retirado sem que a vítima perceba que está sendo despojada de sua posse. Por sua vez, no estelionato, a fraude objetiva fazer com que a vítima incida em erro e voluntariamente entregue o objeto ao agente criminoso, baseada em uma falsa percepção da realidade. No caso dos autos, verifica-se que as fases 'A' e 'B' do medidor estavam isoladas por um material transparente, que permitia a alteração do relógio e, consequentemente, a obtenção de vantagem ilícita aos acusados pelo menor consumo/pagamento de energia elétrica – por induzimento em erro da companhia de eletricidade. Assim, não se trata da figura do 'gato' de energia elétrica, em que há subtração e inversão da posse do bem. Trata-se de serviço lícito, prestado de forma regular e com contraprestação pecuniária, em que a medição da energia elétrica é alterada, como forma de burla ao sistema de controle de consumo – fraude – por induzimento em erro, da companhia de eletricidade, que mais se adequa à figura descrita no tipo elencado no art. 171, do Código Penal" (STJ: AREsp 1.418.119/DF, rel. Min. Joel Ilan Paciornik, 5.ª Turma, j. 07.05.2019, noticiado no *Informativo* 648).

Escalada – exame pericial – desnecessidade – existência de outros meios de prova: "Excepcionalmente, presentes nos autos elementos aptos a comprovar a escalada de forma inconteste, a prova pericial torna-se prescindível. Não se olvida que esta Corte firmou a orientação de ser imprescindível, nos termos dos arts. 158 e 167 do CPP, a realização de exame pericial para o reconhecimento das qualificadoras de escalada e arrombamento no caso do delito de furto (art. 155, § 4º, II, do CP), quando os vestígios não tiverem desaparecido e puderem ser constatados pelos peritos. Contudo, importa ressaltar a orientação de que, '*excepcionalmente, quando presentes nos autos elementos aptos a comprovar a escalada de forma inconteste, pode-se reconhecer o supri-*

mento da prova pericial [...]' (AgRg no HC 556.549/SC, Ministro Reynaldo Soares da Fonseca, Quinta Turma, DJe 1/3/2021)' (AgRg no HC 691.823/SC, Ministro Sebastião Reis Júnior, Sexta Turma, DJe 30/9/2021). No caso, a circunstância qualificadora foi comprovada pela prova oral, inclusive pela confissão do próprio réu, além da existência de laudo papiloscópico que identificou impressões digitais no local apontado pela vítima como sendo o local onde o réu pulou o muro" (STJ: AgRg no REsp 1.895.487/DF, rel. Min. Antonio Saldanha Palheiro, 6.ª Turma, j. 26.04.2022, noticiado no *Informativo* 735). *No mesmo sentido*: STJ: REsp 1.392.386/RS, Rel. Min. Marco Aurélio Bellizze, 5.ª Turma, j. 03.09.2013, noticiado no *Informativo* 529.

Furto de energia elétrica – pagamento do valor devido – extinção da punibilidade – impossibilidade: "No caso de furto de energia elétrica mediante fraude, o adimplemento do débito antes do recebimento da denúncia não extingue a punibilidade. Saliente-se que são três os fundamentos para a não aplicação do instituto de extinção de punibilidade ao crime de furto de energia elétrica em razão do adimplemento do débito antes do recebimento da denúncia. Em primeiro lugar, seria diversa a política criminal aplicada aos crimes contra o patrimônio e contra a ordem tributária. O furto de energia elétrica, além de atingir a esfera individual, tem reflexos coletivos e, não obstante seja tratado na prática como conduta sem tanta repercussão, se for analisado sob o aspecto social, ganha conotação mais significativa, ainda mais quando considerada a crise hidroelétrica recentemente vivida em nosso país. A intenção punitiva do Estado nesse contexto deve estar associada à repreensão da conduta que afeta bem tão precioso da humanidade. Desse modo, o papel do Estado, nos casos de furto de energia elétrica, não deve estar adstrito à intenção arrecadatória da tarifa, deve coibir ou prevenir eventual prejuízo ao próprio abastecimento elétrico do país, que ora se reflete na ausência ou queda do serviço público, ora no repasse, ainda que parcial, do prejuízo financeiro ao restante dos cidadãos brasileiros. Em segundo lugar, há impossibilidade de aplicação analógica do art. 34 da Lei n. 9.249/1995 aos crimes contra patrimônio, porquanto existe previsão legal específica de causa de diminuição da pena para os casos de pagamento da 'dívida' antes do recebimento da denúncia (art. 16 do Código Penal). Destarte, ainda que se pudesse observar a existência de lacuna legal, não nos poderíamos valer desse método integrativo, uma vez que é nítida a discrepância da *ratio legis* entre as situações jurídicas apresentadas, em que uma a satisfação estatal está no pagamento da dívida e a outra no papel preventivo do Estado, que se vê imbuído da proteção a bem jurídico de maior relevância. Por fim, diferentemente do imposto, a tarifa ou preço público tem tratamento legislativo diverso. A jurisprudência se consolidou no sentido de que a natureza jurídica da remuneração pela prestação de serviço público, no caso de fornecimento de energia elétrica, prestado por concessionária, é de tarifa ou preço público, não possuindo caráter tributário" (STJ: RHC 101.299/RS, rel. Min. Nefi Cordeiro, rel. p/ acórdão Min. Joel Ilan Paciornik, 3.ª Seção, j. 13.03.2019, noticiado no *Informativo* 645). *No mesmo sentido*: STJ: HC 412.208/SP, rel. Min. Felix Fischer, 5.ª Turma, j. 20.03.2018, noticiado no *Informativo* 622.

Furto mediante fraude e estelionato – distinção e juízo competente: "1. Embora esteja presente tanto no crime de estelionato, quanto no de furto qualificado, a fraude atua de maneira diversa em cada qual. No primeiro caso, é utilizada para induzir a vítima ao erro, de modo que ela própria entrega seu patrimônio ao agente. A seu turno, no furto, a fraude visa burlar a vigilância da vítima, que, em razão dela, não percebe que a coisa lhe está sendo subtraída. 2. Na hipótese de transações bancárias fraudulentas, onde o agente se valeu de meios eletrônicos para efetivá-las, o cliente titular da conta lesada não é induzido a entregar os valores ao criminoso, por qualquer artifício fraudulento. Na verdade, o dinheiro sai de sua conta sem qualquer ato de vontade ou consentimento. A fraude, de fato, é utilizada para burlar a vigilância do Banco, motivo pelo qual a melhor tipificação dessa conduta é a de furto mediante fraude. 3. O Processo Penal brasileiro adotou, para fins de fixação da competência em matéria penal, a teoria do resultado, segundo a qual é competente para apurar infração penal, aplicando a medida cabível ao agente, o juízo do foro onde se deu a consumação do delito, ou onde o mesmo deveria ter se consumado, na hipótese de crime tentado. 4. No crime de furto, a infração consuma-se no local onde ocorre a retirada do bem da esfera de disponibilidade da vítima, isto é, no momento em que ocorre o prejuízo advindo da ação criminosa. 5. No caso de fraude eletrônica para subtração de valores, o desapossamento da res furtiva se dá de forma instantânea, já que o dinheiro é imediatamente tirado da esfera de disponibilidade do correntista. Logo, a competência para processar e julgar o delito em questão é o do lugar de onde o dinheiro foi retirado, em obediência a norma do art. 70 do CPP" (STJ: CC 86.862/GO, Rel. Min. Napoleão Maia Nunes Filho, 3.ª Seção, j. 08.08.2007). *No mesmo sentido:* STJ: REsp 1.173.194/SC, rel. Min. Napoleão Nunes Maia Filho, 5.ª Turma, j. 26.10.2010; e STJ: AgRG no CC 74.225/SP, Rel. Min. Jane Silva – Desembargadora Convocada do TJ/MG, 3.ª Seção, j. 25.06.2008.

Furto privilegiado e princípio da insignificância – distinção: "I - No caso de furto, para efeito da aplicação do princípio da insignificância, é imprescindível a distinção entre ínfimo (ninharia) e pequeno valor. Este, *ex vi legis*, implica eventualmente, em furto privilegiado; aquele, na atipia conglobante (dada a mínima gravidade). II - A interpretação deve considerar o bem jurídico tutelado e o tipo de injusto. III - Ainda que se considere o delito como de pouca gravidade, tal não se identifica com o indiferente penal se, como um todo, observado o binômio tipo de injusto/ bem jurídico, deixou de se caracterizar a sua insignificância. No caso concreto, o valor do prejuízo causado pela conduta do paciente (R$ 333,00) evidencia não ser o caso de reconhecer-se a irrelevância penal da conduta" (STJ: HC 136.297/MG, rel. Min. Felix Fischer, 5ª Turma, j. 06.10.2009). *No mesmo sentido:* STF: HC 84.424/SP, rel. Min. Carlos Britto, 1.ª Turma, j. 07.12.2004, noticiado no *Informativo* 373; STF: HC 120.083/SC, rel. Min. Teori Zavascki, 2.ª Turma, j. 03.06.2014; e STJ: AgRg no AREsp 415.481/RS, rel. Min. Laurita Vaz, 5.ª Turma, j. 07.08.2014.

Furto privilegiado-qualificado ou furto híbrido – admissibilidade: "1. A jurisprudência do Supremo Tribunal Federal é firme no sentido do reconhecimento da conciliação entre homicídio objetivamente qualificado e ao mesmo tempo subjetivamente privilegiado. Noutro dizer, tratan- do-se de circunstância qualificadora de caráter objetivo (meios e modos de execução do crime), é possível o reconhecimento do privilégio (sempre de natureza subjetiva). 2. A mesma regra de interpretação é de ser aplicada no caso concreto. Caso em que a qualificadora do rompimento de obstáculo (de natureza nitidamente objetiva – como são todas as qualificadoras do crime de furto) em nada se mostra incompatível com o fato de ser o acusado primário; e a coisa, de pequeno valor" (STF: HC 98.265/MS, rel. Min. Ayres Britto, 1.ª Turma, j. 24.03.2010). *No mesmo sentido:* STF: HC 97.051/RS, rel. Min. Cármen Lúcia, 1.ª Turma, j. 13.10.2009, noticiado no *Informativo* 563; STF: HC 96.843/MS, Rel. Min. Ellen Gracie, 2.ª Turma, j. 24.03.2009; STJ: HC 96.140/MS, Rel. Min. Jorge Mussi, 5.ª Turma, j. 02.12.2008, noticiado no *Informativo* 379.

Furto qualificado pelo concurso de pessoas e inadmissibilidade da causa de aumento da pena inerente ao roubo: "IV - A regra do art. 155, § 4º, IV, do CP não pode ser substituída pela disposição constante do art. 157, § 2º, do mesmo Codex, sob a alegação de ofensa ao princípio da proporcionalidade. V - Não é possível aplicar-se a majorante do crime de roubo ao furto qualificado, pois as qualificadoras relativas ao furto – que possuem natureza jurídica de elementar do tipo – não se confundem com as causas de aumento de pena na hipótese de roubo. VI - É defeso ao julgador aplicar, por analogia, sanção sem previsão legal, ainda que para beneficiar o réu, ao argumento de que o legislador deveria ter disciplinado a situação de outra forma" (STF: HC 95.351/RS, rel. Min. Ricardo Lewandowski, 1.ª Turma, j. 21.10.2008). *No mesmo sentido:* STF: HC 95.398/RS, rel. Min. Cármen Lúcia, 1.ª Turma, j. 04.08.2009; e STJ: REsp 856.225/RS, rel. Min. Laurita Vaz, 5.ª Turma, j. 07.10.2008.

Objeto material – cartão bancário – ausência de valor econômico: "Firmou-se nesta Corte Superior orientação segundo a qual o cartão de crédito não possui valor econômico, por si só, capaz de o transfazer em coisa alheia apta a ser objeto de furto, de modo que não se amolda a conduta no tipo penal do furto qualificado" (STJ: REsp 1.619.295/RJ, rel. Min. Nefi Cordeiro, 6.ª Turma, j. 22.08.2017).

Objeto material – cheque – valor econômico e potencialidade lesiva: "Entendimento desta Corte Superior de Justiça no âmbito da 3ª Seção marca a superação da divergência entre precedentes na jurisprudência pátria, firmando a tese de que: 'há potencialidade lesiva a um talonário de cheques, dado seu inegável valor econômico, aferível pela provável utilização das cártulas como meio fraudulento para a obtenção de vantagem ilícita por parte de seus detentores'" (STJ: AgRg no REsp 1.687.766/DF, rel. Min. Felix Fischer, 5.ª Turma, j. 06.03.2018).

Objeto material – sinal de TV a cabo – impossibilidade: "O sinal de TV a cabo não é energia, e assim, não pode ser objeto material do delito previsto no art. 155, § 3º, do Código Penal. Daí a impossibilidade de se equiparar o desvio de sinal de TV a cabo ao delito descrito no referido dispositivo. Ademais, na esfera penal não se admite a aplicação da analogia para suprir lacunas, de modo a se criar penalidade não mencionada na lei (analogia *in malam partem*), sob pena de violação ao princípio constitucional da estrita legalidade" (STF: HC 97.261/RS, Rel. Min. Joaquim Barbosa, 2.ª Turma, j. 12.04.2011).

Objeto material – sinal de TV a cabo – possibilidade: "[...] o sinal de TV a cabo pode ser equiparado à energia elétrica para fins de incidência do artigo 155, § 3º, do Código Penal" (STJ: RHC 30.847/RJ, rel. Min. Jorge Mussi, 5.ª Turma, j. 20.08.2013).

Princípio da insignificância – coisa de pequeno valor – distinção do valor insignificante – caracterização do furto privilegiado: "Não se deve confundir bem de pequeno valor com o de valor insignificante, o qual, necessariamente, exclui o crime ante a ausência de ofensa ao bem jurídico tutelado, qual seja, o patrimônio. O bem de pequeno valor pode caracterizar o furto privilegiado previsto no § 2º do art. 155 do CP, apenado de forma mais branda, compatível com a lesividade da conduta. Além disso, o STF já decidiu que, mesmo nas hipóteses de restituição do bem furtado à vítima, não se justifica irrestritamente a aplicação do princípio da insignificância, mormente se o valor do bem objeto do crime tem expressividade econômica" (STJ: REsp 1.239.797/RS, Rel. Min. Laurita Vaz, 5.ª Turma, j. 16.10.2012, noticiado no *Informativo* 506).

Princípio da insignificância – elevada reprovabilidade da conduta – inadmissibilidade: "1. O princípio da insignificância, que está diretamente ligado aos postulados da fragmentariedade e intervenção mínima do Estado em matéria penal, tem sido acolhido pelo magistério doutrinário e jurisprudencial tanto desta Corte, quanto do colendo Supremo Tribunal Federal, como causa supralegal de exclusão de tipicidade. Vale dizer, uma conduta que se subsuma perfeitamente ao modelo abstrato previsto na legislação penal pode vir a ser considerada atípica por força deste postulado. 2. Entretanto, é imprescindível que a aplicação do referido princípio se dê de forma prudente e criteriosa, razão pela qual é necessária a presença de certos elementos, tais como (I) a mínima ofensividade da conduta do agente; (II) a ausência total de periculosidade social da ação; (III) o ínfimo grau de reprovabilidade do comportamento e (IV) a inexpressividade da lesão jurídica ocasionada, consoante já assentado pelo colendo Pretório Excelso (HC 84.412/SP, rel. Min. Celso de Mello, *DJU* 19.04.04). 3. Na hipótese em apreço, embora o valor do objeto furtado (cartucho de tinta para impressora) possa ser considerado ínfimo, eis que avaliado em R$ 25,70, o fato de pertencer ao Centro de Progressão Penitenciária onde o paciente cumpre pena por delito anterior denota o alto grau de reprovabilidade da conduta, afastando a possibilidade de incidência do referido princípio ao caso concreto. Precedentes do STJ" (STJ: HC 163.435/DF, rel. Min. Napoleão Nunes Maia Filho, 5.ª Turma, j. 28.09.2010).

Princípio da insignificância – furto qualificado – aplicabilidade: "A Segunda Turma negou provimento a agravo regimental interposto de decisão na qual concedida a ordem em habeas corpus para determinar a absolvição do paciente. Na espécie, trata-se de furto de R$ 4,15 em moedas, uma garrafa pequena de refrigerante, duas garrafas de 600 ml de cerveja e uma de 1 litro de pinga, tudo avaliado em R$ 29,15. Nas outras instâncias, o princípio da insignificância não foi aplicado em razão da reincidência do paciente e do fato de o furto ter sido cometido no período noturno. Prevaleceu o voto do Ministro Gilmar Mendes (relator) e foi mantida integralmente a decisão agravada, que reconheceu a atipicidade da conduta em razão da insignificância. O ministro levou em conta que o princípio da insignificância atua como verdadeira causa de exclusão da própria tipicidade. Considerou equivocado afastar-lhe a incidência tão somente pelo fato de o recorrido possuir antecedentes criminais. Reputou mais coerente a linha de entendimento segundo a qual, para a aplicação do princípio da bagatela, devem ser analisadas as circunstâncias objetivas em que se deu a prática delituosa e não os atributos inerentes ao agente. Reincidência ou maus antecedentes não impedem, por si sós, a aplicação do postulado da insignificância. A despeito de restar patente a existência da tipicidade formal, não incide, na situação dos autos, a material, que se traduz na lesividade efetiva e concreta ao bem jurídico tutelado, sendo atípica a conduta imputada. Em uma leitura conjunta do princípio da ofensividade com o princípio da insignificância, estar-se-á diante de uma conduta atípica quando a conduta não representar, pela irrisória ofensa ao bem jurídico tutelado, um dano (nos crimes de dano), uma certeza de risco de dano (nos crimes de perigo concreto) ou, ao menos, uma possibilidade de risco de dano (nos crimes de perigo abstrato), conquanto haja, de fato, uma subsunção formal do comportamento ao tipo penal. Em verdade, não haverá crime quando o comportamento não for suficiente para causar um dano, ou um perigo efetivo de dano, ao bem jurídico – quando um dano, ou um risco de dano, ao bem jurídico não for possível diante da mínima ofensividade da conduta. O relator compreendeu também não ser razoável que o Direito Penal e todo o aparelho estatal movimentem-se no sentido de atribuir relevância à hipótese em apreço. Destacou que sequer houve prejuízo material, pois os objetos foram restituídos à vítima. Motivo a mais para a incidência do postulado. Noutro passo, reportou-se a precedentes da Turma segundo os quais furto qualificado ou majorado não impede a possibilidade de aplicação do princípio da insignificância. Além disso, assentou que as circunstâncias do caso demonstram a presença dos vetores traçados pelo Supremo Tribunal Federal para configuração do mencionado princípio" (STF: HC 181.389 AgR/ SP, rel. Min. Gilmar Mendes, 2.ª Turma, j. 14.04.2020, noticiado no *Informativo* 973).

Princípio da insignificância – furto qualificado – aplicabilidade: "A despeito da presença de qualificadora no crime de furto possa, à primeira vista, impedir o reconhecimento da atipicidade material da conduta, a análise conjunta das circunstâncias pode demonstrar a ausência de lesividade do fato imputado, recomendando a aplicação do princípio da insignificância. A admissão da ocorrência de um crime de bagatela reflete o entendimento de que o Direito Penal deve intervir somente nos casos em que a conduta ocasionar lesão jurídica de certa gravidade, devendo ser reconhecida a atipicidade material de perturbações jurídicas mínimas ou leves, estas consideradas não só no seu sentido econômico, mas também em função do grau de afetação da ordem social que ocasionem. O referido princípio deve ser analisado em conexão com os postulados da fragmentariedade e da intervenção mínima do Estado em matéria penal, no sentido de excluir ou afastar a própria tipicidade penal, observando-se a presença de 'certos vetores, como (a) a mínima ofensividade da conduta do agente, (b) a nenhuma periculosidade social da ação, (c) o reduzidíssimo grau de reprovabilidade do comportamento e (d) a inexpressividade da lesão jurídica provocada' (HC n. 98.152/MG, Rel. Ministro Celso de Mello, Segunda Turma, DJe 5/6/2009). Na hipótese analisada, verifica-se que os fatos autorizam a incidência excepcional do princípio da insignificância, haja vista as circunstâncias em que o delito ocorreu. Muito embora esteja presente uma circunstância qualificadora — o concurso de agentes — os demais elementos descritos nos autos permitem concluir que, neste caso, a conduta perpetrada não apresenta grau de lesividade suficiente para atrair a incidência da norma penal, considerando a natureza dos bens subtraídos (gêneros alimentícios) e seu valor reduzido" (STJ: HC 553.872/SP, rel. Min. Reynaldo Soares da Fonseca, 5.ª Turma, j. 11.02.2020, noticiado no *Informativo* 665).

Princípio da insignificância – furto qualificado – valor relevante – inaplicabilidade: "A 1ª Turma, por maioria, denegou *habeas corpus* em que se requeria a incidência do princípio da insignificância em favor de condenado por tentativa de furto qualificado de impressora avaliada em R$ 250,00. Destacou-se não ser de bagatela o valor do objeto em comento, consistente em dois terços do salário mínimo vigente à época. Vencida a Min. Rosa Weber, que deferia o *writ* ante a ausência de tipicidade penal. Salientava, ainda, desconsiderar aspectos vinculados à culpabilidade, à vida pregressa ou à reincidência na análise da aplicação desse postulado" (STF: HC 108.330/RS, rel. Min. Dias Toffoli, 1.ª Turma, j. 20.03.2012, noticiado no *Informativo* 659).

Princípio da insignificância – maus antecedentes – ausência de habitualidade – análise do caso concreto – aplicabilidade: "Admite-se reconhecer a não punibilidade de um furto de coisa com valor insignificante, ainda que presentes antecedentes penais do agente, se não denotarem estes tratar-se de alguém que se dedica, com habitualidade, a cometer crimes patrimoniais. A simples existência de maus antecedentes penais, sem a devida e criteriosa verificação da natureza desses atos pretéritos, não pode servir de barreira automática para a invocação do princípio bagatelar. Com efeito, qual o relevo, para o reconhecimento da natureza insignificante de um furto, de se constatar que o agente, anteriormente, fora condenado por desacato à autoridade, por lesões corporais culposas, por crime contra a honra ou por outro ilícito que não apresenta nenhuma conexão comportamental com o crime sob exame? Afastar a insignificância nessas hipóteses seria despropositual. No entanto, haverá de ser outra a conclusão, ao constatar o aplicador da lei que o agente, nos últimos anos, vem-se ocupando de cometer pequenos delitos (nomeadamente furtos). Assim, não se admite a incidência da regra bagatelar em casos nos quais o agente é contumaz autor de pequenos desfalques ao patrimônio, ressalvadas, vale registrar, as hipóteses em que a inexpressividade da conduta ou do resultado é tão grande que, a despeito da existência de maus antecedentes, não se justifica o uso do aparato repressivo do Estado para punir o comportamento formalmente tipificado como crime. Ainda, a reincidência ou reiteração delitiva é elemento histórico objetivo, e não subjetivo, ao contrário do que o vocábulo possa sugerir. Isso porque não se avalia o agente (o que poderia resvalar em um direito penal do autor), mas, diferentemente, analisa-se, de maneira objetiva, o histórico penal desse indivíduo, que poderá indicar aspecto impeditivo da incidência da referida exclusão da punibilidade. Assinala-se que o legislador penal confere relevo ao histórico de vida pregressa do réu para outorgar-lhe a redução da pena, em forma de causa especial de diminuição da sanção, o que evidencia, sem margem a tergiversações, que o legislador penal, máxime em crimes que afetam o patrimônio alheio, dá importância ao comportamento pretérito do agente para conceder-lhe o benefício da redução da pena. De igual modo, a Parte Geral do Código Penal dá vários exemplos de interferência da primariedade e/ou dos bons antecedentes penais do réu para fins de individualizar a sanção ou para conceder ou não certos benefícios. Ora, se o legislador penal sopesa o comportamento do acusado anterior à prática do crime que está sendo objeto de um processo penal, quer para diminuir-lhe o *quantum*, quer para conceder-lhe algum direito (substituição da pena privativa de liberdade, livramento condicional etc.), por qual motivo deixará o intérprete e aplicador da lei penal de ter em conta anteriores condenações definitivas do réu ao analisar a relevância penal de seu agir, i.e., tendo em mira o desvalor de sua conduta? Da mesma forma, como já observado, cada caso há de ensejar análise criteriosa e singularizada, de modo a, eventualmente, ser reconhecida a não punibilidade de um furto de coisa com valor insignificante, ainda que presentes antecedentes penais do agente, se não denotarem estes tratar-se de alguém que se dedica, com habitualidade, a cometer crimes patrimoniais" (STJ: AgRg no REsp 1.986.729/MG, rel. Min. Rogerio Schietti Cruz, 6.ª Turma, j. 28.06.2022, noticiado no *Informativo* 744).

Princípio da insignificância – multirreincidência específica – não incidência – gozo de prisão domiciliar – contumácia do agente: "A multirreincidência específica somada ao fato de o acusado estar em prisão domiciliar durante as reiterações criminosas são circunstâncias que inviabilizam a aplicação do princípio da insignificância. Sedimentou-se a orientação jurisprudencial nesta Corte Superior no sentido de que a incidência do princípio da insignificância pressupõe a concomitância de quatro vetores: a) a mínima ofensividade da conduta do agente; b) nenhuma periculosidade social da ação; c) o reduzidíssimo grau de reprovabilidade do comportamento; e d) a inexpressividade da lesão jurídica provocada. No caso, é imputado ao acusado a subtração de 03 (três) desodorantes, cujo valor agregado, segundo a representante da empresa ofendida, é de R$ 38,00 (trinta e oito reais), tendo sido restituídos à vítima. Contudo, o acórdão, ao reformar a sentença de absolvição sumária, destacou que o réu ostenta multirreincidência específica, encontrando-se, à época dos fatos, no gozo de prisão domiciliar, situação que afastaria a incidência do princípio da insignificância. É certo que há precedentes do Supremo Tribunal Federal em que se afasta a tipicidade material da conduta criminosa quando o furto é praticado para subtrair objeto de valor irrelevante, ainda que o paciente seja reincidente na prática delitiva. Entretanto, a Corte também tem precedentes que apontam a relevância da análise da reincidência delitiva para afastar a tipicidade da conduta, conforme se verifica no julgamento do *Habeas Corpus* 123.108/MG, da Relatoria do Ministro Roberto Barroso, no qual, o Plenário do STF decidiu, por maioria de votos, que a 'aplicação do princípio da insignificância envolve um juízo amplo (conglobante), que vai além da simples aferição do resultado material da conduta, abrangendo também a reincidência ou contumácia do agente, elementos que, embora não determinantes, devem ser considerados'. Após a análise dos precedentes desta Corte Superior e do STF, é razoável concluir que a reincidência não impede, por si só, que se reconheça a insignificância penal da conduta à luz dos elementos do caso concreto, mas pode ser um dos elementos que justificam a tipicidade material da conduta. Extrai-se do caso que, além de estar em prisão domiciliar no momento em que praticou o furto, no dia 7/9/2016, o recorrente também já foi condenado em 20/12/2013 por furto praticado em 24/1/2013; em 18/6/2014, por furto e resistência praticados em 26/11/2013; em 28/2/2008, por tentativa de furto e uso de documento falso praticados em 22/5/2007, e, por fim, condenado em 7/12/2007 por tentativa de furto praticada em 22/8/2007. O entendimento, portanto, encontra-se em consonância com a orientação jurisprudencial da Terceira Seção desta Corte, no julgamento do EAREsp 221.999/RS, da relatoria do Ministro Reynaldo Soares da Fonseca, de que a reiteração criminosa inviabiliza a aplicação do princípio da insignificância, ressalvada a possibilidade de, no caso concreto, as instâncias ordinárias verificarem ser a medida socialmente recomendável, o que não se dá no caso" (STJ: REsp 1.957.218/MG, rel. Min. Olindo Menezes (Desembargador convocado do TRF 1.ª Região, 6.ª Turma, j. 23.08.2022, noticiado no *Informativo* 746).

Princípio da insignificância – natureza jurídica e requisitos: "O princípio da insignificância – que deve ser analisado em conexão com os postulados da fragmentariedade e da intervenção mínima do Estado em matéria penal – tem o sentido de excluir ou de afastar a própria tipicidade penal, examinada na perspectiva de seu caráter material. Doutrina. Tal postulado – que considera necessária, na aferição do relevo material da tipicidade penal, a presença de certos vetores, tais como (a) a mínima ofensividade da conduta do agente, (b) a nenhuma periculosidade social da ação, (c) o reduzidíssimo grau de reprovabilidade do comportamento e (d) a inexpressividade da lesão jurídica provocada – apoiou-se, em seu processo de formulação teórica, no reconhecimento de que o caráter subsidiário do sistema penal reclama e impõe, em função dos próprios objetivos por ele visados, a intervenção mínima do Poder Público. O postulado da insignificância e a função do direito penal: '*De minimis, non curat praetor*'. – O sistema jurídico há de considerar a relevantíssima circunstância de que a privação da liberdade e a restrição de direitos do indivíduo somente se justificam quando estritamente necessárias à própria proteção das pessoas, da sociedade e de outros bens jurídicos que lhes sejam essenciais, notadamente naqueles casos em que os valores penalmente tutelados se exponham a dano, efetivo ou potencial, impregnado de significativa lesividade" (STF: HC 92.463/RS, Rel. Min. Celso de Mello, 2.ª Turma, j. 16.10.2007).

Princípio da insignificância – peculiaridades para exclusão do crime de furto: "Aplica-se o princípio da insignificância à conduta formalmente tipificada como furto consistente na subtração, por réu primário, de bijuterias avaliadas em R$ 40 pertencentes a estabelecimento comercial e restituídas posteriormente à vítima. De início, há possibilidade de, a despeito da subsunção formal de um tipo penal a uma conduta humana, concluir-se pela atipicidade material da conduta, por diversos motivos, entre os quais a ausência de ofensividade penal do comportamento verificado. Vale lembrar que, em atenção aos princípios da fragmentariedade e da subsidiariedade, o Direito Penal apenas deve ser utilizado contra ofensas intoleráveis a determinados bens jurídicos e nos casos em que os demais ramos do Direito não se mostrem suficientes para protegê-los. Dessa forma, entende-se que o Direito penal não deve ocupar-se de bagatelas. Nesse contexto, para que o magistrado possa decidir sobre a aplicação do princípio da insignificância, faz-se necessária a ponderação do conjunto de circunstâncias que rodeiam a ação do agente para verificar se a conduta formalmente descrita no tipo penal afeta substancialmente o bem jurídico tutelado. Nessa análise, no crime de furto, avalia-se notadamente: a) o valor do bem ou dos bens furtados; b) a situação econômica da vítima; c) as circunstâncias em que o crime foi perpetrado, é dizer, se foi de dia ou durante o repouso noturno, se teve o concurso de terceira pessoa, sobretudo adolescente, se rompeu obstáculo de considerável valor para a subtração da coisa, se abusou da confiança da vítima etc.; e d) a personalidade e as condições pessoais do agente, notadamente se demonstra fazer da subtração de coisas alheias um meio ou estilo de vida, com sucessivas ocorrências (reincidente ou não). Assim, caso seja verificada a inexpressividade do comportamento do agente, fica afastada a intervenção do Direito Penal" (STJ: HC 208.569/RJ, rel. Min. Rogerio Schietti Cruz, 6.ª Turma, j. 22.04.2014, noticiado no *Informativo* 540).

Princípio da insignificância – reincidência – admissibilidade: "1. A intervenção do Direito Penal apenas se justifica quando o bem jurídico tutelado tenha sido exposto a um dano com relevante lesividade. Inocorrência de tipicidade material, mas apenas a formal, quando a conduta não possui relevância jurídica, afastando-se, por consequência, a ingerência da tutela penal, em face do postulado da intervenção mínima. 2. No caso, não há como deixar de reconhecer a mínima ofensividade do comportamento do paciente, que subtraiu ferragens de uma construção, avaliadas em R$ 100,00 (cem reais), justificando-se nesse caso, a aplicação do princípio da insignificância. 3. Segundo a jurisprudência consolidada nesta Corte e também no Supremo Tribunal Federal, a existência de condições pessoais desfavoráveis, tais como maus antecedentes, reincidência ou ações penais em curso, não impede a aplicação do princípio da insignificância" (STJ: HC 163.004/MG, rel. Min. Og Fernandes, 6.ª Turma, j. 05.08.2010).

Princípio da insignificância – reincidência em crimes patrimoniais – Inadmissibilidade: "1. Embora atualmente, em razão do alto índice de criminalidade e da consequente intranquilidade social, o Direito Penal brasileiro venha apresentando características mais intervencionistas, persiste o seu caráter fragmentário e subsidiário, dependendo a sua atuação da existência de ofensa a bem jurídico relevante, não defendido de forma eficaz por outros ramos do direito, de maneira que se mostre necessária a imposição de sanção penal. 2. Em determinadas hipóteses, aplicável o princípio da insignificância, que, como assentado pelo Ministro Celso de Mello, do Supremo Tribunal Federal, no julgamento do HC nº 84.412-0/SP, deve ter em conta a mínima ofensividade da conduta do agente, a nenhuma periculosidade social da ação, o reduzidíssimo grau de reprovabilidade do comportamento e a inexpressividade da lesão jurídica provocada. 3. Não obstante tratar-se da tentativa de furto de um secador de cabelos avaliado em R$ 40,00 (quarenta reais), não é de falar em mínima ofensividade da conduta, revelando o comportamento do agente, reincidente na prática de crimes contra o patrimônio, suficiente periculosidade social e significativo grau de reprovabilidade, inaplicável, destarte, o princípio da insignificância" (STJ: RHC 24.326/MG, rel. Min. Paulo Gallotti, 6.ª Turma, j. 17.03.2009).

Princípio da insignificância – reincidência genérica – compatibilidade: "A 2ª Turma concedeu 'habeas corpus' para restabelecer sentença de primeiro grau, na parte em que reconhecera a aplicação do princípio da insignificância e absolvera o ora paciente da imputação de furto (CP, art. 155). Na espécie, ele fora condenado pela subtração de um engradado com 23 garrafas de cerveja e seis de refrigerante – todos vazios, avaliados em R$ 16,00 –, haja vista que o tribunal de justiça local afastara a incidência do princípio da bagatela em virtude de anterior condenação, com trânsito em julgado, pela prática de lesão corporal (CP, art. 129). A Turma, de início, reafirmou a jurisprudência do STF na matéria para consignar que a averiguação do princípio da insignificância dependeria de um juízo de tipicidade conglobante. Considerou, então, que seria inegável a presença, no caso, dos requisitos para aplicação do referido postulado: mínima ofensividade da conduta; ausência de periculosidade social da ação; reduzida reprovabilidade do comportamento; e inexpressividade da lesão jurídica. Afirmou, ademais, que, considerada a teoria da reiteração não cumulativa de condutas de gêneros distintos, a contumácia de infrações penais que não têm o patrimônio como bem jurídico tutelado pela norma penal (a exemplo da lesão corporal) não poderia ser valorada como fator impeditivo à aplicação do princípio da insignificância, porque ausente a séria lesão à propriedade alheia" (STF: HC 114.723/MG, rel. Min. Teori Zavascki, 2.ª Turma, j. 26.08.2014, noticiado no *Informativo* 756).

Princípio da insignificância – restituição imediata e integral do bem – Tema 1.205 do Recurso Repetitivo: "A restituição imediata e integral do bem furtado não constitui, por si só, motivo suficiente para a incidência do princípio da insignificância. A questão cinge-se em definir se nos casos de imediata e integral restituição do bem furtado deve-se aplicar o princípio da insignificância. O Direito Penal, diante do desvalor do resultado produzido, não deve se ocupar de condutas que não representem prejuízo relevante, seja ao titular do bem jurídico tutelado, seja à integridade da própria ordem social, podendo, com isso, afastar a tipicidade penal, porque, em verdade, o bem jurídico não chegou a ser lesado. A insignificância de determinada conduta deve ser aferida não apenas em relação à importância do bem jurídico atingido, mas deve envolver um juízo amplo, que vai além da simples aferição do resultado material da conduta, de modo a abranger elementos outros, os quais, embora não determinantes, merecem ser considerados. Sob tal perspectiva, muito embora não exista previsão legal disciplinando a aplicação do princípio da insignificância, o Supremo Tribunal Federal, há mais de uma década, consolidou o entendimento no sentido de exigir o preenchimento simultâneo de quatro condições para que se afaste a tipicidade material da conduta. São elas: a) a mínima ofensividade da conduta do agente; b) a ausência de periculosidade social na ação; c) o reduzido grau de reprovabilidade do comportamento; e d) a inexpressividade da lesão jurídica provocada. À luz das referidas premissas, mormente em se tratando de crimes contra o patrimônio, passou-se a compreender que a insignificância envolve juízo muito mais abrangente que a simples expressão do resultado da conduta. Importa investigar o desvalor da ação criminosa em seu sentido amplo, que se traduz pela ausência de periculosidade social, pela mínima ofensividade e pela falta de reprovabilidade, de modo a impedir que, a pretexto da insignificância apenas do resultado material, acabe desvirtuado o objetivo a que visou o legislador quando formulou a tipificação legal. Assim, para afastar liminarmente a tipicidade material nos delitos de furto, não basta a imediata e integral restituição do bem. Deve-se perquirir, diante das circunstâncias concretas, além da extensão da lesão produzida, a gravidade da ação, o reduzido valor do bem tutelado e a favorabilidade das circunstâncias em que foi cometido o fato criminoso, além de suas consequências jurídicas e sociais. Nesse sentido, prevalece o entendimento que vem orientando a jurisprudência do Superior Tribunal de Justiça, no sentido de admitir a aplicação do princípio da insignificância mediante apreciação casuística, ou seja, quando houver circunstâncias excepcionais, e não apenas a restituição imediata do bem subtraído" (STJ: REsp 2.062.095/AL, rel. Min. Sebastião Reis Júnior, 3.ª Seção, j. 25.10.2023; e REsp 2.062.375/AL, rel. Min. Sebastião Reis Júnior, 3.ª Seção, j. 25.10.2023, noticiados no *Informativo* 793).

Princípio da insignificância – valor do bem – relação com o salário mínimo vigente ao tempo do fato: "Sendo favoráveis as condições pessoais do agente, é aplicável o princípio da insignificância em relação à conduta que, subsumida formalmente ao tipo correspondente ao furto simples (art. 155, *caput*, do CP), consista na subtração de bem móvel de valor equivalente a pouco mais de 23% do salário mínimo vigente no tempo do fato. Nessa situação, ainda que ocorra a perfeita adequação formal da conduta à lei incriminadora e esteja comprovado o dolo do agente, inexiste a tipicidade material, que consiste na relevância penal da conduta e do resultado produzido. Assim, em casos como este, a aplicação da sanção penal configura indevida desproporcionalidade, pois o resultado jurídico – a lesão produzida ao bem jurídico tutelado – há de ser considerado como absolutamente irrelevante" (STJ: AgRg no HC 254.651/PE, rel. Min. Jorge Mussi, 5.ª Turma, j. 12.03.2013, noticiado no *Informativo* 516).

Repouso noturno – aplicabilidade – furto simples – Tema 1.087 do Recurso Repetitivo: "A interpretação sistemática pelo viés topográfico revela que a causa de aumento de pena relativa ao cometimento do crime de furto durante o repouso noturno, prevista no art. 155, § 1º, do CP, não incide nas hipóteses de furto qualificado, previstas no art. 155, § 4º, do CP. A pena decorrente da incidência da causa de aumento relativa ao furto noturno nas hipóteses de furto qualificado resulta em quantitativo que não guarda correlação com a gravidade do crime cometido e, por conseguinte, com o princípio da proporcionalidade. Tese jurídica: A causa de aumento prevista no § 1º do art. 155 do Código Penal (prática do crime de furto no período noturno) não incide no crime de furto na sua forma qualificada (§ 4º)" (STJ: REsp 1.888.756/SP, rel. Min. João Otávio de Noronha, 3.ª Seção, j. 25.05.2022). *Em sentido diverso:* STF: HC 130.952/MG, rel. Min. Dias Toffoli, 2.ª Turma, j. 13.12.2016, noticiado no *Informativo* 851.

Repouso noturno – Tema 1.144 do Recurso Repetitivo – horário de recolhimento – requisitos – prática delitiva à noite e em situação de repouso – aferição no caso concreto – local habitado e vítima dormindo: situações irrelevantes – residências, lojas, veículos ou vias públicas – possibilidade: "1. Nos termos do § 1º do art. 155 do Código Penal, se o crime de furto é praticado durante o repouso noturno, a pena será aumentada de um terço. 2. O repouso noturno compreende o período em que a população se recolhe para descansar, devendo o julgador atentar-se às características do caso concreto. 3. A situação de repouso está configurada quando presente a condição de sossego/tranquilidade do período da noite, caso em que, em razão da diminuição ou precariedade de vigilância dos bens, ou, ainda, da menor capacidade de resistência da vítima, facilita-se a concretização do crime. 4. São irrelevantes os fatos de as vítimas estarem, ou não, dormindo no momento do crime, ou o local de sua ocorrência, em estabelecimento comercial, via pública, residência desabitada ou em veículos, bastando que o furto ocorra, obrigatoriamente, à noite e em situação de repouso. A controvérsia delimita-se em definir a) se, para a configuração da circunstância majorante do § 1º do art. 155 do Código Penal, basta que a conduta delitiva tenha sido praticada durante o repouso noturno e, também, b) se há relevância no fato das vítimas estarem ou não dormindo no momento do crime, ou a sua ocorrência em estabelecimento comercial ou em via pública. Nos termos do § 1º do art. 155 do Código Penal, se o crime de furto é praticado durante o repouso noturno, a pena será aumentada de um terço. No tocante ao horário de aplicação, este Superior Tribunal de Justiça já definiu que 'este é variável, devendo obedecer aos costumes locais relativos à hora em que a população se recolhe e a em que desperta para a vida cotidiana'. Sendo assim, não há um horário prefixado, devendo, portanto, atentar-se às características da vida cotidiana da localidade (REsp 1.659.208/RS, Rel. Ministra Maria Thereza De Assis Moura, DJ 31/3/2017). Em um análise objetivo-jurídica do art. 155, §1º, do CP, percebe-se que o legislador pretendeu sancionar de forma mais severa o furtador que se beneficia dessa condição de sossego/tranquilidade, presente no período da noite, para, em razão da diminuição ou precariedade de vigilância dos bens, ou, ainda, da menor capacidade de resistência da vítima, facilitar-lhe a concretização do intento criminoso. O crime de furto só implicará no aumento de um terço se o fato ocorrer, obrigatoriamente, à noite e em situação de repouso. Nas hipóteses concretas, será importante extrair dos autos as peculiares da localidade em que ocorreu o delito. Assim, haverá casos em que, mesmo nos furtos praticados no período da noite, mas em lugares amplamente vigiados, tais como em boates e comércios noturnos, ou, ainda, em situações de repouso, mas ocorridas nos períodos diurno ou vespertino, não se poderá valer-se dessa causa de aumento. Este Tribunal passou a destacar a irrelevância do local estar ou não habitado, ou o fato da vítima estar ou não dormindo no momento do crime para os fins aqui propostos, bastando que a atuação criminosa seja realizada no período da noite e sem a vigilância do bem. Seguiu-se à orientação de que para a incidência da causa de aumento não importava o local em que o furto fora cometido, em residências, habitadas ou não, lojas e veículos, bem como em vias públicas. Assim, se o crime de furto é praticado durante o repouso noturno, na hora em que a população se recolhe para descansar, valendo-se da diminuição ou precariedade de vigilância dos bens, ou, ainda, da menor capacidade de resistência da vítima, a pena será aumentada de um terço, não importando se as vítimas estão ou não dormindo no momento do crime, ou o local de sua ocorrência, em estabelecimento comercial, residência desabitada, via pública ou veículos" (STJ: REsp 1.979.989/RS, rel. Min. Joel Ilan Paciornik, 3.ª Seção, j. 22.06.2022, noticiado no *Informativo* 742).

Rompimento de obstáculo – imprescindibilidade do exame pericial: "1. Prevalece nesta Corte o entendimento de que, para incidir a qualificadora prevista no art. 155, § 4º, I, do Código Penal, faz-se indispensável a realização de perícia, sendo possível substituí-la por outros meios de prova se o delito não deixar vestígios, ou ainda, se as circunstâncias do crime não permitirem a confecção do laudo, ressalvado entendimento pessoal diverso. 2. No caso, a presença da circunstância qualificadora do rompimento de obstáculo não foi baseada tão somente na prova testemunhal colhida nos autos ou na confissão do acusado, mas também no exame pericial realizado de forma indireta, por meio de fotografias do local do crime e elaborado laudo por peritos oficiais, o que é admitido pela jurisprudência como prova idônea, não havendo, portanto, ilegalidade a ser reconhecida" (STJ: AgRg no HC 503.569/MS, rel. Min. Nefi Cordeiro, 6.ª Turma, j. 03.09.2019).

Rompimento de obstáculo – incidência da qualificadora: "A jurisprudência da Corte está consolidada no sentido de que 'configura o furto qualificado a violência contra coisa, considerado veículo, visando adentrar no recinto para retirada de bens que nele se encontravam'" (STF: HC 110.119/MG, rel. Min. Dias Toffoli, 1.ª Turma, j. 13.12.2011). *No mesmo sentido*: STF: HC 98.265/MS, rel. Min. Ayres Britto, 1.ª Turma, j. 24.03.2010, noticiado no *Informativo* 580; STF: HC 98.406/RS, rel. Min. Ellen Gracie, 2.ª Turma, j. 16.06.2009, noticiado no *Informativo* 551; e STJ: AgRg no REsp 1.364.606/DF, rel. Min. Jorge Mussi, 5.ª Turma, j. 22.10.2013, noticiado no *Informativo* 532.

Rompimento de obstáculo – incidência da qualificadora – irrelevância do bem subtraído: "Não há dúvidas de que as portas, os vidros e o alarme do carro visam exatamente impedir ou pelo menos dificultar sua subtração e dos bens que estão no seu interior, sendo ainda inquestionável a necessidade de transposição desta barreira para que se furte tanto o carro quanto os objetos do seu interior. A conduta em ambos os casos é a mesma, consiste em romper obstáculo como meio necessário para subtrair coisa alheia móvel, o que denota sua maior reprovabilidade, ante a utilização de meios excepcionais para superar os obstáculos defensivos da propriedade. Dessa forma, é indiferente para configurar referida qualificadora analisar qual o bem subtraído" (STJ: REsp 1.395.838/SP, rel. Min. Marco Aurélio Bellizze, 5.ª Turma, j. 20.05.2014).

Rompimento de obstáculo – prova da materialidade do fato – ausência de perito oficial: "Verificada a falta de peritos oficiais na comarca, é válido o laudo pericial que reconheça a qualificadora do furto referente ao rompimento de obstáculo (art. 155, § 4º, I, do CP) elaborado por duas pessoas idôneas e portadoras de diploma de curso superior, ainda que sejam policiais. A incidência da qualificadora prevista no art. 155, § 4º, I, do CP está condicionada à comprovação do rompimento de obstáculo por laudo pericial, salvo em caso de desaparecimento dos vestígios, quando a prova testemunhal poderá lhe suprir a falta. Na ausência de peritos oficiais na comarca, é possível que se nomeie duas pessoas para realizar o exame, como autoriza o art. 159, § 1º, do CPP. O referido preceito, aliás, não impõe nenhuma restrição ao fato de o exame ser realizado por policiais" (STJ: REsp 1.416.392/RS, rel. Min. Moura Ribeiro, 5.ª Turma, j. 19.11.2013, noticiado no *Informativo* 532).

Rompimento de obstáculo – vidro de automóvel – princípio da proporcionalidade – furto simples: "Não se mostra razoável considerar o furto 'qualificado' quando há rompimento do vidro do veículo para a subtração do som automotivo, e considerá-lo 'simples' quando o rompimento se dá para a subtração do próprio veículo, razão pela qual deve se dar igual tratamento a ambos, considerando-os, portanto, como furtos simples" (STJ: HC 153.472/SP, rel. Min. Maria Thereza de Assis Moura, 6.ª Turma, j. 21.08.2012). *No mesmo sentido*: STJ: HC 152.833/SP, rel. Min. Nilson Naves, 6.ª Turma, j. 05.04.2010, noticiado no *Informativo* 429.

Test drive **– golpe e furto mediante fraude**: "I - Segundo entendimento desta Corte, para fins de pagamento de seguro, ocorre furto mediante fraude, e não estelionato, o agente que, a pretexto de testar veículo posto à venda, o subtrai (*v.g.* REsp 226.222/RJ, *DJ* 17.12.1999, HC 8.179-GO, *DJ* de 17.05.1999). II - Sendo o segurado vítima de furto, é devido o pagamento da indenização pela perda do veículo, nos termos previstos na apólice de seguro" (STJ: REsp 672.987/MT, Rel. Min. Jorge Scartezzini, 4.ª Turma, j. 26.09.2006).

Furto de coisa comum

> **Art. 156.** Subtrair o condômino, coerdeiro ou sócio, para si ou para outrem, a quem legitimamente a detém, a coisa comum:
>
> Pena – detenção, de seis meses a dois anos, ou multa.
>
> § 1º Somente se procede mediante representação.
>
> § 2º Não é punível a subtração de coisa comum fungível, cujo valor não excede a quota a que tem direito o agente.

Classificação:	Informações rápidas:
Crime próprio	Tutela a **propriedade** e a **posse** (desde que legítima)
Crime de forma livre	de coisa comum (ao agente e ao ofendido).
Crime material	Pressupõe *animus furandi*.
Crime doloso	Não admite modalidade culposa.
Crime instantâneo	Admite tentativa.
Crime de dano	**Ação penal:** pública condicionada à representação.
Crime unissubjetivo *(regra)*	
Crime plurissubsistente *(regra)*	

○ **Introdução:** O crime de furto de coisa comum é uma modalidade específica de furto. A conduta criminosa, assim como no delito tipificado pelo art. 155 do Código Penal, atinge uma coisa móvel, mas falta-lhe a qualidade de "alheia", isto é, ser pertencente a outrem. A lei fala em **coisa comum** – o comportamento ilícito recai sobre coisa que não é completamente alheia, mas pertencente a mais de uma pessoa, aí se incluindo o responsável pela subtração. A coisa é comum por ser inerente a uma relação de condomínio, herança ou sociedade. De fato, é o condômino, o coerdeiro ou o sócio quem pode praticar o delito. **Condomínio** é a propriedade em comum, exercida simultaneamente por duas ou mais pessoas. É também denominado de copropriedade, e os proprietários são condôminos, consortes ou coproprietários. **Herança** é o complexo de bens deixados pelo homem em razão da sua morte. Compreende a universalidade dos bens a ele pertencentes ao tempo do falecimento, excluídos aqueles que com ele se extinguiram. **Sociedade** é a reunião contratual de duas ou mais pessoas que se obrigam a combinar trabalho e/ou bens para a consecução de um fim comum. Em todos os casos (condomínio, herança ou sociedade), o direito do condômino, coerdeiro ou sócio é limitado pelo direito dos demais, o qual é excluído pela subtração da coisa comum. Este é o fundamento do crime delineado pelo art. 156 do Código Penal. O agente – condômino, coerdeiro ou sócio –, ao retirar a coisa comum de quem legitimamente a detém, não subtrai somente a coisa própria, mas também a fração reservada a terceiro.

○ **Objeto jurídico:** Protege-se o patrimônio, no que diz respeito à propriedade e à posse, desde que legítimas. Essa afirmação encontra amparo no texto legal: "a quem legitimamente a detém".

○ **Objeto material:** É a coisa comum (ao agente e ao ofendido) que suporta a conduta criminosa. Nada obstante a omissão legislativa, a coisa comum há de ser móvel, pois é impossível o furto de coisa imóvel.

○ **Núcleo do tipo:** O núcleo do tipo também é **"subtrair"**. *Ver comentários ao núcleo do tipo no crime de furto (art. 155).*

○ **Sujeito ativo:** Trata-se de **crime próprio** ou **especial** – somente pode ser praticado pelo condômino, coerdeiro ou sócio da coisa comum. O coautor ou partícipe, embora não ostente tais qualidades, também responde pelo delito de furto de coisa comum, pois a condição especial funciona como elementar do crime, comunicando-se a todos os envolvidos na empreitada criminosa (CP, art. 30). Quando o crime é cometido pelo sócio, há duas posições doutrinárias no que diz respeito à diversidade de tipificação da conduta relativamente à natureza da sociedade: *1.ª posição:* Não há diferença alguma se o fato for praticado por sócio com personalidade jurídica ou por sócio de sociedade de fato. Como a lei fala somente em "sócio", não fazendo nenhuma distinção quanto à sua natureza, é irrelevante seja a sociedade legalmente constituída ou de fato.[90] *2.ª posição:* O sócio apenas responde pelo crime definido pelo art. 156 do Código Penal quando integrar uma sociedade despersonalizada, isto é, destituída de registro, pois, nesse caso, o patrimônio pertence aos sócios, tendo em vista a ausência de personalidade jurídica da pessoa jurídica. Tratando-se de sociedade devidamente registrada, o patrimônio lhe pertence, de modo que a eventual subtração deve ser tipificada como furto de coisa alheia, previsto no art. 155 do Código Penal.[91]

○ **Sujeito passivo:** É o outro (ou outros) condômino, coerdeiro ou sócio, bem como o terceiro que detenha legitimamente a coisa. Em qualquer hipótese, se a detenção for ilegítima, o fato será atípico. Para caracterizar o furto de coisa comum é imprescindível que esta se encontre na legítima detenção de outrem (de outro condômino, coerdeiro ou sócio) – se estava sendo legitimamente detida pelo próprio agente, a disposição que ele faça da coisa, como dono exclusivo, constitui apropriação indébita, e não furto.

○ **Elemento subjetivo:** É o dolo *(animus furandi)*. Prescinde-se do fim de lucro *(animus lucrandi)*. Deve haver, também, um especial fim de agir (elemento subjetivo específico), representado pela expressão "para si ou para outrem": cuida-se do **fim de assenhoramento definitivo da coisa** *(animus rem sibi habendi)*. O sujeito se apossa da coisa comum e passa a comportar-se como se fosse seu exclusivo proprietário, sem dividi-la com os demais condôminos, coerdeiros ou sócios. Não se admite a modalidade culposa.

○ **Consumação:** Dá-se no instante em que o sujeito, depois de se apoderar da coisa e retirá-la da esfera de vigilância da vítima, tem sua livre disponibilidade, ainda que por breve período. Não se exige a posse mansa e pacífica do bem.[92]

○ **Tentativa:** É possível, em face do caráter plurissubsistente do delito.

○ **Ação penal:** A ação penal é pública condicionada à representação (art. 156, § 1.º, do CP).

○ **Lei 9.099/1995:** O furto de coisa comum é **infração penal de menor potencial ofensivo**, compatível com a composição dos danos civis, com a transação penal e com o rito sumaríssimo.

○ **Causa especial de exclusão da ilicitude (art. 156, § 2.º):** A lei diz não ser punível a subtração. No campo penal, fato não punível é fato lícito. Assim, é equivocado falar que a norma permissiva consagra uma causa de isenção de pena, pois o legislador estabeleceu a impunibilidade

---

[90]   É a opinião de HUNGRIA, Nélson. *Comentários ao Código Penal*. 2. ed. Rio de Janeiro: Forense, 1958. v. 7, p. 49. E ainda: JESUS, Damásio E. de. *Direito penal*: parte especial. 27. ed. São Paulo: Saraiva, 2005. v. 2, p. 336.

[91]   Cf. MAGALHÃES NORONHA, E. *Código Penal brasileiro comentado*. São Paulo: Saraiva, 1958. v. 5, 1ª parte, p. 147. E também: BARROS, Flávio Augusto Monteiro de. *Direito penal*. Parte especial. 2. ed. São Paulo: Saraiva, 2009. v. 2, p. 356.

[92]   Para a análise minuciosa das teorias relativas à consumação do furto, e também da posição do Supremo Tribunal Federal sobre o assunto, remetemos o leitor ao art. 155 do CP.

da subtração, e não do agente. Sua aplicação depende de dois requisitos: (a) fungibilidade da coisa comum; e (b) que seu valor não exceda a quota a que tem direito o agente. **Coisa fungível** é a de natureza móvel e suscetível de ser substituída por outra da mesma espécie, qualidade e quantidade (art. 85 do Código Civil). É imprescindível que seu valor não exceda a quota a que tem direito o agente. Se ambos os requisitos estiverem presentes, não há razão para punição do sujeito que, em verdade, apoderou-se de algo que legitimamente lhe pertence. Na hipótese de coisa infungível, a subtração caracteriza o delito de furto de coisa comum, ainda que o agente tenha direito a um valor muito superior àquele subtraído. De fato, se o bem não pode ser substituído por outro de igual espécie ou qualidade, é único e pertencente a todos, até que judicialmente se decida com quem ele irá legitimamente ficar.

○ **Jurisprudência selecionada:**

Representação: "II. Mesmo que o fato descrito exordial caracterize, em princípio, o delito próprio de furto de coisa comum, ao qual o legislador condicionou o processo ao exercício do direito de representação pelos coerdeiros, tal manifestação não exige forma rígida, bastando que a intenção das vítimas seja demonstrada de forma inequívoca. III. Devem ser consideradas válidas as atitudes dos coerdeiros após o fato delituoso, que demonstraram o firme interesse de que fosse apurada a responsabilidade criminal da paciente, eis que compareceram ao Ministério Público pugnando pela instauração da ação penal e, posteriormente, à Delegacia, onde prestaram depoimento acerca dos fatos" (STJ: HC 60.680/PB, Rel. Min. Gilson Dipp, 5.ª Turma, j. 24.04.2007).

Capítulo II –
DO ROUBO E DA EXTORSÃO

Roubo

Art. 157. Subtrair coisa móvel alheia, para si ou para outrem, mediante grave ameaça ou violência a pessoa, ou depois de havê-la, por qualquer meio, reduzido à impossibilidade de resistência:

Pena – reclusão, de quatro a dez anos, e multa.

§ 1º Na mesma pena incorre quem, logo depois de subtraída a coisa, emprega violência contra pessoa ou grave ameaça, a fim de assegurar a impunidade do crime ou a detenção da coisa para si ou para terceiro.

§ 2º A pena aumenta-se de 1/3 (um terço) até metade:

I – (Revogado);

II – se há o concurso de duas ou mais pessoas;

III – se a vítima está em serviço de transporte de valores e o agente conhece tal circunstância;

IV – se a subtração for de veículo automotor que venha a ser transportado para outro Estado ou para o exterior;

V – se o agente mantém a vítima em seu poder, restringindo sua liberdade;

VI – se a subtração for de substâncias explosivas ou de acessórios que, conjunta ou isoladamente, possibilitem sua fabricação, montagem ou emprego.

VII – se a violência ou grave ameaça é exercida com emprego de arma branca;

§ 2º-A A pena aumenta-se de 2/3 (dois terços):

I – se a violência ou ameaça é exercida com emprego de arma de fogo.

II – se há destruição ou rompimento de obstáculo mediante o emprego de explosivo ou de artefato análogo que cause perigo comum.

§ 2º-B. Se a violência ou grave ameaça é exercida com emprego de arma de fogo de uso restrito ou proibido, aplica-se em dobro a pena prevista no *caput* deste artigo.

§ 3º Se da violência resulta:

I – lesão corporal grave, a pena é de reclusão de 7 (sete) a 18 (dezoito) anos, e multa;

II – morte, a pena é de reclusão de 20 (vinte) a 30 (trinta) anos, e multa.

Classificação:	Informações rápidas:
Crime comum Crime de forma livre Crime material (posição doutrinária tradicional) ou formal (orientação do STF e STJ) Crime instantâneo Crime plurissubsistente (*regra*) Crime de dano Crime unissubjetivo (*regra*)	**Princípio da insignificância:** incompatível. **Roubo privilegiado:** inadmissível. **Roubo próprio:** *caput* (crime complexo: furto + lesão corporal leve ou ameaça). Violência empregada antes ou simultaneamente à subtração. Não admite modalidade culposa. Exige dolo (*animus rem sibi habendi*). Roubo de uso: não se admite (*divergência*). Admite tentativa. **Roubo impróprio:** § 1.º Violência ou grave ameaça empregada após a subtração do bem, mas antes da consumação do furto. Não admite tentativa (*divergência*). **Causas de aumento da pena (§§ 2.º, 2.º-A e 2.º-B):** aplicam-se tanto ao roubo próprio quanto ao roubo impróprio. **Ação penal:** pública incondicionada, em todas as modalidades.

○ **Introdução:** O roubo é classificado doutrinariamente como **crime complexo** (resulta da fusão de dois outros delitos). Seu ponto de partida é o crime de furto,[93] ao qual o legislador agregou elementares, relativas ao modo de execução, que o tornam especialmente mais grave. Possui elementos idênticos aos do crime de furto: (a) subtração como conduta típica; (b) coisa alheia móvel como objeto material; e (c) fim de assenhoreamento definitivo para si ou para outrem como elemento subjetivo específico. O roubo é a soma dos crimes de furto e de lesão corporal leve[94] (CP, art. 155 + art. 129, *caput*), quando praticado com violência à pessoa (própria ou imprópria), ou então de furto e de ameaça (CP, art. 155 + art. 147), se cometido com emprego de grave ameaça.

---

[93] "Deve-se ao direito alemão a distinção conceitual entre furto e roubo. [...] A palavra roubo nos vem do alemão *raub*" (FRAGOSO, Heleno Cláudio. *Lições de direito penal*. São Paulo: José Bushatsky, 1958. v. 2, p. 196).

[94] Tratando-se de lesão corporal de natureza grave, o crime será de roubo qualificado pela lesão grave, na forma definida pelo art. 157, § 3.º, 1.ª parte, do Código Penal. Convém destacar, ainda, que a violência do roubo pode ser também exteriorizada por vias de fato, mas neste caso não se pode falar propriamente em crime complexo, uma vez que as vias de fato configuram a contravenção penal definida pelo art. 21 do Decreto-lei 3.688/1941 – Lei das Contravenções Penais.

○ **Lei dos Crimes Hediondos:** Em regra, o roubo não é crime hediondo. O delito será rotulado pela hediondez, entretanto, quando circunstanciado pela restrição da liberdade da vítima (art. 157, § 2.º, V) ou pelo emprego de arma de fogo, pouco importando se de uso permitido (art. 157, § 2.º-A, I) ou de uso proibido ou restrito (art. 157, § 2.º-B), ou então se qualificado pela lesão corporal grave ou morte (art. 157, § 3.º). É o que consta do art. 1.º, II, da Lei 8.072/1990. Na redação original desta lei, somente o roubo qualificado pela morte (ou latrocínio), atualmente previsto no art. 157, § 3.º, II, era delito hediondo. As demais modalidades foram incluídas na Lei dos Crimes Hediondos pela Lei 13.964/2019 ("Pacote Anticrime").

○ **Objeto jurídico:** O roubo é **crime pluriofensivo**: afronta dois bens jurídicos igualmente tutelados pela lei penal, que podem ser o patrimônio e a integridade física (se praticado com violência à pessoa), ou então o patrimônio e a liberdade individual (quando cometido mediante grave ameaça). Há uma junção de crimes contra o patrimônio (furto) e contra a pessoa (lesão corporal ou ameaça). Foi inserido no Título II da Parte Especial do Código Penal – Dos crimes contra o patrimônio, pois o resultado almejado pelo agente é a subtração patrimonial.

○ **Objeto material:** É a coisa alheia móvel (*ver comentários ao art. 155*). Pouco importa se tem natureza lícita ou ilícita, a exemplo de uma máquina caça-níquel. O fundamental é que seja dotada de relevância econômica. É também objeto material a pessoa humana contra quem se endereça a violência ou a grave ameaça.

○ **Núcleo do tipo:** O núcleo do tipo é **"subtrair"**, no sentido de retirar algo de alguém, invertendo o título da posse do bem. No âmbito do roubo, interpretando-se a ação nuclear em sintonia com os demais elementos do tipo penal, subtrair significa apoderar-se da coisa móvel da vítima, para, sem sua permissão, tirá-la da sua esfera de vigilância, com o ânimo de tê-la em definitivo para si ou para outrem (*Ver comentários ao art. 155*). No roubo, ao contrário do furto, a subtração se reveste de maior gravidade. O delito foi mais severamente apenado em decorrência dos seus **meios de execução**, capazes de facilitar a prática do crime, sem prejuízo de causar maiores danos à vítima e à coletividade. Tais meios de execução consistem em: (a) grave ameaça; (b) violência à pessoa; e (c) qualquer meio que reduza a vítima à impossibilidade de resistência. No **roubo próprio** o constrangimento à vítima, mediante grave ameaça ou violência (própria ou imprópria) à pessoa, é empregado **no início ou simultaneamente** à subtração da coisa alheia móvel. Encerrada a subtração, a utilização de grave ameaça ou violência (própria) à pessoa configurará o delito de roubo impróprio (CP, art. 157, § 1.º).

○ **Meios de execução do crime de roubo:**

a) **Grave ameaça (violência moral ou de *vis compulsiva*):** consiste na promessa de mal grave, iminente e verossímil. Pode se exteriorizar por palavras, gestos, símbolos, utilização de objetos em geral ou qualquer outro meio idôneo a revelar a intenção do agente de subjugar a vítima (**crime de forma livre**). Seu potencial intimidatório deve ser aferido no caso concreto, baseado nas circunstâncias ligadas à prática do crime. A grave ameaça deve estar indispensavelmente ligada a uma subtração patrimonial. Não é preciso, na execução do delito, seja anunciado o mal a ser praticado pelo agente. O **porte simulado de arma** configura a grave ameaça. O emprego de **arma com defeito, desmuniciada, branca, imprópria ou de brinquedo** autoriza o reconhecimento da grave ameaça. Há grave ameaça quando os roubadores abordam repentinamente a vítima, gritando que se trata de assalto e exigindo a entrega de seus bens, pois a vítima indiscutivelmente sente-se amedrontada pelas circunstâncias da abordagem.

b) **Violência à pessoa (violência própria, violência física, *vis corporalis* ou *vis absoluta*):** consiste no emprego de força física sobre a vítima, mediante lesão corporal ou vias de fato, para paralisar ou dificultar seus movimentos, impedindo sua defesa. A violência deve ser empregada contra o titular do objeto material ou terceira pessoa. Se atingir somente a coisa, o delito será de furto qualificado (CP, art. 155, § 4.º, I). Divide-se a violência em direta (ou imediata) e indireta (ou mediata). **Violência direta ou imediata** é a exercida contra a pessoa de quem se quer subtrair os bens. **Violência indireta ou mediata** é a dirigida contra pessoas ligadas à vítima da subtração por laços de parentesco ou amizade ou mesmo contra coisas. Muito se assemelha à grave ameaça, e como tal há de ser entendida. Influi no estado anímico da vítima, fazendo com que ela, por medo, insegurança ou receio de ser também agredida, se submeta à conduta criminosa.

b.1) A questão da trombada: A **subtração por arrebatamento** (praticada mediante **trombada**) pode caracterizar, dependendo do caso concreto, tanto furto como roubo. Se o contato físico contra a vítima tiver o propósito único de distraí-la, sem capacidade de machucá-la, o crime será de furto. Se for preponderantemente dirigida à pessoa da vítima, provocando-lhe lesão corporal ou vias de fato, com a intenção de eliminar ou reduzir sua defesa, o crime será de roubo.

b.2) Bem preso ao corpo da vítima: Na **subtração de bem preso ao corpo da vítima**, em que o golpe do agente atinge diretamente o objeto subtraído, sendo seu legítimo proprietário ou possuidor alcançado reflexamente, o crime é de roubo. Existem posições em contrário, sob o argumento de que, como a violência é empregada contra a coisa, e só acessoriamente contra a pessoa, não há constrangimento, e o crime é de furto.[95]

c) Qualquer meio que reduza a vítima à impossibilidade de resistência: é a chamada **violência imprópria** ou **meio sub-reptício**. O Código Penal utiliza a interpretação analógica (ou *intra legem*), pois apresenta uma fórmula casuística seguida de uma fórmula genérica. Grave ameaça e violência à pessoa são meios que reduzem a vítima à impossibilidade de resistência. Mas não são os únicos. Como o legislador não tem condições de arrolar taxativamente todos os referidos meios, ele se vale dessa fórmula residual, admitida em Direito Penal e diversa da analogia. O agente é quem dolosamente coloca a vítima em uma posição marcada pela ausência de defesa. Se a própria vítima se põe em situação na qual não pode se defender, o crime será de furto.

○ **Sujeito ativo:** Qualquer pessoa (**crime comum**), salvo o proprietário do bem (a lei penal fala em coisa "alheia").

○ **Sujeito passivo:** O proprietário ou possuidor da coisa móvel, bem como qualquer outra pessoa que seja atingida pela violência ou grave ameaça. É possível a existência de duas ou mais vítimas de um único crime de roubo, pelo fato de se tratar de crime complexo. Em alguns casos, a titularidade dos bens jurídicos agredidos pela conduta criminosa reúne-se em uma só pessoa. Em outras hipóteses, porém, existirão duas ou mais vítimas: uma vítima patrimonial e outra (ou outras) vítima da violência ou da grave ameaça. Em síntese, se a violência à pessoa ou grave ameaça for **direta ou imediata**, haverá uma única vítima; se, todavia, tais meios de execução forem **indiretos ou mediatos**, o roubo será definido como **crime de dupla subjetividade passiva**.

○ **Elemento subjetivo:** É o dolo. Reclama-se também um especial fim de agir (elemento subjetivo específico), representado pela expressão "para si ou para outrem": cuida-se do **fim de assenhoreamento definitivo da coisa**, ou seja, o *animus rem sibi habendi*. O roubador se apossa de coisa alheia móvel e passa a comportar-se como se fosse seu proprietário. Prescinde-se da intenção de lucro (*animus lucrandi*). É irrelevante o motivo do crime. Ainda que nobre ou altruístico, o móvel do agente não afasta o delito (exemplo: O sujeito, almejando a distribuição de renda, rouba bancos e posteriormente doa aos moradores de ruas os valores subtraídos). Não se admite a modalidade culposa.

---

95   Cf. CAPEZ, Fernando. *Curso de direito penal*. 8. ed. São Paulo: Saraiva, 2008. v. 2, p. 431.

○ **A questão do roubo de uso:** Discute-se se há roubo na hipótese em que a subtração é praticada para assegurar a utilização transitória de um bem, com devolução posterior da coisa no mesmo estado e no local em que se encontrava. Em nosso entendimento, há crime de roubo, não se podendo falar em roubo de uso. Uma segunda posição defende que não há crime de roubo, admitindo o roubo de uso, respondendo o agente somente por constrangimento ilegal (CP, art. 146). A discussão envolvendo a aceitação ou não do "roubo de uso" não se confunde com o **estado de necessidade**, causa de exclusão da ilicitude (art. 24 do CP). De fato, não há crime, em face da exclusão da ilicitude, quando o sujeito pratica o fato para salvar de perigo atual, que não provocou por sua vontade, nem podia de outro modo evitar, direito próprio ou alheio, cujo sacrifício, nas circunstâncias, não era razoável exigir.

○ **Roubo forjado:** Pensemos na seguinte situação: João é funcionário do departamento financeiro de uma empresa e, aproveitando-se dessa situação, ajusta a prática de um delito com Pedro, seu amigo. Em determinado dia, Pedro ingressa no estabelecimento em que João trabalha e, mediante grave ameaça dirigida contra seu amigo e também contra Carlos, outro funcionário da empresa, exige a entrega dos valores que ali estavam. Está caracterizado, nesse exemplo, o denominado "roubo forjado", e não o delito de estelionato (CP, art. 171), pois houve subtração de coisa alheia móvel pertencente à empresa, com emprego de grave ameaça contra Carlos. A atuação orquestrada de Pedro com João, forjando um quadro de grave ameaça contra este, não altera a tipicidade do fato. Pedro e João devem responder pelo crime de roubo majorado pelo concurso de pessoas (CP, art. 157, § 2.º, II).

○ **Consumação:** Há duas posições que buscam identificar momento consumativo do crime de roubo: (**1.ª**) o roubo consuma-se quando a coisa alheia móvel subtraída sai da esfera de vigilância da vítima, e o agente obtém sua livre disponibilidade, ainda que por breve período; (**2.ª**) a consumação do roubo independe da retirada da coisa da esfera de vigilância da vítima, bastando que cesse a grave ameaça ou violência (própria ou imprópria) para que o poder de fato sobre ela se transforme de detenção em posse. Este é o entendimento consagrado no STF e também no STJ, que inclusive editou a **Súmula 582** acerca desse tema: "Consuma-se o crime de roubo com a inversão da posse do bem mediante emprego de violência ou grave ameaça, ainda que por breve tempo e em seguida à perseguição imediata ao agente e recuperação da coisa roubada, sendo prescindível a posse mansa e pacífica ou desvigiada". A adoção de uma ou outra posição importa em uma relevante consequência: para a primeira posição o roubo é eminentemente **crime material** ou **causal**, pois depende da produção do resultado naturalístico, consistente na diminuição do patrimônio da vítima; para a segunda posição o roubo é **crime formal, de consumação antecipada ou de resultado cortado**: o tipo penal aloja em seu interior conduta e resultado naturalístico, prescindindo deste último para fins de consumação. **Independentemente da teoria adotada acerca do seu momento,** o roubo estará consumado quando o agente destrói a coisa ou dela se desfaz, bem como quando venha a perdê-la durante a fuga e a vítima não mais consiga recuperá-la. No caso de prisão em flagrante de um dos roubadores e fuga do seu comparsa com o bem subtraído, o crime estará consumado para todos os envolvidos em sua prática. Cuida-se de consectário lógico da adoção da teoria unitária ou monista no concurso de pessoas (art. 29, *caput*, do CP).

○ **Tentativa:** É possível, qualquer que seja a posição acolhida em relação ao momento consumativo do crime de roubo.

○ **Ação penal:** A ação penal é pública incondicionada em todas as modalidades de roubo (próprio, impróprio, circunstanciado ou agravado e qualificado).

○ **Roubo e princípio da insignificância ou criminalidade de bagatela:** O princípio da insignificância ou da criminalidade de bagatela é incompatível com o crime previsto no art. 157 do Código Penal. O roubo é crime complexo e pluriofensivo. Não se esgota no ataque ao patrimônio da vítima, atingindo também sua integridade física ou sua liberdade individual. Pouco importa qual seja o valor da coisa subtraída, pois a gravidade que envolve a execução do roubo não pode ser rotulada como mínima ou insignificante. O desvalor da ação é elevado e justifica a rigorosa atuação do Direito Penal.

○ **Roubo privilegiado:** É inadmissível a extensão do privilégio do furto (art. 155, § 2.º, do CP) ao crime de roubo. Não é correto sustentar a tese de lacuna da lei e consequente analogia *in bonam partem*. O privilégio somente é cabível nas hipóteses expressamente previstas pelo legislador, razão pela qual não foi propositalmente inserido no crime de roubo. Além disso, a gravidade em abstrato do delito não se coaduna com as benesses do privilégio, sendo irrelevantes a eventual primariedade do agente e o pequeno valor da coisa roubada.

○ **Roubo e crime impossível:** O roubo está previsto entre os crimes contra o patrimônio. Se não há patrimônio, em face da impropriedade absoluta do objeto material, não se pode falar em roubo. O crime impossível exclui a tipicidade do fato, e o agente deve responder pelos atos efetivamente praticados (CP, art. 17).

○ **Roubo de coisa comum:** O condômino, coerdeiro ou sócio que, com emprego de grave ameaça ou violência à pessoa, ou depois de havê-la, por qualquer meio, reduzido à impossibilidade de resistência, subtrai a coisa comum, responde por roubo, nos moldes do art. 157 do Código Penal.

○ **Roubo e concurso de crimes:** Várias situações podem se verificar envolvendo o concurso de crimes no roubo: (a) se o agente utiliza grave ameaça ou violência (própria ou imprópria) simultaneamente contra duas ou mais pessoas, mas subtrai bem pertencente a apenas uma delas, responde por um só crime de roubo; (b) se o sujeito, **no mesmo contexto fático**, emprega grave ameaça ou violência (própria ou imprópria) contra duas ou mais pessoas, e subtrai bens pertencentes a todas elas, a ele serão imputados tantos roubos quantos forem os patrimônios lesados.[96] Estará caracterizada uma hipótese de concurso formal, pois houve somente uma ação, embora composta de diversos atos e de várias lesões patrimoniais. Configura-se, nesse caso, o **concurso formal impróprio ou imperfeito** (CP, art. 70, *caput*, 2.ª parte), devendo ser somadas as penas cominadas a todos os crimes; (c) se o agente emprega grave ameaça ou violência (própria ou imprópria) contra uma só pessoa, subtraindo bens de titularidades diversas que estavam em seu poder, ele deve responder por vários crimes de roubo, **em concurso formal impróprio ou imperfeito**, dependendo do número de patrimônios lesados. Esta regra será aplicada somente quando o ladrão souber que atinge patrimônios diversos, sob pena de caracterização da responsabilidade penal objetiva.

○ **Roubo impróprio (art. 157, § 1.º, do CP):** Também chamado de **roubo por aproximação**,[97] é classificado como modalidade do roubo simples, uma vez que a mesma pena prevista no *caput* é a ele cominada.

– **Características:** (a) Somente se caracteriza quando o sujeito já se apoderou de algum bem da vítima, utilizando-se de violência à pessoa ou grave ameaça "logo depois **de subtraída a coisa**";

---

96   Entende-se, porém, que há um só crime quando o ladrão ingressa em uma residência e rouba bens pertencentes aos membros de uma mesma família, sob a justificativa de que um único patrimônio foi lesado. Esse raciocínio, contudo, não tem incidência quando os integrantes da família são maiores e capazes e cada um deles possui seu próprio patrimônio, situação na qual resta configurada uma pluralidade de crimes.

97   Cf. HUNGRIA, Nélson. *Comentários ao Código Penal*. 2. ed. Rio de Janeiro: Forense, 1958. v. 7, p. 56.

(b) A lei reclama uma **condição temporal**: não se admite um hiato temporal prolongado entre a subtração do bem e o constrangimento da vítima. A expressão "logo depois" deve ser compreendida como "após a subtração, mas antes de consumado o furto que o agente desejava praticar". Após a consumação do furto, o emprego de violência à pessoa ou grave ameaça constitui crime autônomo de lesão corporal, ameaça ou resistência, em concurso material com o furto; (c) É imprescindível que haja o propósito de assegurar a impunidade do crime ou a detenção da coisa, para si ou para terceiro, ao empregar a violência. Na ausência de alguma destas finalidades, haverá concurso material entre furto e lesão corporal, ameaça ou resistência, embora seja a violência à pessoa ou grave ameaça utilizada logo depois da subtração.

– Consumação: O roubo impróprio consuma-se no momento em que o sujeito utiliza a violência à pessoa ou grave ameaça, ainda que não tenha êxito em sua finalidade de assegurar a impunidade do crime ou a detenção da coisa subtraída para si ou para terceiro. Cuida-se de **crime formal, de resultado cortado ou de consumação antecipada** (art. 157, § 1.º, do CP).

– Tentativa: Há duas posições sobre o assunto: (a) O entendimento dominante em sede doutrinária e jurisprudencial é o da impossibilidade da tentativa; (b) A segunda corrente defende ser cabível a tentativa (*conatus*), nas hipóteses em que o sujeito, depois da subtração da coisa, tenta empregar violência à pessoa ou grave ameaça para assegurar a impunidade do crime ou a detenção da coisa, mas não consegue fazê-lo por circunstâncias alheias à sua vontade.

– Diferenças entre roubo impróprio e roubo próprio: (a) Meios de execução – o **roubo próprio** pode ser praticado mediante grave ameaça, violência à pessoa (violência própria) ou depois de haver reduzido a vítima à impossibilidade de resistência (violência imprópria). O **roubo impróprio não admite a violência imprópria**, por ausência de previsão legal. **(b) Momento de emprego do meio de execução** – no **roubo próprio**, a grave ameaça ou a violência (própria ou imprópria) é empregada antes ou durante a subtração, pois constituem meios idôneos para que o sujeito possa concretizá-la. No **roubo impróprio** a grave ameaça ou a violência à pessoa (própria) é utilizada posteriormente à subtração, mas imediatamente antes da consumação do furto, pois em caso contrário estaria configurado um crime de furto consumado em concurso material com lesão corporal (CP, art. 129) ou ameaça (CP, art. 147), quando o constrangimento fosse dirigido à vítima da subtração ou a um terceiro qualquer, ou então furto em concurso material com resistência (CP, art. 329), na hipótese de ser o constrangimento endereçado a um agente de segurança pública. **(c) Finalidade do meio de execução** – no **roubo próprio**, a grave ameaça ou violência à pessoa (própria ou imprópria) é utilizada para **alcançar a subtração do bem**. No **roubo impróprio**, por seu turno, a violência à pessoa (própria) ou grave ameaça é empregada para assegurar a impunidade do crime ou a detenção da coisa.

○ **Roubo circunstanciado, majorado ou agravado (art. 157, §§ 2.º e 2.º-A, do CP):** As **causas de aumento da pena** arroladas no dispositivo são aplicáveis ao **roubo próprio e ao roubo impróprio**. A posição geográfica em que se encontram (§§ 2.º e 2.º-A) revela a intenção do legislador em permitir suas incidências ao roubo próprio (*caput*) e ao roubo impróprio (§ 1.º). Não se aplicam às modalidades de roubo qualificado delineadas pelo § 3.º (roubo qualificado pela lesão corporal grave ou pela morte). São majorantes que elevam a reprimenda em quantidade variável e incidem na terceira e derradeira etapa da dosimetria da pena privativa de liberdade. Daí se falar em **roubo circunstanciado ou agravado**, e não em roubo qualificado.

○ **Emprego de arma (art. 157, § 2.º, I – revogado):** Em sua redação original, o art. 157, § 2.º, I, do Código Penal previa o aumento da pena de 1/3 (um terço) até 1/2 (metade) na hipótese de violência ou ameaça exercida com **emprego de arma**. A caracterização da majorante era compatível com a utilização de qualquer arma – própria ou imprópria –, assim compreendida como todo instrumento ou objeto idôneo para ataque ou defesa, em face da capacidade para matar ou ferir. **Arma própria** é a que foi concebida com a finalidade precípua de ataque ou defesa, ou seja, para matar ou ferir. **Arma imprópria**, de seu turno, é o objeto ou instrumento criado com propósito diverso, mas que no caso concreto também pode ser utilizado para ferir ou matar, uma vez que possui eficácia vulnerante. Esse panorama mudou com as alterações promovidas pela Lei 13.654/2018.[98] A partir de então, o aumento da pena, **no patamar de dois terços**, operava-se unicamente na violência ou grave ameaça exercida com emprego de **arma de fogo** (§ 2.º-A, I).

– **Princípios da isonomia e da proporcionalidade:** Essa indevida equiparação, além de afrontosa ao princípio da isonomia, pois dispensa igual tratamento jurídico a indivíduos que atuaram de formas objetivamente desiguais (subtração com e sem emprego de arma), também ofende o princípio da proporcionalidade, em sua faceta da proibição da proteção deficiente (ou insuficiente) de bens jurídicos, pois não tutela adequadamente a integridade física e a vida da pessoa atingida pela violência ou pela grave ameaça exercida com emprego de arma.

– **Escala de gravidade:** a violência ou grave ameaça com emprego de arma de fogo situa-se à frente da violência ou grave ameaça com emprego de outras armas, que por sua vez está localizada à frente da violência ou grave ameaça exercida sem a utilização de nenhuma arma, ou seja, concretizada mediante emprego de força física ou palavras intimidatórias.

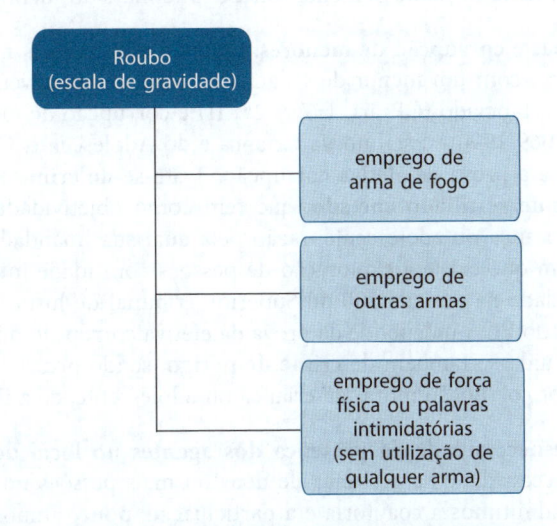

○ **Críticas doutrinárias e parcial correção do erro pelo legislador:** As críticas foram tão contundentes que tal erro legislativo acabou sendo amenizado, mas não eliminado, pela Lei 13.964/2019 ("Pacote Anticrime"), a qual incluiu o inc. VII no § 2.º do art. 157 do Código Penal, estabelecendo o aumento da pena no crime de roubo, de 1/3 a 1/2 "**se a violência ou grave ameaça é exercida com emprego de arma branca.**" Insistimos nesse ponto: o

---

[98] À época, houve quem sustentasse – a nosso ver sem razão – a inconstitucionalidade da revogação do art. 157, § 2.º, I, do Código Penal, pois não teriam sido obedecidas normas regimentais do Senado Federal. O Supremo Tribunal Federal, chamado a se pronunciar sobre o tema, dotado de repercussão geral (Tema 1.120), acolheu nosso entendimento: "Por força do princípio constitucional da separação de Poderes (CF, art. 2º), não cabe ao Poder Judiciário substituir-se ao Poder Legislativo para interpretar normas regimentais. No caso, o tribunal de justiça, ao declarar a inconstitucionalidade incidental do art. 4º da Lei 13.654/2018, que revogou o inciso I do § 2º do art. 157 do Código Penal, se restringiu à interpretação do art. 91 do Regimento Interno do Senado Federal, não tendo apontado, contudo, desrespeito às normas pertinentes ao processo legislativo previsto na CF" (RE 1.297.884/DF, rel. Min. Dias Toffoli, Plenário, j. 11.06.2021, noticiado no *Informativo* 1.021).

erro foi suavizado, mas não totalmente afastado. A majorante foi restabelecida na hipótese de "emprego de arma branca", porém não alcança a utilização pelo agente de outras armas, a exemplo de barras de ferro, tacos de beisebol etc.

○ **Armas em geral e tipificação do roubo:** Convém fazer um alerta. Se o agente subtrair coisa móvel ou alheia, para si ou para outrem, mediante grave ameaça ou violência exercida com emprego de arma (diversa da arma de fogo ou da arma branca), **estará caracterizado o crime de roubo** (e não de furto), em sua forma simples ou com a incidência de alguma outra majorante.

○ **Concurso de duas ou mais pessoas (art. 157, § 2.º, II):** A razão do tratamento legal mais rigoroso repousa no maior risco que a pluralidade de pessoas proporciona à integridade física e ao patrimônio alheios, bem como no maior grau de intimidação infligido à vítima, facilitando a prática do delito. Trata-se de *crime acidentalmente coletivo*: pode ser cometido por uma só pessoa, mas a pluralidade de agentes acarreta na exasperação da pena. A causa de aumento da pena é aplicável ainda que um dos envolvidos seja inimputável ou desconhecido. Nesse último caso, é suficiente à acusação provar a responsabilidade de duas ou mais pessoas pelo crime, nada obstante somente um deles tenha sido identificado.

○ **Concurso de pessoas e corrupção de menores:** Quando uma pessoa, maior e capaz, comete o roubo em concurso com um menor de 18 anos de idade, a ela devem ser imputados dois crimes: roubo circunstanciado (CP, art. 157, § 2.º, II) e corrupção de menores, definido pelo art. 244-B da Lei 8.069/1990 – Estatuto da Criança e do Adolescente. O crime de corrupção de menores dispensa a prova de efetiva corrupção. Trata-se **de crime formal, de consumação antecipada ou de resultado cortado**, que tem como objetividade jurídica a proteção da moralidade da criança ou adolescente, razão pela qual sua finalidade precípua é coibir a prática de delitos em que existe a exploração de pessoas com idade inferior a 18 anos. Esta é a posição consolidada na Súmula 500 do Superior Tribunal de Justiça: "A configuração do crime do art. 244-B do ECA independe da prova da efetiva corrupção do menor, por se tratar de delito formal". Cuida-se também de **crime de perigo**, sendo prescindível a demonstração de efetiva e posterior corrupção moral da criança ou adolescente, cuja inocência se presume.

○ **Necessidade ou desnecessidade da presença dos agentes no local do crime:** A doutrina diverge acerca da necessidade da presença de duas ou mais pessoas no local do crime, executando o roubo. Admitimos a coautoria e a participação, pouco importando se as duas ou mais pessoas estão ou não presentes no palco do delito. De fato, o Código Penal há de ser interpretado sistematicamente. Se a lei desejasse a aplicação da causa de aumento de pena somente às hipóteses em que todas as pessoas estão presentes na execução do crime, teria falado em "execução do crime por duas ou mais pessoas". Além disso, ao dispor sobre o "crime cometido mediante duas ou mais pessoas" o CP alcança a participação, pois o partícipe também comete o crime, concorrendo de qualquer modo para a sua realização (CP, art. 29, *caput*), não presenciando, normalmente, a execução do crime.

○ **Vínculo subjetivo e prévio ajuste:** Na hipótese em que o concurso envolver pessoas maiores e capazes, é indispensável o vínculo subjetivo entre todas elas, fator que não se confunde com o prévio ajuste. Basta que um dos sujeitos tenha consciência de sua concorrência para a conduta de terceiro, ainda que este desconheça tal colaboração.

○ **Consumação para um dos agentes e extensão aos demais:** Em decorrência da teoria unitária ou monista acolhida pelo art. 29, *caput*, do CP no tocante ao concurso de pessoas, todos os envolvidos responderão pela causa de aumento de pena, ainda que um só dos agentes alcance a consumação do delito.

○ **Absolvição de um dos agentes e subsistência da majorante:** Quando o crime é praticado por duas pessoas, a absolvição do comparsa não afasta, automaticamente, a incidência da causa de aumento de pena quanto ao agente condenado.

○ **Se a vítima está em serviço de transporte de valores e o agente conhece tal circunstância (art. 157, § 2.º, III):** Incide a majorante somente quando a vítima estiver trabalhando com o transporte de valores alheios, e não quando realizar o transporte particular de seus próprios pertences. Nessa hipótese, portanto, o roubo desponta como crime de dupla subjetividade passiva. Há necessariamente duas vítimas: o titular dos valores atingidos pela subtração e a pessoa que presta o serviço de transporte desses valores. O serviço de transporte de valores pode ser realizado por dever de ofício ou mesmo acidentalmente. Não há diferença se os valores são transportados de uma localidade para outra, ou, na mesma localidade, de um ponto para outro. Os "valores" a que se refere o texto legal tanto podem ser representados por dinheiro como também por qualquer outro bem de cunho econômico, dos quais são exemplos as pedras preciosas, os títulos ao portador e as cargas valiosas em geral. É imprescindível, para aplicação da causa de aumento da pena, a prévia ciência, por parte do assaltante, de que a vítima está em serviço do transporte de valores (a lei pretende tutelar o interesse da segurança deste transporte, sob pena de caracterização da responsabilidade objetiva no tocante à majorante).

○ **Subtração de veículo automotor transportado para outro Estado ou para o exterior (art. 157, § 2.º, IV):** Cuida-se de causa de aumento de pena relacionada ao **resultado posterior à subtração**, consistente no transporte do veículo automotor para outro Estado federativo ou para outro país. Fundamenta-se na maior dificuldade de recuperação do bem pela vítima. A aplicação desta causa de aumento da pena reclama dois requisitos cumulativos: (a) o objeto material da subtração deve ser veículo automotor; e (b) o veículo automotor deve ser transportado para outro Estado ou para o exterior. **Veículo automotor** não é apenas o automóvel. De acordo com o Anexo I da Lei 9.503/1997 – Código de Trânsito Brasileiro, seu conceito compreende "veículo a motor de propulsão a combustão, elétrica ou híbrida que circula por seus próprios meios e que serve normalmente para o transporte viário de pessoas e coisas ou para a tração viária de veículos utilizados para o transporte de pessoas e coisas, compreendidos na definição os veículos conectados a uma linha elétrica e que não circulam sobre trilhos (ônibus elétrico)". O transporte de partes isoladas (componentes) do veículo automotor para outro Estado ou para o exterior não aumenta a pena do roubo. A causa de aumento de pena somente terá incidência prática quando o veículo automotor efetivamente for transportado para outro Estado ou para o exterior. Na palavra "Estado" também ingressa o Distrito Federal. Não se trata de analogia *in malam partem*, mas de interpretação extensiva, possível em Direito Penal e autorizada pela própria Constituição Federal (art. 32, § 1.º). O resultado, agravador da pena do roubo não se confunde com a sua consumação. O momento consumativo do roubo não está condicionado ao alcance da finalidade almejada pelo agente.

○ **Causa de aumento de pena e concurso de pessoas:** A pessoa que concorre para o transporte do veículo automotor para outro Estado ou para o exterior, pouco importando seja ele coautor ou partícipe da subtração, responde pela causa de aumento de pena, desde que tal circunstância, de natureza objetiva, tenha ingressado em sua esfera de conhecimento (art. 30 do CP). Tratando-se de **contrato exclusivo de transporte**, três situações podem ocorrer:

(a) se a pessoa foi contratada **antes** da subtração, e estava ciente da sua prática, responde pelo roubo circunstanciado, nos termos do art. 157, § 2.º, II e IV, do CP. De fato, ao aceitar a realização da função ilícita, concorreu para o roubo, incentivando sua prática; (b) se foi contratada **após** a subtração, e tinha ciência da origem ilícita do bem, responde por receptação simples e própria (CP, art. 180, *caput*, 1.ª parte); e (c) se não tinha conhecimento da origem criminosa do bem, para ela o fato é atípico. Não responde por crime nenhum. É irrelevante, ainda, o momento da contratação (antes ou após a subtração).

○ **Restrição da liberdade da vítima (art. 157, § 2.º, V):** O aumento da pena se justifica porque o ofendido é atacado em seu direito de locomoção e fica à mercê do assaltante, circunstância que o impossibilita de oferecer qualquer tipo de reação, e, por si mesmo, recuperar os bens subtraídos. A restrição da liberdade deve perdurar por **tempo juridicamente relevante**. Se a vítima permanece em poder do agente por curtíssimo tempo, destinado unicamente à subtração do bem, não incide a causa de aumento da pena. O texto legal se reporta à **restrição da liberdade**, e não à sua privação. Se restar caracterizada a privação da liberdade, não se estará diante da causa de aumento de pena, mas haverá concurso material entre os crimes de roubo (na forma simples ou com outra causa de aumento de pena) e de sequestro ou cárcere privado (CP, art. 148). Esta modalidade de roubo constitui-se em **crime hediondo** (Lei 8.072/1990, art. 1.º, II, "a"). Nesse ponto, cabe uma análise crítica à opção do legislador. Em todas as hipóteses previstas no § 2.º do art. 157 do Código Penal o aumento da pena varia de 1/3 (um terço) até 1/2 (metade). Entretanto, dentre tais majorantes, somente a contida no inc. V foi elevada à categoria de crime hediondo, revelando a insensatez da Lei 13.964/2019. De fato, se nas diversas causas de aumento do § 2.º do art. 157 foi atribuída igual gravidade no tocante à pena, não há razão para considerar somente uma delas como revestida da hediondez. O legislador deveria ter enveredado por algum dos seguintes caminhos: incluir todas elas entre os crimes catalogados como hediondos, ou então excluí-las, totalmente, desse rol.

○ **Subtração de substâncias explosivas ou de acessórios que, conjunta ou isoladamente, possibilitem sua fabricação, montagem ou emprego (art. 157, § 2.º, VI):** Essa causa de aumento foi criada pela Lei 13.654/2018, e diz respeito ao **objeto material** do roubo. Diversamente do que se verifica no inc. II do § 2.º-A do art. 157 do Código Penal, na majorante em estudo o agente almeja a subtração, mediante grave ameaça ou violência a pessoa, ou depois de havê-la, por qualquer meio, reduzido à impossibilidade de resistência, de substâncias explosivas ou de acessórios que, conjunta ou isoladamente, possibilitem sua fabricação, montagem ou emprego. O dispositivo legal amplia sua tutela aos **acessórios que, conjunta ou isoladamente, possibilitem a fabricação, montagem ou emprego** da substância explosiva, a exemplo da pólvora, da espoleta e do cordel detonante. Como a substância explosiva (ou seu acessório) constitui-se em objeto material do roubo, e não em seu meio de execução, e o tipo penal não reclama a causação de perigo comum, esta majorante admite qualquer meio de prova, tais como testemunhas, confissão do acusado e filmagem do local da subtração. Prescinde-se da elaboração de exame de corpo de delito, pois não se trata de crime que deixa vestígios materiais. Essa causa de aumento de pena é perfeitamente compatível com outras majorantes do roubo.

– **Visão crítica: dois pesos e duas medidas:** Para o furto, a Lei 13.654/2018 criou duas qualificadoras. Uma no § 4.º-A, relacionada ao emprego de explosivo ou de artefato análogo que cause perigo comum (explosivo como meio de execução), e outra no § 7.º, atinente à subtração de substâncias explosivas ou de acessórios que, conjunta ou isoladamente, possibilitem sua fabricação, montagem ou emprego (explosivo como objeto material). Em ambas, a pena é de reclusão, de 4 (quatro) a 10 (dez) anos, e multa. No roubo, por sua vez, a Lei 13.654/2018 instituiu duas causas de aumento de pena. A primeira no § 2.º, VI, ligada à subtração de substâncias explosivas ou de acessórios que, conjunta ou isoladamente, possibilitem sua fabricação, montagem ou emprego (explosivo como objeto material), e a segunda no § 2.º-A, II, vinculada à destruição ou rompimento de obstáculo mediante o emprego de explosivo ou de artefato análogo que cause perigo comum (explosivo como meio de execução). **Contudo, previu montantes de aumento diversos: um terço até metade, no § 2.º, VI, e dois terços, no § 2.º-A, II.**

– **Concurso com crime tipificado no Estatuto do Desarmamento:** É interessante a problemática envolvendo o cabimento (ou não) de concurso material entre o roubo de substâncias explosivas ou de acessórios que, conjunta ou isoladamente, possibilitem sua fabricação, montagem ou emprego e o crime previsto no art. 16, § 1.º, III, da Lei 10.826/2003 – Estatuto do Desarmamento ("possuir, deter, fabricar ou empregar artefato explosivo ou incendiário, sem autorização ou em desacordo com determinação legal ou regulamentar"). Duas situações podem ser visualizadas: **1.ª situação:** o agente é preso em flagrante durante a prática do roubo, ou logo depois de cometê-lo, na posse das substâncias explosivas subtraídas. Nessa hipótese, terá contra si imputado somente o roubo circunstanciado (CP, art. 157, § 2.º, VI), ficando absorvido o crime tipificado no Estatuto do Desarmamento, pois funciona como normal desdobramento (*post factum* impunível) do delito patrimonial. O conflito aparente de normas é solucionado pelo princípio da consunção; **2.ª situação:** o agente praticou o roubo de substâncias explosivas ou de acessórios que, conjunta ou isoladamente, possibilitem sua fabricação, montagem ou emprego. Algumas semanas mais tarde, policiais comparecem à sua residência para efetuar o cumprimento de mandado de prisão preventiva, e encontram os explosivos roubados, bem como outros artefatos dessa natureza. Nessa hipótese, a ele deverão ser imputados os dois crimes (CP, art. 157, § 2.º, VI, e Lei 10.826/2003, art. 16, § 1.º, III), em concurso material, pois as condutas foram praticadas em contextos fáticos diversos. E mais: tais delitos violam bens jurídicos diferentes e consumaram-se em momentos diversos, fatores que impedem a incidência do princípio da consunção.

– **Violência ou grave ameaça exercida com emprego de arma branca (art. 157, § 2.º, VII):** Essa majorante foi criada pela Lei 13.964/2019, conhecida como "Pacote Anticrime", para suavizar o erro causado pela revogação do inc. I do § 2.º do art. 157 do Código Penal pela Lei 13.654/2008. Entretanto, vale repetir, o aumento da pena não alcança o emprego de qualquer arma diversa da arma de fogo, ficando restrito ao "**emprego de arma branca**". Não abrange, destarte, uma barra de ferro, um taco de beisebol, um pedaço de vidro ou instrumentos com potencialidade lesiva semelhante.

– **Conceito de arma branca: Arma branca** é o instrumento ou objeto dotado de ponta ou gume, e idôneo para matar ou ferir. A arma branca pode ser classificada como arma própria, quando criada para fins de ataque ou defesa (exemplos: punhal e espada), ou então como arma imprópria, se criada para finalidade diversa, embora possa ser utilizada para matar ou ferir (exemplos: faca de cozinha e machado). O porte de arma branca, por si só, constitui a contravenção penal definida no art. 19 do Decreto-lei 3.688/1941 – Lei das Contravenções Penais. Quando o roubo é praticado com emprego de arma de branca, ao agente será imputado unicamente o crime tipificado no art. 157, § 2.º, VII, do Código Penal, operando-se a absorção da mencionada contravenção penal. O conflito aparente de normas penais é solucionado pelo princípio da consunção, uma vez que a utilização da arma branca funciona como meio de execução para a prática do crime patrimonial.

○ **Causas de aumento de pena do § 2.º-A:** emprego de arma de fogo (inc. I) e destruição ou rompimento de obstáculo mediante o emprego de explosivo ou de artefato análogo que cause perigo comum (inc. II):

○ **Violência ou grave ameaça exercida com emprego de arma de fogo (art. 157, § 2.º-A, inc. I):** O tratamento penal mais severo fundamenta-se na maior facilidade na prática do roubo com emprego de arma de fogo, no maior risco à vida e à integridade física da vítima da subtração patrimonial e de outras pessoas, no acentuado ataque à segurança pública e, também, no fomento ao tráfico de armas de fogo e à circulação de tais produtos na sociedade, notadamente nos centros urbanos.

– Emprego de arma de fogo: Não basta a mera existência da arma de fogo. O tipo penal reclama seu **emprego**, que pode se exteriorizar tanto pelo **uso efetivo** para concretizar a grave ameaça ou violência à pessoa (exemplo: o sujeito aponta o revólver para a vítima) como também pelo **porte ostensivo** (exemplo: o ladrão intimida a vítima valendo-se de uma pistola visível em sua cintura). Nas duas situações, a arma de fogo é capaz, por si só, de influir na capacidade de defesa do ofendido. Destarte, se o agente trazia consigo uma arma de fogo e ameaçou a vítima para subtrair seu bem, porém sem utilizá-la (exemplo: o revólver estava escondido no interior da sua mochila), não incide a majorante.

– Crime hediondo: O roubo circunstanciado pelo emprego de arma de fogo é **crime hediondo** (Lei 8.072/1990, art. 1.º, II, "b"), tanto na hipótese de arma de fogo de uso permitido como nas situações de arma de fogo de uso restrito ou proibido.[99]

– Porte simulado de arma de fogo: Não autoriza a aplicação da causa de aumento de pena. O porte simulado de arma de fogo, vale repetir, que caracteriza o roubo, não pode também servir, no mesmo contexto fático, para implicar o aumento de pena, pois não se operou o efetivo emprego da arma de fogo, que sequer existia.

– Porte de arma e concurso de pessoas: Se o roubo é cometido em **concurso de agentes**, e somente um deles se vale de arma de fogo (circunstância objetiva), com o conhecimento dos seus comparsas, a causa de aumento de pena se estende a todos os envolvidos na empreitada criminosa, sejam eles coautores ou partícipes (art. 30 c.c. art. 29, *caput*, ambos do CP).

– Necessidade ou desnecessidade de apreensão e perícia da arma de fogo: O entendimento do **Plenário do Supremo Tribunal Federal** é no sentido de serem desnecessárias, para fins de aplicação da causa de aumento de pena prevista no art. 157, § 2.º-A, I, do Código Penal, a apreensão e a perícia da arma de fogo, desde que seu emprego e seu potencial lesivo sejam provados por outros meios, tais como declarações da vítima e depoimentos de testemunhas.

– Emprego de arma de fogo de uso restrito ou proibido: Se a violência ou grave ameaça for exercida com emprego de arma de fogo de uso restrito ou proibido, a pena prevista no *caput* – reclusão, de 4 a 10 anos, e multa – **será aplicada em dobro**. Essa causa de aumento de pena foi incluída no art. 157, § 2º-B, do Código Penal pela Lei 13.964/2019 ("Projeto Anticrime"), e constitui-se em **norma penal em branco heterogênea**, pois depende de complementação contida em um ato administrativo. De fato, o art. 3.º, parágrafo único, II e III, do Anexo I do Decreto 10.030/2019, com a redação dada pelo Decreto 10.627/2021, contém as definições de arma de fogo de uso restrito e de uso proibido. O fundamento do tratamento penal mais severo repousa na maior capacidade letal destas armas, bem como no risco mais acentuado que tais objetos representam à segurança pública e às demais pessoas, e não apenas à vítima da subtração. Além disso, a utilização de armas de fogo diferenciadas para a prática de roubos alimenta o mercado do tráfico de armas e contribui para o aumento da violência urbana. Ao contrário da majorante elencada pelo art. 157, § 2.º-A, I (emprego de arma de fogo), a incidência desta causa de aumento **depende da apreensão e posterior perícia da arma de fogo**, para ser identificada como de uso restrito ou proibido. Com efeito, salvo em situações excepcionais (exemplo: grave ameaça exercida com uma bazuca) a vítima (ou testemunha) não tem conhecimentos técnicos para afirmar se a arma de fogo utilizada pelo agente era de uso permitido, restrito ou proibido. Portanto, se a vítima (ou testemunha) relatar ter o sido o roubo praticado com emprego de arma de fogo, e tal instrumento não for apreendido e periciado, deverá incidir a majorante prevista no art. 157,

---

[99]   O roubo com emprego de arma de fogo de uso permitido é crime hediondo. Não se caracteriza a hediondez, entretanto, no delito de porte ou posse de arma de fogo de uso permitido, ainda que com numeração, marca ou qualquer outro sinal de identificação raspado, suprimido ou adulterado. É o que se extrai da **Súmula 668 do Superior Tribunal de Justiça**.

§ 2.º-A, I, ainda que se trate de arma de fogo de uso restrito ou proibido. A ausência da prova acerca da qualidade da arma de fogo, nesse caso, deve favorecer o réu.

– **Arma de fogo com defeito ou desmuniciada:** No tocante à **arma de fogo com defeito**, se o defeito acarretar na **ineficácia absoluta** da arma de fogo e tal circunstância restar pericialmente comprovada, não se aplica a causa de aumento de pena definida pelo art. 157, § 2.º-A, I, do Código Penal. O crime é de roubo, em sua modalidade fundamental (CP, art. 157, *caput*). Entretanto, se o vício importar apenas na **ineficácia relativa** da arma de fogo e essa circunstância for comprovada por perícia, deve incidir a causa de aumento de pena. A **arma de fogo desmuniciada**, por sua vez, constitui-se em meio relativamente ineficaz. O agente pode nela inserir projéteis a qualquer tempo e efetuar disparos, sem prejuízo de utilizá-la como instrumento contundente apto a produzir graves ferimentos. É cabível, portanto, a causa de aumento de pena, mas existem entendimentos em sentido contrário.

– **Arma de brinquedo ou de fantasia:** No passado, o emprego de **arma de brinquedo**, também chamada de **arma de fantasia** ou **arma finta**, para a execução do roubo, era tema que provocava acaloradas discussões. Na sistemática atual do Código Penal, essa discussão foi sepultada. O aumento da pena do roubo somente é possível pelo emprego de **arma de fogo** (ou de arma branca) e, indiscutivelmente, nesse conceito não ingressa a arma de brinquedo. Não há como se viabilizar qualquer outro raciocínio, em respeito aos **princípios da ofensividade (ou lesividade) e da taxatividade** do Direito Penal. É irrelevante discutir se a arma de brinquedo provoca maior temor no ofendido, facilitando a subtração do bem. A discussão deve ficar restrita ao plano da tipicidade, é dizer, não pode ser levada ao campo da psicologia.

– **Emprego de arma de brinquedo e ausência de apreensão e perícia:** O emprego de arma de brinquedo não constitui a causa de aumento de pena prevista no art. 157, § 2.º-A, I, do Código Penal. Na prática, todavia, pode surgir uma curiosa exceção, consistente na caracterização do roubo circunstanciado em razão do emprego de arma de brinquedo. A apreensão (e também a perícia) da arma de fogo não é obrigatória para a aplicação da majorante. Consequentemente, é possível a declaração em juízo, pela vítima, no sentido de ter sido o roubo praticado com emprego de arma de fogo. Se o meio de execução não foi apreendido nem periciado, presumir-se-á que se cuidava de arma de fogo, e não de um mero brinquedo. Em que pese tratar-se de presunção relativa, será muito difícil o réu comprovar ter utilizado na execução do delito uma arma "finta". Em suma, inverte-se o ônus da prova, e dele será complicado o acusado desvencilhar-se com êxito.

– **Emprego de arma de fogo e Estatuto do Desarmamento:** Se o roubo é praticado com emprego de arma de fogo, e o agente não tem autorização para portá-la, não incide o crime autônomo de porte ilegal de arma de fogo, de uso permitido ou de uso restrito, tipificados nos arts. 14 e 16 da Lei 10.826/2003 – Estatuto do Desarmamento. O conflito aparente de normas é solucionado pelo **princípio da consunção**, pois o porte ilegal de arma de fogo funciona como meio para a prática do roubo (crime fim). Entretanto, estará caracterizado concurso material entre os crimes tipificados pelos arts. 157, § 2.º-A, I, ou art. 157, § 2.º-B, ambos do Código Penal, e 14 (arma de fogo de uso permitido) ou 16 (arma de fogo de uso restrito) da Lei 10.826/2003, quando depois da consumação do roubo, e fora do contexto fático deste crime, o sujeito continua a portar ilegalmente arma de fogo. A Lei 10.826/2003 não prevê como crime a conduta de utilizar arma de brinquedo, simulacro de arma capaz de atemorizar outrem, para o fim de cometer crimes, outrora tipificada pelo art. 10, § 1.º, inciso II, da revogada Lei 9.437/1997 – Lei de Armas.

○ **Destruição ou rompimento de obstáculo mediante o emprego de explosivo ou de artefato análogo que cause perigo comum (art. 157, § 2.º-A, inc. II):** Diferentemente da majorante prevista no inc. VI do § 2.º do art. 157 do Código Penal, na causa de aumento de pena ora em estudo o explosivo ou artefato análogo que cause perigo comum é utilizado pelo agente como **meio de execução do roubo**, destinado à destruição ou rompimento de obstáculo para a subtração da coisa alheia móvel. Para a caracterização dessa causa de aumento de pena, não basta a subtração de coisa móvel alheia, para si ou para outrem, com o emprego de explosivo ou artefato análogo que causa perigo comum. É fundamental que tal meio de execução seja usado pelo agente para a destruição ou rompimento de obstáculo, de modo a viabilizar a subtração do bem. Em relação à fundamentação da majorante, são válidas as considerações lançadas no art. 155, § 4.º-A do Código Penal.

– Lei dos Crimes Hediondos e falha grosseira do legislador: Nesse ponto repousa um erro gravíssimo da Lei 13.964/2019 ("Projeto Anticrime"): o furto qualificado pelo emprego de explosivo ou de artefato análogo que cause perigo comum (CP, art. 155, § 4.º-A) foi incluído na Lei dos Crimes Hediondos (art. 1.º, IX), mas o legislador não efetuou igual acréscimo no tocante ao roubo circunstanciado pela destruição ou rompimento de obstáculo mediante o emprego de explosivo ou de artefato análogo que cause perigo comum, delito indiscutivelmente mais grave. Além da crítica, de nossa parte fica a cobrança para que tal erro seja rapidamente solucionado.

– Explosivo ou artefato análogo que cause perigo comum: O inc. II do § 2.º-A do art. 157 do Código Penal faz uso da interpretação analógica (ou *intra legem*). Todavia, não é qualquer explosivo (ou artefato análogo) que abre espaço para a incidência da majorante. É imprescindível que tal meio de execução "**cause perigo comum**". Como essa modalidade de roubo circunstanciado deixa vestígios materiais, sua prova depende de **exame de corpo de delito**, direto ou indireto, não podendo supri-lo a confissão do acusado (CPP, art. 158). A perícia tem a finalidade de revelar o emprego do explosivo (ou do artefato análogo), bem como a sua capacidade de causar perigo comum, compreendido como o risco ou probabilidade de dano à vida, à integridade física ou ao patrimônio de um número indeterminado de pessoas. A provocação do perigo comum, por sua vez, admite qualquer meio de prova (testemunhas, filmagem do local do crime etc.).

– Uso de explosivo ou artefato análogo e Estatuto do Desarmamento: Merece destaque a questão atinente à possibilidade de concurso entre o roubo circunstanciado pela destruição ou rompimento de obstáculo mediante o emprego de explosivo ou artefato análogo e o crime tipificado no art. 16, § 1.º, inc. III, da Lei 10.826/2003 – Estatuto do Desarmamento. Duas situações diversas podem se apresentar: **1.ª situação**: o agente é preso em flagrante durante a prática do roubo circunstanciado, ou logo depois de cometê-lo, na posse de artefato explosivo, sem autorização ou em desacordo com determinação legal ou regulamentar. O conflito aparente de normas é solucionado pelo princípio da consunção, operando-se a absorção do crime meio (*antefactum impunível*) pelo crime fim. O sujeito responderá unicamente pelo delito tipificado no art. 157, § 2.º-A, II, do Código Penal; e **2.ª situação**: o agente praticou o roubo circunstanciado pela destruição ou rompimento de obstáculo mediante emprego de explosivo. Algumas semanas mais tarde, no cumprimento de mandado de prisão preventiva, policiais encontram em sua residência os bens roubados, bem como substâncias explosivas. Nesse caso, deverão ser a ele atribuídos os dois crimes (CP, art. 157, § 2.º-A, II, e Lei 10.826/2003, art. 16, § 1.º, III), em concurso material, pois as condutas foram praticadas em contextos fáticos diversos. Se não bastasse, tais delitos ofendem bens jurídicos distintos e consumaram-se em diferentes momentos, circunstâncias que afastam a incidência do princípio da consunção.

– Relação com o crime de explosão: Não há falar em concurso com o delito de explosão (CP, art. 251), pois a majorante do roubo pressupõe a causação do **perigo comum**. Em síntese, a provocação do perigo comum, ao mesmo tempo em que autoriza a incidência da causa de aumento de pena no crime contra o patrimônio, afasta o delito autônomo de explosão.

○ **Pluralidade de causas de aumento de pena:** Como o legislador previu seis causas de aumento de pena no § 2.º, e outras duas majorantes no § 2.º-A, é de se questionar o montante de exasperação da pena quando o delito contém duas ou mais destas circunstâncias. De acordo com a regra contida no art. 68, parágrafo único, do Código Penal, o magistrado pode desprezar uma ou mais causas de aumento da pena. A lei usa a expressão "pode", mas não "deve". O caso concreto pode indicar a suficiência da punição com uma ou mais majorantes. Sugerimos três possíveis situações:

– 1.ª situação: presença de duas majorantes previstas no § 2.º-A: Essa situação é simples, pois o aumento da pena é fixo, no montante de 2/3 (dois terços). Portanto, o juiz tem a discricionariedade de aplicar, fundamentadamente, apenas uma ou então as duas majorantes. Se aplicar somente uma delas, a remanescente será utilizada como circunstância judicial desfavorável, na primeira fase da dosimetria da pena. Se decidir utilizar as duas, e essa alternativa é possível, a pena sofrerá dois aumentos consecutivos, cada qual no montante de 2/3 (dois terços).

– 2.ª situação: presença de uma (ou mais) majorantes do § 2.º e de uma (ou duas) majorantes do § 2.º-A: É possível visualizar essa hipótese com um exemplo corriqueiro no cotidiano forense: roubo praticado com emprego de arma de fogo (§ 2.º-A, I), em concurso de pessoas (§ 2.º, II). Nesse caso, e sem olvidar do parágrafo único do art. 68 do Código Penal, o juiz pode aplicar somente uma das majorantes. Se enveredar por esse caminho, deverá utilizar o § 2.º-A, inc. I (emprego de arma de fogo), por ser a causa de maior aumento, no patamar de 2/3 (dois terços). A outra majorante funcionará como circunstância judicial desfavorável, na fixação da pena-base (CP, art. 59, *caput*). O magistrado, contudo, também pode fundamentadamente aplicar as majorantes. A pena sofrerá um duplo aumento: de 2/3, pelo emprego de arma de fogo, e de 1/3 até 1/2, pelo concurso de pessoas.

– 3.ª situação: presença de duas (ou mais) majorantes contidas no § 2.º: Sustenta três percentuais para aumento de pena (1/3, 2/5 e 1/2). Cumpre destacar, entretanto, que o magistrado não pode simplesmente invocar a pluralidade de causas de aumento para elevar a pena acima do percentual mínimo previsto em lei. Como destacado na **Súmula 443 do STJ**: "O aumento na terceira fase de aplicação da pena no crime de roubo circunstanciado exige fundamentação concreta, não sendo suficiente para a sua exasperação a mera indicação do número de majorantes".

○ **Roubo circunstanciado e regime prisional para início de cumprimento da pena privativa de liberdade:** Dificilmente a pena privativa de liberdade imposta a um condenado não reincidente pela prática de roubo circunstanciado ultrapassará oito anos, sendo o regime legal pertinente o semiaberto (art. 33, § 2.º, *b*, do CP). Contudo, é possível a fixação do regime prisional **fechado** ao roubo circunstanciado, desde que presente fundamentação idônea, especialmente no tocante às circunstâncias judiciais desfavoráveis (art. 59, *caput*, CP). Trata-se de fato objetivamente grave, que fomenta a insegurança no convívio social, a exigir regime mais rigoroso ante a personalidade inteiramente avessa e arredia aos preceitos éticos e jurídicos de seus responsáveis (autores e partícipes). Esta severidade revela-se ainda mais imperiosa quando presente a causa de aumento de pena atinente ao emprego de arma, seja o roubo consumado ou tentado. Vide súmulas 718 e 719 do STF.

○ **Roubo qualificado (art. 157, § 3.º, do CP):** O roubo qualificado apresenta-se sob duas espécies: (a) roubo qualificado pela **lesão corporal grave**; e (b) roubo qualificado pela **morte**, também denominado de **latrocínio**. As figuras qualificadas aplicam-se ao roubo próprio (*caput*) e ao roubo impróprio (§ 1.º), indistintamente. Somente é possível a incidência das qualificadoras quando o resultado agravador emana da **violência**, praticada contra a vítima da subtração ou qualquer outra pessoa. Trata-se da **violência à pessoa** (violência física), que não abrange a grave ameaça (violência moral), nem a violência imprópria, prevista no *caput* do art. 157 do Código Penal. Se os ferimentos ou a morte resultarem do emprego da grave ameaça ou da violência imprópria, estará caracterizado concurso de crimes entre roubo (simples ou circunstanciado) e lesão corporal ou homicídio (dolosos ou culposos), conforme o caso. O resultado agravador lesão corporal grave ou morte, para fins de caracterização do roubo qualificado, pode ter sido provocado **dolosa ou culposamente**. O roubo qualificado é **crime qualificado pelo resultado**, mas não necessariamente preterdoloso (dolo no antecedente e culpa no consequente). No âmbito do art. 157 do CP a utilização das causas de aumento de pena disciplinadas pelo § 2.º é vedada em relação às qualificadoras previstas pelo § 3.º, por dois motivos: (1) as qualificadoras já têm a pena elevada em abstrato e revestida de especial gravidade; e (2) técnica de elaboração legislativa, eis que a posição em que se encontram as majorantes (§ 2.º) deixa nítida a intenção do legislador em limitar seu raio de atuação ao *caput* e ao § 1.º, excluindo-se as formas qualificadas do § 3.º. Somente é possível a incidência das qualificadoras quando o resultado agravador emana da **violência**, praticada contra a vítima da subtração ou qualquer outra pessoa. Trata-se da **violência à pessoa** (violência física), que não abrange a grave ameaça (violência moral), nem a violência imprópria, prevista no *caput* do art. 157 do Código Penal. Por corolário, se os ferimentos ou a morte resultarem do emprego da grave ameaça ou da violência imprópria, estará caracterizado concurso de crimes entre roubo (simples ou circunstanciado) e lesão corporal ou homicídio (dolosos ou culposos), conforme o caso. O resultado agravador lesão corporal grave ou morte, para fins de caracterização do roubo qualificado, pode ter sido provocado **dolosa ou culposamente**.

○ **Roubo qualificado pela lesão corporal grave (art. 157, § 3.º, I):** O legislador utilizou a expressão "lesão corporal grave" **em sentido amplo**, abrangendo a lesão corporal grave propriamente dita e também a lesão corporal gravíssima (CP, art. 129, §§ 1.º e 2.º, respectivamente). O resultado agravador pode ter sido suportado pela vítima da subtração ou por terceira pessoa. A lesão corporal leve (CP, art. 129, *caput*) produzida em decorrência do roubo não constitui qualificadora, sendo absorvida pelo crime mais grave, pois funciona como seu meio de execução. O conflito aparente de normas penais é solucionado pelo princípio da consunção. Tratando-se de crime qualificado pelo resultado, o roubo qualificado estará consumado com a produção da lesão corporal grave (ou gravíssima) na vítima, ainda que a subtração não se aperfeiçoe. A tentativa será possível unicamente quando o resultado agravador for desejado pelo agente. Não se admite o *conatus* no tocante ao resultado agravador culposo. O roubo qualificado pela lesão corporal grave não é latrocínio, atributo reservado somente ao roubo seguido de morte (CP, art. 157, § 3.º, II). A partir da entrada em vigor da Lei 13.964/2019 ("Pacote Anticrime"), entretanto, passou a ser catalogado entre os crimes hediondos, nos termos do art. 1.º, II, "c", da Lei 8.072/1990.

○ **Roubo qualificado pela morte ou latrocínio (art. 157, § 3.º, II):**

– **Terminologia e caráter hediondo do delito**: O roubo qualificado pela morte é também denominado de **latrocínio**. É **crime complexo** – resulta da fusão dos delitos de roubo e homicídio e **pluriofensivo**, já que ofende o patrimônio e a vida humana. A palavra "latrocínio" não foi mencionada uma vez sequer pelo Código Penal brasileiro. Não há rubrica marginal no § 3.º do seu art. 157, inexistindo, portanto, tal *nomen iuris*. O termo "latrocínio" foi uma criação doutrinária, que rapidamente passou a ser empregado pelos magistrados, em todas as instâncias do Poder Judiciário. Essa situação se manteve por longos anos, perdurando até a entrada em vigor da Lei 8.072/1990 – Lei dos Crimes Hediondos, que, em seu art. 1.º, inciso II, referia-se expressamente ao latrocínio como o delito previsto no art. 157, § 3.º, *in fine*, do Código Penal. A partir daí, tal denominação, outrora uma simples alcunha, foi legalmente acolhida. Entretanto, a Lei 13.964/2019 – "Pacote Anticrime" retirou da Lei 8.072/1990 a palavra "latrocínio", nada obstante o roubo qualificado pelo resultado morte continue rotulado como crime hediondo, a teor da norma contida em seu art. 1.º, II, "c". Em síntese, a palavra "latrocínio" voltou a não possuir supedâneo legal. O roubo qualificado pela morte, ou latrocínio, consumado ou tentado, é **crime hediondo (Lei 8.072/1990, art. 1.º, II, "c")**. O direito pátrio segue um **critério legal** para a definição dos crimes revestidos da nota da hediondez: é hediondo o delito legalmente classificado como tal. Essa tarefa atualmente é desempenhada pelo art. 1.º da Lei 8.072/1990.

– **Alocação e competência:** O legislador preferiu inserir o latrocínio no Título II da Parte Especial do Código Penal, relativo aos Crimes contra o Patrimônio. Seguindo logicamente a posição legislativa, a **competência** para processar e julgar o crime de latrocínio, ainda que a morte seja produzida a título de dolo, é do **juízo singular**, e não do Tribunal do Júri. Com efeito, o roubo qualificado pela morte é crime contra o patrimônio, e não doloso contra a vida, na forma disciplinada pelo art. 5.º, XXXVIII, *d*, da Constituição Federal. É o entendimento consagrado pela Súmula 603 do STF: "A competência para o processo e julgamento de latrocínio é do juiz singular e não do Tribunal do júri."

– **Características:** Exige-se o emprego intencional de **violência à pessoa**, a qual produz a morte da vítima, dolosa ou culposamente (a violência é dolosa, ao passo que o resultado morte pode ser doloso ou culposo).[100] Se, entretanto, a violência empregada contra a vítima, que causa sua morte, for culposa, haverá roubo (simples ou circunstanciado) em concurso material com homicídio culposo. Quando o ladrão intencionalmente mata a vítima, e esta morte guarda ligação com uma subtração patrimonial, o crime é de latrocínio (art. 157, § 3.º, II, do CP). Em algumas hipóteses o delito será de roubo (simples ou circunstanciado) em concurso material com homicídio doloso. O critério distintivo repousa na **especialidade** do latrocínio, que nasce da fusão dos delitos de roubo e homicídio, dependendo sua caracterização de dois requisitos cumulativos: (a) o agente, durante o roubo, deve empregar intencionalmente a violência à pessoa; e (b) existência de relação de causalidade entre a subtração patrimonial e a morte. Na ausência de qualquer destes requisitos ao agente serão imputados os crimes de roubo e de homicídio doloso, em concurso material.

– *Aberratio ictus*: Se o ladrão efetua um disparo de arma de fogo ou outro golpe qualquer para matar a vítima da subtração patrimonial ou alguma pessoa a ela ligada, mas, por erro na execução, acaba matando seu comparsa, o crime é de latrocínio (CP, art. 73).

– **Intenção de matar e subtração posterior:** Não há latrocínio quando uma pessoa mata alguém e resta demonstrado que, no momento da morte, o sujeito não tinha a intenção de subtrair bens da vítima, mas, após a consumação do homicídio, surgiu tal vontade, razão pela qual subtraiu os bens do falecido. Nessa hipótese há concurso material entre homicídio (simples ou qualificado) e furto. Em decorrência do princípio da *saisine*, consagrado pelo art. 1.784 do CC, os herdeiros do falecido figuram como vítimas do furto.

– **Consumação e tentativa:** Como o latrocínio é **crime complexo**, envolvendo subtração (roubo) e morte (homicídio), é possível que uma delas se aperfeiçoe e a outra não. Logo, quatro situações podem ocorrer, cada uma possuindo sua respectiva solução: (A) subtração e morte consumadas = latrocínio consumado; (B) subtração e morte tentadas = latrocínio tentado; (C) subtração tentada e morte consumada = latrocínio consumado; e (D) subtração consumada e morte tentada = latrocínio tentado. As duas primeiras hipóteses não trazem dificuldade. As situações "C" e "D", contudo, podem implicar alguns problemas exegéticos. Na **situação "C"**, seria tecnicamente correto tipificar a conduta como latrocínio tentado, uma vez que o crime contra o patrimônio (roubo) não se consumou. Todavia, o STF editou a Súmula 610 ("Há crime de latrocínio, quando o homicídio se consuma, ainda que não realize o agente a subtração de bens da vítima"), que se fundamenta em motivos de política criminal – afigura-se mais justa a punição por latrocínio consumado, pois a vida humana está acima de interesses patrimoniais. Essa posição se revela possível em razão da redação do art. 157, § 3.º, II, do CP, ao estatuir

---

[100] "A despeito da controvérsia doutrinária quanto à classificação do crime previsto no art. 157, § 3º, inciso II, do Código Penal – se preterdoloso ou não – fato é que, para se imputar o resultado mais grave (consequente) ao autor, basta que a morte seja causada por conduta meramente culposa, não se exigindo, portanto, comportamento doloso, que apenas é imprescindível na subtração (antecedente)" (STJ: HC 704.718/SP, rel. Min. Laurita Vaz, 6.ª Turma, j. 16.05.2023, noticiado no *Informativo* 777).

que da violência "resulta a morte". Não se exige a efetiva subtração. Basta seja a morte consequência da violência empregada para a subtração. Além disso, o latrocínio é crime qualificado pelo resultado, razão pela qual é cabível falar-se em consumação no momento da produção do resultado agravador. Quanto à **situação "D"**, sempre reinou o entendimento doutrinário e jurisprudencial no sentido de que, se a subtração se consuma, mas a morte, quando desejada ou aceita pelo agente, fica na esfera da tentativa, o crime é de latrocínio tentado. Com efeito, é o dolo (direto ou eventual) o fator diferenciador da tentativa de latrocínio, na qual o sujeito quer a morte da vítima ou assume o risco de produzi-la, do roubo qualificado pela lesão corporal grave (CP, art. 157, § 3.º, I), crime em que o agente quer ou assume o risco tão somente de produzir ferimentos graves na vítima, sem desejar sua morte ou aceitar o risco de provocá-la. Entretanto, o STF já decidiu, que não se pode falar em latrocínio tentado quando a morte não se consuma, ainda que o ladrão agisse com dolo (direto ou eventual) no tocante à conduta de eliminar a vida alheia. Para o Excelso Pretório, é imprescindível, em tal caso, avaliar o dolo do agente, para tipificar a conduta em roubo qualificado pela lesão corporal grave (CP, art. 157, § 3.º, I), ou roubo, simples ou circunstanciado (CP, art. 157, *caput*, ou § 1.º, ou § 2.º) em concurso material com homicídio tentado qualificado pela conexão teleológica (CP, art. 121, § 2.º, V), pois o ladrão, com a morte da vítima, busca assegurar a execução do roubo.

○ **Latrocínio e roubo qualificado pela lesão corporal grave (hipóteses de ocorrência):** Durante a execução do roubo, pode manifestar-se uma das seguintes hipóteses, cada qual com sua respectiva solução: (a) O ladrão intencionalmente emprega violência, com o propósito de matar a vítima, e efetivamente causa a morte desta. A morte é dolosa é o crime é de latrocínio consumado; (b) O ladrão intencionalmente emprega violência contra a vítima, sem a intenção de provocar sua morte, mas acaba matando-a culposamente. A morte é culposa e o crime é de latrocínio consumado. Trata-se de crime preterdoloso (dolo quanto ao roubo e culpa no tocante ao homicídio; (c) O ladrão emprega violência querendo matar a vítima, mas não consegue alcançar este resultado. O crime é de tentativa de latrocínio, ainda que a vítima suporte lesão corporal de natureza grave; (d) O ladrão emprega violência com o propósito de provocar na vítima lesão corporal de natureza grave, e efetivamente o faz. O crime é de roubo qualificado pela lesão corporal grave (CP, art. 157, § 3.º, I); (e) O ladrão emprega violência sem a intenção de provocar lesão corporal grave na vítima, mas acaba produzindo-a culposamente. O crime é de roubo qualificado pela lesão corporal grave (CP, art. 157, § 3.º, I). Cuida-se de crime preterdoloso (dolo no roubo e culpa na lesão corporal grave); e (f) O ladrão emprega violência com o fim de causar lesão corporal grave na vítima, mas não consegue por circunstâncias alheias à sua vontade. O crime é de tentativa de roubo qualificado pela lesão corporal grave.

○ **Latrocínio e pluralidade de mortes:** Se no contexto de um roubo, **voltado contra um único patrimônio,** duas ou mais pessoas são mortas, há um só crime de latrocínio. Cuida-se de crime contra o patrimônio, e não de delito contra a vida. É o entendimento consolidado no Supremo Tribunal Federal e no Superior Tribunal de Justiça. O juiz, na dosimetria da pena-base, deve levar em conta as *consequências do crime* para, com fundamento no art. 59, *caput*, do CP, elevar sua pena-base. Como corolário desta opção do legislador, é possível formular uma alternativa para a prática forense. Utiliza-se uma das mortes para caracterizar o latrocínio e as demais, de forma autônoma, a título de homicídio. Exemplificativamente, se o agente, desejando roubar o relógio de um homem, veio a matá-lo, e também eliminou gratuitamente a vida da sua esposa, a ele podem ser imputados dois crimes: latrocínio (contra o marido) e homicídio (contra a mulher).

○ **Latrocínio e concurso de agentes:** Se, no contexto do roubo, praticado **em concurso de pessoas**, somente uma delas produz a morte de alguém, o latrocínio consumado deve ser imputado a todos os envolvidos na empreitada criminosa, como desdobramento lógico da adoção da **teoria unitária ou monista** (art. 29, *caput*, do CP). Se um dos agentes quis participar de crime menos grave, ser-lhe-á aplicada a pena deste. Cuida-se de manifestação do instituto da **cooperação dolosamente distinta**, ou **desvios subjetivos entre os agentes** (art. 29, § 2.º, do CP). Nessa hipótese, não há concurso de pessoas para o crime mais grave, mas somente para o de menor gravidade. Se o resultado mais grave era previsível, mas não desejado, para aquele que queria participar apenas do crime menos grave, ainda assim tal pessoa não responde pelo crime mais grave, pois para este não concorreu. Será responsabilizado pelo crime menos grave, com a pena aumentada até a metade (art. 29, § 2.º, *in fine*, do CP).

○ **Roubo e latrocínio:** *concurso material ou crime continuado?* Não basta para a caracterização da continuidade delitiva a tipificação das condutas no mesmo dispositivo legal. Os crimes, para serem de igual espécie, devem possuir semelhante modo de execução, além de apresentarem a mesma estrutura jurídica. Nesse ponto, roubo e latrocínio não se confundem: aquele viola o patrimônio e a integridade física (quando praticado com violência) ou a liberdade individual (se cometido com grave ameaça), enquanto este ofende o patrimônio e a vida humana. Tais crimes pertencem ao mesmo gênero, mas não são da mesma espécie. Ausentes os requisitos exigidos pelo art. 71, *caput*, do CP, não há crime continuado entre roubo latrocínio, e sim concurso material (CP, art. 69). Com efeito, não são crimes da mesma espécie: embora previstos no mesmo tipo penal (art. 157 do CP), ofendem bens jurídicos diversos.

○ **Latrocínio e art. 9.º da Lei 8.072/1990:** Tal dispositivo legal previa que a pena para o crime em estudo (dentre outros) seria aumentada da metade se a vítima estivesse em qualquer das hipóteses referidas no art. 224 do Código Penal. Este dispositivo, entretanto, foi expressamente revogado pelo art. 7.º da Lei 12.015/2009,[101] razão pela qual o art. 9.º da Lei 8.072/1990 acabou tacitamente revogado. Esta modificação constitui-se em lei penal benéfica (*novatio legis in mellius*), devendo retroagir para atingir até mesmo os fatos já definitivamente julgados.

○ **Jurisprudência selecionada:**

Ânimo homicida e afastamento do latrocínio: "1. Se é incontroverso ter o réu, em crime caracterizado por subtração da coisa e violência contra a pessoa, com resultado de lesão corporal grave, agido com *animus necandi*, então os fatos correspondem ao tipo de homicídio na forma tentada, em concurso material com o de roubo. 2. Reconhecida, em *habeas corpus*, a competência do tribunal do júri para rejulgar réu condenado por latrocínio tentado, mas desclassificado para tentativa de homicídio, não pode eventual condenação impor-lhe pena maior que a já fixada na sentença cassada" (STF: HC 91.585/RJ, Rel. Min. Cezar Peluso, 2.ª Turma, j. 16.09.2008).

Arma branca – contravenção penal - art. 19 do Decreto-Lei 3.688/1941 – conduta típica: "O porte de arma branca é conduta que permanece típica na Lei das Contravenções Penais. Como cediço, em relação às armas de fogo, o art. 19 da Lei de Contravenção Penal foi tacitamente revogado pelo art. 10 da Lei n. 9.437/1997, que, por sua vez, também foi revogado pela Lei n. 10.826/2003. Assim, o porte ilegal de arma de fogo caracteriza, atualmente, infração aos arts. 14 ou 16 do Estatuto do Desarmamento, conforme seja a arma permitida ou proibida. Entrementes, permaneceu vigente o referido dispositivo do Decreto-lei n. 3.688/1941 quanto ao porte de outros

---

[101] Com a entrada em vigor da Lei 12.015/2009, a expressão "crimes contra os costumes", anteriormente prevista no Título VI da Parte Especial do Código Penal, foi substituída por "crimes contra a dignidade sexual". E também desapareceu a "presunção de violência", então disciplinada pelo art. 224, que cedeu espaço para os crimes praticados contra pessoas vulneráveis.

artefatos letais, como as armas brancas. Desse modo, a jurisprudência do STJ é firme no sentido da possibilidade de tipificação da conduta de porte de arma branca como contravenção prevista no art. 19 do Decreto-lei n. 3.688/1941, não havendo que se falar em violação ao princípio da intervenção mínima ou da legalidade" (STJ: RHC 56.128/MG, rel. Min. Ribeiro Dantas, 5.ª Turma, j. 10.03.2020, noticiado no *Informativo* 668).

Arma de fogo desmuniciada – aplicabilidade da majorante: "Ainda que a arma não tivesse sido apreendida, conforme jurisprudência desta Suprema Corte, seu emprego pode ser comprovado pela prova indireta, sendo irrelevante o fato de estar desmuniciada para configuração da majorante" (STF: RHC 115.077/MG, rel. Min. Gilmar Mendes, 2.ª Turma, j. 06.08.2013). *No mesmo sentido*: STJ: REsp 1.489.166/RJ, rel. Min. Gurgel de Faria, 5.ª Turma, j. 03.12.2015.

Arma de fogo desmuniciada – inaplicabilidade da majorante: "Nos termos da jurisprudência desta Corte, o emprego de arma de fogo desmuniciada, como forma de intimidar a vítima do delito de roubo, malgrado caracterize a grave ameaça configuradora do crime de roubo, não justifica o reconhecimento da majorante do art. 157, § 2º, I, do Código Penal, ante a ausência de potencialidade ofensiva do artefato" (STJ: HC 247.708/SP, rel. Min. Ribeiro Dantas, 5.ª Turma, j. 19.04.2018). *No mesmo sentido*: STJ: HC 261.090/SP, rel. Min. Og Fernandes, 6.ª Turma, j. 13.08.2013.

Arma de fogo ineficaz – comprovação por perícia – não cabimento da causa de aumento da pena: "A majorante do art. 157, § 2º, I, do CP não é aplicável aos casos nos quais a arma utilizada na prática do delito é apreendida e periciada, e sua inaptidão para a produção de disparos é constatada. O legislador, ao prever a majorante descrita no referido dispositivo, buscou punir com maior rigor o indivíduo que empregou artefato apto a lesar a integridade física do ofendido, representando perigo real, o que não ocorre nas hipóteses de instrumento notadamente sem potencialidade lesiva. Assim, a utilização de arma de fogo que não tenha potencial lesivo afasta a mencionada majorante, mas não a grave ameaça, que constitui elemento do tipo 'roubo' na sua forma simples" (STJ: HC 247.669/SP, rel. Min. Sebastião Reis Júnior, 6.ª Turma, j. 04.12.2012, noticiado no *Informativo* 511).

Consumação – roubo próprio: "Consuma-se o crime de roubo com a inversão da posse do bem, mediante emprego de violência ou grave ameaça, ainda que por breve tempo e em seguida a perseguição imediata ao agente e recuperação da coisa roubada, sendo prescindível a posse mansa e pacífica ou desvigiada. Como se sabe, o delineamento acerca da consumação dos crimes de roubo e de furto foi construído com base no direito romano, cuja noção de *furtum* – elaborada pelos operadores práticos do direito e pelos jurisconsultos –, mais ampla que a do furto do direito moderno, trazia a exigência da *contrectatio* (apreensão fraudulenta da coisa), visto que se exigia, necessariamente, o apossamento da coisa. É de se notar que, a partir das interpretações discrepantes da palavra *contrectatio* – entendida diversamente no sentido de trazer, de mover de lugar, de tocar (materialmente) e pôr a mão –, explica-se a profusão de teorias sobre a consumação do furto. O desenvolvimento desses conceitos, no âmbito do direito romano, levou à distinção de quatro momentos da ação: (*a*) a ação de *tocar* o objeto (*contrectatio*); (*b*) a ação de *remover* a coisa (*amotio*); (*c*) a ação de *levar* a coisa, *tirando*-a da esfera patrimonial do proprietário (*ablatio*); e (*d*) a ação de colocar a coisa em *lugar seguro* (*illatio*). O porquê de tanto esforço intelectual pode ser encontrado no fato de o direito romano não ter desenvolvido a ideia de 'tentativa', motivo pelo qual era necessária a antecipação da consumação, considerando-se já consumado o furto com o simples toque da coisa, sem necessidade de levá-la. Todavia, com o surgimento da noção de tentativa, ficou evidente que não se fazia necessária a antecipação da consumação (*attrectatio*). Decorre daí o abandono das teorias radicais (consumação pelo simples toque ou somente com a colocação da coisa em local seguro). No Brasil, o histórico da jurisprudência do STF quanto ao tema remete a dois momentos distintos. No primeiro momento, observava-se, acerca da consumação do crime de roubo próprio, a existência de duas correntes na jurisprudência do STF: (*i*) a orientação tradicional, que considerava consumada a infração com a subtração da coisa, mediante violência ou grave ameaça, sem cogitar outros requisitos, explicitando ser desnecessário o locupletamento do agente (HC 49.671-SP, Primeira Turma, DJ 16.06.1972; RE 93.133/SP, Primeira Turma, DJ 06.02.1981; HC 53.495/SP, Segunda Turma, DJ 19.09.1975; e RE 102.389/SP, Segunda Turma, DJ 17.08.1984); e (*ii*) a orientação segundo a qual se exige, para a consumação, tenha a coisa subtraída saído da esfera de vigilância da vítima ou tenha tido o agente a posse pacífica da *res*, ainda que por curto lapso (RE 93.099-SP, Primeira Turma, DJ 18/12/1981; RE 96.383/SP, Primeira Turma, DJ 18.03.1983; RE 97.500/SP, Segunda Turma, DJ 24.08.1982; e RE 97.677/SP, Segunda Turma, DJ 15.10.1982). Para esta corrente, havendo perseguição imediata ao agente e sua prisão logo em seguida com o produto do roubo, não haveria que se falar em roubo consumado. Num segundo momento, ocorreu a estabilização da jurisprudência do STF com o julgamento do RE 102.490/SP em 17.09.1987 (DJ 16.08.1991), no qual, de acordo com a referida orientação tradicional da jurisprudência (*i*), definiu-se que 'Para que o ladrão se torne possuidor, não é preciso, em nosso direito, que ele saia da esfera de vigilância do antigo possuidor, mas, ao contrário, basta que cesse a clandestinidade ou a violência, para que o poder de fato sobre a coisa se transforme de detenção em posse, ainda que seja possível ao antigo possuidor retomá-la pela violência, por si ou por terceiro, em virtude de perseguição [...]'. Após esse julgado, o STF, no que tange ao momento consumativo do roubo, unificou a jurisprudência, para entender que se consuma o crime de roubo no momento em que o agente obtém a posse do bem, mediante violência ou grave ameaça, ainda que não seja mansa e pacífica e/ou haja perseguição policial, sendo prescindível que o objeto subtraído saia da esfera de vigilância da vítima. Precedentes citados do STJ: AgRg no REsp 1.410.795-SP, Sexta Turma, DJe 06.12.2013; e EDcl no REsp 1.425.160-RJ, Sexta Turma, DJe 25.09.2014. Precedentes citados do STF: HC 94.406-SP, Primeira Turma, DJe 05.09.2008; e HC 100.189-SP, Segunda Turma, DJe 16.04.2010" (STJ: REsp 1.499.050/RJ, rel. Min. Rogerio Schietti Cruz, 3.ª Seção, j. 14.10.2015, noticiado no *Informativo* 572). *No mesmo sentido*: STF: RHC 119.611/DF, rel. Min. Luiz Fux, 1.ª Turma, j. 10.12.2013.

Consumação e roubo frustrado: "A jurisprudência desta Corte tem entendido que a consumação do roubo ocorre no momento da subtração, com a inversão *res furtiva*, independentemente, portanto, da posse pacífica e desvigiada da coisa pelo agente. A Turma reafirmou a orientação desta Corte no sentido de que a prisão do agente ocorrida logo após a subtração da coisa furtada, ainda que sob a vigilância da vítima ou de terceira pessoa, não descaracteriza a consumação do crime de roubo. Por conseguinte, em conclusão de julgamento, indeferiu, por maioria, *habeas corpus* no qual se pretendia a tipificação da conduta do paciente na modalidade tentada do crime de roubo, ao argumento de que o delito não se consumara, haja vista que ele, logo após a subtração dos objetos da vítima, fora perseguido por policial e vigilante que presenciaram a cena criminosa e o prenderam em flagrante, recuperando os pertences. Reputou-se evidenciado, na espécie, roubo frustrado, pois todos os elementos do tipo se consumaram com a inversão da posse da *res furtiva*" (STF: HC 92.450/DF, rel. orig. Min. Marco Aurélio, red. p/ o acórdão Min. Ricardo Lewandowski, 1.ª Turma, j. 16.09.2008). *No mesmo sentido*: STJ: AgRg no REsp 988.273/RS, rel. Min. Arnaldo Esteves Lima, 5.ª Turma, j. 05.02.2009.

Continuidade delitiva entre roubo e latrocínio – inadmissibilidade: "É assente a jurisprudência desta Corte no sentido de que não é possível o reconhecimento da continuidade delitiva entre os crimes de roubo e de latrocínio, haja vista não se tratarem de delitos da mesma espécie, não obstante serem do mesmo gênero" (STJ: REsp 751.002/RS, rel. Min. Maria Thereza de Assis Moura, 6.ª Turma j. 27.10.2009). *No mesmo sentido*: STJ: HC 195.276/MG, rel. Min. Laurita Vaz, 5.ª Turma, j. 16.04.2013.

Continuidade delitiva entre furto e roubo – impossibilidade: "Continuidade delitiva dos crimes de roubo e furto. Impossibilidade. Espécies distintas" (STF: HC 97.057/RS, rel. Min. Gilmar Mendes, 2.ª Turma, j. 03.08.2010).

Corrupção de menores – participação de dois adolescentes na empreitada criminosa – concurso formal: "A prática de crimes em concurso com dois adolescentes dá ensejo à condenação por dois crimes de corrupção de menores. De início, cumpre salientar que o caput do art. 244-B do Estatuto da Criança e do Adolescente dispõe que está sujeito a pena de 1 a 4 anos de reclusão, aquele que 'corromper ou facilitar a corrupção de menor de 18 (dezoito) anos, com ele praticando infração penal ou induzindo-o a praticá-la'. Segundo a doutrina, o bem jurídico tutelado pelo art. 244-B do ECA é a formação moral da criança e do adolescente no que se refere à necessidade de eles não ingressarem ou permanecerem no mundo da criminalidade. Ora, se o bem jurídico tutelado pelo crime de corrupção de menores é a sua formação moral, caso duas crianças/adolescentes tiverem seu amadurecimento moral violado, em razão de estímulos a praticar o crime ou a permanecer na seara criminosa, dois foram os bens jurídicos violados. Da mesma forma, dois são os sujeitos passivos atingidos, uma vez que a doutrina é unânime em reconhecer que o sujeito passivo do crime de corrupção de menores é a criança ou o adolescente submetido à corrupção. O entendimento perfilhado também se coaduna com os princípios da prioridade absoluta e do melhor interesse da criança e do adolescente, vez que trata cada uma delas como sujeitos de direitos. Ademais, seria desarrazoado atribuir a prática de crime único ao réu que corrompeu dois adolescentes, assim como ao que corrompeu apenas um" (STJ: REsp 1.680.114/GO, rel. Min. Sebastião Reis Júnior, 6.ª Turma, j. 10.10.2017, noticiado no *Informativo* 613).

Disparo de arma de fogo e incidência da causa de aumento da pena: "O fato de terem sido efetuados disparos de arma de fogo durante a prática do delito de roubo é suficiente para demonstrar a sua potencialidade lesiva, ainda que tal circunstância tenha sido evidenciada apenas por meio de depoimento de testemunhas, possibilitando, portanto, a incidência da majorante prevista no inciso I do § 2º do artigo 157 do Código Penal" (STJ: HC 177.215/RJ, rel. Min. Haroldo Rodrigues – Desembargador convocado TJ-CE, 6.ª Turma, j. 18.11.2010).

Dívida de corrida de táxi – coisa alheia móvel – não caracterização do crime de roubo: "A dívida de corrida táxi não pode ser considerada coisa alheia móvel para fins de configuração da tipicidade dos delitos patrimoniais. No caso, o agente se negou a efetuar o pagamento da corrida de táxi e desferiu um golpe de faca no motorista, sem (tentar) subtrair objeto algum, de modo a excluir o *animus furandi*, o que afasta a conduta do núcleo do tipo de roubo qualificado pelo resultado, composto pelo verbo subtrair e pelo complemento 'coisa alheia móvel'. A equiparação da dívida de transporte com a coisa alheia móvel prevista no tipo do art. 157 do Código Penal não pode ser admitida em razão dos princípios elementares da tipicidade e da legalidade estrita que regem a aplicação da lei penal. A doutrina conceitua coisa como 'tudo aquilo que existe, podendo tratar-se de objetos inanimados ou de semoventes'. Ademais, embora a dívida do agente para com o motorista tenha valor econômico, de coisa não se trata, ao menos para fins de definição jurídica exigida para a correta tipificação da conduta. Aliás, de acordo com a doutrina, 'os direitos reais ou pessoais não podem ser objeto de furto'" (STJ: REsp 1.757.543/RS, rel. Min. Antonio Saldanha Palheiro, 6.ª Turma, j. 24.09.2019, noticiado no *Informativo* 658).

Emprego de arma – desnecessidade de apreensão e perícia: "I - Não se mostra necessária a apreensão e perícia da arma de fogo empregada no roubo para comprovar o seu potencial lesivo, visto que tal qualidade integra a própria natureza do artefato. II - Lesividade do instrumento que se encontra *in re ipsa*. III - A qualificadora do art. 157, § 2º, I, do Código Penal, pode ser evidenciada por qualquer meio de prova, em especial pela palavra da vítima – reduzida à impossibilidade de resistência pelo agente – ou pelo depoimento de testemunha presencial. IV - Se o acusado alegar o contrário ou sustentar a ausência de potencial lesivo da arma empregada para intimidar a vítima, será dele o ônus de produzir tal prova, nos termos do art. 156 do Código de Processo Penal" (STF: HC 96.099/RS, Rel. Min. Ricardo Lewandowski, Plenário, j. 19.02.2009). *No mesmo sentido:* STJ: REsp 1.708.301/MG, rel. Min. Sebastião Reis Júnior - Decisão Monocrática, j. 01.08.2018.

Emprego de arma – necessidade de apreensão e perícia: "A ausência de apreensão e de perícia da arma impossibilita a comprovação que poderia lesionar mais severamente o bem jurídico tutelado, caso em que se configura o crime de roubo, por inegável existência de ameaça, sem, contudo, justificar a incidência da causa de aumento. [...] Sob o enfoque do conceito fulcral de interpretação e aplicação do Direito Penal – o bem jurídico – não se pode majorar a pena pelo emprego de arma sem a apreensão e a realização de perícia para se determinar que o instrumento utilizado, de fato, tinha potencialidade lesiva, circunstância apta a ensejar o maior rigor punitivo. Utilização da mesma raiz hermenêutica que inspirou a revogação da Súmula 174 desta Corte" (STJ: HC 139.611/MG, rel. Min. Celso Limongi – Desembargador convocado do TJ-SP, 6.ª Turma, j. 18.02.2010). *No mesmo sentido:* STJ: HC 118.439/SP, rel. Min. Og Fernandes, 6.ª Turma, j. 28.09.2010.

Emprego de arma – regime prisional – necessidade de fundamentação: "No crime de roubo, a circunstância de a arma de fogo ter sido apontada contra o rosto da vítima não pode ser utilizada como fundamento para fixar regime prisional mais severo do que aquele previsto no art. 33, § 2º, do CP. Isso porque essa circunstância caracteriza 'grave ameaça', elemento ínsito do crime de roubo" (STJ: AgRg no AREsp 349.732/RJ, rel. Min. Sebastião Reis Júnior, 6.ª Turma, j. 05.11.2013, noticiado no *Informativo* 531).

Emprego de arma – revogação do art. 157, § 2.º, I, do CP – matéria *interna corporis* e controle de constitucionalidade – Tema 1.120 da Repercussão Geral: "Em respeito ao princípio da separação dos poderes, previsto no art. 2º da Constituição Federal, quando não caracterizado o desrespeito às normas constitucionais pertinentes ao processo legislativo, é defeso ao Poder Judiciário exercer o controle jurisdicional em relação à interpretação do sentido e do alcance de normas meramente regimentais das Casas Legislativas, por se tratar de matéria *interna corporis*. O controle judicial de atos *interna corporis* das Casas Legislativas só é cabível nos casos em que haja desrespeito às normas constitucionais pertinentes ao processo legislativo [Constituição Federal, arts. 59 a 69]. Por força do princípio constitucional da separação de Poderes (CF, art. 2º), não cabe ao Poder Judiciário substituir-se ao Poder Legislativo para interpretar normas regimentais. No caso, o tribunal de justiça, ao declarar a inconstitucionalidade incidental do art. 4º da Lei 13.654/2018, que revogou o inciso I do § 2º do art. 157 do Código Penal, se restringiu à interpretação do art. 91 do Regimento Interno do Senado Federal, não tendo apontado, contudo, desrespeito às normas pertinentes ao processo legislativo previsto na CF. Com base nesse entendimento, o Plenário, por maioria, deu provimento ao recurso extraordinário para cassar o acórdão recorrido na parte em que reconheceu como inconstitucional o art. 4º da Lei 13.654/2018, a fim de que o tribunal de origem recalcule a dosimetria da pena imposta. Vencido o ministro Marco Aurélio" (STF: RE 1.297.884/DF, rel. Min. Dias Toffoli, Plenário, j. 11.06.2021, noticiado no *Informativo* 1.021).

Latrocínio – concurso de pessoas – nexo causal: "A 1ª Turma, por maioria, deferiu *habeas corpus* a fim de invalidar decisão que condenou o paciente pelo crime de latrocínio (CP, art. 157, § 3.º) e determinar fosse prolatada nova sentença relacionada à imputação do crime de roubo tentado. Na espécie, o ora impetrante fora denunciado pelos seguintes delitos praticados em conjunto com outro agente não identificado: a) roubo qualificado consumado (CP, art. 157, § 2.º, I e II), em padaria; b) roubo qualificado tentado (CP, art. 157, § 2.º, I e II, c/c o art. 14, II), em farmácia; e c) receptação (CP, art. 180), por conta de utilização de veículo subtraído. A vítima do primeiro delito acionara a polícia militar, que prendera em flagrante o paciente no interior da farmácia, enquanto este praticava o segundo crime. O seu cúmplice aguardava do lado de fora do estabelecimento para garantir o sucesso da subtração. Quando vários policiais chegaram ao local, detiveram o paciente, ao passo que o coautor empreendera fuga e matara policial que seguira em seu encalço. O juízo singular, ao aplicar o art. 383 do CPP, condenara o paciente, respectivamente, pelos crimes de roubo consumado (padaria); latrocínio, em decorrência da morte do policial (farmácia); e receptação, porquanto entendera que a conduta estaria narrada na inicial acusatória, tendo apenas se dado classificação inadequada do tipo criminal. Na fase recursal, as condenações foram mantidas, mas com diminuição das penas. Inicialmente, a Min. Rosa Weber, relatora, rememorou jurisprudência da Corte no sentido de que o coautor que participa de roubo armado responderia pelo latrocínio, ainda que o disparo tivesse sido efetuado só pelo comparsa. Entretanto, reputou que não se poderia imputar o resultado morte ao coautor quando houvesse ruptura do nexo de causalidade entre os agentes. O Min. Luiz Fux acrescentou que seria necessário o nexo biopsicológico no quesito relativo à culpabilidade. Explicou que a coautoria resultaria da ciência de ambos a respeito do que iriam fazer e que um deles já estaria preso enquanto o outro fugia. O Min. Dias Toffoli, ante as peculiaridades do caso, acompanhou a relatora. Vencido o Min. Marco Aurélio, que indeferia o writ ao fundamento de existir elemento a ligar o resultado morte ao roubo. Considerava ser esta a exigência do Código Penal ao retratar o latrocínio. Versava pouco importar que o segundo agente tivesse atirado tentando escapar à sua prisão, o que denotaria elo entre o roubo e o resultado morte" (STF: HC 109.151/RJ, rel. Min. Rosa Weber, 1.ª Turma, j. 12.06.2012, noticiado no *Informativo* 670).

Latrocínio – pluralidade de mortes e unidade de patrimônio – crime único: "1. Segundo entendimento acolhido por esta Corte, a pluralidade de vítimas atingidas pela violência no crime de roubo com resultado morte ou lesão grave, embora único o patrimônio lesado, não altera a unidade do crime, devendo essa circunstância ser sopesada na individualização da pena, que, no caso, é de 20 (vinte) a 30 (trinta) anos. Precedentes. 2. Desde que a conduta do agente esteja conscientemente dirigida a atingir mais de um patrimônio, considerado de forma objetiva, como requer o fim de proteção de bens jurídicos do Direito Penal, haverá concurso de crimes" (STF: HC 96.736/DF, rel. Min. Teori Zavascki, 2.ª Turma, j. 17.09.2013). *No mesmo sentido*: STF: RHC 133.575/PR, rel. Min. Marco Aurélio, 1.ª Turma, j. 21.02.2017, noticiado no Informativo 855; e STJ: AgRg no AREsp 2.119.185/RS, rel. Min. Laurita Vaz, 3.ª Seção, j. 13.09.2023, noticiado no Informativo 789.

Latrocínio – tiros efetuados contra policiais rodoviários federais – competência da Justiça Federal: "Compete à Justiça Federal processar e julgar crime de latrocínio no qual tenha havido troca de tiros com policiais rodoviários federais que, embora não estivessem em serviço de patrulhamento ostensivo, agiam para reprimir assalto à instituição bancária privada. O art. 109 da CF prevê que compete à Justiça Federal processar e julgar 'os crimes políticos e as infrações penais praticadas em detrimento de bens, serviços ou interesse da União ou de suas entidades autárquicas ou empresas públicas, excluídas as contravenções e ressalvada a competência da Justiça Militar e da Justiça Eleitoral'. Assim, se um servidor público federal é vítima de um delito em razão do exercício de suas funções, tem-se que o próprio serviço público é afetado, o que atrai a competência da Justiça Federal para processar e julgar o feito (Súmula 147 do STJ). No caso, observa-se que, embora os policiais rodoviários federais não estivessem em serviço de patrulhamento ostensivo, possuem, como agentes policiais, o dever legal de prender em flagrante quem estiver praticando crime, nos termos do art. 301 do CPP: 'Qualquer do povo poderá e as autoridades policiais e seus agentes deverão prender quem quer que seja encontrado em flagrante delito'. Assim, o certo é que era incumbência dos policiais rodoviários federais, naquele momento, reprimir a prática criminosa, motivo pelo qual não há dúvidas de que agiram no exercício de suas funções, o que revela a competência da Justiça Federal" (STJ: HC 309.914/RS, rel. Min. Jorge Mussi, 5.ª Turma, j. 07.04.2015, noticiado no *Informativo* 559).

Latrocínio contra casal – patrimônio comum – crime único: "A 2ª Turma concedeu, em parte, *habeas corpus* para afastar concurso de crimes e determinar ao juízo de primeiro grau que considere a circunstância de pluralidade de vítimas na fixação da pena-base, respeitado o limite do *ne reformatio in pejus*. Na espécie, alegava-se que o paciente teria cometido o delito em detrimento de patrimônio comum, indivisível do casal. Assim, insurgia-se de condenação por dois latrocínios: um tentado e o outro consumado em concurso formal. Reconheceu-se a prática de crime único de latrocínio. Destacou-se que, ainda que se aceitasse a tese de patrimônio diferenciado das vítimas, em função das alianças matrimoniais subtraídas, o agente teria perpetrado um único latrocínio. Pontuou-se que o reconhecimento de crime único não significaria o integral acolhimento do pedido. Frisou-se que afastar-se o aumento de 1/6 da pena, relativo ao concurso de crimes, poderia levar à injustificável desconsideração do número de vítimas atingidas" (STF: HC 109.539/RS, rel. Min. Gilmar Mendes, 2.ª Turma, j. 07.05.2013, noticiado no *Informativo* 705).

Latrocínio e *aberratio ictus* – compatibilidade: "O ora paciente atirou para atingir a vítima, que foi ferida, e, por erro de execução, acabou por matar um de seus comparsas. Em casos que tais, em que o alvo dos tiros foi a virtual vítima, e por *aberratio ictus* o morto foi um dos participantes do crime, tem-se a configuração do latrocínio consumado, em conformidade com o disposto no artigo 73 (erro na execução) e em face da jurisprudência desta Corte" (STF: HC 69.579/SP, Rel. Min. Moreira Alves, 1.ª Turma, j. 17.11.1992).

Latrocínio e roubo em concurso com homicídio – distinção: "Latrocínio ou homicídio em concurso com roubo: diferenciação. 1. No roubo com resultado morte ('latrocínio'), a violência empregada – da qual deve resultar a morte –, ou se dirige à subtração, ou, após efetivada esta, a assegurar a posse da coisa ou a impunidade do delito patrimonial, que constitui a finalidade da ação. 2. Diversamente, tem-se concurso de homicídio e roubo (ou furto), se a morte da vítima, em razão de animosidade pessoal de um dos agentes – segundo a própria versão dos fatos acertada pela decisão condenatória – foi a finalidade específica da empreitada delituosa, na qual a subtração da sua motocicleta – que, embora efetivada antes da morte, logo após é lançada ao rio pelos autores –, antes se haja de atribuir à finalidade de dissimular o crime contra a vida planejado" (STF: HC 84.217/SP, Rel. Min. Sepúlveda Pertence, 1.ª Turma, j. 10.08.2004).

Latrocínio tentado – subtração consumada e morte tentada: "Embora haja discussão doutrinária e jurisprudencial acerca de qual delito é praticado quando o agente logra subtrair o bem da vítima, mas não consegue matá-la, prevalece o entendimento de que há tentativa de latrocínio quando há dolo de subtrair e dolo de matar, sendo que o resultado morte somente não ocorre por circunstâncias alheias à vontade do agente. Por essa razão, a jurisprudência do STJ pacificou-se no sentido de que o crime de latrocínio tentado se caracteriza independentemente de eventuais lesões sofridas pela vítima, bastando que o agente, no decorrer do roubo, tenha agido com o desígnio de matá-la" (STJ: HC 201.175/MS, rel. Min. Jorge Mussi, 5.ª Turma, j. 23.04.2013, noticiado no *Informativo* 521).

Roubo – concurso de pessoas com menor de idade – aumento da pena: "A participação do menor de idade pode ser considerada com o objetivo de caracterizar concurso de pessoas para fins de aplicação da causa de aumento de pena no crime de roubo ('Art. 157 – Subtrair coisa móvel alheia, para si ou para outrem, mediante grave ameaça ou violência a pessoa, ou depois de havê-la, por qualquer meio, reduzido à impossibilidade de resistência: ... § 2º A pena aumenta-se de um terço até metade: ... II – se há o concurso de duas ou mais pessoas'). Com esse entendimento, a 1ª Turma denegou *habeas corpus* em que pretendida a redução da pena definitiva aplicada. Sustentava a impetração que o escopo da norma somente poderia ser aplicável quando a atuação conjunta de agentes ocorresse entre imputáveis. Aduziu-se que o legislador ordinário teria exigido, tão somente, 'o concurso de duas ou mais pessoas' e, nesse contexto, não haveria nenhum elemento específico quanto à condição pessoal dos indivíduos. Asseverou-se que o fato de uma delas ser menor inimputável não teria o condão de excluir a causa de aumento de pena" (STF: HC 110.425/ES, rel. Min. Dias Toffoli, 1.ª Turma, j. 05.06.2012, noticiado no *Informativo* 669).

Roubo – pluralidade de patrimônios subtraídos – concurso de crimes: "É pacífica a jurisprudência do Supremo Tribunal Federal no sentido da caracterização do concurso formal (art. 70 do Código Penal), quando o delito de roubo acarreta lesão ao patrimônio de vítimas diversas" (STF: HC 96.787/RS, rel. Min. Ayres Britto, 2.ª Turma, j. 31.05.2011). *No mesmo sentido*: STF:

HC 91.615/RS, rel. Min. Cármen Lúcia, 1.ª Turma, j. 11.09.2007; e STJ: HC 145.071/SC, rel. Min. Celso Limongi (Desembargador convocado do TJ/SP), 6.ª Turma, j. 02.03.2010.

Roubo – serviço de transporte de valores – amplitude da majorante: "Deve incidir a majorante prevista no inciso III do § 2º do art. 157 do CP na hipótese em que o autor pratique o roubo ciente de que as vítimas, funcionários da Empresa Brasileira de Correios e Telégrafos (ECT), transportavam grande quantidade de produtos cosméticos de expressivo valor econômico e liquidez. O inciso III do § 2º do art. 157 do CP disciplina que a pena aumenta-se de um terço até metade 'se a vítima está em serviço de transporte de valores e o agente conhece tal circunstância'. O termo 'valores' não se restringe a dinheiro em espécie, devendo-se incluir bens que possuam expressão econômica [...]. Nesse contexto, cumpre considerar que, na hipótese em análise, a grande quantidade de produtos cosméticos subtraídos possui expressivo valor econômico e liquidez, já que podem ser facilmente negociáveis e convertidos em pecúnia. Deve, portanto, incidir a majorante pelo serviço de transporte de valores" (STJ: REsp 1.309.966/RJ, rel. Min. Laurita Vaz, 5.ª Turma, j. 26.08.2014, noticiado no *Informativo* 548)

Roubo circunstanciado – pluralidade de causas de aumento – dosimetria da pena – Súmula 443 do STJ: "Configura constrangimento ilegal o aumento da pena no crime de roubo, na terceira fase de individualização, acima do patamar mínimo (um terço), com base apenas nos números de majorantes (Súm. n. 443/STJ)" (STJ: HC 147.202/MG, rel. Min. Og Fernandes, 6.ª Turma, j. 28.02.2012, noticiado no *Informativo* 492).

Roubo circunstanciado – pluralidade de causas de aumento – dosimetria da pena – tabela para majorar a pena – inadmissibilidade: "A 2ª Turma deu parcial provimento a recurso ordinário em *habeas corpus* para determinar ao juízo de origem que, afastado o *bis in idem* e sem uso de tabela para estipular a majoração da pena, procedesse à nova dosimetria, sem prejuízo da condenação do paciente. De início, verificou-se a ocorrência de *bis in idem*, uma vez que a restrição da liberdade das vítimas teria sido utilizada para a fixação da pena-base, quando da análise das consequências do crime, e, na terceira etapa da dosimetria, como causa de aumento (CP, art. 157, § 2º, V). Em seguida, explicitou-se que o tribunal de justiça local ponderava ser necessário observar certa gradação estabelecida em tabela, a nortear a dosimetria, quando verificado o concurso de diversas causas de aumento. Asseverou-se que a jurisprudência do STF não admitiria, de modo geral, que fossem estabelecidas frações categóricas para aumentar a pena, em função de qualificadoras ou outros de motivos" (STF: RHC 116.676/MG, rel. Min. Ricardo Lewandowski, 2.ª Turma, j. 20.08.2013, noticiado no *Informativo* 716).

Roubo circunstanciado – restrição da liberdade da vítima – distinção com o delito tipificado no art. 148 do Código Penal: "Conforme narrado na denúncia, as vítimas foram privadas momentaneamente de sua liberdade, sendo, contudo, postas espontaneamente em liberdade pelos roubadores tão logo assegurada a posse mansa e pacífica das *res furtivae*, o que enseja, nos termos do que dispõe o parágrafo único do art. 2º do ordenamento penal, a aplicação da *novatio legis in melius*, com o reconhecimento da figura única do roubo qualificado, na forma prevista no inciso V do § 2º do art. 157 do CP, introduzido pela Lei 9.426/1996" (STF: RHC 102.984/RJ, rel. Min. Dias Toffoli, 1.ª Turma, j. 08.02.2011, noticiado no *Informativo* 615).

Roubo com emprego de arma – regime prisional mais grave do que o correspondente à pena aplicada – gravidade concreta do crime – possibilidade: "Ainda que consideradas favoráveis as circunstâncias judiciais (art. 59 do CP), é admissível a fixação do regime prisional fechado aos não reincidentes condenados por roubo a pena superior a quatro anos e inferior a oito anos se constatada a gravidade concreta da conduta delituosa, aferível, principalmente, pelo uso de arma de fogo" (STJ: HC 294.803/SP, rel. Min. Newton Trisotto (Desembargador convocado do TJ-SC), 5.ª Turma, j. 18.09.2014, noticiado no *Informativo* 548).

"Roubo de uso" – **caracterização do crime de roubo**: "É típica a conduta denominada 'roubo de uso'. De início, cabe esclarecer que o crime de roubo (art. 157 do CP) é um delito complexo que possui como objeto jurídico tanto o patrimônio como a integridade física e a liberdade do indivíduo. Importa assinalar, também, que o ânimo de apossamento – elementar do crime de roubo – não implica, tão somente, o aspecto de definitividade, pois se apossar de algo é ato de tomar posse, de dominar ou de assenhorar-se do bem subtraído, que pode trazer o intento de ter o bem para si, de entregar para outrem ou apenas de utilizá-lo por determinado período. Se assim não fosse, todos os acusados de delito de roubo, após a prisão, poderiam afirmar que não pretendiam ter a posse definitiva dos bens subtraídos para tornar a conduta atípica. Ressalte-se, ainda, que o STF e o STJ, no que se refere à consumação do crime de roubo, adotam a teoria da *apprehensio*, também denominada de *amotio*, segundo a qual se considera consumado o delito no momento em que o agente obtém a posse da *res furtiva*, ainda que não seja mansa e pacífica ou haja perseguição policial, sendo prescindível que o objeto do crime saia da esfera de vigilância da vítima. Ademais, a grave ameaça ou a violência empregada para a realização do ato criminoso não se compatibilizam com a intenção de restituição, razão pela qual não é possível reconhecer a atipicidade do delito 'roubo de uso'" (STJ: REsp 1.323.275/GO, rel. Min. Laurita Vaz, 5.ª Turma, j. 24.04.2014, noticiado no *Informativo* 539).

Roubo e princípio da insignificância – **inaplicabilidade**: "É inviável reconhecer a aplicação do princípio da insignificância para crimes praticados com violência ou grave ameaça, incluindo o roubo. Jurisprudência consolidada do Supremo Tribunal Federal" (STF: RHC 106.360/DF, rel. Min. Rosa Weber, 1.ª Turma, j. 18.09.2012). *No mesmo sentido*: STF: HC 96.671/MG, rel. Min. Ellen Gracie, 2.ª Turma, j. 31.03.2009; STF: HC 95.174/RJ, rel. Min. Eros Grau, 2.ª Turma, j. 09.12.2008; e STJ: REsp 1.159.735/MG, rel. Min. Arnaldo Esteves Lima, 5.ª Turma, j. 15.06.2010.

Roubo "forjado" – **concurso de pessoas e porte simulado de arma de fogo**: "A Primeira Turma, por maioria, indeferiu a ordem em *habeas corpus* impetrado em favor de condenado pela prática do crime de roubo em concurso de agentes. No caso, o paciente, funcionário de uma empresa, tinha a atribuição de movimentar quantias em dinheiro. O corréu, mediante grave ameaça, simulando portar arma de fogo, exigiu a entrega dos valores que estavam em seu poder e no de outra pessoa, na ocasião, e o paciente, fingindo ser vítima, previamente ajustado com o suposto assaltante, entregou a quantia. A defesa (...) considerou inadequada a classificação jurídica dos fatos, que consubstanciariam estelionato e não roubo. (...) Ademais, o enquadramento dos fatos no tipo penal alusivo ao roubo mostrou-se adequado. Trata-se de crime complexo, cuja estrutura típica exige a realização da subtração patrimonial mediante violência ou grave ameaça à pessoa. O fato de o assalto envolver situação forjada entre o paciente e o corréu não viabiliza a ocorrência de estelionato, pois a caracterização do roubo não pressupõe a efetiva intenção do agente de realizar o mal prometido. Basta que a forma utilizada para a subtração da coisa alheia móvel seja revestida de aptidão a causar fundado temor ao ofendido. Nesse sentido, a ameaça praticada pela simulação do porte de arma de fogo constitui meio idôneo a aterrorizar. Por sua vez, a circunstância de não ter o paciente feito grave ameaça contra a vítima não é relevante, porquanto a vinculação subjetiva com o corréu, a configurar o concurso de agentes, legitima sejam os fatos, em relação a ambos os acusados, enquadrados no tipo de penal de roubo, observado o art. 29 do Código Penal" (STF: HC 147.584/RJ, rel. Min. Marco Aurélio, 1.ª Turma, j. 02.06.2020, noticiado no *Informativo* 980).

Roubo impróprio – **consumação**: "Tendo sido reconhecido o emprego de violência contra a vítima, consumou-se o crime de roubo impróprio, não se exigindo, como sustentado na inicial, a posse mansa e pacífica da res. Precedentes" (STJ: HC 175.017/RJ, rel. Min. Maria Thereza de Assis Moura, 6.ª Turma, j. 26.02.2013).

Roubo impróprio – **tentativa** – **inadmissibilidade**: "Com efeito, no crime previsto no art. 157, § 1º, do Código Penal a violência é empregada após o agente tornar-se possuidor da coisa, não se admitindo a tentativa (Precedentes)." (STJ: REsp 1.155.927/RS, rel. Min. Felix Fischer, 5.ª Turma, j. 18.05.2010).

Roubo praticado no interior de ônibus – subtração de bens da empresa de transporte coletivo e do cobrador – crime único: "Em roubo praticado no interior de ônibus, o fato de a conduta ter ocasionado violação de patrimônios distintos – o da empresa de transporte coletivo e o do cobrador – não descaracteriza a ocorrência de crime único se todos os bens subtraídos estavam na posse do cobrador. É bem verdade que a jurisprudência do STJ e do STF entende que o roubo perpetrado com violação de patrimônios de diferentes vítimas, ainda que em um único evento, configura concurso formal de crimes, e não crime único. Todavia, esse mesmo entendimento não pode ser aplicado ao caso em que os bens subtraídos, embora pertençam a pessoas distintas, estavam sob os cuidados de uma única pessoa, a qual sofreu a grave ameaça ou violência" (STJ: AgRg no REsp 1.396.144/DF, rel. Min. Walter de Almeida Guilherme (Desembargador convocado do TJ/SP), 5.ª Turma, j. 23.10.2014, noticiado no *Informativo* 551).

Roubo próprio e roubo impróprio – distinção: "A figura da cabeça do art. 157 do Código Penal revela o roubo próprio. O § 1º do mesmo dispositivo consubstancia tipo diverso, ou seja, o roubo impróprio, o qual fica configurado com a subtração procedida sem grave ameaça ou violência, vindo-se a empregá-las posteriormente contra a pessoa" (STF: RHC 92.430/DF, rel. Min. Marco Aurélio, 1.ª Turma, j. 26.08.2008).

Subtração mediante arrebatamento – adequação típica: "Esta Corte Superior de Justiça tem entendimento no sentido de que quando o arrebatamento de coisa presa ao corpo da vítima compromete ou ameaça sua integridade física, configurando vias de fato, caracteriza-se o crime de roubo, sendo vedada a sua desclassificação para o delito de furto" (STJ: AgRg no Ag 1.376.874/MG, rel. Min. Marco Aurélio Bellizze, 5.ª Turma, j. 26.02.2013). *No mesmo sentido*: STJ: REsp 631.368/RS, rel. Min. Arnaldo Esteves Lima, 5.ª Turma, j. 27.09.2005.

Trombada: "Tendo sido a vítima atacada e derrubada por um trombadinha, inclusive com o comprometimento de sua integridade física, lesão corporal, o delito é classificado como roubo, e não como simples furto. Precedentes" (STJ: REsp 336.634/SP, rel. Min. Laurita Vaz, 5.ª Turma, j. 20.05.2003).

Extorsão

Art. 158. Constranger alguém, mediante violência ou grave ameaça, e com o intuito de obter para si ou para outrem indevida vantagem econômica, a fazer, tolerar que se faça ou deixar de fazer alguma coisa:

Pena – reclusão, de quatro a dez anos, e multa.

§ 1º Se o crime é cometido por duas ou mais pessoas, ou com emprego de arma, aumenta-se a pena de um terço até metade.

§ 2º Aplica-se à extorsão praticada mediante violência o disposto no § 3º do artigo anterior.

§ 3º Se o crime é cometido mediante a restrição da liberdade da vítima, e essa condição é necessária para a obtenção da vantagem econômica, a pena é de reclusão, de 6 (seis) a 12 (doze) anos, além da multa; se resulta lesão corporal grave ou morte, aplicam-se as penas previstas no art. 159, §§ 2º e 3º, respectivamente.

Classificação:	Informações rápidas:
Crime comum Crime de forma livre Crime formal, de resultado cortado ou de consumação antecipada Crime instantâneo Crime plurissubsistente *(regra)* Crime de dano *(divergência)* Crime unissubjetivo	**Crime pluriofensivo:** ofende mais de um bem jurídico, a saber, o patrimônio e a integridade física (violência à pessoa), ou a liberdade individual (grave ameaça). A extorsão, ao contrário do roubo, não pode ser praticada mediante violência imprópria. **Elemento normativo:** "indevida vantagem econômica". O mal e a indevida vantagem econômica são futuros. Não se pode falar em continuidade delitiva entre roubo e extorsão (divergência). Não admite modalidade culposa. Exige dolo específico. Admite tentativa. **Ação penal:** pública incondicionada. **Sequestro-relâmpago:** pressupõe restrição da liberdade (e não privação, caso em que caracterizaria o crime do art. 159 do CP). **É crime hediondo.**

○ **Introdução:** O crime de extorsão em muito se assemelha ao roubo, apresentando diversos pontos em comum: (a) são crimes contra o patrimônio, de ação penal pública incondicionada, pluriofensivos, praticados mediante grave ameaça ou violência à pessoa; (b) as penas, nas modalidades fundamentais, são as mesmas; (c) o fato de os crimes serem cometidos por duas ou mais pessoas aumenta a pena de um terço até metade; (d) quando praticados com emprego de violência, admitem figuras qualificadas pela lesão corporal grave ou pela morte; (e) em regra, não são crimes hediondos, salvo nas hipóteses indicadas no art. 1.º, II e III, da Lei 8.072/1990; e (f) são crimes de competência do juízo comum, e não do Tribunal do Júri, ainda que, na forma qualificada, o resultado morte seja dolosamente produzido. Nada obstante tantas semelhanças, é evidente que roubo e extorsão são crimes distintos. Possuem características próprias que os diferenciam com precisão.

○ **Objeto jurídico:** A extorsão é **crime pluriofensivo**. A lei penal tutela o patrimônio, principalmente, mas não se olvida da integridade física e da liberdade individual, uma vez que para executá-lo o sujeito se vale de grave ameaça ou violência à pessoa. O patrimônio há de ser compreendido em sentido mais amplo do que a propriedade e a posse, pois o tipo pela fala em "indevida vantagem econômica". Qualquer que seja a vantagem patrimonial obtida ou procurada pelo agente, em detrimento da vítima, estará caracterizado um dos requisitos da extorsão. Não consideramos correto classificar a extorsão como crime complexo pois, no terreno do delito tipificado pelo art. 158 do Código Penal, não se verifica tal fenômeno. A extorsão nada mais é do que uma espécie do gênero "constrangimento ilegal" (CP, art. 146) qualificada pelo fim de indébita locupletação e que, por isso mesmo, é trasladada para a órbita dos crimes contra o patrimônio. O núcleo do tipo é "constranger", exatamente como no constrangimento ilegal, e no restante da descrição da conduta criminosa não se verifica a presença de nenhum outro comportamento que, por si só, constitua crime autônomo. Trata-se, portanto, de um constrangimento ilegal com finalidade específica.

○ **Objeto material:** É a pessoa física contra quem se dirige o constrangimento, praticado mediante violência à pessoa ou grave ameaça.

○ **Núcleo do tipo:** O núcleo do tipo é **"constranger"**, que significa retirar de alguém sua liberdade de autodeterminação, em razão do emprego de violência à pessoa ou grave ameaça.[102] Não pode ser praticado mediante violência imprópria, por ausência de previsão legal nesse sentido. A violência e a grave ameaça podem ter como destinatários a pessoa titular do patrimônio que se pretende lesar, bem como outra pessoa a ela vinculada por questões de parentesco ou de afinidade. São utilizadas para constranger alguém a fazer, tolerar que se faça ou deixar de fazer alguma coisa, de modo a proporcionar ao extorsionário ou a terceira pessoa uma indevida vantagem econômica. A expressão **"alguma coisa"** tem o significado genérico de "qualquer fato" dotado de relevância jurídica. A palavra **indevida**, isto é, contrária ao Direito, representa um **elemento normativo do tipo**. Se a vantagem é devida (legítima), verdadeira ou supostamente, o crime será o de exercício arbitrário das próprias razões (art. 345 do CP). Não basta ser indevida a vantagem – é necessário seja ainda **econômica**. Não se tratando de vantagem econômica, afasta-se o crime de extorsão. Não é imprescindível seja a indevida vantagem econômica exigida explicitamente ou de forma imperativa. Basta que a sua concessão seja insinuada à vítima de modo possível de assimilação.

○ **Distinção entre extorsão e roubo – inadmissibilidade de continuidade delitiva:** No roubo o núcleo do tipo é **"subtrair"**, na extorsão é **"constranger"**. Se o bem for subtraído, o crime será sempre de roubo, mas, se a própria vítima o entregar ao agente, o delito poderá ser de roubo ou de extorsão. Estará caracterizado o crime de extorsão quando, para a obtenção da indevida vantagem econômica pelo agente, for imprescindível a colaboração da vítima. No roubo, a atuação do ofendido é dispensável. Na extorsão, a vítima possui opção entre entregar ou não o bem, de modo que sua colaboração é fundamental para o agente alcançar a indevida vantagem econômica. Ademais, a vantagem almejada pode ser contemporânea ou posterior ao constrangimento e não se restringe às coisas móveis, ao contrário do roubo. Em verdade, a expressão "indevida vantagem econômica" possibilita um maior raio de incidência, atingindo inclusive os bens imóveis. Em suma, um bem imóvel não pode ser roubado, mas certamente é possível figurar como a vantagem econômica da extorsão. Com tantas diferenças, não se pode falar em continuidade delitiva (art. 71 do CP) entre roubo e extorsão. De fato, não são crimes da mesma espécie, pois estão previstos em tipos penais diversos e seus modos de execução são distintos.

○ **Distinção entre extorsão e estelionato:** A extorsão, na situação em que o ofendido é constrangido a entregar algo ao criminoso, apresenta um ponto em comum com o estelionato (CP, art. 171), pois neste delito é também a vítima quem entrega o bem ao agente. No estelionato a vítima efetivamente deseja entregar a coisa, pois ela foi, mediante artifício, ardil ou outro meio fraudulento, induzida ou mantida em erro pelo golpista. Na extorsão a vítima se livra de parcela do seu patrimônio contra sua vontade, pois o faz em decorrência da violência ou grave ameaça contra ela dirigida. Se, no caso concreto, o sujeito empregar fraude e violência à pessoa ou grave ameaça, a ele será imputado o crime de extorsão, pois, além de se tratar de infração penal mais grave, a entrega do bem pela vítima se deu contra sua vontade, em face do constrangimento a ela endereçado.

○ **Extorsão e concussão – distinção:** A extorsão é crime contra o patrimônio, a concussão constitui-se em crime praticado por funcionário público contra a Administração em geral. Na concussão o funcionário público faz a exigência de vantagem indevida aproveitando-se do temor provocado pelo exercício da sua função. Não há, portanto, emprego de violência à pessoa ou grave ameaça, meios de execução da extorsão. Se o funcionário público, em vez de se aproveitar da intimidação proporcionada pelo cargo por ele ocupado, fizer a exigência

---

[102] Acerca da violência e da grave ameaça, remetemos o leitor ao que foi dito no tocante ao roubo.

de vantagem indevida mediante grave ameaça ou violência à pessoa, haverá extorsão. Se o agente finge ser funcionário público, sem ostentar esta condição, o crime sempre será de extorsão (CP, art. 158).

○ **Sextorsão:** A extorsão pode ser cometida mediante grave ameaça envolvendo algum comportamento de natureza sexual, como no exemplo em que o agente exige a entrega de determinada quantia em dinheiro para não divulgar um vídeo íntimo da vítima, sua antiga namorada. Utiliza-se a nomenclatura **sextorsão** para essa hipótese do delito. Na sextorsão, é importante destacar, não há emprego de violência à pessoa ou grave ameaça visando a realização de conjunção carnal ou ato libidinoso diverso com a vítima. Se isso ocorrer, estará caracterizado o crime de estupro, na forma definida pelo art. 213 do Código Penal.

○ **Sujeito ativo:** Pode ser qualquer pessoa (**crime comum ou geral**).

○ **Sujeito passivo:** A extorsão é **crime pluriofensivo**, pois ataca o patrimônio e a integridade física, se cometido com violência à pessoa, ou a liberdade individual, quando praticado com grave ameaça. Consequentemente, seu sujeito passivo pode ser: (a) a pessoa atingida pela violência ou grave ameaça; (b) a pessoa que faz, deixa de fazer ou tolera que se faça algo; e (c) a pessoa que suporta o prejuízo patrimonial.

○ **Elemento subjetivo:** É o dolo. Não se admite a modalidade culposa. Exige-se também um especial fim de agir (elemento subjetivo específico), representado pela expressão "com o intuito de obter para si ou para outrem indevida vantagem econômica". É esta finalidade específica que diferencia a extorsão de outros crimes, tais como o constrangimento ilegal e o estupro, pois nestas infrações penais o núcleo do tipo também é "**constranger**". No constrangimento ilegal (CP, art. 146), a violência à pessoa ou grave ameaça é utilizada pelo agente somente para que a vítima não faça o que a lei permite ou faça o que ela não manda. Não há objeto específico buscado pelo criminoso com o constrangimento. De seu turno, no estupro (CP, art. 213) o constrangimento mediante violência à pessoa ou grave ameaça tem como meta um fim sexual, que pode ser a conjunção carnal ou qualquer outro ato libidinoso. Como já mencionado, se a vantagem econômica almejada pelo sujeito for "devida", o crime será de exercício arbitrário das próprias razões (CP, art. 345).

○ **Consumação:** A extorsão é **crime formal, de consumação antecipada ou de resultado cortado**. É o que se extrai da Súmula 96 do Superior Tribunal de Justiça: "O crime de extorsão consuma-se independentemente da obtenção da vantagem indevida." É também crime **instantâneo**: consuma-se no momento em que a vítima, depois de sofrer a violência ou grave ameaça, realiza o comportamento desejado pelo criminoso, ainda que em razão de sua conduta o agente não obtenha a indevida vantagem econômica. Os elementos constitutivos do crime não incluem o dano patrimonial. Se este ocorrer, estará caracterizado o exaurimento. Esta conclusão importa em um significativo efeito processual, atinente à possibilidade de prisão em flagrante do criminoso. Imagine-se o seguinte caso: "A" envia a "B" uma carta ameaçadora, exigindo a transferência bancária de determinada quantia. A vítima toma conhecimento da intimidação e, uma semana depois, atende à ordem do criminoso. No momento em que o extorsionário efetuar o saque do numerário depositado em sua conta corrente, não será possível a prisão em flagrante, pois o crime já se consumou há muito tempo. Não será possível a utilização de nenhuma das modalidades de prisão em flagrante disciplinadas pelo art. 302 do Código de Processo Penal. Se for efetuada a prisão em flagrante, deverá ser a medida constritiva da liberdade imediatamente relaxada pela autoridade judiciária competente, a teor do art. 5.º, inciso LXV, da Constituição Federal. Frise-se, porém, que em algumas situações a ação ou omissão da vítima já lhe acarreta prejuízo patrimonial e, por corolário, indevida vantagem econômica para o extorsionário. É o que se dá na destruição de título de crédito que fundamentava a dívida do criminoso. Em se tratando de crime formal, a superveniência do resultado naturalístico é possível, mas prescindível para fins de consumação. Se, todavia, o agente alcançar a visada vantagem econômica indevida, o crime atingirá o exaurimento, que deverá ser levado em consideração na dosimetria da pena-base, como consequência do delito, nos termos do art. 59, *caput*, do Código Penal.

○ **Tentativa:** É possível. Nada obstante seu aspecto formal, a extorsão é em regra **crime pluris-subsistente**. A conduta pode ser fracionada em diversos atos, razão pela qual sua execução pode ser impedida por circunstâncias alheias à vontade do agente. Como a extorsão se consuma quando a vítima realiza o comportamento desejado pelo extorsionário, somente será correto falar no *conatus* na hipótese em que a vítima, devidamente constrangida pela violência física ou moral, não efetuar a conduta comissiva ou omissiva determinada pelo criminoso, por circunstâncias alheias à sua vontade. É possível individualizar, portanto, três estágios distintos no *iter criminis* da extorsão: **(a) tentativa: constrangimento, mediante o emprego de violência ou grave ameaça, para obtenção de indevida vantagem econômica; (b) consumação: realização, pela vítima, do comportamento determinado pelo extorsionário; e (c) exaurimento: obtenção da indevida vantagem econômica.** A tentativa depende da idoneidade do meio de execução empregado pelo agente para constranger a vítima, de modo a forçá-la a efetuar o comportamento por ele desejado. Se o meio utilizado for inidôneo haverá crime impossível (art. 17 do CP).

○ **Ação penal:** A ação penal é pública incondicionada, em todas as modalidades de extorsão. Em razão da Súmula 96 do STJ, a competência será do local em que ocorreu a coação, ainda que a obtenção da vantagem tenha ocorrido em local distinto.

○ **Lei 9.099/1995:** Não se aplica, pois se trata de delito de elevado potencial ofensivo.

○ **Causas de aumento de pena (art. 158, § 1.º):** A pena será aumentada de um terço até metade se o **crime for cometido por duas ou mais pessoas** ou **com emprego de arma**. Incidem na terceira e derradeira fase da dosimetria da pena privativa de liberdade. Cuida-se de **extorsão circunstanciada, agravada ou majorada**, e não de extorsão qualificada.

a) Se o crime é cometido por duas ou mais pessoas: O legislador prevê mais uma hipótese de **crime acidentalmente coletivo**. A extorsão pode ser executada por uma só pessoa, mas, se for cometida por duas ou mais pessoas, a pena será obrigatoriamente aumentada. É indispensável que todos os envolvidos na empreitada criminosa realizem atos executórios da extorsão, mediante a utilização de violência à pessoa ou grave ameaça. A lei impõe a coautoria, não se contentando com a simples participação, pois utiliza a expressão "se o crime é cometido".

b) Se o crime é cometido com emprego de arma: Aplica-se a majorante quando a extorsão é cometida com emprego de arma, **qualquer que seja a sua modalidade** (própria ou imprópria, branca ou de fogo). Nesse ponto, portanto, o legislador não se utilizou do procedimento diferenciado dispensado ao crime de roubo, no qual o aumento da pena é de 2/3, para o emprego de arma de fogo (art. 157, § 2.º-A, I), ou então de 1/3 até 1/2, se há emprego de arma branca (art. 157, § 2.º, VII), Além disso, não incide nenhum aumento de pena no roubo praticado com emprego de qualquer outra arma imprópria, não compreendida como arma de fogo ou arma branca, a exemplo de uma barra de ferro.

Extorsão qualificada (art. 158, § 2.º): Há duas modalidades de extorsão qualificada: com resultado lesão corporal grave e com resultado morte. Ambas somente se caracterizam quando a extorsão é praticada mediante violência, não se podendo, pois, falar em extorsão qualificada quando cometida com grave ameaça. No tocante à extorsão qualificada pela morte, a Lei 13.964/2019 ("Pacote Anticrime") cometeu um erro gravíssimo. Desde a entrada em vigor da Lei 8.072/1990, tal delito sempre foi capitulado entre os hediondos. Mas infelizmente não é mais. Com efeito, ao alterar a redação do art. 1.º, III, da Lei 8.072/1990, para incluir a extorsão qualificada pela restrição da liberdade da vítima (art. 158, § 3.º), o legislador excluiu do rol dos crimes hediondos a extorsão qualificada pela morte, tipificada no art. 158, § 2.º. O Brasil, por força da norma contida no art. 5.º, XLIII, da Constituição Federal, adota um **critério legal** no tocante aos crimes hediondos. Somente se reveste da hediondez os delitos assim expressamente catalogados em lei. Atualmente, em face do erro grosseiro do legislador, o art. 158, § 2.º, do Código Penal não consta do rol taxativo elencado pelo art. 1.º da Lei 8.072/1990. O panorama jurídico criado pela falta de técnica do legislador é medonho: o roubo, em diversas das suas variantes, é crime hediondo (Lei 8.072/1990, art. 1.º, II). Basta, para tanto, ser praticado com emprego de arma de fogo. Até mesmo o furto, quando qualificado pelo emprego de explosivo ou de artefato análogo que cause perigo comum, reveste-se da hediondez (Lei 8.072/1990, art. 1.º, IX). Contudo, a extorsão – e não a extorsão qualificada pela restrição da liberdade da vítima – que sempre recebeu igual tratamento dispensado ao roubo, inclusive no tocante à sua gravidade, não é delito hediondo, mesmo se qualificado pela morte. No mais, ficam mantidas as considerações lançadas acerca do roubo qualificado.

○ **Extorsão mediante restrição da liberdade da vítima ou sequestro-relâmpago (art. 158, § 3.º, do CP):** A finalidade precípua do legislador consistiu em criar um tipo penal específico para o famoso "sequestro-relâmpago" ou "saidinha", modalidade criminosa na qual o agente constrange a vítima, com o emprego de violência à sua pessoa ou grave ameaça seguida da restrição da sua liberdade, como forma de obter indevida vantagem econômica. É facilmente constatável, portanto, que este crime, além de atentar contra o patrimônio alheio, também viola a liberdade de locomoção. O sequestro-relâmpago não pode ser equiparado à extorsão mediante sequestro (CP, art. 159), uma vez que não há privação, mas **restrição** da liberdade. Não há encarceramento da vítima nem a finalidade de recebimento de resgate para sua soltura, e sim o desejo de obter, em face do constrangimento, e não da privação da liberdade, uma indevida vantagem econômica. O sequestro-relâmpago caracteriza extorsão qualificada. Não houve derrogação da modalidade de roubo circunstanciado (art. 157, § 2.º, V, do CP). Estará configurado o roubo quando o agente restringir a liberdade da vítima, mantendo-a em seu poder, para **subtrair** seu patrimônio. Nessa hipótese, é possível ao criminoso apoderar-se da coisa alheia móvel independentemente da efetiva colaboração da vítima.

– **Penas cominadas em abstrato e princípio da proporcionalidade:** A pena da extorsão mediante restrição da liberdade da vítima, em sua forma básica, varia de 6 (seis) a 12 (anos) de reclusão, além da multa. A pena mínima, destarte, é igual àquela cominada pelo art. 121, *caput*, do CP ao homicídio simples. Poder-se-ia dizer que a escolha legislativa ofende o princípio da proporcionalidade, uma vez que teria colocado no mesmo nível dois bens jurídicos de importâncias diversas. Assim não nos parece. Façamos um raciocínio simples: a pena da extorsão, prevista no art. 158, *caput*, do CP é de reclusão, de 4 (quatro) a 10 (dez) anos, e multa. Se o crime for praticado com emprego de arma, ou mediante concurso de duas ou mais pessoas, incide o obrigatório aumento, de um terço a metade (CP, art. 158, § 1.º). Logo, o mínimo de pena privativa de liberdade na extorsão com uma causa de aumento de pena é de 5 (cinco) anos e 4 (meses).[103] É difícil vislumbrar, no cotidiano forense, um delito de extorsão cometido sem emprego de arma ou concurso de pessoas, razão pela qual a pena invariavelmente parte do patamar de 5 (cinco) anos e 4 (quatro) meses. E nunca se questionou a proporcionalidade da pena cominada à extorsão. Por outro lado, se a extorsão envolve a restrição da liberdade da vítima, é quase impossível imaginar

---

[103]   Este é o cálculo: 4 anos + 1/3 = 5 anos e 4 meses.

sua prática pelo agente "de mãos limpas", sem emprego de arma, ou então desprovido da ajuda de ao menos um comparsa. Destarte, a pena da extorsão mediante restrição da liberdade da vítima, mesmo sem as inovações trazidas pela Lei 11.923/2009, já partiria do mínimo de 5 (cinco) anos e 4 (quatro) meses – daí para 6 (seis) anos a diferença é mínima, e mais do que justificada pela restrição da liberdade e por todos os relevantes efeitos danosos, morais e psicológicos, dela decorrentes. Tal diferença, pois, revela-se necessária, e, sobretudo, incapaz de representar ofensa ao princípio da proporcionalidade. Se não bastasse, o fato de o homicídio simples ser um crime grave não afasta a gravidade do sequestro-relâmpago. Aliás, o que efetivamente se revela como ofensa à proporcionalidade é o esquecimento do crime de homicídio, que fere o mais relevante bem jurídico – a vida humana. Não se pode manter a pena do homicídio simples em singelos seis anos.[104] Além disso, é válido relembrar que o homicídio simples em regra não é crime hediondo, somente recebendo esta qualificação quando praticado em atividade típica de grupo de extermínio, ainda que por um só agente (Lei 8.072/1990, art. 1.º, I).

– Resultado agravador lesão corporal grave ou morte: Se da extorsão mediante a restrição da liberdade da vítima resultar lesão corporal grave (ou gravíssima), a pena será de 16 (dezesseis) a 24 (vinte e quatro) anos; se houver morte, a pena será de 24 (vinte e quatro) a 30 (trinta) anos. Em ambas as qualificadoras o legislador olvidou-se da pena pecuniária e nos crimes contra o patrimônio a pena de multa tem fundamental importância, pois é preciso ferir o patrimônio daquele que desrespeita a esfera econômica alheia. O resultado agravador deve recair sobre a pessoa sequestrada. Se a lesão corporal grave ou morte for suportada por outra pessoa que não a vítima da extorsão mediante restrição da liberdade, haverá concurso material entre o crime definido pelo art. 158, § 3.º, do CP e homicídio (doloso ou culposo) ou lesão corporal grave. No tocante ao resultado morte, é indiferente tenha sido ele provocado a título de dolo ou de culpa – em qualquer hipótese a qualificadora será aplicável. No primeiro caso, entretanto, o magistrado deve sopesar a maior gravidade do delito na dosimetria da pena-base, em consonância com as circunstâncias judiciais elencadas pelo art. 59, *caput*, do CP. Se a morte ou lesão corporal grave for produzida por caso fortuito, força maior ou culpa de terceiro, não se aplicam as qualificadoras (art. 19 do CP).

– Extorsão mediante restrição da liberdade da vítima e Lei dos Crimes Hediondos: A extorsão qualificada pela restrição da liberdade da vítima é **crime hediondo**, nos termos do art. 1.º, III, da Lei 8.072/1990, com a redação dada pela Lei 13.964/2019 ("Pacote Anticrime"). Nada obstante a Lei dos Crimes Hediondos apresente uma redação confusa – "extorsão qualificada pela restrição da liberdade da vítima, ocorrência de lesão corporal ou morte (art. 158, § 3º)" – entendemos que os efeitos da hediondez abarcam todas as figuras típicas elencadas no § 3.º do art. 158 do Código Penal, aí se incluindo a modalidade fundamental, sem lesão corporal grave ou morte, por duas razões: (a) O art. 5.º, XLIII, da Constituição Federal, adota um **critério legal**, ou seja, são hediondos os crimes expressamente indicados em lei como tais. Nesse sentido, o art. 1.º, III, da Lei 8.072/1990 menciona o art. 158, § 3.º, do Código Penal, no qual estão contidos a extorsão mediante restrição da liberdade da vítima, bem como as figuras qualificadas pela lesão corporal grave ou pela morte; e (b) a Lei 13.964/2019 ("Pacote Anticrime") incluiu, no art. 1.º, II, "a", da Lei 8.072/1990, o roubo circunstanciado pela restrição da liberdade da vítima no rol dos crimes hediondos. Por uma questão de coerência, a extorsão qualificada pela restrição da liberdade da vítima, em todas as suas modalidades, também deve ser classificada como delito hediondo. Corrigiu-se um grave equívoco anteriormente existente na legislação brasileira. Com efeito, a Lei 11.923/2009 criou um tipo penal específico para a extorsão mediante a restrição da liberdade da vítima, popularmente conhecida como "sequestro-relâmpago", porém esqueceu de adicioná-la à Lei dos Crimes Hediondos, inclusive quando qualificada pela lesão corporal grave ou pela morte. Felizmente, tal equívoco foi solucionado.

---

[104] NUCCI, Guilherme de Souza. *Manual de direito penal*. 5. ed. São Paulo: RT, 2009. p. 722.

– Extorsão mediante restrição da liberdade da vítima e tráfico de pessoas – meios especiais de prevenção e repressão: Em face da possível ligação da extorsão mediante restrição da liberdade da vítima (sequestro-relâmpago) com o tráfico de pessoas, o art. 13-A do Código de Processo Penal estatui que o membro do Ministério Público ou o Delegado de Polícia poderá requisitar **diretamente**, de quaisquer órgãos do poder público ou de empresas da iniciativa privada, dados e informações cadastrais da vítima ou de suspeitos. A requisição deverá ser atendida no prazo de 24 horas, e conterá: (a) o nome da autoridade requisitante; (b) o número do inquérito policial (ou então do procedimento investigatório criminal – PIC – em caso de investigação conduzida diretamente pelo *Parquet*); e (c) a identificação da unidade de polícia judiciária – ou do Ministério Público, na hipótese de PIC – responsável pela investigação. De seu turno, o art. 13-B do Código de Processo Penal estabelece que, se necessário à prevenção e à repressão dos crimes relacionados ao tráfico de pessoas, o membro do Ministério Público ou o delegado de polícia poderão requisitar, **mediante autorização judicial**,[105] às empresas prestadoras de serviço de telecomunicações e/ou telemática que disponibilizem imediatamente os meios técnicos adequados – como sinais, informações e outros – que permitam a localização da vítima ou dos suspeitos do delito em curso. Se não houver manifestação judicial no prazo de 12 (doze) horas, a autoridade competente – membro do MP ou Delegado de Polícia – requisitará às empresas prestadoras de serviço de telecomunicações e/ou telemática que disponibilizem imediatamente os meios técnicos adequados – como sinais, informações e outros – que permitam a localização da vítima ou dos suspeitos do delito em curso, com imediata comunicação ao juiz. O § 1.º do art. 13-B do Código de Processo Penal apresenta o **conceito de sinal**, para fins de investigação e repressão ao tráfico de pessoas. Trata-se do posicionamento da estação de cobertura, setorização e intensidade de radiofrequência. Por sua vez, o § 2.º prevê algumas restrições, pois o sinal: I – não permitirá acesso ao conteúdo da comunicação de qualquer natureza, que dependerá de autorização judicial, conforme disposto em lei;[106] II – deverá ser fornecido pela prestadora de telefonia móvel celular por período não superior a 30 (trinta) dias, renovável por uma única vez, por igual período; III – para períodos superiores àquele de que trata o inciso II, será necessária a apresentação de ordem judicial. Na hipótese do art. 13-B do Código de Processo Penal, o inquérito policial deverá ser instaurado no prazo máximo de 72 (setenta e duas) horas, contado do registro da respectiva ocorrência policial. Essa regra é igualmente aplicável ao procedimento investigatório criminal instaurado e conduzido pelo Ministério Público.

– Aplicabilidade das causas de aumento previstas no § 1.º do art. 158 do Código Penal: Para o STJ, na extorsão qualificada pela restrição da liberdade da vítima incidem as majorantes contidas no § 1.º do art. 158 do Código Penal, a exemplo do "crime cometido por duas ou mais pessoas" e do "emprego de arma".

○ **Jurisprudência selecionada:**

Bem jurídico atingido – caracterização: "Pode configurar o crime de extorsão a exigência de pagamento em troca da devolução do veículo furtado, sob a ameaça de destruição do bem. De acordo com o art. 158 do CP, caracteriza o crime de extorsão 'constranger alguém, mediante violência ou grave ameaça, e com o intuito de obter para si ou para outrem indevida vantagem econômica, a fazer, tolerar que se faça ou deixar fazer alguma coisa'. A ameaça – promessa de causar um mal –, como meio de execução do crime de extorsão, deve sempre ser dirigida a uma pessoa (alguém), sujeito passivo do ato de constranger. Dessa conclusão, porém, não deriva outra: a de que a ameaça se dirija apenas à integridade física ou moral da vítima. Portanto, contanto que a ameaça seja grave, isto é, hábil para intimidar a vítima, não é possível extrair do tipo nenhuma

---

[105] A redação legal não prezou pela boa técnica. Se há requisição do Ministério Público ou da autoridade policial, não há necessidade de autorização judicial.

[106] Nesse caso deverão ser observadas as exigências impostas pelo art. 5.º, inc. XII, da Constituição Federal, e também pela Lei 9.296/1996 – Lei de Interceptação Telefônica.

limitação quanto aos bens jurídicos a que o meio coativo pode se dirigir. A propósito, conforme a Exposição de Motivos do Código Penal, 'A extorsão é definida numa fórmula unitária, suficientemente ampla para abranger todos os casos possíveis na prática'" (STJ: REsp 1.207.155-RS, rel. Min. Sebastião Reis Júnior, 6.ª Turma, j. 07.11.2013, noticiado no *Informativo* 531).

Concurso material entre roubo e extorsão: "1. Firme a jurisprudência do Superior Tribunal de Justiça, sem divergir da do Supremo Tribunal Federal, no sentido de que configura hipótese de concurso material entre os crimes de roubo e extorsão, a conduta do autor que, após subtrair bens de propriedade da vítima, a obriga, também mediante grave ameaça, a efetuar compras de outros bens, visando a obtenção de indevida vantagem econômica. 2. No caso, os fatos tais como postos na inicial acusatória revelam que, embora sob ameaça, a vítima não efetuou as compras determinadas pelo recorrido, tampouco preencheu cheques, uma vez que houve intervenção policial em tempo, caracterizando o início da execução que restou interrompida, antes de sua consumação, por força alheia à vontade do autor e/ou da vítima – figura da tentativa. 3. Decisão que não afronta a Súmula 96 deste STJ" (STJ: REsp 437.157/SP, Rel. Min. Arnaldo Esteves Lima, 5.ª Turma, j. 05.02.2009).

Consumação: "A extorsão é crime formal, o que implica dizer que a consumação do delito independe do auferimento de vantagem econômica pelo agente" (STF: RHC 118.595/DF, rel. Min. Ricardo Lewandowski, 2.ª Turma, j. 01.10.2013). *No mesmo sentido*: STJ: AgRg no HC 251.111/SP, rel. Min. Moura Ribeiro, 5.ª Turma, j. 24.09.2013.

Continuidade delitiva entre roubo e extorsão – impossibilidade: "Por não constituírem delitos da mesma espécie, não é possível reconhecer a continuidade delitiva na prática dos crimes de roubo e extorsão. Com base nesse entendimento, a Primeira Turma, por maioria, denegou a ordem de *habeas corpus*. A defesa alegou ser cabível a continuidade delitiva, pois o roubo e a extorsão teriam sido praticados contra a mesma pessoa, no mesmo lugar e em contexto semelhante. Sustentou, ainda, que os crimes são da mesma espécie, pois tangenciam o mesmo bem jurídico e revelam elementos e sanções similares. O Colegiado considerou evidente a divisão de desígnios das condutas, uma vez que o paciente já havia consumado o roubo quando passou a exigir algo que apenas a vítima podia fornecer, de modo a caracterizar a consumação do crime de extorsão" (STF: HC 114.667/SP, rel. orig. Min. Marco Aurélio, red. p/ o ac. Min. Roberto Barroso, 1.ª Turma, j. 24.04.2018, noticiado no *Informativo* 899). *No mesmo sentido*: STJ: HC 281.130/SP, rel. Min. Laurita Vaz, 5.ª Turma, j. 25.03.2014.

Continuidade delitiva entre roubo e extorsão – possibilidade: "O crime continuado evidencia pluralidade de delitos aproximados, formando unidade jurídica, por serem da mesma espécie e, pelas condições de tempo, lugar, maneira de execução e outros semelhantes, devem ser havidos como continuação do primeiro. Crimes da mesma espécie não se confundem com crimes idênticos (CP, arts. 69 e 70). Basta evidenciarem elementos fundamentais comuns; embora, formalmente (tipo legal de crime) revelem diferença, substancialmente, satisfazem a definição do art. 71. É o que acontece com o roubo e a extorsão, cometidos no mesmo contexto temporal" (STJ: REsp 1.031.683/SP, Rel. Min. Jane Silva – Desembargadora convocada do TJMG, 6.ª Turma, j. 06.11.2008).

Extorsão e concussão – distinção: "Não basta ser o agente funcionário público e haver apregoado essa condição, com intuito de intimidar a vítima, para converter, em concussão, o crime de extorsão, quando obtida a vantagem por meio de constrangimento, exercido mediante grave ameaça" (STF: HC 72.936/MG, Rel. Min. Octavio Gallotti, 1.ª Turma, j. 22.08.1995).

Extorsão qualificada pela restrição da liberdade da vítima – aplicação das majorantes previstas no § 1.º do art. 158 do Código Penal – possibilidade: "Em extorsão qualificada pela restrição da liberdade da vítima, sendo essa condição necessária para a obtenção da vantagem econômica (art. 158, § 3º, do CP), é possível a incidência da causa de aumento prevista no § 1º do art. 158 do CP (crime cometido por duas ou mais pessoas ou com emprego de arma). A Lei n. 11.923/2009 não cria um novo delito autônomo chamado de 'sequestro relâmpago', sendo apenas um desdobramento do tipo do crime de extorsão, uma vez que o legislador apenas definiu um *modus operandi* do referido delito. É pressuposto para o reconhecimento da extorsão qualificada a prática da ação prevista no *caput* do art. 158 do CP, razão pela qual não é possível dissociar o crime qualificado das circunstâncias a serem sopesadas na figura típica do art. 158. Assim, tendo em vista que o texto legal é dotado de unidade e que as normas se harmonizam, conclui-se, a partir de uma interpretação sistemática do art. 158 do CP, que o seu § 1º não foi absorvido pelo § 3º, pois, como visto, o § 3º constitui-se qualificadora, estabelecendo outro mínimo e outro máximo da pena abstratamente cominada ao crime; já o § 1º prevê uma causa especial de aumento de pena. Dessa forma, ainda que topologicamente a qualificadora esteja situada após a causa especial de aumento de pena, com esta não se funde, uma vez que tal fato configura mera ausência de técnica legislativa, que se explica pela inserção posterior da qualificadora do § 3º no tipo do art. 158 do CP, que surgiu após uma necessidade de reprimir essa modalidade criminosa. Ademais, não há qualquer impedimento do crime de extorsão qualificada pela restrição da liberdade da vítima ser praticado por uma só pessoa sem o emprego de arma, o que configuraria o crime do § 3º do art. 158 do CP sem a causa de aumento do § 1º do art. 158. Em circunstância análoga, na qual foi utilizada majorante prevista topologicamente em parágrafo anterior à forma qualificada, tal como na hipótese, o STJ decidiu que, sendo compatível o privilégio do art. 155, § 2º, do CP com as hipóteses objetivas de furto qualificado (REsp 1.193.194-MG, Terceira Seção, recurso representativo de controvérsia, *DJe* 28/8/2012), *mutatis mutandis*, não há incompatibilidade entre o furto qualificado e a causa de aumento relativa ao seu cometimento no período noturno (AgRg no AREsp 741.482-MG, Quinta Turma, *DJe* 14/9/2015; e HC 306.450-SP, Sexta Turma, *DJe* 17/12/2014)" (STJ: REsp 1.353.693/RS, rel. Min. Reynaldo Soares da Fonseca, 5.ª Turma, j. 13.09.2016, noticiado no *Informativo* 590).

Falso sequestro – extorsão – competência: "1. No crime de extorsão, a entrega do bem ocorre mediante o emprego de violência ou de grave ameaça. A vítima não age iludida: faz ou deixa de fazer alguma coisa motivada pelo constrangimento a que é exposta. Ao revés, no estelionato o prejuízo resulta de artifício, ardil, ou qualquer outro meio fraudulento capaz de induzir em erro a vítima. 2. O caso em apreço melhor se subsume, em princípio, ao crime de extorsão, pois o interlocutor teria, por meio de ligação telefônica, simulado o sequestro da irmã da vítima, exigindo o depósito de determinada quantia em dinheiro sob o pretexto de matá-la, tudo a revelar que o sujeito passivo do delito em momento algum agiu iludido, mas sim em razão da grave ameaça suportada. 3. O crime de extorsão é formal e consuma-se no local em que a violência ou a grave ameaça é exercida com o intuito de constranger alguém a fazer ou deixar de fazer alguma coisa. Inteligência da Súmula nº 96 desta Corte Superior. 4. Hipótese em que o delito foi cometido quando a vítima encontrava-se em seu local de trabalho, na cidade de Guarulhos/SP, sendo desta comarca, portanto, a competência para o processamento do feito (art. 70 do Código de Processo Penal), independentemente do lugar onde se situa a agência das contas bancárias beneficiadas" (STJ: CC 129.275/RJ, rel. Min. Laurita Vaz, 3.ª Seção, j. 11.12.2013).

Mal espiritual – grave ameaça – caracterização do delito: "Configura o delito de extorsão (art. 158 do CP) a conduta de agente que submete vítima à grave ameaça espiritual que se revelou idônea a atemorizá-la e compeli-la a realizar o pagamento de vantagem econômica indevida. Cinge-se a controvérsia a saber se a grave ameaça de mal espiritual pode configurar o crime de extorsão. O trabalho espiritual, quando relacionado a algum tipo de credo ou religião, pode ser exercido livremente, porquanto a Constituição Federal assegura a todos a liberdade de crença e de culto. No entanto, na hipótese dos autos, houve excesso no exercício dessa garantia constitucional, com o intuito de obter vantagem econômica indevida, o que caracteriza o crime do art. 158 do CP. A acusada, de uma situação inicial, em que foi voluntariamente provocada a realizar atendimento sobrenatural para fins de cura, interpelou a vítima em diversas oportunidades e a convenceu, mediante ardil, a desembolsar vultosas quantias para realizar outros rituais, não solicitados. Fez a vítima acreditar que estava acometida de mal causado por entidades sobrenaturais e que seria imprescindível sua intervenção, solicitando, para tanto, vultosas quantias. Mesmo depois de expresso pedido de interrupção dos rituais, modificou a abordagem inicial e passou a empregar grave ameaça de acabar com a vida da vítima, seu carro e de causar dano à integridade física de seus filhos, para forçá-la a desembolsar indevida vantagem econômica. A ameaça de mal espiritual, em razão da garantia de liberdade religiosa, não pode ser considerada inidônea ou inacreditável. Para a vítima e boa parte do povo brasileiro, existe a crença na existência de força ou forças sobrenaturais, manifestada em doutrinas e rituais próprios, não havendo falar que são fantasiosas e que nenhuma força possuem para constranger o homem médio. Os meios empregados foram idôneos, tanto que ensejaram a intimidação da vítima, a consumação e o exaurimento da extorsão" (STJ: REsp 1.299.021/SP, rel. Min. Rogerio Schietti Cruz, 6.ª Turma, j. 14.02.2017, noticiado no *Informativo* 598).

Meios de execução – violência à pessoa ou grave ameaça: "Para que se perfaça o delito de extorsão, é indispensável o uso de violência ou grave ameaça por parte do agente, circunstâncias sequer aventadas na denúncia, não se podendo, de outro lado, tomar a teórica exigência de quantia em dinheiro, condicionando a entrega de cópia do contrato, como indicativo de *vis compulsiva*" (STF: HC 87.441/PE, Rel. Min. Gilmar Mendes, 2.ª Turma, j. 16.12.2008).

Extorsão mediante sequestro

> **Art. 159.** Sequestrar pessoa com o fim de obter, para si ou para outrem, qualquer vantagem, como condição ou preço do resgate:
>
> Pena – reclusão, de oito a quinze anos.
>
> § 1º Se o sequestro dura mais de 24 (vinte e quatro) horas, se o sequestrado é menor de 18 (dezoito) ou maior de 60 (sessenta) anos, ou se o crime é cometido por bando ou quadrilha.
>
> Pena – reclusão, de doze a vinte anos.
>
> § 2º Se do fato resulta lesão corporal de natureza grave:
>
> Pena – reclusão, de dezesseis a vinte e quatro anos.
>
> § 3º Se resulta a morte:
>
> Pena – reclusão, de vinte e quatro a trinta anos.
>
> § 4º Se o crime é cometido em concurso, o concorrente que o denunciar à autoridade, facilitando a libertação do sequestrado, terá sua pena reduzida de um a dois terços.

Classificação:	Informações rápidas:
Crime comum	Crime hediondo (todas as modalidades).
Crime de forma livre	Crime complexo: extorsão + sequestro (+integridade física e
Crime formal, de resultado cortado ou	a vida humana para os §§ 2.º e 3.º).
de consumação antecipada	Abrange o cárcere privado (interpretação extensiva).
Crime permanente	O sujeito passivo deve ser pessoa (se animais, p.ex., haverá
Crime plurissubsistente	extorsão – CP, art. 158).
Crime de dano	Não admite modalidade culposa. Exige dolo específico.
Crime unissubjetivo *(regra)*	A vantagem deve ser **econômica e indevida** *(divergência)*.
	Admite tentativa.
	Ação penal: pública incondicionada.
	Delação premiada: causa especial de diminuição da pena
	(direito subjetivo do réu) e circunstância pessoal ou subjetiva
	(não se comunica aos demais).

○ **Objeto jurídico:** A extorsão mediante sequestro é **crime complexo**, pois resulta da fusão da extorsão (CP, art. 158) e do sequestro ou cárcere privado (CP, art. 148). A lei penal tutela dois bens jurídicos: o patrimônio e a liberdade individual. Nos §§ 2.º e 3.º do art. 159 do Código Penal também são protegidos a integridade física e a vida humana. Trata-se de crime contra o patrimônio, e não de crime contra a pessoa, pois a privação da liberdade e todas as suas consequências funcionam como meio para obtenção de vantagem como condição ou preço do resgate.

○ **Objeto material:** É a pessoa privada da sua liberdade, e também aquela atingida em seu patrimônio.

○ **Núcleo do tipo:** O núcleo do tipo é **"sequestrar"**, no sentido de privar uma pessoa da sua liberdade de locomoção por tempo juridicamente relevante. O modelo legal, no tocante à privação da liberdade, reporta-se somente à conduta de "sequestrar". O *nomen iuris* do delito é "extorsão mediante **sequestro**". O legislador não se referiu à privação da liberdade por meio de cárcere privado, e o crime não foi denominado de "extorsão mediante sequestro ou cárcere privado". No entanto, não há dúvida de que o art. 159 do Código Penal deve ser **interpretado extensivamente**, englobando também o cárcere privado (o confinamento da vítima em local fechado, com pouca ou nenhuma possibilidade de locomoção). É fundamental seja um **ser humano** a vítima privada da sua liberdade. A privação da liberdade de um animal, praticada com o propósito de obtenção de resgate, configura o crime de extorsão (art. 158 do CP). Não é necessário que a vítima seja mantida ou conduzida em local ermo, desconhecido, longínquo, solitário etc. A nota característica deste crime é ser o ofendido colocado em estado de sujeição perante o criminoso, relativamente ao seu direito de movimentar-se no espaço, como forma de obter, para si ou para outrem, alguma vantagem como condição ou preço do resgate. Pode a vítima gozar de certa liberdade, usufruir parcialmente do direito de locomover-se, mas sempre condicionado à vontade do criminoso.

○ **Meios de execução:** O art. 159 do Código Penal não contém, como meios de execução da extorsão mediante sequestro, as elementares "grave ameaça" ou "violência à pessoa", mas é óbvio que tais formas de agir, bem como qualquer outro recurso que reduza ou impossibilite a defesa da vítima, estão implícitas no verbo "sequestrar", pois não se pode imaginar um sequestro efetuado com o consentimento válido da pessoa privada da liberdade.

○ **Sujeito ativo:** Qualquer pessoa (**crime comum ou geral**). O sujeito que simula o próprio sequestro para extorquir seus familiares, mediante o auxílio de terceiros, responde pelo crime de extorsão (CP, art. 158).

○ **Sujeito passivo:** É tanto a pessoa que suporta a lesão patrimonial como também aquela privada da sua liberdade. Se a vítima for pessoa menor de 18 anos ou maior de 60 anos de idade, o crime será qualificado (CP, art. 159, § 1.º).

○ **Elemento subjetivo:** É o dolo. Não se admite a figura culposa. A lei reclama um especial fim de agir (elemento subjetivo específico), representado pela expressão **"com o fim de obter, para si ou para outrem, qualquer vantagem, como condição ou preço do resgate"**. Ausente esta finalidade, o crime será o de sequestro ou cárcere privado (art. 148 do CP).

○ **Vantagem:** O tipo penal reporta-se a "qualquer vantagem". A esmagadora maioria dos penalistas sustenta a necessidade de tratar-se de vantagem **econômica e indevida**. A interpretação sistemática da lei penal leva a esta conclusão. Como se sabe, a lei precisa ser analisada em harmonia com todo o ordenamento jurídico, não se podendo separar a parte do todo. Se a extorsão mediante sequestro ingressa no rol dos crimes contra o patrimônio, a vantagem buscada pelo sequestrador tem que ser econômica e, sobretudo, indevida, já que não basta a ele fazer justiça pelas próprias mãos, pois em caso contrário estaríamos diante de um crime contra a administração da Justiça. Além de econômica, a vantagem deve ser também **indevida**. Se a vantagem for devida estará caracterizado o delito de sequestro (CP, art. 148) e exercício arbitrário das próprias razões (CP, art. 345), em concurso formal. A vantagem (econômica e indevida) almejada pelo criminoso serve como fator de permuta para a liberdade da vítima. Na redação legal, funciona como "condição ou preço do resgate".

o **Condição ou preço do resgate:** Qual a diferença entre condição e preço do resgate? **Condição do resgate** diz respeito a qualquer tipo de comportamento, por parte do sujeito passivo, idôneo a proporcionar uma vantagem econômica ao criminoso. A vítima patrimonial faz ou deixa de fazer algo que possa beneficiar o sequestrador. **Preço do resgate** se relaciona à exigência de um valor em dinheiro ou em qualquer outra utilidade econômica. Nesse caso, o ofendido paga alguma quantia em troca da liberdade do sequestrado. A intenção de obter a vantagem como condição ou preço do resgate não precisa anteceder a privação da liberdade da vítima, podendo surgir posteriormente ao sequestro. Este pode dar-se por qualquer outro motivo, mas se ulteriormente nasce tal escopo estará delineado o crime de extorsão mediante sequestro.

o **Consumação:** Trata-se de **crime formal, de consumação antecipada ou de resultado cortado**. Consuma-se com a privação da liberdade da vítima, independentemente da obtenção da vantagem pelo agente. O juízo competente para seu processo e julgamento é o do local em que ocorre o sequestro do ofendido, com objetivo da obtenção da vantagem (art. 70, *caput*, do CPP). É suficiente ficar demonstrado que o propósito do criminoso era utilizar a privação da liberdade do ofendido como moeda de troca para conseguir alguma vantagem como condição ou preço do resgate, ainda que os sequestradores sequer consigam exigir o pagamento deste (desde, é claro, que se prove a intenção de fazê-lo). Se efetivar-se o pagamento do resgate, o crime alcançará seu exaurimento, e tal condição deve ser sopesada pelo magistrado na dosimetria da pena-base, pois as consequências do crime funcionam como circunstância judicial desfavorável ao réu (CP, art. 59, *caput*). A privação da liberdade da vítima há de ser mantida por **tempo juridicamente relevante**, apto a demonstrar o propósito do agente de tolher sua liberdade de locomoção. É dispensável seja a privação da liberdade superior a 24 horas (circunstância que autoriza a incidência da qualificadora contida no art. 159, § 1.º, do CP). Cuida-se de **crime permanente** – a consumação se prolonga no tempo, sendo possível a prisão em flagrante a qualquer tempo, enquanto perdurar a permanência, e a prescrição tem como termo inicial a data em que cessar a permanência (art. 111, III, do CP).

o **Tentativa:** É possível.

o **Ação penal:** A ação penal é pública incondicionada em todas as espécies de extorsão mediante sequestro.

o **Lei 9.099/1995:** Não se aplica, pois cuida-se de delito de elevado potencial ofensivo.

o **Figuras qualificadas:** Ocorrendo duas ou mais qualificadoras, o magistrado deve utilizar para fins de adequação típica a qualificadora mais grave, funcionando a outra (ou outras) como circunstância judicial desfavorável.

– **Se o sequestro dura mais de 24 (vinte e quatro) horas (art. 159, § 1.º):** A duração do sequestro superior a 24 horas é qualificadora de **natureza objetiva**. O tempo deve ser contado desde a privação da liberdade da vítima até sua efetiva libertação, ainda que o resgate seja pago em momento anterior. Trata-se, nessa hipótese, de **crime a prazo**, uma vez que sua existência se condiciona ao transcurso de determinado prazo legalmente previsto. Justifica-se o tratamento penal mais severo pela elevada gravidade do dano psicológico proporcionado à vítima e aos seus familiares, pois quanto mais longa é a privação da liberdade, maior é o temor relacionado ao mal a ela produzido.

– **Se o sequestrado é menor de 18 (dezoito) ou maior de 60 (sessenta) anos (art. 159, § 1.º):** Se o sequestrado for pessoa menor de 18 (dezoito) ou maior de 60 (sessenta) anos, não se aplica a agravante genérica contida no art. 61, II, *h*, do CP, sob pena de caracterização de *bis in idem*. É indiscutível que indivíduos enquadrados em tais faixas etárias têm chances reduzidas de defesa, seja pela ingenuidade de quem ainda está em processo de formação (menor de 18 anos), seja pela condição física muitas vezes já debilitada (maior de 60 anos), e os danos a elas provocados são mais sensíveis, prejudicando um desenvolvimento normal ou então uma velhice calma e sadia. A idade da vítima deve ser provada nos autos do inquérito policial ou da ação penal mediante a juntada de documento idôneo (art. 155, parágrafo único, do CPP). Quanto ao delito cometido contra pessoa menor de 18 anos de idade, considera-se, relativamente ao tempo do crime, a teoria da atividade (art. 4.º do CP). Por sua vez, no campo do crime praticado contra pessoa maior de 60 (sessenta) anos, sendo a extorsão mediante sequestro **crime permanente**, a consumação prolonga-se no tempo, incidindo a qualificadora quando a vítima foi privada de sua liberdade antes de completar 60 anos de idade, desde que o sequestro subsista após o seu sexagésimo aniversário. O erro de tipo acerca da idade da vítima afasta a qualificadora.

– **Se o crime é cometido por bando ou quadrilha (art. 159, § 1.º):** O art. 24 da Lei 12.850/2013 – Lei do Crime Organizado conferiu nova redação ao art. 288 do Código Penal, e substituiu sua nomenclatura original – "quadrilha ou bando" – por "associação criminosa".[107] Diante dessa mudança, surgiram dois posicionamentos acerca da qualificadora prevista no art. 159, § 1.º, *in fine*, do Código Penal: **1.ª posição**: A qualificadora não pode mais ser aplicada, em homenagem à taxatividade do Direito Penal, compreendida como fundamento jurídico do princípio da reserva legal. Este pensamento se alicerça na inadmissibilidade da analogia *in malam partem*: os crimes de quadrilha e de bando deixaram de existir, e a figura qualificada não faz menção ao delito de associação criminosa, e igualmente não se refere ao art. 288 do Código Penal; e **2.ª posição**: A qualificadora continua aplicável, pois o art. 288 do Código Penal não criou um novo crime. Na verdade, a Lei 12.850/2013 limitou-se a alterar o nome do delito, e também a redação do tipo penal, mas o fato incriminado – associação de pessoas para o fim de cometer crimes – continua dotado de relevância penal, embora com algumas modificações em sua estrutura. Destarte, não houve "*abolitio criminis*", conclusão a que se chega tanto pela falta de revogação formal do tipo penal, como também pela manutenção do caráter criminoso da conduta. Incide o princípio da continuidade típico-normativo, operando-se simplesmente a nomenclatura do delito. Este é o nosso entendimento. Diante da premissa da validade da qualificadora, é preciso destacar que o tipo derivado atualmente depende da associação de três ou mais pessoas para o fim específico de cometer crimes. A redação do dispositivo legal nos leva às seguintes conclusões: (a) Não é suficiente o mero concurso de pessoas – a qualificadora reclama a união estável e permanente de ao menos três pessoas, voltadas para a prática de vários crimes de extorsão mediante sequestro; e (b) A união eventual de três ou mais pessoas para a finalidade específica de cometer um delito de extorsão mediante sequestro não autoriza a incidência da qualificadora em apreço. O tratamento penal mais severo se justifica pela maior facilidade no cometimento de crimes de extorsão mediante sequestro quando para tanto há uma associação de pelo menos três pessoas. Além disso, a sociedade sente-se cada dia mais ameaçada por esta violenta forma de criminalidade, a qual

---

[107] A redação original do art. 288 do Código Penal era a seguinte: **Quadrilha ou bando** – "Art. 288. Associarem-se mais de três pessoas, em quadrilha ou bando, para o fim de cometer crimes." E esta é atual redação, atribuída pela Lei 12.850/2013: **Associação criminosa** – "Art. 288. Associarem-se 3 (três) ou mais pessoas, para o fim específico de cometer crimes." Em ambos os casos, a pena cominada é de reclusão, de 1 a 3 anos.

serve, na verdade, como importante fonte para manutenção e desenvolvimento de organizações criminosas. Diversos penalistas sustentam a impossibilidade de concurso material entre esta forma de extorsão qualificada e a associação criminosa (art. 288 do CP). Para quem pensa desta forma, a qualificadora absorve o delito contra a paz pública, medida necessária para afastar o *bis in idem*. Não concordamos, pois a extorsão mediante sequestro e a associação criminosa apresentam objetividades jurídicas diversas e são delitos que se consumam em momentos diversos.

– **Se do fato resulta lesão corporal de natureza grave ou se resulta a morte (art. 159, §§ 2.º e 3.º):** No roubo e na extorsão só existe a qualificadora quando a lesão corporal de natureza grave ou a morte resultam da "violência". Na extorsão mediante sequestro a qualificadora resta delineada quando o resultado agravador emana do "fato", e não necessariamente da violência. É possível, portanto, seja o resultado agravador provocado pela grave ameaça (violência moral) ou pela violência imprópria. É necessário que o resultado agravador atinja a pessoa sequestrada. Se a lesão corporal de natureza grave (ou gravíssima) ou a morte for suportada por outra pessoa, esta circunstância implica o surgimento do concurso de crimes entre extorsão mediante sequestro e homicídio (doloso ou culposo) ou lesão corporal grave ou gravíssima (ou culposa). Em relação à morte, é indiferente tenha sido esta provocada dolosa ou culposamente. A extorsão mediante sequestro qualificada pela lesão corporal de natureza grave ou morte não se enquadra, obrigatoriamente, como crime preterdoloso, mas a causação dolosa do resultado agravador reclama seja a pena-base aplicada em patamar mais elevado (art. 59, *caput*, do CP). Se o resultado agravador for produzido por caso fortuito, força maior ou culpa de terceiro, não incide a qualificadora (art. 19 do CP).

○ **Delação premiada (art. 159, § 4.º):** Cuida-se de **causa especial de diminuição da pena** que encontra origem no chamado "direito premial" – o Estado concede um prêmio ao criminoso arrependido que decide colaborar com a persecução penal. O instituto não pode ser aplicado por Delegados de Polícia ou membros do Ministério Público. Em se tratando de causa de diminuição da pena, o reconhecimento da delação premiada é tarefa exclusiva do Poder Judiciário, que há de concedê-la ou negá-la na terceira e última etapa de dosimetria da pena privativa de liberdade. A delação premiada, na extorsão mediante sequestro, depende de **quatro requisitos cumulativos**: (a) cometimento de um crime de extorsão mediante sequestro; (b) crime praticado em concurso de pessoas; (c) denúncia por parte de um dos criminosos à autoridade (o coautor ou partícipe deve, minuciosamente, delatar o fato à autoridade, compreendida como qualquer agente público ou político com legitimidade para encetar diligências aptas a promover a libertação da vítima); e (d) facilitação na libertação do sequestrado (a delação deve ser **eficaz**, no sentido de contribuir decisivamente para a libertação da pessoa sequestrada, não sendo a pena diminuída se o sequestrado foi solto por outro motivo qualquer, diverso da informação prestada pelo criminoso). Presentes os requisitos legais, a pena deve ser diminuída. Cuida-se de direito subjetivo do réu. A fórmula a ser utilizada é a seguinte: quanto maior a colaboração para a libertação da vítima, maior a diminuição, e quanto menor a contribuição, menor a diminuição. Além disso, constitui-se em **circunstância pessoal** ou **subjetiva**, não se comunicando aos demais coautores ou partícipes que não denunciaram o fato à autoridade (art. 30 do CP).

○ **Delação premiada e perdão judicial da Lei 9.807/1999:** Presentes os requisitos legais, o coautor ou partícipe que, no campo da extorsão mediante sequestro, efetuar a delação premiada, poderá ser beneficiado com o perdão judicial, com a consequente extinção da punibilidade (CP, art. 107, IX), a ele não se limitando o restrito instituto disciplinado pelo art. 159, § 4.º, do Código Penal. É o que se conclui da análise do art. 13, II e parágrafo único, da Lei 9.807/1999. O criminoso há de ser primário, condição pessoal dispensada pelo art. 159,

§ 4.º, do Código Penal, e deve atender a diversas outras condições, expressamente indicadas pelo parágrafo único do art. 13 da Lei 9.807/1999.

– **Lei do Crime Organizado e colaboração premiada:** A Lei 12.850/2013, em seu art. 4.º, V, prevê uma hipótese de colaboração premiada diretamente relacionada à extorsão mediante sequestro, ao admitir seus benefícios ao colaborador integrante de organização criminosa que tenha colaborado efetiva e voluntariamente com a investigação e o processo criminal, desde que dessa colaboração advenha 'a localização de eventual vítima com a sua integridade física preservada'. De forma inovadora, a Lei do Crime Organizado elenca amplos prêmios ao colaborador, a exemplo do perdão judicial (art. 4.º, *caput*) e, principalmente, do acordo de imunidade (art. 4.º, § 4.º).

○ **Extorsão mediante sequestro e Lei dos Crimes Hediondos:** A extorsão mediante sequestro, em todas as suas modalidades, é **crime hediondo** (art. 1.º, IV, da Lei 8.072/1990 – Lei dos Crimes Hediondos). O art. 6.º desta mesma lei elevou a pena privativa de liberdade de todas as formas de extorsão mediante sequestro. Mas a Lei 8.072/1990 incidiu em um grande equívoco ao deixar de cominar ao crime, em todas as suas variantes, a pena de multa. Em um crime motivado por uma especial forma de motivo torpe, a cupidez, consubstanciada na busca desenfreada pelo locupletamento ilícito, a sanção pecuniária é de fundamental importância. Nessas situações, o Estado deve, mediante a imposição da pena, atacar o patrimônio do condenado que revelou desprezo relativamente aos bens alheios.

○ **Extorsão mediante sequestro e tráfico de pessoas – meios especiais de prevenção e repressão:** Diante da possível ligação da extorsão mediante sequestro com o tráfico de pessoas, o art. 13-A do Código de Processo Penal estatui que o membro do Ministério Público ou o Delegado de Polícia poderá requisitar **diretamente**, de quaisquer órgãos do poder público ou de empresas da iniciativa privada, dados e informações cadastrais da vítima ou de suspeitos. A requisição deverá ser atendida no prazo de 24 horas, e conterá: (a) o nome da autoridade requisitante; (b) o número do inquérito policial (ou então do procedimento investigatório criminal – PIC – em caso de investigação conduzida diretamente pelo *Parquet*); e (c) a identificação da unidade de polícia judiciária – ou do Ministério Público, na hipótese de PIC – responsável pela investigação. De seu turno, o art. 13-B do Código de Processo Penal estabelece que, se necessário à prevenção e à repressão dos crimes relacionados ao tráfico de pessoas, o membro do Ministério Público ou o delegado de polícia poderão requisitar, **mediante autorização judicial,**[108] às empresas prestadoras de serviço de telecomunicações e/ou telemática que disponibilizem imediatamente os meios técnicos adequados – como sinais, informações e outros – que permitam a localização da vítima ou dos suspeitos do delito em curso. Se não houver manifestação judicial no prazo de 12 (doze) horas, a autoridade competente – membro do MP ou Delegado de Polícia – requisitará às empresas prestadoras de serviço de telecomunicações e/ou telemática que disponibilizem imediatamente os meios técnicos adequados – como sinais, informações e outros – que permitam a localização da vítima ou dos suspeitos do delito em curso, com imediata comunicação ao juiz. O § 1.º do art. 13-B do Código de Processo Penal apresenta o **conceito de sinal**, para fins de investigação e repressão ao tráfico de pessoas. Trata-se do posicionamento da estação de cobertura, setorização e intensidade de radiofrequência. Por sua vez, o § 2.º prevê algumas restrições, pois o sinal: I – não permitirá acesso ao conteúdo da comunicação de qualquer natureza, que dependerá de autorização judicial, conforme disposto em lei;[109] II – deverá ser fornecido pela

---

108 A redação legal não prezou pela boa técnica. Se há requisição do Ministério Público ou da autoridade policial, não há necessidade de autorização judicial.

109 Nesse caso deverão ser observadas as exigências impostas pelo art. 5º, inc. XII, da Constituição Federal, e também pela Lei 9.296/1996 – Lei de Interceptação Telefônica.

prestadora de telefonia móvel celular por período não superior a 30 (trinta) dias, renovável por uma única vez, por igual período; III – para períodos superiores àquele de que trata o inciso II, será necessária a apresentação de ordem judicial. Na hipótese do art. 13-B do Código de Processo Penal, o inquérito policial deverá ser instaurado no prazo máximo de 72 (setenta e duas) horas, contado do registro da respectiva ocorrência policial. Essa regra é igualmente aplicável ao procedimento investigatório criminal instaurado e conduzido pelo Ministério Público.

○ **Jurisprudência selecionada:**

Consumação: "Extorsão mediante sequestro. Crime permanente. Consumação. Reiterado entendimento pretoriano sobre operar-se tal crime no local do sequestro da vítima, e não no da entrega do resgate" (STJ: EDcl no HC 5.826/CE, Rel. Min. José Dantas, 5.ª Turma, j. 18.11.1997).

Delação premiada – direito subjetivo do réu: "A 'delação premiada' prevista no art. 159, § 4º, do Código Penal é de incidência obrigatória quando os autos demonstram que as informações prestadas pelo agente foram eficazes, possibilitando ou facilitando a libertação da vítima" (STJ: HC 26.325/ES, Rel. Min. Gilson Dipp, 5.ª Turma, j. 24.06.2003).

Duração da privação da liberdade: "Para a concretização do crime do art. 159 do CPB é dispensável que a privação da liberdade da vítima seja superior a 24 horas. Tal só se exige para a incidência da qualificadora do § 1º do referido artigo; todavia, na hipótese, a referida qualificadora foi aplicada porque a vítima era maior de 60 anos e não em razão do tempo de duração do sequestro. Cuidando-se de crime formal, sequestrada a vítima e exigido o resgate, ocorre a consumação, ainda que não se tenha conseguido a vantagem econômica almejada (Súmula 96/STJ)" (STJ: HC 86.127/RJ, Rel. Min. Napoleão Nunes Maia Filho, 5.ª Turma, j. 21.02.2008).

Extorsão mediante sequestro qualificada e associação criminosa – concurso de crimes: "Nos termos da jurisprudência desta Corte Superior, por se tratarem de delitos autônomos e independentes e por serem distintos os bens jurídicos tutelados, é possível a coexistência entre o crime de extorsão mediante sequestro, majorado pelo concurso de agentes, com o de formação de quadrilha ou bando (atualmente nomeado associação criminosa)" (STJ: HC 289.885/SP, rel. Min. Maria Thereza de Assis Moura, 6.ª Turma, j. 27.05.2014). *No mesmo sentido*: "Em princípio, é possível considerar a circunstância da existência de quadrilha como circunstância qualificadora do crime de extorsão mediante sequestro e, ao mesmo tempo, tê-la também em conta para firma o crime autônomo, porquanto a objetividade jurídica dos tipos (quadrilha e extorsão qualificada) são autônomas e independentes. Precedentes desta Corte e do Supremo" (STJ: HC 59.305/PR, rel. Min. Maria Thereza de Assis Moura, 6.ª Turma, j. 05.05.2009).

Objetividade jurídica e consumação: "1. O delito previsto no art. 159 do Código Penal é crime complexo, que ofende ao mesmo tempo o patrimônio e a liberdade da vítima. Em sua forma qualificada – com resultado morte – fere ainda um terceiro bem jurídico, a vida, razão porque é punido de forma mais rigorosa. [...] 3. 'A extorsão mediante sequestro, como crime formal ou de consumação antecipada, opera-se com a simples privação da liberdade de locomoção da vítima, por tempo juridicamente relevante. Ainda que o sequestrado não tenha sido conduzido ao local de destino, o crime está consumado' (MIRABETE, Julio Fabbrini. *Código Penal Interpretado*. 6ª edição. São Paulo: Atlas. 2007, pág. 1.476). 4. No caso, tem-se que a vítima foi surpreendida em um quarto de hotel, chegando a ser algemada para viabilizar o seu transporte para o local do cativeiro, não restando dúvidas acerca da consumação do delito. 5. 'A extorsão mediante sequestro, qualificada pelo resultado morte, não se descaracteriza quando a morte do próprio sequestrado ocorre, como no caso, *no próprio momento de sua apreensão*' (RHC 1.846/GO, Rel. Min. Assis Toledo, *DJ* de 20.4.92)" (STJ: HC 113.978/SP, rel. Min. Og Fernandes, 6.ª Turma, j. 16.09.2010).

Perdão judicial: "1. Não preenchimento dos requisitos do perdão judicial previsto no artigo 13 da Lei 9.807/99. Paciente investigador de Polícia, envolvido com extorsão mediante sequestro. Circunstância que denota maior reprovabilidade da conduta, afastando a concessão do benefício. 2. A delação do paciente contribuiu para a identificação dos demais corréus, ao contrário do entendimento esposado pelo Tribunal de origem, pois, inclusive, exerceu papel essencial para o aditamento da denúncia" (STJ: HC 49.842/SP, rel. Min. Hélio Quaglia Barbosa, 6.ª Turma, j. 30.05.2006).

Tentativa: "Tentativa plenamente configurada quando comparsas do paciente, de arma em punho, se acercaram do veículo em que se achava a pessoa visada, devendo-se a não consumação do crime – a que bastaria, ressalte-se, a simples privação da liberdade dessa, independentemente da obtenção da vantagem pretendida –, à circunstância de haver a vítima logrado escapar à ação dos agentes, ao perceber a aproximação destes" (STF: HC 81.647/PB, rel. Min. Ilmar Galvão, 1.ª Turma, j. 16.04.2002).

Extorsão indireta

> **Art. 160.** Exigir ou receber, como garantia de dívida, abusando da situação de alguém, documento que pode dar causa a procedimento criminal contra a vítima ou contra terceiro:
>
> Pena – reclusão, de um a três anos, e multa.

Classificação:	Informações rápidas:
Crime comum	Modalidade especial de extorsão (proteção do patrimônio e liberdade individual).
Crime formal ("exigir") ou material ("receber")	Pune-se o credor extorsionário (o devedor não é punido).
Crime doloso	**Não admite modalidade culposa.** Exige dolo de aproveitamento.
Crime de forma livre	
Crime unissubjetivo *(regra)*	Admite tentativa.
Crime plurissubsistente *(regra)*	**Ação penal:** pública incondicionada.
Crime instantâneo	**Concurso de crimes:** extorsão indireta absorve crime de usura; se houver instauração de procedimento criminal haverá concurso material com denunciação caluniosa.

o **Introdução:** A conduta delineada pelo art. 160 do Código Penal representa uma ofensa ao interesse jurídico da normalidade das relações entre credor e devedor. Com a sua incriminação, a lei cria uma modalidade especial de extorsão, com a qual busca resguardar o sujeito economicamente fraco em face do indivíduo economicamente forte.

o **Objeto jurídico:** A lei penal protege o patrimônio, bem como a liberdade individual, pois a vítima, em razão da sua necessidade econômica, é constrangida a fazer o que a lei não manda.

o **Objeto material:** É o documento, público ou privado, que pode dar causa a procedimento criminal contra a vítima ou contra terceiro, pois se destina a encenar a prática de um crime. A caracterização do crime independe da efetiva instauração do procedimento criminal contra a vítima ou contra terceiro. A possibilidade de instauração de procedimento criminal não se confunde com a certeza ou possibilidade de condenação. O documento deve ser exigido ou recebido como garantia de dívida. Esta garantia repousa na ameaça que o documento representa contra o devedor. Dívida é a prestação em dinheiro a que alguém se obriga, decorrente de contrato de qualquer natureza (art. 160 do CP).

○ **Núcleos do tipo: Exigir** e **receber. Exigir** é obrigar alguém a fazer algo. A iniciativa é do extorsionário, que exige da vítima, como garantia de dívida e abusando de sua situação, um documento apto a dar causa a procedimento criminal contra ela ou contra terceiro. O agente impõe uma condição indispensável (*sine qua non*) para a concessão do crédito desejado pela vítima. **Receber** equivale a entrar na posse de algo. Nesse caso, a iniciativa é da vítima, que, em garantia de dívida e não possuindo outros meios para alcançar o crédito necessitado, oferece ao sujeito (que o recebe) um documento idôneo a autorizar a instauração de procedimento criminal contra ela ou contra terceiro. É imprescindível tenha o agente o conhecimento acerca da possibilidade de que se reveste o documento para deflagrar um procedimento criminal contra a vítima ou outra pessoa qualquer. O agente deve efetuar a exigência ou recebimento do documento abusando da peculiar situação em que alguém se encontra, ou seja, ele se aproveita do estado de aflição da vítima para exigir ou receber, como garantia de dívida, um documento público ou particular apto a iniciar um procedimento criminal.

○ **Sujeito ativo:** Qualquer pessoa (**crime comum**).

○ **Sujeito passivo:** É a pessoa que se submete à exigência do extorsionário ou a ele oferece o documento como garantia de dívida, e também a terceira pessoa em relação à qual pode ser instaurado procedimento criminal, em consonância com expressa previsão legal, já que o documento entregue pelo devedor ao credor é idôneo a prejudicar interesses alheios.

○ **Elemento subjetivo:** É o dolo, acrescido de uma finalidade específica (elemento subjetivo específico), consistente na intenção de obter o documento como garantia de dívida, abusando da situação de dificuldade econômica da vítima. É o chamado **dolo de aproveitamento**. Não se admite a modalidade culposa.

○ **Consumação:** Na modalidade **"exigir"**, o crime é **formal, de consumação antecipada ou de resultado cortado**: consuma-se com a mera exigência, ainda que em razão dela não sobrevenha a tradição do documento. No núcleo **"receber"**, no qual não há a prévia imposição do credor, o crime é **material ou causal**, aperfeiçoando-se com a efetiva entrega do documento pelo devedor ao credor. Uma vez comprovada a extorsão indireta, nenhum crime poderá ser imputado ao devedor, mesmo que o documento tenha sido colocado em circulação e transferido a terceiro de boa-fé. Somente o credor originário, e extorsionário, é que responderá criminalmente, tanto pela extorsão indireta como pelo crime resultante da transferência do documento (estelionato ou uso de documento falso), não se podendo falar em concurso de pessoas com a vítima da extorsão indireta, pois ausente o vínculo subjetivo para colaborar com o delito alheio.

○ **Tentativa:** É possível, tanto na forma "exigir" quanto na modalidade "receber".

○ **Ação penal:** É pública incondicionada.

○ **Lei 9.099/1995:** A pena mínima cominada em abstrato (1 ano) autoriza a classificação da extorsão indireta como **crime de médio potencial ofensivo**, compatível com a suspensão condicional do processo (art. 89 da Lei 9.099/1995).

○ **Concurso entre o crime de extorsão indireta e denunciação caluniosa:** A consumação do crime de extorsão indireta ocorre independentemente da instauração do procedimento criminal contra a vítima ou contra terceiro. Se, entretanto, for iniciado o procedimento criminal, estará caracterizada a denunciação caluniosa (art. 339 do CP). Ambos os crimes devem ser imputados ao agente, em concurso material. Não há falar em absorção da denunciação caluniosa pela extorsão indireta, uma vez que não se trata de fato posterior (*post factum*) impunível. Com efeito, os bens jurídicos penalmente tutelados são diversos: aquele é crime contra a administração da justiça, enquanto este desponta como crime contra o patrimônio.[110]

○ **Jurisprudência selecionada:**

Objeto material – cheque pré-datado: "Penal. Extorsão indireta. Para a configuração do delito de extorsão indireta, é necessário que o documento exigido ou recebido pelo credor se preste a instauração de procedimento criminal viável contra o devedor, o que não ocorre com o cheque pré-datado, dado em garantia de dívida, porquanto a sua emissão, em tais condições, não constitui crime" (STJ: REsp 1.094/RJ, Rel. Min. Costa Leite, 6.ª Turma, j. 12.12.1989).

Capítulo III –
DA USURPAÇÃO

○ **Conceito:** A palavra "usurpar" tem o sentido de "apossar-se violentamente", "adquirir com fraude", "alcançar sem direito", "exercer indevidamente", "tomar à força", "obter por fraude", ou, ainda, de "assumir o exercício de algo por fraude, artifício ou força".[111]

○ **Objeto jurídico:** Na seara dos crimes contra o patrimônio, os delitos previstos neste capítulo tutelam, em regra, os bens imóveis, salvo no tocante à figura típica delineada pelo art. 162 do Código Penal (supressão ou alteração de marca em animais), que tem como objeto material o gado ou rebanho. Seria mais correto que tal crime estivesse inserido em outro capítulo do Título II da Parte Especial do Código Penal, reservando-se o Capítulo III unicamente para crimes cometidos contra bens imóveis. De fato, na impossibilidade física e legal de serem furtados ou roubados bens imóveis, pois são insuscetíveis de apreensão e transporte, os arts. 155 e 157 do Código Penal contêm como elementares em seus tipos penais somente a coisa alheia "móvel", valendo-se o legislador da usurpação para punir a conduta daquele que indevidamente, ou seja, com fraude, violência à pessoa ou grave ameaça, incorpora ao seu patrimônio uma coisa alheia imóvel.

○ **Fundamento:** Os crimes atinentes à usurpação encontram seu fundamento de validade no art. 5.º, *caput*, da Constituição Federal, que assegura a todos o direito à propriedade. Tais delitos, portanto, são legítimos no âmbito de uma teoria constitucionalista do Direito Penal.

Alteração de limites

> **Art. 161.** Suprimir ou deslocar tapume, marco, ou qualquer outro sinal indicativo de linha divisória, para apropriar-se, no todo ou em parte, de coisa imóvel alheia:
>
> Pena – detenção, de um a seis meses, e multa.
>
> § 1º Na mesma pena incorre quem:

---

110   Com igual conclusão: CAPEZ, Fernando. *Curso de Direito Penal*. 8. ed. São Paulo: Saraiva, 2008. v. 2, p. 477.

111   FERREIRA, Aurélio Buarque de Holanda. *Novo Dicionário da Língua Portuguesa*. 2. ed. Rio de Janeiro: Nova Fronteira, 1986. p. 1744-1748.

Usurpação de águas

> I – desvia ou represa, em proveito próprio ou de outrem, águas alheias;

Esbulho possessório

> II – invade, com violência a pessoa ou grave ameaça, ou mediante concurso de mais de duas pessoas, terreno ou edifício alheio, para o fim de esbulho possessório.
>
> § 2º Se o agente usa de violência, incorre também na pena a esta cominada.
>
> § 3º Se a propriedade é particular, e não há emprego de violência, somente se procede mediante queixa.

Classificação:	Informações rápidas:
Crime próprio (só alteração de limites) Crime comum (usurpação de águas e esbulho possessório) Crime formal Crime doloso Crime de forma livre Crime não transeunte Crime unissubjetivo (*regra*) Crime plurissubsistente (*regra*) Crime instantâneo Crime permanente (só esbulho possessório)	**Abrange três crimes:** alteração de limites, usurpação de águas e esbulho possessório. **Não admitem modalidade culposa.** Exigem dolo específico. Crimes formais e não transeuntes. Admitem tentativa. **Ação penal:** propriedade particular e sem violência – ação penal privada; propriedade pública e propriedade privada **com** violência – ação penal pública incondicionada. **Concurso material obrigatório:** pena do art. 161 + pena correspondente ao crime provocado pela violência. **Esbulho possessório e competência:** imóveis construídos pelo SFH – Justiça Comum Estadual; imóveis de autarquias ou empresas da União – Justiça Comum Federal.

○ **Introdução:** O art. 161 do Código Penal contém três crimes distintos: alteração de limites (*caput*), usurpação de águas (§ 1.º, I) e esbulho possessório (§ 1.º, II).

○ **Ação penal:** Em regra, são delitos de **ação penal privada**. Estatui o § 3.º do art. 161 do Código Penal: "Se a propriedade é particular, e não há emprego de violência, somente se procede mediante queixa." *A contrario sensu*, tratando-se de propriedade pública, ou então de crime cometido com emprego de violência, a ação penal será pública incondicionada. Se houver utilização de violência para a execução do delito, opera-se a regra do **concurso material obrigatório,** sendo imputados ao sujeito dois crimes: o relativo à usurpação e o emanado da violência.

○ **Lei 9.099/1995:** Os três delitos previstos no artigo se enquadram na definição prevista no art. 61 da Lei 9.099/1995, atinente às **infrações penais de menor potencial ofensivo**.

○ **Alteração de limites (art. 161, *caput*)**

– **Objeto jurídico:** É o patrimônio, relativamente à propriedade e à posse legítima de **bens imóveis**.

– **Objeto material:** O tapume, o marco ou qualquer outro sinal de linha divisória.

– **Núcleos do tipo:** A conduta criminosa consiste em suprimir ou deslocar tapume, marco ou qualquer outro sinal indicativo de linha divisória, de modo a tornar dúbios os limites do imóvel. Há dois núcleos: **suprimir**, que equivale a eliminar alguma coisa, fazendo-a desaparecer, e **deslocar,** que significa mudar o local em que algo se encontrava originariamente. Os dois verbos indicam um comportamento comissivo, mas nada obsta a prática do delito por omissão imprópria (CP, art. 13, § 2.º), quando o sujeito tiver o dever jurídico de proteger o imóvel e dolosamente não impedir sua apropriação total ou parcial por terceiro que suprime ou desloca linha divisória.

– **Elemento normativo do tipo:** A conduta penalmente ilícita há de recair sobre coisa imóvel "alheia".

– **Sujeito ativo:** Somente o proprietário do imóvel contíguo àquele em que é realizada a alteração de limites (**crime próprio**). Há discussão doutrinária acerca da possibilidade de o **possuidor** do bem limítrofe praticar o delito em apreço. Para os que defendem esta possibilidade, o fundamento jurídico encontra-se nos arts. 1.238 a 1.240 do Código Civil, que permitem a usucapião de bens imóveis. Magalhães Noronha incluía, ainda, entre os sujeitos ativos do crime, o futuro comprador do imóvel, que poderia suprimir ou deslocar linhas divisórias, visando obter uma vantagem quando da aquisição do imóvel.[112]

– **Sujeito passivo:** É o proprietário ou possuidor do imóvel em que a conduta típica é realizada.

– **Elemento subjetivo:** É o dolo. Reclama-se também um especial fim de agir: "apropriar-se, no todo ou em parte, de coisa imóvel alheia". Na ausência deste elemento subjetivo específico, o fato poderá caracterizar outro delito, como dano (CP, art. 163), furto (CP, art. 155), fraude processual (CP, art. 347) ou exercício arbitrário das próprias razões (CP, art. 345), dependendo das circunstâncias do caso concreto e do móvel do crime. Não se admite a modalidade culposa.

– **Consumação:** O crime é **formal, de consumação antecipada ou de resultado cortado**: consuma-se com a efetiva supressão ou deslocamento do tapume, marco ou outro sinal divisório, independentemente da apropriação total ou parcial do imóvel alheio, que funciona como exaurimento do delito. Além disso, cuida-se de **crime não transeunte**, pois sua execução deixa vestígios de ordem material. A prova da materialidade do fato depende de exame pericial (art. 158 do CPP).

– **Tentativa:** É possível, tal como na hipótese do sujeito flagrado enquanto tentava deslocar o sinal demarcativo do imóvel vizinho à sua propriedade.

Usurpação de águas (art. 161, § 1.º, I)

– **Objetividade jurídica:** É a inviolabilidade patrimonial imobiliária, no que se refere à utilização e gozo das águas por seu titular.

– **Objeto material:** São as águas, consideradas parte do solo, nos termos do art. 79 do Código Civil. As águas alheias podem ser públicas ou particulares, correntes ou estagnadas, perenes ou temporárias, nascentes ou pluviais, ou até mesmo subterrâneas.

– **Núcleos do tipo:** A conduta criminosa consiste em **desviar** (mudar o rumo do curso d'água) ou **represar** (impedir que as águas corram normalmente), em proveito próprio ou de outrem, águas alheias. Tais núcleos evidenciam um comportamento positivo do agente, mas o delito pode ser praticado por omissão, quando o sujeito ostentar o dever de agir (CP, art. 13, § 2.º) e dolosamente não impedir o resultado criminoso.

– **Elemento normativo do tipo:** Evidencia-se pelo termo "alheias": as águas alheias podem ser públicas ou particulares. Não há crime quando se tratar de águas incorporadas ao imóvel de propriedade daquele que as represa (art. 1.292 do CC).

– **Sujeito ativo:** Qualquer pessoa (**crime comum**).

– **Sujeito passivo:** É o proprietário ou possuidor do imóvel do qual as águas foram usurpadas (pessoa física ou jurídica).

– **Elemento subjetivo:** É o dolo. Exige-se também um especial fim de agir, consistente na finalidade do agente em desviar ou represar águas alheias "em proveito próprio ou de outrem". Se

---

[112] MAGALHÃES NORONHA, E. *Direito penal*. 9. ed. São Paulo: Saraiva, 1973. v. 2, p. 284.

o sujeito assim age unicamente para prejudicar a vítima, o crime será o de dano (CP, art. 163). Não se admite a forma culposa.

– **Consumação:** Opera-se com o desvio ou represamento das águas alheias, independentemente do efetivo proveito próprio ou de terceiro e do prejuízo à vítima. Trata-se de **crime formal, de consumação antecipada ou de resultado cortado**. Constitui-se em **crime não transeunte**, pois da sua prática sobram vestígios de ordem material – a prova da materialidade do fato depende de exame pericial (art. 158 do CPP).

– **Tentativa:** É possível.

○ **Esbulho possessório (art. 161, § 1.º, II)**

– **Objeto jurídico:** É o patrimônio, no tocante à propriedade e, especialmente, à posse legítima de um imóvel, bem como a integridade física e a liberdade individual da pessoa humana atingida pela conduta criminosa.

– **Objeto material:** O imóvel invadido e a pessoa que suporta a violência ou a grave ameaça. O imóvel esbulhado pode ser um terreno ou edifício, público[113] ou particular. **Terreno** é a gleba de terra sem construção, enquanto **edifício** é a construção realizada com alvenaria, madeira ou outro material qualquer, em regra destinada à ocupação pelo ser humano, podendo ser um prédio, uma casa, um barracão ou algo análogo. Em ambos os casos é imprescindível tratar-se de **imóvel alheio**, por expressa previsão legal. É perfeitamente possível a prática do delito na zona urbana.

– **Núcleo do tipo:** É "invadir", ingressar à força em algum local, com o propósito de dominá-lo. A invasão pode ser executada mediante violência à pessoa, grave ameaça e concurso de mais de duas pessoas (art. 161, § 1.º, II, do CP).

– **Meios de execução: Violência à pessoa,** também conhecida como *vis absoluta*, é o emprego de força física contra alguém, que pode ser o proprietário da área invadida ou pessoa diversa responsável pelo zelo do local. A violência contra a coisa não caracteriza o delito. Se o crime for praticado com emprego de violência à pessoa, incide a regra do **concurso material obrigatório** – ao agente serão imputados o esbulho possessório e o delito produzido pela violência (art. 161, § 2.º, CP). É crime de ação penal pública incondicionada (art. 161, § 3.º, do CP). **Grave ameaça** (violência moral ou *vis compulsiva)* é a intimidação mediante a demonstração da intenção de causar a alguém um mal relevante, direta ou indiretamente, no momento atual ou em futuro próximo. A promessa de provocação de grave dano deve ser idônea a incutir temor na vítima, e possível de realização. Prescinde-se da **injustiça** do mal prometido, ao contrário do que se dá no crime tipificado pelo art. 147 do Código Penal. A ameaça não depende da presença do ameaçado e divide-se em **direta** ou **indireta**, verificando-se esta última quando o mal prometido é endereçado a terceira pessoa, em relação ao qual o coagido encontra-se ligado por laços de parentesco ou de amizade. A violência imprópria ou meio sub-reptício não caracteriza o crime tipificado pelo art. 161, § 1.º, II, do Código Penal. O esbulho possessório perpetrado com grave ameaça, em propriedade privada, é crime de ação penal privada (CP, art. 161, § 3.º). **Concurso de mais de duas pessoas:** a pluralidade de agentes desempenha o papel de **elementar** do tipo penal. A multiplicidade de pessoas acarreta invasão forçada do imóvel alheio, mesmo se realizada sem violência à pessoa ou grave ameaça, pois torna muito mais difícil a defesa do terreno ou edifício pelo seu titular. Denota-se, pois, uma presunção de violência. Somente duas pessoas não são suficientes para a configuração do esbulho possessó-rio – exigem-se mais de duas pessoas. Há duas posições sobre o assunto: (**1.ª**) Bastam 3 (três) pessoas para o aperfeiçoamento do esbulho possessório, pois o tipo penal foi peremptório ao reclamar a presença de "mais de duas pessoas"; e (**2.ª**) Exigem-se no mínimo 4 (quatro) sujeitos envolvidos na prática do delito.

---

[113] Quando o imóvel for público, a ação penal será pública incondicionada, ainda que o delito seja cometido sem violência à pessoa (CP, art. 161, § 3.º).

– **Sujeito ativo:** Qualquer pessoa (**crime comum**), menos o proprietário do imóvel, uma vez que o tipo penal reclama seja a invasão efetuada em terreno ou edifício "alheio".

– **Sujeito passivo:** É o proprietário ou possuidor legítimo de um imóvel, bem como qualquer outro indivíduo que seja atacado pela violência ou grave ameaça.

– **Elemento subjetivo:** É o dolo, acompanhado de um especial fim de agir (elemento subjetivo específico), consubstanciado na expressão "para o fim de esbulho possessório". A finalidade do agente deve ser a ocupação total ou parcial do terreno ou edifício alheio. A invasão despida deste propósito constituirá mero ilícito civil, salvo no concernente à violência, contra a pessoa ou contra a coisa, que poderá caracterizar outro delito. Se o agente invade propriedade alheia apenas para contrariar seu titular, o delito será o de violação de domicílio (CP, art. 150). Se a invasão tiver o escopo de satisfazer pretensão, embora legítima, de alguém, restará delineado o crime de exercício arbitrário das próprias razões (CP, art. 345).

– **Esbulho possessório, invasão de propriedades rurais e reforma agrária:** Nos últimos anos, as invasões de propriedades, especialmente as situadas em área rural, têm sido muito frequentes. Tais condutas são praticadas por um número elevado de pessoas e, não raramente, com emprego de grave ameaça e violência. Tais invasões de propriedades são legítimas ou caracterizam esbulho possessório? E, se afirmativa a resposta, é possível falar na caracterização do delito de associação criminosa? Duas posições se formaram sobre o tema: (**1.ª**) Não há crime, por se tratar de movimento social destinado a pressionar as autoridades a dinamizar a reforma agrária; não configura o delito de esbulho possessório, porque ausente o elemento subjetivo do tipo;[114] (**2.ª**) As invasões de propriedades rurais (e também urbanas), ainda que amparadas em uma suposta busca incessante pela reforma agrária e regular distribuição de terras no Brasil, podem caracterizar crime de esbulho possessório. Consequentemente, é perfeitamente possível a caracterização da associação criminosa, na forma traçada pelo art. 288 do Código Penal, quando três ou mais pessoas se unem, de forma estável e permanente, em organizações, movimentos ou qualquer que seja a denominação atribuída a tais grupos, para o fim específico de cometer crimes, entre eles o tipificado pelo art. 161, § 1.º, II, do Código Penal.

– **Consumação:** Dá-se com a invasão do terreno ou edifício alheio, ainda que seu titular não seja privado da posse. O crime é **formal, de consumação antecipada ou de resultado cortado**. Cuida-se de **crime instantâneo**, mas, se a ocupação prolongar-se no tempo, com a presença do invasor ou de seus asseclas, adquire o rótulo de **permanente**.

– **Tentativa:** É possível.

– **Competência:** A competência para processo e julgamento do crime de esbulho possessório é, em regra, da Justiça Comum Estadual, mesmo na hipótese em que o imóvel foi construído com valores provenientes do Sistema Financeiro da Habitação. Será competente a Justiça Comum Federal quando o crime for praticado em detrimento dos interesses da União, suas autarquias ou empresas públicas (art. 109, IV, da CF).

○ **Jurisprudência selecionada:**

Esbulho possessório – imóvel do Programa Minha Casa Minha Vida – alienação fiduciária e Caixa Econômica Federal como possuidora indireta – recursos orçamentários federais – interesse da União – competência da Justiça Federal: "Compete à Justiça Federal processar e julgar o crime de esbulho possessório de imóvel vinculado ao Programa Minha Casa Minha Vida. O art. 161, inciso II, do Código Penal, incrimina a conduta de invadir terreno ou edifício alheio, para o fim de esbulho possessório, com violência a pessoa ou grave ameaça, ou mediante concurso de mais de duas pessoas. O crime de esbulho possessório pressupõe uma ação física de invadir um terreno ou edifício alheio, no intuito de impedir a utilização do bem pelo seu possuidor. Portanto, tão somente aquele que tem a posse direta do imóvel pode ser a vítima, pois

---

114 NUCCI, Guilherme de Souza. *Código Penal comentado.* 8. ed. São Paulo: RT, 2008. p. 746.

é quem exercia o direito de uso e fruição do bem. No que diz respeito ao contrato de alienação fiduciária, o art. 23, parágrafo único, da Lei n. 9.514/1997, estabelece que '[c]om a constituição da propriedade fiduciária, dá-se o desdobramento da posse, tornando-se o fiduciante possuidor direto e o fiduciário possuidor indireto da coisa imóvel.' Assim, na hipótese de imóvel alienado fiduciariamente, enquanto o devedor fiduciário permanecer na posse direta do bem, tão somente ele pode ser vítima do crime de esbulho possessório. Apenas se, por alguma razão, passar o credor fiduciário a ter a posse direta do bem é que será ele a vítima. Entretanto, o fato de o credor fiduciário não ser a vítima do crime, não retira o seu interesse jurídico no afastamento do esbulho ocorrido, uma vez que o possuidor indireto, no âmbito cível, da mesma forma que o possuidor direto, possui legitimidade para propor a ação de reintegração de posse, prevista no art. 560 do atual Código de Processo Civil, cuidando-se de hipótese de legitimação ativa concorrente. No caso, além da vítima do crime de esbulho possessório, ou seja, a possuidora direta e devedora fiduciária, a Caixa Econômica Federal, enquanto credora fiduciária e possuidora indireta, também possui legitimidade para, no âmbito cível, propor eventual ação de reintegração de posse do imóvel esbulhado. Essa legitimação ativa concorrente da empresa pública federal, embora seja na esfera civil, é suficiente para evidenciar a existência do seu interesse jurídico na apuração do referido delito. E, nos termos do art. 109, inciso IV, da Constituição da República, a existência de interesse dos entes nele mencionados, é suficiente para fixar a competência penal da Justiça Federal. Há, ainda, outro aspecto da situação em exame, que evidencia a existência de interesse jurídico, agora da União, e que também instaura a competência federal, nos termos do artigo mencionado. Com efeito, o imóvel objeto do esbulho foi adquirido pela vítima, no âmbito do programa governamental 'Minha Casa Minha Vida', criado pela Lei n. 11.977/2009. Nele, nos termos do arts. 2.º, inciso I, e 6.º da referida Lei, os imóveis são subsidiados pela União, a qual efetiva parte do pagamento do bem, com recursos orçamentários, no momento da assinatura do contrato com o agente financeiro. Saliente-se que o fato de o bem ter sido adquirido, em parte, com recursos orçamentários federais, não leva à permanência do interesse da União, *ad aeternum*, na apuração do crime de esbulho possessório em que o imóvel esbulhado tenha sido adquirido pelo Programa Minha Casa Minha Vida. Contudo, ao menos enquanto estiver o imóvel vinculado ao mencionado Programa, ou seja, quando ainda em vigência o contrato por meio do qual houve a sua compra e no qual houve o subsídio federal, persiste o interesse da União" (STJ: CC 179.467/RJ, rel. Min. Laurita Vaz, 3.ª Seção, j. 09.06.2021, noticiado no *Informativo* 700).

Esbulho possessório – Sistema Financeiro de Habitação – Competência: "O esbulho possessório de residência construída mediante financiamento do Sistema Financeiro de Habitação, e de que trata o art. 9º da Lei 5.741/1971, não atrai a competência da Justiça Federal, uma vez que não praticado em detrimento de bens, serviços ou interesse da União ou da Caixa Econômica Federal" (STJ: CC 28.707/SP, Rel. Min. Hélio Quaglia Barbosa, 3.ª Seção, j. 28.09.2005).

Esbulho possessório de assentamento em terras do INCRA – competência: "Compete à justiça estadual o julgamento de ação penal em que se apure crime de esbulho possessório efetuado em terra de propriedade do Incra na hipótese em que a conduta delitiva não tenha representado ameaça à titularidade do imóvel e em que os únicos prejudicados tenham sido aqueles que tiveram suas residências invadidas. Nessa situação, inexiste lesão a bens, serviços ou interesses da União, o que exclui a competência da justiça federal, não incidindo o disposto no art. 109, IV, da CF. Ademais, segundo o entendimento do STJ, a justiça estadual deve processar e julgar o feito na hipótese de inexistência de interesse jurídico que justifique a presença da União, suas autarquias ou empresas públicas no processo, de acordo com o enunciado da Súmula 150 deste Tribunal" (STJ: CC 121.150/PR, rel. Min. Alderita Ramos de Oliveira (Desembargadora Convocada do TJ/PE), 3.ª Seção, j. 04.02.2013, noticiado no *Informativo* 513). *No mesmo sentido*: STJ: CC 121.147/PR, rel. Min. Marilza Maynard (Desembargadora Convocada do TJ/SE), 3.ª Seção, j. 26.02.2014.

Invasão de propriedades para fim de reforma agrária – caracterização do crime de esbulho possessório: "Revela-se contrária ao Direito, porque constitui atividade à margem da lei, sem qualquer vinculação ao sistema jurídico, a conduta daqueles que – particulares, movimentos ou organizações sociais – visam, pelo emprego arbitrário da força e pela ocupação ilícita de prédios públicos e de imóveis rurais, a constranger, de modo autoritário, o Poder Público a promover ações expropriatórias, para efeito de execução do programa de reforma agrária. O processo de reforma agrária, em uma sociedade estruturada em bases democráticas, não pode ser implementado pelo uso arbitrário da força e pela prática de atos ilícitos de violação possessória, ainda que se cuide de imóveis alegadamente improdutivos, notadamente porque a Constituição da República – ao amparar o proprietário com a cláusula de garantia do direito de propriedade (CF, art. 5º, XXII) – proclama que 'ninguém será privado (...) de seus bens, sem o devido processo legal' (art. 5º, LIV). – O respeito à lei e à autoridade da Constituição da República representa condição indispensável e necessária ao exercício da liberdade e à prática responsável da cidadania, nada podendo legitimar a ruptura da ordem jurídica, quer por atuação de movimentos sociais (qualquer que seja o perfil ideológico que ostentem), quer por iniciativa do Estado, ainda que se trate da efetivação da reforma agrária, pois, mesmo esta, depende, para viabilizar-se constitucionalmente, da necessária observância dos princípios e diretrizes que estruturam o ordenamento positivo nacional. – O esbulho possessório, além de qualificar-se como ilícito civil, também pode configurar situação revestida de tipicidade penal, caracterizando-se, desse modo, como ato criminoso (CP, art. 161, § 1º, II; Lei nº 4.947/1966, art. 20). Os atos configuradores de violação possessória, além de instaurarem situações impregnadas de inegável ilicitude civil e penal, traduzem hipóteses caracterizadoras de força maior, aptas, quando concretamente ocorrentes, a infirmar a própria eficácia da declaração expropriatória" (STF: ADI 2.213 MC/DF, Rel. Min. Celso de Mello, Pleno, j. 04.04.2002).

Invasão de propriedades para fim de reforma agrária – não caracterização do crime de esbulho possessório: "A tal conceito, de molde a afastar em tese a tipicidade das condutas, poder-se-ia ligar os esbulhos possessórios que, em si, consistem na expressão movimento social, decorrente da clamorosa inércia estatal na promoção de um programa aceitável de reforma agrária. Não revelam tais condutas, em uma primeira análise, crimes. Esses, porém, repito, não são os únicos fatos narrados. Não se imputa aos integrantes do movimento o delito de quadrilha, que, de fato, não sucede, porque em sua origem não propende à prática de crimes, no que tem sua base fundada na possibilidade constitucional de associarem-se pessoas com o escopo de protesto e construção de uma sociedade economicamente mais justa. Mas, do relato, veem-se, também, a prática de furtos, roubo, cárcere privado, incêndio e porte ilegal de armas. Tais infrações, já aqui transbordantes dos limites largos com que se têm tratado o MST, justificam os pleitos formulados. Desbordam do que é aceitável na atuação tendente aos objetivos que se buscam por intermédio das invasões de terras" (STF: HC 91.616 MC/RS, rel. Min. Carlos Britto, decisão monocrática proferida pelo Min. Ricardo Lewandowski, j. 11.06.2007).

Supressão ou alteração de marca em animais

Art. 162. Suprimir ou alterar, indevidamente, em gado ou rebanho alheio, marca ou sinal indicativo de propriedade:

Pena – detenção, de seis meses a três anos, e multa.

Classificação:	Informações rápidas:
Crime comum Crime formal Crime doloso Crime de forma livre Crime não transeunte Crime unissubjetivo (regra) Crime plurissubsistente (regra) Crime instantâneo	Para a caracterização do crime exige-se que a conduta seja praticada sobre **mais de um animal** (mas para a consumação basta a supressão ou alteração da marca de um animal). Não admite modalidade culposa. Exige dolo específico. Admite tentativa. **Ação penal:** pública incondicionada.

○ **Objeto jurídico:** É o patrimônio, no tocante à posse ou a propriedade dos semoventes.

○ **Objeto material:** É o gado ou o rebanho. O legislador usou a apalavra **gado** quanto aos animais de grande porte (bovinos e equinos) e **rebanho** quanto aos de médio ou pequeno porte (suínos, caprinos e ovinos). Só se caracteriza o delito quando a conduta criminosa atingir mais de um animal (objeto material coletivo). Não se configura o crime quando a supressão ou alteração alcança um único animal isoladamente considerado.

○ **Núcleos do tipo: Suprimir** (eliminar ou fazer desaparecer) e **alterar** (modificar, transformar ou tornar irreconhecível marca ou sinal indicativo de propriedade de gado ou rebanho alheio). Tais verbos revelam que o animal deve possuir uma prévia marcação relativa à sua propriedade, a qual vem a ser criminosamente suprimida ou alterada. Se o gado ou rebanho não estiver marcado, afasta-se a incidência do crime definido pelo art. 162 do Código Penal. Não se exige o registro da marca ou sinal. Basta que seja conhecido pelas pessoas como relativo a determinado proprietário de animais.

○ **Elemento normativo do tipo:** A palavra *indevidamente* funciona como elemento normativo do tipo, e autoriza a conclusão no sentido de que só há crime quando o comportamento do agente for ilícito, espúrio, ou indevido. Se houver supressão ou alteração legítima, em gado ou rebanho alheio, de marca ou sinal indicativo de propriedade, o fato será atípico.

○ **Sujeito ativo:** Qualquer pessoa (**crime comum**), salvo o proprietário dos animais, pois a lei se refere a gado ou rebanho "alheio".

○ **Sujeito passivo:** É o dono do gado ou do rebanho que tem sua marca ou sinal indicativo de propriedade suprimido ou alterado.

○ **Elemento subjetivo:** É o dolo, sem qualquer finalidade específica. Não se admite a modalidade culposa.

○ **Consumação:** Se dá com a supressão ou alteração da marca ou do sinal, sendo desnecessário o subsequente furto ou apropriação.[115] Não importa se o proprietário dos animais suportou ou não prejuízo econômico. Basta que a supressão ou a alteração ocorra em um só animal para que se caracterize o crime, desde que a vontade do agente fosse atingir mais de uma *res*. Como o crime deixa vestígios materiais (**delito não transeunte**), a prova da materialidade há de ser feita por exame de corpo de delito (CPP, art. 158).

○ **Tentativa:** É possível.

○ **Ação penal:** É pública incondicionada.

○ **Lei 9.099/1995:** Trata-se de **crime de médio potencial ofensivo**. A pena mínima (6 meses) faz com que o delito seja compatível com a suspensão condicional do processo, se presentes os demais requisitos elencados pelo art. 89 da Lei 9.099/1995.

---

[115] MIRABETE, Julio Fabbrini. *Manual de direito penal*. São Paulo: Atlas, 2007. v. 2, p. 256.

Capítulo IV –
DO DANO

Dano

> **Art. 163.** Destruir, inutilizar ou deteriorar coisa alheia:
>
> Pena – detenção, de um a seis meses, ou multa.

Dano qualificado

> Parágrafo único. Se o crime é cometido:
>
> I – com violência à pessoa ou grave ameaça;
>
> II – com emprego de substância inflamável ou explosiva, se o fato não constitui crime mais grave;
>
> III – contra o patrimônio da União, de Estado, do Distrito Federal, de Município ou de autarquia, fundação pública, empresa pública, sociedade de economia mista ou empresa concessionária de serviços públicos;
>
> IV – por motivo egoístico ou com prejuízo considerável para a vítima:
>
> Pena – detenção, de seis meses a três anos, e multa, além da pena correspondente à violência.

Classificação:	Informações rápidas:
Crime comum	*Res nullius* e res derelicta: não caracterizam o crime. *Res desperdita*: caracteriza.
Crime material	
Crime doloso	Se o dano recair sobre **animais** silvestres, domésticos ou domesticados, nativos ou exóticos: art. 32 da Lei 9.605/1998.
Crime de forma livre	
Crime não transeunte	Não admite modalidade culposa.
Crime unissubjetivo *(regra)*	Admite tentativa (branca ou quando não for produzido estrago significativo para o bem).
Crime plurissubsistente *(regra)*	**Ação penal:** dano simples e dano qualificado por motivo egoístico ou com prejuízo considerável para a vítima – privada; dano qualificado (exceto inciso IV) – pública incondicionada.
Crime instantâneo	**Dano qualificado:** crime de **concurso material obrigatório** (pena do art. 163 + pena correspondente ao crime provocado pela violência).

○ **Objeto jurídico:** O bem jurídico protegido pela lei penal é o patrimônio das pessoas físicas e jurídicas, indistintamente, aí se incluindo a propriedade e a posse legítima.

○ **Objeto material:** É a coisa alheia, imóvel ou móvel, sobre a qual incide a conduta criminosa. É atípico o comportamento de destruir, inutilizar ou deteriorar coisa própria, pois a condição de proprietário confere ao agente o direito de dar ao bem de cunho patrimonial o destino que melhor lhe aprouver. Não há crime quando o dano recai sobre *res nullius* (coisa de ninguém) e *res derelicta* (coisa abandonada). Entretanto, caracteriza-se o delito de dano quando se tratar de *res desperdita* (coisa perdida), uma vez que ingressa no conceito de coisa alheia. Na hipótese de **animais** silvestres, domésticos ou domesticados, nativos ou exóticos, há crime específico, tipificado pelo art. 32 da Lei 9.605/1998 – Lei dos Crimes Ambientais. No tocante ao dano envolvendo **documentos** (públicos ou privados), várias situações podem ocorrer: (a) se a conduta for praticada para impedir utilização do documento como prova de algum fato juridicamente relevante, o crime será o de supressão de documento (CP, art. 305); (b) se o propósito for prejudicar o patrimônio da vítima, o crime será o de dano (CP, art. 163); (c) se o advogado ou procurador inutilizar, total ou parcialmente, documento ou objeto de valor probatório que recebeu em razão da sua qualidade, o crime será o de sonegação de papel ou objeto de valor probatório (CP, art. 356); (d) se o agente rasgar ou, de qualquer forma, inutilizar ou conspurcar edital afixado por ordem de funcionário público, ou então violar ou inutilizar selo ou sinal empregado, por determinação legal ou por ordem de funcionário público, para identificar ou cerrar qualquer objeto, o crime será o de inutilização de edital ou de sinal (CP, art. 336); e (e) se o agente inutilizar, total ou parcialmente, livro oficial, processo ou documento confiado à custódia de funcionário, em razão de ofício, ou de particular em serviço público, o delito será o de inutilização de livro ou documento (CP, art. 337).

○ **Núcleos do tipo:** O tipo penal contém três núcleos: **destruir** (eliminar fisicamente a coisa, extinguindo-a), **inutilizar** (tornar uma coisa imprestável aos fins a que se destina) ou **deteriorar** (estragar ou corromper parcialmente um bem, diminuindo-lhe a utilidade ou o valor). Trata-se de **tipo misto alternativo**, **crime de ação múltipla** ou **de conteúdo variado**. Há um só crime quando o sujeito pratica mais de uma conduta contra o mesmo objeto material, devendo o magistrado sopesar essa situação na dosimetria da pena-base, em atenção às circunstâncias judiciais elencadas pelo art. 59, *caput*, do Código Penal. O dano é **crime de forma livre**, compatível com qualquer meio de execução, inclusive com a omissão, desde que presente o dever de agir (CP, art. 13, § 2.º).

○ **Sujeito ativo:** Qualquer pessoa (**crime comum**), menos o proprietário da coisa, pois o tipo penal contém a elementar "alheia". Se o proprietário danificar coisa própria, que se acha em poder de terceiro por determinação judicial ou convenção, a ele será imputado o subtipo de exercício arbitrário das próprias razões (CP, art. 346). Tratando-se de bem especialmente protegido por lei, ato administrativo ou decisão judicial, ou ainda de arquivo, registro, museu, biblioteca, pinacoteca, instalação científica ou similar protegido por lei, ato administrativo ou decisão judicial, a conduta de destruí-lo, inutilizá-lo ou deteriorá-lo, embora praticada pelo proprietário, subsume-se ao modelo descrito pelo art. 62 da Lei 9.605/1998 – Lei dos Crimes Ambientais. Quanto à coisa comum, o condômino, coerdeiro ou sócio que a danificar responde pelo crime de dano, porque, a rigor, trata-se também de coisa alheia. Se a coisa for fungível e a danificação restringir-se à cota a que tem direito, exclui-se o delito, aplicando-se, por analogia *in bonam partem*, o disposto no § 2.º do art. 156 do CP.[116]

○ **Sujeito passivo:** Pode ser qualquer pessoa, desde que proprietário ou possuidor legítimo da coisa.

○ **Elemento subjetivo:** É o dolo. Não se admite a modalidade culposa.[117] Prescinde-se da intenção de lucro (*animus lucrandi*) – se esta finalidade estiver presente, afasta-se o crime.

---

[116] Cf. BARROS, Flávio Augusto Monteiro de. *Direito penal*. Parte especial. 2. ed. São Paulo: Saraiva, 2009. v. 2, p. 410.

[117] A Lei 9.605/1998 – Lei dos Crimes Ambientais – admite modalidades culposas de dano, como se observa em seus arts. 38, parágrafo único, 38-A, parágrafo único, 49, parágrafo único, e 62, parágrafo único. Também é possível o dano culposo no Código Penal Militar – Decreto-lei 1.001/1969, art. 266.

O dano deve ser um fim em si mesmo – a finalidade do agente há de ser unicamente destruir, inutilizar ou deteriorar coisa alheia. Se o dano constituir-se em meio para a prática de outro crime, ou então como qualificadora de outro delito, será por este absorvido. Não é exigível o elemento subjetivo específico, bastando o dolo (vontade e consciência de destruir, inutilizar ou deteriorar a coisa alheia).

○ **Consumação:** Verifica-se quando o agente efetivamente destrói, inutiliza ou deteriora a coisa alheia. O crime é **material** ou **causal**.

○ **Prova da materialidade do fato:** O dano é delito que deixa vestígios de ordem material (crime não transeunte). Logo, a materialidade do fato depende de prova pericial (art. 158 do CPP).

○ **Tentativa:** É possível. Normalmente a conduta atinente ao delito de dano se desdobra em diversos atos (**crime plurissubsistente**), compatibilizando-se com o *conatus*. Em que pese o sujeito desejar a destruição total do bem, o crime já estará consumado com o resultado parcial. A tentativa somente estará delineada quando não se produzir estrago significativo para o bem, ou então na tentativa branca.

○ **Ação penal:** O dano simples é crime de ação penal privada (art. 167 do CP).

○ **Lei 9.099/1995:** Constitui-se em infração penal de menor potencial ofensivo: a competência é do Juizado Especial Criminal, é possível a composição dos danos civis e o delito segue o rito sumaríssimo, em consonância com as disposições aplicáveis da Lei 9.099/1995.

○ **A questão relativa à pichação:** Discute-se se a pichação, com tintas ou produtos similares, configura o crime em análise, especialmente no tocante à conduta de "deteriorar". A Lei 9.605/1998 – Lei dos Crimes Ambientais –, com a redação conferida pela Lei 12.408/2011, instituiu em seu art. 65 um crime específico para as pichações ou conspurcações **efetuadas em edificações ou monumentos urbanos**. Se a conduta for praticada em imóveis rurais ou em bens móveis, estará caracterizado o crime de dano, de natureza genérica e residual, na forma definida pelo art. 163 do CP, na modalidade **deteriorar**.

○ **Figuras qualificadas (art. 163, parágrafo único, CP):** O dano será qualificado se cometido:
– **Inciso I – com violência à pessoa ou grave ameaça:** tanto a violência como a grave ameaça devem ser endereçadas à pessoa humana. O fundamento da elevação da pena em abstrato reside no fato de se tratar, na forma qualificada, de **crime pluriofensivo** (atinge o patrimônio, no tocante ao dano, e a integridade física ou a liberdade individual, relativamente à qualificadora). A vítima da grave ameaça ou violência pode ser pessoa diversa da vítima do dano. A grave ameaça ou violência à pessoa deve ser anterior ou concomitante ao dano (são utilizadas para assegurar a danificação). Se posterior ao dano, não o qualifica o crime, restando configurados dois delitos: dano simples (CP, art. 163, *caput*) em concurso material com lesão corporal (CP, art. 129) ou ameaça (CP, art. 147). O crime de ameaça (CP, art. 147) é absorvido pelo dano qualificado (princípio da consunção). Na hipótese de violência à pessoa, a lei determina expressamente o **concurso material obrigatório** – o sujeito responde pelo dano qualificado e pelo crime produto da violência. A contravenção penal de vias de fato, nada obstante abra ensejo para a figura qualificada, resta absorvida pelo dano qualificado. A **violência contra a coisa** não qualifica o crime de dano, pois nela já se incluem a destruição, a inutilização ou a deterioração, elementares do dano simples (CP, art. 163, *caput*). O dano qualificado pela violência ou grave ameaça à pessoa é crime de **ação penal pública incondicionada** (CP, art. 167).
– **Inciso II – com emprego de substância inflamável ou explosiva, se o fato não constitui crime mais grave:** Esta qualificadora se legitima no maior perigo provocado pela conduta criminosa e

apresenta a nota da **subsidiariedade expressa** ("se o fato não constitui crime mais grave"). A substância inflamável ou explosiva que qualifica o dano há de ser empregada antes ou durante a execução do delito. O dano qualificado pelo emprego de substância inflamável ou explosiva não se confunde com os crimes de incêndio (CP, art. 250) e de explosão (CP, art. 251). Naquele, o agente se limita a ofender o patrimônio alheio; nestes, há criação de perigo comum. **Substância inflamável** é a que possibilita a rápida expansão do fogo. **Substância explosiva** é aquela capaz de provocar detonação, estrondo, em razão da decomposição química associada ao violento deslocamento de gases. No campo desta qualificadora, a **ação penal é pública incondicionada** (CP, art. 167).

– Inciso III – contra o patrimônio da União, de Estado, do Distrito Federal, de Município ou de autarquia, fundação pública, empresa pública, sociedade de economia mista ou empresa concessionária de serviços públicos: A razão da existência desta qualificadora é o elevado interesse coletivo na preservação da coisa pública e do patrimônio de entidades vinculadas ao Poder Público. A qualificadora é aplicável a todos os bens integrantes do acervo patrimonial das entidades mencionadas pelo texto legal (bens de uso comum do povo, de uso especial e dominicais). O termo "patrimônio" engloba a propriedade e a posse legítima. Nessa modalidade qualificada, o crime de dano é de **ação penal pública incondicionada** (CP, art. 167).

– A questão da danificação da cela para fuga do preso: há dano qualificado pela lesão ao patrimônio público? Há duas posições: (**1.ª**) Há crime de dano qualificado, pois basta a destruição, inutilização ou deterioração de coisa alheia, prescindindo-se do fim de prejudicar o patrimônio alheio (*animus nocendi*). Pouco importa se o detento busca sua liberdade, pois não tem ele o direito de lesar o patrimônio alheio, especialmente no que diz respeito aos bens públicos; (**2.ª**) Não há crime de dano, pois o agente não quer danificar o patrimônio público. Falta-lhe o *animus nocendi*. Sua finalidade limita-se à busca da liberdade.

– Inciso IV – por motivo egoístico ou com prejuízo considerável para a vítima: A qualificadora fundamenta-se no excessivo individualismo do agente, que se comporta em sociedade pensando somente em si próprio, sem qualquer tipo de solidariedade para com o próximo, e, para alcançar seus objetivos, ainda que escusos, não hesita em ofender o patrimônio alheio (motivo egoístico), bem como no desprezo exagerado aos bens das outras pessoas, causando a elas relevantes contratempos e vultosa diminuição patrimonial (prejuízo considerável para a vítima). **Motivo egoístico** é uma especial forma de motivo torpe. O sujeito danifica o patrimônio alheio unicamente para alcançar uma vantagem pessoal, de natureza patrimonial ou extrapatrimonial. **Prejuízo considerável para a vítima** é uma situação que deve ser analisada no caso concreto, levando-se em conta o valor do bem danificado e a situação econômico-financeira da vítima. Nessa qualificadora, o delito é de **ação penal privada** (CP, art. 167).

○ **Jurisprudência selecionada:**

Caixa Econômica Federal – inaplicabilidade da qualificadora prevista no art. 163, parágrafo único, inc. III, do CP – vedação da analogia *in malam partem*: "O crime de dano (art. 163 do CP) não será qualificado (art. 163, parágrafo único, III) pelo fato de ser praticado contra o patrimônio da Caixa Econômica Federal (CEF). O crime de dano qualificado previsto no art. 163, parágrafo único, III, do CP possui a seguinte redação: 'Destruir, inutilizar ou deteriorar coisa alheia: [...]. Parágrafo único – Se o crime é cometido: [...] III – contra o patrimônio da União, Estado, Município, empresa concessionária de serviços públicos ou sociedade de economia mista [...]'. Diante da literalidade do referido dispositivo penal, questiona-se se o dano ao patrimônio de entes públicos nele não mencionados, como as empresas públicas, permitiria ou não a incidência da qualificadora em questão. Como se sabe, o Direito Penal é regido pelo princípio da legalidade, não havendo crime sem lei anterior que o defina, nem pena sem prévia cominação legal, nos termos do art. 5º, XXXIX, da CF e do art. 2º do CP. Em observância ao mencionado postulado, não se admite analogia em matéria penal quando utilizada de modo a prejudicar o réu. Desse modo, ainda que o legislador tenha pretendido proteger o patrimônio público de forma geral por via da previsão da forma qualificada do dano e, além disso, mesmo que a destruição ou a inutilização de bens de empresas públicas seja tão prejudicial quanto as cometidas em face das demais pessoas jurídicas mencionadas na norma penal em exame, o certo é que, não é possível incluir a CEF (empresa pública) no rol constante do dispositivo em apreço" (STJ: RHC 57.544/SP, rel. Min. Leopoldo de Arruda Raposo (Desembargador convocado do TJ-PE), 5.ª Turma, j. 06.08.2015, noticiado no *Informativo* 567).

Dano a bem público e princípio da insignificância – admissibilidade: "Patrimônio público (dano). Coisa destruída (pequeno valor). Princípio da insignificância (adoção). 1. A melhor das compreensões penais recomenda não seja mesmo o ordenamento jurídico penal destinado a questões pequenas – coisas quase sem préstimo ou valor. 2. Antes, falou-se, a propósito, do princípio da adequação social; hoje, fala-se, a propósito, do princípio da insignificância. Já foi escrito: 'Onde bastem os meios do direito civil ou do direito público, o direito penal deve retirar-se.' 3. É insignificante, dúvida não há, a destruição e inutilização de fios de sensores do alarme de cadeia pública. 4. A insignificância, é claro, mexe com a tipicidade, donde a conclusão de que fatos dessa natureza evidentemente não constituem crime" (STJ: HC 147.388/MS, rel. Min. Nilson Naves, 6.ª Turma, j. 02.02.2010).

Dano a bem público e princípio da insignificância – inadmissibilidade: "4. Não é insignificante a conduta do paciente que, preso em cadeia pública, destruiu uma torneira em sua cela, visando deixar os demais detentos sem água, tumultuando o ambiente carcerário. 5. Em tais circunstâncias, não há como reconhecer o caráter insignificante do comportamento imputado, ainda que o objeto material do crime seja de ínfimo valor, havendo afetação do bem jurídico pelo modo como perpetrado o delito e pela qualidade da vítima (Município)" (STJ: HC 148.599/MG, rel. Min. Maria Thereza de Assis Moura, 6.ª Turma, j. 06.02.2012).

Dano à cela para fuga do preso – fato atípico: "Nos termos da jurisprudência desta Corte, para que se possa falar em crime de dano qualificado contra patrimônio da União, Estado ou Município, mister se faz a comprovação do elemento subjetivo do delito, qual seja, o *animus nocendi*, caracterizado pela vontade de causar prejuízo ao erário. Nesse passo, a destruição, deterioração ou inutilização das paredes ou grades de cela pelo detento, com vistas à fuga de estabelecimento prisional, ou, ainda, da viatura na qual o flagranteado foi conduzido à delegacia de polícia, demonstra tão somente o seu intuito de recuperar a sua liberdade, sem que reste evidenciado o necessário dolo específico de causar dano ao patrimônio público" (STJ: HC 503.970/SC, rel. Min. Ribeiro Dantas, 5.ª Turma, j. 30.05.2019). *No mesmo sentido*: STJ: HC 260.350/GO, rel. Min. Maria Thereza de Assis Moura, 6.ª Turma, j. 13.05.2014.

Dano contra o patrimônio do Distrito Federal – vedação da analogia "in malam partem": "A conduta de destruir, inutilizar ou deteriorar o patrimônio do Distrito Federal não configura, por si só, o crime de dano qualificado, subsumindo-se, em tese, à modalidade simples do delito. Com efeito, é inadmissível a realização de analogia *in malam partem* a fim de ampliar o rol contido no art. 163, III, do CP, cujo teor impõe punição mais severa para o dano 'cometido contra o patrimônio da União, Estados, Municípios, empresa concessionária de serviços públicos ou sociedade de economia mista'. Assim, na falta de previsão do Distrito Federal no referido preceito legal, impõe-se a desclassificação da conduta analisada para o crime de dano simples, nada obstante a *mens legis* do tipo, relativa à necessidade de proteção ao patrimônio público, e a discrepância em considerar o prejuízo aos bens distritais menos gravoso do que o causado aos demais entes elencados no dispositivo criminal" (STJ: HC 154.051/DF, rel. Min. Maria Thereza de Assis Moura, 6.ª Turma, j. 04.12.2012, noticiado no *Informativo* 515).

Dano qualificado e meios de execução: "Somente restará configurada a qualificadora prevista no art. 163, parágrafo único, inciso I, do CP, se for empregada violência ou grave ameaça à pessoa para a consecução do delito de dano. Vale dizer, a violência ou grave ameaça deve ser um meio para a prática do delito de dano, hipótese em que este será qualificado pelo modo no qual foi levado a efeito" (STJ: APn 290/PR, rel. Min. Felix Fischer, Corte Especial, j. 16.03.2005).

Elemento subjetivo: "1. O Superior Tribunal de Justiça firmou entendimento no sentido da imprescindibilidade do dolo específico para a configuração do crime de dano. 2. Não resta configurado o delito previsto no art. 163, parágrafo único, III, do Código Penal na hipótese em que os presos serram as grades da cadeia com o intuito de fugir, porque ausente o *animus nocendi*" (STJ: HC 135.188/MS, rel. Min. Arnaldo Esteves Lima, 5.ª Turma, j. 15.10.2009). *No mesmo sentido:* STJ: REsp 1.097.196/AC, rel. Min. Jorge Mussi, 5.ª Turma, j. 01.10.2009.

Prejuízo da vítima – elementar do crime e dosimetria da pena: "1. A lesão ao patrimônio é elementar do crime de dano, não podendo ser considerada como circunstância judicial negativa. 2. No crime de dano o prejuízo patrimonial da vítima não pode ser considerado como consequência do crime, nos moldes previstos no art. 59 do Código Penal, uma vez que constitui o próprio resultado naturalístico da ação, sem o qual, inclusive, a conduta seria atípica. 3. Somente se demonstrado que o objeto danificado teria um valor especial – aqui entendido não apenas o aspecto econômico –, é que seria autorizado o agravamento da pena-base pelo prejuízo sofrido pela vítima. Hipótese não ocorrida no caso concreto, em que foram danificados uma parede, uma janela e um vaso sanitário do Centro de Internação Provisória. 4. A violência e grave ameaça à pessoa são elementares do dano qualificado, nos termos do art. 163, inciso I, do Código Penal, sendo descabida sua utilização como circunstância judicial" (STJ: HC 119.995/MG, rel. Min. Laurita Vaz, 5.ª Turma, j. 22.06.2010).

Princípio da insignificância – dano qualificado – bem de concessionária de serviço público – interesse relevante à população – inaplicabilidade: "É inaplicável o princípio da insignificância quando a lesão produzida pelo paciente atingir bem de grande relevância para a população. Com base nesse entendimento, a 2ª Turma denegou *habeas corpus* em que requerida a incidência do mencionado princípio em favor de acusado pela suposta prática do crime de dano qualificado (CP, art. 163, parágrafo único, III). Na espécie, o paciente danificara protetor de fibra de aparelho telefônico público pertencente à concessionária de serviço público, cujo prejuízo fora avaliado em R$ 137,00. Salientou-se a necessidade de se analisar o caso perante o contexto jurídico, examinados os elementos caracterizadores da insignificância, na medida em que o valor da coisa danificada seria somente um dos pressupostos para escorreita aplicação do postulado. Asseverou-se que, em face da coisa pública atingida, não haveria como reconhecer a mínima ofensividade da conduta, tampouco o reduzido grau de reprovabilidade do comportamento. Destacou-se que as consequências do ato perpetrado transcenderiam a esfera patrimonial, em face da privação da coletividade, impossibilitada de se valer de um telefone público" (STF: HC 115.383/RS, rel. Min. Gilmar Mendes, 2.ª Turma, j. 25.06.2013, noticiado no *Informativo* 712).

Introdução ou abandono de animais em propriedade alheia

> **Art. 164.** Introduzir ou deixar animais em propriedade alheia, sem consentimento de quem de direito, desde que o fato resulte prejuízo:
>
> Pena – detenção, de quinze dias a seis meses, ou multa.

Classificação:	Informações rápidas:
Crime comum	**Sinônimos:** *pastoreio ilegítimo* ou pastoreio abusivo.
Crime material	Somente um animal é idôneo à caracterização do crime.
Crime doloso	Elemento normativo do tipo: "sem consentimento de
Crime de forma livre	quem de direito".
Crime não transeunte	Elementar do tipo: "prejuízo" – deve ser resultar relevante
Crime unissubjetivo *(regra)*	prejuízo econômico ao titular do imóvel.
Crime plurissubsistente *(regra)*	Não admite modalidade culposa. Exige dolo genérico (de
Crime instantâneo	perigo). Se houver dolo de dano, o crime será o do art. 163.
	Admite tentativa.
	Ação penal: privada.

○ **Introdução:** O crime tipificado pelo art. 164 do Código Penal, também denominado de **pastoreio ilegítimo** ou **pastoreio abusivo**, é uma modalidade específica de dano. O agente dolosamente introduz ou deixa animais em propriedade alheia, sem o consentimento de quem de direito, daí resultando prejuízo ao titular da área invadida.

○ **Objeto jurídico:** É o patrimônio, mais precisamente a propriedade e posse do imóvel perante o dano causado pelos animais. A finalidade precípua da lei é tutelar a propriedade rural, pois é neste local que o crime normalmente vem a ser cometido. Isto, contudo, não impede a proteção da propriedade urbana, pois o tipo penal não condicionou o delito à sua prática na zona rural.

○ **Objeto material:** É a propriedade alheia em que os animais são introduzidos ou deixados.

○ **Núcleos do tipo:** Os núcleos do tipo são **introduzir** (fazer entrar, fazer penetrar) e **deixar** (abandonar ou não retirar). Na primeira hipótese, os animais são levados ou lhes é facilitado o ingresso em propriedade alheia. Na segunda hipótese, os animais encontram-se ilegitimamente em propriedade alheia, e ali são deixados intencionalmente pelo dono ou responsável. Ambas as condutas devem referir-se a animais. Há necessidade do plural, ou um só animal é idôneo à caracterização do crime? Entendemos que a menção no plural efetuada pelo tipo penal é indicativa do gênero daquilo que não pode ser introduzido ou abandonado em propriedade alheia, sob pena de configuração do delito. Basta que a conduta seja cometida com apenas um animal, de pequeno ou grande porte, desde que resulte prejuízo econômico, a ser avaliado no caso concreto.

○ **Elemento normativo do tipo:** A expressão **sem consentimento de quem de direito** relaciona-se à esfera normativa do tipo penal. Não é suficiente a introdução ou abandono de animais em propriedade alheia. É imprescindível que o agente o faça sem consentimento, isto é, sem autorização de quem de direito. Se presente a anuência, o fato será atípico, ainda que resulte prejuízo ao titular do imóvel. Ao utilizar os vocábulos "quem de direito" o legislador admitiu a possibilidade de alguém, que não o proprietário do local, permitir a introdução ou abandono de animais no imóvel.

○ **Ocorrência de prejuízo:** Não basta a introdução ou o abandono do animal. É fundamental que daí resulte relevante prejuízo econômico ao titular do imóvel. O prejuízo deve ser analisado na situação concreta, levando-se em conta as condições do imóvel, sua extensão e produtividade, bem como a qualidade e a quantidade dos animais introduzidos ou abandonados. O prejuízo é **elementar do tipo penal** (integra sua descrição típica).

○ **Sujeito ativo:** Qualquer pessoa (**crime comum**), salvo o proprietário do imóvel, pois a lei reclama seja a propriedade alheia. Se o proprietário do local introduz ou abandona animais em sua propriedade, prejudicando o locatário ou arrendatário, estará caracterizado crime de dano (CP, art. 163). Se o proprietário danificar coisa própria, que se acha em poder de terceiro por determinação judicial ou convenção, a ele será imputado o crime previsto no art. 346 do Código Penal.

○ **Sujeito passivo:** É o proprietário do imóvel, bem como seu possuidor legítimo, pois ambos são ofendidos pela conduta criminosa. Como bem observado por Bento de Faria, a palavra "propriedade" não foi empregada pelo tipo penal como sinônima de domínio, mas com o objetivo de indicar o terreno do prédio rústico ou urbano, cultivado ou não, passível de ser danificado por animais.[118]

---

[118] FARIA, Bento de. *Código Penal brasileiro comentado.* Rio de Janeiro: Distribuidora Record, 1961. v. 4, p. 102.

○ **Elemento subjetivo:** É o dolo, que deve se limitar à introdução ou abandono de animais, pelo agente, em propriedade alheia, com a consciência de que da sua conduta pode resultar prejuízo a outrem (dolo de perigo). Se estiver presente o dolo de dano, estará configurado o crime de dano (CP, art. 163), com pena mais elevada. Não se reclama nenhuma finalidade específica, nem se admite a modalidade culposa. Se a penetração ou abandono de animais emanarem de culpa, o dono responderá civilmente pelos prejuízos causados.

○ **Consumação:** O delito se consuma com o prejuízo ao patrimônio de terceiro, ou seja, com a danificação total ou parcial da propriedade alheia (**crime material**). A introdução ou abandono de animais é crime que deixa vestígios de ordem material (**crime não transeunte**), afigurando-se indispensável à prova da materialidade do fato a elaboração de exame de corpo de delito (CPP, art. 158).

○ **Tentativa:** É possível.

○ **Ação penal:** Trata-se de crime de **ação penal privada** (CP, art. 167).

○ **Lei 9.099/1995:** Cuida-se de infração penal de menor potencial ofensivo, razão pela qual é compatível com a composição dos danos civis e com o rito sumaríssimo, na forma prevista na Lei 9.099/1995.

Dano em coisa de valor artístico, arqueológico ou histórico

> **Art. 165.** Destruir, inutilizar ou deteriorar coisa tombada pela autoridade competente em virtude de valor artístico, arqueológico ou histórico:
>
> Pena – detenção, de seis meses a dois anos, e multa.

○ **Revogação:** Este artigo foi tacitamente revogado pelo art. 62 da Lei 9.605/1998 – Lei dos Crimes Ambientais, cuja redação é a seguinte:

> **Art. 62.** Destruir, inutilizar ou deteriorar:
> I – bem especialmente protegido por lei, ato administrativo ou decisão judicial;
> II – arquivo, registro, museu, biblioteca, pinacoteca, instalação científica ou similar protegido por lei, ato administrativo ou decisão judicial:
> **Pena** – reclusão, de um a três anos, e multa.
> **Parágrafo único.** Se o crime for culposo, a pena é de seis meses a um ano de detenção, sem prejuízo da multa.

Alteração de local especialmente protegido

> **Art. 166.** Alterar, sem licença da autoridade competente, o aspecto de local especialmente protegido por lei:
>
> Pena – detenção, de um mês a um ano, ou multa.

○ **Revogação:** O art. 166 do Código Penal foi tacitamente revogado pelo art. 63 da Lei 9.605/1998 – Lei dos Crimes Ambientais, com a seguinte redação:

> **Art. 63.** Alterar o aspecto ou estrutura de edificação ou local especialmente protegido por lei, ato administrativo ou decisão judicial, em razão de seu valor paisagístico, ecológico, turístico, artístico, histórico, cultural, religioso, arqueológico, etnográfico ou monumental, sem autorização da autoridade competente ou em desacordo com a concedida:
> **Pena** – reclusão, de um a três anos, e multa.

Ação penal

> **Art. 167.** Nos casos do art. 163, do inciso IV do seu parágrafo e do art. 164, somente se procede mediante queixa.

○ **Ação penal privada:** Este artigo determina a espécie de ação penal para os crimes de dano simples (art. 163, *caput*), de dano qualificado por motivo egoístico ou com prejuízo considerável para a vítima (art. 163, IV), e introdução ou abandono de animais em propriedade alheia (art. 164). Como o dispositivo se refere unicamente a tais hipóteses, nos demais delitos previstos no Capítulo IV do Título II da Parte Especial do Código Penal, a ação será pública incondicionada.

Capítulo V – DA APROPRIAÇÃO INDÉBITA

○ **Introdução:** Em conformidade com o contido no art. 170 do CP, a todas as modalidades de apropriação indébita é aplicável a regra traçada pelo seu art. 155, § 2.º (*ver comentários ao dispositivo*). É possível, portanto, a caracterização da **apropriação (gênero) privilegiada**, em qualquer das suas espécies.

○ **Apropriação indébita privilegiada e princípio da insignificância:** A previsão legal do privilégio aos crimes de apropriação indébita não afasta a incidência, no tocante aos delitos definidos pelos arts. 168 e 169 do CP, do princípio da insignificância. O instituto do privilégio limita-se a permitir um tratamento penal menos severo ao condenado pela apropriação, mediante as seguintes alternativas colocadas à disposição do magistrado: substituição da pena de reclusão pela de detenção, diminuição da pena privativa de liberdade de um a dois terços ou aplicação exclusiva da pena pecuniária. Há punição, embora suavizada por expressa determinação legal. O princípio da insignificância, compatível com os crimes de apropriação, importa na atipicidade do fato.

○ **Apropriação indébita previdenciária, privilégio e perdão judicial:** Os requisitos exigidos pelo art. 170 do CP para configuração do privilégio nos crimes de apropriação em geral (primariedade do agente e pequeno valor da coisa), são aptos a autorizar, na apropriação indébita previdenciária, a concessão do perdão judicial. Entretanto, a lei reclama mais um requisito: o agente, além de primário, deve ostentar bons antecedentes. Enquanto na apropriação em geral a primariedade do criminoso e o pequeno valor da coisa apropriada resultam em um tratamento penal mais brando, na apropriação indébita previdenciária tais fatores, somados aos bons antecedentes, levam à extinção da punibilidade do agente, nos termos do art. 107, IX, do CP.

Apropriação indébita

> **Art. 168.** Apropriar-se de coisa alheia móvel, de que tem a posse ou a detenção:
>
> Pena – reclusão, de um a quatro anos, e multa.

Aumento de pena

> § 1º A pena é aumentada de um terço, quando o agente recebeu a coisa:
>
> I – em depósito necessário;
>
> II – na qualidade de tutor, curador, síndico, liquidatário, inventariante, testamenteiro ou depositário judicial;
>
> III – em razão de ofício, emprego ou profissão.

Classificação:	Informações rápidas:
Crime comum	Pressupõe quebra de confiança (inversão do *animus* da posse).
Crime material	**Mão de obra:** não pode ser objeto de apropriação indébita.
Crime doloso	**Coisas fungíveis:** para a doutrina, não pode ser objeto de
Crime de forma livre	apropriação indébita; para o STJ pode.
Crime unissubjetivo (*regra*)	**Requisitos:** entrega voluntária do bem pela vítima, posse
Crime plurissubsistente (na apropriação	ou detenção desvigiada, boa-fé do agente ao tempo do
indébita "propriamente dita") ou unis-	recebimento do bem e modificação posterior no compor-
subsistente (na apropriação indébita	tamento do agente.
"negativa de restituição")	Não admite modalidade culposa. Exige dolo genérico (di-
Crime instantâneo	vergência), exceto na "negativa de restituição".
	Apropriação indébita "de uso": não é punida.
	Admite tentativa, exceto na modalidade "negativa de
	restituição".
	Ação penal: pública incondicionada.

○ **Introdução:** A nota característica do crime de apropriação indébita é a existência de uma situação de **quebra de confiança**, pois a vítima voluntariamente entrega uma coisa móvel ao agente, e este, após encontrar-se na sua posse ou detenção, inverte seu ânimo no tocante ao bem, passando a comportar-se como seu proprietário.

○ **Objeto jurídico:** É o patrimônio, relativamente à propriedade e à posse legítima de bens móveis.

○ **Objeto material:** É a **coisa alheia móvel** (*ver comentários ao art. 155*) sobre a qual recai a conduta criminosa. Não há crime na apropriação de coisa alheia imóvel, em face da descrição legal. A mão de obra contratada e intencionalmente inadimplida não pode ser objeto material da apropriação indébita, uma vez que a prestação de serviços de qualquer natureza não pode ser classificada como "coisa" – o fato caracterizará mero ilícito civil ou crime de estelionato (CP, art. 171, *caput*), se o sujeito empregou meio fraudulento para a contratação e antes dela já tinha o propósito de não honrar sua responsabilidade contratual.

○ **Coisas fungíveis e apropriação indébita:** Coisas fungíveis são os "móveis que podem substituir-se por outros da mesma espécie, qualidade e quantidade" (art. 85 do CC). O dinheiro é o grande exemplo de coisa fungível. Discute-se se podem funcionar como objeto material do crime de apropriação indébita. Para Damásio E. de Jesus, as coisas fungíveis dadas em depósito ou em empréstimo, com obrigação de restituição da mesma espécie, qualidade e quantidade, não podem ser objeto material, pois nesses casos há **transferência de domínio**, de acordo com os arts. 586 e 645 do Código Civil.[119] Para o Superior Tribunal de Justiça, entretanto, é perfeitamente possível a apropriação indébita de coisas fungíveis.

○ **Núcleo do tipo:** O núcleo do tipo é **"apropriar-se"**, tomar como própria uma coisa pertencente a outrem. É imprescindível a apropriação – o sujeito legitimamente exerce a posse ou a detenção de um bem e, após determinado momento, passa a se comportar como se fosse seu verdadeiro dono. O conceito de **posse** pode ser extraído do art. 1.196 do Código Civil. A posse pode ser direta ou indireta. A posse direta, **sempre desvigiada**, pode ser **interessada** ou **não interessada**. Naquela, há interesse do próprio sujeito ativo; nesta, existe interesse unicamente de terceiro. O conceito de **detenção** é retirado do art. 1.198, *caput*, do Código Civil. A detenção é exercida pelo **fâmulo da posse** (escravo ou empregado da posse), pois o detentor exerce a posse em nome alheio. A posse ou a detenção do bem devem ser legítimas e, além disso, desvigiadas.

○ **Requisitos:** O crime tipificado pelo art. 168 do Código Penal depende dos seguintes requisitos:

– **Entrega voluntária do bem pela vítima**: havendo fraude, o crime será de estelionato (CP, art. 171, *caput*); se presente grave ameaça ou violência à pessoa, o delito será de roubo (CP, art. 157) ou de extorsão (CP, art. 158);

– **Posse ou detenção desvigiada**: livre da fiscalização e do controle por parte do seu titular. Tratando-se de posse ou detenção vigiada, e retirada do bem da esfera de vigilância da vítima, sem sua autorização, o crime será de furto (CP, art. 155);[120]

– **Boa-fé do agente ao tempo do recebimento do bem**: se o agente, ao receber o bem, já tinha a intenção de apropriar-se dele, o crime será de estelionato (CP, art. 171). Também comete estelionato o indivíduo que recebe algum bem por equívoco da vítima, e, ao constatá-lo, fica em silêncio, aceitando-o. Na dúvida acerca da existência da boa-fé ao tempo do recebimento da coisa, o intérprete deve reputá-la presente, por duas razões fundadas em princípios gerais do Direito: (a) a boa-fé se presume; e (b) *in dubio pro reo*, já que a pena do crime de apropriação indébita é inferior à pena cominada ao estelionato;

– **Modificação posterior no comportamento do agente**: o agente, após entrar licitamente (de boa-fé) na posse ou detenção da coisa, passa a se comportar como se fosse seu proprietário. Revela o ânimo de assenhoreamento definitivo (*animus rem sibi habendi*), razão pela qual a **"apropriação indébita de uso"** é penalmente irrelevante. A alteração no comportamento do agente pode verificar-se pela *prática de algum ato de disposição* (**"apropriação indébita propriamente dita"** ou **"apropriação indébita própria"**) *ou pela recusa na restituição* (**"negativa de restituição"**). A **apropriação indébita propriamente dita** não se confunde com o delito de disposição de coisa alheia como própria (art. 171, § 2.º, I, do CP) – As diferenças entre tais crimes são simples: o objeto material da apropriação indébita obrigatoriamente é coisa alheia móvel, ao passo que o da disposição de coisa alheia como própria pode ser bem móvel ou imóvel; e na apropriação indébita (sempre de coisa móvel) o agente deve ter a posse ou detenção legítimas do bem, enquanto na disposição de coisa alheia como própria (quando se tratar de coisa móvel) não é imprescindível tal espécie de posse ou detenção. Não há crime quando ao sujeito é assegurado o **direito de retenção** do bem, como se dá em determinadas hipóteses dos contratos de depósito e de mandato,

---

[119] JESUS, Damásio E. de. *Direito penal*: parte especial. 27. ed. São Paulo: Saraiva, 2005. v. 2, p. 418.

[120] Para uma análise profunda da distinção entre furto e apropriação indébita, remetemos o leitor ao art. 155.

nos moldes dos arts. 644, *caput*,[121] e 681,[122] ambos do Código Civil. Nesses casos, o sujeito realiza um fato típico, porém lícito, acobertado pelo exercício regular de direito (CP, art. 23, III, *in fine*). Também não se caracteriza o delito de apropriação indébita quando o sujeito tem o direito de compensação (arts. 368 a 380 do Código Civil).

○ **Sujeito ativo:** Qualquer pessoa – com exceção do proprietário, pois a lei fala em coisa "alheia" móvel – desde que tenha a posse ou a detenção lícita do bem. Cuida-se de **crime comum**,[123] uma vez que o pressuposto da posse legítima ou detenção da coisa móvel não pode ser considerado condição especial apta a classificar o crime como próprio. O condômino, sócio ou coerdeiro que faz exclusivamente sua a coisa móvel comum e infungível, da qual tem a posse lícita ou detenção, pratica apropriação indébita. Tratando-se de **coisa fungível**, somente estará caracterizado o delito quando a apropriação ultrapassar a cota a ele cabível, pois em caso contrário não haverá lesão ao patrimônio alheio. Se o agente é funcionário público e apropria-se de dinheiro, valor ou qualquer outro bem móvel, público ou particular (sob a guarda ou custódia da Administração Pública), de que tem a posse em razão do cargo, o crime será de peculato-apropriação (CP, art. 312, *caput*, 1.ª parte). Se o bem particular não se encontrar sob a guarda ou custódia da Administração Pública, e o funcionário público dele se apropriar, a ele será imputado o crime de apropriação indébita.

○ **Sujeito passivo:** É a pessoa física ou jurídica que suporta o prejuízo causado pela conduta criminosa. Em regra é o proprietário do bem, mas nada impede seja seu possuidor, usufrutuário etc. É possível que a vítima não seja a pessoa responsável pela entrega do bem ao agente.

○ **Elemento subjetivo:** É o dolo. Não se admite a modalidade culposa. A doutrina e a jurisprudência majoritárias sustentam a necessidade de um especial fim de agir, consistente no ânimo de assenhoreamento definitivo (*animus rem sibi habendi*). Entendemos que, nada obstante a necessidade de tal ânimo, não pode ser ele enquadrado como elemento subjetivo específico, pois a vontade de apossar-se de coisa pertencente a outrem está ínsita no verbo "apropriar-se". Portanto, recaindo o dolo sobre o núcleo do tipo, isto é suficiente para o aperfeiçoamento da apropriação indébita. Na apropriação indébita, sob a modalidade "negativa de restituição", a configuração do delito depende da atuação dolosa do agente no sentido de não restituir o bem ao seu proprietário. O fato é atípico para aquele que simplesmente se esquece de devolver o bem na data previamente combinada.

○ **Apropriação indébita de uso:** O núcleo do tipo penal é "apropriar-se". Exige-se a intenção do agente em fazer sua a coisa alheia móvel (*animus rem sibi habendi*). Não há crime na hipótese em que o sujeito usa momentaneamente a coisa alheia para em seguida restituí-la integralmente ao seu titular. Não se pune a apropriação indébita "de uso".[124] É de tomar cautela, todavia, para que este raciocínio não abra ensejo para a impunidade de pessoas que se utilizam por relevante espaço de tempo de bens alheios, alegando que deles não se apropriaram, pois iriam restituí-los a quem de direito após o simples uso.

---

[121] Código Civil, art. 644, *caput*: "O depositário poderá reter o depósito até que se lhe pague a retribuição devida, o líquido valor das despesas, ou dos prejuízos a que se refere o artigo anterior, provando imediatamente esses prejuízos ou essas despesas."

[122] Código Civil, art. 681: "O mandatário tem sobre a coisa de que tenha a posse em virtude do mandato, direito de retenção, até se reembolsar do que no desempenho do encargo despendeu."

[123] Rogério Greco sustenta tratar-se de crime próprio, pois somente pode ser cometido por quem tem a posse ou detenção legítima sobre a coisa (*Curso de direito penal*: parte especial. 6. ed. Niterói: Impetus, 2009. v. 3, p. 203).

[124] Cf. SALLES JÚNIOR, Romeu de Almeida. *Código Penal interpretado*. São Paulo: Saraiva, 1996. p. 531.

o **Distinção entre apropriação indébita e estelionato:** Ambos são crimes contra o patrimônio punidos unicamente a título de dolo. Distinguem-se quanto ao momento em que desponta o dolo de locupletar-se perante o patrimônio alheio: na apropriação indébita o dolo é **subsequente** ou **sucessivo**,[125] enquanto no estelionato o dolo é **antecedente** ou *ab initio*.

o **Consumação:** A apropriação indébita consuma-se no momento em que o sujeito inverte seu ânimo em relação à coisa alheia móvel: de mero detentor ou possuidor (posse ou detenção de natureza precária), passa a se comportar como proprietário, daí resultando a lesão ao patrimônio alheio (**crime material**). Na apropriação indébita **própria** ou **propriamente dita**, o crime se consuma com a prática de algum ato de disposição do bem, incompatível com a condição de possuidor ou detentor. Na apropriação indébita **negativa de restituição**, o delito se aperfeiçoa no instante em que o agente se recusa a devolver o objeto material a quem de direito.

o **Apropriação indébita e reparação do dano:** A reparação do dano ou restituição da coisa, após a consumação da apropriação indébita, não afasta a tipicidade do fato, mas será possível a diminuição da pena em face da incidência do instituto do arrependimento posterior, desde que presentes os demais requisitos exigidos pelo art. 16 do Código Penal. Contudo, o Superior Tribunal de Justiça já decidiu, por motivos de política criminal, pela extinção da punibilidade quando há devolução da coisa apropriada antes do recebimento da denúncia.[126]

o **Tentativa:** É perfeitamente possível na apropriação indébita **própria** ou **propriamente dita**. Não se admite o *conatus*, porém, na apropriação indébita **negativa de restituição** – nesse caso o crime é unissubsistente: ou o sujeito se recusa a devolver o objeto material, e o delito estará consumado, ou então o devolve a quem de direito, e o fato será atípico.

o **Ação penal:** É pública incondicionada, em todas as modalidades de apropriação indébita.

o **Lei 9.099/1995:** A apropriação indébita, na forma simples, é **crime de médio potencial ofensivo**, compatível com a suspensão condicional do processo, se presentes os requisitos elencados pelo art. 89 da Lei 9.099/1995.

o **Interpelação judicial e prestação de contas na esfera civil:** A **interpelação judicial**, nos casos de não restituição ou recusa na devolução da coisa, não constitui formalidade essencial para o ajuizamento da ação penal pelo MP. Prescinde-se também da **prestação de contas** para o oferecimento de denúncia. A matéria pode (e deve) ser resolvida no bojo da ação penal, salvo em hipóteses excepcionais. No tocante ao advogado que, em decorrência de procuração outorgada pelo seu cliente, detém poderes gerais para receber e quitar, retém importância em nome de seu constituinte, este deverá entrar com uma prévia prestação de contas contra aquele, em que o advogado será obrigado a especificar as receitas e aplicação das despesas, bem como o respectivo saldo, pois é a partir desses cálculos contábeis que se poderá constatar a efetiva retenção de valores pelo mandatário. A ação de prestação de contas deverá ser proposta no juízo cível. Trata-se de **questão prejudicial heterogênea**.

o **Competência:** A competência para o processo e julgamento do crime de apropriação indébita é do local em que o sujeito se apropria da coisa alheia móvel, dela dispondo ou negando-se a restituí-la ao seu titular (art. 70, *caput*, do CPP). Quando o crime é praticado por algum

---

[125]   Cf. HUNGRIA, Nélson. *Comentários ao Código Penal*. 2. ed. Rio de Janeiro: Forense, 1958. v. 7, p. 130.

[126]   STJ: RHC 25.091/MS, rel. originário Min. Haroldo Rodrigues (Desembargador convocado do TJ-CE), rel. para acórdão Min. Nilson Naves, 6.ª Turma, j. 29.09.2009, noticiado no *Informativo* 409.

representante (comercial ou não) da vítima, a competência é do local em que o sujeito deveria ter prestado contas dos valores levantados. Em regra, a competência é da Justiça Estadual, sendo da Justiça Federal quando a conduta criminosa for praticada em detrimento de bens, serviços ou interesses da União ou de suas entidades autárquicas ou empresas públicas (CF, art. 109, IV). Se os valores apropriados consistem em verbas federais, empregadas em convênio celebrado entre a União e uma pessoa jurídica de direito privado, o qual fora integralmente cumprido, inexistindo assim verba a ser fiscalizada pelo TCU, a competência será da Justiça Estadual, pois já houve sua incorporação pela pessoa jurídica de direito privado.

○ **Causas de aumento da pena (art. 168, § 1.º):** O § 1.º traz hipóteses de apropriação indébita **agravada** ou **circunstanciada,** em que reprimenda é majorada de 1/3 (um terço), razão pela qual não se aplica a este crime o benefício da suspensão condicional do processo (a pena mínima da apropriação indébita, acrescida pela causa de aumento da pena, ultrapassa o patamar previsto no art. 89 da Lei 9.099/1995). A pena será aumentada se o agente recebe a coisa:

– **Inciso I – Em depósito necessário:** O depósito necessário é disciplinado pelos arts. 647 e 649 do Código Civil. Pode ser de três espécies: **legal** (o que se faz em desempenho de obrigação legal), **miserável** (o que se efetua por ocasião de alguma calamidade) **e por equiparação** (relativo às bagagens dos viajantes ou hóspedes nas hospedarias onde estiverem). A causa de aumento de pena em análise aplica-se somente para o **depósito necessário miserável** (art. 647, II, do CC). O fundamento do tratamento penal mais rigoroso é simples: a vítima, atingida por alguma calamidade, não tinha outra opção a não ser confiar a guarda da coisa ao depositário, que se aproveitou da sua fragilidade e do momento de dificuldade para trair sua confiança e apropriar-se do bem. No depósito necessário legal (CC, art. 647, I) o depositário é equiparado a funcionário público, na forma prevista no art. 327, *caput*, do CP, razão pela qual a apropriação por ele praticada configura peculato-apropriação (CP, art. 312, *caput*, 1.ª parte). Já no depósito necessário por equiparação (CC, art. 649, *caput*) incide a causa de aumento de pena contida no art. 168, § 1.º, III, do CP.

– **Inciso II – Na qualidade de tutor, curador, síndico, liquidatário, inventariante, testamenteiro ou depositário judicial:** A palavra "síndico" deve ser substituída por "administrador judicial", em face da alteração promovida pelos arts. 21 e seguintes da Lei 11.101/2005. As pessoas indicadas pelo dispositivo legal – em rol taxativo, insuscetível de ser ampliado pelo emprego da analogia – desempenham um *munus* público. Respondem por apropriação indébita circunstanciada em face da regra específica prevista no dispositivo em análise. A razão de existir da causa de aumento de pena repousa na relevância das funções exercidas pelas pessoas indicadas pelo texto legal, que recebem coisas alheias para guardar consigo, necessariamente, até o momento adequado para devolução.

– **Inciso III – Em razão de ofício, emprego ou profissão:** A pena mais grave se justifica pela maior reprovabilidade do fato praticado por pessoas que, em decorrência de suas atividades profissionais, ingressam na posse ou detenção de coisas alheias, para restituí-las futuramente, mas não o fazem. Prescinde-se da relação de confiança entre o agente e o ofendido, pois o tipo penal não a exige. **Emprego** é a prestação de serviço com subordinação e dependência, características que podem ou não existir no ofício ou profissão. **Ofício** é a ocupação manual ou mecânica, útil ou necessária às pessoas em geral, e que reclama um determinado grau de habilidade. **Profissão** é a atividade que se caracteriza pela ausência de hierarquia e pelo exercício predominantemente técnico e intelectual de conhecimentos específicos. Quando o delito é cometido por advogado, que se apropria de valores judicialmente cabíveis ao seu constituinte, sob a alegação de ser ressarcido a título de honorários advocatícios, poderá haver o crime previsto no art. 168 ou no art. 345, ambos do Código Penal. A circunstância de o alvará de levantamento de depósito judicial, pertencente ao cliente, ter sido expedido em nome de certo integrante de escritório de advocacia não exclui a possibilidade de configuração do delito se o titular do escritório apropriou-se do valor correspondente.

○ **Hipóteses especiais de apropriação indébita:** art. 102 da Lei 10.741/2003 (*Estatuto da Pessoa Idosa*), *art. 89 da Lei 13.146/2015 (Estatuto da Pessoa com Deficiência)* e art. 5.º, *caput*, da Lei 7.492/1986 (*Crimes contra o Sistema Financeiro Nacional*) – nesse caso trata-se de **crime próprio** (somente pode ser praticado pelo controlador e pelos administradores de instituição financeira, assim considerados os diretores e gerentes, nos moldes do art. 25 da Lei 7.492/1986).

○ **Jurisprudência selecionada:**

Bem fungível: "O fato da coisa indevidamente apropriada ser bem fungível não impede a caracterização do crime de apropriação indébita (Precedentes desta Corte e do Pretório Excelso)" (STJ: REsp 880.870/PR, rel. Min. Felix Fischer, 5.ª Turma, j. 15.03.2007).

Competência – fundação de direito privado: "Compete à Justiça comum estadual o julgamento de crime de apropriação indébita de quantia pertencente a fundação de direito privado" (STF: HC 89.523/DF, rel. Min. Carlos Britto, 1.ª Turma, j. 25.11.2008).

Consumação: "O crime de apropriação indébita se consuma no momento em que o agente, livre e conscientemente, inverte o domínio da coisa que se encontra na sua posse, passando a dela dispor como se fosse o proprietário" (STJ: HC 200.939/RS, rel. Min. Jorge Mussi, 5.ª Turma, j. em 25.09.2012).

Consumação – competência: "Ademais, a competência é determinada, de regra, pelo lugar em que se consumar a infração, nos termos do art. 70 do Código de Processo Penal. Como a apropriação indébita se consuma no ato da inversão da propriedade do bem e os fatos teriam ocorrido em Brasília/DF, a competência para o processo e o julgamento dos fatos apurados é do Tribunal de Justiça do Distrito Federal e Territórios. Por fim, ainda que a efetiva utilização dos recursos tenha ocorrido em outro ente da Federação, essas circunstâncias representam elementos *pos-factum*, que não interferem na consumação do delito" (STF: Inq 4.619 AgR-segundo/DF, rel. Min. Luiz Fux, 1.ª Turma, noticiado no *Informativo* 931).

Consumação – negativa de restituição: "É sabido que o delito em questão se consuma no momento em que o possuidor ou detentor toma para si a coisa alheia, deixando de restituí-la ao seu legítimo proprietário" (STJ: HC 140.752/MG, rel. Min. Og Fernandes, 6.ª Turma, j. 06.10.2009).

Crime contra o sistema financeiro nacional: "O crime de apropriação indébita do artigo 5º da Lei n. 7.492/1986 é crime próprio; somente pode ser praticado pelo controlador e pelos administradores de instituição financeira, assim considerados os diretores e gerentes. Daí não se cogitar, no caso, de conflito de normas. Se existisse, a circunstância de tratar-se de crime próprio importaria em que fosse tomada como específica a norma incriminadora da Lei n. 7.492/1986" (STF: HC 89.227/CE, rel. Min. Eros Grau, 2.ª Turma, j. 27.03.2007).

Dolo: "Constatado que o recorrente não revelou a intenção de apoderar-se de bem alheio, que temporariamente permaneceu na sua posse, a simples mora na sua entrega ao proprietário, consoante orientação consignada pela teoria finalista da ação e adotada pela sistemática penal pátria, não configura o crime de apropriação indébita descrito no art. 168 do CP, em razão da ausência do dolo – *animus rem sibi habendi* –, elemento subjetivo do tipo e essencial ao prosseguimento da imputação criminal" (STJ: RHC 22.914/BA, rel. Min. Jorge Mussi, 5.ª Turma, j. 04.11.2008).

Depositário judicial – sócio-administrador – valores penhorados do faturamento da empresa – fato atípico: "Não comete o crime de apropriação indébita (CP/1940, art. 168, § 1º, II), pois ausente a elementar 'coisa alheia', o sócio administrador, nomeado depositário judicial, que deixa de transferir o montante penhorado do faturamento da empresa para a conta judicial determinada pelo juízo da execução. Na espécie, a sociedade empresária foi submetida a processo de execução fiscal e firmou, em audiência, acordo para o pagamento parcelado de valores relativos à penhora sobre seu faturamento bruto, sendo o paciente nomeado depositário fiel. Posteriormente, por descumprir o ajuste, ao não efetuar todos os depósitos, ele foi condenado pelo crime de apropriação indébita. Contudo, a conduta do paciente é atípica, visto tratar-se de apoderamento de coisa própria. Isso porque, ainda que a empresa seja de responsabilidade limitada, a determinação judicial, na penhora de faturamento, é dirigida ao depositário para que reserve valores de que já tem a propriedade e disponibilidade e, em momento seguinte, transfira o montante penhorado para a conta judicial específica" (STF: HC 215.102/PR, rel. Min. Dias Toffoli, redator do acordão Min. Nunes Marques, 2.ª Turma, j. 17.10.2023, noticiado no *Informativo* 1.113).

Dolo e reparação do dano: "Tendo o depositário a obrigação de devolver o mesmo produto entregue pelos depositantes, e não produto de igual espécie, torna-se possível a configuração do crime de apropriação indébita. [...] A alegada tentativa de negociação das dívidas com o possível ressarcimento dos danos causados às vítimas não evidencia ausência de dolo, não excluindo igualmente a culpabilidade, pois, após a consumação dos crimes, tal conduta apenas poderia caracterizar arrependimento posterior" (STJ: RHC 19.683/SC, rel. Min. Gilson Dipp, 5.ª Turma, j. 19.06.2007).

Honorários advocatícios – apropriação pelo causídico – crime: "1. Advogado que levantou quantia resultante de êxito em demanda judicial, depositada para o pagamento de sua constituinte, sob a alegação de que o valor, correspondente a 10% (dez) por cento do total da condenação, equivale aos honorários advocatícios. 2. O paciente tinha em mãos um título executivo privilegiado na falência – a sentença condenatória – que lhe assegurava honorários advocatícios de 10% (dez por cento) do valor apurado em liquidação. Incumbia-lhe habilitar-se no Juízo Universal da Falência, nos termos do disposto no artigo 24 do Estatuto da Advocacia, e não levantar, por conta própria, o montante correspondente à primeira parcela depositada para o pagamento da empresa. 3. Conduta que poderá vir a ser enquadrada, em tese, tanto no tipo penal correspondente à apropriação indébita (art. 168 do CP), quanto no atinente ao exercício arbitrário das próprias razões (art. 345 do CP)" (STF: HC 89.753/SP, rel. Min. Eros Grau, 2.ª Turma, j. 24.10.2006).

Honorários advocatícios – apropriação pelo causídico – fato atípico: "O não repasse de determinado valor ao constituinte, antecedido de discussão a respeito do *quantum* devido a título de honorários advocatícios, constitui mero descumprimento de obrigação contratual, a evidenciar atipicidade e, por conseguinte, falta de justa causa para a ação penal" (STF: RHC 104.588/RJ, rel. Min. Luiz Fux, 1.ª Turma, j. 07.06.2011).

Prestação de contas – competência: "1. Hipótese em que o representante comercial recebia os valores referentes à venda de mercadorias da empresa representada, sem, no entanto, repassá-los a esta. 2. Competência do local onde deveria ser realizada a prestação de contas" (STJ: CC 89.067/MG, rel. Min. Maria Thereza de Assis Moura, 3.ª Seção, j. 13.02.2008).

Prestação de contas – desnecessidade à caracterização do delito: "É inexigível a prévia prestação de contas para a caracterização do crime de apropriação indébita. Precedentes do STJ e do STF" (STJ: REsp 780.319/RS, rel. Min. Laurita Vaz, 5.ª Turma, j. 04.04.2006).

Princípio da insignificância: "1. O princípio da insignificância surge como instrumento de interpretação restritiva do tipo penal que, de acordo com a dogmática moderna, não deve ser considerado apenas em seu aspecto formal, de subsunção do fato à norma, mas, primordialmente, em seu conteúdo material, de cunho valorativo, no sentido da sua efetiva lesividade ao bem jurídico tutelado pela norma penal, consagrando os postulados da fragmentariedade e da intervenção mínima. 2. Indiscutível a sua relevância, na medida em que exclui da incidência da norma penal aquelas condutas cujo desvalor da ação e/ou do resultado (dependendo do tipo de injusto a ser considerado) impliquem uma ínfima afetação ao bem jurídico. 3. A apropriação indébita de uma escada, avaliada em R$ 50,00, a qual foi restituída à vítima, embora se amolde à definição jurídica do crime, não ultrapassa o exame da tipicidade material, mostrando-se desproporcional a imposição de pena privativa de liberdade, uma vez que a ofensividade da conduta se mostrou mínima; não houve nenhuma periculosidade social da ação; a reprovabilidade do comportamento foi de grau reduzido e a lesão ao bem jurídico se revelou inexpressiva. 4. As circunstâncias de caráter pessoal do agente, tais como a reincidência, os maus antecedentes e a personalidade do agente, não têm influência na análise da insignificância penal" (STJ: REsp 898.392/RS, rel. Min. Arnaldo Esteves Lima, 5.ª Turma, j. 05.02.2009).

Sujeito ativo – advogado – aumento da pena – reparação do dano: "1. Pratica crime de apropriação indébita, previsto no art. 168 do Código Penal, com o aumento de pena previsto no inc. III de seu § 1º, o Advogado que, depois de receber o valor da prestação alimentícia devida a sua constituinte, se recusa a entregá-la, obrigando-a a uma ação de prestação de contas, para só depois de vencido nesta, efetuar o pagamento. 2. Sendo de um ano de reclusão a pena mínima prevista no *caput* do art. 168, mas sujeita necessariamente ao acréscimo de 1/3, por se tratar de apropriação indébita praticada no exercício da profissão de Advogado, não se aplica à ação penal o disposto no art. 89 da Lei nº 9.099/95 e, consequentemente, o inciso I de seu § 1º, relativamente à reparação do dano. 3. A reparação do dano ocorrida após a consumação do crime, ainda que anteriormente ao recebimento da denúncia, só tem como efeito a atenuação da pena, mormente se, como no caso, a restituição só veio a ocorrer por força de ação cível proposta pela vítima. E, tendo sido aplicada a pena mínima, não poderia esta ser reduzida, ainda que presente circunstância atenuante. 4. Não é de ser considerada, em caso como o *sub judice*, a figura privilegiada do art. 170 do Código Penal, porquanto, a exemplo do que ocorre com o furto privilegiado (art. 155, § 2º), não se identificam os conceitos de pequeno valor da coisa apropriada e de pequeno ou nenhum prejuízo da ação delituosa. Até porque a restituição só se fez por inteiro, após o resultado de uma ação civil de prestação de contas" (STF: HC 75.051/SP, Rel. Min. Sydney Sanches, 1.ª Turma, j. 27.05.1997).

Sujeito ativo – síndico de condomínio edilício – inaplicabilidade da majorante prevista no art. 168, § 1.º, II, do Código Penal: "O fato de síndico de condomínio edilício ter se apropriado de valores pertencentes ao condomínio para efetuar pagamento de contas pessoais não implica o aumento de pena descrito no art. 168, § 1º, II, do CP (o qual incide em razão de o agente de apropriação indébita ter recebido a coisa na qualidade de 'síndico'). Isso porque, conforme entendimento doutrinário, o 'síndico' a que se refere a majorante do inciso II do § 1º do art. 168 do CP é o 'administrador judicial' (Lei n. 11.101/2005), ou seja, o profissional nomeado pelo juiz e responsável pela condução do processo de falência ou de recuperação judicial. Além do mais, o rol que prevê a majorante é taxativo e não pode ser ampliado por analogia ou equiparação, até porque todas as hipóteses elencadas no referido inciso – 'tutor, curador, síndico, liquidatário, inventariante, testamenteiro ou depositário judicial' – cuidam de um *munus* público, o que não ocorre com o síndico de condomínio edilício, em relação ao qual há relação contratual" (STJ: REsp 1.552.919/SP, rel. Min. Reynaldo Soares da Fonseca, 5.ª Turma, j. 24.05.2016, noticiado no *Informativo* 584).

Apropriação indébita previdenciária

Art. 168-A. Deixar de repassar à previdência social as contribuições recolhidas dos contribuintes, no prazo e forma legal ou convencional:

Pena – reclusão, de 2 (dois) a 5 (cinco) anos, e multa.

§ 1º Nas mesmas penas incorre quem deixar de:

I – recolher, no prazo legal, contribuição ou outra importância destinada à previdência social que tenha sido descontada de pagamento efetuado a segurados, a terceiros ou arrecadada do público;

II – recolher contribuições devidas à previdência social que tenham integrado despesas contábeis ou custos relativos à venda de produtos ou à prestação de serviços;

III – pagar benefício devido a segurado, quando as respectivas cotas ou valores já tiverem sido reembolsados à empresa pela previdência social.

§ 2º É extinta a punibilidade se o agente, espontaneamente, declara, confessa e efetua o pagamento das contribuições, importâncias ou valores e presta as informações devidas à previdência social, na forma definida em lei ou regulamento, antes do início da ação fiscal.

§ 3º É facultado ao juiz deixar de aplicar a pena ou aplicar somente a de multa se o agente for primário e de bons antecedentes, desde que:

I – tenha promovido, após o início da ação fiscal e antes de oferecida a denúncia, o pagamento da contribuição social previdenciária, inclusive acessórios; ou

II – o valor das contribuições devidas, inclusive acessórios, seja igual ou inferior àquele estabelecido pela previdência social, administrativamente, como sendo o mínimo para o ajuizamento de suas execuções fiscais.

§ 4º A faculdade prevista no § 3º deste artigo não se aplica aos casos de parcelamento de contribuições cujo valor, inclusive dos acessórios, seja superior àquele estabelecido, administrativamente, como sendo o mínimo para o ajuizamento de suas execuções fiscais.

Classificação:	Informações rápidas:
Crime comum	Não se trata de crime contra o patrimônio, mas contra a Previdência Social.
Crime material (para o STF) ou formal (para a doutrina dominante)	Tipo penal constitucional (STF).
Crime doloso	**Lei penal em branco homogênea:** deve ser complementada pela legislação previdenciária em relação aos prazos de recolhimento.
Crime de forma livre	
Crime unissubjetivo *(regra)*	**Pessoa jurídica:** não pode ser sujeito ativo. Não admite modalidade culposa.
Crime unissubsistente	Se a conduta for praticada mediante fraude, o crime será o do art. 337-A do CP (sonegação de contribuição previdenciária).
Crime instantâneo	Não admite tentativa.
	Ação penal: pública incondicionada.
	Competência: Justiça Federal.

○ **Introdução:** A Lei 9.983/2000, com o objetivo de suprir a deficiência do art. 95 da Lei 8.212/1991, inseriu o art. 168-A no Código Penal, entre os crimes contra o patrimônio, com o *nomen iuris* "apropriação indébita previdenciária". Equivocou-se o legislador em sua escolha, em primeiro lugar porque não há razão para o delito estar previsto no Título II da Parte Especial do Código Penal, pois não se trata de crime contra o patrimônio, e sim de crime contra a Previdência Social. A Lei 9.983/2000 também pecou no tocante à sua denominação – não há fundamento técnico para a utilização da rubrica marginal "apropriação indébita previdenciária", pois a conduta criminosa é completamente diversa da genuína apropriação indébita prevista no art. 168 do Código Penal.

○ **Constitucionalidade da incriminação:** Alguns autores sustentam a inconstitucionalidade do crime de apropriação indébita previdenciária, sob o argumento de que o delito seria fruto de dívida junto à União, resultante do não pagamento de contribuição previdenciária. E, como o art. 168-A do Código Penal possibilita a privação da liberdade do seu responsável, seria violado o art. 5.º, LXVII, da Constituição Federal. Cremos que não se trata de prisão civil por dívida, mas de imposição de pena privativa de liberdade pela prática de crime. O art. 168-A do Código Penal descreve um modelo sintético de conduta criminosa, cominando a quem se envolve em sua prática uma sanção penal. Vale ressaltar que o valor correspondente à contribuição previdenciária integra o salário do trabalhador. Nesse contexto, o art. 7.º, X, da Constituição Federal assegura como direito do trabalhador, urbano ou rural, a "proteção do salário na forma da lei, constituindo crime sua retenção dolosa". Eis o fundamento constitucional da apropriação indébita previdenciária, punida exclusivamente na forma dolosa, em perfeita sintonia com a Lei Suprema.

○ **Objeto jurídico:** A lei penal tutela a **seguridade social**, constitucionalmente definida como "o conjunto integrado de ações de iniciativa dos Poderes Públicos e da sociedade, destinadas a assegurar os direitos relativos à saúde, à previdência e à assistência social" (art. 194). Como a contribuição previdenciária é uma espécie de tributo, protege-se mediatamente a **ordem tributária**. A seguridade social depende de recursos para realização de suas finalidades constitucionais, os quais são auferidos mediante a arrecadação de tributos. Ainda, o crime em análise também tem como objetividade jurídica a **ordem econômica** (CF, arts. 170 e seguintes), como decorrência da preservação da livre concorrência em face das empresas que cumprem regularmente suas obrigações tributárias, e desta forma são prejudicadas em um mercado de livre concorrência perante aquelas que não honram seu papel junto ao Fisco.

○ **Objeto material:** É a contribuição previdenciária arrecadada e não recolhida.

○ **Núcleo do tipo:** É **"deixar de repassar"**, no sentido de "deixar de recolher". Quanto à forma de conduta, classifica-se como **crime omissivo próprio ou puro**. O modelo legal descreve um comportamento negativo, pois a omissão está contida no próprio tipo penal. Cuida-se de **norma penal em branco homogênea**, a qual deve ser complementada pela legislação previdenciária, no que diz respeito ao prazo de recolhimento das contribuições descontadas. Para a caracterização do delito não basta que o sujeito ativo deixe de repassar à previdência social as contribuições recolhidas dos contribuintes. É preciso que ele não efetue o repasse **"no prazo e forma legal ou convencional"**.

○ **Sujeito ativo:** Qualquer pessoa (**crime comum ou geral**). Há entendimentos, posteriores à entrada em vigor da Lei 9.983/2000, no sentido de tratar-se de crime próprio, porque somente poderia ser realizado por quem tem o dever legal de repassar à Previdência Social as contribuições recolhidas dos contribuintes.[127] Admite coautoria e participação. Em relação aos municípios que não possuem regime próprio de previdência, seus servidores são segurados obrigatórios do regime geral, devendo o Município reter as contribuições respectivas e promover o recolhimento (Lei 8.212/1991, art. 13). Também aos servidores ocupantes, exclusivamente, de cargo em comissão declarado em lei de livre nomeação e exoneração e aos ocupantes de cargos temporários ou de emprego público aplica-se o regime geral de previdência social (CF, art. 40, § 13, e Lei 8.212/1991, art. 12, I, *g*), devendo o ente respectivo repassar as contribuições à Receita Federal do Brasil. Note-se que, por expressa determinação legal, o ente público é considerado empresa para efeitos previdenciários (Lei 8.212/1991, art. 15, inc. I). O Chefe do Poder Executivo, como administrador, responde pela ausência de recolhimento das contribuições descontadas dos servidores. Deve ser também responsabilizado o Secretário da

---

[127] Cf. CAPEZ, Fernando. *Curso de direito penal*. 8. ed. São Paulo: Saraiva, 2008. v. 2, p. 515.

Fazenda ou outro servidor com atribuição para efetuar os recolhimentos legalmente previstos. À pessoa jurídica não pode ser imputado o crime de apropriação indébita previdenciária, por ausência de previsão constitucional nesse sentido. O crime também pode ser cometido pelo administrador judicial da massa falida, se houver empregados em atividade. Igualmente, o empregador doméstico pode ser sujeito ativo do delito.

○ **Sujeito passivo:** É a **União**, que por meio da Receita Federal do Brasil arrecada e fiscaliza as contribuições previdenciárias (Lei 8.212/1991, art. 33). Era comum apontar, como sujeito passivo, o Instituto Nacional do Seguro Social – INSS, pois a União delegava a esta autarquia federal a atribuição de arrecadar e fiscalizar o recolhimento das contribuições previdenciárias. Tal posicionamento não mais se sustenta, em face do previsto no art. 33 da Lei 8.212/1991.

○ **Elemento subjetivo:** É o dolo. Prescinde-se do *animus rem sibi habendi*, pelo fato de o núcleo do tipo ser "deixar de repassar", e não "apropriar-se". Não se admite a forma culposa.

○ **Consumação:** Existem opiniões doutrinárias no sentido de que a apropriação indébita previdenciária é crime formal, de consumação antecipada ou de resultado cortado. Consuma-se, portanto, com a realização da conduta de "deixar de repassar à previdência social as contribuições recolhidas dos contribuintes, no prazo e forma legal ou convencional". O resultado naturalístico (lesão à União) é possível, embora desnecessário para o aperfeiçoamento do delito. Entretanto, o Plenário do Supremo Tribunal Federal já decidiu tratar-se de **crime material**, dependente, portanto, da lesão aos cofres da União.[128] Este posicionamento se revela como acertado, pois é óbvio que a previdência social suporta prejuízo econômico imediato no momento em que alguém deixa de repassar as contribuições já recolhidas dos contribuintes.

Tal raciocínio é reforçado pela **Súmula Vinculante 24 do Supremo Tribunal Federal:** "Não se tipifica crime material contra a ordem tributária, previsto no art. 1º, incisos I a IV, da Lei n. 8.137/1990, antes do lançamento definitivo do tributo." O Superior Tribunal de Justiça, compartilhando desse entendimento, fixou a seguinte tese no **Tema 1.166 do Recurso Repetitivo**: "O crime de apropriação indébita previdenciária, previsto no art. 168-A, § 1º, inciso I, do Código Penal, possui natureza de delito material, que só se consuma com a constituição definitiva, na via administrativa, do crédito tributário, consoante o disposto na Súmula Vinculante n. 24 do Supremo Tribunal Federal."[129] No campo das empresas, nos termos do art. 33, § 5.º, da Lei 8.212/1991, presume-se o desconto da contribuição nos pagamentos já efetuados.[130] O tipo penal não elenca a **fraude como elementar do delito** – a figura típica se consuma independentemente da utilização de subterfúgios para dificultar a apuração do fato pela fiscalização previdenciária. Se presente o emprego de meio fraudulento, responderá o agente pelo crime de sonegação de contribuição previdenciária (art. 337-A do CP). A apropriação do dinheiro pelo sujeito ativo ou a utilização do numerário para fim diverso do previsto pela legislação também não se constituem em elementares típicas do delito.

○ **Tentativa:** Não é possível, pois a apropriação indébita previdenciária constitui-se em **crime omissivo próprio** ou **puro** e, portanto, unissubsistente: ou o sujeito deixa de repassar à previdência social as contribuições recolhidas dos contribuintes, e o delito estará consumado,

---

[128] STF: Inq 2.537 AgR/GO, rel. Min. Marco Aurélio, Tribunal Pleno, j. 10.03.2008, noticiado no *Informativo* 498.

[129] STJ: REsp 1.982.304/SP, rel. Ministra Laurita Vaz, 3.ª Seção, j. 17.10.2023, noticiado no *Informativo* 792.

[130] Art. 33, § 5º, da Lei 8.212/1991: "O desconto de contribuição e de consignação legalmente autorizadas sempre se presume feito oportuna e regularmente pela empresa a isso obrigada, não lhe sendo lícito alegar omissão para se eximir do recolhimento, ficando diretamente responsável pela importância que deixou de receber ou arrecadou em desacordo com o disposto nesta Lei."

ou então ele efetua regularmente o repasse, e não há falar em delito de apropriação indébita previdenciária.

o **Ação penal:** É pública incondicionada, em todas as modalidades de apropriação indébita previdenciária.

o **Lei 9.099/1995:** Trata-se de crime de elevado potencial ofensivo, incompatível com os benefícios elencados pela Lei 9.099/1995.

o **Competência:** A competência para processar e julgar o delito é, em regra, da **Justiça Federal** (art. 109, IV, da CF), por se tratar de crime praticado em detrimento dos interesses da União, órgão federativo responsável pela instituição das contribuições previdenciárias. O § 1.º do art. 149 da Lei Suprema estabelece regra de exceção, ao atribuir competência aos Estados, ao Distrito Federal e aos Municípios relativamente à instituição de contribuição de seus servidores para custeio do regime previdenciário próprio. Portanto, se na hipótese concreta o tributo suprimido ou reduzido mediante quaisquer das condutas previstas no tipo penal for a contribuição estabelecida no art. 149, § 1.º, da Constituição Federal, a competência para processo e julgamento do crime será da Justiça Estadual.

o **Dificuldades financeiras e reflexos jurídico-penais:** Na hipótese em que alguém, pessoa física ou jurídica, deixa de repassar à previdência social as contribuições recolhidas dos contribuintes, no prazo e forma legal ou convencional, em razão de dificuldades financeiras, firmou-se tese no sentido de não ser legítima a atuação do Direito Penal, pois seria injusta a incidência prática do crime definido pelo art. 168-A do Código Penal. Prevalece o entendimento de que se afasta a culpabilidade, em face da ausência de um dos seus elementos constitutivos, a **exigibilidade de conduta diversa**. A situação de penúria econômica deve ser cabalmente provada durante a instrução criminal. O não recolhimento das contribuições previdenciárias por período demasiadamente longo é um forte indício de que as dificuldades econômicas do empregador, especialmente das empresas, eram superáveis, pois não seria viável sua sobrevivência por tanto tempo submetendo-se a uma insuportável crise financeira.

o **Figuras equiparadas (art. 168-A, § 1.º):** O § 1.º traz três figuras equiparadas que se consumam com a ausência de recolhimento à Previdência Social ou a ausência de pagamento ao empregado do benefício previdenciário, no prazo determinado pela legislação respectiva.

– **Inciso I:** Além das contribuições, abrange também outras importâncias destinadas à previdência social. De igual modo, as contribuições ou importâncias não repassadas à União são descontadas dos segurados, terceiros ou ainda arrecadadas do público. Visa incriminar a conduta do denominado **"substituto tributário"** ou **"contribuinte de direito"**, que recebe por lei a atribuição de arrecadar e recolher o tributo devido pelo contribuinte de fato. **Segurados** são os empregados que prestam serviços de natureza urbana ou rural à empresa. **Terceiros** são aqueles que estão a serviço do responsável tributário, exercendo atividade econômica sujeita à dedução da contribuição social ou outra importância destinada à previdência, como as empresas cedentes de mão de obra e as cooperativas. **"Arrecadadas do público"** se refere às importâncias oriundas dos concursos de prognósticos e dos espetáculos desportivos.

– **Inciso II:** Neste caso não há ausência de repasse de importâncias descontadas do pagamento de terceiros, mas daquelas contabilizadas como embutidas nos custos de produtos ou serviços. Portanto, se no preço final do produto ou serviço há valor embutido a título de contribuição devida, mas não repassada à previdência social, restará caracterizado o delito em estudo.

– **Inciso III:** A conduta consiste no fato de o agente deixar de pagar ao segurado o benefício, nada obstante já tenha recebido recursos para tanto da Previdência Social. Até o advento da Lei 9.876/1999, a empresa efetuava diretamente o pagamento de dois benefícios previdenciários: o salário-família e o salário-maternidade. Com a alteração legislativa efetuada pelo art. 71 da Lei 8.213/1991, somente o salário-família é pago mensalmente pela empresa juntamente com o salário, que por seu turno efetua a compensação com a Secretaria da Receita Federal do Brasil por ocasião do recolhimento da sua contribuição social.

○ **Extinção da punibilidade (art. 168-A, § 2.º):** Houve revogação tácita do dispositivo pelo art. 9.º, *caput, da* Lei 10.684/2003. Se o agente for beneficiado pela concessão do parcelamento dos valores devidos a título de contribuição social previdenciária, ou qualquer acessório, o pagamento integral do débito importará na extinção da punibilidade, com fulcro no art. 83, § 4.º, da Lei 9.430/1996, com a redação conferida pela Lei 12.382/2011. É de se observar que, na hipótese de concessão de parcelamento do crédito tributário, a representação fiscal para fins penais somente será encaminhada ao Ministério Público após a exclusão da pessoa física ou jurídica do parcelamento (Lei 9.430/1996, art. 83, § 1.º). Além disso, fica suspensa a pretensão punitiva do Estado durante o período em que a pessoa física ou a pessoa jurídica relacionada com o agente dos aludidos crimes estiver incluída no parcelamento, desde que o pedido de parcelamento tenha sido formalizado antes do recebimento da denúncia criminal (Lei 9.430/1996, art. 83, § 2.º). Finalmente, a prescrição penal não corre durante o período de suspensão da pretensão punitiva (Lei 9.430/1996, art. 83, § 3.º). O Supremo Tribunal Federal entende, com amparo no art. 69 da Lei 11.941/2009, que o pagamento integral do débito fiscal acarreta na extinção da punibilidade do agente, ainda que efetuado após o julgamento da ação penal, desde que antes do trânsito em julgado da condenação.

○ **Perdão judicial e aplicação isolada da pena de multa (art. 168-A, § 3.º):** A hipótese disciplinada pelo inciso I do § 3.º do art. 168-A do Código Penal não mais se aplica, em decorrência da regra contida no art. 9.º, § 2.º, da Lei 10.684/2003, permissiva do pagamento do débito previdenciário a qualquer tempo, até o trânsito em julgado da sentença penal condenatória, para fins de extinção da punibilidade. Destarte, o pagamento da contribuição previdenciária é idôneo a acarretar a eliminação do direito de punir em um prazo mais dilatado, de modo mais interessante ao réu. O inciso II do § 3.º do art. 168-A do Código Penal somente será eficaz se não for utilizado o princípio da insignificância, hipótese em que sequer seria iniciada a ação penal, em face da atipicidade material do fato.

○ **Parcelamento da contribuição previdenciária e inaplicabilidade do § 3.º:** Estabelece o § 4.º do art. 168-A do Código Penal: "A faculdade prevista no § 3º deste artigo não se aplica aos casos de parcelamento de contribuições cujo valor, inclusive dos acessórios, seja superior àquele estabelecido, administrativamente, como sendo o mínimo para o ajuizamento de suas execuções fiscais." No âmbito da União, o valor atualmente estabelecido no plano administrativo como o mínimo para o ajuizamento das suas execuções fiscais é de R$ 20.000,00, a teor da regra contida no art. 2.º da Portaria MF nº 75/2012.

○ **Prévio esgotamento da via administrativa e ausência de justa causa para a ação penal:** A conclusão do processo administrativo figura como condição de procedibilidade para o exercício da ação penal. O fundamento deste raciocínio encontra-se no art. 142, *caput*, do Código Tributário Nacional. A competência para lançamento é da **autoridade administrativa**, motivo pelo qual a decisão por ela proferida vincula até mesmo o Poder Judiciário, que não pode lançar um tributo, tampouco corrigir ou modificar o lançamento efetuado pela autoridade administrativa. De fato, se o juiz reconhecer algum vício no lançamento realizado, ele deve declarar sua nulidade, cabendo à autoridade administrativa competente, se for o caso, constituir novamente o crédito tributário. Para afastar qualquer interpretação jurídica em sentido contrário, o STF editou a **Súmula Vinculante 24**, que inevitavelmente produzirá reflexos em todos os crimes materiais de natureza tributária, pois os fundamentos que justificaram sua criação aplicam-se igualmente a todos os delitos tributários desta índole.

○ **Princípio da insignificância:** Nada obstante a natureza tributária da apropriação indébita previdenciária, não há falar na incidência do princípio da insignificância, independentemente do valor apropriado, em face do elevado grau de reprovabilidade da conduta, atentatória da própria subsistência da Previdência Social, colocando em risco as pessoas fragilizadas que dela dependem. A lesividade do delito transcende o âmbito individual e abala a esfera coletiva. Esse é o entendimento consagrado no Supremo Tribunal Federal e no Superior Tribunal de Justiça.[131]

○ **Jurisprudência selecionada:**

Apropriação indébita previdenciária e sonegação de contribuição previdenciária – conti-nuidade delitiva: "A Turma entendeu que é possível o reconhecimento da continuidade delitiva entre o crime de sonegação previdenciária (art. 337-A do CP) e o crime de apropriação indébita previdenciária (art. 168-A do CP) praticados na administração de empresas de um mesmo grupo econômico. Entendeu-se que, apesar de os crimes estarem tipificados em dispositivos distintos, são da mesma espécie, pois violam o mesmo bem jurídico, a previdência social. No caso, os crimes foram praticados na administração de pessoas jurídicas diversas, mas de idêntico grupo empresarial, havendo entre eles vínculos em relação ao tempo, ao lugar e à maneira de execução, evidenciando ser um continuação do outro" (STJ: REsp 1.212.911/RS, rel. Min. Sebastião Reis Júnior, 6.ª Turma, j. 20.03.2012, noticiado no *Informativo* 493). *No mesmo sentido*: STJ: REsp 859.050/RS, rel. Min. Rogério Schietti Cruz, 6.ª Turma, j. 03.12.2013.

Constitucionalidade do delito: "A norma penal incriminadora da omissão no recolhimento de contribuição previdenciária – art. 168-A do Código Penal – é perfeitamente válida. Aquele que o pratica não é submetido à prisão civil por dívida, mas sim responde pela prática do delito em questão. Precedentes" (STF: HC 91.704/PR, rel. Min. Joaquim Barbosa, 2.ª Turma, j. 06.05.2008). *No mesmo sentido*: STF: AI 800.589 AgR/SC, rel. Min. Ayres Britto, 2.ª Turma, j. 26.10.2010.

Consumação – crime material – constituição definitiva do crédito tributário – incidência da Súmula Vinculante n. 24 do STF – reafirmação do entendimento sedimentado no STJ – Tema 1.166 do Recurso Repetitivo: "O crime de apropriação indébita previdenciária, previsto no art. 168-A, § 1º, I, do Código Penal, possui natureza de delito material, que só se consuma com a constituição definitiva, na via administrativa, do crédito tributário, consoante o disposto na Súmula Vinculante n. 24 do Supremo Tribunal Federal. A controvérsia consiste em definir a natureza jurídica (formal ou material) do crime de apropriação indébita previdenciária, pre-visto no art. 168-A do Código Penal. A importância prática da distinção entre crime formal e crime material diz respeito à necessidade de constituição definitiva do crédito tributário para a tipificação do crime do art. 168-A, § 1º, I, do Código Penal, o que repercute na definição acerca da data da consumação do delito e no termo inicial da prescrição, pois, nos termos do art. 111, I, do Código Penal, a 'prescrição, antes de transitar em julgado a sentença final, começa a correr: I - do dia em que o crime se consumou'. Com efeito, a Súmula Vinculante

---

STF: RHC 132.706 AgR/SP, rel. Min. Gilmar Mendes, 2.ª Turma, j. 21.06.2016; e STJ: AgRg no REsp 1.862.853/ MG, rel. Min. Rogerio Schietti Cruz, 6.ª Turma, j. 27.10.2020.

n. 24 do STF estabelece que 'Não se tipifica crime material contra a ordem tributária, previsto no art. 1º, incisos I a IV, da Lei n. 8.137/1990, antes do lançamento definitivo do tributo'. Como se vê, os crimes insculpidos no art. 1º, I a IV, da Lei n. 8.137/1990 são considerados crimes materiais, sendo necessária a redução ou supressão do tributo e, consequentemente, a constituição do crédito tributário definitivo como condição para a persecução penal. É certo que o enunciado da Súmula Vinculante n. 24/STF trata expressamente dos delitos previstos no art. 1º, I a IV, da Lei n. 8.137/1990. No entanto, o Plenário do Supremo Tribunal Federal, nos autos do Inq. 3.102/MG, reconheceu que a 'sistemática de imputação penal por crimes de sonegação contra a Previdência Social deve se sujeitar à mesma lógica aplicada àqueles contra a ordem tributária em sentido estrito'. Ademais, vale ressaltar que a questão deduzida no recurso se encontra, atualmente, pacificada no âmbito desta Corte, no sentido de que o crime de apropriação indébita previdenciária é de natureza material, que só se consuma com a constituição definitiva, na via administrativa, do débito tributário. Por todo o exposto, para os fins do art. 927, inciso III, c/c o art. 1.039 e seguintes, do Código de Processo Civil, há a reafirmação do entendimento consolidado desta Corte Superior e a resolução da controvérsia repetitiva com a tese: 'O crime de apropriação indébita previdenciária, previsto no art. 168-A, § 1º, inciso I, do Código Penal, possui natureza de delito material, que só se consuma com a constituição definitiva, na via administrativa, do crédito tributário, consoante o disposto na Súmula Vinculante n. 24 do Supremo Tribunal Federal'" (STJ: REsp 1.982.304/SP, rel. Ministra Laurita Vaz, 3.ª Seção, j. 17.10.2023, noticiado no *Informativo* 792).

Consumação e processo administrativo: "A apropriação indébita disciplinada no artigo 168-A do Código Penal consubstancia crime omissivo material e não simplesmente formal. Inquérito – Sonegação fiscal – Processo administrativo. Estando em curso processo administrativo mediante o qual questionada a exigibilidade do tributo, ficam afastadas a persecução criminal e – ante o princípio da não contradição, o princípio da razão suficiente – a manutenção de inquérito, ainda que sobrestado" (STF: Inq. 2.537 AgR/GO, rel. Min. Marco Aurélio, Tribunal Pleno, j. 10.03.2008).

Dolo – desnecessidade de elemento subjetivo específico: "Ao contrário do crime de apropriação indébita comum, o delito de apropriação indébita previdenciária não exige, para sua configuração, o *animus rem sibi habendi*" (STF: RHC 88.144/SP, rel. Min. Eros Grau, 2.ª Turma, j. 04.04.2006). *No mesmo sentido*: STJ: AgRg no Ag 1.083.417/SP, rel. Min. Og Fernandes, 6.ª Turma, j. 25.06.2013, noticiado no *Informativo* 526; e STJ: EREsp 1.296.631/RN, rel. Min. Laurita Vaz, 3.ª Seção, j. 11.09.2013, noticiado no *Informativo* 528.

Pagamento integral do débito fiscal efetuado após o julgamento – extinção da punibilidade: "Em conclusão de julgamento, o Plenário, por maioria, acolheu embargos de declaração e declarou extinta a punibilidade de parlamentar apenado pela prática dos crimes de apropriação indébita previdenciária e de sonegação de contribuição previdenciária (CP, art. 168-A, § 1º, I, e art. 337-A, III, c/c o art. 71, *caput*, e art. 69). O embargante alegava que o acórdão condenatório se omitira sobre o entendimento desta Corte acerca de pedido de extinção de punibilidade pelo pagamento integral de débito fiscal, bem assim sobre a ocorrência de prescrição retroativa da pretensão punitiva do Estado — v. *Informativos* 650, 705 e 712. Preponderou o voto do Ministro Luiz Fux, que deu provimento aos embargos. No tocante à assertiva de extinção da punibilidade pelo pagamento do débito tributário, realizado após o julgamento, mas antes da publicação do acórdão condenatório, reportou-se ao art. 69 da Lei 11.941/2009 ('Extingue-se a punibilidade dos crimes referidos no art. 68 quando a pessoa jurídica relacionada com o agente efetuar o pagamento integral dos débitos oriundos de tributos e contribuições sociais, inclusive acessórios, que tiverem sido objeto de concessão de parcelamento'). Sublinhou que eventual inconstitucionalidade do preceito estaria pendente de exame pela Corte, nos autos da ADI 4273/DF. Entretanto, haja vista que a eficácia do dispositivo não estaria suspensa, entendeu que o pagamento do tributo, a qualquer tempo, extinguiria a punibilidade do crime tributário, a teor do que já decidido pelo STF (HC 81929/RJ, DJU de 27.2.2004). Asseverou que, na aludida disposição legal, não haveria qualquer restrição quanto ao momento ideal para realização do pagamento. Não caberia ao intérprete, por isso, impor restrições ao exercício do direito postulado. Incidiria, dessa maneira, o art. 61, *caput*, do CPP ('Em qualquer fase do processo, o juiz, se reconhecer extinta a punibilidade, deverá declará-lo de ofício'). Observou, ainda, que a repressão penal nos crimes contra a ordem tributária seria forma reforçada de execução fiscal. Na sequência, o Ministro Dias Toffoli ressaltou que a lei privilegiaria o recebimento do valor devido pelo contribuinte, em detrimento da imposição de pena corporal. Alertou que a Corte não poderia agir de modo a restringir a aplicabilidade de norma despenalizadora – a condicionar o pagamento a determinado marco temporal –, sob pena de extrapolar sua atribuição constitucional. Ressalvou entendimento de que o pagamento integral promovido mesmo após o trânsito em julgado da condenação implicaria a extinção da punibilidade. O Ministro Marco Aurélio subscreveu a orientação segundo a qual o direito penal funcionaria como método coercitivo ao recolhimento de tributos. Ademais, se o título condenatório ainda não ostentaria irrecorribilidade e o débito estaria satisfeito, a punibilidade estaria extinta. O Ministro Celso de Mello enfatizou que a circunstância de ordem temporal da sucessão de leis penais no tempo revelar-se-ia apta a conferir aplicabilidade, no caso, às disposições contidas no § 2º do art. 9º da Lei 10.684/2003" (STF: AP 516 ED/DF, rel. orig. Min. Ayres Britto, red. p/ o acórdão Min. Luiz Fux, Plenário, j. 05.12.2013, noticiado no *Informativo* 731).

Perdão judicial e natureza jurídica da sentença: "1. Condenada a embargante à pena de 2 (dois) anos de reclusão pela prática do delito de apropriação indébita previdenciária, o magistrado deixou de lhe aplicar a sanção, com base no art. 168-A, § 3º, do CP. 2. O legislador, em respeito ao princípio da intervenção mínima, criou no § 3º do art. 168-A do Código Penal, uma espécie de perdão judicial, ao permitir que o juiz deixe de aplicar a reprimenda, nos casos em que o valor do débito (contribuições e acessórios) não seja superior ao mínimo exigido pela própria previdência social para o ajuizamento de execução fiscal. 3. Dessa forma, concedido perdão judicial à ré, incide, no caso, o enunciado sumular 18 desta Corte, que assim dispõe: 'A sentença concessiva do perdão judicial é declaratória da extinção da punibilidade, não subsistindo qualquer efeito condenatório'" (STJ: EDcl no AgRg no Ag 748.381/MG, Rel. Min. Arnaldo Esteves Lima, 5.ª Turma, j. 03.10.2006).

Prévio esgotamento da via administrativa: "1. Enquanto houver processo administrativo questionando a existência, o valor ou a exigibilidade de contribuição social, atípica é a conduta prevista no artigo 168-A do Código Penal que tem, como elemento normativo do tipo a existência da contribuição devida a ser repassada. 2. Não importa violação à independência das esferas administrativa e judiciária o aguardo da decisão administrativa, a quem cabe efetuar o lançamento definitivo. 3. Ordem concedida para suspender o inquérito policial até o julgamento definitivo do processo administrativo" (STJ: HC 128.672/SP, Rel. Min. Maria Thereza de Assis Moura, 6.ª Turma, j. 05.05.2009). *No mesmo sentido*: STJ: HC 146.013/MS, rel. Min. Maria Thereza de Assis Moura, 6.ª Turma, j. 20.10.2009.

Representação fiscal para fins penais e crimes contra a Previdência Social – art. 83 da Lei 9.430/1996: "A representação fiscal para fins penais relativa aos crimes de apropriação indébita previdenciária e de sonegação de contribuição previdenciária será encaminhada ao Ministério Público depois de proferida a decisão final, na esfera administrativa, sobre a exigência fiscal do crédito tributário correspondente. Não se vislumbra inconstitucionalidade formal ou material do art. 83 da Lei 9.430/1996. A alteração normativa condiciona o momento de envio da representação fiscal, para fins penais – no tocante aos crimes de apropriação indébita previdenciária e de sonegação de contribuição previdenciária –, à necessidade de exaurimento do processo administrativo de constituição do crédito. Logo, o dispositivo impugnado confere linearidade ao procedimento administrativo, ao estender àqueles delitos idêntica solução prevista para os demais crimes contra a ordem tributária. O preceito tem como destinatários os agentes fiscais. Ele não cuida do momento de consumação de delitos, tampouco versa sobre condição de procedibilidade para a persecução penal. Portanto, é inapropriada a discussão sobre a natureza dos crimes envolvidos, especialmente por se tratar de clara opção política do legislador. Ademais, o entendimento pela constitucionalidade da norma encontra apoio na jurisprudência do STF" (STF: ADI 4.980/DF, rel. Min. Nunes Marques, Plenário, j. 10.03.2022, noticiado no *Informativo* 1.047).

Sujeito ativo e núcleo do tipo: "O delito de apropriação indébita de contribuições previdenciárias, em que o Prefeito foi denunciado não exige qualidade especial do sujeito ativo, podendo ser cometido por qualquer pessoa, seja ela agente público ou não. A conduta descrita no tipo penal do art. 168-A do Código Penal é centrada no verbo 'deixar de repassar', sendo desnecessária, para a configuração do delito, a comprovação do fim específico de apropriar-se dos valores destinados à Previdência Social. Precedentes" (STJ: REsp 770.167/PE, Rel. Min. Gilson Dipp, 5.ª Turma, j. 17.08.2006).

Apropriação de coisa havida por erro, caso fortuito ou força da natureza

> **Art. 169.** Apropriar-se alguém de coisa alheia vinda ao seu poder por erro, caso fortuito ou força da natureza:
>
> Pena – detenção, de um mês a um ano, ou multa.
>
> Parágrafo único. Na mesma pena incorre:

Apropriação de tesouro

> I – quem acha tesouro em prédio alheio e se apropria, no todo ou em parte, da quota a que tem direito o proprietário do prédio;

Apropriação de coisa achada

> II – quem acha coisa alheia perdida e dela se apropria, total ou parcialmente, deixando de restituí-la ao dono ou legítimo possuidor ou de entregá-la à autoridade competente, dentro no prazo de 15 (quinze) dias.

Classificação:	Informações rápidas:
Crime comum	Forma de apropriação indébita privilegiada.
Crime material	Se a conduta for praticada mediante fraude, o crime
Crime doloso	será de estelionato.
Crime de forma livre	Não admite modalidade culposa. Exige dolo e conhe-
Crime unissubjetivo *(regra)*	cimento acerca da origem do bem em decorrência de
Crime plurissubsistente	erro, caso fortuito ou força da natureza.
Crime instantâneo (na visão doutrinária)	Admite tentativa.
ou permanente (jurisprudência do STJ)	**Ação penal:** pública incondicionada.
	Apropriação de tesouro: lei penal em branco homogê-
	nea – complementada pelos arts. 1.264 a 1.266 do CC.
	Apropriação de coisa achada: deve ter se extraviado de
	seu proprietário ou possuidor em local público ou de uso
	público (coisa esquecida caracteriza furto).

○ **Introdução:** Trata-se de modalidade específica de apropriação indébita. O núcleo do tipo é "apropriar-se" e, ainda que implicitamente, o objeto material também é a "coisa alheia" e móvel. Constitui-se em forma de apropriação indébita privilegiada, na qual o tipo penal contém novas elementares que importam em pena sensivelmente inferior àquela prevista no art. 168 do Código Penal, tanto no que diz respeito à sua natureza como no que toca à sua quantidade.

○ **Objeto jurídico:** É o patrimônio, relativamente à propriedade e à posse de coisas móveis. Esta figura penal guarda íntima relação com os arts. 876 e 884 do Código Civil, os quais, com o propósito de impedirem o enriquecimento ilícito de qualquer pessoa, impõem ao sujeito que recebeu o que não lhe era devido a obrigação de restituir o bem a quem de direito.

○ **Objeto material:** É a coisa móvel vinda ao poder do agente por erro, caso fortuito ou força da natureza.

○ **Núcleo do tipo:** O núcleo do tipo é **"apropriar-se"**, ou seja, entrar na posse de algo, comportando-se em relação à coisa como se fosse seu dono. Esta apropriação resulta do fato de a coisa ter entrado na posse do agente por erro alheio, ou então por caso fortuito ou força da natureza. **Erro** é a falsa percepção da realidade, capaz de fazer alguém – que pode ser a vítima do crime patrimonial ou um terceiro em seu nome – entregar ao agente um bem pertencente a outrem. Este erro pode dizer respeito: (a) à **pessoa** a quem o bem deve ser entregue; (b) à **coisa** objeto da entrega; (c) à **existência da obrigação ou de parte dela**; (d) à **qualidade ou quantidade da coisa**.

○ **Requisitos:** O crime de apropriação de coisa havida por erro depende dos seguintes requisitos: (1) A vítima (ou alguém em seu nome) deve encontrar-se em situação de erro, não provocado pelo agente. Ausente o erro, o crime será o de apropriação indébita (CP, art. 168). Se o erro tiver sido provocado pelo agente, estará caracterizado o delito de estelionato (CP, art. 171); (2) A vítima há de entregar, espontaneamente, o bem ao agente; (3) O agente, ao entrar na posse do bem, deve estar de boa-fé; e (4) O agente posteriormente percebe o erro da vítima (ou de alguém em seu nome), mas decide apoderar-se da coisa. Não há, por parte de quem recebeu o bem, a obrigação de procurar a autoridade pública competente para devolvê-lo, porque aquele que incidiu em erro é quem possui condições de dirigir-se à pessoa a quem fez a entrega da coisa.

– **Caso fortuito e força da natureza**: São acontecimentos acidentais e imprevisíveis relativamente às pessoas envolvidas em algum ato. O caso fortuito tem origem humana e a força maior provém de fenômenos naturais. No contexto do crime em apreço, a coisa alheia ingressa na posse de alguém em razão de caso fortuito ou de força da natureza. Todavia, o sujeito percebe o ocorrido, e, ciente de se tratar de bens que não lhe pertencem, deixa de restituí-los ao seu titular. O crime somente se configura quando o agente tem conhecimento de que se trata de coisa alheia, a qual veio ao seu poder por caso fortuito ou força da natureza.

○ **Sujeito ativo:** Qualquer pessoa (**crime comum**).

○ **Sujeito passivo:** É o titular da coisa desviada ou perdida por erro, caso fortuito ou força da natureza.

○ **Elemento subjetivo:** É o dolo de apropriar-se da coisa alheia, a intenção de assenhorear-se definitivamente do bem, não o restituindo ao seu titular (*animus rem sibi habendi*). Não se trata de elemento subjetivo específico, pois a vontade relaciona-se diretamente ao núcleo do tipo penal.[132] A elementar "apropriar-se" exige o ânimo de assenhoreamento definitivo. O elemento subjetivo precisa abranger o conhecimento acerca da origem do bem em decorrência de erro, caso fortuito ou força da natureza. Não se admite a forma culposa. Não há crime na hipótese em que o sujeito acredita ter recebido uma doação (o fato é atípico, em

---

[132] Em sentido contrário: MIRABETE, Julio Fabbrini. *Manual de direito penal*. São Paulo: Atlas, 2007. v. 2, p. 282.

razão da ausência de dolo). Também inexiste o delito quando o agente constata o equívoco posteriormente à tradição do bem, mas não reúne condições para restituí-lo.

○ **Consumação:** O crime se consuma no momento em que o sujeito se apropria da coisa alheia móvel, transformando a posse em propriedade, mediante a prática de um ato incompatível com a intenção de restituir o bem ao seu titular. Cuida-se de **crime material ou causal**. Prevalece o entendimento de tratar-se de **crime instantâneo**. Para o Superior Tribunal de Justiça, a apropriação de coisa havida por erro é **crime permanente** – a consumação, uma vez caracterizada com a prática de ato indicativo da vontade de não devolver o bem ao seu proprietário ou legítimo possuidor, se arrasta no tempo, subsistindo durante o período em que o agente não restitui a coisa móvel ao seu titular. O raciocínio deve ser também aplicado à apropriação de coisa havida por caso fortuito ou força da natureza.

○ **Tentativa:** É possível.

○ **Ação penal:** A ação penal é pública incondicionada.

○ **Lei 9.099/1995:** Trata-se de **infração penal de menor potencial ofensivo**, compatível com a transação penal e com o rito sumaríssimo, nos moldes definidos pela Lei 9.099/1995.

○ **Figuras equiparadas (art. 169, parágrafo único, do CP):**

– **Inciso I – Apropriação de tesouro**: o crime é disciplinado por uma **lei penal em branco homogênea**: é o Código Civil, em seus arts. 1.264 a 1.266, que apresenta o conceito de tesouro e as regras para sua divisão entre o proprietário do local em que foi encontrado e o responsável por sua descoberta. O objeto material é a quota-parte do tesouro pertencente ao dono do prédio em que ele foi encontrado. *O núcleo do tipo é "apropriar-se"*. Somente tem incidência quanto à pessoa que **acidentalmente** encontra o tesouro no terreno alheio, e, sendo legalmente obrigado a dividi-lo pela metade com o proprietário do imóvel, se apropria, no todo ou em parte, do quinhão a ele assegurado.

– **Inciso II – Apropriação de coisa achada**: o objeto material deste delito é a coisa alheia **perdida** – aquela que se extraviou de seu proprietário ou possuidor em **local público ou de uso público**. O fato é atípico quando o sujeito se apropria de coisa abandonada (*res derelicta*), pois não há patrimônio merecedor de proteção pelo Direito Penal. Também será atípico o fato, por ausência de dolo, como consequência do erro de tipo, na hipótese em que o agente se apoderou de coisa perdida que reputava abandonada, em face do seu péssimo estado de conservação. É irrelevante se o bem foi encontrado casualmente ou se sua perda foi presenciada pelo agente quando a vítima se afastava do local, desde que tal perda não tenha sido por ele provocada. O núcleo do tipo é "apropriar-se", revelando a indispensabilidade da intenção do agente de ter a coisa para si com o fim de assenhoreamento definitivo (*animus rem sibi habendi*). Quem encontra uma coisa perdida em local público ou de uso público, e conhece seu dono, tem o dever legal de restituí-la integral e imediatamente. Se a restituição não for possível ou não se souber quem é o seu proprietário, aquele que a encontrou deve efetuar sua entrega à autoridade competente, no prazo de 15 dias. Nessa última hipótese, trata-se de **crime de conduta mista**, pois se visualizam duas etapas distintas, uma comissiva e outra omissiva, a saber: (1) comissiva: o agente se apodera de coisa perdida que encontrou em local público ou de uso público, em relação à qual não conhece seu titular ou não possui condições para restituí-la; e (2) omissiva: não a entrega à autoridade pública (policial ou judicial).

○ **Transporte de objetos pelos Correios e competência:** Na hipótese em que alguém se apropria de coisa perdida que se encontrava no interior de embalagem da Empresa Brasileira de Correios e Telégrafos (empresa pública federal), a competência é, em regra, da Justiça

Estadual. Se o bem pertencer à própria Empresa de Correios, ou então à União, suas autarquias ou empresas públicas, a competência será da Justiça Federal (art. 109, IV, da CF).

○ **Jurisprudência selecionada:**

Apropriação de coisa havida por erro e estelionato – distinção: "Revelando os fatos constantes da denúncia a feitura espontânea de depósito, fora dos parâmetros da relação jurídica, seguindo-se a retenção do valor, tem-se a configuração do crime do artigo 169 – apropriação de coisa alheia havida por erro – e não o do artigo 171 – estelionato –, ambos do Código Penal, pouco importando a recusa na devolução da quantia ao argumento de que efetuado corretamente o depósito" (STF: HC 84.610/RJ, rel. Min. Marco Aurélio, 1.ª Turma, j. 17.05.2005).

Crime permanente – consumação e reflexos na prescrição: "Tratando-se de crime permanente, eis que a sua consumação se prolonga no tempo, tem-se que o prazo prescricional inicia-se na data da cessação da indevida apropriação da coisa havida por erro" (STJ: HC 15.403/SP, rel. Min. Gilson Dipp, 5.ª Turma, j. 25.09.2001).

Correios – propriedade do bem e competência: "Apropriação de coisa achada. Envelope com o emblema da Empresa Nacional de Correios e Telégrafos contendo quatro talões de cheques. Proprietário da coisa. Instituição bancária. Competência da Justiça Estadual. I. Hipótese em que um dos denunciados apropriou-se de coisa achada – envelope com o emblema da Empresa Nacional de Correios e Telégrafos –, cujo conteúdo consistia em quatro talões de cheques provenientes do Banco Itaú, de titularidade de uma correntista. Os referidos talões teriam sido distribuídos aos demais denunciados, que, juntamente com o primeiro, fizeram uso fraudulento dos mesmos. II. A Empresa Brasileira de Correios e Telégrafos, ao transportar os talonários, através do serviço de Sedex, agiu na qualidade de simples detentora da coisa. Assim, o verdadeiro possuidor da coisa perdida era a instituição bancária de onde provinham os talões, até porque os cheques ainda não haviam entrado na esfera de disponibilidade da correntista. III. Não se evidencia lesão a serviços, bens ou interesses da União ou Entidades Federais" (STJ: CC 40.525/SC, rel. Min. Gilson Dipp, 3.ª Seção, j. 10.03.2004).

> **Art. 170.** Nos crimes previstos neste Capítulo, aplica-se o disposto no art. 155, § 2º.

○ **Aplicação de privilégio:** Aos delitos previstos nos artigos 168 e 169 do Código Penal (apropriação indébita e assemelhados), sendo o criminoso primário e de pequeno valor a coisa furtada, o juiz poderá substituir a pena de reclusão pela de detenção, diminuí-la de um a dois terços, ou aplicar somente a pena de multa. Para maiores informações, remetemos o leitor aos comentários efetuados no art. 155 do Código Penal.

Capítulo VI –
DO ESTELIONATO E OUTRAS FRAUDES

Estelionato

> **Art. 171.** Obter, para si ou para outrem, vantagem ilícita, em prejuízo alheio, induzindo ou mantendo alguém em erro, mediante artifício, ardil, ou qualquer outro meio fraudulento:
>
> Pena – reclusão, de um a cinco anos, e multa.

§ 1º Se o criminoso é primário, e é de pequeno valor o prejuízo, o juiz pode aplicar a pena conforme o disposto no art. 155, § 2º.

§ 2º Nas mesmas penas incorre quem:

Disposição de coisa alheia como própria

I – vende, permuta, dá em pagamento, em locação ou em garantia coisa alheia como própria;

Alienação ou oneração fraudulenta de coisa própria

II – vende, permuta, dá em pagamento ou em garantia coisa própria inalienável, gravada de ônus ou litigiosa, ou imóvel que prometeu vender a terceiro, mediante pagamento em prestações, silenciando sobre qualquer dessas circunstâncias;

Defraudação de penhor

III – defrauda, mediante alienação não consentida pelo credor ou por outro modo, a garantia pignoratícia, quando tem a posse do objeto empenhado;

Fraude na entrega de coisa

IV – defrauda substância, qualidade ou quantidade de coisa que deve entregar a alguém;

Fraude para recebimento de indenização ou valor de seguro

V – destrói, total ou parcialmente, ou oculta coisa própria, ou lesa o próprio corpo ou a saúde, ou agrava as consequências da lesão ou doença, com o intuito de haver indenização ou valor de seguro;

Fraude no pagamento por meio de cheque

VI – emite cheque, sem suficiente provisão de fundos em poder do sacado, ou lhe frustra o pagamento.

Fraude eletrônica

§ 2º-A. A pena é de reclusão, de 4 (quatro) a 8 (oito) anos, e multa, se a fraude é cometida com a utilização de informações fornecidas pela vítima ou por terceiro induzido a erro por meio de redes sociais, contatos telefônicos ou envio de correio eletrônico fraudulento, ou por qualquer outro meio fraudulento análogo.

§ 2º-B. A pena prevista no § 2º-A deste artigo, considerada a relevância do resultado gravoso, aumenta-se de 1/3 (um terço) a 2/3 (dois terços), se o crime é praticado mediante a utilização de servidor mantido fora do território nacional.

§ 3º A pena aumenta-se de um terço, se o crime é cometido em detrimento de entidade de direito público ou de instituto de economia popular, assistência social ou beneficência.

Estelionato contra idoso ou vulnerável

§ 4º A pena aumenta-se de 1/3 (um terço) ao dobro, se o crime é cometido contra idoso ou vulnerável, considerada a relevância do resultado gravoso.

§ 5º Somente se procede mediante representação, salvo se a vítima for:

I – a Administração Pública, direta ou indireta;

II – criança ou adolescente;

III – pessoa com deficiência mental; ou

IV – maior de 70 (setenta) anos de idade ou incapaz.

Classificação:	Informações rápidas:
Crime comum Crime de forma livre Crime material e de duplo resultado Crime instantâneo *(regra)* ou instantâneo de efeitos permanentes *(exceção)* Crime plurissubsistente *(regra)* Crime de dano Crime unissubjetivo *(regra)*	A vantagem ilícita deve ser de natureza econômica. Prejuízo alheio significa dano patrimonial. A vítima deve ser pessoa certa e determinada (clonagem de cartão bancário caracteriza furto). Não admite modalidade culposa. Exige dolo específico. O estelionato é crime de duplo resultado: obtenção de vantagem ilícita + prejuízo alheio. A reparação do dano não apaga o crime de estelionato. Admite tentativa. **Ação penal:** pública condicionada *(regra)* ou pública incondicionada *(exceções)*. **Competência:** Justiça Comum Estadual *(regra)*. **Torpeza bilateral:** embora a conduta da vítima seja reprovável, o estelionatário deve ser punido. **Estelionato privilegiado:** criminoso primário + prejuízo de pequeno valor (até um salário mínimo). Direito subjetivo do réu.

o **Introdução:** O estelionato é crime patrimonial praticado mediante fraude. A fraude consiste na lesão patrimonial por meio de engano. O Capítulo VI do Título II da Parte Especial do Código Penal é assim denominado: "Do estelionato e outras fraudes". Há diversas fraudes reconhecidas pelo legislador, e o estelionato, tanto na sua modalidade fundamental (art. 171, *caput*) como nas figuras equiparadas (art. 171, § 2.º) é uma delas.

o **Objeto jurídico:** A lei penal tutela a inviolabilidade do patrimônio.

o **Objeto material:** É a pessoa física ludibriada pela fraude, bem como a coisa ilicitamente obtida pelo agente.

○ **Núcleo do tipo:** É **obter**. Equivale a alcançar um lucro indevido em decorrência do engano provocado na vítima, que contribui para a finalidade do criminoso sem notar que está sendo lesada em seu patrimônio. Trata-se de **conduta composta: Induzir** significa persuadir, no sentido de criar para a vítima uma situação falsa. **Manter** é fazer o ofendido permanecer na posição de equívoco em que já se encontrava. A obtenção da vantagem ilícita dá-se pelo fato de o sujeito conduzir a vítima ao engano ou então deixá-la no erro em que sozinha se envolveu. **Erro** é a falsa percepção da realidade, apta a produzir uma manifestação de vontade viciada. Esta elementar deve ser interpretada extensivamente, a fim de englobar também a ignorância (completo desconhecimento da realidade). Para induzir ou manter a vítima em erro, o sujeito se vale de artifício, ardil ou qualquer outro meio fraudulento. **Artifício** é a fraude material – o agente utiliza algum instrumento ou objeto para enganar a vítima. **Ardil** é a fraude moral, representada pela conversa enganosa. Com a expressão **"qualquer outro meio fraudulento"** nossa lei se refere a qualquer atitude ou comportamento que provoque ou mantenha alguém em erro, do qual advirão a vantagem ilícita e o dano patrimonial. A **vantagem ilícita** precisa possuir natureza econômica, uma vez que o estelionato é crime contra o patrimônio. É ilícita porque não corresponde a nenhum direito. Se a vantagem for lícita o estelionato cede espaço para o delito de exercício arbitrário das próprias razões (CP, art. 345). **Prejuízo alheio** é o dano patrimonial. Não basta, portanto, a obtenção de vantagem ilícita ao agente – exige-se também o prejuízo ao ofendido. Visualizam-se assim quatro momentos diversos no estelionato: emprego de fraude, situação de erro na qual a vítima é colocada ou mantida, obtenção de vantagem ilícita e prejuízo suportado pela vítima.

○ **A fraude eletrônica:** Trata-se de **modalidade qualificada do estelionato**, e crime de elevado potencial ofensivo, incompatível com os benefícios elencados pela Lei 9.099/1995. A fraude é imprescindível à caracterização do estelionato. Em outras palavras, não existe estelionato sem o emprego de fraude. Nessa qualificadora, a fraude é praticada com a utilização de informações fornecidas pela vítima ou por terceiro induzido a erro por meio de redes sociais, contatos telefônicos ou envio de correio eletrônico fraudulento, ou por qualquer outro meio fraudulento análogo. Esse **meio de execução especial** é que diferencia a figura qualificada do estelionato catalogado no art. 171, *caput*, do Código Penal, no qual a fraude é genérica (ou residual), ou seja, consiste em qualquer artifício, ardil ou outro meio fraudulento diverso dos elencados pelo § 2.º-A do art. 171 do Código Penal. O estelionato eletrônico há muito tempo vinha crescendo no Brasil, notadamente com golpes via *e-mails*, ligações telefônicas e mensagens por aplicativos de conversas. Esse fenômeno aumentou bruscamente com o distanciamento social, a permanência das pessoas em suas residências e a realização de negócios à distância em razão da pandemia da COVID-19, iniciada no ano de 2020. A figura qualificada depende da utilização de informações (exemplos: dados bancários, número do cartão de crédito e do seu respectivo código de segurança etc.) fornecidas pelo ofendido (titular do patrimônio lesado) ou por terceiro (o filho do titular do patrimônio lesado, por exemplo) induzido a erro, ou seja, colocado em situação de falsa percepção da realidade por meio de redes sociais (*Facebook, Twitter, Instagram*, etc.), contatos telefônicos ou envio de correio eletrônico fraudulento (*e-mails* com *links* destinados a obter informações do cartão de crédito da vítima ou boletos bancários falsos, por exemplo), ou por qualquer outro meio fraudulento. O legislador valeu-se da **interpretação analógica** (ou *intra legem*): as informações imprescindíveis à obtenção de vantagem ilícita pelo agente e à causação de prejuízo econômico à vítima podem ser fornecidas pela vítima ou por terceiro induzido a erro por meio de (a) redes sociais; (b) contatos telefônicos; (c) envio de correio eletrônico fraudulento; ou (d) **por qualquer outro meio fraudulento**. Pensemos no exemplo em que uma pessoa, navegando pela *internet*, encontra um suposto site de comércio eletrônico anunciando um *notebook* por valor bastante convidativo. Para não perder a "promoção", a pessoa efetua a "compra" do produto, mediante o pagamento com cartão de crédito. Todavia, o sítio eletrônico era falso, e os dados da vítima passam a ser usados pelo agente em diversas compras. Nesse caso, as informações do ofendido, induzido a erro, não foram fornecidas por meio de redes sociais, contatos telefônicos ou envio de correio eletrônico fraudulento, mas não resta dúvida da utilização de meio fraudulento. O delito normalmente é praticado no ambiente da rede mundial de computadores. O legislador, porém, ao mencionar os "contatos telefônicos", deixou claro que a conduta também pode ser cometida fora da *internet*, como na hipótese em que uma pessoa encontra um aparelho de telefone celular em via pública e, acessando a lista de contatos, liga para a mãe do titular do bem, dizendo que ele acabou de ser atropelado e precisa de uma transferência bancária para pagar as despesas urgentes com ambulância e hospital. Na fraude eletrônica, como em qualquer estelionato, a nota marcante é a indução da vítima (ou de terceiro) em erro, daí decorrendo a entrega das informações ao agente. A vítima, ludibriada pela fraude, voluntariamente disponibiliza as informações ao estelionatário. **Não há subtração de dados**, caso em que estaria configurado o crime de furto.

○ **Causas de aumento de pena na fraude eletrônica:** Nos termos do art. 171, § 2.º-B, do Código Penal: "A pena prevista no § 2º-A deste artigo, considerada a relevância do resultado gravoso, aumenta-se de 1/3 (um terço) a 2/3 (dois terços), se o crime é praticado mediante a utilização de servidor mantido fora do território nacional." A majorante incidirá sempre que o agente, na execução da fraude eletrônica, utilizar servidor[133] mantido fora do território nacional. O percentual de aumento – de 1/3 (um terço) a 2/3 (dois terços), entretanto, deve levar em conta a **"relevância do resultado gravoso"**, compreendida como a dimensão do prejuízo patrimonial causado ao ofendido. O fundamento do tratamento penal mais severo recai na complexidade de apuração do delito quando o servidor é mantido fora do Brasil. A localização no exterior diz respeito unicamente ao servidor informático, e não ao responsável pela conduta criminosa, que pode estar – e em regra está – no território nacional. Além disso, o uso de servidor mantido em outro país revela maior grau de especialização do agente, além de uma estrutura sofisticada para a prática do delito, circunstâncias ligadas à atuação de organizações criminosas com ramificações no exterior. A sanção cominada pelo legislador, exagerada e desproporcional, deve ser criticada. No plano abstrato, e considerando os limites máximos, a pena privativa de liberdade pode alcançar 13 anos e 4 meses de reclusão (8 anos + 2/3), extrapolando a pena máxima de delitos indiscutivelmente mais graves, como o roubo (CP, art. 157, *caput*) e o estupro (CP, art. 213).

○ **A questão do "estelionato judiciário":** A busca desordenada da prestação jurisdicional para satisfazer algum interesse pessoal, ainda que fundada em argumentos absurdos e completamente inadequados, não pode ser considerada meio fraudulento. Não há crime naquilo que se convencionou chamar de "estelionato judiciário", ainda que o agente utilize documentos falsos, cuja veracidade possa ser comprovada pelo magistrado, sem prejuízo da caracterização do delito tipificado no art. 304 do Código Penal.

○ **Estelionato, falsidade ideológica e cola eletrônica:** Na visão do Supremo Tribunal Federal, o procedimento denominado de "cola eletrônica", no qual os candidatos burlam as provas de vestibulares, exames ou de concursos públicos mediante a comunicação por meios ele-

---

[133] Servidor, para os fins do tipo penal, é o dispositivo informático que autoriza o acesso a informações por outros computadores ou sistemas conectados em rede. É o "aparelho mãe", que, em uma determinada rede de computadores, hospeda esse tipo de sistema informático.

trônicos (transmissores e receptores) com pessoas especialistas nas matérias exigidas nas avaliações, não constitui estelionato nem falsidade ideológica (CP, art. 299). O fato era atípico. Entretanto, este panorama sofreu profundas alterações com a entrada em vigor da Lei 12.550/2011, a qual criou um crime especial – *fraudes em certames de interesse público* – no qual se subsume a conduta daquele que pratica ou concorre para a prática da "cola eletrônica". Destarte, atualmente existe crime específico envolvendo a fraude em certames de interesse público. O comportamento inerente à cola eletrônica se enquadra na descrição do art. 311-A do Código Penal. O conflito aparente com o art. 171, *caput*, do Código Penal é solucionado pelo princípio da especialidade.

○ **Assistência judiciária gratuita e cobrança de honorários advocatícios:** Para o Supremo Tribunal Federal, não há estelionato na conduta do advogado que cobra honorários advocatícios do assistido beneficiado pela assistência judiciária gratuita.[134]

○ **Estelionato afetivo ou sentimental:** O meio fraudulento utilizado pelo agente para ludibriar a vítima, daí obtendo, para si ou para outrem, vantagem ilícita em prejuízo alheio, pode consistir em falsa demonstração de amor, desejo sexual ou qualquer forma de relacionamento íntimo. Tem-se, nesse caso, o **estelionato afetivo ou sentimental**. Pensemos na situação em que um homem financeiramente abastado conhece uma mulher por meio de contato em rede social e encanta-se com sua beleza e com as virtudes por ela demonstradas em conversas privadas. Depois de certo tempo, e ainda sem contato presencial entre ambos, ele a convida para viajarem juntos no próximo final semana. Ela, então, demonstra muito entusiasmo com tal atitude, mas diz que infelizmente não poderá aceitar o convite, pois não possui vestuário adequado para uma viagem com pessoa que circula em meios sociais privilegiados, transmitindo a mensagem subliminar de que precisaria fazer compras de roupas, sapatos, maquiagem etc. Em razão disso, ele faz uma transferência bancária de alto valor para que ela adquira o for necessário para o passeio. Depois de se apoderar da quantia em dinheiro, a mulher desaparece, e o perfil na rede social é deletado. Nessa situação hipotética, estará caracterizado o crime tipificado no art. 171, *caput*, do Código Penal, rotulado como estelionato afetivo ou sentimental.

○ **Sujeito ativo:** Qualquer pessoa (**crime comum ou geral**), tanto a responsável pelo emprego da fraude como a beneficiada pela vantagem ilícita. Pode haver coautoria e participação.

○ **Terceiro destinatário da vantagem ilícita:** O terceiro, destinatário desta vantagem, que não participa da execução do crime nem induz, instiga ou auxilia o autor em sua prática não será partícipe do estelionato, uma vez que não concorreu para o delito. No entanto, se receber o bem ciente da sua origem criminosa, responderá por receptação dolosa própria (CP, art. 180, *caput*, 1ª parte); se receber o bem devendo presumir sua origem criminosa, responderá por receptação culposa (CP, art. 180, § 3.º); e se não tiver conhecimento da origem criminosa do bem, nem suspeitas fundadas desta, o fato será atípico em razão da ausência de dolo ou culpa.

○ **Sujeito passivo:** Qualquer pessoa, física ou jurídica, de direito público ou de direito privado, que seja enganada pela fraude ou suporte prejuízo patrimonial. Em regra, tais condições estão presentes em uma só pessoa. A vítima deve ser **pessoa certa e determinada**. As condutas voltadas a pessoas incertas e indeterminadas, ainda que sirvam de fraude para obter vantagem ilícita em prejuízo alheio, configuram crime contra a economia popular (art. 2.º,

---

[134] STF: HC 95.058/ES, rel. Min. Ricardo Lewandowski, 1.ª Turma, j. 04.09.2012, noticiado no *Informativo* 678.

XI, da Lei 1.521/1951). Se alguém vier a ser efetivamente lesado, haverá concurso formal entre o crime contra a economia popular (contra as vítimas incertas e indeterminadas) e o estelionato (contra a vítima certa e determinada). O Superior Tribunal de Justiça, entretanto, já decidiu que, em crime contra a economia popular por pirâmide financeira, a identificação de algumas vítimas não autoriza a responsabilização do agente pelo estelionato.[135]

– **Estelionato contra pessoa idosa ou vulnerável:** De acordo com o art. 171, § 4.º, do Código Penal: "A pena aumenta-se de 1/3 (um terço) ao dobro, se o crime é cometido contra idoso ou vulnerável, considerada a relevância do resultado gravoso." Cuida-se de **causa de aumento da pena**, aplicável a todas as modalidades de estelionato (CP, art. 171, *caput*, §§ 2.º e 2.º-A), incidindo tanto sobre a pena privativa de liberdade como também na multa. A prática do estelionato contra pessoa idosa ou vulnerável torna obrigatório o aumento da pena. Contudo, seu percentual – de 1/3 (um terço) ao dobro –, deve levar em conta a **relevância do resultado gravoso**, ou seja, o prejuízo econômico causado à vítima. O tratamento penal mais rigoroso baseia-se na maior reprovabilidade do agente, que se aproveita da fragilidade e da ingenuidade do ofendido. **Pessoa Idosa** é a pessoa com idade igual ou superior a 60 anos (Lei 10.741/2003 – Estatuto da Pessoa Idosa, art. 1.º). O avanço da tecnologia, com a necessidade de utilização dos meios informáticos, com os quais muitas pessoas idosas não guardam intimidade, acabou resultando em situações de risco a tais pessoas, a exemplo do que ocorre quando são ludibriados por indivíduos inescrupulosos que, sob o pretexto de "ajudá-los" a sacar dinheiro em terminais bancários eletrônicos, acabam transferindo o montante para proveito próprio ou de terceiro. Além disso, o estelionato contra tais vítimas, com patrimônios geralmente limitados a escassas aposentadorias e dependentes de gastos excessivos com medicamentos e outras despesas inerentes à idade avançada, provoca danos econômicos, físicos e psicológicos de larga amplitude e não raras vezes irreparáveis. A palavra **"vulnerável"**, a teor do art. 217-A do Código Penal, engloba: (a) o menor de 14 anos; (b) a pessoa com enfermidade ou deficiência mental, sem discernimento para o ato; e (c) aquele que, por qualquer outra causa, não pode oferecer resistência. Nada obstante a gravidade da conduta criminosa, o legislador pautou-se por indiscutível no tocante à pena privativa de liberdade de cominada. A pena máxima da fraude eletrônica cometida contra pessoa idosa ou vulnerável pode chegar a 16 anos de reclusão. Não houve bom senso legislativo nesse ponto. Para evitar a responsabilidade penal objetiva, a incidência da causa de aumento reclama o conhecimento do agente acerca da condição de pessoa idosa ou vulnerável da vítima. Em muitos casos práticos essa exigência inviabilizará a aplicação da majorante, pois os responsáveis pelas fraudes eletrônicas normalmente desconhecem as características pessoais das suas vítimas. Com efeito, os estelionatários jogam suas fraudes na direção de milhares de usuários aleatórios da *internet*, esperando (e conseguindo) o sucesso criminoso frente a poucas pessoas que caem em seus golpes.

○ **Fraude contra concessionária de energia elétrica:** Existem duas situações diversas: *1.ª situação*: O agente desvia a energia elétrica da rede pública para seu imóvel, com a finalidade de usufruir gratuitamente do serviço público, a exemplo do que se dá no chamado "gato", em que o sujeito faz a ligação direta do poste situado em via pública para sua casa (ou empresa). A energia elétrica sequer é computada pelo medidor instalado pela concessionária. Nessa hipótese, o crime é de **furto qualificado pela fraude**, pois houve subtração de bem dotado de valor econômico; e *2.ª situação*: O agente utiliza algum artifício para alterar o medidor de energia elétrica. Não há desvio da rede pública para seu imóvel. A empresa concessionária voluntariamente entrega a energia ao usuário, e ele se vale de meio fraudulento para enganar a vítima na leitura relacionada ao consumo do bem. O sujeito paga pelo serviço utilizado, porém em valor inferior ao devido. Essa é a sua forma de obter vantagem ilícita em prejuízo alheio. O delito é de **estelionato**.

---

[135]   STJ: RHC 132.655/RS, rel. Min. Rogerio Schietti Cruz, 6.ª Turma, j. 28.09.2021, noticiado no *Informativo* 711.

○ **Fraudes contra máquinas e aparelhos eletrônicos:** As condutas fraudulentas dirigidas contra máquinas e aparelhos eletrônicos não caracterizam estelionato, pois a vítima há de ser "alguém". Ocorre o delito de furto quando há clonagem de cartão bancário para efetuar saque indevido perante terminal eletrônico de instituição financeira.

○ **Abuso de incapazes:** Se o sujeito abusa, em proveito próprio ou alheio, de necessidade, paixão ou inexperiência de menor, ou da alienação ou debilidade mental de outrem, induzindo qualquer deles à prática de ato suscetível de produzir efeito jurídico, em prejuízo próprio ou de terceiro, o crime será o de **abuso de incapazes** (art. 173 do CP).

○ **Elemento subjetivo:** É o dolo, acrescido de um especial fim de agir (**elemento subjetivo específico**) representado pela expressão "para si ou para outrem". Exige-se a finalidade de obtenção de lucro indevido, em proveito próprio ou alheio, não havendo estelionato na ausência de conhecimento acerca da ilicitude da locupletação em prejuízo alheio. Não se admite a modalidade culposa.

○ **Fraude penal e fraude civil:** Para diferenciar a fraude penal da fraude civil invoca-se o **princípio da subsidiariedade**. O Direito Penal é modernamente compreendido como *ultima ratio* (medida extrema ou última razão), pois se constitui em disciplina jurídica excessivamente gravosa e invasiva da esfera de liberdade do cidadão. Reserva-se a atuação penal única e exclusivamente para as hipóteses estritamente necessárias. No resto, busca-se a resolução do litígio por uma via menos lesiva aos envolvidos, e, por corolário, também ao Estado.

○ **Consumação:** O estelionato é **crime de duplo resultado**, dependendo sua consumação da obtenção de vantagem ilícita e do prejuízo alheio. Cuida-se de **crime material** e **instantâneo**. A consumação depende da lesão patrimonial e do prejuízo ao ofendido (duplo resultado naturalístico) e ocorre em momento determinado, sem continuidade no tempo.

○ **Estelionato e crime instantâneo de efeitos permanentes:** Em alguns casos o estelionato é **crime instantâneo de efeitos permanentes** – a consumação ocorre em um momento determinado, mas seus efeitos prolongam-se no tempo. Nessa hipótese, o crime se consuma com a obtenção da vantagem ilícita em prejuízo alheio, nada obstante seus efeitos subsistam ao longo do tempo. Em razão disso, a prescrição da pretensão punitiva tem como termo inicial o recebimento da primeira prestação indevida (art. 111, I, do CP). É o que se dá no estelionato contra a Previdência Social (**estelionato previdenciário**), quando um terceiro implementa a fraude para que alguém venha a receber indevidamente o benefício (crime instantâneo de efeitos permanentes). Entretanto, quando o próprio beneficiário realiza a fraude, para receber indevidamente a prestação junto ao INSS, o estelionato é **crime permanente**: a consumação se prolonga no tempo, pela sua vontade, e a prescrição começa a fluir a partir da data em que cessar a permanência, com o fim do recebimento do benefício fraudulento.

○ **Estelionato e reparação do dano:** A reparação do dano não apaga o crime de estelionato.[136] Dependendo do momento em que a vítima for indenizada, algumas situações podem ocorrer: (a) se anterior ao recebimento da denúncia ou queixa, será possível o reconhecimento do arrependimento posterior, diminuindo-se a pena de um a dois terços (art. 16 do CP); (b) se antes da sentença, poderá ser aplicada a atenuante genérica prevista no art. 65, III, *b*, parte final, do CP; e (c) se posterior à sentença, não surtirá efeito algum. Esse raciocínio é

---

[136] Há discussão, todavia, no tocante à modalidade prevista no art. 171, § 2.º, VI, do CP, em face do teor da Súmula 554 do STF: "O pagamento de cheque emitido sem provisão de fundos, após o recebimento da denúncia, não obsta ao prosseguimento da ação penal."

igualmente aplicável ao estelionato previdenciário, pois não se aplicam as disposições contidas no art. 9.º da Lei 10.864/2003, restritas aos delitos nele expressamente indicados.

○ **Tentativa:** É possível, em três situações: (a) o sujeito emprega o meio fraudulento, mas não consegue enganar a vítima. Leva-se em conta o perfil subjetivo do ofendido, e não a figura do homem médio. Estará caracterizado o *conatus* se a fraude era apta a ludibriar o ofendido, pois em caso contrário deverá ser reconhecido o crime impossível (art. 17 do CP), em face da ineficácia absoluta do meio de execução; (b) o sujeito utiliza o meio fraudulento, engana a vítima, mas não consegue obter a vantagem ilícita por circunstâncias alheias à sua vontade; (c) o sujeito utiliza o meio fraudulento, engana a vítima, obtém a vantagem ilícita, mas não causa prejuízo patrimonial ao ofendido.

○ **Estelionato e crime impossível:** A caracterização da tentativa de estelionato depende da idoneidade do meio de execução utilizado para ludibriar a vítima. A constatação desta idoneidade leva em conta as condições pessoais do ofendido e as circunstâncias específicas do caso concreto. Se o meio fraudulento revelar-se capaz de enganar a vítima, estará caracterizado o *conatus*, pouco importando seja a fraude inteligente ou grosseira. Se não tiver este condão, restará configurado o crime impossível em face da sua absoluta ineficácia (art. 17 do CP). No terreno da falsificação de papel-moeda, o Superior Tribunal de Justiça editou a Súmula 73 que, reportando-se ao "papel-moeda grosseiramente falsificado", diz respeito àquele que, malgrado não possa ser enquadrado como delito de moeda falsa (CP, art. 289), serve para enganar as pessoas, não se podendo falar, relativamente ao estelionato, em crime impossível. Mas, se a falsificação apresentar-se grosseira a ponto de não enganar nem mesmo a mais ingênua das pessoas, estará caracterizado o crime impossível, em face da impropriedade absoluta do meio de execução (CP, art. 17).[137]

○ **Ação penal:** Como se extrai do § 5.º do art. 171 do Código Penal, a ação penal em regra é **pública condicionada à representação** em todas as espécies de estelionato, a saber, na modalidade fundamental (art. 171, *caput*), na forma privilegiada (art. 171, § 1.º), nas figuras equiparadas (art. 171, § 2.º), na forma agravada (art. 171, § 3.º) e na figura qualificada (fraude eletrônica, prevista no art. 171, § 2.º-A). Antes da Lei 13.964/2019 ("Pacote Anticrime"), a ação penal era pública incondicionada. Trata-se de modificação acertada e que deveria ser adotada em todos os demais crimes patrimoniais cometidos sem violência à pessoa ou grave ameaça. Entretanto, a ação penal será **pública incondicionada** quando a vítima for (a) a Administração Pública, direta ou indireta, a exemplo do que se verifica no estelionato previdenciário; (b) criança ou adolescente; (c) pessoa com deficiência mental; ou (d) maior de 70 anos de idade ou incapaz.[138] Nessas hipóteses, o interesse público evidenciado pela natureza pública ou pela fragilidade da vítima justifica a abertura de exceções à regra geral.

○ **Aplicação retroativa do art. 171, § 5.º:** A alteração da ação penal do crime estelionato – de pública incondicionada para (em regra) pública condicionada à representação – além dos reflexos processuais, também produz efeitos no Direito Penal. Como se sabe, o não oferecimento da representação no prazo legal leva à extinção da punibilidade, em razão da decadência, com fundamento no art. 107, IV, do Código Penal. O § 5.º do art. 171 do Código Penal, portanto, constitui-se em **norma híbrida** ou **mista**. E aqui surge uma importante questão. A nova sistemática da ação penal no crime de estelionato deve ou não retroagir, para alcançar os procedimentos investigatórios e os processos em cursos antes da entrada em vigor da Lei

---

[137] Com igual raciocínio: GRECO, Rogério. *Curso de direito penal*: parte especial. 6. ed. Niterói: Impetus, 2009. v. 3, p. 268.

[138] O legislador poderia ter sido coerente: se a pena é aumentada de 1/3 ao dobro quando o estelionato é cometido contra pessoa idosa (art. 171, § 4.º), a ação penal deveria ser pública incondicionada também para a vítima com 60 anos de idade ou mais.

13.964/2019? Há duas posições sobre o assunto: **1.ª posição**: A norma retroage unicamente para atingir os procedimentos investigatórios que estavam em trâmite quando da entrada em vigor do Pacote Anticrime (Lei 13.964/2019). Se já foi oferecida a denúncia, não há necessidade de oferecimento da representação, sob pena de desvirtuamento da sua natureza jurídica, é dizer, tal instituto deixaria de ser condição de procedibilidade para transformar-se em condição de prosseguibilidade da ação penal. Além disso, o oferecimento da denúncia pelo Ministério Público constitui-se em ato jurídico perfeito, assegurado pelo art. 5.º, XXXVI, da Constituição Federal. A 1.ª Turma do **Supremo Tribunal Federal** já decidiu nesse sentido[139]; e **2.ª posição**: A retroatividade benéfica deve alcançar também as ações penais em curso, inclusive aquelas em que já foi proferida sentença condenatória. A única barreira impeditiva da incidência da nova regra é o trânsito em julgado da condenação. O ato jurídico perfeito, como direito fundamental do ser humano, tem o escopo de protegê-lo da atuação estatal, e nunca de prejudicá-lo. A 2.ª Turma do Supremo Tribunal Federal tem decidido dessa forma.[140]

○ **Lei 9.099/1995:** O estelionato, em regra (*caput* ou § 2.º), é **crime de médio potencial ofensivo**, pois o mínimo da sua pena privativa de liberdade (1 ano) autoriza a incidência da suspensão condicional do processo, se presentes os requisitos exigidos pelo art. 89 da Lei 9.099/1995. Mas será vedado o benefício quando aplicável a majorante contida no § 3.º do art. 171 do Código Penal, bem como na fraude eletrônica (art. 171, § 2.º-A), pois nessas hipóteses o mínimo da pena privativa de liberdade ultrapassa o limite admitido pelo art. 89 da Lei 9.099/1995.

○ **Competência:** O estelionato é crime de competência da Justiça Estadual. Contudo, será competente a Justiça Federal quando o delito for praticado em detrimento de bens, serviços ou interesses da União ou de suas entidades autárquicas ou empresas públicas (CF, art. 109, inc. IV). A Súmula 107 do Superior Tribunal de Justiça[141] encontra-se em sintonia com o art. 109, IV, da CF. Nos termos do art. 70 do Código de Processo Penal, a competência será, de regra, determinada pelo lugar em que se consumar a infração. Esta regra também se aplica ao estelionato, de modo que o juízo competente será o do local em que o sujeito obteve a vantagem ilícita em prejuízo alheio (crime de duplo resultado).

○ **Fraude em operações bancárias – competência:** No estelionato caracterizado pela **fraude em operações bancárias**, mediante depósito em dinheiro ou transferência de valores, a competência será definida pelo **local do domicílio da vítima** e, em caso de pluralidade de vítimas, pela prevenção. É o que se extrai do **art. 70, § 4.º, do Código de Processo Penal**. Essa norma tem natureza processual, razão pela qual deve ser aplicada de imediato, ainda que o fato tenha sido cometido antes da sua entrada em vigor. As exceções contidas no art. 70, § 4.º, do Código de Processo Penal são taxativas, isto é, para situações de estelionato diversas do depósito, da emissão de cheques sem suficiente provisão de fundos em poder do sacado ou com o pagamento frustrado, ou ainda mediante transferência de valores, a competência será definida levando em conta o local da consumação, na forma determinada pelo art. 70, *caput*, do Código de Processo Penal. A regra contida no art. 70, § 4.º, do Código de Processo Penal não se aplica quando a **vítima é domiciliada no exterior**. Nesse caso, o juízo competente será determinado com base no local de consumação do estelionato, ou

---

[139] STF: HC 187.341/SP, rel. Min. Alexandre de Moraes, 1.ª Turma, j. 13.10.2020, noticiado no Informativo 995. É também a linha de raciocínio consagrada na 3.ª Seção do STJ: HC 610.201/SP, rel. Min. Ribeiro Dantas, 3.ª Seção, j. 24.03.2021, noticiado no *Informativo* 691.

[140] STF: HC 180.421 AgR/SP, rel. Min. Edson Fachin, 2.ª Turma, j. 22.06.2021, noticiado no *Informativo* 1.023.

[141] Súmula 107 do STJ: "Compete à Justiça Comum Estadual processar e julgar crime de estelionato praticado mediante falsificação das guias de recolhimento das contribuições previdenciárias, quando não ocorrente lesão a autarquia federal."

seja, no local em que o agente obteve vantagem ilícita em prejuízo alheio, nos termos art. 70, *caput*, do CPP.[142]

○ **Estelionato mediante cheques adulterados ou falsificados:** Na hipótese em que o agente saca ou compensa uma cártula de qualquer modo falsificada, a competência será do juízo do local em que está situada a **agência na qual a vítima possui conta bancária**. Com efeito, a vantagem ilícita é obtida pelo estelionatário quando o título é sacado, com a saída dos valores da instituição financeira. Nos termos da **Súmula 48 do Superior Tribunal de Justiça**: "Compete ao juízo do local da obtenção da vantagem ilícita processar e julgar crime de estelionato cometido mediante falsificação de cheque".[143] Anote-se que esta súmula diz respeito ao estelionato em sua modalidade fundamental (CP, art. 171, *caput*), pois o sujeito falsifica um cheque de terceiro (meio fraudulento) para enganar a vítima, obtendo vantagem ilícita em prejuízo alheio. Não se trata da figura equiparada prevista no art. 171, § 2.º, inciso VI, do Código Penal, na qual o titular da conta-corrente emite dolosamente um cheque de sua titularidade, mas sem suficiente provisão de fundos em poder do sacado, ou lhe frustra o pagamento.

○ **Estelionato e torpeza bilateral (fraude nos negócios ilícitos ou imorais):** Torpeza bilateral ou fraude bilateral é a situação na qual a pessoa lesada em seu patrimônio também atua com má-fé, pois igualmente tem a finalidade de obter para si ou para terceiro uma vantagem ilícita, a exemplo daquele que compra uma máquina destinada à falsificação de dinheiro. Os argumentos pela existência do crime são os seguintes: (a) não se pode ignorar a má-fé do agente que utilizou a fraude e obteve a vantagem ilícita em prejuízo alheio, nem o fato de a vítima ter sido ludibriada e, reflexamente, ter suportado prejuízo econômico; (b) a boa-fé da vítima não é elementar do tipo contido no art. 171, *caput*, do CP; e (c) a reparação civil do dano interessa somente à vítima, enquanto a punição do estelionatário interessa a toda a coletividade.

○ **Estelionato e jogo de azar:** O jogo de azar constitui-se, por si só, em contravenção penal (art. 50 do Decreto-lei 3.688/1941 – Lei das Contravenções Penais). Se a finalidade do agente for obter ou tentar obter ganhos ilícitos em detrimento do povo ou de número indeterminado de pessoas mediante especulações ou processos fraudulentos, estará caracterizado crime contra a economia popular (art. 2.º, IX, da Lei 1.521/1951). Existirá crime de estelionato na hipótese de o sujeito empregar qualquer meio fraudulento destinado a eliminar totalmente a possibilidade de vitória por parte dos jogadores. Cumpre destacar, por oportuno, que não há estelionato nas apostas ilícitas, nada obstante o sujeito utilize fraude para excluir a chance de vitória pelos jogadores, para aqueles que sustentam a inexistência do delito na hipótese de torpeza bilateral.

○ **Estelionato e curandeirismo:** A falsa promessa de cura de problemas pode caracterizar curandeirismo ou estelionato. O crime de curandeirismo encontra tipificação no art. 284 do Código Penal e pode ser praticado em troca de remuneração. A diferença entre este crime e o estelionato é que o curandeiro acredita ser capaz, com sua atividade, de resolver os problemas da vítima. Ainda que cobre pelos "serviços" prestados, ele tem a crença de solucionar o mal que acomete o ofendido. Em razão disso, o curandeirismo consta entre os crimes contra a saúde pública. Já o estelionatário sabe ser o meio fraudulento por ele utilizado inidôneo a resolver as necessidades da vítima, aproveitando-se da sua vulnerabilidade para obter vantagem ilícita, em prejuízo alheio. Como o estelionato é crime de forma livre, compatível com qualquer meio de execução, o sujeito pode se valer inclusive de atividades inerentes ao curandeirismo para enganar a vítima, mediante falsa promessa de livrá-la dos seus males. Os trabalhos religiosos e espirituais, **desde que praticados gratuitamente**, não constituem crime, em face da liberdade

---

[142]   STJ: AgRg no CC 192.274/RJ, rel. Min. Ribeiro Dantas, 3.ª Seção, j. 08.03.2023, noticiado no *Informativo* 775.

[143]   Essa súmula fundamenta-se no art. 70, *caput*, do Código de Processo Penal, e não em seu § 4.º, aplicável unicamente aos casos de estelionato mediante depósitos e transferência de valores.

de credo e de religião assegurada pelo art. 19, I, da Constituição Federal. Não se pode sequer falar na contravenção penal de exploração da credulidade pública, pois o art. 27 do Decreto-lei 3.688/1941 foi revogado pela Lei 9.521/1997.

o **Estelionato e falsidade documental:** Quanto ao sujeito que falsifica um documento (público ou particular) e, posteriormente, dele se vale para enganar alguém, obtendo vantagem ilícita em prejuízo alheio, majoritariamente se defende que **o estelionato absorve a falsidade documental** – é a posição adotada pela Súmula 17 do Superior Tribunal de Justiça: "Quando o falso se exaure no estelionato, sem mais potencialidade lesiva, é por este absorvido." Aplica-se o princípio da consunção: o crime-fim (estelionato) absorve o crime-meio (falsidade documental), desde que este se esgote naquele, isto é, desde que a fé pública, o patrimônio ou outro bem jurídico qualquer não possam mais ser atacados pelo documento falsificado e utilizado por alguém como meio fraudulento para obtenção de vantagem ilícita em prejuízo alheio.

o **Análise crítica da Súmula 17 do STJ:** Entendemos que o sujeito responsável pela falsificação de documento, público ou particular, que dele se aproveita para cometer estelionato, deve responder por ambos os crimes, em concurso material. Discordamos do teor da Súmula 17 do STJ, pois não reputamos adequado falar na falsidade documental como ato anterior (*ante factum*) impunível no tocante ao estelionato. Afastamos, nesse caso, a incidência do princípio da consunção, pois ausente o conflito aparente de leis penais. Como se sabe, atos anteriores, prévios ou preliminares impuníveis são aqueles que, nada obstante definidos como crimes autônomos, revelam-se imprescindíveis para a realização do tipo principal e, portanto, são absorvidos por este último. Nesse contexto, podemos com segurança afirmar que o crime de estelionato não depende, obrigatoriamente, da prévia falsificação de documento, pois pode ser praticado por outros variados e infinitos meios fraudulentos. Em conformidade com a definição do princípio da consunção, o fato anterior componente dos atos preparatórios ou de execução apenas será absorvido se apresentar menor ou igual gravidade quando comparado ao principal, para que este goze de força suficiente para consumir os demais, englobando-os em seu raio de atuação. Destarte, desponta como manifesto o equívoco técnico da citada súmula. O enunciado jurisprudencial destina-se, precipuamente, às hipóteses em que o sujeito, com o escopo de praticar estelionato, falsifica materialmente uma cártula de cheque, documento particular equiparado a documento público por expressa determinação legal, nos termos do art. 297, § 2.º, do CP. Este foi o problema prático que justificou a criação do verbete sumular. O crime de falsificação de documento público é punido com reclusão de dois a seis anos, e multa. Como representa um fato mais amplo e grave, não pode ser consumido pelo estelionato, sancionado de forma mais branda. Além disso, os delitos apontados atingem bens jurídicos diversos. Enquanto o estelionato constitui-se em crime contra o patrimônio, o falso agride a fé pública. Assim, fica nítido que tecnicamente não há falar em conflito aparente de leis, mas em autêntico concurso material de delitos. Portanto, se no rigor científico a súmula merece ser rejeitada, resta acreditar que a sua criação e manutenção se devem, exclusivamente, a motivos de política criminal, tornando a conduta cada vez mais próxima do âmbito civil, à medida que a pena pode ser, inclusive, reduzida pelo arrependimento posterior, benefício vedado ao crime de falso.

o **Estelionato e Lei de Falências:** O art. 168 da Lei 11.101/2005 – Lei de Falências ("Art. 168. Praticar, antes ou depois da sentença que decretar a falência, conceder a recuperação judicial ou homologar a recuperação extrajudicial, ato fraudulento de que resulte ou possa resultar prejuízo aos credores, com o fim de obter ou assegurar vantagem indevida para si ou para outrem. Pena – reclusão, de 3 (três) a 6 (seis) anos, e multa") – contém um crime que, nada obstante apresente pontos comuns com o estelionato, dele se diferencia por conter elementos especializantes. O conflito aparente de leis penais é solucionado pelo princípio da especialidade.

○ **Estelionato e crime contra o sistema financeiro nacional:** O art. 6.º da Lei 7.492/1986 contempla um crime contra o sistema financeiro nacional, com a seguinte redação típica: "Art. 6º. Induzir ou manter em erro, sócio, investidor ou repartição pública competente, relativamente a operação ou situação financeira, sonegando-lhe informação ou prestando-a falsamente: Pena – Reclusão, de 2 (dois) a 6 (seis) anos, e multa." Embora apresentem características comuns, consistentes na fórmula "induzir ou manter em erro", este delito não se confunde com o estelionato (crime contra o patrimônio). As diferenças são claras. Com efeito, o crime contra o sistema financeiro nacional é formal (de consumação antecipada ou de resultado cortado), pois não reclama a efetiva obtenção de vantagem econômica pelo agente nem a causação de prejuízo à vítima. O estelionato, de seu turno, é crime material (ou causal). Se não bastasse, o elemento subjetivo do crime definido no art. 6.º da Lei 7.492/1986 esgota-se no dolo, pois o tipo penal não contém a finalidade específica "para si ou para outrem", ao contrário do que se verifica no delito patrimonial. Além disso, o delito financeiro, diversamente do estelionato, não impõe a obrigatoriedade da fraude (artifício, ardil ou qualquer outro meio fraudulento). A descrição típica contenta-se com a prestação de informação falsa ou omissão de informação verdadeira. Em síntese, o conflito aparente de normas penais é solucionado pelo princípio da especialidade.

○ **Estelionato e Estatuto da Pessoa com Deficiência:** O art. 91 da Lei 13.146/2015 – Estatuto da Pessoa com Deficiência – contempla uma figura típica similar ao estelionato: "Art. 91. Reter ou utilizar cartão magnético, qualquer meio eletrônico ou documento de pessoa com deficiência destinados ao recebimento de benefícios, proventos, pensões ou remuneração ou à realização de operações financeiras, com o fim de obter vantagem indevida para si ou para outrem: Pena – detenção, de 6 (seis) meses a 2 (dois) anos, e multa. Parágrafo único. Aumenta-se a pena em 1/3 (um terço) se o crime é cometido por tutor ou curador."

○ **Estelionato privilegiado (art. 171, § 1.º):** Para que incida o privilégio o criminoso deve ser primário e o prejuízo de "pequeno valor" (dano igual ou inferior a um salário mínimo vigente à época do fato). O legislador refere-se ao pequeno prejuízo da vítima, ao contrário do furto privilegiado (CP, art. 155, § 2.º), no qual se reclama o "pequeno valor da coisa". A aferição do pequeno valor do prejuízo leva em conta o momento da prática do crime. Depois de cometido o delito, a reparação do dano não autoriza a incidência do benefício legal, podendo caracterizar arrependimento posterior (CP, art. 16) ou atenuante genérica (CP, art. 65, III, *b*), conforme o caso. Em se tratando de tentativa de estelionato, deve considerar-se o prejuízo que o sujeito desejava causar à vítima, somente não conseguindo fazê-lo por circunstâncias alheias à sua vontade. A figura privilegiada do estelionato é direito subjetivo do réu – o magistrado tem liberdade para avaliar a presença ou não dos requisitos legalmente exigidos, mas, uma vez presentes, o julgador deverá reconhecer o benefício legal.

○ **Figuras equiparadas ao estelionato (art. 171, § 2.º):** Devem ser interpretadas com base no *caput* do art. 171 do Código Penal, salvo no que apresentarem disposição expressa em sentido contrário. O bem jurídico penalmente tutelado é o patrimônio. A fraude é o meio de execução utilizado pelo agente para enganar alguém e, consequentemente, obter vantagem ilícita em prejuízo alheio. O dolo é o elemento subjetivo de todas as figuras equiparadas, incompatíveis com a culpa. Passemos à análise das figuras equiparadas:

○ **Inciso I – Disposição de coisa alheia como própria:**

– **Núcleos do tipo:** (a) **"Vender"** – é a transferência do domínio de uma coisa mediante o pagamento do preço (CC, art. 481). O tipo penal alcança a alienação de coisa adquirida com reserva de domínio, pois também se trata de venda. Pela análise da Lei 4.728/1965 conclui-se que a venda de bem na alienação fiduciária caracteriza o crime em apreço, desde que o comprador desconheça esta situação. Como o verbo "vender" diz respeito unicamente à relação de compra e venda, o delito não se configura com o simples compromisso de compra e venda. A hipótese, entretanto, poderá ser enquadrada como estelionato em sua modalidade fundamental (CP, art. 171, *caput*), embora exista jurisprudência em sentido contrário; **(b) "Permutar"** – é a troca (CC, art. 533). As partes se obrigam a trocar uma coisa por outra; **(c) "Dar em pagamento"** – se presente o consentimento do credor, este pode receber coisa que não seja dinheiro, em substituição da prestação originariamente devida (CC, art. 356); **(d) "Dar em locação"** – o sujeito transfere a outra pessoa, por tempo determinado ou indeterminado, o uso e gozo da coisa, mediante contraprestação (CC, arts. 565 e seguintes e Lei 8.245/1991 – Lei de Locação de Imóveis). O art. 1.507 do Código Civil contém situações nas quais quem não é proprietário do bem pode locá-lo, afastando o crime em estudo; **(e) "Dar em garantia"** – direitos reais de garantia são o penhor (CC, arts. 1.431 e seguintes), a hipoteca (CC, arts. 1.473 e seguintes) e a anticrese (CC, arts. 1.506 e seguintes). É sabido que apenas o proprietário do bem pode gravá-lo com ônus real. A constituição de outros direitos reais sobre coisa alheia, como o usufruto, caracteriza o delito de estelionato em sua modalidade fundamental (CP, art. 171, *caput*). O sujeito finge ser proprietário de determinado bem (móvel ou imóvel) e realiza uma das condutas típicas com terceiro de boa-fé, sem possuir autorização para tanto, vindo a causar prejuízo patrimonial a esta pessoa. Cuida-se de **crime de forma vinculada**. A enumeração legal é taxativa.

– **Sujeitos do delito:** O sujeito ativo pode ser qualquer pessoa (**crime comum**). Normalmente existem dois sujeitos passivos: o titular do objeto material que o agente se passa como proprietário, e a pessoa ludibriada pela conduta criminosa. Por este motivo, existe o crime mesmo quando o sujeito entrega o bem ao terceiro de boa-fé, pois quem suporta o prejuízo patrimonial, nessa hipótese, é o proprietário da coisa.

– **Consumação:** Depende do núcleo do tipo penal: (a) "vender" – ocorre com o recebimento do preço da coisa pelo agente, ainda que não tenha se operado a tradição (bens móveis) ou a transcrição (bens imóveis); (b) "permutar" – quando o sujeito recebe o bem permutado; (c) "dar em pagamento" – quando o agente obtém a quitação da dívida; (d) "dar em locação" – quando o sujeito recebe o valor correspondente ao primeiro aluguel; e (e) "dar em garantia" – no instante em que o agente consegue o empréstimo. São imprescindíveis a obtenção de vantagem ilícita e o prejuízo alheio (crime de duplo resultado).

– **Tentativa:** É possível, qualquer que seja o núcleo do tipo penal.

○ Inciso II – Alienação ou oneração fraudulenta de coisa própria:

– **Núcleos do tipo:** O tipo penal encerra os mesmos núcleos previstos no art. 171, § 2.º, I, do Código Penal, com exceção do "dar em locação". *Ver, acima, comentários ao núcleo do tipo de disposição de coisa alheia como própria (art. 171, § 2.º, I).*

– **Objeto material:** (a) **Coisa própria inalienável**: aquela que não pode ser vendida em razão de disposição legal ou por convenção); (b) **Coisa própria gravada de ônus**: a lei não se limita aos direitos reais de garantia, alcançando também outros direitos reais, como o usufruto, o uso, a servidão e a habitação; (c) **Coisa própria litigiosa**: o objeto de controvérsia submetida à apreciação do Poder Judiciário; e (c) **Imóvel que prometeu vender a terceiro, mediante pagamento em prestações**. A alienação ou oneração de bens, por si sós, não constitui crime. O delito consiste em silenciar acerca do ônus ou encargo suportado pela coisa. Este é o meio fraudulento empregado pelo agente. Ainda que as circunstâncias impeditivas da aquisição do bem móvel ou imóvel constem do Registro Público, gerando a presunção de seu conhecimento, isto não obsta a caracterização do delito. Discute-se se o sujeito que realiza qualquer das condutas típicas em relação a imóvel de sua propriedade penhorado em execução, em decorrência do inadimplemento de uma dívida, responde pelo crime em foco. A resposta é didaticamente apresentada por Julio Fabbrini Mirabete: *"[...] a penhora é instituto processual e não o ônus a que se refere o dispositivo, ou seja, o direito real sobre coisa alheia. Por essa razão, tem-se entendido ora pela atipicidade do* *fato e responsabilidade meramente civil do agente como depositário infiel, ora pelo delito de fraude à execução, e ora pelo delito de estelionato na forma básica".*[144]

– **Sujeitos do delito:** O sujeito ativo pode ser qualquer pessoa (**crime comum**). Sujeito passivo é a pessoa que suporta a lesão patrimonial.

– **Consumação:** Dá-se com a obtenção da vantagem ilícita em prejuízo alheio (crime de duplo resultado).

– **Tentativa:** É possível.

○ **Inciso III – Defraudação de penhor:**

– **Núcleo do tipo:** É **"defraudar"**, ou seja, lesar, privar ou tomar um bem pertencente a outrem. O tipo penal deixa claro que a defraudação pode se concretizar por alienação do bem ou por qualquer outro modo, desde que seja idôneo para privar o credor no tocante à sua garantia pignoratícia. A defraudação de penhor pode ser parcial – o devedor que aliena parte do bem empenhado pratica o crime em análise, mas se houver consentimento do credor (CC, art. 1.445), não cometerá crime. Na modalidade de penhor prevista no *caput* do art. 1.431 do Código Civil, a coisa móvel dada em garantia pelo devedor é transferida para a posse do credor ou quem ou represente, não restando configurado o crime em comento. Para o crime em estudo interessa o penhor disciplinado pelo art. 1.431, parágrafo único, do Código Civil. A coisa móvel permanece em poder do devedor, e somente nesse caso é possível a defraudação do penhor, pois o tipo penal possui a expressão "quando tem a posse do objeto empenhado".

– **Objeto material:** É a coisa móvel.

– **Sujeitos do delito:** Sujeito ativo é o devedor que estava na posse da coisa móvel, nada obstante o contrato de penhor, e a alienou em prejuízo do credor. Sujeito passivo é o credor que, com a alienação ou outro meio qualquer de defraudação do penhor, fica sem a garantia da dívida, suportando prejuízo patrimonial.

– **Consumação:** O crime se consuma com a defraudação do penhor, ou seja, com a efetiva alienação, destruição, inutilização ou ocultação da coisa móvel. O sujeito obtém vantagem indevida em prejuízo alheio.

– **Tentativa:** É possível.

○ **Inciso IV – Fraude na entrega de coisa:**

– **Núcleo do tipo:** O núcleo do tipo é **"defraudar"**, no sentido de lesar, privar ou tomar um bem pertencente a outrem.

– **Objeto material:** O crime pressupõe a existência de negócio jurídico envolvendo duas pessoas, no qual o sujeito responsável pela entrega do objeto material fraudulentamente o modifica, entregando-o em seguida à vítima. É imprescindível a utilização da fraude, pois o mero inadimplemento de obrigação contratual não caracteriza o delito. Esta modificação da coisa pode recair sobre sua própria substância, sobre sua qualidade ou sobre sua quantidade. A **coisa imóvel** também pode ser defraudada. Se a defraudação envolver substância ou produto alimentício destinado a consumo, tornando-a nociva à saúde ou reduzindo-lhe o valor nutritivo, estará configurado o crime previsto no art. 272 do CP. Se a defraudação relacionar-se a produto destinado a fins terapêuticos ou medicinais, será imputado ao agente o crime previsto no art. 273 do CP, de natureza hedionda (art. 1.º, VII-B, da Lei 8.072/1990). Exige o tipo penal que haja uma obrigação vinculando o agente à vítima, de forma que aquele tenha o dever de entregar algo a esta última (elemento normativo do tipo). Tal obrigação pode decorrer de lei, contrato ou ordem judicial.

---

[144] MIRABETE, Julio Fabbrini. *Manual de direito penal.* São Paulo: Atlas, 2007. v. 2, p. 299.

A entrega de coisa defraudada a título gratuito não configura o crime em tela, por ausência de dano patrimonial àquele que a recebe.[145]

– **Sujeitos do delito:** Quanto ao sujeito ativo, o crime somente pode ser cometido pela pessoa que está obrigada a entregar o bem (**crime próprio**). Tratando-se de comerciante que engana o adquirente ou consumidor no exercício de atividade comercial, estará caracterizado o crime tipificado pelo art. 175 do Código Penal – fraude no comércio. O sujeito passivo é o credor da obrigação, pois ele é quem recebe a coisa defraudada.

– **Consumação:** Dá-se com a efetiva entrega do bem. Exige-se a tradição (coisa móvel) ou transcrição (coisa imóvel) do bem defraudado à vítima.

– **Tentativa:** É possível.

○ Inciso V – Fraude para recebimento de indenização ou valor de seguro:

– **Introdução:** A lei tutela o patrimônio da seguradora punindo o comportamento do segurado que dolosamente produz o dano descrito no contrato, com o fim de obter indevidamente a indenização. O pressuposto fundamental do delito é a **prévia existência de um contrato de seguro em vigor**. O seguro pode ser voluntário ou obrigatório. Na sua ausência, estará caracterizado crime impossível, em face da impropriedade absoluta do objeto material (CP, art. 17).

– **Núcleo do tipo:** O tipo penal prevê quatro condutas motivadas pela fraude: (a) **destruir, total ou parcialmente, coisa própria**; (b) **ocultar coisa própria** (esconder a coisa em local no qual não possa ser encontrada por terceiros, ou então dissimulá-la de forma a torná-la irreconhecível ou confundível com outra, continuando a coisa a existir em perfeitas condições); (c) **lesar o próprio corpo ou a saúde** (a lei se refere à autolesão voltada ao recebimento fraudulento da indenização. O tipo penal engloba a lesão à integridade anatômica e qualquer forma de perturbação à saúde); e (d) **agravar as consequências da lesão ou doença** (hipótese em que a lesão ou doença não foram provocadas pelo agente, mas ele, com a finalidade de haver indenização ou preço do seguro, agrava seus efeitos). Trata-se de **tipo misto alternativo, crime de ação múltipla ou de conteúdo variado**: se o agente praticar mais de uma conduta, em relação ao mesmo objeto material (indenização do seguro), estará caracterizado um único crime. Se as várias condutas dirigirem-se contra mais de uma seguradora, haverá concurso de crimes. Para que exista crime é necessário que o agente tenha atuado com intenção de receber o valor do seguro.

– **Objeto material:** É a indenização decorrente do contrato de seguro.

– **Sujeitos do delito:** Sujeito ativo é o proprietário da coisa que a destrói, total ou parcialmente, ou a oculta, ou lesa o próprio corpo ou a saúde, ou agrava as consequências da lesão ou da doença anteriormente existente, com o intuito de haver indenização ou valor de seguro. Cuida-se de **crime próprio ou especial**, compatível com a coautoria e a participação. Em relação ao terceiro que concorre para o crime, várias situações podem surgir: (a) na hipótese de destruição total ou parcial da coisa, se o terceiro pratica a conduta criminosa em nome do proprietário do bem, ou conjuntamente com ele, ambos respondem pelo crime tipificado no art. 171, § 2.º, V, do CP; (b) no caso em que o terceiro ofende o corpo ou a saúde do segurado, ou agrava sua lesão ou doença, a pedido deste, consciente do seu intuito de haver indenização ou valor do seguro, ambos terão contra si imputados o crime de fraude para recebimento de indenização ou valor de seguro (CP, art. 171, § 2.º, inc. V). Para o terceiro também incidirá o crime de lesão corporal, especialmente se de natureza grave ou gravíssima, pois a integridade física e a saúde são bens jurídicos indisponíveis; (c) se a lesão corporal ou o dano ao patrimônio forem cometidos contra a vontade do segurado, ocorrerá o crime de lesão corporal (CP, art. 129) ou de dano (CP, art. 163) e, se o ato proporcionar vantagem econômica indevida a alguém, em prejuízo alheio, incidirá também o crime de estelionato, em sua modalidade fundamental (CP, art. 171, *caput*),

---

[145]   CAPEZ, Fernando. *Curso de direito penal.* 8. ed. São Paulo: Saraiva, 2008. v. 2, p. 549.

em concurso formal. O sujeito passivo é a seguradora (pessoa física ou jurídica responsável pelo pagamento da indenização).

– **Elemento subjetivo:** É o dolo, acrescido de um especial fim de agir (**elemento subjetivo específico**) consistente na expressão "com o intuito de haver indenização ou valor de seguro".

– **Consumação:** Trata-se de **crime formal, de consumação antecipada ou de resultado cortado**: consuma-se com a prática da conduta típica, ainda que o sujeito não consiga alcançar a indevida vantagem econômica pretendida.

– **Tentativa:** É possível.

○ **Inciso VI – Fraude no pagamento por meio de cheque:**

– **Introdução:** Este crime tem como nota característica a fraude – meio voltado a enganar o tomador de um cheque, fazendo-o acreditar que o título de crédito correspondente à conta-corrente do emitente será honrado pelo banco sacado.[146] Somente existe este crime quando o titular da conta-corrente emite cheque sem suficiente provisão de fundos em poder do sacado, ou lhe frustra o pagamento. Pratica estelionato em sua modalidade fundamental (CP, art. 171, *caput*) o sujeito que, portando folha de cheque em nome de outrem, se passa pelo titular da conta-corrente, obtendo vantagem ilícita em prejuízo alheio. Igual raciocínio se aplica ao emitente de cheque de conta-corrente que, embora em seu nome, encontra-se encerrada, ou então àquele que cria uma conta bancária com documentos falsos para, posteriormente, emitir cheques sem suficiente provisão de fundos.

– **Objeto jurídico:** O bem jurídico penalmente tutelado é o patrimônio. Subsidiariamente, tutela-se a fé pública, pois o cheque constitui-se em documento, razão pela qual a conduta criminosa também ofende a crença da sociedade nos documentos em geral. Nesse caso não há discussão: como o cheque é da titularidade do responsável pelo delito, a ele deve ser imputado somente o estelionato, figurando a falsidade ideológica (CP, art. 299 – a pessoa tem legitimidade para preencher o cheque, mas nele lança conteúdo falso) como *ante factum* impunível.

– **Núcleo do tipo:** O tipo penal contém dois núcleos, atinentes a duas condutas criminosas autônomas: (a) **emitir cheque sem suficiente provisão de fundos** – nessa modalidade, o correntista preenche e assina o cheque, colocando-o posteriormente em circulação, sem possuir em sua conta bancária a quantia suficiente para honrar seu pagamento. É imprescindível que no momento da emissão do cheque a conta do sujeito já não tenha fundos suficientes para cobrir seu pagamento. Se existia provisão de fundos, mas a conta bancária foi dolosamente modificada depois da emissão do título de crédito, e previamente à sua apresentação, entra em cena a segunda conduta típica ("frustrar o pagamento"); (b) **frustrar o pagamento do cheque** – nesse caso, a conta bancária possui suficiente provisão de fundos ao tempo da emissão do cheque. Entretanto, o correntista adota providências para impedir o desconto do cheque em favor do tomador. Não haverá crime se existir razão legítima para a frustração do pagamento do cheque. Se o agente pratica algum ato impeditivo do pagamento do cheque, e após tal meio fraudulento vem a emitir o fólio, obtendo vantagem ilícita em prejuízo alheio, estará configurada a modalidade fundamental do estelionato (CP, art. 171, *caput*), pois a fraude foi utilizada antes da emissão do título de crédito.

– **Endosso pelo tomador**: O tomador que dolosamente endossa um cheque sem suficiente provisão de fundos será responsabilizado pela modalidade fundamental de estelionato (art. 171, *caput*, do CP).

– **Objeto material:** É o cheque. Sua disciplina jurídica encontra-se na Lei 7.357/1985 – Lei do Cheque.

– **Sujeito ativo:** É o titular da conta bancária correspondente ao cheque emitido sem suficiente provisão de fundos ou que teve frustrado o pagamento. Trata-se de **crime próprio** ou **especial**. O delito é compatível com a coautoria e com a participação. Na condição de partícipe, o **endos-**

---

[146] Em conformidade com o art. 3.º da Lei 7.357/1985 – Lei do Cheque: "O cheque é emitido contra banco, ou instituição financeira que lhe seja equiparada, sob pena de não valer como cheque".

sante pode responder pelo delito tipificado pelo art. 171, § 2.º, VI, do CP, desde que concorra de qualquer modo à conduta do emitente voltada ao recebimento, pelo terceiro de boa-fé, de cheque sem suficiente provisão de fundos. Igual raciocínio se aplica ao **avalista**, que pode ser partícipe do crime em estudo, pois sua conduta confere credibilidade ao cheque transmitido pelo emitente a terceiro de boa-fé. O aval não afasta o crime de fraude no pagamento por meio de cheque. O avalista poderá ser responsabilizado como partícipe do delito, desde que tenha aderido à conduta do autor quando presente seu conhecimento acerca da ausência ou insuficiência de provisão de fundos, pois seu comportamento contribui de qualquer modo para a prática do crime.

– **Art. 171, *caput*, e art. 171, § 2.º, VI – distinção**: Se uma pessoa de qualquer forma se apodera de folha de cheque alheia e a preenche indevidamente, utilizando-a como meio fraudulento para induzir ou manter alguém em erro, e, por corolário, obter vantagem ilícita em prejuízo alheio, estará caracterizado o estelionato em sua modalidade fundamental (CP, art. 171, *caput*), ainda que o banco sacado não constate a fraude e devolva o cheque por insuficiência de fundos.

– **Sujeito passivo**: É o tomador do cheque – a pessoa física ou jurídica que suporta prejuízo patrimonial em razão da recusa do pagamento do cheque pelo sacado.

– **Elemento subjetivo**: É dolo, consistente no conhecimento da ausência de fundos na conta bancária (na modalidade "emitir") ou na vontade de impedir o regular pagamento do cheque (na conduta "frustrar o pagamento"). Somente existe o crime quando provada *ab initio* a má-fé do correntista. Não se admite a modalidade culposa. Exige-se um especial fim de agir (elemento subjetivo específico), que não está previsto expressamente no tipo penal, mas pode ser extraído do *nomen iuris* do delito. A finalidade específica é a **intenção de fraudar** o tomador do título de crédito, também conhecida como *animus lucri faciendi* ou "intenção de fraudar". É o que se extrai da Súmula 246 do STF: "Comprovado não ter havido fraude, não se configura o crime de emissão de cheque sem fundos." Não há crime na conduta de quem emite cheque que, embora sem fundos, acredita ser capaz de honrar antes da compensação pelo banco sacado. Ainda que venha o título de crédito a ser devolvido, por insuficiência de fundos, o fato será atípico, em face da ausência da vontade de fraudar o tomador.

– **Consumação**: O crime se consuma no momento em que o sacado (banco) se nega a efetuar o pagamento do cheque. Cuida-se de **crime material ou causal**: consuma-se com a produção de um resultado – a obtenção de vantagem ilícita pelo agente que emite o cheque e, por outro lado, a caracterização de prejuízo patrimonial à vítima. Basta uma única apresentação do cheque para a consumação do delito.

– **Competência**: É do juízo do local do domicílio da vítima, a teor da regra contida no art. 70, § 4.º, do Código de Processo Penal, acrescentado pela Lei 14.155/2021: "Nos crimes previstos no art. 171 do Decreto-Lei nº 2.848, de 7 de dezembro de 1940 (Código Penal), quando praticados mediante depósito, mediante **emissão de cheques sem suficiente provisão de fundos em poder do sacado ou com o pagamento frustrado** ou mediante transferência de valores, **a competência será definida pelo local do domicílio da vítima, e, em caso de pluralidade de vítimas, a competência firmar-se-á pela prevenção.**" Esse dispositivo legal acarretou a superação da Súmula 521 do Supremo Tribunal Federal,[147] bem como da Súmula 244 do Superior Tribunal de Justiça,[148] construídas com base no art. 70, *caput*, 1.ª parte, do Código de Processo Penal, isto é, antes da inovação promovida pela Lei 14.155/2021. Deve-se recordar que o estelionato na modalidade fundamental (CP, art. 171, *caput*), praticado com o emprego de cheque falsificado, consuma-se com a obtenção da vantagem ilícita em prejuízo alheio, independentemente da recusa da instituição financeira em pagá-lo. Destarte, o foro competente para apuração do fato corresponde ao local da obtenção da vantagem ilícita em prejuízo alheio. Exemplo: "A" se faz passar por "B",

---

[147] "O foro competente para o processo e julgamento dos crimes de estelionato, sob a modalidade da emissão dolosa de cheque sem provisão de fundos, é o do local onde se deu a recusa do pagamento pelo sacado".

[148] "Compete ao foro do local da recusa processar e julgar o crime de estelionato mediante cheque sem provisão de fundos".

titular da conta-corrente, e emite cheque em nome deste, adquirindo diversas peças de vestuário em um estabelecimento comercial.

– **Reparação do dano e a Súmula 554 do STF:** A interpretação, *a contrario sensu*, da Súmula 554 do STF – "O pagamento de cheque emitido sem provisão de fundos, após o recebimento da denúncia, não obsta ao prosseguimento da ação penal" – autoriza a conclusão no sentido de que o pagamento de cheque sem provisão de fundos, até o recebimento da denúncia, impede o prosseguimento da ação penal. Em termos técnicos, esta súmula perdeu eficácia com a redação conferida ao art. 16 do CP pela Lei 7.209/1984 (arrependimento posterior). Entretanto, a jurisprudência atual considera como válida a súmula em apreço, com a justificativa de que ela não se refere ao arrependimento posterior, e sim à falta de justa causa para a denúncia, por ausência de fraude. É o atual entendimento do STF, que limita a sua aplicação exclusivamente ao crime de estelionato na modalidade emissão de cheque sem fundos, vedando seu reconhecimento ao estelionato em sua descrição fundamental. Em nossa opinião, o STF, com o argumento da aplicação da lei penal voltada à política criminal, confunde um crime de natureza pública e de ação penal pública incondicionada com questões civilistas de cunho privado, conferindo ao Direito Penal função de cobrança que não lhe pertence. Por outro lado, se o sujeito realizar a reparação do dano após o recebimento da denúncia ou queixa, e antes do julgamento, incidirá tão somente a atenuante genérica disciplinada pelo art. 65, inciso III, *b*, do CP. E, se a reparação do dano for subsequente ao julgamento, não surtirá efeito nenhum. O STJ já decidiu de forma oposta à Súmula 554 do STF e aos arts. 16 e 65, III, *b*, do CP, no sentido de que o pagamento da dívida resultante da emissão dolosa de cheque sem fundos, ainda que posteriormente ao recebimento da denúncia ou da queixa, importa na extinção da punibilidade.[149]

– **Tentativa:** É possível, em face do caráter plurissubsistente do delito.

– **A figura do cheque especial:** Na hipótese de cheque especial, no qual o sacado assegura seu pagamento até um determinado valor preestabelecido, somente quando ultrapassado este limite estará caracterizado o delito, ainda que disto resulte saldo negativo para o correntista. Não há crime de fraude no pagamento por meio de cheque, seja pela ausência de elementares típicas, seja pela inexistência do dolo. Além disso, se a instituição financeira paga o cheque especial e, posteriormente, o correntista não lhe restitui o montante devido, não há crime, mas ilícito civil resultante de descumprimento de obrigação contratual, já que o título de crédito foi emitido em prol do tomador, e não do banco. Se o emitente contava com seu cheque especial, razão pela qual pôs em circulação uma ou mais cártulas não excedentes de tal limite, as quais o banco se recusou a pagar por motivos de gestão institucional, não há falar em crime, notadamente pela falta de dolo voltado à fraude em prejuízo do tomador.

– **Cheque pós-datado (ou pré-datado):** O cheque constitui-se em **ordem de pagamento à vista**. Esta é a sua natureza jurídica. Assim, se a pessoa aceita o cheque para ser descontado futuramente, em data posterior à da emissão, está recebendo o título como simples promessa de pagamento, desvirtuando a proteção a ele reservada pelo Direito Penal. Ademais, não há fraude: o tomador sabe que o cheque é emitido com ausência ou insuficiência de provisão de fundos, tanto que o seu pagamento foi convencionado para uma data posterior. Idêntico raciocínio se aplica para a hipótese de cheque apresentado para pagamento depois do prazo legal. O fundamento é o mesmo, ou seja, se apresentado depois do prazo legalmente previsto o cheque deixa de ser ordem de pagamento à vista, perdendo a tutela que lhe é conferida pelo Direito Penal. É possível a responsabilização do agente pelo estelionato na modalidade fundamental (CP, art. 171, *caput*), se demonstrado seu dolo em obter vantagem ilícita em prejuízo alheio no momento da emissão fraudulenta do cheque.

– **Cheque sem fundos e dívida anterior ou substituição de título de crédito não honrado:** Somente se configura o crime quando a emissão do cheque sem suficiente provisão de fundos foi a razão do convencimento da vítima, ensejando-lhe prejuízo patrimonial e vantagem ilícita ao agente. Não há crime na emissão de cheque sem suficiente provisão de fundos para **pagamento**

---

[149] STJ: HC 83.983/SP, Rel. Min. Nilson Naves, 6ª Turma, j. 20.05.2008.

de dívida anteriormente existente, pois nessa hipótese a razão do prejuízo da vítima é diversa da fraude no pagamento por meio do cheque. Também não se verifica o delito na emissão de cheque sem suficiente provisão de fundos em **substituição de outro título de crédito não honrado**. Cuida-se uma vez mais de prejuízo anterior à emissão do cheque. O cheque, originariamente uma ordem de pagamento à vista, transmuda-se para simples promessa de pagamento, pois a vítima já havia suportado prejuízo patrimonial, que não se renova, e o agente obteve previamente a vantagem ilícita, independentemente da emissão do cheque sem fundos.

– **Cheque sem fundos e obrigações naturais:** A emissão de cheque sem fundos para pagamento de obrigações naturais, como é o caso das **dívidas provenientes de jogos ilícitos**, não configura o crime em análise. O fundamento para este raciocínio encontra-se no art. 814, *caput*, 1.ª parte, do Código Civil: "As dívidas de jogo ou de aposta não obrigam a pagamento". O cheque emitido sem suficiente provisão de fundos para pagamento de dívida não exigível no juízo civil, será penalmente atípico ainda que não compensado pelo banco sacado, em face da ausência da intenção de fraudar. Com efeito, não se pode ofender o patrimônio de quem não tem possibilidade jurídica de exigir o pagamento de dívida não amparada pelo Direito.[150] O mesmo tratamento, pela identidade de motivos, deve ser dispensado às **dívidas resultantes de atividades sexuais** mantidas com prostitutas ou garotos de programa. Tais comportamentos, embora penalmente atípicos, despontam como reconhecidamente imorais e contrários ao Direito, tanto que normalmente são cometidos na clandestinidade. Não podem, destarte, ser juridicamente tutelados. De fato, se a prostituta ou o garoto de programa não possuem meios válidos para cobrança judicial dos serviços ilicitamente prestados, de igual modo não se pode reputar como criminosa a emissão de cheque sem fundos para suposto pagamento dos favores sexuais, uma vez não ser cabível falar em "fraude" em pagamento que não se tem como exigir com amparo no ordenamento jurídico.

○ **Causa de aumento da pena (art. 171, § 3.º):** O § 3.º traz o **estelionato circunstanciado** ou **agravado**. Incide a causa de aumento, aplicável na terceira fase da dosimetria da pena privativa de liberdade, quando o estelionato ofende o patrimônio da União, dos Estados, Municípios e Distrito Federal, de suas autarquias e entidades paraestatais, bem como de instituto de economia popular, assistência social ou beneficência. A majorante é aplicável tanto à modalidade fundamental de estelionato (CP, art. 171, *caput*) como também às figuras equiparadas (CP, art. 171, § 2.º), e fundamenta-se na extensão difusa dos danos produzidos, pois com a lesão ao patrimônio público e ao interesse social toda a coletividade é prejudicada. A causa de aumento da pena baseia-se na qualidade especial do sujeito passivo do estelionato. Mas, nada obstante a vítima seja determinada, os indivíduos ofendidos pela conduta criminosa são inúmeros e indeterminados. Os reflexos do delito atingem a generalidade das pessoas, inviabilizando a incidência do princípio da insignificância. No tocante ao **estelionato previdenciário**, cabe recordar o teor da Súmula 24 do Superior Tribunal de Justiça: "Aplica-se ao crime de estelionato, em que figure como vítima entidade autárquica da Previdência Social, a qualificadora do § 3º do art. 171 do Código Penal."

○ **Jurisprudência selecionada:**

Ação penal – Pacote Anticrime – representação da vítima como condição de procedibilidade – inviabilidade de aplicação retroativa a processos em curso: "Não retroage a norma prevista no § 5º do art. 171 do Código Penal, incluída pela Lei 13.964/2019 ('Pacote Anticrime'), que passou a exigir a representação da vítima como condição de procedibilidade para a instauração de ação penal, nas hipóteses em que o Ministério Público tiver oferecido a denúncia antes da entrada em vigor do novo diploma legal. A norma processual anteriormente vigente definia a ação penal para o delito de estelionato, em regra, como pública incondicionada. Desse modo, nos casos em que já oferecida a denúncia, tem-se a concretização de ato jurídico perfeito, o que obstaculiza a interrupção da ação penal. Por outro lado, por tratar-se de 'condição de procedibilidade da

---

150 Em igual sentido: NUCCI, Guilherme de Souza. *Código Penal comentado*. 8. ed. São Paulo: RT, 2008. p. 781.

ação penal', a aplicação da regra prevista no § 5º do art. 171 do CP, com redação dada pela Lei 13.964/2019, será obrigatória em todas as hipóteses em que ainda não tiver sido oferecida a denúncia pelo *Parquet*, independentemente do momento da prática da infração penal, nos termos do art. 2º, do Código de Processo Penal. Entendimento diverso demandaria expressa previsão legal, pois se estaria transformando a 'representação da vítima', clássica condição de procedibilidade, em verdadeira 'condição de prosseguibilidade da ação penal', alterando sua tradicional natureza jurídica. A representação da vítima somente estaria dispensada nas situações expressamente previstas no § 5º do art. 171 do CP, uma vez que outros bens jurídicos estariam afetados" (STF: HC 187.341/SP, rel. Min. Alexandre de Moraes, 1.ª Turma, j. 13.10.2020, noticiado no *Informativo* 995). *No mesmo sentido*: STJ: HC 610.201/SP, rel. Min. Ribeiro Dantas, 3.ª Seção, j. 24.03.2021, noticiado no *Informativo* 691.

Ação penal – Pacote Anticrime – representação da vítima como condição de procedibilidade – viabilidade de aplicação retroativa a processos em curso – trânsito em julgado da condenação – limite: "A alteração promovida pela Lei 13.964/2019, que introduziu o § 5º ao art. 171 do Código Penal, ao condicionar o exercício da pretensão punitiva do Estado à representação da pessoa ofendida, deve ser aplicada de forma retroativa a abranger tanto as ações penais não iniciadas quanto as ações penais em curso até o trânsito em julgado. Ainda que a Lei 13.964/2019 não tenha introduzido, no CP, dispositivo semelhante ao contido no art. 91 da Lei 9.099/1995, a jurisprudência desta Corte é firme no sentido de que, em razão do princípio constitucional da lei penal mais favorável, a modificação da natureza da ação penal de pública para pública condicionada à representação, por obstar a própria aplicação da sanção penal, deve retroagir e ter aplicação mesmo em ações penais já iniciadas. Mesmo que o legislador ordinário tenha silenciado sobre o tema, o art. 5º, XL, da Constituição Federal, é norma constitucional de eficácia plena e aplicação imediata. É dizer, não se pode condicionar a aplicação do referido dispositivo constitucional à regulação legislativa. Além disso, consoante o art. 3º do Código de Processo Penal, a lei processual penal é norma que admite 'a interpretação extensiva e aplicação analógica', de modo que não há óbice, por exemplo, na aplicação, por analogia, do art. 91 da Lei 9.099/1995, nem da incidência do art. 485, § 3º, do Código de Processo Civil, que informa que os pressupostos de desenvolvimento válido e regular do processo, assim como a legitimidade de agir podem ser conhecidas pelo magistrado de ofício, 'em qualquer tempo e grau de jurisdição, enquanto não ocorrer o trânsito em julgado'. Com base nesse entendimento, a Segunda Turma, por maioria, negou provimento ao agravo regimental, mas concedeu o habeas corpus, de ofício, para trancar a ação penal, com a aplicação retroativa, até o trânsito em julgado, do disposto no art. 171, § 5º, do CP, com a alteração introduzida pela Lei 13.964/2019. Vencido, em parte, o ministro Ricardo Lewandowski, que deu provimento ao recurso para conceder a ordem e trancar a ação penal" (STF: HC 180.421 AgR/SP, rel. Min. Edson Fachin, 2.ª Turma, j. 22.06.2021, noticiado no *Informativo* 1.023).

Cheque sem fundos – crime material: "I. Hipótese em que a paciente, na condição de tabeliã substituta de serventia notarial, lavrou escrituras públicas sem o prévio recolhimento do Imposto de Transmissão de Bens Imóveis, e, posteriormente, emitiu cheque para o pagamento da referida exação, o qual foi devolvido por falta de provisão de fundos. II. Oferecimento de denúncia pelo Ministério Público imputando à paciente a suposta prática do crime de estelionato, na modalidade de fraude no pagamento por meio de cheque. III. Por se tratar, o delito previsto no art. 171, § 2º, inciso VI, do Código Penal, de crime material, exige-se, para a sua configuração, a produção de um resultado, qual seja, a obtenção de vantagem ilícita pelo agente que emite o cheque e, por outro lado, a caracterização de prejuízo patrimonial à vítima. Precedentes. IV. O prejuízo aos cofres públicos restou configurado desde o momento da lavratura das escrituras públicas de compra e venda sem o prévio recolhimento do tributo devido, sendo preexistente à emissão do cheque pela ré. V. Conduta da paciente que não configura crime de estelionato. Precedente do STF. VI. Deve ser trancada a ação penal instaurada em desfavor da paciente pela suposta prática do crime de fraude no pagamento por meio de cheque" (STJ: HC 31.046/RJ, rel. Min. Gilson Dipp, 5.ª Turma, j. 17.06.2004).

Cheque sem fundos – ordem de pagamento à vista – promessa de pagamento e proteção penal: "A emissão de cheques pré-datados, como garantia de dívida e não como ordem de pagamento à vista, não constitui crime de estelionato previsto no art. 171, § 2º, VI, do CP, uma vez que a matéria deixa de ter interesse penal quando não há fraude, conforme a Súmula 246/STF" (STJ: HC 226.149/RS, rel. Min. Sebastião Reis Júnior, 6.ª Turma, j. 12.08.2014).

Cheque sem fundos e garantia de pagamento de empréstimo: "3. É da jurisprudência do Superior Tribunal o entendimento segundo o qual a emissão de cheque como garantia de dívida não configura o crime do art. 171, *caput*, do Código Penal (estelionato). 4. No caso, além de não haver certeza sobre cuidar-se de ordem de pagamento à vista, a própria vítima admitiu tratar-se de 'garantia de pagamento de um empréstimo'. Descaracterizado, pois, está o crime de estelionato na modalidade fraude no pagamento por meio de cheque" (STJ: HC 103.449/SP, rel. Min. Jane Silva (Desembargadora convocada do TJ/MG), 6.ª Turma, j. 12.06.2008).

Cheque sem provisão de fundos e dívida já existente: "Cumpre distinguir-se a emissão do cheque como contraprestação, da emissão relativa à dívida pré-constituída. Na primeira hipótese, configurados o dolo e o prejuízo patrimonial, haverá o crime. Na segunda, não. A explicação é lógica e simples. Falta o dano patrimonial. O estelionato é crime contra o patrimônio. Se a dívida já existia, a emissão da cártula, ainda que não honrada, não provoca prejuízo algum ao credor" (STJ: REsp 118.008/RS, rel. Min. Luiz Vicente Cernicchiaro, 6.ª Turma, j. 26.05.1997).

Cola eletrônica – conduta anterior à Lei 12.550/2011 – atipicidade: "A 'cola eletrônica', antes do advento da Lei n. 12.550/2011, era uma conduta atípica, não configurando o crime de estelionato. Fraudar concurso público ou vestibular através de cola eletrônica não se enquadra na conduta do art. 171 do CP (crime de estelionato), pois não há como definir se esta conduta seria apta a significar algum prejuízo de ordem patrimonial, nem reconhecer quem teria suportado o revés. Assim, caso ocorresse uma aprovação mediante a fraude, os únicos prejudicados seriam os demais candidatos ao cargo, já que a remuneração é devida pelo efetivo exercício da função, ou seja, trata-se de uma contraprestação pela mão de obra empregada, não se podendo falar em prejuízo patrimonial para a administração pública ou para a organizadora do certame. Ademais, não é permitido o emprego da analogia para ampliar o âmbito de incidência da norma incriminadora; pois, conforme o princípio da legalidade estrita, previsto no art. 5º, XXXIX, da CF e art. 1º do CP, a tutela penal se limita apenas àquelas condutas previamente definidas em lei. Por fim, ressalta-se que a Lei n. 12.550/2011 acrescentou ao CP uma nova figura típica com o fim de punir quem utiliza ou divulga informação sigilosa para lograr aprovação em concurso público" (STJ: HC 245.039/CE, rel. Min. Marco Aurélio Bellizze, 5.ª Turma, j. 09.10.2012, noticiado no *Informativo* 506). *No mesmo sentido:* STJ: HC 208.969/SP, rel. Min. Moura Ribeiro, 5.ª Turma, j. 05.11.2013.

Competência: "Crime de estelionato. Falsificação de guias de recolhimento à DATAPREV. Prejuízo à Previdência (IAPAS). Competência da Justiça Federal" (STF: RHC 83.244/RJ, rel. Min. Gilmar Mendes, 2.ª Turma, j. 09.03.2004).

Competência – art. 70, § 4.º, do Código de Processo Penal – ausência de qualquer das hipóteses ali previstas – incidência da regra geral prevista no art. 70, *caput*, do CPP: "No crime de estelionato, não identificadas as hipóteses descritas no § 4º do art. 70 do CPP, a competência deve ser fixada no local onde o agente delituoso obteve, mediante fraude, em benefício próprio e de terceiros, os serviços custeados pela vítima. No caso dos autos, um ex-funcionário da empresa vítima, atuante no ramo de turismo, em associação com os outros dois agentes delituosos, teriam simulado contratos de parcerias com empresas terceiras, com a intenção de obter para si vantagens ilícitas, a saber: passagens aéreas e reserva de veículos e hotéis. De acordo com inquérito policial, o estelionatário fazia uso próprio de tais passagens, bem como as repassava para terceiros, obtendo o proveito do crime. A empresa vítima possui sede em Brasília/DF, contudo o ex-funcionário apontado como estelionatário trabalhava como representante comercial na filial localizada no município de São Paulo, onde os golpes teriam sido praticados em conluio com outros dois agentes, também residentes em municípios localizados no Estado de São Paulo. O núcleo da controvérsia consiste em definir se o julgamento do delito de estelionato compete ao Juízo de Direito da 4ª Vara Criminal de Brasília/DF, considerando-se o local da sede da empresa vítima e de sua agência bancária; ou ao Juízo de Direito da Vara Criminal do Foro Central Barra Funda/SP, em razão do local onde o agente delituoso auferiu o proveito do crime. O dissenso jurisprudencial retratado nos precedentes colacionados pelos Juízos envolvidos neste conflito deixou de existir com o advento da Lei n. 14.155/2021, que acrescentou o § 4º do art. 70 do Código de Processo Penal - CPP com o seguinte teor: 'nos crimes previstos no art. 171 do Decreto-Lei n. 2.848, de 7 de dezembro de 1940 (Código Penal), quando praticados mediante depósito, mediante emissão de cheques sem suficiente provisão de fundos em poder do sacado ou com o pagamento frustrado ou mediante transferência de valores, a competência será definida pelo local do domicílio da vítima, e, em caso de pluralidade de vítimas, a competência firmar-se-á pela prevenção'. Todavia, a inovação legislativa disciplinou a competência do delito de estelionato em situações específicas descritas pelo legislador, as quais não ocorrem no caso concreto, porquanto os autos não noticiam a ocorrência transferências bancárias ou depósitos efetuados pela empresa vítima e tampouco de cheque emitido sem suficiente provisão de fundos. No contexto dos autos, não identificadas as hipóteses descritas no § 4º do art. 70 do CPP deve incidir o teor do *caput* do mesmo dispositivo legal, segundo o qual 'a competência será, de regra, determinada pelo lugar em que se consumar a infração, ou, no caso de tentativa, pelo lugar em que for praticado o último ato de execução'. Sobre o tema a Terceira Seção desta Corte Superior, recentemente, pronunciou-se no sentido de que nas situações não contempladas pela *novatio legis*, aplica-se o entendimento pela competência do Juízo do local do eventual prejuízo" (STJ: CC 185.983/DF, rel. Min. Joel Ilan Paciornik, 3.ª Seção, j. 11.05.2022, noticiado no *Informativo* 736).

Competência – art. 70, § 4.º, do Código de Processo Penal – estelionato praticado mediante depósito – local do domicílio da vítima - norma processual – aplicabilidade imediata: "A modificação de competência promovida pela Lei n. 14.155/2021 tem aplicação imediata, contudo, por se cuidar de competência em razão do lugar, de natureza relativa, incide a regra da *perpetuatio jurisdicionis*, quando já oferecida a denúncia. Nos termos do art. 70 do Código de Processo Penal, 'a competência será, de regra, determinada pelo lugar em que se consumar a infração, ou, no caso de tentativa, pelo lugar em que for praticado o último ato de execução'. O delito de estelionato, tipificado no art. 171, *caput*, do Código Penal, se consuma no lugar onde aconteceu o efetivo prejuízo à vítima. Por essa razão, a Terceira Seção do Superior Tribunal de Justiça, no caso específico de estelionato praticado por meio de depósito em dinheiro ou transferência de valores, firmara a compreensão de que a competência seria do Juízo onde se auferiu a vantagem ilícita em prejuízo da vítima, ou seja, o local onde se situava a conta que recebeu os valores depositados. Já nos casos de estelionato praticado por meio de cheque adulterado ou falsificado, o efetivo prejuízo se dá no local do saque da cártula, ou seja, onde o lesado mantém a conta bancária. Entretanto, a Lei n. 14.155/2021, incluiu o § 4º ao art. 70 do Código de Processo Penal, com a seguinte redação: '§ 4º Nos crimes previstos no art. 171 do Decreto-Lei nº 2.848, de 7 de dezembro de 1940 (Código Penal), quando praticados mediante depósito, mediante emissão de cheques sem suficiente provisão de fundos em poder do sacado ou com o pagamento frustrado ou mediante transferência de valores, a competência será definida pelo local do domicílio da vítima, e, em caso de pluralidade de vítimas, a competência firmar-se-á pela prevenção.' Diante da modificação legislativa, criando hipótese específica de competência no caso de crime de estelionato praticado mediante depósito, transferência de valores ou cheque sem provisão de fundos em poder do sacado ou com o pagamento frustrado, não mais subsiste a distinção outrora consolidada por esta Corte Superior, devendo ser reconhecida a competência do Juízo do domicílio da vítima. A lei processual penal tem aplicação imediata. Contudo, por se cuidar de competência em razão do lugar, de natureza relativa, incide a regra da *perpetuatio jurisdicionis*, quando já oferecida a denúncia, nos termos do art. 43 do atual Código de Processo Civil, aplicável por força do art. 3º do Código de Processo Penal" (STJ: CC 181.726/PR, rel. Min. Laurita Vaz, 3.ª Seção, j. 08.09.2021). *No mesmo sentido*: STJ: CC 180.832/RJ, rel. Min. Laurita Vaz, 3.ª Seção, j. 25.08.2021, noticiado no *Informativo* 706.

Competência – art. 70, § 4.º, do Código de Processo Penal – vítima domiciliada no exterior – inaplicabilidade: "Compete ao juízo estadual processar e julgar crime de estelionato contra fundo estrangeiro no qual os atos desenvolvidos foram praticados em território nacional, ainda que diverso o domicílio de sócio lesado. O § 4º do art. 70 do Código de Processo Penal, incluído pela Lei n. 14.155/2021, dispõe que '[n]os crimes previstos no art. 171 do CP, quando praticados mediante depósito, mediante emissão de cheques sem suficiente provisão de fundos em poder do sacado ou com o pagamento frustrado ou mediante transferência de valores, a competência será definida pelo local do domicílio da vítima, e, em caso de pluralidade de vítimas, a competência firmar-se-á pela prevenção. A regra, porém, não abarca - e nem poderia abarcar – todas as situações relacionadas ao delito de estelionato, razão pela qual são possíveis exceções. No caso, o fundo estrangeiro, vítima dos delitos em investigação, sustenta a necessidade de reforma da decisão para fixar a competência da Justiça Federal, a pretexto de que o bem jurídico tutelado é o Sistema Financeiro Nacional (art. 26 da Lei n. 7.492/1986). Afirma que há sócio lesado residente no Brasil, na cidade do Rio de Janeiro, devendo ser declarada a competência da Justiça Federal da Seção Judiciária daquele estado. Todavia, há apuração de delito de estelionato (e não contra o Sistema Financeiro Nacional) praticados por representantes de empresa, em prejuízo de fundo estrangeiro sediado em Nassau-Bahamas, e representado por diretor residente e domiciliado em Lugano-Suíça. Por sua vez, os atos criminosos foram desenvolvidos na cidade de Barueri-SP (sede da empresa dos supostos estelionatários), o que torna este o Juízo competente – inclusive em prol da melhor colheita das provas e da efetivação da defesa dos denunciados. Ademais, a existência de possíveis vítimas domiciliadas no Rio de Janeiro não é circunstância suficiente para o deslocamento da competência, sobretudo porque a empresa pode possuir sócios em diversas localidades, sendo a empresa a vítima em questão, que efetiva negociações financeiras com os acusados, e não cada um dos sócios individualmente representados. Como também destacou o Juízo federal suscitante, o fato de a vítima se encontrar sediada no exterior, por si só, não é capaz de configurar a competência da Justiça Federal. De igual modo, o simples fato de as atividades desempenhadas pelos réus serem fiscalizadas pela Comissão de Valores Mobiliários (CVM) não são suficientes para em razão delas somente atrair a aplicação do art. 109, IV, da Constituição Federal. Desse modo, 'com relação à competência para julgamento do delito de estelionato, fixada pelo local de residência da vítima, este critério somente incide na hipótese prevista no art. 70, § 4º, do CPP. Sendo vítima sediada no estrangeiro, e tendo as transferências ocorrido no exterior, não há como aplicá-lo, valendo, pois, a regra do caput do art. 70 do Código Penal, sendo o local de consumação do delito a cidade de Barueri'. Por fim, não obstante o Juízo de Direito da Comarca de Barueri não figurar como suscitante ou suscitado 'A jurisprudência tem reconhecido a possibilidade de declaração da competência de um terceiro juízo que não figure no conflito de competência em julgamento, quer na qualidade de suscitante, quer na qualidade de suscitado' (CC 168.575/MS, Rel. Ministro Reynaldo Soares da Fonseca, Terceira Seção, DJe 14/10/2019)" (STJ: AgRg no CC 192.274/RJ, rel. Min. Ribeiro Dantas, 3.ª Seção, j. 08.03.2023, noticiado no *Informativo* 775).

Competência – cheque fraudulento e tentativa de saque – consumação no local em que a vítima possui conta bancária – incidência da regra contida no art. 70, *caput,* **do Código de Processo Penal:** "O crime de estelionato praticado por meio saque de cheque fraudado compete ao Juízo do local da agência bancária da vítima. O delito de estelionato, tipificado no art. 171, *caput,* do Código Penal, consuma-se no lugar onde aconteceu o efetivo prejuízo à vítima. Por essa razão, a Terceira Seção do Superior Tribunal de Justiça, no caso específico de estelionato praticado por meio de depósito em dinheiro ou transferência de valores, firmara a compreensão de que a competência seria do Juízo onde se auferiu a vantagem ilícita em prejuízo da vítima, ou seja, o local onde se situava a conta que recebeu os valores depositados. Sobreveio a Lei n. 14.155/2021, que incluiu o § 4.º no art. 70 do Código de Processo Penal e criou hipótese específica de competência no caso de crime de estelionato praticado mediante depósito, transferência de valores ou cheque sem provisão de fundos em poder do sacado ou com o pagamento frustrado. Diante da modificação legislativa, não mais subsiste o entendimento firmado por esta Corte Superior, devendo ser reconhecida a competência do Juízo do domicílio da vítima. Contudo, a hipótese em análise não foi expressamente prevista na nova legislação, visto que não se trata de cheque emitido sem provisão de fundos ou com pagamento frustrado, mas de tentativa de saque de cártula falsa, em prejuízo de correntista. Sobre o tema, destaque-se que '(...) 3. Há que se diferenciar a situação em que o estelionato ocorre por meio do saque (ou compensação) de cheque clonado, adulterado ou falsificado, da hipótese em que a própria vítima, iludida por um ardil, voluntariamente, efetua depósitos e/ou transferências de valores para a conta corrente de estelionatário. Quando se está diante de estelionato cometido por meio de cheques adulterados ou falsificados, a obtenção da vantagem ilícita ocorre no momento em que o cheque é sacado, pois é nesse momento que o dinheiro sai efetivamente da disponibilidade da entidade financeira sacada para, em seguida, entrar na esfera de disposição do estelionatário. Em tais casos, entende-se que o local da obtenção da vantagem ilícita é aquele em que se situa a agência bancária onde foi sacado o cheque adulterado, seja dizer, onde a vítima possui conta bancária. (...)' (AgRg no CC 171.632/SC, Rel. Ministro Reynaldo Sores da Fonseca, Terceira Seção, DJe 16/06/2020). Assim, aplica-se o entendimento pela competência do Juízo do local do eventual prejuízo, que ocorre com a autorização para o saque do numerário no local da agência bancária da vítima" (STJ: CC 182.977/SP, rel. Min. Laurita Vaz, 3.ª Seção, j. 09.03.2022, noticiado no *Informativo* 728).

Competência – documentos federais – uso de imagens para induzir a vítima em erro – inexistência de prejuízo a interesses, serviços ou bens da União – crime praticado mediante depósito bancário – competência do juízo estadual do domicílio da vítima: "A competência para o julgamento do crime de estelionato, ainda que se tenha utilizado de imagens digitais adulteradas de passaporte válido de terceiro e documentos emitidos por órgão públicos federais, quando inexistente evidência de prejuízo a interesses, bens ou serviços da União, é da Justiça Estadual, devendo ser respeitada a regra de foro do domicílio da vítima no caso de o crime ser praticado mediante depósito, transferência de valores ou cheque sem provisão de fundos em poder do sacado ou com o pagamento frustrado. No caso, a vítima direta do estelionato foi pessoa jurídica sediada em território estrangeiro e a obtenção da vantagem ilícita se deu em outro território que não seja o brasileiro e distinto daquele. Para a prática do delito, os criminosos se fizeram passar por agentes de empresa brasileira sediada em unidade desta federação. Não há notícia sobre a autoria delitiva ou mesmo a nacionalidade dos eventuais autores, tampouco onde teriam sido praticados os atos executórios, sendo que quase todos foram realizados por meios eletrônicos. Embora o estelionatário tenha se utilizado de imagens digitais adulteradas de passaporte válido de terceiro e documentos emitidos por órgão públicos federais para, induzindo a vítima em erro, receber depósito de valores em conta corrente no exterior, inexiste evidência de prejuízo a interesses, bens ou serviços da União, pois não houve falsificação de passaporte, como informou a própria Polícia Federal, mas, sim, a remessa, por meio eletrônico, de uma imagem de adulterada de documento válido, com a finalidade de enganar o destinatário. Do mesmo modo, a falsificação de selo ou sinal público (art. 296 do Código Penal) teria sido utilizada para dar falsa aparência de regularidade ao negócio fraudulento, em prejuízo da empresa vítima, o que não implica em lesão aos interesses do Ministério da Agricultura, consoante precedentes desta Corte Superior. Logo, por via de consequência, falece competência à Justiça Federal para processar o julgar o feito. Com efeito, a Terceira Seção firmou entendimento pela competência da Justiça Comum Estadual, em casos em que a falsificação de selo ou sinal público 'possui como escopo principal trazer prejuízos ao mercado consumerista e a outros comerciantes, revestindo o bem de uma falsa aparência de autenticidade e regularidade para consumo'. Nos termos do art. 70 do Código de Processo Penal, 'a competência será, de regra, determinada pelo lugar em que se consumar a infração, ou, no caso de tentativa, pelo lugar em que for praticado o último ato de execução'. Quanto ao delito de estelionato (tipificado no art. 171, *caput*, do Código Penal), a Terceira Seção do Superior Tribunal de Justiça havia pacificado o entendimento de que a consumação ocorre no lugar onde aconteceu o efetivo prejuízo à vítima. Ocorre que sobreveio a Lei n. 14.155/2021, que entrou em vigor em 28/05/2021, e acrescentou o § 4.º ao art. 70 do Código de Processo Penal, disciplinando que a competência será definida pelo local do domicílio da vítima no caso de crime de estelionato praticado mediante depósito, transferência de valores ou cheque sem provisão de fundos em poder do sacado ou com o pagamento frustrado. A nova lei é norma processual, de forma que deve ser aplicada de imediato, ainda que os fatos tenham sido anteriormente praticados, uma vez que a persecução ainda está em fase de inquérito policial, razão pela qual a competência no caso é do Juízo do domicílio da vítima" (STJ: CC 178.697/PR, rel. Min. Laurita Vaz, 3.ª Seção, j. 22.06.2022).

Competência – Justiça Estadual – uso de imagens de documentos federais para induzir a vítima em erro – inexistência de prejuízo a interesses, serviços ou bens da União – crime praticado mediante depósito bancário – competência do juízo estadual do domicílio da vítima: "A competência para o julgamento do crime de estelionato, ainda que se tenha utilizado de imagens digitais adulteradas de passaporte válido de terceiro e documentos emitidos por órgão públicos federais, quando inexistente evidência de prejuízo a interesses, bens ou serviços da União, é da Justiça Estadual, devendo ser respeitada a regra de foro do domicílio da vítima no caso de o crime ser praticado mediante depósito, transferência de valores ou cheque sem provisão de fundos em poder do sacado ou com o pagamento frustrado. No caso, a vítima direta do estelionato foi pessoa jurídica sediada em território estrangeiro e a obtenção da vantagem ilícita se deu em outro território que não seja o brasileiro e distinto daquele. Para a prática do delito, os criminosos se fizeram passar por agentes de empresa brasileira sediada em unidade desta federação. Não há notícia sobre a autoria delitiva ou mesmo a nacionalidade dos eventuais autores, tampouco onde teriam sido praticados os atos executórios, sendo que quase todos foram realizados por meios eletrônicos. Embora o estelionatário tenha se utilizado de imagens digitais adulteradas de passaporte válido de terceiro e documentos emitidos por órgão públicos federais para, induzindo a vítima em erro, receber depósito de valores em conta corrente no exterior, inexiste evidência de prejuízo a interesses, bens ou serviços da União, pois não houve falsificação de passaporte, como informou a própria Polícia Federal, mas, sim, a remessa, por meio eletrônico, de uma imagem de adulterada de documento válido, com a finalidade de enganar o destinatário. Do mesmo modo, a falsificação de selo ou sinal público (art. 296 do Código Penal) teria sido utilizada para dar falsa aparência de regularidade ao negócio fraudulento, em prejuízo da empresa vítima, o que não implica em lesão aos interesses do Ministério da Agricultura, consoante precedentes desta Corte Superior. Logo, por via de consequência, falece competência à Justiça Federal para processar o julgar o feito. Com efeito, a Terceira Seção firmou entendimento pela competência da Justiça Comum Estadual, em casos em que a falsificação de selo ou sinal público "possui como escopo principal trazer prejuízos ao mercado consumerista e a outros comerciantes, revestindo o bem de uma falsa aparência de autenticidade e regularidade para consumo". Nos termos do art. 70 do Código de Processo Penal, "a competência será, de regra, determinada pelo lugar em que se consumar a infração, ou, no caso de tentativa, pelo lugar em que for praticado o último ato de execução". Quanto ao delito de estelionato (tipificado no art. 171, *caput*, do Código Penal), a Terceira Seção do Superior Tribunal de Justiça havia pacificado o entendimento de que a consumação ocorre no lugar onde aconteceu o efetivo prejuízo à vítima. Ocorre que sobreveio a Lei n. 14.155/2021, que entrou em vigor em 28/05/2021, e acrescentou o § 4.º ao art. 70 do Código de Processo Penal, disciplinando que a competência será definida pelo local do domicílio da vítima no caso de crime de estelionato praticado mediante depósito, transferência de valores ou cheque sem provisão de fundos em poder do sacado ou com o pagamento frustrado. A nova lei é norma processual, de forma que deve ser aplicada de imediato, ainda que os fatos tenham sido anteriormente praticados, uma vez que a persecução ainda está em fase de inquérito policial, razão pela qual a competência no caso é do Juízo do domicílio da vítima" (STJ: CC 178.697/PR, rel. Min. Laurita Vaz, 3.ª Seção, j. 22.06.2022).

Competência – local da obtenção da vantagem econômica: "3. Nos termos do art. 70 do Código de Processo Penal, a competência será de regra determinada pelo lugar em que se consumou a infração. 4. No caso de estelionato, crime material tipificado no art. 171 do CP, a consumação se dá no momento e lugar em que o agente aufere proveito econômico em prejuízo da vítima" (STJ: CC 161.087/BA, rel. Min. Nefi Cordeiro, 3.ª Seção, j. 24.10.2018).

Consumação – crime de duplo resultado: "1. A doutrina penal ensina que o resultado, no estelionato, é duplo: benefício para o agente e lesão ao patrimônio da vítima. 2. A fraude, no estelionato, é circunstância de meio para a obtenção do resultado. 3. Desacompanhada da obtenção da vantagem, em prejuízo alheio, a fraude não caracteriza a consumação do delito. 4. Para a fixação da competência, basta a indicação do lugar em que se deu a consumação do delito em tese, ou seja, o local onde foi obtida a vantagem patrimonial – o exame acerca da ilicitude dessa vantagem é objeto da ação penal condenatória. 5. Benefício patrimonial obtido através de saques realizados diretamente no caixa de banco situado na cidade do Rio de Janeiro: lugar da consumação" (STJ: HC 36.760/RJ, rel. Min. Paulo Medina, 6.ª Turma, j. 1º.03.2005).

Crime contra a economia popular e estelionato – identificação de algumas vítimas – imputação conjunta dos delitos – caracterização do *bis in idem*: "Nas hipóteses de crime contra a economia popular por pirâmide financeira, a identificação de algumas das vítimas não enseja a responsabilização penal do agente pela prática de estelionato. A controvérsia em cinge-se à configuração de crime único e à ocorrência de *bis in idem*, diante da imputação nos arts. 171 do Código Penal e 2º, IX, da Lei n. 1.521/1951 (estelionato e crime contra a economia popular, respectivamente). Sobre o tema, importante distinção entre os aspectos material e processual do *ne bis in idem* reside nos efeitos e no momento em que se opera essa regra. Sob a ótica da proibição de dupla persecução penal, a garantia em tela impede a formação, a continuação ou a sobrevivência da relação jurídica processual, enquanto que a proibição da dupla punição impossibilita tão somente que alguém seja, efetivamente, punido em duplicidade, ou que tenha o mesmo fato, elemento ou circunstância considerados mais de uma vez para se definir a sanção criminal. No caso em análise, a descrição das circunstâncias fáticas que permeiam os ilícitos imputados – crime contra a economia popular e estelionatos – são semelhantes, pois mencionam a prática de 'golpe' em que ele e os coacusados induziriam as vítimas em erro, mediante a promessa de ganhos financeiros muito elevados, com o intuito de levá-las a investir em suposta empresa voltada a realizar apostas em eventos esportivos. A diferença está na identificação dos ofendidos nos estelionatos. Entretanto, nas hipóteses de crime contra a economia popular por pirâmide financeira, a identificação de algumas das vítimas não enseja a responsabilização penal do agente pela prática de estelionato" (STJ: RHC 132.655/RS, rel. Min. Rogerio Schietti Cruz, 6.ª Turma, j. 28.09.2021, noticiado no *Informativo* 711).

Defraudação de penhor: "A existência ou não de tradição real é irrelevante no delineamento do crime de defraudação de penhor, cujo tipo objetivo versa sobre a hipótese em que há tradição ficta da coisa oferecida como garantia, permanecendo a posse com o devedor" (STJ: REsp 304.915/SP, rel. Min. Paulo Medina, 6.ª Turma, j. 26.06.2003).

Defraudação de penhor – bem fungível – reparação do dano: "O crime de defraudação de penhor se configura com a obtenção de vantagem indevida, oriunda da alienação, de qualquer modo, de bem dado em penhor, seja ele fungível ou infungível. Caso o bem alienado seja fungível, é possível a reparação do dano, através da reposição do produto empenhado, bem como quitação da dívida em tempo, de modo a não causar prejuízo ao credor" (STJ: RHC 23.199/SP, rel. Min. Jane Silva (Desembargadora convocada do TJ/MG), 6.ª Turma, j. 03.06.2008).

Defraudação de penhor – sujeito ativo: "O delito de defraudação de penhor tem como sujeito ativo o devedor, mas, sendo este uma pessoa jurídica, será autora do crime a pessoa física que agir em representação, por conta ou em benefício, da pessoa jurídica – no caso, o recorrente e o sócio-gerente da sociedade por quotas de responsabilidade limitada, e alienou o bem fungível dado em penhor mercantil em benefício da empresa, respondendo, por isso, em tese pelo ato praticado" (STF: RHC 66.102/SP, rel. Min. Moreira Alves, 1.ª Turma, j. 03.05.1988).

Disposição de coisa alheia como própria: "O paciente, mediante procuração que não lhe conferia poderes para alienar imóvel, firmou promessa de compra e venda com a vítima, que lhe pagou a importância avençada no contrato sem, contudo, ser investida na posse. Mesmo diante da discussão a respeito de o contrato de promessa de compra e venda poder configurar o tipo do art. 171, § 2º, I, do CP, o acórdão impugnado mostrou-se claro em afirmar que o paciente efetivamente alienou o imóvel que não era de sua propriedade mediante essa venda mascarada, da qual obteve lucro sem efetuar sua contraprestação por absoluta impossibilidade de fazê-la, visto que não era o proprietário do lote que, de fato, vendeu. Daí ser, no caso, inequívoca a tipicidade da conduta, mesmo que perpetrado o crime mediante a feitura de promessa, não se podendo falar, assim, em trancamento da ação penal" (STJ: HC 54.353/MG, rel. Min. Og Fernandes, 6.ª Turma, j. 25.08.2009).

Disposição de coisa alheia como própria – fraude e prejuízo alheio: "3. Para que se tipifique o estelionato, na modalidade disposição de coisa alheia como própria (art. 171, § 2º, I do CPB), exige-se a demonstração da obtenção, para si ou para outrem, da vantagem ilícita, do prejuízo alheio, do artifício, do ardil ou do meio fraudulento empregado com a venda, a permuta, a dação em pagamento, a locação ou a entrega, em garantia, da coisa de que não se tem a propriedade. 4. No caso, conquanto comprovado que os imóveis apresentados para acordo em Ação Civil Pública movida contra a empresa loteadora e o Município, com a anuência do Prefeito, foram objeto de anterior Ação de Desapropriação, não se logrou demonstrar o ardil ou o meio fraudulento empregado, bem como a vantagem ilícita obtida por qualquer das partes ou o prejuízo alheio" (STJ: REsp 1.094.325/SP, rel. Min. Napoleão Nunes Maia Filho, 5.ª Turma, j. 14.04.2009).

Disposição de coisa alheia como própria – fraude manifesta: "Ao assumir o locatário de imóvel postura relativa ao *status* de proprietário, anunciando-o a locação e, em um mesmo dia, locando-o a diversas pessoas, das quais haja recebido valores, a alcançar, também, a venda de móveis que guarneciam o imóvel, retirados adredemente, pratica o crime de estelionato" (STF: Ext 555/RFA, rel. Min. Marco Aurélio, Plenário, j. 25.11.1992).

Energia elétrica – distinção entre furto qualificado pela fraude e estelionato: "A alteração do sistema de medição, mediante fraude, para que aponte resultado menor do que o real consumo de energia elétrica configura estelionato. Não se desconhece o precedente firmado nos autos do RHC n. 62.437/SC, em 2016, em que o Ministro Nefi Cordeiro consigna que a subtração de energia por alteração de medidor sem o conhecimento da concessionária, melhor se amolda ao delito de furto mediante fraude e não ao de estelionato. Ao que se pode concluir dos estudos doutrinários, no furto, a fraude visa a diminuir a vigilância da vítima e possibilitar a subtração da *res* (inversão da posse). O bem é retirado sem que a vítima perceba que está sendo despojada de sua posse. Por sua vez, no estelionato, a fraude objetiva fazer com que a vítima incida em erro e voluntariamente entregue o objeto ao agente criminoso, baseada em uma falsa percepção da realidade. No caso dos autos, verifica-se que as fases 'A' e 'B' do medidor estavam isoladas por um material transparente, que permitia a alteração do relógio e, consequentemente, a obtenção de vantagem ilícita aos acusados pelo menor consumo/pagamento de energia elétrica – por induzimento em erro da companhia de eletricidade. Assim, não se trata da figura do 'gato' de energia elétrica, em que há subtração e inversão da posse do bem. Trata-se de serviço lícito, prestado de forma regular e com contraprestação pecuniária, em que a medição da energia elétrica é alterada, como forma de burla ao sistema de controle de consumo – fraude – por induzimento em erro, da companhia de eletricidade, que mais se adequa à figura descrita no tipo elencado no art. 171, do Código Penal" (STJ: AREsp 1.418.119/DF, rel. Min. Joel Ilan Paciornik, 5.ª Turma, j. 07.05.2019, noticiado no *Informativo* 648).

Estelionato – art. 171, *caput* – arrependimento posterior: "Não configura óbice ao prosseguimento da ação penal – mas sim causa de diminuição de pena (art. 16 do CP) – o ressarcimento integral e voluntário, antes do recebimento da denúncia, do dano decorrente de estelionato praticado mediante a emissão de cheque furtado sem provisão de fundos. De fato, a conduta do agente que emite cheque que chegou ilicitamente ao seu poder configura o ilícito previsto no *caput* do art. 171 do CP, e não em seu § 2º, VI. [...] A propósito, se no curso da ação penal ficar devidamente comprovado o ressarcimento integral do dano à vítima antes do recebimento da peça de acusação, esse fato pode servir como causa de diminuição de pena, nos termos do previsto no art. 16 do CP" (STJ: HC 280.089/SP, rel. Min. Jorge Mussi, 5.ª Turma, j. 18.02.2014, noticiado no *Informativo* 537).

Estelionato – assistência judiciária gratuita – cobrança de honorários – não caracterização do delito: "Em conclusão, a 1ª Turma, por maioria, concedeu *habeas corpus* para trancar ação penal ao fundamento de atipicidade de conduta (CP, art. 171, *caput*). Na espécie, o paciente supostamente teria auferido vantagem para si, em prejuízo alheio, ao cobrar honorários advocatícios de cliente beneficiado pela assistência judiciária gratuita, bem como forjado celebração de acordo em ação de reparação de danos para levantamento de valores referentes a seguro de vida. Aduzia a impetração que, depois de ofertada e recebida a denúncia, juízo cível homologara, por sentença, o citado acordo, reputando-o válido, isento de qualquer ilegalidade; que os autores não teriam sofrido prejuízo algum; e que os honorários advocatícios seriam efetivamente devidos. Consignou-se não haver qualquer ilegalidade ou crime no fato de advogado pactuar com seu cliente – em contrato de risco – a cobrança de honorários, no caso de êxito em ação judicial proposta, mesmo quando gozasse do benefício da gratuidade de justiça. Frisou-se que esse entendimento estaria pacificado no Enunciado 450 da Súmula do STF: 'São devidos honorários de advogado sempre que vencedor o beneficiário da justiça gratuita'" (STF: HC 95.058/ES, rel. Min. Ricardo Lewandowski, 1.ª Turma, j. 04.09.2012, noticiado no *Informativo* 678).

Estelionato – crime contra o sistema financeiro nacional (Lei 7.492/1986, art. 6.º) – distinção: "Configura o crime contra o Sistema Financeiro do art. 6º da Lei 7.492/1986 – e não estelionato, do art. 171 do CP – a falsa promessa de compra de valores mobiliários feita por falsos representantes de investidores estrangeiros para induzir investidores internacionais a transferir antecipadamente valores que diziam ser devidos para a realização das operações. Não obstante a aparente semelhança com o delito de estelionato ('Art. 171. Obter, para si ou para outrem, vantagem ilícita, em prejuízo alheio, induzindo ou mantendo alguém em erro mediante artifício, ardil ou qualquer outro meio fraudulento'), entre eles há clara distinção. O delito do art. 6º da Lei 7.492/1986 ('Induzir ou manter em erro, sócio, investidor ou repartição pública competente, relativamente a operação ou situação financeira, sonegando-lhe informação ou prestando-a falsamente') constitui crime formal, e não material (não é necessária a ocorrência de resultado, eventual prejuízo econômico caracteriza mero exaurimento); não prevê o especial fim de agir do sujeito ativo ('para si ou para outrem'); não exige, como elemento obrigatório, o meio fraudulento (artifício, ardil, etc.), apenas a prestação de informação falsa ou omissão de informação verdadeira. Ademais, eventual conflito aparente de normas penais resolve-se pelo critério da especialidade do delito contra o Sistema Financeiro (art. 6º da Lei 7.492/1986) em relação ao estelionato (art. 171 do CP). Por fim, a conduta em análise, configura dano ao Sistema Financeiro Nacional, pois abalada a confiança inerente às relações negociais no mercado mobiliário, induzindo em erro investidores que acreditaram na existência e na legitimidade de quem se apresentou como instituição financeira" (STJ: REsp 1.405.989/SP, rel. originário Min. Sebastião Reis Júnior, rel. para o acórdão Min. Nefi Cordeiro, 6.ª Turma, j. 18.08.2015, noticiado no *Informativo* 569).

Estelionato – reparação do dano – extinção da punibilidade – não ocorrência: "A causa especial de extinção de punibilidade prevista no § 2º do art. 9º da Lei 10.684/2003, relativamente ao pagamento integral do crédito tributário, não se aplica ao delito de estelionato (CP, art. 171). Esse o entendimento da Segunda Turma, que negou provimento a recurso ordinário em *habeas corpus* em que se pleiteava a declaração da extinção da punibilidade em razão do ressarcimento integral do dano causado à vítima do estelionato" (STF: RHC 126.917/SP, rel. Min. Teori Zavascki, 2.ª Turma, j. 25.08.2015, noticiado no *Informativo* 796). *No mesmo sentido*: STJ: AgInt no RHC 75.903/SP, rel. Min. Rogerio Schietti Cruz, 6.ª Turma, j. 17.11.2016.

Estelionato judicial – ação de execução fundada em título executivo falso – atipicidade da conduta – apuração e processamento de crimes remanescentes – possibilidade: "O denominado estelionato judicial é conduta atípica na esfera penal. O Tribunal *a quo* confirmou a condenação da acusada pelo crime de estelionato, porque teria, na condição de advogada, ajuizado ação de execução com base em título inautêntico, sendo autorizado o levantamento de vultuosa quantia da conta bancária da vítima. Ocorre que, conforme jurisprudência do Superior Tribunal de Justiça, o uso de ações judiciais com o objetivo de obter lucro ou vantagem indevida caracteriza estelionato judicial, conduta atípica na esfera penal. Esta Corte Superior entende que a figura do estelionato judiciário é atípica pela absoluta impropriedade do meio, uma vez que o processo tem natureza dialética, possibilitando o exercício do contraditório e a interposição dos recursos cabíveis, não se podendo falar, no caso, em 'indução em erro' do magistrado. (...) Por fim, frise-se que o reconhecimento da atipicidade da conduta do estelionato judiciário não afasta a possibilidade de apuração de eventuais crimes autônomos remanescentes" (STJ: AgRg no HC 841.731/MS, rel. Min. Sebastião Reis Júnior, 6.ª Turma, j. 15.04.2024, noticiado no *Informativo* 811). *No mesmo sentido*: STJ: REsp 1.101.914/RJ, rel. Min. Maria Thereza de Assis

Moura, 6.ª Turma, j. 06.03.2012, noticiado no *Informativo* 492; e STJ: RHC 53.471/RJ, rel. Min. Jorge Mussi, 5.ª Turma, j. 04.12.2014, noticiado no *Informativo* 554.

Estelionato majorado – art. 171, § 3.º, do Código Penal – médico em hospital púbico – registro de ponto e imediata saída – não cumprimento da carga horária – inaplicabilidade do princípio da insignificância: "Não se admite a incidência do princípio da insignificância na prática de estelionato qualificado por médico que, no desempenho de cargo público, registra o ponto e se retira do hospital. Cinge-se a controvérsia a saber acerca da possibilidade do trancamento de ação penal pelo reconhecimento de crime bagatelar no caso de médico que, no desempenho de seu cargo público, teria registrado seu ponto e se retirado do local, sem cumprir sua carga horária. A jurisprudência desta Corte Superior de Justiça não tem admitido, nos casos de prática de estelionato qualificado, a incidência do princípio da insignificância, inspirado na fragmentariedade do Direito Penal, em razão do prejuízo aos cofres públicos, por identificar maior reprovabilidade da conduta delitiva. Destarte, incabível o pedido de trancamento da ação penal, sob o fundamento de inexistência de prejuízo expressivo para a vítima, porquanto, em se tratando de hospital universitário, os pagamentos aos médicos são provenientes de verbas federais" (STJ: AgRg no HC 548.869/RS, rel. Min. Joel Ilan Paciornik, 5.ª Turma, j. 12.05.2020, noticiado no Informativo 672*)*. *No mesmo sentido*: STJ: AgRg no REsp 1.323.659/ES, rel. Min. Maria Thereza de Assis Moura, 6.ª Turma, j. 11.03.2014.

Estelionato previdenciário – competência: "No caso de ação penal destinada à apuração de estelionato praticado mediante fraude para a concessão de aposentadoria, é competente o juízo do lugar em que situada a agência onde inicialmente recebido o benefício, ainda que este, posteriormente, tenha passado a ser recebido em agência localizada em município sujeito a jurisdição diversa. Segundo o art. 70 do CPP, a competência será, em regra, determinada pelo lugar em que se consumar a infração, o que, em casos como este, ocorre no momento em que recebida a indevida vantagem patrimonial. Assim, embora tenha havido a posterior transferência do local de recebimento do benefício, a competência já restara fixada no lugar em que consumada a infração" (STJ: CC 125.023/DF, rel. Min. Marco Aurélio Bellizze, 3.ª Seção, j. 13.03.2013, noticiado no *Informativo* 518).

Estelionato previdenciário – fraude implementada pelo próprio beneficiário – crime permanente: "O acórdão recorrido encontra-se em consonância com a orientação desta Corte e do STF no sentido de que, nos casos de estelionato previdenciário cometido pelo próprio beneficiário e renovado mensalmente, o crime assume a natureza permanente, dado que, para além de o delito se protrair no tempo, o agente tem o poder de, a qualquer tempo, fazer cessar a ação delitiva" (STJ: AgRg no AREsp 962.731/SC, rel. Min. Reynaldo Soares da Fonseca, 5.ª Turma, j. 22.09.2016).

Estelionato previdenciário – fraude implementada por terceiro – crime instantâneo de efeitos permanentes: "Tratando-se de crime de estelionato previdenciário praticado para que terceira pessoa possa se beneficiar indevidamente tem natureza de crime instantâneo com efeitos permanentes, devendo ser contado o prazo prescricional a partir do recebimento da primeira prestação do benefício indevido" (STJ: RHC 66.487/PB, rel. Min. Nefi Cordeiro, 6.ª Turma, j. 17.03.2016).

Estelionato previdenciário – devolução da vantagem indevida antes do recebimento da denúncia – arrependimento posterior – impossibilidade da extinção da punibilidade: "Não extingue a punibilidade do crime de estelionato previdenciário (art. 171, § 3º, do CP) a devolução à Previdência Social, antes do recebimento da denúncia, da vantagem percebida ilicitamente, podendo a iniciativa, eventualmente, caracterizar arrependimento posterior, previsto no art. 16 do CP. O art. 9º da Lei 10.684/2003 prevê hipótese excepcional de extinção de punibilidade, 'quando a pessoa jurídica relacionada com o agente efetuar o pagamento integral dos débitos oriundos de tributos e contribuições sociais, inclusive acessórios', que somente abrange os crimes de sonegação fiscal, apropriação indébita previdenciária e sonegação de contribuição previdenciária, ontologicamente distintos do estelionato previdenciário, no qual há emprego de ardil para o recebimento indevido de benefícios. Dessa forma, não é possível aplicação, por analogia, da causa extintiva de punibilidade prevista no art. 9º da Lei 10.684/2003 pelo pagamento do débito ao estelionato previdenciário, pois não há lacuna involuntária na lei penal a demandar o procedimento supletivo, de integração do ordenamento jurídico" (STJ: REsp 1.380.672/SC, rel. Min. Rogerio Schietti, 6.ª Turma, j. 24.03.2015, noticiado no *Informativo* 559). *No mesmo sentido*: STJ: EDcl no AgRg no REsp 1.540.140/RS, rel. Min. Reynaldo Soares da Fonseca, 5.ª Turma, j. 22.11.2016.

Estelionato previdenciário – reiteração da fraude – continuidade delitiva: "A regra da continuidade delitiva é aplicável ao estelionato previdenciário (art. 171, § 3º, do CP) praticado por aquele que, após a morte do beneficiário, passa a receber mensalmente o benefício em seu lugar, mediante a utilização do cartão magnético do falecido. Nessa situação, não se verifica a ocorrência de crime único, pois a fraude é praticada reiteradamente, todos os meses, a cada utilização do cartão magnético do beneficiário já falecido. Assim, configurada a reiteração criminosa nas mesmas condições de tempo, lugar e maneira de execução, tem incidência a regra da continuidade delitiva prevista no art. 71 do CP. A hipótese, ressalte-se, difere dos casos em que o estelionato é praticado pelo próprio beneficiário e daqueles em que o não beneficiário insere dados falsos no sistema do INSS visando beneficiar outrem; pois, segundo a jurisprudência do STJ e do STF, nessas situações o crime deve ser considerado único, de modo a impedir o reconhecimento da continuidade delitiva" (STJ: REsp 1.282.118/RS, rel. Min. Maria Thereza de Assis Moura, 6.ª Turma, j. 26.02.2013, noticiado no *Informativo* 516). *No mesmo sentido*: STJ: AgRg no REsp 1.466.641/SC, rel. Min. Rogerio Schietti Cruz, 6.ª Turma, j. 25.04.2017.

Fraude: "Estelionato: para a configuração do estelionato, a fraude empregada pelo agente há de ser antecedente e causal do erro ou persistência no erro do lesado e da consequente disposição patrimonial em favor do sujeito ativo ou de terceiro: logo, não cabe inferir o emprego de meio fraudulento e o erro do lesado da circunstância posterior de não lhe haver o agente prestado os serviços profissionais de advocacia contratados, nem do seu prejuízo, decorrente de transação com terceiro cessionário da cambial que emitira em pagamento do advogado" (STF: RHC 80.411/ES, rel. Min. Sepúlveda Pertence, 1.ª Turma, j. 21.11.2000).

Fraude consistente em tentativa de resgate de precatório federal creditado em favor de particular – competência da Justiça Estadual: "Compete à Justiça Estadual – e não à Justiça Federal – processar e julgar tentativa de estelionato (art. 171, *caput*, c/c o art. 14, II, do CP) consistente em tentar receber, mediante fraude, em agência do Banco do Brasil, valores relativos a precatório federal creditado em favor de particular. Dispõe a Constituição da República: 'Art. 109. Aos juízes federais compete processar e julgar: [...] IV – os crimes políticos e as infrações penais praticadas em detrimento de bens, serviços ou interesse da União ou de suas entidades autárquicas ou empresas públicas, excluídas as contravenções e ressalvada a competência da Justiça Militar e da Justiça Eleitoral'. Assim, embora na hipótese se tenha buscado resgatar precatório federal, se não há prejuízo em 'detrimento de bens, serviços ou interesse da União ou de suas entidades autárquicas ou empresas públicas, excluídas as contravenções e ressalvada a competência da Justiça Militar e da Justiça Eleitoral' (art. 109, IV, da CF), a competência para processar e julgar a causa é da Justiça Estadual. O eventual prejuízo causado pelo delito praticado por quem visava resgatar precatório federal seria suportado pelo particular titular do crédito. Ademais, ainda que a conduta delituosa tivesse se consumado, e o dano fosse suportado pelo Banco do Brasil, seria mantida a competência da Justiça Estadual, a teor da Súmula 42 do STJ: 'Compete à Justiça Comum Estadual processar e julgar as causas cíveis em que é parte sociedade de economia mista e os crimes praticados em seu detrimento'" (STJ: CC 133.187/DF, rel. Min. Ribeiro Dantas, 3.ª Seção, j. 14.10.2015, noticiado no *Informativo* 571).

Princípio da insignificância – estelionato praticado em prejuízo da administração pública – venda de passagens de metrô por preço abaixo da tarifa – art. 171, § 3.º, do CP – valor ínfimo do prejuízo – afastamento excepcional da Súmula 599 do STJ: "Admite-se, excepcionalmente, a aplicação do princípio da insignificância a crime praticado em prejuízo da administração pública quando for ínfima a lesão ao bem jurídico tutelado. Hipótese na qual o paciente, após adquirir, em nome de seus filhos, três bilhetes estudantis de transporte público integrado pelo preço unitário de R$ 2,15 (dois reais e quinze centavos) – metade do valor integral (R$ 4,30

– quatro reais e trinta centavos) – utilizou-se deles para vender acesso irregular à Estação do metrô, por R$ 4,00 (quatro reais). Conforme a denúncia, um dos bilhetes foi usado regularmente duas vezes, e os outros dois foram utilizados indevidamente uma vez, cada. Isso resultou em vantagem financeira ao paciente de R$ 3,70 (três reais e setenta centavos), e prejuízo financeiro à Empresa de Transporte Público de R$ 4,30 (quatro reais e trinta centavos). As particularidades da espécie impõem o reconhecimento do princípio da insignificância. Tanto a vantagem patrimonial obtida, quanto o prejuízo ocasionado à Empresa de Transporte Público, foram inferiores a 0,5% do salário mínimo que vigia no ano de 2019, quando dos fatos. No mais, não há a indicação de circunstância subjetiva que eventualmente pudesse impedir a aplicação do princípio da bagatela, pois inexistem notícias do envolvimento do paciente em outros delitos, além de ser relevante seu relato em Delegacia de que passava por dificuldades em sustentar financeiramente sua família. No Supremo Tribunal Federal não prevalece a orientação de que o cometimento de conduta em prejuízo da Administração Pública impede, aprioristicamente, a incidência do princípio da bagatela – o que deve ser avaliado segundo as peculiaridades do caso concreto. Conforme já decidiu esta Corte, em determinadas hipóteses, nas quais for ínfima a lesão ao bem jurídico tutelado – como na espécie –, admite-se afastar a aplicação do entendimento sedimentado na Súmula n. 599/STJ, pois '*a subsidiariedade do direito penal não permite tornar o processo criminal instrumento de repressão moral, de condutas típicas que não produzam efetivo dano*' (HC 245.457/MG, Rel. Ministro Nefi Cordeiro, Sexta Turma, julgado em 03/03/2016, DJe 10/03/2016)" (STJ: RHC 153.480/SP, rel. Min. Laurita Vaz, 6.ª Turma, j. 24.05.2022).

Privilégio: "O § 1.º do art. 171, que se reporta ao § 2.º do art. 155, ambos do Código Penal, não cogita, em nenhum momento, do montante do prejuízo da vítima, ou da sua comprovação através de recibo. Ao contrário, baseia-se no 'pequeno valor' da coisa. 'Pequeno valor' é aproximadamente o de um salário mínimo vigente a época do fato" (STF: HC 69.290/RJ, rel. Min. Paulo Brossard, 2.ª Turma, j. 22.09.1992).

Sujeito passivo: "O sujeito passivo do delito de estelionato pode ser qualquer pessoa, física ou jurídica. Mas a pessoa que é iludida ou mantida em erro ou enganada pode ser diversa da que sofre a lesão patrimonial" (STF: Ext. 1.029/POR, rel. Min. Cezar Peluso, Plenário, j. 13.09.2006, noticiado no *Informativo* 440). *No mesmo sentido*: STJ: HC 21.051/SP, rel. Min. Jorge Scartezzini, 5.ª Turma, j. 19.11.2002.

Sujeito passivo e crime militar: "Estelionato praticado por pessoa que, mediante assinatura falsa, se fez passar por pensionista falecida para continuar recebendo os proventos de pensão militar depositados no Banco do Brasil. Recursos sob a administração militar. Competência da Justiça Militar para processar e julgar a respectiva ação penal (artigo 9º, III, 'a' do Código Penal Militar). A jurisprudência do Supremo Tribunal Federal é pacífica no sentido de que o sujeito passivo, no crime de estelionato, tanto pode ser a pessoa enganada quanto a prejudicada, ainda que uma seja ente público" (STF: HC 84.735/PR, rel. Min. Eros Grau, 1.ª Turma, j. 17.05.2005).

Súmula 554 do STF – aplicabilidade: "2. A Súmula nº 554 do Supremo Tribunal Federal não se aplica ao crime de estelionato na sua forma fundamental: 'Tratando-se de crime de estelionato, previsto no art. 171, *caput*, não tem aplicação a Súmula 554-STF' (HC nº 72.944/SP, Relator o Ministro Carlos Velloso, DJ 8/3/96). A orientação contida na Súmula nº 554 é restrita ao estelionato na modalidade de emissão de cheques sem suficiente provisão de fundo, prevista no art. 171, § 2º, inc. VI, do Código Penal (*Informativo* nº 53 do STF). 3. A reparação do dano antes da denúncia é tão somente uma causa de redução da pena, nos termos do art. 16 do Código Penal, e não uma causa de excludente de culpabilidade" (STF: HC 94.777/RS, rel. Min. Menezes Direito, 1.ª Turma, j. 05.08.2008).

Tentativa e crime impossível – distinção: "Não há falar em crime impossível pela inidoneidade do meio empregado, porquanto, não fosse o fato de vir ao conhecimento da vítima a cédula de identidade original, os documentos apresentados teriam eficácia para induzir e/ou manter a vítima em erro" (STJ: REsp 683.075/DF, rel. Min. Arnaldo Esteves Lima, 5.ª Turma, j. 18.04.2006).

Torpeza bilateral e estelionato: "Desde que a ação amolde-se à figura típica do art. 171 do Código Penal, não há como excluir o crime por eventual torpeza bilateral, sendo irrelevante para configuração do delito a participação, maliciosa ou não, da vítima" (STJ: REsp 1.055.960/RS, rel. Min. Laurita Vaz (decisão monocrática), j. 31.10.2008).

Vítima domiciliada no exterior – competência da Justiça Estadual: "Compete à Justiça Estadual, e não à Justiça Federal, processar e julgar crime de estelionato cometido por particular contra particular, ainda que a vítima resida no estrangeiro, na hipótese em que, além de os atos de execução do suposto crime terem ocorrido no Brasil, não exista qualquer lesão a bens, serviços ou interesses da União. O fato de a vítima ter residência fora do Brasil não é fator de determinação da competência jurisdicional, conforme o art. 69 do CPP" (STJ: CC 125.237/SP, rel. Min. Marco Aurélio Bellizze, 3.ª Seção, j. 04.02.2013, noticiado no *Informativo* 514).

Fraude com a utilização de ativos virtuais, valores mobiliários ou ativos financeiros

> **Art. 171-A.** Organizar, gerir, ofertar ou distribuir carteiras ou intermediar operações que envolvam ativos virtuais, valores mobiliários ou quaisquer ativos financeiros com o fim de obter vantagem ilícita, em prejuízo alheio, induzindo ou mantendo alguém em erro, mediante artifício, ardil ou qualquer outro meio fraudulento.
>
> Pena – reclusão, de 4 (quatro) a 8 (oito) anos, e multa.

Classificação:	Informações rápidas:
Crime simples	**Objeto material**: é o ativo virtual, o valor mobiliário ou ativo financeiro.
Crime comum	
Crime formal, de consumação antecipada ou de resultado cortado	**Elemento subjetivo**: dolo (elemento subjetivo específico: com o fim de obter vantagem ilícita, em prejuízo alheio). Não admite modalidade culposa.
Crime de dano	
Crime de forma livre	**Tentativa**: admite (crime plurissubsistente).
Crime comissivo	**Ação penal**: pública incondicionada.
Crime instantâneo ou permanente	**Competência**: Justiça Estadual.
Crime unissubjetivo, unilateral ou de concurso eventual	
Crime plurissubsistente	

o **Introdução:** No ano de 2020, com a pandemia da Covid-19 e a decretação de *lockdown* no Brasil, houve intensa retração da atividade econômica. Para estimular o consumo, o Banco Central do Brasil reduziu a Selic, taxa básica de juros da economia e principal instrumento de política monetária para controlar a inflação, aos níveis mais baixos da história. A rentabilidade dos títulos indexados à taxa Selic (a famosa "renda fixa") perdeu atratividade. Esse ambiente ensejou o aparecimento de "gênios" do mercado de capitais: indivíduos bradavam ao público, especialmente nas redes sociais, ganhos estratosféricos em dias ou semanas. Pirâmides e mais pirâmides financeiras alastraram-se pelo Brasil.[151] Promessas de lucros fáceis e vultosos ocultavam manobras fraudulentas e despidas de qualquer garantia. Com o escopo de punir comportamentos dessa natureza, a Lei 14.478/2022 inseriu o art. 171-A no Código Penal, além de estabelecer diretrizes a serem observadas na prestação de serviços de ativos virtuais e na regulamentação das prestadoras desses serviços, sem prejuízo de modificações na Lei 7.492/1986 (Crimes contra o Sistema Financeiro Nacional) e na Lei 9.613/1998 (Lavagem de Capitais).

---

[151] O termo "pirâmide" origina-se do formato em que a estrutura é desenhada. Inicia-se com um vendedor no topo, que convida algumas pessoas para o degrau abaixo. Cada membro desse nível fica responsável por recrutar outros "investidores", que ficam na escala abaixo, e assim por diante. A pessoa paga para entrar no grupo e parte do recurso vira uma remuneração a quem a indicou. De seu turno, o indicado precisa atrair outras pessoas para integrar a pirâmide e obter lucro.

○ **Objeto jurídico:** O bem jurídico tutelado é o patrimônio.

○ **Objeto material:** É o ativo virtual, o valor mobiliário ou ativo financeiro. O **ativo virtual** é definido pelo art. 3.º da Lei 14.478/2022 como "a representação digital de valor que pode ser negociada ou transferida por meios eletrônicos e utilizada para realização de pagamentos ou com propósito de investimento", tais como as criptomoedas (*Bitcoin, Ethereum, Cardano, Dogecoin* etc.). Não se incluem no conceito de ativo virtual, por expressa previsão legal: I – a moeda nacional (real) e as moedas estrangeiras (dólar, euro, peso argentino etc.); II – a moeda eletrônica, nos termos da Lei 12.865/2013; III – os instrumentos que provejam ao seu titular acesso a produtos ou serviços especificados ou a benefício proveniente desses produtos ou serviços, a exemplo de pontos e recompensas de programas de fidelidade; e IV – as representações de ativos cuja emissão, escrituração, negociação ou liquidação esteja prevista em lei ou regulamento, a exemplo de valores mobiliários e de ativos financeiros. **Valor mobiliário** é o título negociável no mercado financeiro, emitido por um ente público (governo) ou privado (empresa), visando à captação de recursos junto ao mercado em geral e representativo de propriedade ou de crédito, a exemplo das ações e das debêntures. O conceito de **ativo financeiro**, para os fins do art. 171-A do Código Penal, é residual, devendo ser compreendido como qualquer produto do mercado financeiro, conversível em dinheiro, que pode ser negociado e proporcionar retorno ao investidor.

○ **Núcleos do tipo:** O art. 171-A do Código Penal contém cinco núcleos: organizar, gerir, ofertar, distribuir e intermediar. **Organizar** é constituir ou compor; **gerir** equivale a administrar; **ofertar** consiste em oferecer ou entregar; e **distribuir** é repartir entre duas ou mais pessoas. Tais verbos relacionam-se às **carteiras**, ou seja, ao portifólio de investimentos envolvendo ativos virtuais, valores mobiliários ou quaisquer ativos financeiros. **Intermediar**, por sua vez, é interceder, funcionar como mediador de uma **operação**, ou seja, da compra, venda, transferência ou aluguel de ativos virtuais, valores mobiliários ou ativos financeiros de qualquer espécie. Cuida-se de **tipo misto alternativo, crime de ação múltipla ou de conteúdo variado**: estará caracterizado um único delito na realização de dois ou mais núcleos envolvendo o mesmo objeto material, como na hipótese em que o agente organiza, oferta e distribui carteira de ativos virtuais. O sujeito se vale de artifício, ardil ou qualquer outro meio fraudulento para induzir ou manter alguém em erro, com o fim de obter vantagem ilícita em prejuízo alheio. Essa vantagem ilícita há de ser necessariamente **econômica** e a conduta deve ser direcionada a pessoa determinada (ou pessoas determinadas), pois o tipo penal fala em "induzindo ou mantendo **alguém** em erro".

○ **Sujeito ativo:** A fraude com utilização de ativos virtuais, valores mobiliários ou ativos financeiros é **crime comum** ou **geral**. Pode ser cometido por qualquer pessoa, e admite tanto a coautoria como a participação.

○ **Sujeito passivo:** É a pessoa física enganada pela fraude, bem como a pessoa (física ou jurídica) que suporta o prejuízo econômico em razão da manobra ilícita.

○ **Elemento subjetivo:** É o dolo, acrescido de uma finalidade específica (**elemento subjetivo específico**), representada pela expressão "com o fim de obter vantagem ilícita, em prejuízo alheio".

○ **Consumação:** O art. 171-A do Código Penal contempla um **crime formal, de consumação antecipada** ou **de resultado cortado**: consuma-se com a prática da conduta de organizar, gerir, ofertar ou distribuir carteiras ou intermediar operações que envolvam ativos virtuais, valores mobiliários ou quaisquer ativos financeiros, **com o fim de obter vantagem ilícita, em prejuízo alheio**. O delito, em regra, é instantâneo, pois consuma-se em um momento determinado, sem continuidade no tempo. Na conduta de **"gerir"** a carteira que envolva ativos virtuais, valores mobiliários ou quaisquer ativos financeiros, contudo, o crime é permanente, uma vez que a consumação se prolonga no tempo, pela vontade do agente, perdurando a situação ilícita enquanto subsistir a gestão fraudulenta.

○ **Tentativa:** É cabível, em face do caráter plurissubsistente do delito, permitindo o fracionamento do *iter criminis*.

○ **Ação penal:** É pública incondicionada.

○ **Lei 9.099/1995:** Trata-se de **crime de elevado potencial ofensivo**, incompatível com os benefícios elencados pela Lei 9.099/1995.

○ **Competência:** A fraude com utilização de ativos virtuais, valores mobiliários ou ativos financeiros é de competência da **Justiça Estadual**.[152] Trata-se de crime alocado no Título II da Parte Especial do Código Penal, ou seja, o tipo penal destina-se à **proteção do patrimônio**. Essa é a nossa opinião, porém não há como ignorar que certamente surgirão vozes defendendo a competência da Justiça Federal com fundamento no art. 1.º, parágrafo único, I-A e II, da Lei 7.492/1986. No entanto, esse argumento não convence, pois o legislador optou por incluir o estelionato de ativos financeiros no art. 171-A do Código Penal, na seara dos crimes contra o patrimônio, e não na Lei 7.492/1986, entre os crimes contra o sistema financeiro nacional, sendo possível extrair, em síntese, as seguintes conclusões: a) a fraude com a utilização de ativos virtuais, valores mobiliários ou ativos financeiros encontra-se alocada no Código Penal, entre os crimes contra o patrimônio; b) se fosse crime contra o sistema financeiro nacional, tal delito figuraria no rol da Lei 7.492/1986; c) ainda que se argumente pela caracterização de crime contra o sistema financeiro nacional, a Lei 14.478/2022 deveria expressamente ter definido a competência da Justiça Federal, em respeito à regra imposta pelo art. 109, VI, da Constituição Federal, mas deliberadamente não o fez; e, d) consequentemente, não há como afastar a competência da Justiça Estadual para o processo e julgamento do crime previsto no art. 171-A do Código Penal.

Duplicata simulada

> **Art. 172.** Emitir fatura, duplicata ou nota de venda que não corresponda à mercadoria vendida, em quantidade ou qualidade, ou ao serviço prestado.
>
> Pena – detenção, de 2 (dois) a 4 (quatro) anos, e multa.
>
> Parágrafo único. Nas mesmas penas incorrerá aquele que falsificar ou adulterar a escrituração do Livro de Registro de Duplicatas.

Classificação:	Informações rápidas:
Crime próprio	**Duplicata simulada:** é imprescindível a assinatura do sacador.
Crime formal	O avalista e o endossatário não se incluem como sujeito
Crime doloso	passivo do crime.
Crime de forma livre	**Não admite modalidade culposa.** Exige dolo genérico.
Crime unissubsistente	Não admite tentativa (crime unissubsistente).
Crime unissubjetivo *(regra)*	**Ação penal:** pública incondicionada.
Crime instantâneo	**Triplicata** (= 2.ª via de duplicata): caracteriza o crime do art. 172 do CP *(divergência)*.

○ **Objeto jurídico:** É o patrimônio.

○ **Objeto material:** É a fatura, duplicata ou nota de venda, sem a devida correspondência com a mercadoria vendida, em quantidade ou qualidade, ou com o serviço prestado. **Fatura** é

---

[152] Essa, aliás, era a posição consagrada no Superior Tribunal de Justiça antes da criação do art. 171-A do Código Penal, à época em que as condutas envolvendo pirâmides financeiras eram enquadradas como crimes contra a economia popular (CC 170.392/SP, rel. Min. Joel Ilan Paciornik, 3.ª Seção, j. 10.06.2020).

o documento de emissão obrigatória pelo vendedor, na relação de compra e venda mercantil. Dela deve constar a descrição das mercadorias vendidas, especificando sua natureza (qualidade) e quantidade, bem como seu respectivo preço. **Duplicata** é o título de crédito resultante da fatura, emitido pelo vendedor, nas relações de compra e venda mercantil em território nacional, para fins de circulação como efeito comercial, nos termos do art. 2.º da Lei 5.474/1968. **Nota de venda** consiste no documento emitido pelo comerciante, em cujo conteúdo é possível encontrar a especificação da quantidade, qualidade, procedência e preço das mercadorias objetos de transação mercantil, cuja finalidade precípua é atender aos interesses do fisco. Assemelha-se à fatura.

○ **Núcleo do tipo:** É "**emitir**", no sentido de expedir ou colocar em circulação. É imprescindível que o sujeito ativo ponha a fatura, duplicata ou nota de venda em circulação, sem correspondência com a mercadoria vendida ou com o serviço prestado e, após, remeta-a ao aceitante ou a endosse antes de eventual aceitação do sacado. O simples preenchimento da duplicata não configura o delito, sendo necessária a assinatura do vendedor.

○ **Sujeito ativo:** Trata-se de **crime próprio** ou **especial** – somente pode ser praticado pelo comerciante que coloca em circulação a fatura, duplicata ou nota de venda, sem correspondência com a mercadoria vendida ou com o serviço prestado. Admite coautoria e participação.

○ **Sujeito passivo:** É o recebedor, ou seja, quem desconta a duplicata, aquele que aceita a duplicata como caução, e também o sacado de boa-fé, que corre o risco de ser protestado. Não é indispensável a participação na figura delituosa da pessoa contra quem a duplicata foi emitida. Se houver coautoria entre emitente e aceitante, o sujeito passivo será quem fez o desconto, e não o sacado.[153] Prevalece na doutrina o entendimento de que o avalista e o endossatário não se incluem como vítimas do crime de duplicata simulada.

○ **Elemento subjetivo:** É o dolo, independentemente de qualquer finalidade específica. Não se admite a modalidade culposa. O agente emite a fatura, duplicata ou nota de venda com a consciência de que ela não guarda correspondência com a mercadoria vendida, em quantidade ou qualidade, ou com o serviço prestado.

○ **Consumação:** Cuida-se de **crime formal, de consumação antecipada ou de resultado cortado**: consuma-se com a simples emissão, com a colocação da fatura, da duplicata ou da nota de venda em circulação, dispensando a causação de prejuízo patrimonial à vítima.

○ **Tentativa:** Não é possível, por se tratar de **crime unissubsistente**.

○ **Ação penal:** É pública incondicionada.

○ **Lei 9.099/1995:** Cuida-se de crime de elevado potencial ofensivo, incompatível com os benefícios contidos na Lei 9.099/1995.

○ **A questão da "triplicata":** A chamada triplicata, de acordo com o art. 23 da Lei 5.474/1968, apenas pode ser extraída em caso de perda ou extravio da duplicata, devendo, para produzir iguais efeitos, possuir idênticos requisitos e obedecer às mesmas formalidades desta. Cuidando-se de segunda via da duplicata, a sua emissão sem correspondência à mercadoria vendida, em quantidade ou qualidade, ou ao serviço prestado, caracteriza o crime em estudo. Extrai-se esta conclusão mediante a **interpretação extensiva** da lei penal. Há, todavia, quem sustente tratar-se de analogia *in malam partem*, razão pela qual a triplicata não poderia se subsumir ao delito em análise.

---

[153] Cf. BITENCOURT, Cezar Roberto. *Tratado de direito penal*. Parte especial. 4. ed. São Paulo: Saraiva, 2008. v. 3, p. 304.

○ **Figura equiparada (parágrafo único):** Equipara-se ao crime de duplicata simulada a conduta de falsificar ou adulterar a escrituração do Livro de Registro de Duplicatas, obrigatório para o comerciante. Os núcleos desta figura típica são "falsificar" (imitar ou alterar com fraude, contrafazer) e "adulterar" (deturpar, mudar, alterar). De acordo com o art. 19, *caput* e § 1.º, da Lei 5.474/1968, o vendedor é obrigado a ter e a escriturar, cronologicamente, no **Livro de Registro de Duplicatas**, todas as duplicatas emitidas, com o número de ordem, data e valor das faturas originárias e data de sua expedição; nome e domicílio do comprador; anotações das reformas; prorrogações e outras circunstâncias necessárias. Estará delineado o crime definido pelo art. 172, parágrafo único, do Código Penal na hipótese em que o sujeito contrafaz ou altera a escrituração do Livro de Registro de Duplicatas.

○ **Jurisprudência selecionada:**

Caracterização do delito: "O delito de duplicata simulada, previsto no art. 172 do CP (redação dada pela Lei 8.137/1990), configura-se quando o agente emite duplicata que não corresponde à efetiva transação comercial, sendo típica a conduta ainda que não haja qualquer venda de mercadoria ou prestação de serviço. O art. 172 do CP, em sua redação anterior, assim estabelecia a figura típica do delito de duplicata simulada: 'Expedir ou aceitar duplicata que não corresponda, juntamente com a fatura respectiva, a uma venda efetiva de bens ou a uma real prestação de serviço'. Com o advento da Lei 8.137/1990, alterou-se a redação do dispositivo legal, que passou a assim prever: 'Emitir fatura, duplicata ou nota de venda que não corresponda à mercadoria vendida, em quantidade ou qualidade, ou ao serviço prestado'. Conforme se depreende de entendimento doutrinário e jurisprudencial, a alteração do artigo pretendeu abarcar não apenas os casos em que há discrepância qualitativa ou quantitativa entre o que foi vendido ou prestado e o que consta na duplicata, mas também aqueles de total ausência de venda de bens ou prestação de serviço. Dessa forma, observa-se que o legislador houve por bem ampliar a antiga redação daquele dispositivo, que cuidava apenas da segunda hipótese, mais grave, de modo a também punir o emitente quando houver a efetiva venda de mercadoria, embora em quantidade ou qualidade diversas" (STJ: REsp 1.267.626/PR, rel. Min. Maria Thereza de Assis Moura, 6.ª Turma, j. 05.12.2013, noticiado no *Informativo* 534).

Consumação e caráter formal do delito: "O crime de emissão de fatura, que tem como núcleo o ato de emitir títulos que não guardam correspondência com a venda mercantil efetivamente realizada, consuma-se no momento em que os documentos são colocados em circulação, não se exigindo a efetividade do proveito econômico pela oposição do aceite do sacado. Perfaz-se o tipo com o envio do título feito diretamente pelo sacador ou por instituição financeira, suficiente para ensejar a omissão da vítima em aceitar o título em detrimento de seu patrimônio" (STJ: RHC 16.053/SP, rel. Min. Paulo Medina, 6.ª Turma, j. 02.08.2005, noticiado no *Informativo* 254).

Sujeito ativo: "O delito de duplicata simulada (art. 172 do CP) exige que o agente emita duplicata que não corresponda à efetiva transação comercial e, por se tratar de crime próprio ou especial, admite coautoria ou participação (Precedente)" (STJ: REsp 975.962/CE, Rel. Min. Felix Fischer, 5.ª Turma, j. 19.02.2009).

Abuso de incapazes

> **Art. 173.** Abusar, em proveito próprio ou alheio, de necessidade, paixão ou inexperiência de menor, ou da alienação ou debilidade mental de outrem, induzindo qualquer deles à prática de ato suscetível de produzir efeito jurídico, em prejuízo próprio ou de terceiro:
>
> Pena – reclusão, de dois a seis anos, e multa.

Classificação:	Informações rápidas:
Crime comum Crime formal Crime doloso Crime de forma livre Crime plurissubsistente Crime unissubjetivo (*regra*) Crime instantâneo	Menor **emancipado** não poderá figurar como sujeito passivo. Não admite modalidade culposa. Exige dolo específico. Se o agente desconhecer condições da vítima, poderá caracterizar estelionato (se houver fraude) ou o fato ser atípico. Ocorrência de dano caracteriza exaurimento. Admite tentativa. **Ação penal:** pública incondicionada.

○ **Objeto jurídico:** O bem jurídico legalmente tutelado é o patrimônio.

○ **Objeto material:** É o incapaz, em decorrência da sua menoridade ou por ser portador de alienação ou debilidade mental (deficiência mental), que suporta a conduta criminosa.

○ **Núcleos do tipo:** "Abusar" (aproveitar-se ou prevalecer-se de determinada condição, ou, em outras palavras, tirar proveito ou vantagem de alguém) e **"induzir"** (fazer nascer a ideia na mente de outrem). Pratica o crime quem, em proveito próprio ou alheio, aproveitando-se de pessoa cuja capacidade para se autodeterminar e expressar sua vontade seja nula ou reduzida, faz nascer em sua mente a ideia de realizar ato jurídico, causando, em virtude disso, prejuízo a si próprio ou a terceiros.

○ **Sujeito ativo:** Qualquer pessoa (**crime comum**).

○ **Sujeito passivo:** Somente pode figurar como vítima o menor de idade, bem como o alienado ou o débil mental. O menor emancipado não poderá figurar como sujeito passivo do delito em estudo, haja vista que, com a sua emancipação, deixa de gozar do *status* de incapaz, nos termos do art. 5.º do Código Civil.

○ **Elemento subjetivo:** É o dolo, acrescido do especial fim de agir representado pela expressão "em proveito próprio ou alheio". O desconhecimento do agente no tocante às condições da vítima pode levar à caracterização do crime de estelionato, se houver o emprego de meio fraudulento, ou tornar o fato atípico.[154] Não se admite a modalidade culposa.

○ **Consumação:** Dá-se no momento em que a pessoa menor de idade ou com deficiência mental pratica ato idôneo de lesar seu patrimônio ou de terceiro, em decorrência de ter sido ludibriado pelo agente. O crime é **formal, de consumação antecipada ou de resultado cortado**, dispensando o efetivo prejuízo ao incapaz ou a terceiro. A superveniência do dano implica mero exaurimento, que deve ser levado em consideração pelo magistrado na dosimetria da pena-base, nos moldes do art. 59, *caput*, do Código Penal.

○ **Tentativa:** É possível.

○ **Ação penal:** É pública incondicionada.

○ **Lei 9.099/1995:** O abuso de incapazes é crime de elevado potencial ofensivo, não comportando a incidência dos benefícios previstos na Lei 9.099/1995.

---

[154] CAPEZ, Fernando; PRADO, Stela. *Código Penal comentado*. Porto Alegre: Verbo Jurídico, 2007. p. 375.

Induzimento à especulação

> **Art. 174.** Abusar, em proveito próprio ou alheio, da inexperiência ou da simplicidade ou inferioridade mental de outrem, induzindo-o à prática de jogo ou aposta, ou à especulação com títulos ou mercadorias, sabendo ou devendo saber que a operação é ruinosa:
>
> Pena – reclusão, de um a três anos, e multa.

Classificação:	Informações rápidas:
Crime comum	A vantagem deve ser econômica.
Crime formal	Não é necessário que o jogo ou a aposta sejam ilícitos.
Crime doloso	Não admite modalidade culposa. Exige dolo específico. Na
Crime de forma vinculada	modalidade "induzindo-o à especulação com títulos ou mer-
Crime plurissubsistente *(regra)*	cadorias" admite-se tanto o dolo direto quanto o eventual.
Crime unissubjetivo *(regra)*	Admite tentativa.
Crime instantâneo	**Ação penal:** pública incondicionada.

○ **Objeto jurídico:** O bem jurídico legalmente tutelado é o patrimônio.

○ **Objeto material:** É a pessoa inexperiente, simples ou de capacidade mental reduzida, contra quem a conduta criminosa é cometida.

○ **Núcleos do tipo:** Os núcleos do tipo são **"abusar"** e **"induzir"**, de forma idêntica ao crime de abuso de incapazes (CP, art. 173). Destarte, para caracterizar o crime de induzimento à especulação, é preciso que o sujeito ativo, com o escopo de obter, para si ou para outrem, vantagem econômica, aproveite-se de pessoa inexperiente, simples ou de capacidade mental reduzida, induzindo-a à prática de jogo ou aposta, ou à especulação com títulos ou mercadorias. Em síntese, o agente, em proveito próprio ou alheio, convence a vítima de que não possui o necessário discernimento acerca dos riscos do jogo ou aposta, ou da operação pela qual é induzida a realizar, sabendo ou devendo saber que se trata de atividade ruinosa. Como o tipo penal descreve as formas pelas quais a conduta pode ser executada, a doutrina classifica a figura típica delineada pelo art. 174 do Código Penal como **crime de forma vinculada**. É importante destacar não ser necessário que o jogo ou a aposta sejam ilícitos, pois o bem jurídico tutelado pelo art. 174 do Código Penal é tão somente o patrimônio da pessoa inexperiente, simples ou de menor capacidade mental.

○ **Sujeito ativo:** Qualquer pessoa (**crime comum**).

○ **Sujeito passivo:** Somente pode figurar como vítima do crime a pessoa **inexperiente** (principiante, ou seja, sem vivência prática nas situações indicadas no tipo penal), **simples** (ingênua, que facilmente deixa se enganar), ou **com capacidade mental inferior** (dotada de qualquer tipo de distúrbio ou com desenvolvimento mental incompleto, com capacidade de discernimento abaixo da normalidade).

○ **Elemento subjetivo:** É o dolo, acompanhado de uma entre duas finalidades específicas (elemento subjetivo específico), dependendo da conduta criminosa, contempladas pelas expressões "em proveito próprio ou alheio" e "sabendo ou devendo saber que a operação é ruinosa". Para a primeira modalidade de conduta prevista pela lei penal – "induzindo-o à prática de jogo ou aposta" –, é necessário que o agente abuse da vítima em proveito próprio ou alheio. Na segunda modalidade do delito – "induzindo-o à especulação com títulos ou mercadorias" –, é fundamental que o agente realize a conduta "sabendo ou devendo saber que a operação é ruinosa". Nessa hipótese, portanto, admitem-se tanto o dolo direto ("sabe") como o dolo eventual ("deve saber"). Não é cabível a modalidade culposa.

○ **Consumação:** Dá-se com a prática, pelo sujeito passivo, do jogo, aposta ou especulação com títulos ou mercadorias. Cuida-se de **crime formal, de consumação antecipada ou de resultado cortado**: a consumação ocorre com a prática da conduta, dispensando a produção do resultado naturalístico, é dizer, não se reclama a lesão ao patrimônio da vítima. Portanto, o resultado naturalístico é desnecessário para fins de consumação, nada obstante sua ocorrência prática seja possível. E, se o ofendido suportar efetivo prejuízo patrimonial, o exaurimento do delito deverá ser levado em conta pelo julgador na dosimetria da pena-base, na forma definida pelo art. 59, *caput*, do Código Penal.

○ **Tentativa:** É possível, nos casos em que o sujeito ativo realiza a conduta descrita no tipo penal, mas, por circunstâncias alheias à sua vontade, a pessoa inexperiente, simples ou mentalmente inferior não concretiza o jogo, aposta ou especulação com títulos ou mercadorias.

○ **Ação penal:** É pública incondicionada.

○ **Lei 9.099/1995:** Cuida-se de crime de médio potencial ofensivo, compatível com a suspensão condicional do processo, na forma do art. 89 da Lei 9.099/1995.

Fraude no comércio

> **Art. 175.** Enganar, no exercício de atividade comercial, o adquirente ou consumidor:
>
> I – vendendo, como verdadeira ou perfeita, mercadoria falsificada ou deteriorada;
>
> II – entregando uma mercadoria por outra:
>
> Pena – detenção, de seis meses a dois anos, ou multa.
>
> § 1º Alterar em obra que lhe é encomendada a qualidade ou o peso de metal ou substituir, no mesmo caso, pedra verdadeira por falsa ou por outra de menor valor; vender pedra falsa por verdadeira; vender, como precioso, metal de ou outra qualidade:
>
> Pena – reclusão, de um a cinco anos, e multa.
>
> § 2º É aplicável o disposto no art. 155, § 2º.

Classificação:	Informações rápidas:
Crime próprio	Não admite modalidade culposa. Exige dolo genérico.
Crime material	Admite tentativa.
Crime doloso	**Ação penal:** pública incondicionada.
Crime de forma livre	**Requisitos do privilégio:** primariedade do agente e
Crime plurissubsistente *(regra)*	coisa de pequeno valor.
Crime unissubjetivo *(regra)*	**Competência:** Justiça Comum Estadual *(regra)*. Exceção:
Crime instantâneo	Justiça Federal se o delito for praticado em detrimento de
	interesses da União, suas autarquias ou empresas públicas,
	ou contra o sistema financeiro nacional.

○ **Objeto jurídico:** A lei penal resguarda o patrimônio.

○ **Objeto material:** É a mercadoria falsificada, deteriorada ou substituída, ou, ainda, a obra alterada, substituída ou vendida.

○ **Núcleo do tipo:** É "**enganar**", no sentido de induzir alguém em erro. Enganar é o ato de alguém que objetiva ludibriar terceira pessoa, fazendo com que esta acredite naquilo que não condiz com a realidade. São duas as condutas que o sujeito ativo pode praticar para caracterizar o crime delineado pelo tipo penal em comento, a saber: enganar o adquirente ou consumidor: (a) **vendendo**, como verdadeira ou perfeita, mercadoria falsificada ou deteriorada; e (b) **entregando** uma mercadoria por outra. Em conformidade com o art. 175, I, do Código Penal, comete o crime de fraude no comércio quem, no exercício da atividade comercial e sabendo que a mercadoria é falsa ou que está deteriorada, vende-a ao adquirente ou consumidor como se fosse verdadeira ou se estivesse em perfeitas condições, enganando a vítima. Há entendimentos no sentido de que tal modalidade de fraude no comércio foi revogada pelo art. 7.º, III, da Lei 8.137/1990. O inciso II do art. 175 do Código Penal diz respeito ao comportamento de **substituir uma coisa por outra**, vendendo a falsificada como se fosse verdadeira, ou a deteriorada como se fosse perfeita. Está previsto no Código Penal entre os crimes contra o patrimônio, e é praticado contra o adquirente ou consumidor, ou seja, pessoa certa e determinada, que deve ser efetivamente prejudicado (crime material). O inciso III do art. 7.º da Lei 8.137/1990 contempla um crime contra as relações de consumo. Não reclama a prática da conduta contra pessoa certa e determinada, mas em face dos consumidores em geral, que não precisam ser efetivamente lesados no âmbito patrimonial (crime formal). Além disso, tem como conduta a atividade de **misturar gêneros e mercadorias de espécies diversas**, para vendê-los ou expô-los à venda como puros ou pelo preço estabelecido para os de mais alto custo. De igual modo, na hipótese do art. 175, inciso II, do CP, restará configurado o delito de fraude no comércio para aquele que, no exercício da atividade comercial, com a intenção de enganar a vítima, entrega uma mercadoria no lugar de outra. O agente, conscientemente, substitui a mercadoria.

○ **Sujeito ativo:** Somente o comerciante ou comerciário que se encontre no exercício de atividade comercial (**crime próprio**).

○ **Sujeito passivo:** É o adquirente ou consumidor, pessoa certa e determinada, independentemente de qualquer outra condição especial.

○ **Elemento subjetivo:** É o dolo, independentemente de qualquer finalidade específica. Não se admite a modalidade culposa.

○ **Consumação:** A fraude no comércio é **crime material ou causal:** consuma-se com a tradição, ou seja, com a entrega pelo comerciante da mercadoria ao consumidor ou adquirente, que a aceita, recebendo-a e, consequentemente, suporta prejuízo patrimonial.

○ **Tentativa:** É possível.

○ **Ação penal:** É pública incondicionada.

○ **Lei 9.099/1995:** Trata-se de **infração penal de menor potencial ofensivo**, de competência do Juizado Especial Criminal e compatível com a transação penal, em consonância com as regras estatuídas pela Lei 9.099/1995.

○ **Forma qualificada (art. 175, § 1.º):** os núcleos da qualificadora são "**alterar**" (mudar, modificar ou transformar), "**substituir**" (trocar um produto por outro, tomar o lugar de outra coisa) e "**vender**" (alienar onerosamente). O crime é reservado aos joalheiros, nas condutas de "alterar" e "substituir", e ao comerciante de joias, na espécie "vender". O sujeito ativo altera, em obra encomendada, a qualidade ou peso do metal; substitui, em obra encomendada, pedra verdadeira por falsa ou outra de menor valor; vende pedra falsa por verdadeira ou vende como precioso metal de outra qualidade. A qualificadora ingressa no rol dos crimes de **médio potencial ofensivo**. É compatível com a suspensão condicional do processo, em conformidade com o art. 89 da Lei 9.099/1995.

○ **Figura privilegiada (art. 175, § 2.º):** Aplica-se ao crime de fraude no comércio, tanto na forma simples como na modalidade qualificada, o instituto do privilégio, previsto no art. 155, § 2.º, do Código Penal em relação ao furto. O benefício depende de dois requisitos legais: primariedade do agente e pequeno valor da coisa, os quais, se estiverem presentes, autorizam o magistrado a substituir a pena de reclusão pela de detenção, diminuí-la de um a dois terços ou aplicar somente a pena de multa.

○ **Competência:** Em regra a competência é da Justiça Estadual. Se o delito for praticado em detrimento de interesses da União, suas autarquias ou empresas públicas, ou contra o sistema financeiro nacional, será competente a Justiça Federal (art. 109, IV e VI, da CF).

○ **Fraude no comércio e estelionato – distinção. Possibilidade de ocorrência do crime tipificado pelo art. 273, § 1.º, do CP:** Fraude no comércio (CP, art. 175) e estelionato (CP, art. 171) não se confundem. A fraude no comércio é **crime próprio** (só pode ser cometido pelo comerciante ou comerciário, no exercício de sua atividade comercial). Caso a conduta seja realizada por pessoa diversa, tratar-se-á de crime de estelionato (**crime comum**). É a qualidade do sujeito ativo, portanto, o ponto de distinção entre tais delitos. Dependendo da mercadoria comercializada, poderá restar configurado o crime de falsificação, corrupção, adulteração ou alteração de produto destinado a fins terapêuticos ou medicinais, previsto no art. 273, § 1.º, do Código Penal, que atenta contra a saúde pública, não se encaixando entre os crimes contra o patrimônio.

○ **Jurisprudência selecionada:**

Competência: "A acusação por prática de fraude no comércio de veículos pelo sistema de venda programada não tem repercussão no sistema financeiro nacional, não atraindo a competência da Justiça Federal" (STJ: HC 16.463/MS, Rel. Min. Vicente Leal, 6.ª Turma, j. 07.05.2002).

Outras fraudes

> **Art. 176.** Tomar refeição em restaurante, alojar-se em hotel ou utilizar-se de meio de transporte sem dispor de recursos para efetuar o pagamento:
>
> Pena – detenção, de quinze dias a dois meses, ou multa.
>
> Parágrafo único. Somente se procede mediante representação, e o juiz pode, conforme as circunstâncias, deixar de aplicar a pena.

Classificação:	Informações rápidas:
Crime comum	O tipo prevê figuras privilegiadas de estelionato.
Crime material	A ausência de recursos para efetuar o pagamento é
Crime doloso	elementar do tipo penal.
Crime de forma livre	Diferença entre "outras fraudes" e estelionato: está no grau
Crime plurissubsistente (*regra*)	de reprovabilidade da fraude empregada pelo agente.
Crime unissubjetivo (*regra*)	Não admite modalidade culposa. Exige dolo genérico.
Crime instantâneo	Admite tentativa.
	Ação penal: pública condicionada à representação.

○ **Introdução:** Com a rubrica "outras fraudes", o art. 176 do Código Penal contempla, para especial atenuação da pena (facultando até mesmo, em face das circunstâncias, o perdão judicial), certas modalidades de crimes patrimoniais cometidos com o emprego de fraude que apresentam reduzida gravidade. São, na verdade, **figuras privilegiadas de estelionato**, assim tratadas pelo legislador em razão do menor desvalor da conduta e do menor desvalor do resultado. De fato, se não tivesse sido criada esta forma especial de crime contra o patrimônio, a conduta de "tomar refeição em restaurante, alojar-se em hotel ou utilizar-se de meio de transporte sem dispor de recursos para efetuar o pagamento" encontraria adequação típica no art. 171, *caput*, do Código Penal. Caracterizam-se, pois, como modalidades especiais de estelionato de escassa gravidade. Dizem respeito à conduta abusiva de quem, em situação de insolvabilidade, toma refeição em restaurante, obtém pousada em hotel ou se utiliza de meio de transporte. São formas do calote preordenado que a gíria denomina *carona*.[155]

○ **Objeto jurídico:** O patrimônio.

○ **Objeto material:** A pessoa física ou jurídica que presta o serviço de alimentação, hospedagem ou transporte e não recebe o pagamento devido.

○ **Núcleos do tipo:** Os núcleos do tipo são **"tomar"**, **"alojar-se"** e **"utilizar-se"**. **Tomar** tem o sentido de comer, beber, enfim, ingerir alguma substância alimentícia. Diz respeito às refeições em restaurantes. A palavra "restaurante" há de ser interpretada extensivamente, para incluir também os bares e padarias, entre outros estabelecimentos semelhantes. Esta interpretação extensiva é favorável ao réu. **Alojar-se** refere-se ao ato de pousar, de hospedar-se em algum local. O tipo penal refere-se unicamente ao "hotel", mas aqui também a lei deve ser interpretada extensivamente, alcançando os motéis, albergues, pensões etc. **Utilizar-se** significa fazer uso de alguma coisa, isto é, tirar proveito dela, tornando-a útil para determinado fim. Relaciona-se a algum "meio de transporte", que é todo aquele normalmente utilizado para conduzir pessoas de um local para outro, mediante remuneração. É o caso dos táxis, *motoboys*, lotações, ônibus etc. Comete o crime definido em estudo o sujeito que toma refeição em restaurante, aloja-se em hotel ou utiliza-se de meio de transporte sem dispor de recursos suficientes para efetuar o pagamento. A **ausência de recursos** para efetuar o pagamento é elementar do tipo penal. Logo, se a pessoa dispõe de tais recursos, mas recusa-se a efetuar o pagamento por outro motivo qualquer, o fato é penalmente atípico, nada obstante possa ser discutido no juízo civil. A descrição do tipo penal vale-se de uma fórmula alternativa ("tomar refeição", "alojar-se em hotel" ou "utilizar-se de meio de transporte"), sugerindo tratar-se de um tipo misto alternativo, crime de ação múltipla ou de conteúdo variado. Por corolário, se o agente, no mesmo contexto fático, praticasse mais de uma das condutas legalmente previstas, a ele seria imputado um só crime. Este raciocínio não pode prevalecer, pois a realização de várias condutas implica a lesão a diversos patrimônios, todos igualmente tutelados pela lei penal. Devem ser imputados ao sujeito, portanto, todos os crimes a que der causa em concurso material (CP, art. 69). A finalidade do legislador, ao instituir esta forma privilegiada de estelionato, foi tratar de modo mais suave a fraude de pequena monta, e não proporcionar um tratamento extremamente brando àquele que usa e abusa da malícia para satisfazer seu ânimo de lucro.

○ **Fato praticado em estado de necessidade:** Não há crime, por ausência de ilicitude, se o fato típico é realizado em estado de necessidade, nos moldes do art. 24 do Código Penal.

○ **Distinção entre "outras fraudes" e estelionato:** Somente estará configurado o crime nas hipóteses em que não se exige o prévio pagamento do serviço de alimentação, hospedagem

---

[155] HUNGRIA, Nélson. *Comentários ao Código Penal*. 2. ed. Rio de Janeiro: Forense, 1958. v. 7, p. 275-276.

ou transporte a ser prestado. É o que normalmente se verifica nos restaurantes (e estabelecimentos análogos), nos hotéis (e estabelecimentos análogos) e nos veículos de transporte urbano. Esta circunstância revela a menor reprovabilidade da fraude empregada pelo agente. Entretanto, se o sujeito frustra o prévio pagamento (exemplo: usa fraude para pagar o entregador de pizza, e posteriormente a consome) ou utiliza bilhete falso para valer-se de um serviço (exemplo: falsificação de um bilhete de avião), a ele será imputado o crime de estelionato em sua modalidade fundamental (CP, art. 171, *caput*).

○ **Sujeito ativo:** Qualquer pessoa (**crime comum ou geral**).

○ **Sujeito passivo:** É a pessoa física ou jurídica prestadora do serviço de alimentação, hospedagem ou transporte.

○ **Elemento subjetivo:** É o dolo, independentemente de qualquer finalidade específica. Não se admite a modalidade culposa. Estará caracterizado o erro de tipo na hipótese em que sujeito toma refeição, aloja-se em hotel ou utiliza-se de meio de transporte acreditando dispor de recursos suficientes para efetuar o pagamento, quando em verdade não os possui. Nessa hipótese, o fato será atípico, por ausência de dolo.

○ **Consumação:** O crime se consuma no momento em que o agente realiza uma das três condutas previstas no art. 176 do Código Penal, ainda que parcialmente, sendo imprescindível que ele não disponha de recursos para efetuar o pagamento dos serviços de que se utilizou. O crime é **material** ou **causal**: seu aperfeiçoamento reclama, ao menos, a tomada parcial da refeição no restaurante, a ocupação do quarto de hotel por um espaço relevante de tempo, ou a utilização do meio de transporte, por menor que tenha sido o percurso.[156]

○ **Tentativa:** É possível, em face do caráter plurissubsistente do delito.

○ **Perdão judicial:** A lei admite para o crime em análise o instituto do perdão judicial. Trata-se de causa extintiva da punibilidade que somente pode ser reconhecida pelo magistrado nas hipóteses expressamente previstas em lei (CP, art. 107, IX). A sentença que concede o perdão judicial, nos termos da Súmula 18 do STJ, é declaratória da extinção da punibilidade. O Código Penal não estabeleceu os requisitos necessários para a concessão do perdão judicial, limitando-se a dizer que a causa extintiva da punibilidade pode ser reconhecida "conforme as circunstâncias" do caso concreto. Esta fórmula legal ("conforme as circunstâncias") é interpretada pela doutrina como condicionada aos seguintes requisitos: (a) pequeno prejuízo suportado pela vítima; (b) condições favoráveis do agente, que deve ser primário e não ostentar antecedentes criminais, além de apresentar personalidade socialmente ajustada; e (c) o agente, ao tempo do crime, encontrar-se em situação de pobreza, o que não se confunde com o estado de necessidade, excludente da ilicitude e, por corolário, do crime.

○ **Ação penal:** É pública condicionada à representação do ofendido.

○ **Lei 9.099/1995:** Trata-se de **infração penal de menor potencial ofensivo**, de competência do Juizado Especial Criminal e compatível com a composição civil dos danos, com a transação penal e com o rito sumaríssimo, na forma disciplinada pela Lei 9.099/1995.

○ **O tratamento jurídico-penal da pendura:**[157] A famosa "pendura" consiste em uma tradição instituída pelos estudantes de Direito, como forma de comemorar o dia de criação dos cursos

---

[156] Magalhães Noronha, com posição isolada, defendia tratar-se de crime formal.

[157] O nome vem do não pagamento dos serviços prestados pelo restaurante e seus funcionários. Os estudantes se alimentam e "penduram" a conta.

jurídicos no Brasil. No dia 11 de agosto, os universitários dirigem-se a restaurantes, munidos de uma "carta de pendura", também chamada de "comenda", e consomem comidas e bebidas sem efetuar o pagamento devido. Firmou-se o entendimento no sentido de que a pendura não caracteriza o crime tipificado pelo art. 176 do Código Penal, mas mero ilícito civil. Não há fraude penal, pois as pessoas que realizam tal conduta assim agem para preservação de uma antiga crença estudantil, uma vez que em sua ampla maioria possuem condições financeiras para efetuar o pagamento dos serviços prestados. Falta, portanto, a elementar típica "sem dispor de recursos para efetuar o pagamento". Mas é necessário interpretar o art. 176 do Código Penal não com base na década de 1940, data em que foi criado, mas com esteio na realidade atual. Àquela época, poucas eram as faculdades de Direito, e logicamente existiam muito menos universitários. Nos tempos modernos, em pleno século 21, o número dos estudantes de Direito aumentou consideravelmente, e os restaurantes, notadamente os mais procurados, não têm meios para suportar os prejuízos causados por milhares de pessoas ávidas pela pendura. Se não bastasse, em diversas penduras falta diplomacia (o evento não é previamente ajustado entre os estudantes e o representante do restaurante), e o ato usualmente enverada pelos excessos. Além disso, é preciso ficar atento a outro dado alarmante. Muitos estudantes de Direito desvirtuaram a pendura como tradição jurídica, dela se valendo como instrumento de impunidade para o cometimento de abusos inaceitáveis, os quais colocam em risco a saúde econômica de diversos estabelecimentos comerciais. É frequente a notícia de acadêmicos de cursos jurídicos que realizaram falsos casamentos ou se uniram para ingressarem em grandes grupos (até mesmo centenas de pessoas) em um mesmo restaurante. Nessas hipóteses, é visível a fraude, bem como o propósito de lesar o patrimônio alheio, caracterizando o delito em apreço, ou até mesmo o estelionato (CP, art. 171, *caput*), dependendo do grau do meio fraudulento utilizado e do prejuízo patrimonial proporcionado ao ofendido.

Fraudes e abusos na fundação ou administração de sociedade por ações

Art. 177. Promover a fundação de sociedade por ações, fazendo, em prospecto ou em comunicação ao público ou à assembleia, afirmação falsa sobre a constituição da sociedade, ou ocultando fraudulentamente fato a ela relativo:

Pena – reclusão, de um a quatro anos, e multa, se o fato não constitui crime contra a economia popular.

§ 1º Incorrem na mesma pena, se o fato não constitui crime contra a economia popular:

I – o diretor, o gerente ou o fiscal de sociedade por ações, que, em prospecto, relatório, parecer, balanço ou comunicação ao público ou à assembleia, faz afirmação falsa sobre as condições econômicas da sociedade, ou oculta fraudulentamente, no todo ou em parte, fato a elas relativo;

II – o diretor, o gerente ou o fiscal que promove, por qualquer artifício, falsa cotação das ações ou de outros títulos da sociedade;

III – o diretor ou o gerente que toma empréstimo à sociedade ou usa, em proveito próprio ou de terceiro, dos bens ou haveres sociais, sem prévia autorização da assembleia geral;

IV – o diretor ou o gerente que compra ou vende, por conta da sociedade, ações por ela emitidas, salvo quando a lei o permite;

V – o diretor ou o gerente que, como garantia de crédito social, aceita em penhor ou em caução ações da própria sociedade;

VI – o diretor ou o gerente que, na falta de balanço, em desacordo com este, ou mediante balanço falso, distribui lucros ou dividendos fictícios;

VII – o diretor, o gerente ou o fiscal que, por interposta pessoa, ou conluiado com acionista, consegue a aprovação de conta ou parecer;

VIII – o liquidante, nos casos dos ns. I, II, III, IV, V e VII;

IX – o representante da sociedade anônima estrangeira, autorizada a funcionar no País, que pratica os atos mencionados nos ns. I e II, ou dá falsa informação ao Governo.

§ 2º Incorre na pena de detenção, de seis meses a dois anos, e multa, o acionista que, a fim de obter vantagem para si ou para outrem, negocia o voto nas deliberações de assembleia geral.

Classificação:	Informações rápidas:
Crime próprio	Previsão de dois objetos materiais.
Crime material	Não admite modalidade culposa. Exige dolo genérico
Crime doloso	(divergência). Admite tentativa.
Crime de forma livre	**Ação penal:** pública incondicionada.
Crime plurissubsistente *(regra)*	
Crime unissubjetivo *(regra)*	
Crime instantâneo	

○ **Objeto jurídico:** O bem jurídico penalmente protegido é o patrimônio.

○ **Objeto material:** É o prospecto ou a comunicação ao público ou à assembleia, cujo conteúdo compreende a afirmação falsa sobre a constituição da sociedade, ou a ocultação fraudulenta de fato a ela relativo.

○ **Núcleo do tipo:** É **"promover"**, dar impulso, fomentar, causar, gerar, originar. Pratica a conduta descrita no tipo o fundador de uma sociedade por ações que, em prospecto (pequeno impresso no qual se faz propaganda ou divulgação de algo) ou em comunicação (qualquer maneira de transmitir uma mensagem, mediante linguagem falada ou escrita) ao público ou à assembleia, faz afirmação falsa sobre sua constituição, ou ainda, de modo fraudulento, oculta fato a ela relacionado. O delito somente pode ocorrer no momento da **formação** da sociedade anônima ou da sociedade em comandita por ações, eis que são elas as espécies de sociedades por ações.

○ **Sujeito ativo:** Cuida-se de **crime próprio**, praticado unicamente pela pessoa que promove a fundação da sociedade por ações.

○ **Sujeito passivo:** Qualquer pessoa que subscreva ou adquira o capital da sociedade por ações.

○ **Elemento subjetivo:** É o dolo. Não se admite a modalidade culposa.

○ **Consumação:** O crime é **formal, de consumação antecipada ou de resultado cortado**: consuma-se no momento em que o sujeito ativo faz a afirmação falsa ou pratica a ocultação de fatos relacionados à sociedade por ações. É preciso que a afirmação falsa ou ocultação recaia sobre fatos relevantes, apresentando potencialidade lesiva, nada obstante o prejuízo patrimonial seja dispensável à consumação do delito.

○ **Tentativa:** É possível.

○ **Subsidiariedade expressa:** Trata-se de crime expressamente subsidiário. Como se extrai do preceito secundário do art. 177, *caput*, do CP, somente se pode falar em fraudes e abusos na fundação ou administração de sociedade por ações "se o fato não constitui crime contra a economia popular". Os crimes contra a economia popular estão previstos na Lei 1.521/1951.

○ **Ação penal:** É pública incondicionada.

○ **Lei 9.099/1995:** Trata-se de **crime de médio potencial ofensivo** (pena mínima igual ou inferior a um ano), compatível com a suspensão condicional do processo, desde que presentes os requisitos exigidos pelo art. 89 da Lei 9.099/1995.

○ **Figuras equiparadas (art. 177, § 1.º):** Referem-se às fraudes e abusos na **administração** de sociedades por ações. Classificam-se como **crimes próprios**, pois somente podem ser cometidos pelo diretor, gerente ou diretor de sociedade por ações, ou ainda pelo liquidante ou pelo representante da sociedade anônima estrangeira, autorizada a funcionar no Brasil. São, assim como no *caput*, crimes **expressamente subsidiários** – somente serão imputados a quem os pratica quando não constituem crimes contra a economia popular, na forma estatuída pela Lei 1.521/1951. As figuras equiparadas são as seguintes:

– **Inciso I – fraude sobre as condições econômicas da sociedade**: A fraude ocorre durante a administração da sociedade. O objeto material é mais amplo do que no *caput*, pois a afirmação falsa pode ser feita tanto em prospecto ou comunicação ao público ou à assembleia quanto em relatório, parecer ou balanço. É **crime próprio** – somente o diretor, gerente ou fiscal da sociedade pode cometê-lo.

– **Inciso II – Falsa cotação de ações ou títulos da sociedade**: Caracteriza-se o crime quando o sujeito ativo (diretor, gerente ou fiscal), ardilosamente, altera o verdadeiro valor das ações ou de outros títulos da sociedade, ou seja, consuma-se no instante em que promove a sua falsa cotação. Trata-se de **crime próprio, formal**, e o objeto material consiste nas ações ou outros títulos da sociedade.

– **Inciso III – Empréstimo ou uso indevido de bens ou haveres da sociedade**: O principal fundamento para que a lei puna a conduta do diretor ou gerente (**crime próprio**) que, em proveito próprio ou de terceiro, toma empréstimo à sociedade ou usa dos bens ou haveres sociais, sem prévia autorização da assembleia geral, consiste no fato de a sociedade empresária possuir patrimônio distinto do patrimônio de seus sócios. Para que o crime se consume é imprescindível a ausência da aludida autorização. Sua consumação, além do dolo, exige a **finalidade específica** de agir representada pela expressão "em proveito próprio ou de terceiro".

– **Inciso IV – Compra e venda de ações emitidas pela sociedade**: A lei busca evitar que haja manipulação do mercado e a atividade altamente especulativa. A norma criminaliza conduta já proibida na Lei 6.404/1976. O art. 30, *caput*, do referido diploma legal preconiza que "a companhia não poderá negociar com as próprias ações". Entretanto, em seu § 1.º, traz algumas ressalvas, em que se permite a transação.

– **Inciso V – Penhor ou caução de ações da sociedade**: Pune-se a conduta do diretor ou gerente da sociedade por ações (**crime próprio**) que, como garantia de crédito social, aceita em penhor ou em caução ações da própria sociedade. É um desdobramento do art. 30, § 3.º, da Lei 6.404/1976. Nas palavras de Fernando Capez, trata-se de hipótese em que a sociedade tem um crédito em que figura como devedor o seu acionista ou terceiro, e estes oferecem ações da própria sociedade credora como garantia; destarte, veda-se a situação em que a sociedade figure, simultaneamente, como credora e fiadora.[158]

– Inciso VI – Distribuição de lucros ou dividendos fictícios: A norma penal em questão visa evitar que o diretor ou gerente da sociedade (**crime próprio**) distribua lucros ou dividendos fictícios, que não condizem com a realidade dos lucros obtidos pela sociedade. Pode ocorrer em três hipóteses: (a) quando em desacordo com o balanço realizado; (b) mediante a falsificação do balanço; ou (c) pela não realização de balanço. É possível que haja concurso material com o crime de falsidade material ou ideológica na hipótese de o diretor ou gerente, intencionalmente, falsificar o balanço social. No entanto, não haverá crime quando o balanço não corresponder com a realidade por erro de avaliação ou de contabilidade.

– Inciso VII – Conluio para aprovação de contas ou parecer: Ensina Ney Moura Teles que a conduta consiste "na obtenção de aprovação de conta ou parecer. As contas dos administradores, os pareceres do Conselho Fiscal e outros, de auditores independentes, são submetidos à aprovação da assembleia da companhia, não tendo os agentes o direito a voto, razão por que a norma refere-se a conluio com acionista ou interposta pessoa, que atua em concurso com o administrador".[159]

– Inciso VIII – Crimes do liquidante: Com a dissolução da sociedade, surge a figura do liquidante, cujo dever, entre outros, consiste em "ultimar os negócios da companhia, realizar o ativo, pagar o passivo, e partilhar o remanescente entre os acionistas" (art. 210, IV, da Lei 6.404/1976). Em razão de tal responsabilidade, punem-se, igualmente, as condutas delituosas do liquidante, no concernente aos incisos I, II, III, IV, V e VII do § 1.º do artigo em estudo. Conforme leciona Rogério Greco, "cuida-se, *in casu*, do chamado *tipo penal primariamente remetido*, no qual o intérprete, para que possa compreender e aplicar o tipo penal em questão, deverá, obrigatoriamente, deslocar-se para as demais figuras típicas por ele indicadas".[160]

– Inciso IX – Crimes do representante de sociedade anônima estrangeira: Pune a conduta do representante da companhia estrangeira, autorizada a funcionar no País, que faz afirmação falsa sobre as condições econômicas da sociedade, ou oculta fraudulentamente fato a elas relativo (inciso I); ou, ainda, que, por qualquer artifício, promove falsa cotação das ações ou de outros títulos da sociedade (inciso II); ou que, por fim, dá falsa informação ao Governo.

○ **Crime de negociação ilícita de voto (art. 177, § 2.º)**: Trata-se de **infração penal de menor potencial ofensivo**, de competência do Juizado Especial Criminal, compatível com a transação penal e com o rito sumaríssimo, na forma determinada pela Lei 9.099/1995. Não foi revogado pela Lei 6.404/1976 – Lei das Sociedades por Ações que, em seu art. 115, § 3.º, disciplina o abuso do direito de votar, e seu art. 118 admite expressamente o "acordo de acionistas", pois tais medidas possuem conotação civil e são insuscetíveis de revogar uma lei penal. A responsabilidade civil do acionista não exclui sua responsabilidade penal (art. 177, § 2.º, do CP).

○ **Extinção da punibilidade:** A extinção da punibilidade dos crimes previstos no art. 177 do Código Penal, em todas as suas modalidades, no tocante às questões contábeis, fiscais e cambiais, é disciplinada pelo Decreto-lei 697/1969.

Emissão irregular de conhecimento de depósito ou "warrant"

Art. 178. Emitir conhecimento de depósito ou *warrant*, em desacordo com disposição legal:

Pena – reclusão, de um a quatro anos, e multa.

---

[158] CAPEZ, Fernando. *Curso de direito penal*. 8. ed. São Paulo: Saraiva, 2008. v. 2, p. 583.
[159] TELES, Ney Moura. *Direito penal*: parte especial. 2. ed. São Paulo: Atlas, 2006. v. 2, p. 449.
[160] GRECO, Rogério. *Código Penal comentado*. 2. ed. Niterói: Impetus, 2009. p. 495.

Classificação:	Informações rápidas:
Crime próprio Crime formal Crime doloso Crime de forma livre Crime unissubsistente Crime unissubjetivo (regra) Crime instantâneo	**Lei penal em branco:** preceito primário – deve ser complementado pelo Decreto 1.102/1903; preceito secundário – está no art. 178 do CP. Não admite modalidade culposa. Exige dolo genérico (divergência). Não admite tentativa (crime unissubsistente). **Ação penal:** pública incondicionada.

○ **Objeto jurídico:** A lei penal protege o patrimônio.

○ **Objeto material:** É o conhecimento de depósito ou o *warrant* emitido em desacordo com disposição legal. Conhecimento de depósito e *warrant* são títulos de crédito emitidos por armazeneiros representativos tanto das mercadorias depositadas em um armazém-geral como das obrigações assumidas por este em razão do contrato de depósito.[161] **Conhecimento de depósito** é o título de crédito que representa as mercadorias depositadas no armazém-geral, servindo como prova de sua guarda e conservação. Confere ao seu portador o poder de disponibilidade no tocante às mercadorias. **Warrant** é o título de crédito emitido em conjunto com o conhecimento de depósito, e tem por objetivo eventuais operações de crédito cuja garantia seja o penhor sobre as mercadorias depositadas no armazém-geral. O crime de emissão irregular de conhecimento de depósito ou *warrant* está concretizado em uma **norma penal em branco**. O preceito primário da lei penal é incompleto. Há necessidade de utilização de um complemento para a integralização da conduta criminosa, contido no Decreto 1.102/1903, cuja missão é a de instituir regras para o estabelecimento de empresas de armazéns gerais, determinando seus direitos e obrigações. A análise do seu art. 15 permite saber se referidos títulos armazeneiros foram regularmente emitidos, pois, em caso contrário, poderá caracterizar-se o crime definido pelo art. 178 do Código Penal.

○ **Núcleo do tipo:** O núcleo do tipo é **emitir**, ou seja, expedir, colocar em circulação. Configura-se o crime em apreço quando o conhecimento de depósito ou o *warrant* é colocado em circulação em desacordo com disposição legal, leia-se, quando violar as regras delineadas pelo Decreto 1.102/1903.

○ **Sujeito ativo:** Trata-se de **crime próprio** – somente pode ser cometido por quem tem legitimidade para emitir o conhecimento de depósito ou o *warrant*, e o faz em desacordo com disposição legal. Na maioria dos casos, o responsável pelo delito é o próprio depositário da mercadoria.

○ **Sujeito passivo:** É o portador ou endossatário do conhecimento de depósito ou *warrant*, que desconhece a irregularidade na emissão do título, e por este motivo fica vulnerável à lesão patrimonial.

○ **Elemento subjetivo:** É o dolo, independentemente de qualquer finalidade específica. Não se admite a modalidade culposa.

○ **Consumação:** O crime é **formal, de consumação antecipada ou de resultado cortado**: consuma-se com a simples emissão do conhecimento de depósito ou *warrant*, em desconformidade com disposição legal. Prescinde-se do prejuízo patrimonial à vítima. Ocorrendo o prejuízo o delito atingirá o exaurimento, o qual deverá ser levado em consideração pelo julgador na dosimetria da pena-base (art. 59, *caput*, do CP).

---

161 COELHO, Fábio Ulhoa. *Curso de direito comercial.* 3. ed. São Paulo: Saraiva, 2002. v. 3, p. 160.

○ **Tentativa:** Não é possível.

○ **Ação penal:** É pública incondicionada.

○ **Lei 9.099/1995:** Trata-se de **crime de médio potencial ofensivo**, compatível com a suspensão condicional do processo, desde que presentes os requisitos exigidos pelo art. 89 da Lei 9.099/1995.

Fraude à execução

Art. 179. Fraudar execução, alienando, desviando, destruindo ou danificando bens, ou simulando dívidas:

Pena – detenção, de seis meses a dois anos, ou multa.

Parágrafo único. Somente se procede mediante queixa.

Classificação:	Informações rápidas:
Crime próprio	Previsão de dois objetos materiais.
Crime material	Não admite modalidade culposa. Exige dolo genérico
Crime doloso	(divergência).
Crime de forma livre	Admite tentativa.
Crime plurissubsistente *(regra)*	**Ação penal:** *privada (regra)*. Exceção: a ação penal será
Crime unissubjetivo *(regra)*	*pública incondicionada* na hipótese de delito praticado em
Crime instantâneo	detrimento do patrimônio ou interesse da União, Estado ou
	Município (CPP, art. 24, § 2.º).

○ **Objeto jurídico:** O bem jurídico tutelado pela lei penal é o patrimônio.

○ **Objeto material:** O dispositivo contempla dois objetos materiais: o bem (ou bens) alienado, desviado, destruído ou danificado, com a finalidade de fraudar a execução, bem como a própria ação de execução.

○ **Núcleo do tipo:** O núcleo do tipo é **"fraudar"**, no sentido de enganar ou iludir, com o objetivo de lesar o patrimônio alheio. Não se trata de uma fraude qualquer, mas da **fraude à execução**, que ocorre quando o agente aliena, desvia, destrói ou danifica bens, ou simula dívidas. O executado (devedor) realiza uma das condutas mencionadas, com a finalidade de esvaziar seu patrimônio em prejuízo do exequente (credor). Executar é satisfazer uma pretensão devida. A execução pode ser espontânea (quando o devedor cumpre voluntariamente com a prestação a ele cabível), ou forçada (o cumprimento da prestação é obtido por meio da prática de atos executivos pelo Estado).[162] A execução forçada é a que interessa ao crime patrimonial em estudo. A razão de existir do crime de fraude à execução é de fácil compreensão. Ao credor assiste um direito, consubstanciado em um título executivo. O devedor, que já descumpriu sua obrigação, age no sentido de burlar a satisfação do crédito alheio, fugindo do seu débito, mesmo depois de instado a fazê-lo pelo Poder Judiciário, revelando seu destemor e sua incredulidade perante a força do Estado. Desta forma, o responsável pelo delito, além de afrontar a atuação jurisdicional, fulmina a utilidade da execução, pois sua missão é proporcionar algo de útil ao credor.[163] Exige-se o prévio ajuizamento de processo de execução, que esteja em trâmite. É imprescindível que a manobra fraudulenta coloque o executado no **estado de insolvência**.

---

[162] DIDIER JR., Fredie; CUNHA, Leonardo José Carneiro da; BRAGA, Paula Sarno; OLIVEIRA, Rafael. *Curso de direito processual civil*. Execução. Salvador: Juspodivm, 2009. v. 5, p. 28.

[163] THEODORO JÚNIOR, Humberto. *Curso de processo civil*. 41. ed. Rio de Janeiro: Forense, 2007. v. 2, p. 136.

○ **Sujeito ativo:** O executado (devedor). Trata-se de **crime próprio** ou **especial.**

○ **Sujeito passivo:** É o exequente (credor).

○ **Elemento subjetivo:** É o dolo, sem qualquer finalidade específica. Não se admite a modalidade culposa.

○ **Consumação:** O crime é **material ou causal**, consumando-se quando o executado, com o intuito de frustrar o êxito da ação executiva, aliena, desvia, destrói ou danifica bens, ou simula dívidas, tornando-se insolvente. O Superior Tribunal de Justiça, visando proteger o devedor, editou a Súmula 375: "O reconhecimento da fraude à execução depende do registro da penhora do bem alienado ou da prova de má-fé do terceiro adquirente". Esta súmula, criada no campo do Direito Civil, evidentemente produz efeitos no terreno da consumação do crime de fraude à execução.

○ **Tentativa:** É possível.

○ **Ação penal:** A ação penal é **privada**, mas será pública incondicionada na hipótese de delito praticado em detrimento do patrimônio ou interesse da União, Estado ou Município (CPP, art. 24, § 2.º).

○ **Lei 9.099/1995:** Trata-se de **infração penal de menor potencial ofensivo**, de competência do Juizado Especial Criminal e compatível com a composição dos danos civis e com o rito sumaríssimo, na forma prevista na Lei 9.099/1995.

○ **Jurisprudência selecionada:**

    Caracterização do delito: "1. Revela-se como atípica e, portanto, imune à sanção penal, a conduta do devedor que aliena parte de seu patrimônio, após citado para pagamento, em ação de execução, ou oferecimento de bens à penhora, se resta comprovado não haver seu patrimônio sofrido qualquer abalo em decorrência do ato, sendo – ainda – sintomática a aquisição com o valor recebido de imóvel de preço superior. 2. Delito do art. 179 do Código Penal não configurado" (STJ: HC 15.317/SP, Rel. Min. Fontes de Alencar, 6.ª Turma, j. 11.09.2001).

Capítulo VII –
DA RECEPTAÇÃO

Receptação

> **Art. 180.** Adquirir, receber, transportar, conduzir ou ocultar, em proveito próprio ou alheio, coisa que sabe ser produto de crime, ou influir para que terceiro, de boa-fé, a adquira, receba ou oculte:
>
> Pena – reclusão, de um a quatro anos, e multa.

Receptação qualificada

> § 1º Adquirir, receber, transportar, conduzir, ocultar, ter em depósito, desmontar, montar, remontar, vender, expor à venda, ou de qualquer forma utilizar, em proveito próprio ou alheio, no exercício de atividade comercial ou industrial, coisa que deve saber ser produto de crime:
>
> Pena – reclusão, de três a oito anos, e multa.

§ 2º Equipara-se à atividade comercial, para efeito do parágrafo anterior, qualquer forma de comércio irregular ou clandestino, inclusive o exercício em residência.

§ 3º Adquirir ou receber coisa que, por sua natureza ou pela desproporção entre o valor e o preço, ou pela condição de quem a oferece, deve presumir-se obtida por meio criminoso:

Pena – detenção, de um mês a um ano, ou multa, ou ambas as penas.

§ 4º A receptação é punível, ainda que desconhecido ou isento de pena o autor do crime de que proveio a coisa.

§ 5º Na hipótese do § 3º, se o criminoso é primário, pode o juiz, tendo em consideração as circunstâncias, deixar de aplicar a pena. Na receptação dolosa aplica-se o disposto no § 2º do art. 155.

§ 6º Tratando-se de bens do patrimônio da União, de Estado, do Distrito Federal, de Município ou de autarquia, fundação pública, empresa pública, sociedade de economia mista ou empresa concessionária de serviços públicos, aplica-se em dobro a pena prevista no *caput* deste artigo.

Classificação:	Informações rápidas:
Crime comum Crime de forma livre Crime material Crime instantâneo (nas condutas "adquirir" e "receber') ou permanente (nos núcleos "transportar", "conduzir' e "ocultar") Crime plurissubsistente *(regra)* Crime de dano Crime unissubjetivo *(regra)*	**Receptação**: crime acessório, de fusão ou parasitário (reclama a prática de um crime anterior, independente do conhecimento da autoria ou de punição – *autonomia da receptação* – vide exceções). Contravenção penal anterior não caracteriza o crime do art. 180 do CP. A extinção da punibilidade do crime anterior não impede a caracterização da receptação e a punição do seu responsável. O crime anterior não precisa ser contra o patrimônio (ex.: peculato). **Receptação de receptação:** é possível ("produto de crime"). **Receptação própria:** exige dolo direto e específico; crime material; admite tentativa. **Receptação imprópria:** exige dolo direto e específico; crime formal; compatível com a tentativa (quando plurissubsistente). **Privilégio:** direito subjetivo do réu, aplicável apenas à receptação dolosa. Requisitos: primariedade do agente + coisa receptada de pequeno valor. **Receptação culposa:** tipo penal fechado (hipóteses previstas no tipo – dispensam valoração do juiz). **Ação penal:** pública incondicionada.

○ **Introdução:** A receptação pode ser dolosa ou culposa.[164] A **receptação dolosa** divide-se em: (a) **simples (própria** ou **imprópria)**, (b) **qualificada pelo exercício de atividade comercial ou industrial** (§ 1.º), (c) **privilegiada** (§ 5.º, parte final) e (d) **majorada (ou qualificada) pela natureza do objeto material** (§ 6.º). Em relação à **receptação qualificada pelo exercício de atividade comercial ou industrial**, o § 2.º do art. 180 contempla uma **norma penal explicativa ou complementar**. A **receptação culposa**, delineada no art. 180, § 3.º, do Código Penal, é compatível com a regra contida no § 5.º, 1.ª parte, do mesmo dispositivo legal, inerente ao **perdão judicial**. O § 4.º do art. 180 do Código Penal contém uma **norma penal explicativa ou complementar** atinente à autonomia do crime de receptação (dolosa ou culposa).

---

[164] O art. 180-A do Código Penal, criado pela Lei 13.330/2016, contempla a receptação de animal, crime exclusivamente doloso.

○ **Notas comuns:** São pontos comuns a *todas as espécies de receptação* a objetividade jurídica (**o patrimônio**) e a ação penal, que sempre será **pública incondicionada**.

○ **Receptação própria (art. 180, *caput*, 1.ª parte)**

– **Introdução:** A receptação é **crime acessório, de fusão ou parasitário**, pois não tem existência autônoma, reclamando a prática de um delito anterior. A palavra "crime" deve ser interpretada restritivamente – se a coisa é produto de contravenção penal, não se caracteriza o delito em análise. É imprescindível a comprovação da natureza criminosa do bem. Esta é, portanto, a diligência primordial a ser realizada pela autoridade policial no bojo do inquérito policial (CPP, art. 6.º, inc. III). Sem ela, o procedimento investigatório estará incompleto, e não será suficiente a embasar a atividade do Ministério Público quanto ao oferecimento da denúncia. Não há necessidade de prévio ajuizamento de ação penal nem de condenação pela prática do crime anterior.

– **Autonomia da receptação:** A receptação, embora classificada como crime acessório, pois pressupõe a prática de um crime anterior, não reclama o conhecimento do autor deste último, nem a possibilidade de ser ele efetivamente punido. Há, portanto, independência entre a receptação e o crime anterior. Esta independência é **relativa**, pois é indispensável que se comprove a **existência material do crime** de que proveio a coisa que se diz receptada.[165]

– **Norma penal explicativa (art. 180, § 4.º):** A autonomia da receptação, apresentada pelo art. 180, § 4.º, do Código Penal, divide-se em dois diferentes aspectos: **(1.º) a receptação é punível ainda que desconhecido o autor do crime antecedente.** Se forem identificados tanto o receptador como o autor do crime anterior, os crimes por eles praticados serão tidos como conexos (art. 76, III, CPP) e, sempre que possível, importarão em unidade de processo e julgamento. Na hipótese de o autor do crime antecedente ter sido identificado e processado, a absolvição ou condenação do receptador depende do fundamento utilizado pelo magistrado para absolver o responsável pelo crime anterior. Se tal fundamento for incompatível com a receptação, o receptador deverá ser absolvido; em caso contrário, o receptador poderá ser condenado; **(2.º) o receptador pode ser punido ainda que isento de pena o autor do crime de que proveio a coisa.** É o que se dá nas causas de exclusão da culpabilidade, também conhecidas como dirimentes, e nas escusas absolutórias.

– **Receptação e extinção da punibilidade do crime anterior:** A declaração da extinção da punibilidade do crime anterior, qualquer que seja a sua causa, não impede a caracterização do crime e a punição do seu responsável. Cuida-se, uma vez mais, de manifestação da autonomia da receptação. O crime antecedente existiu, e isso, por si só, enseja a possibilidade de reconhecimento do crime acessório e a imposição de pena a quem nele se envolveu (art. 108, 1.ª parte, CP). Com efeito, a declaração da extinção da punibilidade relativamente ao crime antecedente impede a configuração da receptação e, consequentemente, a punição do seu responsável, quando fundada na anistia (CP, art. 107, inc. II, 1.ª figura) e na *abolitio criminis* (CP, art. 107, inc. III). Anistia e *abolitio criminis* são causas extintivas da punibilidade veiculadas por lei. Naquela, uma lei ordinária com efeitos retroativos exclui um ou mais fatos criminosos do campo de incidência do Direito Penal; nesta, a nova lei exclui do âmbito do Direito Penal um fato até então considerado criminoso. Logo, se o crime é instituído por uma lei, outra lei de igual natureza faz com que ele desapareça, nada obstante o Código Penal, em seu art. 107, fale em extinção da punibilidade. E, se o crime anterior deixa de existir, não subsiste a receptação, uma vez que a partir de então a coisa não pode mais ser considerada produto de crime.

– **Natureza jurídica:** A receptação integra a relação dos crimes contra o patrimônio (Título II da Parte Especial do CP). Mas o crime anterior, nada obstante normalmente também seja patrimonial, não precisa ser de igual natureza – qualquer crime compatível com a posterior receptação pode funcionar como seu pressuposto. O art. 180 do Código Penal não faz exigência alguma. Existe receptação mesmo que o crime anterior seja de ação penal exclusivamente privada e não tenha sido ajuizada queixa-crime, ou de ação penal pública condicionada e a vítima não tenha oferecido representação. Nesses casos o Ministério Público terá que provar, incidentalmente, a

---

[165]   BITENCOURT, Cezar Roberto. *Tratado de direito penal.* Parte especial. 4. ed. São Paulo: Saraiva, 2008. v. 3, p. 334.

existência do crime anterior, e somente poderá haver condenação pela receptação, e nunca pelo delito anterior. A pena cominada à receptação independe da pena atribuída ao crime anterior, situação que gera críticas doutrinárias, pois não se contesta que sua prática fomenta o cometimento de vários outros delitos, inclusive de mais elevada gravidade (roubos, latrocínios etc.). Destarte, seria mais adequado se a receptação apresentasse a mesma pena do crime antecedente, mas o legislador pátrio optou por caminho diverso.

– Receptação de receptação (receptação em cadeia): É possível. Respondem pelo crime acessório todos os sujeitos que, nas sucessivas negociações envolvendo o mesmo objeto material, tenham conhecimento da sua origem criminosa. Em outras palavras, é responsável pela receptação todo aquele que, ciente da procedência ilícita do bem, pratica uma das condutas típicas indicadas no art. 180, *caput*, do Código Penal, ainda que a pessoa que lhe transferiu a coisa ignorasse tal circunstância.

– Objeto material: É a **"coisa produto de crime"**. Em relação à coisa, permanecem válidas as ponderações efetuadas em relação ao objeto material do crime de furto (art. 155 do CP). Apesar de a palavra **"alheia"** não ter sido indicada expressamente pelo tipo penal, tal condição funciona como **elementar implícita** do crime de receptação. Quanto à possibilidade de o bem **imóvel** figurar como objeto material da receptação, o tema não é pacífico. Para Heleno Cláudio Fragoso, a coisa imóvel pode ser objeto material de receptação, sob o argumento de que a palavra "coisa" empregada pela lei tanto pode ser aplicada aos móveis como aos imóveis, pois na receptação a lei não distingue, como faz no furto e no roubo, sobre a natureza da coisa.[166] De outro lado, Nélson Hungria posicionava-se pela impossibilidade de a coisa imóvel servir de objeto material do crime em estudo.[167] As últimas decisões do STF sobre o tema são no sentido de que somente as coisas móveis ou mobilizadas podem ser objeto de receptação. A coisa precisa ser **"produto de crime"**, assim compreendida aquela obtida imediata ou mediatamente pelo responsável pelo delito anterior em razão da sua conduta criminosa. O fato de o produto do crime anterior ter sido alterado em sua individualidade ou substituído por coisa de natureza diversa não afasta a receptação, pois o tipo penal fala indistintamente em "produto de crime". Não ingressam neste conceito o "preço do crime" nem o instrumento do crime – não cabe a imputação do crime em estudo à pessoa que oculta o instrumento ou o preço do crime para auxiliar seu autor a subtrair-se da ação de autoridade pública. Nessa hipótese, o crime configurado será o de favorecimento pessoal (CP, art. 348). É importante destacar que há hipóteses nas quais, embora a coisa seja produto de crime, quem a adquire, recebe, transporta, conduz ou oculta não comete receptação, e sim delito diverso. É o que se dá, exemplificativamente, em relação ao objeto material **moeda falsa, que caracteriza o crime específico previsto no art. 289, § 1.º, do Código Penal, bem como no tocante aos objetos materiais maquinismo, aparelho, instrumento ou objeto especialmente destinado à falsificação e/ou alteração de sinal identificador de veículo e veículo automotor, elétrico, híbrido, de reboque, semirreboque ou suas combinações ou partes, com número de chassi ou monobloco, placa de identificação ou qualquer sinal identificador veicular que devesse saber estar adulterado ou remarcado,** os quais resultam na tipificação dos delitos especiais catalogados no art. 311, § 2.º, II e III, do Código Penal.

– Receptação e natureza do objeto material (art. 180, § 6.º): Existem duas posições acerca da natureza jurídica deste instituto: (a) Cuida-se de **causa de aumento da pena**, pois há previsão de majoração da reprimenda em quantidade fixa; e (b) O dispositivo contém uma autêntica **qualificadora**, uma vez que a pena de reclusão passa a ser de 2 (dois) a 8 (oito) anos, sem prejuízo da multa. De qualquer modo, a elevação da pena alcança somente a **receptação simples, própria ou imprópria**, por expressa imposição legal. Não basta ao agente o dolo sobre a origem criminosa do bem receptado – é imprescindível o conhecimento (dolo) acerca da lesão provocada ao patrimônio da União, Estado, Distrito Federal, Município, autarquia, fundação pública, empresa pública, sociedade de economia mista ou empresa concessionária de serviços públicos. Ausente

---

[166] FRAGOSO, Heleno Cláudio. *Lições de direito penal.* São Paulo: José Bushatsky, 1958. v. 2, p. 329.

[167] HUNGRIA, Nélson. *Comentários ao Código Penal.* 2. ed. Rio de Janeiro: Forense, 1958. v. 7, p. 304.

este dolo estará caracterizado o erro de tipo (CP, art. 20, *caput*), com o consequente afastamento do § 6.º do art. 180 do Código Penal, para evitar a responsabilidade penal objetiva.

– **Núcleos do tipo: Adquirir** é a obtenção da **propriedade**, a título oneroso (exemplo: compra e venda, permuta etc.) ou gratuito (exemplo: doação). Há receptação quando a coisa é transmitida em razão de sucessão *causa mortis*, desde que o herdeiro saiba que se trata de produto de crime. Não importa, na aquisição onerosa, que o preço pago seja irrisório ou justo. Pode ocorrer a receptação quando a aquisição se deu pelo valor normal da coisa, desde que o agente conheça sua origem criminosa. O justo preço pago por uma coisa, visando tão somente o ganho inerente ao negócio, não afasta a ideia de proveito. **Receber** significa ingressar na **posse** do bem. **Transportar** consiste em levar um objeto de um local para outro. **Conduzir** diz respeito à situação em que alguém **dirige** um veículo, automotor ou não, para levá-lo a algum outro local. **Ocultar** equivale a esconder o objeto material, colocando-o em local no qual não possa ser encontrado por terceiros. Não se deve confundir a receptação nesta última modalidade – "ocultar coisa que sabe ser produto de crime" – com o crime de favorecimento real (art. 349 do CP).

– **Tipo misto alternativo**: A receptação própria está prevista em um **tipo misto alternativo** (crime de ação múltipla ou de conteúdo variado). Assim sendo, o sujeito responderá por apenas um crime se realizar dois ou mais núcleos do tipo, no mesmo contexto fático, envolvendo um só objeto material.

– **Unidade ou pluralidade de crimes**: A receptação de várias coisas, provenientes de um só ou de vários crimes, realizada em um só contexto de ação, é crime naturalmente único. Mas, se vários os bens, malgrado provenientes de um mesmo crime, são receptados mediante ações separadas no tempo, o sujeito responderá por várias receptações, em concurso material (CP, art. 69) ou em continuidade delitiva, se presentes os requisitos legalmente exigidos (CP, art. 71).

– **Sujeito ativo:** Pode ser qualquer pessoa (**crime comum**), com exceção do autor, coautor ou partícipe do crime antecedente, que somente respondem por tal delito, e não pela receptação.

– **Advogados**: A Lei 8.906/1994 – Estatuto da OAB – não criou qualquer imunidade para os advogados em relação ao crime de receptação – comete o delito o patrono que recebe dinheiro ou qualquer outro bem proveniente da prática de um crime, ciente desta origem, como pagamento de honorários por serviços prestados a alguém.

– **Sujeito passivo:** É a **mesma vítima do crime antecedente**, novamente prejudicada em seu patrimônio. A receptação não faz surgir uma nova vítima no tocante ao crime anterior. Com efeito, com a transferência da coisa a outrem, o ofendido fica cada vez mais distante da sua esfera de vigilância e livre disponibilidade.

– **Elemento subjetivo:** A receptação própria exige o **dolo direto**. Não há espaço para o dolo eventual, pois o agente realiza a conduta no tocante à coisa que **sabe** ser produto de crime – é imprescindível a certeza do agente em relação à origem criminosa do bem. Se o sujeito limita-se a desconfiar da origem criminosa da coisa, sem ter certeza sobre tal circunstância, e mesmo na dúvida a adquire, recebe, transporta, conduz ou oculta, a ele deverá ser imputado o delito de receptação culposa (CP, art. 180, § 3.º). A receptação própria reclama um especial fim de agir (**elemento subjetivo específico**), consubstanciado na expressão "em proveito próprio ou alheio". O receptador busca uma vantagem patrimonial, para si ou para terceiro.

– **Receptação própria e dolo subsequente:** A maioria da doutrina não admite a caracterização da receptação com dolo subsequente, isto é, aquele que surge após a prática da conduta penalmente descrita. Há necessidade de presença do dolo quanto à origem criminosa da coisa desde o momento em que ela é adquirida, recebida, transportada, conduzida ou ocultada, embora, nessa última hipótese, seja mais difícil falar na ausência de má-fé, pois normalmente quem oculta um bem o faz sabendo que há algo errado a ser escondido de terceiros. O dolo deve ser antecedente (anterior à realização da conduta) ou concomitante (simultâneo à realização da conduta). Nélson Hungria defende a concretização da receptação em qualquer caso (dolo antecedente, concomitante ou subsequente), pois não há distinguir – porque a lei não permite – entre ciência contemporânea e ciência posterior acerca da origem criminosa da coisa.[168]

---

168 HUNGRIA, Nélson. *Comentários ao Código Penal*. 2. ed. Rio de Janeiro: Forense, 1958. v. 7, p. 307.

– **Receptação própria e favorecimento real:** O art. 349 do Código Penal esclarece que só existe favorecimento real quando o fato não configura crime de receptação. São duas as diferenças entre tais delitos: a receptação é crime contra o patrimônio e o favorecimento real é crime contra a Administração da Justiça; na receptação está presente o fim de lucro (*animus lucrandi*), enquanto no favorecimento real a conduta é realizada pelo agente sem finalidade lucrativa para si ou para terceiro, pois ele busca unicamente auxiliar o autor do crime anterior a tornar seguro o proveito do crime.

– **Consumação:** A receptação própria é **crime material ou causal**: consuma-se no instante em que o sujeito adquire, recebe, transporta, conduz ou oculta a coisa produto de crime. Nas três últimas modalidades o crime é permanente: a consumação prolonga-se no tempo, por vontade do agente, enquanto a coisa é transportada, conduzida ou ocultada. Nas formas "adquirir" e "receber" a receptação própria é crime instantâneo, aperfeiçoando-se em um momento determinado, sem continuidade no tempo.

– **Tentativa:** É possível, em qualquer das formas da receptação própria.

– **Lei 9.099/1995:** Trata-se de **crime de médio potencial ofensivo**, compatível com a suspensão condicional do processo, desde que presentes todos os requisitos exigidos pelo art. 89 da Lei 9.099/1995. O benefício processual não poderá ser aplicado aos crimes previstos no art. 180, §§ 1.º e 6.º, do Código Penal.

○ **Receptação imprópria (art. 180, *caput*, parte final):** A receptação imprópria é espécie da **receptação simples**, constituída pela simbiose da conduta consistente em **influir** (influenciar, convencer alguém a fazer algo) alguém, de boa-fé, a adquirir, receber ou ocultar coisa produto de crime. Incrimina-se a conduta daquele que atua como **intermediário** no negócio espúrio. O autor da receptação imprópria não pode ter envolvimento algum com o crime antecedente (não pode ter sido seu autor, coautor ou partícipe). É fundamental que o terceiro que adquire, recebe ou oculta a coisa, esteja de boa-fé (elementar do tipo penal). Se ele agir de má-fé, responde também como receptador, na forma do art. 180, *caput*, 1.ª parte, do CP, e quem o influenciou será partícipe deste delito. Há crime único quando o sujeito influencia terceiro de boa-fé a adquirir, receber e ocultar coisa que sabe tratar-se de produto de crime. Mas, se o agente realizar, separadamente, condutas distintas, inerentes à receptação própria e à receptação imprópria, responderá pelos dois crimes. A receptação imprópria é **crime formal, de consumação antecipada ou de resultado cortado**. Consuma-se com a prática de atos idôneos de mediação para o terceiro de boa-fé adquirir, receber ou ocultar coisa produto de crime. Não comporta tentativa, pois ou o ato de mediação é idôneo, e o crime se consuma, ou não o é, acarretando a atipicidade do fato (entendimento dominante em sede doutrinária). Para nós, a receptação imprópria é **crime formal**, mas **compatível com a tentativa**. Cuida-se, em regra, de crime unissubsistente, mas que na prática pode revelar-se plurissubsistente, razão pela qual a possibilidade da tentativa depende de avaliação no caso concreto.

○ **Receptação qualificada pelo exercício de atividade comercial ou industrial (art. 180, § 1.º):**

– **Introdução:** Fundamenta-se a elevação da pena no § 1.º pelo fato de o sujeito praticar o crime no exercício de atividade comercial ou industrial, acentuando o desvalor da conduta, pois ele se vale do seu trabalho para cometer a receptação. Em razão disso, o comerciante ou industrial encontra grande facilidade para repassar os produtos de origem criminosa a terceiros de boa-fé. Prestando-se a tal atividade espúria, o sujeito acaba incentivando ainda mais outras pessoas a cometerem delitos, pois elas lucrarão em consequência da aceitação dos seus produtos por destinatário certo, sedento a dar vazão à circulação das mercadorias. Vê-se pela análise do tipo penal que a finalidade precípua do legislador foi combater com maior rigor o comércio ilegal de veículos automotores e de suas peças.

– **Nomenclatura:** Na rubrica marginal do § 1.º do art. 180 do Código Penal consta o *nomen iuris* **"receptação qualificada"**. Em que pese a opção legislativa, esta terminologia é alvo de críticas doutrinárias. Na tradição do Direito Penal brasileiro, as qualificadoras estão previstas em tipos derivados. Formam-se com base no tipo básico ou fundamental, mediante o acréscimo de circunstâncias que elevam a pena. Na chamada "receptação qualificada" pelo exercício de atividade comercial ou industrial, contudo, não é isso o que acontece. O legislador não se limitou a acrescentar circunstâncias de maior gravidade ao tipo fundamental, mas foram descritos 7 (sete) novos núcleos, além dos outros 5 (cinco) contidos no *caput* do dispositivo em estudo. Se não bastasse, varia também o sujeito ativo pois, enquanto no *caput* o crime é comum, no § 1.º visualiza-se uma hipótese de crime próprio. Daí falar que o § 1.º retrata um **crime autônomo** de receptação.

– **Núcleos do tipo:** Além dos verbos também indicados no *caput*, o § 1.º do art. 180 do Código Penal apresenta outros sete núcleos: **(a) ter em depósito:** significa deter a coisa provisoriamente em determinado local, possibilitando seu imediato deslocamento, se necessário; **(b) montar** (reunir e compor convenientemente as peças de uma máquina, engenho ou dispositivo, de modo que fique em condições de funcionar); **(c) desmontar** (desfazer o que estava montado); **(d) remontar** (reparar, consertar, remendar); **(e) vender** (transferir a propriedade, a outrem, a título oneroso); **(f) expor à venda** (exibir alguma coisa, com o propósito de transferir onerosamente sua propriedade); e **(g) utilizar de qualquer forma** (fazer uso da coisa). Cuida-se de **tipo misto alternativo, crime de ação múltipla ou de conteúdo variado** – a realização de dois ou mais núcleos em face do mesmo objeto material caracteriza um só crime.

– **Sujeito ativo:** O delito somente pode ser cometido pela pessoa que se encontra no exercício de atividade comercial ou industrial (**crime próprio** ou **especial**). Não se exige regularidade ou licitude no desempenho da atividade comercial ou industrial. O legislador instituiu uma **norma penal explicativa** ou **complementar** no § 2.º do art. 180 do Código Penal, com o objetivo de equiparar à atividade comercial, para fins de receptação qualificada, **qualquer forma de comércio irregular ou clandestino, inclusive o exercício em residência**. A incidência da qualificadora reclama **habitualidade** no desempenho do comércio ou da indústria pelo sujeito ativo, pois é sabido que a atividade comercial (em sentido amplo) não se aperfeiçoa com um único ato, sem continuidade no tempo.

– **Elemento subjetivo:** É a expressão **"deve saber"**. Questiona-se qual é o sentido e o alcance desta expressão, havendo três posições acerca do assunto. A primeira delas entende que **"deve saber" caracteriza o dolo eventual, mas também abrange o dolo direto.** Se a lei pune mais gravemente o comportamento daquele que "deve saber" da origem criminosa da coisa (dolo eventual), consequentemente também responde pelo mais (receptação qualificada) aquele que efetivamente conhece tal circunstância (dolo direto). Trata-se de interpretação meramente declaratória da extensão da expressão "deve saber", que inclui o "sabe", razão pela qual não se ofende o princípio da proporcionalidade. É o entendimento consagrado no âmbito do Supremo Tribunal Federal. A segunda posição entende que a expressão **"deve saber" diz respeito exclusivamente ao dolo eventual.** Em face do princípio da tipicidade plena, o "deve saber" abrange apenas o dolo eventual, da mesma forma que o "sabe" somente é compatível com o dolo direto. A terceira posição explica que **"deve saber" é elemento normativo do tipo,** e não elemento subjetivo, indicativo de dolo direto ou eventual. Por corolário, sua missão é a de estabelecer "a graduação da maior ou menor censura da conduta punível".[169]

– **Distinção entre receptação qualificada e figuras equiparadas ao descaminho e ao contrabando:** A receptação qualificada é crime contra o patrimônio, enquanto a figura equiparada ao descaminho (art. 334, § 1.º, IV, do CP) constitui-se em crime praticado por particular contra a Administração em geral. Naquele o objeto material é a coisa produto de crime, ao passo que, neste crime específico, a conduta recai sobre "mercadoria de procedência estrangeira, desacompanhada de documentação legal, ou acompanhada de documentos que sabe serem falsos". Para o crime específico também há uma norma penal explicativa ou complementar, segundo a qual "equipara-se às atividades comerciais qualquer forma de comércio irregular ou clandestino de mercadorias estrangeiras, inclusive o exercido em residências". Igual raciocínio é aplicável às figuras equiparadas ao contrabando contidas no art. 334-A, § 1.º, incs. IV e V, do Código Penal.

○ **Receptação privilegiada (art. 180, § 5.º, parte final):** Aplica-se à receptação dolosa o disposto no art. 155, § 2.º, do Código Penal. Admite-se, portanto, a receptação privilegiada, também

---

169 BITENCOURT, Cezar Roberto. *Tratado de direito penal.* Parte especial. 4. ed. São Paulo: Saraiva, 2008. v. 3, p. 319.

chamada de **receptação mínima**, que depende da **primariedade do agente**, devendo ser de **pequeno valor a coisa receptada**. Presentes os requisitos legalmente exigidos, o magistrado terá três caminhos a seguir: (1) substituir a pena de reclusão por detenção; (2) diminuir a pena privativa de liberdade de 1/3 a 2/3; ou (3) aplicar somente a pena de multa. As duas primeiras opções podem ser cumuladas. O juiz **deve** reduzir a pena quando configurado o privilégio no crime de receptação. Destarte, se presentes os requisitos legais, o magistrado deve reconhecer o privilégio e aplicar seus efeitos (**direito subjetivo do réu**).

○ **Alcance do privilégio:** Há duas posições sobre a aplicação do privilégio a todas as modalidades de receptação dolosa. A primeira defende que o **privilégio somente se aplica à receptação simples, própria ou imprópria, pois** as consequências extremamente brandas da figura privilegiada são incompatíveis com a gravidade objetiva da receptação qualificada cometida no exercício de atividade comercial ou industrial. A segunda posição entende que o **privilégio é aplicável à receptação simples e à receptação qualificada praticada no exercício de atividade comercial ou industrial, levando em conta** a posição em que se encontra o privilégio (§ 5.º), razão pela qual incide tanto na figura simples (*caput*) como na modalidade qualificada do § 1.º.[170] Na jurisprudência, a tendência é a consolidação desta posição. Por força da interpretação geográfica do tipo penal, o privilégio não pode ser utilizado no tocante à receptação majorada pela natureza do objeto material, disciplinada pelo § 6.º do art. 180 do Código Penal.

○ **Receptação culposa (art. 180, § 3.º):** A receptação é o único crime contra o patrimônio, previsto no Código Penal, punido a título de dolo e de culpa. Trata-se de **infração penal de menor potencial ofensivo**. É crime culposo previsto por um **tipo penal fechado** – o legislador aponta expressamente as formas pelas quais a culpa pode se manifestar, especificando as circunstâncias indicativas da previsibilidade a respeito da origem da coisa: (a) natureza ou desproporção entre o valor e o preço da coisa adquirida ou recebida pelo agente; (b) condição de quem a oferece; e (c) no caso de se tratar de coisa que deve presumir-se obtida por meio criminoso. Tais formas, também conhecidas como **indícios da origem criminosa do bem**, têm **caráter objetivo**. O CP pressupõe que qualquer deles deve gerar a presunção de que a coisa procede de crime, pouco importando, em princípio, que o acusado não tenha realmente presumido tal procedência. Se, no caso concreto, o acusado incidiu em erro escusável, ou se havia razoáveis contraindícios no sentido da legitimidade de proveniência da coisa, não há falar em receptação culposa, sob pena de responsabilidade penal objetiva.

○ **Natureza culposa do delito:** Quatro razões autorizam a inafastável conclusão de que o crime em análise é culposo: (1.ª) o legislador utilizou a fórmula **"deve presumir-se"**, indicativa de culpa; (2.ª) a conduta criminosa descreve hipóteses típicas de imprudência, motivo pelo qual não há necessidade de falar em "se o crime é culposo"; (3.ª) esta fórmula legislativa é, indiscutivelmente, mais protetiva dos interesses do ser humano, pois lhe confere maior segurança jurídica; e (4.ª) o tratamento conferido pela lei, com pena de detenção, em vez de reclusão, e sensivelmente inferior à reprimenda correspondente à modalidade do *caput*, deixa evidente o menor desvalor da ação, inerente aos crimes culposos, obrigatoriamente mais suavemente punidos.

○ **Núcleos do tipo e a ausência do verbo "ocultar":** São descritos apenas os núcleos "adquirir" e "receber" – o verbo "ocultar" é incompatível com a receptação culposa.

---

[170] É a posição, entre tantos outros, de NUCCI, Guilherme de Souza. *Código Penal comentado*. 8. ed. São Paulo: RT, 2008. p. 815.

○ **Hipóteses de receptação culposa:** (1) **Natureza do objeto:** alguns objetos, pela sua própria essência ou por mandamento legal, reclamam cuidados específicos para transferência a terceiros, os quais, se não forem estritamente respeitados, levam ao reconhecimento da receptação culposa; (2) **Desproporção entre o valor de mercado e o preço pago:** o preço muito reduzido e ínfimo em relação ao valor real do bem indica sua origem ilícita. Esta comparação exige elaboração de **auto de avaliação** da coisa, para revelar seu valor de mercado. A receptação culposa depende de uma **brutal desproporção** entre o preço pago pelo bem e seu valor de mercado, pois apenas ela é idônea a provocar fundada desconfiança em um homem médio, é dizer, dotado de inteligência e prudência medianas. De fato, o preço baixo, mas sem ser vil ou irrisório, não caracteriza, por si só, a receptação culposa, pois representa unicamente as vantagens negociais buscadas com a transação; e (3) **Condição do ofertante:** a origem criminosa da coisa é previsível porque o sujeito a adquire ou recebe de uma pessoa que se enquadra, entre outras, nas seguintes situações: (a) totalmente desconhecida; (b) reconhecidamente voltada à prática de crimes no meio em que vivia; (c) usuário compulsivo de drogas; ou (d) manifestamente não reunia condições pessoais para possuir de forma legítima o bem.

○ **A questão do intermediário:** A conduta de influir para que terceiro de boa-fé adquira ou receba alguma coisa nas condições do art. 180, § 3.º, do CP não configura receptação culposa. Em síntese, não se pune o intermediário da receptação culposa. Se houver mediação, e a coisa vier a ser efetivamente adquirida ou recebida por um terceiro, cumpre distinguir duas situações: (1.ª) se o terceiro também tinha razão, nos termos da lei, para presumir a origem criminosa da coisa, responderão ele e o mediador por receptação culposa; e (2.ª) se o terceiro, agora, tinha conhecimento da origem criminosa do bem, responderá ele por receptação dolosa, ficando impune o mediador, pois não há participação culposa em crime doloso e a lei não incrimina a intermediação meramente culposa.

○ **Dolo eventual e tipicidade:** Em decorrência de a receptação dolosa própria admitir como elemento subjetivo somente o dolo direto, amolda-se na receptação culposa o ato de adquirir ou receber, fora de atividade comercial ou industrial, coisa que o agente **deve saber** tratar-se de produto de crime. Essa assertiva se justifica por um motivo muito simples: se o *caput* pune apenas quem tem dolo direto, a conduta movida pelo dolo eventual recebe o mesmo tratamento jurídico-penal dispensado à culpa.

○ **Perdão judicial (art. 180, § 5.º, 1.ª parte):** Incide unicamente na receptação culposa. Reclama dois **requisitos cumulativos:** (a) primariedade do agente; e (b) as circunstâncias do crime devem indicar que o fato não se revestiu de especial gravidade. Presentes os requisitos legalmente exigidos, o juiz estará obrigado a reconhecer o perdão judicial, pois se trata de direito subjetivo do réu. O perdão judicial é causa extintiva da punibilidade (CP, art. 107, IX), e a sentença que o concede, nos termos da Súmula 18 do Superior Tribunal de Justiça, é declaratória da extinção da punibilidade, não subsistindo qualquer efeito condenatório. E, se a sentença não é condenatória, também não serve como pressuposto da reincidência (CP, art. 120).

○ **Figuras especiais:** O ordenamento jurídico brasileiro contém crimes que em princípio se assemelham à receptação, porém uma análise mais acurada revela serem dotados de elementos especializantes. Em razão disso, no conflito aparente de leis penais, o princípio da especialidade impõe o afastamento do delito tipificado pelo art. 180 do Código Penal e, simultaneamente, quando presentes todas as suas elementares, o reconhecimento de alguma das figuras específicas:

– **Lei 10.826/2003 – Estatuto do Desarmamento.** Quando o agente "adquire", "recebe", "transporta" ou "oculta" arma de fogo, acessório ou munição, de uso permitido, de procedência ilícita, comete o crime tipificado pelo art. 14 da Lei 10.826/2003, mais grave, pois sua pena varia de 2 (dois) a 4 (quatro) anos de reclusão, e multa. Nesse caso, não se aplica a regra do art. 180, *caput*, do CP, que dispõe sobre a receptação, em face da especialidade do crime, bem como da sua maior gravidade (sua pena mínima é o dobro da pena do delito patrimonial). Pode-se falar ainda na incidência do princípio da subsidiariedade, pois a norma primária do dispositivo em análise afasta a aplicação do art. 180, *caput*, do CP. Em se tratando, por outro lado, de arma de fogo, acessório ou munição de uso proibido ou restrito, o crime será o previsto no art. 16, *caput*, da Lei 10.826/2003, de natureza hedionda, cuja pena é de reclusão de três a seis anos, e multa. Se tais condutas forem cometidas no exercício de atividade comercial ou industrial, será imputado ao agente o crime definido pelo no art. 17 da mesma lei, cuja pena é mais elevada do que a cominada à receptação qualificada do § 1.º do art. 180 do CP. No caso de a arma de fogo, acessório ou munição ser de uso proibido ou restrito, a pena é aumentada de metade (art. 19).

– Lei 11.101/2005 – Lei de Falências. Em conformidade com o art. 174 da Lei de Falências, é punida com reclusão, de 2 (dois) a 4 (quatro) anos, e multa, a conduta de adquirir, receber, usar, ilicitamente, bem que sabe pertencer à massa falida ou influir para que terceiro, de boa-fé, o adquira, receba ou use. A diferença, portanto, repousa na natureza do objeto material, que não se trata de produto de crime, e sim de bem pertencente à massa falida.

○ **Código de Trânsito Brasileiro e medidas de prevenção e repressão à prática do crime de receptação:** O condutor que se utilize de veículo automotor para a prática do crime de receptação, se for definitivamente condenado por esse delito, terá cassado seu documento de habilitação ou será proibido de obter a habilitação para dirigir veículo automotor pelo prazo de 5 (cinco) anos, conforme o art. 278-A da Lei 9.503/1997 – Código de Trânsito Brasileiro, com a redação dada pela Lei 13.804/2019. No caso de prisão em flagrante do condutor pelo crime de receptação, o juiz poderá, em qualquer fase da investigação ou da ação penal, se houver necessidade para a garantia da ordem pública, como medida cautelar, de ofício, ou a requerimento do Ministério Público ou ainda mediante representação da autoridade policial, decretar, em decisão motivada, a suspensão da permissão ou da habilitação para dirigir veículo automotor, ou a proibição de sua obtenção (Lei 9.503/1997 – Código de Trânsito Brasileiro, art. 278-A, § 2.º).

○ **Jurisprudência selecionada:**

Autonomia da receptação: "O crime de receptação é autônomo: se foi uma só a ação do agente, embora tendo por objeto coisas advindas da prática de mais de um delito, inadmissível a instauração, contra o receptador, de mais de um processo" (STF: RHC 63.797/MG, Rel. Min. Oscar Correa, 1.ª Turma, j. 28.02.1986).

Consumação: "Na receptação – crime material (positivação necessária do resultado como característica do tipo penal) – sua consumação ocorre com a efetiva aquisição, recebimento ou ocultação da coisa, produto de crime anterior. Necessariamente, há que existir a disponibilidade do bem. Em sendo desconhecida a autoria do crime anterior, firma-se a competência pelo lugar da consumação do delito de receptação" (STJ: CC 20.753/SP, Rel. Min. Jorge Scartezzini, 3.ª Seção, j. 10.05.2000).

Crime acessório – Crime anterior e autoria desconhecida – competência: "A receptação é crime acessório; seu pressuposto é outro crime. Com efeito, o objeto material do delito é 'produto de crime'. Em sendo desconhecida a autoria do crime anterior, a competência se firma pelo lugar da receptação" (STJ: CC 3.574/SP, Rel. Min. Luiz Vicente Cernicchiaro, 3.ª Seção, j. 15.10.1992).

Núcleo "transportar" e crime permanente: "O delito de receptação na modalidade de transportar é crime permanente: a consumação se protrai no tempo" (STJ: AgRg no CC 29.566/SP, Rel. Min. Laurita Vaz, 3.ª Seção, j. 12.02.2003).

Objeto material – bem imóvel – inadmissibilidade: "Em face da legislação penal brasileira, só as coisas móveis ou mobilizadas podem ser objeto de receptação. Interpretação do art. 180 do Código Penal. Assim, não é crime, no direito pátrio, o adquirir imóvel que esteja registrado em nome de terceiro, que não o verdadeiro proprietário, em virtude de falsificação de procuração" (STF: RHC 57.710/SP, Rel. Min. Moreira Alves, 2.ª Turma, j. 26.02.1998).

Princípio da insignificância – receptação qualificada – inaplicabilidade: "O princípio da insignificância, bem como o benefício da suspensão condicional do processo (Lei 9.099/95, art. 89) não são aplicáveis ao delito de receptação qualificada (CP, art. 180, § 1º). Com base nesse entendimento, a 2ª Turma conheceu, em parte, de *habeas corpus* e, nessa extensão, indeferiu a ordem impetrada em favor de denunciado pela suposta prática do crime de receptação qualificada por haver sido encontrado em sua farmácia medicamento destinado a fundo municipal de saúde. Frisou-se que a pena mínima cominada ao tipo penal em questão seria superior a um ano de reclusão, o que afastaria o instituto da suspensão condicional do processo" (STF: HC 105.963/PE, rel. Min. Celso de Mello, 2.ª Turma, j. 24.04.2012, noticiado no *Informativo* 663).

Receptação culposa – presunção quanto à origem criminosa do bem: "Ausente o juízo de certeza quanto a ser a coisa produto de crime, e substituído pela presunção, ou dúvida quanto à sua origem, descaracteriza-se a receptação de dolosa para culposa" (STF: RE 96.929/MG, Rel. Min. Néri da Silveira, 1ª Turma, j. 10.05.1983).

Receptação culposa e perdão judicial: "A primariedade, por si só, não faz por prevalecer a regra contida no § 3º do art. 180 do Código Penal, que prevê a hipótese da não aplicação da pena para receptação culposa, nem gera o direito subjetivo a aplicação da pena em seu grau mínimo" (STF: HC 73.949/RJ, Rel. Min. Maurício Corrêa, 2.ª Turma, j. 04.06.1996).

Receptação qualificada – art. 180, § 1.º – elemento subjetivo: "1. A conduta descrita no § 1º do art. 180 do Código Penal é evidentemente mais gravosa do que aquela descrita no *caput* do dispositivo, eis que voltada para a prática delituosa pelo comerciante ou industrial, que, pela própria atividade profissional, possui maior facilidade para agir como receptador de mercadoria ilícita. 2. Não obstante a falta de técnica na redação do dispositivo em comento, a modalidade qualificada do § 1º abrange tanto do dolo direto como o dolo eventual, ou seja, alcança a conduta de quem 'sabe' e de quem 'deve saber' ser a coisa produto de crime. 3. Ora, se o tipo pune a forma mais leve de dolo (eventual), a conclusão lógica é de que, com maior razão, também o faz em relação à forma mais grave (dolo direto), ainda que não o diga expressamente. 4. Se o dolo eventual está presente no tipo penal, parece evidente que o dolo direto também esteja, pois o menor se insere no maior. 5. Deste modo, não há que se falar em violação aos princípios da razoabilidade e da proporcionalidade, como pretende o impetrante" (STF: HC 97.344/SP, Rel. Min. Ellen Gracie, 2.ª Turma, j. 12.05.2009). *No mesmo sentido*: STF: ARE 799.649 AgR/RS, rel. Min. Gilmar Mendes, 2.ª Turma, j. 25.03.2014; STF: RHC 117.143/RS, rel. Min. Rosa Weber, 1.ª Turma, j. 25.06.2013, noticiado no *Informativo* 712; STJ: AgRg no REsp 1.423.316/SP, rel. Min. Moura Ribeiro, 5.ª Turma, j. 12.08.2014; e STJ: EREsp 772.086/RS, rel. Min. Jorge Mussi, 3ª Seção, j. 13.10.2010, noticiado no *Informativo* 451.

Receptação qualificada – crime autônomo – legitimidade da pena: "I. O Código Penal prevê modalidades diferentes de conduta para o delito de receptação, estatuindo uma forma qualificada, delineada em um crime próprio – que tem como sujeito ativo um comerciante ou industrial – e mais grave, com punição mais severa. II. Se o Legislador previu no § 1º do art. 180 do CP um tipo autônomo, descrevendo condutas não referidas no *caput* do dispositivo, para o qual fixou sanção mais gravosa, tornam-se inafastáveis os seus preceitos e vedadas quaisquer formas de troca de apenamento, sob pena de violação à independência dos poderes" (STJ: REsp 753.760/RS, Rel. Min. Gilson Dipp, 5.ª Turma, j. 02.02.2006). *No mesmo sentido*: STJ: AgRg no REsp 1.046.668/SP, rel. Min. Jane Silva (Desembargadora Convocada do TJ/MG), 6.ª Turma, j. 14.10.2008; e STJ: EREsp 772.086/RS, rel. Min. Jorge Mussi, 3.ª Seção, j. 13.10.2010.

Sujeito ativo – advogado – ausência de imunidade: "Advogado que, no exercício da profissão, é denunciado por receptação dolosa e favorecimento pessoal e real (arts. 180, 348 e 349 do CP), em virtude de haver recebido, a título de honorários advocatícios, parte do produto do roubo, propiciando ainda aos autores da infração fuga para outro Estado. Improcedência da alegada atipicidade penal dos fatos, que constituem, em tese, os crimes capitulados na denúncia" (STF: RHC 56.143/RJ, Rel. Min. Cunha Peixoto, 1.ª Turma, j. 28.03.1978).

Receptação de animal

Art. 180-A. Adquirir, receber, transportar, conduzir, ocultar, ter em depósito ou vender, com a finalidade de produção ou de comercialização, semovente domesticável de produção, ainda que abatido ou dividido em partes, que deve saber ser produto de crime:

Pena – reclusão, de 2 (dois) a 5 (cinco) anos, e multa.

Classificação:	Informações rápidas:
Crime simples	O tipo penal é aplicável somente aos semoventes domesti-
Crime comum	cáveis e de produção.
Crime material ou causal	O delito não fica caracterizado quando a conduta recai sobre
Crime de dano	produto do animal (ex.: leite da vaca).
Crime de forma livre	O agente que pratica alguma das condutas típicas no exercício
Crime comissivo	de atividade comercial ou industrial, a ele será imputada a
Crime instantâneo	receptação qualificada.
Crime unissubjetivo, unilateral ou de	O crime mais grave (receptação qualificada) absorve o delito
concurso eventual	menos grave (receptação de animal).
Crime plurissubsistente	

– **A desnecessidade da figura típica**: A receptação de animal é crime desnecessário, fruto da inflação legislativa, do direito penal simbólico e principalmente da pressão efetuada no Congresso Nacional pela bancada ruralista, em especial dos pecuaristas. De fato, a situação ora disciplinada pelo art. 180-A do Código Penal já era tutelada a título de receptação, em sua modalidade simples (CP, art. 180, *caput*) ou qualificada (CP, art. 180, § 1.º), pois o semovente domesticável de produção de origem delituosa também ingressa no conceito de "coisa produto de crime".

– **Objetividade jurídica**: O bem jurídico imediatamente protegido é o **patrimônio**. Mas também se tutela, mediatamente, a **saúde pública**, pois não se conhece a origem do semovente domesticável de produção de origem criminosa, e essa circunstância pode trazer prejuízos no consumo dos produtos dele extraídos (carne, leite etc.),[171] bem como à ordem tributária, pois vários impostos deixam de ser arrecadados com o comércio clandestino dos animais.

– **Objeto material**: A receptação de animal contém um objeto material específico, e nele recai seu ponto principal. Qual é o significado de **semovente domesticável de produção**? Semovente é aquele que possui movimento próprio. Além dos homens, apenas os animais podem se locomover sozinhos. Como os homens não são "coisas", e sim pessoas, o Direito utiliza a palavra "semovente" como sinônima de animal.[172] Os insetos e os micro-organismos, embora possam se movimentar sozinhos, não se enquadram no conceito de semoventes no âmbito dos crimes patrimoniais, pois não são dotados de valor econômico. Nessa seara, semovente domesticável de produção é o animal já domesticado, ou que possa vir a sê-lo, e criado para abate, exploração de seus frutos ou ainda para procriação. Destacam-se como exemplos os bovinos, os suínos, os caprinos e as aves.[173] Também podem ser lembrados os cães, os gatos e os equinos, quando criados para fins de reprodução e venda dos seus filhotes. O legislador adotou um **conceito ampliativo**, pois não fez restrições quanto à definição do semovente domesticável de produção. Durante a tramitação do projeto que resultou na Lei 13.330/2016, foi proposta a substituição da expressão por "animais quadrúpedes

---

[171] Convém destacar a existência de vacinas que impedem o consumo de carne bovina por relevante período, até 40 dias em alguns casos, sob o risco de graves intoxicações e de risco de vida ao ser humano.

[172] Em um triste passado, à época da escravatura, os escravos foram considerados semoventes, pois eram classificados como "coisas", e não pessoas.

[173] Os ovos e os embriões dos animais não se classificam como semoventes. Destarte, a receptação de tais bens pode caracterizar somente o delito tipificado pelo art. 180 do Código Penal, mas não a figura contida no art. 180-A.

domesticáveis para produção pecuária", buscando direcionar o alcance da qualificadora ao seu foco principal. Não se aplica o art. 180-A do Código Penal na receptação de animal doméstico que não seja voltado à produção, a exemplo de um gato castrado. Falta uma característica expressamente exigida pelo tipo penal. Estará configurado o crime definido pelo art. 180 do Código Penal, em sua modalidade simples ou qualificada. O tipo penal não alcança o animal selvagem nem o animal abandonado ou que nunca teve proprietário, por duas razões: (a) inexiste semovente domesticável de produção; e (b) não há patrimônio idôneo e pertencente a alguém para legitimar a proteção do Direito Penal. O semovente domesticável de produção pode ser receptado vivo (exemplo: um cão de raça), abatido (exemplo: um boi morto destinado à comercialização para um frigorífico) ou dividido em partes (exemplo: as peças mais valiosas de um boi para venda em um açougue). Não se caracteriza o delito quando a conduta recai sobre o fruto do animal (exemplo: o leite da vaca). Nessa hipótese estará delineado o crime definido no art. 180 do Código Penal.

– **A natureza do crime antecedente**: A receptação de animal é **crime acessório, de fusão ou parasitário**, pois reclama a prática de um crime anterior. Com efeito, o semovente domesticável de produção, ainda que abatido ou dividido em partes, deve ser **produto de crime**. Esse crime pode ser de qualquer natureza, a exemplo do que se verifica quando um boi de raça é subtraído do seu proprietário e posteriormente adquirido por um fazendeiro para fim de reprodução. Destarte, o crime antecedente pode ser o furto de semovente domesticável de produção (CP, art. 155, § 6.º), mas não há de ser necessariamente esse delito.

– **Sujeito ativo**: Cuida-se de **crime comum** ou **geral**: pode ser cometido por qualquer pessoa, exceto pelo indivíduo de qualquer modo envolvido com o crime antecedente (autor, coautor ou partícipe), que somente responde por esse delito, e nunca pela receptação de animal. Não se trata de crime próprio (ou especial), pois a finalidade de produção ou de comercialização exigida pelo art. 180-A do Código Penal pode ser atribuída a qualquer pessoa. Essa finalidade específica não se confunde com o "exercício de atividade comercial ou industrial" elencado pelo art. 180, § 1.º, do Código Penal. De fato, o exercício de atividade comercial ou industrial reclama **habitualidade**, circunstância dispensada pelo art. 180-A do Código Penal. Por sua vez, a finalidade de produção ou de comercialização pode existir de maneira acidental, a exemplo daquele que compra um cachorro de raça previamente roubado com o propósito de conseguir um único filhote mediante o cruzamento com uma fêmea que já possuía. Além disso, é preciso destacar que a receptação de animal se contenta com a **finalidade** de produção ou comercialização, a qual não precisa obrigatoriamente ser efetivada para o aperfeiçoamento do delito. Na receptação qualificada, de seu turno, a conduta há de ser praticada no **exercício** de atividade comercial ou industrial, isto é, o agente deve necessariamente desempenhar tal atividade. Finalmente, se o agente praticar alguma das condutas típicas envolvendo o semovente domesticável de produção, porém no exercício de atividade comercial ou industrial, a ele será imputada a receptação qualificada, na forma definida pelo art. 180, § 1.º, do Código Penal. O crime mais grave (receptação qualificada) absorve o delito menos grave (receptação de animal).

– **Sujeito passivo**: É a mesma vítima do delito antecedente, ou seja, o proprietário ou possuidor do semovente domesticável de produção atingido pelo crime anterior.

– **Elemento subjetivo**: É o **dolo eventual**, representado pela expressão "que deve saber ser produto de crime". O legislador mais uma vez abdicou da boa técnica, ao omitir na descrição típica o dolo direto. Repetiu-se o equívoco da Lei 9.426/1996, que também empregou igual fórmula na criação da receptação qualificada (CP, art. 180, § 1.º). Com efeito, teria sido mais adequada a utilização da expressão "sabe ou deve saber", contemplando o dolo direto e o dolo eventual. De qualquer modo, se o dolo eventual está abrangido pelo tipo penal, por questões de razoabilidade é preciso concluir que o dolo direto também caracteriza o crime definido no art. 180-A do Código Penal. Em outras palavras, estará configurada a receptação de animal tanto quando o agente sabe como também quando ele deve saber da origem criminosa do semovente domesticável de produção.[174]

---

[174] Esta foi a jurisprudência consolidada pelo STF (ARE 799.649 AgR/RS, rel. Min. Gilmar Mendes, 2.ª Turma, j. 25.03.2014, e RHC 117.143/RS, rel. Min. Rosa Weber, 1.ª Turma, j. 25.06.2013, noticiado no *Informativo* 712) e pelo STJ (AgRg no REsp 1.423.316/SP, rel. Min. Moura Ribeiro, 5.ª Turma, j. 12.08.2014) no tocante à interpretação do elemento subjetivo do art. 180, § 1.º, do Código Penal.

O tipo penal ainda reclama um **elemento subjetivo específico**, isto é, um especial fim de agir, consubstanciado na frase "com a finalidade de produção ou de comercialização". Em síntese, não basta o dolo (direto ou eventual) de adquirir, receber, transportar, conduzir, ocultar, ter em depósito ou vender semovente domesticável de produção, ainda que abatido ou dividido em partes. O sujeito deve praticar a conduta típica com a finalidade de produção ou de comercialização do bem. A ausência desse fim específico acarreta na desclassificação para a receptação capitulada no art. 180 do Código Penal. A produção se dá com a reprodução e com a exploração dos frutos produzidos pelo animal, a exemplo da extração de leite da vaca ou lã da ovelha. A comercialização, por sua vez, dá-se com a venda ou a permuta do semovente domesticável de produção. Embora a receptação de animal não contemple a expressão "em proveito próprio ou alheio", ao contrário do que se dá no art. 180 do Código Penal, é evidente que na situação concreta uma dessas finalidades deve existir para a caracterização do delito. Em síntese, as elementares "em proveito próprio ou alheio" estão implicitamente contidas (elementares implícitas) no art. 180-A do Código Penal.

– Lei 9.099/1995: A receptação de animal constitui-se em **crime de elevado potencial ofensivo**. A pena privativa de liberdade cominada – reclusão, de 2 (dois) a 5 (cinco) anos – inviabiliza a incidência dos benefícios contidos na Lei 9.099/1995, inclusive a suspensão condicional do processo.

– Crime contra as relações de consumo: A venda, manutenção em depósito, exposição à venda ou entrega de carne, leite, ovo ou qualquer outro derivado de animal, em condições impróprias ao consumo enseja o reconhecimento do crime previsto no art. 7.º, inc. IX, da Lei 8.137/1990: "Art. 7º Constitui crime contra as relações de consumo: [...] IX – vender, ter em depósito para vender ou expor à venda ou, de qualquer forma, entregar matéria-prima ou mercadoria, em condições impróprias ao consumo. Pena – detenção, de 2 (dois) a 5 (cinco) anos, ou multa."

Capítulo VIII –
DISPOSIÇÕES GERAIS

Art. 181. É isento de pena quem comete qualquer dos crimes previstos neste título, em prejuízo:

I – do cônjuge, na constância da sociedade conjugal;

II – de ascendente ou descendente, seja o parentesco legítimo ou ilegítimo, seja civil ou natural.

Informações rápidas:

O crime permanece íntegro e subsiste a culpabilidade do agente, mas não há possibilidade de imposição de pena (*remanescem*, contudo, os efeitos civis).

Comprovada a presença (*hipóteses taxativas*), a autoridade policial não pode instaurar inquérito. Caso instaurado, MP deve determinar arquivamento. Se houver denúncia, o juiz deve rejeitá-la (CPP, art. 395, II).

Circunstâncias pessoais (ou subjetivas): não se comunicam aos demais autores.

Separação de fato: não impede a incidência do art. 181.

Separação de corpos (medida cautelar): impede a incidência do art. 181.

União estável: divergência sobre a possibilidade ou não.

Erro quanto à titularidade do objeto material: é irrelevante, pois estão plenamente caracterizados o fato típico, a ilicitude e a culpabilidade. O crime deixa de ser punido por questões de política criminal.

○ **Denominação:** O Código Penal não atribuiu nome algum às hipóteses de isenção de pena lançadas em seu art. 181. A doutrina convencionou chamá-las de imunidades penais absolutas (ou materiais), causas de impunibilidade absoluta, escusas absolutórias, condições negativas de punibilidade ou causas pessoais de exclusão da pena.

o **Natureza jurídica e efeitos:** As imunidades materiais importam na total isenção de pena ao responsável pelo delito patrimonial. O crime permanece íntegro, e subsiste a culpabilidade do agente. Não há, contudo, possibilidade de imposição de pena, pois a isenção de pena é obrigatória. Destarte, quando comprovada a presença de uma imunidade penal absoluta, a autoridade policial estará proibida de instaurar inquérito policial, pois não há interesse que justifique o início da persecução penal no tocante a um fato que o Estado não pode punir. De igual modo, caso o inquérito policial tenha sido instaurado, e concluído, o Ministério Público deverá determinar seu arquivamento e, se não o fizer, o magistrado terá que decidir pela rejeição da denúncia, em face da ausência de condição para o exercício da ação penal (CPP, art. 395, II). Saliente-se, porém, que as imunidades penais absolutas não afetam as consequências civis proporcionadas pelo crime, e o agente permanece obrigado à restituição da coisa ou à reparação do dano.

o **Imunidade penal absoluta e perdão judicial – distinções:** Em ambos os institutos o fato é típico e ilícito, e o agente possui culpabilidade. Subsiste o crime, operando-se exclusivamente a impossibilidade de imposição de pena. São condições pessoais (ou subjetivas), não se comunicando aos demais coautores e partícipes do crime. Nada obstante tais semelhanças, as imunidades penais absolutas e o perdão judicial não se confundem: aquelas impedem a instauração da persecução penal. Sequer existe inquérito policial, pois são justificadas por questões objetivas, provadas de imediato. Já o perdão judicial, legalmente classificado como causa de extinção da punibilidade (CP, art. 107, IX), somente pode ser concedido na sentença ou no acórdão, depois de cumprido o devido processo legal. Depende, portanto, do regular trâmite da ação penal e de restar provado se estão ou não presentes os requisitos legalmente exigidos para sua concessão.

o **Hipóteses legais:** A enumeração delineada pelo art. 181 do Código Penal é taxativa, de modo que as imunidades penais absolutas somente são admitidas para os crimes contra o patrimônio, proibindo-se sua utilização para crimes de outra natureza, ainda que conexos aos delitos patrimoniais.

o **Crime cometido em prejuízo do cônjuge, na constância da sociedade conjugal (art. 181, I):** Refere-se à isenção de pena em razão do matrimônio, que pode ter sido celebrado no Brasil ou no estrangeiro. É imprescindível tenha sido o crime patrimonial cometido em prejuízo do cônjuge (varão ou virago), na constância da sociedade conjugal, ou seja, antes de eventual separação judicial (litigiosa ou consensual). Não basta o mero casamento religioso. Exige-se o casamento civil, que deve ser provado mediante certidão (CPP, art. 155, p. único). Para aferição da presença da escusa absolutória, é preciso levar em consideração a data em que o crime foi praticado, pouco importando qualquer alteração posterior na relação entre autor e vítima, uma vez que o art. 4.º do Código Penal adotou, em relação ao tempo do crime, a teoria da atividade. É irrelevante a morte superveniente do cônjuge lesado em seu patrimônio.

o **Crime contra bens do espólio do cônjuge falecido:** Se o crime é cometido sobre bens do espólio do cônjuge premorto, a cuja herança outros herdeiros (não indicados pelos arts. 181 e 182 do CP) também concorrem, a punibilidade será plena e incondicionada, pois a morte do *de cujus* dissolveu a sociedade conjugal: responderá o agente pelo crime de furto de coisa comum (CP, art. 156).

o **Separação de fato e separação de corpos:** A **separação de fato** não afasta a incidência da imunidade absoluta, pois não é idônea à dissolução da sociedade conjugal. De outro lado, a **separação de corpos** impede a utilização do benefício.[175]

---

[175] MIRABETE, Julio Fabbrini. *Manual de direito penal*. São Paulo: Atlas, 2007. v. 2, p. 354.

○ **Regime de bens:** O regime de bens do casamento é indiferente para o reconhecimento da escusa absolutória.

○ **Nulidade posterior do casamento:** Se o crime patrimonial foi praticado por um dos cônjuges, contra o outro, durante a constância da sociedade conjugal, mas posteriormente o casamento foi declarado nulo, três situações distintas podem ocorrer: (a) não se reconhece a imunidade absoluta se o casamento foi contraído de má-fé por ambos os cônjuges; (b) é cabível a imunidade absoluta se ambos os cônjuges o tiverem contraído de boa-fé; e (c) será admitida a imunidade absoluta se apenas um dos cônjuges o tiver contraído de boa-fé, mas somente a ele será restrita sua incidência.

○ **União estável:** Discute-se sobre a possibilidade de reconhecimento da imunidade penal absoluta em análise no tocante à união estável. Formaram-se duas posições sobre o assunto: a primeira entende que **não é possível, pois** cônjuge é tão somente aquele que o é pela lei civil. A segunda corrente entende ser possível, fazendo uma interpretação extensiva do art. 181, I, do Código Penal, nele incluindo a união estável, em face do tratamento a esta reservado pelo art. 226, § 3.º, da Constituição Federal. O Supremo Tribunal Federal já reconheceu a união homoafetiva como instituto jurídico (ADPF 132/RJ, rel. Min. Ayres Britto, Plenário, j. 05.05.2011).

○ **Crime cometido em prejuízo de ascendente ou descendente, seja o parentesco legítimo ou ilegítimo, seja civil ou natural (art. 181, II):** Diz respeito ao **parentesco em linha reta**, ou seja, entre ascendentes e descendentes, e independe do seu grau. Abrange, assim, os crimes patrimoniais praticados pelo pai contra o filho, do neto contra o avô, e daí por diante.[176] A ponderação efetuada pelo legislador na parte final do dispositivo em exame é dispensável nos dias atuais frente ao disposto no art. 227, § 6.º, da Constituição Federal. A imunidade penal absoluta em apreço **não alcança o parentesco por afinidade**, ainda que na linha reta, **nem o parentesco transversal**.

○ **Filho não reconhecido:** Na hipótese de filho ainda não civilmente reconhecido, não será admissível no juízo penal a investigação de paternidade. Mas o juiz criminal, quando reputar séria e fundada a defesa do réu, deve suspender o processo, até que no juízo cível se decida a questão, sem prejuízo da inquirição das testemunhas arroladas pelas partes e de outras provas de natureza urgente (CPP, art. 92, *caput*).

○ **Prova do parentesco:** Não basta, para fins de incidência dessa imunidade, a mera alegação de parentesco entre autor e vítima do crime patrimonial. Reclama-se a comprovação desta situação, mediante documento hábil,[177] em obediência à regra contida no art. 155, parágrafo único, do Código de Processo Penal.

○ **Observações comuns aos incisos I e II:** Se a coisa sobre a qual recai o crime está apenas na posse (a título justo ou injusto) do cônjuge ou parente, descabe a isenção da pena. Além disso, se o cônjuge ou parente, em cuja posse se encontrava a coisa, a tivesse conseguido pela prática de um crime qualquer, não seria possível a utilização da escusa absolutória, pois a coisa a ele não pertence. Também não pode ser reconhecida a causa de impunibilidade absoluta se a coisa, por qualquer título, é comum a uma das pessoas mencionadas pelo

---

[176] Cuidado, porém, com a regra contida no art. 183, inciso III, do CP: não se aplica a imunidade se o crime é cometido contra pessoa com idade igual ou superior a 60 anos.

[177] Admite-se a aplicação analógica da Súmula 74 do Superior Tribunal de Justiça: "Para efeitos penais, o reconhecimento da menoridade do réu requer prova por documento hábil."

Código Penal (art. 181, I e II) e a estranhos – é imprescindível, para fins de isenção da pena, pertença o bem **exclusivamente** ao cônjuge ou parente lesado pela conduta criminosa.

○ **Erro quanto à titularidade do objeto material:** Somente se opera a isenção da pena quando a conduta criminosa limita-se a prejudicar o patrimônio das pessoas expressamente indicadas no art. 181, I e II (cônjuge, ascendente ou descendente). Não incidem as imunidades penais absolutas quando o sujeito erra no tocante à titularidade do objeto material, pois existe um crime e o agente é culpável. Configura-se, na verdade, um **erro de punibilidade**, pois o sujeito acreditou equivocadamente que não seria penalmente punido. Em casos como este, desaparecem totalmente os fundamentos das imunidades penais absolutas, pois não está em jogo a proteção do vínculo matrimonial ou das relações de parentesco. No caso de o sujeito praticar um crime, acreditando ser contra um estranho, quando na verdade prejudica seu cônjuge ou parente (ascendente ou descendente), é imperiosa a incidência da imunidade penal absoluta.

Art. 182. Somente se procede mediante representação, se o crime previsto neste título é cometido em prejuízo:

I – do cônjuge desquitado ou judicialmente separado;

II – de irmão, legítimo ou ilegítimo;

III – de tio ou sobrinho, com quem o agente coabita.

Informações rápidas:

Não se isenta de pena. Apenas transforma crimes contra o patrimônio de ação penal pública incondicionada em delitos de ação penal pública condicionada à representação do ofendido ou de quem o represente (condição de procedibilidade para o exercício da ação penal).
A imunidade não se aplica aos crimes patrimoniais de ação penal privada nem aos crimes originariamente de ação penal pública condicionada.

○ **Denominação:** O legislador também não apresentou nomenclatura às hipóteses traçadas pelo art. 182 do Código Penal. A doutrina as chama de imunidades relativas ou processuais. Para Cezar Roberto Bitencourt o art. 182 do CP não cuida de imunidade alguma, mas somente de "alteração da espécie de ação penal, condicionada à representação do ofendido, desde que o crime patrimonial tenha sido praticado em prejuízo do cônjuge desquitado ou judicialmente separado; irmão, legítimo ou ilegítimo; tio ou sobrinho com quem o agente coabita".[178] Seja lá qual for o nome que se prefira, o resultado é idêntico: o crime, originariamente de ação penal pública incondicionada, passa a estar condicionado à representação do ofendido ou de quem o represente.

○ **Natureza jurídica e efeitos:** As imunidades relativas ou processuais não isentam de pena. Seu papel consiste em transformar crimes contra o patrimônio de ação penal pública incondicionada em delitos de ação penal pública condicionada à representação do ofendido ou de quem o represente. Institui-se, desta forma, uma autêntica **condição de procedibilidade**

---

[178] BITENCOURT, Cezar Roberto. *Tratado de direito penal*. Parte especial. 4. ed. São Paulo: Saraiva, 2008. v. 3, p. 345.

para o exercício da ação penal. Por corolário, as imunidades relativas não se aplicam aos crimes patrimoniais de ação penal privada nem aos crimes originariamente de ação penal pública condicionada. No caso de existirem diversas vítimas de um mesmo crime, e elas discordarem entre si, há de prevalecer a vontade daquela que deseja o início da ação penal.

○ **Hipóteses legais:**

Inciso I – *Crime cometido em prejuízo do cônjuge desquitado ou judicialmente separado:* Se o crime patrimonial é cometido contra o cônjuge, na constância da sociedade conjugal, o agente é isento de pena (CP, art. 181, I). Entretanto, se o delito for realizado após a dissolução da sociedade conjugal, pela separação judicial, mas antes do divórcio, ou mesmo depois de decretada cautelarmente a separação de corpos, somente se procede mediante representação (CP, art. 182, I). Finalmente, se a prática do crime suceder o rompimento do vínculo patrimonial, pelo divórcio, não haverá benefício algum para o agente, pois nesse caso não existe relação familiar a ser preservada pela omissão do Direito Penal.

Inciso II – *Crime cometido em prejuízo de irmão, legítimo ou ilegítimo:* A imunidade relativa alcança todas as espécies de irmãos civilmente considerados. A ressalva contida no texto legal é, mais uma vez, inoportuna, diante da regra traçada pelo art. 227, § 6.º, da Constituição Federal, proibitiva de qualquer tratamento discriminatório entre os filhos havidos ou não do casamento.

Inciso III – Crime cometido em prejuízo de tio ou sobrinho, com quem o agente coabita: É a única imunidade admitida no tocante ao parentesco colateral. Não basta a relação de parentesco entre tio e sobrinho – exige-se ainda a coabitação, ou seja, o autor do crime e a vítima precisam morar, de forma não transitória, sob o mesmo teto. Prescinde-se do relacionamento íntimo entre tio e sobrinho, sendo suficiente o critério objetivo da coabitação. Por essa razão, não se aplica a imunidade no campo da hospitalidade acidental. Pouco importa o local em que o crime contra o patrimônio foi cometido, se no âmbito da residência do tio e do sobrinho, ou em outro lugar qualquer. A finalidade da lei é proteger o relacionamento entre tais pessoas, e não a inviolabilidade domiciliar. O fundamento acolhido pelo legislador é simples: a existência do inquérito policial ou da ação penal pode acarretar grande desgaste entre pessoas que moram no mesmo lar, daí a necessidade de representação para o início da persecução penal.

○ **Erro quanto à titularidade do objeto material:** Valem todas as observações efetuadas quanto ao art. 181 do Código Penal.

○ **Jurisprudência selecionada:**

Imunidade relativa – mera hospitalidade – não ocorrência: "*In casu*, o recorrido foi denunciado como incurso nas sanções do art. 155, § 4º, II, do CP em virtude de ter subtraído para si, do interior da residência do seu tio, dois revólveres. O juízo *a quo* julgou extinta sua punibilidade com fundamento nos arts. 107, IV, e 182, ambos do CP, ao argumento de ter-se implementado a decadência do direito de representação. Ingressou o *parquet* com recurso em sentido estrito ao qual se negou provimento, razão pela qual interpôs o presente REsp. Sustenta o MP que não havia entre vítima e recorrido (tio e sobrinho) relação de coabitação, mas sim mera hospitalidade, haja vista o recorrido ter passado aproximadamente três semanas na casa de seu tio. A Turma deu provimento ao recurso ao entender que, para incidir a imunidade trazida no art. 182, III, do CP, deve ser comprovada a relação de parentesco entre tio e sobrinho, bem como a coabitação, a residência conjunta quando da prática do crime, que não se confunde com a mera hospedagem, a qual tem caráter temporário e, *in casu*, durou apenas três semanas" (STJ: REsp 1.065.086/RS, rel. Min. Maria Thereza de Assis Moura, 6.ª Turma, j. 16.02.2012, noticiado no *Informativo* 491).

Art. 183. Não se aplica o disposto nos dois artigos anteriores:

I – se o crime é de roubo ou de extorsão, ou, em geral, quando haja emprego de grave ameaça ou violência à pessoa;

II – ao estranho que participa do crime.

III – se o crime é praticado contra pessoa com idade igual ou superior a 60 (sessenta) anos.

○ **Introdução:** Depois de arrolar, taxativamente, as imunidades absolutas (art. 181) e relativas (art. 182), o Código Penal indica as hipóteses em que os responsáveis por crimes patrimoniais não podem ser beneficiados pelas causas de isenção da pena, nem pela transformação de crimes de ação penal pública incondicionada em ação penal pública condicionada à representação.

○ **Hipóteses legais:**

Inciso I – Se o crime é de roubo ou de extorsão, ou, em geral, quando haja emprego de grave ameaça ou violência à pessoa: Extrai-se deste inciso, em primeiro lugar, que não se aplicam as imunidades (absolutas e relativas) ao roubo e à extorsão, por serem **crimes pluriofensivos**. Se, além do patrimônio, outro bem jurídico também é violado pela conduta criminosa, como a integridade física ou a liberdade individual, não poderia a lei conceder um favor inerente tão somente aos crimes patrimoniais. A palavra extorsão foi empregada como indicativa de gênero, com a finalidade de abarcar os crimes de extorsão (art. 158), inclusive na modalidade praticada mediante a restrição da liberdade da vítima ("sequestro-relâmpago"), extorsão mediante sequestro (art. 159) e extorsão indireta (art. 160), pois em todos eles o agente intimida a vítima, de um modo qualquer, para atacar seu patrimônio e locupletar-se ilicitamente. Também não podem ser concedidas as imunidades para qualquer outro crime patrimonial cometido com emprego de grave ameaça ou violência à pessoa. Nesse rol ingressam o esbulho possessório (CP, art. 161, § 1.º, II) e o dano qualificado (CP, art. 163, p. único, I). É irrelevante que a violência física e a grave ameaça integrem o delito patrimonial como elementares (esbulho possessório) ou circunstância qualificadora (dano qualificado), formando unidade complexa, ou constituam outro delito conexo ao patrimonial.

Inciso II – Ao estranho que participa do crime: Esta ressalva era absolutamente prescindível em face da regra contida no art. 30 do Código Penal. A posição de cônjuge ou parente da vítima é condição pessoal do responsável pelo crime patrimonial, não se estendendo ao estranho (coautor ou partícipe) que contribui para o delito. A opção legislativa foi acertada, uma vez que em relação ao estranho falta interesse na preservação da harmonia familiar que fundamenta as imunidades penais nos crimes contra o patrimônio. Algumas vezes, é bom ressaltar, o estranho até mesmo incita ou fomenta a discórdia entre os membros de uma família, motivo pelo qual não pode receber benefício nenhum no tocante ao crime cometido com o seu apoio.

Inciso III – Se o crime é praticado contra pessoa com idade igual ou superior a 60 (sessenta) anos: Tal inciso foi acrescentado pela Lei 10.741/2003 – Estatuto da Pessoa Idosa, com a finalidade de proporcionar especial proteção à pessoa idosa no campo dos crimes contra o patrimônio. A exclusão das imunidades é obrigatória. Não há qualquer imunidade quando o crime patrimonial é praticado pela pessoa idosa contra uma pessoa qualquer, mesmo que com idade inferior a 60 (sessenta) anos. É válido destacar que as imunidades absolutas e relativas também não são aplicáveis aos crimes elencados pelos arts. 96 a 108 da Lei 10.741/2003 – Estatuto da Pessoa Idosa –, em face da regra constante do art. 95 do mesmo diploma legal. No tocante ao **estelionato**, há regra específica no art. 171, § 5.º, IV, do Código Penal: a ação será pública condicionada à representação, salvo quando a vítima for **maior de 70 anos** – e não de 60 anos. Cuida-se de regra especial e posterior ao art. 183, III, do Código Penal.[179]

○ **Imunidades penais nos crimes contra o patrimônio e Lei Maria da Penha:** O art. 7.º da Lei 11.340/2006 – Lei Maria da Penha prevê, em rol exemplificativo, diversas formas de violência doméstica e familiar contra a mulher. Uma delas é a **violência patrimonial** (inciso IV). Em decorrência desse inciso, cuja constitucionalidade já foi reconhecida pelo Supremo Tribunal Federal e pelo Superior Tribunal de Justiça, não mais se aplicam as imunidades penais absolutas e relativas nos crimes patrimoniais cometidos pelo homem mediante violência doméstica ou familiar contra a mulher, nos termos do art. 183, I, do Código Penal. Com efeito, após a entrada em vigor da Lei Maria da Penha, todo crime patrimonial praticado com violência doméstica ou familiar contra a mulher é executado com violência à pessoa, afastando os benefícios estatuídos pelos arts. 181 e 182 do Código Penal.[180] Mas há autores com raciocínio diverso, defendendo a manutenção das imunidades penais absolutas e relativas nos crimes patrimoniais cometidos com violência doméstica ou familiar contra a mulher, por duas razões: (1) A Lei Maria da Penha, ao contrário do Estatuto da Pessoa Idosa, não tem regra explícita afastando as imunidades penais; e (2) Não permitir a imunidade ao homem que pratica crime patrimonial contra a mulher, mas assegurá-la à mulher que comete igual delito contra o marido, constitui ofensa ao princípio da razoabilidade.[181] Com o merecido respeito, preferimos manter nosso pensamento, por três motivos: (1) a Lei Maria da Penha foi expressa ao classificar a violência patrimonial como violência doméstica (art. 7.º, IV) e, consequentemente, incide a regra contida no art. 183, I, do CP; (2) a questão acerca da constitucionalidade ou não da especial proteção à mulher vítima de violência doméstica é da essência da Lei 11.340/2006 – e já foi superada pelos Tribunais Superiores – e não somente das imunidades penais nos crimes patrimoniais contra ela praticados. Destarte, se este raciocínio é inconstitucional, toda a Lei Maria da Penha também está acometida deste vício, e, como sabemos, a Lei 11.340/2006 reveste-se de constitucionalidade; e (3) excluem-se as imunidades penais unicamente quando a mulher é vítima de violência patrimonial, pois nessa hipótese o legislador conferiu a ela uma especial proteção, e não apenas pelo fato de ser mulher.

○ **Jurisprudência selecionada:**

Namoro, relação íntima de afeto e finalidade da Lei Maria da Penha: "2. Caracteriza violência doméstica, para os efeitos da Lei 11.340/2006, quaisquer agressões físicas, sexuais ou psicológicas causadas por homem em uma mulher com quem tenha convivido em qualquer relação íntima de afeto, independente de coabitação. 3. O namoro é uma relação íntima de afeto que independe de coabitação; portanto, a agressão do namorado contra a namorada, ainda que tenha cessado o relacionamento, mas que ocorra em decorrência dele, caracteriza violência doméstica. 4. O princípio da isonomia garante que as normas não devem ser simplesmente elaboradas e aplicadas indistintamente a todos os indivíduos, ele vai além, considera a existência de grupos ditos minoritários e hipossuficientes, que necessitam de uma proteção especial para que alcancem a igualdade processual. 5. A Lei Maria da Penha é um exemplo de implementação para a tutela do gênero feminino, justificando-se pela situação de vulnerabilidade e hipossuficiência em que se encontram as mulheres vítimas da violência doméstica e familiar" (STJ: HC 92.875/RS, Rel. Min. Jane Silva – Desembargadora convocada do TJMG, 6.ª Turma, j. 30.10.2008).

---

[179] A redação do art. 171, § 5.º, IV, do Código Penal foi dada pela Lei 13.964/2019 (Pacote Anticrime).
[180] É também a conclusão de DIAS, Maria Berenice. *A Lei Maria da Penha na Justiça.* São Paulo: RT, 2007. p. 52.
[181] É a opinião de CUNHA, Rogério Sanches. *Direito penal*: parte especial. 2. ed. São Paulo: RT, 2009. v. 3, p. 200.

Art. 183-A. Nos crimes de que trata este Título, quando cometidos contra as instituições financeiras e os prestadores de serviço de segurança privada, de que trata o Estatuto da Segurança Privada e da Segurança das Instituições Financeiras, as penas serão aumentadas de 1/3 (um terço) até o dobro.

○ **° Introdução:** O art. 183-A do Código Penal foi criado pela Lei 14.967/2024 – Estatuto da Segurança Privada e da Segurança das Instituições Financeiras. A pena de **qualquer dos crimes contra o patrimônio**, catalogados no Título II da Parte Especial do Código Penal, será aumentada de 1/3 (um terço) até o dobro, quando praticado contra **instituição financeira** ou **prestadores de serviço de segurança privada**. Essa majorante será aplicada, exemplificativamente, aos crimes patrimoniais (furtos e roubos, por exemplo) praticados contra bancos e empresas de transporte de valores (carros fortes).

○ **Natureza jurídica:** Cuida-se de **causa especial de aumento da pena**, incidente tanto sobre a pena privativa de liberdade como na pena de multa. Na pena corporal, deve ser utilizada pelo magistrado na terceira fase da sua dosimetria, e pode fazer com que seja aplicada acima do máximo legal.

○ **Observações:** Esse dispositivo encontra-se em sintonia com as modificações introduzidas no Código Penal pela Lei 13.654/2018, a qual criou a qualificadora prevista no § 4.º-A do art. 155 do Código Penal (furto com emprego de explosivo ou de artefato análogo que cause perigo comum)[182], destinada precipuamente às explosões de caixas eletrônicos, em prejuízo de instituições financeiras, e também a figura circunstanciada do roubo contida no art. 157, § 2.º-A, II, do Código Penal (destruição ou rompimento de obstáculo com emprego de explosivo ou de artefato análogo que cause perigo comum). De fato, o legislador reforça sua preocupação com a tutela das instituições financeiras e, agora, também com os prestadores de serviço de segurança privada, cada vez mais suscetíveis aos delitos patrimoniais, muitas vezes cometidos por organizações criminosas.

○ **Instituição financeira:** Seu conceito encontra-se no art. 1.º da Lei 7.492/1986, e abrange: (a) a pessoa jurídica de direito público ou privado, que tenha como atividade principal ou acessória, cumulativamente ou não, a captação, intermediação ou aplicação de recursos financeiros de terceiros, em moeda nacional ou estrangeira, ou a custódia, emissão, distribuição, negociação, intermediação ou administração de valores mobiliários (*caput*); (b) a pessoa jurídica que capte ou administre seguros, câmbio, consórcio, capitalização ou qualquer tipo de poupança, ou recursos de terceiros (parágrafo único, I); (c) a pessoa jurídica que ofereça serviços referentes a operações com ativos virtuais, inclusive intermediação, negociação ou custódia (parágrafo único, I-A); e (d) a pessoa natural que exerça quaisquer das atividades acima mencionadas, ainda que de forma eventual (parágrafo único, II).

○ **Serviço de segurança privada:** A segurança privada e a segurança das dependências das instituições financeiras são matérias de interesse nacional (art. 1.º, parágrafo único, da Lei 14.967/2024). Os **serviços de segurança privada** serão prestados por pessoas jurídicas especializadas ou por meio das empresas e dos condomínios edilícios possuidores de serviços orgânicos de segurança privada, neste último caso, em proveito próprio, com ou sem utilização de armas de fogo e com o emprego de profissionais habilitados e de tecnologias e equipamentos de uso permitido (art. 2.º, da Lei 14.967/2024).

---

[182] A preocupação do legislador foi tão grande que tal crime rotulado com a nota da hediondez (art. 1.º, IX, da Lei 8.072/1990).

TÍTULO III –
DOS CRIMES CONTRA A PROPRIEDADE IMATERIAL

○ **Fundamento de validade:** Os crimes contra a propriedade imaterial encontram seu fundamento de validade em diversos dispositivos da Constituição Federal. São legítimos, portanto, por estarem em sintonia com uma visão constitucional do Direito Penal. Nos termos do art. 5.º, IX, da CF, "é livre a expressão da atividade intelectual, artística, científica e de comunicação, independentemente de censura ou licença". E, por sua vez, seu inciso XXVII estabelece que "aos autores pertence o direito exclusivo de utilização, publicação ou reprodução de suas obras, transmissível aos herdeiros pelo tempo que a lei fixar". O art. 216 da Lei Suprema também disciplina a matéria.

○ **Bens imateriais:** Os bens imateriais são incorpóreos, mas têm valor econômico. Integram a propriedade intelectual e são protegidos pelo Direito a partir do momento em que se concretizam em obras científicas, literárias, artísticas e invenções em geral.

Capítulo I –
DOS CRIMES CONTRA A PROPRIEDADE INTELECTUAL

Violação de direito autoral

Art. 184. Violar direitos de autor e os que lhe são conexos:

Pena – detenção, de 3 (três) meses a 1 (um) ano, ou multa.

§ 1º Se a violação consistir em reprodução total ou parcial, com intuito de lucro direto ou indireto, por qualquer meio ou processo, de obra intelectual, interpretação, execução ou fonograma, sem autorização expressa do autor, do artista intérprete ou executante, do produtor, conforme o caso, ou de quem os represente:

Pena – reclusão, de 2 (dois) a 4 (quatro) anos, e multa.

§ 2º Na mesma pena do § 1º incorre quem, com o intuito de lucro direto ou indireto, distribui, vende, expõe à venda, aluga, introduz no País, adquire, oculta, tem em depósito, original ou cópia de obra intelectual ou fonograma reproduzido com violação do direito de autor, do direito de artista intérprete ou executante ou do direito do produtor de fonograma, ou, ainda, aluga original ou cópia de obra intelectual ou fonograma, sem a expressa autorização dos titulares dos direitos ou de quem os represente.

§ 3º Se a violação consistir no oferecimento ao público, mediante cabo, fibra ótica, satélite, ondas ou qualquer outro sistema que permita ao usuário realizar a seleção da obra ou produção para recebê-la em um tempo e lugar previamente determinados por quem formula a demanda, com intuito de lucro, direto ou indireto, sem autorização expressa, conforme o caso, do autor, do artista intérprete ou executante, do produtor de fonograma, ou de quem os represente:

Pena – reclusão, de 2 (dois) a 4 (quatro) anos, e multa.

§ 4º O disposto nos §§ 1º, 2º e 3º não se aplica quando se tratar de exceção ou limitação ao direito de autor ou os que lhe são conexos, em conformidade com o previsto na Lei nº 9.610, de 19 de fevereiro de 1998, nem a cópia de obra intelectual ou fonograma, em um só exemplar, para uso privado do copista, sem intuito de lucro direto ou indireto.

Classificação:	Informações rápidas:
Crime comum	**Norma penal em branco homogênea**: deve ser complementada pela Lei 9.610/1998.
Crime formal	
Crime doloso	Os direitos autorais reputam-se, para os efeitos legais, **bens móveis.**
Crime de forma livre	
Crime unissubjetivo (*regra*)	Admite tentativa.
Crime plurissubsistente (*regra*)	Crime de elevado potencial ofensivo.
Crime instantâneo	Não abrange *softwares* (v. Lei 9.609/1998).
	Elementos normativos: "com violação do direito de autor" e "sem autorização expressa" (se tácita, subsiste o crime).

○ **Introdução:** O art. 184, *caput*, do CP dispõe sobre "direitos de autor e os que lhe são conexos" – redação conferida pela Lei 10.695/2003. A disciplina dos direitos autorais encontra-se na Lei 9.610/1998, editada com o propósito de alterar, atualizar e consolidar a legislação sobre direitos autorais. Portanto, o art. 184 do CP caracteriza-se como **lei penal em branco homogênea ou** *lato sensu* (o preceito primário da lei penal incriminadora é complementado por outra lei). Para a Lei 9.610/1998, os direitos autorais reputam-se, para os efeitos legais, **bens móveis** (art. 3.º). É considerado autor a pessoa física criadora de obra literária, artística ou científica (art. 11, caput). Ao autor são assegurados os direitos patrimoniais e morais sobre a obra que criou (art. 22), cabendo-lhe o direito exclusivo de utilizar, fruir e dispor da sua obra (art. 28). Contudo, os direitos de autor poderão ser total ou parcialmente transferidos a terceiros, por ele ou por seus sucessores, a título universal ou singular, pessoalmente ou por meio de representantes com poderes especiais, por meio de licenciamento, concessão, cessão ou por outros meios admitidos em Direito, desde que obedecidas as limitações previstas no art. 49 da Lei 9.610/1998. Nota-se, pois, que os **direitos de autor** podem ser patrimoniais ou morais. São objeto de estudo de um novo ramo do Direito, intimamente relacionado com o Direito Civil, denominado de Direito Autoral.[178] **Direitos de autor patrimoniais** são os que

---

[178] O Direito autoral "é o ramo do Direito Privado que regula as relações jurídicas, advindas da criação e da utilização econômica de obras intelectuais estéticas e compreendidas na literatura, nas artes e nas ciências. As relações regidas por esse Direito nascem com a criação da obra, exsurgindo, do próprio ato criador, direitos respeitantes à sua face pessoal (como os direitos de paternidade, de nominação, de integridade da obra) e,

dizem respeito à gravação ou fixação, à extração de cópias para comercialização, à sincronização ou inserção em filmes, em geral, à tradução, adaptação e outras transformações e à execução pública de uma obra. Os **direitos morais de autor** relacionam-se à paternidade do autor sobre a obra, à indicação do nome do autor ou intérprete na utilização de sua obra, à conservação da obra inédita, à garantia de integridade da obra, à modificação da obra, à retirada da obra de circulação ou suspensão da utilização já autorizada e ao acesso a exemplar único e raro da obra que esteja, legitimamente, em poder de terceiro.[179] Mas o tipo penal também se refere aos **direitos conexos aos de autor**, isto é, os relativos "aos direitos dos artistas intérpretes ou executantes, dos produtores fonográficos e das empresas de radiodifusão". E o parágrafo único do citado dispositivo legal é claro ao estabelecer que a proteção legal aos direitos conexos aos de autor deixa intactas e não afeta as garantias asseguradas aos autores das obras literárias, artísticas ou científicas. O acréscimo dos direitos conexos aos de autor pela Lei 10.695/2003 está em conformidade com as alterações igualmente efetuadas nos §§ 1.º a 3.º do art. 184 do CP, pois se faz referência não apenas ao autor da obra intelectual, mas também ao artista intérprete, ao executante e ao produtor.

○ **Tipo fundamental ou modalidade simples (art. 184, *caput*)**

– **Núcleo do tipo:** O núcleo do tipo é **violar**, que significa transgredir, infringir, ofender. Trata-se de **crime de forma livre**, compatível com qualquer meio de execução. Em regra, é praticado mediante ação (crime comissivo), mas também pode ser cometido por omissão, desde que o sujeito tenha o dever de agir para impedir o resultado e se omita dolosamente (crime omissivo impróprio, espúrio ou comissivo por omissão).

– **Objeto jurídico:** Em todas as hipóteses previstas no art. 184 do Código Penal, é a **propriedade imaterial**, a relação jurídica entre o autor e sua obra, em função da criação (direitos morais), da respectiva inserção em circulação (direitos patrimoniais), e perante todos os que, no circuito correspondente, vierem a ingressar (o Estado, a coletividade como um todo, o explorador econômico, o usuário, o adquirente de exemplar).[180]

– **Objeto material:** É a obra literária, artística ou científica atingida pela conduta criminosa.

– **Sujeito ativo:** Qualquer pessoa (**crime comum**).

– **Sujeito passivo:** O autor da obra literária, artística ou científica, seus herdeiros ou sucessores, ou ainda qualquer outra pessoa que seja titular dos direitos autorais.

– **Elemento subjetivo:** É o dolo. Não se admite a modalidade culposa, e também não se exige nenhuma finalidade específica.

– **Consumação:** Dá-se com a efetiva violação dos direitos de autor e os que lhe são conexos. Basta a realização da conduta, sendo prescindível a superveniência do resultado naturalístico, consistente na causação de prejuízo para a vítima. O crime é **formal, de resultado cortado ou de consumação antecipada**.

– **Tentativa:** É possível.

– **Causas de exclusão da tipicidade:** Os arts. 46, 47 e 48 da Lei 9.610/1998 apresentam diversas limitações aos direitos autorais, caracterizando autênticas causas excludentes da tipicidade. O fato passa a ser atípico, uma vez que não se enquadra no modelo sintético definido pelo art. 184 do CP.

---

de outro lado, com sua comunicação ao público, os direitos patrimoniais (distribuídos por dois grupos de processos, a saber, os de representação e os de reprodução da obra, como, por exemplo, para as músicas, os direitos de fixação gráfica, de gravação, de inserção em fita, de inserção em filme, de execução e outros)". BITTAR, Carlos Alberto. *Direitos de autor*. 4. ed. Rio de Janeiro: Forense Universitária, 2003. p. 8.

[179] Cf. COSTA NETO, José Carlos. *Direito autoral no Brasil*. São Paulo: FTD, 1998. p. 179.

[180] Vide BITTAR, Carlos Alberto. *Direitos de autor*. 4. ed. Rio de Janeiro: Forense Universitária, 2003. p. 19.

– **Lei 9.099/1995:** A violação de direito autoral, em sua modalidade simples, constitui-se em **infração penal de menor potencial ofensivo**. Aplicam-se, portanto, as regras previstas na Lei 9.099/1995. Em todas as hipóteses, as qualificadoras são definidas como **crimes de elevado potencial ofensivo**: a pena mínima cominada em abstrato (2 anos) é incompatível com os benefícios da Lei 9.099/1995, inclusive com a suspensão condicional do processo.

○ **Figuras qualificadas (art. 184, §§ 1.º, 2.º e 3.º):** O legislador acresce ao núcleo "violar" circunstâncias que aumentam a pena. Ver, nos comentários a seguir, as especificidades de cada figura, aplicando-se, no mais, os comentários feitos quanto ao *caput*.

○ **Figura qualificada do § 1.º:**

– **Fundamento:** Fundamenta-se a qualificadora na maior facilidade para violação de direitos autorais quando se utilizam as gravações em geral, que ensejam a divulgação da obra violada para locais distantes, e para um grande público, proporcionando uma mais ampla e prejudicial lesão ao bem jurídico penalmente tutelado.

– **Objeto material:** É a obra intelectual, interpretação, execução ou fonograma. **Obras intelectuais**, para fins de proteção legal, são as criações do espírito, expressas por qualquer meio ou fixadas em qualquer suporte, tangível ou intangível, conhecido ou que se invente no futuro. O art. 7.º da Lei 9.610/1998 apresenta uma relação exemplificativa de obras intelectuais. **Interpretação e execução** são formas de exteriorização de um direito autoral. **Fonograma** é toda fixação de sons de uma execução ou interpretação ou de outros sons, ou de uma representação de sons que não seja uma fixação incluída em uma obra audiovisual (Lei 9.610/1998, art. 5.º, inc. IX). São exemplos de fonogramas os sons armazenados em discos, CDs e fitas cassetes, entre outros. O legislador olvidou-se do **videofonograma**, isto é, toda e qualquer fixação conjunta de sons e imagens (exemplos: DVDs, fitas de videocassete etc.). Em face da omissão legislativa questiona-se se é atípica a violação, mediante reprodução total ou parcial, com intuito de lucro direto ou indireto, por qualquer meio ou processo, de videofonograma, sem autorização expressa do autor, do artista intérprete ou executante, do produtor ou de quem os represente. Não nos parece. Com efeito, os videofonogramas, assim como os fonogramas, são espécies das obras intelectuais. Destarte, este fator, por si só, já autoriza a criminalização da reprodução indevida de fonogramas. Mas não para por aí. De fato, a interpretação extensiva leva à seguinte conclusão: se os fonogramas, que contêm somente sons, são protegidos penalmente, os videofonogramas, que além do som também armazenam imagens, com maior razão também devem sê-lo. A finalidade da Lei 10.695/2003 foi conferir maior proteção aos direitos autorais, e não abrir brechas para violações criminosas. Os **programas de computador** são objeto de legislação específica (Lei 9.610/1998, art. 7.º, § 1.º). Atualmente, o crime de violação de direito do autor de programas produzidos para computador (softwares) está definido pelo art. 12 da Lei 9.609/1998.

– **Núcleo do tipo:** *"Violar"*, mas de forma diferenciada: mediante a reprodução, total ou parcial, de obra intelectual, interpretação, execução ou fonograma. *Reprodução* é a cópia de um ou vários exemplares de obra literária, artística ou científica ou de fonograma, de qualquer forma tangível, incluindo qualquer armazenamento permanente ou temporário por meios eletrônicos ou qualquer outro meio de fixação que venha a ser desenvolvido (Lei 9.610/1998, art. 5.º, VI). Essa reprodução se dá por qualquer meio ou processo. *Meio* é um recurso empregado para atingir um determinado objetivo, com um significado mais restrito e menos extenso na linha do tempo; *processo* é uma sequência de atos ou estágios com a finalidade de atingir certa meta, possuindo uma noção mais ampla e mais extensa na linha do tempo. Logo, para a reprodução não autorizada de obra intelectual de um modo geral, tanto faz que o agente utilize um método singular (meio) ou uma sequência deles (processo).[181]

---

[181] NUCCI, Guilherme de Souza. *Código Penal comentado*. 8. ed. São Paulo: RT, 2008. p. 825.

– **Elemento subjetivo:** É o dolo, aliado a um especial fim de agir, consistente no "intuito de lucro direto ou indireto". **Lucro direto** é aquele em que o sujeito aufere imediatamente vantagem econômica, mediante a violação de direito autoral. **Lucro indireto** é aquele em que o agente se vale de intermediários ou de ocasiões específicas para, ofendendo direitos autorais, obter indevida vantagem econômica.

– **Sujeito passivo:** É o autor, artista intérprete ou executante, produtor ou quem os represente. **Autor** é a pessoa física criadora da obra intelectual (Lei 9.610/1998, art. 11, caput). **Artistas intérpretes** ou **executantes** são atores, cantores, músicos, bailarinos ou outras pessoas que representem um papel, cantem, recitem, declamem, interpretem ou executem em qualquer forma obras literárias ou artísticas ou expressões do folclore (Lei 9.610/1998, art. 5.º, XIII). **Produtor** é a pessoa física ou jurídica que toma a iniciativa e tem a responsabilidade econômica da primeira fixação do fonograma ou da obra audiovisual, qualquer que seja a natureza do suporte utilizado (Lei 9.610/1998, art. 5.º, XI).

– **Elemento normativo do tipo:** É representado pela expressão **"sem autorização expressa"**. Destarte, se existir autorização expressa do autor, do artista intérprete ou executante, do produtor, conforme o caso, ou de quem os represente, a violação de direito autoral caracterizada pela reprodução total ou parcial, ainda que com intuito de lucro direto ou indireto, por qualquer meio ou processo, de obra intelectual, interpretação, execução ou fonograma, será fato atípico. A autorização há de ser expressa; se tácita, subsiste o crime.

○ **Figura qualificada do § 2.º:**

– **Núcleo do tipo: distribuir** (fazer circular, entregando os objetos materiais a diversas pessoas), **vender** (ato de transferir o domínio de certa coisa mediante o pagamento de determinado preço), **expor à venda** (oferecer os objetos de modo a atrair os compradores), **alugar** (ceder por tempo, determinado ou não, o uso e gozo de coisa não fungível, mediante certa retribuição), **introduzir no País** (fazer ingressar no território nacional), **adquirir** (obter), **ocultar** (esconder por um tempo) e **ter em depósito** (manter guardado em determinado local).[182] Trata-se de **tipo misto alternativo, crime de ação múltipla ou de conteúdo variado**: estará configurado crime único se o agente praticar duas ou mais condutas no tocante ao mesmo objeto material.

– **Objeto material:** É o original ou cópia de obra intelectual ou fonograma reproduzido com violação do direito de autor, do direito de artista intérprete ou executante ou do direito do produtor de fonograma. O tipo penal não se reporta à obra intelectual ou fonograma **produzido** com violação de direito autoral. É imprescindível, pois, a utilização da interpretação extensiva, com a finalidade de aumentar o alcance da palavra "reproduzido", para abarcar também o termo "produzido". **Original** é a obra intelectual ou fonograma em sua forma primitiva, isto é, realizada pela primeira vez. **Cópia** é a reprodução do original, efetuada por qualquer modo. Há crime quando o sujeito se vale tanto do original como da cópia. Como destaca a Súmula 502 do Superior Tribunal de Justiça: "Presentes a materialidade e a autoria, afigura-se típica, em relação ao crime previsto no art. 184, § 2º, do CP, a conduta de expor à venda CDs e DVDs piratas." A retirada indevida de cópia do original de obra intelectual caracteriza o crime tipificado pelo art. 184, caput, do CP. Se tal conduta for realizada com alguma das finalidades elencadas neste parágrafo, a figura qualificada absorverá a modalidade simples, por se tratar de crime-meio para a consecução de um crime-fim (princípio da consunção). No mais, vale o que foi dito no tocante à qualificadora definida pelo art. 184, § 1.º, do CP.

– **Consumação:** Ficam mantidos os comentários tecidos por ocasião da análise do *caput*. A qualificadora representa um crime permanente.

– **Elementos normativos do tipo:** O dispositivo em estudo contém dois elementos normativos: "com violação do direito de autor" e "sem a expressa autorização dos titulares dos direitos ou de

---

[182] GRECO, Rogério. *Código Penal comentado*. 2. ed. Niterói: Impetus, 2009. p. 519.

quem os represente". Em ambas as hipóteses a autorização do titular do direito autoral acarreta a atipicidade do fato.

○ **Figura qualificada do § 3.º:** Trata-se de qualificadora que se fundamenta na evolução tecnológica, pois, no mundo globalizado, existem modos mais rápidos e eficazes de acesso a obras intelectuais e fonogramas em geral, com a violação cada vez mais comum de direitos autorais. Este foi o motivo que levou o legislador a punir tal conduta criminosa de forma sensivelmente mais rígida. Atualmente, é possível a violação do direito de autor com o uso da rede mundial de computadores, por exemplo, valendo-se o agente do crime de oferecimento ao público, com intuito de lucro, de músicas, filmes, livros e outras obras, proporcionando ao usuário que as retire da rede, pela via de cabo ou fibra ótica, conforme o caso, instalando-as em seu computador. O destinatário da obra paga pelo produto, mas o dinheiro recebido nunca chega ao seu autor. Assim, o fornecedor não promove a venda direta ao consumidor do produto, mas coloca em seu sítio eletrônico, à disposição dos interessados, para download as obras que o autor não autorizou que fossem expressamente assim utilizadas ou comercializadas.[183] A figura qualificada não se aplica ao oferecimento ao público de obras intelectuais ou fonogramas em geral sem intuito de lucro direto ou indireto. Em tais casos, se restar caracterizada a violação de direito autoral ou dos que lhe são conexos, incide o crime tipificado pelo art. 184, *caput*, do CP.

○ **Exceções ou limitações aos direitos autorais (art. 184, § 4.º, do CP):** A primeira parte do dispositivo legal é inócua, pois os arts. 46, 47 e 48 da Lei 9.610/1998 já definem as exceções e limitações aos direitos autorais, constituindo autênticas causas legais de exclusão da tipicidade. As exceções ou limitações aos direitos autorais arroladas pela Lei 9.610/1998 também se aplicam ao crime fundamental de violação de direito autoral (CP, art. 184, *caput*). A segunda parte do art. 184, § 4.º, do CP também era completamente dispensável. Deveras, permitiu-se a cópia de obra intelectual ou fonograma, em um só exemplar, para uso privado do copista, **sem intuito de lucro direto ou indireto**. E, como se sabe, os crimes qualificados definidos pelo art. 184, §§ 1.º, 2.º e 3.º do CP, reclamam, além do dolo, um especial fim de agir, representado pelo intuito de lucro direto ou indireto. Destarte, ausente a referida finalidade, o fato será atípico.

○ **Crimes contra a propriedade intelectual e princípio da adequação social:** Ainda que seja comum nos dias atuais a movimentação aberta de produtos de origem ilícita, especialmente pela violação de direitos autorais e correlatos, não se pode falar em atipicidade da conduta, em face do acolhimento do princípio da adequação social. Inexiste, propriamente, adequação social. O que se verifica, na prática, é a intenção de algumas pessoas (fornecedores e consumidores) de se aproveitarem da ausência de fiscalização efetiva, bem como da corrupção de parcela dos agentes públicos, para tirarem proveito do comércio de produtos de procedência espúria, com efeitos vastos e danosos a todos. O STF e o STJ repudiam a tese de atipicidade da conduta nos crimes contra a propriedade intelectual em face do princípio da adequação social.

○ **Jurisprudência selecionada:**

Aquisição e ocultação de CDs e DVDs falsificados – intuito de lucro – pena aplicável: "Deve ser aplicado o preceito secundário a que se refere o § 2º do art. 184 do CP, e não o previsto no § 1º do art. 12 da Lei 9.609/1998, para a fixação das penas decorrentes da conduta de adquirir e ocultar, com intuito de lucro, CDs e DVDs falsificados. O preceito secundário descrito no

---

[183] Cf. NUCCI, Guilherme de Souza. *Código Penal comentado.* 8. ed. São Paulo: RT, 2008. p. 828.

§ 1º do art. 12 da Lei 9.609/1998 é destinado a estipular, em abstrato, punição para o crime de violação de direitos de autor de programa de computador, delito cujo objeto material é distinto do tutelado pelo tipo do § 2º do art. 184 do Código Penal. Desta feita, não havendo adequação típica da conduta em análise ao previsto no § 1º do art. 12 da Lei 9.609/1998, cumpre aplicar o disposto no § 2º do art. 184 do Código Penal, uma vez que este tipo é bem mais abrangente, sobretudo após a redação que lhe foi dada pela Lei 10.695/2003. Ademais, não há desproporcionalidade da pena de reclusão de dois a quatro anos e multa quando comparada com reprimendas previstas para outros tipos penais, pois o próprio legislador, atento aos reclamos da sociedade que representa, entendeu merecer tal conduta pena considerável, especialmente pelos graves e extensos danos que acarreta, estando geralmente relacionada a outras práticas criminosas, como a sonegação fiscal e a formação de quadrilha" (STJ: HC 191.568/SP, rel. Min. Jorge Mussi, 5.ª Turma, j. 07.02.2013, noticiado no *Informativo* 515).

CDs e DVDs falsificados – princípio da adequação social – inaplicabilidade: "É típica, formal e materialmente, a conduta de expor à venda em estabelecimento comercial CDs e DVDs falsificados, prevista no art. 184, § 2º, do Código Penal. Não é possível aplicar o princípio da adequação social à conduta de vender CDs e DVDs falsificados, considerando que tal conduta não afasta a incidência da norma penal incriminadora de violação de direito autoral, além de caracterizar ofensa a direito constitucionalmente assegurado (art. 5º, XXVII, da CF). O fato de, muitas vezes, haver tolerância das autoridades públicas em relação a tal prática não significa que a conduta não seja mais tida como típica, ou que haja exclusão de culpabilidade, razão pela qual, pelo menos até que advenha modificação legislativa, incide o tipo penal, mesmo porque o próprio Estado tutela o direito autoral. Não se pode considerar socialmente tolerável uma conduta que causa sérios prejuízos à indústria fonográfica brasileira e aos comerciantes legalmente instituídos, bem como ao Fisco pelo não pagamento de impostos" (STJ: REsp 1.193.196/MG, rel. Min. Maria Thereza de Assis Moura, 3.ª Seção, j. 26.09.2012, noticiado no *Informativo* 505).

Princípio da adequação social – inaplicabilidade: "1. O princípio da adequação social reclama aplicação criteriosa, a fim de se evitar que sua adoção indiscriminada acabe por incentivar a prática de delitos patrimoniais, fragilizando a tutela penal de bens jurídicos relevantes para vida em sociedade. 2. A violação ao direito autoral e seu impacto econômico medem-se pelo valor que os detentores das obras deixam de receber ao sofrer com a 'pirataria', e não pelo montante que os falsificadores obtêm com a sua atuação imoral e ilegal. 3. Deveras, a prática não pode ser considerada socialmente tolerável haja vista os expressivos prejuízos experimentados pela indústria fonográfica nacional, pelos comerciantes regularmente estabelecidos e pelo Fisco, fato ilícito que encerra a burla ao pagamento de impostos" (STF: HC 120.994/SP, rel. Min. Luiz Fux, 1.ª Turma, j. 29.04.2014). *No mesmo sentido*: STF: HC 98.898/SP, rel. Min. Ricardo Lewandowski, 1.ª Turma, j. 20.04.2010; e STJ: AgRg no AREsp 282.676/AC, rel. Min. Marilza Maynard (Desembargadora convocada do TJ/SE), 6.ª Turma, j. 06.05.2014.

Prova da materialidade do fato – desnecessidade da identificação das vítimas – inaplicabilidade do princípio da adequação social: "A 1ª Turma negou provimento a recurso ordinário em 'habeas corpus' para determinar o prosseguimento de ação penal em que o recorrente, acusado pela suposta prática do crime de violação de direito autoral (CP, art. 184), pleiteava o trancamento de ação penal. No caso, a defesa alegava: a) falta de lastro probatório mínimo da materialidade delitiva; b) ausência da identificação das vítimas do delito; e c) aplicação do princípio da adequação social. A Turma consignou que o trancamento da ação penal na via do 'habeas corpus' só se mostraria cabível em casos excepcionalíssimos, hipóteses que não estariam evidenciadas na espécie. Reputou que seria suficiente a comprovação da materialidade delitiva a partir da apreensão de mídias contrafeitas, produzidas no intuito de lucro e comprovadamente falsificadas por laudo pericial. Considerou desnecessária a identificação das vítimas, uma vez que a medida não seria pressuposto do tipo penal e manteria inalterada a materialidade delitiva. Aduziu que se deveria afastar a aplicação do princípio da adequação social nos crimes de violação de direito autoral, porquanto a adoção indiscriminada do postulado acabaria por incentivar a prática de delitos patrimoniais, o que fragilizaria a tutela penal de bens jurídicos relevantes para a vida em sociedade. Ressaltou que a prática em comento não poderia ser considerada socialmente tolerável, haja vista os expressivos prejuízos experimentados pela indústria fonográfica nacional, pelos comerciantes regularmente estabelecidos e pelo Fisco, uma vez que o delito encerraria a burla ao pagamento de impostos" (STF: RHC 122.127/ES, rel. Min. Rosa Weber, 1.ª Turma, j. 19.08.2014, noticiado no *Informativo* 755).

Prova da materialidade do fato – identificação dos produtores das mídias originais e inquirição das vítimas – desnecessidade: "Para a comprovação da prática do crime de violação de direito autoral de que trata o § 2º do art. 184 do CP, é dispensável a identificação dos produtores das mídias originais no laudo oriundo de perícia efetivada nos objetos falsificados apreendidos, sendo, de igual modo, desnecessária a inquirição das supostas vítimas para que elas confirmem eventual ofensa a seus direitos autorais. De acordo com o § 2º do art. 184 do CP, é formalmente típica a conduta de quem, com intuito de lucro direto ou indireto, adquire e oculta cópia de obra intelectual ou fonograma reproduzido com violação do direito de autor, do direito de artista intérprete ou do direito do produtor de fonograma. Conforme o art. 530-D do CPP, deve ser realizada perícia sobre todos os bens apreendidos e elaborado laudo, que deverá integrar o inquérito policial ou o processo. O exame técnico em questão tem o objetivo de atestar a ocorrência ou não de reprodução procedida com violação de direitos autorais. Comprovada a materialidade delitiva por meio da perícia, é totalmente desnecessária a identificação e inquirição das supostas vítimas, até mesmo porque o ilícito em exame é apurado mediante ação penal pública incondicionada, nos termos do inciso II do art. 186 do CP" (STJ: HC 191.568/SP, rel. Min. Jorge Mussi, 5.ª Turma, j. 07.02.2013, noticiado no *Informativo* 515). *No mesmo sentido*: STJ: AgRg no REsp 1.448.433/MG, rel. Min. Moura Ribeiro, 5.ª Turma, j. 03.06.2014.

Prova da materialidade do fato – suficiência da perícia realizada por amostragem no tocante ao material apreendido – desnecessidade da identificação dos titulares dos direitos autorais ofendidos – crime de natureza formal: "É suficiente, para a comprovação da materialidade do delito previsto no art. 184, § 2.º, do CP, a perícia realizada, por amostragem, sobre os aspectos externos do material apreendido, sendo desnecessária a identificação dos titulares dos direitos autorais violados ou de quem os represente. No que diz respeito à comprovação da materialidade dos delitos contra a propriedade intelectual, a Lei 10.695/2003 (Lei Antipirataria), além de modificar o art. 184 do CP, incluiu, para facilitar a apuração desses crimes, os arts. 530-A e seguintes no CPP, prevendo a possibilidade de elaboração de laudo pericial por apenas um perito. Previu-se, também, nos crimes de ação penal pública incondicionada – aos quais se aplica o procedimento previsto nos arts. 530-B a 530-H –, a possibilidade de a autoridade policial agir de ofício, apreendendo o produto ilícito e tomando as medidas necessárias para cessar a atividade criminosa. Daí o debate sobre: (a) se a materialidade do crime previsto no art. 184, § 2.º, do CP pode ser comprovada mediante laudo pericial feito por amostragem do produto apreendido; (b) se é suficiente a análise de características externas do material apreendido para a aferição da falsidade necessária à tipificação do delito descrito no art. 184, § 2º, do CP; e, ainda, (c) se, para a configuração do delito em questão, é dispensável a identificação individualizada dos titulares dos direitos autorais violados ou de quem os represente. Quanto ao primeiro ponto em debate (a), realmente, o art. 530-D do CPP dispõe que 'Subsequente à apreensão, será realizada, por perito oficial, ou, na falta deste, por pessoa tecnicamente habilitada, perícia sobre todos os bens apreendidos e elaborado o laudo que deverá integrar o inquérito policial ou o processo'. Entretanto, ainda que esse dispositivo legal literalmente disponha que a perícia deve ser realizada sobre 'todos os bens apreendidos', a materialidade do crime previsto no art. 184, § 2º, do CP pode ser comprovada mediante laudo pericial feito por amostragem do produto apreendido, já que basta a apreensão de um único objeto para que, realizada a perícia e identificada a falsidade do bem periciado, tenha-se como configurado o delito em questão. Nesse sentido, a Sexta Turma do STJ (HC 213.758/SP, *DJe* 10.04.2013) já definiu que 'há critérios estatísticos aptos a permitir que o perito conclua sobre a falsidade ou autenticidade dos bens a partir de exemplares representativos da amostra apreendida [...] contraproducente a análise de dezenas ou mesmo de centenas de produtos praticamente idênticos para fins de comprovação da materialidade do delito de violação de direito autoral. Entender de forma diversa o disposto no art. 530-D do Código de Processo Penal apenas dificultaria a apuração do delito em questão e retardaria o término do processo judicial, em inobservância ao princípio constitucional da razoável duração do processo (CF, art. 5º, LXXVIII)', de modo que 'a exigência do legislador de que a perícia seja realizada sobre todos os bens apreendidos se presta, na verdade, não para fins de comprovação da materialidade delitiva, mas para fins de dosimetria da pena, mais especificamente para a exasperação da reprimenda-base, uma vez que se mostra mais acentuada a reprovabilidade do agente que reproduz, por exemplo, com intuito de lucro, 500 obras intelectuais, [...] do que aquele que, nas mesmas condições reproduz apenas 20'. Do mesmo modo, a Quinta Turma do STJ (AgRg no REsp 1.451.608/SP, *DJe* 05.06.2015) também entende que a materialidade do delito previsto no art. 184, § 2º, do CP pode ser comprovada mediante perícia por amostragem no material apreendido. Em relação ao segundo ponto (b), deve-se destacar que o STJ já possui o entendimento de que é dispensável excesso de formalismo para a constatação da materialidade do crime de violação de direito autoral, de modo que a simples análise de características externas dos objetos apreendidos é suficiente para a aferição da falsidade necessária à configuração do delito descrito no art. 184, § 2º, do CP. Nessa perspectiva, registre-se que, conforme a Quinta Turma do STJ, a análise das características externas, tais como a padronização das impressões gráficas, presença de logotipo padrão, códigos IFPI, nome do fabricante, cor do disco, e a conclusão de que os objetos não possuem características de fabricação comuns, são suficientes a atestar a falsificação, 'até mesmo porque, na maioria dos casos, o conteúdo da mídia falsificada é idêntico ao produto original, situando a diferença unicamente em seus aspectos externos' (AgRg no REsp 1.359.458/MG, *DJe* 19. 12.2013). Ademais, seguindo o intuito da legislação pátria de facilitar o combate à pirataria, não seria razoável exigir minúcias no laudo pericial, como a análise do conteúdo das mídias apreendidas, mesmo porque 'a caracterização da materialidade delitiva [...] pode ser afirmada [até mesmo] por exames visuais sobre a mídia fraudada' (AgRg no REsp 1.441.840/MG, Quinta Turma, *DJe* 10.06.2014). Com a mesma compreensão, a Sexta Turma do STJ (AgRg no REsp 1.499.185/MG, *DJe* 09.03.2015). Por fim, no tocante à terceira questão em debate (c), de fato, para a configuração do crime em questão, é dispensável a identificação individualizada dos titulares dos direitos autorais violados ou de quem os represente. Isso porque a violação de direito autoral extrapola a individualidade do titular do direito, devendo ser tratada como ofensa ao Estado e a toda a coletividade, visto que acarreta a diminuição na arrecadação de impostos, reduz a oferta de empregos formais, causa prejuízo aos consumidores e aos proprietários legítimos e fortalece o poder paralelo e a prática de atividades criminosas conexas à venda desses bens, aparentemente inofensiva. Sob essa orientação, posicionam-se tanto a Quinta Turma (HC 273.164/ES, *DJe* 05.02.2014) quanto a Sexta Turma (AgRg no AREsp 416.554/SC, *DJe* 26/3/2015) do STJ. Além disso, o tipo penal descrito no art. 184, § 2º, do CP, é perseguido, nos termos do art. 186, II, do mesmo diploma normativo, mediante ação penal pública incondicionada, de modo que não é exigida nenhuma manifestação do detentor do direito autoral violado para que se dê início à ação penal. Consequentemente, não é coerente se exigir a sua individualização para a configuração do delito em questão. Saliente-se, ainda, que o delito previsto no art. 184, § 2º, do CP é de natureza formal. Portanto, não demanda, para sua consumação, a ocorrência de resultado naturalístico, o que corrobora a prescindibilidade de identificação dos titulares dos direitos autorais violados ou de quem os represente para a configuração do crime em questão" (STJ: REsp 1.456.239/MG e REsp 1.485.832/MG, rel. Min. Rogerio Schietti Cruz, 3.ª Seção, j. 12.08.2015, noticiado no *Informativo* 567).

Usurpação de nome ou pseudônimo alheio

Art. 185. (Revogado).

○ **Revogação:** O art. 185 do Código Penal foi expressamente revogado pela Lei 10.695/2003.

Art. 186. Procede-se mediante:

I – queixa, nos crimes previstos no *caput* do art. 184;

II – ação penal pública incondicionada, nos crimes previstos nos §§ 1º e 2º do art. 184;

III – ação penal pública incondicionada, nos crimes cometidos em desfavor de entidades de direito público, autarquia, empresa pública, sociedade de economia mista ou fundação instituída pelo Poder Público;

IV – ação penal pública condicionada à representação, nos crimes previstos no § 3º do art. 184.

Informações rápidas:

Duplicidade de procedimentos
- art. 184, *caput*: ação penal privada – arts. 524 a 530 do CPP (ver exceção para art. 184, *caput*);
- art. 184, §§ 1.º, 2.º e 3.º: ação penal pública incondicionada ou condicionada – arts. 530-B a 530-H do CPP.

Assistente da acusação: admite-se para qualquer espécie de ação penal sobre direitos autorais (CPP, art. 530-H).

Competência: em regra, da *Justiça Comum Estadual*. Se houver internacionalidade da conduta e ofensa a interesse da União, suas autarquias ou empresas públicas, a competência será da *Justiça Federal*.

○ **Ação penal na modalidade simples de violação de direito autoral (art. 184, *caput*):** Na **modalidade simples** a ação penal é **privada**, pois somente se procede mediante queixa (CP, art. 186, I). Se, contudo, o crime for **cometido em desfavor de entidades de direito público, autarquia, empresa pública, sociedade de economia mista ou fundação instituída pelo Poder Público**, a ação penal será **pública incondicionada** (CP, art. 186, III).

○ **Ação penal nas figuras qualificadas de violação de direito autoral (art. 184, §§ 1.º, 2.º e 3.º):** Para as figuras dos §§ 1º e 2º do art. 184, a ação penal é **pública incondicionada** (CP, art. 186, II). Essa regra almeja, precipuamente, o **combate eficaz à pirataria**, uma vez que os crimes são praticados com intuito de lucro. Se a ação penal fosse privada, ou pública condicionada, o tipo penal restaria inócuo, pois a vítima não teria capacidade para fiscalizar e acompanhar as violações dos seus direitos autorais, e, ainda, raramente poderia ser encontrada para autorizar o início da persecução penal, resultando invariavelmente no desaparecimento dos produtos falsificados e na impunidade dos seus responsáveis. Já para a figura do art. 184, § 3.º, do CP, a ação penal é **pública condicionada à representação** (CP, art. 186, IV). Os órgãos estatais (Polícia e Ministério Público) dependem de uma condição de procedibilidade para o regular exercício da persecução penal. Mas, tratando-se de crime **cometido em desfavor de entidades de direito público, autarquia, empresa pública, sociedade de economia mista ou fundação instituída pelo Poder Público**, a ação penal será **pública incondicionada** (CP, art. 186, III).

○ **Disposições processuais especiais relativas aos crimes contra a propriedade intelectual:** O CPP prevê, no Capítulo IV, Título II, do Livro II, regras especiais para o processo e julgamento dos crimes contra a propriedade imaterial, entre os quais se encaixam os crimes contra a propriedade intelectual. Por se tratar de regras especiais, aplicam-se subsidiariamente as disposições comuns (procedimento comum) do CPP nas hipóteses de omissão do legislador quanto a qualquer outra questão processual. Há **duplicidade de procedimentos**, isto é, dois ritos distintos: (1) o previsto nos arts. 524 a 530 do CPP, para os crimes de ação penal privada (CPP, art. 530-A), isto é, para o delito tipificado pelo art. 184, *caput*, do CP, salvo se cometido em desfavor de entidades de direito público, autarquia, empresa pública, sociedade de economia mista ou fundação instituída pelo Poder Público; e (2) o disciplinado pelos arts. 530-B a 530-H do CPP, instituído pela Lei 10.695/2003, relativo aos crimes de ação penal pública incondicionada ou condicionada (CPP, art. 530-I).[184]

○ **Prova da materialidade:** Após a apreensão, será realizada, por perito oficial ou, na falta deste, por pessoa tecnicamente habilitada, perícia sobre os bens apreendidos e elaborado o laudo que será juntado ao inquérito policial ou à ação penal. É válida a perícia efetuada por amostragem, e não em todos os objetos apreendidos, unicamente com amparo nas características exteriores do produto apreendido, e independentemente da identificação dos titulares dos direitos autorais violados. Esta é a posição consagrada na Súmula 574 do Superior Tribunal de Justiça: "Para a configuração do delito de violação de direito autoral e a comprovação de sua materialidade, é suficiente a perícia realizada por amostragem do produto apreendido, nos aspectos externos do material, e é desnecessária a identificação dos titulares dos direitos autorais violados ou daqueles que os representem." Essa súmula é aplicável a todos os crimes relacionados à violação de direito autoral, pouco importando a modalidade da ação penal (pública incondicionada, pública condicionada ou privada).

○ **Competência:** A competência para processar e julgar os crimes contra a propriedade intelectual é da **Justiça Estadual**, pois a ofensa se limita a alcançar o interesse de um particular em seu direito lesado. Será competente a Justiça Federal, todavia, quando o delito for praticado em detrimento de bens, serviços ou interesse da União ou de duas entidades autárquicas ou empresas públicas (art. 109, IV, da CF), ou na hipótese de conduta revestida de **transnacionalidade**, isto é, que envolva mais de um país. Esse é o entendimento consolidado no **Tema 580 da Repercussão Geral** do Supremo Tribunal Federal: "Compete à Justiça Federal processar e julgar o crime de violação de direito autoral de caráter transnacional". E, nos termos da **Súmula 122 do Superior Tribunal de Justiça** – "Compete à Justiça Federal o processo e julgamento unificado dos crimes conexos de competência federal e estadual, não se aplicando a regra do art. 78, II, *a*, do Código de Processo Penal" –, o delito contra a propriedade intelectual ingressará na esfera federal quando conexo com crime de competência da justiça especializada. Finalmente, a confissão do acusado no sentido da internacionalidade do delito não é suficiente para legitimar a competência da Justiça Federal. Reclama-se prova segura da procedência estrangeira do produto.[185]

○ **Jurisprudência selecionada:**

Apreensão dos bens – falta de testemunhas na assinatura do termo – irregularidade formal: "Segundo a jurisprudência desta Corte, 'a circunstância de não constar no termo de busca e apreensão a assinatura de testemunhas, especificamente designadas para tal fim, conforme dispõem os arts. 245, § 7º, e 530-C do CPP, não tem o condão de ensejar a nulidade da diligência sub judice, por se tratar de mera irregularidade formal'" (STJ: HC 193.992/RS, rel. Min. Maria Thereza de Assis Moura, 6.ª Turma, j. 06.02.2014).

Compartilhamento de sinal de TV por assinatura, via satélite ou cabo – *card sharing* – Convenção de Berna – transnacionalidade da conduta – competência da Justiça Federal: "Compete à Justiça Federal processar e julgar os crimes de violação de direito autoral e contra

---

[184] Por tal motivo, depois das alterações promovidas pela Lei 10.695/2003, não pode mais ser aplicado o disposto pelo art. 529, parágrafo único, do CPP.

[185] STJ: CC 127.584/PR, rel. Min. Og Fernandes, 3.ª Seção, j. 12.06.2013, noticiado no *Informativo* 527.

a lei de software decorrentes do compartilhamento ilícito de sinal de TV por assinatura, via satélite ou cabo, por meio de serviços de card sharing. A conduta assinalada consiste no compartilhamento ilícito de sinal de TV, por meio de um cartão no qual são armazenadas chaves criptografadas que carregam, de forma cifrada, o conteúdo audiovisual. Tais cartões são inseridos em equipamentos que viabilizam a captação do sinal, via cabo ou satélite, e sua adequada decodificação, conhecidos como AZBox, Duosat, AzAmérica, entre outros. Ao que consta dos autos, uma das formas de quebra das chaves criptográficas é feita por fornecedores situados na Ásia e Leste Europeu, que enviam, via internet, a pessoas que as distribuem, também via internet, aos usuários dos decodificadores ilegais, assim permitindo que o sinal de TV seja irregularmente captado. Nesse sentido, de acordo com o art. 109, V, da Constituição Federal, a competência da jurisdição federal se dá pela presença concomitante da transnacionalidade do delito e da assunção de compromisso internacional de repressão, constante de tratados ou convenções internacionais. A previsão normativa internacional, na hipótese, é a Convenção de Berna, integrada ao ordenamento jurídico nacional através do Decreto n. 75.699/1975, e reiterada na Organização Mundial do Comércio – OMC por acordos como o TRIPS (Trade-Related Aspects of Intellectual Property Rights) – Acordo sobre Aspectos dos Direitos de Propriedade Intelectual Relacionados ao Comércio (AADPIC), incorporado pelo Decreto n. 1.355/1994, com a previsão dos princípios de proteção ao direitos dos criadores. O outro requisito constitucional, de tratar-se de crime à distância, com parcela do crime no Brasil e outra parcela do iter criminis fora do país, é constatado pela inicial prova da atuação transnacional dos agentes, por meio da internet. Nesse contexto, tem-se por evidenciados os requisitos da previsão das condutas criminosas em tratado ou convenção internacional e do caráter de internacionalidade dos delitos objeto de investigação, constatando-se, à luz do normativo constitucional, a competência da jurisdição federal para o processamento do feito" (STJ: CC 150.629/SP, rel. Min. Nefi Cordeiro, 3.ª Seção, j. 22.02.2018, noticiado no *Informativo* 620).

Competência – Justiça Estadual: "A Terceira Seção do Superior Tribunal de Justiça, em diversas oportunidades, reiterou o entendimento de que 'ausente a demonstração da transnacionalidade do delito, a competência para processar e julgar a ação, para apuração do delito tipificado no art. 184, § 2.º, do Código Penal é da Justiça Estadual, pela ocorrência de ofensa tão somente aos interesses dos titulares dos direitos autorais, sem consubstanciar infração penal em detrimento de bens, serviços ou interesse da União ou de suas entidades autárquicas ou empresas públicas, consoante previsto no art. 109, IV, da Constituição Federal'" (STJ: CC 130.595/PR, rel. Min. Rogerio Schietti Cruz, 3.ª Seção, j. 23.04.2014).

Competência – Justiça Estadual – ausência de prova da origem estrangeira: "Não comprovada a procedência estrangeira de DVDs em laudo pericial, a confissão do acusado de que teria adquirido os produtos no exterior não atrai, por si só, a competência da Justiça Federal para processar e julgar o crime de violação de direito autoral previsto no art. 184, § 2º, do CP. [...] Nesse contexto, conforme decisões exaradas neste Tribunal, caracterizada a transnacionalidade do crime de violação de direito autoral, deve ser firmada a competência da Justiça Federal para conhecer da matéria, nos termos do art. 109, V, da CF. Contudo, caso o laudo pericial não constate a procedência estrangeira dos produtos adquiridos, a mera afirmação do acusado não é suficiente para o deslocamento da competência da Justiça Estadual para a Justiça Federal. Ademais, limitando-se a ofensa aos interesses particulares dos titulares de direitos autorais, não há que falar em competência da Justiça Federal por inexistir lesão ou ameaça a bens, serviços ou interesses da União" (STJ: CC 127.584/PR, rel. Min. Og Fernandes, 3.ª Seção, j. 12.06.2013, noticiado no *Informativo* 527).

Competência – transnacionalidade do delito – Justiça Federal – Tema 580 da Repercussão Geral: Tese fixada: "Compete à Justiça Federal processar e julgar o crime de violação de direito autoral de caráter transnacional. A competência para processar e julgar o crime de violação de direito autoral (CP/1940, art. 184, § 2.º) é da Justiça Federal quando verificada a transnacionalidade da ação criminosa (CF/1988, art. 109, V). A competência criminal da Justiça Federal prevista no mencionado dispositivo constitucional se materializa pela presença concomitante da assunção de compromisso internacional de repressão de ações delituosas envolvendo o bem jurídico, constante de tratados ou convenções internacionais, e transnacionalidade do delito, configurada quando há transposição de fronteiras, consumada ou iniciada. Ademais, a jurisprudência desta Corte firmou-se no sentido da desnecessidade de o tratado ou da convenção definirem todos os elementos do crime, diante da suficiência da previsão de compromisso na repressão de determinada conduta. Na espécie, em face do compromisso internacional assumido pela República Federativa do Brasil em proteger os direitos autorais e as obras literárias e artísticas, a imputação de fatos que se amoldam à infração penal de caráter transnacional atrai a competência da Justiça Federal para o seu processo e julgamento. Com base nesse entendimento, o Plenário, por maioria, ao apreciar o Tema 580 da repercussão geral, deu provimento ao recurso extraordinário, com a fixação da tese supracitada" (STF: RE 702.362/RS, rel. Min. Luiz Fux, Plenário, j. 18.12.2023, noticiado no *Informativo* 1121).

Laudo pericial – realização com base nas características externas do objeto apreendido – validade: "Na verificação da materialidade delitiva do crime de violação de direito autoral (art. 184, § 2º, do CP), admite-se perícia realizada com base nas características externas do material apreendido, não sendo necessária a catalogação dos CDs e DVDs, bem como a indicação de cada título e autor da obra apreendida e falsificada. A Lei 10.695/2003 – que incluiu os arts. 530-A a 530-G no CPP – previu novas regras para a apuração nos crimes contra a propriedade imaterial. Em face disso, a realização do laudo pericial agora prescinde de maiores formalidades. Ademais, não é necessária a catalogação dos CDs e DVDs, bem como a indicação de cada título e autor da obra apreendida e falsificada, porquanto a persecução do delito se procede mediante ação penal pública incondicionada" (STJ: AgRg no AREsp 276.128/MG, rel. Min. Walter de Almeida Guilherme (Desembargador Convocado do TJ/SP), 5.ª Turma, j. 02.10.2014, noticiado no *Informativo* 549).

Capítulo II –
DOS CRIMES CONTRA
O PRIVILÉGIO DE INVENÇÃO

Violação de privilégio de invenção

Art. 187. (Revogado).

Falsa atribuição de privilégio

Art. 188. (Revogado).

Usurpação ou indevida exploração de modelo ou desenho privilegiado

Art. 189. (Revogado).

Falsa declaração de depósito em modelo ou desenho

Art. 190. (Revogado).

Art. 191. (Revogado).

Capítulo III –
DOS CRIMES CONTRA AS MARCAS DE INDÚSTRIA E COMÉRCIO

Violação do direito de marca

Art. 192. (Revogado).

Uso indevido de armas, brasões e distintivos públicos

Art. 193. (Revogado).

Marca com falsa indicação de procedência

Art. 194. (Revogado).

Art. 195. (Revogado).

Capítulo IV –
DOS CRIMES DE CONCORRÊNCIA DESLEAL

Art. 196. (Revogado).

○ **Revogação dos arts. 187 a 196:** Os Capítulos II a IV do Título III da Parte Especial do CP, que definiam os crimes contra o privilégio de invenção, contra as marcas de indústria e comércio e os crimes de concorrência desleal, foram revogados pelo Decreto-lei 7.903/1945 – Código da Propriedade Industrial. No lugar dos arts. 187 a 196 do CP vigoravam os arts. 169 a 189 do Decreto-lei 7.903/1945, por força do art. 128 do anterior Código da Propriedade Industrial (Lei 5.772/1971), que expressamente declarava em vigor aquelas normas. Esses dispositivos, entretanto, deixaram de vigorar um ano após a publicação da Lei 9.279/1996, que regula os direitos e obrigações inerentes à propriedade industrial, como prescreve seu art. 244. Atualmente, os crimes contra a propriedade industrial estão disciplinados nos arts. 183 a 195 da Lei 9.279/1996.

TÍTULO IV –
DOS CRIMES CONTRA
A ORGANIZAÇÃO DO TRABALHO

○ **Introdução:** No Brasil, o Código Penal Republicano de 1890 inseria os crimes ora tratados como subespécies dos crimes contra a liberdade ("crimes contra o livre gozo e exercício dos direitos individuais"), sob a epígrafe "Dos crimes contra a liberdade do trabalho". O Código Penal atual preferiu destacá-los em título autônomo, sob o rótulo "Dos crimes contra a organização do trabalho". Como destaca a Exposição de Motivos da Parte Especial do Código Penal, não foram trazidos para a seara do ilícito penal todos os fatos contrários à organização do trabalho: "são incriminados, de regra, somente aqueles que se fazem acompanhar da *violência* ou da *fraude*. Se falta qualquer desses elementos, não passará o fato, salvo poucas exceções, de *ilícito administrativo*". Em sintonia com a orientação do STF e do STJ, o crime de **redução a condição análoga à de escravo** (art. 149 do CP), deve ser tratado como crime contra a organização do trabalho, nas hipóteses em que for praticado no **contexto das relações de trabalho, ainda que contra uma só pessoa.**

○ **Fundamento constitucional:** A Constituição Federal, em diversas passagens, protege direitos inerentes ao trabalho do ser humano. No art. 6.º, elenca o trabalho como um direito social. Em seu art. 7.º, arrola em 34 incisos uma série de direitos dos trabalhadores urbanos e rurais, destinados à melhoria de sua condição social. O art. 8.º declara a liberdade de associação profissional ou sindical dos trabalhadores, e, além disso, o art. 9.º assegura o direito de greve, competindo aos trabalhadores decidir sobre a oportunidade de exercê-lo e sobre os interesses que devem por meio dele defender. Tais dispositivos legitimam a incriminação, nos arts. 197 a 207 do Código Penal, das condutas atentatórias à organização do trabalho.

○ **Competência:** Nos termos do art. 109, inciso VI, da Constituição Federal, a **Justiça Federal** é competente para processar e julgar os crimes contra a organização do trabalho. Essa competência já havia sido prevista no art. 10, inciso VII, da Lei 5.010/1996, responsável pela organização da Justiça Federal em primeira instância. Entretanto, é pacífico no STF o entendimento no sentido de que são da competência da Justiça Federal somente os crimes que ofendem o sistema de órgãos e instituições que preservam, coletivamente, os direitos e deveres dos trabalhadores, e também o homem trabalhador, atingindo-o nas esferas em que a Constituição lhe confere proteção máxima, desde que praticados no contexto de relações de trabalho. Anote-se que a Constituição Federal não confere competência criminal à Justiça do Trabalho, nem mesmo para os crimes contra a organização do trabalho.

○ **Jurisprudência selecionada:**
   Competência: "A Constituição de 1988 traz um robusto conjunto normativo que visa à proteção e efetivação dos direitos fundamentais do ser humano. A existência de trabalhadores a laborar sob escolta, alguns acorrentados, em situação de total violação da liberdade e da autodeterminação

de cada um, configura crime contra a organização do trabalho. Quaisquer condutas que possam ser tidas como violadoras não somente do sistema de órgãos e instituições com atribuições para proteger os direitos e deveres dos trabalhadores, mas também dos próprios trabalhadores, atingindo-os em esferas que lhes são mais caras, em que a Constituição lhes confere proteção máxima, são enquadráveis na categoria dos crimes contra a organização do trabalho, se pratica-das no contexto das relações de trabalho. Nesses casos, a prática do crime prevista no art. 149 do Código Penal (redução à condição análoga a de escravo) se caracteriza como crime contra a organização do trabalho, de modo a atrair a competência da Justiça Federal (art. 109, VI da Constituição) para processá-lo e julgá-lo. Recurso extraordinário conhecido e provido" (STF: RE 398.041/PA, rel. Min. Joaquim Barbosa, Pleno, j. 30.11.2006). *No mesmo sentido*: STF: ADI 3.684/ DF, rel. Min. Gilmar Mendes, Pleno, j. 11.05.2020; STF: RE 541.627/PA, rel. Min. Ellen Gracie, 2.ª Turma, j. 14.10.2008; STF: RE 588.332/SP, rel. Min. Ellen Gracie, 2.ª Turma, j. 31.03.2009; STJ: HC 26.832/TO, rel. Min. José Arnaldo da Fonseca, 5.ª Turma, j. 16.12.2004; STJ: CC 95.707/TO, rel. Min. Maria Thereza de Assis Moura, 3.ª Seção, j. 11.02.2009; STJ: HC 103.568/PA, rel. Min. Laurita Vaz, 5.ª Turma, j. 18.09.2008; e STJ: AgRg no CC 64.067/MG, rel. Min. Og Fernandes, 3.ª Seção, j. 27.08.2008.

Competência – direitos individuais – Justiça Estadual: "2. Não havendo lesão ao direito dos trabalhadores de forma coletiva ou ofensa aos órgãos e institutos que os preservam, apurando-se somente a frustração de direitos trabalhistas de trabalhadores específicos, e, portanto, em âmbito individual, não há falar em competência da Justiça Federal. 3. A competência da Justiça Federal não alcança os delitos que atingem somente direitos individuais de determinado grupo de traba-lhadores (e não a categoria como um todo), como é o caso dos autos, em que a suposta conduta delituosa restringiu-se a um grupo de funcionários de uma única empresa de transporte coletivo que seriam filiados à entidade sindical representante da categoria" (STJ: CC 118.436/SP, rel. Min. Alderita Ramos de Oliveira (Desembargadora convocada do TJ/PE), 3.ª Seção, j. 22.05.2013).

Atentado contra a liberdade de trabalho

Art. 197. Constranger alguém, mediante violência ou grave ameaça:

I – a exercer ou não exercer arte, ofício, profissão ou indústria, ou a trabalhar ou não trabalhar durante certo período ou em determinados dias:

Pena – detenção, de um mês a um ano, e multa, além da pena correspondente à violência;

II – a abrir ou fechar o seu estabelecimento de trabalho, ou a participar de parede ou paralisação de atividade econômica:

Pena – detenção, de três meses a um ano, e multa, além da pena correspondente à violência.

Classificação:	Informações rápidas:
Crime comum	Somente a pessoa física pode ser vítima do delito
Crime material	(divergência).
Crime doloso	Não admite modalidade culposa.
Crime de forma livre	Admite tentativa.
Crime unissubjetivo *(regra)*	**Ação penal:** pública incondicionada.
Crime plurissubsistente *(regra)*	**Concurso material obrigatório:** pena do art. 197 +
Crime permanente	pena correspondente ao crime provocado pela violência.

○ **Objeto jurídico:** É a liberdade de trabalho assegurada pela Constituição Federal a qualquer pessoa.

○ **Objeto material:** É a pessoa que suporta a conduta criminosa.

○ **Núcleo do tipo:** É **"constranger"**, obrigar alguém a fazer ou deixar de fazer algo contra sua vontade, retirando sua liberdade de autodeterminação. Trata-se de crime de constrangimento ilegal especialmente considerado quando lesivo da liberdade de trabalho. Os meios de execução são a violência e a grave ameaça. **Violência** (*vis absoluta*) é o emprego de força física para superar uma resistência, aplicado sobre a pessoa para cercear-lhe a faculdade de comportar-se de acordo com sua própria vontade. Não é necessário que seja irresistível: basta que funcione como eficiente meio de coação. **Ameaça** (*vis compulsiva*) é a violência moral, a intimidação (por palavras, escritos, gestos ou meios simbólicos) da intenção de causar a alguém, direta ou indiretamente, no momento atual ou em futuro próximo, um mal relevante. A lei menciona a **grave ameaça**, isto é, promessa de provocação de grave dano, que deve ser idônea a incutir temor na vítima, e possível de realização. Prescinde-se da **injustiça** do mal prometido. A ameaça não depende da presença do ameaçado: pode ser realizada mediante recado ou por escrito. Divide-se também em **direta** ou **indireta**, verificando-se esta última quando o mal prometido é endereçado a terceira pessoa, em relação ao qual o coagido encontra-se ligado por laços de parentesco ou de amizade. A violência imprópria ou meio sub-reptício não caracteriza o delito em estudo. Com o emprego da violência ou da grave ameaça, busca o agente constranger o ofendido a uma das quatro situações seguintes:

a) Exercer ou não exercer arte, ofício, profissão ou indústria (art. 197, inc. I, 1.ª parte): O verbo **"exercer"** (desempenhar ou praticar) liga-se à habitualidade em relação à arte, ofício, profissão ou indústria, abrangendo todas as formas de atividade econômica. Todavia, o Código Penal disciplina somente as atividades exercidas por **particulares**, havendo regras específicas para as hipóteses em que são ofendidas funções públicas. Tais atividades devem ser **lícitas**. **Arte** é qualquer forma de atividade econômica que depende de técnica ou especial habilidade manual. **Ofício** é qualquer ocupação remunerada e habitual, consistente na prestação de serviços manuais. **Profissão** é toda e qualquer espécie de atividade, material ou intelectual, desempenhada habitualmente com intuito de lucro. Compreende o comércio e as profissões liberais. **Indústria** é a atividade econômica destinada à transformação de produtos orgânicos ou inorgânicos, visando adequá-los às necessidades humanas.

b) Trabalhar ou não trabalhar durante certo período ou em determinados dias (art. 197, inc. I, 2.ª parte): O verbo **"trabalhar"** também é indicativo de habitualidade. A lei fala expressamente em "durante certo período" (exemplo: durante uma semana) ou "em determinados dias" (exemplo: somente as terças e quintas-feiras).

c) Abrir ou fechar o seu estabelecimento de trabalho (art. 197, inc. II, 1.ª parte): O **estabelecimento de trabalho** pode ser industrial, comercial ou agrícola. É qualquer local, fechado ou aberto, em que alguém desempenha atividade econômica. Tanto faz seja o constrangimento destinado a abrir ou fechar o estabelecimento comercial. Na primeira hipótese, o estabelecimento pode ter sido fechado pelo respectivo dono por um motivo qualquer. Na segunda hipótese busca-se, com o fechamento do estabelecimento de trabalho, a cessação ou interrupção da sua atividade ou funcionamento. Pouco importa o móvel do crime.

d) Participar de parede ou paralisação de atividade econômica (art. 197, inc. II, 2.ª parte): **Parede** é o abandono coletivo do trabalho por parte de algum estabelecimento ou empresa industrial, comercial ou agrícola. Utilizou-se este termo para evitar a palavra "greve",[185] pois o fim

---

[185] A palavra "greve", com que os franceses designam o abandono coletivo de trabalho, origina-se do ato pelo qual outrora os operários parisienses sem trabalho costumavam reunir-se na praça de *Grève*, à espera de que

imediato da coação é forçar o sujeito passivo à "participação da parede". O direito de greve[186] é disciplinado pela Lei 7.783/1989. A paralisação deve ser **pacífica**, vedando-se o uso de qualquer tipo de constrangimento pelos grevistas para convencerem outras pessoas a juntarem-se ao movimento. Consequentemente é punível a conduta consistente em cercear, com violência ou grave ameaça, a liberdade de trabalho. Não se confunde o delito em estudo com a participação voluntária em parede seguida de violência (CP, art. 200). **Paralisação de atividade econômica** é a cessação temporária ou definitiva. Pressupõe-se que seja a atividade econômica desempenhada por uma pluralidade de pessoas.

○ **Sujeito ativo:** Qualquer pessoa (**crime comum**).

○ **Sujeito passivo:** Qualquer pessoa, desde que na condição de trabalhador, seja patrão ou empregado. Prevalece o entendimento de que somente a pessoa física pode ser vítima do delito, uma vez que o art. 197 do Código Penal elenca, nos incisos I e II, situações inerentes às pessoas humanas.

○ **Elemento subjetivo:** É o dolo, independentemente de qualquer finalidade específica. Não se admite a modalidade culposa.

○ **Consumação:** Dá-se quando o agente produz o resultado mencionado pela lei, isto é, no momento em que a pessoa efetivamente constrange alguém, com emprego de violência ou grave ameaça: (1) a exercer ou não exercer arte, ofício, profissão ou indústria; (2) a trabalhar ou não trabalhar durante certo período ou em determinados dias; (3) a abrir ou fechar o seu estabelecimento de trabalho; ou (4) a participar de parede ou paralisação de atividade econômica. Trata-se de **crime permanente**.

○ **Tentativa:** É possível.

○ **Ação penal:** É pública incondicionada, em todas as espécies do crime.

○ **Lei 9.099/1995:** Tanto no inciso I como no II o crime é definido como **infração penal de menor potencial ofensivo**, compatível com a transação penal, com a suspensão condicional do processo e com o rito sumaríssimo, na forma prevista na Lei 9.099/1995.

○ **Concurso material obrigatório:** Em ambos os incisos o agente suporta a pena cominada ao atentado contra a liberdade de trabalho, sem prejuízo da pena correspondente ao crime provocado pela violência.

Atentado contra a liberdade de contrato de trabalho e boicotagem violenta

Art. 198. Constranger alguém, mediante violência ou grave ameaça, a celebrar contrato de trabalho, ou a não fornecer a outrem ou não adquirir de outrem matéria-prima ou produto industrial ou agrícola:

Pena – detenção, de um mês a um ano, e multa, além da pena correspondente à violência.

---

alguém os fosse ajustar (HUNGRIA, Nélson; LACERDA, Romão Côrtes de. *Comentários ao Código Penal*. 2. ed. Rio de Janeiro: Forense, 1954. v. 8, p. 33).

[186] Para Renato Saraiva, "greve é a paralisação coletiva e temporária do trabalho a fim de obter, pela pressão exercida em função do movimento, as reivindicações da categoria, ou mesmo a fixação de melhores condições de trabalho" (SARAIVA, Renato. *Direito do Trabalho*. 10. ed. São Paulo: Método, 2009. p. 395).

Classificação:	Informações rápidas:
Crimes comuns Crimes materiais Crimes dolosos Crimes de forma livre Crimes unissubjetivos Crimes instantâneos (atentado contra a liberdade de contrato de trabalho) Crimes permanentes (boicotagem violenta)	**Abrange dois crimes:** atentado contra a liberdade de trabalho e boicotagem violenta. **Norma penal em branco homogênea:** o conceito de contrato de trabalho, individual e coletivo, encontra-se na CLT. As pessoas forçadas à boicotagem contra outrem não são agentes, mas *instrumentos passivos* e vítimas do crime. Não se admite a modalidade culposa. Admite tentativa. **Ação penal:** pública incondicionada. **Concurso material obrigatório:** pena do art. 198 + pena correspondente ao crime provocado pela violência.

○ **Introdução:** O art. 198 do CP contempla dois crimes distintos: **atentado contra a liberdade de trabalho** (1.ª parte) e **boicotagem violenta** (2.ª parte). Em qualquer caso, a pena é de detenção, de 1 (um) mês a 1 (um) ano, além da pena correspondente à violência.

○ **Objeto jurídico:** É a liberdade de trabalho.

○ **Objeto material:** É a pessoa sobre a qual recai a conduta criminosa.

○ **Núcleo do tipo:** É **"constranger"**, também com violência ou grave ameaça, valendo o que foi dito no tocante ao crime de atentado contra a liberdade de trabalho (CP, art. 197). Em seguida ao constrangimento, despontam os dois crimes distintos: atentado contra a liberdade de celebrar contrato de trabalho (1.ª parte) e boicotagem violenta (2.ª parte).

a) Atentado contra a liberdade de contrato de trabalho (1.ª parte): Nota-se inicialmente que a lei omitiu as palavras "ou não", depois do verbo "celebrar", em que pese serem de igual gravidade o constrangimento tanto para celebrar como para não celebrar contrato de trabalho. Como não se admite a analogia *in malam partem* no Direito Penal, o constrangimento para **não celebrar** contrato de trabalho somente poderá ser enquadrado no art. 197, I, no art. 203 (frustração de direito assegurado por lei trabalhista), ou no art. 146 (constrangimento ilegal), todos do Código Penal. O contrato de trabalho pode ser individual ou coletivo. Trata-se de **norma penal em branco homogênea**, uma vez que o conceito de contrato de trabalho, individual e coletivo, encontra-se na CLT – Consolidação das Leis Trabalhistas. Qualquer das espécies de contrato de trabalho pode ensejar o crime em análise.

b) Boicotagem violenta (2.ª parte): Trata-se de uma espécie de *ostracismo econômico*: a pessoa atingida pela boicotagem é posta à margem do círculo econômico a que pertence, vendo-se na contingência de cessar sua atividade, porque ninguém lhe fornece os elementos indispensáveis a ela, nem lhe adquire os produtos. O fato é lesivo da normalidade econômica, mas a lei penal somente o incrimina quando praticado mediante violência, física ou moral, quer contra os possíveis fornecedores ou adquirentes, quer contra o próprio boicotado. As pessoas forçadas à boicotagem contra outrem não são agentes, mas *instrumentos passivos* e vítimas do crime.[187] O não fornecimento ou não aquisição dizem respeito à matéria-prima ou ao produto industrial ou agrícola. **Fornecer** é abastecer ou prover; **adquirir** equivale à conduta de comprar, obter ou conseguir. **Matéria-prima** é a substância fundamental, orgânica ou inorgânica, da qual se faz ou se fabrica alguma coisa. **Produtos industriais** são os resultados do trabalho manual ou mecânico. **Produtos agrícolas**, por sua vez, são os concebidos pela indústria agrícola. É irrelevante sejam

---

[187] HUNGRIA, Nélson; LACERDA, Romão Côrtes de. *Comentários ao Código Penal*. 2. ed. Rio de Janeiro: Forense, 1954. v. 8, p. 37.

as matérias-primas ou produtos industriais ou agrícolas nacionais ou estrangeiros. Também não importa o título assumido pelo fornecimento ou aquisição.

○ **Sujeito ativo:** Qualquer pessoa (**crime comum**).

○ **Sujeito passivo:** Qualquer pessoa. O constrangimento contra mais de uma pessoa caracteriza crime único, salvo quanto aos resultados ocasionados pela violência, que constituem tantos crimes quantos são os ofendidos.

○ **Elemento subjetivo:** É o dolo, sem qualquer finalidade específica. É indiferente o motivo que leva o sujeito a agir. Se a finalidade almejada for extorquir dinheiro ou qualquer outra vantagem econômica, estará tipificado o crime definido pelo art. 158 do Código Penal. Desaparece o crime quando há **justa causa** na conduta; subsiste, porém, a punibilidade pela violência empregada contra a vítima. Não se admite a modalidade culposa.

○ **Consumação:** No atentado contra a liberdade de contrato de trabalho, dá-se com a efetiva celebração do contrato de trabalho (**crime material**). O delito é **instantâneo**. É irrelevante que se trate de contrato inicial, ou renovação ou alteração de contrato. No contrato verbal ou por adesão, o momento consumativo é aquele em que o ofendido se oferece ao trabalho. A anulação ulterior do contrato de trabalho pela coação não afasta o delito. No crime de **boicotagem violenta** dá-se a consumação com a abstenção do fornecimento ou aquisição de matéria-prima, produto industrial ou agrícola (**crime material**). Cuida-se de **crime permanente**.

○ **Tentativa:** É possível, qualquer que seja o crime.

○ **Ação penal:** É pública incondicionada, tanto no atentado contra a liberdade de contrato de trabalho como na boicotagem violenta.

○ **Lei 9.099/1995:** Os delitos em análise são **infrações penais de menor potencial ofensivo**, compatíveis com a transação penal, com a suspensão condicional do processo e com o rito sumaríssimo, na forma prevista na Lei 9.099/1995.

○ **Concurso material obrigatório:** Em qualquer dos crimes o sujeito responde pelo crime tipificado pelo art. 198 do CP, além da pena correspondente à violência.

Atentado contra a liberdade de associação

> **Art. 199.** Constranger alguém, mediante violência ou grave ameaça, a participar ou deixar de participar de determinado sindicato ou associação profissional:
>
> Pena – detenção, de um mês a um ano, e multa, além da pena correspondente à violência.

Classificação:	Informações rápidas:
Crime comum	**Norma penal em branco homogênea:** os conceitos de *associação profissional* e de *sindicato* estão em outras leis (Decreto-lei 1.402/1939 e CLT).
Crime material	
Crime doloso	
Crime de forma livre	Não admite modalidade culposa.
Crime unissubjetivo *(regra)*	Admite tentativa.
Crime plurissubsistente *(regra)*	**Ação penal:** pública incondicionada.
Crime instantâneo ou permanente (dependendo da prorrogação ou não da situação ilícita ao longo do tempo)	**Concurso material obrigatório:** pena do art. 199 + pena correspondente ao crime provocado pela violência.

○ **Objeto jurídico:** A lei penal protege a liberdade de associação constitucionalmente assegurada a todas as pessoas (art. 5.º, XVII e art. 8.º, V). A liberdade sindical e de associação representam um dos pressupostos do Estado Democrático de Direito. Pelos termos do art. 199 do Código Penal, a tutela penal abrange as diversas modalidades de associações e sindicatos, pois o que protege é exatamente a liberdade associativa.[188]

○ **Objeto material:** É a pessoa sobre a qual incide a conduta criminosa.

○ **Núcleo do tipo:** É **constranger** (*v. comentários ao núcleo do tipo do art. 197*). O constrangimento deve ser praticado visando um objetivo expressamente previsto em lei: forçar ou fazer o ofendido participar ou deixar de participar de **determinado** sindicato ou associação profissional. O constrangimento a participar ou não participar, genericamente, de qualquer sindicato ou associação profissional configura o delito de constrangimento ilegal (CP, art. 146). Participar é associar-se, tomar parte de algo. O constrangimento, mediante violência ou grave ameaça, destina-se a forçar alguém a filiar-se (ação) ou não se filiar (omissão) a um sindicato ou associação profissional. O art. 199 do CP pode ser classificado como **norma penal em branco homogênea**. O intérprete precisa socorrer-se de outra lei para encontrar os conceitos de associação profissional e de sindicato. E, nesse contexto, a associação profissional pode ser definida como gênero da qual o sindicato é espécie. **Associação profissional** é a união ou agrupamento de pessoas que se destina à defesa, estudo ou coordenação dos interesses profissionais que constituem ou integram a respectiva entidade associativa (Decreto-lei 1.402/1939, art. 1.º, e CLT, art. 511); **sindicato** é a associação profissional reconhecida pelo Poder Público como legítima representante da classe de sindicalizados (Decreto-lei 1.402/1939, art. 50, e CLT, art. 561). Anote-se que o crime em análise foi tratado no Título IV da Parte Especial do Código Penal, ou seja, entre os crimes contra a organização do trabalho. Consequentemente, não se protegem direitos individuais do empregado ou do empregador. De fato, a lei resguarda unicamente o trabalho enquanto instituto de interesse coletivo, razão pela qual somente estará tipificado o crime em apreço quando restar provado o perigo à existência ou ao funcionamento do sindicato ou da associação profissional.

○ **Sujeito ativo:** Pode ser qualquer pessoa, inclusive os membros ou integrantes de sindicato ou associação (**crime comum**).

○ **Sujeito passivo:** Qualquer pessoa, desde que seja trabalhador ou profissional apto a integrar algum sindicato ou associação de classe. Na conduta "deixar de participar", o ofendido somente pode ser um membro ou integrante de associação ou sindicato, que seja constrangido a abandoná-lo.

○ **Elemento subjetivo do tipo:** É o dolo. Não se exige finalidade específica, e não se admite a modalidade culposa.

○ **Consumação:** Trata-se de **crime material**. Consuma-se quando o sujeito ativo, após empregar violência ou grave ameaça contra a vítima, força sua participação ou não participação em determinado sindicato ou associação profissional. O crime pode ser **instantâneo ou permanente**, conforme seja a vítima compelida a permanecer ao longo do tempo associada ou não associada em entidade representativa de classe.

○ **Tentativa:** É possível.

---

[188] BITENCOURT, Cezar Roberto. *Tratado de direito penal*. Parte especial. 4. ed. São Paulo: Saraiva, 2008. v. 3, p. 373.

○ **Ação penal:** A ação penal é pública incondicionada.

○ **Lei 9.099/1995:** Trata-se de **infração penal de menor potencial ofensivo**, compatível com a transação penal, com a suspensão condicional do processo e com o rito sumaríssimo, na forma prevista na Lei 9.099/1995.

○ **Concurso material obrigatório:** No crime em estudo deve ser também imputada ao agente a pena correspondente ao delito resultante da violência (lesão corporal, tentativa de homicídio etc.).

Paralisação de trabalho, seguida de violência ou perturbação da ordem

> **Art. 200.** Participar de suspensão ou abandono coletivo de trabalho, praticando violência contra pessoa ou contra coisa:
>
> Pena – detenção, de um mês a um ano, e multa, além da pena correspondente à violência.
>
> Parágrafo único. Para que se considere coletivo o abandono de trabalho é indispensável o concurso de, pelo menos, três empregados.

Classificação:	Informações rápidas:
Crime comum	É punida somente a paralisação violenta da atividade laborativa (participar de greve, por si só, não é crime = exercício regular de direito).
Crime material	
Crime doloso	
Crime de forma livre	Não se admite modalidade culposa.
Crime unissubjetivo *(regra)*	Admite tentativa.
Crime plurissubsistente *(regra)*	**Ação penal:** pública incondicionada.
Crime instantâneo	**Concurso material obrigatório:** pena do art. 200 + pena correspondente ao crime provocado pela violência.
	Competência: Justiça Federal.

○ **Objeto jurídico:** É a liberdade de trabalho.

○ **Objeto material:** É a pessoa ou a coisa que suporta a violência.

○ **Núcleo do tipo:** É **"participar"**, associar-se, tomar parte de algo. É imprescindível uma pluralidade de pessoas, frente ao disposto no parágrafo único do dispositivo em estudo. O agente deve participar da suspensão ou abandono coletivo de trabalho, praticando violência contra pessoa ou coisa. A lei incrimina somente a paralisação violenta da atividade laborativa. Fica claro, pois, que participar de greve, por si só, não é crime. Aquele que assim se comporta atua no exercício regular de direito, disciplinado pela Lei 7.783/1989. **Suspensão de trabalho** é o *lockout*, a greve patronal, o abandono do trabalho pelos empregadores. **Abandono coletivo de trabalho** é a greve, o abandono do trabalho pelos empregados. Pouco importa, para fins da tipificação do delito, seja a greve lícita ou ilícita. Basta a intervenção de alguém mediante violência contra pessoa ou coisa, pois em nenhuma hipótese os meios adotados por empregados e empregadores poderão violar ou constranger os direitos e garantias fundamentais de outrem. Além disso, as manifestações e atos de persuasão utilizados pelos grevistas não poderão impedir o acesso ao trabalho nem causar ameaça ou dano à propriedade ou pessoa (Lei 7.783/1989, art. 6.º, §§ 1.º e 3.º).

o **Sujeito ativo:** No caso de **abandono de trabalho**, figuram como sujeitos ativos os empregados. É indispensável o concurso de ao menos três empregados para que se considere coletivo o abandono de trabalho. É suficiente que um só agente se valha de violência contra pessoa ou coisa, desde que ao movimento de que participa tenham aderido no mínimo outras duas pessoas. Na **suspensão de trabalho** (*lockout*), os empregadores são os sujeitos ativos e a lei não exige o número mínimo de três pessoas. Contudo, o verbo **"participar"** pressupõe a pluralidade de pessoas, sendo suficiente a presença de um só empregador.

o **Sujeito passivo:** Qualquer pessoa física, no tocante à violência contra a pessoa, e também a pessoa jurídica, relativamente aos danos a ela causados.

o **Elemento subjetivo:** É o dolo. Não se reclama qualquer finalidade específica. Não se admite a modalidade culposa.

o **Consumação:** O crime se consuma com a prática, pelo empregador ou pelo empregado, durante o *lockout* ou greve, de ato violento contra pessoa ou coisa.

o **Tentativa:** É possível.

o **Ação penal:** É pública incondicionada.

o **Lei 9.099/1995:** Trata-se de **infração penal de menor potencial ofensivo**, compatível com a transação penal, com a suspensão condicional do processo e com o rito sumaríssimo, na forma prevista na Lei 9.099/1995.

o **Concurso material obrigatório:** No crime de paralisação de trabalho, seguida de violência ou perturbação da ordem, deve ser também imputada ao agente a pena correspondente à violência, empregada contra pessoa ou coisa.

o **Competência:** Será sempre da Justiça Federal, nos termos do art. 109, VI, da CF, uma vez que a suspensão ou abandono de trabalho são coletivos.

Paralisação de trabalho de interesse coletivo

Art. 201. Participar de suspensão ou abandono coletivo de trabalho, provocando a interrupção de obra pública ou serviço de interesse coletivo:
Pena – detenção, de seis meses a dois anos, e multa.

Classificação:	Informações rápidas:
Crime comum	Não há crime no exercício pacífico do direito de greve constitucionalmente consagrado.
Crime material	
Crime doloso	Sujeito passivo: coletividade (crime vago).
Crime de forma livre	Não se admite modalidade culposa.
Crime unissubjetivo (*regra*)	Admite tentativa.
Crime plurissubsistente (*regra*)	**Ação penal:** pública incondicionada.
Crime vago	**Competência:** Justiça Federal.
Crime instantâneo	

○ **Introdução:** O § 1.º do art. 9.º da Constituição Federal foi regulamentado pela Lei 7.783/1989 – Lei de Greve. O direito de greve é permitido para as atividades não essenciais e essenciais, definidas pelo art. 10 da referida lei. Quanto às atividades essenciais, deve ser garantida, durante a greve, a prestação dos serviços indispensáveis ao atendimento das necessidades inadiáveis da comunidade, assim compreendidas aquelas que, se não atendidas, colocam em perigo iminente a sobrevivência, a saúde ou a segurança da população (Lei 7.783/1989, art. 11 e parágrafo único). Relativamente às atividades não essenciais o direito de greve é ilimitado. Nesse campo não tem mais aplicação a figura típica prevista no art. 201 do CP, por se tratar de conduta cometida sem violência ou grave ameaça: não há crime no exercício pacífico do direito de greve constitucionalmente consagrado. Entretanto, no que concerne às atividades essenciais, o direito de greve é limitado. Como podem ser cometidos abusos (Lei 7.783/1989, art. 14), nasce a possibilidade de caracterização do crime ora estudado, em sintonia com o mandamento contido no art. 9.º, § 2.º, da Constituição Federal. Em tais casos, a responsabilidade pelos atos praticados, ilícitos em geral ou **crimes cometidos, no curso da greve**, será apurada, conforme o caso, segundo a legislação trabalhista, civil ou penal. E deverá o Ministério Público, de ofício, requisitar a abertura do competente inquérito e oferecer denúncia quando houver indício da prática de delito (Lei 7.783/1989, art. 15 e parágrafo único).[189]

○ **Objeto jurídico:** Tutela-se o interesse social na manutenção de obras públicas ou serviços de interesse coletivo.

○ **Objeto material:** É o trabalho paralisado mediante suspensão ou abandono coletivo.

○ **Núcleo do tipo:** É **"participar"**, no sentido de associar-se ou tomar parte de suspensão (*lockout*) ou abandono coletivo de trabalho (greve), dando causa à interrupção de obra pública ou serviço de interesse coletivo. **Obra pública** é aquela que a Administração Pública determina a execução por pessoas estranhas ao quadro de agentes públicos. A atividade deve ser praticada por particulares, pois em caso contrário estaria delineado um crime praticado por funcionário público contra a Administração Pública (CP, arts. 312 a 326); **serviço de interesse coletivo** é o que atinge as necessidades da coletividade como um todo, tais como iluminação, segurança pública, água e esgoto etc. Ao reverso do que ocorre nos crimes anteriores contra a organização do trabalho, **não há emprego de violência ou grave ameaça** na paralisação de trabalho de interesse coletivo.

○ **Sujeito ativo:** Qualquer pessoa, desde que empregador ou empregado, pois o tipo penal dispõe acerca da paralisação do trabalho.

○ **Sujeito passivo:** É a coletividade (**crime vago**).

○ **Elemento subjetivo:** É o dolo. Exige-se uma finalidade específica, consistente no propósito de participar de suspensão ou abandono coletivo de trabalho para interromper obra pública ou serviço de interesse coletivo. Não se admite a modalidade culposa.

○ **Consumação:** Dá-se com a efetiva interrupção de obra pública ou serviço de interesse coletivo (**crime material**).

---

[189] Com posição diversa, Celso Delmanto sustenta que, "em face da CF/1988, que consagrou o direito de greve de forma ampla, o dispositivo do art. 201 do CP não está a merecer aplicação" (DELMANTO, Celso. *Código Penal comentado*. 3. ed. Rio de Janeiro: Renovar, 1994. p. 339). Discordamos, uma vez que o art. 9.º, § 1.º, da Constituição Federal foi claro ao determinar à lei um tratamento diferenciado na greve envolvendo atividades essenciais e não essenciais.

○ **Tentativa:** É possível.

○ **Ação penal:** É pública incondicionada.

○ **Lei 9.099/1995:** Trata-se de **infração penal de menor potencial ofensivo**. Admite, pois, a transação penal, a suspensão condicional do processo e segue o rito sumaríssimo, na forma prevista na Lei 9.099/1995.

○ **Competência:** É da Justiça Federal, nos termos do art. 109, VI, da CF, pois se trata de paralisação de trabalho de interesse coletivo.

Invasão de estabelecimento industrial, comercial ou agrícola. Sabotagem

> **Art. 202.** Invadir ou ocupar estabelecimento industrial, comercial ou agrícola, com o intuito de impedir ou embaraçar o curso normal do trabalho, ou com o mesmo fim danificar o estabelecimento ou as coisas nele existentes ou delas dispor:
>
> Pena – reclusão, de um a três anos, e multa.

Classificação:	Informações rápidas:
Crime comum	**Abrange dois crimes**: invasão de estabelecimento industrial, comercial ou agrícola e sabotagem.
Crime material	
Crime doloso	
Crime de forma livre	Não admitem modalidade culposa. Exige dolo específico.
Crime unissubjetivo *(regra)*	
Crime plurissubsistente *(regra)*	Admitem tentativa.
Crime vago	**Ação penal:** pública incondicionada.
Crime instantâneo	

○ **Introdução:** São contemplados no dispositivo em análise dois crimes diversos contra a organização do trabalho: (1) invasão de estabelecimento industrial, comercial ou agrícola, em sua primeira parte; e (2) sabotagem, na parte final.

○ **Sujeito ativo:** Qualquer pessoa (funcionário do estabelecimento ou terceiro). São **crimes comuns**.

○ **Sujeito passivo:** É o proprietário do estabelecimento industrial, comercial ou agrícola e das coisas nele existentes, e, mediatamente, a coletividade, quando privada de algum serviço prestado pelo estabelecimento.

○ **Elemento subjetivo:** É o dolo. Não se admite a modalidade culposa. Exige-se também um **especial fim de agir**, representado pela expressão "com o intuito de impedir ou embaraçar o curso normal do trabalho". Ausente tal finalidade, a conduta pode caracterizar esbulho possessório (CP, art. 161, § 1.º, II, se praticada a conduta com violência ou grave ameaça, ou mediante concurso de duas ou mais pessoas), enquanto a atividade de danificar o estabelecimento ou as coisas nele existentes ou delas dispor pode configurar os crimes de dano (CP, art. 163) ou de disposição de coisa alheia como própria (CP, art. 171, § 2.º, I).

○ **Tentativa:** É admitida.

○ **Ação penal:** É pública incondicionada.

○ **Lei 9.099/1995: São crimes de médio potencial ofensivo**, sendo possível a utilização do instituto da suspensão condicional do processo, desde que presentes os demais requisitos exigidos pelo art. 89 da Lei 9.099/1995.

○ **Invasão de estabelecimento comercial, industrial ou agrícola (art. 202, 1.ª parte):**

– **Objeto jurídico:** O bem jurídico penalmente tutelado é a liberdade de trabalho.

– **Objeto material:** É o estabelecimento comercial, industrial ou agrícola criminosamente invadido ou ocupado.

– **Núcleo do tipo:** O tipo penal possui dois núcleos: invadir e ocupar. **Invadir** é ingressar sem autorização, de modo arbitrário, em algum local. É a ação de quem está de fora. **Ocupar**, por outro lado, é tomar posse indevidamente de algo, com prejuízo ao seu proprietário, tal como na hipótese em que os funcionários de uma empresa se apossam do lugar em que trabalham, não agindo como empregados, mas como ocupantes. Trata-se de **tipo misto alternativo, crime de ação múltipla ou de conteúdo variado**: estará caracterizado crime único quando o sujeito invade e ocupa, no mesmo contexto fático, um só estabelecimento industrial, comercial ou agrícola, com o intuito de impedir ou embaraçar o curso normal do trabalho.

– **Consumação:** Dá-se com a efetiva invasão ou ocupação do estabelecimento de trabalho, ainda que o sujeito não consiga impedir ou embaraçar o trabalho ali desenvolvido. O crime é **formal, de resultado cortado ou de consumação antecipada.** Cuida-se de **crime permanente**.

○ **Sabotagem (art. 202, parte final):**

– **Introdução:** Sabotar é atamancar, executar (um trabalho) às pressas e sem cuidado.

– **Objeto jurídico:** É o patrimônio do proprietário do estabelecimento industrial, comercial ou agrícola.

– **Objeto material:** É o estabelecimento industrial, comercial ou agrícola, bem como as coisas nele existentes, que o agente criminosamente danifica ou dispõe.

– **Núcleos do tipo:** O tipo penal apresenta dois núcleos: danificar e dispor. **Danificar** é destruir, deteriorar, inutilizar, estragar, total ou parcialmente, coisas imóveis ou móveis. O objeto da danificação pode ser o estabelecimento industrial, comercial ou agrícola, bem como as coisas nele existentes, relativas ao trabalho ali exercido. **Dispor** é comportar-se em relação a algum bem como se seu dono fosse.

– **Consumação:** Se consuma com a danificação do estabelecimento industrial, comercial ou agrícola, ou com a danificação ou disposição das coisas nele existentes. Cuida-se de **crime material e instantâneo.**

Frustração de direito assegurado por lei trabalhista

Art. 203. Frustrar, mediante fraude ou violência, direito assegurado pela legislação do trabalho:

Pena – detenção de um ano a dois anos, e multa, além da pena correspondente à violência.

§ 1º Na mesma pena incorre quem:

I – obriga ou coage alguém a usar mercadorias de determinado estabelecimento, para impossibilitar o desligamento do serviço em virtude de dívida;

II – impede alguém de se desligar de serviços de qualquer natureza, mediante coação ou por meio da retenção de seus documentos pessoais ou contratuais.

§ 2º A pena é aumentada de um sexto a um terço se a vítima é menor de dezoito anos, idosa, gestante, indígena ou portadora de deficiência física ou mental.

Classificação:	Informações rápidas:
Crime comum Crime material Crime doloso Crime de forma livre Crime unissubjetivo *(regra)* Crime plurissubsistente *(regra)* Crime instantâneo	**Norma penal em branco homogênea:** deve ser complementada pela legislação trabalhista para conhecer a extensa relação de direitos assegurados aos trabalhadores em geral. Não se admite modalidade culposa. Admite tentativa. **Ação penal:** pública incondicionada. **Concurso material obrigatório:** pena do art. 203 + pena correspondente ao crime provocado pela violência.

○ **Introdução:** O CP novamente se utiliza de uma **norma penal em branco homogênea**. É imprescindível analisar a legislação trabalhista (CLT – Consolidação das Leis do Trabalho e outras leis esparsas) para conhecer a extensa relação de direitos assegurados aos trabalhadores em geral. Há também diversos direitos trabalhistas garantidos pela Constituição Federal, especialmente em seu art. 7.º, muitos dos quais já foram ou devem ser regulamentados pela legislação ordinária.

○ **Objeto jurídico:** É a organização do trabalho e a legislação que lhe é correlata.

○ **Objeto material:** É o direito trabalhista violado pela conduta criminosa.

○ **Núcleo do tipo:** O núcleo do tipo é **"frustrar"**, indicativo de impedir ou privar alguém de direito que lhe é assegurado por lei trabalhista. Para alcançar este objetivo, o sujeito se vale de fraude ou violência. **Fraude** consiste no engodo, artifício ou ardil utilizado para enganar, enquanto **violência** é o emprego de força física (lesão corporal ou vias de fato) sobre o ofendido. Não se admite a utilização de grave ameaça, por ausência de previsão legal nesse sentido.

○ **Sujeito ativo:** Qualquer pessoa (**crime comum**).

○ **Sujeito passivo:** É o titular do direito assegurado por lei trabalhista (empregador ou empregado) que foi frustrado mediante fraude ou violência.

○ **Elemento subjetivo:** É o dolo. Não se exige qualquer finalidade específica, e também não se admite a modalidade culposa.

○ **Consumação:** Trata-se de **crime material**: consuma-se com a efetiva frustração do direito assegurado por lei trabalhista. A indenização, pelo empregador, do dano provocado ao trabalhador, buscando reparar os males do crime de frustração a direito trabalhista anteriormente cometido, não autoriza a extinção da punibilidade.

○ **Tentativa:** É possível.

○ **Ação penal:** É pública incondicionada.

○ **Lei 9.099/1995:** Trata-se de **infração penal de menor potencial ofensivo**, aplicando-se os institutos da transação penal e da suspensão condicional do processo, bem como o rito sumaríssimo, na forma prevista na Lei 9.099/1995.

○ **Concurso material obrigatório:** Deve ser também imputada ao autor delito em tela a pena correspondente ao resultado produzido pela violência por ele empregada.

○ **Competência:** É da **Justiça Estadual**.

○ **Figuras equiparadas (art. 203, § 1.º):** Na mesma pena do *caput* incorre quem:

– **Inciso I – Obriga ou coage alguém a usar mercadorias de determinado estabelecimento, para impossibilitar o desligamento do serviço em virtude de dívida: Obrigar** é forçar alguém a fazer algo, ao passo que **coagir** significa intimidar ou constranger alguém mediante o emprego de violência ou grave ameaça. Tais condutas se relacionam com a atividade de usar mercadorias de determinado estabelecimento. Exige-se habitualidade, caracterizada pelo emprego do verbo "usar". Reclama um **especial fim de agir**: "para impossibilitar o desligamento do serviço em virtude de dívida". Como mencionado na análise do art. 149 do CP, o crime em estudo é **subsidiário** perante o delito de redução à condição análoga à de escravo.

– **Inciso II – Impede alguém de se desligar de serviços de qualquer natureza, mediante coação ou por meio da retenção de seus documentos pessoais ou contratuais: Impedir** é obstruir ou vedar alguém quanto a fazer ou deixar de fazer alguma coisa. Neste caso, a conduta alcança o trabalhador que deseja desligar-se do serviço. Para tanto, o agente se vale de coação ou retenção de documentos pessoais ou contratuais. Se presente a retenção física do trabalhador, o crime será o de redução à condição análoga à de escravo (CP, art. 149).

○ **Causas de aumento da pena (art. 203, § 2.º):** A pena será aumentada de um sexto a um terço se a vítima for menor de dezoito anos, pessoa idosa, gestante, indígena ou portadora de deficiência física ou mental. Cuida-se de causa especial de aumento da pena. Incide na terceira e última fase da dosimetria da pena privativa de liberdade. A elevação da reprimenda se justifica pela maior reprovabilidade da conduta, pois o agente se vale da especial condição da vítima, que a torna mais vulnerável, para frustrar direito a ela assegurado pela legislação trabalhista. **Pessoa menor de 18 (dezoito) anos de idade** é a criança ou adolescente (Lei 8.069/1990 – Estatuto da Criança e do Adolescente, art. 2.º, *caput*). **Pessoa idosa** é aquela com idade igual ou superior a 60 (sessenta) anos (Lei 10.741/2003 – Estatuto da Pessoa Idosa, art. 1.º). **Gestante** é a mulher grávida. Para evitar a responsabilidade penal objetiva, é imprescindível o conhecimento do sujeito ativo acerca desta condição da vítima. Incidindo a causa de aumento de pena em análise, não se aplicam as agravantes genéricas definidas pelo art. 61, II, *h*, do CP, sob pena de *bis in idem*. **Pessoa portadora de deficiência**, ou "pessoa com deficiência", na forma apresentada pela Lei 13.146/2015 – Estatuto da Pessoa com Deficiência, é aquela que, em decorrência de alguma enfermidade, permanente ou transitória, enfrenta debilidade em sua capacidade física ou mental. É importante destacar, no campo da frustração de direito assegurado por lei trabalhista, que o art. 7.º, XXXI, da Constituição Federal veda qualquer espécie de discriminação no tocante a salário e critério de admissão do trabalhador portador de deficiência. **Indígena**, finalmente, também chamado de índio ou silvícola, é todo indivíduo de origem e ascendência pré-colombiana que se identifica e é identificado como pertencente a um grupo étnico cujas características culturais o distinguem da sociedade nacional (Lei 6.001/1973 – Estatuto do Índio, art. 3.º, I). **Comunidade indígena ou grupo tribal** é o conjunto de famílias ou comunidades indígenas, quer vivendo em estado de completo isolamento em relação aos outros setores da comunhão nacional, quer em contatos intermitentes ou permanentes, sem, contudo, estarem neles integrados (Lei 6.001/1973 – Estatuto do Índio, art. 3.º, inc. II). O art. 4.º da Lei 6.001/1973 divide os índios em três grupos: **(a) isolados**: quando vivem em grupos desconhecidos ou de que se possuem poucos e vagos informes por meio de contatos eventuais com elementos da comunhão nacional; **(b) em vias de integração**: quando, em contato intermitente ou permanente com grupos estranhos, conservam menor ou maior parte das condições de sua vida nativa, mas aceitam algumas práticas e modos de existência comuns aos demais setores da comunhão nacional, da qual vão necessitando cada vez mais para o próprio sustento; e **(c) integrados**: quando incorporados à comunhão nacional e reconhecidos no pleno exercício dos direitos civis, ainda que conservem usos, costumes e tradições característicos da sua cultura. É valido destacar que, no caso de crime contra a pessoa, o patrimônio ou a dignidade sexual, em que o ofendido seja um índio não integrado ou comunidade indígena, a pena será agravada de um terço (Lei 6.001/1973 – Estatuto do Índio, art. 59). O art. 14 da Lei 6.001/1973 estabelece que "não haverá discriminação entre trabalhadores indígenas e os demais trabalhadores, aplicando-se-lhes todos os direitos e garantias das leis trabalhistas e de previdência social". O Estatuto do Índio dispõe que será nulo o contrato de trabalho ou de locação de serviços realizado com os **índios isolados** (art. 15). Em tal caso, poderá restar também caracterizado o crime de redução à condição análoga à de escravo (CP, art. 149), pois referidos silvícolas não têm a mínima compreensão da vida civilizada. Autoriza tal prática, porém, no que concerne aos **índios em vias de integração**, desde que exista prévia aprovação do órgão de proteção ao índio, ou seja, da Funai – Fundação Nacional de Amparo ao Índio (art. 16, *caput*). Finalmente, os **índios integrados** podem livremente celebrar contrato de trabalho, pois se encontram no pleno gozo de seus direitos civis.

○ **Competência:** É da **Justiça Estadual**, pois a conduta atinge unicamente interesses privados.

○ **Jurisprudência selecionada:**

Competência: "1. Hipótese em que empresa privada deixa de anotar na CTPS da empregada os dados referentes às atualizações ocorridas no contrato de trabalho, com o fito de frustrar direitos trabalhistas, dando origem a reclamação trabalhista. Não se vislumbra qualquer prejuízo a bens, serviços ou interesses da União, senão, por via indireta ou reflexa, do INSS na anotação da carteira, dado que é na prestação de serviço que se encontra o fato gerador da contribuição previdenciária. Entendimento da Súmula 62 do STJ. 2. A competência para julgar crime de falsificação de documento público, consistente na ausência de anotação de atualização do contrato de trabalho de empregado é da Justiça Estadual, pois inexistente lesão a bens, serviços ou interesse da União. Súmula nº 62 do STJ" (STJ: CC 114.168/SP, rel. Min. Maria Thereza de Assis Moura, 3.ª Seção, j. 10.11.2010). *No mesmo sentido*: STJ: CC 96.365/PR, rel. Min. Jorge Mussi, 3.ª Seção, j. 26.05.2010.

Pagamento de salário a menor e caracterização do delito: "O trancamento de inquérito policial, por força de sua função investigatória e da sua natureza administrativa, é medida de exceção que somente é cabível quando a atipicidade dos fatos ou a sua inexistência mesmo se mostra na luz da evidência, *primus ictus oculi*. Pagar salário a menor do que consta na anotação da carteira de trabalho configura, ao menos em tese, o delito de frustração de direito assegurado por lei trabalhista, tipificado no artigo 203 do Código Penal" (STJ: RHC 15.713/MG, Rel. Min. Hamilton Carvalhido, 6ª Turma, j. 29.11.2005).

Frustração de lei sobre a nacionalização do trabalho

Art. 204. Frustrar, mediante fraude ou violência, obrigação legal relativa à nacionalização do trabalho:

Pena – detenção, de um mês a um ano, e multa, além da pena correspondente à violência.

Classificação:	Informações rápidas:
Crime comum	Dispositivo não recepcionado pela CF/1988.
Crime material	**Norma penal em branco homogênea:** deve ser complementada pela CLT, que contém as regras acerca da nacionalização do trabalho.
Crime doloso	
Crime de forma livre	
Crime unissubjetivo *(regra)*	Não se admite modalidade culposa.
Crime plurissubsistente *(regra)*	Admite tentativa.
Crime instantâneo	**Ação penal:** pública incondicionada.
	Concurso material obrigatório: pena do art. 204 + pena correspondente ao crime provocado pela violência.
	Competência: Justiça Federal.

○ **Introdução:** O tipo penal se fundamenta, originariamente, na Constituição Federal de 1937, que previa em seu art. 153, no capítulo inerente à Ordem Econômica, a fixação de porcentagens de empregados brasileiros nos serviços públicos dados em concessão e nos estabelecimentos de determinados ramos comerciais e industriais. Nesse sentido, a lei penal tutela o interesse na nacionalização do trabalho, assegurando aos brasileiros maiores condições na competição do mercado de trabalho relativamente ao estrangeiro. Trata-se de **norma penal em branco homogênea**, uma vez que os arts. 352 a 371 da CLT – Consolidação das Leis do Trabalho (Decreto-lei 5.452/1943) contêm as regras acerca da nacionalização do trabalho, isto é, as normas relacionadas à obrigatoriedade de contratação de mão de obra brasileira.

○ **Objeto jurídico:** É o interesse do Estado em assegurar mercado de trabalho para brasileiros.

○ **Objeto material:** São os contratos laborais celebrados com violação às regras atinentes à nacionalização do trabalho.

○ **Núcleo do tipo:** É **"frustrar"**, aqui compreendido como ludibriar, enganar ou iludir, no tocante à obrigação legal de nacionalização do trabalho. A frustração se dá mediante fraude ou violência. **Fraude** é o engodo, o artifício ou ardil utilizado para enganar; **violência** é o emprego de força física. Não se admite a utilização de grave ameaça, por ausência de previsão legal nesse sentido.

○ **Sujeito ativo:** Qualquer pessoa.

○ **Sujeito passivo:** É o Estado.

○ **Elemento subjetivo:** É o dolo. Não se exige finalidade específica, e também não se admite a modalidade culposa.

○ **Consumação:** Dá-se com a frustração relativa à nacionalização do trabalho, que se concretiza no momento em que o empregador abriga um número maior de trabalhadores estrangeiros do que o legalmente permitido.

○ **Tentativa:** É possível.

○ **Ação penal:** É pública incondicionada.

○ **Lei 9.099/1995:** **Trata-se de infração penal de menor potencial ofensivo.** Aplicam-se, portanto, os institutos da transação penal e da suspensão condicional do processo, bem como o rito sumaríssimo, na forma prevista na Lei 9.099/1995.

○ **Concurso material obrigatório:** No crime de frustração de lei sobre a nacionalização do trabalho deve ser também imputada ao agente a pena correspondente à violência. Se a conduta também resultar na frustração de direito individual do trabalho, estará caracterizado concurso formal com o crime definido pelo art. 203 do Código Penal.

○ **Competência:** É da Justiça Federal, nos termos do art. 109, VI, da Constituição Federal, pois envolve interesse coletivo relacionado ao trabalho.

Exercício de atividade com infração de decisão administrativa

> **Art. 205.** Exercer atividade, de que está impedido por decisão administrativa:
>
> Pena – detenção, de três meses a dois anos, ou multa.

Classificação:	Informações rápidas:
Crime próprio	Crime composto por uma reiteração de atos, os quais representam um indiferente penal se isoladamente considerados (habitual).
Crime de mera conduta	
Crime doloso	
Crime de forma livre	Não se admite modalidade culposa.
Crime unissubjetivo (*regra*)	Não admite tentativa (por se tratar de crime habitual).
Crime plurissubsistente (*regra*)	**Ação penal:** pública incondicionada.
Crime habitual	**Competência:** Justiça Estadual (*exceção* – CF, art. 109, IV – Justiça Federal).

○ **Objeto jurídico:** É o interesse do Estado no cumprimento das suas decisões relativas ao exercício de atividades trabalhistas. A decisão administrativa a ser respeitada há de ter amparo legal (CF, art. 5.º, XIII).

○ **Objeto material:** É a atividade desempenhada por quem estava impedido de fazê-lo por decisão administrativa.

○ **Núcleo do tipo:** É **"exercer"**, no sentido de praticar ou desempenhar. O verbo empregado pelo legislador transmite a clara ideia de habitualidade, pois é equivocado afirmar que alguém exerce determinada atividade uma única vez. Trata-se, portanto, de **crime habitual**: é composto por uma reiteração de atos, os quais representam um indiferente penal se isoladamente considerados.[190] **Atividade** significa qualquer trabalho, ocupação ou profissão, desde que de natureza lícita. O crime reclama a existência de **decisão administrativa anterior** (emanada de qualquer órgão da Administração Pública, federal, estadual, distrital ou municipal), que impede o exercício da atividade pelo sujeito. A decisão judicial não é abarcada pelo dispositivo em análise, pois a desobediência à ordem judicial poderá configurar o delito previsto no art. 359 do Código Penal. O exercício ilegal de função pública, por sua vez, configura o delito previsto no art. 324 do Código Penal.[191]

○ **Sujeito ativo:** Cuida-se de **crime próprio**, pois somente pode ser cometido pela pessoa administrativamente impedida de exercer determinada atividade.

---

[190]   Em sentido contrário, já decidiu o Supremo Tribunal Federal que, "basta um ato de desobediência à decisão administrativa, para que se configure o delito em questão (art. 205)" (HC 74.826/SP, Rel. Min. Sydney Sanches, 1.ª Turma, j. 11.03.1993).

[191]   Cf. CAPEZ, Fernando. *Curso de direito penal.* 8. ed. São Paulo: Saraiva, 2008. v. 2, p. 637.

○ **Sujeito passivo:** É o Estado, pois suas decisões administrativas devem ser integralmente cumpridas por aqueles que a elas se sujeitam.

○ **Elemento subjetivo:** É o dolo. Não se exige finalidade específica, nem se admite a modalidade culposa.

○ **Consumação:** Prevalece o entendimento de que se trata de **crime habitual**. Logo, não é suficiente a prática de um único ato. A consumação do delito se dá com o desempenho reiterado e contínuo da atividade. Constitui-se em **crime de mera conduta**, pois se esgota com o exercício da atividade administrativamente suspensa, sem a previsão de resultado naturalístico pelo tipo penal.

○ **Tentativa:** Não é admissível. A ampla maioria da doutrina sustenta a inaceitabilidade da tentativa (*conatus*) nos crimes habituais.

○ **Ação penal:** É pública incondicionada.

○ **Lei 9.099/1995:** Trata-se de **infração penal de menor potencial ofensivo**. Admite a transação penal e a suspensão condicional do processo, e segue o rito sumaríssimo, na forma prevista na Lei 9.099/1995.

○ **Competência:** Em regra, a competência para processar e julgar o crime de exercício de atividade com infração de decisão administrativa é da **Justiça Estadual**, pois não diz respeito a interesse coletivo do trabalho. Será competente a **Justiça Federal**, contudo, quando o crime for praticado em detrimento de bens, serviços ou interesses da União ou de suas entidades autárquicas ou empresas públicas, nos termos do art. 109, IV, da Constituição Federal.

Aliciamento para o fim de emigração

Art. 206. Recrutar trabalhadores, mediante fraude, com o fim de levá-los para território estrangeiro.

Pena – detenção, de 1 (um) a 3 (três) anos e multa.

Classificação:	Informações rápidas:
Crime comum	O recrutamento (no mínimo de três pessoas) deve ser
Crime formal	efetuado **mediante fraude.**
Crime doloso	Não se admite a modalidade culposa. O dolo é específico.
Crime de forma livre	Admite tentativa.
Crime unissubjetivo (*regra*)	**Ação penal:** pública incondicionada.
Crime plurissubsistente (*regra*)	**Competência:** Justiça Federal.
Crime instantâneo	

○ **Objeto jurídico:** Tutela-se o interesse do Estado brasileiro em manter seus trabalhadores, sua mão de obra, em território nacional.

○ **Objeto material:** É a pessoa recrutada mediante fraude para ser levada para território estrangeiro.

○ **Núcleo do tipo:** É **"recrutar"**, aliciar, no sentido de seduzir, atrair interessados. É imprescindível seja o recrutamento efetuado **mediante fraude**, isto é, com emprego de artifício, ardil ou de qualquer outro meio fraudulento. A lei fala em **"trabalhadores"**, razão pela qual devem existir **no mínimo três pessoas**, pois quando o Código Penal deseja somente duas pessoas ou então ao menos quatro indivíduos ele o faz expressamente.

○ **Sujeito ativo:** Qualquer pessoa (**crime comum**).

○ **Sujeito passivo:** É o Estado, e, mediatamente, os trabalhadores recrutados mediante fraude.

○ **Elemento subjetivo:** É o dolo. Não se admite a modalidade culposa. É imprescindível, ainda, um especial fim de agir, representado pela expressão "com o fim de levá-los para território estrangeiro".

○ **Consumação:** O crime é **formal, de resultado cortado ou de consumação antecipada**. Consuma-se com o recrutamento mediante fraude. É dispensável a efetiva saída dos trabalhadores do território nacional.

○ **Tentativa:** É possível.

○ **Ação penal:** É pública incondicionada.

○ **Lei 9.099/1995:** Cuida-se de **crime de médio potencial ofensivo** (pena mínima igual ou inferior a um ano): é cabível a suspensão condicional do processo, se presentes todos os requisitos exigidos pelo art. 89 da Lei 9.099/1995.

○ **Competência:** É da Justiça Federal, nos termos do art. 109, VI, da Constituição Federal, pois o crime atinge interesses coletivos, relacionados a diversos trabalhadores.

Aliciamento de trabalhadores de um local para outro do território nacional

> **Art. 207.** Aliciar trabalhadores, com o fim de levá-los de uma para outra localidade do território nacional:
>
> Pena – detenção de um a três anos, e multa.
>
> § 1º Incorre na mesma pena quem recrutar trabalhadores fora da localidade de execução do trabalho, dentro do território nacional, mediante fraude ou cobrança de qualquer quantia do trabalhador, ou, ainda, não assegurar condições do seu retorno ao local de origem.
>
> § 2º A pena é aumentada de um sexto a um terço se a vítima é menor de dezoito anos, idosa, gestante, indígena ou portadora de deficiência física ou mental.

Classificação:	Informações rápidas:
Crime comum	Exige pluralidade de trabalhadores.
Crime formal	Não se admite a figura culposa.
Crime doloso	O dolo é específico.
Crime de forma livre	Admite tentativa.
Crime unissubjetivo *(regra)*	**Ação penal:** pública incondicionada.
Crime plurissubsistente *(regra)*	**Competência:** Justiça Federal.
Crime instantâneo	No § 1.º, na modalidade "não assegurar condições do seu retorno ao local de origem", o crime é omissivo próprio ou puro.

○ **Introdução:** No dispositivo em estudo, o Código Penal atende à necessidade de reprimir a *catequese* de trabalhadores no sentido de afastá-los de uma região para outra do território nacional. Não se exige seja a conduta cometida com emprego de fraude. Caracteriza o delito em análise a simples atividade de aliciar, ainda que mediante promessas verdadeiras de melhores salários e mais adequadas condições de vida. Busca-se impedir a fuga de mão de obra e o despovoamento de determinadas regiões do território nacional.

○ **Objeto jurídico:** Protege-se o interesse estatal em preservar os trabalhadores nos seus locais de origem.

○ **Objeto material:** É a pessoa aliciada pela conduta criminosa.

○ **Núcleo do tipo:** É **"aliciar"**, no sentido de recrutar ou atrair trabalhadores para levá-los a outra localidade do território nacional. É indispensável seja a conduta dirigida a uma **pluralidade de trabalhadores**. O delito admite qualquer meio de execução (**crime de forma livre**). Em regra, é cometido por ação, mas nada impede a omissão penalmente relevante (crime omissivo impróprio, espúrio ou comissivo por omissão), nas hipóteses em que o sujeito tem o dever jurídico de agir e pode agir, mas nada faz para impedir o aliciamento (CP, art. 13, § 2.º).

○ **Sujeito ativo:** Qualquer pessoa (**crime comum**).

○ **Sujeito passivo:** É o Estado, e, mediatamente, os trabalhadores aliciados.

○ **Elemento subjetivo:** É o dolo. Reclama-se um especial fim de agir representado pela expressão "com o fim de levá-los de uma para outra localidade do território nacional". Não se admite a figura culposa.

○ **Consumação:** Dá-se com o simples aliciamento dos trabalhadores, prescindindo-se da real transferência para outra localidade do País. O crime é **formal, de resultado cortado ou de consumação antecipada**.

○ **Tentativa:** É possível.

○ **Ação penal:** É pública incondicionada.

○ **Lei 9.099/1995:** Trata-se de **crime de médio potencial ofensivo** (pena mínima igual ou inferior a um ano): é cabível a suspensão condicional do processo, se presentes todos os requisitos exigidos pelo art. 89 da Lei 9.099/1995.

○ **Competência:** É da Justiça Federal, nos termos do art. 109, VI, da Constituição Federal, pois o delito envolve interesses coletivos.

○ **Figura equiparada (art. 207, § 1.º):** O § 1.º, incluído pela Lei 9.777/1998, prevê que "incorre na mesma pena quem recrutar trabalhadores fora da localidade de execução do trabalho, dentro do território nacional, mediante fraude ou cobrança de qualquer quantia do trabalhador, ou, ainda, não assegurar condições do seu retorno ao local de origem". Na modalidade "não assegurar condições do seu retorno ao local de origem" o crime é **omissivo próprio ou puro**: a omissão está descrita no próprio tipo penal, e, por se tratar de delito unissubsistente, consuma-se com a simples omissão, não admitindo a tentativa. É irrelevante, para a consumação, que o trabalhador, por outros meios, consiga retornar à sua localidade. Não se pune a transferência dos trabalhadores de uma localidade a outra do território nacional

– preocupa-se a lei com o aliciamento e com a omissão que se verifica quando o patrão não assegura ao trabalhador condições adequadas para o seu retorno ao local de origem.

○ **Causa de aumento de pena (art. 207, § 2.º):** "A pena é aumentada de um sexto a um terço se a vítima é menor de dezoito anos, idosa, gestante, indígena ou portadora de deficiência física ou mental" (*v. comentários ao art. 203 do CP*). Em tais situações, a conduta do agente reveste-se de maior grau de reprovabilidade, pois para cometer o crime ele se aproveita da reduzida (ou nenhuma) capacidade de discernimento ou resistência da vítima, justificando a elevação da sanção penal.

TÍTULO V –
DOS CRIMES CONTRA O SENTIMENTO RELIGIOSO E CONTRA O RESPEITO AOS MORTOS

Capítulo I –
DOS CRIMES CONTRA O SENTIMENTO RELIGIOSO

○ **Introdução:** *Sentimento* **religioso** é a convicção, acentuada pelo sentimento, da existência de uma ordem universal que se eleva acima do homem.[192] Em tempos pretéritos, toda religião estava intimamente relacionada ao conceito de Estado. O dever religioso era um dever político, e, consequentemente, o crime contra a religião era crime contra o Estado. A profanação de um templo e o impedimento de um ato religioso, quando intencionais, constituíam atentados contra a ordem estatal. No Brasil, com o advento da República, foi reconhecida a liberdade de culto, proclamada antes mesmo da constitucionalização do novo regime, com o Decreto 119-A, de 07.01.1890, da lavra de Ruy Barbosa, expedido pelo Governo Provisório. Atualmente, a Constituição Federal, em seu art. 19, I, estatui ser "vedado à União, aos Estados, ao Distrito Federal e aos Municípios: I - estabelecer cultos religiosos ou igrejas, subvencioná-los, embaraçar-lhes o funcionamento ou manter com eles ou seus representantes relações de dependência ou aliança, ressalvada, na forma da lei, a colaboração de interesse público". Vivemos, portanto, em um **Estado laico ou não confessional**: admite e respeita todas as vocações religiosas.[193] Além disso, a Constituição Federal estabelece em seu art. 5.º, VI: "é inviolável a liberdade de consciência e de crença, sendo assegurado o livre exercício dos cultos religiosos e garantida, na forma da lei, a proteção aos locais de culto e a suas liturgias". A expressão "na forma da lei", associada ao caráter relativo dos direitos fundamentais, revela que esta liberdade pública não autoriza excessos ou abusos capazes de prejudicar outros direitos e garantias individuais.

Ultraje a culto e impedimento ou perturbação de ato a ele relativo

Art. 208. Escarnecer de alguém publicamente, por motivo de crença ou função religiosa; impedir ou perturbar cerimônia ou prática de culto religioso; vilipendiar publicamente ato ou objeto de culto religioso:

Pena – detenção, de um mês a um ano, ou multa.

Parágrafo único. Se há emprego de violência, a pena é aumentada de um terço, sem prejuízo da correspondente à violência.

---

[192] HUNGRIA, Nélson; LACERDA, Romão Côrtes de. *Comentários ao Código Penal*. 2. ed. Rio de Janeiro: Forense, 1954. v. 8, p. 55.
[193] SILVA, José Afonso da. *Comentário contextual à Constituição*. 4. ed. São Paulo: Malheiros, 2007. p. 251.

Classificação:	Informações rápidas:
Crime comum Crime formal Crime de forma livre Crime unissubjetivo *(regra)* Crime unissubsistente ou plurissubsistente Crime instantâneo	**Abrange três condutas criminosas (tipo misto cumulativo):** *escarnecer* (é necessária a publicidade do ato e que se refira a pessoa determinada); *impedir ou perturbar* (deve-se tratar de religião admitida pelo Estado) e *vilipendiar* (a conduta deve ser praticada publicamente e recair sobre ato ou objeto de culto religioso). Não admite modalidade culposa. Exige dolo específico para "escarnecer" e "vilipendiar". "Impedir ou perturbar" admite dolo eventual. **Concurso material obrigatório:** pena do art. 208 + pena correspondente ao crime provocado pela violência. **Ação penal:** pública incondicionada.

○ **Objeto jurídico:** É a **liberdade de crença e o livre exercício dos cultos religiosos** (CF, art. 5.º, VI), desde que não ofendam a ordem pública e os bons costumes.

○ **Objeto material:** É a pessoa atingida em sua liberdade de crença, o ato que integra um culto religioso, ou o objeto utilizado para o exercício de uma determinada religião.

○ **Núcleos do tipo:** Cuida-se de **tipo misto cumulativo**: as três condutas criminosas descritas são autônomas – a prática de mais de uma delas acarreta a punição por mais de um crime.

a) Escarnecer de alguém publicamente, por motivo de crença ou função religiosa: Escarnecer é achincalhar, zombar afrontosamente, ridicularizar sarcasticamente. É imprescindível seja a conduta motivada pela crença ou pelo exercício de função religiosa. **Crença religiosa** é a fé, a convicção da verdade de alguma doutrina sobre a divindade ou poderes sobrenaturais. **Função religiosa** é o ministério exercido ou estado assumido por quem participa da celebração de um culto ou de uma organização religiosa. Pouco importa seja o exercente de função religiosa atingido no ofício ou fora do ofício, desde que seja em razão do ofício.[194] A ação pode ser praticada por qualquer meio idôneo a manifestar o pensamento (**crime de forma livre**). É elemento essencial do crime a **publicidade** do escárnio. Não basta ser o fato cometido em lugar público ou acessível ao público: é preciso tenha sido praticado na presença de várias pessoas (*coram populo*) ou à vista de muitas pessoas. Caso contrário, o que se poderá identificar é o crime contra a honra. Se o escárnio é praticado por meio de imprensa ou radiodifusão, presume-se a publicidade. Não é necessário seja o fato praticado na presença da vítima. Exige-se o endereçamento da ofensa a uma **pessoa determinada**. Se o escárnio, além de ofensivo ao sentimento religioso, contém lesão à honra individual, este último crime é absorvido pelo primeiro.

b) Impedir ou perturbar cerimônia ou prática de culto religioso: Culto religioso é a manifestação coletiva do sentimento religioso, sua exteriorização mediante atos, pelos quais os fiéis ou crentes adoram ou veneram a divindade, ou poderes transcendentais, mantendo-se com eles em contato espiritual. É necessário seja notório, praticado por grande número de pessoas, havendo a seu respeito um conhecimento geral. **Cerimônia** é o ato de culto que se reveste de certa solenidade. Não bastam atos individuais ou coletivos de oração ou penitência. É necessário existir solenidade de acordo com as prescrições do rito religioso. **Prática** é um ato religioso, sem o aparato da cerimônia, com ou sem padre, ministro, pastor ou figura análoga, tais como o ensino do catecismo, a sessão espírita e a oração na sinagoga. É fundamental que se trate de religião admitida pelo Estado. Mas, quando aceita, o poder público não pode criar qualquer distinção

---

[194] HUNGRIA, Nélson; LACERDA, Romão Côrtes de. *Comentários ao Código Penal*. 2. ed. Rio de Janeiro: Forense, 1954. v. 8, p. 63.

entre os diversos cultos religiosos (CF, art. 19, I). Prescinde-se da interrupção da cerimônia ou da prática de culto religioso. A mera abreviação do ato caracteriza o delito. O disparo de arma de fogo na frente do estabelecimento religioso caracteriza o crime em análise, em concurso formal com o delito previsto no art. 15 da Lei 10.826/2003 – Estatuto do Desarmamento. Ressalte-se, entretanto, que, embora regulares, podem as cerimônias e práticas ser impedidas legitimamente pelo Poder Público, quando sua efetivação for contrária ao interesse público. De igual modo, não há crime quando o impedimento se faz em proteção a um direito do indivíduo.

c) Vilipendiar publicamente ato ou objeto de culto religioso: Vilipendiar é considerar vil, desprezar ou ultrajar injuriosamente. É mais do que ofender, mais do que ultrajar, mais do que injuriar ou difamar. Pode ser praticado por palavras, escritos, gestos, meios simbólicos ou qualquer outro ato idôneo (**crime de forma livre**). Exige-se seja a conduta praticada **publicamente**. O vilipêndio deve recair sobre ato ou objeto de culto religioso. **Ato** é a cerimônia ou a prática do culto religioso. **Objeto** é qualquer coisa (bem corpóreo) com a qual ou em torno da qual se exerça o culto religioso. É indispensável que tais objetos estejam consagrados ao culto, isto é, já tenham sido reconhecidos como sagrados pela religião ou tenham sido utilizados nos atos religiosos.

○ **Sujeito ativo:** Qualquer pessoa, independentemente da sua religião (**crime comum**).

○ **Sujeito passivo:** O sujeito passivo imediato ou principal é o Estado. É também possível a existência de um sujeito passivo mediato ou secundário, representado pela pessoa que suporta diretamente a conduta criminosa.

○ **Elemento subjetivo:** É o dolo. Não se admite a modalidade culposa. Na primeira figura criminosa, exige-se ainda um especial fim de agir, consistente em atuar "por motivo de crença ou função religiosa". Na segunda conduta basta o dolo eventual. Na terceira conduta também se reclama um especial fim de agir: o propósito de vilipendiar, de ofender o sentimento religioso, ultrajando-o.

○ **Consumação:** Na primeira modalidade típica, o crime se consuma com o escárnio. Em relação à segunda conduta, a consumação ocorre quando o sujeito impede ou perturba cerimônia ou prática de ato religioso. Na figura típica "vilipendiar publicamente ato ou objeto de culto religioso" o delito se aperfeiçoa com o efetivo vilipêndio. Em todas as hipóteses o crime é **formal, de resultado cortado ou de consumação antecipada**, pois independe da efetiva lesão ao sentimento religioso penalmente tutelado.

○ **Tentativa:** É cabível em todas as espécies do delito. Vale ressaltar, contudo, que na terceira figura a possibilidade do *conatus* se restringe à forma escrita.

○ **Causa de aumento da pena (parágrafo único):** Aplica-se às três modalidades de condutas criminosas. Trata-se da **violência física**, tanto **contra a pessoa** quanto **contra a coisa**. Há, porém, entendimentos no sentido de que somente se aumenta a pena na hipótese de violência contra a pessoa, pois a preocupação do legislador é a maior proteção do ser humano. Não concordamos, eis que, quando a lei assim deseja, o faz expressamente (exemplo: art. 157, *caput*, do Código Penal), e também por se tratar de crime contra o sentimento religioso, e não contra a pessoa. A lei impõe o **concurso material obrigatório** entre o crime tipificado pelo art. 208 do CP e eventual lesão corporal, ainda que de natureza leve.

○ **Ação penal:** É pública incondicionada, em todas as modalidades do crime.

○ **Lei 9.099/1995:** Cuida-se de **infração penal de menor potencial ofensivo**. É compatível com a transação penal, se presentes os requisitos legais, e obedece ao procedimento sumaríssimo disciplinado pelos arts. 77 e seguintes da Lei 9.099/1995.

Capítulo II –
DOS CRIMES CONTRA O RESPEITO AOS MORTOS

○ **Introdução:** O direito romano, ao tempo dos imperadores, já tutelava penalmente o respeito aos mortos, incriminando a violação dos túmulos. No Brasil, a incriminação das condutas ofensivas ao respeito aos mortos é novidade do Código Penal de 1940. O Código Criminal do Império de 1830 não abordava tais crimes, e o Código Penal Republicano de 1890 considerava simples contravenções a inumação irregular (art. 364) e a profanação de cadáver (art. 365), bem como a violação, a conspurcação ou danificação de sepulturas ou mausoléus (arts. 365 e 366). Conforme assinala o item 68 da Exposição de Motivos da Parte Especial do Código Penal:

São classificados como *species* do mesmo *genus* os "crimes contra o sentimento religioso" e os "crimes contra o respeito aos mortos". É incontestável a afinidade entre uns e outros. O sentimento religioso e o respeito aos mortos são valores ético-sociais que se assemelham. O tributo que se rende aos mortos tem um fundo religioso. Idêntica, em ambos os casos, é a *ratio essendi* da tutela penal.

O respeito aos mortos reveste-se de cunho religioso. Costuma-se mesmo falar em "religião dos túmulos". Explica-se, portanto, a reunião das duas classes de crimes num mesmo título da Parte Especial do Código Penal, a exemplo, aliás, de quase todos os Códigos estrangeiros. O que o Código Penal protege não é a paz dos mortos, pois estes já não são mais titulares de direitos, mas o **sentimento de reverência dos vivos para com os mortos**. É em obséquio aos vivos, e não aos mortos, que surge a incriminação. O respeito aos mortos é um relevante **valor ético-social**, e, como tal, um interesse jurídico digno, por si mesmo, da tutela penal. Cuida esta de resguardar a incolumidade dos atos fúnebres, do cadáver em si mesmo e da sepultura.[195]

Impedimento ou perturbação de cerimônia funerária

> **Art. 209.** Impedir ou perturbar enterro ou cerimônia funerária:
>
> Pena – detenção, de um mês a um ano, ou multa.
>
> Parágrafo único. Se há emprego de violência, a pena é aumentada de um terço, sem prejuízo da correspondente à violência.

Classificação:	Informações rápidas:
Crime comum	Não se admite a modalidade culposa. Exige dolo específico.
Crime vago	
Crime formal	Admite tentativa.
Crime de forma livre	**Concurso material obrigatório:** pena do art. 209 + eventual lesão corporal produzida em alguém, ainda que de natureza leve.
Crime unissubjetivo (*regra*)	
Crime unissubsistente ou plurissubsistente	
Crime instantâneo	**Ação penal:** pública incondicionada.

○ **Objeto jurídico:** Tutela-se o sentimento de respeito aos mortos.

---

[195] HUNGRIA, Nélson; LACERDA, Romão Côrtes de. *Comentários ao Código Penal*. 2. ed. Rio de Janeiro: Forense, 1954. v. 8, p. 72.

o **Objeto material:** É o enterro ou a cerimônia funerária. **Enterro** é a trasladação do cadáver, com ou sem acompanhamento por outras pessoas, para o lugar onde deve ser inumado. **Cerimônia funerária** é todo ato de assistência ou homenagem que se presta a um defunto. Trata-se de **cerimônia secular ou civil** – se tem caráter religioso, o crime será o do art. 208 do CP.

o **Núcleos do tipo:** Impedir e perturbar. Ambos se referem ao enterro ou à cerimônia funerária. **Impedir** é interromper ou obstar o prosseguimento, enquanto **perturbar** é atrapalhar ou estorvar. Cuida-se de **tipo misto alternativo**: o sujeito pratica um só crime se, no mesmo contexto fático, impede e perturba um mesmo enterro ou cerimônia funerária. O delito pode ser praticado por omissão.

o **Sujeito ativo:** Pode ser qualquer pessoa (**crime comum**).

o **Sujeito passivo:** O sujeito passivo principal ou imediato é a coletividade. Cuida-se de **crime vago**, por se tratar de ofendido destituído de personalidade jurídica. É possível ainda a existência de sujeitos passivos secundários ou mediatos.

o **Elemento subjetivo:** É o dolo, consistente na vontade livre e consciente de impedir ou perturbar enterro ou cerimônia funerária. Não se admite a modalidade culposa. Exige-se, ainda, um especial fim de agir, consistente na finalidade de violar o sentimento de respeito devido aos mortos.

o **Consumação:** Dá-se com o efetivo impedimento ou perturbação do enterro ou da cerimônia fúnebre, independentemente da ofensa ao sentimento de respeito aos mortos (**crime formal, de resultado cortado ou de consumação antecipada**).

o **Tentativa:** É possível nas hipóteses em que, nada obstante a conduta criminosa, o agente, por circunstâncias alheias à sua vontade, não consegue impedir ou perturbar o enterro ou cerimônia funerária.

o **Causa de aumento da pena (parágrafo único):** Se há emprego de violência, a pena é aumentada de um terço, sem prejuízo da correspondente à violência. Cuida-se da **violência física**, **contra a pessoa** ou **contra a coisa**. A lei impõe o **concurso material obrigatório** entre o crime tipificado pelo art. 209 do CP e eventual lesão corporal produzida em alguém, ainda que de natureza leve.

o **Ação penal:** É pública incondicionada, tanto na forma simples do *caput* como na forma agravada do parágrafo único.

o **Lei 9.099/1995:** Trata-se de **infração penal de menor potencial ofensivo**. É compatível com a transação penal, se presentes os requisitos legais, e obedece ao procedimento sumaríssimo disciplinado pelos arts. 77 e seguintes da Lei 9.099/1995.

Violação de sepultura

Art. 210. Violar ou profanar sepultura ou urna funerária:

Pena – reclusão, de um a três anos, e multa.

Classificação:	Informações rápidas:
Crime comum	O crime compreende não só a cova, mas também tudo
Crime vago	o que lhe for incorporado definitivamente.
Crime formal	Sepultura ou urna funerária vazia: crime impossível.
Crime de forma livre	Não admite forma culposa.
Crime unissubjetivo *(regra)*	Admite tentativa.
Crime plurissubsistente	**Ação penal:** pública incondicionada.
Crime instantâneo	

○ **Objeto jurídico:** É o sentimento de respeito aos mortos.

○ **Objeto material:** É a sepultura ou a urna funerária. O termo **sepultura** deve ser compreendido em sentido amplo. Não são alcançados por esse conceito objetos temporários como flores, velas ou coroas.[196] O Código Penal não faz distinção entre a vala comum e o mausoléu. A lei equipara à sepultura a **urna funerária**, que não é só aquela que guarda as cinzas (urna cinerária), como também a que contém ossos do falecido (urna ossuária). Há crime impossível, por absoluta impropriedade do objeto material (CP, art. 17), quando o agente viola ou profana sepultura ou urna funerária vazia.

○ **Núcleos do tipo:** Violar e profanar. **Violar** é invadir, devassar, abrir sepultura ou urna funerária. Basta que o cadáver (seus restos ou cinzas) fique exposto ao tempo, pouco importando se é ou não removido de local. Na hipótese de vala comum, a remoção da terra, expondo o cadáver, caracteriza o delito. **Profanar** equivale a macular, ou seja, tratar com desprezo os objetos materiais do crime em apreço. Constitui-se em atos de vandalismo sobre a sepultura ou urna funerária, ou de seu aviltamento. O ato de violar compreende necessariamente o de profanar, mas este pode realizar-se sem aquele. Somente estão acobertados pela proteção penal a sepultura ou a urna que estejam atual ou efetivamente servindo ao seu destino.

○ **Sujeito ativo:** Qualquer pessoa (**crime comum**).

○ **Sujeito passivo:** Sujeito passivo principal ou imediato é a coletividade (**crime vago**). A família do morto, se existente, figura como sujeito passivo secundário ou mediato.

○ **Elemento subjetivo:** É o dolo, sendo **irrelevante o motivo ideológico**. Não se admite a forma culposa. Na modalidade **profanar** reclama-se um especial fim de agir, consistente no propósito de ultrajar a sepultura ou urna funerária. O fato será atípico se ausente esta finalidade. Se a intenção do agente, com a violação da sepultura ou urna funerária, é subtrair algum objeto, haverá concurso material do crime de furto com o delito em análise. A mera subtração de objetos que estejam sob a sepultura ou urna, sem que ocorra sua violação ou profanação, caracteriza unicamente crime de furto (CP, art. 155). Se houver destruição ou danificação do túmulo, haverá concurso formal entre o crime de violação de sepultura e o de dano (CP, art. 163). Na hipótese de subtração do próprio cadáver, o crime será o definido pelo art. 211 do CP (subtração de cadáver), que absorve a violação de sepultura. Não se pode confundir o crime de violação de sepultura (CP, art. 210) com a contravenção penal de exumação de cadáver, definida pelo art. 67 do Decreto-lei 3.688/1941 – Lei das Contravenções Penais: "Art. 67. Inumar ou exumar cadáver, com infração das disposições legais: Pena – prisão simples, de um mês a um ano, ou multa".

---

[196] PRADO, Luiz Regis. *Curso de direito penal brasileiro.* São Paulo: RT, 2008. v. 2, p. 621.

○ **Consumação:** Dá-se com a efetiva violação ou profanação da sepultura ou urna funerária, independentemente da efetiva lesão ao sentimento de respeito aos mortos (**crime formal, de resultado cortado ou de consumação antecipada**). É irrelevante esteja a sepultura ou urna em cemitério público ou em lugar privado.

○ **Tentativa:** É possível. Na prática a tentativa de violação poderá constituir-se em profanação consumada.

○ **Ação penal:** É pública incondicionada.

○ **Lei 9.099/1995:** Trata-se de **crime de médio potencial ofensivo**, compatível com a suspensão condicional do processo (Lei 9.099/1995, art. 89).

○ **Exclusão da ilicitude:** Não há crime quando o fato é praticado em estrito cumprimento de dever legal ou no exercício regular de um direito.

Destruição, subtração ou ocultação de cadáver

> **Art. 211.** Destruir, subtrair ou ocultar cadáver ou parte dele:
>
> Pena – reclusão, de um a três anos, e multa.

Classificação:	Informações rápidas:
Crime comum Crime vago Crime formal Crime de forma livre Crime unissubjetivo (regra) Crime plurissubsistente Crime instantâneo	**Abrange três núcleos:** destruir (torná-lo insubsistente como tal), subtrair (retirá-lo da esfera de proteção jurídica ou da custódia de alguém) e ocultar (fazer desaparecer, sem destruí-lo – crime permanente). Múmia não é cadáver (são cadáveres o natimorto e o feto, este dependendo da maturidade). Não admite forma culposa. Admite tentativa. **Ação penal:** pública incondicionada.

○ **Objeto jurídico:** O bem jurídico tutelado pela lei penal é, uma vez mais, o sentimento de respeito aos mortos.

○ **Objeto material:** É o cadáver ou parte dele. A **múmia** não ingressa no conceito de cadáver, ainda que não transformada em peça de museu ou objeto com valor comercial. O interesse é meramente histórico ou arqueológico, mas não há ofensa ao sentimento de respeito aos mortos, pois, em face do tempo já decorrido ou da especificação a que foi submetido o cadáver, deixa este de inspirar tal sentimento.

○ **Núcleos do tipo:** Destruir, subtrair e ocultar. Cuida-se de **crime de forma livre**, compatível com qualquer meio de execução. **Destruir** um cadáver é aniquilá-lo, torná-lo insubsistente como tal. A destruição incriminada não é somente a de todo o cadáver, mas também a de parte dele. **Subtrair** equivale a retirar o cadáver da esfera de proteção jurídica ou da custódia de seus legítimos detentores. **Ocultar** cadáver é fazê-lo desaparecer, sem destruí-lo. Trata-se de **tipo misto alternativo, crime de ação múltipla ou de conteúdo variado**: a prática de mais de uma conduta contra o mesmo objeto material e no mesmo contexto fático caracteriza crime único. Diferenciam-se as condutas de subtrair e ocultar. Esta pode ser praticada inclusive por familiares do defunto e somente pode efetivar-se antes do sepultamento do cadáver. Após, o crime apenas pode ser cometido por destruição ou subtração.

○ **Sujeito ativo:** Qualquer pessoa (**crime comum**).

○ **Sujeito passivo:** O sujeito passivo principal ou imediato é a coletividade (**crime vago**). Esta circunstância não impede, contudo, a possibilidade de despontarem os familiares do morto como sujeitos passivos secundários ou mediatos.

○ **Elemento subjetivo:** É o dolo. Não se admite a figura culposa. É indiferente a finalidade específica do agente. Se o agente, com a intenção de matá-la, enterra a vítima com vida, o crime será de homicídio qualificado pelo soterramento (asfixia mecânica). O sepultamento com infração das disposições legais caracteriza a contravenção de inumação de cadáver, prevista no art. 67 do Decreto-lei 3.688/1941 – Lei das Contravenções Penais.

○ **Consumação:** Dá-se com a **destruição** do cadáver, total ou parcial, com a **subtração** ou com o seu desaparecimento, ainda que temporário, na hipótese de **ocultação. Na modalidade "ocultar" o crime é permanente**. O crime é **formal, de resultado cortado ou de consumação antecipada**: consuma-se com a realização da conduta de destruir, subtrair ou ocultar cadáver, ainda que não haja efetiva lesão ao bem jurídico penalmente tutelado, qual seja, o sentimento de respeito aos mortos.

○ **Tentativa:** É possível, em todas as condutas criminosas.

○ **Ação penal:** É pública incondicionada.

○ **Lei 9.099/1995:** Trata-se de **crime de médio potencial ofensivo**, compatível com o benefício da suspensão condicional do processo (Lei 9.099/1995, art. 89).

○ **Subtração de cadáver e crimes contra o patrimônio:** O cadáver, em regra, não pode ser objeto material de furto, roubo ou dano, pois não possui valor patrimonial. Se, entretanto, foi vendido ou entregue a um instituto anatômico ou para fim de estudo científico, converte-se em coisa alheia e passa a integrar o acervo patrimonial da respectiva entidade, e sua subtração ou destruição constitui crime contra o patrimônio.

○ **Destruição, subtração ou destruição de cadáver e Lei 9.434/1997:** A conduta de **remover** tecidos, órgãos ou partes de cadáver, em desacordo com as disposições da **Lei 9.434/1997**, constitui o crime tipificado pelo seu **art. 14.** De outro lado, aquele que **deixar de recompor cadáver**, devolvendo-lhe aspecto condigno para sepultamento, ou deixar de entregar ou retardar sua entrega aos familiares ou interessados, pratica o delito previsto no **art. 19.** Em ambas as hipóteses, a lei geral (CP) é afastada pela Lei 9.434/1997. O conflito aparente de leis penais é solucionado pelo **princípio da especialidade**. No tocante aos crimes especiais, é possível a configuração do **erro de proibição** quando o sujeito, almejando o transplante, acredita que o falecido, ainda em vida, era doador de órgãos ou tecidos, mas na verdade não o era. Igual fenômeno pode verificar-se quando a família do morto posicionar-se contra o transplante e o agente desconhecer tal circunstância.

○ **Ocultação de cadáver e fraude processual:** O homicida que, para ocultar o cadáver, apaga ou elimina vestígios de sangue, não pode ser denunciado pela prática, em concurso, dos crimes de fraude processual penal e ocultação de cadáver, senão apenas deste, do qual aquele constitui mero ato executório.

○ **Art. 211 do CP e autodefesa:** Não é possível invocar o direito à autodefesa para justificar a prática do crime de destruição, subtração ou ocultação de cadáver. Com efeito, o bem jurídico tutelado é o sentimento de respeito ao morto, que merece sepultamento digno. Destarte, é vedado ao homicida, a pretexto de defender-se, ocultar um cadáver, pois viola outro bem jurídico, diverso da vida humana.[197] A ele deve ser imputado o crime em análise, em concurso material com o homicídio. Mas, escondendo o cadáver, não poderá ser responsabilizado também por fraude processual (CP, art. 347).

○ **Jurisprudência selecionada:**

Caracterização do crime, consumação e concurso com homicídio: "Retirar o cadáver do local onde deveria permanecer e conduzi-lo para outro em que não será normalmente reconhecido caracteriza, em tese, crime de ocultação de cadáver. A conduta visou evitar que o homicídio fosse descoberto e, de forma manifesta, destruir a prova do delito. Trata-se de crime permanente que subsiste até o instante em que o cadáver é descoberto, pois ocultar é esconder, e não simplesmente remover, sendo irrelevante o tempo em que o cadáver esteve escondido. Crime consumado, que pode ser apenado em concurso com o de homicídio" (STF: HC 76.678/RJ, rel. Min. Maurício Corrêa, 2.ª Turma, j. 29.06.1998).

Consumação – crime permanente e reflexos na prescrição: "O crime previsto no art. 211 do Código Penal, na forma ocultar, é permanente. Logo, se encontrado o cadáver após atingida a maioridade, o agente deve ser considerado imputável para todos os efeitos penais, ainda, que a ação de ocultar tenha sido cometida quando era menor de 18 anos (Precedentes)" (STJ: REsp 900.509/PR, rel. Min. Felix Fischer, 5.ª Turma, j. 26.06.2007).

Vilipêndio a cadáver

Art. 212. Vilipendiar cadáver ou suas cinzas:

Pena – detenção, de um a três anos, e multa.

Classificação:	Informações rápidas:
Crime comum	Esqueletos e cadáveres destinados a pesquisas e estudos científicos também são tutelados pela lei penal.
Crime vago	
Crime formal	Vilipêndio por atos + calúnia contra mortos: concurso formal impróprio ou imperfeito.
Crime de forma livre	
Crime unissubjetivo *(regra)*	Não admite forma culposa. Exige dolo específico de ultrajar, profanar.
Crime unissubsistente ou plurissubsistente	
	Admite tentativa (salvo quando verbal).
Crime instantâneo	Consentimento do ofendido (ex.: em testamento): não se admite.
	Ação penal: pública incondicionada.

○ **Objeto jurídico:** É o sentimento de respeito aos mortos.

○ **Objeto material:** Pode ser o cadáver ou suas cinzas. **Cadáver** é o corpo humano sem vida. **Cinzas** são os resíduos da cremação ou combustão (autorizadas, casuais ou criminosas) a que foi ele submetido, ou mesmo frutos do decurso do tempo. Incluem-se também as partes

---

[197] NUCCI, Guilherme de Souza. *Código Penal comentado.* 8. ed. São Paulo: RT, 2008. p. 856.

do cadáver. Os esqueletos e cadáveres destinados a pesquisas e estudos científicos também são tutelados pela lei penal, e não podem ser vilipendiados.

○ **Núcleo do tipo:** É vilipendiar, que significa aviltar, desprezar, ultrajar. A conduta pode ser praticada por atos, palavras ou escritos (**crime de forma livre**), relativamente ao cadáver ou suas cinzas. Se as palavras vilipendiosas caracterizam calúnia contra o morto, haverá concurso formal impróprio ou imperfeito entre o crime do art. 212 e o do art. 138, § 2.º (calúnia contra os mortos), ambos do Código Penal.

○ **Sujeito ativo:** Qualquer pessoa (**crime comum**).

○ **Sujeito passivo:** O sujeito passivo principal ou imediato é a coletividade (**crime vago**), pois a moralidade média reclama o respeito aos mortos. É possível a existência de sujeitos passivos secundários ou mediatos, a exemplo dos familiares do morto.

○ **Elemento subjetivo:** É o dolo. Não se admite a modalidade culposa. Exige-se um especial fim de agir: o propósito de ultrajar ou profanar o cadáver ou suas cinzas. O fato é atípico quando a conduta é praticada com fins didáticos ou científicos.

○ **Consumação:** O crime se consuma com o efetivo vilipêndio ao cadáver ou suas cinzas, independentemente da efetiva lesão ao sentimento de respeito aos mortos (**crime formal, de resultado cortado ou de consumação antecipada**).

○ **Tentativa:** É possível, salvo quando a conduta é cometida verbalmente, pois é sabido que os delitos unissubsistentes não admitem o *conatus*.

○ **Ação penal:** É pública incondicionada.

○ **Lei 9.099/1995:** Trata-se de **crime de médio potencial ofensivo**, compatível com a suspensão condicional do processo (Lei 9.099/1995, art. 89).

○ **A questão do consentimento:** Subsiste o delito quando o falecido, em disposição de última vontade, autorizou o vilipêndio do seu cadáver. Tutela-se um interesse de ordem pública, representado pelo sentimento ético-social de respeito aos mortos.

TÍTULO VI –
DOS CRIMES CONTRA A DIGNIDADE SEXUAL

○ **Crimes contra os costumes *versus* crimes contra a dignidade sexual:** O Código Penal foi instituído pelo Decreto-lei 2.848/1940. Em sua redação original, constavam do Título VI da Parte Especial os "crimes contra os costumes". Esta expressão, em face da mudança dos valores e princípios das pessoas e da sociedade, precisava ser revista. Costume, no plano jurídico, é a reiteração de uma conduta (elemento objetivo) em face da convicção da sua obrigatoriedade (elemento subjetivo). E aqui surge uma inevitável pergunta: Qual a relação entre costumes e crimes sexuais, na forma concebida pela redação original do Código Penal? A expressão "crimes contra os costumes" era demasiadamente conservadora e indicativa de uma linha de comportamento sexual imposto pelo Estado às pessoas, por necessidades ou conveniências sociais. Além disso, revelava-se preconceituosa, pois alcançava, sobretudo, as mulheres. De fato, somente a "mulher honesta" era tutelada por alguns tipos penais, mas não se exigia igual predicado dos homens. Discutia-se se a esposa podia ser vítima do estupro praticado pelo marido, sob a alegação de obrigatoriedade de cumprimento do famigerado "débito conjugal". A mulher era sempre considerada objeto no campo sexual, sem nenhuma preocupação legislativa quanto à direção conferida, por ela mesma, aos seus desejos e interesses. Esta falsa moralidade média não podia subsistir nos tempos modernos. As mulheres conquistaram, com muito esforço e mérito, autêntica posição de destaque na sociedade. O princípio da isonomia, em suas concepções formal e material, consagrado no art. 5.º, *caput*, da Constituição Federal, determinava a necessária mudança de um quadro machista e insustentável. De fato, a lei penal não pode estabelecer tratamentos diferenciados fundados unicamente no sexo das pessoas. Para suprir tais deficiências, e como desdobramento dos trabalhos da "CPI da Pedofilia", editou-se a Lei 12.015/2009, responsável por diversas modificações na seara dos crimes sexuais, especialmente o recrudescimento das penas e a criação de novos delitos.[198] E como relevante mudança, merece destaque a nomenclatura do Título VI da Parte Especial do Código Penal. A ultrapassada expressão "crimes contra os costumes" cedeu espaço à adequada terminologia "crimes contra a dignidade sexual".

○ **Fundamento constitucional:** O fundamento de validade dos crimes contra a dignidade sexual repousa no art. 1.º, inc. III, da Constituição Federal: a **dignidade da pessoa humana**, um dos fundamentos da República Federativa do Brasil. De fato, a dignidade é inerente a todas as pessoas, sem qualquer distinção, em decorrência da condição privilegiada do ser humano. Ademais, a dignidade da pessoa humana não gera reflexos apenas nas esferas física, moral e patrimonial, mas também no âmbito sexual. Em outras palavras, toda e qualquer pessoa humana tem o direito de exigir respeito no âmbito da sua vida sexual, bem como o dever de respeitar as opções sexuais alheias. O Estado deve assegurar meios para todos buscarem a satisfação sexual de forma digna, livre de violência, grave ameaça ou exploração.[199]

---

[198] STJ: HC 144.870/DF, rel. Min. Og Fernandes, 6.ª Turma, j. 09.02.2010.

[199] A dignidade da pessoa humana representa um conjunto de garantias positivas e negativas. Garantias negativas no sentido de que o ser humano não pode ser objeto de discriminações e humilhações, e positivas relativamente à garantia de pleno desenvolvimento das suas capacidades individuais (PEREZ LUÑO, Antonio Henrique. *Derechos humanos, estado de derecho y Constitución*. Madrid: Tecnos, 2003. p. 319).

○ **Inconstitucionalidade da desqualificação da vítima:** Não se admite a desqualificação da vítima em processos criminais envolvendo crimes contra a dignidade sexual ou de violência contra a mulher, evitando-se sua humilhação e revitimização.

○ **Jurisprudência selecionada:**

Crimes sexuais – inconstitucionalidade da desqualificação da vítima em processos criminais de violência contra a mulher: "É inconstitucional a prática de desqualificar a mulher vítima de violência durante a instrução e o julgamento de crimes contra a dignidade sexual e todos os crimes de violência contra a mulher, de maneira que se proíbe eventual menção, inquirição ou fundamentação sobre a vida sexual pregressa ou o modo de vida da vítima em audiências e decisões judiciais. Apesar da evolução legal e constitucional, o Estado e a sociedade brasileira continuam aceitando a discriminação e a violência de gênero contra a mulher na apuração e judicialização dos atentados contra ela, principalmente nos crimes contra a dignidade sexual. De fato, é comum que, nas audiências, a vítima seja inquirida quanto à sua vida pregressa e aos seus hábitos sexuais para que tais elementos sejam utilizados como argumentos para justificar a conduta do agressor. Essas práticas não possuem base legal nem constitucional e foram construídas para relativizar a violência contra a mulher e gerar tolerância em relação a estupros praticados contra aquelas cujo comportamento fugisse do que era considerado aceitável pelo agressor. Nesses casos, culpa-se a vítima pela conduta delituosa do agente. Nesse contexto, todos os Poderes da República devem atuar conjuntamente para coibir a violência de gênero, especialmente a vitimização secundária da pessoa agredida em sua dignidade sexual." (STF: ADPF 1.107/DF, rel. Min. Cármen Lúcia, Plenário, j. 23.05.2024, noticiado no *Informativo* 1.138).

Capítulo I
DOS CRIMES CONTRA A LIBERDADE SEXUAL

○ **Conceito de liberdade sexual:** É o direito inerente a todo ser humano de dispor do próprio corpo. Cada pessoa tem o direito de escolher seu parceiro sexual, e com ele praticar o ato desejado no momento que reputar adequado, sem qualquer tipo de violência ou grave ameaça. O Código Penal protege o critério de eleição sexual que todos desfrutam na sociedade. É de se recordar que a Lei 12.845/2013 dispõe sobre o atendimento obrigatório e integral de pessoas em situação de violência sexual.

Estupro

Art. 213. Constranger alguém, mediante violência ou grave ameaça, a ter conjunção carnal ou a praticar ou permitir que com ele se pratique outro ato libidinoso:

Pena – reclusão, de 6 (seis) a 10 (dez) anos.

§ 1º Se da conduta resulta lesão corporal de natureza grave ou se a vítima é menor de 18 (dezoito) ou maior de 14 (catorze) anos:

Pena – reclusão, de 8 (oito) a 12 (doze) anos.

§ 2º Se da conduta resulta morte:

Pena – reclusão, de 12 (doze) a 30 (trinta) anos.

Classificação:	Informações rápidas:
Crime pluriofensivo Crime comum (mas próprio na modalidade "constranger alguém a ter conjunção carnal") Crime material ou causal Crime de forma livre Crime instantâneo Crime comissivo (regra) Crime unissubjetivo, unilateral ou de concurso eventual Crime plurissubsistente (regra)	**Não** houve *abolitio criminis* no tocante ao atentado violento ao pudor (princípio da continuidade típico normativa). É **crime hediondo** (seja tentado seja consumado). **Objeto material:** pessoa, de qualquer sexo (inclusive transexuais). As lesões leves e as vias de fato são absorvidas pelo estupro; as graves ou gravíssimas qualificam o crime. **Elementar implícita do tipo penal:** dissenso da vítima (deve ser sério e firme e subsistir durante toda a atividade sexual). **Crime complexo em sentido amplo** (constrangimento ilegal voltado para conjunção carnal ou outro ato libidinoso). Esposas podem ser vítimas de estupro praticado pelos maridos e **vice-versa**. O estupro deixou de ser crime bipróprio para ser **crime bicomum**. Prostitutas também podem ser vítimas de estupro. **Elemento subjetivo:** dolo (elemento subjetivo específico – intenção de manter conjunção carnal ou outro ato libidinoso com alguém). Não admite modalidade culposa. **Tentativa:** admite (crime plurissubsistente). **Ação penal:** pública incondicionada.

○ **Introdução:** Na redação original do Código Penal existiam dois crimes sexuais cometidos com emprego de violência ou grave ameaça, definidos entre os "crimes contra os costumes": estupro e atentado violento ao pudor. Em ambos os delitos, o núcleo era "constranger", mediante emprego de violência ou grave ameaça. No estupro, entretanto, buscava-se a conjunção carnal, enquanto no atentado violento ao pudor o objetivo almejado pelo agente era qualquer outro ato libidinoso. Nos dois crimes a pena era de reclusão, de seis a dez anos, em face das reformas promovidas pela Lei 8.072/1990 – Lei dos Crimes Hediondos. Este quadro foi alterado pela Lei 12.015/2009. Inicialmente, merece destaque a fusão, em um único delito, dos crimes outrora tipificados nos arts. 213 e 214 do CP. O alcance do estupro foi ampliado, alargando-se o raio de incidência do art. 213, em face da revogação formal do art. 214, anteriormente responsável pela definição do atentado violento ao pudor. Com efeito, atualmente o crime de estupro, previsto no art. 213 do CP, representa a junção dos antigos delitos de estupro (art. 213) e atentado violento ao pudor (art. 214). A pena permanece a mesma. Não houve *abolitio criminis* no tocante ao atentado violento ao pudor, pois o crime não deixou de existir – a conduta que era nele incriminada subsiste como relevante perante o Direito Penal, agora com o *nomen iuris* estupro. Conclui-se, portanto, pelo simples deslocamento do antigo atentado violento ao pudor para o atual delito de estupro. Incide na hipótese o **princípio da continuidade normativa**, também conhecido como **princípio da continuidade típico-normativa**, pois o fato subsiste criminoso, embora disciplinado em tipo penal diverso.

○ **Objeto jurídico:** O estupro é **crime pluriofensivo**. O art. 213 do CP tutela dois bens jurídicos: a dignidade sexual e, mais especificamente, a liberdade sexual, bem como a integridade corporal e a liberdade individual, pois o delito tem como meios de execução a violência à pessoa ou grave ameaça.

○ **Objeto material:** É a pessoa, de qualquer sexo, contra quem se dirige a conduta criminosa.

○ **Núcleo do tipo:** O núcleo do tipo é "**constranger**", no sentido de coagir alguém a fazer ou deixar de fazer algo. Consiste, em suma, no comportamento de retirar de uma pessoa sua liberdade de autodeterminação. Inicialmente o estupro em muito se assemelha ao crime de constrangimento ilegal (art. 146 do CP). Todavia, contém elementos especializantes que o tornam sensivelmente mais grave – no art. 213 do CP a coação da vítima se destina a uma finalidade específica, representada pela conjunção carnal ou outro ato libidinoso. Para viabilizar o constrangimento, o sujeito se vale de violência ou grave ameaça, legalmente previstos como **meios de execução** do estupro.

○ **Meios de execução: Violência** (*vis absoluta* ou *vis corporalis*) é o emprego de força física sobre a vítima, consistente em lesões corporais ou vias de fato. Pode ser **direta ou imediata** (dirigida contra o ofendido) ou **indireta ou mediata** (voltada contra pessoa ou coisa ligada à vítima por laços de parentesco ou afeto). As lesões leves (CP, art. 129, *caput*) e as vias de fato (Decreto-lei 3.688/1941 – Lei das Contravenções Penais, art. 21) eventualmente causadas na vítima são absorvidas pelo estupro. As lesões graves ou gravíssimas autorizam o reconhecimento da forma qualificada do estupro (art. 213, § 1.º, 1.ª parte, do CP). **Grave ameaça** (violência moral) é a promessa de realização de mal grave, futuro e sério contra a vítima (direta ou imediata) ou pessoa que lhe é próxima (indireta ou mediata). Pode ser veiculada oralmente ou por escrito. **Não precisa ser injusta.** Com o emprego da violência ou grave ameaça, o agente constrange alguém a ter conjunção carnal ou a praticar ou permitir que com ele se pratique outro ato libidinoso. **Conjunção carnal** é a cópula vagínica, ou seja, a introdução total ou parcial do pênis na vagina. **Atos libidinosos** são os revestidos de conotação sexual (sexo anal, sexo oral, toques íntimos, etc.), aí se incluindo a conjunção carnal (definida como o "ato libidinoso por excelência"), a qual recebeu tratamento específico do legislador.

– **Beijo lascivo – ato libidinoso e reflexos penais:** O **beijo lascivo** constitui-se em ato libidinoso. Essa posição é adotada pela jurisprudência do Supremo Tribunal Federal e do Superior Tribunal de Justiça.[200] Evidentemente, não são lascivos os beijos rápidos lançados na face ou mesmo nos lábios, os famosos "selinhos". É preciso pensar nos beijos prolongados e invasivos, ou então dos beijos eróticos lançados em partes impudicas do corpo da vítima. A partir daí, podem ser extraídas algumas conclusões acerca dos reflexos do beijo lascivo no Direito Penal: (a) se for obtido pelo agente mediante violência à pessoa ou grave ameaça, estará caracterizado o crime de estupro (CP, art. 213). Exemplo: João violentamente derruba Maria no solo e, depois de imobilizá-la, começa a beijá-la; (b) se a vítima for pessoa vulnerável – menor de 14 anos de idade, por exemplo –, estará configurado o delito de estupro de vulnerável (CP, art. 217-A), ainda que ela tenha anuído ao ato libidinoso; (c) se for obtido pelo agente sem violência à pessoa ou grave ameaça, porém não contando com a anuência da vítima e visando a satisfazer a própria lascívia ou de terceiro, ser-lhe-á imputado o crime de importunação sexual (CP, art. 215-A). Exemplo: João repentinamente lança um beijo lascivo em Maria, no momento em que esta lia um livro no banco do ônibus; e (d) se o agente utilizar fraude, incidirá no delito de violação sexual mediante fraude (CP, art. 215). Exemplo: João se aproveita do fato de Maria estar com os olhos vendados, esperando pela surpresa de Pedro, seu namorado, para passar-se por este e nela dar um beijo lascivo.

– **Conjunção carnal, atos libidinosos e pluralidade de condutas típicas:** O art. 213, *caput*, do CP contempla três condutas típicas: (**a**) **constranger alguém, mediante violência ou grave ameaça, a ter conjunção carnal** (a vítima – mulher ou homem – é obrigada, em razão da violência ou grave ameaça, à prática da conjunção carnal. É imprescindível a relação heterossexual); (**b**) **constranger alguém, mediante violência ou grave ameaça, a praticar outro ato libidinoso** (a relação pode ser heterossexual ou homossexual. O papel da vítima é **ativo**, pois ela pratica algum ato libidinoso nela própria ou em terceiro; (**c**) **constranger alguém, mediante violência ou grave ameaça, a permitir que com ele se pratique outro ato libidinoso** (o relacionamento pode

200 STF: HC 134.591/SP, rel. orig. Min. Marco Aurélio, red. p/ o ac. Min. Alexandre de Moraes, 1.ª Turma, j. 01.10.2019, noticiado no *Informativo* 954; STJ: REsp 1.611.910/MT, rel. Min. Rogerio Schietti Cruz, 6.ª Turma, j. 11.10.2016, noticiado no *Informativo* 592.

ser heterossexual ou homossexual, mas o papel da vítima é **passivo**, pois permite que nela se pratique um ato libidinoso). Na prática de atos libidinosos a vítima também pode desempenhar, simultaneamente, papéis **ativo e passivo**. Nessas duas últimas condutas – "praticar ou permitir que com ele se pratique outro ato libidinoso" –, é **dispensável o contato físico de natureza erótica entre o estuprador e a vítima**. Exige-se, contudo, o envolvimento corporal do ofendido no ato de cunho sexual. Abre-se espaço, dessa forma, ao estupro virtual, praticado à distância, mediante a utilização de algum meio eletrônico de comunicação (Skype, WhatsApp, FaceTime, etc.). Pense-mos na situação em que o sujeito, apontando uma arma de fogo para a cabeça do filho de uma mulher, exige que esta, em outra cidade, se automasturbe à frente da câmera do celular. Estão presentes as elementares típicas do art. 213, caput, do Código Penal: houve constrangimento da mulher, mediante grave ameaça, a praticar ato libidinoso diverso da conjunção carnal, razão pela qual ao agente deverá ser imputado o crime de estupro. Por sua vez, não há falar em estupro na **contemplação lasciva**, ou seja, na hipótese em que a vítima é obrigada a permitir que alguém simplesmente a observe, sem qualquer tipo de contato físico ou envolvimento da vítima no ato libidinoso, com a finalidade de satisfação do desejo sexual.[201] É de ser reconhecido o crime de importunação sexual (art. 215-A do CP). Exemplo: João aponta uma arma de fogo para Maria e, ameaçando matá-la, determina que ela fique nua, a fim de ser por ele observada enquanto se automasturba. Também não há estupro no ato de constranger alguém a presenciar ou assistir a realização de conjunção carnal ou outro ato libidinoso. Se quem presencia a prática de conjunção carnal ou outro ato libidinoso é pessoa menor de 14 anos, e esta conduta tem como finalidade satisfazer a lascívia do envolvido na atividade sexual ou de terceiro, estará configurado o crime de satisfação de lascívia mediante presença de criança ou adolescente (art. 218-A do CP). Se pessoa com idade igual ou superior a 14 anos assiste ao ato sexual, em razão do emprego contra ela de violência, grave ameaça ou meio análogo (violência imprópria), deverá ser reconhecido unicamente o crime de constrangimento ilegal (art. 146 do CP).

– **Dissenso da vítima (análise e duração):** O dissenso da vítima quanto à conjunção carnal ou outro ato libidinoso é fundamental à caracterização do delito. Trata-se, na verdade, de **elementar implícita** do tipo penal. Se há consentimento dos participantes da atividade sexual, não se configura o crime de estupro. Se quem consente, contudo, enquadrar-se em qualquer das situações previstas no art. 217-A do CP, será forçoso reconhecer o crime de estupro de vulnerável. No estupro, a discordância da vítima precisa ser séria e firme, capaz de demonstrar sua efetiva oposição ao ato sexual, razão pela qual somente pode ser vencida pelo emprego de violência ou grave ameaça. Se um dos envolvidos não demonstrar seriedade em sua repulsa ao ato sexual, e o outro nele insistir com violência ou grave ameaça, acreditando tratar-se o "não" de fase do ritual da conquista, haverá erro de tipo (art. 20, *caput*, do CP), afastando o dolo e conduzindo à atipicidade do fato. A discordância séria e verdadeira da vítima há de subsistir durante toda a atividade sexual. Se o ato sexual teve início com a anuência de ambos os envolvidos, mas depois um deles não concordou com sua continuidade, fazendo com que seu parceiro se valesse de violência ou grave ameaça para prosseguir em seu intento, daí em diante estará configurado o crime de estupro.

– **Revogação da violência presumida como meio de execução do estupro – inexistência de abolitio criminis:** A Lei 12.015/2009 revogou expressamente o art. 224 do CP, anteriormente responsável pela presunção de violência nos crimes contra os costumes. Em seu lugar foram criados os crimes sexuais contra vulnerável. Destarte, não houve *abolitio criminis* das figuras penais que tinham a violência presumida como meio de execução.

– **Prática de conjunção carnal e outro ato libidinoso – unidade ou pluralidade de crimes:** Nas situações em que o agente, mediante violência ou grave ameaça, constrange a vítima à conjunção

---

[201] O Superior Tribunal de Justiça já admitiu a caracterização do estupro na contemplação lasciva (RHC 70.976/MS, rel. Min. Joel Ilan Paciornik, 5.ª Turma, j. 02.08.2016, noticiado no *Informativo* 587). O julgado, contudo, menciona a prática de ato libidinoso contra a vítima, circunstância que, em nossa opinião, afasta a contemplação lasciva e efetivamente caracteriza o crime de estupro.

carnal e também a outro ato libidinoso, quantos crimes devem ser a ele atribuídos? Surgiram duas posições sobre o assunto: **1.ª posição**: Há crime único, pois o art. 213 do CP contém um tipo misto alternativo. Se o sujeito, **no mesmo contexto fático**, mediante violência ou grave ameaça, constrange **a mesma vítima** a ter conjunção carnal e também outro ato libidinoso, estará caracterizado um único crime de estupro. A pluralidade de comportamentos deve ser utilizada pelo magistrado na dosimetria da pena-base, como circunstância judicial desfavorável (art. 59, *caput*, do CP). Se o fato ocorrer em **contextos fáticos distintos**, deverá ser responsabilizado pelos vários estupros cometidos (concurso de crimes), em continuidade delitiva (art. 71 do CP), ou em concurso material (CP, art. 69, *caput*). É o entendimento consolidado no Supremo Tribunal Federal e no Superior Tribunal de Justiça; **2.ª posição**: Há **concurso de crimes,** pois o art. 213 do CP constitui-se em tipo misto cumulativo (muito embora disciplinados no mesmo tipo penal, os crimes veiculados no art. 213 do CP são diversos). Não se pode confundir o constrangimento à conjunção carnal com o constrangimento a outros atos libidinosos. Há pluralidade de dolos e condutas autônomas, razão pela qual o reconhecimento de crime único representa violação aos princípios da proporcionalidade e da isonomia. Destarte, há concurso material (CP, art. 69 *caput*) quando o agente constrange a mesma vítima, mediante violência ou grave ameaça, à conjunção carnal e a atos libidinosos de natureza diversa. Subsiste a possibilidade de reconhecimento do crime continuado (art. 71 do CP), quando o constrangimento envolve diversas conjunções carnais ou vários outros atos libidinosos. Esta posição também se alicerça em razões históricas: a Lei 12.015/2009 originou-se dos trabalhos da "CPI da Pedofilia", e um dos seus propósitos foi justamente o recrudescimento do tratamento penal dos responsáveis por crimes sexuais. Nesse contexto, o raciocínio na linha de tratar-se de tipo misto alternativo seria benéfico aos envolvidos em crimes de estupro, em oposição à vontade da lei e dos motivos que legitimaram sua edição.

- *Stealthing* e **reflexos penais:** A palavra *stealthing*, originária dos Estados Unidos da América e traduzida livremente como "furtivo", é utilizada para referir-se à conduta daquele que propositalmente retira o preservativo durante a relação sexual, sem o conhecimento da parceira (ou parceiro). No Brasil, essa prática pode resultar em diferentes conclusões: (a) se a relação sexual era consensual, porém condicionada à utilização do preservativo, e depois da retirada deste a pessoa insistiu no ato sexual, usando de violência ou grave ameaça para tanto, estará caracterizado o crime de estupro (CP, art. 213); (b) se a parceira (ou parceiro) condicionou o ato sexual ao uso do preservativo, mas a pessoa retirou tal objeto de forma dissimulada, dando sequência à relação sexual, a ela deverá ser imputado o delito de violação sexual mediante fraude (CP, art. 215); (c) se o uso do preservativo não foi exigido pela parceira (ou pelo parceiro) para a relação sexual, a retirada do objeto durante o ato, ainda que sem o consentimento daquela (ou daquele), constitui-se em fato atípico. Em qualquer das situações, se o agente sabia ou devia saber que estava contaminado por moléstia venérea, daí resultando exposição da vítima a perigo de contágio, também estará configurado o crime de perigo de contágio venéreo (CP, art. 130). Finalmente, se houve a transmissão de doença venérea, ao agente deverá ser igualmente imputado, em concurso, o crime de lesão corporal leve (CP, art. 129, *caput*), grave (CP, art. 129, § 1.º, II) ou gravíssima (CP, art. 129, § 2.º, II), a depender do caso concreto.[202]

○ **Sujeito ativo:** Qualquer pessoa (**crime comum** ou **geral**), seja ela do sexo masculino ou feminino, e também os transexuais. Na modalidade "constranger alguém, mediante violência ou grave ameaça, a ter conjunção carnal", o estupro subsiste como crime próprio (ou especial), pois a lei continua a exigir a relação heterossexual: homem como autor e mulher como vítima, ou vice-versa. O estupro constitui-se em **crime complexo em sentido amplo**. Nada mais é do que o constrangimento ilegal voltado para uma finalidade específica, consistente em conjunção carnal ou outro ato libidinoso. Estas finalidades, por si sós, são lícitas

---

[202] Se a doença transmitida for a AIDS, surgirá inclusive a discussão acerca de eventual caracterização do crime de homicídio (consumado ou tentado).

e indiferentes ao Direito Penal. Somente existe o crime quando, para alcançá-las, alguém se utiliza de violência à pessoa ou grave ameaça. Portanto, não há falar em crime de mão própria, pois a execução do núcleo constranger pode ser transferida a outras pessoas, não sendo exclusiva de quem mantém conjunção carnal com a vítima. O estupro, na modalidade "ter conjunção carnal", admite coautoria e participação, bem como a autoria mediata, quando alguém se vale de um inculpável para a execução do delito.

– **Estupro coletivo:** O estupro, em qualquer das suas modalidades, é compatível com o concurso de pessoas, tanto na coautoria como na participação. Quando praticado mediante o concurso de 2 (dois) ou mais agentes, é chamado de **estupro coletivo**, hipótese em que a pena será aumentada de 1/3 (um terço) a 2/3 (dois terços), a teor da regra contida no art. 226, IV, "a", do Código Penal. Questão complicada diz respeito à situação popularmente conhecida como "curra", na qual dois (ou mais) agentes revezam-se na prática da conjunção carnal ou de outro ato libidinoso contra a mesma vítima. Exemplificativamente, enquanto um homem segura a mulher, o outro com ela mantém conjunção carnal, e vice-versa. Nesse caso, cada um dos sujeitos deve ser responsabilizado por dois crimes de estupro, pois são autores diretos das penetrações próprias e coautores das penetrações alheias. Há concurso de crimes, a ser definido no caso concreto: concurso material (CP, art. 69) ou continuidade delitiva, se presentes os demais requisitos exigidos pelo art. 71, *caput*, do Código Penal.

– **Estupro no âmbito do matrimônio – o marido e a esposa como sujeitos ativos do delito**: Durante muito tempo sustentou-se a inadmissibilidade do estupro no contexto do matrimônio. Predominava o argumento de que este crime não podia ser praticado pelo marido contra sua esposa, pois o casamento impunha aos cônjuges direitos e deveres mútuos, entre os quais o débito conjugal. A mulher tinha o dever de atender os anseios sexuais do seu marido, e este podia exigir a prestação quando reputasse adequado. Ele era blindado pelo exercício regular do direito, causa excludente da ilicitude. Nesse contexto, o estupro somente era visualizado nas conjunções carnais ilícitas, realizadas fora do casamento. Chegava-se ao ponto de se dizer que a esposa somente podia recusar o ato sexual quando presente justa causa para tanto. E um exemplo de justa causa era o fato de achar-se o marido afetado por doença venérea. Felizmente esse tempo ficou para trás. A sociedade evoluiu, os valores e concepções mudaram e as mulheres alcançaram a merecida igualdade nas relações sociais. É indiscutível a possibilidade do crime de estupro praticado pelos maridos contra as esposas, até porque a lei não confere imunidade a qualquer dos cônjuges. Não se discute que a atividade sexual faz parte dos casamentos sadios e equilibrados, mas isto não confere aos homens o direito de exigir, mediante violência ou grave ameaça, a relação sexual sempre, quando e como quiserem. Nos casamentos, indiscutivelmente, as atividades sexuais pressupõem o consentimento válido de ambos os cônjuges. Se qualquer deles se recusar injustificadamente ao cumprimento de qualquer dos deveres matrimoniais, inclusive do famoso "débito conjugal", o prejudicado deverá pleitear a separação judicial ou então o divórcio, mas nunca se valer de meios inaceitáveis (violência ou grave ameaça) para alcançar a conjunção carnal ou qualquer outro ato libidinoso. Esse raciocínio é inafastável, mormente após a leitura do art. 226, inc. II, do Código Penal. Um cônjuge (varão ou virago) tanto pode estuprar o outro que, além de responder pelo estupro, a pena será aumentada de metade. E mais: com o advento da Lei 12.015/2009, as esposas também podem estuprar seus maridos. Exemplo: A mulher pede ao marido para que nela pratique sexo oral. Ele se recusa e, em razão disso, ela aponta um revólver em sua direção, ameaçando matá-lo se não cumprir sua ordem.

○ **Sujeito passivo:** Na conduta de "constranger alguém, mediante violência ou grave ameaça, a ter **conjunção carnal**", a vítima do estupro pode ser qualquer pessoa, desde que do sexo oposto ao do sujeito ativo (o crime pressupõe uma relação heterossexual). Na modalidade "constranger alguém, mediante violência ou grave ameaça, a praticar ou permitir que com ele se pratique **outro ato libidinoso**", o ofendido pode ser qualquer pessoa, independentemente do sexo do sujeito ativo. Atualmente o art. 213 do CP contempla um **crime bicomum**: qualquer pessoa pode figurar tanto como sujeito ativo quanto como sujeito passivo.

– **Relevância da idade da vítima e de suas condições pessoais:** Se a vítima de estupro for menor de 14 anos, ou pessoa que, por enfermidade ou deficiência mental, não tiver o necessário discernimento para a prática do ato, ou que, por qualquer outra causa, não puder oferecer resistência, estará caracterizado o crime mais grave de **estupro de vulnerável**, definido no art. 217-A do CP. Não se enquadrando o ofendido no conceito de vulnerável para fins sexuais, mas menor de 18 e maior de 14 anos, incidirá em relação ao estupro a qualificadora contida na parte final do § 1.º do art. 213 do CP.

– **Idade da vítima e falha grotesca da Lei 12.015/2009:** Dependendo da idade da vítima, e desde que não se apresente qualquer outra causa diversa de vulnerabilidade, três situações podem se verificar no tocante ao crime de estupro: (a) Vítima com idade igual ou superior a 18 anos: estupro simples (CP, art. 213, *caput*); (b) Vítima menor de 18 e maior de 14 anos: estupro qualificado (CP, art. 213, § 1.º, *in fine*); e (c) Vítima menor de 14 anos: estupro de vulnerável (CP, art. 217-A, *caput*). Com base nesses critérios, chegamos a uma triste conclusão. Se a vítima for estuprada no dia do seu aniversário de 14 anos, estará configurado o **estupro simples** (art. 213, *caput*, do CP) – não se trata de pessoa vulnerável e também não incide a figura qualificada. A falha legislativa não pode ser solucionada no caso concreto, em face da inadmissibilidade da analogia *in malam partem* no Direito Penal. Cria-se uma situação injusta, pois quem estupra vítima de 14 anos responde pelo crime em sua modalidade fundamental, enquanto quem estupra pessoa maior de 14 e menor de 18 anos suporta a forma qualificada do delito. Finalmente, se a pessoa com idade igual ou superior a 14 anos, quando ausente qualquer outra causa de vulnerabilidade, praticar **consensualmente** conjunção carnal ou outro ato libidinoso, não há falar no crime de estupro. De fato, não há situação de vulnerabilidade, e o ato sexual foi realizado sem violência ou grave ameaça, afastando a incidência dos arts. 213 e 217-A do CP.

– **Estupro envolvendo transexuais:** O transexual que passar pela cirurgia de mudança de sexo (vaginoplastia) poderá ser vítima de estupro frente às mudanças trazidas ao tipo penal pela Lei 12.015/2009. Com a fusão no art. 213 do CP do estupro e do atentado violento ao pudor em um único delito, com o *nomen iuris* estupro, qualquer pessoa pode ser vítima de estupro.

– **As prostitutas (ou prostitutos) como vítimas do estupro:** No passado já se sustentou a impossibilidade de as prostitutas serem vítimas de estupro, pois não eram merecedoras da tutela penal reservada às mulheres honestas. E, mesmo os juristas com pensamentos mais avançados, defendiam um tratamento menos severo quando a cópula forçada alcançava uma "mulher da multidão". Esta linha de raciocínio, preconceituosa e ultrapassada, não encontra espaço nos dias atuais. A propósito, o conceito de "mulher honesta" sempre foi ambíguo, genérico e altamente perigoso, pelo fato de ser movido por convicções ideológicas geralmente impostas pelos poderosos e opressores. Com efeito, toda e qualquer pessoa pode ser atacada em sua liberdade sexual. O fato de alguém se disponibilizar ao comércio sexual não lhe retira a proteção conferida pelo Direito Penal. Uma mulher (ou homem) pode se prostituir, e ainda assim tem o direito de escolher seus "clientes" e definir os atos que serão com eles realizados. Se uma prostituta, no interior de um bordel, for violentada para manter conjunção carnal com sujeito que acabara de recusar, nada obstante sua pomposa oferta em dinheiro, estará aperfeiçoado o crime de estupro. De igual modo, também existirá o delito na hipótese em que prostituta e cliente convencionam a conjunção carnal, mas no quarto vem ela a ser constrangida, mediante grave ameaça, à prática de sexo anal ou qualquer outro ato libidinoso.

– **Estupro contra índios:** Se o estupro for cometido contra índio (ou índia) não integrado à civilização, incidirá a regra prevista no art. 59 da Lei 6.001/1973 – Estatuto do Índio. Trata-se de **causa de aumento da pena**, aplicável na terceira e última *fase da dosimetria da pena privativa de liberdade (art. 68, caput, do CP).*

○ **Elemento subjetivo:** É o dolo, acrescido de um especial fim de agir (elemento subjetivo específico), consistente na intenção de manter conjunção carnal ou outro ato libidinoso com alguém. Não se admite a modalidade culposa.

○ **Estupro corretivo:** A expressão "estupro corretivo" é utilizada para se referir à situação em que a conduta criminosa é praticada para controlar o comportamento social ou sexual da vítima, ou seja, com a motivação de supostamente alterar sua opção sexual ou identidade de gênero. É o que se dá, a título ilustrativo, quando um homem constrange uma mulher, mediante violência, a com ele ter conjunção carnal, pois não aceita que ela mantenha relações sexuais com outra mulher, e pretende com tal comportamento "corrigir" seu estilo de vida. Tal comportamento, além de representar uma prática preconceituosa e altamente reprovável, caracteriza o delito de estupro, com a pena aumentada de 1/3 (um terço) a 2/3 (dois terços), na forma prevista no art. 226, IV, "b", do Código Penal.

○ **Consumação:** Na conduta "constranger alguém, mediante violência ou grave ameaça, a ter conjunção carnal", o estupro se consuma com a introdução, total ou parcial, do pênis na vagina. Não há necessidade de ejaculação ou de orgasmo. Já na modalidade "constranger alguém, mediante violência ou grave ameaça, a praticar ou permitir que com ele se pratique outro ato libidinoso", a consumação se dá no momento em que a vítima realiza em si mesma, no agente ou em terceira pessoa algum ato libidinoso, ou então no instante em que alguém atua libidinosamente sobre seu corpo. Em todas as hipóteses é imprescindível o prévio emprego de violência ou grave ameaça para constranger a vítima a qualquer dos comportamentos legalmente descritos. Cuida-se de **crime material** ou **causal**.

– **Estupro, inseminação artificial e gravidez:** Não há falar em estupro quando alguém, contra a vontade da vítima, nela realiza inseminação artificial, ainda que disto resulte sua gravidez. Inexiste conjunção carnal ou outro ato libidinoso, razão pela qual subsiste unicamente o crime de constrangimento ilegal (CP, art. 146), afastando o cabimento do aborto, nos moldes do art. 128, II, do CP, porque falta à concepção o pressuposto do estupro.

– **Prova da autoria e da materialidade do fato**: Nas hipóteses em que o crime deixar vestígios materiais, será obrigatória a realização de exame de corpo de delito, com fulcro no art. 158, *caput*, do CPP. Tais vestígios demonstrarão unicamente a existência da conjunção carnal ou outro ato libidinoso, mas não o estupro. Será preciso provar, por outros meios, o constrangimento resultante da violência ou grave ameaça. Se os vestígios já desapareceram, ou então sequer existiram, a prova testemunhal assume relevante papel. Como o estupro é crime normalmente praticado na clandestinidade, longe da vista e dos ouvidos de outras pessoas, entra em cena a **palavra da vítima** como meio de prova, em sintonia com as disposições elencadas pelo art. 201 do CPP. Como se sabe, as declarações do ofendido estão elencadas no Título VII do Livro I do CPP, relacionadas à prova. Com efeito, o art. 93, IX, da CF, bem como o art. 155, *caput*, do CPP, filiaram-se ao sistema do livre convencimento motivado, ou da persuasão racional. As provas não têm valores previamente estabelecidos, razão pela qual o magistrado pode utilizar qualquer delas para embasar sua decisão, desde que de forma fundamentada. Destarte, a condenação do estuprador pode ser baseada exclusivamente na palavra da vítima, quando ausentes outras provas seguras da autoria e da materialidade do fato criminoso. O julgador, nesses casos, deve agir com redobrada cautela.

– **Prioridade na realização do exame de corpo de delito:** Em conformidade com a regra contida no art. 158, parágrafo único, do CPP: "Dar-se-á prioridade à realização do exame de corpo de delito quando se tratar de crime que envolva: I – violência doméstica e familiar contra mulher; II – violência contra criança, adolescente, idoso ou pessoa com deficiência."

– **Crianças e adolescentes como vítimas, perícia e legista mulher**: O estupro nem sempre deixa vestígios materiais. Quando for o caso de realização de exame pericial, e o delito tiver sido praticado contra crianças e adolescentes do sexo feminino, é recomendável seja o laudo elaborado por legista mulher, desde que tal medida não acarrete demora ou prejuízo da diligência.

○ **Tentativa:** É possível, em face do caráter plurissubsistente do delito, permitindo o fracionamento do *iter criminis*. Entretanto, é preciso diferenciar os limites tênues da tentativa de estupro,

quando o agente busca a conjunção carnal, mas não alcança o resultado por circunstâncias alheias à sua vontade, do estupro consumado pela prática de outro ato libidinoso. Nessa hipótese, o dolo deve ser utilizado como o vetor do intérprete da lei penal para solução do caso concreto. Na visão do STF, a prática de ato libidinoso importa em tentativa de estupro, e não na figura consumada, sempre que funcionar como "prelúdio do coito".

– Estupro tentado *versus* desistência voluntária – consequências jurídicas: A desistência voluntária (art. 15 do CP) é uma forma de tentativa abandonada, na qual o agente voluntariamente desiste de consumar o crime. Cuida-se de causa de modificação da tipicidade, pois o sujeito não responde pela tentativa do crime inicialmente desejado, mas somente pelos atos até então praticados. No campo do estupro, uma situação curiosa pode acontecer: o agente pode, inicialmente, desejar estuprar a vítima (mantendo com ela conjunção carnal), mas desistir durante a prática de atos libidinosos, atendendo aos seus apelos. Neste caso não haverá tentativa de estupro, na modalidade "constranger alguém, mediante violência, a ter conjunção carnal", pois o crime deixou de alcançar a consumação **pela vontade do agente**, e não por circunstâncias externas. Subsiste, contudo, o estupro consumado na variante "constranger alguém, mediante violência, a permitir que com ele se pratique outro ato libidinoso". Essa solução, embora técnica, revela-se desproporcional e injusta – o agente acabaria por suportar o mesmo tratamento penal que receberia se tivesse mantido conjunção carnal com a vítima. Assim, acreditamos deva a jurisprudência, por questões de política criminal, reconhecer o instituto da tentativa, reduzindo a pena do estupro de um a dois terços (art. 14, II, do CP). Nesses casos, excepcionalmente e em benefício do réu, a desistência voluntária surtirá na prática os mesmos efeitos do *conatus*. No entanto, se o sujeito desistir voluntariamente da execução do estupro, antes de ter praticado contra a vítima qualquer espécie de ato libidinoso, deverá ser responsabilizado somente pelo crime resultante da violência ou da grave ameaça.

– A questão da ejaculação precoce: Se sujeito, depois de empregar violência ou grave ameaça contra a vítima, não consegue efetuar a penetração, em razão de ser acometido pela ejaculação precoce, resta caracterizado o estupro, em sua forma tentada – o agente não alcançou a consumação por circunstâncias alheias à sua vontade. Se depois da ejaculação e impossibilitado de concretizar a penetração, o sujeito dolosamente enveredar pela realização de outros atos libidinosos, deverá ser a ele imputado o crime de estupro, em sua modalidade consumada.

○ **Disfunção erétil e crime impossível:** A disfunção erétil, também conhecida como impotência *coeundi*, é a deficiência que acomete alguns homens, impossibilitando a ereção do pênis e, consequentemente, a penetração sexual (conjunção carnal ou sexo anal). Se um portador deste problema, **comprovado por perícia médica**, tentar estuprar alguém, mediante penetração, estará caracterizado o instituto do crime impossível (CP, art. 17), em face da ineficácia absoluta do meio de execução. Subsiste, todavia, sua responsabilidade penal pelo crime resultante da violência à pessoa ou grave ameaça, tais como a lesão corporal (CP, art. 129), o constrangimento ilegal (art. 146) e a ameaça (CP, art. 147). No entanto, nada impede que um homem, embora dotado da impotência *coeundi*, cometa o crime de estupro, desde que realize ato libidinoso diverso da conjunção carnal.

○ **Impotência *generandi*:** A impotência *generandi*, compreendida como a incapacidade para a procriação, não obsta a ereção peniana, razão pela qual é perfeitamente compatível com o crime de estupro mediante penetração (conjunção carnal ou sexo anal).

○ **Ação penal:** De acordo com o art. 225 do Código Penal, com a redação dada pela Lei 13.718/2018, o estupro, em qualquer das suas modalidades, é crime de **ação penal pública incondicionada**. *Ver comentários ao art. 225.*

– A Súmula 608 do STF: Na redação original do Código Penal, datada de 1940, os então denominados "crimes contra os costumes" se processavam, via de regra, mediante ação penal privada.

Esta determinação constava do antigo art. 225, *caput*. Naquela época, mais precisamente no dia 17 de outubro de 1984, o Plenário do Supremo Tribunal Federal aprovou a Súmula 608, com a seguinte redação: "No crime de estupro, praticado mediante violência real, a ação penal é pública incondicionada". Violência real é a violência propriamente dita, ou seja, o emprego de força física contra a vítima. O fundamento da súmula era de fácil compreensão. O estupro com violência real é crime complexo, pois resulta da fusão entre estupro e lesão corporal. E como a lesão corporal era crime de ação penal pública incondicionada, o estupro violento deveria ser processado de igual modo, em obediência à regra imposta pelo art. 101 do Código Penal (ação penal no crime complexo). Entretanto, na atual redação do art. 225 do Código Penal, essa súmula perdeu a razão de existir. De fato, atualmente o estupro é crime de ação pública incondicionada, em todas as suas modalidades e independentemente do seu meio de execução (violência à pessoa ou grave ameaça).

○ **Lei 9.099/1995:** Trata-se de **crime de elevado potencial ofensivo**, incompatível com os benefícios elencados pela Lei 9.099/1995.

○ **Pena cominada ao estupro e princípio da proporcionalidade:** A pena cominada ao estupro, em sua modalidade fundamental, varia de seis a dez anos de reclusão. O patamar mínimo da sanção penal, portanto, é igual àquele previsto pelo art. 121, *caput*, do CP ao homicídio simples. Com base nesse raciocínio, algumas vozes sustentam a ofensa ao princípio da proporcionalidade, pois o legislador não poderia ter colocado no mesmo nível dois bens jurídicos de importâncias diversas – a vida e a liberdade sexual. Este raciocínio, entretanto, não pode prevalecer. A gravidade do homicídio simples não afasta a gravidade do estupro. O que efetivamente desponta como ofensa à proporcionalidade, em face da proibição da proteção insuficiente de bens jurídicos, é a fraqueza com que são tratados os homicidas. Em face da dimensão e da amplitude da vida humana, não se pode manter a pena do homicídio simples em singelos seis anos. Se não bastasse, é válido recordar que o homicídio simples, em regra, não é crime hediondo, somente recebendo este rótulo quando praticado em atividade típica de grupo de extermínio, ainda que por um só agente, ao contrário do estupro (Lei 8.072/1990, art. 1.º, I e V).

○ **Estupro, atentado violento ao pudor e Código Penal Militar:** A Lei 12.015/2009 alterou substancialmente o Título VI da Parte Especial do CP, mas olvidou-se de fazer os necessários ajustes no Decreto-lei 1.001/1969 – Código Penal Militar. Com efeito, durante muito tempo, subsistiram na legislação castrense (arts. 232 e 233 do CPM), de forma independente, os crimes de estupro e de atentado violento ao pudor. Essa falha somente foi suprida pela Lei 14.688/2023, que revogou o art. 233 (atentado violento ao pudor) e alterou o art. 232 do Código Penal Militar (estupro).

○ **Art. 213 do CP e espécies de estupro:** O dispositivo em estudo contém quatro espécies de estupro: (a) **simples**, definido no *caput*; (b) **qualificado pela lesão corporal de natureza grave** (§ 1.º, 1.ª parte); (c) **qualificado pela idade da vítima, menor de 18 e maior de 14 anos** (§ 1.º, *in fine*); e (d) **qualificado pela morte** (§ 2.º). Existe também o estupro de vulnerável, definido no art. 217-A do CP.

○ **Lei 8.072/1990 e a natureza hedionda do estupro:** O estupro, consumado ou tentado, em qualquer das suas espécies – simples ou qualificadas – é crime hediondo, nos termos do art. 1.º, V, da Lei 8.072/1990. Por corolário, este crime submete-se a tratamento penal mais rigoroso, destacando-se a insuscetibilidade de anistia, graça e indulto, e também da fiança (Lei 8.072/1990, art. 2.º, I e II).

○ **Estupro qualificado pela lesão corporal de natureza grave (art. 213, § 1.º, 1.ª parte):** O estupro será qualificado se da conduta resultar lesão corporal de natureza grave. Na expressão "lesão corporal de natureza grave" ingressam as lesões corporais graves propriamente ditas, e também as lesões corporais gravíssimas (art. 129, §§ 1.º e 2.º, do CP). As vias de fato e as lesões leves são absorvidas pelo crime sexual. As lesões graves e gravíssimas não constituem crimes autônomos, e sim qualificadoras do delito em análise. A lesão corporal de natureza grave há de ser produzida na vítima do estupro. Se recair em pessoa diversa, estarão configurados dois crimes – estupro e lesão corporal grave (ou gravíssima) – em concurso material (art. 69, *caput*, do CP).

○ **Estupro qualificado pela idade da vítima (art. 213, § 1.º, 2.ª parte):** O estupro será qualificado se a vítima for menor de 18 anos e maior de 14 anos. O estupro qualificado pela idade da vítima fundamenta-se na maior reprovabilidade da conduta e na facilidade para execução do delito, em face da reduzida capacidade de resistência do ofendido, bem como na extensão dos danos físicos, morais e psicológicos causados ao adolescente. A idade da vítima deve ser provada por documento hábil (art. 155, parágrafo único, do CPP). A faixa etária do ofendido precisa entrar na esfera de conhecimento do agente, sob pena de desclassificação para a modalidade fundamental do estupro, em face do reconhecimento do erro de tipo (CP, art. 20, *caput*). Se a vítima for menor de 14 anos, estará delineado o crime de estupro de vulnerável (art. 217-A do CP).

○ **Estupro qualificado pela morte da vítima (art. 213, § 2.º):** O estupro será qualificado se resultar a morte da vítima. Se a morte recair em pessoa diversa, deverão ser imputados ao agente os crimes de estupro e homicídio qualificado pela conexão (CP, art. 121, § 2.º, V), em concurso material. Se a vítima for menor de 18 e maior de 14 anos, e falecer em razão do estupro, incidirá somente a qualificadora prevista no § 2.º. Sua maior gravidade importa na absorção da qualificadora veiculada pelo § 1.º, *in fine*, sem prejuízo da utilização desta pelo magistrado na dosimetria da pena base, como circunstância judicial desfavorável (art. 59, *caput*, do CP).

○ **Elemento subjetivo no estupro qualificado pela lesão corporal de natureza grave ou pela morte:** Para autorizar o reconhecimento das qualificadoras do estupro, o resultado agravador lesão corporal de natureza grave ou morte não pode advir de caso fortuito ou força maior, sob risco de consagração da responsabilidade penal objetiva (art. 19 do CP). Se o sujeito atuar dolosamente, **querendo** ou **assumindo o risco** de matar a vítima, ou lesioná-la gravemente, terão incidência as qualificadoras? Guilherme de Souza Nucci entende que sim, pois o estupro é doloso, mas a lesão grave e a morte podem ser dolosas ou culposas.[203] Em sentido diverso, Luiz Regis Prado defende a natureza estritamente preterdolosa das formas qualificadas do estupro.[204] Concordamos com esta última posição. O estupro qualificado pela lesão corporal de natureza grave ou pela morte é **crime exclusivamente preterdoloso**. Há dolo no estupro e culpa no resultado agravador. A presença do dolo, direto ou eventual, no tocante à lesão grave ou morte, afasta a incidência dos §§ 1.º e 2.º do art. 213 do CP, caracterizando o concurso material entre os crimes de estupro (simples ou qualificado pela idade da vítima) e homicídio.

○ **Tentativa de estupro e superveniência do resultado agravador:** Não alcançando sucesso na consumação do estupro, mas sofrendo a vítima lesão corporal de natureza grave ou vindo a falecer, o agente responderá por estupro qualificado pela lesão grave ou pela morte, na forma do art. 213, § 1.º, 1.ª parte, ou § 2.º, do CP.

203 NUCCI, Guilherme de Souza. *Código Penal comentado*. 10. ed. São Paulo: RT, 2010. p. 916.
204 PRADO, Luiz Regis. *Curso de direito penal brasileiro*. 8. ed. São Paulo: RT, 2010. v. 2, p. 604.

○ **Cadastro Nacional das Pessoas Condenadas por Crime de Estupro:** A Lei 14.069/2020 criou, no âmbito da União, o Cadastro Nacional de Pessoas Condenadas por crime de estupro. Esse cadastro deverá conter, no mínimo, as seguintes informações sobre as pessoas condenadas por tal delito: I – características físicas e dados de identificação datiloscópica; II – identificação do perfil genético; III – fotos; e IV – local de moradia e atividade laboral desenvolvida, nos últimos 3 (três) anos, em caso de concessão de livramento condicional. Nada obstante a lei fale somente em "estupro", o cadastro deve contemplar tanto as pessoas condenadas pelo crime de estupro (CP, art. 213) como também aquelas sobre as quais recai condenação pelo delito de estupro de vulnerável, tipificado no art. 217-A do Código Penal. O art. 2.º-A da Lei 14.069/2020, acrescentado pela Lei 15.035/2024, determinou a criação do **Cadastro Nacional de Pedófilos e Predadores Sexuais**, sistema desenvolvido a partir dos dados constantes do Cadastro Nacional de Pessoas Condenadas por Crime de Estupro, que permitirá a consulta pública do nome completo e do número de inscrição no Cadastro de Pessoas Físicas (CPF) das pessoas condenadas por esse crime. Em respeito ao princípio da presunção de não culpabilidade, previsto no art. 5.º, LVII, da Constituição Federal, a Lei 14.069/2020 acertadamente utiliza a expressão "pessoas condenadas por crime de estupro", razão pela qual a inclusão no Cadastro somente poderá ser efetuada após o trânsito em julgado da condenação. O STF já reconheceu inclusive a constitucionalidade de **cadastros estaduais de condenados por crimes sexuais ou de violência doméstica.**[205]

○ **Jurisprudência selecionada:**

Atentado violento ao pudor – ausência de *abolitio criminis* – princípio da continuidade normativa: "O condenado por estupro e atentado violento ao pudor, praticados no mesmo contexto fático e contra a mesma vítima, tem direito à aplicação retroativa da Lei 12.015/2009, de modo a ser reconhecida a ocorrência de crime único, devendo a prática de ato libidinoso diverso da conjunção carnal ser valorada na aplicação da pena-base referente ao crime de estupro. De início, cabe registrar que, diante do princípio da continuidade normativa, não há falar em *abolitio criminis* quanto ao crime de atentado violento ao pudor cometido antes da alteração legislativa conferida pela Lei 12.015/2009. A referida norma não descriminalizou a conduta prevista na antiga redação do art. 214 do CP (que tipificava a conduta de atentado violento ao pudor), mas apenas a deslocou para o art. 213 do CP, formando um tipo penal misto, com condutas alternativas (estupro e atentado violento ao pudor). Todavia, nos termos da jurisprudência do STJ, o reconhecimento de crime único não implica desconsideração absoluta da conduta referente à prática de ato libidinoso diverso da conjunção carnal, devendo tal conduta ser valorada na dosimetria da pena aplicada ao crime de estupro, aumentando a pena-base" (STJ: HC 212.305/DF, rel. Min. Marilza Maynard (Desembargadora Convocada do TJ/SE), 6.ª Turma, j. 24.04.2014, noticiado no *Informativo* 543). *No mesmo sentido*: STJ: HC 253.963/RS, rel. Min. Laurita Vaz, 5.ª Turma, j. 11.03.2014.

Atos libidinosos diversos da conjunção carnal – conceito – consumação: "Considerar consumado atos libidinosos diversos da conjunção carnal somente quando invasivos, ou seja, nas hipóteses em que há introdução do membro viril nas cavidades oral, vaginal ou anal da vítima, não corresponde ao entendimento do legislador, tampouco ao da doutrina e da jurisprudência acerca do tema. Conforme ensina a doutrina, libidinoso é ato lascivo, voluptuoso, que objetiva prazer sexual; aliás, libidinoso é espécie do gênero atos de libidinagem, que envolve também a conjunção carnal. Nesse contexto, o aplicador precisa aquilatar o caso concreto e concluir se o ato praticado foi capaz de ferir ou não a dignidade sexual da vítima" (STJ: REsp 1.309.394/RS, rel. Min. Rogerio Schietti Cruz, 6.ª Turma, j. 03.02.2015, noticiado no *Informativo* 555).

Beijo lascivo – ato libidinoso: "A Primeira Turma, em conclusão de julgamento e por maioria, denegou a ordem em habeas corpus no qual se pretendia a desclassificação do delito previsto no

---

[205] STF: ADI 6.620/MT, rel. Min. Alexandre de Moraes, Plenário, j. 18.04.2024, noticiado no *Informativo* 1.133.

art. 217-A do Código Penal — 'estupro de vulnerável' — para a conduta versada no art. 65 da Lei das Contravenções Penais. No caso, tratava-se de paciente condenado a oito anos de reclusão pelo delito de estupro de vulnerável com base no caput do art. 217-A do CP. A ação consistiu em ato libidinoso (beijo lascivo) contra vítima de cinco anos de idade. Prevaleceu o voto do ministro Alexandre de Moraes (redator para o acórdão), que considerou que, para determinadas idades, a conotação sexual é uma questão de poder, mais precisamente de abuso de poder e confiança. Entendeu presentes, no caso, a conotação sexual e o abuso de confiança para a prática de ato sexual. Para ele, não há como desclassificar a conduta do paciente para a contravenção de molestamento — que não detém essa conotação. O ministro Luiz Fux, na linha da divergência iniciada pelo ministro Alexandre de Moraes, denegou o writ, no que foi acompanhado pela ministra Rosa Weber. Acrescentou que o art. 227, § 4º, da Constituição Federal exige que a lei imponha punição severa à violação da dignidade sexual da criança e do adolescente. Além do mais, a prática de qualquer ato libidinoso diverso ou a conduta de manter conjunção carnal com menor de quatorze anos se subsume, em regra, ao tipo penal de estupro de vulnerável, restando indiferente o consentimento da vítima. Vencido o ministro Marco Aurélio (relator), que concedeu a ordem para enquadrar a conduta do paciente na contravenção penal de molestamento, e o ministro Roberto Barroso, que denegou o habeas corpus, mas concedeu a ordem de ofício para que o juízo de origem aplicasse ao caso o tipo previsto no art. 215-A do CP, incluído pela Lei 13.718, de 24 de setembro de 2018" (STF: HC 134.591/SP, rel. orig. Min. Marco Aurélio, red. p/ o ac. Min. Alexandre de Moraes, 1.ª Turma, j. 01.10.2019, noticiado no Informativo 954).

Beijo lascivo – emprego de violência à pessoa – estupro: "Subsume-se ao crime previsto no art. 213, § 1º, do CP - a conduta de agente que abordou de forma violenta e sorrateira a vítima com a intenção de satisfazer sua lascívia, o que ficou demonstrado por sua declarada intenção de 'ficar' com a jovem – adolescente de 15 anos – e pela ação de impingir-lhe, à força, um beijo, após ser derrubada ao solo e mantida subjugada pelo agressor, que a imobilizou pressionando o joelho sobre seu abdômen. Tratou-se de recurso especial em que se apontou, entre outras questões, a negativa de vigência ao art. 213, § 1º, do CP, ao fundamento de que a Corte *a quo* negou as premissas fáticas delineadas nos autos, para entender que não houve o estupro circunstanciado. Nesse sentido, o recorrente insistiu que a conclusão adotada era incompatível com a narrativa, pois teria descrito todos os elementos do delito em comento, mas se negado a aplicar a respectiva pena. Isso porque se teria comprovada, de forma inequívoca, a violência reveladora da ofensa à dignidade sexual da vítima, não havendo que se falar apenas em 'beijo roubado'. O aresto impugnado informou que o réu abordou de forma violenta e sorrateira a vítima – adolescente de 15 anos – com a intenção de satisfazer sua lascívia, o que ficou demonstrado por sua declarada intenção de 'ficar' com a jovem e pela ação de lhe impingir, à força, um beijo libidinoso, após ser derrubada ao solo e mantida subjugada pelo agressor, que a imobilizou pressionando o joelho sobre seu abdômen. A agressão sexual somente não prosseguiu porque o recorrido percebeu a aproximação de indivíduos em uma motocicleta. Sem embargo, o Tribunal estadual emprega argumentação que reproduz o que se identifica como a cultura do estupro, ou seja, a aceitação como natural da violência sexual contra as mulheres, em odioso processo de objetificação do corpo feminino. Reproduzindo pensamento patriarcal e sexista, ainda muito presente em nossa sociedade, a Corte de origem entendeu que o ato não passou de um 'beijo roubado'. A propósito, deve-se ter em mente que estupro é um ato de violência (e não de sexo). Busca-se, sim, a satisfação da lascívia por meio de conjunção carnal ou atos diversos, como na espécie, mas com intuito de subjugar, humilhar, submeter a vítima à força do agente, consciente de sua superioridade física. Consoante já consolidado pelo STJ, o ato libidinoso diverso da conjunção carnal, que caracteriza o crime de estupro, ao lado da conjunção carnal, inclui 'toda ação atentatória contra o pudor praticada com o propósito lascivo, seja sucedâneo da conjunção carnal ou não, evidenciando-se com o contato físico entre o agente e a vítima durante o apontado ato voluptuoso' (AgRg REsp n. 1.154.806-RS, Rel. Ministro Sebastião Reis Júnior, 6ª T., *DJe* 21/3/2012). Acrescento que toda a violência narrada foi desconsiderada para dar lugar à revitimização da adolescente abusada, bem como ao apoio à cultura permissiva da invasão à liberdade sexual, em regra, contra as mulheres. Em verdade, o ato narrado nos autos não foi punido por não ser considerado grave, o que, a meu ver, atenta contra a razão e o bom senso. Fez-se uma avaliação da realidade na visão do agente e não na da vítima. Se tomada a ofendida como referência, diversa seria a conclusão acerca da efetiva satisfação da lascívia, assim como da efemeridade da violência. Para quem sofre abusos de natureza sexual, as marcas podem ter duração eterna. A retórica perpetrada pela Corte local desconsidera, totalmente, a vontade da vítima e a submete, em completa passividade, às investidas sexuais dos agentes dos crimes dessa natureza. Ou seja, para o tribunal de origem pouco importaram a ausência do consentimento e a súplica da vítima para o réu cessar as violentas investidas tendentes, sim, à satisfação da lascívia do agressor. A prevalência desse pensamento ruboriza o Judiciário e não pode ser tolerada" (STJ: REsp 1.611.910/MT, rel. Min. Rogerio Schietti Cruz, 6.ª Turma, j. 11.10.2016, noticiado no *Informativo* 592).

Cadastro estadual de condenados por crimes sexuais ou de violência doméstica – constitucionalidade: "É constitucional lei estadual que institui cadastro de pessoas com condenação definitiva por crimes contra a dignidade sexual praticados contra criança ou adolescente ou por crimes de violência contra a mulher, desde que não haja publicização dos nomes das vítimas ou de informações que permitam a sua identificação. Esses cadastros subsidiam a atuação de órgãos públicos no controle de dados e informações relevantes para a persecução penal e outras políticas públicas. Além disso, possibilitam à sociedade o monitoramento desses dados e contribuem para a prevenção de novos delitos de violência de gênero e infantil. Assim, as leis estaduais impugnadas, ao criarem cadastros dessa natureza, disciplinam matéria relativa à segurança pública, cuja competência legislativa é concorrente (CF/1988, arts. 24, XI; 125, § 1.º; 128, § 5.º; e 144, §§ 4.º e 5.º). Por outro lado, a previsão de que o cadastro seja constituído por agentes que sequer foram condenados não está de acordo com o princípio da presunção de inocência (CF/1988, art. 5.º, LVII). Assim, a inclusão do 'suspeito' e do 'indiciado' em um cadastro público representa medida excessiva à finalidade pretendida pela norma, pois difunde, ainda que de forma restrita, um estado relativo a determinado agente que ainda não foi submetido a um juízo condenatório. Nesse contexto, delimitar que o cadastro seja constituído a partir de dados do agente 'já condenado' atende ao objetivo pretendido e mantém resguardado um instrumento adequado e eficaz para os órgãos de segurança pública estadual, sem ofender direitos fundamentais. Por fim, dados capazes de identificar a vítima podem ser coletados para auxiliar na formulação de políticas públicas. No entanto, para evitar uma exposição desnecessária da vítima, esses dados não devem ser disponibilizados para o público em geral, pois a este apenas serão acessíveis os nomes e fotos dos condenados, até o término do cumprimento da pena" (STF: ADI 6.620/MT, rel. Min. Alexandre de Moraes, Plenário, j. 18.04.2024, noticiado no *Informativo* 1.133).

Conjunção carnal e ato libidinoso contra a mesma vítima e no mesmo contexto fático – continuidade delitiva: "A Primeira Turma, em conclusão de julgamento e por maioria, reputou prejudicado pedido de 'habeas corpus'. Mas, concedeu a ordem, de ofício, para que o juízo da execução verificasse a possibilidade do reconhecimento da continuidade delitiva (CP, art. 71), com a consequente aplicação da Lei 12.015/2009, que unificou os delitos de estupro e atentado violento ao pudor. [...] O Colegiado destacou que a jurisprudência consolidada do STF seria no sentido de que os crimes de estupro e de atentado violento ao pudor – tendo em conta o art. 1º, V e VI, da Lei 8.072/1990, ainda na redação dada pela Lei 8.930/1994 –, mesmo que praticados na forma simples, teriam caráter hediondo. Inviável, portanto, a interpretação requerida na impetração. [...] Por outro lado, a possibilidade do reconhecimento da continuidade delitiva entre os delitos de estupro e de atentado violento ao pudor teria suscitado intensos debates no âmbito do STF. De modo geral, durante longo período de tempo, a Corte não admitira o reconhecimento da ficção jurídica do crime continuado (CP, art. 71) entre os referidos delitos, diante da caracterização do concurso material (CP, art. 69). Essa discussão, contudo, teria perdido relevância com a edição da Lei 12.015/2009, que unificou em um mesmo tipo incriminador as condutas de estupro e de atentado violento ao pudor. Diante dessa inovação legislativa, o STF teria passado a admitir o reconhecimento da continuidade delitiva entre os referidos delitos, desde que preenchidos os requisitos legais" (STF: HC 100.612/SP, rel. orig. Min. Marco Aurélio, red. p/ o acórdão Min. Roberto Barroso, 1.ª Turma, j. 16.08.2016, noticiado no *Informativo* 835). *No mesmo sentido*: STF: HC 102.199/SP, rel. Min. Gilmar Mendes, 2.ª Turma, j. 31.08.2010; e HC 99.544/RS, rel. Min. Ayres Britto, 2.ª Turma, j. 26.10.2010.

Conjunção carnal e ato libidinoso contra a mesma vítima e no mesmo contexto fático – crime único – STF: "A Lei n° 12.015/2009 unificou as condutas de estupro e de atentado violento ao pudor em tipo mais abrangente, de ação múltipla, ensejador da configuração de crime único ou crime continuado, a depender das circunstâncias concretas dos fatos" (STF: HC 106.454/SP, rel. Min. Rosa Weber, 1.ª Turma, j. 02.04.2013).

Conjunção carnal e ato libidinoso contra a mesma vítima e no mesmo contexto fático – crime único – STJ: "Com o advento da Lei n. 12.015/2009, ficaram unificadas as figuras típicas do estupro e do atentado violento ao pudor e forçoso foi o reconhecimento da ocorrência de um crime único, não havendo falar em concurso material ou continuidade delitiva, quando cometido estupro e ato diverso da conjunção carnal em um mesmo contexto fático contra a mesma vítima" (STJ: REsp 1.198.786/DF, rel. Min. Laurita Vaz, 5.ª Turma, j. 01.04.2014). *No mesmo sentido*: STJ: REsp 1.297.022/SP, rel. Min. Marilza Maynard (Desembargadora Convocada do TJ/SE), 6.ª Turma, j. 20.05.2014.

Consentimento para o ato sexual – necessidade de duração durante toda a sua prática – dissenso da vítima explícito e reiterado no decorrer do ato – desnecessidade de reação física, heroica ou enérgica – estupro caracterizado: "Falta de reação enérgica da vítima e consentimento inicial não afastam o crime de estupro. A controvérsia reside na análise da presença dos requisitos necessários para a caracterização do crime previsto no art. 213 do Código Penal. O delito de estupro tutela a liberdade sexual de qualquer pessoa, consistente na possibilidade de escolher livremente com quem e quando manter relações sexuais. O constrangimento configurador do núcleo do tipo do crime pode se dar mediante violência ou grave ameaça. E, no caso em exame, a violência ficou configurada pelo uso de força física para vencer a resistência da vítima apresentada por meio do seu dissenso explícito e reiterado para com o coito anal. É certo que o dissenso da vítima é fundamental para a caracterização do delito. Portanto, a discordância da ofendida precisa ser capaz de demonstrar sua oposição ao ato sexual. Além disso, a concordância e o desejo inicial têm que perdurar durante toda a atividade sexual, pois a liberdade sexual pressupõe a possibilidade de interrupção do ato sexual. O consentimento anteriormente dado não significa que a outra pessoa possa obrigá-la à continuidade do ato sexual. Se um dos parceiros decide interromper a relação sexual e o outro, com violência ou grave ameaça, obriga a desistente a continuar, haverá a configuração do estupro. No caso, embora inicialmente tenha a vítima consentido com o ato sexual, no curso da relação houve a negativa concreta dela em praticar o coito anal e, mesmo assim, com expresso dissenso, e reiterados pedidos para que parasse o ato, o réu ignorou o pleito e, exercendo força física, aqui caracterizada por continuar introduzindo o pênis com força, segurar a vítima e colocar o peso do seu corpo sobre o dela, persistiu até obter o seu intento. Ou seja, o acusado, mesmo ciente da discordância expressa da vítima, continuou a relação sexual mediante uso da força física. Quanto à ausência de resistência mais severa, o dispositivo do Código Penal que tipifica o delito de estupro não exige determinado comportamento ou forma de resistência da vítima. Exige sim, implicitamente, o dissenso, o que deveria ter sido respeitado prontamente. Identifica-se aqui, semelhante ao que ocorreu no caso julgado por esta Corte (REsp n. 2.005.618/RJ), a tentativa de camuflar a discriminação contra as mulheres com a suposta necessidade de um rigoroso *standart* probatório, inexistente para outras modalidades de crimes, a exemplo da exigência de resistência física enérgica ou heroica, da desqualificação moral da vítima, do desvalor do depoimento da ofendida, dentre outros. Assim, o fato de a vítima não ter reagido física ou ferozmente não exclui o crime, já que houve o dissenso claro, inclusive, reiterado. Aliás, tampouco o fato de a vítima, por fim, ter se submetido ao ato, esperando terminar, afasta o crime violento perpetrado, se demonstrada a expressa discordância. A (relativa) passividade, após a internalização de que a resistência ativa não será capaz de impedir o ato, não é, por diversos fatores, incomum em delitos dessa natureza. Se as relações humanas fossem como a ciência exata da matemática ou vivêssemos em tempos passados, talvez, e ainda somente talvez, pudéssemos pensar em excluir a prática de crime tão violento por simples trocas posteriores de mensagens ou, quem sabe, pelo fato de a vítima não ter forças ou não aguentar mais resistir à brutalidade a que está sendo submetida e parar de reagir e somente torcer para que a violência chegasse logo ao fim. Mas a realidade é muito mais complexa. A conclusão pela não caracterização do delito não pode decorrer de atitudes posteriores de quem foi ofendida e que, possivelmente, ainda que de forma inconsciente, pode estar buscando mecanismos para diminuir o peso errôneo da culpa ou mesmo sobreviver mental e fisicamente à violência a que fora exposta. Por fim, o Tribunal de origem, ao desacreditar a palavra da vítima em função de seu comportamento posterior e indicar a inexistência de testemunhas presenciais, afastou-se da jurisprudência do Superior Tribunal de Justiça, há muito consolidada, de que o depoimento da vítima, em crimes sexuais, possui especial valor probante, notadamente no caso concreto em que há inúmeros outros relatos de outras ofendidas que suportaram semelhante *modus operandi*" (STJ: Processo em segredo de justiça, rel. Min. Jesuíno Rissato (Desembargador convocado do TJDFT), rel. para acórdão Min. Sebastião Reis Júnior, 6.ª Turma, j. 13.08.2024, noticiado no *Informativo* 822).

Contemplação lasciva – meio virtual – contato físico direto entre o agente e a vítima – prescindibilidade: "O mentor intelectual dos atos libidinosos responde pelo crime de estupro de vulnerável. Discute-se a possibilidade de não tipificação do estupro de vulnerável em virtude da ausência de contato físico entre o agente e as vítimas. No caso, as instâncias de origem delinearam e reconheceram a ocorrência de todos os elementos contidos no art. 217-A do Código Penal, com destaque à qualidade de partícipe do réu, diante da autoria intelectual dos delitos, bem como da prescindibilidade de contato físico direto para a configuração dos crimes. Sobre o tema, frisa-se que é pacífica a compreensão de que o estupro de vulnerável se consuma com a prática de qualquer ato de libidinagem ofensivo à dignidade sexual da vítima, conforme já consolidado por este Superior Tribunal de Justiça. Doutrina e jurisprudência sustentam a prescindibilidade do contato físico direto do réu com a vítima, a fim de priorizar o nexo causal entre o ato praticado pelo acusado, destinado à satisfação da sua lascívia, e o efetivo dano à dignidade sexual sofrido pela ofendida. Ressalta-se que os precedentes desta Corte já delinearam a chamada contemplação lasciva como suficiente para a configuração de ato libidinoso, elemento indispensável constitutivo do delito do art. 217-A do Código Penal. A ênfase recai no eventual transtorno psíquico que a conduta praticada enseja na vítima e na real ofensa à sua dignidade sexual, o que torna despicienda efetiva lesão corporal física por força de ato direto do agente. Nesse sentido: HC 611.511/SP, Rel. Min. Reynaldo Soares da Fonseca, 5.ª Turma, *DJe* 15.10.2020 e RHC n. 70.976/MS, Rel. Min. Joel Ilan Paciornik, 5.ª Turma, *DJe* 10.08.2016. Em reforço, lembra-se que, em se tratando de vítima menor de 14 anos, a proteção integral à criança e ao adolescente, em especial no que se refere às agressões sexuais, é preocupação constante de nosso Estado (art. 227, *caput*, c/c o § 4º, da Constituição da República) e de instrumentos internacionais (art. 34, 'b', da Convenção Internacional sobre os Direitos da Criança, aprovada pela Resolução 44/25 da ONU, em 20.11.1989, e internalizada no ordenamento jurídico nacional, mediante o Decreto Legislativo 28/1990). Na situação em exame, ficou devidamente comprovado que o acusado agiu mediante nítido poder de controle psicológico sobre as outras duas agentes, dado o vínculo afetivo entre eles estabelecido. Assim, as incitou à prática dos atos de estupro contra as infantes (ambas menores de 14 anos), com o envio das respectivas imagens via aplicativo virtual, as quais permitiram a referida contemplação lasciva e a consequente adequação da conduta ao tipo do art. 217-A do Código Penal. Por fim, cumpre registrar que esta Corte Superior também reconhece a prática do delito de estupro no qual o agente concorre na qualidade de partícipe, tese que se coaduna com parte da fundamentação lançada pelo Juízo de origem e que, igualmente, se amolda ao caso dos autos" (STJ: HC 478.310/PA, rel. Min. Rogério Schietti, 6.ª Turma, j. 09.02.2021, noticiado no *Informativo* 685). **Análise crítica do julgado**: Na linha da posição do Superior Tribunal de Justiça, é preciso destacar que o estupro de vulnerável (e também o estupro) realmente não depende do contato físico entre o agente e a vítima. Em nossa opinião, entretanto, não se pode dispensar o envolvimento físico desta no ato sexual, mediante a prática de ato libidinoso (exemplos: automasturbação, relação sexual com animais, etc.). Com o merecido respeito, o julgado acima transcrito comporta uma crítica. No caso apreciado pela Corte, o estupro de vulnerável aperfeiçoou-se não em razão da contemplação lasciva pelo meio virtual, com o recebimento das imagens das vítimas via aplicativo de comunicação, e sim em momento anterior, quando as outras duas agentes – sobre as quais o acusado detinha poder de controle psicológico – praticaram atos libidinosos contra as menores de 14 anos.

Crime hediondo – regime inicial fechado para cumprimento da pena privativa de liberdade – necessidade de fundamentação: "3. O crime de estupro, mesmo que praticado com violência presumida na sua forma simples, é hediondo. 4. A fixação do regime fechado para início do cumprimento de pena, reportando-se somente à hediondez do delito, é contrária ao que decidido por este Supremo Tribunal no Habeas Corpus n. 111.840, Relator o Ministro Dias Toffoli, DJ. 27.6.2012" (STF: RHC 117.494/DF, rel. Min. Cármen Lúcia, 2.ª Turma, j. 11.02.2014).

Crime sexual contra vítima menor de 18 anos – gravação telefônica realizada pelo responsável legal – validade da prova: "Em processo que apure a suposta prática de crime sexual contra adolescente absolutamente incapaz, é admissível a utilização de prova extraída de gravação telefônica efetivada a pedido da genitora da vítima, em seu terminal telefônico, mesmo que solicitado auxílio técnico de detetive particular para a captação das conversas. Consoante dispõe o art. 3º, I, do CC, são absolutamente incapazes os menores de dezesseis anos, não podendo praticar ato algum por si, de modo que são representados por seus pais. Assim, é válido o consentimento do genitor para gravar as conversas do filho menor. De fato, a gravação da conversa, em situações como a ora em análise, não configura prova ilícita, visto que não ocorre, a rigor, uma interceptação da comunicação por terceiro, mas mera gravação, com auxílio técnico de terceiro, pelo proprietário do terminal telefônico, objetivando a proteção da liberdade sexual de absolutamente incapaz, seu filho, na perspectiva do poder familiar, vale dizer, do poder-dever de que são investidos os pais em relação aos filhos menores, de proteção e vigilância. A presente hipótese se assemelha, em verdade, à gravação de conversa telefônica feita com a autorização de um dos interlocutores, sem ciência do outro, quando há cometimento de crime por este último, situação já reconhecida como válida pelo STF (HC 75.338, Tribunal Pleno, *DJ* 25.09.1998). Destaque-se que a proteção integral à criança, em especial no que se refere às agressões sexuais, é preocupação constante de nosso Estado, constitucionalmente garantida em caráter prioritário (art. 227, *caput*, c/c o § 4º da CF), e de instrumentos internacionais. Com efeito, preceitua o art. 34, 'b', da Convenção Internacional sobre os Direitos da Criança, aprovada pela Resolução 44/25 da ONU, em 20.11.1989, e internalizada no ordenamento jurídico nacional mediante o DL 28/1990, *verbis*: 'Os Estados-partes se comprometem a proteger a criança contra todas as formas de exploração e abuso sexual. Nesse sentido, os Estados-parte tomarão, em especial, todas as medidas de caráter nacional, bilateral e multilateral que sejam necessárias para impedir: (...) b) a exploração da criança na prostituição ou outras práticas sexuais ilegais; (...)'. Assim, é inviável inquinar de ilicitude a prova assim obtida, prestigiando o direito à intimidade e privacidade do acusado em detrimento da própria liberdade sexual da vítima absolutamente incapaz e em face de toda uma política estatal de proteção à criança e ao adolescente, enquanto ser em desenvolvimento" (STJ: REsp 1.026.605/ES, rel. Min. Rogerio Schietti Cruz, 6.ª Turma, j. 13.05.2014, noticiado no *Informativo* 543).

Crimes contra os costumes *versus* crimes contra a dignidade sexual: "1. A Lei nº 12.015/09 alterou o Código Penal, chamando os antigos Crimes contra os Costumes de Crimes contra a Dignidade Sexual. 2. Essas inovações, partidas da denominada 'CPI da Pedofilia', provocaram um recrudescimento de reprimendas, criação de novos delitos e também unificaram as condutas de estupro e atentado violento ao pudor em um único tipo penal. Nesse ponto, a norma penal é mais benéfica. 3. Por força da aplicação do princípio da retroatividade da lei penal mais favorável, as modificações tidas como favoráveis hão de alcançar os delitos cometidos antes da Lei nº 12.015/2009. 4. No caso, o paciente foi condenado pela prática de estupro e atentado violento ao pudor, por ter praticado, respectivamente, conjunção carnal e coito anal dentro do mesmo contexto, com a mesma vítima. 5. Aplicando-se retroativamente a lei mais favorável, o apensamento referente ao atentado violento ao pudor não há de subsistir" (STJ: HC 144.870/DF, rel. Min. Og Fernandes, 6.ª Turma, j. 09.02.2010).

Crimes sexuais contra menores de 18 anos – competência da Justiça da Infância e da Juventude fixada por lei estadual – possibilidade: "Lei estadual pode conferir poderes ao Conselho da Magistratura para, excepcionalmente, atribuir aos Juizados da Infância e da Juventude competência para processar e julgar crimes contra a dignidade sexual em que figurem como vítimas crianças ou adolescentes. Embora haja precedentes do STJ em sentido contrário, em homenagem ao princípio da segurança jurídica, é de se seguir o entendimento assentado nas duas Turmas do STF no sentido de ser possível atribuir à Justiça da Infância e da Juventude, entre outras competências, a de processar e julgar crimes de natureza sexuais praticados contra crianças e adolescentes. Precedentes citados do STF: HC 113.102-RS, Primeira Turma, *DJe* 18.02.2013; e

HC 113.018-RS, Segunda Turma, *DJe* 14.11.2013" (STJ: HC 238.110/RS, rel. Min. Rogerio Schietti Cruz, 6.ª Turma, j. 26.08.2014, noticiado no *Informativo* 551).

Desistência voluntária – efeitos: "1 – Entenderam as instâncias ordinárias que, tendo o paciente desistido de consumar a conjunção carnal, após ter ejaculado nas pernas da menina, ficou ele absolvido da tentativa de manter conjunção carnal, tanto que sequer foi apresentada denúncia no tocante a essa conduta. 2 – Nos termos da parte final do art. 15 do Código Penal, deve o acusado responder pelos atos até então praticados, que, isoladamente apreciados, caracterizaram o crime previsto no antigo art. 214 do Estatuto Repressor (hoje previsto na parte final do art. 213 do aludido Código), motivo pelo qual foi ofertada a denúncia que culminou na condenação do paciente, inexistindo, a meu ver, qualquer constrangimento a ser sanado. 3 – As alterações trazidas pela Lei nº 12.015/2009 não modificaram a situação do paciente, pois tanto a conjunção carnal como outros atos libidinosos continuam definidos como ilícitos penais, ocorrendo tão somente a unificação do *nomen juris* dos crimes, ambos agora definidos como estupro, em função da modificação legislativa que incluiu as duas condutas típicas em único tipo penal plurissubsistente" (STJ: HC 125.259/MG, rel. Min. Haroldo Rodrigues – Desembargador convocado do TJCE, 6.ª Turma, j. 23.11.2010).

Elemento subjetivo – desejo de satisfação da lascívia – necessidade: "A satisfação da lascívia, utilizada para considerar como negativos os motivos e as circunstâncias do crime, constitui elementar do crime de estupro, não se prestando para exasperar a pena-base. Ocorrência, ainda, de *bis in idem*" (STJ: REsp 1.094.793/PR, rel. Min. Sebastião Reis Júnior, 6.ª Turma, j. 04.06.2013).

Grave ameaça – simulação de arma de fogo – caracterização do delito – impossibilidade de desclassificação para importunação sexual: "A simulação de arma de fogo pode sim configurar a 'grave ameaça', para os fins do tipo do art. 213 do Código Penal. A controvérsia está relacionada à elementar do tipo de estupro, qual seja, a possibilidade de configuração de grave ameaça através de simulação de arma de fogo, caracterizando, assim, violência moral. No caso dos autos, o Tribunal de origem desclassificou o crime de estupro para o de importunação sexual, por entender que não houve emprego de violência ou de grave ameaça à pessoa, mas sim violência imprópria, mediante simulação de porte de arma de fogo. Entretanto, a jurisprudência desta Corte Superior tem-se firmado no sentido de que a simulação de arma de fogo, desde que seja fato comprovado e confirmado pelas instâncias ordinárias, pode sim configurar a 'grave ameaça', pois esse é de fato o sentimento unilateral provocado no espírito da vítima subjugada. Com efeito, o reconhecimento de simulação de arma de fogo configura grave ameaça, devendo o réu ser processado pelo crime de estupro" (STJ: REsp 1.916.611/RJ, rel. Min. Olindo Menezes (Desembargador convocado do TRF da 1.ª Região), 6.ª Turma, j. 21.09.2021, noticiado no *Informativo* 711).

Meninas como vítimas – exigência de legista mulher: "O Plenário, por maioria, concedeu medida cautelar em ação direta de inconstitucionalidade ajuizada contra a Lei 8.008/2018 do Estado do Rio de Janeiro, que institui o programa de atenção às vítimas de estupro com o objetivo de dar apoio e identificar provas periciais. Deu interpretação conforme à parte final do § 3º do art. 1º do referido diploma legal para reconhecer que as crianças e adolescentes do sexo feminino vítimas de violência deverão ser, obrigatoriamente, examinadas por legista mulher, desde que não importe retardamento ou prejuízo da diligência. (...) Entendeu haver aparente conflito com o direito de acesso à justiça (Constituição Federal, art. 5º, XXXV) e os princípios da proteção integral e da prioridade absoluta (CF, art. 227, caput). Isso porque, apesar de salutar a iniciativa da norma de buscar proteger as crianças e adolescentes, o fato de impedir ou retardar a realização de exame por médico legista poderia acabar por deixá-las desassistidas da proteção criminal, direito que decorre do disposto no art. 39 da Convenção sobre os Direitos das Crianças e de outros diplomas legais. Além disso, na medida em que se nega o acesso à produção da prova na jurisdição penal, há também ofensa à proteção prioritária, porquanto se afasta a efetividade da norma, que exige a punição severa do abuso de crianças e adolescentes. Dessa forma, o colegiado concluiu ser o caso de dar 'interpretação conforme', na linha do que prescreve o art. 249 do Código de Processo Penal, mantendo-se o dever estatal para fins de responsabilidade na proteção da criança, mas não para obstar a produção da prova" (STF: ADI 6.039 MC/RJ, rel. Min. Edson Fachin, Plenário, j. 13.03.2019, noticiado no *Informativo* 933).

Tentativa de estupro – ausência de penetração por falha fisiológica: "Dado início à execução do crime de estupro, consistente no emprego de grave ameaça à vítima e na ação, via contato físico, só não se realizando a consumação em virtude de momentânea falha fisiológica, alheia à vontade do agente, tudo isso caracteriza a tentativa" (STJ: REsp 792.625/DF, rel. Min. Felix Fischer, 5.ª Turma, j. 10.10.2006).

Atentado violento ao pudor

Art. 214. (Revogado).

○ **Revogação:** O crime de atentado ao pudor, antigamente definido no art. 214 do CP, foi revogado formalmente pela Lei 12.015/2009. Não houve, entretanto, *abolitio criminis*, pois o fato agora se subsume ao art. 213 do CP, com o *nomen iuris* estupro. Aplica-se ao caso o **princípio da continuidade normativa**, ou **da continuidade típico normativa**, operando-se simplesmente o deslocamento do fato criminoso para tipo penal diverso.

Violação sexual mediante fraude

Art. 215. Ter conjunção carnal ou praticar outro ato libidinoso com alguém, mediante fraude ou outro meio que impeça ou dificulte a livre manifestação de vontade da vítima:

Pena – reclusão, de 2 (dois) a 6 (seis) anos.

Parágrafo único. Se o crime é cometido com o fim de obter vantagem econômica, aplica-se também multa.

Classificação:	Informações rápidas:
Crime simples	**"Estelionato sexual"** (violação sexual mediante fraude): unificação dos antigos crimes de posse sexual mediante fraude e atentado ao pudor mediante fraude (não houve *abolitio criminis*).
Crime comum	
Crime material ou causal	
Crime de forma livre	
Crime instantâneo	**Elementos normativos do tipo penal:** conjunção carnal e os atos libidinosos.
Crime comissivo (*regra*)	
Crime unissubjetivo, unilateral ou de concurso eventual	**Objeto material:** pessoa física. A fraude grosseira e o consentimento válido do ofendido não caracterizam o crime.
Crime plurissubsistente (*regra*)	**Elemento subjetivo:** dolo. Não admite modalidade culposa.
	Tentativa: admite (crime plurissubsistente).
	Ação penal: pública incondicionada.

○ **Introdução:** Com as modificações efetuadas pela Lei 12.015/2009, os crimes de posse sexual mediante fraude e atentado ao pudor mediante fraude foram unificados em uma única figura penal: a violação sexual mediante fraude (art. 215 do CP). Não houve *abolitio criminis* da posse sexual mediante fraude ou do atentado ao pudor mediante fraude. Incide, na espécie, o **princípio da continuidade normativa** (ou da continuidade típico-normativa). Os fatos caracterizadores dos citados delitos continuam gozando de relevância penal, mas com o *nomen iuris* "violação sexual mediante fraude".

○ **Objeto jurídico:** É a liberdade sexual da pessoa humana, independentemente do seu sexo. Protege-se a inviolabilidade sexual da pessoa, tendo em vista os atos fraudulentos com os quais se vicia o consentimento, para obter a conjunção carnal ou outro ato libidinoso.

○ **Objeto material:** É a pessoa física sobre a qual recai a conduta criminosa.

○ **Núcleos do tipo:** Os núcleos do tipo são "ter" e "praticar". **Ter** é conseguir ou obter conjunção carnal com alguém, ou seja, a introdução total ou parcial do pênis na vagina. Exige-se, portanto, que ao menos um homem e uma mulher figurem como sujeitos do delito, pois só há falar em conjunção carnal nas relações heterossexuais. **Praticar** é realizar ou efetuar outro ato libidinoso com alguém, consistente em qualquer ato idôneo à satisfação da lascívia e diverso da conjunção carnal. Nessa hipótese, a relação pode ser heterossexual ou homossexual. A conjunção carnal e os atos libidinosos são **elementos normativos** do tipo penal inerente à violação sexual mediante fraude. O tipo penal fala somente em "praticar outro ato libidinoso com alguém", quando o legislador deveria ter utilizado a mesma fórmula empregada no art. 213 do CP: "praticar ou permitir que com ele se pratique outro ato libidinoso". Assim, se em razão da fraude ou expediente similar, a vítima é obrigada a praticar em si mesma atos sexuais ou então venha a praticar no agente algum ato libidinoso, não se poderá reconhecer o crime de violação sexual mediante fraude.

○ **Meios de execução:** Para ter conjunção carnal ou praticar outro ato libidinoso com alguém, o sujeito se vale da fraude ou outro meio que impeça ou dificulte a livre manifestação de vontade da vítima. O legislador se socorre da **interpretação analógica** (ou *intra legem*), descrevendo uma fórmula casuística ("fraude") seguida de fórmula genérica ("ou outro meio que impeça ou dificulte a livre manifestação de vontade da vítima"). **Fraude** é o artifício, o ardil, o estratagema utilizado para enganar determinada pessoa, afetando a livre manifestação da sua vontade. A violação sexual mediante fraude é também conhecida como **estelionato sexual**. Não há emprego de violência ou grave ameaça para a concretização do ato sexual, pois caso contrário estaria delineado o crime de estupro (CP, art. 213).

○ **Distinção entre violação sexual mediante fraude e estupro de vulnerável:** No crime previsto no art. 215 do Código Penal, a vítima não se reveste da situação de vulnerabilidade, afastando-se a incidência do art. 217-A do CP. A fraude limita-se a viciar a vontade da vítima, sem eliminá-la. Esta é a diferença precípua entre a violação sexual mediante fraude e o estupro de vulnerável.

○ **Sujeito ativo:** Qualquer pessoa (**crime comum** ou **geral**). A conduta típica "ter conjunção carnal" exige que o sujeito ativo seja do sexo oposto ao da vítima.

○ **Sujeito passivo:** Qualquer pessoa, desde que não se amolde ao conceito penal de vulnerável para fins sexuais.

○ **Violação sexual mediante fraude envolvendo prostitutas ou prostitutos:** A prostituta (ou prostituto), no exercício da sua atividade de comércio carnal, pode ser vítima do crime em análise. A proteção sexual é conferida pelo ordenamento jurídico a todas as pessoas, inclusive a quem exerce a prostituição, como corolário da dignidade da pessoa humana, fundamento da República Federativa do Brasil (art. 1.º, III, da CF).

○ **Elemento subjetivo:** É o dolo, pouco importando a finalidade do agente, a qual será relevante apenas para a aplicação ou não da pena de multa prevista no parágrafo único.

○ **Finalidade lucrativa e aplicação cumulativa da pena de multa (art. 215, parágrafo único):** Se o crime é cometido com o fim de obter vantagem econômica, aplica-se também a pena de multa. Não há necessidade da efetiva obtenção da vantagem econômica.

○ **Consumação:** Cuida-se de **crime material ou causal**: consuma-se com a prática da conjunção carnal ou do ato libidinoso.

○ **Tentativa:** É possível, em face do caráter plurissubsistente do delito, comportando o fracionamento do *iter criminis*.

○ **Ação penal:** É pública incondicionada.

○ **Lei 9.099/1995:** Trata-se de **crime de elevado potencial ofensivo**, incompatível com os benefícios elencados pela Lei 9.099/1995.

○ **A questão da fraude grosseira e o consentimento da vítima:** O meio fraudulento de que se vale o agente deve ser idôneo a ludibriar a vítima. O fato será atípico se esta identificar a fraude e ainda assim tolerar a prática da conjunção carnal ou outro ato libidinoso. De fato, o consentimento válido do ofendido é incompatível com a violação sexual mediante fraude. A idoneidade ou inidoneidade da fraude deve ser analisada no caso concreto, levando-se em conta as peculiaridades da vítima, bem como o tempo e o local da conduta.

○ **A percepção da fraude durante a relação sexual:** Se, durante a conjunção carnal ou outro ato libidinoso, a vítima constatar a fraude e aceitar a continuação do ato, o fato será atípico em razão do seu consentimento; se desejar a interrupção do ato e o agente insistir na prática da conjunção carnal ou outro ato libidinoso, mediante o emprego de violência à pessoa ou grave ameaça, estará configurado o crime de estupro.

○ **Prática sucessiva de conjunção carnal e outro ato libidinoso contra a vítima:** Quanto a discussão acerca da pluralidade ou unidade de crimes diante dessas condutas, *ver os comentários ao art. 213*.

Importunação sexual

Art. 215-A. Praticar contra alguém e sem a sua anuência ato libidinoso com o objetivo de satisfazer a própria lascívia ou a de terceiro:

Pena – reclusão, de 1 (um) a 5 (cinco) anos, se o ato não constitui crime mais grave.

Classificação:	Informações rápidas:
Crime simples	**Objeto material:** pessoa (independentemente do sexo).
Crime comum	**Ato libidinoso:** qualquer ato com conotação sexual.
Crime formal, de consumação antecipada	Conduta deve ser dirigida a pessoa(s) determinada(s).
ou de resultado cortado	**Elemento subjetivo:** Dolo, acompanhado de uma finalidade
Crime de dano	específica (elemento subjetivo específico), consistente no "ob-
Crime de forma livre	jetivo de satisfazer a própria lascívia ou a de terceiro". Não se
Crime, em regra, comissivo	admite a modalidade culposa.
Crime instantâneo	**Tentativa:** admite (crime plurissubsistente).
Crime unissubjetivo, unilateral ou de	**Ação penal:** pública incondicionada.
concurso eventual	**Subsidiariedade expressa.**
Crime plurissubsistente	

○ **Introdução:** Diante do vácuo na legislação brasileira entre o crime de estupro, de natureza hedionda, e a contravenção penal de importunação ofensiva ao pudor, de menor potencial ofensivo, tornou-se imprescindível a criação de uma figura intermediária, sem a gravidade do estupro, mas também sem a brecha para a impunidade da contravenção penal. Para suprir essa lacuna, a Lei 13.718/2018 acrescentou ao Código Penal, em seu art. 215-A, o crime de importunação sexual, punido com reclusão, de 1 (um) a 5 (cinco) anos. Além disso, o art. 3.º, II, da Lei 13.718/2018 revogou o art. 61 do Decreto-lei 3.688/1941, eliminando a contravenção penal de importunação ofensiva ao pudor.

○ **Objeto jurídico:** É a dignidade sexual, relativamente ao direito do ser humano de não ser incomodado por outra pessoa no campo da sua liberdade sexual.

○ **Objeto material:** É a pessoa, de qualquer sexo, contra quem o agente dirige a conduta criminosa.

○ **Núcleo do tipo:** O núcleo do tipo é "**praticar**", no sentido de cometer ou realizar um ato libidinoso. Compreende-se por ato libidinoso qualquer ato revestido de conotação sexual, destacando-se para fins deste delito a masturbação, os toques íntimos e o contato corporal erótico, a exemplo daqueles que infelizmente acontecem em meios de transporte coletivo (ônibus, trens, metrôs, etc.). Esse ato libidinoso deve ser praticado pelo agente contra **pessoa determinada** (ou pessoas determinadas), e evidentemente contra a vontade desta. Com efeito, se a pessoa concorda com o ato libidinoso, não há ofensa à sua liberdade sexual, e o fato se reveste de atipicidade penal. O agente realiza a conduta descrita em lei com o **objetivo de satisfazer a lascívia** (desejo, volúpia ou prazer sexual) própria ou de terceiro. Em síntese, o art. 215-A do Código Penal destina-se a proteger as pessoas contra o incômodo, a perturbação, o molestamento de alguém de natureza sexual. Em regra, a conduta é exteriorizada por ação (crime comissivo), mas nada impede sua prática pela omissão, se o agente tinha o dever de agir e podia agir para evitar o resultado, na forma do art. 13, § 2.º, do Código Penal (crime omissivo impróprio, espúrio ou comissivo por omissão), como no exemplo em que um policial militar, no vagão do metrô, visualiza um homem se masturbando para uma mulher, contra a vontade desta, mas nada faz para impedir o delito, uma vez que tal comportamento também lhe proporciona prazer sexual.

○ **Distinção entre importunação sexual e estupro:** Inicialmente, não há como reconhecer a importunação sexual na conjunção carnal realizada sem o consentimento da vítima. Se isto ocorrer, estará indiscutivelmente caracterizado o crime de estupro. Essa é a razão pela qual o art. 215-A do Código Penal refere-se somente ao "ato libidinoso", **excluindo a conjunção carnal**. No estupro, a vítima é constrangida, mediante violência ou grave ameaça, a praticar ou permitir que com ela se pratique um ato libidinoso. Em síntese, há intimidação do ofendido, e seu envolvimento físico no ato libidinoso é indispensável, embora seja prescindível seu contato corporal com o agente. Na importunação sexual, por sua vez, **não há emprego de violência ou grave ameaça**. Consequentemente, a vítima não é constrangida a praticar ou permitir que com ela se pratique ato libidinoso. Ao contrário, **o ato libidinoso é praticado pelo agente**.

○ **Distinção entre importunação sexual e ato obsceno:** Na importunação sexual o ato libidinoso **é praticado contra uma pessoa determinada** (ou pessoas determinadas), e sem o seu consentimento. Por esta razão o delito foi alocado no Capítulo I do Título VI da Parte Especial do Código Penal, entre os crimes contra a liberdade sexual. De seu turno, **o ato obsceno ofende o ultraje público ao pudor** (Capítulo VI do Título VI da Parte Especial do Código

Penal). A conduta prevista no art. 233 do Código Penal consiste em "praticar ato obsceno em lugar público, ou aberto ou exposto ao público". Portanto, se o sujeito se masturba para uma pessoa específica, sem o consentimento desta, visando satisfazer a própria lascívia ou de terceiro, a ele será imputado o crime de importunação sexual. Por outro lado, se o agente se masturbar em um local público – uma praia, por exemplo –, sem direcionar sua conduta a pessoa determinada, estará configurado o crime de ato obsceno.

○ **Palavras ofensivas ao pudor alheio:** A Lei 13.718/2018, além de instituir o delito de importunação sexual no art. 215-A do Código Penal, acabou por revogar expressamente a contravenção penal outrora definida no art. 61 do Decreto-lei 3.688/1941 – Lei das Contravenções Penais, cuja redação era a seguinte: "Importunar alguém, em lugar público ou acessível ao público, de modo ofensivo ao pudor." Tal contravenção penal era aplicável basicamente em duas situações: (a) prática de ato libidinoso contra alguém, sem violência à pessoa ou grave ameaça; e (b) ofensas verbais ao pudor alheio. Para a primeira hipótese, atualmente incide o art. 215-A do Código Penal. Na outra, entretanto, o cenário é diverso. Em síntese, a revogação do art. 61 da Lei das Contravenções Penais abriu um vácuo na legislação penal, no tocante à conduta daquele que lança palavras ofensivas ao pudor de alguém, como no exemplo em que, no interior do vagão do metrô, um homem se aproxima de uma mulher desconhecida e lhe diz em voz baixa: "quero transar a noite toda com você", somando a esta frase diversas palavras indecorosas. Em condutas desse jaez, não como há como se aplicar o crime de importunação sexual, pois o tipo penal reclama a prática de ato libidinoso contra alguém.

○ **Sujeito ativo:** Qualquer pessoa (**crime comum** ou **geral**). Admite o concurso de pessoas, tanto na coautoria como na participação.

○ **Sujeito passivo:** Qualquer pessoa, independentemente do sexo e da opção sexual. No entanto, se a conduta consistir em praticar, na presença de alguém menor de 14 (catorze) anos, ou induzi-lo a presenciar, conjunção carnal ou outro ato libidinoso, a fim de satisfazer lascívia própria ou de outrem, estará caracterizado o crime de satisfação de lascívia mediante presença de criança ou adolescente, definido no art. 218-A do Código Penal.

○ **Elemento subjetivo:** É o dolo, acompanhado de uma finalidade específica (elemento subjetivo específico), consistente no "objetivo de satisfazer a própria lascívia ou a de terceiro". Não se admite a modalidade culposa.

○ **Consumação:** A importunação sexual é crime **formal**, de **consumação antecipada ou de resultado cortado**. Consuma-se no instante em que o agente pratica contra a vítima algum ato libidinoso, sem a sua anuência, com o objetivo de satisfazer a própria lascívia ou de terceiros, ainda que não consiga chegar ao desejado grau de satisfação.

○ **Tentativa:** É possível, em face do caráter plurissubsistente do delito, comportando o fracionamento do *iter criminis*.

○ **Ação penal:** É pública incondicionada.

○ **Competência:** Em regra, é da Justiça Estadual. Será competente a Justiça Federal, entretanto, se houver prejuízo a interesse da União, de suas entidades autárquicas ou de empresas públicas

(CF, art. 109, IV). Nesse caso, incide o enunciado da Súmula 147 do STJ: "Compete à Justiça Federal processar e julgar os crimes praticados contra funcionário público federal, quando relacionados com o exercício da função". A competência também será da Justiça Federal se a importunação sexual for cometida a bordo de navio ou aeronave (CF, art. 109, IX).

○ **Lei 9.099/1995:** Trata-se de **crime de médio potencial ofensivo**. A pena mínima cominada – reclusão, de 1 ano – é compatível com a suspensão condicional do processo, desde que presentes os demais requisitos exigidos pelo art. 89 da Lei 9.099/1995.

○ **Subsidiariedade expressa:** O art. 215-A do Código Penal contempla uma norma expressamente subsidiária. Com efeito, a pena cominada é de reclusão, de 1 (um) a 5 (cinco) anos, "se o ato não constitui crime mais grave". A importunação sexual funciona como autêntico soldado de reserva. O delito somente será reconhecido se a conduta do agente não caracterizar um delito mais grave, notadamente o estupro (consumado ou tentado).

○ **Jurisprudência selecionada**

Estupro – desclassificação para importunação sexual – violência ou grave ameaça não identificada na conduta do agente: "A ausência de violência ou grave ameaça na conduta do réu de apalpar as partes íntimas de vítima, com o objetivo de satisfazer sua lascívia, impõe a desclassificação do crime de estupro para o delito importunação sexual. O crime de estupro resta configurado quando o agente constrange a vítima, mediante violência ou grave ameaça, a ter conjunção carnal ou a praticar ou permitir que com ele se pratique outro ato libidinoso. No caso, o réu apalpou as partes íntimas da vítima, com o objetivo de satisfazer sua lascívia, sem que para isso tenha utilizado de violência ou grave ameaça, uma vez que surpreendeu a vítima em um momento de distração, pois esta sequer percebeu a aproximação do réu. Ademais, a desatenção da vítima não torna a conduta do réu violenta. O fato de ele ter apalpado a vítima por dentro de seu short, sem que nenhum elemento adicional tenha sido particularizado, revela a inexistência da violência ou grave ameaça necessária a caracterizar o crime de estupro. Nos termos da jurisprudência desta Corte Superior, 'comete o crime de importunação sexual qualquer um que realize ato libidinoso em relação a outra pessoa (com ou sem contato físico, mas visível e identificável), satisfazendo seu prazer sexual, sem que haja concordância válida das partes envolvidas (supondo-se a anuência de adultos)' (AgRg no AREsp n. 1.844.610-SP, rel. Min. Reynaldo Soares da Fonseca, Quinta Turma, j. 07.12.2021, *DJe* 13.12.2021). Assim, no caso, a ausência de violência ou grave ameaça na conduta do réu impõe a desclassificação do crime de estupro, para o delito previsto no art. 215-A, do Código Penal" (STJ: Processo em segredo de justiça, rel. Min. Ribeiro Dantas, 5.ª Turma, j. 06.02.2024, noticiado no *Informativo* 21 – Edição Extraordinária).

Atentado ao pudor mediante fraude

Art. 216. (Revogado).

○ **Revogação:** O crime de atentado ao pudor mediante fraude, antigamente definido no art. 216 do CP, foi revogado pela Lei 12.015/2009. Não houve, entretanto, *abolitio criminis*, pois o fato agora se subsume à violação sexual mediante fraude, tipificada no art. 215 do CP.

Assédio sexual

> **Art. 216-A.** Constranger alguém com o intuito de obter vantagem ou favorecimento sexual, prevalecendo-se o agente da sua condição de superior hierárquico ou ascendência inerentes ao exercício de emprego, cargo ou função.
>
> Pena – detenção, de 1 (um) a 2 (dois) anos.
>
> Parágrafo único. (Vetado).
>
> § 2º A pena é aumentada em até um terço se a vítima é menor de 18 (dezoito) anos.

Classificação:	Informações rápidas:
Crime próprio ou especial	**Objeto material:** pessoa (independentemente do sexo).
Crime formal, de consumação antecipada ou de resultado cortado	O assédio sexual deve ser praticado em razão da relação decorrente do exercício de emprego, cargo ou função entre
Crime de forma livre	o superior hierárquico e o funcionário público subalterno, na
Crime comissivo (*regra*)	estrutura da Administração Pública, ou entre ascendente e
Crime instantâneo	subordinado, nas relações de direito privado.
Crime unissubjetivo, unilateral ou de	**Elemento subjetivo:** dolo (elemento subjetivo específico – "com
concurso eventual	o intuito de obter vantagem ou favorecimento sexual"). Não
Crime plurissubsistente (*regra*)	admite modalidade culposa.
	Tentativa: admite (crime plurissubsistente).
	Ação penal: pública incondicionada.

○ **Introdução:** No Brasil, o assédio sexual foi considerado crime pela Lei 10.224/2001. Condutas dessa estirpe, covardes e repugnantes, indiscutivelmente merecem rígida punição. Essa incriminação, entretanto, não tem surtido efeitos práticos, pois as situações de assédio sexual normalmente são solucionadas, até com êxito, pelo Direito Civil, pelo Direito do Trabalho e pelo Direito Administrativo.

○ **Objeto jurídico:** É a liberdade sexual, relacionada ao exercício do trabalho em condições dignas e desprovidas de constrangimentos e humilhações.

○ **Objeto material:** É a pessoa contra quem se dirige a conduta criminosa, independentemente do sexo e da orientação sexual.

○ **Núcleo do tipo:** O núcleo do tipo é "**constranger**". Tal verbo deve ser encarado como modalidade específica de constrangimento ilegal (princípio da especialidade), **sem violência à pessoa ou grave ameaça**, pois tais meios de execução não constam da descrição típica. A conduta consiste em molestar, perturbar uma pessoa, intimidando-a, com o propósito de alcançar vantagem ou favorecimento sexual, afetando sua dignidade, sua intimidade, sua tranquilidade e seu bem-estar. A intimidação inerente ao assédio sexual deve ser séria, pouco importando se o mal prometido é justo ou injusto. É válido destacar a exigência legal de ser o assédio sexual praticado em razão da relação decorrente do exercício de emprego, cargo ou função entre o superior hierárquico e o funcionário público subalterno, na estrutura da Administração Pública, ou entre ascendente e subordinado, nas relações de direito privado. Não se pode descartar, portanto, a dependência entre o constrangimento e a relação laborativa. Se o assédio ocorrer fora do ambiente de trabalho, desvinculado da posição de hierarquia ou ascendência inerente ao exercício de emprego, cargo ou função, não há falar no crime em comento.

o **Sujeito ativo:** Cuida-se de **crime próprio** ou **especial** – somente pode ser cometido por quem se encontre na posição de superior hierárquico da vítima ou tenha no tocante a ela ascendência inerente ao exercício de emprego, cargo ou função. Não há falar em assédio sexual quando o responsável pelo constrangimento à vítima estiver na mesma posição desta, ou então em posição inferior na relação de trabalho.

o **Sujeito passivo:** É a pessoa em situação inferior relativamente a quem ocupa a posição de superior hierárquico ou de ascendência inerentes ao exercício de emprego, cargo ou função. Em razão de o tipo penal exigir condições especiais no tocante ao sujeito ativo e ao sujeito passivo, o assédio sexual é classificado como *crime biprópio*.

– **Professores e alunos:** Não se caracteriza o crime de assédio sexual entre tais pessoas, pois ausente a relação derivada do exercício de emprego, cargo ou função de parte dos discentes, que não são funcionários do estabelecimento de ensino.[206]

– **Líderes religiosos e seguidores:** O constrangimento do líder religioso dirigido a um fiel, com o intuito de obter vantagem ou favorecimento sexual, não acarreta o crime em análise, sem prejuízo do delito de estupro (CP, art. 213).

– **O assédio sexual dirigido à prostituta:** A prostituta (ou prostituto) pode ser vítima do crime definido no art. 216-A do CP.

o **Elemento subjetivo:** É o dolo, acrescido de um especial fim de agir (elemento subjetivo específico), representado pela expressão "com o intuito de obter vantagem ou favorecimento sexual". Não se admite a modalidade culposa.

o **Consumação:** O assédio sexual é **crime formal, de consumação antecipada** ou **de resultado cortado**: consuma-se no momento do constrangimento ocasionado à vítima com o intuito de obter vantagem ou favorecimento sexual, ainda que não se realize o ato desejado pelo ascendente ou superior hierárquico. A eventual superveniência da vantagem ou favorecimento sexual deve ser compreendida como exaurimento do delito, funcionando na dosimetria da pena-base a título de circunstância judicial desfavorável (art. 59, *caput*, do CP).

o **Tentativa:** É possível.

o **Ação penal:** É pública incondicionada.

o **Lei 9.099/1995:** Em sua modalidade fundamental (art. 216-A, *caput*, do CP), o assédio sexual é **infração penal de menor potencial ofensivo**, de competência do Juizado Especial Criminal e compatível com a transação penal.

o **Causa de aumento da pena (art. 216-A, § 2.º):** A pena será aumentada em até um terço se a vítima for menor de 18 (dezoito) anos. O § 2.º, ao falar em **até um terço**, há de ser compreendido como "de 1/6 (um sexto) a 1/3 (um terço)". O patamar de um sexto é o mínimo adotado pelo Direito Penal pátrio no campo das causas de aumento da pena, e aqui não pode ser diferente. O art. 7.º, XXXIII, da CF permite o trabalho das pessoas com 16 e 17 anos de idade, desde que não seja noturno, perigoso ou insalubre. Para os adolescentes

---

206 O Superior Tribunal de Justiça, entretanto, já decidiu em sentido contrário (REsp 1.759.135/SP, rel. Min. Sebastião Reis Júnior, rel. p/ acórdão Min. Rogerio Schietti Cruz, 6.ª Turma, j. 13.08.2019, noticiado no *Informativo* 658).

com idade entre 15 e 16 anos, admite-se o trabalho na condição de aprendiz. Se podem trabalhar, nada impede sejam vítimas de assédio sexual. E como ainda se encontram em fase de desenvolvimento físico, moral e intelectual, são mais suscetíveis ao constrangimento para fins sexuais, o que facilita a empreitada criminosa e indiscutivelmente ocasiona maiores danos à sua regular formação. Estes são os fundamentos do tratamento penal mais rigoroso. A idade da vítima deve ser provada por documento idôneo (art. 155, parágrafo único, do CPP). A incidência da causa de aumento da pena afasta o benefício da transação penal – o assédio sexual agravado constitui-se em **crime de elevado potencial ofensivo**, incompatível com os benefícios elencados na Lei 9.099/1995.

○ **Vítima menor de 14 anos ou pessoa vulnerável:** Se a vítima contar com menos de 14 anos de idade, ou for pessoa vulnerável, sem discernimento para a prática do ato ou sem capacidade de resistência, estará caracterizado o crime de estupro de vulnerável (CP, art. 217-A).

○ **Jurisprudência selecionada:**

Assédio sexual – relação professor-aluno – existência de superioridade hierárquica ou ascendência em razão do emprego, cargo ou função – uso da profissão para obtenção de vantagem sexual – conduta típica: "É possível a configuração do delito de assédio sexual na relação entre professor e aluno. Inicialmente cumpre salientar que a maior parte da doutrina despreza a condição de superior hierárquico ou ascendência inerentes ao exercício de emprego, cargo ou função na relação professor-aluno. Todavia, é irrazoável excluir a (nítida) relação de ascendência – elemento normativo do tipo – por parte do docente no caso de violação de um de seus deveres funcionais e morais, consistente em atribuir notas, reconhecer o mérito e aprovar o aluno não apenas pelo seu desempenho intelectual, mas por eventual barganha sexual. Ademais, é notório o propósito do legislador de punir aquele que se prevalece da condição de professor para obter vantagem de natureza sexual. Nenhuma outra profissão suscita tamanha reverência e vulnerabilidade quanto a que envolve a relação aluno-mestre, que alcança, por vezes, autoridade paternal – dentro de uma visão mais tradicional do ensino. O professor está presente na vida de crianças, jovens e também adultos durante considerável quantidade de tempo, torna-se exemplo de conduta e os guia para a formação cidadã e profissional, motivo pelo qual a 'ascendência' constante do tipo penal do art. 216-A do Código Penal não pode se limitar à ideia de relação empregatícia entre as partes. Assim, releva-se patente a aludida 'ascendência', em virtude da 'função' – outro elemento normativo do tipo –, dada a atribuição que tem o cátedra de interferir diretamente no desempenho acadêmico do discente, situação que gera no estudante o receio da reprovação" (STJ: REsp 1.759.135/SP, rel. Min. Sebastião Reis Júnior, rel. p/ acórdão Min. Rogerio Schietti Cruz, 6.ª Turma, j. 13.08.2019, noticiado no *Informativo* 658).

Capítulo I-A
DA EXPOSIÇÃO DA INTIMIDADE SEXUAL

Registro não autorizado da intimidade sexual

Art. 216-B. Produzir, fotografar, filmar ou registrar, por qualquer meio, conteúdo com cena de nudez ou ato sexual ou libidinoso de caráter íntimo e privado sem autorização dos participantes:

Pena – detenção, de 6 (seis) meses a 1 (um) ano, e multa.

Parágrafo único. Na mesma pena incorre quem realiza montagem em fotografia, vídeo, áudio ou qualquer outro registro com o fim de incluir pessoa em cena de nudez ou ato sexual ou libidinoso de caráter íntimo.

Classificação:	Informações rápidas:
Crime simples	**Elemento subjetivo:** dolo (não admite modalidade culposa)
Crime comum	
Crime formal, de consumação antecipada ou de resultado cortado	**Infração penal de menor potencial ofensivo:** competência do JECrim
Crime de dano	**Tentativa:** admite
Crime de forma livre	**Ação Penal:** pública incondicionada
Crime comissivo (*regra*)	**Figura equiparada:** art. 216-B, parágrafo único.
Crime instantâneo ou permanente	
Crime unissubjetivo, unilateral ou de concurso eventual	
Crime plurissubsistente	

○ **Introdução:** Para suprir uma carência normativa, a Lei 13.772/2018 criou o crime de registro não autorizado da intimidade sexual. A referida lei também modificou o inc. II do art. 7.º da Lei 11.340/2006 – Lei Maria da Penha, definindo a violência psicológica, uma das espécies de violência doméstica ou familiar contra a mulher, "como qualquer conduta que lhe cause dano emocional e diminuição da autoestima ou que lhe prejudique e perturbe o pleno desenvolvimento ou que vise degradar ou controlar suas ações, comportamentos, crenças e decisões, mediante ameaça, constrangimento, humilhação, manipulação, isolamento, vigilância constante, perseguição contumaz, insulto, chantagem, violação de sua intimidade, ridicularização, exploração e limitação do direito de ir e vir ou qualquer outro meio que lhe cause prejuízo à saúde psicológica e à autodeterminação". Nesse contexto, é indiscutível que o novo tipo penal do art. 216-B, comportamento que lamentavelmente se tornou comum em nossa sociedade, representa uma forma de violência psicológica à vítima, pois é apto a lhe causar dano emocional e diminuição da autoestima, a prejudicar e perturbar seu pleno desenvolvimento, mediante humilhação, ridicularização e violação da sua intimidade.[207] Mas é preciso fazer uma importante ressalva: nada obstante a violência psicológica esteja definida na Lei Maria da Penha, o crime tipificado no art. 216-B do Código Penal destina-se a tutelar a intimidade sexual de qualquer pessoa, independentemente do sexo e da orientação sexual.

○ **Objeto jurídico:** O bem jurídico é a dignidade sexual, mais especificamente a intimidade sexual do ser humano, assegurada pelo art. 5.º, X, da Constituição Federal.

○ **Objeto material:** É a pessoa cuja intimidade sexual foi violada pela conduta criminosa.

○ **Núcleos do tipo:** O tipo penal contém 4 (quatro) núcleos: produzir, fotografar, filmar e registrar. **Produzir** é criar ou originar; **fotografar** equivale a retratar uma imagem; **filmar** significa gravar algo, mediante o armazenamento da imagem, acompanhada ou não de som; e **registrar** traz a ideia de guardar algo. O ato de registrar pode ser efetuado **por qualquer meio**, a exemplo de arquivos em computadores ou seus acessórios, armazenamento em nuvem (*Dropbox*, *Google Drive*, *iCloud*, etc.) ou mesmo em papel ou objeto equivalente. A conduta de produzir, fotografar, filmar ou registrar, por qualquer meio, tem como alvo o conteúdo com cena de nudez ou ato sexual ou libidinoso de caráter íntimo e privado sem autorização dos participantes. A **nudez** pode ser **total** ou **parcial** (exemplo: fotografia indevida dos seios de uma mulher). Cuida-se de elemento normativo do tipo, razão pela qual a caracterização ou não do crime há de levar em conta os hábitos e tradições da pessoa e da localidade em

---

[207] Uma covarde manifestação desse delito é a retirada de fotos ou vídeos de partes íntimas de mulheres que estão em meios de transporte coletivo lotados (ônibus, trens etc.), quando o agente, sem que a vítima o perceba, coloca seu celular por baixo da roupa desta para fazer a ilícita gravação.

que ela vive. **Ato sexual**, de acordo com a interpretação sistemática dos crimes contra a dignidade sexual, é a conjunção carnal, ou seja, a introdução total ou parcial do pênis na vagina. De seu turno, **ato libidinoso** é qualquer ato revestido de conotação sexual, a exemplo do sexo oral, do sexo anal e da masturbação (própria ou em outra pessoa). O art. 216-B do Código Penal expressamente reclama seja a cena de nudez ou ato sexual ou libidinoso de **caráter íntimo e privado**. De igual modo, só há crime quando a conduta for realizada **sem autorização dos participantes**. Trata-se de **tipo misto alternativo**, **crime de ação múltipla** ou **de conteúdo variado**. Se o sujeito praticar duas ou mais condutas contra a mesma pessoa, e no mesmo contexto fático, estará caracterizado um único delito.

○ **Sujeito ativo:** Cuida-se de **crime comum** ou **geral**. Pode ser cometido por qualquer pessoa.

○ **Sujeito passivo:** Pode ser qualquer pessoa, famosa ou anônima, independentemente do sexo e da orientação sexual. Porém, se a vítima for criança ou adolescente, estará caracterizado o crime tipificado no art. 240 da Lei 8.069/1990 – Estatuto da Criança e do Adolescente. O conflito aparente de normas penais é solucionado pelo princípio da especialidade.

○ **Elemento subjetivo:** É o dolo, independentemente de qualquer finalidade específica. Destarte, pouco importa se a conduta foi realizada para satisfação da lascívia própria ou de terceiro, com finalidade de vingança ou para humilhar a vítima, entre outros motivos. Em qualquer hipótese, o delito estará caracterizado. Não se admite a modalidade culposa.

○ **Consumação:** O registro não autorizado da intimidade sexual é **crime formal, de consumação antecipada** ou **de resultado cortado**: consuma-se no momento em que o agente produz, fotografa, filma ou registra, por qualquer meio, conteúdo com cena de nudez ou ato sexual ou libidinoso de caráter íntimo e privado sem autorização dos participantes. É irrelevante se a conduta efetivamente ofendeu a intimidade sexual da vítima, basta a potencialidade lesiva. Normalmente o delito é **instantâneo**, pois sua consumação se dá em um momento determinado, sem continuidade no tempo. Mas nada impede, na prática, seu caráter **permanente**, quando a consumação se prolonga no tempo, pela vontade do agente.

○ **Tentativa:** É cabível, em face do caráter plurissubsistente do delito, permitindo o fracionamento do *iter criminis*.

○ **Ação penal:** A ação penal é pública incondicionada.

○ **Competência:** Em regra, é da Justiça Estadual. Excepcionalmente, o crime pode ingressar na competência da Justiça Federal, como na situação em que venha a ser praticado a bordo de navios ou aeronaves, ou se cometido contra funcionário público federal, quando relacionado com o exercício da função (vide Súmula 147 do STJ).

○ **Lei 9.099/1995:** Em face da pena cominada – detenção, de 6 (seis) meses a 1 (um) ano, e multa, o registro não autorizado da intimidade sexual constitui-se em **infração penal de menor potencial ofensivo**, de competência do Juizado Especial Criminal, e compatível com os benefícios despenalizadores elencados pela Lei 9.099/1995.

○ **Distinção com art. 218-C (divulgação de cena de estupro ou de cena de estupro de vulnerável, de cena de sexo ou pornografia):** No registro não autorizado da intimidade sexual o agente limita-se a produzir, fotografar, filmar ou registrar, por qualquer meio, conteúdo com cena de nudez ou ato sexual ou libidinoso de caráter íntimo e privado sem autorização dos participantes. Entretanto, se o sujeito posteriormente vier a divulgar o conteúdo obtido de forma indevida, a ele serão imputados os crimes definidos nos arts. 216-B e 218-C do Código Penal, em concurso material.

○ **Concurso com crime mais grave:** O registro não autorizado da intimidade sexual pode ser praticado visando a futura realização de um delito mais grave. Exemplo: João instala uma câmera no quarto de um motel e filma a relação sexual de Pedro com sua amante. Posteriormente, João utiliza tal vídeo para constranger Pedro, mediante grave ameaça, a lhe entregar elevada quantia em dinheiro, sob pena de encaminhar a gravação à sua esposa. Nessa hipótese, o agente deve responder pelos dois crimes: registro não autorizado da intimidade sexual (CP, art. 216-B) e extorsão (CP, art. 158) – em concurso material. Não há falar em absorção do delito sexual pelo crime contra o patrimônio, pois tais infrações foram cometidas e consumaram-se em momentos diversos, e ofendem bens jurídicos diversos. Idêntico raciocínio deve ser utilizado quando o agente utiliza a fotografia ou filmagem ilícita para estuprar a vítima.

○ **Figura equiparada – art. 216-B, parágrafo único:** Estabelece o art. 216-B, parágrafo único, do Código Penal: "Na mesma pena incorre quem realiza montagem em fotografia, vídeo, áudio ou qualquer outro registro com o fim de incluir pessoa em cena de nudez ou ato sexual ou libidinoso de caráter íntimo". Ao contrário do *caput*, em que a cena é verdadeira, esta figura típica alocada no parágrafo único do art. 216-B do Código Penal não diz respeito à exposição da intimidade sexual da vítima, pois ela não está efetivamente envolvida em cena de nudez ou ato sexual ou libidinoso de caráter íntimo e privado. De fato, cuida-se de **montagem**, via de regra efetuada por *softwares*, em fotografia, vídeo, áudio ou qualquer outro tipo de registro, para incluir em cena de nudez ou ato sexual ou libidinoso de caráter íntimo pessoa que nunca esteve envolvida em sua realização.

○ **Jurisprudência selecionada:**

Registro não autorizado da intimidade sexual (art. 216-B do Código Penal) - alegação de decadência por ausência de representação da vítima no prazo legal - ação penal pública incondicionada (art. 100, *caput*, do CP): "O delito de registro não autorizado da intimidade sexual (art. 216-B do CP) possui a natureza de ação penal pública incondicionada. A Lei n. 13.718/2018 converteu a ação penal de todos os crimes contra a dignidade sexual em pública incondicionada (art. 225 do Código Penal). Posteriormente, a Lei n. 13.772/2018 criou um novo capítulo no Código Penal, o Capítulo I-A, e dentro dele o delito do art. 216-B (Registro não autorizado da intimidade sexual). Ao criar esse novo capítulo, no entanto, deixou-se de acrescentar sua menção no art. 225 do Código Penal, o qual se referia aos capítulos existentes à época da sua redação (Capítulos I e II). No caso, a defesa alega a existência de constrangimento ilegal decorrente do ato de recebimento da denúncia, uma vez que o crime encontra-se prescrito e decaído, pois, mesmo tomando conhecimento da gravação ilegal, a vítima apenas teria representado após o prazo de 6 meses conferido pelo art. 38 do CPP. Todavia, compreende-se que tal omissão legislativa não prejudica o posicionamento de que o crime de registro não autorizado da intimidade sexual se trata de ação penal pública incondicionada. Isso porque, inexistindo menção expressa (seja no capítulo I-A, seja no art. 216-B) de que se trata de ação privada ou pública condicionada, aplica-se a regra geral do Código Penal: no silêncio da lei, deve-se considerar a ação penal como pública incondicionada. No mesmo sentido, referencia-se o entendimento do Tribunal de origem no sentido de que 'A interpretação deve ser, em tais hipóteses, necessariamente restritiva, pelo que é forçoso reconhecer não estar referido 'Capítulo I-A' abrangido na previsão expressa de mencionado art. 225 do CP. Não se pode, contudo, perder de vista que a regra geral da legislação criminal é a ação penal pública ser incondicionada, sendo pública condicionada, ou privada, apenas se houver previsão expressa nesse sentido pelo legislador'. Dessa forma, ao considerar o delito de registro não autorizado da intimidade sexual como delito de ação penal pública incondicionada, inexiste a alegada decadência do direito de representação" (STJ: Processo em segredo de justiça, rel. Min. Sebastião Reis Júnior, 6.ª Turma, j. 25.04.2023, noticiado no *Informativo* 772).

Capítulo II –
DOS CRIMES SEXUAIS CONTRA VULNERÁVEL

○ **Introdução:** Com as inovações trazidas pela Lei 12.015/2009, a vulnerabilidade da vítima substituiu a presunção de violência (violência ficta ou indutiva), antigamente prevista no art. 224 do CP. Não houve, portanto, *abolitio criminis* das figuras penais anteriormente cometidas mediante violência presumida. No Capítulo II, o CP tem em vista a integridade de determinados indivíduos, fragilizados em face da pouca idade ou de condições específicas, resguardando-as do início antecipado ou abusivo na vida sexual. Para a caracterização destes crimes **é irrelevante o dissenso da vítima**. A lei despreza o consentimento dos vulneráveis, pois estabeleceu critérios para concluir pela **ausência de vontade penalmente relevante** emanada de tais pessoas. O aperfeiçoamento dos delitos independe do emprego de violência, grave ameaça ou fraude. O art. 217-A do CP apresenta os vulneráveis para fins sexuais. São pessoas consideradas incapazes para compreender e aceitar validamente atos de conotação sexual, razão pela qual não podem contra estes oferecer resistência:

a) Os menores de 14 anos (art. 217-A, *caput*): O **critério etário** para definição dos vulneráveis **é objetivo** – não há espaço para discutir eventual possibilidade de afastar determinadas pessoas, menores de 14 anos, da definição de vulneráveis. A vulnerabilidade decorre do incompleto desenvolvimento físico, moral e mental dos menores de 14 anos, pois estas pessoas ainda não estão prontas para participar de atividades sexuais. A idade da vítima deve ser comprovada por documento hábil (art. 155, parágrafo único, do CPP).

b) Aqueles que, por enfermidade ou deficiência mental, não têm o necessário discernimento para a prática do ato (art. 217-A, § 1.º, 1.ª parte): A enfermidade ou deficiência mental pode ser **permanente** ou **temporária**, **congênita** ou **adquirida**. O fundamental é acarretar a eliminação do discernimento para a prática do ato. Em razão disso, exige-se **perícia médica** para demonstrar tanto sua existência como seus efeitos. É inquestionável que apenas se pode falar em vulnerabilidade quando alguém praticou com a vítima o ato sexual consciente da sua enfermidade ou deficiência mental, sob pena de consagração da responsabilidade penal objetiva. Consagrou-se o **sistema biopsicológico**: para aferição da vulnerabilidade não basta a causa biológica, pois também se exige a afetação psicológica do ofendido. Não é suficiente, para caracterização da vulnerabilidade, a existência da enfermidade ou deficiência mental, ainda que o agente conheça esta circunstância. É imprescindível o **aproveitamento** desta situação pelo sujeito. O art. 217, § 1.º, 1.ª parte, do CP deve ser lido da seguinte forma: "Incorre na mesma pena quem pratica as ações descritas no *caput* com alguém que, por enfermidade ou deficiência mental, não tem o necessário discernimento para a prática do ato, desde que conheça e se aproveite desta circunstância."

c) Aqueles que, por qualquer outra causa, não podem oferecer resistência (art. 217-A, § 1.º, parte final): A expressão "qualquer outra causa" deve ser **interpretada em sentido amplo**, alcançando todos os motivos que retirem de alguém a capacidade de resistir ao ato sexual. Com efeito, a vítima não reúne condições para manifestar seu dissenso em relação à conjunção carnal ou outro ato libidinoso. Pouco importa seja a vítima colocada em estado de impossibilidade de resistência pelo agente ou se este simplesmente abusa dessa circunstância.

○ **Crimes sexuais contra vulneráveis e Estatuto da Pessoa com Deficiência:** Com a entrada em vigor da Lei 13.146/2015, surgiu uma interessante questão. Como ficam os delitos sexuais contra vulneráveis, notadamente o estupro, com a vigência do Estatuto da Pessoa com Deficiência, tendo em vista que esse diploma legislativo, em seu art. 6.º, II, assegura o direito à gerência da vida sexual às pessoas com deficiência? A resposta é simples. Nada mudou. A Lei 13.146/2015 contempla diversas modalidades de deficiências. Mas, para fins dos crimes sexuais, interessa especialmente a de índole mental. E nesse contexto é importante destacar que o Código Penal não impede a gestão da vida sexual da pessoa com deficiência mental. Um indivíduo com essa enfermidade pode namorar, casar, constituir família etc. Enfim, ele tem o direito de amar e de ser amado. O que a lei penal veda é o abuso dessa situação, ou seja, alguém se valer da vulnerabilidade da vítima para com ela manter qualquer tipo de relação sexual.

Sedução

> **Art. 217.** (Revogado).

○ **Revogação:** O crime de sedução, originariamente previsto no art. 217 do CP, foi revogado pela Lei 11.106/2005. Operou-se autêntica *abolitio criminis*, pois houve a revogação formal do tipo penal, e também a supressão material do fato criminoso, que a partir de então não mais goza de relevância perante o Direito Penal.

Estupro de vulnerável

> **Art. 217-A.** Ter conjunção carnal ou praticar outro ato libidinoso com menor de 14 (catorze) anos:
>
> Pena – reclusão, de 8 (oito) a 15 (quinze) anos.
>
> § 1º Incorre na mesma pena quem pratica as ações descritas no *caput* com alguém que, por enfermidade ou deficiência mental, não tem o necessário discernimento para a prática do ato, ou que, por qualquer outra causa, não pode oferecer resistência.
>
> § 2º (Vetado).
>
> § 3º Se da conduta resulta lesão corporal de natureza grave:
>
> Pena – reclusão, de 10 (dez) a 20 (vinte) anos.
>
> § 4º Se da conduta resulta morte:
>
> Pena – reclusão, de 12 (doze) a 30 (trinta) anos.
>
> § 5º As penas previstas no caput e nos §§ 1º, 3º e 4º deste artigo aplicam-se independentemente do consentimento da vítima ou do fato de ela ter mantido relações sexuais anteriormente ao crime.

Classificação:	Informações rápidas:
Crime simples	**Crime hediondo.**
Crime comum (mas próprio na modalidade "ter conjunção carnal")	**Objeto material:** pessoa vulnerável.
Crime material ou causal	O tipo penal **não reclama a violência ou grave ameaça como meios de execução** do delito. A vulnerabilidade do ofendido implica na invalidade do seu consentimento.
Crime de forma livre	
Crime instantâneo	**Elemento subjetivo:** dolo (elemento subjetivo específico – intenção de ter com a vítima conjunção carnal ou com ela praticar outro ato libidinoso). Não admite modalidade culposa.
Crime comissivo (*regra*)	
Crime unissubjetivo, unilateral ou de concurso eventual	
Crime plurissubsistente (*regra*)	**Tentativa:** admite (crime plurissubsistente).
	Ação penal: pública incondicionada.

○ **Introdução:** Na redação original do CP existiam os crimes de estupro (art. 213) e de atentado violento ao pudor (art. 214), delitos agora reunidos no mesmo tipo penal, disciplinado no art. 213 e com o *nomen iuris* "estupro". Existem atualmente dois crimes diversos, dependendo do perfil subjetivo do ofendido. Se a vítima é pessoa vulnerável, aplica-se o art. 217-A, ao passo que nas demais hipóteses incide o art. 213, ambos do Código Penal. O estupro de vulnerável é crime mais grave, justificando-se a maior reprovabilidade na covardia do agente, na fragilidade da vítima e na amplitude dos efeitos negativos causados à pessoa de pouca idade, portadora de enfermidade ou deficiência mental ou sem possibilidade de resistir ao ato sexual.

○ **Espécies e aplicação da Lei dos Crimes Hediondos:** O estupro de vulnerável pode ser: (a) **simples** – próprio (*caput*) ou por equiparação (§ 1.º); (b) **qualificado pela lesão corporal de natureza grave** (§ 3.º); e (c) **qualificado pela morte** (§ 4.º). Nas três hipóteses, constitui-se em **crime hediondo** (art. 1.º, VI, da Lei 8.072/1990).

○ **A revogação tácita do art. 9.º da Lei 8.072/1990 – Lei dos Crimes Hediondos:** A Lei 12.015/2009 inseriu o estupro de vulnerável no **rol dos crimes hediondos** (art. 1.º, inc. VI, da Lei 8.072/1990). Indiretamente a nova lei acabou por revogar tacitamente o art. 9.º da Lei dos Crimes Hediondos, em decorrência da revogação expressa do art. 224 do CP. De fato, se não mais existe o art. 224 do CP, não há como se aplicar o art. 9.º da Lei 8.072/1990.

○ **Objeto jurídico:** É a dignidade sexual dos vulneráveis e o direito ao desenvolvimento da personalidade livre de abusos, com a finalidade de proteger a integridade e a privacidade de tais pessoas no âmbito sexual.

○ **Objeto material:** É a pessoa vulnerável sobre a qual recai a conduta criminosa.

○ **Núcleos do tipo:** O tipo penal contempla duas condutas distintas, cada qual com um núcleo específico: **ter conjunção carnal com menor de 14 anos** – ter é realizar ou efetuar. A conjunção carnal consiste na introdução total ou parcial do pênis na vagina, razão pela qual é imprescindível a existência de relação heterossexual; **praticar outro ato libidinoso com menor de 14 anos – Praticar** é manter ou desempenhar. Os verbos "ter" e "praticar" possuem igual sentido. **Ato libidinoso** é o revestido de conotação sexual, a exemplo do sexo oral, do sexo anal, dos toques íntimos, da introdução de dedos ou objetos na vagina ou no ânus, da masturbação etc. Nesse caso, a relação entre agente e vítima pode ser heterossexual ou homossexual. As duas condutas – "ter conjunção carnal" e "praticar outro ato libidinoso" – logicamente também alcançam os vulneráveis descritos no § 1.º do art. 217-A do CP, ou seja, aqueles que, por enfermidade ou deficiência mental, não têm o necessário discernimento para o ato, bem como quem, por qualquer outra causa, não pode oferecer resistência. Quanto à discussão sobre a natureza do tipo penal (misto alternativo ou misto cumulativo), *ver os comentários ao art. 213*.

○ **Crime omissivo impróprio:** Embora normalmente seja cometido por ação (crime comissivo), o estupro de vulnerável também pode ser praticado mediante omissão imprópria, quando a pessoa que permaneceu inerte tinha o dever de agir para evitar o resultado. Exemplificativamente, comete o crime tipificado no art. 217-A do Código Penal a mulher que dolosamente se omite, em prejuízo de suas irmãs com menos de 14 anos de idade, diante dos abusos sexuais perpetrados por seu marido no âmbito da residência do casal. Nesse caso, não há falar em dever legal (art. 13, § 2.º, "a", do Código Penal), mas nada impede a incidência das hipóteses de omissão penalmente relevante contidas nas alíneas "b" e "c" do § 2.º do art. 13 do Código Penal.

○ **Constrangimento do ofendido:** No estupro de vulnerável, o tipo penal **não reclama a violência ou grave ameaça como meios de execução** do delito. Basta a realização de conjunção carnal ou outro ato libidinoso com a vítima, inclusive com a sua anuência. De fato, **a vulnerabilidade do ofendido implica a invalidade do seu consentimento**, com sua desconsideração pela lei e pelos operadores do Direito. Na prática, o sujeito pode se valer de violência ou grave ameaça para ter conjunção carnal ou praticar outro ato libidinoso com pessoa vulnerável, hipótese em que subsiste o estupro de vulnerável, justamente em razão da fragilidade da vítima. E também devem ser a ele atribuídos, em concurso material, os crimes de lesão corporal leve (CP, art. 129, *caput*) ou de ameaça (CP, art. 147), resultantes da violência ou da grave ameaça, pois não funcionam como meios de execução do estupro de vulnerável. Se a vítima suportar lesão corporal de natureza grave (ou gravíssima) ou falecer, incidirão as figuras qualificadas descritas nos §§ 3.º e 4.º do art. 217-A do CP.

○ **Estupro de vulnerável, continuidade delitiva, número indeterminado de atos sexuais e aumento da pena:** No estupro de vulnerável em continuidade delitiva contra a mesma vítima, admite-se a aplicação do aumento em seu patamar máximo – dois terços – mesmo sem a identificação exata do número de atos sexuais praticados, desde que o longo período de tempo e a recorrência das condutas permita concluir que houve sete ou mais repetições. Esse foi o entendimento consagrado pelo Superior Tribunal de Justiça, no **Tema 1.202 do Recurso Repetitivo**.[208]

– **Violência sexual e abuso sexual contra crianças e adolescentes:** a Lei 13.431/2017, responsável pela implantação do sistema de garantia de direitos da criança e do adolescente vítima ou testemunha de violência traz a seguinte definição de violência sexual: "Art. 4º Para os efeitos desta Lei, sem prejuízo da tipificação das condutas criminosas, são formas de violência: (...) III – violência sexual, entendida como qualquer conduta que constranja a criança ou o adolescente a praticar ou presenciar conjunção carnal ou qualquer outro ato libidinoso, inclusive exposição do corpo em foto ou vídeo por meio eletrônico ou não, que compreenda: a) abuso sexual, entendido como toda ação que se utiliza da criança ou do adolescente para fins sexuais, seja conjunção carnal ou outro ato libidinoso, realizado de modo presencial ou por meio eletrônico, para estimulação sexual do agente ou de terceiro."[209]

○ **Sujeito ativo:** Qualquer pessoa (**crime comum** ou **geral**), inclusive os transexuais. Admite-se coautoria, participação e autoria mediata. Na modalidade "ter conjunção carnal" o estupro de vulnerável é **crime próprio** ou **especial**, pois pressupõe uma relação heterossexual.

○ **Sujeito passivo:** É a pessoa vulnerável, figurando nesse rol os menores de 14 anos, os portadores de enfermidade ou deficiência mental que não têm o necessário discernimento para a prática do ato, bem como aqueles que, por qualquer outra causa, não podem oferecer resistência. A eventual experiência sexual da vítima e até mesmo seu relacionamento amoroso com o agente são irrelevantes, ou seja, não excluem a caracterização do crime capitulado no art. 217-A do Código Penal, que se perfaz com a conduta do sujeito consistente em ter conjunção carnal ou praticar outro ato libidinoso com pessoa menor de 14 anos ou de qualquer modo vulnerável. Com efeito, a idade da vítima é um dado objetivo, e não comporta flexibilização. O art. 217-A do Código Penal foi taxativo ao proibir qualquer tipo de envolvimento sexual com pessoa menor de 14 anos. Essa posição foi reforçada pela Lei 13.718/2018, que acrescentou o § 5.º ao art. 217-A do Código Penal: "As penas previstas no caput e nos §§ 1º, 3º e 4º deste artigo apli-

---

[208] STJ: REsp 2.029.482/RJ, rel. Min. Laurita Vaz, 3.ª Seção, j. 17.10.2023; e REsp 2.050.195/RJ, rel. Min. Laurita Vaz, 3.ª Seção, j. 17.10.2023, noticiados no *Informativo* 792.

[209] Esse dispositivo torna inquestionável a possibilidade do **estupro de vulnerável virtual**, realizado à distância, mediante a utilização de meio eletrônico de comunicação (exemplos: Skype, FaceTime, WhatsApp etc.), sem qualquer tipo de contato corporal entre o agente e a vítima, porém com o envolvimento físico desta no ato libidinoso.

cam-se independentemente do consentimento da vítima ou do fato de ela ter mantido relações sexuais anteriormente ao crime." Como o tipo penal fala em "menor de 14 (catorze) anos", se a conjunção carnal ou outro ato libidinoso for praticado com alguém no dia do seu décimo quarto aniversário, e contar com seu consentimento, o fato será atípico. Inexiste estupro de vulnerável, pois a pessoa não é menor de 14 anos, e também não há falar em estupro (CP, art. 213), em razão do consentimento penalmente válido e da ausência de violência ou grave ameaça.

– **Súmula 593 do STJ:** "O crime de estupro de vulnerável se configura com a conjunção carnal ou prática de ato libidinoso com menor de 14 anos, sendo irrelevante eventual consentimento da vítima para a prática do ato, sua experiência sexual anterior ou existência de relacionamento amoroso com o agente." O enunciado sumular teve sua gênese, entre tantos julgados, no **Tema 918 do Recurso Repetitivo**. O STJ, contudo, já admitiu o *distinguishing* quanto ao mencionado Tema, na hipótese em que a diferença de idade entre o acusado e a vítima não se mostrou tão distante (o réu possuía 19 anos de idade, ao passo que a ofendida contava com 12 anos de idade), bem como há concordância dos pais da menor somada à vontade da vítima em conviver com o agente, além do nascimento do filho do casal, o qual foi registrado pelo genitor.[210]

– **Exceção de Romeu e Julieta:** Romeu e Julieta, retrato clássico do amor juvenil, é um texto teatral de William Shakespeare, no qual os personagens se apaixonaram fervorosamente com 16 e 13 anos, respectivamente. Com base nessa obra literária, alguns Estados norte-americanos desenvolveram as *Romeo and Juliet laws*, normas pelas quais a vulnerabilidade dos menores de 14 anos pode ser relativizada em caso de pequena diferença de idade – até 5 anos – entre os envolvidos no ato de natureza sexual. Nesse contexto, estaria afastado o estupro de vulnerável quando o agente contasse com 18 anos – maior de idade e imputável, e a vítima com 13 anos de idade. Essa teoria não pode ser acolhida no Brasil. De fato, os menores de 14 anos são vulneráveis no âmbito dos crimes contra a dignidade sexual. Além disso, a vulnerabilidade etária, de índole objetiva, não comporta qualquer tipo de flexibilização.

– **Estupro de vulnerável bilateral:** O estupro de vulnerável bilateral (ou recíproco), para quem admite essa tipificação, ocorre na hipótese de relacionamento sexual entre duas pessoas menores de 14 anos (ou de qualquer forma vulneráveis). Essa classificação jurídica não pode ser aceita. E o fundamento dessa conclusão é simples. O estupro de vulnerável pressupõe o abuso do agente, que se aproveita do seu *status* de maior discernimento – em razão da idade ou da higidez mental – para praticar algum ato de índole sexual com pessoa fragilizada pela vulnerabilidade. Em breve síntese, um indivíduo "não vulnerável" usufrui da hipossuficiência do vulnerável. Logo, se ambos são vulneráveis, não se caracteriza a situação de abuso que o legislador visou coibir com o art. 217-A do Código Penal. Consequentemente, não há falar em atos infracionais para os dois adolescentes (ou para as duas crianças).

○ **Estupro de vulnerável e violação sexual mediante fraude – distinção:** Na hipótese em que a vítima é **totalmente privada da sua capacidade de resistência**, ocorre o **estupro de vulnerável**. Quando a vítima é enganada, mas estava **presente sua capacidade de resistência**, caracteriza-se a **violação sexual mediante fraude** (art. 215 do CP) – a vítima não se encaixa na definição legal de pessoa vulnerável, porque tinha capacidade de resistência, e somente não resistiu em razão do engodo criminoso. Esta é a razão pela qual a pena do crime de violação sexual mediante fraude, que não ostenta a nota da hediondez, é muito inferior à pena do estupro de vulnerável, delito de natureza hedionda (art. 1.º, VI, da Lei 8.072/1990).

---

[210]   Processo em segredo de justiça, rel. Min. Olindo Menezes (Desembargador convocado do TRF1), rel. para acórdão Min. Sebastião Reis Júnior, 6.ª Turma, j. 16.05.2023, noticiado no *Informativo* 777. A Corte também fez a distinção em estupro de vulnerável imputado a jovem de 20 anos, trabalhador rural e com pouca escolaridade, que se relacionou com uma adolescente de 12 anos, com a anuência da família desta, sobrevindo uma filha e a efetiva constituição de núcleo familiar (STJ: Processo em segredo de justiça, rel. Min. Reynaldo Soares da Fonseca, 5.ª Turma, j. 12.03.2024, noticiado no *Informativo* 807).

○ **Estupro de vulnerável e importunação sexual – distinção:** A prática de conjunção carnal ou de ato libidinoso diverso – ainda que breve ou superficial – com menor de 14 anos (ou com qualquer pessoa vulnerável) caracteriza o crime de estupro de vulnerável, não se admitindo a desclassificação para o delito de importunação sexual. O conflito aparente de normas é solucionado tanto pelo princípio da especialidade como também pela subsidiariedade expressa prevista no preceito secundário do art. 215-A do Código Penal. O Superior Tribunal de Justiça, no julgamento do Recurso Repetitivo 1.121, compartilha dessa linha de pensamento.[211]

○ **Elemento subjetivo:** É o dolo, acrescido de um especial fim de agir (elemento subjetivo específico), consistente na intenção de ter com a vítima conjunção carnal ou com ela praticar outro ato libidinoso. Não se admite a modalidade culposa.

○ **Vulnerabilidade e erro de tipo:** É possível a incidência do instituto do **erro de tipo**, delineado no art. 20, *caput*, do CP, no tocante ao estupro de vulnerável, e também aos demais crimes sexuais contra vulneráveis. O erro sobre elemento constitutivo do crime não se confunde com a existência ou não da vulnerabilidade da vítima, que tem natureza objetiva.

○ **Consumação:** Na modalidade "ter conjunção carnal", o delito se aperfeiçoa com a introdução total ou parcial do pênis na vagina. Na variante "praticar outro ato libidinoso" o crime se aperfeiçoa no momento em que se concretiza no corpo da vítima o ato libidinoso desejado pelo agente. Trata-se de **crime material** ou **causal**.

○ **Crianças e adolescentes como vítimas, perícia e legista mulher:** O estupro de vulnerável nem sempre deixa vestígios materiais. Quando for o caso de realização de exame pericial, e o delito tiver sido praticado contra crianças ou adolescentes do sexo feminino, é recomendável seja o laudo elaborado por legista mulher, desde que tal medida não acarrete demora ou prejuízo da diligência.

○ **Tentativa:** É possível. O STJ, todavia, já se pronunciou pela inadmissibilidade do *conatus*, sustentando que qualquer contato libidinoso com a pessoa vulnerável acarreta a consumação do delito, pouco importando se a conduta foi interrompida ou superficial, pois o bem jurídico já estaria violado.[212] Discordamos desse entendimento. A tentativa de estupro de vulnerável não pode ser excluída, notadamente nas hipóteses em que, nada obstante o dolo exigido pelo art. 217-A do Código Penal, inexista contato físico entre o agente e a vítima. Exemplo: "A" fala para "B", com 13 anos de idade, despir-se para terem relações sexuais. A adolescente foge e, perseguida por aquele, grita por socorro. Policiais militares presenciam a cena e efetuam a prisão em flagrante de "A". A ele deverá ser imputado o crime de tentativa de estupro de vulnerável.

○ **Ação penal:** É pública incondicionada.[213]

---

[211]   REsp 1.959.687/SC, rel. Min. Ribeiro Dantas, 3.ª Seção, j. 08.06.2022, noticiado no *Informativo* 740.

[212]   STJ: Processo em segredo de justiça, rel. Min. Daniela Teixeira, 5.ª Turma, j. 10.12.2024, noticiado no *Informativo* 837.

[213]   Como corolário da proteção integral à criança e ao adolescente enquanto dever do Estado, "não se pode condicionar à opção dos representantes legais da vítima, ou ao critério econômico, a persecução penal dos crimes definidos pela Constituição Federal como hediondos, excluindo da proteção do Estado as crianças submetidas à prática de delitos dessa natureza. Vale dizer, é descabida a necessidade de iniciativa dos pais quando o bem jurídico protegido é indisponível, qual seja, a liberdade sexual de criança, que, conquanto não tenha sofrido violência real, não possui capacidade plena para determinação dos seus atos, dada a sua vulnerabilidade" (Processo em segredo de justiça, rel. Min. Reynaldo Soares da Fonseca, 5.ª Turma, j. 28.11.2022, noticiado no *Informativo* 764).

○ **Lei 9.099/1995:** O estupro de vulnerável constitui-se em **crime de elevado potencial ofensivo**, incompatível com os benefícios elencados pela Lei 9.099/1995.

○ **Figuras qualificadas (art. 217-A, §§ 3.º e 4.º):** o crime será qualificado se da conduta resultar lesão corporal de natureza grave (ou gravíssima – CP, art. 129, §§ 1.º e 2.º) ou morte. A lesão corporal de natureza leve (CP, art. 129, *caput*) e a contravenção penal de vias de fato (Decreto-lei 3.688/1941 – Lei das Contravenções Penais, art. 21) são absorvidas pelo delito em estudo. O resultado agravador há de ser provocado a título de culpa (**crimes preterdolosos**); se for produzido dolosamente, estará caracterizado o concurso material entre estupro de vulnerável simples (CP, art. 217-A) e a lesão corporal grave ou gravíssima (CP, art. 129, §§ 1.º e 2.º) ou homicídio (CP, art. 121). Incidirão as qualificadoras ainda que não se concretize a conjunção carnal ou outro ato libidinoso.

○ **Estupro de vulnerável e erro de proibição – a questão da prostituição infantil:** Em caso de prostituição infantil, incluindo o turismo sexual, deve haver punição pelo crime de estupro de vulnerável ou deve ser reconhecido erro de proibição, (art. 21 do CP), com o argumento de que desconheciam a ilicitude do fato, pois a criança ou adolescente já atuava no comércio sexual? Cremos ser obrigatório o reconhecimento do crime tipificado no art. 217-A do CP. O fato é típico e ilícito. O agente é culpável, não se podendo falar em ausência da potencial consciência da ilicitude. Com efeito, inúmeras são as campanhas de combate à prostituição infantil, veiculadas inclusive no exterior. Estas pessoas já se dirigem ao Brasil conscientes da ilegalidade das suas condutas e procuram agências especializadas na exploração da prostituição infantil, agem na clandestinidade, negociam com criminosos e se disfarçam de turistas bem-intencionados, com a alegação de que contribuem para o desenvolvimento nacional. Assim, mesmo provenientes de outros países, têm a obrigação de conhecer a legislação brasileira. **Não há falar em erro de proibição**, inevitável ou evitável. A condenação é medida de rigor, sem qualquer diminuição da pena. Tais indivíduos devem ser severamente punidos, como medida retributiva e também para a prevenção de delitos deste jaez, seja por ele próprio (prevenção especial), seja em relação a outras pessoas, despontando como fator de inibição para potenciais criminosos (prevenção geral). Se não bastasse, o bem jurídico penalmente tutelado – dignidade sexual de pessoas vulneráveis – é indisponível, não se podendo falar em consentimento válido da vítima ou de seus representantes legais.

○ **Competência, Varas Especializadas em Crimes contra a Criança e o Adolescente e Varas de Violência Doméstica e Familiar contra a Mulher:** Quando o estupro de vulnerável é cometido contra criança ou adolescente – independentemente do gênero da vítima – no contexto de violência doméstica ou familiar, a competência para o processo e julgamento do delito é da **Vara Especializada em Crimes contra a Criança e o Adolescente**, a teor da regra definida no art. 23, caput, da Lei 13.431/2017: "Os órgãos responsáveis pela organização judiciária poderão criar juizados ou varas especializadas em crimes contra a criança e o adolescente". Nas comarcas em que tal vara ainda não tiver sido instalada, a competência será da **Vara Especializada em Violência Doméstica e Familiar**, pouco importando o gênero do ofendido, nos termos do parágrafo único do art. 23 da Lei 13.431/2017: "Até a implementação do disposto no caput deste artigo, o julgamento e a execução das causas decorrentes das práticas de violência ficarão, preferencialmente, a cargo dos juizados ou varas especializadas em violência doméstica e temas afins." Se na comarca não existir nenhuma das varas especializadas, a ação penal deverá tramitar na **vara criminal comum.**[214]

---

[214] STJ: Processo sob segredo de justiça, rel. Min. Sebastião Reis Júnior, 3.ª Seção, j. 26.10.2022, noticiado no *Informativo* 755.

○ **Infiltração de agentes de polícia na internet:** A investigação do estupro de vulnerável admite um meio especial de obtenção de prova, consistente na infiltração de agentes de polícia na internet. A implementação dessa medida, a teor do art. 190-A da Lei 8.069/1990 – Estatuto da Criança e do Adolescente, obedecerá às seguintes regras: I – será precedida de autorização judicial devidamente circunstanciada e fundamentada, que estabelecerá os limites da infiltração para obtenção de prova, ouvido o Ministério Público; II – dar-se-á mediante requerimento do Ministério Público ou representação de delegado de polícia e conterá a demonstração de sua necessidade, o alcance das tarefas dos policiais, os nomes ou apelidos das pessoas investigadas e, quando possível, os dados de conexão ou cadastrais que permitam a identificação dessas pessoas; e III – não poderá exceder o prazo de 90 (noventa) dias, sem prejuízo de eventuais renovações, desde que o total não exceda a 720 (setecentos e vinte) dias e seja demonstrada sua efetiva necessidade, a critério da autoridade judicial.

○ **Jurisprudência selecionada:**

Art. 9.º da Lei 8.072/1990 – revogação – estupro de vulnerável: "II – Com a superveniência da Lei nº 12.015/2009 restou revogada a majorante prevista no art. 9º da Lei dos Crimes Hediondos, não sendo mais admissível a sua aplicação para fatos posteriores à sua edição. Não obstante, remanesce a maior reprovabilidade da conduta, pois a matéria passou a ser regulada no art. 217-A do CP, que trata do estupro de vulnerável, no qual a reprimenda prevista revela-se mais rigorosa do que a do crime de estupro (art. 213 do CP). III – Tratando-se de fato anterior, cometido contra menor de 14 anos e com emprego de violência ou grave ameaça, deve retroagir o novo comando normativo (art. 217-A) por se mostrar mais benéfico ao acusado, *ex vi* do art. 2º, parágrafo único, do CP" (STJ: HC 131.987/RJ, rel. Min. Felix Fischer, 5.ª Turma, j. 19.11.2009). *No mesmo sentido*: STJ: HC 199.947/PB, rel. Min. Laurita Vaz, 5.ª Turma, j. 06.02.2014; STJ: AgRg no Ag 1.081.379/RS, rel. Min. Napoleão Nunes Maia Filho, 5.ª Turma, j. 13.10.2009; e STJ: HC 122.381/SC, rel. Min. Jorge Mussi, 5.ª Turma, j. 1º.06.2010.

Ato libidinoso contra vulnerável – prática efetiva – art. 217-A do CP – crime consumado: "Na hipótese em que tenha havido a prática de ato libidinoso diverso da conjunção carnal contra vulnerável, não é possível ao magistrado – sob o fundamento de aplicação do princípio da proporcionalidade – desclassificar o delito para a forma tentada em razão de eventual menor gravidade da conduta. De fato, conforme o art. 217-A do CP, a prática de atos libidinosos diversos da conjunção carnal contra vulnerável constitui a consumação do delito de estupro de vulnerável. Entende o STJ ser inadmissível que o julgador, de forma manifestamente contrária à lei e utilizando-se dos princípios da razoabilidade e da proporcionalidade, reconheça a forma tentada do delito, em razão da alegada menor gravidade da conduta (REsp 1.313.369-RS, Sexta Turma, *DJe* 05.08.2013). Nesse contexto, o magistrado, ao aplicar a pena, deve sopesar os fatos ante os limites mínimo e máximo da reprimenda penal abstratamente prevista, o que já é suficiente para garantir que a pena aplicada seja proporcional à gravidade concreta do comportamento do criminoso" (STJ: REsp 1.353.575/PR, rel. Min. Rogerio Schietti Cruz, 6.ª Turma, j. 05.12.2013, noticiado no *Informativo* 533).

Atos libidinosos diversos da conjunção carnal – conceito – consumação: "Considerar consumado atos libidinosos diversos da conjunção carnal somente quando invasivos, ou seja, nas hipóteses em que há introdução do membro viril nas cavidades oral, vaginal ou anal da vítima, não corresponde ao entendimento do legislador, tampouco ao da doutrina e da jurisprudência acerca do tema. Conforme ensina a doutrina, libidinoso é ato lascivo, voluptuoso, que objetiva prazer sexual; aliás, libidinoso é espécie do gênero atos de libidinagem, que envolve também a conjunção carnal. Nesse contexto, o aplicador precisa aquilatar o caso concreto e concluir se o ato praticado foi capaz de ferir ou não a dignidade sexual da vítima" (STJ: REsp 1.309.394/RS, rel. Min. Rogerio Schietti Cruz, 6.ª Turma, j. 03.02.2015, noticiado no *Informativo* 555).

Beijo lascivo – ato libidinoso – estupro de vulnerável – caracterização do delito: "A Primeira Turma, em conclusão de julgamento e por maioria, denegou a ordem em habeas corpus no qual se pretendia a desclassificação do delito previsto no art. 217-A do Código Penal — "estupro de vulnerável" — para a conduta versada no art. 65 da Lei das Contravenções Penais. No caso, tratava-se de paciente condenado a oito anos de reclusão pelo delito de estupro de vulnerável com base no caput do art. 217-A do CP. A ação consistiu em ato libidinoso (beijo lascivo) contra vítima de cinco anos de idade. Prevaleceu o voto do ministro Alexandre de Moraes (redator para o acórdão), que considerou que, para determinadas idades, a conotação sexual é uma questão de poder, mais precisamente de abuso de poder e confiança. Entendeu presentes, no caso, a conotação sexual e o abuso de confiança para a prática de ato sexual. Para ele, não há como desclassificar a conduta do paciente para a contravenção de molestamento — que não detém essa conotação. O ministro Luiz Fux, na linha da divergência iniciada pelo ministro Alexandre de Moraes, denegou o writ, no que foi acompanhado pela ministra Rosa Weber. Acrescentou que o art. 227, § 4º, da Constituição Federal exige que a lei imponha punição severa à violação da dignidade sexual da criança e do adolescente. Além do mais, a prática de qualquer ato libidinoso diverso ou a conduta de manter conjunção carnal com menor de quatorze anos se subsome, em regra, ao tipo penal de estupro de vulnerável, restando indiferente o consentimento da vítima. Vencido o ministro Marco Aurélio (relator), que concedeu a ordem para enquadrar a conduta do paciente na contravenção penal de molestamento, e o ministro Roberto Barroso, que denegou o habeas corpus, mas concedeu a ordem de ofício para que o juízo de origem aplicasse ao caso o tipo previsto no art. 215-A do CP, incluído pela Lei 13.718, de 24 de setembro de 2018" (STF: HC 134.591/SP, rel. orig. Min. Marco Aurélio, red. p/ o ac. Min. Alexandre de Moraes, 1.ª Turma, j. 01.10.2019, noticiado no Informativo 954).

Competência – art. 23, parágrafo único, da Lei n. 13.431/2017 – ausência de vara especializada em crimes contra a criança e o adolescente – questão apreciada pela 3.ª Seção do STJ no julgamento do HC 728.173/RJ e do EAResp 2.099.532/RJ – competência do Juizado de Violência Doméstica, independentemente do sexo da vítima, da motivação do crime e das circunstâncias do fato – modulação da tese adotada: "Tratando-se de estupro de vulnerável (art. 217-A do CP) e não havendo na localidade Vara especializada em delitos contra a criança e o adolescente, as ações penais distribuídas até 30/11/2022 tramitarão nas Varas às quais foram distribuídas originalmente ou após determinação definitiva do Tribunal local ou superior. No julgamento conjunto do HC 728.173/RJ e dos EAResp 2.099.532/RJ (DJe de 30/11/2022), a Terceira Seção fixou a seguinte tese: 'Após o advento do art. 23 da Lei n. 13.341/2017, nas comarcas em que não houver vara especializada em crimes contra a criança e o adolescente, compete ao juizado/vara de violência doméstica, onde houver, processar e julgar ações penais relativas a práticas de violência contra elas, independentemente do sexo da vítima, da motivação do crime, das circunstâncias do fato ou questões similares'. Naquela ocasião, decidiu-se que a aplicação da tese adotada deveria ser modulada, nos termos do art. 927, § 3º, do Código de Processo Civil, aplicável por força do art. 3º do Código de Processo Penal, estabelecendo-se que: 'a) nas comarcas em que não houver juizado ou vara especializada nos moldes do art. 23 da Lei 13.431/17, as ações penais que tratam de crimes praticados com violência contra a criança e o adolescente, distribuídas até a data da publicação do acórdão deste julgamento (inclusive), tramitarão nas varas às quais foram distribuídas originalmente ou após determinação definitiva do Tribunal local ou superior, sejam elas juizados/varas de violência doméstica, sejam varas criminais comuns'. A norma legal, com o objetivo de atribuir maior proteção às vítimas e às testemunhas de crimes contra a criança e o adolescente, dispõe que, até a implementação dos juizados ou Varas especializadas, o julgamento das causas referentes à prática de violência contra menores ficará preferencialmente a cargo dos juizados ou Varas especializadas em violência doméstica e temas afins, independentemente de questões relacionadas ao gênero. No caso, tratando-se de estupro de vulnerável (art. 217-A do CP) e não havendo na localidade Vara especializada em delitos contra a criança e o adolescente, verifica-se que, apesar de ter ocorrido a distribuição do feito inicialmente ao Juízo criminal, o Tribunal de origem declarou competente o Juizado de Violência Doméstica em 24/5/2022, data anterior à publicação dos acórdãos proferidos no HC 728.173/RJ e nos EAResp 2.099.532/RJ (DJe 30/11/2022). Portanto, nos termos da orientação firmada pela Terceira Seção desta Corte Superior, mantém-se a competência definida pelo Tribunal a quo" (STJ: Processo em segredo de justiça, rel.

Min. Jesuíno Rissato (Desembargador convocado do TJDFT), 6.ª Turma, j. 18.04.2023, noticiado no *Informativo* 773). *No mesmo sentido:* STJ: Processo em segredo de justiça, rel. Min. Laurita Vaz, 6.ª Turma, j. 14.02.2023, noticiado no *Informativo* 765).

Competência – crime praticado contra criança e adolescente no contexto de violência doméstica e familiar – critério etário inapto a afastar a competência estabelecida na Lei n. 11.340/2006 – advento da Lei n. 13.431/2017 – competência da Vara Especializada em Crimes contra a Criança e Adolescente e, de forma subsidiária, da Vara Especializada em Violência Doméstica: "Após o advento do art. 23 da Lei n. 13.431/2017, nas comarcas em que não houver vara especializada em crimes contra a criança e o adolescente, compete à vara especializada em violência doméstica, onde houver, processar e julgar os casos envolvendo estupro de vulnerável cometido pelo pai (bem como pelo padrasto, companheiro, namorado ou similar) contra a filha (ou criança ou adolescente) no ambiente doméstico ou familiar. Cinge-se a questão em solucionar a divergência jurisprudencial sobre a competência para julgar o estupro perpetrado contra criança e adolescente no contexto de violência doméstica e familiar. De fato, a Quinta Turma do STJ entende que, para que a competência dos Juizados Especiais de Violência Doméstica seja firmada, não basta que o crime seja praticado contra mulher no âmbito doméstico ou familiar, exigindo-se que a motivação do acusado seja de gênero, ou que a vulnerabilidade da ofendida seja decorrente da sua condição de mulher. Já a Sexta Turma, em recentes julgados, vem compreendendo que o estupro de vulnerável cometido por pessoa relacionada à ofendida pelo vínculo doméstico e familiar deve ser destinado à Vara Especializada em Violência Doméstica, nos termos da Lei n. 11.340/2006. A solução da controvérsia deve atender ao disposto na Lei n. 11.340/2006, assim como na Lei n. 13.431/2017, que instituem o sistema de garantia de direitos da criança e do adolescente vítima ou testemunha de violência. Dois argumentos bastam para esse efeito. O primeiro reside no fato de que não pode ser aceito um fator meramente etário para afastar a competência da vara especializada e a incidência do subsistema da Lei n. 11.340/2006. A referida lei nada mais objetiva do que a proteção de vítimas contra os abusos cometidos no ambiente doméstico, derivados da distorção sobre a relação familiar decorrente do pátrio poder, em que se pressupõe intimidade e afeto, além do fator essencial de ser a vítima mulher, elementos suficientes para atrair a competência da vara especializada em violência doméstica. O segundo argumento está em que, em 4/4/2017, foi editada a Lei n. 13.431/2017, que instituiu procedimentos de proteção à criança e ao adolescente vítima de violência, alterando a Lei n. 8.069/1990 (Estatuto da Criança e do Adolescente). A referida lei estabeleceu uma série de medidas, em diversos âmbitos, com o objetivo de conferir melhores condições de defesa e proteção a crianças e adolescentes vítimas de condutas violentas. Em relação à apuração judicial de tais atos, a mencionada legislação assim estabelece: 'Art. 23. Os órgãos responsáveis pela organização judiciária poderão criar juizados ou varas especializadas em crimes contra a criança e o adolescente. Parágrafo único. Até a implementação do disposto no caput deste artigo, o julgamento e a execução das causas decorrentes das práticas de violência ficarão, preferencialmente, a cargo dos juizados ou varas especializadas em violência doméstica e temas afins.' Desse modo, a partir da entrada em vigor da Lei n. 13.431/2017, estabeleceu-se que as ações penais que apurem crimes envolvendo violência contra crianças e adolescentes devem tramitar nas varas especializadas previstas no caput do art. 23; no caso de não criação das referidas varas, devem tramitar nos juizados ou varas especializados em violência doméstica, independentemente de considerações acerca da idade, do sexo da vítima ou da motivação da violência, conforme determina o parágrafo único do mesmo artigo. Assim, somente nas comarcas em que não houver varas especializadas em violência contra crianças e adolescentes ou juizados/varas de violência doméstica é que poderá a ação tramitar na vara criminal comum. Por fim, nos termos do art. 927, § 3º, do Código de Processo Civil, tendo em vista a alteração da jurisprudência dominante desta Corte em relação às ações penais que tenham tramitado ou que estejam atualmente em trâmite nas varas criminais comuns, a fim de assegurar a segurança jurídica, notadamente por se tratar de competência de natureza absoluta, a tese ora firmada terá sua aplicação modulada nos seguintes termos: a) nas comarcas em que não houver juizado ou vara especializada nos moldes do art. 23 da Lei n. 13.431/2017, as ações penais que tratam de crimes praticados com violência contra a criança e o adolescente, distribuídas até a data de publicação do acórdão deste julgamento (inclusive), tramitarão nas varas às quais foram distribuídas originalmente ou após determinação definitiva do Tribunal local ou superior, sejam elas juizados/varas de violência doméstica, sejam varas criminais comuns; b) nas comarcas em que não houver juizado ou vara especializada nos moldes do art. 23 da Lei n. 13.431/2017, as ações penais que tratam de crimes praticados com violência contra a criança e o adolescente, distribuídas após a data de publicação do acórdão deste julgamento, deverão ser obrigatoriamente processadas nos juizados/varas de violência doméstica e, somente na ausência destas, nas varas criminais comuns" (STJ: Processo sob segredo de justiça, rel. Min. Sebastião Reis Júnior, 3.ª Seção, j. 26.10.2022, noticiado no *Informativo* 755).

Contemplação lasciva – estupro de vulnerável: "A conduta de contemplar lascivamente, sem contato físico, mediante pagamento, menor de 14 anos desnuda em motel pode permitir a deflagração da ação penal para a apuração do delito de estupro de vulnerável. A maior parte da doutrina penalista pátria orienta no sentido de que a contemplação lasciva configura o ato libidinoso constitutivo dos tipos dos arts. 213 e 217-A do CP, sendo irrelevante, para a consumação dos delitos, que haja contato físico entre ofensor e ofendido. No caso, cumpre ainda ressaltar que o delito imputado encontra-se em capítulo inserto no Título VI do CP, que tutela a dignidade sexual. Com efeito, a dignidade sexual não se ofende somente com lesões de natureza física. A maior ou menor gravidade do ato libidinoso praticado, em decorrência a adição de lesões físicas ao transtorno psíquico que a conduta supostamente praticada enseja na vítima, constitui matéria afeta à dosimetria da pena" (STJ: RHC 70.976/MS, rel. Min. Joel Ilan Paciornik, 5.ª Turma, j. 02.08.2016, noticiado no *Informativo* 587).

Continuidade delitiva – dosimetria da pena – imprecisão do número de crimes – majoração de incidência da causa de aumento – patamar máximo – possibilidade: "Nos casos de estupro de vulnerável praticado em continuidade delitiva em que não é possível precisar o número de infrações cometidas, tendo os crimes ocorrido durante longo período de tempo, deve-se aplicar a causa de aumento de pena no patamar máximo de 2/3. A jurisprudência do Superior Tribunal de Justiça é firme no sentido e que 'nos crimes sexuais envolvendo vulneráveis, é cabível a elevação da pena pela continuidade delitiva no patamar máximo quando restar demonstrado que o acusado praticou o delito por diversas vezes durante determinado período de tempo, não se exigindo a exata quantificação do número de eventos criminosos, sobretudo porque, em casos tais, os abusos são praticados incontáveis e reiteradas vezes, contra vítimas de tenra ou pouca idade'" (STJ: Processo em segredo de justiça, rel. Min. Jesuíno Rissato (Desembargador convocado do TJDFT), 6.ª Turma, j. 08.08.2023, noticiado no *Informativo* 782).

Continuidade delitiva – número indeterminado de atos sexuais – crimes praticados por longo período de tempo – recorrência das condutas – prática inequívoca de mais de 7 repetições – fração máxima de majoração da pena – possibilidade – Tema 1.202 do Recurso Repetitivo: "No crime de estupro de vulnerável, é possível a aplicação da fração máxima de majoração prevista no art. 71, caput, do Código Penal, ainda que não haja a delimitação precisa do número de atos sexuais praticados, desde que o longo período de tempo e a recorrência das condutas permita concluir que houve 7 (sete) ou mais repetições. A continuidade delitiva, prevista no art. 71 do Código Penal, é instituto da dosimetria da pena concebido com a função de racionalizar a punição de condutas que, embora praticadas de forma independente, estejam inseridas dentro de um mesmo desenvolvimento delitivo. Assim, por opção legislativa e critérios de política criminal, a lei penal afasta excepcionalmente a aplicação do concurso material e impõe uma única punição àqueles casos nos quais os crimes subsequentes possam ser tidos como continuação de um primeiro delito, de acordo com a análise das condições de tempo, lugar, maneira de execução e outras semelhantes. Com efeito, a compreensão jurisprudencial uníssona desta Corte Superior firmou-se no sentido de que, diante da prática de apenas 2 (duas) condutas em continuidade, deve-se aplicar o aumento mínimo previsto no art. 71, caput, do Código Penal, qual seja, 1/6 (um sexto). A partir desse piso, a fração de aumento deve ser aumentada gradativamente, conforme o número de condutas em continuidade, até se alcançar o teto legal de 2/3 (dois terços), o que ocorre a partir da sétima conduta delituosa. A adoção do critério referente ao número de condutas praticadas suscita questões específicas nos crimes de natureza sexual, especialmente no delito de estupro de vulnerável, em razão do triste contexto fático que frequentemente se constata nestes crimes. A proximidade que o autor do delito de estupro de vulnerável normalmente possui com a vítima, a facilidade de acesso à sua residência e a menor capacidade que os vulneráveis possuem de se insurgir contra o agressor são condições que favorecem a repetição silenciosa, cruel e indeterminada de abusos sexuais. Não raras vezes, cria-se um ambiente de submissão perene da vítima ao agressor, naturalizando-se a repetição da violência sexual como parte da rotina cotidiana de crianças e adolescentes. Nessas hipóteses, a vítima, completamente subjugada e objetificada, não possui sequer condições de quantificar quantas vezes foi violentada. A violência contra ela deixou ser um fato extraordinário, convertendo-se no modo cotidiano de vida que lhe foi imposto. A torpeza do agressor, que submeteu a vítima a abusos sexuais tão recorrentes e constantes ao ponto de tornar impossível determinar o número exato de suas condutas, evidentemente não pode ser invocada para se pleitear uma majoração menor na aplicação da continuidade delitiva. Nos crimes de natureza sexual, o critério jurisprudencial objetivo para a fixação da fração de majoração na continuidade delitiva deve ser contextualizado com as circunstâncias concretas do delito, em especial o tempo de duração da situação de violência sexual e a recorrência das condutas no cotidiano da vítima, devendo-se aplicar o aumento no patamar que, de acordo com as provas dos autos, melhor se aproxime do número real de atos sexuais efetivamente praticados. De fato, ambas as turmas que compõem a Terceira Seção do Superior Tribunal de Justiça já se manifestaram, de forma unânime, no sentido de que, para aplicação do aumento decorrente da continuidade delitiva, é prescindível a indicação exata do número de condutas praticadas, sendo preponderante o exame do tempo de duração dos abusos e da sua recorrência. Na situação em análise, a Corte estadual esclareceu que a vítima, com apenas 11 anos de idade no início das condutas delitivas, foi submetida pelo acusado aos mais diversos tipos de atos libidinosos, de modo frequente e ininterrupto, ao longo de cerca de 4 (quatro) anos. Estas circunstâncias fáticas tornam plenamente justificada a majoração da pena, em decorrência da continuidade delitiva, na fração máxima de 2/3 (dois terços). Por fim, não é possível a aplicação da continuidade delitiva entre os delitos de estupro qualificado (art. 213, § 1.º, do Código Penal) e estupro de vulnerável (art. 217-A do Código Penal), pois se tratam de tipos penais que tutelam bens jurídicos diversos e que possuem circunstâncias elementares bastante distintivas. Enquanto o estupro de vulnerável tutela a dignidade sexual e o direito ao desenvolvimento da personalidade livre de abusos, o estupro qualificado tutela a liberdade sexual e o direito ao exercício da sexualidade sem coações. No caso, verifica-se que ambos os bens jurídicos foram violados, pois o sentenciado violou a dignidade sexual da criança, convertendo-a em instrumento sexual quando ela sequer era capaz de consentir com os atos praticados, bem como, posteriormente, violou a liberdade sexual da adolescente, privando-a da liberdade de consentir ao constrangê-la mediante o emprego de grave ameaça" (STJ: REsp 2.029.482/RJ, rel. Min. Laurita Vaz, 3.ª Seção, j. 17.10.2023; e REsp 2.050.195/RJ, rel. Min. Laurita Vaz, 3.ª Seção, j. 17.10.2023, noticiados no *Informativo* 792).

Crime sexual contra vítima menor de 18 anos – gravação telefônica realizada pelo responsável legal – validade da prova: "Em processo que apure a suposta prática de crime sexual contra adolescente absolutamente incapaz, é admissível a utilização de prova extraída de gravação telefônica efetivada a pedido da genitora da vítima, em seu terminal telefônico, mesmo que solicitado auxílio técnico de detetive particular para a captação das conversas. Consoante dispõe o art. 3º, I, do CC, são absolutamente incapazes os menores de dezesseis anos, não podendo praticar ato algum por si, de modo que são representados por seus pais. Assim, é válido o consentimento do genitor para gravar as conversas do filho menor. De fato, a gravação da conversa, em situações como a ora em análise, não configura prova ilícita, visto que não ocorre, a rigor, uma interceptação da comunicação por terceiro, mas mera gravação, com auxílio técnico de terceiro, pelo proprietário do terminal telefônico, objetivando a proteção da liberdade sexual de absolutamente incapaz, seu filho, na perspectiva do poder familiar, vale dizer, do poder-dever de que são investidos os pais em relação aos filhos menores, de proteção e vigilância. A presente hipótese se assemelha, em verdade, à gravação de conversa telefônica feita com a autorização de um dos interlocutores, sem ciência do outro, quando há cometimento de crime por este último, situação já reconhecida como válida pelo STF (HC 75.338, Tribunal Pleno, *DJ* 25.09.1998). Destaque-se que a proteção integral à criança, em especial no que se refere às agressões sexuais, é preocupação constante de nosso Estado, constitucionalmente garantida em caráter prioritário (art. 227, *caput*, c/c o § 4º da CF), e de instrumentos internacionais. Com efeito, preceitua o art. 34, 'b', da Convenção Internacional sobre os Direitos da Criança, aprovada pela Resolução 44/25 da ONU, em 20.11.1989, e internalizada no ordenamento jurídico nacional mediante o DL 28/1990, *verbis*: 'Os Estados-partes se comprometem a proteger a criança contra todas as formas de exploração e abuso sexual. Nesse sentido, os Estados-parte tomarão, em especial, todas as medidas de caráter nacional, bilateral e multilateral que sejam necessárias para impedir: (...) b) a exploração da criança na prostituição ou outras práticas sexuais ilegais; (...)'. Assim, é inviável inquinar de ilicitude a prova assim obtida, prestigiando o direito à intimidade e privacidade do acusado em detrimento da própria liberdade sexual da vítima absolutamente incapaz e em face de toda uma política estatal de proteção à criança e ao adolescente, enquanto ser em desenvolvimento" (STJ: REsp 1.026.605/ES, rel. Min. Rogerio Schietti Cruz, 6.ª Turma, j. 13.05.2014, noticiado no *Informativo* 543).

Crimes sexuais contra menores de 18 anos – competência da Justiça da Infância e da Juventude fixada por lei estadual – possibilidade: "Lei estadual pode conferir poderes ao Conselho da Magistratura para, excepcionalmente, atribuir aos Juizados da Infância e da Juventude competência para processar e julgar crimes contra a dignidade sexual em que figurem como vítimas crianças ou adolescentes. Embora haja precedentes do STJ em sentido contrário, em homenagem ao princípio da segurança jurídica, é de se seguir o entendimento assentado nas duas Turmas do STF no sentido de ser possível atribuir à Justiça da Infância e da Juventude, entre outras competências, a de processar e julgar crimes de natureza sexuais praticados contra crianças e adolescentes. Precedentes citados do STF: HC 113.102-RS, Primeira Turma, *DJe* 18.02.2013; e HC 113.018-RS, Segunda Turma, *DJe* 14.11.2013" (STJ: HC 238.110/RS, rel. Min. Rogerio Schietti Cruz, 6.ª Turma, j. 26.08.2014, noticiado no *Informativo* 551).

Crimes sexuais contra vulneráveis – ausência de certidão de nascimento da vítima – comprovação da idade por outros meios – possibilidade: "Nos crimes sexuais contra vulnerável, a inexistência de registro de nascimento em cartório civil não é impedimento a que se faça a prova de que a vítima era menor de 14 anos à época dos fatos. De início, ressalte-se que a norma processual inscrita no art. 155, parágrafo único, do CPP estabelece que o juiz, no exercício do livre convencimento motivado, somente quanto ao estado das pessoas observará as restrições estabelecidas na lei civil. Ao enfrentar a questão, a Terceira Seção do STJ assentou a primazia da certidão de nascimento da vítima para tanto (EREsp 762.043-RJ, *DJe* 04.03.2009). Porém, o STJ tem considerado que a mera ausência da certidão de nascimento não impede a verificação etária, quando coligidos outros elementos hábeis à comprovação da qualidade de infante da vítima" (STJ: AgRg no AREsp 12.700/AC, rel. p/ acórdão Min. Gurgel Faria, 5.ª Turma, j. 10.03.2015, noticiado no *Informativo* 563).

Estupro com violência presumida – *abolitio criminis* – não ocorrência – princípio da continuidade normativa e estupro de vulnerável: "Diante do princípio da continuidade normativa, descabe falar em *abolitio criminis* do delito de estupro com presunção de violência, anteriormente previsto no art. 213, c.c. o art. 224, ambos do Código Penal. Com efeito, o advento da Lei 12.015/2009 apenas condensou a tipificação das condutas de estupro e atentado violento ao pudor no art. 213 do Estatuto repressivo. Outrossim, a anterior combinação com o art. 224 agora denomina-se 'estupro de vulnerável', capitulada no art. 217-A do Código Penal" (STJ: HC 253.963/RS, rel. Min. Laurita Vaz, 5.ª Turma, j. 11.03.2014).

Estupro de vulnerável (art. 217-A do CP) – desclassificação para o crime de importunação sexual (art. 215-A do CP) – doutrina da proteção integral – tratados internacionais – conflito aparente de normas – princípios da especialidade e da subsidiariedade – reserva de plenário – princípio da proporcionalidade – mandamento de criminalização – impossibilidade da desclassificação – Tema 1.121 do Recurso Repetitivo: "Presente o dolo específico de satisfazer à lascívia, própria ou de terceiro, a prática de ato libidinoso com menor de 14 anos configura o crime de estupro de vulnerável (art. 217-A do CP), independentemente da ligeireza ou da superficialidade da conduta, não sendo possível a desclassificação para o delito de importunação sexual (art. 215-A do CP). O abuso sexual contra o público infantojuvenil é uma realidade que insiste em perdurar ao longo do tempo. A grande dificuldade desse problema, porém, é dimensioná-lo, pois uma parte considerável dos delitos, conforme a doutrina, 'ocorrem no interior dos lares, que permanecem recobertos pelo silêncio das vítimas'. Há uma elevada taxa de cifra negra nas estatísticas. Além do natural medo de contar para os pais (quando estes não são os próprios agressores), não raro essas vítimas sequer, como alerta a doutrina, 'possuem a compreensão adequada da anormalidade da situação vivenciada'. Nessa senda, revela-se importante observar que nem sempre se entendeu a criança e o adolescente como sujeito histórico e de direitos. Em verdade, a proteção às crianças e aos adolescentes é fenômeno histórico recente. Nesse passo, a doutrina lembra que 'vivemos um momento sem igual no plano do direito infantojuvenil. Crianças e adolescentes ultrapassam a esfera de meros objetos de *proteção* e *tutela* pela família e pelo Estado e passam à condição de sujeitos de direito, beneficiários e destinatários imediatos da doutrina da proteção integral'. Este Superior Tribunal de Justiça, em várias oportunidades, já se manifestou no sentido de que a prática de qualquer ato libidinoso, compreendido como aquele destinado à satisfação da lascívia, com menor de 14 anos, configura o delito de estupro de vulnerável (art. 217-A do CP). Não se prescinde do especial fim de agir: 'para satisfazer à lascívia'. Porém, não se tolera as atitudes voluptuosas, por mais ligeiras que possam parecer. Em alguns precedentes, ressaltou-se até mesmo que o delito prescinde inclusive de contato físico entre vítima e agressor. Nesse passo, é possível observar que a maior ou menor superficialidade dos atos libidinosos, a intensidade do contato ou a virulência da ação criminosa não são critérios relevantes para a tipificação do delito em questão. Além disso, é válido lembrar que outras circunstâncias incidentais, como o consentimento da vítima, sua experiência sexual anterior ou a existência de relacionamento amoroso entre vítima e agente delitivo, igualmente, não se revelam capazes de excluir o crime ou modificar a figura típica. Parcela da doutrina, já há muito, desde antes da reforma de 2009 que unificou em um só tipo penal o estupro e o atentado violento ao pudor, criticava o rigor legal com atos considerados fugazes. Assim, sugeria fossem essas condutas desclassificadas para a contravenção penal de importunação ofensiva ao pudor. Com efeito, a pretensão de se desclassificar a conduta de violar a dignidade sexual de pessoa menor de 14 anos para uma contravençao penal (punida, no máximo, com pena de prisão simples) já foi reiteradamente rechaçada pela jurisprudência desta Corte. A superveniência do art. 215-A do CP (crime de importunação sexual) trouxe novamente a discussão à tona, mas o conflito aparente de normas é resolvido pelo princípio da especialidade do art. 217-A do CP, que possui o elemento especializante 'menor de 14 anos', e também pelo princípio da subsidiariedade expressa do art. 215-A do CP, conforme se verifica de seu preceito secundário *in fine*. Estudando a nova figura típica, e cotejando com as outras então existentes, a doutrina observa que, na importunação sexual, a falta de anuência da vítima não pode consistir em nenhuma forma de constrangimento. Se houver constrangimento no sentido de 'obrigar' alguém à prática de ato de libidinagem, estará configurado o crime de estupro, ante a presença do verbo nuclear do tipo do art. 213 do CP. Nos casos de estupro de vulnerável, por outro lado, foi necessário advertir que não há propriamente um constrangimento à prática de atos sexuais. Não existe sequer presunção de constrangimento ou de violência. Na figura típica do art. 217-A do CP, pune-se simplesmente a prática de atos de libidinagem com alguém menor de catorze anos ou com alguém que, por enfermidade ou deficiência mental, não tem o necessário discernimento para a prática do ato, ou que, por qualquer outra causa, não pode oferecer resistência. Por isso, ao contrário do que ocorre no cotejo entre os arts. 213 e 215-A, ambos do CP, o constrangimento não é elemento especializante do estupro de vulnerável. O fator especializante do art. 217-A do CP, na sistemática da Lei n. 12.015/2009, é simplesmente a idade da vítima: 'vítima menor de 14 (catorze) anos'. Além disso, a cogência do art. 217-A do CP não pode ser afastada sem a observância do princípio da reserva de plenário pelos tribunais (art. 97 da CRFB). Não é só. Desclassificar a prática de ato libidinoso com pessoa menor de 14 anos para o delito do art. 215-A do CP, crime de médio potencial ofensivo que admite a suspensão condicional do processo, desrespeitaria ao mandamento constitucional de criminalização do art. 227, § 4º, da CRFB, que determina a punição severa do abuso ou exploração sexual de crianças e adolescentes. Haveria também descumprimento a tratados internacionais. O art. 19 da Convenção Internacional sobre os Direitos da Criança é peremptório ao impor aos Estados a adoção de medidas legislativas, administrativas, sociais e educacionais apropriadas para proteger a criança contra 'todas' as formas de abuso. Em verdade, a subsunção no art. 217-A do CP prestigia o princípio da proporcionalidade, notadamente no aspecto da proibição da proteção insuficiente, bem como o princípio da proteção integral, conforme visto. Vale lembrar que a criança e adolescente são indivíduos que possuem uma condição peculiar de pessoa em desenvolvimento (art. 6º do ECA). Por isso, a proteção especial não se mostra afrontosa ao princípio da isonomia. De fato, o legislador pátrio poderia, ou mesmo deveria, promover uma graduação entre as espécies de condutas sexuais praticadas em face de pessoas vulneráveis, seja por meio de tipos intermediários, o que poderia ser feito através de crimes privilegiados, ou causas especiais de diminuição. De sorte que, assim, tornar-se-ia possível penalizar mais ou menos gravosamente a conduta, conforme a intensidade de contato e os danos (físicos ou psicológicos) provocados. Mas, infelizmente, não foi essa a opção do legislador e, em matéria penal, a estrita legalidade se impõe ao que idealmente desejam os aplicadores da lei criminal. Verifique-se que a opção legislativa é pela absoluta intolerância com atos de conotação sexual com pessoas menores de 14 anos, ainda que superficiais e não invasivos. Toda a exposição até aqui demonstra isso. E, essa opção, embora possa não parecer a melhor, não é de todo censurável, pois, veja-se, como leciona a doutrina, 'o abuso sexual contra crianças e adolescentes é problema jurídico, mas sobretudo de saúde pública, não somente pelos números colhidos, mas também pelas graves consequências para o desenvolvimento afetivo, social e cognitivo'. Nesse sentido, 'não é somente a liberdade sexual da vítima que deve ser protegida, mas igualmente o livre e sadio desenvolvimento da personalidade sexual da criança'. Tanto a jurisprudência desta Corte Superior quanto a do Supremo Tribunal Federal são pacíficas em rechaçar a pretensão de desclassificação da conduta de praticar ato libidinoso com pessoa menor de 14 anos para o crime de importunação sexual (art. 215-A do CP)" (STJ: REsp 1.959.687-SC, rel. Min. Ribeiro Dantas, 3.ª Seção, j. 08.06.2022, noticiado no *Informativo* 740).

Estupro de vulnerável – irmã da vítima – omissão imprópria – art. 13, § 2.º, "b" e "c", do Código Penal: "A irmã de vítima do crime de estupro de vulnerável responde por conduta omissiva imprópria se assume o papel de garantidora. Trata-se de denúncia pela prática do delito de estupro de vulnerável na forma omissiva imprópria, tendo por vítimas as irmãs menores da denunciada e como autor da conduta comissiva seu marido. Os crimes omissos impróprios, de acordo com a doutrina, são aqueles que '(...) envolvem um não fazer, que implica a falta do dever legal de agir, contribuindo, pois, para causar o resultado. Não têm tipos específicos, gerando uma tipicidade por extensão. Para que alguém responda por um delito omissivo impróprio é preciso que tenha o dever de agir, imposto por lei, deixando de atuar, dolosa ou culposamente, auxiliando na produção do resultado.' Quando se fala em 'dever legal de agir' e em assunção do papel de 'garantidor', o Código Penal, no art. 13, § 2º, apresenta três hipóteses taxativas para caracterizar tal incumbência ao agente. Na primeira perspectiva, na alínea 'a', tem-se a figura do garantidor legal stricto sensu, aquele que tem por lei o dever de proteção, vigilância e cuidado, hipótese comumente aplicada entre os pais e os seus filhos menores de idade, no exercício de seu poder familiar. Nesse ponto, é clara a impossibilidade de extensão das obrigações paternas aos irmãos. Afinal, muito embora haja vínculo familiar e até presumidamente uma relação afetiva entre irmãos, o mero parentesco não torna penalmente responsável um irmão para com o outro, salvo, evidentemente, os casos de transferência de guarda ou tutela. A lei, ainda, expressamente prevê a assunção da figura de 'garantidor' pelo agente, nas alíneas 'b' e 'c', quais sejam: o da pessoa que de outra forma assumiu a responsabilidade de impedir o resultado, e daquele que criou o risco da ocorrência do resultado a partir de seu comportamento anterior. Assim, muito embora uma irmã mais velha não possa ser enquadrada na alínea 'a' do art. 13, § 2º, do CP, pois o mero parentesco não torna penalmente responsável um irmão para com o outro, caso caracterizada situação fática de assunção da figura do 'garantidor' pela irmã, nos termos previstos nas duas alíneas seguintes do referido artigo ('b' e 'c'), não há falar em atipicidade de sua conduta. Hipótese em que a acusada omitiu-se quanto aos abusos sexuais em tese praticados pelo seu marido na residência do casal contra suas irmãs menores durante anos. Assunção de responsabilidade ao levar as crianças para sua casa sem a companhia da genitora e criação de riscos ao não denunciar o agressor, mesmo ciente de suas condutas, bem como ao continuar deixando as meninas sozinhas em casa" (STJ: HC 603.195/PR, rel. Min. Ribeiro Dantas, 5.ª Turma, j. 06.10.2020, noticiado no *Informativo* 681).

Meninas como vítimas – exigência de legista mulher: "O Plenário, por maioria, concedeu medida cautelar em ação direta de inconstitucionalidade ajuizada contra a Lei 8.008/2018 do Estado do Rio de Janeiro, que institui o programa de atenção às vítimas de estupro com o objetivo de dar apoio e identificar provas periciais. Deu interpretação conforme à parte final do § 3º do art. 1º do referido diploma legal para reconhecer que as crianças e adolescentes do sexo feminino vítimas de violência deverão ser, obrigatoriamente, examinadas por legista mulher, desde que não importe retardamento ou prejuízo da diligência. (...) Entendeu haver aparente conflito com o direito de acesso à justiça (Constituição Federal, art. 5º, XXXV) e os princípios da proteção integral e da prioridade absoluta (CF, art. 227, caput). Isso porque, apesar de salutar a iniciativa da norma de buscar proteger as crianças e adolescentes, o fato de impedir ou retardar a realização de exame por médico legista poderia acabar por deixá-las desassistidas da proteção criminal, direito que decorre do disposto no art. 39 da Convenção sobre os Direitos das Crianças e de outros diplomas legais. Além disso, na medida em que se nega o acesso à produção da prova na jurisdição penal, há também ofensa à proteção prioritária, porquanto se afasta a efetividade da norma, que exige a punição severa do abuso de crianças e adolescentes. Dessa forma, o colegiado concluiu ser o caso de dar 'interpretação conforme', na linha do que prescreve o art. 249 do Código de Processo Penal, mantendo-se o dever estatal para fins de responsabilidade na proteção da criança, mas não para obstar a produção da prova" (STF: ADI 6.039 MC/RJ, rel. Min. Edson Fachin, Plenário, j. 13.03.2019, noticiado no *Informativo* 933).

Tema 918 do Recurso Repetitivo – estupro de vulnerável – idade da vítima – irrelevância do seu consentimento ou da sua experiência anterior – critério objetivo: "Para a caracterização do crime de estupro de vulnerável previsto no art. 217-A, *caput*, do Código Penal, basta que o agente tenha conjunção carnal ou pratique qualquer ato libidinoso com pessoa menor de 14 anos; o consentimento da vítima, sua eventual experiência sexual anterior ou a existência de relacionamento amoroso entre o agente e a vítima não afastam a ocorrência do crime. Inicialmente, registre-se que a interpretação jurisprudencial acerca do art. 224, *a*, do CP (antes da entrada em vigor da Lei 12.015/2009) já vinha se consolidando no sentido de que respondia por estupro ou por atentado violento ao pudor o agente que mantinha relações sexuais (ou qualquer ato libidinoso) com menor de 14 anos, mesmo sem violência real, e ainda que mediante anuência da vítima (EREsp 1.152.864-SC, Terceira Seção, *DJe* 1º.04.2014). Com efeito, o fato de alterações legislativas terem sido incorporadas pela Lei 12.015/2009 ao 'Título IV – Dos Crimes contra a Dignidade Sexual', especialmente ao 'Capítulo II – Dos Crimes Sexuais contra Vulnerável', do CP, estanca, de uma vez por todas, qualquer dúvida quanto à irrelevância, para fins de aperfeiçoamento do tipo penal inscrito no *caput* do art. 217-A, de eventual consentimento da vítima ao ato libidinoso, de anterior experiência sexual ou da existência de relacionamento amoroso entre ela e o agente. Isso porque, a despeito de parte da doutrina sustentar o entendimento de que ainda se mantém a discussão sobre vulnerabilidade absoluta e vulnerabilidade relativa, o tipo penal do art. 217-A do CP não traz como elementar a expressão 'vulnerável'. É certo que o *nomen iuris* que a Lei 12.015/2009 atribui ao citado preceito legal estipula o termo 'estupro de vulnerável'. Entretanto, como salientado, a 'vulnerabilidade' não integra o preceito primário do tipo. Na verdade, o legislador estabelece três situações distintas em que a vítima poderá se enquadrar em posição de vulnerabilidade, dentre elas: 'Ter conjunção carnal ou praticar outro ato libidinoso com menor de 14 (catorze) anos'. Não cabe, destarte, ao aplicador do direito relativizar esse dado objetivo, com o fim de excluir a tipicidade da conduta. A propósito, há entendimento doutrinário no viés de que: 'Hoje, com louvor, visando acabar, de uma vez por todas, com essa discussão, surge em nosso ordenamento jurídico penal, fruto da Lei nº 12.015, de 7 de agosto de 2009, o delito que se convencionou denominar de estupro de vulnerável, justamente para identificar a situação de vulnerabilidade que se encontra a vítima. Agora, não poderão os Tribunais entender de outra forma quando a vítima do ato sexual for alguém menor de 14 (quatorze) anos. [...]. O tipo não está presumindo nada, ou seja, está tão somente proibindo que alguém tenha conjunção carnal ou pratique outro ato libidinoso com menor de 14 anos, bem como com aqueles mencionados no § 1º do art. 217-A do Código Penal. Como dissemos anteriormente, existe um critério objetivo para análise da figura típica, vale dizer, a idade da vítima'. Dessa forma, não se pode qualificar ou etiquetar comportamento de crianças, de modo a desviar a análise da conduta criminosa ou justificá-la. Expressões como 'amadurecimento sexual da adolescente', 'experiência sexual pretérita da vítima' ou mesmo a utilização das expressões 'criança prostituta' ou 'criança sedutora' ainda frequentam o discurso jurisprudencial, como se o reconhecimento de tais circunstâncias, em alguma medida, justificasse os crimes sexuais perpetrados. Esse posicionamento, todavia, implica a impropriedade de se julgar a vítima da ação delitiva para, a partir daí, julgar-se o agente. Refuta-se, ademais, o frágil argumento de que o desenvolvimento da sociedade e dos costumes possa configurar fator que não permita a subsistência de uma presunção que toma como base a *innocentia consilli* da vítima. Basta um rápido exame da história das ideias penais – e, em particular, das opções de política criminal que deram ensejo às sucessivas normatizações do Direito Penal brasileiro – para se constatar que o caminho da 'modernidade' é antípoda a essa espécie de proposição. Deveras, de um Estado ausente e de um Direito Penal indiferente à proteção da dignidade sexual de crianças e adolescentes, evoluiu-se, paulatinamente, para uma Política Social e Criminal de redobrada preocupação com o saudável crescimento físico, mental e afetivo do componente infantojuvenil de nossa população, preocupação que passou a ser compartilhada entre o Estado, a sociedade e a família, com reflexos na dogmática penal. Assim é que novas tipificações vieram reforçar a opção do Estado brasileiro – na linha de similar esforço mundial – de combater todo tipo de violência, sobretudo a sexual, contra crianças e adolescentes. É anacrônico, portanto, qualquer discurso que procure considerar a modernidade, a evolução moral dos costumes sociais e o acesso à informação como fatores que se contrapõem à natural tendência civilizatória de proteger certos grupos de pessoas física, biológica, social ou psiquicamente fragilizadas. Além disso, não há que se falar em aplicação do princípio da adequação social, porquanto no julgamento de caso de estupro de vulnerável deve-se evitar carga de subjetivismo, sob pena de ocorrência de possíveis danos relevantes ao bem jurídico tutelado – o saudável crescimento físico, psíquico e emocional de crianças e adolescentes – que, recorde-se, conta com proteção constitucional e infraconstitucional, não sujeito a relativizações. Ora, a tentativa de não conferir o necessário relevo à prática de relações sexuais entre casais em que uma das partes (em regra, a mulher) é menor de 14 anos, com respaldo nos costumes sociais ou na tradição local, tem raízes em uma cultura sexista – ainda muito impregnada no âmago da sociedade ocidental, sobretudo em comunidades provincianas, segundo a qual meninas de tenra idade, já informadas dos assuntos da sexualidade, estão aptas a manter relacionamentos duradouros e estáveis (envolvendo, obviamente, a prática sexual), com pessoas adultas. Ressalta-se, por fim, que praticamente todos os países do mundo repudiam o sexo entre um adulto e um adolescente – e, mais ainda, com uma criança – e tipificam como crime a conduta de praticar atos libidinosos com pessoa ainda incapaz de ter o seu consentimento reconhecido como válido" (STJ: REsp 1.480.881/PI, rel. Min. Rogerio Schietti Cruz, 3.ª Seção, j. 26.08.2015, noticiado no *Informativo* 568).

Tema 918 do Recurso Repetitivo e distinguishing – estupro de vulnerável – vítima com 12 anos e réu com 19 anos ao tempo do fato – nascimento de filho da relação amorosa – aquiescência dos pais da menor – manifestação de vontade da adolescente – punibilidade concreta – perspectiva material – conteúdo relativo e dimensional – grau de afetação do bem jurídico – ausência de relevância social do fato: "Admite-se o *distinguishing* quanto ao Tema 918/STJ (REsp 1.480.881/PI), na hipótese em que a diferença de idade entre o acusado e a vítima não se mostrou tão distante quanto do acórdão paradigma (o réu possuía 19 anos de idade, ao passo que a vítima contava com 12 anos de idade), bem como há concordância dos pais da menor somado a vontade da vítima de conviver com o réu e o nascimento do filho do casal, o qual foi registrado pelo genitor. De acordo com o precedente da Terceira Seção, submetido ao rito dos recursos repetitivos: 'Para a caracterização do crime de estupro de vulnerável previsto no art. 217-A, *caput*, do Código Penal, basta que o agente tenha conjunção carnal ou pratique qualquer ato libidinoso com pessoa menor de 14 anos. O consentimento da vítima, sua eventual experiência sexual anterior ou a existência de relacionamento amoroso entre o agente e a vítima não afastam a ocorrência do crime' (REsp 1.480.881/PI, Rel. Ministro Rogerio Schietti Cruz, Terceira Seção, julgado em 26/8/2015, DJe 10/9/2015). Contudo, a presente hipótese enseja *distinguishing* quanto ao acórdão paradigma da nova orientação jurisprudencial, diante das peculiaridades circunstanciais do caso. Na questão tratada no acórdão proferido, sob a sistemática dos recursos repetitivos, a vítima era criança, com 8 anos de idade, enquanto o imputado possuía idade superior a 21 anos. No presente caso, o imputado possuía, ao tempo do fato, 19 anos de idade e a vítima, adolescente, contava com apenas 12 anos de idade. A necessidade de realização da distinção feita no REsp Repetitivo 1.480.881/PI se deve em razão de que, no presente caso, a diferença de idade entre o acusado e a vítima não se mostrou tão distante quanto do acórdão paradigma, bem como porque houve o nascimento do filho do casal, devidamente registrado, fato social superveniente e relevante que deve ser considerado no contexto do crime. Pela teoria quadripartida, o crime consistiria em fato típico, ilícito, culpável e punível concretamente, sendo este último definido pela possibilidade jurídica de aplicação de pena, por melhor categorizar o comportamento humano. Nessa concepção de conceito integral de delito, a tipicidade e a antijuridicidade possuem classificação formal e absoluta sobre o fato praticado. Destaca-se que a culpabilidade e a punibilidade concreta têm conteúdo relativo ou dimensionável a permitir a valoração do comportamento do agente. Na culpabilidade, avalia-se a reprovabilidade da conduta, tendo como consequência a responsabilidade subjetiva do sujeito, enquanto na punibilidade concreta valora-se o significado social sobre o fato, sob o enfoque da gravidade da lesão ao bem jurídico, de acordo com as características do ilícito penal, a fim de ensejar, ou não, a punição do sujeito. A teoria quadripartida foi adotada pela Sexta Turma, em que, analisando a questão relacionada ao aspecto material, o Ministro Rogério Schietti, no voto proferido no RHC 126.272/MG, defendeu a existência de um quarto elemento, qual seja, punibilidade concreta, sob os seguintes fundamentos extraídos da decisão: 'o significado da forma e da extensão da afetação do bem jurídico define a relevância social do fato e configura sua dignidade penal. Esse aspecto, por sua vez, fundamenta a punibilidade concreta, que complementa o conceito tripartido (formal) de delito, atribuindo-lhe um conteúdo material e, logo, um sentido social'. Aplicando o aludido posicionamento na presente hipótese, extrai-se da decisão que rejeitou a denúncia que a vítima e o denunciado moraram juntos, diante da concordância dos pais com o relacionamento amoroso, tendo resultado no nascimento de um filho, o qual foi registrado pelo genitor. Não se evidencia relevância social do fato a ponto de resultar a necessidade de sancionar o acusado, tendo em vista que o juízo de origem não identificou comportamento do denunciado que pudesse colocar em risco a sociedade, ou o bem jurídico protegido. As particularidades do presente feito, em especial, a vontade da vítima e o nascimento do filho do casal, somados às condições pessoais do acusado, denotam que não houve afetação relevante do bem jurídico a resultar na atuação punitiva estatal, de modo que não se evidencia a necessidade de pena, consoante os princípios da fragmentariedade, subsidiariedade e proporcionalidade. Não se registra proveito social com a condenação do recorrente, pois o fato delituoso não se mostra de efetiva lesão ao bem jurídico tutelado. Diversamente, e ao contrário, o encarceramento se mostra mais lesivo aos valores protegidos, em especial, à família e à proteção integral da criança, do que a resposta estatal para a conduta praticada, o que não pode ocasionar punição na esfera penal. O filho do casal também é merecedor de proteção, de modo que, de acordo com o princípio VI da Declaração Universal dos Direitos da Criança, 'a criança necessita de amor e compreensão, para o desenvolvimento pleno e harmonioso de sua personalidade; sempre que possível, deverá crescer com o amparo e sob a responsabilidade de seus pais, mas, em qualquer caso, em um ambiente de afeto e segurança moral e material; salvo circunstâncias excepcionais, não se deverá separar a criança de tenra idade de sua mãe'. Consoante a jurisprudência desta Corte, 'a proteção integral da criança e do adolescente, defendida pela Organização das Nações Unidas (ONU) com base na Declaração Universal dos Direitos da Criança e erigida pela Constituição da República como instrumento de afirmação da dignidade da pessoa humana (art. 227), exerce crucial influência sobre o intérprete da norma jurídica infraconstitucional, porquanto o impele a compreendê-la e a aplicá-la em conformidade com a prevalência dos interesses do menor em determinada situação concreta' (REsp 1.911.030/PR, Rel. Ministro Luis Felipe Salomão, Quarta Turma, julgado em 1º/6/2021, DJe 31/8/2021)" (STJ: Processo em segredo de justiça, rel. Min. Olindo Menezes (Desembargador convocado do TRF1), rel. para acórdão Min. Sebastião Reis Júnior, 6.ª Turma, j. 16.05.2023, noticiado no *Informativo 777*). **No mesmo sentido**: STJ: Processo em segredo de justiça, rel. Min. Reynaldo Soares da Fonseca, 5.ª Turma, j. 12.03.2024, noticiado no *Informativo 807*; STJ: Processo em segredo de justiça, rel. Min. Sebastião Reis Júnior, 6.ª Turma, j. 06.08.2024, noticiado no *Informativo 820*; e STJ: Processo em segredo de justiça, rel. Min. Jesuíno Rissato (Desembargador convocado do TJDFT), 6.ª Turma, j. 14.05.2024, noticiado no *Informativo 21 – Edição Extraordinária*.

Tema 918 do Recurso Repetitivo e inaceitabilidade do distinguishing – estupro de vulnerável – flexibilização da vulnerabilidade de vítima menor de 14 anos – descabimento – Súmula 593 do STJ: "Não se admite o *distinguishing* realizado no julgamento do AgRg no REsp 1.919.722/SP – caso de dois jovens namorados, cujo relacionamento foi aprovado pelos pais da vítima, sobrevindo um filho e a efetiva constituição de núcleo familiar – nas hipóteses em que não há consentimento dos responsáveis legais somado ao fato do acusado possuir gritante diferença de idade da vítima – o que invalida qualquer relativização da presunção de vulnerabilidade do menor de 14 anos no crime de estupro de vulnerável. De início, reitera-se que, nos termos da Súmula n. 593/STJ, o consentimento da vítima menor de 14 anos e o seu namoro com o acusado não afastam a existência do delito de estupro de vulnerável. Nessa linha de intelecção, a jurisprudência deste Tribunal Superior tem sistematicamente rejeitado a tese de que a presunção de violência - termo que nem é mais utilizado na atual redação do CP - no estupro de vulnerável pode ser relativizada à luz do caso concreto (AgRg no REsp 1.934.812-TO, relator Ministro Ribeiro Dantas, Quinta Turma, julgado em 14/9/2021, DJe de 20/9/2021). Na hipótese, conforme fundamentadamente apontado pela Corte local, o caso não se amolda ao *distinguishing* realizado no julgamento do AgRg no REsp 1.919.722-SP, de minha relatoria - caso de dois jovens namorados, cujo relacionamento foi aprovado pelos pais da vítima, sobrevindo um filho e a efetiva constituição de núcleo familiar - tendo em vista que a relação amorosa não foi consentida pela genitora da vítima, tanto que, ao tomar conhecimento de que sua filha estava se relacionando com o paciente, acionou o Conselho Tutelar e registrou os fatos na Delegacia de Polícia. Ademais, a genitora da menor relatou que sua filha, após se relacionar com o acusado, apresentou comportamento agressivo, além de reprovar de ano na escola, tendo de ser submetida a tratamento psicológico. Somado a isso, conforme foi consignado pelo magistrado de primeiro grau, que se encontra mais próximo dos fatos, a vítima e o acusado tinham a gritante diferença de 36 (trinta e seis) anos. Apontou que a própria vítima e a sua genitora mencionaram espontaneamente que as relações aconteciam na chácara do acusado, localizada em área rural. Assim, mesmo ciente da tenra idade da vítima e do não consentimento de sua responsável legal, o acusado manteve relação sexual com a menor. São, portanto, plenamente válidas a Súmula n. 593 do Superior Tribunal de Justiça e a tese do REsp repetitivo 1.480.881/PI (Tema 1121) sobre a impossibilidade de relativização da presunção de vulnerabilidade da vítima" (STJ: Processo em segredo de justiça, rel. Min. Reynaldo Soares da Fonseca, 5.ª Turma, j. 14.03.2023, noticiado no *Informativo 769*). **No mesmo sentido**: STJ: Processo em segredo de justiça, rel. Min. Rogerio Schietti Cruz, 6.ª Turma, j. 20.02.2024, noticiado no *Informativo 803*.

Tentativa – prática de ato libidinoso – menor de 14 anos – inadmissibilidade: "Não é cabível a modalidade tentada para o crime de estupro de vulnerável, uma vez que qualquer contato libidinoso com menor de 14 anos já consuma o delito, sendo irrelevante se a conduta foi interrompida ou superficial, pois o bem jurídico da dignidade e liberdade sexual da vítima já se encontra violado. O Superior Tribunal de Justiça (STJ), no julgamento do Tema Repetitivo 1.121, firmou o entendimento de que a prática de ato libidinoso contra menor de 14 anos, quando presente o dolo específico de satisfazer a lascívia do agente, configura o crime de estupro de vulnerável em sua forma consumada, independentemente da superficialidade do ato praticado. De acordo com o Tema 1121/STJ: '[...] Presente o dolo específico de satisfazer à lascívia, própria ou de terceiro, a prática de ato libidinoso com menor de 14 anos configura o crime de estupro de vulnerável (art. 217-A do CP), independentemente da ligeireza ou da superficialidade da conduta, não sendo possível a desclassificação para o delito de importunação sexual' (art. 215-A do CP)" (STJ: Processo em segredo de justiça, rel. Min. Daniela Teixeira, 5.ª Turma, j. 10.12.2024, noticiado no *Informativo* 837).

Vulnerabilidade – erro de tipo quanto à idade da vítima – admissibilidade: "O *error aetatis*, afetando o dolo do tipo, é relevante, afastando a adequação típica (art. 20, *caput* do CP) e prejudicando, assim, a *quaestio* acerca da natureza da presunção" (STJ: REsp 450.318/GO, rel. Min. Félix Fischer, 5.ª Turma, j. 13.05.2013).

Corrupção de menores

> **Art. 218.** Induzir alguém menor de 14 (catorze) anos a satisfazer a lascívia de outrem:
>
> Pena – reclusão, de 2 (dois) a 5 (cinco) anos.
>
> Parágrafo único. (Vetado).

Classificação:	Informações rápidas:
Crime simples	**Objeto material:** pessoa menor de 14 anos de idade. A satisfação da lascívia há de limitar-se a atividades sexuais meramente contemplativas (contemplação passiva).
Crime comum	
Crime material ou causal	
Crime de forma livre	
Crime instantâneo	**Elemento subjetivo:** dolo (elemento subjetivo específico – "satisfazer a lascívia de outrem"). Não admite modalidade culposa.
Crime comissivo (*regra*)	
Crime unissubjetivo, unilateral ou de concurso eventual	**Tentativa:** admite (crime plurissubsistente).
Crime plurissubsistente (*regra*)	**Ação penal:** pública incondicionada.

○ **Introdução:** O *nomen iuris* conferido pela Lei 12.015/2009 ao crime definido no art. 218 do CP não foi o mais acertado. Melhor teria sido a nomenclatura "mediação de menor vulnerável para satisfazer a lascívia de outrem", por três razões: (a) a conduta típica consiste em intermediar a satisfação do desejo sexual de terceiro, mediante algum comportamento erótico de parte do menor de 14 anos; (b) similitude dos crimes previstos nos arts. 218 e 227 do Código Penal, este último com a denominação "mediação para servir a lascívia de outrem", diferenciando-se unicamente em relação à idade da vítima; e (c) evitar confusão com o crime tipificado no art. 244-B do Estatuto da Criança e do Adolescente, também criado pela Lei 12.015/2009.

○ **Objeto jurídico:** É a dignidade sexual da pessoa menor de 14 anos, bem como o direito ao desenvolvimento sexual sadio, equilibrado e compatível com a sua idade.

○ **Objeto material:** É a pessoa menor de 14 anos de idade que suporta a conduta criminosa.

○ **Núcleo do tipo:** O núcleo do tipo é "**induzir**", ou seja, criar na mente de alguém a vontade de satisfazer a lascívia alheia, convencendo-a a agir desta forma. **Lascívia** é o desejo sexual, o erotismo, a luxúria. É indiscutível, portanto, a utilidade do art. 218 do Código Penal. A conduta deve atingir **pessoa ou pessoas determinadas**, pois o tipo penal contém a elementar "alguém". Destarte, se o sujeito induzir pessoas indeterminadas, menores de 14 anos, a satisfazer a lascívia de outrem, estará caracterizado o crime de favorecimento da prostituição ou de outra forma de exploração sexual de criança ou adolescente ou de vulnerável, nos moldes do art. 218-B do Código Penal. Também deverá ser reconhecido este último delito quando a vítima receber alguma contraprestação, do agente ou de terceiro, em decorrência do seu comportamento.

o **Sujeito ativo:** A corrupção de menores é **crime comum** ou **geral**, podendo ser cometido por qualquer pessoa. O responsável pelo delito é conhecido como **proxeneta**.

– **A questão relacionada à pessoa beneficiada pelo comportamento da vítima:** O delito não pode ser atribuído ao terceiro beneficiado pelo comportamento da vítima, pois tem sua abrangência limitada àquele que induz o vulnerável a satisfazer a lascívia alheia. Esta é a sua nota característica: o proxeneta atua com a finalidade de satisfazer a lascívia de terceiro, e não o seu próprio desejo sexual. Se o terceiro vier a praticar conjunção carnal ou qualquer outro ato libidinoso com o menor de 14 anos, a ele deverá ser imputado o delito de estupro de vulnerável, de natureza hedionda (art. 217-A do CP).

o **Sujeito passivo:** É a pessoa menor de 14 anos. A idade da vítima deve ser provada por documento hábil (art. 155, parágrafo único, do CPP). Se o ofendido apresentar idade igual ou superior a 18 anos, estará caracterizado o delito de mediação para servir a lascívia de outrem, em sua modalidade fundamental (CP, art. 227, *caput*); se for maior de 14 e menor de 18 anos, incidirá a forma qualificada deste crime (CP, art. 227, § 1.º, 1.ª parte). Se a vítima possuir 14 anos de idade (se o delito for cometido na data exata do seu aniversário) estará caracterizado o crime de mediação para satisfazer a lascívia de outrem, em sua forma simples (CP, art. 227, *caput*).

o **Elemento subjetivo:** É o dolo, acrescido de um especial fim de agir (elemento subjetivo específico), consistente na intenção de satisfazer a lascívia de outrem. Não se admite a modalidade culposa.

o **Consumação:** Cuida-se de **crime material** ou **causal**: consuma-se com a realização, pelo menor de 14 anos, do ato destinado a satisfazer a lascívia de outrem. Não se reclama a efetiva satisfação do desejo sexual alheio.

o **Tentativa:** É possível, em face do caráter plurissubsistente do delito.

o **Ação penal:** É pública incondicionada.

o **Lei 9.099/1995:** Trata-se de **crime de elevado potencial ofensivo**, incompatível com os benefícios previstos na Lei 9.099/1995.

o **Art. 218 do CP e art. 244-B do ECA – distinção:** O art. 218 do CP, inserido no Capítulo II do Título VI da Parte Especial, figura entre os crimes contra a dignidade sexual, mais especificamente entre os delitos sexuais contra vulnerável. A vítima é a pessoa menor de 14 anos, e a conduta típica consiste em induzi-la a satisfazer a lascívia de outrem. Trata-se de crime material (ou causal), pois a consumação reclama algum comportamento da vítima destinado à satisfação do desejo sexual de terceira pessoa. Por sua vez, no crime definido no art. 244-B do ECA, pune-se a conduta daquele que pratica alguma infração penal – crime ou contravenção penal – na companhia de menor de 18 anos, deturpando ou contribuindo de qualquer modo para sua depravação moral e para a má formação da sua personalidade. O crime se verifica mesmo quando a criança ou adolescente já se encontra afetada em sua idoneidade moral, pois a conduta ilícita prejudica ainda mais seu desenvolvimento ético. Além disso, o art. 244-B do ECA contempla um **crime formal, de consumação antecipada ou de resultado cortado**.

○ **Confronto entre corrupção de menores e estupro de vulnerável:** A satisfação da lascívia há de limitar-se a **atividades sexuais meramente contemplativas (contemplação passiva)**. Se o agente induzir alguém menor de 14 anos a ter conjunção carnal ou praticar outro ato libidinoso com terceira pessoa, e isto se concretizar, deverá responder pelo crime de estupro de vulnerável (art. 217-A do CP), na condição de partícipe. Portanto, os crimes tipificados nos arts. 217-A e 218 do CP são distintos, cada qual com seu raio de incidência.

– **Infiltração de agentes de polícia na internet:** A corrupção de menores admite um meio especial de obtenção de prova, consistente na infiltração de agentes de polícia na internet. A implementação dessa medida, a teor do art. 190-A da Lei 8.069/1990 – Estatuto da Criança e do Adolescente, obedecerá às seguintes regras: I – será precedida de autorização judicial devidamente circunstanciada e fundamentada, que estabelecerá os limites da infiltração para obtenção de prova, ouvido o Ministério Público; II – dar-se-á mediante requerimento do Ministério Público ou representação de delegado de polícia e conterá a demonstração de sua necessidade, o alcance das tarefas dos policiais, os nomes ou apelidos das pessoas investigadas e, quando possível, os dados de conexão ou cadastrais que permitam a identificação dessas pessoas; e III – não poderá exceder o prazo de 90 (noventa) dias, sem prejuízo de eventuais renovações, desde que o total não exceda a 720 (setecentos e vinte) dias e seja demonstrada sua efetiva necessidade, a critério da autoridade judicial.

Satisfação de lascívia mediante presença de criança ou adolescente

> **Art. 218-A.** Praticar, na presença de alguém menor de 14 (catorze) anos, ou induzi-lo a presenciar, conjunção carnal ou outro ato libidinoso, a fim de satisfazer lascívia própria ou de outrem:
>
> Pena – reclusão, de 2 (dois) a 4 (quatro) anos.

Classificação:	Informações rápidas:
Crime simples	**Objeto material:** menor de 14 anos que presencia a conjunção carnal ou outro ato libidinoso.
Crime comum	
Crime formal, de consumação antecipada ou de resultado cortado	O menor de 14 anos limita-se a presenciar a conjunção carnal ou outro ato libidinoso (não há envolvimento
Crime de forma livre	corporal do vulnerável com qualquer pessoa).
Crime instantâneo	**Elemento subjetivo:** dolo (elemento subjetivo específico
Crime comissivo (*regra*)	– "a fim de satisfazer lascívia própria ou de outrem").
Crime unissubjetivo, unilateral ou de concurso eventual	Não admite modalidade culposa.
	Tentativa: admite (crime plurissubsistente).
Crime plurissubsistente (*regra*)	**Ação penal:** pública incondicionada.

○ **Introdução:** A Lei 12.015/2009, responsável pela inclusão no CP do art. 218-A, supriu uma grave lacuna anteriormente existente em nosso sistema penal. A antiga redação do art. 218 do Código Penal, ao definir o crime de corrupção de menores, punia a conduta daquele que corrompia ou facilitava a corrupção de pessoa maior de 14 anos e menor de 18 anos de idade, com ela praticando ato de libidinagem, ou induzindo-a a praticá-lo ou presenciá-lo. O tipo penal não alcançava as vítimas menores de 14 anos, deixando sem proteção justamente as pessoas mais indefesas. O fato, portanto, era atípico, em razão da ausência de previsão legal tanto no Código Penal como na Lei 8.069/1990 (ECA), e também em qualquer outro diploma legislativo.

○ **Objeto jurídico:** É a dignidade sexual da pessoa menor de 14 anos de idade, no tocante ao seu desenvolvimento sadio e equilibrado, bem como na sua íntegra formação moral.

○ **Objeto material:** É o menor de 14 anos que presencia a conjunção carnal ou outro ato libidinoso.

○ **Núcleos do tipo: (a) praticar, na presença de alguém menor de 14 anos, conjunção carnal ou outro ato libidinoso, a fim de satisfazer lascívia própria ou de outrem:** o sujeito não induz o menor de 14 anos a presenciar a conjunção carnal ou qualquer outro ato libidinoso, mas sabe que sua relação sexual é assistida pela criança ou adolescente, e ainda assim prossegue, como forma de atender sua própria lascívia ou de terceiro; **(b) ou induzi-lo a presenciar, conjunção carnal ou outro ato libidinoso, a fim de satisfazer lascívia própria ou de outrem – induzir** tem o sentido de convencer ou persuadir alguém a fazer algo. O agente convence o menor de 14 anos a presenciar sua atividade sexual, pois isso lhe dá prazer erótico ou satisfaz a lascívia de terceiro. **Conjunção carnal** é a introdução, total ou parcial, do pênis na vagina. **Ato libi-dinoso** é qualquer ato capaz de atender aos anseios sexuais de determinada pessoa. **Lascívia** é o desejo ou volúpia sexual, a luxúria. Incrimina-se o *voyeurismo* às avessas. Cuida-se de **tipo misto alternativo, crime de ação múltipla** ou **de conteúdo variado** – se o agente praticar as duas condutas no tocante à mesma vítima, no mesmo contexto fático, estará caracterizado um único delito. A maior reprovabilidade da sua atuação deverá ser levada em conta pelo magistrado na dosimetria da pena-base (art. 59, *caput*, do CP).

○ **Desnecessidade da presença física do menor de 14 anos:** Para a configuração do crime é dispensável a presença física do vulnerável no local em que se realiza a conjunção carnal ou o ato libidinoso. Basta seja a relação sexual presenciada, isto é, assistida pelo menor de 14 anos, o qual pode estar em lugar distante, mas acompanhando a tudo e sendo igualmente acompanhado com o auxílio de meios tecnológicos. Também é possível que o menor presencie relações sexuais ocorridas em local e tempo diversos, com a finalidade de satisfazer a lascívia de determinada pessoa.

○ **Ausência de envolvimento corporal do menor e estupro de vulnerável:** O menor de 14 anos limita-se a presenciar a conjunção carnal ou outro ato libidinoso, **não existindo envolvimento corporal do vulnerável** com qualquer pessoa. Se o agente induz o menor de 14 anos a ter conjunção carnal ou praticar outro ato libidinoso, com ele próprio ou com outra pessoa, estará caracterizado o crime de estupro de vulnerável, consumado ou tentado (CP, art. 217-A).

○ **Sujeito ativo:** Qualquer pessoa (**crime comum** ou **geral**). É possível o concurso de pessoas.

○ **Sujeito passivo:** É a **pessoa menor de 14 anos**, independentemente do seu sexo. O legis-lador não previu os demais vulneráveis como vítimas.

○ **Elemento subjetivo:** É o dolo, acrescido de um especial fim de agir (elemento subjetivo específico), representado pela expressão "a fim de satisfazer lascívia própria ou de outrem".

○ **Consumação:** Cuida-se de **crime formal, de consumação antecipada** ou **de resultado cortado**: consuma-se no momento em que o menor de 14 anos presencia a prática da conjunção carnal ou outro ato libidinoso, ainda que uma única vez. Não se exige o efetivo prejuízo à formação moral ou à dignidade sexual da criança ou do adolescente, nem a satisfação da lascívia da pessoa envolvida na relação sexual ou de outrem.

○ **Tentativa:** É possível.

○ **Ação penal:** É pública incondicionada.

○ **Lei 9.099/1995:** Trata-se de **crime de elevado potencial ofensivo**, incompatível com os benefícios elencados pela Lei 9.099/1995.

○ **Art. 218-A do CP e art. 241-D do ECA:** O art. 241-D da Lei 8.069/1990 – Estatuto da Criança e do Adolescente não se confunde com o delito de satisfação de lascívia mediante presença de criança ou adolescente. No art. 218-A do Código Penal, o agente se contenta com a simples presença do menor de 14 anos (criança ou adolescente) durante o ato sexual, pois isto satisfaz sua própria lascívia ou atende a lascívia de terceiro. Já no art. 241-D do ECA o sujeito busca a efetiva prática de ato libidinoso com a criança, sem previsão típica em relação ao adolescente. No entanto, se o ato libidinoso, aí se incluindo a conjunção carnal, vier a se concretizar, estará caracterizado o crime de estupro de vulnerável (CP, art. 217-A).

– **Infiltração de agentes de polícia na internet:** A investigação do delito de satisfação de lascívia mediante presença de criança ou adolescente admite um meio especial de obtenção de prova, consistente na infiltração de agentes de polícia na internet. A implementação dessa medida, a teor do art. 190-A da Lei 8.069/1990 – Estatuto da Criança e do Adolescente, obedecerá às seguintes regras: I – será precedida de autorização judicial devidamente circunstanciada e fundamentada, que estabelecerá os limites da infiltração para obtenção de prova, ouvido o Ministério Público; II – dar-se-á mediante requerimento do Ministério Público ou representação de delegado de polícia e conterá a demonstração de sua necessidade, o alcance das tarefas dos policiais, os nomes ou apelidos das pessoas investigadas e, quando possível, os dados de conexão ou cadastrais que permitam a identificação dessas pessoas; e III – não poderá exceder o prazo de 90 (noventa) dias, sem prejuízo de eventuais renovações, desde que o total não exceda a 720 (setecentos e vinte) dias e seja demonstrada sua efetiva necessidade, a critério da autoridade judicial.

Favorecimento da prostituição ou de outra forma de exploração sexual de criança ou adolescente ou de vulnerável

> **Art. 218-B.** Submeter, induzir ou atrair à prostituição ou outra forma de exploração sexual alguém menor de 18 (dezoito) anos ou que, por enfermidade ou deficiência mental, não tem o necessário discernimento para a prática do ato, facilitá-la, impedir ou dificultar que a abandone:
>
> Pena – reclusão, de 4 (quatro) a 10 (dez) anos.
>
> § 1º Se o crime é praticado com o fim de obter vantagem econômica, aplica-se também multa.
>
> § 2º Incorre nas mesmas penas:
>
> I – quem pratica conjunção carnal ou outro ato libidinoso com alguém menor de 18 (dezoito) e maior de 14 (catorze) anos na situação descrita no *caput* deste artigo;

II – o proprietário, o gerente ou o responsável pelo local em que se verifiquem as práticas referidas no *caput* deste artigo.

§ 3º Na hipótese do inciso II do § 2º, constitui efeito obrigatório da condenação a cassação da licença de localização e de funcionamento do estabelecimento.

Classificação:	Informações rápidas:
Crime simples	**O art. 218-B do CP determinou a revogação tácita**
Crime simples comum	**do art. 244-A da Lei 8.069/1990.**
Crime material ou causal	**Crime hediondo.**
Crime de forma livre	**Elemento normativo do tipo:** "exploração sexual".
Crime instantâneo ("submeter", "induzir",	**Objeto material:** pessoa menor de 18 anos ou portadora
"atrair" e "facilitar") ou permanente ("im-	de enfermidade ou deficiência mental.
pedir" e "dificultar")	**Elemento subjetivo:** dolo. Não admite modalidade
Crime comissivo (*regra*)	culposa.
Crime unissubjetivo, unilateral ou de	Crime não transeunte (deixa vestígios materiais).
concurso eventual	**Tentativa:** admite (crime plurissubsistente).
Crime plurissubsistente (*regra*)	**Ação penal:** pública incondicionada.

○ **Nome do delito e natureza hedionda:** A Lei 12.978/2014 foi a responsável pela atribuição do *nomen iuris* "favorecimento da prostituição ou de outra forma de exploração sexual de criança ou adolescente ou de vulnerável" ao delito contido no art. 218-B do Código Penal. Antes dela, a terminologia utilizada pelo legislador era "favorecimento da prostituição ou outra forma de exploração sexual de vulnerável". Além disso, a mencionada lei também incluiu o delito, em todas as suas modalidades (CP, art. 218-B, *caput*, e §§ 1.º e 2.º), no rol dos crimes hediondos, a teor da regra contida no art. 1.º, inc. VIII, da Lei 8.072/1990.

○ **Introdução:** Trata-se de modalidade específica do crime de favorecimento da prostituição ou outra forma de exploração sexual, tipificado no art. 228 do Código Penal. A diferença repousa na qualidade das vítimas: neste crime, são as pessoas com idade igual ou superior a 18 anos e mentalmente saudáveis; no delito previsto no art. 218-B do Código Penal, são os menores de 18 anos e as pessoas que, por enfermidade ou deficiência mental, não têm o necessário discernimento para a prática do ato sexual, embora maiores de idade. Em razão disso, o crime de favorecimento da prostituição ou de outra forma de exploração sexual de criança ou adolescente ou de vulnerável, classificado como hediondo, é sensivelmente mais grave. **Prostituição** é o comércio sexual exercido com habitualidade. A reiteração do comércio sexual é imprescindível – trata-se de atividade necessariamente habitual. A prostituição pressupõe o **contato físico** entre as pessoas envolvidas na atividade sexual. Contudo, o art. 218-B do CP alcança não somente o favorecimento da prostituição, mas também o favorecimento de **qualquer outra forma de exploração sexual**. A expressão "exploração sexual" representa, na esfera dos crimes contra a dignidade sexual, um autêntico **elemento normativo do tipo**, de índole cultural, devendo seu conceito ser obtido mediante a valoração do intérprete da lei penal. A exploração sexual não se confunde com a **satisfação sexual** (livre busca do prazer erótico entre pessoas maiores de idade e com pleno discernimento para a prática do ato).

○ **Exploração sexual comercial:** O art. 4.º, inc. III, "b", da Lei 13.431/2017, responsável pela implantação do sistema de garantia de direitos da criança e do adolescente vítima ou testemunha de violência, traz a seguinte definição de exploração sexual comercial, como uma das formas de violência sexual: "exploração sexual comercial, entendida como o uso da criança ou do adolescente em atividade sexual em troca de remuneração ou qualquer outra forma de compensação, de forma independente ou sob patrocínio, apoio ou incentivo de terceiro, seja de modo presencial ou por meio eletrônico".

○ **Objeto jurídico:** É a dignidade sexual do menor de 18 anos ou portador de doença ou enfermidade mental, bem como o direito ao desenvolvimento sexual saudável, equilibrado e compatível com sua idade ou condição pessoal.

○ **Objeto material:** É a pessoa menor de 18 anos ou portadora de enfermidade ou deficiência mental sobre a qual recai a conduta criminosa.

○ **Núcleos do tipo: Submeter** significa subjugar ou sujeitar alguém a determinado comportamento; **induzir** é dar a ideia ou inspirar; **atrair** equivale a aliciar ou seduzir; e **facilitar**, por sua vez, tem o sentido de simplificar o acesso, proporcionando os meios necessários. Os verbos ligam-se à prostituição ou outra forma de exploração sexual. Nessas hipóteses, a vítima ainda não se dedica ao mercado dos prazeres sexuais, e a conduta criminosa consiste em fazer com ela ingresse no ramo de tais práticas. **Impedir** significa vedar ou obstar, enquanto **dificultar** é tornar mais oneroso, criando obstáculos. Tais núcleos ligam-se ao abandono da prostituição ou de outra forma de exploração sexual. Não se exige a efetiva prática de conjunção carnal ou outro ato libidinoso com a vítima. Cuida-se de **tipo misto alternativo, crime de ação múltipla** ou **de conteúdo variado**: a realização de mais de um dos núcleos do tipo em relação à mesma vítima configura um único delito. A variedade de condutas deve ser sopesada pelo magistrado na dosimetria da pena-base, como circunstância judicial desfavorável (art. 59, *caput*, do CP).

○ **Sujeito ativo:** Qualquer pessoa (**crime comum** ou **geral**).

○ **Sujeito passivo:** É a pessoa menor de 18 anos ou que, por enfermidade ou deficiência mental, não tem o necessário discernimento para o ato. Os maiores de 14 – e menores de 18 anos – embora não sejam penalmente classificados como vulneráveis, podem figurar como vítimas desse delito, pois o tipo penal fala em "menor de 18 anos". Nada obstante seja uma pessoa apta a manifestar sua vontade sexual, ela normalmente se entrega à prostituição em face da sua miserabilidade econômica, tornando-se mais suscetível à atividade criminosa.

○ **A pessoa prostituída:** Não pode ser vítima do delito no tocante aos núcleos "submeter", "induzir", "atrair" e "facilitar", mas nada impede a caracterização do delito em relação aos núcleos "impedir" e "dificultar".

○ **A pornografia infantil:** A pornografia envolvendo crianças e adolescentes constitui crimes disciplinados pela Lei 8.069/1990 – ECA, em seus arts. 240, 241 e 241-A a 241-E. Nesses casos, não há prostituição ou exploração sexual, pois, caso contrário, seria aplicável o art. 218-B do Código Penal.

○ **Elemento subjetivo:** É o dolo, independentemente de qualquer finalidade específica. Não se admite a modalidade culposa.

○ **Finalidade lucrativa e aplicação cumulativa da pena de multa:** Se o crime é cometido com o fim de obter vantagem econômica, aplica-se também a pena de multa. É o que se extrai do § 1.º do art. 218-B do CP. Não se reclama a efetiva obtenção do lucro, bastando a intenção de recebê-lo.

○ **Consumação:** Nos núcleos "submeter", "induzir", "atrair" e "facilitar", a consumação se dá no momento em que a vítima passa a se dedicar com habitualidade ao exercício da prostituição ou de outra forma de exploração sexual, ainda que não venha a atender pessoa interessada em seus serviços. O crime é **instantâneo**, pois sua consumação ocorre em um momento determinado, sem continuidade no tempo. Nas modalidades "impedir" e "dificultar" o delito se consuma no instante em que a vítima decide abandonar a prostituição ou a outra forma de exploração sexual, mas o sujeito não permite ou torna mais onerosa a concretização da sua vontade. Nesses casos, o crime é **permanente**. Embora a prostituição seja o comércio sexual continuado, esta habitualidade se restringe ao comportamento da vítima – o agente não precisa reiteradamente favorecer a prostituição ou a outra forma de exploração sexual. Em todas as hipóteses, o crime é **material** ou **causal** – a consumação requer o efetivo exercício da prostituição ou da outra forma de exploração sexual pela vítima.

○ **Tentativa:** É possível.

○ **Ação penal:** É pública incondicionada.

○ **Lei 9.099/1995:** Cuida-se de **crime de elevado potencial ofensivo**, incompatível com os benefícios elencados pela Lei 9.099/1995.

○ **Figuras equiparadas (art. 218-B, § 2.º):**

– **Inciso I:** Incorrerá nas mesmas penas quem praticar conjunção carnal ou outro ato libidinoso com alguém menor de 18 e maior de 14 anos, desde que submetido, atraído ou induzido à prostituição ou à outra forma de exploração sexual, ou então com a pessoa que tem a prostituição ou exploração sexual facilitada, obstada ou dificultada relativamente ao abandono. É fundamental tenha o agente conhecimento da idade da vítima submetida à prostituição ou à outra forma de exploração sexual. Cuida-se de **crime acessório, de fusão** ou **parasitário**, pois pressupõe a prática do delito definido no *caput* do art. 218-B do CP. O tipo penal pune o cliente do proxeneta, ou pessoa com ele relacionada, desde que tenha ciência do favorecimento da prostituição ou da outra forma de exploração sexual. O delito não incide para quem pratica conjunção carnal ou outro ato libidinoso com pessoa com idade igual ou superior a 18 anos, mas portadora de enfermidade ou deficiência mental que acarreta a ausência de discernimento para o ato. Finalmente, pouco importa se a vítima já se encontra, ao tempo da conduta, há muito prostituída. E também não se reclama a habitualidade no relacionamento sexual entre o agente e a pessoa menor de 18 e maior de 14 anos. Em qualquer caso estará configurado o crime definido no art. 218-B, § 2.º, inc. I, do Código Penal.

– **Sugar daddy (ou *sugar mommy*), relação com o(a) *sugar baby* e reflexos penais:** As relações sexuais entre pessoas mais velhas e financeiramente abastadas (*sugar daddy* ou *sugar mommy*) e jovens (*sugar baby*), em troca de vantagens em geral (pagamentos em dinheiro, entrega de presentes – como carros, joias e viagens –, ou mesmo custeio de aluguel ou mensalidade de escola ou faculdade) têm sido cada vez mais frequentes. Indivíduos mais velhos, independentemente do sexo ou da orientação sexual, se aproveitam da ingenuidade e da ambição dos mais novos. Estes, por sua vez, sentem-se recompensados e estimulados a manter o relacionamento. A troca de benefícios – sexuais para alguns e econômicos para outros – é a nota preponderante. As relações são pautadas por interesses materiais, e não por afeto genuíno. A situação concreta, todavia, pode caracterizar algum delito de natureza sexual. Vejamos: (a) se o relacionamento sexual envolver menor de 14 anos ou vulnerável, estará caracterizado o **estupro de vulnerável** (art. 217-A, do CP); (b) se a conjunção carnal ou ato libidinoso for praticada contra maior de 18 anos, sem o seu consentimento, com emprego de violência à pessoa ou grave ameaça, estará configurado o **estupro** (art. 213, do CP). Todavia, na hipótese de consentimento válido do(a) *sugar baby*, o fato será atípico; e (c) se a atividade sexual for praticada com pessoa maior de 14 e menor de 18 anos de idade, com o consentimento desta, será imputado ao agente o delito de **favorecimento da prostituição ou outra forma de exploração sexual** (art. 218-B, § 2.º, I, do CP).[215]

– **Inciso II:** Sofrerá as mesmas penas o proprietário, gerente ou responsável pelo local em que se verifiquem as práticas referidas no *caput* deste artigo, isto é, no qual ocorra a prostituição ou outra forma de exploração sexual do menor de 18 e maior de 14 anos, ou então da pessoa portadora de enfermidade ou deficiência mental, sem o necessário discernimento para a prática do ato. Trata-se de **forma qualificada do crime de casa de prostituição** (art. 229 do CP). A pena mais elevada se justifica em face da vulnerabilidade da pessoa submetida à exploração sexual. É imprescindível tenha a vítima ingressado na prostituição ou na exploração sexual mediante a conduta criminosa de alguém. O proprietário, gerente ou responsável pelo local precisa ter conhecimento do favorecimento da prostituição ou outra forma de exploração sexual, evitando-se a responsabilidade penal objetiva.

○ **Efeito da condenação (art. 218-B, § 3.º):** A condenação definitiva do proprietário, gerente ou responsável pelo local em que se verifiquem as práticas atinentes ao favorecimento da prostituição ou de outra forma de exploração sexual de menor de 18 anos ou de vulnerável importa na cassação da licença de localização e de funcionamento do estabelecimento, sem prejuízo dos demais efeitos da condenação (arts. 91 e 92 do CP). Não se trata de efeito automático, devendo ser motivadamente declarado na sentença.

○ **Revogação tácita do art. 244-A do Estatuto da Criança e do Adolescente:** O art. 218-B do CP, instituído pela Lei 12.015/2009, revogou tacitamente o crime anteriormente definido no art. 244-A da Lei 8.069/1990 – Estatuto da Criança e do Adolescente.

– **Infiltração de agentes de polícia na internet**: A investigação do favorecimento da prostituição ou de outra forma de exploração sexual de criança ou adolescente ou de vulnerável admite um meio especial de obtenção de prova, consistente na infiltração de agentes de polícia na internet. A implementação dessa medida, a teor do art. 190-A da Lei 8.069/1990 – Estatuto da Criança e do Adolescente, obedecerá às seguintes regras: I – será precedida de autorização judicial devidamente circunstanciada e fundamentada, que estabelecerá os limites da infiltração para obtenção de prova, ouvido o Ministério Público; II – dar-se-á mediante requerimento do Ministério Público ou representação de delegado de polícia e conterá a demonstração de sua necessidade, o alcance das tarefas dos policiais, os nomes ou apelidos das pessoas investigadas e, quando possível, os dados de conexão ou cadastrais que permitam a identificação dessas pessoas; e III – não poderá exceder o prazo de 90 (noventa) dias, sem prejuízo de eventuais renovações, desde que o total não exceda a 720 (setecentos e vinte) dias e seja demonstrada sua efetiva necessidade, a critério da autoridade judicial.

○ **Jurisprudência selecionada**

Adolescentes – pessoas relativamente vulneráveis: "No artigo 218-B do Código Penal não basta aferir a idade da vítima, devendo-se averiguar se o menor de 18 (dezoito) anos ou a pessoa enferma ou doente mental, não tem o necessário discernimento para a prática do ato, ou por outra causa não pode oferecer resistência. Diferentemente do que ocorre nos arts. 217-A, 218 e 218-A do Código Penal, nos quais o legislador presumiu de forma absoluta a vulnerabilidade dos menores de 14 (catorze) anos, no art. 218-B não basta aferir a idade da vítima, devendo-se averiguar se o menor de 18 (dezoito) anos não tem o necessário discernimento para a prática

---

[215] Processo em segredo de justiça, rel. Min. Ribeiro Dantas, 5.ª Turma, j. 10.09.2024, noticiado no *Informativo* 825.

do ato, ou por outra causa não pode oferecer resistência, o que usualmente ocorre mediante a comprovação de que se entrega à prostituição devido às suas más condições financeiras. A doutrina assevera que 'a justificativa para se ampliar o conceito, é o fato de que embora o maior de 14 já esteja apto a manifestar sua vontade sexual, normalmente ele se entrega à prostituição face à péssima situação econômica', motivo pelo qual 'a sua imaturidade em função da idade associada a sua má situação financeira o torna vulnerável'. Assim, não há falar em atipicidade da conduta sob o argumento de que o adolescente teria consentido com a prática dos atos libidinosos, quando o agente se aproveita da situação de miserabilidade do ofendido, atraindo-o a se prostituir" (STJ: HC 371.633/SP, rel. Min. Jorge Mussi, 5.ª Turma, j. 19.03.2019, noticiado no *Informativo* 645).

Habitualidade para tipificação da conduta – desnecessidade – crime instantâneo – proteção integral da pessoa humana em desenvolvimento: "O delito de favorecimento à exploração sexual de adolescente não exige habitualidade. Trata-se de crime instantâneo, que se consuma no momento em que o agente obtém a anuência para práticas sexuais com a vítima menor de idade, mediante artifícios como a oferta de dinheiro ou outra vantagem, ainda que o ato libidinoso não seja efetivamente praticado. As normas penais que tutelam a dignidade sexual de crianças e adolescentes devem ser interpretadas à luz das obrigações internacionais assumidas pelo Brasil quanto à proteção da pessoa humana em desenvolvimento contra todas as formas de exploração sexual e das disposições constitucionais que impõem o paradigma da proteção integral. De fato, ao ratificar a Convenção sobre os Direitos da Criança (Decreto n. 99.710/1990), o Brasil se comprometeu a adotar todas as medidas necessárias para proteger pessoas com idade inferior a 18 (dezoito) anos contra todas as formas de violência física ou mental, abuso ou tratamento negligente, maus tratos ou exploração, inclusive abuso sexual (arts. 19 e 34 da Convenção). Este compromisso internacional está em consonância com a norma constitucional que confere absoluta prioridade à proteção dos direitos da criança e do adolescente, determinando que a lei deve punir severamente o abuso, a violência e a exploração sexual contra elas praticado (art. 227, caput e § 4.º, da CF). Nesse contexto, é inadmissível a interpretação de que o delito previsto no art. 218-B do Código Penal exija a presença de habitualidade. De fato, o simples oferecimento de vantagem pecuniária à criança ou adolescente em troca de atos sexuais configura, por si só, induzimento a situação de exploração sexual apta a justificar a tipificação da conduta. Conforme a compreensão já consagrada pela Terceira Seção desta Corte Superior, '[q]uem, se aproveitando da idade da vítima, oferece-lhe dinheiro em troca de favores sexuais está a explorá-la sexualmente, pois se utiliza da sexualidade de pessoa ainda em formação como mercancia.' (EREsp 1.530.637/SP, relator Ministro Ribeiro Dantas, Terceira Seção, DJe 17/09/2021). Por essa razão, enquadra-se na situação de exploração sexual qualquer tipo de oferta econômica a criança ou adolescente em troca da prática de atos sexuais, mesmo que objetivando a obtenção de um único ato libidinoso ou que não haja intermediação de terceiros. O delito de favorecimento à exploração sexual de criança ou adolescente, portanto, não exige habitualidade, tratando-se de crime instantâneo, que se consuma no momento em que o agente obtém a anuência para práticas sexuais com a vítima menor de idade, mediante artifícios como a oferta de dinheiro ou outra vantagem, ainda que o ato libidinoso não seja efetivamente praticado. Esta interpretação da norma do art. 218-B, *caput*, do Código Penal é a única capaz de cumprir com a exigência de proteção integral da pessoa em desenvolvimento contra todas as formas de exploração sexual" (STJ: Processo sob segredo de justiça, rel. Min. Laurita Vaz, 6.ª Turma, j. 20.09.2022, noticiado no *Informativo* 754).

Intermediador – prescindibilidade: "O delito previsto no art. 218-B, § 2°, inciso I, do Código Penal, na situação de exploração sexual, não exige a figura do terceiro intermediador. A controvérsia diz respeito à interpretação conferida ao delito previsto no art. 218-B, § 2°, I, do Código Penal ('favorecimento da prostituição ou outra forma de exploração sexual de criança ou adolescente ou de vulnerável'), que assim dispõe: 'Art. 218-B. Submeter, induzir ou atrair à prostituição ou outra forma de exploração sexual alguém menor de 18 (dezoito) anos ou que, por enfermidade ou deficiência mental, não tem o necessário discernimento para a prática do ato, facilitá-la, impedir ou dificultar que a abandone: Pena – reclusão, de 4 (quatro) a 10 (dez) anos. (...) § 2º Incorre nas mesmas penas: I – quem pratica conjunção carnal ou outro ato libidinoso com alguém menor de 18 (dezoito) e maior de 14 (catorze) anos na situação descrita no *caput* deste artigo; (...)'. No acórdão impugnado (REsp 1.530.637/SP), entendeu a Sexta Turma que a configuração do delito em questão não pressupõe a existência de terceira pessoa, bastando que o agente, por meio de pagamento, convença a vítima, maior de 14 e menor de 18 anos, a praticar com ele conjunção carnal ou outro ato libidinoso, de modo a satisfazer a sua própria lascívia. Já no aresto paradigma (AREsp 1.138.200/GO), concluiu a Quinta Turma que o tipo penal descrito no artigo 218-B, § 2º, inciso I, do Código Penal exige necessariamente a figura do intermediário ou agenciador, não abarcando a conduta daquele que aborda diretamente suas vítimas para a satisfação de lascívia própria. Note-se que, apesar de o *nomen juris* do tipo em questão ter deixado de ser 'favorecimento da prostituição ou outra forma de exploração sexual de vulnerável' para evitar confusão terminológica com a figura do vulnerável do art. 217-A do CP, é inegável que o legislador, em relação à pessoa menor de 18 e maior de 14 anos, trouxe uma espécie de presunção relativa de vulnerabilidade. Nesse ensejo, a exploração sexual é verificada sempre que a sexualidade da pessoa menor de 18 e maior de 14 anos é tratada como mercancia. A norma penal não exige a figura do intermediador, além disso, o ordenamento jurídico reconhece à criança e ao adolescente o princípio constitucional da proteção integral, bem como o respeito à condição peculiar de pessoa em desenvolvimento. Assim, é lícito concluir que a norma traz uma espécie de presunção relativa de maior vulnerabilidade das pessoas menores de 18 e maiores de 14 anos. Logo, quem, se aproveitando da idade da vítima, oferece-lhe dinheiro em troca de favores sexuais está a explorá-la sexualmente, pois se utiliza da sexualidade de pessoa ainda em formação como mercancia, independentemente da existência ou não de terceiro explorador" (STJ: EREsp 1.530.637/SP, rel. Min. Ribeiro Dantas, 3.ª Seção, j. 24.03.2021, noticiado no *Informativo* 690).

Prática de conjunção carnal ou outro ato libidinoso – desnecessidade de habitualidade: "O crime previsto no inciso I do § 2º do artigo 218-B do Código Penal se consuma independentemente da manutenção de relacionamento sexual habitual entre o ofendido e o agente. Da leitura do art. 218-B, § 2º, I, do Código Penal, verifica-se que são punidos tanto aquele que capta a vítima, inserindo-a na prostituição ou outra forma de exploração sexual (*caput*), como também o cliente do menor prostituído ou sexualmente explorado (§ 1º). Sobre o tipo, diferentemente do *caput* do artigo 218-B da Lei Penal que reclama a habitualidade para a sua configuração, a figura do inciso I do § 2º da aludida norma incriminadora, cuja caracterização independe da manutenção de relacionamento sexual habitual entre o ofendido e o agente. Sobre o assunto, Cleber Masson leciona que 'nos núcleos 'submeter', 'induzir', 'atrair' e 'facilitar', a consumação se dá no momento em que a vítima passa a se dedicar com habitualidade ao exercício da prostituição ou de outra forma de exploração sexual, ainda que não venha a atender pessoa interessada em seus serviços', ao passo que o tipo do inciso I do § 1º do artigo 218-B do Código Penal 'não reclama a habitualidade no relacionamento sexual entre o agente e a pessoa menor de 18 e maior de 14 anos'" (STJ: HC 371.633/SP, rel. Min. Jorge Mussi, 5.ª Turma, j. 19.03.2019, noticiado no *Informativo* 645).

***Sugar baby* – menor de idade – favorecimento sexual em troca de vantagens econômicas diretas ou indiretas – tipicidade configurada:** "O relacionamento entre adolescente maior de 14 e menor de 18 anos (*sugar baby*) e um adulto (*sugar daddy* ou *sugar mommy*) que oferece vantagens econômicas configura o tipo penal previsto no art. 218-B, § 2.º, I, do Código Penal, porquanto essa relação se constrói a partir de promessas de benefícios econômicos diretos e indiretos, induzindo o menor à prática de conjunção carnal ou qualquer outro ato libidinoso. A dignidade sexual é um valor intrinsecamente moral, cuja tutela pelo direito penal reflete a imperiosa necessidade de resguardar os princípios éticos fundamentais da sociedade. Ao criminalizar condutas que atentam contra a dignidade sexual, o legislador reitera o compromisso moral da sociedade em proteger seus membros mais vulneráveis. O crime de exploração sexual de menores, delineado no art. 218-B, §§ 1.º e 2.º, do Código Penal, exemplifica claramente essa intersecção entre direito e moral. O § 1º do artigo tipifica a conduta de quem pratica conjunção carnal ou outro ato libidinoso com alguém menor de 18 (dezoito) e maior de 14 (catorze) anos, nas circunstâncias descritas no *caput*. Já o § 2.º responsabiliza o proprietário, gerente ou responsável pelo local onde se verificam as práticas referidas no *caput*. A proteção conferida por esse dispositivo legal estende-se não apenas aos menores de 18 anos, mas também àqueles que, por enfermidade ou deficiência mental, não possuem o discernimento necessário para a prática do ato. O crime tipificado pelo art. 218-B, § 2.º, I, do CP não se presta a punir meras circunstâncias de ordem moral, tampouco se submete aos preconceitos socialmente arraigados. O tipo penal em questão não se debruça sobre a maturidade sexual da vítima, uma vez que o legislador, ao estabelecer a vulnerabilidade relativa, reconhece que adolescentes entre 14 e 18 anos podem desenvolver sua vida sexual. Contudo, ao mesmo tempo, exige uma atenção especial do Estado devido à sua condição peculiar de desenvolvimento, conforme preceitua o art. 6.º do Lei n. 8.069/1990 do Estatuto da Criança e do Adolescente, necessitando de proteção integral, nos moldes do ECA. Essa proteção especial decorre da compreensão de que, embora os adolescentes possam manifestar sua sexualidade, eles ainda se encontram em uma fase de desenvolvimento que requer salvaguardas adicionais para evitar a exploração e o abuso. A faixa etária entre 14 e 18 anos é um período crítico no desenvolvimento humano, marcado por intensas transformações físicas, emocionais e psicológicas. Os adolescentes estão em processo de formação de sua identidade e ainda não possuem maturidade plena para tomar decisões que envolvam aspectos complexos e sensíveis, como a sexualidade. A vulnerabilidade desses jovens é exacerbada por fatores como pressão social, falta de experiência e, muitas vezes, a influência de adultos que podem explorar essa imaturidade para fins lascivos. Outrossim, a intenção é prevenir que adultos usem de manipulação, poder econômico ou influência para envolver adolescentes em práticas sexuais. Ao tipificar a conduta de forma objetiva, a lei visa a desestimular comportamentos predatórios e garantir um ambiente mais seguro para o desenvolvimento dos jovens. A proteção jurídica se materializa na objetividade do tipo penal, que busca um desenvolvimento saudável e seguro para os menores. A proteção da dignidade sexual dos menores entre 14 e 18 anos é um imperativo jurídico e moral em uma sociedade em que a sexualidade precoce está cada vez mais presente. A eficácia dessa proteção, no entanto, depende de um diálogo constante entre a lei e as mudanças sociais, bem como de uma educação sexual adequada e da aplicação rigorosa da legislação vigente. Assim, é possível garantir um desenvolvimento saudável e seguro para os jovens, preservando sua dignidade e integridade. Nesse contexto, a figura do *sugar baby* refere-se a um indivíduo mais jovem que mantém uma relação com uma pessoa mais velha e financeiramente abastada, o *sugar daddy*, em que a troca de benefícios é uma característica preponderante. Tais relações são pautadas mais por interesses materiais do que por afeto genuíno, constituindo-se em um arranjo consensual entre adultos. Contudo, a tipificação penal deve ser analisada à luz do contexto específico de cada caso. No arranjo *sugar baby* e *sugar daddy*, a relação, ainda que envolva a troca de benefícios materiais, não se enquadra necessariamente nos elementos configuradores do crime de exploração sexual. A ausência de abuso e de vulnerabilidade afasta a tipicidade penal, quando se considera que ambas as partes são adultas e consentem com os termos do relacionamento. No entanto, induzir adolescente maior de 14 anos e menor de 18 anos a praticar conjunção carnal ou qualquer ato libidinoso mediante vantagens econômicas indiretas configura o tipo penal previsto no art. 218-B, § 2.º, inciso I, do Código Penal. Tal prática, ao substituir as normas sociais afetivas por uma relação puramente mercantilista, degrada a relação interpessoal saudável entre as pessoas, prática esta vedada pelo legislador. Destarte, a prática de induzir adolescentes, maior de 14 anos e menor de 18 anos, a relações sexuais mediante vantagens econômicas, na terminologia conhecida como *sugar baby*, fere profundamente os princípios de proteção à dignidade e ao desenvolvimento saudável dos jovens. A intervenção legislativa busca assegurar um ambiente de crescimento livre de exploração e coerção comercial, garantindo a tutela jurídica adequada conforme os ditames do art. 218-B, § 2.º, inciso I, do Código Penal" (STJ: Processo em segredo de justiça, rel. Min. Ribeiro Dantas, 5.ª Turma, j. 10.09.2024, noticiado no *Informativo* 825).

Vítima já prostituída – irrelevância: "O fato de a vítima, menor de 18 e maior de 14 anos de idade, atuar na prostituição e ter conhecimento dessa condição é irrelevante para a configuração do crime de favorecimento à prostituição de adolescentes (art. 218-B, § 2.º, I, do Código Penal). O art. 218-B, § 2.º, I, do Código Penal afirma que incorre nas mesmas penas de quem submete, induz ou atrai à prostituição ou outra forma de exploração sexual alguém menor de 18 anos aquele que pratica conjunção carnal ou outro ato libidinoso com pessoa menor de 18 e maior de 14 anos, critério etário, notoriamente objetivo, que não dá margem para relativização quanto à vulnerabilidade da vítima, ao aferimento de seu consentimento e à sua experiência sexual anterior – argumentos esses sexistas, porquanto deslocam para a vítima a responsabilidade pela prática da violência sexual cometida pelo réu. Autorizar esse viés argumentativo implicaria assumir, na espécie e em casos similares, a legitimidade de um escrutínio nada disfarçado das vítimas do sexo feminino de crimes sexuais e reconhecer que existe um paradigma de mulher apta ao sexo, de acordo com seu aspecto físico, de seu fenótipo, e, consequentemente, definidor de sua idade. Além disso, importaria a objetificação do corpo feminino e o reconhecimento, essencialmente, da impossibilidade da contenção da libido masculina. Nessa linha, a orientação do Superior Tribunal de Justiça é de que o fato de a vítima, menor de 18 e maior de 14 anos de idade, atuar na prostituição e ter conhecimento dessa condição é irrelevante para a configuração do tipo penal previsto no art. 218-B, § 2.º, I, do Código Penal, norteada pela regra etária. Dessa forma, verifica-se que a Corte local concluiu corretamente pela existência dos elementos constitutivos do crime de favorecimento à prostituição de menores, pois as adolescentes praticaram atos sexuais com o acusado em troca de pagamento, fatos suficientes para a configuração do tipo penal" (STJ: Processo em segredo de justiça, rel. Min. Rogerio Schietti Cruz, 6.ª Turma, j. 20.08.2024, noticiado no *Informativo* 830). *No mesmo sentido*: STJ: HC 288.374/AM rel. Min. Nefi Cordeiro, 6.ª Turma, j. 05.06.2014, noticiado no *Informativo* 543.

Divulgação de cena de estupro ou de cena de estupro de vulnerável, de cena de sexo ou de pornografia

Art. 218-C. Oferecer, trocar, disponibilizar, transmitir, vender ou expor à venda, distribuir, publicar ou divulgar, por qualquer meio – inclusive por meio de comunicação de massa ou sistema de informática ou telemática –, fotografia, vídeo ou outro registro audiovisual que contenha cena de estupro ou de estupro de vulnerável ou que faça apologia ou induza a sua prática, ou, sem o consentimento da vítima, cena de sexo, nudez ou pornografia:

Pena – reclusão, de 1 (um) a 5 (cinco) anos, se o fato não constitui crime mais grave.

Aumento de pena

§ 1º A pena é aumentada de 1/3 (um terço) a 2/3 (dois terços) se o crime é praticado por agente que mantém ou tenha mantido relação íntima de afeto com a vítima ou com o fim de vingança ou humilhação.

Exclusão de ilicitude

§ 2º Não há crime quando o agente pratica as condutas descritas no *caput* deste artigo em publicação de natureza jornalística, científica, cultural ou acadêmica com a adoção de recurso que impossibilite a identificação da vítima, ressalvada sua prévia autorização, caso seja maior de 18 (dezoito) anos.

Classificação:	Informações rápidas:
Crime simples	**Subsidiariedade expressa.**
Crime comum	**Vítima não precisa ser pessoa vulnerável.**
Crime formal, de consumação antecipada ou de resultado cortado	**Tipo misto alternativo.**
	Exclusão da ilicitude: modalidade especial de exercício
Crime de dano	regular de direito.
Crime de forma livre	**Núcleos do tipo:** o tipo penal contempla 9 (nove) núcleos.
Crime, em regra, comissivo	**Elemento subjetivo:** Dolo. Não se admite a modalidade culposa.
Crime instantâneo ou permanente	**Tentativa:** admite (crime plurissubsistente). Na modalidade
Crime unissubjetivo, unilateral ou de concurso eventual	"oferecer", todavia, não se admite, em face do caráter unissubsistente do delito.
Crime plurissubsistente, em regra	**Ação penal:** pública incondicionada.

○ **Introdução:** Tem sido comum a "viralização" de imagens e vídeos contendo cenas de sexo, nudez ou pornografia, muitas vezes sem o consentimento (e sem o conhecimento) da vítima. Vidas e honras destruídas em minutos, e o Direito Penal ficava de braços cruzados, pois não contava com um instrumento adequado para punir e prevenir condutas dessa envergadura. Para preencher essa lacuna, a Lei 13.718/2018 incluiu no Código Penal o art. 218-C, tipificando a divulgação de cena de estupro ou de cena de estupro de vulnerável, de cena de sexo ou de pornografia.

○ **Objeto jurídico:** É a dignidade sexual, maculada pela divulgação de cena de estupro ou de cena de estupro de vulnerável, de cena de sexo, nudez ou pornografia.

○ **Objeto material:** O delito tem como objetos materiais a **fotografia**, o **vídeo** ou **outro registro audiovisual** que contenha cena de estupro ou de estupro de vulnerável ou que faça apologia ou induza a sua prática, ou, sem o consentimento da vítima, cena de sexo, nudez ou pornografia. A fotografia, vídeo ou registro audiovisual deve conter:

– **Cena de estupro ou de estupro de vulnerável:** delitos tipificados nos arts. 213 e 217-A do Código Penal, respectivamente; ou

– **Cena que faça apologia ou induza a prática do estupro ou do estupro de vulnerável:** fazer apologia é discursar no sentido de elogiar ou defender, genericamente, os crimes de estupro ou de estupro de vulnerável. Induzir, de seu turno, é estimular uma pessoa determinada a cometer o estupro ou o estupro de vulnerável. Nessa hipótese, somente incidirá o delito previsto no art. 218-C do Código Penal se a pessoa estimulada não praticar o delito. Em verdade, se tal pessoa vier a concretizar o estupro ou o estupro de vulnerável, será autora do delito, e quem estimulou mediante a fotografia, vídeo ou registro audiovisual será partícipe;

– **Cena de sexo, nudez ou pornografia:** não se exige qualquer tipo de abuso ou violência sexual. Basta seja a cena divulgada sem o consentimento da vítima.[216]

○ **Núcleos do tipo:** O tipo penal contempla 9 (nove) núcleos: a) **oferecer:** é ofertar, propor ou apresentar algo; b) **trocar:** equivale a permutar uma coisa por outra; c) **disponibilizar:** significa ceder, liberar ou propiciar algo; d) **transmitir:** tem o significado de enviar, mandar ou remeter; e) **vender:** é alienar, ceder onerosamente um bem; f) **expor à venda:** é mostrar ou exibir um objeto, com o intuito de vendê-lo; g) **distribuir:** equivale a compartilhar, difundir ou disseminar algo a outras pessoas; h) **publicar:** é comunicar ou anunciar, no sentido de levar algo ao conhecimento de outras pessoas; e i) **divulgar:** é anunciar ou revelar algo, mediante qualquer forma de comunicação.

○ **Sujeito ativo:** Qualquer pessoa, independentemente de qualquer relação fática ou jurídica com a vítima (**crime comum** ou **geral**). Admite o concurso de pessoas, tanto na coautoria como na participação.

○ **Sujeito passivo:** Qualquer pessoa, independentemente do sexo e da opção sexual, da idade e de ter ou não qualquer ligação pessoal ou profissional com o responsável pelo crime. Na divulgação de cena de estupro ou de cena de estupro de vulnerável, a pessoa que teve sua fotografia, vídeo ou registro audiovisual divulgado será vítima de dois delitos: art. 213 ou art. 217-A, e também do art. 218-C, todos do Código Penal.

○ **Elemento subjetivo:** É o dolo, independentemente de qualquer finalidade específica. Não se admite a modalidade culposa.

○ **Consumação:** Cuida-se de **crime formal, de consumação antecipada ou de resultado cortado:** consuma-se com a prática da conduta prevista em lei, independentemente da efetiva lesão à vítima. É imprescindível, contudo, a potencialidade lesiva, ou seja, o comportamento do agente deve ser idôneo a causar danos ao ofendido em sua dignidade sexual. No núcleo "expor à venda" o crime é permanente; no verbo "publicar", pode ser instantâneo ou permanente (exemplo: publicação em website que permanece no ar por longo período, pela vontade do agente); nos demais núcleos, o delito é instantâneo. A conduta pode ser concretizada por qualquer meio, inclusive por meio de comunicação de massa (televisão, cinema e teatro), ou sistema de informática (sites, redes sociais) ou telemática (aplicativos como WhatsApp, FaceTime, Telegram, Messenger e Skype). Trata-se de tipo **misto alternativo**, crime de **ação múltipla ou de conteúdo variado**. Se o agente cometer dois ou mais núcleos do tipo, em relação ao mesmo objeto material e no mesmo contexto fático, estará caracterizado um único delito. A pluralidade de condutas deverá ser levada em conta pelo magistrado na aplicação da pena-base, como circunstância judicial desfavorável (CP, art. 59, *caput*).

○ **Tentativa:** É **possível**, nas situações em que a conduta se apresentar como **plurissubsistente**, autorizando o fracionamento do *iter criminis*. Na modalidade "oferecer", todavia, não se admite *conatus*, em face do caráter unissubsistente do delito.

○ **Ação penal:** É pública incondicionada.

○ **Lei 9.099/1995:** Trata-se de **crime de médio potencial ofensivo**. A pena mínima cominada – reclusão, de 1 ano – é compatível com a suspensão condicional do processo, se estiverem presentes os demais requisitos elencados pelo art. 89 da Lei 9.099/1995.

---

[216] O compartilhamento de imagens ou vídeos com conteúdo sexual nas redes sociais é chamado de *sexting*.

○ **Subsidiariedade expressa:** O art. 218-C do Código Penal contempla uma norma expressamente subsidiária. Com efeito, a pena cominada é de reclusão, de 1 (um) a 5 (cinco) anos, "se o fato não constitui crime mais grave".

○ **Conflito com crimes definidos no Estatuto da Criança e do Adolescente:** No campo dos vulneráveis, o art. 218-C do Código Penal deve ser **interpretado restritivamente**, para o fim de abranger unicamente as pessoas que, por enfermidade ou deficiência mental, não têm o necessário discernimento para a prática do ato, ou que, por qualquer outra causa, não podem oferecer resistência (CP, art. 217-A, § 1.º), **excluindo-se os menores de 14 anos**. Com efeito, se a conduta for praticada contra menor de 14 anos, estará tipificado algum dos crimes na Lei 8.069/1990 (Estatuto da Criança e do Adolescente), notadamente em seus arts. 240, 241, 241-A e 241-B. O conflito aparente de normas penais é solucionado tanto pelo **princípio da especialidade**, pois o Estatuto da Criança e do Adolescente possui normas especiais, e o Código Penal contempla a norma geral, como também pelo princípio da **subsidiariedade expressa**, assim declarada pelo preceito secundário do art. 218-C do Código Penal – "se o fato não constitui crime mais grave" –, uma vez que as penas dos delitos tipificados na Lei 8.069/1990 são mais elevadas do que aquela cominada no Código Penal.

○ **Causas de aumento de pena:** O § 1.º do art. 218-C do Código Penal contempla duas causas de aumento de pena, no patamar de 1/3 (um terço) a 2/3 (dois terços). Incidem na terceira e derradeira etapa da dosimetria da pena privativa de liberdade, e podem levá-la acima do máximo legalmente previsto. Vejamos cada uma delas:

– **Se o crime é praticado por agente que mantém ou tenha mantido relação íntima de afeto com a vítima:** nessa modalidade o crime é **bipróprio**, pois reclama uma posição diferenciada tanto no tocante ao sujeito ativo como também em relação ao sujeito passivo. A relação íntima de afeto pressupõe **elevado grau de confiança** entre as pessoas nela envolvidas, sendo possível identificá-la no casamento, na união estável e no namoro sério e duradouro (a majorante não é aplicável aos crimes cometidos no contexto de relações casuais ou esporádicas, para as quais fica reservada a figura básica prevista no caput do art. 218-C do Código Penal). A **quebra de confiança** provoca traumas psicológicos diferenciados à vítima, muitas vezes criando barreiras intransponíveis para a aceitação de novas relações amorosas. Estes são os fundamentos do tratamento mais rigoroso.

– **Se o crime é praticado com o fim de vingança ou humilhação:** essa causa de aumento diz respeito à motivação do agente, que não deseja unicamente divulgar a cena de estupro ou de estupro de vulnerável, e especialmente a cena de sexo, nudez ou pornografia, mas com o deliberado propósito de se vingar da vítima ou, então, de humilhá-la.

○ **Exclusão da ilicitude:** Trata-se de modalidade especial de exercício regular de direito, relacionada ao regular exercício da atividade jornalística, científica, cultural ou acadêmica. O fato é típico, porém acobertado por uma excludente da ilicitude. Em qualquer caso, a publicação deve **impossibilitar** – e não meramente dificultar – a identificação da vítima, seja pelo seu nome, pela fisionomia ou por qualquer outro sinal característico, salvo se presente sua autorização anterior à publicação. A autorização somente será válida se a vítima for maior de idade e capaz, e se tiver sido obtida licitamente.

Capítulo III –
DO RAPTO

Arts. 219 a 222. (Revogados).

○ **Revogação:** Os arts. 219 a 222 do CP foram revogados pela Lei 11.106/2005. Com a extinção do crime de rapto, os arts. 221 e 222, também revogados, não tinham mais razão para existir.

○ **Continuidade típico-normativa do rapto violento:** No tocante à conduta anteriormente descrita no art. 219 do CP – rapto violento –, não há falar em *abolitio criminis*, e sim em mera revogação formal. Com efeito, qualquer pessoa, e não somente as "mulheres honestas", podem ser vítimas do crime de sequestro ou cárcere privado qualificado pela privação da liberdade com fins libidinosos, nos termos do art. 148, § 1.º, V, do CP. Houve, portanto, o deslocamento da conduta criminosa para outro tipo penal, incidindo o **princípio da continuidade típico normativa**.

○ *Abolitio criminis* **do rapto consensual:** O crime de rapto consensual, outrora descrito no art. 220 do CP, foi objeto de autêntica *abolitio criminis*. O tipo penal foi revogado formalmente, e também se operou a supressão material do fato criminoso, pois a conduta não encontra relevância penal em nenhum outro dispositivo legal.

Capítulo IV –
DISPOSIÇÕES GERAIS

Arts. 223 e 224. (Revogados).

○ **Revogação:** Os arts. 223 e 224 do CP foram revogados pela Lei 12.015/2009.

Ação Penal

Art. 225. Nos crimes definidos nos Capítulos I e II deste Título, procede-se mediante ação penal pública incondicionada.

Parágrafo único. (Revogado).

○ **Natureza da ação penal:** De acordo com o art. 225 do Código Penal, os crimes contra a dignidade sexual são de **ação penal pública incondicionada**. Antes da Lei 13.718/2018, a ação penal normalmente era pública condicionada à representação. Essa alteração foi equivocada, e constitui-se em indisfarçável retrocesso na seara dos crimes contra a dignidade sexual. Com efeito, a ação penal pública condicionada conferia maior coerência à persecução penal desses delitos. Se a vítima, maior de 18 anos e capaz, preferisse preservar sua intimidade, evitando o escândalo provocado pelo processo, bastava não representar, e ninguém poderia interferir em sua privacidade. Entretanto, se representasse, não precisava suportar o ônus da constituição de advogado, pois o Ministério Público estava legitimado a oferecer denúncia. Agora, com a ação pública incondicionada, pode acontecer de a vítima do crime sexual optar pelo silêncio, por ser a publicidade do fato apta a lhe trazer ainda mais prejuízos psicológicos e emocionais, e mesmo assim ser instaurada a persecução penal. Imagine a hipótese em que, contra a vontade da vítima, a imprensa noticia um crime de estupro. A autoridade policial, tomando conhecimento do fato, terá a obrigação de instaurar o inquérito policial, e o Ministério Público, por dever de ofício, terá que oferecer a denúncia. Pode inclusive acontecer de a vítima recusar-se a prestar declarações em juízo, permanecendo em silêncio, e a ela não será imputado o crime tipificado no art. 342 do Código Penal, pois não é testemunha. Nesse caso, se o acusado negar a imputação, como normalmente acontece, e o fato não contar com nenhuma testemunha, a absolvição será inevitável. Em síntese, o Estado escancarou a privacidade e a intimidade de uma pessoa, já abalada por um delito covarde e de elevada gravidade, e contra a sua vontade, para ao final ser proferida uma sentença absolutória. A finalidade do legislador, ao implementar a ação penal pública incondicionada, foi livrar a vítima da pressão de representar contra seu agressor, ou então de retratar-se da representação eventualmente já lançada. Mas convém destacar um erro técnico na alteração promovida pela Lei 13.718/2018. Diante da regra contida no art. 100, § 1.º, do Código Penal – "A ação pública é promovida pelo Ministério Público, dependendo, **quando a lei o exige**, de representação do ofendido ou de requisição do Ministro da Justiça", bastava ao legislador revogar o art. 225 do Código Penal, e automaticamente a ação penal nos crimes contra a dignidade sexual passaria a ser pública incondicionada, sem necessidade de subsistência deste dispositivo legal. Entretanto, subsiste a **ação penal privada subsidiária**, em decorrência da cláusula pétrea contida no art. 5.º, LIX, da Constituição Federal.

Aumento de pena

> **Art. 226.** A pena é aumentada:
>
> I – de quarta parte, se o crime é cometido com o concurso de 2 (duas) ou mais pessoas;
>
> II – de metade, se o agente é ascendente, padrasto ou madrasta, tio, irmão, cônjuge, companheiro, tutor, curador, preceptor ou empregador da vítima ou por qualquer outro título tiver autoridade sobre ela;
>
> III – (Revogado).
>
> IV – de 1/3 (um terço) a 2/3 (dois terços), se o crime é praticado:

Estupro coletivo

> a) mediante concurso de 2 (dois) ou mais agentes;

Estupro corretivo

> b) para controlar o comportamento social ou sexual da vítima.

○ **Introdução:** O art. 226 do CP contempla **causas de aumento da pena** aplicáveis aos crimes definidos nos Capítulos I, I-A e II do Título VI da Parte Especial do Código Penal (arts. 213 a 218-C). O aumento incidirá na terceira fase da dosimetria da pena privativa de liberdade, e pode elevá-la acima do máximo legalmente previsto. Se ocorrer mais de uma causa de aumento deverá ser observada a regra insculpida no art. 68, parágrafo único, do CP.

○ **Causas de aumento da pena em espécie:**
  – Inciso I – de quarta parte, se o crime é cometido com o concurso de 2 (duas) ou mais pessoas: A majorante diz respeito ao **concurso de pessoas** para a prática de qualquer dos delitos estatuídos nos Capítulos I, I-A e II do Título VI da Parte Especial do Código Penal – Crimes contra a liberdade sexual e Crimes sexuais contra vulnerável, **com exceção do estupro**. No tocante a esse delito há uma causa de aumento específica, com percentuais mais elevados (um terço a dois

terços), prevista no art. 226, IV, "a", do Código Penal. A antinomia é solucionada pelo princípio da especialidade. A justificativa para o tratamento penal mais severo repousa na maior facilidade para a prática do delito, bem como na possibilidade de causação de prejuízos mais extensos à vítima. Como a lei empregou a expressão "concurso de 2 (duas) ou mais pessoas", o aumento da pena é cabível tanto na coautoria como na participação, incidindo para todos aqueles que concorrem de qualquer modo para a empreitada criminosa.

– Inciso II – de metade, se o agente é ascendente, padrasto ou madrasta, tio, irmão, cônjuge, companheiro, tutor, curador, preceptor ou empregador da vítima ou por qualquer outro título tiver autoridade sobre ela: as causas de aumento da pena relacionam-se com a **qualidade do sujeito ativo**, atinentes ao seu parentesco ou com sua posição de autoridade perante o ofendido. Não se restringem, portanto, ao poder familiar. O aumento justifica-se pelo fato de ser o delito cometido exatamente por quem tem o dever de proteção, educação e cuidado para com a vítima. A condição de ascendente pode advir do nascimento biológico ou da adoção (o art. 227, § 6.º, da CF). Os irmãos podem ser bilaterais ou unilaterais. Preceptor é a pessoa incumbida de acompanhar e orientar a educação de uma criança ou adolescente. No tocante à expressão "ou por qualquer título tem autoridade sobre ela", o agente tem com a vítima uma relação de direito (como o carcereiro em relação ao detento) ou de fato (criança abandonada que passa a noite na casa de quem a recolhe da rua). O STJ, interpretando a expressão "ou por qualquer outro título tiver autoridade sobre ela", reconheceu a incidência da majorante ao motorista de van escolar que pratica estupro de vulnerável contra criança ou adolescente sob sua vigilância, em face da sua posição de autoridade e garantidor da segurança e incolumidade moral das vítimas.[217] O legislador olvidou-se do aumento da pena no tocante ao agente que figura na posição de **descendente** da vítima. Embora seja mais frequente o abuso sexual pelo ascendente contra o descendente, a situação inversa não pode ser descartada, a exemplo dos tristes episódios em que filhos praticam estupros contra suas genitoras. Essa majorante, dependendo do caso concreto, mostra-se compatível com a agravante genérica elencada pelo art. 61, II, "f", do Código Penal – crime cometido "com abuso de autoridade ou prevalecendo-se de relações domésticas, de coabitação ou de hospitalidade, ou com violência contra a mulher na forma da lei específica". É preciso avaliar os fatores que justificam a incidência de cada dispositivo legal, a fim de evitar o *bis in idem*. Esse entendimento encontra-se consolidado no **STJ – Tema 1215 do Recurso Repetitivo**: "Nos crimes contra a dignidade sexual, não configura *bis in idem* a aplicação simultânea da agravante genérica do art. 61, II, 'f', e da majorante específica do art. 226, II, ambos do Código Penal, salvo quando presente apenas a relação de autoridade do agente sobre a vítima, hipótese na qual deve ser aplicada tão somente a causa de aumento".

– Inciso IV: de 1/3 (um terço) a 2/3 (dois terços), se o crime é praticado: a) mediante concurso de 2 (dois) ou mais agentes; e b) para controlar o comportamento social ou sexual da vítima: essas majorantes foram criadas pela Lei 13.718/2018 e incidem unicamente ao crime de estupro. Como o dispositivo legal fala em "estupro", e o Código Penal reservou tal denominação somente ao crime tipificado em seu art. 213, não há como se aplicar essas majorantes ao estupro de vulnerável, definido no art. 217-A. Cuida-se de grave equívoco do legislador, mas que não pode ser suprido pelo operador do Direito Penal, sob pena de consagração da analogia *in malam partem*.

a) mediante concurso de 2 (dois) ou mais agentes: estupro coletivo. Ao contrário do que tal nomenclatura pode inicialmente sugerir, não se exige a prática do estupro por diversas pessoas contra uma única vítima. Basta seja o delito praticado por dois agentes. O aumento da pena é cabível tanto na coautoria (exemplo: dois homens simultaneamente constrangem uma mulher à conjunção carnal) como na participação (exemplo: uma mulher contrata um homem para estuprar sua desafeta), e atinge todos os envolvidos na empreitada criminosa. A majorante fundamenta-se

---

217   STJ: Processo em segredo de justiça, rel. Min. Ribeiro Dantas, 5.ª Turma, j. 08.10.2024, noticiado no *Informativo* 829.

na maior facilidade para a execução do estupro na hipótese de concurso de agentes, bem como na maior extensão dos danos – físicos, morais e psicológicos – causados à vítima.

b) para controlar o comportamento social ou sexual da vítima: estupro corretivo. O agente, mediante violência ou grave ameaça, constrange a vítima a ter conjunção carnal ou a praticar ou permitir que com ele se pratique outro ato libidinoso, com a motivação de supostamente alterar sua orientação sexual ou identidade de gênero. É o que se dá no exemplo em que um homem estupra uma mulher por não aceitar sua orientação sexual: ele acredita que, com a conjunção carnal, fará com que ela comece a "gostar de homens", e assim estará "corrigindo" seu estilo de vida.

○ **A vedação do *bis in idem*:** As causas de aumento da pena previstas no art. 226 do CP somente serão aplicáveis quando não representarem elementares ou qualificadoras dos crimes contra a liberdade sexual ou dos crimes sexuais contra vulneráveis, em homenagem à proibição do *bis in idem*.

○ **Confronto entre os arts. 226 e 234-A do CP:** O art. 234-A do CP elenca outras causas de aumento da pena aplicáveis aos crimes contra a dignidade sexual: inc. III – de metade a 2/3 (dois terços), se do crime resultar gravidez; e IV – de 1/3 (um terço) a 2/3 (dois terços), se o agente transmite à vítima doença sexualmente transmissível de que sabe ou deveria saber ser portador, ou se a vítima é idosa ou pessoa com deficiência. Tais majorantes incidem em relação a todos os crimes contra a dignidade sexual. A aplicabilidade do art. 226 do CP, no entanto, limita-se aos crimes previstos nos Capítulos I, I-A e II do Título VI da Parte Especial do CP – crimes contra a liberdade sexual, exposição da intimidade sexual e crimes sexuais contra vulnerável (arts. 213 a 218-C). No caso concreto, contudo, nada impede a incidência simultânea dos dois dispositivos, como na hipótese do estupro cometido por ascendente, daí resultando a transmissão de doença sexualmente transmissível da qual sabia ser portador, devendo ser observado o disposto no parágrafo único do art. 68 do Código Penal. Mas cuidado: o inc. IV do art. 226 do Código Penal é aplicável exclusivamente ao estupro (art. 213).

○ **Jurisprudência selecionada:**

Aumento da pena – gravidez – cabimento: "2. No caso, a gravidez da vítima, filha do Paciente, não pode ser considerada fato inerente ao crime de estupro. Tal circunstância, por si só, justifica o aumento da pena-base em 6 meses, ante a gravidade das consequências – nascimento de pessoa, em razão de relação incestuosa, e que, segundo as instâncias ordinárias, era indesejada. 3. A gravidez causada por estupro já foi considerada como motivo válido para o aumento da pena-base por esta Turma: HC 86.513/MT, Rel. Min. Napoleão Nunes Maia Filho, Quinta Turma, *DJe* de 22.09.2008. 4. Apenas *ad argumentandum*, é circunstância válida para o aumento da pena-base o fato de o paciente conviver em ambiente familiar a vítima, tendo a prática delituosa ocorrido durante a ausência de sua esposa do lar. 5. Não há *bis in idem* entre as primeira e terceira fases da dosimetria da pena no caso. Na majorante do art. 226, inciso II, do Código Penal, não se prevê somente condições referentes ao poder familiar; há também relativas ao poder patronal, por exemplo ('ser o agente ascendente, padrasto ou madrasta, tio, irmão, cônjuge, companheiro, tutor, curador, preceptor ou empregador da vítima ou por qualquer outro título tem autoridade sobre ela'). Não se pode considerar, portanto, que a coabitação tenha sido prevista pelo legislador na causa de aumento em questão, que, repita-se, não prevê apenas condições referentes ao pátrio poder" (STJ: HC 137.719/MG, rel. Min. Laurita Vaz, 5.ª Turma, j. 16.12.2010).

Crimes contra a dignidade sexual – aplicação simultânea da agravante do art. 61, II, *f*, e da majorante do art. 226, II, ambas do Código Penal – inexistência de *bis in idem* – hipóteses de incidência distintas – exceção quando verificada apenas relação de autoridade – Tema 1215 do Recurso Repetitivo: "Nos crimes contra a dignidade sexual, não configura *bis in idem* a aplicação simultânea da agravante genérica do art. 61, II, *f*, e da majorante específica do art. 226, II, ambos do Código Penal, salvo quando presente apenas a relação de autoridade do agente sobre a vítima, hipótese na qual deve ser aplicada tão somente a causa de aumento. A causa de aumento do art. 226, II, do Código Penal prevê que as penas dos delitos previstos no Título VI – crimes contra a dignidade sexual – serão aumentadas da metade nas hipóteses em que o agente possui autoridade sobre a vítima. Inegável a maior censurabilidade da conduta praticada por quem teria o dever de proteção e vigilância da vítima, além de ser condição apta a facilitar a prática do crime e a dificultar a sua descoberta. De outro lado, a agravante genérica do art. 61, II, 'f', do CP tem por finalidade punir mais severamente o agente que pratica o crime 'com abuso de autoridade ou prevalecendo-se de relações domésticas, de coabitação ou de hospitalidade, ou com violência contra a mulher na forma da lei específica'. Constata-se que o único ponto de intersecção entre os dois dispositivos em análise é o atinente à existência de relação de autoridade. Na hipótese da majorante, o legislador previu cláusula casuística, na qual trouxe algumas situações em que o agente exerce naturalmente autoridade sobre a vítima, seguida de cláusula genérica, para abarcar outras situações não previstas expressamente no texto legal. No caso da agravante genérica, previu-se que a circunstância de o crime ser cometido com abuso de autoridade sempre agrava a pena. Nessa hipótese, revela-se evidente a sobreposição de situações. Contudo, nos demais casos do art. 61, II, 'f', do CP, a conclusão deve ser distinta. Isso porque a circunstância de o agente cometer o crime prevalecendo-se das relações domésticas, de coabitação, de hospitalidade ou com violência contra a mulher na forma da lei específica não pressupõe, tampouco exige, qualquer relação de autoridade entre o agente e a vítima. Da mesma forma, o agente pode possuir autoridade sobre a vítima, sem, contudo, incidir, necessariamente, em alguma dessas circunstâncias que agravam a pena. Portanto, se o agente, além de possuir relação de autoridade sobre a vítima, praticar o crime em alguma dessas situações, deve ser aplicada a agravante do art. 61, II, 'f', do CP, em conjunto com a majorante do art. 226, II, do CP. A aplicação simultânea da agravante genérica e da causa de aumento de pena, nessas hipóteses, não representa uma dupla valoração da mesma circunstância, não sendo possível falar em violação ao princípio do *ne bis in idem*. Se, do contrário, existir apenas a circunstância de ter o agente autoridade sobre a vítima, deve ser aplicada somente a causa de aumento dos crimes contra a dignidade sexual, diante de sua especialidade em relação à agravante. Destaca-se que a jurisprudência do STJ posiciona-se neste sentido, pois '[c]om razão as instâncias ordinárias, ao fazerem incidir quer a agravante genérica do art. 61, inciso II, alínea 'f', quer a causa de aumento específica do art. 226, inciso II, ambas do Código Penal, uma vez que fundamentaram a aplicação da agravante na coabitação e, com relação à causa específica, apontaram a condição do acusado ser pai das vítimas, mantendo com as menores o vínculo familiar expresso no pátrio poder, cuja relação de prevalência é totalmente diversa da relação de coabitação. Com efeito, não é condição de coabitação a relação de ascendência, ou vice-versa, demonstrando cabalmente, assim, tratar a lei de situações totalmente distintas' (HC 336.120/PR, rel. Min. Reynaldo Soares da Fonseca, Quinta Turma, *DJe* 25.04.2017). No caso, o Tribunal *a quo* decotou a circunstância agravante por entender que a sua aplicação simultânea com a majorante específica do art. 226, II, do CP configuraria *bis in idem*, pois o mesmo fato – relação doméstica e parentesco – teria sido valorado negativamente duas vezes. Contudo, a circunstância de o crime ser cometido com prevalência das relações domésticas não se confunde com a relação de autoridade (ascendência) que o acusado possui sobre a vítima, razão pela qual inexiste *bis in idem*. Ante o exposto, é fixada a seguinte tese: nos crimes contra a dignidade sexual, não configura *bis in idem* a aplicação simultânea da agravante genérica do art. 61, II, 'f', e da majorante específica do art. 226, II, ambos do Código Penal, salvo quando presente apenas a relação de autoridade do agente sobre a vítima, hipótese na qual deve ser aplicada tão somente a causa de aumento" (STJ: REsp 2.038.833/MG, rel. Min. Joel Ilan Paciornik, 3.ª Seção, j. 13.11.2024, noticiado no *Informativo* 834).

Motorista de van escolar – estupro de vulnerável – relação de poder, confiança ou subordinação entre o agente e a vítima – incidência da causa de aumento de pena do art. 226, II, do Código Penal – possibilidade: "O motorista de van escolar, ao cometer o crime de estupro de vulnerável contra criança ou adolescente sob sua vigilância, está sujeito à causa de aumento de pena prevista no art. 226, II, do Código Penal, devido à sua posição de autoridade e garantidor da segurança e incolumidade moral das vítimas. A causa de aumento da pena do inciso II do art. 226 do CP se ancora na especial relação de poder, confiança ou subordinação entre o agente e a vítima, o que confere ao delito uma gravidade diferenciada. Tal relação transcende a mera circunstância do fato, consistindo em um abuso de uma posição que deveria promover proteção e respeito, mas que, ao contrário, se corrompe em instrumento de violação à dignidade sexual da vítima. A intensificação do abuso é exacerbada pela vulnerabilidade intrínseca da vítima, que, confiando no agente, se vê subjugada pela proximidade ou pela autoridade exercida. A intenção da majorante é clara: sancionar mais severamente aqueles que, valendo-se de uma posição de confiança, subvertem tal relação para fins ilícitos, potencializando a gravidade do crime pelo uso do poder ou da autoridade. A confiança, aqui, torna-se uma causa de aumento da pena, na medida em que a vítima, por confiar no agente, vê sua capacidade de resistência fragilizada, sendo conduzida a uma situação de completa vulnerabilidade. É preciso considerar essa vulnerabilidade no momento da dosimetria da pena, como um fator a justificar uma resposta penal mais rigorosa, que leve em conta o abalo psicológico e social causado. Nessa linha, no julgamento do AgRg no HC 567.406/RS, o Superior Tribunal de Justiça firmou entendimento segundo o qual, nos casos de estupro de vulnerável, a posição de garante contratual, como a exercida por um motorista de transporte escolar, configura autoridade de fato sobre a vítima, legitimando a aplicação da referida causa de aumento. O preposto, nesse contexto, não apenas assume o dever de proteger a integridade física e moral dos menores transportados, mas também exerce uma influência direta sobre eles, caracterizando a relação de confiança e autoridade requerida para o aumento da pena. No que concerne à condenação de um motorista de transporte escolar pelo crime de estupro de vulnerável, previsto no art. 217-A do Código Penal, é crucial ressaltar que a função de motorista de van escolar o coloca na posição de garantidor da integridade física e moral dos menores sob sua vigilância. Nessa qualidade, exerce, de fato, uma forma de autoridade que transcende a simples prestação de serviço de transporte, pois lhe é conferida a responsabilidade de zelar pela segurança e bem-estar dos passageiros. A violação desse dever, ao invés de apenas constituir uma quebra contratual, assume relevância penal, uma vez que transforma o próprio vínculo fiduciário em instrumento para a perpetração do crime. O ordenamento jurídico, ao prever o aumento de pena no art. 226, II, reconhece o maior grau de censurabilidade daquele que, estando em posição de garantidor, se vale dessa posição para a prática do ilícito, comprometendo assim tanto a confiança depositada nele quanto o dever de resguardar a formação moral e a integridade física do indivíduo sob sua tutela. Aqui, o desvalor da ação é ainda mais evidente, pois o agente infringe o dever ético-jurídico de proteger, o que debilita sobremaneira a capacidade de defesa da vítima, especialmente em razão de sua vulnerabilidade etária. Essa gravidade, portanto, não se limita ao desvalor da ação em si, mas expande-se ao plano subjetivo do agente, cujo dever de proteção é intencionalmente transgredido para violar a dignidade da vítima, ensejando, assim, a necessária aplicação do aumento penal, como medida de reprovação e prevenção, conforme preconiza o sistema penal pátrio" (STJ: Processo em segredo de justiça, rel. Min. Ribeiro Dantas, 5.ª Turma, j. 08.10.2024, noticiado no *Informativo* 829).

Capítulo V –
DO LENOCÍNIO E DO TRÁFICO DE PESSOA PARA FIM DE PROSTITUIÇÃO OU OUTRA FORMA DE EXPLORAÇÃO SEXUAL

○ **Introdução:** Neste Capítulo, o legislador poderia ter se limitado a utilizar a expressão "Do lenocínio", terminologia que engloba todas as figuras criminosas relacionadas aos mediadores e aos aproveitadores da prostituição e da exploração sexual, incluindo o tráfico de pessoas com tal finalidade. O lenocínio consiste em prestar assistência à libidinagem de outrem ou dela tirar proveito. Difere-se dos demais crimes sexuais porque opera em torno da lascívia alheia. Esta é a nota comum entre os delitos definidos neste capítulo: os proxenetas (ou alcoviteiros), os rufiões e os traficantes de pessoas para fim de exploração sexual atuam em favor da libidinagem de outrem, ora como mediadores, fomentadores ou auxiliares, ora como aproveitadores. O lenocínio pode ser **principal** (mediação para servir a lascívia de outrem – art. 227 do CP) ou **acessório** (conceito que engloba os demais crimes previstos neste capítulo). Embora não se reclame no lenocínio o ânimo lucrativo, a prática demonstra ser isto o que normalmente acontece, ensejando o chamado lenocínio **mercenário** ou **questuário**.

○ **Fundamento:** Com o tratamento penal conferido nos arts. 227 a 230 do CP, busca-se tutelar a dignidade sexual das pessoas e a moralidade pública, evitando a disseminação da prostituição e de outras formas de exploração sexual e, consequentemente, toda a depravação que gira ao seu redor.

Mediação para servir a lascívia de outrem

Art. 227. Induzir alguém a satisfazer a lascívia de outrem:

Pena – reclusão, de um a três anos.

§ 1º Se a vítima é maior de 14 (catorze) e menor de 18 (dezoito) anos, ou se o agente é seu ascendente, descendente, cônjuge ou companheiro, irmão, tutor ou curador ou pessoa a quem esteja confiada para fins de educação, de tratamento ou de guarda:

Pena – reclusão, de dois a cinco anos.

§ 2º Se o crime é cometido com emprego de violência, grave ameaça ou fraude:

Pena – reclusão, de dois a oito anos, além da pena correspondente à violência.

§ 3º Se o crime é cometido com o fim de lucro, aplica-se também multa.

Classificação:	Informações rápidas:
Crime simples	Lenocínio questuário ou mercenário: § 3.º
Crime comum	**Objeto material:** pessoa induzida a satisfazer a lascívia de
Crime material ou causal	outrem. A conduta deve voltar-se a **pessoa ou pessoas**
Crime de forma livre	**determinadas.**
Crime instantâneo	**Elemento subjetivo:** dolo (elemento subjetivo especí-
Crime comissivo (*regra*)	fico – "satisfazer a lascívia de outrem"). Não admite
Crime unissubjetivo, unilateral ou de	modalidade culposa.
concurso eventual	**Tentativa:** admite (crime plurissubsistente).
Crime plurissubsistente (*regra*)	**Ação penal:** pública incondicionada.

○ **Objeto jurídico:** É a dignidade e a liberdade sexual, bem como a moralidade pública, em seu aspecto sexual.

○ **Objeto material:** É a pessoa induzida a satisfazer a lascívia de outrem.

○ **Núcleo do tipo:** O núcleo do tipo é "**induzir**", no sentido de criar na mente de alguém a vontade de satisfazer a lascívia alheia, convencendo-a a agir desta forma. **Lascívia** é o desejo sexual, a luxúria. A satisfação da lascívia abrange qualquer atividade destinada a saciar a libido de uma pessoa, mediante a prática de atos sexuais, a mera contemplação passiva ou qualquer outra atividade direcionada ao prazer erótico. A conduta deve voltar-se a **pessoa ou pessoas determinadas**, pois o tipo penal contém a elementar "alguém". Se o agente induzir pessoas indeterminadas a satisfazer a lascívia de outrem, a ele será imputado o crime previsto no art. 228 do Código Penal. Também estará caracterizado o delito de favorecimento da prostituição ou outra forma de exploração sexual quando a vítima receber alguma contraprestação, do agente ou de terceiro, em decorrência do seu comportamento, o que não se verifica no crime tipificado no crime em análise.

○ **Sujeito ativo:** Qualquer pessoa (**crime comum** ou **geral**). Se o agente for ascendente, descendente, cônjuge ou companheiro, irmão, tutor ou curador ou pessoa a quem esteja confiada para fins de educação, de tratamento ou de guarda da vítima, estará caracterizada a qualificadora prevista no art. 227, § 1.º, *in fine*, do CP. A pessoa beneficiada pelo proxeneta, cuja lascívia é satisfeita pela vítima, não responde pelo delito na condição de coautor ou partícipe – a lei incrimina o comportamento de induzir alguém a satisfazer a lascívia de "outrem", e não a própria. Poderá vir a ser responsabilizado por algum outro crime contra a dignidade sexual.

○ **Sujeito passivo:** Pode ser qualquer pessoa, independentemente do sexo, e, mediatamente, a coletividade. No caso de vítima maior de 14 e menor de 18 anos de idade, incide a qualificadora definida no art. 227, § 1.º, 1.ª parte, do CP.

– **A problemática inerente à vulnerabilidade da vítima:** A conduta de induzir pessoa menor de 14 anos a satisfazer a lascívia de outrem implica o reconhecimento do crime de corrupção de menores, tipificado no art. 218 do CP.

– **Exercício da prostituição e induzimento à satisfação da lascívia alheia:** Não há crime quando uma pessoa prostituída é induzida a satisfazer a lascívia de outrem. Nesse caso, é dispensável o induzimento para a satisfação da lascívia alheia, pois quem exerce a prostituição já se dedica a esta finalidade.

○ **Elemento subjetivo:** É o dolo, acrescido de um especial fim de agir (elemento subjetivo específico), consistente na intenção de satisfazer a lascívia de outrem. Não se admite a modalidade culposa.

○ **Consumação:** Trata-se de **crime material** ou **causal** – estará consumado com a realização de algum ato sexual pela vítima, voltado à satisfação da lascívia de alguém. É também **crime instantâneo** – basta a realização de um único ato, dispensando-se a reiteração, pois a lei não reclama a habitualidade para o aperfeiçoamento do delito.

○ **Tentativa:** É possível.

○ **Ação penal:** É pública incondicionada.

○ **Lei 9.099/1995:** Em sua modalidade fundamental a mediação para satisfazer a lascívia de outrem é **crime de médio potencial ofensivo**, sendo autorizada a suspensão condicional do processo, se presentes os demais requisitos elencados pelo art. 89 da Lei 9.099/1995. As figuras qualificadas são **crimes de elevado potencial ofensivo**, incompatíveis com os benefícios da referida lei.

○ **Figuras qualificadas (art. 227, §§ 1.º e 2.º):** As qualificadoras do § 1.º dizem respeito à **idade da vítima** e à **qualidade do sujeito ativo**. Tais circunstâncias devem ser provadas por documento hábil (art. 155, parágrafo único, do CPP). Em relação ao crime praticado por ascendente, tutor ou curador, a condenação com trânsito em julgado acarreta a incapacidade para o exercício do poder familiar, da tutela ou da curatela nos crimes dolosos sujeitos à pena de reclusão cometidos contra outrem igualmente titular do mesmo poder familiar, contra filho, filha ou outro descendente ou contra tutelado ou curatelado (art. 92, II, do CP), desde que este efeito seja motivadamente declarado na sentença. As qualificadoras do § 2.º dizem respeito a **meios de execução** que facilitam a prática do crime, pela coação ou pelo engano da vítima, e a ela causam maiores danos. **Violência** é o emprego de força física contra alguém, mediante lesão corporal ou vias de fato. A lei impõe o **concurso material obrigatório** entre a figura qualificada da mediação para servir a lascívia de outrem e o crime resultante da violência, somando-se as penas. As vias de fato são absorvidas, em face da sua subsidiariedade expressa (art. 21 do Decreto-lei 3.688/1941 – Lei das Contravenções Penais). **Grave ameaça** é a promessa de mal injusto, grave e passível de realização. **Fraude** é o artifício ou ardil utilizado para ludibriar alguém. Se existir mais de uma qualificadora, o magistrado, ao aplicar a pena, deve utilizar o § 2.º como qualificadora, em razão da sua maior gravidade, funcionando o § 1.º como circunstância judicial desfavorável (art. 59, *caput*, do CP).

○ **A questão da instigação para satisfação da lascívia alheia e o art. 241-D do Estatuto da Criança e do Adolescente:** O art. 227, *caput*, do CP pune a conduta de "induzir" alguém a satisfazer a lascívia de outrem. Destarte, não há falar neste delito quando o agente **instiga** uma pessoa, ou seja, reforça a vontade já existente de satisfazer a lascívia alheia. O fato, em princípio, é atípico. Se a vítima for **criança** (pessoa com menos de 12 anos de idade) e a instigação relacionar-se a ato libidinoso a ser realizado com o próprio instigador, estará caracterizado o crime de aliciamento de criança para fins libidinosos (art. 241-D da Lei 8.069/1990 – ECA).

○ **Fim de lucro e aplicação cumulativa da pena de multa:** Se o crime é cometido com o fim de lucro, aplica-se também a multa (art. 227, § 3.º, do Código Penal). Não se reclama a efetiva obtenção da vantagem, sendo suficiente a intenção de recebê-la.

○ **Mediação para servir a lascívia de outrem com o fim de lucro e rufianismo – distinção:** No rufianismo, a pessoa explorada exerce a prostituição, e sua configuração reclama habitualidade, pois o agente tira proveito da prostituição alheia, participando diretamente dos seus lucros ou fazendo-se sustentar, no todo ou em parte, por quem a exerça. Na mediação para servir a lascívia de outrem, a pessoa explorada não se prostitui, e o delito é instantâneo.

○ **Mediação para satisfazer a lascívia de outrem e realização de ato sexual consentido com pessoa menor de 18 e maior de 14 anos de idade:** Apenas o proxeneta será responsabilizado pela mediação para servir a lascívia de outrem, em sua forma qualificada (CP, art. 227, § 1.º, 1.ª parte), em decorrência da idade da vítima. Não há crime para o terceiro que, com o consentimento válido da pessoa menor de 18 e maior de 14 anos de idade, com ela pratica o ato sexual.

Favorecimento da prostituição ou outra forma de exploração sexual

Art. 228. Induzir ou atrair alguém à prostituição ou outra forma de exploração sexual, facilitá-la, impedir ou dificultar que alguém a abandone:

Pena – reclusão, de 2 (dois) a 5 (cinco) anos, e multa.

§ 1º Se o agente é ascendente, padrasto, madrasta, irmão, enteado, cônjuge, companheiro, tutor ou curador, preceptor ou empregador da vítima, ou se assumiu, por lei ou outra forma, obrigação de cuidado, proteção ou vigilância:

Pena – reclusão, de 3 (três) a 8 (oito) anos.

§ 2º Se o crime, é cometido com emprego de violência, grave ameaça ou fraude:

Pena – reclusão, de quatro a dez anos, além da pena correspondente à violência.

§ 3º Se o crime é cometido com o fim de lucro, aplica-se também multa.

Classificação:	Informações rápidas:
Crime simples	**Prostituição:** adoção do sistema abolicionista pelo CP.
Crime comum	**Elemento normativo do tipo:** "exploração sexual" (não há
Crime material ou causal	emprego de violência ou grave ameaça contra a vítima).
Crime de forma livre	**Objeto material:** pessoa (homem ou mulher) levada
Crime instantâneo ("induzir", "atrair" e	ou mantida à prostituição ou outra forma de explo-
"facilitar") ou permanente ("impedir" e	ração sexual.
"dificultar")	**Lenocínio mercenário ou questuário:** § 3.º.
Crime comissivo (*regra*)	**Elemento subjetivo:** dolo. Não admite modalidade
Crime unissubjetivo, unilateral ou de	culposa.
concurso eventual	**Tentativa:** admite (crime plurissubsistente).
Crime plurissubsistente (*regra*)	**Ação penal:** pública incondicionada.

○ **Prostituição e exploração sexual – introdução:** Prostituição é o comércio sexual exercido com habitualidade. Uma pessoa satisfaz ou tenta satisfazer a volúpia sexual alheia mediante o pagamento de determinado preço. A reiteração do comércio sexual é imprescindível. Não há falar em prostituição quando alguém, em uma única ou em poucas ocasiões, recebe vantagem econômica em troca do relacionamento sexual. A prostituição, por si só, não constitui crime ou contravenção penal. É atividade lícita, embora normalmente seja rotulada de imoral, importando para o Direito Penal a sua exploração e o seu estímulo. Quem se prostitui não realiza fato de importância penal, mas há crime para quem a favorece (CP, art. 228), contribui para sua manutenção, intermediando encontros amorosos (CP, art. 229), ou dela se aproveita materialmente (CP, art. 230). O CP brasileiro filiou-se ao **sistema abolicionista**, pelo qual não se pune quem exerce a prostituição, mas se responsabilizam criminalmente as pessoas que a estimulam, a exploram ou dela tiram proveitos econômicos. A prostituição reclama o **contato físico** entre as pessoas envolvidas na atividade sexual. Após a edição da Lei 12.015/2009, o art. 228 do CP passou a alcançar também o favorecimento de qualquer outra forma de **exploração sexual – elemento normativo do tipo**, de índole cultural, cujo conceito deve ser obtido mediante a valoração do intérprete da lei penal. Uma pessoa é explorada sexualmente quando vem a ser enganada para manter relação sexual, ou então nas situações em que permite a obtenção de vantagem econômica por terceira pessoa, em consequência da sua atividade sexual. A exploração sexual não se confunde com a violência sexual, nem com a **satisfação sexual** – livre busca do prazer erótico entre pessoas maiores de idade e com pleno discernimento para a prática do ato, fato que não interessa ao Direito Penal.

○ **Objeto jurídico:** É a moralidade pública, em sua feição sexual.

○ **Objeto material:** É a pessoa (homem ou mulher) levada ou mantida à prostituição ou outra forma de exploração sexual.

○ **Núcleos do tipo:** O tipo penal contém cinco núcleos. **Induzir** é dar a ideia ou inspirar; **atrair** equivale a aliciar ou seduzir; e **facilitar**, por sua vez, tem o sentido de simplificar o acesso, proporcionando os meios necessários. Os verbos ligam-se à prostituição ou outra forma de exploração sexual. Nesses casos, a vítima ainda não se dedica ao mercado de préstimos sexuais, e a conduta criminosa consiste em fazer que ela ingresse no ramo de tais práticas. **Impedir** significa vedar ou obstar, enquanto **dificultar** é tornar mais oneroso, criando obstáculos. Tais núcleos vinculam-se ao abandono da prostituição ou outra forma de exploração sexual, ou seja, a pessoa já se encontra no desempenho do comércio sexual. Trata-se de **tipo misto alternativo, crime de ação múltipla** ou **de conteúdo variado** – a realização de mais de um núcleo em relação à mesma vítima configura um único delito. A pluralidade de condutas deve ser sopesada pelo magistrado na dosimetria da pena-base (art. 59, *caput*, do CP).

○ **Sujeito ativo:** Qualquer pessoa (**crime comum** ou **geral**). Se o agente for ascendente, padrasto, madrasta, irmão, enteado, cônjuge, companheiro, tutor ou curador, preceptor ou empregador da vítima, ou se assumiu, por lei ou outra forma, obrigação de cuidado, proteção ou vigilância, estará caracterizada a qualificadora definida no § 1.º do art. 228 do CP.

○ **Sujeito passivo:** Qualquer pessoa, desde que com idade igual ou superior a 18 anos e dotada de discernimento para a prática do ato, bem como a coletividade. Vale lembrar que é impossível induzir ou atrair à prostituição ou outra forma de exploração sexual quem já se dedica com habitualidade ao comércio sexual.

– **Favorecimento da prostituição ou de outra forma de exploração sexual de criança ou adolescente ou de vulnerável:** Se a vítima for pessoa menor de 18 anos de idade ou que, por enfermidade ou doença mental, não tenha o necessário discernimento para a prática do ato, incidirá o crime de favorecimento da prostituição ou de outra forma de exploração sexual de criança ou adolescente ou de vulnerável (art. 218-B do CP). A situação de vulnerabilidade do ofendido acarreta no reconhecimento de delito mais grave, e classificado como hediondo (art. 1.º, VIII, da Lei 8.072/1990). O conflito aparente de normas penais é solucionado pelo princípio da especialidade.

– **A questão da pornografia infantil, de adultos e de vulneráveis:** A pornografia envolvendo crianças e adolescentes constitui crimes disciplinados pela Lei 8.069/1990 (ECA), em seus arts. 240, 241 e 241-A a 241-E. O legislador pátrio ainda não incriminou a prostituição envolvendo pessoas maiores de idade e capazes. Se a vítima, embora maior de 18 anos, for vulnerável, incidirá algum dos delitos previstos nos arts. 217-A a 218-B do CP.

○ **Elemento subjetivo:** É o dolo, independentemente de qualquer finalidade específica. Não se admite a modalidade culposa.

○ **Finalidade lucrativa e aplicação cumulativa da pena de multa:** Se o crime é cometido com o fim de lucro, aplica-se também a pena de multa (art. 228, § 3.º, do CP). Trata-se de mais uma hipótese de **lenocínio mercenário** ou **questuário**. Não se reclama a efetiva obtenção da vantagem econômica.

○ **Consumação:** Nos núcleos "induzir", "atrair" e "facilitar", a consumação se dá no momento em que alguém passa a se dedicar com habitualidade ao exercício da prostituição ou outra forma de exploração sexual, ainda que não venha a atender nenhuma pessoa interessada em seus serviços. O crime é **instantâneo**. Nas modalidades "impedir" e "dificultar", o delito atinge a consumação no instante em que a vítima decide abandonar a prostituição ou outra forma de exploração sexual, mas o sujeito não permite ou torna mais onerosa a concretização da sua vontade.[218] Nesses casos, o crime é **permanente**, pois sua consumação se protrai no tempo, perdurando durante todo o período em que subsistirem os entraves proporcionados pela conduta ilícita. Embora a prostituição seja o comércio continuado de préstimos sexuais, esta habitualidade se limita ao comportamento do ofendido – o agente não precisa reiteradamente favorecer a prostituição ou outra forma de exploração sexual. Em todas as hipóteses, o crime é **material** ou **causal**, pois a consumação requer o efetivo exercício da prostituição ou outra forma de exploração sexual pela vítima.

○ **Tentativa:** É possível, em face do caráter plurissubsistente do delito.

○ **Ação penal:** É pública incondicionada.

○ **Lei 9.099/1995:** Trata-se de **crime de elevado potencial ofensivo**, não comportando a aplicação dos benefícios contidos na Lei 9.099/1995.

○ **Figuras qualificadas (art. 228, §§ 1.º e 2.º):** Se a conduta criminosa enquadrar-se em mais de uma qualificadora, o julgador, ao fixar a pena, deve utilizar o § 2.º como qualificadora, em face da sua maior gravidade, subsistindo o § 1.º como circunstância judicial desfavorável (art. 59, *caput*, do CP).

– **Art. 228, § 1.º:** As qualificadoras deste parágrafo relacionam-se com a **qualidade do sujeito ativo** e tais circunstâncias devem ser provadas por documento hábil (art. 155, parágrafo único, do CPP). **Preceptor** é a pessoa incumbida de acompanhar e orientar a educação de uma criança ou adolescente. No tocante ao delito cometido por ascendente, tutor ou curador, a condenação definitiva importa na incapacidade para o exercício do poder familiar, da tutela ou da curatela nos crimes dolosos sujeitos à pena de reclusão cometidos contra outrem igualmente titular do mesmo poder familiar, contra filho, filha ou outro descendente ou contra tutelado ou curatelado (art. 92, II, do CP), desde que este efeito seja motivadamente declarado na sentença. A expressão "ou se assumiu, por lei ou outra forma, obrigação de cuidado, proteção ou vigilância", indicativa do dever de agir para evitar o resultado (CP, art. 13, § 2.º, *a* e *b*), deixa nítida a possibilidade de ser o crime praticado mediante omissão, inclusive autorizando a aplicação da forma qualificada.

– **Art. 228, § 2.º: Violência** é o emprego de força física contra alguém, mediante lesão corporal ou vias de fato. A lei impõe o **concurso material obrigatório** entre a figura qualificada e o delito originário da violência, somando-se as penas. As vias de fato são absorvidas, em decorrência da sua subsidiariedade expressa (art. 21 do Decreto-lei 3.688/1941 – Lei das Contravenções Penais). **Grave ameaça** é a promessa de mal injusto, grave e passível de realização. **Fraude** é o artifício ou ardil utilizado para ludibriar alguém. Estes meios de execução facilitam a prática do crime, pela coação ou pelo engano da vítima, e a ela causam maiores danos, justificando o tratamento penal mais severo.

○ **Jurisprudência selecionada:**

Caracterização do delito: "Aquele que facilita, dando condições favoráveis à continuação ou ao desenvolvimento da prostituição, pratica o crime de favorecimento da prostituição" (STJ: HC 94.168/MG, rel. Min. Jane Silva – Desembargadora convocada do TJMG, 6.ª Turma, j. 1º.04.2008).

---

[218] No verbo "dificultar", o crime estará consumado mesmo que a vítima supere os obstáculos e consiga abandonar a prostituição ou outra forma de exploração sexual.

Casa de prostituição

Art. 229. Manter, por conta própria ou de terceiro, estabelecimento em que ocorra exploração sexual, haja, ou não, intuito de lucro ou mediação direta do proprietário ou gerente:

Pena – reclusão, de dois a cinco anos, e multa.

Classificação:	Informações rápidas:
Crime simples	**Objeto material:** estabelecimento em que ocorre a exploração sexual, com ou sem intenção de lucro. A manutenção do estabelecimento por conta própria ou de terceiro independe da mediação direta do proprietário ou gerente.
Crime comum	
Crime formal, de consumação antecipada ou de resultado cortado	
Crime vago	
Crime de forma livre	**Elemento subjetivo:** dolo (elemento subjetivo específico – intenção de manter o estabelecimento para exploração sexual). Não admite modalidade culposa.
Crime comissivo (*regra*)	
Crime habitual	
Crime unissubjetivo, unilateral ou de concurso eventual	**Tentativa:** admite (crime plurissubsistente – *há divergência*).
Crime plurissubsistente (*regra*)	**Ação penal:** pública incondicionada.

○ **Introdução:** As casas de prostituição desempenham suas atividades em diversas cidades. O Estado, na maioria das vezes, faz vista grossa. Nada obstante a omissão estatal, com a consequente conivência da sociedade, não há falar em atipicidade material em face do princípio da adequação social. E muito menos em revogação da lei, como corolário do seu desuso. A lei penal só perde sua força sancionadora pelo advento de outra lei que a revogue. A indiferença social não é excludente da ilicitude ou mesmo da culpabilidade, razão pela qual não pode elidir o crime definido no art. 229 do Código Penal. A edição da Lei 12.015/2009, conferindo a atual redação do art. 229 do CP, demonstra a preocupação do legislador em incriminar essa conduta. Se o Estado não confere à lei sua efetiva aplicação, o problema não é de atipicidade, e sim de ineficiência dos órgãos responsáveis pela persecução penal. É indiscutível, porém, que a desídia do Estado e a pretensa aceitação pela sociedade abrem largo caminho para o instituto do **erro de proibição** (art. 21 do CP). A situação fática, que definirá a evitabilidade ou inevitabilidade do erro, poderá demonstrar que o sujeito, como corolário da realidade em que se encontrava, acreditava ser lícita a manutenção de estabelecimento para exploração sexual.

○ **Objeto jurídico:** É a dignidade sexual, e não a moralidade pública.

○ **Objeto material:** É o estabelecimento em que ocorre a exploração sexual, com ou sem intenção de lucro. Com a edição da Lei 12.015/2009, o campo de incidência do art. 229 do CP foi sensivelmente aumentado. A nomenclatura "manutenção de estabelecimento para exploração sexual" se revela mais técnica e adequada.

○ **Núcleo do tipo:** O núcleo do tipo é **manter**, ou seja, sustentar ou conservar estabelecimento em que ocorra exploração sexual. O verbo utilizado indica **habitualidade**, que pode ser comprovada por qualquer meio, **não se exigindo a instauração de sindicância prévia** pela Administração Pública, pela Polícia ou pelo Poder Judiciário. A manutenção do estabelecimento pode se dar **por conta própria ou de terceiro**. A falta de conhecimento da finalidade ilícita do estabelecimento para o qual alguém contribui na manutenção conduz à atipicidade do fato, em face da ausência do dolo. Em qualquer hipótese – manutenção do estabelecimento por conta própria ou de terceiro –, **prescinde-se da mediação direta do proprietário ou gerente**. O proprietário do estabelecimento pode delegar a administração a outrem, o que não afasta sua responsabilidade pelo crime. De igual modo, o gerente pode administrar os negócios no próprio local ou à distância.

○ **Sujeito ativo:** Qualquer pessoa (**crime comum** ou **geral**). Trata-se do **proxeneta** – pessoa que mantém locais destinados a encontros libidinosos, ou funciona como mediador para a satisfação da lascívia de terceiros. Em síntese, o sujeito que atua como intermediário em relações sexuais alheias, mediante a exploração sexual de uma ou mais pessoas.

○ **Sujeito passivo:** É a pessoa sexualmente explorada, independentemente do seu sexo ou da sua opção sexual.

– **A prostituição de pessoas menores de 18 anos de idade:** A conduta de manter local destinado à prostituição de pessoas menores de 18 anos e maiores de 14 anos de idade implica o reconhecimento do crime de favorecimento da prostituição ou de outra forma de exploração sexual de criança ou adolescente ou de vulnerável (art. 218-B, § 2.º, II, do CP), classificado como hediondo (art. 1.º, inc. VIII, da Lei 8.072/1990). Também responderá por este delito o cliente que praticar conjunção carnal ou outro ato libidinoso com as pessoas compreendidas na mencionada faixa etária (CP, art. 218-B, § 2.º, I). Se existir no local a efetiva prostituição ou qualquer outra forma de exploração sexual de pessoa em situação de vulnerabilidade, estará caracterizado o crime de estupro de vulnerável (art. 217-A do CP).

○ **Elemento subjetivo:** É o dolo, acrescido de um especial fim de agir, consistente na intenção de manter o estabelecimento para exploração sexual. A natureza habitual do delito está indissociavelmente ligada a este elemento subjetivo específico. O *animus lucrandi* é irrelevante para fins de tipicidade, devendo ser utilizado pelo magistrado na dosimetria da pena-base, nos termos do art. 59, *caput*, do CP. Não se admite a modalidade culposa.

○ **Consumação:** A casa de prostituição é **crime habitual**, consumando-se com a efetiva manutenção do estabelecimento em que ocorra a exploração sexual, demonstrada pela reiteração de atos indicativos desta finalidade. Prescinde-se da prática de qualquer ato sexual. É também **crime formal**, **de consumação antecipada** ou **de resultado cortado**, pois consuma-se com a prática da conduta legalmente descrita, independentemente da superveniência do resultado naturalístico, consistente na efetiva lesão da moralidade pública em seu aspecto sexual.

○ **Tentativa:** É possível.

○ **Ação penal:** É pública incondicionada.

○ **Lei 9.099/1995:** Trata-se de **crime de elevado potencial ofensivo**, incompatível com os benefícios elencados pela Lei 9.099/1995.

○ **Motéis, casas de massagem, saunas, drive-ins, boates, casas de relaxamento, hotéis de alta rotatividade e estabelecimentos análogos:** Em princípio, a manutenção de tais estabelecimentos não configura o delito, pois não se destinava à exploração sexual. Se no caso concreto restar demonstrado que a denominação utilizada no estabelecimento destinava-se unicamente a acobertar sua verdadeira finalidade, consistente na exploração sexual, estará configurado o crime em estudo.

○ **Casa de prostituição, habitualidade e prisão em flagrante:** A natureza habitual do crime de casa de prostituição não impede a prisão em flagrante do seu responsável.

○ **Jurisprudência selecionada:**

Elemento normativo do tipo – ausência de violação à dignidade sexual – fato atípico: "O estabelecimento que não se volta exclusivamente à prática de mercancia sexual, tampouco envolve menores de idade ou do qual se comprove retirada de proveito, auferindo lucros da atividade sexual alheia mediante ameaça, coerção, violência ou qualquer outra forma de violação ou tolhimento à liberdade das pessoas, não dá origem a fato típico a ser punido na seara penal. A questão de direito delimitada na controvérsia trata da interpretação dada ao artigo 229 do Código Penal. Registre-se que, mesmo após a alteração legislativa introduzida pela Lei n. 12.015/2009, a conduta consistente em manter casa de prostituição segue sendo crime. Todavia, com a novel legislação, passou-se a exigir a 'exploração sexual' como elemento normativo do tipo, de modo que a conduta consistente em manter casa para fins libidinosos, por si só, não mais caracteriza crime, sendo necessário, para a configuração do delito, que haja exploração sexual, assim entendida como a violação à liberdade das pessoas que ali exercem a mercancia carnal. Dessa forma, crime é manter pessoa em condição de explorada, obrigada, coagida, não raro em más condições, ou mesmo em condição análoga à de escravidão, impondo-lhe a prática de sexo sem liberdade de escolha, ou seja, com tolhimento de sua liberdade sexual e em violação de sua dignidade sexual. Nesse sentido, o bem jurídico tutelado não é a moral pública mas sim a dignidade sexual como, aliás, o é em todos os crimes constantes do Título VI da Parte Especial do Código Penal, dentre os quais, o do artigo 229. E o sujeito passivo do delito não é a sociedade, mas sim a pessoa explorada, vítima da exploração sexual. Assim, se não se trata de estabelecimento voltado exclusivamente para a prática de mercancia sexual, tampouco há notícia de envolvimento de menores de idade, nem comprovação de que o recorrido tirava proveito, auferindo lucros da atividade sexual alheia mediante ameaça, coerção, violência ou qualquer outra forma de violação ou tolhimento à liberdade das pessoas, não há falar em fato típico a ser punido na seara penal" (STJ: REsp 1.683.375/SP, rel. Min. Maria Thereza de Assis Moura, 6.ª Turma, j. 14.08.2018, noticiado no *Informativo* 631).

Objetividade jurídica – princípio da adequação social – manutenção do tipo penal: "1. No crime de manter casa de prostituição, imputado aos pacientes, os bens jurídicos protegidos são a moralidade sexual e os bons costumes, valores de elevada importância social a serem resguardados pelo Direito Penal, não havendo que se falar em aplicação do princípio da fragmentariedade. 2. Quanto à aplicação do princípio da adequação social, esse, por si só, não tem o condão de revogar tipos penais. Nos termos do art. 2º da Lei de Introdução às Normas do Direito Brasileiro (com alteração da Lei n. 12.376/2010), 'não se destinando à vigência temporária, a lei terá vigor até que outra a modifique ou revogue'. 3. Mesmo que a conduta imputada aos pacientes fizesse parte dos costumes ou fosse socialmente aceita, isso não seria suficiente para revogar a lei penal em vigor." (STF: HC 104.467/RS, rel. Min. Cármen Lúcia, 1.ª Turma, j. 08.02.2011).

Princípio da adequação social – inaplicabilidade – dignidade da pessoa humana: "1. O princípio da adequação social é um vetor geral de hermenêutica segundo o qual, dada a natureza subsidiária e fragmentária do direito penal, se o tipo é um modelo de conduta proibida, não se pode reputar como criminoso um comportamento socialmente aceito e tolerado pela sociedade, ainda que formalmente subsumido a um tipo incriminador. 2. A aplicação deste princípio no exame da tipicidade deve ser realizada em caráter excepcional, porquanto ao legislador cabe precipuamente eleger aquelas condutas que serão descriminalizadas. 3. A jurisprudência desta Corte Superior orienta-se no sentido de que eventual tolerância de parte da sociedade e de algumas autoridades públicas não implica a atipicidade material da conduta de manter casa de prostituição, delito que, mesmo após as recentes alterações legislativas promovidas pela Lei n. 12.015/2009, continuou a ser tipificada no artigo 229 do Código Penal. 4. De mais a mais, a manutenção de estabelecimento em que ocorra a exploração sexual de outrem vai de encontro ao princípio da dignidade da pessoa humana, sendo incabível a conclusão de que é um comportamento considerado correto por toda a sociedade" (STJ: REsp 1.435.872/MG, rel. Min. Sebastião Reis Júnior, rel. p/ acórdão Min. Rogério Schietti Cruz, 6.ª Turma, j. 03.06.2014).

Rufianismo

Art. 230. Tirar proveito da prostituição alheia, participando diretamente de seus lucros ou fazendo-se sustentar, no todo ou em parte, por quem a exerça:

Pena – reclusão, de um a quatro anos, e multa.

§ 1º Se a vítima é menor de 18 (dezoito) e maior de 14 (catorze) anos ou se o crime é cometido por ascendente, padrasto, madrasta, irmão, enteado, cônjuge, companheiro, tutor ou curador, preceptor ou empregador da vítima, ou por quem assumiu, por lei ou outra forma, obrigação de cuidado, proteção ou vigilância:

Pena – reclusão, de 3 (três) a 6 (seis) anos, e multa.

§ 2º Se o crime é cometido mediante violência, grave ameaça, fraude ou outro meio que impeça ou dificulte a livre manifestação da vontade da vítima:

Pena – reclusão, de 2 (dois) a 8 (oito) anos, sem prejuízo da pena correspondente à violência.

Classificação:	Informações rápidas:
Crime simples	**Objeto material:** pessoa prostituída e explorada pelo rufião ou pela cafetina.
Crime comum	
Crime material ou causal	**"Tirar proveito":** o rufião explora dinheiro ou bens da pessoa prostituída, e não seu corpo (exige-se a **habitualidade**).
Crime de forma livre	
Crime comissivo (*regra*)	
Crime habitual	**Rufianismo ativo** – cafetão; **rufianismo passivo** – gigolô.
Crime unissubjetivo, unilateral ou de concurso eventual	**Elemento subjetivo:** dolo (elemento subjetivo específico – intenção de, habitualmente, tirar proveito da prostituição alheia). Não admite modalidade culposa.
Crime plurissubsistente (*regra*)	**Tentativa:** admite (crime plurissubsistente).
	Ação penal: pública incondicionada.

○ **Introdução:** Com a incriminação do rufianismo, a lei busca impedir a exploração das pessoas prostituídas. Embora a prostituição em si mesma não seja ilícita, o Código Penal não tolera a atividade daqueles que vivem à custa de quem se prostitui. O rufianismo consiste na conduta de aproveitar-se da prostituição alheia. O sujeito explora materialmente quem exerce a prostituição e, consequentemente, fomenta o comércio sexual, em oposição à moralidade pública que deve ser preservada, inclusive no âmbito sexual.

○ **Objeto jurídico:** É a moralidade pública, em sua conotação sexual.

○ **Objeto material:** É a pessoa prostituída e explorada pelo rufião ou pela cafetina.

○ **Núcleo do tipo:** O núcleo do tipo é "**tirar**" proveito, extrair vantagem econômica ou aproveitar-se materialmente da prostituição alheia. Não é imprescindível seja do agente a iniciativa da atividade

– o crime subsiste na hipótese de oferecimento espontâneo da prostituta para ser explorada em sua renda. É indiferente se o rufião possui outras fontes de receita pecuniária, uma vez que não se exige sua dedicação exclusiva ao aproveitamento do comércio carnal de outrem. Exige-se a **habitualidade**, pois a finalidade da lei é punir o comportamento de quem faz da exploração da prostituição alheia seu modo de vida. O crime pode ser concretizado pelas seguintes maneiras:

a) tirar proveito da prostituição alheia, participando diretamente de seus lucros (rufianismo ativo) – o sujeito, chamado de **cafetão**, forma uma autêntica "sociedade empresarial" com a pessoa prostituída. Não há crime quando o agente reparte os lucros oriundos de outras atividades, a exemplo do aluguel de um imóvel percebido mensalmente pela prostituta, pois o tipo penal contém a elementar "diretamente";

b) tirar proveito da prostituição alheia, fazendo-se sustentar, no todo ou em parte, por quem a exerça (rufianismo passivo) – o agente, conhecido como **gigolô**, não participa diretamente dos lucros advindos da prostituição, mas é sustentado por quem a exerce, aproveitando-se dos valores decorrentes do comércio sexual. O sustento não precisa ser obrigatoriamente em dinheiro. Como o tipo penal utiliza a expressão "no todo ou em parte", não é preciso que o rufião subsista unicamente à custa da pessoa prostituída.

○ **Sujeito ativo:** Qualquer pessoa (**crime comum** ou **geral**). Se o agente for ascendente, padrasto, madrasta, irmão, enteado, cônjuge, companheiro, tutor ou curador, preceptor ou empregador da vítima, ou pessoa que tenha assumido, por lei ou outra forma, a obrigação de cuidado, proteção ou vigilância, incidirá a qualificadora delineada na parte final do § 1.º do art. 230 do CP.

○ **Distinção entre rufião e proxeneta:** **Rufião**, também conhecido como gigolô (rufianismo passivo) ou cafetão (rufianismo ativo), é a pessoa que vive da prostituição alheia. **Proxeneta** é o intermediário de encontros sexuais de terceiros, bem como aquele que mantém espaços reservados para tanto, auferindo ou não vantagem econômica. A diferença subsiste inclusive no tocante ao **proxenitismo lucrativo**, disciplinado no art. 228, § 3.º, do CP. Com efeito, neste crime o sujeito obtém o lucro e se afasta (crime instantâneo), enquanto no rufianismo há percepção de lucros de forma continuada (crime habitual).

○ **Sujeito passivo:** É a pessoa que exerce a prostituição, explorada pela conduta criminosa, independentemente do seu sexo. Se a vítima for pessoa menor de 18 e maior de 14 anos, o crime será qualificado (art. 230, § 1.º, primeira parte, do CP). O fundamento do tratamento penal mais severo reside nos males causados à pessoa em fase de desenvolvimento físico, moral e psicológico.

– **A questão da idade ou da vulnerabilidade da vítima e o art. 218-B, § 1.º, do CP:** se a vítima for **pessoa menor de 18 anos ou vulnerável**, estará caracterizado o crime de favorecimento da prostituição ou de outra forma de exploração sexual de criança ou adolescente ou de vulnerável (art. 218-B do CP, com aplicação cumulativa da pena de multa, nos termos do § 1.º, em face da indisfarçável intenção de obter vantagem econômica).

○ **Elemento subjetivo:** É o dolo, acrescido de um especial fim de agir, consistente da intenção de, habitualmente, tirar proveito da prostituição alheia (inerente à natureza habitual do rufianismo). Não se admite a modalidade culposa.

○ **Consumação:** O rufianismo é **crime material** ou **causal**: consuma-se com o efetivo proveito obtido pelo agente em decorrência da prostituição alheia. Exige-se a **habitualidade**, razão pela qual o aproveitamento deve ser duradouro, mas não necessariamente eterno, descartando-se as vantagens eventuais.

○ **Tentativa:** É possível.

○ **Ação penal:** É pública incondicionada.

○ **Lei 9.099/1995:** Em sua modalidade fundamental (*caput*), o rufianismo é **crime de médio potencial ofensivo** – cabe a suspensão condicional do processo, se presentes os demais requisitos exigidos pelo art. 89 da Lei 9.099/1995. Nas formas qualificadas (§§ 1.º e 2.º), o rufianismo constitui-se em **crime de elevado potencial ofensivo**, incompatível com os benefícios elencados na Lei 9.099/1995.

○ **Figuras qualificadas (art. 230, §§ 1.º e 2.º):** As qualificadoras do § 1.º estão relacionadas à **idade da vítima** e à **qualidade do sujeito ativo**. As circunstâncias ligadas ao estado civil das pessoas devem ser provadas por documento hábil (art. 155, parágrafo único, do CPP). No tocante ao crime praticado por ascendente, tutor ou curador, a condenação definitiva importa na incapacidade para o exercício do poder familiar, da tutela ou da curatela nos crimes dolosos sujeitos à pena de reclusão cometidos contra outrem igualmente titular do mesmo poder familiar, contra filho, filha ou outro descendente ou contra tutelado ou cura-telado (art. 92, II, do CP), desde que este efeito seja motivadamente declarado na sentença, pois cuida-se de crime doloso, punido com reclusão e cometido contra filho, tutelado ou curatelado. Preceptor é a pessoa incumbida de acompanhar e orientar a educação de uma criança ou adolescente. A fórmula final – "quem assumiu, por lei ou outra forma, obrigação de cuidado, proteção ou vigilância" – é indicativa do **dever de agir** (art. 13, § 2.º, do CP), e deve ser interpretada extensivamente. De acordo com o § 2.º do art. 230, o crime será qualificado se houver uso de violência, grave ameaça, fraude ou outro meio que impeça ou dificulte a livre manifestação da vontade da vítima. A lei impõe o **concurso material obrigatório** entre o rufianismo qualificado e o crime resultante da violência. As vias de fato são absorvidas pelo rufianismo (art. 21 do Decreto-lei 3.688/1941 – Lei das Contravenções Penais). **Grave ameaça** é a promessa de mal injusto, grave e passível de realização. **Fraude** é o artifício ou ardil utilizado para ludibriar alguém. Finalmente, o legislador se valeu da **interpretação analógica** (ou *intra legem*). Se a conduta criminosa enquadrar-se em mais de uma qualificadora, o juiz deve utilizar a mais grave como qualificadora, e a remanescente como circunstância judicial desfavorável (art. 59, *caput*, do CP).

○ **Rufianismo e favorecimento da prostituição ou outra forma de exploração sexual:** Se o sujeito induz ou atrai alguém à prostituição ou outra forma de exploração sexual, e habitualmente tira proveito desta atividade, deve ser responsabilizado pelos crimes de favorecimento da prostituição ou outra forma de exploração sexual (CP, art. 228) e de rufianismo (CP, art. 230), em concurso material. O STJ, contudo, já decidiu em sentido contrário, em época anterior à edição da Lei 12.015/2009, mas com motivação válida para os dias atuais.

○ **Jurisprudência selecionada:**

Rufianismo – ganho decorrente de atividades diversas da prostituição – ausência do crime: "Para a configuração do crime de rufianismo, necessário que o ganho obtido seja diretamente auferido da prostituição e não do comércio paralelo de outros produtos, como bebidas e aloja-mentos" (STJ: REsp 1.206.068/RS, rel. Min. Laurita Vaz, 5.ª Turma, j. 05.06.2013).

Art. 231. (Revogado).

○ **Revogação:** O tráfico internacional de pessoa para fim de exploração sexual, outrora definido no art. 231 do CP, foi formalmente revogado pela Lei 13.344/2016. Não houve, entretanto, *abolitio criminis*, pois o fato agora se subsume ao art. 149-A do CP, com o *nomen iuris tráfico de pessoas*. Aplica-se ao caso o **princípio da continuidade normativa**, ou **da continuidade típico-normativa**, operando-se simplesmente o deslocamento do fato criminoso para tipo penal diverso.

Art. 231-A. (Revogado).

○ **Revogação:** O tráfico interno de pessoa para fim de exploração sexual, anteriormente previsto no art. 231-A do CP, foi formalmente revogado pela Lei 13.344/2016. Mas não houve *abolitio criminis*, pois o fato agora se enquadra no art. 149-A do CP, com o rótulo *tráfico de pessoas*. Incide na hipótese o **princípio da continuidade normativa**, ou **da continuidade típico-normativa**, acarretando tão somente no deslocamento do fato criminoso para outro tipo penal.

Art. 232. (Revogado).

○ **Revogação:** O art. 232 do CP foi expressamente revogado pela Lei 12.015/2009.

Promoção de migração ilegal

Art. 232-A. Promover, por qualquer meio, com o fim de obter vantagem econômica, a entrada ilegal de estrangeiro em território nacional ou de brasileiro em país estrangeiro:

Pena – reclusão, de 2 (dois) a 5 (cinco) anos, e multa.

§ 1º Na mesma pena incorre quem promover, por qualquer meio, com o fim de obter vantagem econômica, a saída de estrangeiro do território nacional para ingressar ilegalmente em país estrangeiro.

§ 2º A pena é aumentada de 1/6 (um sexto) a 1/3 (um terço) se:

I – o crime é cometido com violência; ou

II – a vítima é submetida a condição desumana ou degradante.

§ 3º A pena prevista para o crime será aplicada sem prejuízo das correspondentes às infrações conexas.

Classificação:	Informações rápidas:
Crime simples	**Objeto material:** estrangeiro que entrou ilegalmente no Brasil, ou o brasileiro que entrou ilegalmente em outro país.
Crime comum	
Crime de material ou causal	
Crime de forma livre	**Elemento subjetivo:** dolo + elemento subjetivo específico (fim de obter vantagem econômica).
Crime comissivo (*regra*)	
Crime instantâneo	Não admite a modalidade culposa.
Crime unissubjetivo (regra), unilateral ou de concurso eventual	**Tentativa:** admite (crime plurissubsistente).
Crime plurissubsistente	**Ação penal:** pública incondicionada.

○ **Introdução:** O legislador inseriu a promoção de migração ilegal no Título VI da Parte Especial do Código Penal ("Dos crimes contra a dignidade sexual"), mais especificamente em seu Capítulo V ("Do lenocínio e do tráfico de pessoa para fim de prostituição ou outra forma de exploração sexual"). Essa escolha não foi a mais acertada. A promoção de migração ilegal pode ser praticada para fim de prostituição ou outra forma de exploração sexual, mas não se restringe a esta finalidade. Como se sabe, nada impede a realização da conduta com finalidade diversa, a exemplo da redução do estrangeiro a condição análoga à de escravo em solo brasileiro, ou mesmo quando o sujeito cobra determinado valor para promover a entrada ilegal e voluntária de brasileiro em país estrangeiro, para lá trabalhar, firmar residência e quiçá constituir família. Mais apropriado seria a inserção da promoção de migração ilegal entre os crimes contra a Administração Pública, uma vez que a descrição típica deixa evidente a ofensa a interesse da União, notadamente na entrada ilegal do estrangeiro no Brasil.

○ **Objeto jurídico:** A Administração Pública.

○ **Objeto material:** O estrangeiro que entrou ilegalmente no Brasil, ou então o brasileiro que entrou ilegalmente em outro país.

○ **Núcleo do tipo:** O núcleo do tipo é "promover", no sentido de propiciar, providenciar ou viabilizar a entrada ilegal de estrangeiro em território nacional, ou então a entrada ilegal de brasileiro em país estrangeiro. Essa promoção pode ser efetuada "por qualquer meio", ou seja, a entrada ilegal de estrangeiro no Brasil ou de brasileiro em outro país pode ocorrer por via terrestre, aérea, marítima ou fluvial, de forma clandestina, fraudulenta (exemplo: uso de passaporte falso) ou mediante a corrupção de agentes públicos (exemplo: propina entregue a policial federal para tolerar o ingresso ilegal de estrangeiro no Brasil). Sempre se exige, entretanto, o fim de obter vantagem econômica por parte de quem realiza a conduta típica.

○ **Sujeito ativo:** Cuida-se de crime comum ou geral. Pode ser cometido por qualquer pessoa. Admite-se o concurso de agentes, tanto na modalidade coautoria como também na forma de participação, inclusive por omissão, quando o omitente podia e devia agir para evitar o resultado, na forma do art. 13, § 2.º, do Código Penal, a exemplo do que se verifica quando um policial de fronteira dolosamente se omite no tocante à sua obrigação de impedir a entrada ilegal de estrangeiro no Brasil.

– É de se destacar que tanto ao estrangeiro que vem para o Brasil como ao brasileiro que parte para o exterior, ainda que beneficiado pela conduta ilícita, não pode ser imputado o delito previsto no art. 232-A do Código Penal. E o motivo dessa conclusão é simples: o tipo legal pune somente o comportamento do terceiro que promove, por qualquer meio, com o fim de obter vantagem econômica, a entrada ilegal de estrangeiro em território nacional ou de brasileiro em país estrangeiro.

○ **Sujeito passivo:** É o Estado, mais precisamente a União, responsável pelo controle de entrada e saída de pessoas do Brasil e, mediatamente, a pessoa física prejudicada pela conduta criminosa.

○ **Elemento subjetivo:** É o dolo, acrescido de um especial fim de agir (elemento subjetivo específico), representado pela expressão "com o fim de obter vantagem econômica". Não se caracteriza esse delito, portanto, quando o agente promove, por qualquer meio, a entrada ilegal de estrangeiro em território nacional (ou de brasileiro em país estrangeiro), simplesmente para auxiliar o indivíduo a efetivar seu projeto de morar no exterior, ou então quando o faz em troca de relacionamento de natureza sexual, em reconhecimento a um favor que lhe foi dispensado no passado etc. É imprescindível a finalidade de obter vantagem econômica. Não se admite a modalidade culposa.

o **Consumação:** A promoção de migração ilegal é crime material ou causal: consuma-se com a efetiva entrada ilegal do estrangeiro no território nacional, ou então com a entrada ilegal do brasileiro em país diverso.

o **Tentativa:** É possível (crime plurissubsistente).

o **Ação penal:** É pública incondicionada.

o **Lei 9.099/1995:** Trata-se de crime de elevado potencial ofensivo, incompatível com os benefícios elencados pela Lei 9.099/1995.

o **Figura equiparada (§ 1.º):** O sujeito promove, também por qualquer meio e com o fim de obter vantagem econômica, a saída de estrangeiro do território nacional para ingressar ilegalmente no Brasil. Exemplo: o agente oportuniza a entrada ilegal na Argentina de um chinês que residia no Brasil. Pouco importa se o estrangeiro estava no Brasil em situação legal ou ilegal. Essa modalidade equiparada também é crime material (ou causal): consuma-se com a efetiva saída do estrangeiro do território nacional.

o **Causas de aumento da pena (§ 2.º):** Incidem na terceira (e última) fase da dosimetria da pena privativa de liberdade, e podem levá-la acima do máximo legal. Com efeito, a pena é aumentada de 1/6 (um sexto) a 1/3 (um terço) quando:

– **Inciso I – O crime é cometido com violência:** O delito reveste-se de maior gravidade quando praticado com violência, consistente em emprego de força física contra alguém, mediante lesão corporal ou vias de fato. A violência pode ser endereçada à pessoa atingida pela entrada ilegal no país ou no estrangeiro, como no exemplo do sujeito que é espancado até desmaiar e então vem a ser colocado no porta-malas de um carro e deixado em solo argentino, como também ao funcionário público responsável pelo controle da entrada ou saída de pessoas do Brasil, como se dá quando o indivíduo agride um policial federal para viabilizar a entrada ilegal de estrangeiro em território nacional. Em qualquer caso, ao agente deverá ser imputado o delito de promoção de migração ilegal, em concurso material com o crime resultante da violência (lesão corporal, homicídio etc.).

– **Inciso II – A vítima é submetida à condição desumana ou degradante:** A condição desumana ou degradante é imposta ao estrangeiro cuja entrada no Brasil foi ilegal, ou então ao brasileiro que entrou ilegalmente no exterior. Nessa hipótese, logicamente, a conduta foi praticada contra a vontade da vítima, é dizer, o estrangeiro não pretendia ingressar no Brasil, ou o brasileiro não queria entrar em país diverso.

o **Concurso material obrigatório:** O § 3.º do art. 232-A do Código Penal prevê o concurso material obrigatório entre o delito de promoção de migração ilegal e as infrações penais (crimes ou contravenções penais) com ele relacionadas. Exemplificativamente, se o agente, com a finalidade de obter vantagem econômica, promoveu ilegalmente a entrada de estrangeiro no Brasil, acarretando na redução deste a condição análoga à de escravo, a ele deverão ser imputados os crimes tipificados nos arts. 232-A e 149 do Código Penal, em concurso material, com a soma das penas decorrentes de cada um deles. Embora seja tecnicamente desnecessário, esse dispositivo elimina discussões acerca de eventual absorção da promoção de migração ilegal pelo crime conexo, ou vice-versa. Uma discussão que certamente surgiria na ausência desse dispositivo diz respeito à falsificação de documento, em especial o passaporte contendo um visto, para entrada ilegal de estrangeiro no Brasil ou de brasileiro em outro país. Diante do § 3.º do art. 232-A do Código Penal, não há espaço para dúvida: o agente deve responder pelos dois delitos.

○ **Competência:** A promoção de migração ilegal é crime de competência da Justiça Federal, com fundamento no art. 109, inc. IV, da Lei Suprema, pois ofende interesse da União ligado ao controle da regularidade da entrada de estrangeiros no país, ou então da saída de brasileiros para o exterior.

○ **Distinção entre promoção de migração ilegal e reingresso de estrangeiro expulso:** Na promoção de migração ilegal o agente propicia, por qualquer meio e com a finalidade de obter vantagem econômica, a entrada ilegal de estrangeiro em território nacional, ou seja, o delito é praticado por pessoa diversa do sujeito de outra nacionalidade que ilicitamente ingressa no Brasil. Além disso, esse crime também pode ser cometido quando o indivíduo promove, por qualquer meio e com o fim de obter vantagem econômica, a entrada ilegal de brasileiro em país estrangeiro. No crime de reingresso de estrangeiro expulso, tipificado no art. 338 do Código Penal, o estrangeiro que foi expulso do Brasil retorna, ilegalmente, ao território nacional. Em regra, ele pratica essa conduta sozinho, nada obstante seja admitida a participação de terceira pessoa.

○ **Promoção de migração ilegal e tráfico de pessoas:** O tráfico de pessoas encontra-se definido no art. 149-A do Código Penal, esse delito não se confunde com a promoção de migração ilegal, sendo diversos os bens jurídicos tutelados. Os sujeitos passivos também são diferentes. A promoção de migração ilegal tem como sujeito passivo o Estado (União), e apenas mediatamente a pessoa atingida pelo comportamento criminoso. No tráfico de pessoas, a vítima é somente a pessoa prejudicada pela conduta descrita no tipo penal. Além disso, o tráfico de pessoas pode ser praticado mediante a circulação legal da pessoa entre países diversos. Em outras palavras, a entrada ilegal do estrangeiro no Brasil ou do brasileiro em outro país não integra a descrição típica. Finalmente, a promoção de migração ilegal reclama, além do dolo, o elemento subjetivo específico consistente no "fim de obter vantagem econômica", ao passo que o tráfico de pessoas se contenta com o dolo de praticar qualquer das condutas tipificadas no art. 149-A do Código Penal.

Capítulo VI –
DO ULTRAJE PÚBLICO AO PUDOR

Ato obsceno

> **Art. 233.** Praticar ato obsceno em lugar público, ou aberto ou exposto ao público:
>
> Pena – detenção, de três meses a um ano, ou multa.

Classificação:	Informações rápidas:
Crime simples	**Objeto material:** pessoa ou o grupo de pessoas contra as quais se dirige o ato obsceno (ou coletividade, se o destinatário for indeterminado).
Crime comum	
Crime de mera conduta ou de simples atividade	
Crime de perigo abstrato (*há divergência*)	**Elemento normativo do tipo:** ato obsceno.
Crime de forma livre	**Elemento subjetivo:** dolo. Não admite modalidade culposa.
Crime comissivo (*regra*)	
Crime vago	**Tentativa:** admite (crime plurissubsistente – há divergência).
Crime instantâneo	
Crime unissubjetivo, unilateral ou de concurso eventual	**Ação penal:** pública incondicionada.
Crime plurissubsistente (*regra*)	

○ **Objeto jurídico:** É o pudor público.

○ **Objeto material:** É a pessoa ou o grupo de pessoas contra as quais se dirige o ato obsceno, ou então a coletividade, nas situações em que o ato não tem como destinatária uma pessoa determinada.

○ **Núcleo do tipo:** O núcleo do tipo é **praticar**, no sentido de realizar ou executar ato obsceno. **Ato obsceno** é o ato dotado de sexualidade, idôneo a ferir o sentimento médio de pudor de determinada sociedade em dado momento histórico. Não precisa voltar-se à satisfação da lascívia de alguém, bastando sua conotação sexual. A expressão "ato obsceno" representa autêntico **elemento normativo do tipo** – sua compreensão reclama um juízo de valor, a ser aferido em compasso com o **princípio da adequação social**. Exige-se uma **conduta positiva**, um fazer, uma **expressão corporal**.

○ **Local do ato obsceno:** Somente se verifica o delito quando o ato obsceno é praticado em algum dos seguintes locais expressamente indicados no tipo penal: **(a) Lugar público** (lugar público por natureza) é aquele a que todas as pessoas têm acesso irrestrito; **(b) Lugar aberto ao público** (lugar relativamente público ou lugar público por destino) é aquele no qual qualquer pessoa pode ingressar, ainda que deva se sujeitar a determinadas condições, tais como revista pessoal ou pagamento de valores. Equipara-se ao lugar aberto ao público o local particular, quando utilizado pelas pessoas em geral, mesmo sem o consentimento do seu proprietário (lugar eventualmente público ou lugar público por acidente); e **(c) Lugar exposto ao público** é o local privado, mas acessível à vista de quem quer que seja. Não admite a acessibilidade física das pessoas em geral, mas permite a acessibilidade visual. O reconhecimento de um lugar como exposto ao público reclama a **possibilidade de ser visto de outro local público**. Se o ato for praticado em local privado, passível de ser visto unicamente de lugar de igual natureza, não há falar em ato obsceno. Em relação aos três lugares – público, aberto ao público ou exposto ao público – a lei não exige seja o ato efetivamente visto, bastando a **possibilidade de ver-se**.

○ **Sujeito ativo:** Qualquer pessoa (**crime comum** ou **geral**).

○ **Sujeito passivo:** É a coletividade (**crime vago**) e, em plano secundário, a pessoa que eventualmente tenha presenciado o ato.

○ **Elemento subjetivo:** É o dolo, independentemente de qualquer finalidade específica. Não se admite a modalidade culposa.

○ **Consumação:** Consuma-se com a prática do ato obsceno em lugar público, ou aberto ou exposto ao público, ainda que não seja presenciado por qualquer pessoa, desde que pudesse sê-lo (**crime de mera conduta** ou **de simples atividade**). O delito também estará consumado quando quem assistiu ao ato não se sentiu ofendido, pois o bem jurídico tutelado é o pudor da coletividade. É também **crime de perigo abstrato**, pois a lei presume e se contenta com a probabilidade de ofensa ao pudor público em decorrência da conduta criminosa.

○ **Tentativa:** É cabível, em face da natureza plurissubsistente do delito.

○ **Ação penal:** É pública incondicionada.

○ **Lei 9.099/1995:** Trata-se de **infração penal de menor potencial ofensivo**, de competência do Juizado Especial Criminal e compatível com a transação penal e o rito sumaríssimo, em sintonia com as disposições da Lei 9.099/1995.

○ **Concurso de crimes:** Se, no mesmo contexto fático, o sujeito realiza diversos atos obscenos, estará configurado um único crime. Se as condutas forem cometidas em locais e em momentos distintos, a ele deverão ser imputados vários crimes, em concurso material ou em continuidade delitiva, se presentes os demais requisitos exigidos pelo art. 71, *caput*, do CP. Também é possível o concurso com algum outro delito.

○ **A questão relativa à liberdade de expressão:** O pudor público varia no tempo e seu conceito deve ser interpretado com base nos valores reinantes em cada sociedade. Muitas vezes, atos em tese considerados obscenos são indicativos da liberdade de expressão, notadamente nos dias atuais (exemplo: passeatas de pessoas nuas em reivindicação a determinados direitos). Em outras situações, a manifestação da indecência, da deselegância e da falta de educação não pode ensejar a atuação do Direito Penal, reservada para casos extremos, em obediência ao princípio da subsidiariedade (*ultima ratio*).

○ **A questão do beijo em local público:** O exagero desmedido em beijos voluptuosos em determinados locais públicos pode, excepcionalmente, caracterizar ato obsceno, inclusive constrangendo as pessoas em razão do ataque ao pudor coletivo.

○ **Jurisprudência selecionada:**

Liberdade de expressão – fato atípico: "Ato obsceno (art. 233 do Código Penal). 2. Simulação de masturbação e exibição das nádegas, após o término de peça teatral, em reação a vaias do público. 3. Discussão sobre a caracterização da ofensa ao pudor público. Não se pode olvidar o contexto em se verificou o ato incriminado. O exame objetivo do caso concreto demonstra que a discussão está integralmente inserida no contexto da liberdade de expressão, ainda que inadequada e deseducada. 4. A sociedade moderna dispõe de mecanismos próprios e adequados, como a própria crítica, para esse tipo de situação, dispensando-se o enquadramento penal" (STF: HC 83.996/RJ, rel. originário Min. Carlos Velloso, rel. para acórdão Min. Gilmar Mendes, 2.ª Turma, j. 17.08.2004).

Escrito ou objeto obsceno

Art. 234. Fazer, importar, exportar, adquirir ou ter sob sua guarda, para fim de comércio, de distribuição ou de exposição pública, escrito, desenho, pintura, estampa ou qualquer objeto obsceno:

Pena – detenção, de seis meses a dois anos, ou multa.

Parágrafo único. Incorre na mesma pena quem:

I – vende, distribui ou expõe à venda ou ao público qualquer dos objetos referidos neste artigo;

II – realiza, em lugar público ou acessível ao público, representação teatral, ou exibição cinematográfica de caráter obsceno, ou qualquer outro espetáculo, que tenha o mesmo caráter;

III – realiza, em lugar público ou acessível ao público, ou pelo rádio, audição ou recitação de caráter obsceno.

Classificação:	Informações rápidas:
Crime simples Crime comum Crime formal, de consumação antecipada ou de resultado cortado Crime de perigo abstrato Crime de forma livre Crime comissivo (*regra*) Crime vago Crime instantâneo ("fazer", "importar", "exportar" e "adquirir") ou permanente ("ter sob sua guarda") Crime unissubjetivo, unilateral ou de concurso eventual Crime plurissubsistente (*regra*)	**Princípio da adequação social:** possibilidade de incidência ante a ausência de tipicidade material dos comportamentos incriminados. **Objeto material:** coisas materiais, corpóreas, revestidas de conotação sexual e atentatórias ao pudor público. **Elemento subjetivo:** dolo (elemento subjetivo específico – "para fim de comércio, de distribuição ou de exposição pública"). Não admite modalidade culposa. **Tentativa:** admite (crime plurissubsistente). **Ação penal:** pública incondicionada.

○ **Introdução:** O crime de escrito ou objeto obsceno é figura típica ultrapassada e em total desuso, de parte da população e também do Estado. Exemplificativamente, revistas com capas pornográficas, jornais com fotos eróticas e filmes com conotação sexual são rotineiramente exibidos em bancas e lojas. É sabido que os costumes e a falta de utilização de uma lei não autorizam sua revogação. O legislador já deveria ter observado o pensamento da coletividade no tocante a crimes desta natureza, mas, enquanto não age, resta ao intérprete invocar o princípio da adequação social, concluindo pela ausência de tipicidade material dos comportamentos incriminados.

○ **Objeto jurídico:** É o pudor público.

○ **Objeto material:** É o escrito, desenho, pintura, estampa ou qualquer objeto obsceno, ou seja, revestido de conotação sexual e atentatório ao pudor público.

○ **Núcleos do tipo:** **Fazer** é fabricar, criar, elaborar; **importar** consiste em efetuar a entrada de algo no território nacional; **exportar** significa tirar alguma coisa do nosso país; **adquirir** é obter a propriedade de um bem, a título oneroso ou gratuito; e **ter sob sua guarda** é possuir a coisa em depósito, para utilização imediata ou futura. Cuida-se de **tipo misto alternativo, crime de ação múltipla** ou **de conteúdo variado**: a realização de mais de um dos núcleos do tipo, no tocante ao mesmo objeto material e no mesmo contexto fático, caracteriza um único delito.

○ **Sujeito ativo:** Qualquer pessoa (**crime comum** ou **geral**).

○ **Sujeito passivo:** É a coletividade (**crime vago**), atacada em seu pudor, e, mediatamente, a pessoa atingida pelo escrito ou objeto obsceno.

○ **Elemento subjetivo:** É o dolo, acrescido de um especial fim de agir (elemento subjetivo específico), representado pela expressão "para fim de comércio, de distribuição ou de exposição pública". Não se admite a modalidade culposa.

○ **Consumação:** Cuida-se de **crime formal, de consumação antecipada** ou **de resultado cortado**: consuma-se com a realização de qualquer das condutas legalmente descritas, independentemente da produção do resultado naturalístico. Trata-se de **crime de perigo abstrato**, pois a lei presume a probabilidade de ofensa ao pudor público, e dispensa a sua efetiva lesão.

○ **Tentativa:** É possível.

○ **Ação penal:** É pública incondicionada.

○ **Lei 9.099/1995:** Trata-se de **infração penal de menor potencial ofensivo**, de competência do Juizado Especial Criminal e compatível com a transação penal e o rito sumaríssimo, em sintonia com as disposições da Lei 9.099/1995.

○ **Figuras equiparadas:** O inciso I diz respeito à comercialização do escrito ou objeto obsceno. No inciso II, a lei se volta à representação teatral, à exibição cinematográfica ou qualquer outro espetáculo de caráter obsceno. **Representação teatral** é a interpretação para o público, mediante cenas, de história fictícia ou verídica. **Exibição cinematográfica** é a mostra de película produzida para o cinema. O legislador se vale da interpretação analógica (ou *intra legem*), ao utilizar a expressão "**qualquer outro espetáculo**", referindo-se a eventos similares, mas diversos da representação teatral e da exibição cinematográfica. Todos devem possuir caráter obsceno, ou seja, atentatórios à moralidade pública na esfera sexual. O inciso III tem como foco a audição (atividade de fazer ouvir) ou recitação (a leitura de um texto em alto e claro som) de caráter obsceno.

○ **Escrito ou objeto obsceno e Estatuto da Criança e do Adolescente:** A Lei 8.069/1990 – Estatuto da Criança e do Adolescente – prevê em seus arts. 240, 241, 241-A, 241-B e 241-C, todos com a redação determinada pela Lei 11.829/2008, condutas similares às delineadas no art. 234 do CP, mas envolvendo pessoas menores de 18 anos de idade. Em face do envolvimento de pessoas ainda em fase de formação (física, intelectual e moral), e mais vulneráveis às atividades ilícitas, não se pode tolerar comportamentos deste jaez, criminosos e extremamente covardes. Nesse ponto, o legislador agiu acertadamente ao cominar penas severas e adequadas à gravidade dos delitos.

○ **Jurisprudência selecionada:**

Princípio da adequação social – afastamento: "I – O princípio da adequação social não pode ser usado como neutralizador, *in genere*, da norma inserta no art. 234 do Código Penal. II – Verificado, *in casu*, que a recorrente vendeu a duas crianças revista com conteúdo pornográfico, não há se falar em atipicidade da conduta, afastando-se, por conseguinte, o pretendido trancamento da ação penal" (STJ: RHC 15.093/SP, Rel. Min. Félix Fischer, 5.ª Turma, j. 12.06.2006).

Capítulo VII –
DISPOSIÇÕES GERAIS

○ **Aplicação:** As regras contidas nos arts. 234-A e 234-B do CP são aplicáveis a **todos** os crimes contra a dignidade sexual.

Aumento de pena

> **Art. 234-A.** Nos crimes previstos neste Título a pena é aumentada:
>
> I – (Vetado);
>
> II – (Vetado);
>
> III – de metade a 2/3 (dois terços), se do crime resulta gravidez;
>
> IV – de 1/3 (um terço) a 2/3 (dois terços), se o agente transmite à vítima doença sexualmente transmissível de que sabe ou deveria saber ser portador, ou se a vítima é idosa ou pessoa com deficiência.

○ **Natureza jurídica:** O art. 234-A do CP versa sobre **causas de aumento da pena** relacionadas aos crimes contra a dignidade sexual. Incidem, portanto, na terceira e derradeira etapa da fixação da pena privativa de liberdade, podendo elevá-la acima do máximo legalmente previsto.

○ **Inc. III – A gravidez como resultado do crime:** A pena será aumentada de **metade a 2/3 (dois terços)** se do crime resultar gravidez. Exige-se a realização de **exame pericial**, destinado a provar a gravidez e sua relação de causalidade com a conduta criminosa. A preocupação do legislador tem em mira principalmente o estupro (CP, art. 213) e o estupro de vulnerável (CP, art. 217-A), embora a gravidez também possa ser fruto de outros delitos, a exemplo da violação sexual mediante fraude (CP, art. 215). A gravidez como produto do estupro é tão grave que a lei admite, nesse caso, a prática do aborto (aborto sentimental ou humanitário – art. 128, II, do CP).

○ **Obrigatoriedade do aumento e equívoco legislativo:** O inc. III do art. 234-A do Código Penal deixa nítida a obrigatoriedade do aumento da pena quando resultar gravidez. O legislador agiu de boa-fé, mas sua ingenuidade enseja a verificação de situações injustas e desproporcionais. Com efeito, o aumento é acertado quando a gravidez resultar do estupro envolvendo pessoas desconhecidas. Os danos ocasionados à mulher e a autorização legal para o aborto, inserindo a vítima em difícil dilema (abortar ou não abortar), fundamentam o tratamento penal mais severo. Além disso, se a criança vier a nascer, provavelmente não terá contato algum com seu genitor. Contudo, outras hipóteses podem ocorrer. Inicialmente, é possível, após a prática do estupro e a constatação da gravidez, o casamento entre a vítima e o estuprador. Mas não para por aí. No estupro de vulnerável, com o consentimento nulo da vítima (exemplo: relação sexual entre um homem e sua vizinha portadora de doença mental), resultando a gravidez, nada impede a constituição de família, inclusive com a demonstração do amor verdadeiro entre homem e mulher. Portanto, seria mais acertado se a exasperação da pena tivesse sido prevista como faculdade, transferindo seu exame à prudente análise do magistrado na situação concreta.

○ **Crime praticado pela mulher e gravidez:** Se o delito for praticado por uma mulher, e vindo esta a engravidar em decorrência do seu ato, aplica-se a causa de aumento de pena contida no art. 234-A, III, do CP? A resposta é negativa. O objetivo da lei é alcançar somente as situações, mais frequentes, em que a mulher aparece como vítima do estupro. Como corolário do princípio da alteridade, a pena não pode ser aumentada quando a própria autora surge como prejudicada pelo crime. Também não será admitido o aborto (o art. 128, II, do CP igualmente se destina à proteção da mulher vítima de crime contra a dignidade sexual).

○ **Inc. IV, 1.ª parte – Transmissão de doença sexualmente transmissível:** Se o agente transmite à vítima doença sexualmente transmissível de que sabe ou deveria saber ser portador, a pena será aumentada de **1/3 (um terço)** a **2/3 (dois terços)**. A doença deve ser efetivamente transmitida, sendo imprescindível o **exame pericial** para comprovar a transmissão e sua respectiva causa. Doenças sexualmente transmissíveis são as moléstias transmitidas por vírus, bactérias, fungos ou protozoários, normalmente pela via sexual, embora algumas delas sejam passíveis de transmissão por outros meios, como é o caso da transfusão de sangue. É indiferente seja a doença suscetível de cura pela medicina. A incidência da causa de aumento da pena depende da presença do dolo direto ou eventual.

○ **O aumento da pena e o crime de perigo de contágio venéreo:** Antes da entrada em vigor da Lei 12.015/2009, se do crime sexual resultava a contaminação da vítima pela doença sexualmente transmissível, o agente era responsabilizado pelo crime sexual e pelo perigo de contágio venéreo (art. 130 do CP, em concurso formal). Atualmente deve o sujeito ser responsabilizado pelo crime contra dignidade sexual, aumentando-se a pena de um terço a dois terços (art. 234-A, IV, do CP). O delito de perigo de contágio venéreo é absorvido pela majorante, afastando-se o *bis in idem*.

○ **Gravidez, doença sexualmente transmissível e uso de preservativo ou método contraceptivo:** Se ocorrer o resultado agravador, a pena há de ser aumentada, ainda que o sujeito tenha tomado cautelas que se mostraram ineficazes para evitar a gravidez ou a doença sexualmente transmissível, como a utilização de preservativo, ou qualquer outro método contraceptivo. Basta o dolo de praticar o crime contra a dignidade sexual.

Inciso IV, parte final – Vítima idosa ou com deficiência: Pessoa idosa é a pessoa com idade igual ou superior a 60 anos (Lei 10.741/2003 – Estatuto da Pessoa Idosa, art. 1.º). **Pessoa com deficiência**, por sua vez, é aquela que tem impedimento de longo prazo de natureza física, mental, intelectual ou sensorial, o qual, em interação com uma ou mais barreiras, pode obstruir sua participação plena e efetiva na sociedade em igualdade de condições com as demais pessoas (Lei 13.146/2015 – Estatuto da Pessoa com Deficiência, art. 2.º, *caput*). O tratamento penal mais rigoroso é justificado pela fragilidade da vítima, bem como pela frieza e pela covardia acentuada do agente, que se aproveita da avançada idade ou da fragilidade de uma pessoa para praticar contra ela um crime contra a dignidade sexual. É evidente que não incidirá a majorante quando a situação de fraqueza da vítima funcionar como elementar ou qualificadora do delito, sob pena de caracterização do inaceitável *bis in idem*. Exemplificativamente, não há falar no aumento da pena, pelo fato de a vítima do estupro ser pessoa com deficiência mental, na situação em que essa peculiaridade enseja sua vulnerabilidade, acarretando na configuração do estupro de vulnerável (CP, art. 217-A).

○ **Jurisprudência selecionada:**

Gravidez – aumento da pena: "2. No caso, a gravidez da vítima, filha do paciente, não pode ser considerada fato inerente ao crime de estupro. Tal circunstância, por si só, justifica o aumento da pena-base em 6 meses, ante a gravidade das consequências – nascimento de pessoa, em razão de relação incestuosa, e que, segundo as instâncias ordinárias, era indesejada. 3. A gravidez causada por estupro já foi considerada como motivo válido para o aumento da pena-base por esta Turma: HC 86.513/MT, Rel. Min. Napoleão Nunes Maia Filho, Quinta Turma, DJe de 22.09.2008. 4. Apenas *ad argumentandum*, é circunstância válida para o aumento da pena-base o fato de o paciente conviver em ambiente familiar a vítima, tendo a prática delituosa ocorrido durante a ausência de sua esposa do lar. 5. Não há *bis in idem* entre as primeira e terceira fases da dosimetria da pena no caso. Na majorante do art. 226, inciso II, do Código Penal, não se prevê somente condições referentes ao poder familiar; há também relativas ao poder patronal, por exemplo ('ser o agente ascendente, padrasto ou madrasta, tio, irmão, cônjuge, companheiro, tutor, curador, preceptor ou empregador da vítima ou por qualquer outro título tem autoridade sobre ela'). Não se pode considerar, portanto, que a coabitação tenha sido prevista pelo legislador na causa de aumento em questão, que, repita-se, não prevê apenas condições referentes ao pátrio poder" (STJ: HC 137.719/MG, rel. Min. Laurita Vaz, 5.ª Turma, j. 16.12.2010).

Art. 234-B. Os processos em que se apuram crimes definidos neste Título correrão em segredo de justiça.

§ 1º O sistema de consulta processual tornará de acesso público o nome completo do réu, seu número de inscrição no Cadastro de Pessoas Físicas (CPF) e a tipificação penal do fato a partir da condenação em primeira instância pelos crimes tipificados nos arts. 213, 216-B, 217-A, 218-B, 227, 228, 229 e 230 deste Código, inclusive com os dados da pena ou da medida de segurança imposta, ressalvada a possibilidade de o juiz fundamentadamente determinar a manutenção do sigilo.

§ 2º Caso o réu seja absolvido em grau recursal, será restabelecido o sigilo sobre as informações a que se refere o § 1º deste artigo.

§ 3º O réu condenado passará a ser monitorado por dispositivo eletrônico.

○ **Fundamento constitucional:** Nos processos em geral, incluindo os de natureza penal, vigora o princípio da publicidade plena. Os atos processuais, em regra, são públicos, pois todas as pessoas são titulares do direito à informação. No entanto, em hipóteses excepcionais a Constituição Federal autoriza a **publicidade restrita**, limitando o acesso aos atos processuais a determinadas pessoas, normalmente as partes e seus procuradores (art. 5.º, LX, e art. 93, IX, da Lei Suprema). Nos crimes contra a dignidade sexual é indiscutível a relação entre o segredo de justiça e o direito à intimidade da vítima, pois muitas vezes o prejuízo causado pela publicidade chega a ser mais gravoso do que o próprio delito. Assim, andou bem o legislador ao traçar a norma contida no art. 234-B do CP, a qual se encontra em sintonia com a sistemática consagrada na CF. Portanto, somente o juiz, o Ministério Público, a defesa, o réu e os auxiliares da Justiça terão acesso aos autos. Veja-se, por oportuno, que o art. 234-B do CP encontra-se na mesma direção do art. 201, § 6.º, do CPP: "O juiz tomará as providências necessárias à preservação da intimidade, vida privada, honra e imagem do ofendido, podendo, inclusive, determinar o segredo de justiça em relação aos dados, depoimentos e outras informações constantes dos autos a seu respeito para evitar sua exposição aos meios de comunicação." O segredo de justiça deve imperar durante todo o trâmite da ação penal, **inclusive na fase recursal**.

○ **Necessidade de segredo de justiça na fase investigatória:** A lei assegurou o segredo de justiça exclusivamente durante a ação penal, mas, para que a norma seja eficaz, é fundamental a extensão do segredo de justiça à fase investigatória.

○ **Sistema de consulta processual e acesso aos dados do réu:** O art. 2.º-A da Lei 14.069/2020, acrescentado pela Lei 15.035/2024, determinou a criação do **Cadastro Nacional de Pedófilos e Predadores Sexuais**, sistema desenvolvido a partir dos dados constantes do Cadastro Nacional de Pessoas Condenadas por Crime de Estupro, que permitirá a consulta pública do nome completo e do número de inscrição no Cadastro de Pessoas Físicas (CPF) das pessoas condenadas por esse crime. Sem prejuízo, a Lei 15.035/2024 também promoveu inovações no Código Penal. Com efeito, estatui o art. 234-B, § 1.º que o sistema de consulta processual (EPROC, ESAJ ou equivalente) tornará de **acesso público o nome completo do réu, seu número de inscrição no Cadastro de Pessoas Físicas (CPF) e a tipificação penal do fato a partir da condenação em primeira instância** pelos crimes tipificados nos arts. 213 (estupro), 216-B (registro não autorizado da intimidade sexual), 217-A (estupro de vulnerável), 218-B (favorecimento da prostituição ou de outra forma de exploração sexual de criança ou adolescente ou de vulnerável), 227 (mediação para servir a lascívia de outrem), 228 (favorecimento da prostituição ou outra forma de exploração sexual), 229 (casa de prostituição) e 230 (rufianismo) do Código Penal, **inclusive com os dados da pena ou da medida de segurança imposta, ressalvada a possibilidade de o juiz fundamentadamente determinar a manutenção do sigilo**. A regra, portanto, passa a ser a publicidade da qualificação do acusado, inclusive do número de inscrição no Cadastro de Pessoas Físicas (CPF); o sigilo é a exceção, a ser fundamentadamente determinado pelo magistrado. Discute-se a constitucionalidade desse dispositivo legal: (a) de um lado, argumenta-se pela violação do princípio da presunção de não culpabilidade (art. 5.º, LVII, da CF), pois a divulgação dos dados do acusado é efetuada antes do trânsito em julgado da condenação; e (b) de outro lado, é possível sustentar que o réu não é tratado como culpado, pois tal medida não acarreta a execução imediata da pena. Além disso, a ação penal em regra é pública, daí decorrendo a publicidade dos atos processuais, a qual somente poderá ser restringida pela lei quando a defesa da intimidade ou o interesse social o exigirem (arts. 5.º, LX e 93, IX, da CF).

○ **Absolvição em grau de recurso:** Se o réu for **absolvido em sede recursal, será restabelecido o sigilo acerca das suas informações pessoais** (art. 234-B, § 2.º, do CP).

○ **Condenação e monitoração eletrônica:** Como corolário da condenação por qualquer dos delitos indicados pelo art. 234-B, § 1.º, do Código Penal, o réu será **monitorado por dispositivo eletrônico** (art. 234-B, § 3.º, do CP). Basta a condenação em 1.ª instância, até porque a lei é impositiva – "passará a ser monitorado" – e, em muitos casos de condenação definitiva, tal medida será inútil, notadamente quando o réu cumpre a pena privativa de liberdade em regime fechado. Além disso, a finalidade dessa medida é evitar que uma pessoa, sobre a qual pairam fundadas suspeitas de responsabilidade por um crime sexual, volte a praticar novos delitos, especialmente de igual natureza. É prudente, a título exemplificativo, monitorar eletronicamente um sujeito primário condenado por estupro de vulnerável que foi contemplado com o direito de aguardar em liberdade o julgamento do recurso de apelação interposto pela sua defesa.

○ **Audiência em juízo e respeito à vítima:** O art. 400-A do CPP, criado pela Lei 14.245/2021, conhecida como "Lei Mariana Ferrer", possui a seguinte redação: "Art. 400-A. Na audiência de instrução e julgamento, e, em especial, nas que apurem crimes contra a dignidade sexual, todas as partes e demais sujeitos processuais presentes no ato deverão zelar pela integridade física e psicológica da vítima, sob pena de responsabilização civil, penal e administrativa, cabendo ao juiz garantir o cumprimento do disposto neste artigo, vedadas: I – a manifestação sobre circunstâncias ou elementos alheios aos fatos objeto de apuração nos autos; II – a utilização de linguagem, de informações ou de material que ofendam a dignidade da vítima ou de testemunhas."[219] A mola propulsora para essa previsão legislativa foi a veiculação, na *internet*, das cenas envolvendo a oitiva de Mariana Ferrer em audiência de instrução e julgamento na qual ela figurava como vítima do crime de estupro de vulnerável, definido no art. 217-A do Código Penal. Mariana foi reiteradamente humilhada, ridicularizada e constrangida, sobretudo pelo advogado de defesa. O dispositivo consagra o óbvio: a vítima (e a testemunha) **de qualquer crime**, e notadamente de delito contra a dignidade sexual, **pouco importando seu sexo ou orientação sexual**, deve ser tratada com absoluto respeito à sua integridade física e psicológica, e eventuais abusos dos atores processuais – magistrado, representante do Ministério Público, defensor, etc. – importam em responsabilidade civil, penal e administrativa. Ao juiz, como presidente da audiência, é imposto o papel de guardião desse papel, cabendo-lhe vedar a manifestação sobre circunstâncias ou elementos alheios aos fatos objeto de apuração nos autos, bem como a utilização de linguagem, de informações ou de material que ofendam a dignidade da vítima e das testemunhas.[220] Busca-se coibir a **violência processual**, uma das espécies de **violência institucional**, entendida "como a praticada por instituição pública ou conveniada, inclusive quando gerar revitimização" (Lei 13.431/2017, art. 4.º, IV). Nos termos do art. 5.º, I, do Decreto 9.603/1998, considera-se

---

[219] A Lei 14.245/2021 também implementou o art. 474-A do Código de Processo Penal e o art. 81, § 1.º-A, da Lei 9.099/1995, os quais contemplam regras semelhantes aplicáveis, respectivamente, à instrução no plenário do Júri e no rito sumaríssimo dos Juizados Especiais Criminais.

[220] A necessidade de positivação desse dever revela um triste cenário: a falta de educação de parte da população, a qual se estende aos operadores do Direito.

violência institucional a "violência praticada por agente público no desempenho de função pública, em instituição de qualquer natureza, por meio de atos comissivos ou omissivos que prejudiquem o atendimento à criança ou ao adolescente vítima ou testemunha de violência."[221] Nos dias atuais, não há – e não pode haver – espaço para autoritarismo, "estrelismo" e descaso nos palcos judiciais. Na "Casa da Justiça" a lei deve ser a senhora da razão, em atenção ao princípio da isonomia, em seus aspectos formal e material, e à dignidade da pessoa humana. O desrespeito ao ofendido no Poder Judiciário leva à **revitimização ou vitimização secundária**: depois de suportar todos os efeitos malévolos do delito, a vítima vem a ser novamente prejudicada, agora em sua integridade física e psicológica. Essa atitude leva à descrença no sistema de justiça, à vingança privada e, consequentemente, ao descrédito do próprio Estado Democrático de Direito. Em síntese, a ampla defesa, o contraditório e a busca da verdade real têm limites. Éticos, jurídicos e morais. O julgamento de uma causa, penal ou extrapenal, não autoriza a incursão indevida na vida da vítima (ou da testemunha), em seu modo de agir, em seu passado ou em qualquer outro fator irrelevante para o desfecho do processo. Em pleno século 21, já passou da hora de repudiar veementemente os abusos contra pessoas fragilizadas. A população de bem não tolera tais tipos de comportamentos. Se a consciência de cada um não importa, infelizmente a legislação precisa impor barreiras instransponíveis àqueles que buscam vantagens a qualquer preço.

Art. 234-C. (Vetado).

---

[221] Embora a Lei 14.431/2017 e o Decreto 9.603/1998 tenham em mira a proteção da criança e do adolescente, tais conceitos são aplicáveis às pessoas em geral.

TÍTULO VII – DOS CRIMES CONTRA A FAMÍLIA

○ **Fundamento constitucional:** O fundamento dos crimes contra a família encontra-se no art. 226, *caput*, da Constituição Federal. A razão da preocupação constitucional é louvável, pois não se discute que a pessoa humana se forma no seio familiar. O sentimento familiar é força potente de moralidade, trabalho e sacrifício, e por isso deve ser não apenas respeitado e favorecido, mas energicamente protegido, inclusive pelo Direito Penal. Nesse sentido, a instituição da família desponta como bem jurídico nitidamente comunitário e imprescindível ao desenvolvimento humano. A previsão de crimes contra a família não exclui a proteção da instituição familiar por outros ramos do ordenamento jurídico, especialmente pelo Direito Civil, o que demonstra a manifestação do princípio da fragmentariedade, também conhecido como caráter fragmentário do Direito Penal.

Capítulo I – DOS CRIMES CONTRA O CASAMENTO

○ **Fundamento:** Os §§ 1.º, 2.º e 6.º do art. 226 da CF fazem menção ao casamento, demonstrando a importância desta instituição e, consequentemente, conferindo legitimidade à previsão legal dos crimes definidos nos arts. 235 a 239 do Código Penal. A defesa do matrimônio tem como finalidade a tutela de interesses públicos e sociais, razão pela qual não pode ser olvidada pelo Estado.

○ **União estável e analogia:** A **união estável**, nada obstante a regra traçada pelo art. 226, § 3.º, da Constituição Federal, não é alcançada pela proteção assegurada pelo Código Penal ao casamento, em face da inadmissibilidade da analogia *in malam partem* no campo das normas penais incriminadoras.

Bigamia

Art. 235. Contrair alguém, sendo casado, novo casamento:

Pena – reclusão, de dois a seis anos.

§ 1º Aquele que, não sendo casado, contrai casamento com pessoa casada, conhecendo essa circunstância, é punido com reclusão ou detenção, de um a três anos.

§ 2º Anulado por qualquer motivo o primeiro casamento, ou o outro por motivo que não a bigamia, considera-se inexistente o crime.

Classificação:	Informações rápidas:
Crime simples	O tipo abrange a **poligamia.**
Crime próprio	**Objeto material:** casamento (entre homem e mulher).
Crime material ou causal	Separação judicial ou extrajudicial. União estável não
Crime de dano	pode ser utilizada como pressuposto do crime.
Crime de forma vinculada	Pressupõe **matrimônio válido anterior** (pessoa solteira,
Crime comissivo; instantâneo de efeitos	viúva ou divorciada que sabe do impedimento do outro
permanentes (*regra*)	contraente – exceção pluralística à teoria monista).
Crime plurissubjetivo, plurilateral ou de	Admite participação.
concurso necessário	**Elemento subjetivo:** dolo (não admite modalidade
Crime bilateral ou de encontro	culposa).
Crime plurissubsistente (*regra*)	**Tentativa:** admite (*há divergência*).
	Ação penal: pública incondicionada.

○ **Introdução:** **Bigamia** é a convolação de novas núpcias por pessoa casada. Pode ser **interna** (o novo casamento de pessoa já casada ocorre no mesmo país) e **internacional** (o matrimônio é realizado em país diverso). Neste último caso, fala-se ainda em **bigamia internacional dupla** se o matrimônio é considerado bígamo e criminoso por ambos os países, a exemplo do que acontece entre Brasil e Paraguai. O art. 1.521, VI, do CC proíbe expressamente a bigamia, preocupando-se com a proteção do casamento e da estrutura familiar. É indiscutível que o art. 235 do CP também alcança a **poligamia** – trata-se de **interpretação extensiva** da lei penal, interpretando-a com razoabilidade para buscar sua real finalidade e a perfeita compreensão do seu conteúdo. Na verdade, a contração de três ou mais casamentos importa no reconhecimento de vários crimes, em continuidade delitiva (se presentes os requisitos exigidos pelo art. 71, *caput*, do CP), ou residualmente em concurso material (CP, art. 69).

○ **Objeto jurídico:** O bem jurídico penalmente protegido é a família, em sintonia com as regras contidas no art. 226 da CF, especialmente no que diz respeito ao caráter monogâmico do matrimônio.[214]

○ **Objeto material:** É o **casamento,** que se realiza no momento em que os interessados manifestam, perante o juiz, a vontade de estabelecer vínculo conjugal, e ele os declara casados (CC, art. 1.514).

○ **Núcleo do tipo:** O núcleo do tipo é "**contrair**", ou seja, ajustar, convolar, formalizar novas núpcias. Trata-se de **crime de forma vinculada** – somente pode ser praticado mediante a contração de um segundo casamento, o qual depende do cumprimento de diversas formalidades estabelecidas pela lei civil. A existência de **matrimônio válido anterior**, compreendido como aquele que preenche os requisitos indicados pela lei civil (CC, arts. 1.511 e seguintes), é pressuposto para configuração do crime de bigamia. É possível o reconhecimento do delito até a declaração da nulidade ou anulabilidade do primeiro casamento (art. 235 do CP, *a contrario sensu*). A separação judicial também não impede a caracterização do delito, pois a legislação brasileira reclama, para a dissolução do vínculo matrimonial, a morte de um dos cônjuges ou então o divórcio, aplicando-se a presunção legal quanto ao ausente (CC, art. 1.571, § 1.º). A união estável não pode ser utilizada como pressuposto do crime de bigamia – se alguém mantém união estável, possuindo anterior casamento válido, não estará configurado o crime em análise. De igual modo, não há falar em bigamia se anteriormente

---

[214]   COLACCI, Marino Aldo. *Il delitto di bigamia*. Napoli: Jovene, 1958. p. 16.

o sujeito havia se casado unicamente no âmbito religioso, sem atender aos mandamentos elencados nos arts. 1.515 e 1.516, § 1.º, do CC.

○ **Sujeito ativo:** Somente a mulher ou o homem que, já sendo casado, contrai novo casamento (crime **próprio** ou **especial**). A bigamia classifica-se como **crime plurissubjetivo, plurila-teral** ou **de concurso necessário**, pois o tipo penal exige a presença de duas pessoas para o seu aperfeiçoamento. Cuida-se de **delito bilateral** ou **de encontro** (o tipo penal reclama a presença de duas pessoas, cujas condutas tendem a se encontrar). Um dos cônjuges pode inclusive ser inimputável ou ignorar o impedimento do seu consorte. A pessoa solteira, viúva ou divorciada que, sabendo do impedimento do outro contraente, com este convola núpcias responderá pela figura privilegiada definida no § 1.º do art. 235 do CP – trata-se de **exceção pluralista à teoria monista** no concurso de pessoas, (art. 29, *caput*, do CP). Admite-se a participação, em todas as suas modalidades (*induzimento, instigação e auxílio*), nos crimes descritos no *caput* e no § 1.º do art. 235 do CP.

○ **Sujeito passivo:** É o Estado, em face do seu interesse na preservação das instituições fami-liares, e, mediatamente, o cônjuge inocente.

○ **Elemento subjetivo:** É o dolo, independentemente de qualquer finalidade específica. Não se admite a modalidade culposa. O desconhecimento do agente acerca do impedimento para o casamento caracteriza erro de tipo (CP, art. 20), acarretando na atipicidade do fato. A dúvida do agente no tocante ao seu estado civil configura o delito, a título de dolo eventual.

○ **Consumação:** O crime é **material** ou **causal**: consuma-se com a efetiva celebração do se-gundo matrimônio (CC, art. 1.514). Trata-se de **crime instantâneo de efeitos permanentes**.

○ **Tentativa:** É possível (crime plurissubsistente).

○ **Ação penal:** É pública incondicionada.

○ **Lei 9.099/1995:** Trata-se de crime de elevado potencial ofensivo, incompatível com os be-nefícios contidos na Lei 9.099/1995.

○ **Bigamia, falsidade e conflito aparente de leis penais:** Ao cometer o crime de bigamia, o agente pratica também o delito de falsidade ideológica (CP, art. 299), pois insere declaração falsa (estado civil diverso do verdadeiro) em documento público (declaração do estado civil exigida pelo CC – fase de habilitação para o casamento), com o fim de alterar a verdade sobre fato juridicamente relevante. O falso desponta como crime-meio e é absorvido. O conflito aparente de leis penais é solucionado pelo **princípio da consunção**. Se não restar concretizado o início da execução da bigamia, a falsidade ideológica haverá de ser punida de forma autônoma.

○ **Bigamia e termo inicial da prescrição da pretensão punitiva:** Nos termos do art. 111, IV, do CP, a prescrição, antes de transitar em julgado a sentença final, começa a correr, no crime de bigamia, **da data em que o fato se tornou conhecido**. O conhecimento do fato, exigido pela lei, refere-se à autoridade pública que tenha poderes para apurar, processar ou punir o responsável pelo delito, aí se incluindo o Delegado de Polícia, o membro do Ministério Público e o órgão do Poder Judiciário.

○ **Bigamia privilegiada (art. 235, § 1.º):** No crime de bigamia o legislador, mais uma vez, rompeu com a teoria unitária ou monista, adotada como regra no tocante ao concurso de pessoas (art. 29, *caput*, do CP). A pessoa não casada que, ciente do impedimento alheio, contrai casamento com pessoa casada, comete o crime tipificado no § 1.º do dispositivo em estudo e receberá pena privativa de liberdade mais branda do que a pessoa casada que contrai novo casamento. O magistrado pode optar entre duas alternativas: penas de reclusão ou de detenção, levando em conta as circunstâncias judiciais ou inominadas elencadas pelo art. 59, *caput*, do CP. O crime somente pode ser praticado a título de **dolo direto** (a lei utiliza a expressão "conhecendo esta circunstância"). A bigamia privilegiada é **crime de médio potencial ofensivo**, sendo cabível a suspensão condicional do processo, desde que presentes os demais requisitos elencados no art. 89 da Lei 9.099/1995.

○ **Causa de exclusão da tipicidade (art. 235, § 2.º, do CP):** Se o primeiro casamento, existente à época do crime, vier a ser anulado, o novo matrimônio não caracterizará o delito em análise. Nessa hipótese, o sujeito possui vínculo matrimonial com uma só pessoa. A declaração de nulidade do primeiro casamento tem eficácia *ex tunc*, retroagindo à data da celebração do matrimônio, revelando que o agente não era casado quando veio a contrair o "segundo" casamento, afastando o delito de bigamia. O mesmo raciocínio se aplica quanto à anulação do segundo matrimônio, desde que ocorra por motivo diverso da bigamia. O dispositivo também abrange o casamento considerado "nulo" pela legislação civil. As causas de nulidade e anulabilidade do matrimônio encontram-se previstas nos arts. 1.548 e 1.550 do CC. O questionamento em ação cível acerca do estado civil do agente constitui, no âmbito penal, questão prejudicial heterogênea, de natureza obrigatória (art. 92 do CP).

○ **Casamento entre pessoas do mesmo sexo e bigamia:** No julgamento da ADPF 132/RJ, o Supremo Tribunal Federal conferiu interpretação conforme à Constituição Federal ao art. 1.723 do Código Civil, para permitir o reconhecimento da família na união pública, contínua e duradoura entre pessoas de igual sexo.[215] Em conformidade com o julgamento lançado pela Suprema Corte, o Conselho Nacional de Justiça (CNJ) editou a Resolução 175/2013, a qual dispõe em seu art. 1.º ser vedado "às autoridades competentes a recusa de habilitação, celebração de casamento civil ou de conversão de união estável em casamento entre pessoas de mesmo sexo". Portanto, atualmente é possível o casamento homoafetivo, circunstância apta a ensejar o impedimento para novas núpcias (Código Civil, art. 1.521, inc. VI). Consequentemente, se uma pessoa já casada, pouco importando o sexo do outro cônjuge, contrair novo matrimônio, com pessoa de qualquer sexo, estará caracterizado o crime de bigamia, na forma definida pelo art. 235 do Código Penal.

○ **Jurisprudência selecionada:**

Bigamia – termo inicial da prescrição: "Bigamia. Prescrição. Data inicial do prazo. Jurisprudência assentada sobre que o prazo começa a correr a partir da *notitia criminis* levada ao conhecimento da autoridade pública" (STJ: RHC 7.206/RJ, rel. Min. José Dantas, 5.ª Turma, j. 28.04.1998).

Bigamia e falsidade ideológica – princípio da consunção: "1. O delito de bigamia exige para se consumar a precedente falsidade, isto é: a declaração falsa, no processo preliminar de habilitação do segundo casamento, de que inexiste impedimento legal. 2. Constituindo-se a falsidade ideológica (crime-meio) etapa da realização da prática do crime de bigamia (crime-fim), não há concurso do crime entre estes delitos. 3. Assim, declarada anteriormente a atipicidade da conduta do crime de bigamia pela Corte de origem, não há como, na espécie, subsistir a figura delitiva da falsidade ideológica, em razão do princípio da consunção" (STJ: HC 39.583/MS, rel. Min. Laurita Vaz, 5.ª Turma, j. 08.03.2005).

---

[215] STF: ADPF 132/RJ, rel. Min. Ayres Britto, Plenário, j. 05.05.2011.

Induzimento a erro essencial e ocultação de impedimento

> **Art. 236.** Contrair casamento, induzindo em erro essencial o outro contraente, ou ocultando-lhe impedimento que não seja casamento anterior:
>
> Pena – detenção, de seis meses a dois anos.
>
> Parágrafo único. A ação penal depende de queixa do contraente enganado e não pode ser intentada senão depois de transitar em julgado a sentença que, por motivo de erro ou impedimento, anule o casamento.

Classificação:	Informações rápidas:
Crime simples	**Objeto material:** casamento. Lei penal em branco homogênea (ex: CC).
Crime comum	
Crime material ou causal	**Elemento subjetivo:** dolo (não admite modalidade culposa).
Crime de dano	
Crime de forma vinculada	**Tentativa:** admite (*diverg.*).
Crime comissivo (*regra*)	**Ação penal:** privada personalíssima (única hipótese no Brasil).
Crime instantâneo de efeitos permanentes	
Crime unissubjetivo, unilateral ou de concurso eventual	
Crime plurissubsistente (*regra*)	

○ **Objeto jurídico:** O bem jurídico protegido é a família, no tocante ao casamento e às suas consequências. O vício de vontade na celebração do casamento pode conduzir à sua anulabilidade (CC, art. 1.550, III). Em hipóteses mais graves, como no induzimento a erro essencial ou ocultação de impedimento, optou o legislador também por conferir caráter penal ao comportamento ilícito.

○ **Objeto material:** É o casamento.

○ **Núcleo do tipo:** É "**contrair**", ou seja, ajustar, convolar, formalizar núpcias, induzindo a erro essencial o outro cônjuge ou ocultando a existência de impedimento legal à realização do matrimônio. Trata-se de **lei penal em branco homogênea** – é preciso buscar em outra lei as hipóteses de erro essencial e dos impedimentos matrimoniais. Em relação à conduta de contrair casamento, induzindo a erro essencial o outro contraente, o que acarreta sua anulabilidade (CC, art. 1.550, III), invoca-se o art. 1.557 do CC. Por sua vez, o art. 1.521 do Código Civil estabelece os impedimentos matrimoniais, que funcionam como causas de nulidade (CC, art. 1.548, II). Portanto, se o agente induz o outro contraente a erro essencial, em quaisquer das formas previstas no art. 1.557 do CC, ou deste oculta quaisquer dos impedimentos legais, salvo o previsto no art. 1.521, VI, do CC, e o casamento se realiza, a ele será imputado o crime em estudo.

○ **Sujeito ativo:** Qualquer pessoa (crime **comum** ou **geral**). O delito pode ser cometido por ambos os contraentes, na situação em que simultaneamente um engana o outro no tocante a determinado impedimento, desconhecido do outro consorte.

○ **Sujeito passivo:** É o Estado e, mediatamente, o cônjuge enganado.

○ **Elemento subjetivo:** É o dolo, independentemente de qualquer finalidade específica. Não se admite a modalidade culposa.

○ **Consumação:** O crime é **material** ou **causal**: consuma-se com o casamento, que se aperfeiçoa no momento em que o homem e a mulher manifestam, perante o juiz, a sua vontade de estabelecer vínculo conjugal, e o juiz os declara casados (CC, art. 1.514).

○ **Tentativa:** Cuida-se de **crime condicionado à anulação ou declaração de nulidade do casamento**, circunstância impeditiva do *conatus*. Destarte, a sentença civil de nulidade ou anulação do casamento tem a natureza jurídica de **condição de procedibilidade** da ação penal.[216] Há entendimentos no sentido de que a sentença civil representaria autêntica **condição objetiva de punibilidade**.[217]

○ **Ação penal e seus reflexos:** O crime em análise é de **ação penal privada personalíssima**. O termo inicial do prazo decadencial previsto no art. 38 do CPP é a data do trânsito em julgado da sentença anulatória do casamento, pois só então é possível o oferecimento de queixa pelo contraente enganado. De igual modo, a prescrição da pretensão punitiva relativa ao crime tipificado no art. 236 do CP somente se inicia a partir do trânsito em julgado da sentença anulatória do casamento, pois é partir daí que o Estado pode finalmente exercitar seu poder-dever de punir o responsável pela prática do delito.

○ **Lei 9.099/1995:** Trata-se de infração penal de menor potencial ofensivo, compatível com a transação penal e com o rito sumaríssimo, nos termos da Lei 9.099/1995.

○ **Distinção entre induzimento a erro essencial e ocultação de impedimento e conhecimento prévio de impedimento:** A nota marcante do crime de induzimento a erro essencial e ocultação de impedimento é o emprego de **meio fraudulento**. O parágrafo único do art. 236 do CP usa a expressão **contraente enganado**. É de se notar que a ocultação de impedimento não pode ser simplesmente omissiva, exigindo, antes, uma ação que esconda o impedimento. O art. 237 do CP se refere aos impedimentos que causam a nulidade do casamento e pune quem mesmo assim se casa, diante da ignorância do outro contraente, considerando como conduta típica o simples silêncio do agente (omissão passiva).

Conhecimento prévio de impedimento

> **Art. 237.** Contrair casamento, conhecendo a existência de impedimento que lhe cause a nulidade absoluta:
>
> Pena – detenção, de três meses a um ano.

---

[216] Com igual conclusão: OLIVEIRA, Eugênio Pacelli de; FISCHER, Douglas. *Comentários ao Código de Processo Penal e sua jurisprudência*. Rio de Janeiro: Lumen Juris, 2010. p. 85.

[217] Nesse sentido: MAGALHÃES NORONHA, E. *Direito penal*. 17. ed. São Paulo: Saraiva, 1984. v. 3, p. 310.

Classificação:	Informações rápidas:
Crime simples	**Objeto material:** casamento.
Crime comum	Lei penal em branco homogênea (art. 1.521 do CC).
Crime material ou causal	Crime tacitamente subsidiário em relação ao art. 236
Crime de dano	do CP.
Crime de forma vinculada	**Elemento subjetivo:** dolo direto (não admite moda-
Crime comissivo (*regra*)	lidade culposa).
Crime instantâneo de efeitos permanentes	**Tentativa:** admite (crime *plurissubsistente*).
Crime unissubjetivo, unilateral ou de	**Ação penal:** pública incondicionada.
concurso eventual	
Crime plurissubsistente (*regra*)	

○ **Objeto jurídico:** O bem jurídico penalmente tutelado é a família.

○ **Objeto material:** É o casamento.

○ **Núcleo do tipo:** O núcleo do tipo é "**contrair**", ajustar, convolar, formalizar núpcias, ciente da existência de impedimento ao casamento, capaz de acarretar a declaração de sua nulidade. Trata-se mais uma vez de **lei penal em branco homogênea**, pois os impedimentos matrimoniais são indicados pelo art. 1.521 do CC. Se o agente tem conhecimento da existência do impedimento – salvo no tocante ao previsto no art. 1.521, VI, do CC (hipótese que caracteriza o crime de bigamia) –, e ainda assim convola matrimônio, a ele será imputado o crime em análise, **tacitamente subsidiário** em relação ao delito tipificado no art. 236 do CP. Não há fraude para enganar o outro contraente. Basta não declarar o impedimento matrimonial, despontando como suficiente a simples omissão.

○ **Sujeito ativo:** Qualquer pessoa (crime **comum** ou **geral**). Se ambos os contraentes têm conhecimento do impedimento, serão considerados coautores do delito.

○ **Sujeito passivo:** É o Estado, em face do seu interesse na preservação das instituições familiares e na regularidade dos casamentos, e, mediatamente, o outro contraente, desde que desconheça o impedimento matrimonial.

○ **Elemento subjetivo:** É o **dolo direto**, representado pela expressão "**conhecendo** a existência de impedimento que lhe cause a nulidade absoluta". Não se exige nenhuma finalidade específica, e também não se admite a modalidade culposa.

○ **Consumação:** O crime é **material** ou **causal**: consuma-se com o casamento, que se realiza no momento em que o homem e a mulher manifestam, perante o juiz, a sua vontade de estabelecer vínculo conjugal, e o juiz os declara casados (CC, art. 1.514).

○ **Tentativa:** É possível (*ver comentários ao art. 235 do CP*).

○ **Ação penal:** A ação penal é pública incondicionada. Ao contrário do que se verifica no delito tipificado no art. 236 do CP, prescinde-se da prévia decretação de nulidade do casamento por sentença com trânsito em julgado. O Ministério Público pode, com fulcro no art. 1.549 do CC, ajuizar ação civil para decretação de nulidade do casamento, antes ou simultaneamente ao oferecimento da ação penal.

○ **Lei 9.099/1995:** Trata-se de infração penal de menor potencial ofensivo, compatível com a transação penal e com o rito sumaríssimo, nos moldes da Lei 9.099/1995.

Simulação de autoridade para celebração de casamento

> **Art. 238.** Atribuir-se falsamente autoridade para celebração de casamento:
> Pena – detenção, de um a três anos, se o fato não constitui crime mais grave.

Classificação:	Informações rápidas:
Crime simples Crime comum Crime formal, de consumação antecipada ou de resultado cortado Crime de dano Crime de forma livre Crime comissivo (*regra*) Crime instantâneo Crime unissubjetivo, unilateral ou de concurso eventual Crime plurissubsistente (*regra*)	**Objeto material:** casamento. **Crime subsidiário.** **Elemento subjetivo:** dolo (não admite modalidade culposa). **Tentativa:** admite (*crime plurissubsistente*). **Ação penal:** pública incondicionada.

○ **Objeto jurídico:** O bem jurídico penalmente tutelado é a família e, em plano secundário, a regularidade do exercício de função pública relevante, qual seja, juiz de casamentos (juiz de paz).

○ **Objeto material:** É o casamento.

○ **Núcleo do tipo:** O núcleo do tipo é "*atribuir-se*", ou seja, imputar a si, falsamente, a qualidade de autoridade para celebração de casamentos. A palavra "falsamente", indicativa de situação em descompasso com a realidade, funciona como elemento normativo do tipo.

○ **Sujeito ativo:** Qualquer pessoa (**crime comum** ou **geral**).

○ **Sujeito passivo:** É o Estado e, mediatamente, as pessoas enganadas pela conduta criminosa.

○ **Elemento subjetivo:** É o dolo, independentemente de qualquer finalidade específica. Se o agente equivocadamente acredita ter autoridade para celebrar casamentos, exclui-se o dolo em razão do erro de tipo (CP, art. 20), resultando na atipicidade do fato. Não se admite a modalidade culposa.

○ **Consumação:** O crime é **formal, de consumação antecipada** ou **de resultado cortado**: consuma-se com a atribuição de autoridade pelo agente, prescindindo-se da celebração de qualquer casamento.

○ **Tentativa:** É possível.

○ **Ação penal:** A ação penal é pública incondicionada.

○ **Lei 9.099/1995:** Trata-se de crime de médio potencial ofensivo, compatível com a suspensão condicional do processo, desde que presentes os demais requisitos exigidos pelo art. 89 da Lei 9.099/1995.

○ **Subsidiariedade expressa:** O crime em estudo é **expressamente subsidiário**.

Simulação de casamento

> **Art. 239.** Simular casamento mediante engano de outra pessoa:
>
> Pena – detenção, de um a três anos, se o fato não constitui elemento de crime mais grave.

Classificação:	Informações rápidas:
Crime simples	**Objeto material:** casamento.
Crime comum	**Crime subsidiário.**
Crime formal, de consumação antecipada ou de resultado cortado	**Elemento subjetivo:** dolo (não admite modalidade culposa).
Crime de dano	**Tentativa:** admite (crime plurissubsistente).
Crime de forma livre	**Ação penal:** pública incondicionada.
Crime comissivo (*regra*)	
Crime instantâneo	
Crime unissubjetivo, unilateral ou de concurso eventual	
Crime plurissubsistente (*regra*)	

○ **Objeto jurídico:** O bem jurídico penalmente protegido é a família, especialmente no que diz respeito à regularidade do casamento.

○ **Objeto material:** É o casamento.

○ **Núcleo do tipo:** O núcleo do tipo é "**simular**", no sentido de fingir a celebração do matrimônio, mediante o engano de outra pessoa. O **engano** consiste em **elemento normativo do tipo**. Embora parte da doutrina entenda deva ser o engano voltado à pessoa do outro contraente, o art. 239 do CP não faz esta distinção – estará caracterizado o delito quando qualquer pessoa interessada no matrimônio for enganada pela simulação. É imprescindível a utilização de meio fraudulento para ludibriar alguém.

○ **Sujeito ativo:** Qualquer pessoa (crime **comum** ou **geral**). É possível a participação de terceiros.

○ **Sujeito passivo:** É o Estado, em decorrência do seu interesse na integridade do matrimônio, e, mediatamente, a pessoa enganada pela simulação de casamento.

○ **Elemento subjetivo:** É o dolo, independentemente de qualquer finalidade específica. Não se admite a modalidade culposa.

○ **Consumação:** O crime é **formal**, **de consumação antecipada** ou **de resultado cortado**: consuma-se com a simulação de qualquer ato relacionado à celebração do matrimônio, pouco importando se o agente conseguiu alcançar a falsa declaração de casado com outra pessoa.

○ **Tentativa:** É possível.

○ **Ação penal:** É pública incondicionada.

○ **Lei 9.099/1995:** Cuida-se de **crime de médio potencial ofensivo**, compatível com a suspensão condicional do processo, se presentes os demais requisitos exigidos pelo art. 89 da Lei 9.099/1995.

○ **Subsidiariedade expressa:** A simulação de casamento é crime **expressamente subsidiário**.

Adultério

> **Art. 240.** (Revogado).

○ **Revogação:** O crime de adultério foi revogado pela Lei 11.106/2005. Operou-se a *abolitio criminis* da conduta outrora tipificada pelo art. 240 do CP – houve a revogação formal do dispositivo legal e a supressão material do fato criminoso, pois não existe atualmente nenhum outro tipo penal incriminando o adultério. Atualmente, portanto, o adultério produz efeitos somente na esfera civil (CC, arts. 1.572 e 1.573, I), como causa autorizadora da separação judicial por violação aos deveres do casamento. Vale destacar que, com a revogação do crime de adultério, o delito tipificado pelo art. 236 do CP – induzimento a erro essencial e ocultação de impedimento – passou a ser o único exemplo de ação penal privada personalíssima subsistente em nosso ordenamento jurídico.

Capítulo II –
DOS CRIMES CONTRA O ESTADO DE FILIAÇÃO

○ **Introdução:** Diversos delitos previstos neste capítulo despontam como verdadeiras falsidades, motivo pelo qual algumas vozes doutrinárias sustentam que deveriam figurar no Título X da Parte Especial do Código Penal, entre os crimes contra a fé pública. O legislador pátrio, entretanto, preferiu alocá-los no Capítulo II do Título VII da Parte Especial do Código Penal, entre os crimes contra a família. Trata-se de critério de classificação no qual se deu prevalência ao **bem jurídico** atinente à estrutura jurídica da família, protegendo-a expressamente no setor do estado de filiação.

Registro de nascimento inexistente

> **Art. 241.** Promover no registro civil a inscrição de nascimento inexistente:
>
> Pena – reclusão, de dois a seis anos.

Classificação:	Informações rápidas:
Crime pluriofensivo Crime comum Crime material ou causal Crime de dano Crime de forma livre Crime comissivo (*regra*) Crime instantâneo de efeitos permanentes Crime unissubjetivo, unilateral ou de concurso eventual Crime plurissubsistente (*regra*)	**Objeto material:** o registro civil. Modalidade específica de falsidade ideológica (princ. da especialidade). **Elemento subjetivo:** dolo (não admite modalidade culposa). **Tentativa:** admite (crime *plurissubsistente*). **Ação penal:** pública incondicionada.

○ **Objeto jurídico:** O bem jurídico penalmente tutelado é o estado de filiação, como medida protetora da instituição familiar. Mediatamente também se protege a regularidade do sistema de registro civil, pois os atos nele inscritos gozam de fé pública (vide art. 50 da Lei 6.015/1973 – Lei de Registros Públicos).

○ **Objeto material:** É o registro civil no qual foi inscrito o nascimento inexistente.

○ **Núcleo do tipo:** O núcleo do tipo é "**promover**" (postular, provocar, requerer) o registro de parto inexistente. Considera-se inexistente o nascimento quando, de fato, não ocorreu, ou então o feto foi expelido morto. Há, portanto, declaração falsa de nascimento de um ser humano. Trata-se de modalidade específica de falsidade ideológica (CP, art. 299). O conflito aparente de leis penais é solucionado pelo **princípio da especialidade**.

○ **Sujeito ativo:** Qualquer pessoa (**crime comum** ou **geral**). É possível o concurso de pessoas, tanto na modalidade coautoria como na participação.

○ **Sujeito passivo:** É o Estado e, mediatamente, as pessoas lesadas pelo falso registro de nascimento.

○ **Elemento subjetivo:** É o dolo, independentemente de qualquer finalidade específica. Não se admite a modalidade culposa.

○ **Consumação:** O crime é **material** ou **causal**: consuma-se com a efetiva inscrição no registro civil do nascimento inexistente.

○ **Tentativa:** É cabível.

○ **Ação penal:** É pública incondicionada.

○ **Lei 9.099/1995:** Trata-se de **crime de elevado potencial ofensivo**, afastando a incidência dos benefícios previstos na Lei 9.099/1995.

○ **Registro de nascimento inexistente e prescrição:** O termo inicial da prescrição da pretensão punitiva, no campo do crime de registro de nascimento inexistente, possui regra específica. A prescrição começa a correr da data em que o fato se tornou conhecido (art. 111, IV, do CP), e não a partir da consumação do delito.

Parto suposto. Supressão ou alteração de direito inerente ao estado civil de recém-nascido

Art. 242. Dar parto alheio como próprio; registrar como seu o filho de outrem; ocultar recém-nascido ou substituí-lo, suprimindo ou alterando direito inerente ao estado civil:

Pena – reclusão, de dois a seis anos.

Parágrafo único. Se o crime é praticado por motivo de reconhecida nobreza:

Pena – detenção, de um a dois anos, podendo o juiz deixar de aplicar a pena.

Classificação:	Informações rápidas:
Crimes simples	**Objeto material:** registro civil ou o recém-nascido.
Crimes próprio (núcleo "dar") e comuns (demais condutas típicas)	Tipo penal misto cumulativo e alternativo.
Crimes materiais ou causais	Elemento subjetivo: dolo independentemente de qualquer finalidade específica para as condutas "dar" e "registrar"; e específico para as condutas "ocultar" e "substituir". Em todos os casos não se admite modalidade culposa.
Crimes de dano	
Crimes de forma livre	
Crimes comissivos (*regra*)	**Tentativa:** é possível em todas as modalidades.
Crimes instantâneos ou permanente (núcleo "ocultar")	**Ação penal:** pública incondicionada.
Crimes unissubjetivos, unilaterais ou de concurso eventual	
Crimes plurissubsistentes (*regra*)	

○ **Objeto jurídico:** É o estado de filiação, a instituição familiar e a regularidade do registro civil.

○ **Objeto material:** O objeto material pode ser o **registro** ou então o **recém-nascido**, dependendo da conduta criminosa praticada.

○ **Núcleos do tipo:** O tipo penal contém quatro condutas distintas:

a) **"Dar parto alheio como próprio"** – O núcleo do tipo é **"dar"**, no sentido de atribuir para si a maternidade de filho alheio. Não é necessário o registro civil, que conduz à figura subsequente. O comportamento criminoso é necessariamente acompanhado de uma simulação de gravidez, com o propósito de considerar como seu o parto de outra mulher. Não há crime na situação contrária (dar parto próprio como alheio);

b) **"Registrar como seu o filho de outrem"** – O núcleo do tipo é **"registrar"**, ou seja, fazer constar do registro civil uma filiação inexistente, em prejuízo da identidade da criança e também de outros eventuais herdeiros (conhecido como "adoção à brasileira"). O conflito aparente de leis penais entre os arts. 242 ("registrar como seu o filho de outrem") e 299, *caput*, do CP ("fazer inserir declaração falsa com o fim de alterar a verdade sobre fato juridicamente relevante") é solucionado com a utilização do **princípio da especialidade** – o art. 242 do CP contém elementos especializantes, não contemplados no tipo penal inerente ao falso. Na "adoção à brasileira" pode incidir o instituto do **erro de proibição** (art. 21 do CP);

c) **"Ocultar recém-nascido, suprimindo ou alterando direito inerente ao estado civil"** – O núcleo do tipo é **"ocultar"**, que equivale a esconder o recém-nascido, evitando seu registro e alijando-o dos direitos inerentes ao seu estado civil. O tipo penal não se refere ao natimorto, pois não tem estado civil; e

d) **"Substituir recém-nascido, suprimindo ou alterando direito inerente ao estado civil"** – O núcleo do tipo é **"substituir"**, no sentido de trocar um recém-nascido por outro, provocando alteração ou supressão no estado civil dos neonatos, que passam a integrar família diversa da biológica. Não se exige a inscrição do recém-nascido no registro civil.

○ **Tipo misto cumulativo e alternativo:** O art. 242 do Código Penal é um **tipo penal misto cumulativo e alternativo**. Há quatro condutas diversas: as duas primeiras são cumulativas entre si e também com alguma das duas últimas legalmente descritas. Consequentemente, ao agente serão imputados todos os crimes correspondentes ao número de condutas cometidas, se incidir na primeira, na segunda e na terceira (ou quarta). Mas as duas últimas condutas apresentam relação de alternatividade – se o agente realizar ambos os núcleos do tipo, no tocante ao mesmo objeto material, responderá por um único delito.

○ **Sujeito ativo:** Na conduta "dar parto alheio como próprio", o crime é **próprio** ou **especial**, pois somente pode ser cometido por mulher. Admite-se coautoria e participação, inclusive de parte da mãe biológica. Nas demais condutas típicas, o crime é **comum** ou **geral**, podendo ser praticado por qualquer pessoa.

○ **Sujeito passivo:** É o Estado, interessado na regularidade da família, e, mediatamente, a pessoa prejudicada pela conduta criminosa.

○ **Elemento subjetivo:** Nas duas primeiras condutas é o dolo, independentemente de qualquer finalidade específica. Nas duas últimas modalidades do delito também é o dolo, mas acrescido de um especial fim de agir, consistente na intenção de suprimir ou alterar direito inerente ao estado civil. Não se admite, em nenhuma hipótese, a figura culposa.

○ **Consumação:** O crime de parto suposto ("dar parto alheio como próprio") consuma-se com a suposição do parto, ou, na hipótese de gravidez real, com a troca da criança que nasceu morta por outra. Não basta a mera simulação da gravidez ou a falsa atribuição de maternidade no tocante a alguma criança. Na segunda conduta típica, a consumação se dá com a inscrição no registro do filho alheio como próprio. Nas duas últimas hipóteses, a consumação reclama a prática de ato que efetivamente importe na supressão ou alteração do estado civil do neonato. Não basta, portanto, sua simples ocultação ou substituição. Na forma "ocultar" o crime é permanente, subsistindo a consumação do delito durante todo o período em que se esconde o recém-nascido. O art. 242 do CP contempla **crimes materiais** ou **causais**, em todas as suas modalidades.

○ **Tentativa:** É possível, em todas as condutas típicas.

○ **Ação penal:** É pública incondicionada.

○ **Lei 9.099/1995:** Trata-se de **crime de elevado potencial ofensivo**, insuscetível de aplicação dos benefícios disciplinados pela Lei 9.099/1995.

○ **Figura privilegiada e perdão judicial (art. 242, parágrafo único):** O parágrafo único traz uma infração penal de menor potencial ofensivo, compatível com a transação penal e com o rito sumaríssimo, nos moldes da Lei 9.099/1995. O dispositivo legal é aplicável somente às duas primeiras modalidades do delito. Há incompatibilidade lógica entre o motivo de reconhecida nobreza e as condutas de "ocultar recém-nascido ou substituí-lo", especialmente quando levada em consideração a finalidade específica de "suprimir ou alterar direito inerente ao estado civil". **Motivo de reconhecida nobreza** é o que revela caridade, altruísmo, enfim, a boa-fé e a generosidade de alguém. O juiz tem duas opções: a mais favorável, que é conceder o perdão judicial (causa extintiva da punibilidade – CP, art. 107, IX), ou aplicar a pena diminuída. A escolha fica reservada ao caso concreto, e deve ser baseada em diversos parâmetros, especialmente nas condições pessoais do réu.

○ **Prescrição da pretensão punitiva:** O termo inicial da prescrição da pretensão punitiva é a data em que o fato se tornou conhecido (CP, art. 111, IV).

○ **Legislação penal especial:** O art. 229 da Lei 8.069/1990 – Estatuto da Criança e do Adolescente – prevê crime específico para os agentes de saúde que facilitarem a ocorrência das figuras penais em estudo.

Sonegação de estado de filiação

> **Art. 243.** Deixar em asilo de expostos ou outra instituição de assistência filho próprio ou alheio, ocultando-lhe a filiação ou atribuindo-lhe outra, com o fim de prejudicar direito inerente ao estado civil:
>
> Pena – reclusão, de um a cinco anos, e multa.

Classificação:	Informações rápidas:
Crime simples	**Objeto material:** criança ou adolescente (filho próprio ou alheio).
Crime comum	
Crime formal, de consumação antecipada ou de resultado cortado	**Elemento subjetivo:** dolo específico (não admite modalidade culposa).
Crime de dano	**Tentativa:** admite (crime plurissubsistente).
Crime de forma livre	**Ação penal:** pública incondicionada.
Crime comissivo (*regra*)	
Crime instantâneo de efeitos permanentes	
Crime unissubjetivo, unilateral ou de concurso eventual	
Crime plurissubsistente (*regra*)	

○ **Objeto jurídico:** É o estado de filiação.

○ **Objeto material:** É a criança ou adolescente (filho próprio ou alheio) deixado em asilo de expostos ou outra instituição de assistência.

○ **Núcleo do tipo:** O núcleo do tipo é "**deixar**", no sentido de abandonar o menor de idade em asilo de expostos ou outra instituição de assistência, ocultando-lhe a filiação ou atribuindo-lhe outra, com o fim de prejudicar direito inerente ao estado civil. **Asilo de expostos** é o orfanato ou local que abriga crianças abandonadas. **Instituição de assistência**, por sua vez, tem caráter residual, podendo ser qualquer tipo de creche ou abrigo. A conduta de deixar criança em local diverso do asilo de expostos ou instituição de assistência configura, dependendo do caso concreto, os crimes de abandono de incapaz (CP, art. 133) ou de exposição ou abandono de recém-nascido (CP, art. 134), e não o crime em análise.

○ **Sujeito ativo:** Qualquer pessoa (crime **comum** ou **geral**).

○ **Sujeito passivo:** É o Estado e, mediatamente, a criança ou adolescente abandonado e prejudicado em seus direitos inerentes ao estado de filiação.

○ **Elemento subjetivo:** É o dolo, acrescido de um especial fim de agir (elemento subjetivo específico), consistente na intenção de prejudicar direito inerente ao estado civil do filho próprio ou alheio abandonado. Não se caracteriza o delito na hipótese em que o agente abandona a criança ou adolescente por outro motivo qualquer, tal como a ausência de condições financeiras para sustentá-lo.

○ **Consumação:** O crime é **formal, de consumação antecipada** ou **de resultado cortado**: consuma-se com o abandono da criança ou adolescente em asilo de expostos ou instituição de assistência, com a consequente ocultação ou alteração do estado de filiação, ainda que não se alcance a finalidade específica de prejudicar direito inerente ao estado civil.

○ **Tentativa:** É possível.

○ **Ação penal:** É pública incondicionada.

○ **Lei 9.099/1995:** Trata-se de crime de médio potencial ofensivo, compatível com a suspensão condicional do processo, desde que presentes os demais requisitos exigidos pelo art. 89 da Lei 9.099/1995.

○ **Sonegação de estado de filiação e supressão ou alteração de direito inerente ao estado civil de recém-nascido – diferenças:** Os crimes de sonegação de estado de filiação (CP, art. 243) e de supressão ou alteração de direito inerente ao estado civil de recém-nascido (CP, art. 242, *in fine*), diferenciam-se por traços bem definidos: (a) No crime de sonegação de estado de filiação, a conduta pode recair sobre qualquer criança ou adolescente, enquanto no delito definido na parte final do art. 242 do CP a vítima há de ser necessariamente um recém-nascido; (b) Na hipótese do art. 243, a criança ou adolescente precisa ser abandonada em asilo de expostos ou instituição de assistência, ao passo que no art. 242, *in fine*, a ocultação do recém-nascido pode ocorrer em qualquer local; e (c) No art. 243, a finalidade da lei é punir o abandono da criança ou adolescente, enquanto no art. 242, parte final, a meta da lei é atribuir responsabilidade penal àquele que busca suprimir ou alterar direito inerente ao estado civil do recém-nascido.

Capítulo III –
DOS CRIMES CONTRA A ASSISTÊNCIA FAMILIAR

○ **Fundamento:** No presente capítulo a tarefa do Código Penal é disciplinar a manutenção da família, punindo ações mais graves que a desagregam e a dissolvem. A assistência familiar é a sua preocupação não somente sob o aspecto material, mas também moral, como se extrai dos arts. 245 a 247. A intervenção do Direito Penal legitima-se em razão da violação aos princípios fundamentais que devem nortear a família e o desrespeito aos institutos do Direito Civil correspondentes.

Abandono material

Art. 244. Deixar, sem justa causa, de prover a subsistência do cônjuge, ou de filho menor de 18 (dezoito) anos ou inapto para o trabalho, ou de ascendente inválido ou maior de 60 (sessenta) anos, não lhes proporcionando os recursos necessários ou faltando ao pagamento de pensão alimentícia judicialmente acordada, fixada ou majorada; deixar, sem justa causa, de socorrer descendente ou ascendente, gravemente enfermo:

Pena – detenção, de 1 (um) a 4 (quatro) anos e multa, de uma a dez vezes o maior salário mínimo vigente no País.

Parágrafo único. Nas mesmas penas incide quem, sendo solvente, frustra ou ilide, de qualquer modo, inclusive por abandono injustificado de emprego ou função, o pagamento de pensão alimentícia judicialmente acordada, fixada ou majorada.

Classificação:	Informações rápidas:
Crime simples	**Objeto material:** renda, pensão ou outro auxílio.
Crime próprio	Não há falar em abandono material no âmbito da **união estável** (vedação ao emprego da analogia *in malam partem*).
Crime formal, de consumação antecipada ou de resultado cortado	
Crime de perigo concreto	
Crime permanente	**Tipo misto cumulativo e alternativo. Elemento subjetivo:** dolo (não admite modalidade culposa).
Crime de forma livre	
Crime omissivo próprio ou puro	**Tentativa:** não é possível (*exceção*: figura equiparada – parágrafo único).
Crime unissubjetivo, unilateral ou de concurso eventual	**Ação penal:** pública incondicionada.
Crime unissubsistente	

○ **Objeto jurídico:** O bem jurídico penalmente tutelado é a assistência familiar, relativamente ao direito à vida e à dignidade no âmbito da família, especialmente na esfera da estrita necessidade material reciprocamente devida entre seus membros (alimentos, habitação, vestuários, remédios etc.).

○ **Objeto material:** É a renda, pensão ou outro auxílio.

○ **Núcleos do tipo:**

1) Deixar, sem justa causa, de prover os recursos necessários à subsistência do cônjuge, do filho menor de 18 anos ou inapto para o trabalho, ou do ascendente inválido ou maior de 60 anos – Deixar de prover a subsistência significa não fornecer os meios indispensáveis à sobrevivência das pessoas apontadas no tipo penal. O conceito de "subsistência" é mais restrito do que o de "alimentos", na forma prevista na legislação civil (art. 1.694 do CC), englobando tão somente as necessidades básicas. Apesar de o art. 226, § 3.º, da CF reconhecer a **união estável** como entidade familiar, e do previsto no art. 1.724 do CC, tendo em vista que o tipo penal fala em deixar de prover a subsistência do cônjuge, não há falar em abandono material, relativamente a essa modalidade criminosa, quando um dos conviventes deixa, sem justa causa, de prover à subsistência do outro, já que não se admite a analogia *in malam partem* no Direito Penal;

2) Faltar ao pagamento da pensão alimentícia fixada judicialmente – Faltar ao pagamento consiste em não honrar uma obrigação. Deve haver decisão judicial homologando acordo, fixando ou majorando os alimentos devidos, qualquer que seja sua natureza, e o agente, sem justa causa, falta com seu pagamento. É necessário que o agente deixe transcorrer *in albis* o prazo estipulado em juízo para o pagamento. Antes do decurso desse ínterim, somente é possível reconhecer o delito em sua primeira modalidade. Nessa espécie de abandono material é possível a imputação do crime ao convivente que, sem justa causa, falta ao pagamento da pensão alimentícia judicialmente fixada em prol do outro convivente; e

3) Deixar de socorrer, sem justa causa, ascendente ou descendente gravemente enfermo – **Deixar de socorrer** é negar proteção e assistência. **Enfermidade grave** é a séria alteração ou perturbação da saúde, física ou mental.[218] Sua comprovação reclama análise médica da vítima no caso concreto. Nessa modalidade criminosa, a lei excluiu o cônjuge da proteção penal, abarcando somente os ascendentes e descendentes. Se o agente deixar de socorrer o cônjuge, tal conduta se amoldará na primeira espécie do delito.

○ **Tipo penal misto cumulativo e alternativo:** As duas primeiras condutas são alternativas, e a prática de ambas contra a mesma vítima caracteriza um único crime. Ao agente serão imputados vários crimes se as condutas se relacionarem com vítimas diversas. A terceira conduta é autônoma e cumulativa com as duas anteriores, autorizando a conclusão no sentido de que o cometimento da primeira ou segunda condutas, somada à última, acarreta a punição do agente por dois crimes, em concurso material (CP, art. 69, *caput*).

○ **Elemento normativo do tipo:** O elemento normativo é representado pela expressão "sem justa causa", que funciona como **elemento negativo do tipo**. Presente a justa causa para a falta de assistência material, o fato será atípico. Os arts. 528, *caput*, e 911, *caput*, do CPC permitem a escusa legítima do devedor quanto à obrigação alimentícia.

○ **Sujeito ativo:** Somente as pessoas expressamente indicadas no art. 244 do CP (crime **próprio** ou **especial**).

○ **Sujeito passivo:** São os cônjuges, o filho menor de 18 anos ou inapto para o trabalho, qualquer que seja sua idade, o ascendente inválido, independentemente da sua idade, ou maior de 60 anos, se dependente de assistência material, bem como qualquer descendente ou ascendente gravemente enfermo, pouco importando o grau de parentesco na linha reta.

○ **Descendente ou ascendente enfermo e ordem preferencial da obrigação alimentícia:** Na última modalidade criminosa contida no dispositivo em comento, discute-se se a configuração do crime de abandono material guarda relação com a ordem preferencial da obrigação

---

[218]   FRAGOSO, Heleno Cláudio. *Lições de direito penal*. Parte especial. São Paulo: José Bushatsky, 1959. v. 3, p. 598.

alimentícia, indicada pelos arts. 1.696 a 1.698 do CC. Há duas concepções doutrinárias sobre o assunto. Para uma primeira posição, o art. 244 do CP deve ser interpretado em consonância com as disposições do CC. Nesse contexto, um ascendente (ou descendente) remoto somente pode ser responsabilizado criminalmente quando o parente mais próximo demonstrar impossibilidade total de prestar a assistência material. De outro lado, sustenta-se que a ordem estabelecida no CC não interfere no campo do art. 244 do CP, em face da autonomia entre o Direito Civil e o Direito Penal, bem como da finalidade almejada por cada um dos ramos do Direito. Com efeito, enquanto a tarefa do Direito Civil é compelir um membro da família a auxiliar seu parente, a missão do Direito Penal é punir aquele que revela descaso com o dever de solidariedade existente entre os integrantes do mesmo núcleo familiar. É a posição que adotamos.

○ **Elemento subjetivo:** É o dolo, independentemente de qualquer finalidade específica. Não se admite a modalidade culposa.

○ **Consumação:** O crime é **formal**, **de consumação antecipada** ou **de resultado cortado**: consuma-se no momento em que o agente deixa, dolosamente e sem justa causa, de assegurar os recursos necessários ou falta ao pagamento de pensão alimentícia judicialmente acordada, fixada ou majorada, ou quando deixa de socorrer descendente ou ascendente, gravemente enfermo. Não se exige, entretanto, o efetivo prejuízo à vítima. Prevalece o entendimento no sentido de que o crime de abandono material subsiste na hipótese em que a subsistência, pagamento de pensão ou socorro sejam garantidos por terceira pessoa. Trata-se de **crime de perigo concreto**, pois a consumação reclama a comprovação da exposição da vítima a uma situação de probabilidade de dano à sua integridade física ou psíquica.

○ **Tentativa:** Não se admite o *conatus*, pois o crime é omissivo próprio ou puro, e consequentemente unissubsistente, impossibilitando o fracionamento do *iter criminis*. De fato, ou o sujeito ativo dolosamente deixa, sem justa causa, de prover à subsistência do seu dependente, e o crime estará consumado, ou então o faz corretamente, e o fato será atípico.

○ **Ação penal:** É pública incondicionada.

○ **Lei 9.099/1995:** Trata-se de **crime de médio potencial ofensivo**, compatível com a suspensão condicional do processo, desde que presentes os demais requisitos exigidos pelo art. 89 da Lei 9.099/1995.

○ **Pena de multa:** O magistrado deve, ao aplicar a pena de multa inerente ao crime de abandono material, fazer incidir o **sistema do dia-multa** (art. 49 do CP). O fundamento desse raciocínio encontra-se no art. 2.º da Lei 7.209/1984.

○ **Figura equiparada (art. 244, parágrafo único):** **Frustrar** é iludir ou enganar; **ilidir** (o legislador errou na grafia, pois deveria ter utilizado o verbo "elidir") equivale a eliminar ou afastar. Os núcleos estão vinculados à pessoa solvente, isto é, capaz de pagar pensão alimentícia, mas que de qualquer modo deixa de cumprir com sua obrigação (**crime de forma livre**). O sujeito ativo do crime é o devedor de alimentos e o sujeito passivo é o credor correspondente. A figura equiparada referiu-se expressamente à pessoa que, para livrar-se da obrigação alimentícia, abandona injustificadamente seu emprego ou função, normalmente porque a pensão alimentícia era descontada pelo empregador, para buscar o trabalho informal. Nessa hipótese o abandono material admite a tentativa em face do caráter plurissubsistente do delito, permitindo o fracionamento do *iter criminis*.

o **Natureza jurídica da prisão civil por inadimplemento voluntário e inescusável de obrigação alimentícia:** O art. 5.º, LXVII, da CF autoriza a prisão civil por dívida na hipótese de inadimplemento voluntário e inescusável de obrigação alimentícia. Os arts. 528 e 911 do CPC estão em sintonia com a regra constitucional. Esta modalidade de **prisão civil** em nada se relaciona com a pena atribuída ao responsável pela prática do crime tipificado no art. 244 do CP. A prisão civil não tem caráter punitivo. Representa meio coercitivo para obrigar o devedor ao cumprimento da obrigação alimentar, tanto que será imediatamente revogada com o pagamento da prestação alimentícia. Consequentemente, se o débito alimentar for pago, resultando na revogação da prisão civil, esta situação não interfere na caracterização do crime de abandono material, cuja consumação ocorreu no momento do não pagamento doloso e injustificado dos alimentos.

o **Prisão civil e detração penal:** A prisão civil pode ser utilizada a título de detração penal, com fundamento no art. 42 do CP? Rogério Greco sustenta a admissibilidade da detração penal, por se tratar de medida favorável ao réu.[219] Com o merecido respeito, não concordamos com essa posição. O tempo de prisão civil não pode ser computado na pena privativa de liberdade atinente à condenação pelo crime de abandono material, pelos seguintes motivos: (a) o art. 42 do CP permite a detração penal somente em relação ao tempo de prisão provisória, não mencionando a prisão civil; (b) a CF é clara ao definir a natureza da **prisão civil**, que por esta razão não pode ser usada no âmbito penal; e (c) finalmente, os objetivos almejados pela prisão civil e pela prisão enquanto pena são completamente distintos. A primeira visa compelir o devedor a quitar prestações alimentícias já vencidas; a segunda se destina a punir o responsável pelo abandono material, além de prevenir a prática de outros crimes. Com efeito, o pagamento da dívida não afasta o delito, que se aperfeiçoou no momento em que o agente, sem justa causa, deixou dolosamente de prover a subsistência da pessoa necessitada. O raciocínio diverso poderia tornar inócuo o crime tipificado no art. 244 do Código Penal. Basta pensar na situação do devedor de alimentos que, preso civilmente, cumprisse toda a sanção sem quitar o débito. Como a pena do delito é sensivelmente branda, além de ser normalmente fixada no patamar mínimo, muitas vezes a prisão civil importaria na impossibilidade de execução da sanção penal, esvaziando o crime de abandono material.

o **Abandono material e Estatuto da Pessoa com Deficiência:** O art. 90 da Lei 13.146/2015 – Estatuto da Pessoa com Deficiência – prevê uma modalidade especial de abandono material: "Art. 90. Abandonar pessoa com deficiência em hospitais, casas de saúde, entidades de abrigamento ou congêneres: Pena – reclusão, de 6 (seis) meses a 3 (três) anos, e multa. Parágrafo único. Na mesma pena incorre quem não prover as necessidades básicas de pessoa com deficiência quando obrigado por lei ou mandado." Destarte, se o fato praticado pelo agente envolver pessoa com deficiência e enquadrar-se na descrição típica do art. 90 da Lei 13.146/2015, não poderá ser reconhecido o crime de abandono material (CP, art. 244). O conflito aparente de normas é solucionado pelo **princípio da especialidade**.

o **Jurisprudência selecionada:**

    Caráter procrastinatório da ação civil: "O ingresso em juízo para demonstrar a impossibilidade de cumprir a obrigação de alimentos, por si só, não afasta o crime de abandono material. O delito pode ocorrer, comprovado que o acesso à via judicial era manifestamente procrastinatório, visando a adiar o pagamento" (STJ: RHC 727/SC, rel. Min. Luiz Vicente Cernicchiaro, 6.ª Turma, j. 25.06.1991).

---

[219]   GRECO, Rogério. *Curso de direito penal.* 7. ed. Niterói: Impetus, 2010. v. III, p. 686.

Elemento subjetivo: "Não basta, para o delito do art. 244 do Código Penal, dizer que o não pagamento de pensão o foi sem justa causa, se não demonstrado isso com elementos concretos dos autos, pois, do contrário, toda e qualquer inadimplência alimentícia será crime e não é essa a intenção da Lei Penal" (STJ: HC 141.069/RS, rel. Min. Maria Thereza de Assis Moura, 6.ª Turma, j. 22.08.2011).

Existência do crime: "O não pagamento de alimentos constitui, no direito brasileiro, o crime de abandono material (CP, art. 244)" (STF: Ext 807, rel. Min. Nelson Jobim, Plenário, j. 13.06.2001).

Entrega de filho menor a pessoa inidônea

> **Art. 245.** Entregar filho menor de 18 (dezoito) anos a pessoa em cuja companhia saiba ou deva saber que o menor fica moral ou materialmente em perigo:
>
> Pena – detenção, de 1 (um) a 2 (dois) anos.
>
> § 1º A pena é de 1 (um) a 4 (quatro) anos de reclusão, se o agente pratica delito para obter lucro, ou se o menor é enviado para o exterior.
>
> § 2º Incorre, também, na pena do parágrafo anterior quem, embora excluído o perigo moral ou material, auxilia a efetivação de ato destinado ao envio de menor para o exterior, com o fito de obter lucro.

Classificação:	Informações rápidas:
Crime simples	**Objeto material:** filho menor de 18 anos.
Crime próprio	**Elemento subjetivo:** dolo, direto ("saiba") ou
Crime material ou causal	eventual ("deva saber"). Não admite modali-
Crime de perigo concreto	dade culposa.
Crime de forma livre	**Tentativa:** admite (*crime plurissubsistente*).
Crime comissivo (*regra*)	**Ação penal:** pública incondicionada.
Crime unissubjetivo, unilateral ou de concurso	Revogação tácita dos §§ 1.º e 2.º pelo ECA.
eventual	
Crime plurissubsistente (*regra*)	

○ **Objeto jurídico:** É a assistência familiar, relativamente aos cuidados a serem dispensados pelos pais aos filhos menores.

○ **Objeto material:** É o filho menor de 18 anos de idade.

○ **Núcleo do tipo:** É **entregar**, ou seja, deixar o filho menor de 18 anos de idade aos cuidados de pessoa que o agente sabia ou devia saber ser inidônea para tanto (indivíduo apto a lhe proporcionar perigo moral ou material, colocando em risco a íntegra formação da sua personalidade e seu normal desenvolvimento físico e psicológico).

○ **Sujeito ativo:** O crime é **próprio** ou **especial** – somente pode ser cometido pelos pais do menor de 18 anos de idade. Em face da vedação do emprego da analogia *in malam partem* no Direito Penal, os tutores ou guardiães não podem figurar como sujeito ativo do delito em análise.

○ **Sujeito passivo:** É o filho menor de 18 anos de idade, ou seja, criança ou adolescente. É indiferente a origem do filho, se o parentesco é biológico ou civil (art. 227, § 6.º, da CF).

○ **Elemento subjetivo:** É o dolo, direto (representado pela palavra "saiba") ou eventual (indicado na expressão "deva saber"), independentemente de qualquer finalidade específica. Não se admite a modalidade culposa. Há entendimentos no sentido de que a expressão "deva saber" é indicativa de anômala previsão de figura culposa.[220] Esse raciocínio não pode ser acolhido, por dois fundamentos contundentes: (a) a forma culposa de um crime depende de previsão legal expressa (CP, art. 18, parágrafo único). É o que se convencionou chamar de princípio da excepcionalidade do crime culposo; e (b) se o "deva saber" realmente correspondesse à modalidade culposa do delito, estaria consagrado um absurdo legislativo, pois o crime de entrega de filho menor a pessoa idônea comportaria a mesma pena para crimes dolosos e culposos, de distinta gravidade, ferindo gravemente o princípio da proporcionalidade.

○ **Consumação:** Cuida-se de **crime material** ou **causal**: consuma-se com a efetiva entrega do filho menor de 18 anos de idade a pessoa cuja companhia lhe acarrete perigo. Esse é o resultado naturalístico indicado no tipo penal. Conclui-se, portanto, que se trata de **crime de perigo concreto**, pois é imprescindível a efetiva comprovação da situação de perigo material ou moral à vítima. Existem entendimentos em contrário, defendendo a natureza de crime de perigo abstrato. Além disso, a entrega de filho menor a pessoa inidônea constitui-se em **crime instantâneo** – não se exige a permanência da criança ou do adolescente na companhia da pessoa inadequada por longo período.

○ **Tentativa:** É possível.

○ **Ação penal:** É pública incondicionada.

○ **Lei 9.099/1995:** Em sua modalidade fundamental (CP, art. 245, *caput*), a entrega de filho menor a pessoa inidônea é infração penal de menor potencial ofensivo, comportando a transação penal e o rito sumaríssimo, nos moldes da Lei 9.099/1995.

○ **Figuras qualificadas:** As modalidades qualificadas do crime de entrega de filho menor a pessoa inidônea, previstas no art. 245, § 1.º, *in fine*, e § 2.º, foram tacitamente revogadas pelos arts. 238 e 239 da Lei 8.069/1990 – Estatuto da Criança e do Adolescente. Subsiste apenas a qualificadora inerente ao fim de lucro, contida no art. 245, § 1.º, 1.ª parte, do CP, que não se confunde com o fim de lucro apontado no art. 239 da Lei 8.069/1990. O **fim de lucro** consiste na finalidade específica buscada pelo agente, consistente na obtenção de vantagem econômica, a qual pressupõe o dolo, mas também o extravasa (elemento subjetivo específico), com a ressalva de que o lucro não precisa ser realmente alcançado no caso concreto para a caracterização do delito. A pena mais grave é justificada pela torpeza do agente, capaz de utilizar o filho menor de 18 anos, colocando-o em posição de perigo moral ou material, unicamente para o fim de alcançar alguma vantagem econômica. Na forma qualificada o crime classifica-se como de **médio potencial ofensivo**, admitindo a suspensão condicional do processo, desde que presentes os demais requisitos exigidos pelo art. 89 da Lei 9.099/1995.

Abandono intelectual

> **Art. 246.** Deixar, sem justa causa, de prover à instrução primária de filho em idade escolar:
>
> Pena – detenção, de quinze dias a um mês, ou multa.

---

[220] Cf. CAPEZ, Fernando. *Curso de direito penal.* 8. ed. São Paulo: Saraiva, 2010. v. 3, p. 211.

Classificação:	Informações rápidas:
Crime simples	**Objeto material:** instrução primária do filho em idade escolar.
Crime próprio	
Crime formal, de consumação antecipada ou de resultado cortado	Ensino domiciliar ou *homeschooling*: caracteriza abandono intelectual.
Crime de perigo abstrato	**Crime bipróprio** (sujeito ativo e sujeito passivo).
Crime de forma livre	**Lei penal em branco de fundo constitucional.**
Crime omissivo próprio ou puro	**Elemento subjetivo:** dolo (não admite modalidade culposa).
Crime permanente	
Crime unissubjetivo, unilateral ou de concurso eventual	**Tentativa:** não admite (*crime unissubsistente*).
Crime unissubsistente	**Ação penal:** pública incondicionada.

○ **Objeto jurídico:** É a assistência familiar, no que diz respeito ao direito de acesso ao ensino obrigatório do filho em idade escolar. A educação é direito de todos e dever do Estado e da família (CF, art. 205). O Estado, portanto, deve proporcionar a todos o acesso gratuito ao ensino obrigatório (CF, art. 208, § 1.º) e aos pais compete o dever de assistir, criar e conferir educação aos seus filhos (CF, arts. 227 e 229).

○ **Objeto material:** É a instrução primária do filho em idade escolar.

○ **Núcleo do tipo:** O núcleo do tipo é **deixar de prover**, ou seja, omitir-se, não efetuar a matrícula do filho em idade escolar no estabelecimento de ensino de instrução primária, ou então impedir que este frequente o estabelecimento de ensino fundamental. Trata-se de **crime omissivo próprio** ou **puro**.

○ **Elemento normativo do tipo:** É representado pela expressão **sem justa causa**. O fato será atípico nas situações em que houver justificativa para a ausência de matrícula ou frequência do filho em idade escolar na instituição de ensino. Na hipótese em que os pais não se encontram casados, compete àquele que não detém a guarda do filho menor verificar se o outro está garantindo seu acesso ao ensino primário, uma vez que reúne condições de postular providências judiciais para garantir que tais disposições constitucionais e legais sejam cumpridas, sob pena de responsabilização civil e criminal.

○ **A questão do *homeschooling*:** Discute-se se os pais, seja por questões de segurança, seja pela baixa qualidade da educação ofertada pelo Estado, podem oferecer o chamado "ensino domiciliar" aos seus filhos menores de idade, prática conhecida como *homeschooling* na Europa e nos Estados Unidos. Para Damásio E. de Jesus, o fato seria atípico, uma vez que haveria a educação domiciliar da criança ou do adolescente e restaria ausente a lesividade da conduta.[221] De outro lado, há entendimentos no sentido de que a legislação brasileira não prevê o ensino domiciliar, de modo que não se estaria a resguardar os interesses do filho menor de idade caso se permitisse aos pais propiciar a educação dos filhos da maneira que bem entenderem. É a posição adotada pelo Supremo Tribunal Federal,[222] amparada nos seguintes fundamentos: (a) não há fiscalização do Poder Público quanto à frequência da criança ou adolescente às aulas; e (b) o Estado não tem como avaliar o desempenho do

---

[221] JESUS, Damásio E. de. Educação domiciliar constitui crime? *Jornal Carta Forense*, 1º abr. 2010.

[222] STF: RE 888.815/RS, rel. originário Min. Roberto Barroso, red. p/ acórdão Min. Alexandre de Moraes, Plenário, j. 12.09.2018.

aluno, para o fim de constatar se a educação domiciliar está sendo suficiente e adequada.[223] Logo, transportando o raciocínio jurisprudencial para o campo penal, faltaria justa causa no comportamento dos pais que optarem por ensinar os filhos em sua residência, acarretando a configuração do crime tipificado no art. 246 do Código Penal.

○ **Sujeito ativo:** Somente pode ser cometido pelos pais cujo filho esteja em idade escolar e carente de instrução primária (crime **próprio** ou **especial**). Como não se admite a analogia *in malam partem* no campo das leis penais incriminadoras, os tutores ou qualquer outra espécie de responsável legal pela guarda da criança ou adolescente não podem figurar como sujeito ativo do delito.

○ **Sujeito passivo:** O abandono intelectual é **crime bipróprio** – próprio quanto aos sujeitos ativo e passivo. A vítima é o filho dependente de instrução primária e em idade escolar.

○ **Instrução primária:** Não há unanimidade em relação ao alcance da expressão "instrução primária" para concluir com segurança qual é a "idade escolar", na forma do art. 246 do CP. Há quem entenda que instrução primária equivale ao **ensino fundamental**, nos moldes do art. 32, *caput*, da Lei 9.394/1996 – Lei de Diretrizes e Bases da Educação Nacional. Consequentemente, idade escolar é a que vai dos 6 até os 14 anos de idade. Outros defendem ser instrução primária aquela inerente às pessoas com idade entre 4 a 17 anos, como se extrai do art. 208, I, da CF, posição mais adequada e consentânea com os mandamentos do texto constitucional.

○ **Elemento subjetivo:** É o dolo, independentemente de qualquer finalidade específica. Não se admite a modalidade culposa, como na hipótese dos pais que negligentemente se esquecem de promover a matrícula do filho em idade escolar no estabelecimento de ensino.

○ **Consumação:** O crime é **formal**, **de consumação antecipada** ou **de resultado cortado**: consuma-se no momento em que os pais, dolosamente, deixam de efetuar a matrícula do filho em idade escolar em estabelecimento de ensino, ou seja, encerrado o prazo para matrícula, os genitores permanecem inertes. Ou então quando, por decisão dos pais, o filho em idade escolar definitivamente para de frequentar o estabelecimento de ensino (deve haver habitualidade quanto à ausência do filho menor, não caracterizando o delito a simples falta ocasional). A consumação prescinde da comprovação de efetivo prejuízo à criança ou adolescente.

○ **Tentativa:** Não é cabível (crime omissivo próprio ou puro).

○ **Ação penal:** É pública incondicionada.

○ **Lei 9.099/1995:** A pena cominada ao crime de abandono intelectual é excessivamente baixa, mormente quando se leva em conta o prejuízo a ser causado, no presente e principalmente no futuro, à criança ou adolescente, em decorrência da falta de instrução primária. Essa opção legislativa, em nossa opinião, ofende o princípio da proporcionalidade, ao fomentar a proteção insuficiente do direito fundamental à educação escolar (CF, arts. 205 e seguintes). Em que pese esta crítica, o abandono intelectual é **infração penal de menor potencial ofensivo**, sujeitando-se à transação penal e ao rito sumaríssimo, em conformidade com as disposições da Lei 9.099/1995.

---

[223] Nos países que admitem o *homeschooling*, há efetiva fiscalização do Estado quanto à carga horária e ao desempenho do estudante. De fato, se a criança ou adolescente não apresenta rendimento satisfatório, ou se o ensino oferecido é ineficaz, o Poder Público deve determinar o retorno do aluno ao sistema oficial de ensino.

○ **Jurisprudência selecionada:**

Ensino domiciliar – *homeschooling*: "Inexiste previsão constitucional e legal, como reconhecido pelos impetrantes, que autorizem os pais ministrarem aos filhos as disciplinas do ensino fundamental, no recesso do lar, sem controle do poder público mormente quanto à frequência no estabelecimento de ensino e ao total de horas letivas indispensáveis à aprovação do aluno" (STJ: MS 7.407/DF, rel. Min. Francisco Peçanha Martins, 1.ª Seção, j. 24.04.2002).

> **Art. 247.** Permitir alguém que menor de dezoito anos, sujeito a seu poder ou confiado à sua guarda ou vigilância:
>
> I – frequente casa de jogo ou mal-afamada, ou conviva com pessoa viciosa ou de má vida;
>
> II – frequente espetáculo capaz de pervertê-lo ou de ofender-lhe o pudor, ou participe de representação de igual natureza;
>
> III – resida ou trabalhe em casa de prostituição;
>
> IV – mendigue ou sirva a mendigo para excitar a comiseração pública:
>
> Pena – detenção, de um a três meses, ou multa.

Classificação:	Informações rápidas:
Crime simples	**Objeto material:** menor de 18 anos de idade sujeito ao poder familiar, guarda ou vigilância do seu responsável.
Crime próprio	
Crime formal, de consumação antecipada ou de resultado cortado	**Crime de condutas conjugadas.**
Crime de perigo concreto	**Elemento subjetivo:** dolo (finalidade específica para inciso IV). Não admite modalidade culposa.
Crime de forma livre	
Crime comissivo ou omissivo próprio ou puro	**Tentativa:** possível na hipótese de crime comissivo e não possível no omissivo.
Crime habitual ("frequentar"), permanente ("conviver" e "residir") ou instantâneo ("participar" ou "mendigar")	**Ação penal:** pública incondicionada.
Crime unissubjetivo, unilateral ou de concurso eventual	
Crime unissubsistente (quando omissivo) ou plurissubsistente (se comissivo)	

○ **Introdução:** O legislador não conferiu rubrica marginal ao crime em análise, mas a doutrina é unânime ao atribuir a esse delito a denominação **"abandono moral"**, porque todas as condutas legalmente descritas são contrárias à formação moral do menor de 18 anos de idade, revelando o descaso daqueles que deveriam zelar pela sua educação e pela sua integridade.

○ **Objeto jurídico:** É a assistência familiar, relativamente à educação e à formação moral da criança e do adolescente.

○ **Objeto material:** É a pessoa menor de 18 anos de idade, e por esta razão sujeita ao poder familiar, à guarda ou à vigilância do seu responsável.

○ **Núcleo do tipo:** O núcleo do tipo é **permitir**, que pode ser concretizado tanto por ação (crime comissivo) como por omissão (crime omissivo próprio ou puro), e equivale a propiciar, consentir, deixar que o menor de 18 anos de idade realize qualquer dos comportamentos previstos no tipo penal.

– Inciso I – Permitir que frequente casa de jogo ou mal-afamada, ou conviva com pessoa viciosa ou de má vida: Casa de jogo é o local em se pratica jogo de azar ou no qual se efetuam apostas. A atividade exercida há de ser ilícita e proibida pelo Estado. **Casa mal-afamada** é a de má reputação perante a coletividade em que se encontra instalada. **Pessoa viciosa** é a que apresenta algum vício em atividade inadequada. **Pessoa de má vida** é a que revela comportamentos imorais.

– Inciso II – Permitir que frequente espetáculo capaz de pervertê-lo ou de ofender-lhe o pudor, ou participe de representação de igual natureza: Espetáculo capaz de perverter ou ofender o pudor é a representação teatral ou a exibição de cinema ou programa de televisão idôneos a corromper a criança ou adolescente, em face de sua depravação moral, a exemplo dos *shows* pornográficos. O art. 240 da Lei 8.069/1990 contempla **crime específico** aplicável àquele que "produzir, reproduzir, dirigir, fotografar, filmar ou registrar, por qualquer meio, cena de sexo explícito ou pornográfica, envolvendo criança ou adolescente", cuja pena é de reclusão, de quatro a oito anos, e multa.

– Inciso III – Permitir que resida ou trabalhe em casa de prostituição: Casa de prostituição é o local, urbano ou rural, destinado ao comércio envolvendo relações sexuais. Em razão da incriminação desta conduta, o filho da meretriz não pode residir com ela no prostíbulo, bem como um menor de 18 anos de idade não pode trabalhar em estabelecimento desta natureza.

– Inciso IV – Permitir que mendigue ou sirva a mendigo para excitar a comiseração pública: Mendigo é aquele que pede esmola para viver, como no caso das pessoas que imploram por dinheiro aos motoristas de automóveis nos semáforos das cidades. **Comiseração pública** é o sentimento de compaixão causado nas demais pessoas. O art. 60 do Decreto-lei 3.688/1941, outrora responsável pela tipificação da **contravenção penal de mendicância**, foi revogado pela Lei 11.983/2009.

○ **Elementos normativos:** É importante destacar, relativamente a todos os incisos do dispositivo ora analisado, que o legislador se utilizou de diversos elementos normativos, dependentes de juízo de valor para identificação do alcance e conteúdo de cada um deles, sendo imprescindível a valoração do magistrado na ação penal submetida à sua apreciação.

○ **A questão inerente ao concurso de crimes:** O art. 247 do CP **não se constitui em tipo misto cumulativo**. Sua descrição típica contém um único núcleo (permitir), que se associa a diversas condutas. Cuida-se de **crime de condutas conjugadas**, pois, se o agente cometer mais de uma delas, ainda que contra a mesma vítima, responderá pela pluralidade de crimes, em concurso material ou formal impróprio (ou imperfeito), dependendo do caso concreto.

○ **Sujeito ativo:** É o titular do poder familiar ou a pessoa de qualquer modo responsável pela guarda ou vigilância da criança ou adolescente, a exemplo do diretor da escola em que o menor estuda (crime **próprio** ou **especial**).

○ **Sujeito passivo:** É o menor de 18 anos de idade submetido ao poder familiar ou confiado à guarda ou vigilância de alguém.

○ **Elemento subjetivo:** É o dolo, independentemente de qualquer finalidade específica, nas condutas descritas nos incisos I a III. No inciso IV se exige, além do dolo, um especial fim de agir (elemento subjetivo específico), representado pela expressão "para excitar a comiseração pública", ou seja, a compaixão ou piedade causada perante a coletividade. Não se admite a modalidade culposa.

○ **Consumação:** Nas modalidades "frequentar casa de jogo ou mal-afamada" e "frequentar espetáculo capaz de pervertê-lo ou de ofender-lhe o pudor", o crime reclama **habitualidade** – é imprescindível a reiteração de atos para revelar a intenção de prejudicar a índole moral do menor. Nas espécies "conviver com pessoa viciosa ou de má vida" e "residir ou trabalhar em casa de prostituição", exige-se a permanência do menor de 18 anos por tempo juridicamente relevante (capaz de colocar em risco sua formação moral) no local ou junto à pessoa apontada pelo tipo penal (**crime permanente**). Nas situações em que a criança ou adolescente "participa de representação capaz de pervertê-lo ou de ofender-lhe o pudor" ou "mendigue ou sirva a mendigo para excitar a comiseração pública", é suficiente a permissão do sujeito ativo quanto à conduta do menor para a consumação do delito (**crime instantâneo**). Em todas as suas espécies, o **crime é formal, de consumação antecipada ou de resultado cortado**: consuma-se com a prática de cada uma das condutas descritas, pouco importando se acarretou efetivamente a má formação moral da criança ou adolescente. Trata-se, também, de **crime de perigo concreto**, pois exige comprovação da real exposição do menor a situação de probabilidade de dano à sua formação moral. Vale destacar, entretanto, a existência de entendimentos em sentido contrário. É o caso de Luiz Regis Prado, que enquadra o abandono moral entre os crimes de perigo abstrato.[224]

○ **Tentativa:** É possível, nas hipóteses de crime comissivo, mas não será cabível nas modalidades omissivas do delito. A natureza de crime omissivo próprio (ou puro) e, consequentemente, unissubsistente, afasta a incidência do *conatus*.

○ **Ação penal:** É pública incondicionada.

○ **Lei 9.099/1995:** Trata-se de **infração penal de menor potencial ofensivo**, sujeitando-se à transação penal e ao rito sumaríssimo, nos termos da Lei 9.099/1995.

○ **Abandono moral e entrega de filho menor a pessoa inidônea – distinção:** O crime definido no **art. 245** consiste na **forma ativa** do abandono moral, na qual o agente entrega o menor de 18 anos a pessoa inidônea; por sua vez, o art. 247 representa a **forma passiva** do delito, pois o sujeito se limita a permitir o contato entre a criança ou adolescente e a pessoa de índole inadequada.

Capítulo IV –
DOS CRIMES CONTRA O PÁTRIO PODER, TUTELA OU CURATELA

○ **Introdução:** Nos arts. 248 e 249, o Código Penal enuncia fatos constitutivos de crimes contra o pátrio poder, a tutela e a curatela, protegendo mais uma vez a organização da família, base de toda a sociedade. Pátrio poder, atualmente disciplinado a título de **poder familiar** (CC, arts. 1.630 e seguintes), é o complexo de direitos e deveres atribuídos ao pai e à mãe, em igualdade de condições, em relação aos filhos menores. É comum ser chamado de "poder-dever familiar", pois visa mais o benefício dos filhos do que o poder inerente aos genitores. Sua finalidade precípua é a criação, a educação e a formação dos filhos menores. **Tutela** é o poder conferido por lei a alguém para proteger a pessoa menor de 18 anos de idade e administrar seus bens, cujos pais já faleceram ou foram judicialmente declarados ausentes, ou então decaíram do poder familiar (CC, arts. 1.728 e seguintes). **Curatela** é o encargo público imposto pela lei a alguém para proteger determinada pessoa e administrar seus bens. Sujeitam-se à curatela as pessoas enumeradas no art. 1.767 do CC. Para o in-

---

[224] PRADO, Luiz Regis. *Curso de direito penal brasileiro*. 8. ed. São Paulo: RT, 2010. v. 2, p. 726.

tegral desempenho dos seus relevantes misteres, os pais, tutores e curadores necessitam da proteção da lei, assegurando-lhes condições indispensáveis para que possam agir no interesse do filho menor, do pupilo ou do interdito. É esse o bem jurídico que aqui se tem em vista. Cogita-se da proteção de direitos dos titulares do poder familiar, da tutela e da curatela, e, concomitantemente, dos interesses das pessoas a eles sujeitas.[225]

Induzimento a fuga, entrega arbitrária ou sonegação de incapazes

> **Art. 248.** Induzir menor de dezoito anos, ou interdito, a fugir do lugar em que se acha por determinação de quem sobre ele exerce autoridade, em virtude de lei ou de ordem judicial; confiar a outrem sem ordem do pai, do tutor ou do curador algum menor de dezoito anos ou interdito, ou deixar, sem justa causa, de entregá-lo a quem legitimamente o reclame:
>
> Pena – detenção, de um mês a um ano, ou multa.

Classificação:	Informações rápidas:
Crimes simples Crimes comuns Crimes formais (induzimento a fuga, com divergência doutrinária, e sonegação de incapazes) ou material (entrega arbitrária) Crimes de forma livre Crimes comissivos (induzimento a fuga e entrega arbitrária) ou omissivo próprio ou puro (sonegação de incapazes) Crimes instantâneos Crimes unissubjetivos, unilaterais ou de concurso eventual Crimes plurissubsistentes (induzimento a fuga e entrega arbitrária) ou unissubsistente (sonegação de incapazes)	**Objeto material:** menor de 18 anos de idade ou interditado judicialmente. **Tipo penal misto cumulativo e alternativo.** **Elemento subjetivo:** dolo (não admite modalidade culposa). **Tentativa:** admite (exceção: sonegação de incapazes – *crime unissubsistente*). **Ação penal:** pública incondicionada.

○ **Objeto jurídico:** O dispositivo contempla três crimes distintos: (a) induzimento a fuga; (b) entrega arbitrária; e (c) sonegação de incapazes. Estes crimes têm como escopo a proteção do poder familiar, da tutela e da curatela.

○ **Objeto material:** É a pessoa menor de 18 anos de idade ou interditada judicialmente.

○ **Núcleos dos tipos penais:** Vejamos cada um dos delitos separadamente:

a) No delito de **induzimento a fuga**, o núcleo do tipo é **induzir**, ou seja, fazer nascer na mente do menor de 18 anos de idade ou interdito a vontade de fugir do lugar em que se acha por determinação de quem sobre ele exerce autoridade, em virtude de lei ou decisão judicial. A indução deve ter como finalidade a fuga a ser realizada pelo próprio menor de idade ou interdito – se o induzimento destinar-se a convencer a vítima a acompanhar o agente, estará caracterizado o crime de subtração de incapazes (art. 249 do CP);

b) No crime de **entrega arbitrária**, o núcleo do tipo é **confiar**, no sentido de entregar a outrem, sem ordem dos pais, do tutor ou do curador, a pessoa menor de 18 anos de idade ou interditada judicialmente. Há um elemento normativo do tipo: "sem ordem do pai, tutor ou curador". Presente a autorização de tais pessoas, o fato será atípico;

---

225   Cf. MAGALHÃES NORONHA, E. *Direito penal.* 17. ed. São Paulo: Saraiva, 1984. v. 3, p. 346.

c) Na **sonegação de incapazes** o núcleo do tipo é **deixar**, que equivale a se recusar a entregar o menor de 18 anos ou interdito a quem legitimamente o reclame, comportando-se desta forma sem justa causa. Cuida-se de **crime omissivo próprio** ou **puro**. Nota-se, nesse último delito, a presença de dois elementos normativos no tipo penal: "sem justa causa" e "legitimamente". Destarte, se houver justa causa para a recusa na entrega ou se a pessoa o reclamar de modo ilegítimo, não se poderá reconhecer o crime em apreço.

○ **Tipo penal misto alternativo e cumulativo:** O art. 248 do CP contempla um tipo penal misto **cumulativo e alternativo** – a conduta inicial (induzir menor ou interdito a fugir) pode ser associada à segunda, que é alternativa (confiar a outrem **ou** deixar de entregá-lo), caracterizando dois delitos, em concurso material.

○ **Sujeito ativo:** Os crimes são **comuns** ou **gerais**, pois podem ser praticados por qualquer pessoa.

○ **Sujeito passivo:** São os pais, tutores ou curadores e, mediatamente, a pessoa menor de 18 anos de idade ou judicialmente interditada.[226]

○ **Elemento subjetivo:** É o dolo, independentemente de qualquer finalidade específica. Não se admite a modalidade culposa.

○ **Consumação:** No tocante ao **induzimento à fuga**, a doutrina majoritária entende tratar-se de **crime material** ou **causal**, que somente se consuma com a efetiva fuga do menor ou interdito do lugar em que se achava por determinação de quem sobre ele exerce autoridade, em virtude de lei ou ordem judicial. Em nossa opinião, o induzimento à fuga é **crime formal**, **de consumação antecipada** ou **de resultado cortado**: consuma-se com o simples induzimento à fuga, desde que idôneo ao convencimento, pois a lei não condicionou a pena à fuga concreta do menor de 18 anos de idade ou interdito. A **entrega arbitrária** é **crime material** ou **causal**, operando-se a consumação no momento em que se concretiza a entrega do menor de 18 anos ou interdito a terceira pessoa, sem autorização do pai, tutor ou curador. Finalmente, a **sonegação de incapazes** é **crime formal**, **de consumação antecipada** ou **de resultado cortado** – consuma-se no instante em que o agente deixa, sem justa causa, de entregar o menor ou interdito a quem legitimamente o reclame.

○ **Tentativa:** É possível, salvo na **sonegação de incapazes** (crime omissivo próprio ou puro).

○ **Ação penal:** É pública incondicionada.

○ **Lei 9.099/1995:** Os três delitos constituem-se em **infrações penais de menor potencial ofensivo**, compatíveis com a transação penal e com o rito sumaríssimo, na forma prevista na Lei 9.099/1995.

Subtração de incapazes

> **Art. 249.** Subtrair menor de dezoito anos ou interdito ao poder de quem o tem sob sua guarda em virtude de lei ou de ordem judicial:

---

[226] Para E. Magalhães Noronha, o pródigo não pode ser sujeito passivo do delito, pois se submete à "curatela especial, que diz respeito somente a seus bens, sendo sua pessoa *livre*. Exceção feita da esfera econômica, pode ele dirigir-se a seu talante" (*Direito penal.* 17. ed. São Paulo: Saraiva, 1984. v. 3, p. 346).

Pena – detenção, de dois meses a dois anos, se o fato não constitui elemento de outro crime.

§ 1º O fato de ser o agente pai ou tutor do menor ou curador do interdito não o exime de pena, se destituído ou temporariamente privado do pátrio poder, tutela, curatela ou guarda.

§ 2º No caso de restituição do menor ou do interdito, se este não sofreu maus-tratos ou privações, o juiz pode deixar de aplicar pena.

Classificação:

Crime simples
Crime comum
Crime material ou causal
Crime de dano
Crime de forma livre
Crime comissivo (*regra*)
Crime instantâneo
Crime unissubjetivo, unilateral ou de concurso eventual
Crime plurissubsistente

Informações rápidas:

Objeto material: menor de 18 anos de idade ou interditado judicialmente.

Guarda de fato: não caracteriza o delito.

Norma penal explicativa: § 1.º.

Perdão judicial: § 2.º.

Crime subsidiário.

Elemento subjetivo: dolo (não admite modalidade culposa).

Tentativa: admite (crime plurissubsistente).

Ação penal: pública incondicionada.

○ **Objeto jurídico:** O bem jurídico penalmente protegido é o poder familiar, a tutela ou curatela, como medidas inerentes à instituição familiar.

○ **Objeto material:** É a pessoa menor de 18 anos de idade ou judicialmente interditada. O art. 249 do CP não alcança todos os incapazes para os atos da vida civil (CC, arts. 3.º e 4.º), mas apenas aqueles expressamente indicados no tipo penal, pois não se admite a analogia *in malam partem* no tocante às leis penais incriminadoras.

○ **Núcleo do tipo:** É **subtrair**, no sentido de retirar o menor de 18 anos de idade ou interdito de quem detém sua guarda, que pode emanar da lei ou de decisão judicial. A subtração do menor de 18 anos de idade ou interdito de quem possui sua **guarda de fato** não caracteriza o delito, em razão da ausência das elementares "em virtude de lei ou de ordem judicial". Eventual consentimento do menor de idade ou interdito é juridicamente irrelevante, pois, em decorrência do seu perfil subjetivo, presume-se sua incapacidade para anuir à conduta típica. O art. 228 da CF e o art. 27 do CP consideram inimputáveis os menores de 18 anos de idade, os quais também são incapazes (absoluta ou relativamente) para os atos da vida civil (CC, arts. 3.º e 4.º, inc. I). Cuida-se de **crime de forma livre**, admitindo qualquer meio de execução, a exemplo da fraude, da grave ameaça e da violência à pessoa. Nos dois últimos casos, deverão ser imputados ao agente a subtração de incapazes e o crime resultante da violência ou da grave ameaça, em concurso formal impróprio ou imperfeito (art. 70, *caput*, parte final, do CP).

○ **Sujeito ativo:** O crime é **comum** ou **geral** – pode ser praticado por qualquer pessoa, inclusive pelos pais, tutores ou curadores, se tiverem sido destituídos ou se encontrarem temporariamente privados do poder familiar, tutela, curatela ou guarda (art. 249, § 1.º, do CP). O pai ou mãe separado judicialmente, não destituído do poder familiar, não pode ser responsabilizado pelo crime em estudo na hipótese em que retém o filho menor de idade por prazo superior ao judicialmente convencionado, mas eventualmente pelo delito do art. 359 do CP.[227]

---

[227]   Cf. PENTEADO, Jaques de Camargo. *A família e a justiça penal*. São Paulo: RT, 1998. p. 81.

- **Sujeito passivo:** É o detentor da guarda do menor de 18 anos de idade ou interdito e, mediatamente, o próprio incapaz (menor de 18 anos de idade ou interdito). Não será vítima do crime de subtração de incapazes o maior de 18 anos de idade, assim como a pessoa portadora de enfermidade ou deficiência mental que ainda não foi interditada judicialmente.

- **Elemento subjetivo:** É o dolo, independentemente de qualquer finalidade específica. Não se admite a modalidade culposa.

- **Consumação:** O crime é **material** ou **causal**: consuma-se no momento em que o menor de 18 anos de idade ou interdito é retirado da esfera de vigilância da pessoa que detinha sua guarda em virtude de lei ou de ordem judicial. O crime estará consumado ainda que o menor de 18 anos ou interdito apresente resistência à conduta legalmente descrita.

- **Tentativa:** É possível.

- **Ação penal:** É pública incondicionada.

- **Lei 9.099/1995:** Trata-se de **infração penal de menor potencial ofensivo**, sujeitando-se à transação penal e ao rito sumaríssimo, nos moldes da Lei 9.099/1995.

- **Subsidiariedade expressa:** O preceito secundário do art. 249, *caput*, do CP evidencia a natureza expressamente subsidiária do crime de subtração de incapazes, cuja pena é de detenção, de dois meses a dois anos, "se o fato não constitui elemento de outro crime".

- **Perdão judicial (art. 249, § 2.º):** O juiz poderá deixar de aplicar a pena se o menor ou interdito for restituído, não tendo sofrido maus-tratos ou privações. Trata-se de causa extintiva da punibilidade (art. 107, IX, do CP), a ser reconhecida em sentença com natureza jurídica de declaratória da extinção da punibilidade, nos moldes da Súmula 18 do STJ.

- **Legislação penal especial – o art. 237 do Estatuto da Criança e do Adolescente:** Há conflito aparente de normas entre o dispositivo em estudo e o art. 237 da Lei 8.069/1990 – Estatuto da Criança e do Adolescente. A solução se dá por meio do **princípio da especialidade**, pois o art. 237 do ECA contém elementos especializantes, representados pela finalidade específica almejada pelo agente ("com o fim de colocação em lar substituto"). Não se pode ignorar, igualmente, o **princípio da subsidiariedade**, pois o art. 249 do CP somente se aplica se o fato não constitui elemento de crime mais grave.

TÍTULO VIII –
DOS CRIMES CONTRA A INCOLUMIDADE PÚBLICA

○ **Conceito de incolumidade:** Incolumidade é o estado de preservação ou segurança de pessoas ou de coisas em relação a possíveis eventos lesivos. Ao utilizar a expressão "incolumidade pública", o legislador incriminou condutas atentatórias à vida, ao patrimônio e à segurança de **pessoas indeterminadas ou não individualizadas**, ao contrário do que se verifica nos delitos disciplinados nos títulos anteriores da Parte Especial do Código Penal.

Capítulo I –
DOS CRIMES DE PERIGO COMUM

○ **Introdução:** No Direito Penal, perigo é a probabilidade de dano. Destarte, a consumação dos delitos de perigo não depende da efetiva lesão do bem jurídico, bastando sua exposição a uma situação perigosa, evidenciada pela provável ocorrência de dano. No Capítulo I do Título I da Parte Especial (arts. 130 a 136), no campo dos crimes contra a pessoa, o CP previu os delitos de perigo individual, nos quais uma pessoa, ou então um número determinado de pessoas, tem sua vida ou sua saúde submetida a uma situação perigosa. Em seus arts. 250 a 259, inaugurando o rol dos crimes contra a incolumidade pública, o legislador elencou os delitos de perigo comum, caracterizados pela exposição ao perigo de um número indeterminado de pessoas, ameaçadas não apenas no tocante à vida e à saúde, mas também na esfera patrimonial. É a **indeterminação do alvo** a nota característica do perigo comum.

Incêndio

Art. 250. Causar incêndio, expondo a perigo a vida, a integridade física ou o patrimônio de outrem:

Pena – reclusão, de três a seis anos, e multa.

Aumento de pena

§ 1º As penas aumentam-se de um terço:

I – se o crime é cometido com intuito de obter vantagem pecuniária em proveito próprio ou alheio;

II – se o incêndio é:

a) em casa habitada ou destinada a habitação;

b) em edifício público ou destinado a uso público ou a obra de assistência social ou de cultura;

c) em embarcação, aeronave, comboio ou veículo de transporte coletivo;

d) em estação ferroviária ou aeródromo;

e) em estaleiro, fábrica ou oficina;

f) em depósito de explosivo, combustível ou inflamável;

g) em poço petrolífero ou galeria de mineração;

h) em lavoura, pastagem, mata ou floresta.

Incêndio culposo

§ 2º Se culposo o incêndio, é pena de detenção, de 6 (seis) meses a 2 (dois) anos.

Classificação:	Informações rápidas:
Crime comum	**Objeto material:** substância ou o objeto alvo de incêndio.
Crime material ou causal e de perigo concreto	
Crime vago	**Elemento subjetivo:** dolo (elemento *subjetivo específico* – § 1.º, I). Só admite modalidade culposa na hipótese do § 2.º.
Crime de forma livre	
Crime instantâneo	
Crime não transeunte	**Crime não transeunte:** perícia imprescindível.
Crime unissubjetivo, unilateral ou de concurso eventual	**Tentativa:** admite (crime plurissubsistente).
	Ação penal: pública incondicionada.
Crime comissivo (*regra*)	
Crime plurissubsistente (*regra*)	

○ **Objeto jurídico:** É a incolumidade pública.

○ **Objeto material:** É a substância ou o objeto alvo de incêndio, a exemplo da casa ou do automóvel incendiados.

○ **Núcleo do tipo:** O núcleo do tipo é **causar**, no sentido de dar origem, provocar ou produzir. Realiza a conduta criminosa o agente que originar o incêndio, de modo a **expor** a perigo a vida, a integridade física ou o patrimônio de pessoas em geral. Há nítida relação de causa (incêndio) e efeito (exposição a perigo). **Incêndio** é o fogo com labaredas de grandes proporções, originado pela combustão de qualquer matéria, cujo poder de destruição e o de causar prejuízos se revelam idôneos no caso concreto. Não é necessário que o perigo seja resultado do fogo em si, bastando que da ocorrência do próprio fato (incêndio) haja a efetiva comprovação do perigo à vida, à integridade física ou ao patrimônio de terceiros.

○ **Sujeito ativo:** Qualquer pessoa (**crime comum** ou **geral**). O proprietário do bem incendiado também pode ser sujeito ativo, desde que da conduta resulte perigo comum, pois não há crime na conduta de danificar o próprio patrimônio.

○ **Sujeito passivo:** É a sociedade (**crime vago**), bem como as pessoas diretamente atingidas pelo incêndio, as quais tiveram seus bens jurídicos ameaçados ou até mesmo ofendidos, embora muitas vezes não seja possível identificá-las.

○ **Elemento subjetivo:** Na conduta descrita no *caput*, é o dolo de perigo, independentemente de qualquer finalidade específica. Não se exige tenha o agente a intenção de prejudicar terceiros, sendo suficiente a consciência da possibilidade de causar dano. A modalidade culposa é admitida na figura descrita no § 2.º do dispositivo em comento.

– **Incêndio e intenção de matar ou ferir pessoa determinada:** Se o incêndio for praticado com o propósito de matar ou ferir alguém, ao agente devem ser imputados os crimes de homicídio qualificado pelo emprego de fogo (art. 121, § 2.º, III, do CP) ou lesão corporal (art. 129 de CP) e de incêndio, em concurso formal impróprio ou imperfeito, em razão da presença de desígnios autônomos para ofensa a bens jurídicos distintos.

– **Incêndio e sabotagem:** Se o incêndio for praticado para destruir ou inutilizar meios de comunicação ao público, estabelecimentos, instalações ou serviços destinados à defesa nacional, com o fim de abolir o Estado Democrático de Direito, estará configurado o crime de sabotagem, tipificado no art. 359-R do Código Penal.

○ **Consumação:** Trata-se de **crime material** ou **causal**: consuma-se no momento em que o incêndio provocado pelo agente expõe a perigo a vida, a integridade física ou o patrimônio de pessoas indeterminadas. Cuida-se de **crime de perigo concreto**, pois é indispensável a prova da efetiva ocorrência da situação perigosa. A simples provocação de incêndio não enseja, por si só, a incidência do tipo penal em apreço, se da conduta não resultar a efetiva exposição da coletividade a perigo concreto, sendo possível reconhecer o crime de dano qualificado pelo emprego de substância inflamável ou explosiva (art. 163, parágrafo único, II, do CP).

○ **Incêndio e prova da materialidade do fato criminoso:** O exame pericial é necessário para comprovação de crime que deixa vestígios de ordem material (crimes não transeuntes), não podendo supri-lo a confissão do acusado (CPP, art. 158). Diante do disposto pelo art. 173 do Código de Processo Penal,[228] fica nítida a imprescindibilidade da perícia como meio de prova do crime de incêndio, se presentes seus vestígios materiais. Não se deve perder de vista, porém, a disposição contida no art. 167 do Código de Processo Penal: "Não sendo possível o exame de corpo de delito, por haverem desaparecido os vestígios, a prova testemunhal poderá suprir-lhe a falta." Nesse contexto, o Supremo Tribunal Federal já admitiu a comprovação do crime definido no art. 250 do Código Penal por testemunhas e, inclusive, por meios diversos, notadamente quando o responsável pelo incêndio dolosamente contribui para a não realização da perícia.[229]

○ **Tentativa:** É cabível, em face do caráter plurissubsistente do delito.

○ **Ação penal:** É pública incondicionada.

○ **Lei 9.099/1995:** O incêndio, em sua modalidade dolosa (CP, art. 250, *caput*), é **crime de elevado potencial ofensivo**, incompatível com os benefícios previstos na Lei 9.099/1995. Na modalidade culposa (CP, art. 250, § 2.º), constitui-se em **infração penal de menor potencial**

---

228 CPP, art. 173: "No caso de incêndio, os peritos verificarão a causa e o lugar em que houver começado, o perigo que dele tiver resultado para a vida ou para o patrimônio alheio, a extensão do dano e o seu valor e as demais circunstâncias que interessarem à elucidação do fato."

229 STF: HC 136.964/RS, rel. Min. Marco Aurélio, 1.ª Turma, j. 18.02.2020, noticiado no *Informativo* 967.

ofensivo, de competência do Juizado Especial Criminal, sujeitando-se à transação penal e ao rito sumaríssimo, nos moldes da Lei 9.099/1995.

○ **Causas de aumento da pena (art. 250, § 1.º):** As causas de aumento da pena são aplicáveis ao incêndio doloso e incidem na terceira etapa da dosimetria da pena privativa de liberdade, majorando-a de um terço.

– Inciso I – Intuito de obter vantagem pecuniária em proveito próprio ou alheio: Pressupõe a presença de um especial fim de agir (**elemento subjetivo específico**), consistente no propósito do sujeito ativo de obter vantagem pecuniária, em proveito próprio ou alheio, pouco importando se o lucro indevido venha ou não a ser efetivamente alcançado. Se esta vantagem consistir em indenização ou valor de seguro, que venha a ser efetivamente recebida, há quem entenda configurado o delito em análise, restando absorvido o crime de estelionato (CP, art. 171, § 2.º, V).[230] Outro entendimento é no sentido de estar configurado o delito de incêndio simples (CP, art. 250, *caput*) e fraude para recebimento ou valor de seguro (CP, art. 171, § 2.º, V) em concurso formal impróprio ou imperfeito, em face da presença de desígnios autônomos. Mas, para afastar o *bis in idem*, há de reconhecer o incêndio em sua forma simples, pois a intenção de obter vantagem pecuniária não pode ser duplamente valorada. É a posição que adotamos.

– Inciso II – Circunstâncias que justificam tratamento mais rigoroso: (a) Pela possibilidade de o incêndio envolver um maior número de pessoas no local, aumentando o perigo de dano (alíneas "a", "b", "c", "d" e "e"): A majorante da **alínea "a"** terá incidência mesmo que a casa (local destinado à moradia de alguém) não esteja habitada no momento do incêndio. Portanto, se alguém incendiar uma residência vazia cujos proprietários se encontram em viagem, o aumento da pena será obrigatório. De acordo com a **alínea "b"**, o aumento será cabível quando o incêndio for praticado em edifício público (prédio de propriedade do Poder Público – União, Estados, Distrito Federal e Municípios), ou destinado ao uso público, embora de domínio particular, e também a obra de assistência social ou de cultura, que igualmente representa uma utilidade pública. A **alínea "c"** prevê aumento de pena se o incêndio ocorrer em embarcação, aeronave, comboio ou veículo de transporte coletivo. Embarcação é a construção reservada para navegar sobre a água. Aeronave, nos termos no art. 106 do Código Brasileiro de Aeronáutica, é "todo aparelho manobrável em voo, que possa sustentar-se e circular no espaço aéreo, mediante reações aerodinâmicas, apto a transportar pessoas ou coisas". Comboio é o agrupamento de veículos que se dirigem a um destino comum, a exemplo dos trens e metrôs. Veículo de transporte coletivo é o meio utilizado para levar diversas pessoas de um lugar para outro, tais como as *vans* e ônibus. A **alínea "d"** dispõe que a pena será majorada se o incêndio ocorrer em estação ferroviária ou aeródromo. Estação ferroviária é o local destinado ao embarque e desembarque de pessoas ou cargas de trens. Aeródromo é o aeroporto, ou seja, espaço físico reservado ao pouso e à decolagem de aviões. **Alínea "e"** – Incêndio em estaleiro, em fábrica ou oficina. Estaleiro é o lugar em que se constroem ou se consertam embarcações. Fábrica é o estabelecimento industrial. Oficina é o local em que se operam consertos em geral, notadamente de veículos automotores. (b) **Pelo fato de o risco da propagação do incêndio ser mais elevado (alíneas "f", "g" e "h"): Alínea "f"** – Incêndio em depósito de explosivo, combustível ou inflamável. Depósito é o local reservado para guarda ou armazenamento de alguma coisa. Explosivo é a substância apta a produzir estrondo. Combustível é o produto dotado da propriedade de produzir energia e de se consumir em chamas. Inflamável, por sua vez, é o objeto idôneo a se converter em chamas. **Alínea "g"** – Incêndio em poço petrolífero ou galeria de mineração. Poço petrolífero é a abertura produzida no solo para alcançar fonte natural de combustível líquido; galeria de mineração, por seu turno, é a passagem subterrânea destinada à extração de minérios. **Alínea "h"** – Incêndio em lavoura, pastagem, mata ou floresta. Lavoura é a plantação ou terreno cultivado pelo homem; pastagem é o terreno revestido de vegetais para alimentação do gado; mata é o terreno em que se encontram árvores

---

[230] Cf. CAPEZ, Fernando. *Curso de direito penal.* 8. ed. São Paulo: Saraiva, 2010. v. 3, p. 226.

silvestres; floresta é o local em que há grande quantidade de árvores. Essa causa de aumento da pena é perfeitamente compatível com o crime previsto no art. 41 da Lei 9.605/1998 – Crimes Ambientais. A configuração do crime de incêndio agravado depende da provocação de perigo comum. No crime ambiental, por seu turno, basta a causação de incêndio em floresta ou em demais formas de vegetação. Conclui-se, portanto, que se da ação incendiária em floresta ou em demais formas de vegetação resultar perigo comum, incidirá o crime tipificado no art. 250, § 1.º, II, "h", do Código Penal. Se ausente o perigo comum, estará caracterizado o delito ambiental.

○ **Incêndio culposo (art. 250, § 2.º):** Verifica-se o incêndio culposo quando alguém, agindo com imprudência, negligência ou imperícia, viola o dever objetivo de cuidado a todos imposto, expondo a perigo a vida, a integridade física ou o patrimônio de outras pessoas, mediante a provocação de incêndio que, embora objetivamente previsível, não tenha sido previsto no caso concreto. A pena é sensivelmente inferior, em face do menor desvalor da conduta, embora inexista diferença no tocante ao desvalor do resultado, pois o incêndio é igualmente produzido.

○ **A questão relativa ao ato de soltar balões:** O ato de soltar balões constitui crime ambiental, definido no art. 42 da Lei 9.605/1998. Se da soltura do balão resultar incêndio com perigo comum, entendemos caracterizado o crime de **incêndio doloso**, na forma simples (CP, art. 250, *caput*) ou agravada (CP, art. 250, § 1.º, II). Há, no caso, **dolo eventual**, pois as numerosas campanhas educativas destinadas a revelar os danos produzidos pelos balões evidenciam a assunção pelo agente dos diversos resultados que podem ser produzidos por essa conduta ilícita, especialmente o incêndio em casas, florestas e matas. O delito ambiental resta absorvido, em respeito ao princípio da consunção, pois funciona como meio para a concretização do resultado final (incêndio).

○ **Formas qualificadas (art. 258 do CP):** Se do incêndio, provocado dolosamente pelo agente, resultar lesão corporal de natureza grave, aí se incluindo a lesão corporal gravíssima (CP, art. 129, §§ 1.º e 2.º), aumentar-se-á pela metade a pena privativa de liberdade; caso resultar morte, aplicar-se-á a pena em dobro. O resultado agravador, que importa na configuração de crime preterdoloso, constitui-se em causa de aumento da pena, aplicável na terceira fase de aplicação da pena privativa de liberdade. Por outro lado, se do incêndio culposo resultar lesão corporal, qualquer que seja sua natureza, aumentar-se-á a pena pela metade; se resultar morte, aplicar-se-á a pena cominada ao homicídio culposo, aumentada de um terço. Nesse caso, visualiza-se um crime culposo qualificado por resultado de igual natureza.

○ **Incêndio e Estatuto do Desarmamento:** O delito previsto no art. 16, § 1.º, III, da Lei 10.826/2003 – Estatuto do Desarmamento, de perigo abstrato ou presumido, não se confunde com o incêndio, delito de perigo comum e concreto. Aquele se contenta com a simples utilização de artefato incendiário, sem autorização ou em desacordo com determinação legal ou regulamentar, enquanto o incêndio exige a efetiva exposição de pessoas indeterminadas ao risco de dano, no tocante à vida, à saúde ou ao patrimônio.

○ **Jurisprudência selecionada:**

Classificação doutrinária e prova da materialidade: "III - Na taxonomia generalizada, existem, no que se liga a resultado, duas abordagens. Em relação ao resultado jurídico (ofensa ao bem jurídico), os delitos poderiam ser de perigo (concreto ou, então, presumido) e de dano. Em relação ao resultado material (resultado material ou evento natural resultante inseparável), os crimes podem ser, segundo grande parte dos doutrinadores pátrios, materiais, formais e de mera conduta. Assim, de início, nesta linha, todo delito tem seu resultado jurídico (dano ou perigo a bem jurídico), mas nem todo crime apresenta um resultado natural ou material (só para os materiais ele se apresenta imprescindível). Nesta dupla abordagem, que não apresenta qualquer relação direta ou biunívoca, é de se notar que existem crimes de perigo e que são, simultaneamente, materiais. É o que ocorre com o delito de incêndio. Ele é material (sem o fogo ele não poderia existir) e de perigo concreto (e comum). IV - Na hipótese dos autos, flagrante a inépcia da denúncia, bem como a ausência de justa causa para a ação penal. Com efeito, a exordial acusatória narra, apenas, que os denunciados teriam derramado líquido inflamável no interior de um veículo e ateado fogo que foi rapidamente debelado em razão da atuação do Corpo de Bombeiros. Nota-se, assim, que, não há a descrição da ocorrência de perigo efetivo, concreto, para pessoa ou coisas indeterminadas (o tipo penal em destaque fala em 'perigo a vida, a integridade física ou o patrimônio'). Além disso, por se tratar de infração que deixa vestígios, imprescindível a comprovação da materialidade por meio de exame de corpo de delito. No entanto, a despeito de o laudo pericial ter sido realizado (quase onze meses depois!) suas conclusões limitaram-se a constatar que o veículo mencionado na proemial foi alvo de ação depredatória e que nele se verificou princípio de combustão extinta sobre a parte central superior do painel, com evidência de ter sido iniciada de cima para baixo e não por curto-circuito (dito em outras palavras, a simples existência de fogo provocado externamente!), sem, contudo, destacar a existência de perigo efetivo e concreto" (STJ: HC 104.371/SE, rel. Min. Felix Fischer, 5.ª Turma, j. 18.11.2008).

Prova da materialidade – exame de corpo de delito e desaparecimento dos vestígios: "A Primeira Turma indeferiu a ordem em *habeas corpus* impetrado em favor de condenado pela prática do delito descrito no art. 250, § 1º, I, do Código Penal (causar incêndio com o intuito de obter vantagem pecuniária). A sentença condenatória registrou que a inércia do paciente em comunicar, oportunamente, a ocorrência à autoridade policial inviabilizou a confecção da perícia pelo Instituto de Criminalística, ante o desaparecimento dos vestígios da infração. De acordo com a defesa, o título condenatório seria ilegal, pois fundado em prova inidônea. Nesse sentido, o laudo elaborado por seguradora (vítima) não poderia ter sido utilizado como fonte probatória, mas apenas o exame de corpo de delito. Além disso, a suposta desídia do paciente em comunicar a ocorrência à autoridade policial não teria valor probatório. O colegiado afirmou que o laudo elaborado de forma unilateral não constitui prova pericial, mas documental, razão pela qual a validade como elemento de convicção não se submete à observância dos requisitos previstos nos arts. 158 e seguintes do Código de Processo Penal. Assim, o laudo produzido pela empresa seguradora vítima, por não se qualificar como perícia, não consubstancia prova ilícita, surgindo passível de ser valorado pelo Juízo. A materialidade do delito versado no art. 250, § 1º, I, do CP, cuja prática deixa vestígios, há de ser comprovada, em regra, mediante exame de corpo de delito. Nos termos do art. 167 do CPP, constatado o desaparecimento dos vestígios, mostra-se viável suprir a realização de exame por outros meios de prova. O paciente, orientado pelo Corpo de Bombeiros a registrar, imediatamente, ocorrência policial e solicitar perícia técnica ao Instituto de Criminalística, permaneceu inerte durante sete dias. A não elaboração de perícia oficial deu-se ante o desaparecimento dos vestígios do crime, considerada a demora em registrar a ocorrência e a falta de preservação do local, tendo sido a materialidade do delito revelada pela prova testemunhal, corroborada por cópias da apólice do seguro, aviso de sinistro, ocorrência policial, relatório de regulação de sinistros, fotografias, laudos de averiguação e exame pericial. Levando em conta a justificada inviabilidade da elaboração do exame de corpo de delito e a demonstração da materialidade do crime por outros meios de prova, a incidência do previsto no art. 167 do CPP mostrou-se adequada. Também improcede a alegação de ter sido atribuído valor probatório à omissão do paciente em proceder, oportunamente, ao registro da ocorrência. O fato de a impossibilidade da realização do exame de prova pericial decorrer da inércia não significa haver-se apenado o comportamento omissivo. A inexistência de obrigação legal de o paciente, em momento oportuno, comunicar a ocorrência à autoridade policial não implica a inadmissibilidade processual de outros meios de prova que, produzidos legitimamente, revelem a materialidade e a autoria do crime imputado" (STF: HC 136.964/RS, rel. Min. Marco Aurélio, 1.ª Turma, j. 18.02.2020, noticiado no *Informativo* 967).

Explosão

Art. 251. Expor a perigo a vida, a integridade física ou o patrimônio de outrem, mediante explosão, arremesso ou simples colocação de engenho de dinamite ou de substância de efeitos análogos:

Pena – reclusão, de três a seis anos, e multa.

§ 1º Se a substância utilizada não é dinamite ou explosivo de efeitos análogos:

Pena – reclusão, de um a quatro anos, e multa.

Aumento de pena

§ 2º As penas aumentam-se de um terço, se ocorre qualquer das hipóteses previstas no § 1º, I, do artigo anterior, ou é visada ou atingida qualquer das coisas enumeradas no nº II do mesmo parágrafo.

Modalidade culposa

§ 3º No caso de culpa, se a explosão é de dinamite ou substância de efeitos análogos, a pena é de detenção, de 6 (seis) meses a 2 (dois) anos; nos demais casos, é de detenção, de 3 (três) meses a 1 (um) ano.

Classificação:	Informações rápidas:
Crime comum	**Objeto material:** engenho de dinamite ou de
Crime material ou causal	substâncias de efeitos análogos.
Crime de perigo comum e concreto	Prescindível a efetiva detonação do explosivo.
Crime de forma livre	**Crime não transeunte:** perícia imprescindível
Crime vago	(crime de perigo concreto).
Crime instantâneo	**Elemento subjetivo:** dolo. Só admite moda-
Crime unissubjetivo, unilateral ou de concurso	lidade culposa na hipótese do § 3.º.
eventual	**Tentativa:** admite (*diverg.*).
Crime comissivo (*regra*)	**Ação penal:** pública incondicionada.
Crime plurissubsistente (*regra*)	

○ **Objeto jurídico:** É a incolumidade pública.

○ **Objeto material:** É o **engenho de dinamite** ou **de substâncias de efeitos análogos**. Tanto pode existir explosão com o engenho de dinamite como com o engenho de substâncias de efeitos análogos, isto é, diversas da dinamite, mas aptas a produzirem efeitos semelhantes no caso concreto.

○ **Núcleo do tipo:** O núcleo do tipo é **expor**, no sentido de colocar em perigo a vida, a integridade física ou patrimônio de pessoas indeterminadas, mediante explosão, arremesso ou simples colocação de engenho de dinamite ou de substância de efeitos análogos. **Explosão** é a perturbação ou abalo de alguma substância, contida normalmente em um recipiente, seguida de elevado ruído e detonação, a qual produz o desenvolvimento súbito de uma força ou a expansão inesperada de um gás. **Arremesso** é o ato ou efeito de realizar o lançamento de algum objeto a distância, mediante o emprego de força. No caso, refere-se ao lançamento do engenho de dinamite ou de substância de efeitos análogos. Além da explosão e do arremesso, o tipo penal também incrimina a **simples colocação** de engenho de dinamite ou de substâncias de efeitos análogos. É prescindível a efetiva detonação do explosivo para caracterização do crime em estudo, mas fundamental a exposição de bens jurídicos de pessoas indeterminadas à situação de risco.

○ **Sujeito ativo:** Qualquer pessoa (crime comum ou geral).

○ **Sujeito passivo:** É a coletividade (**crime vago**), e também os titulares dos bens jurídicos colocados em perigo ou mesmo lesados pela conduta criminosa.

○ **Elemento subjetivo:** É o dolo, independentemente de qualquer finalidade específica. A modalidade culposa encontra-se prevista no art. 251, § 3.º, do CP.

– **Explosão e intenção de matar:** Se a explosão for provocada com o intuito de matar alguém, estará configurado o crime de homicídio qualificado pelo emprego de explosivo (CP, art. 121, § 2.º, III), de natureza hedionda (art. 1.º, I, da Lei 8.072/1990). Se da conduta resultar, além da morte de alguém, perigo à vida, à integridade física ou patrimônio de pessoas indeterminadas, serão imputados ao agente, em concurso formal impróprio ou imperfeito, o delito de homicídio qualificado pelo emprego de explosivo (CP, art. 121, § 2.º, III) e o de explosão (CP, art. 251, *caput*). Não há falar em *bis in idem*, pois foram ofendidos dois bens jurídicos (vida humana e incolumidade pública), pertencentes a titulares diversos.

– **Explosão para fins de sabotagem:** Se a explosão for cometida para destruir ou inutilizar meios de comunicação ao público, estabelecimentos, instalações ou serviços destinados à defesa nacional, com o fim de abolir o Estado Democrático de Direito, estará caracterizado o delito de sabotagem, tipificado no art. 359-R do Código Penal.

– **Explosão e crime ambiental:** Se o emprego de explosivos tiver como finalidade a pesca, estará delineado o crime previsto no art. 35, inc. I, da Lei 9.605/1998 – Lei dos Crimes Ambientais.

○ **Consumação:** A explosão é **crime material** ou **causal**, e **de perigo concreto**: consuma-se com a explosão, arremesso ou simples colocação de engenho de dinamite ou de substâncias de efeitos análogos, desde que da conduta resulte perigo à vida, à saúde ou ao patrimônio de pessoas indeterminadas, o qual não se presume, devendo ser demonstrado na situação concreta. Se não restar provado o perigo comum, poderá restar caracterizado o crime de dano qualificado pelo emprego de substância explosiva (art. 163, parágrafo único, II, do CP).

○ **Crime de explosão e prova da materialidade:** A prova da materialidade do fato delituoso reclama a elaboração de exame de corpo de delito, o qual somente pode ser substituído pela prova testemunhal na hipótese de desaparecimento dos vestígios (CPP, arts. 158 e 167). Em face do disposto no art. 175 do CPP, a realização do exame pericial se torna imprescindível, pois é sua tarefa determinar se a explosão foi idônea a expor a perigo a vida, a integridade física ou o patrimônio de pessoas indeterminadas. Na hipótese de arremesso ou simples colocação do artefato explosivo em determinado local, competirá à perícia a constatação da potencialidade do risco. Ademais, caberá aos peritos constatar se a substância utilizada na empreitada criminosa possui efeitos análogos ao de engenho de dinamite. Em caso de resposta afirmativa, será atribuído ao autor o crime definido no *caput*; se negativa, a ele será imputado o crime tipificado no § 1.º.

○ **Tentativa:** É possível. Na prática, contudo, o *conatus* é de rara ocorrência, pois a lei pune, de forma autônoma, meros atos preparatórios da explosão.

○ **Ação penal:** É pública incondicionada, em todas as modalidades do delito.

○ **Lei 9.099/1995:** Em sua modalidade fundamental (CP, art. 251, *caput*), é crime de **elevado potencial ofensivo**, não sendo possível a aplicação dos benefícios contidos na Lei 9.099/1995. A explosão privilegiada (art. 251, § 1.º) é **crime de médio potencial ofensivo**, sendo cabível a suspensão condicional do processo, desde que presentes os demais requisitos do art. 89 da lei acima citada. A explosão culposa, em qualquer dos casos, é **infração penal de menor potencial ofensivo**, compatível com a transação penal e com o rito sumaríssimo, nos moldes da citada lei.

○ **Explosão privilegiada (art. 251, § 1.º):** Todos os produtos não enquadrados nos conceitos de dinamite e substâncias de efeitos análogos, mas idôneos a provocar explosão, ingressam na modalidade privilegiada. O reconhecimento da forma privilegiada do delito pressupõe a existência de exame pericial, comprovando tratar-se de produto apto a causar explosão, mas diverso da dinamite ou substâncias de efeitos análogos.

○ **Causa de aumento da pena (art. 251, § 2.º):** *Ver comentários às causas de aumento de pena do art. 250, § 1.º.*

○ **Explosão culposa (art. 251, § 3.º):** A explosão culposa tem como causa a imprudência, imperícia ou negligência do sujeito ativo, vindo a produzir resultado naturalístico involuntário, mas objetivamente previsível. A pena varia conforme a natureza do objeto material, em face do maior ou menor desvalor do resultado. Não há crime quando o resultado vem a ser provocado por caso fortuito ou força maior, sob pena de configuração da responsabilidade penal objetiva.

○ **Formas qualificadas (art. 258 do CP):** Se da explosão, arremesso ou simples colocação de engenho de dinamite ou de substâncias de efeitos análogos, provocados **dolosamente** pelo agente, resultar lesão corporal de natureza grave, aí se incluindo a gravíssima (CP, art. 129, §§ 1.º e 2.º), aumentar-se-á pela metade a pena privativa de liberdade; se resultar morte, aplicar-se-á a pena em dobro. São crimes preterdolosos: dolo na explosão e culpa no resultado agravador. De outro lado, se da explosão, arremesso ou simples colocação de engenho de dinamite ou de substâncias de efeitos análogos, **provocados por culpa do agente**, resultar lesão corporal, aumentar-se-á a pena pela metade; se resultar morte, aplicar-se-á a pena cominada ao homicídio culposo, aumentada de um terço. São crimes culposos agravados por resultados de igual natureza.

○ **Explosão e Estatuto do Desarmamento:** O crime do art. 16, § 1.º, III, da Lei 10.826/2003 – Estatuto do Desarmamento é crime de perigo abstrato ou presumido, não se confundindo com a explosão, delito de perigo comum e concreto. O primeiro se contenta com a simples utilização de artefato explosivo, sem autorização ou em desacordo com determinação legal ou regulamentar. A explosão reclama a efetiva exposição de pessoas indeterminadas ao risco de dano, no tocante à vida, à integridade física ou ao patrimônio, como na hipótese da pessoa que detona um engenho de dinamite em praça pública.

○ **Jurisprudência selecionada:**

Crime de perigo comum: "Estando o tipo do art. 251 do CP, crime de explosão, entre aqueles denominados de perigo comum, é de se exigir, como circunstância elementar, a comprovação de que a conduta explosiva causou efetiva afronta à vida e à integridade física das pessoas ou concreto dano ao patrimônio de outrem, sob pena de faltar à acusação a devida demonstração da tipicidade. Por isso, ação de arremessar fogos e artifícios em local ocasionalmente despovoado, cuja consequência danosa ao ambiente foi nenhuma, não pode ser tido pela vertente do crime de explosão, podendo, no máximo se referir à contravenção do art. 28 do Decreto-Lei 3688/41, a qual se encontra abrangida pela prescrição" (STJ: HC 104.952/SP, rel. Min. Maria Thereza de Assis Moura, 6.ª Turma, j. 10.02.2009).

Uso de gás tóxico ou asfixiante

Art. 252. Expor a perigo a vida, a integridade física ou o patrimônio de outrem, usando de gás tóxico ou asfixiante:

Pena – reclusão, de um a quatro anos, e multa.

Modalidade culposa

Parágrafo único. Se o crime é culposo:

Pena – detenção, de três meses a um ano.

Classificação:	Informações rápidas:
Crime comum	**Objeto material:** gás tóxico ou asfixiante.
Crime material ou causal	**Elemento subjetivo:** dolo. Só admite modali-
Crime de perigo concreto	dade culposa na hipótese do parágrafo único.
Crime vago	**Gás tóxico ou asfixiante:** exigência de perícia
Crime de forma vinculada	para comprovação da efetiva idoneidade.
Crime instantâneo	**Gás lacrimogêneo e polícia:** legítima defesa
Crime comissivo (*regra*)	ou estrito cumprimento de dever legal.
Crime unissubjetivo, unilateral ou de concurso	**Tentativa:** admite.
eventual	**Ação penal:** pública incondicionada.
Crime plurissubsistente (*regra*)	

○ **Objeto jurídico:** É a incolumidade pública.

○ **Objeto material:** É o **gás tóxico** ou **asfixiante**.

○ **Núcleo do tipo:** O núcleo do tipo é **expor**, no sentido de colocar em perigo um número indeterminado de pessoas, pois trata-se de **crime de perigo comum**. O meio de execução consiste na utilização de gás tóxico ou asfixiante – cuida-se de **crime de forma vinculada**, pois a lei penal aponta expressamente os meios de execução a serem utilizados na prática do delito.

○ **Sujeito ativo:** Qualquer pessoa (**crime comum** ou **geral**).

○ **Sujeito passivo:** É a coletividade (**crime vago**) e, mediatamente, as pessoas que tiveram seus bens jurídicos colocados em perigo ou lesados pela conduta ilícita.

○ **Elemento subjetivo:** É o dolo, independentemente de qualquer finalidade específica. A modalidade culposa encontra previsão no art. 252, parágrafo único, do CP.

– **Uso de gás tóxico ou asfixiante e intenção homicida:** Se o gás tóxico ou asfixiante for utilizado contra pessoa determinada, com o dolo de matá-la, estará caracterizado o crime de homicídio qualificado, de natureza hedionda (art. 121, § 2.º, III, do CP). Nada impede o concurso de crimes entre o homicídio e o crime em estudo, desde que, além da morte de uma pessoa determinada, seja também causado perigo à coletividade. Não há *bis in idem*, pois são atingidos bens jurídicos diversos (vida humana e incolumidade pública), pertencentes a titulares distintos.

○ **Consumação:** O crime é **material** ou **causal**: consuma-se no momento em que o agente, mediante a utilização de gás tóxico ou asfixiante, expõe efetivamente a perigo a vida, a integridade física ou o patrimônio de terceiros. É também **crime de perigo concreto**, razão pela qual o uso de gás tóxico ou asfixiante depende da comprovação da existência de perigo a um montante indeterminado de indivíduos.

○ **A prova da materialidade do fato delituoso:** A prova da materialidade do fato exige a elaboração de perícia, com a finalidade de demonstrar a efetiva idoneidade do gás tóxico ou asfixiante para colocar em risco a vida, a saúde ou o patrimônio de pessoas indeterminadas (art. 175 do CPP).

○ **Tentativa:** É possível.

○ **Ação penal:** É pública incondicionada.

○ **Lei 9.099/1995:** O uso de gás tóxico ou asfixiante, em sua modalidade fundamental (CP, art. 252, *caput*), é **crime de médio potencial ofensivo**, compatível com a suspensão condicional do processo, se presentes os demais requisitos exigidos pelo art. 89 da Lei 9.099/1995. Na modalidade culposa (art. 252, parágrafo único) é **infração penal de menor potencial ofensivo**, admitindo a transação penal e o rito sumaríssimo, nos termos da Lei 9.099/1995.

○ **Modalidade culposa (art. 252, parágrafo único):** Nesse crime, o sujeito, agindo com imprudência, negligência ou imperícia, viola o dever objetivo de cuidado a todos imposto, dando causa a resultado naturalístico objetivamente previsível – a exposição a perigo da vida, da integridade física ou do patrimônio de pessoas não individualizadas, mediante o uso de gás tóxico ou asfixiante.

○ **Poluição culposa e Lei dos Crimes Ambientais:** Se alguém, desatendendo o dever objetivo de cuidado, causar poluição de qualquer natureza – inclusive mediante o emprego de gás tóxico ou asfixiante – em níveis tais que resultem ou possam resultar em danos à saúde humana, estará caracterizado o delito do art. 54, § 1.º, da Lei 9.605/1998 – Lei dos Crimes Ambientais.

○ **Formas qualificadas (art. 258 do CP):** Se do uso de gás tóxico ou asfixiante, provocado **dolosamente** pelo agente, resultar lesão corporal de natureza grave, aí se incluindo a de natureza gravíssima (CP, art. 129, §§ 1.º e 2.º), aumentar-se-á pela metade a pena privativa de liberdade; se resultar morte, aplicar-se-á a pena em dobro. São figuras nitidamente preterdolosas. Se do crime, provocado por **culpa** do agente, resultar lesão corporal, aumentar-se-á a pena pela metade; se resultar morte, aplicar-se-á a pena cominada ao homicídio culposo, aumentada de um terço. São crimes culposos qualificados por resultados de igual natureza.

○ **A questão do uso de gás lacrimogêneo pela polícia:** O uso moderado do gás lacrimogêneo, de índole asfixiante, por policial ou qualquer pessoa autorizada a portá-lo, para repelir injusta agressão, atual ou iminente, a direito seu ou de outrem, ainda que caracterize fato típico, encontra-se acobertado pela legítima defesa (art. 25 do CP). Uma das funções precípuas das Polícias Militares é a preservação da ordem pública (CF, art. 144, § 5.º). Logo, em momentos de conturbação social é dever não apenas legal, mas notadamente constitucional do agente de segurança, restabelecer a ordem em prol da segurança pública. Portanto, desde que não exista excesso ou abuso de poder na utilização do gás lacrimogêneo, incidirá o estrito cumprimento de dever legal (CP, art. 23, III).

○ **Uso de gás tóxico ou asfixiante e contravenção penal de emissão de fumaça, gás ou vapor – distinção:** A distinção entre o crime de uso de gás tóxico ou asfixiante e a contravenção penal de emissão de fumaça (art. 38 do Decreto-lei 3.688/1941 – Lei das Contravenções Penais) repousa na **gravidade** da conduta, a ser indicada em **exame pericial** realizado com esta finalidade. No crime o fato expõe a perigo concreto a vida, a integridade física ou o patrimônio de pessoas indeterminadas, provocado pelo uso de gás tóxico ou asfixiante. Na contravenção penal a poluição é menos prejudicial, pois se limita a ofender ou molestar alguém, sem colocar em risco a vida, a saúde ou o patrimônio de um elevado número de pessoas.

Fabrico, fornecimento, aquisição posse ou transporte de explosivos ou gás tóxico, ou asfixiante

Art. 253. Fabricar, fornecer, adquirir, possuir ou transportar, sem licença da autoridade, substância ou engenho explosivo, gás tóxico ou asfixiante, ou material destinado à sua fabricação:

Pena – detenção, de seis meses a dois anos, e multa.

Classificação:	Informações rápidas:
Crime comum	**Objeto material:** substância ou engenho explosivo, gás tóxico ou asfixiante, ou material destinado à sua fabricação.
Crime formal, de consumação antecipada ou de resultado cortado e de perigo comum e abstrato	
Crime de forma livre	**Elemento normativo do tipo:** "sem licença da autoridade" (lei penal em branco heterogênea).
Crime vago	
Crime instantâneo	**Elemento subjetivo:** dolo (não admite modalidade culposa).
Crime comissivo (*regra*)	
Crime unissubjetivo, unilateral ou de concurso eventual	**Tentativa:** não admite.
	Ação penal: pública incondicionada.
Crime plurissubsistente	**Competência:** Justiça Estadual (sempre).

○ **Objeto jurídico:** É a incolumidade pública.

○ **Objeto material:** É a substância ou engenho explosivo, gás tóxico ou asfixiante (acerca desses conceitos, *ver comentários aos arts. 251 e 252*), ou material destinado à sua fabricação. É fundamental a elaboração de exame pericial para demonstrar a natureza explosiva, tóxica ou asfixiante da substância fabricada, fornecida, transportada ou possuída pelo sujeito ativo, sem licença da autoridade competente.

○ **Núcleos do tipo:** O tipo possui contém cinco núcleos. **Fabricar** é produzir, preparar ou construir. **Fornecer** equivale a dar ou entregar. **Adquirir** significa obter a propriedade. **Possuir** é entrar na posse de um bem, usufruindo-o. **Transportar**, finalmente, é levar algo de um lugar a outro. Trata-se de **tipo misto alternativo**, **crime de ação múltipla** ou **de conteúdo**

variado: a lei contempla diversos núcleos, e a realização de mais de um deles, no tocante ao mesmo objeto material, caracteriza um único crime.

○ **Elemento normativo do tipo:** É representado pela expressão **sem licença da autoridade**. É preciso observar se o agente tinha ou não licença da autoridade pública para desempenhar as atividades indicadas no tipo penal. Se dotado da licença, o fato não se revestirá de tipicidade penal. Trata-se de **lei penal em branco heterogênea** – a conduta criminosa reclama complementação por ato da Administração Pública, ente legitimado a conceder ou não licença para fabricar, fornecer, adquirir, possuir ou transportar substância ou engenho explosivo, gás tóxico ou asfixiante, ou material destinado à sua fabricação.

○ **Sujeito ativo:** Qualquer pessoa (crime **comum** ou **geral**).

○ **Sujeito passivo:** É a coletividade (**crime vago**).

○ **Elemento subjetivo:** É o dolo, independentemente de qualquer finalidade específica. Não se admite a modalidade culposa.

○ **Consumação:** O crime é **formal, de consumação antecipada** ou **de resultado cortado**: consuma-se no momento em que o sujeito fabrica, fornece, adquire, possui ou transporta, sem licença da autoridade, substância ou engenho explosivo, gás tóxico ou asfixiante, ou material destinado à sua fabricação, não se exigindo a causação de dano a alguém. É também **crime de perigo abstrato** ou **presumido**, pois a lei presume a situação de risco ao bem jurídico como corolário da prática da conduta.

○ **Tentativa:** Não é possível, pois a lei incriminou de forma autônoma atos que representam fases de preparação de outros delitos.

○ **Ação penal:** É pública incondicionada.

○ **Lei 9.099/1995:** Trata-se de **infração penal de menor potencial ofensivo**, de competência do Juizado Especial Criminal, autorizando-se a incidência da transação penal e do rito sumaríssimo, em consonância com as disposições da Lei 9.099/1995.

○ **Formas qualificadas pelo resultado (art. 258 do CP):** Se de qualquer das condutas descritas no tipo penal resultar lesão corporal de natureza grave, aí se incluindo a gravíssima (CP, art. 129, §§ 1.º e 2.º), aumentar-se-á pela metade a pena privativa de liberdade; se resultar morte, aplicar-se-á a pena em dobro. São **crimes preterdolosos**.

○ **Competência:** O crime é de competência da Justiça Estadual, mesmo nas hipóteses em que a fiscalização das substâncias seja reservada a órgão federal.

○ **Estatuto da Criança e do Adolescente:** A venda, o fornecimento, ainda que gratuito, ou a entrega, de qualquer forma, a criança ou adolescente, de arma, munição ou explosivo, caracteriza o delito tipificado no art. 242 da Lei 8.069/1990 – Estatuto da Criança e do Adolescente.

○ **Estatuto do Desarmamento:** O art. 16, § 1.º, III, da Lei 10.826/2003 – Estatuto do Desarmamento comina a pena de reclusão, de três a seis anos, e multa, a quem "possuir, deter, fabricar ou empregar artefato explosivo ou incendiário, sem autorização ou em desacordo com determinação legal ou regulamentar". O inciso VI do citado dispositivo legal reserva igual pena àquele que "produzir, recarregar ou reciclar, sem autorização legal, ou adulterar, de qualquer forma, munição ou explosivo".

○ **Atividades nucleares:** O art. 22 da Lei 6.453/1977 – Responsabilidade civil por danos nucleares e responsabilidade criminal por atos relacionados com atividades nucleares, incrimina a conduta de quem possui, adquire, transfere, transporta, guarda ou traz consigo material nuclear, sem a necessária autorização. O art. 26 do mesmo diploma legal pune aquele que deixar de observar as normas de segurança ou de proteção relativas à instalação nuclear ou ao uso, transporte, posse e guarda de material nuclear, expondo a perigo a vida, a integridade física ou o patrimônio de outrem.

Atos de Terrorismo Nuclear: O Decreto n.º 9.967/2019 promulgou a Convenção Internacional para a Supressão de Atos de Terrorismo Nuclear, firmada pela República Federativa do Brasil, em Nova York, em 14 de setembro de 2005.

○ **Jurisprudência selecionada:**

Competência: "Explosivos (posse). Justiça Comum. Código Penal, art. 253. A fiscalização da produção e comércio de substâncias e engenhos explosivos atribuída, em regulamento, ao Exército, não tem o efeito de fazer recair a contravenção prevista no art. 18 da Lei das Contravenções Penais, tanto quanto o crime capitulado no art. 253 do Código Penal, na competência da Justiça Federal" (STF: RE 92.424/MG, rel. Min. Rafael Mayer, 1.ª Turma, j. 18.12.1980).

Inundação

Art. 254. Causar inundação, expondo a perigo a vida, a integridade física ou o patrimônio de outrem:

Pena – reclusão, de três a seis anos, e multa, no caso de dolo, ou detenção, de seis meses a dois anos, no caso de culpa.

Classificação:	Informações rápidas:
Crime comum	**Objeto material:** grande quantidade de água liberada.
Crime material ou causal e de perigo comum e concreto	**Elemento subjetivo:** dolo. Admite modalidade culposa.
Crime de forma livre	**Tentativa:** admite (crime plurissubsistente).
Crime vago	**Ação penal:** pública incondicionada.
Crime instantâneo	
Crime comissivo (*regra*)	
Crime unissubjetivo, unilateral ou de concurso eventual	
Crime plurissubsistente	

○ **Objeto jurídico:** É a incolumidade pública.

○ **Objeto material:** É a grande quantidade de água liberada.

○ **Núcleo do tipo:** O núcleo do tipo é **causar**, ou seja, dar origem, produzir ou originar algo. **Inundação** é "a invasão de determinado lugar por águas que nele não deveriam estar, porque não é o lugar destinado à sua contenção, ao seu depósito ou curso natural".[231] Destarte, causar inundação é provocá-la mediante a intervenção humana sobre a força natural das águas, represadas ou em curso, de tal forma que elas tomem proporções incontroláveis, colocando

---

[231] Cf. TELES, Ney Moura. *Direito penal.* 2. ed. São Paulo: Atlas, 2006. v. 3, p. 136.

em risco um número indeterminado de pessoas. Assim, pratica o delito aquele que dá origem à inundação, expondo efetivamente a perigo a vida, a integridade física ou o patrimônio da coletividade. A conduta é normalmente comissiva, mas nada impede a prática do crime via omissão imprópria (crime omissivo impróprio, espúrio ou comissivo por omissão), desde que o sujeito ativo ostente o dever jurídico de agir (art. 13, § 2.º, do CP). Se o alagamento for de pequena gravidade, não há falar em crime de inundação, embora subsista a possibilidade de configuração do delito de dano (CP, art. 163).

○ **Inundação e usurpação de águas – distinção:** Na hipótese em que uma pessoa desvia ou represa águas alheias, em proveito próprio ou de outrem, sem provocação de perigo comum, estará configurado o delito de usurpação (art. 161, § 1.º, I, do CP).

○ **Sujeito ativo:** Qualquer pessoa (**crime comum** ou **geral**).

○ **Sujeito passivo:** É a coletividade (**crime vago**).

○ **Elemento subjetivo:** É o dolo, independentemente de qualquer finalidade específica. Admite-se a modalidade culposa.

– **Inundação e ânimo homicida:** Se a inundação for realizada com a intenção de matar alguém, serão imputados ao agente dois crimes: inundação (CP, art. 254) e homicídio qualificado (CP, art. 121, § 2.º, III), de natureza hedionda, em concurso formal impróprio ou imperfeito. Não há *bis in idem*, pois são violados dois bens jurídicos, pertencentes a pessoas diversas.

○ **Consumação:** A inundação é **crime material** ou **causal** e **de perigo comum** e **concreto**: consuma-se no momento em que o agente, depois de praticar a conduta legalmente descrita, expõe a perigo efetivo e comprovado a vida, a integridade física ou o patrimônio de pessoas não individualizadas.

○ **Tentativa:** É possível.

○ **Ação penal:** É pública incondicionada.

○ **Lei 9.099/1995:** Em sua modalidade dolosa, constitui-se em **crime de elevado potencial ofensivo**, incompatível com os benefícios elencados pela Lei 9.099/1995. Na modalidade culposa será **infração penal de menor potencial ofensivo**, compatível com a transação penal e o rito sumaríssimo.

○ **Formas qualificadas (art. 258 do CP):** Se da inundação, provocada **dolosamente** pelo agente, resultar lesão corporal de natureza grave, aí se inserindo também a gravíssima (CP, art. 129, §§ 1.º e 2.º), aumentar-se-á pela metade a pena privativa de liberdade; se resultar morte a pena será aplicada em dobro. São figuras estritamente preterdolosas. Se o mesmo fato, provocado por **culpa** do agente, resultar em lesão corporal, aumentar-se-á a pena pela metade; e, se resultar morte, aplicar-se-á a pena cominada ao homicídio culposo, aumentada de um terço. São crimes culposos agravados por resultados de igual natureza.

Perigo de inundação

Art. 255. Remover, destruir ou inutilizar, em prédio próprio ou alheio, expondo a perigo a vida, a integridade física ou o patrimônio de outrem, obstáculo natural ou obra destinada a impedir inundação:

Pena – reclusão, de um a três anos, e multa.

Classificação:	Informações rápidas:
Crime comum Crime formal, de consumação antecipada ou de resultado cortado Crime de perigo comum e concreto Crime de forma livre Crime vago Crime-obstáculo Crime instantâneo Crime comissivo (*regra*) Crime unissubjetivo, unilateral ou de concurso eventual Crime plurissubsistente (*regra*)	**Objeto material:** obstáculo natural ou qualquer obra destinada a impedir inundação. **Elemento subjetivo:** dolo. Não admite modalidade culposa. **Crime de perigo concreto:** imprescindível perícia para demonstrar a efetiva exposição a perigo de terceiros. **Tentativa:** não admite (crime-obstáculo). **Ação penal:** pública incondicionada.

○ **Objeto jurídico:** É a incolumidade pública.

○ **Objeto material:** É o **obstáculo natural**, compreendido como a barreira criada pela própria natureza, ou qualquer **obra destinada a impedir inundação**, ou seja, a construção humana cuja finalidade é obstar a inundação, barrando a força das águas.

○ **Núcleos do tipo:** No delito em comento há três núcleos: **remover** (mudar de um lugar para outro, transferir, afastar); **destruir** (desfazer, demolir, arruinar, fazer desaparecer); e **inutilizar** (invalidar, tornar imprestável para a sua função). Responde pelo crime em apreço aquele que realizar ao menos uma destas condutas em relação ao obstáculo natural ou obra destinada a impedir a inundação, em prédio próprio ou alheio, expondo a perigo a vida, a integridade física ou o patrimônio de pessoas indeterminadas. A ação de criar obstáculo idôneo a causar inundação não constitui o crime ora analisado. Nada impede, entretanto, a configuração do crime de perigo para a vida ou saúde de outrem (CP, art. 132). Trata-se de **tipo misto alternativo**, **crime de ação múltipla** ou **de conteúdo variado**: a prática de mais de um núcleo do tipo, no tocante ao mesmo objeto material e no mesmo contexto fático, caracteriza um único delito. Prédio é o edifício ou casa, construção de madeira ou alvenaria, instalada em determinado terreno e delimitada por paredes e teto, destinada a servir de moradia, comércio ou indústria. A conduta criminosa pode ser praticada em **prédio próprio ou alheio**.

○ **Sujeito ativo:** Qualquer pessoa (**crime comum** ou **geral**).

○ **Sujeito passivo:** É a coletividade (**crime vago**).

○ **Elemento subjetivo:** É o dolo, independentemente de qualquer finalidade específica. Não se admite a modalidade culposa.

○ **Consumação:** O perigo de inundação é **crime formal**, **de consumação antecipada** ou **de resultado cortado** e **de perigo comum e concreto**: consuma-se no momento em que restar demonstrada a situação de perigo à coletividade, provocada pela remoção, destruição ou inutilização de obstáculo natural ou obra destinada a impedir inundação, independentemente da efetiva invasão das águas em determinado local. Na hipótese em que o dolo do agente limita-se à produção do perigo de inundação, mas esta, que era objetivamente previsível, vem a se concretizar, estarão caracterizados dois crimes, em concurso formal próprio ou perfeito: perigo de inundação e inundação culposa.

○ **Tentativa:** Não é cabível, pois o perigo de inundação constitui-se em ato preparatório da inundação (CP, art. 254), que o legislador decidiu tipificar como crime autônomo. Classifica-se, portanto, como **crime-obstáculo**.

○ **A prova da materialidade do fato delituoso:** O perigo de inundação é **crime de perigo concreto**, sendo imprescindível a elaboração de perícia para demonstrar a efetiva exposição a perigo de terceiros em face da remoção, destruição ou inutilização, em prédio próprio ou alheio, de obstáculo natural ou obra destinada a impedir inundação. Este argumento é reforçado pelo fato de tratar-se de crime que deixa vestígios de ordem material (CPP, art. 158).

○ **Ação penal:** É pública incondicionada.

○ **Lei 9.099/1995:** Trata-se de **crime de médio potencial ofensivo**, compatível com a suspensão condicional do processo, se presentes os demais requisitos exigidos pelo art. 89 da Lei 9.099/1995.

○ **Formas qualificadas pelo resultado (art. 258, 1.ª parte, do CP):** Se do crime resultar lesão corporal de natureza grave, a pena privativa de liberdade é aumentada de metade; se resulta morte, é aplicada em dobro. Destarte, se do perigo de inundação gerado pelo agente resultar lesão corporal de natureza grave, aí também se incluindo a gravíssima (CP, art. 129, §§ 1.º e 2.º), aumentar-se-á pela metade a pena privativa de liberdade; se resultar morte, aplicar-se-á a pena em dobro. São casos típicos de **crimes preterdolosos**. A parte final do art. 258 do Código Penal é inaplicável ao crime de perigo de inundação, pois não se admite sua modalidade culposa.

Desabamento ou desmoronamento

> **Art. 256.** Causar desabamento ou desmoronamento, expondo a perigo a vida, a integridade física ou o patrimônio de outrem:
>
> Pena – reclusão, de um a quatro anos, e multa.

Modalidade culposa

> Parágrafo único. Se o crime é culposo:
>
> Pena – detenção, de seis meses a um ano.

Classificação:	Informações rápidas:
Crimes comuns	**Objeto material:** espaço físico em que se verifica o desabamento.
Crimes materiais ou causais e de perigo concreto	
Crimes de forma livre	**Elemento subjetivo:** dolo. Só admite modalidade culposa na hipótese do parágrafo único.
Crimes vagos	
Crimes instantâneos	**Crime de perigo concreto:** exigência de perícia para comprovação da efetiva probabilidade de dano.
Crimes comissivos (*regra*)	
Crimes unissubjetivos, unilaterais ou de concurso eventual	**Tentativa:** admite (crime plurissubsistente).
Crimes plurissubsistentes (*regra*)	**Ação penal:** pública incondicionada.

○ **Objeto jurídico:** *É* a incolumidade pública.

○ **Objeto material:** É o espaço físico em que se verifica o desabamento ou o desmoronamento. *Desabamento* é a derrubada de obras produzidas pela ação humana. *Desmoronamento*, por sua vez, é fazer vir abaixo as partes do solo.

○ **Núcleo do tipo:** É "**causar**", no sentido de provocar ou originar algo. A conduta criminosa consiste em dar origem ao desabamento ou desmoronamento, ainda que parciais, expondo a perigo concreto a vida, a integridade física ou o patrimônio de pessoas indeterminadas.

○ **Sujeito ativo:** O desabamento e o desmoronamento podem ser cometidos por qualquer pessoa (**crimes comuns** ou **gerais**).

○ **Sujeito passivo:** É a coletividade (**crime vago**) e, mediatamente, a pessoa física ou jurídica prejudicada pelo desabamento ou desmoronamento.

○ **Elemento subjetivo:** Na figura do *caput,* é o dolo, independentemente de qualquer finalidade específica. A modalidade culposa é admitida pelo parágrafo único.

– **Desabamento ou desmoronamento e intenção de lesar o patrimônio alheio:** Se o agente provocar desabamento ou desmoronamento com o intuito de destruir, deteriorar ou inutilizar coisa alheia, e desde que da conduta não resulte perigo comum, a ele será imputado o crime de dano, simples (CP, art. 163, *caput*) ou qualificado (CP, art. 163, parágrafo único, inc. IV), se praticado por motivo egoístico.

○ **Consumação:** O desabamento e o desmoronamento consumam-se com a exposição a perigo da vida, da integridade física ou do patrimônio de pessoas indeterminadas. São crimes **materiais** (ou **causais**) e **de perigo concreto**, não se presumindo a probabilidade de dano, a qual deve ser demonstrada na situação prática.

○ **Tentativa:** É possível.

○ **Ação penal:** É pública incondicionada.

○ **Lei 9.099/1995:** O desabamento e o desmoronamento **dolosos** são **crimes de médio potencial ofensivo**, compatíveis com a suspensão condicional do processo. As modalidades **culposas**, em face do máximo da pena privativa de liberdade cominada (detenção de um ano), constituem-se em **infrações penais de menor potencial ofensivo**, de competência do Juizado Especial Criminal e sujeitas à transação penal e ao rito sumaríssimo.

○ **Modalidades culposas (art. 256, parágrafo único):** Admite-se o desabamento e o desmoronamento culposos, ou seja, provocados por imprudência, negligência ou imperícia.

○ **Formas qualificadas pelo resultado (art. 258 do Código Penal):** Se do desabamento ou desmoronamento **dolosamente** causado pelo agente resultar lesão corporal de natureza grave, aí também se incluindo a gravíssima (CP, art. 129, §§ 1.º e 2.º), aumentar-se-á pela metade a pena privativa de liberdade; se resultar morte, aplicar-se-á a pena em dobro. De outro lado, se do fato, provocado por **culpa**, resultar lesão corporal, aumentar-se-á a pena pela metade; se resultar morte, aplicar-se-á a pena cominada ao homicídio culposo, aumentada de um terço.

○ **Distinção entre o art. 256 do Código Penal e o art. 29 da Lei das Contravenções Penais:** O fato de provocar desabamento de construção ou, por erro no projeto ou na execução, dar-lhe causa, sem expor a perigo a vida, a integridade física ou o patrimônio de um número indeterminado de pessoas, configura a contravenção penal. Por sua vez, será imperioso o reconhecimento do crime definido no art. 256 do Código Penal quando restar demonstrada a situação de perigo comum.

○ **Jurisprudência selecionada:**

Desabamento ou desmoronamento (art. 256 do Código Penal) – atipicidade – ausência de nexo causal e de elemento subjetivo – omissão imprópria descaracterizada: "O representante legal de sociedade empresária contratante de empreitada não responde pelo delito de desabamento culposo ocorrido na obra contratada, quando não demonstrado o nexo causal, tampouco pode ser responsabilizado, na qualidade de garante, se não havia o dever legal de agir, a assunção voluntária de custódia ou mesmo a ingerência indevida sobre a consecução da obra. O debate jurídico se limita a saber se o representante legal da empresa contratante de empreitada pode ser responsabilizado pelo desabamento culposo ocorrido na obra tocada pela construtora contratada, que deu azo à morte de um de seus funcionários. Cabe ressaltar, de início, que se trata de delito que tem por bem jurídico tutelado a incolumidade pública, particularmente o perigo comum que pode decorrer da conduta proibida. O sujeito ativo do crime pode ser qualquer pessoa, mesmo o dono do imóvel que sofre o desabamento. Imputa-se ao representante, no caso, a prática do delito na modalidade culposa, quando o desabamento ou desmoronamento resulta da não observância, pelo sujeito ativo, do dever de cuidado necessário. Ressalte-se que a solução da controvérsia está voltada à caracterização do nexo de causalidade – elementar do tipo culposo estabelecida no art. 13, *caput*, do Código Penal. Segundo concepção doutrinária e jurisprudencial dominante, a teoria eleita pelo Estatuto Repressor para explicar a constatação do fenômeno causal é a Teoria da Equivalência das Condições, também conhecida como Teoria da Causalidade Simples ou Teoria da conditio *sine qua non*, ressalvada a limitação estampada no § 1º do mesmo dispositivo, que teria excepcionalmente previsto a teoria da causalidade adequada para hipótese restrita da superveniência de causa independente. Trata-se de teoria de cunho empírico naturalista, que pode ser classificada como generalizadora, é dizer, não promove hierarquia entre as condições que antecedem um resultado, tratando todas as causas como de igual valor. Assim, segundo essa linha de pensamento, causa nada mais é do que a condição (ação/omissão) sem a qual o resultado não teria ocorrido tal como ocorreu. Tudo aquilo que efetivamente contribuiu, *in concreto*, para o resultado, é tido por causa. A maior crítica enfrentada por esta teoria sempre foi a necessidade de estabelecer um limitador, de maneira a se identificar com segurança se certa conduta foi realmente determinante para ocorrência do resultado. Nessa perspectiva, o aperfeiçoamento da relação causal é ditado pelo método da eliminação hipotética dos antecedentes causais, desenvolvido por Thyrén. Em breves linhas, no campo mental da suposição ou da cogitação, o aplicador deve proceder à eliminação da conduta para concluir pela persistência ou desaparecimento do resultado. Em outras palavras, uma ação ou omissão será considerada como causa do evento sempre que, suprimida mentalmente do contexto fático, o resultado tenha deixado de ocorrer tal como ocorreu. Por óbvio, a concepção pura da teoria não é *ratio* a ser empregada no sistema penal vigente. Absorvendo as críticas sofridas pela doutrina especializada, fez-se imperioso, em mais uma oportunidade, o aperfeiçoamento do fenômeno causal, de maneira a se evitar o regresso da causalidade a condutas que, por certo, não estariam incluídas entre aquelas que efetivamente concorreram para o dano ao bem jurídico tutelado. Nesse compasso, buscando uma restrição ainda maior da causalidade, ganhou força a ideia de limitar o liame entre conduta e resultado por intermédio do elemento anímico ou subjetivo de que imbuído o agente, o que se convencionou chamar de causalidade psíquica (*imputatio delicti*). Palmilhando por essa linha de intelecção, o juízo de verificação da causalidade não pode retroceder ou retornar às condições que temporalmente precederam à posterior atuação típica culposa ou dolosa de outrem, a qual teria o condão de interromper o nexo causal iniciado pelo primeiro interveniente. Em outros termos, para evitar a responsabilidade de certas condutas antecedentes que contribuíram para o resultado, a doutrina clássica analisa o dolo e a culpa como limites da responsabilidade. As questões são resolvidas com o tipo subjetivo e não com o objetivo. Assim sendo, duas operações devem ser realizadas para explicitar o modelo causal: em primeiro lugar, identifica-se a imputação objetiva do evento (causa); num segundo plano, testa-se a imputação subjetiva (dolo/culpa). A responsabilização penal do agente dependerá de sua voluntariedade (dolo ou culpa) em relação à provocação do resultado. Nesse viés, inviável a atribuição de responsabilidade ao representante legal da sociedade empresária contratante de empreitada. Se é certo que existe o dever objetivo de cuidado de prover para que a obra seja realizada sem a intercorrência de infortúnios, este deve ser endereçado aos agentes da empresa responsável pela construção, ou a outros terceiros que tenham efetivamente interferido no curso causal (sempre lembrando que em nosso sistema não se atribuiu a prática de ilícitos penais a pessoas jurídicas, ressalvados os casos de crimes ambientais). De outra banda, também não se mostra factível a identificação de nexo jurídico ou de evitação, de forma a se adjetivar a posição do acusado como garante, imputando-lhe omissão penalmente relevante (art. 13, § 2º, do CP). Não havia no caso analisado, ou ao menos não foi narrado pela exordial, o dever legal de agir, a assunção voluntária de custódia ou mesmo a ingerência indevida do acusado sobre a consecução da obra em epígrafe. Em conclusão, se de um lado não se pode imputar de forma direta qualquer resultado penalmente relevante ao representante legal da sociedade contratante, dada a ausência de causalidade psíquica, de outro não cabe falar em omissão imprópria, considerando a não qualificação do agente como garantidor. Por conseguinte, a ação penal intentada deve ter seu prosseguimento obstado em face da atipicidade da conduta" (STJ: RHC 80.142/SP, rel. Min. Maria Thereza de Assis Moura, 6.ª Turma, j. 28.03.2017, noticiado no *Informativo* 601).

Subtração, ocultação ou inutilização de material de salvamento

Art. 257. Subtrair, ocultar ou inutilizar, por ocasião de incêndio, inundação, naufrágio, ou outro desastre ou calamidade, aparelho, material ou qualquer meio destinado a serviço de combate ao perigo, de socorro ou salvamento; ou impedir ou dificultar serviço de tal natureza:

Pena – reclusão, de dois a cinco anos, e multa.

Classificação:	Informações rápidas:
Crime comum	**Objeto material:** qualquer meio destinado a serviço de combate ao perigo, de socorro ou salvamento.
Crime formal, de consumação antecipada ou de resultado cortado	
Crime de perigo comum e abstrato	**Elemento subjetivo:** dolo. Não admite modalidade culposa.
Crime de forma livre	
Crime vago	**Tentativa:** admite (crime plurissubsistente).
Crime instantâneo	**Ação penal:** pública incondicionada.
Crime comissivo (*regra*)	
Crime unissubjetivo, unilateral ou de concurso eventual	
Crime plurissubsistente (*regra*)	

○ **Objeto jurídico:** É a incolumidade pública.

○ **Objeto material:** É o aparelho, material ou meio destinado a serviço de combate ao perigo, de socorro (*v.g.*, ambulância, maca, medicamentos) ou salvamento (*v.g.*, salvavidas, escadas, cordas, redes de salvamento, barcos).

○ **Núcleos do tipo:** O tipo penal contém cinco núcleos: **Subtrair** é inverter a posse, ou seja, apoderar-se de algo; **ocultar** é esconder; **inutilizar** equivale a invalidar, danificar, tornar alguma coisa imprestável; **impedir** tem o sentido de embaraçar, servir de obstáculo; e, finalmente, **dificultar** é colocar empecilhos, embaraçar, tornando algo mais custoso para ser realizado. Vale destacar que essas duas últimas modalidades do delito ("impedir" e "dificultar") não foram contempladas pela rubrica marginal do art. 257 do Código Penal, deixando de constar do *nomen iuris* do delito.

○ **Sujeito ativo:** Pode ser cometido por qualquer pessoa, inclusive pelo proprietário do aparelho, material ou qualquer meio destinado a serviço de combate ao perigo, de socorro ou salvamento.

○ **Sujeito passivo:** É a coletividade (**crime vago**).

○ **Elemento subjetivo:** É o dolo, independentemente de qualquer finalidade específica. Não há espaço para a modalidade culposa.

○ **Consumação:** Consuma-se com a prática da conduta legalmente descrita, capaz de, por si só, acarretar uma situação perigosa, prescindindo-se da lesão à vida, à saúde ou ao patrimônio de terceiros, bem como da comprovação da efetiva exposição a risco de dano a pessoas indeterminadas.

○ **Tentativa:** É possível.

○ **Ação penal:** É pública incondicionada.

○ **Lei 9.099/1995:** A subtração, ocultação ou inutilização de material de salvamento é **crime de elevado potencial ofensivo**, não se aplicando os benefícios contidos na mencionada lei.

○ **Formas qualificadas pelo resultado (art. 258, 1.ª parte, CP):** Se da conduta resultar lesão corporal de natureza grave, aí também se inserindo a gravíssima (CP, art. 129, §§ 1.º e 2.º), aumentar-se-á pela metade a pena privativa de liberdade; se resultar morte, aplicar-se-á a pena em dobro. A parte final do art. 258 do Código Penal é inaplicável a este crime, pois não se admite sua modalidade culposa.

○ **Concurso de crimes:** Se o agente que pratica qualquer das condutas descritas no art. 257 do Código Penal também provocar o incêndio ou a inundação, a ele serão imputados ambos os crimes, em concurso material (CP, art. 69). Igual raciocínio se aplica na hipótese em que o sujeito furta ou danifica o aparelho, material ou qualquer outro meio destinado a serviço de combate ao perigo, de socorro ou salvamento.

Formas qualificadas de crime de perigo comum

> **Art. 258.** Se do crime doloso de perigo comum resulta lesão corporal de natureza grave, a pena privativa de liberdade é aumentada de metade; se resulta morte, é aplicada em dobro. No caso de culpa, se do fato resulta lesão corporal, a pena aumenta-se de metade; se resulta morte, aplica-se a pena cominada ao homicídio culposo, aumentada de um terço.

○ **Formas qualificadas de crime de perigo comum:** Os crimes de perigo comum são crimes complexos, agravados pelo resultado. Na 1.ª parte do art. 258, estão previstos crimes preterdolosos, com dolo na conduta antecedente e culpa no resultado agravador. Na 2.ª parte do artigo, há a previsão de crimes culposos agravados por resultados de igual natureza. Tanto nos crimes dolosos como nos culposos, aplica-se apenas um aumento, ainda que haja pluralidade de resultados e de vítimas.

○ **Nomenclatura:** Embora o dispositivo legal utilize a expressão "forma qualificada", em seu bojo encontram-se **causas de aumento da pena**, e sua análise permite as seguintes conclusões: (a) se ao fato doloso sobrevier lesão corporal de natureza grave em alguém, a pena privativa de liberdade será aumentada de metade; (b) se ao fato doloso sobrevier a morte de alguém, a pena privativa de liberdade será aplicada em dobro; (c) se da conduta culposa resultar lesão corporal, a pena aumenta-se de metade; e (d) se da conduta culposa resultar a morte, aplica-se a pena cominada ao homicídio culposo, aumentada de um terço.

Difusão de doença ou praga

Art. 259. Difundir doença ou praga que possa causar dano a floresta, plantação ou animais de utilidade econômica:

Pena – reclusão, de dois a cinco anos, e multa.

Modalidade culposa

Parágrafo único. No caso de culpa, a pena é de detenção, de um a seis meses, ou multa.

○ **Revogação tácita do art. 259 do Código Penal pelo art. 61 da Lei 9.605/1998:** Este artigo foi revogado tacitamente pelo art. 61 da Lei 9.605/1998 – Lei dos Crimes Ambientais, cuja redação é a seguinte: "Disseminar doença ou praga ou espécies que possam causar dano à agricultura, à pecuária, à fauna, à flora ou aos ecossistemas: Pena – reclusão, de 1 (um) a 4 (quatro) anos, e multa." Nota-se que o tipo penal contido na Lei dos Crimes Ambientais, além de ser mais recente, é também especial. Quanto ao tipo doloso, ocorreu *novatio legis in mellius*, pois a pena estabelecida pela nova lei é inferior à que estabelecia o Código Penal. Observa-se ainda, que a modalidade culposa do delito de difusão de doença ou praga, originariamente disciplinada no parágrafo único do art. 259 do Código Penal, deixou de existir. Atualmente, esse fato é atípico, uma vez que não foi contemplado pela Lei 9.605/1998. Operou-se, em verdade, a *abolitio criminis* da forma culposa da difusão de doença ou praga, pois, além da revogação tácita do art. 259 do Código Penal, o fato perdeu seu caráter criminoso perante o ordenamento jurídico em geral.

Capítulo II –
DOS CRIMES CONTRA A SEGURANÇA DOS MEIOS DE COMUNICAÇÃO E TRANSPORTE E OUTROS SERVIÇOS PÚBLICOS

Perigo de desastre ferroviário

Art. 260. Impedir ou perturbar serviço de estrada de ferro:

I – destruindo, danificando ou desarranjando, total ou parcialmente, linha férrea, material rodante ou de tração, obra de arte ou instalação;

II – colocando obstáculo na linha;

III – transmitindo falso aviso acerca do movimento dos veículos ou interrompendo ou embaraçando o funcionamento de telégrafo, telefone ou radiotelegrafia;

IV – praticando outro ato de que possa resultar desastre:

Pena – reclusão, de dois a cinco anos, e multa.

Desastre ferroviário

§ 1º Se do fato resulta desastre:

Pena – reclusão, de quatro a doze anos e multa.

§ 2º No caso de culpa, ocorrendo desastre:

Pena – detenção, de seis meses a dois anos.

§ 3º Para os efeitos deste artigo, entende-se por estrada de ferro qualquer via de comunicação em que circulem veículos de tração mecânica, em trilhos ou por meio de cabo aéreo.

Classificação:	Informações rápidas:
Crime comum	**Objeto material:** linha férrea, o material rodante ou de tração, a obra de arte ou instalação, o telégrafo, o telefone e a radiotelegrafia.
Crime formal, de consumação antecipada ou de resultado cortado	
Crime de perigo comum e concreto	**Elemento subjetivo:** dolo. Admite modalidade culposa somente no § 2.º.
Crime de forma vinculada	
Crime vago	**Tentativa:** admite (crime plurissubsistente).
Crime instantâneo	**Ação penal:** pública incondicionada.
Crime comissivo (*regra*)	**Competência:** Justiça Estadual.
Crime unissubjetivo, unilateral ou de concurso eventual Crime plurissubsistente (*regra*)	

○ **Objeto jurídico:** Tutela-se a incolumidade pública, relativamente à segurança do transporte ferroviário.

○ **Objetos materiais:** São objetos materiais a linha férrea, o material rodante ou de tração, a obra de arte ou instalação, o telégrafo, o telefone e a radiotelegrafia. *Linha férrea:* É a estrada composta por trilhos e dormentes, reservada à circulação de material rodante. *Material rodante:* Consiste nos veículos ferroviários, assim compreendidos como os de tração (exemplo: locomotivas) e os rebocados (exemplos: carros de passageiros e vagões de carga). *Material de tração:* É veículo ferroviário usado especificamente para tracionar os demais (exemplo: locomotiva ou automotriz). *Obra de arte:* Nesta expressão incluem-se as pontes, os túneis e os viadutos. *Instalação*: É o objeto dotado de utilidade à estrada de ferro (exemplos: sinais da linha férrea, placas, cabos, cancelas, cabines de bloqueio, chaves de desvio etc.). *Telégrafo:* É o sistema de transmissão de mensagens entre dois ou mais pontos distantes entre si, mediante sinais. *Telefone:* É o aparelho destinado a transmitir a distância a palavra falada. *Radiotelegrafia*: É a telegrafia sem fio por meio de ondas eletromagnéticas.

○ **Núcleos do tipo:** São "impedir" e "perturbar". **Impedir** é obstruir, vedar, impossibilitar a normal circulação de veículos ferroviários; **perturbar**, por sua vez, tem o sentido de dificultar, atrapalhar, causar embaraço. Os verbos relacionam-se com o **serviço de estrada de ferro**. Além da redação do *caput*, o tipo penal é composto por condutas complementares, arroladas nos incisos I a IV, analisadas abaixo. O art. 260 do Código Penal constitui-se em **tipo misto alternativo, crime de ação múltipla ou de conteúdo variado**: a prática de mais de uma conduta, no tocante ao mesmo objeto material e no mesmo contexto fático, caracteriza um único delito de perigo de desastre ferroviário.

– **Inciso I: Destruir** é arruinar, extinguir, fazer desaparecer. **Danificar** significa deteriorar, estragar, prejudicar. Por sua vez, **desarranjar** equivale a tirar da ordem, desordenar, prejudicar o bom funcionamento.

– **Inciso II: Colocar** é pôr algo em determinado lugar. O sujeito insere obstáculo, ou seja, barreira, empecilho ou impedimento na linha, impedindo ou perturbando serviço de estrada de ferro.

– **Inciso III: Transmitir** significa expedir, enviar, mandar algo de um lugar para outro, ou de uma pessoa para outra. Por seu turno, **interromper** é suspender a continuidade, fazer cessar. Finalmente, **embaraçar** é dificultar, estorvar.

– **Inciso IV:** O legislador valeu-se da interpretação analógica ou *intra legem*, que se verifica quando a lei contém em seu bojo uma fórmula casuística seguida de uma fórmula genérica. Destarte, se o agente realizar qualquer outra conduta de que possa resultar desastre ferroviário, desde que semelhante a algum dos comportamentos versados nos incisos I a III, a ele será imputado o delito em apreço.

○ **Sujeito ativo:** Pode ser cometido por qualquer pessoa (**crime comum** ou **geral**).

○ **Sujeito passivo:** É a coletividade (**crime vago**).

○ **Elemento subjetivo:** É o dolo, independentemente de qualquer finalidade específica. Não confundir com a simulação de perigo, pois nesse caso inexiste risco ao bem jurídico penalmente tutelado. A figura culposa é admitida unicamente no tocante ao desastre ferroviário (CP, art. 260, § 2.º).

○ **Consumação:** Dá-se no momento em que restar comprovada a situação de perigo a pessoas indeterminadas, independentemente da efetiva ocorrência do desastre.

○ **Tentativa:** É possível.

○ **Ação penal:** É pública incondicionada.

○ **Lei 9.099/1995:** O perigo de desastre ferroviário é **crime de elevado potencial ofensivo**, incompatível com os benefícios contidos na Lei 9.099/1995.

○ **Desastre ferroviário – figura qualificada (art. 260, § 1.º): Desastre** é o acontecimento calamitoso, o acidente provocado pelo impedimento ou perturbação do serviço de estrada de ferro. Sua caracterização reclama a criação de uma situação de dano grave, extenso e complexo a pessoas (exemplo: passageiros ou funcionários do trem) ou coisas (exemplo: cargas).

○ **Modalidade culposa de desastre ferroviário (art. 260, § 2.º):** A leitura do texto da lei permite a conclusão no sentido de que somente se admite a modalidade culposa do crime de desastre ferroviário, pois o legislador empregou a expressão "**ocorrendo desastre**". Em outras palavras, não há lugar para a culpa no âmbito do delito de perigo de desastre ferroviário.

○ **Formas qualificadas (art. 263 do CP):** Embora o dispositivo legal utilize a expressão "forma qualificada", em seu bojo encontram-se **causas de aumento da pena**, e sua análise permite as seguintes conclusões: (a) se do fato doloso resultar desastre (CP, art. 260, § 1.º), e sobrevier lesão corporal de natureza grave em alguém, a pena privativa de liberdade será aumentada de metade; (b) se do fato doloso resultar desastre (CP, art. 260, § 1.º), daí resultando a morte de alguém, a pena privativa de liberdade será aplicada em dobro; (c) se da conduta culposa, ocorrendo desastre, resultar lesão corporal, a pena aumenta-se de metade; e (d) se da conduta culposa, ocorrendo desastre, resultar a morte, aplica-se a pena cominada ao homicídio culposo, aumentada de um terço.

○ **Perigo de desastre ferroviário e sabotagem:** Se o impedimento ou perturbação de serviço de estrada de ferro for praticado para destruir ou inutilizar meios de comunicação ao público, estabelecimentos, instalações ou serviços destinados à defesa nacional, com o fim de abolir o Estado Democrático de Direito, estará configurado o crime de sabotagem, definido no art. 359-R do Código Penal.

○ **Competência:** É da Justiça Estadual.

○ **Jurisprudência selecionada:**

Competência: "Não havendo ofensa direta a bens, serviços e interesses da União ou de suas entidades autárquicas ou empresas públicas (art. 109, IV, da CF), compete à Justiça Estadual – e não à Justiça Federal – processar e julgar suposto crime de perigo de desastre ferroviário qualificado pelo resultado lesão corporal e morte (art. 260, IV, § 2º, c/c art. 263 do CP) ocorrido por ocasião de descarrilamento de trem em malha ferroviária da União. De fato, o bem jurídico tutelado pelo crime de perigo de desastre ferroviário é a incolumidade pública, consubstanciada na segurança dos meios de comunicação e transporte. Indiretamente, também se tutelam a vida e a integridade física das pessoas vítimas do desastre. O sujeito passivo do delito é, portanto, a coletividade em geral e, de forma indireta, as pessoas que, eventualmente, sofram lesões corporais ou morte" (STJ: RHC 50.054/SP, rel. Min. Nefi Cordeiro, 6.ª Turma, j. 04.11.2014, noticiado no *Informativo* 551).

Atentado contra a segurança de transporte marítimo, fluvial ou aéreo

Art. 261. Expor a perigo embarcação ou aeronave, própria ou alheia, ou praticar qualquer ato tendente a impedir ou dificultar navegação marítima, fluvial ou aérea:

Pena – reclusão, de dois a cinco anos.

Sinistro em transporte marítimo, fluvial ou aéreo

§ 1º Se do fato resulta naufrágio, submersão ou encalhe de embarcação ou a queda ou destruição de aeronave:

Pena – reclusão, de quatro a doze anos.

Prática do crime com o fim de lucro

§ 2º Aplica-se, também, a pena de multa, se o agente pratica o crime com intuito de obter vantagem econômica, para si ou para outrem.

Modalidade culposa

> § 3º No caso de culpa, se ocorre o sinistro:
>
> Pena – detenção, de seis meses a dois anos.

Classificação:	Informações rápidas:
Crime comum	**Objeto material:** embarcação ou aeronave, obrigatoriamente destinadas ao transporte coletivo (embarcações lacustres não estão abrangidas).
Crime formal, de consumação antecipada ou de resultado cortado Crime de perigo comum e concreto Crime de forma livre	
Crime vago	**Elemento subjetivo:** dolo (especial fim de agir implica na incidência cumulativa da sanção pecuniária). Admite modalidade culposa somente no § 3.º.
Crime instantâneo	
Crime unissubjetivo, unilateral ou de concurso eventual	**Tentativa:** admite (*crime plurissubsistente*).
Crime comissivo (*regra*)	**Ação penal:** pública incondicionada.
Crime plurissubsistente (*regra*)	**Competência:** Justiça Federal.

○ **Objeto jurídico:** Tutela-se a incolumidade pública, especificamente no que concerne à segurança dos meios de transporte.

○ **Objeto material:** É a embarcação ou aeronave, obrigatoriamente destinadas ao transporte coletivo, ou seja, de pessoas indeterminadas. *Embarcação* é a construção, de qualquer porte, destinada a navegar sobre a água. *Aeronave* é "todo aparelho manobrável em voo, que possa sustentar-se e circular no espaço aéreo, mediante reações aerodinâmicas, apto a transportar pessoas ou coisas" (art. 106, *caput*, da Lei 7.565/1986 – Código Brasileiro de Aeronáutica).

○ **Núcleos do tipo:** **Expor** é colocar em perigo, proporcionar risco; **praticar** equivale a cometer, executar; **impedir** é servir de obstáculo, vedar a prática de algo; e, finalmente, **dificultar** é tornar algo custoso de ser efetuado, criando empecilhos. Destarte, comete o crime em apreço aquele que expõe a perigo embarcação ou aeronave, própria ou alheia, ou pratica qualquer ato tendente a impedir ou dificultar navegação marítima, fluvial ou aérea. *Navegação* é a atividade de conduzir uma embarcação ou aeronave de um ponto a outro. Trata-se de crime de **forma livre**.

○ **Sujeito ativo:** Pode ser cometido por qualquer pessoa, inclusive pelo proprietário da embarcação ou aeronave (**crime comum** ou **geral**).

○ **Sujeito passivo:** É a coletividade (**crime vago**).

○ **Elemento subjetivo:** É o dolo, independentemente de qualquer finalidade específica. A modalidade culposa é admitida unicamente nas hipóteses em que se verifica o sinistro (CP, art. 261, § 3.º). O especial fim de agir consistente na obtenção de vantagem econômica implica a incidência cumulativa da sanção pecuniária (CP, art. 261, § 2.º).

○ **Consumação:** Consuma-se com a prática da conduta criminosa, a qual acarreta o efetivo perigo a um número indeterminado de pessoas, independentemente do efetivo prejuízo à navegação marítima, fluvial ou aérea.

○ **Tentativa:** É possível.

○ **Ação penal:** É pública incondicionada.

○ **Lei 9.099/1995:** Trata-se de crime de elevado potencial ofensivo, incompatível com os benefícios elencados pela Lei 9.099/1995. No caso da figura culposa, cuida-se de **infração penal de menor potencial ofensivo**, compatível com a transação penal e com o rito sumaríssimo, nos moldes da Lei 9.099/1995.

○ **Sinistro em transporte marítimo, fluvial ou aéreo (art. 261, § 1.º):** Esta figura qualificada constitui-se em **crime preterdoloso**, isto é, o sinistro há de ser produzido unicamente a título de culpa. **Sinistro** é o desastre, o acidente de grandes proporções envolvendo pessoas ou coisas, no âmbito do transporte marítimo, fluvial ou aéreo. **Naufrágio** é a perda total ou parcial de uma embarcação por motivo de encalhe, colisão em outro transporte marítimo ou em *iceberg*, ou acidente diverso. **Submersão** é o afundamento total ou parcial da embarcação. **Encalhe** é ficar em lugar seco, impedindo-se a flutuação, mas sem submersão, a exemplo do que se verifica quando a quilha da embarcação se prende a um banco de areia ou outro obstáculo. **Queda** da aeronave é o ato ou efeito de cair, projetando-se contra a terra ou sobre águas. **Destruição** é a demolição ou aniquilação, total ou parcial, da embarcação ou da aeronave.

○ **Modalidade culposa de sinistro (art. 261, § 3.º):** Somente se admite a modalidade culposa do crime de sinistro em transporte marítimo, fluvial ou aéreo. Com efeito, não há espaço para a culpa no âmbito do delito de atentado contra a segurança de transporte marítimo, fluvial ou aéreo.

○ **Formas qualificadas (art. 263 do Código Penal):** Embora o dispositivo legal utilize a expressão "forma qualificada", em seu bojo encontram-se **causas de aumento da pena**, e sua análise permite as seguintes conclusões: (a) se do fato doloso resultar sinistro (CP, art. 261, § 1.º), e sobrevier lesão corporal de natureza grave em alguém, a pena privativa de liberdade será aumentada de metade; (b) se do fato doloso resultar sinistro (CP, art. 261, § 1.º), daí resultando a morte de alguém, a pena privativa de liberdade será aplicada em dobro; (c) se da conduta culposa, ocorrendo desastre, resultar lesão corporal, a pena aumenta-se de metade; (d) se da conduta culposa, ocorrendo desastre, resultar a morte, aplica-se a pena cominada ao homicídio culposo, aumentada de um terço.

○ **Competência:** A competência para processar e julgar os crimes cometidos a bordo de navios e aeronaves é da Justiça Federal, nos termos do art. 109, inc. IX, da Constituição Federal.[232] Veja-se que o texto constitucional fala em "navios", compreendidos como embarcações de grande porte. Logo, os crimes praticados a bordo de embarcações de pequeno e médio porte são, em regra, de competência da Justiça Estadual.

○ **Atentado contra segurança no transporte aéreo e abuso na prática da aviação – distinção:** O art. 35 do Decreto-lei 3.688/1941 – Lei das Contravenções Penais comina a pena de prisão simples, de quinze dias a três meses, ou multa, a quem "entregar-se na prática da aviação, a acrobacias ou a voos baixos, fora da zona em que a lei o permite, ou fazer descer a aeronave fora dos lugares destinados a esse fim". Nesse caso, o sujeito realiza acrobacias ou voos baixos, ou faz descer a aeronave fora dos lugares destinados a esse fim, com domínio da situação, de modo a eliminar ou diminuir o risco de dano à vida, à integridade física ou à saúde de pessoas indeterminadas. Entretanto, se o agente pratica tais comportamentos sem possuir conhecimento e técnica para tanto, ensejando o surgimento do perigo à incolumidade pública, estará configurado o crime tipificado no art. 261 do Código Penal.

---

[232] STJ, RHC 1.386/RJ, rel. Min. Edson Vidigal, 5.ª Turma, j. 16.09.1991.

○ **Jurisprudência selecionada:**

Competência: "1. Não ofende o princípio do *ne bis in idem* o fato dos controladores de voo estarem respondendo a processo na Justiça Militar e na Justiça comum pelo mesmo fato da vida, qual seja, o acidente aéreo que ocasionou a queda do Boeing 737/800 da Gol Linhas Aéreas no Município de Peixoto de Azevedo, no Estado do Mato Grosso, com a morte de todos os seus ocupantes, uma vez que as imputações são distintas. 2. Solução que se encontra, *mutatis mutandis*, no enunciado da Súmula 90/STJ: 'Compete à Justiça Militar processar e julgar o policial militar pela prática do crime militar, e à Comum pela prática do crime comum simultâneo àquele'" (STJ: CC 91.016/MT, rel. Min. Paulo Gallotti, 3.ª Seção, j. 27.02.2008).

Atentado contra a segurança de outro meio de transporte

Art. 262. Expor a perigo outro meio de transporte público, impedir-lhe ou dificultar-lhe o funcionamento:

Pena – detenção, de um a dois anos.

§ 1º Se do fato resulta desastre, a pena é de reclusão, de dois a cinco anos.

§ 2º No caso de culpa, se ocorre desastre:

Pena – detenção, de três meses a um ano.

Classificação:	Informações rápidas:
Crime comum	**Objeto material:** qualquer outro meio de trans-
Crime formal, de consumação antecipada ou de re-	porte público (caráter residual ou subsidiário).
sultado cortado	**Elemento subjetivo:** dolo. Admite modalidade
Crime de perigo comum e concreto	culposa somente no § 2.º.
Crime de forma livre	**Tentativa:** admite (crime plurissubsistente).
Crime vago	**Ação penal:** pública incondicionada.
Crime instantâneo	
Crime unissubjetivo, unilateral ou de concurso eventual	
Crime comissivo (*regra*)	
Crime plurissubsistente (*regra*)	

○ **Objeto jurídico:** Tutela-se a incolumidade pública, relativamente à segurança dos meios de transporte público.

○ **Objeto material:** É **qualquer outro meio de transporte público**, desde que não abrangido pelos arts. 260 e 261 do Código Penal. A expressão "meio de transporte público" engloba o serviço prestado diretamente pelo Poder Público ou mediante concessão, bem como toda e qualquer atividade desta natureza efetuada em prol da coletividade, ainda que realizada por particulares. Trata-se de delito de caráter residual ou subsidiário. Vale destacar que a pena cominada às condutas descritas neste artigo é inferior às sanções penais aplicáveis aos crimes definidos nos dois artigos anteriores. Entendeu o legislador que, nesse caso, o risco à incolumidade pública é menor, em face da exposição a perigo de um número menos abrangente de pessoas.

○ **Núcleos do tipo:** Os verbos relacionam-se com a segurança do meio de transporte público ou com o seu funcionamento. "**Expor**", no sentido de colocar em perigo; "**impedir**", que significa embaraçar ou servir de obstáculo; e **"dificultar"**, ou seja, tornar mais custosa a realização de algo.

○ **Sujeito ativo:** Cuida-se de **crime comum** ou **geral**: pode ser cometido por qualquer pessoa, inclusive pelo proprietário do meio de transporte público.

○ **Sujeito passivo:** É a coletividade (**crime vago**). Em caso de desastre, também são vítimas as pessoas lesadas pela conduta criminosa.

○ **Elemento subjetivo:** É o dolo, independentemente de qualquer finalidade específica.

– **A presença do ânimo homicida:** Se, além de expor a perigo o meio de transporte público, impedir-lhe ou dificultar-lhe o funcionamento, o agente também revelar a intenção de matar alguém, a ele serão imputados os crimes de atentado contra a segurança de outro meio de transporte e de homicídio, em concurso formal impróprio ou imperfeito (CP, art. 70, *caput*, 2.ª parte), em face da presença de desígnios autônomos. Não há falar em *bis in idem*, pois tais crimes ofendem bens jurídicos diversos e são direcionados a vítimas diferentes.

○ **Consumação:** O crime é **formal, de consumação antecipada ou de resultado cortado**: consuma-se com a prática da conduta criminosa, independentemente do desastre. É também **delito de perigo comum e concreto**, pois exige a comprovação da exposição de pessoas indeterminadas à probabilidade de dano.

○ **Tentativa:** É possível.

○ **Ação penal:** É pública incondicionada.

○ **Lei 9.099/1995:** O atentado contra a segurança de outro meio de transporte, em sua modalidade fundamental e na modalidade culposa (CP, art. 262, *caput e § 2.º*), é **infração penal de menor potencial ofensivo**, de competência do Juizado Especial Criminal, admitindo-se a transação penal e o rito sumaríssimo. Na figura qualificada, contida no § 1.º, em face da pena mínima em abstrato, é vedada a incidência das disposições contidas na Lei 9.099/1995 (**crime de elevado potencial ofensivo**).

○ **Modalidade qualificada (art. 262, § 1.º):** **Desastre** é o acidente grave, complexo e idôneo a colocar em perigo um número indeterminado de pessoas ou coisas. Cuida-se de **crime preterdoloso**, ou seja, o desastre há de ser produzido a título de culpa.

○ **Figura culposa (art. 262, § 2.º):** A conduta culposa somente será punida se sobrevier o desastre. Destarte, se o sujeito, atuando com imprudência, negligência ou imperícia, expuser a perigo outro meio de transporte público, impedir-lhe ou dificultar-lhe o funcionamento, mas sem a produção do desastre, o fato será atípico.

○ **Formas qualificadas (art. 263 do Código Penal):** Nada obstante a lei utilize a expressão "forma qualificada", em seu interior encontram-se **causas de aumento da pena**, e sua análise permite as seguintes conclusões: (a) se do fato doloso resultar desastre (CP, art. 262, § 1.º), e sobrevier lesão corporal de natureza grave em alguém, a pena privativa de liberdade será aumentada de metade; (b) se do fato doloso resultar desastre (CP, art. 262, § 1.º), daí resultando a morte de alguém, a pena privativa de liberdade será aplicada em dobro; (c) se da conduta culposa, ocorrendo desastre, resultar lesão corporal, a pena aumenta-se de metade; (d) se da conduta culposa, ocorrendo desastre, resultar a morte, aplica-se a pena cominada ao homicídio culposo, aumentada de um terço.

Forma qualificada

Art. 263. Se de qualquer dos crimes previstos nos arts. 260 a 262, no caso de desastre ou sinistro, resulta lesão corporal ou morte, aplica-se o disposto no art. 258.

○ **Formas qualificadas nos crimes contra a segurança dos meios de comunicação e transporte e outros serviços públicos:** Na 1.ª parte do art. 258, estão previstos crimes preterdolosos, com dolo na conduta antecedente e culpa no resultado agravador. Na 2.ª parte do artigo, há a previsão de crimes culposos agravados por resultados de igual natureza. Tanto nos crimes dolosos como nos culposos, aplica-se apenas um aumento, ainda que haja pluralidade de resultados e de vítimas.

○ **Nomenclatura:** Embora o dispositivo legal utilize a expressão "forma qualificada", em seu bojo encontram-se **causas de aumento da pena**, e sua análise permite as seguintes conclusões: (a) se ao fato doloso sobrevier lesão corporal de natureza grave em alguém, a pena privativa de liberdade será aumentada de metade; (b) se ao fato doloso sobrevier a morte de alguém, a pena privativa de liberdade será aplicada em dobro; (c) se da conduta culposa resultar lesão corporal, a pena aumenta-se de metade; e (d) se da conduta culposa resultar a morte, aplica-se a pena cominada ao homicídio culposo, aumentada de um terço.

Arremesso de projétil

Art. 264. Arremessar projétil contra veículo, em movimento, destinado ao transporte público por terra, por água ou pelo ar:

Pena – detenção, de um a seis meses.

Parágrafo único. Se do fato resulta lesão corporal, a pena é de detenção, de 6 (seis) meses a 2 (dois) anos; se resulta morte, a pena é a do art. 121, § 3º, aumentada de um terço.

Classificação:	Informações rápidas:
Crime comum	**Objeto material:** veículo em movimento, destinado ao transporte público por terra, por água ou pelo ar.
Crime formal, de consumação antecipada ou de resultado cortado	
Crime doloso	**Elemento subjetivo:** dolo. Não admite modalidade culposa. Se presente a intenção de matar estará caracterizado o crime de homicídio.
Crime de forma livre	
Crime plurissubsistente (*regra*)	
Crime unissubjetivo, unilateral ou de concurso eventual	**Tentativa:** admite (*crime plurissubsistente*).
Crime instantâneo	**Ação penal:** pública incondicionada.
Crime de perigo comum e abstrato	

○ **Objeto jurídico:** Tutela-se a incolumidade pública, especificamente no que diz respeito à segurança dos meios de transporte.

○ **Objeto material:** É o veículo em movimento, destinado ao transporte público por terra, por água ou pelo ar. A expressão "**veículo destinado ao transporte público**" relaciona-se com qualquer meio de transporte coletivo de pessoas ou coisas (cargas em geral) de um lugar para outro.

○ **Núcleo do tipo:** "**Arremessar**", no sentido de atirar, lançar projétil contra veículo, em movimento, destinado ao transporte público por terra, por água ou pelo ar. **Projétil** é o objeto idôneo a provocar dano. O projétil, embora normalmente constitua-se em objeto sólido, também pode ser representado por meios líquidos, desde que dotados de eficácia lesiva.

– **Arma de fogo e o Estatuto do Desarmamento:** Se o projétil consistir em munição de arma de fogo, e for lançado em lugar habitado ou em suas adjacências, em via pública ou em direção a ela, estará caracterizado o crime de disparo de arma de fogo, previsto no art. 15 da Lei 10.826/2003 – Estatuto do Desarmamento.

○ **Sujeito ativo:** O crime é **comum** ou **geral**, podendo ser cometido por qualquer pessoa.

○ **Sujeito passivo:** É a coletividade (**crime vago**).

○ **Elemento subjetivo:** É o dolo, independentemente de qualquer finalidade específica. Não se admite a modalidade culposa.

– **Arremesso de projétil e intenção de matar:** Se o arremesso de projétil visar à morte de pessoa determinada, ou seja, se presente a intenção de matar (*animus necandi* ou *animus occidendi*), estará caracterizado o crime de homicídio. Nesse caso, não há crime contra a incolumidade pública, e sim crime doloso contra a vida, pois o arremesso contra veículo em movimento destinava-se, na verdade, a eliminar a vida de alguém. Igual raciocínio é aplicável ao crime de lesão corporal dolosa, em suas variadas formas.

○ **Consumação:** Cuida-se de **crime formal, de consumação antecipada ou de resultado cortado**, *e* **de perigo abstrato**: consuma-se com o arremesso do projétil contra um veículo, em movimento, destinado ao transporte público por terra, pela água ou pelo ar, prescindindo-se da comprovação da situação de perigo, a qual é presumida de forma absoluta pela lei (presunção *iuris et de iure*).[233]

○ **Tentativa:** É possível.

○ **Ação penal:** É penal pública incondicionada.

○ **Lei 9.099/1995:** Em sua modalidade fundamental, o arremesso de projétil é **infração penal de menor potencial ofensivo**, de competência do Juizado Especial Criminal e compatível com a transação penal e o rito sumaríssimo.

○ **Figuras qualificadas pelo resultado (art. 264, parágrafo único):** A pena é sensivelmente maior nos casos em que o arremesso de projétil resultar em lesão corporal ou morte. No primeiro caso, a pena é de detenção, de seis meses a dois anos, constituindo-se em **infração penal de menor potencial ofensivo**; no segundo, a pena é a do art. 121, § 3.º, relativa ao homicídio culposo (detenção de um a três anos), aumentada de um terço. São hipóteses de crimes preterdolosos.

---

[233] Rogério Greco entende tratar-se de crime de perigo concreto, sob pena de violação do princípio da lesividade. Cf. *Curso de direito penal*. 6. ed. Niterói: Impetus, 2010. v. IV.

Atentado contra a segurança de serviço de utilidade pública

Art. 265. Atentar contra a segurança ou o funcionamento de serviço de água, luz, força ou calor, ou qualquer outro de utilidade pública:

Pena – reclusão, de um a cinco anos, e multa.

Parágrafo único. Aumentar-se-á a pena de 1/3 (um terço) até a metade, se o dano ocorrer em virtude de subtração de material essencial ao funcionamento dos serviços.

Classificação:	Informações rápidas:
Crime comum	**Objeto material:** serviços de utilidade pública.
Crime formal, de consumação antecipada ou de resultado cortado	**Elemento subjetivo:** dolo. Não admite modalidade culposa.
Crime de perigo comum e abstrato	**Tentativa:** admite (crime plurissubsistente).
Crime de forma livre	**Ação penal:** pública incondicionada.
Crime vago	**Competência:** Justiça Estadual (*exceção*: serviço
Crime instantâneo	de utilidade pública de interesse da União –
Crime em regra comissivo	Justiça Federal).
Crime unissubjetivo, unilateral ou de concurso eventual	
Crime plurissubsistente (*regra*)	

○ **Objeto jurídico:** É a incolumidade pública, no tocante à segurança de serviço de utilidade pública.

○ **Objeto material:** É o serviço de água, luz, força, calor ou qualquer outro de utilidade pública.

○ **Núcleo do tipo:** É "**atentar**", no sentido de ofender, atrapalhar, importunar ou colocar em risco a segurança ou o funcionamento do serviço de água, luz, força, calor ou qualquer outro de utilidade pública.

○ **Sujeito ativo:** O crime é **comum ou geral**. Pode ser cometido por qualquer pessoa.

○ **Sujeito passivo:** É a coletividade (**crime vago**).

○ **Elemento subjetivo:** É o dolo, independentemente de qualquer finalidade específica. Não se admite a modalidade culposa.

○ **Consumação:** Cuida-se de **crime formal, de consumação antecipada ou de resultado cortado**, *e de* **perigo abstrato**: consuma-se com a prática da conduta legalmente descrita, que acarreta a presunção absoluta de exposição a perigo de um número indeterminado de pessoas, em face da relevância à sociedade dos serviços de utilidade pública.

○ **Tentativa:** É cabível.

○ **Ação penal:** É pública incondicionada.

○ **Lei 9.099/1995:** Trata-se de **crime de médio potencial ofensivo**. A pena mínima cominada (um ano) autoriza a suspensão condicional do processo, desde que presentes os demais requisitos exigidos pelo art. 89 desta lei.

○ **Causa de aumento da pena (art. 265, parágrafo único):** É imprescindível, para incidência da majorante, tenha ocorrido dano efetivo como corolário da subtração de material essencial ao funcionamento dos serviços. Há necessidade, portanto, de que a subtração tenha sido efetuada com o intuito de colocar em risco a segurança ou o funcionamento dos serviços.

○ **Competência:** O crime de atentado contra a segurança de serviço de utilidade pública, em regra, é de competência da Justiça Estadual. Entretanto, será competente a Justiça Federal quando o atentado for praticado contra a segurança ou o funcionamento de serviço de utilidade pública de interesse da União. É o que se verifica, exemplificativamente, com o serviço de energia elétrica (CF, art. 21, inc. XII, *b*).

○ **Atentado contra a segurança de serviço de utilidade pública e sabotagem:** Se o atentado contra a segurança ou o funcionamento de serviço de água, luz, força ou calor, ou qualquer outro de utilidade pública, for cometido visando a destruir ou inutilizar meios de comunicação ao público, estabelecimentos, instalações ou serviços destinados à defesa nacional, com o fim de abolir o Estado Democrático de Direito, estará caracterizado o crime de sabotagem, catalogado no art. 359-R do Código Penal.

○ **Código Penal Militar:** O art. 287 do Decreto-lei 1.001/1969 – Código Penal Militar define o crime de atentado contra serviço de utilidade militar: "Art. 287. Atentar contra a segurança ou o funcionamento de serviço de água, luz, força ou acesso, ou qualquer outro de utilidade, em edifício ou outro lugar sujeito à administração militar: Pena – reclusão, até cinco anos. Parágrafo único. Aumentar-se-á a pena de um terço até metade, se o dano ocorrer em virtude de subtração de material essencial ao funcionamento do serviço."

○ **Atentado contra instalação nuclear:** Se o atentado for praticado contra instalação nuclear, estará caracterizado o crime definido no art. 27 da Lei 6.453/1977.

Interrupção ou perturbação de serviço telegráfico, telefônico, informático, telemático ou de informação de utilidade pública

Art. 266. Interromper ou perturbar serviço telegráfico, radiotelegráfico ou telefônico, impedir ou dificultar-lhe o restabelecimento:

Pena – detenção, de um a três anos, e multa.

§ 1º Incorre na mesma pena quem interrompe serviço telemático ou de informação de utilidade pública, ou impede ou dificulta-lhe o restabelecimento.

§ 2º Aplicam-se as penas em dobro se o crime é cometido por ocasião de calamidade pública.

Classificação:	Informações rápidas:
Crime comum	**Objeto material:** serviço telegráfico, radiotelegráfico ou telefônico.
Crime formal, de consumação antecipada ou de resultado cortado	**Elemento subjetivo:** dolo. Não admite modalidade culposa.
Crime de perigo comum e abstrato	**Tentativa:** admite (crime plurissubsistente).
Crime de forma livre	**Ação penal:** pública incondicionada.
Crime vago	
Crime instantâneo	
Crime comissivo (*regra*)	
Crime unissubjetivo, unilateral ou de concurso eventual	
Crime plurissubsistente (*regra*)	

○ **Objeto jurídico:** É a incolumidade pública, no que diz respeito à segurança do serviço telegráfico, radiotelegráfico ou telefônico.

○ **Objeto material:** É o serviço telegráfico, radiotelegráfico ou telefônico. **Serviço telegráfico** é o relacionado ao desempenho de atividades inerentes ao sistema de transmissão de mensagens entre dois ou mais pontos distantes entre si, mediante sinais convencionais. Compreende o telégrafo elétrico – terrestre ou submarino – e o semafórico. Por sua vez, **serviço radiotelegráfico** é a atividade concernente à telegrafia sem fio, por meio de ondas eletromagnéticas, da qual é exemplo o rádio Nextel. Finalmente, o **serviço telefônico** consiste na atividade referente à transmissão a distância de palavra falada ou outro som, mediante fios (telefonia comum) ou sinais (telefonia celular).

○ **Núcleos do tipo: Interromper** é fazer cessar ou romper a continuidade. **Perturbar** equivale a dificultar ou atrapalhar. **Impedir** significa obstruir ou embaraçar. **Dificultar**, por sua vez, é colocar empecilhos, tornando mais custosa a realização de alguma atividade. Os verbos ligam-se aos serviços telegráfico, radiotelegráfico ou telefônico. Cuida-se de **tipo misto alternativo, crime de ação múltipla ou de conteúdo variado**. A lei contempla mais de um núcleo e a realização de dois ou mais deles, no mesmo contexto fático e contra o mesmo objeto material, caracteriza um único delito.

– **Distinção com o crime de violação de comunicação telegráfica, radioelétrica ou telefônica:** O delito em estudo está previsto entre os crimes contra a incolumidade pública. Exige, portanto, a exposição a perigo de pessoas indeterminadas, ofendendo toda a coletividade. Destarte, se a conduta limitar-se a impedir a comunicação ou a conversação de pessoas determinadas, estará configurado o crime de violação de comunicação telegráfica, radioelétrica ou telefônica, disciplinado no art. 151, § 1.º, inc. III, do Código Penal.

○ **Sujeito ativo:** O crime é **comum** ou **geral**, podendo ser cometido por qualquer pessoa.

○ **Sujeito passivo:** É a coletividade (**crime vago**).

○ **Elemento subjetivo:** É o dolo, independentemente de qualquer finalidade específica. Não se admite a modalidade culposa.

○ **Consumação:** Cuida-se de **crime formal, de consumação antecipada ou de resultado cortado**, e de **perigo comum e abstrato**: consuma-se com a prática da conduta criminosa, independentemente da causação de dano aos serviços telegráfico, radiotelegráfico ou telefônico. Igualmente, a comprovação do efetivo perigo a um número indeterminado de pessoas é prescindível, pois a lei o presume de forma absoluta (presunção *iuris et de iure*).

○ **Tentativa:** É possível.

○ **Ação penal:** É pública incondicionada.

○ **Lei 9.099/1995:** A pena mínima cominada ao delito é de detenção, de 1 (um) ano. Constitui-se, portanto, em **crime de médio potencial ofensivo**, compatível com a suspensão condicional do processo, se presentes os demais requisitos exigidos pelo art. 89 da Lei 9.099/1995.

○ **Figuras equiparadas (art. 266, § 1.º):** O dispositivo foi criado pela Lei 12.737/2012, conhecida como Lei Carolina Dieckmann, com a finalidade de tutelar meios modernos de comunicação, não se limitando aos serviços telefônico e radiotelegráfico, e ao esquecido serviço telegráfico.

– **Serviço telemático:** é a transmissão de dados mediante a união entre recursos das telecomunicações (telefonia, cabo, fibras óticas etc.) e da informática (computadores, *softwares*, sistemas de redes etc.), e tem como principal exemplo a rede mundial de computadores, também conhecida como *internet*. Sua grande vantagem é proporcionar o processamento, o armazenamento e a comunicação de elevada quantidade de dados, em formatos de textos, imagens e sons, em pequeno intervalo temporal, entre usuários localizados em qualquer ponto do planeta. Ao utilizar a expressão "serviço de informação de utilidade pública", o legislador socorreu-se da **interpretação analógica** (ou *intra legem*), com a finalidade de proteger qualquer outro meio diverso dos serviços telegráfico, radiotelegráfico, telefônico ou telemático, a exemplo dos jornais e revistas impressos. Portanto, também comete o delito previsto no art. 266 do Código Penal aquele que interromper (romper a continuidade ou fazer cessar) serviço telemático ou de informação de utilidade pública, ou impede (obstrui) ou dificulta-lhe (onera ou torna mais árdua) o restabelecimento. É o que se dá, a título ilustrativo, quando alguém dolosamente "derruba" o serviço de *internet* em determinada cidade, privando as pessoas desse meio de comunicação e de acesso ao conhecimento e informações em geral.

○ **Causa de aumento da pena (art. 266, § 2.º):** O tratamento mais rigoroso se fundamenta na maior reprovabilidade da conduta, praticada no período em que a sociedade se encontra diante de desgraça pública, em geral surgida repentinamente e apta a causar graves prejuízos de todas as ordens.

○ **Instalação clandestina de aparelhos de telecomunicação:** A instalação ou utilização de aparelhos clandestinos de telecomunicações configura, em tese, o crime tipificado pelo art. 70 da Lei 4.117/1962 – Código Brasileiro de Telecomunicações.

○ **Súmula 606 do STJ:** "Não se aplica o princípio da insignificância a casos de transmissão clandestina de sinal de internet via radiofrequência, que caracteriza o fato típico previsto no art. 183 da Lei 9.472/1997."

Capítulo III –
DOS CRIMES CONTRA A SAÚDE PÚBLICA

○ **Introdução:** A nota marcante dos crimes previstos neste capítulo é o dano ou perigo de dano à saúde de um número indeterminado de pessoas. Não há ataque à integridade corporal de uma única pessoa; o bem jurídico penalmente tutelado é a saúde pública, compreendida como a preservação das condições saudáveis de subsistência e desenvolvimento da coletividade como um todo. Todas as pessoas têm direito ao ar puro, aos alimentos íntegros, à água potável e aos medicamentos eficazes. Se alguém ofende individualmente algum desses direitos, estará caracterizado um crime contra a pessoa. Mas, se tais direitos são coletivamente atacados, abre-se espaço para a incidência dos crimes contra a saúde pública.

Epidemia

Art. 267. Causar epidemia, mediante a propagação de germes patogênicos:

Pena – reclusão, de dez a quinze anos.

§ 1º Se do fato resulta morte, a pena é aplicada em dobro.

§ 2º No caso de culpa, a pena é de detenção, de um a dois anos, ou, se resulta morte, de dois a quatro anos.

Classificação:	Informações rápidas:
Crime comum Crime material ou causal Crime de perigo comum e concreto Crime de forma livre Crime vago Crime instantâneo Crime comissivo (*regra*) Crime unissubjetivo, unilateral ou de concurso eventual Crime plurissubsistente (*regra*)	**Objeto material:** germe patogênico. **Elemento subjetivo:** dolo. Admite modalidade culposa somente no § 2.º. A moléstia deve ser grave e de fácil propagação (perigo real à coletividade). **Tentativa:** admite (*crime plurissubsistente*). **Ação penal:** pública incondicionada.

○ **Objeto jurídico:** Tutela-se a saúde pública.

○ **Objeto material:** É o **germe patogênico**, compreendido como o micro-organismo capaz de produzir moléstia infectocontagiosa, nociva à saúde humana.

○ **Núcleo do tipo:** É "**causar**", no sentido de produzir ou dar origem. A conduta, portanto, consiste em dar origem à epidemia, mediante a propagação de tais micro-organismos. A propagação, ou seja, a proliferação ou disseminação, pode ser efetuada direta ou indiretamente. **Epidemia** é a doença contagiosa que surge rapidamente em um local e atinge simultaneamente um grande número de pessoas. **Endemia** é a doença infecciosa que, em face das características do ambiente, manifesta-se em determinada região. É o caso da dengue, frequente nas regiões tropicais. **Pandemia** é a epidemia que se alastra de forma desproporcional e simultaneamente em várias regiões, difundindo-se por diversos países ou até mesmo por vários continentes, provocando inúmeros óbitos, a exemplo da tuberculose, da peste e da gripe espanhola.

○ **Sujeito ativo:** O crime é **comum** ou **geral**. Pode ser cometido por qualquer pessoa, inclusive por quem esteja contaminado pela moléstia infecciosa.

○ **Sujeito passivo:** É a coletividade (**crime vago**).

○ **Elemento subjetivo:** É o dolo, independentemente de qualquer finalidade específica. A modalidade culposa encontra-se descrita no § 2.º do art. 267 do Código Penal.

– **Transmissão de doenças a pessoa determinada e dolo de dano:** Se o propósito do agente consistir na transmissão a alguém da doença grave de que está contaminado, será forçoso reconhecer o delito de perigo de contágio de moléstia grave, nos termos do art. 131 do CP. Além disso, se o sujeito possuir o dolo de matar ou de ofender a integridade corporal ou a saúde de outrem, a ele será imputado o crime de homicídio qualificado pelo meio de que possa resultar perigo comum (CP, art. 121, § 2.º, inc. III) ou de lesão corporal (CP, art. 129), consumado ou tentado, conforme o caso.

○ **Consumação:** Cuida-se de **crime material ou causal**, *e de* **perigo comum e concreto**: consuma-se com a produção do resultado naturalístico, ou seja, com a superveniência da epidemia. Exige-se a comprovação do risco efetivo à saúde de pessoas indeterminadas, sendo imprescindível, portanto, seja a moléstia grave e de fácil propagação, pois caso contrário não existiria perigo real à coletividade. Vale destacar que, depois da consumação do delito, é possível a coexistência do dano (pessoas infectadas) com a situação de perigo (pessoas expostas aos germes patogênicos).

○ **Tentativa:** É possível.

○ **Ação penal:** É pública incondicionada.

○ **Lei 9.099/1995:** Em face da pena cominada – reclusão, de dez a quinze anos –, a epidemia constitui-se em **crime de elevado potencial ofensivo**, incompatível com os benefícios contidos nesta lei.

○ **Causa de aumento da pena (art. 267, § 1.º):** Se da causação da epidemia resultar a morte de alguém, a pena será aplicada em dobro. Cuida-se de **crime preterdoloso**: a conduta inicial (epidemia) é dolosa, ao passo que o resultado agravador (morte) sobrevém a título de culpa. A epidemia agravada pela morte é **crime hediondo**, a teor do art. 1.º, inc. VII, da Lei 8.072/1990. Cuidado: a epidemia somente é crime hediondo quando resulta a morte. Em sua modalidade fundamental (CP, art. 267, *caput*), o delito não suporta os efeitos da Lei 8.072/1990.

○ **Epidemia culposa (art. 267, § 2.º):** Na primeira hipótese deste parágrafo (sem morte), a epidemia culposa é **infração penal de menor potencial ofensivo**, compatível com a transação penal e com o rito sumaríssimo, nos moldes da Lei 9.099/1995; na segunda modalidade (com morte), constitui-se em **crime de elevado potencial ofensivo**, insuscetível da incidência dos benefícios contidos na Lei 9.099/1995. A propagação dos germes patogênicos surge em razão da imprudência, negligência ou imperícia do sujeito ativo, que assim viola o dever objetivo de cuidado a todos imposto.

Infração de medida sanitária preventiva

> **Art. 268.** Infringir determinação do poder público, destinada a impedir introdução ou propagação de doença contagiosa:
>
> Pena – detenção, de um mês a um ano, e multa.
>
> Parágrafo único. A pena é aumentada de um terço, se o agente é funcionário da saúde pública ou exerce a profissão de médico, farmacêutico, dentista ou enfermeiro.

Classificação:	Informações rápidas:
Crime comum	**Objeto material:** determinação do poder público
Crime formal, de consumação antecipada ou de resultado cortado	(lei penal em branco, homogênea ou heterogênea). A lei só se preocupa com as doenças
Crime de perigo comum e abstrato	contagiosas que atingem os seres humanos.
Crime de forma livre	**Elemento subjetivo:** dolo. Não admite modalidade culposa.
Crime vago	
Crime instantâneo	**Tentativa:** admite (crime plurissubsistente).
Crime comissivo (*regra*)	**Ação penal:** pública incondicionada.
Crime unissubjetivo, unilateral ou de concurso eventual	
Crime plurissubsistente (*regra*)	

○ **Objeto jurídico:** Tutela-se a saúde pública.

○ **Objeto material:** É a **determinação do poder público.** O "poder público" que baixa a determinação pode ser qualquer autoridade (federal, estadual, distrital ou municipal) competente para o ato, a qual deve constar do rol de suas atribuições constitucionais e legais.[234] Cuida-se,

---

[234] Cf. FRAGOSO, Heleno Cláudio. *Lições de direito penal.* Parte especial. São Paulo: José Bushatsky, 1959. v. 3, p. 683.

portanto, de **norma penal em branco**, pois seu preceito primário depende de complementação, a qual pode ser veiculada por outra lei (norma penal em branco homogênea ou *lato sensu*) ou por algum ato administrativo (norma penal em branco heterogênea ou *stricto sensu*). Essa linha de raciocínio restou consolidada, pelo Supremo Tribunal Federal, no **Tema 1.246 da Repercussão Geral**.[235]

○ **Núcleo do tipo:** É "**infringir**", no sentido de violar ou transgredir, desrespeitar determinação do poder público, destinada a impedir a introdução (ingresso ou entrada) ou propagação (disseminação ou difusão) da doença contagiosa, compreendida como toda moléstia capaz de ser transmitida de uma pessoa a outra mediante contato direto ou indireto. Exemplo: Pedro, sem justa causa, desrespeitou no ano de 2020 o lockdown decretado em determinado município com a finalidade de conter a pandemia do coronavírus.

○ **Sujeito ativo:** O crime é **comum** ou **geral**. Pode ser cometido por qualquer pessoa.

○ **Sujeito passivo:** É a coletividade (**crime vago**).

○ **Elemento subjetivo:** É o dolo, independentemente de qualquer finalidade específica. Não se admite a modalidade culposa.

○ **Consumação:** Cuida-se de **crime formal, de consumação antecipada ou de resultado cortado**: consuma-se com a violação da determinação do poder público, pouco importando venha a doença contagiosa a ser efetivamente introduzida ou propagada. É também **crime de perigo comum e abstrato**, pois a lei presume de forma absoluta o risco causado à saúde pública com a prática da conduta criminosa.

○ **Tentativa:** É possível.

○ **Ação penal:** É pública incondicionada.

○ **Lei 9.099/1995:** A pena máxima cominada ao delito é de um ano. Trata-se, portanto, de **infração penal de menor potencial ofensivo**, de competência do Juizado Especial Criminal e compatível com a transação penal e com o rito sumaríssimo.

○ **Causa de aumento da pena (art. 268, parágrafo único):** O delito de infração de medida sanitária preventiva, quando praticado por funcionário da saúde pública, médico, farmacêutico, dentista ou enfermeiro, terá a pena aumentada de um terço. Tais pessoas, em razão do cargo público ocupado ou da função exercida, têm o dever de evitar a introdução ou propagação de doença contagiosa. Se não bastasse, são dotadas de conhecimentos técnicos para avaliar a gravidade de seus comportamentos.

○ **Formas qualificadas pelo resultado (art. 285 do Código Penal):** O art. 285 do Código Penal determina a incidência das regras contidas no art. 258 ao crime de infração de medida sanitária preventiva. Destarte, se da conduta resultar lesão corporal de natureza grave (ou gravíssima), aumentar-se-á pela metade a pena privativa de liberdade; se resultar morte, aplicar-se-á a pena em dobro. São **causas de aumento da pena**, nada obstante o legislador tenha utilizado a expressão "formas qualificadas pelo resultado".

○ **Jurisprudência selecionada:**

Covid-19 - saúde pública e competência concorrente – norma penal em branco e reflexos penais: "O Plenário, por maioria, referendou medida cautelar em ação direta, deferida pelo

---
[235] STF: ARE 1.418.846/RS, rel. Min. Rosa Weber, Plenário, j. 24.03.2023, noticiado no *Informativo* 1.088.

ministro Marco Aurélio (Relator), acrescida de interpretação conforme à Constituição ao § 9º do art. 3º da Lei 13.979/2020, a fim de explicitar que, preservada a atribuição de cada esfera de governo, nos termos do inciso I do art. 198 da Constituição Federal, o Presidente da República poderá dispor, mediante decreto, sobre os serviços públicos e atividades essenciais. A ação foi ajuizada em face da Medida Provisória 926/2020, que alterou o art. 3º, *caput*, incisos I, II e VI, e parágrafos 8º, 9º, 10 e 11, da Lei federal 13.979/2020. O relator deferiu, em parte, a medida acauteladora, para tornar explícita, no campo pedagógico, a competência concorrente. Afirmou que o *caput* do art. 3º sinaliza a quadra vivenciada, ao referir-se ao enfrentamento da emergência de saúde pública, de importância internacional, decorrente do coronavírus. Mais do que isso, revela o endosso a atos de autoridades, no âmbito das respectivas competências, visando o isolamento, a quarentena, a restrição excepcional e temporária, conforme recomendação técnica e fundamentada da Agência Nacional de Vigilância Sanitária (Anvisa), por rodovias, portos ou aeroportos de entrada e saída do País, bem como locomoção interestadual e intermunicipal. (...) A Corte enfatizou que a emergência internacional, reconhecida pela Organização Mundial da Saúde (OMS), não implica, nem menos autoriza, a outorga de discricionariedade sem controle ou sem contrapesos típicos do Estado de Direito Democrático. As regras constitucionais não servem apenas para proteger a liberdade individual e, sim, também, para o exercício da racionalidade coletiva, isto é, da capacidade de coordenar as ações de forma eficiente. O Estado de Direito Democrático garante também o direito de examinar as razões governamentais e o direito da cidadania de criticá-las. Os agentes públicos agem melhor, mesmo durante as emergências, quando são obrigados a justificar suas ações. O exercício da competência constitucional para as ações na área da saúde deve seguir parâmetros materiais a serem observados pelas autoridades políticas. Esses agentes públicos devem sempre justificar as suas ações, e é à luz dessas ações que o controle dessas próprias ações pode ser exercido pelos demais Poderes e, evidentemente, por toda sociedade. Sublinhou que o pior erro na formulação das políticas públicas é a omissão, sobretudo a omissão em relação às ações essenciais exigidas pelo art. 23 da CF. É grave do ponto de vista constitucional, quer sob o manto de competência exclusiva ou privativa, que sejam premiadas as inações do Governo Federal, impedindo que estados e municípios, no âmbito de suas respectivas competências, implementem as políticas públicas essenciais. O Estado garantidor dos direitos fundamentais não é apenas a União, mas também os estados-membros e os municípios. Asseverou que o Congresso Nacional pode regular, de forma harmonizada e nacional, determinado tema ou política pública. No entanto, no seu silêncio, na ausência de manifestação legislativa, quer por iniciativa do Congresso Nacional, quer da chefia do Poder Executivo federal, não se pode tolher o exercício da competência dos demais entes federativos na promoção dos direitos fundamentais. Assentou que o caminho mais seguro para identificação do fundamento constitucional, no exercício da competência dos entes federados, é o que se depreende da própria legislação. A Lei 8.080/1990, a chamada Lei do SUS - Sistema Único de Saúde, dispõe sobre as condições para a promoção, proteção e recuperação da saúde e assegura esse direito por meio da municipalização dos serviços. A diretriz constitucional da hierarquização, que está no caput do art. 198 da CF, não significou e nem significa hierarquia entre os entes federados, mas comando único dentro de cada uma dessas esferas respectivas de governo. Entendeu ser necessário ler as normas da Lei 13.979/2020 como decorrendo da competência própria da União para legislar sobre vigilância epidemiológica. Nos termos da Lei do SUS, o exercício dessa competência da União não diminui a competência própria dos demais entes da Federação na realização dos serviços de saúde; afinal de contas a diretriz constitucional é a municipalização desse serviço" (STF: ADI 6.341 MC-Ref/DF, rel. Min. Marco Aurélio, red. p/ o ac. Min. Edson Fachin, Plenário, j. 15.04.2020, noticiado no *Informativo* 973).

Tema 1.246 da Repercussão Geral – Complementação de norma penal em branco por ato normativo estadual ou municipal: "A complementação de norma penal em branco por ato normativo estadual, distrital ou municipal, para aplicação do tipo de infração de medida sanitária preventiva (Código Penal, art. 268), não viola a competência privativa da União para legislar sobre direito penal (CF/1988, art. 22, I). O art. 268 do Código Penal veicula, em sua redação, o preceito primário incriminador, isto é, o núcleo essencial da conduta punível, de modo que a União exerceu, de forma legítima e com objetivo de salvaguardar a incolumidade da saúde pública, sua competência privativa de legislar sobre direito penal. No entanto, o referido tipo penal configura norma penal em branco heterogênea, razão pela qual necessita de complementação por atos normativos infralegais, tais como decretos, portarias e resoluções. Na espécie, essa complementação se faz mediante ato do poder público, compreendida a competência de quaisquer dos entes federados. Ademais, ela não se reveste de natureza criminal, mas, via de regra, administrativa e técnico-científica, o que justifica a possibilidade de edição do ato normativo suplementador pelo ente federado com competência administrativa para tanto. Nesse contexto, de acordo com o entendimento desta Corte, a competência para proteção da saúde, no plano administrativo e no legislativo, é compartilhada entre a União, o Distrito Federal, os estados e os municípios, inclusive para impor medidas restritivas destinadas a impedir a introdução ou propagação de doença contagiosa. Assim, o descumprimento das medidas e dos atos normativos de controle epidemiológico previstos na Lei 13.979/2020, editados pelos entes federados em prol da incolumidade pública, enseja consequências no campo do direito penal" (STF: ARE 1.418.846/RS, rel. Min. Rosa Weber, Plenário, j. 24.03.2023, noticiado no Informativo 1.088).

Omissão de notificação de doença

> **Art. 269.** Deixar o médico de denunciar à autoridade pública doença cuja notificação é compulsória:
>
> Pena – detenção, de 6 (seis) meses a 2 (dois) anos, e multa.

Classificação:	Informações rápidas:
Crime próprio	**Objeto material:** notificação compulsória.
Crime de mera conduta ou de simples atividade	Crime omissivo próprio ou puro. Lei penal em
Crime de perigo comum e abstrato	branco homogênea (ex: CC).
Crime de forma vinculada	**Elemento subjetivo:** dolo. Não admite modalidade culposa.
Crime vago	
Crime instantâneo	**Tentativa:** não admite (crime unissubsistente).
Crime omissivo próprio ou puro	**Ação penal:** pública incondicionada.
Crime unissubjetivo, unilateral ou de concurso eventual	
Crime unissubsistente	

○ **Objeto jurídico:** Tutela-se a saúde pública.

○ **Objeto material:** É a **notificação compulsória**, ou seja, a comunicação de cunho obrigatório.

○ **Núcleo do tipo:** É "**deixar**" de denunciar, no sentido de não comunicar, permitindo que determinada situação denunciável permaneça desconhecida. A omissão diz respeito ao dever do médico de comunicar à autoridade pública doença cuja notificação seja compulsória. Constitui-se, portanto, em **crime omissivo próprio ou puro**, uma vez que a omissão está descrita expressamente no tipo penal.

– **Doenças de notificação compulsória:** Este artigo constitui-se em **lei penal em branco**, pois seu preceito primário é incompleto, dependendo de complementação emanada de outras leis e de atos da Administração Pública.

– **Autoridade pública:** Relaciona-se com as autoridades sanitárias, a exemplo do Ministério da Saúde, no âmbito da União, e da Vigilância Sanitária, no campo dos municípios.

○ **Sujeito ativo:** Somente pode ser cometido pelo médico (**crime próprio ou especial**). É cabível o concurso de pessoas que concorrem para o ato do profissional de medicina, como o farmacêutico e a enfermeira.

○ **Sujeito passivo:** É a coletividade (**crime vago**).

○ **Elemento subjetivo:** É o dolo, independentemente de qualquer finalidade específica. Não se admite a modalidade culposa.

○ **Consumação:** Consuma-se com a omissão do médico em denunciar à autoridade pública doença de notificação compulsória (**crime de mera conduta ou de simples atividade**). Além disso, a lei presume o risco à saúde de um número indeterminado de pessoas (**crime de perigo comum e abstrato**).

○ **Tentativa:** Não é cabível, pois a conduta se exterioriza em um único ato, necessário e suficiente para a consumação (**crime unissubsistente**), como decorrência da natureza do delito como omissivo próprio ou puro.

○ **Ação penal:** É pública incondicionada.

○ **Lei 9.099/1995:** Trata-se de **infração penal de menor potencial ofensivo**, de competência do Juizado Especial Criminal. A pena máxima cominada, de dois anos, autoriza a transação penal e o rito sumaríssimo, em sintonia com as disposições desta lei.

○ **Formas qualificadas pelo resultado (art. 285 do Código Penal):** O art. 285 do Código Penal determina a incidência das regras contidas em seu art. 258 ao crime de omissão de notificação de doença. Logo, se da conduta resultar lesão corporal de natureza grave (ou gravíssima), aumentar-se-á pela metade a pena privativa de liberdade; se resultar morte, aplicar-se-á a pena em dobro. *Ver comentários ao art. 285.*

○ **Confronto entre omissão de notificação de doença e violação do segredo profissional:** O crime de violação do segredo profissional está previsto no art. 154 do CP. O médico que comunica a notificação de doença, atendendo ao comando normativo do art. 269 do Código Penal, não comete o delito de violação do segredo profissional, sob pena de incoerência do sistema jurídico-penal. Na verdade, os arts. 154 e 269 do Código Penal se complementam. Com efeito, somente se verifica o crime de violação do segredo profissional quando a revelação é efetuada sem justa causa (elemento normativo do tipo). E na comunicação de doença de notificação compulsória o médico atua no estrito cumprimento do dever legal que lhe é imposto, afastando-se a tipicidade do delito contido no art. 154 do Código Penal, pois presente a justa causa.

Envenenamento de água potável ou de substância alimentícia ou medicinal

> **Art. 270.** Envenenar água potável, de uso comum ou particular, ou substância alimentícia ou medicinal destinada a consumo:
>
> Pena – reclusão, de dez a quinze anos.

> § 1º Está sujeito à mesma pena quem entrega a consumo ou tem em depósito, para o fim de ser distribuída, a água ou a substância envenenada.

Modalidade culposa

> § 2º Se o crime é culposo:
> Pena – detenção, de seis meses a dois anos.

Classificação:	Informações rápidas:
Crime comum Crime formal, de consumação antecipada ou de resultado cortado Crime de perigo comum e abstrato Crime de forma livre Crime vago Crime instantâneo Crime comissivo (*regra*) Crime unissubjetivo, unilateral ou de concurso eventual Crime plurissubsistente (*regra*)	**Objeto material:** água potável ou a substância alimentícia ou medicinal destinada a consumo. **Elemento subjetivo:** dolo. Só admite modalidade culposa na hipótese do § 2.º. **Tentativa:** admite (crime plurissubsistente). **Ação penal:** pública incondicionada.

○ **Introdução:** A pena cominada ao delito de envenenamento de água potável ou de substância alimentícia ou medicinal – reclusão, de dez a quinze anos – foi atribuída pela Lei 8.072/1990 – Lei dos Crimes Hediondos. Aliás, na redação original desta lei o delito em apreço estava previsto entre os crimes de natureza hedionda. No entanto, com a edição da Lei 8.930/1994, responsável por diversas modificações na Lei 8.072/1990, o delito tipificado neste artigo foi retirado do rol taxativo dos crimes hediondos, situação mantida nos dias atuais. O crime de envenenamento de água potável ou de substância alimentícia ou medicinal qualificado pela morte é compatível com a prisão temporária, como se infere da leitura do art. 1.º, inc. III, *j*, da Lei 7.960/1989.

○ **Objeto jurídico:** Tutela-se a saúde pública.

○ **Objeto material:** É a água potável ou a substância alimentícia ou medicinal destinada a consumo. **Água potável** é aquela que não apresenta risco à saúde humana, razão pela qual é utilizável como bebida ou no preparo de alimentos. Não precisa ser quimicamente pura. Pode ser **de uso comum** ou **particular**, não exigindo o Código seja destinada ao consumo. **Substância alimentícia** é a matéria líquida ou sólida destinada à alimentação dos seres vivos. **Substância medicinal** é a matéria líquida ou sólida que serve de remédio visando a cura ou a prevenção de algum mal que acomete os seres vivos.

○ **Núcleo do tipo:** É "**envenenar**", ou seja, ministrar veneno, intoxicar.

○ **Sujeito ativo:** Pode ser cometido por qualquer pessoa (**crime comum ou geral**), inclusive pelo proprietário da água potável de uso particular, ou da substância alimentícia ou medicinal destinada ao consumo.

○ **Sujeito passivo:** É a coletividade (**crime vago**).

○ **Elemento subjetivo:** É o dolo, independentemente de qualquer finalidade específica. A modalidade culposa é admitida no § 2.º.

    – **Envenenamento dirigido a pessoa determinada e ânimo homicida:** No crime de envenenamento de água potável ou de substância alimentícia ou medicinal, o dolo do agente limita-se a colocar em perigo a saúde pública. Destarte, se o sujeito, exemplificativamente, envenena água potável com a intenção de provocar a morte de pessoa determinada, obtendo êxito em seu intento, a ele será imputado o crime de homicídio qualificado pelo emprego de veneno (CP, art. 121, § 2.º, inc. III).

○ **Consumação:** Cuida-se de **crime formal**, **de consumação antecipada** ou **de resultado cortado**: consuma-se com o envenenamento da água potável, de uso comum ou particular, ou da substância alimentícia ou medicinal destinada a consumo, prescindindo-se da causação de dano a alguém e até mesmo da ingestão da água ou da substância alimentícia ou medicinal. É também delito **de perigo comum e** abstrato, pois a lei presume, de forma absoluta, a situação de risco a pessoas indeterminadas como consequência da conduta legalmente descrita.

○ **Tentativa:** É possível.

○ **Ação penal:** É pública incondicionada.

○ **Lei 9.099/1995:** Em face da pena cominada – reclusão, de dez a quinze anos –, o envenenamento de água potável ou substância alimentícia ou medicinal constitui-se em **crime de elevado potencial ofensivo**, incompatível com os benefícios elencados por esta lei. A modalidade culposa, prevista no § 2.º, é **infração penal de menor potencial ofensivo**, de competência do Juizado Especial Criminal e compatível com a transação penal e o rito sumaríssimo, nos moldes da Lei 9.099/1995.

○ **Figura equiparada (art. 270, § 1.º):** Aqui os núcleos do tipo são "**entregar a consumo**" e "**ter em depósito**". Aquele tem o sentido de passar algo à posse de alguém para ser ingerido; este, por sua vez, significa manter alguma coisa acondicionada em determinado local. A figura equiparada é reservada a terceira pessoa, **diversa da responsável pelo envenenamento**, que pratica fato posterior consistente em entregar a consumo a água ou então a substância alimentícia ou medicinal **já envenenada**, ou então as mantém em depósito para distribuição futura (elemento subjetivo específico) a pessoas indeterminadas. A pessoa que efetuou o envenenamento não pode ser responsabilizada pela figura equiparada, mas somente pela modalidade fundamental, prevista no art. 270, *caput*, do Código Penal, ainda que venha a entregar a consumo ou ter em depósito, para o fim de ser distribuída, a água ou a substância envenenada. Nessa hipótese, a conduta ulterior funciona como mero desdobramento do fato principal, restando por este absorvida. O conflito aparente de leis penais é solucionado pelo princípio da consunção.

○ **Modalidade culposa (§ 2.º):** Nessa hipótese, o perigo à saúde pública como corolário do envenenamento de água potável, de uso comum ou particular, ou de substância alimentícia ou medicinal, destinada ao consumo, é provocado em razão da imprudência, negligência ou imperícia do agente.

○ **Formas qualificadas pelo resultado (art. 285):** Se do fato doloso resultar lesão corporal de natureza grave (ou gravíssima), aumentar-se-á pela metade a pena privativa de liberdade; se resultar morte, aplicar-se-á a pena em dobro. São hipóteses de **crimes preterdolosos**, pois o resultado agravador (lesão corporal grave ou morte) há de ser produzido a título de culpa. Por sua vez, no caso de culpa, se do fato resulta lesão corporal, a pena aumenta-se de metade; e, se resulta morte, aplica-se a pena cominada ao homicídio culposo, aumentada de um terço. Cuida-se de crime culposo agravado por resultados de igual natureza. *Ver comentários ao art. 285.*

○ **Jurisprudência selecionada:**

Bem jurídico e ação penal: "1. O objeto jurídico tutelado pelo tipo penal inscrito no art. 270 do Código Penal é a incolumidade pública, não importando o fato de as águas serem de uso comum ou particular, bastando que sejam destinadas ao consumo de indeterminado número de pessoas. 2. No caso dos autos, apesar de se tratar de poço situado em propriedade particular, verifica-se que o consumo da sua água era destinado a todos os que a ele tinham acesso, de modo que eventual envenenamento dessa água configuraria, em tese, o crime do art. 270 do Código Penal, cuja ação penal é pública incondicionada, nos termos do art. 100 do Código Penal" (STJ: HC 55.504/PI, rel. Min. Laurita Vaz, 5.ª Turma, j. 11.12.2007).

Corrupção ou poluição de água potável

Art. 271. Corromper ou poluir água potável, de uso comum ou particular, tornando-a imprópria para consumo ou nociva à saúde:

Pena – reclusão, de dois a cinco anos.

Modalidade culposa

Parágrafo único. Se o crime é culposo:

Pena – detenção, de dois meses a um ano.

Classificação:	Informações rápidas:
Crime comum	**Objeto material:** água potável, de uso comum ou particular.
Crime formal, de consumação antecipada ou de resultado cortado	**Tipo penal misto cumulativo e alternativo.**
Crime de perigo comum e abstrato	**Elemento subjetivo:** dolo. Só admite modalidade culposa na hipótese do parágrafo único.
Crime de forma livre	
Crime vago	**Tentativa:** admite (crime plurissubsistente).
Crime instantâneo	**Ação penal:** pública incondicionada.
Crime comissivo (*regra*)	Não revogação pelo art. 54, § 2.º, inc. III, da Lei 9.605/1998.
Crime unissubjetivo, unilateral ou de concurso eventual	
Crime plurissubsistente (*regra*)	

○ **Objeto jurídico:** Tutela-se a saúde pública.

○ **Objeto material:** É a **água potável**, de uso comum ou particular.

○ **Núcleos do tipo:** "Corromper" e "poluir". **Corromper** a água é modificar sua essência ou composição, tornando-a nociva à saúde ou intolerável pelo mau sabor ou odor; **poluir** a água é sujá-la, transformando-a em líquido impróprio para consumo pelo ser humano. Não basta, portanto, o simples ato de corromper ou poluir água potável. É imprescindível torná--la imprópria para consumo ou nociva à saúde de pessoas indeterminadas. Trata-se de **tipo misto alternativo**, **crime de ação múltipla** ou **de conteúdo variado**: há um único crime na situação em que o agente corrompe e polui a mesma água potável.

o **Sujeito ativo:** O crime é **comum** ou **geral**. Pode ser cometido por qualquer pessoa, inclusive pelo proprietário da água potável.

o **Sujeito passivo:** É a coletividade (**crime vago**).

o **Elemento subjetivo:** É o dolo, independentemente de qualquer finalidade específica. A modalidade culposa encontra-se prevista no parágrafo único.

o **Consumação:** Cuida-se de **crime formal, de consumação antecipada** ou **de resultado cortado**: consuma-se no instante em que a água potável, de uso comum ou particular, é corrompida ou poluída, de modo a torná-la imprópria para consumo ou nociva à saúde, independentemente de ser consumida por alguém ou da efetiva causação de dano à saúde pública. É também **crime de perigo comum** e **abstrato**, uma vez que a lei presume, de forma absoluta, a situação de risco a pessoas indeterminadas.

o **Tentativa:** É possível.

o **Ação penal:** É pública incondicionada.

o **Lei 9.099/1995:** Em face da pena cominada – reclusão, de dois a cinco anos –, a corrupção ou poluição de água potável constitui-se em **crime de elevado potencial ofensivo**, incompatível com os benefícios elencados por esta lei. Em sua modalidade culposa, trata-se de **infração penal de menor potencial ofensivo**, de competência do Juizado Especial Criminal e compatível com a transação penal e com o rito sumaríssimo, nos termos da Lei 9.099/1995.

o **Modalidade culposa (art. 271, parágrafo único):** O agente dá causa à corrupção ou poluição da água potável em razão da sua imprudência, negligência ou imperícia, violando o dever objetivo de cuidado a todos imposto.

o **Formas qualificadas pelo resultado (art. 285 do Código Penal):** Se do fato doloso resultar lesão corporal de natureza grave (ou gravíssima), aumentar-se-á pela metade a pena privativa de liberdade; se resultar morte, aplicar-se-á a pena em dobro. Por sua vez, no caso de culpa, se do fato resulta lesão corporal, a pena aumenta-se de metade; e, se resulta morte, aplica-se a pena cominada ao homicídio culposo, aumentada de um terço. *Ver comentários ao art. 285.*

o **Lei dos Crimes Ambientais:** Se a poluição hídrica tornar necessária a interrupção do abastecimento público de água de uma comunidade, estará caracterizado o crime tipificado no art. 54, § 2.º, inc. III, da Lei 9.605/1998 – Crimes Ambientais, cuja pena é de reclusão, de um a cinco anos. Esse crime não revogou o delito de corrupção ou poluição de água potável, pois sua redação típica contém elementos especializantes: pressupõe a interrupção do abastecimento público de água de uma comunidade. O conflito aparente de leis penais é solucionado pelo princípio da especialidade.

o **Envenenamento de água potável e corrupção ou poluição de água potável – distinção:** Ambos os delitos têm como objeto material a água potável, de uso comum ou particular. Nos dois casos, a água inicialmente potável torna-se imprópria ao consumo ou nociva à saúde. Entretanto, no art. 270, o núcleo do tipo é "envenenar", ao passo que no art. 271 as condutas típicas são "corromper" e "poluir". No primeiro delito o perigo à saúde pública é sensivelmente maior, pois o envenenamento de água potável é idôneo a produzir danos mais graves e mais amplos à coletividade do que a corrupção ou poluição. Este é o fundamento da opção legislativa em punir com reclusão, de dez a quinze anos, o envenenamento de água potável, reservando a pena também de reclusão, mas de dois a cinco anos, à corrupção ou poluição.

○ **Jurisprudência selecionada:**

Art. 54 da Lei dos Crimes Ambientais – revogação: "I. O tipo penal, posterior, específico e mais brando, do art. 54 da Lei nº 9.605/1998, engloba completamente a conduta tipificada no art. 271 do Código Penal, provocando a ab-rogação do delito de corrupção ou poluição de água potável. II. Para a caracterização do tipo citado, mister a ocorrência de efetiva lesão ou perigo de dano, concreto, real e presente, à saúde humana, à flora ou à fauna. III. Mostra-se inepta a denúncia que carece de comprovação da possibilidade de danos à saúde humana pelo suposto fato de a paciente ter deixado, em data específica, que seu rebanho bebesse em dique que abastece cidade, pela ausência de conclusão técnica sobre a salubridade da água" (STJ: HC 178.423/GO, rel. Min. Gilson Dipp, 5.ª Turma, j. 06.12.2011).

Falsificação, corrupção, adulteração ou alteração de substância ou produtos alimentícios

Art. 272. Corromper, adulterar, falsificar ou alterar substância ou produto alimentício destinado a consumo, tornando-o nociva à saúde ou reduzindo-lhe o valor nutritivo:

Pena – reclusão, de 4 (quatro) a 8 (oito) anos, e multa.

§ 1º-A. Incorre nas penas deste artigo quem fabrica, vende, expõe à venda, importa, tem em depósito para vender ou, de qualquer forma, distribui ou entrega a consumo a substância alimentícia ou o produto falsificado, corrompido ou adulterado.

§ 1º Está sujeito às mesmas penas quem pratica as ações previstas neste artigo em relação a bebidas, com ou sem teor alcoólico.

Modalidade culposa

§ 2º Se o crime é culposo:

Pena – detenção, de 1 (um) a 2 (dois) anos, e multa.

Classificação:	Informações rápidas:
Crime comum	**Objeto material:** substância ou produto alimentício destinado a consumo (no § 1.º-A é a substância alimentícia ou produto falsificado, corrompido ou adulterado).
Crime formal, de consumação antecipada ou de resultado cortado	
Crime de perigo comum e concreto	É imprescindível acarrete a conduta em nocividade à saúde ou redução do valor nutritivo.
Crime de forma livre	
Crime vago	**Elemento subjetivo:** dolo. Admite modalidade culposa somente no § 2.º.
Crime instantâneo	
Crime comissivo (*regra*)	**Tentativa:** admite (*crime plurissubsistente*).
Crime unissubjetivo, unilateral ou de concurso eventual	**Ação penal:** pública incondicionada.
Crime plurissubsistente (*regra*)	

○ **Introdução:** Com o advento da Lei 9.677/1998, várias mudanças foram promovidas na redação original do art. 272 do Código Penal. Os pontos mais interessantes residem na adição da expressão "ou reduzindo-lhe o valor nutritivo", no *caput*, bem como na elevação da pena cominada às modalidades dolosas do crime (reclusão, de quatro a oito anos, e multa). Em razão disso, diversas vozes sustentam a inconstitucionalidade da sanção penal, por violação ao princípio da proporcionalidade, em sua face de **proibição do excesso**, e também do princípio da isonomia, pois situações diversas (como a falsificação do produto alimentício destinado a consumo, tornando-o nocivo à saúde, e a redução de seu valor nutritivo, sendo a primeira conduta muito mais grave) estariam recebendo idêntico tratamento penal.

○ **Objeto jurídico:** Tutela-se a saúde pública.

○ **Objeto material:** É a **substância ou produto alimentício destinado a consumo**, ou seja, a matéria líquida (exemplos: bebidas em geral, alcoólicas ou não) ou sólida (exemplos: chocolates, cereais etc.) destinada à alimentação de pessoas indeterminadas.

○ **Núcleos do tipo:** No *caput*, há quatro núcleos: "corromper", "adulterar", "falsificar" e "alterar". **Corromper** é desnaturar algo, estragando-o; **adulterar** é deturpar, alterar alguma coisa, piorando-a; **falsificar**, por seu turno, equivale a alterar a verdade, dar a aparência de verdadeira a alguma coisa de qualidade inferior; e, finalmente, **alterar** tem o sentido de modificar ou transformar. Todas as condutas são praticadas em relação a substância ou produto alimentício destinado a consumo por um número indeterminado de pessoas. Trata-se de **tipo misto alternativo, crime de ação múltipla** ou **de conteúdo variado**: há diversos núcleos, e a prática de mais de um deles no tocante ao mesmo objeto material caracteriza um único delito. Entretanto, não basta a corrupção, adulteração, falsificação ou alteração do objeto material. É imprescindível acarrete a conduta **nocividade à saúde** (caráter prejudicial ao ser humano em suas funções orgânicas, físicas ou mentais) **ou redução do valor nutritivo** (qualidade para alimentar as pessoas em geral) da substância ou produto alimentício destinado a consumo, circunstâncias a serem provadas em exame pericial realizado com essa finalidade.

○ **Sujeito ativo:** O crime é **comum** ou **geral**. Pode ser cometido por qualquer pessoa.

○ **Sujeito passivo:** É a coletividade (**crime vago**).

○ **Elemento subjetivo:** É o dolo, independentemente de qualquer modalidade específica. A modalidade culposa encontra-se prevista no § 2.º.

○ **Consumação:** Em todas as suas modalidades, o delito é **formal, de consumação antecipada** ou **de resultado cortado**, consumando-se com a prática das condutas legalmente descritas, independentemente do efetivo prejuízo à saúde pública. É **crime de perigo comum** e **concreto**, pois exige a demonstração da nocividade do produto à saúde de pessoas indeterminadas, ou então a diminuição do seu valor nutritivo. Vale destacar, entretanto, a existência de entendimentos no sentido de constituir-se em crime de perigo abstrato, sob o argumento de que, com a prática da conduta legalmente descrita, presume-se a situação de perigo a um elevado número de pessoas.

○ **Tentativa:** É possível.

○ **Ação penal:** É pública incondicionada.

○ **Competência:** Será competente para processo e julgamento do delito o local em que se concretizar a nocividade do produto ou a redução do seu valor nutritivo, nos termos do art. 70, *caput*, 1.ª parte, do CPP.

○ **Lei 9.099/1995:** Em face da pena cominada – reclusão, de quatro a oito anos, e multa –, a falsificação, corrupção, adulteração ou alteração de substância ou produto alimentícios é **crime de elevado potencial ofensivo**, incompatível com os benefícios contidos nesta lei. Em sua modalidade culposa, trata-se de **infração penal de menor potencial ofensivo**, de competência do Juizado Especial Criminal e compatível com a transação penal e com o rito sumaríssimo, em sintonia com a Lei 9.099/1995.

○ **Figuras equiparadas (art. 272, § 1.º-A):**

– **Sujeito ativo:** Qualquer pessoa pode ser sujeito ativo do delito (**crime comum** ou **geral**), com exceção do envolvido nas condutas descritas no *caput* do art. 272 do Código Penal. De fato, aquele que corrompeu, adulterou, falsificou ou alterou o produto ou substância alimentícia, e posteriormente realizou algum dos comportamentos previstos no § 1.º-A, deve ser responsabilizado unicamente pelo crime previsto no art. 272, *caput*, do Código Penal.

– **Núcleos do tipo: Fabricar** é manufaturar, preparar ou construir; **vender** equivale a alienar ou ceder por determinado preço; **expor à venda** é exibir com a intenção de alienar mediante determinada contraprestação; **importar** é fazer ingressar no País produto oriundo do estrangeiro; **ter em depósito para vender** significa manter acondicionado em algum lugar visando posterior alienação; **distribuir** é dar, entregar, repartir; e, finalmente, **entregar a consumo** tem o sentido de passar algo à posse de alguém para ser ingerido.

– **Objeto material**: É a **substância alimentícia ou produto falsificado,** corrompido ou adulterado.

– **Elemento subjetivo:** É o dolo, sem qualquer finalidade específica, exceto na conduta de "ter em depósito para venda", na qual o propósito de transmissão onerosa da propriedade representa o especial fim de agir buscado pelo agente. Não se admite a modalidade culposa.

– **Consumação e tentativa**: No geral, as figuras equiparadas constituem-se em **crimes instantâneos**, salvo nas variantes "expor à venda" e "ter em depósito para venda", em que se notam **crimes permanentes**, pois a consumação se prolonga no tempo, por vontade do agente. A tentativa é possível, em razão do caráter plurissubsistente do delito.

○ **Modalidade culposa (art. 272, § 2.º):** A figura culposa incide sobre a modalidade fundamental (CP, art. 272, *caput*) e também sobre as modalidades equiparadas (CP, art. 272, § 1.º) do delito. O sujeito pratica qualquer das condutas legalmente incriminadas agindo com imprudência, negligência ou imperícia, produzindo resultado involuntá3rio, mas objetivamente previsível.

○ **Formas qualificadas pelo resultado (art. 285 do Código Penal):** Se do fato doloso resultar lesão corporal de natureza grave (ou gravíssima), aumentar-se-á pela metade a pena privativa de liberdade; se resultar morte, aplicar-se-á a pena em dobro. Por sua vez, no caso de culpa, se do fato resulta lesão corporal, a pena aumenta-se de metade; e, se resulta morte, aplica-se a pena cominada ao homicídio culposo, aumentada de um terço. Cuida-se de crime culposo agravado por resultados de igual natureza. *Ver comentários ao art. 285.*

○ **Jurisprudência selecionada:**

Consumação e competência: "Crimes contra a saúde pública – que se encontram tipificadas no art. 272 do CP na redação anterior à Lei nº 9.677/98, as quais se consumam no momento em que a substância se torna nociva à saúde. Ou seja, já no momento da fabricação e comercialização a competência se encontrava definida" (STJ: CC 34.540/SP, rel. Min. Felix Fischer, 3.ª Seção, j. 26.06.2002).

Falsificação, corrupção, adulteração ou alteração de produto destinado a fins terapêuticos ou medicinais

Art. 273. Falsificar, corromper, adulterar ou alterar produto destinado a fins terapêuticos ou medicinais:

Pena – reclusão, de 10 (dez) a 15 (quinze) anos, e multa.

§ 1º Nas mesmas penas incorre quem importa, vende, expõe à venda, tem em depósito para vender ou, de qualquer forma, distribui ou entrega a consumo o produto falsificado, corrompido, adulterado ou alterado.

§ 1º-A. Incluem-se entre os produtos a que se refere este artigo os medicamentos, as matérias-primas, os insumos farmacêuticos, os cosméticos, os saneantes e os de uso em diagnóstico.

§ 1º-B. Está sujeito às penas deste artigo quem pratica as ações previstas no § 1º em relação a produtos em qualquer das seguintes condições:

I – sem registro, quando exigível, no órgão de vigilância sanitária competente;

II – em desacordo com a fórmula constante do registro previsto no inciso anterior;

III – sem as características de identidade e qualidade admitidas para a sua comercialização;

IV – com redução de seu valor terapêutico ou de sua atividade;

V – de procedência ignorada;

VI – adquiridos de estabelecimento sem licença da autoridade sanitária competente.

Modalidade culposa

§ 2º Se o crime é culposo:

Pena – detenção, de 1 (um) a 3 (três) anos, e multa.

Classificação:	Informações rápidas:
Crime comum	**Objeto material:** produto destinado a fins terapêuticos ou medicinais. Lei penal explicativa: § 1.º-A.
Crime formal, de consumação antecipada ou de resultado cortado	
Crime de perigo comum e abstrato	**Inclusão dos cosméticos e saneantes:** violação ao princípio da proporcionalidade.
Crime de forma livre	
Crime vago	**Elemento subjetivo:** dolo. Admite modalidade culposa somente no § 2.º.
Crime instantâneo	
Crime comissivo (*regra*)	**Tentativa:** admite (*crime plurissubsistente*).
Crime unissubjetivo, unilateral ou de concurso eventual	**Ação penal:** pública incondicionada. Incompatibilidade do crime com o Princípio da insignificância (saúde pública).
Crime plurissubsistente (*regra*)	

○ **Objeto jurídico:** Tutela-se a saúde pública.

○ **Objeto material:** É o **produto destinado a fins terapêuticos ou medicinais**, ou seja, a substância líquida ou sólida voltada à atenuação da dor ou à cura dos enfermos, ou ainda a matéria destinada à prevenção dos males que acometem os seres humanos.

– **Substâncias alcançadas pelo tipo penal (art. 273, § 1.º-A):** O § 1.º-A deste artigo, classificado como lei penal explicativa, ampliou o rol das substâncias alcançadas pelo tipo penal. **Medicamentos** são os produtos destinados ao tratamento de uma doença ou ao controle dos seus efeitos. **Matérias-primas** são as substâncias brutas essenciais para o fabrico de produtos destinados a fins terapêuticos ou medicinais. Por sua vez, o art. 4.º, inc. III, da Lei 5.991/1973 conceitua o **insumo farmacêutico** como a "droga ou matéria-prima aditiva ou complementar de qualquer natureza, destinada a emprego em medicamentos, quando for o caso, e seus recipientes". **Cosméticos**, de acordo com a definição contida no art. 3.º, inc. V, da Lei 6.360/1976, são os "produtos para uso externo, destinados à proteção ou ao embelezamento das diferentes partes do corpo, tais como pós faciais, talcos, cremes de beleza, creme para as mãos e similares, máscaras faciais, loções de beleza, soluções leitosas, cremosas e adstringentes, loções para as mãos, bases de maquilagem e óleos cosméticos, ruges, *blushes*, batons, lápis labiais, preparados antissolares, bronzeadores e simulatórios, rímeis, sombras, delineadores, tinturas capilares, agentes clareadores de cabelos, preparados para ondular e para alisar cabelos, fixadores de cabelos, laquês, brilhantinas e similares, loções capilares, depilatórios e epilatórios, preparados para unhas e outros". Por sua vez, **saneantes** são os produtos voltados à higienização e limpeza de locais e de pessoas, visando assegurar as condições sanitárias necessárias à qualidade de vida dos indivíduos em geral, a exemplo dos detergentes, dos desinfetantes e do álcool em gel. Finalmente, **produtos de uso em diagnóstico** são os utilizados para conhecimento ou determinação de doenças.

– **Cosméticos e saneantes e princípio da proporcionalidade:** Critica-se a opção adotada pela Lei 9.677/1998, responsável pela equiparação dos cosméticos e saneantes aos medicamentos. O legislador, assim agindo, incorreu em grave erro, afrontando o princípio da proporcionalidade, pois colocou em igual patamar produtos incapazes de ofender a saúde pública com a mesma intensidade. A situação se agrava ao recordarmos que o delito previsto no art. 273, § 1.º-A, do Código Penal é crime hediondo, a teor da regra contida no art. 1.º, inc. VII-B, da Lei 8.072/1990.

○ **Núcleos do tipo:** São quatro núcleos: "falsificar", "corromper", "adulterar" e "alterar". *Ver comentários aos núcleos do tipo do art. 272.*

○ **Sujeito ativo:** O crime é **comum** ou **geral**, podendo ser cometido por qualquer pessoa.

○ **Sujeito passivo:** É a coletividade (**crime vago**).

○ **Elemento subjetivo:** É o dolo, independentemente de qualquer finalidade específica. A modalidade culposa encontra-se prevista no § 2.º.

○ **Consumação:** Trata-se de **crime formal**, **de consumação antecipada** ou **de resultado cortado**: consuma-se com a prática de qualquer das condutas legalmente descritas, pouco importando se sobrevém ou não prejuízo a alguém. É também **crime de perigo comum** e **abstrato**, pois a lei presume, de forma absoluta, o risco criado a pessoas indeterminadas em razão do comportamento ilícito.

○ **Tentativa:** É possível.

○ **Ação penal:** É pública incondicionada.

○ **Competência:** Em regra, é da Justiça Estadual. Entretanto, será competente a Justiça Federal se caracterizada a procedência internacional do medicamento.

○ **Lei 9.099/1995:** Em face da pena cominada, a falsificação, corrupção, adulteração ou alteração de produtos destinados a fins terapêuticos ou medicinais constitui-se em **crime de elevado potencial ofensivo**, incompatível com os benefícios previstos nesta lei. O crime culposo é compatível com a suspensão condicional do processo, se presentes os demais requisitos exigidos pelo art. 89 da Lei 9.099/1995 (**crime de médio potencial ofensivo**).

○ **Figura equiparada do art. 273, § 1.º:** O objeto material é o produto já falsificado, corrompido, adulterado ou alterado. Por sua vez, os núcleos do tipo derivado são idênticos aos contidos no § 1.º-A do artigo anterior. Para a análise, *ver comentários aos núcleos do tipo das figuras equiparadas do art. 272, § 1.º-A*.

○ **Figura equiparada do art. 273, § 1.º-B:** O legislador trouxe para a seara penal condutas de natureza administrativa, em face do elevado risco proporcionado à saúde pública. É de se ressaltar que a incriminação de tais condutas não obsta a responsabilização simultânea do infrator no âmbito administrativo. São elas: I – sem registro, quando exigível, no órgão de vigilância sanitária competente. O Plenário do Supremo Tribunal Federal decidiu, com repercussão geral (Tema 1.003), pela inconstitucionalidade da pena cominada a essa figura delitiva, em face da violação dos princípios da proporcionalidade, em sua vertente da proibição do excesso, e da individualização da pena. Consequentemente, determinou-se a repristinação da pena prevista ao art. 273 do Código Penal, em sua redação original – antes das alterações promovidas pela Lei 9.677/1998 –, qual seja, reclusão, de 1 (um) a 3 (três) anos, e multa[236], II – em desacordo com a fórmula constante do registro previsto no inciso anterior; III – sem as características de identidade e qualidade admitidas para a sua comercialização; IV – com redução de seu valor terapêutico ou de sua atividade; V – de procedência ignorada. Para o Superior Tribunal de Justiça, o preceito secundário do inc. V do art. 273, § 1.º-B é inconstitucional, pois viola o princípio da proporcionalidade, em sua vertente inerente à proibição do excesso. Para superar este vício, deve ser aplicada a pena cominada ao tráfico de drogas, inclusive com a eventual incidência da causa de diminuição da pena contida no § 4.º do art. 33 da Lei 11.343/2006[237]; VI – adquiridos de estabelecimento sem licença da autoridade sanitária competente.

○ **Modalidade culposa (art. 273, § 2.º):** Responde pelo delito, em sua forma culposa, a pessoa que de modo negligente, imprudente ou imperito, em inobservância do dever geral de cuidado objetivo, e sendo previsível o resultado, realiza qualquer das condutas previstas no *caput*, colocando em perigo a saúde pública.

○ **Formas qualificadas pelo resultado (art. 285 do Código Penal):** Se do fato doloso resultar lesão corporal de natureza grave (ou gravíssima), aumentar-se-á pela metade a pena privativa de liberdade; se resultar morte, aplicar-se-á a pena em dobro. No caso de culpa, se do fato resulta lesão corporal, a pena aumenta-se de metade; e, se resulta morte, aplica-se a pena cominada ao homicídio culposo, aumentada de um terço. *Ver comentários ao art. 285*.

---

[236]   STF: RE 979.962/RS, rel. Min. Roberto Barroso, Plenário, j. 24.03.2021, noticiado no *Informativo* 1.011.

[237]   STJ: AI no HC 239.363/PR, rel. Min. Sebastião Reis Júnior, Corte Especial, j. 26.02.2015, noticiado no *Informativo* 559. **No mesmo sentido**: STJ: RvCr 5.627/DF, rel. Min. Joel Ilan Paciornik, 3.ª Seção, j. 13.10.2021, noticiado no *Informativo* 714.

○ **Lei dos Crimes Hediondos:** A Lei 9.695/1998 incluiu o inc. VII-B no art. 1.º da Lei 8.072/1990, para o fim de definir como hediondos os crimes tipificados nos 273, *caput*, §§ 1.º, 1.º-A e 1.º-B, do Código Penal, com todas as consequências gravosas daí decorrentes. Logo, somente a modalidade culposa do crime de falsificação, corrupção, adulteração ou alteração de produto destinado a fins terapêuticos ou medicinais, definida no art. 273, § 2.º, do Código Penal, não possui a nota da hediondez.

○ **Princípio da insignificância:** O crime tipificado no *caput*, em qualquer das suas modalidades, é incompatível com o princípio da insignificância, mesmo nas hipóteses de pequeno valor da venda do produto terapêutico ou medicinal falsificado, corrompido, adulterado ou alterado, pois o bem jurídico penalmente tutelado é a saúde pública, a qual jamais pode ser considerada ínfima, independentemente da amplitude da lesão patrimonial.

○ **Jurisprudência selecionada:**

Art. 273, § 1.º-B, I, do Código Penal – importação de medicamentos sem registro na Anvisa – sanção penal e inconstitucionalidade – Tema 1.003 da Repercussão Geral: "É inconstitucional a cominação da pena em abstrato atualmente prevista no art. 273 do Código Penal — reclusão, de dez a quinze anos, e multa — para a importação de medicamentos sem registro no órgão de vigilância sanitária competente, conduta tipificada no art. 273, § 1º-B, I, do CP. O vício decorre da ofensa à vedação de penas cruéis e da afronta a princípios constitucionais, como o da proporcionalidade e o da individualização da pena. Presente contexto de clamor público, houve a modificação do art. 273 do CP pela Lei 9.677/1998 (Lei dos Remédios), inclusive com a criação de figuras delitivas. Atualmente, o CP equipara situações de fato bastante distintas quanto à conduta e as consequências potenciais. Nesse sentido, pune-se a mera importação e comercialização de medicamento sem registro sanitário com as mesmas penas da falsificação ou da adulteração de medicamentos. Ocorre que, se a norma trata com idêntica gravidade situações de reprovabilidade diversas, não há individualização da pena. Impende registrar que o princípio da proporcionalidade proíbe a proteção deficiente e também o excesso. A respeito do comportamento em debate, a pena mínima é maior do que aquela prevista para o estupro de vulnerável, a extorsão mediante sequestro e a tortura seguida de morte. Em matéria penal, a proporcionalidade deve levar em conta a importância do bem jurídico tutelado, o grau de afetação do bem jurídico, o elemento subjetivo e a forma de participação do agente no delito. Dessa maneira, é evidente a desproporcionalidade do preceito secundário impugnado considerada a conduta específica de importar medicação sem registro sanitário. Agrega-se não serem admitidas penas cruéis e incomuns. Aplicam-se os efeitos repristinatórios da declaração de inconstitucionalidade, com o retorno do preceito secundário do art. 273 do CP em sua redação original – reclusão, de um a três anos, e multa – na hipótese de importação de medicamentos sem o mencionado registro. A sanção estipulada irá abarcar apenas a conduta delitiva de importar medicação sem registro, uma vez que não foi declarada a inconstitucionalidade de toda a alteração legislativa do art. 273 do CP. Ressalta-se que a objetividade jurídica defendida pelo aludido artigo – o bem jurídico tutelado – é a saúde pública. Além disso, embora possa parecer razoável, permitir a aplicação de norma secundária de tipo penal diverso pode gerar insegurança jurídica. Na espécie, trata-se de dois recursos extraordinários. Um deles interposto pelo Ministério Público e o outro, pelo réu, que foi condenado por haver importado irregularmente, e posto à venda, remédio sem o devido registro na Agência Nacional de Vigilância Sanitária (Anvisa). No acórdão recorrido, o tribunal compreendeu ser inconstitucional o preceito secundário do tipo penal e aplicou sanção estabelecida para o delito de tráfico de drogas e minorante a ele correspondente. Ao apreciar o Tema 1.003 da repercussão geral, o Plenário, por maioria e em conclusão de julgamento, negou provimento ao recurso extraordinário do Parquet e deu parcial provimento ao recurso do condenado, determinando o retorno do processo ao tribunal de origem para aplicação da tese jurídica fixada.

Vencidos os ministros Edson Fachin, Luiz Fux e Marco Aurélio" (STF: RE 979.962/RS, rel. Min. Roberto Barroso, Plenário, j. 24.03.2021, noticiado no *Informativo* 1.011).

Art. 273, § 1.º-B, I, do Código Penal – Extensão da tese aos demais núcleos verbais típicos do art. 273 § 1º-B, I – Tema 1.003 da Repercussão Geral: "1. Embargos de declaração contra acórdão que julgou inconstitucional a aplicação do preceito secundário do art. 273 do Código Penal, com a redação da Lei nº 9.677/1998 (10 a 15 anos de reclusão e multa), à hipótese prevista no seu § 1º-B, I. Tal dispositivo versa sobre a importação de medicamento sem registro no órgão de vigilância sanitária, determinando a aplicação da pena prevista na redação originária do dispositivo (1 a 3 anos de reclusão). 2. A embargante alega a existência de omissão no acórdão, que não tratou da inconstitucionalidade da aplicação desse mesmo preceito secundário aos núcleos verbais equivalentes ao de 'importar' previstos no mesmo dispositivo legal, quais sejam: 'vender', 'expor à venda', 'ter em depósito para vender' ou, 'de qualquer forma, distribuir ou entregar a consumo' produto sem registro sanitário. 3. Há flagrante desproporcionalidade na aplicação do preceito secundário do art. 273 do Código Penal à hipótese prevista no seu § 1º-B, I, em relação a todas as condutas descritas no dispositivo legal. Assim, a declaração de inconstitucionalidade do preceito secundário, com a repristinação da pena original da conduta de importar medicamento sem registro, deve ser estendida para os demais núcleos verbais relacionados no dispositivo legal. 4. A ausência de uniformidade de tratamento nesses casos produziria uma sensação difusa de injustiça, com potencial descrédito do sistema de persecução penal, e ensejaria a rediscussão da matéria nas instâncias ordinárias. 5. Embargos de declaração providos, com a readequação da tese de julgamento nos seguintes termos: 'É inconstitucional a aplicação do preceito secundário do art. 273 do Código Penal, com redação dada pela Lei nº 9.677/98 (reclusão, de 10 a 15 anos, e multa), à hipótese prevista no seu § 1º-B, I, que versa sobre importar, vender, expor à venda, ter em depósito para vender ou, de qualquer forma, distribuir ou entregar produto sem registro no órgão de vigilância sanitária. Para estas situações específicas, fica repristinado o preceito secundário do art. 273, na sua redação originária (reclusão, de 1 a 3 anos, e multa)'" (STF: RE 979.962 ED/RS, rel. Min. Roberto Barroso, Plenário, j. 13.06.2023).

Art. 273, § 1.º-B, V, do Código Penal – inconstitucionalidade do preceito secundário – aplicação da pena do tráfico de drogas: "É inconstitucional o preceito secundário do art. 273, § 1º-B, V, do CP – 'reclusão, de 10 (dez) a 15 (quinze) anos, e multa' –, devendo-se considerar, no cálculo da reprimenda, a pena prevista no *caput* do art. 33 da Lei 11.343/2006 (Lei de Drogas), com possibilidade de incidência da causa de diminuição de pena do respectivo § 4º. De fato, é viável a fiscalização judicial da constitucionalidade de preceito legislativo que implique intervenção estatal por meio do Direito Penal, examinando se o legislador considerou suficientemente os fatos e prognoses e se utilizou de sua margem de ação de forma adequada para a proteção suficiente dos bens jurídicos fundamentais. Nesse sentido, a Segunda Turma do STF (HC 104.410-RS, *DJe* 27.03.2012) expôs o entendimento de que os 'mandados constitucionais de criminalização (...) impõem ao legislador (...) o dever de observância do princípio da proporcionalidade como proibição de excesso e como proibição de proteção insuficiente. A ideia é a de que a intervenção estatal por meio do Direito Penal, como *ultima ratio*, deve ser sempre guiada pelo princípio da proporcionalidade (...) Abre-se, com isso, a possibilidade do controle da constitucionalidade da atividade legislativa em matéria penal'. Sendo assim, em atenção ao princípio constitucional da proporcionalidade e razoabilidade das leis restritivas de direitos (CF, art. 5º, LIV), é imprescindível a atuação do Judiciário para corrigir o exagero e ajustar a pena de 'reclusão, de 10 (dez) a 15 (quinze) anos, e multa' abstratamente cominada à conduta inscrita no art. 273, § 1º-B, V, do CP, referente ao crime de ter em depósito, para venda, produto destinado a fins terapêuticos ou medicinais de procedência ignorada. Isso porque, se esse delito for comparado, por exemplo, com o crime de tráfico ilícito de drogas (notoriamente mais grave e cujo bem jurídico também é a saúde pública), percebe-se a total falta de razoabilidade do preceito secundário do art. 273, § 1º-B, do CP, sobretudo após a edição da Lei 11.343/2006 (Lei de Drogas), que, apesar de ter aumentado a pena mínima de 3 para 5 anos, introduziu a possibilidade de redução da reprimenda, quando aplicável o § 4º do art. 33, de 1/6 a 2/3. Com isso, em inúmeros casos, o esporádico e pequeno traficante pode receber a exígua pena privativa de liberdade de 1 ano e 8 meses. E mais: é possível, ainda, sua substituição por restritiva de direitos. De mais a mais, constata-se que a pena mínima cominada ao crime ora em debate excede em mais de três vezes a pena máxima do homicídio culposo, corresponde a quase o dobro da pena mínima do homicídio doloso simples, é cinco vezes maior que a pena mínima da lesão corporal de natureza grave, enfim, é mais grave do que a do estupro, do estupro de vulnerável, da extorsão mediante sequestro, situação que gera gritante desproporcionalidade no sistema penal. Além disso, como se trata de crime de perigo abstrato, que independe da prova da ocorrência de efetivo risco para quem quer que seja, a dispensabilidade do dano concreto à saúde do pretenso usuário do produto evidencia ainda mais a falta de harmonia entre esse delito e a pena abstratamente cominada pela redação dada pela Lei 9.677/1998 (de 10 a 15 anos de reclusão). Ademais, apenas para seguir apontando a desproporcionalidade, deve-se ressaltar que a conduta de importar medicamento não registrado na ANVISA, considerada criminosa e hedionda pelo art. 273, § 1º-B, do CP, a que se comina pena altíssima, pode acarretar mera sanção administrativa de advertência, nos termos dos arts. 2º, 4º, 8º (IV) e 10 (IV), todos da Lei 6.437/1977, que define as infrações à legislação sanitária. A ausência de relevância penal da conduta, a desproporção da pena em ponderação com o dano ou perigo de dano à saúde pública decorrente da ação e a inexistência de consequência calamitosa do agir convergem para que se conclua pela falta de razoabilidade da pena prevista na lei, tendo em vista que a restrição da liberdade individual não pode ser excessiva, mas compatível e proporcional à ofensa causada pelo comportamento humano criminoso" (STJ: AI no HC 239.363/PR, rel. Min. Sebastião Reis Júnior, Corte Especial, j. 26.02.2015, noticiado no Informativo 559). *No mesmo sentido*: STJ: RvCr 5.627/DF, rel. Min. Joel Ilan Paciornik, 3.ª Seção, j. 13.10.2021, noticiado no *Informativo* 714.

Manutenção em depósito e venda ilegal de produtos falsificados destinados a fins terapêuticos e medicinais – substâncias dotadas de caráter de drogas – caracterização exclusiva do crime tipificado no art. 273 do Código Penal – absorção do tráfico de drogas (Lei 11.343/2006, art. 33, *caput*): "Ainda que alguns dos medicamentos e substâncias ilegais manipulados, prescritos, alterados ou comercializados contenham substâncias psicotrópicas capazes de causar dependência elencadas na Portaria n. 344/1998 da SVS/MS – o que, em princípio, caracterizaria o tráfico de drogas –, a conduta criminosa dirigida, desde o início da empreitada, numa sucessão de eventos e sob a fachada de uma farmácia, para a única finalidade de manter em depósito e vender ilegalmente produtos falsificados destinados a fins terapêuticos ou medicinais enseja condenação unicamente pelo crime descrito no art. 273 do CP – e não por este delito em concurso com o tráfico de drogas (art. 33, *caput*, da Lei de Drogas). Por um lado, os tipos penais previstos no art. 273 do CP – cujo bem jurídico tutelado é a saúde pública – visam a punir a conduta do agente que, entre outros, importa, vende, expõe a venda, tem em depósito para vender ou, de qualquer forma, distribui ou entrega a consumo o produto 'falsificado, corrompido, adulterado ou alterado', 'sem registro, quando exigível, no órgão de vigilância sanitária competente' ou 'de procedência ignorada'. Por outro lado, o art. 33, *caput*, da Lei n. 11.343/2006 apresenta-se como norma penal em branco, porque define o crime de tráfico a partir da prática de dezoito condutas relacionadas a drogas – importar, exportar, remeter, preparar, produzir, fabricar, adquirir, vender, expor à venda, oferecer, ter em depósito, transportar, trazer consigo, guardar, prescrever, ministrar, entregar a consumo ou fornecer –, sem, no entanto, trazer a definição do elemento do tipo 'drogas'. A partir daí, emerge a necessidade de se analisar o conteúdo do preceito contido no parágrafo único do art. 1º da Lei n. 11.343/2006, segundo o qual 'consideram-se como drogas as substâncias ou os produtos capazes de causar dependência, assim especificados em lei ou relacionados em listas atualizadas periodicamente pelo Poder Executivo da União'. Em acréscimo, estabelece o art. 66 da referida lei que, 'para fins do disposto no parágrafo único do art. 1º desta Lei, até que seja atualizada a terminologia da lista mencionada no preceito, denominam-se drogas substâncias entorpecentes, psicotrópicas, precursoras e outras sob controle especial, da Portaria SVS/MS nº 344, de 12 de maio de 1998'. Diante disso, conclui-se que a definição do que sejam 'drogas', capazes de caracterizar os delitos previstos na Lei n. 11.343/2006 (Lei de Drogas), advém da Portaria n. 344/1998 da Secretaria de Vigilância Sanitária do Ministério da Saúde (daí a classificação doutrinária, em relação ao art. 33 da Lei n. 11.343/2006, de que se está diante de uma norma penal em branco heterogênea). Em verdade, o caso em análise retrata típica hipótese de conflito aparente de normas penais, a ser resolvido pelo critério da absorção (ou princípio da consunção). Nesse contexto, mister destacar que um dos requisitos do concurso aparente de normas penais e do princípio da consunção consiste, justamente, na pluralidade de normas aparentemente aplicáveis a uma mesma hipótese. Isso acarreta a necessidade de que o caso concreto preencha, aparente e completamente, a estrutura essencial de todas as normas incriminadoras. Na espécie, não obstante, à primeira vista, a valoração dos fatos postos em discussão aponte, em tese, para o possível cometimento, em concurso, dos crimes de tráfico de drogas e de falsificação, corrupção, adulteração ou alteração de produto destinado a fins terapêuticos ou medicinais, certo é que o fato rendeu a prática de um único crime. Com efeito, há de se analisar o contexto fático em uma perspectiva axiológica da realidade, de modo a se admitir serem várias as interpretações possíveis dessa realidade em confronto com as condutas que venham a ensejar a intervenção penal. Em uma análise global (conjunta) dos fatos criminosos, um deles se mostra valorativamente insignificante – embora não insignificante, se isoladamente considerado – diante de outro (ou de outros), de modo a perder seu significado autônomo. Nesse contexto, não se mostra plausível sustentar a prática de dois crimes distintos e em concurso material quando, em um mesmo cenário fático, se observa que a intenção criminosa era dirigida para uma única finalidade, visto que, no caso em apreço, a conduta criminosa, desde o início da empreitada, era orientada para, numa sucessão de eventos e sob a fachada de uma farmácia, falsificar e vender produtos falsificados destinados a fins terapêuticos ou medicinais. Essa unidade de valor jurídico da situação de fato justifica, no caso concreto, a aplicação de uma só norma penal. Perfeitamente factível, portanto, a consunção, aplicável quando a intenção criminosa una é alcançada pelo cometimento de mais de um crime, devendo o agente, no entanto, ser punido por apenas um delito, de forma a, também e principalmente, obviar a sobrecarga punitiva, incompatível com a proporcionalidade da sanção, princípio regente no processo de individualização da pena. Inequívoco, assim, que o fato aparentemente compreendido na norma incriminadora afastada (art. 33, *caput*, da Lei n. 11.343/2006) encontra-se, na inteireza da sua estrutura e do seu significado valorativo, na estrutura do crime regulado pela norma que, no caso, será prevalecente (art. 273 do CP)" (STJ: REsp 1.537.773/SC, rel. Min. Sebastião Reis Júnior, rel. para acórdão Min. Rogerio Schietti Cruz, 6.ª Turma, j. 16.08.2016, noticiado no *Informativo* 590).

Princípio da insignificância: "O princípio da insignificância, como derivação necessária do princípio da intervenção mínima do direito penal, busca afastar desta seara as condutas que, embora típicas, não produzam efetiva lesão ao bem jurídico protegido pela norma penal incriminadora. Trata-se, na espécie, de crime em que o bem jurídico tutelado é a saúde pública. Irrelevante considerar o valor da venda do medicamento para desqualificar a conduta" (STJ: RHC 17.942/SP, rel. Min. Hélio Quaglia Barbosa, 6.ª Turma, j. 08.11.2005).

Punição administrativa e punição penal – possibilidade: "II. O art. 273, § 1º-B, I, do Código Penal, tipifica a ação de vender, expor à venda ou ter em depósito para fins de comércio, distribuir ou entregar a consumo produto sem registro, quando este é exigível, no órgão de vigilância sanitária. III. Não há óbice legal à punição de uma conduta na esfera administrativa e na esfera penal, se houver sua previsão como infração à legislação sanitária federal, assim como sua tipificação no Código Penal ou na legislação penal especial" (STJ: RHC 12.264/RS, rel. Min. Gilson Dipp, 5.ª Turma, j. 10.12.2002).

Transnacionalidade do crime e Justiça Federal: "Compete à Justiça Federal processar e julgar os crimes de produção de medicamentos sem registro no órgão competente, mesmo na ausência de prova incontestável sobre a transnacionalidade das condutas, contanto que haja indícios concretos de que as matérias-primas foram adquiridas do exterior. A controvérsia consiste em definir se a competência para o processamento e o julgamento do crime de produção de medicamentos sem registro competente é da Justiça federal ou da estadual, na hipótese em que a organização criminosa adquire matérias-primas clandestinas oriundas do exterior. No caso, embora a investigação não haja demonstrado seguramente que houve a importação dos produtos ou das matérias-primas – a ponto de justificar a imputação penal dessa conduta na denúncia – também não foi possível desprezar o fato de que houve o reconhecimento da existência de fortes referências concretas à aquisição de insumos no Paraguai. Para efeitos de imputação penal, o local exato em que eram adquiridas as matérias-primas não teria relevância se consideradas as elementares indicadas (falsificar, corromper, adulterar, ter em depósito e comercializar produtos destinados a fins terapêuticos ou medicinais, desprovidos do registro devido no órgão de vigilância sanitária competente), motivo pelo qual a denúncia não se esmerou em apontar essa localidade. Evidentemente que essa circunstância implica consequências no âmbito da fixação da competência, motivo pelo qual deve ser avaliada a partir das investigações. Contudo, a orientação desta Corte não exige prova inconteste acerca da transnacionalidade das condutas para a fixação da competência federal, mas tão somente a existência de indícios concretos de que isso haja ocorrido. Tais indícios até podem ser insuficientes para lastrear a denúncia na modalidade de importação, mas podem ser suficientes para a fixação da competência. Ademais, a existência desses indícios pode ser também reforçada pelo fato de que a própria representação formulada pelo Ministério Público, durante as investigações, para a quebra do sigilo bancário e de bloqueio de bens dos acusados, lastreou-se na possível prática de contrabando de anfetaminas inibidoras de apetite oriundas do Paraguai. Ou seja, todos os indícios indicavam que esses produtos viriam do Paraguai. Portanto, ainda que a denúncia não indique a origem das matérias-primas utilizadas pela organização criminosa para a produção de medicamentos clandestinos, isso não impossibilita - diante dos indícios concretos de que elas tenham sido adquiridas no exterior - que seja reconhecida a competência federal para o processo e julgamento do feito" (STJ: CC 188.135/GO, rel. Min. Laurita Vaz, rel. para acórdão Min. Rogerio Schietti Cruz, 3.ª Seção, j. 08.02.2023, noticiado no *Informativo* 779).

Emprego de processo proibido ou de substância não permitida

> **Art. 274.** Empregar, no fabrico de produto destinado a consumo, revestimento, gaseificação artificial, matéria corante, substância aromática, antisséptica, conservadora ou qualquer outra não expressamente permitida pela legislação sanitária:
>
> Pena – reclusão, de 1 (um) a 5 (cinco) anos, e multa.

Classificação:	Informações rápidas:
Crime comum	**Objeto material:** produto fabricado e destinado a consumo (qualquer tipo de produto).
Crime formal, de consumação antecipada ou de resultado cortado	Lei penal em branco homogênea (legislação sanitária).
Crime de perigo comum e abstrato	**Elemento subjetivo:** dolo. Não admite modalidade culposa.
Crime de forma livre	
Crime vago	**Tentativa:** admite (crime plurissubsistente).
Crime instantâneo	**Ação penal:** pública incondicionada.
Crime comissivo (*regra*)	
Crime unissubjetivo, unilateral ou de concurso eventual	
Crime plurissubsistente (*regra*)	

○ **Objeto jurídico:** Tutela-se a saúde pública.

○ **Objeto material:** É o **produto fabricado e destinado a consumo**, compreendido como todo material produzido em razão da intervenção humana, resultante de qualquer processo ou atividade, para ser utilizado ou ingerido por um número indeterminado de pessoas. O fato de a lei referir-se ao "fabrico de produto destinado a consumo" autoriza a conclusão no sentido de que o objeto material não se restringe unicamente às substâncias alimentícias ou medicinais, podendo a conduta típica recair sobre qualquer tipo de produto destinado a consumo, a exemplo dos artigos de perfumaria ou de higiene pessoal, brinquedos, roupas e calçados.

○ **Núcleo do tipo:** É "**empregar**", ou seja, utilizar ou aplicar alguma coisa. Nas lições de Damásio E. de Jesus: "O fato se perfaz com a conduta de utilizar, no fabrico de produto destinado a consumo, **revestimento** (o invólucro que cobre o produto), **gaseificação artificial** (processo utilizado na fabricação de refrigerantes ou de certas bebidas alcoólicas), **matéria corante** (substância utilizada para dar cor aos alimentos), substância aromática (substância empregada para conferir determinado aroma aos alimentos), **substância antisséptica** (substância utilizada para evitar a fermentação de alimentos), **conservadora** (substância que retarda ou impede a deterioração de alimentos) **ou qualquer outra não expressamente permitida pela legislação sanitária** (substâncias estabilizantes, acidulantes, flavorizantes etc.)."[238] Na parte final do art. 274 do Código Penal, o legislador valeu-se da interpretação analógica contida na expressão "ou qualquer outra não expressamente permitida pela legislação sanitária". Além disso, cuida-se de **lei penal em branco homogênea**, pois o preceito primário depende de complementação, a ser efetuada por outra lei (legislação sanitária).

○ **Sujeito ativo:** Pode ser qualquer pessoa (**crime comum** ou **geral**).

○ **Sujeito passivo:** É a coletividade (**crime vago**).

○ **Elemento subjetivo:** É o dolo, independentemente de qualquer finalidade específica. Não se admite a modalidade culposa.

○ **Consumação:** Cuida-se de **crime formal**, **de consumação antecipada** ou **de resultado cortado**: consuma-se no momento em que o sujeito emprega, no fabrico de produto destinado a consumo, revestimento, gaseificação artificial, matéria corante, substância aromática, antisséptica, conservadora, ou qualquer outra não permitida expressamente pela legislação sanitária, pouco importando se sobrevém ou não dano a alguém. Constitui-se também em **crime de perigo comum** e **abstrato**, pois a lei presume, de forma absoluta, o perigo à saúde pública, ou seja, a situação de risco à saúde de pessoas indeterminadas.

○ **Tentativa:** É possível.

○ **Ação penal:** É pública incondicionada.

○ **Lei 9.099/1995:** A pena mínima cominada ao delito é de um ano. Cuida-se, portanto, de **crime de médio potencial ofensivo**, compatível com a suspensão condicional do processo.

○ **Formas qualificadas pelo resultado (art. 285 do Código Penal):** Aumentar-se-á pela metade a pena privativa de liberdade se do fato resultar lesão corporal de natureza grave (ou gravíssima); se resultar morte, aplicar-se-á a pena em dobro. *Ver comentários ao art. 285.*

---

[238] JESUS, Damásio E. de. Direito penal. 16. ed. São Paulo: Saraiva, 2007. v. 3, p. 358.

○ **Crime contra a economia popular:** Se a conduta consistir na exposição à venda ou venda de mercadoria ou produto alimentício, cujo fabrico haja desatendido a determinações oficiais, quanto ao peso e composição, estará caracterizado o crime tipificado pelo art. 2.º, inc. III, da Lei 1.521/1951 – Crimes contra a Economia Popular, punido com detenção, de seis meses a dois anos, e multa.

Invólucro ou recipiente com falsa indicação

> **Art. 275.** Inculcar, em invólucro ou recipiente de produtos alimentícios, terapêuticos ou medicinais, a existência de substância que não se encontra em seu conteúdo ou que nele existe em quantidade menor que a mencionada:
>
> Pena – reclusão, de 1 (um) a 5 (cinco) anos, e multa.

Classificação:	Informações rápidas:
Crime comum	**Objeto material:** invólucro ou recipiente de produtos alimentícios, terapêuticos ou medicinais.
Crime formal, de consumação antecipada ou de resultado cortado	
Crime de perigo comum e abstrato	**Elemento subjetivo:** dolo. Não admite modalidade culposa.
Crime de forma livre	**Tentativa:** admite (*crime plurissubsistente*).
Crime vago	**Ação penal:** pública incondicionada.
Crime instantâneo	
Crime comissivo (*regra*)	
Crime unissubjetivo, unilateral ou de concurso eventual	
Crime plurissubsistente (*regra*)	

○ **Objetivo jurídico:** Protege-se a saúde pública.

○ **Objeto material:** É o **invólucro ou recipiente de produtos alimentícios, terapêuticos ou medicinais**. **Invólucro** é tudo o que serve para envolver (exemplos: capas, rótulos, bulas, pacotes e *eppendorfs*). **Recipiente** é o receptáculo, ou seja, o objeto capaz de conter líquidos ou sólidos (exemplos: potes, sacos plásticos, latas e frascos). **Produtos alimentícios, terapêuticos ou medicinais** são as substâncias destinadas à nutrição do organismo (alimentícias), à atenuação da dor ou à cura dos enfermos (terapêuticas), ou ao tratamento de males ou doenças (medicinais). Como o tipo penal faz menção somente ao invólucro e ao recipiente, não são alcançados os boletins, os catálogos, os prospectos, as propagandas, os folhetos e os anúncios, entre outros. Consequentemente, se a conduta recair sobre tais objetos, não se caracterizará o delito em apreço, sem prejuízo da configuração do crime de fraude no comércio, definido no art. 175 do Código Penal.[239]

○ **Núcleo do tipo:** É "**inculcar**", no sentido de imprimir, apregoar, demonstrar, dar a entender. É inerente ao tipo penal a declaração de informação falsa, afirmando a presença de alguma substância que, na realidade, não compõe o produto, ou nele exista em quantidade inferior à mencionada. O crime, portanto, é praticado com o emprego da fraude. A conduta deve implicar riscos à saúde de pessoas indeterminadas, pois está inserido entre os

---

[239] Cf. PRADO, Luiz Regis. Curso de direito penal brasileiro. 6. ed. São Paulo: RT, 2010. v. 3, p. 149.

crimes contra a saúde pública, e o art. 278 contém o crime denominado "outras substâncias nocivas à saúde pública", deixando claro que os crimes anteriores apresentam nocividade ao bem jurídico penalmente tutelado. Se assim não fosse, a incriminação seria ilegítima, pois representaria afronta ao princípio da lesividade (ou da ofensividade), um dos pilares do Direito Penal moderno.

○ **Sujeito ativo:** Pode ser qualquer pessoa (**crime comum** ou **geral**).

○ **Sujeito passivo:** É a coletividade (**crime vago**).

○ **Elemento subjetivo:** É o dolo, independentemente de qualquer finalidade específica. Não se admite a modalidade culposa.

○ **Consumação:** Trata-se de **crime formal**, **de consumação antecipada** ou **de resultado cortado**: consuma-se com a prática da conduta legalmente descrita, prescindindo-se da lesão a alguém. É também de crime de perigo comum e abstrato, pois a lei presume, de forma absoluta, a exposição a risco da saúde de pessoas indeterminadas como consequência do comportamento criminoso.

○ **Tentativa:** É possível.

○ **Ação penal:** É pública incondicionada.

○ **Lei 9.099/1995:** A pena mínima cominada é de um ano. Constitui-se, portanto, em **crime de médio potencial ofensivo**, compatível com a suspensão condicional do processo.

○ **Formas qualificadas pelo resultado (art. 285 do Código Penal):** Aumentar-se-á pela metade a pena privativa de liberdade, se do fato resultar lesão corporal de natureza grave (ou gravíssima); se resultar morte, aplicar-se-á a pena em dobro. *Ver comentários ao art. 285.*

○ **Art. 275 do Código Penal e art. 66 da Lei 8.078/1990 – distinção:** Embora apresentem redações semelhantes, o crime definido no art. 275 do Código Penal não se confunde com o delito contido no art. 66 da Lei 8.078/1990 – Código de Defesa do Consumidor, cuja redação é a seguinte: "Art. 66. Fazer afirmação falsa ou enganosa, ou omitir informação relevante sobre a natureza, característica, qualidade, quantidade, segurança, desempenho, durabilidade, preço ou garantia de produtos ou serviços: Pena – detenção de três meses a um ano e multa. § 1º Incorrerá nas mesmas penas quem patrocinar a oferta. § 2º Se o crime é culposo; Pena – detenção de um a seis meses ou multa." É fácil perceber que, se a conduta recair sobre produtos alimentícios, terapêuticos ou medicinais, incidirá o art. 275 do Código Penal. Nas demais hipóteses, que inclusive admitem a modalidade culposa, terá lugar o art. 66 da Lei 8.078/1990. Portanto, o conflito aparente de leis penais é solucionado pelo princípio da especialidade.

Produto ou substância nas condições dos dois artigos anteriores

Art. 276. Vender, expor à venda, ter em depósito para vender ou, de qualquer forma, entregar a consumo produto nas condições dos arts. 274 e 275.

Pena – reclusão, de 1 (um) a 5 (cinco) anos, e multa.

Classificação:	Informações rápidas:
Crime comum Crime formal, de consumação antecipada ou de resultado cortado Crime de perigo comum e abstrato Crime de forma livre Crime vago Crime remetido (a definição típica se reporta aos arts. 274 e 275 do Código Penal) Crime instantâneo ("vender" e "entregar a consumo") ou permanente ("expor à venda" e "ter em depósito para vender") Crime comissivo (*regra*) Crime unissubjetivo, unilateral ou de concurso eventual Crime plurissubsistente (*regra*)	**Objeto material:** produto cf. arts. 274 e 275 do CP (crime remetido). **Elemento subjetivo:** dolo (exceto na conduta "ter em depósito para vender", em que exige a intenção de guardar o produto para aliená-lo por determinado preço). Não admite modalidade culposa. **Tentativa:** admite (crime plurissubsistente). **Ação penal:** pública incondicionada.

○ **Objeto jurídico:** Tutela-se a saúde pública.

○ **Objeto material:** É o produto nas condições indicadas nos arts. 274 e 275.

○ **Núcleos do tipo:** O tipo penal contém quatro núcleos: "vender", "expor à venda", "ter em depósito para vender" e "entregar a consumo". **Vender** é alienar ou ceder algo por preço certo, transferindo a propriedade de um bem em troca do recebimento de determinado valor. **Expor à venda** equivale a exibir um objeto com a intenção de vendê-lo. **Ter em depósito para vender** significa manter um bem acondicionado em algum local visando vendê-lo no futuro. Finalmente, **entregar a consumo** é transferir um bem a outrem para ser utilizado ou ingerido. Trata-se de **tipo misto alternativo**, **crime de ação múltipla** ou **de conteúdo variado**: existem vários núcleos, e a prática de mais de um deles no tocante ao mesmo objeto material configura um único delito.

○ **Sujeito ativo:** Pode ser qualquer pessoa, e não necessariamente os comerciantes (**crime comum** ou **geral**).

○ **Sujeito passivo:** É a coletividade (**crime vago**).

○ **Elemento subjetivo:** É o dolo, independentemente de qualquer finalidade específica, salvo no tocante à conduta de "**ter em depósito para vender**", na qual se exige a intenção de guardar o produto para aliená-lo por determinado preço. Não se admite a modalidade culposa.

○ **Consumação:** Cuida-se de **crime formal**, **de consumação antecipada** ou **de resultado cortado**: consuma-se no momento em que o sujeito vende, expõe à venda, tem em depósito para vender ou, de qualquer forma, entrega a consumo produto nas condições dos arts. 274 e 275 do Código Penal, pouco importando se sobrevém ou não dano a alguém. É também **crime de perigo comum e abstrato**, pois a lei presume, de forma absoluta, a situação perigosa à saúde de pessoas indeterminadas como corolário da prática das condutas legalmente descritas. Vale destacar que nas modalidades "vender" e "entregar a consumo", o art. 276 é **crime instantâneo**, consumando-se em momento determinado, sem continuidade no tempo; de outro lado, é **crime permanente** nas modalidades "expor à venda" e "ter em depósito para vender", pois nesses casos a consumação se prolonga no tempo, por vontade do agente.

○ **Tentativa:** É possível.

○ **Ação penal:** É pública incondicionada.

- **Lei 9.099/1995:** A pena mínima cominada é de um ano. Constitui-se, pois, em **crime de médio potencial ofensivo**, compatível com a suspensão condicional do processo.

- **Formas qualificadas pelo resultado (art. 285 do Código Penal):** Aumentar-se-á pela metade a pena privativa de liberdade se do fato resultar lesão corporal de natureza grave (ou gravíssima); se resultar morte, aplicar-se-á a pena em dobro. *Ver comentários ao art. 285.*

Substância destinada à falsificação

> **Art. 277.** Vender, expor à venda, ter em depósito ou ceder substância destinada à falsificação de produtos alimentícios, terapêuticos ou medicinais:
>
> Pena – reclusão, de 1 (um) a 5 (cinco) anos, e multa.

Classificação:	Informações rápidas:
Crime comum Crime formal, de consumação antecipada ou de resultado cortado Crime de perigo comum e abstrato Crime de forma livre Crime vago Crime-obstáculo Crime instantâneo ("vender" e "ceder") ou permanente ("expor à venda" e "ter em depósito") Crime comissivo (*regra*) Crime unissubjetivo, unilateral ou de concurso eventual Crime plurissubsistente (*regra*)	**Objeto material:** substância destinada à falsificação de produtos alimentícios, terapêuticos ou medicinais. **Elemento subjetivo:** dolo. Não admite modalidade culposa. **Tentativa:** não admite (incriminação autônoma dos atos preparatórios). **Ação penal:** pública incondicionada.

- **Objeto jurídico:** Tutela-se a saúde pública.

- **Objeto material:** É a **substância destinada à falsificação de produtos alimentícios, terapêuticos ou medicinais**, ou seja, a matéria cuja finalidade é desvirtuar ou adulterar tais produtos, conferindo-lhes suposta aparência de autenticidade, de modo a colocar em perigo a saúde pública. **Produtos alimentícios, terapêuticos ou medicinais** são as substâncias destinadas à nutrição do organismo (alimentícias), à atenuação da dor ou à cura dos enfermos (terapêuticas), ou ao tratamento de males ou doenças (medicinais).

- **Núcleos do tipo:** O tipo penal contém quatro núcleos: "vender", "expor à venda", "ter em depósito" e "ceder". Cuida-se de **tipo misto alternativo, crime de ação múltipla ou de conteúdo variado**: a lei apresenta diversos núcleos, e a prática de mais de um deles no tocante ao mesmo objeto material caracteriza um único delito. **Vender** é alienar um bem por determinado preço. **Expor à venda** significa colocar um produto à mostra com a finalidade de vendê-lo. **Ter em depósito** equivale a manter algo acondicionado em determinado local. **Ceder**, finalmente, é transferir ou colocar um bem à disposição de terceira pessoa. Destarte, incide no tipo penal o sujeito que realiza qualquer das condutas típicas em relação à substância destinada à falsificação de produtos alimentícios, terapêuticos ou medicinais. Visualiza-se, nesse contexto, a incriminação autônoma de comportamentos representativos de atos preparatórios dos delitos definidos nos arts. 272 e 273 do Código Penal. Trata-se, portanto, de **crime-obstáculo**.

○ **Sujeito ativo:** Pode ser qualquer pessoa (**crime comum** ou **geral**).

○ **Sujeito passivo:** É a coletividade (**crime vago**).

○ **Elemento subjetivo:** É o dolo, independentemente de qualquer finalidade específica. Como destaca Heleno Cláudio Fragoso: "É indispensável que o agente conheça a natureza da subs-tância ou a destinação que lhe vai ser dada por quem a recebe ou adquire. Na modalidade de expor à venda ou ter em depósito será impossível afirmar a vontade criminosa nos casos de substâncias que podem ser destinadas a outros fins lícitos. O conhecimento do fim lícito pode ser evidenciado pela qualidade do comprador e pela atividade a que se dedica."[240] Não se admite a modalidade culposa.

○ **Consumação:** Cuida-se de **crime formal**, **de consumação antecipada** ou **de resultado cortado**: consuma-se com a prática de qualquer das condutas criminosas, prescindindo-se da causação de dano a alguém. É também **delito de perigo comum e abstrato**, pois a lei presume, de forma absoluta, a exposição a perigo de pessoas indeterminadas como corolário do com-portamento ilícito. Nos núcleos "vender" e "ceder" o crime é **instantâneo**, consumando-se em um momento determinado, sem continuidade no tempo; por sua vez, nas modalidades "expor à venda" e "ter em depósito" o delito é **permanente**, pois a consumação se protrai no tempo, por vontade do agente.

○ **Tentativa:** Não se admite, pois o legislador incriminou de forma autônoma atos preparatórios dos delitos contidos nos arts. 272 e 273 do Código Penal.

○ **Ação penal:** É pública incondicionada.

○ **Lei 9.099/1995:** A pena mínima cominada é de um ano. Constitui-se, portanto, em **crime de médio potencial ofensivo**, compatível com a suspensão condicional do processo, desde que presentes os demais requisitos exigidos pelo art. 89 da Lei 9.099/1995.

○ **Formas qualificadas pelo resultado (art. 285 do Código Penal):** Aumentar-se-á pela me-tade a pena privativa de liberdade se do fato resultar lesão corporal de natureza grave (ou gravíssima); se resultar morte, aplicar-se-á a pena em dobro. *Ver comentários ao art. 285.*

Outras substâncias nocivas à saúde pública

Art. 278. Fabricar, vender, expor à venda, ter em depósito para vender ou, de qualquer forma, entregar a consumo coisa ou substância nociva à saúde, ainda que não destinada à alimentação ou a fim medicinal:

Pena – detenção, de um a três anos, e multa.

Modalidade culposa

Parágrafo único. Se o crime é culposo:

Pena – detenção, de dois meses a um ano.

---

[240] FRAGOSO, Claudio Heleno. Lições de direito penal. Parte especial. São Paulo: José Bushatsky, 1959. v. 3, p. 708-709.

Classificação:	Informações rápidas:
Crime comum Crime formal, de consumação antecipada ou de resultado cortado Crime de perigo comum e concreto Crime de forma livre Crime vago Crime instantâneo ("fabricar", "vender" e "entregar a consumo") ou permanente ("expor à venda" e "ter em depósito") Crime comissivo (*regra*) Crime unissubjetivo, unilateral ou de concurso eventual Crime plurissubsistente (*regra*)	**Objeto material:** coisa ou substância nociva à saúde (exceto a de natureza alimentícia ou medicinal e drogas). **Elemento subjetivo:** dolo (elemento subjetivo específico na modalidade "ter em depósito para vender"). Só admite modalidade culposa na hipótese do parágrafo único. **Tentativa:** admite (crime plurissubsistente). **Ação penal:** pública incondicionada.

o **Objeto jurídico:** Tutela-se a saúde pública.

o **Objeto material:** É a **coisa ou substância nociva à saúde**, salvo a de natureza alimentícia ou medicinal, pois ambas são abrangidas pelos crimes definidos nos arts. 272 e 273 do Código Penal.

– **Drogas e princípio da especialidade:** Se o objeto material consistir em droga, assim definida em lei ou em ato administrativo, substância igualmente nociva à saúde pública, estará configurado o crime de tráfico de drogas, contido no art. 33, *caput*, da Lei 11.343/2006 – Lei de Drogas. O conflito aparente de leis penais é solucionado pelo princípio da especialidade.

o **Núcleos do tipo:** O tipo penal contém cinco núcleos: "fabricar, "vender", "expor à venda", "ter em depósito para vender" e "entregar a consumo". **Fabricar** é manufaturar, preparar ou construir. **Vender** equivale a transferir a propriedade de um bem, alienando-se por determinado valor. **Expor à venda** tem o sentido de exibir um objeto com a intenção de vendê-lo. **Ter em depósito para vender**, por sua vez, significa manter um produto acondicionado em algum local, para posteriormente vendê-lo. **Entregar a consumo**, finalmente, é transmitir um bem à posse de terceiro, para ser ingerido ou utilizado. Trata-se de **tipo misto alternativo**, **crime de ação múltipla** ou **de conteúdo variado**: há vários núcleos, e a realização de mais de um deles, no tocante ao mesmo objeto material, acarreta a caracterização de um único delito.

o **Sujeito ativo:** Pode ser qualquer pessoa (**crime comum** ou **geral**).

o **Sujeito passivo:** É a coletividade (**crime vago**).

o **Elemento subjetivo:** É o dolo, independentemente de qualquer finalidade específica, salvo no tocante à modalidade "ter em depósito para vender", no qual o propósito de venda representa o especial fim de agir buscado pelo agente (elemento subjetivo específico). A figura culposa é admitida pelo parágrafo único.

o **Consumação:** O crime de outras substâncias nocivas à saúde é **formal, de consumação antecipada ou de resultado cortado**: consuma-se com a prática de qualquer das condutas ilícitas, pouco importando se sobrevém a causação de dano a alguém. É também **crime de perigo comum e concreto**, reclamando a comprovação da nocividade da coisa ou substância à saúde de um número indeterminado de pessoas. Nos núcleos "fabricar", "vender" e "entregar a consumo" o crime é **instantâneo**, pois se consuma em um momento determinado, qual seja, o da prática da conduta legalmente descrita; por sua vez, nas modalidades "expor à venda" e "ter em depósito para vender" o delito é **permanente**, uma vez que a consumação se prolonga no tempo, por vontade do agente.

- **Tentativa:** É possível.

- **Ação penal:** É pública incondicionada.

- **Lei 9.099/1995:** A pena mínima cominada ao delito previsto no art. 278 do Código Penal é de um ano. Constitui-se, portanto, em **crime de médio potencial ofensivo**, afigurando-se cabível a suspensão condicional do processo, se presentes os demais requisitos exigidos pelo art. 89 desta Lei. Na modalidade culposa, trata-se de **infração penal de menor potencial ofensivo**, de competência do Juizado Especial Criminal e compatível com a transação penal e o rito sumaríssimo, em consonância com as disposições da Lei 9.099/1995.

- **Modalidade culposa (art. 278, parágrafo único):** O sujeito pratica qualquer das condutas legalmente incriminadas agindo com imprudência, negligência ou imperícia, produzindo resultado involuntário, mas objetivamente previsível.

- **Formas qualificadas pelo resultado (art. 285 do Código Penal):** Aumentar-se-á pela metade a pena privativa de liberdade se do fato doloso resultar lesão corporal de natureza grave (ou gravíssima); se resultar morte, aplicar-se-á a pena em dobro. Por sua vez, no caso de culpa, se do fato resulta lesão corporal, a pena aumenta-se de metade; e, se resulta morte, aplica-se a pena cominada ao homicídio culposo, aumentada de um terço. Cuida-se de crime culposo agravado por resultados de igual natureza. *Ver comentários ao art. 285.*

Substância avariada

Art. 279. (Revogado).

- **Revogação:** O art. 279 do Código Penal, que continha a definição típica do crime de substância avariada, foi expressamente revogado pelo art. 23 da Lei 8.137/1990. Atualmente, a conduta configura crime contra as relações de consumo, e encontra-se definida no art. 7.º, inc. IX, do citado diploma legal, cuja redação é a seguinte: "Art. 7º Constitui crime contra as relações de consumo: [...] IX – vender, ter em depósito para vender ou expor à venda ou, de qualquer forma, entregar matéria-prima ou mercadoria, em condições impróprias ao consumo. Pena – detenção, de 2 (dois) a 5 (cinco) anos, ou multa." O parágrafo único do art. 7.º da Lei 8.137/1990 pune inclusive a modalidade culposa, reduzindo a pena de detenção de um terço ou a de multa à quinta parte.

Medicamento em desacordo com receita médica

Art. 280. Fornecer substância medicinal em desacordo com receita médica:

Pena – detenção, de um a três anos, ou multa.

Modalidade culposa

Parágrafo único. Se o crime é culposo:

Pena – detenção, de dois meses a um ano.

Classificação:	Informações rápidas:
Crime comum	**Objeto material:** substância medicinal.
Crime formal, de consumação antecipada ou de resultado cortado	**Elemento normativo do tipo:** "em desacordo com receita médica" (só médicos).
Crime de perigo comum e abstrato	**Tentativa:** admite (*crime plurissubsistente*).
Crime de forma livre	Medicamentos similares e genéricos: não caracteriza
Crime vago	o crime.
Crime instantâneo	**Ação penal:** pública incondicionada.
Crime comissivo (*regra*)	
Crime unissubjetivo, unilateral ou de concurso eventual	
Crime plurissubsistente (*regra*)	

○ **Objeto jurídico:** Tutela-se a saúde pública.

○ **Objeto material:** É a **substância medicinal**, ou seja, o produto destinado a servir de medicamento, cuja finalidade é a prevenção ou cura de alguma doença ou mal.

○ **Núcleo do tipo:** É "**fornecer**", no sentido de entregar ou proporcionar a alguém, a título oneroso ou gratuito, substância medicinal em desacordo com receita médica, no tocante à sua espécie, qualidade ou quantidade. A expressão contida na parte final do dispositivo – "em desacordo com receita médica" – representa **elemento normativo do tipo**. Destarte, não é todo e qualquer fornecimento de medicamento que configura o crime em análise, mas somente o efetuado em contrariedade com a prescrição do profissional da medicina. **Receita médica** é a indicação escrita elaborada pelo médico regularmente inscrito nos quadros do Conselho Regional de Medicina. Não há crime no fornecimento de substância medicinal em desacordo com receitas emitidas por outros profissionais da área de saúde, a exemplo dos dentistas e das parteiras, em face da vedação da analogia *in malam partem* no Direito Penal. Entretanto, embora se reconheça a incompatibilidade com dispositivo em análise, convém ressaltar a existência de hipóteses excepcionais, previstas nos arts. 30 e 37, *d*, do Decreto 20.931/1932, nas quais é autorizada a prescrição de medicamentos por dentistas e parteiras. Subsiste o delito ainda que o fornecimento da substância medicinal em descompasso com a receita médica seja benéfico ao paciente, pois o bem jurídico protegido é a saúde pública, incompatível com arbitrariedades na entrega de medicamentos. Trata-se de crime de perigo abstrato, no qual a lei presume o risco à saúde pública como corolário da prática da conduta legalmente descrita.

– **Fornecimento de medicamento similar ou genérico:** Nos dias atuais, os medicamentos similares e genéricos têm assumido importante papel no combate das mais variadas doenças. Questiona-se se ocorre o crime em análise na hipótese em que o médico prescreve determinada substância medicinal, conhecida pelo seu nome comercial (exemplo: Novalgina), e o farmacêutico fornece medicamento genérico (exemplo: dipirona sódica produzida por outro laboratório) ou similar (exemplo: Anador). Em sintonia com o art. 3.º, XX, da Lei 6.360/1976, **medicamento similar** é "aquele que contém o mesmo ou os mesmos princípios ativos, que apresenta a mesma concentração, forma farmacêutica, via de administração, posologia e indicação terapêutica e que é equivalente ao medicamento registrado no órgão federal responsável pela vigilância sanitária, podendo diferir somente em características relativas ao tamanho e forma do produto, prazo de validade, embalagem, rotulagem, excipientes e veículos, comprovada a sua eficácia, segurança e qualidade, devendo sempre ser identificado por nome comercial ou marca". Por sua vez, **medicamento genérico**, a teor do art. 3.º, XXI, é "o medicamento similar a um produto de referência ou inovador, que se pretende ser com este intercambiável, geralmente produzido após a expiração ou renúncia da proteção patentária ou de outros direitos de exclusividade, comprovada a sua eficácia, segurança e qualidade, e designado pela DCB [Denominação Comum Brasileira], ou, na sua ausência, pela DCI [Denominação Comum Internacional]". Destarte, é fácil concluir que os medicamentos similares e genéricos possuem o mesmo princípio ativo do medicamento "original". Logo, não há falar na prática do crime ora estudado, até porque seria ilógico e absurdo a legislação permitir a circulação destes medicamentos e, ao mesmo tempo, incriminar seu fornecimento em prejuízo da população que ficaria ainda mais alijada do direito constitucional à saúde.

○ **Sujeito ativo:** Pode ser qualquer pessoa (**crime comum** ou **geral**).

○ **Sujeito passivo:** É a coletividade (**crime vago**).

○ **Elemento subjetivo:** É o dolo, independentemente de qualquer finalidade específica.

– **Medicamento em desacordo com receita médica e ânimo homicida:** Se o sujeito possuir a intenção de matar (*animus necandi* ou *occidendi*) a vítima, fornecendo substância médica diversa da prescrita ou em dose manifestamente excessiva, estará configurado o homicídio qualificado pelo emprego de meio insidioso, a teor do art. 121, § 2.º, inc. III, do CP, restando absorvido o delito de medicamento em desacordo com receita médica. O conflito aparente de normas penais é solucionado pelo princípio da consunção.

○ **Consumação: Trata-se de delito formal, de consumação antecipada ou de resultado cortado**: consuma-se no momento do fornecimento da substância medicinal em desacordo com a receita médica. Constitui-se também em **crime de perigo comum e abstrato**, pois a lei presume, de forma absoluta, a exposição a perigo da saúde de um número indeterminado de pessoas em razão da prática da conduta criminosa.

○ **Tentativa:** É possível.

○ **Ação penal:** É pública incondicionada.

○ **Lei 9.099/1995:** A pena mínima cominada ao delito previsto no art. 280 do Código Penal é de um ano. Cuida-se, portanto, de **crime de médio potencial ofensivo**, compatível com a suspensão condicional do processo, se presentes os demais requisitos exigidos pelo art. 89 desta Lei.

○ **Modalidade culposa (art. 280, parágrafo único):** Cuida-se de **infração penal de menor potencial ofensivo**, de competência do Juizado Especial Criminal, sujeitando-se à transação penal e ao rito sumaríssimo, nos moldes da Lei 9.099/1995.

○ **Formas qualificadas pelo resultado (art. 285 do Código Penal):** Aumentar-se-á pela metade a pena privativa de liberdade, se do fato doloso resultar lesão corporal de natureza grave (ou gravíssima); se resultar morte, aplicar-se-á a pena em dobro. Por sua vez, no caso de culpa, se do fato resulta lesão corporal, a pena aumenta-se de metade; e, se resulta morte, aplica-se a pena cominada ao homicídio culposo, aumentada de um terço. *Ver comentários ao art. 285.*

Comércio, posse ou uso de entorpecente ou substância que determine dependência física ou psíquica

Art. 281. (Revogado).

○ **Revogação:** O art. 281 do Código Penal foi expressamente revogado pela Lei 6.368/1976 – Lei de Tóxicos. Esta última, por sua vez, foi revogada expressamente pela Lei 11.343/2006 – Lei de Drogas, a qual atualmente disciplina os ilícitos penais relativos às drogas em geral.

Exercício ilegal da medicina, arte dentária ou farmacêutica

Art. 282. Exercer, ainda que a título gratuito, a profissão de médico, dentista ou farmacêutico, sem autorização legal ou excedendo-lhe os limites:

Pena – detenção, de seis meses a dois anos.

Parágrafo único. Se o crime é praticado com o fim de lucro, aplica-se também multa.

Classificação:	Informações rápidas:
Crime comum ("exercer a profissão sem autorização legal") ou próprio ("exercer a profissão excedendo-lhe os limites")	**Objeto material:** profissão de médico, dentista ou farmacêutico (rol taxativo).
Crime formal, de consumação antecipada ou de resultado cortado	Exercício ainda que a título gratuito caracteriza o crime. Exige-se ainda habitualidade.
Crime habitual	**Elemento normativo do tipo:** "sem autorização legal".
Crime de perigo comum e abstrato	Lei penal em branco homogênea (transposição dos limites da profissão – fixação em lei).
Crime de forma livre	**Elemento subjetivo:** dolo. Não admite modalidade culposa.
Crime vago	
Crime instantâneo	**Tentativa:** não admite (habitualidade – doutrina dominante).
Crime comissivo (*regra*)	
Crime unissubjetivo, unilateral ou de concurso eventual	**Ação penal:** pública incondicionada.
Crime plurissubsistente (*regra*)	

○ **Introdução:** Como estatui o art. 5.º, inc. XIII, da Constituição Federal: "é livre o exercício de qualquer trabalho, ofício ou profissão, atendidas as qualificações profissionais que a lei estabelecer". Trata-se de **norma constitucional de eficácia contida**. A regra é a liberdade de trabalho, ofício ou profissão, mas o próprio constituinte originário admitiu a imposição de exigências, pelo legislador ordinário, para o desempenho de tais atividades. Nesse contexto, há requisitos legais para o exercício da medicina, da odontologia e da atividade farmacêutica. E, levando em conta a relevância da saúde pública, este artigo acertadamente erigiu à categoria de crime a atuação ilegal relacionada a tais profissões.

○ **Objeto jurídico:** Tutela-se a saúde pública.

○ **Objeto material:** É a profissão de médico, dentista ou farmacêutico.

– **A discussão relativa a outras profissões e a taxatividade do art. 282 do CP:** O rol do *caput* do dispositivo ora analisado é taxativo, abarcando somente o exercício ilegal da medicina e da arte dentária ou farmacêutica. De fato, o exercício da profissão de **médico veterinário**, sem autorização legal, não autoriza a incidência do crime tipificado no art. 282 do CP, pois é vedada a utilização da analogia *in malam partem* no âmbito criminal, em respeito ao princípio da reserva legal (art. 5.º, XXXIX, da CF e art. 1.º do CP).[241] Com efeito, se o legislador desejasse tutelar a saúde pública também na esfera veterinária, deveria tê-lo feito expressamente. Como se sabe, a elementar "médico" não alcança o sujeito que desempenha atos inerentes à medicina veterinária.

---

[241] No mesmo sentido: PIERANGELI, José Henrique. *Manual de direito penal brasileiro*. Parte especial. 2. ed. São Paulo: RT, 2007. v. 2, p. 657.

Igual raciocínio deve ser aplicado à atuação dos **enfermeiros**, dos **massagistas** e especialmente das **parteiras**, as quais, embora cada vez mais raras, ainda existem nos longínquos rincões brasileiros, em face da dificuldade de encontrar médicos ginecologistas e obstetras.

○ **Núcleo do tipo:** É "**exercer**", no sentido de praticar, desempenhar ou exercitar, **ainda que a título gratuito**, a profissão de médico, dentista ou farmacêutico. O verbo "exercer" é indicativo da **habitualidade** do delito. Destarte, não basta a realização de um único ato privativo do médico, dentista ou farmacêutico. Exige-se a reiteração de atos, reveladores do estilo de vida ilícito assumido pelo farsante.

– **Modos de execução:** O crime pode ser praticado de duas formas: (a) quando o sujeito exerce, ainda que a título gratuito, a profissão de médico, dentista ou farmacêutico, sem autorização legal. É a famosa "**falta de autorização legal**"; ou (b) quando ele a exerce, ainda que a título gratuito, excedendo-lhe os limites. Trata-se da "**transposição dos limites da profissão**". Na primeira forma, a expressão "sem autorização legal" representa um **elemento normativo do tipo**: o sujeito não está autorizado a desempenhar a profissão porque não possui o título que o habilite para tanto (falta de capacidade profissional), como no exemplo daquele que atende doentes em seu consultório, sem nunca ter frequentado a faculdade de medicina, ou então porque seu título, embora exista, não foi registrado perante o órgão competente (falta de capacidade legal), tal como se verifica na situação em que o graduado em ciências médicas não teve seu diploma registrado perante o Conselho Regional de Medicina respectivo. Na transposição dos limites da profissão, o agente possui autorização legal para exercer a medicina, arte dentária ou farmacêutica, mas extrapola os limites que a lei lhe impõe. Em outras palavras, o sujeito concluiu o curso superior de medicina, odontologia ou farmácia, e seu título encontra-se devidamente registrado perante o órgão competente, mas ele extravasa os limites da autorização para o exercício da profissão. É o que se verifica, a título ilustrativo, quando um médico ortopedista se aventura a realizar cirurgias cardíacas. Cuida-se de **norma penal em branco homogênea**, pois é preciso analisar os limites de atuação conferidos a cada profissional pelas leis atinentes às áreas da medicina, da odontologia e da farmácia.

○ **Sujeito ativo:** No tocante à primeira conduta – "exercer, ainda que a título gratuito, a profissão de médico, dentista ou farmacêutico, sem autorização legal" – o art. 282 do CP contempla um **crime comum** ou **geral**, uma vez que pode ser cometido por qualquer pessoa. Na prática, contudo, normalmente o agente possui conhecimentos da profissão, ainda que a título precário, pois somente assim reúne condições para ludibriar um número indeterminado de pessoas, proporcionando-lhes tratamento típico daqueles que se fazem com médico, dentista ou farmacêutico. Nesse caso, apresenta-se o exercício profissional sem qualquer título de habilitação ou sem registro deste na repartição competente. Não basta o diploma universitário: exige-se ainda seu registro na repartição competente. Por sua vez, na conduta de "exercer, ainda que a título gratuito, a profissão de médico, dentista ou farmacêutico, [...] excedendo-lhe os limites", cuida-se de **crime próprio** ou **especial**, pois somente pode ser praticado pelo médico, dentista ou farmacêutico devidamente habilitado e registrado que extrapola os quadrantes da sua atuação. O excesso apontado pelo texto legal é somente o **funcional**, não abrangendo o de natureza territorial (ou espacial). Exemplificativamente, o médico registrado perante o Conselho Regional de Medicina de São Paulo não praticará o delito tipificado no artigo em comento, mas somente um ilícito administrativo, se passar a exercer sua profissão no Estado do Ceará, sem efetuar seu registro no Conselho Regional de Medicina respectivo.

– **Médico, dentista ou farmacêutico e suspensão das suas atividades:** Se o médico, dentista ou farmacêutico realizar atos inerentes às suas profissões, no período em que se encontrava suspenso das suas atividades, duas situações deverão ser diferenciadas: (a) Em caso de **suspensão judicial**, estará caracterizado o crime de desobediência à decisão judicial sobre perda ou suspensão de direito (art. 359 do CP); (b) Tratando-se, porém, de **suspensão administrativa**, incidirá o crime de exercício de atividade com infração de decisão administrativa (art. 205 do CP).

– **A profissão de dentista exercida pelo protético:** Nos termos do art. 4.º, I, II e III, da Lei 6.710/1979, aos técnicos em prótese dentária é vedado prestar, sob qualquer forma, assistência direta a clientes; manter, em sua oficina, equipamento e instrumental específico de consultório dentário, bem como fazer propaganda de seus serviços ao público em geral. Consequentemente, se o técnico em prótese dentária exercer de forma habitual a profissão de dentista, a ele será imputado o crime definido no art. 282 do CP. Este efeito, a propósito, consta expressamente do art. 8.º da Lei 6.710/1979.

○ **Sujeito passivo:** É a coletividade (**crime vago**) e, mediatamente, as pessoas atendidas pelo falso profissional da medicina, arte dentária ou farmacêutica.

○ **Elemento subjetivo:** É o dolo, independentemente de qualquer finalidade específica. Não se admite a modalidade culposa.

○ **Exercício ilegal da medicina, arte dentária ou farmacêutica e finalidade lucrativa:** Se o crime for praticado com fim de lucro, aplica-se também a pena de multa.

– **Atos praticados em situações emergenciais ou na falta de profissionais habilitados (estado de necessidade) e pequenos auxílios no âmbito familiar (ausência de dolo):** Não há crime, em razão da incidência da causa excludente da ilicitude atinente ao **estado de necessidade** (CP, arts. 23, inc. I, e 24), nas situações em que uma pessoa, sem estar devidamente habilitada para o exercício da profissão, desempenha atividade inerente aos médicos, dentistas ou farmacêuticos, **quando ausentes tais profissionais**, para salvar de perigo atual, que não provocou por sua vontade, nem podia de outro modo evitar, direito alheio, cujo sacrifício, nas circunstâncias, não era razoável exigir-se. Também não há crime, **agora por ausência de dolo**, nos pequenos auxílios prestados a enfermos no âmbito do recinto familiar. É o que ocorre, exemplificativamente, com a mãe de família que habitualmente ministra aos seus filhos xaropes caseiros para cura de resfriados. Nessas situações, indiscutivelmente há crime do ponto de vista objetivo, pois encontram-se presentes as elementares do art. 282, *caput*, do Código Penal. Contudo, não se nega, sob o prisma subjetivo, a ausência de dolo, indispensável para a concretização da conduta criminosa.

○ **Consumação:** O núcleo do tipo – "exercer" – autoriza a conclusão no sentido de que o delito, **de natureza habitual**, somente se consuma com a prática reiterada e uniforme da conduta legalmente descrita, de modo a revelar o estilo de vida ilícito adotado pelo agente. Cuida-se também de **crime formal, de consumação antecipada ou de resultado cortado**, atingindo a consumação com a prática reiterada do comportamento previsto no art. 282 do CP, prescindindo-se da superveniência do resultado naturalístico, ou seja, da provocação de mal a quem quer que seja. Finalmente, é **crime de perigo comum e abstrato**, pois a lei presume de forma absoluta o risco à saúde de pessoas indeterminadas como desdobramento da conduta ilícita. Destarte, ainda que o atendimento prestado seja de alto nível e proporcione resultado eficaz, o delito estará consumado.

○ **Tentativa:** A doutrina amplamente majoritária sustenta a inadmissibilidade do *conatus*, com um argumento bastante simples: o exercício ilegal da medicina, arte dentária ou farmacêutica é crime habitual, e delitos desta estirpe são incompatíveis com a tentativa. Com o devido respeito, acreditamos que esse raciocínio, generalizado e extremamente simplista, deva ser rechaçado. Em nossa opinião, os crimes habituais são, **em regra**, contrários à figura da tentativa. Todavia, o caso concreto pode, **excepcionalmente**, revelar o cabimento do *conatus*.

○ **Ação penal:** É pública incondicionada.

○ **Lei 9.099/1995:** Em face do máximo da pena privativa de liberdade cominada (dois anos), o exercício ilegal da medicina, arte dentária ou farmacêutica constitui-se em **infração penal de menor potencial ofensivo**, de competência do Juizado Especial Criminal e compatível com a transação penal e o rito sumaríssimo.

○ **Formas qualificadas pelo resultado:** O art. 285 do CP determina a incidência das regras contidas em seu art. 258 ao crime de exercício ilegal da medicina, arte dentária ou farmacêutica. Nada obstante o legislador tenha empregado a expressão "formas qualificadas pelo resultado", cuidam-se de **causas de aumento da pena**. Destarte, se do fato doloso resultar lesão corporal de natureza grave (ou gravíssima), aumentar-se-á pela metade a pena privativa de liberdade; se resultar morte, aplicar-se-á a pena em dobro.

○ **A questão relativa à falsificação do diploma universitário para o exercício ilegal da profissão:** A falsificação de diploma universitário, visando o exercício ilegal da medicina, arte dentária ou farmacêutica fica absorvida pela descrição do tipo em estudo, pois funciona como meio de execução para a prática do crime contra a saúde pública.

○ **Jurisprudência selecionada:**

Acupuntura – norma penal em branco – ausência de complementação – fato atípico: "O exercício da acupuntura não configura o delito previsto no art. 282 do CP (exercício ilegal da medicina, arte dentária ou farmacêutica). É cediço que o tipo penal descrito no art. 282 do CP é norma penal em branco e, por isso, deve ser complementado por lei ou ato normativo em geral, para que se discrimine e detalhe as atividades exclusivas de médico, dentista ou farmacêutico. Segundo doutrina, 'A complementação do art. 282 há de ser buscada na legislação federal que regulamenta as profissões de médico, dentista ou farmacêutico. Dispõem sobre o exercício da medicina a Lei n. 3.268, de 20.09.57 e o Dec. n. 20.931, de 11.01.32'. Das referidas leis federais, observa-se que não há menção ao exercício da acupuntura. Nesse passo, o STJ reconhece que não há regulamentação da prática da acupuntura, sendo da União a competência privativa para legislar sobre as condições para o exercício das profissões, consoante previsto no art. 22, XVI, da CF (RMS 11.272-RJ, Segunda Turma, DJ 4/6/2001). Assim, ausente complementação da norma penal em branco, o fato é atípico" (STJ: RHC 66.641/SP, rel. Min. Nefi Cordeiro, 6.ª Turma, j. 03.03.2016, noticiado no *Informativo* 578).

Crime habitual e de perigo abstrato: "O tipo penal previsto no art. 282 do Código Penal (exercício ilegal da medicina, arte dentária ou farmacêutica) pune a conduta daquele que sem autorização legal, é dizer, sem qualquer título de habilitação ou sem registro deste na repartição competente (Nelson Hungria, *Comentários ao Código Penal* – Volume IX, Ed. Forense, 2ª edição, 1959, página 145), ou ainda, exorbitando os limites desta, exerce, ainda que a título gratuito, a profissão de médico, dentista ou farmacêutico. Trata-se de crime de perigo abstrato, habitual, que procura tutelar a saúde pública do dano que pode resultar do exercício ilegal e abusivo da medicina, bem como da arte dentária ou farmacêutica (Heleno Cláudio Fragoso, *Lições de Direito Penal* – Parte Especial – Volume II, Ed. Forense, 1ª edição, 1989, p. 275)" (STJ: HC 139.667/RJ, rel. Min. Felix Fischer, 5.ª Turma, j. 17.12.2009).

Curandeirismo e exercício ilegal de arte farmacêutica – concurso de crimes – impossibilidade: "Concurso material. Crimes de exercício ilegal da arte farmacêutica e de curandeirismo. Inadmissibilidade. Incompatibilidade entre os tipos penais previstos nos arts. 282 e 284 do Código Penal. Pacientes não ignorantes nem incultos. Comportamento correspondente, em tese, ao art. 282 do CP" (STF: HC 85.718/DF, rel. Min. Cezar Peluso, 2.ª Turma, j. 18.11.2008).

Curandeirismo e exercício ilegal de arte farmacêutica – concurso de crimes – possibilidade: "Embora o curandeirismo seja prática delituosa típica de pessoa rude, sem qualquer conhecimento técnico-profissional da medicina e que se dedica a prescrever substâncias ou procedimentos com o fim de curar doenças, não se pode descartar a possibilidade de existência do concurso entre tal crime e o de exercício ilegal de arte farmacêutica, se o agente também não tem habilitação profissional específica para exercer tal atividade. Reconhecida a prática de duas condutas distintas e independentes, não há como se proclamar ilegal a condenação por cada uma delas, não se mostrando, *in casu*, ter havido *bis in idem* ou indevida atribuição de concurso de crimes, não cabendo, ainda, aplicação da consunção entre os delitos" (STJ: HC 36.244/DF, rel. Min. José Arnaldo da Fonseca, 5.ª Turma, j. 22.02.2005).

Exercício ilegal da medicina e tráfico de drogas – independência: "Não existe a vinculação necessária, que se pretende estabelecer, da prática do crime previsto no art. 282 do Código Penal com o crime de tráfico de drogas. De fato, não se exige para a configuração do crime de exercício ilegal da medicina que o agente prescreva substância tida pela legislação como droga para os fins da Lei nº 11.343/2006. O vulgar exercício da medicina por parte daquele que não possui autorização legal para tanto é suficiente para a delimitação do tipo em destaque. Se o agente ao exercer irregularmente a medicina ainda prescreve droga, resta configurado, em tese, conforme já reconhecido por esta Corte em outra oportunidade (HC 9.126/GO, 6ª Turma, Rel. Min. Hamilton Carvalhido, *DJ* de 13.08.2001) o concurso formal entre o art. 282 do Código Penal e o art. 33, *caput*, da Lei nº 11.343/2006" (STJ: HC 139.667/RJ, rel. Min. Felix Fischer, 5.ª Turma, j. 17.12.2009).

Falsificação de documento público – princípio da consunção: "A falsificação de documentos públicos (diploma de conclusão do curso superior de medicina) visando ao exercício ilegal da profissão de médico, consubstanciado no requerimento de exames clínicos, prescrição de medicamentos e realização de plantões médicos em hospital, constitui crime-meio, que deve ser absorvido pelo crime-fim, pois a falsificação em questão se exauriu no exercício ilegal da medicina, sem mais potencialidade lesiva" (STJ: HC 138.221/RS, rel. Min. Laurita Vaz, 5.ª Turma, j. 29.09.2009).

Charlatanismo

> **Art. 283.** Inculcar ou anunciar cura por meio secreto ou infalível:
>
> Pena – detenção, de três meses a um ano, e multa.

Classificação:	Informações rápidas:
Crime comum	**Objeto material:** anúncio da cura por meio secreto ou infalível.
Crime formal, de consumação antecipada ou de resultado cortado	**Elemento subjetivo:** dolo. Não admite modalidade culposa.
Crime de perigo comum e abstrato	**Tentativa:** admite (crime plurissubsistente).
Crime de forma livre	**Ação penal:** pública incondicionada.
Crime vago	
Crime instantâneo	
Crime comissivo (*regra*)	
Crime unissubjetivo, unilateral ou de concurso eventual	
Crime plurissubsistente (*regra*)	

○ **Objeto jurídico:** Tutela-se a saúde pública. O anúncio da falsa cura muitas vezes acarreta a decisão de pessoas ingênuas no sentido de ser desnecessário o auxílio médico para proceder ao tratamento convencional da doença, resultando em riscos para a saúde ou mesmo para a vida.

○ **Objeto material:** É o anúncio da cura por meio secreto ou infalível. **Cura secreta** é o tratamento de doença de maneira oculta, mediante a utilização de procedimentos ignorados pelas ciências médicas. **Cura infalível**, por sua vez, é o tratamento plenamente eficaz, apto a restabelecer, inevitavelmente, a saúde do paciente.

○ **Núcleos do tipo:** Os núcleos do tipo são "inculcar" e "anunciar" (**tipo misto alternativo, crime de ação múltipla** ou **de conteúdo variado**). **Inculcar** é aconselhar, apregoar, sugerir; **anunciar** é noticiar, divulgar pelos mais variados meios (panfletos, cartazes, rádio, televisão etc.). Pratica o delito em comento aquele que apregoa ou divulga tratamento de doença mediante cura secreta ou infalível. A ilicitude do comportamento reside no segredo e na infalibilidade da cura de determinada doença, pois às ciências médicas não é dado prometê-la por meios secretos, tampouco anunciar procedimento que inevitavelmente irá alcançá-la. É sabido, a propósito, que a medicina, em sua grande parte, é considerada atividade-meio, e não atividade-fim.

○ **Sujeito ativo:** O crime é **comum** ou **geral**. Pode ser cometido por qualquer pessoa, inclusive pelos profissionais da área da saúde (médicos, enfermeiros, fisioterapeutas, dentistas, farmacêuticos etc.).

○ **Sujeito passivo:** É a coletividade (**crime vago**).

○ **Elemento subjetivo:** É o dolo, independentemente de qualquer finalidade específica. O sujeito deve possuir ciência da falsidade do meio secreto ou infalível por ele inculcado ou anunciado, pois nesse ponto repousa sua fraude. Não se exige a finalidade de obtenção de vantagem econômica, malgrado esta seja normalmente a meta buscada pelo charlatão. Não se admite a modalidade culposa.

– **Charlatanismo e exercício ilegal da medicina – distinção:** Os crimes de charlatanismo e de exercício ilegal da medicina não se confundem. Aquele é de natureza instantânea e pode ser cometido inclusive pelo médico; este é habitual e, via de regra, não pode ter o profissional da medicina como sujeito ativo. Mas não para por aí. O ponto fundamental que os diferencia repousa no elemento subjetivo: no exercício ilegal da medicina, o sujeito acredita na eficácia do tratamento que aconselha ou aplica; de seu turno, no charlatanismo, o agente sabe que nenhum efeito curativo pode ter o tratamento que inculca ou anuncia.

– **Charlatanismo e estelionato: diferença e concurso de crimes**: O charlatanismo, cuja nota característica é a fraude, guarda muita afinidade com o estelionato. Cuida-se de autêntico "estelionato contra a saúde pública". Como leciona Magalhães Noronha, "A expressão vem do latim *ciarlare*, que significa falar muito, tagarelar, parlar etc. É o crime do 'conversa fiada', do que, com lábia, ilude os incautos, fazendo-os crer em curas maravilhosas, em processos infalíveis etc.".[242] De qualquer modo, o legislador decidiu inserir o charlatanismo de forma autônoma no rol dos crimes contra a saúde pública, e não entre os delitos patrimoniais, por duas razões: (a) embora seja a regra geral, nem sempre o sujeito é movido pela intenção de obter vantagem ilícita em prejuízo alheio; e (b) sua prática implica perigo à saúde pública, pois diversas pessoas deixam de receber tratamento médico adequado pelo fato de acreditarem na "conversa fiada" do charlatão. Entretanto, se o falsário, além de inculcar ou anunciar cura por meio secreto ou infalível, também obtiver vantagem ilícita em prejuízo alheio, a ele serão imputados os crimes de charlatanismo e estelionato, em concurso material, pois há ofensa a bens jurídicos diversos, quais sejam, a saúde pública e o patrimônio. É o que se verifica, a título ilustrativo, quando um golpista anuncia a cura da AIDS ou do câncer mediante o consumo de um chá especial, que vem a ser vendido aos interessados por elevado preço.

○ **Consumação:** Cuida-se de **crime formal, de consumação antecipada ou de resultado cortado**: consuma-se com o ato de inculcar ou anunciar a cura por meio secreto ou infalível, pouco importando se a pessoa enferma venha ou não a ser efetivamente "tratada" pelo charlatão. É também **crime de perigo comum e abstrato**, pois a lei presume de forma absoluta a si-

---

242   NORONHA, E. Magalhães. *Direito penal*. 16. ed. São Paulo: Saraiva, 1983. v. 4, p. 69.

tuação de risco a pessoas indeterminadas como consequência da conduta ilícita. Finalmente, constitui-se em **crime instantâneo**, e não habitual, razão pela qual é dispensável a reiteração do comportamento para a sua caracterização. Basta um único anúncio fraudulento de cura para o aperfeiçoamento do delito.

○ **Tentativa:** É possível.

○ **Ação penal:** É pública incondicionada.

○ **Lei 9.099/1995:** Trata-se de **infração penal de menor potencial ofensivo**. A pena privativa de liberdade cominada em seu patamar máximo (um ano) autoriza a transação penal e o rito sumaríssimo, incluindo o delito na competência do Juizado Especial Criminal.

○ **Formas qualificadas pelo resultado (art. 285 do Código Penal):** Se do fato doloso resultar lesão corporal de natureza grave (ou gravíssima), aumentar-se-á pela metade a pena privativa de liberdade; se resultar morte, aplicar-se-á a pena em dobro. *Ver comentários ao art. 285.*

○ **Jurisprudência selecionada:**

Liberdade de culto: "A liberdade de culto é garantia constitucional, com proteção do local e da liturgia" (STJ: HC 1.498/RJ, rel. Min. Luiz Vicente Cernicchiaro, 6.ª Turma, j. 18.12.1992).

Curandeirismo

Art. 284. Exercer o curandeirismo:

I – prescrevendo, ministrando ou aplicando, habitualmente, qualquer substância;

II – usando gestos, palavras ou qualquer outro meio;

III – fazendo diagnósticos:

Pena – detenção, de seis meses a dois anos.

Parágrafo único. Se o crime é praticado mediante remuneração, o agente fica também sujeito à multa.

Classificação:	Informações rápidas:
Crime comum	**Objeto material:** substância prescrita, ministrada ou aplicada, o gesto, a palavra ou qualquer outro meio, bem como o diagnóstico efetuado.
Crime formal, de consumação antecipada ou de resultado cortado	**Elemento subjetivo:** dolo. Não admite modalidade culposa.
Crime de perigo comum e abstrato	**Tentativa:** admite (*crime plurissubsistente – divergência doutrinária*).
Crime de forma vinculada	**Ação penal:** pública incondicionada.
Crime vago	
Crime habitual	
Crime comissivo (*regra*)	
Crime unissubjetivo, unilateral ou de concurso eventual	
Crime plurissubsistente (*regra*)	

○ **Objeto jurídico:** Tutela-se a saúde pública.

○ **Objeto material:** É a **substância prescrita**, **ministrada** ou **aplicada**, o gesto, a **palavra** ou **qualquer outro meio**, bem como o **diagnóstico** efetuado.

○ **Núcleo do tipo:** O núcleo do tipo é **"exercer"**, no sentido de desempenhar ou praticar determinado comportamento com **habitualidade**. Com efeito, o verbo "exercer" é indicativo da reiteração de atos, razão pela qual a realização isolada da conduta legalmente descrita não constitui o delito. **Curandeirismo** é a prática consistente no ato de restabelecer a saúde alheia por pessoa a quem não é atribuída a função, capacidade ou poder para tal fim. Em regra, é realizada por indivíduo sem qualquer título ou idoneidade técnica ou profissional para alcançar a cura. A atividade do curandeiro não precisa ser completamente inovadora e totalmente falha, de modo a permitir que somente as pessoas menos esclarecidas possam cair no golpe. Cuida-se de **crime de forma vinculada**, pois o tipo penal arrola expressamente seus meios de execução. Vejamos.

– **Inciso I – prescrevendo, ministrando ou aplicando, habitualmente, qualquer substância:** **Prescrever** é receitar ou recomendar; **ministrar** equivale a entregar para consumir ou inocular; e **aplicar** tem o sentido de empregar ou utilizar. As ações ligam-se a "**qualquer substância**", de origem vegetal, animal ou mineral (exemplos: pomadas, líquidos, tripas de animais, penas de aves etc.), seja ou não nociva à saúde humana pois, nada obstante sua inocuidade, ela impede ou retarda o tratamento correto do enfermo pelo profissional da área de saúde.

– **Inciso II – usando gestos, palavras ou qualquer outro meio: Gestos** consistem no emprego de movimentos corporais, especialmente dos membros superiores e da cabeça, que podem servir para manifestar ideias ou sentimentos. **Palavras** são os meios utilizados para facilitar a comunicação interpessoal, mediante linguagem escrita ou falada, tais como as rezas, benzeduras, encomendações e esconjuros. A expressão "**ou qualquer outro meio**" abarca atos análogos aos gestos e às palavras criados pela imaginação humana e impossíveis de serem esgotados no plano abstrato.

– **Inciso III – fazendo diagnósticos:** Nessa hipótese, o comportamento ilícito reduz-se a fazer diagnósticos, ato privativo do médico, mediante a constatação de uma doença ou enfermidade pelos seus sintomas ou sinais característicos. Assim agindo, o curandeiro retarda a cura ou o tratamento de uma doença, comprometendo a saúde e até mesmo a vida do enfermo.

○ **Sujeito ativo:** Pode ser qualquer pessoa desprovida de conhecimentos médicos (**crime comum** ou **geral**).

○ **Sujeito passivo:** É a coletividade (**crime vago**).

○ **Elemento subjetivo:** É o dolo, independentemente de qualquer finalidade específica. Prescinde-se da cupidez, ou seja, da intenção de alcançar vantagem indevida em consequência da conduta ilícita. Não se admite a modalidade culposa.

○ **Atuação remunerada e aplicação cumulativa da pena de multa (art. 284, parágrafo único):** Se o curandeirismo for praticado mediante remuneração, incidirá também a pena de multa.

○ **Consumação:** O curandeirismo é **crime habitual**. Sua consumação reclama a prática reiterada de qualquer dos atos descritos no tipo penal, demonstrando um estilo de vida ilícito por parte do agente. A habitualidade não exige o exercício dos comportamentos legalmente descritos durante longo período, ou mesmo em dias sucessivos. Uma reiteração de atos (exemplos: aplicações de substâncias, passes etc.), em um mesmo dia e para diversas pessoas, é prova inequívoca do exercício efetivo do curandeirismo. Para comprovação da habitualidade, prescinde-se, por parte do sujeito ativo, do desempenho exclusivo do curandeirismo. Pode ele entregar-se a outras atividades, e nem por isso deixará de ser curandeiro, quando realizar reiteradamente as ações delineadas no dispositivo em análise. Trata-se de **crime formal, de consumação antecipada** ou **de resultado cortado**: consuma-se com a prática repetida de qualquer dos comportamentos descritos pelo tipo penal, pouco importando se sobrevém dano ou prejuízo a alguém. Cuida-se ainda de **crime de perigo abstrato**, pois o legislador presume, de forma absoluta, o risco à saúde pública em decorrência da prática das condutas legalmente previstas.

○ **Tentativa:** Embora a doutrina majoritária sustente a inadmissibilidade do *conatus* no âmbito do curandeirismo, em face da sua natureza habitual, ousamos discordar. Em nosso entendimento, o delito é compatível com a figura da tentativa, como corolário do seu caráter plurissubsistente, permitindo o fracionamento do *iter criminis*.

○ **Ação penal:** É pública incondicionada.

○ **Lei 9.099/1995:** A pena máxima cominada ao delito de curandeirismo é de dois anos. Trata-se, portanto, de **infração penal de menor potencial ofensivo**, de competência do Juizado Especial Criminal e compatível com a transação penal e com o rito sumaríssimo.

○ **Formas qualificadas pelo resultado (art. 285 do Código Penal):** Se do fato doloso resultar lesão corporal de natureza grave (ou gravíssima), aumentar-se-á pela metade a pena privativa de liberdade; se resultar morte, aplicar-se-á a pena em dobro. *Ver comentários ao art. 285.*

○ **Curandeirismo e rituais religiosos:** O Brasil é um Estado laico, ou seja, não adota oficialmente nenhuma religião (art. 19, inc. I, da Constituição Federal). Se não bastasse, o art. 5.º, inc. VI, da Lei Suprema assegura a liberdade de consciência e de crença, bem como o livre exercício dos cultos religiosos. Portanto, os atos inerentes aos rituais religiosos – a exemplo dos passes efetuados no espiritismo e das benzeduras dos padres católicos – constituem-se em autênticas manifestações da fé, e não se encaixam no tipo penal do curandeirismo, pois são incapazes de oferecer perigo à saúde pública.

– **A problemática relacionada aos abusos da atividade religiosa:** Existem indivíduos que, sob o manto da proteção constitucional da liberdade de consciência e de crença, e do livre exercício dos cultos religiosos, extrapolam os limites consagrados à atividade religiosa, provocando danos à saúde e até mesmo à vida de pessoas simples e incautas que depositam a esperança da cura de suas enfermidades nos poderes a eles supostamente atribuídos pelos deuses. É o que se dá nas "cirurgias" de amputações de membros do corpo humano ou de retirada de órgãos, ou, ainda, nas perfurações efetuadas para operações das mais variadas espécies. Mesmo nesses casos extremos, não se pode reconhecer o crime de curandeirismo, porque está em jogo a crença religiosa da pessoa submetida ao tratamento sobrenatural. Contudo, o Direito Penal não pode se omitir. Sua atuação fica restrita à esfera de disponibilidade do paciente. Destarte, quando a vítima suportar ferimentos graves ou vier a falecer, ou seja, quando for atingida em bens jurídicos indisponíveis, o sujeito deverá ser responsabilizado pela lesão corporal grave (ou gravíssima), ou então pelo crime de homicídio.

○ **Exercício ilegal da medicina, charlatanismo e curandeirismo:** No **exercício ilegal da medicina** (art. 282 do CP), o sujeito ativo pode ser qualquer pessoa (crime comum ou geral), inclusive aquela dotada de conhecimentos médicos, desde que não esteja devidamente habilitada para o exercício da profissão. De igual modo, o **charlatanismo** (art. 283 do CP) é crime comum, podendo ser cometido inclusive pelo médico. Entretanto, o charlatão funciona como autêntico estelionatário da medicina, pois anuncia a cura de determinada enfermidade por meio secreto ou infalível, ciente de que seu procedimento não é idôneo para tanto. Finalmente, o **curandeirismo** também pode ser praticado por qualquer pessoa. Todavia, aqui o sujeito ativo não se passa por médico, dentista ou farmacêutico. Sua conduta consiste em promover habitualmente a cura, por meio de métodos vulgares, sem qualquer base técnico-científica. No entanto, ao contrário do charlatão, o curandeiro acredita ser capaz de curar seu paciente mediante a utilização de fórmulas mágicas ou sobrenaturais.

○ **Curandeirismo e estelionato:** O curandeiro é a pessoa que acredita ser capaz de curar doenças e males do corpo humano mediante o emprego de fórmulas mágicas e completamente em descompasso com os postulados da medicina. Por seu turno, o estelionatário é o sujeito de má-fé que se aproveita da simplicidade da vítima para, valendo-se da fraude, induzi-la ou mantê-la em erro, obtendo vantagem ilícita em prejuízo alheio. Nesse contexto, se o agente atuar travestido de curandeiro, prometendo solucionar moléstias de modo sobrenatural, mas com o propósito deliberado de obter vantagem ilícita, de ordem econômica, em prejuízo de alguém, a ele será imputado o crime de estelionato (art. 171, *caput, do CP*), e não o de curandeirismo. De fato, a simulação da condição de curandeiro funciona efetivamente como fraude, meio de execução do delito contra o patrimônio.

○ **Curandeirismo, violação sexual mediante fraude e estupro de vulnerável:** Se o sujeito, a pretexto de curar determinada pessoa de males que acometem seu corpo ou sua mente, com ela mantém conjunção carnal ou outro ato libidinoso, mediante fraude ou outro meio que impeça ou dificulte sua livre manifestação de vontade, deverá ser responsabilizado pelo crime de violação sexual mediante fraude (art. 215 do CP), restando absorvido o curandeirismo, o qual desponta como meio de execução para a prática do fato principal. Se a vítima for pessoa menor de 14 anos de idade, ou então portadora de doença ou enfermidade mental, e consequentemente não possuir discernimento para a prática do ato sexual, ou finalmente não puder, por qualquer outra causa, oferecer resistência, estará caracterizado o crime de estupro de vulnerável, de natureza hedionda, definido no art. 217-A do CP.

○ **Jurisprudência selecionada:**

   Crime habitual: "O curandeirismo ficou comprovado com habitualidade com o que o réu ministrava os 'passes' e obrigava, adultos e menores, a ingerirem sangue de animais e bebida alcoólica, colocando em perigo a saúde e levando os adolescentes à dependência do álcool" (STJ: REsp 50.426/MG, rel. Min. Jesus Costa Lima, 5.ª Turma, j. 10.08.1994).

Forma qualificada

> **Art. 285.** Aplica-se o disposto no art. 258 aos crimes previstos neste Capítulo, salvo quanto ao definido no art. 267.

○ **Nomenclatura:** O art. 285 do Código Penal determina a incidência das regras contidas em seu art. 258 aos crimes contra a incolumidade pública, à exceção do crime de epidemia (art. 267). Nada obstante o legislador tenha utilizado a expressão "formas qualificadas pelo resultado", cuida-se de causas de aumento da pena.

○ **Aumento de pena nos crimes dolosos:** Se do fato doloso resultar lesão corporal de natureza grave (ou gravíssima), aumentar-se-á pela metade a pena privativa de liberdade; se resultar morte, aplicar-se-á a pena em dobro. São hipóteses de **crimes preterdolosos**, pois o resultado agravador (lesão corporal grave ou morte) há de ser produzido a título de culpa.

○ **Aumento de pena nos crimes culposos:** No caso de culpa, se do fato resulta lesão corporal, a pena aumenta-se de metade; e, se resulta morte, aplica-se a pena cominada ao homicídio culposo, aumentada de um terço. São crimes culposos agravados por resultados de igual natureza.

TÍTULO IX –
DOS CRIMES CONTRA A PAZ PÚBLICA

○ **Introdução:** A expressão "paz pública" foi utilizada pelo legislador em sua **concepção subjetiva**, ou seja, como o sentimento coletivo de paz assegurado pela ordem jurídica. Com efeito, ao Poder Público não basta garantir a incolumidade da ordem pública objetivamente considerada, compreendida como o estado de pacífica vida coletiva. É preciso que na mentalidade das pessoas permaneça inabalada a consciência de normalidade, e entre os deveres do Estado está o de resguardar esta consciência. Neste Título, a lei incriminou autonomamente condutas que, em princípio, representariam meros atos preparatórios de outros crimes ("**crimes-obstáculo**"), contentando-se com a simples ameaça a direitos alheios. Como ensina Magalhães Noronha: "São quase todos esses crimes autênticos *atos preparatórios* e a razão de puni-los está ou no relevo que o legislador dá ao bem ameaçado ou porque sua frequência está a indicar a necessidade da repressão, em qualquer caso, em nome da paz social."[242] O legislador não fica passivo aguardando o cometimento de um delito para só depois autorizar a incidência do poder punitivo estatal. Ele age de forma antecipada, punindo comportamentos que poderiam resultar na prática de crimes.

Incitação ao crime

> **Art. 286.** Incitar, publicamente, a prática de crime:
>
> Pena – detenção, de três a seis meses, ou multa.
>
> Parágrafo único. Incorre na mesma pena quem incita, publicamente, animosidade entre as Forças Armadas, ou delas contra os poderes constitucionais, as instituições civis ou a sociedade.

Classificação:	Informações rápidas:
Crime simples Crime comum Crime formal, de consumação antecipada ou de resultado cortado Crime de perigo comum e abstrato (*diverg.*) Crime vago Crime de forma livre Crime comissivo (*regra*) Crime instantâneo Crime unissubjetivo, unilateral ou de concurso eventual Crime unissubsistente ou plurissubsistente	Para a caracterização, basta o incentivo público à prática de um crime determinado (não abrange contravenções penais ou atos meramente imorais), dirigido a um número indeterminado de pessoas. **Elemento subjetivo:** dolo (não admite modalidade culposa). **Tentativa:** admite (*crime plurissubsistente*). **Ação penal:** pública incondicionada.

242 MAGALHÃES NORONHA, E. *Direito penal*. 16. ed. São Paulo: Saraiva, 1983. v. 4, p. 86.

○ **Objeto jurídico:** Tutela-se a paz pública, compreendida como o sentimento coletivo de paz e segurança assegurado pela ordem jurídica.

○ **Núcleo do tipo:** É "**incitar**", no sentido de estimular, incentivar publicamente a prática de crime, imediatamente ou no futuro. A palavra "crime" foi utilizada em sentido técnico, motivo pelo qual não se caracteriza o delito na hipótese de incitação, embora pública, de contravenção penal ou de atos meramente imorais.

○ **Crime determinado:** A incitação deve relacionar-se com a prática de **crime determinado**, embora não se exija a indicação dos meios de execução a serem empregados ou as vítimas dos delitos a serem perpetrados.

○ **Destinatários da incitação:** Como o tipo penal contém a elementar "**publicamente**", é necessário atinja a incitação ao crime um **número indeterminado de pessoas**, pois só assim é possível falar em crime contra a "paz pública". Admite-se, excepcionalmente, o incitamento a uma única pessoa, desde que seja percebido ou no mínimo perceptível por número indefinido de pessoas. Destarte, a residência particular não pode ser compreendida como local público, ainda que em seu interior encontrem-se diversas pessoas. Igual raciocínio se aplica aos pequenos estabelecimentos comerciais.

○ **Sujeito ativo:** Trata-se de **crime comum** ou **geral**, podendo ser praticado por qualquer pessoa.

○ **Sujeito passivo:** É a coletividade, pois a paz pública é do interesse de todos.

○ **Elemento subjetivo:** É o dolo, independentemente de qualquer finalidade específica. Não se admite a modalidade culposa.

○ **Consumação:** O crime é **formal, de consumação antecipada ou de resultado cortado**: consuma-se no momento em que o agente, incitando publicamente a prática de crime (**crime de perigo comum**), coloca em perigo a paz pública, criando uma sensação de insegurança na coletividade (**crime de perigo abstrato**), em razão da probabilidade de cometimento de crimes por outras pessoas. Pouco importa se o crime incitado venha ou não a ser praticado por alguma pessoa.

○ **Tentativa:** É possível, na hipótese em que a conduta de incitação despontar como plurissubsistente, permitindo o fracionamento do *iter criminis*. É o que se dá na utilização de cartazes, faixas, panfletos etc. Mas não será cabível o *conatus* quando a conduta for cometida oralmente, em razão da natureza unissubsistente do delito.

○ **Ação penal:** É pública incondicionada.

○ **Lei 9.099/1995:** Em face do máximo da pena privativa de liberdade cominada (detenção de seis meses), a incitação ao crime é **infração penal de menor potencial ofensivo**, compatível com a transação penal e o rito sumaríssimo.

○ **Figura equiparada:** Nos termos do art. 286, parágrafo único, do Código Penal: "Incorre na mesma pena quem incita, publicamente, animosidade entre as Forças Armadas, ou delas contra os poderes constitucionais, as instituições civis ou a sociedade." Esse dispositivo foi acrescentado pela Lei 14.197/2021, responsável pela criação do Título XII da Parte Especial do Código Penal – "Dos crimes contra o Estado Democrático de Direito". A propósito, o art. 23, II, da Lei 7.170/1983 – Lei de Segurança Nacional, revogada pela Lei 14.197/2021, continha delito semelhante, com a seguinte descrição típica: "Art. 23. Incitar: (...) II – à animosidade entre as Forças Armadas ou entre estas e as classes sociais ou as instituições civis." A incitação, direcionada a um número indeterminado de pessoas, deve ser **pública**, visando à animosidade, é dizer, o rancor ou aversão em alguma das seguintes situações: **(a) entre as Forças Armadas:** a teor da regra contida no art. 142, *caput*, da Constituição Federal, as Forças Armadas são constituídas pela Marinha, pelo Exército e pela Aeronáutica. A conduta criminosa limita-se às Forças Armadas, ou seja, não abrange as instituições de segurança pública elencadas pelo art. 144 da Lei Suprema (Polícia Federal, Polícia Civil, Polícia Militar, etc.); **(b) entre as Forças Armadas e os Poderes Constitucionais:** o art. 2.º da Constituição Federal prevê os Poderes Legislativo, Executivo e Judiciário. A animosidade deve ocorrer entre as Forças Armadas e algum (ou alguns, ou ainda todos) dos Poderes. Não basta a discórdia com integrantes de algum dos Poderes, salvo quando tal agente público funcionar como instrumento para ofensa ao Poder que ele integra. Exemplo: o agente incita a animosidade do Exército contra um Ministro do Supremo Tribunal Federal, visando ao rancor da instituição militar com o Poder Judiciário; **(c) entre as Forças Armadas e as instituições civis:** são as instituições não militares, de natureza pública (exemplos: Ministério Público e Defensoria Pública) ou criadas pelo Poder Público (exemplos: universidades públicas, agências reguladoras, etc.); ou **(d) entre as Forças Armadas e a sociedade:** a palavra "sociedade" deve ser compreendida como comunidade, ou seja, a população em geral. É o "povo", como determina o art. 1.º, parágrafo único, da Constituição Federal: homens e mulheres em suas atividades cotidianas, não integrantes das Forças Armadas, dos Poderes Constitucionais e das instituições civis. O delito se esgota na incitação à animosidade das Forças Armadas, ou seja, na mera provocação do agente à rivalidade do Exército, Marinha ou Aeronáutica entre si ou com os Poderes Constitucionais, as instituições civis ou a sociedade. De fato, se as Forças Armadas efetivamente entrarem em confronto com qualquer dos entes apontados pelo tipo penal, estará caracterizado delito diverso (e mais grave), a exemplo do golpe de Estado, catalogado no art. 359-M do Código Penal, na conduta de tentar depor, por meio de violência ou grave ameaça, o governo legitimamente constituído.

○ **Incitação ao crime e genocídio:** Se a incitação tiver como objetivo a prática de genocídio, estará caracterizado o crime tipificado no art. 3.º da Lei 2.889/1956.

○ **Incitação ao crime e Código Penal Militar:** O art. 155 do Decreto-lei 1.001/1969 – Código Penal Militar – prevê o crime de incitamento.

○ **Incitação ao crime e preconceito ou discriminação:** Se a incitação ao crime possuir como finalidade a discriminação ou preconceito de raça, cor, etnia, religião ou procedência nacional, estará caracterizado o crime descrito no art. 20, *caput*, da Lei 7.716/1989.

○ **Jurisprudência selecionada:**

Ausência de incitação: "Incitação ao crime: não o pratica quem, segundo a denúncia, não incitou ninguém à prática do delito, mas, ao contrário, teria acedido à instigação de terceiro" (STF: HC 75.755/GO, rel. Min. Sepúlveda Pertence, 1.ª Turma, j. 17.02.1998).

Objetividade jurídica: "Ora, a paz pública interessa a todos, e, por isso mesmo, seu sujeito passivo é a coletividade, e não a União Federal, uma vez que não está em causa interesse direto e específico seu, ainda quando esse delito, por causa do meio de comunicação empregado, se pratique por intermédio de empresa concessionária de serviço público federal (entidade essa a que não se refere o art. 109, IV, da Constituição), ou tenha a sua consumação verificada simultaneamente em mais de um Estado" (STF: RE 166.943/PR, rel. Min. Moreira Alves, 1.ª Turma, j. 03.03.1995).

Objetividade jurídica – imunidade parlamentar – inaplicabilidade: "O Colegiado explicou que a defesa sustentava atipicidade da conduta de incitação ao crime, pois as afirmações seriam genéricas. A respeito, registrou que o tipo penal em análise dá ênfase ao aspecto subjetivo da ordem pública, ao sentimento de paz e à tranquilidade social. O bem jurídico tutelado é diverso daquele que é ofendido pelo crime objeto da instigação. Não se trata da proteção direta de bens jurídicos primários, mas de formas de proteção mediata daqueles, pois se enfrenta uma das condições favoráveis à prática de graves danos para a ordem e a perturbação sociais. Assim, a incitação ao crime não envolve ataque concreto ao bem jurídico tutelado, mas sim destina-se a salvaguardar o valor desse bem jurídico do crime objeto de incitação. No caso, a integridade física e psíquica da mulher encontra ampla guarida na ordem jurídica, por meio de normas exsurgidas de um pano de fundo aterrador, de cotidianas mortes, lesões e imposição de sofrimento ao gênero feminino no País. Assim, em tese, a manifestação do acusado tem o potencial de incitar outros homens a expor as mulheres à fragilidade e à violência física, sexual, psicológica e moral, porquanto proferida por parlamentar, que não pode desconhecer os tipos penais. Especialmente, o crime de estupro tem consequências graves, e sua ameaça perene mantém todas as mulheres em situação de subordinação. Portanto, discursos que relativizam essa gravidade e a abjeção do delito contribuem para agravar a vitimização secundária produzida pelo estupro. A Turma enfatizou, ainda, que a utilização do vocábulo 'merece' tivera por fim conferir ao delito o atributo de prêmio, favor, benesse à mulher. Além disso, confere às vítimas o merecimento dos sofrimentos a elas infligidos. Essa fala reflete os valores de uma sociedade desigual, que ainda tolera e até incentiva a prática de atitudes machistas e defende a naturalidade de uma posição superior do homem, nas mais diversas atividades. Não se podem subestimar os efeitos de discursos que reproduzem o rebaixamento da dignidade sexual da mulher, que podem gerar perigosas consequências sobre a forma como muitos irão considerar o crime de estupro, podendo, efetivamente, encorajar sua prática. O desprezo demonstrado pela dignidade sexual reforça e incentiva a perpetuação dos traços de uma cultura que ainda subjuga a mulher, com o potencial de instigar variados grupos a lançarem sobre a própria vítima a culpa por ser alvo de criminosos sexuais. Portanto, não é necessário que se apregoe, verbal e literalmente, a prática de determinado crime. O tipo do art. 286 do CP abrange qualquer conduta apta a provocar ou a reforçar a intenção da prática criminosa de terceiros. A Turma sublinhou outra alegação da defesa, segundo a qual, se as palavras do parlamentar fossem consideradas incitação ao estupro, então as mulheres que aderiram ao movimento iniciado na internet ('eu não mereço ser estuprada') também o teriam praticado. Ressaltou que se tratara de campanha de crítica e repúdio às declarações do parlamentar. O sentido conferido, na referida campanha, ao verbo 'merecer' revela-se oposto ao empregado pelo acusado nas manifestações que externara publicamente. Essas mensagens buscaram restabelecer o sentimento social de que o estupro é uma crueldade intolerável. Ademais, o tipo penal da incitação ao crime é formal, de perigo abstrato, e independe da produção de resultado. Além disso, não exige o fim especial de agir, mas apenas o dolo genérico, consistente na consciência de que o comportamento do agente instigará outros a praticar crimes. No caso, a frase do parlamentar tem potencial para estimular a perspectiva da superioridade masculina e a intimidação da mulher pela ameaça de uso da violência. Assim, a afirmação pública do imputado tem, em tese, o potencial de reforçar eventual propósito existente em parte daqueles que depreenderam as declarações, no sentido da prática de violência contra a mulher, inclusive novos crimes contra a honra da vítima e de mulheres em geral" (STF: Inq 3.932/DF, rel. Min. Luiz Fux, e Pet 5.243/DF, rel. Min. Luiz Fux, 1.ª Turma, j. 21.06.2016, noticiados no *Informativo* 831).

Apologia de crime ou criminoso

> **Art. 287.** Fazer, publicamente, apologia de fato criminoso ou de autor de crime:
> Pena – detenção, de três a seis meses, ou multa.

Classificação:	Informações rápidas:
Crime simples Crime comum Crime formal, de consumação antecipada ou de resultado cortado Crime de perigo comum Crime vago Crime de forma livre Crime comissivo (*regra*) Crime instantâneo Crime unissubjetivo, unilateral ou de concurso eventual Crime unissubsistente ou plurissubsistente	A expressão "fato criminoso" não abrange contravenções penais ou atos meramente imorais. A expressão "autor de crime" abrange a autoria, coautoria e a participação. Na apologia de crime ou criminoso o agente estimula indiretamente o cometimento de crimes, ao passo que na incitação o estímulo é direto. **Elemento subjetivo:** dolo (não admite modalidade culposa). **Tentativa:** admite (exceto no caso de apologia oral). **Ação penal:** pública incondicionada.

○ **Objeto jurídico:** Tutela-se a paz pública, ou seja, o sentimento coletivo de paz e segurança assegurado pela ordem jurídica.

○ **Núcleo do tipo:** O núcleo do tipo é "**fazer**" **apologia**, no sentido de elogiar, louvar, enaltecer, exaltar **fato criminoso** ou **autor de crime**. Como a lei se refere a "**fato criminoso**" – cuja definição pode se encontrar no Código Penal ou na legislação extravagante –, a apologia de contravenção penal (ou de seu autor), e também de comportamentos meramente imorais (ou de seu autor), constitui-se em fato atípico, em face da ausência de elemento constitutivo do tipo.

– **Autor de crime:** A expressão "**autor de crime**" foi utilizada em sentido amplo, devendo ser compreendida como toda e qualquer pessoa envolvida com a prática do delito, na condição de autora, coautora ou partícipe. É indiferente se o autor do crime já foi condenado, ou mesmo se contra ele foi ajuizada ação penal.

– **Alcance da expressão "fato criminoso":** A doutrina discute o alcance da expressão "fato criminoso": diz respeito a crimes já praticados, ou também se refere a delitos futuros, é dizer, ainda não cometidos? Há duas posições sobre o assunto: (a) Para Nélson Hungria, a elementar "fato criminoso" abrange crimes passados e futuros;[243] (b) Com entendimento contrário, Magalhães Noronha defende a aplicabilidade da expressão "fato criminoso" apenas a delitos já concretizados.[244]

– **Local da apologia:** O tipo penal contém a elementar "**publicamente**". Não basta a apologia de crime ou criminoso. A conduta deve ser praticada em local público, de modo a alcançar **pessoas indeterminadas**, pois somente desta forma será possível falar em perigo à paz pública. Não há crime, portanto, quando a apologia é realizada no interior de uma residência, ou mesmo no âmbito de locais frequentados por poucos indivíduos.

– **Distinção entre apologia de crime ou criminoso e incitação ao crime:** Na **incitação ao crime** há **estímulo direto** à prática de delitos. Na **apologia de crime ou criminoso**, por sua vez, o agente **estimula indiretamente** o cometimento de crimes, seja exaltando um delito, seja louvando a atitude do seu autor.

○ **Sujeito ativo:** Pode ser praticado por qualquer pessoa. Entretanto, determinados indivíduos são beneficiados por imunidades, que também alcançam o crime em estudo. É o que se dá em relação aos deputados federais e senadores (CF, art. 53, *caput*), aos deputados estaduais (CF, art. 27, § 1.º) e também aos vereadores (CF, art. 29, inc. VIII).

---

[243] HUNGRIA, Nélson. *Comentários ao Código Penal*. 2. ed. Rio de Janeiro: Forense, 1959. v. IX, p. 172-173.
[244] NORONHA, E. Magalhães. *Direito penal*. 16. ed. São Paulo: Saraiva, 1983. v. 4, p. 89.

○ **Sujeito passivo:** É a coletividade (**crime vago**).

○ **Elemento subjetivo:** É o dolo, independentemente de qualquer finalidade específica. Não se admite a modalidade culposa.

– **Debates e críticas:** O fato é atípico, por ausência de dolo, nos comportamentos relacionados aos debates e críticas imprescindíveis à evolução e ao aperfeiçoamento do Direito Penal, discutindo-se a viabilidade da revogação de determinados tipos penais, tal como muitas vezes ocorre em relação ao crime de aborto provocado pela gestante ou com seu consentimento (CP, art. 124) e no porte de droga para consumo pessoal (Lei 11.343/2006, art. 28, *caput*). De fato, o que não se tolera é a exaltação fria e deliberada a respeito de um crime ou de seu autor.

○ **Consumação:** Cuida-se de **crime formal, de consumação antecipada ou de resultado cortado**: consuma-se no instante em que o agente faz, publicamente (**crime de perigo comum**), apologia de fato criminoso ou de autor de crime, criando situação de perigo à paz pública (**crime de perigo abstrato**), mediante o sentimento de insegurança transmitido à coletividade, proporcionado pela probabilidade da prática de novos delitos. É indiferente, contudo, se outras pessoas repetem ou não o fato criminoso enaltecido pelo sujeito ativo.

○ **Tentativa:** É possível nas hipóteses em que a conduta se apresentar como plurissubsistente. No entanto, não será cabível o *conatus* quando, no caso de apologia oral, em face do caráter unissubsistente do delito, incompatível com o fracionamento do *iter criminis*.

○ **Ação penal:** É pública incondicionada.

○ **Lei 9.099/1995:** Em face do máximo da pena privativa de liberdade cominada (detenção de seis meses), a apologia de crime ou criminoso constitui-se em **infração penal de menor potencial ofensivo**, sujeitando-se à transação penal e ao rito sumaríssimo.

○ **Concurso de crimes:** Se o agente, no mesmo contexto fático, fizer apologia de dois ou mais fatos criminosos, ou então de dois ou mais autores de crimes, a ele serão imputados dois ou mais delitos tipificados no art. 287 do Código Penal, em concurso formal impróprio ou imperfeito (CP, art. 70, *caput*, parte final). Entretanto, se o sujeito ativo efetuar, com uma só conduta, a apologia de um fato criminoso e também do seu autor, responderá por um só delito.

○ **Jurisprudência selecionada:**

Apologia de contravenção penal – inexistência do crime: "A apologia de contravenção penal não satisfaz elemento constitutivo desse delito. Além disso, imprescindível registrar que a apologia se deu publicamente, isto é, dirigida ou presenciada por número indeterminado de pessoas, ou, em circunstância, em que a elas pode chegar a mensagem. Só assim, será relatado o resultado (perigo à Paz Pública), juridicamente entendido como a probabilidade (perigo concreto) de o crime ser repetido por outrem, ou seja, estimular terceiros a delinquência" (STJ: RHC 4.660/RJ, rel. Min. Luiz Vicente Cernicchiaro, 6.ª Turma, j. 05.09.1995).

Imunidades parlamentares: "O paciente, que é vereador, utilizou-se da tribuna da Câmara Municipal para fazer a apologia de extermínio de meninos de rua. Foi, em decorrência, denunciado como incurso no art. 287 do CP. Ajuizou *habeas corpus*, invocando sua inviolabilidade parlamentar (CF, art. 29, VIII). O writ foi denegado. Não resta dúvida de que o paciente pregou sua sandice, própria de mente vazia. Mas, mesmo assim não se pode falar tenha ele cometido o crime. A Constituição Federal de 88, afastando-se do federalismo clássico, alçou o Município a condição de ente federado (art. 1º, *caput*.). Coerente com a nova filosofia política, que encontra raízes históricas na aurora de nosso estado, deu imunidade ao vereador no art. 29, inciso VIII:

"inviolabilidade dos vereadores por suas opiniões, palavras e votos no exercício do mandato e na circunscrição do Município". Desse modo, ainda que o parlamentar (*lato sensu*) se utilize mal da grandeza e finalidade da instituição a que devia servir, a Constituição, no interesse maior, o protege com a imunidade. A Suprema Corte dos Estados Unidos, no caso *United States* v. *Brewster* (408 U.S. 501, 507 (1972)), enfatizou: 'a imunidade da cláusula relativa ao discurso e ao debate não se acha escrita na Constituição simplesmente em benefício pessoal ou privado dos membros do congresso, mas para proteger a integridade do processo legislativo, garantindo a independência individual dos legisladores'" (STJ: RHC 3.981/RS, rel. Min. Pedro Acioli, rel. p/ acórdão Min. Adhemar Maciel, 6.ª Turma, j. 15.12.1994).

Associação criminosa

> **Art. 288.** Associarem-se 3 (três) ou mais pessoas, para o fim específico de cometer crimes:
>
> Pena – reclusão, de 1 (um) a 3 (três) anos.
>
> Parágrafo único. A pena aumenta-se até a metade se a associação é armada ou se houver a participação de criança ou adolescente.

Classificação:	Informações rápidas:
Crime simples Crime comum Crime formal, de consumação antecipada ou de resultado cortado Crime de perigo comum e abstrato (*diverg.*) Crime vago Crime-obstáculo Crime de forma livre Crime comissivo Crime permanente Crime plurissubjetivo, plurilateral ou de concurso necessário e de conduta paralela Crime plurissubsistente	**Associação:** deve ser estável e permanente (independe de organização definida, hierarquia entre os membros e repartição de funções). Exige três pessoas e, dentre estes, pelo menos um imputável. Extinção da punibilidade de um dos agentes não descaracteriza o crime. Não abrange **contravenções penais** e todos os crimes devem ser **dolosos**. **Denúncia:** independe da descrição detalhada da conduta de cada membro. **Elemento subjetivo:** dolo (elemento subjetivo específico: "para o fim específico de cometer crimes"). Não admite modalidade culposa. **Tentativa:** não admite. **Ação penal:** pública incondicionada. **Majorantes do parágrafo único:** abrange arma própria e imprópria (inclusive arma branca); envolvimento de menor de 18 anos.

○ **Introdução:** Em sua redação original, o art. 288 do Código Penal contemplava dois crimes: **quadrilha** e **bando**. Com a entrada em vigor da Lei 12.850/2013 – Lei do Crime Organizado, o *nomen iuris* do delito foi alterado para **associação criminosa**. A pena privativa de liberdade foi mantida: reclusão, de um a três anos. Contudo, a Lei 12.850/2013 constitui-se em norma penal mais gravosa, aplicável somente a fatos futuros, pois bastam três pessoas para a configuração da associação criminosa, enquanto na quadrilha e no bando exigiam-se ao menos quatro indivíduos.

○ **Objeto jurídico:** Tutela-se a paz pública.

○ **Núcleo do tipo:** O núcleo do tipo é "**associarem-se**", ou seja, aliarem-se, reunirem-se, congregarem-se três ou mais pessoas para o fim específico de cometer crimes.

– **Associação estável e permanente:** É a nota característica que diferencia a associação criminosa do concurso de pessoas (coautoria ou participação) para a prática de delitos em geral. No art. 288 do Código Penal, é imprescindível o vínculo associativo, revestido de estabilidade e permanência, entre seus integrantes. Em outras palavras, o acordo ilícito entre três ou mais pessoas deve versar sobre uma duradoura, mas não necessariamente perpétua, atuação em comum, no sentido da realização de crimes indeterminados ou somente ajustados quanto à espécie, que pode ser de igual natureza ou homogênea (exemplo: furtos), ou ainda de natureza diversa ou heterogênea (exemplo: furtos, estelionatos e apropriações indébitas), mas nunca no tocante à quantidade. Exemplo: Cinco pessoas se unem, sem previsão de data para a dissolução do agrupamento, visando a concretização de furtos de automóveis no estado do Ceará. Ausente esse vínculo associativo, a união de três ou mais indivíduos para a prática de um ou mais crimes caracteriza o concurso de pessoas (coautoria ou participação), nos moldes do art. 29, *caput*, do Código Penal. Exemplo: Cinco pessoas se reúnem para furtar dois automóveis em Salvador. Alcançado o objetivo, os veículos são vendidos, reparte-se o dinheiro arrecadado e os sujeitos retornam cada um às suas vidas.

Além disso, mais uma importante diferença pode ser apontada entre a associação criminosa e o concurso de pessoas. Na associação criminosa, pouco importa se os delitos para os quais foi constituída venham ou não a ser praticados. Em outras palavras, o crime tipificado no art. 288 do Código Penal é de natureza formal, consumando-se com a simples associação estável e permanente de três ou mais pessoas para a prática de crimes, ainda que no futuro nenhum delito seja efetivamente realizado. Por sua vez, afasta-se a punição do concurso de pessoas na hipótese em que, nada obstante a reunião de dois ou mais indivíduos em busca de um fim comum, não se dá causa, no mínimo, a um crime tentado. Em outras palavras, a punibilidade do concurso de pessoas pressupõe a prática de atos de execução por no mínimo um dos envolvidos na empreitada criminosa. É o que se convencionou chamar de **participação impunível**, descrita no art. 31 do Código Penal: "O ajuste, a determinação ou instigação e o auxílio, salvo disposição expressa em contrário, não são puníveis, se o crime não chega, pelo menos, a ser tentado."

É importante destacar, ainda, que a exigência legal de associação de três ou mais pessoas não se confunde com a obediência rígida a regulamentos, estatutos ou normas disciplinares. Obviamente, também não se pode exigir, em face do seu caráter ilícito, o registro da associação criminosa perante os órgãos públicos competentes. Basta a presença de uma organização social rudimentar apta a evidenciar a união estável e permanente direcionada à prática de crimes indeterminados. Como se sabe, normalmente a associação criminosa tem um chefe, e entre os seus componentes são destacados alguns para funções específicas. No entanto, isso sequer é necessário para que se reconheça o delito. Nem mesmo é preciso que todos os seus integrantes se conheçam mutuamente, ou residam na mesma localidade, ou tenham sede habitual de reunião. Para o acordo associativo não é obrigatória a presença conjunta dos comparsas, e poderá efetuar-se até mesmo mediante emissários, telefonemas ou qualquer meio de comunicação. Em síntese, para a caracterização da associação estável e permanente inerente ao crime tipificado no art. 288 do Código Penal é prescindível a existência de uma organização detalhadamente definida, com hierarquia entre seus membros e repartição prévia de funções entre cada um deles.

– **Reunião de três ou mais pessoas para a prática de crimes em continuidade: concurso de pessoas ou delito autônomo do art. 288 do Código Penal?** Formaram-se duas posições sobre o assunto. **1.ª posição:** Trata-se de associação criminosa, pois os indivíduos estão agrupados com a finalidade específica de cometer crimes, ainda que venham a ser considerados, para efeito de aplicação da pena, uma continuidade. **2.ª posição:** Cuida-se de concurso de pessoas, uma vez que na continuidade delitiva não se verifica a associação estável e permanente entre os envolvidos nos diversos crimes parcelares, razão pela qual deve ser reconhecida a coautoria ou participação, dependendo do caso concreto.

– **Para o fim específico de cometer crimes:** O art. 288, *caput*, do Código Penal utilizou a palavra "crimes" em sentido técnico, razão pela qual o agrupamento de três ou mais pessoas para o fim de cometer **contravenções penais** não enseja o reconhecimento da associação criminosa. De igual modo, se o fim é diverso da prática de crimes, ainda que ilícito e imoral, não há falar no delito contra a paz pública.

E, como o tipo penal faz menção a "crimes", impõe-se a união estável e permanente de, no mínimo, três indivíduos para a prática de **crimes indeterminados**, qualquer que seja o bem jurídico ofendido (vida, patrimônio, dignidade sexual, fé pública etc.). De fato, a reunião de pessoas para a realização de crimes determinados (ainda que vários) caracteriza concurso de pessoas (coautoria ou participação), e não associação criminosa.

Em nossa opinião, os crimes apontados pelo art. 288, *caput*, do Código Penal precisam ser **dolosos**. Com efeito, a associação criminosa é incompatível com o propósito de praticar crimes culposos ou preterdolosos, pois nestes o resultado naturalístico é involuntário, sendo inconcebível que alguém se proponha a um resultado que não quer, ou sequer assuma o risco de produzi-lo.

○ **Sujeito ativo:** A associação criminosa é delito comum ou geral: pode ser praticado por qualquer pessoa, independentemente de especial situação fática ou jurídica. O crime estará caracterizado tanto para aqueles que se reuniram *ab initio*, como também para as pessoas que ingressaram em agrupamento ilícito após a sua efetiva constituição. Desponta ainda como crime plurissubjetivo, plurilateral ou de concurso necessário, pois o tipo penal reclama a pluralidade de indivíduos para a sua caracterização. E, no âmbito dessa classificação, constitui-se em crime de condutas paralelas, uma vez que os diversos sujeitos (ao menos três) auxiliam-se, mutuamente, com o objetivo de produzirem o mesmo resultado, qual seja, a união estável e permanente especificamente voltada à prática de crimes.

– **Inimputáveis e número mínimo de pessoas para reconhecimento da associação criminosa**: O delito previsto no art. 288 do Código Penal reclama a associação de no mínimo três pessoas para o fim específico de cometer crimes. Incluem-se nesse número os inimputáveis, qualquer que seja a causa da inimputabilidade penal (menoridade, doença mental, desenvolvimento mental incompleto ou desenvolvimento mental retardado), haja vista que, em se tratando de crime plurissubjetivo (plurilateral ou de concurso necessário), basta que apenas um dos agentes seja maior de 18 anos de idade e penalmente imputável. Exemplificativamente, nada impede a constituição da associação criminosa com o envolvimento de um maior de idade e de dois jovens de 17 anos de idade. Aquele será processado e julgado pela justiça penal; estes serão submetidos a procedimento para apuração de ato infracional, perante a Vara da Infância e da Juventude, nos moldes da Lei 8.069/1990 – Estatuto da Criança e do Adolescente. Entretanto, é de analisar com cautela o envolvimento na associação criminosa de pessoa menor de 18 anos de idade. Com efeito, o inimputável deve apresentar um mínimo de discernimento mental para ser computado como integrante da associação ilícita. Sirva-se como ilustração a artimanha corriqueiramente utilizada nas grandes cidades: uma criança contando com quatro anos de idade é explorada por assaltantes na prática de roubos em semáforos instalados em vias públicas. No momento em que o infante pede ajuda ao motorista do automóvel, que abre o vidro para lhe entregar dinheiro ou comida, dois roubadores com armas em punho aproveitam-se da facilidade proporcionada pela vítima e anunciam o assalto. Nessa hipótese, evidentemente, não se pode considerar a criança como membro da associação criminosa, que na verdade não existe, em face da união de somente duas pessoas.

– **Associação criminosa e pessoas não identificadas**: Pode o Ministério Público oferecer denúncia pela associação criminosa na hipótese em que somente um dos seus integrantes foi identificado? A resposta é positiva. Contudo, logicamente, deve existir prova segura (testemunhas, interceptação telefônica, documentos etc.) da união estável e permanente dessa pessoa com pelo menos outros dois indivíduos, para o fim específico de cometer crimes. É o que se verifica, exemplificativamente, quando se comprova em interceptação telefônica que um sujeito, devidamente identificado, encontra-se associado com outras duas pessoas, de qualificação ignorada, para a prática de roubos em agências bancárias. Nesse caso, aquele que foi identificado será processado pelo crime definido no art. 288 do Código Penal, sem prejuízo da continuidade das investigações para elucidar a qualificação dos demais integrantes do grupo.

– A questão relativa à imputação na denúncia e a descrição detalhada da conduta de cada um dos membros da associação criminosa. Denúncia geral *versus* processo penal kafkiano ("criptoimputação"): No âmbito dessa discussão, há entendimentos no sentido de ser exigível, de parte do Ministério Público, a precisa descrição da conduta praticada individualmente pelos integrantes da associação criminosa. Somente assim estaria assegurada a ampla defesa (CF, art. 5.º, inc. LV), pois o réu defende-se dos fatos descritos na denúncia, pouco importando a tipificação imputada pelo *Parquet*. De outro lado, tem prevalecido o entendimento pelo qual, nos chamados crimes de autoria coletiva, "embora a vestibular acusatória não possa ser de todo genérica, é válida quando, apesar de não descrever minuciosamente as atuações individuais dos acusados, demonstra um liame entre o seu agir e a suposta prática delituosa, estabelecendo a plausibilidade da imputação e possibilitando o exercício da ampla defesa."[245] Nesse contexto, não é inepta a denúncia geral que apresenta uma narrativa fática congruente, de modo a permitir o devido processo legal, descrevendo conduta típica que, atentando aos ditames do art. 41 do CPP, qualifica os acusados, descreve o fato criminoso e suas circunstâncias. É imprescindível distinguir a **denúncia genérica** da **denúncia geral**. A denúncia genérica é aquela cuja imputação é gravemente contaminada por situação de deficiência na narração do fato imputado, quando não contém os elementos mínimos de sua identificação como crime, como às vezes ocorre com a simples alusão aos elementos do tipo penal abstrato, e sofre com a pecha da **criptoimputação**[246] (imputação truncada, criptografada), por consagrar um **sistema processual kafkiano**, por meio do qual o denunciado não tem ideia do que se defende. De seu turno, a denúncia geral é largamente admitida na jurisprudência, porquanto nessa modalidade há a descrição dos fatos e da atuação, ainda que de maneira geral, de cada um dos imputados.

– Associação criminosa e crimes agravados pelo concurso de pessoas – concurso material e análise de eventual *bis in idem*: Existem crimes cujas penas são exasperadas, mediante a previsão de qualificadoras ou causas de aumento da pena, quando praticados em concurso de pessoas. É o que ocorre, entre outros casos, no furto (CP, art. 155, § 4.º, inc. IV), no roubo (CP, art. 157, § 2.º, inc. II) e na extorsão (CP, art. 158, § 1.º, 1.ª parte). Com base nessa informação, e escolhendo como exemplo, aleatoriamente, o crime de furto, indaga-se: Se os membros da associação criminosa cometerem um delito dessa natureza, quais crimes deverão ser a ele imputados? Formaram-se duas posições acerca do assunto. Vejamos.

a) Furto qualificado pelo concurso de pessoas e associação criminosa, em concurso material – Para os adeptos dessa linha de pensamento, entre os quais nos incluímos, não há falar em *bis in idem* (dupla punição pelo mesmo fato), pois a pluralidade de pessoas é aferida em momentos distintos. Além disso, os crimes são autônomos e independentes entre si, ofendem bens jurídicos diversos e consumam-se em momentos diferentes. A associação criminosa é delito contra a paz pública, de perigo comum e abstrato, de natureza formal e permanente. Destarte, coloca em risco toda a coletividade, intranquilizando seus membros, e não uma pessoa determinada. Se não bastasse, consuma-se com a simples associação de três ou mais pessoas para o fim específico de cometer crimes, e essa consumação se prolonga no tempo. De outro lado, o furto desponta como crime contra o patrimônio, de dano, material e instantâneo. Em outras palavras, não basta o perigo ao bem jurídico, exigindo-se a efetiva lesão do patrimônio de uma ou mais pessoas,

---

[245] STJ: RHC 68.903/RJ, rel. Min. Jorge Mussi, 5.ª Turma, j. 05.05.2016.

[246] No exemplo de Hugo Nigro Mazzilli, ocorre a criptoimputação quando o Ministério Público "atribui ao réu uma conduta culposa, por ter sido imprudente porque não teve cautela... Mas qual, precisamente, a cautela que o réu omitiu? É como se a denúncia dissesse que o réu teve culpa porque foi imprudente; foi imprudente porque não teve cautela; e, porque não teve cautela, teve culpa... Um círculo vicioso" (MAZZILLI, Hugo Nigro. A descrição do fato típico na acusação penal. Disponível em <http://www.mazzilli.com.br>. Acesso em 1º nov. 2016).

obrigatoriamente determinadas. E sua consumação verifica-se com a inversão da posse do bem subtraído, momento deveras posterior ao aperfeiçoamento da associação criminosa. Em verdade, o delito tipificado no art. 288 do Código Penal consuma-se previamente ao crime patrimonial. Este era o entendimento adotado pelo Supremo Tribunal Federal e igualmente pelo Superior Tribunal de Justiça em relação ao crime de quadrilha.[247]

b) Associação criminosa e furto simples, em concurso material – Para os partidários deste raciocínio, a pluralidade de pessoas envolvidas na empreitada ilícita já foi punida a título de associação criminosa, motivo pelo qual o reconhecimento da qualificadora do furto (concurso de pessoas) caracterizaria *bis in idem*.

– Associação criminosa e extinção da punibilidade no tocante a algum dos seus membros: A extinção da punibilidade em relação a um ou mais integrantes da associação criminosa não exclui o delito previsto no art. 288 do Código Penal. A extinção atinge somente a punibilidade, deixando intacto o crime. O raciocínio se fortalece ainda mais ao recordarmos que nem mesmo a inimputabilidade de um dos membros da associação ilícita afasta o crime para os demais. De igual modo, é possível que somente um dos membros da associação criminosa seja processado, em decorrência do falecimento de todos os seus comparsas em confronto com a polícia, pois o crime já havia se consumado. É fundamental, entretanto, faça a denúncia referência aos demais integrantes do agrupamento.

○ **Sujeito passivo:** É a coletividade (**crime vago**).

○ **Elemento subjetivo:** É o dolo, acrescido de um especial fim de agir (**elemento subjetivo específico**), representado pela expressão "para o fim específico de cometer crimes", independentemente da sua natureza (crimes contra a pessoa, contra o patrimônio, contra a fé pública etc.) e da pena cominada (reclusão, detenção, com ou sem multa, etc.). De fato, é essa finalidade específica, indicativa da exigência de união estável e permanente de ao menos três indivíduos, que diferencia a associação criminosa da simples reunião eventual de pessoas para a prática de um ou mesmo de vários delitos (concurso de pessoas). Vale destacar que, malgrado na maioria das vezes a associação criminosa se forme para fazer da prática de delitos uma atividade lucrativa, a torpeza não se revela imprescindível. Há casos em que o agrupamento objetiva o cometimento de delitos sem nenhum propósito econômico, como no exemplo de jovens abastados que se reúnem para ceifar a vida de moradores de ruas. Não há lugar para a modalidade culposa.

○ **Consumação:** A associação criminosa é **crime formal, de consumação antecipada ou de resultado cortado**: consuma-se no momento em que se concretiza a convergência de vontades, independentemente da realização ulterior do fim visado. Em síntese, a consumação se verifica no momento em que três ou mais pessoas se associam para a prática de crimes, ainda que nenhum delito venha a ser efetivamente praticado. E, para as pessoas que ingressarem no grupo posteriormente, o delito estará aperfeiçoado no momento da adesão à associação já existente. A justificativa desta conclusão é simples. Cuida-se de **crime de perigo abstrato**, e com o momento associativo já se apresenta perigo suficientemente grave para alardear a população e tumultuar a paz no âmbito da coletividade. Portanto, a associação criminosa é juridicamente independente dos delitos que venham a ser cometidos pelos agentes reunidos no agrupamento espúrio, e subsiste autonomamente, ainda que os crimes para os quais foi organizada sequer venham a ser realizados. Entretanto, os membros que praticarem os delitos para cuja execução foi constituída a associação criminosa sujeitam-se, nos termos do art. 69

---

247   STF: HC 77.287/SP, rel. Min. Sydney Sanches, 1.ª Turma, j. 17.11.1998; e HC 70.395/RJ, rel. Min. Paulo Brossard, 2.ª Turma, j. 08.03.1994. No STJ: HC 123.932/SP, rel. Min. Arnaldo Esteves Lima, 5.ª Turma, j. 16.06.2009.

do Código Penal, à regra do concurso material. Vejamos um exemplo: "A", "B", e "C" formam uma associação destinada ao cometimento de roubos. Deverão ser responsabilizados pelo delito tipificado no art. 288 do Código Penal, ainda que não executem nenhum crime de índole patrimonial. Mas, se eles concretizarem algum roubo, terão imputados contra si os crimes contra o patrimônio e contra a paz pública, em concurso material.

– Crimes permanentes e reflexos jurídicos: A associação criminosa é **delito permanente**, pois a consumação se prolonga no tempo, enquanto perdurar a união pela vontade dos seus integrantes. Daí decorrem três importantes consequências: (a) é possível a prisão em flagrante a qualquer tempo, enquanto subsistir a associação criminosa; (b) a prescrição da pretensão punitiva tem como termo inicial a data da cessação da permanência, a teor da regra inscrita no art. 111, inc. III, do Código Penal; e (c) se qualquer dos delitos for cometido no território de duas ou mais comarcas, a competência será firmada pelo critério da prevenção, nos moldes do art. 83 do Código de Processo Penal.

– Abandono de integrante da associação criminosa e reflexos jurídicos: Imaginemos uma associação criminosa já constituída e composta por três membros, o número mínimo exigido pelo art. 288 do Código Penal. Se um deles retirar-se do agrupamento ilícito, estará excluído o delito? A resposta é negativa, pois o crime já havia se consumado no momento da efetiva associação, razão pela qual não se pode falar em desistência voluntária ou arrependimento eficaz (CP, art. 15). No entanto, a partir da retirada de um dos integrantes, rompendo-se o mínimo de pessoas exigido para configuração da associação criminosa, estará afastado o delito contra a paz pública.[248]

– Associação criminosa e manutenção do estado ilícito após o início da ação penal: Se, após o oferecimento de denúncia pela prática do crime tipificado no art. 288 do Código Penal, os integrantes da associação criminosa vierem a praticar novos atos indicativos deste delito, deverá ser intentada outra ação penal. Com efeito, a associação criminosa, de natureza permanente, embora envolva uma série de atos, forma uma só unidade jurídica, ensejando a propositura de uma única ação penal. Se depois de oferecida a denúncia em razão da prática do delito, a *societas sceleris* tem continuidade pela prática de novos atos configuradores do crime, é cabível a promoção de nova ação penal, pois o raciocínio contrário implicaria patente teratologia jurídica, ao admitir-se que atos futuros cometidos pela associação criminosa sejam compreendidos em denúncia anterior. Não há falar, nesse caso, em dupla punição pelo mesmo fato (*bis in idem*), pois existe mais de um delito no plano fático.

– Associação criminosa e prática de crimes somente por alguns dos seus integrantes: Pensemos em uma associação criminosa constituída para a prática de estelionatos e composta de três integrantes: "A", "B" e "C". Imaginemos agora que somente dois deles ("A" e "B") venham a praticar um crime abrangido pelo plano do grupo, em relação ao qual o último associado ("C") não tenha de qualquer modo participado. Pergunta-se: qual ou quais crimes devem ser atribuídos aos membros da associação ilícita? "A" e "B" devem ser responsabilizados pela associação criminosa (CP, art. 288), em concurso material com estelionato (CP, art. 171, *caput*), pois apenas eles executaram ou de qualquer modo concorreram para o crime contra o patrimônio. Por sua vez, "C" terá contra si imputado unicamente o delito contra a paz pública, pois o fato de pertencer à associação criminosa não acarreta automaticamente a sua responsabilização por toda e qualquer infração cometida pelos demais integrantes do agrupamento espúrio, na hipótese em que se encontra alheio à sua determinação ou execução, sob pena de configuração da responsabilidade penal objetiva.

○ **Tentativa:** A associação criminosa, compreendida como **crime-obstáculo**, é incompatível com o *conatus*. Como o art. 288 do Código Penal exige a associação de três ou mais pessoas para

---

[248] Igual raciocínio se aplica na hipótese em que a associação criminosa é composta por três membros, e um deles é absolvido pelo fato de ter sido comprovado que ele não fazia parte da associação ilícita. Nesse caso, estará excluído o crime definido no art. 288 do Código Penal.

o fim específico de cometer crimes, conclui-se que, se a estabilidade e a permanência do agrupamento estiverem presentes, o delito estará consumado; caso contrário, o fato será atípico.

○ **Ação penal:** É pública incondicionada.

○ **Lei 9.099/1995:** Em sua modalidade fundamental, prevista no art. 288, *caput*, do Código Penal, a associação criminosa constitui-se em **crimes de médio potencial ofensivo**, pois a pena mínima (um ano) autoriza o benefício da suspensão condicional do processo, se presentes os demais requisitos exigidos pelo art. 89 desta Lei.

○ **Causas de aumento da pena (art. 288, parágrafo único):** Estatui o art. 288, parágrafo único, do Código Penal: "A pena aumenta-se até a metade se a associação é armada ou se houver a participação de criança ou adolescente." São previstas duas causas de aumento da pena, aplicáveis na terceira e derradeira fase da dosimetria da pena privativa de liberdade. É de se atentar que a pena não será aumentada obrigatoriamente de metade, pois o dispositivo contém a expressão "até a metade". É cabível, portanto, a elevação da reprimenda em percentual inferior (um terço, um quarto, etc.). Vejamos cada uma delas.

– **Associação armada:** Como a lei não fez qualquer tipo de restrição, a causa de aumento da pena incidirá tanto na hipótese de arma própria, ou seja, instrumento concebido com a finalidade precípua de ataque ou defesa (exemplos: revólver, pistola, espingarda, punhal etc.), como no caso de arma imprópria, é dizer, objetivo criado com finalidade diversa, mas que pode ser utilizado para ataque ou defesa (exemplos: barra de ferro, chave de fenda, taco de beisebol etc.). A arma branca, compreendida como o instrumento dotado de ponta ou gume (faca, espada, machado etc.) igualmente enseja o aumento da reprimenda. O fundamento do tratamento penal mais rigoroso repousa na maior potencialidade lesiva da associação criminosa, agravando o sentimento de intranquilidade no seio social e ofendendo em grau mais elevado a paz pública. Basta, para o aumento da sanção penal, que somente um dos integrantes do grupo esteja armado, desde que os demais tenham ciência da existência da arma, sob risco de configuração da responsabilidade penal objetiva. Em verdade, não será aplicável a majorante no tocante àqueles que ignorarem a presença da arma no âmbito da associação criminosa.[249]

– **Participação de criança ou adolescente:** A majorante se contenta com o envolvimento do menor de 18 anos na associação criminosa, prescindindo da sua participação nos delitos eventualmente praticados pelo grupo. O art. 288 do Código Penal contempla um crime plurissubjetivo, plurilateral ou de concurso necessário. Destarte, basta que um dos integrantes da associação seja maior de idade e penalmente imputável. Se os demais – no mínimo dois – forem crianças ou adolescentes, estará caracterizado o delito, inclusive com a incidência da causa de aumento da pena para o agente dotado de culpabilidade. A propósito, a participação de criança ou de adolescente na associação criminosa também acarreta a caracterização da corrupção de menores, disciplinada pelo art. 244-B da Lei 8.069/1990 – Estatuto da Criança e do Adolescente. Este crime, de natureza formal, independe de prova da efetiva deturpação moral do menor de 18 anos, pois se constitui em crime de perigo. É o que se extrai da Súmula 500 do Superior Tribunal de Justiça: "A configuração do crime do art. 244-B do ECA independe da prova da efetiva corrupção do menor, por se tratar de delito formal."

– **Associação criminosa armada e prática de crime agravado pelo emprego de arma:** Há crimes previstos na Parte Especial do Código Penal, e também na legislação extravagante, em que o emprego de arma eleva sensivelmente a pena cominada à modalidade fundamental, seja como qualificadora, seja como causa de aumento da pena. É o que se dá, exemplificativamente, no roubo com violência ou grave ameaça exercida mediante emprego de arma de fogo (CP, art. 157,

---

[249] O Supremo Tribunal Federal já ostentava este pensamento antes da entrada em vigor da Lei 12.850/2013 (HC 72.992/SP, rel. Min. Celso de Mello, 1.ª Turma, j. 21.11.1995).

§ 2.º-A, inc. I) e na extorsão (CP, art. 158, § 1.º). Pensemos agora em uma situação hipotética: Os membros de uma associação criminosa armada invadem um estabelecimento comercial e praticam um roubo, valendo-se das armas de fogo para intimidação das vítimas. Quais crimes devem ser a eles imputados? Nada obstante entendimentos em contrário, os agentes devem ser responsabilizados pelos delitos de associação criminosa armada (CP, art. 288, parágrafo único, 1.ª parte) e roubo circunstanciado (CP, art. 157, § 2.º-A, inc. I), em concurso material.[250] No tocante ao emprego de arma de fogo, não há falar em *bis in idem*, pois inexiste dupla punição pelo mesmo fato. Estão em jogo bens jurídicos distintos: patrimônio, no roubo; e paz pública, na associação criminosa. Se não bastasse, os crimes são independentes e autônomos entre si. Com efeito, no momento em que o roubo (crime de dano) é praticado, violando o patrimônio e a integridade física ou a liberdade individual de vítima determinada, o delito tipificado no art. 288 do Código Penal (crime de perigo) já estava há muito consumado, com a associação estável e permanente de três ou mais pessoas para a prática de crimes, ofendendo a paz pública e o sentimento social de tranquilidade.

○ **Lei dos Crimes Hediondos e figura qualificada da associação criminosa:** Como estabelece o art. 8.º, *caput*, da Lei 8.072/1990 – Lei dos Crimes Hediondos: "Será de três a seis anos de reclusão a pena prevista no art. 288 do Código Penal, quando se tratar de crimes hediondos, prática da tortura, tráfico ilícito de entorpecentes e drogas afins ou terrorismo." Este dispositivo legal abre espaço para uma modalidade qualificada de associação criminosa, aplicável unicamente aos agrupamentos ilícitos constituídos com a finalidade de praticar delitos hediondos ou assemelhados, **com exceção do tráfico de drogas**, pois em relação a este crime incide a figura contida no art. 35 da Lei 11.343/2006 – Lei de Drogas (associação para o tráfico de drogas).

○ **Associação para o tráfico de drogas:** O art. 35 da Lei 11.343/2006 – Lei de Drogas contempla o crime de associação para o tráfico: "Art. 35. Associarem-se duas ou mais pessoas para o fim de praticar, reiteradamente ou não, qualquer dos crimes previstos nos arts. 33, *caput* e § 1º, e 34 desta Lei: Pena – reclusão, de 3 (três) a 10 (dez) anos, e pagamento de 700 (setecentos) a 1.200 (mil e duzentos) dias-multa. Parágrafo único. Nas mesmas penas do *caput* deste artigo incorre quem se associa para a prática reiterada do crime definido no art. 36 desta Lei." As diferenças entre este crime e a associação criminosa definida no art. 288 do Código Penal são nítidas, como demonstra o gráfico abaixo:

Art. 288 do Código Penal – Associação criminosa	Art. 35 da Lei 11.343/2006 – Associação para o tráfico
Mínimo de 3 (três) pessoas	Mínimo de 2 (duas) pessoas
Prática de crimes em geral	Prática dos crimes definidos nos arts. 33, *caput* e § 1.º, 34 e 36 da Lei de Drogas

○ **Associação para o tráfico de drogas – estabilidade e permanência:** Nada obstante o *caput* do art. 35 da Lei de Drogas faça menção à expressão "reiteradamente ou não", a jurisprudência acertadamente tem decidido pela imprescindibilidade de estabilidade e permanência para a

---

[250] Este sempre foi o entendimento consagrado nos Tribunais Superiores acerca do delito de quadrilha armada, e não há razões jurídicas para a sua alteração (STF: RHC 102.984/RJ, rel. Min. Dias Toffoli, 1.ª Turma, j. 08.02.2011, noticiado no *Informativo* 615; e STF: HC 85.183/RJ, rel. Min. Gilmar Mendes, 2.ª Turma, j. 02.08.2005. No STJ: HC 91.129/SP, rel. Min. Arnaldo Esteves Lima, 5.ª Turma, j. 10.06.2008).

caracterização do delito. Com efeito, o agrupamento eventual de duas ou mais pessoas permite o reconhecimento do concurso de pessoas, mas jamais de autêntica associação. Como já decidido pelo Superior Tribunal de Justiça: "Exige-se o dolo de se associar com permanência e estabilidade para a caracterização do crime de associação para o tráfico, previsto no art. 35 da Lei n. 11.343/2006. Dessa forma, é atípica a conduta se não houver ânimo associativo permanente (duradouro), mas apenas esporádico (eventual)."[251]

○ **Associação criminosa e organização criminosa – análise comparativa e reflexos jurídicos:**
Um ponto interessante a ser analisado é a relação entre a associação criminosa, disciplinada no art. 288 do Código Penal, e a definição jurídica de organização criminosa, prevista no art. 1.º, § 1.º, da Lei 12.850/2013 – Lei do Crime Organizado: "Considera-se organização criminosa a associação de 4 (quatro) ou mais pessoas estruturalmente ordenada e caracterizada pela divisão de tarefas, ainda que informalmente, com objetivo de obter, direta ou indiretamente, vantagem de qualquer natureza, mediante a prática de infrações penais cujas penas máximas sejam superiores a 4 (quatro) anos, ou que sejam de caráter transnacional." A organização criminosa reclama a associação de no mínimo quatro pessoas. Além disso, sua estrutura é bem definida e destina-se à prática de infrações penais dotadas de maior gravidade, revelando-se como autêntica **estrutura ilícita de poder**, ditando e seguindo regras próprias, à margem da autoridade estatal. Existe um modelo empresarial, com comandantes e comandados, todos voltados à prática de atos contrários ao Direito Penal, a exemplo do PCC – Primeiro Comando da Capital – e do CV – Comando Vermelho –, entre tantas outras facções criminosas. O art. 2.º, *caput*, da Lei 12.850/2013 incrimina a conduta de promover, constituir, financiar ou integrar, pessoalmente ou por interposta pessoa, organização criminosa, cominando-lhe a pena de reclusão, de três a oitos anos, e multa, sem prejuízo das penas correspondentes às demais infrações penais praticadas pela organização criminosa. Finalmente, a caracterização da organização criminosa autoriza a incidência dos institutos contidos na Lei 12.850/2013, a exemplo da colaboração premiada, da ação controlada e da infiltração de agentes policiais.

○ **Genocídio – Lei 2.889/1956:** Estatui o art. 2.º da Lei 2.889/1956 que a associação de mais de três pessoas para a prática de crimes de genocídio, nas suas variadas formas, definidas no art. 1.º do citado diploma legal, importa na imposição de pena consistente na metade da cominada aos crimes ali previstos.

○ **Formação de cartel e acordo de leniência – Lei 12.529/2011:** Se a associação criminosa relacionar-se diretamente à formação de cartel, a celebração de acordo de leniência determina a suspensão da prescrição e impede o oferecimento da denúncia com relação ao agente beneficiário da leniência. O acordo de leniência é possível com pessoas físicas que forem autoras de infração contra a ordem econômica, desde que colaborem efetivamente com as investigações e o processo administrativo, e que dessa colaboração resulte a identificação dos demais envolvidos na ação e a obtenção de informações e documentos que comprovem a infração noticiada ou sob investigação. O cumprimento do acordo de leniência acarreta a automática extinção da punibilidade (Lei 12.259/2011, art. 86, incs. I e II, e art. 87, *caput* e parágrafo único).

○ **Jurisprudência selecionada:**
   Associação para o tráfico de drogas – estabilidade e permanência: "Exige-se o dolo de se associar com permanência e estabilidade para a caracterização do crime de associação para o

---

[251] STJ: HC 139.942/SP, rel. Min. Maria Thereza de Assis Moura, 6.ª Turma, j. 19.11.2012, noticiado no *Informativo* 509.

tráfico, previsto no art. 35 da Lei n. 11.343/2006. Dessa forma, é atípica a conduta se não houver ânimo associativo permanente (duradouro), mas apenas esporádico (eventual)" (STJ: HC 139.942/SP, rel. Min. Maria Thereza de Assis Moura, 6.ª Turma, j. 19.11.2012, noticiado no *Informativo* 509)."

Autonomia: "O tipo do artigo 288 do Código Penal é autônomo, prescindindo quer do crime posterior, quer, com maior razão, do anterior" (STF: HC 95.086/SP, rel. Min. Marco Aurélio, 1.ª Turma, j. 04.08.2009).

Crimes de autoria coletiva – denúncia geral – admissibilidade: "2. Nos chamados crimes de autoria coletiva, defronta-se o órgão acusatório, no momento de oferecer a denúncia, com uma pluralidade de acusados envolvidos na prática delituosa. Nessa situação, a narrativa minudente de cada uma das condutas atribuídas aos vários agentes é tarefa bastante dificultosa, muitas vezes impraticável, sobretudo diante de organizações numerosas [...]. 3. Nesse contexto, a jurisprudência do Superior Tribunal de Justiça vem admitindo, excepcionalmente, em crimes de autoria coletiva, possa o titular da ação penal descrever os fatos de forma geral, tendo em vista a incapacidade de se mensurar, com precisão, em detalhes, o modo de participação de cada um dos acusados na empreitada criminosa. Portanto, será regular a peça acusatória quando, a despeito de não delinear as condutas individuais dos corréus, anunciar o liame entre a atuação do denunciado e a prática delituosa, demonstrando a plausibilidade da imputação e garantindo o pleno exercício do direito de defesa" (STJ: RHC 68.848/RN, rel. Min. Antonio Saldanha Palheiro, 6.ª Turma, j. 27.09.2016). *No mesmo sentido*: STF: HC 118.891/SP, rel. Min. Edson Fachin, 1.ª Turma, j. 01.09.2015).

Crimes societários – descrição insuficiente dos fatos e nexo de causalidade – múltiplos atores no cargo de administrador – alta rotatividade – ausência de precisa individualização da conduta de cada um dos acusados na denúncia – vínculo associativo permanente não demonstrado – inépcia reconhecida: "Para a caracterização do delito de associação criminosa inserido em contexto societário, é imprescindível que a denúncia contenha a descrição da predisposição comum de meios para a prática de uma série indeterminada de delitos e uma contínua vinculação entre os associados com essa finalidade, não bastando a menção da posição/cargo ocupado pela pessoa física na empresa. A jurisprudência deste Superior Tribunal é firme na direção de que nos crimes societários, mostra-se impositivo que a denúncia contenha a descrição mínima da conduta de cada acusado e do nexo de causalidade, sob pena de ser considerada inepta. Registre-se que o nexo causal não pode ser aferido pela simples posição ocupada pela pessoa física na empresa. A imputação de responsabilidade individual exige como substrato mínimo a identificação de comportamento concreto violador de um determinado tipo penal. Afinal, não se trata de responsabilizar os sujeitos pelo mero pertencimento à organização empresarial, mas pelo suposto cometimento de delitos a partir dela. É insuficiente e equivocado afirmar que um indivíduo é autor porque detém o domínio do fato se, no plano intermediário ligado aos fatos, não há nenhuma circunstância que estabeleça o nexo entre sua conduta e o resultado lesivo (comprovação da existência de plano delituoso comum ou contribuição relevante para a ocorrência do fato criminoso). Observa-se que a denúncia explicita a própria dificuldade de se estabelecer a responsabilidade penal diante do frequente remanejamento de profissionais, com a troca constante entre os administradores de uma sociedade e outra, dentro do grupo econômico. Tal comportamento tem como objetivo dificultar a aferição da responsabilidade. Além dessa dinâmica estabelecida pelas empresas, que acabou por dificultar, de fato, a precisa individualização da conduta de cada um dos acusados na denúncia, merece destaque que a imputação feita contra o empresário não partiu da simples presunção decursiva de sua posição na empresa ou da condição de administrador, mas de sua possível ingerência e atuação dentro empresa, com a provável ciência da prática de crimes ambientais. Para a caracterização do delito previsto no art. 288 do Código Penal é necessário que, além da reunião de mais de três pessoas, seja indicado, na denúncia, o vínculo associativo permanente para a prática de crimes; vale dizer é impositivo que haja a descrição da predisposição comum de meios para a prática de uma série indeterminada de delitos e uma contínua vinculação entre os associados com essa finalidade" (STJ: RHC 139.465/PA, rel. Min. Rogerio Schietti Cruz, 6.ª Turma, j. 23.08.2022, noticiado no *Informativo* 748).

Constituição de milícia privada

> **Art. 288-A.** Constituir, organizar, integrar, manter ou custear organização paramilitar, milícia particular, grupo ou esquadrão com a finalidade de praticar qualquer dos crimes previstos neste Código:
>
> Pena – reclusão, de 4 (quatro) a 8 (oito) anos.

Classificação:	Informações rápidas:
Crime simples	**Milícia privada:** associação permanente e estável,
Crime comum ou geral	de, ao menos, três pessoas. Extinção da punibili-
Crime formal, de consumação antecipada ou de	dade de um agente não descaracteriza o crime.
resultado cortado	Não abrange **contravenções penais** e crimes
Crime de perigo comum e abstrato	previstos em **leis extravagantes**. Todos os crimes
Crime vago	devem estar previstos no CP.
Crime de forma livre	**Objeto material:** organização paramilitar, milícia
Crime comissivo	particular, grupo e esquadrão.
Crime permanente	**Elemento subjetivo:** dolo, acrescido do **elemento**
Crime plurissubjetivo, plurilateral ou de concurso	**subjetivo específico** "com a finalidade de praticar
necessário	qualquer dos crimes previstos neste Código". Não
Crime de condutas paralelas	admite a modalidade culposa.
Crime de ação múltipla ou de conteúdo variado	**Tentativa:** não admite (crime-obstáculo).
Crime-obstáculo	**Ação penal:** pública incondicionada.

○ **Introdução:** O crime de constituição de milícia privada foi incorporado ao Código Penal pela Lei 12.720/2012. Criou-se um **tipo penal aberto**, colocando em risco a constitucionalidade do art. 288-A do Código Penal frente ao princípio da reserva legal ou da estrita legalidade. Deveras, o tipo penal não contém as definições de "organização militar, milícia particular, grupo ou esquadrão".

○ **Objeto jurídico:** É a **paz pública**, ou seja, o sentimento coletivo de paz e tranquilidade assegurado pela ordem jurídica.

○ **Objeto material:** É a organização paramilitar, a milícia particular, o grupo e o esquadrão.

– **Organização paramilitar:** Associação civil, desvinculada do Estado, armada e com estrutura análoga às instituições militares, que utiliza táticas e técnicas policiais ou militares para alcançar seus objetivos. Não raramente, membros das forças militares (Exército, Marinha, Aeronáutica, Polícias) clandestinamente também integram as organizações paramilitares, com motivação ilícita (político-partidária, religiosa ou de outra natureza). A Constituição Federal, em seu art. 5.º, inc. XVII, proíbe expressamente as organizações paramilitares, com fundamento na exclusividade do Estado no tocante ao uso do poder coercitivo frente às pessoas em geral.

– **Milícia particular:** É o agrupamento armado e estruturado de civis – inclusive com a participação de militares fora das suas funções – com a pretensa finalidade de restaurar a segurança em locais controlados pela criminalidade, em face da inoperância e desídia do Poder Público. Para tanto, seus integrantes apresentam-se como verdadeiros "heróis" de uma comunidade carente e fragilizada, e como recompensa são remunerados por empresários e pelas pessoas em geral. Contudo, diversas pessoas são coagidas à colaboração financeira, mediante violência física ou grave ameaça.

– **Grupo e esquadrão:** Ligam-se aos **grupos de extermínio**. Esta conclusão é extraída da interpretação sistemática da Lei 12.720/2012, que acrescentou os §§ 6.º e 7.º, respectivamente, aos arts. 121 e 129 do Código Penal.

– Grupo de extermínio: É a associação de matadores, composta de particulares e muitas vezes também por policiais, autointitulados "justiceiros", que buscam eliminar pessoas deliberadamente rotuladas como perigosas ou inconvenientes aos anseios da coletividade. Sua existência se deve à covardia e à omissão do Estado, bem como à simpatia e, não raras vezes, ao financiamento de particulares e de empresários, que contam com a ajuda destes exterminadores para enfrentar supostos ou verdadeiros marginais, sem a intervenção do Poder Público.

○ **Núcleos do tipo:** São cinco: constituir, organizar, integrar, manter e custear. **Constituir** é formar, fundar ou dar existência a algo; **organizar** tem o sentido de formar, estruturar ou colocar em ordem;[252] **integrar**, por sua vez, equivale a incorporar-se ou tornar-se parte de um grupo qualquer; **manter** traduz a ideia de conservar ou defender; e, finalmente, **custear** significa arcar com os custos financeiros da manutenção de algo. O custeio pode ser rateado entre todos os agentes, ou então ser efetuado por somente um ou alguns deles. O crime deverá ser imputado tanto para aqueles que constituíram, isto é, fundaram a estrutura ilícita de poder, bem como para aqueles que nela ingressaram após a sua efetiva formação.

– União estável e permanente: É imprescindível o vínculo associativo, caracterizado pela estabilidade e pela permanência entre seus integrantes. O acordo ilícito entre os agentes deve envolver uma duradoura, mas não necessariamente perpétua, atuação em comum, no sentido da realização de **crimes indeterminados ou somente ajustados quanto à espécie**, que pode ser de igual natureza ou homogênea (exemplo: homicídios), ou ainda de natureza diversa ou heterogênea (exemplo: homicídios e roubos), desde que previstos no Código Penal, mas nunca no tocante à quantidade. Na ausência desse vínculo associativo, a união de indivíduos para a prática de um ou mais crimes caracteriza o concurso de pessoas (coautoria ou participação), nos moldes do art. 29, *caput*, do Código Penal. É irrelevante se os crimes para os quais foi constituída a milícia privada venham ou não a ser praticados. De fato, este delito tem natureza formal, consumando-se com a simples associação estável e permanente de três ou mais pessoas para a prática de crimes previstos no Código Penal, ainda que no futuro nenhum delito seja efetivamente realizado. É suficiente a presença de uma organização social rudimentar apta a evidenciar a união estável e permanente direcionada à prática de crimes indeterminados, não dependendo a sua configuração de qualquer formalidade.

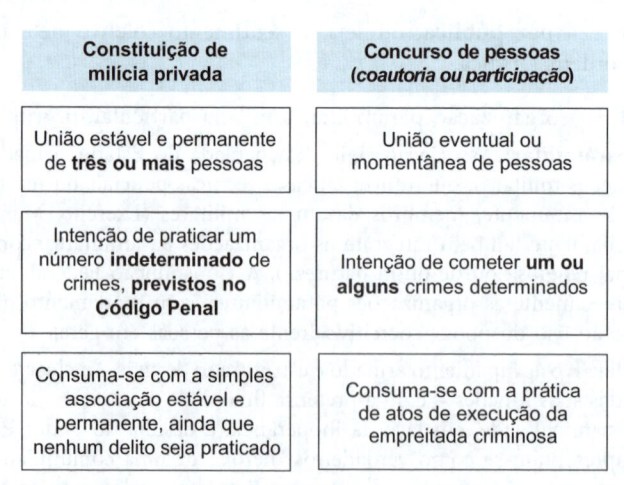

Constituição de milícia privada	Concurso de pessoas *(coautoria ou participação)*
União estável e permanente de **três ou mais** pessoas	União eventual ou momentânea de pessoas
Intenção de praticar um número **indeterminado** de crimes, **previstos no Código Penal**	Intenção de cometer **um ou alguns** crimes determinados
Consuma-se com a simples associação estável e permanente, ainda que nenhum delito seja praticado	Consuma-se com a prática de atos de execução da empreitada criminosa

---

[252] Há distinção entre "constituir" e "organizar": quem constitui inaugura alguma entidade, até então inexistente, ao passo que aquele que "organiza" não participou, necessariamente, da fundação da entidade, mas intervém, posteriormente, no seu funcionamento.

– Finalidade de praticar qualquer dos crimes previstos no Código Penal: A constituição de milícia privada limita-se aos **crimes previstos no Código Penal**, independentemente do bem jurídico tutelado ou da qualidade ou quantidade da pena cominada.[253] O dispositivo somente se aplica aos **crimes dolosos**, uma vez que a constituição de milícia privada é logicamente incompatível com o propósito de praticar crimes *culposos* ou *preterdolosos*, pois nestes o resultado é involuntário. A palavra "**crimes**" foi utilizada em sentido técnico, excluindo as **contravenções penais**, também não contempladas no Código Penal. Também não se caracteriza o delito se a finalidade do agrupamento é a prática de atos ilícitos ou imorais, pois não ensejam obrigatoriamente o reconhecimento de crimes previstos no Código Penal. O legislador optou em afastar a incidência do art. 288-A do Código Penal frente à união de pessoas para a prática de delitos tipificados na **legislação especial**. Nessas hipóteses, o fato não será atípico, pois estará configurado o delito de **associação criminosa armada**, na forma do art. 288, parágrafo único, do Código Penal. Por sua vez, se o objetivo da organização paramilitar, milícia privada, grupo ou esquadrão consistir nos crimes previstos nos arts. 33, *caput* ou § 1.º, ou 34, da Lei 11.343/2006 – Lei de Drogas, restará delineada a figura da **associação para o tráfico de drogas**, na forma do art. 35 do citado diploma legal.

○ **Sujeito ativo:** A constituição de milícia privada é **crime comum** ou **geral**, podendo ser praticado por qualquer pessoa. É também **crime plurissubjetivo**, **plurilateral** ou **de concurso necessário**, pois o tipo penal exige a pluralidade de indivíduos para a sua caracterização. E, nesta seara, desponta como **crime de condutas paralelas**, uma vez que os diversos sujeitos auxiliam-se, mutuamente, com o objetivo de produzirem o mesmo resultado.

– Número mínimo de agentes: Ao contrário do que se verifica na associação criminosa, disciplinada no art. 288 do Código Penal, em que se exigem ao menos três pessoas, aqui o legislador calou-se. Diante da omissão normativa, é seguro afirmar que devem existir ao menos **três** pessoas. Com efeito, quando o Código Penal quer a presença de pelo menos duas (exemplos: arts. 155, § 4.º, inc. IV, 157, § 2.º, inc. II, e 158, § 1.º) ou então de quatro pessoas (exemplo: arts. 146, § 1.º), ele o faz expressamente. De seu turno, nas situações em que se exige a pluralidade de indivíduos, sem indicação do número, devem existir ao menos três pessoas. Esta é a **técnica de elaboração legislativa** adotada no Brasil, e presente em diversos dispositivos do Código Penal, destacando-se, entre outros, os arts. 137 e 141, inc. III, 1.ª parte.

– Inimputáveis e número mínimo de pessoas para reconhecimento do delito: No número mínimo de três pessoas exigidas para a constituição de milícia privada incluem-se os inimputáveis, qualquer que seja a causa da inimputabilidade (menoridade, doença mental, desenvolvimento mental incompleto ou retardado). Com efeito, trata-se de crime plurissubjetivo, plurilateral ou de concurso necessário, e por esta razão é suficiente que apenas um dos agentes seja maior de 18 anos e penalmente imputável. Sem dúvida alguma, o inimputável deve apresentar um mínimo de desenvolvimento mental para ser computado como integrante do agrupamento ilícito.

– Milícia privada e pessoas não identificadas: Se somente uma ou duas delas forem identificadas, nada impede o oferecimento de denúncia somente em relação aos sujeitos conhecidos, desde que existam provas suficientes da reunião de no mínimo três indivíduos, em organização paramilitar, milícia particular, grupo ou esquadrão, para o fim de cometer crimes previstos no Código Penal. Sem dúvida alguma, as pessoas identificadas deverão ser processadas pelo crime tipificado no art. 288-A do Código Penal, sem prejuízo da continuidade das investigações, em autos apartados, para elucidar a qualificação dos demais envolvidos na milícia privada.

– A imputação na denúncia e a descrição minuciosa da conduta de cada um dos agentes: Existem, em todos os crimes plurissubjetivos, entendimentos no sentido de ser imprescindível, pelo Ministério Público, a descrição detalhada da conduta de cada um dos membros do grupo

---

253   STJ: REsp 1.986.629/RJ, rel. Min. Joel Ilan Paciornik, 5.ª Turma, j. 08.08.2023, noticiado no Informativo 788.

criminoso. Contudo, sempre prevaleceu a posição pela admissibilidade da descrição genérica. E aqui o raciocínio não há de ser diferente. Portanto, na denúncia é suficiente a demonstração da união de pelo menos três pessoas em organização paramilitar, milícia particular, grupo ou esquadrão para a prática de crimes previstos no Código Penal. A individualização das condutas poderá ser demonstrada durante a instrução criminal em juízo, com a produção de todas as provas legalmente permitidas.

– **Milícia privada e extinção da punibilidade em relação a algum dos seus membros:** A extinção da punibilidade no tocante a um ou mais membros da organização paramilitar, milícia particular, grupo ou esquadrão não exclui o crime definido no art. 288-A do CP, pois a extinção atinge somente a punibilidade, consequência do delito. Logo, nada impede que somente um dos integrantes da milícia privada seja processado e condenado, em face do falecimento de todos os seus comparsas, pois o crime já havia se consumado. No entanto, nesse caso, é preciso constar, no corpo da denúncia, a referência aos demais agentes.

○ **Sujeito passivo:** É a coletividade (**crime vago**).

○ **Elemento subjetivo:** É o dolo, acrescido de um especial fim de agir (**elemento subjetivo específico**) representado pela expressão "com a finalidade de praticar qualquer dos crimes previstos neste Código", independentemente da sua natureza (crimes contra a pessoa, contra o patrimônio, contra a dignidade sexual etc.). Esta finalidade específica é o fator de distinção entre a constituição de milícia privada (CP, art. 288-A) e o concurso de pessoas, consistente na união ocasional de pessoas para o cometimento de um ou vários delitos. Nada obstante presente na maioria das vezes, a torpeza não funciona como elementar do tipo penal, sendo possível a verificação de finalidade diversa, a exemplo da conquista de prestígio com as mulheres de uma comunidade carente mediante a proteção do local. Não se admite a modalidade culposa.

○ **Consumação:** Trata-se de **crime formal**, **de consumação antecipada** ou **de resultado cortado**, consumando-se com a concretização da convergência de vontades, mediante a associação de três ou mais pessoas para a prática de delitos previstos no Código Penal, ainda que nenhum ilícito penal venha a ser efetivamente cometido. No tocante às pessoas que ingressarem na organização paramilitar, milícia particular, grupo ou esquadrão posteriormente, o delito estará aperfeiçoado no momento da adesão. A constituição de milícia privada é **crime de perigo comum** e **abstrato** (ou presumido), e com a reunião de pessoas para a prática de delitos previstos no Código Penal já existe força suficiente para ofender a paz pública, perturbando a tranquilidade no âmbito da sociedade. Em verdade, a constituição de milícia privada é crime juridicamente independente daqueles que venham a ser cometidos pelas pessoas reunidas na organização espúria, e subsiste autonomamente ainda que os delitos para os quais foi formada a organização paramilitar, milícia particular, grupo ou esquadrão sequer sejam realizados. Contudo, os integrantes que praticarem os crimes para cuja execução foi constituída a milícia privada submetem-se, com fulcro no art. 69 do Código Penal, à regra do **concurso material**.

– **Crime permanente e reflexos jurídicos:** Cuida-se de crime permanente, pois a consumação se prolonga no tempo, pela vontade dos agentes. Daí resultam três importantes consequências: (a) admite-se a prisão em flagrante a qualquer tempo, enquanto subsistir o delito; (b) a prescrição da pretensão punitiva tem como termo inicial a data da cessação da permanência, nos moldes do art. 111, inc. III, do Código Penal; e (c) se o delito for cometido no território de duas ou mais comarcas, a competência será firmada pelo critério da prevenção, nos termos do art. 83 do Código de Processo Penal.

– **Abandono de integrante do grupo e reflexos jurídicos:** Se no bojo de uma organização paramilitar, milícia particular, grupo ou esquadrão, composta de três pessoas, uma delas retirar-se da estrutura ilícita, não se exclui o crime catalogado no art. 288-A do CP. O delito já estava consumado no momento da efetiva união dos três indivíduos, não sendo possível o reconhecimento da desistência voluntária ou do arrependimento eficaz, disciplinados no art. 15 do CP. Contudo, a partir da saída de um dos membros, rompendo-se o mínimo de pessoas exigidas para a caracterização da figura típica, estará afastado o crime contra a paz pública.

– **Constituição de milícia privada e manutenção da situação ilícita após o início da ação penal:** Se, depois do oferecimento da denúncia pelo crime delineado no art. 288-A do Código Penal, os membros da milícia privada praticarem novos atos indicativos da união espúria, o Ministério Público deverá oferecer outra denúncia, como corolário do novo delito. Nesse caso, não há *bis in idem* (dupla punição pelo mesmo fato), pois existe mais de um delito no plano da realidade. Esta posição há muito é consagrada pela jurisprudência no campo do art. 288 do Código Penal. A respeito, *ver comentários ao art. 288.*

– **Milícia privada e a prática de crimes somente por alguns de seus membros:** Pensemos em uma organização paramilitar constituída para a prática de extorsões, e composta por três integrantes: "A", "B" e "C". Se apenas dois deles ("A" e "B") praticarem uma extorsão, e o terceiro membro ("C") com esta não guardar nenhum envolvimento, qual ou quais crimes deverão ser a eles imputados? "A" e "B" deverão ser responsabilizados pela constituição de milícia privada (CP, art. 288-A), em concurso material com a extorsão (CP, art. 158, § 1.º). Por sua vez, "C" terá contra si imputado unicamente o delito contra a paz pública. O fato de integrar a organização paramilitar não acarreta na sua responsabilização automática por todo e qualquer crime cometido pelos demais membros do grupo, sob pena de caracterização da responsabilidade penal objetiva.

○ **Tentativa:** Não é possível. Com efeito, duas situações podem ocorrer: (a) os três ou mais sujeitos efetivamente constituíram, organizaram, integraram, mantiveram ou custearam organização paramilitar, milícia particular, grupo ou esquadrão com a finalidade de praticar qualquer dos crimes previstos no Código Penal, e o delito estará consumado, independentemente da prática de qualquer crime; ou (b) os três ou mais sujeitos agiram de forma diversa, e não estará configurado o delito contido no art. 288-A do CP. Esta circunstância é reforçada pelo fato de a constituição de milícia privada despontar como **crime-obstáculo**, pois o legislador incriminou, de forma autônoma, atos representativos da preparação de outros delitos. E crimes desta natureza não comportam a forma tentada.

○ **Ação penal:** É pública incondicionada.

○ **Lei 9.099/1995:** Em face da pena cominada – reclusão, de quatro a oito anos –, a constituição da milícia privada é **crime de elevado potencial ofensivo**, incompatível com os benefícios elencados pela Lei 9.099/1995.

○ **Constituição de milícia privada e concurso de crimes:** A constituição de milícia privada, crime de natureza formal, consuma-se no momento em que três ou mais agentes se associam, de modo estável e permanente, em organização paramilitar, milícia privada, grupo ou esquadrão, para o fim de cometer qualquer dos crimes previstos no CP. Não se exige a efetiva prática dos delitos. Basta a intenção de perpetrá-los em número indeterminado. Contudo, pode acontecer, e normalmente acontece, de os membros do agrupamento praticarem os crimes para os quais se uniram. Nesse caso, os integrantes envolvidos na execução dos delitos deverão responder por estes e também pela figura típica contida no art. 288-A do CP. É possível, inclusive, sejam praticados homicídios ou lesões corporais. Se isso ocorrer, deverão incidir as causas de aumento de pena previstas, respectivamente, nos §§ 6.º e 7.º dos arts. 121 e 129 do Código Penal. Não há falar em *bis in idem*, pois inexiste dupla punição pelo mesmo fato. Estão em jogo bens jurídicos diversos: no homicídio, a vida humana (na lesão corporal, a integridade física ou a saúde); na constituição de milícia privada, a paz pública. Além disso, os crimes são independentes e autônomos entre si. No momento da prática do homicídio ou da lesão corporal (crimes de dano) pela milícia privada ou pelo grupo de extermínio, contra vítima determinada, o crime definido no art. 288-A do Código Penal, de perigo comum e abstrato, já estava há muito consumado, com indiscutível ofensa à paz pública.

– **Audiência de custódia, confisco alargado e reflexos na Execução Penal:** Na **audiência de custódia** do preso envolvido com milícia privada será vedada a liberdade provisória, com ou sem medidas cautelares (CPP, art. 310, § 2.º). Na hipótese de crime praticado por milícia privada, é cabível o **confisco alargado ou ampliado de bens**: os instrumentos utilizados para a prática do delito – qualquer que seja a sua natureza – deverão ser declarados perdidos em favor da União ou do Estado, dependendo da Justiça em que tramita a ação penal, ainda que não ponham em perigo a segurança das pessoas, a moral ou a ordem pública, nem ofereçam sério risco de ser utilizados para o cometimento de novos crimes. (CP, art. 91-A, § 5.º). Além disso, admite-se a inclusão do preso, condenado ou definitivo, no **RDD – Regime Disciplinar Diferenciado** (LEP, art. 52, § 1.º). Se existirem indícios de ser o preso líder da milícia privada, o RDD será cumprido em estabelecimento federal de segurança máxima (LEP, art. 52, § 3.º). Finalmente, o condenado pelo crime definido no art. 288-A do Código Penal somente poderá obter a progressão de regime prisional após o cumprimento de 50% da pena privativa de liberdade no regime anterior.

– **Varas Criminais Colegiadas:** Com fundamento no art. 1.º-A, II e III, da Lei 12.694/2012, com a redação dada pela Lei 13.964/2019 – Pacote Anticrime, os Tribunais de Justiça e os Tribunais Regionais Federais poderão instalar, nas comarcas sedes de Circunscrição ou Seção Judiciária, mediante resolução, Varas Criminais Colegiadas com competência para o processo e julgamento do crime de constituição milícia privada, bem como para as infrações penais que lhe forem conexas. As Varas Criminais Colegiadas terão competência para todos os atos jurisdicionais no decorrer da investigação, da ação penal e da execução da pena, inclusive a transferência do preso para estabelecimento prisional de segurança máxima ou para regime disciplinar diferenciado (Lei 12.694/2012, art. 1.º-A, § 1.º).

○ **Jurisprudência selecionada:**

Constituição de milícia privada – prática de crimes descritos na legislação extravagante – impossibilidade – desclassificação para o delito de associação criminosa armada: "Somente configura o crime de constituição de milícia privada se a atuação do grupo criminoso se restringe aos delitos previstos no Código Penal. A controvérsia está em definir se somente configura o crime de milícia privada se o grupo praticar exclusivamente delitos previstos no Código Penal. Na hipótese, o Tribunal estadual desclassificou o crime de constituição de milícia privada (art. 288-A do CP) para o delito de associação criminosa armada (art. 288, parágrafo único, do CP), mais favorável aos réus, em razão de o grupo criminoso não ter se limitado a praticar somente os delitos dispostos no Código Penal, destacando que também praticavam outros crimes previstos em legislação extravagante, notadamente o porte ou posse ilegal de arma de fogo. Com efeito, comete o crime de constituição de milícia privada, nos termos do art. 288-A do Código Penal, quem 'Constituir, organizar, integrar, manter ou custear organização paramilitar, milícia particular, grupo ou esquadrão com a finalidade de praticar qualquer dos crimes previstos neste Código.' Depreende-se da interpretação literal da norma acima descrita, que o legislador restringiu as hipóteses para a caracterização da milícia privada à prática dos crimes previstos no Código Penal.

Desse modo, deve prevalecer a desclassificação para o delito de associação criminosa armada, pois a ampliação do alcance da norma disposta no art. 288-A do Código Penal, para incluir no âmbito de atuação do grupo criminoso os crimes previstos em legislação extravagante, não pode ser admitida, na medida em que a interpretação extensiva em prejuízo ao réu (*in malam partem*) é vedada no âmbito do direito penal" (STJ: REsp 1.986.629/RJ, rel. Min. Joel Ilan Paciornik, 5.ª Turma, j. 08.08.2023, noticiado no *Informativo* 788).

TÍTULO X –
DOS CRIMES CONTRA A FÉ PÚBLICA

○ **Introdução:** A fé pública constitui-se em realidade e interesse que a lei deve proteger, pois sem ela seria impossível a vida em sociedade. De fato, o homem necessita acreditar na veracidade ou na genuinidade de certos atos, documentos, sinais e símbolos empregados na multiplicidade das relações diárias, nas quais intervém.

Não se trata de bem particular ou privado. Ainda que, no caso, exista ofensa real ou perigo de lesão ao interesse de uma pessoa isoladamente considerada, é ofendida a fé pública, ou seja, a crença ou convicção geral na autenticidade e valor dos documentos e atos prescritos para as relações coletivas. Esta é a razão da tutela penal do Estado, porque sem a fé pública a ordem jurídica correria sérios riscos.

Quem atenta contra a certeza das relações jurídicas, substituindo o não verdadeiro ao verdadeiro, ataca em seu escopo fundamental a fé inerente à sociedade humana. A violação da fé pública caracteriza o crime de falso (*delicta falsum*). É ele que ofende o bem jurídico protegido pela lei penal, pois é o contrário da certeza ou verdade jurídica, exigida pela ordem social.[253] Em síntese, o falso é a contraposição ao real, ao verdadeiro, ao legítimo.

De fato, ao punir os crimes contra a fé pública o legislador protege os sinais representativos de valor e os documentos não pela confiança que despertam, mas porque, com a lesão de sua integridade, são ameaçados os interesses ou bens jurídicos de várias naturezas: (a) os interesses patrimoniais dos indivíduos; (b) o interesse público na segurança das relações jurídicas; (c) o privilégio monetário do Estado; e (d) os meios de prova.

○ **Crimes de falso – requisitos:** Os crimes de falso reclamam três requisitos, a saber: (a) dolo; (b) imitação da verdade; e (c) dano potencial. Vejamos cada um deles.

– **Dolo:** Os crimes contra a fé pública são dolosos. A lei não abriu espaço para figuras culposas, ou seja, não existe nenhum crime de falso punido a título de culpa. O dolo do *falsum* é a consciência e a vontade da imitação da verdade inerente a determinados objetos, sinais ou formas, de modo a criar a possibilidade de vilipendiar relações jurídicas, com o consequente rompimento da confiança pública nesses objetos, sinais ou formas. Se não bastasse, alguns crimes de falso exigem também um especial fim de agir (elemento subjetivo específico).

– **Imitação da verdade:** Pode ser realizada por duas formas distintas: a) alteração da verdade ou *immutatio veri*: é a mudança do verdadeiro, ou seja, altera-se o conteúdo do documento ou moeda verdadeiros; e b) imitação da verdade propriamente dita ou *imitatio veritatis*: o sujeito cria documento ou moeda falsos, formando-os ou fabricando-os.[254] A concretização da imitação da verdade (em sentido amplo) é suscetível de ser produzida pelos seguintes meios: **(a) contrafação:** também conhecida como **fabricação,** consiste em criar materialmente uma coisa semelhante à verdadeira; **(b) alteração:** é a transformação da coisa verdadeira, de forma a representar algo

253 Cf. MAGALHÃES NORONHA, E. *Direito penal*. 16. ed. São Paulo: Saraiva, 1983. v. 4, p. 109-110.
254 Cf. CARNELUTTI, Francesco. *Teoria del falso*. Padova: Cedam, 1935. p. 42 e ss.

diverso da situação original; **(c) supressão:** equivale a destruir ou ocultar a coisa ou objeto, para que a verdade não apareça; **(d) simulação:** é a falsidade ideológica, relativa ao conteúdo do documento, pois seu aspecto exterior ou formal permanece autêntico; e **(e) uso:** é a utilização da coisa falsificada.

– **Dano potencial:** O prejuízo atinente ao crime de falso não precisa ser efetivo. Basta a potencialidade da sua ocorrência. Se não bastasse, o dano não há de ser necessariamente de índole patrimonial, pois do contrário o legislador teria inserido tais crimes no título correspondente aos delitos contra o patrimônio. Para reconhecimento do dano potencial, a imitação da verdade deve revestir-se de idoneidade, ou seja, é fundamental sua capacidade para iludir ou enganar um número indeterminado de pessoas de inteligência e prudência medianas. Somente há dano potencial quando o documento falsificado é capaz de iludir ou enganar as pessoas em geral. Destarte, a falsificação grosseira, passível de reconhecimento *ictu oculi* (a olho nu), não caracteriza o falso, pois não representa perigo à fé pública. Com efeito, o abalo da fé pública está condicionado aos malefícios da falsificação.

○ **Espécies de falsidade:** Os crimes delineados nos arts. 289 a 311 deste Código comportam três espécies de falsidade: material (ou externa), ideológica e pessoal. *Falsidade material,* também conhecida como **falsidade externa,** é a que incide materialmente sobre a coisa. A imitação da verdade se dá mediante *contrafação, alteração* ou *supressão. Falsidade ideológica,* por sua vez, é aquela em que o documento é materialmente verdadeiro, ou seja, há autenticidade em seus requisitos extrínsecos, mas seu conteúdo é falso. Sua característica primordial é a genuinidade formal do escrito, mas não existe veracidade intelectual do conteúdo. Não há contrafação, alteração ou supressão de natureza material. A imitação da verdade é viabilizada unicamente pela *simulação. Falsidade pessoal,* finalmente, é a que se relaciona não à pessoa física, mas à sua qualificação (idade, filiação, nacionalidade, profissão etc.).

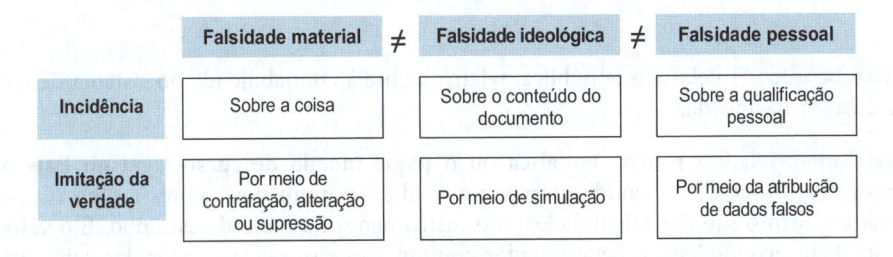

	Falsidade material	≠	Falsidade ideológica	≠	Falsidade pessoal
Incidência	Sobre a coisa		Sobre o conteúdo do documento		Sobre a qualificação pessoal
Imitação da verdade	Por meio de contrafação, alteração ou supressão		Por meio de simulação		Por meio da atribuição de dados falsos

Capítulo I –
DA MOEDA FALSA

Moeda falsa

Art. 289. Falsificar, fabricando-a ou alterando-a, moeda metálica ou papel--moeda de curso legal no país ou no estrangeiro:

Pena – reclusão, de três a doze anos, e multa.

§ 1º Nas mesmas penas incorre quem, por conta própria ou alheia, importa ou exporta, adquire, vende, troca, cede, empresta, guarda ou introduz na circulação moeda falsa.

§ 2º Quem, tendo recebido de boa-fé, como verdadeira, moeda falsa ou alterada, a restitui à circulação, depois de conhecer a falsidade, é punido com detenção, de seis meses a dois anos, e multa.

§ 3º É punido com reclusão, de três a quinze anos, e multa, o funcionário público ou diretor, gerente, ou fiscal de banco de emissão que fabrica, emite ou autoriza a fabricação ou emissão:

I – de moeda com título ou peso inferior ao determinado em lei;

II – de papel-moeda em quantidade superior à autorizada.

§ 4º Nas mesmas penas incorre quem desvia e faz circular moeda, cuja circulação não estava ainda autorizada.

Classificação:	Informações rápidas:
Crime simples	**Objeto material:** moeda metálica ou o papel-moeda de curso legal no país ou no estrangeiro.
Crime comum (§ 3.º é crime próprio)	
Crime formal, de consumação antecipada ou de resultado cortado	**Princípio da insignificância: não** é admitido na seara dos crimes contra a fé pública.
Crime de perigo concreto	A falsificação pode se dar mediante fabricação ou alteração.
Crime de forma livre	A falsificação **grosseira**, perceptível a olho nu, exclui o crime (crime impossível).
Crime comissivo (*regra*)	
Crime não transeunte	**Elemento subjetivo:** dolo (não se exige intenção lucrativa). Não admite modalidade culposa.
Crime instantâneo	
Crime unissubjetivo, unilateral ou de concurso eventual	É crime não transeunte (deixa vestígios de ordem material).
	Tentativa: admite (crime plurissubsistente).
Crime plurissubsistente (*regra*)	**Ação penal:** pública incondicionada.
	Competência: Justiça Federal.

○ **Objeto jurídico:** Tutela-se a fé pública, relativamente à confiabilidade do sistema de emissão e circulação da moeda.

○ **Objeto material:** É a **moeda metálica** ou o **papel-moeda de curso legal no País ou no estrangeiro**. **Moeda**, em sentido amplo, é a medida comum dos valores (como o metro, o grama e o litro o são das quantidades) e o instrumento ou meio de escambo. É o valorímetro dos bens econômicos, o denominador comum a que se reduz o valor das coisas úteis.[255] Somente podem ser objeto material do crime a moeda metálica ou papel-moeda de curso legal no País ou no estrangeiro. Consideram-se de **curso legal** as moedas metálicas e cédulas que não podem ser recusados como forma de pagamento, tal como acontece no Brasil com o Real, nos termos do art. 1.º da Lei 9.069/1995. A propósito, a recusa de moeda de curso legal configura a contravenção penal prevista no art. 43 do Decreto-lei 3.688/1941 – Lei das Contravenções Penais, punida com multa. A definição não abrange outros documentos ou objetos aceitos consuetudinariamente como medida de valor ou troca sem curso forçado, a exemplo dos cheques de viagem. Também não podem ser objeto material do crime em apreço o padrão monetário já extinto ou inexistente, pois não se enquadram no conceito de **moeda**. Tais condutas, todavia, não são penalmente irrelevantes, pois é possível subsistir o crime de estelionato (art. 171, *caput*, do CP). Em consonância com o art. 48, XIV, da CF, é atribuição do Congresso Nacional dispor sobre moeda e seus limites de emissão. A competência para emissão da moeda é da União, a ser exercida exclusivamente pelo Banco Central do Brasil, a teor da regra contida no art. 164, *caput*, da CF. Essa competência, aplicável à

---

[255] HUNGRIA, Nélson. *Comentários ao Código Penal*. 2. ed. Rio de Janeiro: Forense, 1959. v. 9, p. 202-203.

moeda metálica e ao papel-moeda, deve ser exercida nas condições e limites autorizados pelo Conselho Monetário Nacional (art. 10, I, da Lei 4.595/1964). Finalmente, a fabricação do papel-moeda e da moeda metálica será realizada, em caráter exclusivo, pela Casa da Moeda, em obediência ao comando imposto pelo art. 2.º, *caput*, da Lei 5.895/1973.

– **Princípio da insignificância:** O princípio da insignificância – causa supralegal de exclusão da tipicidade – não é admitido na seara dos crimes contra a fé pública, aí se incluindo a moeda falsa, ainda que a contrafação ou alteração recaia sobre moedas metálicas ou papéis-moeda de ínfimo valor.

○ **Núcleo do tipo:** É "**falsificar**", no sentido de imitar, reproduzir ou modificar moeda de curso obrigatório no País ou no estrangeiro. A falsificação pode se dar mediante fabricação ou alteração. A **fabricação**, também conhecida como **contrafação**, exige a criação material da moeda metálica ou papel-moeda, conferindo-lhes aparência de objetos verdadeiros. Na **alteração**, por sua vez, opera-se a modificação da moeda metálica ou do papel-moeda originariamente verdadeiro, para ostentar valor superior ao real. A alteração apresenta-se como uma fraude à fé pública. Consequentemente, é imprescindível sua potencialidade lesiva à crença coletiva na moeda. Destarte, não basta a mera supressão ou modificação de símbolos ou emblemas nas cédulas, ou então a substituição de letras e números, se da conduta não resultar o aumento do valor representado pela moeda.

– **Falsificação grosseira:** A moeda falsa, assim como os demais crimes contra a fé pública, tem como requisitos a imitação da verdade e o dano potencial. Para reconhecimento da potencialidade de dano, a imitação da verdade deve ser dotada de **idoneidade**, isto é, precisa despontar como apta a ludibriar as pessoas em geral.

– **Moeda falsa e art. 290, *caput*, 1.ª figura, do CP – distinção:** A conduta de inserir em papel-moeda verdadeiro números e letras retirados de outra cédula, igualmente verdadeira, para aumentar seu valor, acarreta a configuração do crime de moeda falsa (art. 289, *caput*, do CP), pois o comportamento do sujeito não implica a formação de um exemplar da moeda com fragmentos verdadeiros, mas em sua alteração. De outro lado, se o agente forma uma cédula com fragmentos de notas verdadeiras, a ele será imputado o crime definido no art. 290, *caput*, 1.ª figura, do CP.

○ **Sujeito ativo:** Pode ser qualquer pessoa (**crime comum ou geral**). Vale destacar que a figura qualificada contida no art. 289, § 3.º, do Código Penal constitui-se em crime próprio ou especial.

○ **Sujeito passivo:** É o Estado, interessado na preservação da fé pública, e, mediatamente, a pessoa física ou jurídica prejudicada pela conduta criminosa.

○ **Elemento subjetivo:** É o dolo, independentemente de qualquer finalidade específica. Não se exige a intenção lucrativa (*animus lucrandi*), mediante a colocação da moeda falsa em circulação, e também não se admite a modalidade culposa.

○ **Consumação:** O crime é **formal, de consumação antecipada ou de resultado cortado**: consuma-se com a falsificação da moeda metálica ou papel-moeda, mediante fabricação ou alteração, desde que idônea a enganar as pessoas em geral. É irrelevante se o objeto vem a ser colocado em circulação, bem como se alguém suporta efetivo prejuízo. É suficiente a falsificação de uma só moeda metálica ou papel-moeda. A contrafação ou alteração de várias moedas no mesmo contexto fático configura crime único. Por seu turno, a falsificação de diversas moedas em momentos distintos importa no reconhecimento da pluralidade de crimes, em concurso material ou crime continuado, se presentes os demais requisitos exigidos pelo art. 71, *caput*, do CP.

– **Prova da materialidade do fato:** Reclama a elaboração de exame de corpo de delito, direto ou indireto, não podendo supri-lo a confissão do acusado (CPP, art. 158).

○ **Tentativa:** É cabível. Vale lembrar que a simples posse ou guarda de instrumento ou qualquer objeto especialmente destinado à fabricação de moeda enseja o reconhecimento do crime de petrechos para falsificação de moeda, tipificado no art. 291 do CP.

○ **Ação penal:** É pública incondicionada, em todas as modalidades do delito.

○ **Lei 9.099/1995:** A moeda falsa, em sua modalidade fundamental, na forma equiparada e nas figuras qualificadas é **crime de elevado potencial ofensivo.** A pena mínima cominada inviabiliza a incidência dos institutos previstos na Lei 9.099/1995.

○ **Competência:** O crime de moeda falsa, em qualquer das suas modalidades, é de competência da Justiça Federal, pois ofende interesses da União (CF, art. 109, inc. IV).[256] **Exceção:** quanto à falsificação grosseira, incide a Súmula 73 do Superior Tribunal de Justiça: "A utilização de papel-moeda grosseiramente falsificado configura, em tese, o crime de estelionato, da competência da Justiça Estadual". Na hipótese de dúvida quanto à qualidade da falsificação, subsiste a competência da Justiça Federal.

○ **Figura equiparada (art. 289, § 1.º):** O objetivo do legislador é punir a **circulação da moeda falsa.** Com efeito, o § 1.º do art. 289 incrimina conduta posteriores à falsificação da moeda, razão pela qual o autor do crime antecedente não pode figurar como sujeito ativo do delito. Para ele, as condutas representam fatos impuníveis (*post factum* impuníveis). A consumação ocorre na entrada da moeda falsa em território nacional ("importar"), na saída para o exterior ("exportar"), no momento da tradição ("adquirir", "vender", "trocar", "ceder" e "emprestar"), com a permanência em determinado local ("guardar") ou no instante em que o agente introduz, de qualquer modo, a moeda falsa em circulação. A tentativa é cabível, em todas as modalidades do delito. Embora se trate de delito contra a fé pública, nada impede a existência de um sujeito passivo mediato, consistente na pessoa física ou jurídica prejudicada pela conduta criminosa. Consequentemente, nada impede a incidência das agravantes genéricas previstas no art. 61, inc. II, do Código Penal à circulação de moeda falsa.

○ **Figura privilegiada (art. 289, § 2.º):** Cuida-se de **infração penal de menor potencial ofensivo,** de competência do Juizado Especial Criminal e compatível com a transação penal e com o rito sumaríssimo, em conformidade com as disposições da Lei 9.099/1995. Trata-se de autêntico **privilégio,** pois o legislador previu, no tocante à pena privativa de liberdade, limites mínimo e máximo sensivelmente inferiores. O fundamento do tratamento penal mais brando repousa no princípio da proporcionalidade[257] e no móvel do agente: sua finalidade não é lesar a fé pública, mas simplesmente evitar prejuízo econômico, transferindo-o a outra pessoa. A consumação se dá no momento em que o agente, ciente da falsidade, restitui a moeda à circulação. A tentativa é admissível.

○ **Figuras qualificadas (art. 289, §§ 3.º e 4.º):** Nesses crimes, **a moeda é verdadeira.** A ilicitude recai na forma ou na quantidade de sua fabricação ou emissão (§ 3.º), ou então no destino a ela conferido ou no momento em que vem a ser colocada em circulação (§ 4.º).

– **Crime próprio (art. 289, § 3.º):** Somente pode ser cometido pelas pessoas expressamente indicadas no tipo penal: funcionário público,[258] diretor, gerente ou fiscal de banco de emissão da

---

[256] STJ, HC 119.340/SC, rel. Min. Paulo Gallotti, 6.ª Turma, j. 10.03.2009.
[257] STJ, HC 124.039/SC, rel. Min. Laurita Vaz, 5.ª Turma, j. 23.02.2010.
[258] O conceito de funcionário público encontra-se descrito no art. 327 do Código Penal.

moeda. O fundamento do tratamento penal mais severo repousa na traição dos deveres inerentes ao cargo do sujeito ativo. O inciso I é aplicável à moeda metálica. Pune-se a conduta de fabricá-la, emiti-la ou autorizar sua fabricação ou emissão com título ou peso inferior ao determinado em lei. O inciso II, por seu turno, diz respeito ao papel-moeda. A legislação, mediante o controle do Conselho Monetário Nacional e do Banco Central, limita a fabricação ou emissão de papel-moeda.

– **Desvio de moeda e circulação antecipada (art. 289, § 4.º): A moeda é verdadeira**, mas o agente altera seu destino ou a coloca em circulação antes da autorização da autoridade competente. Consuma-se com o desvio ou com a efetiva circulação antecipada da moeda, pouco importando se sobrevém prejuízo a alguém (**crime formal**). A tentativa é cabível.

○ **Jurisprudência selecionada:**

Circulação de moeda falsa – incidência de agravantes genéricas – possibilidade: "Nos casos de prática do crime de introdução de moeda falsa em circulação (art. 289, § 1º, do CP), é possível a aplicação das agravantes dispostas nas alíneas 'e' e 'h' do inciso II do art. 61 do CP, incidentes quando o delito é cometido 'contra ascendente, descendente, irmão ou cônjuge' ou 'contra criança, maior de 60 (sessenta) anos, enfermo ou mulher grávida'. De fato, a fé pública do Estado é o bem jurídico tutelado no delito do art. 289, § 1º, do CP. Isso, todavia, não induz à conclusão de que o Estado seja vítima exclusiva do delito. Com efeito, em virtude da diversidade de meios com que a introdução de moeda falsa em circulação pode ser perpetrada, não há como negar que vítima pode ser, além do Estado, uma pessoa física ou um estabelecimento comercial, dado o notório prejuízo experimentado por esses últimos. Efetivamente, a pessoa a quem, eventualmente, são passadas cédulas ou moedas falsas pode ser elemento crucial e definidor do grau de facilidade com que o crime será praticado, e a fé pública, portanto, atingida. A propósito, a maior parte da doutrina não vê empecilho para que figure como vítima nessa espécie de delito a pessoa diretamente ofendida" (STJ: HC 211.052/RO, rel. Min. Sebastião Reis Júnior, rel. p/ acórdão Min. Rogerio Schietti Cruz, 6.ª Turma, j. 05.06.2014, noticiado no *Informativo* 546).

Competência – Justiça Federal: "1. A potencialidade lesiva da cédula falsa é elemento típico do crime de moeda falsa, da competência da Justiça Federal. 2. O bem a reclamar a tutela jurisdicional é da competência da Justiça Federal, porquanto o crime de moeda falsa evidencia, neste momento processual, lesão a bens, serviços ou interesses da União ou de suas entidades autárquicas ou empresas públicas." (STJ: CC 135.461/PB, rel. Min. Ribeiro Dantas, 3.ª Seção, j. 28.06.2017).

Falsificação grosseira – fato atípico: "1. O crime de moeda falsa exige, para sua configuração, que a falsificação não seja grosseira. A moeda falsificada há de ser apta à circulação como se verdadeira fosse. 2. Se a falsificação for grosseira a ponto de não ser hábil a ludibriar terceiros, não há crime de estelionato" (STF: HC 83.526/CE, rel. Min. Joaquim Barbosa, 1.ª Turma, j. 16.03.2004).

Fraude grosseira – competência: "Constatado por laudo pericial não se tratar de falsificação grosseira, estando a nota apta a circular livremente no mercado por reunir condições de ludibriar o homem comum, não há que se falar em aplicação do enunciado 73 da Súmula do STJ, caracterizando-se, em tese, o crime de moeda falsa, de competência da Justiça Federal" (STJ: HC 119.340/SC, rel. Min. Paulo Gallotti, 6.ª Turma, j. 10.03.2009).

Grande quantidade de cédulas falsas e maus antecedentes – recrudescimento da pena-base: "A depender da gravidade da circunstância judicial, a incidência de uma única delas (art. 59, Código Penal) é suficiente para a fixação da pena-base no máximo legal. A Corte de origem avaliou de forma negativa as circunstâncias do crime, tendo em vista a grande quantidade de cédulas contrafeitas (139 cédulas), o que extrapolaria o normal em relação a crimes desta espécie. A fundamentação apresentada justifica o aumento da reprimenda básica, pois lastreada em elemento concreto que denota maior reprovabilidade, como já decidiu esta Corte Superior. Dessa forma, não se pode atribuir como ilegal a elevação da pena-base, na espécie, amparada nas circunstâncias do crime e nos maus antecedentes, exatamente como realizado. A jurisprudência do STJ orienta que até mesmo uma única circunstância judicial pode elevar a pena-base ao máximo legal, a depender de sua gravidade" (STJ:

AgRg nos EDcl no AREsp 2.172.438/SP, rel. Min. João Batista Moreira (Desembargador convocado do TRF1), 5.ª Turma, j. 11.04.2023, noticiado no Informativo *Edição Extraordinária* 13).

Objeto material: "1. A possível falsificação que permeia a hipótese não é de outro documento senão cheques de viagem, os quais não se confundem com moeda, elemento objetivo do tipo de moeda falsa (art. 289 do CPB). Precedente desta Corte (CC 21.908/MG, Rel. Min. Felix Fischer, *DJU* 22.03.2009). 2. Conforme extrai-se do próprio tipo, o crime de moeda falsa apenas terá vez se houver falsificação, por fabricação ou alteração, de moeda metálica ou papel-moeda de curso legal no país ou no estrangeiro" (STJ: CC 94.848/SP, rel. Min. Napoleão Nunes Maia Filho, 3.ª Seção, j. 16.02.2009).

Princípio da insignificância – inaplicabilidade: "Ambas as Turmas do Supremo Tribunal Federal já consolidaram o entendimento de que é 'inaplicável o princípio da insignificância aos crimes de moeda falsa, em que objeto de tutela da norma a fé pública e a credibilidade do sistema financeiro, não sendo determinante para a tipicidade o valor posto em circulação' (HC 105.638, Rel. Min. Rosa Weber). Precedentes." (STF: HC 108.193/SP, rel. Min. Roberto Barroso, 1.ª Turma, j. 19.08.2014). *No mesmo sentido*: STF: HC 97.220/MG, rel. Min. Ayres Britto, 2.ª Turma, j. 05.04.2011, noticiado no *Informativo* 622; e STJ: AgRg no AREsp 1.131.701/SP, rel. Min. Rogerio Schietti Cruz, 6.ª Turma, j. 17.04.2018.

Qualificadora – privilégio – princípio da proporcionalidade: "A redação do art. 289 do Código Penal respeita o princípio da proporcionalidade ao apenar mais severamente aquele que promove a circulação de moeda falsa para obter vantagem financeira indevida, e aplicar pena mais branda ao agente que, após receber uma cédula falsa de boa-fé, repassa-a para não sofrer prejuízo" (STJ, HC 124.039/SC, rel. Min. Laurita Vaz, 5.ª Turma, j. 23.02.2010).

Crimes assimilados ao de moeda falsa

Art. 290. Formar cédula, nota ou bilhete representativo de moeda com fragmentos de cédulas, notas ou bilhetes verdadeiros; suprimir, em nota, cédula ou bilhete recolhidos, para o fim de restituí-los à circulação, sinal indicativo de sua inutilização; restituir à circulação cédula, nota ou bilhete em tais condições, ou já recolhidos para o fim de inutilização:

Pena – reclusão, de dois a oito anos, e multa.

Parágrafo único. O máximo da reclusão é elevado a doze anos e multa, se o crime é cometido por funcionário que trabalha na repartição onde o dinheiro se achava recolhido, ou nela tem fácil ingresso, em razão do cargo.

Classificação:	Informações rápidas:
Crimes simples	**Objeto material:** cédula, nota ou bilhete representativo da moeda.
Crimes comuns (parágrafo único é crime próprio)	**Elemento subjetivo:** dolo (elemento subjetivo específico no núcleo "suprimir" – "para o fim de restituí-los à circulação"). Não admite modalidade culposa.
Crimes formais, de consumação antecipada ou de resultado cortado	
Crimes de perigo concreto	
Crimes de forma livre	Crime não transeunte (deixam vestígios de ordem material).
Crimes comissivos (*regra*)	
Crimes não transeuntes	**Tentativa:** admite (crime plurissubsistente).
Crimes instantâneos	**Ação penal:** pública incondicionada.
Crimes unissubjetivos, unilaterais ou de concurso eventual	**Competência:** Justiça Federal.
Crimes plurissubsistentes (*regra*)	

○ **Objeto jurídico:** Tutela-se a fé pública, no tocante à confiabilidade do sistema de emissão e circulação de moeda.

○ **Objeto material:** É a **cédula, nota ou bilhete representativo da moeda**. São termos análogos, relacionados ao papel-moeda e compreendidos como aqueles emitidos por órgão autorizado do governo e dotados de curso forçado, ou seja, não podem ser recusados.[259]

○ **Núcleos do tipo:** *Há* três condutas distintas: "**Formar**", no sentido de compor ou montar cédula, nota ou bilhete representativo da moeda, com base em partes de papelmoeda verdadeiro. Cria-se um novo e falso papel-moeda, partindo-se de fragmentos imprestáveis de outros. "**Suprimir**", ou seja, retirar ou eliminar de cédula, nota ou bilhete recolhido o sinal indicativo de sua inutilização. O sujeito elimina do papelmoeda a informação de que foi retirada de circulação. "**Restituir**" à circulação é devolver, retornar ao manejo público a cédula, nota ou bilhete objeto das condutas anteriores ("formar" e "suprimir") ou já recolhidos. De acordo com o art. 14 da Lei 4.511/1964, o recolhimento do papel-moeda é efetivado sempre que este apresentar marcas, símbolos, desenhos ou outros caracteres a ele estranhos, perdendo seu poder de circulação. Nessa conduta não há emprego de fraude, ao contrário das condutas anteriores. O delito somente pode ser praticado pelo sujeito que não participou da falsificação do papel-moeda ou da retirada de sinal indicativo da sua inutilização. De fato, aquele que praticar qualquer das condutas anteriores, e posteriormente restituir à circulação a cédula, bilhete ou papel-moeda, será responsabilizado unicamente pelo comportamento inicial, pois a conduta posterior será absorvida, em homenagem ao princípio da consunção (*post factum* impunível).

○ **Tipo misto alternativo e tipo misto cumulativo:** O dispositivo em comento constitui-se em **tipo misto alternativo, crime de ação múltipla** ou **de conteúdo variado**. Estará caracterizado um único delito quando o agente realizar mais de uma conduta no tocante ao mesmo objeto material. Contudo, será forçoso o reconhecimento do concurso de crimes (**tipo misto cumulativo**) quando o agente praticar duas ou mais condutas em relação a objetos diversos.

○ **Sujeito ativo:** Podem ser cometidos por qualquer pessoa (**crimes comuns** ou **gerais**). Aquele que recebe o papel-moeda fraudado, nas condições apontadas pelo art. 290 do CP, deve ser responsabilizado por receptação (art. 180 do CP) ou favorecimento real (art. 349 do CP), dependendo do caso concreto, pois o legislador não previu figura equiparada, como fez em relação ao crime de moeda falsa no art. 289, § 1.º, do CP.

○ **Sujeito passivo:** É o Estado e, mediatamente, a pessoa física ou jurídica prejudicada pela conduta criminosa.

○ **Elemento subjetivo:** É o dolo. No núcleo "suprimir" também se reclama uma especial finalidade (elemento subjetivo específico), representado pela expressão "para o fim de restituí-los à circulação". Não são admitidas as modalidades culposas.

○ **Consumação:** Os crimes são **formais, de consumação antecipada** *ou* **de resultado cortado**: consumam-se com a formação de cédula, nota ou bilhete representativo de moeda com fragmentos de cédulas, notas ou bilhetes verdadeiros (1.ª conduta); com a supressão, em nota, cédula ou bilhete recolhidos, para o fim de restituí-los à circulação, de sinal indicativo de sua inutilização (2.ª conduta); ou com a restituição à circulação de cédula, nota ou bilhete em tais condições, ou já recolhidos para o fim de inutilização (3.ª conduta), independentemente

---

[259] Em igual sentido: PRADO, Luis Regis. *Curso de direito penal brasileiro*. 6. ed. São Paulo: RT, 2010. v. 3, p. 221.

de prejuízo econômico a alguém. São também **crimes de perigo concreto**, pois é preciso demonstrar a idoneidade das condutas para colocar em risco a fé pública. A **falsificação grosseira**, incapaz de ludibriar a normalidade das pessoas, afasta o delito, ensejando o reconhecimento do crime impossível (CP, art. 17).

○ **Prova da materialidade do fato:** Os crimes assimilados aos de moeda falsa deixam vestígios materiais (**delitos não transeuntes**). Destarte, a prova da materialidade do fato exige a elaboração de exame de corpo de delito, direto ou indireto, não podendo supri-lo a confissão do acusado (CPP, art. 158).

○ **Tentativa:** É cabível.

○ **Ação penal:** É pública incondicionada.

○ **Competência:** É da Justiça Federal, nos moldes do art. 109, inc. IV, da Constituição Federal.

○ **Figura qualificada (art. 290, parágrafo único):** Cuida-se de **crime próprio** ou **especial**, *pois* somente pode ser praticado pelo funcionário que trabalha na repartição na qual o dinheiro se acha recolhido, ou nela tem fácil ingresso, em razão do cargo. Aliás, o fundamento da majoração da pena reside justamente na violação dos deveres inerentes ao cargo do sujeito ativo, que dele se aproveita para a execução do delito.

Petrechos para falsificação de moeda

> **Art. 291.** Fabricar, adquirir, fornecer, a título oneroso ou gratuito, possuir ou guardar maquinismo, aparelho, instrumento ou qualquer objeto especialmente destinado à falsificação de moeda:
>
> Pena – reclusão, de dois a seis anos, e multa.

Classificação:	Informações rápidas:
Crime simples	**Crime-obstáculo.**
Crime comum	**Objeto material:** maquinismo, aparelho, instru-
Crime formal, de consumação antecipada ou	mento ou qualquer outro objeto especialmente
de resultado cortado	destinado à falsificação de moeda.
Crime de forma livre	**Elemento subjetivo:** dolo. Não admite moda-
Crime comissivo (*regra*)	lidade culposa.
Crime não transeunte	Crime não transeunte (deixam vestígios de
Crime instantâneo ("fabricar", "adquirir" e "for-	ordem material).
necer") ou permanente ("possuir" e "guardar")	**Tentativa:** não admite (crime-obstáculo).
Crime unissubjetivo, unilateral ou de con-	**Ação penal:** pública incondicionada.
curso eventual	**Competência:** Justiça Federal.
Crime plurissubsistente (*regra*)	

○ **Objeto jurídico:** Tutela-se é a fé pública, no tocante à confiabilidade do sistema de emissão da moeda.

○ **Objeto material:** É o **maquinismo, aparelho, instrumento** ou **qualquer outro objeto especialmente destinado à falsificação de moeda**. O termo "**especialmente**" diz respeito à finalidade precípua do maquinismo, aparelho, instrumento ou objeto, consistente na falsificação de moeda – o bem pode até ser utilizado com outros fins, embora seja prioritariamente empregado na contrafação de moedas. Embora os petrechos normalmente sejam falsos, a circunstância de serem verdadeiros não exclui o delito, pois o bem jurídico protegido é a fé pública e a emissão de moeda é constitucionalmente reservada à União. Nesse contexto, há crime quando alguém é surpreendido na posse de máquinas subtraídas da Casa da Moeda, instituição dotada de exclusividade para fabricação de moeda (Lei 5.895/1973, art. 2.º, *caput*).

o **Núcleos do tipo:** Há cinco núcleos: "**fabricar**" (criar, montar, construir ou produzir), "**adquirir**" (comprar ou obter), "**fornecer**", a título oneroso ou gratuito (proporcionar, dar, vender ou entregar), "**possuir**" (exercer a posse) e "**guardar**" (conservar, manter ou proteger) maquinismo, aparelho, instrumento ou qualquer outro objeto especialmente destinado à falsificação de moeda. Trata-se de **tipo misto alternativo**, **crime de ação múltipla** ou **de conteúdo variado**. A lei descreve vários núcleos, e a realização de mais de um deles, em relação ao mesmo objeto material e no mesmo contexto fático, caracteriza um único delito.

o **Sujeito ativo:** Pode ser qualquer pessoa (**crime comum** ou **geral**).

o **Sujeito passivo:** É o Estado.

o **Elemento subjetivo:** É o dolo, independentemente de qualquer finalidade específica. Não se admite a modalidade culposa.

o **Consumação:** O crime é **formal**, **de consumação antecipada** ou **de resultado cortado**: consuma-se com a fabricação, aquisição, fornecimento, posse ou guarda dos objetos destinados à falsificação de moeda, independentemente da sua efetiva utilização pelo agente. Nos núcleos "possuir" e "guardar" o crime é **permanente**, ensejando a prisão em flagrante a qualquer tempo, enquanto subsistir a conduta contrária ao Direito. Nos demais núcleos o crime é **instantâneo**.

o **Prova da materialidade do fato:** A prova da materialidade do fato exige a elaboração de exame de corpo de delito, direto ou indireto, não podendo supri-lo a confissão do acusado (CPP, art. 158).

o **Tentativa:** Não é cabível, pois a lei incriminou de modo autônomo atos representativos da preparação do crime de moeda falsa. De fato, os **crimes-obstáculo** são incompatíveis com o *conatus*.

o **Ação penal:** É pública incondicionada.

o **Lei 9.099/1995:** O crime tipificado pelo art. 291 do CP é **de elevado potencial ofensivo**, não ensejando a incidência dos benefícios previstos pela Lei 9.099/1995.

o **Competência:** Trata-se da competência da Justiça Federal, nos termos do art. 109, inc. IV, da Constituição Federal.

o **Petrechos para falsificação de moeda e moeda falsa – unidade ou pluralidade de crimes:** Há duas posições acerca de qual tratamento penal deve ser reservado ao sujeito que possui aparelhos especialmente destinados à fabricação de moeda e efetivamente os utiliza, criando moedas falsas: (1) O agente deve ser responsabilizado pelos crimes de petrechos de falsificação de moeda e de moeda falsa, em concurso material. Tais crimes consumam-se em momentos distintos, não havendo falar em absorção do crime em comento pelo crime definido no art.

289 do CP. É a posição que adotamos.[260] (2) Incide o princípio da consunção, resultando na absorção do crime-meio (petrechos para falsificação de moeda), que funciona como *antefactum* impunível, pelo crimefim (moeda falsa). É o entendimento de Nélson Hungria.[261]

○ **Jurisprudência selecionada:**

Petrechos para falsificação de moeda – desnecessidade de uso exclusivo: "Para tipificar o crime descrito no art. 291 do CP, basta que o agente detenha a posse de petrechos com o propósito de contrafação da moeda, sendo prescindível que o maquinário seja de uso exclusivo para tal fim. De início, ressalta-se que o art. 291 do Código Penal tipifica, entre outras condutas, a posse ou guarda de maquinismo, aparelho, instrumento ou qualquer objeto especialmente destinado à falsificação de moeda. A expressão 'especialmente destinado' não se refere a uma característica intrínseca ou inerente do objeto. Se assim fosse, só a posse ou guarda de maquinário exclusivamente voltado para a fabricação ou falsificação de moedas consubstanciaria o crime, o que implicaria a inviabilidade de sua consumação (crime impossível), pois nem mesmo o maquinário e insumos utilizados pela Casa de Moeda são direcionados exclusivamente para a fabricação de moedas. Tal dicção está relacionada ao uso que o agente pretende dar a esse objeto, ou seja, a consumação depende da análise do elemento subjetivo do tipo (dolo), de modo que se o agente detém a posse de impressora, ainda que manufaturada visando ao uso doméstico, mas com o propósito de a utilizar precipuamente para contrafação de moeda, incorre no referido crime" (STJ: REsp 1.758.958/SP, rel. Min. Sebastião Reis Júnior, 6.ª Turma, j. 11.09.2018, noticiado no *Informativo* 633).

Emissão de título ao portador sem permissão legal

> **Art. 292.** Emitir, sem permissão legal, nota, bilhete, ficha, vale ou título que contenha promessa de pagamento em dinheiro ao portador ou a que falte indicação do nome da pessoa a quem deva ser pago:
>
> Pena – detenção, de um a seis meses, ou multa.
>
> Parágrafo único. Quem recebe ou utiliza como dinheiro qualquer dos documentos referidos neste artigo incorre na pena de detenção, de quinze dias a três meses, ou multa.

Classificação:	Informações rápidas:
Crime simples	**Objeto material:** nota, bilhete, ficha, vale ou título
Crime comum	que contenha promessa de pagamento em dinheiro ao
Crime formal, de consumação antecipada	portador ou a que falte indicação do nome da pessoa
ou de resultado cortado	a quem deva ser pago.
Crime de forma livre	**Lei penal em branco homogênea** (legislação específica).
Crime comissivo (*regra*)	Elemento subjetivo: dolo. Não admite modalidade
Crime instantâneo	culposa.
Crime unissubjetivo, unilateral ou de	**Tentativa:** admite (*crime plurissubsistente*).
concurso eventual	**Ação penal:** pública incondicionada.
Crime plurissubsistente (*diverg.*)	**Competência:** Justiça Federal.

---

[260] É também a conclusão de GRECO, Rogério. *Curso de direito penal.* 6. ed. Niterói: Impetus, 2010. v. IV, p. 240.
[261] HUNGRIA, Nélson. *Comentários ao Código Penal.* 2. ed. Rio de Janeiro: Forense, 1959. v. 9, p. 231.

○ **Objeto jurídico:** Tutela-se a fé pública, relativamente à confiança da população na moeda e em seu respectivo valor.

○ **Objeto material:** É a **nota, bilhete, ficha, vale** ou **título que contenha promessa de pagamento em dinheiro ao portador ou a que falte indicação do nome da pessoa a quem deva ser pago.** Tais objetos se amoldam ao conceito de **título de crédito**, indicado pelo art. 887 do CC. O tipo penal fala inicialmente em "**título ao portador**", compreendido como aquele que circula pela mera tradição, pois não há identificação expressa do seu credor. Consequentemente, qualquer pessoa que esteja em sua posse é considerada titular do crédito e a transferência do documento acarreta igualmente a transferência do crédito nele consignado. O título ao portador se opõe ao título nominal, o qual identifica explicitamente seu credor. O tipo penal equipara ao título ao portador aqueles **a que falte a indicação do nome da pessoa a quem deve ser pago**, pois podem circular livremente para serem preenchidos, oportunamente, por quem ao final pretendesse receber o crédito. Portanto, assim como ocorre nos títulos ao portador, qualquer pessoa de posse do título pode ser considerada titular dos valores nele descritos.

○ **Núcleo do tipo:** É "**emitir**", ou seja, colocar em circulação a nota, bilhete, ficha, vale ou título que contenha promessa de pagamento em dinheiro ao portador ou a que falte indicação do nome da pessoa a quem deva ser pago. Trata-se de **lei penal em branco homogênea**, pois o tipo penal reclama a emissão de promessa de pagamento em dinheiro "**sem permissão legal**".

○ **Sujeito ativo:** Pode ser qualquer pessoa (**crime comum** ou **geral**).

○ **Sujeito passivo:** É o Estado e, mediatamente, a pessoa física ou jurídica prejudicada pela conduta criminosa, em razão do não pagamento, pelo emitente, do crédito indicado no título.

○ **Elemento subjetivo:** É o dolo, independentemente de qualquer finalidade específica. Não se admite a modalidade culposa.

○ **Consumação:** Trata-se de **crime formal, de consumação antecipada** ou **de resultado cortado**: consuma-se com a emissão do título ao portador, isto é, com sua colocação em circulação, independentemente da causação de prejuízo efetivo a alguém. Anote-se que não basta a criação (ou subscrição do título). É imprescindível sua emissão, utilizando-o como substitutivo da moeda corrente ou de outros títulos legalmente permitidos.

○ **Tentativa:** É cabível.

○ **Ação penal:** É pública incondicionada.

○ **Lei 9.099/1995:** A emissão de título ao portador sem permissão legal constitui-se em **infração penal de menor potencial ofensivo**, de competência do Juizado Especial Criminal. A pena máxima cominada – detenção de seis meses – torna o delito compatível com a transação penal e com o rito sumaríssimo, nos moldes da Lei 9.099/1995.

○ **Competência:** É da Justiça Federal.

○ **Figura privilegiada (parágrafo único):** Trata-se igualmente de **infração penal de menor potencial ofensivo**, de competência do Juizado Especial Criminal. Pune-se agora não o emissor do título, mas o seu **tomador**, isto é, aquele que o recebe ou o utiliza como dinheiro, contribuindo para sua indevida circulação e reiterando a ofensa à fé pública.

Capítulo II –
DA FALSIDADE DE TÍTULOS
E OUTROS PAPÉIS PÚBLICOS

Falsificação de papéis públicos

Art. 293. Falsificar, fabricando-os ou alterando-os:

I – selo destinado a controle tributário, papel selado ou qualquer papel de emissão legal destinado à arrecadação de tributo;

II – papel de crédito público que não seja moeda de curso legal;

III – vale postal;

IV – cautela de penhor, caderneta de depósito de caixa econômica ou de outro estabelecimento mantido por entidade de direito público;

V – talão, recibo, guia, alvará ou qualquer outro documento relativo a arrecadação de rendas públicas ou a depósito ou caução por que o poder público seja responsável;

VI – bilhete, passe ou conhecimento de empresa de transporte administrada pela União, por Estado ou por Município:

Pena – reclusão, de dois a oito anos, e multa.

§ 1º Incorre na mesma pena quem:

I – usa, guarda, possui ou detém qualquer dos papéis falsificados a que se refere este artigo;

II – importa, exporta, adquire, vende, troca, cede, empresta, guarda, fornece ou restitui à circulação selo falsificado destinado a controle tributário;

III – importa, exporta, adquire, vende, expõe à venda, mantém em depósito, guarda, troca, cede, empresta, fornece, porta ou, de qualquer forma, utiliza em proveito próprio ou alheio, no exercício de atividade comercial ou industrial, produto ou mercadoria:

a) em que tenha sido aplicado selo que se destine a controle tributário, falsificado;

b) sem selo oficial, nos casos em que a legislação tributária determina a obrigatoriedade de sua aplicação.

§ 2º Suprimir, em qualquer desses papéis, quando legítimos, com o fim de torná-los novamente utilizáveis, carimbo ou sinal indicativo de sua inutilização:

Pena – reclusão, de um a quatro anos, e multa.

§ 3º Incorre na mesma pena quem usa, depois de alterado, qualquer dos papéis a que se refere o parágrafo anterior.

§ 4º Quem usa ou restitui à circulação, embora recebido de boa-fé, qualquer dos papéis falsificados ou alterados, a que se referem este artigo e o seu § 2º, depois de conhecer a falsidade ou alteração, incorre na pena de detenção, de 6 (seis) meses a 2 (dois) anos, ou multa.

> § 5º Equipara-se a atividade comercial, para os fins do inciso III do § 1º, qualquer forma de comércio irregular ou clandestino, inclusive o exercido em vias, praças ou outros logradouros públicos e em residências.

Classificação:	Informações rápidas:
Crime simples	**Objeto material:** papéis públicos indicados nos incisos do art. 293.
Crime comum	
Crime formal, de consumação antecipada ou de resultado cortado	**Elemento subjetivo:** dolo. Não admite modalidade culposa. A falsificação grosseira exclui o delito.
Crime de forma livre	**Tentativa:** admite (*crime plurissubsistente*).
Crime comissivo (*regra*)	**Ação penal:** pública incondicionada.
Crime instantâneo	**Competência:** Justiça Estadual (se a emissão do papel incumbir à União – Justiça Federal).
Crime unissubjetivo, unilateral ou de concurso eventual	**Norma penal explicativa:** art. 293, § 5.º, do CP.
Crime plurissubsistente (*regra*)	**Lei penal em branco homogênea** (legislação tributária).

○ **Objeto jurídico:** Tutela-se a fé pública, no tocante à confiabilidade e legitimidade dos papéis públicos.

○ **Objeto material:** São os **papéis públicos** indicados nos incisos do referido artigo:

– **Inciso I – selo destinado a controle tributário, papel selado ou qualquer papel de emissão legal destinado à arrecadação de tributo:** Esse inciso diz respeito aos **documentos destinados à arrecadação de tributos,** salvo os especificados no inciso V, a exemplo do antigo selo pedágio, o qual era colado no para-brisa do veículo para comprovar o extinto tributo.

– **Inciso II – papel de crédito público que não seja moeda de curso legal:** São os denominados **títulos da dívida pública,** federais, estaduais ou municipais. Embora possam servir como meios de pagamento, não se confundem com a moeda de curso legal no País.

– **Inciso III – vale postal:** Esse inciso foi tacitamente revogado pelo art. 36 da Lei 6.538/1978, lei posterior e especial que dispõe sobre os serviços postais.

– **Inciso IV – cautela de penhor, caderneta de depósito de caixa econômica ou de outro estabelecimento mantido por entidade de direito público: Cautela de penhor** é o título de crédito representativo do direito real de garantia registrado no Cartório de Títulos e Documentos, a teor do art. 1.432 do Código Civil. Com seu pagamento a coisa empenhada pode ser retirada. A **caderneta de depósito de caixa econômica ou de outro estabelecimento mantido por entidade de direito público** designa o documento em que está consignada a movimentação da conta corrente no estabelecimento bancário. Por sua vez, a falsificação de cadernetas de estabelecimentos privados configura o crime de falsificação de documento particular (CP, art. 298), e não o delito em análise.

– **Inciso V – talão, recibo, guia, alvará ou qualquer outro documento relativo a arrecadação de rendas públicas ou a depósito ou caução por que o poder público seja responsável: Talão** é a parte destacável de livro ou caderno, no qual permanece um canhoto com idênticos dizeres. **Recibo** é a declaração de quitação ou recebimento de coisas ou valores. **Guia** é o documento emitido por repartição arrecadadora, ou adquirido em estabelecimentos privados, com a finalidade de recolhimento de valores, impostos, taxas, contribuições de melhoria etc. **Alvará**, no sentido do texto, é qualquer documento destinado a autorizar o recolhimento de rendas públicas ou depósito ou caução por que o Poder Público seja responsável. Exemplo clássico de conduta passível de subsunção no art. 293, inc. V, do Código Penal consiste na falsificação de documentos de arrecadação da Receita Federal (DARFs), mediante inserção de autenticação bancária, como forma de comprovação do recolhimento dos tributos devidos.[262]

– Inciso VI – bilhete, passe ou conhecimento de empresa de transporte administrada pela União, por Estado ou por Município: Bilhete é o papel impresso que confere ao seu portador o direito de usufruir de meio de transporte coletivo por determinado percurso. **Passe** é o bilhete de trânsito, oneroso ou gratuito, concedido por empresa de transporte coletivo. **Conhecimento**, finalmente, é o documento comprobatório de mercadoria depositada ou entregue para transporte.

○ **Núcleo do tipo:** É "**falsificar**", ou seja, imitar, reproduzir ou modificar os papéis públicos indicados nos diversos incisos do art. 293 do CP. A falsificação pode ocorrer mediante fabricação ou alteração. Na **fabricação**, também denominada de **contrafação**, o agente procede à criação do papel público, o qual surge revestido pela falsidade. Por seu turno, na **alteração** opera-se a modificação de papel inicialmente verdadeiro, com a finalidade de ostentar valor superior ao real. A falsificação somente resultará no reconhecimento do crime em apreço quando incidir nos papéis públicos taxativamente mencionados – a falsificação de moeda importa no crime de moeda falsa (art. 289 do CP) e a falsificação de papel público diverso caracteriza o delito de falsificação de documento público (art. 296 do CP).

○ **Sujeito ativo:** Pode ser qualquer pessoa (**crime comum** ou **geral**). Contudo, se o sujeito ativo for funcionário público, e cometer o crime prevalecendo-se do cargo, aumentar-se-á a pena de sexta parte, com fulcro no art. 295 do Código Penal.

○ **Sujeito passivo:** É o Estado e, mediatamente, a pessoa física ou jurídica prejudicada pela conduta criminosa.

○ **Elemento subjetivo:** É o dolo, independentemente de qualquer finalidade específica. Não se admite a modalidade culposa.

○ **Consumação:** Cuida-se de **crime formal, de consumação antecipada** ou **de resultado cortado**: consuma-se com a realização de qualquer das condutas legalmente descritas, prescindindo-se da efetiva circulação do papel público falsificado ou da causação de prejuízo a alguém. É fundamental que a atuação do agente empreste ao papel idoneidade suficiente para enganar as pessoas em geral, pois a falsificação grosseira exclui o delito, ensejando o reconhecimento do crime impossível (CP, art. 17).

○ **Tentativa:** É possível.

○ **Ação penal:** É pública incondicionada.

○ **Competência:** A falsificação de papéis públicos, em regra, é crime de competência da Justiça Estadual. Entretanto, se a emissão do papel incumbir à União, suas empresas públicas ou autarquias, e a falsificação acarretar prejuízo a tais entes, o delito será de competência da Justiça Federal, nos moldes do art. 109, inc. IV, da Constituição Federal.[263]

---

[262] No STF: PET 4.680/MG, rel. Min. Marco Aurélio, Plenário, j. 29.09.2010, noticiado no *Informativo* 601. No STJ: CC 110.529/SP, rel. Min. Maria Thereza de Assis Moura, 3.ª Seção, j. 09.06.2010, noticiado no *Informativo* 438.

[263] Este raciocínio encontra amparo na Súmula 107 do Superior Tribunal de Justiça: "Compete à Justiça Comum Estadual processar e julgar crime de estelionato praticado mediante falsificação das guias de recolhimento das contribuições previdenciárias, quando não ocorre lesão à autarquia federal."

○ **Figura equiparada (art. 293, § 1.º):** A Lei 11.035/2004 conferiu nova redação ao § 1.º do art. 293 do CP, para ampliar seu âmbito de incidência, que antes se limitava aos papéis falsificados, forçando muitas vezes a utilização dos crimes de receptação (CP, art. 180) e de favorecimento real (CP, art. 349) para evitar a impunidade de pessoas envolvidas com papéis públicos falsificados. Destarte, incorre na mesma pena prevista no *caput* quem:

– **Inciso I – Usa, guarda, possui ou detém qualquer dos papéis falsificados a que se refere este artigo:** Trata-se de **conduta posterior à falsificação dos papéis públicos**, realizada por pessoa diversa do falsário.

– **Inciso II – Importa, exporta, adquire, vende, troca, cede, empresta, guarda, fornece ou restitui à circulação selo falsificado destinado a controle tributário:** O raio de incidência deste inciso é inferior ao do inciso anterior, pois se limita ao selo falsificado destinado a controle tributário.

– **Inciso III – Importa, exporta, adquire, vende, expõe à venda, mantém em depósito, guarda, troca, cede, empresta, fornece, porta ou, de qualquer forma, utiliza em proveito próprio ou alheio, no exercício de atividade comercial ou industrial, produto ou mercadoria:** a) em que tenha sido aplicado selo que se destine a controle tributário, falsificado; b) sem selo oficial, nos casos em que a legislação tributária determina a obrigatoriedade de sua aplicação.

– **Elemento subjetivo:** O crime é doloso. Contudo, além do dolo, afigura-se indispensável a presença do especial fim de agir (elemento subjetivo específico) representado pela expressão "em proveito próprio ou alheio". Trata-se de **crime próprio** ou **especial**, pois somente pode ser cometido pela pessoa que se encontre no exercício de atividade comercial ou industrial. O § 5.º do art. 293 do CP veicula uma **norma penal explicativa**, assim redigida: "Equipara-se a atividade comercial, para os fins do inciso III do § 1º, qualquer forma de comércio irregular ou clandestino, inclusive o exercido em vias, praças ou outros logradouros públicos e em residências". A alínea "b" do inc. III constitui-se em **lei penal em branco homogênea**, pois é preciso analisar a legislação tributária para identificação das hipóteses de obrigatoriedade do selo oficial. Fica nítida, ademais, a verdadeira preocupação do legislador: a fé pública foi colocada em plano secundário para se proteger a ordem tributária, mediante o combate à sonegação fiscal. De fato, não há pertinência lógica entre falsificar selo (crime contra a fé pública) e vender cigarro sem selo oficial (delito tributário). A consumação deste crime, de natureza formal, prescinde da constituição definitiva do crédito tributário.

○ **Supressão de carimbo ou sinal de inutilização de papéis públicos (art. 293, § 2.º):** Trata-se de **crime de médio potencial ofensivo**, compatível com a suspensão condicional do processo, se presentes os demais requisitos exigidos pelo art. 89 da Lei 9.099/1995. Nessa hipótese, os papéis públicos são legítimos, ou seja, não foram falsificados mediante contrafação ou alteração, mas já foram inutilizados. A conduta criminosa consiste em suprimir (eliminar ou retirar) o carimbo ou sinal indicativo da inutilização. Não basta o dolo. Exige-se um especial fim de agir (elemento subjetivo específico), contido na expressão "com o fim de torná-los novamente utilizáveis".

○ **Uso de papéis públicos com carimbo ou sinal de inutilização suprimidos (art. 293, § 3.º):** Trata-se de **crime de médio potencial ofensivo**, compatível com a suspensão condicional do processo, se presentes os demais requisitos exigidos pelo art. 89 da Lei 9.099/1995. Incorre na mesma pena cominada ao § 2.º, citado acima, aquele que usa, depois de alterado, qualquer dos papéis nele indicados.

○ **Figura privilegiada (art. 293, § 4.º):** Trata-se de **infração penal de menor potencial ofensivo**, de competência do Juizado Especial Criminal, admitindo a transação penal e o rito sumaríssimo, em sintonia com as disposições da Lei 9.099/1995. O tratamento penal mais suave se deve ao móvel do agente, que não se dirige à lesão da fé pública, e sim em repassar a terceiro seu prejuízo patrimonial.

○ **Crime contra a ordem tributária:** O art. 1.º, inc. III, da Lei 8.137/1990 – Crimes contra a ordem tributária – prevê um delito de natureza específica. Cabe destacar que o crime contra a ordem tributária é de natureza material ou causal, reclamando para sua consumação a supressão ou redução do tributo. Por sua vez, o delito definido no art. 293 do Código Penal é formal, de consumação antecipada ou de resultado cortado, aperfeiçoando-se com a realização da conduta legalmente descrita, independentemente da produção de prejuízo a alguém.

○ **Jurisprudência selecionada:**

Continuidade delitiva: "Acertada a decisão colegiada que reconheceu a continuidade delitiva no cometimento de quarenta e oito falsificações de bilhetes de metrô pelo acusado, dado o preenchimento dos requisitos de ordem objetiva – mesmas condições de tempo, lugar e forma de execução – e subjetiva – unidade de desígnios ou vínculo subjetivo entre os eventos (art. 71 do CP)" (STJ: HC 112.650/SP, rel. Min. Jorge Mussi, 5.ª Turma, j. 04.02.2010).

Crime contra a ordem tributária – independência: "1. A investigação em torno do paciente se deve ao fato de que, no curso do procedimento investigatório da Receita Federal, surgiram indícios de que ele, em conjunto com outro despachante aduaneiro, teria falsificado Documentos de Arrecadação Fiscal (DARFs) utilizados para desembaraço das mercadorias. 2. É evidente que descabe qualquer alegação relativa à extinção da punibilidade pelo pagamento, em tese praticado pelos representantes da empresa. A conduta investigada, eventualmente atribuível ao paciente, é autônoma de suposto delito de sonegação fiscal, este sim imputável aos sócios-gerentes da empresa em questão. 3. Também não procede a alegação de que faltaria justa causa para a ação penal, uma vez que, segundo o impetrante, ainda não estariam esgotadas as vias administrativas. 4. Este Superior Tribunal de Justiça tem-se pronunciado no sentido de que não há justa causa para a persecução penal do crime de sonegação fiscal, quando o suposto crédito tributário ainda pende de lançamento definitivo, sendo este condição objetiva de punibilidade. 5. O caso dos autos trata de hipótese diferente. De fato, uma coisa é desconstituir o tipo penal quando há discussão administrativa acerca da própria existência do débito fiscal ou do *quantum* devido; outra é a configuração, em tese, de crime contra ordem tributária em que é imputada ao agente a utilização de esquema fraudulento, como, por exemplo, a falsificação de documentos com o intento de lesar o Fisco" (STJ: HC 36.549/SP, rel. Min. Og Fernandes, 6.ª Turma, j. 19.03.2009).

Desnecessidade de constituição definitiva do crédito tributário para a consumação do crime previsto no art. 293, § 1.º, III, "b", do Código Penal: "É dispensável a constituição definitiva do crédito tributário para que esteja consumado o crime previsto no art. 293, § 1º, III, 'b', do CP. Isso porque o referido delito possui natureza formal, de modo que já estará consumado quando o agente importar, exportar, adquirir, vender, expuser à venda, mantiver em depósito, guardar, trocar, ceder, emprestar, fornecer, portar ou, de qualquer forma, utilizar em proveito próprio ou alheio, no exercício de atividade comercial ou industrial, produto ou mercadoria sem selo oficial. Não incide na hipótese, portanto, a Súmula Vinculante 24 do STF, segundo a qual 'Não se tipifica crime material contra a ordem tributária, previsto no art. 1º, incisos I a IV, da Lei nº 8.137/90, antes do lançamento definitivo do tributo'. Com efeito, conforme já pacificado pela jurisprudência do STJ, nos crimes tributários de natureza formal é desnecessário que o crédito tributário tenha sido definitivamente constituído para a instauração da persecução penal. Essa providência é imprescindível apenas para os crimes materiais contra a ordem tributária, pois, nestes, a supressão ou redução do tributo é elementar do tipo penal" (STJ: REsp 1.332.401/ES, rel. Min. Maria Thereza de Assis Moura, 6.ª Turma, j. 19.08.2014, noticiado no *Informativo* 546).

Petrechos de falsificação

Art. 294. Fabricar, adquirir, fornecer, possuir ou guardar objeto especialmente destinado à falsificação de qualquer dos papéis referidos no artigo anterior:

Pena – reclusão, de um a três anos, e multa.

Classificação:	Informações rápidas:
Crime simples	Crime-obstáculo.
Crime comum	**Objeto material:** objeto especialmente
Crime formal, de consumação antecipada ou de	destinado à falsificação dos papéis públi-
resultado cortado	cos especificados art. 293 do CP.
Crime de forma livre	**Elemento subjetivo:** dolo. Não admite
Crime comissivo (*regra*)	modalidade culposa.
Crime não transeunte	Crime não transeunte (deixam vestígios
Crime instantâneo ("fabricar", "adquirir" e "fornecer")	de ordem material).
ou permanente ("possuir" e "guardar")	**Tentativa:** não admite (crime-obstáculo).
Crime unissubjetivo, unilateral ou de concurso	**Ação penal:** pública incondicionada.
eventual	
Crime plurissubsistente (*regra*)	

○ **Objeto jurídico:** Tutela-se a fé pública, no que diz respeito à confiabilidade e legitimidade dos papéis públicos. O dispositivo veicula um autêntico **crime-obstáculo** – o legislador, preocupado com a falsificação de papéis públicos, não aguardou sua concretização para autorizar o Estado a exercer seu poder punitivo, antecipando a tutela penal, incriminando condutas representativas de atos preparatórios do crime tipificado no art. 293 do CP.

○ **Objeto material:** É o **objeto especialmente destinado à falsificação dos papéis públicos especificados art. 293 do Código Penal.** A elementar "**especialmente**" relaciona-se à finalidade precípua do objeto destinado à falsificação de papéis públicos, mas nada impede seja o bem utilizado também para outros fins. Na hipótese de objeto destinado à falsificação de selo, fórmula de franqueamento ou vale postal, estará configurado o crime definido no art. 38 da Lei 6.538/1978.

○ **Núcleos do tipo:** O tipo penal possui cinco núcleos: "**fabricar**" (criar, montar, construir ou produzir), "**adquirir**" (comprar ou obter), "**fornecer**" (proporcionar, dar, vender ou entregar), "**possuir**" (ter a posse) e "**guardar**" (manter, conservar ou proteger). Todos os verbos se ligam ao objeto especialmente destinado à falsificação de papéis públicos. Trata-se de **tipo misto alternativo, crime de ação múltipla ou de conteúdo variado:** há diversos núcleos, e a realização de mais de um deles, no tocante ao mesmo objeto material, caracteriza um único delito.

○ **Sujeito ativo:** Pode ser qualquer pessoa (**crime comum ou geral**). Entretanto, se o sujeito ativo for funcionário público, e cometer o crime prevalecendo-se do cargo, aumentar-se-á a pena da sexta parte, com fulcro no art. 295 do Código Penal. Para a incidência da causa de aumento da pena não basta a condição funcional: é imprescindível seja o delito executado em razão das facilidades proporcionadas pela posição de funcionário público.

○ **Sujeito passivo:** É o Estado, interessado na preservação da fé pública no que diz respeito ao sistema de emissão de papéis públicos.

○ **Elemento subjetivo:** É o dolo, independentemente de qualquer finalidade específica. Não se admite a modalidade culposa.

○ **Consumação:** Cuida-se de **crime formal**, **de consumação antecipada** ou **de resultado cortado**: consuma-se com a fabricação, aquisição, fornecimento, posse ou guarda dos objetos destinados à falsificação, independentemente da sua efetiva utilização pelo agente ou por qualquer outra pessoa. Nos núcleos "**guardar**" e "**possuir**" o crime é **permanente**, comportando a prisão em flagrante enquanto perdurar a situação de contrariedade ao Direito; nas demais variantes, o crime é **instantâneo**.

○ **Tentativa:** Não é cabível, pois o legislador incriminou de forma autônoma atos representativos da preparação do delito tipificado no art. 293 do Código Penal (falsificação de papéis públicos).

○ **Ação penal:** É pública incondicionada.

○ **Lei 9.099/1995:** Em razão da pena mínima cominada (um ano), trata-se de **crime de médio potencial ofensivo**, compatível com a suspensão condicional do processo, se presentes os demais requisitos exigidos pelo art. 89 da Lei 9.099/1995.

○ **Petrechos de falsificação e falsificação de papéis públicos – unidade ou pluralidade de crimes:** A respeito do sujeito que possui objeto especialmente destinado à falsificação de papéis públicos e efetivamente os falsifica há duas posições: (1.ª) O agente deve ser responsabilizado pelos crimes de petrechos de falsificação e de falsificação de papéis públicos, em concurso material. Tais crimes consumam-se em momentos distintos, não havendo falar em absorção do em comento pelo crime definido no art. 293 do CP; (2.ª) Incide o princípio da consunção, resultando na absorção do crime-meio (petrechos de falsificação), que funciona como *ante factum* impunível, pelo delito-fim (falsificação de papéis públicos).

○ **Jurisprudência selecionada:**

Petrechos de falsificação – ato preparatório da falsificação de papéis públicos – unidade de delito: "Não há concurso material de crimes na hipótese em que o agente fabrica, adquire, fornece, possui ou guarda objetos destinados à falsificação de papéis públicos, pois a segunda consubstancia mero ato preparatório ou *ant factum* impunível" (STJ: HC 11.799/SP, rel. Min. Vicente Leal, 6ª Turma, j. 16.05.2000).

Art. 295. Se o agente é funcionário público, e comete o crime prevalecendo-se do cargo, aumenta-se a pena de sexta parte.

Capítulo III –
DA FALSIDADE DOCUMENTAL

Falsificação do selo ou sinal público

Art. 296. Falsificar, fabricando-os ou alterando-os:

I – selo público destinado a autenticar atos oficiais da União, de Estado ou de Município;

II – selo ou sinal atribuído por lei a entidade de direito público, ou a autoridade, ou sinal público de tabelião:

Pena – reclusão, de dois a seis anos, e multa.

§ 1º Incorre nas mesmas penas:

I – quem faz uso do selo ou sinal falsificado;

II – quem utiliza indevidamente o selo ou sinal verdadeiro em prejuízo de outrem ou em proveito próprio ou alheio;

III – quem altera, falsifica ou faz uso indevido de marcas, logotipos, siglas ou quaisquer outros símbolos utilizados ou identificadores de órgãos ou entidades da Administração Pública.

§ 2º Se o agente é funcionário público, e comete o crime prevalecendo-se do cargo, aumenta-se a pena de sexta parte.

Classificação:	Informações rápidas:
Crime simples Crime comum Crime formal, de consumação antecipada ou de resultado cortado Crime de forma livre Crime comissivo (*regra*) Crime não transeunte Crime instantâneo Crime unissubjetivo, unilateral ou de concurso eventual Crime plurissubsistente (*regra*)	**Objeto material:** selo público destinado a autenticar atos oficiais da União, de Estado ou de Município, bem como o selo ou sinal atribuído por lei a entidade de direito público, ou a autoridade, ou sinal público de tabelião (não abrange Distrito Federal e selo ou sinal público estrangeiro). **Elemento subjetivo:** dolo. Não admite modalidade culposa. A falsificação grosseira exclui o delito. **Tentativa:** admite (crime plurissubsistente). **Ação penal:** pública incondicionada.

○ **Objeto jurídico:** Tutela-se a fé pública, relativamente aos selos e sinais públicos de autenticação.

○ **Objeto material:** É o **selo público destinado a autenticar atos oficiais da União, de Estado ou de Município** (inc. I), bem como o **selo ou sinal atribuído por lei a entidade de direito público, ou a autoridade, ou sinal público de tabelião** (inc. II). No inciso I do dispositivo em análise, o selo público não se confunde com o "selo destinado a controle tributário, papel selado ou qualquer papel de emissão legal destinado à arrecadação de tributo", o qual importa no crime tipificado no art. 293, I, do CP. Ainda que o legislador tenha inserido o crime no Capítulo III do Título X da Parte Especial do CP, o selo e o sinal público não são propriamente documentos, mas objetos cuja utilidade é conferir autenticação, origem ou legitimidade a um documento, e somente após sua utilização é que passam a integrá-lo. O art. 296 não incrimina a falsificação de selo público destinado a autenticar atos oficiais do **Distrito Federal**, e a omissão legislativa não pode ser suprida pelo operador do Direito, pois não há espaço no Direito Penal para a analogia *in malam partem*, como corolário do princípio da reserva legal ou estrita legalidade (CF, art. 5.º, inc. XXXIX e CP, art. 1.º). De igual modo, também não se pune a falsificação do selo ou sinal público **estrangeiro**.

○ **Núcleo do tipo:** É "**falsificar**", no sentido de imitar, reproduzir ou modificar selo ou sinal público. A falsificação pode ser efetuada por fabricação ou alteração. Na **fabricação**, também conhecida como **contrafação**, opera-se a formação ou reprodução integral do selo ou sinal público. Na **alteração**, por sua vez, há modificação do selo ou sinal público, para que passe a ostentar, mediante acréscimo ou supressão, informação diversa da original.

○ Sujeito ativo: Pode ser qualquer pessoa (**crime comum** ou **geral**). Contudo, se o delito for cometido por funcionário público, prevalecendo-se do cargo, a pena será aumentada da sexta parte, a teor da regra inserida no § 2.º do art. 296 do CP. Trata-se de **causa de aumento da pena**, e sua incidência reclama não somente a condição funcional, mas também a utilização das facilidades proporcionadas pelo cargo para a prática do crime. Destarte, se o agente for funcionário público, mas executar o delito sem se prevalecer do cargo, será vedada a aplicação da majorante.

○ Sujeito passivo: É o Estado e, mediatamente, a pessoa física ou jurídica prejudicada pela conduta criminosa.

○ Elemento subjetivo: É o dolo, independentemente de qualquer finalidade específica. Não se admite a modalidade culposa.

○ Consumação: Cuida-se de **crime formal**, **de consumação antecipada** ou **de resultado cortado**: consuma-se no momento da falsificação, mediante fabricação ou alteração, do selo ou sinal público, independentemente da obtenção de vantagem indevida ou da provocação de prejuízo a alguém. O uso do selo ou sinal falsificado é punido como crime autônomo, nos moldes do art. 296, § 1.º, I, do CP.

○ Tentativa: É possível, em face do caráter plurissubsistente do delito, permitindo o fracionamento do *iter criminis*.

○ Ação penal: É pública incondicionada.

○ Lei 9.099/1995: Em face da pena cominada (reclusão, de dois a seis anos, e multa), a falsificação do selo ou sinal público é **crime de elevado potencial ofensivo**, incompatível com os benefícios contidos na Lei 9.099/1995.

○ Figuras equiparadas (art. 296, § 1.º): Incorre nas mesmas penas:

– Inciso I – **quem faz uso do selo ou sinal falsificado**: A lei se preocupa, nesse caso, com a efetiva utilização do selo ou sinal público falsificado na autenticação de documentos. Se o próprio falsificador fizer uso do selo ou sinal falsificado, deverá ser responsabilizado unicamente pela falsificação. O uso constitui *post factum* impunível, e por essa razão resta absorvido, solucionando-se o conflito aparente de normas com o princípio da consunção.

– Inciso II – **quem utiliza indevidamente o selo ou sinal verdadeiro em prejuízo de outrem ou em proveito próprio ou alheio**: Nessa hipótese, o selo ou sinal público são verdadeiros, mas o seu uso é indevido (elemento normativo do tipo), podendo causar prejuízo a terceiro ou benefício ao agente ou a outra pessoa. Em nossa opinião, não se exige o efetivo prejuízo de outrem ou o prejuízo próprio ou alheio, sendo suficiente a potencialidade para tanto (**crime formal**, **de consumação antecipada** ou **de resultado cortado**). Existem, contudo, entendimentos em contrário, no sentido de se tratar de **crime material** ou **causal**, reclamando, portanto, a superveniência do resultado naturalístico. Há decisão do Superior Tribunal de Justiça no sentido de tratar-se de crime de mera conduta, pois "mostra-se irrelevante para sua consumação apurar a existência de prejuízo" (RHC 29.397/SP, rel. Min. Og Fernandes, 6.ª Turma, j. 14.06.2011, noticiado no *Informativo* 477). Nada obstante, a leitura da fundamentação do julgado transmite a ideia da conclusão da Corte pela natureza formal do delito.

– **Inciso III – quem altera, falsifica ou faz uso indevido de marcas, logotipos, siglas ou quaisquer outros símbolos utilizados ou identificadores de órgãos ou entidades da Administração Pública:** Este inciso foi acrescentado pela Lei 9.983/2000, voltado precipuamente aos crimes contra a Previdência Social. No entanto, aqui não é preciso seja a conduta relacionada precisamente a este órgão, podendo envolver qualquer órgão ou entidade da Administração Pública. Por seu turno, a Lei 5.700/1971 dispõe sobre a forma e a apresentação dos símbolos nacionais. O art. 35 desta lei estabelece que a violação de qualquer das suas disposições constitui contravenção penal, a exemplo da conduta de usar a bandeira nacional como roupagem.

○ **Jurisprudência selecionada:**

Brasão da República – consumação: "2. Ao recorrente se imputa a utilização indevida do Brasão da República em documentos particulares. Segundo a acusação, a aposição das Armas Nacionais, associada à qualificação como Deputado Federal suplente causou confusão na identificação da natureza dos documentos, fazendo crer tratar-se de papéis oficiais. 3. O Brasão da República constitui notório símbolo identificador da Administração Pública Federal, porquanto obrigatória a sua utilização por seus órgãos, por força da Lei nº 5.700/71. 4. Segundo a denúncia, as cartas assinadas pelo recorrente tratavam de interesse particular, nada se relacionando, inclusive, com a função, eventualmente por ele ocupada, de suplente de Deputado Federal. 5. Não há como reconhecer, nesta sede, a atipicidade da conduta imputada ao recorrente, uma vez que, como se sabe, o crime é de mera conduta e não exige, para a sua consumação, a existência de prejuízo material" (STJ: RHC 29.397/SP, rel. Min. Og Fernandes, 6.ª Turma, j. 14.06.2011).

Consumação – elemento subjetivo: "O tipo restringe-se a mera conduta, sendo despiciendo o prejuízo a terceiro. A substituição de folha do processo por outra numerada por pessoa estranha ao Cartório, com intimação da rubrica do serventuário, alcança o objeto jurídico protegido pelo dispositivo legal – a fé pública, considerado o sinal de autenticidade. O dolo decorre da vontade livre e consciente de praticar o ato" (STF: HC 68.433/DF, rel. Min. Marco Aurélio, 2.ª Turma, j. 19.02.1991).

Objeto material: "De acordo com a denúncia, o impetrante/paciente, que é presidente de entidade de ensino não reconhecida ou autorizada, utilizava-se de 'certificados' encimados com o selo da República Federativa do Brasil, comumente usado em documentação oficial do MEC, para que candidatos a cargos públicos se habilitassem. Sua conduta, pelo menos à primeira vista, é típica (CP, art. 296, inciso II do § 1º)" (STJ: RHC 1.829/SP, rel. Min. Adhemar Maciel, 6.ª Turma, j. 29.03.1993).

Falsificação de documento público

Art. 297. Falsificar, no todo ou em parte, documento público, ou alterar documento público verdadeiro:

Pena – reclusão, de dois a seis anos, e multa.

§ 1º Se o agente é funcionário público, e comete o crime prevalecendo-se do cargo, aumenta-se a pena de sexta parte.

§ 2º Para os efeitos penais, equiparam-se a documento público o emanado de entidade paraestatal, o título ao portador ou transmissível por endosso, as ações de sociedade comercial, os livros mercantis e o testamento particular.

§ 3º Nas mesmas penas incorre quem insere ou faz inserir:

I – na folha de pagamento ou em documento de informações que seja destinado a fazer prova perante a previdência social, pessoa que não possua a qualidade de segurado obrigatório;

II – na Carteira de Trabalho e Previdência Social do empregado ou em documento que deva produzir efeito perante a previdência social, declaração falsa ou diversa da que deveria ter sido escrita;

III – em documento contábil ou em qualquer outro documento relacionado com as obrigações da empresa perante a previdência social, declaração falsa ou diversa da que deveria ter constado.

§ 4º Nas mesmas penas incorre quem omite, nos documentos mencionados no § 3º, nome do segurado e seus dados pessoais, a remuneração, a vigência do contrato de trabalho ou de prestação de serviços.

Classificação:	Informações rápidas:
Crime simples	**Objeto material:** documento público falsificado ou o documento
Crime comum	público verdadeiro alterado (elemento normativo do tipo).
Crime formal, de consumação an-	**Documento:** forma escrita + elaboração por pessoa determinada
tecipada ou de resultado cortado	+ conteúdo revestido de relevância jurídica e eficácia probatória.
Crime não transeunte	**Telegrama:** não é documento público.
Crime de forma livre	A falsificação grosseira, perceptível a olho nu, exclui o crime
Crime comissivo (*regra*)	(*crime impossível*).
Crime instantâneo	**Elemento subjetivo:** dolo. Não admite modalidade culposa.
Crime unissubjetivo, unilateral ou	Crime não transeunte (deixa vestígios materiais).
de concurso eventual	**Tentativa:** admite (*crime plurissubsistente*).
Crime plurissubsistente (*regra*)	**Ação penal:** pública incondicionada.
	Competência: Justiça Estadual (exceções: art. 109, IV, da CF
	– Justiça Federal).

○ **Introdução:** O art. 297 do CP claramente se preocupa com a forma do documento público, pois a falsificação recai sobre seu corpo, sua exterioridade. Esta é a razão de se falar em **falsidade material**. O legislador brasileiro acompanhou a tendência mundial, e criou dois crimes distintos, estabelecendo pena mais grave para a falsificação de documento público (reclusão, de dois a seis anos, e multa) do que para a falsificação de documento particular (reclusão, de um a cinco anos, e multa).

○ **Objeto jurídico:** É a fé pública, relativamente à confiança depositada nos documentos públicos.

○ **Objeto material:** É o **documento público** falsificado, no todo ou em parte, ou o documento público verdadeiro alterado. Além de funcionar como objeto material, o documento público também atua como **elemento normativo do tipo**, pois a compreensão do seu significado reclama um juízo de valor de índole jurídica.

– **Definição jurídico-penal de documento:** No âmbito penal, é o escrito elaborado por pessoa determinada e representativo de uma declaração de vontade ou da existência de fato, direito ou obrigação, dotado de relevância jurídica e com eficácia probatória.[264] Possui as seguintes características:

a) **Forma escrita** – Em primeiro lugar, documento é a palavra escrita, embora nem todo escrito ingresse no conceito de documento, pois é imprescindível seja dotado de relevância

---

[264] A propósito, dispõe o art. 232, *caput*, do Código de Processo Penal, alocado no Título VII ("Da prova"): "Consideram-se documentos quaisquer escritos, instrumentos ou papéis, públicos ou particulares."

jurídica. Como corolário desta exigência, excluem-se as fotografias isoladas,[265] pinturas e desenhos, uma vez que não apresentam escrito algum, sem prejuízo da configuração de crime de outra natureza, a exemplo do dano (art. 163 do CP), do furto (art. 155 do CP) e da fraude processual (art. 347 do CP) etc. O escrito deve ser lançado em coisa móvel, suscetível de ser transportada e transmissível, razão pela qual não são considerados documentos as palavras inscritas em paredes, muros, estátuas, árvores, rochas, veículos e objetos análogos, pois não podem ser transmitidos para as mãos de outras pessoas. Exige-se a *permanência* do escrito, que não precisa ser indelével, afigurando-se irrelevante o meio empregado, desde que idôneo para a documentação. O escrito pode ser feito à mão ou mediante processo mecânico ou químico de reprodução de caracteres, **independentemente do idioma**,[266] e inclusive códigos em geral, desde que representem a expressão do pensamento de alguém. No tocante à reprodução mecânica (exemplos: escritos impressos ou datilografados), é imprescindível a subscrição manuscrita ou digitalizada pelo seu autor. Não constitui documento o escrito indecifrável ou aquele que somente seu autor pode entender. A fotocópia sem autenticação não tem eficácia probatória, motivo pelo qual não pode ser classificada como documento. Contudo, se for autenticada pelo oficial público ou conferida em cartório, será considerada documento (art. 232, parágrafo único, do CPP).

b) Elaborado por pessoa determinada – O autor do escrito há de ser identificado. De fato, a autoria certa exigida para que um escrito seja considerado documento é daquele de quem o documento deveria ter emanado, e não do autor da falsidade. A autoria da falsidade é fundamental para a condenação do falsário, mas em nada se relaciona com o conceito penal de documento. O escrito anônimo (exemplo: uma carta apócrifa) não é documento, pois na verdade se constitui na inafastável intenção de não documentar um pensamento. Em regra, a identificação do autor se dá pela assinatura contida no documento, nada obstante possa decorrer do próprio conteúdo, desde que a lei não imponha expressamente sua subscrição. A assinatura pode ser feita por extenso, por abreviação, por indicação de parentesco ou relação de intimidade e até mesmo por pseudônimo, quando possível reconhecer seu autor.

c) Conteúdo revestido de relevância jurídica e eficácia probatória – Não existe documento sem conteúdo. A simples assinatura aposta a papel em branco não é documento, pois este deve conter uma manifestação do pensamento, realizada mediante a narração ou exposição de um fato, direito ou obrigação, ou então de uma declaração de vontade. Consequentemente, o escrito ininteligível ou sem sentido também não pode ser considerado documento. Mas nem todo conteúdo é idôneo a ensejar a formação de um documento. O conteúdo há de apresentar relevância jurídica e eficácia probatória, pois pode ser utilizado como prova de determinado fato, implicando consequências no plano jurídico. Destarte, o ato nulo, juridicamente irrelevante, não constitui documento, pois ausente a capacidade para produzir efeitos válidos no mundo do Direito.

– Documento público: É aquele **criado pelo funcionário público, nacional ou estrangeiro, no desempenho das suas atividades**, em conformidade com as formalidades prescritas em lei. Fácil visualizar, portanto, os requisitos essenciais à formação do documento público: (a) qualidade de funcionário público em que o elabora; (b) a criação do documento no exercício das funções públicas; e (c) cumprimento das formalidades legais. Os documentos públicos dividem-se em duas espécies: **1.ª espécie: Documentos formal e substancialmente públicos:** São os documentos criados por funcionários públicos, no desempenho de suas atribuições legais, com conteúdo e relevância jurídica de direito público. Exemplos: atos do Poder Executivo, Legislativo, Judiciário e

---

[265] Entretanto, a troca de fotografia de documento configura o crime de falsificação de documento, pois nessa hipótese a fotografia é parte integrante de um documento que, em sua integralidade, possui a forma escrita.

[266] De acordo com o art. 236 do Código de Processo Penal: "Art. 236. Os documentos em língua estrangeira, sem prejuízo de sua juntada imediata, serão, se necessário, traduzidos por tradutor público, ou, na falta, por pessoa idônea nomeada pela autoridade."

do Ministério Público, entre outros. **2.ª espécie: Documentos formalmente públicos e substan-cialmente privados:** São os documentos elaborados por funcionários públicos, no desempenho de suas atribuições legais, mas com conteúdo de natureza privada. Exemplos: escritura pública de compra e venda de bem particular, reconhecimento de firma pelo tabelião em escritura particular etc. A cópia autenticada de documento particular extraída pelo tabelião não se transforma em documento público. No entanto, se a falsidade incidir especificamente sobre o selo de autentica-ção, estará caracterizado o crime de falsificação do selo ou sinal público (art. 296, II, do CP). Na prática, a divisão dos documentos públicos é inócua, pois a lei confere igual tratamento (pena idêntica) à falsificação em ambas as situações. A força probante do documento público também é irrelevante no plano da tipicidade, mas pode ser utilizada pelo magistrado na dosimetria da pena-base, como circunstância judicial (art. 59, *caput*, do CP).

– **A falsificação de telegramas:** O telegrama emitido por ordem de particular não é documen-to público, malgrado exista interferência de agente público. Na verdade, o funcionário público pertencente aos quadros da Empresa de Correios e Telégrafos (ECT) limita-se a reproduzir de forma mecânica o conteúdo privado do documento, o que não lhe empresta caráter público. Contudo, se o telegrama for expedido em obediência à ordem de funcionário público, no exer-cício das suas funções, será considerado documento público. E, se forem realizadas alterações no telegrama, no tocante às anotações lançadas pelo agente público, estará caracterizado o crime definido neste artigo.[267]

– **Documentos públicos por equiparação (art. 297, § 2.º):** São documentos particulares que o legislador, para fins de aplicação da pena, decidiu colocar no mesmo patamar dos documentos públicos. Façamos a análise de cada um deles:

a) Documento emanado de entidade paraestatal: Entidades paraestatais, integrantes do **terceiro setor**, são as pessoas jurídicas de direito privado, sem fins lucrativos, que atuam ao lado e em colaboração com o Estado. São seus exemplos o Sesc, o Senai e o Sesi, bem como as entidades de apoio e as organizações não governamentais (ONGs).[268]

b) Título ao portador ou transmissível por endosso: *Título ao portador* é o que circula pela mera tradição, a teor da regra contida no art. 904 do Código Civil. Nos títulos ao portador, a identificação do credor não é realizada expressamente, razão pela qual a pessoa que se encontre na posse do título é considerada titular do crédito nele indicado. Logo, a simples transferência do título (cártula) opera a transferência da titularidade do crédito.[269] *Título transmissível por endosso*, também conhecido como título nominal à ordem, é o que identifica de forma expressa seu titular, ou seja, o credor. A transferência do crédito reclama, além da tradição, o endosso, a teor do art. 910 do Código Civil.[270] São exemplos o cheque em geral, a duplicata, a nota promissória e a letra de câmbio.

c) Ações de sociedade comercial: As sociedades dotadas de ações são as sociedades anônimas, disciplinadas pela Lei 6.404/1976, e as sociedades em comandita por ações, reguladas pelos arts. 1.090 a 1.092 do Código Civil.

d) Livros mercantis: Livros mercantis são os destinados a registrar as atividades empresariais. Podem ser obrigatórios ou facultativos.

e) Testamento particular: O testamento particular, também chamado de **hológrafo**, destinado à sucessão de bens de pessoa capaz, para depois da sua morte, encontra-se disciplinado pelos arts. 1.876 a 1.880 do Código Civil. É escrito pelo testador, de próprio punho ou mediante processo

267   Com igual raciocínio: MAGALHÃES NORONHA, E. *Direito penal*. 16. ed. São Paulo: Saraiva, 1983. v. 4, p. 152.
268   Nesse sentido: DI PIETRO, Maria Sylvia Zanella. *Direito administrativo*. 23. ed. São Paulo: Atlas, 2010. p. 491-492.
269   Cf. RAMOS, André Luiz Santa Cruz. *Direito empresarial esquematizado*. São Paulo: Método, 2010. p. 371.
270   "Art. 910. O endosso deve ser lançado pelo endossante no verso ou anverso do próprio título. § 1º Pode o endossante designar o endossatário, e para validade do endosso, dado no verso do título, é suficiente a simples assinatura do endossante. § 2º A transferência por endosso completa-se com a tradição do título. § 3º Considera-se não escrito o endosso cancelado, total ou parcialmente."

mecânico. Como não há espaço para a analogia *in malam partem* no Direito Penal, é vedada a inclusão do *codicilo* (Código Civil, arts. 1.881 a 1.885) no rol dos documentos públicos por equiparação.

○ **Núcleos do tipo:** O tipo penal contempla duas condutas distintas: **1.ª conduta: falsificar, no todo ou em parte, documento público:** O núcleo do tipo é "**falsificar**", no sentido de fabricar um documento público até então inexistente. A falsificação também é chamada de *contrafação*. A lei contém a expressão "no todo ou em parte", indicando que a falsificação pode ser total ou parcial. Na falsificação **total**, o documento é criado em sua integralidade. Por seu turno, na falsificação **parcial** o agente acrescenta palavras, letras ou números ao objeto, **sem estar autorizado a fazê-lo**, fazendo surgir um documento parcialmente inverídico. **2.ª conduta: alterar documento público verdadeiro:** O verbo "**alterar**" tem o sentido de modificar um documento público verdadeiro, já existente, mediante a substituição do seu conteúdo com frases, palavras ou números que acarretem mudança na sua essência.

– **Diferença entre alteração e falsificação parcial do documento:** Na alteração, existe um documento verdadeiro, cujo conteúdo é modificado pela conduta criminosa. É por essa razão que o tipo penal possui a elementar **verdadeiro** ("alterar documento público verdadeiro").[271] Por seu turno, na falsificação parcial o documento nasce como obra do falsário, isto é, o documento verdadeiro jamais existiu. A falsificação parcial também pode restar caracterizada quando, em **documento verdadeiro preexistente**, vem a ser efetuado um **acréscimo totalmente individualizável** (exemplo: inserção de aval falso em cheque autêntico). Não há falar, nessa situação, em alteração, pois não foi atingida a parte já existente do documento, e sim incluída uma parte absolutamente autônoma. De outro lado, estaria configurada a alteração se o sujeito modificasse o texto lançado na cártula, aumentando seu valor, uma vez que sua conduta alcançaria parte já existente do documento verdadeiro.

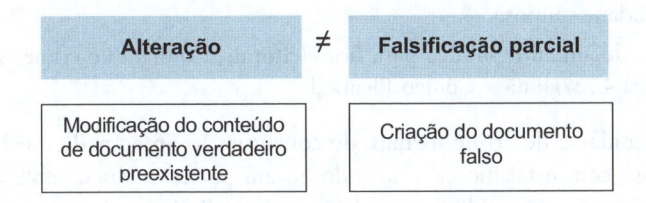

Alteração	≠	Falsificação parcial
Modificação do conteúdo de documento verdadeiro preexistente		Criação do documento falso

– **Falsificação (ou alteração) grosseira:** Como nos demais crimes contra a fé pública, a falsificação – total ou parcial –, e também a alteração, precisam revestir-se de idoneidade para ludibriar as pessoas em geral. Em outras palavras, é imprescindível a **potencialidade de dano**. Logo, a falsificação não pode ser grosseira, sob pena de exclusão do delito de falso, em razão da atipicidade do fato pelo crime impossível (CP, art. 17), sem prejuízo do aperfeiçoamento de algum crime patrimonial, notadamente o estelionato.

– **Unidade ou pluralidade de crimes – a problemática da falsificação destinada a acobertar outro crime:** Se o agente, no mesmo contexto fático e visando alcançar uma determinada finalidade, falsifica diversos documentos públicos, deve responder por um único crime. Entretanto, se as diversas falsificações forem realizadas em momentos distintos, e com finalidades diversas, estarão configurados dois crimes, em continuidade delitiva, se presentes os requisitos exigidos pelo art. 71, *caput*, do CP, ou então em concurso material, na situação contrária. A propósito, **a falsificação de documento público destinada a acobertar a prática de algum crime goza de autonomia**, e jamais será absorvida pelo delito anterior. Com efeito, os crimes têm momentos consumativos distintos e ofendem bens jurídicos diversos, afastando a incidência do princípio da consunção.

---

[271] Além disso, o ordenamento jurídico não tutela documentos falsos.

– **Falsificação e supressão de documento – distinção:** A conduta que se limita a cancelar ou rasurar palavras, frases ou números de um documento, sem implicar inserção de novos dados ou modificação do seu conteúdo, caracteriza o crime de supressão de documento (art. 305 do CP).

– **Falsificação de documento público e adulteração de sinal identificador de veículo:** A adulteração, remarcação ou supressão de número de chassi ou de qualquer sinal identificador de veículo, de seu componente ou equipamento configura o crime descrito no art. 311 do CP. Contudo, se a alteração recair no número do chassi ou das placas **constantes do documento** do veículo automotor, estará caracterizado o crime de falsificação de documento público. art. 297, *caput*, do Código Penal.

○ **Sujeito ativo:** Pode ser qualquer pessoa (**crime comum** ou **geral**). De fato, um particular pode ser responsabilizado pelo delito tipificado no art. 297 do CP, desde que a falsificação recaia em documento que deveria ter sido elaborado por funcionário público, ou então altere documento verdadeiro efetivamente criado por este. Entretanto, se o agente é funcionário público, e comete o crime prevalecendo-se do cargo, aumenta-se a pena de sexta parte, a teor da regra inserida no § 1.º do art. 297 do CP. Para incidência da **causa de aumento**, na terceira fase da dosimetria da pena privativa de liberdade, não basta a posição de funcionário público. Exige-se também seja o delito praticado em razão das facilidades proporcionados pelo cargo público.

○ **Sujeito passivo:** É o Estado e, mediatamente, a pessoa física ou jurídica prejudicada pela conduta criminosa.

○ **Elemento subjetivo:** É o dolo, independentemente de qualquer finalidade específica. Não se admite a modalidade culposa.

– **Falsificação de documento público para fins eleitorais:** Configura o crime específico definido no art. 348 da Lei 4.737/1965 – Código Eleitoral.

○ **Consumação:** Cuida-se de **crime formal**, **de consumação antecipada** ou **de resultado cortado**: consuma-se com a falsificação, no todo ou em parte, de documento público, ou com a alteração de documento público verdadeiro, prescindindo-se do seu uso posterior, bem como da obtenção de qualquer vantagem ou da causação de efetivo prejuízo a alguém. É também **crime instantâneo**, pois a consumação se esgota no momento da falsificação, total ou parcial, ou da alteração do documento público.

– **Prova da materialidade do fato criminoso**: A falsificação de documento público é **crime não transeunte**, pois deixa vestígios materiais. Destarte, é imprescindível o exame de corpo de delito, direto ou indireto, não podendo supri-lo a confissão do acusado, nos termos do art. 158 do Código de Processo Penal. Em regra, a perícia inerente à falsificação de documento público destinada à prova da materialidade do fato consiste no **exame documentoscópico**. E, sempre que possível, deverá ser também realizado o **exame grafotécnico**, com o escopo de apurar, com base na comparação dos padrões gráficos, se determinada pessoa realmente foi a autora do documento, relativamente à assinatura nele lançada e ao seu conteúdo. Mas como ninguém é obrigado a produzir prova contra si mesmo – *nemo tenetur se detegere* – o acusado (ou investigado) não pode ser compelido a fornecer material gráfico para realização do exame pericial.

○ **Tentativa:** É possível.

○ **Ação penal:** É pública incondicionada, em todas as modalidades do delito.

○ **Lei 9.099/1995:** Em face da pena cominada (reclusão, de dois a seis anos, e multa), a falsificação de documento público constitui-se em **crime de elevado potencial ofensivo**, incompatível com os benefícios disciplinados pela Lei 9.099/1995.

○ **Competência:** Em regra, a falsificação de documento público é de competência da Justiça Estadual. Todavia, será competente a Justiça Federal quando o crime for praticado em detrimento de bens, serviços ou interesses da União ou de suas entidades autárquicas ou empresas públicas, nos termos do art. 109, inc. IV, da Constituição Federal.

– **Diferença entre falsificação de documento público e uso de documento falso**: É fundamental estabelecer a diferença entre a falsificação do documento público (art. 297 do CP) e o uso do documento falso (art. 304 do CP), pois este último crime normalmente tem como destinatário um particular, razão pela qual a competência será da Justiça Estadual.

– **Falsificação de CNH:** O crime de falsificação de Carteira Nacional de Habilitação (CNH) é de competência da Justiça Estadual, haja vista que sua emissão é incumbência da autoridade estadual de trânsito, nos termos do art. 22, inc. II, da Lei 9.503/1997 – Código de Trânsito Brasileiro.

– **Súmula 62 do STJ:** "Compete à Justiça Estadual processar e julgar o crime de falsa anotação na carteira de Trabalho e Previdência Social, atribuído a empresa privada."

– **Súmula 104 do STJ:** "Compete à Justiça Estadual o processo e julgamento dos crimes de falsificação e uso de documento falso relativo a estabelecimento particular de ensino."

– **Súmula Vinculante 36 do STF:** "Compete à Justiça Federal comum processar e julgar civil denunciado pelos crimes de falsificação e de uso de documento falso quando se tratar de falsificação da Caderneta de Inscrição e Registro (CIR) ou de Carteira de Habilitação de Amador (CHA), ainda que expedidas pela Marinha do Brasil."

○ **Falsificação de documento previdenciário (art. 297, § 3.º):** Trata-se de conduta equiparada ao delito do *caput*.

– **Falsidade ideológica e equívoco do legislador (art. 297, § 3.º):** O § 3.º foi acrescentado pela Lei 9.983/2000, relativa aos crimes contra a Previdência Social, com a finalidade de substituir os delitos anteriormente previstos no art. 95, *g, h* e *i*, da Lei 8.212/1991. O legislador ampliou o rol dos documentos públicos por equiparação, constante do § 2.º do art. 297. De fato, o bem jurídico penalmente tutelado é a fé pública dos documentos relacionados à Previdência Social.

– **Núcleos do tipo:** "**Inserir**" (introduzir ou colocar) e "**fazer inserir**" (criar condições para que terceiro introduza ou coloque). No momento da sua formação, o documento é verdadeiro, mas seu conteúdo, a ideia nele contida é falsa. Percebe-se, portanto, uma falha grotesca efetuada pela Lei 9.983/2000, qual seja disciplinou uma modalidade de **falsidade ideológica** em dispositivo atinente à falsidade material. Este crime, portanto, deveria ter sido alocado no at. 299 do Código Penal.

a) Inciso I – Inserir ou fazer inserir na folha de pagamento ou em documento de informações que seja destinado a fazer prova perante a Previdência Social, pessoa que não possua a qualidade de segurado obrigatório: A relação dos segurados obrigatórios encontra-se no art. 11 da Lei 8.213/1991 – Plano de Benefícios da Previdência Social.

b) Inciso II – Inserir ou fazer inserir na Carteira de Trabalho e Previdência Social do empregado ou em documento que deva produzir efeito perante a previdência social, declaração falsa ou diversa da que deveria ter sido escrita: A Carteira de Trabalho e Previdência Social funciona como parâmetro para o cálculo de pagamento dos benefícios previdenciários, uma vez que nela são lançados os valores do salário de contribuição. Portanto, se o montante anotado for falso, a Previdência Social será lesada, pois irá custear valores indevidos ao segurado.

c) Inciso III – Inserir ou fazer inserir em documento contábil ou em qualquer outro documento relacionado com as obrigações da empresa perante a previdência social,

declaração falsa ou diversa da que deveria ter constado: A falsificação recai sobre os documentos contábeis da empresa, pois é com base neles que a Previdência Social calcula os valores a serem recolhidos.

– **Consumação:** Os três incisos veiculam **crimes formais, de consumação antecipada** ou **de resultado cortado.** Alcançam a consumação com a inserção da declaração falsa ou diversa daquela que deveria ter constado. A tentativa é cabível.

– **Art. 297, § 3.º, II, do CP e art. 49 da CLT:** Se a falsidade lançada na Carteira de Trabalho e Previdência Social relacionar-se com os **direitos trabalhistas** do empregado, incidirá o crime definido no art. 49 do Decreto-lei 5.452/1943. Por seu turno, se a falsidade atingir a Previdência Social, estará caracterizado o crime tipificado no art. 297, § 3.º, II, do CP.

○ **Falsidade ideológica e crime omissivo próprio (art. 297, § 4.º):** Trata-se de outra figura equiparada e novamente de **falsidade ideológica,** em face de grave erro efetuado pela Lei 9.983/2000. O crime é **omissivo próprio** ou **puro,** pois o tipo penal, cujo núcleo é "omitir", descreve uma conduta negativa. Destarte, não se admite a figura da tentativa: ou o sujeito dolosamente omite as informações devidas no documento, e o crime estará consumado, ou então age regularmente, e seu comportamento será penalmente irrelevante. Para o Superior Tribunal de Justiça, a caracterização do delito reclama o efetivo risco de prejuízo à fé pública. Não basta a mera omissão de anotação na Carteira de Trabalho e Previdência Social.

○ **Falsificação de documento público e estelionato:** Discute-se o enquadramento típico da conduta do sujeito que falsifica um documento público e, posteriormente, dele se vale para enganar alguém, obtendo vantagem ilícita em prejuízo alheio. Em tese, há dois crimes: estelionato (art. 171, *caput, do CP*) e falsificação de documento público (art. 297 do CP). Na prática há quatro posições sobre a responsabilidade penal do agente:

– **1.ª posição:** A falsidade documental absorve o estelionato – O falso é crime formal, pois se consuma com a falsificação do documento, independentemente de qualquer resultado posterior. Contudo, se sobrevier o resultado naturalístico, do qual é exemplo a obtenção da indevida vantagem econômica, não haverá falar em outro delito, e sim em exaurimento da falsidade documental. Esta posição ganha ainda mais força ao recordarmos que a falsificação de documento público tem pena mais elevada do que o estelionato.

– **2.ª posição:** Há concurso material de crimes – Os crimes devem ser impostos cumulativamente, em concurso material (art. 69 do CP). Em razão de ofenderem bens jurídicos diversos, afasta-se o fenômeno da absorção. De fato, a falsidade documental tem como objetividade jurídica a fé pública, ao passo que o estelionato é crime contra o patrimônio. Se não bastasse, o crime de falso estaria consumado em momento anterior ao da prática do estelionato. E, se já estava consumado, não poderia sofrer nenhuma alteração posterior no plano da tipicidade. Além disso, raciocínio diverso tornaria inútil a regra contida no art. 297, § 2.º, CP, na parte em que equipara a documento público os títulos ao portador ou transmissíveis por endosso, como é o caso do cheque. Com efeito, não se pode imaginar a falsificação de um cheque esgotando-se em si mesma, ou seja, sem o propósito do agente em utilizá-lo para a obtenção de uma vantagem econômica indevida em prejuízo alheio.

– **3.ª posição:** Há concurso formal de crimes – Acolhem-se os mesmos fundamentos da posição anterior, relativamente à autonomia dos crimes de estelionato e falsidade documental, mas sustenta-se que a conduta seria uma só, ainda que desdobrada em diversos atos. Na dosimetria da pena, portanto, o magistrado deve observar a regra contida no art. 70, *caput*, 1.ª parte, do CP. Historicamente, este sempre foi o entendimento consagrado no STF.

– **4.ª posição:** O estelionato absorve a falsificação de documento público – Esta é a posição atualmente dominante, em razão de ter sido adotada pela Súmula 17 do STJ: "Quando o falso se exaure no estelionato, sem mais potencialidade lesiva, é por este absorvido." O conflito aparente de leis penais é solucionado pelo **princípio da consunção**. O crime-fim (estelionato) absorve o crime-meio (falsidade documental), desde que este se esgote naquele.

– **Análise crítica da Súmula 17 do STJ:** Em nossa opinião, o sujeito responsável pela falsificação de documento público, que dele se aproveita para cometer estelionato, deve responder por ambos os crimes, em concurso material. Discordamos do teor da referida súmula, pois não reputamos adequado falar na falsidade documental como ato anterior (*ante factum*) impunível no tocante ao estelionato. Afastamos, nesse caso, a incidência do princípio da consunção, pois ausente o conflito aparente de leis penais. Como se sabe, atos anteriores, prévios ou preliminares impuníveis são aqueles que, nada obstante definidos como crimes autônomos, revelam-se imprescindíveis para a realização do tipo principal, e, portanto, são absorvidos por este último. Nesse contexto, o crime de estelionato não depende, obrigatoriamente, da prévia falsificação de documento, pois pode ser praticado por outros variados e infinitos meios fraudulentos. Em conformidade com a definição do princípio da consunção, o fato anterior componente dos atos preparatórios ou de execução apenas será absorvido se apresentar menor ou igual gravidade quando comparado ao principal, para que este goze de força suficiente para consumir os demais, englobando-os em seu raio de atuação. Destarte, desponta como manifesto o equívoco técnico da citada súmula. O enunciado jurisprudencial destina-se, precipuamente, às hipóteses em que o sujeito, com o escopo de praticar estelionato, falsifica materialmente uma cártula de cheque, documento particular equiparado a documento público por expressa determinação legal (art. 297, § 2.º, do CP). Este foi o problema prático que justificou a criação do verbete sumular. Ora, o crime de falsificação de documento público é punido com reclusão de dois a seis anos, e multa. Sendo o fato mais amplo e grave, não pode ser consumido pelo estelionato, sancionado de forma mais branda. Ainda, os delitos apontados atingem bens jurídicos diversos – enquanto o estelionato constitui-se em crime contra o patrimônio, o falso agride a fé pública. Se não bastasse, a falsificação de uma folha de cheque normalmente não se exaure no estelionato. Como o cheque é título ao portador, posteriormente ao estelionato a vítima pode notar o crime contra ela praticado, e, não querendo suportar o prejuízo patrimonial, nada a impede de endossar a cártula e transmiti-la a outrem. Assim sendo, fica nítido que tecnicamente não há falar em conflito aparente de leis, mas em autêntico concurso material de delitos. Portanto, se no rigor científico a súmula merece ser rejeitada, resta acreditar que a sua criação e manutenção se devem, exclusivamente, a **motivos de política criminal**, tornando a conduta cada vez mais próxima do âmbito civil, à medida que a pena pode ser, inclusive, reduzida pelo arrependimento posterior, benefício vedado ao crime de falso.

○ **A Súmula Vinculante 36 do Supremo Tribunal Federal:** "Compete à Justiça Federal comum processar e julgar civil denunciado pelos crimes de falsificação e de uso de documento falso quando se tratar de falsificação da Caderneta de Inscrição e Registro (CIR) ou de Carteira de Habilitação de Amador (CHA), ainda que expedidas pela Marinha do Brasil." Tais documentos são licenças necessárias para a condução de embarcações, de natureza civil (e não militar), embora concedidas pela Marinha. Cuida-se, portanto, de atividade fiscalizada pela Marinha (órgão da União), razão pela qual a competência da Justiça Federal enquadra-se no art. 109, inc. IV, da Constituição Federal.

○ **Jurisprudência selecionada:**

Competência: "A jurisprudência desta Corte, para fixar a competência em casos semelhantes, analisa a questão sob a perspectiva do sujeito passivo do delito. Sendo o sujeito passivo o particular, consequentemente a competência será da Justiça Estadual. Entretanto, o particular só é vítima do crime de uso, mas não do crime de falsificação. De fato, o crime de *falsum* atinge a presunção de veracidade dos atos da Administração, sua fé pública e sua credibilidade. Deste modo, a falsificação de documento público praticada no caso atinge interesse da União, o que conduz à aplicação do art. 109, IV, da Constituição da República" (STF: HC 85.773/SP, rel. Min. Joaquim Barbosa, 2.ª Turma, j. 17.10.2006).

Competência – identidades funcionais do Poder Judiciário da União – ofensa à fé pública e à presunção de veracidade – interesse direto da União – competência da Justiça Federal: "Compete à Justiça Federal processar e julgar o crime de falsificação de documento público, consistente na falsificação de identidades funcionais do Poder Judiciário da União. O Superior Tribunal de Justiça sedimentou, na Súmula n. 546, a orientação jurisprudencial de que 'a competência para processar e julgar o crime de uso de documento falso é firmada em razão da entidade ou órgão ao qual foi apresentado o documento público, não importando a qualificação do órgão expedidor'. No caso, não houve a apresentação dos documentos falsos à autoridade policial. Assim, não se apura o crime de uso de documento falso, mas de falsificação de documento público, pois 'não há como se reconhecer na conduta, *a priori*, o elemento de vontade (de fazer uso de documento falso) necessário à caracterização do delito do art. 304 do CP' (CC 148.592/RJ, Rel. Ministro Reynaldo Soares da Fonseca, Terceira Seção, DJe de 13/2/2017). Contudo, ainda que não se trate de uso de documento falso, a competência é da Justiça Comum Federal. É certo que em crimes nos quais as vítimas primárias de falsificações de documentos emitidos por órgãos federais são particulares, a competência para processar e julgar o delito não é deslocada para a Justiça Federal, em razão de prejuízos tão somente reflexos a interesses e bens da União, suas autarquias ou empresas públicas. Todavia, há distinção (*distinguishing*) em relação à diretriz jurisprudencial acima. A vítima primária é a União, pois não se cogita de prejuízo fundamental a particulares. Vale destacar que a Lei n. 12.774/2012, ao dispor sobre as Carreiras dos Servidores do Poder Judiciário da União, prescreveu, em seu art. 4º, que 'as carteiras de identidade funcional emitidas pelos órgãos do Poder Judiciário da União têm fé pública em todo o território nacional'. Dessa forma, a falsificação de identidades funcionais do Poder Judiciário da União atinge direta e essencialmente a fé pública e a presunção de veracidade de documento, cuja expedição atribui-se à Administração Pública Federal, à qual o resguardo compete constitucionalmente à Justiça Comum Federal (art. 109, inciso IV, da Constituição Federal)" (STJ: CC 192.033/SP, rel. Min. Laurita Vaz, 3.ª Seção, j. 14.12.2022, noticiado no *Informativo* 763).

Consumação: "Falsificação de documento público. Crime formal. Inexistência de prejuízo. Irrelevância. Consumação no momento da falsificação ou alteração. [...] O delito de falsificação de documento público é crime formal, cuja consumação se dá no momento da falsificação ou da alteração do documento" (STF: RHC 91.189/PR, rel. Min. Cezar Peluso, 2.ª Turma, j. 09.03.2010).

Crime militar: "I - O paciente foi denunciado pela prática de delito do art. 315 do CPM, classificado como crime militar em sentido impróprio – aqueles que, embora previstos na legislação penal comum, também estão tipificados no Código Penal Militar por afetarem diretamente bens jurídicos das Forças Armadas (art. 9º, III, *a*, do Código Penal Militar). II - É competente, portanto, para processar e julgar o paciente a Justiça castrense, por força do art. 124 da Constituição Federal" (STF: HC 98.526/RS, rel. Min. Ricardo Lewandowski, 1.ª Turma, j. 29.06.2010).

CTPS – Carteira de Trabalho e Previdência Social – sujeito passivo – competência: "Compete à Justiça Federal – e não à Justiça Estadual – processar e julgar o crime caracterizado pela omissão de anotação de vínculo empregatício na CTPS (art. 297, § 4º, do CP). A Terceira Seção do STJ modificou o entendimento a respeito da matéria, posicionando-se no sentido de que, no delito tipificado no art. 297, § 4º, do CP – figura típica equiparada à falsificação de documento público –, o sujeito passivo é o Estado e, eventualmente, de forma secundária, o particular – terceiro prejudicado com a omissão das informações –, circunstância que atrai a competência da Justiça Federal, conforme o disposto no art. 109, IV, da CF" (STJ: CC 135.200/SP, rel. originário Min. Nefi Cordeiro, rel. p/ acórdão Min. Sebastião Reis Júnior, 3.ª Seção, j. 22.10.2014, noticiado no *Informativo* 554). "1. O agente que omite dados ou faz declarações falsas na Carteira de Trabalho e Previdência Social atenta contra interesse da Autarquia Previdenciária e estará incurso nas mesmas sanções do crime de falsificação de documento público, nos termos dos §§ 3º, II e 4º do art. 297 do Código Penal. Competência da Justiça Federal. 2. Sujeito passivo principal do delito é o Estado, ficando o empregado na condição de vítima secundária" (STJ: CC 97.485/SP, rel. Min. Og Fernandes, 3.ª Seção, j. 08.10.2008).

Direito de não produzir prova contra si mesmo: "Diante do princípio *nemo tenetur se detegere*, que informa o nosso direito de punir, é fora de dúvida que o dispositivo do inciso IV do art. 174 do Código de Processo Penal há de ser interpretado no sentido de não poder ser o indiciado compelido a fornecer padrões gráficos do próprio punho, para os exames periciais, cabendo apenas ser intimado para fazê-lo a seu alvedrio. É que a comparação gráfica configura ato de caráter essencialmente probatório, não se podendo, em face do privilégio de que desfruta o indiciado contra a autoincriminação, obrigar o suposto autor do delito a fornecer prova capaz de levar à caracterização de sua culpa. Assim, pode a autoridade não só fazer requisição a arquivos ou estabelecimentos públicos, onde se encontrem documentos da pessoa a qual é atribuída a letra, ou proceder a exame no próprio lugar onde se encontrar o documento em questão, ou ainda, é certo, proceder à colheita de material, para o que intimará a pessoa, a quem se atribui ou pode ser atribuído o escrito, a escrever o que lhe for ditado, não lhe cabendo, entretanto, ordenar que o faça, sob pena de desobediência, como deixa transparecer, a um apressado exame, o CPP, no inciso IV do art. 174" (STF: HC 77.135/SP, rel. Min. Ilmar Galvão, 1.ª Turma, j. 08.09.1998).

Documento público – conceito: "Reconheceu, por maioria, que as notas fiscais e os livros-caixa seriam documentos privados, pois só poderiam ser considerados públicos aqueles em cuja elaboração, de alguma forma, houvesse a participação de funcionários públicos e aqueles expressamente equiparados em lei" (STF: Inq 2.593/DF, rel. Min. Edson Fachin, Plenário, j. 01.12.2016, noticiado no *Informativo* 849).

Escrito anônimo – ausência de documento: "3. Ensina Fragoso, em suas 'Lições', que 'documento é todo escrito devido a um autor determinado, contendo exposição de fatos ou declaração de vontade, dotado de significação ou relevância jurídica'. Assim, escrito anônimo não é documento, porque constitui a mais clara manifestação da vontade de não documentar. 4. Ora, a fé pública não há de sofrer perigo quando falta ao documento requisito necessário à configuração do próprio falso; o fato, evidentemente, não constitui crime" (STJ: HC 67.519/MG, rel. Min. Nilson Naves, 6.ª Turma, j. 1º.10.2009).

Falsificação de documento público emitido pela União – lesão restrita a particular – competência da Justiça Estadual: "Compete à Justiça estadual processar e julgar crime de falsificação de documento público emitido pela União na hipótese em que a pessoa efetivamente lesada com a suposta prática delituosa seja apenas o particular. O interesse genérico e reflexo por parte da União na punição do agente não é suficiente para atrair a competência da Justiça Federal" (STJ: CC 125.065/PR, rel. Min. Sebastião Reis Júnior, 3.ª Seção, j. 14.11.2012, noticiado *Informativo* 509).

Falso e estelionato – concurso de crimes: "Se a falsidade é meio para o estelionato, aplica-se o concurso formal, não a absorção. Precedentes do STF. Todavia, não é o caso dos autos, já que restou evidenciado o acerto do juiz ao aplicar o concurso material, considerando que o paciente pagou dívidas com cheques próprios e de terceiros, que sabia sem fundos ou de contas encerradas. Consumaram-se, aí, os crimes de estelionato. Posteriormente, em circunstâncias de tempo e modo distintas, e valendo-se de sua condição de policial, inseriu dados falsos na representação de extravio utilizada por um dos emitentes dos cheques para elidir sua responsabilidade junto à instituição financeira, configurando-se o crime do artigo 299 do Código Penal" (STF: RHC 83.990/MG, rel. Min. Eros Grau, 1.ª Turma, j. 10.08.2004).

Omissão de anotação na CTPS – falsidade ideológica – necessidade de análise do caso concreto: "A simples omissão de anotação na Carteira de Trabalho e Previdência Social (CTPS) não configura, por si só, o crime de falsificação de documento público (art. 297, § 4º, do CP). Isso porque é imprescindível que a conduta do agente preencha não apenas a tipicidade formal, mas antes e principalmente a tipicidade material, ou seja, deve ser demonstrado o dolo de falso e a efetiva possibilidade de vulneração da fé pública. Com efeito, o crime de falsificação de documento público trata-se de crime contra a fé pública, cujo tipo penal depende da verificação do dolo, consistente na vontade de falsificar ou alterar o documento público, sabendo o agente que o faz ilicitamente. Além disso, a omissão ou alteração deve ter concreta potencialidade lesiva, isto é, deve ser capaz de iludir a percepção daquele que se depare com o documento supostamente falsificado. Ademais, pelo princípio da intervenção mínima, o Direito Penal só deve ser invocado quando os demais ramos do Direito forem insuficientes para proteger os bens considerados importantes para a vida em sociedade. Como corolário, o princípio da fragmentariedade elucida que não são todos os bens que têm a proteção do Direito Penal, mas apenas alguns, que são os de maior importância para a vida em sociedade. Assim, uma vez verificado que a conduta do agente é suficientemente reprimida na esfera administrativa, de acordo com o art. 47 da CLT, a simples omissão de anotação não gera consequências que exijam repressão pelo Direito Penal" (STJ: REsp 1.252.635/SP, rel. Min. Marco Aurélio Bellizze, 5.ª Turma, j. 24.04.2014, noticiado no *Informativo* 539).

Passaporte: "Configura o crime do art. 297 do CP a inserção de dados falsos (visto consular falsificado) em passaporte nacional" (STJ: REsp 1.160.651/ES, rel. Min. Felix Fischer, 5.ª Turma, j. 26.08.2010).

Substituição de fotografia: "Sendo a alteração de documento público verdadeiro uma das duas condutas típicas do crime de falsificação de documento público (artigo 297 do Código Penal), a substituição da fotografia em documento de identidade dessa natureza caracteriza a alteração dele, que não se cinge apenas ao seu teor escrito, mas que alcança essa modalidade de modificação que, indiscutivelmente, compromete a materialidade e a individualização desse documento verdadeiro, até porque a fotografia constitui parte juridicamente relevante dele" (STF: HC 75.690/SP, rel. Min. Moreira Alves, 1.ª Turma, j. 10.03.1998).

Uso de documento falso – competência: "1. É pacífica a jurisprudência desta Corte Superior de Justiça no sentido de que não havendo ofensa a bens, serviços ou interesse da União, a competência para processamento e julgamento do feito é da Justiça Estadual, ficando afastada a competência fixada pelo art. 109, IV, da Constituição Federal. 2. Ao que se tem, os autos dão conta de que não houve intenção ou tentativa de se causar lesão a bens, serviços ou interesses da União. 3. O documento supostamente falsificado (teria sido expedido pela Justiça Federal), entretanto, foi utilizado para fins particulares, ou seja, celebrar compromisso de compra e venda de imóvel. Assim, forçoso reconhecer que não há violação a interesses, bens ou serviços da União, mas, sim, prejuízo a particular, no caso, o promitente comprador do imóvel, motivo porque é competente para apreciar a suposta prática do delito de falsificação de documento a Justiça Estadual" (STJ: HC 143.645/SP, rel. Min. Og Fernandes, 6.ª Turma, j. 05.08.2010).

Falsificação de documento particular

Art. 298. Falsificar, no todo ou em parte, documento particular ou alterar documento particular verdadeiro:

Pena – reclusão, de um a cinco anos, e multa.

Falsificação de cartão

Parágrafo único. Para fins do disposto no *caput*, equipara-se a documento particular o cartão de crédito ou débito.

Classificação:	Informações rápidas:
Crime simples	**Objeto material:** documento particular falsificado, bem
Crime comum	como o documento particular verdadeiro alterado.
Crime formal, de consumação antecipada	**Norma penal explicativa:** o cartão de crédito ou de
ou de resultado cortado	débito é documento particular.
Crime não transeunte	**Documento particular:** conceito determinado pelo critério
Crime de forma livre	da exclusão (abrange documento público nulo).
Crime comissivo (*regra*)	A falsificação **grosseira**, perceptível a olho nu, exclui o
Crime instantâneo	crime (crime impossível).
Crime unissubjetivo, unilateral ou de	**Elemento subjetivo:** dolo. Não admite modalidade culposa.
concurso eventual	**Crime não transeunte** (deixa vestígios de ordem material).
Crime plurissubsistente (*regra*)	**Ação penal:** pública incondicionada.

○ **Objeto jurídico:** Tutela-se é a fé pública, no tocante à confiança depositada nos documentos particulares, os quais se revestem de presunção relativa (*iuris tantum*) de veracidade. A natureza do documento levou o legislador a prever pena inferior ao crime de falsificação de documento particular, quando comparado à falsificação de documento público. Esta é a única diferença entre os delitos tipificados nos arts. 297 e 298 do CP. Em razão disso, aplicam-se ao delito em análise as observações lançadas em relação ao crime de falsificação de documento público (art. 297 do CP).

○ **Objeto material:** É o **documento particular** falsificado, no todo ou em parte, bem como o documento particular verdadeiro alterado. O conceito de documento particular deve ser obtido **residualmente**, ou seja, pelo **critério da exclusão**. Nesse contexto, documento particular é o não reconhecível, nem mesmo por exclusão, como público. Os documentos públicos nulos, em decorrência da não observância das formalidades legais, entram no rol dos documentos particulares. Equipara-se a documento particular o cartão de crédito ou débito (art. 298, parágrafo único, do CP).

○ **Núcleos do tipo:** "Falsificar", ou seja, fabricar um documento particular até então inexistente. A falsificação também é chamada de *contrafação*. A lei apresenta a expressão "no todo ou em parte", indicando que a falsificação pode ser total ou parcial. Na falsificação **total**, o documento é criado em sua integralidade. Por sua vez, na falsificação **parcial** o agente acrescenta palavras, letras ou números ao objeto, **sem estar autorizado a fazê-lo**, fazendo surgir um documento parcialmente inverídico. "**Alterar**" equivale a modificar um documento particular verdadeiro, já existente, mediante a substituição do seu conteúdo com frases, palavras ou números que acarretem em mudança na sua essência.

– **Falsificação ou alteração grosseira:** A falsificação – total ou parcial – e a alteração precisam se revestir de idoneidade para ludibriarem as pessoas em geral, assim como se verifica nos demais crimes contra a fé pública. Em síntese, a falsificação não pode ser grosseira, pois caso contrário estará excluído o falso, em face da ausência de potencialidade de dano, resultando na exclusão da tipicidade como decorrência do crime impossível (CP, art. 17), sem prejuízo da manutenção de algum delito patrimonial, especialmente o estelionato.

○ **Sujeito ativo:** Pode ser qualquer pessoa (**crime comum ou geral**).

○ **Sujeito passivo:** É o Estado e, mediatamente, a pessoa física ou jurídica prejudicada pela conduta criminosa.

○ **Elemento subjetivo:** É o dolo, independentemente de qualquer finalidade específica. Não se admite a modalidade culposa.

○ **Equiparação de cartão de crédito e débito (art. 298, parágrafo único):** Incluído pela Lei 12.737/2012, conhecida como **Lei Carolina Dieckmann**.[272] Cuida-se de **norma penal explicativa ou interpretativa**, pois auxilia na compreensão do alcance e do conteúdo do art. 298, *caput*, do CP. Pouco importa se a instituição financeira responsável pela emissão do cartão constitui-se em pessoa jurídica de direito público ou de direito privado. Também é irrelevante a sua origem, nacional ou internacional.

○ **Falsificação de documento particular para fins eleitorais:** A falsificação de documento particular para fins eleitorais caracteriza o crime específico definido no art. 349 da Lei 4.737/1965 – Código Eleitoral.

○ **Consumação:** Trata-se de **crime formal, de consumação antecipada** ou **de resultado cortado**: consuma-se no momento da falsificação, total ou parcial, do documento particular, ou com a alteração de documento particular verdadeiro, independentemente do efetivo uso do documento falso, da obtenção de vantagem ou da causação de prejuízo a alguém.

○ **Prova da materialidade do fato:** A falsificação de documento particular é **crime não transeunte**, pois deixa vestígios materiais. É imprescindível o exame de corpo de delito, direto ou indireto, não podendo supri-lo a confissão do acusado, nos termos do art. 158 do Código de Processo Penal.

○ **Tentativa:** É cabível.

○ **Ação penal:** É pública incondicionada.

○ **Lei 9.099/1995:** Em face da pena mínima cominada (um ano), a falsificação de documento particular constitui-se em **crime de médio potencial ofensivo**, compatível com a suspensão condicional do processo, se presentes os demais requisitos exigidos pelo art. 89 desta Lei.

○ **Crime contra a ordem tributária:** O art. 1.º, incs. III e IV, da Lei 8.137/1990 disciplina **crime específico** (princípio da especialidade), atinente à falsificação de documento particular voltado à sonegação fiscal.

○ **Jurisprudência selecionada:**

Falsificação e uso de contrato social – crime único – documento particular: "No mérito, prevaleceu o voto do Ministro Roberto Barroso. Aduziu que não teria havido concurso de delitos, pois não se poderia falar em condenação pelo crime de uso de documento falso quando cometido pelo próprio agente que falsificou o documento, de forma que o crime de uso configuraria mero exaurimento do crime de falso. [...] Por fim, asseverou que o objeto material do crime de falso seria um documento particular. Pontuou que o contrato social fora firmado por particulares e ainda quando registrado na junta comercial não perderia essa característica. Salientou que o documento seria público quando criado por funcionário público, nacional ou estrangeiro, no desempenho de suas atividades em conformidade com as formalidades prescritas em lei" (STF: AP 530/MS, rel. orig. Min. Rosa Weber, red. p/ o acórdão Min. Roberto Barroso, 1.ª Turma, j. 09.09.2014, noticiado no *Informativo* 758).

---

[272] A jurisprudência do STJ sempre se posicionou nesse sentido: RHC 19.936/RJ, rel. Min. Laurita Vaz, 5.ª Turma, j. 14.11.2006; e HC 43.952/RJ, rel. Min. Laurita Vaz, 5.ª Turma, j. 15.08.2006. A propósito, o Setor de Recursos Extraordinários e Especiais do Ministério Público de São Paulo já havia editado a tese 351: "O cartão de crédito enquadra-se no conceito de documento particular e a falsificação de sua tarja magnética viola o artigo 298 do Código Penal."

Falsidade ideológica

Art. 299. Omitir, em documento público ou particular, declaração que dele devia constar, ou nele inserir ou fazer inserir declaração falsa ou diversa da que devia ser escrita, com o fim de prejudicar direito, criar obrigação ou alterar a verdade sobre fato juridicamente relevante:

Pena – reclusão, de um a cinco anos, e multa, se o documento é público, e reclusão de um a três anos, e multa, se o documento é particular.

Parágrafo único. Se o agente é funcionário público, e comete o crime prevalecendo-se do cargo, ou se a falsificação ou alteração é de assentamento de registro civil, aumenta-se a pena de sexta parte.

Classificação:	Informações rápidas:
Crime simples	**Objeto material:** documento público ou particular
Crime comum	(petições lançadas em processos judiciais ou adminis-
Crime formal, de consumação antecipada	trativos não estão abrangidas).
ou de resultado cortado	A falsidade deve estar relacionada a fato juridicamente
Crime transeunte	relevante.
Crime de forma livre	**Elemento subjetivo:** dolo (elemento subjetivo específico
Crime omissivo próprio ou puro ("omi-	– "com o fim de prejudicar direito, criar obrigação ou
tir") ou em regra comissivo ("inserir" e	alterar a verdade sobre fato juridicamente relevante").
"fazer inserir")	Não admite modalidade culposa.
Crime instantâneo	**Tentativa:** admite nas modalidades comissivas ("inserir
Crime unissubjetivo, unilateral ou de	ou fazer inserir") mas não admite na omissiva ("omitir").
concurso eventual	**Ação penal:** pública incondicionada.
Crime unissubsistente ("omitir") ou plu-	**Competência:** Justiça Estadual (exceções: art. 109, IV,
rissubsistente ("inserir" e "fazer inserir")	da CF – Justiça Federal).

○ **Introdução:** Em seus arts. 297 e 298 – falsificação de documento público e falsificação de documento particular –, o Código Penal se preocupa com a falsidade material. Em tais crimes, a nota característica é a elaboração fraudulenta do documento, mediante falsificação total ou parcial, ou então pela alteração de documento verdadeiro. Em síntese, o documento é adulterado em sua forma, em seu aspecto material. No art. 299, sob a rubrica "falsidade ideológica", o panorama é diverso. De fato, o documento é formalmente verdadeiro, mas seu conteúdo, a ideia nele lançada, é divergente da realidade. Não há contrafação ou alteração de qualquer espécie. O sujeito tem autorização para criar o documento, mas falsifica seu conteúdo. Daí a razão de o crime de falsidade ideológica ser também conhecido como **falso ideal**, **falso moral** ou **falso intelectual**. O ponto marcante da falsidade ideológica repousa no conteúdo falso lançado pela pessoa legitimada para a elaboração do documento. Logo, se vem a ser adulterada a assinatura do responsável pela emissão do documento, ou então efetuada assinatura falsa, ou finalmente rasurado ou modificado de qualquer modo seu conteúdo, estará caracterizada a falsidade material.

○ **Objeto jurídico:** Tutela-se a fé pública, em relação à veracidade do conteúdo dos documentos em geral.

○ **Objeto material:** É o documento público ou particular. Quanto ao conceito de documento público e de documento particular, remetemos o leitor aos comentários lançados nos artigos 297 e 298 deste Código.

– Petições lançadas em processos judiciais ou administrativos: As petições em geral, encartadas em autos de processos judiciais ou administrativos, não se amoldam ao conceito de documento para fins penais. Com efeito, documento é o instrumento idôneo a provar um fato independentemente de qualquer verificação. Nas petições, contudo, são inseridas meras alegações, as quais embasam um pedido. Seu teor deve ser analisado pelo destinatário, e o requerimento somente será acolhido se estiver devidamente amparado em provas.

– Dados falsos lançados no currículo Lattes: A inserção de dados falsos no currículo Lattes, a exemplo de títulos acadêmicos, obras publicadas e participações em congressos e seminários, não caracteriza o crime de falsidade ideológica, por duas razões: (a) falta de validade jurídica, uma vez que tal documento não é acompanhado da assinatura digital do seu titular; e (b) trata-se de documento cujo conteúdo depende da verificação da pessoa que tem interesse nas informações ali contidas.

○ **Núcleos do tipo:** O *caput* do art. 299 contempla duas condutas distintas. Vejamos cada uma delas.

– 1.ª conduta – Omitir, em documento público ou particular, declaração que dele devia constar, com o fim de prejudicar direito, criar obrigação ou alterar a verdade sobre fato juridicamente relevante: O núcleo do tipo é "**omitir**", no sentido de deixar de inserir ou não fornecer a declaração que devia constar em documento público ou privado. Trata-se, nessa hipótese, de **crime omissivo próprio** ou **puro**, pois a lei descreve uma conduta negativa, um deixar de fazer.

– 2.ª conduta – Nele (documento público ou particular) inserir ou fazer inserir declaração falsa ou diversa da que devia ser escrita, com o fim de prejudicar direito, criar obrigação ou alterar a verdade sobre fato juridicamente relevante: Aqui é previsto um **crime comissivo**. Nesse caso, a falsidade ideológica divide-se em imediata (ou direta) e mediata (ou indireta).

– Falsidade ideológica imediata ou direta: é aquela em que o sujeito, por conta própria, insere no documento público ou particular a declaração falsa ou diversa da que devia ser escrita. A mesma pessoa que elabora o documento lança em seu conteúdo a declaração inverídica (falsa) ou, ainda que verdadeira, diferente da que deveria constar (diversa da que devia ser escrita). Há, nessa última situação, a substituição de uma declaração verdadeira por outra também verdadeira, mas que não deveria ser inscrita no documento.

– Falsidade ideológica mediata ou indireta: por sua vez, é aquela em que o agente se vale de um terceiro para fazer inserir no documento público ou particular a declaração falsa ou diversa da que devia ser escrita. A conduta criminosa pode ser praticada verbalmente ou por escrito, razão pela qual nem sempre se exige a presença do declarante perante a pessoa que elabora o documento.

Em qualquer das condutas, omissiva ou comissiva, a falsidade deve relacionar-se a **fato juridicamente relevante**, compreendido como aquele que, isoladamente ou em conjunto com outros fatos, apresente significado direto ou indireto para constituir, modificar ou extinguir uma relação jurídica, e por este motivo o autor da declaração está obrigado a declarar a verdade. A **falsificação grosseira** acarreta na aplicação das regras atinentes ao crime impossível (CP, art. 17).

– A problemática relacionada ao preenchimento do papel assinado em branco: Na hipótese em que um papel assinado em branco[273] é preenchido por outra pessoa, contra a vontade do signatário, com o fim de prejudicar direito, criar obrigação ou alterar a verdade sobre fato juridicamente relevante, três situações podem ocorrer:

a) Se o papel assinado em branco chegou às mãos do sujeito de forma legítima, e este, possuindo autorização para fazê-lo, o preencheu de maneira diversa da convencionada com o

---

[273] Quando se fala em "papel assinado em branco", não se exige apresente o papel somente a assinatura de alguém. Basta a existência de algum espaço livre, a ser completado por frases, palavras ou números, ou seja, com qualquer tipo de declaração falsa.

signatário, estará configurado o crime de falsidade ideológica. Com efeito, o agente praticou a conduta de "inserir declaração diversa da que devia ser escrita";

b) O papel assinado em branco foi obtido de forma ilícita (exemplos: furto, roubo, apropriação indébita etc.), e o agente o preencheu sem autorização para tanto. Cuida-se de falsificação de documento (público ou particular), em decorrência da contrafação, que pode ser total ou parcial, conforme seja preenchido todo o documento ou apenas parte dele; e

c) O papel assinado em branco entrou licitamente na posse do agente, mas posteriormente o signatário revogou a autorização para seu preenchimento, ou então cessou por qualquer motivo a obrigação ou faculdade de preenchê-lo. Trata-se novamente de falsificação de documento, público ou particular. Se o agente recebeu o documento do signatário para preenchê-lo falsamente, mas o completou em consonância com a verdade, não há crime de falsidade, material ou ideológica. O sujeito não cometeu abuso. Ao contrário, evitou que um abuso fosse praticado.[274] Vale lembrar que o papel assinado em branco não é documento para fins penais, em face da ausência de conteúdo. Torna-se documento, contudo, a partir do seu preenchimento, assumindo relevância perante o Direito Penal.

– Confronto entre falsidade ideológica e simulação civil: Segundo o art. 167, § 1.º, do CC haverá simulação nos negócios jurídicos quando: I – aparentarem conferir ou transmitir direitos a pessoas diversas daquelas às quais realmente se conferem, ou transmitem; II – contiverem declaração, confissão, condição ou cláusula não verdadeira; III – os instrumentos particulares forem antedatados, ou pós-datados. Simular é esconder a realidade. No âmbito jurídico, é a prática de ato ou negócio que esconde a real intenção. A simulação, além de constituir-se em causa de nulidade dos negócios jurídicos, também configura o crime de falsidade ideológica, salvo se o fato simulado não apresentar relevância jurídica, expressamente exigida pelo *caput* do dispositivo em estudo. Entretanto, também há hipóteses em que a simulação fraudulenta, da qual resulte indevida vantagem econômica, acarreta em crimes contra o patrimônio, a exemplo da duplicada simulada (art. 172 do CP) e da fraude à execução (art. 179 do CP), entre outros. No entanto, se o agente se vale da simulação para **alcançar diretamente pretensão legítima**, sem socorrer-se do Poder Judiciário, estará caracterizado o crime de exercício arbitrário das próprias razões (art. 345 do CP).

o **Sujeito ativo:** Pode ser qualquer pessoa (**crime comum** ou **geral**). Entretanto, se o agente é funcionário público e pratica o crime prevalecendo-se do cargo, aumenta-se a pena de sexta parte, nos termos do parágrafo único. Veja-se que apenas a posição de funcionário público não é suficiente para incidência da **causa de aumento da pena**, pois a lei também reclama seja o delito cometido em razão das facilidades proporcionadas pelo cargo público. A propósito, é perfeitamente possível a realização, pelo particular, da falsidade ideológica de documento público. Na falsidade ideológica de documento público, nada impede o concurso de pessoas entre o particular e o funcionário público, nas situações em que este tem conhecimento da conduta criminosa daquele, e ainda assim formaliza o documento.

o **Sujeito passivo:** É o Estado e, mediatamente, a pessoa física ou jurídica prejudicada pela conduta criminosa.

o **Elemento subjetivo:** É o dolo, acrescido de um especial fim de agir (elemento subjetivo específico), representado pela expressão "**com o fim de prejudicar direito, criar obrigação ou alterar a verdade sobre fato juridicamente relevante**". O dolo abrange a ciência da falsidade da declaração, não havendo crime quando o particular presta declaração perante o funcionário público desconhecendo sua falsidade. Todavia, se o funcionário público perceber

---

[274] Cf. FRAGOSO, Heleno Cláudio. *Lições de direito penal.* Parte especial. São Paulo: José Bushatsky, 1959. v. 4, p. 836-837.

a falsidade e elaborar o documento, somente ele será responsabilizado pelo delito, em face do seu dever legal de impedir a inserção de declaração falsa em documento público, com fundamento no art. 13, § 2.º, *a*, do CP. Não se admite a modalidade culposa.

– **Falsidade ideológica para fins eleitorais:** Se a falsidade ideológica for cometida para fins eleitorais, incidirá o crime específico definido no art. 350 da Lei 4.737/1965 – Código Eleitoral.

– **Declaração falsa e finalidade de suprimir ou reduzir tributo – A questão inerente aos crimes contra a ordem tributária:** Há crimes contra a ordem tributária que têm como meio de execução a falsidade ideológica. É o que se verifica no art. 1.º, I e II, da Lei 8.137/1990. Nesses casos, o delito contra a fé pública é absorvido, sob pena de *bis in idem*, pois o falso ideal seria duplamente punido, como meio de execução e como crime autônomo. O conflito aparente de leis penais é superado pelo princípio da consunção.

○ **Consumação:** Trata-se de **crime formal**, **de consumação antecipada** ou **de resultado cortado**: consuma-se com a omissão, em documento público ou particular, da declaração que dele devia constar, ou então com a inserção em tais objetos, direta ou determinada por outrem, da declaração falsa ou diversa da que devia ser escrita, com o fim de prejudicar direito, criar obrigação ou alterar a verdade sobre fato juridicamente relevante. É também crime instantâneo, ou seja, consuma-se em um momento determinado. Nada obstante seus efeitos possam se estender ao longo do tempo, a prescrição da pretensão punitiva começa a fluir da data da consumação, e não de eventual reiteração dos efeitos do ato ilícito. Não se exige o efetivo uso do documento falso, nem a obtenção de qualquer vantagem ou a causação de prejuízo a alguém.

– **Falsidade ideológica e exame de corpo de delito:** Na falsidade ideológica, o documento é materialmente verdadeiro, mas seu conteúdo é forjado, pois a ideia nele veiculada não corresponde à realidade. Não há modificação na estrutura do documento (público ou particular), pois ele é elaborado, preenchido e assinado por quem estava autorizado a fazê-lo. Consequentemente, não há espaço para a prova pericial, pois a falsidade ideológica não deixa vestígios materiais. A comprovação do crime somente pode ser efetuada pela verificação dos fatos a que se refere o teor do documento.

○ **Tentativa:** Na modalidade omissiva não se admite o *conatus*. Como o tipo penal descreve uma omissão, ou o sujeito omite a declaração, e o delito estará consumado, ou corretamente efetua a declaração, e seu comportamento será indiferente ao Direito Penal (**crime omissivo próprio** ou **puro**). Todavia, nas modalidades comissivas a tentativa é cabível, em face do caráter plurissubsistente do delito, comportando o fracionamento do *iter criminis*.

○ **Ação penal:** É pública incondicionada.

○ **Lei 9.099/1995:** A falsidade ideológica é **crime de médio potencial ofensivo**. Pouco importa se o documento falsificado é público ou privado, pois em ambos os casos a pena mínima é de um ano, ensejando o cabimento da suspensão condicional do processo, desde que presentes os demais requisitos elencados pelo art. 89 da Lei 9.099/1995.

○ **Formas agravadas (art. 299, parágrafo único):** Se o sujeito ativo for funcionário público, e cometer o crime prevalecendo-se do cargo (requisitos cumulativos), a pena será aumentada de sexta parte. A pena será igualmente aumentada de sexta parte quando a falsificação ou alteração recair sobre **assentamento de registro civil**. São **causas de aumento da pena**, suscetíveis de aplicação na terceira e derradeira etapa da dosimetria da pena privativa de liberdade (art. 68, *caput*, do CP). A falsidade ideológica é **crime comum** ou **geral**. Todavia, se o sujeito ativo for funcionário público, e cometer o crime prevalecendo-se do cargo (requisitos cumulativos), a pena será aumentada de sexta parte. A pena será igualmente aumentada de sexta parte quando a falsificação ou alteração recair sobre **assentamento de registro civil**. Nesse caso, o objeto material evidentemente constitui-se em documento público. Os atos que devem ser registrados e os que devem ser averbados no registro civil de pessoas naturais constam do art. 29, *caput* e § 1.º da Lei 6.015/1973 – Lei de Registros Públicos.

– Falsificação ou alteração do assentamento do registro civil e termo inicial da prescrição da pretensão punitiva: Em relação ao termo inicial da prescrição da pretensão punitiva, o CP acolheu, como regra, a teoria do resultado. Como se sabe, normalmente a prescrição, antes de transitar em julgado a sentença final, começa a correr do dia em que o crime se consumou (art. 111, I, do CP). Essa sistemática, sem dúvida alguma, é a mais favorável ao réu. Contudo, existem algumas exceções, expressamente previstas em lei. E uma delas diz respeito aos crimes de falsificação ou alteração de assentamento do registro civil, nos quais o termo inicial da prescrição da pretensão punitiva é a **data em que o fato se tornou conhecido** (art. 111, V, do CP), pouco importando a data da sua realização. O conhecimento do fato, exigido pela lei, refere-se à autoridade pública que tenha poderes para apurar, processar ou punir o responsável pelo delito, aí se incluindo o Delegado de Polícia, o membro do Ministério Público e o órgão do Poder Judiciário. Prevalece o entendimento de que não é necessária a ciência formal do crime (notícia do delito perante o Poder Público), bastando a de cunho presumido, relativa à notoriedade do fato.

– Falsificação de assentamento de registro civil e registro de nascimento inexistente: Se a falsificação do registro civil voltar-se à inscrição de nascimento inexistente, estará caracterizado o crime tipificado no art. 241 do CP. O registro de nascimento inexistente, inserido no Título VII da Parte Especial do Código Penal – Dos crimes contra a família, mais precisamente em seu Capítulo II – Dos crimes contra o estado de filiação, representa uma forma específica de falsidade ideológica incidente sobre o assentamento de registro civil, pois o sujeito faz inserir em documento público declaração falsa, com o fim de prejudicar direito, criar obrigação ou alterar a verdade sobre fato juridicamente relevante. O legislador, entretanto, preferiu conferir maior valor à proteção da família. O conflito aparente de leis penais é solucionado pelo **princípio da especialidade**.

– Falsificação do assentamento de registro civil e registro de filho alheio como próprio: No crime de registro de filho alheio como próprio, conhecido como **adoção à brasileira**, a conduta consiste em registrar em nome próprio o filho de outrem. Nesse caso, a criança realmente existe, ao contrário do que se verifica no delito previsto no art. 241 do CP, e o agente busca fraudar o procedimento legal inerente à adoção. Cuida-se, novamente, de falsidade ideológica relativamente ao assentamento de registro civil, mas o legislador optou por criar um delito autônomo, no âmbito dos crimes contra a família, tutelando o estado de filiação. E, mais uma vez, o conflito aparente de leis se resolve com a utilização do **princípio da especialidade**.

○ **Competência:** A falsidade ideológica, via de regra, é de competência da Justiça Estadual. Contudo, será competente a Justiça Federal quando o crime for praticado em detrimento de bens, serviços ou interesses da União ou de suas entidades autárquicas ou empresas públicas, nos termos do art. 109, inc. IV, da Constituição Federal.

– Falsidade ideológica e uso de documento falso: Na identificação da competência é fundamental estabelecer a diferença entre a falsificação ideológica (art. 299 do CP) e o uso do documento falso (art. 304 do CP), pois este último crime normalmente tem como destinatário um particular.

– Carteira Nacional de Habilitação: A falsificação de Carteira Nacional de Habilitação (CNH) é crime de competência da Justiça Estadual. Embora seja documento válido em todo o território nacional, sua emissão é de incumbência da autoridade estadual de trânsito, a teor da regra contida no art. 22, II, da Lei 9.503/1997 – Código de Trânsito Brasileiro.

– Súmula 62 do STJ: "Compete à Justiça Estadual processar e julgar o crime de falsa anotação na carteira de Trabalho e Previdência Social, atribuído a empresa privada."

– **Súmula 104 do STJ**: "Compete à Justiça Estadual o processo e julgamento dos crimes de falsificação e uso de documento falso relativo a estabelecimento particular de ensino."

○ **Falsidade ideológica e bigamia:** O requerimento de habilitação para o casamento depende de vários requisitos, entre eles a declaração de estado civil dos nubentes (art. 1.525, IV, do CC), com a finalidade de avaliar a presença de algum impedimento matrimonial. Se, nesse momento, uma pessoa já casada falsear a verdade, declarando o estado civil de solteiro, quais crimes deverão ser a ela imputados? A resposta precisa levar em conta duas situações distintas que podem ocorrer na prática: (1) se o casamento não se concretizou, a habilitação de casamento funciona como ato preparatório do crime de bigamia. Logo, estará caracterizado unicamente o crime de falsidade ideológica; e (2) se o casamento se aperfeiçoou, o sujeito será responsabilizado por bigamia (art. 235 do CP) e falsidade ideológica, em concurso material, pois tais delitos ofendem bens jurídicos diversos e consumam-se em momentos diferentes.

○ **Lei de Execução Penal e falsidade ideológica:** O ato de declarar ou atestar falsamente prestação de serviço para o fim de instruir pedido de remição, com a finalidade de abater parte da pena em benefício do condenado, configura o crime de falsidade ideológica, como se extrai do art. 130 da Lei 7.210/1984 – Lei de Execução Penal. Não há regra explícita na Lei de Execução Penal no tocante à remição pelo estudo, instituída pela Lei 12.433/2011. É evidente, contudo, a tipificação da falsidade ideológica na conduta de atestar falsamente qualquer atividade estudantil, visando o desconto da pena privativa de liberdade em regime fechado, semiaberto ou aberto, ou mesmo do livramento condicional (LEP, art. 126, § 6.º).

○ **Crimes contra o Sistema Financeiro Nacional:** Os arts. 9.º e 10 da Lei 7.492/1986 – Crimes contra o Sistema Financeiro Nacional contêm modalidades específicas de falsidade ideológica.

○ **Lei de Falências e indução a erro:** O art. 171 da Lei 11.101/2005 – Lei de Falências – prevê uma modalidade específica de falsidade ideológica no processo de falência, de recuperação judicial ou de recuperação extrajudicial, com a rubrica "**indução a erro**".

○ **Consolidação das Leis do Trabalho:** O art. 49, incisos II e V, do Decreto-lei 5.452/1943 – Consolidação das Leis do Trabalho – contempla formas específicas de falsidade ideológica, aplicando-se inclusive as penas cominadas no art. 299 do Código Penal.

○ **Abuso de autoridade:** O art. 29 da Lei 13.869/2019 define, como abuso de autoridade, a conduta de prestar informação falsa acerca de procedimento judicial, policial, fiscal ou administrativo, com a finalidade de prejudicar interesse do investigado.

○ **Jurisprudência selecionada:**

Apresentação do documento perante autoridade estadual – competência: "1. Não há interesse direto da União na apuração do crime de falsidade ideológica quando o documento fraudado é apresentado à autoridade policial estadual. 2. Conflito conhecido para declarar competente a Justiça Comum Estadual" (STJ: CC 109.456/SP, rel. Min. Jorge Mussi, 3.ª Seção, j. 25.08.2010).

Competência – emissão de RANI (Registro Administrativo de Nascimento de Indígena) – crime em detrimento de autarquia federal (FUNAI) – conduta que buscava inscrição indevida em programa de transferência de renda custeada pelo Tesouro Nacional – interesse da União – Justiça Federal: "Compete à Justiça Federal o julgamento de crime de falsidade ideológica, consistente no fornecimento de informação inverídica a servidor da FUNAI, para fins de emissão de Registro Administrativo de Nascimento de Indígena – RANI. O objeto do conflito cinge-se a definir o Juízo competente para processar o crime de falsidade ideológica, consubstanciado no fornecimento de informação inverídica para confecção de Registro Administrativo de Nascimento de Indígena (RANI) e posterior inscrição em cadastro de programa de transferência de renda de âmbito nacional. O Registro Administrativo de Nascimento de Indígena (RANI) é lavrado perante a Fundação Nacional do Índio – FUNAI, autarquia federal, sendo um meio para instruir o registro civil de indígena (art. 13, parágrafo único, da Lei n. 6.001/1973). Considerando que a informação falsa foi fornecida a servidor de autarquia federal, entendo que a competência seja da Justiça Federal, ante a existência de interesse direto da União no crime sob apuração, sendo o caso de aplicar, por analogia, o entendimento firmado na Súmula n. 546/STJ: 'A competência para processar e julgar o crime de uso de documento falso é firmada em razão da entidade ou órgão ao qual foi apresentado o documento público, não importando a qualificação do órgão expedidor'. Ademais, a existência de indícios de que a falsificação visava à inscrição em programa de transfe-rência de renda, custeado com os recursos do Tesouro Nacional, também é suficiente para atrair o interesse da União no crime sob apuração. Desse modo, compete à Justiça Federal o julgamento do crime de falsidade ideológica, consubstanciado no fornecimento de informação inverídica a servidor de autarquia federal (FUNAI), para fins de emissão de RANI (Registro Administrativo de Nascimento de Indígena), seja porque tal conduta foi perpetrada em detrimento de servidor da autarquia federal, seja porque, no caso, o delito visava à inscrição indevida em programa de transferência de renda custeado com recursos do Tesouro Nacional" (STJ: CC 193.369/PR, rel. Min. Sebastião Reis Júnior, 3.ª Seção, j. 02.03.2023, noticiado no *Informativo* 766).

Conceito de documento: "1. O documento para fins de falsidade ideológica deve ser uma peça que tenha possibilidade de produzir prova de um determinado fato, sem necessidade de outras verificações, valendo como tal por si mesma. 2. Simples correspondência enviada a um órgão, visando obtenção de endereço da parte adversária, ainda que sem autorização do juízo, mesmo de modo a parecer ter sido expedida judicialmente, não configura o delito de falsidade ideológica, se nenhum dos especiais fins de agir foi objetivado. Recurso provido para trancar a ação penal" (STJ: RHC 19.710/SP, rel. Min. Jane Silva (Desembargadora convocada do TJMG), 6.ª Turma, j. 28.08.2008).

Conduta típica: "Em havendo prova unívoca de que o réu fez inserir declaração diversa da que devia ser escrita em processo de regularização fundiária perante o Instituto Nacional de Coloni-zação e Reforma Agrária em Roraima, informando, na lavratura de laudo de vistoria do imóvel, que não exercia função pública ou mandato eletivo, embora fosse Prefeito do Município de Alto Alegre, é de se julgar procedente a denúncia" (STJ: APn 239/RR, rel. Min. Hamilton Carvalhido, Corte Especial, j. 19.08.2009).

Crime instantâneo – efeitos do ato ilícito ao longo do tempo – termo inicial da prescri-ção da pretensão punitiva – data da consumação do delito: "Na falsidade ideológica, o termo inicial da contagem do prazo da prescrição da pretensão punitiva é o momento da consumação do delito e não o da eventual reiteração de seus efeitos. A falsidade ideológica é crime formal e instantâneo, cujos efeitos podem se protrair no tempo. A despeito dos efeitos que possam, ou não, gerar, ela se consuma no momento em que é praticada a conduta. Diante desse contexto, o termo inicial da contagem do prazo da prescrição da pretensão punitiva é o momento da consumação do delito e não o da eventual reiteração de seus efeitos. No caso, os falsos foram praticados em 2003 e 2007, quando as sócias 'laranja' foram incluídas, pela primeira vez, no contrato social da empresa. Erra-se ao afirmar que teriam sido reiterados quando, por ocasião das alterações contratuais ocorridas em 21/06/2010, 1º/06/2011 e 26/07/2011, deixou-se de regularizar o nome dos sócios verdadeiros titulares da empresa, mantendo-se o nome dos 'laranjas'. Isso porque não há como se entender que constitui novo crime a omissão em corrigir informação falsa por ele inserida em documento público, quando teve oportunidade para tanto. Tampouco há como se entender que a lei pune um crime instantâneo porque ele continua produzindo efeitos depois de sua consumação" (STJ: RVCr 5.233/DF, rel. Min. Reynaldo Soares da Fonseca, 3.ª Seção, j. 13.05.2020, noticiado no *Informativo* 672).

Crime praticado contra Junta Comercial – competência da Justiça Estadual: "Compete à Justiça Estadual processar e julgar a suposta prática de delito de falsidade ideológica praticado contra Junta Comercial. O art. 6º da Lei 8.934/1994 prescreve que as Juntas Comerciais subordinam-se administrativamente ao governo da unidade federativa de sua jurisdição e, tecnicamente, ao Departamento Nacional de Registro do Comércio, órgão federal. Ao interpretar esse dispositivo legal, a jurisprudência do STJ sedimentou o entendimento de que, para se firmar a competência para processamento de demandas que envolvem Junta Comercial de um estado, é necessário verificar a existência de ofensa direta a bens, serviços ou interesses da União, conforme determina o art. 109, IV, da CF. Caso não ocorra essa ofensa, como na hipótese em análise, deve-se reconhecer a competência da Justiça Estadual" (STJ: CC 130.516/SP, rel. Min. Rogerio Schietti Cruz, 3.ª Seção, j. 26.02.2014, noticiado no *Informativo* 536).

Currículo *Lattes* – dado que não condiz com a realidade – fato atípico: "Não é típica a conduta de inserir, em currículo Lattes, dado que não condiz com a realidade. A plataforma Lattes é virtual e nela o usuário, mediante imposição do 'login' e senha, insere as informações. Não se trata de um escrito palpável, ou seja, um papel do mundo real, mas de uma página em um sítio eletrônico. Nesse sentido, embora possa existir 'documento eletrônico', não está ele presente no caso concreto, porquanto somente pode ser assim denominado aquele constante de página ou sítio na rede mundial de computadores que possa ter sua autenticidade aferida por assinatura digital. A regulamentação que garante a autenticidade, a integridade e a validade jurídica de documentos em forma eletrônica se dá pela Medida Provisória n. 2.200-2, de 24 de agosto de 2001, que instituiu a Infraestrutura de Chaves Públicas Brasileira (ICP-Brasil) e a responsabilidade por essa base é da Autarquia Federal, o ITI – Instituto Nacional de Tecnologia da Informação, ligado à Presidência da República. Reitere-se que, na hipótese, não se pode ter como documento o currículo inserido na plataforma virtual Lattes do CNPq, porque desprovido de assinatura digital e, pois, sem validade jurídica. Mas ainda que pudesse ser considerada a sua validade, para fins penais, tem-se que, como qualquer currículo, seja clássico (papel escrito) ou digital, o Currículo Lattes é passível de averiguação, ou seja, as informações nele contidas deverão ser objeto de aferição por quem nelas tem interesse, o que denota atipicidade. Nesse sentido, a doutrina afirma que 'havendo necessidade de comprovação – objetiva e concomitante –, pela autoridade, da autenticidade da declaração, não se configura o crime, caso ela seja falsa ou, de algum modo, dissociada da realidade'" (STJ: RHC 81.451/RJ, rel. Min. Maria Thereza de Assis Moura, 6.ª Turma, j. 22.08.2017, noticiado no *Informativo* 610).

Declaração de pobreza – crime: "É típica, a princípio, a conduta da pessoa que assina declaração de 'pobreza' para obter os benefícios da assistência judiciária gratuita e, todavia, apresenta evidentes condições de arcar com as despesas e custas do processo judicial" (STJ: RHC 21.628/SP, rel. Min. Laurita Vaz, 5.ª Turma, j. 03.02.2009).

Declaração de pobreza – fato atípico: "É atípica a mera declaração falsa de estado de pobreza realizada com o intuito de obter os benefícios da justiça gratuita. O art. 4º da Lei 1.060/1950 dispõe que a sanção aplicada àquele que apresenta falsa declaração de hipossuficiência é meramente econômica, sem previsão de sanção penal. Além disso, tanto a jurisprudência do STJ e do STF quanto a doutrina entendem que a mera declaração de hipossuficiência inidônea não pode ser considerada documento para fins penais" (STJ: HC 261.074/MS, rel. Min. Marilza Maynard (Desembargadora convocada do TJ-SE), 6.ª Turma, j. 05.08.2014, noticiado no *Informativo* 546). *No mesmo sentido*: STF: HC 85.976/MT, rel. Min. Ellen Gracie, 2.ª Turma, j. 13.12.2005.

Falsidade ideológica e crime contra a ordem tributária – extinção da punibilidade pelo pagamento do tributo – reflexos: "Na hipótese, é inviável o reconhecimento da aplicação do princípio consunção, tendo em vista que, analisando-se estritamente as condutas descritas no acórdão recorrido, não se constata, de plano, o nexo de dependência entre elas, pois, conforme consta no acórdão hostilizado, a falsidade foi utilizada com o fim de ocultar o crime anteriormente praticado, isentando o acusado de futura responsabilidade" (STJ: REsp 996.711/PR, rel. Min. Laurita Vaz, 5.ª Turma, j. 09.11.2010).

IPVA – fraude: "Em vez de configurar o crime de falsidade ideológica – em razão da indicação de endereço falso –, o licenciamento de automóvel em unidade da Federação que possua alíquota do imposto sobre propriedade de veículo automotor menor do que a alíquota em cujo Estado reside o proprietário do veículo caracteriza a supressão ou redução de tributo" (STJ: HC 146.404/SP, rel. Min. Nilson Naves, 6.ª Turma, j. 19.11.2009).

Omissão de anotação na CTPS – falsidade ideológica – necessidade de análise do caso concreto: "A simples omissão de anotação na Carteira de Trabalho e Previdência Social (CTPS) não configura, por si só, o crime de falsificação de documento público (art. 297, § 4º, do CP). Isso porque é imprescindível que a conduta do agente preencha não apenas a tipicidade formal, mas antes e principalmente a tipicidade material, ou seja, deve ser demonstrado o dolo de falso e a efetiva possibilidade de vulneração da fé pública. Com efeito, o crime de falsificação de documento público trata-se de crime contra a fé pública, cujo tipo penal depende da verificação do dolo, consistente na vontade de falsificar ou alterar o documento público, sabendo o agente que o faz ilicitamente. Além disso, a omissão ou alteração deve ter concreta potencialidade lesiva, isto é, deve ser capaz de iludir a percepção daquele que se depare com o documento supostamente falsificado. Ademais, pelo princípio da intervenção mínima, o Direito Penal só deve ser invocado quando os demais ramos do Direito forem insuficientes para proteger os bens considerados importantes para a vida em sociedade. Como corolário, o princípio da fragmentariedade elucida que não são todos os bens que têm a proteção do Direito Penal, mas apenas alguns, que são os de maior importância para a vida em sociedade. Assim, uma vez verificado que a conduta do agente é suficientemente reprimida na esfera administrativa, de acordo com o art. 47 da CLT, a simples omissão de anotação não gera consequências que exijam repressão pelo Direito Penal" (STJ: REsp 1.252.635/SP, rel. Min. Marco Aurélio Bellizze, 5.ª Turma, j. 24.04.2014, noticiado no *Informativo* 539).

Petição de advogado: "2. Petição de Advogado, dirigida ao juiz, contendo a retratação de testemunha registrada em cartório, não é considerada documento idôneo para os fins de reconhecimento do tipo penal previsto no art. 299 do Código Penal. 3. Ausência de dano relevante provocado pela declaração, tendo em vista a confirmação inicial do depoimento. [...] O escrito submetido à verificação não constitui o *falsum intelectual*. [...] No caso concreto, o depoimento inicialmente prestado pela testemunha foi confirmado em momento posterior, perante juízo competente. A declaração ofertada com o suposto auxílio do paciente não pode ser considerada documento para os fins penais do art. 299 do CP" (STF: HC 85.064/SP, rel. Min. Joaquim Barbosa, red. p/ acórdão Min. Gilmar Mendes, 2.ª Turma, j. 13.12.2005). *No mesmo sentido:* STJ: HC 51.613/RJ, rel. Min. Maria Thereza de Assis Moura, 6.ª Turma, j. 25.09.2008, noticiado no *Informativo* 369.

Processo trabalhista – competência: "A falsidade ideológica em processo trabalhista configura afronta à Justiça do Trabalho, cuja competência para julgamento é da Justiça Federal, nos temos do que preceitua o enunciado 165 da Súmula deste Superior Tribunal de Justiça" (STJ: CC 109.021/RS, rel. Min. Maria Thereza de Assis Moura, 3.ª Seção, j. 10.03.2010).

Simulação de dívida – exercício arbitrário das próprias razões: "A simulação de dívida objetivando alcançar de imediato a meação de certo bem configura não o crime de falsidade ideológica, mas o do exercício arbitrário das próprias razões. A simulação, a fraude, ou outro qualquer artifício utilizado corresponde a meio de execução, ficando absorvido pelo tipo do artigo 345 do Código Penal no que tem como elemento subjetivo o dolo específico, ou seja, o objetivo de satisfazer pretensão, legítima ou ilegítima" (STF: HC 74.672/MG, rel. Min. Marco Aurélio, 2.ª Turma, j. 18.02.1997).

Falso reconhecimento de firma ou letra

> **Art. 300.** Reconhecer, como verdadeira, no exercício de função pública, firma ou letra que o não seja:
>
> Pena – reclusão, de um a cinco anos, e multa, se o documento é público; e de um a três anos, e multa, se o documento é particular.

Classificação:	Informações rápidas:
Crime simples	**Objeto material:** firma ou letra falsa.
Crime próprio	**Documento particular:** conceito determinado
Crime formal, de consumação antecipada ou de	pelo critério da exclusão (abrange documento
resultado cortado	público nulo).
Crime de forma vinculada	**Elemento subjetivo:** dolo. Não admite mo-
Crime comissivo (*regra*)	dalidade culposa.
Crime instantâneo	**Tentativa:** admite (crime plurissubsistente).
Crime unissubjetivo, unilateral ou de concurso eventual	**Ação penal:** pública incondicionada.
Crime plurissubsistente (*regra*)	

○ **Objeto jurídico:** Tutela-se a fé pública, relativamente à autenticação de firma ou letra. O artigo não incrimina a falsidade material inerente ao carimbo ou chancela de reconhecimento da firma ou letra, pois esta conduta implicaria a falsificação de documento público. Pune-se o falso intelectual realizado pelo funcionário público no desempenho da função pública de atestar a veracidade de documentos submetidos à sua apreciação.

○ **Objeto material:** É a firma ou letra falsa. **Firma** é a assinatura de alguém, por extenso ou abreviada; **letra** é o sinal gráfico representativo de vocábulos da linguagem escrita. Não há crime na hipótese de firma ou letra verdadeiras, ainda que o funcionário público tenha deixado de assistir à sua aposição, ou não tenha efetuado a comparação com o padrão arquivado em cartório.

○ **Núcleo do tipo:** O núcleo do tipo é "**reconhecer**", no sentido de declarar, afirmar, proclamar, autenticar como verdadeira firma ou letra que não o sejam. No reconhecimento, o funcionário atesta com fé pública que a assinatura ou letra provém do punho de determinada pessoa. A falsidade diz respeito à autenticidade da assinatura ou letra, e não ao teor do documento. O reconhecimento é denominado **autêntico** ou **por certeza** quando a aposição da letra ou firma é realizada na presença do tabelião ou serventuário. Por sua vez, é **semiautêntico** nas situações em que o signatário ou redator comparece à presença do tabelião e afirma que a assinatura ou letra de certo documento é de sua autoria. Entretanto, o reconhecimento mais frequente é o que se dá **por semelhança**, ou seja, a autenticação é efetuada pelo tabelião ou serventuário utilizando-se do modelo contido no "cartão de firma" que a pessoa possui arquivado em cartório. Fala-se, finalmente, em reconhecimento **indireto** na hipótese em que duas ou mais testemunhas afirmam se tratar da assinatura ou letra de pessoa diversa.

○ **Sujeito ativo:** O crime é **próprio** ou **especial**, pois somente pode ser cometido pelo funcionário público dotado de fé pública, ou seja, com atribuição para o reconhecimento de firma ou letra como verdadeiras, a exemplo dos tabeliães e agentes consulares. É irrelevante o local da prática do delito, que estará caracterizado ainda que a autenticação da firma ou documento seja efetuada fora da repartição pública ou do cartório.

– Concurso de pessoas e reflexos jurídicos: O falso reconhecimento de firma ou letra é crime próprio (ou especial), e, portanto, compatível com o concurso de pessoas, tanto na modalidade coautoria como na participação.

– A questão da falsa perícia: Se o agente se revestir da condição de perito, com atribuição para realizar exames grafológicos ou grafotécnicos em documentos, estará caracterizado o delito de falsa perícia (art. 342 do CP). O conflito aparente de normas penais é solucionado pelo princípio da especialidade.

○ **Sujeito passivo:** É o Estado e, mediatamente, a pessoa física ou jurídica prejudicada pela conduta criminosa.

○ **Elemento subjetivo:** É o dolo, independentemente de qualquer finalidade específica. O crime é compatível com o dolo eventual, na hipótese em que o funcionário público, na dúvida acerca da veracidade da firma ou letra, ainda assim as reconhece como autênticas. Não se admite a modalidade culposa. Destarte, o fato é atípico no tocante ao tabelião que se omite em seu dever funcional de fiscalizar os atos praticados pelos seus funcionários, ensejando o falso reconhecimento de firma falsa, sem prejuízo da responsabilidade civil e administrativa.

– Crime praticado para fins eleitorais: Se a conduta for praticada com fins eleitorais, estará caracterizado o crime específico (princípio da especialidade) definido no art. 352 da Lei 4.737/1965 – Código Eleitoral.

○ **Consumação:** Trata-se de **crime formal**, **de consumação antecipada** ou **de resultado cortado**: consuma-se no momento em que o funcionário público, no desempenho da sua função, reconhece como verdadeira firma ou letra que não o seja, independentemente do dano a ser causado pela efetiva utilização do documento.

○ **Tentativa:** É cabível.

○ **Ação penal:** É pública incondicionada.

○ **Lei 9.099/1995:** O falso reconhecimento de firma ou letra é **crime de médio potencial ofensivo**. A pena mínima cominada (reclusão de um ano), tanto para o documento público como no tocante ao documento particular, enseja a aplicação da suspensão condicional do processo, desde que presentes os demais requisitos exigidos pelo art. 89 desta Lei.

Certidão ou atestado ideologicamente falso

> **Art. 301.** Atestar ou certificar falsamente, em razão de função pública, fato ou circunstância que habilite alguém a obter cargo público, isenção de ônus ou de serviço de caráter público, ou qualquer outra vantagem:
>
> Pena – detenção, de dois meses a um ano.

Falsidade material de atestado ou certidão

> § 1º Falsificar, no todo ou em parte, atestado ou certidão, ou alterar o teor de certidão ou de atestado verdadeiro, para prova de fato ou circunstância que habilite alguém a obter cargo público, isenção de ônus ou de serviço de caráter público, ou qualquer outra vantagem:

Pena – detenção, de três meses a dois anos.

§ 2º Se o crime é praticado com o fim de lucro, aplica-se, além da pena privativa de liberdade, a de multa.

Classificação:	Informações rápidas:
Crime simples	**Objeto material:** atestado ou a certidão ideologicamente falso.
Crime próprio	
Crime formal, de consumação antecipada ou de resultado cortado	**Elemento normativo do tipo:** "falsamente" (conteúdo inverídico).
Crime de forma vinculada (*diverg.*)	**Elemento subjetivo:** dolo. Não admite modalidade culposa.
Crime comissivo (*regra*)	
Crime instantâneo	**Tentativa:** admite (crime plurissubsistente).
Crime unissubjetivo, unilateral ou de concurso eventual	**Ação penal:** pública incondicionada.
Crime plurissubsistente (*regra*)	

○ **Objeto jurídico:** Tutela-se a fé pública, relativamente à emissão de atestados e certidões.

○ **Objeto material:** É o **atestado** ou a **certidão ideologicamente falso**. De acordo com *caput* do dispositivo em análise, o atestado ou a certidão devem envolver **fato ou circunstância**. No entanto, nem todo fato ou circunstância apresenta idoneidade para caracterização do delito. O tipo penal é claro, ao exigir fato ou circunstância **que habilite alguém a obter cargo público** (exemplo: certidão de antecedentes criminais, com conteúdo negativo, beneficiando sujeito diversas vezes condenado por crimes contra a Administração pública), **isenção de ônus ou de serviço de caráter público** (exemplo: certidão isentando seu beneficiário da atividade de jurado, com fulcro no art. 437, X, do CPP), **ou qualquer outra vantagem**. O legislador mais uma vez se valeu da **interpretação analógica** (ou *intra legem*), descrevendo uma fórmula casuística ("que habilite alguém a obter cargo público, isenção de ônus ou de serviço de caráter público"), seguida de uma fórmula genérica ("ou qualquer outra vantagem"). A expressão "**qualquer outra vantagem**" há de ser compreendida como **vantagem de natureza pública**, em sintonia com as hipóteses expressamente indicadas em lei. Exemplificativamente, não se configura o delito quando o funcionário público atesta falsamente o bom comportamento de alguém na tentativa de propiciar-lhe um emprego na iniciativa privada. De outro lado, estará caracterizado o delito quando um promotor de Justiça atesta falsamente os dotes de um conhecido, habilitando-o a ingressar nos quadros do Ministério Público. Evidentemente, o fato ou circunstância objeto do atestado ou da certidão precisa relacionar-se com a pessoa a que se destinam, pois o tipo penal se refere a "fato ou circunstância que habilite **alguém**".

○ **Núcleos do tipo:** O tipo penal contém dois núcleos: "atestar" e "certificar". **Atestar** é afirmar a ocorrência de fato ou situação de que o funcionário público tenha ciência direta e pessoal. **Certificar** é afirmar a existência ou inexistência de determinado documento ou registro junto ao órgão público. O *caput* do art. 301 do CP prevê um **elemento normativo**, pois o funcionário público deve atestar ou certificar "**falsamente**", ou seja, o fato ou circunstância deve ser descrito em descompasso com a realidade. Daí a nomenclatura do crime, pois o documento é formalmente verdadeiro, elaborado por quem de direito, mas seu conteúdo é inverídico. Cumpre destacar que a atestação ou certificação há necessariamente de ser **originária**, ou seja, o funcionário público deve criar o falso atestado ou certidão. Destarte, a reprodução falsa (total ou parcial) ou cópia de documento oficial não enseja o reconhecimento deste delito, e sim falsidade material (arts. 297 e 298 do CP). De igual modo, a elaboração de certidão de inteiro teor, cujo conteúdo seja divergente do documento original da qual extraída, ajusta-se ao delito tipificado no art. 299 do CP (falsidade ideológica), pois a certidão existia anteriormente ao comportamento ilícito do funcionário público.

o **Sujeito ativo:** Cuida-se de **crime próprio** ou **especial**, pois somente pode ser cometido pelo funcionário público autorizado a emitir atestados ou certidões. Não se exige seja a conduta realizada no exercício da função pública. Basta a prática do fato "em razão da função pública", isto é, valendo-se das facilidades proporcionadas pela posição funcional.

o **Sujeito passivo:** É o Estado e, mediatamente, a pessoa física ou jurídica prejudicada pela conduta criminosa.

o **Elemento subjetivo:** É o dolo, independentemente de qualquer finalidade específica. Não se admite a modalidade culposa.

– **Fim de lucro e aplicação cumulativa da pena de multa (art. 301, § 2.º):** Se o crime é praticado com fim de lucro, aplica-se, além da pena privativa de liberdade, a de multa.

o **Consumação:** O crime é **formal**, **de consumação antecipada** ou **de resultado cortado**: consuma-se no momento em que o sujeito conclui a certidão ou atestado ideologicamente falso, e o entrega a outrem, independentemente da sua efetiva utilização pelo seu destinatário ou da causação de prejuízo a alguém. A entrega do documento falso a terceiro é imprescindível. Se o funcionário público permanece com a certidão ou atestado ideologicamente falso em seu poder, não há ofensa à fé pública.[275]

o **Tentativa:** É possível.

o **Ação penal:** É pública incondicionada.

o **Lei 9.099/1995:** Como corolário da pena privativa de liberdade cominada em seu patamar máximo (detenção de um ano), a certidão ou atestado ideologicamente falso constitui-se em **infração penal de menor potencial ofensivo**, de competência do Juizado Especial Criminal e compatível com a transação penal e o rito sumaríssimo, nos moldes da Lei 9.099/1995.

o **Falsidade material de atestado ou certidão (art. 301, § 1.º):** Os **núcleos do tipo** são "**falsificar**" (imitar ou reproduzir) atestado ou certidão, e "**alterar**" (modificar parcialmente) o teor de certidão ou atestado verdadeiro, para prova de fato ou circunstância que habilite alguém a obter cargo público, isenção de ônus ou de serviço de caráter público, ou qualquer outra vantagem. Como nos demais crimes contra a fé pública, a falsificação ou alteração **não pode ser grosseira**, ou seja, é fundamental sua idoneidade para enganar as pessoas em geral. O delito é **comum** ou **geral**, pois pode ser praticado por qualquer pessoa, e se consuma com a falsificação ou alteração do documento, independentemente da sua utilização ou da obtenção da vantagem indevida por parte do seu destinatário (**crime formal, de consumação**

---

[275] Existem, entretanto, opiniões em sentido contrário. Para Heleno Cláudio Fragoso, a consumação se verifica "com a formação do falso atestado ou certidão, independentemente de qualquer outro resultado. Pode, assim, o documento permanecer na posse do funcionário" (*Lições de direito penal*. Parte especial. São Paulo: José Bushatsky, 1959. v. 4, p. 841).

antecipada ou **de resultado cortado**). A tentativa é possível (delito plurissubsistente). Se o agente falsifica materialmente o atestado ou certidão, e posteriormente o utiliza, deverá ser responsabilizado unicamente pelo crime definido no art. 301, § 1.º, do Código Penal. O uso representa *post factum* impunível, restando absorvido pela falsificação, em homenagem ao princípio da consunção.

○ **Jurisprudência selecionada:**

Falsidade material de atestado ou certidão – sujeito ativo: "Diversamente do tipificado no *caput* do artigo 301 do Código Penal (Certidão ou Atestado Ideologicamente Falso), o crime previsto no parágrafo 1º daquele artigo (Falsificar Material de Atestado ou Certidão) não é crime próprio de servidor público, podendo ser praticado por qualquer pessoa" (STJ: REsp 209.245/DF, rel. Min. Hamilton Carvalhido, 6.ª Turma, j. 1º.03.2001).

Sujeito ativo – distinção com o uso de documento falso (CP, art. 304) – "Qualquer pessoa pode ser responsabilizada pela feitura de documento ou atestado que contenha falsidade material, e não apenas o exercente da função pública que o teria expedido ou deveria expedir, porquanto, intencionalmente não incluído pelo legislador o requisito, em razão da função pública, no § 1º do art. 301 do CP, faz com que se tenha, na espécie, crime classificado como comum, quanto ao agente e não crime próprio. Assim, se o agente, ao utilizar o documento público falsificado, visa obter vantagem no serviço público, tem-se que sua ação se amolda no art. 304 com remissão ao art. 301, § 1º, do CP e não ao art. 297 do mesmo estatuto" (STJ: REsp 210.379/DF, rel. Min. Fernando Gonçalves, 6.ª Turma, j. 12.09.2000).

Falsidade de atestado médico

> **Art. 302.** Dar o médico, no exercício da sua profissão, atestado falso:
>
> Pena – detenção, de um mês a um ano.
>
> Parágrafo único. Se o crime é cometido com o fim de lucro, aplica-se também multa.

Classificação:	Informações rápidas:
Crime simples	**Objeto material:** atestado médico falso.
Crime próprio	**Médico:** o crime não abrange dentistas, psicó-
Crime formal, de consumação antecipada ou	logos e fisioterapeutas, entre outros.
de resultado cortado	**Elemento subjetivo:** dolo. Não admite moda-
Crime de forma livre	lidade culposa.
Crime comissivo (*regra*)	**Ação penal:** pública incondicionada.
Crime não transeunte	
Crime instantâneo	
Crime unissubjetivo, unilateral ou de concurso	
eventual	
Crime plurissubsistente (*regra*)	

○ **Objeto jurídico:** Tutela-se a fé pública, relativamente à confiança depositada pela população nos atestados médicos.

○ **Objeto material:** É o atestado médico falso.

○ **Núcleo do tipo:** É "**dar**", no sentido de fornecer, entregar, produzir documento em que se atesta fato médico relevante e não correspondente com a realidade. A propósito, a atestação falsa de óbito, sem exame do cadáver, importa no reconhecimento do delito. Não importa a finalidade a ser atribuída ao falso atestado, pois o fundamento da incriminação repousa no **fato que o atestado pretende comprovar**.

– **Atestado médico falso destinado à prática de outro crime:** Se o atestado falso for utilizado como meio de execução de outro crime (exemplo: estelionato para levantamento indevido de PIS e FGTS), e o médico conhecer esta circunstância, será ele responsabilizado na condição de partícipe somente pelo crime mais grave, o qual absorve o delito contido no art. 302 do CP (princípio da consunção).

○ **Sujeito ativo:** O crime é **próprio** ou **especial**, pois somente pode ser cometido pelo médico. Sua área de especialização é irrelevante. Admite-se o concurso de pessoas (coautoria e participação). Excluem-se os dentistas, psicólogos e fisioterapeutas, entre outros. E, nesse ponto, o legislador criou uma situação contraditória, pois o fornecimento de atestados falsos por tais profissionais configura o delito de falsidade ideológica (art. 299 do CP), cuja pena é sensivelmente mais grave. E, além de ser profissional da medicina, o agente deve dar o falso atestado "no exercício da sua profissão", isto é, a afirmação há de relacionar-se com o estado de saúde do solicitante. O beneficiário do atestado médico falso que o utiliza, ciente da sua origem, comete o crime de uso de documento falso (art. 304 do CP).

– **Falsidade de atestado médico e atestado ideologicamente falso:** Se o médico ostentar a posição de funcionário público e fornecer atestado falso para alguém que seja habilitado a obter cargo público, isenção de ônus ou de serviço de caráter público, ou qualquer outra vantagem relacionada ao serviço público, a ele será imputado o crime de atestado ideologicamente falso, definido no art. 301, *caput*, do Código Penal.

○ **Sujeito passivo:** É o Estado e, mediatamente, a pessoa física ou jurídica prejudicada pela emissão do falso atestado médico.

○ **Elemento subjetivo:** É o dolo, independentemente de qualquer finalidade específica. Não há previsão de modalidade culposa.

– **Fim de lucro e aplicação cumulativa da pena pecuniária:** Se o crime é cometido com fim de lucro (exemplo: consulta médica mais cara em troca do atestado falso), aplica-se também a pena de multa, nos termos do parágrafo único do art. 302 do CP. A comercialização de atestados médicos reclama punição mais severa. Para o reconhecimento da sanção pecuniária, basta a intenção lucrativa, ainda que a vantagem indevida não seja efetivamente recebida pelo profissional da medicina.

– **Falsidade de atestado médico para fins militares:** A falsidade de atestado médico realizada com a finalidade de abonar faltas injustificadas ao serviço em organização militar constitui crime militar, com fulcro no art. 9.º, II, *e*, do Decreto-lei 1.001/1969 – Código Penal Militar.

○ **Consumação:** Cuida-se de **crime formal**, **de consumação antecipada** ou **de resultado cortado**: consuma-se no momento em que o médico entrega o falso atestado, independentemente da sua utilização posterior pelo solicitante.

○ **Tentativa:** É possível.

○ **Ação penal:** É pública incondicionada.

○ **Lei 9.099/1995:** Em face do máximo da pena privativa de liberdade cominada (detenção de um ano), a falsidade de atestado médico é **infração penal de menor potencial ofensivo**, de competência do Juizado Especial Criminal e compatível com a transação penal e o rito sumaríssimo, em conformidade com as disposições da Lei 9.099/1995. A suavidade da pena é alvo de críticas, por duas razões: (a) grave violação, pelo médico, dos deveres inerentes à sua relevante função; e (b) extensão das consequências do crime, causando prejuízo não somente à fé pública, mas também a inúmeras pessoas (exemplos: alunos sem aulas em face da licença do professor, redução na produtividade da empresa pela falta do trabalhador, prejuízo ao erário com a ausência do funcionário público, gastos indevidos onerando a Seguridade Social etc.). Na verdade, o art. 302 do Código Penal contempla uma **modalidade específica de falsidade ideológica**, razão pela qual a falsidade de atestado médico deveria ser mais severamente punida, em sintonia com o tratamento dispensado ao crime definido no art. 299 do Código Penal.

○ **Jurisprudência selecionada:**

Competência: "1. Extrai-se dos autos que, mediante o uso de atestados médicos falsos, foram realizados saques indevidos de FGTS e PIS/PASEP perante a Caixa Econômica Federal. 2. Considerando que as consequências da aludida conduta se restringiram ao âmbito particular e, que inexistiu ofensa a bens, serviços ou interesses da União ou de suas entidades autárquicas ou empresas públicas, recai, ao ponto, a inteligência da Súmula 107 deste E. STJ" (STJ: AgRg no CC 98.778/SP, rel. Min. Celso Limongi (Desembargador convocado do TJSP), 3.ª Seção, j. 23.06.2010).

Crime militar: "A falsificação de atestado médico com a finalidade de abonar faltas injustificadas ao serviço em organização militar do Exército constitui crime militar, à luz do disposto no art. 9º, III, *a*, do mesmo Estatuto, de vez que o mesmo afeta a ordem administrativa militar" (STJ: CC 31.735/RJ, rel. Min. Vicente Leal, 3.ª Seção, j. 11.09.2002).

Falsidade ideológica – atestado de óbito com conteúdo falso: "Declaração falsa para encobrir a verdadeira causa da morte em atestado de óbito verdadeiro configura o crime de falsidade ideológica (art. 299 do Código Penal), e não o crime de falsidade de atestado médico (art. 302 do mesmo Código), pois, no caso, o atestado de óbito é verdadeiro, mas nele se inseriu declaração falsa com o fim de alterar a verdade sobre fato juridicamente relevante" (STF: HC 69.766/RJ, rel. Min. Moreira Alves, 1.ª Turma, j. 16.02.1993).

Reprodução ou adulteração de selo ou peça filatélica

Art. 303. Reproduzir ou alterar selo ou peça filatélica que tenha valor para coleção, salvo quando a reprodução ou a alteração está visivelmente anotada na face ou no verso do selo ou peça:

Pena – detenção, de um a três anos, e multa.

Parágrafo único. Na mesma pena incorre quem, para fins de comércio, faz uso do selo ou peça filatélica.

○ **Revogação tácita:** O crime tipificado neste artigo foi tacitamente revogado pelo art. 39 da Lei 6.538/1978. Trata-se de lei relacionada ao serviço postal e, portanto, específica, além de ser posterior ao art. 303 do Código Penal. Sua redação é a seguinte:

Art. 39. Reproduzir ou alterar selo ou peça filatélica de valor para coleção, salvo quando a reprodução ou a alteração estiver visivelmente anotada na face ou no verso do selo ou peça:
Pena: detenção, até dois anos, e pagamento de três a dez dias-multa.
Forma assimilada
Parágrafo único. Incorre nas mesmas penas, quem, para fins de comércio, faz uso de selo ou peça filatélica de valor para coleção, ilegalmente reproduzidos ou alterados.

Uso de documento falso

> **Art. 304.** Fazer uso de qualquer dos papéis falsificados ou alterados, a que se referem os arts. 297 a 302:
>
> Pena – a cominada à falsificação ou à alteração.

Classificação:	Informações rápidas:
Crime simples	Crime remetido e acessório.
Crime comum	Norma penal em branco ao avesso (o preceito secundário
Crime formal, de consumação antecipada	não estabelece a pena cominada ao delito).
ou de resultado cortado	**Objeto material:** qualquer dos papéis falsificados ou
Crime de forma livre	alterados, a que se referem os arts. 297 a 302 do CP.
Crime comissivo (*regra*)	A falsificação grosseira, perceptível a olho nu, exclui o
Crime instantâneo ou instantâneo de	crime (crime impossível).
efeitos permanentes	**Elemento subjetivo:** dolo (direto ou eventual). Não
Crime unissubjetivo, unilateral ou de	admite modalidade culposa.
concurso eventual	**Tentativa:** admite na hipótese em que a conduta for
Crime unissubsistente ou plurissub-	composta de diversos atos (diverg.).
sistente	**Ação penal:** pública incondicionada.
	Competência: Justiça Estadual (exceções: art. 109, IV,
	da CF – Justiça Federal).

○ **Introdução:** Depois de incriminar a falsificação de diversos documentos, públicos e particulares, o legislador volta sua atenção ao uso de tais papéis. Com efeito, tão criminoso quanto a falsificação documental, material ou ideológica, é o uso do documento falso. É com o uso que o documento falso vai exercer a função malévola a que se destina. Cuida-se de **crime remetido**, uma vez que sua conduta típica se remete aos arts. 297 a 302 do Código Penal. É também **delito acessório (de fusão ou parasitário)**, pois não tem existência autônoma, reclamando a prática de crime anterior. De fato, somente se pode falar em uso de documento falso quando um documento foi objeto de prévia falsificação. Além disso, o dispositivo em estudo contém uma **norma penal em branco ao avesso**, pois o preceito secundário não estabelece a pena cominada ao delito, sendo necessária a complementação por outras normas penais. Nesse contexto, submete à mesma pena o falsificador e o usuário, igualando a gravidade da falsificação e do uso do documento falso. Em análise precipitada, a redação legal poderia ensejar certa confusão. Teria o legislador se esquecido, na punição do uso, dos documentos falsos contidos nos arts. 296 (falsificação de selo ou sinal público) e 303 (reprodução ou adulteração de selo ou peça filatélica), pois o tipo penal se limita aos arts. 297 a 302? A resposta é negativa. Tais crimes contêm previsão específica (art. 296, § 1.º, I, e art. 303, parágrafo único) no tocante ao uso de tais documentos. Esta é a razão da acertada omissão legislativa.[276]

○ **Objeto jurídico:** Tutela-se a fé pública, relativamente à proibição do emprego de documentos falsificados ou alterados.

○ **Objeto material:** É qualquer dos papéis falsificados ou alterados a que se referem os arts. 297 a 302 do Código Penal, quais sejam, documento público (art. 297), documento particular (art.

---

[276] Lembre-se de que o art. 303 do Código Penal foi revogado tacitamente pelo art. 39 da Lei 6.538/1978, e seu parágrafo único possui regra própria relacionada ao uso de selo ou peça filatélica de valor para coleção, ilegalmente reproduzidos ou alterados.

298), documento público ou particular ideologicamente falso (art. 299), documento contendo falso reconhecimento de firma ou letra (art. 300), certidão ou atestado ideologicamente falso (art. 301), atestado ou certidão materialmente falso (art. 301, § 1.º) e atestado médico falso (art. 302). O documento falsificado ou alterado deve ostentar **potencialidade lesiva**, ou seja, é indispensável seja idôneo a ludibriar as pessoas em geral. A falsificação grosseira, perceptível *ictu oculi*, afasta a falsidade documental e, por corolário, o uso de documento falso, em face de ausência de potencialidade de dano à fé pública. Os papéis impressos ou datilografados, **sem assinatura**, não são considerados documentos. Portanto, ainda que venham a ser falsificados, quem deles faz uso não pode ser responsabilizado pelo crime em comento. De igual modo, as **fotocópias sem autenticação** não ingressam no conceito jurídico-penal de documento. Nada impede, entretanto, o uso de tais papéis – falsificação grosseira, impressos e datilografados sem assinatura e fotocópias não autenticadas – para a prática do crime de estelionato (art. 171, *caput*, do CP).

○ **Núcleo do tipo:** É "**fazer uso**", no sentido de utilizar ou empregar qualquer dos papéis falsificados ou alterados, a que se referem os arts. 297 a 302 do Código Penal. É imprescindível a efetiva utilização do documento para o fim a que se destina, judicial ou extrajudicialmente, não bastando seu porte ou a simples posse, pois a lei não contempla os verbos "portar" e "possuir". Não há falar no crime tipificado no art. 304 do Código Penal quando o documento falso é encontrado no poder de alguém, pois nesse caso inexiste uso efetivo. É fundamental a saída do documento falso da esfera pessoal do agente, iniciando com outra pessoa uma relação capaz de produzir efeitos jurídicos. O documento falso é utilizado como se fosse verdadeiro, com o escopo de provar um fato juridicamente relevante.

– **Permissão para Dirigir e Carteira Nacional de Habilitação:** Se o documento falso consistir na Permissão para Dirigir ou na Carteira Nacional de Habilitação, e o agente encontrar-se na condução de veículo automotor, estará caracterizado o crime definido no art. 304 do Código Penal, em face da regra contida no art. 159, § 1.º, da Lei 9.503/1997 – Código de Trânsito Brasileiro: "É obrigatório o porte da Permissão para Dirigir ou da Carteira Nacional de Habilitação quando o condutor estiver à direção do veículo".[277] Destarte, enquanto alguém conduz veículo automotor, está na verdade usando a Permissão para Dirigir ou a Carteira Nacional de Habilitação que traz consigo, e não simplesmente portando tais documentos. No tocante ao Certificado de Registro e Licenciamento de Veículo (CRLV), o Superior Tribunal de Justiça já decidiu que não há falar no crime de uso de documento falso na hipótese em que o motorista se limita a portar o documento falso, sem apresentá-lo ao agente de trânsito no momento da abordagem.[278]

– **Apresentação do documento falso em virtude de solicitação da autoridade pública:** Nessa hipótese, é irrelevante questionar se o sujeito usou o documento falso espontaneamente ou em atendimento à solicitação (ou exigência) da autoridade pública. Em qualquer caso, deve ele ser responsabilizado pelo crime uso de documento falso. O STF firmou jurisprudência nessa direção. De fato, o agente pode livremente optar entre exibir o documento falso ou informar que não possui a documentação pleiteada. Se preferir valer-se de documento falsificado ou alterado, há de suportar as consequências inerentes ao seu comportamento.

– **Confronto entre uso de documento falso e exercício da autodefesa:** O princípio da ampla defesa, consagrado como cláusula pétrea no art. 5.º, LV, da CF, no âmbito penal compreende a

---

[277] Estatui o § 1.º-A do art. 159 do Código de Trânsito Brasileiro, com a redação atribuída pela Lei 14.071/2020: "O porte do documento de habilitação será dispensado quando, no momento da fiscalização, for possível ter acesso ao sistema informatizado para verificar se o condutor está habilitado." Essa norma contém situação diversa, pois o motorista não porta (nem usa) documento falso.

[278] STJ: REsp 2.175.887/GO, rel. Min. Sebastião Reis Júnior, 6.ª Turma, j. 12.11.2024, noticiado no *Informativo* 834. Essa posição é questionável, diante da redação do art. 133, *caput*, da Lei 9.503/1997 – Código de Trânsito Brasileiro: "É obrigatório o porte do Certificado de Licenciamento Anual".

defesa técnica, de incumbência do defensor constituído ou dativo, e também a autodefesa, exercida pelo próprio acusado (suspeito, indiciado, réu, condenado etc., variando a terminologia em conformidade com o momento da persecução penal). E, no terreno da autodefesa, surge uma indagação: Constitui crime o uso de documento falso por alguém com o propósito de acobertar antecedentes criminais ou evitar qualquer medida coercitiva, tal como a prisão em flagrante ou em cumprimento de ordem judicial? Em outras palavras, o exercício da autodefesa vai a ponto de permitir o uso de documentos falsos? Para o STF, a autodefesa não é ilimitada, pois a ninguém é assegurado o direito de se valer de meios ilícitos para a salvaguarda de interesses pessoais. O STJ, entretanto, já decidiu de modo diverso.

– **Falsificação ou alteração do documento e uso pela mesma pessoa – conflito aparente de normas penais e solução:** Se o usuário do documento falsificado ou alterado é o próprio falsificador, deve ser a ele imputado somente o **crime de falsificação**. De fato, o uso do documento falso desponta como *post factum* impunível, pois a falsidade documental já traz em seu bojo o dano potencial que o uso busca tornar efetivo. Vale lembrar, o **dano potencial** é suficiente para caracterização dos crimes contra a fé pública, entre eles o uso de documento falso. A utilização do documento falso constitui-se em consectário lógico do crime antecedente, pois é evidente que os documentos são falsificados para uso posterior. Destarte, inexiste nova afronta ao bem jurídico protegido, qual seja, a fé pública. O conflito aparente de normas penais é resolvido pelo **princípio da consunção**, afastando o *bis in idem*, pois o falsificador não pode ser duplamente punido.

O STJ já decidiu diversamente, no sentido da absorção da falsificação (crime-meio) pelo uso de documento falso (crime-fim), sem mencionar se tais delitos teriam sido cometidos pela mesma pessoa.[279] Finalmente, é indiscutível que, se a falsificação do documento foi efetuada por pessoa diversa daquela que posteriormente o utilizou, ou se inexistir prova de que falsário e usuário são o mesmo sujeito, será imputado ao agente unicamente o crime de uso de documento falso (art. 304, do CP).

– **Uso de documento falso – unidade e pluralidade de crimes:** Duas situações devem ser diferenciadas: (1.ª) **Uso de vários documentos falsos no mesmo contexto fático,** hipótese em que estará configurado um único crime em razão da unidade de lesão à fé pública. Exemplo: "A" comparece à agência bancária para abrir conta-corrente, e se vale de carteira de identidade e cadastro das pessoas físicas (CPF) falsos. (2.ª) **Uso de documento falso em contextos distintos**, restando caracterizada a continuidade delitiva, se presentes os requisitos elencados pelo art. 71, *caput*, do CP, ou então o concurso material (art. 69 do CP), em caso contrário.

○ **Sujeito ativo:** Pode ser qualquer pessoa (**crime comum** ou **geral**), desde que não envolvida na falsificação do documento, que somente responde pelo crime antecedente. Anote-se que não há concurso de pessoas entre o responsável pela falsificação ou alteração e o usuário do documento falso, pois o Código Penal elenca crimes diversos para cada um dos sujeitos.

○ **Sujeito passivo:** É o Estado e, mediatamente, a pessoa física ou jurídica prejudicada pela conduta criminosa.

○ **Elemento subjetivo:** É o dolo, direto ou eventual.[280] O dolo deve abranger o conhecimento da falsidade do papel utilizado pelo agente. Não há crime, portanto, quando alguém usa documento falso ignorando sua origem ilícita. Entretanto, se o agente, após descobrir a falsidade

---

[279] STJ: AgRg no AgRg no AREsp 2.077.019/RJ, rel. Min. Daniela Teixeira, rel. para o acórdão Min. Reynaldo Soares da Fonseca, 5.ª Turma, j. 19.03.2024, noticiado no *Informativo* 815.

[280] Há quem refute o dolo eventual, admitindo unicamente o dolo direto. É o caso de DELMANTO, Celso; DELMANTO, Roberto; DELMANTO JUNIOR, Roberto; DELMANTO, Fabio M. de Almeida. *Código Penal comentado*. 8. ed. São Paulo: Saraiva, 2010. p. 873.

do documento, continuar a usá-lo, estará configurado o crime definido no art. 304 do Código Penal. Não se exige qualquer finalidade específica, e não há espaço para a modalidade culposa.

○ **Consumação:** Trata-se de **crime formal**, **de consumação antecipada** ou **de resultado cortado**: consuma-se com a efetiva utilização, ainda que por uma única vez, de qualquer dos papéis falsificados ou alterados, a que se referem os arts. 297 a 302, independentemente da obtenção de qualquer vantagem ou da causação de prejuízo a alguém. Além disso, o uso de documento falso é **crime instantâneo**. Muitas vezes, contudo, a utilização do papel falsificado ou alterado pode demorar-se no tempo, como no caso da utilização do objeto material para instruir petição em juízo, alterando sua classificação para **crime instantâneo de efeitos permanentes**.[281]

○ **Tentativa:** O *conatus* será cabível nas hipóteses em que a conduta for composta de diversos atos (crime plurissubsistente), comportando o fracionamento do *iter criminis*. De outro lado, não será admissível a tentativa nos casos em que a conduta integrar-se de um único ato (crime unissubsistente). No entanto, existem entendimentos em contrário, sustentando a incompatibilidade da tentativa no crime de uso de documento falso. Destaca-se a opinião de Nélson Hungria, para quem "qualquer começo de uso já é uso".[282]

○ **Ação penal:** É pública incondicionada.

○ **Lei 9.099/1995:** O uso de documento falso é **crime remetido**. Destarte, a incidência dos benefícios contidos nesta Lei depende da quantidade da pena cominada ao delito anterior, ou seja, é imprescindível analisar a sanção penal correspondente a cada um dos crimes previstos nos arts. 297 a 302. Conclui-se, pois, que o uso de documento falso pode constituir-se em **infração penal de menor potencial ofensivo**, bem como em **crime de médio potencial ofensivo**, e, finalmente, em **crime de elevado potencial ofensivo**.

○ **Competência:** Em regra, o crime de uso de documento falso é de competência da Justiça Estadual. Será competente a Justiça Federal, entretanto, na hipótese de utilização de documentos federais falsificados ou alterados, e também quando o delito for praticado em detrimento de bens, serviços ou interesse da União ou de suas entidades autárquicas ou empresas públicas, com fulcro no art. 109, inc. IV, da Constituição Federal, a exemplo da apresentação de carteira de trabalho e previdência social com anotações falsas em ação previdenciária, objetivando a obtenção de benefício previdenciário junto ao INSS (autarquia federal).

– *A Súmula Vinculante 36 do STF:* "Compete à Justiça Federal comum processar e julgar civil denunciado pelos crimes de falsificação e de uso de documento falso quando se tratar de falsificação da Caderneta de Inscrição e Registro (CIR) ou de Carteira de Habilitação de Amador (CHA), ainda que expedidas pela Marinha do Brasil." Tais documentos são licenças necessárias para a condução de embarcações, de natureza civil (e não militar), embora concedidas pela Marinha. Cuida-se, portanto, de atividade fiscalizada pela Marinha (órgão da União), razão pela qual a competência da Justiça Federal enquadra-se no art. 109, inc. IV, da Constituição Federal.

– *A Súmula 546 do STJ:* "A competência para processar e julgar o crime de uso de documento falso é firmada em razão da entidade ou órgão ao qual foi apresentado o documento público, não importando a qualificação do órgão expedidor."

– *Uso de passaporte falso:* O uso de passaporte falso ofende interesse da União, pois é da Polícia Federal a atribuição para emissão deste documento. E, nos termos da Súmula 200 do Superior

---

[281] No mesmo sentido: AMARAL, Sylvio do. *Falsidade documental*. São Paulo: RT, 1958. p. 145.
[282] HUNGRIA, Nélson. *Comentários ao Código Penal*. 2. ed. Rio de Janeiro: Forense, 1959. v. IX, p. 299.

Tribunal de Justiça: "O Juízo Federal competente para processar e julgar acusado de crime de uso de passaporte falso é o do lugar onde o delito se consumou."

– Uso de documento falso no âmbito de estabelecimento particular de ensino: Como estatui a Súmula 104 do Superior Tribunal de Justiça: "Compete à Justiça Estadual o processo e julgamento dos crimes de falsificação e uso de documento falso relativo a estabelecimento particular de ensino."

○ **Uso de documento falso e extinção da punibilidade do crime antecedente:** O uso de documento falso é **crime acessório**, pois depende da prática de um crime anterior, que pode ser qualquer daqueles descritos nos arts. 297 a 302 do CP. Questiona-se se a extinção da punibilidade do crime antecedente acarreta a automática extinção da punibilidade do crime posterior (uso de documento falso). A resposta é negativa, e tem seu fundamento na 1.ª parte do art. 108 do CP: "A extinção da punibilidade de crime que é pressuposto, elemento constitutivo ou circunstância agravante de outro não se estende a este." Em síntese, somente estará caracterizada a extinção da punibilidade do uso de documento falso, pela prescrição, quando restar ultrapassado o prazo legalmente previsto sem a devida atuação do Estado.[283] Abrem-se somente duas exceções, no tocante à anistia e à *abolitio criminis*, as quais, nada obstante inseridas no rol das causas extintivas da punibilidade (art. 107, II e III, do CP), eliminam o crime antecedente, pelo fato de serem veiculadas por lei, retirando o pressuposto do uso de documento falso.

○ **Crime contra o Sistema Financeiro Nacional:** Art. 14 da Lei 7.492/1986:

> Art. 14. Apresentar, em liquidação extrajudicial, ou em falência de instituição financeira, declaração de crédito ou reclamação falsa, ou juntar a elas título falso ou simulado:
>
> Pena – Reclusão, de 2 (dois) a 8 (oito) anos, e multa.

○ **Crime contra a ordem tributária:** O art. 1.º, inc. IV, da Lei 8.137/1990 estabelece um crime material contra a ordem tributária:

> Art. 1º Constitui crime contra a ordem tributária suprimir ou reduzir tributo, ou contribuição social e qualquer acessório, mediante as seguintes condutas: (...)
>
> IV – elaborar, distribuir, fornecer, emitir ou utilizar documento que saiba ou deva saber falso ou inexato;

○ **Crime falimentar:** O art. 175 da Lei 11.101/2005 – Lei de Falências prevê o crime de habilitação ilegal de crédito:

> **Habilitação ilegal de crédito**
> Art. 175. Apresentar, em falência, recuperação judicial ou recuperação extrajudicial, relação de créditos, habilitação de créditos ou reclamação falsas, ou juntar a elas título falso ou simulado:
> Pena – reclusão, de 2 (dois) a 4 (quatro) anos, e multa.

○ **Jurisprudência selecionada:**

> **Apresentação do documento falso em atendimento à exigência policial – existência do crime**: "Segundo a jurisprudência do Superior Tribunal de Justiça, é irrelevante, para a caracterização do crime de uso de documento falso, que o agente use o documento por exigência da autoridade policial" (STJ: HC 144.733/SP, rel. Min. Napoleão Nunes Maia Filho, 5.ª Turma, j. 19.11.2009).
>
> **Carteira de Trabalho e Previdência Social – Competência**: "1. A apresentação de carteira de trabalho e previdência social com anotações falsas em ação previdência caracteriza o delito previsto no art. 304, do Código Penal. 2. No caso, compete à Justiça Federal o julgamento da ação que apura o crime de uso de documento falso (carteira de trabalho e previdência social) em

---

[283] O raciocínio inerente à prescrição é igualmente aplicável às demais causas extintivas da punibilidade, com exceção da anistia e da *abolitio criminis*.

demanda judicial que objetivava a obtenção de benefício previdenciário junto ao INSS, autarquia federal" (STJ: CC 97.214/SP, rel. Min. Jorge Mussi, 3.ª Seção, j. 22.09.2010).

Certificado de Registro e Licenciamento de Veículo (CRLV) falso – não apresentação pelo condutor no momento da abordagem – fato atípico: "O mero porte de CRLV falsificada na condução de veículo automotor, sem a apresentação pelo condutor no momento da abordagem, não tipifica o crime de uso de documento falso, previsto no art. 304 do Código Penal. Cinge-se a controvérsia em definir se, em razão da obrigatoriedade do porte de Certificado de Registro e Licenciamento de Veículo (CRLV) – estabelecida no art. 133 do CTB –, é típica a conduta de conduzir veículo na posse de CRLV falso, ainda que não tenha sido apresentada pelo condutor quando da abordagem por agente público. Conforme o art. 304 do CP, apenas a ação do agente que deliberadamente utiliza de documento falso é apta a caracterizar o tipo penal em referência. Sobre o tema, a jurisprudência desta Corte já se manifestou no sentido de que 'A simples posse de documento falso não basta à caracterização do delito previsto no art. 304 do Código Penal, sendo necessária sua utilização visando atingir efeitos jurídicos. O fato de ter consigo documento falso não é o mesmo que fazer uso deste' (REsp 256.181/SP, rel. Min. Felix Fischer, Quinta Turma, *DJ* 01.04.2002). Com efeito, em observância ao princípio da legalidade (art. 1º do CP) é vedada ampliação do tipo penal, de modo a contemplar verbo ou conduta não elencada na norma penal, sendo certo que a previsão contida no art. 133 do Código de Trânsito Brasileiro – no sentido da obrigatoriedade do porte de Certificado de Licenciamento Anual – consubstancia norma de índole administrativa, inapta a alterar o tipo penal em referência, providência que dependeria do advento de norma penal em sentido estrito. A adoção de interpretação em sentido contrário, além de violar o princípio da legalidade, também vulneraria o princípio da ofensividade, pois o mero porte de documento falso, sem dolo de uso, não ofende o bem jurídico tutelado pela norma penal (fé pública) nem mesmo remotamente" (STJ: REsp 2.175.887/GO, rel. Min. Sebastião Reis Júnior, 6.ª Turma, j. 12.11.2024, noticiado no *Informativo* 834).

Competência: "Conforme disposto no artigo 109, inciso IV, da Constituição Federal, a falsidade de certidão emitida por autarquia federal direciona à competência da Justiça Federal" (STF: RE 446.938/PR, rel. Min. Marco Aurélio, 1.ª Turma, j. 07.04.2009).

Consumação – crime formal: "É pacífico o entendimento neste Superior Tribunal de Justiça de que, tratando-se de crime formal, o delito tipificado no artigo 304 do Código Penal consuma-se com a utilização ou apresentação do documento falso, não se exigindo a demonstração de efetivo prejuízo à fé pública nem a terceiros" (STJ: AgInt no AREsp 1.229.949/RN, rel. Min. Maria Thereza de Assis Moura, 6.ª Turma, j. 06.03.2018).

Consumação – prova da materialidade: "O crime de uso de documento falso é formal, consumando-se com a simples utilização do documento reputado falso, não se exigindo a comprovação de efetiva lesão à fé pública. [...] É desnecessária prova pericial para a comprovação da materialidade do crime de uso de documento falso. Precedentes" (STJ: HC 133.813/RJ, rel. Min. Jorge Mussi, 5.ª Turma, j. 25.05.2010). *No mesmo sentido*: STJ: HC 112.895/MG, rel. Min. Laurita Vaz, 5.ª Turma, j. 16.11.2010.

Crime contra a ordem tributária – princípio da consunção: "É de se reconhecer a consunção do crime de falso pelo delito fiscal quando a falsificação/uso se exaurem na infração penal tributária. *In casu*, foram forjados documentos por um paciente e vendidos a outro, no ano de 2001. Tais recibos foram referidos em declaração de imposto de renda no ano de 2002, para se obter restituição. Os papéis foram apresentados à Receita Federal no ano de 2005, a fim de justificar despesas médicas. Não há falar, nas circunstâncias, em crimes autônomos, mas em atos parcelares que compõem a meta tendente à obtenção de lesão tributária" (STJ: HC 111.843/MT, rel. Min. Haroldo Rodrigues (Desembargador convocado do TJ/CE), rel. p/ acórdão Min. Maria Thereza de Assis Moura, 6.ª Turma, j. 22.06.2010).

Crime impossível – inexistência: "Não se caracteriza hipótese de crime impossível, se o policial conhece o verdadeiro nome do identificando e com isso torna mais fácil a pronta constatação da falsidade na identificação" (STF: HC 70.422/RJ, rel. Min. Sydney Sanches, 1.ª Turma, j. 03.05.1994).

Exercício da autodefesa – direito ilimitado – ausência de crime: "1. Consolidou-se nesta Corte o entendimento de que a atribuição de falsa identidade, visando ocultar antecedentes criminais, constitui exercício do direito de autodefesa. 2. No caso, ao ser abordado por policiais, o paciente apresentou documento falso, buscando ocultar a condição de foragido e evitar sua recaptura. 3. Embora o delito previsto no art. 304 do Código Penal seja apenado mais severamente que o elencado no art. 307 da mesma norma, a orientação já firmada pode se estender ao ora paciente, pois a conduta por ele praticada se compatibiliza com o exercício da ampla defesa" (STJ: HC 56.824/SP, rel. originário Min. Maria Thereza de Assis Moura, rel. p/ acórdão Min. Og Fernandes, 6.ª Turma, j. 07.05.2009).

Exercício da autodefesa – direito limitado – crime: "O fato de o paciente ter apresentado à polícia identidade com sua foto e assinatura, porém com impressão digital de outrem, configura o crime do art. 304 do Código Penal. Havendo adequação entre a conduta e a figura típica concernente ao uso de documento falso, não cabe cogitar de que a atribuição de identidade falsa para esconder antecedentes criminais consubstancia autodefesa" (STF: HC 92.763/MS, rel. Min. Eros Grau, 2.ª Turma, j. 12.02.2008). *No mesmo sentido*: STF: HC 103.314/MS, rel. Min. Ellen Gracie, 2.ª Turma, j. 24.05.2011, noticiado no *Informativo* 628; e STJ: REsp 1.091.510/RS, rel. Min. Maria Thereza de Assis Moura, 6.ª Turma, j. 08.11.2011, noticiado no *Informativo* 487; e STJ: HC 151.866/RJ, rel. Min. Jorge Mussi, 5.ª Turma, j. 01.12.2011, noticiado no *Informativo* 488.

Falsificação e uso de contrato social – crime único – documento particular: "No mérito, prevaleceu o voto do Ministro Roberto Barroso. Aduziu que não teria havido concurso de delitos, pois não se poderia falar em condenação pelo crime de uso de documento falso quando cometido pelo próprio agente que falsificou o documento, de forma que o crime de uso configuraria mero exaurimento do crime de falso. [...] Por fim, asseverou que o objeto material do crime de falso seria um documento particular. Pontuou que o contrato social fora firmado por particulares e ainda quando registrado na junta comercial não perderia essa característica. Salientou que o documento seria público quando criado por funcionário público, nacional ou estrangeiro, no desempenho de suas atividades em conformidade com as formalidades prescritas em lei" (STF: AP 530/MS, rel. orig. Min. Rosa Weber, red. p/ o acórdão Min. Roberto Barroso, 1.ª Turma, j. 09.09.2014, noticiado no *Informativo* 758).

Falsificação e uso do documento falso – mesma pessoa – crime único: "1. É pacífico o entendimento doutrinário e jurisprudencial no sentido de que o agente que pratica as condutas de falsificar e de usar o documento falsificado deve responder apenas por um delito. 2. Segundo jurisprudência desta Corte, se o mesmo sujeito falsifica e, em seguida, usa o documento falsificado, responde apenas pela falsificação. 3. Em que pese a reprovabilidade do comportamento do paciente, já que apreendidos em sua residência carteiras de habilitação, certificados de dispensa de incorporação, carteiras da Ordem dos Advogados do Brasil e cédulas de identidade, todos falsificados, a condenação pelo falso (art. 297, CP) e pelo uso de documento falso (art. 304, CP) traduz ofensa ao princípio que veda o *bis in idem*, já que a utilização, pelo próprio agente, do documento que anteriormente falsificara, constitui fato posterior impunível. 4. Bem jurídico tutelado, ou seja, a fé pública, que foi malferida no momento em que se constituiu a falsificação. Posterior utilização do documento, pelo próprio autor do falso, consubstancia, em si, desdobramento dos efeitos da infração anterior" (STJ: HC 107.103/GO, rel. Min. Og Fernandes, 6.ª Turma, j. 19.10.2010).

Falsificação e uso do documento falso – princípio da consunção – absorção do crime-meio: "Na relação de consunção, prevalece o crime de uso de documento falso, crime-fim, sobre a falsidade ideológica, delito-meio. O princípio da consunção é aplicado para resolver o conflito aparente de normas penais quando um crime é meio necessário, fase de preparação ou de execução do delito de alcance mais amplo, de tal sorte que o agente só é responsabilizado pelo último, desde que se constate uma relação de dependência entre as condutas praticadas. Com efeito, considerar a absorção do uso do documento falso pela falsidade ideológica significa conferir prevalência ao crime-meio sobre o crime-fim, o que é conceitualmente inadequado, além de conduzir a situações de manifesta perplexidade, como o reconhecimento da prescrição todas as vezes que um documento falso é utilizado após o decurso de alguns anos de sua confecção, a depender do caso concreto. Desse modo, correta a aplicação do princípio da consunção, mediante o reconhecimento de que o crime-meio – falsidade ideológica – exauriu a sua potencialidade lesiva no crime-fim – uso desse documento falso –, e não o contrário" (STJ: AgRg no AgRg no AREsp 2.077.019/RJ, rel. Min. Daniela Teixeira, rel. para o acórdão Min. Reynaldo Soares da Fonseca, 5.ª Turma, j. 19.03.2024, noticiado no *Informativo* 815).

Ingresso irregular de estrangeiro – crimes de uso de documento falso e de falsificação de documento público – pedido de refúgio indeferido – estrangeiro com visto permanente – rejeição da denúncia – falta de justa causa – princípio da intervenção mínima e caráter fragmentário do Direito Penal – anistia legal – interpretação do art. 10, § 1º, da Lei n. 9.474/1997 – analogia *in bonam partem*: "Ainda que indeferido o pedido de refúgio, a concessão de residência permanente ao estrangeiro equivale a uma anistia legal para os crimes de uso de documento falso e falsificação de documento público, conforme estabelecido no art. 10, parágrafo 1º, da Lei n. 9.474/1997 em relação aos refugiados. Conforme estabelecido no art. 8º da Lei n. 9.474/1997, a entrada irregular de estrangeiros no território nacional não impede que eles solicitem refúgio às autoridades competentes. Em outras palavras, salvo raras exceções previstas nos arts. 7º, §§ 2º, e 3º, III, da mesma lei, o fato de ter ingressado de maneira irregular, seja de forma ilegal ou ilícita, não impede que alcancem a qualidade jurídica de refugiado. Quando uma pessoa qualificada como 'refugiado' comete alguma conduta ilícita com o propósito de ingressar no território nacional e essa conduta está diretamente relacionada a esse intento, o procedimento, seja ele de natureza cível, administrativa ou criminal, deve ser arquivado, com base no § 1º do artigo 10 da referida lei. No caso, embora o pedido de reconhecimento da condição de refugiado tenha sido indeferido pelo Comitê Nacional para os Refugiados (CONARE) devido à falta de demonstração de um fundado temor de perseguição compatível com os critérios de elegibilidade previstos no art. 10 da Lei n. 9.474/1997, é importante destacar que o estrangeiro se encontra classificado como residente no território nacional e recebeu um visto ou a permissão permanente, o que denota a condição de residência legal no Brasil. O art. 395, inciso III, do Código de Processo Penal prescreve a rejeição da denúncia quando inexistir justa causa para o início do processo penal, isto é, quando não houver fundamentos sólidos para a persecução penal. Essa medida, na situação em análise, é necessária, pois configura uma aplicação pertinente do princípio da intervenção mínima e reforça a relevância do caráter fragmentário do direito penal, já que a própria administração pública reconheceu o direito de residência permanente no território nacional. Nesse contexto, também, é apropriado evocar a analogia *in bonam partem*, uma vez que a interpretação nos conduz à conclusão de que a concessão de residência permanente ao estrangeiro equivale a uma anistia legal para os crimes de uso de documento falso e falsificação de documento público, conforme estabelecido no art. 10, parágrafo 1º, da Lei n. 9.474/1997 em relação aos refugiados. Logo, tal situação resulta na inexistência de justa causa para a ação penal, considerando a correlação entre o uso de passaporte falso e sua entrada irregular no Brasil" (STJ: AREsp 2.346.755/SP, rel. Min. Ribeiro Dantas, 5.ª Turma, j. 07.11.2023, noticiado no *Informativo* 795).

Inexigibilidade de conduta diversa – passaporte – inadmissibilidade: "A tese de que era inexigível conduta diversa do réu – que passava por dificuldades financeiras e buscava melhores condições de sobrevivência nos Estados Unidos – não pode ser admitida como fundamento para a sua absolvição, a uma porque o delito previsto no art. 304 do Código Penal se consuma com a simples apresentação do documento falso para o fim proposto e a duas, porque no caso, o réu despendeu considerável quantia (oito mil reais) para falsificar o passaporte e visto, não restando demonstrada as alegadas dificuldades financeiras (Precedentes)" (STJ: REsp 1.124.743/RJ, rel. Min. Félix Fischer, 5.ª Turma, j. 23.02.2010).

Necessidade de efetivo uso do documento falso: "A simples posse de documento falso não basta à caracterização do delito previsto no art. 304 do Código Penal, sendo necessária sua utilização visando atingir efeitos jurídicos" (STF: Ext 1.183/República Federal da Alemanha, rel. Min. Dias Toffoli, Plenário, j. 24.06.2010).

Prova pericial – desnecessidade para a condenação: "É possível a condenação por infração ao disposto no art. 304 do CP (uso de documento falso) com fundamento em documentos e testemunhos constantes do processo, acompanhada da confissão do acusado, sendo desnecessária a prova pericial para a comprovação da materialidade do crime, mormente se a defesa não requereu, no momento oportuno, a realização do referido exame" (STJ: HC 305.586/SE, rel. Min. Walter de Almeida Guilherme (Desembargador convocado do TJ/SP), 5ª Turma, j. 25.11.2014, noticiado no *Informativo* 533).

Uso de documento falso junto à Polícia Rodoviária Federal – competência da Justiça Federal: "Compete à Justiça Federal o julgamento de crime consistente na apresentação de Certificado de Registro e Licenciamento de Veículo (CRLV) falso à Polícia Rodoviária Federal. A competência para processo e julgamento do delito previsto no art. 304 do CP deve ser fixada com base na qualificação do órgão ou entidade à qual foi apresentado o documento falsificado, que efetivamente sofre prejuízo em seus bens ou serviços, pouco importando, em princípio, a natureza do órgão responsável pela expedição do documento. Assim, em se tratando de apresentação de documento falso à PRF, órgão da União, em detrimento do serviço de patrulhamento ostensivo das rodovias federais, previsto no art. 20, II, do CTB, afigura-se inarredável a competência da Justiça Federal para o julgamento da causa, nos termos do art. 109, IV, da CF" (STJ: CC 124.498/ES, rel. Min. Alderita Ramos de Oliveira (Desembargadora convocada do TJ/PE), 3.ª Seção, j. 12.12.2012, noticiado no *Informativo* 511).

Uso de fotocópia não autenticada – fato atípico: "A utilização de fotocópia não autenticada afasta a tipicidade do crime de uso de documento falso, por não possuir potencialidade lesiva apta a causar dano à fé pública" (STJ: HC 127.820/AL, rel. Min. Haroldo Rodrigues, 6.ª Turma, j. 25.05.2010).

Supressão de documento

> **Art. 305.** Destruir, suprimir ou ocultar, em benefício próprio ou de outrem, ou em prejuízo alheio, documento público ou particular verdadeiro, de que não podia dispor:
>
> Pena – reclusão, de dois a seis anos, e multa, se o documento é público, e reclusão, de um a cinco anos, e multa, se o documento é particular.

Classificação:	Informações rápidas:
Crime simples	Não se trata de "**falsidade documental**" e sim destruição, supressão ou ocultação de documento.
Crime comum	
Crime formal, de consumação antecipada ou de resultado cortado	**Objeto material:** documento público ou particular **verdadeiro**.
Crime de forma livre	Elemento normativo do tipo ("de que não podia dispor").
Crime comissivo (*regra*)	**Elemento subjetivo:** dolo (elemento subjetivo específico – "*em benefício próprio ou de outrem*" e "*em prejuízo alheio*"). Não admite modalidade culposa.
Crime instantâneo ("destruir" e "suprimir") ou permanente ("ocultar")	
Crime unissubjetivo, unilateral ou de concurso eventual	**Tentativa:** admite (*crime plurissubsistente*).
Crime plurissubsistente (*regra*)	**Ação penal:** pública incondicionada.

○ **Introdução:** A supressão de documento está equivocadamente disciplinada no Capítulo III do Título X da Parte Especial do Código Penal. Com efeito, não se trata de "falsidade documental", pois não há fabricação (contrafação) ou alteração de documento público ou particular, e sim destruição, supressão ou ocultação. Por tal razão, seria mais acertado incluí-lo no Capítulo IV, atinente às "outras falsidades".

○ **Objeto jurídico:** O bem jurídico penalmente protegido é a fé pública.

○ **Objeto material:** É o documento público ou particular **verdadeiro**, de que o agente não podia dispor. O dispositivo é peremptório ao exigir a veracidade do documento. A destruição, supressão ou ocultação de documento falso não abala a fé pública, sem prejuízo da caracterização de crime diverso, a exemplo do furto (art. 155 do CP), do dano (art. 163 do CP), do extravio, sonegação ou inutilização de livro ou documento (art. 314 do CP) e da subtração ou inutilização de livro ou documento (art. 337 do CP). É indiferente se o documento foi livremente confiado ao agente, ou então se o sujeito alcançou sua posse de maneira ilícita, com o fim de praticar qualquer das condutas legalmente descritas. Se o documento consistir em **traslado, cópia ou certidão**, não se reconhece o crime em análise, pois é possível providenciar novo traslado, cópia ou certidão. Igual raciocínio é aplicável às **cópias autenticadas**, desde que exista o original, ensejando a extração de nova cópia de igual natureza. Se o original já se perdeu, por qualquer motivo, a destruição, supressão ou ocultação da cópia autenticada acarreta o crime definido no art. 305 do CP, importando em lesão à fé pública.

○ **Núcleos do tipo:** O tipo penal contempla três núcleos: "destruir", "suprimir" e "ocultar". **Destruir** é eliminar, extinguir; **suprimir** equivale a fazer desaparecer o documento, sem destruí-lo ou ocultá-lo; e **ocultar**, por sua vez, significa esconder o documento, de modo a não ser encontrado por outras pessoas. Trata-se de **tipo misto alternativo**, **crime de ação múltipla** ou **de conteúdo variado**, pois a realização de mais de uma conduta, no tocante ao mesmo objeto material, configura um único delito. Tais condutas relacionam-se ao documento público ou particular verdadeiro, de que o sujeito não podia dispor. A expressão "de que não podia dispor" representa **elemento normativo do tipo**, e sua inserção no art. 305 era desnecessária, por uma razão lógica e simples: se o sujeito tem a livre disposição do documento, o qual versa exclusivamente sobre fato de seu interesse, sua destruição, supressão ou ocultação evidentemente constituirá fato atípico. Como consectário do princípio da alteridade, não há crime na conduta que prejudica somente quem a praticou.

○ **Sujeito ativo:** Pode ser qualquer pessoa (**crime comum** ou **geral**), inclusive o titular do documento, se deste não podia dispor.

○ **Sujeito passivo:** É o Estado e, mediatamente, a pessoa física ou jurídica prejudicada pela conduta criminosa.

○ **Elemento subjetivo:** É o dolo, acrescido de um especial fim de agir (elemento subjetivo específico), representado pelas expressões "em benefício próprio ou de outrem" (vantagem patrimonial ou de qualquer outra natureza, tais como política, moral, sexual etc.) e "em prejuízo alheio". O exame do dolo é imprescindível para a distinção entre os delitos de furto, dano e supressão de documento. Não se admite a modalidade culposa.

○ **Consumação:** Cuida-se de **crime formal**, **de consumação antecipada** ou **de resultado cortado**: consuma-se com a destruição, supressão ou ocultação do documento público ou particular, de que o sujeito não podia dispor, independentemente da efetiva obtenção de benefício próprio ou de outrem, ou da causação de prejuízo a alguém.

o **Tentativa:** É possível.

o **Ação penal:** É pública incondicionada.

o **Lei 9.099/1995:** O legislador, mantendo coerência com o tratamento dispensado aos demais crimes de falsidade documental, estabeleceu penas distintas levando em conta a natureza do documento. De fato, a supressão de documento público, com pena mínima de dois anos, constitui-se em **crime de elevado potencial ofensivo**, incompatível com os benefícios previstos nesta Lei. Por seu turno, a supressão de documento particular, cuja pena mínima é de um ano, desponta como **crime de médio potencial ofensivo**, comportando a suspensão condicional do processo, se presentes os demais requisitos elencados pelo art. 89 desta Lei.

o **Supressão de documento e sonegação de papel ou objeto de valor probatório – distinções:** Os delitos de supressão de documento e sonegação de papel ou objeto de valor probatório (art. 356 do CP) – embora apresentem um ponto em comum, consistente na destruição de documento – não se confundem. O conflito aparente de leis penais é solucionado pelo **princípio da especialidade**. A supressão de documento insere-se no rol dos crimes contra a fé pública, e a finalidade do agente, que pode ser qualquer pessoa (crime comum ou geral), consiste em evitar a prova de fato juridicamente relevante em razão da utilização do documento. Por seu turno, a sonegação de papel ou objeto de valor probatório tem em mira a Administração da justiça, e somente pode ser cometido por advogado ou procurador (crime próprio ou especial). Nesse crime, a inutilização do documento com valor probatório representa dano ao Estado, e não a destruição de prova em benefício próprio ou de outrem, ou ainda em prejuízo alheio.

o **Jurisprudência selecionada:**

Destruição de cópias – preservação dos originais – fato atípico: "[...] No que concerne, porém, à imputação de prática de crime de supressão de documento, como definido no art. 305 do Código Penal, é de se reconhecer a falta de justa causa para a ação penal, no caso, pois as peças rasgadas pela paciente – o termo de audiência e dois mandados de intimação – haviam sido reproduzidos por cópias, constantes dos autos. e mesmo os originais, por ela inutilizados, foram recompostos, a partir dos fragmentos. Se as cópias foram preservadas e as originais recompostas, não se pode cogitar de crime contra a fé pública, em face da doutrina e da jurisprudência lembradas na inicial e no parecer do Ministério Público Federal, sobretudo diante do precedente do Plenário do STF no mesmo sentido (RTJ 135/911)" (STF: HC 75.078/SC, rel. Min. Sydney Sanches, 1.ª Turma, j. 06.05.1997).

Destruição de documento público – título de eleitor – finalidade de impedir a identificação pessoal – competência da Justiça Federal: "Compete à Justiça Federal – e não à Justiça Eleitoral – processar e julgar o crime caracterizado pela destruição de título eleitoral de terceiro, quando não houver qualquer vinculação com pleitos eleitorais e o intuito for, tão somente, impedir a identificação pessoal. A simples existência, no Código Eleitoral, de descrição formal de conduta típica não se traduz, *incontinenti*, em crime eleitoral, sendo necessário, também, que se configure o conteúdo material do crime. Sob o aspecto material, deve a conduta atentar contra a liberdade de exercício dos direitos políticos, vulnerando a regularidade do processo eleitoral e a legitimidade da vontade popular. Ou seja, a par da existência do tipo penal eleitoral específico, faz-se necessária, para sua configuração, a existência de violação do bem jurídico que a norma visa tutelar, intrinsecamente ligado aos valores referentes à liberdade do exercício do voto, à regularidade do processo eleitoral e à preservação do modelo democrático. Dessa forma, a despeito da existência da descrição típica formal no Código Eleitoral (art. 339: 'Destruir, suprimir ou ocultar urna contendo votos, ou documentos relativos à eleição'), não há como minimizar o conteúdo dos crimes eleitorais sob o aspecto material" (STJ: CC 127.101/RS, rel. Min. Rogerio Schietti Cruz, 3.ª Seção, j. 11.02.2015, noticiado no *Informativo* 555).

Formulários da Receita Federal – prejuízo restrito a particulares – competência da Justiça Estadual: "O fato de os agentes, utilizando-se de formulários falsos da Receita Federal, terem se passado por auditores desse órgão com intuito de obter vantagem financeira ilícita de particulares não atrai, por si só, a competência da Justiça Federal. Isso porque, em que pese tratar-se de uso de documento público, observa-se que a falsidade foi empregada, tão somente, em detrimento de particular. Assim sendo, se se pudesse cogitar de eventual prejuízo sofrido pela União, ele seria apenas reflexo, na medida em que o prejuízo direto está nitidamente limitado à esfera individual da vítima, uma vez que as condutas em análise não trazem prejuízo direto e efetivo a bens, serviços ou interesses da União, de suas entidades autárquicas ou empresas públicas (art. 109, IV, da CF)" (STJ: CC 141.593/RJ, rel. Min. Reynaldo Soares da Fonseca, 3.ª Seção j. 26.08.2015, noticiado no *Informativo* 568).

Objeto material – filme fotográfico: "O delito do art. 305 do Código Penal exige para a sua tipificação a ocultação ou destruição de documento particular em prejuízo alheio, daí porque não há razão plausível para excluir o filme fotográfico dessa definição, subtraído, segundo denúncia, deliberada e abusivamente de seu proprietário com o fim de dificultar ou até mesmo obstar a apuração de outros crimes praticados pelo autor do delito em comento, flagrado em plena ação por fotografias tiradas pela pessoa que viria a ser a própria vítima" (STJ, RHC 20.618/MG, rel. Min. Maria Thereza de Assis Moura, 6.ª Turma, j. 19.08.2010, noticiado no *Informativo* 443).

Capítulo IV –
DE OUTRAS FALSIDADES

Falsificação do sinal empregado no contraste de metal precioso ou na fiscalização alfandegária, ou para outros fins

> **Art. 306.** Falsificar, fabricando-o ou alterando-o, marca ou sinal empregado pelo poder público no contraste de metal precioso ou na fiscalização alfandegária, ou usar marca ou sinal dessa natureza, falsificado por outrem:
>
> Pena – reclusão, de dois a seis anos, e multa.
>
> Parágrafo único. Se a marca ou sinal falsificado é o que usa a autoridade pública para o fim de fiscalização sanitária, ou para autenticar ou encerrar determinados objetos, ou comprovar o cumprimento de formalidade legal:
>
> Pena – reclusão ou detenção, de um a três anos, e multa.

Classificação:	Informações rápidas:
Crime comum	**Objeto material:** marca ou sinal empregado pelo poder público no contraste de metal precioso ou na fiscalização alfandegária.
Crime formal, de consumação antecipada ou de resultado cortado	
Crime de forma livre	**Elemento subjetivo:** dolo (não admite modalidade culposa).
Crime comissivo (*regra*)	
Crime instantâneo	**Tentativa:** admite na hipótese em que a conduta for composta de diversos atos (*diverg.*).
Crime unissubjetivo, unilateral ou de concurso eventual	**Ação penal:** pública incondicionada.
Crime plurissubsistente (*regra*)	

○ **Objeto jurídico:** Tutela-se a fé pública, no que diz respeito à confiança da sociedade nas marcas ou sinais empregados pelo poder público no contraste de metal precioso ou na fiscalização alfandegária ou sanitária, ou para autenticar ou encerrar determinados objetos, ou para comprovar o cumprimento de formalidade legal.

○ **Objeto material:** É a **marca ou sinal empregado pelo poder público no contraste de metal precioso ou na fiscalização alfandegária**. Para Guilherme de Souza Nucci: "Marca ou sinal – termos correlatos – é aquilo que serve de alerta, captado pelos sentidos, possibilitando reconhecer ou conhecer alguma coisa. Contraste de metal precioso: é a marca feita no metal, consistindo o seu título (relação entre o metal introduzido e o total da liga) em indicador de peso e quilate. Marca de fiscalização alfandegária é a representação gráfica utilizada pela fiscalização realizada na alfândega, a fim de demonstrar que uma mercadoria foi liberada ou para outra finalidade relativa ao controle de entrada e saída de mercadorias no País".[284]

○ **Núcleos do tipo:** O tipo penal contém dois núcleos: "falsificar" e "usar". **Falsificar** é imitar, reproduzir ou modificar a marca ou sinal empregado no contraste de metal precioso ou na fiscalização alfandegária. A falsificação pode se dar mediante *fabricação* (contrafação), com a formação ou reprodução integral da marca ou sinal, ou *alteração*, na qual se efetua a modificação da marca ou sinal, para que passe a ostentar, mediante acréscimo ou supressão, composição diferente da original. A falsificação, assim como nos demais crimes contra a fé pública, deve ser idônea a ludibriar as pessoas em geral. Se for grosseira, facilmente percep-tível, incidirá a regra inerente ao crime impossível (CP, art. 17), excluindo-se a tipicidade do fato. **Usar** é empregar ou utilizar a marca ou sinal falsificados por outrem.

○ **Sujeito ativo:** Cuida-se de **crime comum** ou **geral**: pode ser cometido por qualquer pessoa. Na modalidade "**usar**", é imprescindível seja a conduta praticada por pessoa diversa do fal-sificador da marca ou sinal, pois este responderá unicamente pela contrafação ou alteração.

○ **Sujeito passivo:** É o Estado e, mediatamente, a pessoa física ou jurídica prejudicada pela conduta criminosa.

○ **Elemento subjetivo:** É o dolo, independentemente de qualquer finalidade específica. Não se admite a modalidade culposa.

○ **Consumação:** O crime é **formal, de consumação antecipada ou de resultado cortado**: consuma-se com a falsificação da marca ou sinal (na modalidade "falsificar"), ou então com a efetiva utilização (na variante "usar") da marca ou sinal falsificado por outrem, indepen-dentemente da obtenção de lucro ou da causação de prejuízo a alguém.

○ **Tentativa:** É cabível, em face do caráter plurissubsistente do delito.

○ **Ação penal:** É pública incondicionada.

○ **Lei 9.099/1995:** Em face da pena cominada – reclusão, de dois a seis anos, e multa –, a figura prevista no *caput* versa sobre **crime de elevado potencial ofensivo**, insuscetível de aplicação dos benefícios elencados pela Lei 9.099/1995.

○ **Figura privilegiada (art. 306, parágrafo único):** O parágrafo único do art. 306 prevê autêntica figura privilegiada pois, além de autorizar a alternatividade entre reclusão e detenção, diminui sensivelmente os limites mínimo e máximo da pena privativa de liberdade. Com efeito, a pena

---

[284] NUCCI, Guilherme de Souza. *Código Penal comentado*. 10. ed. São Paulo: RT, 2010. p. 1.084-1.085.

é inferior à modalidade do *caput* para aquele que falsificar sinal ou marca utilizados pela autoridade pública: **(a) para o fim de fiscalização sanitária**, ou seja, inerente à fiscalização estatal em matéria de higiene e saúde, como os atestados de aprovação dos estabelecimentos; **(b) para autenticar ou encerrar determinados objetos**. Autenticar é afirmar a veracidade, enquanto encerrar denota a guarda do objeto em determinado local, para evitar que seja alterado ou subtraído; **(c) comprovar o cumprimento de formalidade legal**. Trata-se de fórmula genérica, para abarcar as hipóteses em que o Poder Público, mediante a utilização de determinada marca ou sinal, reconhece o cumprimento de uma formalidade exigida por lei. Cuida-se de **crime de médio potencial ofensivo**, pois a pena mínima cominada (um ano) autoriza a suspensão condicional do processo, desde que presentes os demais requisitos exigidos pelo art. 89 da Lei 9.099/1995.

– Preceito secundário e alternatividade entre reclusão e detenção: O preceito secundário do parágrafo único do art. 306 do Código Penal autoriza o juiz, no momento da fixação da pena privativa de liberdade – atento ao caso concreto e levando em consideração as circunstâncias judiciais (ou inominadas) elencadas no art. 59, *caput*, a optar entre as penas de reclusão ou de detenção.[285]

Falsa identidade

Art. 307. Atribuir-se ou atribuir a terceiro falsa identidade para obter vantagem, em proveito próprio ou alheio, ou para causar dano a outrem:

Pena – detenção, de três meses a um ano, ou multa, se o fato não constitui elemento de crime mais grave.

Classificação:	Informações rápidas:
Crime simples	**Objeto material:** identidade.
Crime comum	**Elemento subjetivo:** dolo (elemento subjetivo
Crime formal, de consumação antecipada ou de resultado cortado	específico – "para obter vantagem, em proveito próprio ou alheio, ou para causar dano a
Crime de forma livre	outrem"). Não admite modalidade culposa.
Crime comissivo	**Tentativa:** admite na hipótese em que a con-
Crime instantâneo	duta for composta de diversos atos (diverg.).
Crime expressamente subsidiário	**Ação penal:** pública incondicionada.
Crime unissubjetivo, unilateral ou de concurso eventual	
Crime unissubsistente ou plurissubsistente	

○ **Introdução:** A falsa identidade, ao lado dos crimes definidos nos arts. 308 e 309 do Código Penal, é modalidade da "**falsidade pessoal**", pois recai não sobre a pessoa física, e sim em sua identidade civil.

○ **Objeto jurídico:** Tutela-se a fé pública, no tocante à credibilidade depositada pela sociedade na identificação das pessoas em geral.

○ **Objeto material:** É a **identidade**, compreendida como o conjunto de características próprias de determinada pessoa, capazes de identificá-la e individualizá-la em sociedade, tais como o nome

---

[285] Esta sistemática foi prevista no Código Penal somente em duas oportunidades: no art. 235, § 1.º (bigamia), e neste art. 306, parágrafo único.

(que engloba o prenome e o sobrenome, como se extrai do art. 16 do Código Civil), a filiação, a idade, o estado civil, o sexo e profissão. Falsa identidade, na forma proposta pelo art. 307 do CP, é a que não corresponde à verdade, ou seja, não permite reconhecer ou identificar uma pessoa como ela realmente é, pois o agente se autoatribui ou atribui a terceiro dados falsos, com o propósito de obter vantagem, em proveito próprio ou de terceiro, ou para causar dano a outrem.

○ **Núcleo do tipo:** É "**atribuir**", no sentido de imputar a si próprio ou a terceiro falsa identidade. Essa conduta abrange as seguintes hipóteses: (a) O agente atribui a si próprio ou a terceiro a identidade de outra pessoa, efetivamente existente. Opera-se a **substituição de pessoas**; e (b) O agente atribui a si próprio ou a terceiro identidade fictícia (imaginária, inexistente), como no caso daquele que se identifica como o protagonista de uma novela. Cuida-se de **crime de forma livre**, compatível com os mais diversos meios de execução. Embora seja mais comum a realização da falsa identidade oralmente, também se admite a prática por escrito (exemplo: o agente preenche um formulário se passando por terceira pessoa), por gestos (exemplo: durante a missa, o padre pergunta quem foi a pessoa responsável por vultosa doação a moradores de rua, e alguém falsamente levanta a mão para ganhar prestígio na sociedade) etc.

– **A questão inerente ao silêncio daquele a quem foi atribuída falsa identidade:** O núcleo do tipo é "atribuir", indicativo da **atuação positiva** (comissiva) do agente, sendo fundamental a imputação a si próprio ou a terceiro de falsa identidade, para obter vantagem, em proveito próprio ou alheio, ou para causar dano a outrem. Consequentemente, não se caracteriza o delito quando alguém silencia ou deixa de negar a falsa identidade a ele atribuída por terceiro.

– **Falsa identidade e uso de documento falso – distinção:** A falsa identidade e o uso de documento falso (art. 304 do CP), situados no Título X da Parte Especial do Código Penal – Crimes contra a fé pública –, não se confundem. De fato, aquele se insere no Capítulo IV ("De outras falsidades"), enquanto este figura no Capítulo III ("Da falsidade documental"). Mas as diferenças vão além. O crime em comento consiste na simples atribuição de falsa identidade, **sem a utilização de documento falso**. Com efeito, se houver o emprego de documento falsificado ou alterado, estará configurado o crime tipificado no art. 304 do CP, afastando-se o delito de falsa identidade, em razão da sua subsidiariedade expressa.

○ **Sujeito ativo:** Pode ser qualquer pessoa (**crime comum** ou **geral**).

○ **Sujeito passivo:** É o Estado e, mediatamente, a pessoa física ou jurídica prejudicada pela conduta criminosa.

○ **Elemento subjetivo:** É o dolo, acrescido de um especial fim de agir (elemento subjetivo específico), representado pela expressão "para obter vantagem, em proveito próprio ou alheio, ou para causar dano a outrem". A vantagem legalmente exigida pode ser econômica ou de qualquer natureza (moral, política etc.). Se não é buscada nenhuma vantagem, o fato é atípico. Não se admite a modalidade culposa.

– **Falsa identidade e estelionato:** Quanto à **vantagem econômica** (ou patrimonial), se for obtida mediante fraude, induzindo ou mantendo alguém em erro, e causar prejuízo a alguém, estará caracterizado o crime de estelionato (art. 171, *caput, do CP*), afastando-se a falsa identidade, em decorrência da sua subsidiariedade expressa. Lembre-se, porém, que o estelionato é **crime de duplo resultado**: não basta a obtenção de vantagem ilícita, exigindo-se também o prejuízo alheio. A falsa identidade, ao contrário do que se dá no estelionato, não reclama para a consumação a efetiva vantagem econômica em prejuízo alheio, sendo suficiente a intenção de alcançá-la.

– **Cotejo entre falsa identidade e exercício da autodefesa:** O princípio da ampla defesa, consagrado como cláusula pétrea no art. 5.º, LV, da CF, no âmbito penal compreende a defesa técnica, de incumbência do defensor constituído ou dativo, e também a autodefesa, exercida pelo próprio acusado (suspeito, indiciado, réu, condenado etc., variando a terminologia em conformidade com o momento da persecução penal). No campo da autodefesa, surge uma relevante discussão: Pratica o crime em comento o sujeito que atribui a si próprio falsa identidade para ocultar antecedentes criminais desfavoráveis ou afastar alguma medida coercitiva, a exemplo da prisão em flagrante ou em cumprimento de ordem judicial? Em síntese, o exercício da autodefesa é compatível com a atribuição de falsa identidade? Para o STF, a autodefesa não vai a ponto de deixar impune a prática de fato descrito como crime, no qual há dolo de lesar a fé pública. Com igual entendimento, o STJ editou a Súmula 522: "A conduta de atribuir-se falsa identidade perante autoridade policial é típica, ainda que em situação de alegada autodefesa." Assim, aplica-se o delito tipificado no art. 307 do CP à pessoa que, ao ser presa ou mesmo interrogada pela autoridade policial ou judicial, identifica-se com nome falso, com a finalidade de esconder seus maus antecedentes ou alguma medida coercitiva em seu desfavor.

○ **Consumação:** A falsa identidade é **crime formal**, **de consumação antecipada** ou **de resultado cortado**: consuma-se com a conduta de atribuir-se ou atribuir a terceiro falsa identidade, independentemente da obtenção de vantagem, em proveito próprio ou alheio, ou da causação de dano a outrem.

○ **Tentativa:** É possível, nas hipóteses em que a falsa identidade se apresentar como crime plurissubsistente, comportando o fracionamento do *iter criminis*. Contudo, não será cabível o *conatus* nos casos em que a conduta se compõe de um único ato (crime unissubsistente), impossibilitando a divisão do *iter criminis*. Em situações deste jaez, ou o agente atribui a si próprio ou a terceiro a falsa identidade para obter vantagem, em proveito próprio ou alheio, ou para causar dano a outrem, e o delito estará consumado, ou deixa de fazê-lo, e não haverá crime algum, a exemplo do que se dá nos comportamentos cometidos verbalmente.

○ **Ação penal:** É pública incondicionada.

○ **Lei 9.099/1995:** Em face da pena privativa de liberdade cominada em seu patamar máximo (um ano), a falsa identidade é **infração penal de menor potencial ofensivo**, de competência do Juizado Especial Criminal e compatível com a transação penal e o rito sumaríssimo, em sintonia com as disposições da Lei 9.099/1995.

○ **Subsidiariedade expressa:** A falsa identidade é **crime expressamente subsidiário**, pois o preceito secundário do art. 307 comina a pena de detenção, de três meses a um ano, ou multa, "se o fato não constitui elemento de crime mais grave".

○ **Simulação da qualidade de funcionário público e usurpação de função pública:** A contravenção penal de simulação da qualidade de funcionário público encontra-se definida no art. 45 do Decreto-lei 3.688/1941 – Lei das Contravenções Penais. Nessa contravenção penal não se exige a intenção de obter vantagem, em proveito próprio ou alheio, ou de causar dano a outrem. Basta a ação de inculcar-se, explícita ou implicitamente, a condição de funcionário público. Destarte, se presente o especial fim de agir (elemento subjetivo específico), estará configurado o crime de falsa identidade, na forma prevista no art. 307. Entretanto, se o sujeito, além de fingir-se funcionário público, praticar indevidamente algum ato relacionado à função pública, a ele será imputado o crime de usurpação de função pública, tipificado no art. 328 do Código Penal.

○ **Recusa de dados sobre a própria identidade ou qualificação:** A contravenção penal de recusa de dados sobre a própria identidade ou qualificação encontra-se descrita no art. 68 do Decreto-lei 3.688/1941 – Lei das Contravenções Penais. Esta contravenção penal também é dotada de **subsidiariedade expressa**. A distinção com o crime de falsa identidade é de fácil visualização. Com efeito, o delito tipificado no art. 307 do Código Penal reclama a intenção do agente em obter vantagem, em proveito próprio ou alheio, ou de causar dano a outrem. Por seu turno, na contravenção penal é suficiente a recusa, ou o fornecimento de dados falsos sobre a própria identidade ou qualificação, sem qualquer finalidade específica.

o **Abuso de autoridade:** Caracteriza-se o crime de abuso de autoridade tipificado no art. 16 da Lei 13.869/2019 quando o agente público deixa de identificar-se ou identifica-se falsamente ao preso no momento da sua captura, ou então quando deva fazê-lo por ocasião da sua prisão. O tipo penal também se aplica quando o responsável pelo interrogatório no âmbito de procedimento investigatório de natureza penal deixa de identificar-se ao preso ou atribui a si mesmo falsa identidade, cargo ou função: "Art. 16. Deixar de identificar-se ou identificar-se falsamente ao preso por ocasião de sua captura ou quando deva fazê-lo durante sua detenção ou prisão: Pena – detenção, de 6 (seis) meses a 2 (dois) anos, e multa. Parágrafo único. Incorre na mesma pena quem, como responsável por interrogatório em sede de procedimento investigatório de infração penal, deixa de identificar-se ao preso ou atribui a si mesmo falsa identidade, cargo ou função."

o **Jurisprudência selecionada:**

Declaração de identidade falsa perante a autoridade policial – ausência de direito á autodefesa – crime: "Aplicando orientação firmada pela Corte segundo a qual a atribuição de falsa identidade (CP, art. 307) perante autoridade policial com o intuito de ocultar antecedentes não configura autodefesa, a Turma, por maioria, manteve decisão monocrática do Min. Ricardo Lewandowski que provera recurso extraordinário criminal, do qual relator, em que o Ministério Público Federal refutava o trancamento, por atipicidade de conduta, de ação penal instaurada em face do ora agravante" (STF: RE 561.704 AgR/SP, rel. Min. Ricardo Lewandowski, 1.ª Turma, j. 03.03.2009, noticiado no *Informativo* 537). *No mesmo sentido*: STJ: REsp 1.362.524/MG, rel. Min. Sebastião Reis Júnior, 3.ª Seção, j. 23.10.2013, noticiado no *Informativo* 533.

Falsa identidade e uso de documento falso – distinção: "Não se confunde o uso de documento falso com o crime de falsa identidade, posto que neste não há apresentação de qualquer documento, mas tão só a alegação falsa quanto à identidade" (STJ: HC 69.471/MS, rel. Min. Jane Silva (Desembargadora convocada do TJMG), 5.ª Turma, j. 14.08.2007).

> **Art. 308.** Usar, como próprio, passaporte, título de eleitor, caderneta de reservista ou qualquer documento de identidade alheia ou ceder a outrem, para que dele se utilize, documento dessa natureza, próprio ou de terceiro:
>
> Pena – detenção, de quatro meses a dois anos, e multa, se o fato não constitui elemento de crime mais grave.

Classificação:	Informações rápidas:
Crime simples	Derivação mais grave do delito de falsa identidade.
Crime comum	**Objeto material:** passaporte, título de eleitor, caderneta de reservista ou qualquer outro documento de identidade alheia. O documento precisa ser verdadeiro.
Crime formal, de consumação antecipada ou de resultado cortado	
Crime de forma livre	**Elemento subjetivo:** dolo (elemento subjetivo específico na conduta "ceder" – "para que dele se utilize"). Não admite modalidade culposa.
Crime comissivo (*regra*)	
Crime instantâneo	
Crime expressamente subsidiário	**Tentativa:** admite (crime plurissubsistente).
Crime unissubjetivo, unilateral ou de concurso eventual	**Ação penal:** pública incondicionada.
Crime plurissubsistente (*regra*)	

○ **Introdução:** O legislador não conferiu *nomen juris* ao crime definido neste artigo. Todavia, é pacífico que se constitui em derivação, embora mais grave, do delito de falsa identidade (CP, art. 307), seja em razão da sua descrição típica, seja pela sua alocação. No âmbito doutrinário, convencionou-se chamá-lo de "uso de documento de identidade alheia", nomenclatura que nos agrada, nada obstante sejam encontradas outras denominações, tais como "uso, como próprio, de documento de identidade alheio" e "uso indevido de documentos pessoais alheios". De fato, a pena cominada no art. 308 é mais elevada do que a reprimenda atribuída ao crime de falsa identidade. A razão desta decisão legislativa é simples, e se baseia na **utilização indevida de documento público**, circunstância que justifica a desnecessidade de intenção do agente quanto a obter vantagem, em proveito próprio ou alheio, ou de causar dano a outrem. Em síntese, a lei abre mão da vantagem e do dano porque, tratando-se de documentos públicos, o uso ou a cessão, independentemente daqueles objetivos, cresce e avulta em suas dimensões de crime contra a fé pública. Cuida-se de **crime expressamente subsidiário**, pois o preceito secundário impõe sua aplicação somente "se o fato não constitui elemento de crime mais grave".

○ **Objeto jurídico:** Tutela-se a fé pública, relativamente à crença depositada pela coletividade na identidade das pessoas.

○ **Objeto material:** É o passaporte, título de eleitor, caderneta de reservista ou qualquer outro documento de identidade alheia. **Passaporte** é o documento oficial que autoriza seu titular a sair do país, bem como a entrar e identificar-se no estrangeiro. No Brasil, o órgão responsável pela sua emissão é a Polícia Federal. **Título de eleitor** é o documento oficial comprobatório da situação de eleitor de uma pessoa, conferindo-lhe o direito de votar. Sua emissão, no Brasil, é de competência da Justiça Eleitoral. **Caderneta de reservista** é o documento oficial cuja finalidade consiste em demonstrar a regularidade da situação de alguém perante o serviço militar obrigatório. No Brasil, reservista é aquele que serviu ou foi dispensado das Forças Armadas, podendo ser convocado a qualquer momento. Esse documento de identidade deve ser de **natureza pública**, em compasso com os demais expressamente apontados pelo tipo penal. A expressão "qualquer documento de identidade" engloba todo título, certificado ou atestado que seja admissível como meio de reconhecer como o próprio o respectivo portador.[286]

– **Uso de documento de identidade alheia e uso de documento falso – distinção:** No crime em estudo, o documento de identidade alheia usado pelo agente é **verdadeiro**. Embora o tipo penal não faça esta exigência, a conclusão resta inquestionável em face do cotejo com o delito de uso de documento falso. De fato, se o sujeito utilizar documento falso, embora em nome de terceira pessoa (exemplo: inserção da sua fotografia no passaporte alheio), a ele será imputado o crime de uso de documento falso, definido no art. 304 do CP. Com efeito, a substituição de fotografia em documento público configura crime previsto no art. 297 do CP (falsificação de documento público).

○ **Núcleos do tipo:** Na primeira modalidade do delito – uso indevido de documento alheio – o núcleo do tipo é **"usar"**, no sentido de empregar ou utilizar documento de identidade de terceira pessoa como se fosse próprio. Na segunda variante do crime – cessão de documento próprio ou alheio para que outrem dele se utilize – o núcleo é **"ceder"**, ou seja, fornecer ou emprestar a outrem, a título oneroso ou gratuito, documento de identidade próprio ou de terceiro, para que dele faça uso. Tais verbos ligam-se ao passaporte, título de eleitor, caderneta de reservista ou qualquer outro documento de identidade. Cuida-se de condutas autônomas e distintas. Destarte, se o sujeito faz uso de documento de identidade alheia,

---

[286] Cf. MAGALHÃES NORONHA, E. *Direito penal.* 16. ed. São Paulo: Saraiva, 1983. v. 4, p. 199.

como se fosse próprio, e posteriormente cede a terceiro documento de identidade próprio ou alheio, para que dele se utilize, deverá responder por dois crimes, em concurso material, pois a fé pública é duplamente atacada.

○ **Sujeito ativo:** Pode ser qualquer pessoa (**crime comum** ou **geral**).

○ **Sujeito passivo:** É o Estado e, mediatamente, a pessoa física ou jurídica prejudicada pela conduta criminosa.

○ **Elemento subjetivo:** Na modalidade "usar, como próprio, documento de identidade alheia", é o dolo, independentemente de qualquer finalidade específica. Por seu turno, na conduta de "ceder a outrem, para que dele se utilize, documento dessa natureza, próprio ou de terceiro", exige-se, além do dolo, um especial fim de agir (elemento subjetivo específico), representado pela expressão "para que dele se utilize". Destarte, o fato é atípico na hipótese em que alguém, agindo de boa-fé, empresta a outrem seu documento de identidade, e o recebedor deste vem a fazer uso sem a ciência do seu titular. Não se admite a modalidade culposa, em nenhuma das modalidades do delito.

○ **Consumação:** Na primeira conduta – "usar, como próprio, documento de identidade alheia" –, a consumação se verifica quando o sujeito faz efetivo uso do documento alheio como se fosse próprio. Não basta possuir ou trazer consigo, é imprescindível a utilização do documento pertencente à terceira pessoa. Já na segunda conduta – "ceder a outrem, para que dele se utilize, documento dessa natureza, próprio ou de terceiro" – o delito se consuma no momento da tradição do documento. Não se exige a efetiva utilização do documento pelo destinatário. Todavia, se este o utilizar, a ele será também imputado o crime em apreço, na modalidade "usar como próprio documento alheio".

○ **Tentativa:** É possível, em ambas as modalidades do delito.

○ **Ação penal:** É pública incondicionada.

○ **Lei 9.099/1995:** Em face do patamar máximo da pena privativa de liberdade cominada (dois anos), contempla-se uma **infração penal de menor potencial ofensivo**, de competência do Juizado Especial Criminal e compatível com a transação penal e o rito sumaríssimo.

○ **Jurisprudência selecionada:**

Alteração no documento – conduta que ultrapassa a mera apresentação – falsidade documental: "Substituição de fotografia em documento público de identidade. Tipificação. Sendo a alteração de documento público verdadeiro uma das duas condutas típicas do crime de falsificação de documento público (artigo 297 do Código Penal), a substituição da fotografia em documento de identidade dessa natureza caracteriza a alteração dele, que não se cinge apenas ao seu teor escrito, mas que alcança essa modalidade de modificação que, indiscutivelmente, compromete a materialidade e a individualização desse documento verdadeiro, até porque a fotografia constitui parte juridicamente relevante dele" (STF: HC 75.690/SP, rel. Min. Moreira Alves, 1.ª Turma, j. 10.03.1998).

Fraude de lei sobre estrangeiro

Art. 309. Usar o estrangeiro, para entrar ou permanecer no território nacional, nome que não é o seu:

Pena – detenção, de um a três anos, e multa.

> Parágrafo único. Atribuir a estrangeiro falsa qualidade para promover-lhe a entrada em território nacional:
>
> Pena – reclusão, de um a quatro anos, e multa.

Classificação:	Informações rápidas:
Crime simples	**Objeto material:** nome (inclusive prenome e sobrenome).
Crime próprio	
Crime formal, de consumação antecipada ou de resultado cortado	**Elemento subjetivo:** dolo (elemento subjetivo específico – "para entrar ou permanecer no território nacional"). Não admite modalidade culposa.
Crime de forma livre	
Crime comissivo (*regra*)	**Tentativa:** admite na hipótese em que a conduta for composta de diversos atos.
Crime instantâneo	
Crime unissubjetivo, unilateral ou de concurso eventual	**Ação penal:** pública incondicionada.
Crime unissubsistente ou plurissubsistente	**Competência:** Justiça Federal.

○ **Objeto jurídico:** Tutela-se a fé pública, relativamente à identidade das pessoas, com o consequente controle do Estado na imigração.

○ **Objeto material:** É o **nome**, no qual se compreendem o prenome e o sobrenome, em sintonia com a regra traçada pelo art. 16 do Código Civil. Excluem-se do raio de incidência do delito outros dados de identificação da pessoa, tais como profissão, filiação e estado civil.

○ **Núcleo do tipo:** É "**usar**", no sentido de empregar ou efetivamente utilizar nome que não é seu (fictício ou de terceira pessoa), para o fim de entrar ou permanecer no território nacional (conceito que compreende o solo, o mar territorial e o espaço aéreo – art. 5.º, CP). Se o sujeito, além de empregar nome que não é seu, fizer uso de documento falso, deverá responder unicamente pelo delito previsto no art. 304 do CP, o qual absorve o crime em comento. O conflito aparente de leis penais é solucionado pelo princípio da consunção (*ante factum* impunível).[287]

○ **Sujeito ativo:** Cuida-se de **crime próprio ou especial**: somente pode ser cometido pelo estrangeiro, ou seja, pelo nacional de outro país. Consequentemente, tanto o brasileiro (nato ou naturalizado), na forma do art. 12, incisos I e II, da Constituição Federal, como o apátrida, também conhecido como *heimatlos* (pessoa sem nacionalidade), não podem figurar como sujeito ativo deste delito.

○ **Sujeito passivo:** É o Estado e, mediatamente, a pessoa física ou jurídica prejudicada pela conduta criminosa.

○ **Elemento subjetivo:** É o dolo, acrescido de um especial fim de agir (elemento subjetivo específico), representado pela expressão "para entrar ou permanecer no território nacional". Não se admite a modalidade culposa.

○ **Consumação:** O **crime** é **formal, de consumação antecipada ou de resultado cortado**: consuma-se com o efetivo uso pelo estrangeiro de nome que não é seu, para entrar ou permanecer no território nacional, pouco importando se esta finalidade vem ou não a ser alcançada.

---

[287] Contra, sustentando o concurso material de crimes: CAPEZ, Fernando. *Curso de direito penal.* 8. ed. São Paulo: Saraiva, 2010. v. 3, p. 433.

○ **Tentativa:** É cabível, nas situações em que o delito se apresentar como plurissubsistente, comportando o fracionamento do *iter criminis*. Não se admite o *conatus*, entretanto, nas hipóteses de crime unissubsistente.

○ **Ação penal:** É pública incondicionada.

○ **Lei 9.099/1995:** A fraude de lei sobre estrangeiro é **crime de médio potencial ofensivo**. A pena mínima cominada (detenção de um ano), autoriza a suspensão condicional do processo, desde que presentes os demais requisitos elencados pela Lei 9.099/1995.

○ **Atribuição de falsa qualidade a estrangeiro (art. 309, parágrafo único):** Nesse caso, uma pessoa qualquer (**crime comum** ou **geral**) atribui ao estrangeiro falsa qualidade, aí se incluindo o nome e outros dados de identificação. Cuida-se, porém, de **crime plurissubjetivo**, **plurilateral** ou **de concurso necessário**, pois reclama ao menos duas pessoas: a que atribui a falsa qualidade, e o estrangeiro, beneficiado pela conduta criminosa, na condição de partícipe. É também **crime de forma livre**: a atribuição, ou seja, a imputação da falsa qualidade é compatível com qualquer meio de execução (oral, escrito, gestos, símbolos etc.). O elemento subjetivo é o dolo, acrescido de um especial fim de agir (elemento subjetivo específico) representado pela expressão "para promover-lhe a entrada em território nacional". O delito pode ser praticado a título oneroso ou gratuito. Não se admite a modalidade culposa. Ao contrário do que ocorre no *caput*, aqui não se pune a conduta praticada com a finalidade de assegurar a **permanência** do estrangeiro no território nacional. O crime é **formal**, **de consumação antecipada** ou **de resultado cortado**: consuma-se com a simples atribuição da falsa qualidade ao estrangeiro, independentemente do seu efetivo ingresso no território nacional. A tentativa será possível nas hipóteses em que o delito despontar como plurissubsistente, comportando o fracionamento do *iter criminis*. Em face da pena mínima cominada (reclusão de um ano), constitui-se em **crime de médio potencial ofensivo**, compatível com a suspensão condicional do processo, se presentes os demais requisitos exigidos pelo art. 89 da Lei 9.099/1995.

○ **Competência:** Os crimes tipificados neste artigo (*caput* e parágrafo único) são de competência da Justiça Federal, com fundamento no art. 109, X, da CF.

> **Art. 310.** Prestar-se a figurar como proprietário ou possuidor de ação, título ou valor pertencente a estrangeiro, nos casos em que a este é vedada por lei a propriedade ou a posse de tais bens:
>
> Pena – detenção, de seis meses a três anos, e multa.

Classificação:	Informações rápidas:
Crime simples Crime comum Crime formal, de consumação antecipada ou de resultado cortado Crime de forma livre Crime comissivo (*regra*) Crime instantâneo Crime plurissubjetivo, plurilateral ou de concurso necessário Crime plurissubsistente (*regra*)	**Objeto material:** ação, título ou valor cuja propriedade ou posse é legalmente vedada ao estrangeiro no Brasil. Lei penal em branco homogênea (legislação específica). **Elemento subjetivo:** dolo. Não admite modalidade culposa. **Tentativa:** admite (*crime plurissubsistente*). **Ação penal:** pública incondicionada. **Competência:** Justiça Federal.

○ **Introdução:** Na redação original do Código Penal, datada de 1940, a falsidade em prejuízo da nacionalização de sociedade estava prevista no art. 311. Com as modificações introduzidas pela Lei 9.426/1996, especialmente a criação do crime de adulteração de sinal identificador de veículo, o delito foi transferido para o art. 310, e o legislador olvidou-se de repetir seu *nomen iuris*. Nada obstante, em seara doutrinária subsiste a terminologia "**falsidade em prejuízo da nacionalização de sociedade**", até porque a redação típica não sofreu qualquer tipo de alteração.

○ **Objeto jurídico:** Tutela-se a fé pública, no que diz respeito à identidade das pessoas envolvidas em negócios no País, bem como os interesses políticos e econômicos do Brasil, colocados em perigo com a intervenção ilícita de estrangeiros.

○ **Objeto material:** É a **ação**, **título** ou **valor** cuja propriedade ou posse é legalmente vedada ao estrangeiro no Brasil.

○ **Núcleo do tipo:** É "**prestar-se** a figurar", no sentido de alguém permitir, a título oneroso ou gratuito (exemplo: amizade, parentesco, dívida pessoal etc.) a utilização de seu nome como possuidor ou proprietário de ação, título ou valor, quando em verdade tais bens pertencem ao estrangeiro, em relação a quem a propriedade ou posse é proibida por lei. É a famosa figura do "laranja" ou do "testa de ferro", na qual se opera a simulação da propriedade ou posse do objeto material, desrespeitando-se as proibições impostas pela legislação pátria.

○ **Sujeito ativo:** Pode ser qualquer pessoa (**crime comum ou geral**), desde que brasileiro (nato ou naturalizado). Trata-se de **crime plurissubjetivo**, **plurilateral** ou **de concurso necessário**, pois exige ao menos duas pessoas para sua configuração: o brasileiro, como autor, e o estrangeiro, na condição de partícipe, pois concorre para a realização da conduta típica, sem executá-la.

○ **Sujeito passivo:** É o Estado e, mediatamente, a pessoa física ou jurídica prejudicada pela conduta criminosa.

○ **Elemento subjetivo:** É o dolo, independentemente de qualquer finalidade específica. Não se admite a modalidade culposa.

○ **Consumação:** Cuida-se de **crime formal**, **de consumação antecipada** ou **de resultado cortado**: consuma-se no momento em que o brasileiro se presta a figurar como proprietário ou possuidor de ação, título ou valor pertencente a estrangeiro, nos casos em que a este é vedada por lei a propriedade ou a posse de tais bens, independentemente da obtenção de lucro ou da causação de prejuízo a alguém.

○ **Tentativa:** É cabível.

○ **Ação penal:** É pública incondicionada.

○ **Lei 9.099/1995:** Trata-se de **crime de médio potencial ofensivo**. A pena mínima cominada (seis meses) autoriza a suspensão condicional do processo, desde que presentes os demais requisitos elencados pelo art. 89 da Lei 9.099/1995.

○ **Competência:** O delito é de competência da Justiça Federal, pois ofende interesse da União, nos termos do art. 109, inc. IV, da Constituição Federal.

Adulteração de sinal identificador de veículo

Art. 311. Adulterar, remarcar ou suprimir número de chassi, monobloco, motor, placa de identificação, ou qualquer sinal identificador de veículo automotor, elétrico, híbrido, de reboque, de semirreboque ou de suas combinações, bem como de seus componentes ou equipamentos, sem autorização do órgão competente:

Pena – reclusão, de três a seis anos, e multa.

§ 1º Se o agente comete o crime no exercício da função pública ou em razão dela, a pena é aumentada de um terço.

§ 2º Incorrem nas mesmas penas do caput deste artigo:

I – o funcionário público que contribui para o licenciamento ou registro do veículo remarcado ou adulterado, fornecendo indevidamente material ou informação oficial;

II – aquele que adquire, recebe, transporta, oculta, mantém em depósito, fabrica, fornece, a título oneroso ou gratuito, possui ou guarda maquinismo, aparelho, instrumento ou objeto especialmente destinado à falsificação e/ou adulteração de que trata o *caput* deste artigo; ou

III – aquele que adquire, recebe, transporta, conduz, oculta, mantém em depósito, desmonta, monta, remonta, vende, expõe à venda, ou de qualquer forma utiliza, em proveito próprio ou alheio, veículo automotor, elétrico, híbrido, de reboque, semirreboque ou suas combinações ou partes, com número de chassi ou monobloco, placa de identificação ou qualquer sinal identificador veicular que devesse saber estar adulterado ou remarcado.

§ 3º Praticar as condutas de que tratam os incisos II ou III do § 2º deste artigo no exercício de atividade comercial ou industrial:

Pena - reclusão, de 4 (quatro) a 8 (oito) anos, e multa.

§ 4º Equipara-se a atividade comercial, para efeito do disposto no § 3º deste artigo, qualquer forma de comércio irregular ou clandestino, inclusive aquele exercido em residência.

Classificação:	Informações rápidas:
Crime simples	**Objeto material:** número de chassi, monobloco, motor, placa de identificação ou qualquer sinal identificador de veículo ou de seu componente ou equipamento.
Crime comum	
Crime formal, de consumação antecipada ou de resultado cortado	
Crime de forma livre	**Elemento normativo do tipo** ("sem autorização do órgão competente").
Crime comissivo (*regra*)	
Crime não transeunte	**Elemento subjetivo:** dolo. Não admite modalidade culposa.
Crime instantâneo de efeitos permanentes	
Crime unissubjetivo, unilateral ou de concurso eventual	**Tentativa:** admite (crime plurissubsistente).
Crime plurissubsistente (*regra*)	**Ação penal:** pública incondicionada.

○ **Introdução:** Inicialmente, o crime de adulteração de sinal de veículo automotor foi criado pela Lei 9.429/1996, com a finalidade de coibir a crescente comercialização clandestina de veículos automotores e de suas peças. Com o passar dos anos, a redação do art. 311 do Código Penal revelou-se insuficiente para o enfrentamento das novas formas de criminalidade. Por tal razão, a Lei 14.562/2023 efetuou diversas alterações no tipo penal, ampliando seu alcance. O nome do delito, inclusive, foi alterado para **adulteração de sinal de veículo**, excluindo-se a palavra "automotor", uma vez que a conduta típica também pode recair em veículo elétrico, híbrido, de reboque, de semirreboque ou de suas combinações, bem como de seus componentes ou equipamentos.[288]

○ **Objeto jurídico:** Tutela-se a fé pública, no que diz respeito à proteção da propriedade e da segurança do registro de veículo ou dos seus componentes ou equipamentos. A lei se preocupa com a autenticidade dos sinais identificadores do veículo ou dos seus componentes ou equipamentos.

○ **Objeto material:** É o **número de chassi, monobloco, motor, placa de identificação ou qualquer sinal identificador de veículo ou de seu componente ou equipamento. Chassi** é a estrutura de aço sobre a qual se monta a carroceria do veículo automotor. Os modelos de chassi mais comuns são (a) o "tipo escada", conhecido popularmente como "chassi" e formado por duas vigas longitudinais e (b) o "monobloco", composto de estrutura única e utilizado na maioria dos veículos de passeio. Nessa estrutura de aço é inserido um código para sua identificação. **Motor** é o aparelho que transforme formas diversas de energia, a exemplo da química e da elétrica, em energia mecânica. A **placa de identificação** (dianteira e traseira) destina-se à identificação externa do veículo, e deve ser lacrada em sua estrutura. Os caracteres das placas serão individualizados para cada veículo e o acompanharão até a baixa do registro, sendo vedado o seu reaproveitamento (Lei 9.503/1997 – Código de Trânsito Brasileiro, art. 115, *caput* e § 1.º). O tipo penal, valendo-se da interpretação analógica (ou *intra legem*), também se refere a **qualquer sinal identificador de veículo, de seu componente ou equipamento**, a exemplo da numeração lançada nos vidros, no motor e no câmbio do automóvel. A conduta deve recair em número de chassi, monobloco, motor, placa de identificação, ou qualquer sinal identificador de **veículo automotor, elétrico, híbrido, de reboque, de semirreboque ou de suas combinações, bem como de seus componentes ou equipamentos.**[289] **Veículo automotor** é o veículo a motor de propulsão a combustão, elétrica ou híbrida que circula por seus próprios meios e que serve normalmente para o transporte viário de pessoas e coisas ou para a tração viária de veículos utilizados para o transporte de pessoas e coisas, compreendidos na definição os veículos conectados a uma linha elétrica e que não circulam sobre trilhos (ônibus elétrico).[290] **Reboque** é o veículo destinado a ser engatado atrás de um veículo automotor. **Semirreboque** é o veículo de um ou mais eixos que se apoia na sua unidade tratora ou é a ela ligado por meio de articulação. O tipo penal expressamente admite a **combinação** entre tais veículos, a exemplo do reboque engatado em um caminhão, e também fala em seus **componentes ou equipamentos**, deixando claro que a conduta do agente pode incidir em peças ou partes isoladas do veículo, como se dá nos famosos desmanches clandestinos de veículos.

○ **Núcleos do tipo:** O tipo penal contém três núcleos, quais sejam, "adulterar", "remarcar" e "suprimir". **Adulterar** é modificar ou alterar (exemplo: mudança de alguns números ou

---

[288] De acordo com o art. 96, I, da Lei 9.503/1997 – Código de Trânsito Brasileiro, os veículos classificam-se, quanto à tração, em automotor, reboque ou semirreboque, de propulsão humana e de tração animal. Esses dois últimos não são abrangidos pelo art. 311 do Código Penal.

[289] Antes da Lei 14.562/2023 o art. 311, caput, do Código Penal contemplava unicamente o "número de chassi ou qualquer sinal identificador de veículo automotor, de seu componente ou equipamento." Era atípica, portanto, a conduta que recaísse sobre o sinal de identificação de veículo de natureza diversa.

[290] **Veículo híbrido** é aquele alimentado por dois tipos de motores: combustão e eletricidade.

letras do chassi); **remarcar** equivale a marcar novamente (exemplo: retirada do número anterior do chassi e inscrição de um novo código); **suprimir** é eliminar ou retirar (exemplo: exclusão de um número do chassi). O delito admite diversos meios de execução (**crime de forma livre**), tais como a substituição das placas verdadeiras por placas falsas, a alteração dos códigos impressos nos vidros dos automóveis, a modificação dos números e letras gravados no motor, entre tantos outros. Trata-se de **tipo misto alternativo, crime de ação múltipla ou de conteúdo variado**: há três núcleos, e a realização de mais de um deles, no tocante ao mesmo objeto material, configura um único delito, como na hipótese em que o sujeito adultera e, dias depois, remarca o número de chassi do mesmo veículo automotor. O legislador não incriminou a conduta de "**ocultar**" número de chassi, monobloco, motor, placa de identificação, ou qualquer sinal identificador de veículo automotor, elétrico, híbrido, de reboque, de semirreboque ou de suas combinações, bem como de seus componentes ou equipamentos. A adulteração de sinal identificador de veículo não pressupõe a prévia ou posterior ocorrência de crime patrimonial, pois o bem jurídico tutelado é a fé pública, e não o patrimônio. A expressão "**sem autorização do órgão competente**" constitui-se em elemento normativo do tipo.

– **Colocação de fita adesiva na placa de veículo automotor: Existem duas posições sobre a caracterização do delito nessa hipótese. 1.ª posição: Há crime, pois a conduta se amolda à descrição típica contida no art. 311 do Código Penal. É o entendimento que tem sido adotado no Supremo Tribunal Federal e no Superior Tribunal de Justiça; e 2.ª posição: Não há crime. A adulteração de número de chassi ou de sinal identificador de veículo deve revestir-se de permanência**, pois somente dessa forma é cabível reconhecer a lesão à fé pública. Se a mudança é temporária e, principalmente, facilmente perceptível por qualquer pessoa, a exemplo do que se verifica na colocação de fitas adesivas nas placas de veículos para livrar-se de multas de trânsito, do pagamento de pedágio, dos radares e da restrição de circulação em dias e horários determinados, não há falar em adulteração ou remarcação, afastando o delito ora estudado. A falsificação grosseira exclui a tipicidade do fato, constituindo autêntico crime impossível (CP, art. 17).

– **Utilização de placas reservadas (ou "placas frias")**: Muitos funcionários públicos, no desempenho de atividades sigilosas, utilizam placas reservadas, fornecidas pelo Detran, em substituição às placas verdadeiras. É o que se dá principalmente no tocante à Polícia Federal e à Polícia Civil, para evitar a descoberta de investigações de crimes, e também pela Corregedoria da Polícia Militar. Em raras ocasiões, tais placas são também concedidas aos membros do Poder Judiciário, do Ministério Público e da Receita Federal, entre outros agentes do Estado. A utilização de tais placas, ainda que desvirtuada, não acarreta a configuração do crime tipificado no art. 311 do Código Penal, pois a conduta deve ser praticada "**sem autorização do órgão competente**", nada obstante subsista a possibilidade de responsabilidade disciplinar do funcionário público. Com efeito, as placas são verdadeiras, e o delito somente se configura no caso de substituição de placas falsas.

– **Confronto entre os crimes de adulteração de sinal identificador de veículo e de receptação – unidade ou pluralidade de crimes**: A análise conjunta dos arts. 180 e 311 do CP revela determinadas situações passíveis de ocorrência prática: (1.ª) **O agente é surpreendido na direção de veículo apresentando número de chassi ou sinal identificador adulterado, remarcado ou suprimido** – Se não houver prova do seu envolvimento na adulteração, remarcação ou supressão, subsistirá unicamente sua responsabilidade pela receptação, dolosa ou culposa. De fato, ainda que ele conheça a prática do delito anterior, não há falar no concurso de pessoas, pois não se admite coautoria ou participação depois da consumação. (2.ª) **O agente recebe o veículo ciente da sua origem criminosa e posteriormente efetua a adulteração, remarcação ou supressão do número de chassi ou de qualquer outro sinal identificador** – Nesse caso, a ele serão imputados dois crimes: receptação e adulteração de sinal identificador de veículo em concurso material, como corolário da ofensa a bens jurídicos distintos (patrimônio e fé pública) e da diversidade de vítimas. Esse cenário não se confunde com a figura equiparada elencada pelo art. 311, § 2.º, III, do Código Penal, no qual o sujeito recebe o veículo (ou suas partes) já adulterado ou remarcado.

o **Sujeito ativo:** Pode ser qualquer pessoa (**crime comum** ou **geral**). Entretanto, se o agente ostentar a condição de **funcionário público**, e cometer o delito no exercício da função pública ou em razão dela, a pena será aumentada de um terço, nos moldes do § 1.º. Trata-se de **causa de aumento da pena**, aplicável na terceira fase da dosimetria da pena privativa de liberdade e incidente também na pena de multa. O fundamento do tratamento penal mais severo repousa na traição ao Estado, bem como na maior facilidade proporcionada ao agente pela função pública à prática do delito.

o **Sujeito passivo:** É o Estado, interessado na preservação da fé pública e, mediatamente, a pessoa física ou jurídica prejudicada pela conduta criminosa.

o **Elemento subjetivo:** É o dolo, independentemente de qualquer finalidade específica. Não se admite a modalidade culposa.

o **Consumação:** Cuida-se de **crime formal, de consumação antecipada** ou **de resultado cortado**: consuma-se com a adulteração, remarcação ou supressão do número de chassi, monobloco, motor, placa de identificação, ou qualquer sinal identificador de veículo automotor, elétrico, híbrido, de reboque, de semirreboque ou de suas combinações, bem como de seus componentes ou equipamentos, sem autorização do órgão competente, pouco importando se o sujeito consegue ludibriar alguém, obter lucro indevido ou causar prejuízo a outrem

– **Prova da materialidade do fato:** A adulteração de sinal identificador de veículo ingressa no rol dos crimes não transeuntes, isto é, deixa vestígios de ordem material. Destarte, a prova da materialidade do fato reclama a elaboração de exame de corpo de delito, direto ou indireto, não podendo supri-lo a confissão do acusado (CPP, art. 158).

o **Tentativa:** É possível, em face do caráter plurissubsistente do delito, permitindo o fracionamento do *iter criminis*.[291]

o **Ação penal:** É pública incondicionada.

o **Lei 9.099/1995:** Em face da pena cominada – reclusão, de três a seis anos, e multa –, a adulteração de sinal identificador de veículo é **crime de elevado potencial ofensivo**, incompatível com qualquer dos benefícios contidos nesta Lei.

o **Figuras equiparadas (art. 311, § 2.º):** o funcionário público que contribui para o licenciamento ou registro do veículo remarcado ou adulterado, fornecendo indevidamente material ou informação oficial: Nessa modalidade, o crime é **próprio ou especial**, pois somente pode ser cometido pelo funcionário público com atuação relacionada ao licenciamento ou registro de veículos, a exemplo dos servidores do Departamento Estadual de Trânsito – DETRAN. Não é correto simplesmente falar em crime funcional, uma vez que não pode qualquer funcionário público figurar como sujeito ativo do delito. Cuida-se de **crime acessório, de fusão ou parasitário**, pois reclama a prática de um delito anterior (de natureza principal), tipificado no art. 311, *caput*, do Código Penal. A finalidade da lei consiste em incriminar o comportamento dos funcionários de órgãos de trânsito que colaboram para o registro ou licenciamento de automóveis sem submeter-se ao rígido sistema de inspeção veicular. Trata-se

---

[291] STJ: "Não se cogita a atipicidade do crime previsto no art. 311 do CP (forma tentada) quando o agente é surpreendido, em flagrante, quando pintava superfície na qual o chassi do veículo havia sido recentemente lixado, para fins de adulteração" (HC 142.131/MA, rel. Min. Og Fernandes, 6.ª Turma, j. 25.05.2010).

de modalidade específica de **participação material** (auxílio), pois o tipo derivado refere-se ao fornecimento indevido de material ou informação oficial. No entanto, em face da opção do legislador, o funcionário público é autor do crime disciplinado no § 2.º, I, e não partícipe do delito definido no *caput* do art. 311 do Código Penal. A conduta do funcionário público é posterior à adulteração, remarcação ou supressão do sinal identificador de veículo, dos seus equipamentos ou componentes, sem autorização do órgão competente, conferindo ao veículo uma aparente situação de regularidade perante os órgãos públicos. A configuração deste delito não impede o reconhecimento de outros crimes (contra a fé pública, contra a Administração Pública etc.), principalmente o de corrupção passiva, em concurso material, como na situação em que o funcionário da Ciretran de determinada cidade recebe vantagem indevida para facilitar o licenciamento de veículo com número de chassi adulterado, fornecendo material oficial. O silêncio da lei autoriza a formação de duas posições acerca da pena a ser aplicada ao responsável por esta figura equiparada: **1.ª posição:** Incide a causa de aumento prevista no § 1.º do art. 311 do Código Penal. A pena será aumentada de um terço, pois o agente cometeu o crime no exercício da função pública ou em razão dela. É o entendimento a que nos filiamos; e **2.ª posição:** Não incide a causa de aumento, seja porque a figura contida no § 2.º, I, foi expressamente ao *caput* do art. 311 do Código Penal, seja porque a localização do § 1.º permite sua incidência unicamente à modalidade fundamental do delito, catalogada no *caput*.

○ **aquele que adquire, recebe, transporta, oculta, mantém em depósito, fabrica, fornece, a título oneroso ou gratuito, possui ou guarda maquinismo, aparelho, instrumento ou objeto especialmente destinado à falsificação e/ou adulteração de que trata o *caput* deste artigo:** Essa figura pune os petrechos destinados à adulteração de sinal identificador de veículo. No Brasil, os atos preparatórios em regra não são puníveis, sequer na forma tentada, pois o art. 14, II, do Código Penal vinculou a punibilidade à prática de atos de execução. Há situações excepcionais, todavia, em que o legislador optou por incriminar atos preparatórios de forma autônoma ("crimes-obstáculos"), como ocorre nesse art. 311, § 2.º, II, do Código Penal. Por meio desse crime subsidiário, busca-se alcançar hipóteses que constituiriam mera preparação da adulteração de sinal identificador de veículo. Portanto, se o agente monta uma pequena oficina para adulteração de chassis e com ele não se apreende nenhum veículo adulterado, estará configurado o crime definido no art. 311, § 2.º, II, do Código Penal. De outro lado, se na oficina for encontrado algum veículo com chassi adulterado, incidirá somente o art. 311, caput, do Código Penal. O conflito aparente de normas penais é solucionado *pelo* princípio da consunção (ou da absorção). Admite-se o concurso material entre o *caput* e o § 2.º, II, do art. 311 do Código Penal, mesmo com o encontro de veículo com sinal identificador adulterado, na hipótese de constituição de autêntica fábrica para adulteração de sinais identificadores de veículos. Em tais casos, não há falar na incidência do princípio da consunção, com absorção da figura equiparada, pois a capacidade lesiva do maquinismo de adulteração extrapola o risco à fé pública representado por um ou alguns veículos apreendidos.

○ **aquele que adquire, recebe, transporta, conduz, oculta, mantém em depósito, desmonta, monta, remonta, vende, expõe à venda, ou de qualquer forma utiliza, em proveito próprio ou alheio, veículo automotor, elétrico, híbrido, de reboque, semirreboque ou suas combinações ou partes, com número de chassi ou monobloco, placa de identificação ou qualquer sinal identificador veicular que devesse saber estar adulterado ou remarcado:** O art. 311, § 2.º, III, do Código Penal constitui-se em **crime acessório, de fusão ou parasitário**, pois depende da prática de um crime anterior, definido no art. 311, caput, do Código Penal. É imprescindível a prévia adulteração, remarcação ou supressão de sinal identificador de veículo. Consequentemente, esse delito deve ser cometido por pessoa diversa da responsável pela adulteração (em sentido amplo). Com efeito, se aquele que realiza a conduta equiparada tem algum envolvimento com o crime anterior, somente este delito será a ele imputado, e não a figura contida no art. 311, § 2.º, III, do Código Penal. Cuida-se de **modalidade específica de receptação**, em razão da **natureza do objeto material** (veículo automotor, elétrico, híbrido, de reboque, semirreboque ou suas combinações ou partes). Se não existisse essa figura equiparada, ao agente que pratica tal conduta seria atribuído o delito tipificado no art. 180 do Código Penal. No campo do **elemento subjetivo**, é válido destacar, o legislador insistiu na confusão instalada quando da criação da receptação qualificada pelo exercício de atividade comercial ou industrial, definida no art. 180, § 1.º, do Código Penal. É preciso cuidado com a expressão "**em proveito próprio ou alheio**". Não há dúvida que essa finalidade específica indica alguma vantagem, econômica ou não, em favor do agente ou de terceira pessoa. Mas é imprescindível seja essa conduta posterior à adulteração (em sentido amplo) do sinal de identificação do veículo, e que não exista ajuste prévio com o responsável pelo crime definido no art. 311, *caput*, do Código Penal. De fato, se o sujeito ajustou a conduta, a exemplo do desmonte do veículo, antes da adulteração do sinal de identificação veicular, ele deve responder por tal delito (CP, art. 311, *caput*), como partícipe, pois concorreu para a sua prática, e não pela figura equiparada.

○ **Figuras equiparadas (art. 311, § 3.º):** Em razão da expressa determinação legal, as qualificadoras recaem somente nas modalidades equiparadas previstas nos incisos II e III do § 2.º do art. 311 do Código Penal, **quando praticadas no exercício de atividade comercial ou industrial**, ou seja, não alcançam as figuras contidas no *caput* e no § 2.º, I. O fundamento das qualificadoras é o maior desvalor da conduta cometida no exercício de atividade comercial ou industrial, pois o agente se vale da sua atividade laborativa para a prática do delito. Consequentemente, ele possui maior facilidade para transferir produtos de origem criminosa a terceiros de boa-fé, que acreditam na legitimidade dos bens que circulam no mercado. O § 4.º do art. 311 do Código Penal veicula uma **norma penal explicativa (ou complementar)**, assim redigida: "Equipara-se a atividade comercial, para efeito do disposto no § 3º deste artigo, qualquer forma de comércio irregular ou clandestino, inclusive aquele exercido em residência". Nessas modalidades qualificadas, a adulteração de sinal identificador de veículo constitui-se em **crime próprio ou especial**, pois somente pode ser cometido pela pessoa que se encontra no exercício de atividade comercial ou industrial. Não se reclama regularidade ou licitude no exercício da atividade comercial ou industrial. Exige-se, entretanto, **habitualidade** no desempenho do comércio ou da indústria pelo sujeito ativo, pois a atividade comercial (em sentido amplo) não se aperfeiçoa em um único ato, sem continuidade no tempo.

○ **Jurisprudência selecionada:**

Competência: "O fato de a falsidade ter sido descoberta por agentes da Polícia Rodoviária Federal, quando o acusado passou por barreira policial, em nada altera a natureza formal do crime, que se consuma com a mera falsidade, com lesão direta à fé pública do órgão em que registrado o veículo, no caso, do Detran do Estado de sua proveniência. Inexistência de lesão direta a bens, interesses ou serviços da União ou de suas autarquias" (STJ: CC 100.414/RS, rel. Min. Maria Thereza de Assis Moura, 3.ª Seção, j. 22.04.2009).

Elemento subjetivo – consumação – objeto jurídico: "O Superior Tribunal de Justiça firmou o entendimento de que não se exige finalidade específica para a caracterização do crime do art. 311 do Código Penal, bastando para a sua consumação a adulteração de qualquer sinal identificador do veículo." (STJ: AgRg no Ag 903.555/GO, rel. Min. Laurita Vaz, 5.ª Turma, j. 05.05.2009). *No mesmo sentido*: STJ: REsp 769.290/SP, rel. Min. Gilson Dipp, 5.ª Turma, j. 02.02.2006).

Fita isolante – colocação em placa de veículo automotor – crime caracterizado: "A conduta de adulterar a placa de veículo automotor mediante a colocação de fita adesiva é típica, nos termos do art. 311 do CP ('Adulterar ou remarcar número de chassi ou qualquer sinal identificador de veículo automotor, de seu componente ou equipamento: Pena – reclusão, de três a seis anos, e multa'). Com base nessa orientação, a 2ª Turma negou provimento a recurso ordinário em *habeas corpus*. O recorrente reiterava alegação de falsidade grosseira, percebida a olho nu, ocorrida apenas na placa traseira, e reafirmava que a adulteração visaria a burlar o rodízio de carros existente na municipalidade, a constituir mera irregularidade administrativa. O Colegiado pontuou que o bem jurídico protegido pela norma penal teria sido atingido. Destacou-se que o tipo penal não exigiria elemento subjetivo especial ou alguma intenção específica. Asseverou-se que a conduta do paciente objetivara frustrar a fiscalização, ou seja, os meios legítimos de controle do trânsito. Concluiu-se que as placas automotivas seriam consideradas sinais identificadores externos do veículo, também obrigatórios conforme o art. 115 do Código de Trânsito Brasileiro" (STF: RHC 116.371/DF, rel. Min. Gilmar Mendes, 2.ª Turma, j. 13.08.2013, noticiado no *Informativo* 715). *No mesmo sentido*: STJ: AgRg no AREsp 860.012/MG, rel. Min. Rogerio Schietti Cruz, 6.ª Turma, j. 07.02.2017.

Fita isolante – colocação em placa de veículo automotor – crime impossível: "1. A aposição de fita isolante na placa de veículo automotor é facilmente perceptível, o que torna o crime de falsidade impossível, por absoluta impropriedade do meio utilizado. 2. O delito descrito no artigo 311 do Código Penal prevê no seu preceito secundário pena severa de 3 (três) a 6 (seis) anos de reclusão e multa. Dentro desse contexto, não se pode perder de vista o bem jurídico tutelado pelo tipo penal incriminador, qual seja, a fé pública e, especialmente, a proteção da propriedade e da segurança no registro de automóvel. 3. No caso concreto, observa-se que a colocação de fita isolante para alterar letra da placa de identificação do veículo é perceptível a olho nu. O meio empregado para a adulteração não se presta à ocultação de veículo objeto de crime contra o patrimônio. Qualquer cidadão, por mais incauto que seja, tem condições de identificar a falsidade que, de tão grosseira, a ninguém pode iludir. Em suma, a fraude é risível, grotesca. Logo, a fé pública não é sequer atingida. 4. Extrai-se da conduta do denunciado a intenção de ludibriar a fiscalização eletrônica – radar com dispositivo fotográfico, também chamado de pardal – e obstar, assim, o recebimento de multas por infrações administrativas. Contudo, o direito penal tem caráter fragmentário, não devendo se ocupar de condutas que não danificam o bem jurídico penalmente protegido. 5. Não se está a defender a atipicidade em razão de suposta bagatela. A crença na veracidade dos sinais públicos merece proteção penal mesmo se minimamente arranhada. Porém, a situação é outra. Verifica-se atipicidade da conduta praticada porquanto o meio utilizado é absolutamente inócuo ao delito de adulteração de veículo automotor. 6. A punição de mera infração administrativa com a sanção criminal prevista tipo descrito no artigo 311 do Diploma Penal desafia a razoabilidade e proporcionalidade, porquanto a fé pública permaneceu incólume e, à míngua de lesividade ao bem jurídico tutelado, a conduta praticada pelo recorrido é atípica. Não é possível que se dê a uma molecagem – que merece sanção administrativa – o mesmo tratamento dispensado à criminalidade organizada" (STJ: REsp 503.960/SP, rel. Min. Celso Limongi (Desembargador convocado do TJSP), 6.ª Turma, j. 16.03.2010).

Placas reservadas fornecidas pelo DETRAN – fato atípico: "3. Na espécie, afigura-se de todo evidente que a conduta imputada ao paciente – substituição de placas particulares de veículo automotor por placas reservadas obtidas junto ao Detran –, não se mostra apta a satisfazer o tipo do art. 311 do Código Penal. 4. Não há qualquer dúvida de que o órgão de controle – Detran – sabia e poderia saber sempre que se cuidava de placas reservadas fornecidas à Polícia Federal" (STF: HC 86.424/SP, rel. originária Min. Ellen Gracie, red. p/ acórdão Min. Gilmar Mendes, 2.ª Turma, j. 11.10.2005).

Tentativa: "Não se cogita a atipicidade do crime previsto no art. 311 do CP (forma tentada) quando o agente é surpreendido, em flagrante, quando pintava superfície na qual o chassi do veículo havia sido recentemente lixada, para fins de adulteração" (STJ: HC 142.131/MA, rel. Min. Og Fernandes, 6.ª Turma, j. 25.05.2010).

Capítulo V –
DAS FRAUDES EM CERTAMES
DE INTERESSE PÚBLICO

Fraudes em certames de interesse público

Art. 311-A. Utilizar ou divulgar, indevidamente, com o fim de beneficiar a si ou a outrem, ou de comprometer a credibilidade do certame, conteúdo sigiloso de:

I – concurso público;

II – avaliação ou exame públicos;

III – processo seletivo para ingresso no ensino superior; ou

IV – exame ou processo seletivo previstos em lei:

Pena – reclusão, de 1 (um) a 4 (quatro) anos, e multa.

§ 1º Nas mesmas penas incorre quem permite ou facilita, por qualquer meio, o acesso de pessoas não autorizadas às informações mencionadas no *caput.*

§ 2º Se da ação ou omissão resulta dano à administração pública:

Pena – reclusão, de 2 (dois) a 6 (seis) anos, e multa.

§ 3º Aumenta-se a pena de 1/3 (um terço) se o fato é cometido por funcionário público.

Classificação:	Informações rápidas:
Tipo misto alternativo ou de conteúdo variado	**Objeto material:** concurso público; avaliação ou exames públicos; processo seletivo para ingresso no ensino superior e exame ou processo seletivo previstos em lei.
Crime de forma livre	
Crime comum ou geral	**Elemento normativo do tipo:** é o conteúdo sigiloso do objeto material.
Crime formal, de consumação antecipada ou de resultado cortado	
Crime simples	**Elemento subjetivo:** dolo direto ou eventual (não admite modalidade culposa).
Crime, em regra, comissivo	**Elemento subjetivo específico do tipo:** beneficiar a si ou a outrem ou a finalidade de comprometer a credibilidade do certame.
Crime instantâneo	
Crime unissubjetivo, unilateral ou de concurso eventual	**Tentativa:** admite, em face do caráter plurissubsistente do delito, permitindo o fracionamento do *iter criminis*.
Crime, em regra, plurissubsistente	**Ação penal:** pública incondicionada.

○ **Introdução:** Este crime foi incorporado ao CP pela Lei 12.550/2011, a qual autorizou o Poder Executivo a criar a empresa pública unipessoal denominada Empresa Brasileira de Serviços Hospitalares – EBSERH. Fica fácil notar, portanto, que a matéria disciplinada neste diploma legal, na quase totalidade do seu texto (arts. 1.º a 17), não guarda nenhuma relação com as fraudes em certames de interesse público. Diante das inúmeras falcatruas cometidas em provas e concursos, causadas pela péssima (ou nenhuma) fiscalização promovida pelo Estado e pelo desvirtuamento de conduta dos responsáveis pela promoção dos certames em geral, o legislador agiu às pressas e aproveitou-se de um projeto de lei em vias de aprovação para nele incluir o crime em comento no Código Penal. Mais uma vez, em vez de equacionar a questão no plano administrativo, com gestão eficaz e medidas idôneas à solução dos problemas, o Brasil demonstrou sua fraqueza e preferiu invocar a tutela do Direito Penal, com a finalidade simbólica de acalmar a sociedade e transmitir a ideia de atenção dos governantes com tão grave questão, a qual coloca em risco o futuro de inúmeras pessoas honestas que estudam com afinco, mas são preteridas em razão do protecionismo e do favorecimento de indivíduos incompetentes e despreparados.

○ **Objeto jurídico:** O bem jurídico penalmente tutelado é a fé pública, no tocante à lisura, à impessoalidade, à moralidade, à isonomia, à probidade e à credibilidade depositadas nos certames de interesse público, notadamente em face do seu caráter sigiloso. Tais características asseguram a todos os interessados, e também à coletividade, a garantia da disputa de vagas em igualdade de condições, possibilitando a escolha dos mais capacitados unicamente pelo mérito, de forma democrática e em sintonia com os anseios da sociedade. Portanto, no âmbito da teoria constitucional do Direito Penal, o delito em apreço encontra seu fundamento de validade em vários dispositivos da Lei Suprema, especialmente no art. 5.º, *caput* (princípio da isonomia), e no art. 37, *caput* (princípios da impessoalidade e da moralidade da Administração Pública).

○ **Objetos materiais:** O dispositivo em comento contempla os seguintes objetos materiais: I – concurso público; II – avaliação ou exame públicos; III – processo seletivo para ingresso no ensino superior; e IV – exame ou processo seletivo previstos em lei. O legislador utilizou-se de fórmulas amplas, com a finalidade de alcançar operações fraudulentas em qualquer modalidade de certame de interesse público. **Concurso público** é, por excelência, o meio de acesso a cargos e empregos públicos no âmbito da Administração direta, indireta ou fundacional, a teor da regra veiculada pelo art. 37, II, da CF. **Avaliação ou exame públicos** são instrumentos pelos quais o Poder Público, mediante aplicação de provas, análise de currículo ou outros meios impessoais de constatação de idoneidade e mérito dos interessados, seleciona pessoas para o desempenho de funções, acesso a cursos ou para a obtenção de benefícios resultantes da aprovação no certame. São exemplos os exames para ingresso em escolas técnicas e nos colégios militares, a seleção de universitários para ingresso em residência médica ou odontológica, etc. **Processo seletivo** para ingresso no ensino superior diz respeito ao ingresso nas faculdades e universidades, a exemplo dos tradicionais vestibulares e do ENEM – Exame Nacional do Ensino Médio. Finalmente, **exame ou processo seletivo previstos em lei** relacionam-se aos certames diversos dos anteriores e contemplados expressamente em legislação específica, tais como o Exame de Ordem, exigido pelo art. 8.º, IV, da Lei 8.906/1994 – Estatuto da Advocacia e a Ordem dos Advogados do Brasil, e o processo seletivo simplificado para contratação, por tempo determinado, para atender a necessidade temporária de excepcional interesse público, previsto no art. 37, IX, da CF e regulamentado pela Lei 8.745/1993.

– **Processo seletivo para ingresso no ensino superior e instituições privadas:** A fraude em processo seletivo para ingresso no ensino superior, no âmbito de instituição privada (faculdade ou universidade), caracteriza o crime em análise. De fato, a Lei 12.550/2011 não limitou o alcance do tipo penal às instituições públicas de ensino, pois utilizou no inciso III a expressão "ensino superior", sem excluir as entidades privadas. Se não bastasse, o *nomen iuris* do delito é "fraudes em certames de interesse público", e não "fraudes em certames públicos". Exige-se o interesse público no processo seletivo, independentemente da sua natureza pública ou privada. Com efeito, a CF enfatiza o interesse público na prestação do ensino por instituições privadas. Nesse contexto, se de um lado o ensino é livre à iniciativa privada (art. 209, *caput*), sua oferta fica condicionada à autorização de funcionamento e à avaliação de qualidade pelo Poder Público (art. 209, II).

○ **Núcleos do tipo:** O tipo penal contém dois núcleos: "utilizar" e "divulgar". Utilizar é empregar, fazer uso ou aproveitar-se de alguma coisa. Divulgar, por sua vez, equivale a tornar público, dar conhecimento ou comunicar algo, ainda que a uma única pessoa. Trata-se de **tipo misto alternativo, crime de ação múltipla ou de conteúdo variado**, pois se o sujeito realizar ambas as condutas, no tocante ao mesmo objeto material, estará caracterizado um único delito. Sem prejuízo, a fraude em certames de interesse público é **crime de forma livre**, compatível com os mais variados meios de execução: palavras, gestos, escritos etc.

– Alcance e significado da expressão "conteúdo sigiloso": O crime se concretiza nas situações em que alguém utiliza ou divulga, indevidamente, com o fim de beneficiar a si ou a outrem, ou de comprometer a credibilidade do certame, conteúdo sigiloso de concurso público, avaliação ou exame públicos, processo seletivo para ingresso no ensino superior ou, finalmente, exame ou processo seletivo previstos em lei. A expressão "**conteúdo sigiloso**" diz respeito a qualquer informação secreta ao público em geral, e por esta razão é restrita a poucas pessoas. Seu uso indevido é apto a colocar em risco a credibilidade do certame do interesse público, ou então a beneficiar alguém, acarretando desigualdade entre os participantes, com ofensa aos princípios da isonomia e da impessoalidade (arts. 5.º, *caput*, e 37, *caput*, ambos da CF). São exemplos de conteúdos sigilosos as questões e respostas de provas de vestibulares e de concursos públicos. O conteúdo sigiloso constitui-se em **elemento normativo do tipo**. Sua definição não é matéria disciplinada por lei ou ato administrativo, reservando-se seu alcance, e também seu significado, à valoração efetuada pelo operador do Direito no plano fático.

– A elementar "indevidamente": A utilização ou divulgação do conteúdo sigiloso do certame de interesse público há de ser *indevida*, é dizer, fora das situações expressamente permitidas pela lei, pelo edital ou pelas demais regras norteadoras do certame de interesse público. A palavra "indevidamente" (injustamente ou sem justa causa) representa elemento normativo do tipo cujo significado reclama um juízo de valor na apreciação do caso concreto. O fato será atípico se existir motivo legítimo para a utilização ou divulgação do conteúdo sigiloso do certame de interesse público.

– A problemática inerente à "cola" eletrônica: A criação do crime em apreço teve como uma de suas finalidades precípuas a prevenção e a punição da famosa "cola" eletrônica em certames de interesse público. Cola eletrônica é o procedimento ilícito no qual os candidatos burlam vestibulares, concursos públicos e demais modalidades de processos seletivos, mediante a comunicação por meios tecnológicos com especialistas nas matérias exigidas nos exames, durante a realização das provas. Antes da entrada em vigor da Lei 12.550/2011, o STF firmou jurisprudência no sentido da atipicidade penal da cola eletrônica, pois este comportamento – nada obstante seu elevado grau de reprovabilidade moral – não se subsumia nas definições dos crimes de estelionato e de falsidade ideológica, especialmente. Esse panorama mudou. Agora, a cola eletrônica em certames de interesse público configura o crime descrito no art. 311-A do CP. O especialista que resolve as questões da prova e, durante o prazo de sua realização, transmite as respostas ao candidato com o auxílio de recursos eletrônicos, incide na conduta de "divulgar, indevidamente, com o fim de beneficiar a outrem, conteúdo sigiloso" de alguma das modalidades de certames de interesse público legalmente indicadas. Por sua vez, o candidato realiza o comportamento típico de "utilizar, indevidamente, com o fim de beneficiar a si próprio, conteúdo sigiloso" de certame de interesse público. Há concurso de pessoas entre o especialista (expert) e o candidato. De fato, antes do término da prova as respostas são sigilosas para o candidato, e seu favorecimento implica em violação aos princípios constitucionais da isonomia e da impessoalidade. Portanto, pouco importa se o especialista (expert) teve ou não acesso privilegiado às questões do exame antes da sua realização, pois o candidato, durante a avaliação, não pode receber qualquer tipo de informação apta a favorecer seu desempenho.

– A divulgação antecipada do resultado do certame de interesse público: Não se caracteriza o crime tipificado no art. 311-A do CP nas situações em que o resultado do certame de interesse público é divulgado previamente a determinadas pessoas, embora não se olvide a imoralidade desta postura.

○ **Sujeito ativo:** Pode ser qualquer pessoa (**crime comum** ou **geral**). Se o crime for praticado por funcionário público, a pena será aumentada de 1/3, a teor da regra inserida no § 3.º do dispositivo em comento. O conceito de funcionário público – próprio e também por equiparação – encontra-se no art. 327, *caput* e § 1.º, do CP.

○ **Sujeito passivo:** No plano imediato, sujeito passivo é o Estado, titular da fé pública. Em plano secundário ou mediato, as pessoas físicas (exemplos: candidatos reprovados, candidatos aprovados em colocação inferior à merecida, todos os inscritos lesados pela anulação do certame de interesse público em razão da fraude etc.) ou jurídicas (exemplos: entes públicos ou privados que iniciaram o certame, empresas promotoras dos processos seletivos, exames, concursos ou avaliações etc.) prejudicadas pela conduta criminosa.

○ **Elemento subjetivo:** É o dolo, direto ou eventual. O tipo penal reclama um especial fim de agir (elemento subjetivo específico), representado pelas expressões "com o fim de beneficiar a si ou a outrem" ou "com o fim de comprometer a credibilidade do certame". Não se admite a modalidade culposa. Desta forma, não caracteriza o crime em análise a conduta daquele que, com negligência, divulga indevidamente conteúdo sigiloso de concurso público, avaliação ou exame públicos, processo seletivo para ingresso no ensino superior ou exame ou processo seletivo previstos em lei.

○ **Consumação:** Cuida-se de **crime formal, de consumação antecipada ou de resultado cortado**: consuma-se com a utilização ou divulgação indevida do conteúdo sigiloso de concurso público, avaliação ou exame públicos, processo seletivo para ingresso no ensino superior ou exame ou processo seletivo previstos em lei, com o fim de beneficiar a si ou a outrem, ou de comprometer a credibilidade do certame de interesse público. Não se exige a obtenção de benefício próprio ou de terceiro, nem o efetivo comprometimento da credibilidade do certame. Prescinde-se da causação de dano real à Administração Pública. Esta conclusão torna-se inquestionável com a simples leitura do § 2.º do dispositivo.

○ **Tentativa:** É possível.

○ **Ação penal:** É pública incondicionada, em todas as variantes do crime.

○ **Lei 9.099/1995:** Em sua modalidade fundamental (art. 311-A, *caput*), a fraude em certames de interesse público constitui-se em **crime de médio potencial ofensivo**. A pena privativa de liberdade cominada em seu patamar mínimo – reclusão, de 1 (um) ano – autoriza a suspensão condicional do processo, desde que presentes os demais requisitos exigidos pelo art. 89 da Lei 9.099/1995.[292] Este benefício não será cabível na hipótese de crime cometido por funcionário público, como corolário da incidência da causa de aumento da pena contida no § 3.º.

○ **Figura equiparada (art. 311-A, § 1.º):** Este dispositivo era absolutamente desnecessário, pois as condutas aqui descritas representam autêntico concurso de pessoas, na modalidade participação, no tocante ao ilícito previsto no *caput* do tipo legal, em face da teoria unitária ou monista consagrada no art. 29, *caput*, do CP. Não nos convence a alegação de tratar-se de crime próprio ou especial, reservado para as pessoas encarregadas de proteger o sigilo de certame de interesse público, por duas razões: (a) se assim fosse, a pena deveria ser mais grave, em face da acentuada reprovabilidade do comportamento; e (b) mesmo aqueles que têm o dever de resguardar o sigilo do certame incorrem no núcleo "divulgar", descrito no *caput*

---

[292] Nessa hipótese não há espaço para a prisão preventiva, pois a pena máxima não ultrapassa o patamar de quatro anos, na forma exigida pelo art. 313, inc. I, do Código de Processo Penal.

do art. 311 do CP, pois atuam "com o fim de beneficiar a si ou a outrem", ou "com o fim de comprometer a credibilidade do certame". Para quem pensa em sentido contrário, enxergando alguma utilidade no § 1.º do art. 311-A do CP, é importante realçar o contentamento da figura equiparada com o dolo, dispensando o especial fim de agir "com o fim de beneficiar a si ou a outrem", ou então "com o fim de comprometer a credibilidade do certame", embora seja praticamente impossível separar o comportamento ilícito destas finalidades específicas.

○ **Qualificadora (art. 311-A, § 2.º):** Cuida-se de autêntica qualificadora, pois foram elevados os limites mínimo e máximo da pena privativa de liberdade cominada ao delito. Além disso, a pena mínima impossibilita a suspensão condicional do processo (crime de elevado potencial ofensivo), e a pena máxima autoriza a decretação da prisão preventiva (art. 313, I, do CPP). A expressão "**dano à Administração Pública**" deve ser interpretada em sentido amplo, abrangendo não somente o dano material, mas também o dano moral. Este raciocínio é de fácil compreensão. Em verdade, a fraude em certames de interesse público constitui-se em crime contra a fé pública, e não em delito contra o patrimônio. E não há dúvida de que configura dano moral o abalo da credibilidade depositada pelas pessoas em geral na lisura dos concursos públicos, avaliações ou exames públicos, processos seletivos para ingresso no ensino superior e demais exames ou processos seletivos previstos em lei. Entretanto, é preciso atentar para uma importante distinção efetuada pelo legislador. Como a qualificadora reclama o "dano à Administração Pública", sua incidência é vedada nos crimes verificados no âmbito de vestibulares de instituições privadas de ensino superior – nesses casos o reconhecimento do delito é obrigatório, porém na modalidade fundamental (art. 311-A, *caput*, do CP).

○ **Crime praticado por funcionário público (art. 311-A, § 3.º):** Trata-se de **causa especial de aumento da pena**, aplicável na terceira e derradeira fase da dosimetria da pena privativa de liberdade. Seu fundamento é a maior reprovabilidade do comportamento daquele que abusa dos poderes inerentes ao cargo ou função pública, traindo a função nele depositada pela sociedade, para fraudar um certame de interesse público. Não basta ser funcionário público para abrir espaço ao reconhecimento da causa de aumento da pena – é imprescindível que tenha o agente praticado o crime valendo-se das facilidades proporcionadas pela sua posição, pois esta circunstância confere legitimidade ao tratamento penal mais rigoroso.

– **Crime praticado por funcionário público e recebimento de vantagem indevida:** Se o funcionário público, além de fraudar certame de interesse público, receber vantagem indevida, a ele será também imputado, em concurso material, o crime de corrupção passiva, em sua modalidade agravada (art. 317, § 1.º, do CP).

– **Confronto entre fraude em certames de interesse público praticada por funcionário público e violação de sigilo funcional – conflito aparente de normas penais e princípio da subsidiariedade:** O art. 325 do CP contempla, entre os crimes praticados por funcionário público contra a Administração em geral, a violação de sigilo funcional, cuja nota marcante é a subsidiariedade expressa, pois somente será reconhecido quando o fato não constituir crime mais grave. Nessa seara, se o fato cometido por funcionário público envolver a divulgação ou utilização indevida de conteúdo sigiloso relacionado a certames de interesse público, com o fim de beneficiar a si ou a outrem, ou de comprometer a credibilidade do certame, estará caracterizado o crime em comento, com pena mais grave do que a cominada à violação de sigilo funcional. Nas demais hipóteses de revelação de fato sigiloso pelo funcionário público incidirá o delito tipificado no art. 325 do CP. O conflito aparente de normas penais é solucionado pelo princípio da subsidiariedade.

○ **Competência:** O crime de fraudes em certames de interesse público, em regra, é de competência da Justiça Estadual. Será competente a Justiça Federal, entretanto, nas situações em que o delito for praticado em detrimento de bens, serviços ou interesses da União ou de suas entidades autárquicas ou empresas públicas, com fundamento no art. 109, IV, da CF. É o que se dá, exemplificativamente, na fraude em concurso público promovido pela Caixa Econômica Federal.

○ **Jurisprudência selecionada:**

Cola eletrônica – conduta anterior à Lei 12.550/2011 – atipicidade: "A 'cola eletrônica', antes do advento da Lei n. 12.550/2011, era uma conduta atípica, não configurando o crime de estelionato. Fraudar concurso público ou vestibular através de cola eletrônica não se enquadra na conduta do art. 171 do CP (crime de estelionato), pois não há como definir se esta conduta seria apta a significar algum prejuízo de ordem patrimonial, nem reconhecer quem teria suportado o revés. Assim, caso ocorresse uma aprovação mediante a fraude, os únicos prejudicados seriam os demais candidatos ao cargo, já que a remuneração é devida pelo efetivo exercício da função, ou seja, trata-se de uma contraprestação pela mão de obra empregada, não se podendo falar em prejuízo patrimonial para a administração pública ou para a organizadora do certame. Ademais, não é permitido o emprego da analogia para ampliar o âmbito de incidência da norma incriminadora; pois, conforme o princípio da legalidade estrita, previsto no art. 5º, XXXIX, da CF e art. 1º do CP, a tutela penal se limita apenas àquelas condutas previamente definidas em lei. Por fim, ressalta-se que a Lei n. 12.550/2011 acrescentou ao CP uma nova figura típica com o fim de punir quem utiliza ou divulga informação sigilosa para lograr aprovação em concurso público" (STJ: HC 245.039/CE, Rel. Min. Marco Aurélio Bellizze, 5.ª Turma, j. 09.10.2012, noticiado no *Informativo* 506).

TÍTULO XI –
DOS CRIMES CONTRA A ADMINISTRAÇÃO PÚBLICA

Capítulo I –
DOS CRIMES PRATICADOS POR FUNCIONÁRIO PÚBLICO CONTRA A ADMINISTRAÇÃO EM GERAL

Peculato

Art. 312. Apropriar-se o funcionário público de dinheiro, valor ou qualquer outro bem móvel, público ou particular, de que tem a posse em razão do cargo, ou desviá-lo, em proveito próprio ou alheio:

Pena – reclusão, de dois a doze anos, e multa.

§ 1º Aplica-se a mesma pena, se o funcionário público, embora não tendo a posse do dinheiro, valor ou bem, o subtrai, ou concorre para que seja subtraído, em proveito próprio ou alheio, valendo-se de facilidade que lhe proporciona a qualidade de funcionário.

Peculato culposo

§ 2º Se o funcionário concorre culposamente para o crime de outrem:

Pena – detenção, de três meses a um ano.

§ 3º No caso do parágrafo anterior, a reparação do dano, se precede à sentença irrecorrível, extingue a punibilidade; se lhe é posterior, reduz de metade a pena imposta.

Classificação:	Informações rápidas:
Crime simples Crime próprio Crime material Crime de dano Crime de forma livre Crime comissivo (*regra*) ou omissivo Crime instantâneo (*regra*) Crime unissubjetivo, unilateral ou de concurso eventual Crime plurissubjetivo, plurilateral ou de concurso necessário (no peculato furto em que o funcionário público concorre para a subtração do bem) Crime plurissubsistente (*regra*)	**Objeto material:** dinheiro, valor ou qualquer outro bem móvel, público ou particular (**prestação de serviços** não se subsume ao conceito de bem móvel). **Peculato malversação:** patrimônio do particular confiados à guarda da Administração Pública. **Princípio da insignificância:** em regra, não se aplica (STJ). **Pressuposto material do crime:** posse lícita (direta ou indireta) ou detenção da coisa pela Administração Pública (em razão do cargo). **Elemento normativo do tipo:** "valendo-se de facilidade que lhe proporciona a qualidade de funcionário" (art. 312, § 1.º, do CP). **Elemento subjetivo:** *peculato* apropriação: dolo; peculato desvio e *peculato furto*: dolo + elemento subjetivo específico – "em proveito próprio ou alheio". Admite modalidade culposa (§ 2.º). **Peculato de uso:** divergência jurisprudencial sobre admissibilidade. **Reparação do dano:** no peculato doloso não afasta o crime; no *peculato culposo* acarreta a extinção da punibilidade ou redução da pena. **Tentativa:** admite em todas as espécies (*crime plurissubsistente*), exceto no peculato culposo. **Ação penal:** pública incondicionada.

○ **Introdução:** A palavra "peculato" encontra sua origem no Direito Romano, época em que a subtração de bens pertencentes ao Estado era chamada *peculatus* ou *depeculatus*. Como ainda não havia sido introduzida a moeda como símbolo do patrimônio estatal, os bois e carneiros (*pecus*) representavam a riqueza pública por excelência. Destarte, o *nomen iuris* peculato não está vinculado à condição de funcionário público no tocante ao responsável pela conduta criminosa.

○ **Objeto jurídico:** Em todas as modalidades de peculato, tutela-se a Administração Pública, tanto em seu aspecto patrimonial, consistente na preservação do erário, como também em sua face moral, representada pela lealdade e probidade dos agentes públicos. Também se protege o patrimônio do particular, nas hipóteses em que seus bens estejam confiados à guarda da Administração Pública, hipótese em que é denominado "**peculato malversação**". Se o bem móvel particular não estiver sob a guarda ou custódia do Estado e o funcionário público dele se apropriar, desviá-lo ou subtraí-lo, a ele será imputado o crime de apropriação indébita (CP, art. 168) ou furto (CP, art. 155), e não o de peculato.

○ **Objeto material:** É o dinheiro, valor ou qualquer outro bem móvel, público ou particular. **Dinheiro** é a moeda metálica ou o papel-moeda circulante no País ou no exterior. A lei não distingue entre o dinheiro nacional e o estrangeiro. **Valor** é qualquer título de crédito ou documento negociável e representativo de obrigação em dinheiro ou em mercadorias, tais como ações, letras de câmbio, apólices etc. Finalmente, o legislador valeu-se da **interpretação analógica** (ou *intra legem*), apresentando uma fórmula casuística ("dinheiro" ou "valor") seguida de uma fórmula genérica ("qualquer outro bem móvel"). A finalidade da lei, assim agindo, consiste em esclarecer que o dinheiro e os valores podem ser objeto material de peculato, assim como qualquer outro bem móvel, ainda que não se enquadre no conceito de dinheiro ou de valor. **Bem móvel**, por sua vez, é toda coisa corpórea suscetível de ser apreendida e transportada de um local para outro, e dotada de significação patrimonial, como é o caso dos computadores, veículos automotores, aparelhos eletrônicos em geral etc. O bem móvel pode ser público ou particular ("peculato malversação"), desde que se encontre, nesta última situação, sob a guarda da Administração Pública. A condição de funcionário público não acarreta, automaticamente, a configuração do peculato. Exige-se também a natureza da coisa, que há de ser pública, ou, se particular, deve encontrar-se sob os cuidados da Administração Pública.

– **Energia elétrica**: A energia elétrica, ou qualquer outra que tenha valor econômico, pode funcionar como objeto material de peculato, por duas razões: (1) trata-se de bem móvel; e (2) o CP deve ser interpretado sistematicamente. Se a energia é coisa móvel para fins de furto (art. 155, § 3.º, do CP), igual raciocínio merece ser aplicado em relação aos demais crimes, incluindo o peculato.

– **Prestação de serviços**: A **prestação de serviços** não se subsume ao conceito de bem móvel, razão pela qual não se encaixa no crime de peculato a utilização de mão de obra pública, originária do trabalho de um funcionário público subalterno em proveito do superior hierárquico. Falta uma elementar típica para a caracterização do crime em comento. Se, entretanto, o autor da ordem ou beneficiário dos serviços prestados for **Prefeito**, estará configurado o crime tipificado pelo art. 1.º, II, do Decreto-lei 201/1967.

– **Peculato e princípio da insignificância**: O STJ não admite a incidência do princípio da insignificância, ou da criminalidade de bagatela, nos crimes contra a Administração Pública, incluindo-se o peculato. Esta posição encontra seu nascedouro na violação da **moralidade administrativa**, que ocorre mesmo quando a lesão patrimonial apresenta ínfima dimensão, e restou consolidada na **Súmula 599**: "O princípio da insignificância é inaplicável aos crimes contra a administração pública." Com o merecido respeito ao entendimento consagrado no STJ, somos favoráveis à **aplicação excepcional** do princípio da insignificância na seara dos crimes contra a Administração Pública.

Imagine-se, por exemplo, a situação em que um funcionário público subtrai duas folhas de papel em branco, ou alguns clipes de metal, da repartição pública em que se encontra lotado. Nessas hipóteses, a aplicação do referido princípio desponta como justa e necessária. Como professava Nélson Hungria: "Na própria 'malversação', em que o dinheiro ou coisa não pertence ao Estado, mas está sob sua guarda e responsabilidade, a obrigação legal que decorre para este, de restituir ao proprietário a pecúnia ou valor da coisa, já é autêntico dano patrimonial. Não tenho dúvida, portanto, em repetir o que já disse de outra feita: peculato consumado sem dano efetivo é tão absurdo quanto dizer-se que pode haver fumaça sem fogo, ou sombra sem corpo que a projete, ou telhado sem paredes ou esteios de sustentação."[288] O STF, agindo com prudência, já reconheceu o princípio da insignificância no âmbito do peculato.[289]

○ **Pressuposto do peculato:** É a **posse** da coisa pela Administração Pública. O dinheiro, valor ou qualquer outro bem móvel precisa estar na posse do funcionário público. Evidentemente, é necessário que se trate de **posse lícita**, vale dizer, em conformidade com a legislação em geral. A palavra deve ser interpretada em sentido amplo, abrangendo tanto a posse direta como a posse indireta, e também a detenção. A lei é cristalina ao exigir que a posse deva ser **em razão do cargo**: é imprescindível a relação de causa e efeito entre ela (posse) e este (cargo). Não é pelo fato de ser funcionário público que o sujeito deve automaticamente responder pelo crime de peculato. A finalidade da lei é outra. Somente estará caracterizado o crime de peculato quando o sujeito comete a apropriação, o desvio ou a subtração **em razão das facilidades proporcionadas pelo seu cargo**.

○ **Espécies de peculato:** O art. 312 do Código Penal contém quatro espécies de peculato, três dolosas e uma culposa: (a) peculato apropriação (*caput*, 1.ª parte); (b) peculato desvio (*caput*, parte final); (c) peculato furto (§ 1.º); e (d) peculato culposo (§ 2.º). As duas primeiras (apropriação e desvio) são também conhecidas como **peculato próprio**, enquanto a terceira é doutrinariamente classificada como **peculato impróprio**. Por sua vez, o art. 313 do Código Penal prevê o peculato mediante erro de outrem, também chamado de "**peculato estelionato**". E, finalmente, o art. 313-A do Código Penal contempla o crime de inserção de dados falsos em sistemas de informações, apelidado de "**peculato eletrônico**".

○ **Peculato próprio – peculato apropriação e peculato desvio (art. 312, *caput*):**

– **Introdução:** O peculato, em sua essência, nada mais é do que a apropriação indébita cometida por funcionário público como decorrência do abuso do cargo ou infidelidade a este. Na verdade, é o crime do funcionário público que arbitrariamente faz seu ou desvia em proveito próprio ou de terceiro o bem móvel, pertencente ao Estado ou simplesmente sob sua guarda ou vigilância, de que tem a posse em razão do cargo. Trata-se, portanto, de **crime funcional impróprio**, pois com a exclusão da condição de funcionário público do agente afasta-se o peculato, mas subsiste o delito de apropriação indébita. O peculato reclama por parte do agente a posse legítima da coisa móvel de que se apropria, ou desvia do fim a que era destinada. A posse antecedente do bem e a infidelidade do sujeito ao seu dever funcional são elementos do peculato.

– **Núcleos do tipo:** No **peculato apropriação** o núcleo do tipo é "**apropriar-se**", ou seja, posicionar-se em relação à coisa como se fosse seu proprietário (*animus domini*). O sujeito comporta-se

---

[288] HUNGRIA, Nélson. *Comentários ao Código Penal*. 2. ed. Rio de Janeiro: Forense, 1959. v. IX, p. 348-349.

[289] O STJ já decidiu nesse sentido, admitindo a mitigação da Súmula 599: "A despeito do teor do teor do enunciado sumular n. 599, no sentido de que 'O princípio da insignificância é inaplicável aos crimes contra a administração pública', as peculiaridades do caso concreto – réu primário, com 83 anos na época dos fatos e avaria de um cone avaliado em menos de R$ 20,00, ou seja, menos de 3% do salário mínimo vigente à época dos fatos – justificam a mitigação da referida súmula, haja vista que nenhum interesse social existe na onerosa intervenção estatal diante da inexpressiva lesão jurídica provocada" (RHC 85.272/RS, rel. Min. Nefi Cordeiro, 6.ª Turma, j. 14.08.2018).

como se fosse dono do objeto material, retendo-o, consumindo-o, destruindo-o, alienando-o etc. Por sua vez, no **peculato desvio** o núcleo do tipo é "**desviar**", equivalente a distrair ou desencaminhar. O sujeito confere à coisa destinação diversa da inicialmente prevista: ao contrário do destino certo e determinado do bem de que tem a posse, o funcionário público lhe dá outro, em proveito próprio ou de terceiro. Este **proveito** pode ser **material** ou **moral**. O desvio há de ser em proveito do funcionário público ou de terceiro, pois, se a beneficiária for a própria Administração Pública, incidirá o crime de emprego irregular de verbas ou rendas públicas (art. 315 do CP).

○ **O "fura-fila" da vacinação:** Depois de muita espera e milhares de mortes, o Brasil finalmente iniciou, em janeiro de 2021, a vacinação contra a Covid-19. O Ministério da Saúde, levando em conta a existência de grupos prioritários (trabalhadores de saúde, povos indígenas, pessoas idosas etc.), elaborou o "Plano Nacional de Operacionalização", a fim de orientar os Estados e os Municípios sobre a ordem em que as pessoas devem (ou deveriam) ser vacinadas. Infelizmente, houve várias situações em que determinados indivíduos "furaram a fila", ou seja, receberam a vacinação indevidamente, com violação da escala do Ministério da Saúde. Sem nenhum tipo de pudor, essas pessoas se anteciparam aos grupos prioritários, colocando em risco, inclusive, a vida de quem mais necessita da vacina. Surge nesse ponto uma indagação: esse comportamento, deplorável, imoral e ilegal caracteriza algum delito? É evidente que sim. Tal conduta caracteriza o peculato desvio, definido no art. 312, *caput*, parte final, do Código Penal. Enquanto a vacinação contra a Covid-19 for exclusiva da rede pública de saúde, ou seja, até o momento em que não se admitir a comercialização de doses em clínicas particulares, a vacina somente poderá ser ministrada por funcionário público (profissional da medicina ou da enfermagem, especialmente), o qual estará desviando, em proveito próprio ou alheio, bem móvel público, de que tem a posse em razão do cargo. É o que se dá, exemplificativamente, quando o secretário municipal de saúde viola a ordem normal de vacinação e desvia uma dose em favor da sua esposa, a qual ainda não tinha o direito, naquele momento, de ser vacinada, ou então quando o agente público finge aplicar a vacina em quem integra determinado grupo prioritário, quando, na verdade, ele está desviando a dose para ser posteriormente inoculada em pessoa diversa. A propósito, não há espaço para incidência do princípio da insignificância no "fura-fila" da vacinação, ainda que se comprove o reduzido valor econômico de uma dose, por duas razões: (a) ausência dos requisitos objetivos exigidos pelo Supremo Tribunal Federal, a saber, mínima ofensividade da conduta, ausência de periculosidade social da ação, reduzido grau de reprovabilidade do comportamento e inexpressividade da lesão jurídica; e (b) a Súmula 599 do Superior Tribunal de Justiça rechaça esse princípio no âmbito dos crimes contra a Administração Pública. Se o ato for praticado por Prefeito, estará configurado o crime tipificado no art. 1.º, I, do Decreto-lei 201/1967: "Art. 1º São crimes de responsabilidade dos Prefeitos Municipais, sujeitos ao julgamento do Poder Judiciário, independentemente do pronunciamento da Câmara dos Vereadores: I – apropriar-se de bens ou rendas públicas, ou desviá-los em proveito próprio ou alheio". Finalmente, na hipótese em que o funcionário público desvia a vacina em proveito de terceiro, em troca do recebimento de vantagem indevida, a ele deverá ser também imputado o crime de corrupção passiva (CP, art. 317), em concurso material com o peculato, sem prejuízo da atribuição do delito de corrupção ativa (CP, art. 333) ao particular.

○ **Covid-19 e vacinação em local diverso do agendado, com aplicação de imunizante diverso do reservado e sem a realização de agendamento:** Diversamente do "fura-fila" da vacinação, não há falar em peculato, e sim em fato penalmente atípico, na hipótese em que a pessoa, **que tinha o direito de ser vacinada**, submete-se ao imunizante: (a) em local diverso do reservado; (b) com espécie diferente da vacina (exemplo: Pfizer ao invés de Oxford/AstraZeneca); ou (c) sem a realização de agendamento.

○ **Peculato furto ou peculato impróprio (art. 312, § 1.º):**

– **Introdução:** Trata-se de modalidade de peculato que se assemelha ao furto, razão pela qual é chamado de **peculato furto** ou **peculato impróprio**. Constitui-se, mais uma vez, em **crime funcional impróprio**: ausente a condição de funcionário público, desaparece o peculato, mas subsiste intacto o delito de furto (art. 155 do CP).

– **Núcleos do tipo:** "Subtrair" e "concorrer" para a subtração. **Subtrair:** é inverter o título da posse, ou seja, retirar algo de quem tinha a sua posse. Ao contrário do que se verifica nas figuras do *caput* do dispositivo em análise, aqui o sujeito não tem a posse da coisa móvel, pública ou particular, mas a sua posição de funcionário público lhe proporciona uma posição favorável para a subtração dela. Nessa hipótese ("subtrair"), o funcionário público é o executor direto da subtração. **Concorrer para a subtração:** o funcionário público não subtrai diretamente o dinheiro, valor ou qualquer outro bem móvel. Sua atuação restringe-se à concorrência dolosa para a subtração efetuada por terceira pessoa. Cuida-se de **crime de concurso necessário**, pois reclama a presença de ao menos duas pessoas: o particular que subtrai a coisa móvel, ciente da colaboração do funcionário público, e o funcionário público, que conscientemente concorre para a subtração alheia. Há necessidade de imputação do peculato a todos os sujeitos que de qualquer modo concorram para o crime, sejam eles funcionários públicos (*intraneus*) ou particulares (*extraneus*) – a qualidade de funcionário público, ainda que de natureza pessoal, comunica-se a todos os agentes, por se tratar de elementar do delito (art. 30 do CP). A colaboração para a subtração alheia deve ser **dolosa**. Se ocorrer colaboração por imprudência ou negligência, haverá peculato culposo para o funcionário público (art. 312, § 2.º, do CP) e furto (art. 155 do CP) para o particular, não se podendo falar, nesse caso, em concurso de pessoas, pois ausente o vínculo subjetivo entre os envolvidos.

– **Elemento normativo do tipo:** é representado pela expressão "valendo-se de facilidade que lhe proporciona a qualidade de funcionário". A facilidade mencionada pelo texto legal é qualquer circunstância fática propícia à prática do delito, tal como a liberdade para ingresso ou permanência na repartição ou local em que estava a coisa subtraída ou a menor vigilância dos bens no tocante aos funcionários públicos em geral. O bem móvel não se encontra sob a posse do agente, mas sua posição funcional torna mais simples e segura a subtração. Ainda, é imprescindível que o bem esteja sob a guarda ou custódia da Administração Pública, sob pena de afastamento do crime funcional. Não basta a subtração, é imprescindível tenha esta sido realizada em decorrência da facilidade apresentada para tanto ao funcionário público. Destarte, se o agente, mesmo pertencendo ao escalão público, não se vale do seu cargo nem das comodidades por ele proporcionadas para subtrair um bem móvel da Administração Pública (ou particular que estava sob sua guarda), o crime será de furto, e não de peculato.

– **Peculato e falsidade documental:** Quando um funcionário público falsifica um documento (público ou particular) para obter indevidamente dinheiro, valor ou qualquer outro bem móvel pertencente à Administração Pública, a ele devem ser imputados dois crimes em concurso material: falsidade documental e peculato. Há duas condutas independentes e autônomas, e não há falar em absorção daquele por este, uma vez que tais delitos ofendem bens jurídicos diversos (fé pública e Administração Pública) e consumam-se em momentos distintos. Vale destacar, porém, já ter o STF se pronunciado pelo concurso formal de crimes.

○ **Sujeito ativo:** O peculato é **crime próprio** ou **especial**, pois somente pode ser praticado por funcionário público. O conceito de funcionário público para fins penais encontra-se no art. 327 do Estatuto Repressivo.

– **Peculato e concurso de pessoas:** A condição de funcionário público é elementar do peculato, razão pela qual se comunica a todos aqueles que tenham concorrido de qualquer modo para o crime, mesmo em se tratando de pessoas alheias aos quadros públicos.

– **Aumento da pena:** A pena do peculato, nos termos do art. 327, § 2.º, deste Código, será aumentada de um terço quando o responsável pelo crime for ocupante de cargo em comissão ou de função de direção ou assessoramento de órgão da administração direta, sociedade de economia mista, empresa pública ou fundação instituída pelo poder público.

– **Usurpação de função pública, ausência de posse e nomeação ilegal:** Os dispositivos ora analisados (*caput* e § 1.º do art. 312 do CP) são claros ao exigir a vinculação entre a prática do peculato e o exercício de um cargo público. Com o recurso às noções elementares do Direito Administrativo, é fácil constatar que o funcionário deverá ser regularmente nomeado, para depois tomar posse no cargo público. Se isso não ocorrer, três hipóteses poderão apresentar-se: (1) o sujeito não é funcionário público, e sim um usurpador. Não responderá por peculato, mas por furto (CP, art. 155 do CP) ou estelionato (art. 171 do CP), em concurso material com usurpação de função pública (art. 328 do CP); (2) o sujeito, embora nomeado, não foi investido em suas funções, porque não tomou posse ou não prestou, quando necessário, o devido compromisso – trata-se de funcionário de fato, devendo ser reconhecida a prática de estelionato (art. 171 do CP); e (3) o sujeito, apesar de nomeado e investido em suas funções, foi nomeado ilegal ou irregularmente. Enquanto a nomeação não for anulada, o agente será considerado funcionário público para fins penais.[290]

– **Peculato e crimes cometidos por prefeitos:** Para os prefeitos não é possível a adequação típica do crime de peculato doloso, em suas modalidades "**peculato apropriação**" e "**peculato desvio**". Nessas hipóteses, incide a regra especial estatuída pelo art. 1.º, inc. I, do Decreto-lei 201/1967. Subsiste no tocante aos alcaides a incidência do "**peculato furto**", ou "**peculato impróprio**" (art. 312, § 1.º, do CP), cuja conduta não encontra correspondência no Decreto-lei 201/1967. Igual raciocínio deve ser utilizado no tocante ao peculato culposo (art. 312, § 2.º, do CP).

– **A remuneração do "funcionário fantasma":** O "funcionário fantasma" é um mal que assola a Administração Pública brasileira. São frequentes os casos em que uma pessoa é nomeada por seu "padrinho" político para exercer cargo comissionado, mas, nada obstante o recebimento da remuneração atinente a tal posto, não presta os serviços respectivos. Muitas vezes o ocupante do cargo em comissão sequer comparece (ou mesmo conhece) o local em que "trabalha". Essa conduta, moralmente reprovável, caracterizadora de infração disciplinar e quiçá de ato de improbidade administrativa, por si só não configura o crime de peculato, notadamente quando não há apropriação ou desvio de valores pelo superior hierárquico responsável pela nomeação.

○ **Sujeito passivo:** No plano principal ou imediato, é o Estado (em sentido amplo). Nada impede, todavia, a existência de um sujeito passivo secundário ou mediato, representado pela entidade de direito público ou pelo particular (proprietário ou possuidor do bem móvel) prejudicado pela conduta criminosa.

– **Associações ou entidades sindicais:** Em conformidade com o art. 552 do Decreto-lei 5.452/1943 – Consolidação das Leis do Trabalho: "Os atos que importem em malversação ou dilapidação do patrimônio das associações ou entidades sindicais ficam equiparados ao crime de peculato julgado e punido na conformidade da legislação penal."

○ **Elemento subjetivo (peculato doloso):** As espécies de peculato disciplinadas no *caput* e no § 1.º do art. 312 são dolosas. No tocante ao "**peculato apropriação**" (art. 312, *caput*, 1.ª parte, do CP), inclina-se a doutrina no sentido de ser também imprescindível um elemento subjetivo específico, consistente no *animus rem sibi habendi* (intenção definitiva de não restituir o objeto material ao seu titular).[291] É também o entendimento consagrado no STJ. Com o merecido

---

Em igual sentido: MAGALHÃES NORONHA, E. *Direito penal.* 16. ed. São Paulo: Saraiva, 1983. v. 4, p. 221.

291 É, entre tantos outros, o posicionamento de JESUS, Damásio E. de. *Direito penal.* Parte especial. 13. ed. São Paulo: Saraiva, 2007. v. 4, p. 131.

respeito, pensamos de forma diversa. Para nós, o peculato apropriação contenta-se com o dolo, sem nenhuma finalidade específica, pois a intenção de apropriar-se definitivamente de um bem é inerente ao núcleo do tipo ("apropriar-se"). Com a presença do dolo, e só dele, portanto, estará evidente o propósito efetivo do agente de não restituir o bem a quem de direito. Quanto ao **"peculato desvio"** e ao **"peculato furto"**, além do dolo, reclama-se um elemento subjetivo específico, representado pelas expressões "em proveito próprio ou alheio". Em síntese, como o objeto material do peculato é o dinheiro ou então coisa avaliável em dinheiro, o desvio ou a subtração almejam o enriquecimento ilícito (*animus lucri faciendi*) do funcionário público ou de terceiro. Não há **peculato desvio**, e sim emprego irregular de verbas ou rendas públicas (CP, art. 315), quando o agente altera o destino da coisa em proveito da própria Administração Pública.

– **Peculato de uso:** Dá-se na hipótese em que o funcionário público apropria-se, desvia, subtrai bem móvel, público ou particular que se encontra sob a custódia da Administração Pública, para posteriormente restituí-lo. A doutrina diverge sobre a possibilidade de admitir-se a figura do peculato de uso. Uma primeira corrente entende que a intenção (falsa ou verdadeira) de restituir o bem móvel de que o agente apropriou-se, desviou ou subtraiu não exclui o peculato doloso, pouco importando se o funcionário público possui recursos financeiros para tanto, bem como se a coisa era fungível ou infungível. Não admite, portanto, a figura do peculato de uso. Também não se afasta o crime com a prova de que se produziu alguma vantagem para a Administração Pública, pois a vantagem indevida não deve aproveitar ao Estado.[292] Se a coisa móvel é utilizada em fim diverso daquele a que era destinado, desde que o agente vise a proveito próprio ou alheio, apresenta-se o peculato na modalidade **desvio**. Por outro lado, há quem admita o peculato de uso, considerando-o fato irrelevante. Para os partidários dessa linha de pensamento, é atípico o fato relacionado ao uso momentâneo de **coisa infungível**, sem a intenção de incorporá-la ao patrimônio pessoal ou de terceiro, seguido da sua integral restituição a quem de direito. Os dispositivos em estudo (art. 312, *caput* e § 1.º) são peremptórios ao exigirem a apropriação, o desvio ou a subtração de dinheiro, valor ou qualquer outro bem móvel, público ou particular. No entanto, mesmo para os defensores desta posição, caracteriza-se o crime de peculato no tocante aos bens fungíveis, dos quais o dinheiro é o exemplo por excelência. E, em relação aos bens fungíveis, pode surgir a figura do **peculato de quantidade**, ou **desfalque de caixa**, expressões empregadas para indicar a apropriação ou o desvio de coisas fungíveis quando o desfalque seja encoberto pelo estorno de outras coisas fungíveis. Vale destacar que o simples uso do bem caracteriza ilícito de outra natureza, consistente em **ato de improbidade administrativa** (art. 9.º, IV, da Lei 8.429/1992). Independentemente da teoria adotada acerca do peculato de uso, **se o sujeito ativo for Prefeito**, e somente para esta pessoa, o uso de bens, rendas ou serviços públicos configura o crime delineado pelo art. 1.º, II, do Decreto-lei 201/1967.

– **Peculato e apropriação do bem para satisfação de interesse pessoal:** O funcionário público que se apropria, ou em proveito próprio ou de terceiro, desvia ou subtrai dinheiro, valor ou qualquer outro bem móvel, público ou particular, de que tem a posse em razão do cargo, para satisfazer pretensão pessoal, ainda que legítima, comete peculato. Ainda que exista uma dívida da Administração Pública para com seu funcionário, este não pode fazer justiça pelas próprias mãos, pois há uma ordem legalmente prevista para o pagamento dos débitos fazendários. A propósito, o art. 100, *caput*, da CF estabelece: "Os pagamentos devidos pelas Fazendas Públicas Federal, Estaduais, Distrital e Municipais, em virtude de sentença judiciária, far-se-ão exclusivamente na ordem cronológica de apresentação dos precatórios e à conta dos créditos respectivos, proibida a designação de casos ou de pessoas nas dotações orçamentárias e nos créditos adicionais abertos para este fim."

---

[292] Cf. ALMEIDA, Fernando Henrique Mendes de. *Dos crimes contra a Administração Pública*. São Paulo: Saraiva, 1955. p. 23.

○ **Consumação:** O **peculato apropriação** é **crime material** ou **causal**: consuma-se no instante em que o sujeito passa a se comportar como proprietário da coisa móvel, isto é, quando ele transforma em domínio a posse ou detenção sobre o dinheiro, valor ou qualquer outro bem móvel. É nesse momento que o Estado suporta a lesão patrimonial, pois deixa de ter a livre disponibilidade sobre a coisa de sua titularidade. Na hipótese de bem privado que se encontra sob a guarda da Administração Pública ("peculato malversação"), com sua apropriação pelo funcionário público o Estado estará obrigado a ressarcir o particular pelos prejuízos provocados por um dos seus representantes. Este é o dano patrimonial causado ao erário. O **peculato desvio e o peculato furto** igualmente são **crimes materiais** (ou **causais**) – consumam-se com produção do resultado naturalístico, o qual se verifica, respectivamente, no momento em que o funcionário público confere à coisa móvel destinação diversa da legalmente prevista, pouco importando se a vantagem almejada é por ele alcançada e com a efetiva subtração da coisa móvel e consequente inversão da posse do bem, que sai da esfera de vigilância da Administração Pública e ingressa na livre disponibilidade do agente, ainda que por breve período.[293] Em todos os crimes o STF entende ser prescindível o lucro efetivo por parte do agente. Finalmente, inexiste a obrigatoriedade da indicação dos beneficiários da vantagem e/ou destinatários do dinheiro ou qualquer outro bem móvel.[294]

– **Peculato, lesão patrimonial e violação do dever funcional:** No peculato convivem a lesão patrimonial e a violação do dever funcional. Alguns autores sustentam ser a razão da punição do peculato mais a quebra da fidelidade moral do funcionário público do que propriamente o dano econômico aos cofres do Estado. Seja como for, o dano patrimonial é imprescindível à caracterização do peculato.[295] Com efeito, a lesão material nada mais é do que o prejuízo patrimonial suportado pela Administração Pública, como dano emergente ou lucro cessante, ou ainda como ressarcimento obrigatório na hipótese de malversação.

– **Peculato doloso e reparação do dano:**[296] Depois de consumado o delito, a reparação do dano ou a restituição do objeto material não afastam o peculato. Portanto, não foi prevista uma causa extintiva da punibilidade relativa à reparação do dano no peculato doloso. Entretanto, este comportamento acarreta em importantes reflexos. Três situações podem ocorrer: (a) se a reparação do dano ocorrer antes do recebimento da denúncia, e desde que presentes os demais requisitos exigidos pelo art. 16 deste Código, a pena poderá ser reduzida de um a dois terços, com fundamento no arrependimento posterior; (b) se a reparação do dano for efetuada após o recebimento da denúncia, mas antes do julgamento, estará delineada a atenuante genérica disciplinada pelo art. 65, III, *b*, deste Código; e (c) finalmente, se a reparação do dano ocorrer em grau recursal, poderá incidir a atenuante genérica inominada contida no art. 66 deste Código. A reparação do dano posterior ao trânsito em julgado da condenação não surte nenhum efeito no tocante à dosimetria da pena do peculato doloso.

– **Reparação do dano e progressão de regime prisional:** A reparação do dano é pressuposto para a progressão de regime prisional para o condenado por crime de peculato (art. 33, § 4.º, do CP).

---

293 Embora com igual raciocínio, o Superior Tribunal de Justiça já chegou à conclusão diversa, no sentido de tratar-se de crime formal: "O peculato-desvio é crime formal que se consuma no instante em que o funcionário público dá ao dinheiro ou valor destino diverso do previsto. A obtenção do proveito próprio ou alheio não é requisito para a consumação do crime, sendo suficiente a mera vontade de realizar o núcleo do tipo" (APn 814/DF, rel. Min. Mauro Campbell Marques, rel. ac. Min. João Otávio de Noronha, Corte Especial, j. 06.11.2019, noticiado no *Informativo* 664).

294 STJ: APn 497/MT, rel. Min. Nancy Andrighi, Corte Especial, j. 27.11.2008.

295 Para um estudo aprofundado do assunto: ALEIXO, Pedro. *O peculato no direito penal brasileiro*. Tese apresentada em concurso à Faculdade de Direito da Universidade de Minas Gerais para a cadeira de Direito Penal. Belo Horizonte: 1956. p. 120.

296 No peculato culposo, o § 3.º do art. 312 do Código Penal confere efeitos muito mais amplos à reparação do dano.

– Peculato e prazos administrativos: É penalmente irrelevante para a caracterização do crime a existência da possibilidade de substituir a quantia apropriada, ainda que não tenha decorrido integralmente o prazo para o funcionário público praticar o ato de ofício. O funcionário público não deve e não pode usar, em proveito próprio ou de terceiro, coisas móveis pertencentes ao Estado ou que estejam sob sua guarda, "salvo casos especialíssimos, como no de típico 'estado de necessidade', ou momentaneamente, para uma despesa vulgar, por haver esquecido em casa o próprio dinheiro".[297]

– Peculato e atuação do Tribunal de Contas: Comprovado o peculato em sede de inquérito policial, não é necessário que o Ministério Público aguarde o julgamento das contas pelo Tribunal de Contas para agir. A tomada de contas é dispensável, pois o peculato pode ser demonstrado por qualquer meio de prova. Raciocínio diverso transformaria a tomada de contas de mera formalidade em condição para o exercício da ação penal. Mesmo que as contas sejam aprovadas pelo Tribunal de Contas, o Ministério Público não estará impedido de oferecer denúncia contra o peculatário. Nesse contexto, é importante invocar o alerta de Magalhães Noronha: "A aprovação de contas de administradores não pode elidir o crime. É, aliás, transformar esta providência regulamentar em *condição objetiva de punibilidade*, o que não está na lei nem na doutrina".[298]

○ **Tentativa:** É possível o *conatus* de peculato doloso, em todas as suas formas (apropriação, desvio e furto).

○ **Ação Penal:** É pública incondicionada.

○ **Lei 9.099/1995:** O peculato doloso, em todas as espécies disciplinadas pelo art. 312 do CP, é **crime de elevado potencial ofensivo**, incompatível com qualquer dos benefícios instituídos pela Lei 9.099/1995.

○ **Peculato culposo (art. 312, § 2.º):** Trata-se de **infração penal de menor potencial ofensivo**, de competência do Juizado Especial Criminal e compatível com a transação penal e o rito sumaríssimo, nos moldes da Lei 9.099/1995. O peculato culposo nada mais é do que o **concurso não intencional** pelo funcionário público, realizado por ação ou omissão – mediante imprudência, negligência ou desídia – para a apropriação, desvio ou subtração de dinheiro, valor ou qualquer outro bem móvel pertencente ao Estado ou sob sua guarda, por uma terceira pessoa, que pode ser funcionário público (*intraneus*) ou particular (*extraneus*).

– Requisitos: Dois requisitos são necessários para a configuração do crime culposo: a **conduta culposa do funcionário público**, mediante sua inobservância ao dever objetivo de cuidado da coisa móvel da Administração Pública ou sob sua vigilância, e a **prática de um crime doloso por terceira pessoa, aproveitando-se da facilidade culposamente proporcionada pelo funcionário público**. Como não se admite a participação culposa em crime doloso, não há falar em concurso de pessoas, na forma disciplinada pelo art. 29, *caput*, deste Código. Assim, o funcionário público relapso responde pelo peculato culposo, ao passo que ao terceiro será imputado delito diverso (peculato, se também ostentar a condição funcional, ou, se particular, por crime de outra natureza, notadamente o furto). Visualizam-se, portanto, dois (ou mais) crimes autônomos, pois falta ao funcionário público desidioso a consciência no sentido de colaborar para a conduta alheia. Não se opera o crime em comento na hipótese de provocação de prejuízo ao erário pela conduta culposa do funcionário público, desde que não tenha sido praticado nenhum crime por outrem.

– Consumação e tentativa: A **consumação** do peculato culposo verifica-se no momento em que se consuma o crime doloso praticado pelo terceiro. E, tratando-se de crime culposo, não se admite **tentativa**, razão pela qual o funcionário público somente responderá pelo peculato cul-

---

[297]   HUNGRIA, Nélson. *Comentários ao Código Penal*. 2. ed. Rio de Janeiro: Forense, 1959. v. IX, p. 343.
[298]   MAGALHÃES NORONHA, E. *Direito penal*. 16. ed. São Paulo: Saraiva, 1983. v. 4, p. 227.

poso na hipótese de consumação do crime doloso cometido por terceiro. Com efeito, se o crime doloso ficar na fase da tentativa, não se aperfeiçoa o peculato culposo. No entanto, o terceiro, evidentemente, deverá responder pelo *conatus* (tentativa) do seu crime doloso.

– Reparação do dano no peculato culposo – extinção da punibilidade e diminuição da pena (art. 312, § 3.º): A reparação do dano pode manifestar-se sob duas formas: (a) devolução do objeto material do crime; e (b) ressarcimento do prejuízo causado ao ofendido. E, no campo do peculato culposo, sua eficácia é bastante relevante. Se a reparação do dano for anterior ao trânsito em julgado da sentença condenatória, estará caracterizada uma causa extintiva da punibilidade, prevista fora do rol exemplificativo do art. 107 deste Código. Como o crime é culposo, ou seja, de resultado naturalístico involuntário, o legislador conferiu-lhe indiscutível tratamento civilístico. De fato, ainda não há um título executivo definitivo, pois a condenação sequer existe, ou, mesmo se existente, ainda não transitou em julgado, razão pela qual a boa-fé do funcionário público, que indeniza o Poder Público pelo dano a que concorreu, retira do Estado a justa causa para o exercício do seu poder punitivo. Se a reparação do dano ocorrer depois do trânsito em julgado da condenação, importará na redução da pena pela metade. O funcionário público, portanto, mesmo após o reconhecimento judicial da sua responsabilidade criminal, terá sua pena sensivelmente diminuída se indenizar o Estado pelo prejuízo a que deu causa. Em ambos os casos – extinção da punibilidade e redução da pena pela metade – a reparação do dano deve ser completa e não exclui eventual sanção administrativa contra o funcionário público.[299]

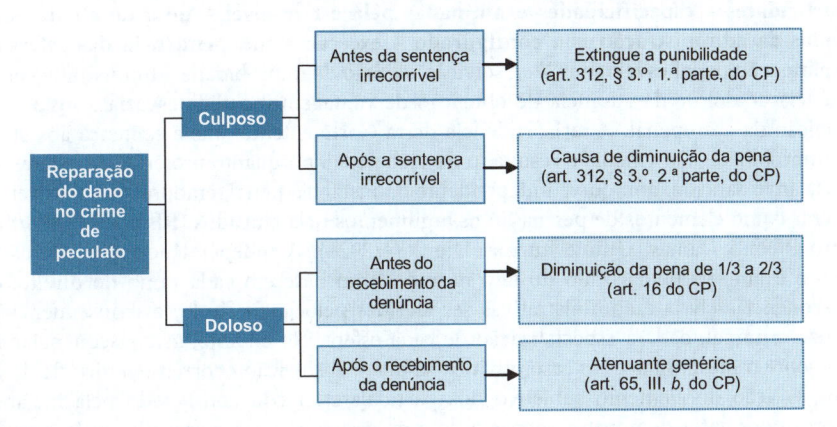

○ **Jurisprudência selecionada:**

Covid-19 e vacinação em local diverso do agendado, com aplicação de imunizante diverso do reservado e sem a realização de agendamento – condutas atípicas: "São atípicas as condutas de submeter-se à vacinação contra covid-19 em local diverso do agendado e/ou com aplicação de imunizante diverso do reservado e/ou de submeter-se à vacinação sem a realização de agendamento. No caso, o Tribunal de origem considerou que as condutas de submeter-se à vacinação contra covid-19 em local diverso do agendado, com aplicação de imunizante diverso do reservado e sem a realização de agendamento subsumir-se-iam, em tese, aos tipos penais previstos nos arts. 312 e 317, § 2º, do Código Penal. Essas condutas não se amoldam aos tipos em questão, em especial porque ausentes os elementos objetivos (verbos nucleares) contidos no art. 312 do Código Penal. Não houve apropriação, tampouco desvio de doses de vacina contra a covid-19, já que destinadas à população em geral, grupo em que se enquadram os pacientes, uma vez que tinham o direito de ser vacinados (embora em local ou momento diverso). A saúde é um direito de todos, direito

---

299 No mesmo sentido: MIRABETE, Julio Fabbrini. *Manual de direito penal*. 22. ed. São Paulo: Atlas, 2007. v. 3, p. 289.

social que é assegurado pelo art. 6º da Carta Constitucional. De igual forma, é atípica a conduta de corrupção passiva na forma do § 2º (modalidade privilegiada) do art. 317 do Código Penal, porquanto, na modalidade privilegiada do tipo em questão, criminaliza-se, de maneira mais branda, a conduta do agente que pratica ato de ofício, com violação de dever funcional a pedido de alguém que exerce algum tipo de influência sobre sua atuação, sem solicitação ou recebimento de vantagem ilícita. A pandemia de covid-19 gerou uma situação de pânico e angústia, levando o país a uma crise sanitária sem precedentes. O desespero tomou conta de muitos, provocando a prática de condutas moralmente reprováveis, noticiadas diariamente pela imprensa, de tentativa de burla à ordem estabelecida pelos planos nacionais, estaduais ou municipais. As condutas de desrespeito às regras de vacinação, embora moralmente reprováveis, não caracterizam ilícito penal, em especial em face do princípio da legalidade (inciso XXXIX do art. 5º da Constituição Federal), que estabelece que somente pode haver responsabilização criminal por condutas previamente criminalizadas, adequada e claramente descritas pelo legislador. Assim, por falta de previsão legal, são atípicas a conduta de submeter-se à vacinação contra covid19 em local diverso do agendado e/ou com aplicação de imunizante diverso do reservado e/ou de submeter-se à vacinação contra covid-19 sem a realização de agendamento" (STJ: AgRg no RHC 160.947/CE, rel. Min. João Otávio de Noronha, 5.ª Turma, j. 27.09.2022, noticiado no *Informativo* 752).

Crime contra a Administração Pública – ação de improbidade administrativa – absolvição – repercussão sobre a ação penal – independência das esferas – ausência do elemento subjetivo dos particulares – especificidades examinadas pela esfera cível – dolo de atentar contra os princípios da administração não configurado – exceção à independência das esferas – justa causa para ação penal esvaziada: "A absolvição na ação de improbidade administrativa em virtude da ausência de dolo e da ausência de obtenção de vantagem indevida esvazia a justa causa para manutenção da ação penal. A jurisprudência desta Corte entende que a sentença absolutória por ato de improbidade não vincula o resultado da ação penal, porquanto proferida na esfera do direito administrativo sancionador, que é independente da instância penal, embora seja possível, em tese, considerar como elementos de persuasão os argumentos nela lançados (REsp 1.847.488/SP, relator Ministro Ribeiro Dantas, Quinta Turma, DJe 26/4/2021). A independência das esferas tem por objetivo o exame particularizado do fato narrado, com base em cada ramo do direito, devendo as consequências cíveis e administrativas ser aferidas pelo juízo cível e as consequências penais pelo Juízo criminal, dada a especialização de cada esfera. No entanto, as consequências jurídicas recaem sobre o mesmo fato. No caso, verifica-se que a absolvição ocorreu em virtude da ausência de comprovação do elemento subjetivo dos particulares. Ficou consignado pela instância cível que a prova dos autos demonstra apenas o dolo do gestor público, não justificando a condenação dos particulares. Destacou-se, ademais, que a pessoa jurídica nem ao menos logrou êxito em ser a primeira colocada entre os concorrentes na dispensa de licitação, precisando baixar seu preço para ser escolhida. Por fim, registrou-se que não se auferiu benefício, uma vez que o contrato foi anulado pela Corte de Contas. Nessa linha de intelecção, não é possível que o dolo da conduta em si não esteja demonstrado no juízo cível e se revele no juízo penal, pois se trata do mesmo fato, na medida em que a ausência do requisito subjetivo provado interfere na caracterização da própria tipicidade do delito, mormente se considere a doutrina finalista (que insere o elemento subjetivo no tipo), bem como que os fatos aduzidos na denúncia não admitem uma figura culposa, culminando-se, dessa forma, em atipicidade. Anote-se, por oportuno, que se trata de crime contra a Administração Pública, cuja especificidade recomenda atentar para o que decidido, a respeito dos fatos, na esfera cível. Deve-se levar em consideração que o art. 21, § 4º, da Lei n. 8.429/1992, incluído pela Lei n. 14.230/2021, disciplina que 'a absolvição criminal em ação que discuta os mesmos fatos, confirmada por decisão colegiada, impede o trâmite da ação da qual trata esta Lei, havendo comunicação com todos os fundamentos de absolvição previstos no art. 386 do Código de Processo Penal'. Embora referido dispositivo esteja com a eficácia suspensa por liminar deferida pelo Supremo Tribunal Federal, em 27/12/2022, na ADI 7.236/DF, tem-se que o legislador pretendeu definir ampla exceção legal à independência das esferas que, apesar de não autorizar o encerramento da ação penal em virtude da absolvição na ação de improbidade administrativa por qualquer fundamento, revela que existem fundamentos tão relevantes que não podem ser ignorados pelas demais esferas. Pela letra da lei, uma absolvição na seara penal, por qualquer fundamento, não pode permitir a manutenção da ação de improbidade. A suspensão do art. 21, § 4º, da Lei n. 8.429/1992, na redação dada pela Lei n. 14.230/2021 (ADI 7.236/DF) não atinge a vedação constitucional do *ne bis in idem* (Rcl 57.215/DF MC, Rel. Ministro Gilmar Mendes, julgado em 6/1/2023), e, sem justa causa não há persecução penal. Portanto, apesar de, pela letra da lei, o contrário não justificar o encerramento da ação penal, inevitável concluir que a absolvição na ação de improbidade administrativa em virtude da ausência de dolo e da ausência de obtenção de vantagem indevida, esvazia a justa causa para manutenção da ação penal. De fato, não se verifica mais a plausibilidade do direito de punir, uma vez que a conduta típica, primeiro elemento do conceito analítico de crime, depende do dolo para se configurar, e este foi categoricamente afastado pela instância cível. Tendo a instância cível afirmado que não ficou demonstrado que os particulares induziram ou concorreram dolosamente para a prática de ato que atente contra os princípios da administração, registrando que 'a amplitude da previsão legislativa não pode induzir o intérprete a acolher ilações do autor da ação civil pública, pois ausente a subsunção dos fatos à norma que prevê a responsabilização dos particulares na Lei n. 8.429/92 (art. 3º); não pode a mesma conduta ser violadora de bem jurídico tutelado pelo direito penal. Constata-se, assim, de forma excepcional, a efetiva repercussão da decisão de improbidade sobre a justa causa da ação penal em trâmite, motivo pelo qual não se justifica a manutenção desta última. Nas palavras do Ministro Humberto Martins, 'a unidade do Direito' deve se pautar pela coerência" (STJ: RHC 173.448/DF, rel. Min. Reynaldo Soares da Fonseca, 5.ª Turma, j. 07.03.2023, noticiado no *Informativo* 766).

Crimes contra a Administração Pública – progressão de regime e reparação do dano – legitimidade: "É constitucional o § 4º do art. 33 do CP, que condiciona a progressão de regime de cumprimento da pena de condenado por crime contra a administração pública à reparação do dano que causou, ou à devolução do produto do ilícito praticado, facultado o parcelamento da dívida. Com base nessa orientação, o Plenário, por maioria, negou provimento a agravo regimental interposto em face de decisão que indeferira pedido de progressão de regime a condenado nos autos da AP 470/MG (*DJe* 22.04.2013) pela prática dos crimes de peculato e corrupção passiva. [...] Quanto à alegada inconstitucionalidade do referido dispositivo legal, a Corte destacou que, em matéria de crimes contra a administração pública – como também nos crimes de colarinho branco em geral –, a parte verdadeiramente severa da pena, a ser executada com rigor, haveria de ser a de natureza pecuniária. Esta, sim, teria o poder de funcionar como real fator de prevenção, capaz de inibir a prática de crimes que envolvessem apropriação de recursos públicos. Por outro lado, a imposição da devolução do produto do crime não constituiria sanção adicional, mas apenas a devolução daquilo que fora indevidamente apropriado ou desviado. Ademais, não seria o direito fundamental à liberdade do condenado que estaria em questão, mas, tão somente, se a pena privativa de liberdade a ser cumprida deveria se dar em regime mais favorável ou não, o que afastaria a alegação quanto à suposta ocorrência, no caso, de prisão por dívida. Outrossim, a norma em comento não seria a única, prevista na legislação penal, a ter na reparação do dano uma importante medida de política criminal. Ao contrário, bastaria uma rápida leitura dos principais diplomas penais brasileiros para constatar que a falta de reparação do dano: a) pode ser causa de revogação obrigatória do *sursis*; b) impede a extinção da punibilidade ou mesmo a redução da pena, em determinadas hipóteses; c) pode acarretar o indeferimento do livramento condicional e do indulto; d) afasta a atenuante genérica do art. 65, III, *b*, do CP, entre outros" (STF: EP 22 ProgReg-AgR/DF, rel. Min. Roberto Barroso, Plenário, j. 17.12.2014, noticiado no *Informativo* 772).

Crimes de responsabilidade dos prefeitos – art. 1.º, inciso I, do Decreto-Lei n. 201/1967 – funcionário fantasma – pagamento de remuneração e serviços não prestados – fato atípico: "O pagamento de remuneração a funcionários fantasmas não configura apropriação ou desvio de verba pública, previstos pelo art. 1º, inciso I, do Decreto-Lei n. 201/1967. Nos termos do art. 1º, inciso I, do Decreto-Lei n. 201/1967, constitui crime de responsabilidade dos prefeitos apropriar-se de bens ou rendas públicas, ou desviá-los em proveito próprio ou alheio. Ocorre que pagar ao servidor público não constitui desvio ou apropriação da renda pública, tratando-se, pois, de obrigação legal. Ademais, a forma de provimento, direcionada ou não, em fraude ou não, é questão diversa, passível inclusive de sanções administrativas ou civis, mas não de sanção penal. De outro lado, a não prestação de serviços por servidor tampouco configura o crime discutido, também sendo passível de responsabilização funcional e até demissão. Nesse contexto, verifica-se que a conduta em análise não se subsume à norma em questão. Dessa forma, o pagamento de salário não configura apropriação ou desvio de verba pública, previstos pelo art. 1º, inciso I, do Decreto-Lei n. 201/1967, pois a remuneração é devida, ainda que questionável a contratação de parentes do Prefeito" (STJ: AgRg no AREsp 1.162.086/SP, rel. Min. Nefi Cordeiro, 6.ª Turma, j. 05.03.2020, noticiado no *Informativo* 667).

Desvio de verbas do SUS – competência – Justiça Federal: "Compete à Justiça Federal processar e julgar as ações penais relativas a desvio de verbas originárias do Sistema Único de Saúde (SUS), independentemente de se tratar de valores repassados aos Estados ou Municípios por meio da modalidade de transferência 'fundo a fundo' ou mediante realização de convênio. Isso porque há interesse da União na regularidade do repasse e na correta aplicação desses recursos, que, conforme o art. 33, § 4º, da Lei 8.080/1990, estão sujeitos à fiscalização federal, por meio do Ministério da Saúde e de seu sistema de auditoria. Dessa forma, tem aplicação à hipótese o disposto no art. 109, IV, da CF, segundo o qual aos juízes federais compete processar e julgar os crimes políticos e as infrações penais praticadas em detrimento de bens, serviços ou interesse da União ou de suas entidades autárquicas ou empresas públicas, excluídas as contravenções e ressalvada a competência da Justiça Militar e da Justiça Eleitoral. Incide, ademais, o entendimento contido na Súmula 208 do STJ, de acordo com a qual compete à Justiça Federal processar e julgar prefeito municipal por desvio de verba sujeita a prestação de contas perante órgão federal. Cabe ressaltar, a propósito, que o fato de os Estados e Municípios terem autonomia para gerenciar a verba destinada ao SUS não elide a necessidade de prestação de contas ao TCU, tampouco exclui o interesse da União na regularidade do repasse e na correta aplicação desses recursos" (STJ: AgRg no CC 122.555/RJ, rel. Min. Og Fernandes, 3.ª Seção, j. 14.08.2013, noticiado no *Informativo* 527).

Elemento subjetivo – peculato apropriação: "A caracterização do crime de peculato reclama o fim específico de se apropriar, definitivamente, de bem móvel de que tem a posse o funcionário público em razão de sua função" (STJ: REsp 830.671/SP, rel. Min. Hamilton Carvalhido, 6.ª Turma, j. 08.03.2007).

Fim de lucro – desnecessidade: "A caracterização do peculato doloso não reclama lucro efetivo por parte do agente" (STF: RHC 63.483/RS, rel. Min. Francisco Rezek, 2.ª Turma, j. 29.11.1985).

"Funcionário fantasma" – valores que já lhe pertenceriam – apuração na esfera administrativa – atipicidade: "Não é típico o ato do servidor que se apropria de valores que já lhe pertenceriam, em razão do cargo por ele ocupado. No caso, a conduta imputada às partes é a nomeação da ré para o exercício de cargo em Câmara Municipal, no gabinete do corréu. Segundo a narrativa do *Parquet*, essa conduta configurou o crime de peculato-desvio porque a ré apenas comparecia ao trabalho, para assinar o ponto sem, contudo, exercer suas atribuições do cargo e, dessa forma, não faria jus à remuneração percebida. Extrai-se da situação fática que houve comunhão de esforços, a partir de janeiro de 2016, e teriam desviado, em proveito próprio, R$ 478.419,09, referentes aos vencimentos mensais da ré. Isso porque, embora cedida para trabalhar no gabinete do corréu na Câmara de Vereadores, desempenhava outras funções, não cumprindo com a carga horária semanal de 40 horas. Todavia, não há imputação de que o corréu tomasse para si os vencimentos da ré, mas somente que a referida servidora não desempenhava, efetivamente, as funções para as quais foi nomeada. Tampouco o acórdão recorrido registra, em qualquer momento, que as verbas remuneratórias fossem destinadas a qualquer pessoa, além da própria ré.

Nos termos da jurisprudência deste STJ, não é típico o ato do servidor que se apropria de valores que já lhe pertenceriam, em razão do cargo por ele ocupado. Assim, a conduta da funcionária poderia ter repercussões disciplinares ou mesmo no âmbito da improbidade administrativa, mas não se ajusta ao delito de peculato, porque seus vencimentos efetivamente lhe pertenciam. Se o servidor merecia perceber a remuneração, à luz da ausência da contraprestação respectiva, é questão a ser discutida na esfera administrativo-sancionadora, mas não na instância penal, por falta de tipicidade" (STJ: AgRg no AREsp 2.073.825/RS, rel. Min. Ribeiro Dantas, 5.ª Turma, j. 16.08.2022, noticiado no *Informativo* 746).

Indicação dos beneficiários das vantagens – desnecessidade: "Para configuração do delito de peculato, inexiste a obrigatoriedade da indicação dos beneficiários da vantagem e/ou destinatários do dinheiro" (STJ: APn 497/MT, rel. Min. Nancy Andrighi, Corte Especial, j. 27.11.2008).

Peculato – depositário judicial que vende os bens que estavam em seu poder – ausência de função pública – não caracterização do delito: "O depositário judicial que vende os bens sob sua guarda não comete o crime de peculato. De início, verifica-se que o depositário judicial não ocupa cargo criado por lei, não recebe vencimento, tampouco tem vínculo estatutário. Trata-se de uma pessoa que, embora tenha de exercer uma função no interesse público do processo judicial, é estranha aos quadros da justiça e, pois, sem ocupar qualquer cargo público, exerce um encargo por designação do juiz (*munus público*). Não ocupa, de igual modo, emprego público e nem função pública. É, na verdade, um auxiliar do juízo que fica com o encargo de cuidar de bem litigioso. Não se satisfaz, em tal caso, a figura típica do art. 312 do Código Penal, porque não há funcionário público, para fins penais, nos termos do art. 327 do Código Penal, em razão da ausência da ocupação de cargo público. Não basta, como se vê, à caracterização do peculato, o fato de o agente ser considerado funcionário público. É preciso mais. Que ele se aproprie do bem em razão do cargo público que exerça. Essa relação entre o agente e o cargo público é inarredável no crime de peculato" (STJ: HC 402.949/SP, rel. Min. Maria Thereza de Assis Moura, 6.ª Turma, j. 13.03.2018, noticiado no *Informativo* 623).

Peculato – objetividade jurídica: "[...] Deve-se alertar, ainda, que os bens jurídicos tutelados pelo peculato são o interesse público moral e patrimonial da Administração Pública, alinhando-se à probidade administrativa" (STJ: RHC 75.768/RN, rel. Min. Antônio Saldanha Palheiro, 6.ª Turma, j. 15.08.2017, noticiado no *Informativo* 611).

Peculato apropriação – consumação: "A consumação do crime de peculato-apropriação previsto no art. 312, *caput*, 1.ª parte, do Código Penal, ocorre no momento em que o funcionário público, em virtude do cargo, começa a dispor do dinheiro, valores ou qualquer outro bem móvel apropriado, como se proprietário fosse" (STJ: REsp 985.368/SP, rel. Min. Laurita Vaz, 5.ª Turma, j. 30.05.2008).

Peculato de uso – fato atípico: "É atípica a conduta de peculato de uso. Com base nesse entendimento, a 1ª Turma deu provimento a agravo regimental para conceder a ordem de ofício. Observou-se que tramitaria no Parlamento projeto de lei para criminalizar essa conduta" (STF: HC 108.433 AgR/MG, rel. Min. Luiz Fux, 1.ª Turma, j. 25.06.2013, noticiado no *Informativo* 712). *No mesmo sentido*: STJ: HC 94.168/MG, rel. Min. Jane Silva (Desembargadora convocada do TJ/MG), 6.ª Turma, j. 01.04.2008.

Peculato de uso – nomeação de secretária parlamentar – utilização de mão de obra pública para fins privados – não caracterização do delito: "A Segunda Turma, por maioria, deu provimento a apelação interposta contra sentença penal condenatória para absolver o apelante com fundamento no art. 386, III, do CPP ('Art. 386. O juiz absolverá o réu, mencionando a causa na parte dispositiva, desde que reconheça: ... III – não constituir o fato infração penal'). Na espécie, o recorrente fora condenado em primeira instância – ao tempo em que ainda não detinha foro no STF – pela suposta prática do crime previsto no art. 312, § 1º, do CP, em razão da contratação, como sua secretária parlamentar, de funcionária de sua própria empresa, que teria continuado no exercício de atividade privada embora recebendo pelos cofres públicos. [...]

No mérito, a Turma destacou a necessidade de se analisar o crime de peculato sob a óptica da jurisprudência do STF. No Inq 2.913 AgR/MT (*DJe* de 21.6.2012), o Plenário concluíra que, em tese, a nomeação de funcionário para o exercício de funções incompatíveis com o cargo em comissão ocupado tipificaria o crime de peculato-desvio (CP, art. 312, 'caput'). Já no julgamento do Inq 3.776/TO (*DJe* de 4.11.2014), a Corte assentara que a 'utilização dos serviços custeados pelo erário por funcionário público no seu interesse particular não é conduta típica de peculato (art. 312, do Código Penal), em razão do princípio da taxatividade (CF, art. 5º, XXXIX)'. O tipo em questão exigiria 'apropriação ou desvio de dinheiro, valor ou outro bem móvel'. Assim, tendo essas premissas em conta, seria a hipótese de se verificar se, na situação em comento, teria havido: a) desvio de serviços prestados por secretária parlamentar à custa do erário, no interesse particular do apelante, fato este penalmente atípico; ou b) utilização da Administração Pública para pagar o salário de empregado particular, fato que constituiria crime. Contudo, a prova dos autos demonstraria que a pessoa nomeada secretária parlamentar pelo apelante teria, de fato, exercido atribuições inerentes a esse cargo, ainda que também tivesse desempenhado outras atividades no estrito interesse particular do recorrente. [...] Assim, a prova colhida sob o crivo do contraditório autorizaria a conclusão de que a conduta do apelante seria penalmente atípica, uma vez que teria consistido no uso de funcionário público que, de fato, exercia as atribuições inerentes ao seu cargo para, também, prestar outros serviços de natureza privada. A despeito disso, a emissão de qualquer juízo de valor a respeito da moralidade da conduta verificada ou de seu enquadramento em eventual ato de improbidade administrativa não caberia no processo em comento, isso tendo em consideração o seu caráter penal" (STF: AP 504/DF, rel. orig. Min. Cármen Lúcia, red. p/ o acórdão Min. Dias Toffoli, 2.ª Turma, j. 09.08.2016, noticiado no *Informativo* 834).

Peculato desvio – benefício da Administração Pública – desclassificação para o crime tipificado no art. 315 do Código Penal: "No que se refere ao art. 312 do CP, assinalou não haver plausibilidade da acusação, uma vez que os recursos teriam sido incorporados ao Tesouro – caixa único do Estado. Desclassificou essa conduta para a prevista no art. 315 do CP" (STF: Inq 3.731/DF, rel. Min. Gilmar Mendes, 2.ª Turma, j. 18.08.2015, noticiado no *Informativo* 795).

Peculato desvio – crime material – consumação – competência: "Compete ao foro do local onde efetivamente ocorrer o desvio de verba pública – e não ao do lugar para o qual os valores foram destinados – o processamento e julgamento da ação penal referente ao crime de peculato-desvio (art. 312, *caput*, segunda parte, do CP). Isso porque a consumação do referido delito ocorre quando o funcionário público efetivamente desvia o dinheiro, valor ou outro bem móvel. De fato, o resultado naturalístico é exigido para a consumação do crime, por se tratar o peculato-desvio de delito material. Ocorre que o resultado que se exige nesse delito não é a vantagem obtida com o desvio do dinheiro, mas sim o efetivo desvio do valor. Dessa forma, o foro do local do desvio deve ser considerado o competente, tendo em vista que o art. 70 do CPP estabelece que a competência será, de regra, determinada pelo lugar em que se consumar a infração" (STJ: CC 119.819/DF, rel. Min. Marco Aurélio Bellizze, 3.ª Seção, j. 14.08.2013, noticiado no *Informativo* 526).

Peculato-desvio – desconto de valores dos contracheques dos servidores para quitação de empréstimos consignados – não repasse à instituição financeira – demonstração do proveito próprio ou alheio – desnecessidade: "O administrador que desconta valores da folha de pagamento dos servidores públicos para quitação de empréstimo consignado e não os repassa a instituição financeira pratica peculato-desvio, sendo desnecessária a demonstração de obtenção de proveito próprio ou alheio, bastando a mera vontade de realizar o núcleo do tipo. De início, ressalta-se que a diferença entre manipulação de dinheiro público ou particular tem especial importância na análise da questão do dolo na obtenção de proveito próprio ou alheio com desvio de finalidade das verbas e da simples aplicação inadequada dessa mesma verba. Essa discussão, que eventualmente surge na hipótese de o administrador público dar destino diverso ao previsto para a verba, mas ainda no âmbito público, a exemplo de deslocar montante que seria aplicado à saúde para a pavimentação de rodovia. Contudo, sendo o dinheiro particular, esse tipo de controvérsia se desfaz, pois não é dado ao administrador deslocar esse dinheiro para nenhuma outra finalidade que não a ajustada. Assim, tratando-se de aplicação de dinheiro particular e tendo o administrador público traído, evidentemente, a confiança que lhe fora depositada, ao dar destinação diversa à ajustada, não é requisito para a configuração do crime a demonstração do proveito próprio ou alheio. Mesmo que necessário fosse, sendo o dinheiro de servidores, ou seja, particular, o proveito exsurge do fato em si. O peculato-desvio é crime formal que se consuma no instante em que o funcionário público dá ao dinheiro ou valor destino diverso do previsto. A obtenção do proveito próprio ou alheio não é requisito para a consumação do crime, sendo suficiente a mera vontade de realizar o núcleo do tipo. Desse modo, configura peculato-desvio a retenção dos valores descontados da folha de pagamento dos servidores públicos que recebiam seus vencimentos já com os descontos dos valores de retenção a título de empréstimo consignado, mas, por ordem de administrador, os repasses às instituições financeiras credoras não eram realizados" (STJ: APn 814/DF, rel. Min. Mauro Campbell Marques, rel. ac. Min. João Otávio de Noronha, Corte Especial, j. 06.11.2019, noticiado no *Informativo* 664).

Peculato-desvio – Governador de Estado – fomento econômico de candidatura - desvio de dinheiro público – empresas estatais – alcance da elementar "posse": "Configura o crime de peculato-desvio o fomento econômico de candidatura à reeleição por Governador de Estado com o patrimônio de empresas estatais. Na configuração do peculato-desvio, previsto no art. 312, *caput,* segunda parte, e § 1º, do Código Penal, de acordo com a doutrina, a posse 'deve ser entendida em sentido amplo, compreendendo a simples detenção, bem como a posse indireta (disponibilidade jurídica sem detenção material, ou poder de disposição exercível mediante ordens, requisições ou mandados)'. A jurisprudência desta Corte Superior mantém esse entendimento ao afirmar que 'a expressão posse, utilizada no tipo penal do art. 312, *caput,* do Código Penal, não deve ser analisada de forma restrita, e sim, tomada como um conceito em sentido amplo, que abrange, também, a detenção. Dessa forma, o texto da lei aplica-se à posse indireta, qual seja, a disponibilidade jurídica do bem, sem apreensão material'. Idêntica compreensão da matéria é ventilada em precedentes do Supremo Tribunal Federal, para o qual, 'no peculato-desvio, exige-se que o servidor público se aproprie de dinheiro do qual tenha posse direta ou indireta, ainda que mediante mera disponibilidade jurídica'. O Governador exercia plena ingerência nas empresas do estado, mediante imposição da autoridade de seu cargo sobre os respectivos dirigentes, e a autonomia gerencial própria das entidades da administração indireta não representava óbice ao acesso e ao controle fático das disponibilidades financeiras das estatais" (STJ: REsp 1.776.680/MG, rel. Min. Jorge Mussi, 5.ª Turma, j. 11.02.2020, noticiado no *Informativo* 666).

Princípio da insignificância – aplicabilidade: "A 2ª Turma, por maioria, concedeu *habeas corpus* para reconhecer a aplicação do princípio da insignificância e absolver o paciente ante a atipicidade da conduta. Na situação dos autos, ele fora denunciado pela suposta prática do crime de peculato, em virtude da subtração de duas luminárias de alumínio e fios de cobre. Aduzia a impetração, ao alegar a atipicidade da conduta, que as luminárias: a) estariam em desuso, em situação precária, tendo como destino o lixão; b) seriam de valor irrisório; e c) teriam sido devolvidas. Considerou-se plausível a tese sustentada pela defesa. Ressaltou-se que, em casos análogos, o STF teria verificado, por inúmeras vezes, a possibilidade de aplicação do referido postulado. Enfatizou-se que, esta Corte, já tivera oportunidade de reconhecer a admissibilidade de sua incidência no âmbito de crimes contra a Administração Pública. Observou-se que os bens seriam inservíveis e não haveria risco de interrupção de serviço" (STF: HC 107.370/SP, rel. Min. Gilmar Mendes, 2.ª Turma, j. 26.04.2011, noticiado no *Informativo* 624).

Princípio da insignificância – crimes contra a administração pública – súmula 599 do STJ – mitigação diante das peculiaridades do caso concreto – possibilidade: "A despeito do teor do teor do enunciado sumular n. 599, no sentido de que 'O princípio da insignificância é inaplicável aos crimes contra a administração pública', as peculiaridades do caso concreto – réu primário, com 83 anos na época dos fatos e avaria de um cone avaliado em menos de R$ 20,00, ou seja, menos de 3% do salário mínimo vigente à época dos fatos – justificam a mitigação da referida súmula, haja vista que nenhum interesse social existe na onerosa intervenção estatal diante da inexpressiva lesão jurídica provocada" (STJ: RHC 85.272/RS, rel. Min. Nefi Cordeiro, 6.ª Turma, j. 14.08.2018). *No mesmo sentido:* STJ: RHC 153.480/SP, rel. Min. Laurita Vaz, 6.ª Turma, j. 24.05.2022.

Princípio da insignificância – inaplicabilidade: "2. O princípio da insignificância surge como instrumento de interpretação restritiva do tipo penal que, de acordo com a dogmática moderna, não deve ser considerado apenas em seu aspecto formal, de subsunção do fato à norma, mas, primordialmente, em seu conteúdo material, de cunho valorativo, no sentido da sua efetiva lesividade ao bem jurídico tutelado pela norma penal, consagrando os postulados da fragmentariedade e da intervenção mínima. 3. Indiscutível a sua relevância, na medida em que exclui da incidência da norma penal aquelas condutas cujo desvalor da ação e/ou do resultado (dependendo do tipo de injusto a ser considerado) impliquem uma ínfima afetação ao bem jurídico. 4. Hipótese em que o recorrente, valendo-se da condição de funcionário público, subtraiu produtos médicos da Secretaria Municipal de Saúde de Cachoeirinha-RS, avaliados em R$ 13,00. 5. 'É inaplicável o princípio da insignificância nos crimes contra a Administração Pública, ainda que o valor da lesão possa ser considerado ínfimo, porque a norma busca resguardar não somente o aspecto patrimonial, mas moral administrativa, o que torna inviável afirmação do desinteresse estatal à sua repressão'" (STJ: REsp 1.062.533/RS, rel. Min. Arnaldo Esteves Lima, 5.ª Turma, j. 05.02.2009). *No mesmo sentido:* STJ: HC 132.021/PB, rel. Min. Celso Limongi (Desembargador convocado do TJSP), 6ª Turma, j. 20.10.2009, noticiado no *Informativo* 412.

Rejeição de contas – irrelevância: "A rejeição das denúncias pelo Tribunal de Contas estadual não inibe o MP de oferecer denúncia, nem impede a instauração da respectiva ação penal" (STJ: APn 477/PB, rel. Min. Eliana Calmon, Corte Especial, j. 04.03.2009).

Sujeito ativo – concurso de pessoas: "O peculato é crime próprio, no tocante ao sujeito ativo: indispensável a qualificação – funcionário público. Admissível, contudo, o concurso de pessoas, inclusive quanto ao estranho ao serviço público. Não se comunicam as circunstâncias e condições de caráter pessoal, salvo quando elementares do crime" (STJ: HC 2.863/RJ, rel. Min. Luiz Vicente Cernicchiaro, 6.ª Turma, j. 04.10.1994).

Peculato mediante erro de outrem

> **Art. 313.** Apropriar-se de dinheiro ou qualquer utilidade que, no exercício do cargo, recebeu por erro de outrem:
>
> Pena – reclusão, de um a quatro anos, e multa.

Classificação:	Informações rápidas:
Crime simples	**Peculato estelionato** (modalidade especial de apropriação de coisa havida por erro, diferenciada pelo sujeito ativo).
Crime próprio	
Crime material	
Crime de dano	**Objeto material:** dinheiro ou qualquer outra utilidade.
Crime de forma livre	
Crime comissivo (*regra*)	A posse do bem pelo funcionário público emana do erro espontâneo de outrem.
Crime instantâneo	
Crime unissubjetivo, unilateral ou de concurso eventual (*regra*)	**Elemento subjetivo:** dolo (dolo superveniente). Não admite modalidade culposa.
Crime plurissubsistente (*regra*)	**Tentativa:** admite (*crime plurissubsistente*).
	Ação penal: pública incondicionada.

○ **Introdução:** O crime tipificado no art. 313 do CP é também conhecido como "**peculato estelionato**", porque consiste na captação indevida, por parte do funcionário público, de dinheiro ou qualquer outra utilidade mediante o aproveitamento ou manutenção do erro alheio. O "peculato estelionato" nada mais é do que uma modalidade especial de apropriação de coisa havida por erro, diferenciada pelo sujeito ativo, ou seja, um funcionário público prevalecendo-se das facilidades proporcionadas pelo exercício da função pública.

○ **Objeto jurídico:** Tutela-se a Administração Pública, em sua dupla vertente: patrimonial (proteção do erário) e moral (lealdade e probidade dos agentes públicos).

○ **Objeto material:** É o dinheiro ou qualquer outra utilidade. **Dinheiro** é a moeda metálica ou o papel moeda circulante no País ou no exterior. O CP foi além: ao contrário do que determinou em seu art. 312, o objeto material do peculato mediante erro de outrem não é somente o dinheiro, valor ou bem móvel, mas "*qualquer utilidade*", **expressão que** deve ser compreendida como "**utilidade econômica**", ou seja, tudo quanto serve para uso, consumo ou proveito econômico ou avaliável em dinheiro.

○ **Núcleo do tipo:** É "**apropriar-se**", ou seja, comportar-se em relação à coisa como se fosse seu legítimo proprietário (*animus domini*). O funcionário público passa a agir como dono do objeto material, praticando algum ato que somente a este competia. O funcionário público apropria-se da coisa valendo-se das facilidades proporcionadas pelo exercício do seu cargo. É imprescindível o recebimento do bem pelo funcionário público **no exercício do cargo**. Ausente esta elementar, o crime será o de apropriação de coisa havida por erro (art. 169, *caput*, 1.ª parte, do CP). Embora os delitos de peculato apropriação e peculato mediante erro de outrem apresentem pontos em comum, visualiza-se neste último uma relevante diferença. A posse do bem pelo funcionário público emana do **erro de outrem**,[300] isto é, da falsa percepção da vítima acerca de algo. O erro da pessoa que entrega o dinheiro ou qualquer outra utilidade (vítima) deve ser **espontâneo**, pouco importando qual a sua causa; se dolosamente provocado pelo funcionário público, estará configurado o crime de estelionato (art. 171 do CP). O erro em que incidiu a vítima pode dizer respeito à coisa entregue ao funcionário público; à quantidade da coisa entregue ao funcionário público, que se apropria do excesso; à obrigação que originou a entrega ou aos poderes do funcionário público para receber o bem. Pode acontecer de o próprio funcionário público incidir em erro, tal como quando acredita possuir atribuições para receber determinado pagamento em dinheiro, quando na verdade não as tem. Nesse caso, ausente o dolo, não há falar em peculato mediante erro de outrem. Entretanto, se ele posteriormente constatar seu equívoco e deixar de prontamente restituir a coisa ao seu titular, estará caracterizado o crime previsto no art. 313 do Código Penal.

○ **Sujeito ativo:** Cuida-se de **crime próprio** ou **especial**, pois somente pode ser praticado pelo funcionário público. É possível o concurso de pessoas (coautoria ou participação) com um particular.

○ **Sujeito passivo:** É o Estado, bem como quem sofre a lesão patrimonial, seja um funcionário público (*intraneus*) ou então um particular (*extraneus*).

○ **Elemento subjetivo:** É o dolo. Fala-se, aqui, em **dolo superveniente**, pois surge após o bem se encontrar na posse do funcionário público. Não se admite a modalidade culposa.

---

[300] É válido recordar que no Direito Penal o erro (falsa percepção de algo) e a ignorância (completo desconhecimento de algo) recebem igual tratamento.

○ **Consumação:** O crime é **material** ou **causal**: consuma-se com a apropriação, isto é, no instante que o funcionário público, depois de ter recebido o dinheiro ou utilidade econômica mediante o erro de outrem, passa a agir em relação ao bem como se fosse seu legítimo proprietário, dele dispondo, destruindo-o, alienando-o etc.

○ **Tentativa:** É possível.

○ **Ação penal:** É pública incondicionada.

○ **Lei 9.099/1995:** Trata-se, em face da pena mínima cominada, de **crime de médio potencial ofensivo**, compatível com a suspensão condicional do processo, desde que presentes os demais requisitos exigidos pelo art. 89 da Lei 9.099/1995.

Inserção de dados falsos em sistema de informações

> **Art. 313-A.** Inserir ou facilitar, o funcionário autorizado, a inserção de dados falsos, alterar ou excluir indevidamente dados corretos nos sistemas informatizados ou bancos de dados da Administração Pública com o fim de obter vantagem indevida para si ou para outrem ou para causar dano:
>
> Pena – reclusão, de 2 (dois) a 12 (doze) anos, e multa.

Classificação:	Informações rápidas:
Crime simples	**Peculato eletrônico.**
Crime próprio	**Objeto material:** dados, falsos ou corretos,
Crime formal, de consumação antecipada ou	integrantes dos sistemas informatizados ou
de resultado cortado	bancos de dados da Administração Pública.
Crime de dano	**Elemento normativo do tipo:** "indevidamente".
Crime de forma livre	**Elemento subjetivo:** dolo (elemento subjetivo
Crime comissivo (*regra*)	específico – "com o fim de obter vantagem
Crime instantâneo	indevida para si ou para outrem ou para causar
Crime unissubjetivo, unilateral ou de concurso	dano"). Não admite modalidade culposa.
eventual	**Tentativa:** admite (*crime plurissubsistente*).
Crime plurissubsistente (*regra*)	**Ação penal:** pública incondicionada.

○ **Introdução:** Este crime, conhecido como "**peculato eletrônico**", foi introduzido no Código Penal pela Lei 9.983/2000. A denominação atribuída ao delito se deve a duas razões: (a) cuida-se de crime funcional, cujas penas são as mesmas cominadas ao peculato em seu tipo primário (CP, art. 312); e (b) a conduta diz respeito à atuação do funcionário público que insere dados falsos, altera ou exclui indevidamente dados corretos nos sistemas informatizados ou bancos de dados da Administração Pública, revelando a ligação deste crime com meios eletrônicos ou automatizados. O objetivo inicial da Lei 9.983/2000 era tutelar a Previdência Social, tendo sido responsável pela inserção no CP de diversos crimes com conteúdo previdenciário, a exemplo da apropriação indébita previdenciária (art. 168-A), de algumas modalidades de falsificação de documento particular (art. 297, § 3.º), e da sonegação de contribuição previdenciária (art. 337-A). No entanto, o tipo penal foi ampliado, de modo a estender sua proteção para os bancos de dados e sistemas informatizados da Administração Pública em geral.

○ **Objeto jurídico:** É a Administração Pública, no tocante à regularidade dos seus sistemas informatizados ou bancos de dados.

○ **Objeto material:** São os **dados**, falsos ou corretos, integrantes dos sistemas informatizados ou bancos de dados da Administração Pública. **Dados** são informações (verdadeiras ou falsas) relativas à representação convencional de fatos, conceitos ou instruções de forma adequada para armazenamento, processamento e comunicação por meios automáticos. Devem compor os sistemas informatizados ou bancos de dados da Administração Pública.

○ **Núcleos do tipo:** Trata-se de **tipo misto alternativo**, **crime de ação múltipla** ou **de conteúdo variado**, existindo quatro núcleos. Vejamos cada um deles. **Inserir** é introduzir, incluir, colocar algo em determinado local. **Facilitar a inserção** equivale a colaborar com alguém na atividade de inserir. Estes dois comportamentos referem-se a **dados falsos**, no sentido de carregar os bancos de dados ou sistemas informatizados da Administração Pública com informações incompatíveis com a realidade. Por sua vez, **alterar** significa modificar ou mudar, enquanto **excluir** é eliminar, remover, ou, na linguagem popularizada entre os usuários de aparelhos de informática, "deletar". Ambos os comportamentos dizem respeito a **dados corretos** atinentes aos bancos de dados ou sistemas informatizados da Administração Pública. Em relação aos núcleos "alterar" e "excluir", o tipo penal reclama a presença do **elemento normativo "indevidamente"**, isto é, em contrariedade com lei ou ato administrativo aplicável à espécie. Destarte, não há crime quando a conduta é devida, ainda que cause prejuízo à Administração Pública. Todos os núcleos relacionam-se a sistemas informatizados ou bancos de dados da Administração Pública.

– **Banco de dados:** É o depósito de conjuntos de dados inter-relacionados entre si. Cuida-se de compilação abrangente e organizada de informes armazenados em um meio físico, com o objetivo de evitar ou minimizar duplicidade de informação, otimizar a eficácia de seu tratamento, permitindo o acesso, por diversas formas, a uma grande variedade de informações. No contexto do art. 313-A do Código Penal, o banco de dados tem por finalidade servir de fonte de consulta acerca dos dados relacionados à Administração Pública.

– **Sistemas informatizados:** São um conjunto de elementos, materiais ou não, coordenados entre si, formando uma estrutura organizada, um sistema com o qual se armazenam e transmitem-se dados mediante a utilização de computadores. Destarte, o sistema informatizado, que é peculiar de equipamentos de informática, pode também abrigar um banco de dados de igual teor.

○ **Sujeito ativo:** O crime é **próprio** ou **especial**, pois somente pode ser cometido pelo "funcionário autorizado". Não basta ser funcionário público. É preciso ser também "autorizado", ou seja, ter acesso a uma área restrita, vedada a outros funcionários e ao público em geral, mediante a utilização de senha ou outro mecanismo de proteção análogo. É cabível o concurso de pessoas entre o funcionário autorizado e outro funcionário público (sem autorização) ou um particular.

○ **Sujeito passivo:** É o Estado e, secundariamente, a pessoa física ou jurídica prejudicada pela conduta criminosa.

○ **Elemento subjetivo:** É o dolo, acrescido de um especial fim de agir, representado pela expressão "com o fim de obter vantagem indevida para si ou para outrem ou para causar dano". Não se admite a forma culposa.

○ **Consumação:** Trata-se de **crime formal, de consumação antecipada** ou **de resultado cortado**: consuma-se no instante em que o sujeito ativo realiza a conduta legalmente prevista, isto é, com o ato de inserir ou facilitar a inserção de dados falsos por terceira pessoa, ou alterar ou excluir indevidamente dados corretos nos sistemas informatizados ou bancos de dados da Administração Pública, com o fim de obter vantagem indevida para si ou para outrem ou para causar dano. É suficiente a prática da conduta criminosa com a intenção de alcançar a finalidade específica, ainda que esta não se concretize. É também **crime instantâneo**, pois não se prolonga no tempo, e prescinde-se do esgotamento de procedimento administrativo concluindo pela inserção, alteração ou exclusão dos dados.

○ **Tentativa:** É possível.

○ **Ação penal:** É pública incondicionada.

○ **Lei 9.099/1995:** Em face da pena mínima cominada, constitui-se em **crime de elevado potencial ofensivo**, incompatível com os benefícios previstos na Lei 9.099/1995.

○ **Competência:** O crime tipificado no art. 313-A do Código Penal é, em regra, de competência da Justiça Estadual, ainda que cometido por militar. A Justiça Federal será competente quando o delito for cometido em detrimento de bens, serviços ou interesse da União ou de suas entidades autárquicas ou empresas públicas (CF, art. 109, inc. IV). É preciso destacar, contudo, que "a inserção de dados falsos em sistema de dados federais não fixa, por si só, a competência da Justiça Federal, a qual somente é atraída quando houver ofensa direta a bens, serviços ou interesses da União ou órgão federal."[301]

○ **Peculato eletrônico e crime eleitoral:** O art. 72 da Lei 9.504/1997 contempla um crime especial em relação ao delito em análise:

Art. 72. Constituem crimes, puníveis com reclusão, de cinco a dez anos:

I – obter acesso a sistema de tratamento automático de dados usado pelo serviço eleitoral, a fim de alterar a apuração ou a contagem de votos;

II – desenvolver ou introduzir comando, instrução, ou programa de computador capaz de destruir, apagar, eliminar, alterar, gravar ou transmitir dado, instrução ou programa ou provocar qualquer outro resultado diverso do esperado em sistema de tratamento automático de dados usados pelo serviço eleitoral;

III – causar, propositadamente, dano físico ao equipamento usado na votação ou na totalização de votos ou a suas partes.

○ **Jurisprudência selecionada:**

Consumação – crime instantâneo: "O crime de inserção de dados falsos em sistema de informações possui natureza instantânea, não havendo, nem mesmo teoricamente, meios de considerá-lo permanente" (STJ: HC 122.656/PR, rel. Min. Jane Silva (Desembargadora convocada do TJMG), 6.ª Turma, j. 06.02.2009).

Crime cometido por militar – competência da Justiça Estadual: "Compete à Justiça Comum Estadual processar e julgar policial militar acusado de alterar dados corretos em sistemas informatizados e bancos de dados da Administração Pública com o fim de obter vantagem indevida para si e para outrem (art. 313-A do CP). A competência da Justiça Militar não é firmada pela condição pessoal do infrator, mas decorre da natureza militar da infração. No caso, a ação delituosa não encontra figura correlata no Código Penal Militar e, apesar de ter sido praticada por militar, não se enquadra em nenhuma das hipóteses previstas no art. 9º do CPM" (STJ: CC 109.842/SP, rel. Min. Alderita Ramos de Oliveira (Desembargadora convocada do TJ/PE), 3.ª Seção, j. 13.03.2013, noticiado no *Informativo* 517).

Inserção de dados falsos em sistema de dados federais – ausência de indicação de ofensa a interesse direto e específico da União ou de suas autarquias – competência da Justiça Estadual: "A inserção de dados falsos em sistema de dados federais não fixa, por si só, a competência da Justiça Federal, a qual somente é atraída quando houver ofensa direta a bens, serviços ou interesses

---

[301] STJ: AgRg no CC 193.250/GO, rel. Min. Antonio Saldanha Palheiro, 3.ª Seção, j. 24.05.2023, noticiado no *Informativo* 780.

da União ou órgão federal. Conforme orientação jurisprudencial desta Corte, 'conquanto o Sistema DOF tenha sido instituído e implantado pelo IBAMA (art. 1º da Portaria/MMA n. 253/2006, c/c Instrução Normativa n. 112/2006 do IBAMA), o mero fato de o Sistema estar hospedado em seu site não atrai, por si só, a competência federal para o julgamento de delito de falsificação de Documento de Origem Florestal' (CC 168.575/MS, relator Ministro Reynaldo Soares da Fonseca, Terceira Seção, julgado em 9/10/2019, DJe 14/10/2019). No caso, não foi indicado nenhum prejuízo concreto ao ente federal ou demonstrada a ofensa a interesse direto e específico da União ou de suas entidades autárquicas ou empresas públicas com a suposta apresentação de informação falsa no sistema DOF (Documento de Origem Florestal), motivo pelo qual o feito deve ser processado e julgado pela Justiça comum estadual. No mesmo sentido, 'embora a emissão e o controle o DOF (Documento de Origem Florestal) recaiam sobre o IBAMA, isso não pode significar, *tout court*, que qualquer prática delitiva que envolva a inserção de dados no sistema dessa autarquia (em qualquer de suas unidades) que armazena os registros, contenha, em si, elemento suficiente para caracterizar o interesse da União ou da própria autarquia. Isso porque a proteção ao meio ambiente é de competência comum e, em alguns casos, embora o registro seja feito no Ibama, o interesse envolvido é nitidamente estadual. Vale dizer, irregularidades no registro, oriundas de prática criminosa, por si, não têm o condão de atrair a competência federal. Raciocínio diverso ensejaria a competência federal para todo e qualquer caso, haja vista que a proteção, a fiscalização e a conservação ambiental são propósitos ínsitos à própria existência (criação) do Ibama' (CC 141.822/PR, relator Ministro Rogerio Schietti Cruz, Terceira Seção, julgado em 9/9/2015, DJe 21/9/2015)" (STJ: AgRg no CC 193.250/GO, rel. Min. Antonio Saldanha Palheiro, 3.ª Seção, j. 24.05.2023, noticiado no *Informativo* 780).

Prévio esgotamento de procedimento administrativo – desnecessidade: "Necessidade de prévia definição de procedimento administrativo. Inexistência. Crimes comuns cujos tipos independem dessa providência. [...] A perfeição dos tipos de crimes comuns contra a Previdência Social independe da definição de prévio procedimento administrativo" (STF: HC 84.487/SP, rel. Min. Cezar Peluso, 2.ª Turma, j. 02.06.2009).

Modificação ou alteração não autorizada de sistema de informações

Art. 313-B. Modificar ou alterar, o funcionário, sistema de informações ou programa de informática sem autorização ou solicitação de autoridade competente:

Pena – detenção, de 3 (três) meses a 2 (dois) anos, e multa.

Parágrafo único. As penas são aumentadas de um terço até a metade se da modificação ou alteração resulta dano para a Administração Pública ou para o administrado.

Classificação:	Informações rápidas:
Crime simples	**Peculato eletrônico.**
Crime próprio	**Objeto material:** sistema de informações e
Crime formal, de consumação antecipada ou	programa de informática.
de resultado cortado	**Lei penal em branco homogênea** (art. 1.º
Crime de dano	da Lei 9.609/1998).
Crime de forma livre	**Elemento normativo do tipo:** "sem autoriza-
Crime comissivo (*regra*)	ção ou solicitação de autoridade competente".
Crime instantâneo	**Elemento subjetivo:** dolo. Não admite mo-
Crime unissubjetivo, unilateral ou de concurso	dalidade culposa.
eventual	**Tentativa:** admite (*crime plurissubsistente*).
Crime plurissubsistente (*regra*)	**Ação penal:** pública incondicionada.

○ **Introdução:** Este crime, igualmente conhecido como **peculato eletrônico**, também foi introduzido no Código Penal pela Lei 9.983/2000.

○ **Objeto jurídico:** Tutela-se a Administração Pública, notadamente no que diz respeito à integridade dos seus sistemas de informações e programas de informática.

○ **Objeto material:** O tipo penal contém dois objetos materiais: (a) sistema de informações; e (b) programa de informática. **Sistema de informações** é o complexo de elementos físicos agrupados e estruturados destinados ao fornecimento de dados ou orientações sobre alguma pessoa ou coisa. **Programa de informática** (ou programa de computador) é o *software*. Nessa última hipótese, o crime encontra-se disciplinado em uma **lei penal em branco homogênea**, pois o conceito de programa de computador é fornecido pelo art. 1.º da Lei 9.609/1998: "[...] é a expressão de um conjunto organizado de instruções em linguagem natural ou codificada, contida em suporte físico de qualquer natureza, de emprego necessário em máquinas automáticas de tratamento da informação, dispositivos, instrumentos ou equipamentos periféricos, baseados em técnica digital ou análoga, para fazê-los funcionar de modo e para fins determinados".

○ **Núcleos do tipo:** São dois – "modificar" e "alterar". Estes verbos, embora semelhantes, possuem significados diversos no âmbito do crime em análise. **Modificar** consiste em transformar alguma coisa, nela imprimindo uma nova forma. **Alterar**, por sua vez, equivale a decompor o estado inicial de algo. A primeira conduta ("modificar") importa na atribuição de estrutura diversa ao sistema de informações ou programa de informática; na conduta de "alterar", por sua vez, é preservado o sistema de informações ou o programa de informática, operando-se uma desnaturação em sua forma original. Cuida-se de **tipo misto alternativo, crime de ação múltipla ou de conteúdo variado**: a lei descreve dois núcleos, e a realização de ambos, no tocante ao mesmo objeto material e no mesmo contexto fático, caracteriza um único delito.

– **Elemento normativo do tipo:** A modificação ou alteração do sistema de informações ou programa de informática, para caracterização do crime definido no art. 313-B do Código Penal, deve ser realizada "sem autorização ou solicitação de autoridade competente", ou seja, do funcionário público legalmente investido das atribuições para permiti-la ("autorização") ou pleiteá-la ("solicitação").

○ **Sujeito ativo:** O crime é **próprio** ou **especial**, pois somente pode ser cometido por funcionário público, qualquer que seja ele. É suficiente, portanto, a condição de funcionário público, pouco importando sua categoria ou posição hierárquica no âmbito da Administração Pública.

○ **Sujeito passivo:** É o Estado e, secundariamente, a pessoa física ou jurídica lesada pela conduta criminosa.

○ **Elemento subjetivo:** É o dolo, independentemente de qualquer finalidade específica. Não se admite a modalidade culposa.

○ **Consumação:** Dá-se com a efetiva modificação ou alteração do sistema de informações ou programa de informática pelo funcionário público. O crime é **formal, de consumação antecipada** ou **de resultado cortado**, haja vista seu aperfeiçoamento com a realização da conduta legalmente descrita, sem necessidade de lesão para a Administração Pública ou para qualquer outra pessoa.

○ **Tentativa:** É possível.

○ **Ação penal:** É pública incondicionada.

○ **Lei 9.099/1995:** O crime de modificação ou alteração não autorizada de sistema de informações constitui-se em **infração penal de menor potencial ofensivo**, em face da pena máxima cominada (dois anos). Destarte, é de competência do Juizado Especial Criminal, e compatível com a transação penal e o rito sumaríssimo.

○ **Causa de aumento da pena (art. 313-B, parágrafo único):** O crime é formal. Contudo, a superveniência do resultado naturalístico não é irrelevante, pois a concretização do dano em face da Administração Pública ou de outra pessoa qualquer acarreta a maior gravidade do fato praticado. Com efeito, estabelece o parágrafo único do dispositivo legal em análise que "as penas são aumentadas de um terço até a metade se da modificação ou alteração resulta dano para a Administração Pública ou para o administrado". Esta causa de aumento de pena representa, na verdade, o exaurimento do crime. O dano à Administração Pública ou a um terceiro pode ser material ou moral, e conduz ao aumento tanto da pena privativa de liberdade como da sanção pecuniária.

○ **Jurisprudência selecionada:**

   Violação do painel do Senado – caracterização do delito: "A obtenção do extrato de votação secreta, mediante alteração nos programas de informática, não se amolda ao tipo penal previsto no art. 305 do CP, mas caracteriza o crime previsto no art. 313-B" (STF: Inq 1.879/DF, rel. Min. Ellen Gracie, Plenário, j. 10.09.2003).

Extravio, sonegação ou inutilização de livro ou documento

> **Art. 314.** Extraviar livro oficial ou qualquer documento, de que tem a guarda em razão do cargo; sonegá-lo ou inutilizá-lo, total ou parcialmente:
>
> Pena – reclusão, de um a quatro anos, se o fato não constitui crime mais grave.

Classificação:	Informações rápidas:
Crime simples	**Objeto material:** livro oficial ou documento.
Crime próprio	Crime subsidiário.
Crime formal, de consumação antecipada ou de resultado cortado	**Elemento subjetivo:** dolo. Não admite modalidade culposa.
Crime de dano	**Tentativa:** admite (crime plurissubsistente).
Crime de forma livre	**Ação penal:** pública incondicionada.
Crime comissivo (*regra*)	
Crime instantâneo	
Crime unissubjetivo, unilateral ou de concurso eventual	
Crime plurissubsistente (*regra*)	

○ **Objeto jurídico:** Tutela-se a Administração Pública, nos âmbitos patrimonial e moral.

○ **Objeto material:** É o livro oficial ou documento. **Livro oficial** é o criado por lei para o registro de anotações pertinentes à Administração Pública. **Documento** é qualquer escrito, instrumento ou papel, público ou particular (CPP, art. 232, *caput*). No contexto do tipo penal, o documento há de ser oficial. Em regra, será público, mas também poderá ser particular, desde que conste de arquivo da Administração Pública, em trânsito ou definitivamente. Para que o livro oficial ou documento (público ou particular) seja idôneo a funcionar como objeto material do crime em análise, basta que, de qualquer modo, afete o interesse administrativo ou de qualquer serviço público, ainda que de particulares, mesmo que represente simples valor histórico ou sirva apenas a expediente burocrático.[302]

– **Sonegação de papel ou objeto de valor probatório:** Se o objeto material constituir-se em autos judiciais ou documento de valor probatório, e sua inutilização for praticada por advogado ou procurador que os receba nesta qualidade, estará caracterizado o crime de sonegação de papel ou objeto de valor probatório, nos termos do art. 356 do Código Penal: "Inutilizar, total ou parcialmente, ou deixar de restituir autos, documento ou objeto de valor probatório, que recebeu na qualidade de advogado ou procurador: Pena – detenção, de seis a três anos, e multa."

○ **Núcleos do tipo:** São três: **extraviar, sonegar e inutilizar. Extraviar** é fazer com que algo não chegue ao seu real destino. **Sonegar** significa ocultar ou esconder. **Inutilizar**, por sua vez, equivale a tornar imprestável, total ou parcialmente. Cuida-se de **tipo misto alternativo, crime de ação múltipla** ou **de conteúdo variado** – a prática de duas ou mais condutas, no mesmo contexto fático e contra o mesmo bem jurídico, caracteriza um único crime.

○ **Sujeito ativo:** Trata-se de **crime próprio** ou **especial**, pois somente pode ser cometido por funcionário público. Anote-se, também, a insuficiência da condição funcional. Com efeito, deve tratar-se do funcionário público que tem a guarda do livro oficial ou do documento "em razão do cargo" *(ratione officii)*, isto é, entre suas atribuições há de constar este mister. Se a conduta for realizada por um particular, ou ainda por um funcionário público que não seja responsável, em razão do cargo, pela sua guarda, a ele será imputado o crime de subtração ou inutilização de livro ou documento (art. 337 do CP).

○ **Sujeito passivo:** É o Estado e, secundariamente, a pessoa física ou jurídica prejudicada pela conduta criminosa.

○ **Elemento subjetivo:** É o dolo, independentemente de qualquer finalidade específica. Não se admite a modalidade culposa.

○ **Consumação:** O crime é **formal, de consumação antecipada** ou **de resultado cortado:** consuma-se no instante em que o sujeito extravia livro oficial ou documento, de que tem a posse em razão do cargo, ou quando os sonega ou inutiliza, total ou parcialmente, pouco importando se resulta, ou não, efetivo prejuízo à Administração Pública.

○ **Tentativa:** É possível. Vale destacar, contudo, que a simples inutilização parcial de livro oficial ou documento, por expressa disposição legal, leva à consumação do delito.

○ **Ação penal:** É pública incondicionada.

○ **Lei 9.099/1995:** A pena mínima cominada é de um ano. Constitui-se, portanto, em **crime de médio potencial ofensivo**, compatível com a suspensão condicional do processo, se presentes os demais requisitos exigidos pelo art. 89 da Lei 9.099/1995.

○ **Subsidiariedade expressa e distinção com a supressão de documento:** O crime em análise é expressamente subsidiário, como se extrai da expressão "se o fato não constitui crime mais grave". Esta subsidiariedade não exclui a incidência do princípio da especialidade, se constatado o conflito aparente de leis penais. Nesse sentido, a conduta de "extraviar livro oficial, processo fiscal ou qualquer documento, de que tenha a guarda em razão da função; sonegá-lo, ou inutilizá-lo, total ou parcialmente, acarretando pagamento indevido ou inexato de tributo ou contribuição social", configura o crime específico previsto no art. 3.º, I, da Lei 8.137/1990.

---

[302] Cf. HUNGRIA, Nélson. *Comentários ao Código Penal.* 2. ed. Rio de Janeiro: Forense, 1959. v. IX, p. 355.

○ **Jurisprudência selecionada:**

Objeto material: "O verbete 'documento', por certo, não está restrito à ideia de escrito, como em tempos passados. Fitas cassetes, que continham gravações oriundas de monitoramento telefônico em investigação criminal, se enquadram na concepção de 'documento' para fins da tipificação do crime do art. 314 do Código Penal" (STJ: HC 65.499/SP, rel. Min. Laurita Vaz, 5.ª Turma, j. 27.03.2008).

Emprego irregular de verbas ou rendas públicas

> **Art. 315.** Dar às verbas ou rendas públicas aplicação diversa da estabelecida em lei:
>
> Pena – detenção, de um a três meses, ou multa.

Classificação:	Informações rápidas:
Crime simples	**Objeto material:** verbas públicas e as rendas públicas.
Crime próprio	Norma penal em branco homogênea ou *lato sensu* (lei específica).
Crime material	**Prefeitos:** não incide o art. 315 do CP (crime específico: art. 1.º,
Crime de dano	inc. III, do Decreto-lei 201/1967).
Crime de forma livre	**Elemento subjetivo:** dolo. Não admite modalidade culposa.
Crime comissivo (*regra*)	**Estado de necessidade:** pode excluir a antijuridicidade.
Crime instantâneo	**Tentativa:** admite (crime plurissubsistente).
Crime unissubjetivo, unilateral ou	**Ação penal:** pública incondicionada.
de concurso eventual	**Competência:** Justiça Estadual (exceções: art. 109, IV, da CF –
Crime plurissubsistente (*regra*)	Justiça Federal).

○ **Introdução:** O delito tipificado no art. 315 mostra-se semelhante ao peculato doloso, na modalidade desvio (art. 312, *caput*, parte final, do CP). Nos dois delitos, o funcionário público desvia um bem móvel pertencente à Administração Pública, conferindo-lhe destinação diversa da legalmente prevista. Entretanto, as diferenças entre os crimes são nítidas. No peculato, o funcionário público desvia o dinheiro, valor ou qualquer outro bem móvel em proveito próprio ou alheio, ou seja, age para satisfazer interesses particulares. No emprego irregular de verbas ou rendas públicas, o funcionário público desvia valores públicos, **mas em prol da própria Administração Pública**. Esta é a razão pela qual o legislador cominou ao delito em apreço uma pena sensivelmente inferior à sanção penal atribuída ao peculato doloso. Na hipótese em que os valores são desviados em benefício da Administração Pública, o delito será o de emprego irregular de verbas ou rendas públicas, ainda que o funcionário público venha a ser indiretamente favorecido pela conduta criminosa.

○ **Objeto jurídico:** Tutela-se a Administração Pública, no tocante à regularidade da aplicação dos recursos públicos em conformidade com a destinação legal prévia.

○ **Objeto material:** São as verbas e as rendas públicas. **Verbas públicas** são os valores especificamente destinados pela lei orçamentária a determinado serviço público ou atividade de interesse público. **Rendas públicas**, por sua vez, são os valores pertencentes à Fazenda Pública ou por ela arrecadados, seja qual for sua origem legal.

○ **Núcleo do tipo:** É "dar", no sentido de empregar ou utilizar verbas ou rendas públicas em finalidade diversa da estabelecida em lei. A expressão "estabelecida em lei" deixa evidente a necessidade de complementação do preceito primário por outra lei. Trata-se, portanto, de **norma penal em branco homogênea** ou *lato sensu*. É preciso analisar a lei que confere às verbas ou rendas públicas uma finalidade específica, para só então concluir pelo emprego dos valores em destinação diversa. A palavra "lei" há de ser interpretada em sentido estrito, abrangendo somente as leis ordinárias e complementares, além, é claro, da própria Constituição Federal,[303] por servir de fundamento de validade para a legislação em geral.

○ **Sujeito ativo:** O art. 315 do CP contempla um **crime próprio** ou **especial**, pois somente pode ser praticado por funcionário público. É imprescindível tenha ele o poder de gestão *relativamente* às verbas ou rendas públicas, assumindo a responsabilidade pelo seu emprego em harmonia com as imposições legais, tal como se dá com o Presidente da República e Ministros de Estado, os Governadores dos Estados e do Distrito Federal e respectivos Secretários etc. No tocante aos **Prefeitos**, há **crime específico**, punido com detenção, de três meses a três anos, insculpido no **art. 1.º, III, do Decreto-lei 201/1967**. Os responsáveis pela administração de verbas e rendas públicas em **entidades paraestatais** também podem figurar como sujeitos ativos do crime em análise, com esteio no art. 327, §§ 1.º e 2.º, do Código Penal.

○ **Sujeito passivo:** É o Estado e, secundariamente, a pessoa física ou jurídica prejudicada pela conduta criminosa.

○ **Elemento subjetivo:** É o dolo, independentemente de qualquer finalidade específica. Não se admite a modalidade culposa.

– **Emprego irregular de verbas ou rendas públicas e estado de necessidade:** Embora o fato seja típico, não há crime, por ausência de ilicitude, quando presente o estado de necessidade (CP, arts. 23, I, e 24).

○ **Consumação:** O crime é **material** ou **causal**: consuma-se com a efetiva aplicação das verbas ou rendas públicas em finalidade diversa da legalmente prevista. É irrelevante, todavia, a efetiva comprovação de prejuízo aos interesses da Administração Pública, o qual se presume como consectário da violação do princípio da legalidade.

○ **Tentativa:** É possível.

○ **Ação penal:** É pública incondicionada.

○ **Lei 9.099/1995:** O emprego irregular de verbas públicas constitui-se em **infração penal de menor potencial ofensivo**, de competência do Juizado Especial Criminal, pois o máximo da pena privativa de liberdade cominada é inferior a dois anos. É cabível, portanto, a transação penal, e seu processo e julgamento submetem-se ao rito sumaríssimo, nos moldes da Lei 9.099/1995.

○ **Competência:** O emprego irregular de verbas ou rendas públicas é, em regra, de competência da Justiça Estadual. Será competente a Justiça Federal, entretanto, quando o crime for praticado em detrimento de bens, serviços ou interesse da União ou de suas entidades autárquicas ou empresas públicas (CF, art. 109, inc. IV). Ressalte-se que as verbas entregues pela União, mediante convênio, aos Estados e Municípios, são incorporadas ao patrimônio destes entes federativos. E, havendo desvio após a incorporação, a competência para processo e julgamento do delito será da Justiça Estadual.

---

[303] Veja-se, a propósito, o art. 212, *caput*, da Constituição Federal: "Art. 212. A União aplicará, anualmente, nunca menos de dezoito, e os Estados, o Distrito Federal e os Municípios vinte e cinco por cento, no mínimo, da receita resultante de impostos, compreendida a proveniente de transferências, na manutenção e desenvolvimento do ensino."

○ **Jurisprudência selecionada:**

Competência – verba federal incorporada ao patrimônio de Município: "1. A verba que a União Federal entrega ao Município, mediante convênio, incorpora-se ao patrimônio municipal. Precedentes do Superior Tribunal de Justiça. 2. Incorporada a verba federal ao patrimônio municipal e ocorrendo desvio, a competência para processar e julgar o Prefeito acusado é do Tribunal de Justiça do Estado (CF, art. 29, X)" (STJ: HC 63.941/PE, rel. Min. Laurita Vaz, 5.ª Turma, j. 12.08.2008).

Peculato – desvio em favor da Administração Pública – desclassificação para o crime tipificado no art. 315 do Código Penal: "No que se refere ao art. 312 do CP, assinalou não haver plausibilidade da acusação, uma vez que os recursos teriam sido incorporados ao Tesouro – caixa único do Estado. Desclassificou essa conduta para a prevista no art. 315 do CP" (STF: Inq 3.731/DF, rel. Min. Gilmar Mendes, 2.ª Turma, j. 18.08.2015, noticiado no *Informativo* 795).

Concussão

> **Art. 316.** Exigir, para si ou para outrem, direta ou indiretamente, ainda que fora da função ou antes de assumi-la, mas em razão dela, vantagem indevida:
>
> Pena – reclusão, de 2 (dois) a 12 (doze) anos, e multa.

Excesso de exação

> § 1º Se o funcionário exige tributo ou contribuição social que sabe ou deveria saber indevido, ou, quando devido, emprega na cobrança meio vexatório ou gravoso, que a lei não autoriza:
>
> Pena – reclusão, de 3 (três) a 8 (oito) anos, e multa.
>
> § 2º Se o funcionário desvia, em proveito próprio ou de outrem, o que recebeu indevidamente para recolher aos cofres públicos:
>
> Pena – reclusão, de dois a doze anos, e multa.

Classificação:	Informações rápidas:
Crime pluriofensivo	**Objeto material:** vantagem indevida, ou ilícita, atual ou futura (de qualquer natureza – *diverg.*).
Crime próprio	
Crime formal, de consumação antecipada ou de resultado cortado	**Elemento normativo do tipo:** "indevida". A exigência, acompanhada necessariamente da intimidação, pode ser explícita ou implícita, direta ou indireta.
Crime de dano	
Crime de forma livre	**Elemento subjetivo:** dolo (elemento subjetivo específico – "para si ou para outrem"). Não admite modalidade culposa.
Crime comissivo (*regra*)	
Crime instantâneo	**Prisão em flagrante:** cabível no momento da exigência da vantagem indevida ou logo após sua realização.
Crime unissubjetivo, unilateral ou de concurso eventual	**Tentativa:** admite (se o *iter criminis* puder ser fracionado em dois ou mais atos).
Crime unissubsistente ou plurissubsistente	**Ação penal:** pública incondicionada.
	Excesso de exação: *objeto material* – tributo ou contribuição social; hipótese excepcional de tipo fundamental previsto em parágrafo; elementos normativos – "indevido" e "que a lei não autoriza" (lei penal em branco homogênea ou em sentido lato); *elemento subjetivo* – dolo (direto ou indireto); não admite modalidade culposa.

○ **Introdução:** A concussão é crime em que o funcionário público, valendo-se do respeito ou mesmo receio que sua função infunde, impõe à vítima a concessão de vantagem a que não tem direito. Há violação da probidade do funcionário público e abuso da autoridade ou poder de que dispõe. São, portanto, elementos da concussão: (a) exigência de vantagem indevida; (b) que esta vantagem tenha como destinatário o próprio concussionário ou então um terceiro; e (c) que a exigência seja ligada à função do agente, mesmo que esteja fora dela ou ainda não a tenha assumido.

○ **Espécies de concussão:** Em obra clássica, Fernando Henrique Mendes de Almeida apontava três espécies de concussão: (a) **típica**, contida no *caput*, na qual o funcionário público exige vantagem indevida, desconectada de qualquer tributo ou contribuição social; (b) **própria**, prevista no § 1.º, 1.ª parte, em que há abuso de poder, exigindo o funcionário público tributo ou contribuição social que sabe ou deveria saber indevido; e (c) **imprópria**, delineada no § 1.º, *in fine*, na qual o funcionário público exige tributo ou contribuição social devida, porém empregando na cobrança meio vexatório ou gravoso, que a lei não autoriza. Atualmente, estas duas últimas hipóteses caracterizam o crime de **excesso de exação**.

○ **Objeto jurídico:** Tutela-se a Administração Pública, especialmente no campo do seu prestígio, da moralidade e da probidade administrativa. No entanto, também se protegem, mediatamente, o patrimônio e a liberdade individual do particular prejudicado pela conduta criminosa (**crime pluriofensivo**).

○ **Concussão (art. 316, *caput*):**

– **Objeto material:** É a **vantagem indevida**, ou ilícita (contrária ao ordenamento jurídico), podendo ser atual ou futura.

– **Natureza da vantagem indevida:** Formaram-se duas posições: **1.ª posição:** Deve ser econômica ou patrimonial;[304] e **2.ª posição:** Pode ser de qualquer espécie, patrimonial ou não (exemplos: vantagem sexual, prestígio político, vingança contra um antigo desafeto etc.).[305] Filiamo-nos à segunda posição pelo fato de a concussão ter sido corretamente inserida pelo legislador entre os crimes contra a Administração Pública, e não no terreno dos crimes patrimoniais. Consequentemente, qualquer vantagem exigida pelo funcionário público ofende os valores da Administração Pública, violando o normal funcionamento das suas atividades e a moralidade administrativa. A vantagem indevida há de beneficiar o próprio funcionário público ou então terceira pessoa. Não há concussão quando a vantagem indevida aproveita à própria Administração Pública, havendo, nesse caso, excesso de exação (art. 316, § 1.º, do CP), desde que a vantagem indevida se constitua em tributo ou contribuição social.

– **Vantagem indevida, elemento normativo do tipo e abuso de autoridade:** A palavra "**indevida**" funciona como elemento normativo do tipo. É imprescindível a avaliação do caso concreto para concluir se a vantagem era ou não devida. Se o funcionário público abusar dos poderes inerentes ao seu cargo para exigir vantagem devida, poderá restar caracterizado o crime de abuso de autoridade, nos termos do art. 33, *caput*, da Lei 13.869/2019: "Art. 33. Exigir informação ou cumprimento de obrigação, inclusive o dever de fazer ou de não fazer, sem expresso amparo legal: Pena – detenção, de 6 (seis) meses a 2 (dois) anos, e multa."

– **Núcleo do tipo:** É "**exigir**", no sentido de ordenar ou impor. O verbo transmite a ideia de imposição e intimidação no comportamento do funcionário público, que se aproveita do temor

---

[304] É, entre outros, o entendimento de DELMANTO, Celso. *Código Penal comentado*. 7. ed. Rio de Janeiro: Renovar, 2007. p. 789.

[305] Comunga deste raciocínio, entre vários outros autores, CAPEZ, Fernando. *Curso de direito penal*. 8. ed. São Paulo: Saraiva, 2010. v. 3, p. 487.

proporcionado à vítima em decorrência dos poderes inerentes ao cargo público por ele ocupado (*metus publicae potestatis*). Não há, contudo, emprego de violência à pessoa. A intimidação encontra fundamento unicamente nas consequências que podem ser provocadas contra alguém no exercício da função pública do sujeito ativo. Esta é a ameaça à vítima: utilizar o cargo público para produzir um mal passível de concretização na esfera de atuação do funcionário público. Esta exigência, acompanhada necessariamente da intimidação, pode ser **implícita ou explícita, direta ou indireta**.

– **Entrega da vantagem pela vítima e corrupção ativa:** Se a vítima entregar ao funcionário público a vantagem indevida em razão da exigência por ele formulada, evidentemente não poderá ser responsabilizada pelo crime de corrupção ativa (art. 333 do CP), uma vez que somente agiu em razão do constrangimento a que foi submetida. Destarte, são **incompatíveis entre si os crimes de concussão e de corrupção ativa.**

– **Concussão e corrupção passiva – distinção:** Concussão e corrupção passiva (CP, art. 317) são delitos semelhantes. Ambos estão no capítulo pertinente aos crimes praticados por funcionário público contra a Administração em geral. Além disso, nas duas infrações a finalidade do agente é alcançar, para si ou para outrem, uma vantagem indevida, ainda que fora da função ou antes de assumi-la, mas em razão dela. Entretanto, a corrupção passiva é delito menos grave, muito embora aos dois crimes sejam atualmente cominadas penas idênticas (reclusão, de 2 a 12 anos, e multa). Antes da Lei 13.964/2019 ("Projeto Anticrime"), a situação era ainda mais inaceitável, pois a pena da concussão era inferior (reclusão, de 2 a 8 anos, e multa) à prevista pelo art. 317 do Código Penal. Agora o erro foi amenizado, mas não eliminado, pois a concussão deveria receber tratamento penal mais severo do que a corrupção passiva, por uma razão muito simples. Ao contrário da concussão, em que o funcionário público **exige** vantagem indevida, intimidando a vítima, na corrupção passiva ele **solicita** ou **recebe** igual vantagem, ou então **aceita a promessa** de sua entrega. Em síntese, na concussão há uma ameaça, imposição ou intimidação; na corrupção passiva, um pedido, recebimento ou anuência quanto ao recebimento da vantagem indevida.

– **Concussão e extorsão:** Há quem entenda ser a concussão uma "forma especial de extorsão praticada pelo funcionário público". Esta frase, nada obstante didática, não se compactua com a técnica da ciência penal. Inicialmente, a extorsão tem a pena em abstrato superior à cominada ao crime de concussão. Esta constatação, por si só, já derruba a combatida afirmação. De fato, fosse a concussão "uma modalidade especial de extorsão", sua pena deveria ser sensivelmente superior à do crime patrimonial, em face da maior reprovabilidade da conduta praticada pela pessoa que utiliza como escudo para sua atuação a força dos Poderes Constituídos pelo Estado. Além disso, a concussão se caracteriza pela exigência fundada na promessa de concretização de um mal relacionado ao campo de atuação do funcionário público, não havendo violência à pessoa ou grave ameaça. Reclama-se um vínculo entre o mal prometido, a exigência de vantagem indevida e a função pública desempenhada pelo sujeito ativo. Na extorsão, há violência à pessoa ou grave ameaça. Veja-se, portanto, que nem toda exigência de vantagem indevida formulada pelo funcionário público caracteriza concussão, ainda que tenha apresentado sua condição funcional. Esta é a regra. No entanto, o crime poderá ser de extorsão, desde que se sirva o funcionário público de violência à pessoa ou de grave ameaça relacionada a mal estranho à função pública.

– **Sujeito ativo:** A concussão é **crime próprio** ou **especial**, pois somente pode ser praticado por funcionário público. Com a utilização da expressão "ainda que fora da função ou antes de assumi-la", o tipo penal é claro: não é necessário esteja o agente no exercício das suas funções. A concussão pode ser cometida no horário de descanso, e também no período de férias ou licença do funcionário público, ou mesmo antes de sua posse, desde que já tenha sido nomeado para o cargo público. Aquele que formula a exigência de vantagem indevida depois de aposentado não é mais funcionário público, inviabilizando a imputação contra ele do crime de concussão. Nessa hipótese, o crime por ele praticado, desde que presente a violência à pessoa ou grave ameaça, é o de extorsão (art. 158 do CP). Se um particular finge ser funcionário público e exige vantagem indevida em proveito pessoal para não prejudicar a vítima em razão dos poderes inerentes ao seu suposto cargo público, ameaçando-a, estará configurado o crime de extorsão. Pode haver concurso de pessoas, tanto na coautoria como na participação, por duas razões: (a) a condição de funcionário público é elementar do tipo penal, comunicando-se aos demais envolvidos na empreitada criminosa que dela tenham conhecimento (art. 30 do CP); e (b) o *caput* do dispositivo em comento expressamente permite a prática de concussão de forma indireta, por interposta pessoa, como se extrai da expressão "direta ou indiretamente".

– **Concussão e crime contra a ordem tributária:** Na hipótese de conduta cometida por funcionário público ocupante do cargo de agente fiscal (federal, estadual ou municipal), estará caracterizado o crime tributário definido no art. 3.º, II, da Lei 8.137/1990. Trata-se de regra especial, que afasta a aplicação do crime em análise.

– **Concussão e jurados:** É possível a responsabilização penal dos jurados pelo crime de concussão, na hipótese de exigência de vantagem indevida, para si ou para outrem, durante o julgamento em plenário pelo Tribunal do Júri ou valendo-se do pretexto de futuro julgamento. Como se sabe, o art. 327, *caput*, do Código Penal enquadra os jurados no conceito de funcionário público para fins penais. Se não bastasse, o art. 445 do Código de Processo Penal é taxativo ao estatuir: "O jurado, no exercício da função ou a pretexto de exercê-la, será responsável criminalmente nos mesmos termos em que o são os juízes togados."

– **Concussão e policiais civis:** A condição de policial civil do agente autoriza o aumento da pena-base do responsável pela concussão, em face da maior reprovabilidade do seu comportamento, caracterizada pela grave violação da segurança pública, uma das funções precípuas do Estado.

– **Concussão no Código Penal Militar:** O art. 305 do Decreto-lei 1.001/1969 – Código Penal Militar – tipifica o crime de concussão cometido por militares: "Exigir, para si ou para outrem, direta ou indiretamente, ainda que fora da função ou antes de assumi-la, mas em razão dela, vantagem indevida: Pena – reclusão, de dois a oito anos".

– **Sujeito passivo:** É o Estado e, mediatamente, a pessoa física ou jurídica lesada pela conduta criminosa.

– **Concussão contra paciente do Sistema Único de Saúde e competência:** O crime de concussão contra paciente do Sistema Único de Saúde (SUS) é de competência da Justiça Estadual, pois o ofendido é o particular, e não o estabelecimento hospitalar nem o sistema de saúde, embora administrado pela União.

– **Elemento subjetivo:** É o dolo, acrescido do elemento subjetivo específico "para si ou para outrem". O funcionário público deve ter a intenção de exigir a vantagem indevida em proveito próprio ou de terceira pessoa, mas nunca da própria Administração Pública. Não se admite a modalidade culposa.

– **Consumação:** Firmou-se em sede jurisprudencial o entendimento no sentido de tratar-se de **crime formal, de consumação antecipada** ou **de resultado cortado:** consuma-se com a exigência – que deve chegar ao conhecimento da vítima – pelo funcionário público, para si ou para outrem, da vantagem indevida, prescindindo-se do seu recebimento. A reparação do dano ou a restituição da coisa ao ofendido não exclui o delito, ensejando, no máximo, a diminuição da pena pelo arrependimento posterior (art. 16 do CP).

– **Concussão e prisão em flagrante:** Em se tratando de crime formal, somente será cabível a prisão em flagrante no momento da exigência da vantagem indevida, ou logo após sua realização (art. 302, I e II, do CPP), sendo ilegal se efetuada por ocasião do recebimento da vantagem indevida, muito tempo após sua exigência, hipótese em que ocorrerá o exaurimento do delito. O relaxamento da prisão em flagrante não leva à caracterização do crime impossível, pois o delito já estava consumado. A ilegalidade repousa unicamente na lavratura do auto de prisão em flagrante, mas jamais na configuração da concussão.

– **Concussão, prisão em flagrante e crime impossível:** Em consonância com o entendimento do STJ, exigida a vantagem indevida, antes de qualquer intervenção policial, não há falar em ocorrência de flagrante preparado.

– **Tentativa:** Quando o *iter criminis* pode ser fracionado em dois ou mais atos, é cabível o *conatus*, na hipótese em que o funcionário público inicia a execução do delito, somente não alcançando a consumação por circunstâncias alheias à sua vontade (crime plurissubsistente). Será inadmissível a tentativa quando a conduta exteriorizar-se em um único e indivisível ato de execução (crime unissubsistente), a exemplo da concussão cometida verbalmente. Nesse caso, com a exigência de vantagem indevida à vítima, o crime estará consumado. De outro lado, não se concretizando a exigência perante o ofendido, não há legitimidade para intervenção do Direito Penal.

– **Ação penal:** É pública incondicionada.

– **Lei 9.099/1995:** Em face da pena privativa de liberdade cominada – reclusão, de dois a doze anos –, a concussão constitui-se em **crime de elevado potencial** ofensivo, incompatível com os benefícios disciplinados pela Lei 9.099/1995.

○ **Excesso de exação (art. 316, § 1.º):**

– **Introdução:** É importante notar um interessante fenômeno legislativo que se verifica neste crime. Cuida-se de **tipo penal fundamental previsto em um parágrafo**, e não no *caput*, ao contrário do que ocorre nos demais delitos contidos no Código Penal. Com efeito, a conduta delineada no § 1.º do art. 316 é autônoma e independente da narrada no *caput*. No excesso de exação o funcionário público exige ilegalmente tributo ou contribuição social em benefício da Administração Pública; na concussão, por sua vez, o funcionário público o faz em proveito próprio ou de terceiro.

– **Conceito de exação:** É a cobrança integral e pontual de tributos. Fácil concluir, portanto, ser finalidade do tipo penal punir não a exação em si própria, até porque esta atividade é fundamental para a manutenção do Estado, mas o **excesso no desempenho deste mister**, revestido de abuso de poder, e, por corolário, ilícito.

– **Objeto material:** É o tributo ou contribuição social. Tributo, nos termos do art. 3.º do CTN, é "toda prestação pecuniária compulsória, em moeda ou cujo valor nela se possa exprimir, que não constitua sanção de ato ilícito, instituída em lei e cobrada mediante atividade administrativa plenamente vinculada". São espécies de tributos, a teor do art. 5.º do CTN, os impostos, as taxas e as contribuições de melhoria. **A contribuição social** pode ser definida como a espécie de tributo destinada a instrumentalizar sua atuação na área social (exemplos: saúde, previdência e assistência social, educação, cultura, desporto etc.), de competência da União (CF, art. 149).

– **Núcleos do tipo:** "Exigir" tributo, ou contribuição social indevido, e "empregar" na cobrança meio vexatório ou gravoso, que a lei não autoriza. **Exigir** é ordenar ou impor; **empregar** é utilizar ou usar. Na primeira modalidade, o funcionário público exige tributo ou contribuição social que sabe ou deve saber indevido, sem amparo válido para cobrança, seja porque seu valor já foi pago pela vítima, seja porque a quantia cobrada é superior à fixada em lei. A palavra "indevido" funciona como **elemento normativo do tipo**. Depois de arrecadado ilegalmente o excessivo tributo ou contribuição social, seu montante é revertido ao erário. Se ocorrer seu desvio em favor do funcionário público ou de qualquer outra pessoa (física ou jurídica), incidirá a figura qualificada prevista no art. 316, § 2.º, do Código Penal. Na outra hipótese, o tributo ou contribuição social é devido. Entretanto, o funcionário público emprega na cobrança meio vexatório ou gravoso, não autorizado por lei. Esta modalidade do crime possui dois alicerces: (1) desrespeito do princípio da legalidade, um dos vetores da Administração Pública (art. 37, *caput*, da CF); e (2) ofensa à dignidade da pessoa humana,[306] um dos fundamentos da República Federativa do Brasil (art. 1.º,

---

[306] "A dignidade da pessoa humana deve ser entendida como corolário da natureza humana, pois o ser humano deve ser sempre tratado de modo diferenciado em face da sua natureza racional. Manifesta-se em todas as pessoas, já que cada um, ao respeitar o outro, tem a visão do outro. A dignidade humana existe em todos

III, da CF), pois o contribuinte é tratado com humilhação e descaso. **Meio vexatório** é o que desonra e humilha a vítima; **meio gravoso** é o que acarreta maiores despesas ao contribuinte. Nos dois casos é imprescindível a presença do **elemento normativo do tipo** "que a lei não autoriza". Cuida-se de **lei penal em branco homogênea ou em sentido lato,** pois o preceito primário do tipo penal do excesso de exação é incompleto, dependendo de complementação por outra lei, responsável pela indicação dos meios adequados à cobrança dos tributos e contribuições sociais. Cuida-se de **tipo misto alternativo, crime de ação múltipla** ou **de conteúdo variado**: se no mesmo contexto fático, e no tocante ao mesmo tributo ou contribuição social, o funcionário público faz a exigência indevida e emprega em sua cobrança meio vexatório ou gravoso, não autorizado por lei, há um único crime de excesso de exação. A pluralidade de condutas, entretanto, não será inócua, devendo ser sopesada pelo magistrado na dosimetria da pena-base (art. 59, *caput*, do CP).

– **Sujeito ativo:** O excesso de exação é **crime próprio** ou **especial**: somente pode ser cometido pelo funcionário público, qualquer que seja ele, independentemente do motivo que o leva a agir, e não apenas pelos agentes fazendários. Admite-se o concurso de pessoas, em ambas as suas modalidades (coautoria e participação).

– **Sujeito passivo:** É o Estado e, mediatamente, o contribuinte lesado pela conduta criminosa.

– **Elemento subjetivo:** Na modalidade "**exigência indevida**" é o dolo, que pode ser direto ("que sabe indevido") ou eventual ("que deveria saber indevido"), nas situações em que o funcionário público, na dúvida acerca da legalidade ou não do tributo ou contribuição social, ainda assim assume o risco de cometer o delito e insiste na sua exigência.[307] Já na modalidade "**cobrança vexatória ou gravosa**" o elemento subjetivo é o dolo, direto ou eventual, não incidindo a discussão acerca do alcance da expressão "que devia saber indevido", a qual é inaplicável a esta conduta típica. Em ambas as variantes do delito não se exige nenhum elemento subjetivo específico, e não se admite a forma culposa.

– **Erro na interpretação da legislação tributária e atipicidade do fato:** Não há crime de excesso de exação, pela falta do elemento subjetivo legalmente exigido, na hipótese de comprovada dificuldade de interpretação da complexa legislação de custas e emolumentos. O erro na análise das normas tributárias, demonstrado no caso concreto, afasta o dolo, tornando o fato atípico.[308]

– **Consumação:** O crime **é formal, de consumação antecipada** ou **de resultado cortado**: consuma-se com a exigência indevida ou com o emprego de meio vexatório ou gravoso do tributo ou contribuição social, independentemente do seu efetivo pagamento.

– **Tentativa:** Na modalidade "**exigência indevida**", somente será cabível o *conatus* quando se tratar de crime plurissubsistente, como no exemplo da carta que se extravia antes da chegada ao contribuinte. Por sua vez, na espécie "**cobrança vexatória ou gravosa**", a tentativa é perfeitamente possível.

– **Lei 9.099/1995:** A pena mínima do excesso de exação é de três anos de reclusão, e multa. Portanto, constitui-se em **crime de elevado potencial ofensivo**, incompatível com os benefícios contidos na Lei 9.099/1995.

os indivíduos e impõe o respeito mútuo entre as pessoas" (SILVA, Marco Antonio Marques da. *Acesso à justiça penal e Estado Democrático de Direito*. São Paulo: Juarez de Oliveira, 2001. p. 1).

[307] Em posição isolada, Julio Fabbrini Mirabete sustenta ser a expressão "deveria saber indevido" indicativa de culpa. São suas palavras: "Mas o delito, na sua primeira parte, também pode ser cometido por culpa. Na expressão 'deveria saber indevido' a lei refere-se à culpa do funcionário que erra na cobrança do tributo contra o contribuinte por negligência, imprudência ou imperícia" (*Manual de direito penal*. 22. ed. São Paulo: Atlas, 2007. v. 3, p. 305). Com o devido respeito, não podemos concordar com esta posição, notadamente porque sua adoção acarretaria a idêntica punição de crimes distintos, dolosos e culposos, em frontal violação do princípio da proporcionalidade.

[308] STJ: REsp 1.943.262/SC, rel. Min. Antônio Saldanha Palheiro, 6.ª Turma, j. 05.10.2021, noticiado no *Informativo* 712.

○ **Excesso de exação e figura qualificada (art. 316, § 2.°):** Nessa figura qualificada, o funcionário público **desvia** (altera o destino original) **para si ou para outrem** o tributo ou contribuição social que recebeu **indevidamente** para recolher aos cofres públicos. Há, portanto, duas etapas distintas. Note-se que o anterior recolhimento, embora ilícito, destina-se à Administração Pública, pois o crime se refere à exação, consistente na arrecadação rigorosa de tributos. O desvio ocorre posteriormente. Se a quantia for regularmente recolhida aos cofres públicos, e o funcionário público a desviar ulteriormente, estará caracterizado o peculato desvio (art. 312, *caput*, parte final, do CP). Em outras palavras, o excesso de exação qualificado depende do desvio do tributo ou contribuição social indevido antes da sua incorporação aos cofres públicos.

– **Elemento subjetivo:** É o dolo, acrescido de um especial fim de agir, consistente no ânimo de realizar a conduta criminosa "em proveito próprio ou de outrem". Não há espaço para a modalidade culposa.

– **Consumação:** A consumação opera-se com o efetivo desvio dos valores indevidamente recebidos (**crime material** ou **causal**), e a tentativa é possível.

○ **Jurisprudência selecionada:**

Competência: "O crime de concussão praticado contra particulares conveniados com o SUS/INAMPS é de competência da Justiça Comum. Porém, em conexão com estelionato cometido contra a Previdência Social, essa competência se desloca para a Justiça Federal" (STF: HC 80.751/RS, rel. Min. Nelson Jobim, 2.ª Turma, j. 09.04.2002).

Competência – Sistema Único de Saúde: "Compete à Justiça Estadual processar e julgar o feito destinado a apurar crime de concussão consistente na cobrança de honorários médicos ou despesas hospitalares a paciente do SUS por se tratar de delito que acarreta prejuízo apenas ao particular, sem ofensa a bens, serviços ou interesse da União" (STJ: CC 36.081/RS, 3.ª Seção, rel. Min. Arnaldo Esteves Lima, j. 13.12.2004).

Comportamento da vítima – ausência de corrupção ativa: "3. Não configura o tipo penal de corrupção ativa sujeitar-se a pagar propina exigida por Autoridade Policial, sobretudo na espécie, onde não houve obtenção de vantagem indevida com o pagamento da quantia. 4. 'Caso a oferta ou promessa seja efetuada por imposição ou ameaça do funcionário, o fato é atípico para o *extraneus*, configurando-se o delito de concussão do funcionário.' (MIRABETE, Julio Fabbrini. *Código Penal Interpretado*. 3. ed. São Paulo: Atlas, 2003, p. 2.177)" (STJ: HC 62.908/SE, rel. Min. Laurita Vaz, 5.ª Turma, j. 06.11.2007).

Concurso de pessoas – possibilidade: "Embora o sujeito ativo do crime de concussão seja sempre o funcionário público, em razão do cargo, inexiste óbice à condenação como coautor de quem não possui esta condição" (STJ: HC 93.352/SC, rel. Min. Laurita Vaz, 5.ª Turma, j. 15.10.2009).

Concussão e corrupção passiva – distinção: "Concussão e corrupção passiva. Caracteriza-se a concussão – e não a corrupção passiva – se a oferta da vantagem indevida corresponde a uma exigência implícita na conduta do funcionário público, que, nas circunstâncias do fato, se concretizou na ameaça" (STF: HC 89.686/SP, rel. Min. Sepúlveda Pertence, 1.ª Turma, j. 12.06.2007).

Concussão – elementar típica – ganho fácil – dosimetria da pena: "A 2ª Turma deu parcial provimento a agravo regimental e, por conseguinte, proveu parcialmente recurso ordinário em *habeas corpus* para que o juiz sentenciante corrija vício na individualização da pena, de modo a afastar a elementar do tipo concernente à valoração dos motivos do crime. No caso, os recorrentes teriam sido condenados pelo crime de concussão e tiveram a pena fixada acima do mínimo legal, tendo em conta a condição de policial e o motivo do ganho fácil. A Turma ressaltou a inexistência de direito público subjetivo de condenado à estipulação da pena-base em seu grau mínimo. Considerou-se que a referência, quando do exame da culpabilidade, ao fato de os recorrentes ostentarem o cargo de policial não caracterizaria *bis in idem*. Afirmou-se que a condição de servidor público seria elementar do tipo de concussão. No entanto, a inserção de servidor público no quadro estrutural do Estado, deveria e poderia ser considerada no juízo de culpabilidade. Afinal, em crime contra a Administração Pública, não seria possível tratar o universo de servidores como realidade jurídica única. Destacou-se não ser possível nivelar a concussão do atendente de protocolo da repartição com o ato de policial, de parlamentar ou de juiz. Nesse sentido, inclusive, remonta a opção do legislador expressa no § 2º do art. 327 do CP (ocupantes de cargos em comissão, função de direção ou assessoramento de órgão da administração). Reputou-se, todavia, que haveria vício de fundamentação quanto à circunstância judicial do motivo do crime. Isso porque, de fato, o magistrado *a quo* considerara desfavorável o motivo, porque 'inaceitável locupletar-se às custas do alheio, arrancar dinheiro do cidadão espuriamente, objetivando o ganho fácil'. Asseverou-se que a formulação argumentativa traduzira-se na elementar do tipo 'vantagem indevida'. Sublinhou-se que seria inexorável que essa elementar proporcionaria um lucro ou proveito. Logo, um 'ganho fácil'" (STF: RHC 117.488 AgR/RJ, rel. Min. Gilmar Mendes, 2.ª Turma, j. 01.10.2013, noticiado no *Informativo* 722).

Concussão e extorsão: "Não basta ser o agente funcionário público e haver apregoado essa condição, com intuito de intimidar a vítima, para converter, em concussão, o crime de extorsão, quando obtida a vantagem por meio de constrangimento, exercido mediante grave ameaça" (STF: HC 72.936, rel. Min. Octavio Gallotti, 1.ª Turma, j. 22.08.1995).

Crime impossível: "Crime impossível: inexistência: flagrante preparado de crime de mera conduta já anteriormente consumado: inaplicabilidade da Súmula 145. Cuidando-se de concussão [...] que já se consumara com a exigência de vantagem indevida, a nulidade de prisão do servidor quando, dias depois, recebia a quantia exigida, obviamente não torna impossível o delito antes consumado" (STF: HC 80.033/BA, rel. Min. Sepúlveda Pertence, 1.ª Turma, j. 18.04.2000).

Dosimetria da pena – valoração indevida de uma das circunstâncias judiciais reputadas desfavoráveis ao réu – utilização de elementares inerentes aos tipos penais de concussão e corrupção passiva (obtenção de lucro fácil e cobiça) como motivos dos crimes – impossibilidade – *bis in idem*: "A obtenção de lucro fácil e a cobiça constitui elementares dos tipos de concussão e corrupção passiva (arts. 316 e 317 do CP), sendo indevido utilizá-las, para exasperação da pena-base, no momento em que analisados os motivos do crime – circunstância judicial prevista no art. 59 do CP. Nos presentes embargos, aponta-se, em síntese, divergência no que concerne à interpretação do art. 59 do Código Penal, pois considera que os argumentos utilizados para elevar a pena-base dos delitos de concussão e de corrupção passiva são inerentes ao próprio tipo penal e, portanto, não poderiam ter sido valorados, novamente, no momento da fixação da pena-base. No caso em análise, examinando-se o acórdão do Tribunal de origem, verifica-se que a exasperação em ambos os crimes teve fundamento em 6 (seis) dos quesitos descritos no *caput* do art. 59 do CP: a culpabilidade, a conduta social, a personalidade do agente, os motivos do crime, as circunstâncias e consequências do crime. Ao examinar os motivos do crime, o voto condutor do acórdão condenatório reputou como desvalores aptos a justificar a elevação da pena-base a intenção de obter lucro fácil e a cobiça. Com efeito, embora inseridos no Código Penal no Título dos crimes contra a administração pública, tanto a concussão (art. 316, CP) quanto a corrupção passiva (art. 317, CP) possuem várias das características dos crimes contra o patrimônio, com a peculiaridade da qualificação do agente como servidor público. Assim sendo, no exame das circunstâncias judiciais envolvendo a prática desses dois delitos, a jurisprudência desta Corte vem entendendo que a cobiça, a ganância e a intenção de obter lucro fácil constituem elementares dos delitos, não podendo, assim, serem utilizadas novamente na apreciação das circunstâncias judiciais para justificar a elevação da pena-base" (STJ: EDv nos EREsp 1.196.136/RO, rel. Min. Reynaldo Soares da Fonseca, 3.ª Seção, j. 24.05.2017, noticiado no *Informativo* 608).

Excesso de exação – erro na interpretação da legislação tributária – comprovada dificuldade exegética da legislação de custas e emolumentos – ausência de comprovação do elemento

subjetivo – atipicidade: "A mera interpretação equivocada da norma tributária não configura o crime de excesso de exação. O tipo do art. 316, § 1º, do Código Penal, pune o excesso na cobrança pontual de tributos (exação), seja por não ser devido o tributo, ou por valor acima do correto, ou, ainda, por meio vexatório ou gravoso, ou sem autorização legal. Ademais, o elemento subjetivo do crime é o dolo, consistente na vontade do agente de exigir tributo ou contribuição que sabe ou deveria saber indevido, ou, ainda, de empregar meio vexatório ou gravoso na cobrança de tributo ou contribuição devidos. E, consoante a doutrina, 'se a dúvida é escusável diante da complexidade de determinada lei tributária, não se configura o delito'. Outrossim, ressalta-se que 'tampouco existe crime quando o agente se encontra em erro, equivocando-se na interpretação e aplicação das normas tributárias que instituem e regulam a obrigação de pagar'. Nesse palmilhar, a relevância típica da conduta prevista no art. 316, § 1º, do Código Penal depende da constatação de que o agente atuou com consciência e vontade de exigir tributo acerca do qual tinha ou deveria ter ciência de ser indevido. Deve o titular da ação penal pública, portanto, demonstrar que o sujeito ativo se moveu para exigir o pagamento do tributo que sabia ou deveria saber indevido. Na dúvida, o dolo não pode ser presumido, pois isso significaria atribuir responsabilidade penal objetiva ao registrador que interprete equivocadamente a legislação tributária. No caso, os elementos constantes do acórdão recorrido evidenciam que o texto da legislação de regência de custas e emolumentos à época dos fatos provocava dificuldade exegética, dando margem a interpretações diversas, tanto nos cartórios do Estado, quanto dentro da própria Corregedoria, composta por especialistas na aplicação da norma em referência. Desse modo, a tese defensiva de que 'a obscuridade da lei não permitia precisar a exata forma de cobrança dos emolumentos cartorários no caso especificado pela denúncia' revela-se coerente com a prova dos autos. Ademais, frisa-se que os elementos probatórios delineados pela Corte de origem evidenciam que, embora o réu possa ter cobrado de forma errônea os emolumentos, o fez por mero erro de interpretação da legislação tributária no tocante ao método de cálculo do tributo, e não como resultado de conduta criminosa. Temerária, portanto, a sua condenação à pena de 4 anos de reclusão e à gravosa perda do cargo público. Outrossim, oportuno relembrar que, no RHC n. 44.492/SC, interposto nesta Corte, a defesa pretendeu o trancamento desta ação ainda em sua fase inicial. A em. Ministra Laurita Vaz, relatora do feito, abraçou a tese defensiva assentando que 'não basta a ocorrência de eventual cobrança indevida de emolumentos, no caso, em valores maiores do que os presumidamente devidos, para a configuração do crime de excesso de exação previsto no § 1.º do art. 316 do Código Penal, o que pode ocorrer, por exemplo, por mera interpretação equivocada da norma de regência ou pela ausência desta, a ensejar diferentes entendimentos ou mesmo sérias dúvidas de como deve ser cobrado tal ou qual serviço cartorial. É mister que haja o vínculo subjetivo (dolo) animando a conduta do agente.' E arrematou que 'a iniciativa de acionar o aparato Estatal para persecução criminal de titular de cartório, para punir suposta má-cobrança de emolumentos, em um contexto em que se constatam fundadas dúvidas, e ainda sem a indicação clara do dolo do agente, se apresenta, *concessa venia*, absolutamente desproporcional e desarrazoada, infligindo inaceitável constrangimento ilegal ao acusado.' (RHC n. 44.492/SC, rel. Min. Laurita Vaz, relator para acórdão Min. Moura Ribeiro, 5.ª Turma, j. 21.08.2014, *DJe* 19.11.2014). A em. relatora ficou vencida, decidindo a Turma, por maioria, pelo prosseguimento da ação penal em desfile, desfecho esse que desconsiderou que, em observância ao princípio da intervenção mínima, o Direito Penal deve manter-se subsidiário e fragmentário, e somente deve ser aplicado quando estritamente necessário ao combate a comportamentos indesejados. Portanto, não havendo previsão para a punição do crime em tela na modalidade culposa e não demonstrado o dolo do agente de exigir tributo que sabia ou deveria saber indevido, é inviável a perfeita subsunção da conduta ao delito previsto no § 1º do art. 316 do Código Penal" (STJ: REsp 1.943.262/SC, rel. Min. Antônio Saldanha Palheiro, 6.ª Turma, j. 05.10.2021, noticiado no *Informativo* 712).

Excesso de exação – objeto material: "I - O crime previsto no art. 316, § 1º, do Código Penal (excesso de exação) se dá com a cobrança, exigência por parte do agente (funcionário público) de tributo ou contribuição social que sabe ou deveria saber indevido. II - A Lei nº 8.137/1990 ao dar nova redação ao dispositivo em análise extirpou de sua redação os termos taxas e emolumentos, substituindo-os por tributo e contribuição social. III - De acordo com a jurisprudência desta Corte e do Pretório Excelso as custas e os emolumentos concernentes aos serviços notariais e registrais possuem natureza tributária, qualificando-se como taxas remuneratórias de serviços públicos. (Precedentes do STJ e do STF e *Informativo* nº 461/STF). IV - Desta forma, comete o crime de excesso de exação aquele que exige custas ou emolumentos que sabe ou deveria saber indevido" (STJ: REsp 899.486/RJ, rel. Min. Felix Fischer, 5.ª Turma, j. 22.05.2007).

Flagrante preparado – inocorrência: "2. A concussão é, di-lo Damásio E. de Jesus, 'delito formal ou de consumação antecipada. Integra os seus elementos típicos com a realização da conduta de exigência, independentemente da obtenção da indevida vantagem' (*Código Penal Anotado*. 17. ed. Saraiva, 2005, p. 972). 3. Exigida a vantagem indevida, antes de qualquer intervenção policial, não há falar em ocorrência de flagrante preparado" (STJ: RHC 15.933/RJ, rel. Min. Hamilton Carvalhido, 6.ª Turma, j. 07.03.2006).

Objeto jurídico – sujeito passivo – competência: "A concussão ou a corrupção passiva praticadas por funcionário estadual são graves violações do dever fundamental de probidade, cujo sujeito passivo primário é a entidade estatal à qual a relação funcional vincula o agente: no caso, o Estado-membro; não o converte em delito contra a administração pública da União a circunstância de ser o sujeito passivo secundário da ação delituosa um condenado pela Justiça Federal, que, por força de delegação legal, cumpre pena em estabelecimento penitenciário estadual" (STF: RE 211.941/SC, rel. Min. Sepúlveda Pertence, 1.ª Turma, j. 09.06.1998).

Policial civil – circunstância judicial desfavorável para exasperação da pena-base – possibilidade: "É legítima a utilização da condição pessoal de policial civil como circunstância judicial desfavorável para fins de exasperação da pena-base aplicada a acusado pela prática do crime de concussão. Com base nessa orientação, a Primeira Turma, por maioria, conheceu e denegou a ordem em 'habeas corpus' em que pleiteado o reconhecimento do 'bis in idem'. A Turma afirmou que seria possível, no que se refere à culpabilidade (CP, art. 59), promover, em cada caso concreto, juízo de reprovabilidade maior tendo em consideração a condição de policial civil do agente. O delito previsto no art. 316 do CP seria de mão própria, porém, presentes as circunstâncias do art. 59 do CP, se poderia levar em conta, quando do juízo de reprovabilidade, a qualidade específica ou a qualificação do funcionário público. Dentro do Estado Democrático de Direito e do país que se almeja construir, o fato de uma autoridade pública – no caso, uma autoridade policial – obter vantagem indevida de alguém que esteja praticando um delito comprometeria de maneira grave o fundamento de legitimidade da autoridade, que seria atuar pelo bem comum e pelo bem público. Portanto, aquele que fosse investido de parcela de autoridade pública – fosse juiz, membro do Ministério Público ou autoridade policial – deveria ser avaliado, no desempenho da sua função, com escrutínio mais rígido" (STF: HC 132.990/PE, rel. orig. Min. Luiz Fux, red. p/ o acórdão Min. Edson Fachin, 1.ª Turma, j. 16.08.2016, noticiado no *Informativo* 835).

Prisão em flagrante: "No crime de concussão, a situação de flagrante delito configura-se pela exigência – e não pela entrega – da vantagem indevida. Isso porque a concussão é crime formal, que se consuma com a exigência da vantagem indevida. Assim, a eventual entrega do exigido se consubstancia mero exaurimento do crime previamente consumado" (STJ: HC 266.460/ES, rel. Min. Reynaldo Soares da Fonseca, 5.ª Turma, j. 11.06.2015, noticiado no *Informativo* 564). *No mesmo sentido*: "Concussão: crime formal, que se consuma com a exigência: flagrante posterior, quando do recebimento pelo funcionário do dinheiro exigido, que, ainda quando invalide a prisão, não induz, nas circunstancias do caso, a invalidade da prova resultante" (STF: HC 72.168/RS, rel. Min. Sepúlveda Pertence, 1.ª Turma, j. 28.03.1995.

Corrupção passiva

> **Art. 317.** Solicitar ou receber, para si ou para outrem, direta ou indiretamente, ainda que fora da função ou antes de assumi-la, mas em razão dela, vantagem indevida, ou aceitar promessa de tal vantagem:
>
> Pena – reclusão, de 2 (dois) a 12 (doze) anos, e multa.
>
> § 1º A pena é aumentada de um terço, se, em consequência da vantagem ou promessa, o funcionário retarda ou deixa de praticar qualquer ato de ofício ou o pratica infringindo dever funcional.
>
> § 2º Se o funcionário pratica, deixa de praticar ou retarda ato de ofício, com infração de dever funcional, cedendo a pedido ou influência de outrem:
>
> Pena – detenção, de três meses a um ano, ou multa.

Classificação:	Informações rápidas:
Crime simples	**Corrupção:** também denominada peita ou suborno.
Crime próprio	**Exceção pluralística:** corrupção passiva (art. 317) e corrupção ativa (art. 333).
Crime formal, de consumação antecipada ou de resultado cortado	**Objeto material:** vantagem indevida.
Crime de dano	**Elemento normativo do tipo:** "indevida".
Crime de forma livre	**Princípio da insignificância:** não se aplica. É indispensável
Crime comissivo ou omissivo	haver nexo de causalidade entre a conduta do servidor
Crime instantâneo	e a realização de ato funcional de sua competência.
Crime unissubjetivo, unilateral ou de concurso eventual	**Elemento subjetivo:** dolo (elemento subjetivo específico – "para si ou para outrem"). Não admite modalidade culposa.
Crime unissubsistente ou plurissubsistente	**Tentativa:** admite (crime plurissubsistente).
	Ação penal: pública incondicionada.
	Corrupção passiva exaurida: art. 317, § 1.º, do CP.
	Corrupção passiva privilegiada: art. 317, § 2.º, do CP.

○ **Introdução:** A corrupção, outrora denominada **peita** ou **suborno**, é a venalidade no desempenho da função pública. Pode ser **passiva**, quando envolve a atuação do funcionário público corrompido, ou **ativa**, se inerente à conduta do corruptor. O CP, nesse campo, rompeu com a teoria unitária ou monista no concurso de pessoas, adotada como regra em seu art. 29, *caput*, abrindo espaço para uma **exceção pluralística**. Há dois delitos distintos: corrupção passiva (art. 317), de natureza funcional, inserida entre os crimes praticados por funcionário público contra a Administração em geral; e corrupção ativa (art. 333), versada no rol dos crimes praticados por particular contra a Administração em geral.

○ **Objeto jurídico:** Tutela-se a Administração Pública, especialmente no tocante à probidade dos agentes públicos, os quais são impedidos de solicitar ou receber, no desempenho de suas funções, qualquer tipo de vantagem indevida.

○ **Objeto material:** É a vantagem indevida.[309] O tipo penal fala em vantagem "indevida" (elemento normativo do tipo), porque visa fazer com o que o agente, no exercício da função pública, favoreça determinada pessoa mediante alguma ação ou omissão. Opera-se uma

---

[309] Sobre o significado e o alcance da expressão "vantagem indevida", remetemos o leitor ao crime de concussão (art. 316).

espécie de permuta entre a vantagem indevida desejada pelo funcionário público e a ação ou omissão funcional que beneficiará o terceiro. Não há que se falar em vantagem indevida no simples reembolso de quantia utilizada pelo agente no desempenho da função pública e ainda não ressarcida pela parte interessada. Nada obstante o pagamento não possa ser efetuado diretamente ao funcionário público, devendo observar a forma legalmente prevista – normalmente com o recolhimento de guias em instituições financeiras oficiais –, não se caracteriza a vantagem indevida, elementar do crime tipificado no art. 317, *caput*, do Código Penal, mas somente um ressarcimento irregular. Exemplificativamente, inexiste corrupção passiva na hipótese em que um oficial de justiça solicita diretamente do autor de uma ação civil os valores gastos com transporte para citação do demandado. Se, contudo, o valor solicitado ou recebido dolosamente pelo funcionário público a título de reembolso ultrapassar aquele efetivamente gasto no exercício das suas funções, estará caracterizada a vantagem indevida e, consequentemente, o crime de corrupção passiva.

– **Princípio da insignificância:** Não se aplica o princípio da insignificância na corrupção passiva. Pouco importa o valor da vantagem indevida solicitada ou recebida pelo funcionário público, pois o que caracteriza o crime de corrupção passiva é a violação da regularidade e da integridade da Administração Pública, que não se compadece com o comportamento irregular de agentes ímprobos e desonestos. A propósito, estatui a Súmula 599 do Superior Tribunal de Justiça: "O princípio da insignificância é inaplicável aos crimes contra a administração pública."

○ **Espécies de corrupção passiva:** A doutrina separa a corrupção passiva em quatro espécies distintas, divididas em dois blocos: (a) própria e imprópria; e (b) antecedente ou subsequente. *a) Corrupção passiva própria e imprópria* – O fator de diferenciação é a licitude ou ilicitude do ato funcional sobre o qual incide a venalidade do agente. Na corrupção passiva **própria**, o funcionário público negocia um ato **ilícito** (exemplo: policial rodoviário que deixa de multar motorista de automóvel surpreendido em excesso de velocidade em troca do recebimento de determinada quantia em dinheiro). Na corrupção passiva **imprópria**, o ato sobre o qual recai a transação é **lícito** (exemplo: Delegado de Polícia que solicita propina da vítima de um crime para agilizar o trâmite de um inquérito policial sob sua presidência). *b) Corrupção passiva antecedente e subsequente* – O critério de distinção diz respeito ao momento da negociação da vantagem indevida. Corrupção passiva **antecedente** é aquela em que a vantagem indevida é entregue ou prometida ao funcionário público em vista de uma ação ou omissão futura (exemplo: um oficial de justiça recebe dinheiro do réu para não citá-lo). Na corrupção passiva **subsequente**, a recompensa relaciona-se a um comportamento pretérito (exemplo: Investigador de Polícia que ganha um relógio de um empresário pelo fato de propositadamente não tê-lo investigado criminalmente no passado).

○ **Núcleos do tipo:** Solicitar equivale a pedir algo. Na **corrupção passiva**, o funcionário público limita-se a manifestar perante outrem seu desejo de receber alguma vantagem indevida, e o particular pode ou não atendê-lo, pois não se sente atemorizado. Se cede aos anseios do corrupto, o faz por deliberada manifestação de vontade, uma vez que pretende obter benefícios em troca da vantagem prestada. Na **concussão** o funcionário público exige – o núcleo do tipo penal é "exigir" – a entrega de vantagem indevida, aproveitando-se dos poderes inerentes ao seu cargo para intimidar a vítima, que irá ou não atendê-lo, mas em qualquer hipótese tem o receio de suportar um mal. **Receber** é entrar na posse de um bem, aceitando a entrega efetuada por outrem. A oferta de vantagem indevida emana de uma terceira pessoa, e o funcionário público não só a aceita, como também a recebe. Essa aceitação pode ser manifestada por forma indireta, como no exemplo em que o funcionário público não restitui os presentes enviados, ou não restitui as dádivas feitas a sua mulher.[310] **Aceitar** a promessa significa o comportamento do funcionário público de anuir com o recebimento da vantagem indevida. Há uma proposta concretizada por terceira pessoa (*extraneus*), com a qual concorda o *intraneus*. Importante destacar, porém, que não se opera o efetivo recebimento da vantagem indevida, pois nesse caso aplica-se o núcleo anterior ("receber").

– **A tipificação penal da "carteirada". Distinção entre abuso de autoridade e corrupção passiva**: "Carteirada" é o ato do funcionário público consistente na exibição do seu documento funcional – a um particular ou a outro funcionário público –, com a finalidade de demonstrar sua autoridade e, consequentemente, conseguir algum favor ou benefício de natureza ilícita. Para coibir esse reprovável comportamento, infelizmente frequente em nosso cotidiano, o parágrafo único do art. 33 da Lei 13.869/2019 tipificou, como abuso de autoridade, a conduta de quem "utiliza de cargo ou função pública ou invoca a condição de agente público para se eximir de obrigação legal ou para obter vantagem ou privilégio indevido." De fato, o delito estará caracterizado quando o funcionário público utiliza seu cargo ou função, ou invoca sua condição funcional, para se eximir de obrigação legal – exemplo: o Delegado de Polícia se aproveita do cargo para não se submeter ao teste do bafômetro ao ser abordado em uma operação de trânsito –, ou para obter vantagem ou privilégio indevido, como na situação em que um representante do Ministério Público se vale da sua função pública para não pagar a conta do jantar em um restaurante. Nesse ponto surge uma importante questão: Qual é a distinção entre o abuso de autoridade, previsto no art. 33, parágrafo único, da Lei 13.869/2019 e o crime de corrupção passiva, definido no art. 317 do Código Penal? A resposta é simples. No abuso de autoridade o funcionário público limita-se a obter vantagem ou privilégio indevido, ou a eximir-se de obrigação legal. Não há nenhuma negociação espúria entre a vantagem ou privilégio desejado e algum ato relacionado à função pública exercida pelo agente. Na corrupção passiva, de seu turno, há uma permuta criminosa entre a vantagem indevida solicitada, recebida ou aceita pelo funcionário público e o ato de ofício que ele pratica ou deixa de praticar em retribuição a tal vantagem. No exemplo mencionado, se o representante do Ministério Público negociar com o proprietário do restaurante o arquivamento de um inquérito policial em troca da conta do jantar, estará caracterizado o crime tipificado no art. 317 do Código Penal, punido com reclusão, de 2 a 12 anos, e multa, sensivelmente mais grave do que o abuso de autoridade (detenção, de 6 meses a 2 anos, e multa).

– **Corrupção e autolavagem de capitais:** Na hipótese em que o funcionário público recebe vantagem indevida, em razão da sua função, e posteriormente busca ocultar ou dissimular a origem dos valores dela decorrentes, conferindo-lhes uma suposta aparência de licitude – adquirindo um imóvel, por exemplo –, não há falar na absorção da corrupção passiva pelo crime de lavagem de capitais. De fato, há uma nova conduta criminosa, independente do delito anterior e com ofensa ao bem jurídico penalmente tutelado pela Lei 9.613/1998.

– **Corrupção passiva e corrupção ativa – dependência e independência:** O CP, no tocante à corrupção, rompeu com a teoria unitária ou monista adotada como regra relativamente ao instituto do concurso de pessoas (art. 29, *caput*). Há dois crimes distintos – corrupção passiva (art. 317) e corrupção ativa (art. 333) – para sujeitos que concorrem para o mesmo resultado. Nada obstante, questiona-se a possibilidade da existência de corrupção passiva sem a ocorrência simultânea da corrupção ativa. A resposta a esta indagação depende da análise dos núcleos dos tipos penais de ambos os crimes. A corrupção passiva contém três verbos: "solicitar", "receber" e "aceitar" promessa. Por sua vez, a corrupção ativa possui dois outros verbos: "oferecer" e "prometer". Confrontando os arts. 317, *caput*, e 333, *caput*, conclui-se pela admissibilidade da corrupção passiva, **independentemente** da corrupção ativa, exclusivamente em relação ao verbo **solicitar**, pois nesse caso a conduta inicial é do funcionário público. De fato, na prática o funcionário

---

[310] Cf. FARIA, Bento de. *Código Penal brasileiro comentado*. 3. ed. Rio de Janeiro: Distribuidora Record, 1961. v. VII, p. 101.

público pode solicitar vantagem indevida, sem a correspondente anuência do destinatário do pedido. Nos demais núcleos a conduta inicial é do particular: ele "oferece" a vantagem indevida e o funcionário público a "recebe", ou então ele "promete" vantagem indevida e o *intraneus* a "aceita". Nesses casos, a corrupção passiva pressupõe a corrupção ativa.

○ **Sujeito ativo:** A corrupção passiva é **crime próprio** ou **especial**, pois somente pode ser cometido pelo funcionário público em razão da sua função, ainda que esteja fora dela (exemplo: férias, licenças etc.) ou antes de assumi-la (exemplo: candidato já aprovado em concurso público e regularmente nomeado, mas ainda não empossado). O tipo penal utiliza a expressão **"em razão da função"**, e não "em razão do cargo", como faz em outros crimes funcionais, motivo pelo qual não é necessário seja o sujeito ativo titular de cargo público. Basta que exerça, ainda que transitoriamente e sem remuneração, uma função pública (exemplo: mesários da Justiça Eleitoral). São perfeitamente possíveis a coautoria e a participação por outras pessoas, sejam particulares ou também funcionários públicos. Ao particular que oferece ou promete vantagem indevida ao funcionário público deve ser imputado o crime de corrupção ativa (art. 333 do CP). Não há, nessa hipótese, concurso de pessoas relativamente à corrupção passiva, em decorrência do acolhimento de uma exceção pluralística pelo legislador no terreno da corrupção.

– **Corrupção passiva, tráfico de influência, exploração de prestígio e estelionato:** O *caput* do art. 317 do CP é taxativo ao determinar que na corrupção passiva a conduta de solicitar ou receber vantagem indevida, ou aceitar promessa de tal vantagem, deve necessariamente ocorrer "em razão da função pública". Este raciocínio nos leva às seguintes conclusões: (a) não há corrupção passiva se o ato não é da atribuição do funcionário público que solicitou, recebeu ou aceitou a promessa de vantagem indevida, embora tenha ele assim agido a pretexto de influir em ato praticado por funcionário público no exercício da função. Nesse caso, estará caracterizado o crime de tráfico de influência (art. 332 do CP); (b) não há corrupção passiva, mas exploração de prestígio (art. 357 do CP), quando uma pessoa qualquer, inclusive um funcionário público, solicita ou recebe dinheiro ou qualquer outra utilidade, a pretexto de influir em juiz, jurado, órgão do Ministério Público, funcionário de justiça, perito, tradutor, intérprete ou testemunha; (c) estará configurado o crime de estelionato (art. 171, *caput, do CP*), na hipótese em que o agente (funcionário público ou não) solicita ou recebe vantagem ilícita para influir ou obter de um funcionário público o benefício prometido a alguém, sem ter meios para fazê-lo.

– **Jurados:** É possível a responsabilização penal dos jurados pelo crime de corrupção passiva, pois o art. 327, *caput*, do CP os enquadra no conceito de funcionário público para fins penais. Além disso, o art. 445 do CPP é taxativo ao estatuir: "O jurado, no exercício da função ou a pretexto de exercê-la, será responsável criminalmente nos mesmos termos em que o são os juízes togados."

– **Corrupção passiva e falso testemunho ou falsa perícia – distinção:** O falso testemunho ou falsa perícia efetuada mediante o recebimento de suborno, em processo judicial ou administrativo, em inquérito policial ou em juízo arbitral, acarreta a configuração do crime tipificado no art. 342, § 1.º, do CP. Soluciona-se o conflito aparente de leis penais com a utilização do **princípio da especialidade**, afastando-se a regra geral contida no dispositivo em análise. Por sua vez, incide o art. 343 do CP para aquele que deu, ofereceu ou prometeu dinheiro ou qualquer outra vantagem a testemunha, perito, contador, tradutor ou intérprete, para fazer afirmação falsa, negar ou calar a verdade em depoimento, perícia, cálculos, tradução ou interpretação.

– **Crime contra a ordem tributária:** Na hipótese de conduta praticada por funcionário público ocupante do cargo de agente fiscal (federal, estadual ou municipal), estará configurado o crime tributário definido no art. 3.º, inc. II, da Lei 8.137/1990, cuja redação é a seguinte: "Constitui crime funcional contra a ordem tributária, além dos previstos no Decreto-Lei nº 2.848, de 7 de dezembro de 1940 – Código Penal (Título XI, Capítulo I): II – exigir, solicitar ou receber, para si ou para outrem, direta ou indiretamente, ainda que fora da função ou antes de iniciar seu exercício, mas em razão dela, vantagem indevida; ou aceitar promessa de tal vantagem, para deixar de lançar ou cobrar tributo ou contribuição social, ou cobrá-los parcialmente."

– Corrupção passiva, ausência da condição funcional, fraude e vantagem ilícita: Pensemos no seguinte exemplo: Um determinado indivíduo, já exonerado do cargo de agente penitenciário, mas sem ter ainda cumprido a ordem superior de abandonar o serviço público, recebe da esposa de um detento, no interior do estabelecimento prisional, determinada quantia em dinheiro para transferi-lo a uma cela mais segura. Nesse caso, não há falar em corrupção passiva, por duas razões: (a) o agente, já exonerado, não é funcionário público para fins penais; e (b) ainda que fosse funcionário público, não seria dele, mas do Diretor do estabelecimento penal, a tarefa de determinar a cela a ser ocupada pelo detento. Restam então dois crimes, em concurso material: exercício funcional ilegalmente prolongado (art. 324 do CP) e estelionato (art. 171, *caput, do CP*), porque, valendo-se de condição funcional que não mais ostentava (fraude), induziu em erro a esposa do preso, obtendo vantagem ilícita em prejuízo dela.

– Corrupção passiva no Código Penal Militar: O art. 308 do Decreto-lei 1.001/1969 – Código Penal Militar prevê a corrupção passiva praticada por militares.

– Corrupção passiva, atividade parlamentar e sustentação política da Presidência da República: O modelo presidencialista brasileiro apresenta peculiaridades, baseadas sobretudo na necessidade de apoio junto ao Congresso Nacional para garantia de governabilidade. Daí ser chamado de "presidencialismo de coalizão". Nessa seara, o exercício ilegítimo da atividade parlamentar, voltado à solicitação ou recebimento de vantagem indevida, ou ainda à aceitação de promessa de tal vantagem, em troca da ausência de fiscalização das irregularidades praticadas no âmbito do Poder Executivo, caracteriza o crime de corrupção passiva.

– Corrupção passiva e Lei Geral do Esporte: O art. 317 do Código Penal constitui-se em crime praticado por funcionário público contra a Administração em geral, ou seja, o tipo penal incrimina unicamente a corrupção passiva do funcionário público. De fato, não se caracteriza esse delito quando um **particular** solicita ou recebe, para si ou para outrem, vantagem indevida, ou aceita promessa de tal vantagem. Admite-se, todavia, a **corrupção passiva de particular** relacionada ao **resultado de competição esportiva ou evento a ela associado**. Nessa hipótese, é possível a configuração do crime tipificado no art. 198 da Lei 14.597/2023 – Lei Geral do Esporte: "Art. 198. Solicitar ou aceitar, para si ou para outrem, vantagem ou promessa de vantagem patrimonial ou não patrimonial para qualquer ato ou omissão destinado a alterar ou falsear o resultado de competição esportiva ou evento a ela associado: Pena – reclusão, de 2 (dois) a 6 (seis) anos, e multa". É o que se dá, exemplificativamente, nas manipulações em partidas oficiais de futebol, muitas vezes relacionadas a prêmios pagos por casas de apostas.[311]

○ **Sujeito passivo:** É o Estado e, mediatamente, a pessoa física ou jurídica prejudicada pela conduta criminosa.

○ **Elemento subjetivo:** É o dolo, acrescido de um especial fim de agir, representado pela expressão "para si ou para outrem", ou seja, em proveito próprio ou de terceiro, compreendido este último como qualquer pessoa diversa do próprio funcionário público responsável pela conduta criminosa ou da Administração Pública. Não há falar em corrupção passiva quando a vantagem, embora indevida, passa a integrar o acervo patrimonial da própria Administração Pública. Não se admite a modalidade culposa.

– Corrupção passiva, doações de pequena monta e datas festivas: A doutrina é uníssona ao afirmar que não se verifica o crime de corrupção passiva nas gratificações de pequena monta, especialmente nos presentes ofertados em datas festivas. Para alguns penalistas, o fato é atípico em decorrência

---

do princípio da insignificância.[312] Com o merecido respeito, discordamos deste raciocínio, pois é pacífico no âmbito jurisprudencial, especialmente no STJ, que não se aplica o princípio da insignificância nos crimes contra a Administração Pública. Convém recordar que não importa o valor da vantagem indevida recebida pelo funcionário público, pois o que caracteriza o crime de corrupção passiva é a violação da regularidade e da integridade da Administração Pública, independentemente do proveito econômico auferido pelo agente. Também há autores que sustentam a adequação social da conduta, sendo inaceitável a lei considerar criminoso um comportamento inofensivo, aprovado pelo sentimento social de justiça e incapaz de ferir qualquer interesse da Administração Pública.[313] Em nossa opinião, a questão deve ser analisada por um ângulo diverso, qual seja, a **ausência de dolo** – nas gratificações de pequena monta e nas oferendas em datas festivas inexiste, da parte do funcionário público, a intenção de aceitar alguma vantagem como retribuição de alguma ação ou omissão envolvendo ato de ofício já praticado ou a praticar em momento futuro. Estará caracterizado o crime em comento se o funcionário público receber a doação com interesses espúrios.

○ **Consumação:** A corrupção passiva é **crime formal, de consumação antecipada** ou **de resultado cortado**: consuma-se no momento em que o funcionário público solicita, recebe ou aceita a promessa de vantagem indevida. No núcleo "solicitar", não se exige a real entrega da vantagem indevida pelo particular, e, na modalidade "aceitar a promessa", é dispensável o seu posterior recebimento. É irrelevante se o funcionário público efetivamente obtém a vantagem indevida almejada ou se pratica, deixa de praticar ou retarda ato de ofício, infringindo os deveres atinentes à sua função.

○ **Tentativa:** É possível.

○ **Ação penal:** É pública incondicionada, em todas as modalidades do delito.

○ **Lei 9.099/1995:** A corrupção passiva constitui-se em **crime de elevado potencial ofensivo**, incompatível com os benefícios elencados pela Lei 9.099/1995.

○ **Causa de aumento da pena (art. 317, § 1.º):** Trata-se de **causa de aumento da pena**, aplicável na terceira e derradeira fase da dosimetria da pena privativa de liberdade. A maior reprovabilidade da conduta repousa na efetiva violação do dever funcional, consistente no retardamento ou abstenção de ato de ofício, ou prática de ato contrário à função pública. Nas duas primeiras hipóteses, o ato é lícito (corrupção passiva imprópria), mas retardado ou omitido pelo agente; na última, o ato é ilícito (corrupção passiva própria), e mesmo assim o funcionário público o pratica. A corrupção passiva é crime formal, mas o legislador deixou claro que a superveniência do resultado naturalístico apresenta relevância jurídica. De fato, com o exaurimento surge a causa de aumento em comento, razão pela qual este crime já foi chamado pelo STF de **corrupção passiva exaurida**.

○ **Corrupção passiva privilegiada (art. 317, § 2.º):** Nesse parágrafo foram alterados os limites mínimo e máximo da pena privativa de liberdade cominada ao delito. Daí falar, acertadamente, em **corrupção passiva privilegiada**, nada obstante a rubrica marginal refira-se somente à "diminuição da pena". A corrupção passiva privilegiada constitui-se em **infração penal de menor potencial ofensivo**, de competência do Juizado Especial Criminal, compatível com a transação penal e com o rito sumaríssimo, em conformidade com a Lei 9.099/1995. A pena máxima é inferior a dois anos. O fundamento da diminuição da pena é simples. Ao contrário do que se verifica no *caput* do art. 317 do CP, no § 2.º não está em jogo uma vantagem

---

[312] Nesse sentido: GRECO, Rogério. *Curso de direito penal*. 5. ed. Niterói: Impetus, 2009. v. IV, p. 418; e NUCCI, Guilherme de Souza. *Código Penal comentado*. 8. ed. São Paulo: RT, 2008. p. 1059.

[313] É o caso de CAPEZ, Fernando. *Curso de direito penal*. 8. ed. São Paulo: Saraiva, 2010. v. 3, p. 499. Veja-se que esta posição, ainda que indiretamente, também consagra a atipicidade do fato em face do princípio da insignificância.

indevida. O funcionário público não se vende ao interesse alheio. Na verdade, ele trai seu dever funcional em razão de ceder ao pedido ou influência de outrem.

– **Corrupção passiva privilegiada e prevaricação – distinção:** A diferença reside no **elemento subjetivo específico** que norteia a atuação do funcionário público. Na **corrupção passiva privilegiada**, o agente pratica, deixa de praticar ou retarda ato de ofício, com infração de dever funcional, **cedendo a pedido ou influência de outrem.** Visualiza-se a intervenção de um terceiro, ainda que indireta ou até mesmo desconhecida por este, no comportamento do funcionário público. Já na **prevaricação** o agente retarda ou deixa de praticar, indevidamente, ato de ofício, ou o pratica contra disposição expressa de lei, **para satisfazer interesse ou sentimento pessoal**. Fica nítido, portanto, a ausência de intervenção de qualquer outra pessoa neste crime, pois o móvel do funcionário público é o interesse ou sentimento pessoal.

○ **Corrupção passiva e Código Eleitoral:** O art. 299 da Lei 4.737/1965 – Código Eleitoral – contém crimes semelhantes à corrupção passiva e ativa. A diferença repousa, contudo, na finalidade almejada pelo agente, consistente na intenção de obter voto ou conseguir abstenção, ainda que não tenha sucesso.

○ **Jurisprudência selecionada:**

Atividade parlamentar – sustentação política e ato de ofício – caracterização do delito: "(...) Ressaltou que o regime presidencialista brasileiro confere aos parlamentares um espectro de poder que vai além da mera deliberação de atos legislativos, com participação nas decisões de governo, inclusive por meio da indicação de cargos no Poder Executivo. Essa dinâmica é própria do sistema presidencialista brasileiro, que exige uma coalizão para viabilizar a governabilidade. A despeito desse 'presidencialismo de coalizão', a Constituição Federal (CF) atribui ao Congresso Nacional (CN) competência exclusiva para fiscalizar e controlar, diretamente, ou por qualquer de suas Casas, os atos do Executivo, incluídos os da Administração Indireta [CF, art. 49, X]. Nesse âmbito, o CN foi dotado de poderes próprios de autoridade judicial, quando instituídas comissões parlamentares de inquérito para apuração de fatos determinados, com encaminhamento de suas conclusões ao Ministério Público para responsabilização civil e criminal de infratores [CF, art. 58, § 3º]. Ademais, para evitar conflitos de interesses, aos deputados e senadores é constitucionalmente vedado, desde a expedição do diploma: 'a) firmar ou manter contrato com pessoa jurídica de direito público, autarquia, empresa pública, sociedade de economia mista ou empresa concessionária de serviço público, salvo quando o contrato obedecer a cláusulas uniformes; e b) aceitar ou exercer cargo, função ou emprego remunerado, inclusive os de que sejam demissíveis ad nutum, nas entidades constantes da alínea anterior.' [CF, art. 54, I, 'a' e 'b']. Nesse contexto institucional, a percepção de vantagens indevidas, oriundas de desvios perpetrados no âmbito de entidades da Administração Indireta, em troca de sustentação política a detentores de poder de gestão nessas instituições, implica evidente ato omissivo quanto à função parlamentar de fiscalizar a lisura dos atos do Poder Executivo. Quanto à corrupção passiva, a integral realização de sua estrutura típica exige uma relação entre a conduta do agente – que solicita, ou que recebe, ou que aceita a promessa de vantagem indevida – e a prática, que até pode não ocorrer, de um ato determinado de seu ofício. O exercício ilegítimo da atividade parlamentar, mesmo num governo de coalizão, é apto a caracterizar o ato de ofício viciado que tipifica o delito, se motivado pela solicitação, aceitação ou recebimento de vantagem indevida. Esse tipo penal tutela a moralidade administrativa e tem por finalidade coibir e reprimir a mercancia da função pública, cujo exercício deve ser pautado exclusivamente pelo interesse público. Não se trata simplesmente de criminalizar a atividade político-partidária, mas de responsabilizar os atos que transbordam os limites do exercício legítimo da representação popular. No caso, a Turma entendeu ter ficado comprovado que a sustentação política assegurada pelo parlamentar, em favor da manutenção do diretor da estatal, configurou ato de ofício para fins de enquadramento no crime de corrupção passiva" (STF: AP 996/DF, rel.

Min. Edson Fachin, 2.ª Turma, j. 29.05.2018, noticiado no *Informativo* 904). **No mesmo sentido**: STF: AP 1.002/DF, rel. Min. Edson Fachin, 2.ª Turma, j. 09.06.2020, noticiado no *Informativo* 981.

Autolavagem de capitais e corrupção passiva – princípio da consunção – inaplicabilidade: "Na autolavagem não ocorre a consunção entre a corrupção passiva e a lavagem de dinheiro. O crime de lavagem de capitais tipifica exatamente a conduta de ocultar ou dissimular a natureza, origem, localização, disposição, movimentação ou propriedade de bens, direitos ou valores provenientes, direta ou indiretamente, de infração penal. Nota-se que não há falar em ausência de autonomia entre a corrupção passiva e a lavagem de dinheiro, com a consunção do segundo delito pelo primeiro. Isso porque não é possível ao agente, a pretexto de não ser punido pelo crime anterior ou com o fim de tornar seguro o seu produto, praticar novas infrações penais, lesando outros bens jurídicos. Em verdade, a excludente de culpabilidade demonstra-se totalmente incompatível com o delito de lavagem de dinheiro, uma vez que este não se destina à proteção de bens jurídicos, mas sim, entre outras finalidades, a assegurar o próprio proveito econômico obtido com a prática do crime antecedente. Em outras palavras, embora o tipo penal constante no art. 317 do CP preveja a possibilidade do recebimento da vantagem indevida de forma indireta, quando o agente pratica conduta dissimulada que lhe permita não apenas a posse do recurso ilícito, mas também sirva para conferir-lhe aura de legalidade, imprimindo-lhe feição de licitude, deve responder pelo crime de lavagem de dinheiro. Embora a tipificação da lavagem de capitais dependa da existência de um crime antecedente, é possível a autolavagem, isto é, a imputação simultânea, ao mesmo réu, do delito antecedente e do crime de lavagem, desde que sejam demonstrados atos diversos e autônomos daquele que compõe a realização do primeiro crime, circunstância em que não ocorrerá o fenômeno da consunção. Com efeito, a autolavagem (*self laundering*/autolavado) merece reprimenda estatal, na medida em que o autor do crime antecedente, já com a posse do proveito do crime, poderia simplesmente utilizar-se dos bens e valores à sua disposição, mas reinicia a prática de uma série de condutas típicas, a imprimir a aparência de licitude do recurso obtido com a prática da infração penal anterior. Dessa forma, se for confirmado, a partir do devido processo legal e da consequente disposição de todos os meios de prova ao alvitre das partes, notoriamente o contraditório e a ampla defesa, que o denunciado enfunou ares de legalidade ao dinheiro recebido e transferido, estará configurado o crime de lavagem de capitais" (STJ: APn 989/DF, rel. Min. Nancy Andrighi, Corte Especial, j. 16.02.2022, noticiado no *Informativo* 726).

Campeonato de futebol – promessa de vantagem indevida para receber cartão amarelo – crime contra incerteza do resultado esportivo – configuração do delito, ainda que isso não altere diretamente o placar do jogo – art. 198 da Lei 14.597/2023 (Lei Geral do Esporte): "A promessa de vantagem indevida para receber cartão amarelo em uma partida de futebol é suficiente para, em tese, cometer o crime do art. 198 da Lei Geral do Esporte, ainda que isso não altere diretamente o placar do jogo. Cinge-se a controvérsia em definir se a promessa de vantagem indevida para receber cartão amarelo tem o condão de alterar ou manipular o resultado jogo de futebol, configurando o delito tipificado no art. 198 da Lei n. 14.597/2023 (Lei Geral do Esporte). O tipo penal está redigido nos seguintes termos: Art. 198. Solicitar ou aceitar, para si ou para outrem, vantagem ou promessa de vantagem patrimonial ou não patrimonial para qualquer ato ou omissão destinado a alterar ou falsear o resultado de competição esportiva ou evento a ela associado: Pena – reclusão, de 2 (dois) a 6 (seis) anos, e multa. A elementar 'competição esportiva' é mais ampla do que o placar de uma partida. Embora um cartão amarelo não tenha capacidade de alterar diretamente o placar de um jogo de futebol, segundo o regulamento específico do campeonato em questão, a quantidade de cartões amarelos é critério de desempate para efeito de classificação final, podendo definir os rebaixados, os classificados para as competições internacionais, Copa Sulamericana ou Copa Libertadores, ou mesmo o campeão. Dessa forma, fica de plano afastada a alegação de que a promessa de vantagem para receber cartão amarelo não tem o condão de alterar o resultado da competição esportiva. Esse argumento, mais formal, tampouco é o único, exclusivo, pois o ânimo do jogador de futebol que recebeu cartão amarelo diminui diante da possibilidade de nova advertência por cartão amarelo e, consequentemente, conversão em expulsão. Assim, sua participação na marcação do time perde vigor e altera sua conduta, podendo redundar em alteração do placar do jogo e, por conseguinte, da competição. Admitir que apenas a conduta que altera o placar de uma partida é tipificado, implicaria em deixar fora da norma penal incriminadora, por exemplo, a promessa de vantagem para cometimento de pênalti não convertido em gol" (STJ: HC 861.121/GO, rel. Min. Sebastião Reis Júnior, 6.ª Turma, j. 20.02.2024, noticiado no *Informativo* 21 – Edição Extraordinária).

Consumação: "Além disso, sendo a corrupção passiva um crime formal, ou de consumação antecipada, é indiferente para a tipificação da conduta a destinação que o agente confira ou pretenda conferir ao valor ilícito auferido, que constitui, assim, mera fase de exaurimento do delito" (STF: Inq 2.245/MG, rel. Min. Joaquim Barbosa, Plenário, j. 28.08.2007).

Corrupção passiva e corrupção ativa – tipos penais diversos – delitos independentes: "O reconhecimento da inépcia da denúncia em relação ao acusado de corrupção ativa (art. 333 do CP) não induz, por si só, o trancamento da ação penal em relação ao denunciado, no mesmo processo, por corrupção passiva (art. 317 do CP). Conquanto exista divergência doutrinária acerca do assunto, prevalece o entendimento de que, via de regra, os crimes de corrupção passiva e ativa, por estarem previstos em tipos penais distintos e autônomos, são independentes, de modo que a comprovação de um deles não pressupõe a do outro. Aliás, tal compreensão foi reafirmada pelo STF no julgamento da Ação Penal 470-DF, extraindo-se dos diversos votos nela proferidos a assertiva de que a exigência de bilateralidade não constitui elemento integrante da estrutura do tipo penal do delito de corrupção (AP 470-DF, Tribunal Pleno, *DJe* 19.04.2013). Não se desconhece o posicionamento no sentido de que, nas modalidades de recebimento ou aceitação da promessa de vantagem indevida, haveria bilateralidade da conduta, que seria precedida da ação do particular que a promove. Contudo, mesmo em tais casos, para que seja oferecida denúncia em face do autor da corrupção passiva é desnecessária a identificação ou mesmo a condenação do corruptor ativo, já que o princípio da indivisibilidade não se aplica às ações penais públicas. Ademais, a exclusão do acusado de corrupção ativa ocorreu apenas em razão da inépcia da denúncia, decisão que não faz coisa julgada material, permitindo que o órgão acusatório apresente outra peça vestibular quanto aos mesmos fatos sem os vícios outrora reconhecidos. Assim, não havendo qualquer decisão de mérito transitada em julgado que tenha afastado cabalmente a prática de corrupção ativa por parte do agente que teria oferecido ou prometido vantagem indevida a funcionário público, impossível o trancamento da ação quanto ao delito previsto no art. 317 do CP" (STJ: RHC 52.465/PE, rel. Min. Jorge Mussi, 5.ª Turma, j. 23.10.2014, noticiado no *Informativo* 551).

Crime cometido por Promotor de Justiça – maior grau de reprovabilidade da conduta: "O fato de o crime de corrupção passiva ter sido praticado por Promotor de Justiça no exercício de suas atribuições institucionais pode configurar circunstância judicial desfavorável na dosimetria da pena. Isso porque esse fato revela maior grau de reprovabilidade da conduta, a justificar o reconhecimento da acentuada culpabilidade, dada as específicas atribuições do promotor de justiça, as quais são distintas e incomuns se equiparadas aos demais servidores públicos *latu sensu*" (STJ: REsp 1.251.621/AM, rel. Min. Laurita Vaz, 5.ª Turma, j. 16.10.2014, noticiado no *Informativo* 552).

Dosimetria da pena – valoração indevida de uma das circunstâncias judiciais reputadas desfavoráveis ao réu – utilização de elementares inerentes aos tipos penais de concussão e corrupção passiva (obtenção de lucro fácil e cobiça) como motivos dos crimes – impossibilidade – *bis in idem*: "A obtenção de lucro fácil e a cobiça constituem elementares dos tipos de concussão e corrupção passiva (arts. 316 e 317 do CP), sendo indevido utilizá-las, para exasperação da pena-base, no momento em que analisados os motivos do crime – circunstância judicial prevista no art. 59 do CP. Nos presentes embargos, aponta-se, em síntese, divergência no que concerne à interpretação do art. 59 do Código Penal, pois considera que os argumentos utilizados para elevar a pena-base dos delitos de concussão e de corrupção passiva são inerentes ao próprio tipo penal e, portanto, não poderiam ter sido valorados, novamente, no momento da fixação da pena-base. No caso em análise, examinando-se o acórdão do Tribunal de origem, verifica-se que a exasperação em ambos os crimes teve fundamento em 6 (seis) dos quesitos descritos no *caput* do art. 59 do CP: a culpabilidade, a conduta social, a personalidade do agente, os motivos do crime, as circunstâncias e consequências do crime. Ao examinar os motivos do crime, o voto condutor do acórdão condenatório reputou como desvalores aptos a justificar a elevação da pena-base a intenção de obter lucro fácil e a cobiça. Com efeito, embora inseridos no Código Penal no Título dos crimes contra a administração pública, tanto a concussão (art. 316, CP) quanto a corrupção passiva (art. 317, CP) possuem várias das características dos crimes contra o patrimônio, com a peculiaridade da qualificação do agente como servidor público. Assim sendo, no exame das circunstâncias judiciais envolvendo a prática desses dois delitos, a jurisprudência desta Corte vem entendendo que a cobiça, a ganância e a intenção de obter lucro fácil constituem elementares dos delitos, não podendo, assim, serem utilizadas novamente na apreciação das circunstâncias judiciais para justificar a elevação da pena-base" (STJ: EDv nos EREsp 1.196.136/RO, rel. Min. Reynaldo Soares da Fonseca, 3.ª Seção, j. 24.05.2017, noticiado no *Informativo* 608).

Expressão "em razão dela" – inviabilidade de equiparação a "ato de ofício" – ações ou omissões indevidas fora das atribuições formais do funcionário público – condenação – possibilidade: "O crime de corrupção passiva consuma-se ainda que a solicitação ou recebimento de vantagem indevida, ou a aceitação da promessa de tal vantagem, esteja relacionada com atos que formalmente não se inserem nas atribuições do funcionário público, mas que, em razão da função pública, materialmente implicam alguma forma de facilitação da prática da conduta almejada. De início, cumpre observar que recentes decisões do Supremo Tribunal Federal a respeito da interpretação do artigo 317 do Código Penal são no sentido de que 'se exige, para a configuração do delito (de corrupção passiva), apenas o nexo causal entre a oferta (ou promessa) de vantagem indevida e a função pública exercida, sem que necessária a demonstração do mesmo nexo entre a oferta (ou promessa) e o ato de ofício esperado, seja ele lícito ou ilícito' (Voto da Ministra Rosa Weber no Inq 4.506/DF). Com efeito, nem a literalidade do art. 317 do CP, nem sua interpretação sistemática, nem a política criminal adotada pelo legislador parecem legitimar a ideia de que a expressão 'em razão dela', presente no tipo de corrupção passiva, deve ser lida no restrito sentido de 'ato que está dentro das competências formais do agente'. A expressão 'ato de ofício' aparece apenas no caput do art. 333 do CP, como um elemento normativo do tipo de corrupção ativa, e não no caput do art. 317 do CP, como um elemento normativo do tipo de corrupção passiva. Ao contrário, no que se refere a este último delito, a expressão 'ato de ofício' figura apenas na majorante do art. 317, § 1º, do CP e na modalidade privilegiada do § 2º do mesmo dispositivo. Além disso, a desnecessidade de que o ato pretendido esteja no âmbito das atribuições formais do funcionário público fornece uma visão mais coerente e íntegra do sistema jurídico. A um só tempo, são potencializados os propósitos da incriminação – referentes à otimização da proteção da probidade administrativa, seja em aspectos econômicos, seja em aspectos morais – e os princípios da proporcionalidade e da isonomia. Conclui-se, que o âmbito de aplicação da expressão 'em razão dela', contida no art. 317 do CP, não se esgota em atos ou omissões que detenham relação direta e imediata com a competência funcional do agente. Assim, o nexo causal a ser reconhecido é entre a mencionada oferta ou promessa e eventual facilidade ou suscetibilidade usufruível em razão da função pública exercida pelo agente" (STJ: REsp 1.745.410/SP, rel. Min. Sebastião Reis Júnior, rel. p/ acórdão Min. Laurita Vaz, 6.ª Turma, j. 02.10.2018, noticiado no *Informativo* 635).

Identificação do responsável pela corrupção ativa – desnecessidade: "Eventual bilateralidade das condutas de corrupção passiva e ativa é apenas fático-jurídica, não se estendendo ao plano processual, visto que a investigação de cada fato terá o seu curso, com os percalços inerentes a cada procedimento, sendo que para a condenação do autor de corrupção passiva é desnecessária a identificação ou mesmo a condenação do corruptor ativo" (STJ: AgRg no REsp 1.613.927/RS, rel. Min. Maria Thereza de Assis Moura, 6.ª Turma, j. 20.09.2016).

Relação entre conduta e exercício da função: "Para a configuração do crime previsto no artigo 317 do Código Penal exige-se que a solicitação, o recebimento ou a promessa de vantagem se faça pelo funcionário público em razão do exercício de sua função, ainda que fora dela ou antes de seu início, mostrando-se indispensável, desse modo, a existência de nexo de causalidade entre a conduta do servidor e a realização de ato funcional de sua competência. Precedentes. Na hipótese vertente, tanto o Ministério Público, ao ofertar a inicial, quanto o magistrado de origem, ao prolatar a sentença condenatória, demonstraram suficientemente que o paciente, no exercício de suas funções, recebeu vantagem indevida para realizar ato funcional de sua competência. O Juízo *a quo* considerou, ainda, que o suposto recebimento de dinheiro pelo paciente em benefício de outra servidora, para que ela agilizasse a expedição de precatório em processo judicial, também caracterizaria o delito de corrupção passiva, tendo o paciente sido condenado por um único fato, consistente no recebimento de vantagem indevida para si e para outrem. Mesmo que se pudesse admitir que a servidora em benefício de quem o paciente teria recebido vantagem indevida não seria capaz de exercer qualquer influência para a rápida expedição do precatório, já que esta providência não se encontraria na esfera de suas atribuições funcionais, o que afastaria a configuração do delito de corrupção passiva, tal como assestado na impetração, verifica-se que a condenação do paciente subsistira, uma vez que o fato de supostamente ter recebido para si vantagem indevida, no exercício das funções, para a feitura dos cálculos no processo, já seria suficiente, como de fato foi, para justificar e fundamentar o édito repressivo. [...] O delito previsto no artigo 317 do Código Penal se configura quando a atividade visada pelo suborno está abrangida nas atribuições ou na competência do servidor, ou tenha, ao menos, uma relação funcional imediata com o desempenho do respectivo cargo, tal como ocorreu na hipótese vertente, de modo que não se pode falar na atipicidade da conduta atribuída ao paciente" (STJ: HC 135.142/MS, rel. Min. Jorge Mussi, 5.ª Turma, j. 10.08.2010, noticiado no *Informativo* 442).

Ressarcimento de custos pelo uso de equipamento de videolaparoscopia – atendimento em hospital conveniado ao Sistema Único de Saúde – técnica cirúrgica não coberta pelo SUS – não caracterização da elementar normativa do art. 317 do Código Penal: "Para tipificação do art. 317 do Código Penal – corrupção passiva –, deve ser demonstrada a solicitação ou recebimento de vantagem indevida pelo agente público, não configurada quando há mero ressarcimento ou reembolso de despesa. A questão que se coloca é se o recebimento de ressarcimento pelos gastos decorrentes do uso do equipamento de videolaparoscopia, técnica cirúrgica não coberta pelo SUS, configura ou não vantagem indevida para fins penais. Na dicção do art. 317 do CP, configura o crime de corrupção passiva a conduta de 'solicitar ou receber, para si ou para outrem, direta ou indiretamente, ainda que fora da função ou antes de assumi-la, mas em razão dela, vantagem indevida, ou aceitar promessa de tal vantagem'. Não se ignora que a Lei Orgânica do Sistema Único de Saúde (Lei 8.080/1990) e a Portaria 113/1997 do Ministério da Saúde vedam a cobrança de valores do paciente ou familiares a título de complementação, dado o caráter universal e gratuito do sistema público de saúde, entendimento reforçado pelo STF no julgamento do RE 581.488/RS, com repercussão geral, em que se afastou a possibilidade de 'diferença de classe' em internações hospitalares pelo SUS (rel. Min. Dias Toffoli, Plenário, DJe 08.04.2016). Assim, sob o aspecto administrativo, se eventualmente comprovada a exigência de complementação de honorários médicos ou a dupla cobrança por ato médico realizado, estaria configurada afronta à legislação citada, bem como aos arts. 65 e 66 do Código de Ética Médica. Todavia, a tipificação do art. 317 do CP exige a comprovação de recebimento de vantagem indevida pelo médico, não configurada quando há mero ressarcimento ou reembolso de despesas, conquanto desatendidas as normas administrativas. Com efeito, o uso da aparelhagem de videolaparoscopia importa em custos de manutenção e reposição de peças, não sendo razoável obrigar o médico a suportar tais gastos, em especial quando houver aquiescência da vítima à adoção da técnica cirúrgica por lhe ser notoriamente mais benéfica em relação à cirurgia tradicional ou 'aberta'. Desse modo, o reembolso dos gastos pelo uso do equipamento não representa o recebimento de vantagem pelo acusado, não demonstrada a elementar normativa do art. 317 do Código Penal" (STJ: HC 541.447/SP, rel. Min. João Otávio de Noronha, 5.ª Turma, j. 14.09.2021, noticiado no *Informativo* 709).

Facilitação de contrabando ou descaminho

> **Art. 318.** Facilitar, com infração de dever funcional, a prática de contrabando ou descaminho (art. 334):
>
> Pena – reclusão, de 3 (três) a 8 (oito) anos, e multa.

Classificação:	Informações rápidas:
Crime pluriofensivo	**Crime remetido.**
Crime próprio	**Exceção pluralística:** facilitação de contrabando ou des-
Crime formal, de consumação	caminho (art. 318) para funcionário público e contrabando
antecipada ou de resultado	(art. 334-A) ou descaminho (art. 334) para particular ou
cortado	outro funcionário público.
Crime de dano	**Contrabando ≠ descaminho.**
Crime de forma livre	**Objeto material:** mercadoria contrabandeada, ou, no caso
Crime comissivo ou omissivo;	do descaminho, os tributos não recolhidos.
instantâneo	**Elemento subjetivo:** dolo. Não admite modalidade culposa.
Crime unissubjetivo, unilateral	**Tentativa:** admite (se o *iter criminis* puder ser fracionado
ou de concurso eventual	em dois ou mais atos).
Crime unissubsistente ou plu-	**Ação penal:** pública incondicionada.
rissubsistente	**Competência:** Justiça Federal.
Crime remetido	**Contrabando de arma de fogo:** art. 18 da Lei 10.826/2003.

○ **Introdução:** Na redação original do Código Penal, o art. 334 contemplava dois crimes: contrabando e descaminho. Porém, com a entrada em vigor da Lei 13.008/2014, tais delitos foram separados em tipos penais diversos. Agora, no art. 334 encontra-se unicamente o descaminho, pois o contrabando foi levado para o art. 334-A. O legislador, se prezasse pela boa técnica, deveria ter efetuado igual mudança no art. 318 do Código Penal. Infelizmente, quedou-se inerte. Esta falha, contudo, não prejudica a aplicação prática da figura típica em análise, que faz menção expressa aos crimes de contrabando e descaminho, pouco importando o fato de aquele não mais estar alojado no art. 334 do Código Penal. Cuida-se de **crime remetido**, pois o art. 318 do Código Penal remete o intérprete a outros delitos, os quais funcionam como complementação da facilitação de contrabando ou descaminho. O legislador novamente abriu exceção à teoria unitária monista adotada no art. 29, *caput*, do CP no tocante ao concurso de pessoas. De fato, o funcionário público que facilita o contrabando ou descaminho responde pelo crime mais grave, tipificado no art. 318 do CP, justamente em razão da sua condição funcional, a qual torna mais reprovável a conduta por ele praticada. De outro lado, a pessoa (particular ou mesmo outro funcionário público) que realiza o contrabando ou descaminho incide no crime menos grave definido no art. 334 (descaminho) ou no art. 334-A (contrabando), ambos do CP. Entretanto, os dois buscam o mesmo resultado, qual seja, o contrabando ou o descaminho. Em breve síntese, **contrabando** é a importação ou exportação de mercadorias cuja entrada no País ou saída dele é absoluta ou relativamente proibida, enquanto **descaminho** é toda fraude empregada para iludir, total ou parcialmente, o pagamento de impostos de importação ou exportação.

○ **Objeto jurídico:** Tutela-se a Administração Pública, especialmente no campo patrimonial, pois com o descaminho o Estado deixa de arrecadar tributos. No tocante ao contrabando, protegem-se também a saúde, a moral e a ordem pública, por serem produtos de importação ou exportação proibida.

o **Objeto material:** É a mercadoria contrabandeada, ou, no caso do descaminho, os tributos não recolhidos.

o **Núcleo do tipo:** É "**facilitar**", isto é, auxiliar, tornar mais fácil, simplificar a prática do contrabando ou descaminho. Essa facilitação pode ser realizada por ação (retirando obstáculos legalmente existentes) ou por omissão (deixando de criar obstáculos previstos em lei).

o **Sujeito ativo:** *O contrabando e o descaminho são crimes próprios ou especiais. Entretanto,* não podem ser cometidos por qualquer funcionário público, mas somente por aqueles dotados do especial dever funcional de impedir qualquer dos delitos. Isto porque o tipo penal contém a expressão "**com infração de dever funcional**". Se a conduta for realizada por qualquer outra pessoa, seja particular, seja outro funcionário público que não tenha a obrigação de inviabilizar o contrabando ou descaminho, a ela será imputado o crime previsto no art. 334 (descaminho) ou no art. 334-A (contrabando), ambos do CP, na condição de partícipe.

o **Sujeito passivo:** É o Estado.

o **Elemento subjetivo:** É o dolo, independentemente de qualquer finalidade específica. Não se admite a modalidade culposa.

o **Consumação:** Dá-se no instante em que o funcionário público efetivamente facilita o contrabando ou descaminho (**crime formal**, **de consumação antecipada** ou **de resultado cortado**), pouco importando se a outra pessoa alcança o almejado êxito em sua empreitada criminosa (contrabando ou descaminho). A facilitação foi definida como crime autônomo, razão pela qual sua consumação independe do sucesso do outro crime. Assim, prescinde-se da comprovação do início da execução do contrabando ou descaminho, bastando demonstrar a facilitação proporcionada pelo funcionário público.

o **Tentativa:** É possível, exceto nos crimes praticados por omissão, pois em tais casos não há como fracionar o *iter criminis*.

o **Ação penal:** É pública incondicionada.

o **Lei 9.099/1995:** Trata-se de **crime de elevado potencial ofensivo**, incompatível com os benefícios contidos na Lei 9.099/1995.

o **Competência:** O crime de facilitação de contrabando ou descaminho é de competência da **Justiça Federal** (CF, art. 109, inc. IV), pois ofende interesse da União, relativamente ao controle de produtos ilícitos importados ou exportados (contrabando) ou ao pagamento dos tributos legalmente exigidos para entrada ou saída de mercadorias permitidas do território nacional (descaminho). Quanto à fixação da competência, assim dispõe a Súmula 151 do Superior Tribunal de Justiça: "A competência para o processo e julgamento por crime de contrabando ou descaminho define-se pela prevenção do Juízo Federal do lugar da apreensão dos bens." Nos termos do art. 144, § 1.º, II, da CF, uma das tarefas precípuas da **Polícia Federal** consiste em prevenir e reprimir o contrabando e o descaminho.

o **Facilitação de contrabando e tráfico internacional de arma de fogo:** A importação ou exportação de produto ilícito caracteriza o crime de contrabando (CP, art. 334-A). Se o objeto material, contudo, constituir-se em arma de fogo, acessório ou munição, sem autorização da autoridade competente, estará caracterizado o crime de tráfico internacional de arma de fogo, definido no art. 18 da Lei 10.826/2003 – Estatuto do Desarmamento: "Importar, exportar, favorecer a entrada ou saída do território nacional, a qualquer título, de arma de fogo, acessório ou munição, sem autorização da autoridade competente: Pena – reclusão, de 8 (oito) a 16 (dezesseis) anos, e multa." Nessa hipótese, o conflito aparente de leis penais é solucionado pelo **princípio da especialidade**. Logo, se um funcionário público facilita o contrabando de arma de fogo, acessório ou munição, não se aplica o crime do art. 318 do Código Penal. Ele deverá ser responsabilizado pelo crime de tráfico internacional de arma de fogo, com base no núcleo "**favorecer**", o qual desponta como sinônimo de "facilitar".

Prevaricação

> **Art. 319.** Retardar ou deixar de praticar, indevidamente, ato de ofício, ou praticá-lo contra disposição expressa de lei, para satisfazer interesse ou sentimento pessoal:
>
> Pena – detenção, de três meses a um ano, e multa.

Classificação:	Informações rápidas:
Crime simples	**Objeto material:** ato de ofício indevidamente retardado ou omitido pelo agente, ou praticado contra disposição expressa de lei.
Crime de mão própria	
Crime formal, de consumação antecipada ou de resultado cortado	**Elementos normativos do tipo:** "indevidamente" e "contra disposição expressa de lei". Funcionário público e recusa em cumprir mandado judicial: crime de prevaricação.
Crime de dano	
Crime de forma livre	**Elemento subjetivo:** dolo (elemento subjetivo específico – "para satisfazer interesse ou sentimento pessoal"). Não admite modalidade culposa.
Crime comissivo ou omissivo próprio ou puro	
Crime instantâneo	**Excesso de zelo:** pode funcionar como causa da prevaricação.
Crime unissubjetivo, unilateral ou de concurso eventual	**Tentativa:** admite somente na modalidade comissiva ("praticá-lo contra disposição expressa de lei").
Crime unissubsistente	**Ação penal:** pública incondicionada.
	Competência: Justiça Estadual.

○ **Introdução:** Prevaricação é a infidelidade ao dever de ofício, à função exercida. É o não cumprimento pelo funcionário público das obrigações que lhe são inerentes, em razão de ser guiado por interesses ou sentimentos próprios. Nosso Código Penal compreende a omissão de ato funcional, o retardamento e a prática, sempre contrários à disposição legal.[314] O funcionário público, utilizando seu cargo para a busca da satisfação de interesse ou sentimento pessoal, afronta um dos mais importantes valores do nosso Estado Democrático de Direito, consistente no **princípio da impessoalidade** (CF, art. 37, *caput*), cujo conteúdo "significa basicamente que o agente de governo, no exercício de sua função, deve mover-se por padrões objetivos, e não por interesses ou inclinações particulares, próprias ou alheias".[315]

○ **Objeto jurídico:** Tutela-se a Administração Pública, cujos interesses perseguidos não se compactuam com o comportamento do funcionário que não cumpre seus deveres, com o propósito de satisfazer interesses pessoais, prejudicando o desenvolvimento normal e regular da atividade administrativa.

---

[314] MAGALHÃES NORONHA, E. *Direito penal.* 16. ed. São Paulo: Saraiva, 1983. v. 4, p. 266-267.
[315] CUNHA, Sérgio Sérvulo da. *Princípios constitucionais.* São Paulo: Saraiva, 2006. p. 152.

○ **Objeto material:** É o **ato de ofício** – compreendido como todo e qualquer ato em que se exterioriza o exercício da função pública ou do cargo público – indevidamente retardado ou omitido pelo agente, ou praticado contra disposição expressa de lei. Incluem-se nessa categoria os atos públicos de qualquer natureza – executivos, judiciais ou legislativos. Como o ato é de ofício, não há prevaricação quando o ato retardado, omitido ou praticado não integra a competência ou atribuição do funcionário público.

○ **Núcleos do tipo:** O tipo penal contém três núcleos: "retardar", "deixar de praticar" e "praticar". Cuida-se de **tipo misto alternativo, crime de ação múltipla** ou **de conteúdo variado** – a lei descreve diversos núcleos e a realização de mais de um deles, no tocante ao mesmo objeto material, caracteriza um único delito. **Retardar** é atrasar, postergar ou adiar. O funcionário público não realiza o ato de ofício dentro do prazo previsto em lei. **Deixar de praticar** é abster-se no tocante à realização do ato de ofício. Ambos os núcleos ("retardar" e "deixar de praticar") integram **modalidades omissivas** da prevaricação. Trata-se, nesse ponto, de **crime omissivo próprio** ou **puro**. Para estas duas formas do crime, o tipo penal exige a presença de um **elemento normativo**, contido na palavra "**indevidamente**", indicativa de "ilegalmente" ou "injustificadamente". Não há prevaricação quando o funcionário público deixa de agir em razão da ausência de norma jurídica que o obrigue à prática do ato, ou então quando motivos fortuitos ou de força maior legitimem a demora ou omissão (exemplo: déficit de pessoal na repartição pública em comparação com o elevado volume de serviço). **Praticar** é fazer algo. Visualiza-se aqui um **crime comissivo**, pois exige uma ação do sujeito ativo. O tipo penal também reclama um **elemento normativo**, pois o funcionário público há de praticar o ato "**contra disposição expressa de lei**", expressão que deve ser compreendida como a disposição livre de qualquer contradição, dúvida, ambiguidade ou obscuridade.

○ **Sujeito ativo:** A prevaricação somente pode ser praticada pelo funcionário público. Trata-se de **crime de mão própria, de atuação pessoal** ou **de conduta infungível**, pois a execução da conduta criminosa não pode ser delegada a outra pessoa. Não admite coautoria, mas somente a participação.

– **Prevaricação e jurados:** Os jurados, assim como em outros delitos funcionais, também podem ser penalmente responsabilizados pelo crime de prevaricação, a teor do art. 445 do Código de Processo Penal: "O jurado, no exercício da função ou a pretexto de exercê-la, será responsável criminalmente nos mesmos termos em que o são os juízes togados."

– **Prevaricação, desobediência e descumprimento de ordem judicial:** O funcionário público que se recusa a cumprir mandado judicial relativo a ato de sua atribuição legal não pratica desobediência (art. 330 do CP), pois este delito somente pode ser cometido por particular ou, excepcionalmente, por funcionário público que receba ordem não relacionada às suas atribuições. Se o funcionário público recebeu ordem legal que deveria cumprir, e não o fez, deverá ser responsabilizado pelo crime de prevaricação, desde que presente a finalidade específica de satisfazer interesse ou sentimento pessoal. Finalmente, se o funcionário público recebeu ordem que deveria cumprir e se omitiu, e ausente o interesse de satisfazer interesse ou sentimento pessoal, o fato será penalmente atípico.

○ **Sujeito passivo:** É o Estado, ofendido pela ação que estorva o seu desenvolvimento normal e regular, bem como a pessoa física ou jurídica lesada pela conduta penalmente ilícita.

○ **Elemento subjetivo:** É o dolo, acrescido de um especial fim de agir (elemento subjetivo específico), pois o funcionário público deve retardar ou deixar de praticar, indevidamente, ato de ofício, ou praticá-lo contra disposição expressa de lei, "para satisfazer interesse ou sentimento pessoal". **Interesse pessoal** é qualquer proveito ou vantagem obtido pelo agente, de índole patrimonial ou moral. Quanto ao interesse patrimonial do funcionário público, vale ressaltar que a obtenção do proveito ou vantagem não pode estar relacionada a qualquer oferecimento ou entrega de vantagem indevida pelo particular em troca da ação ou omissão funcional, sob pena de caracterização do delito de corrupção passiva (art. 317 do CP). O crime será o de concussão (art. 316, *caput, do CP*) se, previamente ao retardamento, omissão ou prática do ato de ofício, o funcionário público exigir vantagem indevida. Quanto ao interesse pessoal de cunho **moral**, o funcionário público também deve almejar uma vantagem ou proveito (exemplo: "A", investigador de polícia, deixa de realizar todas as medidas investigatórias em um inquérito policial, para ganhar prestígio com o prefeito da sua cidade, pois o filho deste é o principal suspeito da prática do crime). O interesse pessoal de natureza moral não pode ser confundido com o mero comodismo (preguiça). **Sentimento pessoal**, por sua vez, é a posição afetiva do funcionário público relativamente às pessoas ou coisas a que se refere a conduta a ser praticada ou omitida. Exemplo: comete prevaricação o Delegado de Polícia que não instaura inquérito policial para apuração de crime supostamente praticado por um amigo de longa data. Não se admite a figura culposa.

– **Elemento subjetivo, Ministério Público e conteúdo da denúncia:** O membro do MP deve descrever detalhadamente, na denúncia, qual o interesse ou sentimento pessoal que levou o funcionário público à prevaricação, sob pena de inépcia.

– **Excesso de zelo:** O excesso de zelo, representado pelo cuidado exagerado no exercício da função pública, pode funcionar como causa da prevaricação. O funcionário público, supondo estar zelando pelo bem ou serviço público, acaba praticando ato danoso à Administração Pública. Em vez de desempenhar corretamente a atividade administrativa, o agente transforma sua cautela em preciosismo desnecessário, agindo unicamente para satisfazer sentimento ou interesse pessoal.

○ **Consumação:** Nas duas primeiras modalidades do delito, a prevaricação se consuma no momento em que o funcionário público retarda ou deixa de praticar indevidamente o ato de ofício. Na última modalidade, a consumação verifica-se no instante em que o funcionário público pratica o ato de ofício contra disposição expressa de lei. Em qualquer das hipóteses, cuida-se de **crime formal, de consumação antecipada** ou **de resultado cortado**, pois, para seu aperfeiçoamento, basta a intenção do funcionário público de satisfazer interesse ou sentimento pessoal, ainda que este resultado não venha a ser concretizado.

○ **Tentativa:** Somente é admissível na modalidade comissiva ("praticá-lo contra disposição expressa de lei"). Nas demais condutas, de natureza omissiva ("retardar" e "deixar de praticar"), a tentativa não é cabível (**crime omissivo próprio ou puro**).

○ **Ação penal:** É pública incondicionada.

○ **Lei 9.099/1995:** A prevaricação integra o rol das **infrações penais de menor potencial ofensivo**, de competência do Juizado Especial Criminal e compatível com a transação penal e com o rito sumaríssimo, nos moldes da Lei 9.099/1995.

○ **Legislação penal especial:**

– **Prevaricação e Código Penal Militar:** O art. 319 do Decreto-lei 1.001/1969 – Código Penal Militar – prevê a prevaricação entre os crimes contra o dever funcional.

– **Crime contra o sistema financeiro nacional:** O art. 23 da Lei 7.492/1986 contém um crime cuja descrição típica se assemelha à prevaricação.

– **Código Eleitoral:** O art. 345 da Lei 4.737/1965 – Código Eleitoral – trata de uma **contravenção penal,** nada obstante denominada de "crime", uma vez que, como dispõe o art. 1.º da Lei de Introdução ao Código Penal, só se pode falar em crime quando a lei comina ao fato a pena de reclusão ou de detenção, ainda que alternativa ou cumulativamente com a pena pecuniária.

– **Prevaricação e crime contra a economia popular:** Estatui o art. 10, § 4.º, da Lei 1.521/1951 que "a retardação injustificada, pura e simples, dos prazos indicados nos parágrafos anteriores, importa em crime de prevaricação (art. 319 do Código Penal)".

– **Política Nacional do Meio Ambiente:** O art. 15, § 2.º, da Lei 6.938/1981 prevê a pena de reclusão, de um a três anos, e multa, à autoridade competente que deixar de promover as medidas tendentes a impedir as condutas indicadas no *caput* e no § 1.º do citado dispositivo legal, quais sejam, os atos praticados pelo poluidor que expõem a perigo a incolumidade humana, animal ou vegetal, ou estiver tornando mais grave situação de perigo existente.

– **Abuso de autoridade**: Se a omissão do agente público consistir em negar ao interessado, seu defensor ou advogado acesso aos autos de investigação preliminar, de termo circunstanciado, de inquérito ou qualquer outro procedimento investigatório de infração penal, civil ou administrativa, ou então impedir a obtenção de cópias, salvo hipótese de imprescindível sigilo, estará configurado o crime de abuso de autoridade catalogado no art. 32 da Lei 13.869/2019: "Art. 32. Negar ao interessado, seu defensor ou advogado acesso aos autos de investigação preliminar, ao termo circunstanciado, ao inquérito ou a qualquer outro procedimento investigatório de infração penal, civil ou administrativa, assim como impedir a obtenção de cópias, ressalvado o acesso a peças relativas a diligências em curso, ou que indiquem a realização de diligências futuras, cujo sigilo seja imprescindível: Pena – detenção, de 6 (seis) meses a 2 (dois) anos, e multa."

○ **Jurisprudência selecionada:**

Conteúdo da denúncia: "Na concreta situação dos autos, a denúncia increpa ao denunciado o retardamento de ato de ofício por suposto 'espírito de corpo'. A mera referência ao corporativismo não concretiza o elemento subjetivo do tipo" (STF: Inq 2.191/DF, rel. Min. Carlos Britto, Plenário, j. 08.05.2008).

Elemento subjetivo: "A configuração do crime de prevaricação requer a demonstração não só da vontade livre e consciente de deixar de praticar ato de ofício, como também do elemento subjetivo específico do tipo, qual seja, a vontade de satisfazer 'interesse' ou 'sentimento pessoal'. Instrução criminal que não evidenciou o especial fim de agir a que os denunciados supostamente cederam. Elemento essencial cuja ausência impede o reconhecimento do tipo incriminador em causa" (STF: AP 447/RS, rel. Min. Carlos Britto, Plenário, j. 18.02.2009).

Elemento subjetivo – interpretação da lei: "I. Hipótese em que a denúncia trata da suposta prática de crime de prevaricação, pois os acusados teriam deixado de praticar ato de ofício consistente no cumprimento de decisões emanadas do TST referentes à prerrogativa institucional de membro do MPU de ter assento no mesmo plano e imediatamente à direita dos juízes singulares ou presidentes dos órgãos judiciários perante os quais oficiem na condição de parte ou de fiscal da lei, além de terem praticado outros atos contra expressa disposição de lei, com vistas a satisfazer interesse ou sentimento pessoal. II. Esta Corte já firmou posicionamento, concordante com a doutrina penal, no sentido de que a intenção de satisfazer interesse ou sentimento pessoal é essencial à tipificação do delito do art. 319 do Estatuto Repressor. Precedente. III. A controvérsia quanto à interpretação da legislação, como ocorreu no caso dos autos, não é hábil a configurar o elemento subjetivo do crime de prevaricação. IV. Se não resta caracterizada a satisfação de interesse ou sentimento pessoal na conduta dos acusados, afasta-se a tipicidade da conduta. V. Ante a ausência de correspondência do fato, tal como narrado na peça acusatória, à norma jurídica, vislumbra-se a inexistência de fato típico, afetando a possibilidade de responsabilização penal dos acusados pela prática do delito descrito no art. 319 do Código Penal" (STJ: APn 471/MG, rel. Min. Gilson Dipp, Corte Especial, j. 07.11.2007).

> **Art. 319-A.** Deixar o Diretor de Penitenciária e/ou agente público, de cumprir seu dever de vedar ao preso o acesso a aparelho telefônico, de rádio ou similar, que permita a comunicação com outros presos ou com o ambiente externo:
>
> Pena: detenção, de 3 (três) meses a 1 (um) ano.

Classificação:	Informações rápidas:
Crime simples	**Prevaricação imprópria.**
Crime próprio	**Objeto material:** aparelho telefônico, de rádio
Crime formal, de consumação antecipada ou	ou similar (aparelho quebrado ou impossibili-
de resultado cortado	tado de funcionar: atipicidade).
Crime de dano	**Elemento subjetivo:** dolo. Não admite mo-
Crime de forma livre	dalidade culposa.
Crime omissivo próprio ou puro	**Tentativa:** não admite (crime omissivo
Crime instantâneo	próprio ou puro, e, consequentemente,
Crime unissubjetivo, unilateral ou de concurso	unissubsistente).
eventual	**Ação penal:** pública incondicionada.
Crime unissubsistente	

○ **Introdução:** Como a este crime, introduzido no Código Penal pela Lei 11.466/2007, não foi atribuída nomenclatura oficial, o tipo tem recebido inúmeros nomes doutrinários, tais como prevaricação imprópria, prevaricação nos presídios, omissão do dever de vedar ao preso o acesso a aparelho telefônico, de rádio ou similar etc.

– Art. 319-A do Código Penal e o princípio da proporcionalidade: A tipificação da conduta versada neste dispositivo fundamenta-se em dois fatores aterrorizantes da sociedade moderna, intimamente relacionados com o crime organizado: (a) ausência de medidas administrativas eficazes para impedir o ingresso de aparelhos de comunicação nos estabelecimentos prisionais, que acabam funcionando como autênticos "escritórios" das organizações criminosas, mantidos pelo Estado; e (b) inexistência de punição rígida e efetiva aos agentes públicos que permitiam o ingresso de meios de comunicação nos presídios para a utilização pelos detentos. Lamentavelmente, contudo, o legislador foi deveras tímido na cominação da pena a uma conduta revestida de enorme gravidade, especialmente por lesar os interesses do Estado e da sociedade, ensejando enormes prejuízos à segurança pública. Ofende-se, dessa forma, o **princípio da proibição da proteção insuficiente de bens jurídicos**, uma das variantes do princípio da proporcionalidade.[316]

– Lei 11.466/2007 e reflexos na Lei de Execução Penal: A Lei 11.466/2007, além de inserir o art. 319-A no Código Penal, também acrescentou um inciso VII no art. 50 da Lei 7.210/1984 – Lei de Execução Penal –, para o fim de estabelecer que comete falta grave o condenado à pena privativa de liberdade que "tiver em sua posse, utilizar ou fornecer aparelho telefônico, de rádio ou similar, que permita a comunicação com outros presos ou com o ambiente externo". Esta medida – aplicável tanto ao preso definitivo como ao preso provisório (LEP, art. 44, parágrafo único) – foi salutar, pois supriu uma lacuna outrora existente na Lei de Execução Penal, a qual deixava impune o preso que tinha em sua posse, utilizava ou fornecia para outros detentos algum aparelho de comunicação e, deste modo, comandava operações criminosas do interior do estabelecimento prisional. A partir de então, com a configuração da falta grave, a posse, utilização ou fornecimento de aparelho telefônico, de rádio ou similar pelo preso importa em diversas consequências jurídico-penais.

---

[316] Para um estudo aprofundado do tema, vide: MENDES, Gilmar Ferreira; COELHO, Inocêncio Mártires; BRANCO, Paulo Gustavo Gonet. *Curso de direito constitucional.* 2. ed. São Paulo: Saraiva, 2008. p. 333.

○ **Objeto jurídico:** Tutela-se a Administração Pública, responsável pela segurança pública, tanto no interior dos estabelecimentos prisionais como no âmbito da sociedade em geral.

○ **Objeto material:** É o **aparelho telefônico** (fixo ou móvel), de **rádio** (aparelho que emite e recebe ondas radiofônicas – exemplos: *walkie-talkies*, Nextel etc.), ou **similar** (qualquer outro meio de comunicação entre pessoas – exemplo: aparelhos de informática e conversação via *webcam*). Estando o aparelho de comunicação quebrado ou de qualquer modo absolutamente impossibilitado de funcionar, o fato será atípico. Subsistirá o crime em relação a aparelhos de telefonia celular pré-pagos e sem créditos, pois é sabido que os presos têm meios para a obtenção dos recursos destinados aos seus funcionamentos.

○ **Núcleo do tipo:** É "**deixar**", no sentido de omitir-se ou não fazer algo (**crime omissivo próprio** ou **puro**). Esse verbo está associado à expressão "de cumprir seu dever de vedar", isto é, proibir algo em cumprimento de obrigação legal. O objeto da omissão ilícita é o acesso (alcance, obtenção) a aparelho telefônico, de rádio ou similar. A destinação reservada ao aparelho de comunicação é permitir a comunicação do preso com outro detento, que pode se encontrar no mesmo presídio ou em estabelecimento penal diverso, ou entre o preso e qualquer outra pessoa localizada fora do ambiente carcerário, chamado pelo tipo penal de "ambiente externo".

○ **Sujeito ativo:** O delito pode ser cometido somente pelo Diretor de Penitenciária, responsável pela administração prisional, ou agente público (**crime próprio** ou **especial**). A expressão "agente público", nesse delito, há de ser interpretada restritivamente, abrangendo unicamente as pessoas funcionalmente incumbidas do dever de evitar o acesso a aparelhos de comunicação pelos presos, como é o caso dos agentes penitenciários, dos carcereiros, dos policiais responsáveis pela escolta dos presos etc. O diretor de colônia agrícola, industrial ou similar, o diretor da casa de albergado e o diretor da cadeia pública foram alcançados pela fórmula residual "agente público", mas tal expressão não atinge o diretor de hospital de custódia e tratamento psiquiátrico, pois, falando o tipo penal em "preso", não abrange o inimputável ou semi-imputável submetido a medida de segurança.[317] Para **qualquer outra pessoa**, sem o dever funcional, que ingressar, promover, intermediar, auxiliar ou facilitar a entrada de aparelho telefônico de comunicação móvel, de rádio ou similar, sem autorização legal, em estabelecimento prisional, será imputado o crime tipificado no art. 349-A do CP. Finalmente, também não comete este crime o preso, se com ele for encontrado o aparelho de comunicação, incidindo, contudo, a falta grave disciplinada no art. 50, VII, da LEP.

○ **Sujeito passivo:** É o Estado e, mediatamente, a sociedade, suscetível à prática de novas infrações penais em decorrência do uso do aparelho de comunicação no interior dos estabelecimentos prisionais.

○ **Elemento subjetivo:** É o dolo, independentemente de qualquer finalidade específica. Não se admite a modalidade culposa, sem prejuízo da imposição de sanção de natureza civil ou disciplinar.

– **Art. 319-A e corrupção passiva:** No delito em estudo, o funcionário público é punido em razão do descumprimento intencional dos deveres inerentes ao seu cargo. Se o funcionário público se omitir movido pelo recebimento, solicitação ou promessa de entrega de vantagem indevida, estará caracterizado o crime de corrupção passiva (art. 317 do CP).

---

317   Com igual raciocínio: CUNHA, Rogério Sanches. *Direito penal*. Parte especial. 3. ed. São Paulo: RT, 2010. p. 424.

○ **Consumação:** Cuida-se de **crime formal, de consumação antecipada** ou **de resultado cortado**: consuma-se no momento em que o Diretor de Penitenciária ou agente público, conhecendo a situação ilícita, não faça nada para impedir o acesso do preso a aparelho telefônico, de rádio ou similar. É dispensável a efetiva utilização do meio de comunicação pelo detento. Basta que tenha a possibilidade de fazê-lo.

○ **Tentativa:** Não é cabível (crime omissivo próprio ou puro e, consequentemente, unissubsistente).

○ **Ação penal:** É pública incondicionada.

○ **Lei 9.099/1995:** Em face da pena máxima legalmente prevista, constitui-se em **infração penal de menor potencial ofensivo**, de competência do Juizado Especial Criminal, admitindo a transação penal e o rito sumaríssimo, em consonância com as disposições da Lei 9.099/1995.

○ **Jurisprudência selecionada:**

Posse de chip de telefonia móvel pelo preso – falta grave: "No âmbito da execução penal, configura falta grave a posse de *chip* de telefonia móvel por preso. Essa conduta se adequa ao disposto no art. 50, VII, da LEP, de acordo com o qual constitui falta grave a posse de aparelho telefônico, de rádio ou similar que permita a comunicação com outros presos ou com o ambiente externo. Trata-se de previsão normativa cujo propósito é conter a comunicação entre presos e seus comparsas que estão no ambiente externo, evitando-se, assim, a deletéria conservação da atividade criminosa que, muitas vezes, conduziu-os ao aprisionamento. Portanto, há de se ter por configurada falta grave também pela posse de qualquer outra parte integrante do aparelho celular. Conclusão diversa permitiria o fracionamento do aparelho entre cúmplices apenas com o propósito de afastar a aplicação da lei e de escapar das sanções nela previstas" (STJ: HC 260.122/RS, rel. Min. Marco Aurélio Bellizze, 5.ª Turma, j. 21.03.2013, noticiado no *Informativo* 517).

Condescendência criminosa

Art. 320. Deixar o funcionário, por indulgência, de responsabilizar subordinado que cometeu infração no exercício do cargo ou, quando lhe falte competência, não levar o fato ao conhecimento da autoridade competente:

Pena – detenção, de quinze dias a um mês, ou multa.

Classificação:	Informações rápidas:
Crime simples	**Objeto material:** infração não punida pelo superior hierárquico ou não comunicada à autoridade competente quando lhe faltar competência para fazê-lo.
Crime próprio	
Crime formal, de consumação antecipada ou de resultado cortado	
Crime de dano	**Elemento subjetivo:** dolo (elemento subjetivo específico – intenção de ser indulgente com o funcionário público responsável pela infração no exercício do cargo). Não admite modalidade culposa.
Crime de forma livre	
Crime omissivo próprio ou puro	
Crime instantâneo	
Crime unissubjetivo, unilateral ou de concurso eventual	**Tentativa:** não admite (crime omissivo próprio ou puro, e, consequentemente, unissubsistente).
Crime unissubsistente	**Ação penal:** pública incondicionada.

○ **Introdução:** Na condescendência criminosa o funcionário público deixa de responsabilizar seu subordinado pela infração cometida no exercício do cargo ou, faltando-lhe atribuições para tanto, não leva o fato ao conhecimento da autoridade competente, unicamente pelo seu espírito de tolerância ou clemência, razão pela qual o delito é um dos mais suavemente apenados pelo CP. Não há intenção de satisfazer interesse ou sentimento pessoal, senão estaria configurado o delito de prevaricação (CP, art. 319), nem o propósito de receber vantagem indevida, pois em caso contrário o crime seria o de corrupção passiva (CP, art. 317).

○ **Objeto jurídico:** Tutela-se a Administração Pública, especialmente no que diz respeito ao seu regular desenvolvimento no tocante ao exercício do poder disciplinar dos superiores hierárquicos em relação aos funcionários públicos faltosos.

○ **Objeto material:** É a **infração** não punida pelo superior hierárquico ou não comunicada à autoridade competente quando lhe faltar competência para fazê-lo. Essa infração pode ser simplesmente uma falta disciplinar, de índole administrativa, ou então um crime, de qualquer natureza, ou uma contravenção penal. Em qualquer caso, é exigência do tipo penal tenha sido a infração cometida "**no exercício do cargo**", ou seja, deve estar relacionada ao cargo público ocupado pelo subalterno. Exemplificativamente, não há condescendência criminosa quando o superior hierárquico deixa de punir o subalterno por um crime de homicídio por este praticado, por duas razões: (a) este delito não diz respeito ao exercício do cargo do subordinado; e (b) a tarefa de punir um crime deste jaez é, unicamente, da Justiça Penal. Por outro lado, estará caracterizado o crime em comento quando o superior hierárquico se omitir após tomar conhecimento de peculato atribuído ao seu subalterno, não adotando as providências cabíveis na seara administrativa nem comunicando o fato à autoridade policial ou ao Ministério Público para instauração da persecução penal.

○ **Núcleos do tipo:** O tipo penal contém dois núcleos: "deixar de responsabilizar" e "não levar ao conhecimento". Trata-se de **crime omissivo próprio** ou **puro**, pois a conduta criminosa, em ambas as hipóteses, é omissiva. **Deixar de responsabilizar** equivale a não atribuir responsabilidade à pessoa que cometeu uma infração (administrativa ou penal), a fim de que possa ser regularmente processada e, se cabíveis, suportar as sanções pertinentes. Nessa modalidade, o sujeito ativo é dotado de poder disciplinar em relação ao autor da infração, ou seja, ele pode (e deve) punir o subalterno, mas por indulgência não o faz. **Não levar ao conhecimento** significa, no contexto da condescendência criminosa, ocultar ou esconder da autoridade competente para a responsabilização de um funcionário público a infração por este cometida, também por indulgência. Ao contrário da modalidade anterior, aqui o superior hierárquico não goza de poderes para investigar os fatos e responsabilizar seu subordinado, mas se omite ao não levar a infração ao conhecimento da autoridade competente. O tipo penal é imperativo, não dando ensejo à discricionariedade do superior hierárquico.

○ **Sujeito ativo:** O crime é **próprio** ou **especial**, pois somente pode ser praticado pelo funcionário público. Todavia, não é suficiente a condição funcional. Exige-se a posição de hierarquia perante o autor da infração que não foi responsabilizado ou teve sua conduta omitida do conhecimento da autoridade competente.

○ **Sujeito passivo:** É o Estado.

○ **Elemento subjetivo:** É o dolo, acrescido de um especial fim de agir (elemento subjetivo específico), consistente na intenção de ser indulgente com o funcionário público responsável pela infração no exercício do cargo. **Indulgência** é sinônimo de perdão, clemência ou tolerância. Não há previsão de modalidade culposa. Destarte, não há condescendência criminosa quando o superior hierárquico, por negligência, não toma ciência da infração cometida pelo subalterno no exercício do cargo.

○ **Consumação:** *O art. 320 do CP* não fixa prazo para o superior hierárquico responsabilizar o subordinado que cometeu infração no exercício do cargo, nem para levar o fato a conhecimento da autoridade competente para tanto quando lhe faltar o poder disciplinar. Entretanto, pode ser utilizada como vetor interpretativo a regra delineada pelo art. 143 da Lei 8.112/1990, a qual dispõe sobre o regime jurídico dos servidores públicos civis da União, das autarquias e das empresas públicas federais. **Sua obrigação é imediata**, sendo correto concluir que a condescendência criminosa é **delito omissivo próprio** ou **puro**. Consuma-se com a mera omissão do funcionário público que, ao tomar ciência da infração cometida pelo subordinado no exercício do cargo, deixa de adotar qualquer providência para responsabilizá-lo, ou, quando lhe faltar competência para tanto, não leva o fato ao conhecimento da autoridade competente. É também **crime formal, de consumação antecipada** ou **de resultado cortado**, pois para o seu aperfeiçoamento basta a omissão do superior hierárquico, independentemente da efetiva impunidade do infrator.

○ **Tentativa:** Não é cabível, pelo fato de ser crime omissivo próprio ou puro e, por corolário, unissubsistente, inviabilizando o fracionamento do *iter criminis*.

○ **Ação penal:** É pública incondicionada.

○ **Lei 9.099/1995:** A condescendência criminosa é classificada como **infração penal de menor potencial ofensivo**, de competência do Juizado Especial Criminal e compatível com a transação penal e o rito sumaríssimo, na forma definida pela Lei 9.099/1995.

○ **Código Penal Militar:** O art. 322 do Decreto-lei 1.001/1969 prevê uma modalidade específica de condescendência criminosa, punida inclusive na forma culposa: "Deixar de responsabilizar subordinado que comete infração no exercício do cargo, ou, quando lhe falte competência, não levar o fato ao conhecimento da autoridade competente: Pena – se o fato foi praticado por indulgência, detenção até seis meses; se por negligência, detenção até três meses."

○ **Lei 1.079/1950 e crime de responsabilidade:** Nos termos do art. 9.º, item 3, da Lei 1.079/1950, constitui-se em crime de responsabilidade contra a probidade na administração a conduta de "não tornar efetiva a responsabilidade dos seus subordinados, quando manifesta em delitos funcionais ou na prática de atos contrários à Constituição".

○ **Jurisprudência selecionada:**

   Conduta típica: "Chefe administrativo que tardou meses em responsabilizar subordinados de sua confiança por peculato. Crime em tese" (STF: RHC 62.938/DF, rel. Min. Djaci Falcão, 2.ª Turma, j. 07.05.1985).

Advocacia administrativa

> **Art. 321.** Patrocinar, direta ou indiretamente, interesse privado perante a administração pública, valendo-se da qualidade de funcionário:
>
> Pena – detenção, de um a três meses, ou multa.
>
> Parágrafo único. Se o interesse é ilegítimo:
>
> Pena – detenção, de três meses a um ano, além da multa.

Classificação:	Informações rápidas:
Crime simples Crime próprio Crime formal, de consumação antecipada ou de resultado cortado Crime de dano Crime de forma livre Crime comissivo ou omissivo Crime instantâneo Crime unissubjetivo, unilateral ou de concurso eventual Crime unissubsistente ou plurissubsistente	**Objeto material:** interesse (legítimo ou ilegítimo) privado e alheio patrocinado (direto ou indireto). **Elemento subjetivo:** dolo. Não admite modalidade culposa. **Tentativa:** admite (salvo na conduta omissiva, pois nesse caso o crime será unissubsistente). **Ação penal:** pública incondicionada.

○ **Introdução:** O crime de advocacia administrativa caracteriza-se pela defesa de interesses privados perante a Administração Pública, aproveitando-se o funcionário público das facilidades proporcionadas pelo seu cargo. A conduta é ilícita, pois a missão de todo agente público é única e exclusivamente a defesa e a promoção de interesses públicos, e nunca particulares, mesmo que legítimos. Anote-se, porém, que a palavra utilizada na rubrica marginal ("advocacia") transmite a equivocada ideia de tratar-se de delito praticado exclusivamente por advogados, quando na verdade tem o sentido de "defesa" ou "patrocínio".

○ **Objeto jurídico:** Tutela-se a Administração Pública, relativamente ao seu regular funcionamento e à moralidade administrativa.

○ **Objeto material:** É o interesse privado e alheio patrocinado, legítimo ou ilegítimo, compreendido como qualquer vantagem ou meta a ser alcançada pelo particular. Na hipótese de **interesse ilegítimo**, incidirá a figura qualificada contida no art. 321, parágrafo único, do Código Penal.

○ **Núcleo do tipo:** É "**patrocinar**", ou seja, amparar, advogar, defender ou pleitear interesse privado de outrem. O patrocínio – que não depende de qualquer vantagem econômica em contrapartida ao agente público – pode ser **direto**, quando exercido pelo próprio funcionário público, ou **indireto**, na hipótese em que ele se vale de terceira pessoa, a qual age sob o manto do seu prestígio (exemplo: o Secretário de Obras, querendo auxiliar um amigo, pede a um funcionário seu para solicitar ao fiscal a não interdição das obras de um estabelecimento comercial). A conduta normalmente é comissiva, mas também pode ser cometida por omissão (crime omissivo impróprio ou comissivo por omissão). É o que se dá quando o funcionário público, titular do dever jurídico de agir, deixa de atuar para mediatamente defender um interesse alheio de natureza privada. O patrocínio não necessariamente deve ocorrer na repartição pública em que o funcionário encontra-se lotado. Pode realizar-se em órgão diverso, desde que lá ele também tenha influência. É obrigatório, contudo, que, ao patrocinar interesses privados alheios, o agente público se valha das facilidades proporcionadas pela sua condição funcional. Caso contrário, o fato será atípico.

○ **Sujeito ativo:** O crime é **próprio** ou **especial**, pois somente pode ser cometido pelo funcionário público.

○ **Sujeito passivo:** É o Estado.

○ **Elemento subjetivo:** É o dolo, independentemente de qualquer finalidade específica, ou seja, pouco importa a finalidade que leva o funcionário público a patrocinar interesse privado alheio (amizade, namoro etc.). Na forma qualificada (CP, art. 321, parágrafo único), é imprescindível a ciência da ilegitimidade do interesse. Não se admite a modalidade culposa.

○ **Consumação:** O crime é **formal**, **de consumação antecipada** ou **de resultado cortado**: consuma-se com o simples patrocínio pelo funcionário público do interesse privado e alheio, independentemente da efetiva obtenção de benefício pelo particular.

○ **Tentativa:** É possível, salvo na conduta omissiva (crime unissubsistente).

○ **Ação penal:** É pública incondicionada.

○ **Lei 9.099/1995:** A advocacia administrativa é **infração penal de menor potencial ofensivo**, de competência do Juizado Especial Criminal, tanto na forma simples como na modalidade qualificada. Sujeita-se, portanto, a diversos institutos previstos na Lei 9.099/1995, tais como a transação penal e o rito sumaríssimo.

○ **Distinções entre a advocacia administrativa e outros crimes funcionais previstos no Código Penal:**

– **Com a concussão (art. 316):** Na advocacia administrativa, o funcionário público, valendo-se da sua condição funcional, utiliza-se da sua influência positiva perante outro agente público para beneficiar um particular, enquanto na concussão ele exige vantagem indevida de um particular, aproveitando-se da intimidação proporcionada pelo seu cargo.

– **Com a corrupção passiva (art. 317):** Na corrupção passiva, o funcionário público solicita ou recebe, para si ou para outrem, vantagem indevida, ou aceita promessa de tal vantagem; na advocacia administrativa ele patrocina interesse de um particular perante quem possui competência para beneficiá-lo.

– **Com a prevaricação (art. 319):** Na prevaricação, o funcionário público retarda ou deixa de praticar, indevidamente, ato de ofício, ou o pratica contra disposição expressa de lei, para satisfazer interesse ou sentimento pessoal, enquanto na advocacia administrativa ele não tem atribuição para praticar o ato, razão pela qual influencia o agente público dotado de tal poder, em benefício de algum terceiro, alheio aos quadros da Administração Pública.

○ **Advocacia administrativa e crimes contra a ordem tributária:** Se o patrocínio de interesse alheio e privado pelo funcionário público ocorrer perante a Administração fazendária, estará caracterizado o crime contra a ordem tributária previsto no art. 3.º, inc. III, da Lei 8.137/1990: "Art. 3º Constitui crime funcional contra a ordem tributária, além dos previstos no Decreto-lei nº 2.848, de 7 de dezembro de 1940 – Código Penal (Título XI, Capítulo I): III – patrocinar, direta ou indiretamente, interesse privado perante a administração fazendária, valendo-se da qualidade de funcionário público. Pena – reclusão, de 1 (um) a 4 (quatro) anos, e multa."

○ **Advocacia Administrativa e patrocínio de contratação indevida:** Estará caracterizado o crime tipificado no art. 337-G do Código Penal, punido com reclusão, de 6 (seis) meses a 3 (três) anos, e multa, na hipótese em que o funcionário público "patrocinar, direta ou indiretamente, interesse privado perante a Administração Pública, dando causa à instauração de licitação ou à celebração de contrato cuja invalidação vier a ser decretada pelo Poder Judiciário." O conflito aparente de normas é solucionado pelo princípio da especialidade.

○ **Advocacia Administrativa e Código Penal Militar:** O art. 334 do Decreto-lei 1.001/1969 – Código Penal Militar – disciplina o crime de **patrocínio indébito**, nos seguintes termos: "Patrocinar, direta ou indiretamente, interesse privado perante a administração militar, valendo-se da qualidade de servidor público ou de militar: Pena – detenção, até três meses. Parágrafo único. Se o interesse é ilegítimo: Pena – detenção, de três meses a um ano."

○ **Jurisprudência selecionada:**

Conduta típica: "A figura do crime de advocacia administrativa qualificada deve vir cabalmente delineada pelo interesse ilegítimo, sob pena de não ser aceita a capitulação da denúncia em torno deste tipo. *In casu*, não está presente o interesse ilegítimo, mas tão só o patrocínio indireto de interesse privado, encaminhando para a capitulação do *caput* do artigo 321" (STJ: APn 362/MT, rel. Min. José Arnaldo da Fonseca, Corte Especial, j. 21.09.2005).

Natureza do interesse patrocinado: "Para que haja o crime de advocacia administrativa, previsto no artigo 321 do Código Penal, é necessário que o interesse patrocinado seja particular e alheio. Extraindo-se da peça acusatória que o interesse patrocinado é do próprio Tribunal Regional do Trabalho, impõe-se o reconhecimento da atipicidade da conduta" (STJ: APn 567/GO, rel. Min. João Otávio de Noronha, Corte Especial, j. 02.09.2009).

Violência arbitrária

> **Art. 322.** Praticar violência, no exercício de função ou a pretexto de exercê-la:
>
> Pena – detenção, de seis meses a três anos, além da pena correspondente à violência.

Classificação:	Informações rápidas:
Crime pluriofensivo	**Objeto material:** pessoa contra quem a violência é dirigida (particular ou funcionário público).
Crime próprio	
Crime material	**Violência:** abrange somente a física; deve ser empregada **"no exercício da função"** ou **"a pretexto de exercê-la"**; deve ser arbitrária.
Crime de dano	
Crime de forma livre	
Crime comissivo (*regra*)	**Elemento subjetivo:** dolo (elemento subjetivo específico – intenção do funcionário público de abusar de sua autoridade). Não admite modalidade culposa.
Crime instantâneo	
Crime unissubjetivo, unilateral ou de concurso eventual	**Tentativa:** admite (crime plurissubsistente).
Crime plurissubsistente	**Concurso material obrigatório:** violência arbitrária e do resultante da violência.
	Ação penal: pública incondicionada.

○ **Introdução:** À época em que vigorava a Lei 4.898/1965, existia **entendimento doutrinário** no sentido de que o art. 322 do Código Penal havia sido tacitamente revogado pelo art. 3.º, "i", da então chamada "Lei de Abuso de Autoridade".[318] A jurisprudência, entretanto, posicionava-se de forma diametralmente oposta.[319] Com a revogação expressa da Lei 4.898/1965 pela Lei 13.869/2019, atualmente responsável pela tipificação dos crimes de abuso de autoridade, a polêmica deixou de existir. Com efeito, o novo diploma legislativo não contempla nenhum dispositivo que autorize a conclusão no sentido da revogação do art. 322 do Código Penal.

○ **Objeto jurídico:** Tutela-se a Administração Pública, especialmente no tocante à lisura da atuação dos seus agentes, e também a integridade física e a liberdade das pessoas em geral.

---

[318] FREITAS, Gilberto Passos de; FREITAS, Vladimir Passos de. *Abuso de autoridade*. 9. ed. São Paulo: RT, 2001. p. 171.

[319] STF: RHC 95.617/MG, rel. Min. Eros Grau, 2.ª Turma, j. 25.11.2008; e STJ: HC 48.083/MG, rel. Min. Laurita Vaz, 5.ª Turma, j. 20.11.2007.

○ **Objeto material:** É a pessoa contra quem a violência é dirigida, podendo ser um particular ou mesmo outro funcionário público.

○ **Núcleo do tipo:** É "**praticar**", no sentido de exercer ou cometer violência contra a pessoa. A elementar **violência** há de ser entendida como sinônimo de lesão corporal ou vias de fato. Ao utilizar esta palavra, o legislador quis se referir somente à **violência física**, excluindo do raio de incidência do art. 322 do Código Penal a violência moral (grave ameaça).[320] De fato, quando a grave ameaça funciona como meio de execução de um crime, há previsão expressa nesse sentido, tal como se dá no constrangimento ilegal (art. 146), no roubo (art. 157), na extorsão (art. 158) e no estupro (art. 213), entre outros. O funcionário público deve empregar a violência "**no exercício da função**" (efetivo desempenho da função pública) ou "**a pretexto de exercê-la**" (o agente alega estar no exercício da função pública, quando na verdade não está). Utiliza-se a violência como se esta fosse imprescindível para o normal desempenho do mister público, ou seja, o meio de execução funciona como desculpa para a ilegítima atuação do agente. Entretanto, nem toda violência usada pelo funcionário público leva à configuração do delito, devendo ser **arbitrária**, isto é, injustificada, despropositada, absolutamente dispensável para o exercício da função pública. Em muitas situações a utilização da violência pelo funcionário público, desde que moderada e imprescindível, é tolerada pelo ordenamento jurídico, como ocorre nas causas excludentes da ilicitude do estrito cumprimento de dever legal (art. 23, III, do CP) e da legítima defesa (art. 25 do CP). Os arts. 284 e 292 do CPP preveem expressamente o uso de violência por agentes públicos e seus auxiliares.

○ **Sujeito ativo:** O crime é **próprio** ou **especial**, pois somente pode ser praticado pelo funcionário público.

○ **Sujeito passivo:** É o Estado e, mediatamente, a pessoa física prejudicada pela conduta criminosa.

○ **Elemento subjetivo:** É o dolo, acrescido de um especial fim de agir (elemento subjetivo específico), consistente na intenção do funcionário público de abusar de sua autoridade. Não se admite a modalidade culposa.

○ **Consumação:** O crime é **material** ou **causal**: consuma-se no momento em que o funcionário público, de forma abusiva, pratica o ato violento, no exercício da função ou a pretexto de exercê-la.

○ **Tentativa:** É possível.

○ **Ação penal:** É pública incondicionada.

○ **Lei 9.099/1995:** Trata-se de **crime de médio potencial ofensivo**. Em face da pena mínima cominada (seis meses), é cabível a suspensão condicional do processo, desde que presentes os demais requisitos contidos no art. 89 da Lei 9.099/1995.

– **Concurso material obrigatório:** A lei impõe o concurso material entre as penas dos crimes de violência arbitrária e daquele resultante da violência (homicídio, lesão corporal etc.). Portanto, deve ser aplicada de forma autônoma e cumulativa a pena da lesão corporal, não se falando em absorção, qualquer que seja sua natureza (leve, grave ou gravíssima).

○ **Violência arbitrária e Código Penal Militar:** Em conformidade com o art. 333 do Decreto-lei 1.001/1969 – Código Penal Militar: "Praticar violência, em repartição ou estabelecimento militar, no exercício de função ou a pretexto de exercê-la: Pena – detenção, de seis meses a dois anos, além da correspondente à violência".

---

[320] BITENCOURT, Cezar Roberto. *Tratado de direito penal.* 3. ed. São Paulo: Saraiva, 2009. v. 5, p. 126.

Abandono de função

> **Art. 323.** Abandonar cargo público, fora dos casos permitidos em lei:
>
> Pena – detenção, de quinze dias a um mês, ou multa.
>
> § 1º Se do fato resulta prejuízo público:
>
> Pena – detenção, de três meses a um ano, e multa.
>
> § 2º Se o fato ocorre em lugar compreendido na faixa de fronteira:
>
> Pena – detenção, de um a três anos, e multa.

Classificação:	Informações rápidas:
Crime simples	**Terminologia correta:** abandono de cargo público.
Crime de mão própria	**Objeto material:** cargo abandonado pelo funcionário
Crime formal	público (não abrange a função nem o emprego público).
Crime de perigo concreto	O abandono de cargo deve prolongar-se por **tempo**
Crime de forma livre	**juridicamente relevante.**
Crime omissivo próprio	**Elemento normativo do tipo:** "fora dos casos permitidos
Crime instantâneo	em lei".
Crime unissubjetivo, unilateral ou de	**Elemento subjetivo:** dolo. Não admite modalidade culposa.
concurso eventual	**Tentativa:** não admite (crime unissubsistente).
Crime unissubsistente	**Ação penal:** pública incondicionada.

○ **Introdução:** O crime em análise recebeu a rubrica marginal "abandono de **função**", ao passo que na redação do preceito primário consta a expressão "abandonar **cargo público**". Ora se fala em função, ora em cargo público. Em que pese a imprecisão terminológica do legislador, o correto é falar-se em "**abandono de cargo público**", e não em "abandono de função", por uma simples razão. Como se sabe, esta expressão é muito mais ampla do que aquela. De fato, **função pública** corresponde a qualquer atividade realizada pelo Estado com a finalidade de satisfazer as necessidades de natureza pública.[321] Por sua vez, **cargo público** é "o conjunto de atribuições e responsabilidades previstas na estrutura organizacional que devem ser cometidas a um servidor" (Lei 8.112/1990, art. 3.º, *caput*). Além disso, "os cargos públicos, acessíveis a todos os brasileiros, são criados por lei, com denominação própria e vencimento pago pelos cofres públicos, para provimento em caráter efetivo ou em comissão" (Lei 8.112/1990, art. 3.º, parágrafo único). Destarte, muitas pessoas desempenham funções públicas (exemplos: jurados, mesários da Justiça Eleitoral etc.), nada obstante não ocupem cargos públicos. Conclui-se, portanto, que a caracterização do crime delineado no art. 323 do Código Penal depende do **abandono do cargo público**, não incidindo este tipo penal no tocante ao abandono de função pública ou mesmo de emprego público. Não se pode fazer analogia *in malam partem* no Direito Penal. E, como aqui se fala em "cargo público", e não em "funcionário público", deve ser afastado o conteúdo abrangente do art. 327 do Código Penal.

○ **Objeto jurídico:** Tutela-se a Administração Pública, especialmente no que diz respeito à normalidade e à continuidade do desempenho do cargo público.

○ **Objeto material:** É o cargo abandonado pelo funcionário público.

---

[321]   Cf. JESUS, Damásio E. de. *Direito penal*. Parte especial. 13. ed. São Paulo: Saraiva, 2007. v. 4, p. 191.

○ **Núcleo do tipo:** É "**abandonar**", ou seja, largar algo, deixando-o ao desamparo. O abandono de cargo pode verificar-se de dois modos distintos: (a) pelo afastamento do funcionário público; ou (b) pela não apresentação do funcionário público no momento adequado. O abandono de cargo deve prolongar-se por **tempo juridicamente relevante**, a ser avaliado no caso concreto, pois o delito depende da comprovação do perigo de dano à Administração Pública. O afastamento há de perdurar por período suficiente para determinar a desídia do sujeito ativo perante o serviço público. Na hipótese de abandono de cargo por tempo ínfimo ocorrerá falta disciplinar, sujeita a sanções administrativas. Também não se configura o crime em apreço quando o funcionário público, embora abandonando o cargo, tenha providenciado sua substituição automática por um colega de trabalho, pois, nessa situação, não há perigo de lesão aos interesses da Administração Pública. Não se pode confundir o abandono de cargo ora estudado com o abandono de cargo previsto em lei específica atinente à organização da carreira do funcionário público. Não há crime se existir anterior pedido de licença, férias ou exoneração, deferido pela autoridade competente. No entanto, enquanto não deferido seu pleito, o funcionário público estará proibido de abandonar o cargo, ainda que legítima sua pretensão, sob pena de configuração do crime definido no art. 323 do CP. É importante ainda mencionar que o tipo penal contém um **elemento normativo**, consistente na expressão "**fora dos casos permitidos em lei**". Não há crime, a título ilustrativo, quando o funcionário público não comparece ao seu cargo em razão de licença médica, licença paternidade etc.

○ **Sujeito ativo:** Trata-se de **crime de mão própria**, **de atuação pessoal** ou **de conduta infungível**: somente pode ser praticado pelo funcionário público ocupante do cargo abandonado. No concurso de pessoas, admite a participação, mas é incompatível com a coautoria.

○ **Sujeito passivo:** É o Estado.

○ **Elemento subjetivo:** É o dolo. Não há espaço para a forma culposa.

○ **Consumação:** Cuida-se de crime **omissivo próprio** ou **puro**, pois o tipo penal descreve uma conduta omissiva. Consuma-se com o abandono do cargo por tempo juridicamente relevante, capaz de criar uma situação de perigo à Administração Pública (**crime de perigo concreto**).

○ **Tentativa:** Não é possível, em face do seu caráter unissubsistente (crime omissivo próprio ou puro).

○ **Ação penal:** É pública incondicionada, em todas as modalidades do delito.

○ **Figura qualificada pelo resultado de prejuízo público (art. 323, § 1.º):** O exaurimento do delito foi alçado à condição de qualificadora do abandono de função. **Prejuízo público** é o ocasionado aos serviços de interesse público. A maior reprovabilidade da conduta repousa na lesão efetiva à Administração Pública. Se no *caput* o delito é classificado como de perigo concreto, aqui indiscutivelmente o crime é de dano, pois pressupõe lesão às atividades de natureza pública (exemplos: não arrecadação de tributos em razão do abandono do cargo por fiscais fazendários, interrupção dos serviços de água e luz à população etc.).

○ **Figura qualificada pela ocorrência do fato em lugar compreendido na faixa de fronteira (art. 323, § 2.º):** **Faixa de fronteira** é a área indispensável à segurança nacional, compreendida como a faixa interna de 150 quilômetros de largura, paralela à linha divisória terrestre do território nacional (Lei 6.634/1979, art. 1.º). O tratamento penal mais severo se justifica pelo risco proporcionado pelo desertor à segurança nacional, colocando em risco os Poderes Constituídos pelo Estado e as pessoas em geral. Exemplo: Policiais Federais lotados na fronteira com outro país que abandonam seus cargos, permitindo o ingresso em território nacional de terroristas e de armas de fogo.

○ **Lei 9.099/1995:** Na forma simples (*caput*) e na modalidade qualificada do § 1.º, estão previstas **infrações penais de menor potencial ofensivo**, de competência do Juizado Especial Criminal, compatíveis com a transação penal e com o rito sumaríssimo, nos moldes da Lei 9.099/1995. De outro lado, na modalidade qualificada do § 2.º, ao abandono de função é cominada pena mínima de um ano, constituindo-se em **crime de médio potencial ofensivo,** o qual admite a suspensão condicional do processo, desde que presentes os demais requisitos exigidos pelo art. 89 da Lei 9.099/1995.

○ **Código Penal Militar:** Como estatui o art. 330 do Decreto-lei 1.001/1969 – Código Penal Militar: "Abandonar cargo público, em repartição ou estabelecimento militar: Pena – detenção, até dois meses. Formas qualificadas: § 1º Se do fato resulta prejuízo à administração militar: Pena – detenção, de três meses a um ano. § 2º Se o fato ocorre em lugar compreendido na faixa de fronteira: Pena – detenção, de um a três anos."

Exercício funcional ilegalmente antecipado ou prolongado

> **Art. 324.** Entrar no exercício de função pública antes de satisfeitas as exigências legais, ou continuar a exercê-la, sem autorização, depois de saber oficialmente que foi exonerado, removido, substituído ou suspenso:
>
> Pena – detenção, de quinze dias a um mês, ou multa.

Classificação:	Informações rápidas:
Crime simples	**Lei penal em branco homogênea** ("exigências legais").
Crime de mão própria	
Crime formal, de consumação antecipada ou de resultado cortado	**Elemento normativo do tipo:** "sem autorização".
Crime de dano	**Objeto material:** função pública ilegalmente exercida.
Crime de forma livre	
Crime comissivo (*regra*)	**Elemento subjetivo:** dolo (dolo direto na segunda figura criminosa – "depois de saber").
Crime instantâneo	
Crime unissubjetivo, unilateral ou de concurso eventual	Não admite modalidade culposa.
	Tentativa: admite (crime plurissubsistente).
Crime plurissubsistente	**Ação penal:** pública incondicionada.

○ **Objeto jurídico:** Tutela-se a Administração Pública, no tocante ao seu normal funcionamento, pois o exercício ilegal de função pública afeta a prestação de serviços públicos.

○ **Objeto material:** É a função pública (qualquer atividade desempenhada pelo Estado para satisfazer as necessidades de interesse público) ilegalmente exercida.

○ **Núcleos do tipo:** O tipo penal contém dois núcleos: "entrar no exercício" e "continuar a exercê-la". **Entrar no exercício** equivale a começar a desempenhar uma determinada função pública; **continuar a exercê-la**, por sua vez, significa a ela dar prosseguimento. Em ambas as situações, o crime é **instantâneo**. Prescinde-se da habitualidade, que surge posteriormente à entrada em exercício ou já existia antes da sua continuidade. **Entrar no exercício de função pública antes de satisfeitas as exigências legais** – Nesse ponto, o dispositivo contempla uma **lei penal em branco homogênea**, pois o preceito primário reclama complementação pela legislação específica de cada funcionário público para saber quais são as "exigências legais" a serem satisfeitas. A regra para investidura em cargos e empregos públicos é a aprovação em concurso público de provas ou de provas e títulos (art. 37, II, da CF). Depois de realizado o concurso público sobrevém o provimento do cargo ou emprego público com a nomeação do candidato aprovado. Superada a fase da nomeação, o provimento somente se aperfeiçoará com a posse e o exercício do cargo. Para o regular exercício da função pública outros requisitos, além da posse, são também exigidos, tais como a aprovação em exame médico realizado pelo Poder Público, a prova de quitação com a Justiça Eleitoral e, nos termos do art. 13 da Lei 8.429/1992 – Lei de Improbidade Administrativa –, a apresentação de declaração de imposto de renda e proventos de qualquer natureza, que tenha sido apresentada à Secretaria Especial da Receita Federal do Brasil. Portanto, se a pessoa já aprovada e nomeada em concurso público dolosamente entra no exercício da função pública antes da posse ou sem comprovar a observância de todas as exigências legais, estará configurado o crime em análise. **Continuar a exercê-la, sem autorização, depois de saber oficialmente que foi exonerado, removido, substituído ou suspenso** – A expressão "**sem autorização**" nada mais é do que um elemento normativo do tipo. Destarte, o fato é atípico se o agente, mesmo depois de saber oficialmente que foi exonerado, removido, substituído ou suspenso, continua a exercer a função pública devidamente autorizado por quem de direito. É necessário tenha o funcionário público real e efetivo conhecimento da sua exoneração, remoção, substituição ou suspensão. Não há falar em presunção do seu conhecimento, mesmo na hipótese de ato público e notório. **Exoneração** é o ato administrativo que retira o funcionário do cargo público, a seu pedido ou de ofício. **Remoção** é a alteração das funções do agente público, mediante sua iniciativa ou compulsoriamente, porém preservando o mesmo cargo. **Substituição** é a colocação de um funcionário público no lugar de outro. Muda-se a função pública, mas são mantidos o cargo e o local de trabalho. As férias e as licenças em geral, embora não mencionadas no tipo penal, devem ser tratadas do mesmo modo que as substituições, pois quando um agente público se encontra no período de férias ou de licença, um outro o substitui, com o escopo de assegurar a continuidade do serviço público. **Suspensão** é uma espécie de sanção disciplinar, destinada a retirar temporariamente o funcionário público do seu cargo ou das suas funções. Também é possível a prática do delito na hipótese da **aposentadoria compulsória**, a qual, embora automática, depende da declaração por ato, com vigência a partir do dia imediato àquele em que o servidor atingir a idade-limite de permanência no serviço público (Lei 8.112/1990, art. 187).

○ **Sujeito ativo:** O exercício funcional ilegalmente antecipado ou prolongado somente pode ser praticado por funcionário público já nomeado, mas ainda sem ter cumprido todas as exigências legais (1.ª parte), ou então pelo indivíduo que era funcionário público, porém deixou de sê-lo em razão de ter sido oficialmente exonerado, removido, substituído ou suspenso (parte final).[322] Em ambas as hipóteses, o crime é **de mão própria, de atuação pessoal** ou **de conduta infungível,** pois somente pode ser cometido pela pessoa expressamente indicada no tipo penal. Se um particular entrar no exercício da função pública, a ele deverá ser imputado o crime de usurpação de função pública (art. 328 do CP).

○ **Sujeito passivo:** É o Estado.

○ **Elemento subjetivo:** É o dolo. Não se admite a modalidade culposa. A segunda figura criminosa somente é compatível com o **dolo direto**, pois a expressão "depois de saber" indica a vontade do agente em continuar a exercer a função pública, sem autorização, após ser cientificado da sua exoneração, remoção, substituição ou suspensão.

---

[322] São válidas as ponderações de Antonio Pagliaro e Paulo José da Costa Júnior: "Bem observando, uma pessoa em tais condições não é funcionário público. Seria mais correto que o presente delito estivesse compreendido entre os crimes de particulares contra a Administração Pública. Como já se disse, trata-se de uma forma leve de usurpação de funções públicas. Forma leve porque parece legítimo supor que aquele que teve uma nomeação regular não esteja, como o usurpador, totalmente em conflito com o ordenamento legítimo do Estado" (*Dos crimes contra a administração pública*. 4. ed. São Paulo: Atlas, 2009. p. 167).

○ **Consumação:** O delito se aperfeiçoa no momento em que o sujeito ativo realiza indevidamente o primeiro ato inerente à função pública, prescindido do efetivo prejuízo à Administração Pública (**crime formal, de consumação antecipada** ou **de resultado cortado**).

○ **Tentativa:** É possível.

○ **Ação penal:** É pública incondicionada.

○ **Lei 9.099/1995:** A pena privativa de liberdade máxima cominada (detenção de um mês) autoriza a inserção do crime tipificado no art. 324 do Código Penal entre as **infrações penais de menor potencial ofensivo**, de competência do Juizado Especial Criminal, e, portanto, compatível com a transação penal e com o rito sumaríssimo, nos moldes da Lei 9.099/1995.

○ **Código Penal Militar:** O art. 329 do Decreto-lei 1.001/1969 define o crime de exercício funcional ilegal: "Entrar no exercício de posto ou função militar, ou de cargo ou função em repartição militar, antes de satisfeitas as exigências legais, ou continuar o exercício, sem autorização, depois de saber que foi exonerado, ou afastado, legal e definitivamente, qualquer que seja o ato determinante do afastamento: Pena – detenção, até quatro meses, se o fato não constitui crime mais grave".

Violação de sigilo funcional

Art. 325. Revelar fato de que tem ciência em razão do cargo e que deva permanecer em segredo, ou facilitar-lhe a revelação:

Pena – detenção, de seis meses a dois anos, ou multa, se o fato não constitui crime mais grave.

§ 1º Nas mesmas penas deste artigo incorre quem:

I – permite ou facilita, mediante atribuição, fornecimento e empréstimo de senha ou qualquer outra forma, o acesso de pessoas não autorizadas a sistemas de informações ou banco de dados da Administração Pública;

II – se utiliza, indevidamente, do acesso restrito.

§ 2º Se da ação ou omissão resulta dano à Administração Pública ou a outrem:

Pena – reclusão, de 2 (dois) a 6 (seis) anos, e multa.

Classificação:	Informações rápidas:
Crime simples	**Objeto material:** segredo funcional.
Crime de mão própria	**Elemento subjetivo:** dolo (*animus defendendi*
Crime formal, de consumação antecipada ou de resultado cortado	afasta o crime – STJ).
	Não admite modalidade culposa.
Crime de perigo concreto (*caput* e § 1.º) ou de dano (§ 2.º)	**Tentativa:** a modalidade "revelar" admite somente quando a conduta for praticada por
Crime de forma livre	escrito; a modalidade "facilitar a revelação"
Crime comissivo (*regra*)	admite.
Crime instantâneo	**Elemento normativo do tipo:** "indevidamente".
Crime unissubjetivo, unilateral ou de concurso eventual	**Ação penal:** pública incondicionada.
Crime unissubsistente ou plurissubsistente	

○ **Introdução:** A maior parte da atividade funcional do Estado moderno é orientada pelo princípio da publicidade, um dos vetores da Administração Pública, a teor do art. 37, *caput*, da Constituição Federal. Com efeito, em um Estado Democrático de Direito o trato da coisa pública exige transparência, pois a principal finalidade da atuação administrativa é a promoção do bem comum, pertencente a todos e, consequentemente, do conhecimento de todos os cidadãos. Entretanto, a própria Constituição Federal impõe o sigilo das informações imprescindíveis à segurança da sociedade e do Estado. É o que se extrai do seu art. 5.º, inc. XXXIII: "todos têm direito a receber dos órgãos públicos informações de seu interesse particular, ou de interesse coletivo ou geral, que serão prestadas no prazo da lei, sob pena de responsabilidade, ressalvadas aquelas cujo sigilo seja imprescindível à segurança da sociedade e do Estado". Em síntese, a regra é a publicidade dos atos do Poder Público, mas existem exceções, legitimadas constitucionalmente, nas quais o funcionário público tem o dever de guardar sigilo, sob pena de responsabilização pessoal, inclusive no campo criminal. Um dos crimes que podem ser a ele imputados é o do art. 325 do Código Penal, denominado de "violação de sigilo funcional".

○ **Objeto jurídico:** Tutela-se a Administração Pública, relativamente à proteção de informações que devem permanecer em segredo no tocante às pessoas em geral.

○ **Objeto material:** É o segredo funcional, ou seja, a informação sigilosa obtida em razão da função pública.

○ **Núcleos do tipo:** Os núcleos do tipo são "revelar" e "facilitar a revelação". **Revelar** é dar conhecimento de algo a outra ou outras pessoas, verbalmente ou por escrito (a conduta é comissiva). **Facilitar a revelação** consiste em tornar mais simples a descoberta de algo por outra ou outras pessoas (a conduta pode ser praticada por ação ou por omissão). Cuida-se de **tipo misto alternativo, crime de ação múltipla** ou **de conteúdo variado**: nada obstante a pluralidade de núcleos, caracteriza-se um único delito quando o agente, depois de facilitar a revelação de um fato sigiloso, efetivamente o revela a terceira pessoa. Há, portanto, duas formas de violação do sigilo funcional: **direta** (revelar) e **indireta** (facilitar a revelação). Em qualquer dos casos, constitui pressuposto do crime tenha o funcionário público conhecimento do fato **em razão do cargo**. Logo, inexiste crime quando o funcionário público não tenha acesso à informação violada, para ele sigilosa, em virtude da função exercida. Além disso, é indispensável que tal fato envolva um **segredo**.

○ **Sujeito ativo:** É o funcionário público, ainda que aposentado, afastado ou em disponibilidade, bastando tenha o agente público tomado conhecimento da informação sigilosa em razão do cargo, ainda que no momento da sua revelação não mais o ocupe. Trata-se de **crime de mão própria, de atuação pessoal** ou **de conduta infungível**. Se o terceiro que recebeu a informação sigilosa tiver concorrido de qualquer modo para a revelação do fato, deverá ser tratado como partícipe do crime em estudo. Se o funcionário público tiver agido espontaneamente, para o terceiro o fato será atípico.

○ **Sujeito passivo:** É o Estado e, mediatamente, a pessoa física ou jurídica prejudicada pela conduta criminosa.

○ **Elemento subjetivo:** É o dolo. Não se admite a modalidade culposa.

○ **Consumação:** Na primeira modalidade criminosa (revelação direta), o delito se consuma com a simples revelação do segredo pelo funcionário público a uma terceira pessoa, a quem o conhecimento do fato não se destinava. Basta uma única pessoa, não se exigindo o conhecimento público e notório do fato revelado. Na revelação indireta, o crime também se consuma no momento em que se opera a revelação do segredo a terceira pessoa. Em ambas as espécies, o crime é **formal, de consumação antecipada** ou **de resultado cortado**, e também **de perigo concreto**, motivo pelo qual não se reclama o efetivo dano à Administração Pública, bastando a possibilidade de ocorrer a lesão ao interesse coletivo.

○ **Tentativa:** Na modalidade "revelar", o *conatus* somente é admissível quando a conduta for praticada por escrito. Não há tentativa na revelação verbal, pois nesse caso o crime é unissubsistente. Na modalidade "facilitar a revelação", a tentativa é perfeitamente possível.

○ **Figuras equiparadas (art. 325, § 1.º):** Incorre na mesma pena prevista no *caput* quem:

– **Inciso I – permite ou facilita, mediante atribuição, fornecimento e empréstimo de senha ou qualquer outra forma, o acesso de pessoas não autorizadas a sistemas de informações ou banco de dados da Administração Pública:** O funcionário público dotado de livre ingresso nos sistemas de informações ou bancos de dados da Administração Pública neles permite (autoriza) ou facilita (simplifica) o acesso de pessoas não autorizadas (particulares ou outros funcionários públicos), mediante atribuição, fornecimento, empréstimo de senha ou outra forma qualquer. O fato é atípico para o terceiro que, sem a colaboração do funcionário público, acessa os sistemas de informações ou bancos de dados da Administração Pública.

– **Inciso II – se utiliza, indevidamente, do acesso restrito:** Utilizar é usar ou valer-se de algo. Nessa figura equiparada, o funcionário público acessa o sistema de informações ou banco de dados, mas invade área que lhe é vedada – limitada somente a determinadas pessoas integrantes dos quadros da Administração Pública –, aproveitando-se dos dados para alguma finalidade não permitida em lei. É o que se dá com um agente fazendário que, burlando o sistema de proteção da Receita Federal, entra em área restrita para obter informações fiscais e repassá-las a um advogado. A palavra "indevidamente" é um **elemento normativo** – só há crime quando o funcionário público pratica a conduta sem autorização de quem direito. O fato é atípico quando ele, embora acessando área restrita, utiliza as informações devidamente autorizado por quem tenha atribuições para tanto.

○ **Qualificadora (art. 325, § 2.º):** A figura qualificada envolve um **crime de dano**, pois há lesão à Administração Pública ou a algum particular. Cuida-se, em verdade, do exaurimento do delito, utilizado pelo legislador como qualificadora em razão da maior gravidade que reveste o fato cometido pelo funcionário público.

○ **Ação penal:** É pública incondicionada, em todas as modalidades do crime de violação de sigilo funcional.

○ **Lei 9.099/1995:** Na forma simples (*caput*) e nas figuras equiparadas (§ 1.º), a violação de sigilo funcional é **infração penal de menor potencial ofensivo**, de competência do Juizado Especial Criminal. A pena máxima (dois anos) autoriza a incidência da transação penal e a utilização do rito sumaríssimo, nos termos da Lei 9.099/1995. Na forma qualificada (§ 2.º), a violação de sigilo funcional é **crime de elevado potencial ofensivo**, incompatível com os benefícios da Lei 9.099/1995.

○ **Violação de sigilo em licitação:** Se o sigilo violado diz respeito a proposta apresentada em processo licitatório, caracteriza-se o delito tipificado no art. 337-J do Código Penal: "Devassar o sigilo de proposta apresentada em processo licitatório ou proporcionar a terceiro o ensejo de devassá-lo: Pena – detenção, de 2 (dois) anos a 3 (três) anos, e multa."

○ **Legislação penal especial:**

– **Código Penal Militar:** A revelação de notícia, informação ou documento, cujo sigilo seja de interesse da segurança externa do Brasil caracteriza o delito previsto no art. 144 do Código Penal Militar.

– **Crime contra o Sistema Financeiro Nacional:** A violação de sigilo de operação financeira caracteriza o crime definido no art. 18 da Lei 7.492/1986.

– **Lei de Falências:** A violação de sigilo empresarial é prevista como crime pelo art. 169 da Lei 11.101/2005 – Lei de Falências.

– **Quebra de segredo de justiça e interceptação de comunicações telefônicas:** A quebra de segredo de justiça relativo à interceptação das comunicações telefônicas configura o crime descrito no art. 10 da Lei 9.296/1996.

– **Transmissão ilícita de informações sigilosas e atividades nucleares:** A transmissão ilícita de informações sigilosas ligadas à energia nuclear importa na prática do crime definido no art. 23 da Lei 6.453/1977.

– **Violação de sigilo bancário e Banco Central do Brasil:** O sigilo bancário de instituições financeiras pode ser levantado diretamente pelo Banco Central do Brasil, no desempenho das suas funções de fiscalização e apuração de irregularidades, bem como pelas autoridades e agentes fazendários da União, dos Estados, dos Municípios e do Distrito Federal. Em todas as demais situações, exige-se autorização judicial prévia, escrita e fundamentada. É o que se extrai da análise da Lei Complementar 105/2001, especialmente dos seus arts. 2.º, § 1.º, e 6.º. No entanto, em qualquer hipótese, as informações são sigilosas. Consequentemente, se tais agentes públicos divulgarem a terceiros as informações obtidas, incidirão no crime tipificado no art. 10 da Lei Complementar 105/2001, cuja pena é de reclusão, de um a quatro anos, e multa.

– **Violação de sigilo pelas autoridades fiscais dos Ministérios da Economia, Fazenda e Planejamento:** A violação de sigilo funcional por tais autoridades que procedem ao exame de documentos, livros e registros das bolsas de valores, de mercadorias, de futuros e assemelhadas acarreta a incidência da Lei 8.021/1990, cujo art. 7.º, § 3.º, impõe a aplicação do dispositivo em análise ao servidor que revelar as informações obtidas.

– **Violação de sigilo processual e depoimento de criança ou adolescente:** A Lei 13.431/2017 instituiu o sistema de garantia de direitos da criança e do adolescente vítima ou testemunha de violência. Seu art. 24 prevê um delito especial em relação à violação de sigilo funcional: "Art. 24. Violar sigilo processual, permitindo que depoimento de criança ou adolescente seja assistido por pessoa estranha ao processo, sem autorização judicial e sem o consentimento do depoente ou de seu representante legal: Pena – reclusão, de 1 (um) a 4 (quatro) anos, e multa."

– **Abuso de autoridade:** Se a conduta reveladora de fato sigiloso se der por meio de comunicação, aí se incluindo as redes sociais, e consistir na antecipação, pelo responsável pelas investigações, de atribuição de culpa, previamente à conclusão das apurações e formalização da acusação, estará caracterizado crime de abuso de autoridade, na forma definida pelo art. 38 da Lei 13.869/2019: "Art. 38. Antecipar o responsável pelas investigações, por meio de comunicação, inclusive rede social, atribuição de culpa, antes de concluídas as apurações e formalizada a acusação: Pena – detenção, de 6 (seis) meses a 2 (dois) anos, e multa."

– **Violação de sigilo funcional em estabelecimentos penais federais de segurança máxima:** A Lei 11.671/2008 dispõe sobre a transferência e inclusão de presos em estabelecimentos penais federais de segurança máxima. De acordo com seu art. 3.º, *caput*, "serão incluídos em estabelecimentos penais federais de segurança máxima aqueles para quem a medida se justifique no interesse da segurança pública ou do próprio preso, condenado ou provisório." Como medida de preservação da ordem interna e da segurança pública, o § 2.º do art. 3.º da Lei 11.671/2008, acrescentado pela Lei 13.964/2019 ("Pacote Anticrime") estatui: "Os estabelecimentos penais federais de segurança máxima deverão dispor de monitoramento de áudio e vídeo no parlatório e nas áreas comuns, para fins de preservação da ordem interna e da segurança pública, vedado seu uso nas celas e no atendimento advocatício, salvo expressa autorização judicial em contrário." O sistema de áudio e vídeo destina-se unicamente ao monitoramento pelo estabelecimento penal. A divulgação indevida do material captado caracteriza o crime de violação de sigilo funcional, a teor da determinação contida no § 5.º do art. 3.º da Lei 11.671/2008: "Configura o crime do art. 325 do Decreto-Lei nº 2.848, de 7 de dezembro de 1940 (Código Penal), a violação ao disposto no § 2º deste artigo."

○ Jurisprudência selecionada:

Delegado da Polícia Federal e vazamento de informações sigilosas à imprensa: "A 2ª Turma deu parcial provimento a recurso de apelação decorrente de ação penal oferecida contra deputado federal e corréu pela suposta prática dos crimes de violação de sigilo funcional e fraude processual. Na espécie, os recorrentes (delegado federal à época dos fatos e escrivão da polícia federal) teriam informado jornalistas a respeito de suposta reunião a ser realizada entre terceiras pessoas – as quais estariam sendo investigadas em determinada operação policial –, na qual ocorreria 'ação policial controlada' e, posteriormente, teriam editado gravação jornalística feita durante esse encontro a fim de utilizá-la em processo criminal. Pelas referidas condutas, os recorrentes foram condenados, em concurso material de crimes, por violação de sigilo funcional (CP, art. 325, 'caput') e fraude processual (CP, art. 347, parágrafo único). O delegado federal também fora condenado por violação de sigilo profissional, na forma qualificada (CP, art. 325, § 2º), em razão de ter, em outra ocasião, alertado jornalistas sobre a data de cumprimento de mandados de busca e apreensão. Em questão de ordem, a Turma esclareceu que o presente caso não trataria de ação penal originária, mas sim de apelação em sentença condenatória cuja competência para julgamento fora deslocada em razão da diplomação de um dos acusados no decorrer do trâmite processual. Desse modo, deveria ser seguido o regime de julgamento dos recursos, no qual a sustentação oral dos recorrentes se daria antes do pronunciamento do Ministério Público. Em seguida, ao afastar as preliminares suscitadas pela defesa, a Turma salientou que o fato de a sentença ter sido divulgada por diversos meios jornalísticos no dia de sua juntada pelo escrivão ao processo e da lavratura do respectivo termo não afetara a validade do ato judicial, nem importara em prejuízo processual aos apelantes. Em decorrência disso, eventual irregularidade na conduta do magistrado sentenciante ao disponibilizar a sentença para a mídia, a despeito do caráter sigiloso imprimido ao feito, deveria ser apreciada no âmbito administrativo e não em processo judicial perante esta Corte. No mérito, a Turma aduziu que, pelos elementos coletados a partir do rastreamento de ligações telefônicas, judicialmente autorizado, mostrara-se inquestionável a existência de comunicações a jornalistas em ambas as oportunidades descritas na denúncia. Além disso, a edição da filmagem em questão teria efetivamente acontecido, visto que alguns trechos teriam sido cortados. No entanto, esse fato não seria suficiente para caracterizar fraude processual, porque, além de a inovação não ter propriamente alterado o conteúdo da matéria, estaria ausente o elemento normativo 'artificiosamente' e, tampouco, haveria a certeza da existência do dolo específico de induzir a erro o juiz ou perito. Assim, os acusados foram absolvidos, nesse ponto, ante a atipicidade da conduta. No tocante ao vazamento de informações a jornalistas, praticada por ambos os réus, a Turma constatou a ocorrência da prescrição da pretensão punitiva. Quanto à violação de sigilo funcional em razão do vazamento de informações sobre o cumprimento dos mandados de busca e apreensão, ponderou que a conduta, detalhadamente premeditada, teria fomentado uma exposição absolutamente desnecessária à finalidade da investigação criminal. Tendo isso em conta, a condenação do ora deputado federal foi mantida. Por fim, conforme orientação fixada pelo Plenário, a Turma determinou a expedição de notificações à Câmara dos Deputados para os fins previstos no § 2º do art. 55 da CF" (STF: AP 563/SP, rel. Min. Teori Zavascki, 2.ª Turma, j. 21.10.2014, noticiado no *Informativo* 764).

Violação do sigilo de proposta de concorrência

> **Art. 326.** Devassar o sigilo de proposta de concorrência pública, ou proporcionar a terceiro o ensejo de devassá-lo:
>
> Pena – Detenção, de três meses a um ano, e multa.

○ **Revogação:** O art. 326 do Código Penal foi tacitamente revogado pelo art. 94 da Lei 8.666/1993 – Lei de Licitações. Esse dispositivo, por sua vez, foi revogado pela Lei 14.133/2021 – Lei de Licitações e Contratos. A matéria é atualmente disciplinada pelo art. 337-J do Código Penal, que contempla o crime de violação de sigilo em licitação.

Funcionário público

> **Art. 327.** Considera-se funcionário público, para os efeitos penais, quem, embora transitoriamente ou sem remuneração, exerce cargo, emprego ou função pública.
>
> § 1º Equipara-se a funcionário público quem exerce cargo, emprego ou função em entidade paraestatal, e quem trabalha para empresa prestadora de serviço contratada ou conveniada para a execução de atividade típica da Administração Pública.
>
> § 2º A pena será aumentada da terça parte quando os autores dos crimes previstos neste Capítulo forem ocupantes de cargos em comissão ou de função de direção ou assessoramento de órgão da administração direta, sociedade de economia mista, empresa pública ou fundação instituída pelo poder público.

○ **Introdução:** O art. 327 do CP constitui-se em **norma penal interpretativa**, pois esclarece o conteúdo e o significado de outras normas penais. Destarte, sempre que a expressão "funcionário público" for empregada pelo CP, ou mesmo pela legislação penal extravagante, deverá ser compreendida em consonância com o conceito ora analisado, salvo se existir previsão específica em sentido contrário. O dispositivo em estudo foi peremptório nesse sentido ao utilizar a frase "para os efeitos penais". No **Direito Administrativo** utiliza-se um **critério restritivo**: funcionário público é uma espécie de agente administrativo, e este, por sua vez, pertence ao gênero dos agentes públicos.[323]

○ **Cargo, emprego e função pública:** O *caput* do art. 327 do CP refere-se a cargo, emprego e função pública. Vejamos cada um deles. **Cargos públicos:** são criados por lei, com denominação própria, em número certo e remunerados pelos cofres públicos (art. 3.º, parágrafo único, da Lei 8.112/1990). **Empregos públicos:** "são núcleos de encargos de trabalho permanentes a serem preenchidos por agentes *contratados* para desempenhá-los, sob relação trabalhista. [...] Sujeitam-se a uma disciplina jurídica que, embora sofra *inevitáveis influências advindas da natureza governamental da contratante*, basicamente, é a que se aplica aos *contratos trabalhistas* em geral; portanto, a *prevista na Consolidação das Leis do Trabalho*".[324] **Função pública:** é a atividade em si mesma, ou seja, função é sinônimo de atribuição e corresponde às inúmeras

---

[323] SILVA, José Afonso da. *Comentário contextual à Constituição*. 4. ed. São Paulo: Malheiros, 2007. p. 352.

[324] BANDEIRA DE MELLO, Celso Antônio. *Curso de direito administrativo*. 14. ed. São Paulo: Malheiros, 2002. p. 228.

tarefas que constituem o objeto dos serviços prestados pelos servidores públicos. Todo cargo tem função, porque não se pode admitir um lugar na Administração que não tenha a predeterminação das tarefas do servidor. Mas nem toda função pressupõe a existência do cargo.[325]

o **Entidade paraestatal:** O conceito **ampliativo** de funcionário público contido no art. 327 do CP incide tanto na esfera da Administração Pública Direta, como também no campo da Administração Pública Indireta, no âmbito da União, Estados, Distrito Federal e Municípios.

o **Funcionário público e múnus público:** Não se pode confundir função pública com **munus público**, isto é, os encargos públicos atribuídos por lei a algumas pessoas, tais como os tutores, curadores e inventariantes judiciais.

o **Funcionário público por equiparação (art. 327, § 1.º):** **Entidades paraestatais**, integrantes do **terceiro setor,** são as pessoas jurídicas de direito privado, sem fins lucrativos, que atuam ao lado e em colaboração com o Estado. Exemplos: Sesc, Senai e Sesi, bem como as entidades de apoio e as organizações não governamentais (ONGs).[326] Evidentemente, há necessidade de exercício de cargo, emprego ou função nas entidades paraestatais. Os **empregados da Ordem dos Advogados do Brasil (OAB)**, entidade *sui generis* que constitui "serviço público independente", consistente na fiscalização da profissão de advogado, função essencial à Administração da Justiça (CF, art. 133), **são equiparados a funcionários públicos para fins penais.**[327] **Empresas prestadoras de serviços contratadas para a execução de atividade típica da Administração Pública** são as empresas particulares responsáveis pela execução de serviços públicos por delegação estatal, mediante concessão, permissão ou autorização, a exemplo do transporte coletivo, da coleta de lixo e das empresas funerárias. Por sua vez, **empresas prestadoras de serviços conveniadas para a execução de atividade típica da Administração Pública** são as que celebram convênios com a Administração Pública. Convênios administrativos são os acordos firmados por pessoas administrativas entre si, ou entre estas e entidades particulares, visando alcançar um objetivo de interesse público, tal como os estabelecidos entre os Municípios e as Santas Casas de Misericórdia, para a prestação de serviços na área de saúde (atendimentos médicos, cirurgias, etc.). Nas duas últimas hipóteses (empresas contratadas e conveniadas) a lei faz uma importante ressalva. A equiparação a funcionário público somente existe quando se tratar de **execução de atividade típica da Administração Pública**. Dessa assertiva podem ser extraídas duas importantes conclusões: (a) Não há equiparação quando o trabalhador da empresa exerce atividade **atípica** da Administração Pública. Exemplo: O Município contrata uma empresa de manobristas para estacionar os carros dos convidados em uma festa pública. Um dos empregados subtrai, para si, um automóvel da frota pública. A ele será imputado o crime de furto (CP, art. 155); e (b) Também não se opera a equiparação quando a empresa executa atividade típica **para** a Administração Pública. Exemplo: pedreiro contratado para a reforma de um prédio público.

– **Alcance da equiparação prevista no art. 327, § 1.º, do Código Penal:** Discute-se se a equiparação contida no art. 327, § 1.º, do Código Penal destina-se somente aos casos em que a pessoa desponta como sujeito ativo do crime contra a Administração Pública, ou se também pode ser utilizada na situação em que o indivíduo figura como sujeito passivo do delito. Há duas teorias sobre o assunto: **(a) teoria restritiva:** a equiparação somente se aperfeiçoa no tocante ao **sujeito**

---

[325] CARVALHO FILHO, José dos Santos. *Manual de direito administrativo.* 21. ed. Rio de Janeiro: Lumen Iuris, 2009. p. 581.

[326] O STJ, contudo, já rechaçou a incidência do art. 327, § 1.º, do Código Penal aos dirigentes do "Sistema S" (RHC 163.470/DF, rel. Min. Joel Ilan Paciornik, 5.ª Turma, j. 21.06.2022).

[327] STJ: AgRg no HC 750.133/GO, rel. Min. Ribeiro Dantas, 5.ª Turma, j. 14.05.2024, noticiado no *Informativo* 815.

ativo do crime. Exemplificativamente, caracteriza injúria (CP, art. 140), e não desacato (CP, art. 331), a conduta de ofender a honra subjetiva de uma pessoa que exerce cargo, emprego ou função em entidade paraestatal, ou trabalha para empresa prestadora de serviço contratada ou conveniada para o exercício de atividade típica da Administração Pública. Esta posição, **majoritária em sede doutrinária**, fundamenta-se na posição em que se encontra o dispositivo legal atinente à equiparação. Trata-se do art. 327, § 1.º, situado no Capítulo I do Título XI da Parte Especial do Código Penal, responsável pela definição dos crimes **praticados por funcionário público** contra a Administração em geral; e **(b) teoria extensiva (ou ampliativa)**: a equiparação se estende tanto ao sujeito ativo como ao **sujeito passivo** do crime. No exemplo mencionado, estaria configurado o crime de desacato, e não o de injúria. Como já decidido pelo **Supremo Tribunal Federal:** "O artigo 327 do Código Penal equipara a funcionário público servidor de sociedade de economia mista. Essa equiparação não tem em vista os efeitos penais somente com relação ao sujeito ativo do crime, mas abarca também o sujeito passivo."[328] Assim também já se pronunciou o **Superior Tribunal de Justiça:** "A teor do disposto no art. 327 do Código Penal, considera-se, para fins penais, o estagiário de autarquia funcionário público, seja como sujeito ativo ou passivo do crime (Precedente do Pretório Excelso)."[329]

○ **Causa de aumento de pena (art. 327, § 2.º):** O dispositivo foi claro no sentido de limitar seu raio de incidência aos autores dos crimes disciplinados pelo Capítulo I do Título XI da Parte Especial do CP. Vale, portanto, somente quando o funcionário público ocupar o posto de **sujeito ativo** do crime contra a Administração em geral. No mais, a palavra **"autores"** há de ser interpretada em sentido amplo, abrangendo os coautores e partícipes do delito funcional. **Cargo em comissão** é o preenchido mediante provimento em comissão, compreendido como o que se faz mediante nomeação para cargo público independentemente de concurso público e em caráter transitório. Caracteriza-se pela relação de confiança, e somente é possível no tocante aos cargos que a lei declara de provimento em comissão.[330] Entretanto, o aumento da pena, por expressa previsão legal, também é cabível quando o agente ocupa função de direção ou assessoramento. O fundamento do tratamento penal mais severo repousa na maior reprovabilidade da conduta criminosa. Não é possível encarar o universo de agentes públicos como realidade jurídica única. O funcionário público ocupante de cargo em comissão, isto é, sem vinculação efetiva com o Poder Público, mostra sua ausência de compromisso com a coletividade. Por sua vez, o sujeito que desempenha função de direção ou assessoramento revela um especial abuso das prerrogativas em que fora investido, delas se utilizando para satisfação de interesses pessoais. Essa majorante é aplicável aos agentes detentores de mandato eletivo que exercem, cumulativamente, as funções política e administrativa, a exemplo dos Governadores, mas não incide no tocante aos parlamentares. Finalmente, é preciso destacar que o aumento da pena não decorre, automaticamente, do mero exercício de mandato popular. Exige-se uma posição de hierarquia do autor do delito frente a outros funcionários públicos.

○ **Alcance da equiparação prevista no art. 327, § 2.º, do Código Penal:** Há duas teorias sobre a extensão da equiparação instituída pelo art. 327, § 2.º, do Código Penal: **(a) Teoria restritiva:** o § 2.º do art. 327 do Código Penal contempla uma equiparação e uma causa de aumento de pena, as quais têm aplicação limitada às pessoas expressamente mencionadas: "ocupantes de cargos em comissão ou de função de direção ou assessoramento de órgão da administração direta, sociedade de economia mista, empresa pública ou fundação instituída pelo poder público". Consequentemente, somente são funcionários públicos, e aptos a suportar

---

[328] STF: HC 79.823/RJ, rel. Min. Moreira Alves, 1.ª Turma, j. 28.03.2000.
[329] STJ: HC 52.989/AC, rel. Min. Félix Fischer, 5.ª Turma, j. 23.05.2006.
[330] DI PIETRO, Maria Sylvia Zanella. *Direito administrativo*. 19. ed. São Paulo: Atlas, 2006. p. 584.

a incidência da causa de aumento da pena dos crimes previstos no Capítulo I do Título XI da Parte Especial do Código Penal, as pessoas mencionadas pelo dispositivo legal, ou seja, as que ocupam cargos em comissão ou exercem função de direção ou assessoramento nas entidades indicadas. Todas as demais pessoas, quais sejam, as que não ocupam cargos em comissão nem exercem função de direção ou assessoramento nas entidades mencionadas, não são funcionários públicos para efeitos penais; e **(b) Teoria extensiva (ou ampliativa):** o § 2.º do art. 327 do Código Penal permite a conclusão no sentido de que todos os funcionários das entidades mencionados, quer ocupem ou não cargos em comissão ou exerçam função de direção ou assessoramento, são funcionários públicos para fins penais. Entretanto, a causa de aumento de pena somente é aplicável às pessoas expressamente indicadas (ocupantes de cargos em comissão etc.). Preferimos esta segunda posição, por uma razão bastante simples. A expressão "funcionário público" deve, em Direito Penal, ser compreendida como "agente público", abrangendo toda pessoa que de qualquer modo exerça uma função pública.

○ **Crimes funcionais e a Lei 9.099/1995:** Todos os crimes, inclusive os funcionais, cuja pena máxima não ultrapasse o limite de dois anos, ingressam no conceito legal de infração penal de menor potencial ofensivo (art. 61 da Lei 9.099/1995). Consequentemente, para todos os delitos funcionais elencados no Capítulo I do Título XI da Parte Especial do CP, cuja pena máxima seja igual ou inferior a dois anos, incidirá o rito sumaríssimo, previsto na Lei 9.099/1995, e não o rito específico disciplinado nos arts. 513 a 518 do CPP. Este raciocínio encontra guarida no art. 98, I, da CF.

○ **Jurisprudência selecionada:**

Advogado dativo – funcionário público para fins penais: "'O advogado que, por força de convênio celebrado com o Poder Público, atua de forma remunerada em defesa dos agraciados com o benefício da Justiça Pública, enquadra-se no conceito de funcionário público para fins penais' [...] Sendo equiparado a funcionário público, possível a adequação típica aos crimes previstos nos artigos 312 e 317 do Código Penal" (STJ: HC 264.459/SP, rel. Min. Reynaldo Soares da Fonseca, 5.ª Turma, j. 10.03.2016).

Art. 327, § 1.º, do Código Penal – dirigente do "Sistema S" – inaplicabilidade: "O Capítulo I do Título XI do Código Penal, que tipifica os crimes praticados por funcionários contra a administração em geral, não se aplica aos dirigentes do 'Sistema S'. A hipótese trata de recurso ordinário em habeas corpus interposto contra acórdão que denegou a impetração originária ao argumento de que os elementos descritos na denúncia revelam a necessidade de apuração da participação do paciente no crime capitulado no art. 312 do Código Penal (peculato). Sustenta-se, em suma, ausência de justa causa para a ação penal, por crer na atipicidade da conduta por impossível caracterização do crime de Peculato por conduta de gestor do 'Sistema S', por se tratar de entidade privada, na esteira da jurisprudência consolidada do STJ. De início, cumpre destacar que é incontroverso que o tipo penal previsto no art. 312 do CP refere-se a crime próprio de funcionário público contra a administração pública. Também é inquestionável que esse campo da sujeição ativa tem seus contornos traçados pelo art. 327 do CP, em conformidade com a acepção mais ampla do termo, para além das estreitas estremaduras do Direito Administrativo. No entanto, o parágrafo 1º, que encontra limite na condicionante na exigência de exercício de 'atividade típica de Administração Pública', permite conceber seu espraiamento para sujeitos que exerçam atividades genuinamente privadas, ainda que alavancadas por algum fomento público. No caso, supostamente, o paciente teria autorizado o pagamento indevido de vultosas gratificações a empregados, diretores e prestadores de serviços. Embora não se alegasse qualquer vantagem pecuniária que o paciente obtivera, a ele se atribuiu a condição de funcionário público por equiparação, à força da incorreta aplicação da norma extensiva do art. 327, § 1º, do Código Penal. Nessa linha intelectiva, conclui-se que ausente justa causa para a ação penal, mercê da atipicidade da conduta por impossível caracterização do crime de peculato por conduta de gestor do 'Sistema S', formado por entidades privadas, na esteira da jurisprudência consolidada do Superior Tribunal de Justiça" (STJ: RHC 163.470/DF, rel. Min. Joel Ilan Paciornik, 5.ª Turma, j. 21.06.2022).

Chefe do Poder Executivo – aplicação do art. 327, § 2.º, do CP: "Aplica-se ao Chefe do Poder Executivo a causa de aumento de pena prevista no § 2º do art. 327 do CP ('Art. 327. Considera-se funcionário público, para os efeitos penais, quem, embora transitoriamente ou sem remuneração, exerce cargo, emprego ou função pública. § 2º. A pena será aumentada da terça parte quando os autores dos crimes previstos neste Capítulo forem ocupantes de cargos em comissão ou de função de direção ou assessoramento de órgão da administração direta, sociedade de economia mista, empresa pública ou fundação instituída pelo poder público'). Com base nessa orientação, o Plenário, em conclusão de julgamento e por maioria, recebeu denúncia formulada em face de Senador – à época ocupante do cargo de Governador – ao qual se imputa a suposta prática, com outros corréus, dos delitos previstos no art. 89 da Lei 8.666/1993 e no art. 312 do CP. De início, o Colegiado preconizou o desdobramento do feito no tocante aos codenunciados, não detentores de foro por prerrogativa de função perante a Corte. Em seguida, reconheceu a ocorrência da prescrição da pretensão punitiva quanto ao delito do art. 89 da Lei 8.666/1993. Por outro lado, no que se refere ao crime de peculato (CP, art. 312), assentou a incidência do referido § 2º do art. 327 do CP. A respeito, o Tribunal assinalou que detentores de função de direção na Administração Pública deveriam ser compreendidos no âmbito de incidência da norma, e que a exclusão do Chefe do Executivo conflitaria com a Constituição ('Art. 84. Compete privativamente ao Presidente da República: (...) II – exercer, com o auxílio dos Ministros de Estado, a direção superior da administração federal'). Vencidos os Ministros Gilmar Mendes, Marco Aurélio e Ricardo Lewandowski (Presidente eleito), que rejeitavam a peça acusatória. Não admitiam a incidência do § 2º do art. 327 do CP, à luz do princípio da legalidade estrita. Assentavam, ainda, a prescrição da pretensão punitiva em relação ao crime de peculato. No ponto, o Ministro Ricardo Lewandowski apontava que o preceito referir-se-ia a detentores de função administrativa, e não de função de governo, tipicamente exercida por Chefe de Poder" (STF: Inq 2.606/MT, rel. Min. Luiz Fux, Plenário, j. 04.09.2014, noticiado no *Informativo* 757).

Crimes funcionais – rito especial – agente que não mais ostenta a posição de funcionário público – inaplicabilidade: "A defesa sustentava que se trataria de crimes funcionais típicos, próprios de funcionário público no exercício da função. O Plenário anotou, entretanto, que, à época do recebimento da denúncia, o réu não mais deteria a qualidade de funcionário público, portanto seria dispensável a adoção da regra do art. 514 do CPP" (STF: AP 465/DF, rel. Min. Cármen Lúcia, Plenário, j. 24.04.2014, noticiado no *Informativo* 743).

Crimes funcionais – rito especial – concurso com crimes comuns – resposta preliminar – ausência e nulidade relativa – superveniência de sentença condenatória: "3. Havendo imputação de crimes funcionais e não funcionais, não se aplica o procedimento previsto nos arts. 513 e seguintes do Código de Processo Penal, a tornar prescindível a fase de resposta preliminar nele prevista. Precedentes. 4. A jurisprudência desta Corte é pacífica no sentido de que, para o reconhecimento de nulidade por inobservância da regra prevista no art. 514 do CPP, é necessária a demonstração do efetivo prejuízo causado à parte. 5. A superveniência da sentença condenatória torna prejudicada a pretensão de anulação da ação penal para renovação da resposta prevista no art. 514 do Código de Processo Penal" (STF: ARE 1.072.424 AgR/SC, rel. Min. Dias Toffoli, 2.ª Turma, j. 07.05.2018).

Crimes funcionais – rito especial – não observância – nulidade relativa: "5. A jurisprudência desta Corte firmou-se no sentido de que a inobservância do rito retromencionado configura nulidade relativa, cuja arguição deve ser feita oportunamente, sob pena de preclusão, exigindo, ainda, a demonstração do prejuízo suportado pela parte, já que o art. 563 do Código de Processo Penal consagra o princípio *pas de nullité sans grief*. 6. O procedimento especial previsto no art. 514 do Código de Processo Penal somente é aplicável para crimes praticados por servidor público contra a Administração Pública, elencados nos artigos 312 a 326 do Código Penal" (STJ: RHC 99.266/SP, rel. Min. Ribeiro Dantas, 5.ª Turma, j. 26.03.2019).

Desembargador – circunstância de imposição hierárquica não descrita na peça acusatória – inaplicabilidade da causa de aumento de pena: "A mera afirmação de que o denunciado ocupa o cargo de desembargador é insuficiente para a incidência da causa de aumento de pena prevista no art. 327, § 2º, do Código Penal. Nos termos do art. 327, § 2º, do CP, '[a] pena será aumentada da terça parte quando os autores dos crimes previstos neste Capítulo forem ocupantes de cargos em comissão ou de função de direção ou assessoramento de órgão da administração direta, sociedade de economia mista, empresa pública ou fundação instituída pelo poder público'. Na espécie, o MPF deixou de demonstrar que o denunciado ocupava, em tese, à época da perpetração do crime de corrupção passiva, 'cargo em comissão ou de função de direção ou assessoramento de órgão da administração direta'. CP, art. 327, § 2º. Por outro lado, a mera afirmação de que o denunciado ocupava o cargo de desembargador, assim como o cargo de parlamentar federal, é insuficiente para a incidência da aludida causa de aumento de pena. Nesse sentido, [...] *essa causa de aumento, consoante remansosa jurisprudência [no STF] é inaplicável pelo mero exercício do mandato popular: a circunstância de imposição hierárquica deve estar descrita e não é presumível apenas pelo exercício destes cargos. Esse entendimento prevaleceu em recentes julgados [do] Supremo Tribunal Federal em casos análogos (Inq 3.983 Rel. Min. Teori Zavascki, Tribunal Pleno, DJe de 12/05/2016; e Inq 3.997 Rel. Min. Teori Zavascki, Tribunal Pleno, DJe de 26/09/2016). A jurisprudência [do STF] (Inq 2.606, Rel. Min. Luiz Fux, Tribunal Pleno, DJe de 02/12/2014), exige, especificamente, para sua incidência, uma imposição hierárquica (Inq 2.191, Rel. Min. Carlos Britto, Tribunal Pleno, DJe de 08/05/2009), que não se acha narrada nos autos, o que inviabiliza (reitera-se: em juízo de subsunção teórica: de aptidão de os fatos descritos - se comprovados - virem a se subsumir nos tipos imputados) seu acatamento imputativo.* (STF, Inq 3980, Rel. Min. Edson Fachin, Segunda Turma, julgado em 06/03/2018, DJe-113 08/06/2018). Em suma, '[é] incabível a causa de aumento do art. 327, § 2º, do Código Penal pelo mero exercício do mandato parlamentar, sem prejuízo da causa de aumento contemplada no art. 317, § 1º. A jurisprudência [do STF], conquanto revolvida nos últimos anos (Inq 2606, Relator(a): Min. *Luiz Fux*, Tribunal Pleno, julgado em 11/11/2014, DJe-236 [...] 02-12-2014), exige uma imposição hierárquica ou de direção (Inq 2191, Relator(a): Min. *Carlos Britto*, Tribunal Pleno, julgado em 08/05/2008, [...] DJe-084 [...] 08-05-2009) que não se acha nem demonstrada nem descrita nos presentes autos'. (STF, Inq 3983, Rel. Min. *Teori Zavascki*, Tribunal Pleno, julgado em 03/03/2016, DJe-095 12/05/2016). No presente caso, o MPF deixou de descrever a presença da 'circunstância de imposição hierárquica' (STF, Inq 3980, supra), donde a impossibilidade de ela ser presumida 'apenas pelo exercício d[o] cargo' de desembargador. (STF, Inq 3980, supra)" (STJ: AgRg na APn 970/DF, rel. Min. Maria Isabel Gallotti, Corte Especial, j. 04.05.2022, noticiado no *Informativo* 736).

Empregados da OAB – entidade *sui generis* – natureza pública dos serviços prestados – art. 327, § 1.º, do Código Penal – equiparação a funcionário público para fins penais: "Os empregados da OAB são equiparados a funcionários públicos para fins penais. O Supremo Tribunal Federal firmou o entendimento de que a Ordem dos Advogados do Brasil – OAB – é uma entidade *sui generis*, constituindo 'serviço público independente', não sendo autarquia federal e nem integrando a Administração Pública Federal. (ADI n. 3.026/DF, rel. Min. Eros Grau, *DJ* 29.09.2006). Sobre o tema, este Superior Tribunal de Justiça já entendeu que 'a Ordem dos Advogados do Brasil é uma autarquia *sui generis*, que presta serviço público de fiscalizar a profissão de advogado, função essencial à administração da Justiça, nos termos do art. 133 da Constituição, e típica da Administração Pública' (REsp n. 1.977.628, rel. Min. Olindo Menezes (desembargador convocado do TRF 1ª Região), *DJe* 05.08.2022). Neste contexto, o referido julgado concluiu que 'reconhecendo a Lei n. 8.906/1994 a existência de funcionários da OAB vinculados à Lei n. 8.112/1990 – que dispõe acerca do regime jurídico dos servidores públicos civis da União, das autarquias e das fundações públicas federais –, não há como deixar de reconhecer a natureza jurídica de servidor público dos funcionários da OAB, para fins penais'. Aliás, o art. 327, § 1.º, do Código Penal equipara a funcionário público para fins penais aquele que 'exerce cargo, emprego ou função em entidade paraestatal, e quem trabalha para empresa prestadora de serviço contratada ou conveniada para a execução de atividade típica da Administração Pública', como no caso da Ordem dos Advogados do Brasil. Não há, portanto, que se falar, no caso, em atipicidade da conduta do acusado, pois a empregada da Ordem dos Advogados do Brasil, destinatária da vantagem indevida, a qual desempenhava funções de Secretária da Comissão de Estágio e Exame de Ordem, deve ser equiparada a funcionário público nos termos do art. 327, § 1.º, do Código Penal, especialmente em razão da função exercida, eis que participa diretamente da fiscalização da regularidade das emissões de carteiras de advogado, função típica da Administração Pública outorgada pela União à Ordem dos Advogados do Brasil. Ademais, as conclusões do Supremo Tribunal Federal no julgamento da ADI n. 3.026/DF, no sentido de que a OAB não faz parte ou se sujeita à Administração Pública, não têm o condão de afastar o presente entendimento, alterando a condição de funcionário público por equiparação do empregado da OAB, pois a referida decisão não retirou a natureza pública do serviço prestado pela entidade, vinculado à sua finalidade institucional de administração da Justiça, relacionada ao exercício da advocacia" (STJ: AgRg no HC 750.133/GO, rel. Min. Ribeiro Dantas, 5.ª Turma, j. 14.05.2024, noticiado no *Informativo* 815).

Funcionário público por equiparação – art. 327, § 1.º, do Código Penal – entidades paraestatais: "Consoante dispõe o art. 327, § 1º, do Código Penal, qualifica-se como funcionário público pessoa que exerce cargo, emprego ou função em entidade paraestatal ou trabalha em empresa prestadora de serviço contratada ou conveniada para a execução de atividade típica da Administração Pública. Com base nesse entendimento, a Primeira Turma denegou ordem de *habeas corpus* em que se discutia a equiparação de integrante ou dirigente de organização social, para fins penais, à condição de funcionário público. A defesa sustentou a inaplicabilidade do art. 327, § 1º, do CP ao paciente, que exerceu cargo de direção em instituto que possui natureza jurídica de organização social. Afirmou, ainda, que o preceito alusivo ao citado artigo seria norma penal em branco. Ressaltou que o conceito de entidade paraestatal haveria de ser interpretado nos termos do art. 84, § 1º, da Lei 8.666/1993, o qual não inclui as organizações sociais. A Turma entendeu que o art. 84, § 1º, da Lei 8.666/1993, a repercutir no âmbito administrativo, não constitui parâmetro interpretativo concernente aos tipos definidos no CP. O art. 327, § 1º, do CP versa a conceituação e delimitação, quanto à relevância penal, de funcionário público. Não se trata de norma penal em branco, cuja aplicação exige complemento normativo, ou de tipo aberto. Dessa forma, ante o cargo desempenhado pelo paciente em entidade paraestatal, mostra-se adequada a observância da extensão prevista no aludido dispositivo penal" (STF: HC 138.484/DF, rel. Min. Marco Aurélio, 1.ª Turma, j. 11.09.2018, noticiado no *Informativo* 915).

Mandato popular – inaplicabilidade pelo seu mero exercício – necessidade de imposição hierárquica: "Enfatizou, por outro lado, que deveria ser excluída da denúncia a causa de aumento do art. 327, § 2º, do CP ('A pena será aumentada da terça parte quando os autores dos crimes previstos neste Capítulo forem ocupantes de cargos em comissão ou de função de direção ou assessoramento de órgão da administração direta, sociedade de economia mista, empresa pública ou fundação instituída pelo poder público'), por ser incabível pelo mero exercício de mandato popular. Para isso, a situação exigiria uma imposição hierárquica que não foi demonstrada nos autos" (STF: Inq 3.982/DF, rel. Min. Edson Fachin, 2.ª Turma, j. 07.03.2017, noticiado no *Informativo* 856).

Médico do SUS: "A jurisprudência desta Corte entende que o médico particular, participante do SUS, exerce atividade típica da Administração Pública, mediante contrato de direito público ou convênio, nos termos do § 1o do art. 199 da Constituição da República, inserindo-se, pois, no conceito de funcionário público para fins penais" (STJ: HC 88.576/RS, rel. Min. Napoleão Maia Nunes Filho, 5.ª Turma, j. 14.10.2008).

Parlamentar – art. 327, § 2.º, do Código Penal – aplicabilidade automática – impossibilidade: "É incabível a causa de aumento do art. 327, § 2º, do Código Penal pelo mero exercício do mandato parlamentar, sem prejuízo da causa de aumento contemplada no art. 317, § 1º. A jurisprudência desta Corte, conquanto revolvida nos últimos anos [...], exige uma imposição hierárquica ou de direção (Inq 2191, Relator(a): Min. Carlos Britto, Tribunal Pleno, julgado em 08/05/2008, Processo Eletrônico *DJe-084* Divulg 07-05-2009 Public 08-05-2009) que não se acha nem demonstrada nem descrita nos presentes autos" (STF: Inq 3.983/DF, rel. Min. Teori Zavascki, Plenário, j. 03.03.2016).

Capítulo II –
DOS CRIMES PRATICADOS
POR PARTICULAR CONTRA A
ADMINISTRAÇÃO EM GERAL

○ **Introdução:** Nos arts. 328 a 337-A, o CP disciplina os crimes praticados **por particular** contra a Administração em geral. São **crimes comuns**, pois podem ser praticados por qualquer pessoa, razão pela qual não se inserem no rol dos crimes funcionais, sendo inaplicável o rito especial previsto nos arts. 513 a 518 do CPP. Tais crimes também podem ser cometidos por funcionários públicos, desde que se apresentem na qualidade de particulares, ou seja, não estejam investidos na função pública desempenhada.

Usurpação de função pública

> **Art. 328.** Usurpar o exercício de função pública:
>
> Pena – detenção, de três meses a dois anos, e multa.
>
> Parágrafo único. Se do fato o agente aufere vantagem:
>
> Pena – reclusão, de dois a cinco anos, e multa.

Classificação:	Informações rápidas:
Crime simples	**Objeto material:** função pública indevidamente exercida pelo agente.
Crime comum	
Crime formal, de consumação antecipada ou de resultado cortado (na modalidade simples) ou material (na forma qualificada)	Funcionário público pode ser autor do delito, desde que usurpe função distinta da sua.
	Elemento subjetivo: dolo. Não admite modalidade culposa.
Crime de dano	
Crime de forma livre	**Tentativa:** admite (salvo na conduta omissiva, pois nesse caso o crime será unissubsistente).
Crime comissivo	
Crime instantâneo	**Ação penal:** pública incondicionada.
Crime unissubjetivo, unilateral ou de concurso eventual	**Competência:** Justiça Estadual (exceções: art. 109, IV, da CF – Justiça Federal, se houver efetivo prejuízo).
Crime plurissubsistente	

○ **Introdução:** O Estado tem interesse em preservar incondicionalmente a escolha e a investidura das pessoas a quem são confiados os cargos públicos e o exercício das funções públicas, não se admitindo o comportamento que afronta esta prerrogativa do Poder Público, sujeitando-se o infrator às sanções cabíveis. Entra em cena o crime de usurpação de função pública. Usurpar o exercício de função pública é investir-se nela e executá-la indevidamente, arbitrariamente, sem possuir motivo legítimo para tanto.

○ **Objeto jurídico:** Tutela-se a Administração Pública, nos campos patrimonial e principalmente moral, pois o desempenho de função administrativa por pessoa estranha aos quadros públicos causa indiscutível descrédito ao Estado.

○ **Objeto material:** É a **função pública** – compreendida como qualquer atividade desempenhada pelo Estado para satisfazer as necessidades de interesse público – indevidamente exercida pelo agente. Nélson Hungria adverte que "há casos em que o particular, independentemente de investidura oficial, pode exercer, *ex vi legis*, uma função pública, como quando, por exemplo, prende alguém surpreendido em flagrante delito. Além disso, há certas funções que, por seu caráter puramente material ou impessoal, podem ser *delegadas* a um particular pelo funcionário autêntico. Em tais hipóteses, como é óbvio, não poderia ser identificado o crime".[331]

○ **Núcleo do tipo:** É **usurpar**, no sentido de apoderar-se indevidamente ou exercer ilegitimamente uma função pública. Dessa forma, é imprescindível a execução de atos inerentes à função pública pelo usurpador. Se o agente se limita a apresentar-se ilegalmente como funcionário público, não se pode falar no crime em análise, mas estará caracterizada a contravenção penal de simulação da qualidade de funcionário (art. 45 do Decreto-lei 3.688/1941 – Lei das Contravenções Penais).

○ **Sujeito ativo:** Pode ser qualquer pessoa (**crime comum** ou **geral**). Este delito é perfeitamente compatível com o concurso de pessoas, em ambas as suas modalidades (coautoria e participação). O funcionário público pode ser autor do delito, desde que usurpe função distinta da sua. Na hipótese de funcionário público titular da função, mas dela suspenso por decisão judicial, a ele será imputado o crime de desobediência à decisão judicial sobre perda ou suspensão de direito (art. 359 do CP). Se a suspensão foi decretada por ato administrativo, estará caracterizado o delito de exercício funcional ilegalmente antecipado ou prolongado (CP, art. 324).

○ **Sujeito passivo:** É o Estado e, mediatamente, a pessoa física ou jurídica lesada pela conduta criminosa.

○ **Elemento subjetivo:** É o dolo – *animus* de usurpar função pública, independentemente de qualquer finalidade específica. Não se admite a modalidade culposa.

○ **Consumação:** O crime é **formal**, **de consumação antecipada** ou **de resultado cortado**: consuma-se com a simples usurpação da função pública, isto é, com a realização pelo agente de algum ato de ofício inerente à função da qual não é titular, em razão de não ter sido nela legitimamente investido. Não é preciso que o ato praticado tenha produzido efetivo dano patrimonial à Administração Pública, também não se exigindo a obtenção de qualquer tipo de vantagem pelo sujeito ativo.

○ **Tentativa:** É possível.

○ **Figura qualificada (art. 328, parágrafo único):** A pena será de reclusão, de dois a cinco anos, e multa, se do fato o agente auferir vantagem. Nesse caso, o crime é **material** ou **causal**. Trata-se de qualificadora, pois a lei modifica os limites mínimo e máximo da pena. O fundamento do tratamento mais rigoroso repousa no fim de lucro que norteia o comportamento do agente, bem como na maior extensão do dano proporcionado à Administração

---

[331] HUNGRIA, Nélson. *Comentários ao Código Penal*. 2. ed. Rio de Janeiro: Forense, 1959. v. IX, p. 409-410.

Pública. A vantagem pode ser de qualquer natureza, e pouco importa se é destinada ao proveito do usurpador ou de terceira pessoa. A lei não fala em vantagem "indevida", pois qualquer vantagem oriunda da usurpação de função pública só pode ser desta natureza. Como nessa forma qualificada do delito há obtenção de vantagem ilícita pelo agente, fica absorvido eventual crime de estelionato praticado pelo usurpador.

– **Usurpação de função pública qualificada e estelionato – distinção:** Os delitos de usurpação de função qualificada e de estelionato não se confundem, nada obstante tenham como nota comum a obtenção de vantagem ilícita. Aquele é crime contra a Administração Pública; este atinge o patrimônio. Na usurpação qualificada o agente obtém vantagem ilícita, emanada do exercício ilegal de uma função pública. No estelionato o sujeito não exerce nenhuma função pública, mas finge ser funcionário público (fraude) para em seguida induzir ou manter alguém em erro, obtendo vantagem ilícita em prejuízo alheio. Além disso, no crime contra a Administração Pública o agente realiza indevidamente algum ato de ofício, enquanto no crime patrimonial isto não ocorre, razão pela qual é correto afirmar que o estelionato é um *minus* quando comparado à usurpação de função pública qualificada.

○ **Ação penal:** É pública incondicionada, em todas as modalidades do delito.

○ **Lei 9.099/1995:** A usurpação de função pública, em sua modalidade fundamental (*caput*), é **infração penal de menor potencial ofensivo**, de competência do Juizado Especial Criminal e compatível com a transação penal e com o rito sumaríssimo, nos termos da Lei 9.099/1995. Na forma qualificada (parágrafo único), cuida-se de **crime de elevado potencial ofensivo**, vedando-se a incidência dos institutos contidos na referida lei.

○ **Competência:** Em regra, a usurpação de função pública é crime de competência da Justiça Estadual. Será competente a Justiça Federal, entretanto, quando praticado em detrimento de bens, serviços ou interesses da União ou de suas entidades autárquicas ou empresas públicas (art. 109, IV, da CF). O simples fato de o agente apresentar-se como servidor público federal não transfere automaticamente a competência para a Justiça Federal. É necessário o efetivo prejuízo aos interesses da União, de suas autarquias ou empresas públicas.

○ **Usurpação de função pública e Código Penal Militar:** O art. 335 do Decreto-lei 1.001/1969 – Código Penal Militar – tipifica o crime de usurpação de função, nos seguintes termos: "**Art. 335.** Usurpar o exercício de função em repartição ou estabelecimento militar: Pena – detenção, de três meses a dois anos. Parágrafo único. Se do fato o agente aufere vantagem: Pena – reclusão, de 2 (dois) a 5 (cinco) anos."

○ **Jurisprudência selecionada:**

Competência: "1. Quando as pessoas enganadas, e efetivamente lesadas, pelas eventuais práticas das condutas criminosas são os particulares, ainda que tenha a União o interesse na punição dos agentes, tal seria genérico e reflexo, pois não há ofensa a seus bens, serviços ou interesses. 2. Não obstante o acusado se apresente como agente público federal, esse fato, por si só, não configura lesão a bens, serviços e interesses da União, pois deve estar demonstrado o efetivo prejuízo causado para esse ente federado" (STJ: CC 101.196/PR, rel. Min. Arnaldo Esteves Lima, 3.ª Seção, j. 28.10.2009).

Conduta típica – sujeito ativo – elemento subjetivo: "IV - Comete o delito previsto no art. 328 do Código Penal (usurpação de função pública) aquele que pratica função própria da administração indevidamente, ou seja, sem estar legitimamente investido na função de que se trate. Não bastando, portanto, que o agente se arrogue na função, sendo imprescindível que este pratique atos de ofício como se legitimado fosse, com o ânimo de usurpar, consistente na vontade deliberada de praticá-lo (Precedente). V - O crime de usurpação de função pública, muito embora previsto no capítulo destinado aos crimes praticados por particular contra a Administração Pública, pode ser praticado por funcionário público, porquanto, quando o Código Penal se refere a particular é por que indica que os delitos ali (capítulo II do Título XI), ao contrário do capítulo I, são crimes comuns e não especiais (próprios)" (STJ: RHC 20.818/AC, rel. Min. Felix Fischer, 5.ª Turma, j. 22.05.2007).

Resistência

> **Art. 329.** Opor-se à execução de ato legal, mediante violência ou ameaça a funcionário competente para executá-lo ou a quem lhe esteja prestando auxílio:
>
> Pena – detenção, de dois meses a dois anos.
>
> § 1º Se o ato, em razão da resistência, não se executa:
>
> Pena – reclusão, de um a três anos.
>
> § 2º As penas deste artigo são aplicáveis sem prejuízo das correspondentes à violência.

Classificação:	Informações rápidas:
Crime pluriofensivo Crime comum Crime formal, de consumação antecipada ou de resultado cortado (na modalidade simples) ou material (na forma qualificada)	**Desobediência belicosa.** **Objeto material:** funcionário público competente para a execução do ato legal ou o particular que lhe presta auxílio. **Violência:** pressupõe a "violência contra a pessoa". **Ameaça:** pode ser real ou verbal e basta que seja dotada de poder intimidatório.
Crime de dano Crime de forma livre Crime comissivo (*regra*) Crime instantâneo Crime unissubjetivo, unilateral ou de concurso eventual Crime unissubsistente ou plurissubsistente	**Elemento normativo do tipo:** "ato legal" (deve ser concreto e específico). **Direito de resistência (contra o arbítrio da autoridade pública):** Teoria da obediência relativa, moderada ou conciliadora. **Elemento subjetivo:** dolo (elemento subjetivo específico – intenção de impedir a execução de ato legal). Não admite modalidade culposa. **Tentativa:** admite quando o crime é praticado mediante violência (crime plurissubsistente); não admite quando praticado mediante ameaça (crime unissubsistente). **Concurso material obrigatório:** art. 329, § 2.º, do CP – quando o crime é praticado com emprego de violência. **Ação penal:** pública incondicionada.

○ **Introdução:** A resistência é uma forma mais grave de desobediência, crime tipificado pelo art. 330, em razão do emprego em sua prática de violência ou ameaça. Esta é a razão de ser também conhecida como "**desobediência belicosa**". Significa, pois, um ato de violência contra um ato da autoridade, isto é, um antagonismo entre duas forças físicas: a da autoridade pública e a do particular. Em síntese, representa uma violência contra a autoridade do funcionário público, que tem por finalidade submeter a autoridade do Estado dentro do âmbito de sua função.

○ **Objeto jurídico:** Tutela-se a Administração Pública, relativamente à sua autoridade e ao seu prestígio, fundamentais para o regular exercício da atividade administrativa. Contudo, também se protegem o poder de atuação do funcionário público na execução de atos legais, bem como a integridade física e moral do representante do Estado e do particular que lhe presta auxílio. Esta é a razão pela qual se fala em "**tutela jurídica bifacial**" no crime de resistência.

○ **Objeto material:** É o funcionário público competente para a execução do ato legal ou o particular que lhe presta auxílio.

○ **Espécies de resistência:** A resistência pode ser ativa ou passiva. **Resistência ativa** (*vis corporalis* ou *vis compulsiva*) é a que se caracteriza pelo emprego de violência ou ameaça ao funcionário público ou ao particular que lhe presta auxílio, com o propósito de impedir a execução de ato legal. A conduta se amolda à descrição típica contida no *caput do dispositivo em estudo*. **Resistência passiva** (*vis civilis*) é a oposição à execução de ato legal sem a utilização de violência ou ameaça ao funcionário público ou a quem lhe auxilia, motivo pelo qual é também chamada de "**atitude ghândica**".[332] Não se verifica o crime de resistência, subsistindo, porém, o delito de desobediência (art. 330 do CP).

○ **Núcleo do tipo:** É "opor-se", no sentido de impedir ou obstruir a execução de ato legal. Essa oposição deve apresentar um **caráter militante**, ou seja, reclama atuação positiva do sujeito ativo, pois se concretiza mediante o emprego de violência ou ameaça ao funcionário público competente ou a quem lhe preste auxílio. Excepcionalmente, o delito poderá ser cometido por omissão quando o sujeito ostentar o dever de agir para impedir o resultado, nos termos do art. 13, § 2.º, do CP, e dolosamente permanecer inerte. **Violência** é o emprego de força física (*vis corporalis*) contra alguém. Prevalece em doutrina o entendimento segundo o qual o crime de resistência pressupõe a "**violência contra a pessoa**". Em se tratando de violência contra a coisa haverá dano qualificado (art. 163, parágrafo único, III, do CP). Entendemos que a violência contra a coisa enseja o reconhecimento da ameaça, diante da sua finalidade nitidamente intimidatória, igualmente prevista pelo legislador como meio de execução do crime de resistência. **Ameaça**, também conhecida como *vis compulsiva*, é a promessa de mal injusto, passível de realização e apto a amedrontar uma pessoa de tipo normal (homem médio ou homem *standard*). Destarte, não se caracteriza o delito quando o sujeito se limita a rogar pragas contra o funcionário público ou o particular que lhe auxilia, pois não há possibilidade de concretização deste suposto mal. A ameaça pode ser **real** (exemplo: apontar uma arma na direção de alguém) ou **verbal** (exemplo: dizer a uma pessoa que irá matá-la em breve), devendo ser dotada de poder intimidatório, independentemente do seu grau, pois o tipo penal refere-se unicamente à "ameaça", e não à "grave ameaça". A promessa, verdadeira ou falsa, de oferecer representação contra o funcionário público perante seus superiores hierárquicos não pode ser compreendida como ameaça, uma vez que tal direito é assegurado a toda e qualquer pessoa, a teor do art. 5.º, XXXIV, *a*, da CF.

– **Resistência e momento do emprego da violência ou ameaça:** No crime de resistência, a oposição do agente dirige-se à execução do ato legal, ou seja, a violência ou ameaça devem ser empregadas contra o funcionário público competente ou quem lhe preste auxílio durante a prática do ato legal, buscando impedir seu aperfeiçoamento. Se a violência ou ameaça forem utilizadas antes ou depois da execução do ato legal, não há falar em resistência, subsistindo algum outro delito, notadamente a lesão corporal (art. 129 do CP) ou a ameaça (art. 147 do CP). E, adotando-se o princípio da especialidade para solução do conflito aparente de normas penais, se o

---

[332] Como explica Guilherme de Souza Nucci, esta expressão é utilizada "em referência à resistência passiva e política da não violência (*satyagraha*) recomendada pelo Mahatma Ghandi, na primeira metade do século XX, na Índia, contra os ingleses, através de conduta pela qual os indianos não atacavam os dominadores do seu território, mas também não desocupavam um determinado local, quando instados pelas forças policiais a fazê-lo. Acabavam agredidos pelos próprios agentes do Império Britânico, sem que agissem de outra forma" (*Código Penal comentado*. 8. ed. São Paulo: RT, 2008. p. 1082).

indivíduo se vale da violência contra a pessoa para evadir-se ou tentar evadir-se depois de preso ou submetido à medida de segurança detentiva, a ele será imputado o crime de evasão mediante violência contra a pessoa (art. 352 do CP).

– **Resistência, meio de execução e desacato:** A resistência reclama a violência ou ameaça como meios de execução. Consequentemente, é vedado seu reconhecimento quando o sujeito tem a intenção manifesta de humilhar o funcionário público, menosprezando a atividade estatal por ele exercida, ainda que para tanto se valha de vias de fato ultrajantes, caso em que estará configurado o crime de desacato (art. 331 do CP).

○ **Elemento normativo do tipo:** O dispositivo em estudo possui um **elemento normativo**, representado pela expressão "ato legal". A legalidade do ato deve ser analisada no plano **formal** (relativamente à competência de quem o executa e à forma da sua emissão) e no plano **material** ou **substancial** (vinculado ao seu conteúdo). De fato, não se pode obrigar uma pessoa a cumprir um ato formal e/ou materialmente ilegal. A oposição à execução de ato ilegal não abre espaço para o crime de resistência, em obediência ao princípio da legalidade (art. 5.º, II, da CF). Não se pode confundir o ato ilegal com o **ato injusto**. Os valores de justiça e injustiça são variáveis e irrelevantes para os fins do art. 329 do CP. O ato do Estado formal e materialmente legal deve ser fielmente executado, nada obstante classificado como injusto pelo seu destinatário. Se legal o ato, eventual valoração do agente quanto à sua injustiça não tem o condão de afastar o delito. Finalmente, é válido destacar a necessidade de o ato legal ser **concreto e específico**, ou seja, capaz de produzir efeitos imediatos e dirigido a pessoa ou pessoas determinadas.

– **Ato legal e excesso em sua execução:** Quando o executor de um ato legal se excede no seu cumprimento, empregando injustificada violência, a reação proporcional do particular constitui legítima defesa (CP, art. 25). Por seu turno, também age em legítima defesa o funcionário público que se vale de violência moderada contra aquele que resiste violentamente à execução regular de um ato legal.

○ **Sujeito ativo:** Pode ser qualquer pessoa (**crime comum** ou **geral**), inclusive o funcionário público, nas situações em que age como particular, isto é, sem se valer das prerrogativas inerentes à sua condição funcional.

○ **Sujeito passivo:** É o Estado e, secundariamente, o **funcionário público competente** para execução do ato legal ou o **terceiro (particular) que lhe esteja prestando auxílio**. Neste último caso, a especial proteção conferida ao *extraneus* decorre da circunstância de esta pessoa figurar como um assistente ou *longa manus* do Poder Público. A assistência pode ser prestada mediante requisição ou requerimento do agente público, ou espontaneamente, desde que com o consentimento deste. Em qualquer hipótese, é imprescindível o efetivo acompanhamento do particular pelo funcionário público competente para a execução do ato legal, ou então a atuação em seu nome, pois, caso contrário, estará afastado o crime de resistência, mesmo sendo ele alvo da violência ou ameaça, a exemplo do que se verifica quando um particular, sozinho, efetua a prisão em flagrante de um criminoso, sendo por este agredido.

– **Resistência e oposição dirigida a vários funcionários públicos:** Se o sujeito, no mesmo contexto fático, opõe-se à execução de ato legal, mediante violência ou ameaça a dois ou mais funcionários públicos igualmente competentes para realizá-lo, há um único crime de resistência contra a mesma vítima (Estado), pois o bem jurídico penalmente protegido é a Administração Pública, e não a atuação concreta dos seus agentes isoladamente considerados. Todavia, se as condutas forem praticadas em contextos diversos, estará configurado o concurso de crimes.

○ **Elemento subjetivo:** É o dolo, acompanhado de um especial fim de agir (elemento subjetivo específico), consistente na intenção de impedir a execução de ato legal. Não há crime quando o sujeito resiste ao ato do funcionário público ou de quem lhe preste auxílio em razão de dúvida legítima e fundada acerca da legalidade do ato ou da competência do funcionário público. Não se admite a modalidade culposa.

– **Resistência, alteração de ânimos e embriaguez:** A alteração de ânimos e a embriaguez não afastam a responsabilidade penal pelo crime de resistência. No tocante à alteração de ânimos, é sabido que a emoção e a paixão não excluem a imputabilidade penal (art. 28, I, do CP). Na mesma toada, o art. 28, II, do CP é peremptório ao afirmar que a embriaguez, voluntária ou culposa, pelo álcool ou substância de efeitos análogos, não elimina a imputabilidade penal.[333] No entanto, não será possível a responsabilização penal do agente pelo delito no caso de embriaguez completa, proveniente de caso fortuito ou força maior, que no caso concreto o torna inteiramente incapaz de entender o caráter ilícito do fato ou de determinar-se de acordo com esse entendimento, em face da incidência da dirimente prevista no art. 28, § 1.º, do CP.

○ **Consumação:** A resistência é **crime formal**, **de consumação antecipada** ou **de resultado cortado**: consuma-se com o emprego de violência ou ameaça ao funcionário público competente para execução do ato legal ou a quem lhe esteja prestando auxílio, pouco importando se assim agindo o sujeito vem a impedir a atuação estatal.

○ **Tentativa:** A análise do *conatus* leva em conta o meio de execução da resistência. Quando o crime é praticado mediante violência, a tentativa é cabível, em face do seu caráter plurissubsistente, permitindo o fracionamento do *iter criminis*. Entretanto, se o delito for cometido por meio de ameaça, a tentativa somente será admitida na utilização de algum escrito.

○ **Figura qualificada (art. 329, § 1.º):** O § 1.º contempla o **exaurimento** como **qualificadora** do delito, pois em razão da resistência o ato legal não se executa, justificando a elevação dos limites da pena em abstrato. O crime, nesse caso, é **material** ou **causal**. O tratamento mais severo da resistência tem dois fundamentos: (a) a lei é efetivamente descumprida; e (b) a autoridade estatal é ridicularizada, fomentando igual atuação de rebeldia por outras pessoas. A incidência da qualificadora reclama a não execução do ato legal com base unicamente na oposição violenta ou ameaçadora do sujeito, e não na inépcia ou desídia do funcionário público.

○ **Concurso material obrigatório (art. 329, § 2.º):** A resistência pode ser cometida mediante o emprego de violência ou ameaça. Quando o crime é praticado com emprego de **violência** (contra o funcionário público competente para executar o ato legal ou contra quem lhe preste auxílio), o § 2.º prevê o **concurso material obrigatório** (sistema do cúmulo material) – o agente responde pela resistência e pelo crime resultante da violência, qualquer que seja este, não existindo espaço para o fenômeno da absorção.

– **Resistência, desobediência e desacato:** Discute-se se a resistência absorve ou não a desobediência e o desacato, isto é, se há crime único ou concurso de delitos. Vejamos. O **crime de desobediência** (art. 330 do CP), se praticado no mesmo contexto fático do delito de resistência, resta por este absorvido. A razão desta conclusão é de fácil compreensão. A resistência envolve um crime de desobediência contra ato legal de funcionário público cometido com emprego de violência ou ameaça. Em outras palavras, não há como falar em resistência sem desobediência, pois este crime

---

[333] Vale destacar, porém, a existência de um julgado antigo do STF em sentido contrário: "O estado de embriaguez obstaculiza a conclusão sobre o elemento subjetivo do tipo, que é o dolo, no que, na espécie, pressupõe a capacidade de discernimento e, portanto, a compreensão da postura adotada" (Ext 555/RFA, rel. Min. Marco Aurélio, Plenário, j. 25.11.1992).

funciona como meio de execução daquele. De outro lado, existe maior polêmica acerca da relação entre os crimes de resistência e **desacato** praticados nas mesmas condições de tempo e local. Há três posições sobre o assunto: (1) A resistência absorve o desacato, pois a ofensa física ou verbal ao funcionário público destina-se a impedir a execução de ato legal. É a posição majoritária em sede doutrinária, nada obstante a pena cominada à resistência seja inferior à pena do desacato. (2) O desacato absorve a resistência, em razão da pena mais elevada. (3) Há concurso material entre resistência e desacato, nos moldes do art. 69, *caput*, do CP. Ao contrário do que se verifica na desobediência, o desacato não é meio imprescindível para execução da resistência. Basta, no crime previsto no art. 329 do CP, a utilização de violência ou ameaça para impedir a execução de ato legal pelo funcionário público competente, não sendo necessário menosprezar a relevante função pública por ele exercida. Portanto, os interesses da Administração Pública atingidos pela conduta criminosa são distintos. É a posição que adotamos.[334]

○ **Ação penal:** É pública incondicionada, em todas as modalidades do delito.

○ **Lei 9.099/1995:** Em sua forma simples (art. 329, *caput*), a resistência constitui-se em **infração penal de menor potencial ofensivo,** de competência do Juizado Especial Criminal e compatível com a transação penal e com o rito sumaríssimo, pois o máximo da pena privativa de liberdade cominada é de dois anos. De outro lado, a pena da resistência qualificada (art. 329, § 1.º) é de reclusão, de um a três anos. Trata-se, portanto, de **crime de médio potencial ofensivo**, admitindo o benefício da suspensão condicional do processo, desde que presentes os demais requisitos exigidos pelo art. 89 da Lei 9.099/1995.

○ **Legislação penal especial:**

– **Resistência e Comissões Parlamentares de Inquérito:** O art. 4.º, inc. I, da Lei 1.579/1952, contém uma modalidade específica de resistência no âmbito das Comissões Parlamentares de Inquérito. Cuida-se de **lei penal em branco ao avesso**, pois o preceito primário do tipo penal descreve uma conduta criminosa completa, mas o preceito secundário é incompleto, devendo ser complementado pelo art. 329 do CP.

– **Resistência e Estatuto da Criança e do Adolescente:** O Estatuto da Criança e do Adolescente define, em seu art. 236, uma forma especial de resistência, relacionada ao desempenho de atividade vinculada à autoridade judiciária, ao membro do Conselho Tutelar ou ao membro do Ministério Público no exercício de função prevista na Lei 8.069/1990.

– **Resistência e Código Penal Militar:** O art. 177 do Decreto-lei 1.001/1969 – Código Penal Militar – tipifica o crime de resistência mediante ameaça ou violência.

○ **Jurisprudência selecionada:**

Inviolabilidade do domicílio – ausência do crime: "A garantia constitucional do inciso XI do art. 5º da Carta da República, a preservar a inviolabilidade do domicílio durante o período noturno, alcança também ordem judicial, não cabendo cogitar de crime de resistência" (STF, RE 460.880/RS, rel. Min. Marco Aurélio, 1.ª Turma, j. 25.09.2007).

Desobediência

Art. 330. Desobedecer a ordem legal de funcionário público:
Pena – detenção, de quinze dias a seis meses, e multa.

---

[334]   É também o entendimento de CALHAU, Lélio Braga. *Desacato*. Belo Horizonte: Mandamentos, 2004. p. 69.

Classificação:	Informações rápidas:
Crime simples	**Resistência passiva** (não há emprego de
Crime comum	grave ameaça ou de violência à pessoa do
Crime formal, de consumação antecipada ou	agente público ou de outra pessoa qualquer).
de resultado cortado	**Objeto material:** ordem legal emanada do
Crime de dano	funcionário público.
Crime de forma livre	**Elemento normativo do tipo:** "ordem legal".
Crime comissivo ou omissivo	**Elemento subjetivo:** dolo. Não admite mo-
Crime instantâneo (*regra*)	dalidade culposa.
Crime unissubjetivo, unilateral ou de concurso	**Tentativa:** admite somente na modalidade
eventual	comissiva (crime plurissubsistente).
Crime unissubsistente ou plurissubsistente	**Ação penal:** pública incondicionada.

○ **Introdução:** O crime de desobediência apresenta pontos em comum com o delito de resistência (CP, art. 329), mas deste se diferencia pela ausência de emprego de violência ou ameaça ao funcionário público competente, daí resultando o tratamento menos severo dispensado pelo legislador. Esta é razão pela qual a desobediência também é chamada de "**resistência passiva**", enquanto a resistência é conhecida como "**desobediência belicosa**".

○ **Objeto jurídico:** Tutela-se a Administração Pública, especificamente no tocante à autoridade e ao respeito devido às ordens legais emitidas pelos funcionários públicos em geral.

○ **Objeto material:** É a **ordem legal** emanada do funcionário público, ou seja, a determinação dirigida a alguém para fazer ou deixar de fazer algo, e não um mero pedido ou solicitação. Esta ordem legal, na visão do STF, precisa ser direta e individualizada ao seu destinatário. A expressão "ordem legal" revela a existência de um **elemento normativo** do tipo no crime de desobediência. A legalidade da ordem deve ser apreciada sob o aspecto **formal** (do ponto de vista da sua forma e da competência de quem a emite ou executa) e sob o aspecto **material** ou **substancial** (relativamente à sua substância). Com efeito, não se pode compelir uma pessoa a cumprir uma ordem formal e/ou materialmente ilegal. O descumprimento de ordem ilegal não configura crime de desobediência, em face do princípio da legalidade (art. 5.º, II, da CF). Também não há falar em crime de desobediência em razão do desatendimento de ordens baseadas em portarias, resoluções ou atos análogos, pois somente o legislador é constitucionalmente dotado do poder legiferante.

– **Ordem ilegal e ordem injusta:** Não se pode confundir a ordem ilegal com a **ordem injusta** – os valores "justo e injusto" não devem nortear a interpretação do dispositivo em estudo. De fato, a ordem legal (formalmente em ordem e com conteúdo admitido pelo ordenamento jurídico) há de ser rigorosamente cumprida, ainda que considerada injusta pelo seu destinatário.

– **Desobediência à decisão judicial e art. 359 do CP:** Em decorrência da utilização do princípio da especialidade para solução do conflito aparente de leis penais, incide o crime tipificado no art. 359 do CP no tocante à desobediência à decisão judicial sobre perda ou suspensão de direito.

– **Defensor Público Geral e descumprimento de requisição judicial para nomeação de defensor:** Não se caracteriza o crime de desobediência na situação em que o Defensor Público Geral, da União ou de algum Estado, deixa de atender requisição judicial visando à nomeação de defensor público para atuação em uma determinada ação. Extrai-se essa conclusão da autonomia funcional e administrativa assegurada à Defensoria Pública pelo art. 134, §§ 2.º e 3.º, da Constituição Federal.

○ **Núcleo do tipo:** É "**desobedecer**", no sentido de desatender ou recusar cumprimento à ordem legal de funcionário público competente para emiti-la. Não há emprego de grave ameaça ou de violência à pessoa do agente público ou de outra pessoa qualquer, sob pena de desclassificação para o crime de resistência (art. 329 do CP). A conduta pode ser praticada por **ação**, quando a ordem do funcionário público impõe a abstenção de um ato ao seu destinatário, mas este prefere agir, ou por **omissão**, na hipótese em que o funcionário público ordena um comportamento positivo do sujeito, que livremente opta pela omissão. O verbo "desobedecer" pressupõe o efetivo conhecimento da ordem legal do funcionário público pela pessoa sujeita ao seu cumprimento, seja porque expedida na sua presença, seja porque sua ciência restou demonstrada de modo inequívoco, sob pena de abrir espaço à responsabilidade penal objetiva em decorrência de corriqueiros erros de comunicação.

– **Desobediência e cumulatividade com sanção de outra natureza:** Doutrina e jurisprudência firmaram-se no sentido de que, quando alguma lei comina determinada sanção civil ou administrativa para o descumprimento de ordem legal de funcionário público, somente incidirá o crime em análise se a mencionada lei ressalvar expressamente a aplicação cumulativa do delito de desobediência. Incide na espécie o princípio da independência das instâncias civil, administrativa e penal.

– **Desobediência e causas excludentes da ilicitude:** Não se configura o crime de desobediência, em face da ausência de um dos seus elementos, quando o destinatário descumpre ordem legal emanada de funcionário público competente, amparado em qualquer causa excludente da ilicitude (estado de necessidade, legítima defesa, exercício regular de direito ou estrito cumprimento de dever legal).

– **A vítima e seu dever de colaborar com a investigação criminal:** A vítima pode ser responsabilizada pelo crime de desobediência quando se recusa a colaborar com a polícia judiciária na investigação criminal, em ato imprescindível para apuração da infração penal e incapaz de ofendê-la em sua integridade física ou moral.[335]

– **Recusa em submeter-se à identificação criminal:** A identificação criminal pode ser de duas espécies: (a) dactiloscópica, consistente na obtenção das impressões digitais do investigado; e (b) fotográfica. Sobre o assunto, estatui o art. 5.º, LVIII, da CF: "o civilmente identificado não será submetido a identificação criminal, salvo nas hipóteses previstas em lei". Destarte, com exceção das hipóteses taxativamente indicadas em lei, o portador de identificação civil não pode ser compelido à identificação criminal. Portanto, a pessoa criminalmente investigada tem o direito de se recusar à identificação dactiloscópica ou fotográfica, sem que sua opção configure crime de desobediência. De outro lado, se a lei impuser a identificação criminal (exemplo: art. 3.º da Lei 12.037/2009 – Identificação criminal do civilmente identificado), o desatendimento injustificado a ordem legal de funcionário público ensejará a aplicação do delito em comento.

○ **Sujeito ativo:** Pode ser qualquer pessoa (**crime comum** ou **geral**), desde que juridicamente vinculada ao cumprimento da ordem legal. O funcionário público pode ser responsabilizado pelo crime de desobediência na hipótese em que atue como particular, isto é, quando a ordem recebida e descumprida não se inclua entre seus deveres funcionais, uma vez que a desobediência se insere entre os crimes praticados por particular contra a Administração em geral.

– **Desobediência e prefeito como sujeito ativo:** Não incide o crime de desobediência para os prefeitos, em face da existência de delito específico, contido no art. 1.º, XIV, do Decreto-lei 201/1967.

---

[335] Para um estudo aprofundado do assunto: FERNANDES, Antonio Scarance. *O papel da vítima no processo criminal*. São Paulo: Malheiros, 1995. p. 59 e ss.

○ **Sujeito passivo:** É o Estado e, mediatamente, o funcionário público emissor da ordem legal injustificadamente descumprida.

○ **Elemento subjetivo:** É o dolo – abrangente do conhecimento da legalidade da ordem e da competência do funcionário público para emiti-la –, independentemente de qualquer finalidade específica. Não se admite a modalidade culposa.

– **Desobediência e ordem do funcionário público que acarreta autoincriminação ou prejuízo ao seu destinatário:** Não há crime de desobediência, por ausência de dolo, nas situações em que alguém descumpre ordem de funcionário público em razão de considerá-la idônea a provocar sua autoincriminação ou de qualquer modo prejudicá-lo. Quem se comporta desta maneira não tem a intenção de desobedecer ao representante do Estado, mas busca preservar algum bem jurídico do seu interesse. Trata-se de manifestação do *nemo tenetur se detegere*, isto é, ninguém é obrigado a fazer prova contra si mesmo. Para o STF, este princípio constitui-se em desdobramento lógico do **direito ao silêncio**, previsto no art. 5.º, LXIII, da CF como direito fundamental do ser humano. Ainda, o art. 8.º, 2, *g*, do Pacto da San José da Costa Rica, incorporado ao direito pátrio pelo Decreto 678/1992, assim dispõe: "Toda pessoa acusada de delito tem direito a que se presuma sua inocência enquanto não se comprove legalmente sua culpa. Durante o processo, toda pessoa tem direito, em plena igualdade, às seguintes garantias mínimas: [...] direito de não ser obrigado a depor contra si mesma, nem a declarar-se culpada." Contudo, o direito de não produzir prova contra si mesmo não é absoluto, razão pela qual é vedada sua utilização como escudo, pelo agente, para a prática de novos delitos. Nesse contexto, no julgamento do Tema 1060 do Recurso Repetitivo o Superior Tribunal de Justiça acertadamente decidiu pela configuração do crime de desobediência quando o sujeito descumpre ordem legal de parada da Polícia emitida em atividade ostensiva de segurança pública. Fixou-se a seguinte tese: "A desobediência à ordem legal de parada, emanada por agentes públicos em contexto de policiamento ostensivo, para prevenção e repressão de crimes, constitui conduta penalmente típica, prevista no artigo 330 do Código Penal Brasileiro".

– **Desobediência e exercício arbitrário das próprias razões:** Não há desobediência, mas exercício arbitrário das próprias razões (CP, art. 345), quando uma pessoa descumpre ordem legal de funcionário público com o propósito de fazer justiça pelas próprias mãos, para satisfazer pretensão, embora legítima, desde que este comportamento não seja legalmente permitido.

○ **Consumação:** A ordem legal emitida pelo funcionário público pode consubstanciar um comportamento comissivo (o particular deve fazer algo) ou omissivo (o particular deve abster-se de fazer algo) da parte do seu destinatário. Na primeira situação, o crime se consuma no momento em que o sujeito deixa de fazer o que fora determinado pelo funcionário público, hipótese em que é preciso analisar se o agente estatal fixou prazo para realização do comportamento devido: em caso positivo, o delito estará aperfeiçoado quando, ultrapassado o interregno concedido, o destinatário não tiver cumprido injustificadamente a ordem legal; em caso negativo, ou seja, na ausência de prazo preestabelecido, o crime alcançará a consumação depois de superado um lapso temporal juridicamente relevante (aferido no caso concreto) indicativo do efetivo descumprimento da ordem. Na última situação, o crime de desobediência é **unissubsistente**: consuma-se no instante em que o destinatário da ordem legal realiza a ação que deveria ser evitada. Em ambas as situações, a desobediência é **crime formal, de consumação antecipada** ou **de resultado cortado**, pois se aperfeiçoa com a prática da conduta criminosa, independentemente da superveniência do resultado naturalístico. E, normalmente, é também **crime instantâneo**, pois atinge a consumação em um momento determinado, sem continuidade no tempo.

– **Desobediência como crime permanente:** O crime de desobediência, quanto ao tempo da consumação, em regra é instantâneo. Excepcionalmente, porém, o delito apresenta a nota da permanência, pois, dependendo da vontade do agente, seus efeitos podem prolongar-se no tempo.

○ **Tentativa:** É cabível somente na modalidade comissiva (**crime plurissubsistente**).

○ **Ação penal:** É pública incondicionada.

○ **Lei 9.099/1995:** Trata-se de **infração penal de menor potencial ofensivo**, de competência do Juizado Especial Criminal, em face do máximo da pena privativa de liberdade legalmente prevista (seis meses). Incidem, portanto, a transação penal e o rito sumaríssimo.

○ **Legislação penal especial:**

– **Desobediência e Código Penal Militar:** O art. 301 do Decreto-lei 1.001/1969 prevê uma modalidade específica de desobediência.

– **Desobediência e Lei da Ação Civil Pública:** O art. 10 da Lei 7.347/1985 tipifica uma figura especial de desobediência, inerente ao descumprimento injustificado de ordem do Ministério Público relativamente a elementos indispensáveis ao ajuizamento de ação civil pública.

– **Desobediência e pessoa idosa:** Os arts. 100, IV, e 101 da Lei 10.741/2003 – Estatuto da Pessoa Idosa – contêm formas especiais e mais graves do crime de desobediência.

– **Desobediência e Lei Maria da Penha:** O art. 24-A da Lei 11.340/2006 – Lei Maria da Penha contempla uma figura específica de desobediência, relacionada com o descumprimento de decisão judicial que defere medidas protetivas de urgência nela previstas.

– **Desobediência e Lei Henry Borel:** O art. 24 da Lei 14.344/2022 – Lei Henry Borel – tipifica uma modalidade especial de desobediência, relacionada ao descumprimento de medida protetiva de urgência: "Art. 25. Descumprir decisão judicial que defere medida protetiva de urgência prevista nesta Lei: Pena – detenção, de 3 (três) meses a 2 (dois) anos. § 1.º A configuração do crime independe da competência civil ou criminal do juiz que deferiu a medida. § 2.º Na hipótese de prisão em flagrante, apenas a autoridade judicial poderá conceder fiança. § 3.º O disposto neste artigo não exclui a aplicação de outras sanções cabíveis".

○ **Jurisprudência selecionada:**

Ato atentatório à dignidade da Justiça: "A Primeira Turma, em conclusão de julgamento e por maioria, concedeu a ordem de habeas corpus, de ofício, para determinar a conversão da pena privativa de liberdade em restritiva de direitos, cabendo ao juízo de origem fixar as condições da pena substitutiva. Na espécie, o paciente foi condenado à pena de 1 mês e 10 dias de detenção, em regime semiaberto, e ao pagamento de 20 dias-multa, pela prática do crime de desobediência (CP, art. 330). Segundo a denúncia, ele não atendeu a ordem dada pelo oficial de justiça na ocasião do cumprimento de mandado de entrega de veículo, expedido no juízo cível. Recusou-se, na qualidade de depositário do bem, a entregar o veículo ou a indicar sua localização. A defesa requeria a absolvição do paciente, sob o argumento de atipicidade da conduta, e, sucessivamente, a substituição da sanção privativa de liberdade por restritiva de direitos ou a imposição de regime aberto. O colegiado rejeitou a alegação de que a conduta seria atípica. Assentou não haver prejuízo da responsabilidade penal e ser possível a aplicação de sanções civis, criminais e processuais. Após salientar que a condenação é pequena e o delito, sem gravidade, assegurou a substituição da reprimenda corporal por restritiva de direitos, a ser imposta na origem" (STF: HC 169.417/SP, rel. orig. Min. Marco Aurélio, red. p/ o ac. Min. Alexandre de Moraes, 1.ª Turma, j. 28.04.2020, noticiado no *Informativo* 975).

Desobediência – segurança pública e atividade ostensiva – ordem legal de parada e negativa – tipicidade da conduta – autodefesa e não autoincriminação – direitos não absolutos – Tema 1060: "A desobediência à ordem legal de parada, emanada por agentes públicos em contexto de policiamento ostensivo, para a prevenção e repressão de crimes, constitui conduta penalmente típica, prevista no art. 330 do Código Penal Brasileiro. O STJ já decidiu que 'os direitos ao silêncio e de não produzir prova contra si mesmo não são absolutos, razão pela qual não podem ser invocados para a prática de outros delitos. Embora por fatos diversos, aplica-se ao presente caso a mesma solução jurídica decidida pela Terceira Seção desta Corte Superior quando do julgamento do REsp n. 1.362.524/MG, submetido à sistemática dos recursos repetitivos, no qual foi fixada a tese de que 'típica é a conduta de atribuir-se falsa identidade perante autoridade policial, ainda que em situação de alegada autodefesa" (HC 369.082/SC, Rel. Min. Felix Fischer, Quinta Turma, julgado em 27/6/2017, DJe 1º/8/2017). Conforme apontado pelo Ministério Público Federal em seu parecer, 'a possibilidade de prisão por outro delito não é suficiente para afastar a incidência da norma penal incriminadora, haja vista que a garantia da não autoincriminação não pode elidir a necessidade de proteção ao bem jurídico tutelado pelo crime de desobediência. [...] O acusado tem direito constitucional de permanecer calado, de não produzir prova contra si e, inclusive, de mentir acerca do fato criminoso. Contudo, a pretexto de exercer tais prerrogativas, não pode praticar condutas consideradas penalmente relevantes pelo ordenamento jurídico, pois tal situação caracteriza abuso do direito, desbordando a respectiva esfera protetiva'. Assim, o entendimento segundo o qual o indivíduo, quando no seu exercício de defesa, não teria a obrigação de se submeter à ordem legal oriunda de funcionário público pode acarretar o estímulo à impunidade e dificultar, ou até mesmo impedir, o exercício da atividade policial e, consequentemente, da segurança pública" (STJ: REsp 1.859.933/SC, rel. Min. Antonio Saldanha Palheiro, 3.ª Seção, j. 09.03.2022, Tema 1060, noticiado no *Informativo* 732).

Independência entre as instancias penal, civil e administrativa: "Crime de desobediência: caracterização: descumprimento de ordem judicial que determinou apreensão e entrega de veículo, sob expressa cominação das penas da desobediência. Caso diverso daquele em que há cominação legal exclusiva de sanção civil ou administrativa para um fato específico, quando, para a doutrina majoritária e a jurisprudência do Supremo Tribunal (*v.g.* RHC 59.610, 1ª T., 13.04.1982, Néri da Silveira, RTJ 104/599; RHC 64.142, 2ª T., 2.9.86, Célio Borja, RTJ 613/413), deve ser excluída a sanção penal se a mesma lei dela não faz ressalva expressa. Por isso, incide na espécie o princípio da independência das instâncias civil, administrativa e penal" (STF: HC 86.047/SP, rel. Min. Sepúlveda Pertence, 1.ª Turma, j. 04.10.2005).

Não atendimento, pelo Defensor Público Geral, de requisição judicial visando à nomeação de Defensor – autonomia funcional e administrativa da Defensoria Pública – fato atípico: "Não configura o crime de desobediência (art. 330 do CP) a conduta de Defensor Público Geral que deixa de atender à requisição judicial de nomeação de defensor público para atuar em determinada ação penal. De fato, a Carta Magna determina que: 'Às Defensorias Públicas Estaduais são asseguradas autonomia funcional e administrativa e a iniciativa de sua proposta orçamentária dentro dos limites estabelecidos na lei de diretrizes orçamentárias e subordinação ao disposto no art. 99, § 2º' (art. 134, § 2º). Nesse contexto, a acusação sofrida por Defensor Público Geral, consistente em não designar um defensor para atuar em determinada ação penal, viola a autonomia da instituição. Isso porque, a autonomia administrativa e a independência funcional asseguradas constitucionalmente às defensorias públicas não permitem a ingerência do Poder Judiciário acerca da necessária opção de critérios de atuação por Defensor Público Geral e da independência da atividade da advocacia. Nessa moldura, o ato de não atendimento por parte de Defensor Público Geral de requisição emanada de juiz de direito para destacar um defensor para a ação penal que preside não se confunde com crime de desobediência por falta de cumprimento por autoridade pública de decisão legal ou judicial" (STJ: HC 310.901/SC, rel. Min. Nefi Cordeiro, 6.ª Turma, j. 16.06.2016, noticiado no *Informativo* 586).

Necessidade de intimação pessoal do destinatário da ordem: "Não se configura o crime de desobediência na hipótese em que as notificações do responsável pelo cumprimento da ordem foram encaminhadas por via postal, sendo os avisos de recebimento subscritos por terceiros. Para caracterizar o delito de desobediência, exige-se a notificação pessoal do responsável pelo cumprimento da ordem, demonstrando a ciência inequívoca da sua existência e, após, a intenção deliberada de não cumpri-la" (STJ: HC 226.512/RJ, Rel. Min. Sebastião Reis Júnior, 6.ª Turma, j. 09.10.2012, noticiado no *Informativo* 506).

Previsão de multa diária – não caracterização da desobediência: "Não se reveste de tipicidade penal – descaracterizando-se, desse modo, o delito de desobediência (CP, art. 330) – a conduta do agente, que, embora não atendendo a ordem judicial que lhe foi dirigida, expõe-se, por efeito de tal insubmissão, ao pagamento de multa diária ('astreinte') fixada pelo magistrado com a finalidade específica de compelir, legitimamente, o devedor a cumprir o preceito. Doutrina e jurisprudência" (STF: HC 86.254/RS, rel. Min. Celso de Mello, 2.ª Turma, j. 25.10.2005).

Previsão de sanção diversa – inocorrência de desobediência: "A jurisprudência desta Corte firmou-se no sentido de que não há crime de desobediência quando a inexecução da ordem emanada de servidor público estiver sujeita à punição administrativa, sem ressalva de sanção penal. Hipótese em que o paciente, abordado por agente de trânsito, se recusou a exibir documentos pessoais e do veículo, conduta prevista no Código de Trânsito Brasileiro como infração gravíssima, punível com multa e apreensão do veículo (CTB, artigo 238)" (STF: HC 88.452/RS, rel. Min. Eros Grau, 2.ª Turma, j. 02.05.2006).

Recusa em cumprir ordem de policiais militares: "A recusa em abrir a pasta, a despeito de instado por policiais militares em serviço no local, configura, em tese, crime de desobediência (CP, art. 330)" (STF: RHC 85.624/SP, rel. Min. Ellen Gracie, 2.ª Turma, j. 02.08.2005).

Desacato

Art. 331. Desacatar funcionário público no exercício da função ou em razão dela:

Pena – detenção, de seis meses a dois anos, ou multa.

Classificação:	Informações rápidas:
Crime simples	**Objeto material:** funcionário público contra quem se dirige
Crime comum	a conduta criminosa.
Crime formal, de consumação antecipada ou de resultado cortado	É pressuposto do desacato seja a ofensa proferida na presença do funcionário público (não é necessário que ele
Crime de dano	esteja no interior da repartição pública, bastando o efetivo
Crime de forma livre	exercício funcional).
Crime comissivo	**Desacato cometido pelo funcionário público:** é possível
Crime instantâneo	(doutrina e jurisprudência).
Crime unissubjetivo, unilateral ou	**Exceção da verdade:** não se admite.
de concurso eventual	**Elemento subjetivo:** dolo. Não admite modalidade culposa.
Crime unissubsistente ou plurissubsistente	**Tentativa:** admite (exceto quando praticado verbalmente).
	Ação penal: pública incondicionada.

○ **Introdução:** Todo funcionário público representa o Estado, agindo em seu nome e em seu benefício, buscando sempre a consecução do interesse público. Consequentemente, no exercício legítimo do seu cargo, o agente público deve estar protegido contra investidas violentas ou ameaçadoras, razão pela qual foi criado o crime em estudo. O nome do delito é simplesmente "desacato", e não "desacato à autoridade". Qualquer funcionário público, pouco importando as atividades desempenhadas – de um simples gari ao Presidente da República – pode ser desacatado.

○ **Confronto entre o art. 331 do Código Penal e a Convenção Americana de Direitos Humanos:** A Convenção Americana de Direitos Humanos (Pacto de San José da Costa Rica) foi incorporada ao direito brasileiro pelo Decreto 678/1992. Com a rubrica "Liberdade de Pensamento e de Expressão", seu art. 13, item 1, apresenta a seguinte redação: "Toda pessoa tem direito à liberdade de pensamento e de expressão. Esse direito compreende a liberdade de buscar, receber e difundir informações e ideias de toda natureza, sem consideração de fronteiras, verbalmente ou por escrito, ou em forma impressa ou artística, ou por qualquer outro processo de sua escolha." Com base nesse dispositivo, a 5.ª Turma do Superior Tribunal de Justiça, em sede de controle de convencionalidade, decidiu pela descriminalização do desacato, em face da suposta incompatibilidade vertical entre o art. 331 do Código Penal frente ao art. 13, item 1, da Convenção Americana de Direitos Humanos – Pacto de San José da Costa Rica (REsp 1.640.084/SP, rel. Min. Ribeiro Dantas, 5.ª Turma, j. 15.12.2016). Esse entendimento, contudo, durou pouco tempo. Com efeito, a 3.ª Seção do Superior Tribunal de Justiça posicionou-se pela manutenção do desacato, como crime, no ordenamento jurídico brasileiro, sob os argumentos de que: (a) o direito à liberdade de expressão não é absoluto; (b) ausência de incompatibilidade entre o art. 331 do Código Penal e as normativas internacionais previstas na Convenção Americana de Direitos Humanos – Pacto de San José da Costa Rica; e (c) falta de decisão vinculante da Corte Interamericana de Direitos Humanos sobre eventual violação do direito à liberdade de expressão por parte do Brasil (HC 379.269/MS, rel. Min. Reynaldo Soares da Fonseca, rel. p/ acórdão Min. Antonio Saldanha Palheiro, 3.ª Seção, j. em 24.05.2017). Esta posição, no sentido da compatibilidade da criminalização do desacato com o Pacto de San José da Costa Rica, também foi acolhida pelo Supremo Tribunal Federal (HC 141.949/DF, rel. Min. Gilmar Mendes, 2.ª Turma, j. 13.03.2018, noticiado no *Informativo* 894).

○ **Objeto jurídico:** Tutela-se a Administração Pública, especialmente no tocante ao desempenho normal, à dignidade e ao prestígio da função exercida em nome ou por delegação do Estado. Secundariamente, também se resguarda a honra do funcionário público.

○ **Objeto material:** É o funcionário público contra quem se dirige a conduta criminosa.

○ **Núcleo do tipo:** É "desacatar", ou seja, realizar uma conduta objetivamente capaz de menosprezar a função pública exercida por determinada pessoa. Em outras palavras, ofende-se o funcionário público com a finalidade de humilhar a dignidade e o prestígio da atividade administrativa. Cuida-se de **crime de forma livre**, compatível com os mais diversos meios de execução (palavras, gestos, ameaça, vias de fato, bem como qualquer outro meio indicativo do propósito de ridicularizar o funcionário público).[336] É pressuposto do desacato seja a ofensa proferida na **presença** do funcionário público, pois somente assim estará evidenciada a finalidade de inferiorizar a função pública. Não se admite a execução do desacato mediante cartas, telefonemas ou *e-mails*, entre outros meios. A ofensa efetuada contra funcionário público e em razão das suas funções, mas na ausência deste, configura o crime de **injúria agravada** (art. 140, *caput*, *c/c* o art. 141, II, ambos do CP). A mencionada presença não se confunde com a colocação "face a face" do ofensor e do funcionário público desacatado. A conduta criminosa pode ser praticada: **(a) No exercício da função (desacato *in officio*)** – O funcionário público encontra-se desempenhando sua função, isto é, realizando atos de ofício. Não é necessário que ele esteja no interior da repartição pública, bastando o efetivo exercício funcional. É irrelevante se a ofensa proferida contra o agente público tenha ou não ligação com sua posição funcional, pois no exercício da função pública o representante do Estado há de ser protegido contra ataques grotescos e inoportunos; **(b) Em razão da função pública (*propter officium*)** – O funcionário público está fora da repartição pública e não desempenha nenhum ato de ofício, mas a ofensa contra ele proferida vincula-se à sua função pública.

---

[336] É importante destacar que a denúncia imputando a alguém o crime de desacato deve obrigatoriamente descrever, sob pena de inépcia, todas as palavras ofensivas proferidas pelo criminoso, ainda que de baixo calão, em atendimento à regra contida no art. 41 do Código de Processo Penal.

– **Distinção entre desacato e injúria contra funcionário público:** O crime de injúria pode ser cometido na presença ou na ausência da vítima, desde que a ofensa chegue ao seu conhecimento, com potencialidade para arranhar sua honra subjetiva (o juízo que cada pessoa faz de si própria). Essa é a regra geral, excepcionada quando o ofendido é funcionário público. Nesse caso, se a ofensa é realizada na presença do funcionário público, no exercício da função ou em razão dela, não se trata de simples agressão à sua honra, mas de desacato, arrolado pelo legislador entre os crimes contra a Administração Pública. Na injúria, por sua vez, a ofensa não é lançada na presença do funcionário público, relacionando-se, todavia, à função pública por ele exercida.

○ **Sujeito ativo:** Pode ser qualquer pessoa (**crime comum** ou **geral**).

– **Desacato cometido por funcionário público:** Há três posições acerca da possibilidade de o funcionário público ser autor de desacato: **(1) O funcionário público jamais pode ser responsabilizado por desacato** – A justificativa desta corrente é extremamente simplista e centrada na interpretação geográfica e literal do CP – se o desacato está capitulado entre os "crimes praticados por particular contra a Administração em geral", o funcionário público não pode figurar como seu sujeito ativo. A ofensa proferida por funcionário público contra outro funcionário público configura o crime de injúria, com a pena aumentada de um terço, nos termos do art. 141, II, do CP; **(2) O funcionário público somente pode ser responsabilizado por desacato quando ofende seu superior hierárquico** – Para esta corrente, o funcionário público pode praticar desacato contra seu superior hierárquico, mas a recíproca não é verdadeira. Entendemos, com o devido respeito, que esta posição, além de preconceituosa e autoritária, é inconstitucional, em face da violação do princípio da isonomia (CF, art. 5.º, *caput*). Ademais, sabemos ter o legislador incriminado o "desacato", tutelando toda e qualquer função pública, e não somente o "desacato à autoridade"; **(3) O funcionário público pode ser responsabilizado por desacato** – De fato, ao ofender física ou moralmente um funcionário público o sujeito se despe da sua condição funcional e se equipara ao particular. Em verdade, entre as atribuições do funcionário público não se insere a agressão de qualquer natureza contra outro funcionário público. Logo, a ele deve ser imputado o crime de desacato, pois o bem jurídico tutelado é o prestígio da função pública, razão pela qual o sujeito passivo é o Estado e, secundariamente, o funcionário público ofendido. Esta posição, correta e atualmente consolidada em sede doutrinária, há muito tempo também passou a ser adotada pela jurisprudência do STF e do STJ.

– **Desacato, advogado e a Lei 8.906/1994:** Aparentemente, o art. 7.º, § 2.º, da Lei 8.906/1994 (Estatuto da Advocacia e da Ordem dos Advogados do Brasil), conferia imunidade aos advogados relativamente ao crime de desacato no exercício das suas atividades, tanto em juízo como fora dele. Assim agindo, o legislador ampliou o alcance do art. 142, I, do CP. Entretanto, no dia 17.05.2006, o Plenário do STF, ao julgar a ADI 1.127, declarou a inconstitucionalidade da expressão "**ou desacato**", constante do referido dispositivo legal. Entendeu-se que a imunidade assegurada aos causídicos pelo art. 133 da CF somente poderia abranger os crimes contra a honra (difamação e injúria), mas não os crimes contra a Administração Pública. Em nossa opinião, o STF agiu acertadamente. No desempenho das suas atividades, talvez seja necessária ao advogado a prática de um fato que, em tese, poderia caracterizar difamação ou injúria. Este raciocínio, contudo, não autoriza a concessão da imunidade quanto ao desacato. Em síntese, o advogado pode ser sujeito ativo do crime de desacato. A propósito, a Lei 14.365/2022 revogou o art. 7.º, § 2.º, da Lei 8.906/1994.

○ **Sujeito passivo:** É o Estado, titular do bem jurídico legalmente protegido. Mediatamente, também pode ser vítima a pessoa física (funcionário público) lesada pela conduta criminosa. Com efeito, o propósito do criminoso é menosprezar a função pública exercida pelo agente público, e somente em um plano secundário, a sua pessoa. Há crime de outra natureza (calúnia, difamação, injúria, lesão corporal etc.), na hipótese em que o ofendido, ao tempo da conduta, já não ostentava a condição de funcionário público, havendo lesão ao particular e não aos interesses da Administração Pública.

– **Desacato e ofensa dirigida a vários funcionários públicos:** Se, em um mesmo contexto fático, uma pessoa ofende vários funcionários públicos, cometerá um só crime de desacato, pois o bem jurídico terá sido atingido uma única vez. Entretanto, a maior reprovabilidade da conduta deve ser utilizada pelo magistrado na dosimetria da pena-base, como circunstância judicial desfavorável (art. 59, *caput*, do CP). Entretanto, estará caracterizado o concurso de crimes (concurso material ou crime continuado, dependendo da situação concreta) se os funcionários públicos forem ofendidos em contextos fáticos diversos.

○ **Elemento subjetivo:** É o dolo, consistente na vontade livre e consciente de causar desprestígio à função pública, ofendendo a dignidade do cargo público ocupado pelo agente público.

– **Desacato e exceção da verdade:** Ao contrário do que se verifica na calúnia e na difamação, não se admite no crime de desacato, em nenhuma hipótese, a exceção da verdade, por duas razões: (a) falta de previsão legal; e (b) o bem jurídico tutelado é o prestígio da função pública, e não a honra do funcionário público.

– **Desacato, críticas à conduta funcional, falta de educação e repulsa imediata:** Como o desacato pressupõe a intenção de humilhar a função pública exercida pelo agente estatal, não há crime nos comportamentos que, embora enérgicos, mas não ultrajantes, se esgotam em críticas ao comportamento funcional, mesmo porque a todo cidadão é assegurado o direito de fiscalizar a Administração Pública e a prestação dos serviços públicos.

– **Desacato, embriaguez e exaltação de ânimos:** Prevalece o entendimento no sentido de que a pessoa embriagada pode e deve ser responsabilizada penalmente pelo crime de desacato, até mesmo porque delitos desta estirpe muitas vezes são praticados por ébrios, e não seria lícito à lei penal conferir a tais pessoas uma procuração genérica para livremente ofenderem a dignidade e o prestígio da Administração Pública. De fato, é sabido que a embriaguez, voluntária ou culposa, pelo álcool ou substância de efeitos análogos, não exclui a imputabilidade penal (art. 28, II, do CP). Não será possível a responsabilização penal do agente pelo crime de desacato no caso de embriaguez completa, proveniente de caso fortuito ou força maior, que no caso concreto o torna inteiramente incapaz de entender o caráter ilícito do fato ou de determinar-se de acordo com esse entendimento, em face da incidência da causa excludente da culpabilidade prevista no art. 28, § 1.º, do CP. Igualmente, a emoção e a paixão não excluem a imputabilidade penal (art. 28, I, do CP). Estará configurado o crime de desacato nas situações em que o sujeito se encontra acometido de um estado de cólera ou de ira, até porque é justamente nesses momentos de descontrole que as pessoas em regra se revelam e atentam contra bens jurídicos alheios.

○ **Consumação:** Dá-se no momento em que o agente pratica atos ofensivos ou dirige palavras ultrajantes ao funcionário público, com o propósito de menosprezar as relevantes funções por ele exercidas. Trata-se de **crime formal, de consumação antecipada** ou **de resultado cortado**, sendo indiferente se o agente público sentiu-se ou não ofendido, pois a lei tutela a dignidade da função pública, e não a honra de quem a exerce. A publicidade da ofensa não é elementar do delito, subsistindo o desacato mesmo na situação em que a conduta não seja presenciada por outras pessoas, desde que presente o funcionário público.

○ **Tentativa:** Não se admite o *conatus* no desacato cometido verbalmente. A doutrina diverge acerca da possibilidade de tentativa nos demais casos, prevalecendo o entendimento contrário à figura tentada. De fato, o delito exige a prática da conduta na presença do funcionário público, acarretando em seu caráter unissubsistente: ou o sujeito lança a ofensa, e o crime estará consumado, ou não o faz, e o fato será atípico.

○ **Ação penal:** É pública incondicionada.

○ **Lei 9.099/1995:** Em face do limite máximo da pena privativa de liberdade cominada (dois anos), o desacato é classificado como **infração penal de menor potencial ofensivo**, de competência do Juizado Especial Criminal e compatível com a transação penal e o rito sumaríssimo.

○ **Desacato e Código Penal Militar:** Os arts. 298, 299 e 300 do Decreto-lei 1.001/1969 – Código Penal Militar – contêm três espécies de desacato.

Desacato a superior

Art. 298. Desacatar superior, ofendendo-lhe a dignidade ou o decôro, ou procurando deprimir-lhe a autoridade:

Pena – reclusão, até quatro anos, se o fato não constitui crime mais grave.

Agravação de pena

Parágrafo único. A pena é agravada, se o superior é oficial general ou comandante da unidade a que pertence o agente.

Desacato a militar

Art. 299. Desacatar militar no exercício de função de natureza militar ou em razão dela:

Pena – detenção, de seis meses a dois anos, se o fato não constitui outro crime.

Desacato a servidor público

Art. 300. Desacatar servidor público no exercício de função ou em razão dela, em lugar sujeito à administração militar:

Pena – detenção, de seis meses a dois anos, se o fato não constitui outro crime.

○ **Jurisprudência selecionada:**

Desacato – contrariedade do art. 331 do Código Penal frente à Convenção Americana de Direitos Humanos – controle de convencionalidade – fato atípico: "4. O art. 2º, c/c o art. 29, da Convenção Americana de Direitos Humanos (Pacto de São José da Costa Rica) prevê a adoção, pelos Estados Partes, de 'medidas legislativas ou de outra natureza' visando à solução de antinomias normativas que possam suprimir ou limitar o efetivo exercício de direitos e liberdades fundamentais. 5. Na sessão de 4/2/2009, a Corte Especial do Superior Tribunal de Justiça, ao julgar, pelo rito do art. 543-C do CPC/1973, o Recurso Especial 914.253/SP, de relatoria do Ministro Luiz Fux, adotou o entendimento firmado pelo Supremo Tribunal Federal no Recurso Extraordinário 466.343/SP, no sentido de que os tratados de direitos humanos, ratificados pelo país, têm força supralegal, 'o que significa dizer que toda lei antagônica às normas emanadas de tratados internacionais sobre direitos humanos é destituída de validade.' 6. Decidiu-se, no precedente repetitivo, que, 'no plano material, as regras provindas da Convenção Americana de Direitos Humanos, em relação às normas internas, são ampliativas do exercício do direito fundamental à liberdade, razão pela qual paralisam a eficácia normativa da regra interna em sentido contrário, haja vista que não se trata aqui de revogação, mas de invalidade.' 7. A adequação das normas legais aos tratados e convenções internacionais adotados pelo Direito Pátrio configura controle de constitucionalidade, o qual, no caso concreto, por não se cuidar de convenção votada sob regime de emenda constitucional, não invade a seara do controle de constitucionalidade e pode ser feito de forma difusa, até mesmo em sede de recurso especial. 8. Nesse particular, a Corte Interamericana de Direitos Humanos, quando do julgamento do caso Almonacid Arellano y otros *v.* Chile, passou a exigir que o Poder Judiciário de cada Estado Parte do Pacto de São José da Costa Rica exerça o controle de convencionalidade das normas jurídicas internas que aplica aos casos concretos. 9. Por conseguinte, a ausência de lei veiculadora de *abolitio criminis* não inibe a atuação do Poder Judiciário na verificação da inconformidade do art. 331 do Código Penal, que prevê a figura típica do desacato, com o art. 13 do Pacto de São José da Costa Rica, que estipula mecanismos de proteção à liberdade de pensamento e de expressão. [...] 11. A adesão ao Pacto de São José significa a transposição, para a ordem jurídica interna, de critérios recíprocos de interpretação, sob pena de negação da universalidade dos valores insertos nos direitos fundamentais internacionalmente reconhecidos. Assim, o método hermenêutico mais adequado à concretização da liberdade de expressão reside no postulado *pro homine*, composto de dois princípios de proteção de direitos: a dignidade da pessoa humana e a prevalência dos direitos humanos. 12. A criminalização do desacato está na contramão do humanismo, porque ressalta a preponderância do Estado – personificado em seus agentes – sobre o indivíduo. 13. A existência de tal normativo em nosso ordenamento jurídico é anacrônica, pois traduz desigualdade entre funcionários e particulares, o que é inaceitável no Estado Democrático de Direito. 14. Punir o uso de linguagem e atitudes ofensivas contra agentes estatais é medida capaz de fazer com que as pessoas se abstenham de usufruir do direito à liberdade de expressão, por temor de sanções penais, sendo esta uma das razões pelas quais a CIDH estabeleceu a recomendação de que os países aderentes ao Pacto de São Paulo abolissem suas respectivas leis de desacato. 15. O afastamento da tipificação criminal do desacato não impede a responsabilidade ulterior, civil ou até mesmo de outra figura típica penal (calúnia, injúria, difamação etc.), pela ocorrência de abuso na expressão verbal ou gestual utilizada perante o funcionário público" (STJ: REsp 1.640.084/SP, rel. Min. Ribeiro Dantas, 5.ª Turma, j. 15.12.2016).

Desacato – manutenção como crime no ordenamento jurídico – Pacto de San José da Costa Rica – direito à liberdade de expressão que não se revela absoluto – controle de convencionalidade – inexistência de decisão proferida pela corte (IDH) – ausência de força vinculante: "Não há incompatibilidade do crime de desacato (art. 331 do CP) com as normativas internacionais previstas na Convenção Americana de Direitos Humanos (CADH). A questão posta gira em torno de eventual afastamento, em controle de convencionalidade, do crime de desacato (art. 331 do CP) do ordenamento jurídico brasileiro em razão de recomendação expedida pela Comissão Interamericana de Direitos Humanos (CIDH), para fins de incidência, ou não, do princípio da consunção na hipótese examinada. Inicialmente, importa destacar, quanto à faceta estruturante do Sistema Interamericano, que são competentes para conhecer das matérias concernentes na Convenção Americana de Direitos Humanos (CADH): a Comissão Interamericana de Direitos Humanos (CIDH) e a Corte Interamericana de Direitos Humanos (IDH). De acordo com o art. 41 da referida Convenção (Pacto de São José da Costa Rica) – da qual o Brasil é signatário – a CIDH possui a função primordial de promover a observância e a defesa dos direitos humanos. Porém, da leitura do dispositivo, é possível deduzir que os verbos relacionados às suas funções não ostentam caráter decisório, mas tão somente instrutório ou cooperativo. Prima facie, depreende-se que a referida comissão não possui função jurisdicional. A Corte Interamericana de Direitos Humanos, por sua vez, é uma instituição judiciária autônoma cujo objetivo é a aplicação e a interpretação da Convenção Americana sobre Direitos Humanos, possuindo função jurisdicional e consultiva, de acordo com o art. 2º do seu respectivo Estatuto. Já o art. 68 da aludida norma supralegal prevê que os Estados-partes na Convenção se comprometem a cumprir a decisão da Corte em todo caso em que forem partes, o que denota de forma patente seu caráter vinculante. Acentue-se que as deliberações internacionais de direitos humanos decorrentes dos processos de responsabilidade internacional do Estado podem resultar em: recomendação; decisões quase judiciais e decisão judicial. A primeira revela-se ausente de qualquer caráter vinculante, ostentando mero caráter 'moral', podendo resultar dos mais diversos órgãos internacionais. Os demais institutos, porém, situam-se no âmbito do controle, propriamente dito, da observância dos direitos humanos. Desta feita, a despeito do que fora aduzido no inteiro teor do voto proferido no REsp 1.640.084/SP – no sentido de que o crime de desacato é incompatível com o art. 13 do Pacto de São José da Costa Rica, por afrontar mecanismos de proteção à liberdade de pensamento e de expressão – certo é que as recomendações não possuem força vinculante, mas, na ótica doutrinária, tão somente 'poder de embaraço' ou 'mobilização da vergonha'. Outrossim, cabe ressaltar, não houve nenhuma deliberação da Corte Interamericana de Direitos Humanos (IDH) sobre eventual violação do direito à liberdade de expressão por parte do Brasil, mas tão somente pronunciamentos emanados pela CIDH. Ainda que assim não fosse, a Corte Interamericana de

Direitos já se posicionou acerca da liberdade de expressão, rechaçando tratar-se de direito absoluto. Nessa toada, tem-se que o crime de desacato não pode, sob qualquer viés, seja pela ausência de força vinculante às recomendações expedidas pela CIDH, seja pelo viés interpretativo, ter sua tipificação penal afastada" (STJ: HC 379.269/MS, rel. Min. Reynaldo Soares da Fonseca, rel. para acórdão Min. Antônio Saldanha Palheiro, 3.ª Seção, j. 24.05.2017, noticiado no *Informativo* 607).

Desacato – Pacto de San José da Costa Rica – compatibilidade da criminalização: "(...) A Turma assinalou que o delito de desacato, quer conforme tipificado na legislação penal comum, quer na militar, tem por sujeito passivo secundário o funcionário público (civil ou militar), figurando o Estado como sujeito passivo principal. O bem jurídico tutelado é a Administração Pública, levando-se em conta seu interesse patrimonial e moral. A tutela penal está no interesse em se assegurar o normal funcionamento do Estado, protegendo-se o prestígio do exercício da função pública. Assim, a norma tem como destinatário da proteção legal mais a função pública do que a pessoa (civil ou militar). Portanto, para a configuração do crime, não é necessário que o funcionário público se sinta ofendido, sendo indispensável que o menoscabo tenha alvo certo, de forma que a vítima deve ouvir a palavra injuriosa ou sofrer diretamente o ato. O desacato é crime comum, podendo ser praticado por qualquer pessoa. É essencial para a configuração do delito que o funcionário público esteja no exercício da função, ou, estando fora, que a ofensa seja empregada em razão dela. Deve, pois, haver o chamado nexo funcional. A crítica ou a censura sem excessos, por sua vez, não constituem desacato, ainda que veementes. No que se refere à suposta incompatibilidade desse delito com a liberdade de expressão e de pensamento, garantidos pelo Pacto de São José da Costa Rica e pela Constituição, sabe-se que os tratados de direitos humanos podem ser: a) equivalentes às emendas constitucionais, se aprovados após a EC 45/2004; ou b) supralegais, se aprovados antes da referida emenda. De toda forma, estando acima das normas infraconstitucionais, são também paradigma de controle da produção normativa. Nesse sentido, não se infere, da leitura do aludido tratado, afronta na tipificação do crime de desacato. Não houve revogação da norma penal, mas recepção pela regra supralegal. O texto dispõe que o exercício do direito à liberdade de pensamento e de expressão, embora não sujeito a censura prévia, deve assumir responsabilidades ulteriores, expressamente fixadas em lei, para assegurar o respeito aos direitos ou à reputação das demais pessoas. Portanto, não se está diante de descriminalização ou de 'abolitio criminis'. A liberdade de expressão prevista no Pacto de São José da Costa Rica não difere do tratamento conferido pela Constituição ao tema, sendo que esse direito não possui caráter absoluto. A Constituição, ao tutelar a honra, a intimidade e a dignidade da pessoa humana, recepcionou a norma do desacato prevista na legislação penal. O direito à liberdade de expressão deve harmonizar-se com os demais direitos envolvidos, não eliminá-los. Incide o princípio da concordância prática, pelo qual o intérprete deve buscar a conciliação entre normas constitucionais. O exercício abusivo das liberdades públicas não se coaduna com o Estado democrático. A ninguém é lícito usar sua liberdade de expressão para ofender a honra alheia. O desacato constitui importante instrumento de preservação da lisura da função pública e, indiretamente, da dignidade de quem a exerce. Não se pode despojar a pessoa de um dos mais delicados valores constitucionais, a dignidade da pessoa humana, em razão do *status* de funcionário público (civil ou militar). A investidura em função pública não constitui renúncia à honra e à dignidade. Nesse aspecto, a Corte Interamericana de Direitos Humanos, órgão responsável pelo julgamento de situações concretas de abusos e violações de direitos humanos, reiteradamente tem decidido contrariamente ao entendimento da Comissão de Direitos Humanos, estabelecendo que o direito penal pode punir condutas excessivas no exercício da liberdade de expressão. Por conseguinte, a figura penal do desacato não tolhe o direito à liberdade de expressão, não retirando da cidadania o direito à livre manifestação, desde que exercida nos limites de marcos civilizatórios bem definidos, punindo-se os excessos. A Constituição impõe à Administração a observância dos princípios da legalidade, impessoalidade, moralidade, publicidade e eficiência, podendo-se dessumir daí a compatibilidade entre a defesa da honra e intimidade do funcionário público e a liberdade de expressão. Não parece ainda o caso de se invocar a teoria da adequação social como causa supralegal de exclusão da tipicidade, pela qual se preconiza que determinadas condutas, consensualmente aceitas pela sociedade, não mais se ajustam a um modelo legal incriminador. A evolução dos costumes seria fator decisivo para a verificação da excludente de tipicidade, circunstância ainda não passível de aferição, mas é preciso que o legislador atualize a legislação para punir eficazmente desvios e abusos de agentes do Estado. Havendo lei, ainda que deficitária, punindo o abuso de autoridade, pode-se afirmar que a criminalização do desacato se mostra compatível com o Estado democrático" (STF: HC 141.949/DF, rel. Min. Gilmar Mendes, 2.ª Turma, j. 13.03.2018, noticiado no *Informativo* 894). *No mesmo sentido*: STF: ADPF 496/DF, rel. Min. Roberto Barroso, Plenário, j. 22.06.2020.

Sujeito ativo – funcionário público: "É possível a prática do crime de desacato por funcionário público contra pessoa no exercício de função pública, pois se trata de crime comum em que a vítima imediata é o Estado e a mediata aquela que está sendo ofendida" (STJ: HC 104.921/SP, rel. Min. Jane Silva (Desembargadora convocada do TJMG), 6.ª Turma, j. 21.05.2009).

Tráfico de influência

> **Art. 332.** Solicitar, exigir, cobrar ou obter, para si ou para outrem, vantagem ou promessa de vantagem, a pretexto de influir em ato praticado por funcionário público no exercício da função:
>
> Pena – reclusão, de 2 (dois) a 5 (cinco) anos, e multa.
>
> Parágrafo único. A pena é aumentada da metade, se o agente alega ou insinua que a vantagem é também destinada ao funcionário.

Classificação:	Informações rápidas:
Crime simples	**Objeto material:** vantagem ou promessa de vantagem, de qualquer natureza. A coexistência da sua fraude (**torpeza bilateral**) não afasta sua posição de vítima.
Crime comum	
Crime formal ("solicitar", "exigir" e "cobrar") ou material ("obter")	
Crime de dano	**Elemento subjetivo:** dolo (elemento subjetivo específico – "para si ou para outrem"). Não admite modalidade culposa.
Crime de forma livre	
Crime comissivo (*regra*)	**Tentativa:** admite (se o iter criminis puder ser fracionado em dois ou mais atos).
Crime instantâneo	
Crime unissubjetivo, unilateral ou de concurso eventual	**Ação penal:** pública incondicionada.
Crime plurissubsistente	

○ **Introdução:** O *nomen iuris* "tráfico de influência" e a atual redação do art. 332 foram criados pela Lei 9.127/1995. Antes da sua edição, o delito em apreço era denominado de "exploração de prestígio".

○ **Objeto jurídico:** Tutela-se o prestígio da Administração Pública.

○ **Objeto material:** É a **vantagem** ou **promessa de vantagem**, de qualquer natureza (econômica, moral, sexual etc.).

○ **Núcleos do tipo:** O tipo penal contém quatro núcleos: solicitar, exigir, cobrar e obter. **Solicitar** é pedir, pleitear ou requerer; **exigir** é ordenar ou determinar; **cobrar** é reclamar o pagamento ou cumprimento de algo; e **obter** é alcançar ou conseguir. Estes verbos conjugam-se com a conduta de **influir** (inspirar ou incutir). O objeto das ações é a vantagem ou promessa de vantagem relacionada ao ato praticado por funcionário público no exercício da função. Cuida-se de **tipo misto alternativo, crime de ação múltipla** ou **de conteúdo variado**: há um único crime quando o sujeito realiza mais de um núcleo no mesmo contexto fático e no tocante ao mesmo objeto material. O agente solicita, exige, cobra ou obtém, para si ou para outrem, vantagem ou promessa de vantagem, a **pretexto de influir** no comportamento do funcionário público, mas não o faz, mesmo porque não tem meios para tanto. Se realmente possuir influência perante o funcionário público, e vier a corrompê-lo, deverá ser responsabilizado pelo crime de corrupção ativa (art. 333 do CP). Da mesma forma que no estelionato, o sujeito se vale de **fraude** para enganar a vítima, induzindo-a ou mantendo-a em erro, obtendo vantagem ilícita em prejuízo alheio, mas aqui a fraude há de ser, obrigatoriamente, o falso argumento do agente no sentido de possuir prestígio perante um funcionário público. O funcionário público em relação a quem o sujeito garante exercer influência pode realmente existir, ou então ser uma pessoa imaginária, sendo prescindível sua individualização pelo criminoso. Se for individualizado no caso concreto, e posteriormente restar apurado que tal pessoa não ostenta a qualidade de funcionário público, estará configurado o delito de estelionato (CP, art. 171).

○ **Sujeito ativo:** Pode ser qualquer pessoa (**crime comum** ou **geral**), inclusive o funcionário público.

○ **Sujeito passivo:** É o Estado e, mediatamente, o comprador da influência, ou seja, a pessoa que paga ou promete vantagem com o propósito de obter algum benefício, lícito ou ilícito, junto ao funcionário público. Mesmo na hipótese em que o comprador da influência objetiva um benefício ilícito, ainda assim ele será vítima do crime tipificado no art. 332 do CP, ou seja, a coexistência da sua fraude (**torpeza bilateral**) não afasta sua posição de vítima.

○ **Elemento subjetivo:** É o dolo, acrescido de um especial fim de agir, representado pela expressão "para si ou para outrem". O mero recebimento de vantagem em razão de um trabalho lícito exercido ou a ser exercido perante a Administração Pública evidentemente não caracteriza o crime de tráfico de influência, em face da ausência do elemento subjetivo específico legalmente exigido. Não se admite a modalidade culposa.

○ **Consumação:** Nos núcleos **solicitar**, **exigir** e **cobrar** o tráfico de influência é **crime formal**, **de consumação antecipada** ou **de resultado cortado**, consumando-se com a realização da conduta legalmente descrita, independentemente da efetiva obtenção da vantagem desejada. No núcleo **obter**, o crime é **material** ou **causal**, e opera-se a consumação no instante em que o sujeito alcança a vantagem almejada.

○ **Tentativa:** É possível, nas situações em que o delito apresentar-se como plurissubsistente (exemplo: carta que se extravia). Não será cabível o *conatus*, entretanto, quando o tráfico de influência apresentar-se como crime unissubsistente, impossibilitando o fracionamento do *iter criminis* (exemplo: solicitação verbal).

○ **Ação penal:** É pública incondicionada.

○ **Lei 9.099/1995:** Em face da pena privativa de liberdade cominada – reclusão, de dois a cinco anos –, o tráfico de influência constitui-se em **crime de elevado potencial ofensivo**, incompatível com os benefícios da Lei 9.099/1995.

○ **Causa de aumento da pena (art. 332, parágrafo único):** Trata-se de causa de aumento da pena, aplicável na terceira fase da dosimetria da pena privativa de liberdade. Para a incidência da majorante não se exige afirmação explícita do agente no sentido de que o funcionário público também receberá a vantagem, bastando a simples insinuação nesse sentido. É indiferente se a vítima acredita ou não no recebimento da vantagem pelo funcionário público. Em qualquer caso, o aumento de pena é de rigor. Se restar provado que a vantagem realmente tinha como destinatário o funcionário público, a este será imputado o crime de corrupção passiva (art. 317 do CP), enquanto o entregador da vantagem e o intermediador da negociação responderão por corrupção ativa (art. 333 do CP).

○ **Tráfico de influência em transação comercial internacional:** O art. 337-C do CP, acrescentado pela Lei 10.467/2002, prevê o delito de tráfico de influência em transação comercial internacional, que muito se assemelha ao delito em análise. Diferenciam-se, contudo, em razão da qualidade do funcionário público, necessariamente estrangeiro, e do objeto, que no art. 337-C é a transação comercial internacional, e não mais o ato funcional. Percebe-se a existência de um conflito aparente de leis penais, solucionado pelo **princípio da especialidade**.

○ **Tráfico de influência e Código Penal Militar:** O art. 336 do Decreto-lei 1.001/1969 – Código Penal Militar – prevê o tráfico de influência na seara militar.

○ **Jurisprudência selecionada:**

Conduta típica: "É despiciendo para a caracterização, em tese, do delito de tráfico de influência, que o agente de fato venha a influenciar no ato a ser praticado por funcionário público. Basta que por mera pabulagem alegue ter condições para tanto, pois nesse caso já terá sido ofendido o bem jurídico tutelado: a moralidade da Administração Pública" (STJ: HC 64.018/MG, rel. Min. Félix Fischer, 5.ª Turma, j. 23.08.2007).

Corrupção ativa

> **Art. 333.** Oferecer ou prometer vantagem indevida a funcionário público, para determiná-lo a praticar, omitir ou retardar ato de ofício:
>
> Pena – reclusão, de 2 (dois) a 12 (doze) anos, e multa.
>
> Parágrafo único. A pena é aumentada de um terço, se, em razão da vantagem ou promessa, o funcionário retarda ou omite ato de ofício, ou o pratica infringindo dever funcional.

Classificação:	Informações rápidas:
Crime simples	**Exceção pluralística:** corrupção passiva (art. 317) para o funcionário público e corrupção ativa (art. 333) para o particular.
Crime comum	
Crime formal, de consumação antecipada ou de resultado cortado	
Crime de dano	**Objeto material:** vantagem indevida.
Crime de forma livre	**Elemento subjetivo:** dolo (elemento subjetivo específico – determinar o funcionário público a praticar, omitir ou retardar ato de ofício).
Crime comissivo (*regra*)	
Crime instantâneo	Não admite modalidade culposa.
Crime unissubjetivo, unilateral ou de concurso eventual	**Tentativa:** admite (se o iter criminis puder ser fracionado em dois ou mais atos).
Crime unissubsistente ou plurissubsistente	**Ação penal:** pública incondicionada.

○ **Introdução:** Como observamos na análise do art. 317, ao tratar da corrupção no âmbito criminal o legislador pátrio rompeu com a teoria unitária ou monista no concurso de pessoas, acolhida como regra geral no art. 29, *caput*, do Código Penal: "Quem, de qualquer modo, concorre para o crime incide nas penas a este cominadas, na medida de sua culpabilidade." Abriu-se espaço para uma **exceção pluralística**. Há dois delitos distintos: corrupção passiva (art. 317), de natureza funcional, inserida entre os crimes praticados por **funcionário público** contra a Administração em geral; e corrupção ativa (art. 333), versada no rol dos crimes praticados por **particular** contra a Administração em geral.

○ **Objeto jurídico:** Tutela-se a Administração Pública. Busca-se impedir a atuação ilícita de particulares na atividade administrativa, que não pode se converter em palco para negociações espúrias relativas aos atos dos funcionários públicos.

○ **Objeto material:** É a vantagem indevida.

○ **Núcleos do tipo:** São "oferecer" e "prometer". **Oferecer** é propor ou apresentar ao funcionário público a vantagem indevida, colocando-a à sua disposição. **Prometer** equivale a obrigar-se a entregar futuramente a vantagem indevida, exigindo em contrapartida uma ação correspondente do funcionário público. Trata-se de **tipo misto alternativo, crime de ação múltipla** ou **de conteúdo variado,** havendo um só crime quando o particular, relativamente ao mesmo ato de ofício, promete vantagem indevida e depois a oferece ao funcionário público. As condutas têm em mira o comportamento do funcionário público. Buscam determiná-lo a praticar, omitir ou retardar ato de ofício. Cuida-se de **crime de forma livre**, podendo ser cometido por qualquer meio. Como o legislador referiu-se ao "ato de ofício", não há corrupção ativa, mas crime impossível (art. 17 do CP), no oferecimento ou promessa de vantagem indevida a funcionário público que não tenha poderes legítimos para a prática do ato visado. Também não há corrupção ativa na conduta daquele que oferece ou promete entregar vantagem indevida ao funcionário público para que este deixe de praticar um ato ilegal ou abusivo.

– **Imprescindibilidade de conduta prévia ao ato de ofício:** Inexiste corrupção ativa no oferecimento ou promessa de vantagem indevida posteriormente à realização ou omissão do ato de ofício pelo funcionário público, sem que tenha havido influência do particular em seu comportamento. O tipo penal reclama a prática, omissão ou retardamento do ato de ofício depois do oferecimento ou promessa de vantagem indevida, **nunca antes**. Nesse caso é possível a caracterização de corrupção passiva (CP, art. 317, *caput*), figurando o particular como partícipe. Exemplo: "A", funcionário público, recebe para si, em razão da sua função pública, uma vantagem indevida entregue por "B" (particular), em decorrência de ato já praticado. Sem prejuízo, também se identifica a ocorrência de ato de improbidade administrativa, em face do enriquecimento ilícito do agente público, nos moldes do art. 9.º da Lei 8.429/1992.

– **A corrupção ativa e o famoso "jeitinho":** Não há corrupção ativa na situação em que o particular se limita a pedir ao funcionário público para "dar um jeitinho" em alguma questão do seu interesse, em face da ausência de oferecimento ou promessa de vantagem indevida. Nesse caso, duas soluções podem surgir: (a) o funcionário público "dá o jeitinho", infringindo seu dever funcional, a ele será imputado o crime de corrupção passiva privilegiada (CP, art. 317, § 2.º, do CP), e o particular será partícipe deste delito; e (b) o funcionário público não "dá o jeitinho": o fato será atípico para ele e também para o particular.

– **A questão da "carteirada":** "Carteirada" é o ato do funcionário público consistente na exibição do seu documento funcional com a finalidade de demonstrar sua autoridade e, consequentemente, conseguir algum favor ou benefício. Na hipótese em que a "carteirada" é lançada perante outro agente público, não há como reconhecer o crime de corrupção ativa, ainda que o sujeito obtenha algum préstimo de natureza ilícita. Isto porque não há oferecimento ou promessa de vantagem indevida. No caso concreto, todavia, é possível a configuração do crime de tráfico de influência (art. 332 do CP). Por sua vez, quando a "carteirada" tem como destinatário um particular, não há falar em corrupção (ativa ou passiva). No entanto, nada impede a caracterização do crime de abuso de autoridade, nos moldes do art. 33, parágrafo único, da Lei 13.869/2019.[337]

– **Corrupção ativa e corrupção passiva – dependência e independência:** Questiona-se a possibilidade da existência de corrupção ativa sem a ocorrência simultânea da corrupção passiva. A resposta a esta indagação depende da análise dos núcleos dos tipos penais de ambos os crimes. A corrupção ativa possui dois verbos: "oferecer" e "prometer". De outro lado, a corrupção passiva contém três verbos: "solicitar", "receber" e "aceitar" promessa. Com a comparação dos arts. 333, *caput*, e 317, *caput*, conclui-se pela possibilidade de corrupção ativa, **independentemente** da corrupção passiva, em seus dois núcleos, pois o particular pode oferecer ou prometer vantagem indevida ao funcionário público, sem que este aceite tanto a proposta como a promessa.

– **Incompatibilidade lógica entre os crimes de concussão e corrupção ativa:** A concussão, inserida entre os crimes praticados por funcionário público contra a Administração em geral, tem como núcleo o verbo "exigir", isto é, impor ou determinar alguma coisa. Consequentemente, se uma pessoa (vítima da concussão) entregar ao funcionário público a vantagem indevida, em razão da exigência por este formulada, não poderá ser responsabilizada pela corrupção ativa, pois somente comportou-se desta forma em obediência à ordem que lhe foi criminosamente endereçada. Nota-se, portanto, a manifesta incompatibilidade lógica entre os crimes de concussão e de corrupção ativa.

○ **Sujeito ativo:** Pode ser qualquer pessoa (**crime comum ou geral**), inclusive o funcionário público, desde que realize a conduta sem aproveitar-se das facilidades inerentes à sua condição funcional. O sujeito pode praticar o crime diretamente ou valendo-se de interposta pessoa, e nesta última hipótese o terceiro será coautor do delito.

– **Corrupção ativa e corrupção de testemunha, perito, contador, tradutor ou intérprete – distinção:** A conduta de dar, oferecer ou prometer dinheiro ou qualquer outra vantagem a testemunha, perito, contador, tradutor ou intérprete para fazer afirmação falsa, negar ou calar a verdade em depoimento, perícia, cálculos, tradução ou interpretação caracteriza o crime tipificado no art. 343, *caput*, do CP, em face da utilização do **princípio da especialidade** para solução do conflito aparente de leis penais. A pena é aumentada de um sexto a um terço, quando o crime é cometido com o fim de obter prova destinada a produzir efeito em processo penal ou em processo civil em que for parte entidade da administração pública direta ou indireta (art. 343, parágrafo único, do CP).

○ **Sujeito passivo:** É o Estado e, mediatamente, a pessoa física ou jurídica lesada pela conduta criminosa. A falta de identificação do funcionário público corrompido não descaracteriza o crime, se houver provas da oferta e promessa da vantagem indevida, notadamente pelo fato de constituir-se em crime formal, dispensando a aceitação do funcionário público para sua caracterização.

○ **Elemento subjetivo:** É o dolo, acrescido de um especial fim de agir (elemento subjetivo específico), consistente em determinar o funcionário público a praticar, omitir ou retardar ato de ofício. Não há previsão de modalidade culposa.

○ **Consumação:** A corrupção ativa é **crime formal, de consumação antecipada** ou **de resultado cortado**: consuma-se com a oferta ou promessa de vantagem indevida ao funcionário

---

[337] "Art. 33. Exigir informação ou cumprimento de obrigação, inclusive o dever de fazer ou de não fazer, sem expresso amparo legal: Pena – detenção, de 6 (seis) meses a 2 (dois) anos, e multa. Parágrafo único. Incorre na mesma pena quem se utiliza de cargo ou função pública ou invoca a condição de agente público para se eximir de obrigação legal ou para obter vantagem ou privilégio indevido."

público, independentemente da sua aceitação. É prescindível a prática, omissão ou retardamento do ato de ofício.

○ **Tentativa:** É cabível, quando se tratar de crime plurissubsistente, permitindo o fracionamento do *iter criminis*. Não será admissível o *conatus* de corrupção ativa na hipótese de crime praticado verbalmente, e, portanto, unissubsistente.

○ **Ação penal:** É pública incondicionada.

○ **Lei 9.099/1995:** Em face da pena privativa de liberdade cominada – reclusão, de dois a doze anos –, a corrupção ativa constitui-se em **crime de elevado potencial** ofensivo, incompatível com os benefícios contidos da Lei 9.099/1995.

○ **Causa de aumento da pena (art. 333, parágrafo único):** Cuida-se de **causa de aumento da pena**, a ser utilizada pelo magistrado na terceira e última etapa da aplicação da pena privativa de liberdade. O tratamento penal mais rigoroso se justifica pelo fato de a conduta do particular acarretar a violação dos deveres inerentes ao cargo pelo funcionário público, retardando ou omitindo ato de ofício, ou praticando-o com infração ao dever funcional.

○ **Corrupção ativa e Código Eleitoral:** O art. 299 da Lei 4.737/1965 – Código Eleitoral – contém delitos semelhantes à corrupção passiva e ativa. A diferença repousa, contudo, na finalidade almejada pelo agente, consistente na intenção de obter voto ou conseguir abstenção, ainda que não tenha sucesso em sua empreitada criminosa.

○ **Jurisprudência selecionada:**

Concussão – corrupção ativa – exclusão: "3. Não configura o tipo penal de corrupção ativa sujeitar-se a pagar propina exigida por Autoridade Policial, sobretudo na espécie, onde não houve obtenção de vantagem indevida com o pagamento da quantia. 4. 'Caso a oferta ou promessa seja efetuada por imposição ou ameaça do funcionário, o fato é atípico para o *extraneus*, configurando-se o delito de concussão do funcionário' (MIRABETE, Julio Fabbrini. Código Penal Interpretado, 3ª ed., São Paulo, Atlas, 2003, p. 2.177)" (STJ: HC 62.908/SE, rel. Min. Laurita Vaz, 5.ª Turma, j. 06.11.2007).

Consumação – crime formal: "[...] em se tratando de crime de corrupção ativa, de natureza formal, a verificação se o cheque tinha ou não provisão de fundos se mostra irrelevante, já que a consumação do delito se perfaz com a simples promessa ou oferta de vantagem indevida" (STJ: HC 99.964/MT, rel. Min. Félix Fischer, 5.ª Turma, j. 16.04.2009). *No mesmo sentido:* STJ: REsp 783.525/RS, rel. Min. Laurita Vaz, 5.ª Turma, j. 10.05.2007.

Corrupção ativa – art. 28 da Lei de Drogas – oferecimento de vantagem indevida para evitar a atuação policial – agente abordado com drogas para uso próprio – caracterização do delito: "Configura o crime de corrupção ativa o oferecimento de vantagem indevida a funcionário público para determiná-lo a omitir ou retardar ato de ofício relacionado com o cometimento do crime de posse de drogas para uso próprio. Consoante previsão do artigo 333 do Código Penal, o delito de corrupção ativa ocorre com a conduta de oferecer ou prometer vantagem indevida a funcionário público, para determiná-lo a praticar, omitir ou retardar ato de ofício. Assim, o entendimento de que não há ato de ofício a ser praticado por policiais quando abordam sujeito na posse de drogas está em dissonância com as disposições legais e a jurisprudência desta Corte. O artigo 28 da Lei de Drogas, ainda que não preveja pena privativa de liberdade, permanece como crime. Não houve descriminalização da conduta, mas tão somente sua despenalização, vez que a norma especial conferiu tratamento penal mais brando aos usuários de drogas. Com efeito, este Superior Tribunal de Justiça, alinhando-se ao 'entendimento firmado pela Corte Suprema no julgamento do RE 430.150/RJ, sedimentou orientação de que a Lei n. 11.343/2006 não descriminalizou a conduta que tipificou no art. 28, que, portanto, continua a configurar crime. Ocorreu mera despenalização, assim entendida como a ausência de previsão, para o tipo, de pena privativa de liberdade como sanção (HC 406.905/SP, Rel. Ministro Felix Fischer, Quinta Turma, julgado em 7/11/2017, DJe 13/11/2017)' (AgRg no HC 623.436/SC, Quinta Turma, Rel. Min. Ribeiro Dantas, DJe de 17/12/2021). Em casos dessa natureza, muito embora não se imponha a prisão em flagrante, é obrigação do policial conduzir o autor do fato diretamente ao juízo competente ou, na falta deste, à delegacia, lavrando-se, neste caso, o respectivo termo circunstanciado e providenciando-se as requisições dos exames e perícias necessários, nos termos do artigo 48, §§ 2º e 3º, da Lei n. 11.343/2006. Cumpre ressaltar, ainda, que para a configuração do delito de corrupção ativa, a norma penal sequer exige que o ato de ofício tenha sido efetivamente praticado, até porque, em se constatando que o funcionário retardou ou omitiu ato de ofício, ou o praticou infringindo dever funcional, incidirá a causa de aumento de pena prevista no parágrafo único do artigo 333 do Código Penal" (STJ: AREsp 2.007.599/RJ, rel. Min. Jesuíno Rissato (Desembargador convocado do TJDFT), 5.ª Turma, j. 03.05.2022, noticiado no *Informativo* 735).

Corrupção ativa – conexão com delito tributário – guia de recolhimento de imposto em montante inferior ao devido – pagamento da diferença antes do recebimento da denúncia – causa de extinção da punibilidade – impossibilidade no tocante ao crime contra a administração pública: "O pagamento da diferença do imposto devido, antes do recebimento da denúncia, não extingue a punibilidade pelo crime de corrupção ativa atrelado ao de sonegação fiscal. De início, é mister consignar que não há razão plausível para reconhecer que o crime de corrupção ativa tenha extinta a punibilidade porque a autora pagou, antes do recebimento da denúncia, o montante de tributo que havia elidido, indevidamente, com o oferecimento da vantagem indevida a servidor público encarregado de emitir a guia de recolhimento respectiva. São delitos totalmente distintos, com bem jurídicos tutelados igualmente diversos. A extinção da punibilidade dos crimes de cunho fiscal, pelo pagamento do tributo, antes do recebimento da denúncia, tem a ver com a proteção da ordem tributária e com a efetividade da arrecadação estatal, enquanto no crime de corrupção ativa, o bem jurídico tutelado é o normal funcionamento e o prestígio da administração pública. Nesse sentido, oferecer a funcionário público vantagem ilícita para que não emita guia com o valor realmente devido a título de tributo causa mortis, é, em tese e sem qualquer prejulgamento, conduta de reprovabilidade patente e não merece, por isso mesmo, benefício de extinção da punibilidade, muito menos por lógica de analogia, porque subverte a ordem da administração pública, depõe contra a sua reputação e influencia o comportamento de outros agentes públicos, ainda que a diferença do quantum devido, tenha sido solvida antes do recebimento da denúncia. Este fato, por si só, não tem força para apagar a agressão ao prestígio da Administração. O crime de corrupção, abstratamente descrito como típico no art. 333 do Código Penal, possui natureza formal e se aperfeiçoa com a oferta ou promessa de vantagem indevida a funcionário público, para praticar, omitir ou retardar ato de ofício. Por outro lado, o que motivou o legislador ordinário a decretar a Lei nº 9.249/1995, que em seu artigo 34 dispõe acerca da extinção da punibilidade do crime contra a ordem tributária, quando o agente promover o pagamento do tributo ou contribuição social, inclusive acessórios, antes do recebimento da denúncia, foi o mote arrecadador, ou seja, para o Estado, em se tratando de delito fiscal, afigura-se vantajoso receber o montante pecuniário relativo ao tributo com a 'ameaça' do processo criminal, ainda que a ordem tributária tenha sido, em tese, malferida com a ação de sonegar" (STJ: RHC 95.557/GO, rel. Min. Maria Thereza de Assis Moura, 6.ª Turma, j. 21.06.2018, noticiado no *Informativo* 631).

Corrupção ativa e corrupção passiva – tipos penais diversos – delitos independentes: "O reconhecimento da inépcia da denúncia em relação ao acusado de corrupção ativa (art. 333 do CP) não induz, por si só, o trancamento da ação penal em relação ao denunciado, no mesmo processo, por corrupção passiva (art. 317 do CP). Conquanto exista divergência doutrinária acerca do assunto, prevalece o entendimento de que, via de regra, os crimes de corrupção passiva e ativa, por estarem previstos em tipos penais distintos e autônomos, são independentes, de modo que a comprovação de um deles não pressupõe a do outro. Aliás, tal compreensão foi reafirmada pelo STF no julgamento da Ação Penal 470-DF, extraindo-se dos diversos votos nela proferidos a assertiva de que a exigência de bilateralidade não constitui elemento integrante da estrutura do tipo penal do delito de corrupção (AP 470-DF, Tribunal Pleno, *DJe* 19.04.2013). Não se desconhece o posicionamento no sentido de que, nas modalidades de recebimento ou aceitação da promessa de vantagem indevida, haveria bilateralidade da conduta, que seria precedida da ação do particular que a promove. Contudo, mesmo em tais casos, para que seja oferecida denúncia em face do autor da corrupção passiva é desnecessária a identificação ou mesmo a condenação do corruptor ativo, já que o princípio da indivisibilidade não se aplica às ações penais públicas. Ademais, a exclusão do acusado de corrupção ativa ocorreu apenas em razão da inépcia da denúncia, decisão que não faz coisa julgada material, permitindo que o órgão acusatório apresente outra peça vestibular quanto aos mesmos fatos sem os vícios outrora reconhecidos. Assim, não havendo qualquer decisão de mérito transitada em julgado que tenha afastado cabalmente a prática de corrupção ativa por parte do agente que teria oferecido ou prometido vantagem indevida a funcionário público, impossível o trancamento da ação quanto ao delito previsto no art. 317 do CP" (STJ: RHC 52.465/PE, rel. Min. Jorge Mussi, 5.ª Turma, j. 23.10.2014, noticiado no *Informativo* 551).

Falta de identificação do funcionário púbico corrompido – irrelevância – consumação – sujeito passivo: "4. A falta de identificação, na denúncia, do Policial ou Agente Público corrompido não descaracteriza o crime de corrupção ativa, se há provas da oferta e promessa de vantagem; até mesmo porque, a corrupção ativa é delito formal que independe da aceitação do funcionário público para sua caracterização e o sujeito passivo direto é o Estado. 5. Outrossim, na mesma denúncia há indicação e identificação de seis Policiais Civis como corréus na atividade delituosa, todos eles respondendo pelo crime de corrupção passiva. Destarte, apesar de a peça acusatória não vincular a oferta de vantagem a este ou aquele Policial específico, traz em sua narrativa a descrição da conduta dos prováveis agentes corrompidos, identificando-os" (STJ: HC 112.019/RS, rel. Min. Napoleão Nunes Maia Filho, 5.ª Turma, j. 24.03.2009).

Descaminho

Art. 334. Iludir, no todo ou em parte, o pagamento de direito ou imposto devido pela entrada, pela saída ou pelo consumo de mercadoria:

Pena – reclusão, de 1 (um) a 4 (quatro) anos.

§ 1º Incorre na mesma pena quem:

I – pratica navegação de cabotagem, fora dos casos permitidos em lei;

II – pratica fato assimilado, em lei especial, a descaminho;

III – vende, expõe à venda, mantém em depósito ou, de qualquer forma, utiliza em proveito próprio ou alheio, no exercício de atividade comercial ou industrial, mercadoria de procedência estrangeira que introduziu clandestinamente no País ou importou fraudulentamente ou que sabe ser produto de introdução clandestina no território nacional ou de importação fraudulenta por parte de outrem;

IV – adquire, recebe ou oculta, em proveito próprio ou alheio, no exercício de atividade comercial ou industrial, mercadoria de procedência estrangeira, desacompanhada de documentação legal ou acompanhada de documentos que sabe serem falsos.

§ 2º Equipara-se às atividades comerciais, para os efeitos deste artigo, qualquer forma de comércio irregular ou clandestino de mercadorias estrangeiras, inclusive o exercido em residências.

§ 3º A pena aplica-se em dobro se o crime de descaminho é praticado em transporte aéreo, marítimo ou fluvial.

Classificação:	Informações rápidas:
Crime simples	**Concurso de pessoas (exceção à teoria unitária):** facilitação de descaminho (art. 318) para funcionário público e descaminho (art. 334) para particular ou outro funcionário público.
Crime comum	
Crime formal (consumação antecipada ou resultado cortado)	
	Descaminho = "contrabando impróprio".
Crime de dano	**Objeto material:** tributo não recolhido.
Crime de forma livre	**Lei penal em branco homogênea.**
Crime comissivo (*regra*)	**Princípio da insignificância:** é aplicável ao **descaminho** em face da sua natureza tributária.
Crime instantâneo	
Crime unissubjetivo, unilateral ou de concurso eventual	**Elemento subjetivo:** dolo. Não se admite a modalidade culposa.
	Tentativa: possível, em face do caráter plurissubsistente do delito.
Crime plurissubsistente	
	Ação penal: pública incondicionada.
	Competência: Justiça Federal.

○ **Introdução:** Na redação original do Código Penal, o art. 334 contemplava dois crimes: contrabando e descaminho. Com a entrada em vigor da Lei 13.008/2014, tais delitos foram separados em tipos penais diversos. O descaminho permaneceu no art. 334, e o contrabando, cuja pena foi aumentada, acabou deslocado para o novo art. 334-A. No descaminho o legislador mais uma vez excepcionou a teoria unitária ou monista no tocante ao concurso de pessoas, adotada como regra geral no art. 29, *caput*, do Código Penal ("Quem, de qualquer modo, concorre para o crime incide nas penas a este cominadas, na medida de sua culpabilidade"). Com efeito, o funcionário público que facilita o descaminho responde pelo crime mais grave, de natureza funcional, tipificado no art. 318 do Código Penal, justamente em razão da sua peculiar condição, a qual torna mais reprovável a conduta por ele praticada. De outra banda, a pessoa (particular ou mesmo outro funcionário público) que realiza o descaminho incide no delito menos grave e comum definido no art. 334 do Código Penal, não obstante ambos concorram para um só resultado. O **descaminho**, também conhecido como "**contrabando impróprio**", é a **fraude utilizada para iludir, total ou parcialmente, o pagamento de impostos de importação ou exportação**. Esta mercadoria pode ser inclusive de fabricação nacional, desde que tenha procedência estrangeira, como na hipótese de um automóvel fabricado no Brasil, para exportação, e posteriormente aqui introduzido sem o pagamento dos tributos respectivos. É importante destacar que o imposto pelo consumo de mercadoria, contido na parte final do *caput* do art. 334 do Código Penal e vigente à época em que o Código Penal entrou em vigor, foi substituído pelo Imposto sobre Circulação de Mercadorias e Prestação de Serviços (ICMS). E a sonegação deste tributo acarreta a configuração do crime tipificado no art. 1.º da Lei 8.137/1990, em face do princípio da especialidade, pois nesse caso não há entrada ou saída de mercadoria do território nacional.

○ **Objeto jurídico:** O bem jurídico protegido é a Administração Pública, relativamente ao interesse patrimonial do Estado, em face do prejuízo na arrecadação dos tributos devidos.

○ **Objeto material:** É o tributo não recolhido. O art. 334, *caput*, do Código Penal constitui-se em **lei penal em branco homogênea**, pois é imprescindível a sua complementação por outra lei, destinada a indicar os impostos devidos pela entrada ou saída de mercadorias do território nacional.

– Descaminho e princípio da insignificância: O princípio da insignificância é aplicável ao descaminho (CP, art. 334), em face da sua natureza tributária, quando o imposto devido não ultrapassa o valor de R$ 20.000,00 (vinte mil reais). Essa conclusão baseia-se no art. 20 da Lei 10.522/2002, com valor atualizado pelas Portarias 75/2012 e 130/2012, editadas pelo Ministério da Fazenda: "O Procurador da Fazenda Nacional requererá o arquivamento, sem baixa na distribuição, das execuções fiscais de débitos com a Fazenda Nacional, cujo valor consolidado seja igual ou inferior a R$ 20.000,00 (vinte mil reais), desde que não conste dos autos garantia, integral ou parcial, útil à satisfação do crédito" (art. 2.º da Portaria MF 75/2012, com a redação alterada pela Portaria MF 130/2012). Os Tribunais Superiores, consequentemente, firmaram jurisprudência no sentido de que não se admite seja uma conduta irrelevante no âmbito fiscal (não cobrança do tributo pela União) e simultaneamente típica no Direito Penal, pois este somente deve atuar quando extremamente necessário para a tutela do bem jurídico protegido, quando falharem os outros meios de proteção e não forem suficientes as tutelas estabelecidas nos demais ramos do Direito. É de se destacar, contudo, a existência de decisão pioneira do Supremo Tribunal Federal em sentido contrário, afastando o valor para não ajuizamento da execução fiscal como parâmetro para incidência do princípio da insignificância no crime de descaminho.[338] A **reiteração criminosa** é fator impeditivo do princípio da insignificância. No descaminho, em regra será inviável o reconhecimento da criminalidade de bagatela quando, embora não ultrapassado o valor limite, o agente seja contumaz fraudador de tributos, ainda que em pequenas quantias. O Superior Tribunal de Justiça, no **Tema 1218 do Recurso Repetitivo**, fixou a seguinte tese: "A reiteração da conduta delitiva obsta a aplicação do princípio da insignificância ao crime de descaminho – independentemente do valor do tributo não recolhido –, ressalvada a possibilidade de, no caso concreto, se concluir que a medida é socialmente recomendável. A contumácia pode ser aferida a partir de procedimentos penais e fiscais pendentes de definitividade, sendo inaplicável o prazo previsto no art. 64, I, do CP, incumbindo ao julgador avaliar o lapso temporal transcorrido desde o último evento delituoso à luz dos princípios da proporcionalidade e razoabilidade".[339]

○ **Núcleo do tipo:** O núcleo do tipo é **iludir**, ou seja, enganar, ludibriar, frustrar o pagamento de tributo devido pela entrada ou saída de mercadoria do território nacional. Iludir traz a ideia de fraude: o sujeito se vale de um meio enganoso para dar a impressão, perante as autoridades fiscais, de não praticar conduta tributável.[340] Portanto, se o agente simplesmente deixa de recolher os tributos devidos pela entrada ou saída de mercadoria permitida no território nacional, sem se valer de meio fraudulento, estará concretizado um mero ilícito tributário, e não o descaminho. Como já decidido pelo Superior Tribunal de Justiça: "Iludir traduz ideia de enganar, mascarar a realidade, simular, dissimular, enfim, o agente valer-se de expediente para dar impressão, na espécie, de não praticar conduta tributável. Há, pois, fraude. Esta, por seu turno, no sentido de valer-se de *mis-en-scène*, pode acontecer tanto por ação, como por omissão. No primeiro caso, ilustrativamente, procurar evidenciar a mercadoria 'a' como 'b'; no segundo, se a pessoa indagada pelo agente alfandegário se porta objeto tributável, fingindo não compreender, deixar de responder, ou não tomar a iniciativa de evidenciar o fato. Num caso, como noutro, evidente o dolo. Há nítido propósito de não

---

[338] STF: HC 128.063/PR, rel. Min. Marco Aurélio, 1.ª Turma, j. 10.04.2018, noticiado no *Informativo* 897.

[339] STJ: REsp 2.083.701/SP, rel. Min. Sebastião Reis Júnior, 3.ª Seção, j. 28.02.2024, noticiado no *Informativo* 802.

[340] "A mera confissão do acusado quanto à origem estrangeira da mercadoria não é suficiente para a configuração do crime de descaminho" (STJ: CC 122.389/PR, rel. Min. Alderita Ramos de Oliveira, 3.ª Seção, j. 24.10.2012, noticiado no *Informativo* 508).

efetuar o pagamento. Exigível, pois, o dolo de iludir."[341] De igual modo, responderá exclusivamente pelo descaminho, e não por esse delito em concurso com algum crime contra a fé pública, o sujeito que, com o fim exclusivo de iludir o pagamento de tributo devido pela entrada ou saída de mercadoria do território nacional, falsificar algum documento, a exemplo da alteração da verdade sobre o preço de determinada mercadoria. De fato, o falso serve apenas como meio para alcançar o fim pretendido, qual seja a realização do fato previsto como crime no art. 334 do CP. O conflito aparente de normas penais é solucionado pelo princípio da consunção (ou da absorção), pois a falsidade ideológica funciona, nessa hipótese, como meio necessário ou normal fase de preparação ou de execução do descaminho. No que diz respeito às suas **espécies**, o descaminho pode ser **total ou parcial**, conforme o sujeito fraude todo o valor do tributo devido para entrada ou saída do território nacional de mercadoria permitida, ou somente parte dele. Nos dois casos o crime estará caracterizado, pois o tipo penal utiliza a expressão "iludir, no todo ou em parte". A espécie de descaminho, entretanto, deve ser sopesada pelo magistrado na dosimetria da pena-base, em sintonia com as diretrizes previstas no art. 59, *caput*, do Código Penal. Com efeito, o agente que engana o Estado e deixa de pagar integralmente o tributo devido deve ser punido mais severamente do que aquele que paga valor inferior ao legalmente exigido.

○ **Sujeito ativo:** O descaminho é **crime comum** ou **geral**, podendo ser praticado por qualquer pessoa, inclusive pelo funcionário público, desde que não possua o especial dever (funcional) de impedir o descaminho. Nessa situação, o agente público pode ser coautor ou partícipe do crime tipificado no art. 334, *caput*, do Código Penal. De outro lado, se o funcionário público é dotado do especial dever de impedir a prática do descaminho, e concorre para a realização do delito, a ele será imputado o crime de facilitação ao descaminho (CP, art. 318), de natureza funcional.[342] Com efeito, o legislador abriu uma exceção à teoria unitária ou monista no concurso de pessoas, disciplinada no art. 29, *caput*, do Código Penal.

○ **Sujeito passivo:** É o Estado, afetado em sua tarefa de arrecadação de tributos.[343]

○ **Elemento subjetivo:** É o dolo, independentemente de qualquer finalidade específica. Não se admite a modalidade culposa.

○ **Consumação:** O delito se consuma com o ato de iludir o pagamento de imposto devido pela entrada ou saída de mercadoria do país. Cuida-se de **crime formal, de consumação antecipada** ou **de resultado cortado**: seu aperfeiçoamento ocorre com a manobra fraudulenta, e independe da obtenção do resultado naturalístico, consistente no sucesso atinente ao não pagamento do tributo.

– **A natureza formal do delito – desnecessidade do esgotamento da esfera administrativa:** Como corolário da sua natureza formal, a caracterização do descaminho e a posterior ação penal prescindem da conclusão do procedimento administrativo relativo à discussão acerca da existência, valor ou exigibilidade do tributo supostamente devido pela importação ou exportação da mercadoria.

– **Pagamento do tributo devido e extinção da punibilidade:** No passado prevalecia o entendimento de que o pagamento do tributo devido, acompanhado de eventuais acessórios, até o recebimento da denúncia, era causa de extinção da punibilidade em favor do responsável pelo crime de descaminho. O Direito Penal assumia uma nítida função arrecadatória. Atualmente, contudo,

---

[341]   STJ: REsp 111.501/SE, rel. Min. Luiz Vicente Cernicchiaro, 6.ª Turma, j. 09.03.1999.
[342]   "Art. 318. Facilitar, com infração de dever funcional, a prática de contrabando ou descaminho (art. 334): Pena – reclusão, de 3 (três) a 8 (oito) anos, e multa."
[343]   STJ: REsp 828.469/RS, rel. Min. Laurita Vaz, 5.ª Turma, j. 27.02.2007.

a jurisprudência tem se posicionado em sentido diverso, ou seja, o pagamento do tributo devido não funciona como causa extintiva da punibilidade no delito de descaminho.

○ **Tentativa:** É possível, em face do caráter plurissubsistente do delito, permitindo o fracionamento do *iter criminis*.

○ **Ação penal:** A ação penal é pública incondicionada, em todas as modalidades do delito. Nas situações em que é obrigatória a passagem da mercadoria pela fiscalização alfandegária, o Superior Tribunal de Justiça entende que a apreensão do produto antes da entrada no recinto da aduana não configura o crime de descaminho, nem mesmo na forma tentada.[344]

○ **Lei 9.099/1995:** O descaminho, inclusive nas figuras equiparadas definidas no § 1.º do art. 334 do Código Penal, é **crime de médio potencial ofensivo.** A pena mínima (1 ano) autoriza a suspensão condicional do processo, desde que presentes os requisitos elencados no art. 89 da Lei 9.099/1995. Na hipótese de incidência da causa de aumento de pena prevista no § 3.º do art. 334 do Código Penal, o descaminho classifica-se como **crime de elevado potencial ofensivo**, incompatível com os benefícios disciplinados na Lei 9.099/1995.

○ **Competência:** Trata-se de crime de competência da **Justiça Federal**, pois ofende interesses da União. Enquadra-se, portanto, na regra prevista no art. 109, inc. IV, da Constituição Federal. A propósito, assim dispõe a Súmula 151 do Superior Tribunal de Justiça: "A competência para o processo e julgamento por crime de contrabando ou descaminho define-se pela prevenção do Juízo Federal do lugar da apreensão dos bens." Destarte, a mencionada súmula é clara ao definir a competência da Justiça Federal, a ser estabelecida em razão da prevenção fundada na apreensão dos bens relacionados ao descaminho, em sintonia com a regra estatuída no art. 83 do Código de Processo Penal. Cumpre finalmente recordar que, nos termos do art. 144, § 1.º, inc. II, da Constituição Federal, uma das tarefas precípuas da **Polícia Federal** consiste em prevenir e reprimir o descaminho, sem prejuízo da ação fazendária e de outros órgãos públicos nas respectivas áreas de competência.

○ **Figuras equiparadas (art. 334, § 1.º):** O § 1.º do art. 334 do Código Penal elenca figuras equiparadas ao descaminho. São condutas que, mesmo não se encaixando na descrição típica do *caput*, receberam do legislador igual pena (reclusão de um a quatro anos). Por tal razão, os crimes previstos no § 1.º do art. 334 do Código Penal também são conhecidos como "descaminho por equiparação" ou "descaminho por assimilação".

– **Prática de navegação de cabotagem, fora dos casos permitidos em lei (art. 334, § 1.º, I):** Trata-se de **lei penal em branco homogênea**, pois somente se caracteriza o delito quando alguém pratica navegação de cabotagem "fora dos casos permitidos em lei". **Navegação de cabotagem**, a teor do art. 2.º, inc. IX, da Lei 9.432/1997, é a navegação "realizada entre portos ou pontos do território brasileiro, utilizando a via marítima ou esta e as vias navegáveis interiores". Há crime quando se realiza navegação de cabotagem em alguma situação não contemplada em lei. O transporte aquaviário no Brasil é regulado principalmente pela Lei 9.432/1997. No entanto, também há outras regras na Lei 5.025/1966 (art. 81) e no Decreto-lei 190/1967 (art. 1.º). Se a navegação for efetuada entre dois portos fluviais, será classificada como interior, e não de cabotagem, afastando a incidência do delito. Vale destacar o comando estatuído no art. 178, parágrafo único, da Constituição Federal: "Na ordenação do transporte aquático, a lei estabelecerá as condições em que o transporte de mercadorias na cabotagem e a navegação interior poderão ser feitos por embarcações estrangeiras."

---

[344]   STJ: RHC 179.244/SC, rel. Min. Sebastião Reis Júnior, 6.ª Turma, j. 06.06.2023, noticiado no *Informativo* Edição Extraordinária 13.

– **Prática de fato assimilado, em lei especial, a descaminho (art. 334, § 1.º, II):** Cuida-se mais uma vez de **lei penal em branco homogênea**, porque também incumbe à legislação especial indicar quais são os fatos assimilados ao descaminho. Podem ser lembradas, exemplificativamente, as situações descritas no Decreto-lei 288/1967, inerentes à Zona Franca de Manaus, situada no território brasileiro, na qual a saída de produtos sem o pagamento dos tributos devidos pode caracterizar o crime tipificado no art. 334 do Código Penal.

– **Vender, expor à venda, manter em depósito ou, de qualquer forma, utilizar em proveito próprio ou alheio, no exercício de atividade comercial ou industrial, mercadoria de procedência estrangeira que introduziu clandestinamente no País ou importou fraudulentamente ou que sabe ser produto de introdução clandestina no território nacional ou de importação fraudulenta por parte de outrem (art. 334, § 1.º, III):** O inciso III do § 1.º do art. 334 do Código Penal possui duas condutas criminosas. Em ambas, o **crime próprio** ou **especial**, pois somente pode ser praticado pelo sujeito que se encontre "**no exercício de atividade comercial ou industrial**". Em suma, o sujeito ativo há de ser comerciante ou industriário. Entretanto, não se reclama regularidade no desempenho da atividade comercial ou industrial. Acertadamente, o legislador instituiu uma **norma penal explicativa ou complementar** no § 2.º do art. 334 do Código Penal: "Equipara-se às atividades comerciais, para os efeitos deste artigo, qualquer forma de comércio irregular ou clandestino de mercadorias estrangeiras, inclusive o exercido em residências." Cumpre destacar, porém, que a configuração da atividade comercial ou industrial impõe **habitualidade** no desempenho do comércio ou da indústria pelo sujeito ativo, pois é sabido que tais misteres não se aperfeiçoam com um único ato, sem continuidade no tempo. Vejamos cada uma das condutas criminosas estampadas no art. 334, § 1.º, inc. III, do Código Penal: (*1*) "vende, expõe à venda, mantém em depósito[345] ou, de qualquer forma, utiliza em proveito próprio ou alheio, no exercício de atividade comercial ou industrial, mercadoria de procedência estrangeira que introduziu clandestinamente no País ou importou fraudulentamente". A finalidade do tipo penal é punir o responsável pelo descaminho que, no exercício de atividade comercial ou industrial, realiza qualquer das condutas ali descritas (vende, expõe à venda, mantém em depósito ou de qualquer forma utiliza, em proveito próprio ou alheio). Exemplificativamente, se o autor do descaminho é comerciante e vende as mercadorias introduzidas ilegalmente no Brasil, a ele será imputado o crime descrito no art. 334, § 1.º, III, 1.ª parte, do Código Penal, e não a modalidade do *caput*, em razão da solução do conflito aparente de normas penais pelo princípio da especialidade. Anote-se ser inevitável a prática da conduta criminosa no exercício da atividade comercial ou industrial. De fato, se o agente do descaminho, a título ilustrativo, vende a mercadoria que importou fraudulentamente, fora da atividade comercial ou industrial, estará caracterizado o crime previsto no art. 334, *caput*, do Código Penal; (*2*) "vende, expõe à venda, mantém em depósito ou, de qualquer forma, utiliza em proveito próprio ou alheio, no exercício de atividade comercial ou industrial, mercadoria de procedência estrangeira [...] que sabe ser produto de introdução clandestina no território nacional ou de importação fraudulenta por parte de outrem". Nesse caso, incrimina-se o comportamento do comerciante ou industriário que, no exercício da atividade comercial ou industrial, realiza alguma das ações típicas (vende, expõe à venda, mantém em depósito ou de qualquer forma utiliza, em proveito próprio ou alheio) no tocante à mercadoria de procedência estrangeira que sabe ser produto de introdução clandestina no território nacional ou de importação fraudulenta **por parte de outrem**. Veja-se que, ao contrário da primeira modalidade criminosa, na qual o próprio sujeito deu origem ao descaminho, aqui o comerciante ou industriário recebeu a mercadoria de procedência estrangeira, oriunda do descaminho cometido por terceira pessoa. É imprescindível o **dolo direto**, pois o tipo penal refere-se à mercadoria de procedência estrangeira em relação a qual o sujeito "sabe ser produto de introdução clandestina no território nacional ou de importação fraudulenta por parte de outrem". Finalmente, se as condutas indicadas na parte final do inciso III, do § 1.º, do art. 334, do Código Penal, forem cometidas por uma pessoa que

---

[345] Nas modalidades "expor à venda" e "manter em depósito" o crime é permanente. Nas demais, instantâneo.

não se encontre no exercício de atividade comercial ou industrial, não se poderá falar na figura equiparada ao descaminho. Estará configurado o crime de receptação, na forma dolosa ou culposa (CP, art. 180, *caput* ou § 3.º).

– **Adquirir, receber ou ocultar,**[346] **em proveito próprio ou alheio, no exercício de atividade comercial ou industrial, mercadoria de procedência estrangeira, desacompanhada de documentação legal ou acompanhada de documentos que sabe serem falsos. (art. 334, § 1.º, IV):** Também se aplica a esta figura equiparada a norma penal explicativa ou complementar delineada no § 2.º, do art. 334, do Código Penal. Em relação à mercadoria de procedência estrangeira desacompanhada de documentação legal (exemplo: nota fiscal), o elemento subjetivo é o dolo (direto ou eventual), acompanhado de um especial fim de agir (elemento subjetivo específico), representado pela expressão "em proveito próprio ou alheio". Por sua vez, no tocante à mercadoria de procedência estrangeira acompanhada de documentos falsos, impõe-se a presença do **dolo direto**, pois o sujeito "**sabe serem falsos**" tais documentos. Além disso, também se exige um elemento subjetivo específico ("em proveito próprio ou alheio"). O fundamento desta figura equiparada é simples. O crime consiste em uma receptação específica no campo do descaminho. Com efeito, a pessoa que adquire mercadoria de procedência estrangeira sem a documentação legal ou acompanhada de documentos que sabe serem falsos certamente fomenta a prática do descaminho. Destarte, deve ser responsabilizada penalmente, da mesma forma que ocorre no campo da receptação (CP, art. 180) com a pessoa que adquire, recebe ou oculta, em proveito próprio ou alheio, coisa que sabe ser produto de crime. Por derradeiro, vale frisar que se a conduta for praticada por pessoa que não se encontrar no exercício de atividade comercial ou industrial, ou então se agir culposamente, estará caracterizado o crime de receptação, dolosa ou culposa (CP, art. 180, *caput* ou § 3.º).

○ **Causa de aumento de pena (art. 334, § 3.º):** Nos termos do § 3.º do art. 334 do Código Penal: "A pena aplica-se em dobro se o crime de descaminho é praticado em transporte aéreo, marítimo ou fluvial". A maior reprovabilidade da conduta criminosa reside na exacerbada dificuldade de fiscalização das mercadorias importadas ou exportadas pelo transporte aéreo, marítimo ou fluvial, notadamente quando se faz comparação com o descaminho praticado pela via terrestre. Há polêmica acerca do campo de incidência dessa majorante. Sua aplicabilidade seria restrita aos voos e embarcações de natureza clandestina, ou também alcançaria os voos e embarcações regulares, efetuados por empresas devidamente cadastradas e fiscalizadas pelos órgãos públicos competentes? Há duas posições sobre o assunto: (a) o STF já se pronunciou no sentido de que a majorante é aplicável somente aos voos ou embarcações de natureza clandestina.[347] (b) o STJ, de seu turno, já decidiu pela incidência da causa de aumento a quaisquer voos ou embarcações, ainda que regulares.[348]

○ **Código de Trânsito Brasileiro e medidas de prevenção e repressão à prática do crime de descaminho:** O condutor que se utilize de veículo automotor para a prática do crime de descaminho, se for definitivamente condenado por esse delito, terá cassado seu documento de habilitação ou será proibido de obter a habilitação para dirigir veículo automotor pelo prazo de 5 (cinco) anos, conforme o art. 278-A da Lei 9.503/1997 – Código de Trânsito Brasileiro, com a redação dada pela Lei 13.804/2019. No caso de prisão em flagrante do condutor pelo crime de descaminho, o juiz poderá, em qualquer fase da investigação ou da ação penal, se houver necessidade para a garantia da ordem pública, como medida cautelar, de ofício, ou a

---

346 Na modalidade "ocultar" o crime é permanente. Nas demais, é instantâneo.

347 STF: HC 162.553 AgR/CE, rel. Min. Edson Fachin, redator do acórdão Min. Gilmar Mendes, Plenário, j. 14.09.2021, noticiado no *Informativo* 1.030.

348 STJ: AgRg no AREsp 2.197.959/SP, rel. Min. Reynaldo Soares da Fonseca, 5.ª Turma, j. 28.02.2023, noticiado no *Informativo* 765.

requerimento do Ministério Público ou ainda mediante representação da autoridade policial, decretar, em decisão motivada, a suspensão da permissão ou da habilitação para dirigir veículo automotor, ou a proibição de sua obtenção (Código de Trânsito Brasileiro, art. 278-A, § 2.º).

○ **Jurisprudência selecionada:**

Aumento da pena – art. 334, § 3.º – aplicação restrita ao transporte clandestino: "Para aplicação da majorante prevista no art. 334, § 3º, do Código Penal, é necessária a condição de clandestinidade. O aumento expressivo da pena, em face da aplicação da majorante, precisa ser justificado em razão de um maior desvalor da ação. No cenário atual, não há sentido lógico que justifique um aumento de pena tão expressivo pelo simples fato de ser o crime praticado em transporte regular. Essa posição tornaria a majorante quase a regra na aplicação do tipo penal na realidade prática, o que findaria por desvirtuar a estruturação normativa da norma incriminadora. Diante disso, a majorante somente pode ser aplicada quando houver uma maior reprovabilidade da conduta, caracterizada pela atuação do imputado no sentido de dificultar a fiscalização estatal, por meio da clandestinidade. Com base nesse entendimento, a Segunda Turma, por empate na votação, deu provimento ao agravo regimental para determinar ao Juízo de origem que refaça a dosimetria da pena imposta à paciente, com a exclusão da causa de aumento prevista no art. 334, § 3º, do Código Penal" (STF: HC 162.553 AgR/CE, rel. Min. Edson Fachin, red. do acórdão Min. Gilmar Mendes, Plenário, j. 14.09.2021, noticiado no *Informativo* 1.030).

Aumento da pena – art. 334, § 3.º - transporte regular ou clandestino – aplicabilidade: "Incide a causa especial de aumento de pena prevista no § 3º do art. 334 do Código Penal quando se tratar de descaminho praticado em transporte aéreo, não sendo relevante o fato de o voo ser regular ou clandestino. A controvérsia consiste em definir se a pena ao crime de descaminho deve ser aplicada em dobro quando o transporte aéreo ocorre por meio de voo regular. O art. 334, § 3º, do Código Penal prevê a aplicação da pena em dobro, se 'o crime de contrabando ou descaminho é praticado em transporte aéreo'. Nos termos da jurisprudência desta Corte, se a lei não faz restrições quanto à espécie de voo que enseja a aplicação da majorante, não cabe ao intérprete restringir a aplicação do dispositivo legal, sendo irrelevante que o transporte seja clandestino ou regular (HC 390.899/SP, Ministro Ribeiro Dantas, Quinta Turma, DJe 28/11/2017). No caso, a Corte de origem consignou o mesmo entendimento do Superior Tribunal de Justiça no sentido de que, quando se tratar de descaminho praticado em transporte aéreo, incide a causa de aumento supracitada, não sendo relevante o fato de o voo ser regular ou clandestino. No relatório do acórdão da Corte Regional Federal, aliás, registra-se que parte das mercadorias foi, inclusive, para a zona de abandono (fora das barreiras alfandegárias). Assim, ficou demonstrado que a mercadoria ingressou no país, transpondo a aduana, concluindo-se pela modalidade consumada do delito e a consequente causa de aumento" (STJ: AgRg no AREsp 2.197.959/SP, rel. Min. Reynaldo Soares da Fonseca, 5.ª Turma, j. 28.02.2023, noticiado no *Informativo* 765).

Decisão administrativa ou judicial favorável ao contribuinte – questão prejudicial externa – suspensão do processo penal: "Ainda que o descaminho seja delito de natureza formal, a existência de decisão administrativa ou judicial favorável ao contribuinte – anulando o auto de infração, o relatório de perdimento e o processo administrativo fiscal – caracteriza questão prejudicial externa facultativa que autoriza a suspensão do processo penal (art. 93 do CPP). O STF, por ocasião do julgamento do HC 99.740-RJ (*DJe* 1º.02.2011), firmou compreensão no sentido de que a consumação do delito de descaminho e a abertura de processo-crime não estão a depender da constituição administrativa do débito fiscal porque o delito de descaminho é formal e prescinde do resultado. E, secundando o entendimento do Pretório Excelso, este STJ, por ambas as Turmas com competência em matéria penal, vem também decidindo que o descaminho é crime formal, e que a persecução penal independe da constituição do crédito tributário, como se colhe em reiterados precedentes. Do exposto, resulta que, sendo desnecessária a constituição definitiva do crédito tributário para a tipificação do delito, não fica a ação penal – instaurada para a apuração de crime de descaminho – no aguardo de processo administrativo, ação judicial ou execução fiscal acerca do crédito tributário, tendo em vista a independência entre as esferas. Todavia, a existência de decisão administrativa ou judicial favorável ao contribuinte provoca inegável repercussão na própria tipificação do delito, caracterizando questão prejudicial externa facultativa que autoriza a suspensão do processo penal (art. 93 do CPP)" (STJ: REsp 1.413.829/CE, rel. Min. Maria Thereza de Assis Moura, 6.ª Turma, j. 11.11.2014, noticiado no *Informativo* 552).

Descaminho – falsidade documental – absorção do crime contra a fé pública: "Quando o falso se exaure no descaminho, sem mais potencialidade lesiva, é por este absorvido, como crime-fim, condição que não se altera por ser menor a pena a este cominada. Conforme entendimento doutrinário, na aplicação do critério da consunção, verifica-se que 'o conteúdo de injusto principal consome o conteúdo de injusto do tipo secundário porque o tipo consumido constitui meio regular (e não necessário) de realização do tipo consumidor'. Nesse contexto, o STJ já se pronunciou no sentido de não ser obstáculo para a aplicação da consunção a proteção de bens jurídicos diversos ou a absorção de infração mais grave pela de menor gravidade (REsp 1.294.411-SP, Quinta Turma, *DJe* 3/2/2014). O STJ, inclusive, já adotou, em casos análogos, orientação de que o delito de uso de documento falso, cuja pena em abstrato é mais grave, pode ser absorvido quando não constituir conduta autônoma, mas mera etapa preparatória ou executória do descaminho, crime de menor gravidade, no qual o falso exaure a sua potencialidade lesiva (AgRg no REsp 1.274.707-PR, Quinta Turma, *DJe* 13/10/2015; e REsp 1.425.746-PA, Sexta Turma, *DJe* 20/6/2014). No mesmo sentido, *mutatis mutandis*, a Súmula n. 17 do STJ, segundo a qual 'Quando o falso se exaure no estelionato, sem mais potencialidade lesiva, é por este absorvido'" (STJ: REsp 1.378.053/PR, rel. Min. Nefi Cordeiro, 3.ª Seção, j. 10.08.2016, noticiado no *Informativo* 587).

Descaminho – falsidade ideológica – alteração do preço da mercadoria para iludir o pagamento do tributo devido – absorção (princípio da consunção): "Responderá apenas pelo crime de descaminho, e não por este em concurso com o de falsidade ideológica, o agente que, com o fim exclusivo de iludir o pagamento de tributo devido pela entrada de mercadoria no território nacional, alterar a verdade sobre o preço desta. Isso porque, na situação em análise, a primeira conduta realizada pelo agente, com adequação típica no art. 299 do CP, serve apenas como meio para alcançar o fim pretendido, qual seja, a realização do fato previsto como crime no art. 334 do CP. Trata-se, pois, de uma das hipóteses em que se aplica o princípio da consunção, quando um crime é meio necessário ou normal fase de preparação ou de execução de outro crime. Nesse contexto, evidenciado o nexo entre as condutas e inexistindo dolo diverso que enseje a punição do falso como crime autônomo, fica este absorvido pelo descaminho" (STJ: RHC 31.321/PR, rel. Min. Marco Aurélio Bellizze, 5.ª Turma, j. 16.05.2013, noticiado no *Informativo* 523).

Descaminho – inutilização de sinal – investigado flagrado antes de se submeter ao desembaraço aduaneiro – crime impossível – inutilização de sinal tido como etapa do crime-fim – consunção que impede a subsistência: "A apreensão de mercadorias antes da entrada no recinto da aduana não configura o crime de descaminho. A controvérsia cinge-se a definir se ocorreu a consumação do crime de descaminho ou meros atos preparatórios, na situação fática em que os investigados estavam trocando mercadorias importadas, que ainda não haviam passado pelo desembaraço aduaneiro, substituindo mercadorias de maior valor por outras de valor inferior, visando suprimir tributos no processo de importação, tendo sido constatado, também, o rompimento do lacre do container. Tratando-se de hipótese em que a mercadoria necessariamente passaria pela fiscalização alfandegária, doutrina e jurisprudência são uníssonas no sentido de que a consumação ocorre com a liberação pela alfândega, sem o pagamento do tributo competente, o que, no caso, não ocorreu em face da apreensão antes da entrada no recinto da aduana. A tese de crime impossível é a única que se coaduna com a situação em análise, pois o flagrante ocorreu quando o investigado procedia à troca de mercadorias importadas durante o percurso de translado entre Porto Itapoá/SC e o recinto alfandegário em Francisco do Sul/SC. Ou seja, o indiciado sequer chegou a se submeter ao desembaraço aduaneiro, tratando-se, portanto, de meros atos preparatórios, que, em regra, não são punidos pelo ordenamento jurídico, a não ser quando previstos expressamente como delitos autônomos. Ademais, tendo o órgão da acusação promovido a instauração de incidente de acordo de não persecução penal apenas em relação ao crime de descaminho, considerando absorvido o delito de inutilização de sinal, a atipicidade da conduta reconhecida em relação àquele (crime-fim) impede que a investigação subsista em relação ao crime-meio" (STJ: RHC 179.244/SC, rel. Min. Sebastião Reis Júnior, 6.ª Turma, j. 06.06.2023, noticiado no *Informativo Edição Extraordinária* 13).

Desnecessidade do prévio encerramento do processo administrativo-fiscal – crime formal: "É dispensada a existência de procedimento administrativo fiscal com a posterior constituição do crédito tributário para a configuração do crime de descaminho (CP, art. 334), tendo em conta sua natureza formal. Com base nessa orientação, a Primeira Turma denegou a ordem em *habeas corpus* no qual se pleiteava o trancamento de ação penal ante a alegada ausência de condição objetiva de punibilidade. O impetrante sustentava ser indispensável, para a consumação do descaminho, a existência de dano à Fazenda Pública, apurado por meio de procedimento administrativo fiscal, bem como a constituição do crédito tributário" (STF: HC 121.798/BA, rel. Min. Marco Aurélio, 1.ª Turma, j. 29.05.2018, noticiado no *Informativo* 904). *No mesmo sentido*: STF: HC 122.325/MG, rel. Min. Gilmar Mendes, 2.ª Turma, j. 27.05.2014; STF: RHC 119.960/SP, rel. Min. Luiz Fux, 1.ª Turma, j. 13.05.2014; e STJ: REsp 1.343.463/BA, rel. Min. Maria Thereza de Assis Moura, rel. para acórdão Min. Rogerio Schietti Cruz, 6.ª Turma, j. 20.03.2014, noticiado no *Informativo* 548.

Pagamento do tributo – extinção da punibilidade – impossibilidade: "O pagamento do tributo devido não extingue a punibilidade do crime de descaminho (art. 334 do CP). A partir do julgamento do HC 218.961-SP (*DJe* 25.10.2013), a Quinta Turma do STJ, alinhando-se ao entendimento da Sexta Turma e do STF, passou a considerar ser desnecessária, para a persecução penal do crime de descaminho, a apuração administrativa do montante de tributo que deixou de ser recolhido, tendo em vista a natureza formal do delito, o qual se configura com o simples ato de iludir o pagamento do imposto devido pela entrada de mercadoria no país. Na ocasião, consignou-se que o bem jurídico tutelado pelo art. 334 do CP vai além do valor do imposto sonegado, pois, além de lesar o Fisco, atinge a estabilidade das atividades comerciais dentro do país, dá ensejo ao comércio ilegal e à concorrência desleal, gerando uma série de prejuízos para a atividade empresarial brasileira. Verifica-se, assim, que o descaminho não pode ser equiparado aos crimes materiais contra a ordem tributária, o que revela a impossibilidade de que o agente acusado da prática do crime de descaminho tenha a sua punibilidade extinta pelo pagamento do tributo. Ademais, o art. 9º da Lei 10.684/2003 prevê a extinção da punibilidade pelo pagamento dos débitos fiscais apenas no que se refere aos crimes contra a ordem tributária e de apropriação ou sonegação de contribuição previdenciária – arts. 1º e 2º da Lei 8.137/1990, 168-A e 337-A do CP. Nesse sentido, se o crime de descaminho não se assemelha aos crimes acima mencionados, notadamente em razão dos diferentes bens jurídicos por cada um deles tutelados, inviável a aplicação analógica da Lei 10.684/2003" (STJ: RHC 43.558/SP, rel. Min. Jorge Mussi, 5.ª Turma, j. 05.02.2015, noticiado no *Informativo* 555).

Princípio da insignificância – aplicabilidade das Portarias MF 75/2012 e 130/2012 – limite de R$ 20.000,00: "Aplica-se o princípio da insignificância ao crime de descaminho quando o montante do tributo não recolhido for inferior ao limite de R$ 20.000,00 – valor estipulado pelo art. 20, Lei 10.522/2002, atualizado pelas portarias 75 e 130/2012, do Ministério da Fazenda. Com base nesse entendimento, a Segunda Turma concedeu ordem de habeas corpus para declarar a atipicidade da conduta prevista no art. 334, do Código Penal e trancar a ação penal. No caso, o paciente introduziu mercadorias estrangeiras no território nacional, sem o recolhimento dos tributos devidos, calculados em R$ 19.750,41" (STF: HC 155.374/PR, rel. Min. Dias Tóffoli, 2.ª Turma, j. 17.04.2018, noticiado no *Informativo* 898). *No mesmo sentido*: STJ: REsp 1.688.878/SP, rel. Min. Sebastião Reis Júnior, 3.ª Seção, j. 28.02.2018, noticiado no *Informativo* 622.

Princípio da insignificância – inaplicabilidade das Portarias MF 75/2012 e 130/2012: "A Primeira Turma, por maioria, indeferiu habeas corpus em que se discutia a aplicação do princípio da insignificância ao crime de descaminho quando o montante do tributo não recolhido for inferior ao limite de R$ 20.000,00 – valor fixado na Portaria 75/2012 do Ministério da Fazenda para o ajuizamento de ações fiscais. No caso, o paciente introduziu mercadorias estrangeiras no território nacional, sem o recolhimento dos tributos devidos, calculados em R$ 14.364,51. A Turma entendeu não incidir o princípio da insignificância. Asseverou que a lei que disciplina o executivo fiscal não repercute no campo penal. Tal entendimento, com maior razão, deve ser adotado em relação à portaria do Ministério da Fazenda. O art. 935 do Código Civil explicita a independência das esferas civil, penal e administrativa. A repercussão no âmbito penal se dá apenas quando decisão proferida em processo-crime declarar a inexistência do fato ou da autoria" (STF: HC 128.063/PR, rel. Min. Marco Aurélio, 1.ª Turma, j. 10.04.2018, noticiado no *Informativo* 897).

Princípio da insignificância – reiteração criminosa– não cabimento, ressalvada a possibilidade de as instâncias ordinárias concluírem que a medida é socialmente recomendável – aferição da contumácia a partir de procedimentos penais e fiscais pendentes de definitividade – possibilidade – inaplicabilidade do marco temporal previsto no art. 64, I, do CP – valor do tributo não recolhido – irrelevância em se tratando de contumácia delitiva – Tema 1218 do Recurso Repetitivo: "A reiteração da conduta delitiva obsta a aplicação do princípio da insignificância ao crime de descaminho – independentemente do valor do tributo não recolhido –, ressalvada a possibilidade de, no caso concreto, se concluir que a medida é socialmente recomendável. A contumácia pode ser aferida a partir de procedimentos penais e fiscais pendentes de definitividade, sendo inaplicável o prazo previsto no art. 64, I, do CP, incumbindo ao julgador avaliar o lapso temporal transcorrido desde o último evento delituoso à luz dos princípios da proporcionalidade e razoabilidade. No julgamento do REsp 1.709.029/MG, a Terceira Seção desta Corte, revendo a tese fixada no julgamento do REsp 1.112.748/TO (Tema 157), firmou o entendimento de que incide o princípio da insignificância aos crimes tributários federais e de descaminho quando o débito tributário verificado não ultrapassar o limite de R$ 20.000,00 (vinte mil reais), a teor do disposto no art. 20 da Lei n. 10.522/2002, com as atualizações efetivadas pelas Portarias n. 75 e 130, ambas do Ministério da Fazenda. Com efeito, a controvérsia oposta traduz um desdobramento direto daquele julgamento, na medida em que busca elucidar se o princípio da insignificância incide nos casos em que verificada a reiteração do crime de descaminho. Sobre o tema, a Terceira Seção desta Corte, firmou o entendimento no sentido de que 'A reiteração da conduta delitiva obsta a aplicação do princípio da insignificância ao crime de descaminho, ressalvada a possibilidade de, no caso concreto, as instâncias ordinárias verificarem que a medida é socialmente recomendável' (EREsp 1.217.514/RS, rel. Min. Reynaldo Soares da Fonseca, Terceira Seção, *DJe* 16.12.2015). Ora, a reiteração da conduta é uma circunstância apta a indicar uma conduta mais reprovável e de periculosidade social relevante, inclusive porque transmite a ideia de impunidade, reduzindo o caráter de prevenção geral da norma penal, de modo que, caso verificada, tem-se por afastado, ao menos, dois dos pressupostos para reconhecimento da atipicidade material da conduta nos moldes estabelecidos pela jurisprudência, a saber: ausência de periculosidade social da ação e reduzido grau de reprovabilidade do comportamento. Ressalte-se, no entanto, que é recomendável a manutenção da ressalva proposta pelo Ministro Reynaldo Soares da Fonseca quando do julgamento do EREsp 1.217.514/RS. Isso porque, é impossível contemplar a multiplicidade de situações fáticas que podem acarretar a prática de crime de descaminho, sendo certo que, a depender das circunstâncias que tangenciem a reiteração da conduta, o julgador pode compreender que o reconhecimento da atipicidade material é a medida socialmente recomendável. *Mutatis mutandis*, essa é a mesma compreensão que tem orientado esta Corte na análise do princípio da insignificância nos crimes de furto em que verificada a contumácia do agente. Ademais, frise-se, procedimentos pendentes de definitividade, inclusive processos administrativos fiscais, podem ser sopesados para formar a convicção no sentido da contumácia da conduta delitiva. Também, registre-se, não há base legal para aplicação do prazo preconizado no art. 64, I, do CP, ou mesmo outro marco objetivo para fins de análise da contumácia delitiva, sendo aplicáveis os princípios da razoabilidade e proporcionalidade, de modo que o juízo ordinário deve avaliar se a conduta anterior é suficiente para denotar que o agente ativo é contumaz na prática delitiva. Por fim, em se tratando de agente contumaz na prática delitiva, é desinfluente perquirir o valor do tributo não recolhido para fins de aplicação do princípio insignificância, pois a contumácia indica ser uma conduta mais gravosa e de periculosidade social relevante, de modo que a reiteração, em regra, acaba por afastar os requisitos necessários para o reconhecimento da atipicidade material da conduta. Admitir a possibilidade de aplicação do princípio da insignificância, no caso de reiteração da conduta, com base no montante do tributo não recolhido (inferior a vinte mil reais), teria o efeito deletério de estimular uma 'economia do crime', na medida em que acabaria por criar uma 'cota' de imunidade penal para a prática de sucessivas condutas delituosas. Desse modo, é de se concluir que a reiteração da conduta delitiva obsta a aplicação do princípio da insignificância ao crime de descaminho – independentemente do valor do tributo não recolhido –, ressalvada a possibilidade de, no caso concreto, se concluir que a medida é socialmente recomendável. A contumácia pode ser aferida a partir de procedimentos penais e fiscais pendentes de definitividade, sendo inaplicável o prazo previsto no art. 64, I, do CP, incumbindo ao julgador avaliar o lapso temporal transcorrido desde o último evento delituoso à luz dos princípios da proporcionalidade e razoabilidade" (STJ: REsp 2.083.701/SP, rel. Min. Sebastião Reis Júnior, 3.ª Seção, j. 28.02.2024, noticiado no *Informativo* 802).

Venda de cigarros estrangeiros – importação autorizada pela ANVISA – ausência de nota fiscal – competência da Justiça Federal: "Compete à Justiça Federal a condução do inquérito que investiga o cometimento do delito previsto no art. 334, § 1º, IV, do Código Penal, na hipótese de venda de mercadoria estrangeira, permitida pela ANVISA, desacompanhada de nota fiscal e sem comprovação de pagamento de imposto de importação. Deve-se averiguar, de início, se a conduta se amolda, ou não, no tipo descrito no art. 334 do Código Penal, na redação anterior à Lei n. 13.008/2014. Para que se configure o delito do caput do art. 334 do Código Penal, é necessário identificar indícios de que o agente de alguma forma, dolosamente, aderiu e/ou participou do processo de introdução do bem no país sem o recolhimento dos tributos devidos. Ressalte-se: não há forma culposa do delito, nem se admite o dolo eventual. No caso concreto, não foram apontados pelos Juízos em conflito, tampouco juntados aos autos, indícios de que o investigado tenha, de qualquer maneira, participado da importação dos cigarros, o que demonstra ser inviável a tipificação de sua conduta no caput do art. 334 do CP (na redação anterior à da Lei n. 13.008/2014). Entretanto, a conduta do investigado pode se amoldar ao delito previsto no art. 334, § 1º, IV, do Código Penal que atribui a mesma pena a quem adquire, recebe ou oculta, em proveito próprio ou alheio, no exercício de atividade comercial ou industrial, mercadoria de procedência estrangeira, desacompanhada de documentação legal, ou acompanhada de documentos que sabe serem falsos. Desse modo, como o descaminho tutela prioritariamente interesses da União (ordem tributária), é de se reconhecer a competência da Justiça Federal para conduzir o inquérito policial e, eventualmente, caso seja oferecida denúncia, julgar a ação penal, aplicando-se à hipótese dos autos o disposto no enunciado n. 151 da Súmula desta Corte" (STJ: CC 159.680/MG, rel. Min. Reynaldo Soares da Fonseca, 3.ª Seção, j. 08.08.2018, noticiado no *Informativo* 631).

Contrabando

Art. 334-A. Importar ou exportar mercadoria proibida:

Pena – reclusão, de 2 (dois) a 5 (cinco) anos.

§ 1º Incorre na mesma pena quem:

I – pratica fato assimilado, em lei especial, a contrabando;

II – importa ou exporta clandestinamente mercadoria que dependa de registro, análise ou autorização de órgão público competente;

III – reinsere no território nacional mercadoria brasileira destinada à exportação;

IV – vende, expõe à venda, mantém em depósito ou, de qualquer forma, utiliza em proveito próprio ou alheio, no exercício de atividade comercial ou industrial, mercadoria proibida pela lei brasileira;

V – adquire, recebe ou oculta, em proveito próprio ou alheio, no exercício de atividade comercial ou industrial, mercadoria proibida pela lei brasileira.

§ 2º Equipara-se às atividades comerciais, para os efeitos deste artigo, qualquer forma de comércio irregular ou clandestino de mercadorias estrangeiras, inclusive o exercido em residências.

§ 3º A pena aplica-se em dobro se o crime de contrabando é praticado em transporte aéreo, marítimo ou fluvial.

Classificação:	Informações rápidas:
Crime simples Crime comum Crime formal (consumação antecipada ou resultado cortado) Crime de dano Crime de forma livre Crime comissivo (*regra*) Crime instantâneo Crime unissubjetivo, unilateral ou de concurso eventual Crime plurissubsistente	**Concurso de pessoas (exceção à teoria unitária):** facilitação de descaminho (art. 318) para funcionário público e contrabando (art. 334-A) para particular ou outro funcionário público. **Objeto material:** mercadoria contrabandeada. **Lei penal em branco homogênea.** **Princípio da insignificância:** não é aplicável ao delito de contrabando, em face da natureza proibida da mercadoria importada ou exportada. O STJ já admitiu o princípio da insignificância em situações excepcionais. **Elemento subjetivo:** dolo. Não se admite a modalidade culposa. **Tentativa:** possível, em face do caráter plurissubsistente do delito. **Ação penal:** pública incondicionada. **Crime de elevado potencial ofensivo.** **Competência:** Justiça Federal.

○ **Introdução:** **Contrabando** é a importação ou a exportação de mercadoria absoluta ou relativamente proibida. Na sistemática original do Código Penal, datada de 1940, o contrabando encontrava-se no art. 334, juntamente com o descaminho. Os dois crimes, embora diversos, estavam capitulados no mesmo tipo penal. Esse panorama foi modificado pela Lei 13.008/2014. O legislador separou os delitos: o descaminho permaneceu no art. 334; para o contrabando, por sua vez, criou-se o art. 334-A. Duas razões precípuas justificaram esta mudança. Em primeiro lugar, contrabando e descaminho atingem diferentes bens jurídicos. Mas não é só. O contrabando possui maior gravidade, pois envolve a importação ou a exportação de mercadoria proibida. Sua pena precisou ser aumentada, alcançando os limites de 2 (dois) a 5 (cinco) anos de reclusão. Consequentemente, o contrabando agora é crime de elevado potencial ofensivo, e não admite a suspensão condicional do processo (Lei 9.099/1995). E se o magistrado fundamentadamente optar pela pena máxima, será incabível a substituição da pena privativa de liberdade por penas alternativas, pela ausência do requisito objetivo elencado pelo art. 44, inc. I, 1.ª parte, do Código Penal. Também é válido destacar ter a jurisprudência se consolidado pelo repúdio do princípio da insignificância no contrabando, ao contrário do que se verifica no descaminho. O legislador novamente excepcionou a teoria unitária ou monista no tocante ao concurso de pessoas, adotada como regra geral no art. 29, *caput*, do Código Penal ("Quem, de qualquer modo, concorre para o crime incide nas penas a este cominadas, na medida de sua culpabilidade"). Com efeito, o funcionário público que facilita o contrabando responde pelo crime mais grave, de natureza funcional, tipificado no art. 318 do Código Penal, justamente em razão da sua peculiar condição, a qual torna mais reprovável a conduta por ele praticada. De outra banda, a pessoa (particular ou mesmo outro funcionário público) que realiza o contrabando incide no crime menos grave e comum definido no art. 334-A do Código Penal, nada obstante ambos busquem igual resultado.

○ **Objeto jurídico:** O bem jurídico penalmente protegido é a Administração Pública, no tocante à proteção da saúde, da moralidade administrativa e da ordem pública, como corolário da proibição no território nacional da mercadoria importada ou exportada.[349]

○ **Objeto material:** É a mercadoria contrabandeada. O art. 334-A do Código Penal constitui-se em **lei penal em branco homogênea**, pois é imprescindível a complementação por outra lei, destinada a indicar as mercadorias absoluta ou relativamente proibidas no Brasil. **Mercadoria**, para os fins do tipo penal, é todo e qualquer bem móvel suscetível de comercialização. Não precisa ser obrigatoriamente estrangeira, ou seja, produzida no exterior. É possível sua fabricação no Brasil, desde que se destine exclusivamente à exportação. Nesse caso, como a circulação em solo pátrio é proibida, sua posterior reintrodução no território nacional acarreta a configuração do delito. Em regra, não se reclama perícia para comprovar tanto a origem da mercadoria como sua proibição no Brasil. No entanto, quando a situação concreta recomendar, o juiz deverá determinar a realização de exame pericial para concluir pela ocorrência ou não do crime de contrabando.

– **Caráter residual do contrabando:** O delito de contrabando tem natureza genérica ou residual, ou seja, somente estará caracterizado quando a importação ou exportação de mercadoria proibida não configurar algum crime específico. Com efeito, em determinadas hipóteses a natureza do objeto material altera a tipicidade para outro crime. Vejamos algumas situações nas quais o conflito aparente de normas penais é solucionado pelo **princípio da especialidade**: (a) Se a importação ou a exportação possuir como objeto material qualquer tipo de **droga**, sem autorização ou em desacordo com determinação legal ou regulamentar, estará caracterizado o crime previsto no art. 33, *caput*, da Lei 11.343/2006 – Lei de Drogas. Além disso, tratando-se de exportação ou importação de matéria-prima, insumo ou produto químico destinado à preparação de droga, incidirá o crime definido no art. 33, § 1.º, inc. I, da Lei 11.343/2006. Nos termos do art. 40, inc. I, do citado diploma legal, a pena de ambos os crimes será aumentada de um sexto a dois terços se a natureza, a procedência da substância ou do produto apreendido e as circunstâncias do fato evidenciarem a transnacionalidade do delito; (b) Se a importação ou a exportação relacionar-se **com arma de fogo, acessório ou munição**, sem autorização da autoridade competente, estará configurado o crime de tráfico internacional de arma de fogo, delineado no art. 18 da Lei 10.826/2003 – Estatuto do Desarmamento. A pena deverá ser aumentada de metade se a arma de fogo, acessório ou munição forem de uso proibido ou restrito (Lei 10.826/2003, art. 19).

– **Enquadramento típico do contrabando de artefatos explosivos ou incendiários:** O art. 18 da Lei 10.826/2003 (tráfico internacional de arma de fogo) não abrange a importação ou a exportação de artefatos explosivos ou incendiários. Surge uma questão: Qual crime deve ser imputado

---

[349] É também o entendimento de CARVALHO, Márcia Dometila Lima de. *Crimes de contrabando e descaminho*. 2. ed. São Paulo: Saraiva, 1998. p. 4.

ao sujeito que vem a ser preso em flagrante importando ou exportando materiais explosivos ou incendiários? A resposta só pode ser uma: **contrabando**, nos termos do art. 334-A do Código Penal, em razão da proibição de tais produtos no território nacional. Sem prejuízo, também será aplicável o **art. 16, § 1.º, inc. III, do Estatuto do Desarmamento**, responsável pela incriminação da conduta de possuir, deter, fabricar ou empregar artefato explosivo ou incendiário, sem autorização ou em desacordo com determinação legal ou regulamentar. De rigor a incidência dos dois delitos, em face da diversidade de bens jurídicos lesados: Administração Pública (contrabando) e segurança pública (art. 16, § 1.º, inc. III, da Lei 10.826/2003).

– **Contrabando e o princípio da insignificância:** O princípio da insignificância não é aplicável ao delito de contrabando, em face da natureza proibida da mercadoria importada ou exportada. Este crime não tem natureza tributária. Outros bens jurídicos são tutelados, notadamente a saúde pública, a moralidade administrativa e a ordem pública. Em síntese, não se pode reputar insignificante a entrada ou saída ilícita do território nacional de produto classificado como proibido pelas autoridades brasileiras. O Superior Tribunal de Justiça, entretanto, já admitiu o princípio da insignificância em situações excepcionais, a exemplo da importação clandestina de cigarros. No **Tema 1.143 do Recurso Repetitivo**, fixou-se a seguinte tese: "O princípio da insignificância é aplicável ao crime de contrabando de cigarros quando a quantidade apreendida não ultrapassar 1.000 (mil) maços, seja pela diminuta reprovabilidade da conduta, seja pela necessidade de se dar efetividade à repressão ao contrabando de vulto, excetuada a hipótese de reiteração da conduta, circunstância apta a indicar maior reprovabilidade e periculosidade social da ação".[350]

○ **Núcleos do tipo:** São dois: "**importar**" e "**exportar**", ligados à mercadoria proibida. **Importar** é trazer a mercadoria proibida para os limites do território nacional; **exportar**, de outro lado, significa levar a mercadoria proibida para além das fronteiras do Brasil. Vale lembrar que a lei penal brasileira se aplica aos crimes cometidos no território nacional, sem prejuízo de convenções, tratados e regras de direito internacional (CP, art. 5.º, *caput*).

○ **Sujeito ativo:** Trata-se de **crime comum** ou **geral**, pois pode ser praticado por qualquer pessoa, inclusive pelo funcionário público, desde que não possua o especial dever (funcional) de impedir o contrabando. Nessa situação, o agente público pode ser coautor ou partícipe do crime tipificado no art. 334-A do Código Penal. Por sua vez, se o funcionário público é dotado do especial dever de impedir a prática do contrabando, e concorre para a realização do delito, a ele será imputado o crime de facilitação ao contrabando (CP, art. 318), de natureza funcional. Com efeito, o legislador abriu uma exceção à teoria unitária ou monista no concurso de pessoas, disciplinada no art. 29, *caput*, do Código Penal.

○ **Sujeito passivo:** É o Estado, atacado na sua tarefa de impedir a importação ou a exportação de mercadoria que ofenda a saúde pública, a moralidade administrativa ou a segurança pública.

○ **Elemento subjetivo:** É o dolo, independentemente de qualquer finalidade específica. Não se admite a modalidade culposa.

○ **Consumação:** No contrabando a conduta diz respeito à importação ou exportação de mercadoria proibida. No campo da consumação, entretanto, duas situações diversas devem ser analisadas:

---

[350] STJ: REsp 1.971.993/SP, rel. Min. Joel Ilan Paciornik, rel. para o acordão Min. Sebastião Reis Júnior, 3.ª Seção, j. 13.09.2023. O STJ admitiu o princípio da insignificância, na hipótese contrabando de quantidade inferior a 1.000 maços de cigarros, inclusive ao reincidente genérico, ou seja, desde que a recidiva não tenha se operado pela prática do mesmo crime.

a) o agente importa ou exporta a mercadoria proibida pelas vias ordinárias, isto é, vencendo a fiscalização alfandegária. O crime estará consumado no instante em que é ultrapassada a barreira fiscal, ou seja, no instante em que a mercadoria é liberada pela autoridade alfandegária; e

b) o sujeito se vale de meios clandestinos para importar ou exportar a mercadoria proibida (exemplo: ingressa no Brasil pela floresta amazônica). Nesse caso, a consumação do delito se verifica no momento em que são transpostas as fronteiras do Brasil. Em se tratando de importação efetuada por meio de embarcação ou aeronave, o crime se consuma no momento em que a mercadoria proibida ingressa no território nacional. Todavia, exige-se o atracamento da embarcação ou o pouso da aeronave no território pátrio, pois se o sujeito encontrar-se somente em trânsito pelo Brasil (exemplo: um navio transita em nosso mar territorial rumo a Itália com mercadorias proibidas), faltará interesse para a punição do delito.[351] O contrabando é crime formal, de consumação antecipada ou de resultado cortado: consuma-se com a entrada ou saída do Brasil da mercadoria proibida, independentemente da efetiva lesão à saúde pública, à moralidade administrativa ou à segurança pública.

○ **Tentativa:** É possível, em face do caráter plurissubsistente do delito, permitindo o fracionamento do *iter criminis*.

○ **Ação penal:** A ação penal é pública incondicionada, em todas as modalidades do delito.

○ **Lei 9.099/1995:** O contrabando é **crime de elevado potencial ofensivo**. A pena cominada – reclusão, de 2 (dois) a 5 (cinco) anos – inviabiliza a incidência dos benefícios contidos na Lei 9.099/1995.

○ **Competência:** O contrabando ingressa na competência da **Justiça Federal**, pois ofende interesses da União. Enquadra-se na regra prevista no art. 109, inc. IV, da Constituição Federal. A propósito, dispõe a Súmula 151 do Superior Tribunal de Justiça: "A competência para o processo e julgamento por crime de contrabando ou descaminho define-se pela prevenção do Juízo Federal do lugar da apreensão dos bens." O enunciado sumular é claro ao definir a competência da Justiça Federal, a ser estabelecida em razão da prevenção fundada na apreensão dos bens relacionados ao contrabando, em sintonia com a regra estatuída no art. 83 do Código de Processo Penal.[352] Vale frisar que, nos termos do art. 144, § 1.º, inc. II, da Constituição Federal, uma das tarefas precípuas da Polícia Federal consiste em prevenir e reprimir o contrabando, sem prejuízo da ação fazendária e de outros órgãos públicos nas respectivas áreas de competência.

○ **Figuras equiparadas (art. 334-A, § 1.º):** O § 1.º do art. 334-A do Código Penal relaciona figuras típicas equiparadas ao contrabando. Daí serem chamadas de "contrabando por equiparação" ou "contrabando por assimilação". Com efeito, incorre na mesma pena quem:

– Praticar fato assimilado, em lei especial, a contrabando (art. 334-A, § 1.º, I): Cuida-se de **lei penal em branco homogênea**, porque incumbe à legislação especial indicar qual é o fato assimilado ao contrabando. Como exemplo pode ser lembrado o art. 3.º do Decreto-lei 399/1968, que dispõe sobre o charuto, o cigarro e a cigarrilha de origem estrangeira: "Ficam incursos nas

---

[351] NASCIMENTO, Vicente Pinto de Albuquerque. *O contrabando em face da lei*. Rio de Janeiro: Freitas Bastos, 1960. p. 164-166.

[352] O STJ admite a flexibilização da Súmula 151: "Caso a apreensão de produtos contrabandeados ou que foram objeto de descaminho por pessoas físicas domiciliadas em local certo, em contexto de remessa postal ou de serviço de transporte assemelhado, ocorra em local que não tem relação com o momento da internalização dos produtos ou com as atividades habituais do acusado, a tramitação do feito pode ocorrer no seu domicílio" (STJ: CC 203.031/DF, rel. Min. Messod Azulay Neto, 3.ª Seção, j. 20.06.2024, noticiado no *Informativo* 21 – Edição Extraordinária).

penas previstas no artigo 334 do Código Penal os que, em infração às medidas a serem baixadas na forma do artigo anterior, adquirirem, transportarem, venderem, expuserem à venda, tiverem em depósito, possuírem ou consumirem qualquer dos produtos nele mencionados."

– **Importar ou exportar clandestinamente mercadoria que dependa de registro, análise ou autorização de órgão público competente (art. 334-A, § 1.º, II):** A mercadoria é permitida no Brasil, mas sua importação ou exportação exige prévio registro, análise ou autorização pela autoridade brasileira. O crime repousa justamente na clandestinidade da conduta do agente, que traz o produto para nosso país, ou então o leva ao exterior, sem conhecimento do órgão público competente. Um exemplo típico desta conduta típica é a importação de gasolina idêntica à comercializada no Brasil. Como já decidido pelo Superior Tribunal de Justiça: "[...] a importação desse combustível, por ser monopólio da União, sujeita-se à prévia e expressa autorização da Agência Nacional de Petróleo, sendo concedida apenas aos produtores ou importadores. Assim, sua introdução, por particulares, em território nacional, é conduta proibida, constituindo o crime de contrabando".[353]

– **Reinserir no território nacional mercadoria brasileira destinada à exportação (art. 334-A, § 1.º, III):** Esta figura equiparada alcança os produtos fabricados no Brasil, mas destinados exclusivamente à exportação. Para efeitos penais, tais mercadorias são consideradas de procedência estrangeira, se introduzidas no território nacional. Com efeito, depois de produzidos os bens são obrigatoriamente exportados. O retorno deles ao Brasil, sem documentação idônea, caracteriza o crime de contrabando. É o que se dá no tocante a determinados cigarros, os quais inclusive contém o aviso de "venda proibida no Brasil". Na linha da jurisprudência do Supremo Tribunal Federal: "No caso sob exame, o paciente detinha a posse de cigarros de origem estrangeira – sem a documentação legal necessária – e de cigarros nacionais do tipo exportação, cuja repatriação é proibida. Como se sabe, essa é uma típica mercadoria trazida do exterior, sistematicamente, em pequenas quantidades, para abastecer um intenso comércio clandestino, extremamente nocivo para o País."[354]

– **Vender, expor à venda, manter em depósito ou, de qualquer forma, utilizar[355] em proveito próprio ou alheio, no exercício de atividade comercial ou industrial, mercadoria proibida pela lei brasileira (art. 334-A, § 1.º, IV):** Em que pese o silêncio da lei, este dispositivo deve ser interpretado no contexto do crime de contrabando, ou seja, a "mercadoria proibida pela lei brasileira" há de ser fruto de importação ilícita. Trata-se de **crime próprio** ou **especial**, pois somente pode ser praticado pelo sujeito que se encontre "**no exercício de atividade comercial ou industrial**". Em suma, o sujeito ativo há de ser comerciante ou industriário. Mas não se reclama regularidade no desempenho da atividade comercial ou industrial. Acertadamente, o legislador instituiu uma **norma penal explicativa** ou **complementar** no § 2.º do art. 334-A do Código Penal: "Equipara-se às atividades comerciais, para os efeitos deste artigo, qualquer forma de comércio irregular ou clandestino de mercadorias estrangeiras, inclusive o exercido em residências." Porém, é necessário destacar que a configuração da atividade comercial ou industrial impõe **habitualidade** no desempenho do comércio ou da indústria pelo sujeito ativo. Tais misteres não se aperfeiçoam em um único ato, sem continuidade no tempo. A finalidade do tipo penal é punir o responsável pelo contrabando que, no exercício de atividade comercial ou industrial, realiza qualquer das condutas ali descritas. Exemplificativamente, se o autor do contrabando é comerciante e vende a mercadoria introduzida ilegalmente no Brasil, a ele será imputado o crime descrito no art. 334-A, § 1.º, inc. IV, do Código Penal. O conflito aparente de normas é solucionado pelo princípio da especialidade. É imprescindível a prática da conduta criminosa no exercício da atividade comercial ou industrial. De fato, se o agente do contrabando, a título ilustrativo, vende a mercadoria

---

[353] STJ: AgRg no AREsp 348.048/RR, rel. Min. Regina Helena Costa, 5.ª Turma, j. 18.02.2014, noticiado no *Informativo* 536.

[354] STF: HC 121.892/SP, rel. Min. Ricardo Lewandowski, 2.ª Turma, j. 06.05.2014.

[355] Nas modalidades "expor à venda" e "manter em depósito" o crime é permanente. Nas demais, o delito é instantâneo.

proibida, fora da atividade comercial ou industrial, estará caracterizado o crime previsto no *caput* do art. 334-A do Código Penal.

– **Adquirir, receber ou ocultar,**[356] **em proveito próprio ou alheio, no exercício de atividade comercial ou industrial, mercadoria proibida pela lei brasileira (art. 334-A, § 1.º, V):** Este dispositivo também há de ser compreendido no contexto do contrabando, é dizer, a "mercadoria proibida pela lei brasileira" precisa ser fruto de importação ilícita. O tipo penal abrange o comportamento do comerciante ou industriário que, no exercício da atividade comercial ou industrial (**crime próprio ou especial**), realiza alguma das ações típicas no tocante à mercadoria de procedência estrangeira proibida pela lei brasileira, fruto de importação fraudulenta realizada por terceira pessoa. De fato, não foi o comerciante ou industriário quem importou o bem. Na verdade, ele funciona como receptador da mercadoria proibida no Brasil, oriunda de contrabando cometido por terceira pessoa. Se qualquer das condutas for cometida por pessoa que não se encontre no exercício de atividade comercial ou industrial, não se poderá falar na figura equiparada ao contrabando. Em verdade, estará configurada a receptação, dolosa ou culposa (CP, art. 180, *caput* ou § 3.º).

○ **Causa de aumento de pena (art. 334-A, § 3.º):** Como estatui o § 3.º do art. 334-A do Código Penal: "A pena aplica-se em dobro, se o crime de contrabando é praticado em transporte aéreo, marítimo ou fluvial." A acentuada reprovabilidade da conduta criminosa repousa na elevada dificuldade de fiscalização das mercadorias importadas ou exportadas pelo transporte aéreo, marítimo ou fluvial, notadamente quando se faz comparação com o contrabando praticado pela via terrestre. Essa majorante é aplicável tanto aos **voos ou embarcações de natureza clandestina** como também aos voos regulares, ou seja, efetuados por empresas devidamente cadastradas perante os órgãos públicos competentes.

○ **Código de Trânsito Brasileiro e medidas de prevenção e repressão à prática do crime de contrabando:** O condutor que se utilize de veículo automotor para a prática do crime de contrabando, se for definitivamente condenado por esse delito, terá cassado seu documento de habilitação ou será proibido de obter a habilitação para dirigir veículo automotor pelo prazo de 5 (cinco) anos, conforme o art. 278-A da Lei 9.503/1997 – Código de Trânsito Brasileiro, com a redação dada pela Lei 13.804/2019. No caso de prisão em flagrante do condutor pelo crime de contrabando, o juiz poderá, em qualquer fase da investigação ou da ação penal, se houver necessidade para a garantia da ordem pública, como medida cautelar, de ofício, ou a requerimento do Ministério Público ou ainda mediante representação da autoridade policial, decretar, em decisão motivada, a suspensão da permissão ou da habilitação para dirigir veículo automotor, ou a proibição de sua obtenção (Lei 9.503/1997 – Código de Trânsito Brasileiro, art. 278-A, § 2.º).

Descaminho – art. 334	Contrabando – art. 334-A
Descrição típica: "Iludir, no todo ou em parte, o pagamento de direito ou imposto devido pela entrada, pela saída ou pelo consumo de mercadoria" O imposto pode ser fraudado no todo ou parte	Descrição típica: "Importar ou exportar mercadoria proibida" A proibição da mercadoria pode ser absoluta ou relativa

---

[356] Na modalidade "ocultar" o delito é permanente. Nas demais, o crime é instantâneo.

Descaminho – art. 334	Contrabando – art. 334-A
Pena: reclusão de 1 (um) a 4 (quatro) anos	*Pena: reclusão de 2 (dois) a 5 (cinco) anos*
Crime de médio potencial ofensivo: admite a suspensão condicional do processo (art. 89 da Lei 9.099/1995)	*Crime de elevado potencial ofensivo: incompatível com os benefícios da Lei 9.099/1995*
Aplica-se o princípio da insignificância (STF e STJ)	*É vedada a aplicação do princípio da insignificância (STF e STJ)*
Competência da Justiça Federal	*Competência da Justiça Federal*

○ **Jurisprudência selecionada:**

Colete à prova de balas – importação sem autorização do Comando do Exército – caracterização do delito: "Configura crime de contrabando a importação de colete à prova de balas sem prévia autorização do Comando do Exército. A Portaria n. 18 do DLOG, publicada em 19/12/2006, regulamenta as normas de avaliação técnica, fabricação, aquisição, importação e destruição de coletes balísticos e exige determinadas condições aos compradores e importadores desse tipo de artefato, tais como autorização prévia do Comando do Exército e restrição a determinados órgãos e pessoas. Desse modo, a importação de colete à prova de balas está sujeita à proibição relativa e, por conseguinte, configura crime de contrabando quando realizada fora dos moldes previstos nesse regulamento" (STJ: RHC 62.851/PR, rel. Min. Sebastião Reis Júnior, 6.ª Turma, j. 16.02.2016, noticiado no *Informativo* 577).

Competência – Justiça Federal – desnecessidade de indícios de transnacionalidade na conduta: "Compete à Justiça Federal o julgamento dos crimes de contrabando e de descaminho, ainda que inexistentes indícios de transnacionalidade na conduta. Destaque-se, de início, que a jurisprudência desta Corte definia a competência da Justiça Federal para o julgamento dos crimes de contrabando e descaminho, nos termos da Súmula n. 151/STJ. No julgamento do CC 149.750/MS, de 26/4/2017, modificou-se tal orientação para limitar a competência federal, no caso de contrabando, às hipóteses em que for constatada a existência de indícios de transnacionalidade na conduta do agente. No entanto, o referido conflito de competência tratava de crime distinto (violação de direito autoral), no qual a fixação da competência federal decorre da hipótese do art. 109, V, da Constituição Federal (crime que o Brasil se obrigou a reprimir em tratado internacional), hipótese na qual se exige efetivamente indícios de transnacionalidade para a competência federal. Essa compreensão ficou consolidada, até que, no julgamento do CC 159.680/MG (realizado em 8/8/2018), a Terceira Seção decidiu pela competência federal para o julgamento do crime de descaminho, ainda que inexistentes indícios de transnacionalidade na conduta. Embora o referido precedente verse acerca de figura penal distinta (descaminho), o entendimento ali acolhido deve prevalecer também para o crime de contrabando. Primeiro, porque o crime de contrabando, tal como o delito de descaminho, tutela prioritariamente interesse da União, que é a quem compete privativamente (arts. 21, XXII e 22, VII, ambos da CF) definir os produtos de ingresso proibido no país, além de exercer fiscalização aduaneira e das fronteiras, mediante atuação da Receita Federal e Polícia Federal. Segundo, para preservar a segurança jurídica. Ora, a jurisprudência desta Corte, na esteira do entendimento firmado na Súmula n. 151/STJ, tradicionalmente sinalizava que a competência para o julgamento de tais delitos seria da Justiça Federal, afigurando-se desarrazoada a adoção de entendimento diverso, notadamente sem um motivo jurídico relevante para tanto" (STJ: CC 160.748/SP, rel. Min. Sebastião Reis Júnior, 3.ª Seção, j. 26.09.2018, noticiado no *Informativo* 635).

Competência – via postal – mercadoria em trânsito – pessoa física com domicílio certo como remetente – competência – flexibilização da Súmula 151/STJ – conveniência probatória – ampla

defesa – celeridade processual: "Caso a apreensão de produtos contrabandeados ou que foram objeto de descaminho por pessoas físicas domiciliadas em local certo, em contexto de remessa postal ou de serviço de transporte assemelhado, ocorra em local que não tem relação com o momento da internalização dos produtos ou com as atividades habituais do acusado, a tramitação do feito pode ocorrer no seu domicílio. A controvérsia consiste em decidir se é aplicável a Súmula n. 151/STJ à hipótese em que pessoas físicas internalizam mercadorias proibidas e, posteriormente, utilizam serviços postais ou transportadoras para remetê-las a outra localidade. A citada súmula definiu a competência para o processamento e julgamento dos crimes de contrabando ou descaminho pela prevenção do juízo federal do local de apreensão dos bens, porque buscava solucionar conflitos decorrentes do deslocamento de pessoas ao exterior a fim de adquirir produtos para revenda no Brasil. Posteriormente, a Terceira Seção do STJ afastou, em caráter excepcional, a aplicação desse enunciado, nas hipóteses em que a mercadoria era apreendida em trânsito e havia sido remetida por pessoa jurídica regularmente constituída e com sede em local conhecido, tendo em vista a conveniência da instrução processual e o exercício do direito de defesa. Desde então, Ministros de ambas as Turmas Criminais flexibilizam a Súmula n. 151, STJ, também nos casos em que a mercadoria apreendida em trânsito foi remetida por pessoa física com domicílio conhecido. Tal entendimento vai ao encontro do Enunciado n. 95 da 2.ª Câmara de Coordenação e Revisão do Ministério Público Federal, o qual determinou que os crimes de contrabando ou descaminho praticados por via postal incumbem aos membros ministeriais que oficiam no domicílio do sujeito investigado, sem estabelecer qualquer distinção entre as condutas praticadas por pessoas físicas ou jurídicas. Assim, a flexibilização da Súmula n. 151/STJ deve abranger os delitos praticados por pessoas físicas domiciliadas em local certo, desde que os produtos contrabandeados ou que foram objeto de descaminho tenham sido apreendidos no contexto de remessa postal (ou de serviço de transporte assemelhado), pouco importando que os autores do crime tenham atuado como 'sacoleiros' no momento de internalização da mercadoria" (STJ: CC 203.031/DF, rel. Min. Messod Azulay Neto, 3.ª Seção, j. 20.06.2024, noticiado no *Informativo* 21 – Edição Extraordinária).

Consumação: "1. Há vozes, e de bom tempo, por exemplo, a de Fragoso nas 'Lições', segundo as quais, 'se a importação ou exportação se faz através da alfândega, o crime somente estará consumado depois de ter sido a mercadoria liberada pelas autoridades ou transposta a zona fiscal'. 2. Assim, também não há falar em crime consumado se as mercadorias destinadas aos pacientes foram, no caso, apreendidas no centro de triagem e remessas postais internacionais dos correios" (STJ: HC 120.586/SP, rel. Min. Nilson Naves, 6.ª Turma, j. 05.11.2009).

Princípio da insignificância – arma de pressão – impossibilidade: "A importação de arma de pressão por ação de gás comprimido, ainda que de calibre inferior a 6 mm, configura o crime de contrabando, sendo inaplicável o princípio da insignificância. Com base nessa orientação, a Segunda Turma, por maioria e em conclusão de julgamento, denegou a ordem em habeas corpus no qual se discutia a tipificação da conduta de réu surpreendido pela Polícia Rodoviária Federal em poder de arma de pressão importada, de baixo calibre, desacompanhada da respectiva documentação. A Turma ressaltou que a redação originária do art. 334 do Código Penal previa que o 'contrabando' ocorreria quando importada ou exportada 'mercadoria proibida'. Já o inciso LXIX do art. 3º e o art. 8º do Decreto 3.665/2000 referem-se à arma de pressão como produto controlado pelo Exército, submetido também à Portaria 2/2010 do Ministério da Defesa. Essa situação jurídica se enquadra na denominada 'proibição relativa'. O contrabando requer, assim, a importação ou exportação de mercadoria proibida. No descaminho, o que a lei discrimina é o ato de burlar, iludir, total ou parcialmente, o pagamento de direito ou imposto devido pela entrada ou saída de produto. Na espécie, a conduta verificada não consiste em apenas desembaraço alfandegário. Em realidade, a autorização prévia da autoridade competente era necessária, mas não ocorreu, o que configurou o crime de contrabando. A Turma salientou que o princípio da insignificância não deve ser aplicado, porquanto, além do interesse econômico, estão envolvidos no caso outros bens jurídicos relevantes à Administração

Pública, como a segurança e a tranquilidade" (STF: HC 131.943/RS, rel. Min. Gilmar Mendes, red. p/ o ac. Min. Edson Fachin, 2.ª Turma, j. 07.05.2019, noticiado no *Informativo* 939). *No mesmo sentido*: STJ: REsp 1.427.796/RS, rel. Min. Maria Thereza de Assis Moura, 6.ª Turma, j. 14.10.2014, noticiado no *Informativo* 551.

Princípio da insignificância – cigarros – inaplicabilidade: "A 2ª Turma denegou *habeas corpus* em que se requeria a aplicação do princípio da insignificância em favor de pacientes surpreendidos ao portarem cigarros de origem estrangeira desacompanhados de regular documentação. De início, destacou-se a jurisprudência do STF no sentido da incidência do aludido postulado em casos de prática do crime de descaminho, quando o valor sonegado não ultrapassar o montante de R$ 10.000,00 (Lei 10.522/2002, art. 20). Em seguida, asseverou-se que a conduta configuraria contrabando, uma vez que o objeto material do delito em comento tratar-se-ia de mercadoria proibida. No entanto, reputou-se que não se cuidaria de, tão somente, sopesar o caráter pecuniário do imposto sonegado, mas, principalmente, de tutelar, entre outros bens jurídicos, a saúde pública. Por fim, consignou-se não se aplicar, à hipótese, o princípio da insignificância, pois neste tipo penal o desvalor da ação seria maior. O Min. Celso de Mello destacou a aversão da Constituição quanto ao tabaco, conforme disposto no seu art. 220, § 4º, a permitir que a lei impusesse restrições à divulgação publicitária" (STF: HC 110.964/SC, rel. Min. Gilmar Mendes, 2.ª Turma, j. 07.02.2012, noticiado no *Informativo* 654).

Princípio da insignificância – cigarros – apreensão não superior a 1.000 (mil) maços – ausência de reiteração criminosa – possibilidade – Tema 1.143 do Recurso Repetitivo: "O princípio da insignificância é aplicável ao crime de contrabando de cigarros quando a quantidade apreendida não ultrapassar 1.000 (mil) maços, seja pela diminuta reprovabilidade da conduta, seja pela necessidade de se dar efetividade à repressão a o contrabando de vulto, excetuada a hipótese de reiteração da conduta, circunstância apta a indicar maior reprovabilidade e periculosidade social da ação. A conduta de introduzir cladestinamente cigarro pela fronteira consubstancia indubitavelmente crime de contrabando, seja em se tratando de cigarro produzido no Brasil para a exportação (produto que goza de imunidade tributária – art. 153, § 3.º, III, da CF) – cuja importação é expressamente vedada (art. 18 do Decreto-Lei n. 1.593/1977) –, seja em se tratando de cigarro produzido fora do Brasil – esse último não só em razão da existência de norma restringindo o ingresso desse produto no país, mas sobretudo considerando o fato de que o Brasil é signatário, no âmbito da Organização Mundial de Saúde, da Convenção Quadro para o Controle do **Tabaco** (promulgada pelo Decreto n. 5.658/2006), na qual, em seu art. 15, determina a repressão ao comércio ilícito de produtos de **tabaco,** inclusive o contrabando. Logo, não se divisa nenhuma possibilidade de aplicar a esse crime a mesma disciplina estabelecida para o descaminho e demais crimes tributários federais. Por outro lado, no tocante à aplicação do princípio da insignificância, a revisitação do tema propicia algumas reflexões. Não se discorda das ponderações do Ministro Relator, no sentido de que esse tipo de conduta, em regra, não comporta a aplicação do princípio da insignificância, ante os bens jurídicos tutelados envolvidos, notadamente a saúde pública. Acrescenta-se, nesse particular, que a preocupação com a saúde pública, em se tratando de crimes desse jaez, não consubstancia uma ilação vazia, destituída de base científica, pois, ainda que o fumo, em sentido geral, seja uma prática maléfica à saúde, há estudo comprovando que os cigarros contrabandeados, em geral, ostentam uma carga de substâncias nocivas superior àqueles vendidos regularmente no Brasil, além do que apresentam algum tipo de contaminante dos tipos fungos, fragmentos de insetos, gramíneas ou ácaros acima do indicado como boas práticas de higiene pela ANVISA (SILVA, Cleber Pinto da. *Caracterização e Avaliação da Qualidade dos Cigarros Contrabandeados no Brasil*. 2015. 123 f. Dissertação (Mestrado em Química) – Universidade Estadual de Ponta Grossa, Ponta Grossa, 2015). Por outro lado, a posição adotada pela 2.ª Câmara de Coordenação e Revisão do Ministério Público Federal, no sentido da aplicação do princípio da insignificância para a hipótese de contrabando de cigarros em quantidade que não ultrapassa 1.000 (mil) maços, não só é razoável do ponto de vista jurídico como ostenta uma base estatística sólida para sua adoção. Ora, do que se colhe dos dados estatísticos apresentados em sede de memoriais pelo Mistério Público Federal, em especial aqueles relativos ao ano de 2022, verifica-se que as apreensões de cigarros até 1.000 maços, embora correspondam à maioria das autuações (cerca de 3.395), são insignificantes considerando o volume total de maços apreendidos. Com efeito, obstar a aplicação do princípio da insignificância em tais casos (apreensão até mil maços), é uma medida ineficaz para fins de proteção dos bens jurídicos que se almeja tutelar, em especial a saúde pública, além do que não é razoável do ponto de vista de política criminal e de gestão de recursos dos entes estatais encarregados da persecução penal, pois sobrecarrega a Justiça Federal e demais órgãos de persecução (Ministério Público Federal e Polícia Federal), sobretudo na região de fronteira, com inúmeros inquéritos policiais e outros feitos criminais derivados de apreensões inexpressivas, drenando o tempo e os recursos indispensáveis para reprimir e punir o crime de vulto. Em suma, entende-se por acolher a proposição da 2ª Câmara de Coordenação e Revisão do Ministério Público Federal, de modo a admitir a aplicação do princípio da insignificância para os casos de contrabando de cigarros de quantidade inferior a 1.000 (mil) maços, excetuada a hipótese de reiteração, circunstância que, caso verificada, é apta a afastar a atipicidade material, ante a maior reprovabilidade da conduta e periculosidade social da ação. Ressalta-se, no entanto, que é de rigor a modulação dos efeitos do julgado, de modo que a tese deve ser aplicada apenas aos feitos ainda em curso na data em que encerrado o presente julgamento, sendo inaplicáveis aos processos transitados em julgado, notadamente considerando os fundamentos que justifica-ram a alteração jurisprudencial no caso e a impossibilidade de rescisão de coisa julgada calcada em mera modificação de orientação jurisprudencial (AgRg no HC 821.959/SP, rel. Min. Laurita Vaz, Sexta Turma, *DJe* 21.08.2023). Assim, fixa-se a seguinte tese: o princípio da insignificância é aplicável ao crime de contrabando de cigarros quando a quantidade apreendida não ultrapassar 1.000 (mil) maços, seja pela diminuta reprovabilidade da conduta, seja pela necessidade de se dar efetividade à repressão a o contrabando de vulto, excetuada a hipótese de reiteração da conduta, circunstância apta a indicar maior reprovabilidade e periculosidade social da ação" (STJ: REsp 1.971.993/SP, rel. Min. Joel Ilan Paciornik, rel. para acórdão Min. Sebastião Reis Junior, 3.ª Seção, j. 13.09.2023, noticiado no *Informativo* 787).

Princípio da insignificância – cigarros – reincidência genérica – possibilidade – não inci-dência do Tema 1143/STJ: "É admitida a aplicação do princípio da insignificância ao crime de contrabando de cigarros ao reincidente, desde que a reincidência ocorra por crimes de natureza diversa ao contrabando, não se aplicando o Tema 1143/STJ. A Terceira Seção do Superior Tribunal de Justiça ao submeter a julgamento o Recurso Especial Repetitivo n. 1.971.993/SP firmou, no Tema Repetitivo n. 1.143/STJ, a seguinte tese: O princípio da insignificância é aplicável ao crime de contrabando de cigarros quando a quantidade apreendida não ultrapassar 1.000 (mil) maços, seja pela diminuta reprovabilidade da conduta, seja pela necessidade de se dar efetividade à re-pressão ao contrabando de vulto, excetuada a hipótese de reiteração da conduta, circunstância apta a indicar maior reprovabilidade e periculosidade social da ação. Desse modo, foram instituídos dois requisitos, de ordem objetiva, essenciais para o reconhecimento da bagatela no contrabando de cigarros: ser a quantidade limitada ao máximo de 1.000 (mil) maços e a ausência de reiteração específica na conduta de contrabando de cigarros, considerando a recorrência delituosa demons-trativo de maior reprovabilidade e periculosidade social da ação. Por essa razão, evidenciado que foram contrabandeados menos de 1000 maços de cigarro e que o sujeito não é reincidente na conduta ou em crimes da mesma natureza, a conduta narrada é atípica, preenchendo os requi-sitos do Tema Repetitivo n. 1.143 do STJ. A recidiva em crimes diversos ao contrabando não afasta a mínima ofensividade e o reduzido grau de reprovabilidade da conduta, demonstrada a maior reprovabilidade da reiteração apenas em crimes de mesma natureza" (STJ: AgRg no RHC 185.605/RS, rel. Min. Otávio de Almeida Toledo (Desembargador convocado do TJSP), 6.ª Turma, j. 24.06.2024, noticiado no *Informativo* 21 – Edição Extraordinária).

Princípio da insignificância – importação irregular de gasolina – inaplicabilidade: "Não é aplicável o princípio da insignificância em relação à conduta de importar gasolina sem autorização e sem o devido recolhimento de tributos. Isso porque essa conduta tem adequação típica ao crime de contrabando, ao qual não se admite a aplicação do princípio da insignificância. [...] Diversa, entretanto, a orientação aplicável ao delito de contrabando, inclusive de gasolina, uma vez que a importação desse combustível, por ser monopólio da União, sujeita-se à prévia e expressa autorização da Agência Nacional de Petróleo, sendo concedida apenas aos produtores ou importadores. Assim, sua introdução, por particulares, em território nacional, é conduta proibida, constituindo o crime de contrabando" (STJ: AgRg no AREsp 348.408/RR, rel. Min. Regina Helena Costa, 5.ª Turma, j. 18.02.2014, noticiado no *Informativo* 536).

Princípio da insignificância – máquinas e materiais ligados ao jogo de azar – inaplicabilidade: "Não se aplica o princípio da insignificância aos crimes de contrabando de máquinas caça-níqueis ou de outros materiais relacionados com a exploração de jogos de azar. Inserir no território nacional itens cuja finalidade presta-se, única e exclusivamente, a atividades ilícitas afeta diretamente a ordem pública e demonstra a reprovabilidade da conduta. Assim, não é possível considerar tão somente o valor dos tributos suprimidos, pois essa conduta tem, ao menos em tese, relevância na esfera penal. Permitir tal hipótese consistiria num verdadeiro incentivo ao descumprimento da norma legal, sobretudo em relação àqueles que fazem de atividades ilícitas um meio de vida" (STJ: REsp 1.212.946/RS, rel. Min. Laurita Vaz, 5.ª Turma, j. 04.12.2012, noticiado no *Informativo* 511).

Princípio da insignificância – pequena quantidade de medicamento para uso próprio – possibilidade: "A importação de pequena quantidade de medicamento destinada a uso próprio denota a mínima ofensividade da conduta do agente, a ausência de periculosidade social da ação, o reduzidíssimo grau de reprovabilidade do comportamento e a inexpressividade da lesão jurídica provocada, tudo a autorizar a excepcional aplicação do princípio da insignificância" (STJ: EDcl no AgRg no REsp 1.708.371/PR, rel. Min. Joel Ilan Paciornik, 5.ª Turma, j. 24.04.2018).

Impedimento, perturbação ou fraude de concorrência

> **Art. 335.** Impedir, perturbar ou fraudar concorrência pública ou venda em hasta pública, promovida pela administração federal, estadual ou municipal, ou por entidade paraestatal; afastar ou procurar afastar concorrente ou licitante, por meio de violência, grave ameaça, fraude ou oferecimento de vantagem:
>
> Pena – detenção, de seis meses a dois anos, ou multa, além da pena correspondente à violência.
>
> Parágrafo único. Incorre na mesma pena quem se abstém de concorrer ou licitar, em razão da vantagem oferecida.

○ **Revogação do art. 335 do Código Penal pelos arts. 93 e 95 da Lei 8.666/1993:** A 1.ª parte do art. 335, *caput*, do CP, foi tacitamente revogada pelo art. 93 da Lei 8.666/1993 – Lei de Licitações. Operou-se igual fenômeno em relação à parte final do citado dispositivo legal, que foi substituída pelo art. 95, *caput*, da Lei de Licitações. Finalmente, o parágrafo único do mesmo dispositivo legal foi tacitamente revogado pelo art. 95, parágrafo único, da Lei 8.666/1993. Os arts. 93 e 95 da Lei 8.666/1993, por sua vez, foram revogados pelos arts. 337-I (perturbação de processo licitatório) e 337-K (afastamento de licitante) do Código Penal, acrescentados pela Lei 14.133/2021 – Lei de Licitações e Contratos Administrativos.

Inutilização de edital ou de sinal

Art. 336. Rasgar ou, de qualquer forma, inutilizar ou conspurcar edital afixado por ordem de funcionário público; violar ou inutilizar selo ou sinal empregado, por determinação legal ou por ordem de funcionário público, para identificar ou cerrar qualquer objeto:

Pena – detenção, de um mês a um ano, ou multa.

Classificação:	Informações rápidas:
Crime simples	**Objeto material:** edital afixado por ordem
Crime comum	de funcionário público ou o selo ou sinal
Crime material	empregado, por determinação legal ou
Crime de dano	por ordem de funcionário público, para
Crime de forma livre	identificar ou cerrar qualquer objeto.
Crime comissivo (*regra*)	**Elemento subjetivo:** dolo. Não admite
Crime instantâneo	modalidade culposa.
Crime unissubjetivo, unilateral ou de concurso eventual	**Tentativa:** admite (crime plurissubsistente).
Crime plurissubsistente (*regra*)	**Ação penal:** pública incondicionada.

○ **Objeto jurídico:** Tutela-se a Administração Pública, relativamente ao regular funcionamento da atividade administrativa. A conduta criminosa também acarreta embaraço ao normal desenvolvimento de finalidades de interesse público.

○ **Objeto material:** É o **edital** afixado por ordem de funcionário público (1.ª parte) ou o **selo** ou **sinal** empregado, por determinação legal ou por ordem de funcionário público, para identificar ou cerrar qualquer objeto (parte final). **Edital** é o documento escrito de natureza administrativa ou judicial, destinado a veicular avisos ou intimações. Deve ser afixado em local público ou de acesso ao público, além de ser publicado na imprensa, com o fim de chegar ao conhecimento das pessoas interessadas. **Selo** ou **sinal** é qualquer marca empregada, por determinação legal ou por ordem de funcionário público, para identificar ou cerrar (fechar) algum objeto.

○ **Núcleos do tipo:** Em sua primeira parte, o *caput* do art. 336 do CP contém três núcleos: "rasgar", "inutilizar" e "conspurcar". **Rasgar** é romper ou partir algo em partes; **inutilizar** é tornar imprestável a alguma finalidade; e conspurcar equivale a sujar ou macular. Tais verbos relacionam-se com edital afixado por ordem de funcionário público. A inutilização e a **conspurcação** podem ser realizadas "de qualquer forma", ou seja, total ou parcialmente, valendo-se o sujeito ativo de qualquer meio idôneo para tanto. Na segunda parte, o tipo penal também possui o verbo **violar**, empregado no sentido de infringir, transgredir ou devassar. Esses núcleos referem-se ao selo ou sinal empregado, por ordem legal ou por determinação de funcionário público, para identificar ou cerrar qualquer objeto.

○ **Sujeito ativo:** Pode ser qualquer pessoa, inclusive o funcionário público (**crime comum** ou **geral**).

○ **Sujeito passivo:** É o Estado.

○ **Elemento subjetivo:** É o dolo, independentemente de qualquer finalidade específica. Não se admite a modalidade culposa.

○ **Consumação:** Na 1.ª parte do art. 336 do CP, o crime se consuma no momento em que o agente rasga ou de qualquer forma inutiliza ou conspurca, ainda que parcialmente, o edital afixado por ordem de funcionário público. Na parte final, de seu turno, a consumação ocorre com a efetiva violação ou inutilização do selo ou sinal empregado, por determinação legal ou por ordem de funcionário público, para identificar ou cerrar qualquer objeto. Os crimes são **materiais** ou **causais**.

○ **Tentativa:** É possível (crimes plurissubsistentes).

○ **Ação penal:** É pública incondicionada.

○ **Lei 9.099/1995:** Trata-se de **infração penal de menor potencial ofensivo**, de competência do Juizado Especial Criminal e compatível com a transação penal e o rito sumaríssimo, nos termos da Lei 9.099/1995.

Subtração ou inutilização de livro ou documento

> **Art. 337.** Subtrair, ou inutilizar, total ou parcialmente, livro oficial, processo ou documento confiado à custódia de funcionário, em razão de ofício, ou de particular em serviço público:
>
> Pena – reclusão, de dois a cinco anos, se o fato não constitui crime mais grave.

Classificação:	Informações rápidas:
Crime simples	**Objeto material:** livro oficial, processo ou documento confiado à custódia de funcionário, em razão de ofício, ou de particular em serviço público.
Crime comum	
Crime material	
Crime de dano	
Crime de forma livre	**Elemento subjetivo:** dolo. Não admite modalidade culposa.
Crime comissivo (*regra*)	
Crime instantâneo	**Tentativa:** admite (crime plurissubsistente).
Crime unissubjetivo, unilateral ou de concurso eventual	**Ação penal:** pública incondicionada.
Crime plurissubsistente	**Crime expressamente subsidiário.**

○ **Introdução:** A conduta atinente à subtração, sonegação, destruição ou inutilização de documentos é prevista em vários dispositivos deste Código e diversamente punida, levando em conta o bem jurídico atacado, ou então a qualidade do sujeito ativo ou do sujeito passivo do delito. No art. 305 (supressão de documento, classificada como falsidade documental – crime contra a fé pública), o objeto do delito são os documentos que, merecedores de fé pública, se destinam especificamente à prova de alguma relação jurídica, e o sujeito ativo é movido pelo locupletamento próprio ou de terceiro, ou pelo prejuízo alheio. No art. 314 (extravio, sonegação ou inutilização de livro ou documento, inserido entre os crimes praticados por funcionário público contra a Administração em geral), os documentos não têm a destinação específica de servirem como prova no sentido jurídico, e o sujeito ativo (com ou sem fim de locupletação própria ou de terceiro ou de causar prejuízo a outrem) é o funcionário público que tem a guarda deles em razão do cargo. No art. 337 (subtração ou inutilização de livro ou documento, classificado como crime praticado por particular contra a Administração em geral), os documentos são os mesmos indicados no art. 314. Diferenciam-se os crimes, contudo, pela natureza do sujeito ativo, agora particular, ou mesmo um funcionário público, desde que agindo como particular. No art. 356 (sonegação de papel ou objeto de valor probatório, capitulado entre os crimes contra a Administração da Justiça), o CP versa sobre um crime próprio de advogado ou procurador, no tocante a autos ou documentos que, em tal qualidade, lhe foram confiados.

○ **Objeto jurídico:** Tutela-se a Administração Pública, relativamente ao normal funcionamento da atividade administrativa.

○ **Objeto material:** É o **livro oficial**, **processo** ou **documento** (público ou particular) confiado à custódia de funcionário, em razão de ofício, ou de particular em serviço público. O objeto material deve estar confiado à custódia de funcionário, em razão de ofício, não se verificando este crime quando alguém subtrai ou inutiliza, total ou parcialmente, um livro oficial, processo ou documento de quem não o guarda por conta da sua função. A parte final do preceito primário do dispositivo em estudo aloja a expressão "ou de particular em serviço público", pois existem, em hipóteses excepcionais, particulares que desempenham funções públicas – se alguém subtrair ou inutilizar, total ou parcialmente, algum documento confiado a estas pessoas, a ele será imputado o crime de subtração ou inutilização de livro ou documento.

○ **Núcleos do tipo:** São dois: (**a**) **subtrair** – retirar o livro oficial, processo ou documento do local em que se encontra (seja na repartição pública ou fora desta, mas sempre sob a custódia do funcionário público), dele se apoderando o agente, e (**b**) **inutilizar** – tornar imprestável o livro oficial, processo ou documento, total ou parcialmente. Destarte, não se reclama sua efetiva destruição.

○ **Sujeito ativo:** Pode ser qualquer pessoa (**crime comum ou geral**), inclusive o funcionário público, desde que não seja responsável pela custódia do livro oficial, processo ou documento.

– **Advogado ou procurador e inutilização de autos, documento ou objeto de valor probatório:** Na hipótese de advogado ou procurador que inutiliza, total ou parcialmente, autos, documento ou objeto de valor probatório, que recebeu em razão da sua condição, estará configurado o delito de sonegação de papel ou objeto de valor probatório (art. 356 do CP). O conflito aparente de leis penais é solucionado pelo princípio da especialidade.

○ **Sujeito passivo:** É o Estado e, mediatamente, a pessoa física ou jurídica prejudicada pela conduta criminosa.

○ **Elemento subjetivo:** É o dolo, independentemente de qualquer finalidade específica. Não se admite a modalidade culposa.

○ **Consumação:** O crime é **material** ou **causal**: consuma-se no instante em que o livro oficial, processo ou documento é subtraído, mediante seu apoderamento pelo agente, seguido da inversão da sua posse e sua consequente retirada da esfera de vigilância da vítima, ou então inutilizado, total ou parcialmente.

○ **Tentativa:** É possível. No núcleo "inutilizar" não se exige a completa imprestabilidade do bem ao fim a que se destinava, pois o tipo penal contém a expressão "total ou parcialmen-te", bastando a inutilização parcial para fins de consumação, não se podendo reconhecer o *conatus* nessa situação.

○ **Ação penal:** É pública incondicionada.

○ **Lei 9.099/1995:** Em face da pena privativa de liberdade cominada – reclusão, de dois a cinco anos –, a subtração ou inutilização de livro ou documento constitui-se em **crime de elevado potencial ofensivo**, incompatível com os benefícios contidos na Lei 9.099/1995.

○ **Subsidiariedade expressa:** A subtração ou inutilização de livro ou documento é **crime expressamente subsidiário**, pois o preceito secundário do art. 337 do CP contém a expressão "se o fato não constitui crime mais grave".

Sonegação de contribuição previdenciária

Art. 337-A. Suprimir ou reduzir contribuição social previdenciária e qualquer acessório, mediante as seguintes condutas:

I – omitir de folha de pagamento da empresa ou de documento de informações previsto pela legislação previdenciária segurados empregado, empresário, trabalhador avulso ou trabalhador autônomo ou a este equiparado que lhe prestem serviços;

II – deixar de lançar mensalmente nos títulos próprios da contabilidade da empresa as quantias descontadas dos segurados ou as devidas pelo empregador ou pelo tomador de serviços;

III – omitir, total ou parcialmente, receitas ou lucros auferidos, remunerações pagas ou creditadas e demais fatos geradores de contribuições sociais previdenciárias:

Pena – reclusão, de 2 (dois) a 5 (cinco) anos, e multa.

§ 1º É extinta a punibilidade se o agente, espontaneamente, declara e confessa as contribuições, importâncias ou valores e presta as informações devidas à previdência social, na forma definida em lei ou regulamento, antes do início da ação fiscal.

§ 2º É facultado ao juiz deixar de aplicar a pena ou aplicar somente a de multa se o agente for primário e de bons antecedentes, desde que:

I – (Vetado)

II – o valor das contribuições devidas, inclusive acessórios, seja igual ou inferior àquele estabelecido pela previdência social, administrativamente, como sendo o mínimo para o ajuizamento de suas execuções fiscais.

§ 3º Se o empregador não é pessoa jurídica e sua folha de pagamento mensal não ultrapassa R$ 1.510,00 (um mil, quinhentos e dez reais), o juiz poderá reduzir a pena de um terço até a metade ou aplicar apenas a de multa.

§ 4º O valor a que se refere o parágrafo anterior será reajustado nas mesmas datas e nos mesmos índices do reajuste dos benefícios da previdência social.

Classificação:	Informações rápidas:
Crime comum Crime material Crime doloso Crime de forma vinculada Crime unissubjetivo, unilateral ou de concurso eventual	**Objeto material:** contribuição previdenciária omitida ou não lançada, bem como os acessórios previstos em lei. **Norma penal em branco heterogênea:** inc. I – complementação pelo Decreto 3.048/1999). **Elemento subjetivo:** dolo. Não admite modalidade culposa. **Tentativa:** não admite (crime omissivo próprio em todas as suas modalidades, e, por corolário, unissubsistente).

Classificação:	Informações rápidas:
Crime omissivo próprio ou puro Crime unissubsistente Crime instantâneo	**Ação penal:** pública incondicionada. **Competência:** Justiça Federal (salvo na hipótese do art. 149, § 1.º, da CF). **Dificuldades financeiras:** exclui a culpabilidade pela exigibilidade de conduta diversa (desde que cabalmente provada). **Princípio da insignificância:** aplica-se quando não houver risco de lesão ao bem jurídico penalmente tutelado.

○ **Introdução:** A Lei 9.983/2000, com o objetivo de suprir a deficiência do art. 95 da Lei 8.212/1991,[357] inseriu o art. 337-A no Título XI da Parte Especial do CP, mais especificamente no capítulo dos "Crimes praticados por particular contra a Administração em geral", instituindo o crime de "sonegação de contribuição previdenciária". Em nossa opinião, o legislador equivocou-se ao incluir tal crime neste Código, pois se trata, na verdade, de delito contra a Previdência Social, razão pela qual seria mais correta sua colocação na Lei 8.212/1991, que dispõe sobre a organização da Seguridade Social, ou então na Lei 8.137/1990, relativa aos crimes contra a ordem tributária, uma vez que a contribuição previdenciária é, na verdade, uma espécie de tributo.[358] Fica clara, portanto, a natureza eminentemente tributária do crime de sonegação de contribuição tributária, muito embora também exista lesão aos interesses da Administração Pública.

○ **Objeto jurídico:** Tutela-se a **Administração Pública, especificamente no tocante à seguridade social**, constitucionalmente definida como "o conjunto integrado de ações de iniciativa dos Poderes Públicos e da sociedade, destinadas a assegurar os direitos relativos à saúde, à previdência e à assistência social" (art. 194).[359] Mediatamente, protege-se a **ordem tributária** e, finalmente, tem como objetividade jurídica a **ordem econômica** (arts. 170 e seguintes do CP), como decorrência da preservação da livre concorrência em face das empresas que cumprem regularmente suas obrigações tributárias, e desta forma são prejudicadas no mercado liberal perante as empresas que não honram suas obrigações junto ao Fisco.

○ **Objeto material:** É a contribuição previdenciária omitida ou não lançada, bem como os acessórios previstos em lei. Entende-se também por objeto material a folha de pagamento, o título próprio da contabilidade da empresa, bem como a receita, o lucro, a remuneração ou outro fato gerador da contribuição.[360] São contribuições previdenciárias as previstas no art. 195, I, *a*, e II, da CF, porque é vedada a utilização dos recursos provenientes de sua arrecadação para outra finalidade que não o pagamento dos benefícios do regime geral de previdência social, nos termos do art. 167, XI, da Lei Suprema. Tais contribuições são disciplinadas nos arts. 22, 22-A e 23 da Lei 8.212/1991. As demais contribuições com hipótese de incidência no art. 195 da CF são destinadas ao custeio da seguridade social como um todo, abrangendo

---

[357] O art. 3.º da Lei 9.983/2000 revogou expressamente o art. 95 da Lei 8.212/1991, outrora responsável pela definição dos crimes previdenciários.

[358] O Supremo Tribunal Federal reconhece cinco espécies de tributos (teoria da pentapartição ou quinquipartida): impostos, taxas, contribuições de melhoria, empréstimos compulsórios e contribuições sociais, incluindo-se nestas últimas as contribuições previdenciárias destinadas ao custeio da Seguridade Social. Para um estudo detalhado do tema: ALEXANDRE, Ricardo. *Direito tributário esquematizado*. 2. ed. São Paulo: Método, 2008. p. 40.

[359] Com igual pensamento: MONTEIRO, Antonio Lopes. *Crimes contra a previdência social*. 2. ed. São Paulo: Saraiva, 2003. p. 31.

[360] Nesse sentido: NUCCI, Guilherme de Souza. *Código Penal comentado*. 8. ed. São Paulo: RT, 2008. p. 1109-1110. Com raciocínio diverso, entendendo não existir objeto material no crime em análise: GRECO, Rogério. *Curso de direito penal*. 5. ed. Niterói: Impetus, 2009. v. IV, p. 548.

a assistência, os serviços de saúde e a previdência social. São exemplos a Contribuição para Financiamento da Seguridade Social (Cofins) e a Contribuição Social sobre o Lucro Líquido (CSLL), entre outras.[361] A expressão "acessórios" compreende a correção monetária e os juros moratórios (atualmente representados pela taxa Selic), eventuais multas, bem como o encargo legal previsto no Decreto-lei 1.025/1969, alterado pelo Decreto-lei 1.645/1978.

○ **Núcleos do tipo:** São "suprimir" e "reduzir". **Suprimir** tem o sentido de ocultar, dissimular a ocorrência do fato gerador ou extinguir a obrigação tributária; **reduzir** expressa o ato de diminuir, tornar menos oneroso o tributo a ser recolhido. Cuida-se de **tipo misto alternativo, crime de ação múltipla** ou **de conteúdo variado** – a prática de mais de um núcleo do tipo, no tocante ao mesmo objeto material, caracteriza um único delito. Não basta a supressão ou redução da contribuição previdenciária, pois se trata de **crime de forma vinculada** – para a ocorrência do delito em análise, a conduta deve ser praticada por uma das seguintes maneiras:

a) **Omitir de folha de pagamento da empresa ou de documento de informações previsto pela legislação previdenciária segurados empregado, empresário, trabalhador avulso ou trabalhador autônomo ou a este equiparado que lhe prestem serviços:** Constitui-se em **crime omissivo próprio ou puro**, em que o agente deixa de incluir na folha de pagamento ou outro documento previsto pela legislação previdenciária quaisquer das pessoas elencadas (empregado, empresário, trabalhador avulso ou trabalhador autônomo ou a este equiparado que lhe prestem serviços, todos definidos no art. 12 da Lei 8.212/1991), visando a redução ou supressão de contribuição previdenciária. Considera-se **empresa** a firma individual ou sociedade que assume o risco de atividade econômica urbana ou rural, com fins lucrativos ou não, bem como os órgãos e entidades da administração pública direta, indireta e fundacional; e **empregador doméstico** a pessoa ou família que admite a seu serviço, sem finalidade lucrativa, empregado doméstico (art. 15, I e II, da Lei 8.212/1991). Equipara-se à empresa o contribuinte individual em relação a segurado que lhe presta serviço, bem como a cooperativa, a associação ou entidade de qualquer natureza ou finalidade, a missão diplomática e a repartição consular de carreiras estrangeiras (art. 15, parágrafo único, da Lei 8.212/1991). É obrigação da empresa ou entidade equiparada a preparação da folha de pagamento da remuneração devida ou creditada aos segurados, bem como informar à União Federal todos os fatos geradores de contribuição previdenciária (Decreto 3.048/1999 – Regulamento da Previdência Social, art. 225, I e IV). Estamos diante de uma **norma penal em branco heterogênea**, complementada pelo diploma normativo mencionado.

b) **Deixar de lançar mensalmente nos títulos próprios da contabilidade da empresa as quantias descontadas dos segurados ou as devidas pelo empregador ou pelo tomador de serviços:** Cuida-se, também, de **crime omissivo próprio ou puro**, no qual o sujeito não aponta nos registros de contabilidade os valores descontados ou devidos a título de contribuição previdenciária. Conforme dispõe o art. 32, II, da Lei 8.212/1991, a empresa também é obrigada a "lançar mensalmente em títulos próprios de sua contabilidade, de forma discriminada, os fatos geradores de todas as contribuições, o montante das quantias descontadas, as contribuições da empresa e os totais recolhidos". No mesmo sentido dispõe o art. 225, II, do Regulamento da Previdência Social. Tal obrigação acessória decorre do disposto no art. 30, I, *a* e *b*, da Lei 8.212/1991. Portanto, a empresa desconta dos respectivos empregados ou trabalhadores o montante a título de contribuição previdenciária. Posteriormente, informa ao ente federal quanto

---

[361] Alerta Luiz Regis Prado, ainda, que, por não se inserirem no âmbito protetivo da norma penal, não podem constituir objeto material do crime em análise as demais contribuições sociais mencionadas pelo art. 149 da Constituição Federal. *Curso de direito penal brasileiro.* 6. ed. São Paulo: RT, 2010. v. 3, p. 558. Ressalte-se, contudo, que o art. 149 da Constituição Federal trata de maneira genérica também das contribuições sociais destinadas à seguridade, posteriormente especificadas em seu art. 195, de modo que não podem ser objeto material do delito as contribuições de intervenção no domínio econômico e de interesse das categorias profissionais e econômicas, uma vez que a destinação das contribuições sociais em geral não pode ser obtida pela singela análise do art. 149 da Lei Maior.

foi descontado e de qual contribuinte, fazendo o recolhimento respectivo. Nessa hipótese o contribuinte é o empregado ou trabalhador, atuando o empresário como responsável, por lei, pelo desconto e recolhimento, para facilitar a atuação e fiscalização pela Administração Tributária. Por outro lado, o empresário tem contribuições a seu cargo, que também devem ser pagas e informadas ao ente arrecadador. Se o agente, portanto, deixar de recolher ou recolher em valor inferior ao devido as contribuições previdenciárias determinadas em lei, ocultando dados em sua contabilidade, incidirá no crime em apreço.

c) **Omitir, total ou parcialmente, receitas ou lucros auferidos, remunerações pagas ou creditadas e demais fatos geradores de contribuições sociais previdenciárias:** Novamente o crime é **omissivo próprio puro**. O agente deixa de informar ao órgão arrecadador as receitas, lucros ou remunerações pagas ou creditadas, bem como quaisquer outros fatos geradores de contribuições previdenciárias. As bases de incidência das contribuições da seguridade social estão especificadas no art. 195 da CF. Os fatos geradores foram determinados pelas legislações respectivas de cada contribuição.

○ **Sujeito ativo:** Pode ser qualquer pessoa (**crime comum** ou **geral**). Há entendimentos, posteriores à entrada em vigor da Lei 9.983/2000, no sentido de tratar-se de crime próprio, porque somente poderia ser realizado por quem tem o dever legal de repassar à Previdência Social as contribuições recolhidas dos contribuintes.[362] Este delito é compatível com a coautoria e a participação, sendo exemplo desta última modalidade de concurso de pessoas a atitude do contador de uma empresa que induz, instiga ou auxilia seu administrador a qualquer das condutas descritas no tipo penal. Por expressa determinação legal, o ente público é considerado empresa para efeitos previdenciários (art. 15, I, da Lei 8.212/1991). O Chefe do Poder Executivo, como administrador, responde pela omissão ou ausência de lançamento dos dados determinados na legislação, visando a supressão ou redução de contribuição. Deve ser também responsabilizado o Secretário da Fazenda ou outro servidor com atribuição para tais lançamentos. Este crime não pode ser imputado à pessoa jurídica, por ausência de previsão constitucional nesse sentido.

○ **Sujeito passivo:** É a **União**, que por meio da Receita Federal do Brasil arrecada e fiscaliza as contribuições previdenciárias (Lei 8.212/1991, art. 33), bem como os Estados (ou Distrito Federal) e os Municípios que tenham instituído Regime Próprio de Previdência Social, nos termos do art. 149, § 1.º, da Constituição Federal.

○ **Elemento subjetivo:** É o dolo. Não se admite a forma culposa, podendo tal conduta enquadrar-se em infração administrativa nos moldes da Lei 8.212/1991.[363] Alguns doutrinadores defendem a necessidade do elemento subjetivo específico, consubstanciado na vontade de fraudar a previdência, deixando de pagar a contribuição,[364] posição com a qual não concordamos por uma razão bastante simples: o dolo de suprimir ou reduzir contribuição social previdenciária e qualquer acessório já aloja em seu interior o propósito de fraudar a Previdência Social. Este é o entendimento consagrado no âmbito do STF.

○ **Consumação:** A sonegação de contribuição previdenciária é **crime material** ou **causal**: consuma-se com a efetiva supressão ou redução da contribuição previdenciária ou acessórios.

---

[362] Cf. CASAGRANDE, Daniel Alberto. *Crimes contra a arrecadação para a seguridade social*: apropriação indébita previdenciária e sonegação de contribuição previdenciária. São Paulo: Verbatim, 2010. p. 52.

[363] Para Edmar Oliveira Andrade Filho: "Em face do disposto no parágrafo único do art. 18 do Código Penal, a supressão ou redução que pode ser alcançada pela lei penal é somente aquela que é produzida dolosamente. A falta de recolhimento de contribuição decorrente de simples erro na interpretação da legislação tributária não é suficiente para atrair a incidência da norma penal em análise." *Direito penal tributário*: crimes contra a ordem tributária e contra a previdência social. 6. ed. São Paulo: Atlas, 2009.

[364] É o caso de NUCCI, Guilherme de Souza. *Código Penal comentado*. 8. ed. São Paulo: RT, 2008. p. 1107.

o **Tentativa:** Não se admite, pelo fato de tratar-se de **crime omissivo próprio** (em todas as suas modalidades), e, por corolário, unissubsistente, inviabilizando o fracionamento do *iter criminis*.

o **Ação penal:** É pública incondicionada, em todas as modalidades do delito.

o **Lei 9.099/1995:** Em face da pena privativa de liberdade cominada – reclusão de dois a cinco anos –, a sonegação de contribuição previdenciária constitui-se em **crime de elevado potencial ofensivo**, incompatível com os benefícios elencados na Lei 9.099/1995.

o **Competência:** A competência para processar e julgar o delito é da **Justiça Federal**, com fulcro no art. 109, IV, da CF, por se tratar de crime praticado em detrimento dos interesses da União. A competência para instituição de contribuições sociais é exclusiva deste ente federativo (art. 149 da CF), mas o § 1.º do art. 149 estabelece regra de exceção, ao atribuir competência aos Estados, ao Distrito Federal e aos Municípios relativamente à instituição de contribuição de seus servidores para custeio do regime previdenciário próprio. Portanto, se na hipótese concreta o tributo suprimido ou reduzido mediante quaisquer das condutas previstas no tipo for a contribuição estabelecida no art. 149, § 1.º, a competência será da Justiça Estadual.

o **Dificuldades financeiras e reflexos jurídico-penais:** Na hipótese em que o sujeito suprime ou reduz contribuição social previdenciária, em razão de relevantes dificuldades financeiras, firmou-se tese no sentido da ilegitimidade da atuação do Direito Penal, pois seria injusta a incidência prática do crime em estudo. Prevalece o entendimento de que se afasta a culpabilidade, em face da **inexigibilidade de conduta diversa**. Especialmente em períodos de instabilidade econômica, obstáculos intransponíveis se põem no caminho dos empregadores, o que justifica a exclusão da culpabilidade, pois não se poderia respeitar integralmente a legislação tributária se isso ferisse de morte o empregador. Porém, a situação de penúria econômica deve ser cabalmente provada durante a instrução criminal. O não recolhimento integral das contribuições previdenciárias por período demasiadamente longo é um forte indício de que as dificuldades econômicas do empregador, especialmente das empresas, eram superáveis, pois não seria viável sua sobrevivência por tanto tempo submetendo-se a uma insuperável crise financeira.

o **Extinção da punibilidade (art. 337-A, § 1.º):** Será extinta a punibilidade se o agente, espontaneamente, declarar e confessar as contribuições, importâncias ou valores e prestar as informações devidas à previdência social, na forma definida em lei ou regulamento, antes do início da ação fiscal. O termo final para o pagamento é o início da ação fiscal. Se o agente for beneficiado pela concessão do parcelamento dos valores devidos a título de contribuição social previdenciária, ou qualquer acessório, o pagamento integral do débito importará na extinção da punibilidade (art. 83, § 4.º, da Lei 9.430/1996). O Supremo Tribunal Federal entende, com amparo no art. 69 da Lei 11.941/2009, que o pagamento integral do débito fiscal acarreta na extinção da punibilidade do agente, ainda que efetuado após o julgamento da ação penal, desde que antes do trânsito em julgado da condenação.

o **Perdão judicial ou aplicação exclusiva de pena pecuniária (art. 337-A, § 2.º, II):** De acordo com o inciso II do § 2.º do art. 337 do CP, é facultado ao juiz deixar de aplicar a pena ou aplicar somente a de multa se o agente for primário e de bons antecedentes, desde que o valor das contribuições devidas, inclusive acessórios, seja igual ou inferior àquele estabelecido pela previdência social, administrativamente, como sendo o mínimo para o ajuizamento de suas execuções fiscais. *Tal* limite encontra-se nas Portarias MF 75/2012 e 130/2012, nas quais restou autorizado o não ajuizamento das execuções fiscais de débitos com a Fazenda Nacional de valor igual ou inferior a R$ 20.000,00.

○ **Redução da pena ou aplicação exclusiva da pena pecuniária (art. 337-A, §§ 3.º e 4.º):** Prevê o § 3.º que, na hipótese de a sonegação não ter sido praticada por intermédio de pessoa jurídica, e sua folha de pagamento não ultrapassar o teto de R$ 1.510,00, o juiz poderá reduzir a pena de um terço até a metade ou aplicar somente a pena de multa. Em razão disso, o empregador doméstico que preencher os requisitos legais tem direito ao benefício. Já o § 4.º dispõe que "o valor a que se refere o parágrafo anterior será reajustado nas mesmas datas e nos mesmos índices do reajuste dos benefícios da previdência social". O montante é atualmente previsto pelo art. 8.º, VI, da Portaria SEPRT 477/2021, nos seguintes termos: "o valor de que trata o § 3º do art. 337-A do Código Penal, aprovado pelo Decreto-lei nº 2.848, de 7 de dezembro de 1940, é de R$ 5.679,82 (cinco mil, seiscentos e setenta e nove reais e oitenta e dois centavos)".

○ **Prévio esgotamento da via administrativa e atipicidade do fato:** É pacífico o entendimento de que não se configura crime contra a ordem tributária, a exemplo da sonegação de contribuição previdenciária, enquanto não encerrado o processo administrativo relativo à discussão acerca da existência, valor ou exigibilidade da contribuição social previdenciária supostamente devida. Fundamenta-se esta linha de raciocínio no art. 142, *caput*, do CTN: "Compete privativamente à **autoridade administrativa** constituir o crédito tributário pelo lançamento, assim entendido o procedimento administrativo tendente a verificar a ocorrência do fato gerador da obrigação correspondente, determinar a matéria tributável, calcular o montante do tributo devido, identificar o sujeito passivo e, sendo caso, propor a aplicação da penalidade cabível." Portanto, a atribuição para lançamento é da autoridade administrativa, motivo pelo qual a decisão por ela proferida vincula até mesmo o Poder Judiciário, que não pode lançar um tributo, tampouco corrigir ou modificar o lançamento efetuado pela autoridade administrativa. Se o juiz reconhecer algum vício no lançamento realizado, ele deve declarar sua nulidade, cabendo à autoridade administrativa competente, se for o caso, constituir novamente o crédito tributário. É por isso que os Tribunais Superiores pacificaram a jurisprudência na direção de ser vedada a propositura da ação penal por crimes tributários (*lato sensu*) antes da conclusão do processo administrativo de lançamento, pois o magistrado não tem competência para decidir sobre a existência ou não do crédito tributário em relação ao qual repousa a discussão sobre a prática do delito. Se o tributo ainda não se encontra integralmente constituído, não é exigível, razão pela qual é vedado falar em crime de natureza tributária. Para afastar qualquer discussão sobre o assunto, o STF editou a Súmula Vinculante 24, que, embora faça referência unicamente aos crimes previstos no art. 1.º, I a IV, da Lei 8.137/1990, irradia efeitos para os crimes tributários em geral, entre eles a sonegação de contribuição previdenciária, pois as razões que justificaram sua criação também se encontram presentes neste delito.

○ **Princípio da insignificância:** Nada obstante a natureza tributária da sonegação de contribuição previdenciária, não se admite o princípio da insignificância, independentemente do valor sonegado. O elevado grau de reprovabilidade da conduta, atentatória da própria subsistência da Previdência Social, coloca em risco as pessoas fragilizadas que dela dependem. A ofensividade do crime extrapola o âmbito individual e atinge a esfera coletiva. Esse é o entendimento consagrado no Supremo Tribunal Federal e no Superior Tribunal de Justiça.[365]

○ **Jurisprudência selecionada:**

Consumação – prévio esgotamento da via administrativa – necessidade: "O Supremo Tribunal Federal, por decisão plenária, assentou que, os crimes de sonegação e apropriação indébita previdenciária também são crimes materiais, exigindo para sua consumação a ocorrência de resultado

---

[365] STF: RHC 132.706 AgR/SP, rel. Min. Gilmar Mendes, 2.ª Turma, j. 21.06.2016; e STJ: AgRg no REsp 1.862.853/MG, rel. Min. Rogerio Schietti Cruz, 6.ª Turma, j. 27.10.2020.

naturalístico, consistente em dano para a Previdência. Verifica-se, assim, que o prévio esgotamento da via administrativa constitui condição de procedibilidade para a ação penal, sem o que não se constata justa causa para a instauração de inquérito policial, já que o suposto crédito fiscal ainda pende de lançamento definitivo, impedindo a configuração do delito e, por conseguinte, o início da contagem do prazo prescricional" (STJ: HC 96.348/BA, rel. Min. Laurita Vaz, 5.ª Turma, j. 24.06.2008).

Elemento subjetivo: "Assim como ocorre quanto ao delito de apropriação indébita previdenciária, o elemento subjetivo animador da conduta típica do crime de sonegação de contribuição previdenciária é o dolo genérico, consistente na intenção de concretizar a evasão tributária" (STF: AP 516/DF, rel. Min. Ayres Britto, Plenário, j. 27.09.2010).

Pagamento integral do débito fiscal efetuado após o julgamento – extinção da punibilidade: STF: AP 516 ED/DF, rel. orig. Min. Ayres Britto, red. p/ o acórdão Min. Luiz Fux, Plenário, j. 05.12.2013, noticiado no *Informativo* 731. *Vide transcrição no item* Jurisprudência Selecionada do art. 168-A do CP.

Representação fiscal para fins penais e crimes contra a Previdência Social – art. 83 da Lei 9.430/1996: "A representação fiscal para fins penais relativa aos crimes de apropriação indébita previdenciária e de sonegação de contribuição previdenciária será encaminhada ao Ministério Público depois de proferida a decisão final, na esfera administrativa, sobre a exigência fiscal do crédito tributário correspondente. Não se vislumbra inconstitucionalidade formal ou material do art. 83 da Lei 9.430/1996. A alteração normativa condiciona o momento de envio da representação fiscal, para fins penais — no tocante aos crimes de apropriação indébita previdenciária e de sonegação de contribuição previdenciária —, à necessidade de exaurimento do processo administrativo de constituição do crédito. Logo, o dispositivo impugnado confere linearidade ao procedimento administrativo, ao estender àqueles delitos idêntica solução prevista para os demais crimes contra a ordem tributária. O preceito tem como destinatários os agentes fiscais. Ele não cuida do momento de consumação de delitos, tampouco versa sobre condição de procedibilidade para a persecução penal. Portanto, é inapropriada a discussão sobre a natureza dos crimes envolvidos, especialmente por se tratar de clara opção política do legislador. Ademais, o entendimento pela constitucionalidade da norma encontra apoio na jurisprudência do STF" (STF: ADI 4.980/DF, rel. Min. Nunes Marques, Plenário, j. 10.03.2022, noticiado no *Informativo* 1.047).

Sonegação de contribuição previdenciária e apropriação indébita previdenciária – continuidade delitiva – possibilidade: "A Turma entendeu que é possível o reconhecimento da continuidade delitiva entre o crime de sonegação previdenciária (art. 337-A do CP) e o crime de apropriação indébita previdenciária (art. 168-A do CP) praticados na administração de empresas de um mesmo grupo econômico. Entendeu-se que, apesar de os crimes estarem tipificados em dispositivos distintos, são da mesma espécie, pois violam o mesmo bem jurídico, a previdência social. No caso, os crimes foram praticados na administração de pessoas jurídicas diversas, mas de idêntico grupo empresarial, havendo entre eles vínculos em relação ao tempo, ao lugar e à maneira de execução, evidenciando ser um continuação do outro" (STJ: REsp 1.212.911/RS, rel. Min. Sebastião Reis Júnior, 6.ª Turma, j. 20.03.2012, noticiado no *Informativo* 493).

Capítulo II-A –
DOS CRIMES PRATICADOS POR PARTICULAR CONTRA A ADMINISTRAÇÃO PÚBLICA ESTRANGEIRA

○ **Introdução:** Este Capítulo do Código Penal foi instituído pela Lei 10.467/2002, a qual criou os crimes de corrupção ativa em transação comercial internacional e tráfico de influência em transação comercial internacional, além de apresentar o conceito legal de funcionário público estrangeiro. O novo diploma legal foi editado com a finalidade de atender a Convenção sobre o Combate à Corrupção de Funcionários Públicos Estrangeiros em Transações Internacionais, firmada em Paris em 17.12.1997 e incorporada ao direito brasileiro pelo Decreto 3.678/2000, bem como a Convenção Interamericana contra a Corrupção, celebrada em Caracas em 29.03.1996 e incorporada no Brasil pelo Decreto 4.410/2002.

Corrupção ativa em transação comercial internacional

Art. 337-B. Promter, oferecer ou dar, direta ou indiretamente, vantagem indevida a funcionário público estrangeiro, ou a terceira pessoa, para determiná-lo a praticar, omitir ou retardar ato de ofício relacionado à transação comercial internacional:

Pena – reclusão, de 1 (um) a 8 (oito) anos, e multa.

Parágrafo único. A pena é aumentada de 1/3 (um terço), se, em razão da vantagem ou promessa, o funcionário público estrangeiro retarda ou omite o ato de ofício, ou o pratica infringindo dever funcional.

Classificação:	Informações rápidas:
Crime comum	**Objeto material:** vantagem indevida.
Crime material ("dar") ou formal ("oferecer" e "prometer")	**Responsabilidade penal da pessoa jurídica:** não é possível (ausência de previsão constitucional).
Crime doloso	**Elemento subjetivo:** dolo (elemento subjetivo específico
Crime de forma livre	– "para determiná-lo a praticar, omitir ou retardar ato de
Crime unissubjetivo, unilateral ou de concurso eventual	ofício relacionado à transação comercial internacional"). Não admite modalidade culposa.
Crime unissubsistente ou pluris-subsistente	**Tentativa:** admite nas modalidades "prometer" e "oferecer" somente se praticadas por meio escrito e em qualquer
Crime instantâneo	hipótese na modalidade "dar".
	Ação penal: pública incondicionada.

○ **Objeto jurídico:** Tutela-se a Administração Pública estrangeira (objetividade jurídica transnacional), em virtude de ser o Brasil signatário de tratados internacionais nesse sentido, especialmente no tocante à boa-fé, à regularidade e à transparência nas transações comerciais internacionais. De acordo com o item 1 do art. 1 da Convenção sobre o Combate da Corrupção de Funcionários Públicos Estrangeiros em Transações Comerciais Internacionais, cada Estado signatário "deverá tomar todas as medidas necessárias ao estabelecimento de que, segundo suas leis, é delito criminal qualquer pessoa intencionalmente oferecer, prometer ou dar qualquer vantagem pecuniária indevida ou de outra natureza, seja diretamente ou por intermediários, a um funcionário público estrangeiro, para esse funcionário ou para terceiros, causando a ação ou a omissão do funcionário no desempenho de suas funções oficiais, com a finalidade de realizar ou dificultar transações ou obter outra vantagem ilícita na condução de negócios internacionais".

○ **Objeto material:** É a **vantagem indevida**, ou seja, contrária ao Direito. A palavra "indevida" figura como elemento normativo do tipo. A vantagem pode ser material ou de outra natureza, pois estamos diante de crime contra a Administração Pública, e não de delito patrimonial. Cumpre destacar o texto da alínea "b" do item I do artigo VI da Convenção Interamericana contra a Corrupção: "1. Esta Convenção é aplicável aos seguintes atos de corrupção: b. a oferta ou outorga, direta ou indiretamente, a um funcionário público ou pessoa que exerça funções públicas, de **qualquer objeto de valor pecuniário ou de outros benefícios como dádivas, favores, promessas ou vantagens** a esse funcionário público ou outra pessoa ou entidade em troca da realização ou omissão de qualquer ato no exercício de suas funções públicas".

○ **Núcleos do tipo:** São "prometer", "oferecer" e "dar". **Prometer** no sentido de comprometer-se a assegurar vantagem futura; **oferecer** é apresentar, exibir, fazer proposta de entrega imediata da vantagem; e **dar** equivale a entregar a vantagem indevida, transferindo-lhe a propriedade. O legislador valeu-se de tais verbos para assegurar o amplo alcance do tipo penal, em obediência à alínea "b", do item I, do artigo VI da Convenção Interamericana contra a Corrupção, cujo escopo é punir ofertas ou outorgas de vantagens espúrias, direta ou indiretamente, a um funcionário público ou pessoa que exerça funções públicas. Cuida-se de **tipo misto alternativo, crime de ação múltipla** *ou* **de conteúdo variado** – a prática de mais de uma conduta em relação ao mesmo objeto material configura um único delito. A oferta, promessa ou entrega de vantagem indevida devem ser efetuadas voluntariamente pelo agente. Se a conduta for praticada em razão de exigência pelo funcionário público estrangeiro nesse sentido, estará caracterizado o crime de concussão (art. 316, *caput, do CP*). O agente pode oferecer, prometer ou dar a vantagem indevida de maneira **direta** ou **indireta**. Trata-se de **crime de forma livre**. A promessa, oferta ou entrega de vantagem indevida há de ser endereçada ao funcionário público estrangeiro ou a terceira pessoa com ele relacionada. Ao contrário do que se verifica nos crimes praticados por particular contra a Administração em geral, no delito em apreço o legislador incluiu, além do funcionário público estrangeiro, uma **terceira pessoa** como destinatária da promessa, oferta ou entrega da vantagem indevida. Nesse caso, o agente se vale deste terceiro para determinar o ato ilícito por parte do funcionário público estrangeiro.

– **Ato de ofício:** A conduta criminosa objetiva a prática, a omissão ou o retardamento de ato de ofício, relacionado à transação comercial internacional, pelo funcionário público estrangeiro. **Ato de ofício** é o relacionado ao campo de atuação funcional do representante do país estrangeiro. Se o ato almejado pelo sujeito ativo não se enquadrar no rol de atribuições do funcionário público estrangeiro, não restará configurado o crime em análise. Não basta, portanto, que se trate de funcionário público estrangeiro: é imprescindível seja ele dotado de poderes para praticar ato relativo à transação comercial internacional. A expressão "**transação comercial internacional**" diz respeito a acordo sobre comércio firmado entre pessoas físicas ou jurídicas de dois ou mais países.

– **Prescindibilidade da existência simultânea de corrupção passiva:** O crime de corrupção ativa em transação comercial internacional não se encontra vinculado à corrupção passiva do funcionário público estrangeiro. Se o funcionário público estrangeiro receber ou aceitar a promessa de vantagem indevida, a ele não será imputado o crime de corrupção passiva (art. 317, *caput*, deste Código), pois cabe ao país estrangeiro a incriminação desta conduta –somente à Administração Pública estrangeira interessa a punição de eventual corrupção passiva ou figura análoga praticada por uma pessoa integrante dos seus quadros.

○ **Sujeito ativo:** Pode ser qualquer pessoa (**crime comum ou geral**), inclusive um funcionário público, desde que não se valha das prerrogativas inerentes ao seu cargo. É perfeitamente cabível o concurso de pessoas (coautoria e participação).

– **Corrupção ativa em transação comercial internacional e responsabilidade penal da pessoa jurídica:** O art. 2 da Convenção sobre o Combate da Corrupção de Funcionários Públicos Estrangeiros em Transações Comerciais Internacionais prevê a possibilidade de responsabilização penal das pessoas jurídicas. Sabe-se, contudo, que no Brasil a responsabilidade penal dessas pessoas somente é admitida nos casos expressamente disciplinados pela CF. E o texto constitucional silenciou no campo dos crimes contra a Administração Pública estrangeira. Assim, atualmente não é possível a prática deste delito por pessoas jurídicas. Nada obstante, há de ser observada a ressalva contida no item 2 do art. 3 da citada Convenção: "Caso a responsabilidade criminal, sob o sistema jurídico da Parte, não se aplique a pessoas jurídicas, a Parte deverá assegurar que as pessoas jurídicas estarão sujeitas a sanções não criminais efetivas, proporcionais e dissuasivas contra a corrupção de funcionário público estrangeiro, inclusive sanções financeiras."

o **Sujeito passivo:** É o país estrangeiro, pois trata-se de delito contra a Administração Pública estrangeira, e, mediatamente, a coletividade internacional e a pessoa física ou jurídica eventualmente prejudicada pela conduta criminosa.

o **Elemento subjetivo:** É o dolo, acrescido de um especial fim de agir (elemento subjetivo específico), representado pela expressão "para determiná-lo a praticar, omitir ou retardar ato de ofício relacionado à transação comercial internacional". Não se admite a modalidade culposa.

o **Consumação:** Nas modalidades "prometer" e "oferecer", o crime é **formal, de consumação antecipada** ou **de resultado cortado:** consuma-se com a simples promessa ou oferta de vantagem indevida por parte do corruptor ao funcionário público estrangeiro, independentemente da aceitação ou recusa da oferta ou promessa, bem como do retardamento, omissão ou prática de ato de ofício pelo funcionário. No núcleo "dar", de seu turno, o delito é **material** ou **causal:** consuma-se com a efetiva entrega da vantagem indevida. Prescinde-se, contudo, da prática, omissão ou retardamento do ato de ofício relacionado à transação comercial internacional pelo funcionário público estrangeiro.

o **Tentativa:** Nas modalidades "prometer" e "oferecer", admite-se o *conatus* nas hipóteses de prática do delito por meio escrito. Não há falar em tentativa quando o crime é cometido oralmente. No núcleo "dar" o crime é perfeitamente compatível com a forma tentada. Vale destacar a parte final do item 2, do art. 1, da Convenção sobre o Combate da Corrupção de Funcionários Públicos Estrangeiros em Transações Comerciais Internacionais: "a tentativa e conspiração para subornar um funcionário público estrangeiro serão delitos criminais na mesma medida em que o são a tentativa e conspiração para corrupção de funcionário público daquela Parte".

o **Ação penal:** É pública incondicionada, em todas as modalidades do delito.

o **Lei 9.099/1995:** No *caput*, o art. 337-B do CP contempla um **crime de médio potencial ofensivo**, pois a pena mínima (reclusão de um ano) autoriza o cabimento da suspensão condicional do processo, desde que presentes os demais requisitos elencados pelo art. 89 da Lei 9.099/1995. Na forma agravada afigura-se inadmissível a incidência das disposições da Lei 9.099/1995, pois se trata de crime de **elevado potencial ofensivo**. Tais penas obedecem ao comando do item 1 do art. 3 da Convenção sobre o Combate à Corrupção de Funcionários Públicos Estrangeiros em Transações Internacionais.

o **Causa de aumento de pena (art. 337-B, parágrafo único):** Se o funcionário, em razão da promessa, oferta ou recebimento de vantagem indevida, retardar a prática do ato, desrespeitando os prazos de execução, deixar de praticar o ato ou praticá-lo com infração de dever funcional, haverá **exaurimento** do delito, tratado pelo legislador como causa de aumento de pena (utilizável na terceira e última fase da sua dosimetria), em virtude das nefastas consequências proporcionadas à Administração Pública estrangeira pela conduta criminosa.

○ **Diferenças com o delito de corrupção ativa (art. 333):** O crime em estudo diferencia-se da corrupção ativa prevista no art. 333 deste Código em razão da existência de **elementos especializantes:** incluiu-se o verbo "**dar**", além dos núcleos prometer e oferecer. Surge aqui uma diferença fundamental: se o agente, mesmo quando solicitado pelo funcionário público estrangeiro, lhe entrega uma vantagem indevida, estará configurado o crime de corrupção ativa em transação comercial internacional, ao contrário do que se verifica no delito do art. 333. Fica nítido, portanto, que a iniciativa quanto à corrupção não precisa partir necessariamente do particular, podendo originar-se do comportamento do funcionário público estrangeiro. Ademais, a corrupção do funcionário público estrangeiro objetiva a prática, a omissão ou o retardamento de **ato de ofício relacionado à transação comercial internacional**. Se a transação não é comercial e/ou internacional, descabe falar na aplicação do tipo penal em apreço. Finalmente, na corrupção ativa em transação comercial internacional a conduta criminosa pode direcionar-se ao funcionário público estrangeiro ou a **terceira pessoa**, desde que esta determine o agente público a praticar, omitir ou retardar o ato de ofício relacionado à transação comercial internacional. Não se admite igual acontecimento no tocante à corrupção ativa.

Tráfico de influência em transação comercial internacional

> **Art. 337-C.** Solicitar, exigir, cobrar ou obter, para si ou para outrem, direta ou indiretamente, vantagem ou promessa de vantagem a pretexto de influir em ato praticado por funcionário público estrangeiro no exercício de suas funções, relacionado a transação comercial internacional:
>
> Pena – reclusão, de 2 (dois) a 5 (cinco) anos, e multa.
>
> Parágrafo único. A pena é aumentada da metade, se o agente alega ou insinua que a vantagem é também destinada a funcionário estrangeiro.

Classificação:	Informações rápidas:
Crime simples	**Objeto material:** vantagem (direta ou indireta) ou promessa de vantagem, de qualquer natureza.
Crime comum	
Crime formal ("solicitar", "exigir" e "cobrar") ou material ("obter")	**Responsabilidade penal da pessoa jurídica:** não é possível (ausência de previsão constitucional).
Crime de dano	
Crime de forma livre	**Elemento subjetivo:** dolo (elemento subjetivo específico – "para si ou para outrem"). Não admite modalidade culposa.
Crime comissivo (*regra*)	
Crime instantâneo	
Crime unissubjetivo, unilateral ou de concurso eventual	**Tentativa:** admite (se o *iter criminis* puder ser fracionado em dois ou mais atos).
Crime plurissubsistente (*regra*)	**Ação penal:** pública incondicionada.

○ **Objeto jurídico:** Tutela-se a Administração Pública estrangeira e, mediatamente, a boa-fé, a regularidade e a transparência, que devem nortear as relações comerciais internacionais.

○ **Objeto material:** É a vantagem ou promessa de vantagem, de qualquer natureza (econômica, moral, sexual etc.).

○ **Núcleos do tipo:** O dispositivo contém quatro núcleos: "solicitar", "exigir", "cobrar" e "obter". **Solicitar** é pedir, pleitear ou requerer; **exigir** é ordenar ou determinar; **cobrar** é reclamar o pagamento ou cumprimento de algo; e **obter** é alcançar ou conseguir. Estes verbos conjugam-se com a conduta de influir (inspirar ou incutir) em ato praticado por funcionário público estrangeiro no exercício de suas funções, relacionado à transação comercial internacional. Cuida-se de **tipo misto alternativo, crime de ação múltipla** ou **de conteúdo variado** – haverá um só crime quando o sujeito realizar mais de um núcleo no mesmo contexto fático e no tocante ao mesmo objeto material. O agente solicita, exige, cobra ou obtém, para si ou para outrem, vantagem ou promessa de vantagem, a pretexto de influir no comportamento do funcionário do público estrangeiro. Há o emprego de fraude, pois o sujeito alega ser apto a interferir no comportamento de funcionário público estrangeiro, quando na verdade esta situação não existe. E como alerta Luiz Regis Prado: "Embora o tipo requeira que a fraude diga respeito aos atos praticados por funcionário público estrangeiro, não é necessário que se trate de pessoa determinada ou que seu nome seja mencionado à pessoa iludida, podendo ocorrer, inclusive, que o agente público em questão seja incompetente para a realização do ato ou que sequer exista de verdade. Todavia, no caso de o agente público ser identificado pelo agente, deve ele ser funcionário público estrangeiro, sob pena de não se configurar o delito."[366] O ato a ser supostamente influenciado deve ser necessariamente relacionado com a transação comercial internacional. A vantagem solicitada, exigida, cobrada ou obtida pode ser **direta** ou **indireta**. Trata-se de crime de forma livre, compatível com qualquer meio de execução.

– **Confronto entre os arts. 337-B e 337-C do Código Penal:** Para a caracterização do delito de tráfico de influência em transação comercial internacional, não se exige que o agente de fato venha a influenciar no ato a ser praticado por funcionário público estrangeiro. Basta sua alegação no sentido de ter condições para tanto. Com efeito, se o sujeito realmente possuir influência perante o funcionário público, e vier a corrompê-lo, deverá ser responsabilizado pelo crime de corrupção ativa na transação comercial internacional, nos moldes do art. 337-B do CP.

○ **Sujeito ativo:** Pode ser qualquer pessoa (**crime comum** ou **geral**), inclusive o funcionário público, desde que atue sem se valer da sua condição funcional.

○ **Sujeito passivo:** É o Estado e, mediatamente, o comprador da suposta influência. Mesmo na hipótese em que o comprador do prestígio objetiva um benefício ilícito, ainda assim ele será vítima do tráfico de influência.

○ **Elemento subjetivo:** É o dolo, acrescido de um especial fim de agir, representado pela expressão "para si ou para outrem". Não se admite a modalidade culposa.

○ **Consumação:** Nas modalidades "solicitar", "exigir" e "cobrar" o crime é **formal, de consumação antecipada** ou de **resultado cortado**: consuma-se com a realização da conduta legalmente descrita, independentemente da efetiva obtenção da vantagem desejada. Na modalidade "obter", o crime é **material** ou **causal**, aperfeiçoando-se no instante em que o sujeito alcança a vantagem almejada.

○ **Tentativa:** É possível, nas situações em que o delito apresenta-se como plurissubsistente. Não será cabível o *conatus*, entretanto, quando o tráfico de influência em transação comercial internacional revelar-se como crime unissubsistente, impossibilitando o fracionamento do *iter criminis*.

○ **Ação penal:** É pública incondicionada, tanto na forma simples (*caput*) como na forma circunstanciada (parágrafo único).

---

[366] PRADO, Luiz Regis. *Curso de direito penal brasileiro*. 6. ed. São Paulo: RT, 2010. v. 3, p. 581.

○ **Lei 9.099/1995:** Em face da pena privativa de liberdade cominada – reclusão de dois a cinco anos –, o tráfico de influência em transação comercial internacional constitui-se em **crime de elevado potencial ofensivo**, incompatível com os benefícios previstos na Lei 9.099/1995.

○ **Causa de aumento de pena (art. 337-C, parágrafo único):** A pena será aumentada da metade, se o agente alegar ou insinuar que a vantagem é também destinada a funcionário estrangeiro. Cuida-se de causa de aumento da pena, aplicável na terceira e derradeira fase da dosimetria da pena privativa de liberdade. Para a incidência desta majorante não se exige afirmação explícita do agente no sentido de que o funcionário público estrangeiro também receberá a vantagem, bastando a simples insinuação nesse sentido. É indiferente se a vítima acredita ou não no recebimento da vantagem pelo funcionário público. Se restar provado que a vantagem realmente tinha como destinatário o funcionário público estrangeiro, este responderá conforme a legislação do seu país de origem, enquanto o entregador da vantagem e o intermediador da negociação responderão por corrupção ativa na transação comercial internacional (art. 337-B do CP).

○ **Jurisprudência selecionada:**

Conduta típica: "É despiciendo para a caracterização, em tese, do delito de tráfico de influência, que o agente de fato venha a influenciar no ato a ser praticado por funcionário público. Basta que por mera pabulagem alegue ter condições para tanto, pois nesse caso já terá sido ofendido o bem jurídico tutelado: a moralidade da Administração Pública" (STJ: HC 64.018/MG, rel. Min. Félix Fischer, 5.ª Turma, j. 23.08.2007).

Funcionário público estrangeiro

Art. 337-D. Considera-se funcionário público estrangeiro, para os efeitos penais, quem, ainda que transitoriamente ou sem remuneração, exerce cargo, emprego ou função pública em entidades estatais ou em representações diplomáticas de país estrangeiro.

Parágrafo único. Equipara-se a funcionário público estrangeiro quem exerce cargo, emprego ou função em empresas controladas, diretamente ou indiretamente, pelo Poder Público de país estrangeiro ou em organizações públicas internacionais.

○ **Conceito de funcionário público estrangeiro:** Trata-se de **lei penal interpretativa de natureza contextual**, cujo propósito é esclarecer o conteúdo e o significado de outras leis penais, tendo o legislador efetuado **interpretação autêntica**, ou **legislativa**, de força cogente, dela não podendo se afastar o operador do Direito Penal. Não importa qual é o conceito de funcionário público estrangeiro apresentado pelo Direito Administrativo ou pelo Direito Internacional. Para fins penais, vale a definição contida neste diploma legal. Tal conceito legal buscou inspiração na Convenção sobre o Combate à Corrupção de Funcionários Públicos Estrangeiros em Transações Internacionais, incorporada ao direito pátrio pelo Decreto 3.678/2000, e na Convenção Interamericana contra a Corrupção, introduzida no Brasil pelo Decreto 4.410/2002. A definição de funcionário público estrangeiro, para fins penais, é bastante similar ao conceito de funcionário público delineado no art. 327 deste Código: no tocante ao **funcionário público estrangeiro próprio** ou **propriamente dito**, é preciso que o sujeito, ainda que transitoriamente ou sem remuneração, exerça cargo, emprego ou função pública em entidades estatais ou em representações diplomáticas de país estrangeiro. **Função pública**, a teor do art. I da Convenção Interamericana contra a Corrupção, é "toda atividade, temporária ou permanente, remunerada ou honorária realizada por uma pessoa física em nome do Estado ou a serviço do Estado ou de suas entidades, em qualquer de seus níveis hierárquicos". **Entidades estatais** são as pessoas jurídicas de Direito Público responsáveis pelo desempenho das funções administrativas do Estado. **Representações diplomáticas** são o conjunto de representantes de um país estrangeiro perante um determinado Estado, tais como os diplomatas, os cônsules e os funcionários da embaixada. Finalmente, a expressão **país estrangeiro** "inclui todos os níveis e subdivisões de governo, do federal ao municipal", a teor do item 4, *b*, art. 1, da Convenção sobre o Combate à Corrupção de Funcionários Públicos Estrangeiros em Transações Internacionais.

○ **Funcionário público estrangeiro por equiparação:** O parágrafo único do art. 337-D do CP contempla o conceito de **funcionário público estrangeiro por equiparação**. **Organizações públicas internacionais** são os entes criados por tratados internacionais assinados pelos Estados, dotados de personalidade jurídica e finalidades próprias, a exemplo da Organização Internacional do Trabalho (OIT), da Organização das Nações Unidas (ONU) e da Organização Mundial da Saúde (OMS). A organização internacional, necessariamente pública, na definição de Angelo Pieri Sereni, é "uma associação voluntária de sujeitos de direito internacional, constituída por ato internacional e disciplinada nas relações entre as partes por normas de direito internacional, que se realiza em um ente de aspecto estável, que possui um ordenamento jurídico interno próprio e é dotado de órgãos e institutos próprios, por meio dos quais realiza as finalidades comuns de seus membros mediante funções particulares e o exercício de poderes que lhe foram conferidos".[367]

Capítulo II-B –
DOS CRIMES EM LICITAÇÕES
E CONTRATOS ADMINISTRATIVOS

○ **Introdução:** Esse capítulo foi criado pela Lei 14.133/2021 – Lei de Licitações e Contratos Administrativos. Seu art. 178 acrescentou ao Código Penal, entre os crimes contra a Administração Pública, os arts. 337-E a 337-P, nele incluindo 11 novos tipos penais, além de trazer uma nova regulamentação à pena de multa no âmbito dos crimes em licitações e contratos administrativos. Em face da determinação elencada pelo art. 185 da Lei de Licitações e Contratos Administrativos, os delitos catalogados no Capítulo II-B do Título XI da Parte Especial do Código Penal, consistentes nos crimes em licitações e contratos administrativos, também incidem nas licitações e contratos regidos pela Lei 13.303/2016, a qual dispõe sobre o estatuto jurídico da empresa pública, da sociedade de economia mista e de suas subsidiárias, no âmbito da União, dos Estados, do Distrito Federal e dos Municípios. A Lei 14.133/2021 – Lei de Licitações e Contratos Administrativos, em primeiro lugar, modificou as redações dos tipos penais, deixando-as em conformidade com as disposições nela contidas. Além disso, os crimes agora contam com denominações legais (*nomen iuris*), apresentando rubricas marginais que indicam as nomenclaturas atribuídas pelo legislador a

---

[367] *Apud* MELLO, Celso D. de Albuquerque. *Curso de direito internacional público*. 13. ed. Rio de Janeiro: Renovar, 2001. v. 1, p. 573.

cada figura penal, circunstância que não se verificava na égide da Lei 8.666/1993. Também foi criado o crime de omissão grave de dado ou de informação por projetista, catalogado no art. 337-O do Código Penal. Mas, acima de tudo, a Nova Lei atribuiu aos crimes em licitações e contratos administrativos, em sua maior parte, penas privativas de liberdade sensivelmente mais elevadas do que aquelas outrora previstas na Lei 8.666/1993.

○ **Princípio da insignificância (ou da criminalidade de bagatela):** Funciona como causa supralegal de exclusão da tipicidade. Embora o fato se revista de tipicidade formal, pois se amolda ao modelo de crime descrito na lei penal, não é dotado de tipicidade material, compreendida como a lesão ou perigo de lesão ao bem jurídico penalmente tutelado. Esse princípio é **incompatível com os crimes definidos nos arts. 337-E a 337-O do Código Penal**, dado que o objeto, necessariamente dotado de interesse público, apresenta valor econômico que não se pode rotular como ínfimo ou irrisório. Ademais, o fato apresenta elevado grau de ofensividade, pois prejudica a sociedade como um todo, e o agente nele envolvido goza de intensa reprovabilidade, por sobrepor seus anseios às necessidades coletivas. Por fim, os delitos em licitações e contratos administrativos estão alocados no Título XI do Código Penal (crimes contra a Administração Pública), incidindo a **Súmula 599 do Superior Tribunal de Justiça**: "O princípio da insignificância é inaplicável aos crimes contra a administração pública."

○ **A responsabilidade penal da pessoa jurídica:** Nada obstante o sistema jurídico-penal brasileiro admita a responsabilidade penal da pessoa jurídica, sua incidência é restrita às hipóteses expressamente previstas na CF, tal como se dá no art. 225, § 3.º, atinente aos crimes ambientais. Não há previsão constitucional análoga em relação aos delitos em licitações e contratos administrativos. Portanto, a imputação criminal não pode recair diretamente na pessoa jurídica envolvida na empreitada ilícita, e sim sobre as pessoas físicas que a representam, desde que tenham atuado dolosamente visando a produção do evento criminoso.

○ **Pena de multa:** Aos crimes em licitações e contratos administrativos são cominadas, cumulativamente, pena privativa de liberdade e pena de multa (cominadas cumulativamente). A Lei 8.666/1993, em seu art. 99, continha uma metodologia diferenciada daquela prevista no art. 49 do Código Penal, em que se adota o **sistema do dia-multa**. Esse panorama mudou com a entrada em vigor da Lei 14.133/2021. A matéria está tratada no art. 337-P do Código Penal.

A pena de multa nos crimes em licitações e contratos administrativos é calculada de acordo com os parâmetros delineados no art. 49 do Código Penal: mínimo 10 (dez), e no máximo de 360 (trezentos e sessenta) dias-multa. O dia-multa, não poderá ser inferior a 1/30 (um trigésimo) do salário mínimo, nem superior a 5 (cinco) vezes esse salário, e será calculado com base na situação econômica do réu (CP, art. 49, *caput* e § 1.º, e art. 60, *caput*), podendo a multa ser aumentada até o triplo, se o juiz considerar que, em virtude da situação econômica do réu, é ineficaz, embora aplicada no máximo (CP, art. 60, § 1.º). O art. 337-P do Código Penal faz uma ressalva: a pena de multa **não poderá ser inferior a 2% (dois por cento) do valor do contrato licitado ou celebrado com contratação direta** (cabível apenas nas hipóteses de contratos celebrados sem prévia licitação). Na vigência da Lei 8.666/1993 o produto da arrecadação da multa era revertido, conforme o caso, à Fazenda Federal, Distrital, Estadual ou Municipal (art. 99, § 2.º). Agora, o valor da pena de multa deve ser revertido ao Fundo Penitenciário, Nacional ou Estadual, a depender do caso concreto (art. 49, *caput*, do Código Penal).

○ **Crimes em licitações e contratos administrativos e normas processuais:** O art. 193, I, da Lei 14.133/2021 revogou expressamente, na data da sua publicação, os arts. 89 a 108 da Lei 8.666/1993. Em relação aos crimes previstos nos arts. 337-E a 337-O do Código Penal – "Crimes em licitações e contratos administrativos", aplicam-se as disposições do Código de Processo Penal, como acontece no tocante aos crimes em geral.

○ **Competência:** São, em regra, de competência da Justiça Estadual. Será competente a Justiça Federal, quando o delito for praticado em detrimento de bens, serviços ou interesse da União ou de suas entidades autárquicas ou empresas públicas (art. 109, IV, da Constituição Federal).

○ **Lei de Licitações e Contratos Administrativos e conceito de agente público:** Nada obstante o art. 6.º, V, da Lei 14.133/2021 traga o conceito de **agente público**, os crimes em licitações e contratos administrativos atualmente encontram-se incorporados ao Código Penal, em seus arts. 337-E a 337-O, razão pela qual deve ser aplicado, a tais delitos, o conceito de funcionário público definido no art. 327, *caput*, do Código Penal.

○ **Crimes de dano *versus* crimes de perigo:** Na vigência da Lei 8.666/1993 formou-se relevante corrente doutrinária e jurisprudencial classificando como "de perigo" os crimes em licitações e contratos administrativos. Essa linha de pensamento, para muitos, deve ser mantida após a entrada em vigor dos arts. 337-E a 337-O do Código Penal. Temos posição em sentido contrário. Os delitos em licitações e contratos administrativos são **crimes de dano**. Com efeito, as condutas tipificadas nos arts. 337-E a 337-O do Código Penal ofendem, entre outros valores, a moralidade administrativa, a impessoalidade, a ética e a probidade dos agentes públicos, a regularidade, a lisura, a transparência e o caráter competitivo do processo licitatório, bem como a integridade e a higidez do contrato administrativo. Além disso, estão alocados no Título XI da Parte Especial do Código Penal, entre os **crimes contra a Administração Pública**. Não se pode conceber os crimes em licitações e contratos administrativos como crimes de perigo, ou seja, delitos que se consumam com a probabilidade de lesão ao bem jurídico. Em verdade, há dano ao bem jurídico tutelado: a Administração Pública. Essa conclusão não se altera pelo fato de não ser exigido o prejuízo econômico para a consumação de vários delitos catalogados no Capítulo II-B do Título XI da Parte Especial do Código. Tais crimes não se esgotam na ofensa ao patrimônio dos entes públicos. Aperfeiçoam-se independentemente disso, com o dano aos valores éticos e morais que envolvem a Administração Pública.

Contratação direta ilegal

Art. 337-E. Admitir, possibilitar ou dar causa à contratação direta fora das hipóteses previstas em lei:

Pena – reclusão, de 4 (quatro) a 8 (oito) anos, e multa.

Classificação:	Informações rápidas:
Crime simples	**Objeto material:** a contratação direta, a qual somente pode ocorrer nas hipóteses taxativamente previstas em lei, de inexigibilidade e de dispensa de licitação.
Crime próprio	
Crime material ou causal	
Crime de dano	**Elemento subjetivo:** dolo, não se admite a modalidade culposa.
Crime de forma vinculada	
Crime comissivo (*regra*)	**Tentativa:** admite (crime plurissubsistente).
Crime instantâneo ou instantâneo de efeitos permanentes	**Ação penal:** pública incondicionada.
Crime plurissubjetivo, plurilateral ou de concurso necessário e de condutas paralelas	
Crime plurissubsistente	

○ **Evolução legislativa:** O art. 89 da Lei 8.666/1993 contemplava crime semelhante ao delito ora tipificado no art. 337-E do Código Penal. Além da alteração da redação do tipo penal, o art. 337-E do Código Penal comina pena privativa de liberdade sensivelmente mais grave.

○ **Introdução:** A licitação é a regra geral para a contratação pela Administração Pública direta, autárquica e fundacional da União, dos Estados, do Distrito Federal e dos Municípios, assegurando a concorrência entre os participantes, com o escopo de obter a proposta mais vantajosa à Administração Pública. Nos termos do art. 11 da Lei 14.133/2021 – Lei de Licitações e Contratos Administrativos, o processo licitatório destina-se a: I – assegurar a seleção da proposta apta a gerar o resultado de contratação mais vantajoso para a Administração Pública, inclusive no que se refere ao ciclo de vida do objeto; II – assegurar tratamento isonômico entre os licitantes, bem como a justa competição; III – evitar contratações com sobrepreço ou com preços manifestamente inexequíveis e superfaturamento na execução dos contratos; e IV – incentivar a inovação e o desenvolvimento nacional sustentável. Entretanto, a Nova Lei admite, em situações excepcionais expressamente previstas em lei, a contratação direta, isto é, desacompanhada do antecedente processo licitatório, nos casos de **inexigibilidade** e de **dispensa de licitação**. O art. 37, XXI, da Constituição Federal, ciente de casos peculiares incompatíveis com a demora e com o rito do processo licitatório, abre espaço para a contratação direta, e transfere ao legislador ordinário a sua regulamentação. O administrador público, além de respeitar as hipóteses previstas em lei, deve realizar um **processo de contratação direta** a ser instruído com os seguintes documentos: I – documento de formalização de demanda e, se for o caso, estudo técnico preliminar, análise de riscos, termo de referência, projeto básico ou projeto executivo; II – estimativa de despesa, que deverá ser calculada na forma estabelecida no art. 23 da Lei de Licitações e Contratos Administrativos; III – parecer jurídico e pareceres técnicos, se for o caso, que demonstrem o atendimento dos requisitos exigidos; IV – demonstração da compatibilidade da previsão de recursos orçamentários com o compromisso a ser assumido; V – comprovação de que o contratado preenche os requisitos de habilitação e qualificação mínima necessária; VI – razão da escolha do contratado; VII – justificativa de preço; VIII – autorização da autoridade competente. Em respeito à transparência e à lisura que devem nortear a atuação do administrador público, o ato que autoriza a contratação direta ou o extrato decorrente do contrato deverá ser divulgado e mantido à disposição do público em sítio eletrônico oficial (Lei 14.133/2021, art. 72, parágrafo único). Na hipótese de contratação direta ilegal, o contratado e o agente público responsável responderão solidariamente pelo dano causado ao erário, sem prejuízo de outras sanções legais cabíveis (Lei 14.133/2021, art. 73). Entre as "sanções legais cabíveis", destaca-se a caracterização do crime de contratação direta ilegal, definido no art. 337-E do Código Penal.

○ **Objeto jurídico:** É a Administração Pública, no tocante ao interesse público, à legalidade, à impessoalidade, à moralidade, à transparência e à publicidade que devem nortear as contratações diretas, bem como à probidade administrativa dos agentes públicos envolvidos na sua celebração.

○ **Objeto material:** É a **contratação direta**, a qual somente pode ocorrer nas hipóteses, taxativamente previstas em lei, de inexigibilidade e de dispensa de licitação. A **inexigibilidade**, definida no art. 74 da Lei 14.133/2021, se verifica quando a competição se apresenta como inviável, a exemplo da aquisição de equipamento que somente possa ser fornecido por produtor exclusivo. De seu turno, a **dispensa**, regulamentada pelo art. 75 da Lei 14.133/2021, ocorre em situações nas quais, ao menos em tese, há viabilidade de licitação, mas o legislador optou por torná-la facultativa, tal como se dá na aquisição de medicamentos destinados exclusivamente ao tratamento de doenças raras, assim definidas pelo Ministério da Saúde. O art. 337-E do Código Penal constitui-se em **norma penal em branco homogênea heterovitelina**, pois o seu preceito primário depende de complementação, situada nos arts. 74 e 75 da Lei 14.133/2021.

○ **Núcleos do tipo:** São três: "admitir", "possibilitar" e "dar" causa. **Admitir** é aceitar, concordar, consentir. **Possibilitar** equivale a viabilizar, permitir, tornar algo possível. **Dar** causa, por sua, significa ensejar, contribuir. As condutas se dirigem à contratação direta ilegal, ou seja, fora das hipóteses previstas em lei. Trata-se de **crime de forma vinculada**, pois o contrato administrativo depende das formalidades elencadas pelos §§ 1.º e 2.º do art. 89 da Lei 14.133/2021.[360] Caracteriza-se o delito tanto quando a iniciativa é do agente público, representando o órgão público contratante, bem como quando a contratação direta parte do particular. Cuida-se de **tipo misto alternativo**, **crime de ação múltipla** ou **de conteúdo variado**: se forem praticados dois ou mais núcleos, envolvendo a mesma contração direta ilegal, estará caracterizado um único delito, como na situação em que o agente público dolosamente admite a contratação direta ilegal proposta pelo particular e, depois, adota medidas eficazes para dar causa à celebração do contrato administrativo.

– **Crime omissivo:** Normalmente o crime do art. 337-E, Código Penal, é praticado por ação (crime comissivo), e também pode ser cometido mediante omissão (crime omissivo impróprio, espúrio ou comissivo por omissão), quando o omitente tinha o dever de agir e podia agir para evitar o resultado (CP, art. 13, § 2.º), como no exemplo em que o Prefeito, sabendo que o Secretário de Educação está celebrando uma contratação direta ilegal, nada faz para evitar o resultado, razão pela qual o crime também deverá ser a ele imputado.

– **Prorrogação da contratação direta ilegal:** Estará caracterizado um novo delito, autônomo em relação ao anterior, pois essa renovação não é obrigatória e, mais do que isso, representa nova violação do art. 337-E do Código Penal.

○ **Sujeito ativo:** A contratação direta ilegal é **crime próprio** ou **especial**, pois somente pode ser cometido pelo agente público dotado da prerrogativa de deliberar acerca da exigência ou da dispensa ou inexigibilidade de licitação e, posteriormente, celebrar o contrato administrativo. Essa pessoa deve ser identificada em cada ente federativo, e normalmente é representada pelo ordenador de despesas ou, em último grau, pela autoridade máxima da Administração Pública (prefeito, governador ou Presidente da República). Admite-se o **concurso de pessoas**, em ambas as modalidades, a saber, coautoria e participação. Trata-se de **crime plurissubjetivo**, **plurilateral** ou **de concurso necessário**: a celebração do contrato administrativo depende da atuação conjunta do representante da Administração Pública (contratante) e também da pessoa física ou jurídica contratada, que sempre estará (ou ao menos deveria estar) ciente da ilegalidade da dispensa ou da inexigibilidade da licitação, uma vez que as hipóteses legais são do conhecimento obrigatório de todas as pessoas, especialmente daquelas que contratam com entes públicos. Cuida-se, ainda, de **crime de condutas paralelas**, pois todos os agentes colaboram para produção de igual resultado, qual seja, a contratação direta ilegal.

○ **Sujeito passivo:** É o Estado e, mediatamente, a pessoa física ou jurídica prejudicada pela contratação direta ilegal, a exemplo da empresa que tinha interesse em participar do processo licitatório indevidamente dispensado.

---

[360] "§ 1.º Todo contrato deverá mencionar os nomes das partes e os de seus representantes, a finalidade, o ato que autorizou sua lavratura, o número do processo da licitação ou da contratação direta e a sujeição dos contratantes às normas desta Lei e às cláusulas contratuais. § 2.º Os contratos deverão estabelecer com clareza e precisão as condições para sua execução, expressas em cláusulas que definam os direitos, as obrigações e as responsabilidades das partes, em conformidade com os termos do edital de licitação e os da proposta vencedora ou com os termos do ato que autorizou a contratação direta e os da respectiva proposta."

○ **Elemento subjetivo:** É o dolo, consistente na intenção de admitir, possibilitar ou dar causa à contratação direta fora das hipóteses previstas em lei. Não se admite a modalidade culposa. Em nossa opinião, não é exigida pela lei nenhuma finalidade especial (elemento subjetivo específico). O tipo penal claramente não condiciona a existência do delito à vontade de causar dano ao erário ou de obter vantagem indevida para si ou para outrem. O Superior Tribunal de Justiça, entretanto, já decidiu em sentido contrário.[361]

– Processo de contratação direta e parecer jurídico favorável: O art. 72, III, da Lei 14.133/2021 estatui que o processo de contratação direta deve ser instruído por "parecer jurídico e pareceres técnicos, se for o caso, que demonstrem o atendimento dos requisitos exigidos." No caso concreto, a existência de parecer jurídico favorável à contratação direta funciona como forte indicativo da ausência do dolo exigido para a caracterização do crime tipificado pelo art. 337-E do Código Penal. Mas o delito não estará automaticamente afastado. Com efeito, os elementos probatórios podem demonstrar conluio ou desvio de finalidade com o parecerista, evidenciado a total ciência do agente público quanto à ilegalidade da contratação direta.

○ **Consumação:** A contratação direta ilegal é **crime material** ou **causal**: consuma-se com a contratação direta, fora das hipóteses previstas em lei. Prescinde-se, todavia, da causação de prejuízo econômico ao erário, embora tal acontecimento normalmente esteja presente em situações de dispensa ou inexigibilidade indevida de licitação. Basta a contratação direta ilegal, com a potencialidade de lesar os cofres públicos ou de proporcionar vantagem ilícita a alguém, suficiente por si só a ofender a moralidade administrativa. Exemplo: o Município contrata diretamente uma empresa para fornecimento de determinados produtos, mas antes de qualquer entrega e de pagamento o negócio jurídico é anulado pelo Poder Judiciário, no bojo de ação civil pública proposta pelo Ministério Público. É também **crime instantâneo,** pois a consumação se dá no momento da celebração do contrato sem licitação, embora seus efeitos possam se prolongar no tempo, durante a vigência do contrato administrativo. Nesse caso, estará configurado um **crime instantâneo de efeitos permanentes**.

○ **Tentativa:** É cabível, em face do caráter plurissubsistente do delito. Exemplo: um secretário municipal deflagra o processo para contratação direta de uma empresa, porém, antes da assinatura da avença, a iniciativa vem a ser revogada pelo Prefeito.

○ **Ação penal:** É pública incondicionada.

○ **Lei 9.099/1995:** A contratação direta ilegal constitui-se em **crime de elevado potencial ofensivo,** não incidindo as disposições da Lei 9.099/1995.

○ **Jurisprudência selecionada:**

Contratação direta de serviços de advocacia – ausência de dolo específico e de efetivo prejuízo aos cofres públicos – fato atípico: "Para a configuração do crime previsto no art. 89 da Lei n. 8.666/1993, agora disposto no art. 337-E do CP (Lei n. 14.133/2021), é indispensável a comprovação do dolo específico de causar danos ao erário e o efetivo prejuízo aos cofres públicos. Inicialmente cumpre salientar que a Lei n. 8.666/1993, no art. 13, V, caracterizava o 'patrocínio ou defesa de causas judiciais ou administrativas' como serviço técnico especializado, que poderia ser contratado com inexigibilidade de licitação se demonstrada a notória especialização do profissional e a singularidade do objeto. No entanto, com o advento da Lei n. 14.133/2021, nos termos do art. 74, III, o requisito da singularidade do serviço advocatício deixou de ser previsto em lei, passando a ser exigida a demonstração da notória especialização e a natureza intelectual do trabalho. Essa interpretação, aliás,

---

[361] AgRg no HC 669.347/SP, rel. Min. Jesuíno Rissato (Desembargador convocado do TJ/DF), rel. p/ acórdão Min. João Otávio de Noronha, 5.ª Turma, j. 13.12.2021, noticiado no *Informativo* 723.

é reforçada pela inclusão do art. 3º-A do Estatuto da Advocacia pela Lei n. 14.039/2020, segundo o qual 'os serviços profissionais de advogado são, por sua natureza, técnicos e singulares, quando comprovada sua notória especialização, nos termos da lei'. Desse modo, considerando que o serviço de advocacia é por natureza intelectual e singular, uma vez demonstrada a notória especialização e a necessidade do ente público, será possível a contratação direta. Ademais, conforme julgado do Superior Tribunal de Justiça, a mera existência de corpo jurídico no âmbito da municipalidade, por si só, não inviabiliza a contratação de advogado externo para a prestação de serviço específico para o ente público (REsp n. 1.626.693/SP, Rel. Acd. Min. Sérgio Kukina, Primeira Turma, DJe 03/05/2017). Em idêntico norte, o entendimento firmado pelo STF de que 'o fato de a entidade pública contar com quadro próprio de procuradores não obsta legalmente a contratação de advogado particular para a prestação de serviço específico. É necessário, contudo, que fique configurada a impossibilidade ou relevante inconveniência de que a atribuição seja exercida pela advocacia pública, dada a especificidade e relevância da matéria ou a deficiência da estrutura estatal' (Inq n. 3.074/SC, Rel. Min. Roberto Barroso, Primeira Turma, DJe 02/10/2014). Nesse contexto, ainda que as ações ajuizadas pelo escritório de advocacia contratado tratassem de temas tributários, não seria razoável exigir dos advogados públicos ou procuradorias de municípios de pequeno porte que tenham competências específicas para atuar em demandas complexas. Ressalte-se que o crime em apreço refere-se a norma penal em branco, cuja completude depende da integração das normas que preveem as hipóteses de dispensa e inexigibilidade de licitações, conforme o princípio da retroatividade da lei penal mais benéfica, insculpido no art. 5º, XL, da Constituição Federal e no art. 2º do CP. Assim, não há dúvida quanto à incidência das alterações promovidas pela Lei n. 14.133/2021 no tocante à supressão do pressuposto de singularidade do serviço de advocacia para contratação direta. Deste modo, para a configuração do crime previsto no art. 89 da Lei n. 8.666/1993, é indispensável a comprovação do dolo específico de causar danos ao erário" (STJ: AgRg no HC 669.347/SP, rel. Min. Jesuíno Rissato (Desembargador convocado do TJ/DF), rel. p/ acórdão Min. João Otávio de Noronha, 5.ª Turma, j. 13.12.2021, noticiado no *Informativo* 723).

Frustração do caráter competitivo de licitação

Art. 337-F. Frustrar ou fraudar, com o intuito de obter para si ou para outrem vantagem decorrente da adjudicação do objeto da licitação, o caráter competitivo do processo licitatório:

Pena – reclusão, de 4 (quatro) anos a 8 (oito) anos, e multa.

Classificação:	Informações rápidas:
Crime simples	**Objeto material:** o processo licitatório.
Crime comum	**Elemento subjetivo:** dolo, (elemento subjetivo específico – obter, para si ou para outrem, vantagem decorrente do objeto da adjudicação).
Crime formal, de consumação antecipada ou de resultado cortado	
Crime de dano	**Tentativa:** admite (crime plurissubsistente).
Crime de forma livre	**Ação penal:** pública incondicionada.
Crime comissivo (regra)	**Lei Anticorrupção:** as sanções nela contida não excluem a responsabilidade penal da pessoa física que tenha incorrido no art. 337-F do Código Penal.
Crime instantâneo	
Crime unissubjetivo, unilateral ou de concurso eventual	
Crime plurissubsistente	

o **Evolução legislativa:** O art. 90 da Lei 8.666/1993, revogado pela Lei 14.133/2021 – Nova Lei de Licitações e Contratos Administrativos, contemplava crime semelhante ao atualmente tipificado pelo art. 337-F do Código Penal, etiquetado pelo legislador como "frustração do caráter competitivo de licitação". Além da atualização redacional, o novo tipo penal apresenta pena privativa de liberdade mais elevada do que aquela contida no art. 90 da Lei 8.666/1993.

○ **Introdução:** A licitação destina-se, entre outras finalidades, a proporcionar a igualdade de competição entre todos os interessados em contratar com o Poder Público. Trata-se de determinação imposta pela Constituição Federal, em seu art. 37, XXI. O art. 5.º da Lei 14.133/2021 afirma incisivamente que, na sua aplicação, devem ser observados diversos princípios, destacando-se a impessoalidade, a moralidade, a eficiência, a probidade administrativa, a igualdade e a competitividade. Mais do que um desdobramento do princípio da isonomia (CF, art. 5.º, *caput*), a igualdade de condições entre os licitantes visa a garantia das condições de contratação mais vantajosas em favor da Administração Pública, que poderá optar pelos melhores serviços, bens ou projetos, em troca do menor pagamento possível, além de preservar os princípios da impessoalidade e da moralidade administrativa. Além da incriminação desta conduta, o art. 9.º, I, da Lei 14.133/2021 preceitua ser vedado ao agente público designado para atuar na área de licitação e contratos, ressalvados os casos previstos em lei, admitir, prever, incluir ou tolerar, nos atos que praticar, situações que comprometam, restrinjam ou frustrem o caráter competitivo do processo licitatório. Finalmente, o art. 155, XI, da Lei 14.133/2021 dispõe que o licitante ou o contratado será responsabilizado administrativamente pela infração consistente em praticar atos ilícitos com vistas a frustrar os objetivos da licitação.

○ **Lei Anticorrupção:** O art. 5.º, IV, "a", da Lei 12.846/2013 arrola, entre os atos lesivos à Administração Pública, no tocante a licitações e contratos, a conduta de "frustrar ou fraudar, mediante ajuste, combinação ou qualquer outro expediente, o caráter competitivo de procedimento licitatório público". Embora tal diploma legislativo disponha apenas sobre a responsabilização administrativa e civil de **pessoas jurídicas**, as sanções nela contidas obviamente não excluem a responsabilidade penal da pessoa física que tenha incorrido no art. 337-F do Código Penal.

○ **Objeto jurídico:** É a Administração Pública, relativamente à igualdade entre todos os licitantes, à impessoalidade e à moralidade administrativa.

○ **Objeto material:** É o processo licitatório, no tocante ao seu caráter competitivo.

○ **Núcleos do tipo:** São dois: frustrar e fraudar. **Frustrar** é atrapalhar ou prejudicar. **Fraudar** equivale a enganar, iludir ou ludibriar. Os verbos são análogos, e bastaria a previsão pelo legislador de um só deles, pois ambas as condutas são direcionadas a eliminar ou cercear o caráter competitivo da licitação, atendendo à intenção do agente de obter, para si ou para outrem, vantagem decorrente da adjudicação do objeto da licitação. **Adjudicação** é o ato vinculado pelo qual a Administração Pública atribui o objeto da licitação ao licitante vencedor, assegurando-lhe o direito, salvo exceções legais, de celebrar o contrato administrativo para o qual se realizou o processo licitatório. Um exemplo típico desse delito se verifica quando o agente público responsável pela licitação, na modalidade pregão, procede à divulgação do edital em local acessível a poucas pessoas, e deixa propositalmente de publicá-lo no sítio eletrônico oficial, ou então quando aquele que deseja contratar com o Poder Público retira o edital do local em que normalmente tais instrumentos são publicados no recinto da prefeitura de pequena cidade interiorana, visando afastar outros licitantes, que não chegam a ter conhecimento do leilão. Outros exemplos frequentes desse delito são o **sobrepreço**, prática nefasta em que os licitantes, de comum acordo, apresentam propostas contendo preços manifestamente superiores aos praticados no mercado, e o **rodízio**, especialmente nas cidades de pequeno porte, no qual os licitantes fracionam entre si os processos licitatórios, combinando quem irá vencer cada um dos certames. A conduta, em regra, é praticada por ação (crime comissivo), mas nada impede a imputação do crime a quem se omitiu, quando tinha o dever de agir e podia agir para evitar o resultado, nos termos do art. 13, § 2.º, do Código Penal (crime omissivo impróprio, espúrio ou comissivo por omissão), tal como na hipótese do superior hierárquico que, ao perceber a atitude fraudulenta do seu subalterno, destinada a frustrar a competitividade da licitação, dolosamente permanece inerte, e assim contribui para o aperfeiçoamento do delito.

○ **Sujeito ativo:** O crime é **comum** ou **geral**. Pode ser cometido por qualquer pessoa, isto é, tanto pelo agente público responsável pela licitação como por qualquer indivíduo que realize manobra ilícita destinada a abalar o caráter competitivo da licitação. Na prática, normalmente tais pessoas agem com unidade de desígnio, unindo esforços para o resultado final, e devem responder conjuntamente pelo delito, em respeito à teoria unitária ou monista adotada pelo art. 29, *caput*, do Código Penal em relação ao concurso de pessoas.

○ **Sujeito passivo:** É o Estado e, mediatamente, a pessoa física ou jurídica prejudicada pela manobra que frustrou ou fraudou o caráter competitivo do processo licitatório.

○ **Elemento subjetivo:** É o dolo, acompanhado da finalidade específica (elemento subjetivo específico) de obter, para si ou para outrem, vantagem decorrente do objeto da adjudicação.

○ **Consumação:** Trata-se de **crime formal, de consumação antecipada ou de resultado cortado**: consuma-se com a manobra destinada a frustrar ou fraudar o caráter competitivo da licitação. O tipo penal é claro e não deixa margem a dúvida: basta o intuito de obter, para si ou para outrem, vantagem decorrente da adjudicação do objeto da licitação, ou seja, não se reclama a efetiva obtenção de tal vantagem. Não se exige tenha a Administração Pública suportado prejuízo patrimonial com a conduta ilícita, a exemplo do que se dá na compra de bens ou serviços por preço superior ao praticado no mercado. De fato, o dano ao erário não figura como elementar do tipo penal, e o bem jurídico tutelado é o caráter competitivo do processo licitatório. Eventual lesão aos cofres públicos deve ser encarada como exaurimento do delito, a ser utilizada pelo magistrado na dosimetria da pena-base, como circunstância judicial desfavorável, nos moldes do art. 59, *caput*, do Código Penal.

○ **Tentativa:** É possível, pois a natureza plurissubsistente do delito comporta o fracionamento do *iter criminis*.

○ **Ação penal:** É pública incondicionada.

○ **Lei 9.099/1995:** Trata-se de **crime de elevado potencial ofensivo,** o que impede a incidência dos benefícios elencados pela Lei 9.099/1995.

Patrocínio de contratação indevida

> **Art. 337-G.** Patrocinar, direta ou indiretamente, interesse privado perante a Administração Pública, dando causa à instauração de licitação ou à celebração de contrato cuja invalidação vier a ser decretada pelo Poder Judiciário:
>
> Pena – reclusão, de 6 (seis) meses a 3 (três) anos, e multa.

Classificação:	Informações rápidas:
Crime simples Crime próprio Crime material ou causal Crime de dano Crime de forma livre Crime comissivo *(regra)* Crime instantâneo Crime unissubjetivo, unilateral ou de concurso eventual Crime subordinado a condição objetiva de punibilidade	**Objeto material:** o interesse privado, compreendido como qualquer anseio ligado ao particular, pessoa física ou jurídica. **Elemento subjetivo:** dolo, (finalidade específica – dar causa à instauração de licitação ou à celebração de contrato administrativo). Não se admite a modalidade culposa. **Tentativa:** não admite. **Ação penal:** pública incondicionada. **Patrocínio de contratação indevida:** forma especial de advocacia administrativa (art. 321 do CP) entre os crimes praticados por funcionário público contra a Administração em geral. **Art. 337-G do CP:** agente patrocina interesse particular que vem a dar causa à instauração de licitação ou à celebração de contrato cuja invalidação vier a ser decretada pelo Poder Judiciário. **Art. 3.º, III, da Lei 8.137/1990:** modalidade específica de advocacia administrativa, restrita ao âmbito da **administração fazendária.**

○ **Evolução legislativa:** A conduta atualmente definida no art. 337-G do Código Penal se assemelha ao crime outrora previsto no art. 91 da Lei 8.666/1993. Operou-se uma pequena modificação na redação típica, e merece destaque o aumento da pena privativa de liberdade em seu patamar máximo, agora de 3 anos, e de reclusão.

○ **Introdução:** O patrocínio de contratação indevida constitui-se em **forma especial de advocacia administrativa**, catalogada no art. 321 do Código Penal entre os crimes praticados por funcionário público contra a Administração em geral. O conflito aparente de normas é solucionado pelo **princípio da especialidade**. O crime tipificado no art. 337-G do Código Penal apresenta elementos especializantes em relação à advocacia administrativa, a saber, o agente não patrocina qualquer interesse privado perante a Administração Pública, e sim interesse particular que vem a dar causa à instauração de licitação ou à celebração de contrato cuja invalidação vier a ser decretada pelo Poder Judiciário. Na seara dos **crimes tributários**, o art. 3.º, III, da Lei 8.137/1990 contempla outra modalidade específica de advocacia administrativa, restrita ao âmbito da **administração fazendária**.

○ **Objeto jurídico:** É a Administração Pública, no tocante à moralidade, à retidão, à probidade e à impessoalidade que devem revestir a atuação dos seus agentes, os quais não podem, sob nenhum pretexto, se aproveitar dos poderes inerentes à função pública para servir a interesses estranhos aos do Estado.

○ **Objeto material:** É o **interesse privado**, compreendido como qualquer anseio ligado ao particular, pessoa física ou jurídica. Em síntese, trata-se do interesse que não pertence ao Estado.[362] Esse interesse pode inclusive ser do funcionário público, relativamente à sua vida privada, ou seja, fora da sua atuação funcional. Mas não basta ser interesse privado. Deve ser patrocinado perante a Administração Pública, de modo a ensejar a instauração de licitação ou a celebração de contrato posteriormente invalidado pelo Poder Judiciário, em face da sua ilegalidade.

---

[362] "A locução 'interesse privado' pode compreender o 'simples interesse' que se esgota no plano administrativo ou, também a 'um direito', o qual, insatisfeito na esfera administrativa, pode ser postulado no plano judicial." (BITENCOURT, Cezar Roberto. *Direito penal das licitações*. São Paulo: Saraiva, 2012. p. 216).

○ **Núcleo do tipo:** É **patrocinar**, ou seja, defender ou advogar **interesse privado** perante a Administração Pública. Admite-se qualquer meio de execução (crime de forma livre), é dizer, o patrocínio pode ser realizado verbalmente, por escrito, por gestos, símbolos etc. A conduta pode ser praticada **direta** – pelo próprio funcionário público – ou **indiretamente**, é dizer, valendo-se de interposta pessoa, como na situação em que o funcionário público utiliza um amigo em comum para representar interesse privado frente a outro funcionário público. Essa conduta normalmente é veiculada por ação (crime comissivo), mas também pode ser consubstanciada pela omissão, quando o funcionário público tinha o dever de agir e podia agir para evitar o resultado, mas dolosamente preferiu permanecer inerte, nos moldes do art. 13, § 2.º, do Código Penal (crime omissivo impróprio, espúrio ou comissivo por omissão). Exemplificativamente, responde pelo delito o chefe da repartição pública que nada faz quando toma ciência que um dos seus subordinados está postulando interesse privado frente a um colega de serviço, objetivando a instauração de processo licitatório. Exige-se que tal patrocínio conduza à **instauração de licitação**, em qualquer das modalidades arroladas no art. 28 da Lei 14.133/2021 (pregão, concorrência, concurso, leilão ou diálogo competitivo), ou à **celebração de contrato administrativo**. O patrocínio do interesse privado pode ocorrer tanto na fase da licitação, mas também pode se verificar na etapa da celebração do contrato, sem que tenha se verificado a intervenção ilícita do funcionário público antes da instauração do processo licitatório. Em respeito ao princípio da presunção de não culpabilidade, insculpido no art. 5.º, LVII, da Constituição Federal, é indispensável que a instauração da licitação ou a celebração do contrato tenha sua **invalidação decretada pelo Poder Judiciário** de forma definitiva. Não se caracteriza o crime de patrocínio de contratação indevida quando a instauração da licitação ou a celebração do contrato, mesmo com a defesa do interesse privado perante determinado órgão público, vem a ser anulada ou revogada pela própria Administração Pública, pois o tipo penal exige a invalidação pelo Poder Judiciário.

○ **Sujeito ativo:** Cuida-se de **crime próprio** ou **especial**: somente pode ser praticado por funcionário público, que se aproveita das facilidades proporcionadas pela sua posição para, desvirtuando seu mister e com manifesto desvio de finalidade, defender interesse particular perante a Administração Pública. Além disso, constitui-se em **crime funcional próprio,** pois é cometido pelo funcionário público e prevalecendo-se da função pública, e a ausência da condição funcional conduz à atipicidade do fato. De fato, não há crime algum quando um particular, sem a colaboração do funcionário público, patrocina interesse privado, próprio ou alheio, no âmbito da Administração Pública. Admite-se o **concurso de pessoas**, tanto na coautoria como na participação. Consequentemente, um particular (*extraneus*) pode ser responsabilizado pelo delito previsto no art. 337-G do Código Penal – nunca atuando sozinho – quando concorre para a conduta ilícita do funcionário público.

○ **Sujeito passivo:** É o Estado e, no plano mediato, a pessoa física ou jurídica prejudicada pela conduta criminosa, a exemplo do particular lesado pela celebração de contrato administrativo com terceiro, que teve seu interesse indevidamente representado pelo funcionário público.

○ **Elemento subjetivo:** É o dolo de defender interesse privado perante a Administração Pública, acompanhado de uma finalidade específica, consistente em dar causa à instauração de licitação ou à celebração de contrato administrativo. Não se admite a modalidade culposa.

○ **Consumação:** O patrocínio de contratação indevida é **crime material** ou **causal**: consuma-se quando, em razão da intervenção do funcionário público representando interesse privado perante a Administração Pública, vem a ser instaurada licitação ou celebrado contrato. O delito estará completo, portanto, com a instauração do processo licitatório ou com a celebração do contrato administrativo em consequência do patrocínio do interesse privado pelo agente público. De modo pouco usual, contudo, o tipo penal contempla uma **condição objetiva de punibilidade**. Com efeito, embora a consumação já tenha se verificado, a punição dependerá da decretação da invalidação (definitiva) da licitação ou do contrato pelo Poder Judiciário.

○ **Tentativa:** Não se admite o *conatus*, uma vez que a punição do delito depende da invalidação da licitação ou do contrato pelo Poder Judiciário. Existem, portanto, duas alternativas: (a) houve o patrocínio de interesse privado perante a Administração Pública, daí resultando a instauração de licitação ou a celebração de contrato com posterior decretação de invalidade pelo Poder Judiciário, e será possível a punição do agente responsável pelo delito; ou (b) nada obstante o patrocínio de interesse privado perante a Administração Pública, com instauração de licitação ou celebração de contrato, não se operou a decretação de invalidade pelo Poder Judiciário, não se podendo falar em punição do responsável pelo fato. Crimes subordinados a condição objetiva de punibilidade são incompatíveis com a tentativa. Se o próprio delito completo não é punível sem esta condição, muito menos o será a sua tentativa.[363]

○ **Ação penal:** É pública incondicionada.

○ **Lei 9.099/1995:** Trata-se de **crime de médio potencial ofensivo**, compatível com a suspensão condicional do processo, se presentes os demais requisitos elencados pelo art. 89 da Lei 9.099/1995.

Modificação ou pagamento irregular em contrato administrativo

Art. 337-H. Admitir, possibilitar ou dar causa a qualquer modificação ou vantagem, inclusive prorrogação contratual, em favor do contratado, durante a execução dos contratos celebrados com a Administração Pública, sem autorização em lei, no edital da licitação ou nos respectivos instrumentos contratuais, ou, ainda, pagar fatura com preterição da ordem cronológica de sua exigibilidade:

Pena – reclusão, de 4 (quatro) anos a 8 (oito) anos, e multa.

Classificação:	Informações rápidas:
Crime simples	**Objeto material:** a modificação ou vantagem, inclusive prorrogação contratual, em favor do contratado, durante a execução dos contratos celebrados com a Administração Pública, sem autorização em lei, no edital da licitação ou nos respectivos instrumentos contratuais, bem como a fatura paga com preterição da ordem cronológica de sua exigibilidade.
Crime próprio	
Crime formal, de consumação antecipada ou de resultado cortado	
Crime de dano	
Crime de forma livre	
Crime comissivo *(regra)*	
Crime instantâneo	
Crime unissubjetivo, unilateral ou de concurso eventual	**Elemento subjetivo:** dolo, não se admite a modalidade culposa.
Crime plurissubsistente	**Tentativa:** admite (crime plurissubsistente).

---

[363] NORONHA, E. Magalhães. Questões acerca da tentativa. *Estudos de direito e processo penal em homenagem a Nélson Hungria.* Rio de Janeiro: Forense, 1962. p. 247.

Classificação:	Informações rápidas:
	Ação penal: pública incondicionada. **Lei Anticorrupção:** as sanções nela contida não afastam a responsabilidade penal da pessoa física que tenha incidido no art. 337-H do Código Penal. **Crime de Prefeito:** art. 1.º, XII, do Decreto-lei 201/1967.

○ **Evolução legislativa:** O art. 92 da Lei 8.666/1993 previa um crime semelhante ao atual delito de modificação ou pagamento irregular em contrato administrativo. Além das alterações na redação típica, o art. 337-H do Código Penal comina pena privativa de liberdade sensivelmente mais severa, a saber, reclusão de 4 (quatro) a 8 (oito) anos, sem prejuízo da multa.

○ **Lei Anticorrupção:** O art. 5.º, IV, "f", da Lei 12.846/2013 arrola, entre os atos lesivos à Administração Pública, no tocante a licitações e contratos, o comportamento de "obter vantagem ou benefício indevido, de modo fraudulento, de modificações ou prorrogações de contratos celebrados com a administração pública, sem autorização em lei, no ato convocatório da licitação pública ou nos respectivos instrumentos contratuais." Na alínea "g", a seu tempo, é previsto, como de igual natureza, a conduta de "manipular ou fraudar o equilíbrio econômico-financeiro dos contratos celebrados com a Administração Pública". Embora tal instrumento normativo discipline a responsabilização administrativa e civil de **pessoas jurídicas**, as sanções nela contidas não afastam a responsabilidade penal da pessoa física que tenha incidido no art. 337-H do Código Penal.

○ **Objeto jurídico:** É a Administração Pública, especificamente no tocante à moralidade e à impessoalidade na correta execução dos contratos celebrados entre os particulares e a Administração Pública, de modo a evitar o privilégio, o protecionismo e o favoritismo de alguns contratados. Também se protege a igualdade entre os credores da Administração Pública, que não podem ser beneficiados ou prejudicados nos pagamentos a que têm direito. O art. 37, XXI, da Constituição Federal determina a vinculação da proposta oferecida na licitação durante a execução do contrato administrativo, visando a preservação do equilíbrio econômico-financeiro entre as partes.

○ **Objeto material:** É a modificação ou vantagem, inclusive prorrogação contratual, em favor do contratado, durante a execução dos contratos celebrados com a Administração Pública, sem autorização em lei, no edital da licitação ou nos respectivos instrumentos contratuais, bem como a fatura paga com preterição da ordem cronológica de sua exigibilidade.

○ **Núcleos do tipo:** O art. 337-H do Código Penal contém duas condutas típicas. Vejamos cada uma delas.

1.ª *conduta típica: "admitir, possibilitar ou dar causa a qualquer modificação ou vantagem, inclusive prorrogação contratual, em favor do contratado, durante a execução dos contratos celebrados com a Administração Pública, sem autorização em lei, no edital da licitação ou nos respectivos instrumentos contratuais."*

A 1.ª parte do art. 337-H do Código Penal contempla o crime de **modificação irregular em contrato administrativo. Admitir** é autorizar, aceitar, reconhecer. **Possibilitar** equivale a proporcionar, viabilizar. **Dar causa** equivale a provocar, ocasionar. Todos os verbos dizem respeito a qualquer modificação (alteração) ou vantagem (benefício), inclusive prorrogação contratual, em favor do contratado, e não do interesse público, durante a execução do contrato administrativo, sem autorização em lei, no edital da licitação ou no instrumento contratual. Trata-se de **tipo misto alternativo, crime de ação múltipla** ou **de conteúdo variado**: se o agente realizar mais de um núcleo, em relação ao mesmo objeto material, estará caracterizado um único delito. Há nítido **desvio de finalidade**, tornando o contrato mais oneroso à Administração Pública, mediante algum benefício à empresa ou ao profissional contratado. A expressão "**em favor do contratado**" deve ser interpretada como a simples alteração ou prorrogação contratual, prescindindo-se de superfaturamento ou recebimento de pagamento sem a correspondente contraprestação em mercadorias ou serviços. O contratado, em poucas palavras, não tinha direito à mudança da avença em seu favor. Esse delito pressupõe um **contrato regularmente celebrado com a Administração Pública**, em regra antecedido por processo licitatório, e excepcionalmente fruto de contratação direta, em face da caracterização de hipótese de dispensa ou inexigibilidade de licitação. **Durante sua execução**, isto é, no prazo de vigência do contrato administrativo, o funcionário público nele insere algum aditamento (modificação ou vantagem) ou vem a prorrogá-lo (ampliação do prazo original), em benefício do contratado e de forma ilegal, uma vez que não existia autorização legal, regulamentar ou contratual nesse sentido. Se o contrato já havia se encerrado, e o funcionário público procede à sua "prorrogação" indevida, estará caracterizado o crime de contratação direta ilegal (CP, art. 337-E), pois tal conduta destinou-se a burlar a obrigatoriedade do processo licitatório. Também estará caracterizado tal delito quando o contrato administrativo em curso é aditado para inclusão de novo objeto, não previsto na licitação nem no instrumento original do contrato. Uma das prerrogativas da Administração Pública, como corolário do regime jurídico diferenciado do contrato administrativo, é modificá-lo **unilateralmente**, para melhor adequação às finalidades de interesse público (art. 104, I, da Lei 14.133/2021). No crime em análise, pune-se a modificação **em favor do contratado**, desprezando-se o interesse da coletividade. O art. 124 da Lei 14.133/2021 prevê a possibilidade de alteração dos contratos administrativos, com as devidas justificativas, nos seguintes casos: "I – unilateralmente pela Administração: a) quando houver modificação do projeto ou das especificações, para melhor adequação técnica a seus objetivos; b) quando for necessária a modificação do valor contratual em decorrência de acréscimo ou diminuição quantitativa de seu objeto, nos limites permitidos por esta Lei; II – por acordo entre as partes: a) quando conveniente a substituição da garantia de execução; b) quando necessária a modificação do regime de execução da obra ou do serviço, bem como do modo de fornecimento, em face de verificação técnica da inaplicabilidade dos termos contratuais originários; c) quando necessária a modificação da forma de pagamento por imposição de circunstâncias supervenientes, mantido o valor inicial atualizado e vedada a antecipação do pagamento em relação ao cronograma financeiro fixado sem a correspondente contraprestação de fornecimento de bens ou execução de obra ou serviço; d) para restabelecer o equilíbrio econômico-financeiro inicial do contrato em caso de força maior, caso fortuito ou fato do príncipe ou em decorrência de fatos imprevisíveis ou previsíveis de consequências incalculáveis, que inviabilizem a execução do contrato tal como pactuado, respeitada, em qualquer caso, a repartição objetiva de risco estabelecida no contrato".

Na hipótese de alteração unilateral do contrato que aumente ou diminua os encargos do contratado, a Administração deverá restabelecer, no mesmo termo aditivo, o equilíbrio econômico-financeiro inicial (art. 130 da Lei de Licitações e Contratos Administrativos). Em síntese, a celebração do contrato administrativo torna obrigatória sua execução nos moldes em que foi ajustado. A alteração contratual é medida excepcional, somente podendo ser efetuada pela autoridade pública nas hipóteses expressamente previstas em lei, visando a manutenção do equilíbrio econômico-financeiro entre as partes, e sempre com respeito ao interesse público. O tipo penal destina-se a combater as frequentes (e infelizes) situações em que o administrador público e a empresa ou profissional celebram contrato que sabem ser inviável em sua execução, mas o fazem contando com posteriores modificações e prorrogações. Violam a isonomia e o caráter competitivo do processo licitatório, pois outros licitantes podem ter desistido do certame, ou podem ter sido derrotados em face do maior preço que de boa-fé apresentaram, e as alterações futuras favorecem ilegalmente o contratado.

2.ª conduta típica: "pagar fatura com preterição da ordem cronológica de sua exigibilidade."

Tem-se aqui o crime de **pagamento irregular em contrato administrativo**, também chamado de **pagamento antecipado de fatura**. **Pagar** é quitar, liquidar, solver uma obrigação. O pagamento é devido, mas o funcionário público inverte sua ordem cronológica, ou seja, o contratado recebe sua contraprestação antes do prazo, quando esta ainda não era juridicamente exigível. Em suma, ele é beneficiado pela quitação antes dos outros credores da Administração Pública, os quais estavam à sua frente na "fila do pagamento". O pagamento da fatura consiste na entrega de determinada quantia em dinheiro em favor do contratado, correspondente ao valor da fatura emitida, e cobrada em decorrência da realização de obra, da prestação de serviços ou da entrega de bens contratados com a Administração Pública. Em conformidade com o art. 64, *caput*, da Lei 4.320/1964, pressupõe uma ordem de pagamento, consistente no "despacho exarado por autoridade competente, determinando que a despesa seja paga." A Lei 14.133/2021 impõe a observância da **ordem cronológica** no dever de pagamento pela Administração (art. 141, *caput*), a qual somente pode ser alterada mediante prévia justificativa da autoridade competente e posterior comunicação ao órgão de controle interno da Administração e ao tribunal de contas competente, exclusivamente nas seguintes situações, elencadas no § 1.º do art. 141: I – grave perturbação da ordem, situação de emergência ou calamidade pública; II – pagamento a microempresa, empresa de pequeno porte, agricultor familiar, produtor rural pessoa física, microempreendedor individual e sociedade cooperativa, desde que demonstrado o risco de descontinuidade do cumprimento do objeto do contrato; III – pagamento de serviços necessários ao funcionamento dos sistemas estruturantes, desde que demonstrado o risco de descontinuidade do cumprimento do objeto do contrato; IV – pagamento de direitos oriundos de contratos em caso de falência, recuperação judicial ou dissolução da empresa contratada; V – pagamento de contrato cujo objeto seja imprescindível para assegurar a integridade do patrimônio público ou para manter o funcionamento das atividades finalísticas do órgão ou entidade, quando demonstrado o risco de descontinuidade da prestação de serviço público de relevância ou o cumprimento da missão institucional. Também não será permitido pagamento antecipado, parcial ou total, relativo a parcelas contratuais vinculadas ao fornecimento de bens, à execução de obras ou à prestação de serviços (art. 145, *caput*), exceto se a antecipação do pagamento propiciar sensível economia de recursos ou representar condição indispensável para a obtenção do bem ou para a prestação do serviço, hipótese que deverá ser previamente justificada no processo licitatório e expressamente prevista no edital de licitação ou instrumento formal de contratação direta (art. 145, § 1.º).

Também não será permitido pagamento antecipado, parcial ou total, relativo a parcelas contratuais vinculadas ao fornecimento de bens, à execução de obras ou à prestação de serviços (art. 145, *caput*). Somente será permitida a antecipação de pagamento se propiciar sensível economia de recursos ou se representar condição indispensável para a obtenção do bem ou para a prestação do serviço, hipótese que deverá ser previamente justificada no processo licitatório e expressamente prevista no edital de licitação ou instrumento formal de contratação direta (art. 145, § 1.º).

○ **Sujeito ativo:** Trata-se de **crime próprio** ou **especial**: somente pode ser cometido pelo funcionário público dotado do poder de admitir, possibilitar ou dar causar a qualquer modificação ou vantagem, inclusive prorrogação contratual, em favor do contratado, durante a execução dos contratos celebrados com a Administração Pública, sem autorização em lei, no edital da licitação ou nos respectivos instrumentos contratuais, ou então de pagar fatura com preterição da ordem cronológica de sua exigibilidade. Admite-se o **concurso de pessoas**, mediante a colaboração de outro funcionário público ou do particular, inclusive do contratado, notadamente quando obtém vantagem indevida decorrente da modificação contratual ou do pagamento antecipado da fatura.

– Pagamento irregular em contrato administrativo e crime de Prefeito: O art. 1.º, XII, do Decreto-lei 201/1967 define como crime a conduta do Prefeito consistente em "antecipar ou inverter a ordem de pagamento a credores do Município, sem vantagem para o erário". O conflito aparente de normas é solucionado pelo **princípio da especialidade**, pois nesse caso o sujeito ativo há de ser unicamente o Prefeito, e o pagamento antecipado diz respeito a qualquer ordem de credores do Município (precatórios judiciais, por exemplo), e não à ordem cronológica dos contratos administrativos.

○ **Sujeito passivo:** É a Administração Pública, ofendida pela modificação ou vantagem em favor do contratado, durante a execução contratual, ou então pelo pagamento da fatura com preterição da ordem cronológica de sua exigibilidade, bem como a pessoa física ou jurídica (outro credor da Administração Pública, por exemplo) prejudicada pela conduta criminosa.

○ **Elemento subjetivo:** É o dolo, independentemente de qualquer finalidade específica. Pouco importa o motivo que levou o agente a ensejar a modificação ou vantagem em favor do contratado, durante a execução da avença, ou então a pagar fatura sem observância da ordem cronológica da sua exigibilidade. É irrelevante indagar se o fez em conluio com o contratado, para prejudicar outro credor da Administração Pública ou por motivo de outra natureza. O eventual propósito de apropriar-se de verbas públicas ou desviá-las para fins particulares deve acarretar na responsabilização conjunta do agente pelos crimes de modificação ou pagamento irregular em contrato administrativo e peculato (CP, art. 312), em concurso material. Não se admite a modalidade culposa.

– **A problemática relacionada ao parecer jurídico:** Se antes da prorrogação do contrato administrativo em favor do contratado, durante sua execução e sem prévia autorização, é lançado parecer jurídico elaborado pela Procuradoria-Geral do ente federativo, este parecer não exclui o crime definido no art. 337-H do Código Penal, pois ele evidentemente não vincula a decisão do gestor público, que pode acolher ou rejeitar a sua conclusão. Se o parecerista agir com dolo, no sentido de concorrer para a prorrogação ilegal do contrato administrativo, e o gestor aproveitar-se desta colaboração, ambos deverão responder pelo delito, este como autor e aquele na condição de partícipe. Mas não há falar na responsabilidade penal do Procurador-Geral do ente federativo na hipótese de parecer jurídico favorável à prorrogação, fundamentado em razões técnicas, com interpretação jurídica razoável, ainda que o gestor se aproveite de tal embasamento para, dolosamente e com motivação desconhecida pelo jurista, prorrogar ilegalmente o contrato administrativo em favor do contratado, ou seja, sem interesse público. O dolo se torna ainda mais evidente quando o parecer jurídico é enfaticamente contrário à prorrogação contratual, mas o gestor da coisa pública ainda assim decide agir em sentido diverso.

○ **Consumação:** Trata-se de **crime formal, de consumação antecipada** ou **de resultado cortado**. Consuma-se, na primeira conduta típica, com a assinatura do aditamento ou da prorrogação contratual. Na segunda conduta típica, por sua vez, o delito se aperfeiçoa com o pagamento antecipado da fatura, isto é, com preterição da ordem cronológica da sua exigibilidade. Em ambos os casos, é desnecessário o efetivo prejuízo econômico à Administração Pública para a consumação do delito. A eventual devolução de recursos aos cofres públicos não exclui o delito, podendo, contudo, dar causa ao reconhecimento do arrependimento posterior, com diminuição da pena de 1/3 a 2/3, se presentes os demais requisitos previstos no art. 16 do Código Penal. De igual modo, a aprovação posterior das contas do ente público pelo Tribunal de Contas ou pelo Poder Legislativo não exclui o crime.

○ **Tentativa:** Admite-se a tentativa, em face do caráter plurissubsistente do delito, permitindo o fracionamento do *iter criminis*. Exemplo: a autoridade administrativa encaminha ao representante de determinada empresa a minuta da prorrogação indevida do contrato com ela firmado, mas tal pessoa se recusa a anuir ao plano ilícito, e denuncia a prática criminosa ao Ministério Público.

○ **Ação penal:** É pública incondicionada.

○ **Lei 9.099/1995:** Trata-se de **crime de elevado potencial ofensivo**, incompatível com os benefícios elencados pela Lei 9.099/1995.

Perturbação de processo licitatório

> **Art. 337-I.** Impedir, perturbar ou fraudar a realização de qualquer ato de processo licitatório:
>
> Pena – detenção, de 6 (seis) meses a 3 (três) anos, e multa.

Classificação:	Informações rápidas:
Crime simples	**Objeto material:** qualquer ato do processo licitatório.
Crime comum	
Crime formal, de consumação antecipada ou de resultado cortado	**Elemento subjetivo:** dolo, (vontade de impedir, perturbar ou fraudar a realização de qualquer ato do processo licitatório). Não se admite a modalidade culposa.
Crime de dano	
Crime de forma livre	
Crime comissivo *(regra)*	**Tentativa:** admite (crime plurissubsistente).
Crime instantâneo	**Ação penal:** pública incondicionada.
Crime unissubjetivo, unilateral ou de concurso eventual	**Lei Anticorrupção:** as sanções nela contida não impedem a responsabilidade penal da pessoa física que tenha incorrido no art. 337-I do Código Penal.
Crime plurissubsistente	

○ **Evolução legislativa:** A perturbação de processo licitatório encontrava correspondência no revogado art. 93 da Lei 8.666/1993. Houve somente duas alterações: (a) a substituição da palavra "procedimento" por "processo" licitatório, terminologia empregada pela Lei 14.133/2021 – Nova Lei de Licitações e Contratos Administrativos; e (b) a pena privativa de liberdade, em seu limite máximo, foi elevada de 2 (dois) para 3 (três) anos, com o indisfarçável propósito de vedar a incidência da transação penal, regulamentada pelo art. 76 da Lei 9.099/1995.

O art. 93 da Lei 8.666/1993 já havia revogado tacitamente o art. 335, 1.ª parte, do Código Penal, que punia com detenção, de 6 (seis) meses a 2 (dois) anos, ou multa, além da pena correspondente à violência, a conduta de "impedir, perturbar ou fraudar concorrência pública ou venda em hasta pública, promovida pela administração federal, estadual ou municipal, ou por entidade paraestatal." Esse dispositivo, é claro, continua revogado após a entrada em vigor do art. 337-I do Código Penal.

○ **Introdução:** O processo licitatório é a sucessão ordenada de atos, previstos em lei, destinados a proporcionar a escolha, dentro do universo dos licitantes, daquele que ofereceu a proposta mais vantajosa à Administração Pública, com base em critérios objetivos de julgamento previamente definidos. Aquele que, de qualquer modo, tumultua a realização de tais atos acaba por comprometer a higidez do certame, causando transtornos à Administração Pública e, por corolário, à sociedade. O tipo penal não incrimina a conduta daquele que, de modo legítimo, perturba o processo licitatório para assegurar, pela via administrativa ou jurisdicional, o regular cumprimento da lei. O crime definido no art. 337-I do Código Penal reclama a **perturbação inútil** do processo licitatório, ou seja, destituída de qualquer amparo legal e nitidamente direcionada a lesar os interesses de um ou mais licitantes, ou então da Administração Pública.

○ **Lei Anticorrupção:** O art. 5.º, IV, "b", da Lei 12.846/2013 elenca, entre os atos lesivos à Administração Pública, no tocante a licitações e contratos, a conduta de "impedir, perturbar ou fraudar a realização de qualquer ato de procedimento licitatório público". Nada obstante tal instrumento normativo discipline a responsabilização administrativa e civil de **pessoas jurídicas**, as sanções nela contidas não impedem a responsabilidade penal da pessoa física que tenha incorrido no art. 337-I do Código Penal.

○ **Objeto jurídico:** É a lisura, a integridade do processo licitatório, de modo a preservar a igualdade entre os concorrentes e a proteção do erário, pois a conduta descrita no art. 337-I do Código Penal é apta a retirar da Administração a capacidade de escolher a proposta mais vantajosa ao interesse público. De forma ampla, tutela-se a "regularidade do funcionamento da Administração" quanto aos processos licitatórios.[364]

○ **Objeto material:** É qualquer ato do processo licitatório.

○ **Núcleos do tipo:** São três: "impedir", "perturbar" e "fraudar". **Impedir** é obstar, obstruir; **perturbar** equivale a tumultuar, desordenar, atrapalhar; e **fraudar**, por sua vez, significa iludir, enganar, mediante o emprego de artifício (fraude material), ardil (fraude moral) ou outro meio fraudulento. Os verbos dirigem-se a qualquer ato do processo licitatório, pouco importando a fase em que se encontre, a saber, (I) preparatória, (II) de divulgação do edital de licitação, (III) de apresentação de propostas e lances, quando for o caso, (IV) julgamento, (V) de habilitação, (VI) recursal ou (VII) de homologação.[365] A conduta normalmente é praticada por ação (crime omissivo), mas nada impede a omissão penalmente relevante (crime omissivo impróprio, espúrio ou comissivo por omissão), na hipótese de inércia dolosa daquele que devia e podia agir para evitar o resultado, nos moldes do art. 13, § 2.º, do Código Penal. Cuida-se de **tipo misto alternativo**, **crime de ação múltipla ou de conteúdo variado**, pois se o agente praticar mais de um verbo, tais como impedir e fraudar, no tocante ao mesmo ato do processo licitatório, está caracterizado um único delito. De igual modo, será imputado ao agente um só crime tipificado no art. 337-I do Código Penal quando o agente impedir, perturbar ou fraudar atos em etapas diversas do mesmo processo licitatório. Nesse contexto, responde por um único delito aquele que frauda a publicação do edital e, posteriormente, tumultua o julgamento de igual certame.

○ **Sujeito ativo:** O crime é **comum** ou **geral**. Pode ser praticado por qualquer pessoa, particular ou funcionário público, independentemente de possuir ou não interesse pessoal no processo licitatório. Exemplificativamente, o delito tanto pode ser praticado pelo licitante que, de forma reiterada e despropositada, aciona o Poder Judiciário com a finalidade de tumultuar o processo licitatório e, consequentemente, afastar outros participantes do certame, como também pelo indivíduo que ingressa com ação popular, em face do processo licitatório, exclusivamente para chamar atenção e ter seu nome divulgado pelos meios de comunicação. Admite-se o **concurso de pessoas** em ambas as suas modalidades (coautoria e participação).

---

[364] GRECO FILHO, Vicente. *Dos crimes da lei de licitação*. São Paulo: Saraiva, 2007. p. 36.
[365] As fases do processo licitação estão descritas no art. 17 da Lei de Licitações e Contratos Administrativos.

○ **Sujeito passivo:** É o Estado, consistente na entidade que realizou o processo licitatório que teve qualquer ato impedido, perturbado ou fraudado e, mediatamente, a pessoa física ou jurídica prejudicada pela conduta criminosa.

○ **Elemento subjetivo:** É o dolo, consistente na vontade de impedir, perturbar ou fraudar a realização de qualquer ato do processo licitatório. Não se exige qualquer finalidade específica, e não se admite a modalidade culposa.

○ **Consumação:** A perturbação de processo licitatório é **crime formal, de consumação antecipada** ou **de resultado cortado**: consuma-se com a prática da conduta prevista em lei, prescindindo da superveniência do resultado naturalístico. Em outras palavras, o delito se aperfeiçoa com a conduta de impedir, perturbar ou fraudar o ato do processo licitatório, não se exigindo sua suspensão ou encerramento.

○ **Tentativa:** É cabível, em face do caráter plurissubsistente do delito, permitindo o fracionamento do *iter criminis*. Exemplo: "A", dotado de profundo conhecimento informático, invade o sistema computacional do Município, com o propósito de impedir o processo licitatório na modalidade pregão. O serviço técnico do ente público é acionado e, com êxito, consegue vetar o ataque *hacker*.

○ **Ação penal:** É pública incondicionada.

○ **Lei 9.099/1995:** constitui-se em **crime de médio potencial ofensivo**, compatível com a suspensão condicional do processo, se presentes os demais requisitos exigidos pelo art. 89 da Lei 9.099/1995.

Violação de sigilo em licitação

> **Art. 337-J.** Devassar o sigilo de proposta apresentada em processo licitatório ou proporcionar a terceiro o ensejo de devassá-lo:
>
> Pena – detenção, de 2 (dois) anos a 3 (três) anos, e multa.

Classificação:	Informações rápidas:
Crime simples	**Objeto material:** a proposta sigilosa apresentada por qualquer dos licitantes.
Crime comum, na primeira conduta ou próprio, na segunda conduta	**Elemento subjetivo:** dolo, não se admite a modalidade culposa.
Crime material ou causal	**Tentativa:** admite (crime plurissubsistente).
Crime de dano	**Ação penal:** pública incondicionada.
Crime de forma livre	**Código Penal Militar:** a conduta de devassar o sigilo da proposta ou de proporcionar a terceiro o ensejo de devassá-lo configura o crime definido no art. 327 do Decreto-lei 1.001/1969.
Crime comissivo (em regra)	
Crime instantâneo	
Crime unissubjetivo, unilateral ou de concurso eventual, na conduta "devassar o sigilo de proposta apresentada em processo licitatório" ou plurissubjetivo, plurilateral ou de concurso eventual, na conduta "proporcionar a terceiro o ensejo de devassa-lo"	
Crime plurissubsistente	

○ **Evolução legislativa:** O art. 94 da Lei 8.666/1993 continha crime quase idêntico ao ora tratado pelo art. 337-J do Código Penal, inclusive no tocante às penas cominadas. A única alteração promovida pela Lei 14.133/2021 – Nova Lei de Licitações e Contratos Administrativos foi a substituição da palavra "procedimento" licitatório por "processo" licitatório, terminologia adotada pelo novo diploma legal. A propósito, o art. 94 da Lei 8.666/1993 já havia revogado o art. 326 do Código Penal, que disciplinava o crime de violação do sigilo de proposta de concorrência: "Art. 326 – Devassar o sigilo de proposta de concorrência pública, ou proporcionar a terceiro o ensejo de devassá-lo: Pena – Detenção, de três meses a um ano, e multa."

O art. 326 do Código Penal, evidentemente, continua revogado. Com efeito, o delito de violação de sigilo em licitação (CP, art. 337-J), criado pela Lei 14.133/2021 – Nova Lei de Licitações e Contratos Administrativos, além de ser veiculado por norma posterior, é mais abrangente do que aquele dispositivo, pois engloba todas as modalidades de licitação contidas no art. 28 da Lei de Licitações e Contratos Administrativos – pregão, concorrência, concurso, leilão e diálogo competitivo –, e não apenas a concorrência, como fazia o superado art. 326.

○ **Introdução:** O art. 37, *caput*, da Constituição Federal consagra a publicidade como um dos princípios vetores da Administração Pública. Nessa linha de raciocínio, o art. 13, *caput*, da Lei 14.133/2021 estatui que "os atos praticados no processo licitatório são públicos, ressalvadas as hipóteses de informações cujo sigilo seja imprescindível à segurança da sociedade e do Estado, na forma da lei". Contudo, seu parágrafo único, inc. I, expressamente admite a **publicidade diferida quanto ao conteúdo das propostas**, até a respectiva abertura. Essa sistemática, de lógica inquestionável, destina-se a preservar a impessoalidade e a competitividade do processo licitatório. Em verdade, se um dos licitantes tem o privilégio de conhecer previamente as propostas dos seus rivais, poderia alterar a sua, quebrando a isonomia do certame e causando prejuízo aos demais licitantes e à própria Administração Pública.

○ **Objeto jurídico:** É a higidez da Administração Pública e do processo licitatório, especialmente no que diz respeito ao sigilo das propostas, à igualdade dos licitantes e à competitividade do certame.

○ **Objeto material:** É a **proposta sigilosa** apresentada por qualquer dos licitantes. Logo, esse crime somente pode incidir nos processos licitatórios em que as propostas sejam revestidas de sigilo até o julgamento. O art. 56, I, da Lei 14.133/2021 admite o **modo de disputa "aberto"**, em que os licitantes apresentarão suas propostas por meio de lances públicos e sucessivos, crescentes ou decrescentes.

○ **Núcleos do tipo:** O tipo penal contempla duas condutas: *1.ª) "Devassar o sigilo de proposta apresentada em processo licitatório."* **Devassar** é violar, transgredir ou invadir. O agente descobre ilicitamente o conteúdo de proposta apresentada no processo licitatório, o qual deveria permanecer em sigilo. O exemplo clássico é a abertura do envelope que contém a proposta do licitante. *2.ª) "Proporcionar a terceiro o ensejo de devassá-lo."* **Proporcionar** equivale a propiciar, ensejar, dar a oportunidade a que outra pessoa devasse o conteúdo da proposta sigilosa. Cuida-se, nessa hipótese, **de crime plurissubjetivo, plurilateral** ou **de concurso necessário**, pois a redação típica reclama a atuação conjunta do funcionário público, que não devassa diretamente o sigilo da proposta apresentada em processo licitatório, mas abre caminho para que tal sigilo seja descoberto por outra pessoa (particular ou funcionário público que não tinha acesso à informação acobertada pelo sigilo). Em qualquer das condutas, a violação de sigilo em licitação é **crime de forma livre**, pois admite qualquer meio de execução, a exemplo da abertura do envelope contendo a proposta, do acesso indevido ao sistema informático, da obtenção de informações com o funcionário público responsável pela preservação do sigilo, da utilização de *scaner* etc. O delito é normalmente praticado por ação (crime comissivo), mas nada impede a omissão penalmente relevante (crime omissivo impróprio, espúrio ou comissivo por omissão), quando quem se omitiu devia e podia agir para evitar o resultado, nos termos do art. 13, § 2.º, do Código Penal, tal como quando o superior hierárquico presencia seu funcionário público subalterno permitindo o acesso de terceiro a proposta sigilosa do processo licitatório, e nada faz para impedir o resultado.

○ **Sujeito ativo:** Na primeira conduta típica – "devassar o sigilo de proposta apresentada em processo licitatório" – o crime é **comum** ou **geral**. Pode ser praticado por qualquer pessoa, funcionário púbico ou não. Exemplo: um licitante ingressa de forma clandestina na repartição pública e acessa indevidamente o conteúdo de proposta sigilosa de outro licitante, que com ele disputava o objeto do certame. De seu turno, na segunda conduta – "proporcionar a terceiro o ensejo de devassá-lo", o crime é **próprio** ou **especial**, pois somente pode ser cometido pelo funcionário público encarregado de assegurar o sigilo das propostas apresentadas no processo licitatório, e ele, de modo ilícito, permite a outra pessoa (funcionário público ou particular) o conhecimento da proposta que era e devia permanecer sigilosa.

○ **Sujeito passivo:** É a Administração Pública e, mediatamente, a pessoa física ou jurídica prejudicada pela conduta criminosa, tal como a empresa licitante que teve o sigilo da proposta ilicitamente violado.

○ **Elemento subjetivo:** É o dolo, independentemente de qualquer finalidade específica. Não se admite a modalidade culposa. Se o agente for funcionário público, e praticar a conduta visando o recebimento de vantagem indevida, a ele deverão ser imputados os crimes de violação de sigilo em licitação e de corrupção passiva (CP, art. 317), em concurso material.

○ **Consumação:** Na conduta "devassar o sigilo de proposta apresentada em processo licitatório", o delito se consuma com o acesso do agente ao conteúdo reservado da proposta do licitante, que estava e devia ser mantida em sigilo. Por sua vez, no comportamento "proporcionar a terceiro o ensejo de devassá-lo" a consumação se dá quando o terceiro descobre o conteúdo da proposta sigilosa, após a facilitação proporcionada pelo funcionário público que deveria assegurar seu caráter sigiloso. Em qualquer das situações o crime é **material** ou **causal**: consuma-se com a produção do resultado naturalístico, consistente na violação do sigilo da proposta com a obtenção das informações reservadas nela contidas. Não se exige a divulgação da proposta a outras pessoas, nem a conquista de alguma vantagem em decorrência do acesso indevido à proposta sigilosa.

○ **Tentativa:** É possível, em face do caráter plurissubsistente do delito, comportamento o fracionamento do *iter criminis*. Exemplo: o indivíduo é preso em flagrante no momento em que começava a abrir o invólucro contendo a proposta sigilosa apresentada no processo licitatório.

○ **Ação penal:** É pública incondicionada.

○ **Lei 9.099/1995:** constitui-se em **crime de elevado potencial ofensivo**, incompatível com os benefícios previstos na Lei 9.099/1995.

○ **Código Penal Militar:** No caso de licitação na modalidade concorrência, de interesse da administração militar, a conduta de devassar o sigilo da proposta ou de proporcionar a terceiro o ensejo de devassá-lo configura o crime definido no art. 327 do Código Penal Militar.

Afastamento de licitante

> **Art. 337-K.** Afastar ou tentar afastar licitante por meio de violência, grave ameaça, fraude ou oferecimento de vantagem de qualquer tipo:
>
> Pena – reclusão, de 3 (três) anos a 5 (cinco) anos, e multa, além da pena correspondente à violência.
>
> Parágrafo único. Incorre na mesma pena quem se abstém ou desiste de licitar em razão de vantagem oferecida.

Classificação:	Informações rápidas:
Crime simples Crime comum Crime formal, de consumação antecipada ou de resultado cortado (no *caput*) ou material ou causal (no parágrafo único) Crime de dano Crime de forma livre Crime comissivo (em regra), mas omissivo próprio ou puro na conduta de se "abster", prevista no parágrafo único Crime instantâneo Crime unissubjetivo, unilateral ou de concurso eventual Crime de atentado ou de mero empreendimento (no *caput*) ou unissubsistente (no parágrafo único)	**Objeto material:** o licitante – pessoa física ou jurídica – que se busca afastar com o emprego de violência, grave ameaça, fraude ou vantagem de qualquer tipo. **Elemento subjetivo:** dolo, não se admite a modalidade culposa. **Tentativa:** não admite. **Ação penal:** pública incondicionada. **Figura equiparada:** art. 337-K, parágrafo único. **Emprego de violência:** aplica-se a pena prevista no art. 337-K do CP, multa e a pena do crime resultante da violência.

○ **Evolução legislativa:** O art. 95 da Lei 8.666/1993 continha crime semelhante ao atualmente definido pelo art. 337-K do Código Penal. O novo tipo penal apresenta algumas mudanças em sua redação e, sobretudo, pena privativa de liberdade qualitativa (reclusão) e quantitativamente (3 a 5 anos) mais severa.

A propósito, o art. 95 da Lei 8.666/1993 já havia revogado, tacitamente, a parte final do art. 335 do Código Penal, bem como seu parágrafo único, rotulados como "impedimento, perturbação ou fraude de concorrência". Esse dispositivo legal evidentemente continua revogado depois da criação do art. 337-K do Código Penal pela Lei 14.133/2021 – Nova Lei de Licitações e Contratos Administrativos.

○ **Introdução:** A licitação destina-se a selecionar a proposta mais vantajosa para a Administração Pública. Nesse contexto, é fundamental que dela participe o maior número possível de interessados, com lisura, transparência e liberdade para oferecimento das suas propostas, proporcionando eficiência e economia aos cofres públicos. Esta é a razão para a criminalização da conduta rotulada como "afastamento de licitante".

○ **Lei Anticorrupção:** O art. 5.º, IV, "c", da Lei 12.846/2013 arrola, entre os atos lesivos à Administração Pública, no tocante a licitações e contratos, a atividade de "afastar ou procurar afastar licitante, por meio de fraude ou oferecimento de vantagem de qualquer tipo." Embora tal diploma legislativo disponha sobre a responsabilização administrativa e civil de **pessoas**

jurídicas, as sanções nela contidas não excluem a responsabilidade penal da pessoa física que tenha incorrido no art. 337-K do Código Penal.

○ **Objeto jurídico:** É a Administração Pública, relativamente à regularidade do processo licitatório e ao respeito à integridade física e moral dos licitantes.

○ **Objeto material:** É o licitante – pessoa física ou jurídica – que se busca afastar com o emprego de violência, grave ameaça, fraude ou vantagem de qualquer tipo. Se o licitante é uma pessoa jurídica, o meio de execução deve ser direcionado contra seu representante legal dotado do poder de decidir pela continuidade ou pelo abandono do processo licitatório.

○ **Núcleo do tipo:** É **afastar**, no sentido de fazer o licitante abandonar ou retirar-se do processo licitatório. Como destaca Renee do Ó Souza: "O ato de afastar o interessado em participar do certame poderá ocorrer em qualquer fase do processo licitatório."[366] Cuida-se de **crime de atentado** ou **de mero empreendimento**, no qual o legislador equiparou as condutas de "afastar" e "tentar afastar". O tratamento jurídico-penal é idêntico quando o agente consegue efetivamente repelir o licitante do processo licitatório, bem como na hipótese em que se propõe a fazê-lo, mas não consegue alcançar seu propósito por circunstâncias alheias à sua vontade. O tipo penal contempla 4 (quatro) meios de execução: violência, grave ameaça, fraude ou vantagem de qualquer tipo.

a) Violência, também conhecida como **violência própria**, **violência física**, *vis corporalis* ou *vis absoluta*, é o emprego de força física contra alguém, mediante lesão corporal ou vias de fato. Há de se entender a violência como "**violência à pessoa**", pois a violência contra a coisa (exemplo: destruição do carro do licitante para intimidá-lo) pode funcionar, no caso concreto, como grave ameaça. Se a violência consistir em **vias de fato**, compreendida como a agressão física sem a intenção de lesionar (exemplo: empurrar a vítima), a contravenção penal prevista no art. 21 da Lei das Contravenções Penais restará absorvida pelo crime de afastamento de licitante, em face da sua subsidiariedade expressa, pois somente se caracteriza tal contravenção penal quando o fato não constitui crime.

b) Grave ameaça, também rotulada de **violência moral** ou *vis compulsiva*, é a promessa de mal grave, iminente e verossímil, ou seja, passível de concretização pelo agente. A grave ameaça pode se exteriorizar por palavras, gestos, símbolos, utilização de objetos em geral ou qualquer outro meio idôneo a revelar a intenção do agente de subjugar o licitante, retirando sua capacidade de resistência, de modo a afastá-lo do certame. Seu potencial intimidatório deve ser avaliado no caso concreto, levando em contas as circunstâncias ligadas à prática do crime, tais como o sexo, a idade e as condições físicas do agente e do licitante, o local e o horário do delito, entre outras.

c) Fraude é o artifício (fraude material), o ardil (fraude moral) ou qualquer outro meio análogo utilizado pelo agente para enganar o candidato, visando a afastá-lo do processo licitatório, a exemplo do envio de documento falso noticiando a revogação do certame pela Administração Pública.

d) Vantagem é o benefício ou utilidade de qualquer natureza. Pode ser econômica, e normalmente possui tal característica, mas o tipo penal expressamente admite o proveito de índole diversa, ao utilizar a expressão "oferecimento de vantagem de qualquer tipo", a exemplo do apoio político, falsa amizade, favores sexuais etc.

– **Figura equiparada: art. 337-K, parágrafo único.** Nos termos do art. 337-K, parágrafo único, do Código Penal: "Incorre na mesma pena quem se abstém ou desiste de licitar

---

[366] SOUZA, Renee do Ó. *Leis penais especiais comentadas*. Coordenadores Rogério Sanches Cunha, Ronaldo Batista Pinto, Renee do Ó Souza. 2. ed. Salvador: Editora Juspodivm, 2019. p. 1010.

em razão de vantagem oferecida." Cuida-se de situação peculiar (e necessária) no Brasil: a incriminação da **corrupção passiva privada**. O Código Penal tipificou apenas a corrupção passiva do funcionário público (art. 317), nada obstante seja o Brasil signatário da Convenção das Nações Unidas contra a Corrupção a qual recomenda em seu art. 21 a tipificação do suborno no setor privado aos países que a ela aderiram.[367] Trata-se de uma **exceção pluralista à teoria unitária ou monista** no concurso de pessoas, pois aquele que oferece a vantagem de qualquer tipo e o sujeito que se abstém ou desiste de licitar em razão de vantagem oferecida concorrem para o mesmo resultado, mas optou-se pela criação de figuras típicas diversas para cada um deles. "**Quem se abstém**" pratica um crime omissivo próprio ou puro, e sequer inicia sua participação no processo licitatório. De seu turno, "**quem desiste**" realiza uma conduta comissiva, pois abandona a licitação em que figurava como um dos candidatos. Se a abstenção ou desistência em razão da vantagem oferecida for cometida por funcionário público (exemplo: diretor de empresa pública que desiste de participar da licitação em troca de vantagem indevida), a ele deverão ser imputados os crimes de afastamento de licitante, em sua figura equiparada (CP, art. 337-K, parágrafo único) e de corrupção passiva circunstanciada (CP, art. 317, § 1.º), em concurso material. Nesse caso, o particular que ofereceu a vantagem responderá, em concurso, pelos delitos de afastamento de licitante, em sua modalidade fundamental (CP, art. 337-K, *caput*) e corrupção ativa circunstanciada (CP, art. 333, parágrafo único). Não se configura a figura equiparada quando o afastamento do licitante ocorre em decorrência da violência, grave ameaça ou fraude contra ele perpetrada. Além da ausência de previsão legal nesse sentido, não havia o dolo de se abster ou de desistir de licitar.

○ **Sujeito ativo:** O crime é **comum** ou **geral**. Pode ser cometido por qualquer pessoa, inclusive pelo funcionário público, desde que com atuação desvinculada do exercício da sua função pública. De fato, entre o rol de atribuições de qualquer agente público não se insere a atividade de afastar ou tentar afastar licitante com emprego de violência, grave ameaça, fraude ou oferecimento de vantagem indevida.

○ **Sujeito passivo:** É a Administração Pública e, mediatamente, a pessoa física ou jurídica prejudicada pela conduta criminosa, em especial o licitante que se afastou ou que se tentou afastar por meio de violência, grave ameaça, fraude ou oferecimento de vantagem de qualquer tipo.

○ **Elemento subjetivo:** É o dolo, independentemente de qualquer finalidade específica. É irrelevante o motivo que levou o agente a afastar ou tentar afastar algum dos participantes do processo licitatório (exclusão de rival, vingança por desavença pretérita, mero deboche etc.). Não se admite a modalidade culposa.

○ **Consumação:** O art. 337-K, *caput*, do Código Penal contém um **crime formal, de consumação antecipada** ou **de resultado cortado**: consuma-se com a prática da conduta de afastar ou tentar afastar licitante em razão de violência, grave ameaça, fraude ou oferta de vantagem de qualquer natureza. Prescinde-se da produção do resultado naturalístico, consistente no

---

[367] "Cada Estado Parte considerará a possibilidade de adotar medidas legislativas e de outras índoles que sejam necessárias para qualificar como delito, quando cometido intencionalmente no curso de atividades econômicas, financeiras ou comerciais: a) A promessa, o oferecimento ou a concessão, de forma direta ou indireta, a uma pessoa que dirija uma entidade do setor privado ou cumpra qualquer função nela, de um benefício indevido que redunde em seu próprio proveito ou no de outra pessoa, com o fim de que, faltando ao dever inerente às suas funções, atue ou se abstenha de atuar; b) A solicitação ou aceitação, de forma direta ou indireta, por uma pessoa que dirija uma entidade do setor privado ou cumpra qualquer função nela, de um benefício indevido que redunde em seu próprio proveito ou no de outra pessoa, com o fim de que, faltando ao dever inerente às suas funções, atue ou se abstenha de atuar."

efetivo afastamento do licitante ou no prejuízo ao trâmite do processo licitatório. Na figura equiparada do parágrafo único, o **crime é material** ou **causal,** pois a consumação reclama a efetiva abstenção ou desistência do licitante em razão de vantagem oferecida, retirando da Administração Pública a chance de conhecer e eventualmente selecionar a proposta que seria por ele apresentada.

○ **Tentativa:** O afastamento de licitante, catalogado no *caput*, é **crime de atentado** ou **de mero empreendimento**. O tipo penal equiparou a tentativa à modalidade consumada, ao utilizar a expressão "afastar ou tentar afastar licitante". Não se admite, portanto, o *conatus* do crime previsto no art. 337-K, *caput*, do Código Penal, uma vez que a conduta correspondente à tentativa representa também a consumação, de acordo com a opção adotada pelo legislador. A figura equiparada – art. 337-K, parágrafo único – também não comporta tentativa, por consagrar **crimes unissubsistentes**, incompatíveis com o fracionamento do *iter criminis*. De fato, ou o agente se abstém (crime omissivo próprio ou puro) ou desiste de licitar em razão de vantagem oferecida, e crime estará consumado, ou participa da licitação ou não desiste de licitar, e o fato será atípico.

○ **Ação penal:** É pública incondicionada.

○ **Lei 9.099/1995:** O afastamento de licitante é **crime de elevado potencial ofensivo**, o que inviabiliza a incidência dos institutos despenalizadores elencados pela Lei 9.099/1995.

○ **Emprego de violência e soma das penas:** O afastamento de licitante comporta 4 (quatro) meios de execução: violência, grave ameaça, fraude ou oferecimento de vantagem de qualquer tipo. O preceito secundário do tipo penal consagra o **concurso material obrigatório** entre a pena do afastamento de licitante e a pena do crime correspondente à violência. A soma das penas somente terá espaço quando o meio de execução eleito pelo agente consistir em violência. De fato, não há falar em concurso material obrigatório quando o afastamento de licitante for cometido com grave ameaça, fraude ou oferecimento de vantagem de qualquer tipo.

Fraude em licitação ou contrato

Art. 337-L. Fraudar, em prejuízo da Administração Pública, licitação ou contrato dela decorrente, mediante:

I – entrega de mercadoria ou prestação de serviços com qualidade ou em quantidade diversas das previstas no edital ou nos instrumentos contratuais;

II – fornecimento, como verdadeira ou perfeita, de mercadoria falsificada, deteriorada, inservível para consumo ou com prazo de validade vencido;

III – entrega de uma mercadoria por outra;

IV – alteração da substância, qualidade ou quantidade da mercadoria ou do serviço fornecido;

V – qualquer meio fraudulento que torne injustamente mais onerosa para a Administração Pública a proposta ou a execução do contrato.

Pena – reclusão, de 4 (quatro) anos a 8 (oito) anos, e multa.

Classificação:	Informações rápidas:
Crime simples Crime próprio ou especial Crime material ou causal Crime de dano Crime de forma vinculada Crime comissivo (*regra*) Crime instantâneo ou permanente (depende do caso concreto) Crime unissubjetivo, unilateral ou de concurso eventual Crime plurissubsistente	**Objeto material:** a licitação ou o contrato administrativo dela decorrente atingido pela fraude. **Elemento subjetivo:** dolo (elemento subjetivo específico – propósito de causar prejuízo à Administração Pública). Não se admite a modalidade culposa. **Tentativa:** admite (crime plurissubsistente). **Ação penal:** pública incondicionada. **Lei Anticorrupção:** as sanções nela contidas não excluem a responsabilidade penal da pessoa física que tenha incorrido no art. 337-L do Código Penal.

○ **Evolução legislativa:** O art. 96 da Lei 8.666/1993 continha um crime análogo ao atualmente previsto no art. 337-L do Código Penal, rotulado como "fraude em licitação ou contrato". Além das mudanças na redação do tipo penal, com sua ampliação para abranger também a prestação de serviços – antes eram somente os bens ou mercadorias – operou-se um sensível aumento da pena privativa de liberdade, que passou a ser de reclusão, de 4 (quatro) a 8 (oito) anos, sem prejuízo da multa.

○ **Introdução:** A licitação visa a obtenção da proposta mais vantajosa à Administração Pública. Não se pode descartar, entretanto, a prática de manobras espúrias mesmo depois de aparentemente ter sido obtida a melhor negociação pela Administração. Aquele que atua com má-fé pode, infelizmente, fraudar o processo licitatório ou, o que é mais frequente, a execução do contrato administrativo. O art. 337-L incrimina condutas deste jaez, e comina pena privativa de liberdade bastante severa, e justificada pela postura inaceitável do agente, que exclui outros licitantes, celebra avença com a Administração Pública e, nada obstante, deixar de honrar o que se comprometeu a fazer. Sua postura, além do prejuízo imediato à coletividade, obriga a entidade pública a rescindir a licitação ou o contrato administrativo e, de forma urgente, buscar novos fornecedores de mercadorias ou serviços. Cuida-se de **modalidade especial de estelionato**, na qual a fraude está inserida no contexto da licitação ou do contrato administrativo, e a lesão é suportada pela Administração Pública. Esta é a razão pela qual o art. 337-L do Código Penal pode ser chamado de "**estelionato licitatório**" ou "**estelionato administrativo-contratual**", a depender do momento em que o delito é cometido.

○ **Lei Anticorrupção:** O art. 5.º, IV, "d", da Lei 12.846/2013 arrola, entre os atos lesivos à Administração Pública, no tocante a licitações e contratos, a atividade de "fraudar licitação pública ou contrato dela decorrente". Na alínea "g", por sua vez, está prevista a conduta de "manipular ou fraudar o equilíbrio econômico-financeiro dos contratos celebrados com a administração pública." Nada obstante tal diploma legislativo disponha sobre a responsabilização administrativa e civil de **pessoas jurídicas**, as sanções nela contidas não excluem a responsabilidade penal da pessoa física que tenha incorrido no art. 337-L do Código Penal.

○ **Objeto jurídico:** É a Administração Pública, no tocante ao seu patrimônio, e também a moralidade administrativa, a integridade e a regularidade do processo licitatório e do contrato dele decorrente. O tipo penal igualmente protege o princípio da justiça contratual, a comutatividade e a boa-fé que orientam a execução dos contratos.

○ **Objeto material:** É a licitação ou o contrato administrativo dela decorrente atingido pela fraude. Duas situações devem ser destacadas. *1.ª situação:* O legislador foi infeliz ao utilizar a expressão "ou contrato dela decorrente". Com efeito, a fórmula legislativa condicionou o delito, na hipótese de fraude no contrato administrativo, à prévia existência de processo licitatório. Não se caracteriza o crime tipificado no art. 337-L do Código Penal, portanto, na fraude, com prejuízo à Administração Pública, que recaia em ajuste originado de contratação direta, ou seja, com dispensa ou inexigibilidade de licitação. O tipo penal deveria ter utilizado a expressão "fraudar, em prejuízo da Administração Pública, licitação ou contrato, mediante (...)", sem empregar as palavras "dela decorrente". *2.ª situação:* Inevitavelmente surgirá posição doutrinária e jurisprudencial sustentando a atipicidade do fato, mesmo com fraude e prejuízo à Administração Pública com alguma das condutas descritas nos incs. I a V do art. 337-L do Código Penal, nas situações previstas no art. 95 da Lei 14.133/2021.[368] O argumento a ser levantado terá como apoio o princípio da reserva legal, em seu fundamento jurídico (taxatividade, certeza ou determinação), no sentido de que a configuração do delito, nesses casos, caracterizaria analogia *in malam partem*, pois o art. 337-L do Código Penal fala somente em "contrato". Não concordamos com essa linha de pensamento. Para nós, também será possível o crime de fraude em licitação nas situações descritas no art. 95 da Lei 14.133/2021, nas quais o instrumento de contrato é substituído por outro **instrumento hábil**, a exemplo da carta-contrato, da nota de empenho de despesa, da autorização de compra ou ordem de execução de serviço. De fato, é preciso distinguir o contrato, em sua essência, do instrumento de contrato, consistente em sua formalização. Em todos os casos existe, independentemente das formalidades, um contrato administrativo, compreendido como o "ajuste firmado entre a Administração Pública e um particular, regulado basicamente pelo direito público, e tendo por objeto uma atividade que, de alguma forma, traduza interesse público."[369] Em síntese, a existência do contrato administrativo não está condicionada à formalização do instrumento de contrato.

○ **Núcleo do tipo:** É "**fraudar**", que equivale a iludir, enganar, ludibriar ou agir de má-fé em licitação ou contrato dela decorrente. Embora normalmente presente nas situações concretas, o art. 337-L do Código Penal não condiciona a existência do delito à obtenção de vantagem ilícita pelo agente. Basta o prejuízo à Administração Pública. Trata-se de **crime de forma vinculada**, pois o tipo penal arrola as condutas admitidas para a sua caracterização. Vejamos cada uma delas:

Inc. I – entrega de mercadoria ou prestação de serviços com qualidade ou em quantidade diversas das previstas no edital ou nos instrumentos contratuais. Exige-se a efetiva entrega da mercadoria ou prestação de serviços, e a fraude recai sobre a qualidade ou quantidade do objeto previsto no edital ou no instrumento contratual.

Inc. II – fornecimento, como verdadeira ou perfeita, de mercadoria falsificada, deteriorada, inservível para consumo ou com prazo de validade vencido. A mercadoria é entregue na quantidade ajustada, mas em alguma das situações de inferioridade ou imprestabilidade descritas em lei.

Inc. III – entrega de uma mercadoria por outra. A fraude incide no objeto entregue pelo contratado. Como há lesão à Administração Pública, pressupõe-se a entrega de mercadoria de preço inferior ao ajustado.

---

[368] "Art. 95. O instrumento de contrato é obrigatório, salvo nas seguintes hipóteses, em que a Administração poderá substituí-lo por outro instrumento hábil, como carta-contrato, nota de empenho de despesa, autorização de compra ou ordem de execução de serviço: I – dispensa de licitação em razão de valor; II – compras com entrega imediata e integral dos bens adquiridos e dos quais não resultem obrigações futuras, inclusive quanto a assistência técnica, independentemente de seu valor."

[369] CARVALHO FILHO, José dos Santos. *Manual de direito administrativo*. 30. ed. São Paulo: Atlas, 2016. p. 181.

Inc. IV – alteração da substância, qualidade ou quantidade da mercadoria ou do serviço fornecido. O agente fraudulentamente modifica a mercadoria ou serviço fornecido. A alteração pode envolver a substância (exemplo: utilização de granito no lugar de mármore, na reforma dos banheiros do hospital), a qualidade (exemplo: utilização de pneus de qualidade inferior nas revisões das viaturas do hospital) ou quantidade (exemplo: a empresa contratada troca somente três pneus de cada viatura, utilizando o estepe original no lugar do quarto pneu).

Inc. V – qualquer meio fraudulento que se torne injustamente mais onerosa para a Administração Pública a proposta ou a execução do contrato. O legislador valeu-se da **interpretação analógica (ou *intra legem*)**, apresentando uma fórmula genérica depois de ter catalogado, nos incisos precedentes, fórmulas casuísticas. Esse inciso deve ser compreendido em sintonia com os anteriores, ou seja, é imprescindível a fraude, mediante artifício, ardil ou qualquer outro meio fraudulento capaz de proporcionar maior custo à Administração Pública, tanto na fase licitatória, em face da divergência da realidade com a proposta apresentada, como na execução do contrato.

○ **Sujeito ativo:** O crime é **próprio** ou **especial**, pois somente pode ser cometido pelo funcionário público ou pelo particular (licitante ou contratado) que venha a fraudar, em prejuízo da Administração Pública, licitação ou contrato dela decorrente. Em outras palavras, exige-se a ligação entre o agente e a licitação ou o contrato administrativo, pois somente tais pessoas têm condições de realizar as condutas descritas no art. 337-L do Código Penal.[370] Admite-se o **concurso de pessoas** em ambas as suas modalidades (coautoria e participação).

○ **Sujeito passivo:** É a Administração Pública, especificamente no tocante à entidade lesada pela fraude (União, Estado, Distrito Federal ou Município) e, mediatamente, a pessoa física ou jurídica prejudicada pela conduta criminosa, a exemplo do licitante ou contratado sem qualquer envolvimento com o procedimento fraudulento.

○ **Elemento subjetivo:** É o dolo, acompanhado de uma finalidade específica (elemento subjetivo específico), consistente no propósito de causar prejuízo à Administração Pública. Não se caracteriza o delito quando o agente realiza uma das condutas descritas no art. 337-L do Código Penal, lesando apenas interesse de particulares, sem qualquer prejuízo à Administração Pública. Não se admite a modalidade culposa.

○ **Consumação:** A fraude em licitação é **crime material** ou **causal**. Seu aperfeiçoamento depende da produção do resultado naturalístico, consistente no prejuízo à Administração Pública. Pode ser **crime instantâneo ou permanente**, se a consumação se prolongar no tempo, pela vontade do agente, como no exemplo em que, durante a execução do contrato ao longo de um ano, com entregas mensais da mercadoria pelo contratado, a fraude venha a incidir sobre todas as parcelas atinentes ao cumprimento da avença. O prejuízo deve ser de natureza econômica, conforme se extrai da análise dos incisos I a V do art. 337-L do Código Penal, nos quais se visualiza a lesão aos cofres públicos.

○ **Tentativa:** É cabível, em face do caráter plurissubsistente do delito, compatível com o fracionamento do *iter criminis*. Exemplo: o diretor da empresa contratada para fornecimento de merenda escolar tenta servir produtos alimentícios com prazo de validade vencido, mas tal comportamento é percebido pelo Secretário de Educação do município, que determina a apreensão de tais alimentos.

---

[370] Certamente surgirão vozes, no entanto, sustentando tratar-se de crime comum ou geral, com a alegação de que poderia ser praticado por qualquer pessoa, com o que não concordamos.

○ **Ação penal:** É pública incondicionada.

○ **Lei 9.099/1995:** A fraude em licitação ou contrato é **crime de elevado potencial ofensivo**, o que inviabiliza os benefícios elencados pela Lei 9.099/1995.

○ **Jurisprudência selecionada:**

Art. 96, II, da Lei 8.666/1993 – superveniência da Lei n. 14.133/2021 (atual art. 337-L, II, do CP) – ausência de prejuízo à Administração Pública – crime tentado: "Se o delito previsto no art. 96, inciso II, da Lei n. 8.666/1993 (revogado pela Lei n. 14.133/2021, atual art. 337-L, inciso II, do CP) prevê que configura crime o ato de fraudar, em prejuízo da Administração Pública, licitação ou contrato dela decorrente, mediante fornecimento, como verdadeira, de mercadoria falsificada, e, se, ao final da instrução penal, se constata não ter havido o prejuízo, em razão de circunstâncias alheias à vontade do agente, tem-se como caracterizada a tentativa. A controvérsia consiste em definir se cabe aplicação de causa de diminuição de pena relativa ao crime tentado, quando, por razões alheias à vontade dos agentes, o delito tipificado no art. 96, II, da Lei n. 8.666/93, não se consuma. O delito previsto no art. 96, inciso II, da Lei n. 8.666/93 (revogado pela Lei n. 14.133/2021, atual art. 337-L, inciso II, do CP) prevê que configura crime o ato de fraudar, em prejuízo da Administração Pública, licitação ou contrato dela decorrente, mediante fornecimento, como verdadeira, de mercadoria falsificada, e, se, ao final da instrução penal, se constata não ter havido o prejuízo, em razão de circunstâncias alheias à vontade do agente, tem-se como ca-racterizada a tentativa. De fato, a norma penal, em regra, descreve uma conduta proibida na forma consumada, sendo necessária a aplicação do art. 14, inciso II, do Código Penal, para o reconhecimento da tentativa. No caso, a empresa dos acusados, após sagrar-se vencedora em procedimento licitatório, tendo o objeto do contrato sido a ela devidamente adjudicado, efetivamente entregou à Administração Pública 100 cartuchos de tinta remanufaturados e em embalagens falsificadas, no valor total de R$ 17.999,00 (dezessete mil, novecentos e noventa e nove reais). Entretanto, a Administração Pública Federal não efetuou o efetivo pagamento pelos produtos fornecidos, apenas porque iniciou procedimento interno para a verificação da autenticidade do material (já devidamente fornecido pelos recorridos), oportunidade em se constatou a falsidade da mercadoria. Dessa forma, se os agravantes efetivamente praticaram todos os atos relativos ao fornecimento da mercadoria (tentativa perfeita), porém, em razão exclusivamente de circunstâncias alheias à vontade dos agentes, o delito não se consumou (configuração de prejuízo à Fazenda Pública), não se pode falar em conduta atípica, mas, sim, em crime tentado" (STJ: AgRg no REsp 1.935.671/RS, rel. Min. Messod Azulay Neto, 5.ª Turma, j. 27.06.2023, noticiado no *Informativo Edição Extraordinária* 13).

Contratação inidônea

Art. 337-M. Admitir à licitação empresa ou profissional declarado inidôneo:

Pena – reclusão, de 1 (um) ano a 3 (três) anos, e multa.

§ 1º Celebrar contrato com empresa ou profissional declarado inidôneo:

Pena – reclusão, de 3 (três) anos a 6 (seis) anos, e multa.

§ 2º Incide na mesma pena do *caput* deste artigo aquele que, declarado inidôneo, venha a participar de licitação e, na mesma pena do § 1º deste artigo, aquele que, declarado inidôneo, venha a contratar com a Adminis-tração Pública.

Classificação:	Informações rápidas:
Crime simples	**Objeto material:** a licitação ou o contrato administrativo celebrado com empresa ou profissional declarado inidôneo.
Crime próprio ou especial	
Crime formal, de consumação antecipada ou de resultado cortado	**Elemento subjetivo:** dolo, não se admite a modalidade culposa.
Crime de dano	
Crime de forma livre	**Tentativa:** admite (crime plurissubsistente).
Crime comissivo (*regra*)	**Ação penal:** pública incondicionada.
Crime instantâneo	**Figuras equiparadas:** *art. 337-M, § 2.º*
Crime plurissubjetivo, plurilateral ou de concurso necessário e de condutas paralelas	
Crime plurissubsistente	

○ **Evolução legislativa:** O art. 97 da Lei 8.666/1993 apresentava um crime semelhante ao atual art. 337-M do Código Penal. Existem, porém, claras diferenças: a) na Lei 8.666/1993, existia um único tipo penal para a fase da fase da licitação e para a etapa do contrato administrativo. Agora, há tipos penais diversos (*caput* e § 2.º, 1.ª parte, de um lado, e § 1.º e § 2.º, parte final); b) a pena privativa de liberdade foi elevada em seus limites mínimo e máximo, tanto para quem admite à licitação empresa ou profissional declarado inidôneo (*caput*) como para quem celebra contrato com empresa ou profissional declarado inidôneo (§ 1.º), e também parra as figuras equiparadas contidas no § 2.º do art. 337-M do Código Penal.

○ **Introdução:** O art. 155 da Lei 14.133/2021 – Lei de Licitações e Contratos Administrativos elenca **infrações administrativas** aplicáveis tanto ao licitante quanto ao contratado. São elas:

> "I – dar causa à inexecução parcial do contrato;
> II – dar causa à inexecução parcial do contrato que cause grave dano à Administração, ao funcionamento dos serviços públicos ou ao interesse coletivo;
> III – dar causa à inexecução total do contrato;
> IV – deixar de entregar a documentação exigida para o certame;
> V – não manter a proposta, salvo em decorrência de fato superveniente devidamente justificado;
> VI – não celebrar o contrato ou não entregar a documentação exigida para a contratação, quando convocado dentro do prazo de validade de sua proposta;
> VII – ensejar o retardamento da execução ou da entrega do objeto da licitação sem motivo justificado;
> VIII – apresentar declaração ou documentação falsa exigida para o certame ou prestar declaração falsa durante a licitação ou a execução do contrato;
> IX – fraudar a licitação ou praticar ato fraudulento na execução do contrato;
> X – comportar-se de modo inidôneo ou cometer fraude de qualquer natureza;
> XI – praticar atos ilícitos com vistas a frustrar os objetivos da licitação;
> XII – praticar ato lesivo previsto no art. 5.º da Lei nº 12.846, de 1º de agosto de 2013."

Tais infrações devem ser apuradas em sede de regular processo administrativo, com respeito ao contraditório e à ampla defesa, na forma exigida pelo art. 5.º, LV, da Constituição Federal. Depois de apurada a responsabilidade do licitante ou contratado, a ele serão aplicáveis as sanções previstas no art. 156 da Lei 14.133/2021, destacando-se, em seu inc. IV, a **declaração de inidoneidade para licitar ou contratar**. A declaração de inidoneidade impõe ao seu destinatário a proibição de participar de processo licitatório ou de contratar com a Administração Pública, pois cria para ele a presunção absoluta (*iuris et de iure*) de que não goza dos requisitos mínimos de idoneidade. Os efeitos da declaração de idoneidade operam-se para o futuro (*ex nunc*). Não retroagem para atingir fatos pretéritos. Em síntese, tal declaração impede a empresa ou o profissional de licitar ou contratar com a Administração Pública, mas não conduz à rescisão automática dos contratos administrativos já celebrados.

– Situações especiais de declaração de idoneidade: Além da Lei de Licitações e Contratos Administrativos, diversos outros diplomas normativos preveem a declaração de inidoneidade como sanção administrativa, destacando-se: o art. 33, V, da Lei 12.527/2011 – Lei de Acesso à Informação; o art. 73, III, da Lei 13.019/2014 – Regime Jurídico das Parcerias entre a Administração Pública e as organizações da sociedade civil; e o art. 46 da Lei 8.443/1992 – Lei Orgânica do Tribunal de Contas da União.[371]

○ **Objeto jurídico:** É a Administração Pública, no tocante à correção e à lisura do processo licitatório e do contrato administrativo, bem como a moralidade administrativa, pois não há como se respeitar tal princípio admitindo-se à licitação ou contratando empresa ou profissional declarado inidôneo para licitar ou contratar com o Poder Público.[372] Também se protege, por via reflexa, a autoridade e a eficácia da decisão que declarou a inidoneidade da empresa ou do profissional para participar de processos licitatórios e celebrar contratos com a Administração Pública.

○ **Objeto material:** É a licitação ou o contrato administrativo celebrado com empresa ou profissional declarado inidôneo.

○ **Núcleos do tipo:** No *caput*, é **admitir**, no sentido de aceitar ou tolerar como participante da licitação uma empresa ou profissional previamente declarado inidôneo. É o que se dá, exemplificativamente, quando o funcionário público atuante na comissão de contratação procede à habilitação de profissional maculado pela declaração de inidoneidade. No § 1.º, de outro lado, o núcleo é **celebrar**, ou seja, promover ou efetivar contrato com empresa ou profissional declarado inidôneo. Essa modalidade do delito pode ocorrer em duas situações: a) O contrato administrativo foi celebrado diretamente, isto é, sem prévio processo licitatório, diante da caracterização de uma hipótese de dispensa ou inexigibilidade de licitação (arts. 74 e 75 da Lei de Licitações e Contratos Administrativos); b) O contrato administrativo foi antecedido de processo licitatório. Nesse caso, se o funcionário público já tinha ciência, na fase da licitação, da declaração de idoneidade da empresa ou do profissional, deverá responder unicamente pelo crime tipificado no art. 337-M, § 1.º, do Código Penal, mais grave do que a figura do *caput*. A pluralidade de condutas deve ser levada em consideração pelo magistrado na dosimetria da pena-base (1.ª etapa do critério trifásico), como circunstância judicial desfavorável, com amparo no art. 59, *caput*, do Código Penal.

– Figuras equiparadas: art. 337-M, § 2.º. Como estabelece o § 2.º do art. 337-M do Código Penal: "Incide na mesma pena do *caput* deste artigo aquele que, declarado inidôneo, venha a participar de licitação e, na mesma pena do § 1º deste artigo, aquele que, declarado inidôneo, venha a contratar com a Administração Pública." Esse delito constitui uma modalidade especial de exercício de atividade com infração de decisão administrativa, definido no art. 205 do Código Penal.[373] O conflito aparente de normas é solucionado pelo princípio da especialidade. Trata-se de mais uma **exceção pluralista à teoria unitária ou monista no concurso de pessoas**. Há nítida relação com o *caput* (1.ª parte) e com o § 1.º (parte final). O profissional declarado inidôneo, ou então o representante da empresa declarada inidônea, descumpre a sanção administrativa que lhe foi imposta e efetivamente participa do processo licitatório ou contrata com a Administração Pública. O particular e o funcionário público concorrem para igual resultado, mas o legislador optou por criar delitos diversos para cada um deles. Aquele responde pelo § 2.º; este, pelo *caput* ou pelo

---

371 Essa declaração de idoneidade impede o licitante fraudador de participar, por até cinco anos, de licitação na **Administração Pública Federal**.

372 GASPARINI, Diógenes. *Crimes na licitação*. 3. ed. São Paulo: Editora NDJ, 2004. p. 157.

373 "Art. 205 – Exercer atividade, de que está impedido por decisão administrativa: Pena – detenção, de três meses a dois anos, ou multa."

§ 1.º. Se o particular agir sozinho, isto é, sem a colaboração do funcionário, o crime contra a fé pública (crime-meio) fica absorvido pelo delito inscrito no art. 337-M, § 2.º, do Código Penal.

o **Sujeito ativo:** O *caput* e o § 1.º do art. 337-M do Código Penal contemplam **crimes próprios ou especiais**, pois somente podem ser cometidos pelo membro da comissão de contratação ou pelo funcionário público com atribuições para admitir à licitação ou celebrar contrato com empresa ou profissional declarado inidôneo.[374] Se todos os membros da comissão de contratação têm conhecimento da inidoneidade da empresa ou do profissional, e ainda assim o admitirem à licitação, devem eles responder pelo delito, em concurso de pessoas. Estará excluído o delito, evidentemente, relativamente ao integrante da comissão que divergir, de forma fundamentada, da decisão tomada por maioria pelos seus pares. O **§ 2.º do art. 337-M do Código Penal** igualmente veicula **crimes próprios ou especiais**, já que tais delitos apenas podem ser praticados pelo profissional ou pelo representante da empresa declarado inidôneo em sede de processo administrativo destinado a apurar qualquer das infrações administrativas elencadas pelo art. 155 da Lei de Licitações e Contratos Administrativos.

o **Sujeito passivo:** É a Administração Pública e, mediatamente, a pessoa física ou jurídica prejudicada pela conduta criminosa.

o **Elemento subjetivo:** É o dolo, independentemente de qualquer finalidade específica. Não se admite a modalidade culposa. O erro de tipo, ainda que inescusável, exclui o dolo. Como o art. 337-M do Código Penal, no *caput* e no § 1.º, admite unicamente o dolo, o fato será atípico para o funcionário público da comissão de contratação, responsável pelo processo licitatório ou contrato administrativo, que acredita na idoneidade da empresa ou do profissional. Contudo, o dolo reputa-se presente na situação em que o agente não conhece uma ilicitude em razão de ter livremente optado por ignorá-la. Se ficar demonstrado, no caso específico em comento, que o funcionário público propositalmente "fechou os olhos" para não se deparar com a evidente declaração de inidoneidade do licitante ou do contratado, deverá responder pelo crime tipificado no art. 337-M do Código Penal, pois é perfeitamente aplicável a **teoria da cegueira deliberada ou *willful blindness***.

o **Consumação:** No *caput*, o delito se consuma no momento em que a empresa ou o profissional declarado inidôneo é admitido a participar do processo licitatório. No § 1.º, por sua vez, o crime se aperfeiçoa com a celebração do contrato com a empresa ou profissional rotulado pela inidoneidade administrativa. Nos dois casos, o crime é **formal, de consumação antecipada ou de resultado cortado:** consumam-se com a prática das condutas descritas em lei. Não se reclama a produção do resultado naturalístico, ou seja, prescinde-se da adjudicação do objeto do contrato ao licitante inidôneo ou do recebimento de qualquer pagamento pelo contratado sem idoneidade. O tipo penal não exige o prejuízo econômico aos cofres públicos.

o **Tentativa:** É cabível, em face do caráter plurissubsistente dos delitos, permitindo o fracionamento do *iter criminis*. Exemplos: (a) um membro da comissão de contratação, ciente desta situação, atua para admitir à licitação profissional declarado inidôneo, mas tem seu projeto frustrado pela intervenção do seu superior hierárquico; e (b) o ordenador de despesas tenta celebrar contrato com empresa declarada inidônea mas, antes da formalização da avença, vem a ser afastado das suas funções por decisão superior.

---

[374] A celebração do contrato administrativo constitui-se em encargo do gestor dos recursos públicos (ordenador de despesas ou ocupante de função análoga) ou então da autoridade máxima em cada ente da Administração Pública (Prefeito, no Poder Executivo municipal, Presidente da Câmara de Vereadores, no Legislativo do município, etc.).

○ **Ação penal:** É pública incondicionada, em todas as modalidades do delito.

○ **Lei 9.099/1995:** No *caput* e na primeira parte do § 2.º, o art. 337-M do Código Penal contempla **crimes de médio potencial ofensivo**, logo é possível a suspensão condicional do processo, se presentes os demais requisitos elencados pelo art. 89 da Lei 9.099/1995. No § 1.º e na parte final do § 2.º, por sua vez, o tipo penal veicula **crimes de elevado potencial ofensivo**, o que inviabiliza os benefícios elencados pela Lei 9.099/1995.

Impedimento indevido

> **Art. 337-N.** Obstar, impedir ou dificultar injustamente a inscrição de qualquer interessado nos registros cadastrais ou promover indevidamente a alteração, a suspensão ou o cancelamento de registro do inscrito:
>
> Pena – reclusão, de 6 (seis) meses a 2 (dois) anos, e multa.

Classificação:	Informações rápidas:
Crime simples	**Objeto material:** a inscrição do interessado nos registros cadastrais.
Crime próprio ou especial	
Crime formal, de consumação antecipada ou de resultado cortado	**Elemento subjetivo:** dolo, não se admite a modalidade culposa.
Crime de dano	**Tentativa:** admite (crime plurissubsistente).
Crime de forma livre	**Ação penal:** pública incondicionada.
Crime comissivo *(regra)*	
Crime instantâneo	
Crime unissubjetivo, unilateral ou de concurso eventual	
Crime plurissubsistente	

○ **Evolução legislativa:** O art. 98 da Lei 8.666/1993 previa um delito semelhante ao impedimento indevido, atualmente definido no art. 337-N do Código Penal. A redação típica era praticamente idêntica, e alterou-se unicamente a qualidade da pena privativa de liberdade, que passou a ser de reclusão, mantendo-se a sua quantidade (6 meses a 2 anos).

○ **Introdução:** Na sistemática da Lei 14.133/2021, o **registro cadastral** constitui-se em procedimento auxiliar das licitações e contratações (art. 78, V). Trata-se de instrumento de utilização obrigatória pelos órgãos e entidades da Administração Pública, para efeito de cadastro unificado dos licitantes, razão pela qual é disponibilizado no **PNCP – Portal Nacional de Contratações Públicas** (art. 87, *caput* e art. 174, § 3.º, I). O registro cadastral funciona como um sistema de armazenamento das informações e dos dados imprescindíveis à comprovação da regularidade fiscal, técnica, jurídica, econômica e financeira dos interessados em participar de licitações ou celebrar contratos com a Administração Pública. Cada ente – União, Estados, Distrito Federal e Municípios – possui seu próprio registro cadastral, sem prejuízo do cadastro unificado dos licitantes, disponibilizado no **PNCP – Portal Nacional de Contratações Públicas**. A inscrição do registro cadastral independe da participação do interessado em um processo licitatório determinado.[375] A Administração Pública pode, inclusive, realizar

---

[375] A propósito, é válido destacar que no **leilão** não se exige o registro cadastral prévio, até porque não há fase de habilitação. É o que se extrai do art. 31, § 4.º, da Nova Lei de Licitações e Contratos Administrativos:

licitação restrita a fornecedores cadastrados, atendidos os critérios, as condições e os limites estabelecidos em regulamento, bem como a ampla publicidade dos procedimentos para o cadastramento (art. 87, § 3.º, da Lei de Licitações e Contratos Administrativos). Nessa hipótese, o prejuízo causado ao interessado afetado pelo impedimento indevido torna-se ainda maior.

○ **Objeto jurídico:** É a Administração Pública, relativamente à regularidade, à lisura e à competitividade do processo licitatório, bem como a moralidade administrativa e a isonomia entre os licitantes. O impedimento indevido atribuído ao interessado em licitar ou celebrar contrato com o Poder Público enfraquece a busca pela proposta mais vantajosa ao Poder Público. Também se tutela a certeza e a segurança do registro cadastral.[376]

○ **Objeto material:** É a inscrição do interessado nos registros cadastrais.

○ **Núcleos do tipo:** O art. 337-N do Código Penal contempla duas condutas típicas:

1.ª conduta: "Obstar, impedir ou dificultar injustamente a inscrição de qualquer interessado nos registros cadastrais"

Há três núcleos: "obstar", "impedir" e "dificultar". **Obstar** é causar empecilho ou criar obstáculo; **impedir** equivale inviabilizar, impossibilitar. Obstar e impedir, em verdade, são sinônimos, e bastaria o uso, pelo legislador, de somente um dos verbos. **Dificultar**, por sua vez, é embaraçar, complicar ou tornar algo mais difícil do que o normal.

Elemento normativo do tipo: representado pela palavra "**injustamente**", cuja compreensão reclama a valoração do caso concreto. No contexto do art. 337-N do Código Penal, injustamente equivale a "**sem justa causa**", ou seja, sem amparo legal. O funcionário público obstou, impediu ou dificultou a inscrição de qualquer interessado nos registros cadastrais sem base jurídica para fazê-la. Não há crime quando o agente se escorou em motivo legítimo para rechaçar a inscrição do interessado nos registros cadastrais, como nos casos de impedimento de licitar e contratar (art. 156, III, da Lei 14.133/2021 e art. 83, III, da Lei 13.303/2016).

Trata-se de **tipo misto alternativo**, **crime de ação múltipla** ou **de conteúdo variado**, pois se o funcionário público incidir em mais de um núcleo, no tocante à inscrição do mesmo interessado nos registrados cadastrais, estará caracterizado um único delito de impedimento indevido.

2.ª conduta: "Promover indevidamente a alteração, a suspensão ou o cancelamento de registro do inscrito"

O núcleo é "**promover**", no sentido de realizar, proporcionar ou propiciar, indevidamente, a alteração, a suspensão ou o cancelamento do registro do inscrito. Nessa figura típica a pessoa (física ou jurídica) já está registrada no órgão público, e o sujeito adota providências para, indevidamente, efetuar a alteração (mudança), a suspensão (descontinuação temporária) ou o cancelamento (extinção) de tal registro.

Elemento normativo do tipo: a palavra **indevidamente** traz a ideia de algo ilícito, ou seja, não permitido pelo Direito. Logo, não há crime quando alguma norma jurídica impõe ao funcionário público o dever de alterar, suspender ou cancelar o registro do inscrito. Exemplo: o art. 88, § 5.º da Lei 14.133/2021 preceitua que o registro cadastral poderá ser a qualquer tempo alterado, suspenso ou cancelado, se o inscrito deixar de satisfazer exigências determinadas por essa Lei ou por regulamento.

○ **Sujeito ativo:** Cuida-se de **crime próprio** ou **especial**, pois somente pode ser praticado pelo funcionário púbico dotado do poder de obstar, impedir ou dificultar, injustamente, a

---

[376] "O leilão não exigirá registro cadastral prévio, não terá fase de habilitação e deverá ser homologado assim que concluída a fase de lances, superada a fase recursal e efetivado o pagamento pelo licitante vencedor, na forma definida no edital."
FREITAS, André Guilherme Tavares. *Crimes na lei de licitações*. 3. ed. Rio de Janeiro: Impetus, 2013. p. 176.

inscrição de qualquer interessado nos registros cadastrais, ou então de promover indevidamente a alteração, suspensão ou cancelamento de registro do inscrito. Admite-se o concurso de pessoas, em ambas as suas modalidades – coautoria e participação –, seja com outro funcionário público, seja com um particular, uma vez que a condição funcional é elementar do delito, razão pela qual é comunicável aos demais envolvidos no delito, a teor da regra contida no art. 30 do Código Penal.

○ **Sujeito passivo:** É a Administração Pública e, mediatamente, a pessoa física ou jurídica prejudicada pela conduta criminosa.

○ **Elemento subjetivo:** É o dolo, independentemente de qualquer finalidade específica. Em outras palavras, pouco importa o motivo que levou o agente a proceder ao impedimento indevido (desavenças com o interessado, capricho pessoal, amizade com outro licitante etc.). Não se admite a modalidade culposa.

○ **Consumação:** Na primeira conduta típica, o crime se consuma no momento em que o agente obsta, impede ou dificulta, injustamente, a inscrição do interessado nos registros cadastrais, ainda que ele venha a conseguir efetuar sua inscrição no registro cadastral, valendo-se para tanto de instrumentos administrativos ou jurisdicionais. Na segunda conduta típica, o delito se consuma quando o funcionário público promove indevidamente a alteração, a suspensão ou o cancelamento de registro do inscrito, ainda que tal registro posteriormente seja por qualquer meio normalizado. Em qualquer caso, o crime é **formal, de consumação antecipada** ou **de resultado cortado**: consuma-se com a prática da conduta descrita em lei, independentemente da produção do resultado naturalístico.

○ **Tentativa:** É cabível, pois a natureza plurissubsistente do delito comporta o fracionamento do *iter criminis*. Exemplo: o funcionário público dolosamente transmite uma relação equivocada de documentos ao interessado, para obstar sua inscrição no registro cadastral do Município, mas tal comportamento é imediatamente notado pelo superior hierárquico, que vem a apresentar ao interessado os documentos corretos à sua inscrição. Na prática, porém, a tentativa é rara, uma vez que o ato de dificultar a inscrição do interessado nos registros cadastrais ou de promover indevidamente a alteração do registro do inscrito já conduz à consumação do delito.

○ **Ação penal:** É pública incondicionada.

○ **Lei 9.099/1995:** O impedimento indevido constitui-se em **infração penal de menor potencial ofensivo**, de competência do Juizado Especial Criminal e compatível com a transação penal, desde que presentes os requisitos exigidos pelo art. 76 da Lei 9.099/1995.

Omissão grave de dado ou de informação por projetista

Art. 337-O. Omitir, modificar ou entregar à Administração Pública levantamento cadastral ou condição de contorno em relevante dissonância com a realidade, em frustração ao caráter competitivo da licitação ou em detrimento da seleção da proposta mais vantajosa para a Administração Pública, em contratação para a elaboração de projeto básico, projeto executivo ou anteprojeto, em diálogo competitivo ou em procedimento de manifestação de interesse.

Pena – reclusão, de 6 (seis) meses a 3 (três) anos, e multa.

§ 1º Consideram-se condição de contorno as informações e os levantamentos suficientes e necessários para a definição da solução de projeto e dos respectivos preços pelo licitante, incluídos sondagens, topografia, estudos de demanda, condições ambientais e demais elementos ambientais impactantes, considerados requisitos mínimos ou obrigatórios em normas técnicas que orientam a elaboração de projetos.

§ 2º Se o crime é praticado com o fim de obter benefício, direto ou indireto, próprio ou de outrem, aplica-se em dobro a pena prevista no *caput* deste artigo.

Classificação:	Informações rápidas:
Crime simples	**Objeto material:** o levantamento cadastral ou a condição de contorno em relevante dissonância com a realidade.
Crime próprio ou especial	
Crime formal, material ou causal	
Crime de dano	**Elemento subjetivo:** dolo, não se admite a modalidade culposa.
Crime de forma livre	
Crime comissivo ou omissivo (na conduta "omitir")	**Tentativa:** cabível nas condutas de **modificar** e **entregar**. Na conduta de **omitir** não se admite o *conatus*.
Crime instantâneo	
Crime unissubjetivo, unilateral ou de concurso eventual	**Ação penal:** pública incondicionada.
Crime unissubsistente ("omitir") ou plurissubsistente ("entregar" e "modificar")	**Fim de obter benefício e aumento da pena:** art. 337-O, § 2.º, do Código Penal.

○ **Introdução:** A omissão grave de dado ou de informação por projetista representa uma das inovações proporcionadas pela Lei 14.133/2021 – no âmbito penal. A Lei 8.666/1993 não continha crime semelhante. A finalidade do legislador foi combater as frequentes e graves ilicitudes praticadas em licitações envolvendo projetos de engenharia, notadamente em obras de construção e reforma de imóveis, e também na compra e venda de tais bens. Essa conclusão pode ser extraída tanto da leitura do tipo penal como do nome do delito.

○ **Objeto jurídico:** É a Administração Pública, em seu duplo aspecto: (a) moral: isonomia, moralidade, competitividade e regularidade do processo licitatório; e (b) material: defesa do patrimônio público.

○ **Objeto material:** É o levantamento cadastral ou a condição de contorno em relevante dissonância com a realidade. **Levantamento cadastral** consiste na medição manual, por meio de instrumentos adequados, a exemplo da trena ou de aparelhos eletrônicos, de uma edificação existente, tendo como finalidades, entre outras, a apuração da viabilidade de um projeto de engenharia e a avaliação de imóveis. **Condição de contorno** é definida no art. 337-O, § 1.º, do Código Penal) como "as informações e os levantamentos suficientes e necessários para a definição da solução de projeto e dos respectivos preços pelo licitante, incluídos sondagens, topografia, estudos de demanda, condições ambientais e demais elementos ambientais impactantes, considerados requisitos mínimos ou obrigatórios em normas técnicas que orientam a elaboração de projetos." Trata-se de **norma penal explicativa** ou **complementar**. O art. 337-O, *caput*, do Código Penal reclama o levantamento cadastral ou condição de contorno "**em relevante dissonância com a realidade**", isto é, em flagrante e proposital divergência com a situação fática em que foi elaborado. Há de ser "relevante", ou seja, substancial, produzida dolosamente e perceptível pela pessoa dotada de conhecimentos técnicos na respectiva área de atuação.

○ **Núcleos do tipo:** São três: omitir, modificar e entregar. **Omitir** é deixar de fazer algo, quedar-se inerte. A conduta negativa revela um **crime omissivo próprio (ou puro)**, pois a omissão está descrita no próprio tipo penal. **Modificar** e **entregar** representam condutas positivas (crimes **comissivos**). Modificar equivale a alterar, mudar algo; entregar, por sua vez, significa dar algo a alguém. O agente omite, modifica ou entrega à Administração Pública levantamento cadastral ou condição de contorno em relevante dissonância com a realidade, frustrando a competitividade do processo licitatório ou inviabilizando a escolha da proposta mais vantajosa para a Administração Pública, pois seu comportamento tem o condão de excluir ou prejudicar um ou mais licitantes, não raras vezes com o favorecimento de determinado participante do certame. Cuida-se de **tipo misto alternativo**, **crime de ação múltipla** ou **de conteúdo variado:** se o agente praticar mais de um núcleo, no tocante ao mesmo objeto material – levantamento cadastral ou condição de contorno –, estará caracterizado um único de delito. A pluralidade de condutas há de ser utilizada pelo magistrado na dosimetria da pena-base, como circunstância judicial desfavorável. Qualquer das condutas típicas deve ser cometida no bojo de contratação para a elaboração de projeto básico, projeto executivo ou anteprojeto, em diálogo competitivo ou em procedimento de manifestação de interesse. A Lei 14.133/2021 apresenta definições para cada uma dessas situações. Vejamos.

– **Projeto básico (art. 6.º, XXV):**

> "**Art. 6º, XXV** – projeto básico: conjunto de elementos necessários e suficientes, com nível de precisão adequado para definir e dimensionar a obra ou o serviço, ou o complexo de obras ou de serviços objeto da licitação, elaborado com base nas indicações dos estudos técnicos preliminares, que assegure a viabilidade técnica e o adequado tratamento do impacto ambiental do empreendimento e que possibilite a avaliação do custo da obra e a definição dos métodos e do prazo de execução, devendo conter os seguintes elementos:
> a) levantamentos topográficos e cadastrais, sondagens e ensaios geotécnicos, ensaios e análises laboratoriais, estudos socioambientais e demais dados e levantamentos necessários para execução da solução escolhida;
> b) soluções técnicas globais e localizadas, suficientemente detalhadas, de forma a evitar, por ocasião da elaboração do projeto executivo e da realização das obras e montagem, a necessidade de reformulações ou variantes quanto à qualidade, ao preço e ao prazo inicialmente definidos;
> c) identificação dos tipos de serviços a executar e dos materiais e equipamentos a incorporar à obra, bem como das suas especificações, de modo a assegurar os melhores resultados para o empreendimento e a segurança executiva na utilização do objeto, para os fins a que se destina, considerados os riscos e os perigos identificáveis, sem frustrar o caráter competitivo para a sua execução;
> d) informações que possibilitem o estudo e a definição de métodos construtivos, de instalações provisórias e de condições organizacionais para a obra, sem frustrar o caráter competitivo para a sua execução;
> e) subsídios para montagem do plano de licitação e gestão da obra, compreendidos a sua programação, a estratégia de suprimentos, as normas de fiscalização e outros dados necessários em cada caso;
> f) orçamento detalhado do custo global da obra, fundamentado em quantitativos de serviços e fornecimentos propriamente avaliados, obrigatório exclusivamente para os regimes de execução previstos nos incisos I, II, III, IV e VII do *caput* do art. 46 desta Lei."

– **Projeto executivo:** é o "conjunto de elementos necessários e suficientes à execução completa da obra, com o detalhamento das soluções previstas no projeto básico, a identificação de serviços, de materiais e de equipamentos a serem incorporados à obra, bem como suas especificações técnicas, de acordo com as normas técnicas pertinentes" (art. 6.º, XXVI).

– **Anteprojeto (art. 6.º, XXIV):**

> "**Art. 6.º, XXIV** – anteprojeto: peça técnica com todos os subsídios necessários à elaboração do projeto básico, que deve conter, no mínimo, os seguintes elementos:
> a) demonstração e justificativa do programa de necessidades, avaliação de demanda do público-alvo, motivação técnico-econômico-social do empreendimento, visão global dos investimentos e definições relacionadas ao nível de serviço desejado;

> b) condições de solidez, de segurança e de durabilidade;
>
> c) prazo de entrega;
>
> d) estética do projeto arquitetônico, traçado geométrico e/ou projeto da área de influência, quando cabível;
>
> e) parâmetros de adequação ao interesse público, de economia na utilização, de facilidade na execução, de impacto ambiental e de acessibilidade;
>
> f) proposta de concepção da obra ou do serviço de engenharia;
>
> g) projetos anteriores ou estudos preliminares que embasaram a concepção proposta;
>
> h) levantamento topográfico e cadastral;
>
> i) pareceres de sondagem;
>
> j) memorial descritivo dos elementos da edificação, dos componentes construtivos e dos materiais de construção, de forma a estabelecer padrões mínimos para a contratação".

– **Diálogo competitivo** é a "modalidade de licitação para contratação de obras, serviços e compras em que a Administração Pública realiza diálogos com licitantes previamente selecionados mediante critérios objetivos, com o intuito de desenvolver uma ou mais alternativas capazes de atender às suas necessidades, devendo os licitantes apresentar proposta final após o encerramento dos diálogos" (art. 6.º, XLII).

– **Procedimento de manifestação de interesse** constitui-se em procedimento auxiliar das contratações e licitações (art. 78, III). Nos termos do art. 81, *caput*, da Lei 14.133/2021:

> "Art. 81. A Administração poderá solicitar à iniciativa privada, mediante procedimento aberto de manifestação de interesse a ser iniciado com a publicação de edital de chamamento público, a propositura e a realização de estudos, investigações, levantamentos e projetos de soluções inovadoras que contribuam com questões de relevância pública, na forma de regulamento."

○ **Sujeito ativo:** Cuida-se de **crime próprio** ou **especial**, pois somente pode ser cometido pelo "projetista", compreendido como o profissional capacitado a elaborar o levantamento cadastral ou a condição de contorno. Admite-se o **concurso de pessoas**, seja com um particular (exemplo: empresário que contrata o projetista para modificar o levantamento cadastral), seja com um funcionário público (exemplo: engenheiro da Prefeitura que percebe a dissonância da condição de contorno com a realidade, mas não reporta tal circunstância aos membros da comissão de contratação).

○ **Sujeito passivo:** É a Administração Pública e, mediatamente, a pessoa física ou jurídica prejudicada pela conduta criminosa, a exemplo da empresa licitante cuja proposta foi preterida, em sede de diálogo competitivo, por força do levantamento cadastral apresentado pelo projetista em descompasso com a realidade.

○ **Elemento subjetivo:** É o dolo, independentemente de qualquer finalidade específica. Não se admite a modalidade culposa.

– **Fim de obter benefício e aumento da pena:** Nos termos do art. 337-O, § 2.º, do Código Penal: "Se o crime é praticado com o fim de obter benefício, direto ou indireto, próprio ou de outrem, aplica-se em dobro a pena prevista no *caput* deste artigo." Cuida-se de **causa de aumento da pena** que, para incidir, basta que a conduta seja praticada com o propósito de se obter o benefício, o qual não precisa ser auferido efetivamente pelo agente. O "benefício" deve ser compreendido como vantagem de qualquer natureza, econômica ou não (exemplos: prestígio político, apoio na disputa por cargo público etc.), e pode ser direto ou indireto, ou seja, obtido de imediato ou visando ao futuro. A lei admite o benefício próprio (do agente) ou de outrem, a saber, direcionado a terceira pessoa, física ou jurídica, mas diversa da Administração Pública.

○ **Consumação:** A omissão grave de dado ou de informação por projetista é **crime material** ou **causal**: consuma-se com a omissão, modificação ou entrega à Administração Pública do levantamento cadastral ou da condição de contorno em relevante dissonância com a realidade, daí resultando a frustração ao caráter competitivo da licitação ou o prejuízo à seleção da proposta mais vantajosa para a Administração Pública, em contratação para a elaboração de projeto básico, projeto executivo ou anteprojeto, em diálogo competitivo ou em procedimento de manifestação de interesse.

○ **Tentativa:** É cabível a tentativa nas condutas de **modificar** e **entregar** à Administração Pública o levantamento cadastral ou a condição de contorno em relevante dissonância com a realidade. A natureza plurissubsistente do delito, em tais casos, autoriza o fracionamento do *iter criminis*. Na conduta de **omitir**, tem-se hipótese de **crime omissivo próprio** ou **puro**, e **unissubsistente**, razão pela qual não há falar na divisão do *iter criminis*. Há duas opções: (a) o projetista dolosamente se omite, e o crime está consumado; ou (b) ele não se omite, e o fato é atípico.

○ **Ação penal:** É pública incondicionada.

○ **Lei 9.099/1995:** Cuida-se de **crime de médio potencial ofensivo**, que autoriza a suspensão condicional do processo, se presentes os demais requisitos arrolados pelo art. 89 da Lei 9.099/1995.

Art. 337-P. A pena de multa cominada aos crimes previstos neste Capítulo seguirá a metodologia de cálculo prevista neste Código e não poderá ser inferior a 2% (dois por cento) do valor do contrato licitado ou celebrado com contratação direta.

Capítulo III –
DOS CRIMES CONTRA A ADMINISTRAÇÃO DA JUSTIÇA

Reingresso de estrangeiro expulso

Art. 338. Reingressar no território nacional o estrangeiro que dele foi expulso:

Pena – reclusão, de um a quatro anos, sem prejuízo de nova expulsão após o cumprimento da pena.

Classificação:	Informações rápidas:
Crime simples	**Objeto material:** ato oficial de expulsão, veiculado por decreto do Presidente da República, violado pela conduta criminosa.
Crime de mão própria	
Crime material ou causal	
Crime de dano	Não há crime na hipótese em que o estrangeiro, depois de ter sido expulso, permanece no Brasil.
Crime de forma livre	
Crime comissivo (*regra*)	**Elemento subjetivo:** dolo. Não admite modalidade culposa.
Crime instantâneo ou permanente (*diverg.*)	
Crime unissubjetivo, unilateral ou de concurso eventual	**Tentativa:** admite (crime plurissubsistente).
Crime plurissubsistente (*regra*)	**Ação penal:** pública incondicionada.
	Competência: Justiça Federal.

○ **Introdução:** A expulsão consiste em medida administrativa de retirada compulsória de migrante ou visitante do território nacional, **conjugada com o impedimento de reingresso por prazo determinado** (Lei 13.445/2017 – Lei de Migração, art. 54, *caput*).[377] Em conformidade com o art. 54, § 1.º, da Lei de Migração, poderá dar causa à expulsão a condenação com sentença transitada em julgado relativa à prática de: I – crime de genocídio, crime contra a humanidade, crime de guerra ou crime de agressão, nos termos definidos pelo Estatuto de Roma do Tribunal Penal Internacional, de 1998, promulgado pelo Decreto 4.388, de 25 de setembro de 2002; ou II – crime comum doloso passível de pena privativa de liberdade, consideradas a gravidade e as possibilidades de ressocialização em território nacional. O art. 55 da Lei de Migração deixa claro que não se procederá à expulsão quando: I – a medida configurar extradição inadmitida pela legislação brasileira; II – o expulsando: (a) tiver filho brasileiro que esteja sob sua guarda ou dependência econômica ou socioafetiva ou tiver pessoa brasileira sob sua tutela; (b) tiver cônjuge ou companheiro residente no Brasil, sem discriminação alguma, reconhecido judicial ou legalmente; (c) tiver ingressado no Brasil até os 12 (doze) anos de idade, residindo desde então no País; ou (d) for pessoa com mais de 70 (setenta) anos que resida no País há mais de 10 (dez) anos, considerados a gravidade e o fundamento da expulsão. Não se procederá à expulsão (nem à deportação) de nenhum indivíduo quando subsistirem razões para acreditar que a medida poderá colocar em risco a vida ou a integridade pessoal (Lei de Migração, art. 62). A expulsão – e também a deportação – serão feitas para o país de nacionalidade ou de procedência do migrante ou do visitante, ou para outro que o aceite, em observância aos tratados dos quais o Brasil seja parte (Lei de Migração, art. 47).

○ **Expulsão, deportação e extradição – diferenças:** A expulsão não se confunde com a deportação nem com a extradição. Deportação é medida decorrente de procedimento administrativo que consiste na retirada compulsória de pessoa que se encontre em situação migratória irregular em território nacional (Lei 13.445/2017 – Lei de Migração, art. 50, *caput*). Não se procederá à deportação se a medida configurar extradição não admitida pela legislação brasileira (Lei de Migração, art. 53). Extradição, por sua vez, é medida de cooperação internacional entre o Estado brasileiro e outro Estado pela qual se concede ou solicita a entrega de pessoa sobre quem recaia condenação criminal definitiva ou para fins de instrução de processo penal em curso (Lei de Migração, art. 81, *caput*). Sua disciplina encontra-se nos arts. 81 a 99 da Lei 13.445/2017 – Lei de Migração.

○ **Objeto jurídico:** Tutela-se a Administração da justiça, notadamente no tocante à eficácia e à autoridade da decisão administrativa de retirada compulsória de migrante ou visitante do território nacional, conjugada com o impedimento de reingresso por prazo determinado.

○ **Objeto material:** É o ato oficial de expulsão, violado pela conduta criminosa.

○ **Núcleo do tipo:** É "**reingressar**", ou seja, voltar, ingressar novamente ou retornar ao território nacional. O delito depende da prévia e oficial expulsão do migrante ou visitante do território brasileiro. Em outras palavras, após a decisão administrativa de expulsão, com a consequente saída do território nacional, o estrangeiro retorna ao Brasil. Não há crime na hipótese em que o estrangeiro, depois de ter sido expulso, permanece no Brasil. De fato, o que se pune é o "reingresso", comportamento que pressupõe a saída do território nacional. A expressão "território nacional" deve ser compreendida em consonância com a regra contida no art.

---

[377]   Não se admite, em hipótese alguma, a expulsão de brasileiro (nato ou naturalizado). A Lei 13.445/2017 – Lei de Migração encontra-se regulamentada pelo Decreto 9.199/2017.

5.º, *caput*, deste Código, mas não alcança o denominado "território por extensão", na forma do § 1.º do referido dispositivo. Destarte, não constitui delito penetrar o estrangeiro expulso em navios ou aeronaves brasileiros de natureza militar ou navios particulares em alto-mar.

○ **Sujeito ativo:** Trata-se de **crime de mão própria, de atuação pessoal** ou **de conduta infungível**, pois somente pode ser cometido pelo estrangeiro que tenha sido oficialmente expulso do Brasil. **Estrangeiro** é a pessoa física que possui vínculo jurídico-político com outro país (todo aquele que não se enquadra no conceito de brasileiro, nato ou naturalizado, apresentado pelo art. 12, I e II, da CF).

○ **Sujeito passivo:** É o Estado.

○ **Elemento subjetivo:** É o dolo, independentemente de qualquer finalidade específica. O reingresso há de ser voluntário e consciente. Não se admite a modalidade culposa.

○ **Estado de necessidade:** Não há crime quando presente o estado de necessidade, em face da exclusão da ilicitude, nos termos dos arts. 23, I, e 24, do Código Penal.

○ **Consumação:** O crime é **material** ou **causal**: consuma-se no momento em que o estrangeiro anteriormente expulso reingressa no Brasil, ainda que temporariamente. O STJ já decidiu no sentido de tratar-se de **crime permanente**. É a posição a que nos filiamos. Com efeito, o delito realmente se consuma no instante em que o estrangeiro oficialmente expulso retorna ao território nacional, mas seus efeitos se prolongam no tempo, por vontade do agente, subsistindo a consumação durante todo o período em que o agente permanece voluntariamente em território brasileiro. Consequentemente, será possível sua prisão em flagrante a qualquer tempo, enquanto durar a permanência (art. 303 do CPP), e a prescrição somente começará a fluir quando se encerrar a permanência (art. 111, III, do CP).

○ **Tentativa:** É possível, em face do caráter plurissubsistente do delito, comportando o fracionamento do *iter criminis*.

○ **Ação penal:** É pública incondicionada.

○ **Lei 9.099/1995:** Em face da pena mínima cominada (um ano), o reingresso de estrangeiro expulso é **crime de médio potencial ofensivo**, compatível com a suspensão condicional do processo, desde que presentes os demais requisitos exigidos pelo art. 89 da Lei 9.099/1995.

○ **Cumprimento da pena e nova expulsão:** O preceito secundário do art. 338 do Código Penal é claro ao determinar a possibilidade de nova expulsão após o cumprimento da pena privativa de liberdade. A nova expulsão, evidentemente, deverá observar as regras impostas pela Lei 13.445/2017 – Lei de Migração. Como a expulsão constitui-se em medida de natureza administrativa, sem caráter penal, não há falar em *bis in idem*.

○ **Competência:** A competência é da Justiça Federal, nos termos do art. 109, X, da CF. A fixação da competência, contudo, dependerá da posição adotada no tocante à consumação do delito, a teor da regra contida no art. 70, *caput*, 1.ª parte, do CPP: para quem se filia ao entendimento de que se trata de delito instantâneo, a competência é verificada pelo local da seção judiciária em que se deu o reingresso do estrangeiro expulso; para aqueles que classificam o crime como permanente, competente será a seção judiciária do lugar em que ocorreu a prisão do estrangeiro, pois, enquanto permanecer em território nacional, o delito estará sendo praticado.

○ **Prisão de estrangeiro e notificação consular:** A Portaria 67, de 14 de janeiro de 2017, editada pelo Ministério da Justiça e Segurança Pública, dispõe sobre a notificação consular em caso de prisão de estrangeiro.

– **Reingresso de estrangeiro expulso e promoção de migração ilegal – distinção:** No crime tipificado no art. 338 do Código Penal, o estrangeiro que foi expulso do Brasil retorna, ilegalmente, ao território nacional. Em regra, ele pratica essa conduta sozinho, nada obstante seja admitida a participação de terceiro. Por sua vez, na promoção de migração ilegal, definida no art. 232-A do Código Penal, o agente efetua, por qualquer meio e com a finalidade de obter vantagem econômica, a entrada ilegal de estrangeiro em território nacional, ou seja, o delito é praticado por pessoa diversa do sujeito de nacionalidade diversa. Além disso, esse crime também pode ser cometido quando o indivíduo promove, por qualquer meio e com o fim de obter vantagem econômica, a entrada ilegal de brasileiro em país estrangeiro.

○ **Jurisprudência selecionada:**

Consumação – crime permanente – competência: "Constitui crime permanente a conduta delituosa prevista no art. 338 do CP, de reingresso de estrangeiro expulso, aplicando-se as regras de fixação de competência previstas nos arts. 71 e 83 do CPP" (STJ: CC 40.338/RS, rel. Min. Arnaldo Esteves Lima, 3.ª Seção, j. 23.02.2005).

Denunciação caluniosa

> **Art. 339.** Dar causa à instauração de inquérito policial, de procedimento investigatório criminal, de processo judicial, de processo administrativo disciplinar, de inquérito civil ou de ação de improbidade administrativa contra alguém, imputando-lhe crime, infração ético-disciplinar ou ato ímprobo de que o sabe inocente:
>
> Pena – reclusão, de dois a oito anos, e multa.
>
> § 1º A pena é aumentada de sexta parte, se o agente se serve de anonimato ou de nome suposto.
>
> § 2º A pena é diminuída de metade, se a imputação é de prática de contravenção.

Classificação:	Informações rápidas:
Crime pluriofensivo Crime comum e eventualmente próprio Crime material ou causal Crime de dano Crime de forma livre Crime comissivo (*regra*) Crime instantâneo Crime unissubjetivo, unilateral ou de concurso eventual Crime plurissubsistente	**Crime complexo em sentido amplo (na imputação falsa de crime):** denunciação caluniosa = calúnia + conduta lícita de noticiar à autoridade pública a prática de crime ou contravenção penal e sua respectiva autoria. **Objeto material:** inquérito policial, procedimento investigatório criminal, processo judicial, processo administrativo disciplinar, inquérito civil ou ação de improbidade administrativa. **Elemento subjetivo:** dolo **direto**. Não admite modalidade culposa. **Tentativa:** admite (crime plurissubsistente). **Ação penal:** pública incondicionada.

○ **Evolução legislativa:** A atual redação do art. 339, *caput*, do Código Penal foi conferida pela Lei 14.110/2020. Não houve mudança na pena cominada – reclusão, de 2 (dois) a 8 (oito) anos, e multa –, e também foram preservados os §§ 1.º e 2.º. Em breve síntese, a Lei 14.110/2020 simultaneamente restringiu e ampliou o alcance do crime de denunciação caluniosa. A ampliação consistiu na caracterização do delito também com a imputação falsa de infração ético-disciplinar e ato ímprobo, quando antes somente era admitida na imputação falsa de crime. De seu turno, a restrição baseou-se na necessidade de instauração de inquérito policial, procedimento investigatório criminal ou processo administrativo disciplinar, pois antes bastava a instauração de investigação policial ou investigação administrativa.

Redação atual	Redação anterior à Lei 14.110/2020
"Dar causa à instauração de inquérito policial, de procedimento investigatório criminal, de processo judicial, de processo administrativo disciplinar, de inquérito civil ou de ação de improbidade administrativa contra alguém, imputando-lhe crime, infração ético-disciplinar ou ato ímprobo de que o sabe inocente:"	"Dar causa à instauração de investigação policial, de processo judicial, instauração de investigação administrativa, inquérito civil ou ação de improbidade administrativa contra alguém, imputando-lhe crime de que o sabe inocente:"

○ **Introdução:** No seu modelo tradicional, consubstanciado na imputação falsa de crime a quem sabe inocente, a denunciação caluniosa é formada pela fusão do **crime** de calúnia (CP, art. 138) com a **conduta lícita** de noticiar à autoridade pública (delegado de Polícia, representante do Ministério Público, magistrado etc.) a prática de crime e sua respectiva autoria. Trata-se, portanto, de **crime complexo em sentido amplo**. Destarte, se a pessoa se limita a imputar falsamente a alguém a prática de um crime, deve ser responsabilizada pela calúnia. De outro lado, se ela leva ao conhecimento da autoridade estatal a infração penal e a pessoa nesta envolvida, atua dentro dos limites permitidos pelo art. 5.º, § 3.º, do Código de Processo Penal. No entanto, a combinação de tais circunstâncias – calúnia e transmissão do fato à autoridade pública, dando causa à instauração de inquérito policial, procedimento investigatório criminal, processo judicial, processo administrativo disciplinar, inquérito civil ou ação de improbidade administrativa – importa no surgimento da denunciação caluniosa, na forma prevista no art. 339, *caput*, do Código Penal, capitulada entre os crimes contra a Administração da justiça. O bem jurídico penalmente ofendido não é simplesmente a honra da pessoa injustamente denunciada. A situação é mais grave, justificando a elevada pena cominada (reclusão, de dois a oito anos, e multa). De seu turno, nas hipóteses em que o delito se caracteriza pela imputação falsa de **infração ético-disciplinar, ato de improbidade administrativa ou contravenção penal**, a denunciação caluniosa igualmente pode ser classificada como **crime complexo em sentido amplo**. Com efeito, tal imputação constitui difamação (CP, art. 139), pois constitui-se em fato ofensivo à reputação da vítima, somada à conduta por si só lícita de noticiar tal acontecimento à autoridade pública. Contudo, se o agente imputar falsamente a alguém a prática de infração ético-disciplinar ou ato ímprobo, sem dar causa à instauração de inquérito policial, procedimento investigatório criminal, processo judicial, processo administrativo disciplinar, inquérito civil ou ação de improbidade administrativa, estará configurada apenas a difamação, capitulada entre os crimes contra a honra, não se podendo falar em crime contra a Administração da justiça.

○ **Objeto jurídico:** Tutela-se, em primeiro plano, a Administração da justiça. Também se protegem, mediatamente, a honra e o patrimônio da pessoa física ou jurídica (no tocante aos crimes ambientais, nos termos do art. 225, § 3.º, da CF, e Lei 9.605/1998, art. 3.º, *caput*), bem como a liberdade do ser humano que teve injustamente contra si imputado um crime ou uma contravenção penal. Quando o delito consiste na imputação falsa de infração ético-disciplinar ou ato de improbidade administrativa, são protegidos, no plano mediato, o cargo e a função pública ocupados pelo agente, bem como sua honra e patrimônio, sem prejuízo dos direitos políticos que podem ser atingidos por eventual condenação injusta pelo ato ímprobo (Lei 8.429/1992, art. 12).

○ **Objeto material:** É o inquérito policial, o procedimento investigatório criminal, o processo judicial, o processo administrativo disciplinar, o inquérito civil ou a ação de improbidade administrativa.

○ **Núcleo do tipo:** É "**dar causa**", ou seja, provocar ou ocasionar a instauração de inquérito policial, procedimento investigatório criminal, processo judicial, processo administrativo disciplinar, inquérito civil ou ação de improbidade administrativa, imputando-lhe crime, contravenção penal, infração ético-disciplinar ou ato ímprobo de que o sabe inocente. A denunciação caluniosa é **crime de forma livre**, compatível com qualquer meio de execução. Pode ser praticada por escrito (exemplos: pedido de instauração de inquérito policial, encaminhamento de *e-mail* à autoridade pública etc.), oralmente (exemplos: telefonema ou depoimento ao delegado de Polícia), mediante gestos (exemplo: ao apontar para determinada pessoa, o agente faz para o representante do Ministério Público um gesto com o intuito de demonstrar que foi ela quem matou a vítima de um crime cuja autoria era desconhecida) ou de modo diverso, desde que idôneo a ensejar a atuação do representante do Estado. Aceita-se inclusive o **silêncio** como meio de execução do delito. A falsa imputação deve relacionar-se com a prática de **crime, infração ético-disciplinar ou ato ímprobo determinado**. Se a imputação inverídica possuir como objeto uma **contravenção penal**, estará caracterizada a modalidade privilegiada de denunciação caluniosa (causa de diminuição da pena), definida no art. 339, § 2.º, do Código Penal, reduzindo-se pela metade a sanção penal. A Lei 14.110/2020, nesse ponto, cometeu grave equívoco, ao conferir tratamento mais severo à imputação falsa de infração ético-disciplinar ou de ato ímprobo, ilícitos de natureza extrapenal, do que à atribuição inverídica de contravenção, espécie de infração penal. Como o legislador colocou a infração ético-disciplinar e o ato de improbidade administrativa no mesmo patamar jurídico do crime, no tocante à pena cominada, deveria ter efetuado igual alteração em relação à contravenção penal. Finalmente, o tipo penal utiliza a expressão "contra alguém", razão pela qual é imperiosa a imputação falsa dirigida a **pessoa determinada** (indicação de nome ou atributos pessoais) **ou que ao menos possa vir a ser identificada**.

– **A falsidade da imputação:** A denunciação caluniosa reclama não somente a imputação de crime, contravenção penal, infração ético-disciplinar ou ato ímprobo. É preciso mais. A imputação há de ser falsa, o que pode ser verificado em três situações: (a) O crime, contravenção penal, infração ético-disciplinar ou ato ímprobo atribuído a alguém não existiu. Exemplo: "A" imputa a "B" o homicídio de "C", que está vivo, porém em viagem a outro país; (b) O crime, contravenção penal, infração ético-disciplinar ou ato ímprobo foi cometido por pessoa diversa. Em resumo, houve sua prática, porém a pessoa imputada não teve nenhum envolvimento no ato ilícito. Exemplo: "A" imputa a "B" um roubo que existiu, mas sabe ter sido efetivamente cometido por "C"; e (c) A pessoa imputada realmente praticou um crime, uma contravenção penal, uma infração ético-disciplinar ou um ato ímprobo, mas o agente lhe imputa um ilícito diverso e substancialmente mais grave. Exemplo: "A" praticou um furto simples, ao passo que "B" dolosamente lhe atribui a responsabilidade por tentativa de latrocínio. Na verdade, nesse caso a infração penal imputada não existiu. Se, todavia, o sujeito limita-se a apontar o crime correto, mas também qualificadoras, causas de aumento da pena ou agravantes inexistentes, não há falar em denunciação caluniosa.

O fundamento deste raciocínio é de fácil compreensão: se a lei fala em crime (ou contravenção penal), é vedado ao seu intérprete contentar-se com meras circunstâncias, é dizer, dados que se agregam ao tipo fundamental para o fim de elevar a pena. Exemplo: "A" cometeu um homicídio simples, mas "B" a ele imputa o crime doloso contra a vida em sua forma qualificada.

– **Falsa imputação de crime ou contravenção penal – excludentes do crime e limitações ao poder punitivo estatal:** O crime tipificado no art. 339 do Código Penal depende da falsa imputação de crime ou de contravenção penal.[378] Inicialmente, o fato há de ser **típico**. Destarte, não há denunciação caluniosa na imputação falsa de fato atípico. Exemplo: Não se pode falar no crime previsto no art. 339 do Código Penal quando uma pessoa, visando a instauração de inquérito policial, imputa falsamente a outrem a prática de adultério. Se não bastasse, o fato típico necessariamente deve ser também **ilícito**. A presença de causa excludente da ilicitude relativamente ao fato imputado afasta a denunciação caluniosa.[379] Isto porque a lei fala em "crime" (ou contravenção penal), e de seu conceito analítico fazem parte, no mínimo e nessa seara não há discussão, o fato típico e a ilicitude. Exemplo: Não há denunciação caluniosa quando uma pessoa diz à autoridade policial que seu vizinho, agindo em manifesta legítima defesa, tentou matá-la. Quanto à presença das **dirimentes**, é preciso fazer uma distinção. Para os partidários de um conceito tripartido de crime (fato típico + ilicitude + culpabilidade), as **excludentes da culpabilidade** afastam o crime e, consequentemente, não se pode cogitar na denunciação caluniosa na imputação falsa de infração penal a pessoa inculpável. De outro lado, para os seguidores de um conceito bipartido de crime (fato típico + ilícito), a culpabilidade não é seu elemento, mas pressuposto de aplicação da pena. Logo, a imputação falsa de crime (ou contravenção penal) a pessoa inculpável configura denunciação caluniosa. No campo das **causas de extinção da punibilidade**, muitas delas obstam a configuração do crime delineado no art. 339 do Código Penal. Destarte, inexiste denunciação caluniosa quando o agente imputa falsamente a alguém, sabendo-o inocente, a prática de uma infração penal já atingida pela prescrição, pela decadência, pela anistia e pela *abolitio criminis*, entre outras causas extintivas da punibilidade, pois nesses casos o Estado já foi privado de sua pretensão punitiva, razão pela qual não há possibilidade de instauração de inquérito policial, de procedimento investigatório criminal ou de processo judicial. Exemplo: "A" comparece à Delegacia de Polícia e imputa a "B", falsamente, a prática de crime de roubo ocorrido há 25 anos. Trata-se, na verdade, de autêntico crime impossível, em face da ineficácia absoluta do meio de execução (CP, art. 17). Entretanto, existem causas extintivas da punibilidade, em relação ao envolvido na infração penal falsamente imputada, que não impedem a configuração da denunciação caluniosa. É o que acontece, exemplificativamente, no tocante ao perdão judicial, pois nessa hipótese há necessidade de ação penal e, inclusive, de sentença judicial para reconhecimento da causa de extinção da punibilidade. Finalmente, a imputação falsa de crime ou de contravenção penal nas situações em que o denunciado tem a seu favor uma **escusa absolutória**, a exemplo das contempladas no art. 181 do Código Penal em relação a diversos crimes contra o patrimônio, impede o reconhecimento da denunciação caluniosa. De fato, sequer pode ser instaurado inquérito policial quando presente uma escusa absolutória. Consequentemente, não há viabilidade de ofensa à Administração da Justiça. Mas cuidado com um ponto importante, fruto da amplitude do art. 339, *caput*, do Código Penal. Nas hipóteses mencionadas, não será possível a instauração de inquérito policial, procedimento investigatório criminal ou processo penal, porém nada impede a configuração da denunciação caluniosa quando a imputação falsa da infração penal, nada obstante atingida por causa de extinção da punibilidade ou escusa absolutória, ensejar a instauração de processo civil, de processo administrativo disciplinar, de inquérito civil ou de ação de improbidade administrativa. Basta a atribuição falsa de crime ou de contravenção penal a pessoa inocente, ainda que já

---

[378] Com as alterações promovidas pela Lei 14.110/2020, também se admite a denunciação caluniosa com a imputação falsa de infração ético-disciplinar ou ato ímprobo.

[379] No mesmo sentido: JESUS, Damásio E. de. *Direito penal*. Parte especial. 13. ed. São Paulo: Saraiva, 2007. v. 4, p. 285. Com posição diversa: CAPEZ, Fernando. *Curso de direito penal*. 8. ed. São Paulo: Saraiva, 2010. v. 3, p. 642-643.

tenha sido fulminada pela extinção da punibilidade ou esteja o beneficiado acobertado por alguma escusa absolutória, pois tais acontecimentos proíbem somente o *ius puniendi* estatal, mas não a instauração de inquérito civil ou processo de índole extrapenal. Além disso, é possível a caracterização da denunciação caluniosa inclusive com a imputação falsa de fato atípico, ou então de típico acobertado por uma excludente da ilicitude ou da culpabilidade, quando simultaneamente tal fato constituir-se em infração ético-disciplinar ou ato ímprobo, daí resultando a instauração de inquérito policial, procedimento investigatório criminal, processo judicial, processo administrativo disciplinar, inquérito civil ou ação de improbidade administrativa.

– **Espécies de denunciação caluniosa:** No tocante à forma pela qual a imputação falsa chega ao conhecimento da autoridade pública, a denunciação caluniosa divide-se em direta e indireta. Na **denunciação caluniosa direta**, é o sujeito ativo quem leva a imputação falsa à ciência do representante do Estado. Por sua vez, na **denunciação caluniosa indireta** o agente dá causa à instauração do procedimento investigatório ou do processo valendo-se do anonimato (ou nome suposto), ou então de um terceiro de boa-fé, para que este leve o fato ao conhecimento da autoridade pública, ou ainda por meio de qualquer outra maquinação astuciosa, pela qual o agente aponta como culpada pessoa inocente (exemplo: colocação de coisa furtada no bolso de alguém). Nesse último caso, é mister que a manobra ilícita seja significativa a ponto de representar inequivocamente uma falsa imputação.[380]

○ **Sujeito ativo:** Na hipótese em que a imputação falsa diz respeito a crime ou contravenção penal de ação penal pública incondicionada, ou então a infração ético-disciplinar ou ato de improbidade administrativa, a denunciação caluniosa é **crime comum** ou **geral**, pois pode ser praticado por qualquer pessoa. De outro lado, quando a imputação falsa se relaciona com crime (ou contravenção penal) de ação penal pública condicionada – à representação do ofendido ou de quem o legalmente o represente, ou então à requisição do Ministro da Justiça –, ou ainda de ação penal privada, a denunciação caluniosa é **crime próprio** ou **especial**. Nesses casos, somente poderá ser sujeito ativo o ofendido ou seu representante legal, ou então o Ministro da Justiça, pois apenas tais pessoas poderão autorizar o Estado a iniciar a persecução penal. É de se ressaltar que com a alteração do *caput* do art. 339 do Código Penal, promovida pela Lei 14.110/2020, a denunciação caluniosa será **delito comum** quando a imputação falsa a alguém de crime (ou contravenção penal) de ação privada ou pública condicionada o que o sabe o inocente der causa à instauração de processo judicial (salvo de natureza penal), de processo administrativo disciplinar, de inquérito civil ou ação de improbidade administrativa. De fato, nessas situações não se exige a queixa crime ou a condição de procedibilidade para movimentação da máquina estatal.

– **Denunciação caluniosa e responsabilidade penal do advogado:** Se o advogado, representando seu cliente, adota medida capaz de dar causa à instauração de inquérito policial, de procedimento investigatório criminal, de processo judicial, de processo administrativo disciplinar, de inquérito civil ou de ação de improbidade administrativa, imputando a alguém crime, contravenção penal, infração ético-disciplinar ou ato ímprobo de que o sabe inocente, deverá ser responsabilizado como coautor da denunciação caluniosa. A propósito, é importante destacar que a regra contida no art. 44 do Código de Processo Penal[381] tem por escopo a proteção do advogado. Cuida-se de garantia destinada a evitar sua responsabilidade indevida pelo crime de denunciação caluniosa, limitando seu raio de atuação e separando o regular e inviolável exercício da advocacia, com estrita observância das orientações de seu cliente, de eventual comportamento criminoso deste último.

---

[380] Cf. FRAGOSO, Heleno Cláudio. *Lições de direito penal.* Parte especial. São Paulo: José Bushatsky, 1959. v. 4, p. 1005.

[381] "Art. 44. A queixa poderá ser dada por procurador com poderes especiais, devendo constar do instrumento do mandato o nome do querelante e a menção do fato criminoso, salvo quando tais esclarecimentos dependerem de diligências que devem ser previamente requeridas no juízo criminal."

– **Denunciação caluniosa e atuação funcional de membro do Ministério Público:** O fato de o Ministério Público ser o titular exclusivo da ação penal pública, a teor da regra delineada no art. 129, inc. I, da Constituição Federal, não exclui a possibilidade de movê-la criminosamente contra alguém que sabe inocente. É o que se dá na atuação ilícita de membro do Ministério Público que, com base em provas falsas, acusa criminalmente um inimigo seu, abusando dos poderes inerentes ao seu cargo. No entanto, a simples absolvição do réu acusado pelo *Parquet* evidentemente não acarreta a automática responsabilidade penal do membro do Ministério Público que ofertou a denúncia. É claro que não, até porque, se isto fosse verdade, inexistiria razão legítima para existência do processo penal, com o debate dialético de ideias entre acusação e defesa, a ser ao final solucionado pelo Poder Judiciário. Contudo, a presunção de boa-fé que acompanha a atuação do Ministério Público, por servir à justiça pública e, em última palavra, à sociedade, terá de ceder ante a prova inequívoca de que agiu dolosamente para prejudicar alguém.

○ **Sujeito passivo:** É o Estado e, mediatamente, a pessoa física ou jurídica prejudicada em sua honra, em sua liberdade, em seu patrimônio ou em sua função pública. Vale destacar a possibilidade de a **pessoa jurídica** ser vítima da denunciação caluniosa, na hipótese em que a **falsa imputação de crime ambiental**, definido na Lei 9.605/1998, levar à instauração de inquérito policial, de procedimento investigatório criminal, de processo judicial, de processo administrativo disciplinar, de inquérito civil ou de ação de improbidade administrativa em seu desfavor.

○ **Elemento subjetivo:** É o **dolo direto**, pois o tipo penal utiliza a expressão "de que o **sabe** inocente". É indispensável o efetivo conhecimento do agente acerca da inocência da pessoa que teve contra si atribuída infração penal, infração ético-disciplinar ou ato de improbidade administrativa. Consequentemente, a denúncia lançada pelo Ministério Público em resposta ao crime de denunciação caluniosa deve conter alusão à má-fé do agente, ou seja, o conhecimento da inocência do denunciado, sob pena de rejeição. A dúvida sobre a responsabilidade da pessoa no tocante ao crime, à contravenção penal, à infração ético-disciplinar ou ao ato de improbidade administrativa que lhe é imputado indica a presença do dolo eventual e, consequentemente, exclui a denunciação caluniosa. O erro de tipo, nos termos do art. 20, *caput*, do Código Penal, exclui o dolo. É o que se dá, a título ilustrativo, quando o agente faz a imputação falsa de crime contra determinada pessoa, ensejando a instauração de inquérito policial, em razão de ter se equivocado no tocante ao nome da pessoa denunciada perante a autoridade policial. Exige-se também o dolo relativamente à instauração do inquérito policial, do procedimento investigatório criminal, do processo judicial, do processo administrativo disciplinar, do inquérito civil ou da ação de improbidade administrativa. Nesse contexto é cabível até mesmo a **denunciação caluniosa indireta**, nas situações em que o sujeito imputa falsamente um ato ilícito contra alguém, perante terceira pessoa, sabendo que esta última tomará as medidas necessárias para que a máquina estatal seja movimentada em desfavor do denunciado. Entretanto, se alguém imputa falsamente a outrem a prática de determinado crime, contravenção penal, infração ético-disciplinar ou ato ímprobo, unicamente com o propósito de lesar a honra alheia, mas este terceiro leva o fato ao conhecimento da autoridade pública, movimentando o aparelho estatal, deverá ser responsabilizado unicamente pelo delito de calúnia (CP, art. 138), na atribuição de crime, ou de difamação (CP, art. 139), nos demais casos, que se consumam com a simples imputação falsa do crime ou com a mera imputação de fato ofensivo à reputação, independentemente da instauração do inquérito ou do processo. A denunciação caluniosa é incompatível com a modalidade culposa.

– **Denunciação caluniosa (imputação objetiva e subjetivamente falsa):** A imputação de crime, de contravenção penal (CP, art. 339, § 2.º), de infração ético-disciplinar ou ato de improbidade administrativa deve ser objetiva e subjetivamente falsa, isto é, o ato ilícito não pode ter sido cometido pela pessoa a quem foi atribuído, e o sujeito ativo deve ter pleno conhecimento da falsidade da sua afirmação nesse sentido. Não há denunciação caluniosa quando o agente, a título ilustrativo, imputa a alguém a responsabilidade por um determinado crime, acreditando ser ele inocente, mas posteriormente constata-se seu envolvimento com o delito, pois, nesse caso, a imputação é subjetivamente falsa, mas objetivamente verdadeira. Também não se configura o crime previsto no art. 339 do Código Penal quando, exemplificativamente, o denunciante imputa a alguém a prática de um crime, acreditando sinceramente em tal afirmação, mas posteriormente comprova-se a inocência do denunciado, pois a imputação é objetivamente falsa, mas subjetivamente verdadeira. O panorama jurídico não se altera em face da presença do **dolo subsequente** ou **superveniente**, ou seja, aquele que surge após a prática da conduta.[382]

– **A questão da autodefesa na investigação ou no processo judicial:** A pessoa que está sendo investigada ou processada pela prática de infração penal pode, no exercício da autodefesa – um dos desdobramentos lógicos do princípio da ampla defesa (CF, art. 5.º, inc. LV) –, imputar falsamente a alguém sabidamente inocente a prática de um crime ou de uma contravenção penal, com o propósito de se livrar da incidência da atuação estatal? Entendemos que não. Nada obstante seja assegurado ao investigado ou acusado o direito de mentir, sem que daí resulte automaticamente um crime, o exercício da autodefesa não chega ao ponto de permitir a imputação falsa de infrações penais a pessoas inocentes. Igual raciocínio deve ser utilizado relativamente à pessoa investigada ou processada por infração ético-disciplinar ou ato de improbidade administrativa. Em obediência à razoabilidade que deve nortear a interpretação do Direito, é fácil concluir que a autodefesa não enseja a permissão para cometimento de novos ilícitos penais, e a tolerância quanto a isto corresponde a entendimento que não chega a encontrar apoio no próprio sistema de direito positivo.[383]

○ **Consumação:** O crime é **material** ou **causal**: consuma-se com a efetiva instauração do inquérito policial, do procedimento investigatório criminal, do processo judicial, do processo administrativo disciplinar, do inquérito civil ou da ação de improbidade administrativa contra alguém, em razão da imputação falsa de crime, de contravenção penal, de infração ético-disciplinar ou de ato ímprobo de que o sabia inocente.

– **Retratação do sujeito ativo:** Na calúnia e na difamação, o art. 143 do Código Penal determina a isenção de pena ao querelado que, antes da sentença, se retrata cabalmente do delito. Na denunciação caluniosa o legislador não previu regra análoga. E agiu acertadamente, pois não se trata de crime contra a honra, e sim contra a Administração da justiça. Em síntese, a retratação na denunciação caluniosa não importa na isenção da pena do sujeito ativo, mas se o agente voluntariamente desiste de prosseguir na execução do crime (exemplo: o sujeito decide interromper seu depoimento à autoridade policial), estará caracterizada a desistência voluntária. Por outro lado, se ele impedir que o resultado se produza, depois de encerrada a execução do crime (exemplo: o agente se retrata depois de prestar seu integral depoimento à autoridade policial, evitando a instauração do inquérito policial), deverá ser reconhecido o arrependimento eficaz. Nas duas situações, o art. 15 do Código Penal determina a responsabilidade penal somente pelos atos praticados, normalmente o crime de calúnia (nos exemplos citados), e não pela tentativa de denunciação caluniosa. Se a retratação voluntária ocorre depois de consumada a denunciação caluniosa, mas antes do recebimento da denúncia, a pena poderá ser diminuída de um a dois terços, em homenagem ao instituto do arrependimento posterior (CP, art. 16).

– **Confronto entre a consumação do delito e o momento adequado para oferecimento de denúncia pela denunciação caluniosa:** A denunciação caluniosa consuma-se com a instauração

---

[382] Cf. HUNGRIA, Nélson. *Comentários ao Código Penal*. 2. ed. Rio de Janeiro: Forense, 1959. v. IX, p. 465.

[383] Com raciocínio diverso: GRECO, Rogério. *Curso de direito penal*. 6. ed. Niterói: Impetus, 2010. v. IV, p. 565.

do inquérito policial, do procedimento investigatório criminal, do processo judicial, do processo administrativo disciplinar, do inquérito civil ou da ação de improbidade administrativa, em decorrência da imputação falsa de crime, contravenção penal, infração ético-disciplinar ou ato ímprobo a pessoa que se sabe inocente. O que nos interessa, nesse momento, é principalmente a instauração de inquérito policial ou de processo penal. O Ministério Público pode oferecer denúncia com a simples consumação da denunciação caluniosa, ou é preciso aguardar a conclusão do inquérito policial ou da ação penal contra a pessoa atacada pela conduta criminosa (critério da dependência)? Inclina-se a doutrina no sentido de ser razoável aguardar o desfecho do inquérito policial ou da ação penal, reconhecendo-se judicialmente a inocência do denunciado, para só então imputar ao denunciante o crime tipificado no art. 339 do Código Penal. O fundamento deste raciocínio é de ordem prática, e não propriamente uma questão prejudicial. Busca-se evitar decisões conflitantes, tais como a condenação do denunciado (a imputação era verdadeira) com a simultânea condenação do denunciante (partiu-se da equivocada premissa de que a imputação era falsa). Destarte, a ação penal pelo crime de denunciação caluniosa não deve ser ajuizada antes do encerramento do inquérito policial ou da ação penal contra o denunciado ou, se já foi intentada, há de permanecer suspensa enquanto não reconhecida em juízo a falsidade da imputação no processo por esta provocado.

– Comprovação da falsidade da imputação e oferecimento de denúncia pelo crime de denunciação caluniosa: competência firmada pela conexão e princípio do promotor natural: Se, ao receber os autos do inquérito policial instaurado contra o denunciado, o representante do Ministério Público concluir pela sua inocência e constatar a falsidade da imputação, poderá oferecer diretamente denúncia contra o denunciante pelo crime de denunciação caluniosa, isto é, não há necessidade de abertura de novo procedimento investigatório para apuração do crime tipificado no art. 339 do Código Penal. Este raciocínio encontra fundamento na fixação da competência pela conexão, pois o inquérito policial no qual foi investigada a infração penal falsamente imputada a alguém e a denunciação caluniosa daí decorrente encontram-se ligadas entre si.

○ **Tentativa:** É possível, em face da natureza plurissubsistente do delito, comportando o fracionamento do *iter criminis*.

○ **Ação penal:** É pública incondicionada, em todas as modalidades do delito.

○ **Lei 9.099/1995:** A denunciação caluniosa, em sua modalidade fundamental (CP, art. 339, *caput*), é **crime de elevado potencial ofensivo,** pois não admite a incidência dos benefícios previstos na Lei 9.099/1995. Entretanto, na forma privilegiada (CP, art. 339, § 2.º), caracterizada pela imputação falsa de contravenção penal, a pena deve ser reduzida pela metade. Destarte, a pena mínima passa a ser de um ano, circunstância apta a transformar a denunciação caluniosa, somente nesta modalidade, em **crime de médio potencial ofensivo**, compatível com a suspensão condicional do processo, desde que presentes os demais requisitos exigidos pelo art. 89 da Lei 9.099/1995.

○ **Causa de aumento da pena (art. 339, § 1.º):** Nos termos do art. 339, § 1.º, do Código Penal: "A pena é aumentada de sexta parte, se o agente se serve de anonimato ou de nome suposto". Em ambas as hipóteses, o procedimento utilizado pelo agente consistente na ausência de identificação (anonimato) ou na indicação de qualificação equivocada (nome suposto), dificulta a descoberta da autoria da denunciação caluniosa, tornando muitas vezes impossível a punição daquele que movimentou levianamente o aparato estatal mediante a imputação falsa a alguém de crime, contravenção penal, infração ético-disciplinar ou ato ímprobo. Este é o fundamento do tratamento penal mais rigoroso. É de se observar que esta causa de aumento da pena encontra-se em conformidade com a regra inserida no art.

5.º, inc. IV, da Constituição Federal, proibitiva do anonimato em qualquer manifestação de pensamento, notadamente quando utilizado como meio de execução para a prática de crime contra a Administração da justiça.

○ **Competência:** A denunciação caluniosa é, em regra, de competência da Justiça Estadual. No entanto, tratando-se de crime contra a Administração da justiça, será de competência da Justiça Federal quando praticado em detrimento dos interesses da União, de suas autarquias ou empresas públicas (art. 109, IV, da CF).

○ **Denunciação caluniosa e calúnia – distinções:** Os crimes de denunciação caluniosa (CP, art. 339) e de calúnia (CP, art. 138) apresentam um ponto em comum: há, em ambos, a imputação falsa de crime a pessoa que se sabe inocente. Todavia, nada obstante esta similitude, tais crimes não se confundem. Quanto ao bem jurídico penalmente tutelado, a calúnia é crime contra a honra. A denunciação caluniosa, por sua vez, atenta contra a Administração da justiça. No plano da tipicidade, na calúnia o sujeito se limita a imputar a alguém, falsamente e perante terceira pessoa, a prática de fato definido como crime, com o objetivo de ofender a honra objetiva da vítima. Na denunciação caluniosa, o sujeito não apenas atribui à vítima, falsamente, a prática de um delito, mas leva esta imputação ao conhecimento da autoridade pública, movimentando a máquina estatal mediante a instauração de inquérito policial, de procedimento investigatório criminal, de processo judicial, de processo administrativo disciplinar, de inquérito civil ou de ação de improbidade administrativa. Além disso, a calúnia pressupõe a imputação falsa de crime, enquanto a denunciação caluniosa admite a imputação falsa de crime, infração ético-disciplinar, ato ímprobo (CP, art. 339, caput) ou de contravenção penal (CP, art. 339, § 2.º). Na denunciação caluniosa a ação penal sempre é pública incondicionada, enquanto na calúnia a ação penal em regra é privada. Finalmente, a denunciação caluniosa é crime de elevado potencial ofensivo, incompatível com as disposições da Lei 9.099/1995, salvo na imputação falsa de contravenção penal, hipótese em que desponta como crime de médio potencial ofensivo. A calúnia, em sua modalidade fundamental (CP, art. 138, *caput*), é infração penal de menor potencial ofensivo.

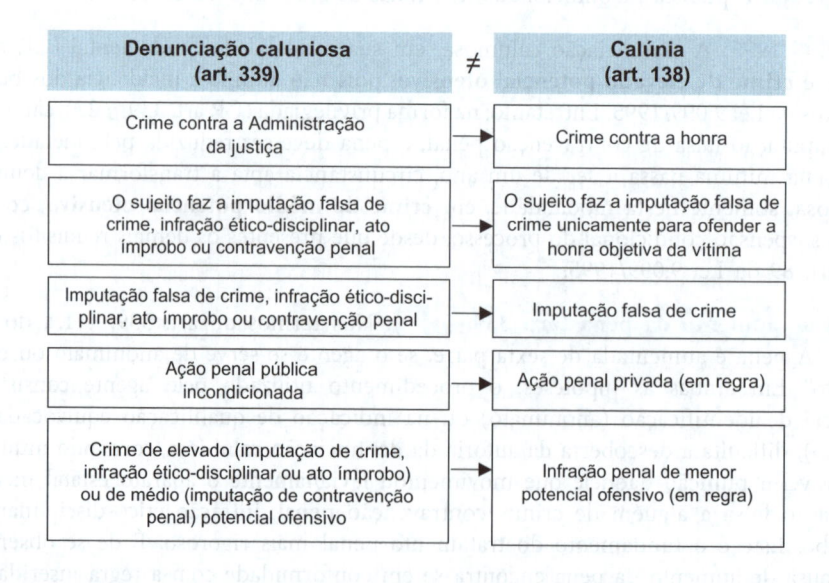

Denunciação caluniosa (art. 339)	≠	Calúnia (art. 138)
Crime contra a Administração da justiça	→	Crime contra a honra
O sujeito faz a imputação falsa de crime, infração ético-disciplinar, ato ímprobo ou contravenção penal	→	O sujeito faz a imputação falsa de crime unicamente para ofender a honra objetiva da vítima
Imputação falsa de crime, infração ético-disciplinar, ato ímprobo ou contravenção penal	→	Imputação falsa de crime
Ação penal pública incondicionada	→	Ação penal privada (em regra)
Crime de elevado (imputação de crime, infração ético-disciplinar ou ato ímprobo) ou de médio (imputação de contravenção penal) potencial ofensivo	→	Infração penal de menor potencial ofensivo (em regra)

○ **Denunciação caluniosa e concurso de crimes:** Se o agente, mediante uma única conduta, imputa falsamente um crime (ou contravenção penal, infração ético-disciplinar ou ato de improbidade administrativa) a diversas pessoas, sabendo-as inocentes, dando causa à instauração de inquérito policial (ou procedimento investigatório criminal, processo judicial, processo administrativo disciplinar etc.) contra todas elas, deverá ser responsabilizado por tantos crimes quantas forem as vítimas, em concurso formal impróprio ou imperfeito (CP, art. 70, *caput, in fine*). Exemplo: O sujeito encaminha petição ao delegado de Polícia, solicitando a instauração de inquérito policial, na qual narra falsamente que seus cinco colegas de trabalho foram os autores do roubo praticado contra uma agência bancária. Por sua vez, se o agente, mediante condutas distintas e em momentos diferentes, imputar falsamente crimes (ou contravenções penais, infrações ético-disciplinares ou atos ímprobos) a pessoas diversas, dando causa a dois ou mais inquéritos policiais (ou procedimentos investigatórios criminais, processos judiciais etc.), deverá responder pelos vários delitos, em concurso material (CP, art. 69) ou então em continuidade delitiva, se presentes os requisitos legalmente exigidos para a constituição do crime continuado (CP, art. 71, *caput*). Finalmente, haverá um só crime quando o sujeito, no mesmo contexto fático, imputar vários crimes (ou contravenções penais, infrações ético--disciplinares ou atos de improbidade administrativa) a uma só pessoa, sabendo-a inocente, dando causa à instauração de um único inquérito policial (ou procedimento investigatório criminal, processo judicial etc.). Veja-se, contudo, que a multiplicidade de delitos atribuídos ao inocente deverá ser levada em consideração na dosimetria da pena-base, como circunstância judicial desfavorável, nos moldes do art. 59, *caput*, do Código Penal.

○ **Imputação falsa de infração penal e Lei do Crime Organizado:** Nos termos do art. 19 da Lei 12.850/2013 – Lei do Crime Organizado: *"Art. 19. Imputar falsamente, sob pretexto de colaboração com a Justiça, a prática de infração penal a pessoa que sabe ser inocente, ou revelar informações sobre a estrutura de organização criminosa que sabe inverídicas: Pena – reclusão, de 1 (um) a 4 (quatro) anos, e multa."* Na modalidade "imputar falsamente, sob pretexto de colaboração com a Justiça, a prática de infração penal a pessoa que sabe ser inocente", basta a imputação falsa da prática de infração penal a pessoa que sabe ser inocente, não se reclamando a instauração de inquérito policial, procedimento investigatório criminal ou qualquer outro instrumento de apuração de ilicitude indicado pelo art. 339, *caput*, do Código Penal. Além disso, o tipo penal não se contenta com o dolo direto. Também exige o elemento subjetivo específico "sob pretexto de colaboração com a Justiça", normalmente relacionado com a postura do agente que pretende celebrar acordo de colaboração premiada, visando a obtenção de algum dos prêmios elencados pelo art. 4.º, *caput* e §§ 4.º e 5.º da Lei 12.850/2013. Já na denunciação caluniosa do art. 339 do CP, quando consistente na imputação falsa de crime ou contravenção penal, a conduta é direcionada à instauração de inquérito policial, procedimento investigatório criminal, processo judicial, processo administrativo disciplinar, inquérito civil ou ação de improbidade administrativa, e o elemento subjetivo é o dolo direto, independentemente de qualquer finalidade específica.

○ **Denunciação caluniosa eleitoral:** A Lei 13.834/2019 incluiu no Código Eleitoral (Lei 4.737/1965) o art. 326-A, com a seguinte redação: *"Art. 326-A. Dar causa à instauração de investigação policial, de processo judicial, de investigação administrativa, de inquérito civil ou ação de improbidade administrativa, atribuindo a alguém a prática de crime ou ato infracional de que o sabe inocente, com finalidade eleitoral: Pena – reclusão, de 2 (dois) a 8 (oito) anos, e multa. § 1º A pena é aumentada de sexta parte, se o agente se serve do anonimato ou de nome suposto. § 2º A pena é diminuída de metade, se a imputação é de prática de contravenção."* O legislador visou o combate às famosas "fake news" em épocas de eleições, destinadas a prejudicar candidatos, com o consequente benefício de seus rivais, além da ofensa à isonomia e à lisura do processo eleitoral. Cuida-se de modalidade específica de denunciação caluniosa, e se diferencia do delito tipificado no art. 339 do Código Penal em dois pontos: (a) exige um elemento subjetivo específico, contido na expressão "**com finalidade eleitoral**"; e (b) é possível sua caracterização mediante a atribuição falsa de "**ato infracional**". O art. 326-A do Código Eleitoral, todavia, não foi atingido pelas alterações promovidas no art. 339, *caput*, do Código Penal pela Lei 14.110/2020, ou seja, não se configura o delito especial na imputação falsa de infração ético-disciplinar ou ato ímprobo, ainda que com finalidade eleitoral e daí resulte a instauração de inquérito policial, procedimento investigatório criminal, processo judicial, processo administrativo disciplinar, inquérito civil ou ação de improbidade administrativa. Além disso, o art. 326-A do Código Eleitoral continua empregando os termos "investigação policial" e "investigação administrativa", e não as locuções "inquérito policial", "procedimento investigatório criminal" e "processo administrativo disciplinar", como faz o art. 339, *caput*, do Código Penal, em decorrência das modificações proporcionadas pela Lei 14.110/2020.

○ **Instauração indevida de procedimento investigatório e abuso de autoridade:** O art. 27 da Lei 13.869/2019 define como abuso de autoridade a conduta consistente em requisitar instauração ou instaurar procedimento investigatório de infração penal ou administrativa, em prejuízo de alguém, quando ausente qualquer indício da prática do delito, de ilícito funcional ou de infração administrativa. Não se configura tal delito, contudo, na hipótese de sindicância ou investigação preliminar sumária, se presente a devida justificação.

○ **Falta de justa causa fundamentada na persecução ou persecução contra quem sabe inocente e abuso de autoridade:** Se o agente público iniciar ou proceder à persecução penal, civil ou administrada sem justa causa fundamentada, ou então contra quem sabe ser inocente, estará configurado o crime de abuso de autoridade previsto no art. 30 da Lei 13.869/2019: "*Art. 30. Dar início ou proceder à persecução penal, civil ou administrativa sem justa causa fundamentada ou contra quem sabe inocente: Pena – detenção, de 1 (um) a 4 (quatro) anos, e multa.*"

○ **Jurisprudência selecionada:**

Elemento subjetivo – dolo direto: "Para a configuração do tipo penal de denunciação caluniosa (CP: 'Art. 339. Dar causa à instauração de investigação policial, de processo judicial, instauração de investigação administrativa, inquérito civil ou ação de improbidade administrativa contra alguém, imputando-lhe crime de que o sabe inocente: Pena – reclusão, de dois a oito anos, e multa') é necessária a demonstração do dolo direto de imputar-se a outrem, que efetivamente se sabe inocente, a prática de fato definido como crime. Com base nessa orientação, a 1ª Turma, por maioria, rejeitou denúncia oferecida em face de deputada federal a quem imputado o aludido tipo penal. Na espécie, a ora denunciada requerera, junto ao Ministério Público Federal, a abertura de procedimento administrativo para apurar eventual prática do crime de abuso de autoridade por delegado de polícia federal que, em diligência realizada na residência dela, teria se utilizado de força desnecessária e imoderada, causando-lhe lesões corporais leves. Após o arquivamento do mencionado procedimento administrativo, fora ajuizada a presente demanda em razão da suposta prática, por parte da então requerente, do crime de denunciação caluniosa. A Turma consignou que o crime em comento exigiria, para sua configuração, que a instauração de investigação policial, processo judicial, investigação administrativa, inquérito civil ou ação de improbidade, tivesse como única motivação o interesse de se atribuir fato criminoso a pessoa que se soubesse ser inocente. Consignou, ademais, que não bastaria a desconformidade da denúncia em relação à realidade, e seria necessária a demonstração do dolo, elemento subjetivo do tipo. Acrescentou que o direito fundamental de petição (CF, art. 5º, XXXIV, *a*) seria causa justificante do oferecimento de 'notitia criminis' e que a conduta do denunciante não se tornaria ilícita em razão do mero arquivamento de procedimento eventualmente instaurado" (STF: Inq. 3.133/AC, rel. Min. Luiz Fux, 1.ª Turma, j. 05.08.2014, noticiado no *Informativo* 753).

Elemento subjetivo – imputação de ilícitos administrativos: "1. O crime de denunciação caluniosa tem como elementar a locução 'de que sabe inocente'. Assim, cumpre ao acusador demonstrar a tipicidade da conduta do agente que, golpeando a Administração de Justiça, lança consciente e ilegitimamente alguém para o foco de processo administrativo ou judicial. 2. *In casu*, o paciente, juiz federal, diante de atuação funcional tida por ilegal, ofereceu representação buscando a responsabilização administrativa de agentes políticos, não havendo como se lhe atribuir, de pronto, a carga subjetiva inerente ao tipo penal em testilha. Não se irrogando a prática de comportamentos típico-criminais, mas, antes, infrações de colorido administrativo, também sob o prisma objetivo se torna precária a acomodação criminal da atuação do paciente como autor do crime de denunciação caluniosa" (STJ: HC 99.914/ES, rel. Min. Maria Thereza de Assis Moura, 6.ª Turma, j. 06.10.2009).

Imputação objetiva e subjetivamente falsa – dolo: "O tipo do art. 339 do Código Penal exige que a denunciação seja objetiva e subjetivamente falsa, caracterizando o dolo específico; o autor da denunciação deve saber que a imputação do crime recai sobre um inocente" (STJ: APn 489/SP, rel. Min. Ari Pargendler, Corte Especial, j. 08.09.2008).

Inquérito policial – falta de indiciamento do investigado – irrelevância – caracterização do delito: "Não autoriza a desclassificação do crime de denunciação caluniosa (art. 339 do CP) para a conduta do art. 340 do mesmo Estatuto, o fato de que aqueles que foram falsamente apontados como autores do delito inexistente não tenham chegado a ser indiciados no curso do inquérito policial, em virtude da descoberta da inveracidade da imputação. Tratou-se de recurso especial interposto contra acórdão do Tribunal de Justiça local que considerou correta a decisão que desclassificou o tipo previsto no art. 339 do CP para o previsto no art. 340 do mesmo diploma, uma vez que a conduta da agente ao noticiar crimes que não ocorreram, provocou meros atos investigatórios da autoridade policial. Decidiu-se no recurso especial que a qualificação jurídica atribuída pelas instâncias ordinárias, aos fatos por elas delineados, está equivocada. Se, em razão da comunicação falsa de crime efetivada pela recorrida, houve a instauração de inquérito policial, sendo a falsidade descoberta em razão dos atos investigatórios nele realizados, o delito cometido é o de denunciação caluniosa, previsto no art. 339 do Código Penal. Não autoriza a desclassificação para a conduta do art. 340 do mesmo estatuto o fato de que aqueles que foram falsamente apontados como autores do delito inexistente não tenham chegado a ser indiciados no curso da aludida investigação, em virtude da descoberta da inveracidade da imputação" (STJ: REsp 1.482.925/MG, rel. Min. Sebastião Reis, 6.ª Turma, j. 06.10.2016, noticiado no *Informativo* 592).

Objetividade jurídica: "Não há que se falar em ausência de justa causa para a ação penal ou em inépcia da denúncia, se a acusada reconheceu a falsidade das próprias declarações perante a autoridade policial, incidindo, assim, no crime de denunciação caluniosa, que visa a preservar a Administração da Justiça" (STF: HC 86.656/PE, rel. Min. Carlos Britto, 1.ª Turma, j. 06.12.2005).

Oferecimento de queixa crime – posterior absolvição – não caracterização da denunciação caluniosa: "Não caracteriza o crime de denunciação caluniosa, o fato de a recorrente ter formulado queixa-crime, pela prática de delitos contra a honra, cujo pedido foi julgado improcedente por não existir prova suficiente para a condenação (art. 386, VI, do Código de Processo Penal)" (STJ: RHC 15.866/MG, rel. Min. Paulo Gallotti, 6.ª Turma, j. 17.08.2006).

Representação criminal – investigação administrativa – elemento subjetivo – caracterização do delito: "No tocante ao elemento objetivo do tipo, entendeu-se que a representação criminal subscrita pelo paciente preencheria a finalidade do art. 339 do CP, com a redação da Lei 10.028/2000. Isso porque ela consubstanciaria modalidade de 'investigação administrativa', cujo escopo seria apurar a veracidade das infrações penais atribuídas aos representados. Asseverou-se que a referida medida contivera os seguintes procedimentos: a) o chamamento dos representados, mediante notificação, para o exercício da ampla defesa, diante das imputações então formalizadas; b) o ônus da apresentação de resposta escrita, no prazo legal, acompanhada dos necessários esclarecimentos; c) o encaminhamento de todas as peças informativas ao Ministério Público Federal para pronunciar-se sobre a procedência das acusações; e d) a deliberação de órgão colegiado do tribunal de origem quanto ao mérito do pedido veiculado na representação. Nesse contexto, rechaçou-se a assertiva de que houvera arquivamento liminar. Com relação ao elemento subjetivo do tipo, rememorou-se jurisprudência desta Corte no sentido de que a configuração do tipo incriminador em causa exigiria dolo direto quanto ao conhecimento, por parte do acusado, da inocência dos representados, de modo que a presença de dolo eventual do agente seria insuficiente" (STF: HC 106.466/SP, rel. Min. Ayres Britto, 2.ª Turma, j. 14.02.2012, noticiado no *Informativo* 655).

Sindicância administrativa – não caracterização do delito: "A instauração de sindicância administrativa, no âmbito da Corregedoria do Ministério Público, para apurar falta disciplinar de Promotor de Justiça, ainda que resultante de comportamento penalmente típico atribuído ao agente, não é suficiente à incidência do tipo do artigo 339 do Código Penal, que requisita instauração de investigação policial ou instauração de procedimento judicial, civil ou administrativo" (STJ: HC 32.018/MG, rel. Min. Hamilton Carvalhido, 6.ª Turma, j. 12.04.2005).

Sujeito ativo: "Na denunciação caluniosa, 'Sujeito ativo é qualquer pessoa, mas, em se tratando de acusação de crime de ação privada ou de ação pública dependente de representação, somente pode ser praticado por aquele a quem caberia exercer o direito de queixa ou de representação' (Nelson Hungria, Comentários ao Código Penal, *Revista Forense*, Rio de Janeiro, 1958, vol. IX, p. 459)" (STJ: RHC 17.885/RJ, rel. Min. Hamilton Carvalhido, 6.ª Turma, j. 29.11.2007).

Comunicação falsa de crime ou de contravenção

> **Art. 340.** Provocar a ação de autoridade, comunicando-lhe a ocorrência de crime ou de contravenção que sabe não se ter verificado:
>
> Pena – detenção, de um a seis meses, ou multa.

Classificação:	Informações rápidas:
Crime simples	**Objeto material:** ação da autoridade ilegalmente provocada pela conduta criminosa.
Crime comum	
Crime material ou causal	**Elemento subjetivo:** dolo direto (elemento subjetivo específico – intenção de inutilmente provocar a ação da autoridade). Não admite modalidade culposa.
Crime de dano	
Crime de forma livre	
Crime comissivo (regra)	**Comunicação falsa de crime ou de contravenção para o agente obter ilicitamente**
Crime instantâneo	
Crime unissubjetivo, unilateral ou de concurso eventual	**indenização ou valor de seguro:** art. 171, § 2.º, inc. V do CP.
Crime plurissubsistente	**Tentativa:** admite (crime plurissubsistente).
	Arrependimento eficaz: admite.
	Ação penal: pública incondicionada.

○ **Introdução:** A comunicação falsa de crime ou de contravenção em muito se assemelha à denunciação caluniosa. No entanto, na comunicação falsa de crime ou de contravenção o sujeito se limita a comunicar falsamente a ocorrência de crime ou de contravenção que sabe não se ter verificado, assim provocando a ação de autoridade, mas não acusa falsamente nenhuma pessoa, seja por se tratar de indivíduo indeterminado e indeterminável, seja por referir-se a pessoa que não existe (pessoa imaginária). A pena do delito tipificado no art. 340 do CP será a mesma, pouco importando se a comunicação falsa foi de crime ou de contravenção penal, pois em qualquer dos casos são inutilmente desperdiçados o tempo e o esforço da autoridade pública. Não se reclama a instauração de investigação policial, de processo judicial, de investigação administrativa, de inquérito civil ou de ação de improbidade administrativa. Basta provocar, em sentido amplo, a ação da autoridade, pois, comportando-se desta forma, o sujeito provoca prejuízos (presunção absoluta ou *iuris et de iure*) a toda a coletividade, já que as autoridades públicas perdem valioso tempo e recursos que deveriam ser utilizados no enfrentamento de crimes reais.

○ **Objeto jurídico:** Tutela-se a Administração da Justiça, especialmente no tocante à perda de tempo e de dinheiro acarretados aos órgãos responsáveis pela persecução criminal.

○ **Objeto material:** É a ação da autoridade ilegalmente provocada pela conduta criminosa. A elementar "autoridade" há de ser compreendida como todo e qualquer funcionário público incumbido da tarefa de investigar e apurar a existência de infrações penais e seus respectivos responsáveis, ou então de determinar a abertura do procedimento investigatório, pois se trata de crime contra a Administração da justiça.

○ **Núcleo do tipo:** É "**provocar**", que significa dar causa à ação da autoridade pública, ensejando sua atuação no caso concreto. A comunicação falsa pode ser exteriorizada por qualquer meio: oralmente ou por escrito, identificada pelo nome e assinatura do seu autor ou apócrifa (crime de forma livre). O sujeito comunica à autoridade a ocorrência de crime ou de contravenção penal que sabe não ter se verificado, podendo ocorrer duas situações: (a) o crime ou contravenção penal comunicado realmente não se verificou; (b) houve um crime ou contravenção penal, mas absolutamente diverso do fato comunicado à autoridade. Não se caracteriza o crime em análise quando o sujeito comunica uma infração penal que, embora diversa, apresenta pontos em comum com a efetivamente praticada na vida real, sendo o fato atípico por ausência de dolo e porque a autoridade pública, mesmo com a descrição equivocada, poderá envidar esforços para identificar o ilícito penal realmente cometido e seu respectivo responsável. Estará configurado o crime quando o sujeito efetuar a comunicação falsa com o propósito de ocultar outro delito por ele cometido.

○ **Sujeito ativo:** Pode ser qualquer pessoa (**crime comum ou geral**), inclusive o funcionário público, desde que não atue no exercício da sua condição funcional.

○ **Sujeito passivo:** É o Estado.

○ **Elemento subjetivo:** É o dolo, acrescido de um especial fim de agir (elemento subjetivo específico), consistente na intenção de provocar inutilmente a ação da autoridade. O tipo penal é compatível unicamente o **dolo direto**, evidenciado pela expressão "que sabe não se ter verificado". Não se admite a modalidade culposa.

○ **Fraude para recebimento de indenização ou valor de seguro e conflito aparente de leis penais:** Não há falar no crime em comento, mas na figura equiparada ao estelionato definida no art. 171, § 2.º, V, do CP, quando a comunicação falsa de crime ou de contravenção funciona como meio fraudulento para o agente obter ilicitamente indenização ou valor de seguro. O conflito aparente de normas penais é solucionado pelo **princípio da consunção**. A comunicação falsa do crime desponta como *antefactum* impunível, pois se constitui em meio de execução do crime contra o patrimônio, que a absorve. Esta é a posição dominante no âmbito doutrinário. Existem, contudo, entendimentos em sentido contrário.[384]

○ **Consumação:** O crime é **material** ou **causal**: consuma-se no instante em que a autoridade pública adota alguma ação (ou providência) com a finalidade de apurar a ocorrência do crime ou da contravenção penal falsamente comunicados. Não se exige a instauração de procedimento formal, pois o tipo penal fala simplesmente em "provocar a ação de autoridade". Não é suficiente a mera comunicação falsa. A consumação depende da ação, isto é, de um comportamento positivo (fazer algo) por parte da autoridade pública. Consequentemente, a competência será do juízo do local em que foram adotadas medidas para elucidar o crime ou a contravenção penal.

○ **Tentativa:** É possível, em face do caráter plurissubsistente do delito, permitindo o fracionamento do *iter criminis*.

– **Comunicação falsa de crime ou de contravenção e arrependimento eficaz:** Se o sujeito arrepender-se depois de efetuada a comunicação falsa de crime ou de contravenção, e em razão disso impedir a ação da autoridade no sentido de apurar a infração penal e sua autoria, estará caracterizado o arrependimento eficaz, acarretando a atipicidade do fato, nos termos do art. 15 do CP.

– **Comunicação falsa de crime ou de contravenção e crime impossível:** Em determinadas situações, a comunicação falsa de crime ou de contravenção, embora presente o dolo do sujeito ativo, não caracteriza o delito em estudo. São as hipóteses em que se manifesta o crime impossível (tentativa inidônea, tentativa inadequada ou tentativa impossível), disciplinado no art. 17 deste Código. É o que se verifica, exemplificativamente, quando o agente comunica falsamente a ocorrência de fato atípico, ou então de crime ou de contravenção penal que, mesmo se tivesse existido, o Estado não poderia exercitar sua pretensão punitiva no tocante ao suposto responsável, em face da incidência da prescrição da pretensão punitiva ou de outra causa extintiva da punibilidade. Nesse contexto, a consumação do crime em apreço é impossível em razão da ineficácia absoluta do meio de execução.

○ **Ação penal:** É pública incondicionada.

○ **Lei 9.099/1995:** Em face da pena máxima cominada, o crime tipificado no art. 340 do Código Penal constitui-se em **infração penal de menor potencial ofensivo**, compatível com a transação penal e com o rito sumaríssimo, em conformidade com a Lei 9.099/1995.

○ **Jurisprudência selecionada:**

Denunciação caluniosa e comunicação falsa de crime – incompatibilidade: "1. Como os acusados da denúncia falsa poderiam ser facilmente identificados, através de fita cassete que o denunciante afirmou possuir, não há falar-se em atipicidade da conduta por ausência de indicação específica do suposto agente do crime. 2. Na medida em que o Juiz concluiu pela efetiva configuração do delito de denunciação caluniosa, apresentando todos os elementos de convicção que o levaram a esse entendimento, obviamente afastou a tese da defesa em contrário, na qual se pugnava pela desclassificação do delito para comunicação falsa de crime" (STJ: RHC 10.821/ SP, rel. Min. Edson Vidigal, 5.ª Turma, j. 15.03.2001).

Autoacusação falsa

> **Art. 341.** Acusar-se, perante a autoridade, de crime inexistente ou praticado por outrem:
>
> Pena – detenção, de três meses a dois anos, ou multa.

---

[384] MAGALHÃES NORONHA, E. *Direito penal.* 16. ed. São Paulo: Saraiva, 1983. v. 4.

Classificação:	Informações rápidas:
Crime simples Crime comum Crime formal, de consumação antecipada ou de resultado cortado Crime de dano Crime de forma livre Crime comissivo Crime instantâneo Crime unissubjetivo, unilateral ou de concurso eventual Crime unissubsistente ou plurissubsistente	**Objeto material:** autoacusação falsamente prestada perante a autoridade. **Elemento subjetivo:** dolo. Não admite modalidade culposa. **Tentativa:** admite na autoacusação falsa cometida por meio escrito (crime plurissubsistente). **Ação penal:** pública incondicionada.

○ **Objeto jurídico:** Tutela-se a Administração da justiça, prejudicada em seu normal funcionamento no tocante à apuração de crimes e da respectiva responsabilidade penal.

○ **Objeto material:** É a autoacusação falsamente prestada perante a autoridade, é dizer, a declaração contaminada pela mentira.

○ **Núcleo do tipo:** É "**acusar-se**", ou seja, imputar ou atribuir a si próprio a prática de crime. Poderá restar caracterizada a denunciação caluniosa (CP, art. 339), desde que presentes as demais elementares legalmente exigidas, se o sujeito imputar a prática do crime a pessoa determinada ou determinável que sabia ser inocente. Pune-se o comportamento daquele que se autoincrimina, invocando para si a responsabilidade por crime que não praticou, seja porque o fato não existiu, seja porque foi praticado por outra pessoa. Como a lei fala em "crime inexistente ou praticado por outrem", duas conclusões podem ser extraídas: (a) não se configura este delito na autoacusação falsa de contravenção penal inexistente ou praticada por outrem; e (b) o sujeito não pode apresentar nenhum tipo de envolvimento com o fato comunicado à autoridade, seja como autor, coautor ou partícipe. A autoacusação falsa deve ser prestada perante a autoridade, compreendida como todo e qualquer funcionário público a quem a lei confere poderes para investigar a prática de crimes e seus respectivos responsáveis, ou então para determinar o início do procedimento investigatório, em razão de se tratar de crime contra a Administração da justiça. Encaixam-se nesse rol as autoridades policiais e judiciárias, bem como os membros do Ministério Público e os agentes administrativos dotados de atribuições para investigações criminais, a exemplo dos servidores da Receita Federal. Se o sujeito acusa-se falsamente perante um particular, ou mesmo diante de funcionário público que não seja autoridade, o fato será atípico. Não é necessário que o agente esteja na presença da autoridade – basta que sua prática tenha a autoridade pública como destinatária, admitindo-se a execução do delito por meio escrito (**crime de forma livre**).

○ **Concurso de crimes – autoacusação falsa, comunicação falsa de crime e denunciação caluniosa:** Se, além de acusar-se falsamente de crime inexistente, o sujeito também imputar sua autoria a pessoa imaginária, haverá concurso formal impróprio (art. 70, *caput*, *in fine*, *do CP*) entre autoacusação falsa e comunicação falsa de crime (art. 340 do CP). Por sua vez, existirá concurso formal impróprio entre autoacusação falsa e denunciação caluniosa (art. 339 do CP) na hipótese em que o agente, além de acusar-se falsamente de crime inexistente ou praticado por outrem, também imputar o fato a pessoa determinada que sabia ser inocente, dando causa à instauração de inquérito policial, de procedimento investigatório criminal, de processo judicial, de processo administrativo disciplinar, de inquérito civil ou de ação de improbidade administrativa.

○ **Sujeito ativo:** Pode ser qualquer pessoa (**crime comum ou geral**), salvo o autor, coautor ou partícipe do crime noticiado no bojo da autoacusação falsa. Como o sujeito imputa a si próprio a prática de crime inexistente ou cometido por outrem, não é possível a coautoria de autoacusação falsa. Admite-se a participação mediante instigação, induzimento ou auxílio de terceira pessoa.

○ **Sujeito passivo:** É o Estado.

○ **Elemento subjetivo:** É o dolo, independentemente de qualquer finalidade específica. Pouco importa o móvel do sujeito ativo: interesse pecuniário ou mercenário, espírito de sacrifício altruístico, exibicionismo, álibi, ou mesmo para preservação pessoal. Não se admite a modalidade culposa.

○ **Autoacusação falsa e a mentira do indiciado ou acusado:** O art. 5.º, LXIII, da CF assegura a todos o direito ao silêncio, que em um plano mais amplo integra o direito de defesa (autodefesa), razão pela qual no âmbito criminal o investigado, o indiciado, o acusado ou o réu não são obrigados a dizer a verdade perante a autoridade pública. Este direito, entretanto, não assegura a quem quer que seja a suposta prerrogativa de acusar-se falsamente. Mentir para livrar-se da responsabilidade penal é uma coisa; invocar a si próprio a prática de crime inexistente ou praticado por outrem é coisa completamente diversa, mormente porque o art. 5.º, LXXV, da CF impõe ao Estado o dever de indenizar a pessoa prejudicada pelo erro judiciário. Com efeito, a pessoa que se autoacusa falsamente coloca em erro a Administração da justiça. Embora inexista hierarquia entre as provas, não se discute o alto valor prático da confissão, outrora chamada de "rainha das provas" (*raegina probatum*). Com a livre e espontânea autoacusação falsa, dificilmente o Poder Judiciário encontra meios para não condenar um inocente, muitas vezes deixando impune o verdadeiro e perigoso culpado.

○ **Consumação:** O crime é **formal, de consumação antecipada** ou **de resultado cortado**: consuma-se no instante em que o sujeito efetua a autoacusação falsa perante a autoridade, independentemente de ser tomada alguma providência por parte desta. O legislador fala tão somente em "acusar-se, perante a autoridade", ao contrário do que se verifica na comunicação falsa de crime ou de contravenção, na qual se emprega a expressão "provocar a ação de autoridade". Dessa forma, consumando-se o delito com a simples autoacusação falsa, eventual retratação do agente acarretará somente a configuração da atenuante genérica prevista no art. 65, III, *d*, do CP.

○ **Tentativa:** É possível unicamente na autoacusação falsa cometida por meio escrito. Não se admite o *conatus* quando o crime é praticado verbalmente.

○ **Ação penal:** É pública incondicionada.

○ **Lei 9.099/1995:** Em face da pena máxima cominada ao delito (dois anos), a autoacusação falsa constitui-se em **infração penal de menor potencial ofensivo**, compatível com a transação penal e com o rito sumaríssimo, nos termos da Lei 9.099/1995.

Falso testemunho ou falsa perícia

> **Art. 342.** Fazer afirmação falsa, ou negar ou calar a verdade como testemunha, perito, contador, tradutor ou intérprete em processo judicial, ou administrativo, inquérito policial, ou em juízo arbitral:
>
> Pena – reclusão, de 2 (dois) a 4 (quatro) anos, e multa.

§ 1º As penas aumentam-se de um sexto a um terço, se o crime é praticado mediante suborno ou se cometido com o fim de obter prova destinada a produzir efeito em processo penal, ou em processo civil em que for parte entidade da administração pública direta ou indireta.

§ 2º O fato deixa de ser punível se, antes da sentença no processo em que ocorreu o ilícito, o agente se retrata ou declara a verdade.

Classificação:	Informações rápidas:
Crimes simples Crimes de mão própria, de atuação pessoal ou de conduta infungível Crimes formais, de consumação antecipada ou de resultado cortado Crimes de dano Crimes de forma livre Crimes comissivos ou omissivos Crimes instantâneos Crimes unissubjetivos, unilaterais ou de concurso eventual Crimes unissubsistente ou plurissubsistente	**Objeto material:** depoimento prestado perante a autoridade competente (falso testemunho) ou laudo pericial, o cálculo, a tradução ou a interpretação (falsa perícia). **Falsidade:** deve recair sobre fato **juridicamente relevante.** **Falsidade prestada perante juízo incompetente:** não exclui o crime. **Falsidade prestada em processo nulo:** exclui o crime. **Crime de mão própria compatível com a coautoria.** **Elemento subjetivo:** dolo. Não admite modalidade culposa. **Tentativa:** na falsa perícia admite (crime plurissubsistente); no falso testemunho não admite na conduta "calar a verdade", sendo que nas outras condutas há divergência. **Ação penal:** pública incondicionada. **Exceção pluralística:** art. 342, § 1.º, do CP.

○ **Introdução:** No tocante à apreciação da prova, a Constituição Federal, em seu art. 93, inc. IX, adota o sistema do livre convencimento motivado ou da persuasão racional. Este também é o sistema acolhido pelo art. 155, *caput*, do Código de Processo Penal, embora existam exceções, a exemplo do que ocorre no Tribunal do Júri, decidindo os jurados em sintonia com o sistema da íntima convicção. Inexiste hierarquia entre as provas, pois o direito pátrio não se filiou, via de regra, às chamadas provas tarifadas. Em outras palavras, admite-se todo e qualquer meio de prova, desde que lícito e moral, devendo a autoridade fundamentar o valor atribuído a cada uma delas. Entre os meios de prova ou elementos de convicção para demonstração de fato juridicamente relevante está o testemunho, isto é, a informação prestada por quem de direito acerca de tal fato ou qualquer de suas circunstâncias integrantes, por pessoa que dele tenha tomado conhecimento. Não raras vezes, o testemunho desponta como o único meio probatório que se apresenta no caso concreto.

○ **Objeto jurídico:** Tutela-se a Administração da justiça, no tocante à veracidade das provas e ao prestígio e seriedade da sua coleta. Também se protegem, mediatamente, os direitos inerentes à pessoa física ou jurídica prejudicada pela conduta criminosa.

○ **Objeto material:** O falso testemunho tem como objeto material o depoimento prestado perante a autoridade competente. A falsa perícia, de outro lado, pode ter como objeto material o laudo pericial, o cálculo, a tradução ou a interpretação, sejam estas últimas orais ou escritas.

○ **Núcleos do tipo:** São três: "fazer afirmação falsa", "negar a verdade" e "calar a verdade". **Fazer afirmação falsa** ("falsidade positiva") consiste em mentir, narrando à autoridade a ocorrência de fato inverídico. Se a afirmação falsa contém em seu bojo um crime contra a honra, ao agente serão imputados dois crimes, quais sejam, falso testemunho e calúnia, difamação ou injúria. **Negar a verdade** ("falsidade negativa") é recusar-se a confirmar a veracidade de um fato ou não reconhecê-lo como verdadeiro. Por sua vez, na modalidade **calar a verdade**, também conhecida como **reticência**, a testemunha ou perito permanece em silêncio no tocante à veracidade de determinado fato. Na modalidade "negar a verdade" a testemunha ou perito contraria a verdade, mesmo sem efetuar qualquer informação. No núcleo "calar a verdade", a testemunha ou perito recusa-se a responder às perguntas que lhe foram endereçadas. Cuida-se de **tipo misto alternativo**, **crime de ação múltipla** ou **de conteúdo variado**: há um único crime quando a testemunha ou o perito pratica mais de uma conduta típica no tocante ao mesmo objeto material. Também há um único crime quando a testemunha ou perito faz afirmação falsa, nega ou cala a verdade reiteradamente, em fases sucessivas da mesma atividade estatal de persecução penal.

○ **O "palco" do falso testemunho ou da falsa perícia:** A conduta típica necessariamente há de ser praticada em processo judicial, processo administrativo, inquérito policial ou juízo arbitral. O **processo judicial** pode ser de qualquer natureza, de jurisdição contenciosa ou voluntária. **Processo administrativo** é o destinado a apurar ilícito administrativo ou disciplinar, para posterior julgamento no âmbito da instância administrativa. Nessa expressão também se inclui o inquérito civil, instrumento de natureza inquisitiva e investigatória, instaurado e presidido pelo MP, com fundamento no art. 8.º, § 1.º, da Lei 7.347/1985 – Lei da Ação Civil Pública. O **inquérito policial** constitui-se em atividade específica da polícia *judiciária*, ou seja, a Polícia Civil, no âmbito da Justiça Estadual, e a Polícia Federal, no caso da Justiça Federal, e tem por objetivo a apuração das infrações penais e de sua autoria (CPP, art. 4.º). O tipo penal não faz menção ao **termo circunstanciado**, utilizado na esfera dos Juizados Especiais Criminais (Lei 9.099/1995, art. 69, *caput*), nem ao Procedimento Investigatório Criminal (PIC), conduzido pelo Ministério Público para as suas investigações autônomas. Em nossa opinião, e já destacando a polêmica que envolve essa discussão, o falso testemunho e a falsa perícia podem ser cometidos no bojo de tais procedimentos – termo circunstanciado e PIC –, pois têm igual finalidade à dispensada ao inquérito policial, e não existiam à época em que foi redigido o art. 342 do Código Penal, razão pela qual não era possível a menção a tais institutos pelo legislador. Não há falar em analogia *in malam partem*, e sim em interpretação extensiva do tipo penal. **Juízo arbitral**, previsto na Lei 9.307/1996, é o procedimento utilizado por pessoas capazes de contratar com a finalidade de dirimir extrajudicialmente litígios relativos a direitos patrimoniais disponíveis, mediante convenção de arbitragem, assim entendida a cláusula compromissória e o compromisso arbitral.

– **Natureza da falsidade:** Existem duas teorias acerca da natureza da falsidade no crime tipificado no art. 342 do Código Penal: **(a) teoria objetiva:** A falsidade diz respeito a tudo aquilo que objetivamente não corresponde à realidade. É o contraste entre a manifestação da testemunha (ou perito) e o que efetivamente ocorreu no mundo real, pouco importando se ela conhece ou não o fato apreciado; **(b) teoria subjetiva:** A falsidade somente se verifica quando a manifestação da testemunha (ou perito) não coincide com o fato que é do seu conhecimento. Não basta a falsidade de um determinado acontecimento. Exige-se a ciência da testemunha (ou perito) relativamente a esta circunstância. Esta foi a teoria adotada pelo Código Penal.

– **Falsidade e relevância jurídica do fato:** Para a caracterização do falso testemunho ou da falsa perícia, qualquer das condutas típicas deve recair sobre fato juridicamente relevante, compreendido como o acontecimento idôneo a influir na valoração da prova a ser utilizada na decisão do processo judicial ou administrativo, ou então no inquérito policial ou em juízo arbitral. O falso testemunho e a falsa perícia pressupõem potencialidade para lesar a Administração da justiça, ainda que a falsidade não interfira efetivamente na decisão final. Portanto, não se configura o delito quando a falsidade, embora dolosa, incida sobre dados irrelevantes ou então sobre fatos estranhos à questão a ser provada.

– Falsidade prestada perante juízo incompetente e posterior declaração de nulidade do processo: A incompetência do juízo em que foi prestado o depoimento falso não exclui a tipicidade do crime em análise. Nada obstante falte competência para a autoridade judicial, encontra-se ela no exercício de função pública relacionada à Administração da justiça, não podendo a testemunha (ou perito) furtar-se ao dever de dizer a verdade. Há de ser excluído o delito se o processo em que se verificou o falso testemunho ou falsa perícia foi posteriormente reconhecido nulo, desde que por motivo diverso da própria falsidade. Subsiste o crime se foi proferida sentença absolutória no processo em que ocorreu o falso, ou então se ocorreu a extinção da punibilidade do agente, pois o falso testemunho (ou falsa perícia) é crime formal, consumando-se no momento da conduta revestida de potencialidade lesiva, que é por si só idônea a ofender a Administração da justiça.

– A questão ligada à falsidade da qualificação do depoente: A falsidade atinente à qualificação da testemunha pode caracterizar o delito em estudo, se destinada a influenciar na credibilidade a ser emprestada às suas palavras. De fato, a exata qualificação da testemunha é formalidade essencial deste meio de prova, como se extrai do art. 203 do CPP, e constitui-se em elemento a ser sopesado na valoração do depoimento. Existem opiniões em contrário, no sentido de que a falsidade envolvendo a qualificação da testemunha não caracteriza este crime. Faz-se o seguinte raciocínio: como a falsidade deve relacionar-se a fatos, e não aos dados pessoais do depoente, somente pode ser reconhecido o delito de falsa identidade (CP, art. 307).

– Juízo de valor efetuado pela testemunha e atipicidade do fato: No processo penal, a testemunha depõe sobre fatos. Deve manifestar-se sobre situações que presenciou ou de qualquer modo tomou conhecimento. Esta é sua tarefa precípua, não podendo ser a ela transferida o encargo de emitir opiniões acerca dos acontecimentos, exprimindo seu particular modo de pensar. É o que se extrai do art. 213 do CPP. Portanto, não há crime de falso testemunho quando a autoridade, seja qual for a razão, solicita à testemunha a emissão de juízo de valor envolvendo um determinado assunto.

○ **Sujeito ativo:** Cuida-se de **crime de mão própria, de atuação pessoal ou de conduta infungível,** pois somente pode ser praticado pela pessoa expressamente indicada em lei: testemunha, perito (em sentido estrito), contador, tradutor ou intérprete. Estes três últimos nada mais são do que espécies de peritos, mas a lei preferiu apontá-los expressamente para evitar qualquer discussão envolvendo a possibilidade de tais pessoas serem responsabilizadas. Todos eles, em verdade, são auxiliares da justiça. **Testemunha** é a pessoa humana, equidistante dos interessados e chamada pela autoridade, de ofício ou atendendo a pedido dos interessados, para discorrer sobre fatos perceptíveis pelos seus sentidos e relacionados à questão investigada no inquérito policial ou debatida no processo judicial ou administrativo, ou ainda no juízo arbitral. **Perito** é a pessoa incumbida de realizar exames especializados que dependem de conhecimentos técnicos que o responsável pelo inquérito policial, processo judicial, processo administrativo ou juízo arbitral normalmente não possui. O perito pode ser **oficial** (pessoa regularmente investida no cargo público de perito) e **não oficial** ou **louvado** (particular nomeado para realizar um exame pericial). Qualquer deles pode ser sujeito ativo do crime. **Contador** é o responsável pela elaboração dos cálculos necessários ao deslinde da causa. O partidor, indicado no art. 149 do CPC, é uma modalidade específica de contador, podendo figurar como sujeito ativo do falso testemunho ou falsa perícia. **Tradutor** é a pessoa encarregada da atividade de transcrever um texto de determinado idioma ou dialeto para outro. **Intérprete** é a pessoa que atua como intermediária na comunicação entre pessoas de diferentes idiomas ou dialetos, ou mesmo entre pessoas que, por alguma deficiência, não podem se comunicar pela forma tradicional.

– Concurso de pessoas – crime de mão própria. Falsa perícia e admissibilidade da coautoria: O falso testemunho e a falsa perícia somente podem ser praticados pela pessoa expressamente indicada no tipo penal, não se admitindo a delegação da execução do núcleo do tipo a quem não ostente a condição legalmente exigida. A nota característica dos crimes de mão própria diz respeito ao instituto do concurso de pessoas. Esses delitos são incompatíveis com a coautoria, pois não se pode transferir a quem não possui a especial condição legalmente exigida à execução da conduta típica. Admite-se a participação, em suas três modalidades (induzimento, instigação e auxílio). Na falsa perícia há, curiosamente, uma exceção a esta regra. Somente o perito, contador, tradutor ou intérprete podem figurar como sujeitos ativos do delito, mas nada impede que duas ou mais pessoas de igual estirpe, como coautores, executem o núcleo do tipo penal. Para os adeptos da teoria do domínio do fato quanto ao conceito de autor, contudo, falso testemunho e falsa perícia admitem a coautoria, nas hipóteses em que pessoa diversa controla a atuação da testemunha (ou do perito).

– Compromisso de dizer a verdade: Como estatui a parte inicial do art. 203 do CPP: "A testemunha fará, sob palavra de honra, a promessa de dizer a verdade do que souber e lhe for perguntado." Observe-se que a testemunha faz a *promessa*, e não o *juramento* de dizer a verdade. Esta é a razão de o CP utilizar no art. 342 o *nomen iuris* "falso testemunho", e não "perjúrio", denominação intrinsecamente relacionada ao juramento de cunho religioso quanto ao dever de dizer a verdade.

– Pessoas dispensadas de depor ou descompromissadas e falso testemunho: Como se extrai do art. 206, 2.ª parte, do CPP, algumas pessoas podem recusar-se a testemunhar no juízo penal, pelo fato de estarem dispensadas da obrigação de depor. São elas: ascendente, descendente, afim em linha reta, cônjuge, ainda que separado judicialmente, irmão, pai e mãe. A interpretação do comando normativo contido no art. 226, § 3.º, da CF autoriza concluir pela aplicabilidade da dispensa da obrigação de depor também ao companheiro, na hipótese de união estável. Entretanto, o próprio dispositivo legal faz uma ressalva. Tais pessoas deverão depor quando não for possível, por outro modo, obter ou integrar a prova do fato e de suas circunstâncias. Nesse caso, estas testemunhas são chamadas de "declarantes", e delas não se exige o compromisso de dizer a verdade (CPP, art. 208), assim como ocorre no tocante aos portadores de doença ou deficiência mental e aos menores de 14 anos, chamados de "informantes". Todas estas pessoas, se faltarem com a verdade em juízo, poderão ser responsabilizadas pelo falso testemunho, pois é sabido que o compromisso (ou promessa) de dizer a verdade não é pressuposto inafastável do delito.

– Pessoas proibidas de depor, sigilo profissional e falso testemunho: Nos termos do art. 207 do Código de Processo Penal: "São proibidas de depor as pessoas que, em razão de função, ministério, ofício ou profissão, devam guardar segredo, salvo se, desobrigadas pela parte interessada, quiserem dar o seu testemunho." É fácil observar que determinadas pessoas, mais do que dispensadas, estão proibidas de depor, em decorrência de função, ministério, ofício ou profissão. Veja-se o exemplo do psicólogo que faz terapia em indivíduo acusado da prática de diversos homicídios, ou então do advogado que em razão da sua atividade tomou conhecimento de fatos prejudiciais ao seu cliente.[385] Contudo, a própria lei faz uma importante ressalva. Estas pessoas podem depor, desde que presentes dois requisitos cumulativos: (a) sejam desobrigadas pela parte interessada do dever de guardar segredo; e (b) queiram prestar testemunho. E aqui surge uma pergunta: se presentes os requisitos legais que autorizam o testemunho da pessoa inicialmente proibida de depor, poderia ela ser responsabilizada pelo crime tipificado no art. 342 do Código Penal, na hipótese de faltar com a verdade perante o juízo? A resposta é positiva. De fato, a testemunha que deve guardar segredo não é obrigada a depor, podendo simplesmente recusar-se a fazê-lo. Ainda que a parte interessada a desobrigue do dever legal, a lei é clara ao estabelecer que a pessoa só irá depor **se**

---

[385] STF: Rcl 37.235/RR, rel. Min. Gilmar Mendes, 2.ª Turma, j. 18.02.2020, noticiado no *Informativo* 967.

quiser dar o seu testemunho. Em resumo: depõe se quiser, mas, optando por fazê-lo – quando poderia recusar, sem que isso lhe acarretasse qualquer tipo de sanção –, tem a obrigação de dizer a verdade. Se a pessoa, nada obstante proibida de depor, testemunhar em juízo sem a liberação da parte interessada, a ela será imputado o crime de violação do segredo profissional (CP, art. 154), e não de falso testemunho.

– Sigilo profissional e Comissão Parlamentar de Inquérito: Muitas pessoas intimadas como testemunhas por Comissões Parlamentares de Inquérito têm batido às portas do Poder Judiciário, formulando pedidos de *habeas corpus* para, com base em alegadas questões inerentes ao sigilo profissional, não serem ouvidas pelos parlamentares. Nesses casos, o Poder Judiciário deve adotar redobrada cautela para não impedir o normal funcionamento das CPIs.

– Sigilo profissional e abuso de autoridade: O art. 15 da Lei 13.869/2019 tipifica, como abuso de autoridade, a conduta daquele que constrange a depor, mediante ameaça de prisão, pessoa que deve guardar segredo ou resguardar sigilo em razão de sua função, ministério, ofício ou profissão.

– Declarações falsas da vítima e inexistência de falso testemunho: A vítima não é testemunha. Por esta razão, não poderá ser responsabilizada pelo crime de falso de testemunho, mesmo se fizer afirmação falsa, negar ou calar ou verdade, em inquérito policial, processo judicial ou administrativo, ou ainda em juízo arbitral. O fato, nessas situações, será atípico, em face da ausência da elementar "testemunha".

– A versão falsa apresentada pelo imputado: A pessoa investigada ou processada pela prática de determinado fato (criminal ou de qualquer outra natureza) não é considerada testemunha para fins penais, não podendo ser a ela atribuído o crime em estudo, ainda que faça afirmação falsa, negue ou cale a verdade em inquérito policial, processo judicial ou administrativo, ou em juízo arbitral, até mesmo porque a ela não é imposto o dever de dizer a verdade, a teor da regra contida no art. 5.º, LXIII, da CF. Esta posição é inafastável. Com efeito, o investigado ou acusado não pode ser sujeito ativo do crime de falso testemunho, tanto por ser interessado no processo (ou investigação) quanto pela sua não obrigação de dizer a verdade. Ao ser portador do direito de silenciar e de não se incriminar (*nemo tenetur se detegere*), ele escapa ao próprio limite da punibilidade de uma declaração falsa, porque a testemunha, ao contrário, tem o dever de dizer a verdade do que souber e lhe for perguntado. Se não pode ser testemunha, o investigado ou acusado tampouco pode ser penalmente responsabilizado pelo falso testemunho.[386]

○ **Sujeito passivo:** É o Estado e, secundariamente, a pessoa física ou jurídica prejudicada pelo falso testemunho ou pela falsa perícia.

○ **Elemento subjetivo:** É o dolo, independentemente de qualquer finalidade específica. Exclui-se o crime quando a testemunha (e também o perito) é acometida por erro indesejado, pelo esquecimento dos fatos ou mesmo pela deformação inconsciente da lembrança em razão do tempo decorrido. O dolo, no terreno do art. 342 do CP, consiste na intenção de deturpar a realidade de algum fato, transmitindo-o a alguém de forma diversa daquela pela qual realmente ocorreu. Em outras palavras, exige-se a ciência pelo sujeito ativo acerca do seu comportamento de faltar com a verdade ou de omiti-la. Não se admite a modalidade culposa.

– Falso testemunho e direito de não produzir prova contra si mesmo: Não se caracteriza o crime, por manifesta ausência de dolo, quando uma pessoa, ao ser ouvida pela autoridade pública na condição de testemunha, faz afirmação falsa, ou nega ou cala a verdade, com o propósito de

---

[386] Cf. FERRO, Ana Luiza Almeida. *O crime de falso testemunho ou falsa perícia*. Belo Horizonte: Del Rey, 2004. p. 138-139.

não produzir prova contra si mesmo. Com efeito, se a resposta à pergunta que lhe foi endereçada é capaz de incriminá-lo, pode o sujeito faltar com a verdade, sem que lhe seja imputado o crime de falso testemunho. Aplica-se, nesse caso, o princípio do *nemo tenetur se detegere*, pelo qual ninguém é obrigado a se autoincriminar. Este princípio desponta como consectário lógico do direito ao silêncio (CF, art. 5.º, LXIII), e encontra-se expressamente disciplinado no art. 8, item 2, *g*, da Convenção Americana sobre Direitos Humanos (Pacto de San José da Costa Rica), incorporada ao direito pátrio pelo Decreto 678/1992.

○ **Consumação:** Dá-se com o encerramento do depoimento, momento em que será reduzido a termo e assinado pela testemunha, pelo magistrado e pelas partes. É o que se extrai do art. 216 do CPP. Nada obstante o falso testemunho se concretize no instante em que a testemunha faz afirmação falsa, nega ou cala a verdade, sua efetiva consumação pressupõe o encerramento formal do depoimento, pois até então é possível a retificação do que dito, bem como o acréscimo de novos dados anteriormente omitidos.[387] Todavia, não é necessário que o depoimento inverídico tenha influído na decisão da autoridade (**crime formal, de consumação antecipada** ou **de resultado cortado**). Entretanto, embora o falso testemunho tenha natureza formal, é imprescindível sua **potencialidade lesiva**, ou seja, sua capacidade para lesar a Administração da justiça. Por sua vez, o crime de **falsa perícia** se consuma com a entrega do laudo em descompasso com a realidade, a fim de produzir efeitos em processo judicial, administrativo, inquérito policial ou juízo arbitral, ou então na ocasião em que o perito, tradutor, contador ou intérprete, nessa condição, faz afirmação falsa, nega ou cala a verdade perante a autoridade.

○ **Falso testemunho e prisão em flagrante:** Na modalidade típica "**calar a verdade**", se a testemunha recusa-se a responder as perguntas que lhe foram endereçadas, descumprindo a regra delineada no art. 206, *caput*, 1.ª parte, do CPP, será legítima sua prisão em flagrante, salvo nas hipóteses em que a resposta for suscetível de acarretar sua autoincriminação. No entanto, o problema se reveste de maior dificuldade nas condutas de "**fazer afirmação falsa**" e "**negar a verdade**". De fato, se a autoridade pública sustentar, durante a oitiva da testemunha, que suas afirmações são falsas ou então que nega a verdade, estará analisando precocemente o mérito da matéria submetida à sua apreciação, pois assim agindo indiretamente decidiu que as demais provas, contrárias ao depoimento da testemunha, são verdadeiras. Este comportamento antecipa o momento da valoração da prova, especialmente quando a produção probatória ainda não se encerrou, além de retirar a imparcialidade e a credibilidade do representante do Estado, mormente quando se tratar de magistrado.[388]

○ **Tentativa:** Na hipótese de **falsa perícia**, na qual a falsidade se exterioriza na entrega do laudo à autoridade, é cabível o *conatus*. No tocante ao **falso testemunho**, duas situações devem ser separadas. Na conduta de "calar a verdade", conhecida como reticência, é indiscutível a inaceitabilidade da tentativa, pois a natureza unissubsistente do crime é incompatível com

---

[387] Contudo, há posições em contrário: "O argumento utilizado, de que não há crime porque até a assinatura a testemunha pode se retratar, não tem aplicação em nosso Direito, justamente porque a própria lei possibilita a retratação em qualquer fase do processo, desde que antes da sentença. Assim, o tempo que medeia entre a afirmação da falsidade ou a negativa da verdade e a assinatura do depoimento é compreendido no conceito de 'qualquer fase do processo, antes de ser proferida a sentença'. Neste caso, o crime se consuma com a declaração. Se a testemunha retrata-se antes do encerramento do depoimento ocorre a extinção da punibilidade em virtude da retratação" (FERREIRA, Luiz Alexandre Cruz. *Falso testemunho e falsa perícia*. Belo Horizonte: Del Rey, 1998. p. 69).

[388] Nos casos envolvendo magistrados e membros do MP, é possível inclusive falar em impedimento, aplicando-se analogicamente a proibição elencada no art. 252, III, do CPP.

o fracionamento do *iter criminis (crime omissivo próprio ou puro)*. Em relação às condutas típicas "fazer afirmação falsa" e "negar a verdade" há três posições acerca da viabilidade da tentativa: (1) Não se admite a tentativa, pois antes do encerramento do depoimento há meros atos preparatórios, e após a assinatura do termo pela testemunha o crime está consumado. É, entre outros, o pensamento de Magalhães Noronha,[389] e dominante na seara doutrinária; (2) É cabível a tentativa na hipótese em que, por circunstâncias alheias à vontade do agente, o falso testemunho não se consuma. É o entendimento adotado, entre outros, por Nélson Hungria;[390] (3) Somente se admite o *conatus* em relação ao depoimento prestado pela forma escrita, nos termos do art. 221, § 1.º, do CPP, pois nesse caso o crime é plurissubsistente. É o raciocínio de Cezar Roberto Bitencourt.[391]

○ **Ação penal:** É pública incondicionada.

○ **Lei 9.099/1995:** Em qualquer das suas modalidades, o falso testemunho e a falsa perícia são **crimes de elevado potencial ofensivo**. A pena mínima em abstrato – dois anos – inviabiliza a incidência dos benefícios contidos na Lei 9.099/1995.

○ **Causas de aumento da pena (art. 342, § 1.º):** As penas serão aumentadas de um sexto a um terço, se o crime for praticado mediante suborno ou se cometido com o fim de obter prova destinada a produzir efeito em processo penal, ou em processo civil em que for parte entidade da administração pública direta ou indireta. O dispositivo legal contempla causas de aumento da pena, a serem utilizadas pelo magistrado na terceira e última fase da dosimetria da pena privativa de liberdade. Vejamos cada uma delas.

a) Crime praticado mediante suborno: Suborno é a compra da testemunha, do perito, do tradutor ou do intérprete, mediante paga ou promessa de recompensa, que pode ser de qualquer natureza, e não necessariamente econômica.

b) Crime cometido com o fim de obter prova destinada a produzir efeito em processo penal: A justificativa para a punição mais rigorosa repousa no maior interesse da sociedade envolvido no processo penal, no qual estão em conflito, de um lado, a liberdade de um cidadão (*ius libertatis*) e, de outro, o poder punitivo estatal (*ius puniendi*), conduzido pela imperiosa necessidade da ordem jurídica no sentido de que sejam punidos os culpados e absolvidos os inocentes. **Processo penal** é o que tramita perante o Poder Judiciário, iniciado pelo oferecimento de denúncia ou queixa. É indiferente se tem como objeto crime ou contravenção penal, bem como se a injustiça buscada é a condenação ou a absolvição.

c) Crime cometido com o fim de obter prova destinada a produzir efeito em processo civil em que for parte entidade da administração pública direta ou indireta: As entidades componentes da **administração pública direta** são a União, os Estados, o Distrito Federal e os Municípios. Por sua vez, a **administração pública indireta** é o "conjunto de pessoas administrativas que, vinculadas à respectiva Administração Direta, têm o objetivo de desempenhar as atividades administrativas de forma descentralizada".[392] São dotadas de personalidade jurídica própria, ingressando nesse rol as autarquias, as empresas públicas, as sociedades de economia mista e as fundações públicas. Pouco importa se a entidade da administração pública direta ou indireta figura no polo ativo ou no polo passivo do processo civil. Em qualquer caso, o fundamento da causa de aumento de pena é a extensão do prejuízo provocado pelo falso testemunho ou pela falsa perícia, cujos reflexos afetam a sociedade em geral.

---

[389] MAGALHÃES NORONHA, E. *Direito penal*. 16. ed. São Paulo: Saraiva, 1983. v. 4, p. 383.

[390] HUNGRIA, Nélson. *Comentários ao Código Penal*. 2. ed. Rio de Janeiro: Forense, 1959. v. IX, p. 478.

[391] BITENCOURT, Cezar Roberto. *Tratado de direito penal*. 3. ed. São Paulo: Saraiva, 2009. v. 5, p. 308.

[392] CARVALHO FILHO, José dos Santos. *Manual de direito administrativo*. 21. ed. Rio de Janeiro: Lumen Iuris, 2009. p. 435.

○ **Retratação (art. 342, § 2.º):** Nos termos do art. 342, § 2.º, do CP: "O fato deixa de ser punível se, antes da sentença no processo em que ocorreu o ilícito, o agente se retrata ou declara a verdade."

– **Conceito e fundamentos:** Retratar-se é desdizer-se, retirar o que foi dito, assumir que errou. O falso testemunho consuma-se com a assinatura do depoimento pela testemunha, e a falsa perícia com a apresentação do laudo ou parecer, ou então com a tradução ou interpretação. Entretanto, o legislador deixou claro que, mesmo após sua consumação, os crimes sujeitam-se a uma **condição resolutiva**, consistente na retratação até a prolação da sentença no processo em que o falso foi prestado. Os fundamentos desta opção legislativa baseiam-se na ilegitimidade da punição estatal diante do arrependimento do agente e em razões de política criminal. Para surtir efeitos no campo penal, a retratação há de ser voluntária, livre de qualquer tipo de coação, e não necessariamente espontânea. O agente não precisa explicar os motivos que o levaram a retratar-se. Exige-se somente a retratação plena, total, no sentido de alcançar tudo o que foi falsamente declarado ou omitido, não bastando uma retratação parcial.

– **Natureza jurídica:** Trata-se de **causa de extinção da punibilidade**, em conformidade com a regra traçada no art. 107, inc. VI, do Código Penal.

– **Limite temporal para a retratação:** O § 2.º do art. 342 do CP é claro ao estabelecer que o fato deixa de ser punível somente quando a retratação ou a declaração da verdade ocorre antes da sentença no processo em que se deu o ilícito, ou seja, **no processo em que o falso foi prestado**. Se a retratação ou declaração da verdade se verificar na ação penal ajuizada em decorrência do crime de falso testemunho ou falsa perícia, será possível o reconhecimento da atenuante genérica da confissão espontânea (art. 65, III, *d*, do CP). O agente deve retratar-se até a sentença, porque até então não se concluiu a lesão à Administração da justiça. É na sentença que o magistrado, amparado no falso testemunho ou na falsa perícia, distribui equivocadamente a jurisdição, decidindo o caso concreto em descompasso com a realidade. A palavra "sentença" há de ser interpretada em sentido amplo, para alcançar também o acórdão nos crimes de competência originária dos tribunais.

– **Retratação nos crimes de competência do Tribunal do Júri:** Nos delitos de competência do Tribunal do Júri – crimes dolosos contra a vida e os que lhe sejam conexos –, a retratação será aceita como causa extintiva da punibilidade se efetivada até o julgamento da causa pelos jurados na sala secreta, pois é nesse momento que ocorre a decisão do mérito.

– **Tribunal do Júri, falso testemunha e incomunicabilidade da testemunha:** O que deve fazer o magistrado se a testemunha que mentiu no Tribunal do Júri, e por esta razão foi mantida incomunicável no recinto do fórum, decidir retratar-se após os debates? O Código de Processo Penal nada dispôs sobre o assunto. Com propriedade, leciona Antonio Carlos da Ponte: "Dissolver o conselho de sentença, em tal hipótese, seria atentar contra as peculiaridades do julgamento popular, perder todo o trabalho até então realizado, além de obstar a retratação da testemunha mendaz, causa extintiva da punibilidade, expressamente consagrada em lei. [...]) Ocorrendo a situação indicada, é de bom alvitre que o juiz, depois da retratação efetivada, conceda às partes tempo suplementar, para que elas possam discorrer sobre a nova prova produzida, em homenagem ao princípio do contraditório. Efetivada tal providência e encontrando-se os jurados habilitados a julgar a causa, aí sim deverão ser encaminhados à sala secreta para julgamento."[393]

– **Caráter personalíssimo da retratação:** A retratação, em sua essência, tem natureza personalíssima. Consequentemente, não se comunica às pessoas que concorreram para o falso testemunho ou falsa perícia e não se retrataram no momento oportuno. Entretanto, há entendimentos contrários, no sentido de que, ao falar que "o fato deixa de ser punível", o legislador permitiu a comunicabilidade

---

[393] PONTE, Antonio Carlos da. *Falso testemunho no processo.* São Paulo: Atlas, 2000. p. 87.

da retratação aos demais envolvidos no falso testemunho ou na falsa perícia, em homenagem à teoria monista ou unitária adotada pelo art. 29, *caput*, do CP no tocante ao concurso de pessoas.

○ **Competência:** O falso testemunho e a falsa perícia são, em regra, de competência da Justiça Estadual. Será competente a Justiça Federal, entretanto, quando o crime for praticado em detrimento de interesse da União, de suas entidades autárquicas ou empresas públicas (CF, art. 109, inc. IV).

– **Falso testemunho ou falsa perícia no âmbito da Justiça do Trabalho:** A Justiça do Trabalho não tem competência criminal, a qual foi transferida ao encargo da Justiça Federal. Em razão disso, o Superior Tribunal de Justiça editou a Súmula 165 com a seguinte redação: "Compete à Justiça Federal processar e julgar crime de falso testemunho cometido no processo trabalhista."

– **Falso testemunho ou falsa perícia na esfera da Justiça Eleitoral:** Na hipótese de falso testemunho ou falsa perícia praticados no âmbito da Justiça Eleitoral, a competência para processo e julgamento de qualquer dos crimes é da Justiça Federal, porque a União é o ente federativo responsável pela organização desta justiça especializada.

– **Falso testemunho praticado no cumprimento de carta precatória:** A competência criminal é firmada, via de regra, pelo local em que se deu a consumação do delito (CPP, art. 70, *caput*). O falso testemunho se consuma no momento em que a testemunha termina de fazer suas declarações e o depoimento é encerrado. Destarte, se o testemunho inverídico for prestado em cumprimento de carta precatória, competente será o local do juízo deprecado.

– **Falso testemunho ou falsa perícia na Justiça do Distrito Federal:** Se o falso testemunho (ou falsa perícia) foi cometido em processo em trâmite em vara vinculada ao Tribunal de Justiça do Distrito Federal, a competência para o processo e julgamento do crime tipificado no art. 342 do Código Penal será da Justiça do Distrito Federal. O palco do delito não autoriza falar, por si só, em interesse na União apto a ensejar a competência da Justiça Federal.

– **Falso testemunho em audiência por meio de videoconferência:** A evolução tecnológica permite a realização de audiências por meio de videoconferência ou recurso análogo de transmissão de sons e imagens em tempo real. O CNJ – Conselho Nacional de Justiça, atento a essa mudança, desenvolveu o Sistema Nacional de Videoconferência, com o escopo de propiciar maior agilidade, facilidade e eficiência nos trabalhos do Poder Judiciário. Dessa novidade decorre uma importante reflexão no campo do Direito Penal. Se o falso testemunho for praticado no âmbito de audiência por videoconferência, qual será o juízo competente para o processo e julgamento do delito? O da comarca (ou seção judiciária) do magistrado responsável pela audiência, ou aquele da localidade em que se encontra a testemunha? Ao contrário do que se verifica na audiência destinada ao cumprimento de carta precatória, em que a testemunha é ouvida pelo juízo deprecado, na audiência por videoconferência o depoimento é colhido diretamente pelo juízo natural da causa. O crime se consuma, portanto, no local em que se encontra o magistrado, regra determinante para fins de competência, nos termos do art. 70, caput, do Código de Processo Penal. Exemplificativamente, se o magistrado da 1.ª Vara Criminal de Fortaleza realiza audiência por videoconferência, na qual colhe o depoimento falso de testemunha que está em Florianópolis, a competência será da comarca cearense.

○ **Falso testemunho ou falsa perícia no Tribunal do Júri – formulação de quesito especial:** Se o crime foi cometido no bojo de ação penal de competência do Tribunal do Júri, o falso testemunho ou falsa perícia deverá ser analisado pelo Conselho de Sentença que, em resposta a quesito especial elaborado pelo juiz presidente, irá reconhecer ou negar a prática do delito. Uma vez reconhecido pelos jurados o crime definido no § 1.º do art. 342 do CP, o magistrado não poderá condenar imediatamente a testemunha ou perito, sob pena de proferir sentença sem prévia acusação formal e possibilidade de defesa, em manifesta violação a diversos princípios constitucionais, a exemplo do contraditório, da ampla defesa e do devido processo legal (CF, art. 5.º, LIV e LV). Na verdade, o juiz deverá remeter cópia do depoimento falso e da decisão do Conselho de Sentença, além de outras peças pertinentes à Delegacia de Polícia, para instauração de inquérito policial.

○ **Falso testemunho ou falsa perícia e Comissão Parlamentar de Inquérito (CPI):** Nos termos do art. 58, § 3º, da CF, as Comissões Parlamentares de Inquérito têm poderes de investigação próprios das autoridades judiciais. Dentre tais poderes destacam-se a oitiva de pessoas, a exemplo das testemunhas,[394] bem como a determinação de produção de prova pericial. E, na hipótese de falso testemunho ou falsa perícia cometida no âmbito de Comissão Parlamentar de Inquérito aplica-se a norma especial contida no art. 4.º, II, da Lei 1.579/1952 (princípio da especialidade).

○ **Condução coercitiva indevida e abuso de autoridade:** O art. 10 da Lei 13.869/2019 define, como abuso de autoridade, a decretação indevida da condução coercitiva de testemunha ou de investigado, ou sem prévia intimação de comparecimento a juízo.

○ **Ameaça de prisão para constranger a depor e abuso de autoridade:** De acordo com o art. 15 da Lei 13.869/2019, constitui crime de abuso de autoridade o constrangimento a depor, sob ameaça de prisão, de pessoa que deve guardar segredo ou resguardar sigilo em razão de função, ministério, ofício ou profissão. O tipo penal também se aplica ao agente público que interroga pessoa que tenha decidido exercer o direito ao silêncio, ou então pessoa que optou por ser assistida por advogado ou defensor público, sem a presença do seu patrono.

○ **Jurisprudência selecionada:**

Advogado como testemunha – sigilo profissional: "A Segunda Turma julgou improcedente reclamação ajuizada em face de decisão proferida por Juiz de Direito nos autos de processo em trâmite no juizado de violência doméstica e familiar contra a mulher, em que foi determinada audiência de inquirição de testemunhas com o arrolamento de advogado que atuara no mesmo processo como patrono de sua cliente. O reclamante alegava desrespeito ao que decidido, pela Turma, no Inq 4.296 AgR. No ponto, o colegiado esclareceu que o acórdão paradigma manteve decisão monocrática que autorizava a intimação de advogado para sua oitiva como testemunha no processo, de modo que não há incompatibilidade com a decisão reclamada. Em seguida, a Turma, por empate, concedeu habeas corpus de ofício para reconhecer a inadmissibilidade do testemunho do advogado no processo examinado, declarando a ilicitude do ato e determinando o desentranhamento da prova considerada inadmissível. Explicou que, no acórdão paradigma, afirmou-se que, em princípio, a intimação do advogado para comparecer perante a autoridade não parece em desacordo com a lei, mas ele somente poderia optar por depor se liberado do sigilo profissional pela cliente anteriormente defendida. Assim, como naquele momento e nos limites daquela via, inexistia comprovação da manifestação da ex-cliente sobre a questão, manteve-se a intimação para o depoimento. Ademais, ressaltou-se que eventual invalidade do depoimento poderia ser apreciada no futuro. Portanto, assentou-se que o advogado somente poderia optar por depor se liberado do sigilo profissional por sua ex-cliente. Não foi a situação que envolveu a decisão reclamada, entretanto. Salientou que, nos termos do art. 7º, XIX, do Estatuto da Ordem dos Advogados do Brasil (EOAB), é direito do advogado recusar-se a depor como testemunha em

---

394 Dispõe o art. 3.º, § 1.º, da Lei 1.579/1952, com a redação conferida pela Lei 13.367/2016: "Em caso de não comparecimento da testemunha sem motivo justificado, a sua intimação será solicitada ao juiz criminal da localidade em que resida ou se encontre, nos termos dos arts. 218 e 219 do Decreto-Lei nº 3.689, de 3 de outubro de 1941 – Código de Processo Penal."

processo no qual funcionou ou deva funcionar, ou sobre fato relacionado com pessoa de quem seja ou foi advogado, mesmo quando autorizado ou solicitado pelo constituinte, bem como sobre fato que constitua sigilo profissional. Ademais, o sigilo profissional do advogado, externo ou interno, tal qual o do médico, é ponto central das normas deontológicas e legais que regulam a profissão. Desse modo, ainda que se deva estruturar um processo penal efetivo, que tenha meios para assegurar a investigação e a produção das provas de um modo a possibilitar uma decisão mais informada possível, existem critérios de admissibilidade de provas que se embasam em premissas fundamentais para proteção de direitos fundamentais e contenção de abusos. Caracterizam-se, assim, regras legais de exclusão probatória fundadas em limites lógicos, políticos e epistemológicos, que restringem de certa maneira a busca pela verdade e a reconstrução dos fatos passados. Diante desse quadro, embora o sigilo profissional possa acarretar a supressão de informações potencialmente pertinentes ao caso, trata-se de premissa fundamental para o exercício efetivo do direito de defesa, no que diz respeito à defesa técnica. A relação entre cliente e advogado depende de confiança, para que o réu possa descrever todos os fatos e elementos pertinentes sem medo de que isso possa ser posteriormente contra ele utilizado. O sigilo profissional é um direito do indivíduo ao prestar informações ao advogado para o exercício de sua representação perante os órgãos pertinentes. Desse modo, para que o testemunho possa ser prestado pelo profissional, faz-se necessário o consentimento válido do interessado direto na manutenção do segredo. Portanto, o advogado não pode testemunhar sobre fatos de que tomou conhecimento em razão de seu ofício, como para o exercício de sua atuação profissional a partir da narração apresentada pelo cliente e eventuais documentos por ele entregues. Frisou que, nos termos do art. 25 do EOAB, o sigilo profissional é inerente à profissão, impondo-se o seu respeito, salvo grave ameaça ao direito à vida, à honra, ou quando o advogado se veja afrontado pelo próprio cliente e, em defesa própria, tenha que revelar segredo, porém sempre restrito ao interesse da causa. Porém, da leitura do caso em exame, depreende-se que o advogado arrolado como testemunha teve seus poderes como patrono da interessada expressamente revogados, vedando-se sua atuação no caso. Além disso, requereu-se que devolvesse qualquer documento relacionado ao fato que a ele tivesse sido entregue. Evidente, portanto, que a cliente não liberou o advogado do dever de manter o segredo profissional sobre as informações e documentos de que teve conhecimento em razão da atuação como defensor técnico" (STF: Rcl 37.235/RR, rel. Min. Gilmar Mendes, 2.ª Turma, j. 18.02.2020), noticiado no *Informativo* 967).

Falso testemunho – Justiça Eleitoral – Competência da Justiça Federal: "Nos termos do art. 109, inciso IV, da Constituição Federal, compete à Justiça Federal processar e julgar infração penal de falso testemunho praticada em detrimento da União, que tem interesse na administração da justiça eleitoral" (STJ: CC 106.970/SP, rel. Min. Og Fernandes, 3.ª Seção, j. 14.10.2009).

Falso testemunho – momento adequado para oferecimento da denúncia: "A consumação do crime do art. 342 do CP ocorre no momento em que é feita a afirmação falsa, nada impedindo, portanto, o oferecimento da denúncia antes mesmo da sentença definitiva do processo principal, que obsta somente a conclusão do processo em que se apura o crime de falso testemunho diante da possibilidade de retratação, nos termos do art. 342, § 2º, do CP" (STJ: HC 89.885/PE, rel. Min. Arnaldo Esteves Lima, 5.ª Turma, j. 16.03.2010).

Falso testemunho – processo em trâmite no TJ/DF – ausência de interesse da União – competência da Justiça do Distrito Federal: "A Justiça do Distrito Federal é a competente para julgar o crime de falso testemunho praticado em processos sob sua jurisdição. Ao desenhar a partição de competências do Poder Judiciário da União, a Constituição da República dividiu-o em cinco ramos: 1) Justiça Comum Federal; 2) Justiça Eleitoral; 3) Justiça do Trabalho; 4) Justiça Militar; e 5) Justiça do Distrito Federal e dos Territórios. Segundo a Súmula 165/STJ, 'compete à justiça federal processar e julgar crime de falso testemunho cometido no processo trabalhista'. Ademais, o Supremo Tribunal Federal, no julgamento da ADI 3.684 concluiu, em definitivo, faltar à Justiça do Trabalho jurisdição penal (Rel. Ministro Gilmar Mendes, Tribunal Pleno, DJe 29/05/2020). Exceptuada a Justiça do Trabalho, todos os demais ramos do Poder

Judiciário da União têm jurisdição penal. Ocorre que, em 1992, a Terceira Seção do Superior Tribunal de Justiça proferiu acórdão no qual firmou a competência da Justiça Federal para julgar crime de falso testemunho praticado contra a administração da Justiça Eleitoral (CC 2.437/SP, Rel. Ministro José Dantas, DJ 06/04/1992). Pela jurisprudência do STJ, portanto, no caso de depoimento falso constatado em causa no âmbito do Tribunal Regional Eleitoral do Distrito Federal, é da Justiça Federal a competência para processar e julgar tal delito. No âmbito da Justiça Militar o Superior Tribunal Militar reconhece a atribuição da Justiça Castrense para o crime de falso testemunho (art. 346 do Código Penal Militar) cometido em processos de sua jurisdição. Entretanto, o Tribunal de Justiça do Distrito Federal e dos Territórios, ao contrário da Justiça Trabalhista, detém atribuições criminais (como também as Justiças Eleitoral e a Militar). Todavia, diferentemente de todos outros braços do Poder Judiciário da União, o TJDFT possui natureza híbrida, pois sua competência jurisdicional corresponde à dos Tribunais estaduais (ou seja, não se trata de Justiça especializada). Por isso, o Superior Tribunal de Justiça proferiu julgados nos quais consignou que outros crimes (diversos do falso testemunho) cometidos contra o MPDFT ou o TJDFT não são processados e julgados na Justiça Comum Federal. Em conclusão, a índole *sui generis* da Justiça do Distrito Federal e dos Territórios, distinta por sua atribuição jurisdicional equivalente à dos Tribunais estaduais, impede o reconhecimento de interesse direto da União na causa" (STJ: CC 166.732/DF, rel. Min. Laurita Vaz, 3.ª Seção, j. 14.10.2020, noticiado no *Informativo* 681).

Falso testemunho – retratação – comunicabilidade: "A retratação de um dos acusados, tendo em vista a redação do art. 342, § 2º, do Código Penal, estende-se aos demais corréus ou partícipes" (STJ: HC 36.287/SP, rel. Min. Félix Fischer, 5.ª Turma, j. 17.05.2005).

Retratação – falso testemunho – limite temporal: "A retratação, prevista como causa de extinção da punibilidade do delito de falso testemunho, deve ser realizada antes da sentença e no próprio processo no qual a afirmação inverídica foi feita" (STJ: RHC 33.350/RS, rel. Min. Jorge Mussi, 5.ª Turma, j. 01.10.2013).

Testemunha – confissão – ausência de advertência quanto ao direito de permanecer calada – prova ilícita: "Ofende o princípio da não autoincriminação denúncia baseada unicamente em confissão feita por pessoa ouvida na condição de testemunha, quando não lhe tenha sido feita a advertência quanto ao direito de permanecer calada. [...] A Turma, ao reafirmar a jurisprudência do STF sobre a matéria, consignou que o direito do preso, e do acusado em geral, de permanecer em silêncio (CF, art. 5º, LXIII), seria expressão do princípio da não autoincriminação, pelo qual se lhe outorgaria o direito de não produzir prova contra si mesmo. Asseverou, outrossim, que o direito à oportuna informação da faculdade de permanecer calado teria por escopo assegurar ao acusado a escolha entre permanecer em silêncio e a intervenção ativa. Não haveria dúvida, portanto, que a falta de advertência quanto ao direito ao silêncio tornaria ilícita a prova contra si produzida" (STF: RHC 122.279/RJ, rel. Min. Gilmar Mendes, 2.ª Turma, j. 12.08.2014, noticiado no *Informativo* 754).

Art. 343. Dar, oferecer ou prometer dinheiro ou qualquer outra vantagem a testemunha, perito, contador, tradutor ou intérprete, para fazer afirmação falsa, negar ou calar a verdade em depoimento, perícia, cálculos, tradução ou interpretação:

Pena – reclusão, de três a quatro anos, e multa.

Parágrafo único. As penas aumentam-se de um sexto a um terço, se o crime é cometido com o fim de obter prova destinada a produzir efeito em processo penal ou em processo civil em que for parte entidade da administração pública direta ou indireta.

Classificação:	Informações rápidas:
Crime simples Crime comum Crime formal, de consumação antecipada ou de resultado cortado Crime de dano Crime de forma livre Crime comissivo (regra) Crime instantâneo Crime unissubjetivo, unilateral ou de concurso eventual Crime unissubsistente ou plurissubsistente	**"Corrupção ativa de testemunha ou perito". Exceção pluralista:** testemunha ou perito – art. 342, § 1.º, do CP; terceiro que dá, oferece ou promete dinheiro ou qualquer outra vantagem – art. 343 do CP. **Objeto material:** testemunha, perito, contador, tradutor ou intérprete a quem se entrega, oferece ou promete dinheiro ou qualquer outra vantagem. **Responsabilidade penal da pessoa jurídica:** não é possível (ausência de previsão constitucional). **Elemento subjetivo:** dolo (elemento subjetivo específico – intenção de efetuar o suborno para que a testemunha, perito, contador, tradutor ou intérprete faça afirmação falsa, negue ou cale a verdade em depoimento, perícia, cálculos, tradução ou interpretação). Não admite modalidade culposa. **Tentativa:** admite (salvo se a conduta for praticada oralmente). **Ação penal:** pública incondicionada.

○ **Introdução:** O legislador não atribuiu *nomen iuris* à figura típica descrita neste artigo. Ao contrário do que se verifica na maioria dos crimes previstos no CP, aqui não há rubrica marginal indicativa da denominação legal do delito. Entretanto, doutrina e jurisprudência convencionaram chamar este crime de **corrupção ativa de testemunha ou perito**, até mesmo pela sua íntima ligação com o crime de falso testemunho ou falsa perícia, definido no artigo anterior. É a nomenclatura adotada pelo STF. Com a comparação dos arts. 342 e 343 do CP nota-se que o legislador se divorciou, mais uma vez, da teoria unitária ou monista acolhida como regra geral no instituto do concurso de pessoas (art. 29, *caput*, do Estatuto Repressivo). Criou-se uma **exceção pluralista** à teoria monista no concurso de pessoas. De fato, os envolvidos na empreitada criminosa buscam o mesmo resultado, consistente na ofensa à Administração da justiça mediante o falso testemunho ou a falsa perícia. Entretanto, enquanto a testemunha ou perito que, em razão do suborno, faz afirmação falsa, nega ou cala a verdade sujeita-se às penas do art. 342, § 1.º, o terceiro que dá, oferece ou promete dinheiro ou outra vantagem para que qualquer deles se comporte ilicitamente se submete ao crime tipificado no dispositivo em análise.

○ **Objeto jurídico:** Tutela-se a Administração da justiça, no tocante à regular prestação jurisdicional, prejudicada com a corrupção da testemunha, perito, contador, tradutor ou intérprete.

○ **Objeto material:** É a testemunha, perito, contador, tradutor ou intérprete a quem se entrega, oferece ou promete dinheiro ou qualquer outra vantagem. Os quatro últimos devem ser obrigatoriamente **particulares** (não podem ocupar cargos públicos). Com efeito, na hipótese de dinheiro ou qualquer outra vantagem entregue, oferecida ou prometida a perito, contador, tradutor ou intérprete oficial, estará caracterizado o crime de **corrupção ativa** (art. 333 do CP), em face da condição funcional de tais pessoas.

○ **Núcleos do tipo:** *São* **três**: "dar", "oferecer" e "prometer". **Dar** significa entregar ou conceder; **oferecer** equivale a apresentar ou propor algo para aceitação alheia; e **prometer** é comprometer-se a fazer algo no futuro. Os verbos referem-se ao **dinheiro** (papéis ou moedas representativas da economia de um país) ou **qualquer outra vantagem,** que pode ser de natureza econômica ou não. Há, portanto, o suborno de testemunha ou perito (em sentido amplo), para que qualquer deles faça afirmação falsa, negue ou cale a verdade em depoimento, perícia, cálculos, tradução ou interpretação. Trata-se de tipo misto alternativo, crime de ação múltipla ou de conteúdo variado – se o agente praticar dois ou mais verbos, em relação à mesma testemunha ou perito e no mesmo contexto fático, haverá um único crime. Cuida-se também de crime de forma livre, pois pode ser cometido por qualquer meio.

○ **Sujeito ativo:** Pode ser qualquer pessoa (**crime comum ou geral**). É perfeitamente possível o concurso de agentes, tanto na modalidade coautoria como na participação.

○ **Sujeito passivo:** É o Estado e, mediatamente, a pessoa física ou jurídica lesada pelo falso testemunho ou falsa perícia obtido mediante suborno.

○ **Elemento subjetivo:** É o dolo, acrescido de um especial fim de agir, consistente na intenção de efetuar o suborno para que a testemunha, perito, contador, tradutor ou intérprete faça afirmação falsa, negue ou cale a verdade em depoimento, perícia, cálculos, tradução ou interpretação. Não se admite a modalidade culposa.

○ **Consumação:** O crime é **formal**, **de consumação antecipada** ou **de resultado cortado**: consuma-se com a prática da conduta de dar, oferecer ou prometer dinheiro ou qualquer outra vantagem à testemunha, perito, contador, tradutor ou intérprete, independentemente da anuência ou recusa destas pessoas. Exige-se que o comportamento ilícito chegue ao conhecimento da testemunha ou perito (em sentido amplo), sendo prescindível a realização pela testemunha ou perito (em sentido amplo) do ato ilícito almejado pelo sujeito ativo. Se o ato ilícito for cometido pela testemunha (ou perito), em decorrência da aceitação do dinheiro ou vantagem de outra natureza, a ela será imputado o crime de falso testemunho (ou falsa perícia) em sua forma majorada, nos termos do art. 342, § 1.º, do CP (crime praticado mediante suborno). Conclui-se, portanto, que a consumação do crime em apreço independe da consumação do crime de falso testemunho ou falsa perícia (art. 342 do CP), e sempre a antecede.

– **Crime do art. 343 do CP e retratação da testemunha ou perito:** A retratação da testemunha mendaz não implica a extinção da punibilidade do autor do delito em comento, seja porque o dispositivo legal não contempla uma causa extintiva da punibilidade para o caso, seja porque este crime – autônomo e independente –, aperfeiçoou-se no momento em que o ato ligado ao suborno chegou ao conhecimento da testemunha.

○ **Tentativa:** Não se admite na hipótese de conduta praticada oralmente (crime unissubsistente). Todavia, o *conatus* será cabível quando a conduta despontar como plurissubsistente, permitindo o fracionamento do *iter criminis*.

○ **Ação penal:** É pública incondicionada.

○ **Pena cominada, Lei 9.099/1995 e princípios da individualização da pena e da proporcionalidade:** A corrupção ativa de testemunha ou perito é **crime de elevado potencial ofensivo**, incompatível com os benefícios da Lei 9.099/1995, em razão da quantidade da pena cominada. A propósito da pena, observa-se um esdrúxulo critério empregado pelo legislador, consistente na pequena margem de diferença entre as penas mínima e máxima. Como corolário, ao juiz é reservada pequena discricionariedade no tocante à dosimetria da pena, pois os condenados pela prática deste delito sempre suportarão sanções penais semelhantes, independentemente de suas condições pessoais e das características concretas do delito. Este mecanismo é inconstitucional, pois viola o princípio da individualização da pena (art. 5.º, XLVI, da CF), em sua etapa judicial. Cezar Roberto Bitencourt nos fornece a resposta quanto à consequência deste raciocínio: "A cominação de pena, nos limites mínimo e máximo, de três a quatro anos, viola o *princípio da individualização da pena*, caracterizando verdadeira *tarifação penal* (taxatividade absoluta das penas), eliminada pelo Código Napoleônico de 1810. Esses parâmetros – três a quatro anos – impedem a *individualização judicial* da pena, consagrada no texto constitucional. Ademais, é *desproporcional* a elevação do mínimo de um para três anos, e no próprio art. 342, que é similar, foram mantidos os limites de um a três anos. No caso concreto, deve-se declarar essa inconstitucionalidade e aplicar o limite mínimo da cominação anterior."[395]

○ **Causas de aumento da pena (parágrafo único):** Em face da identidade de conceitos, ver comentários às causas de aumento de pena do art. 342 do CP.

○ **Jurisprudência selecionada:**

Concurso de pessoas – participação: "Os crimes de mão própria não admitem a autoria mediata. A participação, via induzimento ou instigação, no entanto, é, ressalvadas exceções, plenamente admissível. A comparação entre os conteúdos dos injustos previstos nos arts. 342 e 343 do CP não conduz à uma lacuna intencional quanto à participação no delito de falso testemunho. O delito de suborno (art. 343 do CP) tem momento consumativo diverso, anterior, quando, então, a eventual instigação, sem maiores consequências, se mostra, aí, inócua e penalmente destituída de relevante desvalor de ação. Cometido o falso testemunho (art. 342 do CP), a participação se coloca no mesmo patamar das condutas de consumação antecipada (art. 343 do CP), merecendo, também, censura criminal (art. 29, *caput* do CP)" (STJ: REsp 200785/SP, rel. Min. Felix Fischer, 5ª Turma, j. 29.06.2000).

Coação no curso do processo

> **Art. 344.** Usar de violência ou grave ameaça, com o fim de favorecer interesse próprio ou alheio, contra autoridade, parte, ou qualquer outra pessoa que funciona ou é chamada a intervir em processo judicial, policial ou administrativo, ou em juízo arbitral:
>
> Pena – reclusão, de um a quatro anos, e multa, além da pena correspondente à violência.
>
> Parágrafo único. A pena aumenta-se de 1/3 (um terço) até a metade se o processo envolver crime contra a dignidade sexual.

Classificação:	Informações rápidas:
Crime pluriofensivo Crime comum Crime formal, de consumação antecipada ou de resultado cortado Crime de dano Crime de forma livre Crime comissivo (*regra*) Crime instantâneo Crime unissubjetivo, unilateral ou de concurso eventual Crime unissubsistente ou plurissubsistente	**Objeto material:** pessoa física que suporta a violência ou grave ameaça, utilizada pelo sujeito ativo com o fim de favorecer interesse próprio ou alheio. Advogados não têm imunidade relativamente à coação no curso do processo. **Elemento subjetivo:** dolo (elemento subjetivo específico – "com o fim de favorecer interesse próprio ou alheio"). Não admite modalidade culposa. **Tentativa:** admite (*crime plurissubsistente*), exceto na ameaça verbal (*crime unissubsistente*). **Concurso material obrigatório:** coação no curso do processo + crime resultante da violência. **Ação penal:** pública incondicionada.

---

[395] BITENCOURT, Cezar Roberto. *Tratado de direito penal*. 3. ed. São Paulo: Saraiva, 2009. v. 5, p. 315.

○ **Introdução:** O Código Penal, depois de incriminar a corrupção perpetrada com a finalidade de perturbar a regular Administração da justiça, e também a ausência dolosa da verdade, ainda que desvinculada de qualquer espécie de suborno (art. 342, *caput*), apresenta o art. 344 com o objetivo de combater o emprego de violência ou grave ameaça utilizadas com igual propósito. Esta é a razão de existir do crime de coação no curso do processo: impedir que manobras violentas ou ameaçadoras frustrem a Administração da justiça, interferindo no regular andamento de processos de qualquer natureza, ou em juízo arbitral.

○ **Objeto jurídico:** Tutela-se a Administração da justiça, especialmente no que diz respeito à independência e à isenção que devem nortear a atuação das autoridades responsáveis pela condução e pelo desenvolvimento de processos judiciais, policiais ou administrativos, ou de juízos arbitrais, bem como à liberdade assegurada às partes e às demais pessoas envolvidas em tais feitos.

○ **Objeto material:** É a pessoa física que suporta a violência ou grave ameaça, utilizada pelo sujeito ativo com o fim de favorecer interesse próprio ou alheio. Esta pessoa pode ser autoridade, parte ou qualquer outro indivíduo que funciona ou é chamado a intervir em processo judicial, policial, administrativo ou em juízo arbitral. O legislador valeu-se da interpretação analógica ou *intra legem*, indicando uma fórmula casuística ("autoridade" e "parte") seguida de uma fórmula genérica ("ou qualquer outra pessoa que funciona ou é chamada a intervir"). Deve ser, portanto, uma pessoa de qualquer modo relacionada ao processo judicial, policial ou administrativo, ou ao juízo arbitral. Fica nítido que não somente a autoridade e as partes podem ser atingidas pela coação no curso do processo, mas também toda pessoa que de qualquer modo participe do processo ou do juízo arbitral. Não se verifica o crime em estudo quando a violência ou grave ameaça for empregada contra pessoa sem qualquer intervenção no processo judicial, policial ou administrativo, ou em juízo arbitral. Nesse caso, deverá ser imputado ao agente um crime diverso, a exemplo da ameaça e da lesão corporal, entre outros.

○ **Núcleo do tipo:** É "usar", no sentido de empregar ou utilizar violência (*vis absoluta*) ou grave ameaça (*vis compulsiva*) com o fim de favorecer interesse próprio ou alheio, para coagir qualquer pessoa envolvida em processo judicial, policial ou administrativo, ou em juízo arbitral. **Violência** é o emprego de força física contra alguém, mediante lesão corporal ou vias de fato. **Grave ameaça** é a promessa de realização de mal grave, apto a intimidar a autoridade, parte ou qualquer das outras pessoas indicadas no art. 344 do CP. A gravidade da ameaça deve ser avaliada no caso concreto. A ameaça não precisa conter a promessa de mal injusto. Na visão do STF, o mero contato de familiares do réu com testemunhas do fato, desacompanhado de violência ou grave ameaça, não autoriza a incidência do crime em voga. De igual modo, não se subsume à hipótese descrita no artigo em comento a conduta de advogado consubstanciada na orientação de testemunha para depor em determinado sentido, sem que tenha havido emprego de ameaça física ou moral, requisitos imprescindíveis à configuração do crime de coação no curso do processo. Tais meios de execução – violência ou grave ameaça – devem ser concretizados no âmbito de processo judicial, policial ou administrativo, ou de juízo arbitral.

– **Coação no curso do processo e Comissões Parlamentares de Inquérito:** Se a conduta for praticada no âmbito de Comissão Parlamentar de Inquérito, estará configurado o crime descrito no art. 4.º, inc. I, da Lei 1.579/1952.

○ **Sujeito ativo:** Pode ser qualquer pessoa (**crime comum** ou **geral**). Não é necessário que o sujeito ativo tenha interesse próprio no processo judicial, policial ou administrativo, ou em juízo arbitral, pois o tipo penal diz expressamente que o interesse favorecido pode ser próprio "ou alheio".

○ **Sujeito passivo:** É o Estado, responsável pela integridade da Administração da justiça, e, mediatamente, a autoridade, parte ou qualquer outra pessoa que funciona ou é chamada a intervir em processo judicial, policial, administrativo, ou em juízo arbitral, atacada pela violência ou grave ameaça.

○ **Elemento subjetivo:** É o dolo, acrescido de um especial fim de agir (elemento subjetivo específico), representado pela expressão "com o fim de favorecer interesse próprio ou alheio". Não basta usar de violência ou grave ameaça contra autoridade, parte, ou qualquer outra pessoa que funciona ou é chamada a intervir em processo judicial, policial ou administrativo, ou em juízo arbitral. É imprescindível fazê-lo tendo em mira o favorecimento de interesse próprio ou alheio, relacionado à administração da Justiça. Se o sujeito agir com finalidade diversa, ou seja, estranha ao andamento dos mencionados feitos, não se caracterizará o crime previsto no art. 344 do CP. Não se admite a modalidade culposa.

○ **Consumação:** Cuida-se de **crime formal, de consumação antecipada ou de resultado cortado**: consuma-se no momento em que o sujeito ativo usa de violência ou grave ameaça, com o fim de favorecer interesse próprio ou alheio, contra uma ou mais pessoas indicadas no tipo penal. Prescinde-se da obtenção da finalidade almejada pelo agente.

○ **Tentativa:** É possível, especialmente quando a conduta é praticada por meio escrito. Entretanto, não será cabível o *conatus* quando o meio de execução consistir em ameaça verbal praticada na presença de qualquer das pessoas apontadas no art. 344 do CP, em decorrência da impossibilidade de fracionamento do *iter criminis (crime unissubsistente)*.

○ **Ação penal:** É pública incondicionada.

○ **Lei 9.099/1995:** Em face da pena mínima cominada, a coação no curso do processo constitui-se em **crime de médio potencial ofensivo**, compatível com a suspensão condicional do processo, desde que presentes os demais requisitos exigidos pelo art. 89 da Lei 9.099/1995.

○ **Concurso material obrigatório:** Se a conduta for exteriorizada mediante **violência**, a lei impõe o concurso material obrigatório, isto é, a soma das penas entre a coação no curso do processo e o crime resultante da violência, qualquer que seja ele (lesão corporal, leve, grave ou gravíssima, ou homicídio, consumado ou tentado). Não se aplica a regra de concurso material obrigatório se da coação no curso do processo resultar vias de fato, pois esta contravenção penal, definida no art. 21 do Decreto-lei 3.688/1941, é sempre absorvida pelo crime de que é meio de execução (subsidiariedade expressa). A ameaça também é absorvida pela coação no curso do processo, uma vez que funciona como seu meio de execução e a lei não determina, no tocante a ela, o concurso material obrigatório, como fez em relação à violência.

○ **Causa de aumento de pena – art. 344, parágrafo único:** Nos termos do art. 344, parágrafo único, do Código Penal: "A pena aumenta-se de 1/3 (um terço) até a metade se o processo envolver crime contra a dignidade sexual". Essa majorante, criada pela Lei 14.245/2021, conhecida como "Lei Mariana Ferrer", impõe o tratamento mais rigoroso quando a coação no curso do processo diz respeito a qualquer dos crimes contra a dignidade sexual, catalogados no Título VI da Parte Especial do Código Penal, e não somente ao estupro. A violência ou grave ameaça, normalmente empregada contra a vítima (mulheres na maioria esmagadora dos casos) ou testemunha, pode se manifestar tanto na fase da investigação preliminar – inquérito policial ou procedimento investigatório criminal – como também durante a ação penal. Exemplo: O agente ameaça de morte a vítima do crime de estupro a ele imputado, para que esta não venha a reconhecê-lo em juízo como autor do delito sexual. O fundamento da majorante repousa na maior reprovabilidade da conduta, vinculada à natureza do delito, à exposição da vítima e, principalmente, à sua revitimização (vitimização secundária) provocada pela coação. É de se notar que a coação no curso do processo tem como meios de execução a violência e a grave ameaça. Destarte, não há que se falar nesse delito nas situações em que alguém agride moralmente a vítima de crime sexual, mediante humilhação, desprezo ou ridicularização, como aconteceu com a mulher que inspirou a criação dessa majorante, em uma vergonhosa atuação dos atores processuais em audiência judicial. Nada impede, contudo, a caracterização de delito diverso, a exemplo da violência psicológica contra a mulher (CP, art. 147-B) e do abuso de autoridade (Lei 13.869/2019, art. 15-A).

○ **Competência:** A coação no curso do processo, em regra, é de competência da Justiça Estadual. Contudo, será competente a Justiça Federal quando o crime for praticado em detrimento da União, suas empresas públicas ou autarquias (art. 109, IV, da CF), tal como ocorre nas ações em trâmite na própria Justiça Federal e também na Justiça do Trabalho.

○ **Jurisprudência selecionada:**

Coação em procedimento investigatório criminal (PIC) – caracterização do delito: "O crime de coação no curso do processo (art. 344 do CP) pode ser praticado no decorrer de Procedimento Investigatório Criminal instaurado no âmbito do Ministério Público. Isso porque, além de o PIC servir para os mesmos fins e efeitos do inquérito policial, o STJ já reconheceu que, mesmo as ameaças proferidas antes da formalização do inquérito caracterizam o crime de coação no curso do processo, desde que realizadas com o intuito de influenciar o resultado de eventual investigação criminal" (STJ: HC 315.743/ES, rel. Min. Nefi Cordeiro, 6.ª Turma, j. 06.08.2015, noticiado no *Informativo* 568).

Coação em processo trabalhista – bem jurídico – competência da Justiça Federal: "I. Hipótese em que a coação foi exercida nos autos de processo trabalhista intentado pela parte coagida, em que o coator tentava impedi-la de participar da audiência e produzir provas em seu desfavor. II. A coação no curso do processo é delito contra a Administração da Justiça. III. Se o delito foi praticado em detrimento da Justiça do Trabalho, há interesse da União no deslinde da causa, o que determina a competência da Justiça Federal" (STJ: CC 47.397/SP, rel. Min. Gilson Dipp, 3.ª Seção, j. 14.02.2005).

Consumação – crime formal: "O crime de coação no curso do processo, previsto no art. 344 do Código Penal, é delito formal, que se consuma tão só com o emprego de violência ou grave ameaça contra autoridade, parte ou qualquer pessoa que intervenha no processo, com o fim de favorecer interesse próprio ou alheio, independentemente de conseguir o agente o resultado pretendido ou de ter a vítima ficado intimidada" (STJ: REsp 819.763/PR, rel. Min. Arnaldo Esteves Lima, 5.ª Turma, j. 17.08.2006).

Meios de execução – simples contato de familiares do réu com testemunhas – ausência do crime: "Não configura crime de coação no curso do processo o simples contato de familiares do réu com testemunhas arroladas no processo criminal, inexistindo violência ou grave ameaça, sobretudo quando a testemunha rejeita, expressamente, ter-se sentido ameaçada" (STF: HC 87.711/SC, rel. Min. Cezar Peluso, 2.ª Turma, j. 08.09.2009).

Exercício arbitrário das próprias razões

Art. 345. Fazer justiça pelas próprias mãos, para satisfazer pretensão, embora legítima, salvo quando a lei o permite:

Pena – detenção, de quinze dias a um mês, ou multa, além da pena correspondente à violência.

Parágrafo único. Se não há emprego de violência, somente se procede mediante queixa.

Classificação:	Informações rápidas:
Crime simples Crime comum Crime formal ou material Crime de dano Crime de forma livre Crime comissivo (regra) Crime instantâneo Crime unissubjetivo, unilateral ou de concurso eventual Crime plurissubsistente	**Objeto material:** pessoa ou a coisa contra a qual se dirige o exercício arbitrário das próprias razões. **Pressuposto do crime:** pretensão legítima ou supostamente legítima. **Elementos normativos do tipo:** "legítima" e "salvo quando a lei o permite". **Elemento subjetivo:** dolo (elemento subjetivo específico – "para satisfazer pretensão, embora legítima"). Não admite modalidade culposa. **Tentativa:** admite (crime plurissubsistente). **Ação penal:** privada (regra); será pública incondicionada se presente a violência contra a pessoa na execução do crime. **Concurso material obrigatório:** exercício arbitrário das próprias razões + crime oriundo da violência.

○ **Introdução:** A partir do momento em que foi superado o estágio da vingança privada para solução dos conflitos de interesses entre as pessoas, a ninguém é dado o direito de ser simultaneamente juiz e parte. No atual período da civilização humana, se alguém tem direito a uma pretensão legítima, que quer fazer valer, deve levá-la à apreciação do Poder Judiciário. De fato, há diversos crimes que caracterizam entraves ou obstáculos à administração da justiça. No entanto, o exercício arbitrário das próprias razões vai além, constituindo-se em sua verdadeira negação. A pessoa despreza a missão estatal de dirimir litígios e atua por conta própria.

○ **Objeto jurídico:** Tutela-se a Administração da justiça, especificamente no tocante à proibição da assunção pelo particular do mister cabível exclusivamente à autoridade estatal no campo da solução dos conflitos de interesses.

○ **Objeto material:** É a pessoa ou a coisa contra a qual se dirige o exercício arbitrário das próprias razões.

○ **Núcleo do tipo:** É "**fazer**" justiça pelas próprias mãos, no sentido de satisfazer pretensão pessoal sem socorrer-se ao Estado, mediante a atuação do Poder Judiciário. Trata-se de **crime de forma livre**, compatível com qualquer meio de execução. **Pretensão** é um direito ou interesse que o sujeito tem (pretensão legítima) ou acredita ter (pretensão supostamente legítima). Constitui-se, na verdade, em pressuposto do crime. A pretensão pode relacionar-se a qualquer direito, ligado ou não à propriedade. É imprescindível a possibilidade de satisfação da pretensão em juízo, pois o exercício arbitrário das próprias razões integra o rol dos crimes contra a Administração da justiça. Não há falar no delito em apreço quando o sujeito busca algo impossível de ser obtido pela via legítima da atividade jurisdicional do Estado. A pretensão, embora normalmente pertença ao próprio sujeito ativo, também pode ser de terceiro, desde que o agente atue na qualidade de seu representante legal ou mandatário. Esta pretensão deve ser "legítima". Temos aqui um **elemento normativo do tipo**, pois seu significado somente pode ser alcançado mediante a valoração do caso concreto. A legitimidade da pretensão, com estribo na boa-fé do agente, é o fundamento da configuração do exercício arbitrário das próprias razões. Com efeito, se ausente esta intenção específica, a conduta importará na incidência de outros tipos penais. Embora a conduta típica, ao referir-se à pretensão, contenha a expressão "embora legítima", é pacífico que a ilegitimidade da pretensão não exclui automaticamente o delito em estudo – mesmo a pretensão ilegítima autoriza a aplicabilidade do crime de exercício arbitrário das próprias razões, desde que o agente esteja convencido do contrário, isto é, do seu caráter legítimo. Entretanto, para reconhecer a honestidade de tal convicção, exige-se ao menos uma aparência de direito (teoria da putatividade ou da aparência), uma fumaça do bom direito (*fumus boni iuris*), no sentido de que, se a pretensão fosse submetida à apreciação do Poder Judiciário, não seria considerada manifestamente temerária.

○ **Exercício arbitrário das próprias razões e autotutela de um direito:** A parte final do *caput* do art. 345 do CP – "salvo quando a lei o permite" –, a despeito de interessante, mostra-se absolutamente desnecessária. Com a utilização de mais um **elemento normativo do tipo**, o legislador desejou afirmar expressamente que não há crime de exercício arbitrário das próprias razões nas situações em que a lei taxativamente autoriza a autotutela de um direito. A **legítima defesa** é exemplo de autotutela, mas o mais marcante de todos eles é o instituto do **desforço imediato para proteção da posse** (art. 1.210, § 1.º, do CC). Na verdade, a ressalva da parte final do *caput* do dispositivo em comento nada mais faz do que estabelecer que não há crime quando o agente pratica o fato no exercício regular do direito, causa de exclusão da ilicitude disciplinada no art. 23, III, *in fine*, deste Código. Como os representantes do Estado não têm meios para proteger em tempo integral os bens de todas as pessoas, permite-se aos particulares a defesa do seu patrimônio. Se a lei autoriza, não há crime algum.

○ **Sujeito ativo:** Pode ser qualquer pessoa (**crime comum** ou **geral**).

○ **Sujeito passivo:** É o Estado e, mediatamente, a pessoa física ou jurídica prejudicada pela conduta criminosa.

○ **Elemento subjetivo:** É o dolo, acompanhado de um especial fim de agir (elemento subjetivo específico), representado pela expressão "para satisfazer pretensão, embora legítima". Se o sujeito ativo faz justiça pelas próprias mãos para satisfazer pretensão ilegítima, há quem entenda que não estará configurado o crime em comento. Para nós, o "fazer justiça pelas próprias mãos" também compreende a hipótese em que o sujeito supõe, embora erroneamente, que a sua pretensão é legítima, e está sinceramente convencido de que defende um direito assegurado pelo ordenamento jurídico. Portanto, a expressão legal "embora legítima" deve igualmente abranger a pretensão ilegítima, desde que o agente disto não tenha consciência. Destarte, se o agente tem conhecimento da ilegitimidade da sua pretensão, estará excluído o exercício arbitrário das próprias razões e automaticamente caracterizado delito diverso. Não se admite a modalidade culposa.

○ **Consumação:** Há duas posições sobre o assunto, dependendo da classificação doutrinária adotada levando-se em conta a relação entre conduta e resultado naturalístico no crime de exercício arbitrário das próprias razões: (**a**) **crime material ou causal**: como o núcleo do tipo é "fazer" justiça pelas próprias mãos, o crime se consuma com a satisfação da pretensão. Não obtido o resultado pretendido, haverá tentativa;[396] (**b**) **crime formal, de consumação antecipada ou de resultado cortado**: consuma-se com o emprego dos meios de execução, ainda que a pretensão não seja satisfeita.[397] É a posição a que nos filiamos, evidenciada pelo

---

[396] Cf. MIRABETE, Julio Fabbrini. *Manual de direito penal*. 22. ed. São Paulo: Atlas, 2007. v. 3, p. 418.

[397] É, entre tantos outros, o entendimento de BITENCOURT, Cezar Roberto. *Tratado de direito penal*. 3. ed. São Paulo: Saraiva, 2009. v. 5, p. 325.

especial fim de agir contido no tipo penal: "para satisfazer pretensão". Basta a intenção de dirimir um conflito de interesses, ainda que tal propósito não seja concretizado.

○ **Tentativa:** É possível.

○ **Ação penal:** Em regra, é privada. Contudo, em consonância com o parágrafo único do art. 345 do CP, a ação penal será pública incondicionada se presente a violência na execução do crime. A palavra "violência" deve ser compreendida como "violência à pessoa", pois, quando o CP quer referir-se à violência moral (grave ameaça), expressamente o faz.

○ **Lei 9.099/1995:** O exercício arbitrário das próprias razões classifica-se como **infração penal de menor potencial ofensivo**. A pena máxima cominada (detenção de um mês) autoriza a aplicação da transação penal e do rito sumaríssimo, bem como da composição dos danos civis (na hipótese de ação penal privada), em conformidade com as disposições da Lei 9.099/1995.

○ **Concurso material obrigatório:** Se o exercício arbitrário das próprias razões for praticado com emprego de **violência à pessoa**, a lei determina o concurso material obrigatório, ou seja, a soma das penas entre o crime tipificado no art. 345 do Código Penal e o delito oriundo da violência, qualquer que seja ele (lesão corporal, leve, grave ou gravíssima, ou homicídio, consumado ou tentado). No entanto, não se aplica a regra de concurso material obrigatório se da conduta resultarem vias de fato, pois esta contravenção penal, definida no art. 21 do Decreto-lei 3.688/1941, sempre é absorvida pelo crime de que é meio de execução (subsidiariedade expressa).

○ **Jurisprudência selecionada:**
   Crime formal – consumação com o emprego dos meios executórios – desnecessidade da satisfação da pretensão – mero exaurimento da conduta: "O crime de exercício arbitrário das próprias razões é formal e consuma-se com o emprego do meio arbitrário, ainda que o agente não consiga satisfazer a sua pretensão. No caso em análise, pretende-se a desclassificação do crime de exercício arbitrário das próprias razões para a modalidade tentada. O delito de exercício arbitrário das próprias razões, previsto no Código Penal, está assim tipificado: 'Art. 345 – Fazer justiça pelas próprias mãos, para satisfazer pretensão, embora legítima, salvo quando a lei o permite: Pena – detenção, de quinze dias a um mês, ou multa, além da pena correspondente à violência. Parágrafo único – Se não há emprego de violência, somente se procede mediante queixa.' Embora haja controvérsia doutrinária acerca da natureza formal ou material do delito, com abalizados autores defendendo cada uma das posições, filia-se à corrente que defende o primeiro entendimento. Pela interpretação da elementar 'para satisfazer', conclui-se ser suficiente, para a consumação do crime do art. 345 do Código Penal, que os atos que buscaram fazer justiça com as próprias mãos tenham visado obter a pretensão, mas não é necessário que o agente tenha conseguido efetivamente satisfazê-la, por meio da conduta arbitrária. A satisfação, se ocorrer, constitui mero exaurimento da conduta. Sendo assim, por se tratar de crime formal, uma vez praticados todos os atos executórios, consumou-se o delito, a despeito de o autor da conduta não ter logrado êxito em sua pretensão, que, no caso, era a de pegar o celular de propriedade da vítima, a fim de satisfazer dívida que esta possuía com ele" (STJ: REsp 1.860.791/DF, rel. Min. Laurita Vaz, 6.ª Turma, j. 09.02.2021, noticiado no *Informativo* 685).
   Pretensão legítima – elementar típica: "Para a configuração do crime de exercício arbitrário das próprias razões é necessário que a pretensão seja legítima, o que não ocorre se o agente, mediante o uso de violência e grave ameaça, subtrai bens e exige o pagamento de juros oriundos do crime de usura" (STJ: REsp 1.101.831/RJ, rel. Min. Laurita Vaz, 5.ª Turma, j. 16.04.2009).
   Prostituta maior de idade e capaz – subtração de bens do cliente para ressarcimento pelos serviços sexuais prestados – exercício arbitrário das próprias razões – configuração: "Ajusta-se à

figura típica prevista no art. 345 do CP (exercício arbitrário das próprias razões) – e não à prevista no art. 157 do CP (roubo) – a conduta da prostituta maior de dezoito anos e não vulnerável que, ante a falta do pagamento ajustado com o cliente pelo serviço sexual prestado, considerando estar exercendo pretensão legítima, arrancou um cordão com pingente folheado a ouro do pescoço dele como forma de pagamento pelo serviço sexual praticado mediante livre disposição de vontade dos participantes e desprovido de violência não consentida ou grave ameaça. Para a configuração do delito previsto no art. 345 do CP, parte da doutrina pátria entende ser desnecessária a classificação da pretensão do agente como 'legítima', desde que seja, em tese, passível de debate judicial. Nesse sentido, para o reconhecimento do ilícito penal, seria necessário que a dívida possa ser objeto de cobrança judicial. Há, todavia, a seguinte ponderação doutrinária: 'O elemento material do crime é fazer justiça pelas próprias mãos, para satisfazer uma pretensão. Esta é o pressuposto do delito. Sem ela, este não tem existência, incidindo o fato em outra disposição legal. A pretensão, por sua vez, se assenta em um direito que o agente tem ou julga ter, isto é, pensa de boa-fé possuí-lo, o que deve ser apreciado não apenas quanto ao direito em si, mas de acordo com as circunstâncias e as condições da pessoa. Consequentemente, a pretensão pode ser ilegítima – o que a lei deixa bem claro: 'embora legítima' – desde que a pessoa razoavelmente assim não a julgue.' Ciente disso, convém delimitar que o tipo penal em apreço (art. 345 do CP) relaciona-se, na espécie, com uma atividade (prostituição) que, a despeito de não ser ilícita, padece de inegável componente moral relacionado aos 'bons costumes', o que já reclama uma releitura do tema, à luz da mutação desses costumes na sociedade pós-moderna. Não é despiciendo lembrar que o Direito Penal hodiernamente concebido e praticado nas democracias ocidentais passou por uma 'longa encubação no pensamento jusnaturalista da época iluminista', resultando na 'separação entre legitimação interna e legitimação externa ou entre direito e moral', como bem pontuado por doutrina. Registre-se, nesse passo, a modificação legislativa relativamente recente (Lei n. 12.015/2009) que, entre outras coisas, alterou a denominação dos crimes previstos no Título VI do Código Penal, com a substituição da vetusta ideia de que o bem jurídico tutelado eram os *costumes*, passando a conferir proteção mais imediata à *liberdade de autodeterminação sexual de adultos* e reafirmando a proteção do desenvolvimento pleno e saudável de crianças, adolescentes e incapazes em geral. Sob a perspectiva de que a história dos crimes sexuais é, em última análise, a história da secularização dos costumes e práticas sexuais, não é possível negar proteção jurídica àqueles que oferecem seus serviços de natureza sexual em troca de remuneração, sempre com a ressalva, evidentemente, de que essa troca de interesses não envolva incapazes, menores de 18 anos e pessoas de algum modo vulneráveis, desde que o ato sexual seja decorrente de livre disposição da vontade dos participantes e não implique violência (não consentida) ou grave ameaça. Acenando nessa direção, oportuna é a transcrição do seguinte excerto doutrinário: 'Na órbita do Direito Civil, a prostituição deve ser reconhecida como um negócio como outro qualquer (...) O comércio sexual entre adultos envolve agentes capazes. Como já se deixou claro, reconhecida a atividade no rol das profissões do Ministério do Trabalho, o objeto é perfeitamente lícito, pois é um contato sexual, mediante remuneração, entre agentes capazes. Seria o equivalente a um contrato de massagem, mediante remuneração, embora sem sexo. Não há forma prescrita em lei para tal negócio, que pode ser verbal.' Aliás, de acordo com o Código Brasileiro de Ocupações, de 2002, regulamentado pela Portaria do Ministério do Trabalho n. 397, de 9 de outubro de 2002, os profissionais do sexo são expressamente mencionados no item 5198 como uma categoria de profissionais, o que, conquanto ainda dependa de regulamentação quanto a direitos que eventualmente essas pessoas possam exercer, evidencia o reconhecimento, pelo Estado brasileiro, de que a atividade relacionada ao comércio sexual do próprio corpo não é ilícita e que, portanto, é passível de proteção jurídica. Dessas considerações – que, por óbvio, não implicam apologia ao comércio sexual do próprio corpo, mas apenas o reconhecimento, com seus naturais consectários legais, da secularização dos costumes sexuais e a separação, inerente à própria concepção do Direito Penal pós-iluminista, entre Moral e Direito – pode-se concluir, como o faz a doutrina, ser perfeitamente viável que o trabalhador sexual, não tendo recebido pelos serviços sexuais combinados com o cliente, possa se valer da Justiça para exigir o pagamento. Sob esse viés, mostra-se correto afastar a tipicidade do crime de roubo – cujo elemento subjetivo não é compatível com a situação aqui examinada – e entender presente o exercício arbitrário das próprias razões, ante o descumprimento do acordo de pagamento pelos serviços sexuais prestados" (STJ: HC 211.888/TO, rel. Min. Rogerio Schietti Cruz, 6.ª Turma, j. 17.05.2016, noticiado no *Informativo* 584).

> **Art. 346.** Tirar, suprimir, destruir ou danificar coisa própria, que se acha em poder de terceiro por determinação judicial ou convenção:
>
> Pena – detenção, de seis meses a dois anos, e multa.

Classificação:	Informações rápidas:
Crime pluriofensivo Crime próprio Crime material ou causal Crime de dano Crime de forma livre Crime comissivo *(regra)* Crime instantâneo Crime unissubjetivo, unilateral ou de concurso eventual Crime plurissubsistente	**"Subtração ou dano de coisa própria em poder de terceiro".** **Objeto material:** coisa própria, móvel ou imóvel, que se acha em poder de terceiro por determinação judicial ou convenção, tirada, suprimida, destruída ou danificada. **Elemento subjetivo:** dolo. Não admite modalidade culposa. **Tentativa:** admite (*crime plurissubsistente*). **Ação penal:** pública incondicionada.

○ **Denominação:** O legislador não atribuiu *nomen iuris* à conduta de "tirar, suprimir, destruir ou danificar coisa própria, que se acha em poder de terceiro por determinação judicial ou convenção". A doutrina, levando em conta a descrição típica, convencionou chamar este crime de "subtração ou dano de coisa própria em poder de terceiro", terminologia que nos parece mais adequada em face das elementares do tipo penal, "furto ou dano de coisa própria em poder de terceiro", "subtração, supressão ou danificação da coisa própria no legítimo poder de terceiro" (terminologia adotada pelo CP/1969, revogado durante seu período de *vacatio legis*), "inovação sobre coisa própria" ou "modalidade de exercício arbitrário das próprias razões" (nomenclatura já utilizada pelo STJ no HC 128.937/SP, rel. Min. Maria Thereza de Assis Moura, 6.ª Turma, j. 02.06.2009), embora mais severamente punida.

○ **Objeto jurídico:** Tutela-se a Administração da Justiça, relativamente ao desrespeito e à violação de determinação judicial ou contrato. A lei busca resguardar a proibição, o respeito e a confiabilidade da justiça enquanto instituição e como função. Há quem defenda a inconstitucionalidade da parte final do dispositivo em comento ("ou convenção"), pois se estaria permitindo a imposição de pena privativa de liberdade como decorrência de dívida civil, tese que não pode ser acolhida, pois o bem jurídico penalmente protegido não é o patrimônio, e sim a Administração da justiça. Assim sendo, não pode o proprietário da coisa, que se encontra em poder de terceiro por desdobramentos contratuais ou em razão de determinação judicial, tirá-la à força. Em um plano secundário, também se protege o patrimônio do terceiro que tinha a coisa em seu poder por determinação judicial ou convenção.

○ **Objeto material:** É a coisa própria, móvel ou imóvel, que se acha em poder de terceiro por determinação judicial ou convenção, tirada, suprimida, destruída ou danificada. O tipo penal não abarca a coisa própria que se acha em poder de terceiro por **decisão administrativa**.

Não se caracteriza o delito, exemplificativamente, quando o agente subtrai do pátio da Polícia Rodoviária seu automóvel, o qual fora apreendido porque estava com a documentação irregular. Em se tratando de coisa comum, estará caracterizado o crime de furto de coisa comum (art. 156 do CP). Se a coisa funcionar como garantia de execução, que vem a ser fraudada pelo devedor, mediante sua alienação, desvio, destruição ou danificação, incidirá o delito de fraude à execução (art. 179 do CP). Se a coisa pertencer a terceiro, estaremos diante dos crimes de furto ou de dano (arts. 155 e 163 do CP, respectivamente).

○ **Núcleos do tipo:** O tipo penal contém quatro núcleos: "tirar", "suprimir", "destruir" e "danificar". **Tirar** é subtrair, ou seja, retirar o bem do poder de quem o detém, invertendo sua posse; **suprimir** é eliminar, fazer desaparecer a coisa; **destruir** é subverter a coisa em sua individualidade, ainda que não anulada a matéria que a compõe; e **danificar** é estragar o bem, depreciando-o. No primeiro núcleo, somente a coisa móvel pode ser objeto material, ao contrário dos demais, compatíveis com bens móveis e imóveis. Cuida-se de tipo misto alternativo, crime de ação múltipla ou de conteúdo variado: a realização de dois ou mais núcleos contra o mesmo objeto material e no mesmo desdobramento fático caracteriza um único delito.

○ **Sujeito ativo:** O crime é **próprio** ou **especial**, pois somente pode ser praticado pelo proprietário da coisa (móvel ou imóvel) que se acha em poder de terceiro por determinação judicial ou convenção. Este terceiro pode, mas não necessariamente há de ser credor do agente.

○ **Sujeito passivo:** É o Estado e, mediatamente, a pessoa física ou jurídica lesada pela conduta criminosa.

○ **Elemento subjetivo:** É o dolo, independentemente de qualquer finalidade específica, nada obstante a conduta criminosa seja geralmente praticada para provocar prejuízo patrimonial ao credor ou a terceira pessoa. Destarte, pouco importam os motivos que levaram o proprietário da coisa a cometer o delito. Não se admite a modalidade culposa.

○ **Consumação:** O crime é **material** ou **causal**: consuma-se com a efetiva subtração (retirada), supressão, destruição ou danificação da coisa própria que se acha em poder de terceiro por determinação judicial ou convenção.

○ **Tentativa:** É cabível, em face do caráter plurissubsistente do delito, comportando o fracionamento do *iter criminis*.

○ **Ação penal:** É pública incondicionada. Não há previsão de ação penal privada quando o crime é praticado sem violência contra a pessoa, tal como ocorre no exercício arbitrário das próprias razões (art. 345, parágrafo único, do CP).

○ **Lei 9.099/1995:** Em face do máximo da pena privativa de liberdade cominada (detenção de dois anos), a subtração ou dano de coisa própria em poder de terceiro constitui-se em **infração penal de menor potencial ofensivo**, compatível com a transação penal e com o rito sumaríssimo, em conformidade com a Lei 9.099/1995.

○ **Jurisprudência selecionada:**

   Bem jurídico – constitucionalidade da incriminação – não caracterização de prisão civil por dívida: "Não há que se falar em inconstitucionalidade da parte final do artigo 346 do Código Penal, por que não importa em prisão por dívida, sendo o objeto jurídico tutelado a boa administração da justiça, que possui dignidade penal" (STJ, HC 128.937/SP, rel. Min. Maria Thereza de Assis Moura, 6.ª Turma, j. 02.06.2009).

Fraude processual

Art. 347. Inovar artificiosamente, na pendência de processo civil ou administrativo, o estado de lugar, de coisa ou de pessoa, com o fim de induzir a erro o juiz ou o perito:

Pena – detenção, de três meses a dois anos, e multa.

Parágrafo único. Se a inovação se destina a produzir efeito em processo penal, ainda que não iniciado, as penas aplicam-se em dobro.

Classificação:	Informações rápidas:
Crime simples	**Objeto material:** coisa, o lugar ou a pessoa que suporta a inovação artificiosa.
Crime comum	
Crime formal, de consumação antecipada ou de resultado cortado	**Crime tacitamente subsidiário:** o art. 347 do Código Penal somente será aplicável quando o fato não constituir crime mais grave.
Crime de dano	
Crime de forma livre	**Elemento normativo do tipo:** "artificiosamente".
Crime comissivo *(regra)*	
Crime instantâneo	**Perito:** não pode ser sujeito ativo do crime de fraude processual.
Crime unissubjetivo, unilateral ou de concurso eventual	**Elemento subjetivo:** dolo (elemento subjetivo específico – intenção de induzir a erro o juiz ou o perito). Não admite modalidade culposa.
Crime plurissubsistente	**Tentativa:** admite (*crime plurissubsistente*).
	Ação penal: pública incondicionada.

○ **Objeto jurídico:** Tutela-se a Administração da justiça, especificamente no campo da correta aplicação da lei, atividade que não pode ser submetida a artifícios destinados ao falseamento da prova, e, por corolário, aos erros de julgamento, a favor ou contra qualquer das partes envolvidas em um litígio.

○ **Objeto material:** É a coisa, o lugar ou a pessoa que suporta a inovação artificiosa.

– **Subsidiariedade tácita ou implícita:** A fraude processual é crime tacitamente subsidiário, ou seja, somente será aplicável quando o fato não constituir crime mais grave. Se existir outro delito com pena mais elevada, a fraude processual restará absorvida.

○ **Núcleo do tipo:** É "**inovar**", no sentido de modificar ou alterar algo, introduzindo uma novidade. O legislador introduziu no *caput* do dispositivo um **elemento normativo**. Com efeito, nem toda inovação enseja o surgimento do crime de fraude processual, mas somente aquela que se opera "artificiosamente", ou seja, **com emprego de ardil ou fraude material** para enganar o juiz ou o perito. Esta inovação artificiosa precisa relacionar-se, necessariamente, ao **estado de lugar, de coisa** ou **de pessoa**. **Lugar** é o local ou ambiente; a **coisa** pode ser móvel ou imóvel; e a **pessoa**, por sua vez, pode ser alterada em seu estado físico ou exterior, e não no psíquico, e também no estado anatômico ou interno. O tipo penal não alcança as alterações naturais dos lugares, das coisas ou das pessoas.

– **O momento e o palco da inovação artificiosa:** A inovação artificiosa há de ocorrer na pendência de processo civil ou administrativo, com o fim de induzir a erro o juiz ou o perito. Nesse caso, estará caracterizada a **modalidade simples** da fraude processual, definida no *caput* do art. 347 do CP. Exige-se a prática da fraude depois de iniciada ou em curso a atividade processual.[398] No entanto, se a inovação se destina a produzir efeito em **processo penal**, ainda que não iniciado, as penas aplicam-se em dobro. Incide a regra contida no parágrafo único do art. 347 do CP. O tratamento penal mais rigoroso se justifica pelo interesse do agente em burlar a verdade real que norteia o processo penal. O interesse do Estado na honestidade da prova é maior quando se encontra em jogo a liberdade do cidadão. O processo penal, por si só, é extremamente invasivo e será ainda mais traumático quando baseado em provas falsas que levam a decisões injustas. A expressão "ainda que não iniciado" é cristalina ao permitir a configuração do crime quando a conduta é praticada no bojo de inquérito policial ou de outro procedimento investigatório, não existindo regra análoga no tocante ao processo civil ou administrativo. Nada obstante o parágrafo único do artigo em comento aparentemente contemple uma causa de aumento da pena, trata-se na verdade de tipo penal autônomo em relação ao *caput*. Isto porque se destina especificamente para o caso de a inovação artificiosa ocorrer em processo penal, ainda que não iniciado. Nos crimes de ação penal pública condicionada à representação do ofendido ou à requisição do Ministro da Justiça, e ainda nos crimes de ação penal exclusivamente privada e de ação penal privada personalíssima, somente se poderá falar no delito de fraude processual após o oferecimento da condição de procedibilidade (representação ou requisição) ou da queixa-crime.

○ **Sujeito ativo:** Pode ser qualquer pessoa (**crime comum ou geral**), independentemente de possuir ou não interesse no processo civil, administrativo ou penal. Como autor do delito pode figurar qualquer das partes ou seus procuradores, bem como pessoas alheias à causa, tais como os parentes e amigos dos envolvidos na relação processual. O funcionário público pode cometer fraude processual. Entretanto, se ele solicitar, receber ou aceitar promessa de vantagem indevida para inovar artificiosamente no curso do processo, a ele será imputado o delito de corrupção passiva (art. 317 do CP), em face da subsidiariedade implícita do crime em estudo.

– **A questão da conduta praticada pelo perito:** Diante da análise do art. 169 do CPP, conclui-se que o perito não pode ser sujeito ativo do crime de fraude processual. De fato, ainda que o perito, a título ilustrativo, inove artificiosamente no âmbito de inquérito policial, com o manifesto propósito de induzir a erro o juiz, a ele será imputado o crime de falsa perícia, em sua modalidade agravada (art. 342, § 1.º, do CP). O conflito aparente de normas penais é solucionado pelo princípio da especialidade: o falso testemunho (crime especial) afasta a aplicação da fraude processual (crime genérico ou geral).

○ **Sujeito passivo:** É o Estado e, mediatamente, a pessoa física ou jurídica prejudicada pela inovação artificiosa na pendência de processo civil, administrativo ou penal.

○ **Elemento subjetivo:** É o dolo, acrescido de um especial fim de agir (elemento subjetivo específico), consistente na intenção de induzir a erro o juiz ou perito. Não se admite a modalidade culposa.

– **Distinção entre fraude processual e estelionato:** O estelionato e a fraude processual apresentam um ponto em comum: o emprego da fraude (artifício) como meio de execução. Daí a razão de o crime em análise ser também conhecido como "estelionato processual". No entanto, as diferenças entre tais delitos são nítidas, assentando-se no bem jurídico protegido e, principalmente, no especial fim de agir que norteia as condutas criminosas. O estelionato (art. 171 do CP) é crime contra o patrimônio, razão pela qual o sujeito ativo induz ou mantém alguém em erro para obter, para si ou para outrem, vantagem ilícita em prejuízo alheio. A fraude processual é crime contra a Administração da justiça. O agente inova artificiosamente no processo com o escopo de

---

[398] O art. 77, inc. VI, do Código de Processo Civil estatui ser dever das partes, de seus procuradores e de todos aqueles que de qualquer forma participem do processo não praticar inovação ilegal no estado de fato de bem ou direito litigioso.

induzir a erro o juiz ou o perito, pois a prova falsa se destina a obter um julgamento favorável ou prejudicial, dependendo do seu interesse no caso concreto.

○ **Consumação:** A fraude processual é **crime formal, de consumação antecipada** ou **de resultado cortado**: consuma-se no momento em que o agente utiliza de artifício (meio fraudulento) para inovar na pendência de processo civil, administrativo, ou de processo penal, ainda que não iniciado, o estado de lugar, de coisa ou de pessoa, com o fim de induzir a erro o juiz ou o perito. A parte final da descrição típica "com o fim de induzir a erro o juiz ou o perito" evidencia a natureza formal do delito. No plano da tipicidade, é irrelevante que ocorra ou não o engano do juiz ou perito, ou mesmo que, por um motivo qualquer, o processo não alcance a fase de julgamento ou não se realize o exame pericial, desde que o artifício seja idôneo a enganar o julgador ou o perito. Em qualquer hipótese a inovação já estará aperfeiçoada.

○ **Tentativa:** É possível, em face do caráter plurissubsistente do delito, comportando o fracionamento do *iter criminis*.

○ **Ação penal:** É pública incondicionada.

○ **Lei 9.099/1995:** Na **modalidade prevista no** *caput*, a fraude processual é **infração penal de menor potencial ofensivo**. A pena privativa de liberdade máxima cominada (dois anos), autoriza a transação penal e a utilização do rito sumaríssimo, nos termos da Lei 9.099/1995. Por sua vez, a **modalidade autônoma delineada no parágrafo único** – fraude destinada a produzir prova em processo penal, ainda que não iniciado – constitui-se em **crime de médio potencial ofensivo**. A pena mínima não ultrapassa o limite de um ano, possibilitando a formulação de proposta de suspensão condicional do processo, desde que presentes os demais requisitos exigidos pelo art. 89 da Lei 9.099/1995.

○ **Fraude processual e limites do direito de não produzir prova contra si mesmo:** O direito de não produzir prova contra si mesmo (*nemo tenetur se detegere*), corolário da ampla defesa e previsto expressamente no art. 8, item 2, *g*, do Pacto de San José da Costa Rica, incorporado ao direito pátrio pelo Decreto 678/1992, não autoriza a prática da fraude processual, isto é, não permite ao investigado ou acusado, ou a alguém em seu nome, a inovação artificiosa no curso de processo civil, administrativo ou penal, para ludibriar o juiz ou perito. Não se autoincriminar é um direito do ser humano, o qual não pode ser confundido, em hipótese alguma, com comportamentos atentatórios ao normal exercício da prestação jurisdicional.

○ **Fraude processual e Código de Trânsito Brasileiro:** O art. 312 da Lei 9.503/1997 – Código de Trânsito Brasileiro – contempla uma **norma especial** em relação à fraude processual, incidente nas situações de sinistro automobilístico com vítima.

○ **Abuso de autoridade:** O art. 23 da Lei 13.869/2019 define, como abuso de autoridade, conduta com diversos pontos em comuns ao delito de fraude processual: "Art. 23. Inovar artificiosamente, no curso de diligência, de investigação ou de processo, o estado de lugar, de coisa ou de pessoa, com o fim de eximir-se de responsabilidade ou de responsabilizar criminalmente alguém ou agravar-lhe a responsabilidade: Pena – detenção, de 1 (um) a 4 (quatro) anos, e multa. Parágrafo único. Incorre na mesma pena quem pratica a conduta com o intuito de: I – eximir-se de responsabilidade civil ou administrativa por excesso praticado no curso de diligência; II – omitir dados ou informações ou divulgar dados ou informações incompletos para desviar o curso da investigação, da diligência ou do processo."

○ **Cadeia de custódia, coleta de vestígios e fraude processual:** Cadeia de custódia é o conjunto de todos os procedimentos utilizados para manter e documentar a história cronológica do vestígio coletado em locais ou em vítimas de crimes, para rastrear sua posse e manuseio a partir de seu reconhecimento até o descarte (CPP, art. 158-A, *caput*). A coleta de vestígios deverá ser realizada preferencialmente por perito oficial, que dará o encaminhamento necessário para a central de custódia, mesmo quando for necessária a realização de exames complementares (CPP, art. 158-C). Para viabilizar o trabalho do perito, bem como a confiabilidade e a eficácia do exame pericial, é vedada a entrada de pessoas em locais isolados, bem como a remoção de quaisquer vestígios de locais de crime antes da liberação pelo perito responsável. O descumprimento desta proibição caracteriza o crime de fraude processual. É o que se extrai do art. 158-C, § 2.º, do Código de Processo Penal: "É proibida a entrada em locais isolados bem como a remoção de quaisquer vestígios de locais de crime antes da liberação por parte do perito responsável, sendo tipificada como fraude processual a sua realização."

○ **Jurisprudência selecionada:**

Bem jurídico – sujeito ativo – consumação – distinção com o direito de não produzir prova contra si mesmo: "2. O parágrafo único do art. 347 do CPB é autônomo em relação ao seu *caput*. Embora reflita uma causa de aumento de pena, o faz especificamente para o caso de a inovação artificiosa ocorrer em processo penal, sendo desnecessária a instauração de qualquer procedimento civil ou administrativo, para a sua caracterização. 3. O delito de fraude processual não se confunde com o outro crime que esteja em apuração (neste caso, o de homicídio qualificado); é diverso o bem jurídico cogitado nesse tipo penal (a administração da Justiça), resguardando-se a atuação dos agentes judiciários contra fatores estranhos, capazes de comprometer a lisura da prova ou a correção do pronunciamento judicial futuro, estorvando ou iludindo o seu trâmite. 4. A fraude processual é crime comum e formal, não se exigindo para a sua consumação, que o Juiz ou o perito tenham sido efetivamente induzidos a erro, bastando que a inovação seja apta, num primeiro momento, a produzir tal resultado, podendo o crime ser cometido por qualquer pessoa que tenha, ou não, interesse no processo. 5. O direito à não autoincriminação não abrange a possibilidade de os acusados alterarem a cena do crime, inovando o estado de lugar, de coisa ou de pessoa, para, criando artificiosamente outra realidade, levar peritos ou o próprio Juiz a erro de avaliação relevante" (STJ: HC 137.206/SP, rel. Min. Napoleão Nunes Maia Filho, 5.ª Turma, j. 01.12.2009).

Fraude processual e ocultação de cadáver – unidade de fato – "*bis in idem*": "Crime de fraude processual. Homicídio doloso praticado dentro de clínica médica. Limpeza do local para eliminação de vestígios de sangue. Artifício que tenderia a induzir em erro o juiz de ação penal. Fato típico em tese. Inexistência de processo civil ou de procedimento administrativo. Irrelevância. Ato dirigido a produzir efeito em processo penal, ainda que não iniciado. Correspondência ao tipo autônomo previsto no parágrafo único do art. 347 do Código de Processo Penal. Hipótese normativa que não é de causa de aumento de pena. Inteligência do texto do art. 347, que contém duas normas. O art. 347 do Código Penal contém duas normas autônomas: a do *caput*, que pune artifício tendente a produzir efeitos em processo civil ou procedimento administrativo já em curso; e a do parágrafo único, que pune ato voltado a produzir efeitos em processo criminal, ainda que não iniciado. [...] O suposto homicida que, para ocultar o cadáver, apaga ou elimina vestígios de sangue, não pode ser denunciado pela prática, em concurso, dos crimes de fraude processual penal e ocultação de cadáver, senão apenas deste, do qual aquele constitui mero ato executório" (STF: HC 88.733/SP, rel. Min. Cezar Peluso, 2.ª Turma, j. 17.10.2006, noticiado no *Informativo* 445).

Favorecimento pessoal

Art. 348. Auxiliar a subtrair-se à ação de autoridade pública autor de crime a que é cominada pena de reclusão:

Pena – detenção, de um a seis meses, e multa.

§ 1º Se ao crime não é cominada pena de reclusão:

Pena – detenção, de quinze dias a três meses, e multa.

§ 2º Se quem presta o auxílio é ascendente, descendente, cônjuge ou irmão do criminoso, fica isento de pena.

Classificação:	Informações rápidas:
Crime simples Crime comum Crime material ou causal Crime de dano Crime de forma livre Crime comissivo Crime instantâneo Crime unissubjetivo, unilateral ou de concurso eventual Crime plurissubsistente *(regra)*	**Homizio.** **Objeto material:** autoridade pública prejudicada no desempenho das suas funções em razão do favorecimento ao autor de crime. **Crime acessório, de fusão ou parasitário:** depende da prática anterior de um crime (não alcança a contravenção penal). Não há favorecimento pessoal quando o fato praticado encontra-se acobertado por alguma causa excludente da ilicitude, da culpabilidade, da punibilidade ou uma escusa absolutória. **Elemento subjetivo:** dolo. Não admite modalidade culposa. **Tentativa:** admite (crime plurissubsistente). **Ação penal:** pública incondicionada. **Escusa absolutória:** art. 348, § 2.º (rol exemplificativo).

○ **Introdução:** O favorecimento pessoal, também conhecido como **homizio**,[399] consiste no auxílio prestado para que o autor de crime não seja alcançado pela autoridade pública, mediante a dissimulação do criminoso ou facilitação de sua fuga. A incriminação limita-se, portanto, à assistência prestada ao criminoso para subtrair-se da ação do representante do Estado.

○ **Objeto jurídico:** Tutela-se a Administração da Justiça, relativamente à eficiência da atuação das autoridades públicas responsáveis pela persecução penal. Busca-se impedir a criação de obstáculos no combate ao crime, pois as pessoas em geral, se de um lado não têm a obrigação legal de colaborar com a justiça, de outro lado também não podem dificultar suas atividades.

○ **Objeto material:** É a **autoridade pública** prejudicada no desempenho das suas funções, em razão do favorecimento ao autor de crime. Nessa expressão ("autoridade pública") ingressam todos os agentes públicos incumbidos do enfrentamento da criminalidade, como é o caso dos policiais civis e militares, entre outros.

○ **Núcleo do tipo:** O núcleo do tipo é "**auxiliar**", conjugado à expressão "**a subtrair-se**": punese a conduta de quem idoneamente ajuda o autor de crime a fugir, esconder-se ou de qualquer modo evitar a ação da autoridade pública. Não é necessário que o autor de crime esteja sendo perseguido ou procurado pela autoridade pública no momento em que o auxílio lhe é prestado. Basta a possibilidade de vir a fazê-lo, a qual é inquestionável justamente em decorrência da prática do delito. A palavra "autor" de crime há de ser interpretada em

---

[399] A palavra deriva do verbo *homiziar*: "dar guarida, abrigo, refúgio, esconder à vigilância da justiça" (FERREIRA, Aurélio Buarque de Holanda. *Novo dicionário Aurélio da língua portuguesa.* 2. ed. Rio de Janeiro: Nova Fronteira, 1986. p. 904).

sentido amplo, abrangendo todo e qualquer responsável pelo delito, pois a redação do dispositivo legal é anterior à reforma da Parte Geral pela Lei 7.209/1984, época em que não se falava em participação, mas somente em autoria e coautoria. Não se amolda ao tipo penal o comportamento de simplesmente induzir ou instigar o autor do crime a furtar-se da ação da autoridade pública. No entanto, é perfeitamente possível a participação tanto por induzimento como por instigação ao auxílio prestado por outra pessoa ao criminoso. O crime em apreço somente pode ser praticado por ação (crime comissivo), pois não há como auxiliar alguém a subtrair-se da ação da autoridade mediante omissão. É atípico o fato de não comunicar à autoridade pública o local em que se encontra o autor de crime, ainda que esta circunstância seja do conhecimento do agente.

– **Favorecimento pessoal e prática anterior de um crime:** A análise do tipo deixa claro que o favorecimento pessoal depende da prática anterior de um crime. Trata-se, pois, de **crime acessório, de fusão** ou **parasitário.** O delito anterior pode ser de qualquer natureza. Se for de ação penal privada ou de ação penal pública condicionada à representação do ofendido ou à requisição do Ministro da Justiça, não estará configurado o crime antes do ajuizamento da queixa-crime ou do oferecimento da representação ou da requisição. Sem a provocação do Poder Judiciário nos crimes de ação privada, ou sem a apresentação da condição de procedibilidade, nos crimes de ação penal pública condicionada, o Estado estará impedido de exercitar sua pretensão punitiva, não se podendo falar em crime contra a Administração da justiça. Se o crime antecedente classificar-se como de ação penal pública incondicionada, não se exige tenha sido instaurado inquérito policial ou qualquer outro procedimento investigatório para apuração dos fatos, nem a existência de denúncia, pronúncia ou de sentença condenatória já proferida. O favorecimento pessoal surge com a mera prestação do auxílio. Igual raciocínio se aplica aos crimes de ação penal pública condicionada, desde que já tenha sido lançada a condição de procedibilidade por quem de direito. Contudo, nos crimes de ação penal privada é imprescindível o ajuizamento da queixa-crime. A palavra "crime" foi utilizada em sentido técnico, **não alcançando a contravenção penal**. Ao falar em "autor de crime a que é cominada pena", o CP é peremptório ao estabelecer que não há favorecimento pessoal no ato de auxiliar um menor de idade ou algum outro inimputável a subtrair-se da ação da autoridade, casos em que há aplicação de medidas de proteção ou socioeducativas, aos menores de 18 anos de idade, ou medidas de segurança, no tocante aos demais inimputáveis.

– **Espécies de favorecimento pessoal:** Qualquer crime anterior abre ensejo ao surgimento do favorecimento pessoal. Entretanto, a natureza (e não a quantidade) da pena cominada ao delito antecedente autoriza a divisão do crime tipificado no art. 348 do Código Penal em duas espécies: **(a) Favorecimento pessoal simples:** ao crime anterior é cominada pena de reclusão (*caput*). A pena do favorecimento pessoal varia de um a seis meses de detenção, e multa; e **(b) Favorecimento pessoal privilegiado:** ao crime anterior não é cominada pena de reclusão, podendo ser detenção ou de natureza diversa, a exemplo do que ocorre no art. 28 da Lei 11.343/2006 – Lei de Drogas. Nessa hipótese, a pena do favorecimento pessoal consiste em detenção, de quinze dias a três meses, e multa.

– **Viabilidade do crime anterior:** O favorecimento pessoal, em face do seu caráter de crime acessório, de fusão ou parasitário, pressupõe a prática anterior de um outro crime. No entanto, não basta a existência de um crime anterior. Este delito deve se revestir de viabilidade jurídica, no sentido de permitir a prolação de sentença condenatória ao seu responsável. Não há favorecimento pessoal quando o fato praticado encontra-se acobertado por alguma **causa excludente da ilicitude**, pois em tais casos o art. 23 do CP utiliza a expressão "não há crime". Também não há favorecimento pessoal quando o fato antecedente guarda relação com uma **causa excludente da culpabilidade** e quando o responsável pelo crime tem em seu favor uma **causa extintiva da punibilidade** ou uma **escusa absolutória**. Nessas situações, embora esteja caracterizado um crime anterior, o Estado encontra-se privado do seu poder punitivo, afastando a "ação de autoridade pública" em relação a qual o auxílio é prestado.

– **Crime anterior e sentença de absolvição:** Se o autor do crime anterior vier a ser absolvido, qualquer que seja o fundamento indicado no art. 386 do CPP, estará excluído o favorecimento pessoal. Assim agindo, o Poder Judiciário terá decidido que não era legítima a "ação da autoridade pública" que ensejou a prestação do auxílio. Conclui-se, pois, ser prudente aguardar o desfecho da ação penal relativa ao crime antecedente para posteriormente, se for o caso, punir o responsável pelo delito em comento. Este procedimento evita decisões conflitantes, excluindo a possibilidade de alguém ser condenado pelo favorecimento pessoal (ou receber alguma pena em sede de audiência preliminar, em face do seu caráter de infração penal de menor potencial ofensivo), quando o autor do crime anterior vem a ser absolvido. Se esta contradição ocorrer e a condenação já encontrar-se acobertada pelo fenômeno da coisa julgada será possível a utilização da revisão criminal para desconstituição da decisão judicial (art. 621, III, 1.ª parte, do CPP).

– **Diferença entre favorecimento pessoal e participação em outro crime:** O favorecimento pessoal pressupõe a prestação de auxílio ao criminoso. Este auxílio, contudo, não pode ocorrer a qualquer tempo, mas unicamente após a consumação do crime praticado pelo favorecido. Já consumado um crime, o sujeito auxilia seu autor a subtrair-se da ação da autoridade pública. O favorecimento dirige-se ao criminoso, para sua fuga ou ocultação, mas não há contribuição alguma para a idealização ou execução do crime anterior, pois dele o agente só veio a tomar conhecimento após sua consumação. Se o auxílio foi prestado ou mesmo prometido antes ou durante a execução do crime inicialmente desejado, não há falar em favorecimento pessoal, mas em participação em relação àquele delito. Não há dúvida que, ao auxiliar (ou prometer fazê-lo) alguém antes ou durante a prática de um crime, o sujeito com este concorreu, nos termos do art. 29, *caput*, do CP. No terreno da participação, auxiliar é facilitar, viabilizar materialmente a execução do crime, sem a realização da conduta penalmente descrita. O auxílio pode ser efetuado durante os atos preparatórios ou executórios, mas nunca depois da consumação, salvo se ajustado previamente. Nos crimes permanentes, o auxílio prestado ao autor do delito, antes de cessada a permanência, caracteriza participação, nos termos do art. 29, *caput*, do CP, e não crime autônomo de favorecimento pessoal.

– **Favorecimento pessoal e exercício regular de direito:** Nada obstante a presença do fato típico, não há favorecimento pessoal no comportamento do morador que impede o ingresso da autoridade pública em seu domicílio, durante a noite, mesmo que seja para prender um fugitivo em obediência a mandado judicial. Incide a excludente da ilicitude atinente ao exercício regular de direito (CP, art. 23, III, *in fine*), assegurado pelo art. 5.º, XI, da CF. Nesse caso, a autoridade pública deve cercar o imóvel, efetuando a diligência no dia seguinte, em consonância com as regras previstas nos arts. 245 e seguintes do CPP.

○ **Sujeito ativo:** Pode ser qualquer pessoa (**crime comum ou geral**). Não se caracteriza o delito quando presente o autofavorecimento, isto é, alguma situação de crime praticado em concurso de pessoas na qual um dos agentes, para proteger-se da ação da autoridade pública, auxilia um ou mais comparsas a subtrair-se da ação da autoridade pública.

– **Favorecimento pessoal e advogados:** Não há qualquer espécie de imunidade aos causídicos, que podem ser autores de favorecimento pessoal, desde que auxiliem seus clientes a subtraírem-se da ação da autoridade pública. Como se sabe, os advogados não podem (e não devem) revelar o paradeiro do autor do crime, sob pena inclusive de caracterização do delito de violação do segredo profissional (CP, art. 154), sem prejuízo da responsabilidade disciplinar perante a OAB. Entretanto, embora não haja obrigação de indicar o local em que seu cliente se esconde, o patrono não tem o direito de ajudá-lo a fugir da atuação estatal. A dimensão da defesa não vai a ponto de ultrapassar os limites ético-jurídicos imprescindíveis à defesa da causa: a defesa deve esclarecer e não fraudar a justiça; ela é defesa do Direito, e jamais do crime.

– **A vítima do crime anterior como sujeito ativo do favorecimento pessoal:** A vítima do crime antecedente pode ser autora do favorecimento pessoal. Cuida-se de crime contra a Administração da justiça, motivo pelo qual o ofendido não tem o direito de invocar questões pessoais para auxiliar seu algoz a furtar-se da ação da autoridade pública.

○ **Sujeito passivo:** É o Estado.

○ **Elemento subjetivo:** É o dolo, a vontade livre e consciente de auxiliar o autor de crime a subtrair-se da ação da autoridade pública. Dessa forma, exige-se o conhecimento da situação do favorecido. Não é necessário que no momento do fato o autor do crime esteja sendo perseguido pela autoridade pública. Basta que, mais cedo ou mais tarde, o favorecido tenha de ser alcançado pela autoridade como criminoso. Pouco importa se o sujeito ativo tem ciência do específico crime cometido pelo favorecido, dos integrais termos de eventual acusação contra ele lançada ou dos limites precisos da pena passível de aplicação, bastando seja o beneficiado pelo favorecimento autor de um crime. É irrelevante que quem favorece acredite na inocência ou na culpa da pessoa que auxilia a subtrair-se da ação da autoridade pública. A administração da justiça, bem jurídico protegido pela lei penal, não pode ficar à mercê das oscilações de comportamento daqueles que de um modo qualquer se propõem a ajudar criminosos a escapar do campo de incidência da lei penal. A ignorância quanto à situação de pessoa procurada ou perseguida pela autoridade pública exclui o dolo, afastando a configuração do delito em voga. Na dúvida sobre o conhecimento pelo agente da situação do favorecido, é de se reconhecer o dolo eventual.

○ **Consumação:** O favorecimento pessoal é **crime material** ou **causal**: consuma-se com o efetivo auxílio, seguido da subtração do favorecido à ação da autoridade pública, ainda que por breve período. Se o criminoso provisoriamente conseguiu escapar da medida estatal em decorrência da ajuda do sujeito ativo, a realização posterior da medida cabível pela autoridade não afasta o delito, pois seu aperfeiçoamento já havia se verificado.

○ **Tentativa:** É possível (crime plurissubsistente).

○ **Ação penal:** É pública incondicionada.

○ **Lei 9.099/1995:** O favorecimento pessoal, tanto na forma simples (*caput*) como na modalidade qualificada (§ 1.º), é **infração penal de menor potencial ofensivo**, compatível com a transação penal e com rito sumaríssimo, em sintonia com as disposições da Lei 9.099/1995.

○ **Escusa absolutória (art. 348, § 2.º):** Cuida-se de imunidade penal material ou absoluta, causa de impunibilidade absoluta, condição negativa de punibilidade ou causa pessoal de exclusão da pena, por **questão de ordem política**, em deferência ao interesse de solidariedade e harmonia no círculo da família. O favorecimento pessoal *inter proximos* está amparado nos laços de afeto que unem os membros de uma mesma família. O fundamento da opção legislativa é indiscutível: não há como obrigar, ainda que juridicamente, uma pessoa a negar auxílio ao seu cônjuge ou a familiar próximo.

– **Efeitos:** A escusa absolutória contida no § 2.º acarreta a obrigatória isenção de pena no tocante ao autor do favorecimento pessoal. O crime permanece íntegro, e subsiste a culpabilidade do agente. Não há, contudo, possibilidade de imposição da pena. Destarte, uma vez comprovada a presença da escusa absolutória, a autoridade policial estará proibida de instaurar termo circunstanciado, pois não há interesse apto a justificar o início da persecução penal no tocante a fato que o Estado não pode punir. De igual modo, caso o termo circunstanciado tenha sido instaurado, e concluído, o Ministério Público deverá promover seu arquivamento, e, se não o fizer, o magistrado terá que decidir pela rejeição da denúncia, em face da ausência de condição para o exercício da ação penal.

– **Prova do parentesco ou do estado civil:** Para o reconhecimento da escusa absolutória não basta a mera alegação de parentesco ou da situação de cônjuge entre o sujeito ativo e o favorecido. Reclama-se a comprovação desta posição jurídica, mediante documento hábil, a teor da regra contida no art. 155, parágrafo único, do CPP.

– **Incomunicabilidade e erro quanto à pessoa:** A escusa absolutória prevista no § 2.º do art. 348 do CP não se comunica aos demais envolvidos no crime de favorecimento pessoal que não reúnam as condições legalmente exigidas para a isenção da pena. Não há necessidade, em relação aos estranhos, de proteção dos laços familiares, os quais sequer existem. Além disso, o erro sobre a escusa absolutória é irrelevante, pois estão plenamente caracterizados o fato típico, a ilicitude e a culpabilidade. Portanto, na hipótese em que alguém auxilia um indivíduo até então desconhecido a subtrair-se da ação da autoridade, vindo a saber somente em momento futuro que o favorecido era, exemplificativamente, seu genitor, o reconhecimento da escusa absolutória é de rigor.

– **Escusa absolutória e analogia *in bonam partem*:** Prevalece o entendimento no sentido de ser exemplificativo o rol § 2.º do art. 348 do CP. Cabível, portanto, a analogia *in bonam partem*, a exemplo do que ocorre no tocante à união estável, especialmente em face do especial tratamento conferido ao instituto pelo art. 226, § 3.º, da CF. Anote-se também que "os filhos, havidos ou não da relação do casamento, ou por adoção, terão os mesmos direitos e qualificações, proibidas quaisquer designações discriminatórias relativas à filiação" (CF, art. 227, § 6.º).

○ **Diferença entre favorecimento pessoal e outros crimes contra a Administração Pública:**

– **Favorecimento pessoal e corrupção passiva:** Na hipótese em que o agente é funcionário público e tem o dever de executar alguma medida legal contra o criminoso, mas deixa de fazê-lo em razão do recebimento ou aceitação de promessa de vantagem indevida, estará caracterizado o crime de corrupção passiva (CP, art. 317, § 1.º). Se o funcionário público, além de omitir-se, também auxiliar o criminoso a subtrair-se da ação de outra autoridade pública, haverá concurso material entre corrupção passiva e favorecimento pessoal.

– **Favorecimento pessoal e prevaricação:** Se o sujeito ativo é funcionário público e tem o dever de realizar alguma medida legal contra o autor de crime, mas retarda ou deixa de praticar indevidamente o ato de ofício para satisfazer sentimento ou interesse pessoal, a ele será imputado o crime de prevaricação (CP, art. 319).

– **Favorecimento pessoal e fuga de pessoa presa ou submetida à medida de segurança:** No favorecimento pessoal, o auxílio à fuga deve ser prestado a criminoso solto, isto é, em liberdade. Se o favorecido encontrar-se legalmente preso ou submetido à medida de segurança, e o agente promover ou facilitar sua fuga, estará caracterizado o crime definido no art. 351 do CP.

○ **Jurisprudência selecionada:**

Auxílio para prestação de socorro médico ao criminoso – fato atípico: "A conduta descrita denúncia não se amolda ao tipo penal descrito no artigo 348 do Código Penal: o auxílio prestado pelo paciente ao suposto assaltante não objetivava sua fuga, mas sim para que recebesse atendimento médico" (STJ: HC 46.209/BA, rel. Min. Hélio Quaglia Barbosa, 6.ª Turma, j. 30.05.2006).

Favorecimento real

> **Art. 349.** Prestar a criminoso, fora dos casos de coautoria ou de receptação, auxílio destinado a tornar seguro o proveito do crime:
>
> Pena – detenção, de um a seis meses, e multa.

Classificação:	Informações rápidas:
Crime pluriofensivo	**Crime acessório, de fusão ou parasitário:** depende da prática anterior de um crime (não alcança a contravenção penal).
Crime comum	
Crime formal, de consumação antecipada ou de resultado cortado	**Objeto material:** proveito do crime (engloba preço do crime e produto do crime).
Crime de dano	
Crime de forma livre	Não há favorecimento real quando alguém presta a contraventor auxílio destinado a tornar seguro o proveito de **contravenção penal**.
Crime comissivo	
Crime instantâneo	
Crime unissubjetivo, unilateral ou de concurso eventual	**Elemento subjetivo:** dolo (elemento subjetivo específico – intenção de tornar seguro o proveito do crime anterior). Não admite modalidade culposa.
Crime plurissubsistente *(regra)*	**Tentativa:** admite (crime plurissubsistente).
	Ação penal: pública incondicionada.

○ **Introdução:** Cuida-se de **delito acessório**, **de fusão** ou **parasitário**, pois reclama a prática de um crime anterior, de qualquer natureza. Todavia, ao contrário do que se verifica no favorecimento pessoal (art. 348), aqui o agente não se preocupa em proteger a pessoa do criminoso – o auxílio é efetuado com o propósito de tornar seguro o **proveito do crime**, como medida de gentileza ou de amizade com o autor do delito antecedente. Ainda, ao contrário do que ocorre no favorecimento pessoal, no tocante à conduta definida no dispositivo em tela: (a) não foi prevista escusa absolutória, ou seja, a circunstância de ser o sujeito ativo parente próximo ou cônjuge do favorecido não importa em isenção da pena; (b) é irrelevante, para fins de caracterização do crime, o fato de o favorecido ser inculpável, de já ter se operado a extinção da punibilidade (salvo nas hipóteses de *abolitio criminis* e anistia, que levam ao desaparecimento do crime antecedente) ou de possuir em seu favor, relativamente ao delito anterior, uma escusa absolutória; (c) não há favorecimento real quando o crime antecedente permaneceu na esfera da tentativa, pois nesse caso não há proveito a assegurar; e (d) o crime anterior deve proporcionar ao seu autor algum proveito, ao passo que no favorecimento pessoal o delito antecedente pode ser de qualquer natureza.

○ **Objeto jurídico:** Tutela-se a Administração da justiça, relativamente à proibição de incorporação de bens obtidos ilicitamente ao patrimônio de criminosos. Também se protege, mediatamente, o patrimônio da vítima do crime antecedente, pois o favorecimento real torna ainda menor a possibilidade de recuperação dos seus bens.

○ **Objeto material:** É o **proveito do crime**, compreendido como toda e qualquer vantagem ou utilidade, material ou moral, obtida direta ou indiretamente em decorrência do delito anterior. O proveito do crime engloba o **preço** e o **produto do crime** (consistente em seu objeto material, ainda que venha a sofrer alteração ou especificação, ou mesmo se substituído por bem de outra natureza). Os instrumentos do crime (*instrumenta sceleris*) não ingressam no conceito de proveito do crime. Consequentemente, sua ocultação destinada a auxiliar o autor de crime a subtrair-se da ação de autoridade pública configura favorecimento pessoal (CP, art. 348). Não há favorecimento real quando alguém presta a contraventor auxílio destinado a tornar seguro o proveito de contravenção penal, pois a palavra "crime" foi empregada em sentido técnico.

○ **Núcleo do tipo:** É "prestar". O verbo está ligado às elementares "criminoso" e "auxílio". Em síntese, o sujeito ajuda, presta assistência a criminoso, visando tornar seguro o proveito do crime. Trata-se de **delito de forma livre**: o auxílio ao crime pode ser concretizado pelas mais diversas formas. O favorecimento real pode ser cometido apenas por ação (crime comissivo). Com efeito, não há como prestar a criminoso auxílio destinado a tornar seguro o proveito do crime mediante omissão. Consequentemente, é atípico o fato de não comunicar à autoridade pública o local em que se encontra o proveito do crime, ainda que o agente tenha ciência desta circunstância. Se o sujeito ostentar a condição de funcionário público, e, por corolário, tiver o dever de agir para evitar o resultado, sua omissão não importará em favorecimento real, mas em prevaricação (CP, art. 319) ou corrupção passiva (CP, art. 317).

– **Conceito de "criminoso":** Como sabido, o favorecimento real é delito acessório, de fusão ou parasitário, pois depende da prática de crime anterior. Questiona-se a exigência, para sua caracterização, de condenação definitiva (sentença penal condenatória com trânsito em julgado) em relação ao crime antecedente, ou se basta a prova da sua existência. Há duas posições sobre o assunto: (**1.ª**) **É suficiente a prova da existência do crime anterior.** A palavra "criminoso" foi utilizada como sinônimo de "sujeito ativo", isto é, pessoa que comete o crime. É a corrente com a qual concordamos; (**2.ª**) **É imprescindível a existência de condenação definitiva pelo crime anterior.** Como o legislador empregou a palavra "criminoso", e não "acusado de crime", o princípio da presunção de não culpabilidade (CF, art. 5.º, LVII) impede a incidência do delito previsto no art. 349 do CP quando o auxílio for prestado a pessoa que, nada obstante indiciada ou acusada pela prática de crime, ainda não foi condenada por sentença penal transitada em julgado.[400]

– **Favorecimento real e coautoria – distinções:** A descrição típica delineada no dispositivo em comento é clara ao definir que, no favorecimento real, o auxílio destinado a tornar seguro o proveito do crime não se confunde com a coautoria. Inicialmente, a palavra "**coautoria**" foi utilizada em seu sentido amplo, isto é, como sinônimo de concurso de pessoas. Como se sabe, na redação original da Parte Geral do CP, anteriormente à reforma promovida pela Lei 7.209/1984, não se falava em concurso de pessoas, atualmente disciplinado pelo art. 29, mas simplesmente em "coautoria", outrora tratada pelo art. 25, ou seja, não existia a figura da participação como modalidade autônoma de concurso de pessoas. Todo aquele que concorria de qualquer modo para o crime era seu coautor. Destarte, à época em que foi redigido o art. 349 do CP, era impossível falar em "prestar a criminoso, fora dos casos de coautoria **ou de participação**...", mesmo porque este instituto era desconhecido pelo legislador. O favorecimento real reclama o auxílio ao criminoso e este auxílio deve ser prestado **após a consumação do crime praticado pelo favorecido**, não havendo contribuição para a idealização ou execução do crime anterior, pois dele o agente só veio a tomar ciência posteriormente à sua consumação. Se o auxílio foi prestado ou mesmo prometido antes ou durante a execução do crime inicialmente desejado, não há favorecimento real, mas participação em relação àquele delito. No terreno da participação, auxiliar é facilitar, viabilizar materialmente a execução do crime, sem a realização da conduta penalmente descrita. O auxílio pode ser efetuado durante os atos preparatórios ou executórios, mas nunca após a consumação, **salvo se ajustado previamente**.

– **Favorecimento real e receptação – distinções:** É possível que haja confusão entre favorecimento real e receptação própria (CP, art. 180, *caput*, 1.ª parte), notadamente na modalidade "**ocultar**", indicativa da conduta de esconder um bem, colocando-o em local no qual não possa ser encontrado por terceiros. O legislador foi peremptório ao estatuir, na redação do dispositivo em análise, que o favorecimento real não se confunde com a receptação. Nada obstante ambos os crimes sejam acessórios, suas diferenças são nítidas. Inicialmente, a receptação é delito contra o patrimônio; o favorecimento real, por sua vez, é crime contra a Administração da justiça. Na **receptação**, o beneficiado economicamente pela conduta criminosa é o receptador, ou então terceira pessoa, sempre distinta da responsável pelo crime antecedente. No **favorecimento real** o sujeito atua em prol do autor do crime anterior, e o proveito do crime pode ser econômico ou não.

○ **Sujeito ativo:** Pode ser qualquer pessoa (**crime comum ou geral**), salvo o coautor ou partícipe do crime antecedente. Se antes da prática do crime anterior o agente se dispuser a auxiliar

---

[400]   É o entendimento, entre outros, de DELMANTO, Celso; DELMANTO, Roberto; DELMANTO JUNIOR, Roberto; DELMANTO, Fabio M. de Almeida. *Código Penal comentado*. 8. ed. São Paulo: Saraiva, 2010. p. 1012.

o autor a tornar seguro o seu proveito, será partícipe deste delito, e não autor do favorecimento real. É por esta razão que o tipo penal contém a frase "fora dos casos de coautoria".

○ **Sujeito passivo:** É o Estado e, mediatamente, a vítima do crime antecedente, ou seja, do delito que se originou o proveito que se busca resguardar.

○ **Elemento subjetivo:** É o dolo, acrescido de um especial fim de agir, consistente na intenção de tornar seguro o proveito do crime anterior. O agente deve ter ciência de que, com seu comportamento, auxiliará o criminoso a tornar seguro o proveito do crime. Se agir com intenção de lucro, estará caracterizado o crime de receptação, na modalidade "ocultar" (art. 180, *caput*, do CP). Não se admite a modalidade culposa.

○ **Consumação:** O favorecimento real é **crime formal, de consumação antecipada** ou **de resultado cortado**: consuma-se no instante em que o agente presta auxílio ao criminoso com o propósito de tornar seguro o proveito do crime, ainda que esta finalidade não seja alcançada.

○ **Tentativa:** É possível, em face do caráter plurissubsistente do delito, comportando o fracionamento do *iter criminis*.

○ **Ação penal:** É pública incondicionada.

○ **Lei 9.099/1995:** O favorecimento real é **infração penal de menor potencial ofensivo**. O máximo cominado de pena privativa de liberdade (seis meses) autoriza a transação penal e o rito sumaríssimo, em consonância com as disposições da Lei 9.099/1995.

○ **Jurisprudência selecionada:**

Favorecimento real e coautoria – distinção: "2. Não é admissível a coautoria após a consumação do crime, salvo se comprovada a existência de ajuste prévio. 3. A pessoa que participa apenas no momento do exaurimento do crime, comete crime de favorecimento real, se sabe prestar auxílio destinado a tornar seguro o proveito do crime" (STJ: HC 39.732/RJ, rel. Min. Maria Thereza de Assis Moura, 6.ª Turma, j. 26.06.2007).

> **Art. 349-A.** Ingressar, promover, intermediar, auxiliar ou facilitar a entrada de aparelho telefônico de comunicação móvel, de rádio ou similar, sem autorização legal, em estabelecimento prisional.
>
> Pena: detenção, de 3 (três) meses a 1 (um) ano.

Classificação:	Informações rápidas:
Crime simples	**Princípio da proibição da proteção insuficiente de bens jurídicos:** violado diante da cominação de pena baixa (infração penal de menor potencial ofensivo).
Crime comum	
Crime formal, de consumação antecipada ou de resultado cortado	
Crime de dano	**Objeto material:** aparelho telefônico de comunicação móvel, de rádio ou similar.
Crime de forma livre	
Crime comissivo	**Elemento normativo do tipo:** "sem autorização legal".
Crime instantâneo	
Crime unissubjetivo, unilateral ou de concurso eventual ("ingressar") ou plurissubjetivo, plurilateral ou de concurso necessário (demais núcleos)	**Elemento subjetivo:** dolo. Não admite modalidade culposa.
Crime plurissubsistente (*regra*)	**Tentativa:** admite (crime plurissubsistente).
	Ação penal: pública incondicionada.

○ **Introdução:** O crime tipificado no art. 349-A do CP, introduzido pela Lei 12.012/2009, não contém *nomen iuris*, isto é, a lei não lhe atribuiu denominação oficial. Em razão disso, a nova figura típica tem sido alvo de diversos nomes, tais como favorecimento real impróprio,[401] favorecimento real nos estabelecimentos prisionais, celular nos presídios, ingresso ilegal de aparelho de comunicação em estabelecimento prisional, e ingresso, promoção, intermediação, auxílio ou facilitação de entrada de aparelho telefônico de comunicação móvel, de rádio ou similar, sem autorização legal, em estabelecimento prisional etc. Tais rótulos são aceitáveis, pois o legislador, no momento em que deixou de conferir rubrica marginal (*nomen iuris*) à conduta aqui descrita, transferiu esta tarefa à doutrina e à jurisprudência.

– **Finalidade da Lei 12.012/2009:** Na história do direito brasileiro, o ingresso ilegal e a permanência indevida de aparelho móvel de comunicação em estabelecimentos prisionais não acarretavam nenhuma sanção, civil ou administrativa, seja ao detento surpreendido em sua posse, seja ao funcionário público que descumpriu o dever inerente ao cargo de vedar o acesso do preso ao meio de comunicação, seja finalmente ao particular que o introduziu no estabelecimento prisional. Tal situação começou a mudar com a entrada em vigor da Lei 11.466/2007 que, além de inserir o art. 319-A no CP, também acrescentou o inciso VII no art. 50 da Lei 7.210/1984 – Lei de Execução Penal. Esta medida – aplicável tanto ao preso definitivo como ao preso provisório (LEP, art. 44, parágrafo único) – foi salutar, pois supriu uma lacuna outrora existente na Lei de Execução Penal, a qual deixava impune o preso que tinha em sua posse, utilizava ou fornecia para outros detentos algum aparelho de comunicação, e, desse modo, comandava operações criminosas do interior do estabelecimento prisional. A partir de então, com a configuração da falta grave, a posse, utilização ou fornecimento de aparelho telefônico, de rádio ou similar pelo preso importa em diversas consequências jurídico-penais, tais como a perda dos dias remidos, a vedação do livramento condicional, a impossibilidade de progressão de regime prisional, e, por outro lado, a regressão para regime prisional mais gravoso. Também será admissível a inserção do preso no regime disciplinar diferenciado (LEP, art. 52). Entretanto, ainda faltava a incriminação do particular responsável pela conduta de ingressar, promover, intermediar, auxiliar ou facilitar a entrada de aparelho de comunicação móvel, de rádio ou similar, sem autorização legal, em estabelecimento prisional, brecha que foi suprida com a edição da Lei 12.012/2009 e a consequente criação do crime aqui analisado.

– **Crítica às Leis 11.466/2007 e 12.012/2009:** O legislador agiu acertadamente ao impedir o acesso a meios de comunicação aos presos, bem como ao punir qualquer pessoa que auxiliasse o detento nesta empreitada. O objetivo da lei é nítido: impedir conversações indevidas e relacionadas à organização de crimes a serem praticados por indivíduos ligados àquele que se encontra privado do seu direito de locomoção. No entanto, o legislador optou por seguir um caminho arriscado. A tarefa de simplesmente vedar ao detento qualquer tipo de comunicação externa é de difícil, quiçá impossível, concretização. Seria melhor adotar o modelo de outros países, a exemplo dos Estados Unidos da América, no qual há telefones públicos no interior dos estabelecimentos prisionais, permitindo sua utilização pelos presos em horários e períodos predeterminados, na presença de um agente penitenciário. Dessa forma, de um lado seria desestimulado, ao menos em parte, o ingresso de aparelhos de comunicação nos estabelecimentos prisionais, e, de outro lado, estaria assegurado o direito de comunicação lícita dos detentos, o qual não é vedado pelo ordenamento jurídico pátrio. Se não podemos permitir a utilização livre e desenfreada de meios de comunicação pelos presos, especialmente para fins criminosos, também não podemos presumir que toda e qualquer comunicação telefônica dos reeducandos tenha sempre em mira a prática de ilícitos penais.

– **Art. 349-A do CP e princípio da proporcionalidade:** A tipificação da conduta versada no dispositivo em apreço fundamenta-se em dois fatores aterrorizantes da sociedade moderna, inti-

---

[401] A utilização do nome "favorecimento real" deve-se à localização do delito, despontando como desdobramento do art. 349 do Código Penal. Daí a razão de preferirmos a nomenclatura "favorecimento real impróprio".

mamente relacionados com o crime organizado: (a) ausência de medidas administrativas eficazes para impedir o ingresso de aparelhos de comunicação nos estabelecimentos prisionais; e (b) inexistência de punição rígida e efetiva aos particulares que de qualquer modo colaboram com o ingresso de aparelhos móveis de comunicação nos estabelecimentos prisionais para utilização pelos detentos. No entanto, o legislador foi deveras tímido na cominação da pena à conduta revestida de enorme gravidade, especialmente por lesar os interesses do Estado e da sociedade, ensejando enormes prejuízos à segurança pública, ofendendo-se o **princípio da proibição da proteção insuficiente de bens jurídicos**, uma das variantes do princípio da proporcionalidade. Uma pena tão baixa (detenção de três meses a um ano), que inclusive força a inserção do crime entre as infrações penais de menor potencial ofensivo, não é suficiente na tarefa de reprovação e prevenção de crimes deste jaez. Parece-nos despropositado permitir a realização de audiência preliminar para o MP discutir a pena a ser adotada em sede de transação penal para uma pessoa que, no mais das vezes, forneceu meios para a prática de novos crimes comandados por perigosíssimas organizações criminosas. O princípio da proporcionalidade compreende, além da proibição de excesso, a proibição de insuficiência da intervenção jurídico-penal. Significa dizer que, se por um lado deve ser combatida a sanção penal desproporcional porque excessiva, por outro lado cumpre também evitar a resposta penal que fique muito aquém do seu efetivo merecimento, dado o seu grau de ofensividade e significação político-criminal, afinal a desproporção tanto pode dar-se para mais quanto para menos.

○ **Objeto jurídico:** Tutela-se a Administração da justiça, notadamente no tocante à necessidade de preservação da segurança pública, tanto no interior dos estabelecimentos prisionais como no âmbito da sociedade em geral.

○ **Objeto material:** É o **aparelho telefônico de comunicação móvel, de rádio** ou **similar.** Há um único crime quando o sujeito ativo ingressa com dois ou mais aparelhos de comunicação no estabelecimento prisional, com destino ao mesmo preso. Esta circunstância, contudo, deve ser sopesada na dosimetria da pena-base, funcionando como circunstância judicial desfavorável (art. 59, *caput*, do CP). O fato será atípico nas situações em que o aparelho de comunicação esteja quebrado ou de qualquer modo absolutamente impossibilitado de funcionar, bem como quando tratar-se de réplica de tais aparelhos. Subsiste o crime, todavia, em relação a aparelhos de telefonia celular pré-pagos e sem créditos, pois é sabido que os presos têm formas escusas para a obtenção dos recursos destinados aos seus funcionamentos, bem como a aparelhos sem baterias, uma vez que há meios diversos para suas ativações.

○ **Núcleos do tipo:** O tipo penal contém cinco núcleos: "ingressar", "promover", "intermediar", "auxiliar" e "facilitar". Todos dizem respeito ao "**estabelecimento prisional**", compreendido como o local destinado ao recolhimento de presos, provisórios ou definitivos, tais como as penitenciárias (LEP, art. 87), as colônias agrícolas ou industriais (LEP, art. 91, e CP, art. 35, § 1.º), as casas de albergado (LEP, art. 93) e as cadeias públicas (LEP, art. 102). Cuida-se de **tipo misto alternativo**, **crime de ação múltipla** ou **de conteúdo variado** – a realização de mais de um núcleo em relação ao mesmo objeto material configura um único crime. **Ingressar** é fazer entrar, introduzir o aparelho móvel de comunicação no estabelecimento prisional. O sujeito ativo age pessoal e diretamente ao entrar no ambiente carcerário com o aparelho. Aqui, portanto, o crime é unilateral, unissubjetivo ou de concurso eventual, pois em regra é praticado por uma só pessoa, embora seja compatível com o concurso de agentes. Nos demais núcleos há ao menos mais uma pessoa envolvida na execução do crime. O crime, nesses casos, é plurilateral, plurissubjetivo ou de concurso necessário: o tipo penal reclama a presença de ao menos duas pessoas para a realização do delito. **Promover** é diligenciar, no sentido de adotar as providências necessárias para a entrada do aparelho no estabelecimento prisional. **Intermediar** é interceder positivamente, ou seja, o agente estabelece a ligação entre o preso e uma terceira pessoa que irá colocar o aparelho de comunicação no sistema prisional. **Auxiliar** é ajudar alguém a introduzir o aparelho de comunicação no estabelecimento prisional. **Facilitar** consiste em simplificar a entrada do aparelho de comunicação no sistema prisional, diminuindo as chances de fracasso do delito. Tais condutas são essencialmente comissivas – o crime somente pode ser praticado mediante ação. Quanto aos quatro primeiros núcleos, esta afirmação é lógica e facilmente compreensível. A dúvida pode surgir no tocante ao núcleo "facilitar", aparentemente compatível com a omissão. Em nosso entendimento, a modalidade "facilitar" também reclama a atuação positiva do sujeito ativo, sob pena de ser criado um conflito insuperável com o crime descrito no art. 319-A do CP. De fato, se o funcionário público atua positivamente, a ele será imputado o crime em análise. Entretanto, se o funcionário público não veda ao preso o acesso ao aparelho de comunicação, infringindo seu dever funcional, estará caracterizado o crime omissivo (próprio ou puro) elencado no art. 319-A do CP. Admite-se qualquer meio de execução (crime de forma livre).

– **Elemento normativo do tipo:** A expressão "sem autorização legal" representa um elemento normativo do tipo. Destarte, o fato será atípico se na situação concreta houver autorização legal para a entrada do aparelho móvel de comunicação no estabelecimento prisional.

○ **Sujeito ativo:** Pode ser qualquer pessoa (**crime comum ou geral**), particular ou funcionário público. Na prática, normalmente o delito é realizado por familiares ou pessoas do relacionamento íntimo do preso, notadamente em dias de visitas. Até mesmo o preso (definitivo ou provisório) pode ser sujeito ativo do crime em tela, na condição de autor ou de partícipe. O detento será autor quando ele mesmo praticar a conduta típica, desde que esteja no gozo de permissão de saída (LEP, art. 120) ou de saída temporária (LEP, art. 122), e ingressar no seu estabelecimento prisional ou em algum outro com o aparelho móvel de comunicação, ou então promover, intermediar, auxiliar ou facilitar sua entrada, sem autorização legal. Será partícipe nas hipóteses em que concorrer de qualquer modo para a conduta criminosa, sem executar o núcleo do tipo. Se o preso foi encontrado na posse de aparelho de comunicação, sem ter praticado ou concorrido de qualquer forma para a conduta típica descrita no art. 349-A do CP, deverá ser responsabilizado pela falta grave prevista no art. 50, VII, da LEP.

– **Crime praticado pelo Diretor de Penitenciária e/ou agente público – confronto entre os arts. 317, 319-A e 349-A do CP:** Se o Diretor de Penitenciária e/ou agente público deixar de cumprir seu dever de vedar ao preso o acesso a aparelho telefônico, de rádio ou similar, que permita a comunicação com outros presos ou com o ambiente externo, a ele será imputado o crime definido no art. 319-A do CP. Cuida-se, nesse caso, de conduta tipicamente omissiva (crime omissivo próprio ou puro): o sujeito ativo faz vista grossa, descumprindo seu dever funcional, e assim facilita o acesso do preso ao aparelho de comunicação. De outro lado, se o Diretor de Penitenciária e/ou agente público contribuírem positivamente (mediante ação) para a entrada do aparelho de comunicação no estabelecimento prisional, estará caracterizado o crime previsto no artigo 349-A do CP. Em qualquer dos casos, se o Diretor de Penitenciária e/ou agente público se omite no tocante ao seu dever funcional, ou então de qualquer modo colabora para o ingresso do aparelho de comunicação no estabelecimento prisional, movido pelo recebimento, solicitação ou promessa de entrega de vantagem indevida, estará configurado o crime de corrupção passiva (CP, art. 317).

○ **Sujeito passivo:** É o Estado e, mediatamente, a sociedade, suscetível à prática de novas infrações penais em decorrência do uso do aparelho de comunicação no interior dos estabelecimentos prisionais.

○ **Elemento subjetivo:** É o dolo, independentemente de qualquer finalidade específica – pouco importa se o aparelho de comunicação será utilizado pelo preso para fins lícitos ou ilícitos, pois ele não ostenta o livre direito de comunicação por meios artificiais com o mundo exterior ou com outros presos. Desse modo, comete o crime o particular que ingressa no estabelecimento prisional com um aparelho de telefonia celular, emprestando-o ao preso para conversar com seus familiares. É importante destacar que o dolo deve relacionar-se à conduta de fazer com que o aparelho de comunicação móvel seja levado ao poder do preso que se encontra no estabelecimento prisional. Ausente este propósito, o fato será atípico. Não se admite a modalidade culposa.

○ **Consumação:** O crime é **formal, de consumação antecipada** ou **de resultado cortado**: consuma-se no momento em que é praticada a conduta de ingressar, promover, intermediar, auxiliar ou facilitar a entrada de aparelho de comunicação móvel, de rádio ou similar, sem autorização legal, em estabelecimento prisional. O resultado naturalístico, consistente na posse do aparelho de comunicação pelo preso que se encontre no interior do estabelecimento prisional, embora possível, é dispensável para fins de consumação.

○ **Tentativa:** É possível, em face do caráter plurissubsistente do delito, permitindo o fracionamento do *iter criminis*.

○ **Ação penal:** É pública incondicionada.

○ **Lei 9.099/1995:** Em face do máximo da pena privativa de liberdade cominada ao delito, cuida-se de **infração penal de menor potencial ofensivo**, compatível com a transação penal e com o rito sumaríssimo, nos termos da Lei 9.099/1995.

○ **Jurisprudência selecionada:**

Ingresso de aparelhos celulares no estabelecimento prisional – indivíduo flagrado durante a revista pessoal – tentativa configurada: "Flagrado o agente antes do efetivo ingresso no interior do estabelecimento prisional, ainda durante a revista, não há falar em consumação do crime do art. 349-A do Código Penal, mas apenas em tentativa. O Tribunal estadual entendeu ser incabível o reconhecimento da tentativa em relação ao crime do art. 349-A do Código Penal, pois o delito foi cometido no interior da unidade prisional, no setor de revista da unidade, razão pela qual o crime estaria consumado. Contudo, a realização de revistas pessoais efetuadas antes do ingresso no estabelecimento prisional não tem o condão de tornar absolutamente ineficaz o meio de escolha para a execução do crime, pois, como é sabido, as revistas não são infalíveis, o que permite a entrada de substâncias entorpecentes, bem como de outros objetos, como celulares, dentro dos presídios. Dessa forma, tendo sido o agente flagrado antes do efetivo ingresso no interior do estabelecimento prisional, ainda durante a revista, não há falar em consumação do delito, mas apenas em tentativa" (STJ: AREsp 2.104.638/RJ, rel. Ministro Jesuíno Rissato (Desembargador convocado do TJDFT), 6.ª Turma, j. 07.11.2023, noticiado no *Informativo* 794).

Posse de *chip* de telefonia móvel pelo preso – falta grave: "No âmbito da execução penal, configura falta grave a posse de *chip* de telefonia móvel por preso. Essa conduta se adequa ao disposto no art. 50, VII, da LEP, de acordo com o qual constitui falta grave a posse de aparelho telefônico, de rádio ou similar que permita a comunicação com outros presos ou com o ambiente externo. Trata-se de previsão normativa cujo propósito é conter a comunicação entre presos e seus comparsas que estão no ambiente externo, evitando-se, assim, a deletéria conservação da atividade criminosa que, muitas vezes, conduziu-os ao aprisionamento. Portanto, há de se ter por configurada falta grave também pela posse de qualquer outra parte integrante do aparelho celular. Conclusão diversa permitiria o fracionamento do aparelho entre cúmplices apenas com o propósito de afastar a aplicação da lei e de escapar das sanções nela previstas" (STJ: HC 260.122/RS, rel. Min. Marco Aurélio Bellizze, 5.ª Turma, j. 21.03.2013, noticiado no *Informativo* 517).

Exercício arbitrário ou abuso de poder

> **Art. 350.** (Revogado).

○ **Revogação do art. 350 do CP pela Lei 13.869/2019:** O art. 350 do Código Penal foi expressamente revogado pelo art. 44 da Lei 13.869/2019, responsável pela definição dos crimes de abuso de autoridade: "Art. 44. Revogam-se a Lei nº 4.898, de 9 de dezembro de 1965, e o § 2º do art. 150 e o art. 350, ambos do Decreto-Lei nº 2.848, de 7 de dezembro de 1940 (Código Penal)". Condutas similares àquelas outrora tipificadas no art. 350 do Código Penal encontram-se atualmente definidas nos arts. 12, 13 e 21 da Lei 13.869/2019.

Fuga de pessoa presa ou submetida a medida de segurança

> **Art. 351.** Promover ou facilitar a fuga de pessoa legalmente presa ou submetida a medida de segurança detentiva:
>
> Pena – detenção, de seis meses a dois anos.
>
> § 1º Se o crime é praticado a mão armada, ou por mais de uma pessoa, ou mediante arrombamento, a pena é de reclusão, de dois a seis anos.
>
> § 2º Se há emprego de violência contra pessoa, aplica-se também a pena correspondente à violência.
>
> § 3º A pena é de reclusão, de um a quatro anos, se o crime é praticado por pessoa sob cuja custódia ou guarda está o preso ou o internado.
>
> § 4º No caso de culpa do funcionário incumbido da custódia ou guarda, aplica-se a pena de detenção, de três meses a um ano, ou multa.

Classificação:	Informações rápidas:
Crime simples	**Objeto material:** pessoa legalmente presa ou submetida a medida de segurança detentiva (a prisão pode ser de natureza civil ou criminal – esta provisória ou definitiva).
Crime comum	
Crime material ou causal	
Crime de dano	
Crime de forma livre	**Elemento subjetivo:** dolo. Admite modalidade culposa somente na hipótese do § 4.º.
Crime comissivo ("promover") ou eventualmente omissivo impróprio ("facilitar")	**Tentativa:** admite (crime plurissubsistente).
Crime instantâneo	**Ação penal:** pública incondicionada.
Crime unissubjetivo, unilateral ou de concurso eventual	**Mão armada:** abrange arma própria e imprópria.
Crime plurissubsistente *(regra)*	

○ **Introdução:** A finalidade deste artigo repousa na incriminação da conduta daquele que promove ou facilita a fuga de pessoa legalmente presa ou submetida a medida de segurança detentiva. É evidente que ninguém está obrigado a conformar-se com a privação da liberdade de pessoa do seu relacionamento, ainda que justa e legal. No entanto, não se pode romper a força dos Poderes constituídos pelo Estado, fazendo-se pouco caso do devido processo legal em busca da soltura do detento a qualquer preço. Há meios legítimos para a colocação do preso em liberdade: recursos em geral, *habeas corpus*, revisão criminal etc. O que não se pode tolerar é a utilização de meios ilícitos e criminosos para a libertação de um detento. Com isso o Estado não pode anuir, motivo pelo qual foi tipificada a conduta descrita no art. 351 do CP.

○ **Objeto jurídico:** É a Administração da justiça, pois a fuga de pessoa legalmente presa ou submetida a medida de segurança detentiva ofende a autoridade da decisão judicial, bem como o prestígio da Administração Pública na execução das sanções penais e o interesse público relacionado à repressão da criminalidade.

○ **Objeto material:** É a pessoa legalmente presa ou submetida a medida de segurança detentiva. A prisão pode ser de natureza civil ou criminal (provisória ou definitiva). Medida de segurança detentiva ou de internação é a espécie de sanção penal com finalidade exclusiva de prevenção especial, aplicável aos inimputáveis (CP, art. 26, *caput*) ou aos semi-imputáveis (CP, art. 26, parágrafo único) envolvidos na prática de uma infração penal, e cumprida em hospital de custódia e tratamento psiquiátrico ou, à falta, em outro estabelecimento adequado (CP, art. 96, I, e Decreto-lei 3.688/1941 – Lei das Contravenções Penais, art. 16). Como o tipo penal fala em pessoa "submetida a medida de segurança detentiva", não se verifica o crime quando alguém promove ou facilita a fuga de pessoa internada em hospital psiquiátrico por seus familiares ou mesmo por decisão judicial, desde que não seja resultante de ação penal que acarretou a imposição da medida de segurança detentiva.

○ **Núcleos do tipo:** *São dois:* "promover" e "facilitar". **Promover** é dar causa à fuga, executando-a. A iniciativa é do agente, e não se exige a ciência do preso ou detento. **Facilitar** é simplificar, afastando ou diminuindo os obstáculos para a fuga do preso ou detento. Este tem a iniciativa, e o particular lhe presta auxílio. A facilitação pode ser exteriorizada mediante ação ou omissão imprópria. Cuida-se de tipo misto alternativo, crime de ação múltipla ou de conteúdo variado: há um só crime quando o agente promove e facilita a fuga da mesma pessoa, relativamente à mesma privação da liberdade. A promoção e a facilitação têm como alvo a fuga do detento, é dizer, sua retirada da esfera de vigilância e custódia do Estado. Anote-se que a fuga não depende obrigatoriamente da inserção do indivíduo no sistema prisional. Também se pode fugir durante o transporte do preso para outro estabelecimento prisional ou para o hospital, ou então da escolta para audiência no fórum, entre tantas outras situações possíveis na vida prática. Não é imprescindível que já tenha o preso ingressado no sistema prisional ou no hospital de custódia e tratamento psiquiátrico.

– **Fuga de pessoa presa ou submetida a medida de segurança e legalidade da detenção:** O tipo penal refere-se expressamente à **legalidade** da prisão ou da medida de segurança detentiva, não havendo crime quando o agente promove ou facilita a fuga de pessoa ilegalmente presa ou submetida a medida de segurança, por duas razões: (a) ausência de uma elementar típica; e (b) legítima defesa de terceiro. A ilegalidade da prisão ou da medida de segurança pode ocorrer tanto em razão de algum vício de origem como em decorrência da sua execução. Não se pode confundir a legalidade formal da detenção com questionamentos acerca da sua **justiça material**. Se a privação da liberdade obedece aos ditames legais, não se autoriza a promoção ou facilitação da fuga em hipótese alguma.

– **Fuga de pessoa presa e favorecimento pessoal – distinção:** É possível a caracterização do crime em análise na situação em que alguém acabou de ser preso em flagrante e outra pessoa promove ou facilita sua fuga. Entretanto, se o preso fugir sozinho, por conta própria, e posteriormente um indivíduo qualquer lhe auxiliar a subtrair-se da ação da autoridade pública, estará configurado o delito de favorecimento pessoal (CP, art. 348).

○ **Sujeito ativo:** Pode ser qualquer pessoa (**crime comum ou geral**). É perfeitamente possível o concurso com qualquer outro sujeito, salvo o preso ou internado. De fato, embora não exista crime atinente à simples fuga do detento, a legislação não permite que outras pessoas contribuam para a frustração das decisões judiciais, com manifesto demérito da ordem jurídica. Se o sujeito ativo for a pessoa sob cuja custódia ou guarda esteja o preso ou o internado (exemplos: carcereiro, agente penitenciário etc.), será aplicável a qualificadora contida no § 3.º do art. 351 do CP.

○ **Sujeito passivo:** É o Estado.

○ **Elemento subjetivo:** É o dolo. A figura culposa é admitida e enseja o surgimento da modalidade descrita no § 4.º do art. 351.

○ **Consumação:** O crime é **material** ou **causal**: consuma-se com a efetiva fuga da pessoa presa ou internada, exigindo-se a transposição dos limites de guarda ou vigilância do Estado, ainda que por curto espaço de tempo. Pouco importa se há posterior e breve recaptura.

○ **Tentativa:** É possível, em face do caráter plurissubsistente do crime, comportando o fracionamento do *iter criminis*.

○ **Ação penal:** É pública incondicionada, em todas as modalidades do delito.

○ **Lei 9.099/1995:** Na forma simples, disciplinada no *caput*, a fuga de pessoa presa ou submetida a medida de segurança é **infração penal de menor potencial ofensivo,** em razão do máximo da pena privativa de liberdade cominada (dois anos). Admite, portanto, a transação penal e o rito sumaríssimo, nos termos da Lei 9.099/1995.

○ **Figura qualificada pelo emprego de arma, concurso de pessoas ou arrombamento (art. 351, § 1.º):** De acordo com o § 1.º do art. 351 do CP, "se o crime é praticado a mão armada, ou por mais de uma pessoa, ou mediante arrombamento, a pena é de reclusão, de dois a seis anos". Cuida-se de **qualificadora**, pois se alteram os limites mínimo e máximo da pena cominada. Em se tratando de **crime de elevado potencial ofensivo**, com pena mínima superior a um ano, revela-se inadmissível a incidência dos benefícios disciplinados na Lei 9.099/1995. (a) **Crime praticado à mão armada:** tanto a arma própria como a imprópria prestam-se à caracterização da qualificadora. Não se reclama o efetivo emprego da arma. Pune-se a simples ameaça séria, idônea a facilitar a execução do delito. (b) **Mais de uma pessoa:** a lei se contenta com a existência de duas pessoas, circunstância que, em regra, torna mais vulnerável a resistência dos indivíduos responsáveis pela manutenção da detenção. (c) **Mediante arrombamento:** preocupa-se a lei com a violência sobre coisas, destinada a promover a abertura forçada de algum obstáculo em razão do seu rompimento.

○ **Violência contra a pessoa e concurso material obrigatório (art. 351, § 2.º):** Nos termos do § 2.º do art. 351 do CP, "se há emprego de violência contra pessoa, aplica-se também a pena correspondente à violência". A fuga de pessoa presa ou submetida a medida de segurança detentiva é crime de forma livre, compatível com qualquer meio de execução. Contudo, se o meio executório eleito pelo agente consistir na violência à pessoa, a lei determina o concurso material obrigatório entre o crime definido no art. 351 e o delito resultante da violência (lesão corporal de qualquer natureza, homicídio consumado ou tentado etc.). As vias de fato podem ser utilizadas como violência à pessoa, mas serão absorvidas pelo crime ora analisado, em obediência à subsidiariedade expressa contida no art. 21 do Decreto-lei 3.688/1941 – Lei das Contravenções Penais.

○ **Figura qualificada pela qualidade do sujeito ativo (art. 351, § 3.º):** A pena será de reclusão, de um a quatro anos, se o crime for praticado por pessoa sob cuja custódia ou guarda estiver o preso ou o internado. Esta qualificadora retrata um **delito próprio ou especial**. A violação do dever funcional justifica o tratamento penal mais severo. A peculiar condição do sujeito ativo eleva os parâmetros da pena privativa de liberdade, instituindo um **crime de médio potencial ofensivo**: a pena mínima cominada (um ano) autoriza o benefício da suspensão condicional do processo, desde que presentes os demais requisitos elencados pelo art. 89 da Lei 9.099/1995.

○ **Modalidade culposa (art. 351, § 4.º):** No caso de culpa do funcionário incumbido da custódia ou guarda, aplica-se a pena de detenção, de três meses a um ano, ou multa. Estamos diante de um **crime próprio**, pois a lei se preocupa unicamente com a culpa do funcionário público incumbido da custódia ou guarda. Consequentemente, se um particular contribuir culposamente para a fuga do detento ou internado, o fato será atípico. A pena é sensivelmente inferior em razão da presença da culpa do funcionário público responsável pela custódia ou guarda do detento, que contribui para sua fuga por imprudência ou negligência.

○ **Fuga de pessoa presa ou submetida a medida de segurança e Código Penal Militar:** Os arts. 178 e 179 do Decreto-lei 1.001/1969 – Código Penal Militar disciplinam o crime de fuga de preso ou internado, nas modalidades dolosa e culposa.

○ **Jurisprudência selecionada:**

Violência à pessoa – concurso material obrigatório: "A violência exercida contra pessoa, prevista no § 2º do artigo 351 do Código Penal é punível a título de concurso material com o crime descrito no *caput* do artigo, por constituir figura delitiva autônoma. Descabe considerá-la como agravante ou circunstância judicial" (STF: HC 86.566/SP, rel. Min. Eros Grau, 1.ª Turma, j. 25.10.2005).

Evasão mediante violência contra a pessoa

Art. 352. Evadir-se ou tentar evadir-se o preso ou o indivíduo submetido a medida de segurança detentiva, usando de violência contra a pessoa:

Pena – detenção, de três meses a um ano, além da pena correspondente à violência.

Classificação:	Informações rápidas:
Crime pluriofensivo	**Objeto material:** pessoa atacada pela violência.
Crime próprio ou especial	**Violência:** deve ser física (abrange vias de fato).
Crime material ou causal	**Elemento subjetivo:** dolo (elemento subjetivo
Crime de dano	específico – intenção do detento ou internado
Crime de forma livre	de valer-se de violência contra pessoa para fugir
Crime comissivo (*regra*)	da legítima privação da liberdade). Não admite
Crime instantâneo	modalidade culposa.
Crime unissubjetivo, unilateral ou de concurso eventual	**Tentativa:** não admite (crime de atentado ou de empreendimento).
Crime plurissubsistente (*regra*)	**Ação penal:** pública incondicionada.
	Concurso material obrigatório: evasão mediante violência + crime resultante da violência.

○ **Introdução:** No crime definido no art. 352 do CP não há interferência de um terceiro para a fuga do preso ou do indivíduo submetido a medida de segurança, diferentemente do que ocorre no delito tipificado no artigo anterior. A evasão, consumada ou tentada, opera-se exclusivamente pela conduta do detento ou internado. O legislador não incriminou o simples ato de fugir, já que a fuga está inserida entre os direitos naturais do ser humano, pois é instintiva a sua busca pela liberdade. No entanto, para fugir o detento não pode se valer de violência contra pessoa, ofendendo sua integridade física, sua saúde ou até mesmo ceifando sua vida. Se o fizer, incidirá no crime tipificado no artigo em estudo.

○ **Objeto jurídico:** Tutela-se a Administração da justiça, ofendida em sua tarefa de promover a integral execução de uma sanção penal imposta pelo Poder Judiciário. E, mediatamente, também se protege a integridade física da pessoa, em regra funcionário público, atingida pela violência.

○ **Objeto material:** É a pessoa atacada pela violência.

○ **Núcleo do tipo:** É "**evadir-se**", no sentido de fugir por conta própria, escapar de medida privativa da liberdade, consistente em prisão (provisória ou definitiva) ou medida de segurança detentiva. Para a configuração do crime em análise, é imprescindível já se encontre o sujeito legalmente preso e venha a fugir ou tentar fugir mediante a utilização de violência contra a pessoa. Se o preso fugir violentamente no momento da decretação da sua detenção, estará delineado o crime de resistência em sua forma qualificada (CP, art. 329, § 1.º). A violência indicada pelo tipo penal é unicamente a **física**, exercida contra funcionários públicos responsáveis pela custódia e vigilância do detento ou contra qualquer outra pessoa. Quando o CP quer se referir à grave ameaça (violência moral), o faz expressamente. As vias de fato são suficientes para a caracterização da violência física, com a ressalva de que são sempre absorvidas pelo crime a que se prestam como meio de execução, em decorrência do seu caráter expressamente subsidiário (Decreto-lei 3.688/1941 – Lei das Contravenções Penais, art. 21).

– **Local da evasão:** Discute-se na doutrina o local em que o crime pode ser praticado: se somente no interior do estabelecimento prisional, ou também em outros lugares, tais como durante o transporte ao hospital, a remoção a outro presídio ou mesmo durante a escolta ao fórum. Existem duas posições sobre o assunto. Para Nélson Hungria, "o agente deve estar encerrado no estabelecimento carcerário ou de segurança. Se a fuga ocorre *extra muros*, eximindo-se violentamente o agente ao poder de quem o conduz ou transporta, o crime será o de resistência (art. 329), sem prejuízo, igualmente, das penas correspondentes à violência".[402] De outro lado, assim se pronunciava o saudoso Magalhães Noronha: "Evadir-se é a pessoa subtrair-se à esfera de custódia ou guarda de outrem. Frequentemente essa esfera está circunscrita ao estabelecimento (cadeia, penitenciária, casa de custódia e tratamento, instituto de trabalho etc.), mas pode ocorrer em condições diversas: o sentenciado que, transportado em viatura da Casa de Detenção para a Penitenciária, agride seus condutores e foge, comete o delito em apreço: evade-se com violência à pessoa."[403]

○ **Sujeito ativo:** Trata-se de **crime próprio** ou **especial**, pois somente pode ser praticado pela pessoa submetida à prisão (provisória ou definitiva) ou à medida de segurança detentiva.

○ **Sujeito passivo:** É o Estado e, secundariamente, a pessoa contra quem é dirigida a violência utilizada pelo detento.

○ **Elemento subjetivo:** É o dolo, acrescido de um especial fim de agir (elemento subjetivo específico), consistente na intenção do detento ou internado de valer-se de violência contra pessoa para fugir da legítima privação da liberdade. Não se admite a modalidade culposa.

---

[402] HUNGRIA, Nélson. *Comentários ao Código Penal*. 2. ed. Rio de Janeiro: Forense, 1959. v. IX, p. 520.
[403] MAGALHÃES NORONHA, E. *Direito penal*. São Paulo: Saraiva, 1983. v. 4, p. 423.

○ **Consumação:** Dá-se no momento em que o preso ou indivíduo submetido a medida de segurança detentiva efetivamente emprega violência contra alguma pessoa, ainda que não tenha êxito na concretização da fuga (**crime material** ou **causal**). Em se tratando de **crime de atentado** ou **de empreendimento**, no qual a lei pune de forma idêntica o crime consumado e aquilo que em tese seria uma simples tentativa, é possível afirmar que pouco importa se o detento, após utilizar de violência contra a pessoa, evade-se ou não. Em qualquer hipótese, o crime estará consumado.

○ **Tentativa:** Não é cabível, como corolário da classificação do crime capitulado no art. 352 do Código Penal entre os delitos de atentado ou de empreendimento. A consumação e a tentativa foram colocadas em pé de igualdade.

○ **Ação penal:** É pública incondicionada.

○ **Lei 9.099/1995:** Cuida-se de **infração penal de menor potencial ofensivo**, em face do máximo da pena privativa de liberdade cominada (um ano). O crime, portanto, é compatível com a transação penal e com o rito sumaríssimo, nos termos da Lei 9.099/1995.

○ **Concurso material obrigatório:** O preceito secundário do art. 352 do Código Penal impõe o concurso material obrigatório entre a evasão mediante violência contra a pessoa e eventual crime resultante da violência, qualquer que seja sua espécie (lesão corporal leve, grave ou gravíssima, homicídio consumado ou tentado etc.). As vias de fato podem ser utilizadas como violência à pessoa, mas serão absorvidas pelo crime previsto no art. 352 do Código Penal, em obediência à subsidiariedade expressa contida no art. 21 do Decreto-lei 3.688/1941 – Lei das Contravenções Penais.

○ **Evasão mediante violência contra pessoa e Código Penal Militar:** O art. 180 do Decreto-lei 1.001/1969 – Código Penal Militar – prevê o crime de evasão de preso ou internado.

Arrebatamento de preso

> **Art. 353.** Arrebatar preso, a fim de maltratá-lo, do poder de quem o tenha sob custódia ou guarda:
>
> Pena – reclusão, de um a quatro anos, além da pena correspondente à violência.

Classificação:	Informações rápidas:
Crime simples	**Objeto material:** preso arrebatado.
Crime comum	**Violência:** deve ser física (abrange vias de fato).
Crime formal, de consumação antecipada ou de resultado cortado	**Elemento subjetivo:** dolo (elemento subjetivo específico – "a fim de maltratá-lo"). Não admite modalidade culposa.
Crime de dano	**Tentativa:** admite (*crime plurissubsistente*).
Crime de forma livre	**Ação penal:** pública incondicionada.
Crime comissivo (*regra*)	**Concurso material obrigatório:** arrebatamento de preso + crime resultante da violência.
Crime instantâneo	
Crime unissubjetivo, unilateral ou de concurso eventual	
Crime plurissubsistente (*regra*)	

○ **Objeto jurídico:** O bem jurídico penalmente protegido é a Administração da justiça. É a segurança de sua finalidade que se resguarda e tutela, impedindo a intervenção apaixonada e violenta que lhe posterga os ditames serenos e as decisões imparciais.

o **Objeto material:** É o preso arrebatado. A elementar "**preso**" há de ser interpretada no sentido de pessoa que se encontra privada da sua liberdade, em razão de prisão em flagrante ou de prisão decretada pelo Poder Judiciário (provisória ou definitiva, e até mesmo prisão civil).

o **Núcleo do tipo:** É "**arrebatar**", no sentido de tomar, subtrair, tirar o preso de quem o tenha sob custódia ou guarda. A conduta pode ser praticada por qualquer meio (crime de forma livre). Como a lei utiliza a expressão "do poder de quem o tenha sob custódia ou guarda", pouco importa se a prisão era legal ou ilegal, pois a finalidade do sujeito é provocar maus-tratos no preso, e não livrá-lo de eventual abuso do Estado. Quando o delito for cometido com emprego de violência à pessoa, haverá imposição cumulativa da pena resultante da violência. As vias de fato podem ser utilizadas como violência à pessoa, mas serão absorvidas pelo crime previsto no art. 353 do CP, em decorrência da subsidiariedade expressa contida no art. 21 do Decreto-lei 3.688/1941 – Lei das Contravenções Penais. Também é indiferente o local em que o preso se encontra no momento do arrebatamento, se no interior do estabelecimento prisional, na viatura para transporte ao fórum, no camburão para remoção a presídio diverso ou em qualquer outro lugar. Basta seja o preso retirado do poder de quem o tenha sob custódia ou guarda. Em que pese o caráter genérico do tipo penal, sua aplicação historicamente tem se relacionado aos casos de linchamento nos crimes que provocam revolta popular e clamor social.

o **Sujeito ativo:** Pode ser qualquer pessoa (**crime comum ou geral**). Não se trata de delito plurissubjetivo, embora na prática normalmente apresente o caráter de crime multitudinário (praticado pela multidão em tumulto).

o **Sujeito passivo:** É o Estado e, mediatamente, o preso arrebatado.

o **Elemento subjetivo:** É o dolo, acrescido de um especial fim de agir (elemento subjetivo específico), representado pela expressão "a fim de maltratá-lo". Não basta a retirada do preso do poder de quem o tenha sob custódia ou guarda: é imprescindível a intenção de fazê-lo para o fim de impor-lhe maus-tratos. Se o agente retira o preso do poder de quem o tenha sob custódia ou guarda para promover sua fuga, resgatando-o, a ele será imputado o crime definido no art. 351 deste Código. Não se admite a modalidade culposa.

o **Consumação:** O crime é **formal, de consumação antecipada** ou **de resultado cortado**: consuma-se com a efetiva retirada do preso do poder de quem o tenha sob custódia ou guarda. A imposição de maus-tratos pode ocorrer – e se ocorrer estará configurado o exaurimento –, mas não é necessária para fins de consumação.

o **Tentativa:** É possível, em face do caráter plurissubsistente do delito, comportando o fracionamento do *iter criminis*.

o **Ação penal:** É pública incondicionada.

o **Lei 9.099/1995:** A pena mínima cominada (um ano) autoriza a incidência da suspensão condicional do processo (**crime de médio potencial ofensivo**), desde que presentes os demais requisitos exigidos pelo art. 89 da Lei 9.099/1995.

o **Concurso material obrigatório:** O preceito secundário determina o concurso material obrigatório entre o arrebatamento de preso e eventual crime resultante da violência, qualquer que seja sua espécie. Nada obstante a natureza formal do delito, a efetiva produção de maus-tratos no preso (exaurimento) acarreta a punição do crime produzido em decorrência da violência à pessoa. A situação é mais grave e deve ser rigorosamente enfrentada pelo Direito Penal. A violência contra a coisa não abre espaço para o concurso material obrigatório.

○ **Arrebatamento de preso e Código Penal Militar:** O art. 181 do Decreto-lei 1.001/1969 – Código Penal Militar – versa sobre o crime de arrebatamento de preso ou internado, incriminando uma conduta mais ampla do que a prevista neste artigo.

Motim de presos

> **Art. 354.** Amotinarem-se presos, perturbando a ordem ou disciplina da prisão:
>
> Pena – detenção, de seis meses a dois anos, além da pena correspondente à violência.

Classificação:	Informações rápidas:
Crime simples	**Objeto material:** normal ambiente prisional.
Crime próprio	**Violência:** deve ser física (abrange vias de fato).
Crime material ou causal	**Elemento subjetivo:** dolo. Não admite mo-
Crime de dano	dalidade culposa.
Crime de forma livre	**Tentativa:** admite (*crime plurissubsistente*).
Crime comissivo (*regra*)	**Ação penal:** pública incondicionada.
Crime permanente	**Concurso material obrigatório:** motim de
Crime plurissubjetivo, plurilateral ou de con-	preso + crime resultante da violência.
curso necessário	
Crime plurissubsistente (*regra*)	

○ **Objeto jurídico:** Tutela-se a Administração da justiça.

○ **Objeto material:** É o normal ambiente prisional, no qual devem imperar a ordem e a disciplina derivadas da autoridade do Estado.

○ **Núcleo do tipo:** É "**amotinarem-se**", transmitindo a ideia de revolta coletiva dos presos com a ordem e a disciplina da prisão, provocando perturbação e alvoroço. **Ordem** diz respeito à tranquilidade do ambiente prisional; **disciplina** consiste no respeito e obediência às regras previamente estabelecidas. A prisão há de ser legal, pois as pessoas detidas indevidamente têm o direito de se opor ao arbítrio do Estado. O motim de presos é um movimento coletivo de rebeldia dos presos, seja para o fim de justas ou injustas reivindicações, seja para coagir os funcionários do estabelecimento prisional a determinada medida, ou para tentativa de fuga, ou por objetivos de simples baderna ou vingança. Nada obstante a conduta geralmente se exteriorize mediante ação, não se pode descartar o comportamento omissivo como hábil para viabilizar o delito. Exemplo: depois de encerrado o horário do banho de sol, os presos recusam-se a retornar às suas celas, causando tumulto generalizado em prejuízo à ordem e à disciplina do ambiente carcerário.

○ **Sujeito ativo:** Trata-se de **crime próprio e plurissubjetivo, plurilateral** ou **de concurso necessário**, pois somente pode ser cometido pelos "presos". Como a lei não aponta um número mínimo de indivíduos para a concretização do delito, é lícito concluir que se exigem pelo menos três pessoas, pois quando o CP quer duas ou quatro pessoas ele o diz expressamente. O legislador excluiu do raio de incidência do artigo em apreço o motim de pessoas submetidas à medida de segurança detentiva (os inimputáveis ou semi-imputáveis internados em hospital de custódia e tratamento psiquiátrico). Consequentemente, a balbúrdia por eles ocasionada não configura o crime definido no art. 354 do CP.

○ **Sujeito passivo:** É o Estado.

○ **Elemento subjetivo:** É o dolo, independentemente de qualquer finalidade específica. Basta a vontade dos presos de amotinarem-se, cientes de que assim agindo tumultuarão a ordem ou a disciplina do estabelecimento prisional. É indiferente, no plano da tipicidade, se eventual reivindicação dos presos é justa ou injusta, devendo a natureza do motivo ser levada em conta pelo magistrado na dosimetria da pena-base, como circunstância judicial ou inominada, na primeira fase de fixação da pena privativa de liberdade (art. 59, *caput*, do CP). Não se admite a modalidade culposa.

○ **Consumação:** O crime é **material** ou **causal**: consuma-se com a efetiva violação da ordem ou da disciplina do estabelecimento prisional, pouco importando o tempo de duração do amotinamento. Não se pode confundir o motim de presos com a simples transgressão de normas disciplinares a eles aplicáveis. O crime em análise reclama o emprego de violência física ou grave ameaça contra agentes penitenciários ou outras pessoas, ou ainda a depredação de objetos ou atitudes de semelhante categoria. Cuida-se de **crime permanente**, pois a consumação se prolonga no tempo, perdurando durante todo o prazo de amotinamento dos presos.

○ **Tentativa:** É cabível, em face do caráter plurissubsistente do delito, comportando o fracionamento do *iter criminis*.

○ **Ação penal:** É pública incondicionada.

○ **Lei 9.099/1995:** O motim de presos é **infração penal de menor potencial ofensivo.** A pena máxima cominada (dois anos) autoriza a transação penal e a utilização do rito sumaríssimo, nos moldes da Lei 9.099/1995.

○ **Concurso material obrigatório:** O preceito secundário impõe o concurso material obrigatório entre o motim de presos e eventual crime resultante da violência, qualquer que seja sua espécie. A grave ameaça ou violência moral e a violência contra a coisa não autorizam a soma das penas.

○ **Código Penal Militar:** O art. 182 do Decreto-lei 1.001/1969 prevê o crime de amotinamento, nos seguintes termos: "Amotinarem-se presos, ou internados, perturbando a disciplina do recinto de prisão militar: Pena – reclusão, até três anos, aos cabeças; aos demais, detenção de um a dois anos." Já quanto a responsabilidade do partícipe, dispõe o parágrafo único: "Na mesma pena incorre quem participa do amotinamento ou, sendo oficial e estando presente, não usa os meios ao seu alcance para debelar o amotinamento ou evitar-lhe as consequências."

Patrocínio infiel

Art. 355. Trair, na qualidade de advogado ou procurador, o dever profissional, prejudicando interesse, cujo patrocínio, em juízo, lhe é confiado:

Pena – detenção, de seis meses a três anos, e multa.

Patrocínio simultâneo ou tergiversação

> **Parágrafo único.** Incorre na pena deste artigo o advogado ou procurador judicial que defende na mesma causa, simultânea ou sucessivamente, partes contrárias.

Classificação:	Informações rápidas:
Patrocínio infiel Crime pluriofensivo Crime próprio Crime material ou causal Crime de dano Crime de forma livre Crime comissivo ou omissivo próprio ou puro Crime instantâneo Crime unissubjetivo, unilateral ou de concurso eventual Crime plurissubsistente (quando praticado por ação) ou unissubsistente (se cometido mediante omissão) **Patrocínio simultâneo** Crime pluriofensivo Crime próprio Crime formal, de consumação antecipada ou de resultado cortado Crime de dano Crime de forma livre Crime comissivo Crime instantâneo Crime unissubjetivo, unilateral ou de concurso eventual Crime plurissubsistente (*regra*)	**Objeto material:** pessoa física ou jurídica, de direito público ou privado, lesada em seus interesses pela traição ou deslealdade em juízo do advogado ou do estagiário de advocacia. **Elemento subjetivo:** dolo. Não admite modalidade culposa. A traição do advogado ou procurador deve produzir prejuízo relevante de qualquer natureza, material ou moral, desde que lícito. **Tentativa:** no patrocínio infiel admite somente nas hipóteses de crime comissivo (crime plurissubsistente), no patrocínio simultâneo admite. **Ação penal:** pública incondicionada. **Competência:** Justiça Estadual (exceções: art. 109, IV, da CF – Justiça Federal, se houver efetivo prejuízo).

○ **Introdução:** O art. 355 do CP contempla dois crimes diversos: patrocínio infiel, no *caput*, e patrocínio simultâneo ou tergiversação, no parágrafo único. A pena é a mesma em ambos os delitos.

○ **Objeto jurídico:** Nos dois crimes tutela-se a Administração da justiça. Vale recordar o teor do art. 133 da CF: "O advogado é indispensável à administração da justiça, sendo inviolável por seus atos e manifestações no exercício da profissão, nos limites da lei." Em plano secundário, também se protege o patrimônio jurídico da pessoa física ou jurídica, de direito público ou de direito privado, prejudicada pela atuação maliciosa do advogado ou procurador.

○ **Objeto material:** É a pessoa física ou jurídica, de direito público ou privado, lesada em seus interesses pela traição em juízo do advogado ou do estagiário de advocacia, ou então pela deslealdade do causídico que defende, na mesma causa, simultânea ou sucessivamente, partes contrárias.

○ **Sujeito ativo:** Os crimes são **próprios** ou **especiais**, pois somente podem ser praticados pelo advogado, seja ele público ou particular, constituído ou dativo, e também pelo procurador. Nos termos do art. 3.º da Lei 8.906/1994 – Estatuto da Advocacia e da Ordem dos Advogados do Brasil: "O exercício da atividade de advocacia no território brasileiro e a denominação de advogado são privativos dos inscritos na Ordem dos Advogados do Brasil (OAB). § 1º Exercem atividade de advocacia, sujeitando-se ao regime desta lei, além do regime próprio a que se subordinem, os integrantes da Advocacia-Geral da União, da Procuradoria da Fazenda Nacional, da Defensoria Pública[404] e das Procuradorias e Consultorias Jurídicas dos Estados, do Distrito Federal, dos Municípios e das respectivas entidades de administração indireta e fundacional. § 2º O estagiário de advocacia, regularmente inscrito, pode praticar os atos previstos no art. 1º, na forma do regimento geral, em conjunto com advogado e sob responsabilidade deste." Portanto, o **estagiário** regularmente inscrito na OAB também pode ser sujeito ativo dos delitos. Não há falar, nessa hipótese, em analogia *in malam partem*, pois ele pode ser enquadrado na condição de procurador, expressamente prevista no *caput* e no parágrafo único do art. 355 do CP. A elementar procurador, além dos estagiários, compreende igualmente as antigas figuras dos provisionados e dos solicitadores, praticamente abolidas nos dias atuais. É perfeitamente cabível o concurso de pessoas (coautoria e participação). Se o agente não possuir a qualificação especial de advogado ou de estagiário de advocacia, não há falar na configuração dos crimes aqui definidos, podendo caracterizar-se algum outro delito.

○ **Sujeito passivo:** É o Estado e, mediatamente, a pessoa física ou jurídica, de direito público ou de direito privado, prejudicada pela conduta criminosa.

○ **Elemento subjetivo:** É o dolo, independentemente de qualquer finalidade específica. Não se pune a modalidade culposa, evidenciada principalmente pela imprudência ou pela negligência do causídico em sua atuação desidiosa no caso concreto.

○ **Ação penal:** É pública incondicionada, em ambos os delitos.

○ **Lei 9.099/1995:** Em face da pena mínima cominada (seis meses), o patrocínio infiel e o patrocínio simultâneo são **crimes de médio potencial ofensivo**, compatíveis com a suspensão condicional do processo, desde que estejam presentes os demais requisitos exigidos pelo art. 89 da Lei 9.099/1995.

○ **Competência:** Os crimes de patrocínio infiel e de patrocínio simultâneo (ou tergiversação) são, em regra, de competência da Justiça Estadual. Em situações excepcionais, a competência será da Justiça Federal se qualquer dos crimes for praticado em detrimento dos interesses da União ou de suas entidades autárquicas ou empresas públicas (CP, art. 109, inc. IV). É o que se dá, exemplificativamente, nos delitos cometidos no âmbito da Justiça do Trabalho.

○ **Consentimento do ofendido e seus reflexos jurídico-penais:** Quando a causa submetida à apreciação do Poder Judiciário envolver **interesses disponíveis**, o consentimento do assistido em relação ao patrocínio infiel e ao patrocínio simultâneo exclui a ilicitude do fato, impedindo a caracterização dos delitos. No entanto, eventual consentimento será inócuo quando estiver em disputa judicial algum interesse indisponível, tal como ocorre nas ações penais. Com efeito, um réu no âmbito criminal não pode validamente concordar em ser condenado, ou de qualquer maneira prejudicado, pois a disputa não diz respeito unicamente aos seus interesses, mas também à sociedade em geral.

---

[404] Em relação à Defensoria Pública, o Supremo Tribunal Federal, no julgamento da ADI 4.636, conferiu interpretação conforme a Constituição ao art. 3.º, § 1.º, da Lei 8.906/1994, declarando-se inconstitucional qualquer interpretação que resulte no condicionamento da capacidade postulatória dos membros da Defensoria Pública à inscrição dos Defensores Públicos na Ordem dos Advogados do Brasil.

○ Patrocínio infiel (art. 355, *caput*):

– **Núcleo do tipo:** é "**trair**", no sentido de enganar ou ser desleal. O advogado ou procurador quebra a relação de confiança existente com o seu assistido. Viola-se a ética que deve nortear a atuação dos profissionais da advocacia, assegurada pelo art. 33 da Lei 8.906/1994 – Estatuto da Advocacia e da Ordem dos Advogados do Brasil. O art. 2.º, parágrafo único, do Código de Ética e Disciplina da OAB elenca os deveres profissionais dos advogados e seu art. 9.º expressamente determina que "o advogado deve informar o cliente, de modo claro e inequívoco, quanto a eventuais riscos da sua pretensão, e das consequências que poderão advir da demanda". A traição do advogado ou procurador deve prejudicar interesse que lhe fora confiado em juízo. Não é suficiente o mero dano potencial: exige-se prejuízo relevante, que pode ser de qualquer natureza, material ou moral, desde que lícito. Contrariar pretensão ilícita não causa prejuízo apto a legitimar a intervenção do Direito Penal. Além disso, o interesse prejudicado deve ter sido levado a juízo e patrocinado pelo sujeito ativo. Pouco importa o juízo a que fora submetido o interesse lesado pelo patrocínio infiel. O crime em comento somente pode ser cometido **em juízo**, ou seja, não se caracteriza quando a infidelidade do advogado exterioriza-se na fase da investigação policial ou de qualquer modo antes do ajuizamento de uma demanda. Para o reconhecimento do patrocínio em juízo exige-se a celebração de instrumento de mandato, a título oneroso ou gratuito, ou então a nomeação do advogado pelo magistrado, não se configurando o delito quando um advogado orienta de forma equivocada uma pessoa que não lhe outorgou procuração para defesa de interesses, nem foi nomeado nessa condição pelo juízo da causa. Evidentemente, não há falar em patrocínio infiel na situação em que o advogado, a par de não ter praticado atos de ordem processual, renuncia aos poderes a ele conferidos por procuração, antes do fato supostamente considerado como caracterizador do patrocínio infiel.

– **Consumação:** A consumação depende do efetivo prejuízo – ainda que provisório, ou seja, sanável pela prática do ato anteriormente omitido ou pela retificação do ato equivocadamente praticado – do titular do interesse legítimo patrocinado em juízo (**crime material** ou **causal**).

– **Tentativa:** É possível, nas hipóteses de crime comissivo, como corolário do caráter plurissubsistente do delito, compatível com o fracionamento do *iter criminis*. Todavia, não se admite o *conatus* quando a conduta é praticada mediante omissão (crime omissivo próprio ou puro).

○ Patrocínio simultâneo ou tergiversação (parágrafo único):

– **Núcleo do tipo:** É "**defender**", no sentido de patrocinar interesses no âmbito judicial. É imprescindível que o advogado ou procurador desempenhe uma atividade concreta, não bastando a simples outorga em seu favor de instrumento de mandato ou a nomeação como dativo pelo magistrado. O tipo penal veda tanto o patrocínio simultâneo como o patrocínio sucessivo de partes contrárias. Exige-se o conflito de pretensões das pessoas representadas pelo advogado ou procurador, ou seja, a presença de interesses antagônicos é essencial ao delito. **Patrocínio simultâneo:** o sujeito ativo defende ao mesmo tempo partes contrárias, pouco importando se o seu propósito é prejudicar alguma delas ou mesmo um terceiro alheio à lide submetida à apreciação do Poder Judiciário. Não há patrocínio simultâneo quando um advogado público está autorizado por lei a defender interesses privados que não sejam conflitantes com os que lhe foram confiados no desempenho do seu mister coletivo. No **patrocínio sucessivo**, que a lei preferiu denominar de **tergiversação**, o advogado ou procurador judicial, após deixar voluntariamente a causa do cliente ou então ser por este dispensado, passa a defender os interesses da parte adversa na mesma causa, situação que não pode ser tolerada por gerar um gritante desequilíbrio na relação processual. Com efeito, o advogado que assim se comporta possui informações que lhe foram confiadas pelo antigo assistido, as quais poderão ser abusivamente utilizadas em favor da parte que ele passou a defender, em detrimento do antigo cliente. Em ambos os casos o legislador emprega a expressão "**na mesma causa**", a qual não tem o simples sentido de "mesma ação", pois pode existir uma mesma causa inclusive em ações diversas, desde que apresentem a nota da **conexão**. Ainda, a defesa de interesses opostos na mesma causa pode acontecer em primeira instância, em grau recursal e também nas lides de competência originária dos tribunais.

– **Consumação:** Consuma-se com a prática do primeiro ato idôneo a evidenciar o patrocínio simultâneo ou sucessivo do advogado ou procurador judicial. Ao contrário do que se verifica no patrocínio infiel (CP, art. 355, *caput*), não se reclama a comprovação do prejuízo à parte acerca do interesse patrocinado em juízo (**crime formal, de consumação antecipada** ou **de resultado cortado**).

– **Tentativa:** É possível, em face do caráter plurissubsistente do delito, comportando o fracionamento do *iter criminis*.

○ **Jurisprudência selecionada:**

Advogado público – ausência de crime: "Não pratica crime de patrocínio infiel, o procurador de ente federativo que, autorizado por lei a exercer advocacia privada, defende réu em processo por crime contra a ordem tributária, cujo tributo seria devido ao mesmo ente, cujos interesses não estavam confiado a seu patrocínio" (STF: RE 467.923/DF, rel. Min. Cezar Peluso, 1.ª Turma, j. 18.04.2006).

Ausência de interesses antagônicos – fato atípico: "1. A advogada patrocinou a autora de uma ação de imissão de posse, sendo que ambas as partes vieram a falecer no curso da ação. Em virtude de o representante dos espólios ser a mesma pessoa que outorgou procuração à impetrante para cuidar do interesse dos dois espólios, a paciente requereu a extinção do processo. 2. Como o representante de ambos os espólios estava de acordo, não há que se falar em infidelidade no patrocínio, pois não houve o patrocínio simultâneo de interesses antagônicos" (STJ: HC 120.470/MG, rel. Min. Og Fernandes, 6.ª Turma, j. 17.02.2009).

Ausência de prejuízo à parte patrocinada – fato atípico: "1. Hipótese em que o paciente, advogado, deixou de praticar ato processual que lhe competia, mesmo depois de intimado a fazê-lo por diversas vezes, tendo sido, por isso, requisitado pelo Juiz da causa a instauração de inquérito policial para averiguar a prática do crime de patrocínio infiel. Juntou-se ao *habeas corpus* prova que permitiu concluir de plano que o prejuízo foi evitado com a realização do ato que cabia ao advogado. 2. Provado de plano a inexistência de prejuízo para a parte patrocinada pelo advogado desidioso, afasta-se de imediato o crime de patrocínio infiel, não havendo razões para o prosseguimento do inquérito policial, que deverá ser trancado por atipicidade de conduta" (STJ: HC 104.007/MS, rel. Min. Jane Silva (Desembargadora convocada do TJMG), 6.ª Turma, j. 26.05.2008).

Justiça do Trabalho – competência: "Patrocínio simultâneo praticado em processo trabalhista configura afronta à Justiça do Trabalho, cuja competência para julgamento é da Justiça Federal (Súmula 165)" (STJ: HC 56.541/SP, rel. Min. Maria Thereza de Assis Moura, 6.ª Turma, j. 19.05.2009).

Patrocínio simultâneo – execução de alimentos – não caracterização: "1- O delito de patrocínio simultâneo ou sucessivo implica trair interesses das partes ou de uma delas somente quando há conflito de pretensões. 2- Não pratica o delito de patrocínio simultâneo ou sucessivo o advogado que, depois de paga a prestação alimentícia pleiteada por sua cliente, comunica o fato ao Juiz do processo e requer a expedição de alvará de soltura em favor do executado, posto que não mais existiam direitos em conflito" (STJ: HC 62.655/RJ, rel. Min. Jane Silva (Desembargadora convocada do TJMG), 5.ª Turma, j. 25.09.2007).

Sujeito ativo – estagiário – possibilidade: "Se o estagiário prossegue no processo depois de formado, é perfeitamente possível a sua autoria no patrocínio infiel" (STJ: HC 113.424/RS, rel. Min. Jane Silva (Desembargadora convocada do TJMG), 6.ª Turma, j. 06.02.2009).

Sonegação de papel ou objeto de valor probatório

Art. 356. Inutilizar, total ou parcialmente, ou deixar de restituir autos, documento ou objeto de valor probatório, que recebeu na qualidade de advogado ou procurador:

Pena – detenção, de seis meses a três anos, e multa.

Classificação:	Informações rápidas:
Crime simples Crime próprio Crime material ou causal ("inutilizar") ou formal, de consumação antecipada ou de resultado cortado ("deixar de restituir") Crime de dano Crime de forma livre Crime comissivo ("inutilizar") ou omissivo próprio ou puro ("deixar de restituir") Crime instantâneo ("inutilizar") ou permanente ("deixar de restituir") Crime unissubjetivo, unilateral ou de concurso eventual Crime plurissubsistente ("inutilizar") ou unissubsistente ("deixar de restituir")	**Objeto material:** autos, documento e objeto de valor probatório. **Procedimento disciplinar perante a OAB:** não está previsto como condição de procedibilidade. **Elemento subjetivo:** dolo. Não admite modalidade culposa. **Tentativa:** admite no núcleo "inutilizar" (crime plurissubsistente); não admite na modalidade "deixar de restituir" (crime é omissivo próprio ou puro). **Ação penal:** pública incondicionada.

○ **Objeto jurídico:** Tutela-se a Administração da justiça, cuja atuação regular não pode conviver com a atuação nociva do advogado relativamente aos autos do processo ou de seus elementos probatórios.

○ **Objeto material:** O tipo penal contempla três objetos materiais: (a) "**Autos**", que diz respeito ao conjunto de peças componentes de processo de qualquer natureza, tais como as petições, os instrumentos de mandato, as sentenças etc. Com efeito, o processo é abstrato, e sua materialização é viabilizada pelos autos; (b) **Documento** é qualquer escrito ou papel, público ou particular, destinado à prova de um fato juridicamente relevante; (c) **Objeto de valor probatório** é a coisa material, que não se encaixa no conceito de documento, utilizado para convencer alguém acerca de um fato sobre o qual a parte baseia sua pretensão.

○ **Núcleos do tipo:** *São "inutilizar" e "deixar de restituir".* **Inutilizar** é tornar imprestável, destruindo total ou parcialmente os autos, o documento ou o objeto de valor probatório. A conduta é comissiva. **Deixar de restituir** consiste em não devolver no momento adequado os autos, o documento ou o objeto de valor probatório. Aqui a conduta é omissiva (crime omissivo próprio ou puro): o tipo penal descreve um comportamento negativo, um deixar de fazer.

○ **Desnecessidade de instauração de procedimento disciplinar perante a OAB:** Indiscutivelmente, a inutilização, total ou parcial, ou a negativa de restituição de autos, documento ou objeto de valor probatório, que recebeu na qualidade de advogado ou procurador, caracteriza, além do crime tipificado no dispositivo em comento, a infração disciplinar delineada no art. 34, XXII, da Lei 8.906/1994 – Estatuto da Advocacia e a Ordem dos Advogados do Brasil. Não é necessária a instauração de processo disciplinar, com a consequente imposição de sanção, nos moldes dos arts. 70 e seguintes da Lei 8.906/1994, para a configuração do crime em voga, por dois motivos: 1) as disposições da Lei 8.906/1994 não podem sobrepor-se à sistemática do CP; e 2) a exigência da aplicação de sanção disciplinar representaria uma autêntica condição de procedibilidade, não exigida pelo artigo em análise.

○ **Irregularidade do objeto material, ausência de valor probatório e atipicidade do fato:** Se um documento, inicialmente apreendido em juízo, encontra-se em poder do advogado por força do cumprimento de outra ordem judicial que reconheceu a irregularidade da decisão que determinou sua busca e apreensão, não há falar na configuração do crime em apreço, especialmente porque a irregularidade do objeto material afasta seu valor probatório. Além disso, o causídico que assim se comporta está resguardado pelo regular exercício da advocacia.

○ **Sujeito ativo:** Cuida-se de **crime próprio** ou **especial**, pois somente pode ser praticado pelo advogado, seja ele público ou particular, constituído ou dativo, e também pelo estagiário de advocacia, regularmente inscrito nos quadros da OAB (crime próprio ou especial). Nos termos do art. 3.º da Lei 8.906/1994 – Estatuto da Advocacia e da Ordem dos Advogados do Brasil: "O exercício da atividade de advocacia no território brasileiro e a denominação de advogado são privativos dos inscritos na Ordem dos Advogados do Brasil (OAB). § 1º Exercem atividade de advocacia, sujeitando-se ao regime desta lei, além do regime próprio a que se subordinem, os integrantes da Advocacia-Geral da União, da Procuradoria da Fazenda Nacional, da Defensoria Pública e das Procuradorias e Consultorias Jurídicas dos Estados, do Distrito Federal, dos Municípios e das respectivas entidades de administração indireta e fundacional. § 2º O estagiário de advocacia, regularmente inscrito, pode praticar os atos previstos no art. 1º, na forma do regimento geral, em conjunto com advogado e sob responsabilidade deste." É perfeitamente cabível o concurso de pessoas (coautoria e participação). Se o agente não possuir a qualificação especial de advogado ou de estagiário de advocacia, não há falar no crime em apreço, nada impedindo, contudo, a configuração de outro delito.

○ **Sujeito passivo:** É o Estado e, mediatamente, a pessoa física ou jurídica, de direito público ou de direito privado, prejudicada pela conduta criminosa.

○ **Elemento subjetivo:** É o dolo, independentemente de qualquer finalidade específica. A comprovação de algum motivo justo e excepcional afasta o dolo, tal como ocorre no caso fortuito e na força maior. Não se admite a modalidade culposa.

○ **Consumação:** No núcleo "**inutilizar**", o crime é **comissivo** e **material** ou **causal**: consuma-se no instante em que o objeto material perde sua eficácia probatória, deixando de ser útil nesta finalidade. É delito **instantâneo**, pois a consumação ocorre em um momento determinado, sem continuidade no tempo. Na modalidade "**deixar de restituir**", o crime é **omissivo próprio** ou **puro** e **formal**, **de consumação antecipada** ou **de resultado cortado**: a consumação se opera no instante em que se esgota o prazo para restituição dos autos, ou, na hipótese de documento ou objeto de valor probatório, quando o sujeito ativo não os devolve em tempo hábil ou não atende ao pedido efetuado por quem o pode fazer, pouco importando se a coisa deixou ou não de possuir capacidade probatória. Nessa hipótese, o delito é **permanente**, pois a consumação se prolonga no tempo, por vontade do agente.

○ **"Deixar de restituir" e intimação para devolução dos autos, do documento ou do objeto de valor probatório:** Há duas posições a respeito da imprescindibilidade da intimação do advogado para devolução dos autos, do documento ou do objeto de valor probatório para caracterização do delito na modalidade "deixar de restituir": (**1.ª**) A intimação para devolução é dispensável para fins de consumação do crime, servindo unicamente para reforçar a presença do dolo; (**2.ª**) A intimação é indispensável para a caracterização do delito, "pois, do contrário, pode-se estar punindo alguém por mera negligência, e o crime é doloso, não culposo".[405] Concordamos com a primeira posição, pois não há mera negligência, mas dolo, quando o advogado ou o estagiário de advocacia deliberadamente deixam de restituir autos, documento ou objeto de valor probatório muito tempo depois de ultrapassado o prazo legal, de conhecimento obrigatório de todas as pessoas, notadamente dos operadores do Direito.

---

[405] NUCCI, Guilherme de Souza. *Código Penal comentado*. 8. ed. São Paulo: RT, 2008. p. 1166.

○ **Tentativa:** É possível no núcleo "inutilizar". Contudo, na modalidade "deixar de restituir", o crime é omissivo próprio (ou puro), e consequentemente, unissubsistente, afastando o cabimento do *conatus*. Nesse caso, ou o agente restitui os autos, documento ou objeto de valor probatório, e não há crime, ou então deixa de fazê-lo, e o delito estará consumado.

○ **Ação penal:** É pública incondicionada.

○ **Lei 9.099/1995:** Trata-se de **crime de médio potencial ofensivo**. A pena mínima cominada (seis meses) autoriza o benefício da suspensão condicional do processo, se presentes os demais requisitos exigidos pelo art. 89 da Lei 9.099/1995. Não se trata de infração penal de menor potencial ofensivo, em face da pena máxima, de três anos.

○ **Jurisprudência selecionada:**

Bem jurídico tutelado: "Na hipótese vertente, cuida-se do delito de sonegação de papel ou objeto de valor probatório, previsto no art. 356 do Código Penal – cujo bem jurídico tutelado é a administração da justiça, de titularidade do Estado, enquanto responsável pelo regular andamento das atividades judiciárias. Tutela-se, portanto, a administração da justiça, lesada com a conduta do advogado ou procurador que interfere, de modo ilegítimo, nos elementos de prova. Nessa linha de raciocínio, resta atingida a proteção do interesse público, afetado pela atuação do Poder Judiciário e, não, do interesse individualizado da parte litigante nos autos extraviados" (STJ: RMS 55.901/SP, rel. originário Min. Nefi Cordeiro, rel. p/ acórdão Min. Reynaldo Soares da Fonseca, 3.ª Seção, j. 14.11.2018).

Conduta típica: "A exordial acusatória trouxe elementos suficientes para a caracterização do delito de sonegação de papel ou objeto de valor probatório (art. 356 do CPB), porquanto a paciente, então advogada da empresa ré em ação ordinária de indenização, reteve os autos por mais de 60 dias, sem autorização para tanto, e, após determinada a busca e apreensão em sua residência, constatou-se a supressão de documentos, tudo a demonstrar estarem preenchidos os requisitos legais constantes do art. 41 do CPP" (STJ: HC 85.912/RJ, rel. Min. Napoleão Nunes Maia Filho, 5.ª Turma, j. 16.09.2008).

Retenção dos autos – desnecessidade de intimação para devolução: "2. Na hipótese, a exordial acusatória trouxe elementos suficientes para a caracterização do delito de sonegação de papel ou objeto de valor probatório (art. 356 do CPB), porquanto o paciente, atuando em causa própria em ação de reparação de danos movida contra ele, reteve os autos por 7 meses, sem autorização para tanto, pois indeferido pedido de vista dos autos fora de cartório exatamente em vista de comportamento semelhante em outras oportunidades, e, determinada a busca e apreensão em sua residência, esta restou infrutífera. 3. A alegação de que o paciente não teria sido intimado para a devolução dos autos se mostra absolutamente impertinente, pois ficou demonstrado a intimação para a restituição dos autos, tanto que assinado termo de compromisso de devolução no prazo legal" (STJ: HC 137.420/RJ, rel. Min. Napoleão Nunes Maia Filho, 5.ª Turma, j. 01.12.2009).

Exploração de prestígio

Art. 357. Solicitar ou receber dinheiro ou qualquer outra utilidade, a pretexto de influir em juiz, jurado, órgão do Ministério Público, funcionário de justiça, perito, tradutor, intérprete ou testemunha:

Pena – reclusão, de um a cinco anos, e multa.

Parágrafo único. As penas aumentam-se de um terço, se o agente alega ou insinua que o dinheiro ou utilidade também se destina a qualquer das pessoas referidas neste artigo.

Classificação:	Informações rápidas:
Crime simples Crime comum Crime formal ("solicitar") ou material ("receber") Crime de dano Crime de forma livre Crime comissivo *(regra)* Crime instantâneo Crime unissubjetivo, unilateral ou de concurso eventual Crime unissubsistente (na solicitação verbal) ou plurissubsistente (demais casos)	**Objeto material:** dinheiro ou qualquer outra utilidade, seja qual for sua natureza solicitada ou recebida a pretexto de influir em juiz, jurado, órgão do Ministério Público, funcionário de justiça, perito, tradutor, intérprete ou testemunha. **Elemento subjetivo:** dolo (elemento subjetivo específico – "a pretexto de influir em juiz, jurado, órgão do Ministério Público, funcionário de justiça, perito, tradutor, intérprete ou testemunha"). Não admite modalidade culposa. **Tentativa:** admite (crime plurissubsistente), exceto na solicitação verbal. **Ação penal:** pública incondicionada.

○ **Introdução:** Na redação original do Código Penal, datada de 1940, existiam duas modalidades de exploração de prestígio: uma no art. 332, inserida no capítulo dos crimes praticados por particular contra a Administração em geral, e outra no art. 357, disciplinada entre os crimes contra a Administração da justiça. Este panorama foi alterado pela Lei 9.127/1995. O crime tipificado no art. 332 do Código Penal passou a ser denominado de tráfico de influência, e sua redação também foi modificada. Atualmente, portanto, o delito de exploração de prestígio encontra-se previsto unicamente no art. 357 do Código Penal, entre os crimes contra a Administração da justiça.

○ **Objeto jurídico:** Tutela-se a Administração da justiça.

○ **Objeto material:** É o dinheiro ou qualquer outra utilidade, seja qual for sua natureza (econômica, moral, sexual etc.), solicitada ou recebida a pretexto de influir em juiz, jurado, órgão do Ministério Público, funcionário de justiça, perito, tradutor, intérprete ou testemunha.

○ **Núcleos do tipo:** São dois: "solicitar" e "receber". **Solicitar** é pedir, pleitear ou requerer. **Receber** é aceitar em pagamento, entrar na posse de um bem. Estes verbos conjugam-se com a conduta de **influir** (inspirar ou incutir). Cuida-se de **tipo misto alternativo**, **crime de ação múltipla** ou **de conteúdo variado**: há um único crime quando o sujeito realiza mais de um núcleo no tocante ao mesmo objeto material. O sujeito solicita ou recebe dinheiro ou qualquer utilidade **a pretexto de influir** no comportamento do juiz, jurado, órgão do MP, funcionário de justiça, perito, tradutor, intérprete ou testemunha. No entanto, na verdade ele não influi na atuação de tais pessoas, inclusive porque não tem como fazê-lo. Inexiste, portanto, relação direta de prestígio. Se o sujeito realmente ostentar prestígio perante o funcionário público ou testemunha, ou, mesmo não o possuindo, vier a corrompê-los, a ele será imputado o crime de corrupção ativa (CP, art. 333), enquanto o destinatário da vantagem será responsabilizado por corrupção passiva (CP, art. 317). Por outro lado, se o agente entregar dinheiro ou qualquer outra vantagem a testemunha, perito, contador, tradutor ou intérprete, para fazer afirmação falsa, negar ou calar a verdade em depoimento, perícia, cálculos, tradução ou interpretação, estará caracterizado o crime tipificado no art. 343 do CP. Destarte, o agente dirige sua atuação no sentido de ludibriar o "comprador" do prestígio, com ele negociando dinheiro ou outra utilidade, ao mesmo tempo em que desacredita a seriedade e a imparcialidade da Administração da justiça. Este crime constitui autêntico estelionato, pois o agente almeja vantagem ilícita induzindo alguém em erro. O legislador optou por inserir o delito no capítulo relativo aos crimes contra a Administração da justiça, pois o prestígio alegado pelo agente no tocante aos indivíduos contemplados no *caput* do dispositivo em comento ofende a confiança depositada pela sociedade nos órgãos e pessoas ligadas à atuação jurisdicional, colocando em risco o regular funcionamento do Poder Judiciário. O sujeito se vale de fraude para enganar a vítima, induzindo-a ou mantendo-a em erro, obtendo vantagem ilícita em prejuízo alheio. Todavia, a fraude aqui há de ser, obrigatoriamente, o falso argumento do agente no sentido de possuir prestígio perante um funcionário público ou testemunha. O funcionário público em relação a quem o sujeito garante exercer influência pode realmente existir, ou então ser uma pessoa imaginária, sendo dispensável sua individualização pelo criminoso. Se for individualizado no caso concreto, e posteriormente restar apurado que tal pessoa não ostenta a qualidade de funcionário público, estará configurado o crime de estelionato.

○ **Pessoas visadas pela exploração de prestígio:** São as pessoas que podem ser envolvidas no crime de exploração de prestígio: (a) **juiz**: é o membro do Poder Judiciário constitucionalmente encarregado da tarefa de aplicar o Direito ao caso concreto, qualquer que seja sua instância (juízes de 1.º grau, desembargadores, Ministros dos Tribunais Superiores) ou área de atuação (civil, criminal, trabalhista, eleitoral etc.); (b) **jurado**: é o cidadão que atua como juiz leigo unicamente no Tribunal do Júri para julgamento dos crimes dolosos contra a vida, consumados ou tentados, e os delitos que lhes sejam conexos; (c) **órgão do Ministério Público**: são os membros do Ministério Público da União ou dos Estados (promotores e procuradores de Justiça, procuradores da República, procuradores do trabalho etc.); (d) **funcionário de justiça**: é o funcionário público que desempenha suas atividades no âmbito do Poder Judiciário; (e) **perito**: é a pessoa dotada de conhecimentos especializados acerca de determinado assunto e nomeada para elaborar exame técnico com fins probatórios; (f) **tradutor**: é a pessoa que converte por escrito um texto de um idioma para outro; (g) **intérprete**: é o indivíduo dotado de conhecimentos sobre determinado idioma ou qualquer outro meio de comunicação (exemplo: linguagem de sinais) e responsável pela intermediação da conversação entre outras pessoas; e (h) **testemunha**: é a pessoa que presenciou ou ouviu algo relevante, razão pela qual é chamada a depor sobre o assunto em sede de investigação ou de processo.

○ **Sujeito ativo:** Pode ser qualquer pessoa (**crime comum ou geral**). Na prática, é frequente sua realização por advogados inescrupulosos e de comportamento profissional inaceitável.

○ **Sujeito passivo:** É o Estado e, mediatamente, o comprador do prestígio, ou seja, a pessoa que entrega dinheiro ou outra utilidade com o propósito de obter algum benefício, lícito ou ilícito, junto a qualquer das pessoas indicadas no *caput* do art. 357 do CP.

○ **Elemento subjetivo:** É o dolo, acrescido de um especial fim de agir (elemento subjetivo específico), representado pela expressão "a pretexto de influir em juiz, jurado, órgão do Ministério Público, funcionário de justiça, perito, tradutor, intérprete ou testemunha".

○ **Consumação:** Na modalidade **solicitar**, consuma-se no instante em que o sujeito ativo formula o pedido de dinheiro ou qualquer outra utilidade, independentemente da anuência do destinatário do pleito (**crime formal, de consumação antecipada** ou **de resultado cortado**). No núcleo **receber** dá-se a consumação no momento em que o agente efetivamente ingressa na posse do dinheiro ou da utilidade de outra natureza (**crime material ou causal**).

○ **Tentativa:** É possível. Não será cabível, todavia, nas hipóteses em que a exploração de prestígio despontar como crime unissubsistente, inviabilizando o fracionamento do *iter criminis*.

○ **Ação penal:** É pública incondicionada.

○ **Lei 9.099/1995:** Em face da pena mínima cominada (um ano), a exploração de prestígio é **crime de médio potencial ofensivo**, compatível com a suspensão condicional do processo, se presentes os demais requisitos elencados pelo art. 89 da Lei 9.099/1995.

○ **Causa de aumento de pena (art. 357, parágrafo único):** As penas aumentam-se de um terço, se o agente alega ou insinua que o dinheiro ou utilidade também se destina a qualquer das pessoas referidas neste artigo. A causa de aumento diz respeito tanto à pena privativa de liberdade como à pena de multa. Para a incidência desta majorante não se exige afirmação explícita do agente no sentido de que qualquer das pessoas indicadas no *caput* do art. 357 do CP também receberá o dinheiro ou utilidade. A simples alegação ou insinuação nesse sentido já é suficiente. A utilização pelo legislador dos verbos "alegar" e "insinuar" foi proposital para evidenciar que o agente público ou testemunha não está envolvido no fato, mas é usado pelo sujeito ativo para alcançar o dinheiro ou utilidade desejada. É indiferente se o destinatário do pedido ou o entregador do objeto material acredita ou não no recebimento do dinheiro ou da utilidade pela pessoa mencionada no *caput*. Em qualquer caso, o aumento das penas é de rigor. Se restar provado que o dinheiro ou utilidade realmente tinha como destinatária a pessoa indicada pelo tipo penal, a esta será imputado o crime de corrupção passiva (CP, art. 317), enquanto o entregador do objeto material e o intermediador da negociação responderão por corrupção ativa (CP, art. 333).

○ **Exploração de prestígio e Código Penal Militar:** O art. 353 do Decreto-lei 1.001/1969 – Código Penal Militar – disciplina o crime de exploração de prestígio, nos seguintes termos: "Solicitar ou receber dinheiro ou qualquer outra utilidade, a pretexto de influir em juiz, órgão do Ministério Público, servidor público da Justiça, perito, tradutor, intérprete ou testemunha, na Justiça Militar: Pena – reclusão, até cinco anos." O parágrafo único do mesmo dispositivo traz uma causa de aumento de pena: "A pena é aumentada de um terço, se o agente alega ou insinua que o dinheiro ou utilidade também se destina a qualquer das pessoas referidas no artigo."

○ **Jurisprudência selecionada:**

Identificação do funcionário público – desnecessidade: "O crime de exploração de prestígio exige, à sua configuração, apenas a obtenção de vantagem, ou promessa desta, junto a funcionário público no exercício da função. Dispensável a identificação expressa do servidor" (STJ: REsp 76.211/PE, rel. Min. Edson Vidigal, 5.ª Turma, j. 30.06.1999).

Violência ou fraude em arrematação judicial

Art. 358. Impedir, perturbar ou fraudar arrematação judicial; afastar ou procurar afastar concorrente ou licitante, por meio de violência, grave ameaça, fraude ou oferecimento de vantagem:

Pena – detenção, de dois meses a um ano, ou multa, além da pena correspondente à violência.

Classificação:	Informações rápidas:
Crime simples Crime comum Crime material ou causal (na primeira conduta típica) ou formal, de consumação antecipada ou de resultado cortado (na segunda modalidade legalmente descrita) Crime de dano Crime de forma livre Crime comissivo (*regra*) Crime instantâneo Crime unissubjetivo, unilateral ou de concurso eventual Crime plurissubsistente (*regra*)	**Objeto material:** arrematação judicial (leilão ou praça) ou a pessoa que dela participa. **Elemento subjetivo:** dolo. Não admite modalidade culposa. **Tentativa:** admite na primeira modalidade do delito (*crime plurissubsistente*); não admite na segunda modalidade (crime de atentado ou de empreendimento). **Ação penal:** pública incondicionada. **Concurso material obrigatório:** violência em arrematação judicial + crime resultante da violência.

○ **Objeto jurídico:** Tutela-se a Administração da justiça, prejudicada em sua tarefa relativa à aplicação da lei, que também alcança a fase executiva, na qual são efetuadas as arrematações judiciais.

○ **Objeto material:** É a arrematação judicial ou a pessoa que dela participa. **Arrematação judicial**, também conhecida como leilão (bens móveis) ou praça (bens imóveis), é o ato de transferência dos bens penhorados do devedor, em que um funcionário da justiça apregoa e um interessado os adquire, em hasta pública, pelo maior lance. Trata-se de atividade inerente ao Poder Judiciário, consistente em verdadeira expropriação destinada à satisfação de crédito não cumprido voluntariamente. Na hipótese de arrematação promovida pela Administração Pública, federal, estadual ou municipal, serão aplicáveis, a depender do caso concreto, os arts. 337-I e 337-K do Código Penal, que definem os crimes de perturbação de processo licitatório e afastamento de licitante, respectivamente.[406]

○ **Núcleos do tipo:** O dispositivo contém duas condutas típicas. (**1.ª**) "**Impedir, perturbar ou fraudar arrematação judicial**": Os núcleos do tipo são "**impedir**" (obstruir, colocar entraves, impossibilitar a execução), "**perturbar**" (dificultar, atrapalhar) e "**fraudar**" (iludir, enganar, colocar alguém na situação de erro). Todos têm como finalidade a arrematação judicial; (**2.ª**) "**Afastar ou procurar afastar concorrente ou licitante, por meio de violência, grave ameaça, fraude ou oferecimento de vantagem**": Os núcleos do tipo são "**afastar**" (retirar do caminho) e "**procurar afastar**". Cuida-se de **crime de atentado** ou **de empreendimento**, pois a lei equipara a tentativa à consumação. A pena é a mesma tanto quando se afasta como quando o comportamento criminoso se limita a buscar afastar o concorrente ou licitante. Para tanto, o agente se vale de violência, grave ameaça, fraude ou oferecimento de vantagem. **Violência** é o emprego de força física contra alguém. A violência contra a coisa não caracteriza o delito. **Grave ameaça** é a promessa de mal grave, injusto e possível de concretização. **Fraude** é o artifício, ardil ou qualquer outro meio fraudulento utilizado para induzir ou manter alguém em erro. **Oferecimento de vantagem** é a proposta de entrega de alguma vantagem, patrimonial ou de outra natureza. Visualiza-se crime único quando dois

---

[406] "Art. 337-I. Impedir, perturbar ou fraudar a realização de qualquer ato de processo licitatório: Pena – detenção, de 6 (seis) meses a 3 (três) anos, e multa." "Art. 337-K. Afastar ou tentar afastar licitante por meio de violência, grave ameaça, fraude ou oferecimento de vantagem de qualquer tipo: Pena – reclusão, de 3 (três) anos a 5 (cinco) anos, e multa, além da pena correspondente à violência. Parágrafo único. Incorre na mesma pena quem se abstém ou desiste de licitar em razão de vantagem oferecida."

ou mais concorrentes são afastados em decorrência da conduta ilícita. No entanto, as violências são autônomas, ou seja, o agente responde tantas vezes pela violência quantas forem as vítimas (concurso material obrigatório).[407] Cuida-se de **tipo misto alternativo, crime de ação múltipla** ou **de conteúdo variado**: há um único crime quando o agente, exemplificativamente, perturba arrematação judicial e posteriormente afasta concorrente mediante o emprego de grave ameaça, desde que tais comportamentos, evidentemente, se refiram ao mesmo objeto material.

o **Sujeito ativo:** Pode ser qualquer pessoa (**crime comum** ou **geral**).

o **Sujeito passivo:** É o Estado e, mediatamente, a pessoa física ou jurídica prejudicada pela conduta criminosa (o participante da arrematação judicial ou da licitação).

o **Elemento subjetivo:** É o dolo, independentemente de qualquer finalidade específica. Não se admite a modalidade culposa.

o **Consumação:** Na modalidade "impedir, perturbar ou fraudar arrematação judicial", consuma-se no momento em que a arrematação judicial é impedida, perturbada ou fraudada (**crime material** ou **causal**). Na segunda modalidade, o crime é **formal, de consumação antecipada** ou **de resultado cortado**: consuma-se com o emprego de violência, grave ameaça, fraude ou oferecimento de vantagem, pouco importando se a pessoa atacada efetivamente se afasta do procedimento atinente à arrematação judicial.

o **Tentativa:** Na primeira modalidade típica, a tentativa é possível. Entretanto, não é cabível na segunda conduta legalmente descrita, por se tratar de crime de atentado ou de empreendimento, incompatível com o *conatus*.

o **Ação penal:** É pública incondicionada.

o **Lei 9.099/1995:** Em face da pena máxima cominada (um ano), a violência ou fraude em arrematação judicial é **infração penal de menor potencial ofensivo**, compatível com a transação penal e com o rito sumaríssimo, nos moldes da Lei 9.099/1995.

o **Concurso material obrigatório:** O preceito secundário impõe o concurso material obrigatório entre a violência em arrematação judicial e eventual crime resultante da violência, qualquer que seja sua espécie (lesão corporal leve, grave ou gravíssima, homicídio consumado ou tentado etc.). Os demais meios de execução do delito – grave ameaça, fraude e suborno – não autorizam o somatório das penas.

Desobediência a decisão judicial sobre perda ou suspensão de direito

> **Art. 359.** Exercer função, atividade, direito, autoridade ou múnus, de que foi suspenso ou privado por decisão judicial:
>
> Pena – detenção, de três meses a dois anos, ou multa.

---

[407] Com igual raciocínio: PRADO, Luiz Regis. *Curso de direito penal brasileiro*. 6. ed. São Paulo: RT, 2010. v. 3, p. 711.

Classificação:	Informações rápidas:
Crime simples Crime próprio Crime formal, de consumação antecipada ou de resultado cortado Crime de dano Crime de forma livre Crime comissivo *(regra)* Crime instantâneo Crime unissubjetivo, unilateral ou de concurso eventual Crime plurissubsistente	**Objeto material:** função, atividade, direito, autoridade ou múnus indevidamente exercido pelo agente, em oposição a determinação judicial. O crime reclama a afronta a decisão judicial (e não abrange processo administrativo). **Elemento subjetivo:** dolo. Não admite modalidade culposa. **Tentativa:** admite (crime plurissubsistente). **Ação penal:** pública incondicionada.

○ **Introdução:** O crime de desobediência a decisão judicial sobre perda ou suspensão de direito, inserido no Código Penal entre os crimes contra a Administração da justiça, representa uma modalidade especial do delito de desobediência, capitulado no art. 330 do CP entre os crimes praticados por particular contra a Administração em geral. Há, nos dois delitos, o descumprimento de ordem legal emanada de funcionário público. No entanto, o crime definido no art. 359 do Código Penal possui elementos especializantes, pois o agente não desobedece a uma simples ordem legal emitida por qualquer funcionário público. Ele vai além, exercendo função, atividade, direito, autoridade ou múnus de que estava suspenso ou privado por decisão judicial.

○ **Objeto jurídico:** Tutela-se a Administração da justiça. A lei protege a autoridade da justiça contra a rebeldia e desobediência daquele que, no interesse próprio ou de outrem, despreza seus mandamentos, colocando-se em flagrante choque com ela, provocando-lhe o descrédito e o desprestígio.[408]

○ **Objeto material:** É a função, atividade, direito, autoridade ou múnus indevidamente exercido pelo agente, em oposição a determinação judicial. **Função** é a prática de ato inerente a cargo ou emprego; **atividade** é qualquer tipo de diligência inerente a profissão, ofício ou ministério; **direito** é a prerrogativa de realizar um determinado comportamento; **autoridade** é o poder de emitir ordens e exigir seu cumprimento; e **múnus** é o encargo atribuído a alguém e decorrente de lei ou decisão judicial.

○ **Núcleo do tipo:** É "**exercer**", ou seja, praticar ou desempenhar uma função, atividade, direito, autoridade ou múnus do qual o sujeito ativo estava suspenso ou privado por decisão judicial. Para o STF, essa determinação judicial deve possuir **conteúdo penal**. Esta decisão judicial, eminentemente de caráter penal, pode ser provisória ou definitiva (com trânsito em julgado para acusação e defesa). O tipo penal em análise destina-se a punir o descumprimento voluntário às decisões judiciais atinentes aos **efeitos da condenação**, de natureza penal ou extrapenal, elencados no art. 92 do CP. Não se verifica este crime na hipótese em que o condenado descumpre a pena restritiva de direitos consistente na interdição temporária de direitos, em qualquer das suas espécies (CP, art. 47), pois para esta situação o legislador previu expressamente a reconversão para pena privativa de liberdade (CP, art. 44, § 4.º, 1.ª parte).

– **Desobediência a decisão de natureza administrativa:** O crime em análise reclama a afronta a decisão judicial, não se caracterizando quando o sujeito exerce atividade de que está impedido

---

[408] Cf. MAGALHÃES NORONHA, E. *Direito penal.* 16. ed. São Paulo: Saraiva, 1983. v. 4, p. 439.

por decisão administrativa. Nesse caso, será imputado ao agente o delito definido no art. 205 deste Código (exercício de atividade com infração de decisão administrativa).

○ **Sujeito ativo:** Trata-se de **crime próprio** ou **especial**, pois somente pode ser praticado pela pessoa que, por decisão judicial, foi suspensa ou privada relativamente ao exercício de determinada função, atividade, direito, autoridade ou múnus.

○ **Sujeito passivo:** É o Estado.

○ **Elemento subjetivo:** É o dolo, independentemente de qualquer finalidade específica. Não se admite a modalidade culposa.

○ **Consumação:** O crime é **formal**, **de consumação antecipada** ou **de resultado cortado**: consuma-se com o simples exercício da função, atividade, direito, autoridade ou múnus do qual o agente foi suspenso ou privado por decisão judicial, ainda que desta conduta não seja produzido nenhum resultado naturalístico. Basta a prática de um único ato capaz de afrontar a determinação emanada do Poder Judiciário.

○ **Tentativa:** É cabível.

○ **Ação penal:** É pública incondicionada, em face do caráter plurissubsistente do delito, permitindo o fracionamento do *iter criminis*.

○ **Lei 9.099/1995:** Em face da pena máxima cominada (dois anos), o crime constitui-se em **infração penal de menor potencial ofensivo**, compatível com a transação penal e com o rito sumaríssimo, nos moldes da Lei 9.099/1995.

○ **Desobediência a decisão judicial e Lei de Falências:** O art. 176 da Lei 11.101/2005 – Lei de Falências – prevê o crime de exercício ilegal de atividade.

○ **Desobediência a decisão judicial e Código de Trânsito Brasileiro:** Nos termos do art. 307 da Lei 9.503/1997 – Código de Trânsito Brasileiro: "Violar a suspensão ou a proibição de se obter a permissão ou a habilitação para dirigir veículo automotor imposta com fundamento neste Código: Penas – detenção, de seis meses a um ano e multa, com nova imposição adicional de idêntico prazo de suspensão ou de proibição. Parágrafo único. Nas mesmas penas incorre o condenado que deixa de entregar, no prazo estabelecido no § 1º do art. 293, a Permissão para Dirigir ou a Carteira de Habilitação."

○ **Jurisprudência selecionada:**

Desobediência a decisão de natureza civil – cominação de multa – não caracterização do delito: "Crime de desobediência a decisão judicial sobre perda ou suspensão de direito. Atipicidade. Caracterização. Suposta desobediência a decisão de natureza civil. Proibição de atuar em nome de sociedade. Delito preordenado a reprimir efeitos extrapenais. Inteligência do art. 359 do Código Penal. Precedente. O crime definido no art. 359 do Código Penal pressupõe decisão judiciária de natureza penal, e não, civil. [...] Não configura crime de desobediência o comportamento da pessoa que, suposto desatenda a ordem judicial que lhe é dirigida, se sujeita, com isso, ao pagamento de multa cominada com a finalidade de a compelir ao cumprimento do preceito" (STF: HC 88.572/RS, rel. Min. Cezar Peluso, 2.ª Turma, j. 08.08.2006).

Capítulo IV –
DOS CRIMES CONTRA AS FINANÇAS PÚBLICAS

○ **Fundamento constitucional:** A Constituição Federal, preocupada com a gestão do patrimônio público, estabeleceu diversas diretrizes e objetivos em seus arts. 163 a 169. Tais balizas foram posteriormente traçadas pela Lei Complementar 101/2000 – Lei de Responsabilidade Fiscal –, que estabelece normas de finanças públicas voltadas para a responsabilidade na gestão fiscal. Nesse sentido, estabelece o art. 1.º, § 1.º, da Lei Complementar 101/2000 que a responsabilidade na gestão fiscal pressupõe a ação planejada e transparente, em que se previnem riscos e se corrigem desvios capazes de afetar o equilíbrio das contas públicas. Seu art. 73, por sua vez, prevê que as infrações dos dispositivos desta lei complementar serão punidas de acordo com o Código Penal, a Lei 1.079/1950 – Crimes de Responsabilidade –, o Decreto-lei 201/1967 – Responsabilidade dos Prefeitos e Vereadores –, Lei 8.429/1992 – Lei de Improbidade Administrativa –, entre outras disposições. Para garantir o cumprimento das determinações legais, o Capítulo IV do Título XI deste Código, intitulado "Dos Crimes contra as Finanças Públicas", foi incluído pela Lei 10.028/2000 (Lei dos Crimes de Responsabilidade Fiscal).

Contratação de operação de crédito

Art. 359-A. Ordenar, autorizar ou realizar operação de crédito, interno ou externo, sem prévia autorização legislativa:

Pena – reclusão, de 1 (um) a 2 (dois) anos.

Parágrafo único. Incide na mesma pena quem ordena, autoriza ou realiza operação de crédito, interno ou externo:

I – com inobservância de limite, condição ou montante estabelecido em lei ou em resolução do Senado Federal;

II – quando o montante da dívida consolidada ultrapassa o limite máximo autorizado por lei.

Classificação:	Informações rápidas:
Crime simples	**Elemento normativo do tipo:** "sem prévia autorização legislativa".
Crime próprio	
Crime formal, de consumação antecipada ou de resultado cortado	**Objeto material:** operação de crédito, definida no art. 29, inc. III, da Lei Complementar 101/2000.
Crime de perigo abstrato	**Lei penal em branco:** parágrafo único, inc. I (homogênea e heterogênea) e inc. II (heterogênea).
Crime de forma vinculada	
Crime comissivo (*regra*)	**Elemento subjetivo:** dolo. Não admite modalidade culposa.
Crime instantâneo	
Crime unissubjetivo, unilateral ou de concurso eventual	**Tentativa:** admite (crime plurissubsistente).
	Ação penal: pública incondicionada.
Crime plurissubsistente (*regra*)	

○ **Objeto jurídico:** Nos crimes definidos nos arts. 359-A a 359-H do CP o bem jurídico penalmente tutelado é a Administração Pública, tanto em seu aspecto patrimonial, consistente na preservação das finanças públicas, como também em sua face moral, representada pela probidade dos agentes públicos.

○ **Objeto material:** É a **operação de crédito** definida no art. 29, inc. III, da Lei Complementar 101/2000 – Lei de Responsabilidade Fiscal – como "compromisso financeiro assumido em razão de mútuo, abertura de crédito, emissão e aceite de título, aquisição financiada de bens, recebimento antecipado de valores provenientes da venda a termo de bens e serviços, arrendamento mercantil e outras operações assemelhadas, inclusive com o uso de derivativos financeiros". **Operação de crédito interna** é a realizada em âmbito nacional, e **operação de crédito externa** é a ocorrida no exterior. Importante destacar que "equipara-se à operação de crédito a assunção, o reconhecimento ou a confissão de dívidas pelo ente da Federação" (LRF, art. 29, § 1.º).

○ **Núcleos do tipo:** São três: "ordenar", "autorizar" e "realizar", todos relacionados à operação de crédito, interno ou externo, sem prévia autorização legislativa. **Ordenar** é mandar, determinar que se realize; **autorizar** significa permitir, aprovar, consentir que seja feito; **realizar**, por sua vez, equivale a concretizar ou executar. Trata-se de **tipo misto alternativo**, **crime de ação múltipla** ou **de conteúdo variado**: há um só crime quando o sujeito ativo pratica mais de um núcleo em relação à mesma operação de crédito.

– **Elemento normativo do tipo:** É representado pela expressão "sem prévia autorização legislativa". O art. 32, § 1.º, I e IV, da LRF exige seja a operação de crédito realizada mediante "prévia e expressa autorização para a contratação, no texto da lei orçamentária, em créditos adicionais ou lei específica", bem como "autorização específica do Senado Federal, quando se tratar de operação de crédito externo". Por autorização legislativa entende-se a **manifestação específica para o fim determinado**, qual seja, a contratação da operação de crédito. Se o agente ultrapassar os limites da autorização legislativa, estará configurado o crime definido no inc. I do parágrafo único do dispositivo em análise.

○ **Sujeito ativo:** O crime é **próprio** ou **especial**, pois somente pode ser cometido pelo funcionário público dotado de atribuição para ordenar, autorizar ou realizar operação de crédito, interno ou externo. Se o agente praticar o ato sem atribuição legal para tanto, este será passível de anulação pelo próprio Poder Público, resultando na atipicidade do fato.[409] Se o sujeito ativo deste delito for um **prefeito**, incidirá o crime específico contido no art. 1.º, XX, do Decreto-lei 201/1967.

○ **Sujeito passivo:** A União, os Estados, os Municípios ou o Distrito Federal, dependendo do ente federativo afetado pela conduta criminosa, e, mediatamente, a coletividade, em face do prejuízo causado pelo abalo nas finanças públicas.

○ **Elemento subjetivo:** O elemento subjetivo nos crimes contra as finanças públicas é o dolo, independentemente de qualquer finalidade específica. Destarte, o Capítulo IV do Título XI da Parte Especial do Código Penal não contém nenhum delito culposo, embora não se exclua a possibilidade de punição do mau administrador em outras esferas (administrativa, civil ou política).

○ **Consumação:** Cuida-se de **crime formal**, **de consumação antecipada** ou **de resultado cortado**: consuma-se no momento em que é praticada a conduta de ordenar, autorizar ou realizar operação de crédito, interno ou externo, sem prévia autorização legislativa, prescindindo da lesão ao erário ou à probidade administrativa.

○ **Tentativa:** É possível, em todas as modalidades do delito, em face do seu caráter plurissubsistente, comportando o fracionamento do *iter criminis*.

---

[409]   Cf. JESUS, Damásio E. de. *Direito penal*. Parte especial. 13. ed. São Paulo: Saraiva, 2007. v. 4, p. 386.

○ **Ação penal:** Os crimes contra as finanças públicas são de ação penal pública incondicionada, em decorrência do interesse público protegido pela lei penal.

○ **Lei 9.099/1995:** Em face da pena máxima cominada ao delito (reclusão de dois anos), cuida-se de **infração penal de menor potencial ofensivo**, compatível com a transação penal e com o rito sumaríssimo, nos moldes da Lei 9.099/1995.

○ **Figuras equiparadas (art. 359-A, parágrafo único, I e II):** Em consonância com o parágrafo único do art. 359-A do CP, "incide na mesma pena quem ordena, autoriza ou realiza operação de crédito, interno ou externo: I – com inobservância de limite, condição ou montante estabelecido em lei ou em resolução do Senado Federal; II – quando o montante da dívida consolidada ultrapassa o limite máximo autorizado por lei". O **inciso I constitui-se em lei penal em branco**, pois a caracterização do crime depende da inobservância de limite, condição ou montante estabelecido em lei (lei penal em branco homogênea) ou em resolução do Senado Federal (lei penal em branco heterogênea). A LRF dispõe sobre a dívida e o endividamento em seu Capítulo VII, disciplinando a contratação de operação de crédito em seus arts. 32 e seguintes. O agente público deve observar os limites da autorização legislativa específica, bem como da resolução do Senado Federal, em se tratando de operação de crédito externa, sob pena de incorrer no delito em análise. O **inciso II** também se trata de **lei penal em branco homogênea**, pois a concretização do delito depende da constatação dos limites legais da dívida consolidada. A dívida pública compreende o conjunto de compromissos, de curto ou longo prazo, assumidos pelo Estado com terceiros, nacionais ou estrangeiros. Compreende os juros e a amortização do capital devido pelo Estado.[410]

– **Conceito de dívida pública consolidada ou fundada:** A Lei de Responsabilidade Fiscal entende por dívida pública consolidada ou fundada: (a) o montante real, apurado sem duplicidade, das obrigações financeiras do ente da Federação, assumidas em virtude de leis, contratos, convênios ou tratados e da realização de operações de crédito, para amortização em prazo superior a doze meses (art. 29, I); (b) as operações de crédito de prazo inferior a doze meses cujas receitas tenham constado do orçamento (art. 29, § 2.º); (c) os precatórios judiciais não pagos durante a execução do orçamento em que houverem sido incluídos integram a dívida consolidada, para fins de aplicação dos limites (art. 30, § 7.º). Será ainda incluída na dívida pública consolidada da União a relativa à emissão de títulos de responsabilidade do Banco Central do Brasil (LRF, art. 29, § 2.º). Como estatui o art. 52 da CF, compete privativamente ao Senado Federal: V – autorizar operações externas de natureza financeira, de interesse da União, dos Estados, do Distrito Federal, dos Territórios e dos Municípios; VI – fixar, por proposta do Presidente da República, limites globais para o montante da dívida consolidada da União, dos Estados, do Distrito Federal e dos Municípios; VII – dispor sobre limites globais e condições para as operações de crédito externo e interno da União, dos Estados, do Distrito Federal e dos Municípios, de suas autarquias e demais entidades controladas pelo Poder Público federal; VIII – dispor sobre limites e condições para a concessão de garantia da União em operações de crédito externo e interno; e IX – estabelecer limites globais e condições para o montante da dívida mobiliária dos Estados, do Distrito Federal e dos Municípios. Tais limites serão fixados em percentual da receita corrente líquida para cada esfera de governo e aplicados igualmente a todos os entes da Federação que a integrem, constituindo, para cada um deles, limites máximos, e a verificação do atendimento do limite será efetuada ao final de cada quadrimestre (LRF, art. 30, §§ 3.º e 4.º). O art. 31, § 1.º, I, da LRF também proíbe a contratação de operação de crédito, enquanto perdurar o excesso. Portanto, se verificado ao final do quadrimestre que a dívida consolidada ultrapassou os limites fixados e ainda assim for ordenada, autorizada ou realizada operação de crédito, restará configurado o delito em apreço.

---

[410] PASCOAL, Valdecir Fernandes. *Direito financeiro e controle externo*. 5. ed. Rio de Janeiro: Elsevier, 2007. p. 109.

○ **Jurisprudência selecionada:**

Operação de crédito – previsão em lei – não caracterização do delito: "2. A Lei nº 11.131/2005 alterou a Medida Provisória nº 2.185-31 para admitir que as operações de crédito relativas ao Programa RELUZ não se submetam aos limites ordinários de refinanciamento das dívidas dos municípios. 3. A disposição legal está a indicar que referidas operações são autorizadas por lei, afastando-se, assim, o elemento normativo do tipo 'sem autorização legislativa' mencionado no *caput* do artigo 359 do Código Penal" (STF: Inq 2.591/SP, rel. Min. Menezes Direito, Plenário, j. 08.05.2008).

Inscrição de despesas não empenhadas em restos a pagar

Art. 359-B. Ordenar ou autorizar a inscrição em restos a pagar, de despesa que não tenha sido previamente empenhada ou que exceda limite estabelecido em lei:

Pena – detenção, de 6 (seis) meses a 2 (dois) anos.

Classificação:	Informações rápidas:
Crime simples	**Objeto material:** despesa pública.
Crime próprio	**Despesa pública (estágios):** empenho, liqui-
Crime formal, de consumação antecipada ou	dação e ordem de pagamento.
de resultado cortado	**Lei penal em branco homogênea:** ("que
Crime de perigo abstrato	exceda limite estabelecido em lei") – Lei
Crime de forma vinculada	Complementar 101/2000.
Crime comissivo (regra)	**Elemento subjetivo:** dolo. Não admite mo-
Crime instantâneo	dalidade culposa.
Crime unissubjetivo, unilateral ou de concurso	**Tentativa:** admite (crime plurissubsistente).
eventual	**Ação penal:** pública incondicionada.
Crime plurissubsistente (regra)	

○ **Objeto material:** É a **despesa pública**, definida em sentido estrito como a "aplicação de certa quantia, em dinheiro, por parte da autoridade ou agente público competente, dentro de uma autorização legislativa, para execução de um fim a cargo do governo".[411]

○ **Núcleos do tipo:** São dois: "ordenar" e "autorizar" a inscrição de despesa em restos a pagar, sem prévio empenho ou com excesso aos limites legais. **Ordenar** é mandar, determinar que seja feito; **autorizar** significa permitir, aprovar, consentir que seja realizado. Nos termos do art. 167, II, da CF, é vedada a realização de despesa sem inclusão no orçamento. Além disso, a realização de qualquer despesa pública deve observar estágios determinados na Lei 4.320/1964 – Normas Gerais de Direito Financeiro para elaboração e controle dos orçamentos e balanços da União, dos Estados, dos Municípios e do Distrito Federal –, quais sejam: (a) **empenho**: ato emanado de autoridade competente que cria para o Estado obrigação de pagamento pendente ou não de implemento de condição (art. 58); (b) **liquidação**: consiste na verificação do direito adquirido pelo credor, tendo por base os títulos e documentos comprobatórios do respectivo crédito (art. 63); e (c) **ordem de pagamento**: despacho exarado por autoridade competente, determinando que a despesa seja paga (art. 64). E, de acordo com o art. 36 da Lei 4.320/1964, consideram-se **restos a pagar** as despesas empenhadas, mas não pagas até o dia 31 de dezembro. Dessa forma, o tipo penal pune o administrador que: (a) inscreve em restos a pagar despesas que não foram previamente empenhadas; ou (b) inscreve

---
[411] BALEEIRO, Aliomar. *Uma introdução à ciência de finanças.* 16. ed. Rio de Janeiro: Forense, 2004. p. 65.

em restos a pagar despesas previamente empenhadas, mas com excesso aos limites legais. Cuida-se de **tipo misto alternativo**, **crime de ação múltipla** ou **de conteúdo variado**: há um só crime quando o sujeito ativo pratica mais de um núcleo em relação à mesma inscrição em restos a pagar, de despesa que não tenha sido previamente empenhada ou que exceda limite estabelecido em lei. A expressão "que exceda limite estabelecido em lei" deixa nítido que se trata de **lei penal em branco homogênea**. Há necessidade de complementação do tipo penal mediante a análise da legislação financeira e orçamentária para determinação da forma e limites de empenho e inscrição em restos a pagar.

○ **Sujeito ativo:** O crime é **próprio** ou **especial**, pois somente pode ser praticado pelo agente público dotado da atribuição de ordenar ou autorizar a inscrição da despesa. Se o funcionário público praticar o ato sem atribuição legal para tanto, este será passível de anulação pelo próprio Poder Público, tornando atípica a conduta.

○ **Sujeito passivo:** A União, os Estados, os Municípios ou o Distrito Federal, dependendo do ente federativo afetado pela conduta criminosa, e, mediatamente, a coletividade, em face do prejuízo causado pelo abalo nas finanças públicas.

○ **Consumação:** O crime é **formal**, **de consumação antecipada** ou **de resultado cortado**: consuma-se no momento da prática da conduta legalmente descrita – ordenar ou autorizar a inscrição em restos a pagar – independentemente da lesão ao erário.

○ **Tentativa:** É possível, em ambas as modalidades do delito, em face do seu caráter plurissubsistente, comportando o fracionamento do *iter criminis*.

○ **Lei 9.099/1995:** Em face da pena máxima cominada (detenção de dois anos), a inscrição de despesas não empenhadas em restos a pagar é **infração penal de menor potencial ofensivo**, compatível com a transação penal e com o rito sumaríssimo, nos moldes da Lei 9.099/1995.

Assunção de obrigação no último ano do mandato ou legislatura

> **Art. 359-C.** Ordenar ou autorizar a assunção de obrigação, nos dois últimos quadrimestres do último ano do mandato ou legislatura, cuja despesa não possa ser paga no mesmo exercício financeiro ou, caso reste parcela a ser paga no exercício seguinte, que não tenha contrapartida suficiente de disponibilidade de caixa:
>
> Pena – reclusão, de 1 (um) a 4 (quatro) anos.

Classificação:	Informações rápidas:
Crime simples	**Objeto material:** obrigação assumida nos dois últimos quadrimestres do último ano do mandato ou legislatura (elemento temporal exigido no tipo).
Crime próprio	
Crime formal, de consumação antecipada ou de resultado cortado	
Crime de perigo abstrato	**Elemento subjetivo:** dolo. Não admite modalidade culposa.
Crime de forma vinculada	
Crime comissivo (*regra*)	**Tentativa:** admite (*crime plurissubsistente*).
Crime instantâneo	**Ação penal:** pública incondicionada.
Crime unissubjetivo, unilateral ou de concurso eventual	
Crime plurissubsistente (*regra*)	

○ **Objeto material:** É a obrigação assumida nos dois últimos quadrimestres do último ano do mandato ou legislatura. Essa obrigação deve ser detalhadamente descrita tanto na denúncia como na sentença condenatória, para viabilizar o exercício do direito à ampla defesa.

○ **Núcleos do tipo:** São "ordenar" e "autorizar" a assunção de obrigação. **Ordenar** é mandar, determinar a terceiro que realize a conduta; **autorizar** significa permitir, aprovar, consentir que seja efetuada a assunção de obrigação. O dispositivo criminaliza dois comportamentos distintos, a saber: **(a) a assunção de obrigação, nos dois últimos quadrimestres do último ano do mandato ou legislatura, cuja despesa não possa ser paga no mesmo exercício financeiro.** De acordo com o art. 34 da Lei 4.320/1964, "o exercício financeiro coincidirá com o ano civil". Portanto, o administrador não pode, nos dois últimos quadrimestres do último ano do mandato ou legislatura, assumir obrigação que não possa ser paga até o dia 31 de dezembro, sob pena de incorrer no delito em análise. Já havia a vedação da assunção de tais despesas no art. 42, *caput*, 1.ª parte, da LRF, de modo que o administrador poderá ser responsabilizado também em outras esferas (administrativa, política etc.); **(b) a assunção de obrigação, nos dois últimos quadrimestres do último ano do mandato ou legislatura, caso reste parcela a ser paga no exercício seguinte, que não tenha contrapartida suficiente de disponibilidade de caixa.** Se o administrador público, nos últimos oito meses do mandato ou legislatura, assume obrigação com parcela a ser paga no ano seguinte, sem contar com receita suficiente para seu cumprimento, terá praticado o crime em estudo. Tal como na anterior figura típica, o art. 42, *caput*, 2.ª parte, da LRF veda a assunção de despesa nos dois últimos quadrimestres do último ano do mandato, caso reste parcela a ser paga no exercício seguinte e não haja disponibilidade de caixa para tanto. A regra visa evitar que os gestores públicos deixem de cumprir com suas obrigações, repassando-as a seus sucessores.

– **Elemento temporal:** Em face do elemento temporal exigido no tipo, a assunção de obrigação em período anterior aos últimos oito meses do mandato ou legislatura, ainda que para ser paga no exercício seguinte, não constituirá no crime definido no art. 359-C do Código Penal.

○ **Sujeito ativo:** Trata-se de **crime próprio** ou **especial**, pois somente pode ser cometido pelos agentes públicos titulares de mandato ou legislatura, representantes dos órgãos e entidades indicados no art. 20 da Lei Complementar 101/2000 – Lei de Responsabilidade Fiscal –, pois apenas tais pessoas têm atribuição para assunção de obrigações.

○ **Sujeito passivo:** A União, os Estados, os Municípios ou o Distrito Federal, dependendo do ente federativo afetado pela conduta criminosa, e, mediatamente, a coletividade, em face do prejuízo causado pelo abalo nas finanças públicas.

○ **Consumação:** O crime é **formal, de consumação antecipada** ou **de resultado cortado**: consuma-se no momento em que o sujeito ativo ordena ou autoriza a assunção de obrigação, nos últimos oito meses do mandato ou legislatura, cuja despesa não possa ser paga naquele exercício financeiro ou reste parte a ser paga no exercício seguinte, sem contrapartida suficiente para tanto, independentemente da comprovação de prejuízo aos cofres públicos.

○ **Tentativa:** É possível, em ambas as modalidades do delito, como corolário do seu caráter plurissubsistente, permitindo o fracionamento do *iter criminis*.

○ **Lei 9.099/1995:** A pena mínima cominada ao delito tipificado no art. 359-C do Código Penal é de um ano. Cuida-se, portanto, de **crime de médio potencial ofensivo**, compatível com a suspensão condicional do processo, desde que presentes os demais requisitos exigidos no art. 89 da Lei 9.099/1995.

○ **Jurisprudência selecionada:**

Assunção de obrigação no último ano do mandato ou legislatura – art. 359-C do Código Penal – crime próprio – agente público titular de mandato ou legislatura: "O delito do art. 359-C do Código Penal é próprio ou especial, só podendo ser cometido por agentes públicos titulares de mandato ou legislatura. Registre-se, inicialmente, que não é cabível a tese de que o crime de assunção de obrigação admite como autor outros funcionários públicos que tenham poder de disposição sobre os recursos financeiros da Administração Pública. De acordo com a doutrina, o crime é próprio ou especial porque somente pode ser cometido pelos agentes públicos titulares de mandato ou legislatura, representantes dos órgãos e entidades indicados no art. 20 da Lei Complementar n. 101/2000 – Lei de Responsabilidade Fiscal –, pois apenas tais pessoas têm atribuição para assunção de obrigações. Ademais, o crime é cometido pelos gestores nomeados para o exercício de mandato, quando gozam de autonomia administrativa e financeira, além de ser unissubjetivo, possuindo um único sujeito" (STJ: AREsp 1.415.425/AP, rel. Min. Joel Ilan Paciornik, 5.ª Turma, j. 19.09.2019, noticiado no *Informativo* 657).

Despesas não pagas e não especificadas – requisitos da sentença – tipicidade não demonstrada – prejuízo à ampla defesa – adequação ao tipo penal do art. 1º, V e § 1º, do Decreto-lei 201/1967 – possibilidade: "A condenação pelo art. 359-C do Código Penal deve especificar despesas contraídas nos dois últimos quadrimestres do mandato, que não puderam ser pagas no mesmo exercício financeiro ou no exercício seguinte. Essa análise não pode ser global, considerando a iliquidez total do caixa, sob pena de prejudicar a ampla defesa. A sentença penal condenatória cumpre firmar a pertinência da denúncia, reconhecendo se o imputado praticou conduta penalmente típica, ilícita e culpável, para então fixar-lhe a pena, nos termos do art. 381 do Código de Processo Penal. Após fixar certeza acerca da autoria e da materialidade, o juízo deverá estabelecer relação de tipicidade entre a conduta apurada e o comando penal incriminatório. Assim, é essencial que todos os elementos da norma penal incriminadora estejam satisfeitos para que se possa submeter o réu às consequências previstas. Fixadas tais premissas, dispõe o art. 359-C do Código Penal, inserido pela Lei n. 10.028/2000, que 'Ordenar ou autorizar a assunção de obrigação, nos dois últimos quadrimestres do último ano do mandato ou legislatura, cuja despesa não possa ser paga no mesmo exercício financeiro ou, caso reste parcela a ser paga no exercício seguinte, que não tenha contrapartida suficiente de disponibilidade de caixa: Pena - reclusão, de 1 (um) a 4 (quatro) anos'. O que se infere é que tanto a acusação quanto a condenação pelo tipo em questão devem especificar as despesas contraídas nos dois últimos quadrimestres do mandato que não puderam ser pagas no mesmo exercício financeiro ou no exercício seguinte. Essa análise não pode ser global, considerando a iliquidez total do caixa, sob pena de prejudicar a ampla defesa. No caso, extrai-se que o objeto da condenação foi o aumento de despesa nos dois últimos quadrimestres do mandato e o aumento da iliquidez do caixa do município, de R$ 1.300.260,03 (um milhão, trezentos mil, duzentos e sessenta reais e três centavos) para R$ 6.393.325,57 (seis milhões, trezentos e noventa e três mil, trezentos e vinte e cinco reais e cinquenta e sete centavos). Não se especificou, no entanto, nem na denúncia, nem na sentença e nem no acórdão que julgou a apelação, a ou as obrigações, autorizadas ou ordenadas, que não puderam ser pagas naquele último exercício financeiro do mandato, ou no exercício seguinte, por falta de contrapartida suficiente de caixa. Portanto, não se vislumbra o adimplemento de todas as elementares do art. 359-C do Código Penal. É preciso salientar, no entanto, que, a despeito de eventual atipicidade quanto ao mencionado dispositivo, a conduta pode guardar relação de tipicidade com outros dispositivos da legislação federal, como, por exemplo, o art. 1º, V e § 1º, do Decreto-Lei n. 201/1967, tipo este mais geral. Essa possibilidade pode levar à correção da imputação pelo Juízo, nos termos do art. 383 do CPP, não necessariamente à absolvição do acusado" (STJ: HC 723.644/SP, rel. Min. Sebastião Reis Júnior, 6.ª Turma, j. 07.03.2023, noticiado no *Informativo* 766).

Ordenação de despesa não autorizada

Art. 359-D. Ordenar despesa não autorizada por lei:

Pena – reclusão, de 1 (um) a 4 (quatro) anos.

Classificação:	Informações rápidas:
Crime simples	**Objeto material:** despesa pública não autorizada por lei.
Crime próprio	
Crime formal, de consumação antecipada ou de resultado cortado	**Elemento normativo do tipo:** "não autorizada por lei" (lei penal em branco homogênea).
Crime de perigo abstrato	**Elemento subjetivo:** dolo. Não admite modalidade culposa.
Crime de forma vinculada	
Crime comissivo (regra)	**Tentativa:** admite (crime plurissubsistente).
Crime instantâneo	**Ação penal:** pública incondicionada.
Crime unissubjetivo, unilateral ou de concurso eventual	
Crime plurissubsistente (regra)	

○ **Objeto material:** É a **despesa pública** não autorizada por lei.

○ **Núcleo do tipo:** É "**ordenar**", no sentido de mandar, determinar que se realize a despesa pública, a qual compreende os desembolsos efetuados pelo Estado para fazer frente às suas diversas responsabilidades junto à sociedade.[412]

– **Elemento normativo do tipo:** Consubstancia-se na expressão "não autorizada por lei". Trata-se, portanto, de **lei penal em branco homogênea**, pois depende da análise da legislação orçamentário-financeira. O art. 167, II, da CF proíbe a realização de qualquer despesa pública sem prévia inclusão orçamentária. Por seu turno, a Lei Complementar 101/2000 – Lei de Responsabilidade Fiscal – elenca em seus arts. 16 e 17 diversas condições para a assunção de despesas pelo Estado, estabelecendo ainda que serão consideradas não autorizadas, irregulares e lesivas ao patrimônio público as obrigações que não obedecerem a tais disposições.

○ **Sujeito ativo:** Trata-se de **crime próprio** ou **especial**, pois somente pode ser cometido pelo funcionário público com atribuição para ordenar despesas, conhecido como "ordenador de despesas". O tipo penal não alcança o "realizador de despesas", compreendido como a pessoa que se limita a cumprir ou executar a ordem expedida pelo ordenador.

○ **Sujeito passivo:** A União, os Estados, os Municípios ou o Distrito Federal, dependendo do ente federativo prejudicado pela conduta criminosa, e, secundariamente, a coletividade, em decorrência dos prejuízos causados pela ordenação de despesas públicas não autorizadas em lei.

○ **Consumação:** O crime é **formal, de consumação antecipada** ou **de resultado cortado**: consuma-se no momento em que o funcionário público ordena a realização da despesa sem autorização legal, independentemente da comprovação de efetiva lesão ao erário.[413]

○ **Tentativa:** É cabível, em decorrência do caráter plurissubsistente do delito, comportando o fracionamento do *iter criminis*.

---

[412] Cf. PASCOAL, Valdecir. *Direito financeiro e controle externo*. 5. ed. Rio de Janeiro: Elsevier, 2007. p. 57.

[413] Em sentido contrário, entendendo ser necessária a lesividade ao patrimônio público: BITENCOURT, Cezar Roberto. *Tratado de direito penal*. 3. ed. São Paulo: Saraiva, 2009. v. 5, p. 446.

○ **Lei 9.099/1995:** Em face da pena mínima cominada (reclusão de um ano), o delito tipificado art. 359-D do Código Penal desponta como **crime de médio potencial ofensivo**, compatível com a suspensão condicional do processo, desde que presentes os demais requisitos exigidos pelo art. 89 da Lei 9.099/1995.

○ **A questão relativa ao benefício para a Administração Pública:** Há vozes defendendo a atipicidade do fato nas hipóteses em que a ordenação de despesa não autorizada por lei acarreta algum benefício para a Administração Pública. Este raciocínio, com o merecido respeito, não pode ser acolhido. De fato, o crime definido no art. 359-D do Código Penal é de **perigo abstrato**, ou seja, o prejuízo às finanças públicas e à probidade administrativa é presumido, de forma absoluta, pelo tipo penal. Além disso, o crime é **formal**, consumando-se com a prática da conduta descrita em lei, sem necessidade de prejuízo ao erário. Por fim, impera em matéria de Direito Público o princípio da estrita legalidade, de modo que o administrador público só está autorizado a agir nos casos expressamente previstos em lei. É de ressaltar, ainda, que alguns autores sustentam a exclusão da ilicitude, com fulcro no estado de necessidade (CP, arts. 23, inc. I, e 24), quando a conduta típica seja realizada em situações excepcionais, a exemplo das calamidades públicas. Esta linha de pensamento igualmente não comporta acolhida. Com efeito, a Constituição Federal elegeu a medida provisória como instrumento normativo para abertura de créditos extraordinários nas situações emergenciais. Em sintonia com o art. 167, § 3.º, da Lei Suprema: "A abertura de crédito extraordinário somente será admitida para atender a despesas imprevisíveis e urgentes, como as decorrentes de guerra, comoção interna ou calamidade pública, observado o disposto no art. 62." Fácil constatar, portanto, que o texto constitucional não traz qualquer exceção à exigência de autorização normativa, ainda que pela via excepcional da medida provisória, para realização de despesas públicas. Se ausente a autorização, ainda que em situação de anormalidade, incorrerá o ordenador de despesas no crime em apreço.

○ **O remanejamento de despesas públicas:** Para o Supremo Tribunal Federal, não se caracteriza o crime definido no art. 359-D do Código Penal na hipótese de remanejamento de despesa prevista em lei orçamentária anual. Esta posição é questionável. De fato, o orçamento é aprovado pelo Poder Legislativo, e o chefe do Poder Executivo não pode simplesmente cassar a lei, mediante decreto, para destinar os recursos a uma finalidade diversa, sob pena de ofensa ao princípio da separação dos Poderes (CF, art. 2.º). O tipo penal em apreço foi criado justamente para evitar os abusos pelos administradores públicos, e tem como objetividade jurídica o equilíbrio das contas públicas, notadamente o controle legislativo do orçamento.

○ **Jurisprudência selecionada:**

Art. 359-D do CP – remanejamento de despesa prevista em lei orçamentária anual – não caracterização do delito: "A 1ª Turma, por maioria, julgou improcedente acusação formulada contra parlamentar federal pela suposta prática do delito previsto no art. 359-D do CP ('Ordenar despesa não autorizada por lei'). A denúncia narrava que o parlamentar, então Governador, teria realizado, por decreto, remanejamento de verba prevista em lei orçamentária anual destinada ao pagamento de precatórios para outra área também inerente do orçamento do Poder Judiciário. O Ministro Luiz Fux (relator) destacou que a 'ratio essendi' do art. 359-D do CP seria a geração de uma despesa sem que houvesse uma lei autorizadora. Ressaltou, entretanto, que – no âmbito da legislação estadual – haveria arcabouço jurídico que admitiria interpretação de que as despesas destinadas ao pagamento de precatórios pudessem ser realocadas mediante decreto. Assim, pontuou que o princípio da legalidade não teria sido desobedecido, mas, eventualmente, interpretado de forma equivocada. Ademais, aduziu que, em razão de o remanejamento ter ocorrido no âmbito do próprio Poder e de a despesa já ter sido prevista em lei, ela não teria sido criada pelo administrador, de modo que não se configuraria a justa causa para a imputação penal. Acrescentou que o Tribunal de Contas local teria aprovado as contas do estado-membro. Vencido o Ministro Marco Aurélio, que recebia a denúncia. Considerava que, para viabilizar-se a atuação do Ministério Público no ajuizamento da ação penal em defesa da sociedade, bastaria que houvesse indícios de autoria e que o contido na denúncia se revelasse prática criminosa. Observava que a assembleia legislativa aprovara dotações orçamentárias e o chefe do Executivo simplesmente cassara a lei, mediante decreto, para destinar os recursos a uma finalidade diversa. Consignava que teriam sido justamente os abusos cometidos que teriam levado o legislador a prever esse tipo penal, cujo objeto jurídico protegido seria o equilíbrio das contas públicas, especialmente o controle legislativo do orçamento. Registrava que, em 2002, teriam sido modificados o equivalente a 60,88% da previsão inicial das dotações destinadas ao pagamento de precatórios e, no exercício de 2003, se chegara a anulação equivalente a 91,33% da dotação aprovada pela assembleia. Concluía que a aprovação de contas não ditaria a atuação do STF, uma vez que a responsabilidade cível e a responsabilidade criminal seriam independentes" (STF: Inq 3.393/PB, rel. Min. Luiz Fux, 1.ª Turma, j. 23.09.2014, noticiado no *Informativo* 760).

Norma penal em branco – despesa legítima – fato atípico: "2. O art. 359-D, segundo o qual é crime 'ordenar despesa não autorizada por lei', consiste em norma penal em branco, uma vez que o rol das despesas permitidas e das não autorizadas haverá de constar de outros textos legais, entre os quais, por exemplo, o da Lei de Responsabilidade Fiscal (Lei Complementar n° 101/00). 3. Se, na peça acusatória, inexiste referência à norma integradora, falha é a denúncia. 4. Ademais, quando devidamente explicável a despesa, deslegitima-se a possibilidade de punição da conduta ao menos no âmbito penal. A inexistência de autorização de despesa em lei constitui, tão somente, indício de irregularidade. Para se criminalizar a conduta, é necessária a existência de lesão não justificada ao bem jurídico, isto é, às finanças públicas, o que, no caso, não ocorreu. O fato narrado evidentemente não constitui crime" (STJ: APn 389/ES, rel. Min. Nilson Naves, Corte Especial, j. 15.03.2006). *No mesmo sentido:* STJ: APn 477/PB, rel. Min. Eliana Calmon, Corte Especial, j. 04.03.2009.

Prestação de garantia graciosa

Art. 359-E. Prestar garantia em operação de crédito sem que tenha sido constituída contragarantia em valor igual ou superior ao valor da garantia prestada, na forma da lei:

Pena – detenção, de 3 (três) meses a 1 (um) ano.

Classificação:	Informações rápidas:
Crime simples	**Objeto material:** operação de crédito sem garantia.
Crime próprio	
Crime formal, de consumação antecipada ou de resultado cortado	**Elemento subjetivo:** dolo. Não admite modalidade culposa.
Crime de perigo concreto	**Tentativa:** admite (*crime plurissubsistente*).
Crime de forma vinculada	**Ação penal:** pública incondicionada.
Crime comissivo (*regra*)	
Crime instantâneo	
Crime unissubjetivo, unilateral ou de concurso eventual	
Crime plurissubsistente (*regra*)	

○ **Objeto material:** É a operação de crédito sem garantia.

○ **Núcleo do tipo:** É "prestar", no sentido de conceder ou autorizar garantia. Em conformidade com o art. 29, inc. IV, da Lei Complementar 101/2000 – Lei de Responsabilidade Fiscal –, **concessão de garantia** é o compromisso de adimplência de obrigação financeira ou contratual assumida por algum ente da Federação ou entidade a este vinculada. As condições para a concessão de garantia encontram-se no art. 40 do citado diploma legal. Destaca-se entre elas o oferecimento de contragarantia, em valor igual ou superior ao da garantia a ser concedida, visando o equilíbrio das finanças públicas (LRF, art. 40, § 1.º). Destarte, para que um ente federativo venha a se responsabilizar pelo pagamento de dívidas de algum outro, deve ter contrapartida de que será ressarcido em igual ou maior valor. Em síntese, o tipo penal pune a conduta do funcionário público que presta garantia sem a observância deste requisito legal.

○ **Sujeito ativo:** O crime é **próprio** ou **especial**, pois somente pode ser cometido pelo funcionário público com atribuição para realizar operações de crédito, conferindo garantias a terceiros, pessoas físicas ou jurídicas.

○ **Sujeito passivo:** A União, os Estados, os Municípios ou o Distrito Federal, dependendo do ente federativo prejudicado pela conduta criminosa, e, mediatamente, a coletividade, em razão dos prejuízos provocados pela prestação gratuita de garantia.

○ **Consumação:** Trata-se de **crime formal**, **de consumação antecipada** ou **de resultado cortado**: consuma-se no momento em que o sujeito ativo presta garantia sem a prévia constituição de contragarantia em valor igual ou superior ao valor da garantia prestada, independentemente de prejuízo ao erário. Há necessidade de demonstração de perigo às finanças públicas, pois se cuida de **crime de perigo concreto**.

– **Prestação de garantia graciosa e estado de necessidade:** Não haverá crime de prestação de garantia graciosa quando a conduta se amparar em alguma situação excepcional, tal como guerra ou calamidade pública. Nesse caso, o fato é típico, porém licito, em decorrência da caracterização do estado de necessidade (CP, arts. 23, inc. I, e 24).

○ **Tentativa:** É possível, como decorrência do caráter plurissubsistente do delito, permitindo o fracionamento do *iter criminis*.

○ **Lei 9.099/1995:** Em face da pena máxima cominada, o crime definido no art. 359-E do Código Penal constitui-se em **infração penal de menor potencial ofensivo**, admitindo a transação penal e o rito sumaríssimo, nos termos da Lei 9.099/1995.

Não cancelamento de restos a pagar

> **Art. 359-F.** Deixar de ordenar, de autorizar ou de promover o cancelamento do montante de restos a pagar inscrito em valor superior ao permitido em lei:
>
> Pena – detenção, de 6 (seis) meses a 2 (dois) anos.

Classificação:	Informações rápidas:
Crime simples	**Objeto material:** inscrição de restos a pagar.
Crime próprio	Lei penal em branco homogênea (complemento por lei).
Crime formal, de consumação antecipada ou de resultado cortado	**Exceção pluralística:** funcionário público que deixa o cargo será responsabilizado pela "inscrição de despesas não empenhadas em restos a pagar" (art. 359-B);
Crime de perigo abstrato	funcionário público que assume o cargo deverá ser
Crime de forma vinculada	responsabilizado por não ter determinado o "cancelamento do montante de restos a pagar" (art. 359-F).
Crime omissivo próprio ou puro	
Crime instantâneo	
Crime unissubjetivo, unilateral ou de concurso eventual	**Elemento subjetivo:** dolo. Não admite modalidade culposa.
Crime unissubsistente	**Tentativa:** não admite (crime omissivo próprio ou puro).
	Ação penal: pública incondicionada.

○ **Objeto material:** É a inscrição de restos a pagar.

○ **Núcleos do tipo:** São três: "deixar de ordenar", "deixar de autorizar" e "deixar de promover" o cancelamento do montante de restos a pagar inscrito em valor superior ao permitido em lei. Trata-se, em qualquer das modalidades, de **crime omissivo próprio** ou **puro**, no qual a conduta omissiva encontra-se expressamente descrita no tipo penal. **Deixar de ordenar** é não determinar a terceiro que algo seja feito; **deixar de autorizar** é não permitir que terceira pessoa faça algo; e **deixar de promover** equivale a não realizar diretamente alguma coisa. O dispositivo em análise contempla um **tipo misto alternativo, crime de ação múltipla** ou **de conteúdo variado** – a prática de mais de uma conduta, relativamente ao mesmo objeto material, configura crime único. Como já estudamos na análise do art. 359-B do CP, a realização de qualquer despesa pública possui estágios determinados na Lei 4.320/1964 e, de acordo com o art. 36 do referido diploma legislativo, "consideram-se restos a pagar as despesas empenhadas mas não pagas até o dia 31 de dezembro". Portanto, o administrador público que se depara com restos a pagar inscritos em valor superior ao limite permitido em lei tem o dever legal de autorizar, ordenar ou promover o seu cancelamento, sob pena de incorrer no crime em estudo. É de se observar que a lei foi omissa no tocante aos restos a pagar inscritos quando a despesa não tenha sido previamente empenhada, conduta prevista no art. 359-B, de modo que aquele que deixa de cancelar restos a pagar desta natureza não incorre em nenhum delito. O tipo penal deixa nítida sua essência de **lei penal em branco homogênea** – somente constitui o delito a conduta omissiva de não cancelamento de restos a pagar quando forem inscritos em valor superior ao autorizado **por lei**. Como destaca Marino Pazzaglini Filho: "A inscrição da despesa em 'restos a pagar' depende da existência de disponibilidade de recursos no exercício financeiro seguinte para sua liquidação. A lei orçamentária anual deve estabelecer o valor da dotação de 'restos a pagar', que, em princípio, deve ficar limitado às disponibilidades de caixa do exercício financeiro de forma a somente ocorrer transferência de despesa, em plena execução, de um exercício para outro com a correspondente fonte de receita, evitando-se, assim, o crescimento da dívida pública. Se o valor das despesas classificadas em 'restos a pagar' ultrapassar o limite legal, deve ser providenciada a recondução a esse patamar, com o cancelamento de obrigações sem disponibilidade de verba para saldá-las até o término do exercício financeiro do seu empenho."[414]

○ **Sujeito ativo:** É o funcionário público com atribuição para ordenar, autorizar ou promover o cancelamento do montante de restos a pagar indevidamente inscritos (**crime próprio** ou **especial**). O legislador novamente abriu uma exceção pluralística à teoria monista, acolhida como regra no tocante ao concurso de pessoas (art. 29, *caput*, do CP). Com efeito, o funcionário público que deixa o cargo será responsabilizado pela "inscrição de despesas não empenhadas em restos a pagar" (art. 359-B), ao passo que o funcionário público que assume o cargo deverá ser responsabilizado por não ter determinado o "cancelamento do montante de restos a pagar" (art. 359-F), inscrito em valor superior ao legalmente permitido. Os dois agentes contribuem para o mesmo resultado, mas a eles serão imputados crimes diversos, em face do especial tratamento conferido pela lei penal.

○ **Sujeito passivo:** A União, os Estados, os Municípios ou o Distrito Federal, dependendo do ente federativo afetado pela conduta criminosa, e, mediatamente, a coletividade, em razão dos prejuízos causados pelo não cancelamento de restos a pagar.

○ **Consumação:** Trata-se de **crime formal, de consumação antecipada** ou **de resultado cortado**: consuma-se no momento em que o sujeito ativo deixa de ordenar, de autorizar ou de promover o cancelamento do montante de restos a pagar inscrito indevidamente, independentemente de comprovação de lesão patrimonial ao erário.

---

[414] PAZZAGLINI FILHO, Marino. *Crimes de responsabilidade fiscal*. 3. ed. São Paulo: Atlas, 2006. p. 88.

○ **Tentativa:** Não é cabível, pois se cuida de **crime omissivo próprio** ou **puro** e, consequentemente, seu caráter unissubsistente inviabiliza o fracionamento do *iter criminis*.

○ **Lei 9.099/1995:** O máximo da pena privativa de liberdade cominada é de dois anos. Cuida-se, portanto, de **infração penal de menor potencial ofensivo**, compatível com a transação penal e com o rito sumaríssimo, nos moldes da Lei 9.099/1995.

Aumento de despesa total com pessoal no último ano do mandato ou legislatura

Art. 359-G. Ordenar, autorizar ou executar ato que acarrete aumento de despesa total com pessoal, nos cento e oitenta dias anteriores ao final do mandato ou da legislatura:

Pena – reclusão, de 1 (um) a 4 (quatro) anos.

Classificação:	Informações rápidas:
Crime simples Crime próprio Crime formal, de consumação antecipada ou de resultado cortado Crime de perigo abstrato Crime de forma vinculada Crime comissivo (*regra*) Crime instantâneo Crime unissubjetivo, unilateral ou de concurso eventual Crime plurissubjetivo (*regra*)	**Objeto material:** ato que acarreta aumento de despesa com pessoal. **Elemento temporal do tipo:** "nos cento e oitenta dias anteriores ao final do mandato ou da legislatura". **Elemento subjetivo:** dolo. Não admite modalidade culposa. **Tentativa:** admite (*crime plurissubsistente*). **Ação penal:** pública incondicionada.

○ **Objeto material:** É o ato que acarreta aumento de despesa com pessoal.

○ **Núcleos do tipo:** O tipo penal possui três núcleos: "ordenar", "autorizar" e "executar" ato que acarrete aumento de despesa total com pessoal, nos 180 dias anteriores ao final do mandato ou da legislatura. **Ordenar** é determinar alguma coisa; **autorizar** significa permitir que algo seja feito; e **executar** traz a ideia de realizar ou concretizar algo. Nesse crime, o funcionário público pratica ato que importa, nos últimos 180 dias do mandato ou legislatura, o aumento da despesa total com pessoal, definida no art. 18, *caput*, da LRF como o somatório dos gastos do ente da Federação com os ativos, os inativos e os pensionistas, relativos a mandatos eletivos, cargos, funções ou empregos, civis, militares e de membros de Poder, com quaisquer espécies remuneratórias, tais como vencimentos e vantagens, fixas e variáveis, subsídios, proventos da aposentadoria, reformas e pensões, inclusive adicionais, gratificações, horas extras e vantagens pessoais de qualquer natureza, bem como encargos sociais e contribuições recolhidas pelo ente às entidades de previdência. Nos termos do art. 21, II, da LRF, é nulo de pleno direito o ato que resulte aumento da despesa com pessoal expedido nos cento e oitenta dias anteriores ao final do mandato do titular do respectivo Poder ou órgão. A eventual suficiência de verbas para o pagamento do ilegal aumento de despesa é irrelevante para a caracterização do delito.

– **Diferença com o art. 359-C do CP:** O crime em análise não se relaciona com a infração penal tipificada no art. 359-C do CP, porque na assunção de obrigação no último ano do mandato ou legislatura levam-se em conta despesas que não podem ser pagas no mesmo exercício, ficando a obrigação de pagamento ao sucessor, sem ter disponibilidade orçamentária para tanto. Por seu turno, no art. 359-G do CP o aumento de despesa com pessoal é permanente, ou seja, irá ultrapassar o exercício financeiro, atingindo anos futuros. Consequentemente, o orçamento do ente federativo ou órgão público ficará inevitavelmente comprometido, deixando de propiciar ao administrador público futuro condições para gerir adequadamente a máquina estatal.

– **Elemento temporal:** O art. 359-G do Código Penal contém um elemento temporal, consubstanciado na expressão "nos cento e oitenta dias anteriores ao final do mandato ou da legislatura". Destarte, fora do período legalmente indicado não há falar na prática do delito, ainda que exista ilegal aumento da despesa total com pessoal.

○ **Sujeito ativo:** O crime é **próprio** ou **especial**, pois somente pode ser praticado pelo funcionário público com atribuição para ordenar, autorizar ou executar ato que acarrete aumento de despesa total com pessoal, nos últimos 180 dias do mandato ou legislatura.

○ **Sujeito passivo:** A União, os Estados, os Municípios ou o Distrito Federal, dependendo do ente federativo afetado pela conduta criminosa, e, mediatamente, a coletividade, em razão dos prejuízos causados pelo aumento de despesa total com pessoal no último ano do mandato ou legislatura.

○ **Consumação:** Cuida-se de **crime formal**, **de consumação antecipada** ou **de resultado cortado**: consuma-se quando o agente público ordena, autoriza ou executa o ato de aumento de despesa com pessoal, nos últimos 180 dias de mandato ou legislatura, independentemente da comprovação de prejuízo econômico ao erário.

○ **Tentativa:** É possível, em todas as modalidades do delito, em obediência ao seu caráter plurissubsistente, permitindo o fracionamento do *iter criminis*.

○ **Lei 9.099/1995:** A pena mínima cominada ao delito é de reclusão de um ano. Trata-se, portanto, de **crime de médio potencial ofensivo**, compatível com a suspensão condicional do processo, se presentes os demais requisitos exigidos pelo art. 89 da Lei 9.099/1995.

Oferta pública ou colocação de títulos no mercado

> **Art. 359-H.** Ordenar, autorizar ou promover a oferta pública ou a colocação no mercado financeiro de títulos da dívida pública sem que tenham sido criados por lei ou sem que estejam registrados em sistema centralizado de liquidação e de custódia:
>
> Pena – reclusão, de 1 (um) a 4 (quatro) anos.

Classificação:	Informações rápidas:
Crime simples	**Objeto material:** títulos da dívida pública.
Crime próprio	**Elemento subjetivo:** dolo. Não admite moda-
Crime formal, de consumação antecipada ou	lidade culposa.
de resultado cortado	**Tentativa:** admite (*crime plurissubsistente*).
Crime de perigo abstrato	**Ação penal:** pública incondicionada.
Crime de forma vinculada	
Crime comissivo (*regra*)	
Crime instantâneo	
Crime unissubjetivo, unilateral ou de concurso	
eventual	
Crime plurissubsistente (*regra*)	

○ **Objeto material:** São os **títulos da dívida pública**. Nos termos do art. 29, inc. II, da Lei Complementar 101/2000 – Lei de Responsabilidade Fiscal –, considera-se dívida pública mobiliária aquela representada por títulos emitidos pela União, inclusive os do Banco Central do Brasil, Estados e Municípios.

○ **Núcleos do tipo:** O tipo penal possui três núcleos: "ordenar", "autorizar" e "promover" a oferta pública ou a colocação no mercado financeiro de títulos da dívida pública. **Ordenar** é determinar; **autorizar** equivale a permitir que algo seja feito; e **promover** traz a ideia de realizar, concretizar a oferta pública ou colocação de títulos no mercado. O sujeito ativo, mediante uma das condutas típicas, oferece ou coloca no mercado títulos da dívida pública, sem que estes tenham sido criados por lei ou sem o registro no órgão de fiscalização. Cuida-se de **tipo misto alternativo**, **crime de ação múltipla** ou **de conteúdo variado**: há um só delito quando o sujeito ativo pratica mais de um núcleo no tocante ao mesmo título da dívida pública.

○ **Sujeito ativo:** Cuida-se de **crime próprio** ou **especial**, pois somente pode ser praticado pelo funcionário público dotado da atribuição para ordenar, autorizar ou promover oferta pública ou colocação no mercado financeiro de títulos da dívida pública.

○ **Sujeito passivo:** A União, os Estados, os Municípios ou o Distrito Federal, dependendo do ente federativo atingido pela conduta criminosa, e, mediatamente, a pessoa física ou jurídica prejudicada pela compra de títulos irregularmente emitidos.

○ **Consumação:** O crime é **formal, de consumação antecipada** ou **de resultado cortado**: consuma-se no instante em que o agente público ordena, autoriza ou promove a oferta pública ou a colocação no mercado financeiro de títulos da dívida pública sem que tenham sido criados por lei ou sem que estejam registrados em sistema centralizado de liquidação e de custódia, independentemente de efetivo prejuízo ao erário.

○ **Tentativa:** É possível em todas as modalidades do delito, em face do seu caráter plurissubsistente, permitindo o fracionamento do *iter criminis*.

○ **Lei 9.099/1995:** Em decorrência da pena mínima cominada (reclusão de um ano), trata-se de **crime de médio potencial ofensivo**, compatível com a suspensão condicional do processo, desde que presentes os demais requisitos exigidos pelo art. 89 da Lei 9.099/1995.

TÍTULO XII –
DOS CRIMES CONTRA O ESTADO
DEMOCRÁTICO DE DIREITO

- **Introdução:** A Lei 14.197/2021 inseriu o Título XII ao Código Penal, em que os tipos penais são expressamente voltados à proteção jurídico-penal do Estado Democrático de Direito, no qual não basta que haja subordinação ao império da Lei. O Estado de Direito deve ser democrático: vinculado à soberania popular. A Lei 14.197/2021 atendeu ao **mandado de criminalização** previsto no art. 1.º da Constituição Federal, o qual estatui que a República Federativa do Brasil constitui-se em Estado Democrático de Direito.

- **Revogação da Lei de Segurança Nacional:** A Lei 14.197/2021 revogou a Lei 7.170/1983, antiga Lei de Segurança Nacional, que representava um entulho autoritário, fruto da ditadura e incompatível com a democracia atualmente reinante no Brasil.

- **Crimes comuns ou políticos:** Os crimes previstos no Título XII do Código Penal são comuns, porque visam tutelar o próprio Estado Democrático de Direito, durante vigência de normalidade institucional.

- **Competência:** Se fossem crimes políticos, a competência para o julgamento seria da Justiça Federal (art. 109, IV, da Constituição Federal). Como são crimes comuns, a competência depende da titularidade do bem jurídico tutelado. Se a titular for a União, a competência é da Justiça Federal (exemplos: arts. 359-I, 359-J, 359-K, 359-L, 359-M e 359-R). Se o bem jurídico tutelado for o processo eleitoral, a competência é da Justiça Eleitoral (art. 359-N e art. 359-P). Pode ainda a competência ser da Justiça Estadual, como no caso de violência política que ofende o exercício de mandato popular de um vereador.

- **Vetos:** O Presidente da República vetou os arts. 359-O, 359-Q, 359-S e 359-U.

Capítulo I –
DOS CRIMES CONTRA A SOBERANIA NACIONAL

Atentado à soberania

Art. 359-I. Negociar com governo ou grupo estrangeiro, ou seus agentes, com o fim de provocar atos típicos de guerra contra o País ou invadi-lo:

Pena – reclusão, de 3 (três) a 8 (oito) anos.

§ 1º Aumenta-se a pena de metade até o dobro, se declarada guerra em decorrência das condutas previstas no caput deste artigo.

§ 2º Se o agente participa de operação bélica com o fim de submeter o território nacional, ou parte dele, ao domínio ou à soberania de outro país:

Pena – reclusão, de 4 (quatro) a 12 (doze) anos.

Classificação:	Informações rápidas:
Crime simples Crime comum Crime formal, de consumação antecipada ou de resultado cortado Crime de dano Crime de forma livre Crime comissivo Crime instantâneo Crime unissubjetivo, unilateral ou de concurso eventual Crime plurissubsistente	**Objeto material:** Brasil, cuja integridade é colocada em risco pelos atos típicos de guerra ou pela invasão negociada pelo agente com governo ou grupo estrangeiro, ou com seus agentes. **Elemento subjetivo:** dolo de negociar com governo ou grupo estrangeiro, ou seus agentes, acrescido da finalidade específica (elemento subjetivo específico) de provocar atos típicos de guerra contra o Brasil ou invadi-lo. Não admite modalidade culposa. **Tentativa:** admite (crime plurissubsistente). **Ação penal:** pública incondicionada.

○ **Introdução:** Soberania é o poder supremo de autodeterminação do Estado. No plano interno, da soberania resulta a repartição de competências no território estatal. No plano externo, a soberania conduz à proibição de invasão do Brasil por outro país.

○ **Objeto jurídico:** É o Estado Democrático de Direito, especificamente no tocante à soberania nacional.

○ **Objeto material:** É o Brasil, cuja integridade é colocada em risco pelos atos típicos de guerra ou pela invasão negociada pelo agente com governo ou grupo estrangeiro, ou com seus agentes.

○ **Núcleo do tipo:** É "**negociar**" no sentido de ajustar ou discutir algo visando à celebração de um acordo. O agente negocia com governo estrangeiro ou grupo estrangeiro, ou seus agentes, com o fim de provocar atos típicos de guerra contra o país ou invadi-lo.

○ **Sujeito ativo:** Trata-se de crime comum ou geral. Pode ser praticado por qualquer pessoa, nacional ou estrangeiro, e admite o concurso de pessoas (coautoria e participação). O delito também pode ser cometido pelo Presidente da República na hipótese de traição aos interesses do Brasil.

○ **Sujeito passivo:** É o Estado, titular da soberania nacional.

○ **Elemento subjetivo:** É o dolo de negociar com governo ou grupo estrangeiro, ou seus agentes, acrescido de um especial fim de agir (elemento subjetivo específico), consistente na finalidade de provocar atos típicos de guerra contra o Brasil ou invadi-lo. Não se admite a modalidade culposa.

○ **Consumação:** O crime é **formal**, de **consumação antecipada** ou de **resultado cortado**: consuma-se com a negociação com governo ou grupo estrangeiro, ou seus agentes, com a finalidade de provocar atos típicos de guerra contra o País ou invadi-lo. Não se reclama a efetiva prática de atos típicos de guerra ou a invasão do Brasil por governo ou grupo estrangeiro.

○ **Tentativa:** É possível, em face do caráter plurissubsistente do delito, compatível com o fracionamento do *iter criminis*.

○ **Ação penal:** É pública incondicionada.

○ **Lei 9.099/1995:** Em face da pena privativa de liberdade cominada – reclusão, de 3 (três) a 8 (oito) anos, o atentado à soberania constitui-se em **crime de elevado potencial ofensivo**, incompatível com os benefícios elencados pela Lei 9.099/1995.

○ **Causa de aumento de pena (art. 359-I, § 1.º, Código Penal):** Exige a efetiva declaração de guerra pelo Presidente da República nos termos do art. 84, XIX, da Constituição Federal. Não se aplica no caso do art. 359, § 2.º, do Código Penal.

○ **Qualificadora (art. 359-I, § 2.º, Código Penal):** o sujeito ativo, em concurso com agentes estrangeiros, efetivamente se envolve em operação bélica, com o escopo de submeter o território nacional, ou parte dele (um Estado ou uma cidade, por exemplo), ao domínio ou à soberania de outro país. Operação bélica é a agressão armada voltada ao controle do território nacional ou de parte dele.

○ **Competência:** Justiça Federal (art. 109, IV, da Constituição Federal).

○ **Imprescritibilidade penal:** Se o atentado à soberania for praticado por grupo armado, civil ou militar, incide a causa de imprescritibilidade contida no art. 5.º, XLIV, da Constituição Federal.

Atentado à integridade nacional

Art. 359-J. Praticar violência ou grave ameaça com a finalidade de desmembrar parte do território nacional para constituir país independente:

Pena – reclusão, de 2 (dois) a 6 (seis) anos, além da pena correspondente à violência.

Classificação:	Informações rápidas:
Crime simples Crime comum Crime formal, de consumação antecipada ou de resultado cortado Crime de dano Crime de forma livre Crime comissivo Crime instantâneo Crime unissubjetivo, unilateral ou de concurso eventual Crime plurissubsistente	**Objeto material:** território nacional, cujo desmembramento, com o propósito da formação de país independente, é almejado pela conduta criminosa. **Elemento subjetivo:** dolo de praticar violência ou grave ameaça, acrescido do elemento subjetivo específico consistente na finalidade de desmembrar parte do território nacional para constituir país independente. **Tentativa:** admite (crime plurissubsistente). **Ação penal:** pública incondicionada.

○ **Introdução:** República Federativa do Brasil é formada pela união indissolúvel dos Estados e Municípios e do Distrito Federal (art. 1.º, caput, da Constituição Federal). O território nacional não pode ser objeto de cisão para a formação de novos países.

○ **Objeto jurídico:** É a soberania nacional, especificamente no tocante à integridade do território brasileiro.

○ **Objeto material:** É o território nacional, cujo desmembramento, com o propósito da formação de país independente, é almejado pela conduta criminosa.

○ **Núcleo do tipo:** É **"praticar"**, ou seja, perpetrar, realizar ou efetuar **violência** (uso de força física contra alguém) ou **grave ameaça** (promessa de mal grave, iminente e verossímil) com a finalidade de desmembrar parte do território nacional para constituir país independente. O tipo penal não pune o mero propósito de pessoa ou grupo em desmembrar uma parcela do Brasil para a formação de um novo país, ainda que essa intenção seja defendida em propagandas em rádio, televisão, internet e meios similares, ou mesmo projetada em consultas junto à população da cidade ou estado a ser separada do território nacional.

○ **Sujeito ativo:** Pode ser qualquer pessoa **(crime comum ou geral)**, e admite o concurso de pessoas, tanto na coautoria como na participação.

○ **Sujeito passivo:** É o Estado e, mediatamente, as pessoas prejudicadas pela conduta criminosa.

○ **Elemento subjetivo:** É o dolo, acrescido de um especial fim de agir (elemento subjetivo específico), consistente na finalidade de desmembrar parte do território nacional para constituir país independente. Não se admite a modalidade culposa.

○ **Consumação:** Trata-se de **crime formal, de consumação antecipada ou de resultado cortado**: consuma-se com a prática da violência ou grave ameaça contra alguém, com a finalidade de desmembrar parte do território nacional para constituir país independente. Não exige o efetivo desmembramento do território nacional, com a formação de um novo país. Entretanto, se em decorrência da conduta criminosa sobrevier a criação de um novo país, a soberania será um dos seus pilares, razão pela qual, no âmbito do seu território, não será possível a aplicação da legislação penal brasileira. Subsistirá a incidência do art. 359-J do Código Penal, contudo, em relação aos atos praticados no território nacional, em sua parte não afetada pelo novo país.

○ **Tentativa:** É cabível, em face do caráter plurissubsistente do delito, compatível com o fracionamento do *iter criminis*. Na prática, porém, o *conatus* será de difícil verificação, pois ou o agente pratica a violência ou grave ameaça, visando ao desmembramento do território nacional para constituir país independente, e o delito estará consumado, ou não o faz, e o fato será atípico.

○ **Ação penal:** É pública incondicionada.

○ **Lei 9.099/1995:** Em face da pena privativa de liberdade cominada – reclusão, de 2 (dois) a 6 (seis) anos, o atentado à integridade nacional é crime de **elevado potencial ofensivo**, razão pela qual não comporta nenhum dos benefícios elencados pela Lei 9.099/1995.

○ **Concurso material obrigatório:** O preceito secundário do art. 359-J do Código Penal determina a soma das penas do atentado à integridade nacional e do delito resultante da violência, qualquer que seja ele (lesão corporal leve, grave ou gravíssima, homicídio tentado ou consumado etc.).

○ **Competência:** Justiça Federal (art. 109, IV, da Constituição Federal).

○ **Imprescritibilidade penal:** Se o atentado à integridade nacional for praticado por grupo armado, civil ou militar, incidirá a causa de imprescritibilidade do art. 5.º, XLIV, da Constituição Federal.

Espionagem

Art. 359-K. Entregar a governo estrangeiro, a seus agentes, ou a organização criminosa estrangeira, em desacordo com determinação legal ou regulamentar, documento ou informação classificados como secretos ou ultrassecretos nos termos da lei, cuja revelação possa colocar em perigo a preservação da ordem constitucional ou a soberania nacional:

Pena – reclusão, de 3 (três) a 12 (doze) anos.

§ 1º Incorre na mesma pena quem presta auxílio a espião, conhecendo essa circunstância, para subtraí-lo à ação da autoridade pública.

§ 2º Se o documento, dado ou informação é transmitido ou revelado com violação do dever de sigilo:

Pena – reclusão, de 6 (seis) a 15 (quinze) anos.

§ 3º Facilitar a prática de qualquer dos crimes previstos neste artigo mediante atribuição, fornecimento ou empréstimo de senha, ou de qualquer outra forma de acesso de pessoas não autorizadas a sistemas de informações:

Pena – detenção, de 1 (um) a 4 (quatro) anos.

§ 4º Não constitui crime a comunicação, a entrega ou a publicação de informações ou de documentos com o fim de expor a prática de crime ou a violação de direitos humanos.

Classificação:	Informações rápidas:
Crime simples	**Objeto material:** documento ou informação classificados como secretos ou ultrassecretos nos termos da lei
Crime comum	
Crime formal, de consumação antecipada ou de resultado cortado	
	Elemento subjetivo: dolo, consistente na vontade livre e consciente de entregar a governo estrangeiro, a seus agentes ou a organização criminosa estrangeira, em desacordo com determinação legal ou regulamentar, documento ou informação classificados como secretos ou ultrassecretos nos termos da lei, cuja revelação possa colocar em perigo a preservação da ordem constitucional ou a soberania nacional. Não admite modalidade culposa.
Crime de dano	
Crime de forma livre	
Crime comissivo	
Crime instantâneo	
Crime unissubjetivo, unilateral ou de concurso eventual	
Crime plurissubsistente	
	Tentativa: admite (crime plurissubsistente).
	Ação penal: pública incondicionada.

○ **Introdução:** O art. 359-K do Código Penal incrimina a espionagem, consistente na atividade desempenhada pelo espião (ou "agente secreto"), representado por pessoa especialmente treinada para obter, clandestinamente, documentos secretos e/ou informações estratégicas de outros países ou de empresas. A Lei 9.883/1999, responsável pela instituição do Sistema Brasileiro de Inteligência, não fala em espionagem. O legislador preferiu utilizar os termos "inteligência" e "contrainteligência".

– **Inteligência:** é a atividade que objetiva a obtenção, análise e disseminação de conhecimentos dentro e fora do território nacional sobre fatos e situações de imediata ou potencial influência sobre o processo decisório e a ação governamental e sobre a salvaguarda e a segurança da sociedade e do Estado.

– **Contrainteligência:** é a atividade que objetiva neutralizar a inteligência adversa.

○ **Objetos jurídicos:** São a soberania nacional e a ordem constitucional, colocadas em risco pelo serviço de espionagem efetuado em prol de governo estrangeiro ou de organização criminosa estrangeira, com a finalidade de obter documento ou informação do Brasil, classificados como secretos ou ultrassecretos, fundamentais à segurança interna e externa, especialmente nas áreas econômica, diplomática e militar.

○ **Objeto material:** É o documento ou informação classificados como secretos ou ultrassecretos nos termos da lei. Trata-se de **norma penal em branco homogênea**, pois o preceito primário do tipo penal reclama a complementação por outra lei – no caso, a Lei 12.527/2011 – Lei de Acesso à Informação –, a qual indica quais documentos ou informações são classificados como secretos ou ultrassecretos.

○ **Núcleo do tipo:** É **"entregar"**, ou seja, transmitir ou dar a governo estrangeiro, a seus agentes ou a organização criminosa estrangeira o documento ou informação legalmente classificados como secretos ou ultrassecretos. **Governo estrangeiro** é outro país, ou seja, qualquer Estado diverso do Brasil, podendo a entrega ser efetuada a governo estrangeiro ou a seus agentes, isto é, qualquer pessoa que atue em seu nome. No tocante à **organização criminosa estrangeira**, deve ser utilizado o conceito fornecido pelo art. 1.º, § 1.º, da Lei 12.850/2013: "considera-se organização criminosa a associação de 4 (quatro) ou mais pessoas estruturalmente ordenada e caracterizada pela divisão de tarefas, ainda que informalmente, com objetivo de obter, direta ou indiretamente, vantagem de qualquer natureza, mediante a prática de infrações penais cujas penas máximas sejam superiores a 4 (quatro) anos, ou que sejam de caráter transnacional." A organização criminosa deve ser estrangeira, é dizer, sediada e com atuação predominante em outro país, ainda que conte com brasileiros em sua composição. Não há crime de espionagem caso a organização criminosa seja brasileira, ainda que com atuação no exterior, a exemplo do que se dá com o "PCC – Primeiro Comando da Capital", ramificado em diversos países da América do Sul.

– **Elemento normativo do tipo:** A entrega há de ser efetuada "em desacordo com determinação legal ou regulamentar". O fato será atípico se existir autorização (legal, regulamentar ou mesmo judicial) para a entrega do documento ou informação a outro país ou a seus agentes, como se dá no âmbito das relações diplomáticas ou comerciais entre o Brasil e seus países parceiros. Além disso, a revelação do documento deve ser apta a colocar em perigo a preservação da ordem constitucional ou a soberania nacional.

○ **Sujeito ativo:** Trata-se de **crime comum** ou **geral**, pois sua prática é facultada a qualquer pessoa, nacional ou estrangeira.

○ **Sujeito passivo:** É o Estado e, mediatamente, a pessoa física ou jurídica prejudicada pela conduta criminosa.

○ **Elemento subjetivo:** É o dolo, independentemente de qualquer finalidade específica. Não se admite a modalidade culposa.

○ **Consumação:** Trata-se de **crime formal, de consumação antecipada** ou **de resultado cortado**: consuma-se com a entrega a governo estrangeiro, a seus agentes ou a organização criminosa estrangeira de documento ou informação legalmente classificados como secretos ou ultrassecretos. Basta a potencialidade de tal documento ou informação, quando revelado, colocar em perigo a preservação da ordem constitucional ou a soberania nacional. Não se exige o dano efetivo à ordem constitucional ou à soberania nacional.

○ **Tentativa:** É cabível, em face do caráter plurissubsistente do delito, autorizando o fracionamento do iter criminis. Exemplo: O espião, de posse do documento ultrassecreto cuja revelação possa colocar em perigo a preservação da ordem constitucional ou a soberania nacional, tenta entregá-lo a organização criminosa estrangeira, porém não consegue fazê-lo por circunstâncias alheias à sua vontade, uma vez que vem a ser preso em flagrante pela Polícia Federal no local em que havia agendado a tradição do documento.

○ **Ação penal:** É pública incondicionada.

○ **Lei 9.099/1995:** Em sua modalidade fundamental, prevista no caput do art. 359-K do Código Penal, a espionagem é crime de **elevado potencial ofensivo**. A pena privativa de liberdade cominada – reclusão, de 3 (três) a 12 (doze) anos – impede a incidência dos benefícios previstos na Lei 9.099/1995.

○ **Competência:** Justiça Federal (art. 109, IV, da Constituição Federal).

○ **Auxílio ao espião (art. 359-K, § 1.º, Código Penal):** O agente **limita-se a prestar auxílio ao espião**, depois do delito por ele praticado e ciente de tal circunstância, para subtraí-lo à ação da autoridade pública. Cuida-se de modalidade especial de favorecimento pessoal, similar ao tipo penal previsto no art. 348 do Código Penal. Essa figura equiparada constitui-se em **crime acessório, de fusão ou parasitário**, pois não tem existência autônoma. Exige-se a prática de um delito anterior, obrigatoriamente de espionagem, para que o sujeito possa, posteriormente, auxiliar o espião a subtrair-se à ação da autoridade pública. Para afastar a responsabilidade penal objetiva, é indispensável a ciência, pelo agente, de que está auxiliando o espião a subtrair-se da ação da autoridade pública. Se o agente concorrer de qualquer modo para a espionagem, antes ou durante sua prática, a ele deverá ser imputado o crime definido no art. 359-K, *caput*, do Código Penal, como coautor ou partícipe, e não a figura equiparada contida em seu § 1.º.

○ **Violação de sigilo e figura qualificada (art. 359-K, § 2.º, Código Penal):** Cuida-se de **crime próprio ou especial**, pois somente pode ser cometido por quem tinha o **dever de sigilo**. A resposta penal mais severa se justifica porque o sujeito ativo tinha o dever funcional de manter o sigilo do documento. O sujeito ativo pode ser funcionário público ou particular. O dever de sigilo pode decorrer de **lei ou de contrato**.

○ **Figura privilegiada (art. 359-K, § 3.º, Código Penal):** Deu-se tratamento mais brando àquele que **facilita** a prática de qualquer dos crimes tipificados no art. 359-K do Código

Penal – *caput*, § 1.º ou § 2.º – apesar de ele efetivamente concorrer para o delito de terceiro. Trata-se de **exceção pluralista à teoria monista no concurso de pessoas**, pois o legislador criou tipos penais diversos para indivíduos que concorrem para o mesmo resultado.

– **"Menor importância":** A colaboração deve limitar-se à atribuição, fornecimento ou empréstimo de senha, ou de qualquer outra forma de acesso de pessoas não autorizadas a sistemas de informações. Se a colaboração ocorrer por modo diverso, ao agente deverá ser imputado o crime definido no art. 359-K, *caput*, § 1.º ou § 2.º, na condição de coautor ou partícipe.

– **Consumação:** Com a prática do crime cuja prática foi facilitada pelo agente. Exemplificativamente, o facilitador alcançará a consumação do delito no mesmo instante em que o espião realizar a conduta descrita no art. 359-K, *caput*, do Código Penal.

– **Tentativa:** não é possível. Duas situações podem ocorrer: (a) o agente facilita a prática de qualquer dos crimes previstos no art. 359-K do Código Penal – *caput*, § 1.º ou § 2.º –, e tal delito vem a ser efetivamente cometido (consumado ou tentado) por terceira pessoa: nesse caso, estará consumado o delito tipificado no art. 359-K, § 3.º, do Código Penal; ou (b) o agente facilita a prática de qualquer dos crimes previstos no art. 359-K do Código Penal – *caput*, § 1.º ou § 2.º – mas tal delito não vem a ser praticado por terceira pessoa: o fato será atípico ao facilitador, não se podendo falar em tentativa do crime definido no art. 359-K, § 3.º, do Código Penal.

– **Crime de médio potencial ofensivo:** compatível com a suspensão condicional do processo, se presentes os demais requisitos elencados pelo art. 89, § 1.º, da Lei 9.099/1995.

○ **Exclusão do crime (art. 359-K, § 4.º, Código Penal):** Trata-se de **causa de exclusão da tipicidade**. A comunicação, a entrega ou a publicação de informações ou de documentos com o fim de expor prática de crime ou a violação de direitos humanos são de interesse coletivo ou geral. Esse dispositivo encontra seu fundamento de validade no art. 5.º, XXXIII, da Constituição Federal: *"todos têm direito a receber dos órgãos públicos informações de seu interesse particular, ou de interesse coletivo ou geral, que serão prestadas no prazo da lei, sob pena de responsabilidade, ressalvadas aquelas cujo sigilo seja imprescindível à segurança da sociedade e do Estado."* Além disso, o art. 5.º, XXXIII, da Constituição Federal foi regulamentado pela Lei 12.527/2011 – Lei de Acesso à Informação, e esse diploma legislativo não classifica, nem poderia classificar, as informações ou documentos atinentes à prática de crime ou a violação de direitos humanos como secretos ou ultrassecretos.

Capítulo II –
DOS CRIMES CONTRA
AS INSTITUIÇÕES DEMOCRÁTICAS

Abolição violenta do Estado Democrático de Direito

Art. 359-L. Tentar, com emprego de violência ou grave ameaça, abolir o Estado Democrático de Direito, impedindo ou restringindo o exercício dos poderes constitucionais:

Pena – reclusão, de 4 (quatro) a 8 (oito) anos, além da pena correspondente à violência.

Classificação:	Informações rápidas:
Crime simples Crime comum Crime formal, de consumação antecipada ou de resultado cortado Crime de dano	**Objeto material:** exercício dos poderes constitucionais – Legislativo, Executivo e Judiciário. **Elemento subjetivo:** dolo, consistente na vontade livre e consciente de tentar abolir o Estado Democrático de Direito, com emprego de violência ou grave ameaça, mediante o impedimento ou a restrição do exercício dos poderes constitucionais. Não admite modalidade culposa. **Tentativa:** não admite (crime de atentado ou de empreendimento). **Ação penal:** pública incondicionada.

○ **Objetos jurídicos:** São as instituições democráticas, representadas nesse tipo penal pelos Poderes Executivo, Legislativo e Judiciário, indispensáveis para o regular funcionamento do Estado Democrático de Direito.

○ **Objeto material:** É o exercício dos poderes constitucionais – Legislativo, Executivo e Judiciário –, cujas funções precípuas encontram-se descritas na Constituição Federal.

– **Princípio da separação dos poderes (art. 2.º da Constituição Federal):** os Poderes Legislativo, Executivo e Judiciário são "independentes", inviabilizando qualquer movimento destinado a impedir ou restringir a harmonia e a liberdade das suas atuações.

– **Crime de responsabilidade do Presidente da República (art. 4.º, II, da Lei 1.079/1950):** ato do Presidente da República que atenta contra o livre exercício do Poder Legislativo, do Poder Judiciário e dos poderes constitucionais dos Estados.

○ **Núcleo do tipo:** É **"tentar"**, vinculado a **"abolir"**, ou seja, eliminar, extirpar ou extinguir o Estado Democrático de Direito, mediante **violência** – emprego de força física contra alguém – ou **grave ameaça** – promessa de mal grave, iminente e verossímil. A tentativa de abolição violenta do Estado Democrático de Direito se concretiza pelo **impedimento ou restrição do exercício dos poderes constitucionais**, isto é, mediante a vedação total ou parcial das atividades do Legislativo, do Executivo ou do Judiciário, como no exemplo em que integrantes de um grupo revolucionário ameaçam de morte e agridem fisicamente diversos parlamentares, daí resultando a suspensão, por relevante período, do funcionamento do Congresso Nacional. Os "poderes constitucionais" podem integrar tanto a União como também os Estados e o Distrito Federal, pois no modelo federativo adotado pela Constituição Federal tais entes são dotados de Legislativo, Executivo e Judiciário próprios, autônomos e independentes entre si. Admite-se o concurso material entre este crime e o delito de golpe de Estado, catalogado no art. 359-M do Código Penal.[415]

○ **Sujeito ativo:** O crime é **comum ou geral**. Pode ser cometido por qualquer pessoa, e admite tanto a coautoria como a participação.

○ **Sujeito passivo:** É o Estado e, mediatamente, a pessoa atingida pela violência ou grave ameaça.

---

[415] STF: AP 1.060/DF, rel. Min. Alexandre de Moraes, Plenário, j. 14.09.2023, noticiado no *Informativo* 1.108.

○ **Elemento subjetivo:** É o dolo, consistente na vontade livre e consciente de tentar abolir o Estado Democrático de Direito, com emprego de violência ou grave ameaça, mediante o impedimento ou a restrição do exercício dos poderes constitucionais. Não se admite a modalidade culposa.

○ **Consumação:** Cuida-se de **crime formal, de consumação antecipada ou de resultado cortado**. A consumação independe da efetiva abolição do Estado Democrático de Direito. É suficiente a conduta de tentar eliminá-lo, com emprego de violência ou grave ameaça que acarrete o impedimento ou a restrição do exercício dos poderes constitucionais.

○ **Tentativa:** A abolição violenta do Estado Democrático de Direito é crime de atentado ou de empreendimento, incompatível com o *conatus*. A conduta típica consiste em "tentar abolir", ou seja, a tentativa foi equiparada à consumação.

○ **Ação penal:** É pública incondicionada.

○ **Lei 9.099/1995:** Em face da pena privativa de liberdade cominada – reclusão, de 4 (quatro) a 8 (oito) anos –, a abolição violenta do Estado Democrático de Direito constitui-se em **crime de elevado potencial ofensivo**, incompatível com os benefícios elencados pela Lei 9.099/1995.

○ **Concurso material obrigatório:** O preceito secundário do art. 359-L do Código Penal determina a soma das penas do Golpe de Estado e do delito resultante da violência, qualquer que seja ele (lesão corporal leve, grave ou gravíssima, homicídio tentado ou consumado etc.).

○ **Competência:** Justiça Federal (art. 109, IV, da Constituição Federal).

○ **Imprescritibilidade penal:** Se o crime do art. 359-L do Código Penal for praticado por grupo armado, civil ou militar, incidirá a causa de imprescritibilidade do art. 5.º, XLIV, da Constituição Federal.

○ **Jurisprudência selecionada:**

○ **Atos criminosos de 8 de janeiro de 2023 – competência jurisdicional do STF – crimes multitudinários e concurso material de crimes contra as instituições democráticas:** "Compete ao STF processar e julgar ação penal ajuizada contra civis e militares não detentores de foro privilegiado quando existir evidente conexão entre as suas condutas e as apuradas no âmbito mais abrangente de procedimentos em trâmite na Corte que envolvam investigados com prerrogativa de foro. Na oportunidade em que este Tribunal analisou a admissibilidade de inúmeras denúncias oferecidas em face de indivíduos, civis e militares, investigados em consequência dos atos criminosos de 8 de janeiro do corrente ano, entendeu-se que a competência deve ser determinada pela conexão (CPP/1941, art. 76). Isso porque a extensão e as consequências das condutas de associação criminosa e das demais imputadas aos investigados são objeto de vários procedimentos em trâmite nesta Corte – cuja presidência também já foi oportunamente confirmada pelo Plenário –, direcionados a descobrir a autoria dos financiadores e dos incitadores dos atos criminosos, inclusive autoridades públicas, algumas delas com foro por prerrogativa de função. Assim, além da existência de coautoria em delitos multitudinários, compreendeu-se haver conexão probatória com outros inquéritos em curso neste Tribunal, nos quais diversos investigados possuem foro privilegiado. Nesse contexto, as provas das infrações cometidas pelo então denunciado, ora réu, ou as circunstâncias elementares delas, podem influir diretamente nas investigações que envolvem detentores de prerrogativa de foro. No contexto dos crimes multitudinários (de multidão ou de autoria coletiva), e levando-se em consideração a responsabilidade penal subjetiva, todos os agentes respondem pelos resultados lesivos aos bens jurídicos. Em delitos dessa natureza, a individu-alização detalhada das condutas encontra barreiras intransponíveis que decorrem da própria característica coletiva dos atos. Contudo, é incontroverso que todos os agentes contribuem para o resultado, na medida em que, mediante ação conjunta, direcionam seus esforços para o mesmo fim. Os componentes exercem influência recíproca, uns sobre os outros, e cada indivíduo age com dolo ao aderir, de forma voluntária e consciente, à confusão, à desordem ou à perturbação, fazendo parte delas. É possível o concurso material pela prática dos crimes de abolição violenta do Estado Democrático de Direito (CP/1940, art. 359-L) e de golpe de Estado (CP/1940, art. 359-M), na medida em que são delitos autônomos e que demandam 'animus' distintos do sujeito ativo. Na espécie, vislumbra-se tentativa de golpe na conduta de se pedir intervenção militar a fim de trocar o presidente legitimamente eleito pelo candidato perdedor. Essa conduta se diferencia daquela de atacar, com a invasão, o funcionamento do Congresso Nacional ou do próprio STF, objetivando impedir ou restringir o exercício dos Poderes. Nesse contexto, o tipo penal previsto no art. 359-L do Código Penal consagra um instrumento protetivo do próprio Estado Democrático de Direito e de suas instituições." (STF: AP 1.060/DF, rel. Min. Alexandre de Moraes, Plenário, j. 14.09.2023, noticiado no *Informativo* 1.108).

Golpe de Estado

> **Art. 359-M.** Tentar depor, por meio de violência ou grave ameaça, o governo legitimamente constituído:
>
> Pena – reclusão, de 4 (quatro) a 12 (doze) anos, além da pena correspondente à violência.

Classificação:	Informações rápidas:
Crime simples	**Objeto material:** governo legitimamente constituído
Crime comum	
Crime formal, de consumação antecipada ou de resultado cortado	**Elemento subjetivo:** dolo, independentemente de qualquer finalidade específica. Não admite modalidade culposa.
Crime de dano	
Crime de atentado ou de empreendimento	**Tentativa:** não admite (crime de atentado ou de empreendimento).
Crime de forma livre	
Crime comissivo	**Ação penal:** pública incondicionada.
Crime instantâneo	
Crime unissubjetivo, unilateral ou de concurso eventual	
Crime plurissubsistente	

○ **Objeto jurídico:** É o Estado Democrático de Direito, especificamente no tocante ao governo legitimamente constituído.

○ **Objeto material:** É o **governo legitimamente constituído**, expressão cujo alcance deveria ter sido esclarecido pelo art. 359-M do Código Penal. Apesar de haver interpretação em sentido diverso, a melhor interpretação é no sentido de que o crime abrange somente a tentativa de deposição do governo federal, capitaneado pelo Presidente da República, pois a terminologia legal – "Golpe de Estado" diz respeito ao Brasil enquanto país. Não se caracteriza o delito, quando a conduta envolver um determinado governador ou prefeito. "Governo legitimamente constituído", no contexto do Presidente da República, é aquele concebido em conformidade com os ditames elencados pelos arts. 77 e 78 da CF.

○ **Núcleo do tipo:** É composto por dois verbos: **"tentar depor"**. O agente busca a cessação do mandato do Presidente da República, fora das hipóteses consagradas na Constituição Federal, mediante o emprego de **violência à pessoa** ou **grave ameaça**. Exemplo: José sequestra o filho do chefe do Poder Executivo federal e, em troca da sua liberação com vida, exige a renúncia do governante no prazo de 48 horas. Na **perda do mandato do Presidente da República, com respeito à sistemática da Constituição Federal (art. 77, §§ 2.º e 3.º)**, atende-se à soberania popular, a exemplo do que se verifica na renúncia, na anulação da eleição, no *impeachment* pelo Senado Federal, na condenação transitada em julgado, proferida pelo Supremo Tribunal Federal, pela prática de crime comum. Em tais casos, não há falar em "Golpe de Estado". Um exemplo de atividade ilícita dessa natureza ocorreu no famoso "Golpe Cívico-Militar de 1964", arquitetado pelas Forças Armadas contra o governo do então Presidente João Goulart e concretizado com a publicação do Ato Institucional 1, em que se instaurou a ditadura militar, que perdurou em nosso país ao longo de 21 anos.

○ **Sujeito ativo:** Pode ser qualquer pessoa **(comum ou geral)**, e admite tanto a coautoria como a participação.

○ **Sujeito passivo:** É o Estado e, mediatamente, a pessoa física atingida pela violência ou grave ameaça.

○ **Elemento subjetivo:** É o dolo, independentemente de qualquer finalidade específica. Em outras palavras, pouco importa o motivo almejado pelo agente (exemplos: ganhar notoriedade, assumir o poder, apresentar-se publicamente como "herói nacional", vingar-se do governante deposto etc.) para tentar depor, por meio de violência ou grave ameaça, o governo legitimamente constituído. Não se admite a modalidade culposa.

○ **Consumação:** Trata-se de **crime formal, de consumação antecipada ou de resultado cortado**: consuma-se com a prática da conduta prevista em lei, independentemente da produção do resultado naturalístico. Nesse contexto, é suficiente a prática de atos concretos de tentar depor, com emprego de violência ou grave ameaça, o governo legitimamente constituído, não se exigindo a efetiva deposição. Não basta, para aperfeiçoamento do delito, a assunção do propósito de praticar um golpe de Estado ou o agrupamento de pessoas, ainda que com o emprego de armas e repartição de tarefas, objetivando a deposição do governo. O tipo penal reclama a efetiva prática de atos voltados a tal finalidade, mediante violência à pessoa ou grave ameaça.

○ **Tentativa:** Não se admite o *conatus*, uma vez que o art. 359-M do Código Penal pune a tentativa de deposição, por meio de violência ou grave ameaça, do governo legitimamente constituído. A conduta típica consiste em "tentar depor", ou seja, trata-se de **crime de atentado ou de empreendimento**, no qual a tentativa foi equiparada à consumação.

○ **Ação penal:** É pública incondicionada.

○ **Lei 9.099/1995:** O golpe de Estado é **crime de elevado potencial ofensivo**. A pena privativa de liberdade cominada – reclusão, de 4 (quatro) a 12 (doze) anos – inviabiliza a incidência dos benefícios contidos da Lei 9.099/1995. Na visão do legislador, ao nosso ver de forma equivocada, a tentativa de golpe de Estado, que nem sempre conduz à ditadura, é mais grave do que a tentativa de abolição do Estado Democrático de Direito, mediante o impedimento ou restrição do exercício dos poderes constitucionais.

○ **Concurso material obrigatório:** O preceito secundário do art. 359-M do Código Penal determina a soma das penas da abolição violenta do Estado Democrático de Direito e do delito resultante da **violência**, qualquer que seja ele (lesão corporal leve, grave ou gravíssima, homicídio tentado ou consumado etc.).

○ **Competência:** Justiça Federal (art. 109, IV, da Constituição Federal).

○ **Imprescritibilidade penal:** Se o crime do art. 359-M do Código Penal for praticado por grupo armado, civil ou militar, incidirá a causa de imprescritibilidade do art. 5.º, XLIV, da Constituição Federal.

Capítulo III –
DOS CRIMES CONTRA O FUNCIONAMENTO DAS INSTITUIÇÕES DEMOCRÁTICAS NO PROCESSO ELEITORAL

Interrupção do processo eleitoral

> **Art. 359-N.** Impedir ou perturbar a eleição ou a aferição de seu resultado, mediante violação indevida de mecanismos de segurança do sistema eletrônico de votação estabelecido pela Justiça Eleitoral:
>
> Pena – reclusão, de 3 (três) a 6 (seis) anos, e multa.

Classificação:	Informações rápidas:
Crime simples	**Objeto material:** sistema eletrônico de votação estabelecido pela Justiça Eleitoral ("urna eletrônica").
Crime comum	
Crime material ou causal	
Crime de dano	**Elemento subjetivo:** dolo, independentemente de qualquer finalidade específica. Não admite modalidade culposa.
Crime de forma livre	
Crime comissivo	
Crime instantâneo	**Tentativa:** admite (crime plurissubsistente).
Crime unissubjetivo, unilateral ou de concurso eventual	**Ação penal:** pública incondicionada.
Crime plurissubsistente	

○ **Objeto jurídico:** o Estado Democrático de Direito, relativamente ao funcionamento das instituições democráticas no processo eleitoral. A integridade das eleições deve ser preservada tanto em seu regular desenvolvimento como na apuração do seu resultado.

○ **Objeto material:** É o **"sistema eletrônico de votação estabelecido pela Justiça Eleitoral"**, conhecido como **"urna eletrônica"**.

○ **Núcleo do tipo:** São dois: impedir e perturbar, relacionados tanto à eleição como à aferição de seu resultado. **Impedir** é obstar, frustrar ou impossibilitar. **Perturbar** equivale a embaraçar, atrapalhar ou incomodar. Cuida-se de **tipo misto alternativo, crime de ação múltipla ou de conteúdo variado,** caracterizando um único delito se o agente praticar duas condutas (exemplo: perturbar a eleição e perturbar a aferição do seu resultado) em relação ao mesmo objeto material, isto é, no tocante à mesa urna eletrônica. É imprescindível a **violação indevida de mecanismo de segurança** para caracterização do crime. Pode ser representado por senha, certificado digital, código criptografado ou qualquer outro dispositivo análogo. Se por qualquer razão a urna eletrônica não era protegida por mecanismo de segurança (por falha da Justiça Eleitoral ou defeito na máquina, por exemplo), eventual impedimento ou perturbação da eleição ou da aferição do resultado, unicamente em relação a esse sistema eletrônico de votação, não constitui o tipo penal. A palavra **"indevida"** funciona como elemento normativo do tipo penal. Logo, existindo alguma justificativa para a violação do mecanismo de segurança da urna eletrônica, o fato é atípico.

– Conflito aparente de normas do art. 359-N com o art. 72 da Lei 9.504/1997 (Lei Gerais das Eleições): questiona-se se houve revogação desse art. 72 da Lei 9.504/1997 pela Lei 14.197/2021.

a) Incs. I e II do art. 72 da Lei 9.504/1997:

> **"Art. 72.** Constituem crimes, puníveis com reclusão, de cinco a dez anos:
>
> I – obter acesso a sistema de tratamento automático de dados usado pelo serviço eleitoral, a fim de alterar a apuração ou a contagem de votos;
>
> II – desenvolver ou introduzir comando, instrução, ou programa de computador capaz de destruir, apagar, eliminar, alterar, gravar ou transmitir dado, instrução ou programa ou provocar qualquer outro resultado diverso do esperado em sistema de tratamento automático de dados usados pelo serviço eleitoral;"

Não há dúvida alguma sobre a revogação desses dispositivos pelo art. 359-N do Código Penal. Em ambas as hipóteses, a conduta do agente é voltada a impedir ou perturbar a eleição ou a aferição do seu resultado, mediante a violação indevida de mecanismos de segurança do sistema eletrônico de votação estabelecido pela Justiça Eleitoral.

b) Inc. III do art. 72 da Lei 9.504/1997:

> "III – causar, propositadamente, dano físico ao equipamento usado na votação ou na totalização de votos ou a suas partes."

Não houve revogação. A incidência do art. 359-N do Código Penal ou do art. 72, III, da Lei 9.504/1997 depende da análise do **caso concreto**. Se a causação dolosa de dano físico ao equipamento usado na votação ou na totalização de votos ou a suas partes constituir-se em violação indevida de mecanismos de segurança do sistema eletrônico de votação estabelecido pela Justiça Eleitoral, estará caracterizado o crime definido no art. 359-N do Código Penal. De outro lado, se não houver violação indevida de mecanismos de segurança, subsistirá a aplicação do art. 72, III, da Lei 9.504/1997. Essa última hipótese é curiosa. A conduta menos grave importará na incidência de pena privativa de liberdade mais elevada, revelando a falta de coerência e de atenção do legislador. Por corolário, não será surpresa se os Tribunais aplicarem, para o art. 72, III, da Lei 9.504/1997, a pena cominada ao art. 359-N do Código Penal, qual seja, reclusão de 3 (três) a 6 (seis) anos.

○ **Sujeito ativo:** Trata-se de **crime comum** ou **geral**. Pode ser praticado por qualquer pessoa, e admite tanto a coautoria como a participação.

○ **Sujeito passivo:** É o Estado e, mediatamente, as pessoas prejudicadas pela conduta criminosa, a exemplo dos candidatos que não puderam conhecer o resultado da eleição em razão da violação indevida de mecanismo de segurança do sistema eletrônico de votação estabelecido pela Justiça Federal.

○ **Elemento subjetivo:** É o dolo, independentemente de qualquer finalidade específica. Não se admite a modalidade culposa.

○ **Consumação:** O crime é **material ou causal**: a consumação depende da produção do resultado naturalístico, consistente no impedimento ou na perturbação da eleição ou da aferição do seu resultado. O abalo do regular trâmite do processo eleitoral é indispensável ao aperfeiçoamento do delito.

○ **Tentativa:** É possível, em face do caráter plurissubsistente do delito, permitindo o fracionamento do iter criminis. Exemplo: "A" tenta impedir a aferição do resultado da eleição para Prefeito de determinado município, mediante violação indevida de mecanismo de segurança do sistema eletrônico de votação, mas não consegue fazê-lo em razão da rápida e eficaz atuação do corpo técnico da Justiça Eleitoral.

○ **Ação penal:** É pública incondicionada.

○ **Lei 9.099/1995:** Em face da pena privativa de liberdade cominada – reclusão, de 3 (três) a 6 (seis) anos –, a interrupção do processo eleitoral constitui-se em **crime de elevado potencial ofensivo**, incompatível com os benefícios elencados pela Lei 9.099/1995.

○ **Competência:** Justiça Eleitoral. **Crimes eleitorais** são os catalogados pelo Código Eleitoral, bem como aqueles previstos em leis diversas, desde que apresentem conteúdo eleitoral, a exemplo do art. 359-N do Código Penal. O Código Eleitoral (Lei 4.737/1965), recepcionado como lei complementar pela Constituição Federal, estabelece a competência material da Justiça Eleitoral para o julgamento de crimes eleitorais.

> **Art. 359-O.** (Vetado).

Violência política

> **Art. 359-P.** Restringir, impedir ou dificultar, com emprego de violência física, sexual ou psicológica, o exercício de direitos políticos a qualquer pessoa em razão de seu sexo, raça, cor, etnia, religião ou procedência nacional:
>
> Pena – reclusão, de 3 (três) a 6 (seis) anos, e multa, além da pena correspondente à violência.

Classificação:	Informações rápidas:
Crime simples Crime comum Crime material ou causal Crime de dano Crime de forma livre	**Objeto material:** pessoa que tem o exercício dos seus direitos políticos restringidos, impedidos ou dificultados, em razão de seu sexo, raça, cor, etnia, religião ou procedência nacional como desdobramento da violência física, sexual ou psicológica empregada pelo agente.
Crime comissivo Crime instantâneo Crime unissubjetivo, unilateral ou de concurso eventual Crime plurissubsistente	**Elemento subjetivo:** dolo, independentemente de qualquer finalidade específica. Não admite modalidade culposa. **Tentativa:** admite (crime plurissubsistente). **Ação penal:** pública incondicionada.

○ **Objeto jurídico:** É o livre exercício dos direitos políticos pelo seu titular, indispensável ao funcionamento das instituições democráticas no processo eleitoral e, consequentemente, ao próprio Estado Democrático de Direito.

○ **Objeto material:** É a pessoa que tem o exercício dos seus direitos políticos restringidos, impedidos ou dificultados, em razão de seu sexo, raça, cor, etnia, religião ou procedência nacional como desdobramento da violência física, sexual ou psicológica empregada pelo agente. Os **direitos políticos** para fins do art. 359-P do Código Penal são os direitos **políticos positivos**, relacionados ao exercício da cidadania política e representativos da capacidade de votar (direitos políticos ativos) e de ser votado (direitos políticos passivos), pois o tipo penal está situado entre os "crimes contra o funcionamento das instituições democráticas no processo eleitoral."

○ **Núcleo do tipo:** São 3 (três): **restringir, impedir** e **dificultar. Restringir** é limitar ou reduzir; **impedir** equivale a impossibilitar ou obstar; e **dificultar** tem o significado de complicar ou tornar mais oneroso. Tais verbos se concretizam com o emprego de **violência física, sexual ou psicológica**.

– **Violência física:** emprego de força física contra a vítima, mediante lesão corporal ou vias de fato, voltada a ofender sua integridade ou saúde corporal.

– **Violência sexual:** é qualquer conduta que constranja a vítima a presenciar, a manter ou a participar de relação sexual não desejada, mediante intimidação, ameaça, coação ou uso da força, bem como a que a induza a comercializar ou a utilizar, de qualquer modo, a sua sexualidade, que a impeça de usar qualquer método contraceptivo ou que a force ao matrimônio, à gravidez, ao aborto ou à prostituição, mediante coação, chantagem, suborno ou manipulação, bem como a que limite ou anule o exercício de seus direitos sexuais e reprodutivos.

– **Violência psicológica (art. 147-B do Código Penal):** é a provocação de dano emocional à vítima que a prejudique e perturbe seu pleno desenvolvimento ou que vise a degradar ou a controlar suas ações, comportamentos, crenças e decisões, mediante ameaça, constrangimento, humilhação, manipulação, isolamento, chantagem, ridicularização, limitação do direito de ir e vir ou qualquer outro meio que cause prejuízo à sua saúde psicológica e autodeterminação.

– **Pessoa com direitos políticos perdidos ou suspensos (art. 15 da Constituição Federal):** Não há crime. A caracterização do delito pressupõe o pleno gozo dos direitos políticos pela vítima.

– **Motivação da conduta:** sexo, raça, cor, etnia, religião ou procedência nacional da vítima.

– **Sexo:** o conjunto de características funcionais e estruturais pelas quais um ser humano é classificado como homem ou mulher. O tipo penal protege ambos os sexos e, reflexamente, a orientação sexual e a identidade de gênero da pessoa.

– **Raça:** leva em conta diversos parâmetros para dividir, no contexto de um processo de conteúdo meramente político-social, a população humana com base nas características genéticas e fenotípicas das pessoas.

– **Cor:** diz respeito à pele das pessoas (preta, branca, amarela, parda etc.).

– **Etnia:** envolve a identidade de um agrupamento de pessoas, levando em conta diversas especificidades que as tornam diferentes das demais, tais como origem, cultura, idioma e história. São exemplos famosos ao redor do mundo os aborígenes e os anuaques e, no Brasil, os apinajés e os bororos.

– **Religião:** é a fé ou devoção ao que se considera sagrado, bem como o conjunto de princípios e crenças em doutrinas e rituais que unem seus seguidores em uma mesma comunidade, a exemplo do cristianismo, do judaísmo e do protestantismo, entre tantas outras.

– **Procedência nacional:** relaciona-se à nacionalidade da pessoa (japonês, italiano, argentino etc.). O tipo penal, para evitar qualquer polêmica, deveria ter mencionado a procedência interna (exemplo: paulista, carioca, gaúcho, baiano etc.), a qual também deve ser incluída no alcance da "procedência nacional".

– **Tipo misto alternativo, crime de ação múltipla ou de conteúdo variado.** Se o agente praticar dois ou mais núcleos contra o mesmo objeto material, ou seja, contra os direitos políticos da mesma pessoa, e no mesmo contexto fático, estará caracterizado um único delito. A pluralidade de condutas deverá ser utilizada pelo magistrado na dosimetria da pena-base, como circunstância judicial desfavorável, nos termos do art. 59, *caput*, do Código Penal.

○ **Sujeito ativo:** Trata-se de crime **comum ou geral.** Pode ser cometido por qualquer pessoa, e admite tanto a coautoria como a participação.

○ **Sujeito passivo:** Qualquer pessoa que esteja no pleno gozo dos seus direitos políticos, ativos (capacidade eleitoral ativa) ou passivos (capacidade eleitoral passiva). O sujeito passivo pode ser o eleitor, o candidato ou o titular do mandato eletivo.

○ **Elemento subjetivo:** É o dolo, independentemente de qualquer finalidade específica. Não se admite a modalidade culposa.

○ **Consumação:** A violência política é **crime material** ou **causal.** Consuma-se com a efetiva restrição, impedimento ou dificuldade do exercício dos direitos políticos da pessoa, em razão de seu sexo, raça, cor, etnia, religião ou procedência nacional, por força do emprego de violência física, sexual ou psicológica.

○ **Tentativa:** É cabível, em face do caráter plurissubsistente do delito, permitindo o fracionamento do *iter criminis*. Exemplo: João emprega violência psicológica contra Maria, pré-candidata a Deputada Federal, para que ela, em razão de seu sexo, desista de disputar a eleição. A vítima, entretanto, vem a se candidatar, e procura o Ministério Público, visando a adoção das providências cabíveis contra João.

○ **Ação penal:** É pública incondicionada.

○ **Lei 9.099/1995:** Diante da pena privativa de liberdade cominada – reclusão, de 3 (três) a 6 (seis) anos –, a violência política constitui-se em **crime de elevado potencial ofensivo,** incompatível com os benefícios previstos pela Lei 9.099/1995.

○ **Concurso material obrigatório:** O preceito secundário do art. 359-P do Código Penal impõe a soma das penas da violência política e do crime resultante da violência, independentemente da sua espécie (lesão corporal leve, grave ou gravíssima, homicídio tentado ou consumado etc.).

○ **Competência:** Em regra, a competência é da **Justiça Eleitoral,** pois se trata de crime eleitoral. Todavia, as peculiaridades do caso concreto podem acarretar na competência da **justiça comum (Estadual ou Federal).** Com efeito, quando o delito ofende o exercício do mandato popular, a competência pode ser da Justiça Federal (exemplo: violência física contra um Deputado Federal, em razão da sua religião, visando a orientar seu voto em um determinado projeto de lei) ou da Justiça Estadual (exemplo: conduta idêntica cometida contra um vereador).

Art. 359-Q. (Vetado).

Capítulo IV –
DOS CRIMES CONTRA O FUNCIONAMENTO DOS SERVIÇOS ESSENCIAIS

Sabotagem

Art. 359-R. Destruir ou inutilizar meios de comunicação ao público, estabelecimentos, instalações ou serviços destinados à defesa nacional, com o fim de abolir o Estado Democrático de Direito:

Pena – reclusão, de 2 (dois) a 8 (oito) anos.

Classificação:	Informações rápidas:
Crime simples	**Objeto material:** meio de comunicação ao público, o estabelecimento, instalação ou serviço destinado à defesa nacional.
Crime comum	
Crime formal, de consumação	
Antecipada ou de resultado cortado	**Elemento subjetivo:** dolo, acompanhado da finalidade específica de "abolir o Estado Democrático de Direito".
Crime de dano	
Crime de forma livre	
Crime comissivo	**Tentativa:** admite (crime plurissubsistente).
Crime instantâneo	**Ação penal:** pública incondicionada.
Crime unissubjetivo, unilateral ou de concurso eventual	
Crime plurissubsistente	

○ **Objeto jurídico:** É o Estado Democrático de Direito, no tocante ao funcionamento dos seus serviços essenciais, destruídos ou inutilizados pelo agente com o fim de obter sua abolição.

○ **Objeto material:** É o meio de comunicação ao público, o estabelecimento, instalação ou serviço destinado à defesa nacional. **Meios de comunicação ao público** abrangem os serviços de telefonia, de correios e telégrafos, bem como toda e qualquer forma de contato entre pessoas, utilizando-se da rede mundial de computadores, tais como as redes sociais e os aplicativos de comunicação. A Constituição Federal, nos arts. 220 a 224, disciplina a "comunicação social", e faz menção à rádio, à televisão, aos veículos impressos (jornais, revistas etc.) e aos meios de comunicação social eletrônica. **Estabelecimentos, instalações ou serviços destinados à defesa nacional** são as sedes, as bases e as atividades desempenhadas pelas Forças Armadas – Exército, Marinha e Aeronáutica –, definidas pelo art. 142, *caput*, da Constituição Federal como "instituições nacionais permanentes e regulares, organizadas com base na hierarquia e na disciplina, sob a autoridade suprema do Presidente da República, e destinam-se à defesa da Pátria, à garantia dos poderes constitucionais e, por iniciativa de qualquer destes, da lei e da ordem."

○ **Núcleos do tipo:** São dois: **destruir e inutilizar. Destruir** é eliminar o objeto material, em sua totalidade. **Inutilizar** equivale a tornar o objeto material imprestável ao fim a que se destina, apesar de continuar a existir. O agente pode se valer dos seguintes meios para praticar a conduta: **a) emprego de força física,** a exemplo da provocação de incêndios em diversos pontos da rede de telefonia ao longo do território nacional, ou então explodindo quartéis do Exército; **b) por dispositivos eletrônicos ou informáticos,** tal como se dá na inutilização do sistema de vigilância de fronteiras do Brasil pelas Forças Armadas, mediante a invasão indevida do sistema de dados do Exército, da Marinha e da Aeronáutica. Trata-se de **tipo misto alternativo, crime de ação múltipla ou de conteúdo variado:** se o agente praticar ambos os núcleos contra o mesmo objeto material (exemplo: inutilizando e depois destruindo um meio de comunicação ao público), estará caracterizado um único delito. A pluralidade de condutas deve ser utilizada pelo magistrado na dosimetria da pena-base, como circunstância judicial desfavorável, nos termos do art. 59, *caput*, do Código Penal.

– Finalidade do art. 359-R do Código Penal: é impedir que o sujeito venha a dificultar ou impedir as atividades estatais, gerando desordem e instabilidade social, as quais podem levar à anormalidade institucional e à ameaça ao Estado Democrático de Direito.

○ **Sujeito ativo:** Trata-se de **crime comum ou geral,** podendo ser cometido por qualquer pessoa.

○ **Sujeito passivo:** o Estado e, mediatamente, as pessoas físicas ou jurídicas prejudicadas pela conduta criminosa.

○ **Elemento subjetivo:** É o dolo, acrescido de um especial fim de agir (elemento subjetivo específico), representado pela expressão "com o fim de abolir o Estado Democrático de Direito". A ausência do elemento subjetivo do tipo pode configurar outros delitos:

a) art. 163 do Código Penal (dano), na ausência da qualquer finalidade específica, ou seja, o dolo limita-se a destruir, inutilizar ou deteriorar o patrimônio alheio;

b) art. 202 do Código Penal (sabotagem), quando o agente invade ou ocupa estabelecimento industrial, comercial ou agrícola, com o fim de danificar tal estabelecimento ou as coisas nele existentes, ou delas dispor;

c) art. 2.º, § 1.º, IV, da Lei 13.260/2016 – Lei de Terrorismo, na hipótese de sabotar o funcionamento de mecanismos cibernéticos, o controle total ou parcial, ainda que de modo temporário, de meio de comunicação ou de transporte, de portos, aeroportos, estações ferroviárias ou rodoviárias, hospitais, casas de saúde, escolas, estádios esportivos, instalações públicas ou locais onde funcionem serviços públicos essenciais, instalações de geração ou transmissão de energia, instalações militares, instalações de exploração, refino e processamento de petróleo e gás e instituições bancárias e sua rede de atendimento;

d) art. 70 da Lei 4.117/1962 – Código Brasileiro de Telecomunicações, se a conduta recair na instalação ou utilização de equipamentos de telecomunicações, sem observância do disposto na legislação e nos seus regulamentos; ou

e) art. 264 do Decreto-lei 1.001/1969 – Código Penal Militar, se o dano for praticado em aeronave, hangar, depósito, pista ou instalações de campo de aviação, engenho de guerra motomecanizado, viatura em comboio militar, arsenal, dique, doca, armazém, quartel, alojamento ou em qualquer outra instalação militar, ou então em estabelecimento militar sob regime industrial, ou centro industrial a serviço de construção ou fabricação militar.

○ **Consumação:** Trata-se de **crime formal, de consumação antecipada ou de resultado cortado:** consuma-se com a destruição ou inutilização do meio de comunicação ao público, estabelecimento, instalação ou serviço destinado à defesa nacional, com o fim de abolir o Estado Democrático de Direito. Basta a potencialidade da conduta em alcançar tal finalidade, não se exigindo sua efetiva obtenção. A eventual abolição do Estado Democrático de Direito constituirá exaurimento do delito. E mais. Com a instauração de um novo regime, provavelmente ditatorial, seu comportamento certamente será aplaudido, e não punido, pelos novos "Poderes Constituídos" do Estado.

○ **Tentativa:** É possível, em face da natureza plurissubsistente do delito, comportando o fracionamento do *iter criminis*.

○ **Ação penal:** É pública incondicionada.

○ **Lei 9.099/1995:** Diante da pena privativa de liberdade cominada – reclusão, de 2 a 8 anos –, a sabotagem apresenta-se como **crime de elevado potencial ofensivo,** incompatível com os benefícios previstos na Lei 9.099/1995.

○ **Competência:** Justiça Federal (art. 109, IV, da Constituição Federal).

Capítulo V
(VETADO)

Capítulo VI –
DISPOSIÇÕES COMUNS

Art. 359-T. Não constitui crime previsto neste Título a manifestação crítica aos poderes constitucionais nem a atividade jornalística ou a reivindicação de direitos e garantias constitucionais por meio de passeatas, de reuniões, de greves, de aglomerações ou de qualquer outra forma de manifestação política com propósitos sociais.

○ **Exclusão do crime:** Não constitui crime a manifestação crítica aos poderes constitucionais nem a atividade jornalística ou a reivindicação de direitos e garantias constitucionais por meio de passeatas, reuniões, greves, aglomerações ou de qualquer outra forma de manifestação política com propósitos sociais. Em tese, tal dispositivo se aplica a todos os crimes do Título XII do Código Penal. Mas, no plano prático, alguns crimes se mostram incompatíveis com o art. 359-T do Código Penal. Exemplo: art. 359-I, Código Penal: impossível imaginar a manifestação crítica aos poderes constitucionais acobertando aquele que negocia com governo estrangeiro, com o fim de provocar atos típicos de guerra contra o Brasil.

– **Fundamento constitucional e natureza jurídica do art. 359-T, Código Penal:** pluralismo político e livre manifestação do pensamento (arts. 1.º, V, e 5.º, IV, da Constituição Federal). O art. 359-T do Código Penal faz com que o fato seja atípico, porque ausente o dolo de realizar os elementos do tipo penal descritivo do crime contra o Estado Democrático de Direito.

Art. 359-U. (Vetado).

DISPOSIÇÕES FINAIS

Art. 360. Ressalvada a legislação especial sobre os crimes contra a existência, a segurança e a integridade do Estado e contra a guarda e o emprego da economia popular, os crimes de imprensa e os de falência, os de responsabilidade do Presidente da República e dos Governadores ou Interventores, e os crimes militares, revogam-se as disposições em contrário.

Art. 361. Este Código entrará em vigor no dia 1º de janeiro de 1942.

Rio de Janeiro, 7 de dezembro de 1940; 119º da Independência e 52º da República.

GETULIO VARGAS

Francisco Campos

SÚMULAS SELECIONADAS

SUPREMO TRIBUNAL FEDERAL

1. SÚMULAS VINCULANTES

Nº 9 – O disposto no artigo 127 da Lei nº 7.210/1984 (Lei de Execução Penal) foi recebido pela ordem constitucional vigente, e não se lhe aplica o limite temporal previsto no *caput* do artigo 58.

Nº 11 – Só é lícito o uso de algemas em casos de resistência e de fundado receio de fuga ou de perigo à integridade física própria ou alheia, por parte do preso ou de terceiros, justi-ficada a excepcionalidade por escrito, sob pena de responsabilidade disciplinar, civil e penal do agente ou da autoridade e de nulidade da prisão ou do ato processual a que se refere, sem prejuízo da responsabilidade civil do Estado.

Nº 14 – É direito do defensor, no interesse do representado, ter acesso amplo aos elemen-tos de prova que, já documentados em procedimento investigatório realizado por órgão com competência de polícia judiciária, digam respeito ao exercício do direito de defesa.

Nº 26 – Para efeito de progressão de regime no cumprimento de pena por crime hedion-do, ou equiparado, o juízo da execução observará a inconstitucionalidade do art. 2º da Lei n. 8.072, de 25 de julho de 1990, sem prejuízo de avaliar se o condenado preenche, ou não, os requisitos objetivos e subjetivos do benefício, podendo determinar, para tal fim, de modo fundamentado, a realização de exame criminológico.

Nº 35 – A homologação da transação penal prevista no artigo 76 da Lei 9.099/1995 não faz coisa julgada material e, descumpridas suas cláusulas, retoma-se a situação anterior, possi-bilitando-se ao Ministério Público a continuidade da persecução penal mediante oferecimento de denúncia ou requisição de inquérito policial.

Nº 36 – Compete à Justiça Federal comum processar e julgar civil denunciado pelos cri-mes de falsificação e de uso de documento falso quando se tratar de falsificação da Caderneta de Inscrição e Registro (CIR) ou de Carteira de Habilitação de Amador (CHA), ainda que expedidas pela Marinha do Brasil.

Nº 45 – A competência constitucional do Tribunal do Júri prevalece sobre o foro por prerrogativa de função estabelecido exclusivamente pela constituição estadual.

N° 46 – A definição dos crimes de responsabilidade e o estabelecimento das respectivas normas de processo e julgamento são da competência legislativa privativa da União.

N° 56 – A falta de estabelecimento penal adequado não autoriza a manutenção do condenado em regime prisional mais gravoso, devendo-se observar, nessa hipótese, os parâmetros fixados no RE 641.320/RS.

N° 59 – É impositiva a fixação do regime aberto e a substituição da pena privativa de liberdade por restritiva de direitos quando reconhecida a figura do tráfico privilegiado (art. 33, § 4°, da Lei 11.343/06) e ausentes vetores negativos na primeira fase da dosimetria (art. 59 do CP), observados os requisitos do art. 33, § 2°, alínea c, e do art. 44, ambos do Código Penal.

2. SÚMULAS

N° 145 – Não há crime, quando a preparação do flagrante pela polícia torna impossível a sua consumação.

N° 146 – A prescrição da ação penal regula-se pela pena concretizada na sentença, quando não há recurso da acusação.

N° 245 – A imunidade parlamentar não se estende ao corréu sem essa prerrogativa.

N° 246 – Comprovado não ter havido fraude, não se configura o crime de emissão de cheque sem fundos.

N° 396 – Para a ação penal por ofensa à honra, sendo admissível a exceção da verdade quanto ao desempenho de função pública, prevalece a competência especial por prerrogativa de função, ainda que já tenha cessado o exercício funcional do ofendido.

N° 422 – A absolvição criminal não prejudica a medida de segurança, quando couber, ainda que importe privação da liberdade.

N° 497 – Quando se tratar de crime continuado, a prescrição regula-se pela pena imposta na sentença, não se computando o acréscimo decorrente da continuação.

N° 499 – Não obsta à concessão do "sursis" condenação anterior à pena de multa.

N° 521 – O foro competente para o processo e julgamento dos crimes de estelionato, sob a modalidade da emissão dolosa de cheque sem provisão de fundos, é o do local onde se deu a recusa do pagamento pelo sacado.

N° 525 – A medida de segurança não será aplicada em segunda instância, quando só o réu tenha recorrido.

N° 554 – O pagamento de cheque emitido sem provisão de fundos, após o recebimento da denúncia, não obsta ao prosseguimento da ação penal.

N° 592 – Nos crimes falimentares, aplicam-se as causas interruptivas da prescrição, previstas no Código Penal.

N° 594 – Os direitos de queixa e de representação podem ser exercidos, independentemente, pelo ofendido ou por seu representante legal.

N° 603 – A competência para o processo e julgamento de latrocínio é do juiz singular e não do tribunal do júri.

N° 604 – A prescrição pela pena em concreto é somente da pretensão executória da pena privativa de liberdade.

N° 605 – Não se admite continuidade delitiva nos crimes contra a vida.

N° **608** – No crime de estupro, praticado mediante violência real, a ação penal é pública incondicionada.

N° **610** – Há crime de latrocínio, quando o homicídio se consuma, ainda que não realize o agente a subtração de bens da vítima.

N° **611** – Transitada em julgado a sentença condenatória, compete ao juízo das execuções a aplicação de lei mais benigna.

N° **693** – Não cabe *habeas corpus* contra decisão condenatória a pena de multa, ou relativo a processo em curso por infração penal a que a pena pecuniária seja a única cominada.

N° **695** – Não cabe *habeas corpus* quando já extinta a pena privativa de liberdade.

N° **700** – É de cinco dias o prazo para interposição de agravo contra decisão do juiz da execução penal.

N° **709** – Salvo quando nula a decisão de primeiro grau, o acórdão que provê o recurso contra a rejeição da denúncia vale, desde logo, pelo recebimento dela.

N° **710** – No processo penal, contam-se os prazos da data da intimação, e não da juntada aos autos do mandado ou da carta precatória ou de ordem.

N° **711** – A lei penal mais grave aplica-se ao crime continuado ou ao crime permanente, se a sua vigência é anterior à cessação da continuidade ou da permanência.

N° **714** – É concorrente a legitimidade do ofendido, mediante queixa, e do Ministério Público, condicionada à representação do ofendido, para a ação penal por crime contra a honra de servidor público em razão do exercício de suas funções.

N° **715** – A pena unificada para atender ao limite de trinta anos de cumprimento, determinado pelo art. 75 do código penal, não é considerada para a concessão de outros benefícios, como o livramento condicional ou regime mais favorável de execução.

N° **716** – Admite-se a progressão de regime de cumprimento da pena ou a aplicação imediata de regime menos severo nela determinada, antes do trânsito em julgado da sentença condenatória.

N° **717** – Não impede a progressão de regime de execução da pena, fixada em sentença não transitada em julgado, o fato de o réu se encontrar em prisão especial.

N° **718** – A opinião do julgador sobre a gravidade em abstrato do crime não constitui motivação idônea para a imposição de regime mais severo do que o permitido segundo a pena aplicada.

N° **719** – A imposição do regime de cumprimento mais severo do que a pena aplicada permitir exige motivação idônea.

N° **723** – Não se admite a suspensão condicional do processo por crime continuado, se a soma da pena mínima da infração mais grave com o aumento mínimo de um sexto for superior a um ano.

SUPERIOR TRIBUNAL DE JUSTIÇA

Nº 17 – Quando o falso se exaure no estelionato, sem mais potencialidade lesiva, e por este absorvido.

Nº 18 – A sentença concessiva do perdão judicial é declaratória da extinção da punibilidade, não subsistindo qualquer efeito condenatório.

Nº 24 – Aplica-se ao crime de estelionato, em que figure como vítima entidade autárquica da previdência social, a qualificadora do § 3º, do art. 171 do Código Penal.

Nº 40 – Para obtenção dos benefícios de saída temporária e trabalho externo, considera-se o tempo de cumprimento da pena no regime fechado.

Nº 48 – Compete ao juízo do local da obtenção da vantagem ilícita processar e julgar crime de estelionato cometido mediante falsificação de cheque.

Nº 62 – Compete à justiça estadual processar e julgar o crime de falsa anotação na carteira de trabalho e previdência social, atribuído à empresa privada.

Nº 73 – A utilização de papel moeda grosseiramente falsificado configura, em tese, o crime de estelionato, da competência da justiça estadual.

Nº 74 – Para efeitos penais, o reconhecimento da menoridade do réu requer prova por documento hábil.

Nº 75 – Compete à justiça comum estadual processar e julgar o policial militar por crime de promover ou facilitar a fuga de preso de estabelecimento penal.

Nº 81 – Não se concede fiança quando, em concurso material, a soma das penas mínimas cominadas for superior a dois anos de reclusão.

Nº 96 – O crime de extorsão consuma-se independentemente da obtenção da vantagem indevida.

Nº 104 – Compete à Justiça Estadual o processo e julgamento dos crimes de falsificação e uso de documento falso relativo a estabelecimento particular de ensino.

Nº 107 – Compete à justiça comum estadual processar e julgar crime de estelionato praticado mediante falsificação das guias de recolhimento das contribuições previdenciárias, quando não ocorrente lesão à autarquia federal.

N° 140 – Compete à justiça comum estadual processar e julgar crime em que o indígena figure como autor ou vítima.

N° 147 – Compete à justiça federal processar e julgar os crimes praticados contra funcionário público federal, quando relacionados com o exercício da função.

N° 151 – A competência para o processo e julgamento por crime de contrabando ou descaminho define-se pela prevenção do juízo federal do lugar da apreensão dos bens.

N° 165 – Compete à Justiça Federal processar e julgar crime de falso testemunho cometido no processo trabalhista.

N° 171 – Cominadas cumulativamente, em lei especial, penas privativa de liberdade e pecuniária, é defeso a substituição da prisão por multa.

N° 191 – A pronúncia é causa interruptiva da prescrição, ainda que o Tribunal do Júri venha a desclassificar o crime.

N° 192 – Compete ao juízo das execuções penais do Estado a execução das penas impostas a sentenciados pela justiça federal, militar ou eleitoral, quando recolhidos a estabelecimentos sujeitos a administração estadual.

N° 200 – O juízo federal competente para processar e julgar acusado de crime de uso de passaporte falso é o do lugar onde o delito se consumou.

N° 220 – A reincidência não influi no prazo da prescrição da pretensão punitiva.

N° 231 – A incidência da circunstância atenuante não pode conduzir à redução da pena abaixo do mínimo legal.

N° 234 – A participação de membro do Ministério Público na fase investigatória criminal não acarreta o seu impedimento ou suspeição para o oferecimento da denúncia.

N° 241 – A reincidência penal não pode ser considerada como circunstância agravante e, simultaneamente, como circunstância judicial.

N° 243 – O benefício da suspensão do processo não é aplicável em relação às infrações penais cometidas em concurso material, concurso formal ou continuidade delitiva, quando a pena mínima cominada, seja pelo somatório, seja pela incidência da majorante, ultrapassar o limite de um (01) ano.

N° 244 – Compete ao foro do local da recusa processar e julgar o crime de estelionato mediante cheque sem provisão de fundos.

N° 269 – É admissível a adoção do regime prisional semiaberto aos reincidentes condenados a pena igual ou inferior a quatro anos se favoráveis as circunstâncias judiciais.

N° 330 – É desnecessária a resposta preliminar de que trata o artigo 514 do Código de Processo Penal, na ação penal instruída por inquérito policial.

N° 337 – É cabível a suspensão condicional do processo na desclassificação do crime e na procedência parcial da pretensão punitiva.

N° 338 – A prescrição penal é aplicável nas medidas socioeducativas.

N° 341 – A frequência a curso de ensino formal é causa de remição de parte do tempo de execução de pena sob regime fechado ou semiaberto.

N° 415 – O período de suspensão do prazo prescricional é regulado pelo máximo da pena cominada.

N° 438 – É inadmissível a extinção da punibilidade pela prescrição da pretensão punitiva com fundamento em pena hipotética, independentemente da existência ou sorte do processo penal.

N° 439 – Admite-se o exame criminológico pelas peculiaridades do caso, desde que em decisão motivada.

N° 440 – Fixada a pena-base no mínimo legal, é vedado o estabelecimento de regime prisional mais gravoso do que o cabível em razão da sanção imposta, com base apenas na gravidade abstrata do delito.

N° 441 – A falta grave não interrompe o prazo para obtenção de livramento condicional.

N° 442 – É inadmissível aplicar, no furto qualificado, pelo concurso de agentes, a majorante do roubo.

N° 443 – O aumento na terceira fase de aplicação da pena no crime de roubo circunstanciado exige fundamentação concreta, não sendo suficiente para a sua exasperação a mera indicação do número de majorantes.

N° 444 – É vedada a utilização de inquéritos policiais e ações penais em curso para agravar a pena-base.

N° 471 – Os condenados por crimes hediondos ou assemelhados cometidos antes da vigência da Lei n. 11.464/2007 sujeitam-se ao disposto no art. 112 da Lei n. 7.210/1984 (Lei de Execução Penal) para a progressão de regime prisional.

N° 491 – É inadmissível a chamada progressão *per saltum* de regime prisional.

N° 493 – É inadmissível a fixação de pena substitutiva (art. 44 do CP) como condição especial ao regime aberto.

N° 500 – A configuração do crime do art. 244-B do ECA independe da prova da efetiva corrupção do menor, por se tratar de delito formal.

N° 501 – É cabível a aplicação retroativa da Lei n. 11.343/2006, desde que o resultado da incidência das suas disposições, na íntegra, seja mais favorável ao réu do que o advindo da aplicação da Lei n. 6.368/1976, sendo vedada a combinação de leis.

N° 502 – Presentes a materialidade e a autoria, afigura-se típica, em relação ao crime previsto no art. 184, § 2°, do CP, a conduta de expor à venda CDs e DVDs piratas.

N° 511 – É possível o reconhecimento do privilégio previsto no § 2° do art. 155 do CP nos casos de crime de furto qualificado, se estiverem presentes a primariedade do agente, o pequeno valor da coisa e a qualificadora for de ordem objetiva.

N° 513 – A "abolitio criminis" temporária prevista na Lei n. 10.826/2003 aplica-se ao crime de posse de arma de fogo de uso permitido com numeração, marca ou qualquer outro sinal de identificação raspado, suprimido ou adulterado, praticado somente até 23/10/2005.

N° 518 – Para fins do art. 105, III, *a*, da Constituição Federal, não é cabível recurso especial fundado em alegada violação de enunciado de súmula.

N° 520 – O benefício de saída temporária no âmbito da execução penal é ato jurisdicional insuscetível de delegação à autoridade administrativa do estabelecimento prisional.

N° 522 – A conduta de atribuir-se falsa identidade perante autoridade policial é típica, ainda que em situação de alegada autodefesa.

N° 526 – O reconhecimento de falta grave decorrente do cometimento de fato definido como crime doloso no cumprimento da pena prescinde do trânsito em julgado de sentença penal condenatória no processo penal instaurado para apuração do fato.

N° 527 – O tempo de duração da medida de segurança não deve ultrapassar o limite máximo da pena abstratamente cominada ao delito praticado.

Nº 533 – Para o reconhecimento da prática de falta disciplinar no âmbito da execução penal, é imprescindível a instauração de procedimento administrativo pelo diretor do estabelecimento prisional, assegurado o direito de defesa, a ser realizado por advogado constituído ou defensor público nomeado.

Nº 534 – A prática de falta grave interrompe a contagem do prazo para a progressão de regime de cumprimento de pena, o qual se reinicia a partir do cometimento dessa infração.

Nº 535 – A prática de falta grave não interrompe o prazo para fim de comutação de pena ou indulto.

Nº 536 – A suspensão condicional do processo e a transação penal não se aplicam na hipótese de delitos sujeitos ao rito da Lei Maria da Penha.

Nº 542 – A ação penal relativa ao crime de lesão corporal resultante de violência doméstica contra a mulher é pública incondicionada.

Nº 545 – Quando a confissão for utilizada para a formação do convencimento do julgador, o réu fará jus à atenuante prevista no art. 65, III, *d*, do Código Penal.

Nº 546 – A competência para processar e julgar o crime de uso de documento falso é firmada em razão da entidade ou órgão ao qual foi apresentado o documento público, não importando a qualificação do órgão expedidor.

Nº 562 – É possível a remição de parte do tempo de execução da pena quando o condenado, em regime fechado ou semiaberto, desempenha atividade laborativa, ainda que extramuros.

Nº 567 – Sistema de vigilância realizado por monitoramento eletrônico ou por existência de segurança no interior de estabelecimento comercial, por si só, não torna impossível a configuração do crime de furto.

Nº 574 – Para a configuração do delito de violação de direito autoral e a comprovação de sua materialidade, é suficiente a perícia realizada por amostragem do produto apreendido, nos aspectos externos do material, e é desnecessária a identificação dos titulares dos direitos autorais violados ou daqueles que os representem.

Nº 575 – Constitui crime a conduta de permitir, confiar ou entregar a direção de veículo automotor a pessoa que não seja habilitada, ou que se encontre em qualquer das situações previstas no art. 310 do CTB, independentemente da ocorrência de lesão ou de perigo de dano concreto na condução do veículo.

Nº 582 – Consuma-se o crime de roubo com a inversão da posse do bem mediante emprego de violência ou grave ameaça, ainda que por breve tempo e em seguida à perseguição imediata ao agente e recuperação da coisa roubada, sendo prescindível a posse mansa e pacífica ou desvigiada.

Nº 587 – Para a incidência da majorante prevista no art. 40, V, da Lei n. 11.343/2006, é desnecessária a efetiva transposição de fronteiras entre estados da Federação, sendo suficiente a demonstração inequívoca da intenção de realizar o tráfico interestadual.

Nº 588 – A prática de crime ou contravenção penal contra a mulher com violência ou grave ameaça no ambiente doméstico impossibilita a substituição da pena privativa de liberdade por restritiva de direitos.

Nº 589 – É inaplicável o princípio da insignificância nos crimes ou contravenções penais praticados contra a mulher no âmbito das relações domésticas.

Nº 593 – O crime de estupro de vulnerável se configura com a conjunção carnal ou prática de ato libidinoso com menor de 14 anos, sendo irrelevante eventual consentimento da vítima para a prática do ato, sua experiência sexual anterior ou existência de relacionamento amoroso com o agente.

Nº 599 – O princípio da insignificância é inaplicável aos crimes contra a administração pública.

Nº 600 – Para a configuração da violência doméstica e familiar prevista no artigo 5º da Lei n. 11.340/2006 (Lei Maria da Penha) não se exige a coabitação entre autor e vítima.

Nº 604 – O mandado de segurança não se presta para atribuir efeito suspensivo a recurso criminal interposto pelo Ministério Público.

Nº 605 – A superveniência da maioridade penal não interfere na apuração de ato infracional nem na aplicabilidade de medida socioeducativa em curso, inclusive na liberdade assistida, enquanto não atingida a idade de 21 anos.

Nº 606 – Não se aplica o princípio da insignificância a casos de transmissão clandestina de sinal de internet via radiofrequência, que caracteriza o fato típico previsto no art. 183 da Lei n. 9.472/1997.

Nº 607 – A majorante do tráfico transnacional de drogas (art. 40, I, da Lei n. 11.343/2006) configura-se com a prova da destinação internacional das drogas, ainda que não consumada a transposição de fronteiras.

Nº 617 – A ausência de suspensão ou revogação do livramento condicional antes do término do período de prova enseja a extinção da punibilidade pelo integral cumprimento da pena.

Nº 630 – A incidência da atenuante da confissão espontânea no crime de tráfico ilícito de entorpecentes exige o reconhecimento da traficância pelo acusado, não bastando a mera admissão da posse ou propriedade para uso próprio.

Nº 631 – O indulto extingue os efeitos primários da condenação (pretensão executória), mas não atinge os efeitos secundários, penais ou extrapenais.

Nº 636 – A folha de antecedentes criminais é documento suficiente a comprovar os maus antecedentes e a reincidência.

Nº 639 – Não fere o contraditório e o devido processo decisão que, sem ouvida prévia da defesa, determine transferência ou permanência de custodiado em estabelecimento penitenciário federal.

Nº 641 – A portaria de instauração do processo administrativo disciplinar prescinde da exposição detalhada dos fatos a serem apurados.

Nº 643 – A execução da pena restritiva de direitos depende do trânsito em julgado da condenação.

Nº 645 – O crime de fraude à licitação é formal, e sua consumação prescinde da comprovação do prejuízo ou da obtenção de vantagem.

Nº 648 – A superveniência da sentença condenatória prejudica o pedido de trancamento da ação penal por falta de justa causa feito em *habeas corpus*.

Nº 658 – O crime de apropriação indébita tributária pode ocorrer tanto em operações próprias, como em razão de substituição tributária.

Nº 659 – A fração de aumento em razão da prática de crime continuado deve ser fixada de acordo com o número de delitos cometidos, aplicando-se 1/6 pela prática de duas infrações, 1/5 para três, 1/4 para quatro, 1/3 para cinco, 1/2 para seis e 2/3 para sete ou mais infrações.

Nº 660 – A posse, pelo apenado, de aparelho celular ou de seus componentes essenciais constitui falta grave.

Nº **661** – A falta grave prescinde da perícia do celular apreendido ou de seus componentes essenciais.

Nº **662** – Para a prorrogação do prazo de permanência no sistema penitenciário federal, é prescindível a ocorrência de fato novo; basta constar, em decisão fundamentada, a persistência dos motivos que ensejaram a transferência inicial do preso.

Nº **664** – É inaplicável a consunção entre o delito de embriaguez ao volante e o de condução de veículo automotor sem habilitação.

Nº **667** – Eventual aceitação de proposta de suspensão condicional do processo não prejudica a análise do pedido de trancamento de ação penal.

Nº **668** – Não é hediondo o delito de porte ou posse de arma de fogo de uso permitido, ainda que com numeração, marca ou qualquer outro sinal de identificação raspado, suprimido ou adulterado.

Nº **669** – O fornecimento de bebida alcoólica a criança ou adolescente, após o advento da Lei 13.106, de 17 de março de 2015, configura o crime previsto no art. 243 do ECA.

Nº **670** – Nos crimes sexuais cometidos contra a vítima em situação de vulnerabilidade temporária, em que ela recupera suas capacidades físicas e mentais e o pleno discernimento para decidir acerca da persecução penal de seu ofensor, a ação penal é pública condicionada à representação se o fato houver sido praticado na vigência da redação conferida ao art. 225 do Código Penal pela Lei 12.015/2009.

ÍNDICE ALFABÉTICO-REMISSIVO

E

G

H

R

W

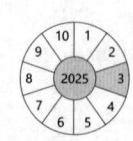